Duden
Das Profi
Kreuzworträtsel
Lexikon

Duden Das Profi Kreuzworträtsel Lexikon

mit Schnellsuchsystem

Dudenverlag
Mannheim · Leipzig · Wien · Zürich

Die Deutsche Bibliothek – CIP-Einheitsaufnahme
Duden – Das Profi Kreuzworträtsel Lexikon mit Schnellsuchsystem
1. Aufl. – Mannheim; Leipzig; Wien; Zürich
Dudenverlag, 2003
ISBN 3-411-70531-0

Redaktion Heike Pfersdorff
Herstellung Nicole Rieser
Innengestaltung Horst Bachmann
Einbandgestaltung Hans Helfersdorfer, Heidelberg
Satz A–Z Satztechnik GmbH, Mannheim
(PageOne, alfa Media Partner GmbH)
Druck Augsburger Druck- und Verlagshaus, Augsburg
Bindung Ebner & Spiegel GmbH, Ulm

Printed in Germany
ISBN 3-411-70531-0

Der schnelle Weg zur Lösung

Das **Profi Kreuzworträtsel Lexikon mit Schnellsuchsystem** bietet dem Nutzer einen ganz besonderen, einzigartigen Komfort. Durch seine Gliederung nach den Ordnungsprinzipien **1. Buchstabenanzahl** und **2. Alphabet** kann der Rätselfreund gezielt nach seinem Antwortbegriff mit der benötigten Anzahl von Buchstaben suchen und direkt darauf zugreifen. Das mühsame Durcharbeiten einer langen Reihe von Antworten mit unterschiedlicher Buchstabenanzahl entfällt. Zur Verdeutlichung:

Beispiel 1

Gesucht wird ein deutscher Komponist mit 3 Buchstaben. In der Rubrik 3 D findet der Nutzer auf einen Blick alle infrage kommenden Lösungswörter mit 3 Buchstaben, in sich alphabetisch geordnet.

3 BUCHSTABEN

D

...

deutscher Komponist
Egk, Fux, Ott

Wird ein deutscher Komponist mit 10 Buchstaben gesucht, finden sich in der Rubrik 10 D alle infrage kommenden Lösungswörter mit 10 Buchstaben.

deutscher Komponist
Praetorius, Schoenberg

Beispiel 2

Gesucht wird ein Kartenspielausdruck mit 4 Buchstaben. Der Nutzer geht zur Rubrik 4 K und findet dort auf Anhieb die infrage kommenden Lösungen.

4 BUCHSTABEN

K

...

Kartenspielausdruck
Auge, Bock, Bube,Dame, Hand, Herz, Karo, Null, Ober, Satz, Solo

Wird ein Kartenspielausdruck mit 10 Buchstaben verlangt, findet man in der Rubrik 10 K die infrage kommenden Lösungswörter.

Kartenspielausdruck
Hinterhand, Mittelhand, Null ouvert, Schippchen

Im Übrigen folgt das Buch den bekannten Regeln des Kreuzworträtsel Lexikons: Die Suchbegriffe sind alphabetisch geordnet. Meist sind die Suchwörter, die immer an der **fetten** Schrift zu erkennen sind, Substantive. Findet man einen Suchbegriff nicht (z. B. „französische Hauptstadt"), so sollte man nach ähnlichen Begriffen suchen (zum Beispiel: „Hauptstadt von Frankreich"). Auch empfiehlt es sich, bei der Suche nach Lösungswörtern gefundene Antworten selbst wieder als Fragestichwörter nachzuschlagen.

Fragewörter werden in der Regel voll ausgeschrieben; in Kreuzworträtseln findet man jedoch aus Raumgründen oftmals Abkürzungen. In Zweifelsfällen schlage man unter „Abkürzung für…" nach.

Bei den Antworten haben wir die in Kreuzworträtseln übliche Schreibweise verwendet: Die Umlaute ä, ö, ü sind aufgelöst in ae, oe, ue und zählen als zwei Buchstaben; ß wird als ss geschrieben und ebenfalls als zwei Buchstaben gezählt. Apostrophe, Akzente und Bindestriche werden zwar auch in den Antwortbegriffen angegeben, sie zählen jedoch nicht für die Länge des Lösungswortes, da sie beim Ausfüllen des Kreuzworträtsels entfallen.
Beispiel: Aus Tête-à-tête wird im Rätsel Teteatete.

Die Kolumnentitel, das sind die Stichwörter, die auf jeder Doppelseite oben links und oben rechts stehen, markieren die Fragewörter des jeweiligen Bereichs.

Es gilt: Oben links steht das erste Fragestichwort, oben rechts das letzte des betreffenden Alphabetbereichs.

Das **Profi Kreuzworträtsel Lexikon** gibt zuverlässige, schnelle Antworten auf die Fragen, die sich beim Lösen von Kreuzworträtseln ergeben. Es orientiert sich dabei an dem, was der Rätsellöser heute in den Kreuzworträtseln wiederfindet, d. h., es berücksichtigt in erster Linie solche Fragen und Antworten, die in Rätseln gebräuchlich sind.

Selbstverständlich wird im **Profi Kreuzworträtsel Lexikon** die neue Rechtschreibung berücksichtigt. Im Allgemeinen erscheint die alte Rechtschreibung bei Fragewörtern in Klammern, bei Antworten sind ebenfalls neue und alte Rechtschreibung aufgeführt.

1 BUCHSTABE

A

Abkürzung für Cent
c
Abkürzung für Eilzug
E
Abkürzung für folgende
f
Abkürzung für Joule
J
Abkürzung für links
l
Abkürzung für männlich
m
Abkürzung für Mark
M
Abkürzung für Monsieur
M
Abkürzung für Norden
N
Abkürzung für Radius
r
Abkürzung für Tonne
t
Abkürzung für Volt
V
Abkürzung für weiblich
w

B

bestimmter italienischer Artikel
i

C

chemisches Zeichen für Bor
B
chemisches Zeichen für Fluor
F
chemisches Zeichen für Iod
I
chemisches Zeichen für Jod
J
chemisches Zeichen für Kalium
K
chemisches Zeichen für Kohlenstoff
C
chemisches Zeichen für Phosphor
P
chemisches Zeichen für Sauerstoff
O
chemisches Zeichen für Schwefel
S
chemisches Zeichen für Stickstoff
N
chemisches Zeichen für Uran
U
chemisches Zeichen für Vanadium
V
chemisches Zeichen für Wasserstoff
H
chemisches Zeichen für Wolfram
W
chemisches Zeichen für Yttrium
Y

E

Einheitenzeichen für Ar
a
Einheitenzeichen für Coulomb
C
Einheitenzeichen für Gramm
g
Einheitenzeichen für Meter
m
Einheitenzeichen für Newton
N
Einheitenzeichen für Sekunde
s
Einheitenzeichen für Tonne
t
Einheitenzeichen für Watt
W
englischer Artikel
a

G

große Gewichtseinheit
t

H

Halbton in der Musik
b

I

italienischer Artikel
i

K

Kfz-Kennzeichen von Augsburg
A
Kfz-Kennzeichen von Berlin
B
Kfz-Kennzeichen von Bundeswehr
Y
Kfz-Kennzeichen von Chemnitz
C
Kfz-Kennzeichen von Düsseldorf
D
Kfz-Kennzeichen von Essen
E
Kfz-Kennzeichen von Frankfurt/Main
F
Kfz-Kennzeichen von Gera
G
Kfz-Kennzeichen von Hannover
H
Kfz-Kennzeichen von Jena
J
Kfz-Kennzeichen von Köln
K
Kfz-Kennzeichen von Leipzig
L
Kfz-Kennzeichen von München
M
Kfz-Kennzeichen von Nürnberg
N
Kfz-Kennzeichen von Regensburg
R
Kfz-Kennzeichen von Stuttgart
S

Kfz-Kennzeichen von Wuppertal
W
Kfz-Kennzeichen von Zoll
Z
Kfz-Kennzeichen von Zwickau
Z

N

Nationalitätenkennzeichen von Belgien
B
Nationalitätenkennzeichen von Bundesrepublik Deutschland
D
Nationalitätenkennzeichen von Frankreich
F
Nationalitätenkennzeichen von Italien
I
Nationalitätenkennzeichen von Japan
J
Nationalitätenkennzeichen von Luxemburg
L
Nationalitätenkennzeichen von Malta
M
Nationalitätenkennzeichen von Norwegen
N
Nationalitätenkennzeichen von Österreich
A
Nationalitätenkennzeichen von Portugal
P
Nationalitätenkennzeichen von Schweden
S
Nationalitätenkennzeichen von Spanien
E
Nationalitätenkennzeichen von Ungarn
H
Nationalitätenkennzeichen von Vatikanstadt
V

P

persönliches englisches Fürwort
I

2 BUCHSTABEN

A

abgeschlossen
zu
Abkürzung für a conto
ac
Abkürzung für Abgabenordnung
AO
Abkürzung für Abgasuntersuchung
AU
Abkürzung für ad libitum
al
Abkürzung für Air Force
AF
Abkürzung für Air France
AF
Abkürzung für *einen* akademischen Grad
Dr
Abkürzung für Aktenzeichen
AZ
Abkürzung für Aktiengesellschaft
AG
Abkürzung für Alabama (USA)
Al
Abkürzung für Alaska (USA)
Ak
Abkürzung für Altes Testament
AT
Abkürzung für amerikanische Militärpolizei
MP
Abkürzung für amerikanische Zustimmung
ok
Abkürzung für Amperestunde
Ah
Abkürzung für Amtsgericht
AG
Abkürzung für Anno Domini
AD
Abkürzung für Arbeitsgemeinschaft
AG
Abkürzung für Arbeitsrecht
AR
Abkürzung für Arkansas (USA)
Ar
Abkürzung für Associated Press
AP
Abkürzung für auf Gegenseitigkeit
aG
Abkürzung für auf Zeit
aZ
Abkürzung für Ausführungsbestimmung
AB
Abkürzung für außer Dienst
aD
Abkürzung für außer Plan
aP
Abkürzung für außer Tarif
AT
Abkürzung für außerordentlich
ao
Abkürzung für Auswärtiges Amt
AA
Abkürzung für Band
Bd
Abkürzung für Bauelement
BE
Abkürzung für Bayerischer Rundfunk
BR
Abkürzung für Betriebsleitung
BL
Abkürzung für Betriebsrat
BR
Abkürzung für bezahlt
bz
Abkürzung für *einen* Bibelteil
AT, NT
Abkürzung für bitte wenden
bw
Abkürzung für Blatt
Bl
Abkürzung für Bogen
Bg
Abkürzung für British Museum
BM
Abkürzung für Bundesheer
BH
Abkürzung für Büstenhalter
BH

Abkürzung für California (USA)
Ca
Abkürzung für Cent
ct
Abkürzung für Chief Quarter
CQ
Abkürzung für circa
ca
Abkürzung für Colorado (USA)
Co
Abkürzung für Columbia (USA)
DC
Abkürzung für Compagnie
Co
Abkürzung für Connecticut (USA)
Ct
Abkürzung für Corps consulaire
CC
Abkürzung für Corps diplomatique
CD
Abkürzung für cum tempore
ct
Abkürzung für das heißt
dh
Abkürzung für das ist
di
Abkürzung für Delaware (USA)
De
Abkürzung für der Jüngere
dJ
Abkürzung für derzeit
dz
Abkürzung für deutsch
dt
Abkürzung für Deutsche Bundesbahn
DB
Abkürzung für Deutsche Bundespost
BP
Abkürzung für Deutsche Mark
DM
Abkürzung für Dezibel
dB
Abkürzung für Diplomatisches Korps
CD
Abkürzung für Doktor
Dr
Abkürzung für Doppelzentner
dz
Abkürzung für Edition
Ed
Abkürzung für ehrenhalber
eh, hc
Abkürzung für eingetragener Verein
eV
Abkürzung für Eisernes Kreuz
EK
Abkürzung für Elektronenvolt
eV
Abkürzung für emeritus
em
Abkürzung für Erdgeschoss
EG
Abkürzung für Erstausgabe
EA
Abkürzung für Euer Ehren
EE
Abkürzung für Eurocheque
EC
Abkürzung für Eurocity
EC
Abkürzung für Europäische Gemeinschaft
EG
Abkürzung für Europameister
EM
Abkürzung für Europaunion
EU
Abkürzung für evangelisch
ev
Abkürzung für ex officio
eo
Abkürzung für Fachgruppe
FG
Abkürzung für ferner, folgende
ff
Abkürzung für Fernsehen
TV
Abkürzung für Firma
Fa
Abkürzung für Florida (USA)
Fl
Abkürzung für Flugbetrieb
FB
Abkürzung für Fluss
Fl
Abkürzung für Forint
Ft
Abkürzung für fortissimo
ff
Abkürzung für Franc
Fr
Abkürzung für franko
fr
Abkürzung für Frau
Fr
Abkürzung für Fußballverein
FC, FK, FV
Abkürzung für Georgia (USA)
Ga
Abkürzung für *eine* **Gesellschaftsform**
AG, KG
Abkürzung für Gesetzbuch
GB
Abkürzung für Gleichstrom
GS
Abkürzung für Golfclub
GC
Abkürzung für Gran Turismo
GT
Abkürzung für griechisch
gr
Abkürzung für Grundgesetz
GG
Abkürzung für Grundumsatz
GU
Abkürzung für Handelsregister
HR
Abkürzung für Hawaii (USA)
Ha
Abkürzung für heilig
hl
Abkürzung für Hektar
ha
Abkürzung für Hektoliter
hl
Abkürzung für Hektopond
HP
Abkürzung für Herausgeber
Hg
Abkürzung für Herr
Hr
Abkürzung für Herztöne
HT
Abkürzung für Hessischer Rundfunk
HR
Abkürzung für *eine* **Himmelsrichtung**
NO, NW, SO, SW

2

Abkürzung für hoc est
he
Abkürzung für honoris causa
hc
Abkürzung für ibidem
ib
Abkürzung für Idaho (USA)
Id
Abkürzung für idem
id
Abkürzung für Ihre Hoheit
IH
Abkürzung für Ihre Majestät
IM
Abkürzung für im Auftrag
iA
Abkürzung für im Bau
iB
Abkürzung für im Ganzen
iG
Abkürzung für im Hause
iH
Abkürzung für im Jahre
iJ
Abkürzung für im Ruhestand
iR
Abkürzung für im Wesentlichen
iW
Abkürzung für Imperator Rex
IR
Abkürzung für in Kürze
iK
Abkürzung für in Vertretung
iV
Abkürzung für Indiana (USA)
In
Abkürzung für Industriegewerkschaft
IG
Abkürzung für Intercity
IC
Abkürzung für Interessengemeinschaft
IG
Abkürzung für Iowa (USA)
Ia
Abkürzung für Jahresnachweis
JN
Abkürzung für Jahrgang
Jg
Abkürzung für Jahrhundert
Jh
Abkürzung für Jahrtausend
Jt
Abkürzung für Jesuitenorden
SJ
Abkürzung für Jugendherberge
JH
Abkürzung für junior
jr
Abkürzung für Kalifornien (USA)
Ca
Abkürzung für Kansas (USA)
Ks
Abkürzung für Kanton
Kt
Abkürzung für Karteneinheit (EDV)
KE
Abkürzung für Kentucky (USA)
Ky
Abkürzung für Klasse
Kl
Abkürzung für knock-out
ko
Abkürzung für Kommanditgesellschaft
KG
Abkürzung für Konsularisches Korps
CC
Abkürzung für Krone (Münze)
Kr
Abkürzung für Lagerordnung
LO
Abkürzung für Landkreis
LK
Abkürzung für Landrat
LR
Abkürzung für Langspielplatte
LP
Abkürzung für laut
lt
Abkürzung für Leinen
Ln
Abkürzung für Leitzahl
LZ
Abkürzung für letzten Endes
lE
Abkürzung für linke Hand (Musik)
LH
Abkürzung für Löschfahrzeug
LF
Abkürzung für Louisiana (USA)
La
Abkürzung für Maine (USA)
Me
Abkürzung für Manuskript
Ms
Abkürzung für Markka
mk
Abkürzung für Maryland (USA)
Md
Abkürzung für Massachusetts (USA)
Ma
Abkürzung für Mehrzahl
Mz
Abkürzung für meines Erachtens
mE
Abkürzung für meines Wissens
mW
Abkürzung für Member of Parliament
MP
Abkürzung für Messieurs
MM
Abkürzung für mezzoforte
MF
Abkürzung für Michigan (USA)
Mi
Abkürzung für Military Police
MP
Abkürzung für Milliarde
Md
Abkürzung für Milliliter
ml
Abkürzung für Millisekunde
MS
Abkürzung für Minnesota (USA)
Mn
Abkürzung für Mississippi (USA)
Ms
Abkürzung für Missouri (USA)
Mo
Abkürzung für Mister
Mr
Abkürzung für Mittelalter
MA
Abkürzung für Montag
Mo
Abkürzung für Montana (USA)
Mt

Abkürzung für Motor-schiff
MS
Abkürzung für Mount
Mt
Abkürzung für Nachbe-merkung
NB
Abkürzung für Nach-schrift
NS
Abkürzung für Nebenbe-merkung
NB
Abkürzung für Nebraska (USA)
Nb
Abkürzung für Neues Tes-tament
NT
Abkürzung für Nevada (USA)
Nv
Abkürzung für New Jersey (USA)
NJ
Abkürzung für New Mexico (USA)
NM
Abkürzung für New York (USA)
NY
Abkürzung für Niederfre-quenz
NF
Abkürzung für Nordda-kota
ND
Abkürzung für Nordost
NO
Abkürzung für Nordwest
NW
Abkürzung für Normalnull
NN
Abkürzung für North Carolina (USA)
NC
Abkürzung für notabene
NB
Abkürzung für Numero
No
Abkürzung für Nummer
Nr
Abkürzung für oben ange-führt
oa
Abkürzung für Oberbür-germeister
OB
Abkürzung für Ober-inspektor
OI
Abkürzung für Ohio (USA)
Oh
Abkürzung für ohne Wert
oW
Abkürzung für okay
ok
Abkürzung für Oklahoma (USA)
Ok
Abkürzung für Operations-code
OC
Abkürzung für Operati-onssaal
OP
Abkürzung für Opus
op
Abkürzung für Oregon (USA)
Or
Abkürzung für Papierwäh-rung
PW
Abkürzung für Pennsyl-vania (USA)
Pa
Abkürzung für per Adresse
pA
Abkürzung für per mille
pm
Abkürzung für per pro-cura
pp
Abkürzung für Pfennig
Pf
Abkürzung für Pferde-stärke
PS
Abkürzung für Plural
Pl
Abkürzung für Post-skriptum
PS
Abkürzung für Privatdo-zent
PD
Abkürzung für pro tem-pore
pt
Abkürzung für Prozent
vH
Abkürzung für Public Relations
PR
Abkürzung für Quadrat-meter
qm
Abkürzung für Radio Bremen
RB
Abkürzung für Rappen
Rp
Abkürzung für Raum-meter
RM
Abkürzung für Realgym-nasium
RG
Abkürzung für Register-tonne
RT
Abkürzung für Répu-blique Française
RF
Abkürzung für respirato-rischer Quotient
RQ
Abkürzung für Rhein
Rh
Abkürzung für Rhesus-faktor
Rh
Abkürzung für Rhode Island (USA)
RI
Abkürzung für rinfor-zando
rf
Abkürzung für Ring-richter
RR
Abkürzung für römisch-katholisch
rk
Abkürzung für Rotes Kreuz
RK
Abkürzung für rund
rd
Abkürzung für *einen* **Rundfunksender**
BR, DF, HR, SR
Abkürzung für Saarländi-scher Rundfunk
SR
Abkürzung für Saint
St
Abkürzung für Samstag
Sa
Abkürzung für Sankt
St
Abkürzung für Schilling
sh
Abkürzung für Seemeile
sm
Abkürzung für Segelschiff
SS
Abkürzung für Seine Exzellenz
SE
Abkürzung für Seine Majestät
SM

2

Abkürzung für Selbstbedienung
SB
Abkürzung für Shilling
sh
Abkürzung für Siedepunkt
SP
Abkürzung für siehe oben
so
Abkürzung für siehe unten
su
Abkürzung für Sonntag
So
Abkürzung für South Carolina (USA)
SC
Abkürzung für Sowjetunion
SU
Abkürzung für Spalte
Sp
Abkürzung für Sportclub
SC
Abkürzung für Sportverein
SV
Abkürzung für Sportvereinigung
SV
Abkürzung für Stück
St
Abkürzung für Summa
Sa
Abkürzung für Tankwagen
TW
Abkürzung für Tarifordnung
TO
Abkürzung für Technische Hochschule
TH
Abkürzung für Technische Universität
TU
Abkürzung für Teilzahlung
TZ
Abkürzung für Television
TV
Abkürzung für Tennessee (USA)
Tn
Abkürzung für Texas (USA)
Tx
Abkürzung für Tonabnehmer
TA
Abkürzung für topographische Karte
TK
Abkürzung für trigonometrischer Punkt
TP
Abkürzung für Tschechische Republik
ČR
Abkürzung für Tuberkulose
Tb
Abkürzung für Turbinenschiff
TS
Abkürzung für Turnerschaft
TS
Abkürzung für Ultraviolett
UV
Abkürzung für und oft
uo
Abkürzung für und weiter
uw
Abkürzung für United Kingdom
UK
Abkürzung für United Nations
UN
Abkürzung für United Press
UP
Abkürzung für United States
US
Abkürzung für unseres Erachtens
uE
Abkürzung für unseres Wissens
uW
Abkürzung für unter anderem
ua
Abkürzung für unter Umständen
uU
Abkürzung für Unterhaltsbetrag
UB
Abkürzung für Utah (USA)
Uh, Ut
Abkürzung für Vereinte Nationen
UN
Abkürzung für Verrechnungseinheit
VE
Abkürzung für Virginia (USA)
Va
Abkürzung für Volksrepublik
VR
Abkürzung für Volkswagen
VW
Abkürzung für vom Hundert
vH
Abkürzung für vom Tausend
vT
Abkürzung für von oben
vo
Abkürzung für vorigen Monats
vM
Abkürzung für Wanderkarte
WK
Abkürzung für Washington (USA)
Wa
Abkürzung für Wasserklosett
WC
Abkürzung für Wiederholung
Wh
Abkürzung für Zentigramm
cg
Abkürzung für Zentiliter
cl
Abkürzung für Zentimeter
cm
Abkürzung für Zielpunkt
ZP
Abkürzung für zirka
ca
Abkürzung für Zloti
Zl
Abkürzung für zu Händen
zH
Abkürzung für Zugmaschine
ZM
Abkürzung für zum Beispiel
zB
Abkürzung für zum Teil
zT
Abkürzung für zur Zeit
zz
Abkürzung für zwischen
zw
Abort
WC
Abtritt
WC
Adelsprädikat
zu

Adriainsel
Iz
Adverb
da
ägyptischer Gott
Ra, Re
akademische Abkürzung
Dr, em, hc, MA
aktuell
in
Alpengipfel
Ot
altägyptischer Gott
Ra, Re
alte Anredeform
Er
altgriechische Göttin
Ge
amerikanische Zustimmung (Abkürzung)
ok
amerikanischer Nachrichtendienst (Abkürzung)
AP, UP
an *dieser* **Stelle**
da
Anrede
du, Er
Anrede *für* **Vertraute**
du
Anruf
he
Ansage auf Kontra (Skat)
Re
Antwort auf Kontra
Re
anwesend
da
arabischer Artikel
al, el, il
asiatisches Volk, Volksgruppe
Li, Mo
assyrische Gottheit
Ea
Auerochse
Ur
auf *diese* **Weise**
so
Augenblick
Nu
Ausdruck *beim* **Boxen**
ko
Ausdruck *beim* **Skatspiel**
As, re
Ausdruck *der* **Verwunderung**
ei
ausgerottetes Wildrind
Ur
ausgestorbenes Tier
Ur
Ausruf *des* **Erstaunens**
ah, oh
Ausruf *des* **Schmerzes**
au
Ausruf *der* **Überraschung**
ho
Ausruf *der* **Verwunderung**
ah
Außerirdischer in einem Filmklassiker
ET
Ausstrahlung
Od
Automarke
MG, VW

B

babylonischer Gott
Ea
Backmittel
Ei
Begriff *beim* **Boxen**
ko
Begriff *beim* **Tennis**
As
Berg *in* **Graubünden**
Ot
Berg *bei* **Samaden**
Ot
Bestandteil *von* **schottischen Namen**
Mc
bestimmter französischer Artikel
la, le
bestimmter italienischer Artikel
il, la, le, lo
bestimmter spanischer Artikel
el, la
Bewilligung
Ja
Bibelteil
AT, NT
biblischer Monatsname
Ab
Bindewort
da, ob, so, wo
Boxausdruck
ko
Brettspiel
Go
Buchstaben auf einer geweihten Osterkerze
AO
Buddha der Chinesen
Fo
Büstenhalter
BH

C

chemisches Zeichen für Actinium
Ac
chemisches Zeichen für Aluminium
Al
chemisches Zeichen für Americium
Am
chemisches Zeichen für Antimon
Sb
chemisches Zeichen für Argon
Ar
chemisches Zeichen für Arsen
As
chemisches Zeichen für Astat
At
chemisches Zeichen für Barium
Ba
chemisches Zeichen für Berkelium
Bk
chemisches Zeichen für Beryllium
Be
chemisches Zeichen für Bismut
Bi
chemisches Zeichen für Blei
Pb
chemisches Zeichen für Brom
Br
chemisches Zeichen für Cadmium
Cd
chemisches Zeichen für Californium
Cf
chemisches Zeichen für Cäsium
Cs
chemisches Zeichen für Cer
Ce
chemisches Zeichen für Chlor
Cl
chemisches Zeichen für Chrom
Cr
chemisches Zeichen für Curium
Cm

chemisches Zeichen für Dysprosium
Dy
chemisches Zeichen für Einsteinium
Es
chemisches Zeichen für Eisen
Fe
chemisches Zeichen für Erbium
Er
chemisches Zeichen für Europium
Eu
chemisches Zeichen für Fermium
Fm
chemisches Zeichen für Francium
Fr
chemisches Zeichen für Gadolinium
Gd
chemisches Zeichen für Gallium
Ga
chemisches Zeichen für Germanium
Ge
chemisches Zeichen für Gold
Au
chemisches Zeichen für Hafnium
Hf
chemisches Zeichen für Hahnium
Ha
chemisches Zeichen für Helium
He
chemisches Zeichen für Holmium
Ho
chemisches Zeichen für Indium
In
chemisches Zeichen für Iridium
Ir
chemisches Zeichen für Kalzium
Ca
chemisches Zeichen für Kobalt
Co
chemisches Zeichen für Krypton
Kr
chemisches Zeichen für Kupfer
Cu
chemisches Zeichen für Kurtschatovium
Ku
chemisches Zeichen für Lanthan
La
chemisches Zeichen für Lawrencium
Lr
chemisches Zeichen für Lithium
Li
chemisches Zeichen für Lutetium
Lu
chemisches Zeichen für Magnesium
Mg
chemisches Zeichen für Mangan
Mn
chemisches Zeichen für Mendelevium
Md
chemisches Zeichen für Molybdän
Mo
chemisches Zeichen für Natrium
Na
chemisches Zeichen für Neodym
Nd
chemisches Zeichen für Neon
Ne
chemisches Zeichen für Neptunium
Np
chemisches Zeichen für Nickel
Ni
chemisches Zeichen für Niob
Nb
chemisches Zeichen für Nobelium
No
chemisches Zeichen für Osmium
Os
chemisches Zeichen für Palladium
Pd
chemisches Zeichen für Platin
Pt
chemisches Zeichen für Plutonium
Pu
chemisches Zeichen für Polonium
Po
chemisches Zeichen für Praseodym
Pr
chemisches Zeichen für Promethium
Pm
chemisches Zeichen für Protactinium
Pa
chemisches Zeichen für Quecksilber
Hg
chemisches Zeichen für Radium
Ra
chemisches Zeichen für Radon
Rn
chemisches Zeichen für Rhenium
Re
chemisches Zeichen für Rhodium
Rh
chemisches Zeichen für Rubidium
Rb
chemisches Zeichen für Ruthenium
Ru
chemisches Zeichen für Samarium
Sm
chemisches Zeichen für Scandium
Sc
chemisches Zeichen für Selen
Se
chemisches Zeichen für Silber
Ag
chemisches Zeichen für Silizium
Si
chemisches Zeichen für Strontium
Sr
chemisches Zeichen für Tantal
Ta
chemisches Zeichen für Technetium
Tc
chemisches Zeichen für Tellur
Te
chemisches Zeichen für Terbium
Tb

chemisches Zeichen für Thallium
Tl
chemisches Zeichen für Thorium
Th
chemisches Zeichen für Thoron
Tn
chemisches Zeichen für Thulium
Tm
chemisches Zeichen für Titan
Ti
chemisches Zeichen für Wismut
Bi
chemisches Zeichen für Xenon
Xe
chemisches Zeichen für Ytterbium
Yb
chemisches Zeichen für Zink
Zn
chemisches Zeichen für Zinn
Sn
chemisches Zeichen für Zirkonium
Zr
chinesische Flöte
Yo
chinesisches Flächenmaß
Mu, Pu
chinesisches Gewichtsmaß
Ho, Hu, Li, Pu
chinesisches Längenmaß
Li, Pu, Tu
chinesisches Musikinstrument
Yo

D

Daus
As
derart
so
deutsche Vorsilbe
er, un
deutsche Währung
DM
deutsche Schauspielerin
Im
deutsches Flächenmaß
Ar
dicht
zu
Doktortitel (Abkürzung)
Dr
dort
da
Dreifingerfaultier
Ai

E

ehemalige Druckmaßeinheit (Abkürzung)
At
ehrenhalber (Abkürzung)
eh, hc
ein Umlaut
ae, oe, ue
einfacher US-Soldat (Abkürzung)
GI
eingeschaltet
an
Einheitenzeichen für Atmosphäre
at
Einheitenzeichen für Candela
Ca
Einheitenzeichen für Deziliter
dl
Einheitenzeichen für Dezimeter
dm
Einheitenzeichen für Hektar
ha
Einheitenzeichen für Hektoliter
hl
Einheitenzeichen für Kilogramm
kg
Einheitenzeichen für Kilometer
km
Einheitenzeichen für Kilowatt
kW
Einheitenzeichen für Knoten
kn
Einheitenzeichen für Lumen
lm
Einheitenzeichen für Lux
lx
Einheitenzeichen für Megatonne
Mt
Einheitenzeichen für Millibar
mb
Einheitenzeichen für Millimeter
mm
Einheitenzeichen für Seemeile
sm
Einverständnis
Ja
en vogue
in
englisch für an
at
englisch für bei
at
englisch für es
it
englisch für mich
me
englisch für mir
me
englisch für Mutter (Koseform)
Ma
englisch für nach
to
englisch für nein
no
englisch für oder
or
englisch für uns
us
englisch für von
of
englisch für wir
we
englisch für zu
to
englische Begrüßung
Hi
englische Zustimmung
ok
englischer Artikel
an
englisches Fürwort
he, me, us, we
englisches sächliches Fürwort
it
Erwiderung auf Kontra
Re
europäische Gemeinschaft
EG
europäischer Strom
Po
existent
da

2

2

F

fantastische (phantastische) Erzählung
SF
Faultier
Ai
Faxen
Uz
Feldmaß
Ar
Felseninsel vor Marseille
If
feuchte Niederung
Au
feuchtes Gelände
Au
Figur aus Land des Lächelns
Mi
Flächenmaß
Ar
flüchtiger Augenblick
Nu
Fluss *in* **Asien**
Ik, Ob, Ui
Fluss *in* **China**
Ho
Fluss *in* **Deutschland**
Aa
Fluss *in* **Italien**
Po
Fluss *durch* **Münster**
Aa
Fluss *in* **Russland**
Ob
Fluss *durch* **Turin**
Po
Flusslandschaft
Au
Flussniederung
Au
Flusstal
Au
fort
ab
Fortpflanzungszelle
Ei
Fragewort
wo
französisch für der
le
französisch für die
la
französisch für du
tu
französisch für eins
un
französisch für er
il
französisch für es
il
französisch für Gold
or
französisch für in
en
französisch für man
on
französisch für oder
ou
französisch für und
et
französisch für von
de
französische Insel
If, Ré
französischer Artikel
la, le, un
französischer unbestimmter Artikel
un
französisches Adelsprädikat
de
französisches Fürwort
tu
französisches hinweisendes Fürwort
ce
französisches persönliches Fürwort
tu
frühere deutsche Währung
RM
Fußballausdruck
EM, WM

G

Gaudi
Uz
Geflügelprodukt
Ei
gegenwärtig
da
geheimnisvolle Ausstrahlung
Od
Geländeform
Au
Geliebte von Zeus
Io
geringe Zeitspanne
Nu
germanischer Gott
We
Gesäß
Po
geschlossen
zu
Gesellschaft
AG, IG, KG
Gesellschaftsspiel
Go
gleichermaßen
so
Gott *der* **Sonne**
Ra, Re
griechischer Buchstabe
My, Ny, Pi, Xi

H

Halbton in der Musik
as, es
Heimat *des* **Abraham**
Ur
Himmelsrichtung (Abkürzung)
NO, NW, SO, SW
Hintern
Po
hinweisendes Fürwort
da
Hochschule
FH, PH, TH, TU
höchste Spielkarte
As
Hohlmaß für 100 Liter (Abkürzung)
hl
Hokuspokus
Uz
Hühnerprodukt
Ei
Humbug
Uz

I

in Betrieb
an
Ingenieurschule
TH, TU
Initialen von Dürer
AD
Initialen von Fontane
TF
Initialen von Gauguin
PG
Initialen von Gershwin
GG
Initialen von Hals (Maler)
FH
Initialen von Kästner
EK
Initialen von Pitt
WP
Initialen von Rathenau
WR

Initialen von Renoir
AR
Insel *bei* Marseille
If
Insel *im* Mittelmeer
If
internationale Organisation
EG, EU, UN
internationale Staatengemeinschaft
EG
internationale Wirtschaftsgemeinschaft
EG
intime Anrede
du
italienisch für Bejahung
si
italienisch für ein
un
italienisch für ich
io
italienisch für ja
si
italienisch für nein
no
italienisch für Tonsilbe
fa
italienische Bejahung
si
italienische Tonsilbe
do, fa, la, la, mi, re, so
italienischer Artikel
il, la, le, lo
italienischer Strom
Po

J

japanische Meile
Ri
japanischer Theaterstil
No
japanisches Brettspiel
Go
japanisches Gewicht
Go, Mo, Ri, To, Wu
japanisches Längenmaß
Bu, Ma
japanisches Maskenspiel
No
japanisches Wegmaß
Ri
Jokus
Uz
Jupitermond
Jo
Jux
Uz

K

kampfunfähig
ko
Kanalisationsanlage
WC
Kantonsautokennzeichen der Schweiz
Ag, Ai, Ar, Be, Bl, Bs, Fr, Ge, Gl, Gr, Ju, Lu, Ne, Nw, Ow, Sg, Sh, So, Sz, Tg, Ti, Ur, Vd, Vs, Zg, Zh
Kapitalgesellschaft
AG, KG
Kartenspielausdruck
As, Re
Keimzelle
Ei
Kfz-Kennzeichen der Länderregierung von Niedersachsen
NL
Kfz-Kennzeichen der Länderregierung von Schleswig-Holstein
SH
Kfz-Kennzeichen der Nation von Botswana
RB
Kfz-Kennzeichen der Nation von Grenada
WG
Kfz-Kennzeichen der Nation von Hongkong
HK
Kfz-Kennzeichen der Nation von Indonesien
RI
Kfz-Kennzeichen der Nation von Kroatien
HR
Kfz-Kennzeichen der Nation von Laos
LS
Kfz-Kennzeichen der Nation von Lesotho
LS
Kfz-Kennzeichen der Nation von Lettland
LV
Kfz-Kennzeichen der Nation von Litauen
LT
Kfz-Kennzeichen der Nation von Niger
RN
Kfz-Kennzeichen der Nation von Panama
PA
Kfz-Kennzeichen der Nation von Peru
PE
Kfz-Kennzeichen der Nation von Südafrika
ZA
Kfz-Kennzeichen der Nation von Togo
TG
Kfz-Kennzeichen der Nation von Trinidad und Tobago
TT
Kfz-Kennzeichen der Nation von Vietnam
VN
Kfz-Kennzeichen von Aachen
AC
Kfz-Kennzeichen von Aalen
AA
Kfz-Kennzeichen von Ahaus
AH
Kfz-Kennzeichen von Ahrweiler
AW
Kfz-Kennzeichen von Alb-Donau-Kreis
UL
Kfz-Kennzeichen von Altena
AL
Kfz-Kennzeichen von Altenkirchen
AK
Kfz-Kennzeichen von Alzey-Worms
AZ
Kfz-Kennzeichen von Amberg
AM
Kfz-Kennzeichen von Ansbach
AN
Kfz-Kennzeichen von Arnsberg
AR
Kfz-Kennzeichen von Aschaffenburg
AB
Kfz-Kennzeichen von Backnang
BK
Kfz-Kennzeichen von Bad Homburg
HG
Kfz-Kennzeichen von Bad Kissingen
KG

Kfz-Kennzeichen von Bad Kreuznach
KH
Kfz-Kennzeichen von Bad Oldesloe
OD
Kfz-Kennzeichen von Bad Segeberg
SE
Kfz-Kennzeichen von Balingen
BL
Kfz-Kennzeichen von Bamberg
BA
Kfz-Kennzeichen von Bayreuth
BT
Kfz-Kennzeichen von Beckum
BE
Kfz-Kennzeichen von Bergheim
BM
Kfz-Kennzeichen von Bergisch Gladbach
GL
Kfz-Kennzeichen von Bergstraße
HP
Kfz-Kennzeichen von Bern
BE
Kfz-Kennzeichen von Biberach
BC
Kfz-Kennzeichen von Bielefeld
BI
Kfz-Kennzeichen von Böblingen
BB
Kfz-Kennzeichen von Bochum
BO
Kfz-Kennzeichen von Bodenseekreis
FN
Kfz-Kennzeichen von Bonn
BN
Kfz-Kennzeichen von Braunschweig
BS
Kfz-Kennzeichen von Bruchsal
BR
Kfz-Kennzeichen von Bühl
BH
Kfz-Kennzeichen von Bundesbahn
DB
Kfz-Kennzeichen von Bundesgrenzschutz
BG
Kfz-Kennzeichen von Bundespost
BP
Kfz-Kennzeichen von Bundesrat, Bundesregierung, Bundestag
BD
Kfz-Kennzeichen von Burgdorf
BU
Kfz-Kennzeichen von Burgsteinfurt
BF
Kfz-Kennzeichen von Calw
CW
Kfz-Kennzeichen von Celle
CE
Kfz-Kennzeichen von Coburg
CO
Kfz-Kennzeichen von Corps consulaire
CC
Kfz-Kennzeichen von Corps diplomatique
CD
Kfz-Kennzeichen von Cottbus
CB
Kfz-Kennzeichen von Crailsheim
CR
Kfz-Kennzeichen von Darmstadt
DA
Kfz-Kennzeichen von Dessau
DE
Kfz-Kennzeichen von Detmold
DT
Kfz-Kennzeichen von Deutsche Bahn
DB
Kfz-Kennzeichen von Deutsche Bundespost
BP
Kfz-Kennzeichen von Dieburg
DI
Kfz-Kennzeichen von Diepholz
DH
Kfz-Kennzeichen von Diplomatisches Korps
CD
Kfz-Kennzeichen von Döbeln
DL
Kfz-Kennzeichen von Donaueschingen
DS
Kfz-Kennzeichen von Dortmund
DO
Kfz-Kennzeichen von Dresden
DD
Kfz-Kennzeichen von Duisburg
DU
Kfz-Kennzeichen von Düren
DN
Kfz-Kennzeichen von Eberswalde
EW
Kfz-Kennzeichen von Eggenfelden
EG
Kfz-Kennzeichen von Elbe-Elster-Kreis
EE
Kfz-Kennzeichen von Emmendingen
EM
Kfz-Kennzeichen von Emsland Meppen
EL
Kfz-Kennzeichen von Ennepe-Ruhr-Kreis
EN
Kfz-Kennzeichen von Enzkreis
PF
Kfz-Kennzeichen von Erding
ED
Kfz-Kennzeichen von Erftkreis
BM
Kfz-Kennzeichen von Erfurt
EF
Kfz-Kennzeichen von Erlangen
ER
Kfz-Kennzeichen von Esslingen
ES
Kfz-Kennzeichen von Euskirchen
EU
Kfz-Kennzeichen von Flensburg
FL
Kfz-Kennzeichen von Forchheim
FO

Kfz-Kennzeichen von Frankenthal
FT
Kfz-Kennzeichen von Frankfurt-Höchst
FH
Kfz-Kennzeichen von Frankfurt/Oder
FF
Kfz-Kennzeichen von Freiburg
FR
Kfz-Kennzeichen von Freising
FS
Kfz-Kennzeichen von Friedberg
FB
Kfz-Kennzeichen von Friedrichshafen
FN
Kfz-Kennzeichen von Fritzlar-Homberg
FZ
Kfz-Kennzeichen von Fulda
FU
Kfz-Kennzeichen von Geilenkirchen-Heinsberg
GK
Kfz-Kennzeichen von Gelnhausen
GN
Kfz-Kennzeichen von Gelsenkirchen
GE
Kfz-Kennzeichen von Gießen
GI
Kfz-Kennzeichen von Gifhorn
GF
Kfz-Kennzeichen von Glauchau
GC
Kfz-Kennzeichen von Göppingen
GP
Kfz-Kennzeichen von Goslar
GS
Kfz-Kennzeichen von Grevenbroich
GV
Kfz-Kennzeichen von Groß-Gerau
GG
Kfz-Kennzeichen von Gummersbach
GM
Kfz-Kennzeichen von Günzburg
GZ
Kfz-Kennzeichen von Gütersloh
GT
Kfz-Kennzeichen von Hagen
HA
Kfz-Kennzeichen von Halle (Westfalen)
HW
Kfz-Kennzeichen von Hamburg
HH
Kfz-Kennzeichen von Hameln-Pyrmont
HM
Kfz-Kennzeichen von Hanau
HU
Kfz-Kennzeichen von Hansestadt Bremen
HB
Kfz-Kennzeichen von Hansestadt Hamburg
HH
Kfz-Kennzeichen von Hansestadt Lübeck
HL
Kfz-Kennzeichen von Harburg in Winsen
WL
Kfz-Kennzeichen von Heidelberg
HD
Kfz-Kennzeichen von Heilbronn
HN
Kfz-Kennzeichen von Heinsberg
HS
Kfz-Kennzeichen von Helmstedt
HE
Kfz-Kennzeichen von Heppenheim
HP
Kfz-Kennzeichen von Herford
HF
Kfz-Kennzeichen von Hildesheim
HI
Kfz-Kennzeichen von Hochtaunuskreis
HG
Kfz-Kennzeichen von Hof
HO
Kfz-Kennzeichen von Homberg
HR
Kfz-Kennzeichen von Höxter
HX
Kfz-Kennzeichen von Ilmenau
IL
Kfz-Kennzeichen von Ingolstadt
IN
Kfz-Kennzeichen von Iserlohn
IS
Kfz-Kennzeichen von Itzehohe
IZ
Kfz-Kennzeichen von Jüterbog
JB
Kfz-Kennzeichen von Kaiserslautern
KL
Kfz-Kennzeichen von Kamenz
KM
Kfz-Kennzeichen von Karlsruhe
KA
Kfz-Kennzeichen von Kassel
KS
Kfz-Kennzeichen von Kaufbeuren
KF
Kfz-Kennzeichen von Kempen-Krefeld
KK
Kfz-Kennzeichen von Kempten
KE
Kfz-Kennzeichen von Kiel
KI
Kfz-Kennzeichen von Kitzingen
KT
Kfz-Kennzeichen von Koblenz
KO
Kfz-Kennzeichen von Konstanz
KN
Kfz-Kennzeichen von Konsularisches Korps
CC
Kfz-Kennzeichen von Korbach
KB
Kfz-Kennzeichen von Krefeld
KR
Kfz-Kennzeichen von Kronach
KC
Kfz-Kennzeichen von Kulmbach
KU

Kfz-Kennzeichen von Lahr
LR
Kfz-Kennzeichen von Landau/Pfalz
LD
Kfz-Kennzeichen von Landsberg
LL
Kfz-Kennzeichen von Landshut
LA
Kfz-Kennzeichen von Laufen
LF
Kfz-Kennzeichen von Lemgo
LE
Kfz-Kennzeichen von Limburg-Weilburg
LM
Kfz-Kennzeichen von Lindau
LI
Kfz-Kennzeichen von Lippstadt
LP
Kfz-Kennzeichen von Lübbecke
LK
Kfz-Kennzeichen von Lübeck
HL
Kfz-Kennzeichen von Luckau
LC
Kfz-Kennzeichen von Lüdenscheid
LS
Kfz-Kennzeichen von Lüdinghausen
LH
Kfz-Kennzeichen von Ludwigsburg
LB
Kfz-Kennzeichen von Ludwigshafen
LU
Kfz-Kennzeichen von Lüneburg
LG
Kfz-Kennzeichen von Mainz
MZ
Kfz-Kennzeichen von Mannheim
MA
Kfz-Kennzeichen von Marburg-Biedenkopf
MR
Kfz-Kennzeichen von Mayen
MY
Kfz-Kennzeichen von Mayen-Koblenz
MYK
Kfz-Kennzeichen von Memmingen
MM
Kfz-Kennzeichen von Mettmann
ME
Kfz-Kennzeichen von Miesbach
MB
Kfz-Kennzeichen von Mindelheim
MN
Kfz-Kennzeichen von Minden-Lübbecke
MI
Kfz-Kennzeichen von Moers
MO
Kfz-Kennzeichen von Mönchengladbach
MG
Kfz-Kennzeichen von Montabaur
MT
Kfz-Kennzeichen von Mülheim/Ruhr
MH
Kfz-Kennzeichen von Münster
MS
Kfz-Kennzeichen von Neu-Ulm
NU
Kfz-Kennzeichen von Neubrandenburg
NB
Kfz-Kennzeichen von Neuburg-Schrobenhausen
ND
Kfz-Kennzeichen von Neuhaus
NH
Kfz-Kennzeichen von Neumarkt
NM
Kfz-Kennzeichen von Neunkirchen
NK
Kfz-Kennzeichen von Neuruppin
NP
Kfz-Kennzeichen von Neuss
NE
Kfz-Kennzeichen von Neustadt/Weinstraße
NW
Kfz-Kennzeichen von Neuwied
NR
Kfz-Kennzeichen von Nienburg
NI
Kfz-Kennzeichen von Nordfriesland
NF
Kfz-Kennzeichen von Nürtingen
NT
Kfz-Kennzeichen von Oberallgäu
OA
Kfz-Kennzeichen von Oberhausen
OB
Kfz-Kennzeichen von Offenbach
OF
Kfz-Kennzeichen von Offenburg
OG
Kfz-Kennzeichen von Oldenburg/Oldenburg
OL
Kfz-Kennzeichen von Oldesloe
OD
Kfz-Kennzeichen von Olpe
OE
Kfz-Kennzeichen von Opladen
OP
Kfz-Kennzeichen von Oschatz
OZ
Kfz-Kennzeichen von Oschersleben
OC
Kfz-Kennzeichen von Osnabrück
OS
Kfz-Kennzeichen von Ostalbkreis
AA
Kfz-Kennzeichen von Ostholstein
OH
Kfz-Kennzeichen von Paderborn
PB
Kfz-Kennzeichen von Passau
PA
Kfz-Kennzeichen von Peine
PE
Kfz-Kennzeichen von Pforzheim
PF
Kfz-Kennzeichen von Pinneberg
PI

Kfz-Kennzeichen von Pirmasens
PS
Kfz-Kennzeichen von Plauen
PL
Kfz-Kennzeichen von Rastatt
RA
Kfz-Kennzeichen von Ratzeburg
RZ
Kfz-Kennzeichen von Ravensburg
RV
Kfz-Kennzeichen von Recklinghausen
RE
Kfz-Kennzeichen von Remscheid
RS
Kfz-Kennzeichen von Rendsburg-Eckernförde
RD
Kfz-Kennzeichen von Reutlingen
RT
Kfz-Kennzeichen von Rheydt
RY
Kfz-Kennzeichen von Rinteln
RI
Kfz-Kennzeichen von Rosenheim
RO
Kfz-Kennzeichen von Roth
RH
Kfz-Kennzeichen von Rottweil
RW
Kfz-Kennzeichen von Saarbrücken
SB
Kfz-Kennzeichen von Salzgitter
SZ
Kfz-Kennzeichen von Schleswig
SL
Kfz-Kennzeichen von Schwabach
SC
Kfz-Kennzeichen von Schwäbisch Gmünd
GD
Kfz-Kennzeichen von Schwalm-Eder-Kreis
HR
Kfz-Kennzeichen von Schweinfurt
SW
Kfz-Kennzeichen von Schwenningen
VS
Kfz-Kennzeichen von Siegburg
SU
Kfz-Kennzeichen von Siegen
SI
Kfz-Kennzeichen von Siegkreis
SU
Kfz-Kennzeichen von Singen
KN
Kfz-Kennzeichen von Soest
SO
Kfz-Kennzeichen von Solingen
SG
Kfz-Kennzeichen von Sonthofen
SF
Kfz-Kennzeichen von Speyer
SP
Kfz-Kennzeichen von Steinburg
IZ
Kfz-Kennzeichen von Steinfurt
ST
Kfz-Kennzeichen von Straubing
SR
Kfz-Kennzeichen von Syke
SY
Kfz-Kennzeichen von Tecklenburg
TE
Kfz-Kennzeichen von Templin
TP
Kfz-Kennzeichen von Tettnang
TT
Kfz-Kennzeichen von Torgau
TG
Kfz-Kennzeichen von Traunstein
TS
Kfz-Kennzeichen von Trier
TR
Kfz-Kennzeichen von Uelzen
UE
Kfz-Kennzeichen von Ulm
UL
Kfz-Kennzeichen von Unna
UN
Kfz-Kennzeichen von Unstrut-Hainich-Kreis
UH
Kfz-Kennzeichen von Villingen
VL
Kfz-Kennzeichen von Villingen-Schwenningen
VS
Kfz-Kennzeichen von Völklingen
VK
Kfz-Kennzeichen von Waiblingen
WN
Kfz-Kennzeichen von Waldeck
WA
Kfz-Kennzeichen von Waldshut
WT
Kfz-Kennzeichen von Wangen
WG
Kfz-Kennzeichen von Wasserburg
WS
Kfz-Kennzeichen von Weilheim
WM
Kfz-Kennzeichen von Weimar
WE
Kfz-Kennzeichen von Wetzlar
WZ
Kfz-Kennzeichen von Wiedenbrück
WD
Kfz-Kennzeichen von Wiesbaden
WI
Kfz-Kennzeichen von Winsen
WL
Kfz-Kennzeichen von Wittenberg
WB
Kfz-Kennzeichen von Wolfenbüttel
WF
Kfz-Kennzeichen von Worms
WO
Kfz-Kennzeichen von Zerbst
ZE
Kfz-Kennzeichen von Zweibrücken
ZW

2

Klamauk
Uz
Kleidungsstück
BH
kleine Zeitspanne
Nu
kleiner Erbgutträger
Id
Klosett
WC
König *im* **alten Testament**
Og
Konjunktion
da
Körperausstrahlung
Od
Kreiszahl
Pi
Kuchenzutat
Ei
Kürzel für Name unbekannt
NN
kurzer Augenblick
Nu
kurzer Moment
Nu
Kurzform für an dem
am
Kurzform für Fernsehen
TV
Kurzform für Zustimmung
ok
Kurzwort für Kompaktschallplatte
CD

L

Landschaftsform
Au
landwirtschaftliches Produkt
Ei
Längenmaß (Abkürzung)
cm, km, My
Langspielplatte
LP
lateinisch für aus
ex
lateinisch für und
et
lateinische Vorsilbe (nach)
ad
lateinische Vorsilbe (zu)
ad
Latrine
WC
Lehranstalt
FH, PH, TH, TU
Leuchtstärkemaßeinheit (Abkürzung)
lx
Lichtstärkemaßeinheit (Abkürzung)
cd
Lichtstrommaßeinheit (Abkürzung)
lm
Logarithmus (Abkürzung)
ld, lg, ln
ludolfsche Zahl
Pi
lustiger Unfug
Uz

M

männlicher französischer Artikel
le
männliches Fürwort
er
meinetwegen
ja
modern
in
Moment
Nu
Mond des Jupiter
Io
Musiknote
as, be, es
Musiktonträger
CD, MC

N

Nachrichtenagentur (Abkürzung)
AP
Nachsatz im Brief
PS
Nachschrift
PS
Nahrungsmittel
Ei
Namensbestandteil in Frankreich
de
Namensbestandteil in Schottland
Mc
Narretei
Uz
Nasszelle
WC
Nationalitätenkennzeichen von Ägypten
ET
Nationalitätenkennzeichen von Albanien
AL
Nationalitätenkennzeichen von Argentinien
RA
Nationalitätenkennzeichen von Brasilien
BR
Nationalitätenkennzeichen von Bulgarien
BG
Nationalitätenkennzeichen von Dänemark
DK
Nationalitätenkennzeichen von Finnland
SF
Nationalitätenkennzeichen von Fürstentum Liechtenstein
FL
Nationalitätenkennzeichen von Griechenland
GR
Nationalitätenkennzeichen von Großbritannien
GB
Nationalitätenkennzeichen von Holland
NL
Nationalitätenkennzeichen von Iran
IR
Nationalitätenkennzeichen von Island
IS
Nationalitätenkennzeichen von Israel
IL
Nationalitätenkennzeichen von Jugoslawien
YU
Nationalitätenkennzeichen von Libanon
RL
Nationalitätenkennzeichen von Marokko
MA
Nationalitätenkennzeichen von Monaco
MC
Nationalitätenkennzeichen von Neuseeland
NZ
Nationalitätenkennzeichen von Niederlande
NL
Nationalitätenkennzeichen von Nordirland
GB

Nationalitätenkennzeichen von Polen
PL
Nationalitätenkennzeichen von Rumänien
RO
Nationalitätenkennzeichen von Schweiz
CH
Nationalitätenkennzeichen von Tunesien
TN
Nationalitätenkennzeichen von Türkei
TR
Nationalitätenkennzeichen von Volksrepublik China
TJ
Nationalitätenkennzeichen von Zypern
CY
Naturkraft
Od
Nebenfluss *der* **Aare**
Aa
Nebenfluss *der* **Donau**
Oh
Nebenfluss *der* **Ijssel**
Aa
Nebenfluss *des* **Ob**
Ui
Nebenfluss *des* **Rhein**
Ay
Nebenfluss *der* **Wolga**
Ik
Neckerei
Uz
niederdeutsch für ihr
ze
niederländisch für ich
ik
niederländisch für sie
ze
Niederschlag beim Boxen
ko
Niederung
Au
Null-Null
WC
nun
so

O

orientalische Gottheit
Ea
Ort *in* **Nordfinnland**
Ii
österreichisch für sowieso
eh

P

Papyrusboot des Thor Heyerdahl
Ra
persönliche Anrede
du
persönliches deutsches Fürwort
du, er, es
persönliches englisches Fürwort
he, it, we
persönliches französisches Fürwort
il, je, tu
Pferdestärke (Abkürzung)
PS
Possen
Uz
Postskript
PS
Präposition
an, in, um, zu
pro
je

R

rätselhafte Naturkraft
Od
Reinigungsgerät
Ul
Riesenfaultier
Ai
Rundfunksender (Abkürzung)
BR, HR, RB, SR
rundfunktechnischer Begriff
FM

S

Schallplattenart
CD, LP
Schalterstellung
an, on
schottischer Namensbestandteil
Mc
sehr alte Stadt in Babylonien
Ur
Skatausdruck
Re
Sonnengott der Ägypter
Ra, Re
spanischer Artikel
el, la, lo
Spaß
Uz
Spielkarte
As
Spitzenkönner
As
Staatenbündnis
UN
Stadt, Gemeinde *in* **Ägypten**
On
Stadt, Gemeinde *in* **Bayern**
Au
Stadt, Gemeinde *in* **Frankreich**
Ax, Ay, Gy
Stadt, Gemeinde *im* **Irak**
Ur
Stadt, Gemeinde *in* **Kirgisien**
Os
Stadt, Gemeinde *in* **Norwegen**
Mo, Os
Stadt, Gemeinde *in* **Schweden**
Ed
Streich
Uz
südamerikanisches Faultier
Ai
südamerikanisches Zweizehenfaultier
Ai
süddeutsch für sowieso
eh

T

tadellos
ok
Tennisausdruck
As
Tierprodukt
Ei
Toilette
WC
Trällersilbe
la

U

Ulk
Uz
umgangssprachlich für amerikanischer Soldat
GI

umgangssprachlich für eine
ne
Umlaut
oe
Unfug
Uz
ungefähr
ca

V

Vereinte Nationen (Abkürzung)
UN
verflossen
ex
vertrauliche Anrede
du
Vogelprodukt
Ei
vorhanden
da
Vorsilbe
ab, an, be, er, in, um, un, zu
Vorsilbe der Verneinung
un

W

wasserreiche Niederung
Au
weg
ab
weibliche griechische Sagengestalt
Io, Jo
weiblicher Kosename
Lu
Weile
Nu
Weltorganisation (Abkürzung)
UN
wieder als Vorsilbe
re
Wiesengrund
Au
Wikingersegel
Ra
Wildrind
Ur
Witz
Uz
Wort *beim* **Skat**
Re
Wort *der* **Zustimmung**
ja

XYZ

Zahl *zur* **Kreisberechnung**
Pi
Zeichen *für* **Emanation**
EM
Zeichen *für* **Phot**
ph
Zeitbegriff
Nu
zeitgemäß
in
zerschlagen
ko
Zeusgeliebte
Io
zurzeit (Abkürzung)
zz
Zusammenbruch
Ko
zustimmende Antwort
ja
zwecks
um

3 BUCHSTABEN

A

Aachener Sehenswürdigkeit
Dom
aalförmiger Lurch
Olm
ab
weg
Abbild
Dia
Abendanzug
Cut
Abgabe *an den* **Staat**
MWS
Abgasreiniger
Kat
abgebrannt
arm
abgebrüht
roh
abgedroschen
fad
Abgekochtes
Sud
abgelegen
jwd, oed
abgeschmackt
fad, lau
Abgesottenes
Sud
abgetan
aus, out
Abgottschlange
Boa
Abitur
Abi
Abkochbrühe
Sud
Abkürzung für Abbildung
Abb
Abkürzung für Abfahrt
Abf
Abkürzung für Abgeordneter
Abg
Abkürzung für abgeschlossen
abg
Abkürzung für Abhandlung
Abh
Abkürzung für Abholung
Abh
Abkürzung für Abkommen
Abk
Abkürzung für Abkürzung
Abk
Abkürzung für Abonnement
Abo
Abkürzung für Absatz
Abs
Abkürzung für Absender
Abs
Abkürzung für Abteilung
Abt
Abkürzung für Adjektiv
Adj
Abkürzung für Adjutant
Adj
Abkürzung für Administration
Adm
Abkürzung für Adresse
Adr
Abkürzung für Akkusativ
Akk
Abkürzung für Alabama (USA)
Ala
Abkürzung für Allgemeine Elektricitäts-Gesellschaft
AEG
Abkürzung für Allgemeine Geschäftsbedingungen
AGB
Abkürzung für Allgemeine Ortskrankenkasse
AOK

Abkürzung für Allgemeiner Deutscher Nachrichtendienst
ADN
Abkürzung für Allgemeiner Turnverein
ATV
Abkürzung für Aluminiumtitanat
ATI
Abkürzung für am angeführten Ort
aaO
Abkürzung für amerikanische Bundespolizei
FBI
Abkürzung für Angebot
Ang
Abkürzung für Anhang
Anh
Abkürzung für Ankunft
Ank
Abkürzung für Anlage
Anl
Abkürzung für Anmeldung
Anm
Abkürzung für Anmerkung
Anm
Abkürzung für Annahme
Ann
Abkürzung für Anrainer
Anr
Abkürzung für Ansage
Ans
Abkürzung für Antiblockiersystem
ABS
Abkürzung für Apothekengesetz
APG
Abkürzung für Arkansas (USA)
Ark
Abkürzung für Artikel
Art
Abkürzung für Assessor
Ass
Abkürzung für Ausführungsverordnung
AVO
Abkürzung für Autobahn
BAB
Abkürzung für Bahnhof
Bhf
Abkürzung für Bank Deutscher Länder
BDL
Abkürzung für Bankleitzahl
BLZ
Abkürzung für Bauaufsichtsamt
BAA
Abkürzung für Beamter auf Lebenszeit
BAL
Abkürzung für Bedienung
Bed
Abkürzung für belgischer Franc
bFr
Abkürzung für Bemerkung
Bem
Abkürzung für Berufsschullehrer
BSL
Abkürzung für besonders
bes
Abkürzung für Bewohner
Bew
Abkürzung für bezahlt
bez
Abkürzung für beziehungsweise
bzw
Abkürzung für Bezirk
Bez
Abkürzung für Bildschirmarbeitsplatz
BAP
Abkürzung für Bits pro Sekunde
Bps
Abkürzung für Branchentelefonbuch
BTB
Abkürzung für Britische Luftwaffe
RAF
Abkürzung für British Broadcasting Corporation
BBC
Abkürzung für brutto
bto
Abkürzung für Bruttoregistertonne
BRT
Abkürzung für Bundesarbeitsgericht
BAG
Abkürzung für Bundesautobahn
BAB
Abkürzung für Bundesgartenausstellung
BGA
Abkürzung für Bundesinnenministerium
BMI
Abkürzung für Bundespräsident
Bpr
Abkürzung für Bundesrepublik Deutschland
BRD
Abkürzung für Bürgerliches Gesetzbuch
BGB
Abkürzung für California (USA)
Cal
Abkürzung für Central Intelligence Agency
CIA
Abkürzung für Christlich-Demokratische Union
CDU
Abkürzung für Christlich-Soziale Union
CSU
Abkürzung für Colorado (USA)
Col
Abkürzung für Compagnie
Cie
Abkürzung für Dakota (USA)
Dak
Abkürzung für dänische Krone
dkr
Abkürzung für datiert
dat
Abkürzung für Dativ
Dat
Abkürzung für Delaware (USA)
Del
Abkürzung für der Ältere
dAe
Abkürzung für der Große
dGr
Abkürzung für dergleichen
dgl
Abkürzung für desgleichen
dto
Abkürzung für Deutsche Bundespost
DBP
Abkürzung für Deutsche Demokratische Republik
DDR
Abkürzung für Deutsche Industrie-Norm
DIN
Abkürzung für Deutsche Landwirtschafts-Gesellschaft
DLG
Abkürzung für Deutsche Olympische Gesellschaft
DOG

Abkürzung für Deutsche Presse-Agentur
dpa
Abkürzung für Deutsche Sportkonferenz
DSK
Abkürzung für Deutscher Alpenverein
DAV
Abkürzung für Deutscher Entwicklungsdienst
DED
Abkürzung für Deutscher Fußball-Bund
DFB
Abkürzung für Deutscher Gewerkschaftsbund
DGB
Abkürzung für Deutsches Arzneibuch
DAB
Abkürzung für Deutsches Bundespatent
DBP
Abkürzung für Deutsches Reichspatent
DRP
Abkürzung für Deutsches Reisebüro
DER
Abkürzung für Deutsches Rotes Kreuz
DRK
Abkürzung für Dinar
din
Abkürzung für dito
dto
Abkürzung für diverses
div
Abkürzung für ebenda
ebd
Abkürzung für ehemals
ehm
Abkürzung für Elektroenzephalogramm
EEG
Abkürzung für Elektrokardiogramm
EKG
Abkürzung für elektronische Spurhaltekontrolle
ETC
Abkürzung für englische Luftwaffe
RAF
Abkürzung für estnische Krone
EKR
Abkürzung für et cetera
etc
Abkürzung für Europäische Rechnungseinheit
ECU
Abkürzung für Europäische Währungsunion
EWU
Abkürzung für Europäische Weltraumbehörde
ESA
Abkürzung für Europäische Wirtschaftsgemeinschaft
EWG
Abkürzung für Europäische Zahlungsunion
EPU, EZU
Abkürzung für Europäisches Währungsabkommen
EWA
Abkürzung für Evangelische Kirche in Deutschland
EKD
Abkürzung für Exzellenz
Exz
Abkürzung für Familie
Fam
Abkürzung für Florida (USA)
Fla
Abkürzung für französisch
frz
Abkürzung für Fräulein
Frl
Abkürzung für Freie Demokratische Partei
FDP
Abkürzung für Freie Deutsche Jugend
FDJ
Abkürzung für Freikörperkultur
FKK
Abkürzung für geboren
geb
Abkürzung für gegebenenfalls
ggf
Abkürzung für Gemeinde
Gem
Abkürzung für genannt
gen
Abkürzung für Generalmusikdirektor
GMD
Abkürzung für Genossenschaft
Gen
Abkürzung für gesehen
ges
Abkürzung für *eine* **Gesellschaftsform**
OHG
Abkürzung für gezeichnet
gez
Abkürzung für Handelsgesetzbuch
HGB
Abkürzung für Hauptbahnhof
Hbf
Abkürzung für *eine* **Himmelsrichtung**
NNO, NNW, ONO, OSO, SSO, SSW, WNW, WSW
Abkürzung für Honorar
Hon
Abkürzung für Illinois (USA)
Ill
Abkürzung für Imperativ
Imp
Abkürzung für in der Trockenmasse
iTr
Abkürzung für Indiana (USA)
Ind
Abkürzung für Industrie- und Handelskammer
IHK
Abkürzung für Ingenieur
Ing
Abkürzung für Inhaber
Inh
Abkürzung für Inland
Inl
Abkürzung für Intercityexpress
ICE
Abkürzung für international
int
Abkürzung für Internationale Arbeiterorganisation
IAO
Abkürzung für Internationale Automobilausstellung
IAA
Abkürzung für Internationale Fernmelde-Union
ITU, UTU
Abkürzung für Internationale Flüchtlingsorganisation
IRO
Abkürzung für Internationale Gartenbauausstellung
IGA

Abkürzung für Internationaler Automobil-Verband
FIA
Abkürzung für Internationaler Schriftstellerverband
PEN
Abkürzung für Internationaler Tennisverband
ATP
Abkürzung für Internationales Olympisches Komitee
IOC, IOK
Abkürzung für Internationales Rotes Kreuz
IRK
Abkürzung für Internationale Arbeitsorganisation
IAO
Abkürzung für italienische Lira
Lit
Abkürzung für Jahrtausend
Jtd
Abkürzung für jugoslawische Münze
Din
Abkürzung für junior
jun
Abkürzung für Jurisprudenz
jur
Abkürzung für kaiserlich-königlich
kuk
Abkürzung für Kalifornien (USA)
Cal
Abkürzung für Kalorie
cal, Kal
Abkürzung für Kapitel
Kap
Abkürzung für Kernkraftwerk
KKW
Abkürzung für königlich
kgl
Abkürzung für königliche Luftwaffe (englisch)
RAF
Abkürzung für Königreich
Kgr
Abkürzung für Konto
Kto
Abkürzung für Kopeke
Kop
Abkürzung für Kraftfahrzeug
Kfz
Abkürzung für Kubikzentimeter
ccm
Abkürzung für Landessozialgericht
LSG
Abkürzung für Landesversicherungsanstalt
LVA
Abkürzung für Landeszentralbank
LZB
Abkürzung für Landwirtschaftsorganisation der UN
FAO
Abkürzung für Lastenausgleich
LAG
Abkürzung für Lastkraftwagen
Lkw
Abkürzung für lateinisch
lat
Abkürzung für laufend
lfd
Abkürzung für ledig
led
Abkürzung für limited
ltd
Abkürzung für Literatur
Lit
Abkürzung für Madame
Mme
Abkürzung für Magister
Mag
Abkürzung für Männergesangverein
MGV
Abkürzung für medizinisch
med
Abkürzung für medizinisch-technische Assistentin
MTA
Abkürzung für Milliarde
Mrd
Abkürzung für Million
Mio
Abkürzung für Minister
Min
Abkürzung für Mistress
Mrs
Abkürzung für mit anderen Worten
maW
Abkürzung für Mitglied des Bundestages
MdB
Abkürzung für Mitglied des Landtages
MdL
Abkürzung für mitteleuropäische Zeit
MEZ
Abkürzung für mobile Datenerfassung
MDE
Abkürzung für mobiles Einsatzkommando
MEK
Abkürzung für monatlich
mtl
Abkürzung für Monatsname
Apr, Feb
Abkürzung für *einen* **Monatsnamen**
Apr, Aug, Dez, Jan, Nov, Okt
Abkürzung für Monseigneur
Mgr
Abkürzung für Monsignore
Mgr
Abkürzung für motorisiert
mot
Abkürzung für Motorrad
Krd, Mrd
Abkürzung für national
nat
Abkürzung für Nationales Olympisches Komitee
NOK
Abkürzung für Nationalität
Nat
Abkürzung für Negativ
Neg
Abkürzung für netto
nto
Abkürzung für Nevada (USA)
Nev
Abkürzung für Nitroglyzerin
NGL
Abkürzung für Norddeutscher Rundfunk
NDR
Abkürzung für Nordnordost
NNO
Abkürzung für Nordnordwest
NNW
Abkürzung für Nordrhein-Westfalen
NRW
Abkürzung für November
Nov
Abkürzung für Oberbayern
Obb

3

3

Abkürzung für Oberfinanzkasse
OFK
Abkürzung für Oberlandesgericht
OLG
Abkürzung für Oberpostdirektion
OPD
Abkürzung für Oberverwaltungsgericht
OVG
Abkürzung für Objekt
Obj
Abkürzung für offene Handelsgesellschaft
OHG
Abkürzung für *das* **Olympische Komitee**
IOC
Abkürzung für Oregon
(USA)
Ore
Abkürzung für Organisation
Org
Abkürzung für Organisation amerikanischer Staaten
OAS
Abkürzung für Österreichischer Rundfunk
ORF
Abkürzung für osteuropäische Zeit
OEZ
Abkürzung für per procura
ppa
Abkürzung für Personenkraftwagen
Pkw
Abkürzung für Pfennig
Pfg
Abkürzung für Polizeihauptwache
PHW
Abkürzung für Position
Pos
Abkürzung für positiv
pos
Abkürzung für Punkt
Pkt
Abkürzung für Quadratzentimeter
qcm
Abkürzung für Rechnungsnummer
Rnr
Abkürzung für Redakteur
Red
Abkürzung für Referendar
Ref
Abkürzung für reformiert
ref
Abkürzung für Regierung
Reg
Abkürzung für Religion
Rel
Abkürzung für Republik
Rep
Abkürzung für Royal Air Force
RAF
Abkürzung für *einen* **Rundfunksender**
NDR, SDR, SFB, SWF, WDR
Abkürzung für russische Münze
kop
Abkürzung für Sainte
Ste
Abkürzung für Santa
Sta
Abkürzung für Santo
Sto
Abkürzung für Schilling
Sch
Abkürzung für Schweizerische Post
PTT
Abkürzung für Seenotruf
SOS
Abkürzung für Seiner Majestät Schiff
SMS
Abkürzung für Sender Freies Berlin
SFB
Abkürzung für Senior
sen
Abkürzung für sinus
sin
Abkürzung für so viel wie
svw
Abkürzung für Sozialdemokratische Partei Deutschlands
SPD
Abkürzung für Sozialistische Einheitspartei Deutschlands
SED
Abkürzung für Sozialistische Sowjetrepublik
SSR
Abkürzung für Sportvereine
TUS
Abkürzung für *einen* **Sprengstoff**
TNT
Abkürzung für Steinkohleeinheit
SKE
Abkürzung für Straße
Str
Abkürzung für Stunde
Std
Abkürzung für Süddeutscher Rundfunk
SDR
Abkürzung für Südsüdwest
SSW
Abkürzung für Südwestfunk
SWF
Abkürzung für Tarif für Angestellte
BAT
Abkürzung für tausend
tsd
Abkürzung für Telefon
Tel
Abkürzung für Texas
(USA)
Tex
Abkürzung für Titel
Tit, Ttl
Abkürzung für Touringclub der Schweiz
TCS
Abkürzung für Trans-Europ-Express
TEE
Abkürzung für Trinitrotoluol
TNT
Abkürzung für Tuberkulose
Tbc
Abkürzung für Turn- und Sportverein
TuS
Abkürzung für ultimo
ult
Abkürzung für Ultrakurzwelle
UKW
Abkürzung für unbekanntes Flugobjekt
Ufo
Abkürzung für und so weiter
etc, usw
Abkürzung für Unfalldatenschreiber
UDS
Abkürzung für United Nations
UNO
Abkürzung für United Press International
UPI
Abkürzung für United States of America
USA

Abkürzung für Unteroffizier vom Dienst
UvD
Abkürzung für Valuta
val
Abkürzung für Variation
Var
Abkürzung für Verband der Kriegsbeschädigten
VdK
Abkürzung für Verband Deutscher Elektrotechniker
VDE
Abkürzung für Verein Deutscher Ingenieure
VDI
Abkürzung für Vereinigte Arabische Emirate
VAE
Abkürzung für Vereinigte Staaten von Amerika
USA
Abkürzung für Vereinte Nationen
UNO
Abkürzung für vergleiche
vgl
Abkürzung für Verlag
Vlg
Abkürzung für Weltarbeitsorganisation
IAO
Abkürzung für Weltgesundheitsorganisation
WHO
Abkürzung für Weltpostverein
UPU
Abkürzung für Weltwetterorganisation
WMO
Abkürzung für Westdeutscher Rundfunk
WDR
Abkürzung für westeuropäische Zeit
WEZ
Abkürzung für Winterschlussverkauf
WSV
Abkürzung für Witwe
Wwe
Abkürzung für zivil
ziv
Abkürzung für Zivilprozessordnung
ZPO
Abkürzung für zurzeit (zur Zeit)
zzt
Abkürzung für zusammen
zus
Abkürzung für zuzüglich
zuz
Abkürzung für Zweites Deutsches Fernsehen
ZDF
Ableben
Tod
ablehnender Ausruf
Iwo
Ablehnung
nie
Abschaum
Mob
Abschiedsgruß
ade
Abstufung
Ton
Absud
Sud
Abtritt
Klo
abwechslungslos
oed
abwesend
weg
Abzweigung
Ast
Ackerknecht
Enk
Adams Frau
Eva
Adelsprädikat
von, zum
Adelstitel von Elton John
Sir
Adler
Aar
Adriainsel
Ist, Krk, Pag, Rab, Vir, Vis, Zut
Adverb
nie, nun, oft
Affenart
Lar
afghanische Münze
Pul
afrikanische Hafenstadt
Eil
afrikanische Hauptstadt
Boe
afrikanische Kuhantilope
Gnu
afrikanische Palmenart
Ita
afrikanische Sprache
Ewe, Ful, Gur, Ibo, Kru, Kwa
afrikanische Wüste
Lut
afrikanischer Berg
Kon, Sil, Ulu, Zab
afrikanischer Stamm
Ado, Dor, Ewe, Fan, Ibo, Yao
afrikanisches Gebirge
Rif
afrikanisches Horntier
Gnu
afrikanisches Tier
Gnu
afrikanisches Volk
Ewe
afrikanisches Zwergvolk
Efe
Ägäische Insel
Kos
Aggregatzustand
Eis, Gas
ägyptische Gottheit
Ese, Geb
ägyptischer Gott
Mat
ägyptischer Strom
Nil
akademische Abkürzung
jur, Lic, med
Aktion
Tat
akustisches Phänomen
Ton
Akzent
Ton
albanische Währung
Lek
algerische Geröllwüste
Reg
alkoholisches Getränk
Ale, Gin, Met, Rum
Allee *in* Düsseldorf
Koe
Alpengipfel
Err
Alpenpass
Foo
Alpenweide
Alm, Alp
Alphabet
Abc
altchinesische Dynastie
Han
altdänischer König
Dan
altdeutsches Gewicht
Lot
altdeutsches Hohlmaß
Ohm
alte Anredeform
Sie
alte französische Münze
Ecu, Sou
alte französische Versdichtung
dit
alte japanische Münze
Sen
alter Wurfspieß
Ger

altes Gewicht
Lot
ältester Sohn Noahs
Sem
altgriechische Göttin
Ate, Bia, Deo, Eos, Nyx
altgriechische Sagengestalt
Ino
altgriechischer Gott
Pan
altjüdischer König
Ela
altnordische Totengöttin
Hel
altnordischer Dichter
Tiu
altnordischer Gott
Tin
altrussische Dorfgemeinde
Mir
Altstadt von Amsterdam
Dam
amerikanische Bundespolizei (Abkürzung)
FBI
amerikanische Filmschauspielerin
Day, Loy
amerikanische Münze
Bit
amerikanische Riesenkröte
Aga
amerikanischer Geheimdienst (Abkürzung)
CIA
amerikanischer General
Lee
amerikanischer Kuckuck
Ani
amerikanischer Nobelpreisträger für Chemie
Lee
amerikanischer Papagei
Ara
amerikanischer Schriftsteller
Poe
amerikanischer Staat
USA
amerikanischer Südstaatengeneral
Lee
amerikanischer Tanz
Jig
amerikanischer Wapitihirsch
Elk
amerikanisches Gewicht
Ton
amerikanisches Normzeichen
ASA
Ampelfarbe
Rot
an *der* Oberfläche
auf
Andeutung
Tip
andeutungsweise
vag
Anerkennung
Lob
Angestellte in der Apotheke (Abkürzung)
PTA
Angst
Alb, Alp
Angsttraum
Alb, Alp
Anhänger
Fan
Ankerplatz
Kai
Anlegemauer im Hafen
Kai
Anlegestelle für Schiffe
Kai
Anleitung
Tip
Anrede
ihr, Sie
Anrede *für* Fremde
Sie
Anredefürwort
dir, ihr
anregendes Getränk
Tee
Anregung
Tip
Ansehen
Ruf
Ansiedlung
Ort
Anstellung
Job
Ansturm
Run
Anteilschein
Kux, Los
Antilopenart
Gnu
Antriebsmittel für das Auto
Gas
Anweisung
Rat
Anwesen
Gut, Hof
Araberhengst bei Karl May
Rih
arabisch für Berggipfel
Ras
arabisch für Brunnen
Bir
arabisch für Markt
Suk
arabisch für Meerenge
Bab
arabisch für Sohn
Ben, Ibn
arabisch für Vater
Abu
arabische Kopfbedeckung
Fes
arabische Stadt
Sur
arabischer Fürstentitel
Aga
arabischer Küstensegler
Dau
arabischer Männername
Ali
arabischer Mantel
Aba
arabischer Märchenvogel
Rok
arabischer Name Jesu
Isa
arabischer Sagenvogel
Rok
arabisches Getränk
Kat
arabisches Gewand
Aba
arabisches Schiff
Dau
arabisches Segelschiff
Dau
arabisches zweimastiges Schiff
Dau
Arbeit
Job, Tun
Arbeitsmaterial des Töpfers
Ton
Arbeitsplatz
Job
arge Bedrängnis
Not
arge Lage
Not
Ärger
Wut
ärgerlich
arg
arktischer Vogel
Alk
arktisches Nutztier
Ren
armenische Ruinenstadt
Ani

Armut
Not
aromatisches Getränk
Tee
Arrest in der Soldatensprache
Bau
Art
Typ
Artikel
das, der, die, ein
Arzneiform
Tee
ärztliche Gehilfin (Abkürzung)
MTA
ärztliche Verordnung
Kur
asiatische Wüste
Lut
asiatischer Berg
Apo, Gya, Ida, Nia, Tur
asiatisches Gebirgsrind
Jak, Yak
asiatisches Hochgebirgsrind
Jak, Yak
asiatisches Volk, Volksgruppe
Kha, Lao, Man, Meo, Moi, Mon, Tai, Yao
assyrische Gottheit
Anu, Bel, Sin, Utu
astronomischer Begriff
All, Hof, Ort, Ost, Pol, Tag
äthiopischer Fürstentitel
Ras
atomares Teilchen
Ion
auf keinen Fall
nie
auf *dem* **Weg über (lat.)**
via
Aufbau
Bau
aufbrausender Ärger
Wut
Aufgabe
Amt
Aufgebrachtsein
Wut
aufgeweckt
vif
Aufgussgetränk
Tee
aufmerksam
vif
Aufzeichnung der Herzströme (Abkürzung)
EKG
Aufzug
Akt
augenblicklich
nun
Augendeckel
Lid
Aura
Air
aus *der* **Mode gekommen**
out
Ausdruck *beim* **Fußballspiel**
Aus, Tor
ausdruckslos
tot
Ausfahrt
Tor
ausführen
tun
ausgedient
alt, out
ausgefräste Rille
Nut
ausgerottete Wildrinder
Ure
ausgeruht
fit
ausgestorbener Feuerlandindianer
Ona
ausgestorbener Riesenvogel
Moa
ausgestorbener Vogel Neuseelands
Moa
ausgestorbenes Tier
Moa
Ausguck
Lug
Auskunft
Tip
Ausruf *der* **Erleichterung**
huh, puh
Ausruf *des* **Erstaunens**
ach, aha, oho, oje
Ausruf *des* **Schmerzes**
aua
Ausruf *der* **Überraschung**
oho
Aussagebekräftigung
Eid
Ausschank
Bar
Ausschau
Lug
Ausscheidung
Kot
ausschließlich
nur
Aussehen
Air
Außerirdischer in einer TV-Serie
Alf
Ausspruchssammlung
Ana
australischer Laufvogel
Emu
australischer Straußenvogel
Emu
australisches Tier
Emu
Auszeichnung
Lob
Autoabgasreiniger
Kat
Autobahn (Abkürzung)
BAB
Automarke
BMW, DAF, DKW, MAN, NSU
Automobilclubs (Abkürzung)
AvD
Autor von Der Name der Rose
Eco
Autor von Winnetou
May
Autorität
Ruf
Autoteil
Rad

B

Babykost
Mus
babylonischer Gott
Anu, Bel, Sin
babylonischer Himmelsgott
Anu
Bacchusbegleiter
Pan
Badegelände
See
Badeort
Aix, Ems, Orb, Spa, Wyk
Bahn
Weg, Zug
Bahnzugmaschine (Kurzwort)
Lok
Ballspielbegriff
Aus, Tor
banal
fad
Bankansturm
Run
Bantustamm
Ewe
barbarisch
roh
barsch
rau

baskische Terrororganisation
ETA
Basler Internist
His
Bauart
Typ
bäuerliches Anwesen
Gut, Hof
Bauernhof
Gut
Baumteil
Ast
Baustoff
Ton
Bauwerk
Dom, Tor
bayerisch für Junge
Bua
bayerischer Alpenschilderer
Noe
Beamtentitel
Rat
bedauernswert
arm
Bedeutung
Ruf
Bedrängnis
Not
bedürftig
arm
beendet
aus
befestigtes Hafenufer
Kai
Befestigungsmittel
Tau
Beförderungsmittel
Bus, Jet, Lkw, Pkw, Rad, Zug
begeistert
weg
begeisterter Anhänger
Fan
Begräbnisessen
Ims
begrenzt
eng
Begriff *der* **chinesischen Philosophie**
Jin, Tao, Yin
Begriff *aus der* **Fernsehtechnik**
MAV, MAZ
Begriff *im* **Fußball**
Aus, Tor
Begriff *beim* **Golf**
Par
Begriff *der* **japanischen Philosophie**
Zen
Begriffsgattung
Art
Behandlung
Kur
Beherztheit
Mut
Behörde
Amt
Beiboot
Gig
Beifall
Lob
Beil
Axt
Beiname *von* **Eisenhower**
Ike
Beiname *von* **Guevara**
Che
Beinteil
Zeh
bejahrt
alt
Bekleidungsstück
Cut, Hut
Beklemmung
Alb, Alp
bekömmlich
gut
Bekräftigung
Eid
belgischer Badeort
Spa
belgisches Seebad
Spa
benachbart
nah
Benachrichtigung
Btx
Benehmen
Art
Bengel
Bub
Berg *in den* **Alpen**
Err
Berg *im* **Engadin**
Lad
Berg *in* **Graubünden**
Alv, Err
Berg *im* **Himalaja**
Api
Berg *in* **Indien**
Abu
Berg *in* **Indonesien**
Awu
Berg *in* **Japan**
Aso
Berg *auf* **Kreta**
Ida
Berg *bei* **Lugano**
Bre
Berg *auf den* **Philippinen**
Apo
Berg *bei* **Sankt Moritz**
Err
Berg *auf* **Sardinien**
Ala
Berg *im* **Taurus**
Ala
Bergeinschnitt
Kar, Tal
bergmännischer Begriff
Ort
Bergmassiv *in* **Graubünden**
Err
Bergmassiv *am* **Isonzo**
Kru
Bergrücken *zwischen* **Weser und Leine**
Ith
Bergspitze
Pic, Pik, Piz
Bergstock *der* **Albula-Alpen**
Err
Bergstock *der* **nördlichen Kalkalpen**
Rax
Bergstock *in der* **Schweiz**
Err
Bergstock *bei* **St. Moritz**
Err
Bergweide
Alm, Alp
Bergzug *bei* **Braunschweig**
Elm
Berliner Eckensteher
Ede
Berliner Sender
SFB
Berliner Spitzname
Ede
Beruf
Job
Beschaffenheit
Art
Beschäftigung
Job
beschließende Körperschaft
Rat
beschränkt
eng
Besitz
Gut, Hof
besitzanzeigendes Fürwort
ihr
Bestand
Ist
Bestandteil *von* **schottischen Namen**
Mac

Bestandteil *des* **Zellkerns**
(Abkürzung)
DNS
bestialisch
roh
bestimmender Erbfaktor
Gen
bestimmt
fix
bestimmte Sorte
Art
bestimmter deutscher Artikel
das, der, die
bestimmter englischer Artikel
the
bestimmter französischer Artikel
les
bestimmter italienischer Artikel
gli
bestimmter spanischer Artikel
las, los
Bestimmung
Los
Bestseller
Hit
betagt
alt
Betätigung
Job, Tun
Beteuerung
Eid
Betrug
Lug
betrunken
dun
bevor
ehe
beweglich
vif
Bewegungslänge eines Kolbens
Hub
Bezirk
Gau
biblische Frauengestalt
Eva, Lea
biblische Männergestalt
Dan, Ela, Eli, Gad, Ham, Job, Lot, Noe, Sem
biblische Stammmutter
Eva
biblischer Hoher Priester
Eli
biblischer König
Asa, Ela
biblischer Ort
Lod
biblischer Stammvater
Ham, Noe, Sem
biblisches Maß
Bat, Hin, Kab, Kor, Log
biblisches Volk
Gog
Biersorte
Ale, Alt
Bildhauermaterial
Ton
Bildhauerwerkzeug
Lot
bildwirksame Filmidee
Gag
binäre Einheit
Bit
Bindemittel
Oel
Bindewort
als, bis, ehe, und
Binnengewässer
See
birmanische Münze
Bat
bischöfliche Hauptkirche
Dom
Bischofskirche
Dom
blinder Zorn
Wut
blöd
irr
bloß
nur
Bodenart
Ton
Bodenbelag
PVC
Bodenschatz
Erz
Bodensenke
Tal
Bodenturnübung
Rad
Bogen
Tor
böhmischer Reformator
Hus
Bohnerbesen
Mop
Bollwerk
Kai
Bootsart
Dau, Gig
Bootsteil
Bug
Borkenkäfer
Ips
Börsenansturm
Run
böse
arg
böse Geister Ahrimans
Dew
Bosheit
Arg, Wut
botanischer Begriff
Ast
Bote
Boy
Botin der Frigg
Gna
Boxausdruck
aus, fit
Boy
Bub
Branntwein
Gin, Rum
brasilianische Karnevalsstadt
Rio
Bratensaft
Jus
Brauch
Uso
Bravur (Bravour)
Mut
breiförmige Speise
Mus
breite Einfahrt
Tor
breiter Pfad
Weg
Brennstoff
Gas, Oel
Brett
Ski
Brotbelag
Mus
Bruder *von* **Fafner**
Otr
Brühe
Sud
brutal
roh
Bub
Boy
Buchführungsbegriff
EDV
Buchsbaum
Bux
Buchstabenfolge
Abc
Bucht
Bai, Bay
Bühnenaufzug
Akt
bulgarische Währungseinheit
Lev, Lew
Bund
Ehe
Bundeskriminalamt der USA
FBI

3

bunter Papagei
Ara
Bürgergesetz (Abkürzung)
BGB
Büro
Amt
Buschwald
Loh
byzantinische Kaiserin
Zoe

C

Charakter
Art, Typ
Charaktereigenschaft
Mut
Charge
Amt
chemischer Begriff
Gas, Ion, Mol
chemisches Element
Bor, Cer, Jod, Zer
chilenisches Ausfuhrprodukt
Jod
chinesische Dynastie
Han, Hia, Kin, Sin, Sui
chinesische Münze
Fen
chinesische Religion
Dao, Tao
chinesische Schule
Ngu
chinesische Zither
Kin
chinesischer Kochtopf
Wok
chinesischer Nobelpreisträger für Physik
Lee
chinesischer Politiker
Hua, Mao
chinesischer Revolutionär
Mao
chinesisches Flächenmaß
Hao, Mau, Meu, Mow
chinesisches Gewichtsmaß
Fan, Fen, Jin, Kin, Lei, Mow, Tan
chinesisches Längenmaß
Fan, Fen
chinesisches Musikinstrument
Kin, Kou
chinesisches Weltgesetz
Tao
christliches Sakrament
Ehe
Christusmonogramm
IHS
Chronometer
Uhr
Comicfigur
Tim
Computer für TV
Ted
Computerfehler
Bug
Computersprache
ADA
computertechnischer Begriff
Bit, Bug, Job
Courage
Mut

D

dafür
pro
dalmatinische Insel
Krk, Pag, Rab, Vis
Damm
Kai
dänische Insel in der Ostsee
Als, Fyn
dänischer Filmkomiker
Pat
dänischer Held
Dan
dänischer Mediziner
Dam
dänischer Nobelpreisträger für Medizin
Dam
dänisches Hohlmaß
Ahm
Darstellung
Akt
das Gegenteil bezeichnende Vorsilbe
dis
das Seiende (philosophisch)
Ens
Datenverarbeitung (Abkürzung)
EDV
Datum
Tag
davon
weg
Delikt
Tat
Departement in Frankreich
Ain, Lot, Var
derb
rau, roh
derzeit
nun
derzeitiger Stand
Ist
Desinfektionsmittel
Jod
Dessert
Eis
deutsch-luxemburgischer Grenzfluss
Our
deutsche Ostseeinsel
Oie
deutsche politische Partei
CDU, CSU, FDP, PDS, SPD
deutsche Sagengestalt
Ute
deutsche Schauspielerin
Dor
deutsche Spielkartenfarbe
Rot
deutsche Universitätsstadt
Ulm
deutsche Vorsilbe
auf, aus, top, ver, zer
deutscher Arzt
Erb
deutscher Badeort
Ems, Orb
deutscher Bankier
Abs
deutscher Berg, Gebirge
Alb
deutscher Bundespräsident
Rau
deutscher Erfinder
Ohm
deutscher Finanzexperte
Abs
deutscher Historiker
Roh
deutscher Hochgeschwindigkeitszug
ICE
deutscher Jugendschriftsteller
May
deutscher katholischer Kirchenmusiker
Ett
deutscher Komponist
Egk, Fux, Ott
deutscher Liedermacher
Mey
deutscher Maler
Dix
deutscher Physiker
Ohm
deutscher Pianist/Pianistin
Ney

deutscher Radiosender (Abkürzung)
SFB
deutscher Schauspieler
Ode
deutscher Schriftsteller
Bab, May, Ott
deutscher TV-Sender
ARD
deutsches Farbfernsehsystem
Pal
deutsches Längenmaß
Lot, Ohm
deutsches Normenzeichen
DIN
deutsches Weinbaugebiet
Ahr
Diagramm der Herzströme
EKG
Diagramm der Hirnströme
EEG
dicht
nah
dicht dabei
nah
dicht gedrängt
eng
dichter Nebel in England
fog
Dichtung
Ode
dicker Obstbrei
Mus
dicker Zweig
Ast
dickes Seil
Tau
die eigene Person
ich
Diener
Boy
Dienststelle
Amt
Dilemma
Not
Distrikt
Gau
Dodekanesinsel
Kos
Dorf
Ort
Dossier
Akt
Dramenteil
Akt
Drehgriff
Rad
Drehpunkt
Pol
Drehpunkt der Erdachse
Pol
Dreikäsehoch
Bub
dreiundzwanzigster Buchstabe des griechischen Alphabets
Psi
Druckeinheit
Bar
Dummkopf
Tor
durch
mit, per
Durchgang
Tor
durchgeführte Handlung
Tat
durchgekocht
gar
Durchscheinbild
Dia
durchtrainiert
fit
Düsenflugzeug
Jet
Dynamik
Pep

E

Eckfeld des Halmabretts
Hof
Edelpelz
Feh
EDV-Begriff
Bit, RAM, ROM
ehemalige Druckmaßeinheit (Abkürzung)
atm
ehemalige lettische Münze
Lat
ehemalige Maßeinheit des Drucks
atm
ehemalige portugiesische Besitzung
Goa
ehemalige Raumstation für Kosmonauten
Mir
ehemalige russische Gewichtseinheit
Pud
ehemalige Sammlung berühmter Zitate
Ana
ehemalige spanische Königin
Ena
ehemalige Zitatensammlung
Ana
ehemaliger amerikanischer Militärsender (Abkürzung)
AFN
ehemaliger äthiopischer Fürst
Ras
ehemaliger chinesischer Parteichef
Mao
ehemaliger russischer Monarch
Zar
ehemaliger türkischer Beamtentitel
Aga
ehemaliger türkischer Offizierstitel
Aga
ehemaliger türkischer Titel
Beg, Bei
ehemaliges Fadenstärkemaß
Den
ehemaliges japanisches Längenmaß
Rin
ehemaliges Raummaß für Schiffe (Abkürzung)
BRT
Ehre
Ruf
Ehrung
Lob
Eichhörnchenfell
Feh
Eigenart
Typ
eigens
nur
Eigenschaft
Art, Zug
Eigentümlichkeit
Art
eilig
fix
eine Diät (Abkürzung, umgangssprachlich)
FdH
eine *der* Nornen
Urd
eine Schulzensur
gut
eines *der* Mainzelmännchen
Det
eines *der* Sinnesorgane
Ohr
Einfahrt
Tor

Einfall
Gag
einfältiger Mensch
Tor
Einfaltspinsel
Tor
einfarbig
uni
Einfluss
Ruf
einförmig
oed
Eingang
Tor
eingefräste Rille
Nut
einheimisches Waldtier
Reh
einheimisches Wild
Reh
Einheit *für* **ebene Winkel**
Gon
Einheit *der* **Lautstärke**
Fon
Einheit *der* **Materien-menge**
Mol
Einheit *der* **Stoffmenge**
Mol
Einheitenzeichen für Atmosphäre
ata, atm
Einheitenzeichen für Bruttoregistertonne
BRT
Einheitenzeichen für Dekameter
dam
Einheitenzeichen für Denier
den
Einheitenzeichen für Kilowattstunde
kWh
Einheitenzeichen für Megahertz
MHz
Einheitenzeichen für Minute
min
Einheitenzeichen für Net-toregistertonne
NRT
Einheitenzeichen für Pfund
Pfd
Einheitenzeichen für Sekunde
sek
einheitlich
uni
einheitlicher Farbton
uni

Einkerbung
Nut
Einkerbung im Gelände
Tal
Einreibemittel
Oel
einsam
jwd, oed
einsatzbereit
fit
Einschnitt
Nut, Tal
Einspänner
Cab, Gig
einspännige Droschke
Cab
Einteilungsbegriff
Art
einundzwanzigster Buch-stabe des griechischen Alphabets
Phi
Eisenbahnfahrzeug
Lok
eisenbahntechnischer Begriff
Zug
eisenhaltiges Mineral
Erz
Eisenhowers Spitzname
Ike
Eiweiß im Zellkern
RNA, RNS
Elan
Pep
Elch
Elk
elektrisch geladenes Teil-chen
Ion
elektrische Maßeinheit
Ohm
Elektrizitätsträger
Ion
elektroakustische Maß-einheit
Bel
Elektrokardiogramm (Abkürzung)
EKG
elektronische Datenverar-beitung (Abkürzung)
EDV
Elend
Not
Elfenkönig
Erl
Empfehlung
Rat, Tip
Ende *des* **Lebens**
Tod

Energie erzeugendes Werk (Abkürzung)
AKW
Energiequelle
Gas, Oel
englisch für aber
but
englisch für alt
old
englisch für Arbeit
job
englisch für Auge
eye
englisch für Auto
car
englisch für begeisterter Anhänger
fan
englisch für Bein
leg
englisch für beliebter Schlager
hit
englisch für Bucht
bay
englisch für dichter Nebel
fog
englisch für Drehort
set
englisch für du
you
englisch für Ei
egg
englisch für eins
one
englisch für Eis
ice
englisch für essen
eat
englisch für Fliege
fly
englisch für Herr
Sir
englisch für Himmel
sky
englisch für ja
yes
englisch für jetzt
now
englisch für Katze
cat
englisch für Kaugummi
gum
englisch für Knabe
boy
englisch für Lüge
lie
englisch für Männer
men
englisch für Marmelade
jam

englisch für Nebel
fog
englisch für neu
new
englisch für nun
now
englisch für Pastete
pie
englisch für Pokalwettbewerb
cup
englisch für Polizist
cop
englisch für rot
red
englisch für schlecht
bad
englisch für Schluss
end
englisch für sechs
six
englisch für sind
are
englisch für Sonne
sun
englisch für Spitzenschlager
hit
englisch für Stelle
job
englisch für Tag
day
englisch für Tasche
bag
englisch für Taxi
cab
englisch für Tee
tea
englisch für Trinkgeld
tip
englisch für trocken
dry
englisch für und
and
englisch für unmodern
out
englisch für Vater
dad
englisch für veraltet
out
englisch für Wagen
car
englisch für Weg
way
englisch für zehn
ten
englisch für Ziel
end
englisch für zwei
two

englische Abkürzung für Frau
Mrs
englische Abkürzung für Sekunde
sec
englische Anrede
Sir
englische Bejahung
yes
englische Biersorte
Ale
englische Gaststätte
Inn, Pub
englische Grafschaft
Ely
englische Herrenanrede
Sir
englische Insel
Man
englische Luftwaffe
RAF
englische Pastete
Pie
englische Rundfunkgesellschaft (Abkürzung)
BBC
englische Kurzform für Auto
car
englischer Adelstitel
Sir
englischer Arktisforscher
Rae
englischer Artikel
the
englischer Frauenkurzname
Ann
englischer Frauenname
Ann, Eve
englischer Maler
Cox
englischer Männerkurzname
Ian, Joe, Sam, Ted, Tom
englischer Männername
Ron
englischer Radiosender
(Abkürzung)
BBC
englischer Staatsmann
Fox, Pym
englischer Wacholderschnaps
Gin
englisches Bindewort
and
englisches Fürwort
she
englisches Gewichtsmaß für Butter
tub

englisches Längenmaß
ell
ennuyant
fad, oed
Entbehrung
Not
Entfernungsbegriff
nah
Entfettungsmaßnahme
FdH
Enthusiast
Fan
entseelt
tot
Erbanlage
Gen
erbetene Mitteilung
Rat
Erbfaktor
Gen
Erbträger
Gen
Erdachsenendpunkt
Pol
Erdart
Ton
Erdhöhle des Fuchses
Bau
Erfinder *des* **Saxophons**
Sax
Erfolg im Sport
Tor
erfolgreicher Schlager
Hit
Erfolgsschlager
Hit
Erholung
Kur
Erholungsort
Bad
Erkennungszeichen
Mal
Erlogenes
Lug
ermüdend
oed
Erregung
Wut
Errichtung
Bau
Erscheinungsform
Art
erstarrtes Wasser
Eis
erste Frau
Eva
erste Frau Jakobs
Lea
erster Generalsekretär der UNO
Lie
erster Sohn Noahs
Sem

3

3

Erzieher Samuels
Eli
erzielter Treffer
Tor
Erzürntheit
Wut
Eselsruf
iah
Etappe
Weg
Eulenart
Uhu
eurasischer Staatenbund
GUS
Europäer
Ire
europäische Hauptstadt
Rom
europäische Weltraumorganisation
ESA
europäischer Inselbewohner
Ire
europäischer Strom
Don
ewige Stadt
Rom
Exitus
Tod
Explosivstoff
TNT
Extremität
Arm

F

Fabelname *des* **Adlers**
Aar
Fabelname *des* **Löwen**
Leo, Leu
Fabelwesen
Fee
Fadengewichtseinheit
Den
Fadenstärke (Abkürzung)
Den
fahrbare Dampfmaschine
Lok
Fahrradteil
Rad, Zug
Fahrzeugteil
Rad
Falschheit
Arg
Falz
Nut
Fama
Ruf
Familienangehörige
Oma
Familienangehöriger
Opa
Familienauto
Van
Farbe
Rot
Farbe *im* **Kartenspiel**
Pik
Farbe *der* **Liebe**
Rot
Färberpflanze
Wau
Färse
Kuh
Faxen
Jux, Ulk
feierliche Versicherung
Eid
feierliches Gedicht
Ode
feine Benehmen
Pli
Feinheitsmaß für Garn
den
Feinleder
Kid
Fels
Lei
Felsnische
Kar
Ferment
Lab
Ferment im Kälbermagen
Lab
fern
weg
Fernsehbegriff (Abkürzung)
MAZ
Fernsehfigur
Alf
Fernsehstar vom Planeten Melmac
Alf
Fernsehsystem
Pal
fernsehtechnischer Begriff
VHS
fertig gebacken
gar
fertig gebraten
gar
fertig gekocht
gar
fest zubereitet
fix
fest anliegend
eng
Festgedicht
Ode
Festspielort *in* **Österreich**
Erl
feststehend
fix
Fett
Oel
feuchte Niederung
Aue
feuchter Wiesengrund
Aue
feuchtes Gelände
Aue
Feuerländer
Ona
Feuerstein
Cer, Zer
Figur *bei* **Gotthelf**
Uli
Figur *am* **Naumburger Dom**
Uta
Figur *der* **Quadrille**
Ete
Figur aus den Nibelungen
Ute
Figur aus Wallenstein
Max
Filmwitz
Gag
Fingerzeig
Tip
finnische Hafenstadt
Abo
finnischer Schriftsteller
Aho
Fischart
Aal, Hai
Flächenmaß
Are
flaches Boot
Gig
flau
mau
Fleck
Mal, Ort
Fleischbeize
Sur
Fleischsaftgallert
Jus
fliegende Untertasse
Ufo
flink
fix, vif
flüchtiger Brennstoff
Gas
Flughafen von Tel Aviv
Lod
flugunfähiger Vogel
Emu
Flugzeugart
Jet
Fluidum
Air
Flur
Ern

Fluss *durch* **Aberdeen**
Dee
Fluss *in* **Afrika**
Nil
Fluss *in* **Ägypten**
Nil
Fluss *in* **Amerika**
Ene, Ica
Fluss *zum* **Aralsee**
Amu
Fluss *in* **Asien**
Amu, Ili, Ket, Kur, Tas, Tom, Uil
Fluss *zum* **Asowschen Meer**
Don
Fluss *durch* **Bad Neuenahr**
Ahr
Fluss *in* **Baden**
Oos
Fluss *durch* **Baden-Baden**
Oos
Fluss *zum* **Balchaschsee**
Ili
Fluss *im* **Bayerischen Wald**
Ilz
Fluss *in* **Belgien**
Lys
Fluss *aus dem* **Chiemsee**
Alz
Fluss *durch* **Coburg**
Itz
Fluss *in* **Deutschland**
Ahr, Ems, Enz, Ill, Ilz, Inn, Rur
Fluss *zum* **Dollart**
Ems
Fluss *aus der* **Eifel**
Ahr
Fluss *im* **Engadin**
Inn
Fluss *in* **England**
Dee, Don, Exe, Nen, Taw, Ure, Wye
Fluss *in* **Frankreich**
Ain, Arc, Ill, Tet, Var
Fluss *durch* **Gerona**
Ter
Fluss *durch* **Graz**
Mur
Fluss *in* **Griechenland**
Iri
Fluss *aus dem* **Hohen Venn**
Rur
Fluss *durch* **Innsbruck**
Inn
Fluss *in* **Italien**
Era
Fluss *in* **Kalifornien**
Eel
Fluss *an der* **Katalonischen Küste**
Ter
Fluss *durch* **Kroatien**
Una
Fluss *in* **Luxemburg**
Our
Fluss *durch* **Meppen**
Ems
Fluss *zum* **Mittelmeer**
Tet
Fluss *in* **Mittelsibirien**
Ona
Fluss *durch* **Montenegro**
Lim
Fluss *in den* **Niederlanden**
Eem, Lek, Rur
Fluss *bei* **Nizza**
Var
Fluss *in* **Nordportugal**
Tua
Fluss *zur* **Nordsee bei Aberdeen**
Dee
Fluss *in* **Nordwestdeutschland**
Ems
Fluss *zum* **Ob-Busen**
Tas, Taz
Fluss *in* **Österreich**
Ill, Inn, Mur
Fluss *an der* **ostspanischen Küste**
Ter
Fluss *durch* **Passau**
Ilz, Inn
Fluss *in* **Portugal**
Tua
Fluss *durch* **Rosenheim**
Inn
Fluss *in* **Russland**
Don
Fluss *in* **Schottland**
Dee, Don, Tay
Fluss *in* **Schweden**
Dal
Fluss *in der* **Schweiz**
Inn
Fluss *in* **Sibirien**
Tas
Fluss *in* **Spanien**
Ega, Ter
Fluss *in der* **Steiermark**
Mur
Fluss *durch* **Straßburg**
Ill
Fluss *in* **Thailand**
Nan
Fluss *in* **Thüringen**
Ilm
Fluss *im* **westlichen Asien**
Ili
Fluss *in* **Zentralasien**
Ili
Flussarm im Rheindelta
Lek
flüssiger Bodenschatz
Oel
flüssiges Fett
Oel
Flussniederung
Aue
Flusstal
Aue
Form
Art, Typ
Form *von* **sein**
ist
förmliche Anrede
Sie
fort
weg
Fortbewegungsmittel
Rad
fossiler Brennstoff
Oel
Fotoapparat
Box
fotografischer Begriff
Bad, Dia
Frachtklausel
cif, fas, fob
Fragewort
was, wem, wen, wer, wie
fränkischer Hausflur
Ern
französisch für Alter
age
französisch für Ball
bal
französisch für Bergspitze
pic
französisch für einfarbig
uni
französisch für Ende
fin
französisch für Freund
ami
französisch für Gesetz
loi
französisch für gut
bon
französisch für Herzog
duc
französisch für ich
moi
französisch für Insel
île
französisch für ja
oui
französisch für Kartenspiel
jeu
französisch für König
roi
französisch für Leben
vie

3

französisch für Luft
air
französisch für nein
non
französisch für Osten
est
französisch für Schliff im Benehmen
pli
französisch für sechs
six
französisch für See
lac
französisch für Seele
âme
französisch für Sommer
été
französisch für Spiel
jeu
französisch für *im* **Stil von**
à la
französisch für Straße
rue
französisch für Tanzschritt
pas
französisch für Wasser
eau
französisch für Wein
vin
französisch für wenig
peu
französisch für zehn
dix
französische alte Münze
sou
französische Kleinmünze
sou
französische Münze
sou
französische Presseagentur
AFP
französische Verneinung
non
französische Weinbezeichnung für trocken
sec
französischer Artikel
les, une
französischer Fürstentitel
Duc
französischer Männername
Guy
französischer Mehrzahlartikel
les
französischer Romancier
Sue
französischer unbestimmter Artikel
une
französisches Adelsprädikat
Duc
französisches hinweisendes Fürwort
cet
französisches Schloss
Pau
Fräsrille
Nut
Frau im Paradies
Eva
Frau von Adam
Eva
Frau von Donar
Sif
Frau von Erebus
Nox
Frau von Jakob
Lea
Frau von Thor
Sif
Frauensingstimme
Alt
frei an Bord
fob
Fremdwortteil neu
neo
Fremdwortteil unter
sub
Freudenruf
hei
Freund Hein
Tod
Friede
Pax
friesisch für Insel
Oge
friesischer Männerkurzname
Jan
Friggs Botin
Gna
frisch
neu
Frisiermittel
Oel
Frostgebilde
Eis
Fruchtauszug
Jus
Fruchtbarkeitsgott
Fro
Fruchtbarkeitsgöttin
Deo
Fruchtbrei
Mus
früher als
vor
frühere Form von wessen
wes
frühere portugiesische Kolonie in Indien
Goa
frühere russische Dorfgemeinschaft
Mir
frühere Währung in Lettland
Lat
frühere Bezeichnung für Jungknecht
Enk
früherer äthiopischer Herrschertitel
Ras
früherer Herrschertitel in Russland
Zar
früherer türkischer Titel
Aga
früheres Autokennzeichen von Stadthagen
STH
Frühform des Jazz
Rag
Frühlingsmonat
Mai
Fuge
Nut
Fügung
Los
Funknotruf auf See
SOS
Funktion
Amt
für
pro
Furche
Nut
Fürst *in* **Frankreich**
Duc, Roi
Fürst *in* **Russland**
Zar
Fürstenhaushalt
Hof
Fußballausdruck
Aus, Cup, Elf, Tor
Fußballbundesligist
(Abkürzung)
HSV, KSC
Fußballmannschaft
Elf
Fußballteam
Elf
Fußballtreffer
Tor
Fußbodenbelag
PVC
Fußglied
Zeh
Fußpfad
Weg

Fußteil
Zeh
Fußteil vieler Tiere
Huf
Futtermittel
Heu

G

gallertartige Substanz
Gel
Gallertmasse
Gel, Jus
Gang
Weg
Garaus
Tod
Garnfeinheitsgrad
den
Garnitur
Set
Gasse
Weg
Gassenhauer
Hit
Gastwirtschaft
Bar
Gattin von Ägir
Ran
Gattin von Donar
Sif
Gattin von Thor
Sif
Gattung
Art, Typ
Gaudi
Jux, Ulk
Gaunergehilfe
Ede
Gebäude
Bau
Gebiet
Gau
Gebirge *in* **Afrika**
Rif
Gebirge *auf* **Kreta**
Ida
Gebirge *in* **Marokko**
Rif
Gebirgseinschnitt
Kar, Tal
Gebirgserhebung
Pic, Pik, Piz
Gebirgsmulde
Kar
Gebirgsnische
Kar
Gebirgsweide
Alm
gebraucht
alt
Geburtsort von Einstein
Ulm
Gedeck
Set
Gedichtform
Lai, Ode
gedrängt
eng
Gefahr
Not
gefährlicher Raubfisch
Hai
Gefrorenes
Eis
gefrorenes Wasser
Eis
Gefüge
Bau
gefühlskalt
roh
Gegenspieler Martin Luthers
Eck
Gegenteil von alt
neu
Gegenteil von böse
gut
Gegenteil von hin
her
Gegenteil von jung
alt
Gegenteil von kontra
pro
Gegenteil von Leben
Tod
Gegenteil von Lee
Luv
Gegenteil von Luv
Lee
Gegenteil von Nacht
Tag
Gegenteil von reich
arm
Gegenteil von selten
oft
Gegenteil von Tadel
Lob
gegenwärtig
nun
Gegenwartsform von sein
bin
Gegner Luthers
Eck
gegorener Honigsaft
Met
gehäuft
oft
Gehäuse
Tor
Gehege
Hag
Geheimdienst der USA
CIA
gehoben für Adler
Aar
Gehöft
Gut, Hof
Gehörorgan
Ohr
Gehrock
Cut
Gehweg
Weg
Geistererscheinung
Alb, Alp, Fee
geistesgestört
irr
geisteskrank
irr
geistige Hilfe
Rat
geistliches Amt
Abt
geistlos
oed
geistreicher Einfall
Gag
gekocht
gar
gekochter Obstbrei
Mus
Gekochtes
Sud
geladenes Atom
Ion
Geländeform
Aue, Tal
Gelee
Jus
Gelegenheitsarbeit
Job
Gelöbnis
Eid
Geltung
Ruf
gemauerte Uferstraße
Kai
gemauertes Ufer
Kai
Gemeinde
Ort
Gemeinschaft
Ehe
Gemisch
Mix
Gemütsbewegung
Wut
General im US-Bürgerkrieg
Lee
Generalsekretär der UNO
Lie
Genesungsurlaub
Kur
Genre
Art, Typ

Genussmittel
Tee
geöffnet
auf
geometrischer Begriff
Lot, Ort
Gepflogenheit
Uso
Gepräge
Art
Gerät *des* **Maurers**
Lot
Gerät *zum* **Spalten**
Axt
Gerät *zum* **Zeitmessen**
Uhr
geräumiges Familienauto
Van
Geräusch
Ton
Gerinnmittel
Lab
gerissen
fix
Germanentrank
Met
germanische Götterbotin
Gna
germanische Gottheit
Ase
germanische Göttin
Hel, Ran, Sif, Syn, Urd
germanische Meeresriesin
Ran
germanische Sagengestalt
Ask, Nix, Ran, Ute
germanische Waffe
Ger, Sax
germanischer Gott
Ali, Ase, Fro, Nix, Tyr, Ziu
germanischer Honigwein
Met
germanischer Trank
Met
germanischer Wassergeist
Nix
germanischer Wurfspieß
Ger
germanisches Eisenmesser
Sax
germanisches Totenreich
Hel
germanisches Wintersonnenfest
Jul
Geröllwüste in Afrika
Reg
Geruch
Ruf
geruchstilgendes Mittel
Deo
Gesangspaar
Duo
Gesangsstimme
Alt
Gesangsstück
Duo
Geschäft
Job, Tun
Geschehen
Tat
Geschick
Los
Geschlecht
Sex
geschliffenes Benehmen
Pli
Geschrei
Ruf
Geschwindigkeitsmesser
Log
Gesellschaft
OHG
Gesellschaftsinsel
Hao
Gesetz
Lex
Gesetzbuch
BGB, BHG, HGB
Gesichtsausdruck
Air
Gesichtsteil
Lid, Ohr
Gesichtszucken
Tic
Gesindel
Mob
Gesottenes
Sud
gespenstisches Wesen
Alb, Alp
gespreizter Pfauenschwanz
Rad
Gesteinsart
Erz, Ton
Gesteinsflüssigkeit
Gur
gesungene katholische Messe
Amt
Getränk
Ale, Gin, Met, Rum, Tee
Getreidemaß
Imi
Getriebeflüssigkeit
Oel
getrocknetes Grünfutter
Heu
Gewächsteil
Ast
gewalttätig
roh
Gewand der Araber
Aba
gewandt
fix
Gewandtheit
Pli
Gewässer
Bai, Bay, See
Gewässerrand
Kai
Gewerbe
Job
Gewichtseinheit
Ton
Gewinnanteilschein
Los
Gewittererscheinung
Boe
Gewohnheit
Art, Uso
gewollte Handlung
Tat
Gibbonaffe
Lar
Giftschlange
Ara
Gimpel
Tor
Gipfel
Pik, Piz
Glace
Eis
Glanz
Erz
Glaslichtbild
Dia
gleich
nun
gleichsam
wie
Gletscherschlucht
Kar
Glied *des* **Fußes**
Zeh
Gliedmaße des Affen
Arm
Gliedmaße des Menschen
Arm
Gloria
Lob
Goal beim Fußball
Tor
Goethes Mutter
Aja
Golf
Bai, Bay
Golfabschlagplatz
Tee
Gott *des* **Krieges**
Tyr, Ziu
Gott *der* **Natur**
Pan

Gott *der* **Sonne**
Hor, Sol, Tum
Götterbotin
Gna
Gotteshaus
Dom
Gottheit der Germanen
Ase
Göttin *der* **Morgenröte**
Eos
Göttin *der* **Nacht**
Nyx
Göttin *des* **Todes**
Hel
Göttin *des* **Unheils**
Ate
Göttin *der* **Unterwelt**
Hel
göttlicher Bacchusbegleiter
Pan
Grad *beim* **Judo**
Kyu
Grad *beim* **Judo**
Dan
Grammmolekül
Mol
Grasland
Alm, Alp
grausam
roh
Grenzstein
Mal
griechisch für auf, hinauf
ana
griechisch für darauf, darüber
epi
griechisch für Erde
geo
griechisch für gleich
iso
griechisch für Leben
bio
griechisch für neu
neo
griechisch für weg
apo
griechische Göttin
Ate, Bia, Eos, lno, Nyx
griechische Göttin der Morgenröte
Eos
griechische Göttin der Nacht
Nyx
griechische Göttin der Verblendung
Ate
griechische Göttin des Unheils
Ate

griechische Insel
Ios, Kea, Kos
griechische Kykladeninsel
Ios
griechische Sagengestalt
Ino
griechische Sporadeninsel
Kos
griechische Vorsilbe für an
epi
griechische Vorsilbe für auf
epi
griechische Vorsilbe für darauf
epi
griechische Vorsilbe für darüber
epi
griechische Vorsilbe für gleich
iso
griechische Vorsilbe für neu
neo
griechische Vorsilbe für über
epi
griechischer Berg
Ida
griechischer Buchstabe
Chi, Eta, Phi, Psi, Rho, Tau
griechischer Feldgeist
Pan
griechischer Gott
Pan
griechischer Hirtengott
Pan
griechischer Waldgott
Pan
Grimm
Wut
grob
rau, roh
grober Wollstoff
Aba
Groll
Pik, Wut
Großbauernhof
Gut
große bischöfliche Kirche
Dom
große Einfahrt
Tor
große Eulenart
Uhu
große Kirche
Dom
große Meeresbucht
Bay

großer Langschwanzpapagei
Ara
größere Landwirtschaft
Gut
größeres Binnengewässer
See
größeres Gewässer
See
großes Beil
Axt
großes Meeressäugetier
Wal
Großeule
Uhu
Großgrundbesitz
Gut
Großmutter
Oma
größte europäische Eule
Uhu
größte Insel Kroatiens
Krk
größter Strom in Afrika
Nil
größtes lebendes Säugetier
Wal
Großvater
Opa
großzügig
lax
Grottenmolch
Olm
Grummet
Heu
Grundfarbe
Rot
Grundform
Typ
Gründungsmitglied der NATO
USA
Grünland
Alm
Grunzochse
Jak, Yak
Gruß
Ade, Hei
Gruß *zum* **Abschied**
Ade
günstigstes Urteil
Lob
Gürtel des Kimonos
Obi
Gut
Hof
gut trainiert
fit
gute Frau im Märchen
Fee
gutes Benehmen
Pli

3

Gutschein
Bon

H

Haarpflegemittel
Gel
Habe
Gut
Hafenanlage
Kai
Hafendamm
Kai
Hafenstadt *in* **Brasilien**
Rio
Hafenstadt *in* **Finnland**
Abo
Hafenstadt *an der* **Ostsee**
Abo
Hafenstadt *in* **Somalia**
Eil
Haftanstalt
Bau
Hain
Loh
Halbton in der Musik
ais, ces, cis, des, dis, eis, fes, fis, ges, gis, his
Halbton über a
ais
Halbton über d
dis
Halbton unter d
des
halbwarm
lau
Hall
Ruf, Ton
Halogen
Jod
Haltung
Air
Hamburger Sportverein
(Abkürzung)
HSV
Hamburger Weihnachtsmarkt
Dom
Handballausdruck
Tor
Handeln
Tun
Handelsbrauch
Uso
Handelsgut
Gut
Handlung
Akt, Tat
Handlungsweise
Tun
Handpflegemittel
Oel
Handschuh
Kid
Handschuhleder
Kid
handwarm
lau
Handwerkszeug
Axt
Harnisch
Wut
harte Tonart
Dur
häufig
oft
häufiger Name des ehemaligen Boxers Clay
Ali
Haun
Uhu
Hauptkirche
Dom
Hauptstadt *von* **Baschkirien**
Ufa
Hauptstadt *in* **Europa**
Rom
Hauptstadt *von* **Italien**
Rom
Hauptstadt *von* **Ladakh**
Leh
Hauptstraße *in* **Düsseldorf**
Koe
Haus
Bau
Haus *während der* **Errichtung**
Bau
Hauseingang
Tor
Hausflur
Ern
Haushaltsgerät
Mop
Hausknecht
Enk
Haustier
Kuh, Ren, Sau
Haustier *der* **Lappen**
Ren
Hautfalte zum Schutz des Auges
Lid
Hautfleck
Mal
Hautpflegemittel
Oel
Hauwerkzeug
Axt
Hebelbewegung
Hub
hebräisch für Sohn
Ben
hebräischer Buchstabe
Mem
hebräischer Namensteil
Ben
Hebrideninsel
Rum
Hecke
Hag
heftiger Sturm
Boe
heftiger Unwille
Wut
heftiger Windstoß
Boe
Heilbehandlung
Kur
heiliges Tier der Inder
Kuh
Heilmaßnahme
Kur
Heilmittel
Bor, Jod, Tee
Heiltrank
Tee
Heilverfahren
Kur
heimisches Waldtier
Reh
heiser
rau
heißer Jazz
Hot
Heißgetränk
Tee
Heiterkeitsauslöser
Gag
Heizmaterial
Gas, Oel
Held *der* **Edda**
Dam, Dan
Held *der* **indischen Sage**
Nal
Heldenepos
Cid
Helferin *im* **Märchen**
Fee
helles englisches Bier
Ale
hemdsärmelig
rau, roh
herb
rau
Herberge im Orient
Han
Herde
Zug
Herdentier der Lappen
Ren
Herr *auf* **Englisch**
Sir
Herr *auf* **Spanisch**
Don

Herrenbekleidungsstück
Cut
Herrenschoßrock
Cut
Herrschertitel
Zar
Herz
Cor
herzlos
roh
Herzog *auf* **Französisch**
Duc
Herzstromkurve
EKG
Heuchelei
Lug
Hilfesignal
SOS
hilfreicher Vorschlag
Rat
Himmelsrichtung
Ost
hin und ...
her
hinduistisches Fest
Hul
Hinweis
Rat, Tip
Hiob
Job
Hirnstromkurve
EEG
Hirschart
Dam, Elk, Reh, Ren
Hirtengott
Pan
hochbetagt
alt
Hochbetrieb
Run
Hochgebirgsmulde
Kar
Hochgebirgsrind
Jak, Yak
Hochgebirgsweide
Alm
Hochgeschwindigkeitszug
ICE
hochgradig Begeisterter
Fan
Hochschlag beim Tennis
Lob
Hochschule
ETH, FHS, Uni
Hochschule (Kurzwort)
Uni
höchste Spielkarte
Ass
höchster Berg auf Kreta
Ida
Hochweide
Alm

Hof
Gut
höfliche Anrede
Ihr, Sie
höfliches Benehmen
Pli
hohe Spielkarte
Ass
Höhenzug *in* **Baden-Württemberg**
Alb
Höhenzug *bei* **Braunschweig**
Elm
Höhenzug *in* **Franken**
Alb
Höhenzug *bei* **Hameln**
Ith
Höhenzug *bei* **Hannover**
Ith
Höhenzug *im* **Harzvorland**
Elm
Höhenzug *in* **Niedersachsen**
Elm, Ith
Höhenzug *in* **Schwaben**
Alb
Höhenzug *im* **Weserbergland**
Ith
Hohepriester
Eli
hoher Ball (Tennis)
Lob
hoher Staatsbeamter
Eli
höherer türkischer Titel
Beg, Bei
Höhlenwohnung des Wildes
Bau
Hokuspokus
Jux, Ulk
Holzbearbeitungswerkzeug
Axt
Holzspaltwerkzeug
Axt
Holzung
Hau
Honigwein
Met
hörbare Luftschwingung
Ton
Hornschuh bei Tieren
Huf
Horntier
Kuh, Ren
Hörorgan
Ohr
Hotelangestellter
Boy

Hoteldiener
Boy
Hotelpage
Boy
Huftier
Gnu, Kuh, Ren
Humbug
Ulk
Hundelaut
wau
Hundeleben
Not
Hundename
Rex
Hunderasse
Fox
hurtig
fix
hygienische Einrichtung
Bad
Hymne
Ode

I

im Stil von
à la
im Trend
hip
in bester Form
fit
in Form
fit
in geringer Entfernung
nah
in *der* **Nähe von**
bei
in Reichweite
nah
indische Münze
Pie
indische Provinz
Goa
indischer Berg
Abu
indisches Gewicht
Ser
indonesische Münze
Sen
indonesischer Berg
Awu
Industriemaß für Normgrößen
DIN
Industrienorm
DIN
Informationseinheit
Bit
Informationsspeicher
RAM
Ingenieurschule
ETH

3

Initialen von Rubens
PPR
innerer Schwung
Pep
Insektenbekämpfungs-mittel
DDT
Insel *in der* **Ägäis**
Kos
Insel *der* **Circe** (Odyssee)
Aia
Insel *bei* **Greifswald**
Oie
Insel *im* **griechischen Mythos**
Aea
Insel *in der* **Irischen See**
Man
Insel *bei* **Kreta**
Dia
Insel *im* **Mittelmeer**
Kos
Insel *in* **Norddalmatien**
Rab
Insel *in der* **Nordsee**
Als
Insel *in der* **Ostsee**
Fyn, Oie
Insel *vor* **Pommern**
Oie
Insel *bei* **Rügen**
Oie
Insel *der* **Sporaden**
Kos
Insel *im* **Stillen Ozean**
Aru
Insel *der* **südlichen Spo-raden**
Kos
Inselchen bei Rügen
Oie
Inseleuropäer
Ire
internationale Organisa-tion
EWG, UNO
internationale Wirt-schaftsgemeinschaft
EWG
internationaler Autoren-verband
PEN
internationaler Schrift-stellerverband
PEN
internationaler Seenot-ruf
SOS
internationaler Skiver-band
FIS
internationaler Tennis-verband
ATP
internationales Notsignal
SOS
internationales Olympi-sches Komitee
IOC
intimes Lokal
Bar
irakische Münze
Fil
irakischer Ölhafen
Fao
iranische Anrede (Herr)
Aga
iranische Wüste
Lut
iranischer Exportartikel
Oel
iranisches Saiteninstru-ment
Tar
irische Rebellenarmee
IRA
irische Untergrundorgani-sation
IRA
islamischer Name von Jesus
Isa
israelischer Flughafen
Lod
israelischer König
Asa, Ela
israelischer Stamm
Dan, Gad
israelischer Stammvater
Ham, Sem
italienisch für drei
tre
italienisch für eine
una
italienisch für eins
uno
italienisch für Gold
oro
italienisch für sechs
sei
italienisch für Stunde
ora
italienisch für Weg
via
italienisch für zwei
due
italienische Hauptstadt
Rom
italienische Rundfunkan-stalt
RAI
italienischer Artikel
gli
italienischer Frauenname
Pia
italienischer Kloster-bruder
Fra
italienischer Komponist
Feo, Gui
italienischer Kunstphilo-soph
Eco
italienischer Ordens-bruder
Fra
italienischer Rechtsge-lehrter
Azo
italienischer Schrift-steller
Eco
italienisches Fernsehen
RAI

J

jagdbares Tier
Reh
jagdbares Waldtier
Reh
Jagdhund
Fox
Jagdwaffe
Ger
jäher Windstoß
Boe
Jahresteil
Tag
Jahrmarkt
Dom
Jakobs Frau
Lea
Jam
Mus
Jammer
Not
japanische Insel
Oki
japanische Kurzgedicht-form
Uta
japanische Münze
Jen, Sen, Yen
japanische Nationaltracht
Obi
japanische Präfektur
Ken
japanische Richtung des Buddhismus
Zen
japanische Stadt auf Honshu
Ono

japanische Währung
Sen, Yen
japanischer Berg
Aso
japanischer Buddhismus
Zen
japanischer Kimonogürtel
Obi
japanischer Politiker
Ito
japanischer Verwaltungsbezirk
Ken
japanischer Wallfahrtsort
Ise
japanisches Flächenmaß
Seh
japanisches Gewicht
Ken, Kin, Mon, Rin, Sai, Tan
japanisches Kleidungsstück
Obi
japanisches Längenmaß
Ken, Sun
japanisches Nationalgetränk
Tee
Jazzbegriff
Bop, Cat, Hot, Rag
Jazzmusiker
May, Ory
Jazzstil
Rag
je
pro
jetzt
nun
Jokus
Jux, Ulk
jordanische Königin
Nur
jüdische Bezeichnung für Nichtjuden
Goi
jüdischer Erzieher Samuels
Eli
jüdischer Hoher Priester
Eli
jüdischer König
Asa, Ela
jüdischer Monatsname
Mem
jüdischer Priester
Eli
Judograd
Dan, Kyu
Judogürtel
Obi
Jugendschriftsteller
May
Jugendspache für modern
hip
Junge
Boy, Bub
Jungknecht
Enk
Jüngling
Boy
juristisch für Sache
Res
juristischer Begriff
BGB, Eid, Tat
Jux
Ulk

K

Kadaver
Aas
Käfigvogel
Beo
Kains Mutter
Eva
Kaisertitel *in* Russland
Zar
Kälberferment
Lab
Kalbsleder
Kid
Kalif
Ali
Kalkart
Gur
Kälteprodukt
Eis
Kaltspeise
Eis
Kambodschaner
Moi
Kanton der Schweiz
Uri, Zug
Kanton und Stadt der Schweiz
Zug
Kap *in* Algerien
Fer
Kapitalgesellschaft
OHG
kaputt
hin
Kapverdische Insel
Sal
Karawane
Zug
Karawanserei
Han
Karteikartenreiter
Tab
Kartenfarbe
Pik
Kartenspielausdruck
Pik
Kassenansturm
Run
Kassenbestand
Ist
Kassenschlager
Hit
Kassenzettel
Bon
Kathedrale
Dom
katholischer Kirchenmusiker
Ett
katholisches Sakrament
Ehe
Katzenart
Rex
Kaufhaus in Moskau
GUM
kaufmännischer Begriff
Uso
kaukasische Spießlaute
Tar
kaukasischer Steinbock
Tur
kaum vorkommend
rar
Keilschwanzsittich
Ara
keinesfalls
nie
Kennzeichen
Art, Mal
Kennzeichen für deutsche Normteile
DIN
Kette von Schienenfahrzeugen
Zug
Kfz-Kennzeichen der Länderregierung von Baden-Württemberg
BWL
Kfz-Kennzeichen der Länderregierung von Bayern
BYL
Kfz-Kennzeichen der Länderregierung von Brandenburg
BRB
Kfz-Kennzeichen der Länderregierung von Hessen
HEL
Kfz-Kennzeichen der Länderregierung von Nordrhein-Westfalen
NWL
Kfz-Kennzeichen der Länderregierung von Rheinland-Pfalz
RPL

Kfz-Kennzeichen der Länderregierung von Saarland
SAL
Kfz-Kennzeichen der Länderregierung von Sachsen
LSN
Kfz-Kennzeichen der Länderregierung von Sachsen-Anhalt
LSA
Kfz-Kennzeichen der Nation von Äthiopien
ETH
Kfz-Kennzeichen der Nation von Guatemala
GCA
Kfz-Kennzeichen der Nation von Kenia
EAK
Kfz-Kennzeichen der Nation von Kuwait
KWT
Kfz-Kennzeichen der Nation von Mali
RMM
Kfz-Kennzeichen der Nation von Russland
RUS
Kfz-Kennzeichen der Nation von Slowenien
SLO
Kfz-Kennzeichen der Nation von Tansania
EAT
Kfz-Kennzeichen der Nation von Zaire
ZRE
Kfz-Kennzeichen der Nation der Zentralafrikanischen Republik
RCA
Kfz-Kennzeichen von Aichach-Friedberg
AIC
Kfz-Kennzeichen von Alfeld
ALF
Kfz-Kennzeichen von Alsfeld
ALS
Kfz-Kennzeichen von Altötting
AOE
Kfz-Kennzeichen von Alzenau
ALZ
Kfz-Kennzeichen von Ammerland
WST
Kfz-Kennzeichen von Anklam
ANK
Kfz-Kennzeichen von Apolda
APD
Kfz-Kennzeichen von Aschendorf-Hümmling
ASD
Kfz-Kennzeichen von Aue-Schwarzenberg
ASZ
Kfz-Kennzeichen von Aurich
AUR
Kfz-Kennzeichen von Bad Aibling
AIB
Kfz-Kennzeichen von Bad Bergzabern
BZA
Kfz-Kennzeichen von Bad Berleburg
BLB
Kfz-Kennzeichen von Bad Brückenau
BRK
Kfz-Kennzeichen von Bad Doberan
DBR
Kfz-Kennzeichen von Bad Ems
EMS
Kfz-Kennzeichen von Bad Gandersheim
GAN
Kfz-Kennzeichen von Bad Hersfeld
HEF
Kfz-Kennzeichen von Bad Mergentheim
MGH
Kfz-Kennzeichen von Bad Neustadt
NES
Kfz-Kennzeichen von Bad Reichenhall
REI
Kfz-Kennzeichen von Bad Schwalbach
SWA
Kfz-Kennzeichen von Baden-Baden
BAD
Kfz-Kennzeichen von Beilngries
BEI
Kfz-Kennzeichen von Berchtesgaden
BGD
Kfz-Kennzeichen von Berchtesgadener Land
BGL
Kfz-Kennzeichen von Bernau
BER
Kfz-Kennzeichen von Bernburg
BBG
Kfz-Kennzeichen von Bernkastel
BKS
Kfz-Kennzeichen von Bernkastel-Wittlich
WIL
Kfz-Kennzeichen von Bersenbrück
BSB
Kfz-Kennzeichen von Biedenkopf
BID
Kfz-Kennzeichen von Bingen
BIN
Kfz-Kennzeichen von Birkenfeld
BIR
Kfz-Kennzeichen von Bitburg-Prüm
BIT
Kfz-Kennzeichen von Blankenburg
BRL
Kfz-Kennzeichen von Bocholt
BOH
Kfz-Kennzeichen von Bogen
BOG
Kfz-Kennzeichen von Borken
BOR
Kfz-Kennzeichen von Bottrop
BOT
Kfz-Kennzeichen von Brake
BRA
Kfz-Kennzeichen von Braunlage
BRL
Kfz-Kennzeichen von Bremervörde
BRV
Kfz-Kennzeichen von Brilon
BRI
Kfz-Kennzeichen von Buchen
BCH
Kfz-Kennzeichen von Burglengenfeld
BUL
Kfz-Kennzeichen von Castrop-Rauxel
CAS

Kfz-Kennzeichen von Cham
CHA
Kfz-Kennzeichen von Clausthal-Zellerfeld
CLZ
Kfz-Kennzeichen von Cloppenburg
CLP
Kfz-Kennzeichen von Cochem-Zell
COC
Kfz-Kennzeichen von Coesfeld
COE
Kfz-Kennzeichen von Cuxhaven
CUX
Kfz-Kennzeichen von Dachau
DAH
Kfz-Kennzeichen von Dannenberg
DAN
Kfz-Kennzeichen von Daun
DAU
Kfz-Kennzeichen von Deggendorf
DEG
Kfz-Kennzeichen von Delmenhorst
DEL
Kfz-Kennzeichen von Diez
DIZ
Kfz-Kennzeichen von Dillenburg
DIL
Kfz-Kennzeichen von Dillingen
DLG
Kfz-Kennzeichen von Dillkreis
DIL
Kfz-Kennzeichen von Dingolfing-Landau
DGF
Kfz-Kennzeichen von Dinkelsbühl
DKB
Kfz-Kennzeichen von Dinslaken
DIN
Kfz-Kennzeichen von Dithmarschen
HEI
Kfz-Kennzeichen von Donau-Ries
DON
Kfz-Kennzeichen von Donauwörth
DON
Kfz-Kennzeichen von Donnersbergkreis
KIB
Kfz-Kennzeichen von Duderstadt
DUD
Kfz-Kennzeichen von Ebermannstadt
EBS
Kfz-Kennzeichen von Ebern
EBN
Kfz-Kennzeichen von Ebersberg
EBE
Kfz-Kennzeichen von Eckernförde
ECK
Kfz-Kennzeichen von Ehingen
EHI
Kfz-Kennzeichen von Eichsfeld
EIC
Kfz-Kennzeichen von Eichstätt
EIH
Kfz-Kennzeichen von Einbeck
EIN
Kfz-Kennzeichen von Emden
EMD
Kfz-Kennzeichen von Erbach
ERB
Kfz-Kennzeichen von Erkelenz
ERK
Kfz-Kennzeichen von Eschenbach
ESB
Kfz-Kennzeichen von Eschwege
ESW
Kfz-Kennzeichen von Eutin
EUT
Kfz-Kennzeichen von Fallingbostel
FAL
Kfz-Kennzeichen von Feuchtwangen
FEU
Kfz-Kennzeichen von Frankenberg
FKB
Kfz-Kennzeichen von Freudenstadt
FDS
Kfz-Kennzeichen von Freyung-Grafenau
FRG
Kfz-Kennzeichen von Friedberg (Bayern)
FDB
Kfz-Kennzeichen von Friesland
JEV
Kfz-Kennzeichen von Fürstenfeldbruck
FFB
Kfz-Kennzeichen von Fürth
FUE
Kfz-Kennzeichen von Garmisch-Partenkirchen
GAP
Kfz-Kennzeichen von Geldern
GEL
Kfz-Kennzeichen von Gemünden
GEM
Kfz-Kennzeichen von Germersheim
GER
Kfz-Kennzeichen von Gerolzhofen
GEO
Kfz-Kennzeichen von Gladbeck
GLA
Kfz-Kennzeichen von Gotha
GTH
Kfz-Kennzeichen von Göttingen
GOE
Kfz-Kennzeichen von Grafenau
GRA
Kfz-Kennzeichen von Griesbach
GRI
Kfz-Kennzeichen von Gunzenhausen
GUN
Kfz-Kennzeichen von Halberstadt
HBS
Kfz-Kennzeichen von Hamm
HAM
Kfz-Kennzeichen von Hammelburg
HAB
Kfz-Kennzeichen von Haßberge
HAS
Kfz-Kennzeichen von Hechingen
HCH
Kfz-Kennzeichen von Heide
HEI

3

Kfz-Kennzeichen von Heidenheim
HDH
Kfz-Kennzeichen von Herne
HER
Kfz-Kennzeichen von Hersbruck
HEB
Kfz-Kennzeichen von Hessen, Landesregierung und Landtag
HEL
Kfz-Kennzeichen von Hildburghausen
HBN
Kfz-Kennzeichen von Hilpoltstein
HIP
Kfz-Kennzeichen von Hochsauerland-Kreis
MES
Kfz-Kennzeichen von Hochschwarzwald
NEU
Kfz-Kennzeichen von Hofgeismar
HOG
Kfz-Kennzeichen von Hofheim
HOH
Kfz-Kennzeichen von Holzminden
HOL
Kfz-Kennzeichen von Homburg
HOM
Kfz-Kennzeichen von Horb
HOR
Kfz-Kennzeichen von Husum
HUS
Kfz-Kennzeichen von Illertissen
ILL
Kfz-Kennzeichen von Jever
JEV
Kfz-Kennzeichen von Karlstadt
KAR
Kfz-Kennzeichen von Kehl
KEL
Kfz-Kennzeichen von Kelheim
KEH
Kfz-Kennzeichen von Kemnath
KEM
Kfz-Kennzeichen von Kirchheimbolanden
KIB
Kfz-Kennzeichen von Kleve
KLE
Kfz-Kennzeichen von Krumbach
KRU
Kfz-Kennzeichen von Kusel
KUS
Kfz-Kennzeichen von Lahn-Dill-Kreis
LDK
Kfz-Kennzeichen von Landau/Isar
LAN
Kfz-Kennzeichen von Lauf
LAU
Kfz-Kennzeichen von Lauterbach
LAT
Kfz-Kennzeichen von Leer
LER
Kfz-Kennzeichen von Leonberg
LEO
Kfz-Kennzeichen von Leverkusen
LEV
Kfz-Kennzeichen von Lichtenfels
LIF
Kfz-Kennzeichen von Lingen
LIN
Kfz-Kennzeichen von Lohr
LOH
Kfz-Kennzeichen von Lörrach
LOE
Kfz-Kennzeichen von Lüchow-Dannenberg
DAN
Kfz-Kennzeichen von Main-Spessart-Kreis
MSP
Kfz-Kennzeichen von Main-Taunus-Kreis
MTK
Kfz-Kennzeichen von Mainburg
MAI
Kfz-Kennzeichen von Mallersdorf
MAL
Kfz-Kennzeichen von Marktheidenfeld
MAR
Kfz-Kennzeichen von Marktoberdorf
MOD
Kfz-Kennzeichen von Marktredwitz
MAK
Kfz-Kennzeichen von Mecklenburg-Strelitzkreis
MST
Kfz-Kennzeichen von Meißen
MEI
Kfz-Kennzeichen von Meldorf
MED
Kfz-Kennzeichen von Melle
MEL
Kfz-Kennzeichen von Mellrichstadt
MET
Kfz-Kennzeichen von Melsungen
MEG
Kfz-Kennzeichen von Meppen
MEP
Kfz-Kennzeichen von Mergentheim
MGH
Kfz-Kennzeichen von Merseburg
MER
Kfz-Kennzeichen von Merzig-Wadern
MZG
Kfz-Kennzeichen von Meschede
MES
Kfz-Kennzeichen von Miltenberg
MIL
Kfz-Kennzeichen von Monschau
MON
Kfz-Kennzeichen von Mosbach
MOS
Kfz-Kennzeichen von Mühldorf
MUE
Kfz-Kennzeichen von Nabburg
NAB
Kfz-Kennzeichen von Naila
NAI
Kfz-Kennzeichen von Neumünster
NMS
Kfz-Kennzeichen von Neunburg
NEN
Kfz-Kennzeichen von Neustadt-Bad Windsheim
NEA
Kfz-Kennzeichen von Neustadt/Aisch
NEA

Kfz-Kennzeichen von Neustadt/Coburg
NEC
Kfz-Kennzeichen von Neustadt/Hochschwarzwald
NEU
Kfz-Kennzeichen von Neustadt/Waldnaab
NEW
Kfz-Kennzeichen von Niebüll
NIB
Kfz-Kennzeichen von Norden
NOR
Kfz-Kennzeichen von Nordhorn
NOH
Kfz-Kennzeichen von Nördlingen
NOE
Kfz-Kennzeichen von Northeim
NOM
Kfz-Kennzeichen von Obernburg
OBB
Kfz-Kennzeichen von Ochsenfurt
OCH
Kfz-Kennzeichen von Oldenburg/Holstein
OLD
Kfz-Kennzeichen von Ostallgäu
MOD
Kfz-Kennzeichen von Osterholz
OHZ
Kfz-Kennzeichen von Osterode
OHA
Kfz-Kennzeichen von Otterndorf
OTT
Kfz-Kennzeichen von Ottweiler
OTW
Kfz-Kennzeichen von Parchim
PCH
Kfz-Kennzeichen von Parsberg
PAR
Kfz-Kennzeichen von Pegnitz
PEG
Kfz-Kennzeichen von Pfaffenhofen
PAF
Kfz-Kennzeichen von Pfarrkirchen
PAN
Kfz-Kennzeichen von Quedlinburg
QLB
Kfz-Kennzeichen von Regen
REG
Kfz-Kennzeichen von Rehau
REH
Kfz-Kennzeichen von Rhön-Grabfeld
NES
Kfz-Kennzeichen von Ribnitz-Damgarten
RDG
Kfz-Kennzeichen von Riedenburg
RID
Kfz-Kennzeichen von Riesa
RIE
Kfz-Kennzeichen von Rockenhausen
ROK
Kfz-Kennzeichen von Roding
ROD
Kfz-Kennzeichen von Rostock
HRO
Kfz-Kennzeichen von Rotenburg/Fulda
ROF
Kfz-Kennzeichen von Rotenburg/Hannover
ROH
Kfz-Kennzeichen von Rotenburg/Wümme
ROW
Kfz-Kennzeichen von Rothenburg
ROT
Kfz-Kennzeichen von Rottal-Inn
PAN
Kfz-Kennzeichen von Rottenburg
ROL
Kfz-Kennzeichen von Saale-Holzland-Kreis
SHK
Kfz-Kennzeichen von Saalfeld
SLF
Kfz-Kennzeichen von Saarburg
SAB
Kfz-Kennzeichen von Saarlouis
SLS
Kfz-Kennzeichen von Sankt Goar
GOA
Kfz-Kennzeichen von Sankt Goarshausen
GOH
Kfz-Kennzeichen von Sankt Ingbert
IGB
Kfz-Kennzeichen von Sankt Wendel
WND
Kfz-Kennzeichen von Saulgau
SLG
Kfz-Kennzeichen von Scheinfeld
SEF
Kfz-Kennzeichen von Schleiden
SLE
Kfz-Kennzeichen von Schleiz
SLZ
Kfz-Kennzeichen von Schongau
SOG
Kfz-Kennzeichen von Schrobenhausen
SOB
Kfz-Kennzeichen von Schwäbisch Hall
SHA
Kfz-Kennzeichen von Schwalbach
SWA
Kfz-Kennzeichen von Schwandorf
SAD
Kfz-Kennzeichen von Selb
SEL
Kfz-Kennzeichen von Sigmaringen
SIG
Kfz-Kennzeichen von Simmern
SIM
Kfz-Kennzeichen von Sinsheim
SNH
Kfz-Kennzeichen von Soltau
SOL
Kfz-Kennzeichen von Spree-Neiße-Kreis
SPN
Kfz-Kennzeichen von Springe
SPR
Kfz-Kennzeichen von Stade
STD

3

Kfz-Kennzeichen von Stadthagen
STH
Kfz-Kennzeichen von Stadtsteinach
SAN
Kfz-Kennzeichen von Staffelstein
STE
Kfz-Kennzeichen von Starnberg
STA
Kfz-Kennzeichen von Stendal
SDL
Kfz-Kennzeichen von Stockach
STO
Kfz-Kennzeichen von Stollberg
STL
Kfz-Kennzeichen von Sulzbach-Rosenberg
SUL
Kfz-Kennzeichen von Tauberbischofsheim
TBB
Kfz-Kennzeichen von Tirschenreuth
TIR
Kfz-Kennzeichen von Titisee-Neustadt
NEU
Kfz-Kennzeichen von Tübingen
TUE
Kfz-Kennzeichen von Tuttlingen
TUT
Kfz-Kennzeichen von Überlingen
UEB
Kfz-Kennzeichen von Ueckermünde
UEN
Kfz-Kennzeichen von Uffenheim
UFF
Kfz-Kennzeichen von Usingen
USI
Kfz-Kennzeichen von Vaihingen
VAI
Kfz-Kennzeichen von Vechta
VEC
Kfz-Kennzeichen von Verden
VER
Kfz-Kennzeichen von Viechtach
VIT
Kfz-Kennzeichen von Viersen
VIE
Kfz-Kennzeichen von Vilsbiburg
VIB
Kfz-Kennzeichen von Vilshofen
VOF
Kfz-Kennzeichen von Vohenstrauß
VOH
Kfz-Kennzeichen von Wanne-Eickel
WAN
Kfz-Kennzeichen von Warburg
WAR
Kfz-Kennzeichen von Warendorf
WAF
Kfz-Kennzeichen von Wattenscheid
WAT
Kfz-Kennzeichen von Wegscheid
WEG
Kfz-Kennzeichen von Weiden
WEN
Kfz-Kennzeichen von Weilburg
WEL
Kfz-Kennzeichen von Weißenburg-Gunzenhausen
WUG
Kfz-Kennzeichen von Wertingen
WER
Kfz-Kennzeichen von Wesel
WES
Kfz-Kennzeichen von Wesermünde
WEM
Kfz-Kennzeichen von Westerburg
WEB
Kfz-Kennzeichen von Westerstede
WST
Kfz-Kennzeichen von Wilhelmshaven
WHV
Kfz-Kennzeichen von Witten
WIT
Kfz-Kennzeichen von Wittlage
WTL
Kfz-Kennzeichen von Wittlich
WIL
Kfz-Kennzeichen von Wittmund
WTM
Kfz-Kennzeichen von Witzenhausen
WIZ
Kfz-Kennzeichen von Wolfach
WOL
Kfz-Kennzeichen von Wolfhagen
WOH
Kfz-Kennzeichen von Wolfratshausen
WOR
Kfz-Kennzeichen von Wolfsburg
WOB
Kfz-Kennzeichen von Wolfstein
WOS
Kfz-Kennzeichen von Worbis
WBS
Kfz-Kennzeichen von Wunsiedel
WUN
Kfz-Kennzeichen von Würzburg
WUE
Kfz-Kennzeichen von Zell
ZEL
Kfz-Kennzeichen von Ziegenhain
ZIG
Kielwasser
Sog
Kimonogürtel
Obi
Kind
Boy, Bub
Kind in der Jugendsprache
Kid
Kinderspeise
Mus
Kirchenbauwerk
Dom
Kirchenmusiker
Ett
kirchliches Bauwerk
Dom
Kirgisendorf
Aul
Kittchen
Bau
Klamauk
Fez, Ulk
Klang
Ruf, Ton
klapprig
alt

Klavierjazz (Kurzwort)
Rag
Kleidungsstück
Cut, Hut
kleine Ansiedlung
Ort
kleine Hirschart
Reh
kleine Insel bei Greifswald
Oie
kleine kroatische Insel
Rab
kleine Musikerbesetzung
Duo
kleine Platzdecke
Set
kleiner Fluss in Baden
Oos
kleiner Wald
Hag
kleines Dachfenster
Luk
kleines Tanzlokal
Bar
Klosterbruder
Fra
Klostervorsteher
Abt
Knabe
Boy, Bub
knapp
eng, rar
Knäuel
Ile
Knecht
Enk
Knetmasse
Ton
Knochenfischart
Aal
Knorpelfisch
Hai
Knüller
Hit
Kochbrühe
Sud
Kohlenprodukt
Gas
Kolbenweg beim Motor
Hub
Kolloid
Gel
Kölner Popgruppe
BAP
Kölner Wahrzeichen
Dom
komischer Einfall
Gag
Kommando
Ruf
konfus
irr
König *der* **Elfen**
Erl
Königin *von* **Jordanien**
Nur
Konjunktion
als, und
Könner
Ass
konstant
fix
Kopfbedeckung
Fez, Hut
Kopfbedeckung *im* **Orient**
Fes, Fez
Kopfteil
Lid, Ohr
Körperabsonderung
Kot
Körpererfrischung
Bad
Körperfleck
Mal
Körperglied
Arm
Körperreinigung
Bad
Körperteil
Arm, Ohr, Zeh
Körperwäsche
Bad
Koseform, Kosename, Kosewort *für* **Ulrich**
Uli
Kosename *für* **Goethes Mutter**
Aja
Kosename *der* **Großmutter**
Oma, Omi
Kosename *des* **Großvaters**
Opa
kosmetischer Artikel
Bad, Oel
Kosmos
All
Kraftfahrzeug
Bus, Lkw, Pkw
Kraftwerkstyp
AKW
krampfartiges Muskelzucken
Tic
Kreidegebirge auf Kreta
Ida
Kriechtier
Boa
Kriegsgott *der* **Germanen**
Ziu
Kriegsgott *der* **nordischen Sage**
Tiu, Tyr, Ziu
Kriemhilds Mutter
Ute
kroatische Insel
Krk
kroatischer Würdenträger
Ban
Krötenart
Aga
kuckucksartiger Vogel
Ani
Kufenfahrzeug
Bob
Kuhantilope
Gnu
Kühlmaterial
Eis
Kulturpflanze der Tropen
Tee
Künstlerpaar
Duo
künstliche Weltsprache
Ido
Kunststoff
PVC
Kunstwerk
Bau, Dom
Kupon
Bon
Kuranwendung
Bad
Kurort
Bad
Kurort *in den* **Ardennen**
Spa
Kurort *in* **Belgien**
Spa
Kurort *an der* **Etsch**
Ala
Kurort *in* **Frankreich**
Aix, Pau
Kurort *an der* **Lahn**
Ems
Kurort *im* **Spessart**
Orb
Kurort *in* **Südtirol**
Ala
Kurven der Gehirnströme (Abkürzung)
EEG
Kurven der Herzströme (Abkürzung)
EKG
kurz für an das
ans
kurz für von dem
vom
kurz für zu der
zur
Kurzform für Abitur
Abi
Kurzform für Alfred
Alf
Kurzform für Alphabet
Abc

Kurzform für Aluminium
Alu
Kurzform für Autobus
Bus
Kurzform für Diapositiv
Dia
Kurzform für *eine* Düsseldorfer Hauptstraße
Koe
Kurzform für Eduard
Edi
Kurzform für Edward
Ted
Kurzform für Hochschule
Uni
Kurzform für Juliane
Lia
Kurzform für Lokomotive
Lok
Kurzform für Omnibus
Bus
Kurzform für Personenwagen
Pkw
Kurzform für *ein* Schienenfahrzeug
Lok
Kurzform für Stadt in Brasilien
Rio
Kurzform für Teledialog
Ted
Kurzform für Telekopie
Fax
Kurzform für Tiergarten
Zoo
Kurzform für Universität
Uni
Kurzform für US-Amerikaner
Ami
Kurzform für *ein* Verkehrsmittel
Bus
Kurzform für von dem
vom
Kurzname der Taylor
Liz
Kurzwort für Abgasreiniger
Kat
Kurzwort für Amerikaner
Ami
Kurzwort für Benjamin
Ben
Kurzwort für brasilianische Hafenstadt
Rio
Kurzwort für Eduard
Ede
Kurzwort für ehemaligen Abgastest
ASU
Kurzwort für in das
ins
Kurzwort für Kfz-Abgasreiniger
Kat
Kurzwort für *ein* Leichtmetall
Alu
Kurzwort für *eine* Nachrichtenagentur
ANP, dpa
Kurzwort für Patrick
Pat
Kurzwort für Radio Luxemburg
RTL
Kurzwort für Rauschgift
LSD
Kurzwort für Sprengstoff
TNT
Küstenform
Bai, Bay, Kap
Kutsche
Cab
Kykladeninsel
Ios, Kea, Kos

L

Labans Tochter
Lea
labberig
fad
Ladeklappe
Luk
Ladung
Gut
Lage
Ort
Land *der* unbegrenzten Möglichkeiten
USA
Landbesitz
Gut, Hof
Landeplatz *für* Schiffe
Kai
Landessprache in Togo
Ewe
Landesteil
Gau
Landgut
Hof
ländliche Ansiedlung
Gut, Ort
Landnase
Kap
Landschaft
Gau
Landschaftsform
Aue, Tal
Landspitze
Kap
landwirtschaftlicher Betrieb
Gut, Hof
landwirtschaftlicher Großbetrieb
Gut
landwirtschaftliches Nutztier
Kuh
Landwirtschaftsorganisation der UN
FAO
Langarmaffe
Lar
langatmig
oed
längliche Vertiefung
Nut
Langschwanzpapagei
Ara
längster Strom der Erde
Nil
langweilig
fad, oed
Lappenkuh
Ren
lasch
lax
lässig
lax
Laster
Lkw
lateinisch für aber
sed
lateinisch für bete
ora
lateinisch für dafür
pro
lateinisch für Ding
res
lateinisch für drei
tre
lateinisch für durch
per
lateinisch für Frieden
pax
lateinisch für für
pro
lateinisch für Gegenstand
res
lateinisch für Gesetz
lex
lateinisch für ich
ego
lateinisch für ich liebe
amo
lateinisch für König
rex
lateinisch für Kunst
ars
lateinisch für Löwe
leo

lateinisch für Luft
aer
lateinisch für Methode
via
lateinisch für mittels
per
lateinisch für Nacht
nox
lateinisch für Recht
ius
lateinisch für Sache
res
lateinisch für sechs
sex
lateinisch für sei gegrüßt
ave
lateinisch für so
ita, sic
lateinisch für Straße
via
lateinisch für Weg
via
lateinisch für zwei
duo
lateinische Vorsilbe (drei)
tri
lateinisches Grußwort
ave
Laufbahn
Weg
Laufbursche
Boy
Laufvogel
Emu, Moa
Lausbub bei Wilhelm Busch
Max
Laut
Ton
Laut *des* **Hundes**
wau
Laut *der* **Kuh**
muh
Laut *der* **Rinder**
muh
laute Äußerung
Ruf
lauter
pur
Lautstärkeeinheit
Fon
Lebensbund
Ehe
Lebensende
Tod
Lebensgefährtin von Lennon (Yoko)
Ono
Lebensgemeinschaft
Ehe
Lebewohl
Ade

lebhaft
vif
leblos
tot
Lederart
Kid
lediglich
nur
leger
lax
Lehmart
Ton
Lehranstalt
ETH, FHS, Uni
leicht warm
lau
leichter Einspänner
Gig
leichtes Beiboot
Gig
leichtes Ruderboot
Gig
Leichtmetall
Alu
Leid
Weh
Leine
Tau
leise!
pst
Leistung
Tat
leistungsfähig
fit
Leiter *eines* **Klosters**
Abt
lettische Münze
Lat
lettische Währung
Lat
Leuchtstärkemaßeinheit
Lux
Leumund
Ruf
libysche Oase
Gat
Lichtmessgröße
Lux
Liebe
Sex
Liebesbund
Ehe
Liebhaber
Fan
Liedform
Ode
linker Nebenfluss des Rheins
Ahr
locker
lax, los
lodern
loh

logarithmische Maßeinheit
Bel
Logarithmus (Abkürzung)
log
Lokal
Bar
Londoner Stadtteil
Lee
Lötblei
Lot
Lötmetall
Lot
Lotterieanteilschein
Los
Lotteriebegriff
Los
Lotterieschein
Los
Löwe in der Dichtung
Leo, Leu
Luder
Aas
Luftbewegung
Boe, Zug
Luftdruckmaß
Bar
Luftfahrzeug
Jet
Luftfeuchtigkeitsniederschlag
Tau
luftförmiger Stoff
Gas
luftiges Oberteil
Top
Luftstrom
Zug
Lumme
Alk
Lumpenpack
Mob
Lurchtier
Olm
lustiger Einfall
Gag
lustiger Unfug
Fez, Ulk
lyrische Dichtung
Ode
lyrisches Werk
Lai, Ode

M

Madenfresser
Ani
Madenhackerkuckuck
Ani
Magensaft
Lab

Magnetende
Pol
Mailänder Sehenswürdigkeiten
Dom
Mainzelmännchen
Det, Edi
malaiische Münzeinheit
Sen
Malermaterial
Oel
Mangel
Not
Manier
Art
Männerhaus auf den Palauinseln
Bai
Männerkurzname
Edi, Max, Pit, Tim, Uli, Utz, Wim
männlicher Artikel
der
männlicher Kurzname
Adi, Alf, Edi, Teo, Utz
männlicher Verwandter
Opa
männlicher Vorfahr
Ahn
männlicher Vorname
Alf, Bob, Ivo, Kai, Kay, Leo, Max, Odo, Udo, Ulf, Uli, Urs, Uwe
männliches Kind
Bub
Mannschaft
Elf
mantelartiger Umhang der Araber
Aba
Märchenfigur
Alp, Fee, Nix, Rok
Märchenland der griechischen Sage
Aea, Ais
Märchenvogel
Ruk
Märchenwesen
Fee
Marke
Mal
Marmelade
Jam, Mus
marokkanisches Gebirge
Rif
Marshallplan (Abkürzung)
ERP
Masche
Gag
Maschinenart
Lok
Maschinenteil
Rad
Maßeinheit *in der* **Akustik**
Bel
Maßeinheit *für die* **Dehnbarkeit von Fasern**
Den
Maßeinheit *für den* **elektrischen Widerstand**
Ohm
Maßeinheit *der* **Lautstärke**
Fon
Maßeinheit *für die* **Stärke radioaktiver Strahlung**
Rad, Rem
Massenansturm
Run
mäßig
mau
mäßig warm
lau
maßloser Zorn
Wut
Maßnahme
Akt, Tat
Mastbaumbefestigung
Gei
Mastteil
Rah
Material *des* **Töpfers**
Ton
mathematischer Begriff
Lot, Pol
mathematisches Zeichen
mal
Matura
Abi
Meer
See
Meeresbucht
Bai, Bay
Meeresgöttin
Ran
Meeresraubfisch
Hai
Meeressäugetier
Wal
Meerestier
Aal, Hai, Wal
Meeresvogel
Alk
Meeresvogel der Nordmeere
Alk
mehlartiges Mineral
Gur
mehr als zehn
zig
mehrfach
oft
Meistersängerlied
Bar
Menagerie
Zoo
Menschenansiedlung
Ort
Messgerät
Log, Lot, Uhr
Metall
Cer
metallhaltiges Gestein
Erz
Methode
Art, Weg
Miene
Air
mies
mau
Milchtier
Kuh
mild
lau
militärischer Einheit
Zug
minderbemittelt
arm
Mineral
Erz, Gur, Wad
Misere
Not
missliche Lage
Not
Misstrauen
Arg
mit
per
mit … und Recht
Fug
Mitglied *der* **germanischen Götterfamilie**
Ase
mitteleuropäische Zeit
(Abkürzung)
MEZ
mittellos
arm
Mittellosigkeit
Not
mittels
per
mittelsibirischer Fluss
Ona
mittelwarm
lau
Modalität
Art
Modell
Typ
Modelliermasse
Ton
Moderfleisch
Aas
modern
hip
moderne Musikart
Pop

moderne Rechenanlage
EDV
Modus
Art
mohammedanischer Name für Jesus
Isa
Mohammeds Schwiegersohn
Ali
Molch
Olm
Molukkeninsel
Obi
Monatsname
Mai
Mönch
Abt
Mönchsoberer
Abt
mongolische Nationaltracht
Del
mongolischer Stamm
Mon
Montageplatz an einem Rennkurs
Box
Morgenfeuchtigkeit
Tau
morsch
alt
Motorfahrzeug
Lkw, Pkw
Motorradteil
Rad
Mulde
Kar
Mulde vor Hochgebirgswänden
Kar
Mumm
Mut
mundartlich für Ausguck
Lug
Mündungsarm *des* **Rheins**
Lek
Münster
Dom
Münsterstadt
Ulm
Münsterstadt in Württemberg
Ulm
munter
vif
musikalischer Titel
GMD
Musikdarbietung
Duo
Musikensemble
Duo
Musikinstrument
Tar
Musiknote
ais, ces, cis, des, dis, eis, fes, fis, ges, gis, his
Musikrichtung
Pop
Muskelzucken
Tic
Muster
Typ
Mutter *von* **Abel**
Eva
Mutter *von* **Gernot**
Ute
Mutter *von* **Giselher**
Ute
Mutter *von* **Goethe**
Aja
Mutter *von* **Gunther**
Ute
Mutter *von* **Kain**
Eva
Mutter *der* **Kriemhild**
Ute
Mutter *der* **Nibelungen**
Ute
Mutterschwein
Sau

N

nach Art von
à la
nachlässig
lax
Nachrichtenagentur
(Abkürzung)
ADN, DPA, UPI
Nachrichtenagentur der früheren DDR (Abkürzung)
ADN
Nachspeise
Eis
Nachströmung
Sog
Nachtgespenst
Alb, Alp
Nachtgöttin
Nyx
Nachtgreifvogel
Uhu
Nachtlokal
Bar
Nachtvogel
Uhu
Nacktdarstellung
Akt
Nacktkultur
FKK
Nagetier
Feh
nahe
bei, eng
Nahrungsmittel
Oel
Name *von* **dreizehn Päpsten**
Leo
Name *des* **Löwen**
Leu
Name mehrerer französischer Städte
Aix
Name *von* **Päpsten**
Leo
Name *von* **Sportvereinen**
TUS
Name *von* **zwei Rheinzuflüssen**
Ill
Namensbestandteil in Holland
van
Namensbestandteil in Schottland
Mac
Narr
Tor
Narretei
Jux
Nasszelle
Bad
Nationalgetränk in Japan
Tee
Nationalitätenkennzeichen von Alderney
GBA
Nationalitätenkennzeichen von Andorra
AND
Nationalitätenkennzeichen von Australien
AUS
Nationalitätenkennzeichen von Bolivien
BOL
Nationalitätenkennzeichen von Chile
RCH
Nationalitätenkennzeichen von Gibraltar
GBZ
Nationalitätenkennzeichen von Guernesey
GBG
Nationalitätenkennzeichen von Indien
IND
Nationalitätenkennzeichen von Irak
IRQ
Nationalitätenkennzeichen von Irland
IRL

Nationalitätenkennzeichen von Jemen
ADN
Nationalitätenkennzeichen von Jersey
GBJ
Nationalitätenkennzeichen von Jordanien
JOR
Nationalitätenkennzeichen von Kanada
CDN
Nationalitätenkennzeichen von Man
GBM
Nationalitätenkennzeichen von Mexiko
MEX
Nationalitätenkennzeichen von Pakistan
PAK
Nationalitätenkennzeichen von San Marino
RSM
Nationalitätenkennzeichen von Syrien
SYR
Nationalitätenkennzeichen von USA
USA
Natur
Art
Naturell
Art
Naturereignis
Boe, Eis, Tau
natürlicher Augenschutz
Lid
natürlicher Brennstoff
Gas, Oel
natürlicher Grundstoff
Erz
natürlicher Schutz der Augen
Lid
natürlicher Zaun
Hag
Naumburger Domfigur
Uta
nautisches Gerät
Log
Nebel
Fog
Nebel in England
Fog
Nebenfluss *der* **Aare**
Sur
Nebenfluss *der* **Aller**
Ise
Nebenfluss *des* **Amazonas**
Ica
Nebenfluss *des* **Amur**
Gan, Kur, Tyr, Uli, Una
Nebenfluss *des* **Arno**
Era
Nebenfluss *des* **Arno in der Toskana**
Era
Nebenfluss *des* **Bug**
Lug
Nebenfluss *des* **Dnjepr**
Ros, Sož, Wop
Nebenfluss *des* **Don**
Jug, Sal
Nebenfluss *der* **Donau**
Alt, Ilm, Ilz, Inn, Ipf, Jiu, Lom, Nar, Nau, Olt, Pek, Sau, Sed, Sil, Sió, Wit
Nebenfluss *der* **Donau bei Passau**
Ilz
Nebenfluss *der* **Drau**
Mis, Mur
Nebenfluss *der* **Drina**
Lim
Nebenfluss *des* **Duero**
Côa, Oca, Tua
Nebenfluss *der* **Dwina**
Wym
Nebenfluss *des* **Ebro**
Cea, Ega, Oca, Oja
Nebenfluss *der* **Elbe**
Aue, Upa
Nebenfluss *der* **Ems**
Ahe
Nebenfluss *der* **Etsch**
Nos
Nebenfluss *der* **Fulda**
Ufe
Nebenfluss *des* **Ganges**
Son
Nebenfluss *der* **Garonne**
Lot
Nebenfluss *der* **Ilz**
Ohe
Nebenfluss *des* **Inn**
Alz
Nebenfluss *der* **Isère**
Arc
Nebenfluss *der* **Isère aus den Meeralpen**
Arc
Nebenfluss *der* **Kinzig**
Elm
Nebenfluss *der* **Lahn**
Aar, Ohm, Ulm
Nebenfluss *der* **Lena**
Sin
Nebenfluss *der* **Maas**
Bar, Kil, Rur
Nebenfluss *des* **Mains**
Erf, Iff, Itz, Kem, Mud
Nebenfluss *der* **Mosel**
Alf, Bey, Syr
Nebenfluss *des* **Neckars**
Enz
Nebenfluss *des* **Ob**
Ass, Ket, Kot, Sob, Tom, Wag
Nebenfluss *der* **Oder**
Aal
Nebenfluss *der* **Oise**
Nar
Nebenfluss *der* **Oka**
Pra, Upa, Zna
Nebenfluss *des* **Rhein**
Ahr, Alb, Eck, Eis, Elz, Erg, Ill, Oos, Ren, Sar
Nebenfluss *der* **Rhone**
Ain, Lez
Nebenfluss *der* **Saale**
Ilm
Nebenfluss *der* **Salzach**
Ach
Nebenfluss *der* **Sauer**
Our
Nebenfluss *der* **Save**
Una
Nebenfluss *des* **Severn**
Rea, Wye, Yeo
Nebenfluss *der* **Themse**
Lea, Oek
Nebenfluss *des* **Tiber**
Aja, Nar
Nebenfluss *der* **Warthe**
Lis, Ner, Oxa
Nebenfluss *der* **Weichsel**
Bug, Lea, Leg, San, Wda
Nebenfluss *der* **Weichsel in Polen**
San
Nebenfluss *der* **Werra**
Arn, Dam
Nebenfluss *der* **Weser**
Arn, Aue, Ils
Nebenfluss *der* **Wolga**
Oka, Sok, Usa
Neffe Abrahams
Lot
Negerstamm
Edo, Ewe, For, Ful, Ibo, Kru, Suk, Tiv, Vai
Negerstamm in Liberia
Kru
Neigung
Zug
Nervenzentrum
ZNS
nervöses Muskelzucken
Tic
Nestorpapagei
Kea
neueste Zuggeneration der Deutschen Bahn
ICT
neuseeländischer Papagei
Kea

neuseeländischer Singvogel
Poe
Nibelungengestalt
Ute
Nibelungenmutter
Ute
nicht alt
neu
nicht breit
eng
nicht gebraucht
neu
nicht hinter
vor
nicht jung
alt
nicht lebendig
tot
nicht mehr als
nur
nicht mehr im Trend
out
nicht reich
arm
nicht schlecht
gut
nicht selten
oft
nicht weit
nah
Nichtjude
Goi
nichts als
nur
nichts anderes
nur
niederdeutsch für Affe
Aap
niederdeutsch für Bauer
Bur
niederdeutsch für Eule
Ul
niederdeutsch für Iltis
Ilk
niederdeutsch für nein
nee
niederdeutsch für Pudding
Vla
niederdeutscher Schriftsteller
Lau
niederländisch für eins
een
niederländisch für Salat
Sla
niederländisch für von
van
niederländische Fluggesellschaft
KLM
niederländische Gemeinde in Gelderland
Ede
niederländische Nachrichtenagentur
ANP
niederländischer Flusskanal
Eem
niederländischer Maler
Bol, Dou, Mor, Vos
niederländischer Namensbestandteil
van
niederländischer Rheinmündungsarm
Lek
niederländischer TV-Star
Mol
niederländisches Flüsschen
Eem
niederländisches Küstenschiff
Kag
Niederlassung
Ort
niedersächsischer Höhenzug
Ith
Niederschlag
Tau
niederträchtig
arg
Niederung
Aue, Tal
niemals
nie
nimmer
nie
Nische im Gebirge
Kar
Nomadenzeltdorf
Aul
nordafrikanisches Gebirge
Rif
nordamerikanischer Indianer
Ute
nordamerikanischer Klaviermusikstil
Rag
nordamerikanischer Staatenbund
USA
nordamerikanischer Wapitihirsch
Elk
norddeutsch für Iltis
Ilk
norddeutscher Fluss
Ems
norddeutscher Höhenzug
Elm, Ith
nordeuropäische Hafenstadt
Abo
nordeuropäische Hirschart
Elk, Ren
nordeuropäischer Schwimmvogel
Alk
nordeuropäisches Haustier
Ren
nordgermanische Meeresriesin
Ran
nordische Götterbotin
Gna
nordische Totengöttin
Hel
nordische Weihnacht
Jul
nordische Wurfwaffe
Ger
nordischer Männername
Age, Dag, Ole
nordischer Tauchvogel
Alk
nordisches Herdentier
Ren
nordisches Nutztier
Ren
nordisches Totenreich
Hel
Nordseebad
Wyk
nordspanischer Küstenfluss
Ter
nordwestdeutscher Fluss
Ems
Nordwesteuropäer
Ire
Norm
DIN
Normannenstamm
Rus
Normzahl von Schlägen beim Golf
Par
Norne
Urd
Norne der Vergangenheit
Urd
norwegischer Literat
Lie
norwegischer Mathematiker
Lie
norwegischer Politiker
Lie

3

3

norwegischer Schriftsteller
Lie, Moe
Not leidend
arm
Notruf
SOS
nutzbares Mineral
Erz
nützlicher Hinweis
Tip
Nutztier
Kuh, Sau
Nutztier ***der*** **Lappen**
Ren

O

Oase in Arabien
Kaf
Oase in Libyen
Gat
Oase in Tunesien
Dus
oberfränkische Stadt
Hof
obergäriges Bier
Alt
Oberhaupt ***im*** **alten Russland**
Zar
Oberteil
Top
Obstbrei
Mus
Obstmarmelade
Jam
öde
tot
öffentliche Behörde
Amt
öffentliches Verkehrsmittel
Bus, Zug
Öffnung
Luk, Tor
Öffnung ***auf*** **Schiffen**
Luk
Oheim
Ohm
olivgrüner Papagei
Kea
olympisches (Abkürzung) **Gremium**
NOK
olympisches (Abkürzung) **Weltkomitee**
IOC
Omnibus
Bus, Car
Onkel
Ohm
Operette von Lehár
Eva
Opernfach
Alt
Opernhaus in New York
Met
Opernkomponist
Egk
Opernteil
Akt
Ordensältester der Derwische
Pir
Ordensbruder
Fra
Ordnungsbegriff der Biologie
Art
Organisation der UN (Abkürzung)
FAO, ILO, IRO, ITU, UIT, UPU, WHO, WMO
orientalische Flöte
Nei
orientalische Kopfbedeckung
Fes, Fez
orientalische Spießlaute
Tar
orientalischer Rock
Aba
orientalischer Titel
Aga, Bei
orientalisches Genussmittel
Kat
orientalisches Küstenschiff
Dau
Orientteppich aus Persien
Mir
Orientteppichsorte
Mir
Orkneyinsel
Hoy
Ort ***auf*** **Ameland**
Nes
Ort ***bei*** **Gronau**
Epe
Ort ***im*** **Münsterland**
Epe
Ort ***im*** **Münsterland bei Gronau**
Epe
Ort ***in*** **Sibirien**
Amo
Ort ***in*** **Tirol**
Erl
örtlich begrenzt
eng
österreichische Fernsehanstalt
ORF
österreichische Grenzstadt an der Thaya
Laa
österreichische Grenzstadt nördlich von Wien
Laa
österreichischer Komponist
Fux
österreichischer Maler
Alt
österreichischer Rundfunk (Kurzwort)
ORF
österreichischer Schriftsteller
Kay
östliches Sonnenland der griechischen Sage
Aea, Aia
oströmische Kaiserin
Zoe
Ostseehafen
Åbo
Ostseeinsel
Oie
ostspanischer Küstenfluss
Ter

P

Paarbund
Ehe
Paarhufer, Paarzeher
Gnu, Jak, Kuh, Reh, Ren, Sau, Yak
Pachthof
Gut
Pack
Mob
pädagogische Beurteilung
Lob
Page
Boy
pakistanische Währungseinheit
Pie
Palmenart
Agu, Dum, Ita
panamerikanische Organisation (Abkürzung)
OAS
panikartiger Ansturm
Run
Papageienart
Ara, Kea
Papierformat
DIN
Papstname
Leo

Passionsspielort
Erl
Passionsspielort in Tirol
Erl
Patsche
Not
PC-Arbeitsspeicher
RAM
PC-System
DOS
Pechkohle
Jet
Pelz *des* **sibirischen Eichhörnchens**
Feh
Pelzart
Feh, Kid
Pelzkragen
Boa
persische Flöte
Nei
persische Laute
Tar
persischer Flohteppich
Mir
persisches Saiteninstrument
Tar
Personenkraftwagen
Pkw
persönliche Anrede für Fremde
Sie
persönliche Codenummer
(Bank)
Pin
persönliche Geheimzahl
(Abkürzung)
PIN
persönliches deutsches Fürwort
dir, ich, ihm, ihr, sie, uns, wir
persönliches englisches Fürwort
she, you
persönliches französisches Fürwort
ils
peruanische Münze
Sol
peruanische Provinz
Ica
peruanische Währung
Sol
Pfad
Weg
Pferd von Kara ben Nemsi
Rih
Pferdefußteil
Huf
Pferdename bei Karl May
Rih
Pferderasse
Kob
Pferdestallplatz
Box
Pflanzenfett
Oel
Pflanzenteil
Ast
Pforte
Tor
philippinischer Vulkan
Apo
physikalische Arbeitseinheit
Erg
physikalischer Begriff
Gas, Ion, Mol, Ton, Weg
Platz
Ort
Platzdeckchen
Set
plötzlicher Windstoß
Boe
Pöbel
Mob
poetisch für Adler
Aar
poetisch für Hecke
Hag
poetisch für Löwe
Leu
poetisch für Lüge
Lug
poetisch für Unwahrheit
Lug
poetisches Werk
Ode
Pointe
Gag
Pokal
Cup
Polierschiefer
Gur
Polizeibeamter *in den* **USA**
Cop
polnischer Schriftsteller
Lem
Popmusikbegriff
Hit, Rap
populäres Liedchen
Hit
Portal
Tor
portugiesisch für heilig
(bei Namen)
São
Position
Amt, Ort
Possen
Ulk
Possenreißer
Tor
Posten
Amt
Präposition
auf, aus, bei, von, vor
Präsident *der* **Bundesrepublik Deutschland**
Rau
Prestige
Ruf
Prophet im Alten Testament
Eli, Gad
pulvriges Mineral
Gur
Punkt
Ort
Punkt *in der* **Antarktis**
Pol
Punkt *in der* **Arktis**
Pol
Püree
Mus

Q

Quadrillefigur
Ete
Qual
Not
Querstange am Schiffsmast
Rah
Quittung
Bon

R

Radiosendernamensanzeige (Abkürzung)
RDS
Radiowellenbereich
(Abkürzung)
UKW
Rage
Wut
Rangstufe beim Judo
Dan, Kyu
Raserei
Wut
Rat
Tip
Raubfisch
Hai
Räucherfisch
Aal
Raufutter (Rauhfutter)
Heu
Raum
All
Raum *unter dem* **Dach**
Oke

3

Rauminhalt eines Schiffes (Abkürzung)
BRT
räumlich begrenzt
eng
Raummaß *bei* **Schiffen** (Abkürzung)
BRT, NRT
Rauschgift
LSD
Reaktorkatastrophe
GAU
Recht
Ius, Jus
Rechtswissenschaft
Jus
rechtwinkliger Behälter
Box
Reformator
Hus
rege
vif
Reifen
Rad
Reifeprüfung
Abi
reimloses Gedicht
Ode
rein
pur
Reinigung
Bad
Reinigungsgerät
Mop
Reißer
Hit
Reiter auf Karteikarten
Tab
Reitpferd
Cob
Reittier
Jak, Yak
reizlos
fad, oed
Rennruderboot
Gig
Rennschlitten
Bob
Renommee
Ruf
Rentier
Ren
Reptilart
Boa
Rheinlastkahn
Aak
Rheinmündungsarm
Lek
Richtblei
Lot
Riesenhirsch
Elk
Riesenlaufvogel Neuseelands
Moa
Riesenpapagei
Kea
Riesenschlange
Boa
Riesenvogel
Moa, Ruk
Rille
Nut
Rind
Kuh
Rind im Orient
Jak, Yak
Rinderart
Jak, Yak
Rinderwahn (Abkürzung)
BSE
Ring um Gestirne
Hof
Risikobereitschaft
Mut
Rispengras
Poa
ritterlicher Besitz
Gut
Rohmaterial des Töpfers
Ton
Rohstoff für Keramik
Ton
Rolle
Rad
Rollkörper
Rad
Roman von Kipling
Kim
Romanfigur *bei* **Beecher Stowe**
Tom
Romanfigur *bei* **Jeremias Gotthelf**
Uli
römischer Kalendertag
Ide
römischer Sonnengott
Sol
Roulettebegriff
Jeu, Rot
Route
Weg
rücksichtslos
roh
Ruderboot
Gig
Ruf *an* **Pferde** (Halt)
Brr
Ruinenstätte *in der* **Türkei**
Ani
rumänische Münze
Ban
rumänische Währungseinheit
Leu
Rundfunksender (Abkürzung)
NDR, SDR, SFB, SWF, SWR, WDR
rundfunktechnischer Begriff
Ton, UHF, UKW, VHF
russisch für hundert
sto
russische Dorfgemeinschaft
Mir
russischer Flugzeugtyp (Abkürzung)
Mig
russischer Herrschertitel
Zar
russischer Schachweltmeister
Tal
russisches Eichhörnchen
Feh
rüstig
fit

S

sächlicher Artikel
das
sagenhafter Vogel
Rok
Saiteninstrument
Tar
Sakrament
Ehe
Satz beim Tennis
Set
Säuglingsnahrung
Mus
Saugströmung
Sog
Schachausdruck
Zug
Schachweltmeister
Tal
Schafleder
Kid
schal
fad
Schal aus Federn
Boa
Schall
Ton
Schalterstellung
aus, ein, off
Schanktisch
Bar
Schauplatz
Ort

Schellfischart
Sei
Schi
Ski
Schicksal
Los
Schicksalsgöttin
Ate, Urd
Schiefer
Lei
Schieferfelsen
Lei
Schienenfahrzeug
Lok, Zug
Schienentransportmittel
Zug
Schiffsanlegeplatz
Kai
Schiffseinstieg
Luk
Schiffsgeschwindigkeits-messer
Log
Schiffshaltetau
Gei
Schiffshilferuf (Abkürzung)
SOS
Schiffskommando
Ree
Schiffsnotruf
SOS
Schiffsöffnung
Luk
Schiffsraummaß
BRT
Schiffsseite
Lee, Luv
Schiffsvorderteil
Bug
Schiffszubehör
Tau
schiitischer Nationalheiliger
Ali
Schildlausfett
Age
schlaff
lax
Schlager
Hit
Schlange im Dschungelbuch
Kaa
schlangenähnliches Tier
Aal
Schlangenart, Schlangengattung
Boa
schlangenförmiger Fisch
Aal
schlecht
arg
Schlechtigkeit
Arg
Schliff
Pli
schlimm
arg
schlimme Lebenslage
Not
Schlitten
Bob
schmal
eng
schmale Straße
Weg
Schmerz
Weh
Schmiermittel
Oel
Schmutz
Kot
Schneeschuh
Ski
Schneid
Mut
schnell
fix
schon
nur
Schöpfung
All
schottische Insel
Rum
schottischer Namensbestandteil
Mac
Schrei
Ruf
schroff
rau
Schutz
Hut
schwäbischer Höhenzug
Alb
schwäbisches Hochland
Alb
Schwanzlurch
Olm
Schwärmer
Fan
schwarzer Singvogel
Beo
Schwarzwild
Sau
schwedischer Name für Turku (Finnland)
Åbo
schweizerisch für Bergspitze
Piz
schweizerisch für hundert qm
Are
schweizerische Kantonshauptstadt
Zug
schweizerischer Berg
Aul, Dom, Err
schweizerischer Dramatiker
Ott
schweizerischer Kanton
Uri, Zug
schweizerischer Mediziner
His
schweizerisches Bodenmaß
Are
schwer erhältlich
rar
schwerer Traum
Alb, Alp
schwerer Reaktorstörfall (Abkürzung)
GAU
Schwester *der* **Rahel**
Lea
Schwiegersohn Mohammeds
Ali
schwierige Lage
Not
Schwung
Pep
Schwur
Eid
Sedimentgestein
Ton
Seebecken in Afrika
Iro
seemännisch für Mastspitze
Top
seemännisch für vorderes Schiffsteil
Bug
seemännisch für Windschattenseite
Lee
seemännisch für Windseite
Luv
Seenotruf
SOS
Seesäugetier
Wal
Segelbefehl
Ree
Segelbootstyp
Dau
Segelkommando
Ree
Segelschnürtau
Gei

3

3

Segelstange
Raa, Rah
Segeltau
Gei
sehr
arg
sehr schlimm
arg
Seifenbaumgewächs
Aki
selten
rar
seltene Erde
Cer, Zer
Sendung
Amt
Senkblei
Lot
Senkblei zum Messen der Wassertiefe
Lot
Senke
Tal
Sensenmann
Tod
sibirischer Fluss zum Ob-Busen
Tas
sibirisches Eichhörnchen
Feh
siebter Buchstabe im griechischen Alphabet
Eta
Siedlung
Gut, Ort
Siegerpreis
Cup
Signalfarbe
Rot
Singgemeinschaft
Duo
Sinnesorgan
Ohr
Sittichpapagei
Ara
skandinavische Fluggesellschaft
SAS
Slapstick
Gag
so weit
bis
Sohn von Frigga
Tyr
Sohn von Hermes
Pan
Sohn von Jakob
Dan, Gad
Sohn von Noah
Ham, Sem
Sohn von Odin
Tyr
solange
bis
sommerliche Erfrischung
Bad, Eis
Sonnengott der Römer
Sol
Sonnenland
Aea, Aia
Sorte
Art, Typ
Soße
Jus
Spaltgerät
Axt
spanisch für auf!
olé
spanisch für Fluss
rio
spanisch für Herr
don
spanisch für Meer
mar
spanisch für zwei
dos
spanische Königin
Ena
spanischer Artikel
las, los
spanischer Frauenname
Ana
spanischer Küstenfluss
Ter
spanischer Mehrzahlartikel
las
spanischer Nationalheld
Cid
spanisches Kap
Nao
Spaß
Fez, Jux, Ulk
Speer
Ger
Speisefett
Oel
Speisefisch
Aal
Spezialgebiet der Medizin (Abkürzung)
HNO
Spieler, der die Karten verteilt
Aus
Spielkartenfarbe
Pik, Rot
Spieß
Ger
Spinngerät
Rad
Spitzenkönner
Ass
Spitzenschlager
Hit
spitzer Berg
Pik
Spitzname Eisenhowers
Ike
Spleißnadel
Fid
Sportanlage
Bad
Sportboot
Gig
Sportgerät
Bob, Rad, Ski, Tau
sportlich durchtrainiert
fit
Sportmannschaft
Elf
Sportpokal
Cup
Sportpreis
Cup
Sportschlitten
Bob
sprachbegabter Singvogel
Beo
Sprache *in* Westafrika
Ewe
Sprengstoff
TNT
Spruchsammlung
Ana
Staat *in* Nordamerika
USA
Staatenbündnis
UNO
Stadt *bei* Zwolle
Epe
Stadt, Gemeinde *in* Afrika
Fes, Ibo
Stadt, Gemeinde *in* Amerika
Rio
Stadt, Gemeinde *in* Äthiopien
Imi
Stadt, Gemeinde *in* Baden-Württemberg
Ulm
Stadt, Gemeinde *in* Bayern
Hof, Lam
Stadt, Gemeinde *in* Belgien
Ans, Ath, Hal, Huy, Spa
Stadt, Gemeinde *in* Brasilien
Ipu, Rio
Stadt, Gemeinde *in* Bulgarien
Lom
Stadt, Gemeinde *in* China
Kia, Uma

Stadt, Gemeinde *in* **Dänemark**
Bov
Stadt, Gemeinde *an der* **Donau**
Ulm
Stadt, Gemeinde *im* **Erzgebirge**
Aue
Stadt, Gemeinde *an der* **Etsch**
Ala
Stadt, Gemeinde *in* **Finnland**
Åbo, Ljo
Stadt, Gemeinde *auf* **Föhr**
Wyk
Stadt, Gemeinde *in* **Frankreich**
Aix, Apt, Bar, Dax, Gap, Luz, Pau, Puy
Stadt, Gemeinde *in den* **französischen Alpen**
Gap
Stadt, Gemeinde *im* **Gelderland**
Ede
Stadt, Gemeinde *bei* **Gronau**
Epe
Stadt, Gemeinde *in* **Hessen**
Elm, Orb
Stadt, Gemeinde *im* **Iran**
Bam, Kum, Lar
Stadt, Gemeinde *in* **Italien**
Ala, Nus, Rom
Stadt, Gemeinde *in* **Japan**
Ono, Ube
Stadt, Gemeinde *in* **Kolumbien**
Uré
Stadt, Gemeinde *an der* **Lahn**
Ems
Stadt, Gemeinde *im* **Libanon**
Sur
Stadt, Gemeinde *bei* **Lüttich**
Ans
Stadt, Gemeinde *in* **Marokko**
Fes
Stadt, Gemeinde *in den* **Niederlanden**
Ede
Stadt, Gemeinde *am* **Niger**
Aba, Ado, Gao
Stadt, Gemeinde *in* **Nigeria**
Ife
Stadt, Gemeinde *in* **Österreich**
Egg, Laa
Stadt, Gemeinde *in* **Peru**
Ica
Stadt, Gemeinde *in* **Polen**
Buk
Stadt, Gemeinde *im* **Pyrenäenvorland**
Pau
Stadt, Gemeinde *in* **Rheinland-Pfalz**
Ems
Stadt, Gemeinde *an der* **Saale**
Hof
Stadt, Gemeinde *in* **Sachsen**
Aue
Stadt, Gemeinde *in* **Schleswig-Holstein**
Wyk
Stadt, Gemeinde *in* **Schottland**
Ayr
Stadt, Gemeinde *in* **Schweden**
Eda, Los
Stadt, Gemeinde *in der* **Schweiz**
Zug
Stadt, Gemeinde *im* **Sudan**
Wad
Stadt, Gemeinde *in* **Südtirol**
Ala
Stadt, Gemeinde *an der* **Thaya**
Laa
Stadt, Gemeinde *am* **Tiber**
Rom
Stadt, Gemeinde *in der* **Tschechischen Republik**
Dux
Stadt, Gemeinde *in* **Vietnam**
Hué
Stadt, Gemeinde *in* **Westchina**
Uma
Stadt, Gemeinde *an der* **Wolga**
Bui
städtisches Verkehrsmittel
Bus
Stahlross
Rad
Stallabteil
Box
Stammmutter (Stammutter)
Eva
Stammvater
Ahn
Stammvater *der* **Hamiten**
Ham
Stammvater *der* **Semiten**
Sem
Standbild am Naumburger Dom
Uta
Starenvogel
Beo
starker Strick
Tau
starker Windstoß
Boe
starker Zweig
Ast
starkes Seil
Tau
Starverehrer
Fan
Staubbesen
Mop
stehendes Gewässer
See
Steig
Weg
Steinbock
Tur
Steinkohlenprodukt
Gas
Stelle *als* **Arbeitsplatz**
Job
Stellung
Amt
Steppentier
Gnu
Stereoanlagenteil
Box
Sternbild
Leo
Sternbild Löwe
Leo
Stiftsvorsteher
Abt
Stil
Art
Strahltriebwerk
Jet
stramm
eng
Straßenpöbel
Mob
Straußenvogel
Emu, Moa
Strecke
Weg
Streckenende im Bergbau
Ort
Streich
Jux, Ulk
strikte Absage
nie

3

Strömung
Sog
Strudel
Sog
Stück für zwei Instrumente
Duo
Studienanstalt
Uni
Sturm auf die Banken
Run
südafrikanische Antilope
Gnu
südamerikanische Schlange
Boa
südamerikanischer Indianerstamm
Ona
südamerikanischer Kuckucksvogel
Ani
südamerikanischer Papagei
Ara
südamerikanischer Vogel
Ani
süddeutscher Höhenzug
Alb
südfranzösischer Küstenfluss
Tet
Südwester
Hut
sumerischer Gott
Anu, Sin
Summe aller Einsätze (Poker)
Pot
Sumpf
Aue
Symbol *für* **Parapsychisches**
Psi
Symbolfarbe für Liebe
Rot
synthetische Droge (Abkürzung)
LSD
System
Bau

T

Tagesordnungspunkt
TOP
Taggreifvogel
Aar
Takt
Akt
Tanz
Fox
Tanzdiele
Bar
Tanzfigur der Quadrille
Ete
Tanzschritt
Ete, Pas
Tapferkeit
Mut
Tat
Akt
Tätigkeit
Job
tatsächlicher Bestand
Ist
Tauchvogel
Alk
tauglich
fit
Teegewicht
Tub
Teil arabischer Namen
Ibn
Teil *des* **Auges**
Lid
Teil *des* **Baumes**
Ast
Teil *des* **Bühnenstücks**
Akt
Teil *des* **Dramas**
Akt
Teil *des* **Fußes**
Zeh
Teil *des* **Gesichts**
Lid, Ohr
Teil *der* **Karteikarte**
Tab
Teil *des* **Kopfes**
Ohr
Teil *des* **Pferdefußes**
Huf
Teil *des* **Wagens**
Rad
Teil *des* **Weserberglandes**
Ith
Teil *der* **Woche**
Tag
Teil *der* **Wohnung**
Bad
Telekopie
Fax
Temperaturbezeichnung
lau
Tendenz
Zug
Tennisausdruck
Ass, Set
Tennisball hinter der Linie
aus
Tennisschlag
Lob
Termin
Tag
theologischer Gegner Luthers
Eck
tibetanische Gazelle
Goa
tibetanisches Hausrind
Jak, Yak
tief liegende Landschaft
Tal
tiefe Frauenstimme
Alt
tiefe Knabenstimme
Alt
Tierbehausung
Bau
Tierfuß
Huf
Tierfutter
Heu
Tiergarten
Zoo
Tiergruppe
Zug
Tierhöhle
Bau
tierisches Körperteil
Huf
Tierkadaver
Aas
Tierleiche
Aas
Tierpark
Zoo
Tierseuche
BSE
Tierwohnung
Bau
Tip
Rat
Tiroler Kurort
Erl
Tiroler Passionsspielort
Erl
Tischdeckchen
Set
Tischserviette
Set
Titel *des* **russischen Kaisers**
Zar
Titel *für* **türkische Offiziere**
Aga
Titelfigur von Busch
Max
Titelfigur von Corneille
Cid
Tochter von Hyperion
Eos
Todesgöttin
Hel
Toilette
Klo

Tokios alter Name
Edo
Tonart
Dur
Tonbezeichnung
Ais, Ces, Des, Dis, Fis, Ges, Gis, His
Tonerdesilikat
Bol
Töpfermaterial
Ton
tot
oed
Totenreich
Hel
toter Tierkörper
Aas
Träger *der* **Erbanlagen**
Gen
Traktandum
TOP
Tran
Oel
Transparentbild
Dia
Transportmittel
Bus, Rad
Traumgespenst
Alb, Alp
Traummahr
Alb, Alp
Traute
Mut
Treck
Zug
Treffer
Tor
Treffer *bei* **Ballspielen**
Tor
Treibstoff
Gas
Trinkstube
Bar
Trockenfutter
Heu
Trockengras
Heu
Tropenvogel
Ara, Beo, Kea
Tröpfchenbildung im Gras
Tau
tropischer Kuckucksvogel
Ani
tropisches Genussmittel
Tee
tropisches Säugetier
Gnu
Trosse
Tau
trostlos
oed
Trug
Arg
tschechischer Reformator
Hus
Tugend
Mut
Tunke
Jus
türkische Anrede
Bei
türkische Insel
Ada
türkische Kopfbedeckung
Fes, Fez
türkische Ruinenstadt
Ani
türkischer Beamter
Bei
türkischer Titel
Aga, Beg, Bei, Bey, Dei
Turngerät
Tau
Turnübung
Rad
TV-Kabelprogramm
SAT
Typ
Art
übel
arg, mau
über
via
überholt
out
überirdisches Wesen
Fee
überraschend
neu

U

Uferbefestigung
Kai
Uferstraße
Kai
Ulk
Fez, Jux
umfriedeter Bezirk
Hag
Umgangsformen
Pli
umgangssprachlich für Arzt
Doc
umgangssprachlich für Gefängnis
Bau
umgangssprachlich für heimlicher Groll
Pik
umgangssprachlich für kaputt
hin
umgangssprachlich für keineswegs
iwo
umgangssprachlich für schlecht
mau
umgangssprachlich für Ulk
Fez
umgangssprachlich für Unsinn
Fez
umgangssprachlich für verdorben
hin
Umhang
Boa
unangenehm
arg
unbearbeitet
roh
unbekanntes Flugobjekt
Ufo
unbelebt
tot
unbenützt
neu
unbestimmt
vag
unbestimmter Artikel
ein
unbestimmtes Fürwort
man
Unerschrockenheit
Mut
unfruchtbar
oed
Unfug
Jux, Ulk
ungarische Stadt an der Donau
Vac
ungarischer Würdenträger
Ban
ungebraucht
neu
ungehobelt
roh
ungekocht
roh
ungemischt
pur
ungemustert
uni
ungewürzt
fad
Unglück
Not
Unheilgöttin
Ate
Universitätsstadt *in* **Deutschland**
Ulm

3

3

Universitätsstadt *in* **Frankreich**
Aix
Universitätsstadt *in* **Italien**
Rom
Universum
All
UNO-Generalsekretär
Lie
unsicher
irr
Unternehmung
Tat
Unterstellraum
Box
Unterwelt
Hel
unverbraucht
neu
unverdünnt
pur
unverfälscht
pur
unverfeinert
roh
unvermögend
arm
unweit
nah
unwirtlich
rau
Ureinwohner *von* **Feuerland**
Ona
Urkanton der Schweiz
Uri
Urmutter
Eva
US-Amerikaner
Ami
US-Geheimdienst (Abkürzung)
CIA
US-Soldatensender
AFN

V

venezianischer Admiral
Emo
verächtlich für Mann
Typ
verächtlicher Ausruf
buh
veraltet
out
veraltet für Anspruch
Fug
veraltet für junger Knecht
Enk
Verdauungsferment
Lab
verdorben
hin
Verehrer
Fan
Vereinte Nationen (Abkürzung)
UNO
vereinzelt
rar
Verfahren
Weg
verflossen
out
Vergnügen
Ulk
Verhaltensweise
Art
Verkaufserfolg
Hit
Verkehrshindernis
Eis
Verkehrsmittel
Bus, Jet, Lkw, Lok, Pkw, Rad, Zug
verknöchert
alt
verlassen
oed
Vermögen
Gut
verneinendes Wort
nie
verrückt
irr
Verschlag
Box
verschwunden
weg
Versprechen
Eid
verstorben
tot
verstört
irr
Vertiefung
Nut
Vertikale
Lot
vertrauliche Anrede
ihr
Verwaltung
Amt
Verwandte/Verwandter
Oma, Opa
verwesende Tierleiche
Aas
Verwesendes
Aas
verwirrt
irr
Vieh
Kuh
Viehfutter
Heu
Viehtrift
Alm
vielfach
oft
vierundzwanzig Stunden
Tag
Vogel *in* **Australien**
Emu
Volk *in* **Nigeria**
Ibo
Volksfest
Dom
volkstümlicher Name von Guevara
Che
vollbrachte Handlung
Tat
vorbei
aus
Vorderteil des Schiffes
Bug
Vorfahre
Ahn, Oma, Opa
Vorgebirge
Kap
Vorgehen
Akt
Vorherbestimmung
Los
Vorhersage
Tip
Vorname *der* **Dagover**
Lil
Vorname *der* **Gardner**
Ava
Vorname *von* **Hammerskjöld**
Dag
Vorname *von* **Jürgens**
(Sänger)
Udo
Vorname *der* **Lemper**
Ute
Vorname *von* **Schmeling**
Max
Vorname *der* **Taylor**
Liz
Vorname *von* **Tolstoi**
Leo
Vorschiff
Bug
Vorschlag
Rat, Tip
Vorsilbe
auf, aus, bei, dar, ein, ent, her, hin, mit, ver, vor, zer

Vorsilbe für drei
tri
Vorsteher *eines* **Klosters**
Abt
vorübergehende Beschäftigung
Job
Vulkan *auf* **Hawaii**
Kea, Loa

W

waagerechte Segelquerstange
Rah
waagerechte Stange am Mast
Rah
Wacholdergetränk
Gin
Wacholderschnaps
Gin
Wachtturm
Lug
Waffe *der* **Germanen**
Ger
Wagenteil
Rad
wahnsinnig
irr
Wahrnehmungsorgan
Ohr
Wahrzeichen von Köln
Dom
Walart
Nar
Wald
Hag
Wäldchen
Hag
Waldgott
Pan
Waldgrundstück
Hag
Waldkleintier
Ilk
Waldtier
Reh
Wallfahrtsort *in* **Italien**
Rom
Wanderfisch
Aal
Wapitihirsch
Elk
Wappentier
Aar, Leu
Wappenvogel
Aar
Warentransportmittel
Lkw
warm
lau
Waschraum
Bad
Wasserablauf
Gat
Wasserfee
Nix
Wasserstrudel
Sog
Wasservogel
Alk
weder warm noch kalt
lau
Weg *des* **Kolbens**
Hub
weibliche deutsche Sagengestalt
Ute
weibliche Verwandte
Oma
weiblicher Artikel
die
weiblicher Geist
Fee
weiblicher Kosename
Evi, Ina, Ira
weiblicher Kurzname
Lia
weiblicher Vorname
Ada, Eva, Ida, Ina, Ira, Lil, Lin, Pia, Ria, Uta, Ute
weiblicher Wolf
Feh
weibliches Haustier
Kuh, Sau
weibliches Märchenwesen
Fee
weibliches Rind
Kuh
weibliches Schwein
Sau
weibliches Wild
Reh, Sau
weiche Lederart
Kid
weiches Ziegenleder
Kid
Weide im Gebirge
Alm
Weidefläche
Alm, Alp
Weidemonat
Mai
Weiher
See
Weihwasserkessel
Ama
Weinort *an der* **Mosel**
Alf
Weise
Art
Welt
All
Welt *der* **Toten**
Hel
Weltgesundheitsorganisation (Abkürzung)
WHO
Welthilfssprache
Ido
Weltmacht
USA
Weltorganisation (Abkürzung)
UNO
Weltpostverein (Abkürzung)
UPU
Weltraum
All
Weltraumorganisation (Abkürzung)
ESA
Wenderuf beim Segeln
Ree
wenig Raum lassend
eng
Werk
Tat
Werkzeug
Axt, Lot
Werkzeug *der* **Baumfäller**
Axt
wertvolles Mineral
Erz
Wesen
Art, Typ
Wesensanlage
Art
Westeuropäer
Ire
westeuropäische Hauptstadt
Rom
Westeuropäische Union (Abkürzung)
WEU
westliche Großmacht
USA
westliche Weltmacht
USA
Wettererscheinung
Eis, Tau
Wetthinweis
Tip
wichtige Persönlichkeit (Abkürzung)
VIP
Widerstandsmaßeinheit
Ohm
widerwärtig
roh
wie von Sinnen
irr

3

Wiedergabe nackter Menschen
Akt
wiederholt
oft
Wiederkäuer
Kuh, Reh, Ren
Wiener Mimin
Ott
Wiesengrund
Aue
Wikingerstamm
Rus
Wildart
Reh
Wildpark
Zoo
Wildrind
Jak, Yak
Wims Hund
Wum
windabgewandte Schiffsseite
Lee
Windart
Ora
Windschattenseite
Lee
Windseite
Luv
Windstoß
Boe
windzugewandte Schiffsseite
Luv
Wink
Rat, Tip
Wintersonnenwende
Jul
Wintersportgerät
Bob, Ski
wirr
irr
Wirtschaftszweig
Bau
Witz
Gag, Jux, Ulk
witziger Einfall
Gag
wohl
gut
Wonnemonat
Mai
Wortsammlung
Ana
Würde
Ruf
Wurfbild
Dia
Wurfspieß
Ger
Wurfspieß der Gemanen
Ger
Wurfwaffe
Ger
Würzflüssigkeit
Oel
wüst
oed
Wüste *im* **Iran**
Lut
Wüstenbrunnen
Bir
Wutz
Sau

XYZ

x-mal
oft
zähflüssige Substanz
Oel
Zahlungsweise
bar
Zahlzeichen für drei
III
Zauberin
Fee
Zaun
Hag
Zeichen
Mal, Tip
Zeit von vierundzwanzig Stunden
Tag
Zeitabschnitt
Tag
Zeiteinheit
Tag
Zeitlohn
Tag
Zeitmesser
Uhr
Zellkernbestandteil
(Abkürzung)
DNS
Zeltdorf der Nomaden
Aul
Zeugnisnote
gut
Ziegenleder
Kid
Ziel *beim* **Ballspiel**
Tor
Zigeuner
Rom
Zitatensammlung
Ana
Zorn
Wut
zu einem Ziel
hin
zu keiner Zeit
nie
Zuchtschwein
Sau
Zucken
Tic
Zuckerrohrschnaps
Rum
Zugang
Tor, Weg
zugkräftiges Angebot
Hit
Zugmaschine
Lok
Zugnummer
Hit
Zugtier
Jak, Kuh, Ren, Yak
Zulauf
Run
zumeist
oft
Zupfinstrument
Tar
zusammengedrängt
eng
Zusammenleben
Ehe
Zuspruch
Rat
Zustand *der* **Bedrängnis**
Not
Zustrom
Run
Zutat für Grog
Rum
Zwangslage
Not
zwei
zwo
zwei Musizierende
Duo
zwei Rheinzuflüsse
Ill
Zweiergesang
Ono
Zweiergruppe
Duo
zweifelnd
irr
Zweig
Ast
zweistimmige Musikdarbietung
Duo
zweiter Sohn Noahs
Ham
Zwiegesang
Duo
Zylinder
Hut

4 BUCHSTABEN

A

Aachener Universität (Abkürzung)
RWTH
Aas fressender Fisch
Wels
ab
fort
Abart *des* **Sauerstoffs**
Ozon
Abbild
Foto
Abdichtungsmittel
Kitt, Pech, Teer, Werg
Abdruck
Spur
Abdruck *von* **Rädern**
Spur
Abels Bruder
Kain, Seth
Abels Vater
Adam
Abendkleid
Robe
Aberglaube
Wahn
Abfall
Hede, Rest, Span, Werg
abfallendes Gelände
Hang
Abfallprodukt *beim* **Hobeln**
Span
Abfluss
Rohr, Siel
Abfolge allen Geschehens
Zeit
Abformung
Guss
Abgabe
Maut, Zins, Zoll
Abgasnebel Abkürzung für ...
Smog
abgebrüht
kalt
abgedroschen
fade
abgegrenzte Anbaufläche
Feld
abgegrenztes Gebiet
Bann
abgeholzt
kahl
abgelegen
fern
abgeschmackt
fade
abgeschrägte Kante
Fase
abgespannt
matt
abgesteckte Strecke
Bahn, Kurs
abgeteilte Gartenfläche
Beet
abgezogene Haut mit Federn
Balg
abgezogene Tierhaut
Balg
Abgott
Idol
Abgrenzung
Ecke, Rand, Zaun
Abkommen
Bund, Pakt
Abkömmling
Erbe, Kind, Sohn
Abkürzung für Abschiedsgruß
ciao
Abkürzung für akademisch
akad
Abkürzung für *einen* **akademischen Grad**
Prof
Abkürzung für Alaska (USA)
Alas
Abkürzung für allgemein
allg
Abkürzung für Allgemeine Deutsche Gebührenordnung
ADGO
Abkürzung für Allgemeiner Deutscher Automobil-Club
ADAC
Abkürzung für Allgemeiner Studentenausschuss
AStA
Abkürzung für allmählich
allm
Abkürzung für amerikanisch
amer
Abkürzung für amerikanische Zustimmung
okay
Abkürzung für ansteckend
anst
Abkürzung für Arbeitsgemeinschaft
Arge
Abkürzung für Astrologie
Astr
Abkürzung für Atlantikpakt
NATO
Abkürzung für Auflage
Aufl
Abkürzung für Ausgabe
Ausg
Abkürzung für Begründung
Begr
Abkürzung für betreffend
betr
Abkürzung für betrifft
betr
Abkürzung für brutto
btto
Abkürzung für Bundesgartenausstellung
BuGA
Abkürzung für Bundeswirtschaftsministerium
BMFW
Abkürzung für chemisch
chem
Abkürzung für Connecticut (USA)
Conn
Abkürzung für Deutsche Lebens-Rettungs-Gesellschaft
DLRG
Abkürzung für Diplom
Dipl
Abkürzung für Dutzend
Dtzd
Abkürzung für englisch
engl
Abkürzung für Erdgeschoss
Erdg
Abkürzung für Europäische Freihandelszone
EFTA
Abkürzung für Europäischer Fußballverband
UEFA
Abkürzung für Europäischer Wirtschaftsrat
OEEC
Abkürzung für eventuell
evtl
Abkürzung für Exemplar
Expl
Abkürzung für exklusive
exkl
Abkürzung für Fußball-Weltverband
FIFA

Abkürzung für Gebrüder
Gebr
Abkürzung für gegründet
gegr
Abkürzung für Gesellschaftsform
GmbH
Abkürzung für gestorben
gest
Abkürzung für Gewerbeordnung
GewO
Abkürzung für hebräisch
hebr
Abkürzung für Herausgeber
Hrsg
Abkürzung für Herzogtum
Hzgt
Abkürzung für Highfidelity
HiFi
Abkürzung für holländisch
holl
Abkürzung für imprimatur
impr
Abkürzung für inklusive
incl, inkl
Abkürzung für internationale Standardbuchnummer
ISBN
Abkürzung für Internationaler Fußballverband
FIFA
Abkürzung für Internationaler Luftverkehrsverband
IATA
Abkürzung für italienisch
ital
Abkürzung für Kandidat
cand
Abkürzung für Kansas (USA)
Kans
Abkürzung für kartoniert
kart
Abkürzung für katholisch
kath
Abkürzung für Kindertagesstätte
Kita
Abkürzung für lutherisch
luth
Abkürzung für Mademoiselle
Mlle
Abkürzung für Manuskript
Mskr
Abkürzung für maskulin
mask
Abkürzung für Massachusetts (USA)
Mass
Abkürzung für mathematisch
math
Abkürzung für mehrfach
mhrf
Abkürzung für Meister
Mstr
Abkürzung für Mesdames
Mmes
Abkürzung für Michigan (USA)
Mich
Abkürzung für Million
Mill
Abkürzung für Minnesota (USA)
Minn
Abkürzung für Mississippi (USA)
Miss
Abkürzung für mitteleuropäische Sommerzeit
MESZ
Abkürzung für *einen* **Monatsnamen**
Febr, Sept
Abkürzung für Monseigneur
Msgr
Abkürzung für Monsignore
Mgre, Mons, Msgr
Abkürzung für Montana (USA)
Mont
Abkürzung für nach Christus
nChr
Abkürzung für Nebenfluss
Nbfl
Abkürzung für Nebraska (USA)
Nebr
Abkürzung für Nordatlantikpakt
NATO
Abkürzung für offiziell
offz
Abkürzung für Oklahoma (USA)
Okla
Abkürzung für pädagogisch
paed
Abkürzung für persönlich
pers
Abkürzung für philosophisch
phil
Abkürzung für Professor
Prof
Abkürzung für Provinz
Prov
Abkürzung für Provision
Prov
Abkürzung für Rheinland
Rhld
Abkürzung für *einen* **Rundfunksender**
RIAS
Abkürzung für russisch
russ
Abkürzung für Sinfonie
Sinf
Abkürzung für Singular
Sing
Abkürzung für sowjetische Nachrichtenagentur
TASS
Abkürzung für spanisch
span
Abkürzung für Strafgesetzbuch
StGB
Abkürzung für Strafprozessordnung
StPO
Abkürzung für Straßenverkehrsordnung
StVO
Abkürzung für stündlich
stdl
Abkürzung für Tennessee (USA)
Tenn
Abkürzung für Tschechoslowakei
ČSFR
Abkürzung für und dergleichen
udgl
Abkürzung für Universität
Univ
Abkürzung für Verband für Arbeitsstudien
REFA
Abkürzung für verheiratet
verh
Abkürzung für Verwaltung
Verw
Abkürzung für verwitwet
verw
Abkürzung für vor Christus
vChr
Abkürzung für vormals
vorm

Abkürzung für Vorsitzender
Vors
Abkürzung für westliches Verteidigungsbündnis
NATO
Abkürzung für Wiederholung
Whlg
Abkürzung für zuzüglich
zzgl
Ablage
Bord
Ablageordner
Akte
Ablagerung
Satz
Ablauf
Zeit
Ablehnung
nein
Abnahme
Kauf
Abneigung
Hass
Abrahams Frau
Sara
Abreibung
Haue
Abriss
Plan
Absage
Nein
abschätzig für Gedicht
Poem
Abscheu
Ekel
Abschiedsgruß
ciao
Abschlagszahlung
Rate
Abschluss
Coda, Ende
Abschlusskante
Rand
Abschnitt
Aera
Abschnitt *des* **Korans**
Sure
Abschnitt *im* **Sport**
Bahn, Lauf, Satz
Abschrägung im Holz
Fase
abschüssig
jaeh
abseits
fern
Absicht
Idee, Plan, Ziel
absolut
ewig, ganz
Absonderung
Harn
Absperrung
Zaun
Abstecher
Trip
Abstimmung
Wahl
abstoßend
fies
Abstufung
Grad
Abtei *in* **Oberfranken**
Banz
Abtei *in* **Österreich**
Melk
Abteilung
Fach
Abwasserkanal
Siel
abweisend
herb
abwertend für dick
fett
abwertend für korpulent
fett
abwertend für Pferd
Gaul
abwesend
fort
Abzahlung
Rate
Abzug am Gewehr
Hahn
abzüglich
ohne
Abzugsgraben
Dole
Acht
Bann
Achtung
Ehre
Ächtung
Acht, Bann
Acker
Feld, Land
Ackerbaubetrieb (USA)
Farm
Ackergrenze
Rain
Ackerland
Feld
Ackermaß
Rute
Ackerpferd
Gaul
Ackerrand
Rain
Ackerunkraut
Mohn, Rade
Additionszeichen
plus
Adelstitel
Edle, Graf
Ader
Vene
adlig
edel
adrett
nett
Adriahafen
Bari, Pola, Pula
Adriainsel
Brah, Cres, Hvar
Adriawind
Bora
Adverb
bald, dort, ganz, hier, mehr, sehr, viel
Affenart
Lori, Maki, Vari
afrikanische Antilope
Kudu
afrikanische Hafenstadt
Bata, Bône, Ehil, Ifni, Lomé, Oran, Safi, Sfax, Sues, Suez, Susa
afrikanische Hauptstadt
Lomé
afrikanische Heilpflanze
Aloe
afrikanische Sprache
Nuba, Nupe, Xosa, Zulu
afrikanischer Berg
Kibo, Meru
afrikanischer Staat
Mali, Togo
afrikanischer Stamm
Hutu, Nuba, Zulu
afrikanischer Storch
Ibis
afrikanischer Storchenvogel
Ibis
afrikanischer Vogel
Ibis, Jako
afrikanischer Vulkan
Fako, Meru
afrikanisches Buckelrind
Zebu
afrikanisches Horntier
Kudu, Zebu
afrikanisches Liliengewächs
Aloe
afrikanisches Runddorf
Kral
afrikanisches Tier
Affe, Kudu, Zebu
Agavenart
Aloe
Aggregatzustand
fest
agil
rege
ägyptische Baumwolle
Mako

4

ägyptische Göttin
Isis
ägyptische Hafenstadt
Sues, Suez
ägyptische Königin
Teje
ägyptischer Gott
Amun, Seth, Thot
ägyptischer Hauptgott von Karnak
Amun
Ahnung
Idee
akademische Abkürzung
Dipl, grad, phil, Prof
akademische Examensnote
rite
Akquisition
Kauf
Akteur
Mime
Aktion
Werk
aktiv
agil, rege
akustisches Phänomen
Echo, Hall, Phon
Akzent
Note
albanischer Berg
Deja, Guka
albanischer Dichter
Rada
albern
dumm
Algenpflanze
Tang
alias
oder
Alkaloid
Cola, Kola, Tein
alkoholfreies Getränk
Cola, Limo
alkoholisches Getränk
Bier, Flip, Grog, Korn, Sake, Sekt, Wein
alkoholisches Heißgetränk
Grog
alkoholisches Mischgetränk mit Ei
Flip
alkoholisches Mixgetränk
Fizz, Flip, Grog, Sour
All
Welt
Allee *in* **Wien**
Ring
allein
solo
Alleingang (Fußball)
Solo
allerdings
aber
allgemeines Ansehen
Ehre
Allianz
Bund, Liga, Pakt
alltäglich
fade
Almhirt
Senn
Almosen
Gabe
Alpengebirgsstock
Rigi
Alpengipfel
Isel
Alpenpass
Fern, Jaun, Lueg, Ofen
Alpentier
Gams
Alpenweide
Alpe
Alpenwind
Foen
Alphirt
Senn
also
ergo
altägyptische Göttin
Isis
altägyptische Stadt
Sais
altägyptischer Gott
Amun, Seth
altägyptischer heiliger Stier
Apis
altarabisches Reich
Saba
altdänischer König
Gorm
altdeutsche Abgabe
Bede
altdeutsche Narrenfigur
Till
altdeutsches Apothekergewicht
Gran, Unze
altdeutsches Flächenmaß
Hufe, Joch, Rute
altdeutsches Freigericht
Feme
altdeutsches Getreidemaß
Last
altdeutsches Gewicht
Mark, Unze
altdeutsches Hohlmaß
Mass
altdeutsches Längenmaß
Elle, Fuss, Rute, Zoll
alte Anredeform
Dero
alte englische Münze
Real
alte Erzählung
Maer, Saga, Sage
alte Kirchenstrafe
Bann
alte niederländische Münze
Deut
alte Spießwaffe
Pike
alte Stadt in Ägypten
Sais
alte Stadt in Persien
Susa
alte Waffe
Pike
alter Flughafen von München
Riem
alter italienischer Herrschertitel
Doge
alter Kampfschutz
Helm
alter körniger Gebirgsschnee
Firn
alter Name für Edelknabe
Page
alter Name für Rom
Roma
alter Name für Thailand
Siam
alter österreichischer Adelstitel
Edle
alter Plunder
Kram
alter Schnee
Firn
alter Schriftzeichen
Rune
Altersbezeichnung
jung
altes Apothekergewicht
Gran, Unze
altes deutsches Freigericht
Feme
altes deutsches Gewicht
Unze
altes Feldmaß
Hufe, Joch, Rute
altes Gewicht
Gran, Unze
altes Holzmaß
Ster
altes indianisches Kulturvolk
Inka, Maya
altes Längenmaß
Zoll

altes Papierzählmaß
Ries
altes Saiteninstrument
Lyra
altes Schneidermaß
Elle
altes schwedisches Adelsgeschlecht
Wasa
altes Wort für Hafen
Port
altes Wort für jetzt
itzo, itzt
altes Wort für Zoll
Maut
altes Zählmaß
Gros
altgriechische Götterbotin
Iris
altgriechische Göttermutter
Hera
altgriechische Göttin
Aura, Dike, Enyo, Eris, Gaea, Gaia, Hebe, Hera, Hore, Iris, Klio, Leto, Nike, Ossa, Rhea, Styx
altgriechische Landschaft
Elis
altgriechische Münze
Mine
altgriechische Philosophenschule
Elea, Stoa
altgriechische Sagengestalt
Ajax
altgriechische Seherin
Agon
altgriechischer Fluss der Unterwelt
Styx
altgriechischer Gott
Ares, Eros, Zeus
altgriechischer Göttervater
Zeus
altgriechischer Held
Ajax
altgriechischer Philosoph
Zeno
altgriechischer Weiser
Bias
altgriechisches Gewicht
Mina, Mine
altgriechisches Sagenschiff
Argo
altgriechisches Saiteninstrument
Lyra
altgriechisches Turnier
Agon
Altgut
Kram
altindische Dichtung
Veda, Weda
altindische heilige Schrift
Veda, Weda
altindische Sprache
Pali
altiranische Stadt
Susa
altisländische Sagensammlung
Edda
altisländisches Prosawerk
Saga
altisländisches Schrifttum
Edda
altmexikanisches Volk
Maja, Maya
altnordische Dichtung
Edda, Saga
altnordische Sagensammlung
Edda
altnordischer Gott
Odin
altnordisches Blasinstrument
Lure
altnordisches Horn
Lure
altnordisches Jagdhorn
Lure
altnordisches Schriftzeichen
Rune
altperuanische Adelskaste
Inka
Altschnee im Gebirge
Firn
altsemitischer Gott
Baal
Altwaren
Kram
Amateur
Laie
Ameise
Emse
amerikanische Arzneipflanze
Koka
amerikanische Automarke
Ford
amerikanische Berühmtheit
Ford
amerikanische Filmschauspielerin
Rome
amerikanische Hauptstadt
Lima
amerikanische Insel
Kuba
amerikanische Münze
Cent, Dime, Peso
amerikanische Musikgattung
Jazz, Rock
amerikanische Raumfahrtbehörde (Abkürzung)
NASA
amerikanische Schriftstellerin
Buck
amerikanische Silbermünze
Dime
amerikanischer Admiral
Byrd
amerikanischer Anthropologin
Mead
amerikanischer Astronaut
Bean, Duke
amerikanischer Astronom
Hale, Hall
amerikanischer Bakteriologe
Salk
amerikanischer Bauernhof
Farm
amerikanischer Berg
Poas
amerikanischer Berglöwe
Puma
amerikanischer Bildhauer
Ward
amerikanischer Bundesstaat (USA)
Iowa, Ohio, Utah
amerikanischer Chemiker
Urey
amerikanischer Erfinder
Bell, Colt, Ford
amerikanischer Fernsehchoreograph
Reed
amerikanischer Filmregisseur
Ford, King, Wood
amerikanischer Filmschauspieler
Dean, Gere, Hope, Peck
amerikanischer Finanzmann
Ford

4

amerikanischer Flieger
Byrd
amerikanischer Frauenname
Lana
amerikanischer Geländewagen
Jeep
amerikanischer General
Clay
amerikanischer Großindustrieller
Ford
amerikanischer Karitasverband
Care
amerikanischer Landwirtschaftsbetrieb
Farm
amerikanischer Männername
John
amerikanischer Mediziner
Cori, Duve
amerikanischer Militärkraftwagen
Jeep
amerikanischer Nobelpreisträger für Chemie
Cram, Urey
amerikanischer Nobelpreisträger für Frieden
Hull, King, Lama, Mott, Root
amerikanischer Nobelpreisträger für Literatur
Buck
amerikanischer Nobelpreisträger für Medizin
Cori, Duve, Rous, Wald
amerikanischer Nobelpreisträger für Physik
Lamb, Rabi, Ting, Yang
amerikanischer Physiker
Lamb, Rabi, Ting, Yang
amerikanischer Polarforscher
Cook
amerikanischer Politiker
Clay, Hull, Root
amerikanischer Präsident
Bush, Ford, Polk, Taft
amerikanischer Reihentanz
Slop
amerikanischer Revolver
Colt
amerikanischer Silberlöwe
Puma
amerikanischer Staat
Kuba, Peru
amerikanisches Feldmaß
acre
amerikanisches Gewicht
Unze
amerikanisches Hohlmaß
gill, pint, pipe
amerikanisches Hohlmaß für Wein
pipe
amerikanisches Längenmaß
foot, inch, mile, yard
amerikanisches Militärfahrzeug
Jeep
amerikanisches Mischgetränk
Fizz, Flip
amerikanisches Raubtier
Onza, Puma
amerikanisches Scheidungsparadies
Reno
Ammoniakverbindung
Amid, Amin
amtlicher Name Irlands
Eire
Amtstracht
Robe
an *der* **Frontseite**
vorn
an *jenem* **Ort**
dort
an *der* **Vorderseite**
vorn
Anblick
Bild
andauernd
stet
Andenkamel
Lama
Andenstaat
Peru
Andentier
Lama
anderer Name *der* **Biene**
Imme
anderer Name *für* **Wotan**
Odin
Andeutung
Tipp, Wink
andeutungsweise
vage
Anerkennung
Dank, Ehre, Lohn
anfänglich
erst
Anführer
Boss, Chef
Angabe *der* **Uhr**
Zeit
Angeber
Beau, Snob
angebetetes Vorbild
Idol
Angehörige *eines* **wandernden Volkes**
Roma
Angehöriger *eines* **baltischen Volksstammes**
Este, Live, Liwe, Lure, Sele
Angehöriger *einer* **hinduistischen Sekte**
Sikh
Angehöriger *einer* **indischen Religionsgemeinschaft**
Sikh
Angehöriger *einer* **Weltreligion**
Jude
angekeimtes Getreide
Malz
Angelegenheit
Fall
Angelgerät
Netz, Rute
angenehm
lieb, nett
angeregt
froh
angetrunken
blau
ängstlich
bang, feig
Anhänger *der* **Lehre Moses'**
Jude
anhänglich
treu
Anhäufung
Pulk
Anhöhe
Berg
Ankerplatz
Mole, Pier
Ankertonne
Boje
Ankündigung
Avis
Anlegestelle für Schiffe
Mole, Pier
Anleihepapier
Bond
Anleitung
Tipp
Anmerkung
Note
anmutiger Naturgeist
Elfe, Nixe
annähernd
etwa, fast, rund
Annehmlichkeit
Reiz
Anrede
Frau, Herr

Anrede *von* **französischen Königen**
Sire
Anrede *für* **Männer**
Herr
Anregung
Idee, Tipp
Anruf eines Schiffes
ahoi
Ansage
Avis
Ansammlung
Pulk
Anschaffung
Kauf
Anschauung
Idee
anschmiegsam
zart
Ansehen
Ehre, Ruhm
Ansiedlung
Dorf
Ansprache
Rede
ansprechend
nett
Anstalt
Heim
anständig
fair
ansteckende Krankheit
Lues, Pest, Ruhr
anstößiger Witz
Zote
Anstrichmittel
Lack
antarktische Halbinsel
Ross
Anteil
Part, Teil
Anteilschein
Bond
antike Landschaft in Süd-arabien
Saba
antike Stadt in Italien
Elea
antike Stadt in Persien
Susa
antiker Wettkampf
Agon
antikes Gewand
Toga
antikes Königreich in Arabien
Saba
antikes Reich am Tigris
Elam
antikes Reich in Arabien
Saba
antikes Reich in Südara-bien
Saba
antikes Saiteninstrument
Lyra
antikes Schriftzeichen
Rune
Antilleninsel
Kuba, Saba
Antilopenart
Kudu, Oryx, Tora
Anwendungstrick
Dreh
anwesend
hier
Anzahl
Gros
Anzahl der Kegel
neun
Anzeichen
Omen
Anzeige
Avis
Anzeige der Uhr
Zeit
apart
nett
Apfelwein
Most
Apothekergewicht
Gran, Unze
Araberfürst
Emir
Araberstamm
Asra
arabische Hafenstadt
Aden
arabische Hauptstadt
Aden, Riad, Sana
arabische Provinz
Asir
arabische Stadt
Aden, Doha, Hama, Homs, Maan, Riad, Sana
arabischer Fürstentitel
Emir
arabischer König
Saud
arabischer Küstensegler
Dhau
arabischer Mantel
Haik
arabischer Märchenvogel
Roch
arabischer Richter
Kadi
arabischer Staat
Irak, Oman
arabischer Titel
Emir, Imam
arabischer Vorbeter
Imam
arabisches Herrscherhaus
Saud
arabisches Königreich im Altertum
Saba
arabisches Krummschwert
Seif
arabisches Küstengebiet
Asir
arabisches Schiff
Dhau
arabisches Segelschiff
Dhau
arabisches Sultanat
Oman
arabisches zweimastiges Schiff
Dhau
aramäisch für Vater
Abba
Arbeit
Fron, Werk
Arbeit *der* **Leibeigenen**
Fron
Arbeitsentgelt
Gage, Lohn
Arbeitsgruppe
Team
Arbeitspferd
Gaul
arbeitsscheu
faul
Arbeitssklave
Kuli
Archenbauer
Noah
architektonisches Gepräge
Stil
argentinische Münze
Peso
argentinische Tierart
Puma
argentinischer Politiker
Roca
Ärger
Zoff, Zorn
Ärgernis
Qual
arglos
naiv
Aristokratie
Adel
arktische Schneehütte
Iglu
arm
karg
Armee
Heer
ärmelloser Umhang
Cape
ärmlich
mies

Armring
Reif
armselig
karg
armseliges Haus
Kate
Aroma
Duft
aromatisches Getränk
Mate
aromatisches Gewürz
Zimt
Arrest
Haft
arroganter Mensch
Snob
Art
Form, Stil
Art ***der*** **Swingmusik**
Jive
Arterie
Ader
artig
brav, lieb, nett
Artikel
eine, Ware
Artusritter
Erek
Arzneipflanze
Aloe, Anis
Aschenbehälter
Urne
asiatische Bastfaser
Jute
asiatische Hauptstadt
Aden, Riad, Sana
asiatische Hirschart
Sika
asiatische Insel
Bali, Cebu, Java
asiatische Körnerfrucht
Reis
asiatische Wüste
Gobi, Thar
asiatischer Fürstentitel
Chan, Khan
asiatischer Herrschertitel
Chan, Khan
asiatischer Hühnervogel
Pfau
asiatischer Lastenträger
Kuli
asiatischer Staat
Irak, Iran, Laos, Oman, Siam
asiatischer Tagelöhner
Kuli
asiatischer Wasserbüffel
Arni
asiatisches Buckelrind
Zebu
asiatisches Gebirge
Ghat
asiatisches Grenzgebirge
Ural
asiatisches Hochland
Iran
asiatisches Königreich
Laos, Siam
asiatisches Volk, Volksgruppe
Ainu, Akit, Bhil, Bugi, Gond, Juit, Komi, Kuki, Lolo, Lubu, Mari, Miao, Moso, Naga, Nung, Paii, Rade, Sikh, Thai
Asket
Jogi
Ass beim deutschen Kartenspiel
Daus
assyrische Gottheit
Adad, Baal, Nabo, Nebo
Astrologe Wallensteins
Seni
Astronom
Hale, Hall, Witt, Wolf
astronomischer Begriff
Bahn, Jahr, Luft, Mond, Nord, Nova, Reif, Ring, Sued, West, Zeit, Zone
astronomisches Instrument
Mire
Asyl
Heim
Atem
Luft, Odem
atembares Gasgemisch
Luft
Atempause
Rast
ätherische Öle
Olea
Atlantikinsel
Fogo
Atlantikpakt
NATO
Atmosphäre
Luft
Attraktion
Clou
auf gehts
hopp
Aufbau
Plan
Aufbewahrungsort für Ernteprodukte
Silo
Aufbewahrungsort für Wertsachen
Hort, Safe
aufbrausender Ärger
Rage, Zorn
Aufeinanderfolge zweier Vokale
Hiat
Aufenthalt
Halt, Rast, Stop
aufgebracht
wild
aufgebraucht
alle
Aufgeld
Agio
Aufgeschichtetes
Feim
aufgeschütteter Unterbau
Damm
aufgeweckt
klug, wach
Aufgussgetränk
Mate
aufmerksam
hell, rege, wach
Aufmerksamkeit
Acht
Aufnahme
Bild, Foto
Aufriss
Plan
Aufschlag (Geld)
Agio
Aufschrift
Memo
Aufschüttung
Damm, Wall, Wehr
Aufwand
Pomp
Aufzug
Lift
augenblickliche Situation
Lage
Augenkrankheit
Star
Aurum
Gold
aus dem Grund
weil
aus Fasern gesponnener Faden
Garn
aus Walspeck gewonnenes Öl
Tran
Ausbesserungsstätte
Dock, Werk
Ausdehnung
Raum
Ausdehnungsbegriff
hoch, kurz, lang, tief, weit
Ausdruck
Wort
Ausdruck ***des*** **Ekels**
pfui
Ausdruck ***beim*** **Skatspiel**
Bock, Null

Ausdruck zögerlicher Zustimmung
naja
Ausdrucksform
Stil
ausdruckslos
kalt, starr
Ausdrucksweise
Form, Stil
Auseinandersetzung
Zank
auserlesen
edel
Ausflug
Ritt, Tour, Trip
Ausgangsgebilde
Keim
ausgedehnt
lang, tief, weit
ausgelassen
toll
ausgenommen
ohne
ausgerechnet
just
ausgestochenes Rasenstück
Sode
ausgestreuter Samen
Saat
ausgetrocknet
arid
ausgetrocknetes Wüstenflusstal
Wadi
ausgewachsen
reif
ausgezeichnet
toll
Ausgrabung
Fund
Auskommen
Brot
Auskunft
Tipp, Wink
Auslauf
Loch
Auslöser
Reiz
Auspuffemission
Russ
Ausruf *des* **Erstaunens**
nanu
Ausruf *der* **Missbilligung**
pfui
Ausscheidung der Nadelhölzer
Harz
Ausschmückung
Zier
Aussehen (englisch)
Look

Außenbegrenzung
Rain, Rand
Außenseiter
Kauz
außerdem
noch
äußere Begrenzung einer Fläche
Rand
äußere Gestalt
Form
Äußeres
Bild, Form, Look
äußerst
sehr
Äußerung
Wort
Ausstrahlung
Aura
Austragungsort für Boxkämpfe
Ring
australische Insel
Beru, Cato
australischer Kletterbeutler
Kusu
australischer Laufvogel
Kiwi
australisches Tier
Kusu
Ausweis
Pass
Auswuchs an Tierköpfen
Horn
Auswurfgestein
Bims, Lava, Tuff
Auszeichnung
Ehre
authentisch
echt
Automarke
Audi, Fiat, Ford, Glas, Nash, Opel, Puch
Automobilclub (Abkürzung)
ADAC
Autor von Ariane
Anet
Autor von Bekenntnisse des Hochstaplers Felix Krull
Mann
Autor von Buddenbrooks
Mann
Autor von Candida
Shaw
Autor von Der Arzt am Scheideweg
Shaw
Autor von Der Glöckner von Notre-Dame
Hugo

Autor von Der Untertan
Mann
Autor von Der Zauberberg
Mann
Autor von Germinal
Zola
Autor von Helden
Shaw
Autor von Meines Vaters Pferde
Laar
Autor von Momo
Ende
Autor von Nana
Zola
Autor von Professor Unrat
Mann
Autor von Pygmalion
Shaw
Autoreifen
Pneu
Autorennbahn
Avus
Autorenschutzverband
GEMA
Autoriemen
Gurt
Autosignalgerät
Hupe
Autoteil
Dach, Heck, Hupe, Tank
Axt
Beil
Azoreninsel
Pico
aztekischer Gott
Xipe

B

Baas (niederländisch)
Chef, Herr
Babykost
Brei, Saft
babylonischer Gott
Apsu, Baal, Nabo, Nabu, Nebo, Nebu
Babymundtuch
Latz
Babysitter
Amme
Backfisch
Girl
Backgewürz
Anis, Zimt
Backmasse
Teig
Backmittel
Hefe, Mehl
Backtriebmittel
Germ, Hefe

Backware
Brot, Keks, Laib, Weck
Backzutat
Eier, Fett, Mehl
Badegelände
Lido, Meer, Ufer
Badeort
Arco, Boll, Daun, Hall, Linz, Roda, Suhl, Sulz, Unna
Badestrand
Lido, Ufer
Bagage
Pack
Bahn
Kurs, Spur, Tram
Bahnzugmaschine (Kurzwort)
E-Lok
Bai
Golf
Bakschisch
Gabe
Bakterienart
Coli, Koli
bald
fast
Balg
Haut, Leib
Balkonpflanze
Efeu
Ball
Fest
Ballettröckchen
Tutu
Ballkleid
Robe
Ballspiel
Golf, Polo
Ballzuspiel
Pass
Balte
Este
baltische Hauptstadt
Riga
baltische Insel
Moon
banal
fade
Bananenart
Musa
Band
Gurt
bandartiges Bauelement
Sims
Bande
Gang, Pack, Rand
bandförmige Algen
Tang
Bandschlinge
Oese
Bankansturm
Agio, Bond
Bankbegriff
Agio, Aval, Giro, Kurs, Pari, Zins
Bankfach
Safe
Banknoten
Geld
Bankrott
Ruin
Bann
Acht
Bantustamm
Ambo, Zulu
Bantustamm in Natal
Zulu
Bär in der Fabel
Petz
bargeldloser Zahlungsverkehr
Giro
Barke
Boot, Kahn
Barrenstange
Holm
barsch
grob, rauh
Basse
Eber
Bastfaser
Jute
Bastlerwerkzeug
Leim
Batterie
Akku
Bauch
Leib
Bauchfett
Flom
bauchiges Gefäß
Krug
Bauchorgan
Milz
Bauer
Bube
bäuerliche Gehilfin
Magd
Bauernfang
Nepp
Bauernhof
Kate
Bauernmagd
Dirn
Bauhilfsstoff
Kalk
Baum
Mast
Baumart
Arve, Eibe, Erle, Espe, Ilex, Ulme
Baumaschine
Kran
Baumaterial
Holz
Baumbestand
Hain, Wald
Baumfaser
Bast
Baumfrucht
Nuss
Baumrinde zum Gerben
Lohe
Baumwollgewebe
Mako, Samt
Baustein der Materie
Atom
Baustoff
Filz, Gips, Glas, Holz, Kalk, Kies, Kitt, Lehm, Sand, Teer
Bauweise
Stil
Bauwerk
Burg, Haus, Oper, Silo, Turm
bayerisch für Felskopf
Nock
bayerisch für Meerrettich
Kren
bayerisch für Messe
Dult
bayerisch für Rettich
Radi
bayerische Künstlerfamilie
Asam
bayerische Porzellanstadt
Selb
bayerische Kurzform für Theresia
Resi, Resl
bayerischer Barockkünstler
Asam
bayerischer Bierkrug
Mass
bayerischer Bierrettich
Radi
bayerischer Jahrmarkt
Dult
bayerischer Politiker
Ertl
beachtlich
toll
Beau
Geck
Becher
Glas
Becken zwischen Fränkischer und Schwäbischer Alb
Ries
Bedacht
Ruhe
Bedauern
Reue
Bedauern des eigenen Tuns
Reue

bedeckter Abzugsgraben
Dole
Bedeutung
Idee, Sinn, Wert
Bedienung
Ober
Bedingung
Aber
Beethovens Geburtsstadt
Bonn
Befehl
Ukas
befestigtes Hafenufer
Mole
Befestigungsanlage
Burg, Fort
Befestigungsmittel
Band, Clip, Gips, Keil, Kitt, Leim, Niet, Ring, Seil
Beförderungsmittel
Auto, Bahn, Boot, Kahn, Kanu, Krad, Lift, Taxe, Taxi, Tram
Befragung
Test
befriedigt
satt
befruchtete Eizelle
Keim
begabt
klug
begeisternd
toll
Begeisterung
Elan
Begierde
Lust
Begleiter *der* **Aphrodite**
Amor, Eros
Begleiter *des* **Bacchus**
Faun
Begleiter *des* **Dionysos**
Faun
Begleiter *eines* **Planeten**
Mond
Begleiter *der* **Venus**
Amor, Eros
Begleiterin *der* **Artemis**
Aura
Begleiterin *von* **Tarzan**
Jane
Begräbnisstätte
Grab
Begrenzung
Rand, Saum, Zaun
Begriff *der* **chinesischen Philosophie**
Jang, Yang
Begriff *im* **Fußball**
Ecke
Begriff *der* **Grammatik**
Fall
Begriff *beim* **Roulette**
Noir, Zero
Begriff *der* **Wetterkunde**
Hoch, Tief
Begründer *der* **Dichtform „Limerick"**
Lear
Begründer *des* **ersten Reisebüros**
Cook
behaarte Tierhaut
Fell, Pelz
behäbig
dick, fett
Behälter *aus* **Blech**
Dose
Behälter *mit* **Deckel**
Dose
Behälter *aus* **Jute**
Sack
Behälter *zur* **Lagerung von Bier**
Fass
Behälter *aus* **Papier**
Sack
Behälter *für* **Paste**
Tube
Behälter *zur* **Reifung des Weins**
Fass
Behälter *aus* **Stoff**
Sack
behände (behende)
agil
beharrlich
fest, stur, zaeh
Behausung
Iglu, Tipi, Zelt
Behausung der Eskimo
Iglu
Behelfswohnung
Zelt
Behörde
Bahn, Post
behutsam
fein, lind, zart
beiläufig
etwa
Bein des Wildes
Lauf
beinahe
fast
Beinbekleidung
Hose
Beingelenk
Knie
Beinkleid
Hose
beinlose Larve
Made
Beinmuskel
Wade
Beinteil
Fuss, Knie, Wade, Zehe
beiordnendes Bindewort
aber
Beispiel
Fall
beißender Spott
Hohn
Beißwerkzeug
Zahn
bekannter deutscher Flieger
Udet
bekanntes Musical
Cats, Hair
Bekleidungsstück
Cape, Hemd, Hose, Jupe, Kilt, Latz, Muff, Pelz, Robe, Rock, Slip, Toga, Wams
Belastung des Kontos
Soll
beleibt
dick, fett, rund
beleuchtet
hell
Beleuchtungskörper
Spot
belgischer Baumeister
Suys
belgischer Maler
Rops
belgischer Nobelpreisträger für Frieden
Pire
Belustigung
Hetz
Bemerkung
Wort
Benachrichtigung
Avis, Post
Benediktinerabtei
Melk
Benennung
Name
Benommenheit
Tran
Benzinbehälter
Fass, Tank
bequem
faul
bequeme Sitzgelegenheit
Sofa
Berater
Pate
Berechnung
Plan
Bereich
Teil, Zone
Bereifung
Pneu
Bereitschaft zur Buße
Reue

4

bereitwillig
gern
Berg *in den* **Alpen**
Isel, Rigi
Berg *auf* **Borneo**
Raja
Berg *in* **Griechenland**
Ossa
Berg *bei* **Innsbruck**
Isel
Berg *in* **Jerusalem**
Zion
Berg *bei* **Luzern**
Rigi
Berg *in* **Ostafrika**
Meru
Berg *in* **Südtirol**
Lana
Berg *am* **Vierwaldstättersee**
Rigi
Bergbahn
Lift
Bergbauanlage
Kaue, Mine
Bergbaugerät
Haue
Berggeist
Gnom
Bergkamm
Grat
Bergkammlinie
Grat
Bergkiefer
Arve
Bergkloster *in* **Bulgarien**
Rila
Berglöwe
Puma
bergmännischer Begriff
Ader, Berg, Feld, Gang, Haue, Hund, Hunt, Kaue, Korb, Last, Mine, Seil, taub
Bergrücken
Grat, Kamm
Bergspitze
Horn, Peak, Pico
Bergstock *im* **Kanton Schwyz**
Rigi
Bergstock *in der* **Schweiz**
Rigi
Bergübergang
Joch, Pass
Bergungsschlitten
Akia, Akja
Bergweide
Alpe
Bergwerksanlage
Gang, Mine
Bergwiese
Alpe
Bergwild
Gams
Bergziege
Gams
Bericht
Avis
Berliner Autorennbahn
Avus
Berliner Bürgermeister
Suhr
Berliner Platz
Alex
Berliner Sender
Rias
Berliner Sportanlage
Avus
Berliner Symbolfigur
Baer
Berliner Wappentier
Baer
Beruf
Fach
Beruf *in der* **Gastronomie**
Koch, Ober
Beruf *im* **Gesundheitswesen**
Arzt
Beruhigungsmittel
Brom
Berührungsverbot
Tabu
Besatz
Gorl
Besatzung
Crew
Beschädigung
Leck, Loch, Riss
Beschädigung im Stoff
Riss
Bescheid
Avis, News, Post
Bescheinigung
Pass
Beschirmerin der Kunst
Muse
beschlagen
firm
beschränkt
dumm
Beschränkung
Mass
Beschriftung
Text
Beschützerin
Muse
Beschwerde
Last, Veto
Besessenheit
Gier
besetzt
voll
Besitz
Habe, Wert
besitzanzeigendes Fürwort
dein, euer, ihre, mein, sein
Besitzer
Erbe, Herr
Besitzergreifung
Raub
Besitznachfolger
Erbe
Besoldung
Gage, Lohn
besondere Anlage
Gabe
besondere Ausstrahlung
Aura
besondere Form des Sauerstoffs
Ozon
besonders
sehr
besonders wertvoll
edel
Bespannung einer Trommel
Fell
Besserung
Heil
beständig
stet, treu
Bestandteil *von* **Backwaren**
Mehl
Bestandteil *der* **Erdatmosphäre**
Luft, Neon, Ozon
Bestandteil *vieler* **Flussnamen**
Ache
Bestandteil *von* **Früchten**
Kern, Saft
Bestandteil *eines* **Ganzen**
Teil
Bestandteil *der* **Milch**
Rahm
Bestandteil *der* **Röhrenknochen**
Mark
Bestandteil *des* **Tees**
Tein
Bestandteil *der* **Zelle**
Kern
Bestattungsgefäß
Sarg, Urne
Bestattungsstätte
Grab
beste Schulnote
Eins
beste Zeugnisnote
Eins
bestehen
sein
bestimmt
fest

bestimmte Menge
Mass, Teil, Zahl
bestimmter Ort
Ziel
Besucher
Gast
betagte Person
Alte
Betätigung
Werk
betont
sehr
Betonungszeichen
Akut
beträchtlich
sehr, viel
Betreiber einer Gaststätte
Wirt
Betrieb
Werk
Betrieb *zur* **Förderung von Bodenschätzen**
Mine
betriebsam
agil, rege
Betrug
Nepp
betrunken
blau
Bett
Koje
Bettverschlag
Koje
Beurteilung
Note
Beute
Fang, Raub
Beutel
Sack
Beuteltier
Kusu
bevor
eher
bevorrechtigter Stand
Adel
Bewährungsversuch
Test
bewandert
firm
beweglich
agil, rege
bewegliches Eingabegerät (EDV)
Maus
Bewegungsart
Gang, Lauf, Tanz, Trab
Bewegungsrhythmus
Takt
Bewohner *des* **Baltikums**
Este
Bewusstlosigkeit
Koma
Bezahlung
Gage, Lohn
bezaubernd
chic
Bezeichnung
Name
Bezirk
Zone
Biberbau
Burg
biblische Frauengestalt
Ruth
biblische Landschaft
Edom, Juda, Moab, Saba
biblische Männergestalt
Abel, Adam, Ahas, Esau, Esra, Hiob, Joab, Joas, Juda, Kain, Levi, Mesa, Noah, Onan, Saul, Seth, Uria
biblischer Berg
Zion
biblischer Götze
Baal
biblischer König
Ahab, Amon, Amri, Jehu, Joas, Omri, Saul
biblischer Monatsname
Adar, Elul, Ljar
biblischer Ort
Akko, Dora, Enon, Kana, Nain, Silo, Siph
biblischer Paradiesgarten
Eden
biblischer Prophet
Amos, Esra, Hiob, Joel, Jona
biblischer Riese
Enak
biblischer Riesenstammvater
Enak
biblischer Stammvater
Adam, Noah
biblischer Unglücksbringer
Uria
biblischer Urvater
Adam
biblisches Buch
Amos, Esra, Hiob, Joel, Jona, Ruth
biblisches Gewicht
Beka, Gera, Mine
biblisches Königreich
Saba
biblisches Maß
Epha, Rute, Seah
bieder
brav
biegsam
rank
biegsamer Zweig
Rute
Biene
Imme
Bienenname in einem Kinderbuch
Maja
Bienenzellenbau
Wabe
Biergefäß
Fass, Glas, Mass
Bierrettich
Radi
Biersorte
Pils
Bierzutat
Malz
Biest
Vieh
Bild
Foto
Bildhauermaterial
Bein, Gips, Gold, Holz, Zink
Bildstreifen
Film
binär
dual
binäre Einheit
Byte
Binde
Band, Tuch
Bindemittel
Kitt, Lehm, Leim
Bindewort
aber, also, auch, dann, dass, denn, doch, oder, seit, weil, wenn, zwar
Birkengrün
Maie
birmanische Münze
Kyat
bis jetzt
noch
bitter
hart, herb
bitterer Spott
Hohn
blank
rein
blanko
leer
Blashorn
Tute
blasierter Angeber
Snob
Blasinstrument
Horn, Lure, Oboe, Tuba, Zink
blass
fahl
blassrot
rosa

blassroter Wein
Rosé
Blätter der Bäume
Laub
Blätterwerk
Laub
Blattgemüse
Kohl
Blattwerk
Laub
blaue Farbe
Azur, Bleu
blaue Farbe des Himmels
Azur
blauer Farbstoff
Waid
blauer Farbton
Cyan, Zyan
Blechbehälter
Dose, Fass
Blechblasinstrument
Tuba
Blechbüchse
Dose
Bleibe
Asyl, Heim
Bleistifteinlage
Mine
Blendwerk
Trug
blinde Wut
Rage
blinder Zorn
Rage
blindwütiger Todeslauf
Amok
blöd
dumm
bloß
aber
Blume
Duft, Iris, Mohn, Rose
Blume der Liebe
Rose
Blumenfee
Elfe
Blumenfülle
Flor
Blumengebinde
Bund
Blumengefäß
Topf, Vase
Blut saugender Wurm
Egel
Blut saugendes Ungeziefer
Egel, Floh, Laus
Blütenpracht
Flor
Blutgefäß
Ader, Vene
Blutsauger
Egel
Bluttat
Mord
Bodenart
Erde, Kies, Klei, Lehm, Sand
Bodenbelag
Kork
Bodenerhebung
Berg
Bodensatz
Trub
Bodensatz beim Wein
Trub
Bodenschatz
Gold
Bodenzustand
Gare
Bohle
Bord
bolivianisches Lasttier
Lama
Bollwerk
Mole, Pier, Wall, Wand, Wehr
Bonbon
Drop
Bonität
Wert
Bonmot
Witz
Boot der Malaien
Prau
Bootsanlegestelle
Steg
Bootsart
Dhau, Ewer, Kahn, Kanu, Prau
Bootsteil
Heck, Kiel, Mast
Bord
Deck, Rand
Bordell
Puff
Borg
Pump
Börsenaufgeld
Agio
Börsenpreis
Kurs
Börsentageswert
Kurs
Borste
Haar
Borstenhaar
Seta
Borstenwurm
Pier
Borte
Band
Böschung
Hang
böses Weib
Hexe
Bosheit
Hohn, List, Zorn
Boss
Chef
botanische Anlage
Beet, Park
botanischer Begriff
Alge, Auge, Bast, Dorn, Farn, Gras, Halm, Harz, Holz, Keim, Kern, Kork, Korn, Laub, Mark, Moos, Nuss, Obst, Pilz, Rebe, Reis, Rohr, Saat, Same, Wald
Botschaft
News
Boutique
Bude, Shop
Box
Fach, Raum
Boxkampfstätte
Ring
Boy
Bote, Page
Brachse
Blei
Branche
Fach
Brand
Glut, Lohe
Branntwein
Koem, Korn, Marc, Raki
Branntwein aus Rosinen
Raki
brasilianische Währung
Real, Reis
brasilianischer Fußballspieler
Pelé
brasilianischer Indianerstamm
Pano, Tupi
brasilianischer Staat
Acre
Brauch
Mode, Usus
Brauereibehälter
Fass
Brauereiprodukt
Bier
Braugerste
Malz
Braumittel
Hefe
Braunschweiger Biersorte
Gose
brav
lieb
Bravur (Bravour)
Elan
Brecher
Woge
breit
weit

brennend
akut
Brennstoff
Holz, Koks, Torf
Brennstoffbehälter
Tank
Bresche
Loch, Riss
Brett
Bord, Holz
Bretterbau
Bude
Brettspiel
Dame, Puff
Briefgut
Post
Brillenbehälter
Etui
Brillenfutteral
Etui
Brise
Wind
britannischer Sagenkönig
Artus
Brodem
Atem, Luft
Bronzeposaune
Lure
Brötchen
Kipf, Weck
Brotform
Kipf, Laib, Zopf
Brotgetreide
Korn
Brotkörper
Laib
Bruch
Fehn, Luch, Moor, Moos, Riss
brüchig
lose
Bruchstück
Teil
Brücke
Steg
Bruder *von* **Abel**
Kain
Bruder *von* **Jakob**
Esau
Bruder *von* **Kain**
Abel
Brudermörder
Kain
Brunnen
Born
brüsk
jaeh
Brutstätte
Nest
Buch *des* **Alten Testaments**
Hiob
Buch *der* **Bibel**
Esra
Buchausgabe
Werk
Büchergestell
Bord
Buchführungsbegriff
Etat, Soll, Wert
Buchmacherkurse
Odds
Buchse
Hose
Büchse
Dose
Bucht
Golf, Haff, Lido
Buckelrind
Zebu
buddhistische Schriftsprache
Pali
buddhistischer Priester
Lama
Budget
Etat
Büfettier
Wirt
Büffel
Anoa, Arni
Bühnenberühmtheit
Diva, Star
Bühnendarbietung
Show
Bühnenfach
Alte
Bühnengröße
Star
Bühnenkünstler
Mime
Bühnenstück
Oper
Bühnentanz
Step
Bühnentonstück
Oper
Bukett
Duft
Bukoliker
Voss
bulgarische Münzen
Lewa
bulgarische Währungseinheit
Lewa
bulgarisches Gebirge
Rila
bulgarisches Kloster
Rila
Bund
Gurt, Liga
Bündel von Schriftstücken
Akte
Bundeshauptstadt der Schweiz
Bern
Bündnis
Liga, Pakt
Buntmetall
Zink, Zinn
Bürde
Last, Leid
Burg *in* **Frankreich**
Metz
Burg *an der* **Lahn**
Diez
Burg *an der* **Mosel**
Eltz
Burg *am* **Rhein**
Katz, Maus
Burg *in der* **Südeifel**
Eltz
Bürgschaft
Aval
Burgunderwein
Ruly
burschikos
kess
Busch
Wald
Büschel
Bund
Bußbereitschaft
Reue
Bußfertigkeit
Reue
Butterfass
Karn
byzantinischer Kaiser
Leon

C

Campingbehausung
Zelt
Campinggegenstand
Zelt
Campingobdach
Zelt
CDU-Politiker
Kohl
Chaiselongue
Sofa
Chanson
Lied, Song
Chaos
Wust
Charaktereigenschaft
Neid
Charge
Grad, Last, Rang
Chef
Boss
chemische Verbindung
Zyan

4

4

chemischer Begriff
Amid, Amin, Atom, Base, Buna, Cyan, Form, Gips, Ozon, Salz, Satz, Soda, Teer
chemisches Element
Gold, Niob, Uran, Zink, Zinn
Chiffre
Zahl
chilenische Münze
Peso
chilenische Währung
Peso
chilenisches Ausfuhrprodukt
Gold
chinesische Dynastie
Chin, Chou, Hsia, Ming, Sung, Tang
chinesische Geldeinheit
Tael
chinesische Laute
Pipa
chinesische Münze
Cent, Tael, Yuan
chinesische Provinz, Region
Hope
chinesische Währungseinheit
Yuan
chinesischer Grenzfluss
Amur
chinesischer Lastenträger
Kuli
chinesischer Lyriker
Li Po, Tu Fu
chinesischer Nobelpreisträger für Physik
Yang
chinesischer Schriftsteller
Tu Fu
chinesischer Tagelöhner
Kuli
chinesisches Flächenmaß
Kung
chinesisches Gewichtsmaß
Chin, Kung, Mehs, Tael
chinesisches Längenmaß
Tsun
chinesisches Musikinstrument
King, Pipa
chinesisches Nahrungsmittel
Reis
chinesisches Schlaginstrument
King
Chirurg
Arzt
Chorhemd der Priester
Albe
Chorraum
Bema
circa
etwa, rund
clever
klug
Clique
Gang
Cocktail
Fizz, Flip, Sour
Columbo-Darsteller
Falk
Combo
Band
Computerhilfsmittel
Tool
Computersprache
ELAN, LOGO
computertechnischer Begriff
Byte, Chip
Count
Graf
Coup
Hieb
Cousine
Base
Creme
Rahm
cremefarben
ecru

D

da
dort, hier, weil
Dachdeckmaterial
Blei, Reet, Ried
Dachfenster
Luke
Dachteil
Walm
dagegen
anti
dalmatinische Insel
Brac, Cres, Hvar, Olib
dalmatinische Stadt
Omis, Senj
Damenunterkleidung
Body, Hemd, Slip
dämlich
dumm
Damm
Mole, Pier, Wall, Wehr
danach
dann
Dandy
Beau, Geck, Snob
dänische Bucht
Belt, Sund
dänische Insel in der Nordsee
Roem
dänische Insel in der Ostsee
Moen
dänische Meerenge
Belt
dänische Münze
Oere
dänischer Atomphysiker
Bohr
dänischer Forscher
Bohr
dänischer Frauenname
Asta
dänischer Komponist
Enna, Gade
dänischer Königsname
Erik, Gorm, Knud, Knut, Olaf, Sven
dänischer Mediziner
Worm
dänischer Nobelpreisträger für Physik
Bohr
dänischer Politiker
Hall
dänischer Sagenheld
Toko
dänischer Schriftsteller
Bang, Munk, Soya
dänisches Längenmaß
Alen
darauf
dann
Darbietung
Show
Dargebrachtes
Gabe
Darmausgang
Anus
Darsteller
Mime
Darstellung
Bild, Demo
Darstellungsweise
Stil
dasselbe
dito
Datum
Zeit
Dauer
Zeit
Dauergebäck
Keks
dauerhaft
fest
Davids Feldherr
Joab, Uria
Davids Vater
Isai

davon
fort
Debakel
Pech, Ruin
Debet
Soll
Deck
Bord
Deckelbehälter
Dose, Etui, Korb, Sarg, Topf
Decköffnung
Luke
defekte Stelle
Loch
deftig
derb
Deich
Damm
deichgeschütztes Land
Koog
Deichschleuse
Siel
Dekor
Zier
demnächst
bald
demzufolge
also, ergo
den Mund betreffend
oral
Denkschrift
Memo
Denkspiel
Quiz
dennoch
doch, zwar
Departement in Frankreich
Aube, Aude, Cher, Eure, Gard, Gers, Jura, Nord, Oise, Orne, Tarn
Depression
Tief
der blaue Planet
Erde
der rote Planet
Mars
derb
grob, hart, rauh
desgleichen
auch, dito
deshalb
drum
Desinfektionsmittel
Kalk
Dessin
Plan
Destillationsprodukt
Teer
Detail
Teil
deutlich
klar
deutsche Anrede
Frau, Herr
deutsche Bucht
Haff
deutsche Burg
Eltz
deutsche Chansonette
Knef
deutsche Eiskunstläuferin
Witt
deutsche Großstadt
Bonn, Gera, Kiel
deutsche Hafenstadt
Kiel
deutsche Kabarettistin
Vita
deutsche Landeshauptstadt
Kiel
deutsche Landschaft
Baar, Ries
deutsche Münze
Mark
deutsche Nordseeinsel
Sylt
deutsche Ostseeinsel
Poel, Vilm
deutsche Sagengestalt
Mime, Till
deutsche Schauspieler
Vita
deutsche Schauspielerin
Baal, Eyck, Glas, Horn, John, Knef, Koch, Rahl
deutsche Schriftstellerin
Huch, Knef, Kolb, Noll
deutsche Sondersteuer
(Kurzwort)
Soli
deutsche Spielkarte
Ober
deutsche Spielkartenfarbe
Herz, Laub
deutsche Universitätsstadt
Bonn, Jena, Kiel
deutscher Adelstitel
Graf
deutscher Admiral
Heye, Spee
deutscher Arzt
Koch
deutscher Atomforscher
Born, Hahn
deutscher Automobilpionier
Benz
deutscher Berg, Gebirge
Harz, Teck
deutscher Blödelbarde
Otto
deutscher Bundeskanzler
Kohl
deutscher Chemiker
Auer, Hahn, Kuhn, Mohr, Munk
deutscher Erfinder
Abbe, Benz, Opel, Otto, Reis
deutscher Feldherr
Illo
deutscher Flieger
Udet
deutscher Fußballspieler
Held, Rahn
deutscher Grenzfluss
Oder
deutscher Herrschername
Karl, Otto
deutscher Historiker
Fest, Mann
deutscher Ingenieur
Benz, Otto
deutscher Jesuit
Spee
deutscher Komiker
Otto
deutscher Komponist
Bach, Berg, Knab, Marx, Orff, Wolf
deutscher Kraftwagenerfinder
Benz
deutscher Kunstflieger
Udet
deutscher Maler
Asam, Klee, Marc, Veit
deutscher Mineraloge
Mohs
deutscher Motorenerfinder
Otto
deutscher Nobelpreisträger für Chemie
Hahn
deutscher Nobelpreisträger für Literatur
Mann
deutscher Nobelpreisträger für Medizin
Koch
deutscher Nobelpreisträger für Physik
Born, Laue, Wien
deutscher Pädagoge
Nohl, Otto
deutscher Philosoph
Apel, Kant, Litt, Nohl, Oken, Otto, Wust
deutscher Physiker
Abbe, Arco, Auer, Born, Hahn, Laue, Mach, Wien
deutscher Politiker
Apel, Bahr, Ertl, Heck, Kiep,

4

Kohl, Lehr, Zinn
deutscher Rechenmeister
Ries, Roth
deutscher Rechtslehrer
Wolf
deutscher Reichskanzler
Cuno, Marx
deutscher Schauspieler
Graf, Held, Hinz, Kinz, Kowa, Lenz, Loos, Matz, Piel, Rose, Todd, Wenk, Wery
deutscher Schriftsteller
Apel, Bamm, Benn, Brod, Eich, Eyth, Heym, Lenz, Mann, Roth
deutscher Sozialist
Marx
deutscher Turnvater
Jahn
deutsches Kartenspiel
Skat
deutsches Längenmaß
Elle, Fuss, Rute, Zoll
deutsches Weinbaugebiet
Nahe, Saar
dezent
zart
dichte Baumanpflanzung
Wald
Dichter
Poet
dichter Nebel
Smog
dichterisch/poetisch für Wäldchen
Hain
Dichtung
Epik, Epos, Fama, Poem, Saga, Sage
Dichtungsmaterial
Kitt, Pech, Teer, Werg
dick
fett
dickblättriges Liliengewächs
Aloe
dicke Honigsäfte
Seim
dicker Strick
Seil
dickflüssig
zaeh
dickflüssige Masse
Brei
dickköpfig
stur
Diebesgut
Sore
Diebstahl
Raub
Diele
Flur, Gang
Dienerin
Magd, Zofe
Dienstbezüge
Lohn
Dienstgrad
Rang
Dienstkleidung
Robe
diesige Luft
Smog
Differenz
Rest
diffus
wirr
Diktion
Stil
Dilettant
Laie
Dinge
Zeug
dinglich
real
diplomatisches Schriftstück
Note
direkt
live
Dirne
Hure
Diskretion
Takt
Disposition
Form, Plan
Disziplin
Fach
dito
auch
Diwan
Bett, Sofa
Dolch
Kris
Doldengewächs
Anis, Merk
Dolmen
Grab
Domizil
Heim
Donar
Thor
doppelköpfiger Haltebolzen
Niet
Doppelstück
Paar
Doppeltreffer
Ambe
Dorf
Kaff
Dörfer und Städte
Orte
dörfliche Gegend
Land
Dorfschenke
Krug
Dorsch
Leng
Dose
Etui
Dosis
Gabe
Dossier
Akte, Heft
drahtlose Telegrafie
Funk
Drahtzaun
Fenz
drakonisch
hart
Drall des Balles
Spin
Drama *von* **Ibsen**
Nora
Dramengestalt *bei* **Schiller**
Posa, Tell
Dramengestalt *bei* **Shakespeare**
Lear
Drang zur Schnelligkeit
Eile
Drehung
Tour
drei Musikanten
Trio
dreiatomiger Sauerstoff
Ozon
dreimastiges Segelschiff
Bark
dreist
kess
Dreitonintervall
Terz
Dresche
Haue
dringend
akut
Dringlichkeitsvermerk
eilt
dritte Stufe der Tonleiter
Terz
dritter Sohn Adams
Seth
dritter Ton vom Grundton
Terz
Drogenszenenbegriff
Koks
dröhnender Ton
Hall
Druckbuchstabe
Type
Druckeinheit
Atue, Torr
Druckerzeugnis
Buch, Heft

drucktechnischer Begriff
Falz, fett, Perl, Satz, Text, Type
Drude
Hexe
Duckstein
Tuff
Dummkopf
Depp, Narr
dumpfer Schlag
Bums
Dung
Mist
Düngemittel
Kali, Kalk, Mist
dünn
fein, zart
dünne Stange
Stab
dünnes Buch
Heft
dünnes Gewebe
Flor, Gaze, Mull
Dunst
Smog
Dunstglocke
Smog
durcheinander
wirr
Durcheinander
Wust
Durchgang
Flur, Furt
durchschimmerndes Mineral
Opal
Durchschnitt
Norm
durchschreitbare Flussstelle
Furt
durchsichtig
klar
durchsichtiger Farbüberzug
Lack
durchsichtiges Gewebe
Flor, Gaze
durchsichtiges Material
Glas
durchtrieben
link
durchwatbare Flussstelle
Furt
dürftig
karg
dürr
arid, welk
Dynamik
Elan
Dynastie *in* **Schweden**
Wasa

E

eben
plan
ebenfalls
auch, dito
Echsenart
Teju
echt
edel, rein
Eckstein
Karo
Eckstoß beim Fußball
Ecke
edel
echt, hehr
Edelblume
Rose
Edelgas
Neon
Edelholz
Teak
Edelknabe
Page
Edelmetall
Gold
Edelmetallgewicht
Gran, Unze
Edelpelz
Nerz, Seal
Edelstein
Jade, Onyx, Opal
EDV-Anwender
User
EDV-Befehl zum Beenden von Programmen
quit
EDV-Speichereineit
Chip
ehemalige Druckmaßeinheit
Atue
ehemalige Luftdruckeinheit
Torr
ehemalige Maßeinheit der Kraft
Pond
ehemalige schwedische Popgruppe
Abba
ehemalige türkische Gewichtseinheit
Okka
ehemaliger Berliner Rundfunksender
Rias
ehemaliger brasilianischer Fußballer
Pelé
ehemaliger Herrscher von Genua
Doge
ehemaliger Münchner Flughafen
Riem
ehemaliger Reitersoldat
Ulan
ehemaliger Rundfunksender in Berlin
Rias
ehemaliger schwedischer Tennisstar
Borg
ehemaliger spanischer Statthalter
Alba
ehemaliger US-Präsident
Bush
ehemaliges chinesisches Gewicht
Tael
ehemaliges Raummaß für Holz
Ster
ehemaliges russisches Parlament
Duma
ehemaliges Schriftzeichen
Rune
ehern
fest, hart
ehrenwert
brav
Ehrfurcht gebietend
hehr
ehrlich
fair
Ehrloser
Lump
Ehrung
Dank
Eifelkratersee
Maar
Eifellandschaft
Venn
Eifelstädtchen
Daun
Eifersucht
Neid
eiförmig
oval
Eigenart
Tick
Eigenbrötler
Kauz
Eigenname *von* **Irland**
Eire
eigensinnig
stur
Eigentum
Habe

4

Eigentumsdelikt
Raub
Eignungsprüfung
Test
Eile
Hast
ein Mineral
Spat
ein Zehntel einer Maßeinheit
dezi
einäugiger Riese
Oger
Einbaum der Naturvölker
Kanu
Einbildung
Wahn
Einbrecher
Dieb
eindeutig
klar
Eindruck
Spur
eine Computersprache
Logo
eine *der* **Gezeiten**
Ebbe, Flut
eine *der* **Horen**
Dike
eine *der* **Kontoseiten**
Soll
eine Menge
viel
eine *der* **Musen**
Klio
einer Axt ähnlich
Beil
einer *der* **vier Winkel im Boxring**
Ecke
einer *der* **Vornamen Kischs**
Egon
einerlei
egal
eines *der* **Sinnesorgane**
Auge, Nase
einfache Holzfackel
Kien
einfache Holzhütte
Bude
einfaches Boot
Kanu
einfaches Wasserfahrzeug
Boot
einfaches Zimmer
Bude
Einfahrt
Flur
Einfall
Idee
einfältig
dumm, naiv
einfältiger Mensch
Narr
Einfaltspinsel
Depp, Narr
Einfassung
Rand, Saum, Zaun
einförmig
oede
Einfräsung
Nute
Einfriedung
Fenz, Zaun
Einfuhrgebühr
Zoll
Eingang
Tuer
eingearbeitete Mannschaft
Team
Eingeborener Japans
Ainu
Eingebung
Idee
eingedeichtes Marschland
Koog
eingeladener Besucher
Gast
eingelegter Hering
Sild
Eingemachtes
Obst
einheimisches Wild
Hase
Einheit *zur* **Größenmessung**
Mass
Einheit *der* **Lautstärke**
Phon
Einheit *des* **musikalischen, rhythmischen Ablaufs**
Takt
Einheitenzeichen für Atmosphärenüberdruck
Atue
Einheitenzeichen für Kilokalorie
kcal
Einheitsmuster
Norm
Einhufer
Esel, Muli
Einkaufsbehälter
Korb
Einkehr
Reue
Einkommen
Gage, Lohn, Sold, Zins
Einlage im Schreibstift
Mine
einleuchtend
klar
Einmaster
Slup
Einrichtungsgegenstand
Bank, Bett, Sofa
einsam
oede
einschließlich
samt
Einschränkung
aber
einsehbar
klar
Einspruch
Veto
Einspruchsrecht
Veto
einstellige Zahl
acht, drei, eins, neun, vier, zwei
Einstellmarke für Fernrohre
Mire
Einstieg
Luke, Tuer
Einwand
aber
Einweichmittel
Soda
Einzeldarbietung
Solo
Einzelfaktum
Item
Einzelgänger
Kauz
Einzeller
Alge
einzelliges Lebewesen
Alge
Einzelvortrag
Solo
eirunde Fläche
Oval
Eisenbahnfahrzeug
Lore
eisenbahntechnischer Begriff
Bake, Halt, Netz
Eisenfraß
Rost
Eisenoxid
Rost
Eisenstift
Niet
eisern
hart
Eishockeyscheibe
Puck
eisiger Überzug
Reif
Eiskunstlauffigur
Mond
Eiskunstlaufsprung
Axel, Flip, Lutz

Eiskunstlaufwettbewerb
Kuer
eitler Fant
Geck, Snob
eiweißhaltige Pflanze
Soja
Elch
Elen
elegant
chic, fein
eleganter Mann
Beau
elektrische Maßeinheit
Volt, Watt
elektrischer Heißluft-trockner
Foen
elektrischer Leiter
Gold
elektrischer Strom-erzeuger
Akku
elektrischer Stromspei-cher
Akku
Elementarteilchen
Atom, Myon, Pion
Elen
Elch
elend
mies
Elendsviertel
Slum
Eller
Erle
Emirat am Persischen Golf
Oman
Empfang
Cour
empfehlenswert
klug
empfindlich
fein, zart
Empfindungsleitbahn des Körpers
Nerv
Empfindungsorgan
Sinn
Empfindungsstrang
Nerv
Empfindungsursache
Reiz
Empore
Rang
emsig
rege
Ende *in der* **Funksprache**
over
endgültig
fest
Endpunkt
Ziel
Endstellung beim Schach
Matt, Patt
Energiequelle
Holz, Torf, Wind
enger Durchgang
Gatt
Engherzigkeit
Geiz
englisch für Abflugsteig
gate
englisch für Ausflug
trip
englisch für Aussehen
look
englisch für Barzahlung
cash
englisch für Bier
beer
englisch für blau
blue
englisch für Boot
boat
englisch für Briefpost
mail
englisch für Buch
book
englisch für direkt
live
englisch für Drall des Balls
spin
englisch für Feldlager
camp
englisch für Feuer
fire
englisch für Fleisch
meat
englisch für frei
free
englisch für fünf
five
englisch für Fußballtor
goal
englisch für Gebiet
area
englisch für Gefangenen-lager
camp
englisch für Geschäft (machen)
deal
englisch für Graf
earl
englisch für gut
good
englisch für halt
stop
englisch für Handel
deal
englisch für Heim
home
englisch für Held
hero
englisch für Herzog
duke
englisch für hoch
high
englisch für in gehobener Stimmung
high
englisch für Kasse
cash
englisch für König
king
englisch für Landstraße
road
englisch für Liebe
love
englisch für Lied
song
englisch für Loch
hole
englisch für Löwe
lion
englisch für Mädchen
girl
englisch für Modestil
look
englisch für Mond
moon
englisch für Musikkapelle
band
englisch für Nachrichten
news
englisch für neun
nine
englisch für Osten
east
englisch für rosa
pink
englisch für sanft
soft
englisch für Schau
show
englisch für Schwimm-becken
pool
englisch für See
lake
englisch für spielen
play
englisch für Sportmann-schaft
team
englisch für Stern
star
englisch für Straße
road
englisch für Tausch
deal
englisch für Varietee (Varieté)
show
englisch für Verein
club

4

englisch für weich
soft
englisch für Werbekurzfilm
spot
englisch für Woche
week
englisch für Zeit
time
englische Anrede für Fräulein
Miss
englische Briefanrede
dear
englische Grafschaft
Kent, York
englische Insel
Sark
englische Königin
Anna, Mary
englische Prinzessin
Anne
englische Schulstadt
Eton
englische Kurzform für Michael
Mike
englische Kurzform für Weihnachten
X-mas
englischer Adelstitel
Duke, Earl, Lady, Lord, Peer
englischer Dramatiker
Shaw
englischer Dramenkönig
Lear
englischer Erfinder
Watt
englischer Filmregisseur
Reed
englischer Frauenname
Jane, Joan, Lana, Maud
englischer geistlicher Titel
Dean
englischer Graf
Earl
englischer Herzogtitel
Duke
englischer Hochadliger
Peer
englischer Ingenieur
Watt
englischer Komponist
Byrd
englischer Königinnenname
Anna
englischer Konservativer
Tory
englischer Maler
Hunt, Nash
englischer Männerkurzname
Dick, Stan
englischer Mathematiker
Wren
englischer Nobelpreisträger für Chemie
Todd
englischer Nobelpreisträger für Literatur
Shaw
englischer Nobelpreisträger für Medizin
Dale, Hill, Katz, Ross
englischer Nobelpreisträger für Physik
Mott, Ryle
englischer Philosoph
Ayer, Hume, Mill, More
englischer Sagenheld
Hood
englischer Sagenkönig
Lear
englischer Schauspieler
Kean, Todd
englischer Schriftsteller
Shaw
englischer Seemann
Cook
englischer Staatsmann
Eden, Peel, Pitt
englischer Weltumsegler
Cook
englisches Feldmaß
acre
englisches Flächenmaß
acre
englisches Hohlmaß
pint, pipe
englisches Hohlmaß für Wein
pipe
englisches Längenmaß
foot, inch, mile, yard
englisches Wegemaß
mile
ennuyant
fade, oede
Entdecker *von* **Amerika**
Leif
Entdecker *des* **Cholerabazillus**
Koch
Entdecker *des* **Insulins**
Best
Entdecker *der* **Kernspaltung**
Hahn
Entdecker *von* **Neuseeland**
Cook
Entdecker *von* **Ostindien**
Gama
Entdecker *des* **Seewegs nach Indien**
Gama
Entdecker *des* **Tuberkelbazillus**
Koch
entfernt
weit
Entfernungsbegriff
fern, weit
Entführung
Raub
entgaste Steinkohle
Koks
Entgelt
Gage, Lohn
entscheidender Handgriff
Dreh
Entscheidung
Wahl
Entspannung
Ruhe
Entwendung
Raub
Entwurf
Idee, Plan
Entwurf einer Zeichnung
Riss
entzückend
nett
Entzündung der Talgdrüsen
Akne
Epidemie
Aids, Pest
Epoche
Aera
Erbauer *der* **Arche**
Noah
Erbfaktoren
Gene
Erdart
Lehm
Erdarten
Tone
Erdaufschüttung
Wall
Erde
Welt
Erdformation
Jura, Lias, Perm, Raet
Erdgeist
Gnom
Erdgöttin
Gaea
erdichtete Erzählung
Maer
Erdinneres
Kern
Erdloch
Riss

Erdsatellit
Mond
Erdtrabant
Mond
Erdwall
Damm
Erdzeitalter
Jura, Lias
Erfinder *des* **Automobilmotors**
Otto
Erfinder *der* **Dampfmaschine**
Watt
Erfinder *des* **Fernsprechers**
Bell, Reis
Erfinder *des* **Gasglühlichts**
Auer
Erfinder *des* **Telefons**
Reis
Erfinder *des* **Tonfilms**
Engl, Vogt
Erfinder *des* **Viertaktmotors**
Otto
Erfolg
Sieg
Erfolg im Sport
Goal, Sieg
Erfrischungsgetränk (Abkürzung)
Limo
ergänzend
dazu
ergeben
treu
Ergebnis einer Messung
Wert
ergo
also
erhaben
hehr
erheblich
sehr
Erhebung
Berg
erhöhter Kirchenraum
Chor
Erholung
Rast
Erinnerung
Memo
Erkenntlichkeit
Dank
Erlass
Ukas
Erlass *des* **Zaren**
Ukas
erleichtert
froh
erlesen
edel
Erleuchtung
Idee
erlittene Peinigung
Qual
ermüdet
matt
erotisch
sexy
Erprobung
Test
Erquickung
Labe
Erreger
Keim
Erregung
Rage, Reiz, Zorn
Erregungsauslöser
Reiz
Errungenschaft
Kauf
Ersatzmann
Vize
erschöpft
matt
erste Tonstufe
Prim
erste zweistellige Zahl
zehn
erster König von Israel
Saul
erster Mensch
Adam
erster Mörder
Kain
erster Sohn Adams
Kain
erstes Mordopfer
Abel
erstrebter Punkt
Ziel
Ertrag
Zins
Eruptivgestein
Bims, Lava, Tuff
Erwerb
Kauf, Lohn
Erwerbung
Kauf
erzählende Dichtkunst
Epik
erzählende Dichtung
Epos, Saga, Sage
Erzbergwerk
Mine
Erzbischof von Genua
Siri
Erzeugnis
Ware
Erzgang
Ader
Eskimohütte
Iglu
Esprit
Witz
essbare Früchte
Obst
Esse
Lohe
Essen
Mahl
Essenzubereiter
Koch
Essgeschirr
Napf
Essigbaum
Rhus
ethischer Begriff
Ehre, Reue
etwa
rund
etwas, worüber man nicht spricht
Tabu
Eulenart
Kauz
eurasisches Gebirge
Ural
Europäer
Este, Pole
Europäer im Baltikum
Este
europäische Freihandelszone
EFTA
europäische Hauptstadt
Bern, Oslo, Prag, Roma, Wien
europäische Währungseinheit
Euro
europäischer Fluss
Maas
europäischer Strom
Ebro, Elbe, Kama, Oder
europäischer Vulkan
Etna
europäisches Atomforschungszentrum
CERN
europäisches Grenzgebirge
Ural
europäisches Inselvolk
Iren
Evastochter
Frau
Ewigkeit
Aeon
existent
real
Exkommunikation
Bann
exotische Frucht
Kiwi

exotisches Edelholz
Teak
Experiment
Test
explodierender Stern
Nova
Explosivgeschoss
Mine
Exposee (Exposé)
Plan
expressive Musik
Soul
exquisit
edel
extrem gekleideter Mann
Geck

F

Fabel
Fama, Maer
Fabelname *des* **Bären**
Petz
Fabelwesen
Elfe, Gnom
Fabrik
Werk
Fabrikat
Ware
Fabrikschornstein
Esse
Fach
Lade
fachlich sicher
firm
Faden
Garn
Fahrbahnstreifen
Spur
fahrbarer Bagger
Trax
Fährboot
Naue
Fahrerkopfschutz
Helm
Fahrrad
Velo
Fahrradteil
Nabe
Fahrstuhl
Lift
Fahrt
Trip
Fahrtrichtung
Kurs
Fahrtrichtung eines Flug-zeugs
Kurs
Fahrzeugluftreifen
Pneu
Faible
Hang
Fakir
Yogi
Fall
Bums
Fallwind
Bora
falsche Zeitungsmeldung
Ente
falscher Glanz
Tand
falscher Schein
Trug
falsches Vorbild
Idol
faltbare Unterkunft
Zelt
Falz
Fuge, Nute
Familienangehöriger
Sohn
Fant
Geck
Farbe *des* **Flieders**
Lila
Farbe *im* **Kartenspiel**
Herz, Karo
Farbe *des* **Neides**
Gelb
Farbe *beim* **Roulett**
Noir
Farbe *der* **Treue**
Blau
Farben
Blau, Gelb, Grau, Lila, Rosa
farbenfroh
bunt
Farbengrundstoff
Teer
farbenprächtiger Vogel
Pfau
Färberpflanze
Waid
farbig
bunt
Farbton
Azur, Bleu, Gold, Grau, Lila, Oliv, Pink, Rosa
Fasanenvogel
Pfau
Faschingsgeck
Narr
Faser der Kokosnuss
Coir
Faserpflanze
Hanf, Jute, Lein
Fasson
Form, Stil
fast gar nicht
kaum
fast nicht
kaum
Fastnachtsgeck
Narr
fauler Witz
Zote
faules Holz
Mulm
Faultier
Unau
Favela
Slum
Faxen
Witz
Fechtausdruck
Filo, Gang, Hieb
Fechthieb
Prim, Terz
Federvieh
Ente, Gans, Hahn, Huhn, Pute
Federweiß
Talk
Federweißer
Most
Fee
Elfe
Fehler
Bock
Fehlschlag
Flop
Feier
Fest, Fete
feierliche Amtstracht
Robe
feierliche Veranstaltung
Gala
fein
zart
feindseliges Gefühl
Neid
Feindseligkeit
Zank
feine ägyptische Baum-wolle
Mako
feiner Spalt
Riss
feinfühlend
zart
Feingebäck
Keks
Feingefühl
Takt
fein geschnittener Pfei-fentabak
Shag
Feinheit
Form
feinkörniges Gestein
Sand
feinkörniges Stärkemehl
Sago
feist
dick, fett
Feld
Kamp

Feldbahnwagen
Lore
Feldblume
Mohn
Feldfrucht
Hanf, Klee, Kohl, Korn, Lein, Mais, Mohn, Raps, Senf
Feldgrenze
Rain
Feldherr *des* **30-jährigen Krieges**
Illo
Feldherr Wallensteins
Illo
Feldlager
Camp
Feldmark
Flur
Feldmaß
Hufe, Joch, Rute
Feldrand
Rain
Feldstück
Kamp
Fell der Bärenrobbe
Seal
Fell der Pelzrobbe
Seal
Fell des Seebären
Seal
Felsenklippe
Riff
Felsschlucht
Klus
Felswand
Fluh
fern
weit
ferner
auch, item, noch
Fernsehen direkt
live
Fernsehpferd
Fury
Fernsehsendung
Film, Show
Fertigungsprodukt
Ware
Fest
Fete
fest
firm, hart, stur
fest verbunden
treu
feste Erdoberfläche
Land
feste Masse harten Gesteins
Fels
fester Boden
Erde
festes Seezeichen
Bake
festes Vorhaben
Plan
festgesetzte Gebühr
Taxe
festgesetzter Preis
Taxe
Festkleidung
Gala, Robe
Festland
Erde
festlandumgebende Wassermassen
Meer
festliche Aufführung
Gala
festliche Kleidung
Gala
festliche Tanzveranstaltung
Ball
Festsaal in der Universität
Aula
Festsaal in Schulen
Aula
Festteilnehmer
Gast
Festtracht
Gala
Festung *im* **Mittelalter**
Burg
Festungsanlage
Burg, Fort, Wall, Wehr
Fete
Fest
fett
dick
Fett
Flom, Talg, Tran
Fett auf der Milch
Rahm
fette Tonerde
Klei
fetter Marschboden
Klei
Fettfütterung von Tieren
Mast
fetthaltigster Teil der Milch
Rahm
Fetttropfen auf der Suppe
Auge
Fetzen
Tuch
feucht
nass
feuchter Boden
Moor, Moos
feuchtes Gelände
Moor
Feuchtigkeit
Nass
Feuer
Glut, Lohe
Feuergott
Agni, Loki
Feuerkröte
Unke
Feuerstelle
Esse, Herd, Ofen, Rost
Fiasko
Ruin
fieberhafte Eile
Hast
Figur *bei* **Freitag**
Ingo
Figur *einer* **Negeroper**
Bess
Figur *beim* **Schachspiel**
Dame, Turm
Figur aus Carmen
José
Figur aus Die Csardasfürstin
Boni
Figur aus Egmont
Alba
Figur aus Ein Sommernachtstraum
Puck
Figur aus Eugen Onegin
Olga
Figur aus La Bohème
Mimi
Figur aus Land des Lächelns
Lisa, Lore
Figur aus Peer Gynt
Aase
Figur aus Wallenstein
Illo, Seni
Filius
Sohn
Film der Beatles
Help
Filmberühmtheit
Star
Filmbühne
Kino
Filmgröße
Star
Filmrolle von Stan Laurel
Doof
Filmtheater
Kino
Filmwitz
Clou
Filou
Dieb
Filter
Sieb
Fimmel
Tick

4

Finale
Ende
findig
klug
Fingerreif
Ring
Fingerschmuck
Ring
Fingerspiel
Mora
Fingerspitzengefühl
Takt
Fingerzeig
Tipp, Wink
finnische Hafenstadt
Kemi, Oulu, Vasa
finnischer Schriftsteller
Kivi
finnischer See
Oulu
Finte
Dreh
Firlefanz
Kram
firm
fest
Firmeninhaber
Boss, Chef
Firmensymbol (Kurzwort)
Logo
First
Dach, Kamm
Fischart
Anke, Leng, Salm, Wels
Fischfanggerät
Netz
Fischfett
Tran
Fischöl
Tran
Fischzugergebnis
Fang
fix
fest
fixe Idee
Tick
Fixstern
Wega
flach
eben
Flachbrustvogel
Kiwi
flache Küstenbucht
Haff
flache Meeresbucht
Wiek
Fläche
Feld, Raum
Flächenbegrenzung
Rain, Rand
Flächenmaß
Acre, Hufe, Joch, Rute

flacher Strandsee
Haff
flaches Boot
Kanu
flaches Küstensegelschiff
Ewer
Flachs
Lein
Flachsabfall
Hede, Werg
flackernde Flamme
Lohe
flämischer Maler
Dyck
Flamme
Lohe
Flammenglut
Lohe
flandrische Stadt
Gent
flandrischer Küstenfluss
Yser
Flaneur
Geck
Flaschenverschluss
Kork
flau
matt, mies
Flechtmaterial
Bast, Hanf, Jute
Flechtstoff
Bast, Jute
Flechtwerk
Korb
fleckenlos
rein
Fleischmaschine
Wolf
Fleischsaftgallert
Fond
fleißiges Insekt
Emse, Imme
fliederfarben
lila
Fliegenfanggerät
Leim, Netz
Fliegenlarve
Made
Fließgewässer
Bach
flink
agil, rege
Flitter
Kram, Tand
Florgewebe
Samt
flott
chic, kess
Flotte
Navy
flügelloses Insekt
Floh, Laus

Flugfigur
Turn
Flughafen
Base
Flughafen von München
Riem
Flughafen von Paris
Orly
Flugpionier
Udet
flugunfähiger Vogel
Kiwi
Flugzeugbesatzung
Crew
Flugzeugteil
Heck
fluidumartige Ausstrahlung
Aura
Flunder
Butt
Flur
Gang, Mark
Fluss *in* **Afrika**
Adar, Bani, Juba, Ruki, Sebu, Tana, Vaal
Fluss *in* **Albanien**
Drin
Fluss *durch* **Amberg**
Vils
Fluss *in* **Amerika**
Gila, Jary, Meta, Napo, Ohio, Para, Paru
Fluss *in* **Armenien**
Aras
Fluss *durch* **Aschaffenburg**
Main
Fluss *in* **Asien**
Aksu, Amur, Aras, Assa, Buna, Hida, Ilim, Jalu, Jana, Kuma, Kura, Lena, Mahi, Maja, Moma, Onon, Oxus, Rion, Seja, Tura, Ural, Urup
Fluss *zwischen* **Asien und Europa**
Ural
Fluss *der* **Balkanhalbinsel**
Drin, Save
Fluss *in* **Belgien**
Maas, Yser
Fluss *durch* **Belgrad**
Save
Fluss *durch* **Bern**
Aare
Fluss *bei* **Bingen**
Nahe
Fluss *in* **Böhmen**
Eger, Iser
Fluss *zum* **Chiemsee**
(Tiroler …)
Ache

Fluss *in* **Deutschland**
Aach, Bode, Breg, Dill, Eder, Elbe, Eltz, Erft, Gera, Glan, Isar, Jade, Kyll, Lahn, Lech, Main, Murg, Naab, Nahe, Oder, Oker, Rems, Saar, Sieg, Urft
Fluss *durch* **Dresden**
Elbe
Fluss *aus der* **Eifel**
Urft
Fluss *in* **England**
Avon, Hull, Tyne
Fluss *in* **Europa**
Elbe
Fluss *in den* **Finnischen Meerbusen**
Newa
Fluss *durch* **Florenz**
Arno
Fluss *in* **Frankreich**
Arve, Aube, Aude, Cher, Gard, Oise, Orne, Tarn, Yser
Fluss *durch* **Gießen**
Lahn
Fluss *in* **Griechenland**
Arda, Arta
Fluss *der* **griechischen Unterwelt**
Styx
Fluss *durch* **Hamburg**
Elbe
Fluss *aus dem* **Harz**
Bode, Ilse, Oker
Fluss *aus dem* **Hunsrück**
Nahe
Fluss *in* **Indien**
Kusi
Fluss *in* **Irland**
Erne, Nore, Suir
Fluss *in* **Italien**
Arno
Fluss *zum* **Kaspisee**
Kura
Fluss *durch* **Kroatien**
Save
Fluss *vom* **Ladogasee**
Newa
Fluss *durch* **Leningrad**
Newa
Fluss *durch* **Lüttich**
Maas
Fluss *durch* **Makedonien**
Drin
Fluss *durch* **Marburg**
Lahn
Fluss *in* **Mitteleuropa**
Elbe, Oder
Fluss *zum* **Mittelmeer**
Ebro
Fluss *zum* **Mittelrhein**
Lahn
Fluss *durch* **Montenegro**
Tara
Fluss *durch* **München**
Isar
Fluss *durch* **Neuss**
Erft
Fluss *in den* **Niederlanden**
Maas, Roer, Waal
Fluss *in* **Niedersachsen**
Elbe
Fluss *in* **Nordamerika**
Ohio
Fluss *zur* **Nordsee**
Elbe
Fluss *in* **Nordwestfrankreich**
Orne
Fluss *in der* **Normandie**
Orne
Fluss *in* **Ostasien**
Amur
Fluss *in* **Österreich**
Drau, Enns, Ybbs
Fluss *zur* **Ostsee**
Rega
Fluss *in* **Ostsibirien**
Amur, Lena
Fluss *durch* **Perm**
Kama
Fluss *durch* **Pisa**
Arno
Fluss *in* **Pommern**
Ihna, Leba, Rega
Fluss *in* **Portugal**
Sado, Tejo
Fluss *aus dem* **Riesengebirge**
Elbe
Fluss *in* **Russland**
Amur, Jana, Kama, Lena, Newa, Ural
Fluss *durch* **Sankt Petersburg**
Newa
Fluss *in* **Schottland**
Ness, Spey, Tyne
Fluss *in der* **Schweiz**
Aare, Thur
Fluss *in* **Sibirien**
Lena
Fluss *durch* **Slawonien**
Drau
Fluss *in* **Slowenien**
Reka
Fluss *in* **Spanien**
Ebro, Tajo
Fluss *zum* **Stettiner Haff**
Oder
Fluss *in* **Südafrika**
Vaal
Fluss *durch* **Toledo**
Tajo
Fluss *in der* **Toskana**
Arno
Fluss *durch* **Villach**
Drau
Fluss *zum* **Wash** (englisch)
Nene
Fluss *durch* **Weiden**
Naab
Fluss *durch ein* **Weingebiet**
Saar, Ruhr
Flussbett in Afrika
Wadi
Flussbiegung
Knie
Flussgestade
Ufer
Flussgestein
Kies
flüssiges Gestein
Lava
Flüssigkeit in den Adern
Blut
Flüssigkeitsbehälter
Fass, Glas, Krug, Napf, Tank, Topf
Flüssigkeitsleitung
Rohr
Flussrand
Ufer
Flussschlinge
Knie
Flussübergang
Furt, Steg
Flussverbauung
Wehr
Flut
Tide
Föderation
Bund
Fog
Smog
Folge *von* **Stockungen**
Stau
folgend
nach
folglich
also, ergo
folgsam
brav
Folter
Pein, Qual
folternde Qual
Pein
Förderwagen
Hund, Lore
Form *des* **Ausdrucks**
Stil
Form *des* **Sauerstoffs**
Ozon
Format
Mass, Norm

Formation *des* Mesozoikums
Lias, Malm
Formation *des* Paläozoikums
Perm
Formelglied
Term
Fortbewegung zu Pferde
Ritt
Fortpflanzungszelle
Same
Foto
Bild
Fotografie
Bild
fotografischer Begriff
Bild, Film, Foto
Fotozubehör
Film
Frachtauslage
Zoll
Frachtsegelschiff
Ewer
Frachtstück
Pack
Fragespiel
Quiz
Fragewort
wozu
frank
frei
Frankenkönig
Karl, Otto
Frankfurter Hauptgeschäftsstraße
Zeil
fränkischer Hausflur
Eren
Franse
Saum
französisch für acht
huit
französisch für Arm
bras
französisch für Baby
bébé
französisch für Berg
mont
französisch für blau
bleu
französisch für elf
onze
französisch für fünf
cinq
französisch für Geck
beau
französisch für Gott
dieu
französisch für halb
demi
französisch für hundert
cent
französisch für Katze
chat
französisch für Kopf
tête
französisch für Küste
côte
französisch für Nacht
nuit
französisch für neun
neuf
französisch für nichts
rien
französisch für null
zéro
französisch für Polizist
(umgangssprachlich)
flic
französisch für sieben
sept
französisch für Sohn
fils
französisch für Stutzer
beau
französisch für Tod
mort
französisch für Weihnachten
noël
französisch für zwei
deux
französische Anrede
Sire
französische Anrede an einen Monarchen
Sire
französische Chansonnette
Piaf
französische Dichterin
Sand
französische Fürstenanrede
Sire
französische Hafenstadt
Caen, Sète
französische Käsesorte
Brie
französische Landschaft
Brie, Foix
französischer Dichter
Gide, Hugo, Sade, Zola
französischer Filmkomiker
Tati
französischer Historiker
Duby
französischer katholischer Pfarrer
curé
französischer Komiker
Tati
französischer Kristallograph
Hauy
französischer Maler
Dufy
französischer Männername
Ives, Jean, René
französischer Märchenriese
Oger
französischer Marschall
Foch, Niel
französischer Mathematiker
Thum
französischer Mittelmeerhafen
Sète
französischer Modeschöpfer
Dior
französischer Name des Rheins
Rhin
französischer Name von Nizza
Nice
französischer Nobelpreisträger für Literatur
Gide
französischer Opernkomponist
Adam
französischer Pfarrer
curé
französischer Physiker
Biot
französischer Politiker
Blum, Veil
französischer Regisseur
Tati
französischer Romancier
Anet, Gide, Hugo, Sade, Zola
französischer Schauspieler
Baur, Tati
französischer Schriftsteller
Anet, Gide, Hugo, Sade, Zola
französischer Weltgeistlicher
abbé
französisches Adelsprädikat
Pair
französisches Akzentzeichen
Aigu
französisches Departement
Orne

französisches Gebirge
Jura
französisches Märchenwesen
Oger
Frau
Dame, Weib
Frau *der* Gesellschaft
Dame
Frau von Abraham
Sara
Frau von Balder
Nana
Frau von Heinrich VIII.
Anna
Frau von Herakles
Hebe
Frau von Jupiter
Juno
Frau von Kronos
Rhea
Frau von Lohengrin
Elsa
Frau von Odin
Fria
Frau von Osiris
Isis
Frau von Saturnus
Rhea
Frau von Uranos
Gaea, Gaia
Frau von Zeus
Hera
Frauenberuf
Amme, Zofe
Frauenheld
Beau
Frauenkosename
Emmi
Frauenrock
Jupe
Frauenschleierhaube im Mittelalter
Rise
Frauensperson
Weib
frech
keck, kess
freches Mädchen
Goer
frei
leer
frei lebend
wild
frei von
ohne
Freigericht
Feme
Freiheitsentzug
Haft
Freilos beim Tennisturnier
Rast
Freimaurervereinigung
Loge
Freistatt
Asyl
Fremder
Gast
Fremdkapital
Pump
Fremdländer
Exot
Fremdländischer
Exot
Fremdwort für ebenso
item
Fremdwort für Elendsviertel
Slum
Fremdwort für gegen
anti
Fremdwort für im Jahre
anno
Fremdwortteil allein
mono
Fremdwortteil fern
tele
Fremdwortteil halb
demi
Fremdwortteil tausend
Kilo
Fremdwortteil vor
prae
Fressgefäß
Napf, Trog
Freude
Lust
Freude am Tun
Lust, Lust
Freudenhaus
Puff
freudig
gern
Freund Ciceros
Tiro
Freund *von* Dick
Doof
Freund *von* Doof
Dick
Freund *von* Ernie (Sesamstraße)
Bert
Freund *von* Fix und Foxi
Lupo
Freundin ... Schillers
Kalb
freundlich
lieb, nett
Friede
Ruhe
friedlich
brav, zahm
Friedlosigkeit als Strafe
Acht
friesische Inseln
Roem, Sylt
friesischer Frauenname
Gesa
frisch
jung, kalt
frischer Schnee
Neue
Frisiergerät
Foen, Kamm
Frisiermittel
Fett
Frist
Ziel
fröhliche Feier
Fest, Fete
Frohlocken
Lust
Froschlurch
Unke
Frostgebilde
Reif
frostig
kalt
Frucht
Kiwi, Nuss
Frucht *des* Getreides
Korn
Frucht *mit* harter Schale
Nuss
Fruchtauszug
Saft
fruchtbare Bodenart
Klei
Fruchtbarkeitsgott
Faun, Frey
Fruchtbonbon
Drop
Früchte
Obst
Fruchtflüssigkeit
Saft
Fruchtform
Nuss
Fruchtgetränk
Most, Saft
Fruchtmark
Pulp
Fruchtsaft
Most
früher
eher
frühere holländische Münze
Deut
frühere indische Münze
Anna
frühere Kirchenstrafe
Acht, Bann
frühere Bezeichnung für Bauerngehilfin
Magd

frühere Bezeichnung für Dienstmädchen
Magd
frühere Bezeichnung für Erzählung
Maer
frühere Bezeichnung für Märchen
Maer
frühere Bezeichnung für Sage
Maer
frühere Bezeichnung für Zoll
Maut
früherer asiatischer Herrschertitel
Khan
früherer berittener Soldat
Ulan
früherer Berliner Sender (Abkürzung)
Rias
früherer leichter Lanzenreiter
Ulan
früherer Name Thailands
Siam
früherer Verwaltungsbeamter
Vogt
früheres chinesisches Gewicht
Tael
früheres geistliches Gericht
Send
früheres Holzraummaß
Ster
früheres Längenmaß
Elle, Rute, Zoll
früheres Luftdruckmaß
Dorr
früheres Papiermaß
Ries
früheres Zählmaß
Gros
frühgeschichtliches Blasinstrument
Lure
Frühjahr
Lenz
Frühling
Lenz
Frühlingsmonat
Juni
Fuchtel
Rute
Fuge
Falz, Nute
Fugenmasse
Kitt
Fugenschnitt
Falz
fügsam
zahm
fühlbarer Herzschlag
Puls
Führungsgremium
Stab
Füllgas für Leuchtröhren
Neon
Fundament
Fuss
Fundort *einer* **Venusstatue**
Milo
Fundort vorgeschichtlicher Menschen
Roth
für immer
ewig
Furche
Fuge, Nute
Fürsorgeeinrichtung
Asyl, Heim, Hort
Fürst *in* **England**
Duke, King
Fürst *im* **Orient**
Chan, Emir, Khan
Fürstin in Indien
Rani
Fußballausdruck
Ball, Ecke, FIFA, Foul, Goal, Hand, Netz, Pass, Team, UEFA
Fußballclub von Rostock
Hansa
Fußballglücksspiel
Toto
Fußballmannschaft
Team
Fußballwette
Toto
Fußbodenbelag
Kork
Fußglied
Zehe
fußlose Insektenlarve
Made
fußloses Kriechtier
Wurm
Fußpfad
Steg
Fußrücken
Rist
Fußteil
Rist, Zehe
Futteral
Dose, Etui
Futterbehälter
Napf, Trog
Futtermittel
Korn, Malz
Futternapf
Trog
Futterpflanze
Gras, Klee, Mais
Futterspeicher
Silo
Futtertöpfchen
Napf
Fütterung
Mast

G

Gabelteil
Zahn
Gabler
Bock
Gage
Lohn
Galerie
Gang, Rang
Galgenvogel
Lump, Rabe
Galopp
Tanz
Gämse (Gemse)
Gams
Gämse (Gemse) in der Jägersprache
Gams
Gämsenjunges (Gemsenjunges)
Kitz
Gang
Flur
Gangart *des* **Islandponys**
Pass
Gangart *des* **Pferdes**
Pace, Pass, Trab
Gangster
Dieb
Gangstergruppe
Gang
Gänsevogel
Ente
ganz
heil
ganz gefüllt
voll
Garaus
Ende
Gardinenstoff
Mull
Gärfutterbehälter
Silo
Gärmittel
Hefe
Gärniederschlag
Trub
Gärstoff
Hefe
Garten Gottes
Eden

Gartenanlage
Beet
Gartenblume
Iris, Rose
Gartenerzeugnis
Kohl, Mais, Nuss
Gartenstück
Beet
gärtnerische Anlage
Beet, Park
Gärungsgetränk
Bier
Gärungsmittel
Hefe
gasförmiges Element
Neon
Gasgemisch um die Erde
Luft
Gasleitung
Rohr
Gastgeber
Wirt
Gasthausangestellter
Ober
Gasthausbesitzer
Wirt
Gastronom
Wirt
gastronomischer Beruf
Koch
Gaststättenangestellter
Ober
Gaststätteninhaber
Wirt
Gastwirtschaft
Café, Krug
Gatte
Mann
Gatte von Enite
Erek
Gatte von Hera
Zeus
Gatter
Zaun
Gattin
Frau
Gattin von Abraham
Sara
Gattin von Lohengrin
Elsa
Gattin von Zeus
Hera
Gattung der Birken-gewächse
Erle
Gattung der erzählenden Dichtung
Epik
Gattung der Frösche
Rana
Gaul
Ross
Gauner
Dieb, Lump
Gaunerei
Nepp
Gaunerwort für Diebesgut
Sore
Gaunerwort für Geld
Kies, Moos
Gaunerwort für Kokain
Koks
gebackener Teig
Brot, Weck
Gebäcksorte
Brot, Keks, Kipf, Laib, Weck, Zopf
Gebälk tragende Frauen-gestalt
Kore
gebändigt
zahm
Gebäude
Haus, Kate
Gebäudeteil
Dach, Raum, Saal, Tuer
Gebeinaschegefäß
Urne
Gebetsanrede für Gott
Abba
Gebetsende
Amen
Gebetsschluss
Amen
Gebetsstunde
Hora, None
Gebiet
Fach, Feld, Land, Raum, Zone
Gebiet *mit* **hohem Luft-druck**
Hoch
Gebiet *am* **Jordan**
Moab
Gebiet *mit* **niedrigem Luftdruck**
Tief
Gebieter
Herr
Gebietsstreifen
Zone
Gebilde
Ding, Form
gebildet
klug
gebildeter Mann
Herr
Gebinde
Bund
Gebirge *zwischen* **Europa und Asien**
Ural
Gebirge *in* **Griechenland**
Oeta
Gebirge *in* **Russland**
Ural
Gebirge *in der* **Schweiz**
Rigi
Gebirge *des* **Tienschan**
Alai
Gebirgsbach
Ache
Gebirgsbahn
Lift
Gebirgseinschnitt
Pass
Gebirgserhebung
Berg, Grat, Kamm, Peak, Pico
Gebirgsfluss
Ache
Gebirgskamm
Grat
Gebirgspflanze
Arve, Erle
Gebirgstier
Gams
Gebirgstier in Südamerika
Lama
Gebirgsübergang
Pass
Geborgtes
Borg, Pump
Gebrauch
Usus
Gebühr
Maut, Satz, Taxe, Zoll
gebundene Schreib-blätter
Heft
gebundenes Druckwerk
Buch
Geburtshelfer
Arzt
Geburtsort von Beethoven
Bonn
Geburtsschmerz
Wehe
Geck
Beau, Fant, Narr, Snob
Gedanke
Idee, Plan
Gedeck
Menu
Gedicht
Poem, Reim
Gedichtform
Epos, Lied, Poem, Reim
Gedichtzeile
Vers
gediegen
fein, rein
Gedränge
Enge
gedrängt
voll

4

gedroschenes Getreide
Korn
Gedrücktheit
Tief
Geduld
Ruhe
Gefahr für Schiffe
Riff
gefährliche Infektionskrankheit
Aids
gefährliche Substanz
Gift
Gefährtin der Artemis
Aura
Gefangenenlager
Camp
Gefangenschaft
Haft
gefärbt
bunt
Gefäß
Ader, Dose, Fass, Glas, Krug, Napf, Pott, Tank, Topf, Trog, Urne, Vase, Vene
Gefäß *für* **Blumen**
Vase
Gefäß *der* **Parzivalsage**
Gral
Gefäß *für* **Stimmzettel**
Urne
Gefäß *zum* **Teigkneten**
Trog
Gefäß *für* **Tierfutter**
Napf, Trog
Gefäß *für* **Treibstoff**
Tank
gefeierte Künstlerin
Diva, Star
Geflecht
Korb, Netz, Zopf
geflochtener Behälter
Korb
geflochtenes Backwerk
Zopf
geflochtenes Haar
Zopf
Geflügel
Ente, Gans, Hahn, Huhn, Pfau, Pute
Geflügelkrankheit
Pips, Roup, Zips
Geflügelzuchtbetrieb
Farm
Gefolge
Stab
geformtes Brot
Laib
gefrorener Tau
Reif
gefügig
brav, zahm
Gefühl
Sinn, Takt
Gefühl *des* **Abscheus**
Ekel
gefühlsbedingtes Verhalten
Reue
gefühlskalt
hart, stur
gefüllt
voll
gegebene Veranlagung
Erbe
Gegebenheit
Fakt, Lage
gegen
anti, etwa, fast, nach, nahe, rund
Gegend
Zone
Gegenstand
Ding, Idee
gegenständlich
real
Gegenteil von alt
jung
Gegenteil von dunkel
hell
Gegenteil von fest
lose
Gegenteil von Flaute
Wind
Gegenteil von Frau
Mann
Gegenteil von lose
fest
Gegenteil von Mann
Frau
Gegenwartsform von sein
seid
Gegner Cäsars
Cato
gegorener Traubensaft
Wein
gegossener Druckbuchstabe
Type
gehacktes Schweinefleisch
Mett
Gehalt
Gage, Lohn, Sinn, Sold, Wert
gehaltlos
leer
gehaltvoll
voll
gehbehindert
lahm
Geheimnis
Hehl
geheimnisvolle Schale
Gral
Geheimschriftschlüssel
Code, Kode
gehoben für Erfrischung
Labe
Gehölz
Baum, Hain, Wald
gehörlos
taub
gehorsam
brav
Gehweg
Pfad
Geigenbauer
Dier
Geigenteil
Hals, Steg
Geist
Idee, Witz
Geistererscheinung
Elfe, Gnom, Hexe, Nixe, Spuk
Geistesblitz
Idee
Geisteskrankheit
Wahn
Geisteswerk
Buch, Opus
geistig beschränkt
dumm
geistig beweglich
rege
geistig rege
wach
geistige Ausdrucksform
Stil
geistiger Gehalt
Sinn
geistiger Wert
Sinn
geistliche Amtstracht
Albe
geistliche Komposition
Leis
Geistlicher
Pope
Geistlicher der griechisch-orthodoxen Kirche
Pope
geistliches Amt
Abbé
geistliches Volkslied im Mittelalter
Leis
geistreich
klug
geistreicher Einfall
Idee
geistreicher Spass
Witz
Geiz
Gier
Geizhals
Filz

gekeimte Gerste
Malz
gekelterter Fruchtsaft
Most
gekünstelte Haltung
Pose
geladener Besucher
Gast
Geländeerhebung
Berg
Geländefahrzeug
Jeep
Geländeform
Berg, Land, Moor, Moos, Raum
geländegängiges Fahrzeug
Jeep
Geländepunkt einer Karte
Kote
Gelass
Raum
gelb
gehl
gelb blühende Ölpflanze
Raps
gelbbrauner Uniformstoff
Kaki
gelbliche Farbe
falb
Geld *im* **Volksmund**
Kies, Moos
Geldaufnahme
Pump
Geldbehälter
Safe
Geldinstitut
Bank
Geldschließfach
Safe
Gelenk *des* **Beines**
Knie
Gelenk *zwischen* **Ober- und Unterschenkel**
Knie
Gelenkentzündung des Pferdes
Spat
Geliebte von Leander
Hero
Geliebte von Porgy
Bess
Geliebte von Zeus
Leda, Leto
Gelingen
Sieg
Geltung
Wert
Gemach
Raum
Gemahl
Mann
gemahlenes Getreide
Mehl
Gemahlin
Frau
Gemälde
Bild
Gemarkung
Flur
gemäß
laut, nach
gemästet
fett
gemauerte Uferstraße
Mole, Pier
gemein
fies
Gemeinde
Dorf
Gemeinschaft
Bund, Clan, Club, Crew, Gang, Klub, Team, Volk
Gemeinschaftsgesang
Chor
Gemeinschaftswährung
Euro
Gemeinwesen
Dorf
Gemisch *aus* **Stickstoff und Sauerstoff**
Luft
Gemunkel
Fama
Gemütsbewegung
Ekel, Hass, Rage, Reue, Zorn
gemütvoll
warm
genähter Kleiderrand
Saum
geneigte Fläche
Hang
Geneigtheit
Huld
General Wallensteins
Illo
genial
klug
Genossenschaft
Bund
Genre
Stil
genuesischer Fürst
Doge
Genuss
Lust
Genussmittel
Bier, Sekt, Wein
geologische Formation
Jura, Lias, Malm, Perm
geologischer Begriff
Kies, Lehm, Salz, Sand, Satz
gepflegt
chic
gepflegter Mann
Herr
Gepflogenheit
Usus
gepolsterter Brustschutz
Kumt
Gepräge
Form, Stil
Gepränge
Pomp
gerade
eben, just, pair
gerade erst
eben
gerade jetzt
eben
Gerät *des* **Bergsteigers**
Seil
Gerät *zur* **Bodenauflockerung**
Egge
Gerät *des* **Friseurs**
Kamm
Gerät *zum* **Heizen**
Ofen
Gerät *der* **Kammmacher (Kammacher)**
Iler
Gerät *zum* **Kochen**
Ofen
Gerät *in der* **Küche**
Sieb
Gerät *in der* **Landwirtschaft**
Egge
Gerät *zum* **Lockern des Ackerbodens**
Egge
Gerät *zum* **Spalten**
Beil, Keil
Geräusch
Laut
geräuschvoll
laut
Gerbmittel
Lohe
gerecht
fair
Gerede
Fama
Gericht
Mahl
Gericht *im* **Menü**
Gang
gerichtliche Entscheidung
Haft
Gerichtshof der Kurie
Rota
gerippter Stoff
Cord, Kord, Rips
germanische Dichtung
Edda

germanische Götter
Asen
germanische Gottheit
Dise, Wane
germanische Göttin
Asin, Erke, Frea, Gerd, Grid, Idun, Laga, Lofn, Nott, Saga, Sygn, Vara
germanische Heldensage
Edda
germanische Sagengestalt
Egil, Geri, Gnom, Groa, Hate, Hati, Heid, Neck, Nixe, Surt, Ullr, Ymir
germanischer Buchstabe
Rune
germanischer Donnergott
Thor
germanischer Gott
Loki, Odin, Thor, Wili
germanischer Göttervater
Odin
germanischer Wassergeist
Neck
germanisches Blasinstrument
Lure
germanisches Schriftzeichen
Rune
Geröll
Kies
Geröllhalde
Gand, Mure
Gerstensaft
Bier
Gerte
Rute
Geruch
Arom, Duft
Geruchsorgan
Nase
Gerücht
Fama
Gerümpel
Kram
gesamt
ganz
Gesamtheit *der* **Erde**
Welt
Gesangsdarbietung
Arie, Lied
Gesangsgruppe
Chor
Gesangsstimme
Bass
Gesangsstück
Arie, Lied
Gesangverein
Chor
Gesäß
Popo
gesättigt
satt, voll
Geschäft
Coup, Shop, Werk
geschäftig
rege
Geschäftseinlage
Mise
Geschäftsinhaber
Chef
Geschehen
Fall
Geschehensablauf
Zeit
Geschehnisabfolge
Zeit
gescheit
klug
Geschenk
Gabe
geschichtlicher Abschnitt
Aera
Geschichtsepoche
Aera
Geschicklichkeit
Gabe
Geschicklichkeitsspiel
Jojo
geschickt
klug
geschickte Maßnahme
List
geschicktes Vorgehen
Joch
Geschirr
Zaum
Geschlecht
Haus
geschlechtsbetont
sexy
Geschlechtskrankheit
Aids
geschlossen
rund
Geschmack
Stil
geschmacklos
fade
Geschmacksrichtung
herb, Mode
geschmackvoll
chic, fein
geschmeidig
rank
geschnittenes Holz
Stab
Geschöpf
Baby, Kind, Tier
Geschützart (Abkürzung)
Flak
Geschwindigkeit
Eile, Elan, Hast
Geschwisterkind
Base
Geschwulst
Myom
gesellige Veranstaltung
Ball, Fest, Fete
geselliger Kreis
Club, Klub
Gesellschaft
GmbH
Gesellschaft für Musikrechte
GEMA
gesellschaftliche Stellung
Rang
Gesellschaftsinsel
Anaa
Gesellschaftsraum
Saal
Gesellschaftsschicht
Adel
Gesellschaftsspiel
Dame, Golf, Poch, Quiz, Skat
Gesenk
Anke, Form
Gesenk zur Blechbearbeitung
Anke
Gesetz
Norm
Gesetzbuch
ABGB, StGB, StVO
Gesichtsausschlag
Akne
Gesichtshaare
Bart
Gesichtshaartracht der Männer
Bart
Gesichtspartie
Kinn
Gesichtspickel
Akne
Gesichtsteil
Auge, Bart, Kinn, Mund, Nase
Gesindel
Pack
Gespenst
Spuk
gespenstische Erscheinung
Spuk
Gespinst
Garn, Idee, Netz
Gespinstpflanze
Lein
Gestade
Ufer
Gestalt
Bild, Form

Geste
Wink
Gesteinsart
Bims, Kalk, Lava, Tuff
gesteinsbildendes Mineral
Talk
Gesteinsgebilde
Fels
Gesteinskörnchen
Sand
Gesteinsschmelzfluss
Lava
Gestell
Bord
Gestell *für* **Bücher**
Bord
Gestell *für* **Zierrat**
Bord
Gestirn
Erde, Mond
gestohlene Ware
Sore
gestreckt
lang
gestreiftes Gewebe
Raye
gesundheitsschädlicher Stoff
Gift
Gesundmacher
Arzt
geteertes Hanftau
Reep
geteilt
halb
Getränk
Bier, Coca, Cola, Flip, Grog, Koem, Korn, Limo, Mate, Most, Pils, Raki, Saft, Sake, Sekt, Wein
Getränkerunde
Lage
Getratsch
Fama
Getreide
Korn
Getreideart
Mais, Reis
Getreideerzeugnis
Mehl
Getreidefrucht
Korn
Getreidekrankheit
Rost
Getreidereiniger
Fege
Getreideschnaps
Korn
Getreidespeicher
Silo
Getreidestängel
Halm
Getreideunkraut
Rade
Getuschel
Fama
Gevatter
Pate
Gevattersmann
Pate
Gewächs
Baum
Gewächs mit festem Stamm
Baum
gewachsener Stein
Fels
Gewächsteil
Dorn
Gewahrsam
Haft
gewaltsame Aneignung
Raub
gewaltsame Entwendung
Raub
gewaltsame Wegnahme
Raub
Gewand
Robe
Gewand der alten Römer
Toga
Gewand der Inderinnen
Sari
Gewand der katholischen Priester
Albe
Gewand der Schotten
Kilt
gewandt
agil
Gewässer
Ache, Bach, Golf, Haff, Meer
Gewässerrand
Damm, Fels, Mole, Pier, Quai, Ufer, Wehr
Gewebe
Netz, Zeug
Gewebe *aus* **Metall**
Rost, Sieb
Gewebe *mit* **weicher Flordecke**
Samt
Gewebeart
Cord, Gaze, Jute, Kord, Lamé, Mull, Netz, Rips, Samt
Gewebekante
Egge
Gewebestreifen
Band
Geweihansatz
Rose
Geweihteil
Ende
Gewicht
Last
Gewicht des Verpackungsmaterials
Tara
Gewichtseinheit
Gran, Kilo, Unze
Gewinn
Mehr
Gewinn *eines* **Kampfes**
Sieg
Gewinn *im* **Wettbewerb**
Sieg
Gewissensbiss
Reue
Gewohnheit
Usus
gewürfeltes Muster
Karo
Gewürz
Anis, Dill, Malz, Salz, Senf, Ysop, Zimt
Gewürz *für* **Glühwein**
Zimt
gewürzlos
fade
Gewürzpflanze
Dill, Dost
gewürztes Schweine- und Rinderhack
Mett
Gezeiten
Ebbe, Flut, Tide
gezierte Haltung
Pose
Gier
Lust
Giftgas
Cyan, Lost, Zyan
giftige Waldstaude
Aron
giftiges Schwermetall
Blei
Giftpflanze
Aron, Mohn
Giftschlange
Naja
Giftstoff
Blei
Gigant
Held
Gipfel
Peak, Pico, Ziel
Gipfel *des* **Kilimandscharo**
Kibo
Gitter
Netz, Rost
Gittergewebe
Gaze
Glanz
Pomp, Ruhm
glänzender Stoff
Silk, Taft

4

glänzender Überzug
Lack
glänzendes Gewebe
Taft
glänzendes Metall
Gold
glanzlos
matt
Glanznummer
Clou
Glanzpunkt
Clou
Glanzüberzug
Lack
Glasur
Guss
glatt
eben, plan
glatter Stock
Stab
Glaube *im* **Islam**
Iman
Glaubenslehrer im Islam
Imam
gleich bleibend
stet
gleichartig
egal
gleichermaßen
auch, dito, item
Gleichgewicht
Ruhe
gleichgültig
egal
Gleichklang im Vers
Reim
Gleichmaß
Takt
gleichmäßig flach
eben
gleichmäßig hoch
eben
Gleichnis
Bild
Gleichwert
Pari
Gleis
Spur
Gleisanlage
Damm
gleißend
hell
Gleitschiene
Kufe
Gletscher
Kees
Gletschereinschnitt
Riss
Gletscherschnee
Firn
Glibber
Seim
Glied
Teil
Glied *des* **Fußes**
Zehe
Glied *einer* **mathematischen Formel**
Term
Gliederung
Plan
Gliedmaßen
Arme
Gliedstaat
Land
glimmendes Feuer
Glut
Gloria
Ehre, Ruhm
Glück
Heil
Glucke
Huhn
Glückspflanze
Klee
Glücksspiel
Poch
glühende Masse
Glut
glühender Vulkanausfluss
Lava
Glut
Lohe
Gnade
Gabe, Huld
Goldene Stadt
Prag
Goldmittel
Etat
Golfschlägerart
Iron, Wood
Golfziel
Hole, Loch
Gondel
Boot, Kahn, Korb
Gössel
Gans
Gott
Herr
Gott *des* **Donners**
Thor
Gott *des* **Feuers**
Agni, Loki
Gott *des* **Gewitters**
Thor
Gott *der* **Kanaanäer**
Baal
Gott *des* **Krieges**
Mars
Gott *der* **Liebe**
Amor, Eros
Gott *des* **Todes**
Loki
Göttervater der nordischen Sage
Odin
Gottesdienst
Kult
Gottheit der Germanen
Wane
Göttin *der* **alten Ägypter**
Isis
Göttin *der* **Erde**
Gaea
Göttin *der* **Familie**
Juno
Göttin *der* **Gerechtigkeit**
Dike
Göttin *des* **Herdes**
Frea
Göttin *der* **Kunst**
Muse
Göttin *des* **Mondes**
Luna
Göttin *des* **Sieges**
Nike
Göttin *der* **Sorgen**
Cura
Göttin *der* **Zeit**
Hore
Götze
Idol
Götzenbild
Idol
Graben
Dole, Siel
Grabgefäß
Urne
Grabmalstadt in Indien
Agra
Grafentitel in England
Earl, Lord
grafisches Erzeugnis
Buch, Heft
Grafschaft in der Republik Irland
Cork
Gram
Harm, Leid
grammatikalischer Begriff
Fall, Satz, Verb
Grandseigneur
Herr
Grasart
Aira
Grasstängel
Halm
Grat
Kamm
gratis
frei
grau
gris
graugelb
falb

grausamer (alt)römischer Kaiser
Nero
Grautier
Esel, Maus
grazil
rank, zart
greifbar
real, wahr
Greiforgan
Hand
Grenzabgabe
Maut, Zoll
Grenze
Ende, Rain, Rand
Grenze zwischen Äckern
Rain
Grenzgebiet
Mark
Grenzgebirge zweier Erdteile
Ural
Grenzpassierdokument
Pass
griechisch für allein
mono
griechisch für fern
tele
griechisch für gegen
anti
griechisch für groß
mega
griechisch für Luft
aero
griechisch für zehn
deka
griechische Götterbotin
Iris
griechische Göttermutter
Hera
griechische Göttin
Aura, Dike, Enyo, Eris, Eros, Gaea, Gaia, Hebe, Hera, Iris, Klio, Leto, Nike, Ossa, Styx
griechische Göttin der Ehe
Hera
griechische Göttin der Erde
Gaea, Gaia
griechische Göttin der Gerechtigkeit
Dike
griechische Göttin der Jahreszeiten
Dike, Hore
griechische Göttin der Jugend
Hebe
griechische Göttin der Kunst
Muse
griechische Göttin der Zwietracht
Eris
griechische Göttin des Sieges
Nike
griechische Göttin des Streits
Eris
griechische Insel
Milo
griechische Kolonie in Unteritalien
Elea
griechische Küstenlandschaft
Elis
griechische Landschaft
Elis
griechische Nymphe
Echo
griechische Sagengestalt
Ajax, Leda
griechische Vorsilbe für eigen
auto
griechische Vorsilbe für fern
tele
griechische Vorsilbe für selbst
auto
griechischer Anisbranntwein
Ouzo
griechischer Berg
Oeta, Ossa
griechischer Buchstabe
Beta, Iota, Jota, Zeta
griechischer Feldherr
Ajax
griechischer Fluss der Unterwelt
Styx
griechischer Gott
Eros, Zeus
griechischer Gott der Liebe
Eros
griechischer Gott des Krieges
Ares
griechischer Göttervater
Zeus
griechischer Held vor Troja
Ajax
griechischer Philosoph
Zeno
griechischer Rosinenbranntwein
Raki
griechischer Weiser
Bias
griechischer Wettkampf
Agon
griechisches Gebirge
Oeta
griechisches Musikinstrument
Lyra
Griffstange am Barren
Holm
Grill
Rost
Grillgitter
Rost
Grimm
Rage, Zorn
grob
derb, rauh
grober Filter
Sieb
grober Kohlenstaub
Grus
grober Sand
Kies
grober Witz
Zote
Groll
Hass, Zorn
grönländische Schneehütte
Iglu
große Antilleninsel
Kuba
große Eile
Hast
große Erderhebung
Berg
große Gartenanlage
Park
große Gräserart
Rohr
große Hitze
Glut
große Welle
Woge
Größe
Mass, Wert
Größe im Showgeschäft
Diva, Star
großer Baumbestand
Wald
großer Getreidespeicher
Silo
großer Raum für Festlichkeiten
Saal
großer Strom in Ostasien
Amur
großer Tanzraum
Saal
größere Landwirtschaft
Farm

4

größeres gebundenes Druckwerk
Buch
großes Ansehen
Ruhm
großes Gefäß
Fass
großes Gesteinsgebilde
Fels
großes Gewässer
Meer
großes längliches Gefäß
Trog
großes Raubtier
Baer
großes Sumpfgebiet
Moor
großes Tanzfest
Ball
Großfamilie
Clan, Klan
Großgräser
Rohr
großherzig
edel
Großkatze
Puma
großmütig
edel
Großpflanze
Baum
größte Hirschart
Elch
größter Teil des Körpers
Leib
Grube
Loch, Mine
Gruft
Grab
Grünanlage
Beet, Park
grünblau
bleu
Grund
Fond, Sinn
Grundbalken der Wasserfahrzeuge
Kiel
Grundbesitzer
Sass
Gründer *von* **Pennsylvanien**
Penn
Gründer *des* **Sozialismus**
Marx
Gründerin *von* **Karthago**
Dido
Grundfarbe
Blau, Gelb
Grundlage
Fond
Grundriss
Plan
Grundstoff *der* **Papierherstellung**
Holz
Grundstoff *für* **Puder**
Talk
Grundstoffteilchen
Atom
Grundstückseinfriedung
Rain, Zaun
grüner Halbedelstein
Jade
grüner Schmuckstein
Jade
Grünfläche in der Wüste
Oase
Grünfutter
Gras, Klee
grünliche Farbe
Oliv
grünlicher Schmuckstein
Jade
Gruppe
Liga
Gruppe *von* **Mitarbeitern**
Team
Gruppenunterkunft
Heim
guatemaltekischer Ureinwohner
Maya
Gunst
Huld
Gunstgewerblerin
Hure
günstigste Humusform
Mull
günstigster Bodenzustand
Gare
Gurgel
Hals
Gurkenkraut
Dill
Gurt
Band
Gürtel
Band, Gurt, Zone
Gürtelrand der Hose
Bund
Gurtförderer
Band
gut
edel, fein, lieb, wohl
Gut
Habe, Ware
gut aussehender Mann
Beau
gut gelaunt
froh
gut temperiert
warm
gutartig
brav
gutartige Geschwulst
Myom
Güte
Wert
guter Bodenzustand
Gare
guter Einfall
Idee
guter Rat
Tipp
gymnastisches Gerät
Ball, Seil, Stab

H

Haar
Bart, Fell
haarartige Oberfläche (Teppich)
Flor
Haarfarbe
Grau
Haarkleid
Balg, Fell, Pelz
Haarknoten
Dutt
haarlos
kahl
Haarpflegegerät
Foen, Kamm
Haarstoff
Filz
Haartracht
Dutt, Pilz, Pony, Zopf
Haartrockner
Foen
Haarwuchs
Bart
Habe
Geld
Haben
Plus
Habgier
Geiz, Gier, Neid
Hacke
Haue
Hackfleisch
Hack, Mett
Hackwerkzeug
Beil
Hader
Zank
Hafen
Port
Hafenanlage
Damm, Dock, Kran, Mole, Pier, Quai, Steg

Hafenboot
Kahn
Hafenbrücke
Pier
Hafendamm
Mole, Pier
Hafenstadt *an der* **Adria**
Bari
Hafenstadt *in* **Ägypten**
Sues, Suez
Hafenstadt *in* **Alaska**
Nome
Hafenstadt *in* **Algerien**
Bone, Oran
Hafenstadt *in* **Aserbaidschan**
Baku
Hafenstadt *in* **Belgien**
Gent
Hafenstadt *in* **Brasilien**
Para
Hafenstadt *in* **China**
Amoy, Wusi
Hafenstadt *am* **Don**
Asow
Hafenstadt *in* **Finnland**
Kemi, Nemi, Oulu, Vasa
Hafenstadt *in* **Frankreich**
Caen, Sète
Hafenstadt *in* **Großbritannien**
Bath, Hull
Hafenstadt *auf* **Hawaii**
Hilo
Hafenstadt *in* **Humberside** (England)
Hull
Hafenstadt *am* **Indischen Ozean**
Aden
Hafenstadt *in* **Irland**
Cork
Hafenstadt *in* **Israel**
Akka
Hafenstadt *in* **Italien**
Bari, Fano
Hafenstadt *in* **Japan**
Kobe, Moje
Hafenstadt *am* **Kaspischen Meer**
Baku
Hafenstadt *in* **Kroatien**
Omis, Pola, Pula, Senj
Hafenstadt *in* **Litauen**
Riga
Hafenstadt *in* **Marokko**
Safi
Hafenstadt *am* **Mittelmeer**
Akko, Bari, Bone, Oran, Pola, Sète, Suez
Hafenstadt *an der* **Nordsee**
Hull, Leer
Hafenstadt *in* **Norwegen**
Oslo
Hafenstadt *in* **Ostfriesland**
Leer
Hafenstadt *an der* **Ostsee**
Kiel, Oulu, Riga, Umea
Hafenstadt *in* **Schleswig-Holstein**
Kiel
Hafenstadt *in* **Schweden**
Umea
Hafenstadt *in* **Somalia**
Mait
Hafenstadt *in* **Spanien**
Vigo
Hafenstadt *in* **Südarabien**
Aden
Hafenstadt *in* **Südjemen**
Aden
Hafenstadt *in* **Südportugal**
Faro
Hafenstadt *in* **Togo**
Lomé
Hafenstadt *in* **Tunesien**
Sfax, Susa
Hain
Tann, Wald
Hakenschlinge
Oese
Halbaffe
Lori, Maki, Vari
Halbedelstein
Jade, Onyx, Opal
Halbfreier
Lite
Halbgott
Held
Halbinsel *bei* **Danzig**
Hela
Halbinsel *in* **Europa**
Krim
Halbinsel *in* **Nordrussland**
Kola
Halbinsel *in der* **Ostsee**
Hela
Halbinsel *in* **Russland**
Kola, Krim
Halbinsel *im* **Schwarzen Meer**
Krim
Halbwüchsige/Halbwüchsiger
Teen, Twen
Halbziege
Thar
Halfter
Joch, Zaum
Hall
Echo
Halle
Aula, Saal
Halluzination
Wahn
Halmgewächs
Gras
Halogen
Brom
halsstarrig
stur
Halt
Rast, Stop
Halteband
Gurt
Haltebolzen
Niet
Haltestelle
Stop
Haltetau
Stag
Haltung
Pose, Stil
Halunke
Dieb, Lump
Hamburger Schauspieler
Vahl
Hamburger Schriftsteller
Leip
Hamburger Witzfigur
Erna
Hammelfett
Talg
Hand-out
Text
Handballausdruck
Ecke
Handbewegung
Wink
Handel
Deal, Kauf
Handelsbrauch
Usus
Handelsgut
Ware
Handelspreis einer Währung
Kurs
handfester Mann
Kerl
Handgelenk
Rist
Handhabung
Dreh
Handpflegemittel
Fett, Lack
Handpuppenfigur
Hexe
Handstreich
Coup
Handteil
Rist

4

Handturngerät
Stab
Handwärmer
Muff
Handwerkszeug
Ahle, Beil
Hanfabfall
Werg
Hanfpflanze
Aloe
Hanfprodukt
Seil
Hansestadt
Riga
Hanswurst
Narr
harfenartiges Instrument
Lyra
Harlekin
Narr
Harm
Gram, Leid
Harn
Urin
Harnisch
Zorn
hart
fest, stur
harter Innenteil
Kern
Hartgummischeibe beim Eishockey
Puck
hartnäckig
stur
Hartschalenfrucht
Nuss
harzreiches Kiefernholz
Kien
harzreiches Nadelholz
Kien
hasenartiges Tier
Mara
Hasenbein
Lauf
hässlich
mies
Hast
Eile
Hatz
Jagd
Haube
Dach, Helm
Hauch
Atem, Aura, Odem, Spur
Haufen
Pulk, Wust
häufiger Flussname in Bayern
Ache
häufiger Papageienname
Lora

Haupt
Boss, Chef, Kopf
Hauptfigur
Held
Hauptgeistlicher der anglikanischen Kirche
Dean
Hauptinsel *der* **Marianen**
Guam
Hauptmasse
Gros
Hauptmündungsarm des Rheins
Waal
Hauptort *von* **Graubünden**
Chur
Hauptpflanze der Wiesen
Gras
Hauptsache
Clou
Hauptstadt *des* **alten Elam**
Susa
Hauptstadt *von* **Aserbaidschan**
Baku
Hauptstadt *der* **chinesischen Provinz Schenzi**
Xian
Hauptstadt *der* **ČR**
Prag
Hauptstadt *von* **Jemen**
Sana
Hauptstadt *von* **Katar**
Doha
Hauptstadt *von* **Lettland**
Riga
Hauptstadt *der* **Malediven**
Male
Hauptstadt *in* **Nordeuropa**
Oslo
Hauptstadt *von* **Norwegen**
Oslo
Hauptstadt *von* **Oberösterreich**
Linz
Hauptstadt *von* **Österreich**
Wien
Hauptstadt *von* **Ostflandern**
Gent
Hauptstadt *von* **Peru**
Lima
Hauptstadt *von* **Saudi-Arabien**
Riad
Hauptstadt *von* **Schleswig-Holstein**
Kiel
Hauptstadt *der* **Schweiz**
Bern
Hauptstadt *der* **Steiermark**
Graz

Hauptstadt *von* **Togo**
Lomé
Hauptstadt *der* **Tschechischen Republik**
Prag
Hauptstadt *der* **Ukraine**
Kiew
Hauptstadt *von* **Wallis**
Sion
Hauptstadt *von* **Westsamoa**
Apia
Haus
Heim
Haus *eines* **Feldarbeiters**
Kate
Hausabschluss
Dach
Hausangestellte
Magd
Hausbesitzer
Wirt
Hauseingang
Tuer
Hausfest
Fete
Hausflur
Gang
Hausgeist
Puck
Hausglocke
Gong
Haushalt
Etat
Haushaltsgerät
Foen, Herd, Mopp, Wolf
Haushaltsplan
Etat
Häuslerwohnung
Kate
Hausse
Boom
Haustier
Bock, Eber, Ente, Esel, Gans, Hahn, Hase, Huhn, Hund, Kalb, Lamm, Pony, Pute, Rind
Haustier *der* **Anden**
Lama
Haustier *in* **Südamerika**
Lama
Haustiere
Vieh
Haustürklingel
Gong
Haut
Balg, Fell
Haut am Geweih
Bast
Hautausschlag
Akne
Hautbewuchs
Bart, Haar

Hautflügler
Emse, Imme
Hautkrankheit
Akne
Hautöffnung
Pore
Hauwerkzeug
Beil
Hawaii-Insel
Maui, Oahu
Hebevorrichtung
Baum, Dock, Kran, Lift
Hebewerk für Schiffe
Dock
hebräisch für „es geschehe"
amen
Hebrideninsel
Coll, Eigg, Iona, Jura, Muck, Mull, Nist, Skye
Hebung des Wasserspiegels
Stau
Hede
Werg
Hefe
Germ, Pilz
hefeähnliche Pilzart
Kahm
heftig
akut, jaeh, wild
heftig verlaufend (Krankheit)
akut
heftige Abneigung
Ekel, Hass
heftige Wut
Rage, Zorn
heftiger Regen
Guss
heftiger Unwille
Zorn
heftiges Verlangen
Gier
Hehlerware
Sore
hehr
rein
heil
ganz
Heil
Wohl
Heilerde
Moor
Heilige *der* **russischen Kirche**
Olga
heilige Schrift der Inder
Veda, Weda
heiliger Stier der alten Ägypter
Apis
heiliges Tier der Inder
Affe
Heilkundiger
Arzt
Heilpflanze
Aloe, Anis, Lein, Senf, Ysop
Heim
Asyl, Hort
Heimatplanet
Erde
heimisches Wildtier
Hase
heimliches Gericht
Feme
Heinzelmännchen
Gnom
heiser
rauh
heißes alkoholisches Getränk
Grog
Heißgetränk
Grog
heiter
froh, klar
Heiterkeitsauslöser
Witz
Heizgitter
Rost
Heizkörper
Ofen
Heizmaterial
Holz, Koks, Torf
Heizungsanlage
Ofen
Held *der* **Artussage**
Erek
Held *der* **indischen Sage**
Manu
Held *vor* **Troja**
Ajax
Heldengedicht
Epos
hell
klar
helle Biersorte
Pils
helle Flamme
Lohe
heller Stern
Wega
helles Vulkangestein
Bims
hellroter Wein
Rosé
hellviolett
lila
hemdsärmelig
rauh
Henkelgefäß
Krug, Topf, Vase
Henne
Huhn
heranwachsend
jung
Heranwachsende
Maid
herb
rauh
Herberge im Orient
Chan
Herd
Rost
Herd einer Schmiede
Esse
Hering nach dem Laichen
Ihle
Heringsbrühe
Lake
Heringsfisch
Alse
Heros
Held
Herrenbekleidungsstück
Hemd, Hose, Slip
Herrendienst
Fron
Herrenschicht im alten Peru
Inka
Herrscherkaste im alten Peru
Inka
Herrschertitel
Emir, Herr, Khan
herzlos
hart
Herzog *auf* **Englisch**
Duke
Herzog *von* **Toledo**
Alba
Herzschlag
Puls
Hetäre
Hure
Hetze
Eile
Hetzjagd
Hatz
Heumond
Juli
Heuschnitt
Mahd
heutiger Name von Persien
Iran
Hiebe
Haue
Hilfe
Heil
hilfreich
edel
Hilfszeitwort
sein
himmelblau
azur

4

Himmelskörper
Mond
Himmelsrichtung
Nord, Sued, West
Hindernis *im* **Pferdesport**
Oxer, Wall
Hindernis *in der* **Schiff-fahrt**
Riff, Wehr
Hindernis *beim* **Spring-reiten**
Reck
hinduistische Gottheit
Agni, Diti, Iama, Kali, Maja, Rama
hinduistische heilige Schrift
Veda, Weda
hinduistische Sekte
Sikh
hinduistischer Lehrer
Guru
Hingabe
Lust
hinter
nach
hinterer Autositz
Fond
hinteres Schiffsteil
Back, Heck
Hintergedanke
List
Hintergrund
Fond
hinterher
dann
hinterindische Völker-gruppe
Thai
hinterindischer Staat
Laos
hinterindisches König-reich
Laos
Hinterlassenschaft
Erbe
Hinterschiff
Back, Heck
hinweg
fort
Hinweis
Avis, Tipp, Wink
hinweisendes Fürwort
dies, dort, jene
Hirngespinst
Trug
hirnverbrannt
irre
Hirschart
Axis, Elch, Elen, Pudu, Sika
Hirt auf der Bergweide
Senn
Hirtenvolk
Afar
historische Landschaft in Arabien
Saba
historische südarabische Landschaft
Saba
Hitze
Glut
Hobelabfall
Span
hoch aufragendes Gestein
Fels, Wand
hoch gewachsen
lang, rank
Hochdruckgebiet
Hoch
Hochebene *an der* **Donau**
Baar
Hochgebirgsweide
Alpe
hochgezüchtet
edel
hochherzig
edel
Hochkonjunktur
Boom
Hochland *in* **Asien**
Iran
Hochland *im* **Donauquell-gebiet**
Baar
Hochland *in* **Südamerika**
Puna
Hochland *am* **Toten Meer**
Edon
hoch liegend
oben
Hochschulfestsaal
Aula
Hochspringgerät
Stab
Hochsprungstil
Flop
höchst
sehr
höchster Berg in Japan
Fuji
höchster griechischer Gott
Zeus
höchster katholischer Gerichtshof
Rota
höchstes päpstliches Gericht
Rota
höchstes Wesen
Gott
Hochwasser
Flut
Hochwasserschutz
Damm
Hochweide
Alpe
Hochwildart
Elch
höckerloses Kamel
Lama
Höckertier
Zebu
Hof der Sonne, des Mondes
Halo
Hof um ein Licht
Halo
höfische Dichtung
Epos
höflich
nett
höfliche Anrede
Ihre
Höflichkeit
Takt
Hoftracht
Gala
hohe Wiedergabetreue
Hi-Fi
Höhe
Berg
Hohenzollernprinzessin
Mira
Höhenzug *in* **Baden-Würt-temberg**
Jura
Höhenzug *bei* **Einbeck**
Hils
Höhenzug *in* **Nieder-sachsen**
Hils
Höhenzug *bei* **Paderborn**
Egge
Höhenzug *im* **Sauerland**
Ebbe, Haar
Höhenzug *in* **Thüringen**
Duen
Höhenzug *im* **Weserberg-land**
Hils
Höhenzug *in* **Westfalen**
Haar
Höhenzug *bei* **Wolfen-büttel**
Asse
Höhepunkt
Akme, Clou
hoher Fabrikschornstein
Esse
hoher, schlanker Pfahl
Mast
hohes Ansehen
Ruhm
hohes Bauwerk
Esse, Turm

hohl
leer
hohle Stange
Rohr
hohler Grasstängel
Halm
Hohlhering
Ihle
Hohlkopf
Depp, Fant, Geck
Hohlkörper
Ball, Rohr
Hohlpflanze
Rohr
Hokuspokus
Witz
Holländer
Mast
Hölle
Qual
holsteinisches Bauernhäuschen
Kate
Holzart
Arbe, Arve, Eibe, Erle, Espe, Ilex, Iper, Teak, Ulme
Holzbearbeitungswerkzeug
Beil, Keil
Holzblasinstrument
Oboe
Holzblättchen
Span
hölzerner Behälter
Fass
hölzernes Geschirr für Rinder
Joch
Holzfass
Kufe
Holzhaus
Bude
Holzhütte
Bude
Holzraummaß
Ster
Holzschalenfrucht
Nuss
Holzschuh
Clog
Holzspaltwerkzeug
Beil, Keil
Holzsplitter
Span
Holzung
Hieb
Homers Übersetzer
Voss
Honig liebendes Tier
Baer
Honigbiene
Imme
Honiginsekt
Imme
Honigsaft
Seim
Honorar
Gage
Hopfentrank
Bier
hörbarer Ton
Laut
Hore
Dike
Horizont
Kimm
hornartige Körpersubstanz
Haar
Hörnchen
Kipf
Horntier
Elch, Gams, Rind, Zebu
Hornvieh
Rind
Horst
Nest
hörunfähig
taub
Hospital
Heim
Hospitant
Gast
Hospiz
Heim
Hotelangestellter
Koch, Ober, Page
Hotelboy
Page
Hoteldiener
Page
Hotte
Korb
Hottentottendorf
Kral
Hottentottenstamm
Nama
hübsch
nett
Hufentzündung der Pferde
Rehe
Huftier
Elch, Elen, Esel, Rind
Hügel
Nock
Hügel *in* **Jerusalem**
Zion
hügelfrei
eben
hügellos
eben
Hühnervogel
Guan, Mitu, Pfau
Hülle
Etui, Haut
Hülse von Früchten
Pale
Humor
Witz
humorvoll
urig
hundeartiges Raubtier
Wolf
Hundehütte
Kaue
Hundename
Bazi, Hexe, Karo
Hunderasse
Chin, Fido, Mops
Hundeschwanz
Rute
Hupe
Horn
Hurenhaus
Puff
Hustenmittel
Anis
Hüter
Hirt
Hüterin der Erde
Hera
Hütte
Bude, Kate
Hymne
Lied

I

ideales Eiland
Kern
Idee
Plan, Sinn, Spur
Idiot
Depp, Narr
Illusion
Trug, Wahn
Illustration
Bild, Foto
im Fernsehen direkt übertragen
live
im Tabakrauch enthaltener Stoff
Teer
immer
ewig
immerdar
ewig
immergrünes Gewächs
Efeu, Ilex
Impetus
Hang
Impfstoffe
Sera

4

in ... und Braus
Saus
in der Höhe
oben
in diesem Augenblick
eben
in größerem Umfang
mehr
in hohem Grade
sehr
in Kürze
bald
in kurzer Zeit
bald
in *der* Mitte geteilt
halb
in naher Zukunft
bald
in Richtung auf
nach
in Teeblättern enthaltenes Koffein
Tein
In-sich-Gehen
Reue
inaktiv
faul
Inbegriff
Kern
Inbegriff alles Seienden
Welt
Indianerboot
Kanu
Indianerstamm
Dene, Hopi, Inka, Maja, Maya
Indianerzelt
Tipi
indianisches Kulturvolk
Maya
indianisches Zelt
Tipi
Indio vor Kolumbus
Inka
indische Fürstin
Rani
indische Halbziege
Tahr, Thar
indische Münze
Anna, Lakh
indische Provinz
Kurg
indische Schrift
Urdu, Weda
indische Wasserpfeife
Huka
indische Witwe
Sati
indischer Asket
Jogi, Yogi
indischer Büßer
Jogi, Yogi
indischer Feuergott
Agni
indischer Flachs
Jute
indischer geistlicher Lehrer
Guru
indischer Heiliger
Guru, Jogi, Yogi
indischer Held
Rama
indisches Frauengewand
Sari
indisches Gewand
Sari
indisches Rind
Zebu
indisches Wickelgewand
Sari
indonesische Insel
Alor, Bali, Buru, Cebu, Java, Laut, Nias, Roti, Sawu
indonesischer Berg
Gede
indonesischer Volksstamm
Bugi
indonesisches Pfeilgift
Upas
indonesisches Wildrind
Anoa
Industrieanlage
Werk
Industriediamant
Bort
Infektionskrankheit
Aids, Lues, Pest, Ruhr
infolgedessen
ergo
Informationseinheit
Byte
Informationsmittel
Buch, Film
Inhaber eines Lokals
Wirt
Inhalt
Kern, Saft, Sinn
inhaltslos
leer
innen
drin
innen leer
hohl
Innenorgan
Herz, Milz
Innenstadt
City
Innenteil von Früchten
Kern
innerasiatische Wüste
Gobi
innerasiatisches Gebirge
Alai
innere Bereitschaft
Lust
innere Rindenschicht
Bast
innerer Schwung
Elan
innerer Teil einer Frucht
Kern
innerer Trieb
Gier
Inneres
Kern
inneres Organ des Menschen
Darm, Herz, Milz
Inneres der Knochen
Mark
innerhalb kurzer Zeit
bald
innerster Reaktorkern
Core
Innerstes in der Pflaume
Kern
ins Eis gehauenes Loch
Wune
Inschrift am Kreuz Christi
INRI
Insekt
Floh, Imme, Kerf, Laus
Insektenbauwerk
Wabe
Insektenfresser
Igel
Insektenlarve
Made
Insel *im* Ärmelkanal
Sark
Insel *vor* Florida
Cuba, Kuba
Insel *der* Großen Antillen
Cuba, Kuba
Insel *der* Hawaii-Gruppe
Maui, Oahu
Insel *der* Hebriden
Skye
Insel *der* Marianen
Guam
Insel *im* Mittelmeer
Elba
Insel *in der* Nordsee
Roem, Sylt
Insel *in der* Ostsee
Moen, Moon, Poel, Vilm
Insel *im* Pazifik
Guam
Insel *der* Philippinen
Cebu
Insel *vor* Pommern
Vilm
Insel *im* Stillen Ozean
Ebon, Wake
Insel *bei* Sumatra
Nias

Insel *vor* **Wismar**
Poel
Inselstaat
Eire, Cuba, Kuba
Inselstaat *in der* **Karibik**
Cuba, Kuba
Inselstaat *in* **Mittelamerika**
Cuba, Kuba
insgesamt
alle, ganz
Inspiration
Idee
Instrument *der* **Optik**
Lupe
intakt
ganz, heil
intelligent
klug
Intention
Idee, Plan, Ziel
internationale Organisation
EFTA, NATO
internationale Staatengemeinschaft
EFTA
internationale Verteidigungsgemeinschaft
NATO
internationaler Fußballverband
FIFA
internationaler Luftfahrtverband
IATA
internationaler Schachverband
FIDE
internationaler Schwimmverband
FINA
internationales Bündnis
Liga, Pakt
internationales Rohstoffkartell
OPEC
Intervall
None, Prim, Sext, Terz
irakische Münze
Rial
iranische Währung
Rial
irische Hafenstadt
Cork
irische Insel
Aran
irischer Dichter
Shaw
irischer Name von Irland
Eire
irischer Schriftsteller
Shaw
irischer Tanz
Reel
irisches Parlament
Dail
Irland
Eire
Isaaks Sohn
Esau
Isegrim
Wolf
islamische Republik
Iran
islamischer Asket
Sufi
islamischer Herrschertitel
Imam
islamischer Richter
Kadi
islamischer Vorbeter
Imam
isländische Dichtung
Edda, Saga
isländische Erzählung
Saga
Isoliermaterial
Filz, Glas, Kork, Teer, Werg
israelische Politikerin
Meir
israelischer König
Abia, Ahab, Ahas, Saul
israelischer Monatsname
Elul
israelischer Stamm
Juda, Levi
israelischer Stammvater
Noah
Israelit
Jude
italienisch für Abend
sera
italienisch für acht
otto
italienisch für Badestrand
lido
italienisch für Brot
pane
italienisch für Graf
conte
italienisch für gut
bene
italienisch für Haus
casa
italienisch für Jahr
anno
italienisch für Kunst
arte
italienisch für Leben
vita
italienisch für Lebewohl
ciao
italienisch für Meer
mare
italienisch für Mond
luna
italienisch für neun
nove
italienisch für See
lago
italienische Adelsfamilie
Este
italienische Hafenstadt
Bari, Fano
italienische Hauptstadt
Roma
italienische Insel
Elba
italienische Münze
Lira, Lire
italienische Nachrichtenagentur
ANSA
italienische Provinz
Bari
italienische Radrundfahrt
Giro
italienische Schauspielerin
Duse, Muti
italienische ehemalige Währung
Lira, Lire
italienische Weinbaustadt
Asti
italienische Weinsorte
Asti, Fara, Faro, Gavi, Giro
italienischer Abschiedsgruß
Ciao
italienischer Adelstitel
Duca
italienischer Adriahafen
Bari
italienischer Badeort
Como, Riva
italienischer Barockmaler
Reni
italienischer Berg
Tosa
italienischer Bildhauer
Rosa
italienischer Gruß zum Abschied
Ciao
italienischer Heiliger
Neri
italienischer Humanist
Pico
italienischer Komponist
Nono, Paer, Peri
italienischer Maler
Afro, Cima, Reni, Rosa
italienischer Männername
Aldo, Nino, Tino

4

italienischer Name von Rom
Roma
italienischer Ordensgründer
Neri
italienischer Philosoph
Pico
italienischer Politiker
Moro, Zoli
italienischer Schriftsteller
Rosa, Todi
italienischer Weinbauort
Asti
italienisches Adriaseebad
Fano
italienisches Fingerspiel
Mora

J

Jackenart
Rock, Wams
Jagd
Hatz
Jagd mit Hunden
Hatz
jagdbares Tier
Hase
jagdbares Waldtier
Wild
Jagdergebnis
Fang
Jagdmunition
Blei
Jagdrevier
Jagd
Jagdwaffe
Bola
Jägerrucksack
Aser
Jägerwort für Iltis
Ratz
jäh
kurz
Jahreszeit
Lenz
Jahrmarkt
Dult, Kerb
Jakobs Bruder
Esau
Jammer
Leid, Pech, Pein, Qual
japanische Hirschart
Sika
japanische Insel
Sado
japanische Keramik
Yaki
japanische Selbstverteidigung
Judo
japanische Stadt auf Honshu
Kobe
japanischer Arzt
Hata
japanischer Berg
Akan, Fuji, Hida
japanischer Kampfsport
Budo, Judo, Sumo
japanischer Nobelpreisträger für Frieden
Sato
japanischer Politiker
Sato, Tojo
japanischer Reiswein
Sake
japanischer Ureinwohner
Aino, Ainu
japanischer Wallfahrtsort
Nara
japanisches Flächenmaß
Kung, Schu, Tang
japanisches Gewicht
Kwan, Scho, Tael
japanisches Längenmaß
Keng, Sasi
japanisches Musikinstrument
Biwa, Koto
japanisches Nationalgetränk
Sake
japanisches Ringen
Sumo
Jasons Schiff
Argo
Jazzbegriff
Band, Beat, Cool, Jump, Lead, Riff, Scat
Jazzensemble
Band
Jazzführungsstimme
Lead
Jazzinstrument
Bass
Jazzkapelle
Band
Jazzmusiker
Byrd, Cole, Getz
jeder ohne Ausnahme
alle
jedermann
alle
jedoch
aber
jemenitische Hauptstadt
Sana
Jerusalem
Zion
Jeton
Chip
jetzt
eben, itzo, just
Joch
Last
Joppe
Rock, Wams
jordanische Währungseinheit
Fils
Journal
Heft
jüdische Politikerin
Meir
jüdischer König
Ahab, Ahas, Saul
jüdischer Priester
Esra
Jugendbuchautor
Ende
jugendlich
jung
Jugendliche
Girl
Jugendlicher
Teen, Twen
Jugendzeit
Lenz
jugoslawische Währungseinheit
Para
jugoslawischer Staatsmann
Tito
Junge
Bube
junge Birke
Maie
junge Kuh
Kalb
junge Vögel im Nest
Brut
junge Ziege
Kitz
junger Hirsch
Kalb
junger Hoteldiener
Page
junger Mensch
Baby, Kind, Twen
junger Mensch um die 20
Twen
junger Wein
Most
junges Haustier
Kalb, Kitz, Lamm
junges Mädchen
Girl, Maid
junges Reh
Kitz
junges Rind
Kalb

junges Schaf
Lamm
junges Zuchttier
Brut, Wurf
Jüngling
Twen
Jungschaf
Lamm
Jungtier großer Huftiere
Kalb
Jungtiere der Säuger
Wurf
Jungvögel im Nest
Brut
Juraformation
Lias, Malm
juristischer Begriff
Haft, Spur, StGB
just
eben
Juwelengewicht
Gran

K

Kabale
List
Kabarettlied
Song
Kabbelei
Zank
Kabinett
Raum
Kaffeehaus
Café
Kaffeerückstand
Satz
Kaffernhirse
Dari
Kaffernstamm
Kosa, Zulu
Kahn
Boot, Trog
Kains Bruder
Abel
Kains Vater
Adam
Kaiseite
Kaje
Kalauer
Witz, Zote
Kalendertage im alten Rom
Iden
Kalifenname
Omar
kalte Frauenschönheit
Vamp
kalter Adriawind
Bora
kalter Nordostwind
Bise
kamelartiges Tier
Lama, Pako
Kamerazubehör
Film
Kamin
Esse
Kaminschwärze
Russ
Kamisol
Wams
Kamm
Grat, Hals
Kammer
Raum
Kammerjungfer
Zofe
Kammmacherwerkzeug (Kammacher-Werkzeug)
Iler
Kampferfolg
Sieg
Kampfgericht
Jury
Kampfgewinn
Sieg
Kampfplatz
Ring
Kampfsportart
Judo
kanadischer Berg
Hunt
Kanaille
Lump, Pack
Kanalinsel
Herm, Sark
Kanalisationsanlage
Siel
Kanalstufe
Wehr
Kanapee
Sofa
Kaneel
Zimt
kannenartiges Gefäß
Krug
Kante
Ecke, Rand, Saum
Kantenstreifen
Rand
Kanton der Schweiz
Bern, Genf
Kanton und Stadt der Schweiz
Genf
Kanzel
Sitz
Kapelle
Band
Kapholländer
Bure
Kapital
Geld, Habe
Kapitalertrag
Zins
Kapitalgesellschaft
GmbH
Kapitalnutzungsentschädigung
Zins
Kapitalverbrechen
Mord
Kapitän bei Jules Verne
Nemo
Kapitel des Korans
Sure
Kappes
Kohl
Kapverdische Insel
Fogo, Maio
karierter Rock der Schotten
Kilt
karitative Anstalt
Asyl, Heim
Karnevalsgeck
Jeck, Narr
karpfenartiger Fisch
Albe, Blei, Nase, Orfe
Karte
Plan
Kartenfarbe
Herz, Karo
Kartenspiel (Abkürzung)
Doko, Jass, Poch, Romé, Skat, Tapp
Kartenspiel für drei Personen
Skat
Kartenspielausdruck
Auge, Bock, Bube, Dame, Hand, Herz, Karo, Null, Ober, Satz, Solo
Karthagos Gründerin
Dido
Käsesorte
Brie, Tome
Käsestadt in Holland
Edam
Kassenschrank
Safe
Kasserolle
Topf
Kastell
Burg
Kasten
Lade
Kastors Mutter
Leda
Kastors Vater
Zeus
kastrierter Eber
Barg, Bork
Kasus
Fall

Katarakt
Star
Katastrophenart
Ruin
Kater in der Fabel
Murr
Katheder
Pult
katholische Heilige
Afra
katholisches Priesterge-wand
Albe
katholisches Stunden-gebet
Hora, None, Prim, Sext, Terz
Kattun
Mako
Katzenart
Eyra, Manx, Onze, Puma, Siam, Unze
Katzenfisch
Wels
Katzenlaut
miau
käuflich
feil
kaufmännisch für heute
dato
kaufmännischer Begriff
Nota, Rate, Soll, Tara, Usus, Ware
Kautschukart
Buna
Kauwerkzeug
Zahn
Kavallerist
Ulan
keck
kess
Kehre im Kunstflug
Turn
Keile
Haue
Keiler
Eber
Keimlinge für neue Pflanzen
Saat
Keimträger
Same
Keimzelle
Same
kein Erz enthaltend (Gestein)
taub
kein Fachmann
Laie
Kelch
Glas
Kellerfenster
Luke
Kellner
Ober
Kelten
Iren
keltischer Name von Irland
Erin
Kennzeichen
Norm, Note, Zahl
keramisches Erzeugnis
Krug, Vase
Kerbtier
Kerf, Wurm
Kerker
Turm
kernig
urig
Kernpunkt
Clou
Kernreaktor
Pile
Kerzenmaterial
Talg
kess
chic, keck
Kesseltreiben
Jagd
Kette
Band
Kettenfahrzeug
Tank
Keulenstück des Rindes
Ziem
Kfz-Kennzeichen von Bad Dürkheim
DUEW
Kfz-Kennzeichen von Bad Tölz-Wolfratshausen
TOEL
Kfz-Kennzeichen von Büdingen
BUED
Kfz-Kennzeichen von Büren
BUER
Kfz-Kennzeichen von Büsingen
BUES
Kfz-Kennzeichen von Eiderstedt
TOEN
Kfz-Kennzeichen von Flöha
FLOE
Kfz-Kennzeichen von Füssen
FUES
Kfz-Kennzeichen von Hannoversch-Münden
HMUE
Kfz-Kennzeichen von Höchstadt
HOES
Kfz-Kennzeichen von Hohenlohe-Kreis
KUEN
Kfz-Kennzeichen von Hünfeld
HUEN
Kfz-Kennzeichen von Jülich
JUEL
Kfz-Kennzeichen von Königshofen
KOEN
Kfz-Kennzeichen von Köthen
KOET
Kfz-Kennzeichen von Kötzting
KOEZ
Kfz-Kennzeichen von Künzelsau
KUEN
Kfz-Kennzeichen von Lünen
LUEN
Kfz-Kennzeichen von Müllheim/Baden
MUEL
Kfz-Kennzeichen von Münchberg
MUEB
Kfz-Kennzeichen von Münsingen
MUEN
Kfz-Kennzeichen von Neustadt am Rübenberge
NRUE
Kfz-Kennzeichen von Öhringen
OEHR
Kfz-Kennzeichen von Plön
PLOE
Kfz-Kennzeichen von Prüm
PRUE
Kfz-Kennzeichen von Rüdesheim
RUED
Kfz-Kennzeichen von Säckingen
SAEK
Kfz-Kennzeichen von Schlüchtern
SLUE
Kfz-Kennzeichen von Schwabmünchen
SMUE
Kfz-Kennzeichen von Tönning
TOEN
Kfz-Kennzeichen von Waldmünchen
WMUE

kiebig
keck
Kiefernart
Arve
Kiefernholzspan
Kien
Kielwasser
Spur
Kies
Geld
Kind
Baby, Girl
Kinderfrau
Amme
Kindergarten
Hort
Kindermundtuch
Latz
Kinderspeise
Brei
Kinderspielzeug
Ball, Lego, Tute
Kindertagesstätte
Hort
Kindertrompete
Tute
kindlich
naiv
Kinostück
Film
Kippwagen
Lore
Kirchenausschluss
Bann
Kirchenstrafe
Bann
Kirchweih
Kerb
Kirmes
Kerb
Kitsch
Tand
Kitzel
Reiz
Kladde
Heft
Klang
Echo, Hall, Laut, Name
Klappe
Bett
klar
fein, hell, rein
klarer Schnaps
Korn
Klasse
Rang
Klatsch
Fama
klebrig
zaeh
Kleid
Robe
Kleidermode
Maxi, Midi, Mini
Kleiderpracht
Gala, Putz
Kleiderrand
Saum
Kleiderschnitt
Mode
Kleidersitte
Mode
Kleiderstoff
Samt, Taft, Tuch
Kleiderteil
Hose, Rock
Kleiderumschlag
Saum
Kleidungsstück
Cape, Gurt, Hemd, Hose, Kilt, Muff, Pelz, Robe, Rock, Slip, Tuch, Wams
Kleidungsstück der Inderin
Sari
Kleidungsweise
Stil
Kleinbauernhaus
Kate
kleine amerikanische Münze
Cent
kleine Ansiedlung
Dorf
kleine Axt
Beil
kleine Brücke
Steg
kleine Bucht
Anse
kleine Deichschleuse
Siel
kleine Eule
Kauz
kleine Gewichtseinheit
Gran, Unze
kleine Hütte
Bude, Kate
kleine Menge
Spur
kleine Musikerbesetzung
Trio
kleine Pferderasse
Pony
kleine Rechnung
Nota
kleine Schramme
Ritz
Kleine Sundainsel
Bali
kleine Verletzung
Riss
kleine Verrücktheit
Tick
kleine Wanderung
Tour
kleine Warenrechnung
Nota
kleiner Behälter
Dose, Etui
kleiner Deckelbehälter
Dose
kleiner Erdgeist
Gnom
kleiner Falke
Weih
kleiner Feldbahnwagen
Lore
kleiner Fluss
Ache, Bach
kleiner Futterbehälter
Napf
kleiner Junge
Bubi
kleiner Mensch
Kind
kleiner Rassehund
Mops
kleiner Raum
Koje
kleiner Teil der Materie
Atom
kleiner Wald
Hain
kleiner Wandtresor
Safe
kleiner Wasserlauf
Bach
kleiner Zweig
Reis
kleines Bauernhaus
Kate
kleines Dachfenster
Luke
kleines Feingebäck
Keks
kleines Fenster
Luke
kleines Fest
Fete
kleines Fließwasser
Bach
kleines Gewässer
Bach
kleines Haus
Kate
kleines Kind
Baby
kleines Küstenschiff
Ewer
kleines Nagetier
Maus
kleines Schiff
Boot, Naue
kleines, vorlautes Mädchen
Goer

4

kleines Wasserfahrzeug
Boot, Kahn, Kanu
Kleingebäck
Keks
Kleinigkeit
Deut, Fitz, Idee, Spur
Kleinkind
Baby
kleinkörnig
fein
Kleinkraftrad
Mofa
kleinste Menge
Spur
kleinstes Teilchen
Atom
Kleinzeug
Kram
Kleister
Leim
Klemme
Enge
Klepper
Gaul
Kleptomane
Dieb
Kletterausrüstung
Helm, Seil
Kletterpflanze
Efeu, Wein
Kletterpflanze mit Haftwurzeln
Efeu
Klettertier
Affe
Kliff
Ufer
Klippe
Fels, Riff
Kloster *bei* **Lhasa**
Sera
Kloster *in* **Österreich**
Melk
Kloster *in* **Tibet**
Sera
Kluft
Riss
Knabe
Bube
Knall
Bums
knapp
karg, kurz
knappe Unterhose
Slip
Knauserei
Geiz
Knetmasse
Fimo, Teig
Knick
Ecke
Knierock der Schotten
Kilt
Kniff
Dreh
Knochenbestandteil
Kalk, Mark
Knochenfischart
Wels
Knochengelenk
Knie
Knocheninneres
Mark
Knochenverletzung
Riss
Knollengemüse
Bete, Taro
Knospe
Keim
Knoten (Haartracht)
Dutt
Koalition
Bund, Liga
Kobold
Butz, Gnom, Puck
Kochgefäß
Topf
kochsalzhaltiges Wasser
Sole
Kochsalzlösung
Lake, Sole
Kochstelle
Herd
Kochutensil
Topf
koffeinhaltiges Getränk
Cola
Kohlenprodukt
Buna, Grus, Koks, Pech, Russ, Teer
kohlensaures Natrium
Soda
Kohlenstaub
Grus, Russ
Kohleprodukt
Teer
Kolbenfrucht
Mais
Kolbengetreide
Mais
Kolonnenspitze
Tete
kolumbianische Münze
Peso
komisch
urig
komischer Einfall
Witz
Kommando
Wort
kompakt
fest, hart
komplette Briefmarkenserie
Satz
Komposition für drei Instrumente
Trio
konfus
wirr
König *der* **Albaner**
Zogu
König *im* **alten Israel**
Ahab
König *von* **Argos**
Abas
König *der* **englischen Sage**
Lear
König *des* **Iran**
Resa, Reza
König *von* **Lydien**
Atys
König *der* **Ostgoten**
Teja
König *von* **Sparta**
Agis, Leda
Königin *der* **Blumen**
Rose
Königin *von* **Ungarn**
Zita
königlicher Fußballclub von Madrid
Real
Königreich *in* **Südostasien**
Siam
Königsberger Philosoph
Kant
Konjunktion
aber, auch, dass
konkret
real
Konservenbehältnis
Dose
Konservierungsstoff
Salz
konstant
stet
Konterfei
Bild
Kontoseite
Soll
Konzept
Plan
Kopfbedeckung
Helm, Tuch
Kopfbewuchs
Haar
Kopflederzeug für Reittiere
Zaum
Kopfschmuck
Haar, Kamm, Zopf
Kopfschutz
Helm
Kopfteil
Auge, Bart, Haar, Kinn, Mund, Nase, Zahn

Kopfteil bei Tieren
Horn, Kamm, Maul
Koralleninsel
Riff
Koranabschnitt
Sure
Kornblume
Rade
Körnerfrucht
Korn, Mais, Reis
körniger Hochgebirgs-schnee
Firn
Körper
Ding, Leib, Soma
Körper eines Lebewesens
Leib
Körperabsonderung
Harn, Urin
Körperausscheidung
Harn
Körperbedeckung
Haut
Körperflüssigkeit
Blut
Körpergelenk
Knie
Körperglied
Bein, Fuss, Hand
Körperhülle
Haut
körperlich entwickelt
reif
Körperorgan
Darm, Herz, Milz
Körperteil
Auge, Bein, Fuss, Haar, Hals, Hand, Haut, Kinn, Knie, Kopf, Leib, Mund, Nase, Nerv, Wade, Zehe
korpulent
dick
Korridor
Flur, Gang
Koseform, Kosename, Kosewort *für* **Ilona**
Ilka
Koseform, Kosename, Kosewort *für* **kleiner Junge**
Bubi
Koseform, Kosename, Kosewort *für* **Therese**
Resi
Kosename *der* **Kaiserin von Österreich**
Sisi
Kosename *für* **Knaben**
Bubi
Kosename *der* **Mutter**
Mama, Mami
Kosename *des* **Vaters**
Papa, Papi, Paps

kostbar
edel
kostbare Pelzart
Nerz
kostbares Gewebe
Samt
kostbares Kleid
Robe
kostenfrei
frei
köstlich
fein
Krach
Zank
krächzender Vogel
Rabe
Kraftdroschke
Taxe, Taxi
Krafteinheit
Pond
Kraftfahrzeug
Auto, Jeep, Krad, Mofa
kräftig
derb
kraftlos
flau, lahm, matt
Kraftrad (Kurzbezeichnung)
Krad
Kraftstoffbehältnis
Tank
Kraftwagen
Auto
Kram
Tand, Zeug
Krankenpfleger
Sani
krankhafte Mordwut
Amok
Krankheitserreger
Keim
Kränkung
Tort
kraterförmige Vertiefung
Maar
Kratersee bei Rom
Nemi
krautige Pflanze
Farn
Kreatur
Tier
Kreditanstalt
Bank
Kreis
Klub, Ring
kreisartig
rund
kreisförmig
rund
kreisrunde Schneehütte
Iglu
kreuz und ...
quer

Kreuzblütler
Kohl, Raps, Senf
Kreuzesinschrift
INRI
Kriechtier
Teju, Wurm
Kriegsfahrzeug
Jeep, Tank
Kriegsflugzeug
Jabo
Kriegsgott *der* **Griechen**
Ares
Kriegsgott *der* **Römer**
Mars
Kriminalautorin
Leon, Noll
kriminelles Vergehen
Mord, Raub
Kröte mit flachem Körper
Unke
Krötenart
Unke
kubanische Währungseinheit
Peso
Kübel
Fass
Kübelwagen
Jeep
Küchenchef
Koch
Kücheneinrichtung
Herd
Küchengegenstand
Form, Korb, Sieb, Topf
Küchengehilfe
Aide
Kuchengewürz
Anis, Zimt
Küchengewürz
Anis, Dill, Salz, Senf, Ysop, Zimt
Kuchenzutat
Anis, Mehl
kugelförmig
rund
kühl
herb, kalt
Kuhle
Loch
kühn
keck
Kultur
Hege
Kulturboden
Gare
Kulturpflanze der Tropen
Kola, Mate, Reis, Soja
Kulturstätte
Oper
Kümmelbranntwein
Koem

4

Kummer
Crux, Gram, Harm, Last, Leid
kümmerlich
karg
Kunde
Fama, Maer, Sage
Kunstdünger
Kali
Kunstflugfigur
Turn
Kunstflugschneise
Turn
Kunstgattung
Epik, Tanz
Kunstgöttin
Muse
Kunstgriff
Dreh
Kunstgummi
Buna
Kunstkautschuk
Buna
Kunstleder
Skai
Künstler
Mime, Poet
Künstlerhonorar
Gage
Künstlerin bei Bühne und Film
Diva, Star
künstlicher Damm
Wall
künstlicher Kautschuk
Buna
Kunststoff
Skai
Kunstwerk
Bild, Oper
Kurier
Bote
Kurort *im* **Engadin**
Sils
Kurort *am* **Gardasee**
Riva
Kurort *bei* **Montreux**
Caux
Kurort *am* **Neckar**
Horb
Kurort *in* **Slowenien**
Bled
Kurs
Bahn, Lauf, Wert
Kursgebühr
Taxe
Kursunterschied
Agio
kurz danach
bald
kurze Bewegung
Ruck
kurze Fahrtunterbrechung
Halt
kurze Reise
Trip
kurze Unterhose
Slip
kurzer Regenschauer
Guss
kurzer Schlüpfer
Slip
Kurzform für Akkumulator
Akku
Kurzform für daran
dran
Kurzform für darin
drin
Kurzform für Denkschrift
Memo
Kurzform für Elisabeth
Else, Lisa
Kurzform für Gangsterbande
Gang
Kurzform für Gerhard
Gerd
Kurzform für Johannes
Hans
Kurzform für Kraftfahrzeug
Auto
Kurzform für Kraftrad
Krad
Kurzform für Kunibert
Kuni, Kuno
Kurzform für Rettich
Radi
Kurzform für Sanitäter
Sani
Kurzform für *ein* **Schienenfahrzeug**
E-Lok
Kurzform für Spielmarke
Chip
Kurzform für Straßenbahn
Tram
Kurzform für Totalisator
Toto
Kurzform für Ulrike
Ulla, Ulli
Kurzform für *ein* **Verkehrsmittel**
Obus, Tram
Kurzreise
Trip
Kurzrock
Mini
Kurzware
Band, Garn
Kurzwort für Doppelkopf
Doko
Kurzwort für Eisenbahnfahrzeug
E-Zug
Kurzwort für Firmensymbol
Logo
Kurzwort für Flugabwehrkanone
Flak
Kurzwort für High Fidelity
Hi-Fi
Kurzwort für Kameraobjektiv
Tele
Kurzwort für Karoline
Lina, Line
Kurzwort für Lichtbild
Foto
Kurzwort für Luftreifen
Pneu
Kurzwort für Margarete
Grete
Kurzwort für Oberleitungsbus
Obus
Kurzwort für Stromspeichergerät
Akku
Kurzwort für Werbefilm
Spot
Kusine
Base
Küstenfahrzeug
Ewer
Küstenform
Golf, Haff, Lido, Riff, Ufer, Watt
Küstengewässer
Watt
Kuvertüre
Guss
Kykladeninsel
Keos

L

lächerlich
doof
lachsartiger Fisch
Anke
Lachsfisch
Salm
Lachsforelle
Anke
Lackaffe
Beau, Geck
Lade
Fach
Ladebaum
Kran
Ladeklappe
Luke

Laden
Shop
Ladengeschäft
Shop
Ladenhüter
Kram
Ladung
Last
Laffe
Beau, Fant, Geck
Lagebezeichnung
oben, vorn
Lager
Bett, Sofa
Lagerpflanze
Alge, Moos, Pilz
Lagerstatt
Bett
Lagune
Haff
lakonisch
kurz
Lamaart
Pako
lammfromm
zahm
Lampe in der Tierfabel
Hase
Lampenart
Spot
Land
Erde
Land *am* **Jordan**
Moab
Landarbeiterin
Magd
Landbesitz
Farm
Landfläche
Flur
Landgut
Farm
Landkarte
Plan
ländliche Ansiedlung
Dorf
ländliche Gemeinde
Dorf
ländlicher Ort
Dorf
Landmacht eines Staates
Heer
Landschaft
Moor, Wald
Landschaft *der* **Antike**
Saba
Landschaft *in* **Niedersachsen**
Harz
Landschaft *bei* **Paris**
Brie
Landschaft *in der* **Schweiz**
Jura
landschaftlich für dicker Brei
Pamp
landschaftlich für Kleister
Papp
landschaftlich für Wurzel
Wurz
Landschaftsform
Berg, Moor, Moos
Landschaftsgarten
Park
Landsknechtswaffe
Pike
Landspitze
Riff
Landstreitkräfte
Heer
Landstrich
Zone
Landungsbrücke
Pier
landwirtschaftliche Nutzfläche
Feld
landwirtschaftliche Nutztiere
Vieh
landwirtschaftlicher Betrieb
Farm
landwirtschaftlicher Großbetrieb
Farm
landwirtschaftliches Feldmaß
Joch
landwirtschaftliches Gerät
Egge
landwirtschaftliches Nutztier
Rind
langbeiniger Wasservogel
Ibis
lange Kleidermode
Maxi
Längenmaß
Elle, Fuss, Rute, Zoll
langer Hundeschwanz
Rute
langer Strand
Lido
längerer Vortrag
Rede
längerer Zeitraum
Jahr
langes Abendkleid
Robe
langes Heldengedicht
Epos
Langeweile
Oede
Langfinger
Dieb
lang gestreckte Erdaufschüttung
Damm
länglich rund
oval
Langohr
Esel, Hase
langohriges Jagdtier
Hase
längs gerippter Stoff
Cord
langsam
faul
Längsteil des Schiffes
Kiel
längster Fluss von Albanien
Drin
Längsträger eines Schiffes
Kiel
Langstreckenwettbewerb
Giro
langweilig
fade, oede
langweiliges Dorf
Kaff
Lanzenreiter
Ulan
lapidar
kurz
Lappenzelt
Kote
Larve
Made
Last
Crux, Joch, Krux
Lastenheber
Kran
lästiges Insekt
Floh, Laus
Lastschiff
Kahn
Lasttier
Esel, Lama, Muli
lateinisch für acht
octo
lateinisch für Acker
ager
lateinisch für also
ergo
lateinisch für Asien
Asia
lateinisch für Berg
mons
lateinisch für derselbe
idem
lateinisch für deshalb
ergo
lateinisch für drei
tres

4

4

lateinisch für ebenso
item
lateinisch für eins
unus
lateinisch für einst
olim
lateinisch für eitel, nichtig
inan
lateinisch für folglich
ergo
lateinisch für Gerücht
fama
lateinisch für gleichfalls
dito
lateinisch für Gott
deus
lateinisch für ich kam
veni
lateinisch für im Jahre
anno
lateinisch für Kreuz
crux
lateinisch für Last
onus
lateinisch für lebe wohl
vale
lateinisch für Leben
vita
lateinisch für leer
inan
lateinisch für Liebe
amor
lateinisch für Mann, Mensch
homo
lateinisch für Meer
mare
lateinisch für Mensch
homo
lateinisch für Mond
luna
lateinisch für Mühe
onus
lateinisch für nichtig
inan
lateinisch für niemand
nemo
lateinisch für ohne
sine
lateinisch für Ruf (Leumund)
fama
lateinisch für siehe da
ecce
lateinisch für Stadt
urbs
lateinisch für Stunde
hora
lateinisch für Tag
dies
lateinisch für vor
ante, prae
lateinisch für Vorzeichen
omen
lateinisch für Wasser
aqua
lateinisch für Werk
opus
lateinische Vorsilbe (halb)
semi
lateinischer Name eines Erdteils
Asia
Latona
Leto
Laubbaum
Erle, Espe, Ulme
Lauf
Bahn, Gang, Kurs
Laufart des Pferdes
Trab
Laufbrett
Steg
Laufbursche
Bote, Page
Laufschiene
Kufe
Laufvogel
Kiwi
Lauge
Base
Laune
Lust
Läuseharke
Kamm
lauter
rein
Lautstärkeeinheit
Phon
Leanders Geliebte
Hero
Leben
Sein, Vita
Leben zerstörender Stoff
Gift
lebendig
agil, rege
Lebensfreude
Lust
Lebensgefährte
Mann
Lebensgefährtin
Frau
Lebenshauch
Atem, Odem
Lebenssaft
Blut
lebenswichtiges Gewürz
Salz
Lebewesen
Tier
lebhaft
agil, flink, rege
Leck
Loch
lecker
fein
ledern
zaeh
Lederriemen
Gurt
ledig
frei
leer
hohl
Leere
Oede
Leergewicht (Verpackung)
Tara
legendäre Wunderschale
Gral
Legende
Fama, Saga, Sage
Legitimation
Pass
Lehrertisch
Pult
Lehrgang
Kurs
Leibeigenenarbeit
Fron
leibhaftig
real
Leibriemen
Gurt
leicht säuerlich (Wein)
herb
leicht warm
mild
leichtathletische Übung
Lauf, Wurf
leichtathletisches Gerät
Stab
leichter Naturstoff
Kork
leichtes Mädchen
Hure
leichtgläubig
naiv
Leid
Gram, Harm, Pein
leidenschaftliche Wut
Rage
Leier
Lyra
Leihwagen
Taxi
Leine
Seil
leises Aufbegehren
Muck
leises Wehen
Atem
Leitbild
Idol

Leiter
Boss, Chef
Leiterteil
Holm
Leitung
Rohr
Lektüre
Buch
Lemuride
Lori, Maki, Vari
Leopard
Puma
Lesebühne
Ambo
Leseglas
Lupe
Lesepult
Ambo
lettische Hauptstadt
Riga
letzte Kaiserin Österreichs
Zita
letzte Ruhestätte
Grab
letzter Kaiser Chinas
Pu Yi
Leuchtröhrenfüllung
Neon
Leuchtstärkemaßeinheit
Phot
Leukom
Star
Leute
Volk
liberianischer Volksstamm
Gola
licht
hell
Licht am Nachthimmel
Mond
Lichtbild
Foto
Lichtbildgerät
Foto
lichtdurchflutet
hell
Lichtdurchlass
Luke
lichte Glut
Lohe
lichtes Rosa
Pink
Lichtfülle
Flut
Lichthof um den Mond
Halo
lichtloser Raum
Loch
Lichtspielhaus
Kino
Lichtspielstück
Film
lieb
nett, wert
Liebe
Amor, Eros
liebenswürdig
nett, wert
Liebesbeweis
Kuss
Liebesdienerin
Hure
Liebesgott
Amor, Eros
Liebesgöttin
Lada
Liebesspiel der Vögel
Balz
Liebestrieb
Eros
Lied
Song
Lied in der Oper
Arie
Liederjan
Lump
Liedform
Arie, Leis, Song
Liegemöbel
Bett
Liegestatt
Bett, Sofa
Liga
Bund, Pakt
Liliengewächs
Aloe
Liman
Haff
lind
mild
Linie
Bahn
linke Kontoseite
Soll
Linse
Lupe
Lippenblütlerart
Dost, Isop, Ysop
literarisches Werk
Epos
liturgisches Gewand
Albe
Litze
Band
Lob
Ruhm
Loch
Gatt, Leck
Loch im Eis
Wune
Loch in der Nadel
Oehr
Lochstechgerät
Ahle
locker
lose
locker sitzend
weit
lockeres Gestein
Tuff
lodernde Feuersglut
Lohe
lodernde Flamme
Lohe
Lohengrins Frau
Elsa
Lohn
Gage, Sold
Lokal
Café
Lokalbesitzer
Wirt
Lokalinhaber
Wirt
Londoner Stadtteil
City, Soho
los
hopp
Lösung *von* **Kochsalz**
Lake, Sole
Lötmaterial
Zinn
Lotterie
Toto
loyal
treu
Lübecker Schriftstellerfamilie
Mann
Lücke
Loch, Riss
Luder
Lump
Luft der Lungen
Atem, Odem
Luftbewegung
Wind
Luftdruckmaß
Torr
luftförmige Stoffe
Gase
Luftreifen
Pneu
Luftreise
Flug, Trip
Luftströmung
Wind
Lufttrübung
Smog
Luftverschmutzung
Smog
Luftzufuhrteil an der Orgel
Balg

Luftzug
Wind
Lüge
Trug
Lurchtier
Unke
lustig
froh
lustiger Einfall
Witz
Lüstling
Faun, Roué
luxemburgischer Radrennfahrer
Gaul
Luxus
Pomp
luzid
hell, klar
Lymphknotenschwellung
Bubo
Lymphorgan
Milz
Lyriker
Poet
lyrisches Werk
Lied

M

Machthaber
Herr
Macke
Tick
Mädchen
Dirn, Girl, Maid
Magnesiumsilikat
Talk
Mahlprodukt
Mehl
Mähre
Gaul, Ross
makellos
rein
Makiaffe
Vari
Malaiendolch
Kris
malaiischer Dolch
Kris
malaiisches Boot
Prau
malaiisches Segelboot
Prau
Malermaterial
Lack
Malheur
Pech
malvenfarbig
lila
Mammon
Geld
man sagt, er sei störrisch
Esel
Mandelkrähe
Rake
Mangel *an* **klaren Wegen**
Irre
Manie
Hang
Manier
Stil
Manipulation
Dreh
Mann
Adam, Kerl
Mann *aus* **fernen Ländern**
Exot
Mann *im* **Paradies**
Adam
Männchen vieler Tiere
Bock
Männer verschleißende Frau
Vamp
Männeranrede
Herr
Männerfigur aus Othello
Jago
Männerkleidung
Hemd, Hose
Männerkurzname
Alex, Axel, Dirk, Fred, Gerd, Hein, Hias, Klas, Kurt, Lutz, Pepi, Rolf, Rudi, Sepp, Sigi, Theo, Toni
Männerstimmlage
Bass
Manneszierde
Bart
männliche Gesichtshaartracht
Bart
männliche Ziege
Bock
männlicher Haarschmuck
Bart
männlicher Kosename
Toni
männlicher Kurzname
Gerd, Jost, Toni
männlicher Nachkomme
Sohn
männlicher Vogel
Hahn
männlicher Vorname
Adam, Alex, Arne, Arno, Axel, Bodo, Carl, Curt, Dirk, Egon, Eike, Emil, Enno, Erek, Erik, Falk, Fred, Gerd, Gero, Golo, Hans, Hugo, Ilja, Immo, Ingo, Jens, Jost, Karl, Knut, Kuno, Kurt, Lutz, Niko, Nils, Olaf, Otto, Paul, Ralf, Rolf, Rudi, Theo, Till, Tilo, Toni, Veit, Wolf
männliches Borstentier
Eber
männliches Geflügeltier
Hahn
männliches Haustier
Bock, Eber, Hahn
männliches Kind
Sohn
männliches Reh
Bock
männliches Schwein
Eber
Mannsbild
Kerl
Mannschaft
Crew, Team
Mantelart
Cape
Manuskript
Text
Mär
Fama, Saga, Sage
Märchenfigur
Elfe, Gnom, Hexe, Mohr, Muck, Neck, Nixe, Oger, Puck, Spuk
Märchenriese
Oger
Märchenvogel
Roch, Ruch
Märchenwesen
Hexe
marderähnliches Pelztier
Nerz
Marderart
Jerf, Mink, Nerz, Ratz
Marderhund
Enok
Marianeninsel
Guam, Rota
Marine in den USA
Navy
Marinedienstgrad
Maat
Markgraf Ottos des Großen
Gero
Markierung an Messgeräten
Grad
Marktstand
Bude
Marktwert
Kurs
Marotte
Tick
Marsch
Koog
Marschboden
Fenn, Klei

Marschhügel
Warf
Marschland
Koog
Marschpause
Rast
Marter
Pein, Qual
Maschenwerk
Netz
Maschine *zum* **Heben von Lasten**
Kran
Maschinenteil
Keil, Niet
Maschinerie
Werk
Maserung
Ader
maskuliner Mensch
Mann
Masse
Gros
Masse *zum* **Backen**
Teig
Masse harten Gesteins
Fels
Maßeinheit *für die* **elektrische Leistung**
Watt
Maßeinheit *für die* **elektrische Spannung**
Volt
Maßeinheit *der* **Lautstärke**
Phon
Maßeinheit *auf* **Skalen**
Grad
Maßeinheit *für die* **Stärke radioaktiver Strahlung**
Gray
Maßeinheit *der* **Telegrafiergeschwindigkeit**
Baud
Massenaufmarsch
Demo
Masseteilchen
Atom
massig
dick
mäßig
flau
mäßig warm
mild
maßloses Begehren
Gier
Maßstab
Norm
Mastgeflügel
Hahn, Huhn
Mastix
Harz

mastloses Boot
Ewer, Kahn
Mastspitze
Topp
Mastteil
Bram, Rahe
Match
Game
Mater
Form
Material *für* **Flaschenpfropfen**
Kork
Materie
Fach
Materieteilchen
Atom
Mathematiker
Abel, Ries
mathematischer Begriff
Grad, Zahl
mathematisches Zeichen
plus
Matrize
Form
Matrosenschlafstatt
Koje
matt
flau
Mauer
Wand
Mauerbewurf
Putz
Mauerleiste
Sims
Mauerritze
Fuge
Mauerverkleidung
Gips, Putz
Mauerverzierung
Sims
Maul
Mund
Maulesel
Muli
Maut
Zoll
Mechanismus
Werk
Mediziner
Arzt
medizinischer Fachausdruck für Milz
Lien
Meerbusen
Golf
Meerbusen in Ostengland
Wash
Meerenge *in* **Nordeuropa**
Belt, Sund
Meeresalgen
Tang

Meeresbewegung
Ebbe, Flut, Tide, Woge
Meeresbucht
Golf, Haff
Meeresküste
Lido, Ufer
Meeresnymphe
Nixe
Meerespflanze
Alge, Tang
Meerestier
Butt
Meeresvogel
Lund
Meerrettich
Kren
Mehlschwitze
Roux
mehr
plus
mehrfarbig
bunt
Mehrheit
Gros
mehrsätziges Tonstück
Fuge
mehrteiliges Musikstück
Oper
Meidungsgebot
Tabu
Meinungsforschung
Test
Meister
Herr
Meister Lampe im Märchen
Hase
Meisterschütze der nordischen Sage
Egil
Meistersinger bei Wagner
Zorn
Melodie
Lied, Sang
Mensch
Frau, Kind, Mann
Mensch *in den* **Zwanzigern**
Twen
Mensch zwischen 20 und 29 Jahren
Twen
Menschen fressender Riese
Oger
menschenähnliches Tier
Affe
Menschenansiedlung
Dorf
Menschenfresser im französischen Märchen
Oger
Menstruation
Tage

Menübeilage
Reis
Meridianeinstellmarke für Fernrohre
Mire
Merkzettel
Memo
Messgewand
Albe
Metall
Blei, Gold, Niob, Uran, Zink, Zinn
Metallbolzen
Niet
Metallfadengewebe
Lamé
Metallfraß
Rost
Metallgefäß
Topf
metallisches Element
Zinn
Metallring
Oese
Metallstift
Niet
meteorologischer Begriff
Hoch, Tief
Methode
Stil
Metier
Fach
mexikanische Münze
Peso
mexikanische Währung
Peso
mexikanischer Indianer
Maya
mies
flau
Miesmacher
Unke
Mietauto
Taxe, Taxi
Miete
Zins
Mietfahrzeug
Taxe, Taxi
Milchfett
Rahm
Milchprodukt
Rahm
mild
lind, zart
Militär
Heer
militärische Bündnis
Pakt
militärische Löhnung
Sold
militärischer Führung
Stab
militärisches Dienstgrad
Maat
militärisches Kopfbedeckung
Helm
milliardenfach
giga
Milliardstel einer Einheit
Nano
mimosenhaft
zart
minderbemittelt
dumm
minderwertig
mies
minderwertige Ware
Tand
Mineral
Gips, Jade, Kalk, Mika, Opal, Spat, Talk
Mineralkörner
Kies, Sand
Mineralwasser
Soda
mir gehörend
mein
Mischfarbe
Gelb, Grau
Mischgetränk
Fizz, Flip
Misserfolg
Flop, Pech
Missgeschick
Pech
Missgriff
Bock
Missgunst
Neid
Misshandlung
Qual
Mist
Dung
mit Faden hergestellte Verbindung
Naht
mit Flüssigkeit getränkt
nass
mit Metallfäden durchwirktes Gewebe
Lamé
mit Vorliebe
gern
Mitarbeitergruppe
Stab, Team
Mitbegründer *der* **Zeisswerke**
Abbe
Mitentdecker der Kernspaltung
Hahn
Miterfinder *des* **Telefons**
Bell
Miterfinder des Automotors
Benz, Otto
Mitesser
Akne
Mitgefühl
Takt
Mitglied *des* **englischen Hochadels**
Earl, Lord, Peer
Mitglied *einer* **Familie**
Kind
Mitglied *des* **französischen Hochadels**
Pair
Mitgliederzusammenschluss
Club, Klub
mithin
also, ergo
Mitspieler
Aide
mittelalterliche Befestigung
Burg
mittelalterliche Seuche
Pest
mittelalterliche Waffe
Pike
mittelalterlicher Sklavendienst
Fron
mittelamerikanischer Indianerstamm
Cuna, Maya
mittelamerikanischer Inselstaat
Cuba, Kuba
mittelasiatischer Fürstentitel
Khan
mitteldeutsche Landschaft
Harz
mitteleuropäische Hauptstadt
Prag
Mittelhülse eines Rades
Nabe
Mittelpunkt
Kern
mittelschnelle Pferdegangart
Pass, Trab
Mittelstück des Rades
Nabe
Mixgetränk
Fizz, Grog, Hipp, Sour
Möbelholzart
Teak
Möbelstück
Bank, Bett, Sofa

mobil
agil
Mode der überkurzen Röcke
Mini
Modefarbe
Bleu
Modelliermasse
Gips
Modenarr
Beau, Geck, Snob
Modergeruch
Muff
moderne Musikrichtung
Rave
moderne Popmusik
Beat
moderne Tanzmusik
Beat
modernes Personenbeförderungsmittel
Auto
Modestil
Look
Modetanz
Slop
modisch
chic
modische Richtung
Look
modischer Damenhut
Bibi
modischer Holzschuh
Clog
modischer Ohrschmuck
Clip
Modus
Form, Stil
mohammedanische Paradiesjungfrau
Huri
mohammedanischer Fürstentitel
Emir
mohammedanischer Rechtsgelehrter
Kadi
mohammedanischer Vorbeter
Imam
Mohammeds Helfer
Omar
Mohammeds Nachfolger
Omar
Mole
Damm, Pier
mollig
dick, warm
Molukkeninsel
Buru
Monatsmitte im römischen Kalender
Iden
Monatsname
Juli, Juni
Mond des Saturn
Rhea
Mondgöttin
Luna
Mondhof
Halo
Mondsonde
Luna
mongolischer Fürst
Batu
mongolischer Herrschertitel
Khan
mongolischer Stamm
Boja
Moor
Fenn, Moos, Ried
Moorboden
Torf
Moorprodukt
Torf
Moral
Ehre
Moralbegriff
Ehre
Morast
Fenn, Moor, Ried
Mörder Kotzebues
Sand
Mordlauf
Amok
Mordwut
Amok
Morgenfeuchtigkeit
Reif
Morgengebet
Prim
Moritat
Lied
morsch
faul
Mörtel
Putz
Mörtelbestandteil
Sand
Mostrich
Senf
Motiv
Idee
Motivanordnung um ein Wappen
Semé
Motorenerfinder
Otto
Motorfahrrad
Mofa
Motorfahrzeug
Auto
Motorrad
Krad
Motorradfahrerschutz
Helm
Motorradteil
Sitz, Tank
müde
matt
Mühlenprodukt
Mehl
Mühlensandstein
Grit
Mühsal
Last, Qual
muldenförmiges Futtergefäß
Trog
Mumm
Elan
Mümmelmann
Hase
Münchener Flughafen
Riem
Münchener Jahrmarkt
Dult
Münchener Spezialität
Bier, Radi
Mund betreffend
oral
Mund der Tiere
Maul
mundartlich für Ameise
Emse
mundartlich für Gämse (Gemse)
Gams
mundartlich für Hose
Buex
mundartlich für Hülse
Pale
mündlich
oral
mündliche Erzählung
Sage
Mundschenkin der griechischen Götter
Hebe
Mundteil
Zahn
Mündungsarm *des* **Rheins**
Oude, Waal
munter
agil, rege, wach
Münze *in* **vielen Staaten**
Cent
Münze in mehreren arabischen Staaten
Fils
Murrkopf
Unke
Mus
Brei
Muse *der* **Geschichte**
Klio

4

Musical *von* **Andrew Lloyd Webber**
Cats
Musicalgestalt bei Gershwin
Bess
musikalisch gestaltetes Bühnenstück
Oper
musikalische Einzeldarbietung
Solo
musikalisches Blasinstrument
Horn, Oboe
musikalisches Bühnenwerk
Oper
musikalisches Intervall
None, Prim, Sext, Terz
musikalisches Schlaginstrument
Gong
musikalisches Streichinstrument
Bass
musikalisches Werk
Opus
Musikdarbietung
Arie, Fuge, Lied, Oper, Satz, Trio
Musikdrama
Oper
Musikensemble
Band, Chor, Trio
Musikinstrument
Bass, Drum, Gong, Horn, Lure, Lyra, Oboe, Tuba, Zink
Musikrechtegesellschaft
Gema
Musikrichtung
Beat, Soul
Musikrichtung der 60er-Jahre
Beat
Musikstück
Opus, Werk
Musikstück für drei
Trio
Musikzeichen
Note
Musikzeichen in den Psalmen
Sela
Muskelkraft
Mumm
Muskelmotor
Herz
Muße
Ruhe
Muster
Form
mutiger Mensch
Held
mutlos
feig
Mutter *von* **Apoll**
Leto
Mutter *der* **Artemis**
Leto
Mutter *von* **Castor**
Leda
Mutter *der* **Helena**
Leda
Mutter *der* **Hera**
Rhea
Mutter *von* **Hermes**
Maja
Mutter *von* **Mars**
Juno
Mutter *von* **Zeus**
Rhea
Mutter von Elisabeth I.
Anna
Muttertier
Alte
mystisches Verbot
Tabu

N

Nachahmung des Vogellautes
Piep
Nachbarstaat *von* **Syrien**
Irak
Nachbarstaat *der* **Türkei**
Irak
Nachen
Boot, Kahn
Nachfolger
Erbe
Nachhall
Echo
nachher
dann
Nachkomme
Erbe, Kind, Sohn
Nachkommen bei Tieren
Brut, Wurf
Nachkommenschaft aus Eiern
Brut
Nachlass
Erbe
Nachlassempfänger
Erbe
Nachlassnehmer
Erbe
Nachricht
News
Nachrichtenagentur (Abkürzung)
TASS
Nachrichtenbüro in Moskau
TASS
Nachrichtenüberbringer
Bote
Nachspeise
Obst
Nachtgespenst
Mahr
Nachtlager
Bett
nächtlich jagender Raubvogel
Eule
nächtliches Ruhelager
Bett
Nachtraubvogel
Eule
Nachttier
Igel
Nachtvogel
Eule, Kauz
nachweisbare Tatsache
Fakt
Nackenstück vom Schlachttier
Kamm
nacktes Gestein
Fels
nadelartiges Werkzeug
Ahle
Nadelbaum
Arve, Eibe
Nadelloch
Oehr
Nadelwald
Tann
nagender Kummer
Gram
Nagetier
Hase, Maus
naher Verwandter
Sohn
nahezu
fast
Nähfaden
Garn
Nählinie
Naht
Nähmaterial
Garn
Nährmutter
Amme
Nährstoff
Fett
Nahrung
Kost
Nahrungsmittel
Brot, Fett, Korn, Mais, Mehl, Obst, Pilz, Reis
naiv
dumm

Name *des* **Bären**
Petz
Name britischer Flüsse
Avon
Name *für* **Donar**
Thor
Name *von* **Herrschern**
Karl
Name *für* **Jerusalem**
Zion
Name *des* **Katers im Märchen**
Murr
Name mehrerer Kalifen
Omar
Name norwegischer Könige
Olaf
Name *von* **Päpsten**
Pius
Name *für* **Persien**
Iran
Name *für* **Zigeuner**
Roma
Name zweier Sternbilder
Hund
Name *von* **zwölf Päpsten**
Pius
Nansens Polarschiff
Fram
Narr
Jeck
närrisch
jeck, toll
naseweis
kess
Nation
Land, Volk
Nationalgetränk in Deutschland
Bier
Nationalgetränk in Frankreich
Wein
Nationalgetränk in Japan
Sake
Nationalheld *der* **Schweiz**
Tell
Nationalzirkus der Schweiz
Knie
Natriumkarbonat
Soda
Natriumverbindung
Soda
Naturereignis
Ebbe, Flut, Reif, Wind, Woge
Naturgeist
Elfe, Nixe
natürlich
echt, naiv
natürlicher Brennstoff
Dung, Holz, Torf
natürlicher Dünger
Dung, Mist
natürlicher Kopfschmuck
Haar
Naturschutzgebiet *in* **Norddeutschland**
Watt
nautisches Gerät
Boje
Nebel
Smog
Nebelrauch über Städten
Smog
Nebenfluss *der* **Aare**
Emme, Orbe, Suhr
Nebenfluss *der* **Aisne**
Aire
Nebenfluss *der* **Aller**
Fuse, Ihma, Ilme, Oker
Nebenfluss *des* **Amazonas**
Jary, Napo, Paru, Tefé
Nebenfluss *des* **Amur**
Seja
Nebenfluss *des* **Arno**
Elsa, Pesa
Nebenfluss *des* **Bug**
Rata
Nebenfluss *des* **Dnjepr**
Drut, Orel, Osma, Psel, Ross, Sosh, Suba, Sula, Sura, Udai
Nebenfluss *der* **Donau**
Aach, Aist, Asma, Bera, Drau, Egan, Egau, Elta, Enns, Erfa, Gran, Isar, Kamp, Lanz, Lech, Naab, Nera, Oltu, Osam, Osma, Paar, Raab, Riss, Rodl, Save, Shit, Skit, Vils, Vuka, Waag, Ybbs
Nebenfluss *der* **Donau in Österreich**
Enns
Nebenfluss *der* **Dordogne**
Bave, Isle, Loue
Nebenfluss *der* **Drau**
Ache, Gail, Gurk, Isel, Miss, Okor, Rina, Sill
Nebenfluss *der* **Drina**
Piva, Tara
Nebenfluss *des* **Duero**
Cega, Esla, Nela
Nebenfluss *der* **Dwina**
Meha, Obol, Waga
Nebenfluss *des* **Ebro**
Arba, Arya, Cega, Nela
Nebenfluss *der* **Elbe**
Aupa, Eger, Ehle, Elde, Este, Ihle, Iser, Ohra, Ohre, Oste, Sude
Nebenfluss *der* **Ems**
Hase, Leda
Nebenfluss *der* **Etsch**
Noce
Nebenfluss *der* **Fulda**
Ahne, Aule, Eder, Solz
Nebenfluss *des* **Ganges**
Kosi
Nebenfluss *der* **Garonne**
Gers, Hers, Noue, Tarn
Nebenfluss *der* **Havel**
Rhin
Nebenfluss *der* **Ill**
Thur
Nebenfluss *des* **Inn**
Ache, Aill, Alpe, Isen, Rott, Sill
Nebenfluss *der* **Isar**
Finz, Riss
Nebenfluss *der* **Isère**
Drac, Fure
Nebenfluss *des* **Kongo**
Rubi, Ruki
Nebenfluss *der* **Kura**
Aras
Nebenfluss *der* **Lahn**
Dill, Weil
Nebenfluss *der* **Leine**
Ilme
Nebenfluss *der* **Lena**
Anga, Beri
Nebenfluss *der* **Loire**
Ance, Aron, Cher
Nebenfluss *der* **Maas**
Amer, Chee, Geer, Geul, Jaar, Merk, Neer, Roer
Nebenfluss *des* **Mains**
Aalb, Kell, Lohr, Sinn, Unke, Wern
Nebenfluss *des* **Mississippi**
Ohio
Nebenfluss *der* **Morava**
Ibar
Nebenfluss *der* **Mosel**
Ache, Eltz, Kyll, Orne, Saar, Salm
Nebenfluss *der* **Naab**
Vils
Nebenfluss *der* **Nahe**
Glan, Idar
Nebenfluss *des* **Neckars**
Aich, Erms, Fils, Murr, Prim, Rems, Sulm
Nebenfluss *des* **Niger**
Bani
Nebenfluss *des* **Ob**
Agan, Alei, Anui, Bija, Inja, Iset
Nebenfluss *der* **Oberelbe**
Eger
Nebenfluss *der* **Oder**
Ihna, Lohe, Ohle, Olsa,

Oppa, Thue
Nebenfluss *der* Oise
Foss, Yore
Nebenfluss *der* Oka
Guss, Ugra
Nebenfluss *der* Oker
Gose, Ilse
Nebenfluss *des* Oranje-flusses
Vaal
Nebenfluss *des* Orinoco
Meta
Nebenfluss *des* Po
Adda, Arda, Enza, Nura, Nure, Orco, Taco, Taro
Nebenfluss *des* Pregels
Alle, Auer, Ihme
Nebenfluss *des* Rheins
Aach, Aare, Birs, Erft, Lahn, Main, Murg, Nahe, Ruhr, Saye, Sayn, Selz, Sieg, Siga, Sorn, Thur, Wied
Nebenfluss *des* Rheins bei Duisburg
Ruhr
Nebenfluss *des* Rheins in der Schweiz
Aare
Nebenfluss *der* Rhone
Arve, Cece, Dalo, Doux, Fier, Flon, Gard, Gier, Glan, Visp
Nebenfluss *der* Ruhr
Baar, Inde
Nebenfluss *der* Rur
Urft
Nebenfluss *der* Saale
Bode, Orla, Roda
Nebenfluss *der* Saar
Bist, Nied
Nebenfluss *der* Save
Gurk, Krka
Nebenfluss *der* Seine
Aube, Epte, Eure, Oise
Nebenfluss *des* Severn
Avon
Nebenfluss *der* Spree
Uske
Nebenfluss *der* Theiß
Sajo
Nebenfluss *der* Themse
Cole, Coln, Cray
Nebenfluss *des* Tiber
Anio, Naja, Nera
Nebenfluss *der* Unstrut
Gera
Nebenfluss *der* Warthe
Obra
Nebenfluss *der* Weichsel
Laka, Mjen, Nida, Raba, Sola, Spla
Nebenfluss *der* Werra
Elte
Nebenfluss *der* Weser
Alen, Esse, Lune
Nebenfluss *der* Wolga
Ilet, Kama, Masa, Neja, Pura, Sura, Utka
necken
uzen
Negation
nein
Negerrunddorf
Kral
Negerstamm
Akka, Luba, Madi, Nama, Nuba, Zula, Zulu
Nehrung
Lido
Neige
Ende, Rest
Neigung
Hang
Nennwert
Pari
Nervengeflecht
Glia
Nervenzentrum
Hirn
Nerz
Mink
Nest
Heim
Nestgelege
Brut, Eier
nestjunge Vögel
Brut
nett
lieb
netto
rein
Netz
Garn
Netz zur Datenfernübertragung (Abkürzung)
ISDN
neuer Stern
Nova
Neugeborenes
Baby
neunte Stufe der Tonleiter
None
Neuntonintervall
None
neuseeländische Frucht
Kiwi
neuseeländischer Schnepfenstrauß
Kiwi
nicht alt
jung
nicht diese
jene
nicht dunkel
hell
nicht fleißig
faul
nicht gebunden
frei
nicht glatt
rauh
nicht heiß
kalt, warm
nicht hungrig
satt
nicht kalt
warm
nicht kaputt
ganz
nicht klug
dumm
nicht kurz
lang
nicht massiv
hohl
nicht mit
ohne
nicht nah
fern, weit
nicht pikant
mild
nicht schlafend
wach
nicht süß
herb
nicht warm
kalt
nicht weich
hart, fest
nicht weiter
halt
nicht wissend
naiv
Nichtfachmann
Laie
Nichtgeistlicher
Laie
nichtig
inan
Nichtiges
Kram, Tand
Nichts
Null, Zero
nichts sagend
fade
Nichtsnutz
Lump
Nichtstun
Ruhe
nichtswürdiger Mensch
Lump
Nickel-Eisen-Erdkern
Nife
nie endend
ewig
niederdeutsch für abgelaichter Hering
Ihle

niederdeutsch für betrunken
duhn
niederdeutsch für Feldstück
Kamp
niederdeutsch für Haff
Noor
niederdeutsch für kleine Ostseebucht
Wiek
niederdeutsch für Kümmelschnaps
Koem
niederdeutsch für Meister
Baas
niederdeutsch für Moor
Fenn
niederdeutsch für Röhricht
Reet
niederdeutsch für Ruß
Sott
niederdeutsch für Schilf
Reet
niederdeutsch für Topf
Pott
niederdeutsch für Wasserstrudel
Neer
niederdeutscher Schriftsteller
Fock
niedere Pflanze
Moos
niedere Waldpflanze
Moos
niedere Wasserpflanze
Alge
niederer Ruf (Leumund)
Fama
niederer Wasserstand
Ebbe
niederer Weltgeistlicher in Frankreich
Abbé
niederes Kriechtier
Wurm
niederes Lebewesen
Wurm
Niedergang
Fall, Ruin
niedergeschlagen
down
niederländische Antilleninsel
Saba
niederländische Käsestadt
Edam
niederländische Münze
Cent, Deut, Duit
niederländischer Chemiker
Hoff
niederländischer Historiker
Dozy
niederländischer Maler
Cuyp, Dyck, Eyck, Goes, Gogh, Hals, Kalf, Laer, Neer
niederländischer Name der Rur
Roer
niederländischer Ort
Best
niederländischer Politiker
Witt
niederländischer Schachweltmeister
Euwe
Niederlassung
Dorf
Niederschlag
Reif
Niederwild
Hase
niedlich
fein, nett
niedrig
tief
niedrigstes Skatsolo
Karo
Niedrigwasser
Ebbe
Nierenausscheidung
Harn, Urin
Nierensekret
Urin
Niete
Null
Niloten im Sudan
Nuer
Nimmersatt
Ibis
Nistplatz der Vögel
Nest
Niveau
Grad, Rang
nobel
edel
Noblesse
Adel
nordafrikanische Grasart
Alfa
nordamerikanischer Bauernhof
Farm
nordamerikanischer Erfinder
Bell
nordamerikanischer Nerz
Mink
nordamerikanisches Indianerzelt
Tipi
Nordatlantikpakt (Abkürzung)
NATO
norddeutsch für Haff
Noor
norddeutsch für Kümmelbranntwein
Koem
norddeutsch für Scholle (Fisch)
Butt
norddeutsch für Seil
Reep
norddeutscher Küstensegler
Ewer
norddeutscher Männername
Dirk
norddeutsches Dachdeckmaterial
Reet
norddeutsches Kleinbauernhaus
Kate
norddeutsches Mittelgebirge
Harz
nordeuropäische Hafenstadt
Oslo, Umea
nordeuropäische Hauptstadt
Oslo
nordeuropäische Hirschart
Elch, Elen
nordeuropäische Meerenge
Belt, Sund
nordeuropäischer Trinkspruch
skål
nordeuropäisches Volk
Iren
nordfranzösische Stadt
Caen, Laon
nordfranzösisches Departement
Nord
nordfriesische Insel
Sylt
nordirische Grafschaft
Down
nordische Dichtung
Edda, Saga
nordische Götter
Asen
nordische Göttin
Idun

nordische Göttin der Jugend
Idun
nordische Hirschart
Elch
nordische Münze
Oere
nordische Prosadichtung
Saga
nordische Sagengestalt
Egil
nordischer Gott des Feuers
Loki
nordischer Männername
Arne, Erik, Jens, Knut, Lars, Nils, Olaf, Sven
nordischer Name des Elchs
Elen
nordischer Riesenhirsch
Elch
nordischer Sagenschütze
Egil
nordischer Schellfisch
Leng
nordischer Trinkspruch
skål
nordisches Großwild
Elen
nordisches Jagdhorn
Lure
norditalienische Stadt
Como, Pisa
norditalienischer Seeort
Iseo
Nordosteuropäer
Este
nordrussische Halbinsel
Kola
Nordseebad
List
Nordseefrachtboot
Ewer
Nordseeinsel
Sylt
nordspanische Grenzstadt
Irún
nordspanische Stadt
Irún
nordspanischer Fluss
Ebro
nordwesteuropäischer Staat
Eire
Nordwind
Bora
normannische Insel
Herm, Sark
norwegische Hafenstadt
Oslo
norwegische Hauptstadt
Oslo
norwegische Münze
Oere
norwegischer Grenzfluss
Tana
norwegischer Maler
Dahl, Lund
norwegischer Meteorologe
Mohn
norwegischer Zoologe
Sars
norwegisches Längenmaß
Alen
Note beim Doktorexamen
rite
Notenständer
Pult
Notenständer der Dirigenten
Pult
Notunterkunft
Asyl
Nuance
Idee, Spur
Null beim Roulette
Zero
numidischer König
Iuba, Juba
Nummer
Zahl
nun
dann
nur mit Mühe
kaum
Nürnberger Buchhändler
Palm
Nurse
Amme
Nute
Fuge
Nutte
Hure
Nutzen
Heil
Nutzland
Feld
nützlicher Hinweis
Tipp
nützlicher Insektenfresser
Igel
nützliches Insekt
Imme
Nutztier
Ente, Esel, Gans, Hahn, Huhn, Pute, Rind
Nutztier *in* **südlichen Ländern**
Esel
Nutztiere
Vieh
Nutztierfütterung
Mast
Nymphe
Echo

O

Oase in Ägypten
Siwa
Oase in Algerien
Aflu
Obdach
Asyl, Heim
Obdachlosenheim
Asyl
obendrein
dazu
oberer Teil der Erdkruste
Sial
oberer Hausabschluss
Dach
Oberfläche des Körpers
Haut
Oberflächenbeschaffenheit
eben, rauh
obergäriges Bier
Gose
Obergewand *der* **Römer**
Toga
Oberhaupt
Boss, Chef
Oberhaupt *von* **Genua und Venedig**
Doge
Oberhaupt *der* **Schiiten**
Imam
Oberkeuper
Raet
Oberleitungsverkehrsmittel
Obus
oberösterreichische Stadt
Ried
Oberschicht
Adel
oberste Bergkante
Grat
oberste Juraformation
Malm
oberste Kante eines Bergrückens
Grat
oberste Schiffswand
Bord
oberster Gott der Asen
Odin
oberster Gott der Germanen
Odin
oberster Gott der Griechen
Zeus

oberster Schiffsrand
Bord
oberster Vorgesetzter
Chef
oberstes Ende eines Mastes
Topp
Objekt
Ding
objektiv
fair
Objektiv
Zoom
Obstflüssigkeit
Saft
Obstinneres
Kern
Obstprodukt
Saft
Obstsaft
Most
Obstschädling
Made
öde
kahl, leer
Odem
Atem
Odeur
Duft
Odins Wolf
Geri
Ofengitter
Rost
offen
frei
offener Eisenbahngüterwagen
Lore
offener Wettbewerb im Sport
Open
öffentliche Abgabe
Zoll
öffentliche Versteigerung
Gant
öffentliches Verkehrsmittel
Bahn, Obus, Taxi, Tram
Offizier bei König David
Uria
Öffnung
Leck, Loch, Luke, Mund, Oehr, Pore, Tuer
ohne Begleitung
solo
ohne Empfindung
taub
ohne Hörvermögen
taub
ohne Inhalt
leer
ohne Würze
fade
ohrenbetäubend
laut
Ohrenschmuck
Clip, Ring
Ohreulenart
Asio, Bulu
Ölbehälter
Fass, Tank
öliges Fischfett
Tran
Ölpflanze
Hanf, Lein, Mohn, Nuss, Raps, Senf, Soja
Ölsamenpflanze
Lein, Raps
Ölstadt am Kaspischen Meer
Baku
Oper von Berg
Lulu
Oper von Händel
Ezio, Poro
Oper von Orff
Mond
Oper von Schostakowitsch
Nase
Oper von Smetana
Kuss
Oper von Verdi
Aida
Oper von Wagner
Feen
Operettenkomponist
Fall
Opernfach
Bass
Opernfigur
Bess
Opernkomponist
Berg, Orff, Wolf
Opernlied
Arie
Opernteil
Arie, Chor, Solo
Opiumpflanze
Mohn
optisches Gerät
Lupe
Opus
Werk
Oratorium von Händel
Saul
Ordensstifter
Neri
ordentlich
brav
ordnungsgemäß
rite
Organ
Darm, Herz, Milz
Organ *im* **Bauch**
Milz
Organisation der UN (Abkürzung)
IAEO, UNDP
organische Stickstoffbase
Amin
organische Verbindung
Amin
organisches Fett
Talg
Orgelmusik
Fuge
orientalische Gottheit
Baal
orientalische Wasserpfeife
Huka
orientalischer Branntwein
Raki
orientalischer Richter
Kadi
orientalischer Titel
Emir, Khan
orientalisches Küstenschiff
Dhau
Orientierungszeichen für Schiffe
Bake
Orientteppichsorte
Arak, Ghom, Nain
Original
Kauz
Orkneyinsel
Eday, Fara
Ort
Dorf
Ort *in* **Arkansas** (USA)
Etta
Ort *am* **Gardasee**
Riva
Ort *der* **Seligkeit**
Eden
Ort *auf* **Sylt**
List
Ort *in* **Tirol**
Zirl
orthodoxer Geistlicher
Pope
Ortsbestimmung
dort
Öse
Oehr, Ring
ostasiatische Nutzpflanze
Reis, Soja
ostasiatischer Tagelöhner
Kuli
österreichisch für Felskopf
Nock
österreichisch für Gewebe
Webe

österreichisch für Meerrettich
Kren
österreichisch für Rettich
Radi
österreichische Abtei
Melk
österreichische Gewichtseinheit
Deka
österreichische Kaiserin
Zita
österreichische Landeshauptstadt
Graz, Linz, Wien
österreichischer Adelstitel
Edle
österreichischer Alpenpass
Fern, Lueg
österreichischer Bergsteiger
Buhl
österreichischer Bundeskanzler
Figl, Raab
österreichischer Chemiker
Auer
österreichischer Dirigent
Jahn
österreichischer Feldmarschall
Daun
österreichischer Filmkomiker
Sima
österreichischer Forscher
Auer
österreichischer Geograf, Geograph
Merz
österreichischer Komponist
Berg, Fall, Toch, Wolf
österreichischer Kurort
Hall, Lech, Zell
österreichischer Literat
Roth
österreichischer Lyriker
Rilke
österreichischer Minnesänger
Aist
österreichischer Nobelpreisträger für Physik
Hess
österreichischer Philosoph
Hahn, Mach
österreichischer Physiker
Hess, Mach
österreichischer Politiker
Figl, Mock
österreichischer Regisseur
Lang
österreichischer Schauspieler
Matz
österreichischer Schriftsteller
Brod, Roth
österreichischer Staatsmann
Bach, Beck
österreichischer Zoologe
Kner
österreichisches Bundesland
Wien
österreichisches Flächenmaß
Joch
österreichisches Gewicht
Deka
österreichisches Kloster
Melk
österreichisches Wort für Straßenbahn
Tram
Osteuropäer
Este, Pole
osteuropäisches Grenzgebirge
Ural
ostfriesische Hafenstadt
Leer
ostfriesische Stadt
Leer
ostfriesischer Blödelbarde
Otto
Ostgermane
Gote
Ostgotenkönig
Teja
ostpreußisches Warmbier mit Eiern
Flip
oströmischer Kaiser
Leon
Ostseeanwohner
Este, Pole
Ostseebad
Binz, Deep
Ostseehafen
Kiel, Riga
Ostseehalbinsel
Hela
Ostseeinsel
Moen, Poel
Ostseemeerenge
Belt, Sund
Ozean
Meer
Ozon
Aran

P

Paar
zwei
Paarhufer, Paarzeher
Elch, Elen, Gams, Lama, Rind, Zebu
paarige Körperteile
Arme
Paarungszeit
Balz
Paarungszeit bestimmter Vögel (weidmännisch)
Brunft
Paarungszeit *der* Vögel
Balz
Pacht
Zins
Pachtgeld
Zins
pädagogische Beurteilung
Note
pädagogische Maßnahme
Kanu
Paketgut
Post
pakistanische Amtssprache
Urdu
pakistanische Währungseinheit
Anna
Pakt
Bund, Liga
Palmenmarkmehl
Sago
Pampashase
Mara
Pantherkatze
Onze
Panzer
Tank
Panzerschrank
Safe
Papageienart
Jako, Kaka, Lori
Papageienname
Lora
Papiergeld
Note
Papierzählmaß
Ries
Pappel mit fast runden Blättern
Espe
Pappelart
Espe

päpstliche Behörde
Rota
päpstlicher Gerichtshof
Rota
Papstname
Paul, Pius
Paradies
Eden
Paradiesgarten
Eden
Paradiesjungfrau im Islam
Huri
parapsychologischer Begriff
Aura
Parcourshindernis
Oxer, Rick
Pariser Modeschöpfer
Dior, Fath
Parlament *in* **Polen**
Sejm
parlamentarische Abstimmung
Wahl
Partie
Teil, Tour, Trip
Partie des Körpers
Kopf
Party
Ball, Fest, Fete
Passion
Hang
Pastenbehältnis
Tube
Paternoster
Lift
Patronin *der* **Kaufleute**
Anna
Patronin *der* **Mütter**
Anna
pauschal
grob
Pause
Rast, Ruhe
Pechkohle
Jett
Pein
Qual
Pelle
Darm, Haut
Pelz *der* **Robben**
Seal
Pelzart
Nerz
Pelztier
Baer, Hase, Lamm
Pep
Elan
Periode
Aera
Peripherie
Rand
Perlwein
Sekt
Persien
Iran
persische Fee
Peri
persische Hauptstadt im Altertum
Susa
persische Münze
Kran, Rial
persische Provinz
Fars
persischer Dichter
Omar
persischer Religionsstifter
Mani
Personalausweis
Pass
Personenbezeichnung
Name
Personenkraftwagen
Auto
persönliche Ausdrucksweise
Stil
persönliches deutsches Fürwort
euer, sich
persönliches englisches Fürwort
they
persönliches französisches Fürwort
elle, nous, vous
peruanische Herrscherkaste
Inka
peruanische Provinz
Puno
peruanischer Exportartikel
Blei, Zink
peruanisches Schafkamel
Lama, Pako
Pessimist
Unke
Pfeifentabak
Shag
Pfeiler der Antike
Ante
Pfeilgift
Upas
Pferd
Gaul, Ross
Pferdeart
Pony
Pferdebahn
Tram
Pferdegangart
Pace, Trab
Pferdegeschirrteil
Zaum
Pferdekrankheit
Rehe, Rotz, Spat
Pferderasse
Pony
Pferderennplatz
Riem
Pferdesport
Polo, Turf
Pfingstgrün
Maie
Pflanze *ohne* **Blattgrün**
Pilz
Pflanze *mit* **Heilwirkung**
Aloe
Pflanzenart
Alge, Baum, Farn, Gras, Mohn, Moos, Pilz
Pflanzenauszug
Harz
Pflanzenfaser
Bast, Hanf
Pflanzenkeim
Same
Pflanzennährstoff
Dung, Kali
Pflanzenstachel
Dorn
Pflanzenstängel
Halm
Pflanzenteil
Dorn, Halm, Laub
Pflanzgut
Saat
pflanzlicher Brennstoff
Torf
Pflege
Hege
Pflege von Wild
Hege
Pfleger (Kurzwort)
Sani
Pflugmesser
Sech
Pflugteil
Baum, Sech
Pforte
Tuer
Pförtnerraum
Loge
Pfriem
Ahle
philippinische Insel
Cebu
philippinischer Ureinwohner
Aeta
philosophische Schule
Stoa
physikalische Grundgröße
Zeit

4

physikalische Krafteinheit
Pond
physikalischer Begriff
Atom, Bahn, Fall, Feld, Grad, Kern, Last, Raum, Zeit
Picke
Haue
Pickel
Akne
Pikanterie
Reiz
Pilgerart in Indien
Puri
Pilzbelag in der Mundhöhle
Soor
Pionier *des* **Automobilbaus**
Benz
Pirsch
Jagd
Plage
Last, Pein, Qual
Plan
Idee
Planet
Erde, Mars
Planetenbegleiter
Mond
Planetoid
Eros, Juno
planvolle Tötung
Mord
Plattfisch
Butt
Platz
Feld, Rang, Raum
Platz *in* **Berlin** (Kurzwort)
Alex
Platz *im* **Parlament**
Sitz
Plätzchengewürz
Anis, Zimt
Platzmangel
Enge
Pleite
Ruin
plötzlich
jaeh
plötzlich auftretend
akut
plötzlicher Einfall
Idee
plötzliches Anhalten
Ruck
plump
grob
Plunder
Kram, Tand
Pöbel
Pack
poetisch für Atem
Odem
poetisch für Brunnen
Born
poetisch für Erquickung
Labe
poetisch für Frühling
Lenz
poetisch für Gedicht
Poem
poetisch für Hauch
Odem
poetisch für Himmelsbläue
Azur
poetisch für Lebenshauch
Odem
poetisch für Mädchen
Maid
poetisch für Pferd
Ross
poetisch für Tod
Hein
poetisch für Wohlgeruch
Arom
poetisches Werk
Poem
Pointe
Clou, Witz
Pökelflüssigkeit
Lake
Polarschiff Nansens
Fram
Polder
Koog
poliert
eben
politische Gemeinschaft
Volk
Polizeibeamter *in* **Frankreich**
Flic
Polizeifahrzeug (Abkürzung)
Krad
Polizeigewahrsam
Haft
polizeilicher Begriff
Spur
polnischer Grenzfluss
Oder
polnischer Politiker
Beck, Pyka
polnischer Schriftsteller
Asch, Prus
polnisches Parlament
Sejm
Polstermöbel
Bett, Sofa
Polstersitzbank
Sofa
Popmusik der 60er-Jahre
Beat
Popmusikbegriff
Band, Bass, Beat, Show, Soul
poppig
bunt
poröses Vulkangestein
Bims
Portion
Teil
Porträt
Bild
portugiesische Währungseinheit
Real, Reis
portugiesischer Entdecker
Diaz, Gama
portugiesischer Politiker
Pais
portugiesischer Schriftsteller
Dias, Lobo
portugiesischer Seefahrer
Diaz Gama
Porzellanmanufaktur
Selb, Wien
Porzellanstadt
Selb
Posament
Band
Posaune der alten Germanen
Lure
Position
Lage
positiver Kontostand
Plus
Possen
Witz
Possenreißer
Narr
possierlich
nett
Postzusteller
Bote
Prädikat
Note
Prädikat bei Doktorprüfungen
rite
Prahlhans
Snob
Pralinenfüllung
Krem, Nuss
prall
dick
Pranger in Lübeck
Kaak
Präposition
fuer, nach, ohne, samt, seit
Präsent
Gabe

Preis
Wert
Preis *für* **Kapitalnutzung**
Zins
Preis *von* **Wertpapieren**
Kurs
Preisgericht
Jury
Preisschätzung
Taxe
Preisüberhöhung
Nepp
preußischer Feldmarschall
Roon
preußischer General
Roon
preußischer Kriegsminister
Roon
preußischer Schlachtenort
Jena
preußischer Staatsmann
Dohm, Falk, Roon
Priester der Ostkirche
Pope
Priestergewand
Albe
Primat
Affe
primitive Unterkunft
Asyl
Privatsekretär Ciceros
Tiro
Probe
Test
Produkt
Ware
Produkt *der* **Forstwirtschaft**
Holz
Produkt *aus* **Kohle**
Teer
Produkt *aus* **Kokosnüssen**
Fett
Produkt *aus dem* **Moor**
Torf
Produktionsstätte
Werk
Programm
Plan
Prophet im Alten Testament
Amos, Esra, Hiob, Joel, Jona, Nabi, Osee
Prosawerk
Saga
Protest
Veto
Protestkundgebung (Kurzwort)
Demo
Protz
Snob
Prüfung
Test
Prüfungsarbeit
Test
Prüfungsprädikat
Note
Prüfungsverfahren
Test
Prügel
Haue
Prunk
Pomp
Psalmenzeichen
Sela
Psyches Geliebter
Amor
Psychoanalytiker
Jung
psychologisches Experiment
Test
Publikumsliebling
Idol
puderartiges Mineral
Talk
Pudergrundstoff
Talk
Punkt *im* **Telegramm**
stop
Punkt *auf dem* **Würfel**
Auge
Punktscheinwerfer
Spot
Puppenkörper
Balg
pur
rein
Puste
Atem
Pygmäenstamm
Aeta, Akka, Kivu

Q

Qual
Last, Leid, Pein
quälender Schmerz
Pein
Qualität
Wert
Quantität
Zahl
Quelle
Born
Quellfluss *der* **Donau**
Breg
querköpfig
stur
Querstange am Schiffsmast
Rahe
Querstange des Barrens
Holm
Quintessenz
Kern
quitt
wett
Quote
Satz, Teil

R

Radhülse
Nabe
Radio direkt
live
radioaktives Element
Uran
Radiowesen
Funk
Radmittelteil
Nabe
Raffgier
Geiz
Raffsucht
Gier
Rage
Zorn
Rahenende
Nock
Ramsch
Kram
Rand
Ende, Saum, Ufer
Rand eines Gewässers
Ufer
Randeinfassung
Saum
Randgebirge des Pamir
Alai
Randleiste
Sims
Rang
Grad
Rangbezeichnung
Note
Range
Goer, Kind
Ranke des Weinstocks
Rebe
Rankengewächs
Efeu, Wein
Ränkespiel
List
Rankgewächs
Efeu
rasche Bewegung
Ruck
rasend
toll

4

rasende Mordwut
Amok
Rasenpflanze
Gras
Rasenspiel
Golf, Polo
Rasenstück
Sode
Raserei
Rage
Rast
Ruhe
Rat
Tipp, Wink
Rate
Teil
Ratespiel
Quiz
ratsam
klug
Rätselart
Quiz
rau (rauh)
derb, grob
Raub
Fang, Sore
Räuber
Dieb
Raubfisch
Wels
Raubkatze
Puma
Raubtier
Baer, Puma, Wolf
Raubtiergebiss
Fang
Rauchfang
Esse
Rauchware
Fell, Pelz
Raum
Erde, Saal, Welt
Raum *zwischen* **Mauer-steinen**
Fuge
Raumbegrenzung
Wand
Raumeingang
Tuer
Raumfahrtbegriff
Mach
Raumfahrtbehörde der USA
NASA
Raummaß
Ster
Rauschzustand
Trip
Raute
Karo
Rebensaft
Wein
Rechenzeichen
plus
Rechnung
Nota
Rechteck
Karo
rechter Donauzufluss
Save
Rechtlosigkeit im Mittel-alter
Acht, Bann
Rechtsbrauch
Usus
rechtschaffen
brav
rechtswidrige Aneignung
Raub
Rechtswissenschaft
Jura
Recke
Held
redlich
fair, treu
Rednerplatz
Pult
Regal
Bord, Rack
rege
agil
Regel
Norm
Regelverstoß *im* **Sport**
Foul
Regelwidrigkeit
Foul
Regenbogenhaut
Iris
Regenkleidung, Regen-schutz
Cape
Regenschauer
Guss
Regenumhang
Cape
Region
Zone
Reh
Bock, Kalb, Kitz
Rehjunges
Kitz
Reifen
Pneu
Reifendruckmaß
Atue, Torr
Reihe zusammengehö-riger Dinge
Satz
Reim
Vers
rein
klar
Reinfall
Flop, Pech
Reinigungsgerät
Mopp
Reinigungsmittel
Soda
reinrassig
edel
Reise
Flug, Tour, Trip
Reiseausweis
Pass
Reiseweg
Kurs
Reiseweg von Schiffen
Kurs
Reißverschluss
Zipp
Reiswein
Sake
Reitbahn
Turf
Reitersoldat
Ulan
Reiterspiel
Polo
Reittier
Esel, Muli
Reizleiter
Nerv
Reizorgan
Nerv
Reizstoff *im* **Tee**
Tein
Religionsbuch *der* **Inder**
Veda, Weda
Religionsstifter
Mani
religiöse Handlung
Kult
religiöses Oberhaupt der Schiiten
Imam
Relikt
Rest
Rennende
Ziel
Rennhindernis
Oxer
Rennstrecke
Bahn
Rennstrecke *in* **Berlin**
Avus
Rennwette
Toto
Reptilart
Teju
Resonanz
Echo
Ressentiment
Neid
restlos
ganz
Rettich
Radi

Rettung
Heil
Revue
Show
Rheinhafen
Kehl
rheinisches Wort für närrisch
jeck
Rheinmündungsarm
Oude, Waal
rhythmische Ausdrucksform
Tanz
rhythmische Bewegung
Tanz
rhythmischer Schwerpunkt im Jazz
Beat
richtig
wahr
Richtlinie
Norm
Richtschnur
Norm
Richtung
Kurs
Riechorgan
Nase
Ried
Moor
Riemen
Gurt
Riese *im* **Alten Testament**
Enak
Riese *im* **französischen Märchen**
Oger
Riesenhirsch
Elch, Elen
Riesenvogel
Dodo, Roch, Rock
riesige Wassermasse
Meer
Riff
Bank, Fels
rigoros
hart
Rille
Nute
Rind
Kalb
Rind im Orient
Zebu
Rindenteil
Bast, Kork
Rinderart
Zebu
Rinderfett
Talg
Ring
Reif
Ring des Saturn
Anse
Ring um Gestirne
Halo
Ringeltier
Wurm
Ringelwurm
Egel
Rinnleiste antiker Tempel
Sima
Rinnsal
Bach
Riss
Fuge, Ritz
Ritter *der* **Artusrunde**
Erek
ritterlich
fair
ritterlicher Besitz
Burg
Rittersitz
Burg
Ritual
Kult, Usus
Ritze
Fuge, Riss
Robbenart
Seal
Robbenfell
Seal
robust
derb, grob
Rock der Schotten
Kilt
roh
grob
Rohbaumwolle
Lint
Rohr
Gras, Halm
Rohransatzstück
Muffe
Röhricht
Ried
Rohrleitung für Abwässer
Siel
Rohrleitungsverschluss
Hahn
Rohrverbindungsstück
Trap
Rohseide
Ecru
Rohstoff für Bier
Malz
Rolands Kaiser
Karl
Rolle
Part, Text
Rolle in einem Theaterstück
Part
Rollenfach
Alte, Held
Rom in der Landessprache
Roma
Roman von Camus
Fall, Pest
Roman von Colette
Gigi
Roman von Zola
Nana
Romanfigur *bei* **Erich Kästner**
Emil
Romanfigur *bei* **John Irving**
Garp
römische Kalendertage
Iden
römische Mahlzeit
cena
römische Monatsmitte
Idus
römische Mondgöttin
Luna
römischer Brandstifter
Nero
römischer Dichter
Ovid
römischer Heiliger
Neri
römischer Kaiser
Nero
römischer Kalendertag
None
römischer König
Numa
römischer Kriegsgott
Mars
römischer Liebesgott
Amor
römischer Schriftsteller
Ovid
römischer Staatsmann
Cato
römischer Todesgott
Mors
römisches Gewand
Toga
römisches Obergewand
Toga
Ross
Gaul
rote Rübe
Bete
roter Farbton
Rosa
roter Planet
Mars
roter Umhang des Toreros
Capa
rotgelbe Erde
Lehm
Roulettebegriff
Chip, noir, pair, Zero

Route
Kurs
Rübenart
Bete
Rubrik
Fach
Rucksack
Aser
Rücksichtnahme
Takt
rücksichtslos
hart, wild
rücksichtsvoll
zart
Rücksitz
Fond
Rückstand
Rest, Soll
Rückstand *aus* **Steinkohlenteer**
Pech
rüde
derb, grob
rüder Bursche
Kerl
Ruf
Ehre, Fama
Rufmord
Tort
Rufname von Brecht
Bert
Rufwort *für* **Kellner**
Ober
Ruhe
Rast
Ruhemöbel
Bett, Sofa
Ruhepause
Rast
Ruheplatz eines Toten
Grab
Ruinenstätte *am* **Euphrat**
Mari
Ruinenstätte *in* **Kleinasien**
Myra, Side
rumänische Münze
Banu
rumänische Währungseinheit
Bani, Banu
Rumpf
Leib
Runddorf
Kral
runde Öffnung
Loch
runde Schneehütte der Eskimos
Iglu
runder Hohlkörper
Rohr
Rundfahrt
Tour
Rundfunksender (Abkürzung)
Rias
rundfunktechnischer Begriff
Band
rundliche Öffnung
Loch
Rundreise
Tour
Rundsiedlung in Afrika
Kral
russische Bezeichnung für Erlass
Ukas
russische Halbinsel
Krim
russische Heilige
Olga
russische Nachrichtenagentur
TASS
russische Verneinung
njet
russische Zarin
Anna
russischer Berg
Alai, Moma, Muja
russischer Bildhauer
Gabo
russischer Frauenname
Nina
russischer Geistlicher
Pope
russischer Männername
Igor, Iwan
russischer Nobelpreisträger für Physik
Tamm
russischer Schriftsteller
Blok
russischer Weltgeistlicher
Pope
russischer Zarenname
Igor, Iwan, Oleg, Paul
russisches Bauernhaus
Isba
russisches Gebirge
Ural
russisches Grenzgebirge
Ural
russisches Nachrichtenbüro
TASS
russisches Parlament
Duma
Rüster
Ulme
Rüstungsteil
Helm
Rute
Stab

S

Saal für Festlichkeiten
Aula
Saalbau
Oper
Saatgut
Same
Sachbereich
Fach
Sache
Ding, Fall
Sachen
Zeug
Sackleinwand
Jute
Saft
Most
Sage
Fama, Maer, Saga
Sägeabfall
Span
sagenhafte Königin von Sparta
Leda
sagenhafte Wunder wirkende Schale
Gral
sagenhafter englischer König
Lear
sagenhafter Held der Schweiz
Tell
sagenhafter keltischer König
Lear
sagenhafter Menschen fressender Riese
Oger
sagenhafter Schweizer Nationalheld
Tell
sagenhafter Vogel
Rock
Sahne
Rahm
Saitenauflage der Gitarre
Steg
Saiteninstrument
Lyra
Salbe
Krem
Salbenbehälter
Dose, Tube
Salz *der* **Kohlensäure**
Kalk, Soda

Salzbrühe zum Einlegen von Fleisch
Lake
salzhaltiges Wasser
Sole
Salzwasser
Sole
Samen
Keim, Saat
Samenkapsel
Kern
Sammelbegriff für Früchte
Obst
Sammelbegriff für Getreide
Korn
Sammelbegriff für jagdbare Tiere
Wild
Sammelbegriff für Nutztiere
Vieh
Sammelwort für Nutztiere
Vieh
Sammlung altnordischer Dichtung
Edda
sämtliche
alle
Sandbank
Riff
sandhaltiger Ton
Lehm
Sandwüste
Gobi
sanft
lind, mild, zahm, zart
sangbare Weise
Lied
Sängergruppe
Chor, Trio
Sarkasmus
Hohn
Satellit
Mond
sattelfest
firm
Satyr
Faun
Satz
Text
sauber
rein
sauer
herb
Sauerstoffform
Ozon
Sauerstoffverbindung
Oxid
Säugetierart, Säugetiergattung
Wale
Säugling
Baby
Säuglingsnahrung
Brei, Saft
Saugwurm
Egel
Säulenhalle
Stoa
Saum
Naht, Rand
säumig
faul
Schabefleisch
Hack
Schabeisen der Kammmacher (Kammacher)
Iler
Schablone
Form
Schachausdruck
matt, patt
Schachfigur
Dame, Turm
Schachweltmeister
Euwe
Schädel
Kopf
Schädelinhalt
Hirn
schadhafte Stelle
Leck, Loch, Riss
schädlicher Eisenbelag
Rost
schädlicher Stoff
Gift
schädliches Nagetier
Maus
Schaf
Bock, Lamm
schafartiges Horntier
Thar
Schafkamel
Lama
Schaflaut
maeh
Schafsfett
Talg
Schaft
Halm, Kiel
Schalenfrucht
Nuss
Schalk
Narr
Schall
Echo, Hall
Schallreflexion
Echo
Schallsignalgerät
Hupe
Schaltstufe beim Auto
Gang
Scham
Reue
Schandtat
Mord, Raub
Schankgefäß
Glas, Krug
scharfe Kante
Grat
scharfe Wurzel
Kren
scharfes Werkzeug
Beil
Scharfsinn
Witz
Schatz
Hort
Schätzung
Taxe
Schau
Show
Schauder
Ekel
Schauer
Guss
Schaumwein
Sekt
Schauspiel von Ibsen
Nora
Schauspiel von Shakespeare
Lear
Schauspieler
Mime
Schauspielergehalt
Gage
Schauspielerin
Diva, Star
Scheckzahlungsverkehr
Giro
Scheibe
Puck, Teil
Scheidungsparadies in Amerika
Reno
Schein
Note, Trug
Schellen
Karo
Schellfischart
Leng
Schelm
Narr
Schema
Norm, Plan
Scherflein
Gabe
Scheusal
Ekel
scheußlich
fies
Schicht
Lage
Schicklichkeitsgefühl
Takt

4

Schienenechse
Teju
Schienenfahrzeug
Lore
Schienenweg
Bahn
schier
fast, rein
Schiff *der* griechischen Sage
Argo
Schiff Iasons
Argo
Schiff *des* Kolumbus
Nina
Schiff *der* Kolumbusflotte
Nina
Schiffer
Maat
Schifffahrtshindernis
Riff
Schiffsanlegeplatz
Dock
Schiffsaufbau
Mast
Schiffsbaum
Mast
Schiffsbauplatz
Dock
Schiffsbesatzung
Crew
Schiffsbeschädigung
Leck
Schiffsdeck
Bord
Schiffsdecköffnung
Luke
Schiffsebene
Deck
Schiffsflaschenzug
Gien
Schiffsgrundbalken
Kiel
Schiffshaltetau
Reep, Stag
Schiffshinterteil
Back, Heck
Schiffsmannschaft
Crew
Schiffsöffnung
Luke
Schiffsrand
Bord
Schiffstyp
Ewer, Yawl
Schiitenführer
Imam
Schilf
Reet, Ried, Rohr
Schimmel
Spor
Schinderei
Qual
Schirmherr der Winzer
Goar
Schlachtfett vom Rind
Talg
Schlachttier zum Passahfest
Lamm
schlaff
lose
Schlafstatt
Bett
Schlafstelle auf Schiffen
Koje
Schlag
Hieb
Schlagaderbewegung
Puls
Schlagbecken
Gong
Schläge
Haue
Schlaggerät
Rute
Schlaginstrument
Gong
Schlagrhythmus im Jazz
Beat
Schlagzeug einer Band
Drum
Schlamm
Moor
Schlammfisch
Wels
Schlammstrom
Mure
schlank
rank
schlaue Tat
List
schlecht
mies
schlechte Charaktereigenschaft
Geiz, Neid
schlechte Luft
Mief
schlechter Mensch
Lump
Schlechtwetterzone
Tief
schleierartiges Gewebe
Flor, Gaze
Schlendrian
Stil
schleswig-holsteinische Insel
Sylt
Schleudern des Speers
Wurf
Schleuderwaffe
Bola
schleunigst
bald
Schleuse im Deich
Siel
Schlingpflanze
Efeu, Wein
Schlittengleitschiene
Kufe
Schloss *an der* Loire
Usse
Schloss *in* Oberfranken
Banz
Schlot
Esse
Schlüpfer
Slip
Schluss
Ende
Schlüsselteil
Bart
Schlussstellung beim Schach
Matt, Patt
Schlusswendung (Musik)
Koda
Schlusswort
Amen
Schmähung
Tort
schmal
karg
schmale Brücke
Steg
schmale Öffnung
Ritz
schmale Stelle
Enge
schmaler Bergrücken
Grat
schmaler Durchlass
Enge
schmaler Fußweg
Pfad
schmaler Gewebestreifen
Band
schmaler Teil einer Flasche
Hals
schmaler Weg
Pfad
Schmer
Fett
Schmerz
Gram, Harm, Leid, Pein, Qual
Schmetterlingsart
Baer, Eule
Schmetterlingsblütler
Klee, Soja
Schmied in der Sage
Mime
Schmiedegerät
Esse
Schmiermittel
Fett

Schmöker
Buch
Schmuck
Zier
Schmuckkügelchen
Perle
Schmuckmaterial
Gold, Jade
Schmuckring
Reif
Schmuckstein
Jade, Jett, Onyx, Opal
Schmuckstück
Band, Clip, Reif, Ring
schmutzfrei
rein
schmutziges Stadtviertel
Slum
Schnapssorte
Korn
Schneeform
Firn
schneefrei
aper
Schneehütte der Eskimos
Iglu
Schneemensch
Yeti
Schneeschuh
Schi
Schneid
Elan, Mumm
Schneide
Grat
schneidig
kess
schnell härtende Masse
Gips
Schnepfenvogel
Kiwi
Schnitzer
Bock
Schnitzmaterial
Bein, Holz
Schnur
Band
Schnürriemen
Gurt
Schollenart
Butt
schön
fein, zart
schöner Mann
Beau
schönes Mädchen im Paradies des Islam
Huri
Schönling
Beau
schonungslos
hart
Schöpfer
Gott
schöpferischer Gedanke
Idee
Schöpferwesen
Gott
Schöpfung
Welt, Werk
Schornstein
Esse
Schote
Pale
Schottenrock
Kilt
schottische Insel
Coll, Fair, Iona, Mull, Skye
schottische Sippe
Clan, Klan
schottischer Erfinder
Watt
schottischer Reformator
Knox
schottischer Whisky
Malt
schottisches Kleidungsstück
Kilt
schräg
quer
schräge Schleifkante
Fase
Schramme
Riss, Ritz
Schrankabteil
Fach
Schraubenantilope
Kudu
Schreibbuch
Heft
Schreibstifteinlage
Mine
Schreibutensilienbehälter
Etui
Schreibwarenartikel
Heft
Schreibweise
Stil
Schrein
Lade, Sarg
Schreitvogel
Ibis
Schreivogel
Rabe
Schrift
Buch, Heft, Text
Schriftenbündel
Akte
Schriftgrad
Perl, Text
schriftliche diplomatische Mitteilung
Note
Schriftsatz
Text
Schriftsprache im Buddhismus
Pali
Schriftsteller
Poet
Schriftstück
Akte
Schriftzeichen
Rune
schrill
laut
schroff
grob, jaeh, rauh
Schrulle
Tick
Schubfach
Lade
Schublade
Fach
Schuft
Lump
Schuhmacherwerkzeug
Ahle, Dorn
Schuhteil
Oese
Schulartikel
Heft
Schuld
Reue, Soll
Schulden
Soll
Schuldgefühl
Reue
Schuldverschreibung
Bond
Schulfestsaal
Aula
Schulschreibbuch
Heft
Schulstadt in England
Eton
Schulveranstaltung
Fest
Schulzensur
Note
Schund
Kram
Schürzenbruststück
Latz
Schüssel
Kumm, Napf
Schusterpfriem
Ahle
Schuttfeld
Gand
Schuttstrom im Hochgebirge
Mure
Schutz
Wehr
Schutz *von* **Pflanzen**
Hege

Schutzanlage
Wehr
Schutzanlage an Ufern
Damm, Wehr
Schütze der nordischen Sage
Egil
schützende Kopfbedeckung
Helm
Schutzherr im Mittelalter
Vogt
Schutzwall
Damm
schwäbischer Höhenzug
Jura
schwach
flau, lahm, matt
Schwanz *des* **Wolfs**
Rute
Schwarm
Pulk
schwarze Farbe beim Roulette
Noir
schwarze Jura
Lias
schwarzer Tod
Pest
Schwarzwild
Eber
schwedische Dynastie
Wasa
schwedische Universitätsstadt
Lund
schwedische Verwaltungseinheit
Laen
schwedische Währungseinheit
Oere
schwedischer Königsname
Karl, Olaf
schwedischer Maler
Zorn
schwedischer Mathematiker
Abel
schwedischer Tennisspieler
Borg
schwedisches Königsgeschlecht
Wasa
Schweigen
Ruhe
Schweinefett
Flom
Schweinehackfleisch
Mett
schweizerisch für fahrbarer Bagger
Trax
schweizerisch für Kahn
Naue
schweizerisch für Nordostwind
Bise
schweizerische Kantonshauptstadt
Bern, Chur, Genf, Sion
schweizerische Zirkusfamilie
Knie
schweizerischer Berg
Alis, Rigi
schweizerischer Bildhauer
Bill, Vela
schweizerischer Humanist
Wyle
schweizerischer Kanton
Bern, Genf, Jura
schweizerischer Maler
Bill, Klee
schweizerischer Mediziner
Jung
schweizerischer Nationalheld
Tell
schweizerischer Nobelpreisträger für Medizin
Hess
schweizerischer Nordostwind
Bise
schweizerischer Pass
Jaun, Ofen
schweizerischer Politiker
Ador, Droz, Frey, Haab, Zemp
schweizerischer Psychologe
Jung
schweizerischer Sagenheld
Tell
schweizerischer Schriftsteller
Anet, Heer, Hohl, Zahn
schwelendes Feuer
Glut
schwere Bodenart
Klei, Lehm
schwere Bürde
Last
schwerer Schlag
Hieb
schweres Schiffstakel
Gien
schweres Verbrechen
Mord
schwerfällig
faul
schwerhörig
taub
Schwermetall
Blei, Gold, Uran, Zink, Zinn
Schwertlilie
Iris
Schwerverbrechen
Mord
Schwester *der* **Aurora**
Luna
Schwester *des* **Zeus**
Hera
Schwof
Tanz
Schwung
Elan
Sedimentgestein
Gips, Kies, Lehm, Sand
See
Meer
See *in* **Pommern**
Leba
See *in* **Schottland**
Ness
Seealgen
Tang
Seebad *in* **Pommern**
Binz, Deep
Seebad *auf* **Rügen**
Binz
Seehundpelz
Seal
Seejungfrau
Nixe
Seelenschmerz
Leid
Seelentrost
Labe
seelischer Schmerz
Leid, Qual
Seemann
Maat
seemännisch für Bett
Koje
seemännisch für Decköffnung
Luke
seemännisch für Gezeiten
Tide
seemännisch für hinteres Schiffsende
Heck
seemännisch für Kerbe, Rille
Keep
seemännisch für Schiffstau
Reep
seemännisch für Segel
Fock

seemännisch für Stahlseil
Want
Seemannsruf
ahoi
Seezeichen
Bake, Boje
Segelart
Fock
Segelbaum
Mast
Segelbootstyp
Bark, Ewer, Finn, Hulk, Slup, Star, Yawl
Segeljacht
Slup
Segelschiff
Bark
Segelstange
Dirk, Rahe, Stag
Segeltaueinfassung
Liek
Segen
Heil
Sehorgan
Auge
sehr feucht
nass
sehr große Hitze
Glut
sehr großer Innenraum
Saal
sehr kleines Teilchen
Atom
sehr kurze Kleidung
Mini
sehr kurzer Rock
Mini
sehr oft
x-mal
seichte Bucht
Anse
seichter Flussübergang
Furt
seichtes Gebiet der Nordsee
Watt
Seidengewebe
Taft
Seihgerät
Sieb
Seilmaterial
Hanf
Seite in der Buchführung
Soll
seitliche Raumbegrenzung
Wand
Sekretär Ciceros
Tiro
Sektor
Zone
Selbstbezeichnung *der* **Zigeuner**
Roma
selbstständig (selbständig)
frei
selbstverständlich
logo
Selbstverteidigung als Sport
Judo
selig
froh
seltsame Angewohnheit
Tick
semitische Gottheit
Baal
Sender in Westberlin
RIAS
Sendung
Post
sengende Hitze
Glut
Senke vulkanischen Ursprungs
Maar
separat
solo
separater Raum für Zuschauer
Loge
Servierer
Ober
Serviette
Latz
Seuche
Aids, Pest, Ruhr
Seuche im Mittelalter
Pest
sicher
firm
sichere Zuflucht
Hort
Sicherheitsschrank
Safe
Sichtvermerke im Pass
Visa
Siebensachen
Kram, Tand
Siedlung
Dorf
Siegesgöttin
Nike
Signaleinrichtung
Horn, Hupe
Signalhorn am Fahrzeug
Hupe
silberglänzendes Metall
Zinn
Silberlöwe
Puma
Silberpappel
Albe
singbares Gedicht
Lied
Singgemeinschaft
Chor
Singvogel
Fink, Star
Sinn
Ziel
Sinnbild der Weisheit
Eule
Sinnesorgan
Auge, Haut, Nase
Sinnestaumel
Lust
Sinnestäuschung
Wahn
sinnvolle Wortzusammenstellung
Satz
Siouxindianer
Iowa
Sippe
Clan
Sippenbesitz der Germanen
Odal
Sitte
Mode, Usus
Situation
Lage
Sitz *einer* **griechischen Philosophenschule**
Elea
Sitz *im* **Theater**
Loge, Rang
Sitzgelegenheit
Bank, Sofa
Skaleneinteilung
Grad
skandinavisch für Prost
skål
skandinavische Meerenge
Belt, Sund
skandinavische Münze
Oere
skandinavische Währung
Oere
skandinavischer Männername
Stig
Skatausdruck
Null, Solo
Skatspielart
Hand
Skizze
Plan
Slawe
Pole
Snob
Beau, Geck, Gent
soeben
just

4

sofern
wenn
sofort
itzo
Sohn von Adam
Abel, Kain, Seth
Sohn von Aphrodite
Eros
Sohn von Frigga
Thor
Sohn von Isaak
Esau
Sohn von Jakob
Juda, Levi
Sohn von Judas
Onan
Sohn von Juno
Mars
Sohn von Jupiter
Mars
Sohn von Kronos
Zeus
Sohn von Odin
Thor
Sohn von Rhea
Zeus
Sohn von Venus
Amor
Sohn von Zeus
Ares
Soldatenlohn
Sold
solid
fest
somit
also, ergo
Sommermonat
Juni
Sondergericht im MA
Feme
Sonderling
Kauz
Sonnenhof
Halo
Sorge
Gram, Leid
sorglos
naiv
Sorte
Form
Spachtelmasse
Gips
Spalte
Riss
Spaltgerät
Beil, Keil
spanisch für Frau
doña
spanisch für Gipfel
pico
spanisch für Haus
casa
spanisch für See
lago
spanisch für Stier
toro
spanisch-französische Grenzstadt
Irún
spanische Anrede
Doña
spanische Landschaft
Leon
spanische Münze
Duro, Onza, Real
spanische Provinz
Jaén, León, Lugo
spanischer Bildhauer
Miró
spanischer Heerführer
Alba
spanischer Herrschername
Karl, Luis
spanischer Herzog
Alba
spanischer Kampfstier
Toro
spanischer Maler
Dalí, Goya, Gris, Miró
spanischer Männername
Juan
spanischer Politiker
Alba, Dato
spanischer Schriftsteller
Cela, Ruiz, Vega
spanischer Statthalter in den Niederlanden
Alba
spanisches Kap
Gata
Spannungsquelle
Netz
spärlich
karg
spartanisch
hart, karg
Sparte
Fach
Spaß
Witz
Spaßvogel
Narr
Speckstein
Talk
Speise
Kost, Mahl
Speisefisch
Butt, Salm
Speisefrüchte
Obst
Speisegewürz
Salz, Senf, Zimt
Speisenart
Brei
Speisenfolge
Menu
Speisenzubereiter
Koch
Speisenzutat
Salz
Speisesack des Jägers
Aser
Speisewürze
Salz, Senf
Spende
Gabe
Sperre
Wehr, Zaun
Spiel
Game
Spiel *beim* Skat
Null, Solo
Spieleinsatz beim Glücksspiel
Mise
Spielgerät
Ball
Spielkarte (Mehrzahl)
Asse, Bube, Dame, Ober
Spielkartenfarbe
Herz, Karo
Spielklasse
Liga
Spielmarke
Chip
Spielscheibe beim Eishockey
Puck
Spielzeug
Ball, Reif, Ring
Spieß
Pike
Spieß der Landsknechte
Pike
Spind
Lade
Spinnereiabfall
Werg
Spinnereiprodukt
Garn, Tuch
Spinnhülse
Kops
Spitzbube
Dieb
Spitze
Zahn
Spitze einer Truppe
Tete
Spitzenkönner
Asse, Star
spitzer Pflanzenteil
Dorn
spitzes Stechwerkzeug
Ahle, Dorn
Spleen
Tick

Splitter
Span
Sporenpflanze
Farn, Moos, Pilz
Sporn
Dorn, Kufe
Sportanlage
Bahn, Feld
Sportart
Golf, Judo, Polo, Tanz
Sportboot
Kanu
Sportgerät
Ball, Bock, Puck, Reck, Reif, Schi, Seil, Stab
Sportklasse
Liga
sportlich anständig
fair
sportliche Wahlübung
Kuer
Sportmannschaft
Crew, Team
Sportsegelboot
Yawl
Sportverein in Madrid
Real
Sportwette
Toto
Spott
Hohn
sprachwissenschaftliches Zeitwort
Verb
Sprechwerkzeug
Zahn
Sprengkörper
Mine
Spreu
Kaff
Sprossenpilz
Hefe
Sprung
Riss, Satz
Sprung *beim* **Eislauf**
Axel, Lutz
Staat *in* **Hinterindien**
Laos
Staat *in* **Mittelamerika**
Kuba
Staat *im* **Nahen und Mittleren Osten**
Irak, Iran, Oman
Staat *im* **Orient**
Iran
Staat *in* **Südamerika**
Peru
Staat *in* **Südostasien**
Laos
Staat *in* **Westafrika**
Mali, Togo
staatlicher Verkehrsbetrieb
Bahn
staatliches Unternehmen
Post
Staatsgemeinschaft
Volk
Staatshaushalt
Etat
Stab
Team
stabil
fest
stabile Kopfbedeckung
Helm
Stachel
Dorn
Stachelpflanze
Rose
Stacheltier
Igel
Stadt, Gemeinde *an der* **Adria**
Bari, Pula
Stadt, Gemeinde *in* **Afrika**
Sais, Sues, Suez
Stadt, Gemeinde *in* **Ägypten**
Edfu, Gise, Kena, Sues, Suez
Stadt, Gemeinde *in* **Algerien**
Bone, Oran
Stadt, Gemeinde *im* **Allgäu**
Isny
Stadt, Gemeinde *im* **alten Ägypten**
Sais
Stadt, Gemeinde *im* **alten Persien**
Susa
Stadt, Gemeinde *in* **Amerika**
Erie, Hull, León, Lima, Reno, Yuma
Stadt, Gemeinde *am* **Arno**
Pisa
Stadt, Gemeinde *bei* **Arras**
Sens
Stadt, Gemeinde *in* **Aserbaidschan**
Baku
Stadt, Gemeinde *in* **Asien**
Aden, Agra, Aksu, Baku, Gaza, Gifu, Hama, Kobe, Mito, Oman, Omsk, Riad, Sana, Sian, Tais, Tura
Stadt, Gemeinde *in* **Äthiopien**
Adua
Stadt, Gemeinde *in* **Australien und Ozeanien**
Eyre, Suva, Thio
Stadt, Gemeinde *in* **Baden-Württemberg**
Aach, Calw, Horb, Isny, Kehl, Lahr, Weil
Stadt, Gemeinde *im* **Baltikum**
Riga
Stadt, Gemeinde *in* **Bayern**
Cham, Selb
Stadt, Gemeinde *in* **Belgien**
Arel, Gand, Gent, Lier, Mons
Stadt, Gemeinde *im* **Bergischen Land**
Haan
Stadt, Gemeinde *in* **Böhmen**
Eger
Stadt, Gemeinde *in* **Bulgarien**
Ruse
Stadt, Gemeinde *in* **Burgund**
Dôle, Lons, Sens
Stadt, Gemeinde *in* **China**
Ansi, Hami, Sian, Taku, Wuhu, Wusi
Stadt, Gemeinde *in* **Dänemark**
Aars, Asaa, Hals, Ribe, Tarm
Stadt, Gemeinde *am* **Dnjepr**
Kiew
Stadt, Gemeinde *am* **Don**
Asow
Stadt, Gemeinde *an der* **Donau**
Linz, Melk, Wien
Stadt, Gemeinde *in* **Ecuador**
Loja
Stadt, Gemeinde *in der* **Eifel**
Daun
Stadt, Gemeinde *an der* **Elbe**
Aken
Stadt, Gemeinde *an der* **Ems**
Leer
Stadt, Gemeinde *in* **England**
Bath, Eton, Hull, York
Stadt, Gemeinde *auf* **Fehmarn**
Burg
Stadt, Gemeinde *in* **Finnland**
Oulu, Pori, Vasa

4

Stadt, Gemeinde *in* **Frankreich**
Agen, Albi, Alès, Auch, Caen, Laon, Lons, Lyon, Metz, Nice, Sens, Sète, Toul
Stadt, Gemeinde *am* **Gardasee**
Riva, Salò
Stadt, Gemeinde *in* **Griechenland**
Arta, Elea
Stadt, Gemeinde *in* **Indien**
Agra, Puna, Puri
Stadt, Gemeinde *am* **Inn**
Hall, Rott
Stadt, Gemeinde *im* **Irak**
Anah, Uruk
Stadt, Gemeinde *im* **Iran**
Susa
Stadt, Gemeinde *in* **Irland**
Cork
Stadt, Gemeinde *in* **Israel**
Akka
Stadt, Gemeinde *in* **Italien**
Asti, Avio, Bari, Ceva, Como, Dego, Enna, Este, Fano, Nola, Pisa, Riva, Roma, Susa, Vibo
Stadt, Gemeinde *in* **Japan**
Kobe
Stadt, Gemeinde *im* **Jemen**
Aden
Stadt, Gemeinde *in* **Jordanien**
Maan
Stadt, Gemeinde *am* **Kaspischen Meer**
Baku
Stadt, Gemeinde *in* **Kirgisien**
Osch
Stadt, Gemeinde *in* **Kolumbien**
Anzá, Beté, Cali
Stadt, Gemeinde *im* **Kreis Hildesheim**
Elze
Stadt, Gemeinde *an der* **Lahn**
Diez
Stadt, Gemeinde *an der* **Leine**
Elze
Stadt, Gemeinde *in* **Lettland**
Riga
Stadt, Gemeinde *in* **Luxemburg**
Esch
Stadt, Gemeinde *in* **Marokko**
Ifni, Safi, Taza, Ujda
Stadt, Gemeinde *bei* **Meran**
Lana
Stadt, Gemeinde *in* **Mexiko**
León
Stadt, Gemeinde *in* **Mittelschweden**
Idre
Stadt, Gemeinde *an der* **Moldau**
Prag
Stadt, Gemeinde *an der* **Mosel**
Metz, Toul, Zell
Stadt, Gemeinde *an der* **Nagold**
Calw
Stadt, Gemeinde *an der* **Nahe**
Kirn
Stadt, Gemeinde *nördlich von* **Neapel**
Nola
Stadt, Gemeinde *am* **Neckar**
Horb, Sulz
Stadt, Gemeinde *auf* **Neuseeland**
Hutt
Stadt, Gemeinde *in* **Nevada**
Reno
Stadt, Gemeinde *in* **Nicaragua**
León
Stadt, Gemeinde *in den* **Niederlanden**
Edam
Stadt, Gemeinde *in* **Niedersachsen**
Elze, Leer
Stadt, Gemeinde *am* **Niger**
Fafa
Stadt, Gemeinde *in* **Norditalien**
Como
Stadt, Gemeinde *in* **Nordrhein-Westfalen**
Bonn, Haan, Hamm, Marl, Olpe, Porz, Rees, Unna, Werl
Stadt, Gemeinde *in* **Nordspanien**
Irún
Stadt, Gemeinde *in* **Nordwestböhmen**
Asch
Stadt, Gemeinde *in* **Nordwestfrankreich**
Laon
Stadt, Gemeinde *in der* **Normandie**
Caen
Stadt, Gemeinde *in* **Norwegen**
Oslo
Stadt, Gemeinde *an der* **Oka**
Orel
Stadt, Gemeinde *in* **Österreich**
Enns, Graz, Haag, Hall, Igls, Lech, Linz, Melk, Wels, Wien, Ybbs, Zell
Stadt, Gemeinde *in* **Ostfriesland**
Leer
Stadt, Gemeinde *im* **östlichen Ruhrgebiet**
Unna
Stadt, Gemeinde *in* **Ostpreußen**
Lyck
Stadt, Gemeinde *an der* **Ostsee**
Kiel
Stadt, Gemeinde *in* **Pennsylvanien**
Erie
Stadt, Gemeinde *in* **Peru**
Lima
Stadt, Gemeinde *am* **Po**
Susa
Stadt, Gemeinde *in* **Polen**
Lodz
Stadt, Gemeinde *in* **Pommern**
Leba
Stadt, Gemeinde *in* **Portugal**
Beja, Faro
Stadt, Gemeinde *am* **Rhein**
Bonn, Chur, Kaub, Kehl, Linz, Porz, Weil
Stadt, Gemeinde *in* **Rheinland-Pfalz**
Dahn, Kaub, Kirn, Konz, Zell
Stadt, Gemeinde *an der* **Rhône**
Genf, Lyon
Stadt, Gemeinde *im* **Ruhrgebiet**
Hamm, Marl, Unna
Stadt, Gemeinde *in* **Rumänien**
Arad
Stadt, Gemeinde *in* **Russland**
Omsk, Perm, Twer
Stadt, Gemeinde *an der* **Saale**
Jena

Stadt, Gemeinde *im* **Saarland**
Bous
Stadt, Gemeinde *in* **Sachsen-Anhalt**
Burg
Stadt, Gemeinde *auf* **Sardinien**
Bosa
Stadt, Gemeinde *in* **Saudi-Arabien**
Djuf, Hail, Riad, Taif
Stadt, Gemeinde *im* **Sauerland**
Olpe
Stadt, Gemeinde *in* **Schleswig-Holstein**
Kiel, Leck
Stadt, Gemeinde *im* **Schwarzwald**
Calw, Lahr
Stadt, Gemeinde *in* **Schweden**
Idre, Lund, Umeå
Stadt, Gemeinde *in der* **Schweiz**
Bern, Biel, Chur, Genf, Oron, Pfyn, Sion, Thun, Trub
Stadt, Gemeinde *in* **Spanien**
Irún, Jaén, León, Lugo, Vigo
Stadt, Gemeinde *auf* **Sylt**
List
Stadt, Gemeinde *am* **Tarn**
Albi
Stadt, Gemeinde *in* **Thüringen**
Gera, Jena, Suhl
Stadt, Gemeinde *in* **Tirol**
Imst
Stadt, Gemeinde *in* **Togo**
Lomé
Stadt, Gemeinde *in der* **Toskana**
Pisa
Stadt, Gemeinde *in der* **Tschechischen Republik**
Eger, Laun, Prag, Saaz, Tepl
Stadt, Gemeinde *in* **Tunesien**
Susa
Stadt, Gemeinde *in der* **Türkei**
Enos, Kars, Urfa
Stadt, Gemeinde *in* **Turkmenistan**
Merw
Stadt, Gemeinde *in der* **Ukraine**
Kiew, Lwow

Stadt, Gemeinde *in* **Ungarn**
Eger, Pécs, Raab, Tata
Stadt, Gemeinde *am* **unteren Don**
Asow
Stadt, Gemeinde *in den* **USA**
Erie, Gary, Reno
Stadt, Gemeinde *in* **Venetien**
Este
Stadt, Gemeinde *an der* **Weichsel**
Kulm
Stadt, Gemeinde *an der* **weißen Elster**
Gera
Stadt, Gemeinde *an der* **Weser**
Hoya
Stadt, Gemeinde *in* **Westspanien**
León
Stadt, Gemeinde *an der* **Wolga**
Twer
städtische Grünfläche
Park
städtisches Verkehrsmittel
Obus, Tram
Stadtmitte
City
Stadtteil *von* **London**
Soho
Stadtteil *von* **München**
Riem
Stadtzentrum
City
Stahlross
Velo
Stahlschrank
Safe
Stalldung
Mist
Stallmist
Dung
Stamm der Usbeken
Arab
Stammesverband
Clan, Klan
Stammhalter
Kind, Sohn
Stammmutter (Stammutter)
Ahne
Stammvater *der* **Edomiter**
Esau
Stammvater *der* **Menschen**
Adam

Stammvater *eines* **Riesengeschlechts**
Enak
Stand
Bude, Rang
Stand der Aristokratie
Adel
Standard
Norm
ständig
stet
ständiger Ärger
Qual
Stange
Stab
stark vergrößerndes Leseglas
Lupe
starke Abneigung
Hass
starke Hitze
Glut
Stärkemehl
Sago
starker Schiffsflaschenzug
Gien
starker Strick
Seil
starkes Gefühl der Feindschaft
Hass
starkes Verlangen
Gier
starr
stur
starrköpfig
stur
Station
Rast
Statthalter *der* **Niederlande**
Alba
Status
Lage
Stauanlage
Damm, Wehr
Stauwerk
Wehr
stechender Pflanzenteil
Dorn
Stechgerät
Ahle, Dorn
Stechpalmenart
Ilex
Stecken
Stab
steifer Hut
Bibi
steifer Seidenstoff
Taft
Steig
Pfad

Steigen und Fallen des Wassers
Tide
steil
jaeh
steil aufragendes Feldgebilde
Wand
steile Felswand
Fluh
Steinkohlenprodukt
Koks, Teer
Steinzeitbehausung
Abri
Stelldichein
Date
Stelle *als* **Arbeitsplatz**
Rang
Stelle wo etwas aufhört
Ende
Stellen
Orte
Stellung
Lage, Rang
Stellung im Schachspiel
Matt, Patt
Stellvertreter
Vize
Stenz
Geck
Sterbeort Wallensteins
Eger
Stern *in der* **Leier**
Wega
Stern *im* **Pegasus**
Enig
Sternbild
Baer, Lyra, Mira, Wega
Sterndeuter Wallensteins
Seni
stets
stet
Stichprobe
Test
Stickstoffverbindung
Azid
Stiergott der alten Ägypter
Apis
Stierkämpfertuch
Capa
Stil
Note
Stille
Ruhe
Stillstand
Halt, Stau, Stop
Stimmabgabe
Wahl
Stimmzettelbehälter
Urne
Stock
Rute, Stab
Stockung
Stau
Stoff
Zeug
Stoff im Tabakrauch
Teer
Stoffart
Cord, Filz, Gaze, Jute, Kord, Lamé, Mako, Rips, Samt, Taft, Werg
Stoffbehausung
Zelt
Stofffärbeverfahren (Stoffärbeverfahren)
Ikat
stofflich
real
Stoffmuster
Karo
Stoffschaden
Loch, Riss
Stoffstreifen
Bahn, Band
Stöpsel
Kork, Zapf
storchähnlicher Vogel
Ibis
störrisch
stur
Stoß
Ruck
Straftat
Mord, Raub
Strahlung
Aura
Strand
Lido
Strandbad bei Venedig
Lido
Strandsee
Haff, Noor
Strapaze
Qual
Straße *in* **Frankfurt**
Zeil
Straßenbahn
Tram
Straßenbenutzungsgebühr
Maut, Zoll
Strauchart
Efeu, Rose
Strauß
Bund
Straußenvogel
Kiwi
Streich
Coup, Hieb
Streichinstrument
Bass
Streit
Zank
Streitwagen der Antike
Biga
streng
hart
Strolch
Lump
strömende Wassermasse
Flut
Strommaßeinheit
Volt, Watt
Stromspeicher
Akku
Strophe
Vers
Strudel
Neer
Stube
Raum
Stück
Teil, Werk
Stückzahlmaß
Gros
studierter Mediziner
Arzt
Stuhlteil
Bein, Sitz
Stulle
Brot
Stumpf
Rest
Stundengebet
Hora, Hore
Sturm
Wind
Sturz
Fall
Stütze *für* **elektrische Leitungen**
Mast
Stütze *am* **Stuhl**
Bein
Stütze *am* **Tisch**
Bein
Stutzer
Beau, Geck, Gent, Snob
Stütztau
Want
Substanz im Kopf
Hirn
Sucht
Gier
Südafrikaner
Bure
südafrikanische Währungseinheit
Cent, Rand
südafrikanischer Volksstamm
Zulu

südamerikanische Kamelart
Lama
südamerikanische Teesorte
Mate
südamerikanische Währung
Peso
südamerikanischer Indianerstamm
Inka, Pano, Tupí
südamerikanischer Staat
Peru
südamerikanischer Straußenvogel
Rhea
südamerikanischer Ureinwohner
Inka
südamerikanischer Viehhirt
Peon
südamerikanisches Faultier
Unau
südamerikanisches Gebirgstier
Lama
südamerikanisches Lasttier
Lama
südamerikanisches Nagetier
Paka
südamerikanisches Raubtier
Onze, Puma, Unze
südamerikanisches Wurfgerät
Bola
südamerikanisches Zweizehenfaultier
Unau
südarabische Hafenstadt
Aden
südarabisches Gebiet
Oman, Saba
südarabisches Sultanat
Oman
süddeutsch für Bierrettich
Radi
süddeutsch für Josef
Sepp
süddeutsch für Maulesel
Muli
süddeutsch für Unterbein
Haxe
südeuropäisches Nutztier
Esel
südfranzösischer Fischereihafen
Sète
Südfrucht
Kiwi
südländische Hülsenfrucht
Erve
Südostasiat
Thai
südostasiatische Insel
Bali, Java
südostasiatischer Tagelöhner
Kuli
südostasiatischer Zwergbüffel
Anoa
Sultanat am arabischen Meer
Oman
Sultanat im Osten der arabischen Halbinsel
Oman
Sumpf
Fenn, Luch, Moor, Moos, Ried, Venn
Sumpfotter
Nerz
Sumpfvogel
Ibis
Sundainsel
Bali, Java
surrealistischer Maler
Dalí, Miró
süße Tortenfüllung
Krem
Süßspeise
Krem
Süßwasserspeisefisch
Wels
Symbol *für* **Eitelkeit**
Pfau
Symbol *für die* **Liebe**
Herz
Symbol *für* **Standhaftigkeit**
Fels
Symbol *für die* **Unschuld**
Lamm
Symbolfarbe für Neid
gelb
Symbolfarbe für Treue
blau
sympathisch
nett
synthetischer Kautschuk
Buna
System
Form

T

Tabaksorte
Shag
Tableau
Bild
Taggreifvogel
Weih
Takt
Werk
Talar
Robe
Talent
Gabe
Tand
Kram
Tanz
Jive, Reel, Step
Tanz *auf* **Hawaii**
Hula
Tanzfest
Ball
Tanzmädchen
Girl
Tanzorchester
Band
Tanzschritt
Step
Tanztruppenmädchen
Girl
Tanzveranstaltung
Ball, Fest
tapfer
brav
tapferer Kämpfer
Held
Tastorgan des Menschen
Haut
Tat
Werk
Tatar
Hack
Tatbestand
Fakt
Tatendrang
Elan
tätig
agil, rege
Tätigkeitswort
Verb
Tatsache
Fakt
tatsächlich
real
tatsächliches Ereignis
Fakt
Tau
Seil
Taueinfassung beim Segel
Liek
Tauende
Tamp

Taufzeuge
Pate
Taugenichts
Lump
Tauglichkeitsprüfung
Test
Tauschmittel
Geld
Täuschung
List, Trug, Wahn
Taxus
Eibe
Technik der Ausübung
(Sport)
Stil
Teenager
Girl
teerartige Masse
Pech
Teerprodukt
Pech
Teesorte
Mate
Teewirkstoff
Tein
Teigtreibmittel
Germ, Hefe
Teil
Part
Teil *der* **Adresse**
Name
Teil *des* **Armes**
Hand
Teil *des* **Auges**
Iris
Teil *des* **Barrens**
Holm
Teil *des* **Baumes**
Laub
Teil *des* **Beines**
Fuss, Knie, Wade
Teil *der* **Berliner Stadtautobahn**
Avus
Teil *des* **Bienenstocks**
Wabe
Teil *der* **Brille**
Steg
Teil *einer* **Burg**
Turm
Teil *der* **Eifel**
Venn
Teil *des* **Fußes**
Rist
Teil *des* **Gartens**
Beet
Teil *des* **Gebisses**
Zahn
Teil *des* **Gedichtes**
Vers
Teil *der* **Geige**
Hals, Steg
Teil *des* **Gesichts**
Auge, Bart, Kinn, Mund, Nase
Teil *des* **Hauses**
Dach, Raum, Tuer
Teil *des* **Knoblauchs**
Zehe
Teil *des* **Kopfes**
Auge, Kinn, Mund, Nase
Teil *des* **Körpers**
Kopf, Leib
Teil *des* **Messers**
Heft
Teil *des* **Moleküls**
Atom
Teil *des* **Ofens**
Rost
Teil *der* **Ostsee**
Belt, Sund
Teil *des* **Pferdegeschirrs**
Zaum
Teil *des* **Rades**
Nabe
Teil *eines* **Reaktors**
Core
Teil *des* **Satzes**
Wort
Teil *von* **Saudi-Arabien**
Asir
Teil *des* **Schlittens**
Kufe
Teil *des* **Schlüssels**
Bart
Teil *der* **Schreibmaschine**
Type
Teil *der* **Sprache**
Wort
Teil *des* **Stuhles**
Bein, Sitz
Teil *des* **Tennisspiels**
Satz
Teil *des* **Tierkopfes**
Maul
Teil *der* **Unterwäsche**
Slip
Teil *des* **Verdauungsapparates**
Darm
Teil *des* **Visiers**
Korn
Teil *der* **Vogelfeder**
Kiel
Teil *des* **Weinstocks**
Rebe
Teil *des* **Weserberglandes**
Hils
Teil *eines* **Zimmers**
Tuer
Teil *des* **Zuschauerraumes**
Loge
Teilbetrag
Rate
Teilchen
Atom
Teilstrich
Grad
Teilzahlung
Rate
Telegrammschlüssel
Code, Kode
Tempelberg von Jerusalem
Sion, Zion
Temperaturbezeichnung
kalt, warm
Temperaturmaß
Grad
Tempo
Hast
Tendenz
Hang, Kurs
Tennisausdruck
Asse, Satz, Spin
Tennisstar
Graf
Teppichoberfläche
Flor
Testfrage
Item
teuer
lieb, wert
Teufelsweib
Hexe
Textdichter von Lilli Marleen
Leip
Textilerzeugnis
Samt, Taft, Tuch
Textilien
Zeug
Textilprodukt
Tuch
Thailand
Siam
thailändische Amtssprache
Thai
thailändische Währung
Baht
Theater
Show
Theaterplatz
Loge, Rang
Theaterrolle
Part
Theatersitzplatz
Loge
Theoretiker der Psychoanalyse
Jung
Theoretiker des Sozialismus
Marx
tibetanischer Mönch
Lama

Tide
Ebbe, Flut, Stau
tiefe Abneigung
Hass
tiefe Bewusstlosigkeit
Koma
tiefe Männerstimme
Bass
tiefes Bedauern
Reue
Tierart
Wurm
Tierbehausung
Nest
Tierbrut
Wurf
Tierfangeinrichtung
Netz, Rute
Tierfell
Balg, Pelz
Tierfett
Talg, Tran
Tierfuß
Fang
Tierfutter
Gras, Klee
Tiergruppe
Flug
Tierhaarprodukt
Filz
Tierhaut
Balg, Fell, Pelz
Tierhaut mit Fell
Balg
tierisches Fett
Talg, Tran
tierisches Körperteil
Horn, Kamm, Maul
Tierkleid
Fell
Tierkrankheit
Rips, Rotz, Spat
Tiermund
Fang, Maul
Tierpflege
Hege
Tierprodukt
Fell, Fett, Horn, Pelz, Talg, Tran
Tierwaffe
Gift, Horn, Zahn
Tierwohnung
Nest
Tierzahnwunde
Biss
Tipp
Wink
Tiroler Kurort
Igls, Oetz, Zell
tischartiges Möbel
Pult
Tischglocke
Gong
Tischlerabfall
Span
Tischlermaterial
Leim
Tischsignalgerät
Gong
Titel arabischer Fürsten
Emir
Titel asiatischer Fürsten
Chan, Khan
Titel *der* französischen Weltgeistlichen
Abbé
Titel *eines* indischen Fürsten
Raja
Titel *einer* indischen Fürstin
Rani
Titel *eines* innerasiatischen Fürsten
Chan, Khan
Titelfigur von Berg
Lulu
Titelfigur von Busch
Fips
Titelfigur von Freytag
Ingo
Titelfigur von Gershwin
Bess
Titelfigur von Ibsen
Nora
Titelfigur von Schiller
Tell
Titelfigur von Shakespeare
Lear
Titelfigur von Sophokles
Aias, Ajas, Ajax
Titelfigur von Zola
Nana
Tochter von Kronos
Hera, Here
todbringender Stoff
Gift
Todeslauf
Amok
Töle
Hund
toll
wild
Tollpatsch
Narr
Ton
Laut
Tonart
Moll
Tonband
Tape
Tongefäß
Krug
Tonintervall
None, Prim, Sext, Terz
Tonkennzeichen
Note
Tonne
Fass
tonnenartiges Seezeichen
Boje
tonreicher Boden
Klei
Tonwiedergabetechnik
Mono
Tonzeichen
Note
Topf
Pott
Tor
Depp, Goal, Narr, Tuer
Tor beim Fußball
Goal
Torfart
Darg
Torfstück
Sode
töricht
dumm, naiv
Tortur
Pein, Qual
total
ganz
Totengefäß
Sarg, Urne
Totengruft
Grab
Totenschrein
Sarg
Tour
Trip
Trabant
Mond
Tradition
Usus
träg
faul
Tragbalken
Holm
Tragband
Gurt
tragbarer Behälter
Korb
Tragebehälter
Korb
Tragtier
Esel, Lama, Muli
Transportbehälter
Fass, Sack
Transportmittel
Bahn
Trasse
Spur
Traubenernte
Lese
Traubensaft
Most, Wein

4

Trauerband
Flor
traumhaft
toll
traut
lieb
travers
quer
Treffer *beim* **Basketball**
Korb
Treibjagd
Hatz
Treibstoffbehälter
Fass, Tank
Trennfläche
Wand, Zaun
Tresor
Safe
treuherzig
naiv
Tribut
Zoll
Trick
Dreh, List
triefend
nass
Trinkgefäß
Glas, Horn, Krug, Mass
trist
grau, oede
Triumph
Sieg
trocken
arid
Trockenbett eines Flusses
Wadi
trockenes Gebäck
Keks
Trödel
Kram, Tand
Trolleybus
Obus
Trommel
Drum
tropische Edelholzart
Teak
tropische Faserpflanze
Jute
tropische Gewürzlilie
Amom
tropische Knollenpflanze
Jams, Taro, Yams
tropische Pflanze
Koka
tropischer Ziervogel
Pfau
tropisches Gewürz
Zimt
tropisches Säugetier
Affe, Puma
Trosse
Seil
trostlos
oede
trostlose Wüstenei
Oede
Trostlosigkeit
Oede
Trottel
Depp
Trübsal
Leid
Trug
List
Truhe
Lade
Trumpfneun beim Jassen
Nell
Trunkenheit
Suff
Trunksucht
Suff
Truppe
Heer
Truppengattung
Heer
Truppenspitze
Tete
Trust
Pool
Truthenne
Pute
tschechisch für Eger
Cheb
tschechisch für Elbe
Labe
tschechische Stadt
Eder, Eger
tschechischer Komponist
Hába
tschechischer Nobelpreis-träger für Medizin
Cori
tschechischer Sänger
Gott
tschechischer Schach-meister
Reti
Tubus
Rohr
tüchtig
brav
Tücke
List
tugendhaft
edel
Tulpe
Glas
Tunfisch
Thon
Tunichtgut
Lump
Tunnel im Erdreich
Gang
türkisch-tatarischer Herr-schertitel
Khan
türkische Münze
Kuru, Para
türkischer Anisbrannt-wein
Raki
türkischer Beamter
Vali, Wali
türkischer Branntwein
Rake, Raki
türkischer Dichter
Baki
türkischer Priester
Imam
türkischer Titel
Baba, Gazi
türkisches Gewicht
Okka
Turmdach
Helm
Turngerät
Bock, Reck, Ring, Seil
Turnübung
Kuer
Turnvater
Jahn
TV-direkt
live
TV-Quizmaster
Heck
übel
mies
Übelkeit
Ekel
Überbleibsel
Rest
überbrachtes Geschenk
Gabe
Überbringer
Bote
Überdeckung eines Gebäudes
Dach
Überdruss
Ekel
Übereifer
Hast
Übergang bei Flüssen
Furt
überhöhter Preis
Nepp
überirdisches Wesen
Elfe
überlieferte Geschichte
Maer, Sage
Überlieferung
Usus
übermenschliches Wesen
Gott
Überprüfung
Test

Überraschungsangriff
Coup
Überschuss
Plus
Überstürzung
Eile
Übertragung mittels Radiowellen
Funk
übertriebene Sparsamkeit
Geiz
übertriebener Prunk
Pomp
Übervorteilung
Nepp
überwiegender Teil
Gros
Überwurf
Cape
Überzug
Lack
übrige Dinge
Rest

U

Uferbefestigung
Damm, Mole, Pier
Uhrenteil
Chip, Werk
ukrainische Hauptstadt
Kiew
Ulk
Witz
Ulme
Iper
Umdrehung
Tour
Umfrage
Test
Umfriedung
Fenz, Zaun
umgangssprachlich für altes Schiff
Pott
umgangssprachlich für anrüchig
link
umgangssprachlich für Ärger
Zoff
umgangssprachlich für beschränkt
doof
umgangssprachlich für Dorf
Kaff, Nest
umgangssprachlich für Durcheinander
Wust
umgangssprachlich für Ehefrau
Alte, Olle, Weib
umgangssprachlich für einfältig
doof
umgangssprachlich für foppen
uzen
umgangssprachlich für fragwürdig
link
umgangssprachlich für Gefängnis
Loch
umgangssprachlich für Geld
Kies, Moos
umgangssprachlich für großartig
toll
umgangssprachlich für hänseln
uzen
umgangssprachlich für hässlich
mies
umgangssprachlich für herrlich
toll
umgangssprachlich für Kleinstadt
Nest
umgangssprachlich für nicht vertrauenswürdig
link
umgangssprachlich für Schneid
Mumm
umgangssprachlich für Schutt
Wust
umgangssprachlich für Sonderling
Kauz
umgangssprachlich für steifer Hut
Bibi
umgangssprachlich für Streit
Zoff
umgangssprachlich für topfartiges Gefäß
Pott
umgangssprachlich für verdutzt
baff
umgenähter Kleiderrand
Saum
Umhang
Cape
Umlauf
Kurs, Tour
umsichtig
klug
umsonst
frei
unabänderlich
fest
unabhängig
frei
unanständiger Witz
Zote
unantastbar
tabu
Unantastbarkeit
Tabu
unartiges Kind
Goer
unaufhörlich
ewig
unausgefüllt
hohl, leer
unbändig
toll, wild
unbebauter Streifen zwischen zwei Äckern
Rain
unbedarft
dumm, naiv
unbefangen
naiv
unbefestigt
lose
unbegrenzt
ewig
unbeirrbar
stur
unbelaubt
kahl
unberührbar
tabu
unbeschädigt
ganz, heil
unbesetzt
frei
unbestimmt
vage
unbestimmter Artikel
eine
unbestimmtes Fürwort
jene
unbestimmtes Zahlwort
viel
unbeugbar
fest
unbeugsam
hart
unbeweglich
fest, stur
Unbill
Tort
und
plus
undicht
leck

undichte Stelle
Leck, Loch
undurchsichtig
opak
uneben
rauh
unehrenhafter Mensch
Lump
uneinsichtig
stur
unendlich
ewig
unentgeltlich
frei
unerbittlich
hart
unerlaubt
tabu
unfaires Spiel beim Fuß-ball
Foul
Unfall
Pech
unfreundlich
grob
Unfriede
Zank
unfruchtbar
oede
ungarischer Männername
Geza, Imre
ungarischer Weinort
Eger
ungebildet
dumm
ungebunden
frei
ungefähr
etwa, rund
ungeglättet
rauh
ungehindert
frei
ungehobelt
derb, grob
ungelogen
wahr
Ungemach
Leid
ungemein
sehr
ungemischt
rein
ungenau
vage
ungeordnet
wirr
ungeteilt
ganz
ungetrübt
klar, rein
ungewiss
vage
ungewürzt
fade
ungezähmt
wild
Ungeziefer
Floh, Laus
Ungezieferfresser des Gartens
Igel
ungezügelt
wild
unglaublich
doll
Unglück
Pech
unglückliche Fügung
Pech
Unheil
Ruin
Unikum
Kauz
unintelligent
dumm
Union
Bund, Liga
Universität in den USA
Yale
Universitätsstadt *in* **Bel-gien**
Gent
Universitätsstadt *in* **Deutschland**
Bonn, Jena, Kiel
Universitätsstadt *in* **Frankreich**
Caen, Lyon
Universitätsstadt *in* **Irland** (Eire)
Cork
Universitätsstadt *in* **Ita-lien**
Pisa
Universitätsstadt *in* **Lett-land**
Riga
Universitätsstadt *in* **Nor-wegen**
Oslo
Universitätsstadt *in* **Österreich**
Graz, Linz, Wien
Universitätsstadt *in* **Schweden**
Lund
Universitätsstadt *in der* **Schweiz**
Bern, Genf
Universitätsstadt *in der* **Tschechischen Republik**
Prag
unklar
vage, wirr
unklug
dumm
Unkraut
Rade
Unkundiger
Laie
unmäßiges Verlangen
Gier
unnachgiebig
hart, stur
unnachsichtig
hart
unnützes Zeug
Kram, Tand
Unpaarzeher
Esel, Muli
Unrast
Eile, Hast
unser Planet
Erde
unsicher
vage
unsterblich
ewig
unsympathisch
fies
untätig
faul
Unteilbares
Atom
unter Drogen stehend
high
Unterarmknochen
Elle
untere Juraabteilung
Lias
Untereinheit des US-Dollar
Cent
Untergang
Fall
Unterhaltungssendung
Quiz
Unterhose
Slip
unterirdischer Abfluss der Donau
Aach
Unterkunft
Asyl
Unternehmungsgeist
Elan, Mumm
unternehmungslustig
agil
Unteroffizier
Maat
Unterricht
Kurs
Unterwäschestück
Hemd, Slip
Unterwasserfelsen
Riff

Unterweltfluss
Styx
Untiefe
Watt
unverblümt
klar
unverfälscht
echt, rein
unvergorener Obstsaft
Most
unverletzlich
tabu
unverletzt
ganz, heil
unvermischt
echt, rein
unvermittelt
akut, jaeh
unvermittelt auftretend
akut
unvernünftig
dumm
unverpackt
lose
Unversöhnlichkeit
Hass
unverständig
dumm
unvollkommen
halb
unwirtlich
rauh
unwissend
dumm
unzweideutig
klar
uralte Erzählung
Sage
uralter Bericht
Maer
Ureinwohner Japans
Ainu
Urin
Harn
Urkunde
Akte
Urlauber
Gast
Ursprung
Keim
urtümlich
urig
urtümliche Pflanze
Alge
uruguayische Münze
Peso
Urvater
Adam
Urvater im alten Testament
Noah
US- Raumfahrtbehörde
NASA

V

vakant
frei
Vater von Abel
Adam
Vater von Apollo
Zeus
Vater von Artemis
Zeus
Vater von Athene
Zeus
Vater von Bacchus
Zeus
Vater von Baldur
Odin
Vater von David
Isai
Vater von Dionysos
Zeus
Vater von Ham
Noah
Vater von Helena
Zeus
Vater von Herakles
Zeus
Vater von Hermes
Zeus
Vater von Kain
Adam
Vater von Kalliope
Zeus
Vater von Kastor
Zeus
Vater von Minos
Zeus
Vater von Perseus
Zeus
Vater von Pollux
Zeus
Vater von Sem
Noah
Vater von Seth
Adam
Vater von Thor
Odin
Vater von Tyr
Odin
Vegetationsinsel
Oase
venezianischer Titel
Doge
Venuspriesterin
Hero
Verabredung
Date
verächtlich für Frau
Weib
verächtlich für Mann
Kerl
verächtlich für Pferd
Gaul
verächtlicher Ausruf
pfui
veraltet für Ameise
Emse
veraltet für Cousine
Base
veraltet für ebenso
item
veraltet für immer
stet
veraltet für jetzt
itzo, itzt
veraltet für Kunde
Maer
veraltet für Kusine
Base
veraltet für Mädchen
Maid
veraltet für Schauspieler
Mime
veraltet für Straßenbahn
Tram
veraltetes Holzraummaß
Ster
veraltetes Längenmaß
Elle
verankertes Seezeichen
Boje
Verband
Bund, Liga
Verband für Arbeitsstudien (Abkürzung)
Refa
Verbandmaterial
Gaze, Mull
Verbandmull
Gaze
Verbannung
Exil
Verbannungsort Napoleons
Elba
Verbindung
Bund
Verbindungsbolzen
Niet
Verbindungsgelenk im menschlichen Knochenbau
Knie
Verbindungslinie
Naht
Verbindungsstelle
Fuge, Naht
Verbindungsstück
Niet
verblüht
welk
verbohrt
stur

4

4

Verbot
Tabu
verboten
tabu
Verbrechen
Mord, Raub
Verbrecherclique
Gang
Verbrennungsrückstand
Russ
Verbundlinie
Naht
Verdauungskanal
Darm
Verdauungsorgan
Darm
Verdauungstrakt
Darm
Verderbnis
Ruin
Verdienst
Gage, Lohn, Sold
Verdikt
Bann
verdorrt
welk
veredelte Steinkohle
Koks
Verehrung einer Gottheit
Kult
Verehrungsdienst
Kult
verehrungswürdig
hehr
Verehrungszeremoniell
Kult
Verein
Club, Klub
Vereinigung
Bund, Club, Klub, Liga
Verfolgung
Jagd
verführerisch
sexy
verführerischer Frauentyp
Vamp
Vergeltung
Dank, Lohn
vergnügt
froh
Vergnügungsstätte
Kino
Vergrößerungsgerät
Lupe
Vergrößerungsglas
Lupe
Verhängnis
Ruin
Verkaufshäuschen
Bude
Verkaufsstand
Bude
Verkehrshindernis
Stau, Wind
Verkehrshinweis vor Bahnübergängen
Bake
Verkehrsmittel
Auto, Bahn, Boot, D-Zug, Kahn, Krad, O-Bus, Post, Tram
Verkehrsmittel auf Schienen
Bahn
Verkehrsstockung
Stau
Verkehrsweg
Bahn
Verladegerät
Kran
Verlagserzeugnis
Buch
Verlangen
Gier, Lust
verlassen
leer, oede
verlassene Gegend
Oede
verletzt
wund
Verletzung
Biss, Riss
verlockende Wirkung
Reiz
Verlockung
Reiz
Vermächtnis
Erbe
Vermittler
Baas
vermoderte Pflanzenreste
Torf
Vermögen
Habe
verneinendes Wort
nein
vernünftig
klug
Verpackungsart
Dose, Fass, Korb, Sack, Tube
Verpackungsgewicht
Tara
Verpflegung
Kost
Verputzmaterial
Gips
verrückt
toll
Verruf
Acht, Bann
Vers
Reim
Versager
Null
Versammlungsraum
Aula, Saal
Verschlag
Kaue
Verschlagenheit
List
Verschlüsselung
Code, Kode
verschönerndes Beiwerk
Zier
Verschönerung
Zier
Verschrobenheit
Tick
Verschwendung
Pomp
Versdichter der Antike
Ovid
versmäßiger Gleichklang
Reim
Versorgung
Kost
Versroman
Epos
verständlich
klar
Versteigerung
Gant
Verstoß
Foul
Versuch
Test
Versuchung
Reiz
Verteidigung
Wehr
Verteidigungsbündnis im Westen (Abkürzung)
NATO
Vertiefung
Nute
vertontes Gedicht
Lied
Vertrag
Pakt
vertrocknet
welk
verunreinigte Luft
Smog
Verwalter
Vogt
Verwandte/Verwandter
Base, Sohn
Verwandtschaft
Clan, Klan
verwegen
keck
verwittertes Gestein
Grus
Verwitterungserscheinung am Eisen
Rost

verworren
wirr
Verwünschung
Bann
Verzückung
Lust
Vetternwirtschaft
Filz
Videoband
Tape
Vieh
Rind
Viehfutter
Gras, Klee
Viehhüter
Hirt, Peon
Viehtränke
Trog
viel Zeit einnehmend
lang
vielfarbig
bunt
Vielfraß
Jerf
vielseitig
bunt
vielstimmige Sängergruppe
Chor
Viereck
Karo
vietnamesische Währungseinheit
Dong
violett
lila
Visierteil
Korn
Vogel
Ente, Gans
Vogelbau
Nest
Vogelbrutplatz
Nest
Vogeljunge
Brut
Vogelkrankheit
Pips
Vogellaut
piep
Vogelmännchen
Hahn
Vogelnachwuchs
Brut
Vogelpaarungszeit
Balz
Vokabel
Wort
Volksfest
Dult, Kerb
Volksheld der Schweizer
Tell
voll entwickelt
reif
vollends
ganz
völliger Vermögensverlust
Ruin
völliger Zusammenbruch
Ruin
vollständig
ganz, heil
volltrunken
blau, fett
vom Wind gehäufter Schnee
Wehe
von hohem Wuchs
rank
von niedriger Temperatur
kalt
von vornehmer Gesinnung
edel
vor allem anderen
erst
Vorahnung
Omen
Voranschlag
Etat
Voranzeige
Avis
vorausgesetzt
wenn
Vorbedeutung
Omen
Vorbeter in der Moschee
Imam
Vorbild
Idol
Vorbindetuch
Latz
vorderasiatische Hauptstadt
Riad, Sana
vorderasiatischer Staat
Irak, Iran, Oman
Vorderaufbau eines Schiffes
Back
vordringlich
akut
Vorfahre
Ahne
Vorfahrin
Ahne
Vorführung
Show
vorgenannt
obig
vorgeschichtliche Fundstätte
Roth
vorgeschichtliches Beil
Kelt
vorgeschichtliches Blasinstrument
Lure
Vorgesetzter
Boss, Chef
Vorhaben
Idee, Plan
vorhanden
real
vorher
eher, erst
Vorhersage
Tipp
vorjähriger Schnee
Firn
Vorkommnis
Fall
vorlautes Mädchen
Goer
Vorliebe
Hang
Vorname *der* **Andersen**
Lale
Vorname *von* **Astaire**
Fred
Vorname *von* **Bartók**
(Komponist)
Béla
Vorname *der* **Berger**
(Schauspielerin)
Senta
Vorname *von* **Brecht**
Bert
Vorname *von* **Carell**
Rudi
Vorname *von* **Clarin**
Hans
Vorname *von* **Clinton**
Bill
Vorname *von* **Eulenspiegel**
Till
Vorname *der* **Fonda**
(Schauspielerin)
Jane
Vorname *von* **Hamsun**
Knut
Vorname *der* **Hayworth**
Rita
Vorname *der* **Huber** (Tennisspielerin)
Anke
Vorname *der* **Montez**
Lola
Vorname *der* **Nielsen**
(Schauspielerin)
Asta
Vorname *der* **Singerl**
Erni
Vorname *von* **Strawinsky**
Igor
Vorname *von* **Trenker**
Luis

4

Vorname *der* **Turner** (Popsängerin)
Tina
vornehm
edel
vornehme Gesinnung
Adel
Vornehmtuer
Snob
Vorratsgebäude
Silo
Vorratsraum auf Schiffen
Gatt
Vorratsspeicher
Silo
Vorsatz
Plan
vorsätzliche Tötung
Mord
Vorschlag
Tipp
Vorschrift
Norm
Vorsegel
Fock
Vorsilbe
nach, ohne
vorspringende Spitze
Ecke
vorspringender Gebäudeteil
Sims
Vorsprung
Plus
Vorsteher
Chef
Vorsteher *im* **Islam**
Imam
Vorstellung
Idee
Vorteil
Plus
Vortrag
Rede
Vortragsstück eines Sängers
Lied
vorweg
erst
vorwitzig
keck, kess
Vorzeichen
Omen
Vorzeichen beim Rechnen
plus
Vulkan *in* **Afrika**
Fako, Meru
Vulkan *in* **Italien**
Etna
Vulkan *in* **Japan**
Fuji
Vulkanauswurf
Lava
vulkanischer Schmelzfluss
Lava
vulkanisches Gestein
Bims, Lava, Tuff
vulkanisches Magma
Lava
Vulkansee
Maar

W

waagerecht
eben, plan
waagerechte Segelquerstange
Rahe
waagerechtes Bauglied
Sims
wach
rege
wachsbleich
fahl
Wachszellenbau der Biene
Wabe
Wächter
Hirt
Wachtraum
Wahn
wadenlange Kleidermode
Midi
Waffe *von* **Tieren**
Horn
Waffe *des* **Verstandes**
Wort
Waffengattung
Flak, Heer
waffenlose Selbstverteidigung
Budo, Judo
Wagen
Auto, Lore
Wagenrücksitz
Fond
Wahlübung im Sport
Kuer
Wahlzettelgefäß
Urne
Wahn
Trug
Wahnsinnslauf
Amok
Wahnwitz
Irrsinn
wahnwitzig
irre
wahr
echt
Wahrnehmung
Reiz
Wahrnehmungsfähigkeit
Sinn
Wahrnehmungsorgan
Auge, Nase, Sinn
Währung in Europa
Euro
Währung in Südamerika
Peso
Wald
Hain, Tann
Wäldchen
Hain
Waldfrucht
Pilz
Waldgeist
Gnom
Waldgott
Faun
Waldkleintier
Hase
Waldpflanze
Baum, Farn, Moos, Pilz
Waldpflege
Hege
Waldschonung
Hege
Waldtier
Hase, Igel
Walfangprodukt
Tran
Walküre
Frau
Wall
Damm
Wallensteins Astrologe
Seni
Wallensteins Berater
Seni
Wallensteins General
Illo
Wallensteins Sterbeort
Eger
Walöl
Tran
Wandbrett
Bord
Wanderpause
Rast
Wanderung
Tour
Wandervolk
Roma
Wandöffnung
Tuer
Wandschmuck
Bild
Wandvorsprung
Sims
Wappentier
Baer
Wappentier Berlins
Baer
Warenerwerb
Kauf

Warenimportabgabe
Zoll
Warenrechnung
Nota
warmes alkoholisches Getränk
Grog
Wärmespender
Ofen
Warngerät
Horn, Hupe
Warnzeichen
Omen
Wäschestoff
Mako
Wäschestück
Hemd, Slip
Waschmittel
Soda
Waschraum der Bergleute
Kaue
Wasserablauf
Gatt
wasserarm
arid
Wasserbehälter
Tank
Wasserberg
Woge
Wasserbüffel
Arni
wasserdurchlässig
leck
wasserdurchtränkt
nass
Wasserfahrzeug
Boot, Kahn, Kanu
Wasserfee
Nixe
wassergefüllter Vulkankrater
Maar
Wassergeist
Neck
wässerig
fade
Wasserlauf
Bach
Wasserleitung
Rohr
Wasserloch
Kolk
wasserloses Flussbett
Wadi
wasserlöslicher Klebstoff
Leim
Wassermassen
Meer
Wasserpfeife
Huka
Wasserpflanze
Alge, Tang
Wasserstauwerk
Wehr
Wasserstelle in der Wüste
Oase
Wasserstrudel
Neer
Wasservogel
Ente, Gans
Wasserwehr
Damm, Stau
Watvogel
Ibis
Webereierzeugnis
Tuch, Zeug
Weberkamm
Iler, Riet
Weberkante
Egge
Wechsel *des* **Wasserstandes im Meer**
Stau, Tide
Wechselbürgschaft
Aval
wechselnde Meeresbewegung
Tide
Weg
Bahn
weg
fort
Weg
Pfad
Weg *eines* **Flugkörpers**
Bahn
Weg *eines* **Flusses**
Lauf
Weggebühr
Maut, Zoll
Wegrand
Rain
Wegstrecke
Kurs
Wegzeichnung
Spur
Weh
Gram, Leid, Pein, Qual
weh
wund
wehrhaftes Schloss
Burg
Wehrmachtsteil
Heer
Weib
Frau
weibliche Figur aus Lohengrin
Elsa
weibliche Gottheit der Germanen
Asin
weibliche griechische Sagengestalt
Leda
weibliche Person
Frau
weibliche Verwandte
Base
weiblicher Fuchs
Fehe
weiblicher Kosename
Anni, Erni, Gabi, Leni, Susi, Toni
weiblicher Kurzname
Elli, Irma, Lene, Lisa, Mina, Thea, Toni
weiblicher Mensch
Frau
weiblicher Vorfahr
Ahne
weiblicher Vorname
Alma, Anna, Elke, Ella, Elsa, Else, Emma, Erna, Ilse, Ines, Inge, Insa, Irma, Lena, Lina, Lisa, Lise, Lola, Lore, Lulu, Nora, Olga, Rita, Ruth, Suse, Susi, Thea, Ulla, Vera, Zita
weiblicher Wassergeist
Nixe
weiblicher Wolf
Fehe
weibliches Geflügel
Huhn, Pute
weibliches Haustier
Huhn, Pute
weibliches Wild
Fehe
weich
mild, soft, zart
weiche Gesteinsart
Kalk
weiche Tonart
Moll
weicher Stoff
Samt
weiches Gewebe
Samt
weiches Metall
Blei, Gold
weiches Schwermetall
Blei
weichherzig
mild
Weichholz
Aspe, Erle
Weichkäse
Brie
Weichspeise
Brei
Weidefläche
Alpe
Weidengerte
Zain
Weidezaun
Fenz

weidmännisch für Bein
Lauf
weidmännisch für Haut am Geweih
Bast
weidmännisch für Iltis
Ratz
Weidwerk
Jagd
Wein von blassroter Farbe
Rosé
Weinart
Rosé
Weinernte
Lese
Weingefäß
Fass
Weinort *in* **Italien**
Asti
Weinort *an der* **Mosel**
Neef, Perl, Zell
Weinpflanze
Rebe
Weinpflanzung
Ried
Weinstock
Rebe
Weintraubenernte
Lese
weise
klug
Weise
Lied
weise
reif
weißbrotähnliches Gebäck
Kipf, Weck
weißer Baustoff
Gips
weißer Südafrikaner
Bure
weißes Priestergewand
Albe
Weißfisch
Albe, Alse
Weißkopfaffe
Saki
weit abgelegen
fern
weit weg
fern
weitblickend
klug
weithin hörbar
laut
Welle
Mode, Woge
Wellenbrecher
Damm, Mole
Weltalter
Aeon
Weltenlenker
Gott
Weltfußballverband
(Abkürzung)
FIFA
Weltgeist der antiken Philosophie
Nous
Weltraumbehörde der USA
(Abkürzung)
NASA
Weltschachverband
(Abkürzung)
FIDE
Weltumsegler
Cook
wendig
agil
wenig später
bald
Wenzel (Kartenspiel)
Bube
Werbekurzfilm
Spot
Werbeträger
Film, Funk
Werbung bei Vögeln
Balz
Werftanlage
Dock
Werg
Hede
Wergabfall
Hede
Werk
Opus
Werk *eines* **Künstlers**
Opus
Werkstoff
Gips, Glas, Holz
Werkzeug
Ahle, Beil, Dorn, Haue, Iler, Kamm, Keil, Riet
Werkzeug *der* **Kammacher**
Iler
Werkzeug *des* **Schusters**
Ahle
Werkzeug *zum* **Stechen von Löchern**
Ahle
wert
lieb
Wertangabe an der Börse
Kurs
Wertbestimmung
Taxe
wertloser Kram
Tand
wertloser Schmuck
Tand
Wertloses
Kram, Tand
wertloses Pferd
Gaul
Wertpapiere
Bond
Wertsachendepot
Safe
Wertschätzung
Ehre
Wertstufe
Rang
wertvolle Holzart
Teak
wertvoller Pelz
Nerz
westafrikanische Republik
Togo
westafrikanischer Staat
Togo
Westeuropäerin
Irin
westeuropäisches Gebirge
Jura
Westindische Insel
Cuba, Kuba
westlicher Verteidigungspakt
NATO
westliches Bündnis
NATO
Wette beim Fußballsport
Toto
Wetteinrichtung
Toto
Wettererscheinung
Wind
Wettersatellit
Essa
Wetthinweis
Tipp, Wink
Wettkampf der alten Griechen
Agon
Wettquote
Odds
Wicht
Gnom
Wichtigtuer
Snob
Wickelgewand der Inderin
Sari
Wickelkind
Baby
wider
anti
Widerhall
Echo
widerlich
fies
Widerling
Ekel

widerrechtliche Besitzergreifung
Raub
Widerrede
Veto
widerspenstig
stur
Widerspruch
Veto
widerstandsfähig
hart
widerwärtig
fies
Widerwille
Ekel
Wiedergutmachung
Dank
Wiederkäuer
Lama, Rind
wiederum
aber
Wiener Komiker
Sima
Wiener Sehenswürdigkeit
Burg
Wiesenblume
Klee
Wiesenpflanze
Gras, Klee
Wigwam
Zelt
wild
toll
Wildart
Elch, Elen, Gams, Hase
wilder Majoran
Dost
Wildfährte
Spur
Wildfang
Kind
Wildpflege
Hege
Wildrind
Zebu
Willenskraft
Elan
Windart
Bora
Wink
Tipp
Winkel
Ecke
Winkel im Raum
Ecke
Winkelbruchteil
Grad
Winkelmaßeinheit
Grad
Winkelzug
Dreh, List
Wintergrün
Efeu
Wintersportanlage
Lift
Wintersportgerät
Puck, Schi
winzige Druckschriftgröße
Perl
Winzigkeit
Spur
Wirbel
Neer
wirbelloses Tier
Wurm
wirklich
echt, real, wahr
Wirkstoff *im* **Tee**
Tein
Wirkungskraft
Aura
Wirkungsstätte Keplers
Graz, Linz
Wirrwarr
Wust
wirsch
wild
Wirtschaft
Beiz
wirtschaftliche Hochkonjunktur
Boom
Wirtschaftstheoretiker
Marx, Owen
Wirtsleute
Wirt
Wohl
Heil
wohlgenährt
dick, fett
Wohlgeruch
Duft
wohlgesinnt
hold
wohlriechende Pflanze
Rose
wohltuend mild
lind
Wohlwollen
Huld
Wohngebäude
Haus
Wohnhügel auf den Halligen
Warf, Warp, Wurt
Wohnsitz
Heim
Wohnung
Heim
Wolle lieferndes Tier
Lama, Pako
Wollgewicht
Pack
Wonne
Lust
Wort *der* **Ablehnung**
nein
Wort *beim* **Skat**
Bock
Wortfolge
Satz
Wortgefüge
Satz
Wortgleichklang
Reim
Wortlaut
Text
Wortreihe
Satz
Wortreihe im Gedicht
Vers
Wotans Wolf
Geri
Wuchs
Form
Wundabsonderung
Blut
wunderliche Eigenschaft
Tick
wundersames Gefäß
Gral
wundertätige Schale
Gral
Wunder wirkende Schale
Gral
Wunschbild
Idol
Würde
Ehre, Rang
Würfelmuster
Karo
Wurfkugel der Gauchos
Bola
Wurfwaffe
Pike
Wurmart
Egel
Wurstfüllung
Mett
Wurzelgemüse
Bete, Kren
Würzpflanze
Mohn
wüst
oede, wild, wirr
Wüste *in* **Indien**
Thar
Wüste *in* **Innerasien**
Gobi
Wüste *in der* **Mongolei**
Gobi
Wüste *in den* **USA**
Gila
Wüste *in* **Zentralasien**
Gobi
Wüstenei
Oede

Wüstenflusstal
Wadi
Wüsteninsel
Oase
Wüstenrastort
Oase
Wüstling
Asot, Roué
Wut
Rage, Zorn
wütend
wild

XYZ

Yerba
Mate
zäh
fest, hart
zäher Boden
Klei
zähflüssige Substanz
Seim, Teig
zähflüssiger Klebstoff
Leim
Zahl *ohne* Wert
Null
Zählmaß
Gros, Ries
Zahlungsmittel
Geld, Note
Zahlungsweise
Giro
Zahlwort
neun, zwei
Zahnbestandteil
Nerv
Zaine
Korb
Zapfer
Wirt
Zarenname
Iwan, Paul
zart
fein, lind
zarte Gefühle
Takt
zarter Geruch
Duft
Zartgefühl
Takt
zärtlich
lieb
Zärtlichkeit
Kuss
Zaster
Geld
zauberhafte Gewalt
Bann
Zauberin
Drud, Hexe

Zeche
Mine
Zehncentstück
Dime
Zehntel
Dezi
Zehrung
Kost
Zeichen
Spur, Tipp, Wink
Zeichen *vor* Bahnübergängen
Bake
Zeichen *für* lange Vokale
Apex
zeichnerische Darstellung
Plan
Zeigegerät am PC
Maus
Zeisig
Fink
Zeitabschnitt
Aera
Zeitalter
Aera
Zeitbegriff
Aeon, Aera
Zeiteinheit
Jahr
Zeitgeschmack
Mode
zeitlos
ewig
Zeitmangel
Eile, Hast
Zeitmaß (Musik)
Takt
Zeitnot
Eile
Zeitpunkt
Aera
Zeitrechnung
Aera
Zeitungsfalschmeldung
Ente
Zeitungsspalte
Ecke
Zeitwort
Verb
Zellbestandteil
Kern
Zelle im Bienenstock
Wabe
Zelt
Tipi
Zeltlager
Camp
Zensur
Note

Zentrum
City, Kern
zerbrechliches Material
Glas
zerbröckeltes Gestein
Grus
Zerfall
Ruin
Zerfallserscheinung
Rost
zermahlenes Gestein
Kies, Sand
Zerwürfnis
Zank
Zeugnisnote
Drei, Eins, rite
Zeusgeliebte
Leda
Ziegenjunges
Kitz
Ziegenlaut
maeh
Ziehmutter
Amme
Ziel
Ende
Ziel *beim* Golf
Loch
Zielvorrichtung
Korn
Ziergefäß
Vase
zierlich
fein, nett, zart
Zierpflanze
Efeu, Mohn, Rose
Ziervogel
Pfau
Ziffer
Zahl
Zigarettendose
Etui
Zigeuner (Mehrzahl)
Roma
Zilie
Haar
Zimmer
Bude, Raum
Zimmereingang
Tuer
Zimmeröffnung
Tuer
Zimmerwinkel
Ecke
Zinke
Zahn
Zinken
Nase
Zinnober
Kram, Zeug
Zipfel
Ecke, Ende

Zirbelkiefer
Arbe, Arve
zirka
etwa
Zirkel
Club, Klub
Zitadelle
Burg
Zitterpappel
Espe
Zoll
Maut
Zone
Raum
Zorn
Rage
Zote
Witz
zotig
grob
zu Ende gegangen
alle
zu welchem Zweck
wozu
Zuber
Trog
Zubringer
Bote
Zuchtanlage
Farm
Züchtigungsmittel
Rute
Zuchtschwein
Eber
Zucken
Tick
Zuckerinsel
Cuba, Kuba
zudringlich
keck
Zuflucht
Asyl, Exil, Hort
Zug
Bahn, Wind
Zugang
Tuer
zügellos
wild
Zuggeschirr für Ochsen
Joch
Zugkraft
Reiz
zugkräftiges Angebot
Clou
Zugnummer
Clou
Zugtier
Esel, Hund, Muli, Rind, Zebu
zugunfähig (Schach)
patt
Zugvogel
Ente, Fink, Star

Zuhälter
Lude
Zuhause
Heim
zum Nennwert
pari
zum Pflücken geeignet
reif
Zuneigung
Huld
Zupfinstrument
Lyra
Zurückschall
Echo
zusammen
alle
Zusammenbruch
Ende, Ruin
Zusammenfassung *mehrerer* **Schüler**
Kurs
zusammengehörige Menschen
Volk
Zusammengehöriges
Paar
zusammenlegbare Behausung
Zelt
Zusammenschluss
Bund, Club, Klub, Liga, Pool
Zusammenstoß
Zank
zusätzlich
plus
Zuschauerplatz
Loge
Zustand
Lage
Zustand *des* **Bodens**
Gare
Zustand tiefster Bewusstlosigkeit
Koma
Zusteller
Bote
zutraulich
zahm
zutreffend
wahr
zuverlässig
treu
zuvor
eher, erst
zuzüglich
plus
Zwang
Muss
zwanglos
frei
Zwangsabgabe
Maut, Zoll

Zwangsarbeit
Fron
Zweck
Sinn, Ziel
Zweckverband
Club, Klub
zwei Dinge
Paar
zwei Menschen
Paar
zwei zusammengehörende Dinge
Paar
zweideutiger Witz
Zote
Zweiergruppe
Paar
zweifelhafter Ruf
Ruch
Zweifingerfaultier
Unau
Zweig *des* **Weinstocks**
Rebe
Zweiglein
Reis
zweiköpfiger Bolzen
Niet
zweimastiges Sportsegelboot
Yawl
Zweirad
Krad, Mofa, Velo
zweistellige Zahl
zehn
zweiter griechischer Buchstabe
Beta
zweiter Sohn Adams
Abel
Zweizahl
Dual
zweizählig
dual
Zweizehenfaultier
Unau
Zwerg
Gnom
Zwerghirsch
Pudu
Zwiebelgewächs
Iris
Zwillingsbruder von Jakob
Esau
Zwirn
Garn
zwischen den Gezeiten
Stau
Zwist
Zank
zwölf Dutzend
Gros

5 BUCHSTABEN

A

aalförmiger Fisch
Ilger
Aalgabel
Elger
Aalquappe
Rutte
Aalraupe
Ruppe
Aar
Adler
Aas
Luder
Aas als Köder
Luder
Aasvertilger
Geier
Aasvogel
Geier
Abänderung
Umbau
abbauwürdige Kohlenschicht
Floez
Abbild
Kopie, Photo
Abc-Buch
Fibel
ABC-Staat
Chile
Abdichtungsmittel
Gummi
Abdruck
Kopie, Mater, Repro
Abendanzug
Frack
Abendmahlfeier
Agape
Abendmahlgefäß
Kelch
Abendstern
Venus
Abfahrt
Start
Abfall
Muell, Spreu, Unrat
Abfall *beim* **Dreschen**
Spreu
abfallendes Gelände
Leite
Abfallgrube
Kippe
Abfallplatz
Grube, Halde
Abfallprodukt *beim* **Dreschen**
Spreu
Abfallprodukt *beim* **Mahlen**
Kleie
Abflug
Start
Abfluss
Gosse, Gully, Kanal, Rinne
Abflussgraben
Rinne
Abflussröhrchen
Draen, Drain
Abfolge
Serie
abgebrannt
blank
abgedroschen
banal, platt
abgegrenzter Klosterraum
Zelle
abgekämpft
muede
abgeklärt
weise
Abgekochtes
Absud
abgemessene Menge
Dosis
Abgesang
Epode
abgeschlossenes Stadtviertel
Getto
abgeschmackt
banal, platt, schal
abgesonderte Glaubensgruppe
Sekte
abgesonderter Stadtteil
Getto
Abgesottenes
Absud, Siede
abgespannt
muede
abgestanden
schal
abgesteckte Strecke
Loipe, Piste, Route, Runde
abgestecktes Goldgräberfeld
Claim
abgestumpft
dumpf
abgetan
passé
abgezehrt
hager, mager
abgezogene Kopfhaut
Skalp
Abgrenzung
Bande, Kante, Limes, Limit, Mauer, Pfahl
Abgrund
Kluft, Leere, Tiefe
Abgussform
Model
Abhandlung
Essay
Abhang
Halde, Leite
Abhängigkeit
Sucht
Abholzen des Waldes
Roden
Abkömmling
Enkel
Abkürzung für afrikanisch
afrik
Abkürzung für Auszubildender
Azubi
Abkürzung für Bundesausbildungsförderungsgesetz
BAFoeG
Abkürzung für desgleichen
desgl
Abkürzung für deutsch
dtsch
Abkürzung für eigentlich
eigtl
Abkürzung für Fernschreibdienst
TELEX
Abkürzung für geschieden
gesch
Abkürzung für Gesellschaftsform
eGmbH
Abkürzung für Hauptstadt
Hptst
Abkürzung für Mesdemoiselles
Mlles
Abkürzung für Nachfolger
Nachf
Abkürzung für Postscheckamt
PSchA
Abkürzung für Präsident
Praes
Abkürzung für Regierungsbezirk
RegBz
Abkürzung für Sowjetunion
UdSSR

Abkürzung für Südost-asienpakt
SEATO
Abkürzung für technisch
techn
Abkürzung für theolo-gisch
theol
Abkürzung für Turbinen-antrieb
Turbo
Abkürzung für Union der Sozialistischen Sowjet-republiken
UdSSR
Abkürzung für ursprüng-lich
urspr
Abkürzung für Vorstand
Vorst
Ablagerung des Pleisto-zäns
Loess
Ablauf
Folge, Rinne
Ablieferungsstelle
Depot
Abmagerungsmaßnahme
Diaet
Abmessungsbegriff
Hoehe, Tiefe
Abnehmen des Bartes
Rasur
Abnehmer
Kunde
Abneigung
Unmut
Abort
Lokus
Abrahams Frau
Sarah
Abrahams Sohn
Isaak
Abrechnung
Fazit, Rache
Abreibung
Senge
Abriegelung
Kette
Absatz
Markt
Abscheu
Graus
abscheulich
eklig
Abschiedsgruß
adieu, valet
Abschluss
Reife
Abschlussrand
Kante
Abschlussraum in Kirchen
Apsis
Abschnitt
Kupon, Phase
Abschnitt *einer* **Entwick-lung**
Phase
Abschnitt *des* **Lebens**
Alter
Abschnitt *im* **Sport**
Runde, Spiel
Abschnitt *eines* **Zins-scheins**
Kupon
Abschrift
Kopie
abschüssig
steil
abseits
neben
Absicht
Wille, Zweck
absolute Neuheit
Novum
Absonderung
Eiter, Galle
Absonderung *von* **Bienen**
Wachs
Absonderung *der* **Leber**
Galle
Absprung
Start
Abstecher
Umweg
Abt von Cluny
Berno, Odilo
Abtei *bei* **Garmisch**
Ettal
Abtei *in* **Oberbayern**
Ettal
Abteil
Coupé, Kupee
Abteilung
Rotte
abtrennbare Blätterlage
Block
Abtritt
Abort
Abwandlung
Abart
abwärts
herab, hinab
Abwasseranlage
Kanal
Abwasserrinnstein
Gosse
abwechslungslos
trist
abweisend
eisig, kuehl
abwertend für dicker Bauch
Wampe, Wanst
Abwesenheitsbeweis
Alibi
Abzeichen
Fahne, Nadel
Abzug
Kopie
abzüglich
minus
Abzugskanal
Kamin
Abzweigung
Gabel
Achtelbogengröße
Oktav
achten
ehren
achter Buchstabe des griechischen Alphabets
Theta
Achtung erweisen
ehren
Ackerertrag
Ernte
Ackergrenzen
Raine
Ackerkrume
Humus
Ackerunkraut
Lolch, Miere, Segge, Simse, Winde
Additionsergebnis
Summe
ade
adieu
Adelstitel
Baron, Edler, Prinz
Ader
Aorta
Adlernest
Horst
Adlerstein
Aetit
adlig
nobel
Adriahafen
Fiume, Kotor, Split, Trani
Adstringens
Alaun
Adverb
daran, darin, nicht, wenig
affektiert
eitel
Affenart
Drill, Indri, Katta, Lemur, Magot, Makak, Potto
Afrikaforscher
Barth
afrikanische Eiche
Iroko
afrikanische Getreide-pflanze
Hirse
afrikanische Giftschlange
Mamba

afrikanische Hafenstadt
Accra, Beira, Ceuta, Dakar, Derna, Duala, Kribi, Lagos, Rabat, Sirte, Tunis
afrikanische Halbinsel
Sinai
afrikanische Hauptstadt
Dakar, Kairo, Lagos, Rabat, Tunis
afrikanische Hochebene
Barka
afrikanische Insel
Mafia, Palma, Pemba
afrikanische Landschaft
Sudan
afrikanische Sprache
Bantu, Ngala, Tonga, Wadai
afrikanische Sprachgruppe
Bantu
afrikanische Völkergruppe
Bantu
afrikanische Waldgiraffe
Okapi
afrikanische Wüste
Namib
afrikanischer Berg
Dendi, Kenia, Kollo, Tahat
afrikanischer Politiker
Obote
afrikanischer Staat
Benin, Gabun, Ghana, Kenia, Kenya, Kongo, Niger, Sudan
afrikanischer Stamm
Bantu, Masai, Swasi, Tutsi
afrikanischer Wüstensturm
Samum
afrikanisches Bier
Pombe
afrikanisches Brotgetreide
Hirse
afrikanisches Furnierholz
Limba
afrikanisches Gebirge
Atlas
afrikanisches Huftier
Okapi, Zebra
afrikanisches Musikinstrument
Sanga
afrikanisches Raubtier
Loewe
afrikanisches Siedlervolk
Buren
afrikanisches Steppenhuftier
Zebra
afrikanisches Tier
Loewe, Okapi, Zebra

afrikanisches Wildpferd
Zebra
afroamerikanischer Tanz
Stomp
Ägäische Insel
Korfu, Kreta
Agamemnons Sohn
Orest
Agavenfaser
Sisal
Agent
Spion
Aggregatzustand
Dampf
Agitation
Hetze
ägyptische Halbinsel
Sinai
ägyptischer Exkönig
Faruk
ägyptischer Friedensnobelpreisträger
Sadat
ägyptischer General
Nabib
ägyptischer Gott
Ammon
ägyptischer König
Faruk
ägyptischer Politiker
Sadat
ägyptisches Gebirge
Sinai
Ährenbündel
Garbe
Air
Miene
akademische Abkürzung
habil, theol
akademische Behörde
Senat
akademischer Titel
Dekan
akkurat
exakt, genau
akrobatischer Tanz
Limbo
Akt
Szene
Aktensammlung
Abkei
Aktentasche
Mappe
Aktie
Share
Aktienabschnitt
Kupon
Aktiva
Haben
Aktrice
Mimin
aktuelle Fernsehsendung
Heute

akustisches Phänomen
Klang
albanische Insel
Sasan
albanischer Berg
Krrab
albern
affig
alberner Streich
Unfug
Albinoform des Iltisses
Frett
algerische Münze
Dinar
algerischer Berg
Tahat
algerisches Gebirge
Atlas
alias
sonst
alkalische Lösung
Lauge
Alkaloid
Opium, Taxin
alkoholisches Getränk
Arrak, Bowle, Wodka
alkoholisches Mischgetränk
Drink
alkoholisches Mixgetränk
Bowle, Daisy, Drink, Julep, Sling
Alkoholverbindung
Ester
All
Natur
alle ohne Ausnahme
jeder
alle zwei
beide
Allerlei
Varia
Allmutter
Natur
alltäglich
banal
Alltagseinerlei
Trott
Alltagsrhythmus
Trott
Alm
Senne
Alp
Senne
Alpengebirgsstock
Albis, Sella
Alpengipfel
Eiger, Toedi
Alpengipfel *im* Berner Oberland
Eiger
Alpengletscher
Roseg

Alpenpass
Achen, Furka, Gemmi, Loibl, Pyhrn, Stein, Strub, Tenda, Thurn, Turlo
Alpenpflanze
Speik
Alpensee
Ritom
Alpentier
Gemse
Alpenweide
Senne
Alpenwind
Foehn
als Anlage beigefügt
anbei
also
daher, somit
alt
antik
altägyptische Stadt
Luxor, Tanis
altägyptischer Gott
Ammon, Horus
Altargerät
Kelch, Kreuz
Altarnische
Apsis
Altarplatte
Mensa
altathenischer Gesetzgeber
Solon
altbabylonisches Gewicht
Sekel
altchristliches Liebesmahl
Agape
altdeutsche Münze
Albus, Taler
altdeutscher Monatsname
Maien
altdeutsches Flüssigkeitsmaß
Anker, Quart
altdeutsches Gewicht
Pfund, Quent
altdeutsches Hohlmaß
Anker, Fuder, Metze, Quart
altdeutsches Längenmaß
Linie, Meile
alte assyrische Hauptstadt
Assur
alte französische Grafschaft
Anjou, Blois, Maine, Rodez
alte französische Münze
Livre
alte Hauptstadt Assyriens
Assur
alte Hauptstadt Äthiopiens
Aksum
alte Hauptstadt der Inka
Cuzco
alte italienische Münze
Scudo
alte Jagdwaffe
Bogen, Pfeil, Speer
alte lateinische Bibelübersetzung
Itala
alte Schlagwaffe
Keule
alte Schusswaffe
Bogen
alte Stadt in Ägypten
Luxor
alte Stadt in Mesopotamien
Larsa
alte Waffe
Keule, Lanze, Pfeil
alte Wurfwaffe
Lanze
alte Bezeichnung für Barbier
Bader
alte Bezeichnung für Onkel
Oheim
alte Bezeichnung für Tante
Muhme
alter germanischer Stamm
Goten, Ubier
alter Hafen Roms
Ostia
alter Mann
Greis
alter mesopotamischer Stadtstaat
Larsa
alter Name von Tallinn
Reval
alter österreichischer Adelstitel
Edler
alter römischer Grenzwall
Limes
alter Schiffskörper
Wrack
alter Schlager
Oldie
alter Städtebund
Hanse
alter Tanz
Gigue
alter Volksstamm in Italien
Osker
alter Volksstamm in Kleinasien
Lyder
alternativer Personenkreis
Szene
Altersgeld
Rente
altersschwach
senil
Altersversorgung
Rente
altertümlich
antik
altes Feldmaß
Acker
altes Getreidemaß
Metze
altes Hanseschiff
Kogge
altes Heldenepos
Ilias
altes Hohlmaß
Fuder, Metze, Quart, Zuber
altes Körpermaß
Zuber
altes niedriges Liegesofa
Diwan
altes russisches Längenmaß
Werst
altes Saiteninstrument
Domra, Gambe, Harfe, Laute, Leier
altes Streichinstrument
Fidel
altes Trockenmaß
Meste
altes Wegemaß
Meile
altes Wort für einen Verwandten
Eidam, Oheim
altes Wort für Krieg
Orlog
altes Wort für Schwiegersohn
Eidam
altes Wort für Tabak
Tobak
altes Wort für Tante
Muhme
altes Wort für Witwe
Witib
altes Zupfinstrument
Laute
älteste Bibelübersetzung
Itala
Ältestenrat
Senat
Altgeige
Viola

5

altgriechische Göttin
Elpis, Erato, Metis, Moira, Penia, Tyche
altgriechische Grabsäule
Stele
altgriechische Hafenstadt
Aulis
altgriechische Landschaft
Doris, Malis
altgriechische Meerschlange
Hydra
altgriechische Orakelstätte
Delos
altgriechische Sagengestalt
Argus, Atlas, Danae, Gorgo, Hydra, Jason, Medea, Midas, Niobe, Orest, Paris, Titan
altgriechische Stadt
Milet
altgriechische Trinkschale
Kylix
altgriechische Unterwelt
Hades
altgriechische Volksversammlung
Agora
altgriechische Zauberin
Circe, Kirke
altgriechischer Dichter
Aesop, Homer
altgriechischer Erfinder
Heron
altgriechischer Fabeldichter
Aesop
altgriechischer Fluss der Unterwelt
Lethe
altgriechischer Gesetzgeber
Solon
altgriechischer Gott
Apoll, Hades, Hymen, Ladon, Pluto, Titan
altgriechischer Götterberg
Olymp
altgriechischer Hauptstamm
Dorer
altgriechischer Marktplatz
Agora
altgriechischer Philosoph
Plato, Zenon
altgriechischer Physiker
Heron
altgriechischer Sänger
Arion
altgriechischer Stadtstaat
Polis
altgriechischer Stamm
Dorer, Thyle
altgriechischer Volksstamm
Dorer
altgriechischer Wächter
Argus
altgriechischer Waldgeist
Satyr
altgriechischer Weiser
Solon
altgriechisches Blasinstrument
Aulos
altgriechisches Danklied
Paean
altgriechisches Heldenepos
Ilias
altgriechisches Ungeheuer
Gorgo, Hydra
Altgut
Muell
altiranischer König
Kyros
altiranisches Volk
Meder
altirische Kriegerkaste
Fiann
altkeltische Sagengestalt
Artus, Iwain, Iwein
altkeltischer Sänger
Barde
altmodisch
passé
altnordischer Gott
Bragi, Hoedr, Wodan, Wotan
altorientalische Kopfbedeckung
Mitra
altorientalischer Volksstamm
Juden, Lyder, Meder, Syrer
altrussischer Adliger
Bojar
altrussisches Längenmaß
Werst
Aluminiumlegierung
Dural
am Tagesanfang
frueh
Amaryllisgewächs
Agave
Ameise
Miere
amerikanische Automarke
Buick, Dodge
amerikanische Berühmtheit
Astor
amerikanische Filmschauspielerin
Baker, Davis, Kelly, Novak, O'Hara, Wyman, Young
amerikanische Gitarre
Banjo
amerikanische Hauptstadt
La Paz, Quito, Sucre
amerikanische Insel
Haiti
amerikanische Malerin
Moses
amerikanische Marderart
Skunk
amerikanische Mondfähre
Eagle
amerikanische Münze
Colon, Eagle, Sucre
amerikanische Musikgattung
Blues
amerikanische Schriftstellerin
O'Hara
amerikanische Viehfarm
Ranch
amerikanische Zierpflanze
Loasa
amerikanischer Astronaut
Evans, Glenn, Haise, Irwin, Roosa, Scott, Weitz, White, Young
amerikanischer Astronom
Gould
amerikanischer Bauernhof
Ranch
amerikanischer Berg
Huila, Irazu, Misti
amerikanischer Bildhauer
Smith
amerikanischer Bundesstaat (USA)
Idaho, Maine, Texas
amerikanischer Chemiker
Bloch, Flory, Libby
amerikanischer Entertainer
Davis, Kelly
amerikanischer Erfinder
Morse
amerikanischer Filmkomiker
Allen, Hardy, Lewis
amerikanischer Filmpreis
Oscar

amerikanischer Filmregisseur
Allen, Capra, Hawks, Kazan, Mille
amerikanischer Filmschauspieler
Allen, Arlen, Beery, Berry, Clift, Crane, Davis, Flynn, Fonda, Gable, Grant, Lloyd, Mason, Power, Quinn, Tracy, Wayne
amerikanischer General
Grant
amerikanischer Großindustrieller
Astor
amerikanischer Jazzmusiker
Prima, Tatum, Young
amerikanischer Komponist
Loewe, Sousa
amerikanischer Landwirtschaftsbetrieb
Ranch
amerikanischer Literat
Areet
amerikanischer Mediziner
Doisy, Luria, Minot
amerikanischer Mikrobiologe
Luria
amerikanischer Nobelpreisträger für Chemie
Brown, Flory, Libby, Moore, Stein, Taube
amerikanischer Nobelpreisträger für Frieden
Arrow, Balch, Dawes
amerikanischer Nobelpreisträger für Literatur
Lewis
amerikanischer Nobelpreisträger für Medizin
Bloch, Cohen, Doisy, Hench, Hubel, Luria, Minot, Ochoa, Smith, Tatum, Temin, Yalow
amerikanischer Nobelpreisträger für Physik
Bethe, Bloch, Esaki, Kusch, Pauli, Segre, Stern
amerikanischer Nobelpreisträger für Wirtschaft
Hicks, Simon, Solow, Tobin
amerikanischer Pfefferfresser
Tukan
amerikanischer Philosoph
Dewey, James, Quine, Royce
amerikanischer Physiker
Bethe, Bloch, Brown, Esaki, Gamow, Gibbs, Henry, Kusch, Libby, Lyman, Segre, Tesla
amerikanischer Politiker
Dawes, Dewey, Lodge
amerikanischer Präsident
Adams, Buren, Grant, Hayes, Nixon, Tyler
amerikanischer Psychologe
Rhine
amerikanischer Raketentyp
Titan
amerikanischer Satellit
Relay, Triad
amerikanischer Schriftsteller
Albee, Bogan, Bowen, Eliot, Green, Henry, Moore, O'Neil, Olson, Pound, Segal, Twain, Wolfe
amerikanischer Staat
Chile, Haiti
amerikanischer Swingmusiker
Brown
amerikanischer Tanz
Blues, Mambo, Rumba, Samba, Tango, Twist
amerikanischer Tänzer
Kelly
amerikanischer Unpaarzeher
Tapir
amerikanischer Urbewohner
Indio
amerikanischer Wettersatellit
Tiros
amerikanisches Gebirge
Anden
amerikanisches Glücksspiel
Poker
amerikanisches Kartenspiel
Poker
amerikanisches Liliengewächs
Agave
amerikanisches Mischgetränk
Shake
amerikanisches Reiterspiel
Rodeo
amerikanisches Seebad
Miami
amerikanisches Stinktier
Skunk
amerikanisches Wildrind
Bison
amerikanisches Zahlenlotto
Wingo
amerikanisches Zupfinstrument
Banjo
Amme
Bonne
Amphibie
Lurch, Molch
Amsel
Merle
amtliche Anordnung
Edikt
Amtsbezeichnung
Titel
Amtsstube
Buero
Amtstracht
Ornat, Talar
Amtswürde
Titel
Amundsens Luftschiff
Norge
Amüsement
Spass
an *der* Frontseite
vorne
an *der* Seite
neben
an *der* Spitze
vorne
Anbau
Annex
anbaufähig
urbar
anbeißen
nagen
Anblick
Schau, Szene
Andacht
Gebet
andauernd
immer, stets
anderer Name *der* Amsel
Merle
anderer Name *der* Viper
Otter
anderes Wort für Kopf
Haupt
andernfalls
sonst
anders
alias
andersartig
fremd
Änderung eines Gebäudes
Umbau

5

Andrang
Sturm
Anerkennung
Eloge
Anfahrt
Start
anfallartiger Schmerz
Kolik
Anfang
Start
Anfänger
Neuer
Anfangsbuchstabe des griechischen Alphabets
Alpha
Anfangsform
Urtyp
Anfassstück
Griff, Stiel
Anflug
Hauch
Anforderung
Abruf, Bitte
Anforderung von Warenteilposten
Abruf
Anführer *der* **Angelsachsen**
Horsa
Anführer *der* **Argonauten**
Iason, Jason
Anführer *im* **Bauernkrieg**
Geyer
Anführer *der* **Donkosaken**
Rasin
Anführer *der* **Hugenotten**
Rohan
Angeber
Protz
Angehöriger *eines* **asiatischen Reitervolkes**
Hunne
Angehöriger *eines* **baltischen Volksstammes**
Lette
Angehöriger *einer* **belgischen Volksgruppe**
Flame
Angehöriger *eines* **deutschen Fürstenhauses**
Welfe
Angehöriger *einer* **europäischen Völkergruppe**
Balte, Baske, Gaele, Kelte, Slawe
Angehöriger *einer* **indischen Kaste**
Paria, Sudra
Angehöriger *einer* **indischen Religionsgemeinschaft**
Hindu, Jaina, Parse
Angehöriger *der* **nordischen Rasse**
Arier
Angehöriger *einer* **orientalischen Völkergruppe**
Semit
Angehöriger osteuropäischer Völker
Slawe
Angehöriger *der* **Turkstämme in Russland**
Tatar
Angehöriger *eines* **wandernden Volkes**
Sinto
Angehöriger *einer* **Weltreligion**
Hindu
Angelegenheit
Chose, Sache, Thema
Angelgerät
Reuse
Angelsachse
Brite
angenehmer Duft
Aroma
angespitzter Balken
Pfahl
Angriff
Sturm
Angst
Bange, Scheu, Sorge
ängstlich
bange, feige, scheu
Anhang
Annex
Anhänger *der* **Lehre Zarathustras**
Parse
Anhänger *einer* **Philosophenschule**
Eleat
Anhänger *des* **Zoroaster**
Parse
Anhänglichkeit
Treue
Anhängsel
Annex
Anhäufung
Halde, Masse, Menge
anheimelnd
traut
Anhöhe
Kuppe
Ankerplatz
Reede
Ankerplatz vor dem Hafen
Reede
Ankerwinde
Spill
Anlass
Grund, Motiv
Anlauf
Start
Anlegestelle für Schiffe
Hafen, Reede
Anleihen
Fonds
Anliegen
Bitte
anmaßend
frech
Anmerkung
Notiz
anmutige weibliche Naturgeister
Elfen, Nixen
annähernd
cirka, zirka
Anorak mit Kapuze
Parka
Anordnung
Edikt, Gebot, Order
Anpflanzung
Anbau
Anrüchigkeit
Odium
Anrufung Gottes
Gebet
Ansammlung
Bande, Masse, Menge, Meute, Rotte, Schar
anschmiegsam
weich
Anschwellung
Beule
Anschwellung am Hals
Kropf
Ansiedlung
Stadt
Anspiel beim Eishockey
Bully
Ansprache
Toast
Anspruch
Recht
Anstaltsschüler
Eleve
Anstand
Moral, Mores, Sitte, Zucht
anständig
loyal
ansteckende Krankheit
Lepra, Mumps
anstelle
statt
Anstoß
Grund, Motiv
Anstreicher
Maler
Anstrengung
Eifer, Muehe
Anstrichmittel
Farbe

Ansuchen
Bitte
Anteil
Aktie, Quote, Rolle
Anteilnahme
Guete
Anteilsabschnitt einer Aktie
Kupon
Anteilschein
Aktie, Share
Antennenart
Dipol
antike Grenzbefestigung
Limes
antike griechische Hafenstadt
Aulis
antike griechische Landschaft
Doris
antike griechische Stadt
Argos, Athen, Milet
antike Landschaft in Kleinasien
Troas
antike Orakelstätte
Cumae, Delos
antike Redekunst
Topik
antike Schicksalsgöttin
Parze
antike Stadt
Athen, Atria, Babel, Milet, Troja
antike Stadt in Jonien
Milet
antike wachsüberzogene Schreibtafel
Kodex
antiker Abgesang
Epode
antiker Hafen Roms
Ostia
antiker Hochzeitsgesang
Hymen
antiker Name Trojas
Ilion, Ilium
antiker Schlachtenort
Issos
antikes Epos
Ilias
antikes Gedicht
Epode
antikes Inselreich im Norden
Thule
antikes Instrument
Aulos, Leier
antikes Reich in Mesopotamien
Akkad, Sumer
antikes Saiteninstrument
Leier
antikes Theaterstück
Medea
antikes Volk im Iran
Meder
antikes Werk der Philosophie
Menon, Staat
Antilleninsel
Aruba, Haiti, Nevis
Antrag
Bitte
Antrieb
Drang, Motiv
Antriebsmaschine
Motor
antwortheischender Satz
Frage
Anweisung
Order, Regie
Anwendungstrick
Kniff
anwesend
dabei
anwidern
ekeln
Anwurf
Ruege, Tadel
Anzahl
Haufe, Herde, Masse, Menge, Schar, Summe
Anzahl der Lebensjahre
Alter
Anzeichen
Indiz
Anzeige des Kalenders
Datum
Anzug
Tenue
anzüglich
spitz
apart
eigen
Aperitif
Byrrh, Cynar, Picon
Apfelsinenart
Navel
Apfelwein aus Frankreich
Cidre
Aphrodite
Venus
Apostel *der* Eskimos und Grönländer
Egede
Apostel *des* Jesus
Judas, Lukas, Simon
Apothekergewicht
Graen
arabisch für Nichtmohammedaner
Kafir
arabische Gedichtform
Gasel
arabische Getreidepflanze
Durra
arabische Goldmünze
Dinar
arabische Halbinsel
Katar, Sinai
arabische Hauptstadt
Amman, Kairo, Rabat, Tunis
arabische Schreibschrift
Talik
arabische sozialistische Partei
Baath
arabische Stadt
Akaba, Amman, Basra, Haleb, Kairo, Mekka, Mokka, Mosul, Riyad, Sanaa, Rabat, Tunis
arabische Wüste
Akkaf, Nefud, Rimal
arabischer Arzt im Mittelalter
Mesue
arabischer Dichter
Antar
arabischer Geistlicher
Mulla
arabischer Gelehrter
Hakim
arabischer Gruß
Salam, Salem, Selam
arabischer König
Talal
arabischer Mantelumhang
Abaya
arabischer Monatsname
Safar
arabischer Name Gottes
Allah
arabischer Rechtsgelehrter
Mufti
arabischer Richter
Mulla
arabischer Staat
Jemen, Katar, Sudan, Yemen
arabischer Titel
Mudir
arabischer zweirädriger Karren
Araba
arabisches Königreich
Jemen, Yemen
arabisches Nomadenvolk
Kedar
arabisches Ochsengespann
Araba
arbeitsam
emsig

Arbeitsgruppe
Rotte
arbeitsunfähig
krank
Arbeitsunterbrechung
Pause
arg
boese, uebel
argentinische Grassteppe
Pampa
argentinische Landschaft
Anden, Monte
argentinische Provinz
Chaco, Jujuy
argentinischer Diktator
Peron
argentinischer Gebirgszug
Anden
argentinischer Komponist
Kagel
argentinischer National-tanz
Tango
argentinischer Politiker
Illia, Mitre, Ortiz, Peron, Rosas
Ärger
Grimm, Unmut
ärgerlich
boese
Ärgernis
Eklat, Plage, Uebel
Argonautenführer
Iason, Jason
aristokratisch
adlig
Arkade
Bogen
arktischer Vogel
Lumme
arktisches Volk
Inuit
arm
knapp
Arm der Weichsel
Nogat
ärmellose Jacke
Gilet, Weste
ärmelloses Kleidungs-stück
Weste
Armut
Elend
Aroma
Blume
Aronstabgewächs
Calla, Kalla
Arrestraum
Zelle
Art
Genre, Genus, Natur, Rasse, Sorte, Typus, Weise, Wesen
Artikel
eines
Artunterteilung
Rasse
Artusritter
Gawan, Iwain, Iwein
Arznei
Pille, Salbe
Arzneiart
Asant
Arzneiform
Pille, Salbe
Arzneikügelchen
Pille
Arzneimenge
Dosis
Arzneipflanze
Alant
Arzneirohstoff
Droge
Arzt *im* Altertum
Galen
Arzt *aus* Ephesos
Rufus
Arzt *im* Orient
Hakim
Arzt *in der* Türkei
Hakim
ärztliches Instrument
Sonde, Zange
asiatische Giftschlange
Kratt
asiatische Großkatze
Tiger
asiatische Halbinsel
Jamal, Korea, Sinai
asiatische Harzart
Asant
asiatische Hauptstadt
Amman, Dakka, Delhi, Hanoi, Kabul, Lhasa, Seoul, Tokio
asiatische Insel
Banka, Ceram, Hondo, Luzon, Macao, Panay, Perim, Samar, Sumba, Timor
asiatische Ölpflanze
Sesam
asiatische Seerose
Lotus
asiatische Steppenkatze
Manul
asiatische Wüste
Kewir, Nefud, Tharr
asiatischer Berg
Makau, Sinai, Tabor
asiatischer Eroberer
Etzel, Timur
asiatischer Gecko
Tokee
asiatischer Halbesel
Kulan
asiatischer Herrschertitel
Kalif, Mogul, Schah, Tenno
asiatischer Nomade
Avare, Aware
asiatischer Seidenwoll-baum
Semal
asiatischer Staat
Birma, Burma, China, Japan, Jemen, Korea, Nepal, Yemen
asiatischer Wind
Buran, Samum
asiatischer Zierbaum
Ginko
asiatisches Gebirge
Altai, Pamir, Sinai
asiatisches Hochland
Pamir, Tibet
asiatisches Kaiserreich
Japan
asiatisches Königreich
Nepal
asiatisches Raubtier
Tiger
asiatisches Steppenschaf
Arkal
asiatisches Volk, asiati-sche Volksgruppe
Badju, Bicol, Dajak, Inder, Jaken, Jakun, Kafir, Karen, Khmer, Khond, Luren, Mansi, Meder, Moken, Moros, Nanak, Newar, Nuyer, Oraon, Oriya, Ossen, Pnong, Punan, Sakai, Samal, Schan, Selon, Senoi, Syrer, Tamil, Toala, Udehe, Wedda
Aspekt
Blick
Assistenz
Hilfe
assyrische Gottheit
Assur, Enlil, Istar, Samas, Tamuz
assyrische Hauptstadt
Akkad, Assur
Ast
Zweig
Astronom
Adams, Brahe, Encke, Galle, Gauss, Havel
astronomischer Begriff
Abend, Achse, Aphel, Basis, Klima, Komet, Kranz, Licht, Masse, Monat, Nacht, Nadir, Nebel, Osten, Phase, Sonne, Stern, Woche, Wolke, Zenit
Atem
Hauch, Puste

ätherisches Öl
Oleum
äthiopische Hafenstadt
Assab
äthiopischer Berg
Dendi, Kollo
äthiopischer Herrscher-titel
Negus
äthiopischer Marathon-läufer
Abebe
Athlet
Boxer
Atlantikinsel
Fayal, Ferro, Meloe, Palma
Atlasgewebe
Satin
Atmosphäre
Druck, Flair
atmosphärische Funken-entladung
Blitz
atmosphärische Licht-erscheinung
Blitz
atmosphärischer Nieder-schlag
Hagel, Regen
Atmungsorgan
Lunge
Atmungsorgan der Fische
Kieme
Attrappe
Dummy, Falle
ätzende Flüssigkeit
Lauge
auch genannt
alias
auf *die* **Landwirtschaft bezogen**
agrar
auf *dem* **Laufenden**
à jour
auf *den* **Mond bezogen**
lunar
aufbegehrend
frech
Aufbewahrungsort
Depot, Lager
Aufbruch
Start
aufdringlich
frech
Aufeinanderfolge
Reihe, Serie
Aufenthalt
Logis, Pause
Aufenthaltsnachweis
Alibi
Aufenthaltsort *der* **grie-chischen Götter**
Olymp

Auffahrt
Korso, Rampe
auffallende Gesichtsfarbe
Roete
Auffassungsgabe
Grips
Aufforderung
Bitte
Aufforderung sich wegzu-begeben
Abruf
Aufführungsvorbereitung
Probe
Aufgabe
Thema
Aufgang
Rampe
aufgeblasen
eitel, frech
aufgebrachtes Schiff
Prise
aufgedonnert
affig
aufgedreht
fidel
Aufgeschichtetes
Dieme, Feime, Stoss
aufgeschlossen
offen
aufgesetzter Getreide-haufen
Hocke
aufgestellter Leitsatz
These
aufgeweckt
alert
aufgrund
wegen
Aufguss
Sauce, Sosse
Aufhänger
Haken
Auflage
Decke, Gebot, Menge
Auflehnung
Trotz
Auflösung jeglicher Ord-nung
Chaos
Aufmarsch
Umzug
Aufnahme
Photo
Aufpasser
Wache
Aufpassversteck
Lauer
Aufprall
Stoss
aufrichtig
offen
Aufrollvorhang
Rollo

Aufsatz
Essay
Aufschlag an Kleidungs-stücken
Stoss
Aufschnitt
Belag, Wurst
Aufschrift
Notiz, Titel
Aufschub
Frist
Aufschüttung
Halde, Warft
Aufsehen
Eklat
Aufsicht
Obhut, Wache
Aufsichtsgeistlicher
Dekan
Aufspüren
Suche
Aufspürung
Suche
Aufstellung
Konto, Liste
Aufstellung hinterei-nander
Reihe
Auftrag
Belag, Order
Auftraggeber
Kunde
Auftritt
Krach, Szene
Aufwand
Luxus, Prunk
aufwärts
empor, hinan
Aufwiegelung
Hetze
Aufzeichnung
Notiz
Aufziehen *von* **Pflanzen**
Zucht
Aufziehen *von* **Tieren**
Zucht
Aufzug
Szene
Auge beim Würfelspiel
Point
Augenausdruck
Blick
augenblicklich
jetzt
augenblickliche Stim-mung
Laune
Augenwimper
Zilie
aus *dem* **Altertum**
antik
aus Bronze
ehern

aus Eisen
ehern
aus gebranntem Ton
irden
aus tiefstem Herzen
innig
aus Ton
irden
aus Werg gemacht
heden
Ausbesserungsstätte
Werft
Ausbildungszeit
Lehre
Ausdehnung
Hoehe, Tiefe, Weite
Ausdehnung nach oben
Hoehe
Ausdehnungsbegriff
breit, Hoehe, Tiefe, Weite
Ausdehnungsrichtung
Tiefe
Ausdruck
Geste, Miene, Mimik
Ausdruck *beim* **Boxen**
Haken
Ausdruck *beim* **Fechten**
Finte
Ausdruck *des* **Missfallens**
Ruege, Tadel
ausdrücklich
extra
Ausdrucksbewegung
Geste
Ausdruckskunst
Mimik
Auseinandersetzung
Duell, Fehde, Kampf, Krach, Krieg, Szene, Zwist
auserlesen
prima
Auserlesenes
Elite
Ausfall
Manko, Minus
Ausflucht
Finte
Ausflug
Fahrt, Reise
ausführlich
exakt, genau
Ausgangspunkt
Basis, Start
ausgedehnt
breit, gross
ausgedient
passé
ausgeglichen
quitt, ruhig
ausgelassenes Fest
Orgie
Ausgestoßener
Paria
ausgeübte Herrschaft
Macht
ausgewachsenes Insekt
Imago
ausgewalztes Metall
Blech, Folie
ausgezeichnet
famos, prima, super
Ausgießer
Zotte
Auskochflüssigkeit
Absud
Auskundschafter
Agent, Spion
Auslauffeld auf Flugplätzen
Piste
Auslese
Elite
Auslöser
Grund, Motiv
Auspuffausstoß
Abgas
Ausrede
Luege
ausreichend
genug
Aussagender vor Gericht
Zeuge
Aussatz
Lepra
Ausschank
Theke
Ausscheidung des Pottwals
Amber, Ambra
Ausscheidungsorgan
Niere
Ausschlag auf der Haut
Ekzem
Ausschmückung
Dekor
Ausschweifung
Orgie
Außenbegrenzung
Bande, Kante
Außenseiter
Freak
außer Geltung sein
ruhen
außerdem
extra
außergewöhnlich
enorm
Außerirdischer (englisch)
Alien
Äußerung der Frömmigkeit
Gebet
Äußerung von Schmerz
Klage
Aussicht
Blick
Aussichtsturm
Warte
Aussprachezeichen
Tilde, Trema
Aussprechen eines Wunsches
Bitte
Ausspritzmundstück
Duese
Ausspruch
Zitat
Ausstellung
Messe, Schau
Ausstellungsraum
Salon
Ausstrahlung
Flair, Odium
austauschbare Funktionseinheit (EDV)
Modul
Austauschspielkarte
Joker
Austernprodukt
Perle
australische Insel
Adele, Bigge, Elcho
australische Sopranistin
Melba
australischer Berg
Mt. Isa
australischer Beutelbär
Koala
australischer Eingeborenenstamm
Dieri
australischer Flusslauf zur Regenzeit
Creek
australischer Nobelpreisträger für Literatur
White
australischer Wildhund
Dingo
australisches Säugetier
Dingo
australisches Schafleder
Basil
australisches Tier
Dingo, Koala
Auswahl
Elite, Probe
Auswahl der Besten
Elite
Ausweg
Hilfe
Ausweichen beim Fechten
Volte
Auszeichnung
Orden, Preis, Titel
Auszubildender
Stift
Auszug
Infus, Probe, Treck, Zitat

Autohotel
Motel
Automarke
Adler, Buick, Deutz, Dodge, Horch, Krupp, Lloyd, Maico, Skoda, Steyr, Tatra
Autor von Alraune
Ewers
Autor von Ansichten eines Clowns
Boell
Autor von Das Glasperlenspiel
Hesse
Autor von Das Schloß
Kafka
Autor von Der Graf von Monte Christo
Dumas
Autor von Der Prozeß
Kafka
Autor von Der Revisor
Gogol
Autor von Die Blechtrommel
Grass
Autor von Die drei Musketiere
Dumas
Autor von Die Göttliche Komödie
Dante
Autor von Die Kameliendame
Dumas
Autor von Die Mutter
Gorki
Autor von Die Pest
Camus
Autor von Die Wildenten
Ibsen
Autor von Gespenster
Ibsen
Autor von Götter, Gräber und Gelehrte
Ceram, Marek
Autor von Gullivers Reisen
Swift
Autor von Hedda Gabler
Ibsen
Autor *der* **Ilias**
Homer
Autor von Ivanhoe
Scott
Autor von Lausbubengeschichten
Thoma
Autor von Mord im Dom
Eliot
Autor von Nachtasyl
Gorki
Autor von Nora
Ibsen
Autor *der* **Odyssee**
Homer
Autor von Peer Gynt
Ibsen
Autor von Robinson Crusoe
Defoe
Autor von Tote Seelen
Gogol
Autorennbahn
Monza
Autorin von Heidi
Spyri
Autoteil
Achse, Feder, Felge, Haube, Kerze, Motor, Pedal
Autotour
Fahrt
Autoversicherung
Kasko
Avenue
Allee
Axt
Barte
Azoreninsel
Corvo, Fayal

B

Babybett
Wiege
Babykost
Milch
Babylon
Babel
babylonische Gewichtseinheit
Sekel
babylonische Göttin
Istar, Nintu
babylonischer Gott
Enlil, Istar, Kingu, Tamuz
babylonischer Priester
Beros
Babysitter
Bonne, Nurse
Bacchanal
Orgie
Bacchusbegleiter
Satyr
backbord
links
Backe
Wange
Backenzahn
Molar
Backform
Model
Backgerät
Blech
Backtrog
Molle, Mulde
Backware
Stute, Torte
Backzutat
Milch
Bad
Bidet
Badeanzug
Tanga
Badegelände
Fluss, Teich
Badeort
Amrum, Arosa, Baden, Bozen, Davos, Flims, Graal, Ischl, Juist, Laboe, Lienz, Meran, Miami, Nizza, Oelze, Ragaz, Soden, Sulza, Toelz, Treis, Vichy
Badeort an der Kieler Förde
Laboe
Bagage
Tross
Bagagetruppe
Tross
Bahn
Linie, Loipe, Piste, Route, Runde
Bahn von Himmelskörpern
Orbit
Bahnabteil
Coupé, Kupee
Bahnanlage
Gleis
Bahnschiene
Gleis
Bahre
Trage
Bai
Bucht
Bajazzo
Clown
Bajuware
Bayer
Bakel
Stock
bald
frueh
Baldriangewächs
Narde
Baleareninsel
Ibiza
Balg
Bauch, Goere, Wanst
Balge
Priel
balgen
toben
Balkanbewohner
Serbe

5

Balkanhauptstadt
Athen, Sofia
Balkon
Altan, Erker
Balkonpflanze
Wicke
Ballettschüler
Eleve
ballige Speise
Kloss
Ballon
Kugel
Ballspiel
Rugby
Balsam
Salbe
Balte
Lette
Baltin
Estin
baltische Hauptstadt
Reval, Wilna
baltische Insel
Dagoe, Oesel
baltisches Volk
Esten
banal
flach, platt
Band
Combo, Faden, Litze
Bande
Horde, Meute, Schar
Bange
Angst, Sorge
bange Unruhe
Sorge
banges Gefühl
Sorge
Bankbegriff
Agien, Aktie, Bonus, Depot, Ekart, Konto, Kupon, Saldo
Banknote
Sorte
Banner
Fahne
Bantustamm
Duala, Kongo, Swasi, Tonga, Xhosa
Bar
Theke
Barbier
Bader
Bärenart
Panda
Barett
Toque
Bargetränk
Drink
Barkeeper
Mixer
Bartanflug
Flaum
Bartentfernung
Rasur
Basar
Markt
Base
Lauge
Basilisk
Echse
Baskenmütze
Béret
Bastfaser
Ramie
Bastfaserbündel
Bimli
Bastion
Feste
Bataille
Kampf
Bau
Knast, Zelle
Bauch
Wamme, Wampe
Bauchfett
Flaum
bauchiges Gefäß
Kanne
Bauchmitte
Nabel
Bauernangriff (Schach)
Gabel
Bauhandwerker
Maler
Bauholz
Bohle, Brett, Diele, Latte
Baum
Stamm
Baum der Tropen
Palme
Baumart
Ahorn, Birke, Buche, Eiche, Esche, Linde, Palme, Pinie, Tanne, Weide, Zeder
Baumaschine
Ramme
Baumaterial
Stein
baumbestandene Straße
Allee
Baumfrucht
Apfel, Birne
Baumrinde
Borke
Baumstraße
Allee
Baumteil
Blatt, Gabel, Krone, Rinde, Stamm, Zweig
Baumumhüllung
Rinde
Baumwollgarn
Twist
Baumwollgewebe
Cloth, Krepp, Linon, Pikee, Pique, Twill
Baumwollhemd
Shirt
Baumwollhose
Jeans
Baumwollpulli
Nicki
Baumwollstoff
Denim, Drell, Drill
Baustil des Mittelalters
Gotik
Baustoff
Beton, Stein
Bauwerk
Feste, Halle, Mauer, Villa
Bauwerk in London
Tower
Bauwerk in Moskau
Kreml
bayerisch für Backhuhn
Hendl
bayerisch für knusprig
resch
bayerisch für Rückentrage
Kraxe
bayerisch für Schlitten
Rodel
bayerisch für Spaß
Gaudi
bayerische Abtei
Ettal
bayerischer Berg
Arber
bayerischer Herzog
Odilo
bayerischer Männerkosename
Seppl
bayerischer Politiker
Ehard
bayerischer Schriftsteller
Thoma
bayerischer Spaß
Gaudi
bayerischer Volksdichter
Thoma
bayerisches Benediktinerkloster
Ettal
bayerisches Grasland
Egart
bayerisches Klosterdorf
Ettal
bayerisches Vergnügen
Gaudi
Beamte höheren Ranges
Raete
Beanstandung
Ruege, Tadel
bearbeiten des Ackerbodens
eggen

bearbeitetes Holzstück
Bohle, Brett, Diele, Latte
Beaufsichtigung
Obhut
Beauftragter
Agent
bebautes Ortsgebiet
Etter
Becher
Kelch, Pokal
Becken
Mulde, Senke
Bedenkzeit
Frist
bedeutend
gross
Bedeutung
Tenor
bedeutungslos
banal, platt
Bedingung
Regel
Bedrängnis
Armut, Elend, Noete
bedürftig
elend
beeinflussbar
labil
Beethovens Lehrer
Neefe
Befähigung
Reife
befangen
scheu
Befangenheit
Scheu
Befehl
Gebot, Order
befestigter Stadtteil in russischen Städten
Kreml
Befestigungsanlage
Feste
Befestigungsmittel
Anker, Faden, Folie, Hafte, Haken, Nadel, Nagel, Stift
beflissen
emsig
Beförderungsgebühr
Porto
Beförderungsmittel
Floss, Moped, S-Bahn, U-Bahn, Wagen
Befugnis
Recht
Begabung
Genie
Begegnung
Match, Spiel, Treff
Begehren
Trieb
Begeisterung
Jubel, Verve
Begierde
Drang, Sucht, Trieb
Beginn
Start
Beginn *eines* **Rennens**
Start
Begleiter *des* **Apollo**
Greif
Begleiter *des* **Apostel Paulus**
Titus
Begleiter *des* **Bacchus**
Silen
Begleiter *des* **Dionysos**
Satyr, Silen
Begleiter *von* **Karl May im Orient**
Halef
beglückt
selig
Begräbnisgabe
Kranz
Begräbnisstätte
Gruft
begrenzt
knapp
Begrenzung
Bande, Kante, Limes, Limit, Mauer, Seite
Begrenzung des Eishockeyfeldes
Bande
Begriff *der* **antiken Rhetorik**
Topos
Begriff *in der* **Fechtkunst**
Volte
Begriff *der* **Grammatik**
Kasus
Begriff *des* **räumlichen Abstands**
Naehe, Tiefe, Weite
Begriff *beim* **Roulett**
Rouge
Begriff *der* **Wetterkunde**
Regen
Begriffsgattung
Reihe
Begründer *der* **Landerziehungsheime**
Lietz
Begründer *der* **Landwirtschaftslehre**
Thaer
Begründer *von* **Microsoft**
Gates
Begründer *der* **optischen Werke in Jena**
Zeiss
Begründer *des* **politischen Zionismus**
Herzl
Begründer *des* **Pragmatismus**
James
Begründer *der* **Psychoanalyse**
Freud
Begründer *der* **schlesischen Bergwerksindustrie**
Reden
Begründer *der* **Sowjetunion**
Lenin
begründeter Tatbestand
Indiz
begütert
reich
behäbig
traeg
behaglich
traut
Behälter *aus* **Holz**
Kiste
Behälter *aus* **Papier**
Tuete
behände (behende)
alert, flink, rasch
behandelter Stoff
Thema
beharrlich
ruhig
Behauptung
These
Behelf
Hilfe
Behelfsunterkunft
Lager
Behelfswohnung
Lager
Beherbergungsbetrieb
Hotel, Motel
beherzt
kuehn, mutig
Behinderung beim Eishockey
Check
behutsam
sacht
Beiboot
Dingi, Jolle
Beifahrerin
Sozia
Beifall
Jubel
Beifallsruf
Bravo
beigefügt
anbei
Beil
Barte, Hacke
beinahe
cirka, zirka
Beiname *der* **Demeter**
Chloe

5

Beiname *des* **Hades**
Pluto
Beiname *des* **Mars**
Ultor
Beinteil
Ferse
Beistand
Hilfe
Beistrich
Komma
Beitrag
Hilfe
Beiwerk
Zutat
Beizmittel
Alaun
bejahrter Mann
Greis
bekannter Ausspruch
Zitat
bekannter Clown
Grock, Rivel
bekanntes Pariser Nachtlokal
Maxim
Bekanntmachung
Edikt
Bekenntnis
Dogma, Lehre
Bekleidung der Mönche
Habit, Kutte
Bekleidungsstück
Anzug, Bluse, Dress, Frack, Haube, Jabot, Jacke, Jeans, Joppe, Kappe, Kleid, Kutte, Muffe, Ornat, Pulli, Sakko, Schal, Schuh, Stola, Talar, Weste
Beklemmung
Angst
belastender Umstand
Indiz
Belastung des Kontos
Debet
belehrende Erzählung
Fabel
beleibt
feist
Beleuchtung
Licht
Beleuchtungskörper
Ampel, Kerze, Lampe
Belgier
Flame
belgische Landschaft
Fagne
belgische Provinz
Namur
belgischer Baumeister
Minne, Velde, Vigne
belgischer Komponist
Absil
belgischer Maler
Ensor
belgischer Politiker
Spaak
belgischer Radrennfahrer
Sercu
belgischer Schriftsteller
Claes
belgischer Volksstamm in Gallien
Remer
beliebter alter Schlager
Oldie
Beliebtheit
Gunst
Belohnung
Preis
Belustigung
Gaudi, Spass
Bemerkung
Notiz
bemittelt
reich
Bemühung
Eifer
Benachrichtigung
Anruf, Brief, E-Mail, Karte, Kunde, Telex
Benediktinerabtei
Cluny, Emaus, Ettal, Farfa
Benediktion
Segen, Weihe
Benefizium
Lehen
Benennung
Titel
Bengel
Junge, Range
benommen
dumpf
Benommenheit
Sopor
Benzinsorte
Super
Beobachter
Zeuge
Beobachtungsposten
Wache, Warte
bequeme Sitzgelegenheit
Couch, Diwan
Berater
Tutor
Berber der Sahara (Einzahl)
Targi
berberischer Hirtennomade
Targi
Berberstamm
Shilh
Beredsamkeit
Suada
Bereich
Rayon
Bereifung
Pneus
bereit
parat
bereits
schon
Bereitschaftsruf
Alarm
bereitwillig
gerne
Berg *in den* **Alpen**
Albis, Eiger, Mythe, Sella, Toedi
Berg *auf* **Bali**
Agung
Berg *im* **Bayerischen Wald**
Arber, Lusen, Osser
Berg *im* **Berner Oberland**
Eiger
Berg *im* **Böhmer Wald**
Arber, Susen
Berg *auf* **Borneo**
Besar, Murud
Berg *der* **Gesetzgebung Mosis**
Horeb
Berg *der* **Glarner Alpen**
Vorab
Berg *im* **Grazer Bergland**
Osser
Berg *in* **Griechenland**
Olymp
Berg *auf* **Grönland**
Forel
Berg *des* **Ida-Gebirges (Kreta)**
Leuka
Berg *auf* **Island**
Askja, Hekla
Berg *in* **Kanada**
Logan
Berg *der* **Klöster**
Athos
Berg *auf* **Korsika**
Cinto
Berg *bei* **Landsberg/Warthe**
Klams
Berg *auf* **Madeira**
Ruivo
Berg *in* **Palästina**
Tabor
Berg *auf den* **Philippinen**
Mayon
Berg *in den* **Pyrenäen**
Aneto
Berg *auf* **Sizilien**
Aetna, Lauro
Berg *auf* **Sumatra**
Dempo

Berg *bei* **Zürich**
Albis
Bergabhang
Halde, Leite
Bergarbeiter
Hauer
Bergbauanlage
Grube, Zeche
Bergbaugerät
Eisen
Bergeinschnitt
Cañon, Klamm
Bergfenchel
Sesel
Berggasthof
Baude
Berggeist
Troll
Berggipfelform
Kegel, Kofel, Kogel, Kuppe
Berggruppe *bei* **Budapest**
Matra
Berggruppe *in* **Graubünden**
Adula
Berghang
Leite
Bergkammlinien
Grate
Bergkegel
Kuppe
Bergkloster *in* **Griechenland**
Athos
Bergland *in* **Namibia**
Otavi, Otawi
Bergland *in* **Schottland**
Morar
bergmännisch für enge Kluft
Liese
bergmännisch für Tiefe
Teufe
bergmännischer Begriff
Abbau, Bruch, Fahrt, Floez, Halde, Hauer, Lampe, Liese, Sohle, Streb, Teufe, Zeche
bergmännischer Beruf
Hauer
Bergmassiv
Stock
Bergpfad
Steig, Stieg
Bergrücken
Kegel, Kuppe
Bergrücken *der* **Glarner Alpen**
Etzel
Bergrücken *am* **Zürcher See**
Albis
Bergstamm in Ostindien
Kondh
Bergstamm in Vietnam
Chema
Bergstock *in der* **Schweiz**
Moron, Pisoc
Bergstock *der* **Silvretta-Gruppe**
Tasna
Bergstock *der* **Stubaier Alpen**
Saile
Bergübergang
Toerl
Bergweide
Matte
Bergwerksanlage
Grube, Zeche
Bergwild
Gemse
Bergzacke
Zinne
Bergziege
Gemse
Berliner Eckensteher
Nante
Berliner Flughafen
Gatow, Tegel
Berliner Fluss
Havel, Spree
Berliner Glas Bier
Molle
Berliner Hotel
Adlon
Berliner Kabarettist
Neuss
Berliner Komiker
Carow
Berliner Komponist
Kollo
Berliner Maler
Kolbe, Zille
Berliner Operettenkomponist
Kollo
Berliner Original
Nante
Berliner Regierung
Senat
Berliner Spezialität
Molle
Berliner Stadtteil
Tegel
Berliner Wort für naseweises kleines Mädchen
Goere
Berliner Zeichner
Zille
Berner Alpenpass
Gemmi
Bernina-Alpengipfel
Palue
Bernina-Alpengletscher
Roseg
Beruf
Stand
Beruf *im* **Baugewerbe**
Maler
Beruf *in der* **Kunst**
Maler
Beruf *im* **Presse- oder Verlagswesen**
Autor
Beruf *im* **Rechtswesen**
Notar
Beruf *in der* **Textilindustrie**
Weber
Beruf *im* **Transport- oder Verkehrswesen**
Lotse, Pilot
Beruf *in der* **Unterhaltungsbranche**
Autor, Clown
Berufsausbildung
Lehre
Berufsfußballspieler
Profi
Berufssportler
Profi
Berufssprache
Slang
Berufsverband
Gilde, Zunft
berühmter Clown
Grock, Rivel
Besatz
Biese, Borte, Galon, Gimpe, Litze
Beschädigung
Bruch, Fleck
Beschaffenheit
Guete, Weise, Wesen
beschaulich
ruhig, still
beschauliche Ruhe
Musse
Beschaulichkeit
Idyll, Musse
Beschauzeichen
Punze
Bescheid
Anruf, Kunde
Bescheinigung
Beleg
beschleunigt
eilig, rasch
Beschränkung
Limit
Beschuldigung
Klage
Beschwerde
Klage, Plage, Uebel
Besen
Feger
Besessenheit
Manie, Sucht

besitzanzeigendes Fürwort
deine, ihrer, meine, unser
besitzen
haben
Besitzform im Mittelalter
Lehen
Besitzlosigkeit
Armut
Besonderheit
Abart
besonders
apart, extra
Bestand
Dauer, Lager
Beständigkeit
Dauer
Bestandteil
Glied, Zutat
Bestandteil *des* **Bestecks**
Gabel
Bestandteil *des* **Bienenwachses**
Zerin
Bestandteil *des* **Blutes**
Serum
Bestandteil *der* **Erdatmosphäre**
Argon, Xenon
Bestandteil *der* **fetten Öle**
Olein
Bestandteil *der* **Galle**
Bilin
Bestandteil *der* **Schokolade**
Kakao, Milch
Besteckteil
Gabel
Bestellung
Order
Bestenauslese
Elite
bestens
prima
bestimmte Menge
Dosis
bestimmter Kalendertag
Datum
bestimmter Ort
Lokus, Punkt, Start
bestimmter Zeitpunkt
Datum, Frist
Bestimmung
Fatum, Regel, Zweck
bestürzt
starr
Besuch
Logis
betagte Person
Alter, Greis
Betäubungsmittel
Opium
betont
extra
Betonung
Iktus
beträchtlich
enorm, gross
Betrag
Preis, Summe
Betreuer
Coach
Betreuung
Obhut
Betrieb
Buero, Firma
betriebsam
aktiv, emsig
Betriebsstörung
Panne
Betrug
Luege
Bett
Lager, Liege
Bettfeder
Daune
Bettlersprache
Argot
Bettsofa
Diwan
Betttuch (Bettuch)
Laken
Beule
Delle
Beunruhigung
Angst, Sorge
beurkundender Jurist
Notar
Beurkundungsbeamter
Notar
Beute
Kaper, Prise
Beutel
Tuete
Beuteltier
Koala
Bewachung
Obhut
bewaffnete Bürgerwehr
Miliz
Bewährungsversuch
Probe
Beweggrund
Motiv
beweglich
flink, mobil
bewegliches Körperteil
Glied
Bewegung *der* **Kontinente**
Drift
Bewegungsart
Fahrt
bewegungslos
ruhig, starr, steif
Beweisgrund
Axiom
Beweisperson
Zeuge
Beweisstück
Beleg, Indiz
Beweiszettel
Beleg
Bewohner Belgiens
Flame
Bewohner *eines* **deutschen Bundeslandes**
Hesse
Bewohner *eines* **Erdteils**
Asiat
Bewohner *einer* **französischen Insel**
Korse
Bewohner *einer* **italienischen Insel**
Sarde
Bewohner *des* **Kantons Uri**
Urner
Bewohner *von* **Karien**
Karer
Bewohner *von* **Lydien**
Lyder
Bewohner *der* **Pyrenäen**
Baske
Bewohner *einer* **Stadt an der Donau**
Ulmer
Bewohner *von* **Troja**
Troer
Bewuchs des Kopfes
Haare
Bewusstsein
Geist, Sinne
Bezahlung
Heuer, Preis
bezaubernd
apart
Bezieher
Kunde
Beziehung
Bezug, Draht, Faden
Bezirk
Areal, Kreis, Rayon
Bibelteil
Psalm
Bibelübersetzung
Itala
Biberschwanz
Kelle
biblische Frauengestalt
Hagar, Maria, Naemi, Noemi, Rahel, Sarah
biblische Gestalt
Moses

biblische Männergestalt
Aaron, Abner, Arodi, Asser, David, Elias, Enoch, Isaak, Jakob, Jesse, Jesus, Jonas, Josua, Jubal, Judas, Laban, Moses, Ruben, Sebak, Simon, Urias, Zodok
biblische Quelle bei Jerusalem
Gihon
biblische Sündenstadt
Sodom
biblische Wüstennahrung
Manna
biblischer Berg
Horeb, Sinai, Tabor
biblischer Eigenname
Korah
biblischer Hoher Priester
Annas
biblischer König
Abiam, Achab, Baesa, David, Hiram, Hosea, Joram, Josia, Nahum, Nehum, Pekah, Simri, Ussia
biblischer Monatsname
Nisan, Sebat, Sivan
biblischer Name für Jerusalem
Ariel, Salem
biblischer Name Gottes
Jahve, Jahwe
biblischer Ort
Asdod, Babel, Ekron, Emaus, Hadid, Hazor, Joppe, Kedes, Lydda, Salem, Sidon, Socho, Sodom, Tyrus
biblischer Prophet
Elias, Elisa, Hosea, Isaia, Jonas, Micha, Nahum
biblischer Stammvater
David, Isaak, Jakob
biblisches Buch
Hosea, Josua, Micha, Nahum
biblisches Himmelsbrot
Manna
biblisches Maß
Homer, Meile
biblisches Traumland
Ophir
biblisches Volk
Magog
bieder
artig, plump
biegsamer Zweig
Gerte
Biegung
Beuge, Knick, Kurve
Bienenerzeugnis
Honig, Wachs
Bienenwohnung
Stock
Bienenzüchter
Imker
bierähnliches russisches Getränk
Kwass
Biergefäß
Halbe, Molle, Tulpe
Biersorte
Lager, Stout
Bilanz
Fazit, Stand
Bild
Photo, Stich
Bild ländlichen Friedens
Idyll
Bildband
Album
bildender Künstler
Maler
Bilderrätsel
Rebus
Bildersammlung
Album
Bildgeschichte
Comic
Bildhauermaterial
Beton, Eisen, Stein, Wachs
bildlose Tarockkarte
Laton
Bildseite einer Medaille
Avers
Bildstreifen
Comic, Strip
Bildteppich
Kelim
Bildung
Geist
Billardausdruck
Bande, Cadre, Effet, Point, Queue, Stoss
Billett
Karte
Bimssteintuff
Trass
Bindegewebestrang
Sehne
Bindestrich
Divis
Bindewort
bevor, daher, damit, darum, desto, falls, indem, somit, sonst, sowie, wobei, woher, wohin, zudem
Bindfaden
Zwirn
Binnengewässer
Teich
Binse
Rusch
biochemischer Wirkstoff
Enzym
Birkengrün
Maien
Birnensorte
Lucas
Bischofsmütze
Infel, Inful, Mitra
Bischofsstab
Pedum
bissig
spitz
bissiges Sinngedicht
Xenie
Bitte
Frage, Gebet
bitterkalt
eisig
bitterer Hohn
Spott
Bitterkeit
Groll
Blähhals
Kropf
blank
glatt, nackt
blanker Schein
Glanz
blasen
tuten
Blasenwurm
Quese
blassgelb
creme
Blässhuhn
Ralle
Blatt Papier
Bogen
Blättchen
Folie
blattdünnes Metall
Folie
Blatternarbe
Pocke
Blattfaser der Zwergpalme
Afrik
Blattgemüse
Kraut, Salat
Blattpfeife
Fiepe
Blattrückseite
Verso
Blattvorderseite
Avers, Rekto
blauer Jeansstoff
Denim
Blaufelchen
Renke
Bleibe
Logis
Bleichmittel
Chlor
blendend hell
grell

5

Blessur
Wunde
Blindfisch
Inger
Blindgänger
Niete
Block
Klotz
blöd
debil
bloß
nackt
Bluff
Luege, Mache, Trick
blühende Pflanze
Blume
Blume
Aroma, Aster, Lilie, Malve, Nelke, Phlox, Tulpe, Wicke, Winde
Blumengewinde
Kranz
Blut saugendes Ungeziefer
Wanze, Zecke
Blutbahnen des Körpers
Adern
Blüte
Blume
Blütenform
Kelch
Blütenstand
Aehre, Dolde, Rispe
Blütenteil
Blatt, Kelch, Krone, Narbe
Blutflüssigkeit
Serum
Blutgefäß
Aorta
blutstillendes Mittel
Alaun
Blutsverwandter
Agnat
Boa
Stola
Boden
Basis, Grund
Bodenart
Acker, Grund, Humus, Loess
Bodenbestandteil
Humus
Bodendunst
Brint, Nebel, Wasen
Bodenerhebungen
Berge
Bodenertrag
Ernte
Bodenfläche
Areal
Bodennutzung
Anbau
Bodensatz
Grund
Bodenschatz
Kohle
Bodenseelandschaft
Hegau
Bodensenke
Mulde
Bodenturnübung
Rolle, Salto
Bodenvertiefung
Mulde, Senke
Bogen
Blatt, Kurve, Waffe
Bogengang
Laube
Bogengeschoss
Pfeil
Bogenlänge
Arkus
Bohle
Brett, Diele
böhmischer Rundtanz
Polka
böhmischer Zeichner
Kubin
böhmisches Industriewerk
Skoda
Bollwerk
Buhne, Mauer
bolschewistischer Führer
Lenin
Bonität
Guete
Bootsart
Barke, Dingi, Einer, Jacht, Jolle, Kajak, Moses, Yacht, Zille
Bootsgattung
Einer
Bootskörper
Rumpf
Bootssportler
Kanut
Bootsteil
Anker, Dolle, Ducht, Pinne, Ruder, Segel, Skull, Spake, Stake
Bootszubehör
Ruder
Bord
Brett, Regal
Bordeauxwein
Médoc, Palus
Borke
Rinde
Born
Bronn, Quell
borsaures Salz
Borat
Börsenauftrag
Order, Ordre
Börsenpapier
Aktie, Fonds, Share
Börsentageswerte
Kurse
Borstenbüschel
Quast
Borte
Galon, Litze
Borverbindung
Borax
bösartiges Geschwulst
Gliom, Krebs, Tumor
Böschung
Halde, Leite
Böschungsabsatz
Berme
böse
uebel
böser Geist
Satan
Böses
Uebel
böses Weib
Furie
boshaft
boese
boshafte Gehässigkeit
Haeme
boshaftes Auslachen
Spott
botanischer Begriff
Achse, Aehre, Beere, Blatt, Borke, Busch, Dolde, Faser, Flora, Hecke, Kelch, Kraut, Krone, Lippe, Nadel, Narbe, Ranke, Raute, Rinde, Rispe, Ruebe, Samen, Spore, Sporn, Stamm, Staub, Stiel, Trieb, Tuete, Wedel, Zelle, Zweig
Botschaft
Kunde
Botschafter
Legat
Böttcherwerkzeug
Beuge
Bottich
Wanne, Zuber
Boutique
Laden, Stand
Box
Stand
Boxausdruck
Break, Fight, Haken, Linke, Punch, Runde
Brand
Durst, Feuer
Brandfackel
Fanal
Brandrest
Asche, Rauch
Branntwein
Arrak, Gilka, Wodka

brasilianischer Bundesstaat
Bahia
brasilianischer Indianerstamm
Aruak, Taino
brasilianischer Kaisername
Pedro
brasilianischer Schriftsteller
Amado
brasilianischer Tanz
Samba
Bratenaufguss
Tunke
Bratensaft
Beize, Sauce, Sosse, Tunke
Bratenstück
Filet, Steak
Bratrost
Grill
Bratsche
Viola
Brauch
Regel, Sitte
brauner Farbstoff
Sepia, Siena, Umber, Umbra
Braunkohlenkoks
Grude
Braunschweiger Biersorte
Mumme
Braunschweiger Sehenswürdigkeit
Loewe
brausen
tosen
Brautschmuck
Kranz
brav
artig
Bravur (Bravour)
Verve
Brecher
Welle
breit
largo
breites Liegesofa
Couch
Brenngas
Butan
Brennpunkt
Fokus
Brennstoff
Butan, Grude, Kohle, Sprit
Brett
Bohle, Diele, Latte
Brettergestell
Regal
Brettspiel
Halma, Salta
Breve des Papstes
Bulle
Briefgeld
Porto
Brillenschlange
Aspis, Kobra
Brocken
Block, Klotz
Brodem
Dampf, Dunst, Hitze, Nebel, Qualm
Brosame
Krume
Brosche
Fibel, Klipp, Nadel
Brotbelag
Gelee, Honig, Kaese, Sirup, Speck, Wurst
Brötchen
Wecke
Brotkante
Knast, Knust, Ranft, Rinde
Brotrinde
Kante
Brotscheibe
Bemme
Bruch
Knick, Sumpf
Bruchstück
Torso
Brückengewölbe
Bogen
Bruder *von* **Moses**
Aaron
Bruder *von* **Mutter und Vater**
Onkel
Bruder *von* **Romulus**
Remus
Brühe
Absud, Suppe
Brunnen
Bronn, Quell
Brust
Busen
Brustdrüse beim Kalb
Bries
Brustknochen
Rippe
Brustkorbknochen
Rippe
Brustwarze der Säugetiere
Zitze
Brut
Fasel
Bub
Junge, Knabe
Buch *des* **Islam**
Koran
Buch *über* **Rechtschreibung**
Duden
Buchart
Atlas, Roman
Bucheinbandart
Leder
Buchenfrucht
Ecker
Bücherbretter
Borde
Büchergestell
Regal
Buchformat
Folio, Oktav, Quart, Sedez
Buchführungsbegriff
Beleg, Bonus, Debet, Frist, Haben, Konto, Saldo
Buchhalter
Clerk
Buchseite
Blatt
buchstäblich
exakt, genau
Bucht
Busen, Fjord
Buchteil
Blatt, Bogen, Seite
Buchüberschrift
Titel
Buchungsergebnis
Saldo
Buchungsunterlage
Beleg
Buckel
Beule
buddhistische Tempelfahnen
Tanka
buddhistischer Priester
Bonze
Büfett
Theke
Büffel
Bison
Buhle
Kebse
Buhne
Hoeft
Bühnenausstattungsstück
Revue
Bühnenbild
Szene
Bühnendarbietung
Revue, Schau
Bühnenfach
Buffo, Naive
Bühnenkante
Rampe
Bühnenpart
Rolle
Bühnenstück
Drama, Posse, Revue
Bühnentanz
Stepp
Bukett
Blume

bulgarischer Berg
Botew
bulgarisches Gebirge
Pirin
bulgarisches Seebad
Varna, Warna
Bulle
Stier
Bund
Garbe, Union
Bundestrainer des Deutschen Fußballbundes
Vogts
Bündner Alpengipfel
Kesch
Bündnis
Union
Bunker
Depot
bunte Herbstblume
Aster
Burenführer
Botha, Dewet, Smuts
Burg
Feste
Burg *in* arabischen Städten
Kasba
Burg *in* Frankreich
Laval, Niort
Burg *in* Italien
Nurag
Burg *an der* Mosel
Alkas, Alken, Arras
Burg *von* Moskau
Kreml
Burg *am* Rhein
Pfalz
bürgerlich
zivil
bürgerliche Kleidung
Zivil
Bürgerwehr
Miliz
Bürgschaftsgegenstand
Pfand
Burgunderwein
Givry, Macon
burgundische Hauptstadt
Dijon
Burleske
Farce, Posse
burschikos
flott
Bürzel
Sterz
Büschel
Quast, Tolle
bußfertig
reuig
Büstenpfeiler
Herme
Bütte
Wanne, Zuber
byzantinische Kaiserin
Irene
byzantinischer Kaiser
Zenon

C

Cachenez
Schal
Campinggegenstand
Grill
Cape
Kotze
Chaiselongue
Couch, Diwan, Liege
Chalzedon
Achat
Charakter
Typus, Wesen
Charakterbild
Image
Charaktereigenschaft
Treue
Charge
Serie
Charme
Anmut
chemische Verbindung
Borax, Elain, Ester, Indol, Keton
chemische Werkstatt
Labor
chemischer Begriff
Alaun, Alkyl, Asche, Borax, Butan, Druck, Duese, Ester, Faser, Fiber, Kohle, Lauge, Phase, Purin
chemisches Element
Argon, Arsen, Astat, Aurum, Chlor, Chrom, Eisen, Fluor, Radon, Selen, Titan, Xenon
Cheruskerfürst
Armin
chilenische Insel
Mocha
chilenischer Autor
Rojas
chilenischer Besitzloser
Rotos
chilenischer Dünger
Guano
chilenischer Pianist
Arrau
chilenisches Ausfuhrprodukt
Borax, Kohle
Chinagras
Ramie
chinesische Dynastie
Ching, Juean, Shang, Tsing, Wutai, Yuean
chinesische Ehrenbezeugung
Kotau
chinesische Geldeinheit
Liang
chinesische Münze
Tsjao
chinesische Provinz, Region
Honan, Hopeh
chinesischer Berg
Gambu
chinesischer Kleinbär
Panda
chinesischer Philosoph
Mehti
chinesisches Bauwerk
Mauer
chinesisches Buch der Wandlungen
I Ging
chinesisches Gewichtsmaß
Chang, Ching, Liang, Picul, Pikul, Tschi, Tsien
chinesisches Längenmaß
Tschi
chininhaltiges Getränk
Tonic
Chip
Jeton, Marke
Chorwerk
Messe, Missa
Chose
Sache
Christbaumschmuck
Kerze, Kugel
christliche Kardinaltugend
Liebe
christliches Liebesmahl
Agape
christliches Sakrament
Taufe
christliches Symbol
Kreuz
Christus
Jesus
circa
zirka
City
Stadt
clever
smart
Clique
Bande, Rotte
Coach
Wagen
Cocktail
Daisy, Julep, Sling

Comicfigur
Goofy, Micky
Computerfehler
Error
Computerfeind
Virus
Computerinhalt
Datei
Computersprache
ALGOL, BASIC, COBOL
computertechnischer Begriff
Datei, Input, Modem, Modul
Cowboyfest
Rodeo
Cowboyreiterschau
Rodeo
Creme
Paste, Sahne, Salbe
cremefarben
beige
Cup
Pokal

D

da
zumal
Dach der Welt
Pamir
Dachabschluss
First
Dachdeckmaterial
Stroh
Dachfenster
Gaube
Dachteil
First, Haube, Raehm, Rinne
dalmatinische Hafenstadt
Kotor
dalmatinische Insel
Cazza, Lissa, Mljet, Molat, Susac, Susak, Unije
dalmatinische Stadt
Kotor, Split, Zadar
damals
einst
Damenhut
Haube, Kappe, Toque
Damenschuh
Pumps, Sabot
Damenunterkleidung
Tanga, Teddy
dämlich
bloed
Damm
Buhne, Deich
Dämon
Geist, Troll
Dampf
Dunst
Dampfbad
Sauna
Dämpfungsmaß
Neper
dänische Insel in der Nordsee
Fanoe, Manoe
dänische Insel in der Ostsee
Aeroe, Alsen
dänische Insel südlich von Fünen
Aeroe
dänische Münze
Krone
dänische Währung
Krone
dänische Währungseinheit
Krone
dänische Zither
Humle
dänischer Astronom
Brahe
dänischer Königsname
Kanut, Niels
dänischer Mediziner
Krogh
dänischer Nobelpreisträger für Frieden
Bajer
dänischer Nobelpreisträger für Medizin
Krogh
dänischer Physiologe
Krogh
dänischer Politiker
Bajer, Zahle
dänischer Sagenheld
Ogier, Tokko
dänischer Sagenkönig
Hawad, Krake
dänischer Schriftsteller
Abell, Ewald, Grass
Darbietung
Schau
Dargebrachtes
Opfer
Darmausgang
After
Darmverschluss
Ileus
darreichen
geben
das Altertum betreffend
antik
das biblische Himmelsbrot
Manna
das Ganze
alles
das gesamte Dasein
Leben
das Grüne
Natur
das Unsterbliche
Seele
Dasein
Leben
Daseinsablauf
Leben
Dateneingabe
Input
Datensammlung
Datei
Datenspeicherwerk
Datei
Dauer
Frist, Weile
dauerhaft
solid
dauernd
immer, stets
Davids Feldherr
Urias
dazu
sogar
DDR-Geheimdienst (Kurzwort)
Stasi
Decke
Plaid
Deckelbehälter
Kanne, Truhe
Deckschicht
Belag
Defekt
Panne
Defizit
Manko
dehnbares Material
Gummi
deklinierbares Wort
Nomen
Dekor
Motiv
Dekoration
Orden
Delle
Beule
Demontage
Abbau
demütig
devot
demütige Ehrerweisung
Kotau
den Ackerboden auflockern
eggen
den Fetus betreffend
fetal
den Mond betreffend
lunar

5

den Sinn von Schriftzeichen erfassen
lesen
den Wald abholzen
roden
Denklehre
Logik
Denksport
Raten
Denksportaufgabe
Rebus
Denkspruch
Gnome
Denkvermögen
Ratio
Denkzettel
Lehre
Departement in Frankreich
Aisne, Corse, Doubs, Drôme, Indre, Isère, Loire, Marne, Meuse, Rhône, Seine, Somme, Yonne
Depot
Lager
Depression
Krise, Senke
der Erlöser
Jesus
der päpstliche Hof
Kurie
derb
drall, plump, ruede, stark
derb für Essen
Frass
derbkomisches Lustspiel
Farce, Posse
Derwisch
Fakir
derzeit
jetzt
des Menschen Innerstes
Seele
deshalb
daher, darum
Desinfektionsmittel
Borax, Chlor, Lysol
Dessertwein
Samos
Detonation
Knall, Krach
deutsch-amerikanischer Raketeningenieur
Braun
deutsche Frauenrechtlerin
Cauer, Lange
deutsche Gartenfigur
Zwerg
deutsche Großstadt
Essen, Hagen, Halle, Herne, Koeln, Mainz, Neuss, Trier
deutsche Hafenstadt
Emden, Husum
deutsche Kabarettistin
Noack
deutsche Kaiserin
Agnes
deutsche Landeshauptstadt
Mainz
deutsche Landschaft
Baden, Hegau, Lippe, Pfalz, Senne
deutsche Landschaft am Bodensee
Hegau
deutsche Münze
Krone, Taler
deutsche Nordseeinsel
Amrum, Foehr, Juist
deutsche Ostseeinsel
Ruden
deutsche Sagengestalt
Etzel, Hagen
deutsche Schauspielerin
Hoppe, Krahl, Uhlen
deutsche Schriftstellerin
Arnim
deutsche Spielkarte
Unter
deutsche Spielkartenfarbe
Gruen, Kreuz
deutsche Universitätsstadt
Halle, Koeln, Mainz, Trier
deutsche Währung
D-Mark
Deutscher
Hesse
deutscher Adelstitel
Baron, Prinz
deutscher Arzt
Borst, Krehl
deutscher Atomforscher
Bothe
deutscher Badeort
Berka, Essen, Soden, Toelz
deutscher Berg, Gebirge
Alpen, Arber, Eifel, Hardt, Rhoen
deutscher Bildhauer
Kolbe, Stoss
deutscher Buchdrucker
Unger
deutscher Bundespräsident
Heuss
deutscher Chemiker
Alder, Bosch, Diels, Eigen, Frank, Haber, Knorr, Kolbe, Krebs, Lunge, Lynen, Reppe, Stahl
deutscher Dirigent
Masur
deutscher Erfinder
Bosch, Braun, Drais, Knorr, Krupp, Linde
deutscher Flieger
Beese, Grade, Hirth, Klemm, Rudel
deutscher Fluss
Weser
deutscher Fußballspieler
Maier, Turek, Vogts
deutscher Geograph
Krebs, Maull, Penck
deutscher Germanist
Grimm, Leyen, Wrede
deutscher Grenzfluss
Rhein
deutscher Heidedichter
Loens
deutscher Herrschername
Franz
deutscher Historiker
Dehio, Ranke, Reich, Sybel
deutscher Humanist
Brant
deutscher Komponist
Blech, Bruch, Burck, Finck, Gluck, Graun, Hasse, Henze, Kollo, Liszt, Loewe, Reger, Senfl, Spohr, Weber
deutscher Landsmann
Hesse
deutscher Maler
Ernst, Grosz, Kluge, Macke, Nolde, Runge, Thoma
deutscher Marxist
Bebel
deutscher Mathematiker
Artin, Frege, Gauss, Hesse, Klein, Pfaff, Study, Weber
deutscher Nebenfluss der Donau
Brenz
deutscher Nobelpreisträger für Chemie
Bosch, Eigen, Haber
deutscher Nobelpreisträger für Literatur
Boell, Grass, Hesse, Heyse
deutscher Nobelpreisträger für Medizin
Neher
deutscher Nobelpreisträger für Physik
Bothe, Braun, Hertz, Stark
deutscher Pädagoge
Campe, Lietz
deutscher Philosoph
Bauer, Bloch, Carus, Cohen, Frege, Fries, Hegel, Huber, Lange, Lipps, Lotze, Misch, Weber, Wolff, Wundt

deutscher Physiker
Bothe, Braun, Eigen, Fuchs, Gauss, Hertz, Jolly, Justi, Kundt, Linde, Luest, Mayer, Stark, Stern, Vogel, Weber
deutsche(r) Pianist/Pianistin
Sauer, Stech, Wieck
deutscher Politiker
Bebel, Benda, Ebert, Ehmke, Erler, Focke, Heuss, Kogon, Leber, Loebe, Maier, Mende, Papen, Pieck, Stein, Stoph, Sydow, Vogel, Wirth
deutscher Raketenforscher
Braun
deutscher Rechenmeister
Riese
deutscher Reichskanzler
Papen, Wirth
deutscher Reichspräsident
Ebert
deutscher Schauspieler
Adorf, Bildt, Boehm, Diehl, Drews, Ewert, Felmy, Forst, Frank, Goetz, Grimm, Gross, Haack, Hasse, Holst, Hoven, Kainz, Kerst, Knuth, Lange, Leibl, Loeck, Lorre, Neuss, Prack, Stahl, Stolz, Treff, Veidt, Vogel, Wicki, Wieck, Wuest
deutscher Schriftsteller
Arndt, Boell, Busch, Busse, Campe, Ernst, Ewers, Fried, Fulda, Graff, Grass, Grimm, Groth, Gruen, Hauff, Hebel, Heine, Hesse, Kafka, Kluge, Loens, Nabor, Nowak, Opitz, Otten, Raabe, Rilke, Rothe, Sachs, Storm, Thoma, Trakl, Ulitz, Unger, Weber, Zweig
deutscher Sozialist
Bebel
deutscher Sprachforscher
Duden
deutscher Städtebund
Hanse
deutscher Zeichner
Busch, Zille
deutscher Zoologe
Brehm
deutsches Flächenmaß
Acker
deutsches Kartenspiel
Rommé
deutsches Maß
Pfund
deutsches Rechtschreibebuch
Duden
deutsches Umstandswort
daran
deutsches Wappentier
Adler
deutsches Weinbaugebiet
Baden, Mosel, Pfalz, Ruwer
deutsches Zirkusunternehmen
Krone
Devise
Motto, Tenor
devot
fromm
Diadem
Krone
Dialekt
Idiom, Slang
Diamant am Zepter des russischen Zaren
Orlow
Diamantenreinheitsgrad
Pikee
Dichter *der* Ilias
Homer
Dichter *der* Lorelei
Heine
dichter Rauch
Qualm
Dichtkunst
Lyrik
Dichtung
Drama, Eloge, Essay, Fabel, Hymne, Lyrik, Posse, Prosa, Roman, Xenie
Dichtung Homers
Ilias
Dichtung in freier Form
Prosa
Dichtungsmaterial
Gummi
dick
drall, feist, stark
dickbauchiges Hanseschiff
Kogge
Dickblatt
Sedum
dicker Bauch
Wampe, Wanst
dickes Brett
Bohle
dickflüssiger Saft
Sirup
dickflüssiger Zuckersaft
Sirup
Dickhäuter
Tapir
Dickicht
Busch
die Heilige Schrift
Bibel
die Schöpfung
Natur
die Alpen betreffend
alpin
die Landwirtschaft betreffend
agrar
die Pole betreffend
polar
die Sonne betreffend
solar
Diebesgut
Beute
Diele
Brett, Tenne
dienende indische Kaste
Paria
Diener
Groom, Lakai
Diener des Don Quichotte
Pansa
Diener im Livree
Lakai
Dienst
Beruf, Hilfe
Dienstältester
Doyen
Dienstgrad
Stufe
Dienstgrad bei der Bundeswehr
Major
Dienstkleidung
Ornat, Talar
Dienststelle
Buero
Dienstzimmer
Buero
diesig
trueb
diesige Luft
Nebel
Differenz
Zwist
Diktat
Zwang
Dilemma
Krise
Dimension
Hoehe, Tiefe, Weite
Diner
Essen
Ding
Sache
Diplomat
Legat
diplomatischer Leiter einer Institution
Doyen
Dirne
Metze, Nutte
Diskont
Abzug
Distelgewächs
Karde

5

Distrikt
Kreis
Dividendenschein
Kupon
Diwan
Couch, Liege
Döbel
Aitel
Dodekanesinsel
Leros
Doktortitel (Abkürzung)
Dr. med
Doktrin
Lehre
Dokument
Beleg
Dokumentenablage
Aktei
Dolchverletzung
Stich
Doldengewächs
Berle, Silge
Dominostein mit Doppelzahl
Pasch
Donaulandschaft
Lobau
Donaumündungsarm
Kilia
Donaustädter
Ulmer
Donkosakenführer
Rasin
Doppel
Kopie, Match, Mixed
doppelgesichtiger römischer Gott
Janus
Doppelsalz
Alaun
Doppelspiel beim Tennis
Mixed
Doppelstern im Orion
Rigel
Doppelstern im Perseus
Algol
Dorfbarbier
Bader
Dorfplatz
Anger
Dorfwiese
Anger
Dorn für Laufschuhe
Spike
Dörrgerät
Darre
Dorsch
Torsk
Dosis
Menge, Prise
Drachenechse
Waran
Dragée, Dragee
Pille
Drahtnachricht
Telex
Drahttauwerk
Brook
Drahtwicklung
Spule
Drahtzaun
Etter
Drall
Effet
Drama *von* **Goethe**
Faust, Goetz, Tasso
Dramengestalt *bei* **Shakespeare**
Julia, Romeo
Dramenteil
Szene
Drang
Druck, Trieb
Dreck
Muell, Unrat
Dreh
Drall, Finte, Kniff, Trick
drehbare Walze
Rolle
drehbarer Schiffskran
Davit
Drehflügel
Rotor
Drehimpuls
Drall
Drehpunkt
Achse, Mitte
Drehstab
Achse
Drehteil an Maschinen
Rotor
Drehung
Wende
Dreieckslinie
Basis, Hoehe
dreifache Papstkrone
Tiara
Dreigespann
Triga
Dreiheit
Trias
Dreikäsehoch
Junge
Dreiklangstoß
Tusch
dreist
frech
Dreschabfall
Spreu
Dresche
Senge
Dreschplatz
Tenne
Dresdener Arzt
Carus
Dressurleine
Longe
Dressurübung
Volte
dringend
eilig
dritte Potenz
Kubus
dritter Fall in der Sprachlehre
Dativ
dritter Fastensonntag
Okuli
Drogenszenenbegriff
Crack, Hasch, Joint
Drohung
Zwang
drollig
ulkig
drollige Bilderserie
Comic
Dromedar
Kamel
Druck
Zwang
Druckform
Model
Druckhebel
Taste
Druckmaschinenteil
Rakel
Druckreihe
Zeile
drucktechnischer Begriff
Abzug, Druck, Fahne, Folio, mager, Notiz, Oktav, Petit, Quart, Seite
drucktechnisches Gerät
Rakel
Drüsenwirkstoff
Enzym
Duft
Aroma, Blume, Hauch, Odeur
Duftstoff
Amber, Ambra, Bisam, Odeur, Zibet
dumm
bloed
dummdreist
frech
Dummkopf
Idiot
Düngemittel
Guano
dunkelbraun
umber, umbra
dünkelhaft
stolz
dunkler Tagesteil
Nacht
dunkles englisches Bier
Stout

dünn
duerr, hager, mager
dünn bewachsen
licht
dünn gewalzte Metall-platte
Blech
dünne Brühe
Lorke
dünner Ast
Zweig
dünner Lederstreifen
Keder
dünner Pfannkuchen
Crêpe
dünner Überzug
Belag
dünner Weidenstock
Gerte
dünnes Blättchen
Folie
dünnes Metallplättchen
Blech
Dunst
Dampf, Nebel
Dunstgebilde am Himmel
Wolke
dunstig
trueb
durch Gärung verdorben (Milch)
sauer
durchbrochen
à jour
durchdringend
stark
Durcheinander
Chaos
durchgehend
immer, stets
durchgezeichnete Kopie
Pause
Durchmesser
Linie, Sehne
Durchschlag
Seihe
Durchschnitt
Mitte
Durchschrift
Kopie
durchsichtiger Farb-überzug
Lasur
durchsichtiges Gewebe
Tuell, Voile
durchtrieben
smart
dürftig
knapp
dürr
duenn, hager, mager
Düsenflugzeug
Jumbo
düster
trist
dynamisch
vital
Dynastie *in* **England**
Tudor
Dynastie *in* **Frankreich**
Anjou

E

Ebbe und Flut
Tiden
eben
flach, glatt
Echsenart
Agame, Gecko, Waran
Eckzahn des Keilers
Hauer, Waffe
ecuadorianische Münze
Sucre
edel
adlig, nobel
Edelgas
Argon, Radon, Xenon
Edelmetallgewicht
Graen, Karat
Edelpelz
Bisam, Fuchs, Iltis, Otter, Zobel
Edelstein
Achat, Lapis, Pyrit, Quarz, Rubin, Topas
Edelsteingewicht
Karat
Edelsteinglanz
Feuer
Edelsteinimitation
Talmi
Edikt
Gebot
EDV-Begriff
Error, print, reset
EDV-Dateneingabe
input
EDV-Fehler
Error
EDV-Schaltungseinheit
Modul
EDV-Sprache für zurück-setzen
reset
Effekt
Folge
Effet
Drall
ehe
bevor
ehedem
einst
ehelos
ledig
ehemalige deutsche Münze
Taler
ehemalige Herren Vene-digs
Dogen
ehemalige russische Monarchin
Zarin
ehemalige Schulklasse
Prima, Sexta
ehemalige Stadt in Nord-babylonien
Akkad
ehemalige thailändische Münze
Tikal
ehemalige Vorhut des Heeres
Harst
ehemaliger äthiopischer Kaisertitel
Negus
ehemaliger berühmter Rennfahrer
Lauda
ehemaliger Bundespräsi-dent
Heuss
ehemaliger deutscher Radsportler
Altig
ehemaliger Dorfbarbier
Bader
ehemaliger König von Libyen
Idris
ehemaliger orientalischer Herrscher
Mogul
ehemaliger persischer Monarch
Schah
ehemaliger Reiternomade
Aware
ehemaliger Reitersoldat
Husar
ehemaliges Buchformat
Oktav
ehemaliges englisches Königshaus
Tudor
ehemaliges Gewicht
Pfund
ehemals
einst
Ehemann
Gatte
eher
bevor
Ehrenabzeichen
Orden

Ehrenbezeigung
Gruss, Salut, Salve
Ehrengruß
Salut, Salve
Ehrenplakette
Orden
Ehrensalve
Salut
Ehrerbietung
Gruss
ehrlich
reell
ehrlos
infam
Ei der Laus
Nisse
Eibisch
Malve
Eichhörnchennest
Kobel
Eier *des* **Fisches**
Rogen
Eier *von* **Wassertieren**
Laich
Eier hervorbringen (Huhn)
legen
Eierkuchen
Crêpe, Krepp
Eierteigware
Nudel
Eiform (Mehrzahl)
Ovale
eiförmig
ovoid
Eigelege von Wassertieren
Laich
Eigenart
Typus, Wesen
Eigenname *von* **Norwegen**
Norge
eigens
extra
Eigenschaft
Wesen
Eigensinn
Trotz
eigentlich
quasi
Eiland
Insel
Eile
Hetze, Tempo
eilends
rasch
eilig
flink, rasch
Eimasse von Wassertieren
Laich
ein bisschen
etwas
ein Elternteil
Vater
ein Erdteil
Asien
ein Nachlass erhalten
erben
ein Signalhorn betätigen
hupen
ein wenig
etwas
einbalsamierte Leiche
Mumie
Einbaum der Naturvölker
Kanoe
Einbringen der Feldfrüchte
Ernte
eindringlich
ernst
eine *der* **Kontoseiten**
Haben
eine *der* **Musen**
Erato
einen Motor frisieren
tunen
einer *der* **die Schafe hütet**
Hirte
einer *der* **Eltern**
Vater
einer *der* **Erzengel**
Uriel
einer *der* **kleinen Propheten**
Hosea
einer Meinung
einig
einer *der* **Raben Odins**
Hugin, Mumin
eines Sinnes
einig
einfacher Schrank
Spind
einfacher Wagen
Karre
einfaches Fahrzeug
Karre
Einfamilienhaus
Villa
Einfassung
Borte, Kante, Knick, Litze, Zarge
einfetten
oelen
Einfluss
Macht
Einfriedung
Hecke, Knick, Mauer
Eingang
Tuere
eingebildet
eitel
Eingeborener Amerikas
Indio
Eingeborener Indiens
Hindu
Eingeborener *von* **Neuguinea**
Papua
Eingeborener *von* **Neuseeland**
Maori
eingedickte Flüssigkeit
Sirup
eingedickter Saft
Gelee, Sirup
eingelegte Knospe
Kaper
eingelegtes Ei
Solei
eingelegtes Tierprodukt
Solei
eingezäunte Fläche für Tiere
Weide
einheimische Getreidesorte
Emmer, Hafer, Hirse
einheimische Orchidee
Orant
einheimisches Raubtier
Dachs, Fuchs, Iltis, Kuder, Otter
Einhufer
Mulus, Pferd, Zebra
einig
innig
einjähriges Fohlen
Enter
Einkommen
Rente
Einmannruderboot
Skiff
Einmaster
Tjalk
einmastiges Flussschiff
Mutte
einrädriges Fahrzeug
Karre
Einreibemittel
Creme, Paste, Salbe
Einrichtung für Bankkunden
Konto
Einrichtungsgegenstand
Couch, Diwan, Lampe, Liege, Regal, Stuhl, Tisch, Truhe
Einschnitt
Kerbe
Einsenkung im Gelände
Mulde
einstellige Zahl
fuenf, sechs
Einstieg
Tuere
Einteilungsbegriff
Menge, Rasse, Reihe, Sorte, Stamm, Typus

Eintragung
Notiz
einwandfrei
prima
Einzelfakten
Items
einzeln
apart
Einzelraum
Stube, Zelle
eisenbahntechnischer Begriff
Block, Gleis
Eisenerz
Pyrit
Eisenkies
Pyrit
Eisenklumpen
Luppe
Eisenstift
Haken, Nagel, Niete
eisern
ehern
Eishockeyanspiel
Bully
Eiskunstlauffigur
Bogen, Wende
Eiskunstlaufsprung
Euler
Eisniederschlag
Hagel
Eisprunghemmer
Pille
Eisscholle
Flarr
eitel
affig
Eiweißkörper
Muzin
Ekel
Graus
Eklat
Knall, Krach
eklig
boese
elastischer Stahldraht
Feder
elastischer Werkstoff
Gummi
Elefantenführer
Mahut
elegant
apart, fesch, flott, nobel
elegantes Einfamilienhaus
Villa
Elektras Bruder
Orest
elektrisch geladene Teilchen
Ionen
elektrische Energie
Strom
elektrische Entladung
Blitz
elektrische Leitung
Kabel
elektrische Lichterscheinung
Blitz
elektrische Maßeinheit
Farad
elektrische Schaltungseinheit
Modul
elektrischer Heißlufttrockner
Foehn
elektrischer Pluspol
Anode
elektrischer Pol
Anode
elektrischer Schwingungszustand
Phase
Elektrizität
Strom
Elektrizitätsträger
Ionen
Elektrode
Anode
Elektronenröhre
Diode
elektronische Briefsendung
E-Mail
elektronische Ziffer
Digit
elektronischer Datenaustausch über Computer
E-Mail
Elementarlehrbuch
Fibel
Elementarteilchen
Boson, Meson, Quark
Elitetruppe
Garde
elsässischer Wein
Pinot
elternloses Kind
Waise
Elternteil (statistisch)
Elter, Vater
Embryo
Fetus
Emirat am Persischen Golf
Dubai
Empfang
Lever
Empfangsgerät
Radio
Empfangsraum
Foyer, Halle, Salon
empfehlen
raten
Empfehlung
Gruss
emsig
aktiv
Endbetrag
Summe
Endergebnis
Fazit
Endkampf im Sport
Spurt
Endstück des Brotes
Knust
Endsumme
Fazit
Energie
Eifer, Kraft
Energiemenge
Quant
Energiequelle
Kohle, Sonne, Strom
Energieteilchen
Quant
eng
dicht, knapp
eng bemessen
knapp
eng vertraut
innig, intim
enge Ausströmöffnung
Duese
enge Straße
Gasse
enge Waldschlucht
Tobel
Engelfigur
Putte
enger Raum
Zelle
enges Tal
Cañon, Klamm
Engländer
Brite
englisch für acht
eight
englisch für Aktie
share
englisch für alkoholisches Mischgetränk
drink
englisch für auflebender alter Schlager
Oldie
englisch für Blut
blood
englisch für drei
three
englisch für drogenunabhängig
clean
englisch für Fluss
river

5

5

englisch für Frühstücksspeck
bacon
englisch für gewandt
smart
englisch für Hauch
touch
englisch für Hemd
shirt
englisch für Irrtum
error
englisch für Jargon
slang
englisch für Kampf
fight
englisch für Kinderpflegerin
nurse
englisch für kleine Mahlzeit
snack
englisch für Königin
queen
englisch für königlich
royal
englisch für Konzern
trust
englisch für kürzere Abhandlung
essay
englisch für Landstreicher
tramp
englisch für leichte Damenschuhe
pumps
englisch für leichte Mittagsmahlzeit
lunch
englisch für Mannequin
model
englisch für Mixgetränk
shake
englisch für Nacht
night
englisch für Niveau
level
englisch für Persönlichkeitsbild
image
englisch für Pferderennen
Derby
englisch für pfiffig
smart
englisch für Preisgrenze
limit
englisch für Rauschgiftzigarette
joint
englisch für Sankt
saint
englisch für Schlange
snake
englisch für Schriftstück
paper
englisch für sieben
seven
englisch für Spurt
speed
englisch für Stein
stone
englisch für Strand
beach
englisch für Stufe
level
englisch für Süden
south
englisch für süß
sweet
englisch für Tennisplatz
court
englisch für Teufel
devil
englisch für Vater
daddy
englisch für Verbrechen
crime
englisch für Verlierer
loser
englisch für Wettkampf
match
englische Biersorte
Stout
englische Dynastie
Tudor
englische Grafschaft
Berks, Derby, Devon, Essex, Wight, Wilts
englische Hafenstadt
Dover
englische Insel
Lundy, Sercq, Wight
englische Königin
Maria
englische Münze
Penny
englische Münzen
pence
englische Prinzessin
Diana
englische Schauspielerin
Leigh
englische Schriftstellerin
Woolf
englische Tageszeitung
Times
englische Zeitung
Times
englischer Adelstitel
Count
englischer Admiral
Blake, Drake
englischer Afrikaforscher
Bruce
englischer Baustil
Tudor
englischer Bildhauer
Moore
englischer Dichter
Eliot
englischer Dramenkönig
Henry
englischer Erdumsegler
Drake
englischer Erfinder
Darby
englischer Expremier
Mayor
englischer Frauenname
Daisy, Ethel, Helen, Jenny, Mabel, Sarah
englischer Frühstücksspeck
bacon
englischer Komponist
Parry, Scott
englischer Königsname
Georg
englischer Maler
Bacon, Blake
englischer Männerkosename
Teddy
englischer Männerkurzname
Steve
englischer Männername
Kevin
englischer Mathematiker
Green
englischer Nobelpreisträger für Chemie
Aston, Soddy, Synge
englischer Nobelpreisträger für Literatur
Eliot, Yeats
englischer Nobelpreisträger für Medizin
Chain, Crick, Krebs
englischer Nobelpreisträger für Physik
Bragg, Dirac, Gabor
englischer Nobelpreisträger für Wirtschaft
Lewis, Meade
englischer Pferderennplatz
Ascot, Epsom
englischer Philosoph
Bacon, Locke, Smith
englischer Physiker
Bragg, Joule
englischer Polizist
Bobby
englischer Sagenkönig
Artus
englischer Schauspieler
Grant, Mason

englischer Schriftsteller
Bacon, Blair, Byron, Defoe, Eliot, Scott, Swift, Wilde, Young
englischer Seeheld
Drake
englischer Seemann
Drake
englischer Staatsmann
Bacon, Bevan, Bevin, Heath
englischer Südpolforscher
Scott
englischer weiblicher Kosename
Nelly
englisches Ballspiel
Rugby
englisches Gewicht
pound
englisches Glücksspiel
Bingo
englisches Kartenspiel
Poker, Whist
englisches Seebad
Dover
englisches Staatsgefängnis
Tower
englisches Wollgewebe
Tweed
englisches Wurfspiel
Darts
englisches Zahlenglücksspiel
Bingo
engmaschig
dicht
enorme Menge
Masse
Entdecker *von* **Amerika**
Colón
Entdecker *des* **Radiums**
Curie
Entdecker *des* **Transhimalaja**
Hedin
Entdeckung
Fund
Enterich
Erpel
Entfernungsbegriff
Ferne, Naehe, Weite
entgegen
wider
entgegengesetzt
polar
Entgelt für Wohnung
Miete
enthaltsamer Mensch
Asket
Entlüftungseinrichtung
Abzug
Entrechteter
Paria
Entscheidung
Krise, Votum
entschlossen
mutig
Entsetzen
Angst, Graus
entspannende Beschäftigung
Spiel
entspannt
ruhig
Entspannung
Musse
Entstellung
Luege
Entwässerungsgraben
Draen
Entwässerungsröhrchen
Draen
entwendeter Gegenstand
Beute, Prise
Entwicklungsabschnitt
Phase
Entwicklungsrichtung
Trend
Entwicklungsstadium bei Insekten
Imago, Larve, Puppe
Entwicklungsstufe
Phase
Entzücken
Wonne
entzückend
apart
entzündliches Wundsekret
Eiter
Epidemie
Lepra
Episode
Flirt
Epos *der* **Antike**
Ilias
Epos *von* **Homer**
Ilias
Erbe
Legat
erbitterter Gegner
Feind
erblicken
sehen
Erdart
Humus
Erdaufschüttung
Warft
erdbraun
khaki
erdbraune Farbe
Ocker
erdbrauner Farbstoff
Umbra
Erde
Boden, Grund, Humus, Krume
Erdfarbe
Khaki
erdfarben
khaki, ocker, umbra
Erdformation
Devon, Silur, Trias
Erdgeist
Troll, Wicht, Zwerg
Erdinneres
Magma
Erdloch
Grube, Kluft
Erdrutsch
Ruefe
Erdteil
Asien
Erdumlaufbahn
Orbit
Erdwall
Deich
Erdzeitalter
Devon, Silur, Trias
Ereignis
Event
Ereignisgrund
Motiv
Erfinder *einer* **Bremse**
Knorr
Erfinder *des* **Dampfkochtopfes**
Papin
Erfinder *der* **Draisine**
Drais
Erfinder *der* **Druckluftbremse**
Knorr
Erfinder *des* **Dynamits**
Nobel
Erfinder *des* **Fahrrads**
Drais
Erfinder *des* **Funkalphabets**
Morse
Erfinder *der* **Kältemaschine**
Linde
Erfinder *des* **Laufrades**
Drais
Erfinder *der* **Telegrafie**
Morse
Erfolg im Sport
Punkt
erfrischen
baden, laben
Erfrischungsgetränk
Drink
Ergebnis
Fazit, Folge
ergo
somit

5

erhaben geschnittener Stein
Kamee
erheiternde Wirkung
Komik
erhöhte Verladebühne
Rampe
Erholung
Musse, Pause
Erinnerungsbuch
Album
Erinnye
Furie
Erkennungszeichen
Marke
Erkundigung
Frage
Erlass
Edikt, Irade
Erlass *von* **Kaisern und Königen**
Edikt
Erlass *des* **Papstes**
Breve, Bulle
Erlass *des* **Sultans**
Irade
Erle
Eller
erlegtes Wild
Beute
erlernte Tätigkeit
Beruf
Erlogenes
Bluff
Erlöser
Jesus
Ernährungsform
Diaet
Erntegerät
Sense
erregendes Ereignis
Drama
Erreger
Virus
erschöpft
muede
Erschütterung
Stoss
erst
zuvor
Erstauftritt
Debut
erstaunlich
enorm
erste Barthaare
Flaum
erste lateinische Bibelübersetzung
Itala
erste Mondlandefähre
Eagle
erste Tonstufe
Prime
erster deutscher Bundespräsident
Heuss
erster deutscher Reichspräsident
Ebert
erster General der Heilsarmee
Booth
erster Halswirbel
Atlas
erstes Lesebuch
Fibel
erstes Schullesebuch
Fibel
erstklassig
prima
Erstlingsfeder
Daune
Ersuchen
Bitte
Ertrag
Ernte
Erweiterung
Anbau
Erwerbstätigkeit
Beruf
erzählende Dichtung
Fabel, Roman, Story
Erzengel
Uriel
Erzieher
Tutor, Vater
Erzieherin
Bonne, Nurse
Erziehung
Zucht
Erzittern des Bodens
Beben
Erzpocher
Hauer
Erzürntheit
Grimm
Esaus Bruder
Jakob
Esaus Vater
Isaak
Eskimoboot
Kajak, Umiak
Eskimohund
Husky
Esprit
Geist
Esse
Kamin
Essen
Diner, Lunch, Menue
Essener Konzern
Krupp
Essenz
Geist, Wesen
Essgerät
Gabel
Essgeschirr
Tasse
Essigäther
Ester
Essraum für Studenten
Mensa
Este
Balte
estnische Hauptstadt
Reval
estnische Ostseeinsel
Oesel
estnische Universitätsstadt
Tartu
estnischer Name für Estland
Eesti
Etage
Stock
Etappe
Phase, Route, Stufe
Ethik
Moral, Sitte
ethischer Begriff
Ethos, Luege, Moral, Sitte, Treue
Ethos
Moral, Sitte
Etikett
Label
etwa
quasi, zirka
Europäer
Balte, Brite, Daene, Finne, Flame, Lette, Russe, Serbe, Ungar
Europäer im Baltikum
Lette
Europäerin im Baltikum
Estin
europäische Hauptstadt
Athen, Paris, Sofia, Vaduz
europäische Hochgebirge
Alpen
europäischer Gebirgszug
Alpen
europäischer Inselbewohner
Brite, Korse, Sarde
europäischer Inselstaat
Malta
europäischer Staat
Malta, Polen
europäischer Strom
Donau, Rhein, Rhone, Tiber, Wolga
europäischer TV-Satellit
Astra
europäischer Vulkan
Aetna, Askja, Hekla, Vesuv
Euterteil
Zitze

Evangelist
Lukas
ewig
immer, stets
exakt
genau
Existenz
Leben
Exkaiserin des Iran
Farah
exotisch
fremd
exotische Raubkatze
Tiger
Experiment
Probe
Explosion
Knall, Krach
Explosionsgeräusch
Knall
Explosivgeschoss
Bombe
express
eilig, rasch
extrem
krass
extremer Lichtverstärker
Laser
Extremist
Ultra
Extremität
Glied
Exzess
Orgie

F

Fabelflugtier
Greif
Fabelland
Thule
Fabelname *des* **Bären**
Braun
Fabelname *des* **Hasen**
Lampe
Fabelvogel
Greif
Fabelwesen
Greif, Troll
Fabrikat
Marke
Fabrikzeichen
Marke
Fachblatt
Organ
fächerartige Flussmündung
Delta
Fachzeitung
Organ
fad
banal, schal
Fädchen
Faser
Faden
Faser, Zwirn
Fadenrolle
Spule
fähig
habil
fahl
blass
fahles Pferd
Falbe
Fahndung
Suche
fahrbar
mobil
Fahrgeschwindigkeitsmesser
Tacho
Fahrgestell für Trabrennen
Sulky
Fährmann
Ferge
Fahrpromenade
Korso
Fahrrad mit Hilfsmotor
Moped, Solex
Fahrradteil
Felge, Pedal
Fahrspur von Zügen
Gleis
Fahrt
Reise
Fahrt *mit dem* **Segelboot**
Toern
Fahrtrichtung
Route
Fahrtwind
Brise
Fahrwasserkundiger
Lotse
Fahrwasserrinne im Wattenmeer
Priel
Fahrzeug *für* **Kleinkinder**
Buggy
Fahrzeugschaden
Beule, Delle, Panne
Fahrzeugteil
Achse
Fahrzeugversicherung
Kasko
Fakir
Asket
Fakultätsleiter
Dekan
Falbe
Pferd
Falkenjagd
Beize
Falkenvogel
Adler, Milan, Weihe
Fall
Kasus, Sache, Sturz
Fallhammer
Ramme
Fallklotz
Ramme
Fallwind
Foehn
falsch
irrig
falsche Aussage
Luege
falsche Lebensführung
Abweg
falscher Schmuck
Talmi
faltbare Unterkunft
Biwak
Falte
Knick, Kniff
faltenlos
glatt
Falterlarve
Raupe
Familie in „Dallas"
Ewing
Familienangehöriger
Vater
Familienerbgut im Mittelalter
Allod
Familienfeier
Taufe
Familienstand
ledig
Familienverband
Sippe
Familienzweig
Linie
famos
prima
Fang
Beute
Fanggerät von Wilderern
Falle
Fangleine der Cowboys
Lasso
Fangvorrichtung
Falle
Fant
Laffe
Farbe *der* **Gesichtshaut**
Teint
Farbe *der* **Hoffnung**
Gruen
Farbe *im* **Kartenspiel**
Kreuz, Treff
Farbe *der* **Reinheit**
Weiss
Farbe *beim* **Roulett**
Rouge
Farbe *des* **Tintenfisches**
Sepia

5

Farbe *der* **Tropenkleider**
Khaki
Färbebad
Kuepe
Färbekessel
Kuepe
Färbemittel
Henna
Farben
Braun, Gruen, Weiss
Färberpflanze
Henna, Krapp
Farbiger
Neger
Farbstoff
Henna, Kohle, Krapp, Ocker, Sepia, Umber, Umbra
Farbton
Beige, Creme, Ocker, Umbra
Farbüberzug
Lasur
Farce
Posse
Farm in Nordamerika
Ranch
Farmer
Bauer
Farre
Stier
Faser
Fiber, Zasel
Faserpflanze
Agave, Kapok, Kokos, Ramie, Sisal
Fass
Tonne
Fassade
Front
Fassbrett
Daube
Fass-Seitenbrett
Daube
Fassverschluss
Spund
fast
knapp
fast geräuschlos
leise
fast immer
meist
fast lautlos
leise
Fastnachtsruf
alaaf, helau
Faulendes
Moder
Faustkampf
Boxen
Faustkämpfer
Boxer
Faxen
Spass, Unfug
Fechtausdruck
Finte, Stich, Stoss, Volte
Fechthandschuhteil
Stulp
Fechthieb
Quint
Fechtwaffe
Degen
Federbett
Duvet
Federbüschel
Haube
Federhaube der Vögel
Holle
Federvieh
Erpel, Fasan, Henne, Puter, Taube
Federwild
Fasan
Feger
Besen
Fehde
Zwist
Fehl
Makel, Tadel
Fehlbetrag
Manko, Minus
Fehler
Makel
fehlerhaftes Produkt
Murks
Fehlgeburt
Abort
fehlgehen
irren
Fehllos
Niete
Fehlschlag
Niete
Fehlstoß beim Billard
Kicks
Feier
Party
feierlich
ernst
feierliche Amtstracht
Ornat
feierliche Handlung
Ritus
feierliche Zeremonie
Weihe
feierlicher Festgesang
Hymne
feierliches Gelübde
Votum
feierliches Lied
Hymne
Feigling
Memme
fein
duenn, genau
feindliche Auseinander-setzung
Krieg
feindlicher Agent
Spion
feindlicher Spion
Agent
Feindschaft
Fehde
Feindseligkeit
Fehde, Krieg
feiner Schmutz
Staub
feines Pulver
Puder
Feingebäck
Torte
Feingewicht bei Gold
Karat
Feinheit
Guete, Kniff
Feinleder
Nappa
feinste Rohseide
Grège
feinster Schmutz
Staub
Feld
Acker, Platz
Feldeinfriedung
Knick
Felder beim Billard
Cadre
Feldertrag
Ernte
Feldfrucht
Bohne, Erbse, Hafer, Hirse, Kraut, Linse, Ruebe, Spelt, Spelz
Feldherr *des* **30-jährigen Krieges**
Tilly
Feldherr Davids
Urias
Feldlager
Biwak
Feldmaß
Acker
Feldnachtlager
Biwak
Felsbrocken
Stein
Felsschlucht
Klamm
Felsspalte
Kamin
Felsstück
Stein
Fensterbehang
Stor
Fensterhaken
Haspe

Fensterschutz
Laden, Rollo
Fensterverschluss
Laden
Fenstervorhang
Rollo, Store
Ferment
Enzym
Ferne
Weite
Ferne eines Planeten
Aphel
Ferngespräch
Anruf
Fernleitung
Kabel
Fernschreiben
Telex
Fernsehfigur
Ernie
Fernsehprofessor
Haber
Fernsehsendung
Heute
Fernsicht
Blick
Fernsprechraum
Zelle
Ferse
Hacke
Fersenstachel
Sporn
fertig
parat
fertiges Insekt
Imago
fesch
flott
Fessel
Bande, Druck, Kette, Zwang
Fest
Feier, Party
fest
solid, stark, starr
feste Absicht
Wille
feste Gesinnung
Ernst
festes Einkommen
Fixum
festes Gewebe
Drell
festes Kissengewebe
Drell
festes Zueinanderhalten
Treue
Festessen
Diner
Festgelage
Orgie
Festgesang
Hymne
festgesetzte Speisenfolge
Menue
festgesetzter Zahlungstermin
Frist
Festhaltegerät
Haken, Zange
Festkleidung
Frack, Stola
festliche Begehung
Feier
festliche Kleider
Galas
festlicher Abendanzug
Frack
festlicher Umzug
Korso
festliches Essen
Diner
festliches Mahl
Diner
Festlichkeit
Feier
Festmahl mit Gästen
Diner
fest stehend
starr
Festungsanlage
Feste
Festzug
Korso, Umzug
Fete
Feier
fett
feist, oelig
Fett
Speck, Wachs
fettarm
mager
fetten
oelen
Fettgeschwulst
Lipom
Fetthenne
Sedum
fettig
oelig
Fettschicht
Speck
Fetzen
Wisch
feucht
humid, klamm, tauig
Feuchtbiotop
teich
feuchter Boden
Lache, Suhle, Sumpf
feuchtes Gelände
Sumpf
feudal
adlig, nobel
feudalistische Besitzform
Lehen
Feuer
Brand
Feueranzünder
Flint
Feuersbrunst
Brand
Feuerstein
Flint, Silex
Feuerstelle
Grill, Kamin
Feuerteilchen
Funke
Feuerwehrgerät
Pumpe
Feuerwerkskörper
Sonne
Feuerzeichen
Fanal
Fibel
Nadel
Fiber
Faser
Fibrille
Faser
Fidschi-Insel
Moala
Fiedel
Geige
Fight
Duell, Kampf
Fighter
Boxer
Figur *bei* **Disney**
Bambi, Dumbo
Figur *bei* **Lessing**
Minna
Figur *einer* **Negeroper**
Porgy
Figur *beim* **Schachspiel**
Bauer
Figur *bei* **Thomas Mann**
Krull
Figur aus Der Bajazzo
Beppo, Canio, Nedda, Tonio
Figur aus Der fliegende Holländer
Senta
Figur aus Der Vetter aus Dingsda
Julia
Figur aus Der Zigeunerbaron
Peter, Saffi
Figur aus Die Entführung aus dem Serail
Osmin, Selim
Figur aus Die Fledermaus
Adele
Figur aus Die Nibelungen
Etzel, Hagen
Figur aus Don Carlos
Eboli

5

Figur aus Ein Sommernachtstraum
Troll
Figur aus Eine Nacht in Venedig
Guido
Figur aus Mutter Courage
Eilif
Figur aus My Fair Lady
Eliza
Figur aus Rigoletto
Gilda
Figur aus Tristan und Isolde
Marke, Melot
Figur aus Zar und Zimmermann
Marie, Peter
figürlicher Gesimsstreifen
Fries
Filetschnitte
Steak
Filibuster
Pirat
Filmpreis
Bambi, Oscar
filziger Wollstoff
Loden
Filzzelt
Jurte
Findelkind
Waise
Finkenvogel
Ammer
finnisch für Finnland
Suomi
finnische Hafenstadt
Vaasa
finnische Münze
Penni
finnische Völkergruppe
Esten, Liven
finnischer Läufer
Nurmi
finnisches Dampfbad
Sauna
finnisches Heißluftbad
Sauna
Finnland in der Landessprache
Suomi
Finte
Trick
Firmenzeichen
Marke
First
Kante
Fisch in den Voralpenseen
Renke
Fischart
Barbe, Hecht, Lachs
Fischbein
Barte
Fischbrut
Laich
Fischeier
Rogen
Fischfanggerät
Angel, Hamen, Reuse
Fischmarder
Otter
Fistel
Kanal
fix
eilig, flink, rasch
Fixstern
Atair, Deneb, Rigel, Sonne
Fjord
Bucht
flach
platt
flach gedrückt
platt
flache Landschaft
Ebene
flache Talsenke
Mulde
flache Tasche
Mappe
flache Torte
Waehe
Fläche
Areal, Boden, Ebene, Platz
Flächenabschnitt im Forst
Jagen
Flächeninhalt
Areal
flacher Frachtkahn
Zille
flaches Boot
Kajak
flaches Schnittholz
Brett
Flachland
Ebene
Flachsbündel
Riste
Flagge
Fahne
Flammenblume
Phlox
Flammenzeichen
Fanal
Flaneur
Stenz
Flanke
Seite
Flasche
Pulle
Flaschenbehälter
Kiste
Flaschenverschluss
Krone
Flaschenzug
Winde
flau
muede
Flaumfeder
Daune
Flause
Luege
Flechte
Ekzem
Flechtwerk
Matte
Flechtwerk für Böschungen
Hurde
Fleck
Markt, Platz
fleckenlos
sauber
Fleckenmuster
Moiré
Flegelei
Unart
Fleischfüllung
Farce
Fleischgelee
Aspik
Fleischkloß
Klops
Fleischprodukt
Wurst
Fleischschnitte
Steak
Fleischsülze
Aspik
Fleischtunke
Sauce, Sosse
Fleiß
Eifer, Muehe
fleißig
emsig
fleißiges Insekt
Biene
fliegendes Personal
Pilot
Flieger
Pilot
Fliegerstandort
Horst
Fließgewässer
Fluss, Strom
flink
alert, eilig, flott, rasch
flink im Jargon
dalli
Florentiner Dichter
Dante
floßartiges Fahrzeug
Balsa
Flossenfüßer
Robbe
Flößerstange
Stake

flott
fesch, flink
flüchtiger Verbrennungsrückstand
Abgas
Flüchtlingskolonne
Treck
Fluchtstab für Vermessungen
Jalon
Flugbahn
Kurve
Flügel
Piano, Seite, Trakt
flugfähiges Tier
Vogel
Flugfigur
Rolle, Runde
Flughafen
Basis, Horst
Flughafen von Berlin
Gatow, Tegel
Flughafenlandebahn
Piste
Flugkontrollturm
Tower
Flugnavigator
Orter
Flugsandhügel
Duene
Flugtier
Vogel
flugunfähiger Vogel
Nandu
Flugzeugart
Jumbo
Flugzeugeinheit
Kette
Flugzeugführer
Pilot
Flugzeugstarthilfe
Winde
Flugzeugteil
Rumpf
Flugzeugtyp
Piper
Fluidum
Flair
Flur
Acker, Boden, Diele, Flett
Fluss
Strom
Fluss *zur* **Adria**
Etsch
Fluss *in* **Afrika**
Akobo, Benue, Djuba, Ituri, Kasai, Komoe, Kongo, Kotto, Mbomu, Niger, Ogowe, Sanga, Sobat, Uelle, Volta, Zaire
Fluss *in* **Amerika**
Apure, Cauca, Jurua, Miami, Owens, Plata, Purus, Snake, Xingu, Yukon
Fluss *bei* **Ancona**
Esino
Fluss *in* **Asien**
Airai, Aldan, Argun, Atrek, Gogra, Halys, Indus, Irgis, Jumna, Kabul, Karun, Katun, Kuban, Menam, Nonni, Okawa, Peiho, Purna, Samba, Sindh, Tapti, Tarim, Terek, Tobol, Tschu, Usbej, Weiho, Witim
Fluss *zum* **Atlantik**
Duero
Fluss *durch* **Avignon**
Rhone
Fluss *durch* **Bad Vilbel**
Nidda
Fluss *der* **Balkanhalbinsel**
Donau, Drina
Fluss *im* **Bayerischen Wald**
Regen
Fluss *in* **Bayern**
Aisch
Fluss *in* **Belgien**
Demer, Nethe
Fluss *durch* **Belgrad**
Donau
Fluss *durch* **Berlin**
Havel, Panke, Spree
Fluss *bei* **Bingen**
Rhein
Fluss *aus dem* **Bodensee**
Rhein
Fluss *in* **Bosnien-Herzegowina**
Bosna, Drina
Fluss *durch* **Bremen**
Weser
Fluss *durch* **Budapest**
Donau
Fluss *in* **China**
Tarim
Fluss *durch* **Detmold**
Werre
Fluss *in* **Deutschland**
Aller, Donau, Eider, Fulda, Havel, Iller, Jagst, Leine, Lippe, Mosel, Netze, Regen, Rhein, Ruwer, Saale, Sauer, Spree, Traun, Trave, Uchte, Werra, Weser, Wuerm
Fluss *aus der* **Eifel**
Nette
Fluss *durch* **Ellwangen**
Jagst
Fluss *in* **England**
Stour, Trent, Tweed
Fluss *in* **Frankreich**
Aisne, Doubs, Isère, Loire, Marne, Meuse, Rhone, Saône, Seine, Sèvre, Somme
Fluss *in* **Ghana**
Volta
Fluss *durch* **Grenoble**
Isère
Fluss *in* **Griechenland**
Axios
Fluss *der* **griechischen Unterwelt**
Lethe
Fluss *durch* **Halle**
Saale
Fluss *durch* **Hamm**
Lippe
Fluss *im* **Harz**
Selke
Fluss *in* **Holstein**
Trave
Fluss *aus dem* **Hunsrück**
Ruwer
Fluss *in* **Indien**
Indus
Fluss *in* **Italien**
Allia, Etsch, Parma, Piave, Tiber
Fluss *in* **Kanada**
Yukon
Fluss *zum* **Kanal**
Seine
Fluss *im* **Kaukasus**
Terek
Fluss *durch* **Kempten**
Iller
Fluss *durch* **Kirchhain/Hessen**
Wohra
Fluss *ins* **Kurische Haff**
Memel
Fluss *durch* **Linz**
Donau
Fluss *durch* **Lübeck**
Trave
Fluss *bei* **Mannheim**
Rhein
Fluss *durch* **Meran**
Etsch
Fluss *in* **Mexiko**
Verde
Fluss *in* **Mitteleuropa**
Rhein
Fluss *durch* **Mönchengladbach**
Niers
Fluss *durch* **Naumburg**
Saale
Fluss *in* **Niedersachsen**
Aller, Leine, Weser
Fluss *in* **Nordamerika**
Snake

5

Fluss *in* **Nordrussland**
Dwina, Onega
Fluss *in* **Nordwestrussland**
Onega
Fluss *in* **Österreich**
Salza, Steyr, Thaya, Traun
Fluss *in* **Pakistan**
Indus
Fluss *durch* **Paris**
Seine
Fluss *durch* **Passau**
Donau
Fluss *in* **Patagonien**
Chico
Fluss *aus dem* **Peipussee**
Narwa
Fluss *in* **Portugal**
Douro
Fluss *durch* **Regensburg**
Regen
Fluss *aus dem* **Riesengebirge**
Bober
Fluss *durch* **Riga**
Duena
Fluss *durch* **Rom**
Tiber
Fluss *in* **Russland**
Dwina, Onega, Tobol, Wolga
Fluss *in* **Schottland**
Tweed
Fluss *in* **Schweden**
Byske, Goeta, Kalix
Fluss *in der* **Schweiz**
Reuss
Fluss *in* **Spanien**
Duero
Fluss *aus dem* **Starnberger See**
Wuerm
Fluss *in der* **Steiermark**
Muerz
Fluss *in* **Südtirol**
Etsch
Fluss *in* **Thailand**
Menam
Fluss *durch* **Ulm**
Donau
Fluss *durch* **Verden**
Aller
Fluss *des* **Vergessens**
Lethe
Fluss *zum* **Weißen Meer**
Onega
Fluss *in* **Westafrika**
Niger
Fluss *in* **Westeuropa**
Rhein
Flussarm im Rheindelta
Linge
Flussgott der Griechen
Ladon
flüssige Labung
Trank, Trunk
flüssige Masse im Erdinnern
Magma
flüssige Speise
Suppe
flüssiger Mörtel
Speis
Flüssiggas
Gasol
Flüssigkeitsbehälter
Eimer, Kanne, Kruke, Pokal, Tonne, Wanne, Zuber
Flüssigkeitsentnehmer
Heber
Flussmündungsform
Delta
Flusstal in Amerika
Cañon
Flussübergang
Steig
Flussverbauung
Buhne
Flut und Ebbe
Tiden
Flutbrandung
Barre
Fog
Nebel
Fohlen
Enter
Föhre
Forle
Folge
Kette, Reihe, Serie
folgenschwer
fatal
folgerichtiges Denken
Logik
Folgerung
Fazit
folglich
daher, darum
folgsam
artig
Förde
Bucht
Förderanlage
Pumpe
Fördergerät
Pumpe
Förderung
Abbau
Förderung von Mineralien
Abbau
Forke
Gabel, Harke
Form
Figur, Modus, Typus, Weise
Form *der* **Anrede**
duzen
Form *des* **Daseins**
Leben
Format
Figur
Formation
Reihe
Formation *des* **Paläozoikums**
Devon, Silur
formbar
weich
Formel
Regel
formell
steif
förmlich
steif
formlos
leger
Formvorrichtung
Model
Forschungsanstalt
Labor
Forschungsgerät im Weltraum
Sonde
Forschungsraum (Kurzwort)
Labor
Forstabschnitt
Jagen
Forstschädling
Nonne
Fortbestehen
Dauer
Fortbewegung zu Fuß
Gehen
Fortpflanzungskörper der Pilze
Spore
Fortpflanzungszelle
Gamet
Fortsetzung
Folge
Fortsetzungsfolge
Serie
Forum
Markt, Runde
fotografische Nachbildung (Kurzwort)
Repro
fotografischer Begriff
Blitz, Labor, Linse, Photo, Spule
Fotokopie
Kopie
Fotomodell (englisch)
Model
fototechnischer Begriff
Repro
Fracht
Kargo

Frachtkahn
Zille
Frachtstück
Kiste, Kollo, Paket
Frachtstücke (Kurzwort)
Kolli
Fragewort
warum, wieso, woher, wohin, woran, wovon
Fragment
Torso
Fraktur
Bruch
frank
offen
französisch für Abendessen
diner
französisch für Angelegenheit
chose
französisch für Art
genre
französisch für Atmosphäre
flair
französisch für Baum
arbre
französisch für Blume
fleur
französisch für danke
merci
französisch für drei
trois
französisch für Fluidum
flair
französisch für Frau
femme
französisch für Gattung
genre
französisch für Gaunersprache
argot
französisch für Geruch
odeur
französisch für heilig
saint
französisch für klein
petit
französisch für Königin
reine
französisch für königlich
royal
französisch für Korsika
corse
französisch für Kreuz
croix
französisch für Kugel
boule
französisch für Liebe
amour
französisch für Mann
homme
französisch für Morgen
matin
französisch für rot
rouge
französisch für Sankt
saint
französisch für Straße
route
französisch für tausend
mille
französisch für Tisch
table
französisch für Tür
porte
französisch für vorwärts
allez
französisch für weiß
blanc
französisch für Weste
gilet
französisch für Wohlgeruch
odeur
französisch für zwanzig
vingt
französisch für zwischen
entre
französisch für zwölf
douze
französische alte Münze
Livre
französische Benediktinerabtei
Cluny
französische Chansonnette
Gréco
französische Dichterin
Sagan, Staël
französische Form von Heinrich
Henri
französische Hafenstadt
Brest
französische Hauptstadt
Paris
französische Landschaft
Anjou, Artois, Béarn, Médoc
französische Modeschöpferin
Ricci
französische Münze
Franc
französische Romanautorin
Sagan
französische Rotweinsorte
Médoc
französische Sängerin
Gréco
französische Schriftstellerfamilie
Dumas
französische Tänzerin
Baker
französische ehemalige Währung
Franc
französischer Abschiedsgruß
adieu
französischer Apfelwein
Cidre
französischer Astronom
Arago
französischer Badeort
Nizza
französischer Bildhauer
Rodin
französischer Biologe
Jacob, Monod
französischer Dichter
Camus, Sorel
französischer Entdecker
Curie, Monge, Papin
französischer Filmregisseur
Malle
französischer Filmstar
Delon
französischer Frauenname
Aimée, Renée
französischer Herrschername
Henri, Louis
französischer Historiker
Ariès
französischer Humanist
Ramée, Ramus
französischer Komponist
Bizet, Ravel
französischer Königsname
Louis
französischer Kriegshafen
Brest
französischer kubistischer Maler
Léger
französischer Maler
Corot, Degas, Léger, Manet, Monet, Redon
französischer Männername
Alain, André, Henri, Louis, Raoul
französischer Marschall
Murat
französischer Mathematiker
Monge

5

französischer Name der Maas
Meuse
französischer Name der Saar
Sarre
französischer Name für Korsika
Corse
französischer Nobelpreisträger für Chemie
Curie
französischer Nobelpreisträger für Frieden
Passy
französischer Nobelpreisträger für Literatur
Camus
französischer Nobelpreisträger für Physik
Curie
französischer Philosoph
Alain, Bayle, Camus, Comte, Leroy, Ramus, Renan, Sorel, Taine
französischer Physiker
Arago, Curie, Papin, Petit
französischer Politiker
Debré, Faure, Favre, Ferry, Laval, Maret, Mayer, Nicot, Pinay, Ribot, Sully
französischer Psychologe
Binet, Lacan
französischer Revolutionär
Marat
französischer Revuestar
Baker
französischer Schauspieler
Delon, Gabin, Talma
französischer Schriftsteller
Camus, Dumas, Green, Verne
französischer Soziologe
Sorel
französischer Staatsphilosoph
Bodin
französischer Zeichner
Sempé
französisches Adelsprädikat
Baron, Comte
französisches Akzentzeichen
Grave
französisches Farbfernsehsystem
Secam
französisches Forscherehepaar
Curie
französisches Gebirgsdepartement
Alpes
französisches Gesellschaftsspiel
boule
französisches Herrschergeschlecht
Anjou
französisches hinweisendes Fürwort
cette
französisches Kartenglücksspiel
Tarot
französisches Kugelspiel
Boule
französisches Narrenspiel im 15./16. Jh.
Sotie
französisches Schloss
Biron, Blois
französisches Seebad
Nizza
französisches Weinbaugebiet
Médoc
Fratze
Miene
Frau von Abraham
Hagar, Sarah
Frau von Aga Khan
Begum
Frau von Amphion
Niobe
Frau von Augustus
Livia
Frau von Fro
Freia
Frau von Jakob
Rahel
Frau von Jason
Medea
Frau von Kronos
Rheia
Frau von Odin
Frigg, Frija
Frau von Vulcanus
Venus
Frauenberuf
Nurse
Frauenboot der Eskimos
Umiak
Frauenfeind
Macho
Frauengemach im Islam
Harem
Frauengewand
Kleid
Frauenkosename
Lollo, Nanni
Frauenunterrock
Jupon
freche Göre
Range
frei
frank, ledig, offen
Freibeuter
Kaper, Pirat
freier Angriff beim Fechten
Coupe
freier Überschlag
Salto
Freigut im Mittelalter
Allod
Freiheitsheld der Tiroler
Hofer
Freiherr
Baron
Freilager
Biwak
Freimaurersymbol
Kelle
Freitreppe an Burgen
Grede
Freizeit
Musse, Pause
Freizeitbeschäftigung
Hobby, Spiel, Sport
Fremde
Ferne, Weite
Fremdenheim
Hotel, Motel
Fremdkapital
Leihe
Fremdländer
Exote
Fremdwort für danke
merci
Fremdwort für erwachsen
adult
Fremdwort für Geschlecht
Genus
Fremdwort für Irrtum
Error
Fremdwort für Pöbel
Plebs
Fremdwort für Selbstlaut
Vokal
Fremdwort für Soll
Debet
Fremdwort für Vernunft
Ratio
Fremdwortteil jenseits
ultra
Frequenzband
Kanal
Frequenzeinheit
Hertz
fressen (Wild)
aesen
Fressen
Frass
Frettchen
Iltis

Freude
Gaudi, Jubel, Spass, Wonne
Freudenausbruch
Jubel
freudig
gerne
freudlos
trist
Freund
Spezi
Freund Friedrichs des Großen
Katte
Freund Goethes
Carus
Freundin Goethes
Stein
Freundin des Odysseus
Circe
freundliche Gesinnung
Guete, Gunst
freundlicher Spender
Geber
Freundschaft
Treue
Frevel
Untat
Friedensvogel
Taube
friedlich
ruhig, still
friesische Inseln
Amrum, Fanoe, Foehr, Habel, Hooge, Juist, Manoe, Oland, Texel
frisch
alert, kuehl
frischer Wind
Brise
Friseurgeschäft
Salon
Frisiergerät
Foehn, Haube
Frisiermittel
Spray
frommer Büßer
Asket
frostig
eisig
Frucht
Apfel, Birne, Bohne, Ecker, Erbse, Feige, Linse, Olive
Frucht *mit* **Kerngehäuse**
Apfel
Frucht *im* **Mutterleib**
Fetus
Frucht *des* **Ölbaums**
Olive
Fruchtauszug
Juice
fruchtbare Bodenart
Loess
fruchtbare Bodenschicht
Humus
Fruchtbarkeitsgott
Freyr
Fruchtbarkeitsgöttin
Ceres, Freia, Freya
Fruchteinbringung
Ernte
Fruchterzeugnis
Gelee
Fruchtform
Beere, Dolde
Fruchtgärten um Damaskus
Ghuta
Fruchtgetränk
Juice
fruchtleere Getreidehalme
Stroh
Fruchtmark
Pulpe
Fruchtsaftgallert
Gelee
Fruchtsaftgetränk
Juice
Fruchtstand
Aehre, Dolde, Rispe
frühchristliches Liebesmahl
Agape
früher
einst
früher als
bevor
früher als erwartet
schon
frühere Abgabe an die Kirche
Zehnt
frühere deutsche Münze
Krone, Taler
frühere Goldmünze der USA
Eagle
frühere Handwerkervereinigung
Zunft
frühere Oberhäupter in Venedig
Dogen
frühere Rekrutenaushebung
Levee
frühere Bezeichnung für Erlass
Edikt
frühere Bezeichnung für Leibwache der Fürsten
Garde
frühere Bezeichnung für Liebesmahl
Agape
frühere Bezeichnung für Onkel
Oheim
früherer Adelstitel in Russland
Bojar
früherer asiatischer Nomade
Aware
früherer äthiopischer Herrschertitel
Negus
früherer berittener Soldat
Husar
früherer deutscher Städtebund
Hansa, Hanse
früherer iranischer Herrschertitel
Schah
früherer Name von Myanmar
Birma
früherer Name von Zagreb
Agram
früherer portugiesischer Besitz in China
Macao
früherer Reitersoldat
Husar
früheres deutsches Gewicht
Quent
früheres Längenmaß
Meile
frühgeschichtliche Gewandspange
Fibel
Frühgottesdienst
Mette
Frühjahr
Maien
Frühlingsblume
Tulpe
Frühlingsmonat
April, Maerz
Frühstücksspeck
Bacon
Füchsin
Faehe
Fuchsschwanz
Lunte, Saege
Fuchtel
Degen, Gerte, Knute, Stock
Fuge
Kanon, Rille, Ritze, Spalt
fugenartig
fugal
Fügung
Fatum
Fuhre
Fuder

5

Führer *der* Argonauten
Iason, Jason
Führer *im* Bauernkrieg
Geyer, Goetz
Führer *der* Makkabäer
Judas
Führer *durch* unbekanntes Gebiet
Lotse
Führung
Regie
Führungsschicht
Elite
Fuhrwerk
Karre, Wagen
Fuhrwerkskolonne
Treck
Fuhrwesen der Feldtruppe
Tross
Fülle
Masse, Menge
Füllen
Enter
Füllsel für Fleisch
Farce
Füllung
Farce, Masse
Fundament
Basis, Boden, Grund
Fundort *von* Mineralien
Lager
Fundus
Grund
fünf Bücher Mose
Thora
Funk
Radio
Funkortung
Radar
Funktion
Zweck
Funktionsprüfung
Probe
Funktionsträger
Organ
Funzel
Kerze, Lampe, Licht
für richtig halten
ahnen
Furche
Falte, Rille, Rinne
Furcht
Angst, Bange, Graus
Furchtgefühl
Angst
furchtlos
mutig
Furnierholz
Limba
Fürsorge
Obhut
fürsorgliche Aufsicht
Obhut
Fürsprache
Gunst
Fürst
Prinz
Fürst *im* Islam
Kalif
Fürst *in* Japan
Tenno
Fürst *im* Orient
Mogul
Fürst *der* Waräger
Rurik
Fürstensohn
Prinz
Fürstinnenname
Irene
fürstliche Truppe
Garde
fürstlicher Diener
Lakai
fürstliches Emblem
Krone
Fuß
Basis, Grund
Fußabtreter
Matte
Fußballausdruck
Derby, Latte, Leder, Match, Mauer, Pokal, Sturm
Fußballclub von Mailand
(Kurzwort)
Inter
Fußballspiel
Match
Fußbekleidung
Boots, Clogs, Pumps, Schuh
Fußbodenbrett
Diele
Fussel
Fluse
Fußhebel
Pedal
Fußknöchel
Enkel
Fußpfad
Steig, Stieg
Fußpunkt
Basis, Nadir
Fußrücken
Spann
Fußspur
Tapfe
Fußstoß
Tritt
Fußteil
Enkel, Ferse, Sohle, Spann
Fußteil der Paarhufer
Klaue
Futter
Frass
Futteral
Bezug
Futterbehälter
Raufe
Futtergewebe
Serge
Futterkrippe
Raufe
Futtermittel
Kleie, Samen, Spreu, Stroh
Futterpflanze
Hafer, Ruebe
Futterstoff
Serge, Twill
Futtertrog
Mulde

G

Gabe
Dosis, Opfer
Gabe an die Gottheit
Opfer
Gabel
Forke, Trage, Zweig
Gabelbissen
Snack
Gabelfrühstück
Lunch
Gabelteil
Zacke, Zinke
Gabelweihe
Milan
Gaffelsegel
Besan
Gallert um Fisch oder Fleisch
Aspik
Gallertmasse
Aspik, Gelee
gallischer Volksstamm
Bojer
Galon
Borte, Litze
Gambohanf
Kenaf
Gams
Gemse
Gang
Bande, Diele, Stufe
Gangart
Trott
Gangart *der* hohen Schule
Volte
Gangart *des* Islandponys
Toelt
Gangart *des* Pferdes
Toelt
Gängelband
Leine
Gangesebene am Himalaja
Tarai
Ganggestein aus Quarz
Aplit

Gangregler im Uhrwerk
Unruh
Gangstergruppe
Bande
Gänsefußgewächs
Melde
ganz
total
gänzlich
total
Ganzton in der Musik
Tonus
Garantie für den Gläubiger
Pfand
Garbenhaufen zum Trocknen
Hocke
Gardine
Store
Gardinenstoff
Tuell, Voile
gärender Most
Suser
Gärmittel
Enzym
Garn
Faden, Zwirn
Garnaufwickler
Spule
Garnele
Krebs
Garnfeinheitsgrad
Titer
Garnrolle
Spule
Garnstrang
Docke
Garnstück
Faden
garstig
boese, eklig
Gartenblume
Aster, Kalla, Lilie, Malve, Nelke, Phlox, Tulpe, Wicke, Winde
Gartenerzeugnis
Apfel, Beere, Birne, Blume, Bohne, Erbse, Gurke, Lauch, Melde, Ruebe, Salat
Gartengerät
Eimer, Forke, Hacke, Harke, Kanne, Leine, Saege
Gartenhaus
Laube
Gartenunkraut
Miere
gärtnerische Anlage
Rasen
Gärtnermesser
Hippe
gasförmiger Brennstoff
Butan
gasförmiger Kohlenwasserstoff
Butan
gasförmiges Element
Argon, Fluor, Radon, Xenon
Gassenhauer
Oldie
Gassenjunge
Gamin
Gassenvogel
Spatz
Gasthausrechnung
Zeche
Gastmahl
Diner
Gastwirtschaft
Beisl, Beize, Hotel, Logis, Lokal, Motel, Pinte
Gatte von Abigail
David, Nabal
Gatte von Helena
Paris
Gatte von Kriemhild
Etzel
Gatte von Lea
Jakob
Gatte von Medea
Jason
Gatte von Rebekka
Isaak
Gatte von Sophia Loren
Ponti
Gatte von Thusnelda
Armin
Gattin von Aga Khan
Begum
Gattin von Baal
Baala
Gattin von Baldur
Nanna
Gattin von Erek
Enite
Gattin von Jason
Medea
Gattin von Odin
Frigg
Gattin von Peron
Evita
Gattin von Reagan
Nancy
Gattin von Wagner
Minna
Gattin von Wodan
Frigg
Gattung
Genre, Genus, Menge, Rasse, Sippe, Sorte, Typus
Gattung der Malerei
Genre
Gattung der Poesie
Lyrik
Gaudi
Spass, Unfug
Gaukler
Fakir
Gaul
Pferd
Gaumensegellaut
Velar
Gaunersprache
Argot
Gaunerwort für Braut
Kalle
Gaunerwort für Gefängnis
Knast
Gaunerwort für Geld
Pinke
Gaunerwort für Herberge
Penne
Gaunerwort für Polizist
Bulle, Polyp
Gaunerzeichen
Zinke
gazeartiges Baumwollgewebe
Marly
geäußerter Wunsch
Bitte
gebackene Kartoffelscheibchen
Chips
Gebäcksorte
Kranz, Torte, Wecke
geballte Hand
Faust
Gebärde
Geste
Gebärdenspiel
Mimik
Gebärdensprache
Mimik
Gebäude
Villa
Gebäude *für* Theateraufführungen
Odeon
Gebäudeerweiterung
Anbau
Gebäudeflügel
Trakt
Gebäudeteil
Boden, Diele, Erker, Etage, First, Front, Halle, Kamin, Stock, Stube, Trakt, Tuere
Gebäudeveränderung
Umbau
Gebäudevergrößerung
Anbau
Gebäudevorbau
Erker
Gebetsmühle der Lamaisten
Korle
Gebetsstunden
Horen

Gebiet
Areal, Boden, Zweig
Gebiet *mit* **dauernder Schneebedeckung**
Nival
Gebiet südlich der Sahara
Sahel
Gebiet *am* **Zürichsee**
March
gebieterische Forderung
Druck, Zwang
Gebilde
Figur, Sache
Gebilde *am* **Himmel**
Wolke
Gebinde
Garbe, Kranz
Gebirge *in* **Afrika**
Atlas
Gebirge *in* **Algerien**
Atlas, Aures
Gebirge *in* **Amerika**
Anden
Gebirge *in* **Asien**
Altai
Gebirge *bei* **Budapest**
Matra
Gebirge *der* **Karpaten**
Tatra
Gebirge *auf der* **Krim**
Jaila
Gebirge *in* **Marokko**
Atlas
Gebirge *in* **Polen**
Tatra
Gebirge *in* **Russland**
Jaila
Gebirge *in* **Sibirien**
Altai
Gebirge *in der* **Slowakei**
Tatra
Gebirge *in* **Slowenien**
Karst
Gebirge *in* **Südamerika**
Anden
Gebirge *in* **Tadschikistan**
Pamir
Gebirgseinschnitt
Cañon, Klamm, Kluft, Kluse, Mulde, Senke, Toerl
Gebirgserhebung
Hoehe, Kegel, Kuppe, Spitz, Zacke, Zinne
Gebirgshaus
Baude
Gebirgspflanze
Miere, Speik
Gebirgsschlucht
Klamm
Gebirgsweg
Steig, Stieg
Gebirgsweide
Matte
gebogen
krumm
gebogener Metallstift
Haken
Geborgenheit
Obhut
Gebot
Order, Regel
gebratenes Fleischklößchen
Klops
gebratenes Fleischstück
Steak
Gebrauch
Sitte
gebrauchsfertig
parat
Gebrauchsmöbel
Tisch
gebrechlich
siech
Gebühr
Porto, Tarif
Gebühr für Briefbeförderung
Porto
Gebührenliste
Tarif
gebündeltes Getreide
Garbe
Geburtsmal
Nabel
Geburtsort der Gebrüder Grimm
Hanau
Geburtsort von Mohammed
Mekka
Geburtsschmerzen
Wehen
Gebüschformation
Hecke
Geck
Dandy, Laffe, Protz, Stenz
geckenhaft
eitel
Gedächtnis
Mneme
Gedächtnisstütze
Notiz
gedämpft in der Musik
sordo
Gedankeninhalt
Noema
Gedeck
Menue
gedeckter Tisch
Tafel
Gedenkbuch
Album
Gedenken
Gruss
Gedenkstätte
Bogen
Gedichtform
Epode, Hymne, Xenie
Gedichtsammlung
Diwan
gedickter Obstsaft
Gelee, Sirup
gediegen
solid
gedrängt
knapp
gedrehte Schnur
Litze
Geduld
Milde
Gefahr
Krise
Gefahr für Schiffe
Barre, Orkan, Sturm
Gefahrenmeldung
Alarm
Gefahrensignal
Alarm
gefährlich
boese
gefährliche Filmszene
Stunt
gefährliche Lage
Krise
gefährliche Situation
Krise
gefährlicher afrikanischer Virus
Ebola
Gefahrmeldung
Alarm
Gefährt
Wagen
Gefährt für Kleinkinder
Buggy
Gefährte
Spezi
Gefährte *des* **Apostels Paulus**
Lukas
Gefahrvorwarnung
Alarm
gefallsüchtig
eitel
Gefängnis
Knast
Gefängnisraum
Zelle
gefärbter Baumwollstoff
Batik
Gefäß
Buett, Butte, Eimer, Kanne, Kelch, Kruke, Molle, Pokal, Tasse, Tonne, Wanne, Zuber

Gefäß *im* **Haushalt**
Eimer, Kanne
Gefäß *mit* **Henkel**
Eimer
gefasst
ruhig
Gefecht
Kampf
Gefechtslinie
Front
gefeit
immun
Gefilde
Lande
geflammtes Gewebe
Chine
Geflecht
Matte
Geflügel
Erpel, Fasan, Henne, Puter, Taube
Geflügelfüllsel
Farce
Geflügelgericht
Hendl
Geflügelprodukt
Daune, Feder
Geflügelräuber
Fuchs
geflügeltes Fabeltier
Greif
geflügeltes Wort
Zitat
Gefolge
Staat, Suite, Tross
Gefolge der Fürsten
Suite
Gefolgsmann
Lakai
gefrorener Schnee
Hagel
gefügig
kirre
Gefühl
Flair, Seele
Gefühl ... *der* **Bedrohung**
Angst
gefühlsarm
kuehl
gefühlsbedingtes Verhalten
Laune
gefühlsbetonte Dichtung
Lyrik
Gegebenheit
Stand
gegen
wider, zirka
gegen Ansteckung gefeit
immun
Gegenpol *zur* **Kathode**
Anode
Gegenpunkt zum Zenit
Nadir
Gegensatz zur Materie
Eidos, Geist
gegensätzlich
polar
Gegenstand
Sache, Stoff, Sujet, Thema
Gegenteil von arm
reich
Gegenteil von außen
innen
Gegenteil von brutto
netto
Gegenteil von Ferne
Naehe
Gegenteil von Frieden
Krieg
Gegenteil von Gebirge
Ebene
Gegenteil von geschlossen
offen
Gegenteil von groß
klein
Gegenteil von gut
boese
Gegenteil von Hass
Liebe
Gegenteil von Höhe
Tiefe
Gegenteil von Kälte
Hitze
Gegenteil von Morgen
Abend
Gegenteil von nichts
alles
Gegenteil von passiv
aktiv
Gegenteil von rechts
links
Gegenteil von Schatten
Licht
Gegenteil von schwarz
weiss
Gegenteil von süß
sauer
Gegenteil von Tag
Nacht
Gegenteil von Tod
Leben
Gegenteil von Wirklichkeit
Traum
Gegenwart
Heute
gegenwärtig
jetzt, parat
Gegenwert
Preis
gegerbte Tierhaut
Leder
Gegner
Feind
gegorenes Getränk aus Brot
Kwass
gegorenes Milchprodukt
Kefir
gegorenes Stutenmilch
Kumys
Gehabe
Getue
gehacktes Rindfleisch
Tatar
Gehalt
Fixum, Heuer, Wesen
Gehaltsstufe
Tarif
gehärtetes Eisen
Stahl
Gehässigkeit
Haeme
geheiligter Brauch
Ritus
Geheimbund *in* **Italien**
Mafia
Geheimbund *auf* **Sizilien**
Mafia
Geheimdienstler
Agent
Geheimkunst
Magie
Geheiß
Order
Gehfläche im Zimmer
Boden
Gehölz
Busch, Forst
gehorsam
artig
Geige
Gambe, Viola
Geigenbauer
Amati
Geigenteil
Boden, Bogen, Decke, Saite, Zarge
Geigentonerzeuger
Saite
Geigenvirtuose
Stern, Varga
Geiß
Ziege
Geißel
Knute, Zilie
Geist
Genie, Ratio, Seele, Wesen
Geister der Verstorbenen
Manen
Geistererscheinung
Drude, Noeck, Troll
Geistesgröße
Genie

5

Geisteskranker
Irrer
Geisteskrankheit
Manie
Geisteswissenschaft
Ethik, Logik
geistig beschränkt
bloed, debil
geistige Gesinnung
Ethos
geistliche Amtstracht
Inful, Mitra, Ornat, Tiara
geistliche Komposition
Credo, Kyrie, Messe, Missa, Psalm
Geistlicher
Pater, Vikar
geistliches Amt
Abate, Dekan, Doyen, Papst, Pater, Prior, Vikar
geistliches Buch
Bibel
geistliches Kleidungsstück
Talar
geistliches Lied
Psalm
geistlos
dumpf
geistvolle Betrachtung
Essay
Gejammer
Klage
Gekdfürst
Nabob
gekrönter Herrscher
Prinz
gekrümmte Linie
Bogen, Kreis, Kurve
Gelächter
Spott
geladenes Atom
Anion
Gelage
Orgie
Gelände
Areal
Geländefahrrad fahren
biken
Geländeform
Ebene, Geest, Heide, Hoehe, Mulde, Platz, Senke
Geländekamm
Krete
Gelass
Zelle
gelassen
ruhig
gelbbrauner Uniformstoff
Khaki
gelber Farbstoff
Morin
gelber Schmuckstein
Topas
gelbes Pferd
Falbe
gelbgrünes giftiges Gas
Chlor
gelbliche Farbe
Beige, Khaki
Geld *im* Jargon
Knete
Geldbehälter
Kasse
Geldbetrag
Summe
Geldbezug im Alter
Rente
Geldgurt
Katze
Geldmittel
Fonds
Geldnot
Armut
Geldrollenpaket
Grupp
Geldwert
Preis
Gelee
Juice
Gelee aus Fleischsaft
Glace
Geleitwort
Motto
Gelenk
Angel
Gelenkentzündung
Gicht
Gelenkteil
Kugel
Geliebte von Petrarca
Laura
Geliebte von Romeo
Julia
Geliebte von Zeus
Danae
Geliebte/Geliebter
Buhle
Geliebter von Bess
Porgy
Geliebter von Julia
Romeo
gelockt
kraus
geltende Gesetze
Recht
Gelüste
Drang
gemächlich
ruhig
Gemahl
Gatte
gemahlener Schnupftabak
Rapee
Gemäldesammlung in Madrid
Prado
Gemarkung
Grund
gemein
infam
Gemeinde
Markt, Sekte, Stadt
Gemeindewiese
Anger
Gemeindezentrum im alten Griechenland
Agora
Gemeindezentrum im alten Rom
Forum
Gemeinheit
Untat
gemeinhin
vulgo
Gemeinschaft
Bande, Gilde, Kaste, Sekte, Sippe, Staat, Stamm
Gemeinschaftslied
Kanon
Gemeinwesen
Staat, Stadt
Gemisch *zum* Mauern
Speis
Gemunkel
Ondit
Gemüsefrucht
Gurke
Gemüsepflanze
Bohne, Gurke, Salat
Gemüt
Wesen
Gemütsart
Wesen
Gemütsbewegung
Angst, Groll, Scham
Gemütsstimmung
Laune
Gemütszustand
Laune
genau
exakt
Genehmigung
Recht
Generalsekretär der UNO
Annan
Genfer Seewind
Rebat
genuesischer Seeheld
Doria
genuesischer Staatsmann
Doria
genug
basta
Genugtuung
Busse, Rache

Genuss
Spass, Wonne
Genussmittel
Mokka, Tabak
geographisches Kartenwerk
Atlas
geologische Formation
Devon, Silur, Trias
geometrische Figur
Kegel, Kreis, Kugel, Raute
geometrische Linie
Kurve, Sehne
geometrischer Begriff
Achse, Bogen, Ebene, Figur, Hoehe, Kegel, Kreis, Kubus, Kugel, Kurve, Linie, Punkt, Raute, Sehne, Seite
geometrischer Körper
Kegel, Kugel
geordnete Ablage von Schriftstücken
Reihe
geordnetes Dokument im Computer
Datei
geordnetes Verzeichnis
Liste
Gepäcknische im Zelt
Apsis
Gepäckstück
Mappe, Plaid
gepflegte Grünfläche
Rasen
Gepflogenheit
Sitte
gepflügtes Feld
Acker
gepökeltes Fleisch
Gnagi
Gepräge
Wesen
geprägtes Milieu
Scene
Gepränge
Prunk
gerade
genau, jetzt
Gerade
Linie
gerade
offen
Gerät *zum* **Betrachten von Dias**
Gucki
Gerät *zum* **Bewegen von Lasten**
Hebel
Gerät *zur* **Datenübertragung**
Modem
Gerät *zum* **Entnehmen von Flüssigkeit**
Heber
Gerät *der* **Erdarbeiter**
Hacke
Gerät *zum* **Fegen**
Besen
Gerät *zum* **Fischfang**
Angel, Reuse
Gerät *zur* **Gewichtsbestimmung**
Waage
Gerät *zum* **Krankentransport**
Bahre, Trage
Gerät *in der* **Küche**
Reibe
Gerät *zur* **Lastenbewegung**
Hebel
Gerät *zum* **Mähen**
Sense
Gerät *des* **Maurers**
Kelle
Gerät *zum* **Reinigen von Getreide**
Tarar
Gerät *zur* **Schallortung**
Sonar
Gerät *des* **Schneiders**
Nadel
Gerät *der* **Sportfischer**
Angel
geräucherte Fleischware
Speck, Wurst
Geräusch
Klang, Knall, Krach, Laerm, Rumor
geräuschlos
leise, still, stumm
Gerbmittel
Alaun, Chrom, Eiche
Gericht
Essen
Gerichtsanzeige
Klage
Gerichtshof
Forum
Gerichtstage im römischen Kalender
Fasti
gerieben
smart
geringe Entfernung
Naehe
geringeltes Haar
Locke
geringfügig
klein, wenig
geringfügig abweichende Spielart
Abart
geripptes Köpergewebe
Serge
gerissen
smart
germanische Gewandnadel
Fibel
germanische Götter
Disen, Vanen, Wanen
germanische Gottheit
Norne
germanische Göttin
Frigg, Frija, Iduna, Joerd, Nanna, Rinda, Skadi, Skuld
germanische Hauptwaffe
Frame
germanische Riesentochter
Skadi
germanische Sagengestalt
Alfar, Aslak, Baugi, Eldir, Embla, Freki, Fylla, Galar, Hagen, Holde, Hugin, Mimir, Noeck, Nunin, Uller
germanische Schicksalsgöttin
Norne
germanische Volksversammlung
Thing
germanischer Gott
Donar, Freyr, Hoedr, Vidar, Wodan, Wotan
germanischer Göttervater
Wodan, Wotan
germanischer Sagenriese
Gymir
germanischer Schmuckreif
Bauge
germanischer Volksstamm
Goten, Ubier
germanischer Wassergeist
Noeck
germanisches Volk am Rhein
Ubier
gerodet
urbar
Geröllkies
Grien
geröstetes Brot
Toast
Gerstenkorn
Werre
Gerte
Zweig
Geruch
Aroma, Blume, Hauch, Odeur
Gerücht
Odium, Ondit
gerüstet
parat

5

gesammelte Schriftstücke
Akten
gesamt
alles, total
Gesamtbetrag
Summe
Gesamtheit
Summe, Total
Gesamtheit *der* Gesetze
Recht
Gesamtheit *der* Schöpfung
Natur
Gesandter
Doyen, Legat
Gesandter des Papstes
Legat
Gesangsdarbietung
Kanon
Gesangsgruppe
Duett
gesangsmäßig
vokal
Gesangsstimme
Tenor
Gesangsstück
Kanon, Messe
Geschäft
Beruf, Buero, Firma
geschäftig
emsig
Geschäftsbereich
Zweig
Geschäftsbezeichnung
Firma
Geschäftsmann
Agent
Geschäftsmann als Gönner eines Politikers
Amigo
Geschäftsraum
Buero
Geschäftsstelle
Buero
Geschäftsunternehmung
Firma
Geschäftsvermittler
Agent
Geschäftszimmer
Buero
gescheit
weise
Geschick
Fatum
geschickt
flink, smart
Geschirr
Kanne, Tasse
Geschlecht
Genus, Sexus, Sippe, Stamm
geschlechtsreif
adult
Geschlechtszelle
Gamet
geschlossene Kurve
Kreis
geschlossener Hausvorbau
Erker
Geschmack
Aroma, Gusto
Geschmacksorgan
Zunge
Geschmacksrichtung
sauer, suess, Trend
Geschmacksstoff
Aroma
geschmackvoll
apart, apart, nobel
geschmeidig
weich
geschnittener Stein
Gemme, Kamee
geschnittenes Holz
Bohle, Brett, Diele, Latte
Geschöpf
Figur, Wesen
Geschoss
Boden, Etage, Kugel, Stock
Geschossdrehung
Drall
Geschraubtheit
Getue
Geschrei
Laerm, Rumor
geschriebene Buchstabenreihe
Zeile
geschwänzter Lurch
Molch
geschwind
rasch
Geschwindigkeit
Hitze, Tempo
Geschwindigkeitsgrad
flott, rapid
Geschwindigkeitsmesser
Tacho
Geschwisterkind
Kusin, Neffe
Geschwulst
Gliom, Lipom, Tumor, Ulcus, Ulkus, Zyste
Geschwür
Ulkus
gesellige Veranstaltung
Party
geselliger Kreis
Kranz, Runde
Gesellschaft
Firma
Gesellschaftsanzug
Frack
Gesellschaftsinsel
Murea, Tahaa
Gesellschaftsraum
Salon
Gesellschaftsschicht
Kaste, Stand
Gesellschaftsspiel
Boule, Halma, Lotto, Poker, Rommé, Whist
Gesellschaftszimmer
Salon
Gesetz
Gebot, Recht, Regel
Gesetzbuch
Codex, Kodex, Thora
Gesetzbuch Mosis
Thora
Gesetzgeber *im* alten Athen
Solon
Gesetzgeber *der* Juden
Moses
gesetzlich
legal
gesetzter Zeitraum
Frist
Gesicht
Traum
Gesichtsausdruck
Miene, Mimik
Gesichtsfarbe
Roete, Teint
Gesichtsfarbe bei Verlegenheit
Roete
Gesichtshaare
Braue, Flaum
Gesichtshaut
Teint
Gesichtslarve
Maske
Gesichtsmaske
Larve
Gesichtspartie
Backe, Wange
Gesichtsteil
Backe, Braue, Falte, Lippe, Stirn, Wange
Gesichtsverfärbung
Roete
Gesichtsverkleidung
Larve, Maske
Gesims
Wulst
Gesimsstreifen
Fries
Gesindel
Plebs
Gesinnung
Ethos, Moral
gesinnungslos
feige, infam
gesittet
artig, zivil
Gespannkolonne
Treck

gespannt
prall
Gespenst
Geist
Gespinst
Faden, Kokon
Gespräch mit Gott
Gebet
Gesprächsstoff
Thema
Gestalt
Figur, Wuchs
Gestalt bei Karl May
Scout
Geste
Blick, Gruss
Gesteinsart
Flint, Gneis, Ophit, Quarz
Gesteinshohlraum
Druse
Gesteinsschmelzfluss
Magma
Gestell
Regal
Gestell *für* **Bücher**
Regal
Gestell *zum* **Obsttrocknen**
Horde
Gestirn
Sonne, Stern
Gesträuch
Busch
gestreiftes Wildpferd
Zebra
Gestrüpp
Hecke
Gestüt
Zucht
Gesuch
Bitte
gesund
rosig
Getändel
Flirt
geteiltes Land
Korea
Getobe
Laerm
Getöse
Krach, Laerm, Radau
getragen
ernst
Getränk
Bowle, Drink, Fusel, Jerez, Juice, Kakao, Kwass, Milch, Mokka, Stout, Trunk, Wodka
Getränkemischer
Mixer
Getränkerest
Neige
Getreideart
Emmer, Hafer, Hirse, Spelt
Getreideblütenstand
Aehre
Getreidebündel
Docke, Garbe
Getreidedreschplatz
Tenne
Getreideerzeugnis
Kleie
Getreidefruchtstand
Aehre
Getreidehaufen
Dieme, Feime, Felme
Getreidekornschalen
Kleie
Getreidekrankheit
Brand
Getreidenebenprodukt
Stroh
Getreidereiniger
Tarar
Getreideschnitt
Ernte
Getriebensein
Hetze
Getriebeteil
Achse, Hebel, Kranz, Raste, Stift, Welle
getrockneter Pflanzensaft
Manna
getrübte Atmosphäre
Dunst
Getue
Faxen
Getuschel
Ondit
Gewächs
Kraut, Sorte, Zucht
gewachsene Insel
Atoll
Gewächsteil
Aehre, Blatt, Dolde, Gabel, Ranke, Rispe, Stamm, Trieb, Zweig
Gewahrsam
Obhut
Gewährsmann
Zeuge
Gewalt
Kraft, Macht, Zwang
gewaltig
enorm, gross
gewalztes Metall
Blech
Gewand
Anzug, Dress, Kleid, Kluft
Gewand der alten Römer
Palla, Stola
Gewand der Fußballer
Dress
Gewandspange
Fibel
gewandt
alert, flink
Gewässer
Bucht, Busen, Delta, Fjord, Fleet, Fluss, Kanal, Ozean, Priel, Strom, Teich
Gewässerrand
Mauer
Gewebe
Stoff
Gewebe *mit* **Schattierung**
Ombra
Gewebeart
Atlas, Crêpe, Drell, Glacé, Krepp, Linon, Loden, Moiré, Ombre, Orlon, Pikee, Rasch, Satin, Seide, Serge, Tuell, Tweed, Voile
Gewebeknoten
Noppe
Gewebestreifen
Borte, Litze
Gewebeteil
Faden, Faser, Kante, Noppe
Gewebewassersucht
Oedem
Gewehrsalve
Garbe
Geweihteil
Gabel
Gewerbe
Beruf
Gewerk
Zunft
Gewicht
Druck, Kraft, Wucht
Gewichtseinheit
Graen, Gramm, Karat, Pfund, Pound, Tonne
Gewichtsmesser
Waage
gewieft
smart
Gewinn
Ernte
Gewinn-und-Verlust-Rechnung
Saldo
Gewinnanteil
Bonus
Gewinnung
Abbau, Ernte
Gewinnung von Bodenschätzen
Abbau
Gewirr
Chaos
gewissenhaft
exakt, genau
gewissenlos
infam
Gewissensbiss
Scham
gewissermaßen
quasi

5

Gewittererscheinung
Blitz, Hagel, Regen, Sturm
Gewogenheit
Gunst
Gewohnheit
Sitte
Gewöhnung
Sucht
Gewölbe
Bogen
gewonnener Stoff
Edukt
Gewühl
Chaos
Gewürz
Chili, Curry, Essig, Lauch, Nelke, Sesam, Sesel
Gewürz *aus* Südamerika
Chili
Gewürzknospe
Kaper, Nelke
Gewürzmenge
Prise
Gewürzmischung
Curry
Gewürzwein
Bowle
gezahntes Schneidewerkzeug
Saege
Gezeiten
Tiden
geziertes Benehmen
Getue, Schau
gezogener Strich
Linie
gezogenes Metall
Draht
gezuckert
suess
Gibbonaffe
Unklo
Giebelfeld antiker Tempel
Aetos
Giebelwand
Gehre
Gier
Drang, Sucht, Trieb
Gießgefäß
Kanne
Gift
Toxin
Gift *im* Mohn
Opium
Giftgas
Chlor
giftiges Halbmetall
Arsen
Giftpflanze
Bilse, Tabak
Giftschlange
Aspis, Kobra, Mamba, Otter, Viper
Giftstoff
Arsen
Gigant
Huene, Riese
gigantisches Märchenwesen
Riese
Gilde
Zunft
Gimpel
Tropf
Gipsarbeit
Stuck
Gipsornamentik
Stuck
giraffenartiges Tier
Okapi
Gitarrenart
Banjo
Gittergewebe
Tuell
glänzend
blank
glänzend poliert
blank
glänzender Stoff
Atlas, Lurex, Rayon, Reyon, Satin, Seide
glänzender Überzug
Lasur
glänzendes Gewebe
Glacé, Seide
glänzendes Metall
Chrom
Glanzüberzug
Email, Lasur
glanzvolle Show
Revue
Glasbarsch
Snook
Glasglocke
Sturz
Glasschmelze
Email
glatt
blank, flach
Glättwerkzeug
Feile, Hobel
Glaubensbekenntnis
Credo
Glaubenseiferer
Zelot
Glaubensgemeinschaft
Sekte
Glaubenssatz
Dogma
gläubig
fromm
gläubiger Moslem
Hafis
gleich
jetzt
gleicher Meinung
einig
gleichmütig
ruhig
Gleichrichterröhre
Diode
gleichsam
quasi
gleichseitiges Parallelogramm
Raute
Gleisabschnitt
Block
Gleisbautrupp
Rotte
Gleiskette
Raupe
gleißend
grell
Gleitbahngerüst
Riese
Gleitmittel
Wachs
Gleitschutz an Reifen
Rille, Spike
Gletschereinschnitt
Bruch
Glibber
Gelee
Glied
Linie, Organ, Penis
Gliederband
Kette
Gliedertier
Assel, Krebs, Milbe
Gliederung
Kette, Linie
Gliedmaßen
Beine
glitschig
glatt
glockenförmiges Trinkgefäß
Kelch
Gloria
Glanz
Glück
Dusel, Segen
Glück verheißend
rosig
Glucke
Henne
Glückseligkeit
Wonne
Glücksgöttin
Tyche
Glücksspiel
Lotto, Makao, Poker
glühender Erdkern
Magma
Glühlampe
Birne

Glut
Feuer, Hitze
Gnom
Geist, Troll, Wicht, Zwerg
Goethes Geliebte
Brion
Goldamsel
Pirol
Goldbrasse
Orade
Golddukaten
Taler
Goldfürst
Nabob
Goldgräberstück
Claim
Goldhase
Aguti
Goldmacher
Adept
Goldminenanteil
Claim
Goldparmäne
Apfel
Golf
Bucht
Golfschlägerart
Spoon
Goliath
Huene, Riese
Göre
Range
Gosse
Rinne
Gote
Patin
gotisches Türmchen
Fiale
Gott *des* **Donners**
Donar
Gott *der* **Ehe**
Hymen
Gott *des* **Friedens**
Freyr, Janus
Gott *der* **Fruchtbarkeit**
Freyr
Gott *der* **Germanen**
Donar
Gott *des* **Gewitters**
Donar
Gott *des* **Islam**
Allah
Gott *der* **Juden**
Jahwe
Gott *des* **Lichtes**
Apoll
Gott *der* **Mohammedaner**
Allah
Gott *der* **Unterwelt**
Hades, Orkus, Pluto
Gott *der* **Zeit**
Janus
Gotte
Patin
Götterberg
Olymp
göttergleicher Held
Heros
Göttersage
Mythe
Gottes heilige Schrift
Bibel
Gottesbote
Engel
Gottesdienst
Messe, Mette, Ritus
gottesdienstliche Handlung
Opfer, Segen
gottesfürchtig
fromm
Gottesgabe
Gnade
Gottesgunst
Segen
Gottessohn
Jesus
Gottesurteil
Ordal
Göttin *des* **Ackerbaus**
Ceres
Göttin *der* **Blumen**
Flora
Göttin *des* **Glücks**
Tyche
Göttin *des* **Herdes**
Frigg, Frija, Vesta
Göttin *der* **Jagd**
Diana
Göttin *der* **Klugheit**
Metis
Göttin *der* **Liebe**
Venus
Göttin *der* **Rache**
Furie
Göttin *der* **Schönheit**
Venus
Göttin *der* **Unsterblichkeit**
Iduna
Grab
Gruft
Graben
Gosse, Rinne
Grabgewölbe
Gruft
Grabmal
Kreuz, Stein
Grabsäule
Stele
Gradeinteilung
Skala
Gradleiste
Skala
Grafentitel in Frankreich
Comte
grafisches Erzeugnis
Druck, Repro
Gram
Sorge
grammatikalischer Begriff
Aktiv, Dativ, Futur, Genus, Kasus, Modus, Silbe, Stamm, Vokal
grasähnliche Pflanze
Binse
Grasart
Lolch
Grasfläche
Matte, Rasen, Wiese
Grasland
Anger, Matte, Pampa, Weide, Wiese
Grasplatz im Dorf
Anger
Grasspitze
Spier
Grassteppe in Südamerika
Pampa
Grat
Kante
Grauen
Angst, Graus
graugelbes Pferd
Falbe
Grazie
Anmut
grazil
apart
Greifvogel
Adler, Falke, Geier, Milan, Weihe
Greifvogelnest
Horst
Greifwerkzeug
Zange
greisenhaft
senil
Grenze
Kante, Limes, Limit
Grenzfläche *eines* **Körpers**
Seite
Grenzfläche *in der* **Wetterkunde**
Front
Grenzstein
Terme
Grenzwall der Römer
Limes
Grenzwert in der Mathematik
Limes
griechisch für Stern
astro
griechische Dodekanes-Insel
Leros

5

griechische Fleischspezialität
Gyros
griechische Göttin
Elpis, Erato, Keren, Metis, Tyche
griechische Göttin des Glücks
Tyche
griechische Grabsäule
Stele
griechische Insel
Chios, Delos, Korfu, Kreta, Leros, Milos, Naxos, Paros, Psara, Samos, Syros, Telos, Thera, Thira, Tinos
griechische Jahreszeitgöttinnen
Horen
griechische Kunstgöttinnen
Musen
griechische Kykladeninsel
Paros
griechische Landschaft
Doris
griechische Meerschlange
Hydra
griechische Mönchsrepublik
Athos
griechische Münze
Obole
griechische Sagengestalt
Danae, Jason, Medea, Niobe
griechische Sagenkönigin
Niobe
griechische Spezialität
Gyros
griechische Stirnbinde
Mitra
griechische Tonhalle
Odeon
griechische Unterwelt
Hades
griechische Volksversammlung
Agora
griechische Zauberin
Circe, Kirke
griechischer Astronom
Meton
griechischer Berg
Athos, Olymp
griechischer Bildhauer
Myron
griechischer Buchstabe
Alpha, Delta, Gamma, Kappa, Omega, Sigma, Theta
griechischer Erfinder
Heron
griechischer Fabeldichter
Aesop
griechischer Feldherr
Kimon
griechischer Fluss der Unterwelt
Lethe
griechischer Gesetzgeber
Solon
griechischer Gott
Apoll, Hymen, Ladon, Momos, Pluto
griechischer Götterberg
Olymp
griechischer Götterriese
Titan
griechischer Klosterberg
Athos
griechischer Kultort
Delos
griechischer Mathematiker
Heron, Meton
griechischer Name von Troja
Ilion
griechischer Philosoph
Plato, Zenon
griechischer Physiker
Heron
griechischer Rechtsbegriff
Nomos
griechischer Riese der Sage
Argus, Atlas, Titan
griechischer Sagenfluss
Lethe
griechischer Sagenheld
Orion
griechischer Sagenkönig
Midas, Minos, Thoas
griechischer Sagenriese
Titan
griechischer Sänger
Arion
griechischer Schriftsteller
Aesop, Homer
griechischer Staatsmann
Kimon, Kleon, Timon
griechischer Stamm
Dorer
griechischer Süßwein
Samos
griechischer Unterweltfluss
Lethe
griechischer Verwaltungsbezirk
Nomos
griechischer Wächter
Argus
griechischer Waldgeist
Satyr
griechischer Wein
Samos
griechischer Weiser
Solon
griechisches Heldengedicht
Ilias
griechisches Ungeheuer
Gorgo, Hydra
griffbereit
parat
Grille
Laune, Zirpe
Grimbart
Dachs
Grimm
Groll
grob
plump, ruede
grobe Leinwand
Blahe
grober Wollstoff
Loden
grobes Gewebe
Drell
grobes Schimpfwort
Luder
Grobian
Rowdy
Groll
Grimm
grönländischer Apostel
Egede
grönländisches Boot
Kajak, Umiak
großartig
famos, super
große Ansiedlung
Stadt
große Antilleninsel
Haiti
große Anzahl
Menge
große Einkaufsstätte
Laden
große Gewichtseinheit
Tonne
große Güterausstellung
Messe
große Hast
Hetze
große Misere
Elend
große Pfütze
Pfuhl, Suhle
großer Abstand
Ferne

großer Aufbewahrungsraum
Halle
großer Fluss
Strom
großer Greifvogel
Adler, Geier
großer Krach
Laerm, Radau
großer Lärm
Radau
großer Mann
Huene
großer Raum
Halle
großer Truppenverband
Armee, Korps
größere Fahrt
Reise
größerer Junge
Knabe
größerer Ort
Stadt
größerer Truppenteil
Armee
größeres Fließgewässer
Fluss
großes Aufsehen
Trara
großes Bettuch
Laken
großes Fass
Tonne
großes Gewässer
Ozean
großes Holzgefäß
Zuber
großes Holzstück
Klotz
großes Kloster
Abtei
großes Mönchskloster
Abtei
großes Musikinstrument
Orgel
großes Raubtier in Afrika
Loewe
großes Talent
Genie
großes Theater
Odeon
großes Warendepot
Lager
Großfamilie
Sippe
Großhandelsmarkt
Messe
Großkatze
Loewe, Tiger
Großkind
Enkel
Großmaul
Protz
Großmogul
Akbar
großmolekularer Kunststoff
Plast
Großraubtier in Afrika
Loewe
Großraumflugzeug
Jumbo
Großspiel (Skat)
Grand
Großstadtbahn
Metro, S-Bahn, U-Bahn
größte estnische Ostseeinsel
Oesel
größte Stadt Boliviens
La Paz
größter Erdteil
Asien
größter Planetoid
Ceres
größter Strom in Europa
Wolga
größtes Drüsenorgan des Körpers
Leber
größtes Gebirge in Europa
Alpen
größtes Hochland der Erde
Tibet
größtes Nagetier
Biber
Großtierverband
Herde
großwüchsiger Mensch
Huene, Riese
Grube
Falle, Kuhle, Mulde, Zeche
Grün von Knollen
Kraut
Grünanlage
Rasen, Wiese
Grund
Basis, Boden, Motiv
Grundbaustein der Lebewesen
Zelle
Grundbesitzer
Sasse
Gründer *der* **Heilsarmee**
Booth
Gründer *von* **Rom**
Remus
Gründer *des* **türkischen Reichs**
Osman
Gründer *der* **UdSSR**
Lenin
Grundfeste
Basis
Grundfläche
Areal, Basis
Grundform
Typus
Grundform des Jazz
Blues
Grundgedanke
Thema
Grundgehalt
Fixum
Grundkapital
Stock
Grundlage
Basis, Boden
gründlich
exakt, genau
Grundlinie
Basis
Grundmodell
Urtyp
Grundrichtung
Trend
Grundsatz
Axiom, Dogma, Regel
Grundschleppnetz
Trawl
Grundschulfach
Lesen, Musik, Sport
Grundstoff *für* **Arzneimittel**
Droge
Grundstoff *für* **Säcke**
Sisal
Grundstück
Areal
Grundstücksmiete
Pacht
Grundzug
Wesen
grüner Zweig als Hutschmuck
Bruch
Grünfläche
Rasen, Wiese
Grünland
Egart, Weide, Wiese
Gruppe
Schar
Gruppe *der* **Gesellschaft**
Stand
Gruppe gleichartiger Dinge
Serie
Gruppe *von* **Menschen**
Kreis
Gruppe *der* **Westfinnen**
Esten
Gruppe *von* **Wildschweinen**
Rotte
Gruß
Adieu

guatemaltekischer Berg
Fuego
guatemaltekischer Ureinwohner
Mayas
guatemaltekischer Vulkan
Fuego
Guckloch
Spion
Gummiharzart
Asant
Gunst
Gnade, Guete, Hilfe
Gunst Gottes
Segen
Gunstgewerblerin
Metze, Nutte
Gurgel
Kehle
Gussform im Druckwesen
Mater
gut
prima
gut erzogen
artig
gut situiert
reich
gutartige Geschwulst
Warze
gute Laune
Humor
Güte
Gnade, Gunst
Güteklasse
Sorte
Güterausstellung
Messe
Guthaben
Haben
Gutsarbeiter
Inste
Gutschein
Bonus, Kupon, Talon
Gutschrift
Bonus
Gutsverwalter
Meier
Gymnasialklasse (veraltet)
Prima, Sexta
gymnastische Übung
Rolle
gymnastisches Gerät
Keule

H

Haar
Braue, Faser, Flaum, Locke, Tolle, Welle
Haarbogen über dem Auge
Braue
Haarbüschel
Tolle
Haarfarbe
blond
Haarfärbemittel
Henna
haarklein
genau
Haarklemmen
Clips, Klips
Haarkringel
Locke
Haarlocke
Tolle, Welle
Haarpflegegerät
Foehn, Haube
Haarpflegemittel
Spray
Haarpfleger
Bader
Haarschopf
Tolle
Haarspange
Fibel
Haartrockner
Foehn
Haarwuchs
Tolle
Habit
Anzug, Kleid
Hacke
Karst
Hacken
Ferse
Hackfleischfüllung in Speisen
Farce
Hackfrucht
Ruebe
Hader
Fehde, Zwist
Hades
Orkus
Hafen *im* **alten Phönizien**
Sidon
Hafen *in der* **Bretagne**
Brest
Hafen *in* **Libyen**
Derna
Hafen *am* **Panamakanal**
Colon
Hafen von Edinburgh
Leith
Hafenanlage
Dalbe, Reede
Hafenboot
Prahm
Hafeninsel vor New York
Ellis
Hafenpfahlgruppe
Dalbe
Hafenstadt *an der* **Adria**
Fiume
Hafenstadt *an der* **Agäis**
Athen
Hafenstadt *in* **Alaska**
Sitka
Hafenstadt *des* **alten Rom**
Ostia
Hafenstadt *in* **Australien**
Perth
Hafenstadt *in* **Brasilien**
Bahia, Belém, Ceara, Natal
Hafenstadt *in* **Bulgarien**
Varna, Warna
Hafenstadt *in* **Chile**
Arica, Yanes
Hafenstadt *in* **China**
Lueta, Macao
Hafenstadt *in* **Dänemark**
Århus
Hafenstadt *am* **Dollart**
Emden
Hafenstadt *in* **England**
Dover
Hafenstadt *in* **Estland**
Reval
Hafenstadt *in* **Finnland**
Borga, Hanko, Kotka, Turku, Vaasa
Hafenstadt *in* **Frankreich**
Brest
Hafenstadt *in* **Ghana**
Accra
Hafenstadt *am* **Golf von Akaba**
Elath
Hafenstadt *in* **Griechenland**
Athen, Aulis, Bolos
Hafenstadt *in* **Großbritannien**
Barry, Blyth, Dover, Flint, Fowey, Hythe, Leith, Poole
Hafenstadt *bei* **Hongkong**
Makao, Makau
Hafenstadt *auf* **Honschu** (Japan)
Osaka
Hafenstadt *am* **Indischen Ozean**
Perth
Hafenstadt *im* **Irak**
Basra
Hafenstadt *im* **Iran**
Ahwas
Hafenstadt *in* **Israel**
Eilat, Elath, Haifa
Hafenstadt *in* **Italien**
Gaeta, Genua, Grado, Paola

Hafenstadt *in* **Japan**
Akita, Atami, Iwaki, Kochi, Omuta, Osaka, Otaru, Sakai, Tokio
Hafenstadt *in* **Kamerun**
Duala
Hafenstadt *an der* **Kanalküste**
Dover, Gorey, Poole
Hafenstadt *auf* **Kreta**
Kanea, Sitia
Hafenstadt *auf der* **Krim**
Jalta
Hafenstadt *in* **Kroatien**
Fiume, Koper, Kotor, Porec, Split, Zadar
Hafenstadt *in* **Lettland**
Libau
Hafenstadt *im* **Libanon**
Saida, Sidon
Hafenstadt *in* **Libyen**
Derna, Sirte
Hafenstadt *auf* **Mallorca**
Palma
Hafenstadt *in* **Marokko**
Ceuta, Rabat
Hafenstadt *am* **Mittelmeer**
Athen, Ceuta, Derna, Genua, Haifa, Izmir, Jaffa, Palma, Sidon, Sirte
Hafenstadt *in* **Mosambique**
Beira
Hafenstadt *in* **Nordamerika**
Diego, Tampa
Hafenstadt *an der* **Nordsee**
Brake, Emden, Husum
Hafenstadt *in* **Ostfriesland**
Emden
Hafenstadt *an der* **Ostsee**
Libau, Lulea, Memel, Pitea, Turku, Wisby, Ystad
Hafenstadt *in* **Panama**
Colón
Hafenstadt *in* **Peru**
Chala, Pisco
Hafenstadt *in* **Portugal**
Porto, Sines
Hafenstadt *am* **Roten Meer**
Akaba, Akiba
Hafenstadt *in* **Saudi-Arabien**
Katif
Hafenstadt *in* **Schleswig-Holstein**
Husum
Hafenstadt *in* **Schottland**
Leith, Perth
Hafenstadt *am* **Schwarzen Meer**
Batum
Hafenstadt *in* **Schweden**
Kivik, Lulea, Ystad
Hafenstadt *in* **Senegal**
Dakar
Hafenstadt *auf* **Sizilien**
Patti
Hafenstadt *am* **Solling**
Uslar
Hafenstadt *in* **Spanien**
Cádiz, Ceuta, Gijon, Mahon, Palma
Hafenstadt *auf* **Sri Lanka**
Galle
Hafenstadt *auf* **Taiwan**
Takao
Hafenstadt *in* **Tansania**
Tanga
Hafenstadt *in* **Tunesien**
Gabes, Tunis
Hafenstadt *der* **Türkei**
Izmir
Hafenstadt *in* **Westfrankreich**
Brest
Haftanstalt
Knast
Haftraum
Zelle
Haftzeher
Echse, Gecko, Tokee
hager
duenn, duerr, mager
Haifischflosse
Finne
Hain
Forst
Hairückenflosse
Finne
Halbaffe
Indri, Katta, Komba, Lemur, Potto
Halbbogen
Folio
Halbedelstein
Achat, Topas
Halbgott
Heros
Halbinsel *in* **Ägypten**
Sinai
Halbinsel *in* **Asien**
Korea, Sinai
Halbinsel *im* **Bodensee**
Hoeri
Halbinsel *in* **Europa**
Athos, Morea, Wales
Halbinsel *in* **Frankreich**
Medoc
Halbinsel *in* **Griechenland**
Athos, Morea
Halbinsel *in* **Großbritannien**
Wales
Halbinsel *in* **Nahost**
Sinai
Halbinsel *in* **Ostasien**
Korea
Halbinsel *im* **Persischen Golf**
Katar
Halbinsel *im* **Roten Meer**
Sinai
Halbinsel *auf* **Rügen**
Zudar
Halbinsel *in* **Russland**
Kanin
Halbinsel *im* **Schwarzen Meer**
Taman
Halbinsel *im* **Südwesten von Großbritannien**
Wales
Halbmetall
Arsen, Selen
Halbschuh
Pumps
halbzahmer Vogel
Taube
Hall
Klang, Sound
Halle
Foyer
Hallig
Habel, Hooge, Oland
Hallighügel
Warft
Halogen
Astat, Chlor, Fluor
Halsbekleidung
Schal
Halsfalte des Rindes
Wamme
Halsschmuck
Kette
Halsteil
Kehle, Zunge
Halstuch
Schal, Stola
Halswirbel
Atlas
Halt
Pause, Stopp
haltbar
solid
Haltepflock
Pilar
Haltestelle
Stopp
Haltevorrichtung
Griff
haltlos
labil

Haltung
Tenue
Hamburger Schauspielerin
Kabel
Hamburger Sehenswürdigkeit
Hafen
Hamburger Stadtkanal
Fleet
Hamburger Stadtteil
Lurup
Hammelkeule
Gigot
Hammerklavier
Piano
Hand beim Tier
Pfote, Tatze
Handarbeit
Weben
Handarbeitstätigkeit
Weben
Handbewegung
Geste
handelnd
aktiv
Handelsgehilfe
Clerk
Handelsmarke
Marke
Handelsname
Firma
Handelsniederlassung
Depot
Handelsplatz
Markt, Messe
Handelsspanne
Marge
Handelsvertreter
Agent
Handfischnetz
Hamen
Handgepäck
Mappe
Handgriff
Hebel, Knauf, Stiel
Handhabung
Griff, Stiel
Handlung
Thema
Handlungsgerüst eines Werkes
Fabel, Story
Handmähgerät
Sense
Handpflegemittel
Creme, Paste, Salbe, Seife
Handramme
Hoyer
Handreichung
Hilfe
Handrührgerät
Mixer
Handschlitten
Rodel
Handschrift
Codex, Kodex
Handschuhleder
Glacé, Nappa
Handteil
Nagel, Sehne
Handturngerät
Keule
Handwerker
Maler, Weber
Handwerkervereinigung
Gilde, Zunft
Handwerksgehilfe
Stift
Handwerkszeug
Feile, Hobel, Kelle, Saege, Zange
Handziehwagen
Karre
Hanffaser
Sisal
Hang
Piste
Hängebrückenpfeiler
Pylon
Hängelampe
Ampel
Hanseschiff
Kogge
Hansestadt
Emden, Koeln, Memel, Reval, Thorn
Hanswurst
Clown
harfenartiges Instrument
Leier
Harlekin
Clown
Harm
Sorge
harmonische Töne
Klang
Harpune
Speer
hart
ehern
harte militärische Ausbildung
Drill
hartes Metall
Chrom, Titan, Widia
hartes Mineral
Stein
hartes Papier
Pappe
hartes Salzei
Solei
Hartholz
Paduk
Hartkäse
Gouda
Hartmetall
Titan
Harzart
Elemi, Kopal
Hase im Märchen
Lampe
Haselmaus
Bilch, Relle
hasenartiges Tier
Aguti
Hasenfell
Kanin
Hasenfuß
Memme
Hasenlager
Sasse
Hasenpanier
Angst
Hasenschwanz
Blume
Häsin
Zibbe, Zippe
Hass
Groll, Odium
hässliche Angewohnheit
Unart
Hast
Hetze, Tempo
hasten
eilen
Hatz
Hetze
Haube
Kappe
Haudegen
Recke
Haue
Hiebe, Keile, Senge
Haufen
Masse, Menge, Schar, Stoss
Häufung
Masse
Hauptfluss
Strom
Hauptgedanke
Thema
Hauptgott der Philister
Dagan, Dagon
Hauptheiligtum des Islam
Kaaba
Hauptinsel *der* **Philippinen**
Luzon
Hauptmahlzeit
Diner
Hauptmasse des Körpers
Rumpf
Hauptort *auf* **Gotland**
Visby, Wisby
Hauptort *auf* **Mallorca**
Palma
Hauptort *von* **Nidwalden**
Stans

Hauptplatz von Städten
Markt
Hauptschlagader
Aorta
Hauptschneide am Pflug
Schar
Hauptstadt *von* **Afghanistan**
Kabul
Hauptstadt *von* **Ägypten**
Kairo
Hauptstadt *des* **Assyrerreiches**
Assur
Hauptstadt *der* **Balearen**
Palma
Hauptstadt *von* **Bangladesch**
Dacca, Dhaka
Hauptstadt *von* **Bolivien**
La Paz, Sucre
Hauptstadt *von* **Bulgarien**
Sofia
Hauptstadt *von* **Ecuador**
Quito
Hauptstadt *von* **Estland**
Reval
Hauptstadt *in* **Fernost**
Tokio
Hauptstadt *von* **Frankreich**
Paris
Hauptstadt *von* **Ghana**
Accra, Akkra
Hauptstadt *der* **Goldküste**
Accra
Hauptstadt *von* **Griechenland**
Athen
Hauptstadt *der* **Indischen Union**
Delhi
Hauptstadt *von* **Japan**
Tokio
Hauptstadt *von* **Jordanien**
Amman
Hauptstadt *der* **Kapverdischen Inseln**
Praia
Hauptstadt *von* **Liechtenstein**
Vaduz
Hauptstadt *von* **Litauen**
Wilna
Hauptstadt *von* **Mallorca**
Palma
Hauptstadt *von* **Marokko**
Rabat
Hauptstadt *von* **Nigeria**
Lagos
Hauptstadt *in* **Nordafrika**
Tunis
Hauptstadt *von* **Oregon**
Salem
Hauptstadt *der* **Phönizier**
Sidon, Tyros
Hauptstadt *der* **Republik Korea**
Seoul
Hauptstadt *von* **Rheinland-Pfalz**
Mainz
Hauptstadt *von* **Senegal**
Dakar
Hauptstadt *von* **Südkorea**
Seoul
Hauptstadt *von* **Tibet**
Lhasa
Hauptstadt *von* **Tunesien**
Tunis
Hauptstadt *der* **Vereinigten Arabischen Emirate**
Dubai
Hauptstadt *von* **Vietnam**
Hanoi
Hauptstadt *von* **Weißrussland**
Minsk
Hauptstadt *von* **Westaustralien**
Perth
Hauptwort
Nomen
Haus
Villa
Hausabschluss
First
Hausanbau
Erker
Hausangestellter
Lakai
Häuserkomplex
Block, Reihe
Häuserviereck
Block
Hauserweiterung
Anbau, Annex
Hausfest
Party
Hausflur
Diele
Hausgeist
Wicht, Zwerg
Hausgötter der alten Römer
Laren, Manen
Haushaltsgefäß
Kanne
Haushaltsgerät
Besen, Eimer, Mixer
Haushofmeister im Mittelalter
Meier
Hausrock
Joppe
Haustier
Biene, Bulle, Erpel, Geiss, Henne, Kater, Katze, Ochse, Pferd, Puter, Ruede, Schaf, Stier, Stute, Taube, Welpe, Ziege
Hausveränderung
Umbau
Hausvorbau
Altan, Erker
Haut
Pelle
Hautausschlag
Ekzem
Hautauswuchs
Warze
Hautbewuchs
Flaum
Hautentzündung
Ekzem
Hautfarbe
Teint
Hautfärbemittel
Rouge
Hautflügler
Biene, Wespe
Hautknötchen
Papel, Warze
Hautkrankheit
Ekzem, Finne
Hautpflegemittel
Creme, Puder, Salbe
Hautverfärbung
Roete
Hautwucherung
Warze
Hawaiiinsel
Kauai, Kaula, Lanai
Hebel *am* **Steuerruder**
Pinne
Hebevorrichtung
Winde
hebräisch für Gott
Eloah
hebräische Münze
Sekel
hebräischer Buchstabe
Aleph, Dalet, Gimel, Lamed, Resch, Sajin, Schin
hebräischer Name Gottes
Eloah
Hebrideninsel
Barra, Canna, Islay, Lewis, Tiree
Hebung in der Metrik
Arsis
hecheln
atmen
Heckenpflanze
Buchs

5

Heer
Armee
Heeresabteilung
Armee, Korps
Heeresfuhrwesen
Train
Heeresgefolge
Tross
Heeresteil
Armee
Heeresverband
Armee
Heerführer im 30-jährigen Krieg
Tilly
Heerschersitz
Thron
Heft
Griff, Stiel
heftig
stark
heftig ansteigend
steil
heftiger Anprall
Stoss
heftiger Fall
Sturz
heftiger Krampf
Kolik
heftiger Sturm
Orkan
heftiges Verlangen
Manie, Sucht, Trieb
Hehlerware
Beute
Heide
Lehde
Heidedichter
Loens
Heidekraut
Erika
Heidepflanze
Erika, Gagel
heidnisches Brauchtum
Magie
Heiduck
Lakai
heikle Situation
Krise
Heil
Gnade, Hilfe
Heil- und Zierpflanze
Malve
Heiland
Jesus
Heilerde
Fango
Heilgehilfe
Bader
Heilgetränk
Trank
heilig
sankt
heilige Handlung
Gebet, Segen, Taufe, Weihe
Heilige Schrift
Bibel
heilige Schrift des Islam
Koran
heilige Stadt des Lamaismus
Lhasa
Heiligenbild der Ostkirche
Ikone
Heiliger Vater
Papst
Heiligtum der alten Griechen
Olymp
Heiligtum des Islam
Kaaba, Mekka
heilkräftiger Schlamm
Fango
heilkräftiges Harz
Asant
Heilmittel
Droge, Pille, Salbe
Heilmittelrohstoff
Droge
Heilnahrung
Diaet
Heilpaste
Salbe
Heilpflanze
Alant, Asant, Inula, Malve, Minze, Raute, Senna, Sesel, Ysop, Ziest
Heilschlamm
Fango
Heimat *des* Sokrates
Athen
Heimgegangener
Toter
heimischer Straßenvogel
Spatz, Taube
heimisches Wildtier
Dachs, Fuchs, Iltis, Otter
heimlicher Groll
Pieke
heimlicher Zorn
Groll
Heimlichtuer
Spion
Heimzahlung
Rache
Heinzelmännchen
Wicht, Zwerg
heißer Wüstenwind
Samum
Heißluftbad
Sauna
heiter
fidel
heitere Sinnesart
Humor
heiteres Bühnenstück
Posse
heiteres Gemüt
Humor
Heiterkeit
Humor
Heiterkeit erregende Wirkung
Komik
Heiterkeitsauslöser
Gaudi
Heiz- und Treibgas
Butan
Heizmaterial
Butan, Kohle
Heizungsanlage
Kamin
Held
Heroe, Heros, Recke, Titan
Held *der* Argonautensage
Medea
Held *der* Artussage
Iwein
Held *bei* Schiller
Damon
Heldendarsteller
Heroe
Heldenepos
Ilias
Helenenkraut
Alant
Helfer
Adept
Helikopterflügel
Rotor
hell
blank, licht
helle, durchsichtige Farbschicht
Lasur
helle Freude
Jubel
helle Haarfarbe
blond
hellenistische Umgangssprache
Koine
heller Schein
Blitz, Licht
heller Stern
Rigel
hellhaarig
blond
Helligkeit
Glanz, Licht
Hellseher
Augur
Hemdbrust
Jabot
hemdsärmelig
leger

Hemdteil
Knopf
Hemlocktanne
Tsuga
Hengst Siegfrieds
Grane
Henkel
Griff
Henkelgefäß
Kanne, Tasse
herabhängende Hautfalte
Wamme, Wampe
Herabsetzung
Abbau
Heranwachsende
Teeni
Herausforderung
Duell, Wette
herb
ernst, sauer
Herbstblume
Aster, Malve
Herbstrose
Malve
Herd
Grill
Herde
Masse, Menge, Meute, Rotte, Rudel, Schar
Herkunftszeichen einer Ware
Marke
Hermann der Cherusker
Armin
Hermanns Gegner
Varus
Hermelinfell
Lasky
Herr *in* **Afrika**
Bwana
Herr *in der* **Hölle**
Satan
Herr *auf* **Indisch**
Sahib
Herr *auf* **Spanisch**
Señor
Herrenbekleidungsstück
Anzug, Frack, Sakko, Weste
Herrenhaus der Ritterburg
Palas
Herrenjackett
Sakko
Herrenschoßrock
Frack
herrlich
famos, prima
Herrschaft
Macht
herrschaftlicher Diener
Lakai
Herrschersitz
Thron
Herrschersymbol
Krone
Herrschertitel
Kalif, Mogul, Negus, Schah, Tenno
herstellen
bauen
Herstellung von Büchern
Druck
herumtollen
toben
hervorragend
prima
Hervortreten der Eingeweide
Bruch
Herz
Seele
Herz im Kartenspiel
Cœur
herzlich
innig, intim
Herzog *der* **Ungarn**
Arpad
Herzogin von York
Sarah
Hetäre
Metze
Hetäre des griechischen Altertums
Thais
hetzen
jagen
Heuboden
Tenne
Heuchelei
Getue, Luege, Mache
Heugabel
Forke
Heugestell
Reute
Heuhaufen
Dieme
Heuhüpfer
Werre
Heuschnitt
Grumt, Oehmd
Hexe
Circe, Drude, Kirke
Hexerei
Magie
Hiebe
Senge
Hiebwaffe
Degen, Dolch, Lanze
Hilfeleistung
Zutun
hilfreiche Gesinnung
Guete
Hilfsgeistlicher
Vikar
Hilfszeitwort
haben
Himalajagipfel
Kamet
Himalajastaat
Nepal
Himmelsbote
Engel
Himmelsbrot
Manna
Himmelserscheinung
Blitz
Himmelsfärbung
Roete
Himmelskönigin
Maria
Himmelskörper
Komet, Sonne, Stern
Himmelsrichtung
Osten
Himmelswesen
Engel
himmlisches Wesen
Engel
hindernde Angelegenheit
Quere
Hindernis
Mauer
Hindernis *im* **Pferdesport**
Knick, Mauer
Hindernis *in der* **Schifffahrt**
Barre, Nebel
Hindernis *im* **Verkehr**
Nebel
hinduistische Gottheit
Aditi, Durga, Indra, Shiva, Surja
hinduistischer Asket
Sadhu
hinfällig
elend, krank, siech
Hingabe
Eifer, Opfer
hinlänglich
genug
Hinsicht
Bezug
Hinterbliebene, Hinterbliebener
Waise, Witwe
hintere Zehenseite
Koete
hinterer Backenzahn
Molar
hinterer Fußteil
Ferse
hinterer Teil des Fußes
Ferse
Hintergrund
Folie, Tiefe
Hinterhalt
Falle, Lauer

5

hinterindischer Strom
Menam
hinterindisches Wildrind
Gayal
hinterlegte Bürgschaft
Pfand
Hinterlegtes
Pfand
hinweg
davon
hinweisendes Fürwort
diese, jener, jenes
Hinweiszeichen
Pfeil
Hippe
Geiss, Ziege
Hirschkuh
Hinde
Hirseart
Fench
Hirt auf der Bergweide
Almer
Hirtenflöte
Frula
Hirtenvolk
Tussi
Histörchen
Story
Hitze
Feuer
hoch begabter Mensch
Genie
hoch gelegenes, trockenes Küstenland
Geest
hoch gewachsen
gross
hoch hervorstehen
ragen
hoch *im* **Preis**
teuer
Hochadel in Russland
Bojar
Hochamt
Messe
hochbetagt
greis, uralt
Hochebene *in* **Asien**
Pamir, Tibet
Hochebene *in* **Südamerika**
Punas
Hochgebirge *in* **Amerika**
Anden
Hochgebirge *in* **Europa**
Alpen
Hochgebirge *in* **Südamerika**
Anden
hochgebirgig
alpin
Hochgebirgstier
Gemse
Hochgebirgswild
Gemse
hochgeboren
adlig
Hochgefühl
Wonne
hochgestimmt
selig
Hochglanz
Wachs
hochgradig ausgeprägt
krass
Hochgrasebene in Südamerika
Llano
Hochland *in* **Asien**
Pamir, Tibet
Hochland *in* **Brasilien**
Goias
Hochland *in* **Jordanien**
Kerak
Hochland *in* **Libyen**
Barka
Hochland *zwischen* **Werra und Fulda**
Rhoen
Hochland *in* **Zentralasien**
Tibet
hochnäsig
stolz
Hochruf
Hurra, Vivat
Hochrufmusik
Tusch
Hochsprungleiste
Latte
höchstbegabter Mensch
Genie
höchste Begabung
Genie
höchste indische Gottheit
Indra
höchster Berg des Bayrischen Waldes
Arber
höchster Berg in Kanada
Logan
höchster Gebirgszug der Karpaten
Tatra
höchster germanischer Gott
Wodan, Wotan
höchster Gott der Germanen
Wodan, Wotan
höchster Punkt des Himmelsgewölbes
Zenit
höchster Vulkan Europas
Aetna
höchstes Gebirge Europas
Alpen
Höchstleistung
Atout
Hochtal *im* **Salzkammergut**
Gosau
Hochverräter
Spion
Hochwasserschutz
Deich
hochwertig
prima
Hochzeiterin
Braut
Hochziel
Ideal
Höckertier
Kamel
Hof
Platz
Hofburg
Pfalz
Hoffnung
Trost
höflich
artig
Höflichkeitsbezeugung
Gruss
hohe Begabung
Genie
hohe Temperatur
Hitze
Höhe
Kuppe
Hoheitsrecht
Regal
Hoheitszeichen
Adler, Fahne
Höhenzug *am* **Harz**
Heber
Höhenzug *der* **Karpaten**
Tatra
Höhenzug *im* **Odenwald**
Tromm
Höhenzug *in* **Thüringen**
Finne
Höhepunkt
Krise, Zenit
hoher Offizier bei den Römern
Legat
höher stehend
ueber
höhere Beamte
Raete
hohes Richtergremium
Senat
hohes trockenes Küstenland
Geest
Höhle
Druse

Höhlenbewohner
Dachs, Fuchs
Hohlform für Gusserzeugnisse
Model
Hohlkopf
Laffe
Hohlkörper
Blase, Kugel, Tubus
Hohlmaß
Eimer, Fuder, Kanne, Liter
Hohlmaß für Wein
Fuder
Hohlorgan
Blase
Hohlraum
Leere
Hohlraum *im* **Gestein mit Kristallen**
Druse
Hohlraum *im* **Körper**
Zyste
Hohlraum *in* **Zellen und Organen**
Lumen
Hohltier
Hydra, Polyp
Hohn
Spott
Hörensagen
Ondit
Hokuspokus
Spass, Trick, Unfug
Holdseligkeit
Anmut
Hölle
Hades, Orkus
Hölle im Koran
Sakar
Höllenfürst
Hades, Pluto, Satan
Höllenmaschine
Bombe
Höllenspektakel
Laerm, Radau
Höllenstein
Lapis
Holzart
Ahorn, Birke, Birne, Buche, Eiche, Esche, Forle, Limba, Linde, Palme, Pinie, Tanne, Weide, Zeder
Holzbearbeitungswerkzeug
Saege
Holzbehälter
Kiste, Truhe
Holzbehandlungsmittel
Beize
Holzbottich
Zuber
Holzbrett
Bohle, Diele, Latte
hölzerne Flugzeugrippe
Spant
hölzerner Behälter
Kiste
hölzernes Zielstück (Eisschießen)
Daube
Holzfällerwerkzeug
Saege
Holzfärbemittel
Beize
Holzfußboden
Diele
Holzgeflecht
Flake
Holzgummi
Xylan
Holzhütte
Baude
holzige Kletterpflanze
Liane
Holzplanke
Brett
Holzraummaß
Faden
Holzschädling
Nonne
Holzschlag
Maiss
Holzschuhe
Clogs
Holzstäbchen
Speil
Holzstange
Latte
Holzverpackung
Kiste
Holzzeichnung
Maser
homerische Dichtung
Ilias
Honigdachs
Ratel
Honiginsekt
Biene
Honigproduzent
Biene
Honigwabe
Rosse
hörbarer Ton
Klang
Horcher
Spion
Horde
Bande, Meute, Rotte, Schar
Hornhautverdickung
Warze
Hornklee
Lotus
Hornplättchen an Finger und Zeh
Nagel
Hornplatte im Gaumen der Wale
Barte
Horntier
Gemse, Schaf, Ziege
Horror
Angst
Hose
Jeans
Hose mit Jacke
Anzug
Hospiz
Hotel
Hostienbehälter
Pyxis
Hotel für Autofahrer
Motel
hübsch
apart, fesch, flott
Hufteil der Paarhufer
Klaue
Huftier
Kamel, Pferd, Tapir
Hügel
Buehl, Hubel
Hügel *mit* **Sternwarte bei Rom**
Mario
hügelfreies Gebiet
Ebene
Hugenottenführer
Rohan
Huhn
Henne
Hühnerprodukt
Feder
Hühnervogel
Fasan, Hokko
Huld
Gnade, Gunst
Hülle
Bezug, Decke, Pelle
Hülle *der* **Insektenpuppe**
Kokon
hüllenlos
nackt
Hülsenfrucht
Bohne, Erbse, Linse
Humanist
Ramus
Humbug
Unfug
Hummer
Krebs
Humor
Laune, Spass
humorlos
ernst
humusreich
humos
Hund
Toele

5

hundeartiges Raubtier
Dingo, Fenek, Fuchs
Hundejunges
Welpe
Hundeleben
Armut, Elend
Hundemännchen
Ruede
Hundename
Bello, Hasso, Lumpi, Waldi
Hunderasse
Boxer, Dogge, Pudel, Spitz
hundertäugiger Riese
Argus
Hundertstel (Vorsatz)
Zenti
Hundeschar
Meute
Hundskopfaffe
Magot, Makak
Hüne
Riese
hünenhaft
gross
Hungerblümchen
Wesel
Hungerleider
Armer
Hunnenkönig
Etzel
hunnenverwandter Reiternomade
Aware
Hurrikan
Orkan
hurtig
rapid, rasch
Hussitenführer
Ziska, Zizka
Hutaffe
Makak
Hüter
Hirte
Hutstroh
Tagal
Hütte
Baude
hutzelig
klein
Hydra
Polyp

I

Idee
Linie, Thema, Wesen
idyllisch
still, traut
Illusion
Traum
Illustration
Photo
Iltisart
Frett
im gleichen Umschlag liegend
anbei
im Raum befindlich
innen
Imbiss
Jause, Snack
imitiertes Wildleder
Nubuk
Imme
Biene
immens
enorm, gross
immer
stets
immergrünes Gewächs
Vinca
Imperium
Reich
impertinent
frech
Impfpustel
Pocke
Impfstoff
Serum
Impfstoffe
Seren
Impuls
Stoss
in *der* Anlage
anbei
in der Tiefe
unten
in diesem Jahr
heuer
in *der* Nähe von
neben
In-sich-Gehen
Busse
Inbegriff
Summe, Wesen
Inbegriff *des* Bösen
Satan
Inbegriff höchster Vollkommenheit
Ideal
Inbild
Ideal
Indianerfrau
Squaw
Indianerstamm
Creek, Huron, Sioux
Indianertrophäe
Skalp
indianische Siegestrophäe
Skalp
indianisches Stammeszeichen
Totem
indirekte Route
Umweg
indische Amtssprache
Hindi
indische Anrede für Europäer
Sahib
indische Anrede für Herr
Sahib
indische Brillenschlange
Kobra
indische Fürstin
Begum
indische Gesellschaftsschicht
Kaste
indische Kaste
Paria, Sudra
indische Münze
Rupie
indische Provinz
Assam, Bihar
indische Währungseinheit
Rupie
indische Wüste
Tharr
indischer Asket
Fakir
indischer Bundesstaat
Assam, Bihar
indischer Gaukler
Fakir
indischer Hauptgott
Indra
indischer Heiliger
Sadhu
indischer Kastenloser
Paria
indischer Nobelpreisträger
Raman
indischer Politiker
Desai, Nehru
indisches Flächenmaß
Bigha
indisches Teeanbaugebiet
Assam
Indoeuropäer
Slawe
Indogermane
Kelte
indogermanischer Stamm
Arier, Daker
indonesische Insel
Ambon, Banka, Buton, Ceram, Ceres, Sumba, Timor, Wetar
indonesische Stadt
Ambon, Medan
indonesischer Berg
Dempo, Kelut

indonesischer Volksstamm
Batak, Dajak, Moken
industrieller Ausdruck
Serie, Trust
Infektionskrankheit
Lepra, Mumps, Polio
Inferno
Chaos
Informationen
Daten
Informationsmittel
Radio
Inhaberpapier
Aktie
Inhalt
Masse, Thema
Inhaltsangabe
Index, Liste
Inhaltslosigkeit
Leere
Inhaltsverzeichnis
Index
innen
darin, intus
Innenorgan
Leber, Lunge, Magen, Niere
innerasiatisches Gebirge
Altai
innere Unruhe
Sorge
innerer Antrieb
Drang
innerer Schwung
Feuer
innerer Trieb
Drang
inneres Körperteil
Organ
inneres Organ des Menschen
Blase, Galle, Leber, Lunge, Magen, Niere
inneres Verlangen
Drang
innerhalb
innen
innig
intim
innige Zuneigung
Liebe
Innung
Gilde, Zunft
Insekt
Biene, Motte, Wanze, Wespe
Insekt mit Stachel
Biene
Insektenbauwerk
Stock
Insektenfresser
Vogel
Insektenlarve
Puppe, Raupe
Insektenprodukt
Honig
Insektenpuppe
Kokon
Insel
Atoll
Insel *bei* **Afrika**
Malta, Pemba
Insel *in der* **Ägäis**
Chios, Imroz, Samos
Insel *der* **Antillen**
Haiti
Insel *im* **Ärmelkanal**
Wight
Insel *bei* **Australien**
Timor
Insel *der* **Balearen**
Ibiza
Insel *vor* **Estland**
Dagoe, Oesel
Insel *im* **Golf von Neapel**
Capri
Insel *der* **Großen Antillen**
Haiti
Insel *der* **Hawaii-Gruppe**
Kauai, Lanai
Insel *im* **hohen Norden**
Thule
Insel *der* **Kanaren**
Ferro, Palma
Insel *der* **Kykladen**
Delos, Melos, Naxos
Insel *im* **Mittelmeer**
Capri, Chios, Delos, Ibiza, Korfu, Kreta, Leros, Malta, Milos, Naxos, Samos
Insel *vor* **Neapel**
Capri
Insel *bei* **New York**
Ellis
Insel *in der* **Nordsee**
Amrum, Fanoe, Foehr, Hooge, Juist, Manoe, Texel
Insel *in der* **Ostsee**
Alsen, Dagoe, Oesel, Ruden
Insel *im* **Pazifik**
Timor
Insel *der* **Philippinen**
Bohol, Leyte, Luzon, Panay, Samar
Insel *vor* **Pommern**
Ruden
Insel *vor* **Portsmouth**
Wight
Insel *vor* **Sizilien**
Malta
Insel *der* **Sporaden**
Leros
Insel *im* **Stillen Ozean**
Nauru
Inseleuropäer
Brite, Korse, Sarde
Inselgruppe *im* **Pazifik**
Samoa
Inselstaat
Haiti, Japan, Malta, Nauru, Samoa, Tonga
Inselstaat *der* **Antillen**
Haiti
Inselstaat *im* **Mittelmeer**
Malta
Inselstaat *in* **Ostasien**
Japan
Inselstaat *im* **Pazifik**
Tonga
insgesamt
alles, total
Instinkt
Trieb
Instrument *des* **Arztes**
Nadel, Sonde
Instrumentenart
Piano
Intellekt
Geist
Intention
Zweck
Interessengruppe
Lobby
Interessenvertreter
Agent
internationale Organisation
SEATO
internationale Verteidigungsgemeinschaft
SEATO
Intervall
Quart, Quint
intim
innig
Inulaheilpflanze
Alant
inwendig
innen, intus
ionische Insel
Korfu
irakische Münze
Dinar
iranische Exkaiserin
Farah
iranische Gitarre
Sitar
iranische Münze
Dinar
iranische Wüste
Kawir, Kewir
iranischer Herrschertitel
Schah
iranisches Saiteninstrument
Sitar
irisch-keltischer Bewohner Schottlands
Skote

irischer Schriftsteller
Joyce, Synge, Yeats
Ironie
Spott
Irreführung
Bluff
Irrsinn
Manie
Isaaks Mutter
Sarah
Isaaks Sohn
Jakob
islamische Geistlichkeit
Ulema
islamische Gottheit
Allah
islamischer Bettelmönch
Fakir
islamischer Gelehrtentitel
Mulla
islamischer Gelehrter
Ulema
islamischer Gesetzeskundiger
Mufti, Ulema
islamischer Gott
Allah
islamischer Herrschertitel
Kalif, Mufti, Wesir
islamischer Minister
Wesir
islamischer Rechtsgelehrter
Mufti, Ulema
islamischer Schutzgeist
Malik
islamischer Wallfahrtsort
Mekka
islamisches Frauenhaus
Harem
islamisches Heiliges Buch
Koran
islamisches Heiligtum
Kaaba
islamisches Lehrbuch
Sunna
islamisches Pilgerziel
Mekka
islamisches Religionsbuch
Koran
isländische Münze
Aurar, Eyrir
isländischer Ringkampf
Glima
isländischer Vulkan
Askia, Hekla
Isoliermaterial
Gummi, Pappe, Seide
isolierte Leitung
Kabel
israelische Hafenstadt
Eilat, Haifa, Jaffa
israelische Wüste
Negev
israelischer Badeort
Eilat, Elath
israelischer Berg
Tabor
israelischer König
David, Josia
israelischer Nobelpreisträger für Frieden
Begin
israelischer Nobelpreisträger für Literatur
Agnon
israelischer Politiker
Begin, Dajan, Dayan, Ebban
israelischer Stamm
Asser, Ruben
israelischer Stammvater
Jakob
israelisches Parteienbündnis
Likud
italienisch für Berg
monte
italienisch für Bier
birra
italienisch für bitte
prego
italienisch für Brücke
ponte
italienisch für Buch
libro
italienisch für Frau
Donna
italienisch für genug
basta
italienisch für heilig
santa
italienisch für Herrin
donna
italienisch für hundert
cento
italienisch für Insel
isola
italienisch für Kasse
cassa
italienisch für Lebewohl
addio
italienisch für Liebe
amore
italienisch für Mutter
madre
italienisch für sieben
sette
italienisch für Stadt
citta
italienisch für tausend
mille
italienisch für Tor
porta
italienisch für Vater
padre
italienisch für zehn
dieci
italienisch für Zeit
tempo
italienisch für Zug
treno
italienisch für zwanzig
venti
italienische Autorennstrecke
Monza
italienische Basilikumsauce
Pesto
italienische Brechtinterpretin
Milva
italienische Exkönigin
Elena
italienische Filmdiva
Loren
italienische Hafenstadt
Gaeta, Genua, Grado
italienische Insel
Capri, Ponza
italienische Inselbewohner
Sarde
italienische Landschaft
Aosta
italienische Münze
Scudo, Soldo
italienische Provinz
Lecce, Massa, Padua, Parma, Pavia, Siena, Terni, Turin, Udine
italienische Rennstrecke
Monza
italienische Schauspielerin
Loren
italienische Weinsorte
Eloro, Soave, Zucco
italienischer Adelstitel
Conte
italienischer Astronom
Ricco
italienischer Badeort
Grado, Lecco, Ostia
italienischer Berg
Aetna, Vesuv
italienischer Bildhauer
Manzu, Paggi, Puget
italienischer Dichter
Dante, Tasso
italienischer Entdecker
Cabot, Colón
italienischer Erfinder
Volta

italienischer Filmproduzent
Ponti
italienischer Filmregisseur
Leone
italienischer Frauenname
Bella, Doria, Elena
italienischer Geheimbund
Mafia
italienischer Geigenbauer
Amati, Santo
italienischer Geistlicher
Abate
italienischer Heiliger
Franz
italienischer Historiker
Croce
italienischer Humanist
Valla
italienischer Jahrmarkt
Fiera
italienischer Komponist
Abaco, Boito, Cesti, Lotti, Sarti, Verdi, Ziani
italienischer Kurort bei Genua
Nervi
italienischer Küstenstreifen
Adria
italienischer Maler
Carra, Credi, Dolei, Lippi, Palma, Sarto
italienischer Männername
Mario, Vitus
italienischer Mathematiker
Betti, Peano
italienischer Mediziner
Porro
italienischer Motorroller
Vespa
italienischer Name der Etsch
Adige
italienischer Name von Rijeka
Fiume
italienischer Nobelpreisträger für Chemie
Natta
italienischer Nobelpreisträger für Medizin
Bovet, Golgi
italienischer Nobelpreisträger für Physik
Fermi
italienischer Opernkomponist
Verdi
italienischer Ordensgründer
Franz
italienischer Ordenspriester
Padre
italienischer Philosoph
Bruno, Croce
italienischer Physiker
Fermi, Volta
italienischer Politiker
Amari, Balbo, Craxi, Leone, Nenni, Nitti, Pella, Rumor, Segni
italienischer Priestertitel
Padre
italienischer Sänger
Gigli, Lanza
italienischer Schriftsteller
Betti, Boito, Dante, Gozzi, Negri, Pocci, Pulci, Svevo, Tasso, Verga
italienischer Tenor
Gigli, Lanza
italienischer Vulkan
Aetna, Vesuv
italienischer Weltgeistlicher
Abate
italienisches Adriaseebad
Grado
italienisches Alpental
Aosta
italienisches Hefegebäck
Pizza

J

Jackenart
Joppe, Sakko, Weste
Jagd
Hetze, Tempo
Jagd mit Falken
Beize
jagdbarer Vogel
Fasan
jagdbares Tier
Dachs, Fuchs
Jagdergebnis
Beute
Jagdgöttin
Diana
Jagdhundrudel
Meute
Jagdmunition
Kugel
Jagdwaffe
Bogen, Keule, Lanze, Pfeil, Speer
Jagdwagen
Break
Jäger der griechischen Sage
Orion
Jägerlatein
Luege
jäh
steil
jähe Wut
Furor
jäher Fall
Sturz
Jahresteil
Monat, Woche
Jährling
Enter
Jahrmarkt
Messe
Jakobs Frau
Rahel
Jakobs Vater
Isaak
Jammer
Klage
jammervoller Zustand
Elend
Janhagel
Plebs
Janker
Jacke
japanische Automobilmarke
Honda
japanische Gedichtform
Haiku
japanische Insel
Hondo, Jesso, Osumi
japanische Kunst des Bogenschießens
Kyudo
japanische Kurzgedichtform
Tanka
japanische Prosadichtung
Nikki
japanische Stadt auf Honshu
Osaka
japanische Trommel
Kakko
japanischer Badeort
Oakan
japanischer Berg
Oakan
japanischer Herrschertitel
Tenno
japanischer Kaisertitel
Tenno
japanischer Nobelpreisträger für Chemie
Fukui
japanischer Politiker
Ikeda, Okuma

5

japanischer Reisgott
Inari
japanischer Wallfahrtsort
Kioto, Kyoto, Nikko, Tenri
japanischerr Kampfsport
Kendo
japanisches Flächenmaß
Tschi, Tsubu
japanisches Gewicht
Momme, Picul, Shaku, Tschi, Tsubo
japanisches Musikinstrument
Bieva
japanisches Schwertfechten
Kendo
Jargon
Idiom, Slang
javanische Färbemethode
Batik
Jazzbegriff
Bebop, Blues, Brass, Break, Combo, Drive, Growl, Shake, Sound, Stomp, Swing
Jazzensemble
Combo
Jazzinstrument
Banjo, Drums, Orgel, Piano
Jazzmusiker
Baker, Basie, Brown, Davis, Ellis, Young
Jazzstil
Bebop, Blues, Dixie, Swing
Jazzstil der 40er-Jahre
Bebop
jederzeit
immer, stets
jedoch
indes
jegliches
alles
jemand, *der* **etwas verzehrt**
Esser
jemand, *der* **Gott um Hilfe bittet**
Beter
jemandem Achtung erweisen
ehren
jemenitische Hauptstadt
Sanaa
Jenseits
Hades
jetzt
heute
Jetztzeit
Heute
Job
Beruf
Jodverbindung
Jodat, Jodid, Jodit
Jokus
Spass, Unfug
Joppe
Jacke
jordanische Hafenstadt
Akaba
jordanische Währungseinheit
Dinar
Journal
Blatt, Organ
Judenviertel
Getto
jüdische Sagengestalt
Golem
jüdische Schriftrolle
Thora
jüdischer Ehrentitel
Rabbi
jüdischer Feiertag
Purim
jüdischer Frühlingsmonat
Nisan
jüdischer Gelehrter
Rabbi
jüdischer Gesetzeslehrer
Rabbi
jüdischer heiliger Berg
Horeb, Sinai
jüdischer König
David, Hosea, Josia
jüdischer Passahmonat
Nisan
jüdischer Philosoph
Buber, Cohen
jüdischer Politiker
Begin, Dajan, Peres
jüdischer Priester
Aaron
jüdischer Religionsstifter
Moses
jüdisches Brot
Matze
jüdisches Freudenfest
Purim
jüdisches Gesetzbuch
Thora
jüdisches Losfest
Purim
Jugendgöttin
Iduna
Jugendliche
Teeny
jugendliche Liebhaberin
Naive
Jugendlicher
Junge, Knabe
Jugendliebe Goethes
Brion
jugoslawische Währungseinheit
Dinar
Juli
Heuet
Julias Geliebter
Romeo
Junge
Knabe
junge Leute um die 20
Twens
junge Wildsau
Bache
junger Hund
Welpe
junger Kerl
Spund
junger Pflanzenspross
Trieb
junger Stier
Farre
junger Wein
Neuer
Jünger Jesu
Judas, Lukas, Simon
junges Ergussgestein
Dazit
junges Haustier
Farre, Welpe
junges Pferd
Enter
junges Zuchttier
Fasel
Jüngling
Junge, Knabe
jüngster Lehrling
Stift
Jupitermond
Elara
Jura
Recht
Jurist
Notar
Juristenmantel
Talar
juristischer Begriff
Alibi, Frist, Indiz, Klage, Notar, Recht, U-Haft, Zeuge
just
genau
Juwel
Perle
Juwelengewicht
Karat
Jux
Jokus, Spass

K

Kabel
Draht
Kabeljau
Bolch
Kabine
Zelle

Kaffeeart
Mokka
Kaffeegefäß
Kanne
Kaffeezutat
Sahne
Kaffernstamm
Bantu, Fingu, Pondo, Swazi, Tonga
Käfig
Bauer, Koben
Kahn
Zelle
Kaiserresidenz im Mittelalter
Pfalz
Kaisertitel *in* **Äthiopien**
Negus
Kaisertitel *im* **Iran**
Schah
Kaisertitel *in* **Japan**
Tenno
Kalbsbrustdrüse
Bries
Kalbsmilch
Bries
Kaldaunengericht
Fleck
Kalendertag
Datum
Kalendertage im alten Rom
Nonen
Kalif von Bagdad
Harun, Mamun
Kalkgebirge
Karst
Kalkgebirge in Slowenien
Karst
Kalkgipfel der Berner Alpen
Eiger
kalkhaltiger Lehm
Loess
Kalkinsel bei Neapel
Capri
kalkreicher Ton
Tegel
kalt
kuehl
kaltblütig
ruhig
kalte Speise
Salat
Kälte
Frost
Kälte ohne Schnee
Frost
kaltes Gericht
Salat
Kaltgetränk
Bowle
Kaltspeise
Salat
Kaltstarthilfe
Choke
Kambodschaner
Khmer
Kamerad
Spezi
Kameradschaft
Treue
Kameralinsensystem
Optik
Kamin
Spalt
Kaminkehrer
Feger
Kamisol
Weste
Kammer
Laden, Lager, Stube
Kammerdiener
Lakai
Kampfabschnitt
Front
Kampfaxt
Barte
Kampfbahn
Arena
Kampfer aus Petersilienöl
Apiol
Kämpfer zur Ritterzeit
Recke
Kampfgerät
Waffe
Kampflinie
Front
Kampfplatz
Arena
Kampfspiel
Match
Kampfsportart
Boxen
Kampfzone
Front
kanadische Halbinsel
Gaspe
kanadische Insel
Banks, Brook, Coats, Devon, Sable, Wales
kanadische Provinz
Yukon
kanadischer Berg
Logan
kanadischer Elch
Moose
kanadischer Pianist
Gould
Kanal
Fleet
Kanalhafen
Dover
Kanalinsel
Wight
Kanalisationsanlage
Gully
Kanalschacht
Gully
Kanapee
Diwan, Liege
Kanarische Insel
Ferro, Palma
Kaninchenfell
Kanin
Kantine
Messe
Kantine der Studenten
Mensa
Kanton der Schweiz
Basel, Waadt
Kanton und Stadt der Schweiz
Basel
Kanzel
Stand, Stuhl
Kanzleiformat
Folio
Kap *in* **Afrika**
Verde
Kap *am* **Kanal**
Hague
Kap *in* **Nordwestspanien**
Bares
Kap *in* **Südamerika**
Hoorn
Kapelle
Combo
Kapergut
Prise
Kapital
Stock
Kapitalanteil
Aktie
Kaplan
Vikar
Kappe
Haube
Kapuziner
Orden
Kapverdische Insel
Brava, Praia
Karacho
Tempo
Karawane
Treck
Karawanentier
Kamel
karg
knapp
karitative Anstalt
Stift
karitativer Warenverkauf
Basar
Karnevalsrednerpult
Buett
Karnevalsruf
alaaf, helau

Karo
Farbe, Figur, Raute
karolingische Silber-münze
Denar
Karpatenteil
Tatra
karpfenartiger Fisch
Aitel, Aland, Barbe, Hasel, Laube
Karren
Wagen
Karte
Blatt
Karte im Tarockspiel
Pagat
Kartenausteiler
Geber
Kartenfarbe
Kreuz
Kartenglücksspiel
Poker
Kartenmischgriff
Volte
Kartenrest beim Geben
Talon
Kartenspiel
Pharo, Poker, Rommé, Whist
Kartenspiel zur Zukunfts-deutung
Tarot
Kartenspielausdruck
Atout, Blatt, Bluff, Farbe, Geber, Grand, Joker, Jolly, Junge, Kreuz, Pagat, Point, Runde, Stich, Talon, Treff, Unter, Valet, Volte
Kartenverteiler
Geber
karthagischer Seefahrer
Hanno
Karton
Pappe
Karzer
Zelle
Kasernenschrank
Spind
Käsesorte
Gouda, Quark
Käsewasser
Molke
Kasinochip
Jeton
Kassenzettel
Beleg
kastanienbraun
maron
Kaste
Stand
Kaste in Ostindien
Cudra
Kastell
Feste
Kasten
Kiste, Truhe
kastenloser Inder
Paria
Kastenmöbel
Truhe
kastrierter Bulle
Ochse
kastrierter Stier
Ochse
Katastrophenart
Chaos, Krieg
katholische Heilige
Lydia
katholische Ordensfrau
Nonne
katholischer Aufsichts-geistlicher
Dekan
katholischer Gottesdienst
Messe
katholischer Heiliger
Georg, Vitus
katholischer Hilfsgeist-licher
Vikar
katholischer Hilfspriester
Kurat
katholischer Ordens-priester
Pater
katholisches Priester-gewand
Stola
katholisches Sakrament
Busse, Taufe
Kattun
Zietz
Katzen- oder Hundefuß
Pfote
Katzenart
Birma, Khmer, Korat, Loewe, Luchs, Mungo, Tiger
katzenartiges Raubtier
Luchs
Katzenauge
Quarz
Katzenbär des Himalaja
Panda
Katzenfuß
Pfote
Katzenjammer
Kater
Kau- und Genussmittel
Betel
Kauf
Bezug
Käufer
Kunde
Kaufinteressent
Kunde
kaufmännische Liefe-rungsanweisung
Abruf
kaufmännischer Begriff
Abruf, Bonus, Damno, Debet, Firma, Haben, Kassa, Kasse, Konto, Kunde, Lager, Markt, Netto, Order, Preis, Saldo, Summe
kaufmännisches Unter-nehmen
Firma
Kaufsumme
Preis
Kaufwert von Waren
Preis
Kaukasier
Alane, Aware
kaukasischer Teppich
Kasak, Kelim, Sumak
kaukasischer Volksstamm
Lasen
Kaukasusfluss
Terek
Kaukasushirsch
Maral
kaum ausreichend
knapp
Kautabak
Priem
Kaution
Pfand
Kautschukart
Latex
Kautschukbaum
Ficus, Hevea
Kautschukmilch
Latex
Kavallerist
Husar
Kaviarfisch
Stoer
Kaviarlieferant
Stoer
keck
frech
Kegel
Konus
kegelförmiger Berggipfel
Kofel, Kogel
kegelförmiger Zapfen
Konus
Kegelschnittlinie
Kreis
Kegelstumpf
Konus
Kegelwurf
Schub
Kehlkopfdiphtherie
Krupp
Kehrbesen
Feger

Kehre
Kurve, Wende
kehren
fegen
Kehrgerät
Besen, Feger
Kehricht
Dreck, Muell, Staub, Unrat
Kehrseite
Verso
keilförmiger Stoffrest
Godet
Keim
Virus
Keimgut
Samen
Keimkorn
Spore
Keimzelle
Gamet, Samen
Keimzelle des Farnes
Spore
Kelch
Pokal
Kellerungeziefer
Assel
Kelte in Schottland
Gaele
Kenntnis
Kunde, Notiz
Kennwort
Motto
Kennzeichen
Kreuz, Marke, Punkt
Kerbe
Kimme, Rille, Rinne
Kerker
Bagno, Zelle
Kernland von Vietnam
Annam
kernlose Apfelsinenart
Navel
Kernobst
Apfel, Birne
Kernteilchen
Meson, Quark
Kerntruppe eines Heeres
Kader
Kerze
Licht
Kerzenfaden
Docht
Kerzenmaterial
Wachs
kess
fesch, flott, frech
Kesseltreiben
Hetze
Kette
Faden, Folge, Reihe, Serie
Kettenfahrzeug
Raupe
Kettengesang
Kanon
Kettenteil
Glied
keuchender Atem
Puste
Keule
Waffe
Keulenärmel
Gigot
Kfz-Signale geben
hupen
Kick
Stoss, Tritt
kiebig
frech
Kiefernart
Pinie, Zirbe
Kielraum des Schiffes
Bilge
Kieswüste
Serir
Kimme
Kerbe
Kind
Junge, Knabe
Kinder fressendes Nacht-weib
Lamia
Kinderbett
Wiege
Kinderei
Unfug
Kinderfrau
Bonne, Nurse
Kinderkrankheit
Krupp, Mumps, Polio
Kinderlähmung
Polio
Kinderspielzeug
Puppe, Teddy
Kindeskind
Enkel
Kindslage
Situs
Kirchengesetz
Kanon
Kircheninstrument
Orgel
Kirchenlehre
Dogma
Kirchenlied
Credo, Kyrie
Kirchenmusikinstrument
Orgel
Kirchensonntag
Okuli
Kirchenvorsteher
Dekan
kirchliche Handlung
Gebet, Messe, Ritus, Segen, Taufe, Weihe
kirchlicher Gesang
Kyrie
kirchliches Fest
Agape
Kirchweih
Kilbi
Kirgisenhütte
Jurte
Kismet
Fatum
Kissenhülle
Bezug
Kittchen
Knast
Kitzbüheler Alpenpass
Thurn
kläglich
elend
Klamauk
Spass
Klammer
Klipp
Klang
Musik
Klangfülle
Sound
klangvoll
sonor
Klangwirkung beim Jazz
Sound
Klasse
Kaste, Stand, Stufe
Klassenbezeichnung im Gymnasium
Prima, Sexta
Klaue
Pfote, Tatze
Klause
Zelle
Klavier
Piano
Klebeetikett
Label
Klecks
Fleck
Kleideraufhänger
Haken
Kleiderbesatz
Borte, Litze
Kleidergewebe
Stoff
Kleiderschädling
Motte
Kleiderschließe
Knopf
Kleiderschnitt
Façon
Kleiderstoff
Satin, Seide, Tweed
Kleiderteil
Bluse, Jacke, Kleid, Weste
Kleiderverschluss
Haken, Knopf

5

Kleidung
Habit, Kluft
kleidungslos
nackt
Kleidungsstück
Anzug, Bluse, Dress, Frack, Gilet, Haube, Jacke, Joppe, Jupon, Kappe, Kleid, Kutte, Pulli, Pulli, Pumps, Sakko, Schal, Schuh, Socke, Stola, Weste
klein
luett
kleinasiatische Stadt
Milet
kleinasiatischer Gebetsteppich
Melas
Kleinbär
Koati, Panda
kleine Abhandlung
Essay
kleine Abteilung
Trupp
kleine Beule
Delle
kleine Feier
Party
kleine Feuererscheinung
Funke
kleine Furche
Rille
kleine Gewichtseinheit
Gramm
kleine Glaubensgemeinschaft
Sekte
kleine Kneipe
Pinte
kleine Mahlzeit
Snack
kleine Märchenfigur
Zwerg
kleine Marderart
Iltis
kleine Menge
Dosis
kleine Mücke
Gelse
kleine Musikerbesetzung
Combo
kleine Schar
Trupp
kleine Straße
Gasse
kleine Strauchfrucht
Beere
kleine Sundainsel
Solor, Timor, Wetar
kleine Trommel
Bongo
kleine Vertiefung
Delle
kleine Walze
Rolle
kleine Zeitspanne
Weile
kleiner Ast
Zweig
kleiner Betrüger
Filou
kleiner Bohrer
Fritt
kleiner Erdgeist
Zwerg
kleiner Fahrzeugschaden
Panne
kleiner Handziehwagen
Karre
kleiner Imbiss
Snack
kleiner Junge
Pimpf
kleiner Kanal
Fleet
kleiner Kellerkrebs
Assel
kleiner Kerl
Pimpf, Wicht
kleiner Nagel
Stift
kleiner Prophet
Hosea
kleiner Raum
Zelle
kleiner Schnellimbiss
Snack
kleiner Teil der Materie
Quark
kleiner Teppich
Matte
kleiner Trupp
Schar
kleinere Grasfläche im Dorf
Anger
kleinere Stücke abbeißen
nagen
kleines Aufklärungsschiff
Aviso
kleines Beiboot
Dingi
kleines Fass
Tonne
kleines Felsstück
Stein
kleines Gartenhaus
Laube
kleines Gebäude im Freien
Laube
kleines Gefährt
Karre
kleines Jazzorchester
Combo
kleines Kraftrad
Moped
kleines Laster
Unart
kleines Nagetier
Ratte
kleines Quantum
Prise
kleines Raubtier
Iltis
kleines Spinnentier
Milbe
kleines Sportsegelboot
Dingi
kleines Verkaufshaus
Kiosk
kleines vorlautes Mädchen
Goere
kleines Wasserfahrzeug
Dingi
kleines Wesen
Zwerg
Kleinholz
Bruch
Kleinigkeit
Hauch
Kleinkraftrad
Moped
kleinlaut
scheu
Kleinod
Bijou, Juwel
Kleinschmetterling
Motte
kleinste bedeutungstragende Spracheinheit
Monem
kleinste Energiemenge
Quant
kleinste Menge
Hauch
kleinste Lebewesen
Viren
kleinster Teil der Materie
Quark
kleinster Wert einer physikalischen Größe
Quant
Kleinvieh
Schaf, Ziege
Kletterausrüstung
Haken, Stock
Klettereidechse
Gecko
Kletterpflanze
Liane
Klettertrieb
Ranke
Klient
Kunde
Klinke
Griff

Klops
Kloss
Klosett
Abort
Kloß
Klops
Kloster
Abtei, Stift
Kloster *in* **Bayern**
Ettal
Kloster *am* **Bodensee**
Hegne
Kloster *in* **Frankreich**
Cluny
Kloster *bei* **Garmisch**
Ettal
Kloster *in* **Griechenland**
Athos
Kloster *in* **Portugal**
Belem
Klosterbruder
Pater
Klosterdorf in Oberbayern
Ettal
Klosterfrau
Nonne
Klostergemeinschaft
Orden
klösterliches Stift
Abtei
Klosteroberer
Prior
Klosterteil
Zelle
Klostervorsteher
Prior
Klotz
Block, Trumm
klug
weise
Klumpen
Masse
knabbern
nagen
Knabe
Junge
Knall
Krach, Stoss
knappe literarische Abhandlung
Essay
Knauf
Griff
Kneifwerkzeug
Zange
Kneipe
Beize, Lokal, Pinte
Knetmasse
Knete
Knick
Falte, Hecke, Kante, Kniff
Kniegeige
Cello, Gambe
knielanger Anorak
Parka
Kniff
Falte, Trick
Kniff im Stoff
Falte
knöchelhohe Schuhe
Boots
Knochen betreffend
ossal
Knochen des Brustkorbs
Rippe
Knochenfischart
Hecht, Lachs, Stint
Knochenverletzung
Bruch
knochig
hager, mager
Knödel
Klops, Kloss
Knollengemüse
Ruebe
knopfartiger Griff
Knauf
knorke
super
Knorpelfisch
Stoer
Knotenschnur der Inka
Quipu
knotige Hauterhebung
Warze
Knüppel
Stock
knusprig
kross
Koalition
Union
Koben
Stall
Kobold
Dogge, Geist, Troll, Wicht, Zwerg
Kochvorgang
Garen
Köder
Luder, Pilke
Kohl
Kraut
Kohlenabbaufront
Streb
Kohlenberg
Halde
Kohlenbergwerk
Grube, Zeche
Kohlenschicht
Floez
Kohlenwasserstoff
Oktan
Kohlenwasserstoffgas
Butan
kokettes Spiel
Flirt
Kokosnussprodukt
Kopra
Koksarbeiter
Koker
Kölner Karnevalsruf
alaaf
Kölner Stadtteil
Deutz
Kolonisten in Südafrika
Buren
Kolonne
Reihe
Koloss
Huene, Riese
kolossal
enorm
kolumbianischer Autor
Nuñez
kolumbianischer Berg
Huila
kolumbianischer Politiker
Nuñez
Komfortwohnhaus
Villa
komische Figur in der Oper
Buffo
komisches Bühnenwerk
Posse
Komödie
Farce, Posse
kompakt
dicht
Kompassstift
Pinne
komplettes Essen
Menue
Komponist von La Traviata
Verdi
Komponist von Othello
Verdi
Konditoreierzeugnis
Torte
Konfekt
Drops
Konflikt
Zwist
konform
einig
Kongregation
Orden
König *von* **Akkad**
Argon
König *im* **alten Israel**
David
König *von* **Bulgarien**
Boris
König *der* **englischen Sage**
Artus
König *der* **griechischen Sage**
Kreon, Midas, Minos, Thoas

König *der* **Hunnen**
Etzel
König *über* **Israel und Juda**
David
König *von* **Juda**
Abium, Achaz, Joram, Josia, Ozias
König *der* **keltischen Sage**
Artus
König *von* **Kreta**
Minos
König *von* **Libyen**
Idris
König *von* **Lydien**
Gyges
König *von* **Neapel**
Murat
König *im* **Nibelungenlied**
Etzel
König *eines* **persischen Epos**
Mobed
König *von* **Phrygien**
Midas
König *von* **Theben**
Kreon
Königin *von* **Norwegen**
Sonja
Königin *von* **Preußen**
Luise
Königin *von* **Theben**
Niobe
Königssohn
Prinz
konisch zulaufendes Rohrstück
Duese
Können
Kunst
Konsekration in der katholischen Kirche
Weihe
Konsequenz
Folge
konservierte Leiche
Mumie
konserviertes Ei
Solei
Kontenabschluss
Saldo
Kontinent
Asien
Kontor
Buero
Kontoseite
Debet, Haben
Kontoseitendifferenz
Saldo
Kontrollturm auf Flughäfen
Tower
Konus
Kegel
Konvent
Stift
Konzern
Trust
Konzerthaus
Odeon
Kopf
Haupt
Kopfbedeckung
Haube, Kappe
Kopfbedeckung *der* **Bischöfe**
Inful, Mitra
Kopffüßer
Krake, Polyp, Sepia
Kopfjäger auf Borneo
Dajak
Kopfkohl
Kabis
Kopfschmerzen
Kater
Kopfschmuck
Feder, Haube, Krone, Locke
Kopfteil
Backe, Braue, Lippe, Stirn, Wange
Kopfteil bei Tieren
Aeser, Lefze, Licht
Kopftracht der Schwestern
Haube
Kopie
Abzug, Repro
Koppel
Weide, Wiese
Koralleninsel
Atoll
Koranteil
Sunna
Korb
Kiepe, Zaine
Korb *für* **Esswaren**
Kober
Korb *zum* **Fischfang**
Reuse
Korbblütler
Aster, Inula
Kordilleren in Südamerika
Anden
Kordon
Kette
Kornblume
Zyane
Körnerfrucht
Durra, Emmer, Hafer, Hirse
Körper
Sache
Körperabsonderung
Galle
Körperanschwellung
Beule
Körperart (Geometrie)
Kegel
Körperbau
Wuchs
Körperbedeckung
Haare
Körpereiweiß
Enzym
Körpererfrischung
Sauna
Körperertüchtigung
Spiel, Sport
Körperfunktionsteil
Organ
Körpergestalt
Figur
Körperhaltung in tiefer Kniebeuge
Hocke
körperlich beeinträchtigt
krank
Körpermitte
Nabel
Körperorgan
Blase, Galle, Leber, Lunge, Magen, Niere
Körperpartie
Bauch, Brust, Lende
Körperreinigung
Sauna
Körperteil
Bauch, Brust, Ferse, Haupt, Kreuz, Lende, Magen, Organ, Rumpf, Sehne, Stirn, Wange
Körperwuchs
Figur
korrekt
genau
Korrekturabzug
Fahne
Korridor
Diele
Korsar
Pirat
Korso
Umzug
Kosakenpeitsche
Knute
Koseform, Kosename, Kosewort *für* **Anastasia**
Stasi
Koseform, Kosename, Kosewort *für* **Karl Heinz**
Kalle
Koseform, Kosename, Kosewort *für* **Ronald**
Ronny
Kosename *der* **Eva Peron**
Evita
Kosename *der* **Kaiserin von Österreich**
Sissi

Kosename *der* Katze
Mieze
Kosename *des* Vaters
Daddy
kosmetische Hautpaste
Creme
kosmetischer Artikel
Creme, Gloss, Henna, Puder, Rouge, Spray
Kost
Essen
kostbares Gewebe
Seide
Kostbarkeit
Juwel
Kosten für eine Ware
Preis
Kostenpunkt
Preis
köstlich
prima
kostspielig
teuer
kostspielige Lebensführung
Luxus
Krabbe
Krebs
Krach
Knall, Laerm, Radau, Zwist
Kraft
Macht, Wucht
Kraftarm
Hebel
Kräfteeinsatz vor dem Ziel
Spurt
Kraftfahrzeug
Coupé, Kombi, Moped, Truck
Kraftfahrzeugtyp
Kombi
kräftig
stark
Kraftmaschine
Motor
Kraftspiel auf Jahrmärkten
Lukas
Kraftstoff
Super
kraftvoll
stark
Krake
Polyp
Kralle
Klaue
Krampe
Haken
krampfartige Schmerzanfälle
Kolik
krank
malad, siech
Krankenbahre
Trage
Krankenkost
Diaet
Krankenliege
Bahre, Trage
Krankentrage
Bahre
Krankentransportliege
Trage
Krankheit
Uebel
Krankheitserreger
Kokke, Virus
krauses Gewebe
Krepp
Krawall
Krach, Laerm, Radau
krebsartiges Kellertier
Assel
Krebstier
Assel, Krebs
Kreditgrenze bei Handelsverträgen
Swing
Kreditseite (Buchführung)
Haben
Kreis
Kranz, Kurve, Runde
Kreis von Menschen
Runde
Kreisel
Rotor
kreisrundes Gemälde
Tondo
Krem
Creme, Salbe
Kretin
Idiot
kretischer Sagenkönig
Minos
Kreuz beim Kartenspiel
Treff
Kreuzträger Jesu
Simon
Kriechtier
Echse, Gecko, Kobra, Mamba, Otter, Urutu, Viper, Waran
Krieger
Degen, Recke
Kriegsflugzeug
Stuka
Kriegsgebiet
Front
Kriegsschar
Horde
Kriegsschiff
Aviso, Kogge, U-Boot
Kriminalpolizei
Kripo
Kristallgestein
Druse
kristalliner Schiefer
Gneis
kroatische Hauptstadt
Agram
kroatische Insel
Ciovo, Silba
kroatischer Hafen
Fiume
kroatischer Physiker
Tesla
Krone des Papstes
Tiara
Krücke
Stock
krumme Linie
Kurve
Krümmung
Bogen, Kurve
Kruste
Borke, Rinde
kubanischer Dichter
Casal
kubanischer Modetanz
Rumba
kubanischer Mulatte
Pardo
Kübel
Balge, Eimer
Küchenabfall
Muell
Kücheneinrichtung
Abzug, Grill
Küchengegenstand
Blech, Eimer, Grill, Kanne, Kelle, Mixer, Quirl, Reibe, Tasse
Küchengewürz
Chili, Curry, Essig, Nelke
kugelartiger Griff
Knauf
Kugelbakterie
Kokke
Kügelchen
Pille
kühl
steif
Kuhle
Grube, Mulde
Kuhmilchgetränk
Kefir
kühn
mutig
Kuhorgan
Euter
Kukumber
Gurke
Kult
Ritus
Kultbild der Ostkirche
Ikone

5

Kulthandlung
Gebet, Opfer
kultische Bräuche
Riten
kultischer Brauch
Ritus
Kultur
Anbau, Zucht
Kulturepoche
Gotik
Kulturerscheinung
Kunst
Kulturpflanze der Tropen
Kakao, Olive, Tabak
Kummer
Sorge
Kunde
Lehre, Maere
Künder
Seher
kundiger Schiffsführer
Lotse
Kundschafter
Agent, Spion
künftig
in spe
Kunstausstellung
Salon
Kunstfaser
Acryl, Dolan, Lycra, Nylon, Orlon, Rayon, Redon, Reyon
Kunstflugfigur
Rolle
Kunstgattung
Lyrik, Musik, Prosa
Kunstgriff
Finte, Kniff, Trick
Kunstgriff beim Kartenmischen
Volte
Kunstharz
Resol
Künstler
Autor, Clown, Maler
künstlerisches Thema
Sujet
künstliche Wasserstraße
Kanal
künstlicher Damm
Buhne, Deich
künstlicher Lichtspender
Kerze, Lampe
künstlicher Wasserlauf
Kanal
künstlicher Zahnersatz
Krone
künstliches Wangenrot
Rouge
Kunstrichtung
Gotik
Kunstsprung
Salto
Kunststoff
Acryl, Akryl, Plast
Kunstwerk
Drama, Figur, Posse
kürbisähnliche Frucht
Gurke
Kürbisflasche
Gurde
Kurort *in* **Bayern**
Prien
Kurort *im* **Engadin**
Davos
Kurort *im* **Ermstal**
Urach
Kurort *an der* **Etsch**
Meran
Kurort *in* **Florida**
Miami
Kurort *in* **Frankreich**
Vichy
Kurort *in* **Graubünden**
Arosa
Kurort *im* **Harz**
Elend, Grund, Thale
Kurort *an der* **Isar**
Toelz
Kurort *im* **Kanton Sankt Gallen**
Ragaz
Kurort *an der* **Riviera**
Nervi, Nizza
Kurort *im* **Salzkammergut**
Ischl
Kurort *in* **Sankt Gallen**
Ragaz
Kurort *in* **Schleswig-Holstein**
Ploen
Kurort *in der* **Schweiz**
Amden, Arosa, Davos, Flims, Ragaz, Scuol
Kurort *in* **Südtirol**
Bozen, Meran, Tione
Kurort *am* **Taunus**
Soden
Kurort *am* **Tegernsee**
Egern
Kurs
Loipe, Piste, Preis, Route, Stand
Kursunterschied
Ekart
Kurve
Bogen, Kehre, Kreis, Linie
Kurvenabschnitt
Bogen
kurzärmeliges Baumwollhemd
Shirt
kurze Aufzeichnung
Notiz
Kürzel
Sigel
kurzer Abstand
Naehe
kurzer Bühnenauftritt
Szene
kurzer Herrenstrumpf
Socke
kurzer Imbiss
Snack
kurzer Mantel
Caban
kurzer Sinnspruch
Gnome
kurzer Strumpf
Socke
kurzer Vermerk
Notiz
kürzere Abhandlung
Essay
Kurzform für Charlotte
Lotte
Kurzform für Fernschreiben
Telex
Kurzform für Franziska
Fanni
Kurzform für Geschwindigkeitsmesser
Tacho
Kurzform für Judith
Jutta
Kurzform für Kapitänleutnant
Kaleu
Kurzform für Katharine
Trine
Kurzform für Kriminalfilm
Krimi
Kurzform für Kriminalpolizei
Kripo
Kurzform für Kriminalroman
Krimi
Kurzform für Kurzschrift
Steno
Kurzform für Pariser U-Bahn
Metro
Kurzform für Pullover
Pulli
Kurzform für Rundfunkgerät
Radio
Kurzform für Schnellbahn
S-Bahn
Kurzform für Spielmarke
Jeton
Kurzform für Spiritus
Sprit
Kurzform für Transformator
Trafo

Kurzform für Turbinenantrieb
Turbo
Kurzform für Untergrundbahn
U-Bahn
Kurzform für *ein* **Verkehrsmittel**
S-Bahn, U-Bahn
Kurzform für Wilhelm
Willi
Kurzgeschichte
Story
Kurzhalsgiraffe
Okapi
kurzlockig
kraus
Kurzschrift
Steno
Kürzung
Abzug
Kurzware
Borte, Faden, Haken, Knopf, Litze, Nadel, Seide, Wolle, Zwirn
Kurzweil
Spass
Kurzwort für bekannte Person
Promi
Kurzwort für Brigitte
Gitta, Gitte, Gitti
Kurzwort für Fernschreiben
Telex
Kurzwort für Forschungsraum
Labor
Kurzwort für fotografische Nachbildung
Repro
Kurzwort für Frachtstücke
Kolli
Kurzwort für Helligkeit
Helle
Kurzwort für Jazzart aus New Orleans
Dixie
Kurzwort für Küstenmotorschiff
Kuemo
Kurzwort für Margarete
Gretel
Kurzwort für spannendes Buch
Krimi
Kurzwort für Stenografie
Steno
Kurzwort für Stromspeicher (Mehrzahl)
Akkus
Kurzwort für Umspanner
Trafo

Kuss
Bussi
Küstenform
Bucht, Busen, Delta, Fjord, Kliff, Liman
Küstengebiet
Geest
Küstenhochland
Geest
Küstenstreifen am Mittelmeer
Adria
Küstenvogel
Moewe
Kutsche
Break, Coach, Coupé, Wagen
Kykladeninsel
Delos, Milos, Naxos, Syros, Thira, Tinos

L

Labans Tochter
Rahel
labberig
schal
labende Erfrischung
Trank
Laborgerät
Abzug
Labsal
Trank, Trost, Trunk
lächerlich
banal
lächerlicher Vorgang
Farce, Posse
lachsartiger Fisch
Renke, Stint
Lachsfisch
Stint
Lackaffe
Dandy
Lacküberzug
Lasur
Lade
Truhe
Ladebühne
Rampe
Ladeflächendecke
Plane
Ladentisch
Theke
Ladung
Fuhre, Kargo
Laffe
Dandy, Protz
Lage
Platz, Runde
Lage Bier
Runde

Lage *des* **Fetus**
Situs
Lage *von* **Organen**
Situs
Lagebezeichnung
innen, links, unten
Lager
Couch, Depot, Liege
Lager für Feldfrüchte
Miete
Lager für Kohlen
Halde
Lagerraum
Halle
Lagune
Bucht, Liman
lakonisch
knapp
Lamento
Klage
Lampenart
Ampel
Lampenfieber
Angst
Lampion
Ampel
Land
Acker, Boden, Grund, Staat
Land *im* **Himalaja**
Tibet
Land *des* **Sonnenaufgangs**
Japan
Land *im* **Wasser**
Insel
Landbesitz
Ranch
Landebahn für Flugzeuge
Piste
Landeplatz *für* **Flugzeuge**
Horst, Piste
Landeplatz *für* **Schiffe**
Hafen, Reede
Landesteil
Kreis
Landesteil *von* **Österreich**
Tirol
Landgut
Ranch
Landhaus
Baude
Landkartenwerk
Atlas
ländlich
rural
ländliche Feier
Kerwe
Landmacht eines Staates
Armee
Landmann
Bauer
Landschaft
Heide

5

Landschaft *in* **Afghanistan**
Balch
Landschaft *in* **Ägypten**
Gosen
Landschaft *in* **Baden**
Hegau
Landschaft *in* **Belgien**
Fagne
Landschaft *zwischen* **Donau und Theiß**
Banat
Landschaft *in* **Kleinasien**
Troas
Landschaft *am* **Mittelrhein**
Pfalz
Landschaft *zwischen* **Mosel und Rhein**
Eifel
Landschaft *in* **Pakistan**
Bugti
Landschaft *in* **Portugal**
Beira
Landschaft *in* **Rumänien**
Banat
Landschaft *in* **Sibirien**
Taiga
Landschaft *bei* **Wien**
Lobau
landschaftlich für Amsel
Merle
landschaftlich für dicker Brei
Pampe
landschaftlich für Singdrossel
Zippe
landschaftlich für Widder
Staer
Landschaftsform
Bruch, Ebene, Geest, Heide, Karst, Pampa, Taiga
Landsknechtseinheit
Haufe
Landstreicher
Tramp
Landstreitkräfte
Armee
Landwirt
Bauer
landwirtschaftliche Nutzfläche
Acker, Weide
landwirtschaftliche Tätigkeit
eggen, saeen
landwirtschaftlicher Betrieb
Ranch
landwirtschaftlicher Ertrag
Ernte
landwirtschaftliches Gebäude
Stall, Tenne
landwirtschaftliches Gerät
Forke, Gabel, Hacke, Harke, Pflug, Sense
landwirtschaftliches Produkt
Milch
lange Festkleider
Roben
lange Vertiefung
Rinne
lange Zeiträume
Jahre
Länge
Dauer
Längenmaß
Faden, Kabel, Meile, Meter
längere Fahrt
Reise
längere Wegfahrt
Reise
längerer Riss
Ritze
langes Gebäudeteil
Trakt
langhalsige Gitarre
Banjo
Langlaufbahn im Skisport
Loipe
längliche Verdickung
Wulst
längliche Vertiefung
Rille, Rinne
langsam in der Musik
largo, lento, tardo
langsame Gangart
Trott
langsamer amerikanischer Tanz
Blues
langsamer Gesellschaftstanz
Blues
langsamer Tanz
Blues
langsames Musikstück
Largo
Langschwanzpapagei
Arara
Längsfaden eines Gewebes
Kette
Längsrinne
Riefe
Languste
Krebs
Lanze
Speer
lapidar
knapp
Larifari
Unfug
Lärm
Krach, Radau, Rumor, Trara
Lärm um nichts
Trara
Larve
Maske, Mumme, Puppe, Raupe
Larve des Schmetterlings
Raupe
lasch
leger
Lasche
Zunge
Läsion
Wunde
lässig
lasch, leger
lässige Sprache
Idiom, Slang
lässiger Gang
Trott
Last
Muehe, Plage
Last- und Reittier in der Wüste
Kamel
Laster
Manie, Sucht, Truck
Lästerung
Fluch
lästiges Insekt
Wanze, Wespe
lästiges Kind
Blage
lästiges Tier
Biest
Lastkraftwagen
Truck
Lasttier
Kamel, Pferd
lateinamerikanischer Indianer
Indio
lateinamerikanischer Tanz
Mambo, Raspa, Rumba, Samba
lateinisch für anders
alias
lateinisch für Anhang
annex
lateinisch für Anstand
mores
lateinisch für Art
modus
lateinisch für auch
alias
lateinisch für Baum
arbor
lateinisch für Bezirk
regio

lateinisch für Brot
panis
lateinisch für Buch
liber
lateinisch für dagegen
contra
lateinisch für das Gute
bonum
lateinisch für das heißt, das ist
id est
lateinisch für Dichter
poeta
lateinisch für Ehre
honor
lateinisch für Ende
finis
lateinisch für Erde
terra
lateinisch für Fall
casus
lateinisch für Freundin
amica
lateinisch für Gattung
genus
lateinisch für Gebiet
regio
lateinisch für Gegend
regio
lateinisch für Geschlecht
sexus
lateinisch für Glaube
fides
lateinisch für glücklich
felix
lateinisch für Gold
aurum
lateinisch für Grund
causa
lateinisch für Hand
manus
lateinisch für Haus
domus, villa
lateinisch für Hund
canis
lateinisch für ich glaube
credo
lateinisch für innen
intus
lateinisch für Irrtum
error
lateinisch für Licht
lumen
lateinisch für Mutter
mater
lateinisch für Name
nomen
lateinisch für neun
novem
lateinisch für nichts
nihil
lateinisch für Pöbel
plebs
lateinisch für rückwärts
retro
lateinisch für Schicksal
fatum
lateinisch für sei gegrüßt
salve
lateinisch für Sitten
mores
lateinisch für sonst
alias
lateinisch für Stein
lapis
lateinisch für Stelle
locus
lateinisch für Tochter
filia
lateinisch für Tor
porta
lateinisch für Vater
pater
lateinisch für Vernunft
ratio
lateinisch für Wolf
lupus
lateinisch für Zauberer
magus
lateinisch für zehn
decem
lateinisch für zur Sache
ad rem
lateinisch für zwischen
inter
lateinische Bibelübersetzung
Itala
lateinische Vorsilbe (jenseits)
trans
lateinische Vorsilbe (rückwärts)
retro
lateinische Vorsilbe (viel)
multi
lateinischer Dichter
Horaz
lateinisches Grußwort
salve
Laterne
Lampe
Latonas Sohn
Apoll
Latonas Tochter
Diana
Latrine
Abort, Lokus
Latsche
Schuh
Latte
Brett, Laban
Lattengestell
Horde
Laubbaum
Ahorn, Birke, Birne, Buche, Eiche, Esche, Linde, Weide
Laubgewinde
Kranz
Lauchpflanze
Bolle
Läufer
Figur, Stein
Lauffläche des Fußes
Sohle
Lauffläche des Schuhwerks
Sohle
Laufinneres bei Feuerwaffen
Seele
Laufleine für Pferde
Longe
Laufvogel
Nandu
Laune
Mucke
launisch
labil
Lausbub
Range
Lauscher
Ohren
Läuseei
Nisse
Lausei
Nisse
Laut
Klang
Laut *durch* **Senkung des Gaumensegels**
Nasal
laute Äußerung
Zuruf
laute Heiterkeit
Jubel
laute Tonstärke in der Musik
forte
laute Trauer
Klage
laute Warnung
Alarm
lauter Anruf
hallo
lautes Brausen
Tosen
lautes Geräusch
Knall
lautlos
leise, ruhig, still
lax
leger
Leas Gatte
Jakob
lebender Zaun
Hecke

5

lebendig
queck, quick, vital
Lebensabend
Alter
Lebensabschnitt
Alter
Lebensbaum
Thuja
Lebensdauer
Alter
Lebensgefährte
Gatte
Lebensverband großer Tiere
Herde
Lebensverband wilder Tiere
Herde, Rudel
Leberabsonderung
Galle
Lebersekret
Galle
Lebewesen
Wesen
Lebewohl
Adieu
lebhaft
aktiv, alert, vital
lebhaftes Kind
Range
lebhaftes Musikstück
Rondo
leblos
starr
Lederart
Glacé, Kroko, Nappa, Nubuk
Ledergeschirr
Siele
Lederhaut
Kutis
Ledermesser
Kneif
Lederpeitsche
Knute
Lederriemenpeitsche
Knute
lediglich
bloss
leerer Zwischenraum
Spalt
Leergut
Kiste
Leergutgebühr
Pfand
Leerseite
Vakat
Leerstelle
Blank
Leerverkäufe (Börse)
Fixen
Legehuhn
Henne
legendäres Springpferd von Winkler
Halla
Leghuhn
Henne
legitim
legal
Lehmart
Loess
lehnsfreies Land
Allod
Lehrbuch
Fibel
Lehre *vom* **Licht**
Optik
Lehre Mohammeds
Islam
Lehre *vom* **richtigen Denken**
Logik
Lehre *vom* **Sittlichen**
Ethik
Lehrfach in der Schülersprache
Mathe
lehrhafte Erzählung
Fabel
lehrhafter Sinnspruch
Gnome
Lehrling
Azubi, Stift
Lehrmeinung
Dogma, These
lehrreiches Tiermärchen
Fabel
Leib
Bauch, Wanst
Leibeserziehung
Spiel, Sport
Leibesfrucht
Fetus
Leibschmerzen
Kolik
Leibwache
Garde
Leibwache der Fürsten
Garde
Leichnam
Toter
leicht beeinflussbar
labil
leicht feucht
klamm
leicht nachgebend
weich
leicht schwachsinnig
debil
Leichtathlet
Geher
leichtathletische Übung
Gehen, Stoss
leichtathletisches Gerät
Kugel, Speer
leichte Beule
Delle
leichte Holzart
Balsa
leichte Vertiefung
Delle
leichter Einspänner
Buggy
leichter Luftzug
Brise, Hauch
leichter Schlag
Klaps
leichter Stoß
Knuff, Stups
leichter Wind
Brise, Hauch
leichtes Mädchen
Dirne, Nutte
leichtes Nutzholz
Balsa
leichtlebig
flott
Leichtöl
Sprit
Leid
Uebel
leidend
krank
Leidenschaft
Liebe, Trieb
Leinengewebe
Drell, Linon
Leintuch
Laken
Leinwand
Blahe, Plane
Leipziger Buchhändler
Reich
Leipziger Ereignis
Messe
leise
still
leises Wehen
Hauch
Leiste an Wertpapieren
Juxta
leistungsfähig
vital
Leitbild
Ideal
Leitbündel höherer Pflanzen
Xylem
Leiter *der* **Egerländer Musikanten**
Mosch
Leiter *einer* **Hochschulfakultät**
Dekan
Leiter *eines* **Klosters**
Prior
Leitfaden
Kanon

Leitgedanke
Motto, Thema, These
Leitsatz
Regel, These
Leitseil für Pferde
Longe
Leitspruch
Motto
Leitung
Draht, Kabel
Leitungsdraht
Litze
Lektion
Lehre
Lemuride
Geist, Indri, Katta, Potto
Lendenbraten
Filet
Lendentuch der Inder
Dhoti
Lenker
Pilot
Lenkhilfe beim Kfz
Servo
Lenz
Maerz
Lenzing
Maerz
Lernzeit
Lehre
Lese (Wein)
Ernte
Lesebuch
Fibel
lethargisch
muede
Letos Sohn
Apoll
Lette
Balte
Letterngießform
Mater
lettische Hafenstadt
Libau
lettischer Volksstamm
Kuren
lettisches Volkslied
Daina
letzter Buchstabe des griechischen Alphabets
Omega
letzter König Ägyptens
Faruk
letzter König in Libyen
Idris
letzter Rest im Glase
Neige
Leu
Loewe
Leuchte
Ampel, Lampe
Leuchtkörper
Lampe
Leuchtzeichen
Fanal
liberianischer Volksstamm
Gissi
libysche Bucht
Syrte
libysche Geröllwüste
Serir
libysche Oase
Djalo, Kufra, Ubari
libyscher König
Idris
Licht
Feuer, Kerze
Licht am Nachthimmel
Stern
Lichtbild
Photo
Lichtblick
Trost
Lichtbrecher
Linse
Lichtbündler
Laser
Lichterscheinung bei elektrischer Entladung
Blitz, Bogen, Funke
Lichtfülle
Helle
Lichtgott
Apoll
Lichtlehre
Optik
Lichtspiegelung
Glanz
Lichtstrommaßeinheit
Lumen
Lichtverstärker
Laser
lieb
artig, teuer, traut
Liebe
Sexus
Liebe im Mittelalter
Minne
Liebelei
Flirt
Liebesbeweis
Brief, Bussi
Liebesdienerin
Dirne, Metze, Nutte
Liebesgottfigur
Erote
Liebesgöttin
Venus
Liebesmahl der Urchristen
Agape
Liebestrieb
Sexus
Liebhaber
Buhle, Galan
Liebhaberei
Hobby
lieblich
suess
Liebreiz
Anmut
Lied
Weise
Liedform
Blues, Hymne, Kanon
liedhafte Gefühlsdichtung
Lyrik
Lieferanweisung
Abruf
Liegesofa
Diwan
Liegestatt
Couch, Diwan
Liliengewächs
Agave, Binse, Lilie, Tulpe, Yucca
Liliputaner
Zwerg
Limnograph
Pegel
lind
sanft
Linie
Bogen, Kurve
Linienschiff
Liner
linke Kontoseite
Debet
linkisch
steif
linksrheinisches Bergland
Eifel
Linsensystem
Optik
Lippe bei Tieren
Lefze
Lippenblütlerart
Ajuga, Minze, Ziest
Lippenschminke
Rouge
Lissabonner Kloster
Belem
List
Finte, Kniff, Trick
Liste *der* **Heiligen**
Kanon
Liste mustergültiger Autoren
Kanon
Liste verbotener Bücher
Index
Litauer
Balte
literarische Abhandlung
Essay

5

literarisches Werk
Drama, Essay, Roman
Liturgie
Ritus
liturgischer Gegenstand
Altar, Kelch, Kreuz
Litze
Borte
livrierter Diener
Lakai
Lizenz
Recht
Lob
Eloge, Hymne, Preis
Lobeserhebung
Eloge
Lobgedicht auf Mohammed
Burda
Lobrede
Eloge
Loch
Grube, Ritze
Loch im Eis
Wuhne
lockeres Fasermaterial
Watte
Lockmittel
Luder
Lockspitzel
Agent, Spion
logarithmisches Maß
Pegel
Logierbetrieb
Hotel, Motel
logisches Denkvermögen
Ratio
Lohn
Heuer
Lohnsatz
Tarif
Löhnung der Schiffsmannschaft
Heuer
Lokal
Beize, Pinte
Londoner Bauwerk
Tower
Londoner Stadtteil
Brent
Londoner Theater
Globe
Looping
Rolle, Salto
Los
Fatum
Los ohne Gewinn
Niete
Löser von Denkaufgaben
Rater
Losung
Motto
Lösung *zum* Käsesalzen
Beize
Lösungsmittel
Xylol
Lotse
Pilot
Lotterie
Lotto
Lotteriebegriff
Niete
Lotteriefehllos
Niete
Lounge
Foyer
Löwe in der Dichtung
Nobel
Lücke
Ritze, Spalt
Luft holen
atmen
Luftbewegung
Brise, Hauch, Orkan, Sturm
Lüftchen
Brise, Hauch
Lufteinschluss im Glas
Blase
luftelektrische Entladung
Blitz
Luftgeist
Ariel
Lufthohlraum im Wasser
Blase
Luftklappe
Choke
Luftrolle
Salto
Luftschiff Amundsens
Norge
Luftschloss
Traum
Luftsprung
Salto
Lufttrübung
Dunst, Nebel
Lüge
Bluff
Lulatsch
Riese
Lupe
Linse
Lurchtier
Molch
Lust
Laune, Spass, Trieb, Wonne
lustig
fidel
lustige Figur
Clown
lustige Unfug
Spass
lustiger Scherz
Spass
lustiger Streich
Posse
Lustspiel
Farce, Posse
Luthers Bibeldrucker
Lufft
Lutscher
Lolli
luxuriöses Schiff
Jacht, Yacht
Luxusschiff
Jacht, Yacht
Luzifer
Satan
lyrische Dichtungsform
Epode
lyrisches Werk
Hymne

M

Mache
Getue, Schau
Macht
Druck, Kraft
Machtbereich
Reich
mächtig
gross, stark
Mädchenspielzeug
Puppe
Madonna
Maria
Magazin
Depot, Lager
Magenkrampf
Kolik
Magenteil bei Wiederkäuern
Wanst
mager
duenn, duerr, hager
Magnetteil
Anker
Magyar
Ungar
Mähgerät
Sense
Mahl
Essen
Mahlrückstand
Kleie
Mahlzeit
Diner, Essen, Jause, Lunch, Menue
Mahlzeit in England
Lunch
Mähne
Tolle
Mähre
Pferd

Mailänder Fußballverein
Inter
Mailänder Opernhaus
Scala
Mailänder Sehenswürdigkeiten
Scala
Maischemaß
Eiche
Maisspeise
Sterz
Makel
Fleck, Odium
Make-up
Puder
Makiaffe
Katta, Lemur
Makrelenhecht
Saira
Mal
Fleck, Makel, Marke, Narbe
malaiischer Bundesstaat
Kedah, Perak
malaiischer Volksstamm
Batak, Bukit, Dajak
malaiischer Wildhund
Adjag
Maler und Holzschnitzer
Grien
Malereibedarf
Farbe
Malermaterial
Farbe, Tinte
malvenfarbig
mauve
Mandant
Kunde
Mandelkrähe
Racke
Mangel
Manko, Minus
Mangelkrankheit
Oedem
Manie
Sucht, Trieb
Manier
Weise
Manieren
Sitte
Manipulation
Kniff, Trick
Mann
Gatte
Mann *mit* **großem Vermögen**
Nabob
Mann *mit* **hoher Stimme**
Tenor
Mannequin
Model
Männerjacke
Joppe, Sakko
Männerkleidung
Anzug
Männerkurzname
Beppo, Bernd, Bernt, Fritz, Heini, Heinz, Klaus, Micha, Tommy, Willi
Männerstimmlage
Tenor
mannhaft
mutig, viril
männliche Ente
Erpel
männliche Hanfpflanze
Femel
männliche Katze
Kater
männlicher Blutsverwandter
Agnat
männlicher Hund
Ruede
männlicher Kurzname
Benno, Heini, Heino
männlicher Nachkomme
Junge, Knabe
männlicher Verwandter
Eidam, Enkel, Neffe, Oheim, Onkel, Vater
männlicher Vogel
Erpel
männlicher Vorname
Achim, Adolf, Alban, Albin, Alois, Aloys, Alwin, Anton, Armin, Arnim, Artur, Benno, Beppo, Bernd, Boris, Botho, Bruno, Claus, David, Edgar, Edwin, Einar, Elmar, Enzio, Erich, Ernst, Erwin, Eugen, Ewald, Felix, Fiete, Frank, Franz, Fritz, Georg, Goetz, Guido, Hanno, Harri, Harro, Harry, Harry, Hasso, Heinz, Horst, Ignaz, Jakob, Jobst, Joerg, Josef, Klaus, Lewin, Malte, Oskar, Otmar, Peter, Ralph, Roger, Simon, Thilo, Tomko, Urban, Willi, Willy, Xaver
männliches Haustier
Bulle, Erpel, Kater, Ochse, Ruede, Stier
männliches Kind
Junge, Knabe
männliches Rind
Bulle, Ochse, Stier
männliches Wassertier
Erpel
Mannschaftsraum auf Schiffen
Logis
Mannschaftsspiel
Rugby
Mantel katholischer Geistlicher
Cappa
Mantelstoff
Loden, Tweed
Manteltier
Salpe
Mär
Fabel, Kunde, Maere
Märchendichter
Grimm
Märchenfigur
Drude, Engel, Geist, Greif, Holle, Hulda, Kater, Lampe, Prinz, Riese, Satan, Troll, Wicht, Zwerg
Märchenwesen
Elfen, Zwerg
Marderart
Dachs, Frett, Iltis, Otter, Skunk, Zobel
Märe
Kunde
Maria mit Leichnam Christi
Pieta
Marianeninsel
Agana, Pagan
Marinade beim Kochen
Beize
Marinedenkmal bei Kiel
Laboe
Marinedienstgrad (Kurzwort)
Kaleu
marinierte Blütenknospe
Kaper
Markierung an Messgeräten
Skala
märkischer Dichter
Arnim
Markt
Messe
Markt *im* **alten Griechenland**
Agora
Markt *im* **alten Rom**
Forum
Markt *im* **Orient**
Basar, Bazar
marktbeherrschende Organisation
Trust
Marktbude
Stand
Marktwert
Preis
marokkanisches Gebirge
Atlas

5

Marotte
Laune, Macke
Marschgruppe
Rotte
Marschhügel
Warft
Marschpause
Biwak
Marschweg
Route
Märtyrer
Alban, Georg, Menas, Simon
Masche
Trick
Maschine *für* **Erdarbeiten**
Ramme, Raupe
Maschine *zur* **Getreiderei-nigung**
Tarar
Maschine *zum* **Glätten**
Walze
Maschine *zum* **Tuchauf-rauen**
Karde
maschinelle Vervielfälti-gung
Druck
Maschinenart
Motor, Pumpe, Ramme
Maschinenteil
Achse, Backe, Feder, Hebel, Kette, Konus, Lager, Niete, Rolle, Rotor, Stift, Welle
Maskaron
Larve, Maske
Maske
Larve
Maß
Model
Masse
Menge, Stoff
Masse *im* **Erdinnern**
Magma
Maßeinheit
Tonne
Maßeinheit *für die* **elek-trische Kapazität**
Farad
Maßeinheit *für die* **Energie**
Joule
Maßeinheit *der* **Frequenz**
Hertz
Maßeinheit *für die* **Induk-tion**
Henry
Maßeinheit *für* **Länge**
Meter
Maßeinheit *für die* **Licht-stärke**
Lumen
Maßeinheit *für die* **Stärke radioaktiver Strahlung**
Curie
Maßeinheit *der* **Wärme-menge**
Joule
Maßeinteilung (Technik)
Skala
Massenangst
Panik
massig
breit
mäßig kalt
kuehl
mäßiger Wind
Brise, Hauch
massiver Rundkörper
Kugel, Rolle
maßlos
enorm
maßloses Begehren
Manie, Sucht
Mast
Besan, Pfahl
mastloses Boot
Barke
Match
Kampf, Spiel, Wette
Mater dolorosa
Pieta
Material
Masse, Stoff
Material *des* **Fußballes**
Leder
Materie
Masse, Stoff
Mathematiker
Gauss, Riese
mathematische Figur
Kegel, Kreis, Kubus, Kugel, Raute
mathematische Funktion
Sinus
mathematische Linie
Kurve
mathematischer Begriff
Achse, Basis, Binom, Bogen, Bruch, Ebene, Fokus, Glied, Hoehe, Kante, Kegel, Komma, Kreis, Kubus, Kugel, Kurve, Linie, Mitte, Punkt, Radix, Raute, Sehne, Seite, Sinus, Summe, Tiefe
mathematischer Kegel-schnitt
Kreis
mathematisches Zeichen
minus
Matratzenstoff
Drell
Mätresse
Buhle
Matrize
Mater
Matrosenlöhnung
Heuer
matt
muede
matt glänzendes Schmuckstück
Perle
mattfarbig
blass
mattgelb
creme
Mattkohlenart
Durit
Mauerverzierung
Fries
Mauervorsprung
Erker
Maul des Wildes
Aeser
Maulbeergewächs
Feige
maulwurfsgrau
taupe
Maulwurfsgrille
Werre
Maurermasse
Speis
Maurerwerkzeug
Kelle
Maxime
Motto
Maya-Stadt in Guatemala
Tikal
mecklenburgischer Fluss
Peene
Medaille
Orden
Medeas Mann
Jason
Medikamentform
Pille, Salbe
medizinischer Fachaus-druck für Atemstillstand
Apnoe
medizinischer Fachaus-druck für Benommenheit
Amenz
medizinischer Fachaus-druck für Blase
Bulla
medizinischer Fachaus-druck für Blasenge-schwulst
Zyste
medizinischer Fachaus-druck für Darmverschluss
Ileus
medizinischer Fachaus-druck für den Fetus betreffend
fetal

medizinischer Fachausdruck für Fettgeschwulst
Lipom
medizinischer Fachausdruck für Gewebewassersucht
Oedem
medizinischer Fachausdruck für Hautentzündung
Ekzem
medizinischer Fachausdruck für Hautlappen zur Transplantation
Patch
medizinischer Fachausdruck für Knochennaht
Sutur
medizinischer Fachausdruck für Leber
Hepar
medizinischer Fachausdruck für Lunge
Pulmo
medizinischer Fachausdruck für Narbenbildung
Ulose
medizinischer Fachausdruck für Rückenmarksschwindsucht
Tabes
medizinischer Fachausdruck für Schmerz
Dolor
medizinischer Fachausdruck für Streuherd einer Infektion
Focus, Fokus
medizinischer Fachausdruck für Tollwut
Lyssa
medizinischer Fachausdruck für Übel
Malum
medizinischer Fachausdruck für Versteifung
Rigor
medizinischer Fachausdruck für weibliche Brust
Mamma
medizinisches Instrument
Nadel, Sonde, Zange
Medusa
Gorgo
Meer
Indik, Ozean
Meerenge *zwischen* **Frankreich und England**
Kanal
Meeresbewegung
Welle
Meeresbucht
Bucht, Busen, Firth, Fjord
Meeresbusen
Bucht
Meeresgott
Aegir
Meereshohltier
Hydra, Polyp
Meeressäugetier
Robbe
Meeresstraße zwischen Frankreich und England
Kanal
Meeresströmung
Drift, Strom, Trift
Meerestier
Fisch, Krake, Polyp, Robbe
Meeresvogel
Lumme, Moewe
Meereswoge
Welle
Meerkatze
Diana
Megäre
Furie
Mehlklößchen
Nocke
Mehlspeise
Crêpe
mehrarmige Flussmündung
Delta
mehrdeutig
ambig
mehrfacher Schweizer Bundespräsident
Etter
mehrfädiges Strickgarn
Twist
mehrsätziges Tonstück
Suite
mehrstimmiges Tonstück
Kanon
meisterliches Können
Kunst
Meistersinger bei Wagner
Foltz, Moser, Ortel, Sachs
Melodie
Weise
Menge
Dosis, Masse, Prise, Schar
Menge zwischen zwei Fingern
Prise
Mensch *mit* **gutem Appetit**
Esser
Mensch *des* **Ostens**
Asiat
Mensch osteuropäischer Völker
Slawe
Mensch *eines* **östlichen Erdteils**
Asiat
Mensch *der* **Pyrenäen**
Baske
Menschen
Leute
Menschenansammlung
Masse
Menschenansiedlung
Stadt
menschenfreundlich
human
Menschengattung
Rasse
Menschenschlag
Rasse
menschlich
human
menschliche Natur
Seele, Wesen
menschliche Tonfigur
Golem
menschliche Vernunft
Logos
menschliches Gemeinwesen
Staat
Menstruation
Regel
Merkmal
Indiz
Messbandeinteilung
Skala
Messestadt *der* **Fotografie**
Koeln
Messestadt *an der* **Wolga**
Gorki
Messgerät
Lehre, Waage
Messgewand
Kasel
Messlatte der Landmesser
Jalon
Messwert für Preisänderungen
Index
Metall
Chrom, Eisen, Titan
Metallbarren
Ingot
Metallblatt
Folie
Metallblock
Ingot
Metallbolzen
Niete
Metallfaden
Draht
Metallplatte
Blech
Metallstift
Haken, Nagel
Meteor
Bolid

meteorologischer Begriff
Klima
Methode
Weise
Metier
Beruf
Metzgereierzeugnis
Wurst
Meute
Horde, Rudel, Schar
mexikanische Stadt
El Oro
mexikanischer Autor
Nervo, Reyes
mexikanischer Indianer
Indio
mexikanisches Umschlagtuch
Serap
Microsoft-Begründer
Gates
Mieder der Schwarzwaldtracht
Libli
Mienenspiel
Mimik
mies
uebel
Miete
Grube, Pacht
Mietverhältnis
Pacht
Mieze
Katze
Milbenart
Zecke
Milchgetränk
Kakao
milchig
trueb
Milchorgan der Kuh
Euter
Milchprodukt
Kaese, Kefir, Quark, Sahne
Milchsaft zur Kautschukgewinnung
Latex
Milchschorf
Grind
Milchschüssel
Satte
Milchwirt
Meier
mild
sacht, sanft
Milieu
Scene
Milieuzeichner Berlins
Zille
Militär
Armee
Militärflughafen
Basis
militärische Einheit
Armee, Korps
militärische Einübung
Drill
militärische Übung
Drill
militärischer Dienstgrad
Major
militärischer Ehrengruß
Salut
militärischer Nachschub
Tross
militärisches Feldlager
Biwak
militärisches Stammpersonal
Kader
Militärregierung
Junta
Mimir (germanische Sagenwelt)
Zwerg
Minderbetrag
Minus
Minderheitenwohnviertel
Getto
minderwertig
uebel
minderwertiger Schnaps
Fusel
minderwertiges Essen
Frass
Mine
Bombe, Zeche
Mineral
Alaun, Augit, Baryt, Borat, Jodit, Mocha, Pyrit, Quarz, Rutil, Trass
Mineralfarbe
Ocker
Mineraliengewinnung
Abbau
Mineralwasser für alkoholische Getränke
Tonic
Minister im Islam
Wesir
Minnesänger
Barde
Minoritätenwohnviertel
Getto
Minus
Manko
mischen (Getränke)
mixen
Mischfarbe
Braun
Mischgetränk
Drink
Mischling
Casco, Chino, Cubra, Zamba, Zambo
Mischling Nordafrikas
Maure
miserabel
elend, uebel
Misere
Elend
missbilligende Äußerung
Tadel
Missbilligung
Ruege, Tadel
Misserfolg
Panne
Missetat
Untat
Missfallen
Unmut
Missgeschick
Panne
Missgestimmtheit
Unmut
Missionar *der* **Eskimos**
Egede
Missionar *der* **Grönländer**
Egede
Missionsbischof in China
Anzer
missliche Lage
Elend
Missmut
Grant
Missstand
Uebel
Missstimmung
Unmut
Mistgabel
Forke
mit
durch
mit *den* **Augen wahrnehmen**
sehen
mit Bäumen eingefasste Straße
Allee
mit Cayennepfeffer gewürzte Tunke
Chili
mit Fleiß und Eifer arbeitend
emsig
mit Frühstück
garni
mit Gott reden
beten
mit großen Kräften ausgestattet
stark
mit *der* **Hand arbeitend**
emsig
mit *von der* **Partie**
dabei
mit Vorliebe
gerne

Mitarbeit
Hilfe
Mitbegründer *der* **Republik Österreich**
Adler
Mitbegründer *von* **Rom**
Remus
Mitesser
Finne
Mitgefühl
Guete
Mitglied *einer* **Familie**
Vater
Mitglied *eines* **Klosters**
Nonne, Pater
mithin
somit
Mitra
Infel, Inful
Mittagessen
Diner, Lunch
Mittagstisch für Studenten
Mensa
Mitteilung
Kunde
Mittel *des* **Ausdrucks**
Geste
Mittel gegen Blutarmut
Eisen
Mittel zum Blutstillen
Alaun
mittelalterliche Berufsgenossenschaft
Gilde, Zunft
mittelalterliche Besitzform
Lehen
mittelalterliche Bezeichnung für Liebe
Minne
mittelalterliche Gutsverwalter
Meier
mittelalterliche Vereinigung
Gilde, Zunft
mittelalterliche Waffe
Gleve
mittelalterlicher Kaufmannsbund
Hanse
mittelalterlicher Kunststil
Gotik
mittelalterlicher Städtebund
Hanse
mittelalterliches Segelschiff
Kogge
mittelalterliches Tanzlied
Rondo
mittelamerikanischer Indianer
Indio
mittelamerikanischer Indianerstamm
Aruak, Mayas
mitteldeutsch für dünnen Kaffee
Lorke
Mitteleuropäer
Ungar
mitteleuropäischer Strom
Rhein
mitteleuropäischer Zugvogel
Racke
mittelgroßer Rassehund
Boxer
Mittellinie
Achse
mittelloser Mensch
Armer
Mittellosigkeit
Armut, Elend
Mittelmeerfisch
Orade, Umber
Mittelmeergewächs
Myrte
Mittelmeerinsulaner
Korse, Sarde
Mittelmeerküste
Adria
Mittelmeerstaat
Malta
Mittelmeerteil
Adria, Syrte
mittelschnelle Pferdegangart
Toelt
Mittelsmann
Agent
Mitternachtsmesse
Mette
Mixgetränk
Bowle, Daisy, Shake, Sling, Spezi
Möbelstück
Couch, Diwan, Liege, Regal, Stuhl, Tisch, Truhe
mobil
aktiv, flink
Modalität
Weise
Mode
Sitte
Modell
Dummy
Modelliermasse
Knete
Modenarr
Dandy, Stenz
Moderbestandteil des Bodens
Humus
moderne Lichtortung
Radar
moderne Unterhaltung
Video
moderne Unterkunft
Motel
modernes Küchengerät
Mixer
modernes Ortungsverfahren
Radar
Modetanz
Mambo, Tango, Twist
Modevorführdame
Model
Modifikation
Abart
modischer Minibikini
Tanga
modischer Ohrschmuck
Klipp
Modus
Weise
mohammedanische Geistlichkeit
Ulema
mohammedanische Herrscherdynastie in Indien
Mogul
mohammedanischer Name für Gott
Allah
mohammedanischer Rechtsgelehrter
Mufti, Ulema
mohammedanischer Wallfahrtsort
Mekka
mohammedanisches Frauengemach
Harem
mohammedanisches Glaubensbuch
Koran
mohammedanisches Heiligtum
Kaaba
mohammedanisches Religionsbuch
Koran
Mohammeds Nachfolger
Kalif, Osman
Molch
Lurch
Molukkeninsel
Ambon, Ceram
Moment
Weile

Monarchensohn
Prinz
Monatsblutung
Regel
Monatsname
April, Feber, Heuet, Maerz
Mönch
Pater, Prior
Mönchsbehausung
Zelle
Mönchsgewand
Kutte
Mönchsoberer
Prior
Mönchsstaat in Griechenland
Athos
Mönchszelle
Cella
Mond
Monat
Mond betreffend
lunar
Mond des Saturn
Dione, Mimas, Titan
Mond des Uranus
Ariel
Mondauto der NASA
Rover
Mondgott
Chons, Thoth
Mondsonde
Lunik
mongolischer Fürst
Timur
mongolischer Nomade
Hunne
mongolischer Stamm
Kitan
mongolisches Grenzgebirge
Altei
Monophthong
Vokal
monoton
trist
Montur
Kluft
Moor
Bruch, Sumpf
Moral
Ethik, Ethos
Moralbegriff
Sitte
moralische Gesinnung
Ethos
Moralphilosophie
Ethik
Morast
Bruch, Sumpf
Mörder Siegfrieds
Hagen
Morgen als Himmelsrichtung
Osten
morgenländischer Herrscher
Kalif, Mogul
morgens
frueh
Morgenstern
Keule, Venus, Waffe
Mörtel
Speis
Moschus
Bisam
Moschuskrautgewächs
Adoxa
Moskauer Bauwerk
Kreml
Motiv
Grund, Thema
Motivanordnung um ein Wappen
Semis
Motorfahrrad
Moped, Solex
Motorfahrzeug
Moped
Motorrad-Schnellfahrer
Raser
Motorradteil
Gabel, Motor
Mottenmittel
Eulan
Mückenart
Gelse
mühevolle Arbeit
Plage
Mühlenabfallprodukt
Kleie
Mühlennebenprodukt
Kleie
Mühsal
Plage
Mulde
Grube, Kuhle, Senke
Müll
Dreck, Unrat
Müllbehälter
Tonne
Mumm
Kraft
mümmeln
nagen
Münchener Baumeister
Seidl
Münchener Festplatz
Wiesn
Münchener Rockgruppe
Relax
Mundart
Idiom
mundartlich für Schote
Pale
Mundteil
Lippe, Zunge
Mündungsarm *der* Donau
Kilia
Mündungsarm *der* Oder
Peene, Swine
Mündungsarm *der* Weichsel
Nogat
Mündungsform
Delta
Mündungstrichter der Schelde
Honte
munter
aktiv, alert, fidel, flink, mobil, quick
Münzvorderseite
Avers
Murmel
Kugel
mürrisch
boese
Muschelgeld
Kauri
Muschelkügelchen
Perle
Muschelprodukt
Perle
Muse *der* Liebesdichtung
Erato
Museum in Madrid
Prado
Musical *von* Andrew Lloyd Webber
Evita
Musicalgestalt
Eliza
Musik
Klang
Musik *für* zwei Stimmen
Duett
Musikalien
Noten
musikalische Ehrung
Tusch
musikalischer Begriff
largo
musikalischer Fachterminus für alle
tutti
musikalischer Fachterminus für bewegt
mosso
musikalischer Fachterminus für breit
largo
musikalischer Fachterminus für gedehnt
lento
musikalischer Fachterminus für getragen
lento

musikalischer Fachterminus für langsam
largo, lento
musikalischer Fachterminus für laut
forte
musikalischer Fachterminus für leise
piano
musikalischer Fachterminus für mittel
mezzo
musikalischer Fachterminus für schwer
grave
musikalischer Fachterminus für stark
forte
musikalischer Fachterminus für traurig
mesto
musikalisches Bühnenwerk
Revue
musikalisches Intervall
Prime, Quart, Quint, Sexte
musikalisches Schlaginstrument
Pauke
musikalisches Signal
Tusch
musikalisches Streichgerät
Bogen
musikalisches Streichinstrument
Cello, Geige, Viola
musikalisches Thema
Motiv
musikalisches Zwischenspiel
Piece
Musikdarbietung
Blues, Duett, Kanon, Messe, Missa, Suite
Musikensemble
Combo
Musikhalle
Odeon
Musikinstrument
Banjo, Cello, Gambe, Geige, Harfe, Laute, Leier, Orgel, Pauke, Piano, Viola
musischer Bereich
Kunst
Muskatblüte
Mazis
Muskelansatzstrang
Sehne
Muskelfaser
Fiber, Sehne
Muskelstrang
Sehne
Muskelzusammenziehung
Krampf
Muss
Gebot, Zwang
Muße
Otium
Muster
Ideal, Probe
mustergültig
ideal
Mutter *von* **Amor**
Venus
Mutter *der* **Aphrodite**
Dione
Mutter *von* **Baldur**
Frigg, Frija
Mutter *der* **Freia**
Skadi
Mutter *von* **Jesus**
Maria
Mutter *von* **Joseph**
Rahel
Mutter *der* **Medea**
Ideia
Mutter *von* **Perseus**
Danae
Mutter *von* **Samuel**
Hanna
Mutterboden
Humus
Muttermörder in der griechischen Sage
Orest
Mutterschaf
Zippe
Muttersöhnchen
Memme
Mutterwitz
Humor
Mutzuspruch
Trost

N

Nabenbohrer
Naber
nach oben
empor
nach Steuern
netto
nach unten
herab, hinab
Nachahmung
Kopie
Nachbarinsel Gotlands
Faroe
Nachbarplanet der Erde
Venus
Nachbarschaft
Naehe
Nachbarstadt von Stockholm
Nacka, Solna
Nachbildung
Kopie, Repro
Nachbildung *eines* **Kunstwerkes**
Kopie
Nachen
Nauen
Nachfolger
Adept
Nachfolger des heiligen Petrus
Linus
Nachforschung
Suche
nachgeahmtes Wildleder
Nubuk
nachgiebig
weich
Nachkomme
Enkel
Nachkommen bei Tieren
Junge
Nachlass
Abzug
Nachlass empfangen
erben
Nachlassanteil
Legat
Nachlassempfängerin
Erbin
nachlässig
leger
Nachmittagsmahlzeit
Jause
Nachricht
Maere
Nachrichtenmittel
Anruf, Brief, E-Mail, Kabel, Radio, Telex
Nachschubtruppe
Train, Tross
Nachsicht
Gnade
Nachspiel
Folge
Nächstenliebe
Agape
Nachteil
Manko, Minus
Nachtfalter
Motte
Nachtgespenst
Drude
Nachtgottesdienst
Mette
Nachtlager im Freien
Biwak
Nachtschattengewächs
Tabak

Nachttier
Katze
Nachweis
Alibi, Beleg
Nachweis der Abwesenheit vom Tatort
Alibi
nackt
bloss
Nadelbaum
Forle, Pinie, Tanne, Thuja, Thuya, Zeder
Nadelholzgewächs
Zeder
Nagel
Stift
Nagetier
Biber, Bilch, Otter, Ratte
Nagetiere
Hasen
nahe
dicht
naher Verwandter
Vater
Nähfaden
Zwirn
Nähgarn
Zwirn
Nähgerät
Nadel
Nähmaterial
Faden, Seide, Zwirn
Nahostbewohner
Syrer
nahrhaftes Getränk
Kakao
Nährmutter
Bonne
Nahrung
Essen
Nahrung zerkleinern
kauen
Nahrungsaufnahme
Essen
Nahrungsaufnahme des Rotwildes
Aesen
Nahrungsmittel
Fisch, Hirse, Kaese, Milch, Wurst
Nährwerteinheit
Joule
Nähvorgang
Stich
Nähwerkzeug
Nadel
naiv
offen
Name *des* **alten Babylonien**
Sumer
Name *für* **Astarte**
Istar
Name *für* **Attila**
Etzel
Name *von* **Babylon im Alten Testament**
Babel
Name *des* **Bären**
Teddy
Name *aus der* **deutschen Fabel**
Lampe, Nobel
Name *der* **ersten Mondfähre**
Eagle
Name Gottes im Islam
Allah
Name *des* **Hasen**
Lampe
Name *für den* **Igel**
Mecki
Name *des* **Katers im Märchen**
Felix, Hinze
Name *für* **Libyen**
Barka
Name *des* **Löwen**
Nobel
Name *für* **Odin**
Wotan
Name *der* **Pariser Untergrundbahn**
Metro
Name *von* **polnischen Städten**
Biala
Name *von* **Troja bei Homer**
Ilion
Name von 8 Päpsten
Urban
Name *für* **Zigeuner**
Sinti
Namengebung
Taufe
Napf
Satte
Narbe
Maser
Narbe am Bauch
Nabel
Narbenleder
Nubuk
Narr
Clown
Narrenrednerpult
Buett
Narretei
Posse, Unfug
Naschwerk
Nugat
näselnd
nasal
Nasengeschwulst
Polyp
Nasenlaut
Nasal
Nasenwucherung
Polyp
naseweis
frech
naseweises kleines Mädchen
Goere
nass
humid, klamm
Nation
Staat
Nationalgetränk in Russland
Wodka
Nationalheld *der* **Tiroler**
Hofer
Natur
Wesen
Naturell
Wesen
Naturereignis
Blitz, Brise, Foehn, Frost, Hagel, Hitze, Komet, Nebel, Orkan, Regen, Sturm, Welle, Wolke
naturfarben
ekrue
Naturheilmittel
Licht
Naturkatastrophe
Orkan
natürliche Begabung
Genie
natürliche Einfriedung
Hecke
natürlicher Brennstoff
Kohle
natürlicher Dünger
Guano
natürlicher Schutz der Augen
Braue
natürlicher Zaun
Hecke, Knick
Naturseidenfaden
Grège
Nautiker
Lotse
nautisches Gerät
Tonne
nautisches Maß
Faden, Kabel
nautisches Tiefenmaß
Faden
neapolitanisches Gericht
Pizza
neapolitanisches Hefegebäck
Pizza
Nebel
Dampf, Dunst, Wasen

nebelig
trueb
nebenbei
extra
Nebenfluss *der* **Aare**
Reuss, Saane
Nebenfluss *der* **Ahr**
Wirft
Nebenfluss *der* **Aller**
Leine, Wiehe
Nebenfluss *des* **Amazonas**
Jurua, Xingu
Nebenfluss *des* **Amur**
Amgun
Nebenfluss *des* **Arno**
Greve, Sieve
Nebenfluss *des* **Bug**
Ingul, Narew, Navar
Nebenfluss *des* **Dnjepr**
Desna, Irpen, Irput, Psjol, Sosch, Supoi
Nebenfluss *des* **Don**
Aksei, Donez, Hawia, Ilawa, Jelan, Karai, Sosna, Usman
Nebenfluss *der* **Donau**
Abens, Aluta, Arzer, Brenz, Cerna, Drave, Eipel, Guenz, Iller, Isker, Isper, Kapos, Krems, Laber, March, Muehl, Naarn, Pruth, Rakos, Ranna, Regen, Schyl, Serul, Shill, Skjet, Temes, Timok, Traun, Tulln, Ussel, Zamma, Zusam
Nebenfluss *der* **Donau in Bayern**
Inn
Nebenfluss *der* **Donau in Österreich**
Traun
Nebenfluss *der* **Drau**
Drann, Miess, Moell
Nebenfluss *der* **Drina**
Draca, Jadar, Praca
Nebenfluss *des* **Duero**
Adaja, Aguas, Jopin, Riaza, Tiron, Ulron
Nebenfluss *der* **Dwina**
Jemza, Witba, Wyler
Nebenfluss *des* **Ebro**
Adago, Duero, Grado, Sabio, Segre, Ucero
Nebenfluss *des* **Eisack**
Rienz
Nebenfluss *der* **Elbe**
Adler, Aland, Biela, Biese, Bille, Boize, Havel, Luehe, Medem, Mulde, Saale, Stoer
Nebenfluss *der* **Ems**
Werse
Nebenfluss *der* **Enns**
Salza
Nebenfluss *der* **Enz**
Glems
Nebenfluss *der* **Etsch**
Alpon, Fibia, Silla, Solda, Tasso
Nebenfluss *der* **Fulda**
Bauna, Beise, Haune, Losse
Nebenfluss *des* **Ganges**
Gogra
Nebenfluss *der* **Garonne**
Baïse, Ciron, Dropt
Nebenfluss *der* **Havel**
Doeln, Dosse, Nuthe, Plane, Plaue, Spree
Nebenfluss *der* **Isar**
Achen, Ammer, Amper, Sempt
Nebenfluss *der* **Isère**
Doron
Nebenfluss *des* **Kongo**
Ituri, Kasai, Sanga
Nebenfluss *der* **Lena**
Aldan, Witim
Nebenfluss *der* **Loire**
Arzon, Indre, Maine, Sèvre
Nebenfluss *der* **Maas**
Anden, Domel, Donel, Jeker, Lesse, Niers, Vaise, Vence, Wamme
Nebenfluss *des* **Mains**
Kahle, Nidda, Saale
Nebenfluss *der* **Moldau**
Otava, Sazau
Nebenfluss *der* **Mosel**
Andry, Brohl, Euron, Luetz, Madon, Ruwer, Sauer
Nebenfluss *der* **Mur**
Muerz
Nebenfluss *der* **Nagold**
Wuerm
Nebenfluss *des* **Neckars**
Ammer, Echaz, Eyach, Glatt, Jagst, Ulfen, Zaber
Nebenfluss *der* **Neiße**
Lubst
Nebenfluss *des* **Niger**
Benue
Nebenfluss *des* **Ob**
Jugan, Matyn, Polui, Salym, Sinja, Sosva, Susun, Tabla, Tobel, Wagai
Nebenfluss *der* **Oder**
Bober, Finow, Lenze, Ochel, Peene, Swine, Weide, Zinna
Nebenfluss *der* **Oise**
Aisne
Nebenfluss *der* **Oker**
Ecker, Radau
Nebenfluss *des* **Orinoco**
Apure
Nebenfluss *des* **Po**
Banne, Grana, Lonoa, Matra, Oglio, Parma, Sesia
Nebenfluss *des* **Pregel**
Droje, Nehne
Nebenfluss *der* **Regnitz**
Aisch
Nebenfluss *des* **Rhein**
Acher, Argen, Biber, Brohl, Issel, Itter, Lippe, Modau, Moder, Mosel, Nette, Nolla, Pfinz, Rench, Salza, Sauer, Toess, Vecht, Wehre, Wiese
Nebenfluss *der* **Rhone**
Berre, Binna, Canca, Dolon, Drôme, Furan, Garon, Isère, Lonza, Morge, Saône
Nebenfluss *der* **Ruhr**
Lenne, Roehr, Sorpe, Valme, Volme, Wenne
Nebenfluss *der* **Saale**
Fuhne, Hasel, Lauer, Luppe, Perse, Rinne, Salza
Nebenfluss *der* **Saar**
Blies, Prims
Nebenfluss *der* **Saône**
Doubs
Nebenfluss *der* **Sauer**
Pruem
Nebenfluss *der* **Save**
Bosne, Drina, Vrbas
Nebenfluss *der* **Seine**
Cally, Loing, Marne, Nauxe, Orvin, Ource, Sarce, Yonne
Nebenfluss *der* **Spree**
Dahme, Panke, Wuhle
Nebenfluss *des* **Tarn**
Agout
Nebenfluss *der* **Theiß**
Maros
Nebenfluss *der* **Themse**
Brent, Glyme
Nebenfluss *des* **Tiber**
Allia, Farfa, Treja, Vezza
Nebenfluss *der* **Unstrut**
Heime, Helme
Nebenfluss *der* **Warthe**
Lenza, Netze
Nebenfluss *der* **Weichsel**
Brahe, Brake, Bzura, Ferse, Grime, Ilash, Liebe
Nebenfluss *der* **Weser**
Aller, Baune, Bever, Emmer, Exter, Fulda, Hamel, Hunte, Lesum, Nethe, Ochte, Werra, Werre
Nebenfluss *der* **Wolga**
Ainga, Dubna, Irgis, Jelan, Kudma, Nemda, Rudka, Tmaka, Usola
Nebenform
Abart
Nebenfrau
Kebse
Nebenfrau Abrahams
Hagar

5

Nebenprodukt des Getreides
Stroh
neblig
trueb
negativ geladenes Atom
Anion
negativ geladenes Teilchen
Anion
Negativdruckform
Mater
Negerstamm
Banda, Bantu, Bongo, Duala, Lunda, Mossi, Musgu
Neigung
Drang, Trend, Trieb
Nelkengewächs
Knaul, Miere
Nennwort
Nomen
Nerfling
Aland
Nesselpflanze
Ramie
Nesselqualle
Polyp
Nesseltier
Polyp
Nest
Horst
Nest *des* **Adlers**
Horst
Nest *des* **Eichhörnchens**
Kobel
nett
artig
Netz
Falle
netzartiges Gewebe
Lacis, Tuell
Netzstoff
Filet
Netzwerk
Filet
Neuerscheinung
Novum
Neuerung
Novum
Neuguinea
Irian
Neuguineas Urbevölkerung
Papua
neun Töchter des Zeus
Musen
Neureicher
Protz, Yuppi
Neurose
Manie
neuseeländisches Urvolk
Maori
New Yorker Elendsviertel
Bronx
Nibelungenstadt
Worms
Nice
Nizza
nicht Altes
Neues
nicht außen
innen
nicht beweisbedürftiges Prinzip
Axiom
nicht billig
teuer
nicht dahinter
davor
nicht dick
duenn
nicht geschlossen
offen
nicht gesund
krank
nicht groß
klein
nicht hart
weich
nicht hügeliges Gebiet
Ebene
nicht jene
diese
nicht laut
leise, ruhig, still
nicht mehr als
bloss
nicht militärisch
zivil
nicht nur einer
viele
nicht oben
unten
nicht rechtzeitig
spaet
nicht rund
eckig
nicht sauer
suess
nicht schmal
breit
nicht süß
sauer
nicht vertieft
flach
nicht vertraut
fremd
nicht viel
wenig
Nichtfachleute
Laien
nichtig
eitel
nichtmetallisches Element
Chlor
nichts als
bloss
nichts Böses
Gutes
nichts sagend
banal, platt
Nichtstun
Musse
Nickel-Kupfer-Legierung
Monel
niederdeutsch für Brotkanten
Knust
niederdeutsch für Erle
Eller
niederdeutsch für Fohlen
Enter
niederdeutsch für klein
luett
niederdeutsch für Kloß
Kloot
niederdeutsch für Köter
Toele
niederdeutsch für Kugel
Kloot
niederdeutsch für Mädchen
Deern
niederdeutsch für Schwanz
Stert
niederdeutsch für Schwanzende
Sterz
niederdeutsch für Stadtkanal
Fleet
niederdeutsch für Tagelöhner
Inste
niederdeutsch für Trockenraum
Stove
niederdeutsch für Vogteiverwalter
Drost
niederdeutsche Mundart
Platt
niederdeutscher Schriftsteller
Fehrs, Groth, Raabe, Storm
niedere Programmiersprache
BASIC
niedere Umgangssprache
Slang
niederes Lebewesen
Echse
niederes Volk
Plebs

niederländische Antilleninsel
Aruba
niederländische Fayencestadt
Delft
niederländische Insel
Texel
niederländische Käseart
Gouda
niederländische Käsestadt
Gouda
niederländischer Admiral
Tromp
niederländischer Bildhauer
Vries
niederländischer Botaniker
Vries
niederländischer Edelmann
Hoorn
niederländischer Freiheitskämpfer
Geuse
niederländischer Historiker
Kalff
niederländischer Komponist
Isaac, Larue, Lasso, Monte
niederländischer Maler
Bosch, Bouts, David, Goyen, Lucas, Metsu, Noort, Orley, Steen, Velde, Witte
niederländischer Naturwissenschaftler
Vries
niederländischer Nobelpreisträger für Frieden
Asser
niederländischer Politiker
Hoorn
niederländischer Prinzgemahl
Claus
niederländischer Schriftsteller
Beets, Borel, Costa, Eeden, Hooft, Klaas, Kloos, Leeuw, Maehl
Niederlassung
Depot, Lager, Stadt
niederösterreichische Stadt
Krems, Tulla
niederösterreichischer Fluss
Thaya
niedersächsischer Dichter
Raabe
Niederschlag
Dunst, Hagel, Nebel, Regen
Niederschrift
Notiz
niederträchtig
boese, infam
Niederung
Ebene, Mulde, Senke
Niederwild
Dachs, Fasan, Fuchs, Iltis
niedlich
suess
niedrig
flach
niedrige Kaste in Indien
Paria
niedrige Umgangssprache
Idiom, Slang
niedriges Liegesofa
Diwan
Nippon
Japan
Niveau
Level, Stand, Stufe
Noahs Schiff
Arche
nobel
adlig
Nomadenzelt
Jurte
nonchalant
leger
Nordafrikaner
Maure
nordafrikanische Grasart
Halfa
nordafrikanische Hauptstadt
Kairo, Rabat, Tunis
nordafrikanischer Mischling
Maure
nordafrikanischer Reitersoldat
Spahi
nordafrikanischer Staat
Sudan
nordafrikanischer Wüstenfuchs
Fenek
nordafrikanisches Gebirge
Atlas, Aurès
nordafrikanisches Gewicht
Uckia
nordamerikanische Goldmünze
Eagle
nordamerikanische Indianerfrau
Squaw
nordamerikanische Variante des Jazz (Kurzwort)
Dixie
nordamerikanische Viehfarm
Ranch
nordamerikanischer Bauernhof
Ranch
nordamerikanischer Büffel
Bison
nordamerikanischer Erfinder
Morse
nordamerikanischer Indianer
Sioux
nordamerikanisches Rind
Bison
nordamerikanisches Wildrind
Bison
nordbayerische Stadt
Naila
norddeutsch für Dachboden
Lucht
norddeutsch für einjähriges Fohlen
Enter
norddeutsch für einjähriges Kalb
Enter
norddeutsch für Erle
Eller
norddeutsch für klein
luett
norddeutsch für Mädchen
Deern
norddeutsch für Napf
Satte
norddeutsche Bauernstube
Pesel
norddeutsche Landschaftsform
Geest, Heide
norddeutscher Dichter
Kinau
norddeutscher Fluss
Eider, Peene, Trave
norddeutscher Maler
Runge
norddeutsches Küstenhochland
Geest
Nordeuropäer
Daene, Finne, Lappe

nordeuropäische Hafenstadt
Lulea, Wisby
nordeuropäischer Schwimmvogel
Lumme
nordeuropäisches Einmannboot
Skiff
nordfinnische Stadt
Inari
nordfranzösische Industriestadt
Lille
nordfranzösische Stadt
Arras, Reims
nordfranzösischer Fluss
Somme
nordfriesische Insel
Amrum, Foehr
Nordgermane
Gaute
nordische Göttin
Iduna
nordische Göttin der Jugend
Iduna
nordische Schicksalsgöttin
Norne
nordischer Apostel
Egede
nordischer Gott des Donners
Donar
nordischer Kobold
Troll
nordischer Männername
Helge
nordischer Meerriese
Aegir
nordischer Reifriese
Hymir
nordischer Schwimmvogel
Lumme
nordisches Schicksalswesen
Idise, Norne
norditalienische Großstadt
Turin
norditalienische Stadt
Arona, Padua, Udine
Nordosteuropäer
Balte, Finne, Lette
nordrussische Halbinsel
Kanin
Nordseebad
Juist
Nordseegarnele
Porre
Nordseeinsel
Amrum, Fanoe, Foehr, Hooge
Nordskandinavier
Lappe
nordspanische Stadt
Gijon
Nordwestafrikaner
Maure
Nordwesteuropäer
Brite
Norm
Kanon, Regel
Normannenfürst
Roger, Rurik
normannische Insel
Sercq
Norne
Skuld
norwegische Eiskunstläuferin
Henie
norwegische Meeresbucht
Fjord
norwegische Münze
Krone
norwegischer Dichter
Ibsen
norwegischer Komponist
Grieg
norwegischer Maler
Munch
norwegischer Name für Norwegen
Norge
norwegischer Nobelpreisträger für Frieden
Lange
norwegischer Pazifist
Lange
norwegischer Schriftsteller
Ibsen
norwegischer Sprachforscher
Bugge
norwegischer Verwaltungsbezirk
Fylke, Troms
norwegisches Firnfeld
Fjell
Not
Elend
Not leidend
elend
Notenschriftzeichen
Bogen, Kreuz
Nothelfer
Georg, Vitus
Notizbuch
Kodex
Notlage
Armut, Elend
Notruf
Hilfe
Notsignal
Alarm
Novität
Novum
Nudelart
Nocke
Null-Null
Abort
numidischer König
Iobas, Jobas
nun
jetzt
nur
bloss
Nürnberger Bildhauer
Stoss
Nürnberger Kupferstecher
Beham, Solis
Nürnberger Meistersinger
Sachs
Nürnberger Schuhmacherpoet
Sachs
Nurse
Bonne
nussartige Frucht
Ecker
Nusskonfekt
Nugat
Nussstrauch
Hasel
Nut
Kerbe, Rille
Nut und ...
Feder
Nutte
Dirne
Nutzboden
Acker, Krume
Nutzland
Acker, Weide, Wiese
nützliches Insekt
Biene
Nutztier
Ochse, Pferd, Puter, Schaf, Ziege
Nutztier *in* Schottland
Schaf
Nutztier *in der* Wüste
Kamel
Nutzung gegen Entgelt
Miete, Pacht
Nutzungsrecht im Mittelalter
Lehen
Nutzwald
Forst

O

Oase in Ägypten
Siwah
Oase in Libyen
Kufra, Nalut
Oase in Saudi-Arabien
Hajil, Hufuf
Oase in Tunesien
Nefta
Obdach
Logis
obendrein
hinzu
oberbayerische Abtei
Ettal
oberbayerischer Kurort
Kruen, Prien, Toelz
oberbayerisches Kloster
Ettal
obere Dachkante
First
obere Erdschicht
Boden
oberer Raumabschluss
Decke
oberer Teil des menschlichen Rumpfes
Brust
Oberflächenbeschaffenheit
glatt
oberflächlich
flach
Obergeschoss
Etage
oberhalb von
ueber
Oberhaupt *der* **athenischen Akademie**
Plato
Oberhaupt *der* **äthiopischen Kirche**
Abuna
Oberhaupt *der* **Familie**
Vater
Oberhaupt *im* **Islam**
Kalif
Oberhaupt *der* **katholischen Kirche**
Papst
Oberhirt
Papst
oberitalienische Stadt
Parma
Oberlauf der Amper
Ammer
Oberlauf des Jarmuk
Harir
Obermauer der Basilika
Gaden
oberösterreichische Stadt
Steyr
Oberschenkel
Keule
Oberschicht
Creme, Elite
Oberschwelle
Sturz
oberste Dachkante
First
oberste Lederschicht
Narbe
oberste Öffnung des Hochofens
Gicht
oberster Gott der alten Inder
Indra
oberster Teil des Getreidehalms
Aehre
Objekt
Sache
Objektiv
Linse
Obstart, Obstsorte
Apfel, Birne, Feige
Obstbaumtrieb
Lotte
Obstkern
Stein
öde
wuest
Odem
Hauch
Odin
Wodan, Wotan
Odins Rabe
Hugin, Munin
Odins Wolf
Freki
Odium
Makel
offen
frank
offene Feuerstelle
Kamin
offene Stelle in der Haut
Wunde
offene Verletzung
Wunde
offener Umgang
Altan
öffentlich
offen
öffentliche Auszeichnung
Orden
öffentliches Ärgernis
Eklat
öffentliches Verkehrsmittel
S-Bahn, U-Bahn
Öffentlichkeit
Forum
Offizier
Major
Offiziersregierung
Junta
Offiziersspeiseraum
Messe
Öffnung
Ritze, Spalt, Tuere
oft
meist
Oheim
Onkel
ohne Falten
glatt
ohne Laut
stumm
ohne Sehvermögen
blind
ohne Sprechvermögen
stumm
ohne Verbindlichkeit
quitt
Ohr des Wildes
Loser
Ohrenschmuck
Clips, Klipp
Okeanide
Doris, Hippo, Metis, Pluto, Tyche
Okular
Linse
Ölbaumfrucht
Olive
Ölbaumharz
Elemi
Ölbehälter
Kanne
Ölfrucht
Olive
Ölpflanze
Kapok, Narde, Olive, Sesam
Ölsäure
Olein
ölsaures Salz
Oleat
Onkel
Oheim
Oper von Bellini
Norma
Oper von Egk
Circe
Oper von Gluck
Orfeo
Oper von Händel
Poros, Serse, Siroe, Teseo
Oper von Milhaud
Medea
Oper von Monteverdi
Orfeo
Oper von Mozart
Titus, Zaide

5

Oper von Orff
Kluge
Oper von Puccini
Edgar, Tosca
Oper von Schütz
Dafne
Oper von Strawinsky
Mavra
Operette von Kreisler
Sissy
Operette von Stolz
Maedi
Operettenkomponist
Kollo, Lehár, Stolz, Suppé
Opernfach
Buffo, Tenor
Opernhaus in Mailand
Scala
Opernhaus in Paris
Opera
Opernkomponist
Bizet, Gluck, Henze, Verdi, Weber, Weill
Opernteil
Duett
Opfergabe
Votiv
Opfertisch
Altar
opiumhaltiges Arzneimittel
Opiat
Opponent
Feind
optisch wahrnehmen
sehen
optisches Gerät
Linse
optisches Wahrnehmen
Sehen
Orakelpriester
Augur
Orakelstätte der alten Griechen
Delos
Orange
Navel
Oratorium von Händel
Josua
Oratorium von Mendelssohn
Elias
Orchideenknolle
Salep
Ordensfrau
Nonne
Ordensgeistlicher
Pater
Ordensoberer
Prior
Ordensschwester
Nonne
Ordenstracht
Habit
ordentlicher Zustand eines Schiffes
Trimm
Ordnung
Nomos
Ordnungsbegriff
Folge, Reihe
Ordnungsbegriff der Biologie
Rasse, Sorte
Ordnungsgruppe
Menge
Organ
Blase, Galle, Leber, Lunge, Magen, Niere
Organ *der* Kuh
Euter
Organ *im* Mund
Zunge
Organisation der UN (Abkürzung)
UNIDO
organische Bestandteile des Bodens
Humus
organische chemische Verbindung
Ester
organische Säure
Olein
organische Verbindung
Furan, Indol, Keton, Orzin, Purin
organischer Giftstoff
Toxin
organischer Wirkstoff
Enzym
organisierte Verbrechergruppe
Mafia
Orgelteil
Pedal, Taste
Orient
Osten
Orientale
Kurde, Syrer
orientalische Gedichtform
Gasel
orientalische Gottheit
Istar
orientalische Hausbauform
Liwan
orientalische Liebesgöttin
Istar
orientalische Ölpflanze
Sesam
orientalische Wasserkanne
Ibrik
orientalische Wasserpfeife
Hukka
orientalischer Bettelmönch
Fakir
orientalischer Gebetsteppich
Konya, Ladik
orientalischer Markt
Basar, Bazar
orientalischer Reiseintopf
Pilau, Pilaw
orientalischer Teppich
Kelim
orientalischer Titel
Kalif, Mogul, Schah
orientalischer Warenmarkt
Basar Bazar
orientalischer Weiser
Harim
orientalisches Färbemittel
Henna
orientalisches Frauengemach
Harem
orientalisches Genussmittel
Betel
orientalisches Haarfärbemittel
Henna
orientalisches Hammelfleischgericht
Kebab
orientalisches Händlerviertel
Basar, Bazar
orientalisches Kaumittel
Betel
orientalisches Zauberwort
Sesam
Orientteppichsorte
Herat, Heris, Kelim, Mahal, Saruk, Senne
Ornament
Dekor
Ort
Markt, Platz, Punkt, Stadt
Ort *am* Arlberg
Zuers
Ort *am* Genfer See
Evian
Ort *der* griechischen Götter
Olymp

Ort *bei* London
Ascot
Ort *in* Oberitalien
Garda
Ort *in* Ostfriesland
Esens
Orter
Radar
örtlich begrenzt
lokal
ortskundiger Schiffsführer
Lotse
Ortsveränderung
Reise, Umzug
Ortungsverfahren
Radar
ostafrikanischer Staat
Kenia, Sudan
ostasiatische Halbinsel
Korea
ostasiatischer Staat
China, Japan, Korea
ostdeutsch für Butterbrot
Bemme
Ostermond
April
österreichisch für Berghang
Leite
österreichisch für flott
fesch
österreichisch für knusprig
resch
österreichisch für Männlein
Mandl
österreichisch für Matthias
Hiasl
österreichisch für schick
fesch
österreichisch für Stechmücke
Gelse
österreichisch für Waldschlucht
Dobel
österreichisch für Weste
Gilet
österreichische Autorin
Busta, Ebner
österreichische Kaiserin
(Kosename)
Sissi
österreichische Landschaft
Lobau
österreichische Münze
Taler
österreichischer Adelstitel
Edler
österreichischer Alpenpass
Achen, Loibl, Stein, Strub, Thurn
österreichischer Anatom
Hayek, Hyrtl
österreichischer Arzt
Freud
österreichischer Bildhauer
Mandl, Opitz, Zuern
österreichischer Chemiker
Gintl, Pregl
österreichischer Dirigent
Boehm, Haydn, Krips, Motti
österreichischer Feldmarschall
Eugen, Ligne
österreichischer Filmkomiker
Moser
österreichischer Instrumentalvirtuose
Gulda
österreichischer Komponist
Einem, Gluck, Haydn, Jarno, Lehár, Loewe, Stolz, Suppé
österreichischer Kurort
Baden, Ischl, Lofer, Zuers
österreichischer Literat
Kafka, Kraus, Musil
österreichischer Maler
Klimt, Kubin
österreichischer Mime
Moser
österreichischer Nationalökonom
Hayek, Mayer, Mises
österreichischer Neurologe
Freud
österreichischer Nobelpreisträger für Chemie
Pregl
österreichischer Nobelpreisträger für Frieden
Fried
österreichischer Nobelpreisträger für Medizin
Loewi
österreichischer Nobelpreisträger für Physik
Pauli
österreichischer Nobelpreisträger für Wirtschaft
Hayek
österreichischer Operettenkomponist
Lehár
österreichischer Pazifist
Fried
österreichischer Philosoph
Riehl
österreichischer Physiker
Pauli
österreichischer Pianist
Demus, Gulda
österreichischer Psychologe
Freud
österreichischer Regisseur
Forst, Hartl, Pabst
österreichischer Rennfahrer
Lauda
österreichischer Schauspieler
Forst, Kainz, Moser, Niese
österreichischer Schriftsteller
Broch, Celan, Fried, Jandl, Kafka, Kraus, Kubin, Lenau, Musil, Rilke, Trakl
österreichischer Staatsmann
Beust, Bruck, Seitz
österreichischer Zukunftsforscher
Jungk
österreichisches Bundesland
Tirol
österreichisches Wort für Weste
Gilet
Osteuropäer
Balte, Finne, Lette, Russe, Slawe, Ungar
Osteuropäerin
Polin
osteuropäische Hirtenflöte
Kawal
ostfriesische Hafenstadt
Emden, Jever
ostfriesische Insel
Juist
ostfriesische Stadt
Jever
ostgermanischer Stamm
Goten
Ostgotenkönig
Kniwa
osthessische Stadt
Bebra
ostiranischer Nomade
Alane

ostpreußische Ordensburgruine
Balga
ostpreußische Schriftsteller
Grass, Halbe
ostpreußischer Schlachtort
Rudau
oströmische Kaiserin
Irene
oströmischer Kaiser
Zenon
Ostseeanwohner
Daene, Finne, Lette, Russe
Ostseebad
Cranz, Dahme, Laboe
Ostseebad bei Kiel
Laboe
Ostseehafen
Libau, Luleå, Memel, Reval, Turku, Visby
Ostseehalbinsel
Darss
Ostseeinsel
Alsen, Dagoe, Oesel
Otter
Viper
Ottomane
Couch, Liege
Ovulationshemmer
Pille

P

Paarhufer, Paarzeher
Bison, Gemse, Kamel, Okapi, Schaf, Ziege
paarige Innenorgane
Lunge
paarige Körperteile
Augen, Beine, Ohren
Paarlauffigur (Eiskunstlauf)
Lasso
Paarverhältnis (Soziologie)
Dyade
Pacht
Miete
Pächter eines Gutes
Meier
Pachtgeld
Miete
Pachthof
Ferme
pädagogische Beurteilung
Tadel
pädagogische Maßnahme
Ruder
Paddelboot
Kajak
pakistanische Währungseinheit
Annas, Rupie
pakistanischer Nobelpreisträger für Physik
Salam
pakistanischer Politiker
Mirza
pakistanischer Strom
Indus
Palast *in* Florenz
Pitti
Palast *in* St. Petersburg
Brera
Palauinsel
Merir
Palmblatt
Wedel
Palmenart
Yucca
Palmfächer
Punka
Palmlilie
Yucca
Palmwein
Toddy
Pampasstrauß
Nandu
Panier
Fahne
Panik
Angst
Pantherkatze
Irbis
Papageienart
Arara, Makao
Papierart
Krepp, Pappe, Velin
Papierbehälter
Tuete
Papierformat
Folio, Oktav, Quart
Pappdruckmatrize
Mater
Pappelart
Abele, Alber
Paprikaart
Chili
päpstlich
papal
päpstliche Behörde
Kurie
päpstliche Krone
Tiara
päpstliche Zentralbehörde
Kurie
päpstlicher Erlass
Breve, Bulle
päpstlicher Gesandter
Legat
päpstlicher Tragsessel
Sedia
päpstliches Gewand
Falda, Fanon
Papstname
Urban
Parabel
Kurve
Paradieswächter
Engel
Parallelogramm
Raute
Parfümduftstoff
Ambra
Pariser Gassenjunge
Gamin
Pariser Untergrundbahn
Metro
Parlament
Senat
Parlamentsgruppe
Linke
Parole
Motto
Part
Rolle
Parteizeitung
Organ
Partie
Match, Rolle, Spiel
Partie des Körpers
Bauch, Brust
Party
Feier
Partygetränk
Bowle
Parze
Moira
Pass *der* Karawanken
Loibl
Pass *in* Ligurien
Giovi
Passahbrot
Matze
Passahfest
Azyma
passend
habil
Passion
Hobby, Liebe
Passsichtvermerk
Visum
Paste
Creme
Pastorengewand
Talar
patent
famos
Patin
Godel
Patisserieerzeugnis
Torte
Patron *von* Bayern und München
Benno

Patron *der* **Flieger**
Elias
Patron *der* **Schweiz**
Klaus
Patronin *der* **Augenkranken**
Lucia
Pause
Kopie
Pausenangabe in der Musik
tacet
Pechkohle
Gagat
peinlich
fatal
peinlicher Vorfall
Eklat
peinliches Gefühl
Scham
Peitsche
Knute
Pelzart
Bisam
Pelztier
Biber, Bisam, Fuchs, Iltis, Luchs, Robbe, Schaf, Ziege, Zobel
Pension
Rente
pergamentartiges Papier
Velin
Perons Frau
Evita
Perron
Rampe
Perseusstern
Algol
persische Gottheit
Haoma
persische Münze
Dinar, Toman
persische Provinz
Gilan
persische Reisspeise
Pilaf, Pilaw
persische Wüste
Kawir
persischer Dichter
Hafis, Saadi
persischer Frauenname
Leila
persischer Kaisertitel
Schah
persischer Klassiker
Saadi
persischer König
Cyrus, Kores, Kyros, Nadir
persischer Lyriker
Feisi
persischer Religionsstifter
Manes
persischer Titel
Mirsa, Mirza
Personenkraftwagen
Coupé
persönlich
eigen
persönliches französisches Fürwort
elles
persönliches Fürwort
ihren
Persönlichkeitsbild
Image
Persönlichkeitszerfall
Lysis
peruanische Hafenstadt
Chala, Pisco
peruanische Herrscherkaste
Inkas
peruanische Provinz
Junin, Piura
peruanischer Branntwein
Pisco
peruanischer Exportartikel
Eisen, Guano, Kakao, Wolle
peruanisches Gebirge
Anden
pessimistisch voraussagen
unken
Petrarcas Geliebte
Laura
Pfadfinder
Scout
Pfannengericht
Steak
Pfefferfresser (Vogel)
Tukan
Pfeifton
Pfiff
Pfeiler bei Hängebrücken
Pylon
Pfeilerbüste
Herme
Pfeilschusswaffe
Bogen
Pfeilwurfspiel
Darts
Pferd von Siegfried
Grane
pferdeähnliches Tier
Zebra
Pferdeart
Falbe, Fuchs, Rappe, Stute
Pferdegeschirrteil
Siele, Sporn
Pferdekrankheit
Druse, Leist, Mauke
Pferdelaufleine
Longe
Pferderasse
Tatar
Pferderennen
Derby
Pferderennplatz
Ascot, Epsom
Pferdesport
Derby
Pfiff
Kniff
Pfingstvogel
Pirol
Pflanze *des* **Mittelmeergebietes**
Agave
Pflanzenart
Blume, Busch, Kraut
Pflanzenauszug
Wachs
Pflanzenfaser
Sisal
Pflanzenkeim
Samen, Spore
Pflanzenkost
Salat
Pflanzenreich
Flora
Pflanzenschössling
Trieb
Pflanzenstängel
Stiel
Pflanzenteil
Aehre, Beere, Blatt, Borke, Dolde, Faser, Kelch, Nadel, Narbe, Ranke, Rinde, Rispe, Stamm, Stiel, Trieb, Wedel, Zweig
Pflanzentrieb
Ranke
Pflanzenwuchsform
Hecke
pflanzlicher Klettertrieb
Ranke
Pflege
Obhut, Sorge
Pfleger
Tutor
Pfleger *von* **Wild**
Heger
Pflicht
Gebot
Pflugmesser
Schar
Pflugteil
Schar
Pfortendrehzapfen
Angel
Pfosten
Pfahl
Pfosten für die Pferdehalteleine
Pilar

5

Pfote
Klaue, Tatze
Pfropfen
Spund
Pfuhl
Sumpf
Pfütze
Lache
Phädras Vater
Minos
Pharaonenname
Menes
philippinische Insel
Bohol, Luzon, Samar
philippinischer Vulkan
Mayon
Philisterstadt im A.T.
Ekron
philosophische Disziplin
Ethik, Logik
phönizische Stadt
Sidon
phrygischer Sagenkönig
Midas
physikalische Grundgröße
Masse
physikalischer Begriff
Achse, Anode, Blitz, Dampf, Druck, Ebene, Farbe, Fokus, Hebel, Hoehe, Kraft, Kurve, Licht, Linse, Masse, Optik, Rolle, Stoff, Stoss, Strom, Welle
physische Stärke
Kraft
Picke
Hacke
Pik
Groll
Pike
Lanze
Pilgerfahrt nach Mekka
Omrah
Pilzfäden
Myzel
Pinselform
Quast
Pionier *des* **Automobilbaus**
Horch
Pionier *der* **Raketentechnik**
Nebel
Piste der Skilangläufer
Loipe
Plage
Elend, Muehe, Uebel
Planbild
Karte
Planbild der Erde
Karte
Plane
Blahe, Decke
Planet
Pluto, Venus
Planetoid
Ceres, Vesta
Planke
Bohle, Brett, Diele
Plänkelei
Kampf
Plastik
Figur
Plastikhaut
Folie
Plattenhülle
Cover
Plattform
Basis, Ebene
Plättgerät
Eisen
Platz
Markt
Plätzchengewürz
Macis, Mazis
plötzliche Massenangst
Panik
plumps
plauz
Pluspol
Anode
Pöbel
Masse, Plebs
poetisch für Brunnen
Bronn, Brunn, Quell
poetisch für darüber
darob
poetisch für Glanz
Glast
poetisch für Kopf
Haupt
poetisch für Liebe
Minne
poetisch für Viehhüter
Hirte
Pokal
Kelch, Preis
Polarhund
Laiki
Pole betreffend
polar
Poliermittel
Wachs
poliert
glatt
politischer Extremist
Ultra
politisches Gebilde
Staat
Politur
Glanz
Polizei (Jargon)
Polyp
Polizeibeamter
Bobby
polizeilicher Begriff
Indiz
polnische Landschaft
Posen
polnische Währungseinheit
Zloty
polnischer Chemiker
Curie, Wloka
polnischer Politiker
Ochab
polnischer Schriftsteller
Gruda, Tuwim
polnisches Flächenmaß
Morga
Polsterliege
Diwan
Polstermaterial
Daune, Feder, Kapok, Watte
Polstermöbel
Couch, Diwan, Liege
polynesische Inselgruppe
Samoa
Polyp
Krake
Pomp
Prunk
Popmusikbegriff
Sound
porös
porig
portugiesisch für Bergkette
Serra
portugiesische Asienbesitzung
Macao, Macau
portugiesische Landschaft
Beira
portugiesische Währungseinheit
Dobra
portugiesischer Entdecker (ehemalig)
Pinto
portugiesischer Erfinder
Nuñez
portugiesischer Königsname
Pedro
portugiesischer Mathematiker
Nuñez
portugiesischer Mediziner
Moniz
portugiesischer Nobelpreisträger für Medizin
Moniz
portugiesischer Politiker
Costa, Eanes, Gomes, Lopes

portugiesischer Schrift-steller
Braga, Dinis, Nobre, Pires
Porzellanmanufaktur
Delft
Porzellanschnecke
Kauri
Porzellanverzierung
Dekor
Posament
Borte, Galon, Litze
Pose
Mache
Position eines Flugzeugs festlegen
orten
Positionsermittler
Orter
positiv geladene Elek-trode
Anode
positive Elektrode
Anode
Possen
Farce, Spass, Unfug
Possenreißer
Clown
Possenreißer in der Antike
Mimus
postalischer Begriff
Porto
Posten
Menge, Wache
Postgebühr
Porto
Postsendung
Brief, Kabel, Karte, Paket, Telex
Postversandstück
Paket
Postwertzeichen
Marke
Prachtbau
Villa
Prachtentfaltung
Prunk
prächtig
famos, prima
Prachtstraße
Allee
Prachtwicke
Donia, Donie
Prag in der Landessprache
Praha
Prägeform
Mater
Prahlhans
Protz
Pralinenfüllung
Creme, Nugat
Prämie
Bonus
Pranke
Klaue, Pfote, Tatze
Präposition
durch, neben, nebst, statt, trotz, ueber, unter, wegen
Präsident *der* **Bundesre-publik Deutschland**
Heuss
präzise
exakt, genau, knapp
Preis *ohne* **Abzug**
netto
Preis *für* **Leistungen**
Tarif
Preisgrenze
Limit
Preisspanne
Marge
Preissturz an der Börse
Slump
Preisvorschlag
Gebot
Pressspan
Pappe
Prestige
Image
preußische Provinz
Posen
preußischer Finanzmi-nister
Stein
preußischer General
Boyen, Goltz, Yorck
preußischer Kriegsmi-nister
Stein
preußischer Reformer
Stein
preußischer Staatsmann
Beuth, Bonin, Stein
preußisches Adelsge-schlecht
Arnim
Priester
Pater
Priestergewand
Talar
Priesterumhang
Stola
primitive Befestigung
Pfeil
primitive Schusswaffe
Bogen
primitive Unterkunft
Eugen
Prinzessin *von* **Wales**
Diana
Prinzip
Axiom
Prise
Beute, Dosis, Hauch, Zutat
Privatkrieg
Fehde
Probedruck
Fahne
proben
ueben
Problem
Frage
Produkt *der* **Auster**
Perle
Produkt *der* **Bienen**
Honig, Wachs
Produkt *aus* **Kokosnüssen**
Kopra
Produkt *vom* **Lande**
Milch
Produkt *der* **Textilindus-trie**
Tuche
Produkt *aus* **Tierhaut**
Leder
Professional
Profi
Programmierhochsprache
Algol
Programmiersprache
Basic
Promenade
Korso
Prophet
Seher
Prophet im Alten Testa-ment
Elias, Elisa, Hosea, Jonas, Josua, Micha, Nahum
Prosaerzählung
Roman
Prosawerk
Roman
Prostituierte
Dirne, Nutte
Provinz *in* **China**
Honan, Kansu
Prozession
Umzug
Prozessunterlagen
Akten
Prüfung
Probe
Prüfung *von* **Messgeräten**
Eiche
Prüfung *im* **Motorradsport**
Trial
Prügel
Hiebe, Keile, Keule, Senge, Stock
Prunk
Luxus, Staat
prunkvoller Trinkbecher
Pokal
Psalmendichter
David
Psyche
Seele, Wesen

Psychoanalytiker
Adler, Freud
Publikum
Leser
Publizist
Autor
Puderzucker
Farin
Pulver
Puder, Staub
Punkt *der* größten Sonnenferne eines Planeten
Aphel
Punktestand beim Sport
Score
Punschterrine
Bowle
Puppe
Larve
Puppe für Autotests
Dummy
Puppenhülle bei Insekten
Kokon
Puppenmutter
Kruse
Pygmäenstamm
Wedda
Pyramidenort in Ägypten
Giseh, Gizeh, Medum
Pyrenäenberg
Aneto
Pyrenäenbewohner
Baske

Q

Quader
Stein
Quagga
Zebra
Qual
Muehe, Plage
quälende Arbeit
Muehe
quälende Schuld
Scham
Quälgeist
Drude
Qualität
Guete
Qualitätsbegriff
Marke
Qualle
Polyp
Qualm
Dampf, Dunst, Rauch, Wolke
Quantität
Menge
Quantum
Dosis, Menge
Quartier
Logis
Quarzabart
Mocha
Quarzgang
Pfahl
Quaste
Tolle
Quatsch
Unfug
Quelle
Bronn
Quellfluss *der* Lippe
Pader
Quellfluss *der* Weser
Fulda, Werra
Quellgebiet des Rheins
Adula
Quercus
Eiche
Querele
Hader, Klage, Zwist
Querschiff im Bauernhaus
Flett
Quintessenz
Wesen
Quittung
Beleg

R

Rabatt
Abzug
Rabe Odins
Hugin, Munin
Rabenvogel
Dohle
Rachegöttin
Furie
Radau
Krach, Laerm
Radaufhängung
Achse
Räderfahrzeug
Wagen
Räderverbindung
Achse
Radierung
Stich
radioaktives Edelgas
Radon
radioaktives Element
Astat, Radon
Radioempfangsteil
Tuner
Radkranz
Felge
Radschutzkuppel
Radum
Raffel
Reibe
raffiniert
smart
Ragout aus Wildgeflügel
Salmi
Ragwurzelknolle
Salep
Rahels Mann
Jakob
Rahm
Obers, Sahne
Rahmen
Zarge
Rammbock
Ramme
Rand
Kante
Rand des Billardtisches
Bande
Randbesatz (Kleidung)
Borte
Randverdickung
Wulst
Randverstärkung aus Leder
Keder
Randverzierung
Sicke
Rang
Stand, Stufe, Titel
Rangältester
Doyen
Rangbezeichnung
Titel
Range
Goere
Rangwürde
Titel
Rankengewächs
Liane
rapid
rasch
rar
knapp
rasch
eilig, flink, flott, rapid
rasche Kreiswendung beim Fechten
Volte
Rasen
Wasen, Wiese
rasend
rapid
rasendes Weib
Furie
Rasenspiel
Rugby
Raspel
Feile, Reibe
rassig
apart
Rast
Pause

rasten
ruhen
Rate
Quote
Ration
Dosis
Rätselart
Rebus
Rätselfreund
Rater
Raub
Beute, Prise
räuberische Eidechse
Waran
Raubfisch
Hecht
Raubkatze
Luchs, Tiger
Raubmarder
Zobel
Raubtier
Dachs, Dingo, Fuchs, Iltis, Loewe, Luchs, Mungo, Tiger, Zobel
Raubtierpfote
Klaue, Tatze
Raubvogelnest
Horst
Raubwild
Dachs, Fuchs, Iltis
Rauch
Abgas, Dunst, Qualm
rauchende Schwefelsäure
Oleum
Räuchermittel
Myrre
Rauchfang
Kamin
Rauchkraut
Tabak
Raufbold
Rowdy
Raum
Stube
Raum *im* **antiken Tempel**
Cella
Raum *unter dem* **Dach**
Boden
Raum *zwischen* **Schiffsboden und Schiffshaut**
Bilge
Raum *für* **Sträflinge**
Zelle
Raumbegrenzung
Boden, Decke
Raumbegriff
Hoehe
Raumfahrtbegriff
Duese, Schub, Stufe
räumlich begrenzt
klein
Raummaß
Liter
Raumschiff *der* **Amerikaner**
Faith, Sigma
Raumschiff *der* **Sowjets**
Sojus, Lunik
Rausch
Dusel
rauschen
tosen
Rauschgift
Crack, Droge, Opium
Rauware (Rauhware)
Biber
real
reell
Rebensorte
Faber, Pinot
Rechen
Harke
Rechenergebnis
Summe
Rechenpfennig
Jeton
Rechenzeichen
minus
Rechnung
Zeche
Rechnungsamt
Kasse
rechte Kontoseite
Haben
Rechteck
Raute
rechtmäßig
legal, loyal
Rechtschreibebuch
Duden
Rechtsgelehrter der Mohammedaner
Mufti, Ulema
Rechtsgrund
Titel
rechtwinkliger Behälter
Kiste
rechtzeitig
frueh
Redefluss
Suada
Redensart
Idiom
Rederei
Ondit
Redeschwall
Suada
redlich
loyal, reell
rege
aktiv, emsig
Regelwerk
Kanon
Regenauffangbehälter
Tonne
Regenquelle
Wolke
Regenträger
Wolke
Regierung
Junta, Senat
Regierungssitz in Moskau
Kreml
regierungstreu
loyal
Register
Liste
Reh
Bambi, Geiss, Ricke
Reibeisen
Reibe
reibungslos
glatt
Reich *der* **Mitte**
China
Reich *der* **Toten**
Hades, Orkus
reicher Mann
Nabob
Reichspräsident
Ebert
Reichsritter
Geyer
Reife des Weines
Firne
Reihe
Folge, Kette, Serie
Reihe *von* **Buchstaben**
Zeile
Reihenfolge
Serie
rein nach Abzug
netto
Reineke
Fuchs
Reingewicht
Netto
Reinigungsgerät
Besen, Feger, Wedel
Reinigungsmittel
Seife
Reisbranntwein
Arrak
Reise
Fahrt
Reisedecke
Plaid
Reisestrecke
Route
Reiseweg
Linie, Route
Reisgericht
Pilaf, Pilaw
reißend
rapid
Reitbahn
Arena

Reitdromedar
Mehar
Reiter im zaristischen Russland
Kosak
Reiternomade
Avare
Reiterschau in den USA
Rodeo
Reitersoldat
Husar
Reitfigur der hohen Schule
Volte
Reitknecht
Groom
Reitpeitsche
Gerte
Reitstiefelbeschlag
Sporn
Reitstock
Gerte
Reittier
Kamel, Mulus, Pferd
Reitzubehör
Gerte
Reiz
Anmut
reizvoll
apart
Religion
Islam
Religionsbuch *der* **Christen**
Bibel
Religionsbuch *des* **Islam**
Koran
Religionsgemeinschaft
Sekte
Religionsstifter
Jesus, Manes, Moses
religiöse Handlung
Messe, Opfer
religiöse Übung
Gebet
religiöser Brauch
Ritus
religiöser Eiferer
Zelot
religiöses Lied
Psalm
Rennbahn
Korso, Piste
Rennbeginn
Start
Rennplatz in England
Ascot
Rennruderboot
Einer
Reproduktion
Repro
Reptilart
Echse, Gecko, Kobra, Otter, Viper, Waran
respirieren
atmen
Ressentiment
Groll
Rest
Neige, Torso
Rest beim Kartengeben
Talon
Rest im Glase
Neige
Restaurant
Lokal
Restbetrag
Saldo
restlos
total
Resultat
Fazit
Rettung
Hilfe
Rettungsschlitten der Bergwacht
Ackja
Reue
Scham
Revanche
Rache
Reverenz
Gruss
Revue
Schau
Rheinhafen
Basel, Koeln, Mainz, Neuss, Wesel
rheinisches Mittelgebirge
Eifel
Rhesusaffe
Makak
Rhombus
Raute
Rhythmuswechsel
Break
Richtergremium
Senat
Richtlinie
Kanon, Regel
Richtschnur
Regel
Richtungsanzeiger
Pfeil
Riechstoff
Amber, Ambra, Bisam, Myrre, Odeur, Zibet
Ried
Sumpf
Riedgras
Segge
Riedgrasgattung
Binse
Riegel
Barre
Riemen
Ruder, Siele
Riemengabel am Ruderboot
Dolle
Riese
Huene
Riese *der* **griechischen Sage**
Argus, Atlas
Rieseneidechse
Waran
Riesentintenfisch
Krake
Riesenvogel
Greif
riesig
enorm
riesige Wassermasse
Ozean
rigid
starr, steif
Rille
Delle, Kerbe, Rinne
Rind
Bulle, Farre, Kalbe, Ochse, Stier
Rinde
Borke
Rinderart
Bison
Rinderhack
Tatar
Rindslendenstück
Filet, Steak
Ringelkrebs
Assel
Ringen in Island
Glima
Ringergriff
Hebel
ringförmige Koralleninsel
Atoll
ringförmiges Gebäck
Donut
Rinne *an* **Berghängen**
Runse
Rinne *im* **Wattenmeer**
Priel
Rinnsal
Priel
Rinnstein
Gosse, Rinne
Riss
Ritze, Spalt
Rist
Spann
Ritter *der* **Artusrunde**
Iwein

ritterliche Liebe
Minne
ritterlicher Liebhaber
Galan
ritterliches Kampfspiel
Tjost
Ritual
Opfer
Rivale
Feind
robust
stark
Rochenart
Flete, Manta
Rodelbahn
Piste
roh
ruede
Rohform einer Plastik
Bosse
Rohling
Rowdy
Rohr
Binse
Rohrleitung für Abwässer
Kanal
Rohrverbindungsstück
Muffe
Rohrverengung
Duese
Rohseide
Ekrue, Grège
Rohstoff für Kerzen
Wachs
Rohstoff für Parfüme
Ambra, Zibet
Rohstoff für Schokolade
Kakao
Rohstoff für Textilien
Seide, Wolle
Rohwolle des Schafes
Vlies
Rolladen
Rollo
Rollbahn
Piste
Rolle
Spule, Walze
Rollenfach
Naive
Rollkörper
Walze
Roman von Dostojewski
Idiot
Roman von Freytag
Ahnen
Romanfigur *bei* **Thomas Mann**
Krull
römische Geister der Toten
Manen
römische Göttin der Fruchtbarkeit
Ceres
römische Göttin der Jagd
Diana
römische Hausgeister
Laren
römische Kalendertage
Nonen
römische Liebesgöttin
Venus
römische Silbermünze
Dinar
römischer Beamter
Aedil
römischer Brunnen
Trevi
römischer Gott
Janus
römischer Grenzwall
Limes
römischer hoher Beamter
Aedil
römischer Kaiser
Titus
römischer Mediziner
Galen
römischer Polizist
Aedil
römischer Schriftsteller
Horaz, Lucan
römischer Staatsmann
Sulla, Varus
römischer Statthalter
Varus
römischer Totengeist
Lemur
römischer Totengott
Orkus
römischer Vogelschauer
Augur
römischer Zeitgott
Janus
Romulus' Zwillingsbruder
Remus
Ross
Pferd
Röstbrot
Toast
Röstvorrichtung
Darre
Rot beim Roulette
Rouge
Rotation
Drall
rotbraune Farbe
Siena
rote Rübe
Rahne, Rande
rote Schminke
Rouge
roter Edelstein
Rubin
roter Farbstoff
Eosin
roter Teerfarbstoff
Eosin
rotgelbe Erde
Loess
rotierender Körper
Rotor, Walze
Rotte
Meute, Rudel, Schar, Trupp
Roulettebegriff
Jeton, Reihe, rouge
Rübenart
Rahne, Rande, Wruke
Rübensaft
Sirup
ruchlos
boese, infam
Rückenlast
Hucke
Rückenmarkschwindsucht
Tabes
Rückenteil
Kreuz, Lende
Rückentrage
Kiepe
Rückseite des Blattes
Verso
Rückstand
Neige
Rückstand *bei der* **Erdölgewinnung**
Masut
Rückstand *der* **Wundheilung**
Narbe
rüde
plump
Rudel
Herde, Horde, Meute, Rotte
Rudel von Jagdhunden
Meute
Ruder
Skull
Ruderbank
Ducht
Ruderboot
Einer, Kajak, Skiff, Skull
Ruderlager
Dolle
Ruderstange
Stake
Ruf *zur* **Bereitschaft**
Alarm
Ruf *am* **Telefon**
Hallo
Rüffel
Ruege, Tadel
Rufwort *am* **Telefon**
hallo
Ruhe
Musse, Pause

5

Ruhegehalt
Rente
Ruhemöbel
Couch, Diwan, Liege
Ruhestörung
Krach, Laerm, Radau
ruhig
leise, still
Ruhrmetropole
Essen
Rührstab
Quirl
Ruinenstätte *in* Kleinasien
Milet, Perge, Troja
Ruinenstätte *am* Tigris
Assur
rumänische Adelsfamilie
Ghika
rumänischer Berg
Bihor, Negoi
rumänischer König
Carol
rumänischer Mediziner
Babes
Rummel
Laerm
Rumpf einer Statue
Torso
Rundbild
Tondo
Runde
Kreis
runder Griff
Knauf
runder Körper
Kugel, Walze
rundes Gemälde
Tondo
Rundfunkapparat
Radio
rundfunktechnischer Begriff
Dipol, Hertz, Welle
Rundgang einer Wache
Ronde
Rundgesang
Kanon
Rundkörper
Kugel
Rundlauf
Runde
Rundmaul
Inger
Rundtanz
Polka
Runzel
Falte
Rüpel
Rowdy
Rüsseltier
Tapir
russisch für Auf gehts, Los!
Dawai
russische Harfe
Gusli
russische Raumkapsel
Lunik
russische Raumschiffserie
Sojus
russische Schlittenhunde
Laiki
russische Währungseinheit
Rubel
russischer Adliger
Bojar
russischer Berg
Altai, Kamen
russischer Branntwein
Wodka
russischer Großbauer
Kulak
russischer Heiliger
Boris, Georg
russischer Komponist
Serow
russischer Kosmonaut
Sudow, Titow
russischer Krondiamant
Orlow
russischer Nobelpreisträger für Literatur
Bunin
russischer Nobelpreisträger für Physik
Basow, Frank
russischer Politiker
Lenin, Malik, Putin, Rykow, Witte
russischer Reichsgründer
Rurik
russischer Reitersoldat
Kosak
russischer Revolutionär
Lenin
russischer Schachspieler
Keres
russischer Schnaps
Wodka
russischer Schriftsteller
Gogol, Gorki
russischer Tänzer
Lifar
russischer Techniker
Popow
russischer Waldgürtel
Taiga
russischer Zarenname
Jurij, Pawel, Peter, Pjotr
russisches alkoholisches Getränk
Kwass, Wodka
russisches Flussschiff
Kivik
russisches Getränk
Kwass
russisches Grenzgebirge
Altai
russisches Heiligenbild
Ikone
russisches Längenmaß
Werst
russisches Musikinstrument
Bayan, Domra, Gusla, Gusli
russisches Nationalgetränk
Wodka
russisches Wegemaß
Werst
russisches Weltraumschiff
Sojus
russisches Zupfinstrument
Domra
rustikal
plump
Rute
Gerte, Stock, Zweig
rutschig
glatt

S

Saalbau
Odeon
Saatgut
Samen
Sache
Chose
sächsische Burg
Werla
sacht
leise, sanft
Saft
Juice, Sirup
Sage
Kunde, Maere
sagenhafte Insel
Thule
sagenhafte Insel im hohen Norden
Thule
sagenhafte Königin von Theben
Niobe
sagenhafte Seeschlange
Hydra
sagenhafter Dänenkönig
Beowa
sagenhafter englischer König
Artus

sagenhafter Gründer von Rom
Remus
sagenhafter König
Artus
sagenhafter König von Kreta
Minos
sagenhafter König von Phrygien
Midas
sagenhafter König von Theben
Kreon
sagenhaftes Goldland
Ophir
Sagenname Attilas
Etzel
Sahne
Creme, Flott, Obers
Saiteninstrument
Banjo, Cello, Gambe, Geige, Harfe, Laute, Leier, Piano, Viola
Sakrament
Taufe
Salatpflanze
Gurke
Salbe
Creme, Masse, Paste
salopp
leger
saloppe Hose
Jeans
Salz *der* **Borsäure**
Borat
Salzgestein
Halid
Salztrog für das Vieh
Lecke
Salzwasserei
Solei
Samen des Johannisbrotbaums
Karat
Samenkapsel
Stein
Sämerei
Samen
Sammelbegriff für Leibesübungen
Sport
Sammelbuch
Album
Sammelstelle
Depot, Lager
Sammlung *von* **Schriftstücken**
Aktei
samtartiges Glaceeleder (Glacéleder)
Mocha
Sandbank
Barre
Sandberg am Meer
Duene
sandfarben
beige
sandiger Boden
Geest
Sandsturm
Habub
sanft
leise, ruhig, sacht, still, weich
Sänfte
Sedia
Sanftmut
Milde
Sänger *der* **alten Kelten**
Barde
sanitäre Einrichtung
Bidet
Sarahs Sohn
Isaak
Sarkasmus
Spott
Satan
Urian
Satellitenbahn
Orbit
Satin
Atlas
Saturnmond
Titan
Sätze aussprechen
sagen
Satzzeichen
Divis, Kolon, Komma, Punkt
Sauergras
Segge
Säugeorgan
Euter, Zitze
Säugetierart, Säugetiergattung
Affen, Nager
Säuglingsnahrung
Milch
Säulen des Herakles
Abila, Kalpe
Säulenfußstück
Basis
Sauls Widersacher
David
Saum
Biese, Borde
saure Speisewürze
Essig
Schabefleisch
Tatar
Schachausdruck
Bauer, Brett, Pferd, remis, Stein
Schachfigur
Pferd
Schachstein
Bauer, Figur
Schachtsohle
Teufe
Schädelnaht
Sutur
Schaden
Damno
Schadenfreiheitsrabatt
Bonus
Schadensfeuer
Brand
Schadenversicherung
Kasko
schadhafte Stelle
Bruch
schädliches Insekt
Motte
schädliches Nagetier
Ratte
Schaf
Zibbe
Schaffell
Vlies
Schafkrankheit
Maedi
Schafleder
Nappa
Schafscheren
Schur
Schaft
Stiel
Schäkerei
Flirt
schalartiger Umhang
Stola
Schalentier
Krebs
Schalkragen
Fichu
Schall
Klang, Knall, Sound
Schallplattenetikett
Label
Schallplattenhülle
Cover
Schalter
Griff, Hebel, Knopf, Taste
Scham
Scheu
schamlos
frech
Schandfleck
Makel
schändlich
infam
Schandtat
Untat
Schänke (Schenke)
Beize, Lokal, Pinte
Schankgefäß
Kanne

Schanktisch
Theke
Schar
Haufe, Menge, Meute, Rotte, Rudel, Trupp
scharf gebacken
kross
scharfe Kurve
Kehre
scharfe militärische Ausbildung
Drill
scharfe Stofffalte (Stoffalte)
Kniff
scharfer Falz
Knick
scharfes Geräusch
Knall
scharfes Gewürz
Curry
scharfes Werkzeug
Saege
scharfkantige Vertiefung
Kerbe
Scharfsinn
Geist
Scharte
Kerbe, Narbe
Schattenreich
Hades, Orkus
schattiertes Gewebe
Ombré
Schatz
Juwel
Schau
Revue
Schaubild
Graph
Schaufahrt
Korso
Schaufelmaschine
Raupe
Schaukel
Wippe
Schaukelbett
Wiege
Schaumkrone (Bier)
Blume
Schauplatz
Szene
Schauprodukt
Dummy
Schauseite
Avers, Front
Schauspiel
Drama, Spiel
Schauspiel von Goethe
Faust, Goetz
Schauspiel von Hauptmann
Weber
Schauspiel von Thoma
Moral
Schauspieleraufgabe
Rolle
Schauspielkunst
Mimik
Schauspielschüler
Eleve
Scheichtum am Persischen Golf
Dubai
Schein
Glanz
Scheinangriff
Finte
Scheinhandlung
Farce, Finte
Scheinmaßnahme
Trick
Scheitelpunkt
Zenit
Schelm
Filou, Wicht
Schelte
Ruege, Tadel
schenken
geben
schenkende Nächstenliebe
Agape
Schenkender
Geber
Scheren der Schafe
Schur
Scherz
Spass
Scherzwort für Bär
Teddy
Scherzwort für behäbige Frau
Madam
Scherzwort für schlechte Handschrift
Klaue
Scherzwort für Schule
Penne
Scheunenboden
Tenne
Schicht
Belag, Floez, Kaste
schick
fesch, flott, smart
Schicksal
Fatum, Karma
Schicksalsgöttin
Moira, Norne, Parze, Skuld
Schiebestange bei Flussbooten
Stake
schief
krumm
schiefe Ebene
Neige
Schiefergestein
Gneis
schiefwinkliges Quadrat
Raute
Schiene
Gleis
Schienenstrang
Gleis
Schierlingstanne
Tsuga
Schiff *des* Kolumbus
Pinta
Schiff *der* Kolumbusflotte
Pinta
Schiff Noahs
Arche
schiffbarer Stadtkanal
Fleet
Schifffahrtshindernis
Nebel
Schiffsanlegeplatz
Hafen, Reede
Schiffsbalken
Spant
Schiffsbauplatz
Helge, Werft
Schiffsfracht
Kargo
Schiffsführer
Lotse
Schiffshaltetau
Kabel
Schiffsheckrundung
Bille
Schiffsjunge
Moses
Schiffskran
Davit, Takel
Schiffsladung
Kargo
Schiffslandeplatz
Hafen
Schiffsleinwand
Segel
Schiffslenkvorrichtung
Ruder
Schiffsmannschaftsraum
Logis
Schiffsmast
Besan
Schiffsrippe
Spant
Schiffsruine
Wrack
Schiffssegel
Besan
Schiffssteuer
Pinne, Ruder
Schiffstyp
Barke, Brigg, Jacht, Kogge, Liner, Prahm, U-Boot, Yacht
Schiffswinde
Spill

Schiffswohnraum
Salon
Schiffszubehör
Anker
Schild
Tafel
Schild des Zeus
Aegis
Schilddrüsenerkrankung
Kropf
Schilf
Binse
Schimmel
Pferd
Schimmer
Glanz
Schinderei
Drill
Schlacht
Kampf
Schlachtfett vom Schwein
Speck
Schlachtrind
Ochse
Schlachtvieh-Oberschenkel
Keule
Schlackenberg
Halde
Schlafenszeit
Nacht
Schlaferlebnis
Traum
schlaff
inert, lasch, muede
Schlafkammer
Gaden
schlafmohnhaltiges Arzneimittel
Opiat
schläfrig
muede
Schlag
Stoss
Schlagader
Aorta
Schlagart *beim* **Golf**
Bogey
Schlagart *beim* **Tennis**
Slice, Smash, Twist
Schlagbaum
Barre
Schläge
Hiebe, Keile, Senge
Schläger
Rowdy
Schlaggerät
Keule, Stock
Schlaginstrument
Pauke
Schlagrahm
Obers, Sahne
Schlagtrommel
Pauke
Schlagwaffe
Keule
Schlagwort
Motto
Schlagzeile
Titel
Schlagzeug einer Band
Drums
Schlamm
Dreck, Sumpf
Schlammbank
Barre
Schlammfang
Gully, Gumpe
schlammig
limos
Schlammpackung
Fango
Schlammstrom
Lahar
Schlangenanbeter
Ophit
Schlangenart, Schlangengattung
Aspis, Kobra, Mamba, Otter, Viper
schlank
duenn, hager, mager
schlapp
muede
Schlauberger
Filou, Fuchs
schlaue Tat
Trick
schlecht
boese, elend, uebel
schlechte Angewohnheit
Unart
schlechte Schrift
Klaue
schlechte Schulnote
Fuenf
schlechter Branntwein
Fusel
Schlechtes
Uebel
schlechtes Essen
Frass
Schlechtwetterzone
Front
Schleichkatze
Mungo
schleierartiges Gewebe
Tuell, Voile
Schleimgeschwulst
Myxom
Schlendrian
Trott
Schleppangel
Darge
Schleppkahn
Prahm, Zille
Schleppnetz
Zeese
schlesische Witzfigur
Antek
schlesischer Groschen
Beehm, Boehm
schleswig-holsteinische Insel
Amrum, Foehr, Hooge
Schleuderwaffe
Speer
Schlichtwerkzeug
Feile
Schliff
Drill, Glanz
schlimm
boese, uebel
schlimme Lebenslage
Elend
Schlingel
Range
Schlingpflanze
Liane, Winde
Schlitten
Ackia, Pulka, Rodel
Schlittenhund
Husky
Schloss *in* **Lienz**
Bruck
Schloss *an der* **Loire**
Blois
Schlot
Kamin
Schlucht
Cañon, Kamin, Klamm, Kluft
Schlumpf
Wicht
schlüpfrig
glatt
Schluss
basta
Schlussfolgerung
Fazit
Schlussphase bei Wettläufen
Spurt
Schlussvermerk in alten Büchern
Finis
Schlusszeichen
Punkt
schmal
duenn, hager
schmale Felsschlucht
Klamm
schmale Öffnung
Ritze, Spalt
schmale Straße
Gasse

schmale Vertiefung
Rinne
schmaler Felsspalt
Kamin
schmaler Meeresarm in Skandinavien
Fjord
schmaler Schrank
Spind
schmaler Spalt
Ritze
schmales Brett
Latte
Schmeichelei
Eloge
Schmelzüberzug
Email
schmerzhafter Anfall
Kolik
Schmetterball
Smash
Schmetterlingsart
Fuchs, Motte, Nonne
Schmetterlingsblütler
Bohne, Erbse, Linse, Wicke
Schmetterlingsgespinst
Kokon
Schmetterlingslarve
Puppe, Raupe
schmiedbares Eisen
Stahl
Schmiedegerät
Zange
schmieren
oelen
Schmiernippel
Oeler
Schmiervorrichtung
Oeler
Schminke
Rouge
schmückende Auszeichnung
Orden
Schmückendes
Stolz
Schmuckgewinde
Kranz
Schmuckmaterial
Email, Gemme, Juwel
Schmuckspange
Fibel
Schmuckstein
Achat, Pyrop, Rubin, Topas
Schmuckstreifen
Fries
Schmuckstück
Kette, Kreuz, Nadel, Perle
Schmutz
Dreck, Staub, Unrat
schmutziger Abfall
Muell, Unrat
Schmutzstelle
Fleck
Schnapssorte
Wodka
schneefrei
gruen
Schneeleopard
Irbis
Schneesturm *in* **Sibirien**
Metel, Purga
Schneide *am* **Pflug**
Schar
schneidig
fesch, flott
Schneidwerkzeug
Saege
schnell
eilig, flink, rapid, rasch
schnelle Bewegung
Husch
schneller Autofahrer
Raser
schneller Tanz
Polka
schnelles Schiff
Jacht
Schnellfahrer
Raser
Schnelligkeitsgrad
Tempo
Schnepfenvogel
Knutt, Triel
Schnittergerät
Sense
Schnittholz
Brett, Latte
Schnittlinie zweier Flächen
Kante
Schnur
Faden, Leine, Litze
Schnur am Webstuhl
Helfe
Schnurre
Farce, Posse
Schokoladenrohstoff
Kakao
Schokoladenstreifen
Rippe
Schönheitsgöttin
Venus
Schonkost
Diaet
Schöpfer
Autor
Schöpfer *des* **Sherlock Holmes**
Doyle
schöpferisch begabter Mensch
Genie
schöpferisches Nichtstun
Musse
Schöpflöffel
Kelle
Schöpfung
Natur
Schorf
Borke, Grind
Schornstein
Kamin
Schössling (Schößling)
Trieb
Schotte irischer Herkunft
Skote
Schottenstoff
Plaid
schottische Insel
Barra, Islay, Lewis, Tiree
schottischer Hafen bei Edinburgh
Leith
schottischer Komponist
Field
schottischer König
Jakob
schottischer Mathematiker
Neper
schottischer Pionier des Fernsehens
Baird
schräge Auffahrt
Rampe
schrankartiger Kochherd
Grude
Schrebergartenhäuschen
Laube
Schrecken
Graus, Panik
Schreiber
Autor
Schreibflüssigkeit
Tinte
Schreibgerät
Feder
Schreibstube
Buero
schreiend
grell
Schrein
Truhe
Schreinerwerkzeug
Feile, Hobel, Saege
Schriftart
Times
Schriftensammlung
Aktei
Schriftform
mager
Schriftgrad
Kanon, Petit, Sabon
schriftliche Aufstellung
Liste
schriftliche Unterlage
Beleg

schriftlicher Hinweis
Notiz
schriftlicher Vermerk
Notiz
Schriftreihe
Zeile
Schriftrolle
Thora
Schriftstelle
Zitat
Schriftsteller
Autor
Schrifttilgung
Rasur
Schriftzeichen unserer Vorfahren
Runen
schrill
grell
Schritt
Tritt
Schrittsportler
Geher
schroff
steil
schrottreifes Auto
Wrack
Schrulle
Laune
Schubs
Stups
schüchtern
scheu
Schuft
Kujon
Schuhmacherwerkzeug
Kneif, Zange
Schuhmaterial
Leder
Schuhsohle aus Rohkautschuk
Krepp
Schuhteil
Kappe, Sohle, Zunge
Schulartikel
Atlas, Fibel, Mappe, Stift, Tafel, Tinte
Schulden
Minus
Schule
Penne
Schüler
Adept, Eleve
Schulfach
Ethik, Lesen, Musik, Sport
Schullesebuch
Fibel
Schulort am Bodensee
Salem
Schultasche
Mappe
Schulterstück
Passe
Schultertuch
Fichu, Schal, Stola
Schultertuch des Papstes
Orale
Schulterumhang
Stola
Schund
Dreck
Schuppenkriechtier
Echse, Waran
Schuppfisch
Eitel
Schürfrecht
Claim
Schüssel
Kumme, Satte
Schussfolge
Salve
Schussgeräusch
Knall
Schustermesser
Kneif
Schusternagel
Pinne
Schuttberg
Halde
Schüttstroh
Streu
Schutz
Mauer, Obhut
Schutz *für* **Wunden**
Binde
Schutzanlage an Ufern
Deich
Schutzbehausung im Gebirge
Baude
Schutzdamm am Meer
Deich
Schutzdecke
Plane
Schutzheiliger *der* **Apotheker und Drogisten**
Vitus
Schutzheiliger *der* **Künstler**
Lukas
Schutzheiliger *der* **Liebenden**
Anton
Schutzhügel
Warft
Schutzhülle
Plane
schwäbischer Philosoph
Hegel
schwäbischer Reformator
Brenz
schwäbischer Schriftsteller
Hauff, Hebel
schwach
elend, leise
schwach hörbar
leise
Schwäche
Makel
schwacher Mitlaut
Lenis
Schwaden
Dampf, Dunst, Nebel, Qualm, Rauch, Wasen
Schwank
Farce, Posse
schwankend
labil
Schwanz *des* **Federwilds**
Stoss
Schwanz *des* **Fuchses**
Lunte
Schwanz *des* **Hirsches**
Wedel
Schwanz *von* **Kaninchen und Hasen**
Blume
Schwanz *bei* **Vögeln**
Sterz
Schwanzende
Sterz
Schwanzlurch
Molch
Schwäre
Wunde
Schwarte
Speck
Schwarzamsel
Merle
Schwarzdrossel
Amsel
schwarzes Pferd
Rappe
Schwarzkünstler
Adept, Hexer, Seher
Schwarzwal
Grind
Schwarzwild
Bache, Basse
schwedische Filmdiva
Garbo
schwedische Filmschauspielerin
Garbo
schwedische Insel
Alnoe
schwedische Landschaft
Skane
schwedische Währungseinheit
Krone
schwedischer Asienforscher
Hedin
schwedischer Botaniker
Fries, Linné
schwedischer Chemiker
Cleve, Nobel

schwedischer Erfinder
Nobel
schwedischer Forscher
Hedin
schwedischer Ingenieur
Dalen, Laval, Ruths
schwedischer Königsname
Adolf, Oskar
schwedischer Naturforscher
Linné, Nobel
schwedischer Nobelpreisträger für Literatur
Sachs
schwedischer Nobelpreisträger für Medizin
Euler
schwedischer Nobelpreisträger für Physik
Dalen
schwedischer Nobelpreisträger für Wirtschaft
Ohlin
schwedischer Politiker
Palme
schwedischer Preisstifter
Nobel
schwefelähnliches Nichtmetall
Selen
Schwefelkies
Pyrit
Schwefelsäure
Oleum
Schweifstern
Komet
schweigsam
stumm
Schweineparasit
Finne
Schweiß
Sudor
schweizerisch für Bergwiese
Matte
schweizerisch für Speiseeis
Glace
schweizerische Kantonshauptstadt
Aarau, Basel, Stans
schweizerische Schriftstellerin
Spyri
schweizerische Wintersportort
Arosa, Davos
schweizerischer Berg
Badus, Eiger, Etzel, Pizol, Toedi
schweizerischer Bildhauer
Gieng, Rossi
schweizerischer Botaniker
Godet
schweizerischer Chemiker
Abegg, Stoli
schweizerischer Clown
Grock
schweizerischer Ingenieur
Favre
schweizerischer Kanton
Basel, Waadt
schweizerischer Komponist
Bloch, Frank
schweizerischer Luftkurort
Davos
schweizerischer Mathematiker
Euler
schweizerischer Mediziner
Forel, Garre
schweizerischer Musikalclown
Grock
schweizerischer Naturheilkundiger
Rikli
schweizerischer Nobelpreisträger für Frieden
Gobat, Lange
schweizerischer Nobelpreisträger für Literatur
Hesse
schweizerischer Nobelpreisträger für Medizin
Arber
schweizerischer Pass
Furka
schweizerischer Physiker
Bloch, Debye
schweizerischer Politiker
Etter, Ruffy, Welti
schweizerischer Psychologe
Meili
schweizerischer Schauspieler
Adorf
schweizerischer Schriftsteller
Ramuz
schweizerischer Theologe
Barth, Bovet
schweizerisches Alpenmassiv
Adula
Schwellung
Beule, Delle
Schwerathlet
Boxer, Heber
Schweremessgerät
Waage
schwerer Bildhauerhammer
Masse
schwerer Sturm
Orkan
schwerfällig
plump, traeg
Schwermetall
Chrom, Eisen
schwerreicher Mann
Nabob
Schwerspat
Baryt
Schwertfechtkunst
Kendo
Schwertteil
Knauf
Schwester *des* **Apoll**
Diana
Schwester *von* **Vater oder Mutter**
Tante
Schwestersohn
Neffe
Schwiegersohn
Eidam
Schwiegersohn Labans
Jakob
Schwiegervater Jakobs
Laban
Schwiele
Beule
schwierige Lage
Krise
Schwimmart
Brust, Kraul
Schwimmstil
Kraul
Schwindel
Dusel, Luege
Schwindelgefühl
Dusel
Schwingungseinheit
Hertz
Schwingungszustand
Phase
Schwitzbad
Sauna
Schwung
Drive, Kraft, Verve
Schwungübung am Pferd
Finte
schwungvoll
flott, vital
sechsstufiges Intervall
Sexte
sechster Ton
Sexte
See *in* **Finnland**
Enare, Ensre, Inari

Seebad *am* **Atlantik**
Royan
Seebad *in* **Bulgarien**
Varna
Seebad *in* **Florida**
Miami
Seebad *in* **Ostpreußen**
Cranz
Seebad *an der* **Riviera**
Nizza
Seebad *bei* **Rom**
Ostia
Seebad *auf* **Rügen**
Baabe
Seegang
Welle
Seehund
Robbe
Seele
Anima
seelische Krankheit
Manie
seelische Stärkung
Trost
seemännisch für Bootskran
Davit
seemännisch für Eimer
Puetz
seemännisch für Lohn
Heuer
seemännisch für Raum für Leckwasser
Bilge
seemännisch für Schiffsjunge
Moses
seemännisch für Tauwindung
Toern
seemännisch für Winde
Spill
Seemannslohn
Heuer
Seengebiet *bei* **Pellworm**
Hever
Seeräuber
Pirat
Seeräuberbeute
Prise
Seerose
Lotos
Seesäugetier
Robbe
Seetang
Algen
Seezeichen
Tonne
Segel am hintersten Mast
Besan
Segelart
Besan, Royal
Segelausflug
Toern
Segelbefestigungsring
Legel
Segelbootstyp
Brigg, Dingi, Jacht, Jolle, Kogge, Tjalk, Yacht
Segeltau
Brass, Schot
Segelwind
Brise
Segen
Weihe
Sehnsucht
Drang, Trieb
sehr alter Mann
Greis
sehr betagt
uralt
sehr gehaltvoll
stark
sehr hell
grell
sehr kalt
eisig
sehr kräftig
flach, stark
sehr langsames Musikstück
Largo
sehr leichte Holzart
Balsa
sehr mächtig
stark
sehr reicher Mann
Nabob
sehr schnell
rapid
sehr schneller Fahrer
Raser
sehr vertraut
intim
sehr warm
heiss
seicht
banal
seichte Bucht
Trame
Seidengarn
Grège
Seidengewebe
Atlas, Ekrue, Honan, Japon, Ponge, Satin, Twill
Seidenstoff
Toile
Seifenlösung
Lauge
Seil
Leine
Seilmaterial
Sisal
Seilzug
Winde
Sein
Leben
Seinemetropole
Paris
Seite in der Buchführung
Debet, Haben
Seitenbestimmung
links
Seitenbrett beim Fass
Daube
Seitenverhältnis im Dreieck
Sinus
seitlich
neben
seitlich ausgedehnt
breit
seitliche Körperpartie
Lende
Sekretärin
Tipse
Sekundant
Zeuge
Selbstachtung
Stolz
Selbstbeherrschung
Zucht
Selbstbewusstsein
Stolz
Selbstbezeichnung *der* **Eskimos**
Inuit
Selbstbezeichnung *der* **Zigeuner**
Sinti
selbstgefällig
eitel
Selbstlaut
Vokal
selbstständiges (selbständiges) Kloster
Abtei
Selbstverteidigung als Sport
Kendo
Seligkeit
Wonne
seltenes Naturschauspiel
Komet
Semiten
Juden, Syrer
semitische Gottheit
Hadad, Istar
Sendschreiben
Breve
Sendung
Beruf
Senfkohl
Rauke
Senke
Grube, Mulde
Senke im Karstgebiet
Polje

Senkloch
Gully, Gumpe
senkrecht
steil
Sensengriff
Worbe
Sentenz
Gnome
separierte Glaubens-gruppe
Sekte
serbischer Name der Drau
Drave
serbischer Physiker
Tesla
serbischer Schriftsteller
Rajic
Serie
Reihe
Serpentine
Kehre
Shakespeares Theater
Globe
Show
Schau
sibirische Marderart
Zobel
sibirische Waldsteppe
Taiga
sibirischer Frostnebel
Morok
sibirisches Grenzgebirge
Altai
sibirisches Pelztier
Zobel
Sichelmesser
Hippe
Sicherheit
Pfand
Sicherheit für eine Forde-rung
Pfand
Sichtvermerk im Pass
Visum
Sieb
Seihe
Siebenschläfer
Bilch
Siedlung
Stadt
Siegerpreis
Coupe, Kranz, Palme, Pokal
Siegfrieds Mörder
Hagen
sierra-leonische Währung
Leone
Signaleinrichtung
Ampel
Signum
Marke
Silberpappel
Abele
silberweißes Metall
Eisen, Titan
Simsstreifen
Fries
Singvogel
Ammer, Amsel, Meise, Pirol
Sinkkasten
Gully
Sinn
Zweck
Sinnesart
Wesen
Sinnbild *der* **Weisheit**
(Mehrzahl)
Eulen
Sinnbild des Christentums
Kreuz
Sinnesorgan
Zunge
Sinneswerkzeug
Organ
Sinngedicht
Xenie
Sisalpflanze
Agave
Sitte
Moral
Sitten
Mores
Sittenlehre
Ethik, Moral
sittliche Forderung
Gebot
Sitz
Platz
Sitz *der* **Götter bei den Griechen**
Olymp
Sitz *der* **UNESCO**
Paris
Sitzbank im Ruderboot
Ducht
Sitzgelegenheit
Couch, Stuhl
Sitzmöbel
Stuhl
Sitzmöbelteil
Lehne
Sitzstreik in Amerika
Sit-in
Sitzwaschbecken
Bidet
sizilianischer Geheim-bund
Mafia
sizilianischer Vulkan
Aetna
Skaldenlied
Drapa
Skandal
Eklat
Skandinavier
Daene, Finne
skandinavische Währung
Krone
Skatausdruck
Grand, passe
Skibahn
Loipe, Piste
Skilanglaufspur
Loipe
Skispur
Loipe
Skiwiese
Piste
Skonto
Abzug
Skulptur
Figur
Slawe
Russe, Serbe, Sorbe, Wende
slawisches Volkslied
Dumka
Snob
Protz
Sockel
Basis
Sofa
Couch
sofern
falls
sofort
jetzt
Sohn vom Bruder
Neffe
Sohn von Abraham
Isaak
Sohn von Agamemnon
Orest
Sohn von Gott
Jesus
Sohn von Hekabe, Hekuba
Paris
Sohn von Isaak
Jakob
Sohn von Jakob
Asser, Josef, Ruben
Sohn von Jupiter
Apoll
Sohn von Klytämnestra
Orest
Sohn von Kronos
Hades
Sohn von Odin
Widar
Sohn von Priamos, Priamus
Paris
Sohn von Rhea
Hades, Orkus
Sohn von Thor
Magni
Sohn von Zeus
Apoll, Minos
Sohn von der Schwester
Neffe

Soll
Debet
Söller
Altan
sommerliche Temperatur
Hitze
sonderbar
eigen
Sonderform
Abart
Sonderklasse
Elite
Sondervermögen
Fonds
Sonderzuwendung
Bonus
Sonne betreffend
solar
Sonnenferne
Aphel
Sonnengott der Inder
Indra, Surja
Sonnengöttin
Neith
sonst auch genannt
alias
sonst genannt
alias
Sorge
Angst
sorgfältig
exakt, genau
Sorghumhirse
Durra
Sortierer von Jungtieren
Sexer
Soße
Beize, Tunke
Sowjetunion (Abkürzung)
UdSSR
sozialdemokratischer Politiker
Bebel
soziale Position
Stand
Sozialmaßnahme
Rente
sozusagen
quasi
Späher
Spion
Spalte
Kluft, Ritze
Spange
Fibel
spanisch für Abend
tarde
spanisch für Freund
amigo
spanisch für Herr
señor
spanisch für kleiner Junge
chico
spanisch für Mutter
madre
spanisch für Strand
playa
spanische Anrede
Señor
spanische Gemäldesammlung
Prado
spanische Insel
Ibiza
spanische Münze
Medio
spanische Provinz
Avila, Cadiz
spanische Tänzerin
Otero
spanische Weinstadt
Jerez
spanischer Architekt
Gaudi
spanischer Bildhauer
Macho, Silve
spanischer Clown
Rivel
spanischer Entdecker
Colon
spanischer Flieder
Lilak
spanischer Frauenname
Elena
spanischer Hafen in Marokko
Ceuta
spanischer Komponist
Vives
spanischer Maler
Gréco, Masip, Saura
spanischer Männername
Pedro, Ramon
spanischer Name des Kolumbus
Colon
spanischer Nobelpreisträger für Medizin
Cajal
spanischer Politiker
Ayala, Azana, Maura, Rivas
spanischer Schriftsteller
Avila, Lorca, Rioja, Rueda, Silva
spanischer Tanz
Folia, Jaleo
spanisches Aussprachezeichen
Tilde
spanisches diakritisches Zeichen
Tilde
spanisches Kap
Creus, Palos
spanisches Kloster
Silos, Yuste
spanisches Landgut
Finca
spanisches Weinbaugebiet
Rioja
Spanne
Marge
spannende Lektüre
(Kurzwort)
Krimi
Spannungszustand der Organe
Tonus
spärlich
duenn, knapp, licht
Sparte
Zweig
Spaß
Gaudi, Jokus, Posse, Unfug
Späße
Faxen
spaßig
ulkig
Spaßvogel
Clown
Spateisenstein
Flinz
späterer Teil des Lebens
Alter
Speer
Lanze
Speicher
Boden
Speise
Essen
Speise *in* **Gelee**
Aspik
Speise *der* **Juden in der Wüste**
Manna
Speisefisch
Hecht, Lachs, Orade, Renke, Stoer
Speisegewürz
Curry, Essig
Speisenbestandteil
Zutat
Speisenfolge
Menue
Speiseraum
Mensa, Messe
Speisestätte für Studenten
Mensa
Spektabilität
Dekan
Spektakel
Krach, Laerm
Sperling
Spatz
Sperrklinke
Raste

Sperrstoß beim Fechten
Arret
Sperrvorrichtung
Raste
spezielle Ernährung
Diaet
spezieller Lenker
Lotse
Sphäre
Kreis, Kugel
Spiegelsamt
Panne
Spiegelung auf Flächen
Glanz
Spiel
Match
Spiel *beim* **Skat**
Grand
Spieleinsatz beim Glücksspiel
Poule
Spieler
Profi
Spieler, der die Karten verteilt
Geber
Spielergebnis
Score
Spielfeldrand
Bande
Spielkarte
Bauer, Joker, Unter
Spielkarte im Tarock
Kaval
Spielkartenfarbe
Cœur, Kreuz, Treff
Spielkartenstapel
Talon
Spielleitung
Regie
Spielmarke
Fiche, Jeton
Spielraum
Marge
Spielstein
Figur
Spielstein beim Schach
Bauer, Figur
Spielunterbrechung
Pause
Spielzeug
Puppe, Teddy
Spieß
Lanze, Speer
Spill
Winde
Spinnereiprodukt
Faden, Stoff, Wolle
Spion
Agent, V-Mann
Spionageinstrument
Wanze

5

Spiritus
Geist, Sprit
Spitzbube
Filou
Spitze
Zacke, Zinke
Spitzel
Agent, Spion
Spitzenband an Frauenhauben
Barbe
Spitzenkönner
Crack
spitzer Gegenstand
Nadel
spitzer Metallstift
Nagel
spitzes Stechwerkzeug
Dolch, Nadel
Spitzhacke
Picke
Spitzkeil
Picot
Spitzname *des* **englischen Soldaten**
Tommy
Spitztürmchen
Fiale
Spleen
Laune, Macke
Spore
Zelle
Sportanlage
Arena, Forum, Loipe, Piste
Sportanzug
Dress
Sportart
Boxen, Gehen, Rugby
Sportboot
Einer, Kajak, Skiff
Sportfeld
Arena
Sportgerät
Angel, Bogen, Degen, Kegel, Keule, Pfeil, Rodel, Ruder, Skier, Speer
Sportgerät der Werfer
Speer
Sportlehrer
Coach
sportliche Auseinandersetzung
Kampf
sportliche Auszeichnung
Pokal, Preis
sportliche Kleidung
Dress
sportlicher Wettkampf
Match, Spiel
Sportmannschaft
Riege
Sportpaddelboot
Kajak

Sportpreis
Pokal
Sportschlitten
Rodel
Sportsegelboot
Jacht, Jolle, Yacht
Sporttipp (Sporttip)
Wette
Sportveranstaltung
Derby, Match, Spiel
spöttisch
spitz
Spracheigentümlichkeit
Idiom
sprachlos
platt, still, stumm
sprechen
reden
sprechunfähig
stumm
Sprechwerkzeug
Lippe, Zunge
Sprengkörper
Bombe
Spreu
Spelz
Spross
Trieb
Sprosse
Stufe
Sprossen des Hirschgeweihs
Enden
Spruch
Xenie
Sprühmittel
Spray
Sprühvorrichtung
Duese
Sprung
Spalt
Sprung *mit* **Überschlag**
Salto
Spuk
Geist
Spule
Rolle, Walze
Spur
Indiz
Staat *in* **Afrika**
Zaire
Staat *im* **Himalaja**
Nepal
Staat *in* **Hinterindien**
Birma
Staat *in* **Indien**
Assam
Staat *im* **Kongogebiet**
Zaire
Staat *in* **Mittelamerika**
Haiti

Staat *in* **Mitteleuropa**
Polen
Staat *im* **Mittelmeer**
Malta
Staat *im* **Nahen und Mittleren Osten**
Jemen, Katar, Qatar
Staat *in* **Nordafrika**
Sudan
Staat *in* **Nordostafrika**
Sudan
Staat *in* **Ostafrika**
Kenia
Staat *in* **Ostasien**
China, Japan, Korea
Staat *in* **Ozeanien**
Irian, Nauru
Staat *in* **Südamerika**
Chile
Staat *in* **Südasien**
Nepal
Staat *in* **Südeuropa**
Malta
Staat *in* **Südostasien**
Birma
Staat *in* **Westafrika**
Benin, Gabun, Ghana, Kongo, Niger
Staatseigentum
Aerar
Staatsrat im antiken Rom
Senat
Staatsschatz
Aerar
Staatssklave in Sparta
Helot
Staatssymbol
Fahne, Hymne
Stab
Stock
Stabholz
Latte
Stachel
Sporn
Stadion
Arena
Stadium
Phase, Stufe
Stadt *in* **Oberitalien**
Padua
Stadt *in* **Thüringen**
Gotha
Stadt, Gemeinde *an der* **Aa**
Ahaus
Stadt, Gemeinde *an der* **Aare**
Aarau, Olten
Stadt, Gemeinde *an der* **Adria**
Split, Zadar
Stadt, Gemeinde *in* **Afghanistan**
Kabul
Stadt, Gemeinde *in* **Afrika**
Akkra, Beira, Dakar, Duala, Giseh, Gizeh, Kairo, Lagos, Tunis
Stadt, Gemeinde *in* **Ägypten**
Giseh, Gizeh, Kairo, Luxor
Stadt, Gemeinde *in* **Albanien**
Berat, Korçë, Vlorë
Stadt, Gemeinde *in* **Algerien**
Batna, Sétif
Stadt, Gemeinde *an der* **Aller**
Celle
Stadt, Gemeinde *im* **alten Ägypten**
Luxor
Stadt, Gemeinde *im* **alten Babylon**
Akkad
Stadt, Gemeinde *im* **alten Griechenland**
Argos, Athen, Milet
Stadt, Gemeinde *in* **Amerika**
Akron, Bahia, Belém, Colón, La Paz, Macon, Miami, Omaha, Quito, Salem, Tampa, Tulsa
Stadt, Gemeinde *in* **Argentinien**
Junín, Salta
Stadt, Gemeinde *in* **Asien**
Adana, Amman, Basra, Batum, Bursa, Delhi, Haifa, Hanoi, Herat, Izmir, Jaffa, Kabul, Kelat, Kioto, Lhasa, Mekka, Osaka, Sanaa, Seoul, Tokio
Stadt, Gemeinde *in* **Assyrien**
Assur
Stadt, Gemeinde *in* **Äthiopien**
Aksum, Desse, Dollo, Harar
Stadt, Gemeinde *in* **Australien und Ozeanien**
Bowen, Derby, Eucla, Numea, Perth, Taree
Stadt, Gemeinde *in* **Baden-Württemberg**
Aalen, Buehl, Lorch, Urach
Stadt, Gemeinde *auf den* **Balearen**
Ibiza, Mahón, Palma
Stadt, Gemeinde *im* **Baltikum**
Memel, Reval, Wilna
Stadt, Gemeinde *in* **Bayern**
Bogen, Bruck, Ebern, Naila, Regen, Toelz
Stadt, Gemeinde *in* **Belgien**
Aalst, Arlon, Eeklo, Eupen, Gheel, Halle, Herve, Jumet, Leuze, Liège, Menen, Namur, Ronse, Tielt, Ypern
Stadt, Gemeinde *in* **Birma**
Akjab, Bhamo
Stadt, Gemeinde *in* **Bolivien**
La Paz, Oruro, Sucre
Stadt, Gemeinde *bei* **Bologna**
Imola
Stadt, Gemeinde *in* **Brandenburg**
Forst, Guben, Peitz, Zinna
Stadt, Gemeinde *in* **Brasilien**
Bahia, Belém
Stadt, Gemeinde *in* **Bulgarien**
Sofia, Warna
Stadt, Gemeinde *in* **Burgund**
Autun, Bourg, Dijon, Mâcon, Nancy
Stadt, Gemeinde *auf* **Ceylon**
Galle, Kandy
Stadt, Gemeinde *am* **Chiemsee**
Obing, Prien
Stadt, Gemeinde *in* **China**
Hofei, Hsian, Hukou, Jenan, Kalun, Kirin, Lhasa, Paoki, Pautu, Tihwa, Tsepo, Wuhan, Wuhsi, Wuwei
Stadt, Gemeinde *in* **Costa Rica**
Limón
Stadt, Gemeinde *an der* **Côte d'Azur**
Nizza
Stadt, Gemeinde *in* **Dalmatien**
Split, Zadar
Stadt, Gemeinde *in* **Dänemark**
Aarup, Fakse, Hobro, Koege, Skive, Thule, Varde, Vejle
Stadt, Gemeinde *an der* **Donau**
Grein, Krems
Stadt, Gemeinde *an der* **Drau**
Esseg, Lienz

5

Stadt, Gemeinde *bei* **Düsseldorf**
Neuss
Stadt, Gemeinde *in* **Ecuador**
Macas, Quito
Stadt, Gemeinde *in der* **Eifel**
Mayen, Pruem
Stadt, Gemeinde *an der* **Elbe**
Barby, Pirna, Stade, Wedel
Stadt, Gemeinde *an der* **Else**
Melle
Stadt, Gemeinde *an der* **Ems**
Emden, Rheda
Stadt, Gemeinde *in* **England**
Derby, Dover, Epsom, Ewell, Goole, Hedon, Leeds, Leigh, Leith, Lewes, Rugby, Ryton, Selby, Stoke, Wells
Stadt, Gemeinde *in* **Estland**
Reval
Stadt, Gemeinde *an der* **Etsch**
Bozen, Meran
Stadt, Gemeinde *in* **Finnland**
Lahti, Turku, Vaasa
Stadt, Gemeinde *in* **Florida**
Miami
Stadt, Gemeinde *in* **Frankreich**
Arles, Arras, Blois, Bourg, Brest, Cluny, Digne, Dijon, Dinan, Douai, Évron, Guise, Lagny, Laval, Lille, Mâcon, Meaux, Melun, Nancy, Nîmes, Niort, Nizza, Noyon, Paris, Reims, Rodez, Rouen, Sedan, Tours, Vichy, Vitry
Stadt, Gemeinde *an der* **Fulda**
Bebra
Stadt, Gemeinde *auf* **Fünen**
Aarup
Stadt, Gemeinde *am* **Ganges**
Patna
Stadt, Gemeinde *in* **Ghana**
Accra
Stadt, Gemeinde *auf* **Gotland**
Visby
Stadt, Gemeinde *in* **Griechenland**
Argos, Athen, Aulis, Bolos, Chios, Milet, Volos
Stadt, Gemeinde *am/im* **Harz**
Thale
Stadt, Gemeinde *in* **Hessen**
Bebra, Fulda, Hanau, Lorch, Nidda, Soden
Stadt, Gemeinde *in* **Indien**
Delhi, Patna, Poona
Stadt, Gemeinde *in* **Indonesien**
Ambon, Medan
Stadt, Gemeinde *im* **Irak**
Akkad, Arbil, Assur, Basra, Erbil, Mosul
Stadt, Gemeinde *in* **Irland**
Gorey, Kells
Stadt, Gemeinde *an der* **Isar**
Toelz
Stadt, Gemeinde *in* **Israel**
Eilat, Haifa, Jaffa
Stadt, Gemeinde *in* **Italien**
Aosta, Bozen, Capua, Eboli, Forli, Gaeta, Genua, Grado, Imola, Lecce, Lecco, Lucca, Meran, Monza, Narni, Padua, Parma, Pavia, Prato, Siena, Turin, Udine
Stadt, Gemeinde *in* **Japan**
Kioto, Kyoto, Osaka, Tokio, Tokyo
Stadt, Gemeinde *in* **Jordanien**
Amman, Irbid, Kerak
Stadt, Gemeinde *im* **Kanton Zürich**
Uster
Stadt, Gemeinde *in* **Kenia**
Nyeri
Stadt, Gemeinde *am* **Kocher**
Aalen
Stadt, Gemeinde *auf* **Korsika**
Corte
Stadt, Gemeinde *im* **Kreis Unna**
Kamen
Stadt, Gemeinde *auf der* **Krim**
Jalta
Stadt, Gemeinde *auf* **Kuba**
Banes, Pinar, Sagua
Stadt, Gemeinde *am* **Lago Maggiore**
Arona
Stadt, Gemeinde *in* **Laos**
Pakse
Stadt, Gemeinde *im* **Libanon**
Sahle, Saida, Seida, Sidon
Stadt, Gemeinde *in* **Liechtenstein**
Vaduz
Stadt, Gemeinde *im* **Lipper Bergland**
Lemgo
Stadt, Gemeinde *in* **Litauen**
Wilna
Stadt, Gemeinde *an der* **Loire**
Blois, Tours
Stadt, Gemeinde *in der* **Lüneburger Heide**
Celle
Stadt, Gemeinde *in* **Luxemburg**
Wiltz
Stadt, Gemeinde *an der* **Maas**
Namur, Sedan, Venlo
Stadt, Gemeinde *am* **Main**
Hanau
Stadt, Gemeinde *auf* **Malta**
Mdina, Rabat
Stadt, Gemeinde *in* **Marokko**
Ceuta, Nador, Rabat
Stadt, Gemeinde *in* **Mecklenburg-Vorpommern**
Waren
Stadt, Gemeinde *in* **Mexiko**
La Paz, Tepic
Stadt, Gemeinde *in* **Mittelengland**
Leeds
Stadt, Gemeinde *in* **Moçambique**
Beira
Stadt, Gemeinde *an der* **Mosel**
Treis, Trier
Stadt, Gemeinde *in* **Nepal**
Patan
Stadt, Gemeinde *in* **Nicaragua**
Boaco, Rivas
Stadt, Gemeinde *in den* **Niederlanden**
Assen, Breda, Delft, Gouda, Hoorn, Marum, Sneek, Venlo, Weert, Zeist
Stadt, Gemeinde *am* **Niederrhein**
Neuss

Stadt, Gemeinde *in* **Niedersachsen**
Brake, Celle, Emden, Esens, Jever, Melle, Peine, Stade, Uslar, Varel, Zeven
Stadt, Gemeinde *am* **Niger**
Asaba, Bamba, Jebba, Segou
Stadt, Gemeinde *am* **Nil**
Giseh, Gizeh, Kairo, Luxor
Stadt, Gemeinde *in* **Nordfrankreich**
Arras
Stadt, Gemeinde *in* **Nordirland**
Larne
Stadt, Gemeinde *in* **Norditalien**
Aosta
Stadt, Gemeinde *in* **Nordostitalien**
Udine
Stadt, Gemeinde *in* **Nordrhein-Westfalen**
Ahaus, Ahlen, Enger, Essen, Hagen, Herne, Kamen, Kleve, Koeln, Lemgo, Moers, Neuss, Rheda, Soest, Wesel
Stadt, Gemeinde *in* **Oberitalien**
Udine
Stadt, Gemeinde *in* **Ostbelgien**
Eupen
Stadt, Gemeinde *in* **Österreich**
Baden, Bruck, Gurgl, Ischl, Krems, Lienz, Raabs, Spitz, Steyr
Stadt, Gemeinde *in* **Ostfriesland**
Esens
Stadt, Gemeinde *in* **Osttirol**
Lienz
Stadt, Gemeinde *am* **Ouse**
Goole
Stadt, Gemeinde *in* **Paraguay**
Pilar
Stadt, Gemeinde *bei* **Paris**
Sevre
Stadt, Gemeinde *in* **Peru**
Cuzco
Stadt, Gemeinde *am* **Po**
Turin
Stadt, Gemeinde *in der* **Poebene**
Padua
Stadt, Gemeinde *in* **Polen**
Posen, Thorn

Stadt, Gemeinde *in* **Portugal**
Braga, Évora, Lagos, Olhão, Porto, Sines, Viseu
Stadt, Gemeinde *am* **Rhein**
Basel, Brohl, Koeln, Mainz, Moers, Neuss, Vaduz, Wesel, Worms
Stadt, Gemeinde *in* **Rheinland-Pfalz**
Alzey, Kusel, Mainz, Mayen, Pruem, Trier, Worms
Stadt, Gemeinde *an der* **Rhone**
Arles
Stadt, Gemeinde *an der* **Riviera**
Nizza
Stadt, Gemeinde *an der* **Ruhr**
Essen
Stadt, Gemeinde *im* **Ruhrgebiet**
Essen, Hagen, Herne
Stadt, Gemeinde *in* **Russland**
Gorki, Kasan, Kirow, Tomsk
Stadt, Gemeinde *an der* **Saale**
Halle, Leuna
Stadt, Gemeinde *in* **Sachsen**
Borna, Pirna, Riesa
Stadt, Gemeinde *in* **Sachsen-Anhalt**
Halle, Leuna, Nebra, Thale, Zeitz
Stadt, Gemeinde *in* **Sambia**
Kabwe, Kitwe, Mongu
Stadt, Gemeinde *auf* **Sardinien**
Milis, Nuoro, Olbia
Stadt, Gemeinde *in* **Saudi-Arabien**
Mekka
Stadt, Gemeinde *im* **Sauerland**
Hagen, Hemer
Stadt, Gemeinde *in* **Schleswig-Holstein**
Eutin, Heide, Husum, Marne, Ploen, Wedel
Stadt, Gemeinde *in* **Schottland**
Leith, Perth
Stadt, Gemeinde *am* **Schwarzen Meer**
Batum, Jalta, Warna
Stadt, Gemeinde *im* **Schwarzwald**
Buehl

Stadt, Gemeinde *in* **Schweden**
Visby
Stadt, Gemeinde *in der* **Schweiz**
Aarau, Arbon, Arosa, Baden, Basel, Brugg, Davos, Flims, Ilanz, Nidau, Olten, Ragaz, Rueti, Salux, Spiez, Stans, Stein, Vevey
Stadt, Gemeinde *an der* **Seine**
Melun, Paris, Rouen
Stadt, Gemeinde *im* **Senegal**
Dakar, Thiès
Stadt, Gemeinde *in* **Siebenbürgen**
Sibiu
Stadt, Gemeinde *am* **Solling**
Uslar
Stadt, Gemeinde *in* **Spanien**
Altea, Ávila, Béjar, Cádiz, Ceuta, Elche, Gijon, Jerez, Lorca, Palma, Ronda
Stadt, Gemeinde *in* **Südasien**
Delhi
Stadt, Gemeinde *in* **Südfrankreich**
Nîmes
Stadt, Gemeinde *in* **Südkorea**
Pusan, Seoul
Stadt, Gemeinde *in* **Südtirol**
Bozen, Eppan, Meran
Stadt, Gemeinde *in* **Thüringen**
Berka, Gotha, Greiz
Stadt, Gemeinde *am* **Tiber**
Ostia
Stadt, Gemeinde *am* **Tigris**
Assur
Stadt, Gemeinde *in* **Togo**
Mango
Stadt, Gemeinde *in der* **Tschechischen Republik**
Iglau, Orlau, Plana, Plzeň, Semil, Stein, Tabor, Tarna, Znaim
Stadt, Gemeinde *in* **Tunesien**
Gabès, Gafsa, Tunis
Stadt, Gemeinde *in der* **Türkei**
Izmir
Stadt, Gemeinde *in* **Uganda**
Jinja, Mbale

5

Stadt, Gemeinde *in der* **Ukraine**
Jalta
Stadt, Gemeinde *in den* **USA**
Akron, Omaha, Salem, Tampa, Tulsa
Stadt, Gemeinde *in* **Vietnam**
Hanoi
Stadt, Gemeinde *an der* **Warthe**
Posen
Stadt, Gemeinde *an der* **Weichsel**
Plock, Thorn
Stadt, Gemeinde *in* **Weißrussland**
Brest, Minsk
Stadt, Gemeinde *an der* **Weser**
Brake
Stadt, Gemeinde *in* **Westsibirien**
Abasa
Stadt, Gemeinde *an der* **Wolga**
Gorki, Kasan, Wolok
Stadtburg *in* **Krakau**
Wawel
Stadtburg *in* **London**
Tower
Stadtburg *in* **Moskau**
Kreml
Städtebund im Mittelalter
Hanse
städtisch
urban
städtisches Verkehrsmittel
S-Bahn, U-Bahn
Stadtkanal
Fleet
Stadtrat
Senat
Stadtstaat im alten Griechenland
Polis
Stahl-Nickel-Legierung
Invar
Stahlseil
Kabel
Stall
Koben
Stallunterlage
Spreu, Streu
Stammesverband
Sippe
Stammeszeichen
Totem
Stammtruppe
Kader
Stammvater *der* **Arkader**
Arkas
Standarte
Fahne
ständig
immer, stets
ständiger Käufer
Kunde
Standort
Platz
Stangenweißbrot
Flûte
Stapel
Stoss
stark ansteigend
steil
stark wirkendes Schmerzmittel
Opiat
starke Hebung im Vers
Iktus
starke Trosse
Kabel
Stärke
Kraft, Macht
starker Anprall
Stoss
starker Drang
Zwang
starker Durst
Brand
starker Kaffee
Mokka
starker Mann
Huene
starker Nähfaden
Zwirn
starker Wind
Orkan, Sturm
starkes Brett
Bohle
starkes Handmesser
Kneif, Kneip
starkes Verlangen
Trieb
stärkster Sturm
Orkan
starr
rigid, steif, stier
starrer Lehrsatz
Dogma
Startbahn für Flugzeuge
Piste
Starthilfe an Autos
Choke
statistisch erhobene Informationen
Daten
statistische Darstellung
Graph
Stätte *zur* **Darbringung von Opfern**
Altar
Statthalter *für* **Mohammed**
Kalif
stattlich
gross
Statuenbruchstück
Torso
Statur
Figur, Wuchs
Status
Stand
Staubablagerung aus dem Quartär
Loess
Staubsturm in Marokko
Sahel
Staudenart
Canna, Raute
Stauung
Stase
stechend riechendes Gas
Chlor
stechendes Insekt
Biene, Wespe
Stechgerät
Nadel
Stechinsekt
Wespe
Stechmücke
Gelse
steckbares Bauteil
Modul
Stecken
Stock
Steckenpferd
Hobby
stehendes Gewässer
Teich
steif
starr
steife Tragtasche
Mappe
steifes Papier
Pappe
steile Rinne im Gebirge
Kamin
steiler Abfall einer Felsenküste
Kliff
steiler Bergpfad
Steig
steiler Weg
Steig, Stieg
steilwandige Schlucht
Cañon, Klamm
Stein mit erhaben geschnittenem Bild
Kamee
steinerne Wand
Mauer
Steingutflasche
Kruke
Steinhacke
Bille

Steinobst
Mango
steinreicher Mann
Nabob
Steinwand
Mauer
Stelle
Platz
Stelle *in einem* **Text**
Zitat
Stellung
Stand, Stufe
Stellvertreter *des* **Abtes**
Prior
Stemmleiste an Leiterwagen
Lisse
Stenografie (Stenographie)
Steno
stenografisches (stenographisches) Kürzel
Sigel
Steppenart
Pampa
Steppentier
Zebra
Stereoanlagenteil
Tuner
Stern *im* **großen Bären**
Merak
Stern *im* **großen Wagen**
Alkor
Stern *in der* **Jungfrau**
Spika
Stern *im* **Orion**
Rigel
Stern *im* **Perseus**
Algol
Stern *im* **Schwan**
Deneb
Sternbild
Adler, Algol, Fisch, Krebs, Leier, Loewe, Lupus, Stier, Waage, Wagen
Sternblume
Aster
Sternschnuppe
Bolid
stetes Zueinanderhalten
Treue
stets
immer
Steuer
Pinne, Ruder
Stichkarte beim Kartenspiel
Atout, Joker
Stichwaffe
Degen
Stichwort
Lemma

Stiefmütterchen
Viola
stier
starr
Stierkämpferdegen
Spada
Stierkampfplatz
Arena
Stiertreiber in der Arena
Chulo
Stift
Abtei, Nagel
Stifter
Geber
Stiftskirche
Abtei
Stilepoche
Gotik
still
leise, ruhig
stille Andacht
Gebet
stiller Zorn
Groll
Stillstand
Stopp
Stimmabgabe
Votum
Stimme
Organ, Votum
Stimmung
Laune
stimmungsvolle Dichtung
Lyrik
stinkendes Gummiharz
Asunt
Stinktier
Skunk
Stippe
Sauce, Tunke
Stirnbinde
Inful
Stirnseite
Front
Stock
Gerte
Stockwerk
Etage
Stoff
Masse, Sujet
Stoff eines Vortrags
Thema
Stoffart
Atlas, Biber, Drell, Drill, Krepp, Linon, Loden, Pikee, Satin, Seide, Serge, Tuell, Tweed, Twill, Voile
Stoffbär
Teddy
Stofffärbeverfahren (Stoffärbeverfahren)
Batik

Stoffrand
Borte
Stoffstreifen
Binde
Stoffwechselkrankheit
Gicht
stoisch
ruhig
Stopfgarn
Twist
Stöpsel
Spund
Störung
Panne
Störung im Wirtschaftsleben
Krise
Stoß mit dem Fuß
Tritt
stoßweise windig
boeig
Strafe
Rache
straffrei
immun
Strafstoß *beim* **Fußball**
Elfer
Strahlaustrittsöffnung
Duese
Strahlenbrecher
Linse
Strahltriebwerk
Duese
stramm
drall, prall
Strandwegerich
Andel
Strang des Bogens
Sehne
Strapaze
Muehe, Plage
Straßenbaumaschine
Ramme, Raupe, Walze
Straßenbaumaterial
Beton
Straßenbeleuchtung
Lampe
Straßendecke
Belag
Straßenhund
Toele
Straßenkrümmung
Kurve
Strauchfrucht
Beere
Strauchreihe
Hecke
Strauß
Kampf
Straußenvogel
Nandu
Streben
Drang

Strebsamkeit
Eifer
Strecke im Bergwerk
Abhau
Streckenstrich
Tiret
Streich
Farce, Posse, Spass, Unfug
streichbare Masse
Paste
Streichgerät (Musik)
Bogen
Streichinstrument
Cello, Gambe, Geige, Viola
Streifen *an der* **Uniform**
Biese, Litze
Streit
Fehde, Hader, Stunk, Zwist
Streitkräfte
Armee
streng
rigid, starr
strenge Ausbildung
Drill
strenge Kälte
Frost
strenger Geschmack
Herbe
strenggläubig
fromm
Strich
Linie
Strickmaterial
Wolle
strikt
genau
Strohunterlage
Streu
Strom zum Weißen Meer
Dwina
Stromeintrittsstelle
Anode
Stromleitung
Draht, Kabel, Litze
Strömung
Drift, Trend, Trift
Strumpfart
Socke
Stück Papier
Blatt
Studentenbetreuer
Tutor
Studentenkantine
Mensa
Studentenverbindung
Korps
Stufe
Level, Tritt
Stuhlteil
Lehne
Sturheit
Trotz
Sturm
Orkan
stürmisch
rapid
Stütze *beim* **Gehen**
Stock
Stutzer
Dandy
Stützfaden im Webstuhl
Helfe
Stützkerbe
Raste
Suchgerät
Sonde
Sucht
Manie
südafrikanische Kolonisten
Buren
südafrikanischer Politiker
Botha, Smuts
südafrikanischer Volksstamm
Bantu, Xhosa
südamerikanische Grassteppe
Pampa
südamerikanische Schildkröte
Arrau
südamerikanische Stechpalme
Yerha
südamerikanischer Bussard
Aguja
südamerikanischer Eingeborener
Indio
südamerikanischer Goldhase
Aguti
südamerikanischer Indianerstamm
Aruak, Guato
südamerikanischer Pfefferfresser
Tukan
südamerikanischer Staat
Chile
südamerikanischer Straußenvogel
Nandu
südamerikanischer Tanz
Mambo, Raspa, Rumba, Samba, Tango
südamerikanischer Vogel
Kazik, Tukan, Urubu
südamerikanischer Vogeldünger
Guano
südamerikanisches Gebirge
Anden
südamerikanisches Huftier
Tapir
südamerikanisches Rüsseltier
Tapir
sudanesische Währungseinheit
Pfund
sudanesisches Volk
Banda, Benue, Gurma, Hausa
südarabischer Küstenwind
Karif
südarabisches Gebiet
Jemen
südarabisches Sultanat
Dubai, Qatar
Südasiat
Inder
süddeutsch für Berghang
Leite
süddeutsch für Kohl
Kraut
süddeutsch für Rote Rübe
Rahne
süddeutsch für Sebastian
Wastl
süddeutsch für süddeutsche Weizenart
Emmer
Süddeutscher
Bayer
süddeutscher Höhenzug
Alpen
südfranzösische Großstadt
Nizza
südfranzösischer Badeort
Nizza
Südfrucht
Feige, Mango
südländische Ölfrucht
Olive
südländische Pflanze
Agave, Palme
südländischer Nadelbaum
Pinie, Zeder
Südostasiat
Khmer, Laote
südostasiatische Insel
Luzon, Timor
Südostasienpakt
SEATO
Südosteuropäer
Serbe
südosteuropäischer Grenzfluss
Pruth

Südpolarforscher
Scott
Südseeinsel
Fidji, Samoa, Timor, Tonga
Südseeinselgruppe
Fidji
Südslawe
Serbe
Südtiroler Kurort
Bozen, Meran
Südwein
Jerez, Samos
Südwind Italiens
Ostro
Sühne
Busse
Sultanserlass
Irade
Sultansname
Ahmed, Harun, Osman
Sultansschloss in Marokko
Kasba
Sülze
Aspik, Gelee
sumerische Göttin
Istar
Summe
Fazit, Total
Summe aller Erbfaktoren
Genom
Summe *der* **Lebensjahre**
Alter
Sumpf
Bruch, Pfuhl
Sumpfgras
Binse
Sumpfhuhn
Ralle
sumpfiger Teich
Pfuhl
Sumpfpflanze
Binse, Porst, Simse
Sumpfvogel
Ralle
Sundainsel
Banka, Sumba, Timor
surrealistischer Maler
Ernst
Süß-, Salzwassergemisch
Brack
süße Backware
Torte
Süßigkeit
Drops
Süßspeise
Creme
Süßwasserpolyp
Hydra
Süßwasserraubfisch
Hecht
Symbol *für das* **Christentum**
Kreuz
Symbol *für* **elektrische Spannung**
Blitz
Symbol *für den* **Evangelisten Johannes**
Adler
Symbol *für den* **Evangelisten Lukas**
Stier
Symbol *für den* **Evangelisten Markus**
Loewe
Symbol *für den* **Evangelisten Matthäus**
Engel
Symbol *für* **Frieden**
Taube
Symbol *der* **Herrscherwürde**
Krone
Symbol *für* **Kühnheit**
Adler
Symbol *für* **Leiden**
Kreuz
Symbol *für* **List**
Fuchs
Symbol *für* **Unfreiheit**
Kette
Symbolfarbe für Hoffnung
Gruen
Symbolfarbe für Umweltbewusstsein
Gruen
synthetische Faser
Dolan, Nylon, Orlon, Redon
syrische Münze
Pfund

T

Tabak von minderer Qualität
Kraut
Tabakladen in Frankreich
Tabac
Tabaksorte
Priem
Tabakspfeife
Piepe
Tabelle
Liste, Tafel
Tabelle *für* **Gebühren**
Tarif
Tabelle *für* **Steuern**
Tarif
Tableau
Tafel
Tablette
Pille
Taburett
Stuhl
Tadel
Ruege
Tafel
Brett, Tisch
Tagesabschnitt
Abend
Tagesangabe
Datum
Tagesmutter
Bonne
Tagesstrecke eines Schiffes
Etmal
Tageszeit
Abend, Nacht
Taggreifvogel
Adler, Falke, Geier, Milan
Talar
Ornat
Tälchen ohne Wasser
Delle
Talenge (Schweiz)
Cluse
Talglicht
Kerze
Talkessel
Mulde, Senke, Wanne
Tallandschaft *an der* **Donau**
Lobau
Tand
Talmi
Tändel
Flirt
Tannenbaumschmuck
Kerze, Kugel, Stern
Tante
Muhme
Tanz
Bebop, Blues, Conga, Mambo, Polka, Raspa, Rumba, Samba, Stepp, Swing, Tango, Twist
Tanzlied im Mittelalter
Rondo
Tanzlokal
Disko
Tanzveranstaltung
Party
taperig
senil
tapfer
mutig
Tarockkarte
Pagat, Skues
Taschenbesatz
Patte
Taschenklappe
Patte

Taschenspielergeheimnis
Trick
Tastatur
Pedal
Tasteninstrument
Orgel, Piano
Tastorgan bei Tieren
Palpe
Tatform
Aktiv
Tathinweis
Indiz
tätig
aktiv
Tätigkeit
Beruf
Tätigkeitsdrang
Trieb
tatkräftig
aktiv
Tatsachen
Daten
Tatze
Klaue, Pfote
Tau
Kabel, Leine
Tau zum Segelspannen
Schot
taubes Gestein
Berge
Tauchboot
U-Boot
Tauchvogel
Lumme
Taufzeugin
Gotte, Patin
Täuschung
Bluff, Trick
Tausendfüßer
Assel
Techtelmechtel
Flirt
Teckel
Dackel
Teegefäß
Kanne
Teesorte
Assam, Pekoe
Teichhuhn
Ralle
teigige Masse
Paste
Teigkugel
Kloss
Teil
Glied
Teil *des* **Auges**
Linse
Teil *des* **Autorades**
Felge
Teil *des* **Baumes**
Blatt, Gabel, Krone, Rinde, Stamm, Zweig
Teil *des* **Bestecks**
Gabel
Teil *der* **Bettwäsche**
Laken
Teil *der* **Blüte**
Kelch
Teil *des* **Bogens**
Sehne
Teil *der* **Bremse**
Belag
Teil *der* **Britischen Insel**
Wales
Teil *des* **Buches**
Blatt, Seite
Teil *einer* **Burg**
Mauer, Zinne
Teil *des* **Daches**
First
Teil *der* **Dinarischen Alpen**
Karst
Teil *der* **Drehorgel**
Walze
Teil *des* **Fahrrads**
Pedal
Teil *des* **Fahrzeugs**
Achse
Teil *des* **Fingers**
Nagel
Teil *des* **Flughafens**
Tower
Teil *des* **Flugzeuges**
Rumpf
Teil *des* **Fußes**
Ferse
Teil *des* **Gartens**
Laube
Teil *des* **Gebäudes**
Trakt
Teil *der* **Geige**
Boden, Decke, Saite, Zarge
Teil *des* **Gesichts**
Backe, Braue, Lippe, Stirn, Wange
Teil *von* **Großbritannien**
Wales
Teil *des* **Halses**
Kehle, Zunge
Teil *des* **Hauses**
Boden
Teil *des* **Hubschraubers**
Rotor
Teil *der* **Kamera**
Linse
Teil *der* **Karpaten**
Tatra
Teil *der* **katholischen Messe**
Credo, Kredo
Teil *der* **Kette**
Glied
Teil *der* **Kirche**
Altar
Teil *des* **Klaviers**
Pedal, Saite, Taste
Teil *der* **Kleidung**
Bluse
Teil *des* **Klosters**
Zelle
Teil *des* **Kopfes**
Augen, Backe, Lippe, Ohren, Stirn, Wange
Teil *des* **Körpers**
Bauch, Brust, Lende, Rumpf
Teil *des* **Menüs**
Salat, Suppe
Teil *der* **Messe**
Credo, Kredo
Teil *des* **Messers**
Griff
Teil *eines* **Metallbandes**
Glied
Teil *des* **Mittelmeeres**
Adria, Syrte
Teil *der* **Mittelmeerküste**
Adria
Teil *des* **Monats**
Woche
Teil *des* **Mundes**
Lippe, Zunge
Teil *von* **Musikinstrumenten**
Bogen, Saite, Taste
Teil *der* **Orgel**
Pedal
Teil *des* **Pfeilbogens**
Sehne
Teil *des* **Rades**
Felge
Teil *des* **Radios**
Skala, Tuner
Teil *der* **Raubtierpfote**
Tatze
Teil *des* **Reitstiefels**
Sporn
Teil *des* **Rheinischen Schiefergebirges**
Eifel
Teil *eines* **Ruders**
Blatt
Teil *des* **Rumpfes**
Bauch, Brust
Teil *der* **Scheune**
Tenne
Teil *der* **Schiffssteuerung**
Ruder
Teil *der* **Schreibmaschine**
Taste, Wagen, Walze
Teil *des* **Schuhs**
Ferse, Kappe, Sohle
Teil *an* **Schusswaffen**
Abzug
Teil *des* **Schwerts**
Knauf
Teil *des* **Sitzmöbels**
Lehne

Teil *einer* **Spieluhr**
Walze
Teil *des* **Spinnrades**
Spule
Teil *einer* **Statue**
Torso
Teil *des* **Stempels**
(Botanik)
Narbe
Teil *des* **Stuhles**
Lehne
Teil *einer* **Summe**
Glied
Teil *des* **Tages**
Abend, Nacht
Teil *des* **Tierkopfes**
Augen, Ohren
Teil *der* **Treppe**
Stufe
Teil *der* **Uhr**
Unruh
Teil *des* **Uhrwerks**
Anker
Teil *des* **USA-Parlaments**
Senat
Teil *des* **Velos**
Pedal
Teil *des* **Verdauungsapparates**
Magen
Teil *des* **Visiers**
Kimme
Teil *vom* **Vogelhals**
Kropf
Teil *des* **Vogelkleides**
Feder
Teil *der* **Wohnung**
Diele
Teil *des* **Wortes**
Silbe
Teil *der* **Zigarre**
Blatt
Teilbetrag
Quote
teilnahmslos
dumpf
Telefonat
Anruf
Tempeldiener
Levit
Tempelpfeiler
Pylon
Temperatur unter 0 Grad
Frost
Temperaturbezeichnung
eisig, heiss, kuehl
Tempobeschleunigung
Spurt
Tempobezeichnung in der Musik
grave, largo, lento
Tempoerhöhung
Spurt
Tempomesser
Tacho
Tendenz
Trend
Tennisausdruck
Deuce, Match, Mixed, Slice
Tennisgröße
Crack
Tennisspielart
Mixed
Tennisstar
Lendl
Teppichart
Kelim, Ladik, Sumak
Termin
Datum, Frist
Terrain
Areal, Boden, Grund
Test
Probe
Testamentverwahrer
Notar
Testikel
Hoden
Teufel
Satan, Urian
Teufelsrochen
Manta
Textilarbeiter
Weber
Textilerzeugnis
Drell, Loden, Satin, Seide, Stoff
Textilfärbeverfahren
Batik
Textilgrundstoff
Faser, Seide, Wolle
Textilprodukt
Decke
Textilrohstoff
Wolle
Textstelle
Zitat
Theater
Revue
Theatervorhalle
Foyer
thebanische Königin
Niobe
Thema
Motiv
Thema einer Gestaltung
Sujet
Thema eines Werkes
Sujet
Theoretiker der Psychoanalyse
Adler, Freud
thrakisches Reitervolk
Geten
Thriller
Krimi
Thusneldas Gatte
Armin
Thymusdrüse des Kalbs
Bries
tibetanischer Mönch
Bonze
Tick
Macke
tief liegende Landschaft
Senke
tiefe Bescheidenheit
Demut
tiefe Freude
Wonne
tiefe Zuneigung
Liebe
tiefer Fall
Sturz
Tiefland in Mittelasien
Turan
tiefste Wolken
Nebel
Tier *der* **Amphibien**
Lurch
Tier *mit* **Federn**
Vogel
Tier *zum* **Scheren**
Pudel, Schaf
Tierart
Fisch, Polyp, Vogel
Tierbehausung
Bauer, Horst, Stall, Zelle
Tiere der Primaten
Affen
Tierfangeinrichtung
Angel, Eisen, Falle, Grube, Lasso, Reuse
Tierfett
Speck
Tierflanke
Wamme
Tierfuß
Klaue, Pfote, Tatze
Tiergemeinschaft
Herde, Meute, Rudel
Tiergruppe
Herde, Horde, Meute, Rotte, Rudel
Tierhand
Pfote
Tierhaut
Decke, Leder
Tierhautprodukt
Leder
tierische Regung
Trieb
tierisches Körperteil
Euter, Zitze
tierisches Plankton
Krill
Tierkrankheit
Darre

Tierkreiszeichen
Krebs, Loewe, Stier, Waage
Tierlaus
Milbe
Tierlippe
Lefze
Tiermärchen
Fabel
Tiermund
Aeser
Tierpfote
Tatze
Tierprodukt
Feder, Honig, Leder, Milch, Speck, Wolle
Tierschenkel
Keule
Tierwaffe
Hauer, Klaue, Tatze
Tierwelt
Fauna
Tierwohnung
Stall
Tierzehe
Klaue
Tigerpferd
Zebra
Tintenfisch
Krake, Polyp, Sepia
Tipp
Ezzes
Tirade
Suada, Suade
Tiroler Freiheitskämpfer
Hofer
Tiroler Volksheld
Hofer
Tischlerwerkzeug
Feile, Hobel, Saege
Tischtuch
Decke
Titan
Huene, Riese
Titel *des* **äthiopischen Kaisers**
Negus
Titel *für den* **Freiherrn**
Baron
Titel *der* **Gattin Aga Khans**
Begum
Titel *einer* **indischen Fürstin**
Begum
Titel *eines* **indischen Herrschers**
Mogul
Titel *des* **iranischen Kaisers**
Schah
Titel *von* **islamischen Gelehrten**
Mulla
Titel *eines* **islamischen Ministers**
Wesir
Titel *des* **japanischen Kaisers**
Tenno
Titel *für einen* **jüdischen Gesetzeslehrer**
Rabbi
Titel *der* **Nachfolger Mohammeds**
Kalif
Titel *von* **nicht regierenden Fürsten**
Prinz
Titel *der* **russischen Kaiserin**
Zarin
Titelbild
Cover
Titelfigur von Anouilh
Medea
Titelfigur von Disney
Bambi, Dumbo
Titelfigur von Euripides
Orest
Titelfigur von Gershwin
Porgy
Titelfigur von Goethe
Faust, Goetz, Tasso
Titelfigur von Lessing
Minna
Titelfigur von Mann
Krull, Lotte
Titelfigur von Shakespeare
Julia, Romeo
Töchter *des* **Zeus**
Horen, Musen
Tochter von Rigoletto
Gilda
Tochter von Tantalus
Niobe
Tochtermann
Eidam
todbringender Stoff
Toxin
Todesgott
Hades, Orkus, Pluto
tödlich
letal
Toilette
Abort, Lokus
Tokios Hauptverkehrsstraße
Ginza
tolldreist
frech, kuehn
Tolle
Locke
Ton
Klang
Ton aus spitzem Mund
Pfiff
Tonabstand
Stufe
Tonerde
Ocker
Tonerdesilikat
Bolus
tönern
irden
Tonerzeuger bei Musikinstrumenten
Saite
Tonfigur der jüdischen Mystik
Golem
Tonflasche
Kruke
Tongeschirr
Hafen
Tonhalle
Odeon
Tonhebung
Iktus
Tonintervall
Prime, Quart, Quint, Sexte
Tonkunst
Musik
Tonleiter
Skala
tonlos
stumm
Topfen
Quark
Topfgriff
Stiel
Torheit
Unfug
törichtes Gerede
Stuss
Tortur
Plage
tote Rinde
Borke
Totengeister
Manen
Totenreich
Hades, Orkus
Totentrage
Bahre
Totospiel
Wette
Tour
Fahrt, Reise
Trabrennwagen
Sulky
Trachtenstoff
Loden
Tradition
Sitte
träg
inert

tragbarer Behälter
Eimer, Kiepe
Tragbett
Bahre, Trage
Tragkorb
Hotte, Kiepe
Traglufthalle
Radom
Tragödie von Goethe
Faust
Tragsessel
Sedia
Tragtier
Kamel, Pferd
Train
Tross
Trainer
Coach
Trakehner
Pferd
Trampeltier
Kamel
tranig
oelig
Transformator
Trafo
transparenter Anstrich
Lasur
Transportbehälter
Kanne, Kiste
Transportgerät für Kranke
Bahre, Trage
Transportmittel
Karre, Wagen
Tratsch
Ondit
Traubentrage
Kiepe
Trauerfeier
Messe
traulich
innig
traumhaft
super
traurig
trist
trauriges Geschehen
Drama
Treff
Kreuz
Treffen
Match, Spiel
treibende Kraft
Agens
treibender Rhythmus
Drive
Treibgas
Butan
Treibnetz
Fleet
Treibschlag beim Golf
Drive
Treibstoff
Sprit
Treibstoffbehälter
Tonne
Trennfläche
Mauer
Trennkommando beim Boxen
Break
Trennpunkt über Vokalen
Trema
Trennungsstrich
Divis
Treppe
Stufe
Treppenteil
Stufe
Tresen
Theke
Tresse
Biese, Borte, Litze
Tresse an Livreen
Galon
Trethebel
Pedal
treu
loyal
Trick
Finte, Kniff
Trick eines Zauberkünstlers
Magie
Trickfilmfigur
Goofy
Trieb
Drang
Triebkraft
Agens, Motor
Triebwerk
Motor
trigonometrische Funktion
Sinus
Trikothemd
Shirt
Trinkbedürfnis
Durst
Trinkgefäß
Kelch, Pokal, Tasse
Trinkgelage
Orgie
Trinkgesellschaft
Runde
Trinkschokolade
Kakao
Trinkspruch
Prost, Toast
Trinkstube
Lokal
Trinkwunsch
Durst
Trip
Reise
Triumph
Jubel
trivial
banal, platt
trocken
duerr, mager
trockene Getreidehalme
Stroh
trockener Flusslauf
Creek
Trockengestell
Darre, Horde
Trockensteppe in Südamerika
Pampa
Trog
Mulde, Wanne
trogartiges Gefäß
Wanne
Troja
Ilion, Ilium, Truva
trojanischer Sagenheld
Paris
trojanischer Späher
Dolon
Troll
Wicht
Trommel
Bongo, Cassa, Conga, Pauke
Tropenbaum
Palme
Tropenfrucht
Mango
Tropenkleiderfarbe
Khaki
Tropenkrankheit
Lepra
Tropenvogel
Arara, Tukan
tropische Echse
Agame, Gecko, Waran
tropische Edelholzart
Limba
tropische Faserpflanze
Agave
tropische Frucht
Mango
tropische Kletterpflanze
Liane
tropische Pflanze
Agave
tropische Schlingpflanze
Liane
tropisches Baumharz
Elemi
tropisches Genussmittel
Kakao
tropisches Säugetier
Kamel, Loewe, Tapir, Tiger, Zebra
Tross
Train

Trost
Hilfe
trostlos
trist
Trottel
Idiot
trübe
trist
Trübsal
Elend
Trümmer
Reste, Ruine, Teile, Torso, Wrack
Trumpf im Kartenspiel
Atout
Truppe
Armee
Truthahn
Puter
tschechisch für Prag
Praha
tschechische Münze
Krone
tschechische Stadt
Znaim
tschechischer Bildhauer
Hajek
tschechischer Maler
Kupka
tschechischer Männername
Karel
tschechischer Politiker
Havel, Husak
tschechischer Schriftsteller
Čapek, Hasek, Havel, Kafka
Tubeninhalt
Pasta, Paste
Tuch
Laken, Stoff, Wolle
Tuchmacher
Weber
Tugend
Treue
Tugendlehre
Ethik, Moral
Tulpe
Blume
Tümmler
Taube
Tümpel
Pfuhl, Suhle, Teich
Tumult
Krach, Laerm, Rumor
Tüncher
Maler
Tunke
Sauce, Sosse
Tupfen
Fleck, Punkt
Türeinfassung
Zarge
Türenteil
Angel, Griff, Haken, Sturz
Türhaken
Haspe
türkische Anrede
Bajan
türkische Geige
Keman
türkische Insel
Imroz
türkische Längsflöte
Kaval
türkische Münze
Kurus
türkische Nationalspeise
Dolma
türkische Regierungskanzlei
Divan, Diwan
türkische Spießchen
Kebab
türkischer Beamter
Mudir, Wesir
türkischer Gebetsteppich
Milas
türkischer Name von Smyrna
Ismir, Izmir
türkischer Reichsgründer
Osman
türkischer Sultan
Ahmed, Hamid, Murad, Osman, Selim
türkischer Titel
Ghasi, Mudir
Turktatare
Aware, Tatar
Turkvolkangehöriger
Tatar
Turmkrähe
Dohle
Turmtor ägyptischer Tempel
Pylon
Turnerstellung
Beuge
Turngerät
Pferd, Ringe
Turngruppe
Riege
Turnier
Match
Turniertanz
Tango
Turnübung
Beuge, Felge, Hocke, Kehre, Kerze, Kippe, Rolle, Salto, Welle, Wende
Türscharnier
Angel
Türverschluss
Haken
Türvorleger
Matte
Türzapfen
Angel
TV-Bildwiedergabe
Video
TV-Kanalwähler
Tuner
Typ
Genre

U

U-Bahn in Paris
Metro
übel
boese
Überbleibsel einer Wunde
Narbe
Überblick
Schau
Überbringerin
Botin
überdeutlich
krass
überdies
zudem
übereinstimmend
einig
Übergewand
Kotze
überglücklich
happy, selig
übergroße Menge
Masse
übergroßer Mensch
Huene, Riese
überholt
passé
überirdisches Wesen
Engel
Überlieferung
Sitte
übermäßig
enorm
Übernachtungsgelegenheit
Hotel
Überschlag
Salto
Überschrift
Titel
Übersicht
Liste
Übersiedlung in eine andere Wohnung
Umzug
Überstürzung
Hetze
Überwurf
Stola

Überzug
Farbe, Lasur
üble Angewohnheit
Unart
übler Beigeschmack
Odium
Übung
Drill, Probe
Uferbefestigung
Buhne, Deich, Mauer
Ufergras
Binse, Segge
Uhrenteil
Anker, Unruh
Ulk
Gaudi, Spass
Umfriedung
Hecke, Mauer
Umgangssprache
Idiom, Slang
umgangssprachlich für Abschreibzettel
Spick
umgangssprachlich für altes Pferd
Zosse
umgangssprachlich für Atem
Puste
umgangssprachlich für ausgelassene Feier
Sause
umgangssprachlich für Auto
Karre, Kiste
umgangssprachlich für Dummkopf
Nulpe
umgangssprachlich für einfältiger Mensch
Heini
umgangssprachlich für erstklassig
dufte
umgangssprachlich für Flasche
Pulle
umgangssprachlich für Gefängnis
Knast
umgangssprachlich für Geld
Knete
umgangssprachlich für Getränkelage
Runde
umgangssprachlich für Glück
Dusel
umgangssprachlich für großartig
dufte, super
umgangssprachlich für kleiner Junge
Pimpf
umgangssprachlich für Lärm
Trara
umgangssprachlich für leichter Betrug
Schmu
umgangssprachlich für Leistung
Power
umgangssprachlich für Schein
Mache
umgangssprachlich für Scherz
Jokus
umgangssprachlich für schlechter Schnaps
Fusel
umgangssprachlich für schlechtes Essen
Frass
umgangssprachlich für Schule
Penne
umgangssprachlich für sprachlos
platt
umgangssprachlich für Streit
Knies
umgangssprachlich für Unfrieden
Stunk
umgangssprachlich für unverdientes Glück
Dusel
umgangssprachlich für Versager
Niete
umgangssprachlich für Verstand
Grips
umgangssprachlich für Zank, Unfrieden
Knies, Stunk
umgangssprachlich für Zigarettenstummel
Kippe
umgehend
eilig, rasch
Umhang
Kotze, Stola
Umkehr
Wende
Umkreis
Naehe
Umlaufbahn
Orbit
Umrandung
Bande
umtriebig
aktiv
unabänderliches Schicksal
Fatum
unangenehm
fatal
unangenehme Gewohnheit
Unart
Unangenehmes
Uebel
unangenehmes Tier
Biest
unangezogen
nackt
unantastbar
immun
unartig
boese, frech
unartiges Kind
Goere, Range
unaufhörlich
immer
unbändiges Kind
Range
unbedeckt
bloss, nackt, offen
unbedeutend
klein
unbekannt
fremd
unbekleidet
bloss, nackt
unbenützt
brach
unbeschwert
fidel
unbeständig
labil
unbestimmt
offen
unbestimmter Artikel
einer, eines
unbestimmtes Zahlwort
alles, etwas, manch, wenig
unbeugsam
starr, steif
unbeweglich
starr, steif
unbewiesene Voraussetzung
Axiom
unbrauchbares Schiff
Wrack
und
nebst
undurchsichtig
trueb
unechter Schmuck
Talmi
Unehrlichkeit
Luege

Unentschieden beim Schach
Remis
unentschlossen
labil
unerhört
enorm
unermesslich
enorm
Unfall
Panne
unförmig
plump
Unfriede
Hader, Krieg
Unfriede(n)
Fehde, Stunk, Zwist
Unfug
Posse, Spass
ungarische Landschaft
Banat
ungarischer Gebirgszug
Matra
ungarischer Komponist
Lehár, Liszt
ungarischer Weinort
Erlau, Tokaj
ungeachtet
trotz
ungebetener Gast
Urian
ungebleicht
ecrue, ekrue
Ungeborenes
Fetus
ungebunden
ledig
ungebundene Dichtung
Prosa
ungebundene Rede
Prosa
ungefähr
circa, zirka
Ungeheuer
Biest
ungeheuer
enorm
ungehobelt
plump
ungeklärt
offen
ungelenk
steif
Ungemach
Uebel
ungereinigte Ölsäure
Olein
ungesäuertes Brot der Juden
Matze
ungeschälter Reis
Paddy
ungeschickt
plump
ungesittet
ruede
ungestüm
stark
ungesund
krank, malad, siech
ungetrübt
luzid
ungewiss
offen
ungewöhnlich
apart
ungewohnt
fremd
Ungeziefer
Motte, Wanze
ungezogen
frech
ungezogener Junge
Range
ungezogenes Mädchen
Goere
Ungezogenheit
Unart
ungezügelte Schar
Horde, Meute
ungezwungen
leger
Unheil verkünden
unken
Unhold
Troll
Uniform
Kluft
Uniformschmuck
Biese, Litze, Orden, Stern
Universitätsstadt *in* **Dänemark**
Århus
Universitätsstadt *in* **Deutschland**
Halle, Mainz, Trier
Universitätsstadt *in* **Frankreich**
Paris, Rouen
Universitätsstadt *in* **Griechenland**
Athen
Universitätsstadt *in* **Großbritannien**
Leeds
Universitätsstadt *in* **Italien**
Genua, Padua, Pavia, Turin
Universitätsstadt *in der* **Schweiz**
Basel
unklar
trueb
Unkraut
Melde, Miere
unmäßiges Verlangen
Manie
unnachsichtig
rigid
unnötig langer Weg
Umweg
UNO-Generalsekretär
Annan
Unpaarzeher
Pferd, Tapir, Zebra
unpässlich
malad
Unrast
Hetze
Unrat
Dreck, Muell
unreiner Branntwein
Fusel
unreiner Zucker
Farin
unrichtig
irrig
Unruhe
Angst, Laerm, Rumor, Sorge
unruhig
emsig
Unschuldsnachweis
Alibi
unser Zentralgestirn
Sonne
unsicher
labil
Unsinn
Stuss, Unfug
Unsterbliches
Seele
unstet
labil
Unstimmigkeit
Zwist
unstofflich
ideal
untätig
inert
Unteilbares
Seele
Unterbau
Basis
Unterbrechung
Pause
unterdrückter Ärger
Groll
Untergrund
Boden
Untergrundbahn in Paris
Metro
unterhaltsamer Zeitvertreib
Spiel
Unterhaltung
Kloen, Spiel
Unterkleid
Jupon

Unterkunft
Logis
Unterlage
Basis, Beleg, Matte
Unterleib
Bauch
Unternehmen
Firma
Unternehmenszusammenschluss
Trust
Unternehmungsgeist
Eifer
unternehmungslustig
aktiv
Unterrichtsfach
Lesen
Unterrichtsgegenstand
Thema
Unterschiedsbetrag
Saldo
Unterstellraum
Stall
Unterstützung
Hilfe
Untertagebetrieb
Zeche
Untertan Attilas
Hunne
Unterwäschestück
Jupon
Unterweisung
Lehre
Unterwelt
Hades, Orkus
Unterwelt der griechischen Sage
Hades
Unterwelt der römischen Sage
Orkus
Unterweltfluss
Lethe
unterwürfig
devot
Unterwürfigkeit
Demut
untief
flach
Untiefe
Barre, Syrte
Untier
Biest
unverblümt
offen
unverdiente Milde
Gnade
unverdientes Glück
Dusel
unverheiratet
ledig
unverholzte Pflanze
Kraut
unverletzlich
immun
unvermögend
elend
unverpackt
offen
unverschämt
frech
unverschlossen
offen
unverzagt
mutig
Unvollendetes
Torso
unvollständige Statue
Torso
Unwahrheit
Luege
unwichtig
banal
unwiderstehlicher Drang
Trieb
Unwille
Unmut
unwirklich
ideal
unwohl
uebel
unzuverlässig
labil
Uranusmond
Ariel
urbar machen
roden
Ureinwohner Neuseelands
Maori
Urgestalt
Typus
Urheber
Autor
Urkunde
Bulle
Urkundsbeamter
Notar
Urkundsjurist
Notar
Urlaubsunternehmung
Reise
Urmasse
Chaos
Ursache
Grund, Motiv
Urteil
Votum
Urvolk von Neuguinea
Papua
Urwaldgebiet Sibiriens
Taiga
Urwaldgiraffe
Okapi
Urwaldpflanze
Liane
US-Filmpreis
Oscar
US-Goldmünze
Eagle
Usus
Sitte
Utensil zum Nähen
Nadel

V

Vagabund
Tramp
vakant
offen
Vakuum
Leere
Variante
Abart
Varietee (Varieté)
Revue
Varieteekünstler (Varietékünstler)
Clown
Vasall Gunthers
Hagen
Vater von Absalom
David
Vater von Baldur
Wodan, Wotan
Vater von Esau
Isaak
Vater von Jakob
Isaak
Vater von Joseph
Jakob
Vater von Lea
Laban
Vater von Rahel
Laban
Vater von Salomo
David
Vater von Thor
Wodan, Wotan
Vater von Tyr
Wodan, Wotan
Vegetationstypus
Heide
Veilchen
Viola, Viole
verächtlich
infam
verächtlich für Hund
Toele
verächtlich für Pferd
Zosse
verächtlich für Tier
Biest
veraltet
passé
veraltet für Barbier
Bader

5

veraltet für Edelgas
Niton
veraltet für Erzieherin
Bonne
veraltet für Feindschaft
Fehde
veraltet für Fernrohr
Tubus
veraltet für Festung
Feste
veraltet für Friseur
Bader
veraltet für Furchtgefühl
Graus
veraltet für Grundbesitzer
Sasse
veraltet für Gutspächter
Meier
veraltet für jetzt
anhin, jetzo
veraltet für Lehrling
Stift
veraltet für Liebe
Minne
veraltet für Onkel
Oheim
veraltet für Schrecken
Graus
veraltet für Schwieger-sohn
Eidam
veraltet für Streifwache
Ronde
veraltet für Tabak
Tobak
veraltet für Tischdecke
Tapet
veraltet für Wehgeschrei
Zeter
veralteter Tanz
Polka, Rondo
veraltetes Längenmaß
Meile
veränderlich
labil
Veränderung
Wende
verankertes Seezeichen
Tonne
Veranlassung
Grund, Motiv
Verband
Union
Verbandmaterial
Binde, Watte
Verbarrikadierung
Zubau
Verbeugung
Kotau
Verbindung
Corps, Korps, Nexus
Verbindung zwischen Muskel und Knochen
Sehne
Verbindungsstück
Muffe, Niete, Stift
Verbindungsstudent
Fuchs
Verbindungsteil zwischen Rädern
Achse
Verblichener
Toter
Verbrauchszucker
Melis
Verbrechen
Untat
Verbrecherclique
Bande
Verbreitung *von* Hass
Hetze
Verbrennungserscheinung
Feuer, Hitze, Rauch
Verbrennungsrückstand
Abgas, Asche
Verbundbaustoff
Beton
Verdachtsmoment
Indiz
Verdauungsorgan
Galle, Leber, Magen
Verdeck aus Stoff
Plane
Verdickung
Wulst
Verdienstauszeichnung
Orden
Verdienstspanne
Marge
verdorrt
duerr
veredeltes Eisen
Stahl
Vereinigung
Union
Vereinsblatt
Organ
Verfahren
Modus
verfallenes Bauwerk
Ruine
Verfasser
Autor
verflossen
passé, vorig
verfolgen
jagen
Verfolgung
Hetze
Verfügung
Edikt
Verführerin in Homers Odyssee
Circe, Kirke
verführerische Frau
Circe
Vergebung
Gnade
Vergeltung
Busse, Rache
Vergnügen
Spass
vergnügt
fidel
Vergnügungsschiff
Jacht, Yacht
Vergnügungsstätte
Disco
vergreist
senil
Vergrößerung der Schild-drüse
Kropf
Vergrößerungsglas
Linse
vergütetes Eisen
Stahl
verhaltener Zorn
Grimm, Groll
Verhaltensweise
Wesen
Verhältnis
Bezug, Flirt
Verhältnisgröße
Modul
Verhältnisteil
Quote
Verhältniszahl techni-scher Größen
Modul
verhängnisvoll
fatal
verheerender Sturm
Orkan
Verhöhnung
Spott
verhornte Zehe der Huf-tiere
Klaue
Verkaufshäuschen
Kiosk
Verkaufsraum
Laden
Verkaufsschau
Messe
Verkaufsstand
Kiosk
Verkaufsstelle
Laden
Verkaufstisch
Stand, Theke
Verkehrshindernis
Nebel, Regen, Sturm
Verkehrshinweis vor Bahnübergängen
Ampel

Verkehrslichtanlage
Ampel
Verkehrsmittel
Moped, S-Bahn, U-Bahn
Verkehrszeichen
Ampel
Verkleidung
Maske
verknöchert
starr
Verkörperung des Übels
Satan
Verkünder
Rufer
Verladeauffahrt
Rampe
Verladebühne
Rampe
Verlangen
Drang, Trieb
Verlässlichkeit
Treue
Verlegenheit
Scham
Verletzung
Bruch, Stich, Wunde
Verlies
Zelle
Verlobte
Braut
verlorenes Aufschlagspiel
(Tennis)
Break
Verlust
Manko, Miese, Minus
Vermächtnis
Legat
Vermerk
Notiz
Vermessungsstab
Jalon
Vermischtes
Varia
Vermittler
Agent
vermögend
reich
vermögender Mensch
Nabob
vermögensrechtliche Urkunde
Aktie
vermuten
ahnen
Verneigung
Kotau
verneinendes Wort
nicht
Vernunft
Geist, Grips, Ratio
Verordnung
Edikt, Order
Verpackungsart
Kiste, Tuete
Verpflegung
Essen
Verputzmaterial
Stuck
Verräter Jesu
Judas
Verruf
Makel
Versager
Niete
Versakzent
Iktus
Verschlag
Koben, Stall
verschnittenes männliches Rind
Ochse
verschobenes Quadrat
Raute
Verschönerung
Dekor
Verschrobenheit
Macke
Verschwendung
Luxus, Prunk
verschwiegen
still
Versdichter der Antike
Homer, Horaz
Versmaß
Jambe
Versorgungsbezüge
Rente
Verstand
Geist, Ratio
Verständigungsmittel
Mimik
Verstärker
Tuner
Verstellung
Finte, Mache
Verstimmung
Groll, Unmut
Verstorbener
Toter
Versuch
Probe
Versucher
Satan
Versuchsraum
Labor
Verteidigungsmittel
Waffe
Vertiefung
Delle, Kerbe, Mulde, Rille, Rinne
Vertikale
Hoehe
Vertragsspieler
Profi
vertraulich
intim
vertraut
intim
Vertrauter
Spezi
Vertreter
Agent
Vertrieb
Debit
vertrocknet
duerr
Vervielfältigung
Abzug, Kopie, Repro
Verwahrung
Depot, Obhut
Verwalter *eines* **Gutes**
Meier
Verwaltung
Regie
Verwandte/Verwandter
Enkel, Neffe, Oheim, Onkel, Tante, Vater
Verwandtschaft
Sippe
Verweis
Ruege, Tadel
Verwindung
Drill
Verwirrung
Chaos
Verwünschung
Fluch
Verzehr
Zeche
Verzeichnis
Index, Liste
verzeihende Güte
Gnade
Verzicht
Opfer
verzierender Wandstreifen
Fries
Verzierung
Dekor
Verzinsung
Rente
verzweigte Flussmündung
Delta
Vesper
Jause
Vesperbild
Pieta
Vestibül
Foyer, Halle
vibrieren
beben
Vieh
Schaf, Ziege
Viehbehausung
Stall

5

5

Viehfutter
Ruebe
Viehhüter
Hirte
Viehlager
Streu
Viehtrift
Weide
Viehunterkunft
Stall
Viehzuchtbetrieb in Amerika
Ranch
viel Lärm um nichts
Trara
Vielfalt
Masse, Menge
Viereck
Raute
viereckiger Körper
Kubus
vierschrötig
plump
Viertel
Quart
vierter Sonntag vor Ostern
Okuli
vierter Ton vom Grundton
Quart
vietnamesischer Landesteil
Annam
vietnamesisches Südkap
Camau, Kamau
Violine
Geige
Visierteil
Kimme
Visionär
Seher
Vitaminmangelkrankheit
Ekzem, Oedem
vitiös
boese
Vogel
Taube
Vogel *des* **Friedens**
Taube
Vogelbau
Horst
Vogeldünger
Guano
Vogelerbse
Wicke
Vogelfutterpflanze
Miere
Vogelhaus
Bauer
Vogeljagd mit Raubvögeln
Beize
Vogelkäfig
Bauer
Vogelkralle
Klaue
Vogelkraut
Miere
Vogelschwanz
Sterz
Vogelweibchen
Henne
Vogelwelt
Ornis
Volk
Rasse, Stamm
Volk *im* **Baltikum**
Esten
Volk *in* **Kambodscha**
Khmer
Volk *auf* **Neuguinea**
Papua
Volk *auf* **Neuseeland**
Maori
Volk *der* **Ostgermanen**
Goten
Volk *in* **Südasien**
Inder
Völkerfehde
Krieg
Völkergruppe der Antike
Goten, Juden
Volksfest
Kerwe, Messe
Volksgemeinde im alten Griechenland
Demos
Volksgruppe
Stamm
Volksheer
Miliz
Volksheld der Tiroler
Hofer
Volksrepublik in Afrika
Kongo
Volksversammlung bei den alten Germanen
Thing
Volksvertretung
Senat
vollendet
getan
vollends
total
vollkommen
ideal
Vollkommenheit
Ideal
vollständig
total
volltönend
sonor
vom Wind angehäufter Sandhügel
Duene
von geringer Dicke
duenn
von geringer Größe
klein
von hohem Wuchs
gross
von oben her
herab
von Wasser umgebenes Land
Insel
Voralpensüßwasserfisch
Renke
vorausgesetzt
falls
Vorbau
Altan, Erker
vorbei
passé
vorbestimmtes Schicksal
Fatum
Vorbild
Ideal
vorbildlich
ideal
Vorbühne
Rampe
Vorderansicht einer Münze
Avers
Vorderasiat
Kurde, Parse, Syrer
vorderasiatische Hauptstadt
Amman, Rijad
vorderasiatischer Staat
Jemen
vorderasiatisches Kulturvolk (Antike)
Juden
vorderer Rand des Bühnenbodens
Rampe
Vorderseite
Avers, Front
vorderste Kampflinie
Front
Vorderste beim Laufen
Erste
Vorfahre
Urahn, Vater
Vorfall
Eklat
Vorführdame
Model
Vorführung
Revue, Schau
Vorgang *des* **Kochens**
Garen
vorgeschriebene Arzneimenge
Dosis
Vorhalle
Diele, Foyer

Vorhang
Store
vorher
zuvor
Vorherbestimmung
Fatum
Vorkommnis
Kasus
vorlautes Mädchen
Goere
Vorleger
Matte
vormals
einst
Vormund
Tutor
Vormundschaft
Tutel
Vorname *von* **Amundsen**
Roald
Vorname *von* **Atatürk**
Kemal
Vorname *der* **Baal** (Schauspielerin)
Karin
Vorname *des* **Belushi** (Schauspieler)
James
Vorname *von* **Berg** (Komponist)
Alban
Vorname *von* **Bruckner**
Anton
Vorname *von* **Cook**
James
Vorname *der* **Ekberg**
Anita
Vorname *der* **Garbo**
Greta
Vorname *von* **Gorki**
Maxim
Vorname *von* **Hood**
Robin
Vorname *von* **Kissinger**
Henry
Vorname *der* **Lagerlöf**
Selma
Vorname *von* **Murphy** (Komiker)
Eddie
Vorname *von* **Picasso**
Pablo
Vorname *der* **Schygulla** (Schauspielerin)
Hanna
Vorname *von* **Welles**
Orson
Vorname *von* **Wontorra**
Joerg
Vorname *von* **Zola**
Emile
vornehm
nobel
vornehmer Liebhaber
Galan
Vornehmtuer
Laffe, Snobs
Vorort von Lissabon
Belem
Vorort von Paris
Vitry
Vorort von Rom
Ostia
Vorrat
Stock, Store
Vorratsgebäude
Boden, Depot, Lager
Vorrichtung *zur* **Lastenbewegung**
Hebel
Vorrichtung *am* **Reitstiefel**
Spore
vorschlagen
raten
Vorschub
Hilfe
Vorsilbe
Affix, ueber, unter
Vorsilbe für jenseits
trans
Vorsilbe für über
trans
Vorsilbe für zwischen
inter
Vorspeise
Suppe
Vorspiegelung
Bluff
vorspringender Gebäudeteil
Altan, Erker
Vorsprung
Bonus
Vorsteher
Prior
Vorsteher *einer* **Fakultät**
Dekan
Vorsteher *eines* **Klosters**
Prior
vortrefflich
bravo, prima
Vortriebskraft
Schub
Vorwand
Finte
vorwitzig
frech
Vorwurf
Ruege, Tadel
Vorzeichen beim Rechnen
minus
Vorzeigen eines Wechsels
Vista
Vulkan *in* **Amerika**
Huila, Misti
Vulkan *auf* **Island**
Hekla
Vulkan *in* **Italien**
Aetna, Vesuv
Vulkan *bei* **Neapel**
Vesuv
Vulkan *auf* **Sizilien**
Aetna
vulkanisierter Kautschuk
Gummi

W

waagerechter Teil des Dachstuhls
Raehm
wabbelig
weich
Wabenteil
Zelle
Wachrundgang
Ronde
wachsbleich
blass
Wachslicht
Kerze
Wachssalbe
Zerat
Wachsscheibe im Bienenstock
Favus
Wächter
Hirte, Wache
Wächter *der* **griechischen Sage**
Argus
Wächter *des* **Minos**
Talos
Wachtturm
Warte
wackeln
eiern
Waffe *im* **Mittelalter**
Gleve
Waffe *der* **Ritter**
Lanze
Waffe *von* **Tieren**
Hauer
Waffengang
Kampf
Waffenlager
Depot
Wagenabteil
Coupé, Kupee
Wagenbespannung
Plane
Wagendecke
Plaid, Plane
Wagenkolonne
Treck
Wagenladung
Fuder, Fuhre

Wagenstange
Runge
Wagenteil
Achse
Wagenzug
Korso, Treck
waghalsig
kuehn
Wahl
Votum
wählerisch
eigen
Wahlspruch
Motto
Wahlstimme
Votum
wahnhafter Zustand
Manie
während eines großen Zeitraums
lange
Wahrnehmungsart
Sehen
Wahrnehmungsorgane
Sinne
Wahrsager
Augur, Seher
Wahrzeichen von London
Tower
Wahrzeichen von Moskau
Kreml
Wal-Rückenflosse
Finne
Wald
Forst
Waldaufseher
Heger
Waldfrucht
Beere
Waldgiraffe
Okapi
Waldgott
Satyr, Silen
Waldkleintier
Iltis
waldlose Ebene
Heide
Waldrevier
Forst
Waldschädling
Nonne
Waldtier
Dachs, Fuchs, Luchs
Walfangprodukt
Ambra, Barte
walisischer König
Artus
Walkürenross bei Wagner
Grane
Wall
Deich
Wallfahrtsort *in* **Italien**
Padua
Wallfahrtsort *der* **Mohammedaner**
Mekka
Walze
Rolle
Wälzstelle des Schwarzwilds
Suhle
Wams
Joppe
Wand
Mauer
Wandbrett
Regal
Wandelhalle
Foyer, Lobby
Wanderfisch
Lachs, Stoer
Wanderlaus
Wanze
Wandervolk
Sinti
Wandgestell
Regal
Wandler
Trafo
Wandlung
Wende
Wandteil beim Fass
Daube
Wandteppich
Kelim
Wandverzierung
Fries
Wandvorsprung
Erker
Wange
Backe
Wangenschminke
Rouge
wankelmütig
labil
Wanne
Zuber
Wappenblume
Lilie
Wappentier
Adler, Greif, Loewe
Wappenvogel
Adler
Ware
Marke
Warenanforderung
Abruf, Order
Warenausstellung
Messe
Warenballen
Kollo
Warendepot
Lager
Warenhaus
Laden
Warenhausabteilung
Rayon
Warenschau
Messe
Warenverzeichnis
Liste
Warenvorrat
Lager
Warenwert
Preis
Warenzeichen
Marke
warm
heiss
Wärmeeinheit
Joule
wärmendes Accessoire
Schal
warmer Fallwind im Gebirge
Foehn
Wärmespender
Feuer, Kamin, Sonne
Warnechse
Waran
Warngerät
Ampel
Warnlicht
Ampel
Warnung bei Gefahr
Alarm
Warnzeichen
Alarm
Wartezeit
Frist
Wäsche
Linge
Wäscheseil
Leine
Wäschestoff
Drell, Linon, Nylon, Zefir
Wäschestück
Jupon, Laken
Waschfass
Balge, Zuber
Waschgefäß
Bidet, Wanne, Zuber
Waschlösung
Lauge
Waschmittel
Borax, Seife
Wasen
Dampf, Dunst, Rasen
Wasserablauf
Gully, Rinne
wasserarm
duerr
Wasserbehälter
Eimer, Wanne, Zuber
Wasserberg
Welle
Wasserbewohner
Fisch

Wasserblume
Lotos, Lotus
Wasserdampf
Dunst, Nebel
Wasserfahrzeug
Floss, Kajak, Prahm
Wassergeist
Mimir, Noeck
Wasserhuhn
Ralle, Zoppe
Wasserlauf
Fleet, Fluss, Kanal, Priel, Rinne, Strom
Wasserlinse
Lemna
Wassermarder
Otter
Wasserpfeife
Hocka, Hukah
Wasserpflanze
Lotos, Lotus
Wasserpfütze
Lache
wasserreiche Niederung
Sumpf
Wasserrinne im Wattenmeer
Priel
Wasserrose
Lotos, Lotus
Wasserschlange der Sage
Hydra
Wasserstandsmesser
Pegel
Wasserstraße
Fluss, Kanal, Strom
Wassersucht
Oedem
Wassertier
Fisch
wasserumgebenes Land
Atoll, Insel
Wasservogel
Lumme, Moewe, Ralle
Wasserwehr
Deich
Wasserwoge
Welle
wässrige Anschwellung
Oedem
Wattsekunde
Joule
Watvogel
Knutt, Triel
WC
Abort
Weberdistel
Karde
Webereierzeugnis
Loden, Stoff
Webervogel
Spatz
Wechsel
Wende
Wechsel *der* **Wohnung**
Umzug
Wechselgesang
Kanon
wechselhaft
labil
wechselnde Gemütsstimmung
Laune
Weckruf
Alarm
Wedel
Wisch
Weg
Route
Weg *eines* **Flugkörpers**
Orbit
Weg *zum* **Weideauftrieb**
Trift
Wegkrümmung
Kehre, Kurve
Wegmal
Kreuz
Wegschnecke
Arion
Wegstrecke
Route
Wehgeschrei
Klage, Zeter
Weiberfeind
Macho
weibliche Brust
Busen
weibliche griechische Sagengestalt
Circe, Kirke, Medea, Niobe
weibliche Naturgeister
Elfen
weibliche Verwandte
Muhme, Tante
weibliche Ziege
Geiss
weiblicher Fuchs
Faehe
weiblicher Kosename
Heidi, Henny, Lotti
weiblicher Kurzname
Bella, Hanna, Magda, Trine
weiblicher Vorname
Adele, Agnes, Alice, Almut, Anita, Beate, Bella, Berta, Betti, Doris, Edith, Elise, Ellen, Carla, Gerda, Grete, Hanna, Heidi, Heike, Helga, Hilde, Ilona, Irene, Julia, Jutta, Karin, Katja, Klara, Linda, Lotte, Lucia, Luise, Luzie, Magda, Maria, Paula, Petra, Sonja, Vroni, Wilma, Xenia, Zenzi
weibliches Geflügel
Henne
weibliches Haustier
Geiss, Henne, Katze, Stute, Ziege
weibliches Kaninchen
Zibbe, Zippe
weibliches Nachtgespenst
Drude
weibliches Pferd
Stute
weibliches Reh
Ricke
weibliches Schaf
Zibbe, Zippe
weibliches Wild
Bache, Faehe, Geiss, Ricke
weibliches Wildschwein
Bache
weich
sanft
Weiche
Seite
weiche Bettfeder
Daune, Flaum
weiche Lederart
Nappa
weiches Barthaar
Flaum
weiches Pergament
Velin
Weichholz
Linde, Tanne
Weichkäse
Quark
Weichling
Memme
Weichstock
Gerte
Weichtier
Krake
Weidefläche
Anger, Wiese
Weiden des Wildes
Aesen
Weidenstock
Gerte, Trift
Weidmann
Heger
weidmännisch für fressen
aesen
weidmännisch für Schwanz vom Fuchs
Lunte
weidmännisch für Wildsau
Bache
Weidmesser
Hauer
Weigerung
Refus

5

Weihe
Segen, Taufe
Weiher
Teich
Weihespruch
Segen
Weihnachtsbaumschmuck
Kerze
weiland
einst
Weile
Dauer
Weinbereitungsvorgang
Lesen
weinerlich
weich
Weinglas
Kelch, Pokal
Weinmaß
Fuder
Weinort *an der* **Mosel**
Croev
Weinort *in* **Portugal**
Porto
Weinort *bei* **Remagen**
Erpel
Weinort *in* **Rheinland-Pfalz**
Forst
Weinort *an der* **Ruwer**
Casel
Weinort *in* **Spanien**
Jerez
Weinort *in* **Südtirol**
Bozen, Eppan, Gries, Meran
Weinort *in* **Ungarn**
Erlau, Tokaj
Weinreife
Firne
Weise
Genre, Modus, Sitte
Weisheit
Reife
weiß
blass
Weissager
Seher
weißer Käse
Quark
Weißkäse
Quark
Weißpappel
Abele
Weißpfennig
Albus
Weisung
Gebot, Order
weit
gross
Weite
Ferne
Weizenart
Emmer
Weizenkleie
Grand
welk
duerr
Wellenbrecher
Buhne
Wellenkamm
Krone
Wellenlinie
Kurve, Sinus
weltlicher Herrscher des Islam
Kalif
Weltmacht
UdSSR
Weltmeer
Ozean
Weltreligion
Islam
Weltseele
Atman
Wemfall
Dativ
Wende
Kehre, Kurve, Sorbe
Wendepunkt
Krise
wendig
alert
Wendung
Idiom
Wendung beim Fechten
Volte
weniger
minus
wenn
falls
Wenzel (Kartenspiel)
Unter
Werkstoff
Beton, Leder, Stein
Werkzeug
Feile, Hacke, Hobel, Kelle, Nadel, Saege, Walze, Zange
Werkzeug *der* **Kupferstecher**
Burin
Werkzeugmaschine
Saege
wert
teuer, traut
Wert
Guete, Preis, Valor
Wertangabe an der Börse
Index
wertloses Schriftstück
Wisch
Wertpapier
Aktie
wertvoll
teuer
wertvoller Pelz
Bisam, Zobel
wertvoller Stein
Juwel
Wertzeichen
Marke
Wesen
Natur, Weise
weshalb
warum, wieso
westafrikanische Republik
Benin, Gabun
Westbelgier
Flame
westdeutsche Großstadt
Essen, Koeln
Weste
Gilet
Westeuropäer
Brite
westeuropäische Hauptstadt
Paris
westeuropäisches Gebirge
Eifel
westfälische Landschaft
Senne
westfriesische Insel
Texel
Westgermane
Suebe, Sueve, Swebe
Westindische Insel
Haiti
Westslawe
Sorbe, Wende
wett
quitt
Wettbewerb
Kampf, Match, Spiel
Wetteinrichtung
Lotto
Wetter
Klima
Wettererscheinung
Blitz, Frost, Hagel, Hitze, Nebel, Regen, Sturm
Wetterlage
Klima
Wettkampfstätte
Arena
Wicht
Zwerg
Wichtigtuer
Protz
Wickeltuch
Pareo
wider
gegen
widerlich
eklig

Widersacher
Feind
Widersacher Gottes
Satan
Widerstand
Trotz
widerwärtig
eklig, uebel
Wiedergutmachung
Busse
Wiederholungszeichen in Lexika
Raute
Wiederkäuer
Schaf, Ziege
Wiemen
Latte
Wiener Arzt
Freud
Wiener Kneipe
Beisl
Wiener Komiker
Moser
Wiener Komponist
Haydn, Léhar, Suppé
Wiener Maler
Klimt
Wiener Nervenarzt
Freud
Wiener Witzfigur
Poldi
Wiesenfläche
Rasen
wieso
warum
Wildart
Dachs, Fuchs, Gemse, Iltis, Luchs
wilde Angst
Panik
wilde Bande
Horde, Meute
wilder Bienenstock
Immer
wilder Knabe
Range
wildes Gelage
Orgie
Wildfang
Range
Wildfangvorrichtung
Falle, Grube
Wildgeflügel
Fasan
wild grünende Ebene
Heide
Wildgruppe
Rudel
Wildheit
Furor
Wildhund
Dingo
Wildkater
Kuder
Wildlederimitation
Nubuk
Wildpferd
Zebra
Wildpfleger
Heger
Wildragout
Civet
Wildrind
Bison, Sanga
Wildsau
Bache
Wildschwein
Bache
Wildziege
Gemse
Willkür
Laune
Wimpel
Fahne
Windart
Brise, Foehn, Leste, Orkan, Samum, Sturm
Winde
Spill
windig
zugig
Windstille
Kalme
Windung
Kehre, Kurve
Winkelfunktion
Sinus
Winkelzug
Finte, Kniff, Trick
winterliche Kälte
Frost
winterliche Niederschlagsform
Hagel
Wintermonat
Maerz
Wintersportanlage
Loipe, Piste
Wintersportgerät
Rodel, Skier, Stein
Wintersportort *in* **Graubünden**
Arosa, Davos, Flims
winzig
klein
winzige Druckschriftgröße
Petit
Winzigkeit
Hauch
Wirbel
Sturm
Wirbelsturm
Orkan
Wirbeltierart
Fisch, Lurch, Vogel
wirklich
reell
wirksam
aktiv
Wirkstoff *im* **Tee**
Thein
Wirkteppich
Kelim
Wirkung
Fazit, Folge
Wirkungskreis
Beruf
Wirkungsstätte Keplers
Sagan
Wirrkopf
Chaot
Wirrnis
Chaos
Wirrwarr
Chaos
Wirtschaft
Beize, Lokal, Pinte
wirtschaftlicher Ertrag
Ernte
wirtschaftlicher Zusammenschluss
Trust
Wirtschaftstheoretiker
Smith, Weber
Wirtschaftsverbund
Trust
Wirtschaftswald
Forst
Wirtshausrechnung
Zeche
Wischer
Wedel
Wisent
Bison
Wissender
Myste
Wissenschaft
Lehre
wissenschaftlicher Arbeitsraum
Labor
wissenschaftlicher Begriff
Axiom, Lehre
Witfrau
Witwe
Witib
Witwe
Witterung
Klima
Witwe
Witib
Witwe Aga Khans
Begum
Witwe bei Max und Moritz
Bolte

5

Witz
Gaudi, Humor, Spass
witzig
ulkig
witziger Frohsinn
Humor
Wochentag
Feria
Woge
Welle
Wohl
Segen
Wohlgefallen
Gusto
Wohlgefälligkeit
Anmut
wohlgenährt
feist
Wohlgeruch
Aroma, Odeur
wohlhabend
reich
wohlriechende Pflanze
Narde
Wohltat
Hilfe, Trost
Wohlwollen
Gnade, Gunst
Wohngebäude
Villa
Wohnhügel auf den Halligen
Warft
Wohnraum auf Schiffen
Logis
Wohnsitz
Logis
Wohnsitz *der* **griechischen Götter**
Olymp
Wohnteil einer Burg
Palas
Wohnung
Logis
Wohnungsgeld
Miete
Wohnungswechsel
Umzug
Wohnzins
Miete
Wölbung
Bogen
Wolf
Lupus
Wölfin
Faehe
Wolfsjunges
Welpe
Wolldecke
Plaid, Vlies
Wolle lieferndes Tier
Kamel, Schaf, Ziege
Wollen
Wille
Wollgewebe
Loden
Wollgewinnung
Schur
Wollschnitt beim Schaf
Schur
Wollstoff
Loden, Tweed
Wort *der* **Anerkennung**
danke
Wort *beim* **Skat**
Grand
Wortanhängsel
Affix
Wortbetonung
Iktus
Worte aussprechen
sagen
Wörterbuch
Duden
Wortenguss
Suada
wortkarg
still
Wortkürzungszeichen
Sigel, Sigle
wörtlich angeführte Stelle
Zitat
wörtliche Wiedergabe
Zitat
wortlos
still
Wortreihe
Zeile
Wortteil
Affix, Silbe, Stamm
Wotans Raben
Hugin, Munin
Wotans Wolf
Freki
Wuchs
Figur
Wucht
Kraft
Wühlechse
Skink
wund
offen
Wundabsonderung
Eiter
Wunderkind
Genie
wunderliche Eigenschaft
Macke
Wundheilmittel
Salbe
Wundmal
Narbe
Wundschutz
Binde
Wundsekret
Eiter
Wunsch
Bitte
Wunschbild
Ideal
wunschlos zufrieden
selig
Wurf mit gleicher Augenzahl
Pasch
Würfel
Kubus
Wurfgeschütz im Mittelalter
Blide
Wurfleine
Lasso
Wurfseil
Lasso
Wurfspeer
Lanze
Wurfstange
Speer
Wurfwaffe
Lanze, Speer
wurmstichig
madig, marod
Wursthaut
Pelle
Wurzel
Radix
Wurzelgemüse
Ruebe
Würzflüssigkeit
Essig
würziger Duft
Aroma
wuselig
eilig, rasch
Wust
Chaos
Wüste *in* **Afrika**
Namib
Wüste *in* **Arabien**
Nefud
Wüste *in* **Israel**
Negeb, Negev
Wüstenbrot der Bibel
Manna
Wüsteneidechse
Waran
Wüstenlasttier
Kamel
Wüstenschiff
Kamel
Wüstenwind
Gibli, Leste, Samum
wüstes Gelage
Orgie

Wüstling
Rowdy
Wut
Furor, Grimm
wütend
boese
wütendes Weib
Furie

XYZ

Ymir
Riese
Yogi
Asket
Zacke
Zinke
zähflüssige Substanz
Honig, Paste
Zahlenergebnis
Summe
Zahlenfolge
Reihe
Zahlenglücksspiel
Lotto
Zahlenübersicht
Tafel
zahllos
viele
Zahlpfennig
Jeton
Zahlstelle
Kasse
Zahlungsbescheinigung
Beleg
Zahlungsmittel
Sorte
Zahlungstermin
Frist
Zahlwort
sechs
zahm
fromm, kirre
Zahn
Zacke, Zinke
Zahnbestandteil
Krone
Zahnersatz
Krone
zahnförmiger Mauerrand
Zinne
Zahnfüllung
Inlay
Zahnkarpfen
Guppy, Killi
Zahnmark
Pulpa
Zanderart
Hecht

Zank
Hader, Krach, Stunk, Zwist
Zapfen
Konus
Zarenname
Peter
Zarenpalast in Moskau
Kreml
zart
sanft, weich
zarte Federn
Flaum
zarte Gefühle
Liebe
zärtlich
innig, sanft
Zase
Fluse
Zauber
Magie
Zauberei
Magie
Zauberer
Hexer, Seher
Zauberer der Artusrunde
Dolin
Zauberformel
Sesam
Zauberin
Circe, Drude, Kirke, Medea
Zauberin in der Odyssee
Circe, Kirke
Zauberkraft
Magie
Zauberkunst
Magie
Zaun
Hecke
Zebuart
Sanga
Zeche
Grube
Zehenteil bei Tieren
Klaue
Zehenteil der Paarhufer
Klaue
Zehndollarstück
Eagle
Zeichen *der* Herrscherwürde
Krone
Zeichengerät
Kohle, Stift
Zeichenmaterial
Tinte
Zeichnung
Figur
Zeichnung im Holz
Maser
Zeidler
Imker

Zeigegerät am PC
Mouse
Zeiger
Zunge
Zeile
Linie
Zeit
Frist, Musse, Weile
Zeit *der* Ausbildung
Lehre
Zeit *der* Dunkelheit
Nacht
Zeitabschnitt
Monat, Woche
Zeitangabe
Datum
Zeitbegriff
Abend, Datum, Dauer, Frist, Monat, Nacht, Weile
Zeiteinheit
Monat, Woche
Zeitform der Zukunft
Futur
zeitig
frueh
zeitlich abstimmen
timen
Zeitmaß (Musik)
Largo, Tempo
Zeitpunkt
Datum
Zeitraum
Dauer, Frist, Weile
Zeitschrift
Revue
Zeitung
Blatt, Organ
Zeitungsabonnent
Leser
Zeitungsmitarbeiter
Autor
Zeitungsnachricht
Notiz
Zeitungsteil
Sport
Zeitvertreib
Hobby, Spiel, Sport
zeitweise ausgetrockneter Flusslauf
Creek
Zellfaden der Pilze
Hyphe
Zelt
Jurte
Zeltbahn
Plane
Zeltlager
Biwak
zentralasiatisches Hochland
Tibet

Zentralgestirn unseres Planetensystems
Sonne
Zentrum
Mitte
Zepterdiamant der Zaren
Orlow
Zerbrochenes
Bruch
Zeremonie
Ritus
zerfallenes Bauwerk
Ruine
Zerfallserscheinung
Moder
zerknirscht
reuig
Zermahlenes
Staub
zerrüttet
marod
Zerstäubungsflüssigkeit
Spray
zerstörtes Gebäude
Ruine
zerstörtes Schiff
Wrack
zerstreuter Mensch
Chaot
Zerwürfnis
Hader, Zwist
Ziborium
Kelch
Ziege
Geiss, Hippe
Ziegenleder
Glacé, Nappa
Ziegenpeter
Mumps
Ziel
Frist
Zielvorrichtung
Kimme
ziemlich kalt
kuehl
Zierat
Dekor
Ziererei
Getue, Mache
Zierfisch
Barbe, Danio, Guppy, Molly, Platy
Ziergrasfläche
Rasen
zierlich
klein
Ziernaht
Biese
Zierpflanze
Canna, Kalla, Lilie, Malve, Nelke, Phlox, Winde, Yucca, Yukka
Zierstrauch
Buchs, Myrte
Zigarettenrest
Kippe
Zigeuner
Sinti, Sinto
Zigeunerlager
Tabor
Zikade
Zirpe
Zimmer
Salon, Stube
Zimmerflucht
Suite
Zinke
Zacke
Zinnober
Getue
Zins
Miete, Pacht
Zinsschein
Kupon
Zipperlein
Gicht
Zirkel
Kreis
Zirkus
Getue, Revue
Zirkuskünstler
Clown
Zitadelle
Feste
zittern
beben
Zögling
Eleve
zopfig
passé
zornig
boese
Zosse
Pferd
zu Gott Sprechender
Beter
zu vorgerückter Stunde
spaet
Zubehör
Extra
Zuber
Wanne
Zucht
Anbau, Moral
Züchter
Imker
Züchtigungsmittel
Knute, Stock
Zuchtpferd
Stute
zuchtreifer Stier
Farre
Zuchtrennen
Derby
Zuchtrind
Bulle, Stier
Zuckerart
Melis
Zuckerlösung
Sirup
Zuckerrübenauszug
Sirup
Zuckersaft
Sirup
Zuckerzeug
Nugat
zuerst
vorab
Zufall
Tyche
Zugabe
Bonus
Zugabteil
Coupé, Kupee
zugänglich
offen
zugegen
dabei
zügellose Ausschweifung
Orgie
zügelloses Gelage
Orgie
zugemessene Arzneimenge
Dosis
Zugeschnürtes
Paket
zugespitzter Pfosten
Pfahl
zügig
flott, rasch
Zugreise
Fahrt
Zugtier
Ochse, Pferd
Zugvogel
Pirol
Zukunft
Futur
Zukunftsform
Futur
Zukunftswarner
Rufer
Zulu
Bantu
zum Düngen verwendeter Vogelmist
Guano
Zunahme
Wuchs
Zündschnur
Lunte
Zuneigung
Gunst, Liebe
Zunft
Gilde

Zungenregister der Orgel
Regal
Zupfinstrument
Banjo, Harfe, Laute, Leier, Rotta
Zurechtweisung
Ruege, Tadel
zurückhaltend
kuehl, scheu
Zuruf an Zugtiere (links)
huest
zusammen
alles
Zusammenfassung
Fazit
zusammengedrängt
dicht
zusammengehörige Erbanlage
Allel
Zusammenhang
Nexus
zusammenhängende Glieder
Kette
Zusammenkunft
Treff
Zusammenschluss
Gilde, Trust, Union, Zunft
Zusammenstellung
Liste
Zusammenstoß
Krach
Zusammenziehung zweier Wörter
Krase
Zusatzleistung
Bonus
zusätzlich
extra
Zuschauer
Zeuge
Zuschnitt
Façon
zusehends
rasch
Zuspitzung
Krise
Zuspruch
Trost
Zustand *der* **Not**
Elend
Zustandsform
Phase, Stufe
Zuteilung
Dosis
zutraulich
kirre
zutreffend
exakt, genau
Zutun
Hilfe

zuverlässig
reell, solid
Zwang
Druck
zwanglos
leger
Zwangslage
Krise
Zweck
Motiv
zweckbestimmt
final
Zwecke
Nagel, Pinne
Zweiergesang
Duett
zweifaches Innenorgan
Niere
Zweig
Gerte
Zweig *der* **Indogermanen**
Arier
zweigliedriger Ausdruck (Mathematik)
Binom
Zweikampf
Duell
Zweikorn
Emmer
Zweipolröhre
Diode
Zweirad
Moped, Vespa
zweirädriger Einspänner
Sulky
zweirädriger Wagen
Sulky
zweisitziger Kraftwagen
Coupé, Kupee
zweistimmige Musikdarbietung
Duett
zweite Frau Jakobs
Rahel
zweiter Präsident der USA
Adams
zweites Heu
Grumt
zweitlängster Fluss in Italien
Etsch
Zwerg
Troll, Wicht
Zwickel
Gehre
Zwiebelgewächs
Lauch, Lilie, Tulpe
Zwiegesang
Duett
Zwiespalt
Hader, Zwist
Zwietracht
Hader, Zwist

Zwillich
Drell
Zwillingsbruder von Esau
Jakob
Zwillingsbruder von Romulus
Remus
Zwirn
Faden
Zwischenmahlzeit
Jause
Zwischenraum
Spalt
Zwist
Fehde, Hader
Zyklus
Folge, Serie
Zylinder
Rolle, Walze
zylindrisches Gefäß mit Henkel
Eimer

6 BUCHSTABEN

A

Aachener Gebäck
Printe
Aachener Sportstätte
Tivoli
Aalraupe
Quappe, Ruette
Aas fressender Fisch
Waller
Aas fressendes Raubtier
Hyaene
Aasgeier
Kondor
Aasvogel
Kondor, Marabu
Abart *der* **Braunkohle**
Lignit
Abart *eines* **chemischen Elements**
Isotop
abartig
abnorm, anomal
Abbauprodukt des Indigos
Isatin
Abbild
Grafik
Abbild der Erde
Globus
Abbruch
Abriss
Abdruck
Siegel

6

Abendandacht
Vesper
Abendbrot
Dinner, Souper, Vesper
Abendgesellschaft
Soiree
Abendland
Europa
Abendmahlsbrot
Hostie, Oblate
Abendmahlsoblate
Hostie
Abenteuer
Wagnis
Abenteurer
Bandit, Vagant
abermalig
erneut
abermals
erneut, wieder
Abfahrtslauf
Slalom
Abfall
Abraum, Fetzen, Schutt, Spaene
Abfall *von* **Ladungen**
Fegsel
Abfallprodukt *beim* **Hobeln**
Spaene
Abfluss
Graben, Kloake, Roehre
Abformung
Abguss
Abführmittel
Sennes
Abgabe
Obolus, Steuer, Tribut
Abgabe *an den* **Staat**
Steuer
abgebaute Strecke (Bergwerk)
Altung
abgebrannt
pleite
abgegrenzte Weide
Koppel
abgegrenzter Klosterraum
Klause
abgegrenztes Gebiet
Bezirk
Abgekochtes
Dekokt
abgelegen
einsam
abgemessene Menge
Ration
abgeneigt
unhold
abgeschlossenes Stadtviertel
Ghetto
abgesonderter Stadtteil
Ghetto
Abgesottenes
Auszug, Dekokt
abgespannt
fertig
abgesteckte Straßenführung
Trasse
abgesteckte Strecke
Etappe, Trasse
abgetan
fertig
abgeteilter Strandsee
Lagune
Abglanz
Reflex
Abgott
Goetze
abgrenzbarer Lebensraum
Biotop
Abgrenzung
Sperre
Abgrund
Hoelle, Krater, Nichts, Spalte
Abhandlung
Arbeit, Exposé
abhängig
hoerig, unfrei
abhängiger Lehnsmann
Vasall
abhängiges Satzglied
Aktand
Abirrung
Laster
Abitur
Matura
Abkömmling
Spross
Abkürzung für Abschiedsgruß
Tschau
Abkürzung für Geschwister
Geschw
Abkürzung für griechisch
griech
Abkürzung für Internationale Kulturorganisation
UNESCO
Abkürzung für Internationaler Kinderhilfsfonds
UNICEF
Abkürzung für Organisation für Erziehung, Wissenschaft und Kultur der UN
UNESCO
Abkürzung für Weltkinderhilfswerk
UNICEF
Ablage
Archiv
Ablagemappe
Ordner
Ablagerung
Sinter
Ablassprediger
Tetzel
Ablauf der meteorologischen Vorgänge
Wetter
Ableben
Exitus
Ableger
Senker, Spross
ablehnender Bescheid
Absage
Ablehnung
Absage, Refues
Ableugnung
Abrede
Abmessung
Format
Abmessungsbegriff
Breite, Laenge
Abneigung
Unlust
Abrahams Sohn
Ismael
Abraum
Abfall, Schutt
Abrechnung
Bilanz
Abriegelung
Kordon
Abriss
Layout, Skizze
Absatz (Typographie)
Alinea, Hacken, Sockel
Absatz in Quellen
Sinter
Absatzgestein
Sinter
absatzloser Schuh
Opanke
Abschattung
Nuance
abschätzig für Geld
Mammon
abschätzig für Reichtum
Mammon
Abschaum
Poebel
Abscheu
Grauen, Greuel, Horror
Abschiedsgruß
Servus
abschirmen
decken
Abschlag
Rabatt, Skonto

Abschluss
Bilanz, Finale, Finish, Sperre
Abschlussprüfung
Abitur, Examen
Abschnitt
Coupon, Etappe, Passus, Sektor, Spanne
Abschnitt *des* **Lebens**
Jugend
Abschnitt *eines* **Schriftsatzes**
Passus
Abschnitt *eines* **Zinsscheins**
Coupon
Abschrift
Doppel
abschüssig
schief
Abschweifung
Exkurs
Absicht
Taktik
absoluter Superlativ
Elativ
absonderlich
bizarr
Absonderung
Inkret, Sekret
Absonderung *einer* **Drüse**
Sekret
Absperrarmatur
Ventil
Absperrung
Gatter, Gitter, Klappe, Kordon, Riegel, Ventil
Abstand
Luecke
Abstecher
Exkurs
Abstellraum
Garage, Kammer, Keller, Remise
abstrakt
irreal
Abstufung
Nuance
Absud
Dekokt
Abteil
Kabine
Abteilung
Gruppe, Rubrik, Sparte
Abteilungsleiter (Druckerei)
Faktor
Abtransport
Abfuhr
Abtreten von der Bühne
Abgang
Abtrünniger
Ketzer
abwärts
nieder
abwärts geneigte Bergseite
Abhang
Abwasserkanal
Kloake
Abwehr
Parade, Schutz
abweichend
abnorm, anomal
Abweichung
Exkurs, Nuance
Abwendung
Abkehr
abwertend für Deutscher
Piefke
abwesend
absent
Abwesenheit
Absenz
Abzeichen
Bouton, Emblem, Symbol, Wappen
Abzug
Dekort, Doppel, Rabatt, Skonto
Abzug vom Darlehen
Damnum
Abzugsgraben
Rigole
Abzugskanal
Kloake
Achsnagel
Luense
Acht
Verruf
achte Tonleiterstufe
Oktave
Achtelkreis
Oktant
achtstimmiges Musikstück
Oktett
Achtung
Obacht, Wuerde
Achtungserweis
Ehrung
Ackerfrüchte
Rueben
Ackermaß
Morgen
Ackerrinne
Furche
Ackerstreifen
Gewann
Ackerunkraut
Distel, Quecke, Trespe, Twalch
Adams Frau
Lilith
Adebar
Storch
Adelstitel
Freiin, Fuerst, Herzog, Ritter
Adlatus
Helfer
adrett
sauber
Adriahafen
Ancona, Durres, Pesaro, Ragusa, Rijeka, Rimini, Triest, Trogir
Adriainsel
Kornat, Losinj
Adverb
damals, danach, selten
Advokat
Anwalt
Affenart
Babuin, Gibbon, Pavian, Rhesus
Affenbrotbaum
Baobab
Afrikaforscher
Peters, Rohlfs
afrikanische Antilope
Impala
afrikanische Buschkatze
Serval
afrikanische Hafenstadt
Agadir, Algier, Annaba, Bissau, Durban, Luanda, Meregh, Tanger, Tetuan, Tobruk
afrikanische Hauptstadt
Algier, Bamako, Bangui, Banjul, Bissau, Harare, Jaunde, Kigali, Luanda, Lusaka, Maputo, Maseru, Niamey
afrikanische Landschaft
Nubien
afrikanische Reisegesellschaft
Safari
afrikanische Sprache
Amhara, Haussa, Herero, Joruba, Massai, Somali, Tuareg, Yoruba
afrikanische Stechfliege
Tsetse
afrikanische Viehseuche
Nagana
afrikanische Wüste
Sahara
afrikanischer Affenbrotbaum
Baobab
afrikanischer Geheimbund
Mau-Mau
afrikanischer Kropfstorch
Marabu

afrikanischer Salzsumpf
Schott
afrikanischer Sandsturm
Haboob
afrikanischer Staat
Angola, Gambia, Guinea, Libyen, Malawi, Ruanda, Sambia, Tschad, Uganda
afrikanischer Stamm
Basuto, Batuti, Berber, Dahome, Haussa, Herero, Joruba, Libyer, Massai, Mauren, Nubier, Owambo, Somali, Tuareg, Ubangi, Waluta, Yaruba
afrikanischer Storchenvogel
Marabu
afrikanischer Vogel
Marabu
afrikanisches Bier
Panibe
afrikanisches Gebirge
Hoggar
afrikanisches Hartholz
Makoré
afrikanisches Horntier
Ducker
afrikanisches Huftier
Quagga
afrikanisches Möbelholz
Makoré
afrikanisches Raubtier
Serval
afrikanisches Tier
Ducker, Gepard, Hyaene, Pavian, Quagga, Serval
Ägäische Insel
Lemnos, Lesbos, Rhodos, Thasos
Agavenbranntwein
Meskal
Aggregatzustand
Plasma
agil
regsam, wendig
Agitator
Hetzer
ägyptische Hafenstadt
Abukir, el Duba, Kosser
ägyptische Pyramide
Cheops
ägyptische Stadt am Nil
Assuan
ägyptischer Bauer
Fellak
ägyptischer Gott
Anubis, Osiris
ägyptischer König
Cheops, Ramses
ägyptischer Königstitel
Pharao
ägyptischer Politiker
Nasser
ägyptisches Bauwerk
Sphinx
Ahle
Pfriem
ähnlich
analog
Ährenborste
Granne
akademischer Grad in England
Master
akademischer Titel
Doktor, Dozent
Akne
Pickel
Akquisiteur
Werber
Akquisition
Erwerb
Akrobat
Artist
Akt
Aufzug
Aktenaufschrift
Rubrum
Aktenhefter
Ordner
Aktensammlung
Archiv
Aktie
Anteil
Aktienabschnitt
Coupon
Aktienmarkt
Boerse
aktiv
eifrig, taetig
Aktiva
Besitz
aktiver Auktionsteilnehmer
Bieter
aktives Bewegungsorgan
Muskel
aktuell
modern
akustisches Phänomen
Schall
akustisches Wahrnehmen
hoeren
Alarmanlage
Sirene
albanische Insel
Saseno
albanischer Dichter
Fishta
albanischer Königsname
Achmed
albanischer Staatsmann
Leschi
alberner Kerl
Kasper
alert
frisch, munter
alexandrinischer Mathematiker
Euklid
alexandrinischer Philosoph
Philon
algerischer Berberstamm
Zuaven
algerisches Gebirge
Hoggar
alias
anders
Alk
Teiste
Alkalimetall
Kalium
alkalisches Mittel
Natron
Alkaloid
Chinin, Kodein, Kokain, Kurare
alkoholisches Getränk
Brandy, Cognac, Kognak, Likoer, Pernod, Punsch, Sherry, Whisky
alkoholisches Heißgetränk
Punsch
alkoholisches Mixgetränk
Cooler, Crusta, Punsch
All
Kosmos
alle Soldaten der Streitkräfte
Truppe
Allegorie
Symbol
allein
einsam
Alleinherrscher
Tyrann
alleiniges Original
Unikat
allgemeiner Grundsatz
Maxime
Almbauer
Senner
Almhirt
Senner
Almosen
Obolus, Spende
Alpenblume
Enzian
Alpengebirgsstock
Moench, Tauern
Alpengipfel
Moench, Ortler, Titlis
Alpengipfel *in* **Südtirol**
Ortler

Alpengletscher
Ferner, Gorner
Alpenpass
Albula, Gerlos, Iseran, Jaufen, Julier, Maloja, Mendel, Susten, Tauern
Alpenpflanze
Akelei, Enzian
Alpensänger
Jodler
Alpensee
Eibsee, Irrsee
Alpentier
Gaemse
also
mithin
alt
betagt
altägyptische Göttin
Hathor
altägyptische Handschriften
Papyri
altägyptische Stadt
Abydos, Karnak, Theben
altägyptischer Gott
Osiris
altägyptischer König
Ramses
altägyptischer Königsname
Cheops, Ramses
altägyptischer Königstitel
Pharao
altägyptischer Krug
Kanope
Altan
Balkon
Altarnische
Koncha, Konche
Altarraum
Abaton
altbyzantinischer Statthalter
Exarch
altchinesischer Weiser
Laotse
altdeutsche Münze
Batzen, Gulden, Heller
altdeutscher Monatsname
Heuert
altdeutsches Flächenmaß
Morgen
altdeutsches Gebäck
Brezel
altdeutsches Getreidemaß
Malter
altdeutsches Hohlmaß
Oxhoft
altdeutsches Längenmaß
Spanne
altdeutsches Mengenmaß
Mandel, Schock
alte Aristokratie
Uradel
alte Bezeichnung für Gepäck
Bagage
alte englische Goldmünze
Guinee
alte französische Grafschaft
Poitou
alte französische Münze
Denier, Double
alte Goldmünze
Gulden
alte Hauptstadt Assyriens
Ninive
alte Kopfbedeckung
Hennin
alte Kupfermünze
Heller
alte Silbermünze
Batzen
alte Sprache
Latein
alte Stadt im Libanon
Balbek
alte Stadt in Ägypten
Abydos, Theben
alte Waffe
Rapier
alter asiatischer Volksstamm
Hunnen
alter germanischer Stamm
Angeln, Katten, Sueben, Sweben
alter Herr
Senior
alter Kampfschutz
Panzer, Schild, Visier
alter Name der Krim
Tauris
alter Name für Edelknabe
Knappe
alter Name für Griechenland
Hellas
alter Name für Istanbul
Byzanz
alter Schnee
Ferner, Firner
alter Schreittanz
Pavane, Reigen
alter Tanz
Hopser, Reigen
alter Volksstamm in Italien
Italer, Umbrer
alter Volksstamm in Kleinasien
Luwier
alter Volksstamm in Schottland
Pikten, Skoten
alter Volksstamm in Westeuropa
Basken, Iberer, Kelten
alter weiser Ratgeber
Nestor
Altertum
Antike
altes asiatisches Reitervolk
Hunnen
altes astronomisches Instrument
Gnomon
altes Feldmaß
Morgen
altes Florentiner Geschlecht
Medici
altes Getreidemaß
Malter
altes Heldenepos
Aeneis, Iliade
altes Hohlmaß
Oxhoft, Sester
altes Kaufherrengeschlecht
Fugger, Welser
altes Pferd
Kracke, Maehre
altes römisches Geschlecht
Julier
altes Saiteninstrument
Fiedel, Sister
altes Trockenmaß
Metzen
altes Wort für Gepäck
Bagage
altes Wort für Intrige
Kabale
altes Wort für Kennzahl
Numero
altes Wort für Leinen
Linnen
altes Wort für Witwe
Wittib
altes Zählmaß
Mandel, Schock
Ältester
Nestor, Senior
ältester Gelehrter einer Wissenschaft
Nestor
ältester weiblicher Vorfahr
Urahne

6

altgriechische Bergnymphe
Oreade
altgriechische Dichterin
Sappho
altgriechische Geldeinheit
Talent
altgriechische Göttin
Aglaia, Athene, Charis, Eirene, Hekate, Hestia, Peitho, Phoebe, Psyche, Selene, Tethys, Thalia, Themis, Thetis, Urania
altgriechische Landschaft
Achaia, Aeolis, Attika, Epirus, Ionien, Lokris, Phokis
altgriechische Mondgöttin
Selene
altgriechische Münze
Lepton, Obolos, Stater, Talent
altgriechische Opferschale
Phiale
altgriechische Orakelstätte
Delphi, Klaros
altgriechische Rachegöttin
Alekto
altgriechische Sagengestalt
Achill, Aeneas, Atreus, Augias, Baucis, Charon, Europa, Hektor, Helena, Ikaros, Ikarus, Nestor, Pollux, Sirene, Sphinx, Zyklop
altgriechische Schildbürgerstadt
Abdera
altgriechische Seherin
Pythia
altgriechische Stadt
Abdera, Sparta
altgriechische Tempelstadt
Delphi
altgriechischer Bildhauer
Skopas
altgriechischer Dichter
Hesiod, Lukian, Pindar
altgriechischer Fährmann der Unterwelt
Charon
altgriechischer Gesetzgeber
Drakon
altgriechischer Gott
Aeolos, Aeolus, Apollo, Asopos, Boreas, Erebos, Helios, Hypnos, Ikelos, Kratos, Kronos, Nereos, Nereus, Triton, Uranos, Zephyr
altgriechischer Götterbote
Hermes
altgriechischer Hauptstamm
Ionier
altgriechischer Held
Achill, Nestor
altgriechischer Jüngling
Adonis, Ephebe
altgriechischer Lyriker
Ibykus
altgriechischer Mathematiker
Euklid, Pappus, Thales
altgriechischer Philosoph
Epikur, Euklid, Platon, Thales
altgriechischer Philosophenschüler
Eleate
altgriechischer Rundbau
Tholos
altgriechischer Staatsmann
Kineas
altgriechischer Stamm
Dorier, Ionier
altgriechischer Weiser
Thales
altgriechisches Deckelgefäß
Kanope
altgriechisches Gewand
Chiton, Peplon, Peplos
altgriechisches Gewicht
Talent
altgriechisches Kriegsschiff
Triere
altgriechisches Ungeheuer
Skylla
altiranischer König
Darius, Xerxes
altiranischer Lichtgott
Ormuzd
altkeltische Sagengestalt
Isolde
altkeltischer Dichter
Ossian
altkirchlicher Lobgesang
Tedeum
altmodisch
zopfig
altnordischer Dichter
Skalde
altorientalischer Volksstamm
Perser
Altsachse
Saxone
Altschneegletscher
Firner
altspanische Bevölkerung
Iberer
altsprachliches Schulfach
Latein
Altwaren
Ramsch
aluminiumähnliches Metall
Indium
Aluminiumerz
Bauxit
Aluminiumlegierung
Aldrey, Aludur, Aluman, Alusil, Lautal
am Tagesanfang
zeitig
Amaryllisgewächs
Clivia, Nerine
Ameisenbeutler
Numbat
Amerikaner
Yankee
amerikanische Berühmtheit
Gallup, Hilton, Morgan
amerikanische Filmschauspielerin
Bacall, Baxter, Hobson, Lamarr, Monroe, Prowse, Seberg, Taylor, Turner
amerikanische Halbinsel
Alaska, Avalon, Nocoya
amerikanische Hauptstadt
Belize, Bogotá, Habana, Mexiko, Ottawa, Panama
amerikanische Insel
Chiloe, Tobago
amerikanische Münze
Dollar, Escudo
amerikanische Musikgattung
Gospel
amerikanische Pantherkatze
Jaguar
amerikanische Schriftstellerin
Parker
amerikanische Sonnensonde
Helios
amerikanische Süßkartoffel
Batate

amerikanische Währungseinheit
Dollar
amerikanischer Admiral
Nimitz
amerikanischer Anthropologe
Dalton
amerikanischer Astronaut
Aldrin, Anders, Borman, Cernan, Conrad, Cooper, Eisele, Gordon, Kerwin, Lousma, Lovell, Worden
amerikanischer Astronom
Hubble, Lowell
amerikanischer Bakteriologe
Enders
amerikanischer Baptistenprediger
Graham
amerikanischer Bär
Grisli, Grisly
amerikanischer Berg
Colima, Cumbal, Isluga, Sajama, Sangay, Sorata, Telica, Tolima, Tuxtla, Volcan
amerikanischer Bildhauer
Bufano, Calder, Ferber, Lipton, Milles, Palmer, Powers
amerikanischer Bundesstaat (USA)
Alaska, Hawaii, Kansas, Nevada, Oregon
amerikanischer Chemiker
Calvin, Conant
amerikanischer Diplomat
Bunche, Kennan, Murphy
amerikanischer Dirigent
Maazel
amerikanischer Entertainer
Martin
amerikanischer Erfinder
Edison, Fulton, Wright
amerikanischer Filmkomiker (Filmschauspieler)
Laurel
amerikanischer Filmregisseur
Disney, Huston, Koster, Kramer, Litvak, Welles, Whyler, Wilder
amerikanischer Filmschauspieler
Bogart, Brando, Cooper, Cotten, Crosby, Curtis, Hopper, Hudson, Keaton, Laurel, Marvin, Newman, Welles
amerikanischer Flugzeugtyp
Boeing
amerikanischer Fußball
Soccer
amerikanischer General
Patton
amerikanischer Hotelier
Hilton
amerikanischer Jazzmusiker
Mingus, Morton, Parker, Pollak, Powell
amerikanischer Komponist
Barber, Berlin, Porter
amerikanischer Kriminalist
Hoover
amerikanischer Maler
Hopper
amerikanischer Mathematiker
Wiener
amerikanischer Mediziner
Beadle, Gasser, Murphy, Watson, Weller
amerikanischer Nobelpreisträger für Chemie
Calvin, Harden, Summer
amerikanischer Nobelpreisträger für Frieden
Addams, Bunche, Butler, Wilson
amerikanischer Nobelpreisträger für Literatur
Bellow, O'Neill, Singer
amerikanischer Nobelpreisträger für Medizin
Beadle, Enders, Gasser, Holley, Morgan, Muller, Murphy, Palade, Sperry, Watson, Weller
amerikanischer Nobelpreisträger für Physik
Barden, Cooper, Fowler, Glaser, Townes, Wigner, Wilson
amerikanischer Nobelpreisträger für Wirtschaft
Debreu
amerikanischer Philosoph
Peirce
amerikanischer Physiker
Barden, Cooper, Forest, Glaser, Teller, Townes, Wigner, Wilson
amerikanischer Politiker
Byrnes, Dulles, Kellog, McCloy, Motley, Wright
amerikanischer Präsident
Arthur, Carter, Hoover, Monroe, Pierce, Reagan, Taylor, Truman, Wilson
amerikanischer Psychologe
Gesell, Watson
amerikanischer Rinderhirt
Cowboy
amerikanischer Sachbuchautor
Asimov
amerikanischer Sänger
Crosby, Dupree
amerikanischer Satellit
Lageos
amerikanischer Schriftsteller
Alcott, Algren, Bellow, Capote, Cooper, Ferber, Hobart, Keller, London, Mailer, Millay, Miller, O'Neill, Porter, Wilder
amerikanischer Sexualforscher
Kinsey
amerikanischer Showstar
Martin
amerikanischer Staat
Belize, Guyana, Kanada, Mexiko, Panama, Tobago
amerikanischer Swingmusiker
Miller
amerikanischer Trickfilmer
Disney
amerikanischer Wettersatellit
Nimbus
amerikanischer Wolf
Kojote
amerikanischer Zeichner
Disney
amerikanischer Zeitungskönig
Hearst
amerikanisches Ballspiel
Soccer
amerikanisches Himmelslabor
Skylab
amerikanisches Hohlmaß
Barrel, Bushel, Gallon
amerikanisches Krokodil
Kaiman
amerikanisches Raubtier
Jaguar, Kuguar, Ozelot

6

amerikanisches Raumfahrtprogramm
Apollo
amerikanisches Raummaß
Barrel
amerikanisches Wildschwein
Pekari
Amsterdamer Wasserstraße
Gracht
Amt
Charge, Posten
amtliche Anordnung
Dekret, Erlass
Amtsbereich eines Bischofs
Bistum
Amtsbote
Weibel
Amtsstube
Office, Revier
Amtstracht
Barett
Amtszeichen
Siegel
amüsant
lustig
Anarchist
Rebell
Anbau
Kultur
Anblick
Aspekt
andauernd
stetig
Andengeier
Kondor
anderer Name *des* **Türken**
Osmane
Andeutung
Skizze
Andrang
Fuelle, Zulauf
Anfang
Beginn
Anforderung
Gesuch
Anführer
Leiter
Anführer *der* **Hussiten**
Prokop
angeboren
genuin
angeborene Fähigkeit
Anlage, Talent
Angebot
Antrag, Offert
Angehörige
Anhang
Angehöriger *eines* **Bantustammes**
Herero
Angehöriger *einer* **christlichen Glaubensgemeinschaft**
Hussit
Angehöriger *eines* **deutschen Fürstenhauses**
Salier
Angehöriger *einer* **europäischen Völkergruppe**
Romane
Angehöriger *eines* **Hirtenvolkes**
Nomade
Angehöriger *eines* **Turkvolkes**
Usbeke
Angehöriger *eines* **wandernden Volkes**
Nomade
Angehöriger *einer* **Weltreligion**
Christ, Daoist, Moslem, Muslim, Taoist
Angelköder
Fliege
angenehm
bequem, kommod
angenehme Empfindung
Genuss
angenehme Temperatur
Waerme
angenommen
fiktiv
angenommener Wechsel
Akzept
angeregt
kregel, munter
angeschlagen
groggy
angesehen
ehrbar
angestrengtes Lernen
Pauken
Angewohnheit
Manier, Spleen
Angoraziegenwolle
Mohaer, Mohair
Angst
Bammel, Furcht, Phobie
ängstlich
mutlos
anhaltend
stetig
anhaltende Krankheit
Leiden
Anhaltevorrichtung
Bremse
Anhänger
Tender
Anhänger *einer* **Einheitslehre**
Monist
Anhänger *der* **Freikörperkultur**
Nudist
Anhänger *einer* **kommunistischen Lehre**
Maoist
Anhänger *einer* **Kunstrichtung**
Kubist
Anhänger *der* **Lehre Jesu**
Christ
Anhänger *der* **Lehre Laotses**
Daoist, Taoist
Anhänger *der* **Lehre Mohammeds**
Moslem, Muslim
Anhänger *einer* **politischen Weltanschauung**
Maoist
Anhänger *eines* **tschechischen Reformators**
Hussit
Anhöhe
Huegel
Anisbranntwein
Pastis
Ankauf
Erwerb
Ankündigung
Ansage
Anlage
Talent
Anlage *zur* **Holzkohlengewinnung**
Meiler
Anlage *zur* **Salzgewinnung**
Saline
Anleihe
Kredit
Anliegen
Wunsch
anmaßend
dreist
Anmerkung
Glosse
Anmut
Charme, Grazie, Scharm, Zauber
annähernd
beinah
Annehmlichkeit
Genuss
anfallsweise auftretende Atemnot
Asthma
Anomalie des Auges
Myopie
Anordnung
Aufbau, Befehl, Erlass, Lay-out, Layout
Anpflanzung
Kultur

Anrede *eines* **Fürsten**
Hoheit
anregendes Getränk
Kaffee
Anregung
Anreiz, Impuls
Anreiz
Impuls
Ansage
Diktat
Ansage zur Niederschrift
Diktat
Ansammlung
Gruppe, Haufen
ansässig
hiesig
Anschaffung
Erwerb
anschaulich
farbig
Anschauung
Glaube
Anschlag
Plakat
Ansehen
Nimbus, Wuerde
Ansicht
Aspekt
Ansiedlung
Weiler
Ansiedlung aus wenigen Gehöften
Weiler
Ansinnen
Begehr
Ansporn
Anreiz
ansprechend
adrett
anspruchslos
simpel
Anstalt bei Bielefeld
Bethel
Anstaltsschüler
Alumne
Anstaltsschülerin
Alumna, Elevin
Anstand
Tugend
anständig
honett
Anstandsbuch
Knigge
ansteckende Krankheit
Grippe, Masern, Pocken, Typhus
Anstecknadel
Spange
Ansteckplakette
Button
Ansteckung
Infekt
Ansteigen der Börsenkurse
Hausse
Anstellung
Arbeit
Anstoß
Anlass, Impuls
anstößig
lasziv
Anstrengung
Arbeit
Ansuchen
Wunsch
antarktischer Vulkan
Erebus
Anteil
Ration
Anteilnahme
Trauer
Anteilsabschnitt einer Aktie
Coupon
antike griechische Landschaft
Attika, Epirus, Lokris, Phokis
antike griechische Stadt
Abdera, Kroton, Mykene, Olynth, Priene, Smyrna, Sparta, Theben
antike Landschaft in Italien
Latium
antike Landschaft in Kleinasien
Karien, Lydien, Lykien, Mysien
antike Landschaft in Palästina
Judaea
antike Landschaft in Persien
Medien
antike Lehrstätte
Lyzeum
antike Orakelstätte
Delphi, Didyma, Dodona
antike Sonnenuhr
Gnomon
antike Sprache
Latein
antike Stadt
Nicaea, Nikaea, Ninive, Sikyon, Theben
antike Stadt am Tigris
Ninive
antike Weissagerin
Pythia
antike Weissagung
Orakel
antiker Dreiruderer
Triere
antiker Grenzstein
Zippus
antiker Leuchtturm
Pharos
antiker Name Italiens
Italia
antikes Epos
Aeneis
antikes Fabelwesen
Sphinx
antikes Gewand
Tunika
antikes Hirtenlied
Ekloge
antikes Land im Iran
Medien
antikes Mischwesen
Sphinx
antikes Rechenbrett
Abakus
antikes Reich in Kleinasien
Lydien, Pontos, Pontus
antikes Schiff
Bireme, Triere
antikes Schreibmaterial
Stilus
antikes Seeungeheuer
Scylla, Skylla
antikes Versmaß
Jambus
antikes Werk der Philosophie
Physik, Poetik
Antillenbewohner
Karibe
Antilleninsel
Tobago
Antilopenart
Ducker, Impala
Antrag
Gesuch
Antrieb
Impuls
Antriebsgeschoss
Rakete
Antriebsmaschine
Dynamo
Antriebsmittel für das Auto
Benzin, Diesel
Antwort
Replik
Anwaltskunde
Klient
Anweisung
Befehl
Anwendung
Nutzen
Anwendung von Zwang
Gewalt
Anwesen
Besitz

Anzahl
Gruppe, Haufen, Schock
Anzeige
Insert
anziehendes Eisen
Magnet
Anziehungskraft
Appeal
anzüglich
pikant
apart
adrett
Aperitif
Pernod, Ricard
Apfelsinenart
Orange
Apfelsorte
Boskop, Elstar, Rambur
Apostel *der* **Franken**
Kilian
Apostel *der* **Gallier**
Martin
Apostel *des* **Jesus**
Markus, Paulus, Petrus, Thomas
Apostel *des* **Nordens**
Ansgar
Apostel *der* **Slawen**
Kyrill
Apparat
Geraet
Appartement
Zimmer
Appell
Aufruf
Appendix
Anhang, Ansatz
appetitlich
frisch, lecker
Aprikosenbranntwein
Barack
Aquamarin
Beryll
Ära
Epoche
Araberviertel nordafrikanischer Städte
Kasbah
arabische Hafenstadt
Kuwait, Kuweit
arabische Hauptstadt
Algier, Bagdad, Beirut, Kuwait, Kuweit, Maskat
arabische Schreibschrift
Neschi
arabische Stadt
Aleppo, Bagdad, Beirut, Djidda, Kirkuk, Kuwait, Kuweit, Maskat, Medina, Mossul, Nedjef
arabische Volksliedersammlung
Hamasa
arabischer Dichter
Hariri
arabischer Geistlicher
Mullah
arabischer Kapuzenmantel
Burnus
arabischer König
Faisal
arabischer Männername
Hassan
arabischer Staat
Kuwait, Kuweit, Libyen, Syrien
arabischer Titel
Sultan
arabisches Fürstentum
Emirat
arabisches Gewand
Burnus
Arbeit
Dienst, Posten, Stelle
Arbeitsausstand
Streik
Arbeitsentgelt
Gehalt, Salaer
Arbeitsgebiet
Sparte
Arbeitsgerät im Büro
Locher
Arbeitsgruppe
Partie
Arbeitskampfmaßnahme
Streik
Arbeitskleidung
Kittel, Montur
Arbeitsleistung
Dienst
Arbeitsniederlegung
Streik
Arbeitsnorm
Akkord
Arbeitsplatz
Stelle
Arbeitsraum des Künstlers
Studio
arbeitsscheu
traege
Arbeitsschicht
Turnus
Arbeitsumfang
Pensum
Arbeitsweise
Akkord, System
Arena
Manege
argentinische Halbinsel
Valdez
argentinische Landschaft
Pampas
argentinische Tierart
Jaguar
argentinischer Biochemiker
Leloir
argentinischer Nobelpreisträger für Chemie
Leloir
argentinischer Schriftsteller
Borges, Marmol
argentinischer Viehhirt
Gaucho
Ärger
Kummer
Ärgernis
Greuel
Arglist
Malice, Tuecke
arglistige Täuschung
Betrug
Arktisbewohner
Eskimo
arktischer Vogel
Teiste
arktisches Volk
Lappen
Armee
Truppe
Ärmelaufschlag
Stulpe
ärmellose Jacke
Bolero
ärmelloser Mantel
Poncho, Umhang
armenische Filzmütze
Kalpak, Kolpak
armenische Hauptstadt
Eriwan
armenischer Berg
Ararat
armenischer Kirchenvater
Mesrop
Armmuskel
Beuger
Armring
Reifen
armseliges Haus
Huette
Armut
Dalles, Mangel, Misere
Aroma
Bukett
aromatisches Getränk
Kaffee
aromatisches Harz
Myrrhe
Aronstabgewächs
Kalmus
Arrest
Karzer
Arrestgebäude
Karzer
Arroganz
Hybris

Art
Muster, System
Art und Weise
Manier
Arten von Werbeträgern
Medien
Artistenbühne
Zirkus
Artistenfahrzeug
Einrad
Artistenschaukelreck
Trapez
Artusritter
Gawain, Gawein, Merlin
Arznei
Dragee
Arzneibehälter
Kapsel, Phiole, Roehre
Arzneiform
Dragee, Kapsel
Arzneikügelchen
Pillen
Arzneimischung
Mixtur
Arzneipflanze
Akelei, Arnika, Kalmus, Salbei, Wermut
ärztliche Bescheinigung
Attest
ärztliche Verordnung
Rezept
ärztlicher Arbeitsraum
Praxis
ärztlicher Besuch
Visite
ärztliches Betäubungsmittel
Aether, Evipan
ärztliches Zeugnis
Attest
Asbestart
Amiant
Aschenbehälter
Ascher
asiatische Eselsart
Onager
asiatische Giftschlange
Bungar
asiatische Halbinsel
Malaya, Taimyr
asiatische Hauptstadt
Ankara, Bagdad, Beirut, Kuwait, Kuweit, Manila, Maskat, Peking, Quezon, Rangun, Saigon, Taipeh
asiatische Hirschart
Sambar
asiatische Insel
Batjan, Borneo, Ceylon, Cypern, Flores, Hainan, Honshu, Imbros, Lombok, Lubuan, Madura, Negros, Penang, Taiwan, Zypern
asiatische Kletterpflanze
Rotang
asiatische Kopfbedeckung
Kalpak
asiatische Wüste
Hanhai
asiatischer Berg
Ararat, Elbrus, Karmel, Kasbek, Semeru, Uschba
asiatischer Eroberer
Attila
asiatischer Halbesel
Onager
asiatischer Herrschertitel
Sultan
asiatischer Staat
Bhutan, Ceylon, Cypern, Indien, Israel, Kuwait, Kuweit, Sikkim, Syrien, Taiwan, Zypern
asiatischer Sturm
Taifun
asiatischer Tempelbau
Pagode
asiatischer Überrock
Kaftan
asiatischer Vulkan
Ararat
asiatischer Wind
Taifun
asiatischer Zierbaum
Ginkgo
asiatisches Gebirge
Alatau, Elbrus, Elburs, Kunkun, Taurus
asiatisches Kleidungsstück
Kaftan
asiatisches Reitervolk
Avaren, Awaren, Hunnen
asiatisches Schlaginstrument
Tamtam
asiatisches Volk, Volksgruppe
Alanen, Araber, Awaren, Bagobo, Bihari, Bisaya, Brahni, Djarai, Drusen, Galela, Gurier, Gurkha, Hunnen, Kurden, Manoto, Parsen, Perser, Raglai, Santal, Sarten, Semang, Sherpa, Sindhi, Syrier, Teluga, Tobelo, Tschin, Ugrier
asiatisches Wolfsmilchgewächs
Kroton
Aspik
Suelze
Assistent
Helfer
assyrische Gottheit
Damuzi, Marduk, Nergal
assyrische Hauptstadt
Ninive
assyrischer König
Sargon
Astronom
Bessel, Halley, Kepler, Lowell, Newton, Struve
astronomische Einheit
Parsec, Parsek
astronomischer Begriff
Aether, Azimut, Breite, Globus, Himmel, Kosmos, Krater, Laenge, Meteor, Minute, Norden, Planet, Radius, Strahl, Stunde, Sueden, Umlauf
astronomischer Richtungswinkel
Azimut
astronomisches Instrument
Globus, Oktant
Astwerk
Geaest
Asyl
Bleibe, Obdach
Atelier
Studio
Atemnotleiden
Asthma
Äther
Himmel
ätherisch
astral
Athlet
Ringer, Werfer
Atlantikinsel
Gomera, Irland, Island, St. Paul
Atlantikinselgruppe
Azoren
Atmosphäre
Umwelt
atmosphärischer Niederschlag
Schnee
atmosphärisches Schallereignis
Donner
Atmungsorgan der Fische
Kiemen
Atomanlage
Meiler
Atomart
Isotop, Nuklid
Atombaustein
Proton
Atomkernverschmelzung
Fusion
Atomreaktor
Meiler

ätzende Flüssigkeit
Saeure
auf *das* Atom bezogen
atomar
auf barsche Weise verletzend
bissig
auf *dem* Boden aufsetzen
landen
auf *die* eigene Person bezogen
selbst
auf *die* Form bezogen
formal
auf *das* Innere bezogen
intern
auf mehrere verteilter Betrag
Umlage
auf *die* Sterne bezogen
astral
auf *einem* Stuhl Platz nehmen
setzen
aufbegehrend
kiebig
Aufbewahrungsort
Ablage
Aufbewahrungsort für Akten
Ablage
Aufbewahrungsort für Wertsachen
Tresor
aufbinden
loesen
aufbrausend
hitzig
aufdringlich
dreist
aufdringliche Reklame
Tamtam
Aufeinanderfolge zweier Vokale
Hiatus
Aufenthalt
Besuch, Visite
Aufenthaltsort *der* Asen
Asgard
Aufenthaltsort *der* Helden nach dem Tode
Avalon
Auferstehungsfest
Ostern
auffallend
bizarr, poppig
auffallend schnell
rasant
Aufforderung
Appell, Wunsch
Aufforderung *zum* Eintreten
Herein
Aufgabe
Pensum
Aufgang
Treppe
aufgeblasen
patzig
aufgebracht
erbost, erregt, rasend, zornig
Aufgebrachtsein
Aerger
aufgedreht
lustig
aufgeregt
erregt
aufgeschichteter Haufen
Stapel
Aufgeschichtetes
Haufen, Stapel
aufgeweckt
munter
aufgeweichte Erde
Morast
Aufgussgetränk
Kaffee
Aufhänger
Buegel
Aufhebung von Sündenstrafen
Ablass
aufhellen
toenen
Auflage
Abgabe, Erlass, Steuer
Auflauf
Tumult
aufmerksam
galant
Aufmerksamkeit
Obacht
Aufnahmegerät
Kamera
Aufnahmeraum
Studio
Aufpasser
Hueter, Posten
Aufputschen im Sport
Doping
aufrecht
gerade
Aufregung
Unruhe, Wirbel
aufrichtig
lauter
Aufriss
Skizze
Aufruf
Appell
Aufrührer
Rebell
Aufsatz
Aufbau
Aufschlag an Kleidungsstücken
Krempe, Revers, Stulpe
Aufschwung an der Börse
Hausse
Aufsehen
Furore
Aufsicht
Dienst, Schutz
Aufsichtsbeamter
Kustos
aufsprühendes Wasser
Gischt
aufspüren
suchen
aufstacheln
hetzen
Aufstand
Putsch, Tumult, Unruhe
Aufständischer
Rebell
Auftakt
Anfang, Beginn
Auftrag
Befehl, Mandat
Aufträge erteilen
ordern
Auftraggeber
Klient
Auftraggeber eines Anwalts
Klient
Auftragsrückbuchung
Storno
Auftritt
Streit
Auftrittsfläche im Theater
Buehne
Auftrittsfläche im Zirkus
Manege
Aufwand
Kosten, Pracht
Aufwandsentschädigung
Spesen
aufwärts hierher
herauf
Aufwiegler
Hetzer
Aufzeichnung
Skizze
Aufzug
Gewand
Auge
Gucker
Augenblick
Moment
augenblicklich
gerade, soeben, sofort
augenblickliche Verfassung
Status

Augenbrauenstift
Crayon
Augenflüssigkeit
Traene
Augenglas
Brille
Augenhaar
Wimper
Augenhornhaut
Cornea, Kornea
Augenkrankheit
Iritis
Augenlinse bei optischen Geräten
Okular
Augenwassertropfen
Traene
Augenweide
Freude, Genuss, Labsal
Augsburger Kaufmannsgeschlecht
Fugger, Welser
Augsburger Kupferstecher
Kilian
Auktionsteilnehmer
Bieter
aus *dem* **Mund fließender Speichel**
Geifer
aus sandhaltigem Ton
lehmig
Ausbesserungsstätte
Garage
Ausbeute
Ertrag, Gewinn, Profit
Ausbilder
Lehrer
Ausbruch
Anfall
Ausdauer
Geduld
Ausdehnung
Breite, Kuerze, Laenge, Umfang
Ausdehnungsbegriff
Breite, Kuerze, Laenge
Ausdruck
Formel
Ausdruck *beim* **Boxen**
Gerade
Ausdruck *beim* **Skatspiel**
kontra, Ramsch
ausdrücklich
betont, eigens
ausdruckslos
glasig
Ausdrucksweise
Pathos
Auseinandersetzung
Disput, Rezess, Streit
Ausfahrt
Portal
Ausflug
Partie
Ausfuhr
Export
ausführen
machen
Ausgabe
Kosten
Ausgangspunkt
Anfang, Ansatz, Beginn
ausgebaggerte Erdmassen
Aushub
ausgebratener Speckwürfel
Griebe
ausgedehntes Gastmahl
Gelage
ausgedient
passee
ausgefüllt
massiv
Ausgehbekleidung
Mantel
ausgehobene Erdrinne
Graben
ausgekocht
listig, schlau
ausgelassen
albern
ausgeliehenes Geld
Kredit
ausgeruht
erholt
ausgestorbener Elefant
Mammut
ausgestorbenes Tier
Dronte, Mammut, Quagga
ausgestorbenes Volk in Mittelamerika
Mangue
ausgeübte Macht
Gewalt
ausgezeichnet
klasse
Ausgleich
Ersatz
Ausgussröhrchen
Tuelle
Aushang
Plakat
Aushebegerät
Bagger, Spaten
ausheben
graben
Aushilfe
Ersatz
Aushilfsstoff
Ersatz
Auskunft
Angabe
Auslagen
Kosten, Spesen
ausländische Geldwährung
Sorten, Valuta
Ausleger
Deuter
Auslegung
Glosse, Lesart
Auslöser
Anlass, Quelle
Ausmaß
Format
ausprobieren
testen
Auspuffemission
Abgase
Ausputz
Zierat
Ausrede
Flause
Ausrufer
Herold
Ausrüstung
Geraet, Outfit
Aussage
Angabe
Aussagebekräftigung
Schwur
ausschachten
graben
Ausschank
Buffet
Ausscheidung
Sekret
ausschließlich
allein
Ausschmückung
Zierat, Zierde
Ausschnitt
Sektor
Ausschreitung
Exzess, Terror
Ausschuss
Abfall, Ramsch, Schund
Ausschussware
Ramsch, Schund
Ausschweifung
Exzess
außen
extern
Außenbegrenzung
Grenze
Außenstände
Aktiva
Außenteil des Buches
Deckel
außeramtlich
privat
außerdem
ferner
äußere Linie eines Körpers
Umriss

6

äußerer Anstoß
Anlass
Äußeres
Huelle, Rahmen, Schale, Schein
außergewöhnlich
genial
äußerlich
extern
äußerst
extrem
Aussicht
Aspekt, Chance
Aussprache
Akzent, Disput
Aussprachezeichen
Akzent
Ausspruch
Bonmot, Diktum
Ausstand
Streik
Ausstellung
Boerse
Ausstellungsgebäude
Museum
Aussteuer
Ehegut
australische Insel
Barrow
australische Seekuh
Dugong
australischer Berg
Mt. Hann
australischer Kletterbeutler
Kuskus
australisches Beuteltier
Kuskus, Wombat
australischer Laufvogel
Kasuar
australischer Nobelpreisträger für Medizin
Burnet, Eccles
australischer Politiker
Fraser
australisches Tier
Kasuar, Wombat
Austritt angesammelter Flüssigkeit
Erguss
Ausübung
Praxis
Auswahl
Muster
auswärtig
extern
Ausweg
Flucht
ausweichend
evasiv
Auswirkung
Effekt, Erfolg
Auswurf
Schund, Sputum
Auszeichnung
Ehrung
auszubildender Soldat
Rekrut
Auszug
Essenz, Exodus
Autobesitzer
Halter
Autoeinstellraum
Garage
Automarke
Abarth, Austin, Hudson, Jaguar, Lancia, Morris, Talbot
automatische Bewegung
Reflex
Automobilwettbewerb mit Sonderprüfungen
Rallye
Autor
Texter
Autor von Agnes Bernauer
Hebbel
Autor von Amphitryon
Kleist
Autor von Bello Gallico
Caesar
Autor von Clavigo
Goethe
Autor von Der gallische Krieg
Caesar
Autor von Der kaukasische Kreidekreis
Brecht
Autor von Der Prinz von Homburg
Kleist
Autor von Die ehrbare Dirne
Sartre
Autor von Die Feuerzangenbowle
Spoerl
Autor von Die Fliegen
Sartre
Autor von Die Hochzeit der Feinde
Andres
Autor von Egmont
Goethe
Autor von Faust
Goethe
Autor von Hermann und Dorothea
Goethe
Autor von Hunger
Hamsun
Autor von Iphigenie auf Tauris
Goethe
Autor von Lederstrumpf
Cooper
Autor von Michael Kohlhaas
Kleist
Autor von Penthesilea
Kleist
Autor von Phädra
Racine
Autor von Später Sieg
Cronin
Autor von Spiel im Schloß
Molnar
Autor von Stella
Goethe
Autor von Stiller
Frisch
Autor von Tolldreiste Geschichten
Balzac
Autor von Torquato Tasso
Goethe
Autor von Unsere kleine Stadt
Wilder
Autor von Vater Goriot
Balzac
Autor von Wilhelm Meisters Lehrjahre
Goethe
Autorennbahn
Le Mans
Autorenschutzverband
VG Wort
Autorität
Nimbus
Autosternfahrt
Rallye
Autoteil
Bremse, Kolben, Lenker, Rahmen, Reifen, Steuer
Autounfall-Schutzvorrichtung
Airbag
Azoreninsel
Flores

B

babylonische Göttin
Alluta, Nanaea
babylonische Stadt
Nippur
babylonische Sturmdämonin
Lilith
babylonischer Gott
Marduk, Moloch, Nergal, Nimrod, Tiamat

babylonischer Götterkönig
Marduk
babylonischer Herrscher
Turmes
Babyschnuller
Nuckel
Babyspielzeug
Rassel
Bacchanal
Gelage
Backanweisung
Rezept
Backenbart
Fraise
Backgewürz
Safran
Backhohlraum im Küchenherd
Roehre
Backstein
Ziegel
Backtriebmittel
Baerme, Natron
Backware
Brezel, Kipfel, Kuchen, Printe, Semmel, Waffel, Wecken
Bad
Dusche, Kurort, Therme
Badeanzug
Bikini, Trikot
Badegelände
Kueste, Strand, Weiher
Badeort
Aachen, Aussee, Buesum, Cammin, Cannes, Cochem, Dieppe, Erbach, Honnef, Ischia, Kampen, Kochel, Koenig, Kreuth, Lugano, Luzern, Murnau, Ording, Ragusa, Rimini, Sachsa, Salzig, Suelze, Uerzig, Velden, Vilbel, Wartha
Badeufer
Strand
Badezelle
Kabine
badische Insel im Bodensee
Mainau
badischer Freischarenführer
Hecker
badischer Ingenieur
Gerwig
Bahnanlage
Signal
Bahnsteig
Perron
Bahnverbindung
Eilzug
Bahnwagencoupé
Abteil
Bakterienart
Coccus, Kokken, Kokkus, Vibrio
Bakterienzucht
Kultur
bald
gleich, zeitig
Balettschülerin
Elevin
Balkanbewohner
Kroate
Balkanhauptstadt
Tirana
Balkanvolk
Serben
Balken
Strebe
Balken im Dachstuhl
Pfette
Balkon
Altane, Empore, Vorbau
Balkonpflanze
Azalee, Salvie, Zinnie
Ballade *von* **Bürger**
Lenore
Ballon
Kolben, Reifen
Ballspiel
Hockey, Kegeln, Pelota, Soccer, Squash, Tennis
Balsam
Labsal
Balsamharz
Myrrhe
Baltin
Lettin
baltischer Erzähler
Thiess
baltisches Meer
Ostsee
baltisches Volk
Letten
Bananenart
Pisang
Banause
Piefke
Band
Fessel, Kordel, Schnur, Tresse
Band zum Schnüren der Schuhe
Senkel
Bande
Clique
Bange
Furcht
Bankbegriff
Aktiva, Boerse, Coupon, Kredit, Scheck, Skonto, Storno, Valuta
Bankfach
Tresor
Bankkunde
Sparer
Banknote
Schein
Bankrott
Fiasko, Pleite
Bann
Verruf
Banner
Panier
Bantustamm
Baluba, Basuto, Herero, Kaffer, Ovambo, Waluta
Bantustamm in Namibia
Herero
Bar
Tresen
Barbier
Figaro
Bärenart
Grisli
Bargewinn
Erloes
Barke
Nachen
barmherzig
guetig
Barriere
Sperre
Barrikade
Sperre
barsch
bruesk, scharf
Barschart
Schill, Zander
Bart
Fraese
Barzahlungsnachlass
Skonto
Base
Kusine
Basilisk
Leguan
Basis
Sockel
baskisches Ballspiel
Pelota
Basse
Keiler
Bassin
Becken
Bastardhund
Koeter
Bastion
Bastei
Batzen
Muenze, Stueck
Bauart
Modell
Bauchfett
Flomen

6

bauchiges Gefäß
Phiole
bauchiges Weinglas
Roemer
Bauchpilz
Bovist
Baude
Huette
Bauer
Farmer, Kaefig
bäuerlicher Alleinerbe
Anerbe
bäuerliches Anwesen
Erbhof
Bauernfänger
Gauner, Nepper
Bauerngut
Heimet
baufällig
morsch
Bauführer
Polier
Bauhandwerker
Gipser, Glaser, Maurer
Bauholz
Balken, Pfette
Baumart
Akazie, Fichte, Foehre, Kiefer, Mispel, Pappel
baumartiges Gras
Bambus
Baumaschine
Bagger
Baumaterial
Granit
Baumeidechse
Iguana, Leguan
Baumfrucht
Eichel, Marone, Quitte
baumlose Kältesteppe
Tundra
baumlose Region
Steppe
Baumspitze
Wipfel
Baumteil
Wipfel, Wurzel
Baumuster
Modell
Baumwolle
Cotton
Baumwollgewebe
Chintz, Croisé, Etamin, Gingan, Kaliko, Kattun, Nessel, Perkal, Sammet, Velvet, Wallis, Zephir
Baumwollsamt
Velvet
Baumwollstoff
Kattun
Baumwollstoff für Betten
Inlett
Baustein
Quader
Baustoff
Zement, Ziegel
Bauvorarbeiter
Polier
Bauwerk
Kirche, Palais, Palast, Saeule, Tempel
Bauwerk in Frankfurt/ Main
Roemer
bayerisch für Almhirt
Senner
bayerische Bodenseestadt
Lindau
bayerische Dreiflüsse-stadt
Passau
bayerische Flussland-schaft
Inntal
bayerische Singart
Jodeln
bayerische Stadt am Bodensee
Lindau
bayerische Universitäts-stadt
Passau
bayerischer Politiker
Goppel
bayerischer See
Eibsee
bayerisches Mädchen
Dirndl
Beachtung
Obacht
Beamtentitel
Baurat, Hofrat, Rektor
Beanstandung
Kritik, Mangel
bearbeitetes Holzstück
Balken, Leiste
Beben
Tremor
Becken
Bassin, Kessel, Schale, Zimbel
Bedarf
Fehlen, Mangel
bedauerlich
schade
bedauerlicherweise
leider
bedeckt
wolkig
Bedeckung
Geleit, Schutz
Bedenken
Kritik
bedenklich
dubios
Bedeutung
Belang, Gehalt, Inhalt
bedeutungslos
gering
Bedienstetentracht
Livree
Bedienungsgeld
Servis
Bedrängnis
Klemme
Bedrohung
Gefahr
Beduinenmantel
Abbaye, Burnus
Beduinenstamm
Aneseh
Bedürfnis
Mangel
beendet
fertig, vorbei
Beethovens dritte Sym-phonie
Eroika
Beethovens Symphonie
Eroica, Eroika, Neunte
befähigt
begabt
Befähigung
Anlage, Talent
Befehl
Dekret, Erlass
Befestigungsmittel
Duebel, Haftel, Kleber, Klemme, Knoten, Spange
beflissen
eifrig
Beförderungsgebühr
Fracht
Beförderungsmittel
Airbus, Aufzug, Ballon, Faehre, Laster, Rakete, Schiff
Befreier
Retter
Befreiung
Ablass, Indult
Befreiung *von* **Sünden-strafen**
Ablass
Befugnis
Lizenz
begabt
faehig
Begabung
Anlage, Talent
begangenes Unrecht bestrafen
ahnden
Begehren
Wunsch
begehrlich
gierig

Begeisterung
Freude, Furore, Taumel
Begierde
Begehr, Libido
Beginn
Anfang
Beginn *eines* **Menüs**
Entree
Beginn *des* **Rückweges**
Umkehr
Beginn *einer* **Silbe**
Anlaut
Beginn *eines* **Wortes**
Anlaut
Beglaubigung
Attest, Diplom, Schein, Testat
Begleiter
Freund, Sozius
Begleiter *der* **Aphrodite**
Cupido, Kupido
Begleiter *von* **Jason**
Kastor, Neleus, Peleus
Begleiter *von* **Karl dem Großen**
Alkuin
Begleiter *der* **Venus**
Cupido, Kupido
Begleitschiff
Tender
Begleitung
Geleit
beglücktes Aufnehmen
Genuss
Beglückung
Freude
Begräbnisstätte
Krypta
begrenzt
schmal
Begriff *beim* **Boxen**
Clinch
Begriff *der* **Bruchrechnung**
Nenner, Teiler
Begriff *beim* **Handballspiel**
Abwurf
Begriff *in der* **Reitkunst**
Parade
Begriff *beim* **Tennis**
Doppel, Einzel
Begriff *der* **Weltwirtschaft**
Export, Import
Begriffsgattung
Gruppe, Klasse, System
begründend
kausal
Begründer *der* **Graphologie**
Michon
Begründer *des* **Jesuitenordens**
Loyola
Begründer *der* **Mengenlehre**
Cantor
Begründer *der* **Pockenschutzimpfung**
Jenner
Begründer *des* **Völkerbundes**
Wilson
Begrüßen durch Schiffsflaggen
Dippen
begüterte Menschen
Reiche
behäbig
traege
behaglich
bequem, mollig
Behälter *aus* **Holz**
Kasten
Behälter *aus* **Stoff**
Beutel
Behandlung
Pflege
beharrlich
stetig
Behauptung
Angabe
Behausung
Huette, Wigwam
Behausung der Indianer
Wigwam
Behelf
Ausweg, Ersatz
Behelfsstück
Ersatz
beherzt
tapfer
Behörde
Bauamt, Fiskus
Behörde *für* **Havarien**
Seeamt
behördliche Genehmigung
Lizenz
behutsam
sachte
Beiboot
Dinghi, Kutter
Beifahrer
Sozius
Beifall
Furore
Beifügung
Anlage
Beifußgewächs
Wermut
Beigabe
Anhang
beigefügte Substanz
Zusatz
Beigefügtes
Anlage
Beilage
Anlage, Zugabe
beinahe
beinah, nahezu
Beiname Achills
Pelide
Beiname *der* **Aphrodite**
Kypris
Beiname *der* **Artemis**
Phoebe
Beiname *der* **Athene**
Pallas
Beiname *des* **Janus**
Bizeps
Beinhaus
Karner, Kerner
Beinspreize
Spagat
Beischlaf
Koitus
Beispiel
Modell, Muster
beißend
bissig, scharf
Beistand
Anwalt, Helfer
Beistehender
Helfer
Beitrag
Abgabe, Anteil, Obolus, Umlage
Beiwagen
Sozius, Tender
Beiwagen an der Lok
Tender
bejahende Antwort
Zusage
Bejammernswerte
Elende
bekannt
publik
Bekanntmachung
Erlass, Plakat
Bekenntnis
Glaube
Bekleidungsstück
Anorak, Bikini, Binder, Blazer, Bolero, Burnus, Dirndl, Fliege, Gewand, Janker, Jumper, Kaftan, Kapuze, Kasack, Kimono, Kittel, Kragen, Livree, Mantel, Mieder, Montur, Muetze, Pyjama, Raglan, Sarong, Schuhe, Schurz, Socken, Sutane, Tracht, Trikot, Tunika, Turban, Umhang

6

Beklemmung
Furcht
bekömmlich
gesund, labend
Bekräftigung
Schwur, Siegel
Belästigung
Insult
Beleg
Beweis, Testat
belegt
heiser
belegtes Brot
Stulle
beleibt
mollig
Beleidigung
Insult
Beleuchtungskörper
Fackel, Funzel, Roehre
belgische Luftfahrtgesellschaft (Abkürzung)
SABENA
belgische Rennstrecke
Zolder
belgische Volksgruppe
Flamen
belgischer Badeort
Knokke
belgischer Baumeister
Bourla, Negker
belgischer Chemiker
Solvay
belgischer Komponist
Franck, Gretry
belgischer König
Albert
belgischer Maler
Malpas
belgischer Mediziner
Claude
belgischer Nobelpreisträger für Medizin
Bordet, Claude
belgischer Radrennfahrer
Merckx
belgischer Schriftsteller
Coster, Mockel
belgisches Königsschloss
Laeken
belgisches Seebad
Knokke
bemäntelter Spott
Ironie
Bemerkung
Kritik
Benediktenkraut
Cnicus
Benediktinerabtei
Beuron, Bobbio, Corvey, Regino
Benehmen
Manier
Benennung
Angabe
Bengel
Flegel, Knirps
Benimmbuch
Knigge
Benommenheit
Taumel
Benötigtes
Bedarf
benötigtes Werkzeug
Geraet
Benotung
Zensur
Benutzer von Fahrzeugen
Fahrer
Benzinsorte
Normal
Beobachter
Posten
bequem
kommod, leicht, traege
bequeme Sitzgelegenheit
Sessel
bequemer Schuh
Treter
beratende Körperschaft
Beirat
Berater
Mentor
Berber der Sahara (Mehrzahl)
Tuareg
berberische Hirtennomaden
Tuareg
Berberstamm
Brakna, Tuareg
Berbervolk der Sahara
Tuareg
berechnete Zuteilung
Ration
berechtigt
befugt
Bereich
Bezirk, Gebiet, Gegend, Region, Sektor, Sparte
Bereich des Oberkörpers
Achsel
Bereifung
Reifen, Spikes
bereit
fertig, willig
Berg
Huegel
Berg *in den* **Alpen**
Moench, Ortler, Titlis
Berg *in* **Armenien**
Ararat
Berg *bei* **Baden-Baden**
Merkur
Berg *im* **Berner Oberland**
Moench
Berg *im* **Böhmer Wald**
Rachel
Berg *auf* **Borneo**
Tebang
Berg *aus* **Eisenerz in Schweden**
Taberg
Berg *der* **Everestgruppe**
Makalu
Berg *der* **Haardt (Pfalz)**
Kalmit
Berg *im* **Himalaja**
Makalu
Berg *der* **Hohen Tauern**
Hafner
Berg *in* **Irland**
Nephin
Berg *auf* **Ischia**
Epomeo
Berg *im* **Kanton Bern**
Gurten
Berg *im* **Kaukasus**
Elbrus, Kasbek
Berg *im* **Pindos**
Lakmos
Berg *im* **Riesengebirge**
Kynast
Berg *in* **Rumänien**
Nemira
Berg *in* **Schottland**
Lomond
Berg *im* **Schwarzwald**
Blauen, Kandel
Berg *auf* **Sumatra**
Leuser
Berg *in der* **Toskana**
Amiata
Berg *in der* **Türkei**
Ararat, Bozdag
Bergarbeiter
Knappe, Kumpel, Mineur
Bergbahn
Aufzug
Bergbau betreffend
montan
Bergblume
Arnika, Enzian
Bergdurchstich
Tunnel
Bergfried
Donjon
Berggasthof
Huette
Berggruppe *in den* **österreichischen Alpen**
Tauern
Bergland *in* **Frankreich**
Morvan
bergmännischer Begriff
Abraum, Gezaeh, Knappe, Knauer, Mutung, Schurf, Schurz, vor Ort, Wetter

bergmännischer Beruf
Knappe, Kumpel
Bergmassiv *im* **Kanton Wallis**
Collon
Bergnymphe
Oreade
Bergspitze
Gipfel
Bergstock *der* **Berner Alpen**
Altels, Titlis
Bergstock *in der* **Schweiz**
Alvier
Bergstock *am* **Vättersee**
Omberg
Bergwild
Gaemse
Bergziege
Gaemse
Bergzug *in* **Rheinland-Pfalz**
Haardt
Bericht
Exposé, Report
Berittener
Reiter
Berliner Bierart
Weisse
Berliner Bürgermeister
Brandt, Momper, Reuter
Berliner Hautarzt
Lassar
Berliner Kabarettist
Gruner
Berliner Komponist
Lincke, Meisel, Nelson
Berliner Maler
Koenig
Berliner Operettenkomponist
Lincke
Berliner Promenadenstraße
Kudamm
Berliner Schlagersänger
Buhlan
Berliner Spezialität
Weisse
Berliner Sportverein
Hertha
Berliner Stadtteil
Pankow
Berliner Straße (Kurzwort)
Kudamm
berlinerisch für prima
knorke
berüchtigt
gemein
Beruf
Arbeit, Metier
Beruf *im* **Baugewerbe**
Gipser, Glaser, Maurer, Polier
Beruf *in* **Forschung, Unterricht oder Wissenschaft**
Dozent, Lehrer
Beruf *im* **grafischen Gewerbe**
Setzer
Beruf *in der* **Kunst**
Geiger
Beruf *in der* **Lederindustrie**
Gerber
Beruf *in der* **Metallindustrie**
Dreher, Former, Nieter, Walzer
Beruf *im* **Presse- oder Verlagswesen**
Lektor, Setzer
Beruf *im* **Rechtswesen**
Anwalt, Jurist
Beruf *in der* **Textilindustrie**
Naeher, Wirker
Beruf *im* **Transport- oder Verkehrswesen**
Fahrer, Reeder
Beruf *in der* **Unterhaltungsbranche**
Akteur, Artist, Cutter, Solist
berufliche Arbeit
Dienst
Berufserfahrung
Praxis
Berufstätigkeit
Arbeit, Erwerb
Berufsverband
Innung
Berufung
Rekurs
Beruhigungsmittel
Kodein
Berührungsschalter
Sensor
Besatz
Franse, Galone, Paspel, Quaste, Schnur, Spitze, Tresse, Volant
Besatzstreifen an Uniformen
Tresse
beschädigt
defekt, kaputt
Beschädigung
Defekt
Beschäftigung
Arbeit, Erwerb, Metier
Beschaulichkeit
Idylle
bescheiden
gering, modest
Bescheinigung
Attest, Testat
Beschimpfung
Insult
beschlagen
kundig
Beschlagnahme
Kaptur
beschleunigte Fracht
Eilgut
Beschluss
Dekret
Beschlussvorschlag
Antrag
Beschränkung
Grenze
Beschreibung
Report
Beschwerde
Leiden, Rekurs
besessen
gierig
besetzt
belegt
Besitzer
Eigner, Patron
Besoldung
Gehalt, Salaer
besonderes Ansehen
Nimbus
besonders
betont, eigens
Bestallungsurkunde
Patent
Bestand
Status, Vorrat
beständig
stabil, stetig
Bestandteil
Anteil, Detail, Stueck
Bestandteil *des* **Atomkerns**
Proton
Bestandteil *des* **Bestecks**
Messer
Bestandteil *des* **Blutes**
Plasma, Wasser
Bestandteil *des* **Eies**
Dotter, Eigelb, Eiklar, Schale
Bestandteil *der* **Erdatmosphäre**
Helium
Bestandteil *von* **Früchten**
Schale
Bestandteil *des* **Kamillenöls**
Azulen
Bestandteil *des* **Kokablattes**
Kokain

Bestandteil *des* **Magensaftes**
Pepsin
Bestandteil *der* **Ölfarbe**
Firnis
Bestandteil *des* **Opiums**
Kodein
Bestätigung
Attest, Placet, Plazet
beste Zimtsorte
Kaneel
Besteckteil
Messer
bestellen einer Ware
ordern
bestellter Mörder
Killer
bestens ausgestattet
de Luxe
Bester
Erster, Sieger
bestialisch
brutal, gemein
Bestie
Untier
bestimmt
gewiss, sicher
bestimmte Menge
Anteil, Anzahl, Partie, Posten
bestimmter Anteil
Achtel
bestimmter Ort
Stelle
bestimmter Zeitpunkt
Moment, Schlag, Termin
Bestimmung
Dekret, Erlass, Gesetz, Kismet
Bestleistung
Rekord, Spitze
Bestseller
Renner
Bestsellerautor
Simmel
bestürzt
ratlos
Besuch
Visite
betagtes Gebäude
Altbau
Betätigung
Arbeit
Betäubungsmittel
Aether
Beteuerung
Schwur
betont
eigens
Betonung
Akzent, Hebung
Betonungszeichen
Akzent, Gravis
Betonunterstand
Bunker
Betrachtungsweise
Aspekt
Betrag
Posten
Betragen
Benimm
Betreuung
Pflege, Schutz
Betrieb
Fabrik, Rummel, Trubel, Zulauf
Betrieb *der* **Getreideverarbeitung**
Muehle
betriebsam
eifrig
Betriebsstörung
Defekt
Betrüger
Ganove, Gauner, Mogler, Nepper
Betrunkenheit
Rausch
Bettbezug
Zieche
Bettfedernhülle
Inlett
Beugemuskel
Bizeps
beugen
biegen
Beurteiler
Lehrer, Zensor
Beurteilung
Kritik, Zensur
Beutel
Boerse, Tasche
Beuteltier
Kuskus, Wombat
bevollmächtigt
befugt
bevor
vorher
Bewacher
Hueter, Posten
Bewacher *des* **Nibelungenhorts**
Fafner, Fafnir
bewachter Durchgang
Sperre
Bewachung
Schutz
bewährt
probat
bewandert
kundig
Beweggrund
Anlass
beweglich
regsam
bewegliche Habe
Moebel
bewegliche Knochenverbindung
Gelenk
bewegliche Verbindung
Gelenk
beweglicher Verschluss
Klappe
beweglicher Zimmerschmuck
Mobile
bewegliches Fest
Ostern
bewegliches Plastik
Mobile
Bewegung *im* **Kreis**
Umlauf
Bewegungsart
Galopp
Bewegungsgröße
Impuls
bewegungslos
leblos, reglos, ruhend
Bewegungsorgan der Fische
Flosse
Bewerber
Freier
Bewerbung
Gesuch
Bewilligung
Jawort, Lizenz, Plazet, Zusage
Bewohner
Mieter
Bewohner *des* **alten Mexiko**
Azteke
Bewohner *der* **Arktis**
Eskimo
Bewohner *des* **Balkans**
Kroate
Bewohner *eines* **deutschen Bundeslandes**
Sachse
Bewohner *einer* **griechischen Insel**
Kreter
Bewohner *der* **Hauptstadt der Schweiz**
Berner
Bewohner *von* **Lydien**
Lydier
Bewohner *von* **Nahost**
Araber
Bewohner *der* **Pyrenäen**
Basken
Bewohner *der* **tschechischen Hauptstadt**
Prager

Bewohner ***von*** **Westtschechien**
Boehme
Bewusstsein
Wissen
bezahlter Mörder
Killer
bezahlter Tanzpartner
Gigolo
Bezahlung
Gehalt, Kosten, Salaer
bezaubernd
adrett, schick
Bezeichnung
Angabe, Signum
Bezeichnung für Vasallen
Mannen
Bezeugung
Testat
Beziehen einer Wohnung
Einzug
beziehungslos
einsam
Beziehungspunkt
Anhalt
Bezirk
Gebiet, Gegend, Kanton, Region, Revier, Sektor
bezugsfertiges Haus
Neubau
Bezwinger
Sieger
Bibelteil
Briefe
Bibelwort
Losung
Biberratte
Nutria
biblische Frauengestalt
Dalila, Debora, Delila, Esther, Isebel, Judith, Miriam, Mirjam, Salome
biblische Landschaft
Galaad, Israel, Judaea, Kanaan
biblische Männergestalt
Baruch, Bileam, Gideon, Henoch, Ismael, Japhet, Joseph, Josias, Nimrod, Raguel, Salome, Salomo, Samson, Samuel, Saulus, Simeon, Sirach, Thubal
biblischer Berg
Ararat, Gilboa, Hermon, Karmel
biblischer Fluss
Jordan
biblischer Hoher Priester
Hyrkan
biblischer Jäger
Nimrod
biblischer König
Ahasja, Amazia, Asarja, Haggai, Hiskia, Joahas, Sallum, Salomo
biblischer Monatsname
Tammus, Tebeth
biblischer Name Gottes
Adonai, Jehova
biblischer Ort
Bethel, Emmaus, Gibeon, Hebron, Modein, Sichem
biblischer Patriarch
Henoch
biblischer Prophet
Abdias, Baruch, Daniel, Haggai, Isaias, Jesaia, Jesaja, Josias, Nathan, Obadja, Samuel
biblisches Buch
Baruch, Daniel, Esther, Exodus, Haggai, Jesaja, Judith, Numeri, Obadja, Salomo, Samuel, Sirach
biblisches Gewicht
Talent
biblisches Maß
Letech
bieder
wacker
biegen
beugen
Bienenart
Hummel
Bienenkönigin
Weisel
Bienenmännchen
Drohne
Biergefäß
Humpen, Seidel, Stange
Bierglas
Seidel
Bierhersteller
Brauer
Bierlokal
Kneipe
Biersorte
Porter, Weisse
Bierstadt in Westböhmen
Pilsen
Bierwürze
Hopfen
Bierzutat
Hopfen, Wasser
Biest
Bestie, Untier
Bild
Grafik, Skizze
Bild von beschaulichen Zuständen
Idylle
Bilddruckgitternetz
Raster
Bildeinfassung
Rahmen
bildende Kunst
Grafik
Bildhauermaterial
Bronze, Granit, Kupfer, Marmor, Metall
Bildhauerporträt
Bueste
Bildhauerwerkzeug
Bohrer, Hammer, Raspel, Zirkel
Bildloch der Kamera
Blende
Bildnis
Abbild
Bildsäule
Statue
Bildung
Aufbau, Kultur, Niveau, Wissen
Bildungsstand
Niveau
Bildungsstätte
Kolleg, Lyzeum, Museum, Schule
Bildwerk aus bunten Steinen
Mosaik
Bildzeichen
Symbol
Billardausdruck
Dublee
Billett
Ticket, Zettel
billig
simpel
billiges Kleid
Fummel
Bindegewebsgeschwulst
Fibrom
Bindemittel
Binder, Zement
Bindemittel für Saucen
Eigelb
binden
zurren
bindender Auftrag
Befehl
Bindestrich
Hyphen
Bindewort
darauf, ferner, jedoch, obwohl, sobald
Bindfaden
Bendel, Kordel, Schnur, Spagat
Bindung
Fessel
Binokel
Brille
birmanischer Tempelbau
Pagode

birnenförmiges Glasgefäß
Phiole
bis
soweit
bis jetzt
bisher
Bischofsamtsbereich
Bistum
Bischofssprengel
Bistum
Bischofsversammlung
Konzil
Bissen
Happen
bissig
mokant
Bitte
Gesuch, Wunsch
Bittermittel
Amarum
Bitterweinart
Wermut
Bittschrift
Antrag, Gesuch
Bittsteller
Petent
Blamage
Fiasko, Pleite
blank
pleite, sauber
Bläschenausschlag
Herpes
Blasenbildung
Schaum
Blasinstrument
Cornet, Fagott, Floete, Kleddi, Pfeife, Piston, Pommer, Zinken
Blasmusiker
Oboist
blass
bleich
blassblau
livide
Blätterkelch
Becher
Blättermagen
Omasus
Blattgebilde bei Gräsern
Spelze
Blattgemüse
Spinat
Blattrückseite
Revers
blaue Farbe
Indigo, Kobalt
blauer Farbstoff
Indigo
Blaufelchen
Balche
Bleibe
Obdach
Bleisiegel
Plombe
Bleiverbindung
Minium
Blendwerk
Humbug, Schein
Blickwinkel
Aspekt
Blindschacht im Bergbau
Gesenk
Block
Kloben
Blockade
Sperre
Blockflöte
Flauto
blöd
albern, dement, stupid
Blödsinn
Demenz, Unsinn
bloß
allein, einzig, jedoch
Blume
Akelei, Bluete, Bukett, Dahlie, Krokus, Lupine, Primel, Reseda, Wuerze, Zinnie
Blume beim Bier
Schaum
Blumengebinde
Bukett, Feston
Blumengefäß
Schale
Blumengewinde
Feston
Blumenkind
Hippie
Blumenstrauß
Bukett
blusenartiger Frauenkittel
Kasack
Blut saugendes Gespenst
Vampir
Blut saugendes Ungeziefer
Bremse
Blüte vor dem Öffnen
Knospe
Blütenhonig
Nektar
Blütenspross
Knospe
Blütenstand
Glocke, Kolben, Traube, Wickel
Blütenstaub
Pollen
Blütenteil
Knospe
Blütenzierpflanze
Azalee
Blutfaserstoff
Fibrin
Blutflüssigkeit
Plasma
Blutgerinnsel
Pfropf
blutreiche Geschwulst
Fungus
Blutsauger
Vampir
Blutschande
Inzest
Blutsverwandter
Kognat, Nepote
Blutvergiftung
Sepsis
Blutwurst (umgangssprachlich)
Blunze
Boden
Buehne, Kammer
Bodenart
Mergel, Podsol
Bodenerhebung
Huegel
Bodenfläche
Bezirk
Bodenplatte
Fliese
Bodenschatz
Erdgas, Erdoel, Kupfer, Metall, Platin, Silber
Bodenseehafen
Lindau
Bodenseeinsel
Lindau, Mainau
Bodensenke
Graben
Bodenturnübung
Spagat
Bogen
Papier, Portal
Bogengang
Arkade
Bogenhalle
Loggia
Bogenverzierung
Feston
Bohle
Planke
böhmischer Forscher
Mendel
böhmischer Königsname
Wenzel
Bohrmuschel
Pholas
Bohrschnecke
Natica, Nerita
bolivianischer Berg
Sorata

bolivianisches Lasttier
Alpaka
Bollwerk
Bastei, Schutz
bolschewistischer Führer
Stalin
bombensicherer Raum
Bunker
Bonität
Ertrag
Bonmot
Pointe
Bonus
Anteil, Gewinn, Rabatt, Zugabe
Boom
Bluete, Hausse
Boot in Venedig
Gondel
Bootsart
Achter, Dinghi, Gondel, Nachen, Piroge, Schiff, Vierer, Zweier
Bootsgattung
Achter, Vierer, Zweier
Bootssport
Rudern, Segeln
Bootssportler
Kanute, Segler
Bootsteil
Fender, Klampe, Planke, Riemen, Steuer, Steven
Bordeauxwein
Graves
Borg
Kredit
borgen
leihen
Borke
Kruste, Schorf
Born
Quelle
Börsenkaufmann
Makler
Börsenpapier
Devise, Valeur
Börsenspekulant
Jobber
Borstenwurm
Palolo, Serpel
Borte
Besatz, Galone, Schnur, Tresse
bösartiges Geschwulst
Sarkom
bösartiges Tier
Bestie
Böschung
Abhang
böser Geist
Asmodi, Daemon, Samiel, Teufel, Unhold
boshaft
gemein, giftig
Bosheit
Aerger, Tuecke
Boss
Leiter
botanische Anlage
Garten
botanischer Begriff
Bluete, Eichel, Frucht, Garten, Geaest, Gewebe, Huelle, Huelse, Kapsel, Klette, Knolle, Knospe, Knoten, Kolben, Mandel, Pollen, Reisig, Roehre, Schaft, Schale, Schote, Sporen, Spross, Staude, Stumpf, Traube, Zapfen
Bote
Herold, Kurier, Melder
Böttcher
Kuefer
Böttcherbeil
Segerz
Bottich
Buette, Kuebel
Bottichmacher
Kuefer
Boulevard
Avenue
Box
Garage, Kamera, Kasten
Boxausdruck
Clinch, Finish, Gerade, groggy, Rechte
Brachse
Brasse
Branche
Sparte
Brandmal
Stigma
Brandung
Gischt
Branntwein
Brandy, Cognac, Kognak, Whisky
brasilianische Steppenlandschaft
Llanos
brasilianischer Indianerstamm
Tukano
brasilianischer Mischling
Cafuso
brasilianischer Pianist
Freire, Gelber
brasilianischer Trockenwald und Busch
Sertão
brasilianisches Wohnhaus
Maloka
Bratgefäß
Pfanne, Tiegel
Bratschen
Violen
Brauch
Usance
brauner Farbstoff
Bister
Braunkohlenart
Lignit
Braunschweiger Dynastie
Welfen
Braurückstand
Treber
Brausebad
Dusche
Brautschau
Freite
Brautwerber
Freier
Brautwerbung
Antrag
brav
bieder, tapfer, wacker
Brechreiz
Nausea
Bredouille
Klemme
breiförmige Speise
Pueree
Bremens Wahrzeichen
Roland
bremsen
hemmen
Bremsminderung
Fading
Brenngas
Propan
Brennholzstück
Scheit
Brennstoff
Benzin, Erdgas, Erdoel, Propan
brenzlig
heikel
Bresche
Luecke
Brett
Planke, Platte
Bretterstoß
Stapel
Brettspiel
Gammon, Gobang, Muehle, Schach
Brevier
Auszug
Briefumschlag
Kuvert
Briefverschluss
Siegel

Bromverbindung
Bromat, Bromit
Brosche
Spange
Brotbelag
Butter
Brötchen
Kipfel, Semmel, Wecken, Weggli
Brötchen mit heißem Würstchen
Hot Dog
Brotform
Wecken
Brotgetreide
Dinkel, Gerste, Roggen, Weizen
Brotrinde
Kruste
Brotscheibe
Stulle
Bruch
Spalte, Sprung
brüchig
locker, morsch, muerbe
bruchrauer Mauerstein (bruchrauher Mauerstein)
Quader
Bruchteil
Achtel
Brücke *in* **Venedig**
Rialto
Brückenschiff
Ponton
Brühe
Jauche
Brunnen
Quelle
Brunst
Brunft
brüsk
abrupt, barsch
Brust
Bueste
Brustdrüse
Thymus
Brustfell
Pleura
Brustkorb
Thorax
Brüstung
Reling
brutal
rabiat
Brutalität
Gewalt, Roheit
Bruthenne
Glucke
Brutstätte
Hoehle
Bub
Knirps

Buch *des* **Alten Testaments**
Esther
Buch *der* **Juden**
Talmud
Buch *des* **Pentateuch**
Exodus, Numeri
Buch *über* **Umgangsformen**
Knigge
Buchaufbau
Layout
Buchbindergerät
Presse
Buchbinderleinen
Kaliko
Buchdruckverfahren
Offset
Bucheinbandart
Leinen
Buchenfrucht
Buchel
Bücherbretter
Regale
Buchformat
Duodez
Buchführungsbegriff
Bilanz, Ertrag, Gewinn, Kredit, Skonto
Buchhandlungszweig
Grosso, Verlag
Büchse
Flinte, Gewehr
Buchseitennummerierung (Buchseitennumerierung)
Pagina
Buchstabe
Letter, Versal
Buchstabe des deutschen Alphabets
Eszett
Buchstabenschlüssel
Clavis
Bucht
Becken, Bodden, Foerde
Buchteil
Deckel
Buchungsaufhebung
Storno
Bückling
Diener
Buddhas indischer Name
Gotama
Buddhas Lieblingsjünger
Ananda
buddhistischer Tempel
Pagode
buddhistisches Kloster
Vihara
Büfettier
Zapfer

Büffel
Wisent
Bugbalken
Steven
Buhne
Hoefte, Kribbe, Stacke
Bühnendarsteller
Akteur
Bühnenfach
Charge
Bukoliker
Vergil
bulgarischer Berg
Vitosa
bulgarisches Gebirge
Balkan
Bulle
Erlass
Bundesland der Schweiz
Kanton
Bundestrainer des Deutschen Fußballbundes
Schoen
bunt
farbig
buntes Treiben
Trubel
Buntmetall
Bronze, Kupfer
Burg *in* **Frankreich**
Angers, Chalus, Chinon, Lassay, Luynes
Burg *bei* **Göttingen**
Plesse
Burg *in* **Italien**
Trient
Burg *an der* **Lahn**
Runkel
Burg *an der* **Mosel**
Cochem, Kobern
Burg *in der* **Schweiz**
Schwyz
Burg *in* **Spanien**
Malaga, Toledo
Bürge
Garant
Bürger der Schweizer Hauptstadt
Berner
bürgerlich
bieder
Burgherr
Ritter
Bürgschaft
Obligo
Burgunderkönig
Gernot
Burgunderwein
Beaune, Morgon
burgundische Frauenhaube
Hennin

Burgverlies
Kerker
Büro
Kontor, Office
Bürogerät
Hefter, Locher
burschikos
frisch
Büschel
Bausch, Schopf
Buße
Strafe, Suehne, Umkehr
Bußübung
Askese
Büstenhalter
Mieder
byzantinische Kaiserin
Eirene
byzantinischer Feldherr
Narses
byzantinischer Historiker
Prokop
byzantinischer Kaiser
Justin, Manuel
byzantinischer Statthalter
Exarch
byzantinisches Reich
Ostrom

C

Camper
Zelter
Campinggegenstand
Hering, Kocher
Campingvergnügen
Zelten
Cape
Umhang
CDU-Politiker
Spaeth
Chaos
Gewirr
Charaktereigenschaft
Anlage, Geduld
Charge
Ladung, Wuerde
Chariten
Aglaia, Thalia
charmant
adrett
Chassis
Rahmen
Chauffeur
Fahrer, Lenker
Chef
Leiter, Oberer
chemische Flüssigkeiten
Laugen
chemische Verbindung
Epoxid, Epoxyd, Isomer, Karbid, Natron
chemische Zeichenkette
Formel
chemischer Begriff
Aether, Aethyl, Alkali, Anilin, Asbest, Benzol, Cyanid, Dioxid, Ferrit, Filter, Firnis, Formel, Glutin, Glykol, Gruppe, Haerte, Hydrat, Hydrit, Isotop, Kolben, Mastix, Metall, Methan, Methyl, Nitrat, Osmose, Pepsin, Phenol, Propyl, Pulver, Saeure, Sulfat, Sulfid, Sulfit, Valenz
chemischer Feinfiltervorgang
Osmose
chemisches Element
Barium, Bismut, Curium, Erbium, Ferrum, Helium, Indium, Kalium, Kobalt, Kupfer, Mangan, Neodym, Nickel, Osmium, Platin, Radium, Silber, Sulfur, Tantal, Tellur, Wismut
chemisches Lösungsmittel
Aceton, Azeton
Chiffre
Ziffer
chilenische Insel
Chiloe, Chonos
chilenischer Autor
Neruda
chilenischer Berg
Osorno
chilenischer Lyriker
Neruda
chilenischer Nobelpreisträger für Literatur
Neruda
chilenischer Vulkan
Osorno
chilenisches Ausfuhrprodukt
Erdoel, Kupfer, Silber
chilenisches Furnierholz
Laurel
chilenisches Getreidemaß
Almude
chilenisches Weinmaß
Barril
chinesische Dynastie
Sankuo, Schang, Tschou
chinesische Hauptstadt (Rotchina)
Peking, Taipeh
chinesische Insel
Hainan, Quemoy, Taiwan
chinesischer Berg
Tangla
chinesischer Philosoph
Laotse
chinesischer Schriftsteller
Po Kuei
chinesischer See
Taisee
chinesischer Weiser
Laotse
chinesisches Hausboot
Sampan
chinesisches Wohnboot
Sampan
chirurgischer Nähfaden
Katgut
chirurgisches Instrument
Kauter
Chor
Empore
Chorleiter
Kantor
Christbaumschmuck
Kugeln, Spitze
christliche Herberge
Hospiz
christliche Kardinaltugend
Geduld, Glaube
christlicher Feiertag
Ostern
circa
nahezu
Cissus
Klimme
clever
listig, wendig
Clique
Gruppe
Cocktail
Cooler, Crusta
Cocktail-Mixbecher
Shaker
Combo
Gruppe
Comicfigur
Donald, Obelix
Comichund
Idefix
Computerart
Laptop
Computersprache
Pascal
computertechnischer Begriff
Dialog, Output
Conférence
Ansage
Coup
Schlag
Cousin
Vetter

6

D

Dach der Mundhöhle
Gaumen
Dachabschluss
Giebel
Dachbalken
Sparre
Dachboden
Buehne
Dachdeckmaterial
Schilf, Ziegel
Dachrinne
Kandel, Traufe
Dachshund
Dackel, Teckel
Dachteil
Binder, Giebel, Kandel, Pfette, Sparre, Strebe, Traufe
Dackel
Teckel
dagegen
contra, kontra
dalmatinische Insel
Brazza, Brioni, Kornat, Losinj, Melita, Murter
dalmatinische Stadt
Ragusa, Trogir
dalmatinisches Küstengebiet
Kotari
damals
ehedem
Damastgewebe
Lampas
Damenbadeanzug
Bikini
Damenhut
Muetze, Schute
Damenstrümpfe
Nylons
Damenunterkleidung
Mieder, Taille
dämlich
albern
Dämon
Teufel
Dampf
Brodem, Wrasen
Dampfmaschinenteil
Kolben, Regler, Ventil
danach
darauf
Dänenprinz
Hamlet
dänische Hafenstadt
Aarhus, Gedser, Lohals, Nyborg, Roedby, Roenne
dänische Insel im Kattegat
Anholt, Laesoe, Samsoe
dänische Insel im Oresund
Amager
dänische Insel in der Nordsee
Mandoe, Roemoe
dänische Insel in der Ostsee
Fuenen, Samsoe
dänische Königin
Ingrid
dänische Schriftstellerin
Blixen
dänische Stadt auf Fünen
Odense
dänischer Arzt
Finsen
dänischer Astronom
Roemer
dänischer Botaniker
Hansen
dänischer Frauenname
Dorthe
dänischer Komponist
Klenau, Lassen
dänischer Königsname
Harald, Johann, Magnus
dänischer Mediziner
Finsen
dänischer Nobelpreisträger für Literatur
Jensen
dänischer Nobelpreisträger für Medizin
Finsen
dänischer Polarforscher
Bering
dänischer Sagenheld
Holger
dänischer Sagenkönig
Hettel
dänischer Sagenprinz
Hamlet
dänischer Seefahrer
Bering
dänisches Kap
Skagen
dann
danach, darauf
darauf
danach
Darbietung
Nummer
Darlegung
Exposé
Darlehen
Kredit
Darmeinlauf
Klysma
Darsteller
Akteur
Darstellung
Grafik, Skizze
das Altertum
Antike
das Baltische Meer
Ostsee
das Feld bestellen
ackern
das gesamte Dasein
Lebtag
Dasselfliege
Bremse
Datenausgabe
Output
Datum
Termin
Dauer
Laenge, Spanne
Dauerbelastung
Stress
dauerhaft
solide, stabil
Dauermagnetwerkstoff
Alnico
Dauerwurst
Salami
Davids Frau
Michal, Michol
Davids Sohn
Salomo
Debakel
Fiasko, Pleite
Debatte
Dialog
Debet
Schuld
Deckblatt
Tektur
deckelartiger Verschluss
Klappe
Deckelbehälter
Karton, Kasten
Deckengewölbe
Kuppel
Deckgarn zum Vogelfang
Tirass
Deduktion
Beweis
Defekt
Fehler
defekt
kaputt
defensiv Fußball spielen
mauern
Defensive
Abwehr
Defilee
Parade
Defizit
Mangel
Degen
Espada, Rapier
dehnbar
duktil

deichgeschütztes Land
Polder
Dekor
Muster, Zierat, Zierde
Dekret
Erlass
Delfinart (Delphinart)
Beluga, Narwal
delikat
heikel, lecker
Delikatesse
Genuss
Delinquent
Taeter
Delirium
Rausch
Demarkationslinie
Grenze
Demonstration
Beweis
den Göttern eine Gabe darbringen
opfern
den Inhalt entnehmen
leeren
Denken
Noesis
Denkfehler
Irrtum
Denkmalunterbau
Sockel
Denkorgan
Gehirn
Denkzettel
Strafe
Denunziant
Petzer
Departement in Frankreich
Allier, Ariège, Cantal, Creuse, Landes, Loiret, Lozère, Manche, Nièvre, Sarthe, Savoie, Vendée, Vienne, Vosges
derb
robust, stramm
derber Streich
Possen
Derby
Rennen
derzeitiger Stand
Status
desgleichen
ebenso
Desinfektionsmittel
Karbol, Kresol, Phenol
Desperado
Bandit
Despot
Tyrann
Despotie
Terror
Dessertwein
Malaga, Sherry
Dessin
Muster
Destillationsprodukt
Benzin, Gasoel
Detail
Stueck
deutlich
betont
deutsche Bucht
Bodden
deutsche Bundeshauptstadt
Berlin
deutsche Eiskunstläuferin
Kilius
deutsche Frauenrechtlerin
Zetkin
deutsche Großstadt
Aachen, Berlin, Bochum, Bremen, Erfurt, Kassel, Siegen, Witten
deutsche Hafenstadt
Bremen, Wismar
deutsche Kabarettistin
Wieder
deutsche Kaiserstadt
Aachen
deutsche Landeshauptstadt
Berlin, Bremen, Erfurt
deutsche Landschaft
Angeln, Anhalt, Barnim, Bayern, Boerde, Hadeln, Hessen, Wische
deutsche Münze
Batzen, Heller
deutsche Nordseeinsel
Borkum, Hallig, Mellum
deutsche Ostseeinsel
Ruegen, Ummanz, Usedom, Wollin
deutsche(r) Pianist/Pianistin
Buelow, Cramer, Giesen, Kempff
deutsche Sagengestalt
Gernot, Gudrun, Laurin, Roland, Volker
deutsche Schauspielerin
Andree, Berger, Bruehl, Feiler, Giehse, Harvey, Heuser, Horney, Markus, Meisel, Palmer, Pulver, Schell, Sommer, Tiller, Weiser, Werner, Wieder, Wimmer
deutsche Schriftstellerin
Miegel, Rinser, Seidel
deutsche Spielkartenfarbe
Eckern, Eichel, Herzen
deutsche Universitätsstadt
Aachen, Berlin, Bochum, Bremen, Passau, Siegen
deutsche Volksmusiksängerin
Hertel
deutsche Weltstadt
Berlin
deutscher Adelstitel
Freiin, Fuerst, Herzog, Ritter
deutscher Admiral
Raeder, Scheer
deutscher Astronom
Kepler, Olbers
deutscher Atomforscher
Geiger, Planck
deutscher Badeort
Abbach, Elster, Muskau, Sachsa, Vilbel
deutscher Berg, Gebirge
Haardt, Taunus
deutscher Binnensee
Eibsee
deutscher Bundeskanzler
Brandt, Erhard
deutscher Bundespräsident
Herzog, Luebke, Scheel
deutscher Chemiker
Achard, Baeyer, Bunsen, Dafert, Engler, Gmelin, Graebe, Liebig, Loewig, Magnus, Nernst, Schott, Werner
deutscher Dichterfürst
Goethe
deutscher Dirigent
Walter
deutscher Erfinder
Bunsen, Diesel, Geiger, Halske, Liebig, Wankel
deutscher Fußball-Bundestrainer
Schoen
deutscher Fußballspieler
Brehme, Haller, Libuda, Netzer, Seeler, Walter
deutscher Geldreformer
Gesell
deutscher Germanist
Neckel, Panzer
deutscher Herrschername
Arnulf, August, Joseph, Lothar, Ludwig, Wenzel
deutscher Historiker
Haller, Marcks, Menzel, Oncken, Ritter

deutscher Humanist
Celtis, Hutten, Reuter
deutscher Ingenieur
Diesel
deutscher Komiker
Erhard, Loriot
deutscher Komponist
Albert, Bialas, Borris, Brahms, Cramer, Dostal, Eybler, Hiller, Hummel, Keiser, Kuhnau, Kullak, Kusser, Lincke, Lothar, Mahler, Meisel, Muffat, Quantz, Schein, Schulz, Wagner
deutscher Landsmann
Franke
deutscher Maler
Duerer, Menzel
deutscher Marxist
Engels
deutscher Mathematiker
Cantor, Kepler, Landau, Peschl
deutscher Naturheil-kundiger
Kneipp
deutscher Nobelpreis-träger für Chemie
Baeyer, Nernst, Wittig
deutscher Nobelpreis-träger für Frieden
Brandt
deutscher Nobelpreis-träger für Literatur
Eucken
deutscher Nobelpreis-träger für Physik
Franck, Jensen, Lenard, Planck
deutscher Pädagoge
Geheeb
deutscher Philosoph
Adorno, Baader, Engels, Eucken, Fichte, Gehlen, Hamann, Herder, Jacobi, Klages, Krings, Kuelpe, Natorp, Nelson, Simmel, Stumpf, Zeller
deutscher Physiker
Geiger, Graetz, Jensen, Jordan, Lenard, Lommel, Magnus, Nernst, Planck, Ritter, Segner
deutscher Politiker
Arendt, Barzel, Brandt, Ehlers, Eisner, Engels, Eppler, Erhard, Gagern, Goppel, Hassel, Katzer, Luebke, Reuter, Roeder, Scheel, Schmid, Wehner

6

deutscher Raketenfor-scher
Oberth
deutscher Rechen-meister
Ceulen
deutscher Rechtslehrer
Kohler
deutscher Reeder
Ballin
deutscher Reformator
Luther
deutscher Regisseur
Barlog, Gobert, Jugert
deutscher Reichskanzler
Buelow, Hitler, Luther
deutscher Schauspieler
Albers, Angely, Balser, Birgel, Breuer, Caspar, Clarin, Dahlke, Diessl, Dongen, Dorsch, Fernau, Froebe, George, Giller, Gobert, Godden, Hansen, Hebbel, Holtei, Juhnke, Kinski, Krauss, Lieven, Lingen, Loebel, Lommel, Lothar, Lowitz, Marian, Meisel, Moissi, Neuber, Odemar, Platte, Preiss, Sessak, Sieber, Slezak, Stuewe, Waldau, Wangel, Weigel, Wieman, Wolter, Wussow
deutscher Schriftsteller
Brecht, Fichte, George, Gmelin, Goethe, Griese, Hebbel, Herder, Herzog, Keller, Kleist, Knigge, Krolow, Kugler, Ludwig, Pechel, Platen, Spoerl, Uhland, Walser
deutscher Sozialist
Brandt, Engels, Wehner
deutscher Theologe
Cremer
deutscher Volksstamm
Bayern, Hessen
deutscher Zeichner
Menzel
deutsches Adelsge-schlecht
Nassau, Welfen
deutsches Bundesland
Bayern, Berlin, Bremen, Hessen
deutsches Eisschnelllauf-zentrum
Inzell
deutsches Flächen-maß
Hektar, Morgen

deutsches Forschungs-schiff
Meteor
deutsches Fürsten-haus
Salier, Welfen
deutsches Kaiserge-schlecht
Salier
deutsches Karten-spiel
Bridge, Ramsch, Rommee, Tarock
Deutung
Lesart
Devise
Losung, Parole, Slogan
devital
leblos
Diagramm
Schema
Dialog
Disput
Dichter
Epiker
Dichter *des* **Faust**
Goethe
Dichtergott
Apollo
Dichtkunde
Poetik
Dichtkunst
Poesie
Dichtung
Elegie, Mythos, Poesie, Satire, Sketch, Xenion
Dichtung Homers
Iliade
Dichtung Vergils
Aeneis
dick
massig, mollig, ueppig
dicke Schnur
Strick
dicker Pfahl
Pflock
dicker Pflanzenstängel (Pflanzenstengel)
Strunk
dickes Brett
Planke
dickes Seil
Strick, Trosse
dickflüssig
saemig, seimig, viskos
Dickicht
Geaest
Dickwurzel
Knolle
die Ehe brechend
untreu

die Gnade Gottes verleihen
segnen
die menschliche Existenz
Dasein
die Snobs unter den Reichen
Jetset
die Sterne betreffend
astral
Dieb
Gauner
diebischer Vogel
Elster
Diebshelfer
Hehler
Diele
Entree
dienende indische Kaste
Shudra
Diener
Butler, Knecht
Dienerkleidung
Livree
Dienst
Arbeit
Dienstbezüge
Gehalt
Dienstgrad
Charge
Dienstgrad bei der Bundeswehr
Oberst
Dienstkleidung
Livree, Montur
Dienststelle
Office
Dienststempel
Siegel
dienstunfähig gewordener Geistlicher
Emerit
diesig
neblig
diesjährig
heurig
diffizil
heikel
diffus
unklar
Diktat
Ansage, Befehl
Dilemma
Klemme, Misere
Dimension
Breite, Laenge
Ding
Geraet, Objekt
Diözese
Bistum
Diplomat
Konsul
diplomatischer Eilbote
Kurier
Direktor
Leiter
Diskant
Fistel
Dispens
Urlaub
disperses Gebilde
Schaum
Distrikt
Bezirk, Gebiet
dito
ebenso
Dividendenschein
Coupon
dividieren
teilen
Divisor
Nenner
Doktortitel (Abkürzung)
Dr phil
Dokument
Beweis
Dokumentarbericht
Report
Dolde von Beeren
Traube
Doldengewächs
Aralie, Kerbel
Dolerit
Basalt
Domherr
Propst
Dompfaff
Gimpel
Donaulandschaft
Wachau
Doppel
Partie
Doppelfahrrad
Tandem
Doppelgänger
Double
doppelkohlensaures Natrium
Natron
Doppelkringel
Brezel
Doppelspieler
Double
doppelte Buchführung
Doppik
Dorf
Weiler
Dornhaifleisch
Seeaal
Dörrobstschnitzel
Hutzel
Dotter
Eigelb
Double
Doppel
Drache
Fafner, Fafnir
Drahtbügel
Krampe
Drahtgeflecht
Rastel
drahtig
nervig, sehnig
Drahtseil
Trosse
drakonisch
streng
Drama *von* **Goethe**
Stella, Egmont
Dramengestalt *bei* **Shakespeare**
Hamlet
Dramenteil
Aufzug
Dreck
Abfall
Drehgriff
Kurbel
Drehhebel
Reitel
Drehorgel drehen
leiern
drei Töne im Taktteil
Triole
Dreibeingestell
Stativ
dreieckige Flagge
Wimpel
Dreiflüssestadt in Bayern
Passau
Dreigespann
Troika
Dreiheit
Triade
Dreikäsehoch
Knirps
Dreizahl
Triade
Dreschertrag
Drusch
Dressurübung
Levade, Pesade
dringend
noetig
dritte Sinfonie Beethovens
Eroica
Drogenszenenbegriff
Dealer, Junkie
drohendes Unheil
Gefahr
drollig
lustig
Druckabsatz
Alinea
Druckbuchstabe
Letter

Druckeinheit
Pascal
Druckgitter
Raster
Druckkolonne
Spalte
Druckmaschine
Presse
Druckschriftgrad
Cicero
drucktechnischer Begriff
Absatz, Duodez, Einzug, Format, Glosse, Korpus, Kritik, kursiv, Layout, Letter, Litera, Platte, Presse, Raster, Rubrik, Schiff, Setzer, Signet, Spalte
drucktechnisches Gerät
Presse, Raster, Winkel
Druckverfahren
Offset
Drüsenabsonderung
Sekret
Drüsengeschwulst
Adenom
Drüsensaft
Inkret, Sekret
Drüsenwirkstoff
Hormon
Dschungelheld
Tarzan
Duckmäuser
Mucker
Duft
Bukett, Geruch
Duftstoff
Myrrhe, Parfum
Duftwasser
Parfum
dumme Handlung
Eselei
dummes Zeug
Unsinn
Dummheit
Betise, Eselei
Dummkopf
Dussel
Düngemittel
Jauche, Mergel
dunkel
obskur, unklar
dunkelbraune Wasserfarbe
Bister
dunkles englisches Bier
Porter
dunkles Gestein
Basalt
dunkles Vorgefühl
Ahnung
dünn
schmal
dünne Stoffeinlage
Futter
dünnes Gebäck
Oblate
dünnes Gewebe
Etamin
dünnes Metallplättchen
Lamina
dünnes Seil
Strick
Dunst
Ahnung, Brodem, Wrasen
dunstig
diesig, neblig, truebe
durchbrochenes Gewebe
Spitze
durchdringend
scharf
durchdringende Feuchtigkeit
Naesse
Durcheinander
Gewirr, Tumult, Wirbel
Durchfahrt
Portal, Tunnel
Durchgang
Portal, Rennen, Umlauf
Durchgangshindernis
Sperre
durchlässig
poroes
Durchmesser
Gerade
Durchschnitt
Mittel
Durchschrift
Doppel
Durchsuchung
Razzia
durchtrainiert
topfit
durchtrieben
clever
durchtriebener Mensch
Gauner
dürres Astholz
Reisig
Dusche
Brause
düster
dunkel

E

Ebbe
Fallen
Ebenbild
Abbild
ebenbürtig
gleich
ebenfalls
ferner
Eber
Keiler
Eberwurz
Distel
Echsenart
Leguan
echsenartiges Fabeltier
Drache
echt
genuin
Ecke
Winkel
eckig
kantig
Eckstoß beim Fußball
Corner
ecuadorianischer Vulkan
Sangay
Edelgas
Helium
Edelkastanie
Marone
Edelmann
Junker, Ritter
Edelmetall
Osmium, Platin, Silber
Edelpelz
Nutria, Ozelot
Edelrost
Patina
Edelstein
Apatit, Azurit, Beryll, Calcit, Granat, Jadeit, Jaspis, Olivin, Saphir, Sarder, Thulit, Zirkon, Zitrin
Edelsteinimitation
Simili, Strass
Edikt
Befehl, Erlass
Edition
Verlag
EDV-Systemeindringling
Hacker
Effekt
Erfolg
Effektzwirn
Boucle
egal
gleich
Ehefrau
Gattin
ehemalige deutsche Kupfermünze
Dreier
ehemalige Marktplätze
Agoren
ehemalige persische Kaiserin
Soraya
ehemalige Schulklasse
Quarta, Quinta, Tertia

ehemaliger Bundespräsident
Scheel
ehemaliger deutscher Nationalspieler
Seeler
ehemaliger Fußballnationalspieler
Seeler
ehemaliger Hausangestellter
Diener
ehemaliger Hausmeister an Schulen
Pedell
ehemaliger Kolonialsoldat
Askari
ehemaliger König der Saudis
Faisal
ehemaliger Name für Grundbesitzer
Magnat
ehemaliger Name von Sri Lanka
Ceylon
ehemaliger sowjetischer Diktator
Stalin
ehemaliger türkischer Sultanspalast
Serail
ehemaliger US-Präsident
Carter, Reagan
ehemaliges britisches Weltreich
Empire
ehemaliges Fadenstärkemaß
Denier
ehemaliges Gebiet in Kleinasien
Lydien
ehemaliges Getreidemaß
Malter
ehemaliges israelisches Gesangsduo
Ofarim
ehemaliges Kriegsschiff
Bireme
ehemaliges US-Raumfahrtprogramm
Gemini
ehemaliges Wort für Widerspruch
Rekurs
Ehemann
Gemahl
eher
lieber, vorher
ehern
eisern
Eheschließung
Heirat
Ehrabschneidung
Insult
ehrbar
bieder, honett
ehren
achten
Ehrenbrief
Diplom
Ehrentitel
Konsul
Ehrenurkunde
Diplom
ehrenwert
bieder
Ehrerbietung
Diener, Knicks
ehrlich
lauter, sauber
ehrlos
falsch, gemein
Ehrloser
Schuft
Eibisch
Althee
Eichmaß
Etalon
Eid
Schwur
Eidotter
Eigelb
Eier *des* **Vogelnestes**
Gelege
Eierkuchen
Plinse
Eierspeise
Setzei
Eifellandschaft
Ahrtal
Eifelstädtchen
Adenau
Eifelstädtchen am Nürburgring
Adenau
Eifer
Fleiss
Eigelb
Dotter
eigenartig
kurios
eigenhändig
selbst
Eigenname *einer* **italienischen Stadt**
Napoli
Eigenname *von* **Japan**
Nippon
Eigenschaft
Anlage, Talent
eigenständig
autark
eigensüchtiger Mensch
Egoist
Eigentum
Besitz
Eigentümer
Eigner, Halter
Eigentümlichkeit
Cachet
Eigentumsdelikt
Betrug
Eihaut
Amnion
Eilbote
Kurier
eilen
hasten, hetzen
eilig
hastig, hurtig, rasant
eiliges Entweichen
Flucht
Eimer
Kuebel
ein Elternteil
Mutter
ein Ganzes
Eintel
ein Glas Schnaps schnell trinken
kippen
ein Lied vortragen
singen
ein Schiff erbeuten
kapern
ein Schiff stürmen
entern
einäugiger Riese
Kyklop, Zyklop
Einbaum der Naturvölker
Piroge
Einblicklinse an optischen Geräten
Okular
Einbrecher
Bandit
eindringlich
betont
Eindruck
Effekt
eine Ausdehnung
Laenge
eine *der* **drei Chariten**
Aglaia, Thalia
eine *der* **Erinnyen**
Alekto
eine *der* **Gorgonen**
Medusa, Meduse
eine Grundstoffart
Metall
eine hohen Einsatz wagen
pokern
eine Last hochziehen
hieven

6

eine Million Ohm
Megohm
eine *der* Musen
Thalia, Urania
eine *der* Nereiden
Thetis
eine Richtung bestimmen
peilen
einer *der* Apostel
Paulus, Petrus
einer *der* Erzengel
Rafael
einer *der* Evangelisten
Markus
einer *der* Kaiser von 962 bis 1002
Ottone
einer, *der* sich gerne prügelt
Raufer
einer *der* Sinne
Gehoer, Geruch
einfach
frugal, simpel
einfaches Fahrzeug
Karren
einfaches Haus
Huette
Einfahrt
Portal
einfältig
albern, arglos, simpel
Einfaltspinsel
Dussel, Simpel
einfarbiges Gewebe mit Muster
Damast
Einfassung
Rahmen
Einfassung von Bildern
Rahmen
einflussreiche High Society
Jetset
Einfriedung
Gatter, Gitter, Pferch
Einfuhr
Import
Einführung
Prolog
Eingabe
Antrag, Gesuch
Eingang
Portal
Eingangsraum
Entree
eingebildet
irreal
Eingeborener *der* Südseeinseln
Kanake
eingedeichtes Marschland
Polder
eingeführte Ware
Import
eingesäuertes Viehfutter
Silage
eingezäunte Fläche für Tiere
Koppel, Pferch
einheimische Getreidesorte
Dinkel, Gerste, Roggen, Weizen
einheimische Orchidee
Orchis
einheimisches Raubtier
Marder, Wiesel
einheimsen
nehmen
Einheit *der* Stromstärke
Ampere
Einheit *aus* zehn Gliedern
Dekade
Einheit *von* zehn Tagen
Dekade
einheitlich
gleich
einige
manche
Einkaufsanlage
Center
Einkaufsbehälter
Tasche
Einkommen
Gehalt, Salaer
Einkorn
Dinkel
Einlegearbeit
Mosaik
Einleitung
Prolog
Einmaliges
Unikat, Unikum
Einmaster
Kutter
Einnahme
Erloes, Gewinn
Einöde
Wueste
Einpeitscher
Hetzer
Einreibemittel
Balsam
Einrichtungsgegenstand
Buffet, Hocker, Kissen, Moebel, Sessel
einsam
allein
Einschnitt
Luecke, Zaesur
Einsicht
Raeson, Raison
Einsiedelei
Klause
Einsiedler
Eremit
Einspruch
Rekurs
Einsteller
Regler
einstellige Zahl
sieben
Einstellknopf
Regler
Einstellraum
Garage, Kammer, Remise
Einsturztrichter im Karst
Doline
Eintänzer
Gigolo
Einteilungsbegriff
Klasse
eintöniges Gerede
Sermon
Eintracht
Friede
Eintreffen
Kommen
Eintritt
Anfang, Beginn, Entree, Zugang
Eintritt ins Leben
Geburt
Eintrittsgeld
Entree
Eintrittskarte
Ticket
Einverständnis
Jawort, Plazet, Zusage
einwandfrei
sauber
einwertige Atomgruppe
Phenyl
Einwohner *des* antiken Italien
Italer
Einzeldarsteller
Solist
Einzelheit
Aspekt, Detail
Einzeljagd
Pirsch
Einzeller
Amoebe
einzelliges Lebewesen
Amoebe
Einzelmensch
Person
einzeln
allein
einzeln lebender Mönch
Eremit
Einzelraum
Kammer, Zimmer
Einzelstück
Unikat

Einzelvortragender
Solist
Einzigartiges
Unikum
einzige Ausfertigung
Unikat
Eisen anziehender Gegenstand
Magnet
Eisenabfälle
Spaene
Eisenbahner
Heizer
Eisenbahnfahrzeug
Tender, Waggon
Eisenbahnkupee
Abteil
eisenbahntechnischer Begriff
Eilzug, Signal, Weiche
Eisenbahnwagen
Waggon
Eisenblock
Bramme
Eisenblock zum Schmieden
Amboss
Eisenhut
Aconit
Eisenwerk
Huette
Eisgipfel bei Zermatt
Pollux
Eisheilige
Sophie
Eisheiliger
Servaz
Eiskunstlauffigur
Achter, Dreier, Zirkel
Eiskunstlaufsprung
Thoren
Eismond
Januar
Eiszeittier
Mammut
eitel
kokett
Eiterbläschen
Pustel
Eiweiß
Eiklar
Eiweißkörper
Globin, Glutin, Kasein, Myosin
Eiweißstoff in der Milch
Kasein
Ekel
Degout
Elefant der Vorzeit
Mammut
Elefantenführer
Kornak
elegant
schick
elektrisch gesteuerter Schalter
Relais
elektrische Maßeinheit
Ampere
elektrische Schalteinrichtung
Relais
elektrische Schutzeinrichtung
Erdung
elektrischer Anschluss
Buchse
elektrischer Leiter
Kupfer, Silber
elektrischer Stromerzeuger
Dynamo
Elektronenröhre
Audion, Triode
elektronischer Fühler
Sensor
elektronisches Bauteil
Roehre
elektrotechnische Schutzmaßnahme
Erdung
Elementarteilchen
Baryon, Lepton, Photon, Proton
Elend
Misere
Elendsviertel
Favela
Elfenkönig
Oberon
Elfenschuh
Akelei
elfter Buchstabe des griechischen Alphabets
Lambda
Eloge
Ehrung
Elternteil
Mutter
Emblem
Symbol, Wappen
Embryo
Foetus
embryonales Haarkleid
Lanugo
Emirat am persischen Golf
Kuwait, Kuweit
Emission
Abgabe, Abgase
Empfang
Cercle, Erhalt
Empfang bei Hofe
Cercle
empfangend
passiv
empfindliche Pflanze
Mimose
Empfindung
Ahnung
Empore
Podium
Empörer
Rebell
Emporkömmling
Yuppie
Emse
Ameise
emsig
eifrig
Endkampf im Sport
Finale, Finish
endloses Gerede
Sermon
Endspiel
Finale
Energieform
Waerme
Energiequelle
Biogas, Erdgas, Erdoel, Wasser
energisch
streng
eng
schmal
Engel
Cherub, Seraph
Engelfisch
Rochen
enges Tal
Canyon
englisch für Anführer
leader
englisch für angeschlagen
groggy
englisch für deutsch
german
englisch für Diener
butler
englisch für Dienststelle
office
englisch für Fass
barrel
englisch für Fenster
window
englisch für Führer
leader
englisch für geheim
secret
englisch für gelb
yellow
englisch für Gesetzloser
outlaw
englisch für Herr
Mister

6

englisch für Himmel
heaven
englisch für Ingwer
ginger
englisch für Leiter
leader
englisch für Mutter
mother
englisch für Rückschlag
(Sport)
return
englisch für Schlangen
snakes
englisch für spannende Filmhandlung
action
englisch für Straße
street
englisch für Tennisschläger
racket
englisch für Vater
father
englisch für Ziel
target
englisch für Zielscheibe
target
englisch für zwanzig
twenty
englische Anrede
Mister
englische Biersorte
Porter
englische Eliteuniversität
Oxford
englische Grafschaft
Dorset, Durham, London, Radnor, Surrey, Sussex
englische Insel
Jersey, Scilly
englische konservative Partei
Tories
englische Schauspielerin
Taylor
englische Schriftstellerin
Steele
englische Universitätsstadt
Oxford
englischer Adelstitel
Gentry, Knight
englischer Admiral
Nelson
englischer Biologe
Huxley
englischer Bischof
Becket
englischer Branntwein
Whisky
englischer Chemiker
Dalton
englischer Expremier
Attlee
englischer Getreidebranntwein
Whisky
englischer Ingenieur
Fowler
englischer Jagdhund
Beagle
englischer Komponist
Delius
englischer Landadel
Gentry
englischer Maler
Morris, Turner
englischer Männername
Edward, Norman
englischer Mathematiker
Briggs, Napier, Newton, Stokes
englischer Mediziner
Lister
englischer Nobelpreisträger für Chemie
Barton, Harden, Martin, Perutz, Porter, Ramsay, Sanger
englischer Nobelpreisträger für Frieden
Angell, Cremer
englischer Nobelpreisträger für Medizin
Adrian, Florey, Huxley, Porter
englischer Nobelpreisträger für Physik
Barkla, Hewish, Powell, Wilson
englischer Philosoph
Austin, Hobbes, Huxley, Keynes
englischer Physiker
Newton
englischer Rassehund
Beagle
englischer Sagenkönig
Arthur
englischer Schauspieler
Burton, Howard
englischer Schriftsteller
Bulwer, Butler, Cronin, Greene, Huxley, Milton, Morgan, Orwell, Pinter, Ruskin, Sidney, Sterne, Thomas
englischer Seemann
Baffin, Hudson, Nelson
englischer Spitzenschlager
Tophit
englischer Staatsmann
Keynes, Rhodes, Wilson
englisches Flüssigkeitsmaß
Barrel
englisches Gewürz
Piment
englisches Hohlmaß
Barrel
englisches Kartenspiel
Bridge
Engtal der Donau
Wachau
enorm
immens, riesig
Entbehrung
Mangel
Entbindung
Geburt, Partus
Entdecker
Finder
Entdecker *der* **Asepsis**
Lister
Entdecker *des* **Blutkreislaufes**
Harvey
Entdecker *des* **Gravitationsgesetzes**
Newton
Entdecker *von* **Mexiko**
Cortez
Entdecker *von* **Neuseeland**
Tasman
Entengattung
Saeger
entfernt
weitab
entgegen
contra, kontra
entgegenkommend
kulant
Entgegennahme
Erhalt
Entgegnung
Replik
Entgelt
Gehalt, Salaer
enthaltsam
keusch
Enthaltsamkeit
Askese, Karenz
Enthaltsamkeit beim Essen
Fasten
Entkommen
Flucht
Entmannter
Eunuch
entmutigt
mutlos
Entrechteter
Sklave
Entsagung
Askese

Entschädigung
Ersatz
Entscheidung
Dekret, Urteil
Entscheidung des Richters
Urteil
Entscheidungsrecht
Option
entschlossen
bereit
Entschuldigung
Pardon
entseelt
leblos
Entsetzen
Furcht, Grauen, Horror
entspannt
erholt, locker
Entspannung
Siesta
entsprechend
analog
Entstehung
Genese
Enttäuschung
Kummer
Entweichen
Flucht
Entwicklung
Genese
Entwurf
Abriss, Design, Layout, Modell, Muster, Schema, Skizze
Entzücken
Freude
Entzündung
Angina
Entzündung des Rachenraums
Angina
entzwei
defekt, kaputt
Epidemie
Pocken, Seuche
Epigramm
Spruch
Epistel
Lesung
Epos *der* **Antike**
Aeneis, Iliade
Epos *von* **Vergil**
Aeneis
Erbauer *des* **Eiffelturms**
Eiffel
erbetene Auskunft
Angabe
erblich
genuin
Erbsenhülse
Schote
Erbsenschote
Huelse
Erdalkalimetall
Barium, Radium
Erdart
Mergel
Erdball
Globus
erdbeerfarben
fraise
Erde
Globus
Erdenbürger
Mensch
Erdformation
Dogger, Karbon
Erdgas
Methan
Erdgebiet ohne Pflanzenwuchs
Wueste
Erdgeist
Alraun, Kobold
erdichtet
fiktiv
Erdkugel
Globus
Erdloch
Krater, Spalte
Erdölprodukt
Benzin, Benzol, Diesel
Erdölschiff
Tanker
Erdrinne
Graben
Erdschicht im Tagebau
Abraum
Erdteil
Afrika, Europa
Erdzeitalter
Karbon, Kreide
Ereignis ohne eigenes Zutun
Zufall
Erfahrung
Praxis
erfassen
nehmen
Erfinder *des* **Automobilmotors**
Diesel
Erfinder *des* **Dampfschiffes**
Fulton
Erfinder *der* **Differenzialrechnung (Differentialrechnung)**
Newton
Erfinder *des* **Drehkolbenmotors**
Wankel
Erfinder *des* **Fernrohrs**
Kepler
Erfinder *des* **Fernsehens**
Nipkow
Erfinder *des* **Fleischextrakts**
Liebig
Erfinder *der* **Fotografie**
Niepce, Talbot
Erfinder *der* **Glühlampe**
Edison, Goebel
Erfinder *des* **Grammofons (Grammophons)**
Edison
Erfinder *des* **Luftreifens**
Dunlop
Erfinder *des* **Stahlbetons**
Monier
Erfinder *des* **Zählrohrs**
Geiger
Erfinderschutz
Patent
Erfolg
Effekt, Gewinn
Erfolg im Sport
Rekord
erforderlich
noetig
erforderliche Menge
Bedarf
Erfrischung
Labsal
Erfrischungsgetränk
Brause
Ergänzung
Zusatz
ergeben
getreu
Ergebnis
Effekt, Erfolg
ergreifen
fassen
Ergussgestein
Basalt
erhaben
konvex
erhabenes Bildwerk
Relief
Erhebung
Huegel
Erhitzung von Erzen
Roeste
erhöhte Bühne
Podium
erhöhte Körpertemperatur
Fieber
erhöhte Sitzplätze
Empore
erhöhter Platz
Empore
Erholung
Ferien, Urlaub
Erholungsort
Kurort, Seebad

6

Erkältung
Grippe, Husten
Erkältungserscheinung
Husten, Niesen
Erkenntnis
Gnosis
Erkenntnislehre
Noetik
Erkennungswort
Losung
Erker am Haus
Vorbau
Erlass
Dekret
Erlaubnis
Lizenz, Plazet
Erläuterung
Anhang, Glosse
erledigt
fertig, vorbei
erlittene Peinigung
Folter, Tortur
Erlös
Ertrag, Gewinn
Erlöser
Retter
Erlöser aus einer Gefahr
Retter
ermächtigt
befugt
Erneuerung
Reform
Ernte
Ertrag
Erntegerät
Sichel
Eröffnung
Beginn
Eröffnungsart im Schach-spiel
Gambit
Eröffnungsmusik (Ballett)
Entree
Erörterung
Disput, Exkurs
erpicht
gierig
erquicken
laben
Erquickung
Labsal
erregen
wecken
erregtes Streitgespräch
Disput
Erregung
Affekt
Errichtung
Aufbau
Ersatz
Behelf
Ersatzdarsteller
Double
Erscheinung
Vision
Erschlaffung
Atonie
erschöpft
groggy
erschütterndes Leid
Tragik
erschüttert
bewegt
Erstauftritt
Debuet
erste Kanalschwimmerin
Ederle
erste Stufe der Tonleiter
Tonika
Erster
Bester, Sieger
erster Gang (Menü)
Entree
erster Geiger
Primas
Erster in der Klasse
Primus
erstes öffentliches Auf-treten
Debuet
ersuchen
bitten
Ertrag
Erloes, Gewinn, Nutzen, Profit
Eruption
Erguss
eruptiver Ausbruch
Erguss
Eruptivgestein
Basalt, Diabas, Diorit, Gabbro
erwärmen
heizen
Erweiterung
Ausbau
Erwerb gegen Zahlung
Ankauf
Erwerbstätigkeit
Arbeit
Erwiderung
Replik
Erwirtschaftetes
Ertrag
erzählend
episch
erzählende Dichtung
Mythos
erzählender Dichter
Epiker
Erzähler
Epiker
Erzbischof
Primas
Erzieher
Eltern, Lehrer, Mentor
Erzieherehepaar
Eltern
Erzieherin
Mutter
Erzpocher
Haeuer
Eselsart
Onager
Eskimojacke
Anorak
Eskorte
Geleit
essbare Früchte
Beeren
essbare Kastanienfrucht
Marone
essbare Meermuschel
Auster
essbarer Pflanzenteil
Frucht
Essbedürfnis
Hunger
Esse
Schlot
Essen
Dinner, Speise
Essenz
Auszug, Gehalt
Essgerät
Messer
Essgeschirr
Platte, Schale, Teller
Essiggeist
Aceton, Azeton
essigsaures Salz
Acetat, Azetat
Esskastanie
Marone
Esstrieb
Hunger
estnische Universitäts-stadt
Dorpat
Etat
Budget
ethischer Begriff
Schuld, Suehne, Tugend, Wuerde
Etikette
Sitten
etliche
einige, manche
Etui
Huelle, Kapsel
eucharistisches Brot
Hostie
Eulenspiegelei
Scherz
Euphorie
Rausch
Europäer
Kroate

Europäerin im Baltikum
Lettin
europäische Hauptstadt
Berlin, Dublin, Lisboa, London, Madrid, Monaco, Moskau, Tirana
europäische Rakete
Ariane
europäische Trägerrakete
Ariane
europäische Völkergruppe
Balten, Basken, Finnen, Kelten, Lappen, Slawen
europäischer Gebirgszug
Balkan
europäischer Inselstaat
Irland, Island
europäischer Staat
Irland, Island, Monaco, Ungarn
europäischer Staat in der Landessprache
Italia
europäischer Strom
Dnjepr, Moldau, Themse
europäisches Binnenmeer
Ostsee
europäisches Fürstentum
Monaco
europäisches Inselvolk
Briten
europäisches Meer
Ostsee
europäisches Wildrind
Wisent
evangelischer Hilfsgeistlicher
Diakon
Evangelist
Markus
ewig
endlos
ewig lange Zeiten
Aeonen
Exempel
Muster
Exemplar
Muster, Stueck
Existenz
Dasein
existenzialistischer Philosoph
Sartre
Exkaiserin des Iran
Soraya
exklusiv
feudal
Exkurs
Anhang, Zusatz
Exodus
Auszug
exotische Raubkatze
Gepard
exotische Stachelpflanze
Kaktee
Experiment
Wagnis
Experte
Kenner
Explosion
Schlag
Explosivgeschoss
Rakete
Exposee (Exposé)
Skizze
extra
aussen, ausser, eigens
Extrakt
Auszug, Essenz
extrem
scharf

F

Fabelland
Dorado, Utopia
Fabelname *des* **Katers**
Murner
Fabelname *des* **Storches**
Adebar
Fabeltier
Drache
Fabelwesen
Meduse, Sphinx
Fabrikschornstein
Schlot
Fach
Rubrik, Sparte
Facharbeiter
Bohrer, Heizer
Facharbeiter an Kraftmaschinen
Heizer
Facharzt
Anatom
Fachgebiet
Sparte
Fachmann
Kenner
Fachsprache
Jargon
Fädchen
Fussel
Faden aus Darm
Katgut
Fadengewichtseinheit
Denier
Fadenreste
Flusen
Fadenverschlingung
Knoten
fähig
begabt
fahl
bleich
Fahndungsstreife
Razzia
Fahne
Banner, Flagge
Fahrer
Lenker
Fahrgast
Sozius
Fahrkarte
Ticket
Fährmann der griechischen Mythologie
Charon
Fahrrad für zwei Personen
Tandem
Fahrrad mit Hilfsmotor
Mokick
Fahrradteil
Dynamo
Fahrstuhl
Aufzug
Fahrzeug *für* **Kinder**
Roller
Fahrzeugbesitzer
Halter
Fahrzeugschaden
Defekt
fair
sauber
Faktotum
Diener, Helfer
Falkenmännchen
Terzel
Fallen der Börsenkurse
Baisse
Fallklötze
Rammen
falsch
unecht
falsche Richtung
Irrweg
falsche Spur
Irrweg
falscher Schmuck
Strass
falsches Haarteil
Toupet
falsches Handeln
Fehler
Falschgeld
Bluete
faltbare Tragetasche
Beutel
Faltenbesatz
Krause
Faltenwurf
Behang
Familienältester
Senior
Familienangehörige
Mutter
Familienangehöriger
Bruder

Familienfeier
Heirat
Familienjüngster
Junior
Familienname
Zuname
Famulus
Diener
Fanal
Fackel, Signal
fanatisch
hitzig
Fant
Fatzke
Farbe *im* **Kartenspiel**
Eichel
Farbe *einer* **Stimme**
Timbre
Färbebad
Flotte
Färbemaschine für Gewebe
Jigger
Farbe
Orange
Farbengrundstoff
Anilin
Färbergras
Reseda, Resede
Färberpflanze
Reseda
Farbiger in der Karibik
Kreole
farblich leicht verändern
toenen
Farbstoff
Indigo, Karmin, Kobalt, Purpur, Safran
Farbton
Orange, Purpur, Reseda
Farbwalze der Schnell-presse
Duktor
Fasching
Fasnet
faseriges Mineral
Asbest
Faserpflanze
Flachs
Faserstoff des Blutes
Fibrin
Fass
Barrel
Fassmacher
Kuefer
Fasson
Muster
Fassungsvermögen
Inhalt
fast
beinah, nahezu
Fastensonntag
Judika
faul
modrig, morsch, traege
Fäulnisgift
Neurin
Faxen
Possen, Unsinn
Fechtausdruck
Cercle, Mensur, Parade
Fechtwaffe
Rapier, Saebel
Federbettenstoff
Inlett
Federmappe
Pennal
federnde Hülse
Buchse
Federvieh
Ganter, Glucke, Gockel, Kueken
Federwechsel der Vögel
Mauser
Federweiß
Talkum
Federweißer
Sauser
Federwolke
Zirrus
fegen
kehren
Feger
Kehrer
Fehde
Streit
Fehlbetrag
Abgang
Fehlen
Absenz
fehlendes Stück
Luecke
Fehler
Defekt, Irrtum, Lapsus, Patzer
fehlerfrei
intakt
fehlerhaft
defekt, falsch
Fehlgeburt
Abgang
Fehlschlag
Fiasko, Pleite
Fehlschluss
Irrtum
Fehltritt
Suende
Fehlurteil
Irrung
feierlich
solenn
feierliche Versicherung
Schwur
feierliches Lied
Hymnus
feige
mutlos
Feilenart
Raspel
Feilmaschine
Fraese
fein
grazil, schmal
fein schmeckend
lecker
Feind
Gegner
Feindschaft
Streit
Feindseligkeit
Streit
feine Abstufung
Nuance
feiner Spalt
Fissur
feiner Spott
Ironie
feines Streupulver
Talkum
Feingebäck
Baiser, Brezel, Kuchen, Waffel
Feinheit
Detail
Feinheitsmaß für Garn
Denier
feinkeramisches Produkt
Fliese, Kachel
Feinscharnier ohne Gelenk
Brisur
Feld
Gebiet, Gruppe, Sektor
Feldbefestigung
Bunker
Felderträge
Ernten
Feldfrucht
Dinkel, Flachs, Gerste, Lupine, Roggen, Weizen
Feldfrüchte einbringen
ernten
Feldgeschütz
Kanone
Feldhase
Krumme
Feldherr *des* **30-jährigen Krieges**
Gallas
Feldmaß
Hektar, Morgen
Feldstein
Felsit
Feldstück
Gewann
Feldzeichen
Banner, Panier

Felsblock im Meer
Klippe
Felsen *im* **Elbsandstein-gebirge**
Bastei
Felsenhöhle
Grotte
Felsenriff
Klippe
Fensterdekoration
Behang
fensterlose Kammer
Kabuff
Fensterschutz
Balken
Fenstervorhänge
Stores
Ferien
Urlaub
Ferienzeit
Urlaub
fern
weitab
Ferne
Fremde
ferner
ebenso
Fernsehfigur
Samson
Fernsehhund
Lassie
Fernsprechraum
Kabine
fertig
bereit
fertig gestelltes Gebäude
Neubau
Fertigkeitstraining
Uebung
fesch
schick
Fessel
Gelenk
fest
massiv, robust, sicher, solide, stabil, straff, stramm
Fest *der* **Auferstehung**
Ostern
fest gespannt
straff
fest vorhaben
wollen
festbinden
zurren
feste Hülle
Huelse
fester Monatslohn
Gehalt
fester Zeitpunkt
Termin
festes Gewebe
Drilch
Festessen
Dinner, Souper
festgelegter Ablauf
Turnus
festgesetzter Zeitpunkt
Termin
Festhaltegerät
Klemme
festhängen
haften, heften
Festigkeit eines Materials
Haerte
festkleben
haften, heften
Festlandsockel
Schelf
festliches Abendessen
Souper
festsitzend
sessil
Festspielort *in* **Belgien**
Knogge
Festspielort *in* **Frankreich**
Cannes
feststehender Ausdruck
Formel
Feststellung
Befund
Festungsbollwerk
Bastei
Festzug
Parade
Fetisch
Abgott, Goetze
Fett
Butter, Flomen
fett
massig, mollig
Fett spaltendes Enzym
Lipase
fettähnlicher Stoff
Lipoid
fettig
tranig
Fettstückchen
Griebe
Fetzen
Lappen, Lumpen, Stueck
feuchter Boden
Morast
feuchter Umschlag
Wickel
feuchtheiße Erdzone
Tropen
Feuchtigkeit
Naesse
Feuer speiender Berg
Vulkan
feuerfestes Mineral
Asbest
feuerfestes Schmelzgefäß
Tiegel
feuergefährliche Flüssigkeit
Aether, Benzin, Benzol
Feuergott
Vulkan
Feuerkugel
Meteor
Feuerreich in der Edda
Muspel
Feuerruf
Feurio
Feuerschwamm
Zunder
Feuerstein
Eolith
Feuerwaffe
Flinte, Gewehr
Feuerwehrgerät
Leiter
Feuerwerkskörper
Frosch, Heuler, Rakete
Feuerzeichen
Signal
feurig
rassig
Fiasko
Pleite
Fibel
Spange
Fibula
Spange
fidel
heiter, lustig
fieberhaft
febril
fieberhafte Arbeit
Hektik
fieberhaftes Treiben
Hektik
Fiebermittel
Chinin
fiebrige Erkrankung
Angina, Grippe
fies
gemein
Fight
Streit
Figur
Statue
Figur *der* **hohen Schule**
Levade, Pesade
Figur *beim* **Schachspiel**
Koenig
Figur *bei* **Wilhelm Busch**
Helene
Figur aus Carmen
Zuniga
Figur aus Der Bajazzo
Silvio

6

Figur aus Der Barbier von Sevilla
Figaro, Rosine
Figur aus Der Freischütz
Agathe
Figur aus Der Rosenkavalier
Annina, Sophie
Figur aus Der Zigeunerbaron
Arsena, Czipra, Sandor, Zsupan
Figur aus Des Teufels General
Harris
Figur aus Die Nibelungen
Gernot, Rumolt, Volker
Figur aus Die Zauberflöte
Pamina, Tamino
Figur aus Ein Sommernachtstraum
Helena, Hermia, Oberon, Thispe, Zettel
Figur aus Faust
Marthe, Siebel, Wagner
Figur aus Land des Lächelns
Gustav
Figur aus Macbeth
Banquo, Duncan, Seyton
Figur aus Romeo und Julia
Marcus, Tybalt
Figur aus Zar und Zimmermann
Lefort
Filibuster
Korsar
Filmapparat
Kamera
Filmatelier
Studio
Filmaufnahmegerät
Kamera
Filmbearbeiter
Cutter
Filmberuf
Cutter
Filmdrehbuch
Skript
Filmgesamtaufnahme
Totale
Filmmanuskript
Skript
Filmtheater
Cinema
Filou
Gauner, Schelm
Filtertuch
Seiher
Filzmütze
Kalpak, Kolpak
Fimmel
Spleen
Finale
Finish
Finanzbehörde
Fiskus
Finanzen
Gelder
finanzielle Verbesserung
Zulage
finanzielle Verpflichtung
Schuld
Finanzmann
Banker
Finanzmittel
Gelder
findig
schlau
Fingerentzündung
Umlauf
Fingernagelhalbmond
Lunula
Fingertier
Aye-Aye
Finkenvogel
Gimpel, Zeisig
finnische Völkergruppe
Lappen
finnische Währung
Markka
finster
dunkel, obskur
firm
sicher
Firmament
Himmel
Firmenzusammenschluss
Fusion
First
Gipfel
Fischart
Aesche, Barsch, Brasse, Doebel, Seeaal, Zander
Fischatmungsorgan
Kiemen
Fischbehältnis
Kalter
Fische der Nervlinge
Alande
Fischeier
Kaviar
Fischer
Angler
Fischereifahrzeug
Kutter, Logger
Fischereischiff
Logger
Fischknochen
Graete
Fischruder
Flosse
fit
in Form
fixe Idee
Grille, Irrtum, Spleen
Fixstern
Castor, Kastor, Pollux, Sirius, Taurus
Fixum
Gehalt
FKK-Anhänger
Nudist
Flachdruckverfahren
Offset
flache Kopfbedeckung
Barett
flache Pfannkuchen
Fladen
flache Schale als Essgerät
Teller
flache Schüssel
Platte, Schale
Fläche
Bezirk, Gebiet
Flächenmaß
Hektar, Morgen
flacher Kuchen
Fladen
flacher Stab des Arztes
Spatel
flacher Strandsee
Lagune
flacher Topf
Tiegel
flaches Gefäß
Schale
flaches Küstengewässer
Lagune
Flachskamm
Riffel
Flachsprodukt
Leinen
fladenartige Mehlspeise
Dalken
Flagge
Banner, Wimpel
Flaggengruß auf See
Dippen
flämischer Maler
Rubens
flandrische Zither
Hommel
Flanke
Sprung, Weiche
Flasche
Ballon, Buddel, Flakon
Flaschenverschluss
Korken, Pfropf
Flattergras
Milium
flatterhaft
unstet
flauschiger Stoff
Ratine

Flaute
Baisse
Flechtmaterial
Schilf
Fleck
Klecks, Lappen, Stelle
Fleckfieber
Typhus
Fledermaus
Vampir
Flegel
Bengel, Ruepel
flegelhafter Kerl
Ruepel
Fleisch in Aspik
Suelze
Fleischextrakt
Bruehe
Fleischfaserbündel
Muskel
Fleischgericht
Ragout
Fleischhülle
Panier
Fleischkrem
Mousse
Fleischsaftgallert
Suelze
Fleischspeise
Braten
Fleischstücke in Gallert
Suelze
Fleischsud
Bruehe
fleißig
eifrig
fleißiges Insekt
Ameise
Fliegenart
Bremse, Muecke
fliegender Hund
Kalong
fliegendes Brandteilchen
Funken
fliegendes Personal
Funker
Flieger
Segler
Fliese
Kachel, Platte
flink
behend, hurtig, munter, regsam, wendig
Flinte
Gewehr
Flor
Bluete
Florentiner Adelsgeschlecht
Medici
florentinische Herrscherdynastie
Medici
Florin
Gulden
Flotationszusatz
Flotol
flott
schick
Flotte
Armada, Marine
Flottenwesen
Marine
flüchtige Flüssigkeit
Aceton, Aether, Benzin, Benzol
flüchtige Zeichnung
Skizze
Flügel
Flanke
Fluggastbrücke
Jetway
Fluggerät
Ballon
Flughafen von Prag
Ruzyne
Flughafen von Zürich
Kloten
Flugkörper
Ballon, Rakete
Flugpionier
Fokker, Wright
Flugzeugart
Bomber
Flugzeughalle
Hangar
Flugzeugteil
Kabine
Flugzeugtyp
Airbus, Boeing, Cessna, Condor, Fokker
Flur
Entree
Flurstück
Gewann
Fluse
Fussel
Fluss *in* **Afrika**
Atbara, Gambia, Kunene, Lomani, Lukuga, Muluja, Oranje, Rovuma, Sanaga, Schari, Ubangi
Fluss *in* **Amerika**
Albany, Atrato, Biobio, Carson, Chubut, Dakota, Fraser, Hudson, Japura, Javari, Kansas, Manamo, Morona, Ottawa, Parana, Sonora
Fluss *durch* **Amsterdam**
Amstel
Fluss *in* **Asien**
Abakan, Anabar, Anadyr, Angara, Barito, Bureja, Ganges, Ghagra, Goeksu, Hagari, Ingoda, Ischim, Jordan, Kapuas, Karasu, Kistna, Kolyma, Kuaiho, Mekong, Olekma, Olenek, Omolon, Orchon, Pahang, Saleph, Saluen, Salwen, Sangpo, Songka, Taimyr, Tigris, Ussuri, Wiljui
Fluss *der* **Balkanhalbinsel**
Morava, Morawa, Wardar
Fluss *in* **Belgien**
Dender, Ourthe, Sambre
Fluss *in* **China**
Ossuri
Fluss *in* **Deutschland**
Elster, Gutach, Kinzig, Kocher, Nagold, Neckar, Neisse, Pregel, Tauber, Wupper, Wutach
Fluss *aus der* **Eifel**
Lieser
Fluss *in* **England**
Humber, Kennet, Medway, Severn, Themse
Fluss *in* **Frankreich**
Allier
Fluss *in den* **Golf von Bengalen**
Ganges
Fluss *in* **Griechenland**
Alfios, Asopos, Louros, Mestra, Nestos, Pyrros
Fluss *durch* **Hamburg**
Alster
Fluss *im* **Heiligen Land**
Jordan
Fluss *in* **Indien**
Ganges
Fluss *im* **Irak**
Tigris
Fluss *in* **Irland**
Barrow, Liffey, Slaney
Fluss *in* **Israel**
Jordan
Fluss *in* **Italien**
Ticino
Fluss *in* **Kanada**
Fraser
Fluss *durch* **Liverpool**
Mersey
Fluss *durch* **London**
Themse
Fluss *durch* **Mannheim**
Neckar
Fluss *in* **Mexiko**
Sonora
Fluss *durch* **Moskau**
Moskwa

6

Fluss *in* **Nahost**
Jordan
Fluss *in den* **Niederlanden**
IJssel
Fluss *in* **Nordamerika**
Hudson
Fluss *in* **Österreich**
Ziller
Fluss *in* **Pakistan**
Sutlej
Fluss *in* **Pandschab**
Chenab
Fluss *in* **Polen**
Neisse, Warthe
Fluss *durch* **Prag**
Moldau
Fluss *in* **Russland**
Angara, Dnjepr, Kolyma, Moskwa, Ussuri
Fluss *im* **Sauerland**
Ennepe
Fluss *ins* **Schwarze Meer**
Dnjepr
Fluss *in* **Schweden**
Ljunga, Ljusna
Fluss *in der* **Schweiz**
Kander, Maggia
Fluss *in* **Serbien**
Morava, Morawa
Fluss *in* **Südamerika**
Paraná
Fluss *in* **Thailand**
Mekong
Fluss *in der* **Ukraine**
Dnjepr
Fluss *in* **Vorderindien**
Ganges
Fluss *durch* **Zürich**
Limmat
Flussarm im Rheindelta
IJssel
Flussgott der Griechen
Asopos, Peneos
flüssig
liquid
flüssige Arznei
Liquor
flüssige Hautpflege
Lotion
flüssige Vorspeise
Bruehe
flüssiger Bodenschatz
Erdoel
flüssiger Dünger
Guelle, Jauche
Flüssigkeit
Wasser
Flüssigkeitsbehälter
Ballon, Becher, Flakon
Flüssigkeitsgemisch
Mixtur
Flüssigkeitsreiniger
Filter
Flussinsel
Werder
Flusslandestelle
Laende
Flussmuschel
Najade
Flussneunauge
Pricke
Flussursprung
Quelle
flüstern
raunen
Föhre
Kiefer
Folge
Zyklus
Folge *von* **drei gleichen Tönen**
Triole
folgend
hinter
folgenschweres Geschehen
Unheil
folgewidrig
falsch
folglich
mithin
folkloristische Kleidung
Tracht
Folter
Marter, Tortur
foppen
necken
Fopperei
Uzerei
Förderer
Helfer, Maezen
Form
Kontur, Manier, Modell, Muster
Form *der* **Anrede**
Siezen
Form *des* **religiösen Erlebens**
Mystik
Form *des* **Singens im Alpengebiet**
Jodeln
Format
Niveau
Formation
Truppe
Formation *des* **Mesozoikums**
Dogger
Formgebung
Layout
förmlich
formal
formlos
amorph, salopp
Formvorrichtung
Gesenk
Forstabschnitt
Beritt, Revier
Forstbezirk
Beritt, Revier
Fortbewegung zu Fuß
Laufen
Fortsetzungsfolge
Serial
Fortuna
Erfolg, Glueck
Fortwendung
Abkehr
Fotoapparat
Kamera
fotografischer Begriff
Blende, Blende, Kamera, Platte, Stativ
Fotoreise in Ostafrika
Safari
Fotozubehör
Filter, Platte, Stativ
Fracht
Ladung
Frachter
Schute, Tanker
Frachtstück
Ballen, Ballon, Karton, Kasten, Packen
Fragewort
wofuer
fraglich
dubios
fragwürdig
dubios, obskur
Frankenkönig
Pippin
Frankfurter Bauwerk
Roemer
Frankfurter Rathaus
Roemer
fränkisches Herrschergeschlecht
Salier
Fransenbüschel
Quaste
französisch für Bauer
paysan
französisch für Eintritt
entrée
französisch für Einzelheit
détail
französisch für Fahrkarte
billet
französisch für Fahrt
voyage
französisch für Frankreich
France
französisch für Geist
esprit
französisch für Genf
Genève

französisch für Gepäck
bagage
französisch für *im* Großen
en gros
französisch für Kellner
garçon
französisch für krank
malade
französisch für Kreis
cercle
französisch für Meister
maître
französisch für Mitternacht
minuit
französisch für Palast
palais
französisch für Reise
voyage
französisch für Ruhm
gloire
französisch für Schloss
palais
französisch für Schwachsinniger
crétin
französisch für Sonne
soleil
französisch für Stern
étoile
französisch für Straße
chemin
französisch für Verzeihung
pardon
französisch für vier
quatre
französisch für vorwärts
allons
französische Anrede
Madame
französische Atlantikhafenstadt
Nantes
französische Autorennstrecke
Le Mans
französische Comicfigur
Obelix
französische Festung
Verdun
französische Form von Hieronymus
Jérôme
französische Grenzlandschaft
Elsass
französische Hafenstadt
Calais
französische Landschaft
Elsass, Poitou
französische Modeschöpferin
Chanel
französische politische Polizei
Sureté
französische Porzellanmanufaktur
Sèvres
französischer Aperitif
Pernod, Ricard
französischer Atomphysiker
Joliot
französischer Baumeister
Eiffel, Vauban
französischer Bildhauer
Braque
französischer Chansonnier
Bécaud, Distel
französischer Dichter
Balzac, Racine, Sartre, Villon
französischer Dramatiker
Racine
französischer Entdecker
Besson, Joliot, Lenoir, Niepce
französischer Festungsbaumeister
Vauban
französischer Filmregisseur
Godard, Guitry, Renoir
französischer Filmstar
Bardot, Morgan
französischer Flugzeugtyp
Mirage
französischer Frauenname
Denise, Jeanne, Nadine, Odette
französischer Ingenieur
Eiffel
französischer Jagdbomber
Mirage
französischer Jagdhund
Basset
französischer Komponist
Albert, Franck, Godard, Gounod, Rameau
französischer Kriegshafen
Toulon
französischer Maler
Braque, Ingres, Lebrun, Legros, Renoir, Rigaud, Seurat, Signac, Sisley, Vernet
französischer Männername
Gaston, Jérôme, Pierre
französischer Marschall
Pétain
französischer Mathematiker
Ampère, Cauchy, Fermat, Galois, Moivre, Oresme, Pascal, Picard
französischer Mittelmeerhafen
Toulon
französischer Modeschöpfer
Cardin, Lanvin
französischer Nobelpreisträger für Chemie
Joliot
französischer Nobelpreisträger für Frieden
Briand, Cassin
französischer Nobelpreisträger für Literatur
France, Sartre
französischer Nobelpreisträger für Medizin
Richet
französischer Nobelpreisträger für Physik
Perrin
französischer Opernkomponist
Thomas
französischer Philosoph
Buffon, Cousin, Marcel, Nicole, Pascal, Sartre
französischer Physiker
Ampère, Carnot, Fizeau, Joliot, Perrin
französischer Politiker
Barres, Briand, Carnot, Chirac, Combes, Dubois, Fleury, Fouché, Gaulle, Guizot, Jaurès, Jospin, Lebrun, Pétain, Philip
französischer Premierminister
Jospin
französischer Revolutionär
Danton
französischer Revuetanz
Cancan
französischer Rundtanz
Rondel
französischer Schauspieler
Guitry, Marais, Rachel
französischer Schriftsteller
Balzac
französischer Showtanz
Cancan
französischer Sozialist
Jaurès

französischer Tanz
Cancan
französischer Weinbrand
Cognac, Kognak
französisches Adelsprädikat
Prince
französisches Forscherehepaar
Joliot
französisches Gasthaus
Bistro
französisches Gebirge
Morvan
französisches Kampfflugzeug
Mirage
französisches Kartenglücksspiel
Pharao
französisches Kartenspiel
Écarté
französisches Narrenspiel im 15./16. Jh.
Sottie
französisches Schloss
Annecy, Chinon, Loches, Nantes, Saumur
französisches Seebad
Cannes, Dieppe, Fréjus, Menton
französisches Weinbaugebiet
Alsace, Elsass
Fraß
Futter
Frater
Bruder
Fratze
Visage
Frau
Gattin
Frau *aus einem* **fernen Land**
Exotin
Frau von Ahasver
Esther
Frau von Brutus
Porcia
Frau von David
Michal
Frau von Etzel
Helche
Frau von Fro
Freyja
Frau von Jakob
Rachel
Frau von Jason
Glauke, Kreusa
Frau von Kalif Ali
Fatima
Frau von Menelaos
Helena
Frau von Mohammed
Aischa
Frau von Odin
Frigga
Frau von Paris
Helena
Frau von Philemon
Baucis
Frau von Priamos
Hekabe, Hekuba
Frau von Rembrandt
Saskia
Frau von Rubens
Helene
Frau von Xerxes
Esther
Frauenberuf
Modell, Oberin
Frauenheld
Belami, Gigolo
Frauenkittel
Kasack
Frauenkosename
Gretel
Frauenliebling
Belami
Frauenrechtlerin
Emanze
Frauenrock
Schoss
Frauensingstimme
Sopran
frech
dreist, kiebig, pampig, patzig
frecher Junge
Bengel
frei
franko, gratis, vakant
frei herabhängender Faden
Franse
Freibeuter
Korsar
freie Entscheidung
Option
Freier
Werber
freier Platz
Vakanz
freier Verteidiger beim Fußball
Libero
Freifräulein
Freiin
freigebig
guetig
freigebiger Gönner
Maezen
Freigebühr
Franko
Freiheitsentzug
Arrest, Kerker
Freistatt
Obdach
freiwillige Gabe
Spende
Freiwilligentruppe
Legion
freiwilliger Mitarbeiter
Helfer
Freizeit
Ferien, Urlaub
fremde Währung
Valuta
fremdländische Frau
Exotin
Fremdwort für Altertum
Antike
Fremdwort für Werbeschlagwort
Slogan
Fremdwortgegner
Purist
frenetisch
rasend, tobend
Fressen
Atzung, Futter
Freudenruf
heissa
Freund
Kumpel
Freund Goethes
Moritz, Zelter
Freund *des* **Patroklos**
Achill
Freund *des* **Sadismus**
Sadist
Freundin *des* **Praxiteles**
Phryne
freundlich
guetig, heiter
Frevel
Suende
frevelhafter Übermut
Hybris
Friede
Stille
Friedensgöttin
Eirene
Friedenslehre
Irenik
Friedensnobelpreisträgerin
Menchú, Teresa
friesische Inseln
Borkum, Groede, Roemoe
frisch
gesund, munter, rezent
Frische
Kuehle
Friseur
Figaro
Frisieren eines Motors
Tuning

Frisiergerät
Schere, Wickel
Frisiermittel
Pomade
Frist
Spanne, Termin
froh
heiter, lustig, munter
Frohgefühl
Freude
frömmelnd
bigott
frommer Wanderer
Pilger
frontal
en face
Froschlurch
Kroete
Frostgebilde
Harsch, Schnee
Frucht
Ananas, Banane, Eichel, Limone, Mandel, Melone, Orange, Quitte, Tomate, Traube
Frucht *der* **Edelkastanie**
Marone
Frucht *der* **Eiche**
Eichel
Frucht *im* **Mutterleib**
Embryo, Foetus
Frucht *der* **Palme**
Dattel
Frucht *der* **Rebe**
Traube
fruchtbar
fertil
fruchtbare Ebene
Boerde
fruchtbares Küstenland
Marsch
Fruchtbarkeitsgott
Faunus
Fruchtbarkeitsgöttin
Freyja
Fruchtform
Huelse, Kapsel, Schote, Traube
Fruchtgirlande
Feston
Fruchthülle
Huelse, Kapsel, Schale, Schote
Fruchtjogurt (Fruchtjoghurt)
Frufru
Fruchtpresse
Kelter
Fruchtstand
Kolben, Traube, Zapfen
Fruchtzucker
Inulin
frühere deutsche Münze
Batzen, Gulden, Heller
frühere spanische Kriegsflotte
Armada
frühere Verbrauchssteuer
Akzise
frühere Bezeichnung für bequem
kommod
frühere Bezeichnung für Gepäck
Bagage
frühere Bezeichnung für Hoferbe
Anerbe
frühere Bezeichnung für Leibeigener
Sklave
frühere Bezeichnung für Pfarrer
Pfaffe
früherer Geheimbund in Kenia
Mau-Mau
früherer Name der Pyrenäenhalbinsel
Iberia
früherer Name von Ankara
Angora
früherer Name von Sri Lanka
Ceylon
früherer polnischer Staatspräsident
Walesa
früherer schwarzafrikanischer Soldat
Askari
früherer Sultanspalast
Serail
früherer türkischer Anredetitel
Efendi
früherer türkischer Ehrenwächter
Kawass
früheres Maß der Fadenstärke
Denier
früheres Narkosemittel
Aether
früheres Schulgefängnis
Karzer
früheres türkisches Nomadenvolk
Awaren
früheres US-Raumfahrtprogramm
Gemini
früheres Zählmaß
Mandel
früheres Zehnpfennigstück
Nickel
Frühlingsblume
Krokus, Primel
Frühlingsfest
Ostern
Frühlingsgott
Baldur
Frühlingsgöttin
Ostara
Fuge
Furche, Runzel
fugenartig
fugato
Fühler
Taster
Fuhre
Fracht, Ladung
Führer *der* **Kosaken**
Ataman
Führerin
Chefin
Fuhrknecht
Karrer
Füllen
Fohlen
Füllmasse für Metallzeichnungen
Niello
Füllung
Inhalt
Fundament
Sockel
Fundort vorgeschichtlicher Menschen
La Tène
Fundus
Mittel
Fünfstromland
Punjab
fünfter Sonntag nach Ostern
Rogate
Funkanlage
Sender
Funknotruf im Luftverkehr
Mayday
Funkstation
Sender
Funkturm
Sender
Furche
Graben, Runzel
Furchtgefühl
Horror
Fürsorge
Pflege
fürsorgliche Aufsicht
Schutz

Fürst
Herzog, Regent
Fürst *in* England
Prince
Fürst *im* Islam
Chalif, Sultan
Fürst *in* Japan
Mikado
Fürstenstaat im Himalaja
Bhutan
Fürstentum in Europa
Monaco
fürstliche Anrede
Hoheit
fürstliches Emblem
Zepter
Fuß
Sockel
Fußballausdruck
Abgabe, Abwurf, Balken, Corner, Finale, Flanke, Libero
Fußballspieler
Keeper, Kicker, Libero
Fußbank
Hocker
Fußbekleidung
Opanke, Spikes
Fußbodenbelag
Dielen, Fliese, Platte
Fußbodenplatte
Fliese
Fußgelenk
Fessel
Fußgestell
Podium, Sockel
Fußleiste
Sockel
Fußnote
Glosse
Fußreise
Marsch
Fußspur
Stapfe, Tapfen
Fußteil
Ballen, Fessel, Gelenk, Hacken
Futteral
Beutel, Huelle, Kapsel
Futterbehälter
Krippe
Futtermittel
Schrot, Silage
Futterpflanze
Gerste, Lupine
Futterstoff
Koeper
Futtertrog
Krippe
Fütterung
Aesung, Atzung

G

Gabe
Anlage, Spende, Talent
Gabel
Geweih
Gabelbissen
Imbiss
Gabelfrühstück
Imbiss
Gabelhirsch
Gabler
Gabelstapler
Karren
Gabler
Hirsch
Gag
Pointe
Gage
Gehalt
Galeerensklave
Galeot
Galerie
Empore, Museum
Galgenvogel
Bandit, Gauner
Gallenwirkstoff
Cholin
Gallerterzeuger
Pektin
gallischer Volksstamm
Aeduer
Gallusgerbsäure
Tannin
Galon
Tresse
Galopp
Kanter
Gams
Gaemse
Gämsgehörn (Gemsgehörn)
Krucke
Gangart *der* hohen Schule
Levade, Pesade, Piaffe
Gangart *des* Pferdes
Galopp, Kanter
gängig
kurant
Gangster
Bandit, Ganeff, Ganove, Gauner
Gänsefußgewächs
Kochie
Gänserich
Ganser, Ganter
Gänsevogel
Schwan
ganz
gesamt, in toto
Garant
Buerge
Garbenhaufen zum Trocknen
Mandel
Garderobe
Ablage, Gewand
Gardine
Stores
Gardinenstoff
Etamin
gärender Most
Sauser
Gärfutter
Silage
Gargefäß
Kocher
Garnele
Granat, Krabbe
Garnfeinheitsgrad
Denier
Garnrolle
Haspel
Garnwinde
Haspel
Gärstoff
Zymase
Gartenblume
Akelei, Azalee, Cosmea, Dahlie, Enzian, Krokus, Lupine, Mimose, Primel, Reseda, Zinnie
Gartenbohne
Fisole
Gartenerzeugnis
Melone, Moehre, Porree, Quitte, Spinat, Tomate, Traube
Gartengerät
Leiter, Maeher, Rechen, Schere, Schnur, Spaten
Gartenpforte
Hoftor
Gartenstiefmütterchen
Pensee
Gartenzierpflanze
Resede
Gasaustausch bei Lebewesen
Atmung
gasförmiger Brennstoff
Erdgas, Methan, Propan
gasförmiges Element
Helium
Gasmesser
Gasuhr
Gastaufenthalt
Besuch
Gastgeberin
Wirtin
Gastwirtschaft
Beisel, Bodega, Budike, Butike, Casino, Hospiz, Huette, Kasino, Klause, Kneipe

Gatte
Gemahl
Gatte von Andromache
Hektor
Gatte von Isis
Osiris
Gatter
Gehege, Gitter, Pferch
Gattin von Ahab
Isebel
Gattin von Atreus
Aerope
Gattin von Gorbatschow
Raissa
Gattin von Menelaos
Helena
Gattin von Mohammed
Aischa
Gattin von Priamos
Hekabe, Hekuba
Gattin von Wagner
Cosima
Gattin von Xerxes
Esther
Gattung
Gruppe, Klasse, System
Gau
Bezirk, Gebiet, Gegend, Region
Gaudi
Freude, Unsinn
Gaukler
Magier
Gaul
Maehre
Gaumenfreude
Genuss
Gauner
Ganove, Nepper
Gaunerei
Betrug
Gaunergehilfe
Hehler
Gaunerwort für Gauner
Ganeff
Gaunerwort für Glück
Massel
Gaunerwort für Münzfälscher
Kipper, Wipper
Gaunerzeichen
Zinken
Gazegewebe
Etamin
Gazellenart
Impala
gebackene Speise
Gratin
gebackener Teig
Kuchen
Gebäcksorte
Baiser, Beugel, Brezel, Eclair, Fladen, Kipfel, Kuchen, Oblate, Printe, Semmel, Stolle, Stuten, Waffel, Wecken
Gebälk tragende Männerfigur
Atlant
Gebälkträger
Atlant
Gebärdenspiel
Gestik
Gebärdensprache
Gestik
Gebärmutter
Uterus
Gebäude
Huette
Gebäude *für* **Altertümer**
Museen
Gebäude *in* **Frankfurt**
Roemer
Gebäude *für* **Sammlungen**
Museum
Gebäude *mit* **Stuck an der Decke**
Altbau
Gebäudeabbruch
Abriss
Gebäudeteil
Balkon, Empore, Giebel, Kammer, Keller, Kuppel, Loggia, Pforte, Portal, Saeule, Treppe, Zimmer
Gebäudevorbau
Balkon
Geben auf Wechselseitigkeit
Tausch
Gebetbuch
Agende
Gebetsaufruf der Liturgen
Oremus
Gebetsmantel
Tallit
Gebetsnische in der Moschee
Mihrab
Gebetszusammenstellung
Agende
Gebiet
Bezirk, Gegend, Metier, Region, Sektor, Sparte
Gebiet innerhalb der Staatsgrenzen
Inland
Gebiet *in* **Nordnamibia**
Owambo
Gebiet *um den* **Nordpol**
Arktis
Gebiet *ohne* **Vegetation**
Wueste
Gebiet *in* **Vietnam**
Tonkin
Gebieter
Regent
Gebieterin
Herrin
Gebilde
Objekt
Gebinde
Bukett
Gebirge
Massiv
Gebirge *in* **Bulgarien**
Balkan
Gebirge *in* **Iran**
Elburs, Elwend
Gebirge *in* **Israel**
Karmel
Gebirge *in* **Kleinasien**
Taurus
Gebirge *der* **Ostalpen**
Tauern
Gebirge *in* **Südosteuropa**
Balkan
Gebirge *in* **Thessalien**
Pelion
Gebirgsbahn
Aufzug
Gebirgseinschnitt
Kessel
Gebirgserhebung
Gipfel, Klippe, Sattel, Sierra, Spitze
Gebirgshaus
Huette
Gebirgskette
Sierra
Gebirgspflanze
Arnika, Enzian
Gebirgsstock
Massiv
Gebirgstier
Gaemse
Gebirgstier in Südamerika
Alpaka
Gebirgstruppe in Italien
Alpini
Gebirgszug der Ostalpen
Tauern
Gebirgszug in Israel
Karmel
Gebiss
Zaehne
Gebissteile
Zaehne
Geblüt
Erbgut
gebogen
konkav, konvex
gebogene Hiebwaffe
Saebel
gebogener Nagel
Kramme, Krampe, U-Nagel
Geborgenheit
Schutz

Gebot
Befehl, Erlass, Gesetz
Gebotsübertretung
Fehler, Suende
Gebotsverstoß
Suende
gebrannter Baustein
Ziegel
Gebrauch
Praxis
gebräuchlich
normal
gebrauchsfertig
bereit
Gebrechen
Fehler, Leiden, Mangel
Gebühr
Abgabe, Steuer
gebündelter Wasserausstoß
Strahl
gebundenes Tonstück
Legato
Geburt
Partus
Geburtsland
Heimat
Geburtsort
Heimat
Geburtsort des heiligen Franz
Assisi
Geburtstag Mohammeds
Mewlud
Geburtsvorgang beim Schaf
Lammen
Geck
Fatzke
Gedächtnisspiel
Memory
Gedächtnisstütze
Agenda, Agende
gedämpft
dezent
Gedankenabschnitt
Phrase
gedanklich
mental
Gedeck
Kuvert
Gedenkstätte
Saeule
Gedichtform
Ekloge, Elegie, Ghasel, Hymnus, Sonett
gediegen
sauber, solide
Gedinge
Akkord
gedrehte Schnur
Kordel
gedrehtes Band
Schnur
Geduldsspiel
Puzzle
geeignet
begabt, faehig
Gefahr
Krisis, Risiko, Wagnis
Gefahr für Alpinisten
Lawine
Gefahr für Schiffe
Klippe
gefährlich
gewagt
gefährliche Lage
Krisis
gefährliche Mineralfaser
Asbest
gefährliche Situation
Krisis
gefährliche Unternehmung
Risiko, Wagnis
Gefährte
Freund, Kumpan
Gefährte *des* **Jason**
Kastor, Neleus, Peleus
Gefälle
Abhang
Gefallen
Dienst, Freude
gefällig
kulant
gefallsüchtig
kokett
gefälschte Banknote
Bluete
Gefangenschaft
Arrest
Gefängnis
Arrest, Karzer, Kerker
gefärbt
farbig
gefärbtes Mineral
Apatit
Gefäß
Bassin, Becher, Becken, Boiler, Buette, Flacon, Flakon, Humpen, Kessel, Kuebel, Pfanne, Phiole, Roemer, Schale, Seidel, Teller, Tiegel
Gefäß *für* **Tierfutter**
Krippe
Gefäß *für* **Wassertiere**
Bassin, Becken
Gefäßgeschwulst
Angiom
gefeit
bereit, sicher
Gefieder
Federn
Gefiederwechsel
Mauser
Gefilde
Gegend, Region
Gefilde *der* **Asen**
Asgard
Gefilde *der* **Seligen**
Himmel
Geflecht
Gewebe, Gitter, Plexus
geflochtener Damenschuh
Opanke
geflochtener Strohhut
Panama
geflochtenes Backwerk
Brezel
Geflügel
Ganter, Glucke, Gockel, Kapaun, Kueken, Tauber
Geflügelräuber
Marder
geflügelte Liebesgötter
Eroten
geflügeltes Wort
Bonmot
Gefolge
Anhang, Geleit
Gefolgsleute
Mannen
Gefolgsmann
Satrap, Vasall
Gefolgsmann Karls des Großen
Roland
Gefrierschutzmittel
Glykol
gefrorener Schnee
Harsch
Gefrorenes
Sorbet
Gefüge
Aufbau
gefügig
willig
Gefühl
Ahnung, Gemuet
gefühlsbedingtes Verhalten
Affekt, Regung, Trauer
Gefühlsbereich
Gemuet
gefühlsbetonte Seite des Menschen
Gemuet
Gefühlsbewegung
Regung
Gefühlserregung
Pathos
gefühlskalt
brutal, frigid, stumpf
Gefühlsleben
Gemuet

gefühlsmäßige Handlung
Affekt
Gefühlswallung
Regung
Gegebenheit
Fakten, Faktum, Status
gegen
kontra, nahezu
Gegenangriff
Konter
Gegenansage beim Skat
kontra
Gegend
Gebiet, Region
Gegenmaßnahme
Abwehr, Parade, Paroli, Reflex
Gegenrede
Replik
Gegenschlag
Konter
gegenseitiger Handel mit Waren
Tausch
Gegenspieler
Gegner
Gegenstand
Gehalt, Inhalt, Objekt
Gegenteil von Abend
Morgen
Gegenteil von aktiv
passiv
Gegenteil von Ausland
Inland
Gegenteil von Baisse
Hausse
Gegenteil von Erlaubnis
Verbot
Gegenteil von Ernst
Scherz
Gegenteil von Export
Import
Gegenteil von fest
locker
Gegenteil von hell
dunkel
Gegenteil von Himmel
Hoelle
Gegenteil von Hitze
Kaelte
Gegenteil von Hölle
Himmel
Gegenteil von Import
Export
Gegenteil von innen
aussen
Gegenteil von links
rechts
Gegenteil von netto
brutto
Gegenteil von oft
selten
Gegenteil von Okzident
Orient
Gegenteil von Theorie
Praxis
Gegenteil von Wind
Flaute
gegenwartsbezogen
modern
Gegenwert
Valuta
Gegner
Rivale
gegorener Agavensaft
Pulque
gegorenes Milchprodukt
Jogurt
gegossener Druckbuchstabe
Letter
gegossenes Metall
Barren
Gehalt
Essenz, Inhalt, Salaer
gehärtete Bleikügelchen
Schrot
gehässig
falsch, odioes
gehässig schimpfen
keifen
Gehäuse
Huelle, Kapsel, Kasten
Gehege
Korral, Pferch
geheim
anonym, intern, okkult
Geheimanschlag
Kabale
Geheimbund *der* Antike
Mysten
Geheimbund *in* Ostafrika
Mau-Mau
Geheimbund *auf* Sizilien
Maffia
Geheimkult auf Haiti
Voodoo
Geheimlehre
Gnosis
Geheimnisbruch
Verrat
geheimnisvoll
okkult
geheimnisvolle Weissagung
Orakel
Geheiß
Befehl
Gehilfe
Helfer, Kommis
Gehirn vom Schlachttier
Bregen
Gehirntätigkeit
Denken
gehobenes Lebensgefühl
Freude
Gehörknöchelchen
Amboss, Hammer
Gehörn
Geweih
Gehstange
Stelze
Gehunfähigkeit
Abasie
Geier der Anden
Kondor
Geierart
Kondor
Geifer
Saliva
Geige
Fiedel
Geigenteil
Buegel, Wirbel
Geißel
Wimper
Geist
Esprit, Genius
Geist im altertümlichen Glauben
Daemon
Geistererscheinung
Daemon, Kobold, Schrat, Teufel
geisteskrank
dement
Geisteswissenschaft
Metrik, Poetik
geistig
ideell, mental
geistig beschränkt
bloede
geistig beweglich
munter
geistig rege
wendig
geistige Befähigung
Talent
geistiger Erwerb von Kenntnissen
lernen
geistiger Wert
Gehalt
geistiges Wahrnehmen
Noesis
geistliche Komposition
Choral, Gloria, Tedeum
Geistlicher
Diakon, Kaplan, Pastor
geistlicher Amtsbereich
Bistum
geistliches Amt
Diakon, Kaplan, Moench, Oberer, Oberin, Pastor, Propst
geistliches Buch
Missal

Geistlichkeit
Klerus
geistreich
witzig
geistreiche Bemerkung
Aperçu
geistreiche Idee
Aperçu
geistreicher Ausspruch
Bonmot
geistreicher Schlussef-fekt
Pointe
geistreiches Witzwort
Bonmot
Geizhals
Raffer
Gejammer
Geheul
geköpertes Gewebe
Croise
gekräuselte Haare
Locken
gekrönter Herrscher
Fuerst, Herzog, Kaiser, Koenig
gekrümmter Rücken
Buckel
Gelächter
Lachen
geladenes Atom
Kation
Geländeerhebung
Huegel
Geländeform
Graben, Huegel, Kessel, Krater, Marsch
geländegängiges Fahr-zeug
Panzer
geländegängiges Motorrad
Enduro
Geländer
Reling
Geländerstab
Tralje
Gelass
Gemach, Kammer, Klause, Zimmer
gelbe Rübe
Moehre
gelbe Teichrose
Mummel
gelber Bergkristall
Oitrin, Zitrin
gelber Farbstoff
Lutein
gelber Pflanzenfarbstoff
Flavon
gelber Safranfarbstoff
Krozin
gelber Schmuckstein
Citrin
gelbes Gewürz
Safran
gelbliche Farbe
Bronze
gelbrot
orange
Geld
Mammon, Muenze, Schein
Geld *in* **ausländischer Währung**
Valuta
Geld *im* **Jargon**
Zaster
Geld *im* **Volksmund**
Floehe, Kohlen, Mammon, Piepen, Zaster
Geld zurücklegen
sparen
Geldanleger
Sparer
Geldaufnahme
Kredit
Geldaufwendungen
Kosten
Geldbehälter
Boerse, Tresor
Geldgeber
Maezen
geldloser Handel
Tausch
Geldmann
Banker
Geldrückleger
Sparer
Geldschließfach
Tresor
Geldstück
Muenze
Geldsumme
Betrag
Geldwechsel
Change
Gelegenheit
Anlass, Chance, Zufall
Gelegenheitsarbeiter
Jobber
Gelehrsamkeit
Wissen
Gelehrtensprache
Latein
Gelehrter
Nestor
Gelehrter *am Hofe* **Karls des Großen**
Alkuin
Gelehrter *von* **Sevilla**
Isidor
Geleit
Schutz
Geleitwort
Devise
Geleitzug
Konvoi
Gelenk
Zapfen
Gelenkteil
Kapsel
Geliebte von Amor
Psyche
Geliebte von Samson
Dalila, Delila
Geliebte von Tristan
Isolde
Geliebte von Zeus
Semele
Geliebter von Aphrodite
Adonis
Geliebter von Dalila, Delila
Samson
Geliebter von Demeter
Jasion
Geliebter von Kleopatra
Caesar
Gelierstoff
Pektin
Gelingen
Erfolg, Glueck
Gelöbnis
Schwur
gelockt
lockig, wellig
gelockte Haare
Krause
Geltung
Nimbus
Gemach
Kammer, Zimmer
gemahlenes Getreide
Schrot
Gemahlin
Gattin
Gemälde
Fresko
Gemälde auf Kalkwand
Fresko
Gemäldeeinfassung
Rahmen
Gemäldeentwurf
Skizze, Studie
Gemäldesammlung in Paris
Louvre
Gemarkung
Bezirk, Gebiet
gemäß
analog
gemästetes Junghuhn
Poulet
Gemeindehelfer
Diakon
gemeinnützig
sozial

6

Gemeinschaft
Clique, Gruppe, Klasse, Nation, Partei, Verein, Zirkel
gemeinschaftliche Arbeitsniederlegung
Streik
gemeinschaftsfähig
sozial
Gemenge von Stoffen
Mixtur
Gemisch
Mixtur
Gemunkel
Gerede
Gemüsefrucht
Tomate
Gemüsepflanze
Spinat
Gemüsesorte
Spinat
gemütlich
bequem, kommod
Gemütsbewegung
Aerger, Affekt, Freude, Furcht, Regung, Trauer, Unlust
Gemütsruhe
Geduld
genau
streng, strikt, subtil
genau anvisieren
zielen
genauso
ebenso
Genehmigung
Lizenz
geneigte Fläche
Abhang
Generalsekretär der UNO
U Thant
Generator
Dynamo
Genesis
Werden
Genfer Reformator
Calvin
genial
begabt
Genick
Nacken
Genosse
Freund, Kumpan, Kumpel
Genotyp
Erbgut
genuesischer Verschwörer
Fiesco
Genugtuung
Suehne
Genuss
Freude
Genussmittel
Kaffee, Kognak, Likoer

geographische Raumeinheit
Geotop
geographische Zone
Tropen
geologische Formation
Dogger, Karbon, Keuper, Kreide
geologischer Begriff
Basalt, Erdoel, Fossil, Granit, Kaolin, Mergel, Syenit
geometrische Figur
Prisma, Quader, Trapez
geometrischer Begriff
Beweis, Gerade, Prisma, Quader, Radius, Sektor, Trapez, Winkel, Wurzel
geometrisches Zeichengerät
Lineal, Zirkel
Georgine
Dahlie
georgische Königin
Tamara
Gepäckstück
Bagage, Beutel, Koffer, Tasche
gepflegt
adrett, sauber
Gepflogenheit
Brauch, Praxis, Usance
geplante Verkehrswegführung
Trasse
gepolsterter Halsbügel der Zugtiere
Kummet, Sessel
geprägte Metallscheibe
Muenze
Gepränge
Pracht
gerade
direkt, soeben
Gerade
Strahl
Geradflügler
Grille, Schabe
geradlinig
direkt, linear
Gerät *der* **Akrobaten**
Trapez
Gerät *zum* **Auftragen von Salbe**
Spatel
Gerät *zum* **Bereiten von warmem Wasser**
Boiler
Gerät *des* **Bergmanns**
Forkel
Gerät *des* **Bergsteigers**
Pickel

Gerät *im* **Büro**
Lineal, Schere
Gerät *der* **Erdarbeiter**
Spaten
Gerät *des* **Friseurs**
Schere
Gerät *der* **Gewichtheber**
Hantel
Gerät *zum* **Mähen**
Sichel
Gerät *des* **Schneiders**
Schere
Gerät *zum* **Umgraben**
Spaten
Gerät *zum* **Zeichnen**
Lineal, Zirkel
Gerät *zum* **Ziehen von Strichen**
Lineal
Geräteschuppen
Remise
Gerätesportler
Turner
geräucherte Fleischware
Salami
Geräusch
Schall
Geräusch *beim* **Gewitter**
Donner
Geräusch *der* **Sirene**
Heulen
Geräusch *des* **Windes**
Heulen, Sausen
Gerbereibottich
Haspel
Gerberfett
Degras
Gerbmittel
Tannin
Gerbsäure
Tannin
gereinigt
sauber
gereizt
erregt
Gericht
Kammer, Speise
Gericht *aus* **Fleischstückchen**
Ragout
gerichtliche Entscheidung
Arrest, Kerker, Spruch, Strafe, Urteil
Gerichtsbeschluss
Urteil
Gerichtshof
Kammer
Gerichtsschreiber
Aktuar
Gerichtsstand
Kammer
Gerichtswesen
Justiz

gerieben
clever, schlau
geringe Stärke
Duenne
geringe Zeitspanne
Kuerze
geringfügig
winzig
gerissen
clever, findig, listig, schlau
germanische Frühlingsgöttin
Ostara
germanische Göttin
Freyja, Frigga, Gefjon, Loeffa, Ostara
germanische Sagengestalt
Fafnir, Fenris, Fjalar, Gernot, Gudrun, Oernir, Rother, Sigurd, Volker, Widolf
germanische Zwergin
Dwalin
germanischer Gott
Balder, Baldur, Foseti, Hoenir, Njoerd
germanischer Lichtgott
Baldur
germanischer Sänger und Dichter
Skalde
germanischer Volksstamm
Angeln, Bayern, Jueten, Rugier, Salier, Sueben
germanischer Wassergeist
Necken
germanischer Zwergenkönig
Laurin
germanisches Asenheim
Asgard
germanisches Götterreich
Asgard
Geröll
Schutt
geröstete Esskastanie
Marone
Geruch
Bukett
Geruchsstoff
Essenz
Geruchsverschluss
Siphon
Gerücht
Gerede
geruhsamer Sport
Angeln
Gerümpel
Abfall
gesamt
global
Gesamterlös an Waren
Umsatz
Gesamtheit
Gaenze
Gesamtheit *der* **Gebärden**
Gestik
Gesamtheit *der* **Geistlichen**
Klerus
Gesamtheit *der* **Zähne**
Gebiss
Gesamtheit *der* **Zeitungen**
Presse
Gesamtwerk eines Künstlers
Œuvre
Gesangspart
Stimme
Gesangsrolle in einer Oper
Partie
Gesangsstimme
Sopran
Gesangsstück
Choral, Hymnus
Gesangsverzierung
Flores
Gesäß
Steiss
Geschäft
Arbeit, Gewinn, Handel
geschäftiges Treiben
Hektik, Trubel
geschäftlicher Ertrag
Gewinn
geschäftlicher Gewinn
Ertrag
Geschäftsausgaben
Spesen
Geschäftsbereich
Sektor, Sparte
Geschäftsbrauch
Usance
Geschäftsbuch
Kladde
Geschäftsführer
Leiter
Geschäftsgewinn
Ertrag
Geschäftsmann
Makler
Geschäftsordnung
Statut
Geschäftspartner
Sozius
Geschäftsraum
Kontor
Geschäftsreisender
Kommis
Geschäftsstille
Flaute
Geschäftsunkosten
Spesen
Geschäftsvermittler
Makler
Geschäftsvermögen
Aktiva
Geschehnisabfolge
Ablauf
Geschehnisfolge
Ablauf
gescheit
begabt, schlau
Geschenk
Spende
Geschichtsepoche
Antike, Urzeit
Geschicklichkeit
Anlage, Talent
Geschicklichkeitskünstler
Artist
Geschicklichkeitsspiel
Mikado
geschickt
behend
geschickte Täuschung
Taktik
Geschirr
Kummet, Platte, Teller, Trense, Zuegel
Geschirrschrank
Buffet
geschlechtlich
sexual
geschlechtlich kalt
frigid
Geschlechtsdrüse
Gonade
Geschlechtshormon
Prolan
Geschlechtsleben
Erotik
Geschlechtstrieb
Libido
Geschlechtstrieb bei Tieren
Brunft, Brunst
Geschlechtsverkehr
Coitus, Koitus
geschliffen
scharf
geschmacklos
billig, simpel
geschmacklose Kunst
Kitsch
Geschmacksrichtung
bitter, salzig
Geschmacksverirrung
Kitsch
geschmackvoll
dezent, schick, schoen
geschmeidig
grazil
geschnittener Stein
Glyphe, Glypte
geschnittenes Holz
Balken, Leiste

geschnörkelt
barock
Geschöpf
Mensch
Geschoss
Keller
Geschraubtheit
Gehabe
Geschrei
Geheul
geschriebenes Recht
Gesetz
geschützt
gefeit, sicher
Geschwätz
Gerede
geschwind
behend
Geschwindigkeit
Rasanz
Geschwisterkind
Cousin, Kusine, Nichte, Vetter
Geschwulst
Sarkom
Geselle
Helfer
geselliger Kreis
Korona, Verein, Zirkel
Gesellschaft
Gruppe
Gesellschafter
Sozius
gesellschaftlicher Verkehr
Umgang
Gesellschaftsinsel
Moorea, Scilly, Tahiti
Gesellschaftsreise in Afrika
Safari
Gesellschaftsspiel
Boccia, Bridge, Domino, Kegeln, Mau-Mau, Mikado, Muehle, Pokern, Puzzle, Rommee, Schach, Tarock
Gesetzbuch
Talmud
Gesetzbuch der Juden
Talmud
Gesetzgeber *im* **alten Athen**
Drakon
gesetzter Zeitraum
Termin
Gesicht
Vision
Gesichtsfalte
Runzel
Gesichtshaare
Wimper
Gesichtsknochen
Kiefer
Gesichtspunkt
Aspekt, Detail, Moment
Gesichtsschutz am Helm
Visier
Gesichtsteil
Kiefer, Runzel, Stirne, Wimper
Gesindel
Bagage, Poebel
gesinnungslos
falsch, gemein, untreu
Gesinnungswechsel
Umfall
gespaltene Haarspitzen
Spliss
gespaltenes Stück Holz
Scheit
gespannt
straff, stramm
Gespenst
Daemon, Lemure, Vampir
Gespinst
Gewebe
Gespinstpflanze
Nessel
Gespräch
Dialog, Disput
Gesprächsstoffe
Themen
Gestade
Kueste, Strand
Gestalt
Kontur, Person
gestaltete Gebrauchsform
Design
gestaltlos
amorph
Gestaltungsentwurf
Layout
Geste
Nicken, Winken
Gesteinsart
Basalt, Bauxit, Granit, Kreide, Marmor, Mergel
Gesteinsstruktur
Textur
Gestell
Rahmen, Stativ
Gestell *für* **Fotoapparate**
Stativ
Gestell *zum* **Heutrocknen**
Reiter
gestern
Vortag
Gestirn
Planet
Gesuch
Antrag
Gesundmacher
Heiler
Getränk
Brandy, Brause, Cherry, Cognac, Enzian, Kaffee, Kognak, Likoer, Malaga, Pernod, Porter, Punsch, Sauser, Sherry, Wasser, Weisse, Wermut, Whisky
Getratsch
Gerede
Getreide
Frucht
Getreide zerkleinern
mahlen
Getreideart
Dinkel, Gerste, Roggen, Weizen
Getreideerzeugnis
Griess, Schrot
Getreidehaufen
Stadel
Getreidehülse
Spelze
Getreidemahlgut
Griess
Getreidemaß
Malter
Getreidereiniger
Trieur
getreue Wiedergabe
Abbild
Getriebe
Rummel
Getriebeteil
Gelenk, Kurbel, Riemen, Sperre
getrocknete Früchte
Hutzel
getrocknete Weinbeere
Rosine
getrocknetes Blut auf Wunden
Schorf
Getue
Gehabe
Getümmel
Rummel, Trubel, Tumult
Gewächs
Staude
gewachsener Stein
Felsen
Gewächsteil
Bluete, Frucht, Huelse, Knospe, Schote, Spross, Wurzel
Gewahrsam
Arrest
Gewährsmann
Buerge, Garant
Gewaltherrschaft
Terror
gewaltig
immens, massig, riesig

6

gewaltiger Jäger
Nimrod
gewalttätig
brutal, rabiat
Gewand
Montur, Schale, Tracht
Gewand der alten Griechen
Chiton, Peplos
Gewand der alten Römer
Tunica, Tunika
Gewand der Araber
Burnus
Gewand der Artisten
Trikot
Gewand der Beduinen
Burnus
Gewand der Diener
Livree
Gewand der Fußballer
Trikot
Gewand der Indios
Poncho
Gewand der Indonesierinnen
Sarong
Gewand der Japanerinnen
Kimono
Gewand der Juden
Kaftan
Gewand der Naturvölker
Schurz
Gewandspange
Fibula
gewandt
behend, clever, munter, wendig
Gewässer
Becken, Bodden, Foerde, Gracht, Lagune, Quelle, Weiher
Gewässer *an der* **Zugspitze**
Eibsee
Gewässerrand
Felsen, Kueste, Strand
Gewebe *aus* **Flachs**
Leinen
Gewebe *aus* **Metall**
Filter, Gitter
Gewebeart
Asbest, Batist, Brokat, Chintz, Damast, Dralon, Etamin, Frotte, Jersey, Koeper, Leinen, Linnen, Madras, Molton, Nessel, Pepita, Perkal, Perlon, Tricot, Trikot, Velvet
Gewebebindung
Koeper, Leinen
Gewebeflüssigkeit
Lymphe
Gewebeschlinge
Masche
Gewebeteil
Knoten
gewebtes Kleidungsstück
Textil
Gewehr in der Soldatensprache
Knarre
geweiht
sakral
Geweihteil
Spiess, Stange
gewelltes Haar
Locken
Gewerbe
Arbeit, Metier
Gewerbebefugnis
Lizenz
Gewerbebetrieb
Fabrik
Gewerbeverband
Innung
gewerbsmäßiger Warenverkauf
Handel
Gewerk
Innung
Gewicht
Buerde, Ladung
gewichtig
schwer
Gewichtseinheit
Barrel, Talent
Gewichtsklasse (Boxen)
Bantam
gewieft
clever, schlau
Gewinn
Erloes, Ertrag, Nutzen, Profit
Gewinnanteilschein
Coupon
Gewinner
Erster, Sieger
Gewinnung
Ertrag, Frucht
gewirkter Stoff
Trikot
gewiss
sicher
Gewissheit
Wissen
Gewittererscheinung
Donner
Gewittergrollen
Donner
gewitzt
clever, findig, schlau
Gewohnheit
Brauch, Manier, Uebung
gewöhnlich
billig, gemein, normal
gewöhnlicher Wochentag
Alltag
Gewöhnung
Laster
Gewölbe
Keller, Kuppel
Gewölbebogen
Arkade
Gewühl
Trubel
Gewürz
Ingwer, Kaneel, Kerbel, Kresse, Muskat, Piment, Porree, Safran, Salbei, Wermut
Gewürzkörner
Piment
Gewürznuss
Muskat
Gewürzständer
Menage
gewürzt
pikant
Gewürzwein
Punsch
Geysir
Quelle
geziert
unecht
geziertes Benehmen
Gehabe
gezogener Wechsel
Tratte
Gibbonaffe
Hulock
Gier
Hunger
Gießereifacharbeiter
Former
Gift *der* **Fieberrinde**
Chinin
Gift *im* **Kokastrauch**
Cocain, Kokain
giftige Ausdünstung
Miasma
giftiges Desinfektionsmittel
Kresol
Giftstoff
Cocain, Codein, Curare, Cyanid, Kodein, Kokain, Kurare, Zyanid
Gigant
Koloss
gigantische Märchenwesen
Riesen
Gilde
Innung
Gischt
Schaum
Gitter
Raster
Gittergewebe
Etamin

Gitterschlange
Python
Gitterstab
Tralje
Gittersystem bei Abbildungen
Raster
Glanz
Glorie, Pracht, Reflex, Schein
glänzender Stoff
Damast
glänzender Überzug
Glasur
glänzendes Gewebe
Glacee
glänzendes Metall
Platin, Silber
Glanzkattun
Chintz
Glanzüberzug
Glasur
Glas
Becher
glasartige Schmelzmasse
Fritte
glasartiger Überzug
Glasur
Glasbarsch
Chanda
Glasflasche
Ballon, Flakon, Phiole
glasglänzendes Mineral
Berryl, Orthit, Pennin
glasierte Tonware
Kachel
Glasopal
Hyalit
Glasplatte mit Liniennetz
Gitter, Raster
Glattrochen
Fleten
Glättwerkzeug
Raspel
Glatze
Platte
Glaubensabtrünniger
Ketzer
Glaubensanhänger
Christ
Glaubensgemeinschaft
Kirche
Glaubwürdigkeit
Kredit
gleich
ebenso, sofort
gleich bleibend
stetig
gleichermaßen
ebenso, ferner
Gleichgewichtslehre
Statik
Gleichnis
Symbol
Gleichrichterröhre
Triode
gleichsinnig
analog
gleichzahlig
isomer
Gleis
Strang
Gleisanlage
Signal, Weiche
gleitende Abwärtsbewegung
Rutsch
Gleitschutz an Reifen
Profil, Spikes
Gletscher
Ferner
Gletschereinschnitt
Spalte
Glied *der* **Hand**
Finger
Gliederfüßer
Spinne
Gliederreißen
Rheuma
Gliedertier
Insekt, Spinne
Gliederung
Aufbau, System
Gliederzittern
Tremor
Gliedstaat
Kanton
global
gesamt
Glocke in London
Big Ben
Glockenschläger
Rapier
Glockenturm des Londoner Parlamentsgebäudes
Big Ben
Glück
Erfolg, Freude, Zufall
Glückseligkeit
Freude
Glücksfall
Chance
Glücksspiel
Mau-Mau, Pokern
Glücksspieler
Zocker
Glutin
Kleber
Gnade
Ablass
Gnadenbrief
Brevet
Gnom
Kobold
Goldauflage
Dublee
goldgelb
orange
Goldgräber
Digger
Goldklumpen
Nugget
Goldmakrele
Dorade
Goldverzierung auf Büchern
Filete
Goldwurz
Akelei
Golfjunge
Caddie
Golfschlägerart
Driver
Golfschlägerträger
Caddie
Golfspieler
Golfer
Gondel
Nachen, Schiff
Gong
Tamtam
Gönner
Maezen
gönnerhaft
jovial
Gorgo
Medusa, Meduse
Gorgone
Medusa, Stheno
Gott *des* **Feuers**
Vulkan
Gott *der* **Fruchtbarkeit**
Bachus, Hermes
Gott *des* **Handels**
Hermes, Merkur
Gott *der* **Juden**
Jehova
Gott *des* **Lichtes**
Apollo, Balder, Baldur
Gott *der* **Liebe**
Cupido
Gott *des* **Meeres**
Neptun
Gott *der* **Sonne**
Helios, Osiris
Gott *der* **Unterwelt**
Anubis, Erebus, Pluton
Gott *der* **Zeit**
Kronos
Götterbote
Hermes, Merkur
Gotterkenntnis
Gnosis
Göttersage
Mythos, Mythus
Göttersitz der Asen
Asgard

6

Götterspruch
Orakel
Göttertrank
Nektar
Gottesdienst
Kultus, Ritual
gottesdienstlich
sakral
gottesdienstliche Handlung
Gesang
Gottesdienstordnung
Agende
Gotteshaus
Kirche, Pagode, Tempel
Gotteslästerung
Frevel
Gottgläubiger
Theist
Göttin *des* **Herdes**
Hestia
Göttin *der* **Klugheit**
Athena
Göttin *des* **Mondes**
Selene
Göttin *der* **Morgenröte**
Aurora
Göttin *der* **Nacht**
Hekate
Göttin *des* **Rechts**
Themis
Göttin *des* **Schachs**
Caissa
Göttin *der* **Schönheit**
Freyja
Göttin *der* **Unterwelt**
Hekate
Göttin *der* **Weisheit**
Athena, Athene
Göttin *der* **Wissenschaft**
Athena, Athene
göttliche Tugend
Glaube
Gottlosigkeit
Asebie
gottselig
heilig
Gottvertrauen
Glaube
Götze
Abgott
Götze des Geldes
Mammon
Gouvernement
Bezirk
Grab
Krypta
Grabgerät
Spaten
Grad *bei den* **Pfadfindern**
Venner
Gradeinheit der Temperatur
Kelvin
Gradierwerk
Saline
Grafik
Plakat
grafische Darstellung
Schema
grafischer Beruf
Aetzer, Faktor, Setzer
grafisches Erzeugnis
Grafik, Plakat, Poster
Gram
Kummer, Trauer
grammatikalischer Begriff
Adverb, Objekt, Passiv, Plural, Syntax, Tempus, Umlaut
Grasart
Bambus, Schilf
Grasland
Llanos, Pampas, Pussta, Puszta, Steppe
Grasschneider
Maeher
grassieren
wueten
Grassteppe in Ungarn
Pussta, Puszta
Gratifikation
Zulage
Graubär Nordamerikas
Grisly
graue Vögel
Tauben
Grauen
Furcht, Greuel, Horror
graues Einerlei
Alltag
grausam
brutal
Grausamkeit
Haerte
greifen
nehmen
Greifer
Bagger
Greisenhaupt
Kaktus
Grenzfall
Extrem
Griechen bei Homer
Danaer
Griechenland
Hellas
griechisch für falsch
pseudo
griechische Bergnymphe
Oreade
griechische Dichterin
Sappho
griechische Göttin
Alekto, Athene, Eirene, Hekate, Hestia, Peitho, Selene, Tethys, Thalia, Themis, Thetis, Urania
griechische Göttin der Anmut
Aglaia
griechische Göttin der Gerechtigkeit
Themis
griechische Göttin der Nacht
Hekate
griechische Göttin der Weisheit
Athene
griechische Göttin des Friedens
Eirene
griechische Göttin des Mondes
Selene
griechische Insel
Aegina, Andros, Euboea, Gaudos, Ikaria, Ithaka, Kandia, Lemnos, Lesbos, Leukas, Lipsos, Patmos, Rhodos, Skyros, Thasos
griechische Landschaft
Achaia, Argeia, Attika, Epirus, Lokris, Phokis
griechische Münze
Lepton, Obolos, Obolus, Talent
griechische Naturgottheit
Nymphe
griechische Nymphe
Daphne, Oreade
griechische Priesterin in Delphi
Pythia
griechische Sagengestalt
Achill, Castor, Helena, Ikarus, Kastor, Pollux, Zyklop
griechische Sängerin
Callas
griechische Tempelstadt
Delphi
griechische Zauberin
Hekate
griechische Zeitform
Aurist
griechischer Bildhauer
Skopas
griechischer Buchstabe
Lambda
griechischer Dichter
Alkman
griechischer Fährmann der Unterwelt
Charon

griechischer Feldherr
Nikias
griechischer Flieger der Sage
Ikaros, Ikarus
griechischer Fußsoldat
Hoplit
griechischer Geograf, (Geograph)
Strabo
griechischer Gesetzgeber
Drakon
griechischer Gott
Aeolus, Apollo, Arolos, Asopos, Boreas, Erebos, Helios, Hermes, Hypnos, Ikelos, Kratos, Kronos, Nereos, Nereus, Peneos, Pluton, Triton, Uranos
griechischer Gott der Zeit
Kronos
griechischer Gott des Handels
Hermes
griechischer Gott des Lichts
Apollo
griechischer Gott des Meeres
Nereus
griechischer Gott des Weins
Dionysos
griechischer Götterbote
Hermes
griechischer Held vor Troja
Nestor
griechischer Jüngling
Adonis, Ephebe
griechischer Kultort
Delphi
griechischer Mathematiker
Euklid, Pappus, Thales
griechischer Nobelpreisträger für Literatur
Elytis
griechischer Philosoph
Epikur, Platon, Thales
griechischer Sagenkönig
Augias, Nestor
griechischer Sänger
Ibykus
griechischer Schriftsteller
Hesiod, Platon, Sappho
griechischer Sonnengott
Helios
griechischer Staatsmann
Kineas, Lykurg
griechischer Stamm
Aeoler, Dorier, Ionier
griechischer Tyrann
Hieron
griechischer Weiser
Chilon, Thales
griechisches Bergland
Epirus
griechisches Heldengedicht
Iliade
griechisches Lauteninstrument
Busuki
griechisches Musikinstrument
Busuki
griechisches Ungeheuer
Skylla
Griff
Halter, Henkel, Klinke
Grille
Insekt, Spleen, Zikade
Grimasse
Fratze
Grind
Schorf
grob
barsch, rabiat, ruppig
grob gemahlenes Getreide
Schrot
grobe Feile
Raspel
grobe Holzfeile
Raspel
grober Kerl
Flegel
grobes Gewebe
Nessel, Rupfen
grobes Mehl
Griess
Grobian
Flegel, Ruepel
grönländischer Bewohner
Eskimo
grönländischer Raubfisch
Eishai
großartig
feudal, superb
Großbuchstabe
Versal
große Dummheit
Eselei
große Eile
Stress
große Märchenfrau
Riesin
große Pflanze
Staude
große Trockenheit
Duerre
Größe
Format
Großeinkaufsstätte
Center
großer deutscher Dichter
Goethe
großer Geist der Algonkin-Indianer
Manitu
großer Held vor Troja
Achill
großer Schwimmvogel
Schwan
größerer Blumenstrauß
Bukett
größerer Zeitabschnitt
Epoche
großes Meeressäugetier
Narwal
großes weibliches Raubtier
Baerin
Großhandel
en gros
großherzig
guetig
Großindustrieller
Magnat
Großkatze
Gepard, Jaguar, Ozelot
Großkaufhaus
Center
großmütig
guetig
größte deutsche Stadt
Berlin
größte Gesellschaftsinsel
Tahiti
größte Insel Deutschlands
Ruegen
größte Wüste
Sahara
größter Fluss zur Donau
Theiss
größtes Landtier Europas
Wisent
großzügig
kulant
grotesk
bizarr
Grotte
Hoehle
Grubengas
Methan
Gruft
Krypta
Grünanlage
Garten
Grund
Anlass, Beginn, Faktor, Quelle
Grund und Boden
Fundus

Grundbesitzer
Magnat
Gründer *des* **Jesuitenordens**
Loyola
Gründer *des* **Protestantismus**
Luther
Gründer *des* **Roten Kreuzes**
Dunant
Grundform
Urbild
Grundgesetz
Charta
Grundlage
Fundus, Sockel
Grundrechenart
Teilen
Grundriss
Skizze
Grundsatz
Gesetz, Maxime
Grundschulfach
Turnen, Werken
Grundstoff *für* **Alkohol im Wein**
Zucker
Grundstoff *für* **Farben**
Anilin
Grundstück
Besitz
Grundstücksvermittler
Makler
Gründünger
Lupine
Grüne Insel
Irland
grüner Edelstein
Beryll
Grünfutter
Lupine
Grünland
Koppel
Grünrock
Jaeger
Gruppe *der* **Ostalpen**
Tauern
Gruppentanz
Reigen
Gruß
Servus, Tschau
guatemaltekischer Berg
Tacema
guatemaltekischer Ureinwohner
Ladino
gummiartige Kunststoffe
Elaste
günstigste Gelegenheit
Chance
günstigster Zeitpunkt
Chance
Gurgel
Rachen
Gurt
Riemen
Gürtel
Koppel, Riemen
Gürtellinie
Taille
Gürtelschließe
Spange
Gürtelweite
Taille
Gussbarren
Massel
Gut
Besitz, Fracht, Ladung
gut gelaunt
heiter
gut im Geschmack
lecker
gutartige Geschwulst
Adenom
guter Bekannter
Freund
guter Segelwind
Brise
Güteraustausch
Handel
Gütereinkauf
Import
Güterverkauf
Export
gutes Ergebnis
Erfolg
Gutschein
Coupon
Gutschrift
Rabatt, Skonto
Gymnasialklasse (veraltet)
Quarta, Quinta, Tertia
gymnastische Übung
Spagat
gymnastisches Gerät
Hantel, Reifen

H

Haar
Borste, Frisur, Maehne, Schopf, Wimper
Haar des Schweines
Borste
Haarausschnitt katholischer Geistlicher
Tonsur
Haarbüschel
Schopf, Zottel
Haare bei Löwen
Maehne
Haarersatz
Toupet
Haarfett
Pomade
Haargarnteppich
Bouclé, Buklee
Haarklammer
Spange
haarloser Kopf
Glatze
Haarpflegegerät
Schere
Haarpflegemittel
Pomade
Haarpfleger
Figaro
Haarreihe in Augennähe
Brauen
Haarschmuck
Diadem, Spange
Haarspalter
Pedant
Haarteil
Toupet
Haartracht
Fasson, Frisur, Knoten, Tonsur
Haarwellen
Locken
Haarwuchs
Maehne
Haarwuchs über dem Auge
Brauen
Habe
Besitz
habgieriger Mensch
Raffke
Habit
Gewand, Tracht
Habseligkeiten
Besitz, Sachen
Hackbrett
Zimbal
Hacken
Absatz
Hackfrucht
Moehre
Hader
Fetzen, Lumpen, Streit
hadern
zanken
Hades
Hoelle
Hafen *in* **Südindien**
Madras
Hafen *in der* **Volksrepublik China**
Ningpo
Hafenanlage
Becken, Poller
Hafenarbeiter
Stauer

Hafenboot
Faehre, Kutter, Schute
Hafenstadt *an der* **Adria**
Ancona, Triest
Hafenstadt *an der* **Agäis**
Smyrna
Hafenstadt *in* **Ägypten**
Abukir
Hafenstadt *in* **Algerien**
Algier, Annaba, Bougie
Hafenstadt *in* **Australien**
Darwin, Sydney
Hafenstadt *in* **Birma**
Rangun
Hafenstadt *auf* **Bornholm**
Roenne
Hafenstadt *in* **Brasilien**
Campos, Ilheus, Maceio, Recife, Santos
Hafenstadt *in* **Chile**
Huasco
Hafenstadt *in* **China**
Antung, Dairen, Kanton, Minhou, Ningpo, Tainan
Hafenstadt *am* **Don**
Rostow
Hafenstadt *in* **Estland**
Paernu, Pernau
Hafenstadt *in* **Finnland**
Hangoe
Hafenstadt *in* **Frankreich**
Calais, Cannes, Dieppe, Nantes, Toulon
Hafenstadt *am* **Golf von Salerno**
Amalfi
Hafenstadt *in* **Griechenland**
Kabala, Kandia, Patras, Pyrgos
Hafenstadt *in* **Großbritannien**
Cromer, Dundee, Exeter, Jarrow, London, Maldon
Hafenstadt *auf* **Honschu** (Japan)
Numazu
Hafenstadt *in* **Indien**
Bombay, Kandia, Madras
Hafenstadt *am* **Indischen Ozean**
Bombay, Durban
Hafenstadt *der* **Indischen Union**
Bombay, Madras
Hafenstadt *in* **Indonesien**
Padang
Hafenstadt *im* **Iran**
Abadan
Hafenstadt *in* **Irland**
Dublin
Hafenstadt *in* **Israel**
Ashdod
Hafenstadt *in* **Italien**
Amalfi, Ancona, Neapel, Reggio, Rimini, Tarent, Triest
Hafenstadt *in* **Japan**
Nagoja, Nagoya, Numazu
Hafenstadt *in* **Kanada**
Québec
Hafenstadt *an der* **Kanalküste**
Calais, Dieppe
Hafenstadt *auf* **Korsika**
Bastia
Hafenstadt *in* **Kroatien**
Ragusa, Rijeka, Trogir, Ulcinj
Hafenstadt *im* **Libanon**
Beirut
Hafenstadt *in* **Libyen**
Tobruk
Hafenstadt *in* **Marokko**
Agadir, Tanger, Tetuan
Hafenstadt *am* **Mittelmeer**
Ankona, Bastia, Beirut, Durres, Malaga, Neapel, Patras, Ragusa, Smyrna, Tobruk, Toulon, Triest
Hafenstadt *auf* **Neuguinea**
Madang
Hafenstadt *in* **Nordamerika**
Mobile
Hafenstadt *in* **Nordostitalien**
Triest
Hafenstadt *an der* **Nordsee**
Bergen, Bremen, Dundee, Narvik
Hafenstadt *in* **Nordspanien**
Bilbao
Hafenstadt *in* **Norwegen**
Bergen, Halden, Horten, Larvik, Namsos, Narvik
Hafenstadt *in* **Ostpreußen**
Elbing, Labiau, Pillau
Hafenstadt *an der* **Ostsee**
Danzig, Wiborg, Wismar
Hafenstadt *in* **Panama**
Balboa, Panama
Hafenstadt *am* **Persischen Golf**
Abadan
Hafenstadt *in* **Peru**
Callao
Hafenstadt *der* **Philippinen**
Manila
Hafenstadt *in* **Polen**
Danzig
Hafenstadt *am* **Roten Meer**
Djidda
Hafenstadt *in* **Russland**
Moskau
Hafenstadt *in* **Saudi-Arabien**
Damman, Djidda
Hafenstadt *in* **Schottland**
Dunbar, Dundee, Irvine, Methil
Hafenstadt *am* **Schwarzen Meer**
Batumi, Odessa, Rostow
Hafenstadt *in* **Schweden**
Gaevle, Kalmar, Malmoe
Hafenstadt *auf* **Sizilien**
Agosta, Cefalu, Licata, Mazara
Hafenstadt *in* **Spanien**
Bilbao, Málaga, Tarifa
Hafenstadt *auf* **Sri Lanka**
Jaffna
Hafenstadt *in* **Südafrika**
Durban
Hafenstadt *der* **Südafrikanischen Republik**
Durban
Hafenstadt *in* **Südfrankreich**
Toulon
Hafenstadt *auf* **Taiwan**
Taipeh
Hafenstadt *in* **Tunesien**
Sousse
Hafenstadt *der* **Türkei**
Mersin, Samsun, Smyrna
Hafenstadt *in der* **Ukraine**
Odessa
Hafenstadt *in* **Vietnam**
Cholon, Saigon
Haferflockenbrei
Muesli
Haff
Lagune
Haft
Arrest, Kerker
Haftanstalt
Karzer, Kerker
Haftung
Obligo
Hagens Beiname
Tronje
hager
schmal
Hahn
Gockel
Hahnenfußgewächs
Akelei
haifischartiges Tier
Rochen
Haken
Krampe

halb offene Bogenhalle
Loggia
Halbaffe
Galago, Kukang, Lemure, Pukang
Halbedelstein
Granat, Jaspis
Halbesel
Onager
Halbgefrorenes
Sorbet
Halbinsel *in* Afrika
Somali
Halbinsel *in* Amerika
Alaska, Avalon, Seward
Halbinsel *in* Europa
Attika
Halbinsel *in* Griechenland
Attika
Halbinsel *in* Neufundland
Avalon
Halbinsel *in* Russland
Taimyr
Halbinsel *in* Südosteuropa
Balkan
Halbmesser
Radius
Halbmetall
Tellur
Halbmond
Sichel
halbplastisches Bildwerk
Relief
halbrunde Nische
Exedra
Halbschlaf
Doesen
Halbschmarotzerstrauch
Mistel
Halbschuh
Opanke
Halbwüchsige/Halbwüchsiger
Teenie
Halfter
Kummet
Hall
Schall
Hallig
Groede
Halsabschneider
Gauner
Halsbekleidung
Kragen
Halsbinde
Binder, Fliege
Halsbinde katholischer Priester
Kollar
Halsentzündung
Angina
Halskrause
Fraese, Kroese
Halsorgan
Gurgel
Halsschmuck der Bronzezeit
Lunula
Halsteil
Gaumen, Genick, Gurgel, Mandel, Nacken, Rachen
Halsteil an der Kleidung
Kragen
haltbar
robust
Halteeinrichtung
Bremse
Halteklotz
Poller
Haltevorrichtung
Bremse
Haltung
Gehabe, Pflege
Halunke
Bandit, Gauner, Schuft
Hamburger Gewässer
Alster
Hamburger Luxushotel
Dorint
Hamburger Reeder
Ballin
Hamburger Sehenswürdigkeit
Michel
Hamburger Stadtteil
Altona, Eilbek
Hamburger Wahrzeichen
Michel
Hamburger Witzfigur
Hummel
hamitisches Volk
Massai, Tuareg
hamstern
horten
Hand beim Tier
Pranke
Hand-out
Papier
Handarbeit
Naehen
Handballausdruck
Abwehr, Abwurf, Anwurf
Handbuch
Manual
Handdreschgerät
Flegel
handeln
wirken
Handeln
Wirken
handelnd
taetig
Handelnder
Akteur
Handelsbrauch
Usance
Handelsgehilfe
Kommis
Handelsgott
Hermes, Merkur
Handelsmann
Hoeker
Handelsniederlassung
Kontor
Handelsplatz
Boerse
Handelsschiff
Tanker
Handelsvertreter
Makler, Nepper
Handelswaren
Gueter
Handfeuerwaffe
Gewehr
Handgepäck
Beutel, Koffer, Tasche
handgezogener Wagen
Karren
Handgriff
Buegel, Henkel
Handhabe
Anlass
Handhabung
Praxis, Umgang
Handklaviatur
Manual
Handknöchel
Knobel
Handlanger
Helfer
handlich
bequem
Handlung
Ablauf, Aktion, Inhalt
Handmähgerät
Sichel
Handpuppenfigur
Gretel, Kasper
Handreichung
Dienst
Handschelle
Fessel
Handschuhleder
Glacee
Handstreich
Putsch
Handteil
Daumen, Finger, Teller
Handturngerät
Hantel, Reifen
Handwagen
Karren
Handwerk
Gewerk, Metier
Handwerker
Gerber, Gipser, Glaser, Maurer, Setzer, Wirker

Handwerkervereinigung
Innung
handwerkliche Arbeit
Faktur
Handwerkszeug
Beitel, Bohrer, Hammer, Messer, Pinsel, Raspel, Schere, Spaten
Handziehwagen
Karren
Hanfbindfaden
Kordel
Hanfprodukt
Strick
Hang
Faible, Spleen
hänseln
foppen, necken
Hansestadt
Bergen, Bremen, Danzig, Dorpat, Elbing
Hansestädter
Bremer
Hanswurst
Kasper
Haremswächter
Eunuch
Harke
Rechen
Harlekin
Kasper
Harm
Kummer
Harmonie
Friede
harmonischer Zustand
Friede
Harnisch
Panzer
Harpune
Spiess
hart
stabil, streng
harter Tonschiefer
Adinol
hartes Gestein
Basalt, Granit
hartes Metall
Tantal
Hartgeld
Muenze
Hartgummi
Ebonit
Hartholz
Makore
Hartriegelgewächs
Cornus
Hartschalenfrucht
Mandel
Hartung
Januar
Hartwurst
Salami

Harzabflussrinne am Baum
Lachte
Harzart
Benzoe, Dammar, Guajak, Mastix, Myrrhe, Storax, Styrax
Hasard
Glueck, Zufall
Haselwurz
Asarum
Haselwurzkampfer
Asaron
Hasenpanier
Flucht, Furcht
hässliche Angewohnheit
Laster
hässlicher Anblick
Fratze
Hast
Stress
hasten
hetzen
Haubenpapagei
Kakadu
Hauch
Anflug, Nuance, Pneuma
Haudegen
Soldat
Haufen
Anzahl, Stapel
Haupt
Leiter
Hauptausdehnung
Laenge
Hauptbrücke in Venedig
Rialto
Haupteingang
Portal
Hauptgrundsatz
Maxime
Hauptinsel Japans
Honshu
Häuptling
Kazike
Hauptort *auf* **Bornholm**
Roenne
Hauptort *des* **Kantons Obwalden**
Sarnen
Hauptpriel im Wattenmeer
Seegat
Hauptpunkt
Pointe
Hauptraum des altrömischen Hauses
Atrium
Hauptreisezeit
Saison
Hauptsache
Gehalt, Pointe

Hauptspeise der Tibeter
Dsamba
Hauptstadt *von* **Albanien**
Tirana
Hauptstadt *von* **Algerien**
Algier
Hauptstadt *von* **Angola**
Loanda, Luanda
Hauptstadt *von* **Armenien**
Eriwan
Hauptstadt *des* **Assyrerreiches**
Ninive
Hauptstadt *der* **Bahamas**
Nassau
Hauptstadt *von* **Bahrein**
Manama
Hauptstadt *von* **Birma**
Rangun
Hauptstadt *der* **chinesischen Volksrepublik**
Peking
Hauptstadt *von* **Colorado**
Denver
Hauptstadt *von* **Deutschland**
Berlin
Hauptstadt *von* **Eritrea**
Asmara
Hauptstadt *in* **Europa**
(Landessprache)
Lisboa
Hauptstadt *in* **Europa**
Madrid
Hauptstadt *von* **Gambia**
Banjul
Hauptstadt *von* **Großbritannien**
London
Hauptstadt *von* **Guinea-Bissau**
Bissau
Hauptstadt *des* **Irak**
Bagdad
Hauptstadt *von* **Irland**
Dublin
Hauptstadt *von* **Kamerun**
Jaunde
Hauptstadt *von* **Kanada**
Ottawa
Hauptstadt *von* **Kolumbien**
Bogotá
Hauptstadt *der* **Komoren**
Moroni
Hauptstadt *von* **Kroatien**
Zagreb
Hauptstadt *von* **Kuba**
Habana
Hauptstadt *von* **Kuwait**
Kuwait
Hauptstadt *von* **Lesotho**
Maseru

Hauptstadt *des* **Libanon**
Beirut
Hauptstadt *von* **Litauen**
Kaunas
Hauptstadt *von* **Mali**
Bamako
Hauptstadt *von* **Moçambique**
Maputo
Hauptstadt *von* **Monaco**
Monaco
Hauptstadt *von* **Niger**
Niamey
Hauptstadt *in* **Nordafrika**
Algier
Hauptstadt *von* **Oman und Maskat**
Maskat
Hauptstadt *in* **Ostasien**
Taipeh
Hauptstadt *der* **Philippinen**
Manila
Hauptstadt *der* **Republik China**
Taipeh
Hauptstadt *der* **Republik Irland**
Dublin
Hauptstadt *von* **Ruanda**
Kigali
Hauptstadt *von* **Russland**
Moskau
Hauptstadt *von* **Sambia**
Lusaka
Hauptstadt *von* **Simbabwe**
Harare
Hauptstadt *von* **Spanien**
Madrid
Hauptstadt *von* **Taiwan**
Taipeh
Hauptstadt *von* **Tansania**
Dodoma
Hauptstadt *von* **Texas**
Austin
Hauptstadt *von* **Thüringen**
Erfurt
Hauptstadt *der* **Türkei**
Ankara
Hauptstadt *der* **Volksrepublik China**
Peking
Hauptstadt *der* **Zentralafrikanischen Republik**
Bangui
Hauptstraße *in* **Berlin**
Kudamm
Haupttür
Pforte
Hauptwerk von Thomas Morus
Utopia
Hauptzeit einer Woche
Alltag
Haus
Huette
Haus *für* **Geselligkeiten**
Kasino
Haus *für* **Kunstausstellungen**
Museum
Hausangestellter
Butler, Diener
Hausboot
Sampan
Hauseingang
Pforte, Portal
Hauseinrichtung
Moebel
Häuservermittler
Makler
Hausgeist
Kobold
Haushalt
Budget
Haushaltsgerät
Leiter, Messer, Schere
Haushaltsplan
Budget
Hausierer
Hoeker
Hausmeister
Pedell
Hausrat
Moebel
Hausrock
Janker
Haustier
Faerse, Ferkel, Fohlen, Ganter, Glucke, Gockel, Hammel, Hengst, Kapaun, Kueken, Tauber, Widder
Haustier *in* **Südamerika**
Alpaka
Haustürklingel
Glocke
Hausvorbau
Balkon, Loggia
Hautausschlag
Herpes
Hautbemalung
Tattoo
Hauterkrankung bei Haustieren
Raeude
Hautfalte
Runzel
Hautflügler
Ameise, Hummel
Hautglätten (chirurgisch)
Liften
Hautkrankheit
Herpes
Hautpustel
Pickel
Hautunreinheit
Pickel
Hauwerkzeug
Hammer
Hawaiiinsel
Hawaii, Niihau
Hebevorrichtung
Aufzug
hebräisch für Gott
Adonai
hebräischer Gruß
Shalom
Hebrideninsel
Harris, Staffa
Hechtbarsch
Zander
Heckbalken (Schiff)
Steven
Heer
Truppe
Heeresangehöriger
Soldat
Heerschar
Truppe
Heerschau
Parade
Hefe
Baerme
Heft
Kladde
heftig
hitzig
heftig ziehen
zerren
heftige Erregung
Affekt
heftige Gemütsbewegung
Affekt
heftiger Zank
Streit
heftiges Verlangen
Begier
Heftmaschine
Tacker
Hege
Pflege, Schutz
hehr
sublim
Heidekraut
Azalee
Heidelberger Hofnarr
Perkeo
Heidenapostel
Paulus
heidnischer Zauberer
Theurg
heidnisches Brauchtum
Mantik
Heiduck
Diener
heil
gesund

Heil
Gloria, Glueck
heil
intakt
Heil
Nutzen
Heil- und Pflegeanstalt
Klinik, Kurbad, Spital
Heilbad
Kurort
heilig
sakral
heilige Schrift der Parsen
Awesta
Heiligenschein
Glorie, Nimbus
Heiligtum der alten Griechen
Delphi
Heiligtum des Islam
Medina
heilkräftig
gesund
heilkundiger Kentaur
Chiron
heillos
unklar
Heilmittel
Arznei, Balsam, Chinin, Natron
Heilmittelart
Arznei
Heilmittelverschreibung
Rezept
Heilpflanze
Akonit, Alante, Arnika, Enzian, Germer, Hopfen, Ingwer, Kalmus, Mistel, Salbei, Szilla, Wermut
Heim
Krippe
Heim *für* **gefangene Tiere**
Kaefig
Heimarbeiter
Faktor
Heimat *des* **heiligen Franziskus**
Assisi
Heimat *des* **Odysseus**
Ithaka
heimisches Waldtier
Hirsch
heimisches Wildtier
Marder, Wiesel
heimlich
geheim, latent, okkult
heimliches Gerede
Raunen
Heimstätte bei Bielefeld
Bethel
Heimtücke
Kabale
Heinzelmännchen
Kobold
Heiratsangebot
Antrag
Heiratsantrag
Freite
heiratslustiger Mann
Freier
Heiratsmöglichkeit
Partie
heiser
tonlos
heiße Klimazone
Tropen
heiße Quelle
Geysir, Therme
heiße Zone
Tropen
heiße Springquelle
Geiser, Geysir
heißer Wüstenwind
Kamsin
heißes alkoholisches Getränk
Punsch
Heißwasserbereiter
Boiler
heiter
lustig, munter, sonnig
Heiterkeitsauslöser
Pointe
Heizmaterial
Erdgas, Propan
Heizungsanlage
Kessel
hektisch
erregt
Held
Gigant
Held *der* **griechischen Sage**
Hektor
Held *vor* **Troja**
Achill, Aeneas, Hektor, Nestor
Heldenepos
Iliade
Heldengedicht
Mythos
heldenhafte Symphonie
Eroica
Heldensage
Mythos
Heldin
Heroin
Heldin *der* **Tristansage**
Isolde
Helfer
Maezen, Mentor, Retter
Helfer *aus* **Gefahr**
Retter
Helfershelfer
Hehler
Heliodor
Beryll
helles Mineral
Leuzit
hellgrüner Kunstsaphir
Amaryl
Helligkeit
Strahl
Helligkeitsregler
Dimmer
hellster Fixstern
Sirius
Helmbiene
Drohne
Helmschmuck
Zimier
Hemd
Chiton, Kittel, Tunika
Hemdteil
Aermel, Kragen
hemmen
stauen
Hemmschuh
Bremse
Hemmung
Buerde
Hemmvorrichtung
Bremse
Henkergerüst
Galgen
Henkerseil
Strang, Strick
Henne
Glucke, Hinkel
herabstürzende Schneemasse
Lawine
heraldisches Abzeichen
Wappen
Herantransport
Anfuhr
Herausgeber
Editor
Herausgeber von Musikalien
Editor
herb
bitter, streng
Herberge
Hospiz, Obdach
Herbergswirt
Balbos
Herbstblume
Dahlie
Herde
Gruppe, Haufen
Hergang
Ablauf
Heringsart
Matjes, Tarpon
herkömmlich
usuell

6

Herkunftsland
Heimat
Hermelin
Wiesel
heroisch
tapfer
Herr *auf* **Englisch**
Master, Mister
Herr *in der* **Hölle**
Teufel
Herr *auf* **Italienisch**
Signor
Herr *auf* **Türkisch**
Efendi
Herrenbekleidungsstück
Mantel, Schuhe
Herrenhut
Melone
Herrenklubjacke
Blazer
Herrenmantel
Ulster
Herrentier (Biologie)
Primat
Herrin
Domina
herrisch
barsch, bruesk, scharf
Herrschaft
Gewalt, Hoheit, Regime
herrschaftlich
feudal
Herrschaftsaneignung
Putsch
Herrscher
Despot, Tyrann
Herrscherstab
Zepter
Herrschersymbol
Diadem, Zepter
Herrschertitel
Fuerst, Kaiser, Koenig, Mikado, Regent, Sultan
herrschsüchtiger Mensch
Despot, Tyrann
Hersteller
Macher
Herstellungsweise
Bauart
Hertransport
Anfuhr
herumtollen
balgen
Hervorhebung
Akzent
Herz
Kardia
Herzeleid
Kummer, Trauer
herzhaft
deftig
herzlos
brutal
Herzvorkammer
Atrium
Hetäre des griechischen Altertums
Phryne
Hetze
Pogrom, Stress
Hetzhund
Packer
heuchlerischer Frömmler
Mucker
Heugestell
Heinze, Reiter, Reuter
Heuhüpfer
Grille
Heuschober
Stadel
Hexenbesen
Mistel
Hexenmeister
Magier
Hexerei
Zauber
Hibiskus
Ibisch
Hieb
Schlag
Hiebwaffe
Messer, Saebel
Hilfe
Ausweg
Hilfe aus Gefahr
Ausweg
hilflos
ratlos
hilfsbedürftige Lage eines Schiffes
Seenot
Hilfsgeistlicher
Diakon, Kaplan
Hilfsmittel
Geraet
Hilfszeitwort
wollen
Himalajastaat
Bhutan
himbeerfarben
fraise
Himmelsgerste
Dinkel
Himmelskörper
Meteor, Planet
Himmelslichter
Sterne
Himmelspförtner
Petrus
Himmelsrichtung
Norden, Sueden, Westen
Himmelsschlüssel
Primel
hindern
hemmen, stauen
Hindernis
Huerde, Klippe, Sperre
Hindernis *im* **Pferdesport**
Gatter, Graben, Huerde
Hindernis *beim* **Rennen**
Huerde
Hindernis *im* **Sport**
Huerde
Hindernis *im* **Verkehr**
Unfall
hinduistische Gottheit
Brahma, Schiwa, Skanda, Varuna, Vishnu
hinduistische Hauptgott
Schiwa
Hinkelstein
Dolmen, Menhir
hinken
lahmen
Hinrichtungsgerät
Galgen
Hinsicht
Aspekt
Hinterbliebene, Hinterbliebener
Witwer
hinterer Teil des Halses
Genick, Nacken
hinteres Fußteil
Hacken
hinteres Körperende
Steiss
Hintergedanke
Tuecke
hinterhältig
falsch, perfid
hinterindischer Strom
Mekong
Hinterlist
Betrug, Kabale, Raenke, Tuecke
hinterlistige Intrigen
Raenke
Hinterseite
Revers
Hintertreffen
Verzug
Hinterziehung
Betrug
hinunter
nieder
hinweisendes Fürwort
dieser, dieses, solche
Hinweistafel
Schild
Hinzufügung
Anlage
Hirn
Bregen
Hirngespinst
Utopie
hirnverbrannt
absurd

Hirschart
Wapiti
Hirschfänger
Messer
Hirschkuh
Hindin
Hirtenflöte
Syrinx
Hirtenlied
Ekloge, Idylle
Hirtenvolk
Lappen, Massai, Tuareg
historische Flotte Spaniens
Armada
historische Landschaft in Kleinasien
Karien
historische Landschaft in Mittelitalien
Latium
historische spanische Flotte
Armada
historische Waldwiese im Kanton Uri
Ruetli
Hit
Erfolg, Renner
Hitzebläschen
Pustel
hitzig
furios
Hobbyfischer
Angler
Hobelabfall
Spaene
Hobelmaschine
Fraese
hoch begabter Mensch
Genius
hoch empfindliches Kontrollgerät
Sensor
Hochachtung
Anwert, Tribut
Hochbetrieb
Trubel
Hochbild in der Grafik
Relief
Hochebene *in* **Spanien**
Meseta
Hochebene *im* **Sudan**
Darfur
Hochgebirge *in* **Tibet**
Dangla
Hochgebirgsblume
Enzian
Hochgebirgstier
Gaemse
Hochgebirgswild
Gaemse
Hochgericht
Galgen
Hochgrasebene in Südamerika
Llonos
Hochkonjunktur
Hausse
Hochkonzentrat
Essenz
Hochland *in* **Asien**
Dekhan
Hochleistungssportler
Athlet
hochroter Farbstoff
Purpur
Hochschaukel für Artisten
Trapez
Hochschullehrer
Dozent, Lektor
Hochschulreife
Abitur, Matura
Hochseefischereifahrzeug
Kutter
Hochsitz
Ansitz, Kanzel
höchst
extrem
Hochstapler
Gauner
höchste Gesangsstimme
Sopran
höchste Spitze
Gipfel
höchstentwickeltes Lebewesen
Mensch
höchster Berg der Hardt
Kalmit
höchster Berg der Türkei
Ararat
höchster Berg des Kaukasus
Elbrus
höchster Berg in der Türkei
Ararat
Höchstleistung
Rekord
Hochtal *in* **Graubünden**
Greina
Hochwildart
Hirsch
Hochzeit
Heirat
Höcker
Buckel
Hof
Besitz
Hofbeamter
Schenk
höfischer Tanz
Pavane
höflich
galant
höflich auffordern
bitten
Hofmaler Napoleons
Gérard
Hofnarr in Heidelberg
Perkeo
hohe Begabung
Talent
Höhe
Gipfel, Spitze
Hoheitszeichen
Banner, Emblem, Flagge, Symbol, Wappen
Höhenlage
Niveau
Höhenzug *im* **Lennegebirge**
Homert
Höhepunkt
Finale, Klimax, Krisis, Spitze
hoher Fabrikschornstein
Schlot
hoher Wuchs
Laenge
höhere Schule
Lyzeum
hohes Bauwerk
Kirche, Schlot
hohes Kirchenfest
Ostern
hohes Laufgestell
Stelze
Hohlbauwerk
Tunnel
hohle Stange
Roehre
Höhle
Grotte
Höhle *von* **geringer Tiefe**
Grotte
Hohlgang im Körper
Fistel
Hohlkopf
Fatzke
Hohlkörper
Ballon, Huelle, Roehre
Hohlraum
Hoehle
Hohlraum *in* **Gussstücken**
Lunker
Hohltier
Meduse, Qualle
Hohlziegel
Hourdi
Hohn
Ironie, Satire
Hokuspokus
Unsinn, Zauber
Holdseligkeit
Charme

Holländer
Geraet
Hollandmädchen
Meisje
Höllenfürst
Teufel
höllisch
rasant
höllisches Tempo
Rasanz
holprig
uneben
Holunder
Holder, Holler
Holz für Stuhlfüße
Kantel
Holzart
Akazie, Fichte, Foehre, Kiefer, Makore, Mispel, Pappel, Pisang, Quitte
Holzbearbeitungswerkzeug
Raspel
Holzbehälter
Kasten
Holzblasinstrument
Fagott, Floete
Holzbrett
Balken, Leiste
holzen
foulen
hölzerne Wandtäfelung
Paneel
hölzerner Behälter
Kasten
Holzfaserprodukt
Papier
Holzfußboden
Dielen, Riemen
Holzhaufen des Köhlers
Meiler
Holzhaus
Huette
Holzknecht
Holzer
Holzkugelspiel
Boccia
Holzmessgerät
Kluppe
Holzrinne für Grubenwasser
Fluder
Holzrohrpflanze
Bambus
Holzrutschbahn
Leiste
Holzscheit
Kloben
Holzsplitter
Spaene
Holzstoff
Lignin
Holzstoß des Köhlers
Meiler
Holzstreifen
Leiste
Holztäfelung
Paneel
Holzung
Rodung
Holzverpackung
Kasten
Holzweg
Irrweg
Holzzaun
Gatter
Holzzucker
Xylose
honett
ehrbar
Honig sammelnde Insekten
Bienen, Wespen
Honiggras
Meddel
Honiginsekt
Hummel
Honigsaft
Nektar
Honigseim
Nektar
Hora
Stunde
hörbare Luftschwingung
Schall
hörbarer Ton
Schall
hörbares Zeichen
Signal
Horde
Gruppe, Haufen
Horen
Eirene
Hormon
Cholin, Inkret, Prolan
hornähnlicher Stoff
Chitin
Hörnchen
Gipfel, Kipfel
Hornhaut des Auges
Cornea, Kornea
Hornhauttrübung im Auge
Pannus
Horntier
Gaemse, Hirsch
Horror
Furcht
Horst
Genist
Hose
Shorts
Hospital
Klinik, Spital
Hostie
Oblate
Hostienteller
Patene
Hotelhalle
Lounge
Hottentottenhütte
Pontok
Hottentottenstamm
Korana
hübsch
adrett, schoen
Hüften
Becken, Lenden, Schoss, Seiten
Hüfthalter
Mieder
Huftier
Hirsch
hüftlange Bluse
Kasack
hügelig
bergig
Huhn
Glucke, Hinkel, Poulet
Hühnerhund
Setter
Hühnerrasse
Cochin
Hülle
Bluete, Frucht, Huelse, Kapsel, Kuvert, Mantel, Schale, Schutz
Hülle ***der*** **Chromosomen**
Matrix
Hülle ***aus*** **Ei und Bröseln**
Panade, Panier
Hülse von Früchten
Schote
Humanist
Hutten
Humbug
Unsinn
Humor
Ironie
humpeln
hinken, lahmen
Hund
Koeter
hundeartiges Raubtier
Hyaene
Hundegras
Quecke
Hundehütte
Kotter
Hundekläffen
Gebell
Hundekrankheit
Raeude, Staupe
Hundelaute
Bellen, Gebell
Hundeleben
Jammer, Misere

Hundename
Flocki
Hunderasse
Barsoi, Basset, Beagle, Bracke, Bullie, Collie, Dackel, Hunter, Saluki, Scotch, Setter, Teckel
Hundeunterkunft
Huette
Hundezwinger
Kennel
Hundskopfaffe
Pavian, Rhesus
Hundsstern
Sirius
Hüne
Gigant
hünenhaft
riesig
Hünenstein
Dolmen, Menhir
Hungerkur
Fasten
Hunnenkönig
Attila
hüpfen
hopsen
Hürde
Pferch
Hurrikan
Taifun, Zyklon
Husar
Reiter
Husarenmütze
Kalpak, Kolpak
Husarenrock
Attila
Hussitenführer
Prokop
Hustenmittel
Kodein, Salbei
Hut der Kleriker
Birett
Hüter
Patron
Hüter *der* **wild lebenden Tiere**
Jaeger
Hutform
Melone, Panama
Hutrand
Krempe
hutzelig
faltig
Hydra
Untier
Hygieneartikel
Tampon
hygienisch
sauber
hypnotischer Schlafzustand
Trance
Hypothek
Kredit
hypothetisch
fiktiv

I

Ichmensch
Egoist
Idee
Gehalt, Urbild
Idol
Abgott, Goetze
illiquid
pleite
illoyal
untreu
Illusion
Schein, Utopie
Illustration
Grafik
im Haar getragene Klammer
Spange
im Stande (imstande)
faehig, irreal
Imbiss
Bissen, Happen
Imbiss einnehmen
jausen
immens
riesig
immergrünes Gewächs
Mistel
immun
gefeit
impertinent
dreist
Impfstoff
Lymphe, Vakzin
Impuls
Anreiz
in eigener Person
selbst
in fremde Länder fahren
reisen
in Fülle vorhanden
ueppig
in großen Mengen
(2 Wörter)
en gros
in höchstem Maß begabt
genial
in *der* **Musik gebunden**
legato
in vergangener Zeit
damals
In-sich-Gehen
Umkehr
inaktiv
traege
Inangriffnahme
Angang
Inbegriff
Gehalt, Inhalt
Inbegriff *des* **Bösen**
Daemon, Teufel
Indianer im alten Mexiko
Azteke
Indianerbehausung
Wigwam
Indianerboot
Piroge
Indianergott
Manitu
Indianerstamm
Dakota, Indios, Navaho, Navajo
Indianerzelt
Wigwam
indianische Gottheit
Manitu
indianischer Ortsvorsteher
Kazike
indianisches Pfeilgift
Curare, Kurare
Indigofarbe
Anilin
indische Antilope
Nilgau
indische Gottheit
Brahma, Schiwa
indische Großstadt
Madras
indische Hafenstadt
Bombay, Madras
indische Kaste
Parias, Shudra
indische Provinz
Katsch, Orissa, Punjab
indischer Bundesstaat
Kerala, Sikkim
indischer Dichter
Tagore
indischer Fluss
Ganges
indischer Gong
Tamtam
indischer Nobelpreisträger
Tagore
indischer Politiker
Ghandi
indischer Religionsstifter
Buddha
indischer Waldbock
Nilgau
Individuum
Person
indogermanischer Stamm
Balten, Italer, Kelten, Slawen

indolent
traege
indonesische Hafenstadt
Padang
indonesische Hüftrock
Sarong
indonesische Insel
Bangka, Borneo, Butung, Flores, Lombok, Madura, Sebuku, Wowoni
indonesische Stadt
Padang
indonesische Währung
Rupiah
indonesischer Berg
Leuser, Makian, Merapi, Semeru
indonesisches Kleidungsstück
Sarong
industrielle Betriebsstätte
Fabrik
industrieller Ausdruck
Fabrik
infam
ehrlos, gemein
Infant von Spanien
Felipe
Infektionsausbreitung
Seuche
Infektionskrankheit
Angina, Grippe, Masern, Pocken, Seuche, Typhus
Inferno
Hoelle
Influenza
Grippe
Informationsmittel
Plakat, Presse
Inhaber
Eigner
Inhalt entfernen
leeren
Inhaltsangabe
Aufbau, Exposé, Rubrum
inkognito
geheim
Innengarten
Atrium
Innenhof
Atrium
Innenstürmer
Inside
innere Anspannung
Unruhe
innere Erregtheit
Unruhe
innere Gewissheit
Glaube
innere Unruhe
Unrast
innerhalb
binnen
innerlich
intern
Innung
Gewerk
ins Stocken geraten
stauen
Insasse
Mieter
Insekt
Ameise, Bremse, Falter, Fliege, Grille, Hummel, Kaefer, Muecke, Schabe, Spinne, Zikade
Insektenart
Kerbtier
Insektenordnung
Kaefer
Insektenpanzerstoff
Chitin
Insel
Eiland, Hallig
Insel *in der* **Ägäis**
Euboea, Imbros, Lemnos, Lesbos, Limnos
Insel *bei* **Alexandria**
Pharos
Insel *im* **Ärmelkanal**
Jersey
Insel *im* **Bodensee**
Mainau
Insel *vor der* **chinesischen Küste**
Hainan
Insel *im* **Golf von Neapel**
Ischia
Insel *vor* **Grönland**
Island
Insel *der* **Großen Antillen**
Tobago
Insel *der* **Hawaii-Gruppe**
Hawaii, Niihau
Insel *vor* **Indien**
Ceylon
Insel *im* **Indischen Ozean**
Ceylon
Insel *der* **Kanaren**
Gomera, Hierro
Insel *vor* **Malakka**
Penang
Insel *im* **Mittelmeer**
Euboea, Ischia, Ithaka, Lemnos, Lesbos, Rhodos, Zypern
Insel *vor* **Neapel**
Ischia
Insel *im* **Nordmeer**
Island
Insel *in der* **Nordsee**
Borkum, Mellum, Roemoe
Insel *in der* **Ostsee**
Fuenen, Oeland, Ruegen, Samsoe, Ummanz, Usedom, Wollin
Insel *im* **Pazifik**
Hawaii, Tahiti, Taiwan
Insel *der* **Philippinen**
Negros
Insel *vor* **Pommern**
Ruegen, Usedom, Wollin
Insel *in der* **Pommerschen Bucht**
Usedom
Insel *im* **Saronischen Golf**
Aegina
Insel *vor* **Schweden**
Oeland
Insel *vor* **Sizilien**
Lipari, Salina, Ustica
Insel *im* **Stillen Ozean**
Taiwan
Insel *bei* **Sumatra**
Bangka
Insel *bei* **Trinidad**
Tobago
Insel *bei* **Venezuela**
Tobago
Insel *im* **Wattenmeer**
Hallig
Insel *im* **Zürichsee**
Ufenau
Inseleuropäer
Kreter
Inselgruppe *im* **Atlantik**
Azoren
Inselgruppe *vor der* **Küste Norwegens**
Ofoten
Inselgruppe *im* **Pazifik**
Hawaii
Inselstaat
Ceylon, Irland, Island, Tuvalu, Zypern
Inselstaat *der* **USA**
Hawaii
Inselvolk in Europa
Briten
insolvent
pleite
Installation
Einbau
Instandhaltung
Pflege
inständiges Bitten
Flehen
Instinkt
Ahnung
Instrument
Geraet, Mittel
Instrument *des* **Arztes**
Klemme
Instrument *der* **Optik**
Brille, Kamera

Instrumentalstück
Sonate
Interesse
Anteil, Belang, Wunsch
Interessengemeinschaft
Verein
internationale Gesellschaft
Jetset
internationale Kulturorganisation
UNESCO
internationale Organisation
UNICEF
internationale Satzung
Charta
Internatsschüler
Alumne
Intervall
Dezime, Oktave
Intrige
Kabale, Raenke
Intrigen
Raenke
inwendig
intern
ionische Insel
Leukas
irakische Münze
Dirham
irakischer Königsname
Faisal
irakischer Revolutionsführer
Gadafi
iranische Hafenstadt
Abadan
iranischer Geistlicher
Mullah
iranisches Reitervolk
Alanen
irgendwann
jemals
irische Insel
Achill, Mullet
irische Sagengestalt
Ossian
irischer Berg
Keeper, Nephin
irischer Geheimbund
Fenier
irischer Missionar
Gallus
irischer Nobelpreisträger für Physik
Walton
irischer Volksstamm in Schottland
Skoten
ironische Dichtung
Satire
Irrtum
Errata, Fehler
islamischer Gelehrtentitel
Mullah
islamischer Gesetzeskundiger
Mullah
islamischer Herrschertitel
Sultan
islamischer Prediger
Schech, Scheik
islamischer Schutzgeist
Asrael, Ridvan
islamischer Wallfahrtsort
Medina
islamisches Lehrbuch
Hadith
islamisches Pilgerziel
Medina
islamisches Schicksal
Kismet
Islamit
Moslem, Muslim
isländische Springquelle
Geiser, Geisir, Geysir
Isoliermaterial
Asbest
isoliert
allein, einsam
israelische Amtssprache
Iwrith
israelische Münze
Agorot
israelischer Autor
Kishon
israelischer Berg
Jermak, Karmel, Semawe
israelischer König
Salomo
israelischer Richter und Seher
Samuel
israelischer Stamm
Joseph, Reuben, Simeon
israelischer Stammvater
Japhet
israelisches Kollektiv
Kibbuz
italienisch für Arzt
medico
italienisch für danke
grazie
italienisch für Engel
angelo
italienisch für Früchte
frutti
italienisch für fünf
cinque
italienisch für Herr
signor
italienisch für Italien
Italia
italienisch für Marktplatz
piazza
italienisch für Mittagsruhe
siesta
italienisch für nichts
niente
italienisch für Platz
piazza
italienisch für Speiseeis
gelato
italienisch für Straße
strada
italienisch für Tag
giorno
italienisch für vorwärts
avanti
italienische Adelsfamilie
Borgia, Medici, Orsini
italienische Anrede
Signor
italienische Gebirgstruppe
Alpini
italienische Goldmünze
Florin
italienische Hafenstadt
Amalfi, Ancona, Neapel, Reggio, Rimini, Tarent, Triest
italienische Insel
Giglio, Ischia, Linosa, Lipari, Salina, Ustica
italienische Landschaft
Emilia, Friaul, Friuli, Latium, Marche, Molise
italienische Münze
Florin
italienische Pflaume
Susine
italienische Provinz
Mantua, Novara, Pesaro, Tarent, Trient, Verona
italienische Stadt an der Etsch
Trient
italienische Weinsorte
Barolo, Epomeo
italienische Wurstsorte
Salami
italienische Zervelatwurst
Salami
italienischer Adriahafen
Ancona
italienischer Alpenjäger
Alpini
italienischer Astronom
Secchi
italienischer Badeort
Amalfi, Ancona, Cervia, Jesolo, Limone, Rimini

italienischer Berg
Amiata, Cimone, Ortler, Serino, Tofana
italienischer Bildhauer
Marini
italienischer Botaniker
Alpini
italienischer Buchdrucker
Bodoni
italienischer Dirigent
Sabata
italienischer Geheimbund
Maffia
italienischer Geistlicher
Abbate
italienischer Geograf (Geograph)
Nobile
italienischer Komponist
Anerio, Busoni, Pacini
italienischer Kriegshafen
Ancona
italienischer Maler
Giotto, Guardi, Piombo, Sodoma, Tizian, Vasari
italienischer Männername
Angelo, Benito
italienischer Mediziner
Pacini, Scarpa
italienischer Mönch
Frater
italienischer Name von Meran
Merano
italienischer Name von Neapel
Napoli
italienischer Nobelpreisträger für Frieden
Moneta
italienischer Nobelpreisträger für Physik
Rubbia
italienischer Opernkomponist
Busoni
italienischer Ordensbruder
Frater
italienischer Philosoph
Ficino
italienischer Physiker
Rubbia
italienischer Polarflieger
Nobile
italienischer Politiker
Cavour, Crispi, Nicola, Scelba, Sforza
italienischer Sänger
Caruso
italienischer Schriftsteller
Alvaro, Amicis, Ariost, Marino, Papini, Pavese, Silone, Tomasi, Vasari
italienischer Tanz
Pavane
italienischer Tenor
Caruso
italienischer Verschwörer
Fiesco
italienischer Volksstamm
Umbrer
italienischer Wallfahrtsort
Assisi, Loreto
italienischer Weinbauort
Tramin
italienisches Adriaseebad
Rimini
italienisches alkoholisches Getränk
Grappa
italienisches Kugelspiel
Boccia
italienisches Seebad
Amalfi

J

Jabot
Krause
Jackenart
Bolero, Janker, Kittel
jagdbares Tier
Hirsch
Jagdbereich
Gehege, Revier
Jagdbezirk
Revier
Jagdgebiet
Revier
Jagdhorn
Piston
Jagdhund
Bracke, Dackel, Setter, Teckel
Jagdhundrudel
Koppel
Jagdkanzel
Ansitz
Jagdleopard
Gepard
Jagdmesser
Nicker
Jagdmunition
Schrot
Jagdpferd
Hunter
Jagdreise in Afrika
Safari
Jagdrevier
Gehege
Jagdruf
Halali
Jagdwaffe
Flinte, Gewehr, Spiess
jagen
hetzen
Jäger
Nimrod
Jäger im Alten Testament
Nimrod, Nimrud
Jägeranstand
Ansitz
jäh
abrupt, heftig
Jahresabschluss
Bilanz
Jahresring am Baum
Flader
Jahreszeit
Herbst, Saison, Sommer, Winter
Jahrmarkt
Kirmes, Kirtag, Rummel
Jakobs Frau
Rachel
Jamaika-Popmusik
Reggae
Jammer
Kummer, Misere
Janhagel
Poebel
Japan
Nippon
japanische Automobilmarke
Suzuki, Toyota
japanische Gesellschafterin
Geisha
japanische Kampfsportart
Aikido, Karate
japanische Nationaltracht
Kimono
japanische Selbstverteidigung
Aikido, Karate
japanische Tänzerin
Geisha
japanischer Feldherrentitel
Shogun
japanischer Herrschertitel
Mikado
japanischer Hochadel
Daimio
japanischer Hosenrock
Hakama
japanischer Kampfsport
Aikido, Karate

6

japanischer Kultspiegel
Kagami
japanischer Name von Japan
Nippon
japanischer Nobelpreisträger für Physik
Yukawa
japanischer Physiker
Yukawa
japanischer Politiker
Banzan, Komura
japanischer Tempelbau
Pagode
japanischer Theaterstil
Kabuki
japanischer Zwergbaum
Bonsai
japanisches Flächenmaß
Tsjubo
japanisches Frauengewand
Kimono
japanisches Gewand
Kimono
japanisches Kleidungsstück
Kimono
japanisches Längenmaß
Schaku
japanisches Puppenspiel
Joruri
Jause
Imbiss, Vesper
Jazzbegriff
Bounce, Chorus, Gospel, Leader
Jazzinstrument
Becken, Floete, Timbal, Zymbal
Jazzmusikant
Jazzer
Jazzmusiker
Barber, Barnet, Bechet, Blakey, Dorsey, Garner, Herman, Joplin, Kenton, Miller, Mingus, Oliver, Parker, Powell
jedoch
allein
jemand, *der* **Geld zurücklegt**
Sparer
jemand, *der* **sein Auto abstellt**
Parker
jemand, *der eine* **Straftat begeht**
Taeter
jemanden demütig um etwas bitten
flehen
Jenseits
Himmel, Hoelle
jetzt
gerade
Job
Arbeit, Stelle
Joch
Buerde, Travee
Johannisbrot
Karube
Jokus
Scherz
Jubel
Freude
Judenviertel
Ghetto
jüdischer Feiertag
Passah, Sabbat
jüdischer Gemeindevorsteher
Parnes
jüdischer König
Hiskia, Salomo
jüdischer Philosoph
Maimon, Philon
jüdischer Ruhetag
Sabbat
jüdischer siebenarmiger Leuchter
Menora
jüdischer Staat
Israel
jüdischer Überrock
Kaftan
jüdisches Brautzelt
Chuppa
jüdisches Gedenkfest
Passah
jüdisches Gesetzbuch
Talmud
jüdisches Obergewand
Kaftan
jüdisches Religionsbuch
Talmud
Judosportler
Judoka
jugendlich
pueril
Jugendstrafe
Arrest
jugoslawischer Staatsmann
Djilas
Juli
Heuert
Junge
Bengel, Knirps
junge Kuh
Faerse
jungenhaft
pueril
junger Hering
Matjes
junger Seehund
Heuler
junger Wein
Sauser
Jünger Jesu
Markus, Paulus, Petrus, Thomas
junges Geflügel
Kueken
junges Haustier
Faerse, Ferkel, Fohlen, Kueken
junges Huhn
Kueken
junges Mädchen
Maedel
junges Pferd
Fohlen
junges Schwein
Ferkel
jungfräulich
keusch
Jungherr
Junker
Jüngling
Adonis, Ephebe, Junior
Jungtertiär
Neogen
Jungtierkrankheit
Laehme
Jupiter
Fulgur
Jupitermond
Ananke, Europa
Jura
Rechte
Juraformation
Dogger
Jurist
Anwalt
Juristenberuf
Anwalt
juristischer Begriff
Arrest, Beweis, Delikt, Gesetz, Karenz, Klient, Mandat, Partei, Schuld, Schwur, Strafe, Taeter, Tatort, Urteil
just
gerade, soeben
justieren
eichen
Justierer
Eicher
Juwel
Schatz
Jux
Scherz
jwd
einsam

K

Kabale
Raenke
Kabarett
Brettl
Kabarettsänger
Diseur
Kabarettszene
Sketch
Kabbelei
Streit
Kabeljau
Dorsch
Kabine
Gondel
Kabinett
Gemach, Zimmer
Kachel
Fliese, Platte
Käferart
Gerber
Käferschnecke der Meere
Chiton
Kaffeeart
Brasil, Santos
Kaffernhirse
Sorgho
Kaffernstamm
Basuto
Käfig
Pferch
Kahlkopf
Glatze, Platte
Kahlstelle
Tonsur
Kahn
Arrest, Gondel, Nachen, Schiff
Kaiserstadt
Aachen
Kaisertitel *in* **Japan**
Mikado
Kajüte
Kabine
Kakerlak
Schabe
Kakteenart
Cereus, Peyotl
Kalamität
Klemme
Kalbsmilch
Thymus
Kalkgesteinsrinnen
Karren
Kalkspat
Kalzit
Kalkstein
Donith, Kreide, Marmor
kalt
frigid
kalte Jahreszeit
Winter
Kälte
Kuehle
Kältesteppe
Tundra
Kalziumverbindung
Karbid
Kamarilla
Clique, Partei
kamelartiges Tier
Alpaka, Vicuna
Kamerad
Freund, Kumpan, Kumpel, Macker
kameradschaftlich Verbundener
Freund
Kameraeinstellung
Totale
Kameralinse
Okular
Kamerazubehör
Filter
Kamin
Schlot
Kaminholzstück
Scheit
Kamm
Nacken
Kammer
Zimmer
Kammgarnstoff
Melton
Kampagne
Saison
Kampfesweise
Taktik
Kampfmittel *der* **Arbeitnehmer**
Streik
Kampfplanung
Taktik
Kampfspiel der Ritter
Buhurt
Kampfsportart
Karate, Ringen
kampieren
lagern, zelten
kanadische Hafenstadt
Quebec
kanadische Halbinsel
Ungava
kanadische Hauptstadt
Ottawa
kanadische Insel
Brelon, Edward, Mansel
kanadische Provinz
Quebec
kanadischer Berg
Robson
Kanaille
Poebel, Schuft
Kanal
Gracht
Kanalhafen
Calais, Dieppe, St. Malo
Kanalinsel
Jersey
Kanalisationsanlage
Kloake
Kanarische Insel
Gomera, Hierro
Kannenschnabel
Tuelle
Kantine
Casino, Kasino
Kanton der Schweiz
Aargau, Glarus, Luzern, Schwyz, Tessin, Wallis
Kanton und Stadt der Schweiz
Glarus, Luzern, Schwyz
Kanufahrer
Kanute
Kanzel
Ansitz
Kap *in* **Nordwestfrankreich**
Frehel
Kap *auf* **Rügen**
Arkona
Kapelle
Gruppe, Kirche
Kapern eines Schiffes
entern
Kapital
Besitz, Fundus, Gelder
Kapitalertrag
Zinsen
Kapitalmarkt
Boerse
Käppchen der Richter
Barett
Kappe
Deckel, Kaeppi, Kapuze, Muetze
Kapriole
Sprung
Kapsel
Huelle, Huelse
kaputt
defekt
Kapuzenwindbluse
Anorak
Karambolage
Unfall
Karbolsäure
Phenol
karg
frugal
karierter Textilstoff
Pepita
Karo
Dessin, Muster

karolingischer Gelehrter
Alkuin
Karotte
Moehre
karpfenartiger Fisch
Brasse, Doebel, Erling, Schlei, Ukelei
Karsttrichter
Doline
Kartenspiel
Boston, Bridge, Pikett, Rommee, Tarock, Watten
Kartenspielausdruck
Eichel, Herzen, Kontra, mauern, mogeln, Ouvert, passen, Trumpf
Karthager
Punier
Kartoffel
Batate
Kartoffelbrei
Pueree
Kartoffelgericht
Roesti
Kartoffelpuffer
Plinse
Kartusche
Huelse, Ladung, Rahmen
Karzer
Kerker
Kaschemme
Kneipe
Käsegericht
Fondue
Käsesorte
Edamer, Harzer
Käsesorte mit roter Rinde
Edamer
Kassenschlager
Renner
Kassenschrank
Tresor
Kassette
Huelle, Kasten
Kastanienfrucht
Marone
Kaste
Klasse
Kastors Bruder
Pollux
Kastrat
Eunuch
kastrierter Hahn
Kapaun
Katastrophenart
Seuche, Unheil
Kate
Huette
Kategorie
Gruppe, Klasse, Rubrik
Kategorie der Tonkunst
E-Musik
Kater in der Fabel
Murner
Katheder
Kanzel
katholische Geistlichkeit
Klerus
katholischer Kirchenlehrer
Gregor
katholischer Küster
Mesner
katholischer Lobgesang
Gloria, Tedeum
katholischer Priesterstand
Klerus
katholisches Bischofstreffen
Konzil
katholisches Gnadenmittel
Ablass
katholisches Messgebet
Sekret
katholisches Sakrament
Oelung
Kattun
Chintz, Kaliko
Katzenart
Angora, Gepard, Jaguar, Ozelot, Perser
katzenartiges afrikanisches Raubtier
Serval
Katzengold
Biotit
Katzenmusik
Jaulen, Miauen
Kauf
Erwerb
Kauf von Waren
Erwerb
Käufer von Diebesgut
Hehler
kaufmännischer Begriff
Absatz, Aktiva, Bilanz, Brutto, Budget, Detail, Engros, Erloes, Ertrag, Export, Faktur, Franko, Import, Konsum, Kredit, Option, Profit, Rabatt, Skonto, Spesen, Storno, Ultimo, Umlage, Usance, Zufuhr
kaufmännischer Beruf
Makler
kaufmännisches Unternehmen
Betrieb
Kaufmannsgehilfe
Kommis
kaukasischer Teppich
Kasach
kaukasischer Volksstamm
Alanen, Awaren
Kaukasusberg
Elbrus, Kasbek
Kaulkopf
Quappe
kaum vorkommend
selten
Kauwerkzeug
Gebiss, Zaehne
kauziger Mensch
Unikum
Kavallerist
Reiter
Kaverne
Hoehle
Kaviar
Beluga
Kaviarlieferant
Beluga, Hausen, Scherg
Kaviarsorte
Beluga
keck
dreist
kegelähnlicher Körper
Konoid
Kegelbruder
Kegler
Kegelschnittlinie
Gerade
Kehlkopf
Gurgel
Kehlkopfteil
Deckel
Kehraus
Finale
Kehricht
Abfall
keifen
zetern
Keimdrüse
Gonade
keimfrei
steril
Keimling
Embryo, Frucht
Keimzelle
Pollen
Kelch
Becher, Bluete, Huelle
kelchförmiges Weinglas
Roemer
Kellermeister
Kuefer
Kellerungeziefer
Schabe
Kellner
Garçon
Kelten
Gaelen, Skoten
Kelterer
Winzer

Kelterrückstand
Treber
keltischer Barde
Ossian
keltischer Priester
Druide
Kenntnis
Wissen
Kenntnisse aneignen
lernen
Kennwort
Losung, Parole
Kennzahl
Nummer
Kennzeichen
Emblem
Kentaur
Chiron, Nessos, Nessus
kentern
kippen
Keramiker
Hafner
keramisches Erzeugnis
Fliese, Kachel, Roehre, Schale, Teller
Kerbe
Furche
Kerbtier
Insekt, Kaefer, Spinne
Kerngehäuse des Obstes
Griebs
Kernobst
Mispel, Quitte
Kernteilchen
Proton
kess
dreist
Kette
Fessel, Kordon
Kette beim Tanzen
Chaine
Kettenfahrzeug
Panzer
Kettenglied
Schake
Kettenteil
Schake
Kettfaden
Chaine
Kfz-Unterbau
Rahmen
kiebig
dreist
Kiebitz
Kiwitt
Kiefer
Foehre
Kiefernart
Foehre, Zirbel
Kinder
Blagen, Rangen
Kinderei
Unsinn
Kinderfahrzeug
Roller
Kindergarten
Krippe
Kinderkrankheit
Masern
Kinderspiel
Fangen, Hoppen
Kinderspielzeug
Roller
kindisch
albern, simpel
Kirchenbauwerk
Pagode, Tempel
Kirchendiener
Mesner
Kirchengalerie
Empore
Kirchengemeinde
Pfarre
Kirchengesang
Choral
Kirchenlied
Choral, Gloria, Tedeum
Kirchenmusiker
Kantor
Kirchenversammlung
Konzil, Synode
kirchlich
sakral
kirchliche Handlung
Ablass
kirchlicher Bezirk
Bistum
kirchlicher Feiertag
Ostern
kirchlicher Lobgesang
Tedeum
kirchlicher Würdenträger
Probst
kirchliches Bauwerk
Kirche, Tempel
kirchliches Brauchtum
Ritual
Kirchweih
Kirmes
Kirschlikör
Cherry
kirschrot
cerise
Kissenbezugsstoff
Inlett
Kissenfüllung
Daunen
Kiste
Kasten
Kitsch
Schund
kitten
kleben, leimen
kitzlig
heikel
kläffen
bellen
Klage
Jammer
Klagegedicht
Elegie
Klagelaut
Geheul
Klagelied
Elegie
Klamauk
Scherz, Unsinn
Klamotten
Lumpen
Klang
Akkord, Gesang, Schall
Klangfarbe
Timbre
Klangkörper mit Klöppel
Glocke
klanglos
heiser
Klappe
Deckel
Klapper
Rassel
Klaps
Schlag
klar
gewiss, lauter, sauber, sicher
klare Flüssigkeit
Wasser
Klasse
Gruppe, Rubrik
Klassenbezeichnung im Gymnasium (veraltet)
Quarta, Quinta, Tertia
Klassenerster
Primus
Klatsch
Gerede
Klaue
Kralle, Pranke
Klausner
Eremit
klebrig
pappig, viskos
Kleid
Gewand
Kleid der Vögel
Federn
Kleideraufhänger
Buegel
Kleideraufschlag
Revers
Kleiderbesatz
Braeme, Spitze, Tresse, Volant
Kleiderhaken
Buegel
Kleiderschnitt
Fasson

6

Kleiderstoff
Cloqué
Kleiderteil
Tasche
Kleidung
Gewand, Outfit
Kleidungsstück
Anorak, Barett, Bikini, Binder, Bolero, Fliege, Gewand, Janker, Jumper, Kaeppi, Kapuze, Kasack, Kimono, Kittel, Kragen, Livree, Mantel, Melone, Muetze, Schurz, Socken, Stulpe, Tracht, Tresse, Turban, Ulster, Umhang
Kleidungsstück in Japan
Kimono
Kleidungsweise
Tracht
klein
gering, winzig
klein kariertes Gewebe
Pepita
Kleinasiat
Tuerke
kleinasiatische Küstenlandschaft
Ionien
Kleinbär
Schupp
kleine Abteilung
Gruppe
kleine Anhöhe
Huegel
kleine Ansiedlung
Weiler
kleine Brotstücke
Krumen
kleine Eingangstür
Pforte
kleine Fahne
Wimpel
kleine französische Kneipe
Bistro
kleine Gemeinde
Weiler
kleine Heuschrecke
Grille
kleine Höhle
Grotte
kleine Insel
Eiland
kleine Insel im Wattenmeer
Hallig
kleine Krebse (italienisch)
Scampi
kleine Mahlzeit
Imbiss
kleine Rille
Furche
kleine Robbe
Heuler
kleine Schallplatte
Single
kleine Schar
Truppe
kleine Sense
Sichel
kleine Spielkugel
Murmel
kleine sprachliche Einheit
Phonem
Kleine Sundainsel
Flores
kleine Vielzahl von Menschen
Gruppe
kleine Wattenmeerinsel
Hallig
kleine Zeitspanne
Moment
kleine Ziergegenstände
Nippes
kleine Zweige
Reiser
kleiner Beitrag
Obolus
kleiner Berg
Huegel
kleiner Betrüger
Mogler
kleiner dicklicher Mensch
Moppel
kleiner Handziehwagen
Karren
kleiner Kahn
Nachen
kleiner Kanal
Gracht
kleiner Karpfenfisch
Ukelei
kleiner Kerl
Knirps
kleiner Meereskrebs
Krabbe
kleiner Sack
Beutel
kleiner Spaziergang
Bummel
kleiner Sportrennwagen
Gokart
kleiner Stein
Kiesel
kleiner Stuhl ohne Lehne
Hocker
kleiner Teich
Weiher
kleines Eiterbläschen
Pustel
kleines Gewässer
Weiher
kleines Kerbtier
Kaefer
kleines Mähgerät
Sichel
kleines Motorrad
Mokick
kleines Raubtier
Marder
kleines Spinnentiere
Milben
kleines stehendes Gewässer
Teiche
kleines Wasserfahrzeug
Nachen
kleines Weißbrot
Semmel
kleines Zahnrad
Ritzel
Kleinformat bei Büchern
Duodez
kleinformatige Klassikerausgabe
Aldine
Kleingebäck
Waffel
Kleinigkeit
Bissen, Happen, Imbiss
Kleinigkeitskrämer
Pedant
Kleinkraftrad
Mokick
Kleinkunstbühne
Brettl
kleinlicher Mensch
Pedant
Kleinod
Schatz
Kleinstaat in Europa
Monaco
Klepper
Maehre
Kletterausrüstung
Hammer, Pickel
Klettervogel
Specht
Klicker
Murmel
Klingel
Bimmel, Glocke
Klinik
Spital
Klinker
Ziegel
Klippe
Felsen
Klippfisch
Dorsch
Kloster *am* **Bodensee**
Birnau
Kloster *in* **Frankreich**
Corbie, Fleury

6

Kloster *bei* Hannover
Loccum
Kloster *bei* Höxter
Corvey
Klosteranwärter
Novize
Klosterbruder
Frater, Moench, Novize
Klosterneuling
Novize
Klostervorsteher
Oberer
Klostervorsteherin
Oberin
Klosterzelle
Klause
Klotz
Kloben
Klub
Verein, Zirkel
Klubjacke
Blazer
Kluft
Spalte
klug
clever, findig, ratsam, schlau
Klumpen
Batzen
Klüngel
Clique
Knabenkraut
Orchis
Knall
Schlag, Schuss
Knalleffekt
Pointe
Knappe
Diener
Knecht
Diener
knechtisch
servil
knickrig
geizig
Kniebeuge als Ehrerbietung
Knicks
kniefreie Hose
Shorts
Knieholz
Kiefer
Knies
Aerger, Streit
Knöchelgegend
Fessel
Knochen betreffend
ossaer
Knochen des Schädels
Kiefer
Knochenfraß
Karies
Knochengerüst
Gebein
Knochenleim
Glutin
Knochenriss
Fissur
Knochenverbindung
Gelenk
Knochenverletzung
Fissur
Knollenfrucht der Tropen
Batate, Maniok
Knollengewächs
Krokus
Knorpelfisch
Rochen
Knospe
Spross
Knöterichgewächs
Ampfer
knotige Hauterhebung
Pickel
Kobold
Schrat
Kochanweisung
Rezept
kochen
sieden
Kochgefäß
Boiler, Kessel, Pfanne, Tiegel
Kochraum
Kueche
Kochstelle
Platte
Kochvorschrift
Rezept
Kohl
Kappes
Kohlart
Spinat
Kohldampf
Hunger
Kohlehydrat
Zucker
Kohlenprodukt
Benzin, Benzol, Kresol, Phenol
Kohlenstoffverbindung
Karbid
Kohlenwagen der Lok
Tender
Kohlenwasserstoff
Aethan, Methan
Köhlerhaufen
Meiler
Koksschlacke
Sinder
Kollaps
Schock
Kollege
Kumpel
Kollektiv
Kibbuz
Kölner Witzfigur
Schael
Koloss
Gigant
kolossal
riesig
kolumbianischer Autor
Isaacs
kolumbianischer Berg
Cumbal, Purace, Tolima
komfortabel
bequem
Kommando
Befehl, Signal
Kommentar
Glosse, Kritik
Kommiss
Barras
Kommunikationsmittel
Medium
Komödie
Sketch
Kompagnon
Sozius
kompakt
massiv, stabil
kompetent
befugt
Komplex
Ganzes, Gebiet, Gruppe
Konditoreierzeugnis
Kuchen
Konfekt
Bonbon
Konferenz
Tagung
Konflikt
Streit
Kongress
Tagung
König *von* Assyrien
Sargon
König *der* Elfen
Oberon
König *der* englischen Sage
Arthur
König *von* Georgien
Thamar
König *der* griechischen Sage
Augias, Danaus, Danaos, Nestor
König *der* Hunnen
Attila
König *des* Irak
Faisal
König *von* Juda
Ahasja, Asarja, Joahas, Josias, Jotham
König *von* Marokko
Hassan

König *von* **Mykene**
Atreus
König *der* **nordischen Sage**
Nidhad
König *der* **Ostgoten**
Totila
König *von* **Pylos**
Neleus, Nestor
König *von* **Theben**
Kadmos
König *der* **Westgoten**
Eurich
König *der* **Zwerge**
Laurin
Königin *von* **Georgien**
Tamara
königliches Spiel
Schach
Königreich *im* **Himalaja**
Bhutan
konjugieren
beugen
Konkurrent
Gegner, Rivale
Konkurs
Pleite
Können
Talent, Wissen
Könner
Kenner
konservative Partei in England
Tories
konstant
stetig
Konstitution
Aufbau
Konstruktion
Aufbau, Bauart
kontaktfreudig
sozial
Kontenabschluss
Bilanz
Konterfei
Abbild
Kontinent
Afrika, Europa
Kontingent
Anteil
Kontrahent
Gegner
kontrollierter Durchgang
Sperre
Kontur
Umriss
Konvention
Brauch
Konzentrationsausgleich
Osmose
konzentrierte Lösung
Essenz
konzentrierter Auszug
Essenz
Konzept
Skizze
Konzession
Lizenz
Konzil
Synode
Koog
Marsch, Polder
Kopenhagener Volkspark
Tivoli
Kopfauswuchs beim Wild
Geweih
Kopfbedeckung
Barett, Birett, Kaeppi, Kapuze, Melone, Muetze, Turban
Kopfbedeckung *der* **Kleriker**
Birett
Kopffüßer
Kalmar
Kopfschmuck
Bluete, Diadem, Spange
Kopfschmuck der Hirsche
Geweih
Kopfschmuck von Tieren
Maehne
Kopfstimme
Fistel
Kopfteil
Gebiss, Genick, Kiefer, Nacken, Stirne, Wimper
Kopfteil bei Tieren
Geweih, Taster
Kopie
Doppel
Korb *am* **Heißluftballon**
Gondel
Korbblütler
Arnika, Cosmea, Dahlie, Distel, Klette, Kosmee, Saflor, Wermut, Zinnie
Korbflasche
Ballon
Korbgriff
Henkel
Kordel
Bendel
Kordon
Sperre
Korken
Pfropf
Körnerfrucht
Dinkel, Gerste, Roggen, Weizen
Kornett
Piston
Kornmahlbetrieb
Muehle
Körper
Korpus, Objekt
Körperabsonderung
Sekret
Körperart (Geometrie)
Prisma, Quader
Körperbau
Statur
Körperbauforscher
Anatom
Körperbaulehrer
Anatom
Körpererfrischung
Dusche
Körperertüchtigung
Turnen
Körperflüssigkeit
Lymphe, Sekret
Körpergelenk
Genick
Körpergröße
Laenge
körperliche Anspannung
Stress
körperliche Belastung
Stress
körperliche Beschaffenheit
Physis
körperliche Peinigung
Folter
körperliche Überbelastung
Stress
körperlicher Wirkstoff
Hormon
körperliches Erscheinungsbild
Statur
Körperorgan
Gehirn
Körperpartie
Huefte
Körperreinigung
Dusche
Körperschaft
Gruppe, Innung, Verein
Körperteil
Achsel, Becken, Daumen, Druese, Fessel, Finger, Gebiss, Gehirn, Gelenk, Genick, Gewebe, Huefte, Kiefer, Leiste, Muskel, Nacken, Schoss, Steiss, Stirne, Taille, Wirbel
Körperwuchs
Statur
korrodieren
rosten
Korsett
Mieder
Korsikas Bewohner
Korsen
Kosakenbluse
Kasack
Kosakenführer
Ataman, Hetman, Otaman

kosmetische Gesichtspflege
Makeup
kosmetische Verschönerung
Make-up
kosmetischer Artikel
Aceton, Azeton, Make-up, Parfum, Pomade, Talkum
kosmischer Kleinkörper
Meteor
Kost
Speise
kostbarer Besitz
Schatz
kostbarer Kleiderbesatz
Braeme
kostbarer Stirnreif
Diadem
kostbares Gewebe
Brokat
Kostbarkeit
Schatz
Kosten
Spesen
Kostenaufteilung
Umlage
kostenfrei
franko, gratis
köstlich
lecker
Kostschüler im Heim
Alumne
Kot des Wildes
Losung
Kotelett vom Schwein
Karree
Krach
Streit, Tumult, Unruhe
Kraft
Gewalt, Potenz
Krafteinheit
Newton
Kraftfahrer
Lenker
Kraftfahrzeug
Kabrio, Laster, Mokick
Kraftfahrzeugraum
Garage
kräftig
deftig, robust, stabil
kräftig gewürzt
pikant, scharf
kräftiger Hieb
Schlag
Kraftmensch
Athlet
Kraftstoff
Benzin, Diesel
Kraftstoff auffüllen
tanken
kraftvoll
kernig, markig
Krakeel
Gezank, Streit, Unruhe
Krampfader
Varize
Krampfzustand
Starre
Kranichvogel
Trappe
krank
malade
Krankenbesuch
Visite
Krankenhaus
Hospiz, Klinik, Spital
Krankensalbung
Oelung
krankhaft
morbid
Krankheit
Leiden, Seuche
Krankheit der Atemwege
Asthma
Krankheitsereignis
Anfall, Insult, Krampf
krankheitsfrei
gesund
Krankheitssymptom
Anfall, Fieber, Husten, Niesen
Kränkung
Insult, Unbill
krass
extrem
krauses Haar
Locken
Kraut mit Brennhaaren
Nessel
krautige Pflanze
Staude
Krawall
Streit, Unruhe
Krawattenart
Binder, Fliege
Kreatur
Mensch
Krebs
Krabbe
Krebsgeschwulst
Sarkom
Krebstier
Granat, Hummer, Krabbe
Kreideformation
Neokom
Kreis
Bezirk, Gebiet, Zirkel
Kreisachtel
Oktant
Kreisausschnitt
Sektor
Kreishalbmesser
Radien, Radius
kreisrunder Haarausschnitt
Tonsur
Kreppgewebe
Krepon
Kreuzblütler
Crambe, Isatis, Neslia
Kreuzgeflecht
Gitter
Kreuzstab des Papstes
Ferulu
kriecherisch
servil
Kriechtier
Kaiman, Leguan, Natter, Python, Reptil
Krieger
Kaempe, Soldat
Kriegerstand im Mittelalter
Ritter
Kriegsfahrzeug
Panzer
Kriegsflotte der Spanier
Armada
Kriegsflugzeug
Bomber, Jaeger
Kriegsführung
Taktik
Kriegskunst
Taktik
Kriegsmaschine
Widder
Kriegsschiff
Tender
Kriemhilds Bruder
Gernot
Kriminalautorin
Millar
kriminelles Vergehen
Betrug
kristalliner Kalkstein
Marmor
kristallisierter Zucker
Kandis
Kritik
Urteil
Kritik übende Übertreibung
Satire
kroatische Hauptstadt
Zagreb
kroatischer Hafen
Rijeka
Krokodil
Kaiman
Krokusart
Safran
Kropf
Struma
Kropfstorch
Marabu

krümmen
beugen, biegen
Krummholzart
Foehre, Kiefer
Kruste
Schale, Schorf
kubanischer Exportartikel
Zucker
kubanischer Mulatte
Moreno
kubanischer Regierungs-chef
Castro
Kuchenauflage
Glasur
Küchenbecken
Spuele
Küchendunst
Wrasen
Kücheneinrichtung
Spuele
Küchengegenstand
Kessel, Pfanne, Platte, Raspel, Schale, Teller
Küchengewürz
Ingwer, Kerbel, Muskat, Piment, Safran, Salbei, Wermut
Küchenhobel
Hachel
Küchenungeziefer
Schabe
Kuchenzutat
Rosine
kuckucksartiger Vogel
Didrik
Küfer
Binder
Kugel
Kuller
Kugelbakterie
Kokkus
kugelförmiger Glasbe-hälter
Ballon
Kugelspiel
Boccia, Kegeln, Pelota
Kugelsportler
Kegler
Kuh vor dem ersten Kalben
Faerse
kühl
frisch
kühn
forsch, tapfer
kühne Unternehmung
Wagnis
Kultstätte
Tempel
Kultur
Pflege
Kulturepoche
Antike, Barock, Empire, Rokoko
Kulturgruppe
Ethnie
Kulturpflanze der Tropen
Kaffee, Maniok, Orange
Kulturstätte
Museum
Kummer
Trauer
Kumpan
Kumpel
Kunde
Klient
Künder
Mahner
kundiger Mensch
Weiser
Kunst des Zeichnens
Grafik
Kunstdruck
Grafik
Kunstfaser
Acetat, Azetat, Diolen, Dralon, Grilon, Perlon, Tergal
Kunstförderer
Maezen
Kunstgattung
Mosaik, Mystik, Poesie
Kunstharz
Ebonit
Kunstharzbeschichtung für Bratgeschirr
Teflon
Kunstharzkitt
Asplit
Künstler
Geiger, Kantor, Magier, Solist
Künstlerwerkstatt
Studio
künstlich
unecht
künstliche Höhle
Grotte
künstliche Weltsprache
Lincos, Novial
künstliche Zahnfüllung
Plombe
künstlicher Saphir
Amaryl
künstlicher Wasserlauf
Graben
künstlicher Zahnersatz
Gebiss
künstliches Haarteil
Toupet
künstliches Hindernis
Verhau
künstliches Wasser-becken
Bassin
Kunstmuseum in Paris
Louvre
Kunstobjekt
Feelie
Kunstrichtung
Barock, Empire, Rokoko
Kunstrichtung *des* **18. Jahrhunderts**
Rokoko
Kunstrichtung *in der* **Zeit Napoleons**
Empire
Kunstsammlung
Museum
Kunststoff
Ebonit, Igelit, Teflon
Kunstwerk
Fresko, Grafik, Kirche, Statue
Kupfer-Zinn-Legierung
Bronze
Kupferlegierung
Bronze
Kupferoxid
Patina
Kupferstecher
Aetzer
Kuppe
Gipfel
kuppelförmige Indianer-hütte
Wigwam
kürbisähnliche Frucht
Melone
kürbisartige Südfrucht
Melone
Kürbisgewächs
Melone
Kurdenstamm
Awrami, Kalhur
kurieren
heilen
Kurort
Seebad
Kurort *in* **Belgien**
Knokke
Kurort *am* **Gardasee**
Limone
Kurort *am* **Harz**
Seesen
Kurort *im* **Kanton Bern**
Gstaad
Kurort *am* **Lago Maggiore**
Ascona, Stresa
Kurort *an der* **Lahn**
Nassau
Kurort *am* **Luganer See**
Lugano
Kurort *am* **Meer**
Seebad

6

Kurort *in* **Niedersachsen**
Eilsen
Kurort *an der* **Riviera**
Cannes
Kurort *im* **Salzkammergut**
Aussee, Fuschl
Kurort *in der* **Schweiz**
Ascona, Buochs, Gstaad, Heiden, Leysin, Lugano, Maloja
Kurort *in* **Südtirol**
Levico
Kurort *im* **Tessin**
Ascona
Kurort mit Heilquelle
Solbad
Kurs
Kursus, Umlauf
Kursanstieg
Hausse
Kurssturz
Baisse
kurvenlose Strecke
Gerade
kurzärmeliges Baumwollhemd
T-Shirt
Kurzatmigkeit
Asthma
Kurzdrama
Sketch
kurze Hose
Shorts
kurze Lanze
Spiess
kurzes Ausgussröhrchen
Tuelle
kurzes Jäckchen
Bolero
kürzeste Verbindung zweier Punkte
Gerade
Kurzform für *eine* **Berliner Hauptstraße**
Kudamm
Kurzform für *einen* **Polizisten**
Schupo
Kurzform für *einen* **Schiedsrichter**
Schiri
Kurzform für Schutzpolizei
Schupo
Kurzform für Stereophonie
Stereo
Kurzform für Studienbeihilfe
Bafoeg
Kurzsichtigkeit
Myopie
Kurzstreckenlauf
Sprint
Kurzübersicht
Abriss, Skizze
Kürzung
Rabatt, Skonto
Kurzunterschrift
Signum
Kurzware
Schnur
Kurzwort für Kategorie der Tonkunst
E-Musik
Kurzwort für offenes Auto
Cabrio
Kurzwort für Raumtonverfahren
Stereo
Kuss
Bussel
Küste
Strand
Küstenbewohner
Friese
Küstenfahrzeug
Feluke, Kutter
Küstenflachmeer
Schelf
Küstenform
Bodden, Foerde, Lagune, Strand
Küster
Mesner
Kutsche
Fiaker
Kutscher
Fahrer, Fiaker, Lenker
Kuvert
Gedeck, Huelle
Kuvertüre
Glasur
kyrillisches Alphabet
Asbuka

L

Laberdan
Dorsch
labil
unstet
Laborgefäß
Kolben, Tiegel
Labsal
Balsam
Labung
Labsal
Lacheffekt im Witz
Pointe
lächerlich
albern
Lackel
Flegel
Lacküberzug
Firnis, Glasur
Ladendiener
Kommis
Ladentisch
Tresen
Ladung
Buerde, Fracht
Laffe
Fatzke
Lage
Stelle
Lagebezeichnung
aussen, hinten, mitten, rechts
Lager
Kammer, Vorrat
Lager für Kohlen
Keller
Laguneninsel bei Venedig
Murano
lähmende Furcht
Grauen
Laichzeit
Laiche
Laienbruder
Frater
Lakai
Diener
Lamaart
Alpaka
lamentieren
keifen, zetern
Lamento
Jammer
Lammfellmütze
Kalpak, Kolpak
Lampenart
Sucher
Lampenfieber
Unruhe
Land
Gebiet, Gegend
Land *der* **Bundesrepublik**
Bayern, Berlin, Bremen, Hessen
Land *am* **mittleren Nil**
Nubien
Landarbeiter
Knecht
Landbesitzerkaste in Indien
Dschat
Landedelmann
Junker
Landeplatz *der* **Arche Noah**
Ararat
Länder Vorderasiens
Nahost
landesfremd
extern

Landesteil
Bezirk
Landesverweser
Regent
Landevorhaben
Anflug
Landfremdling
Gringo
Landhaus
Chalet
landläufig
gemein
ländliche Ansiedlung
Weiler
ländliche Feier
Kirmes
ländliches Leben
Idylle
Landschaft
Bezirk, Gebiet, Gegend, Region
Landschaft *im* **alten Palästina**
Judaea
Landschaft *der* **Antike**
Phokis
Landschaft *in* **Äthiopien**
Harrar, Ogaden
Landschaft *in* **Baden**
Albgau
Landschaft *in* **Belgien**
Fagnes, Kempen
Landschaft *in* **Kleinasien**
Ionien
Landschaft *bei* **Lyon**
Bresse
Landschaft *in* **Niedersachsen**
Hadeln
Landschaft *in* **Norditalien**
Friaul
Landschaft *in* **Pakistan**
Punjab
Landschaft *in* **Rumänien**
Moldau
Landschaft *in* **Schleswig-Holstein**
Angeln
Landschaft *in* **Ungarn**
Pussta, Puszta
landschaftlich für quer
zwerch
landschaftlich für Reibeisen
Raffel
Landschaftsform
Kueste, Marsch, Pussta, Puszta, Steppe, Tundra, Wueste
Landsknecht
Soldat
Landsmann in Österreich
Wiener

Landstreicher
Penner
Landstreitkräfte
Truppe
Landstrich
Gebiet, Region
Landstück für den Kleinanbau
Garten
Landungsplatz der Arche Noah
Ararat
Landwirt
Farmer
landwirtschaftlicher Arbeiter
Knecht
landwirtschaftlicher Beruf
Melker
landwirtschaftliches Gerät
Rechen, Sichel, Spaten
langbeiniger Wasservogel
Storch
lange Binde
Fasche
lange Hiebwaffe
Saebel
Längenmaß
Parsec
langer Gegenstand
Stange
langer Stab
Stange
längerer Riss
Spalte
langes Oberteil des Stiefels
Schaft
langhaariger Hühnerhund
Setter
langhaariges Lama
Alpaka
Langhalsflasche
Phiole
langhalsiger Stelzvogel
Storch
längliche Brotform
Wecken
Langmut
Geduld
langsam
traege
langsam in der Musik
adagio
langsames Musikstück
Adagio
langsames Tonstück
Adagio
Langstreckenwettbewerb
Rallye

langweilig
droege
langweiliges Geschwätz
Sermon
Lanze
Spiess
laotischer Grenzfluss
Mekong
Lappen
Fetzen, Lumpen
läppisch
albern, simpel
Larifari
Gerede, Unsinn
Lärm
Getobe, Rabatz, Randal, Trubel, Tumult, Unruhe
lärmender Unfug
Randal
Lärminstrument
Knarre, Rassel
lasch
salopp
Lasche
Nippel
lässig
bequem, locker, salopp, traege
Last
Buerde, Fracht, Kummer, Ladung
Lastensegler
Glider
Laster
Suende
lästig
genant
lästiges Insekt
Bremse, Fliege, Muecke
Lastkraftwagen
Brummi, Camion
Lastrahmen (Technik)
Pallet
Lastschiff
Tanker
Lastträger im Himalaja
Sherpa
Lateinamerikaner
Kreole
Lateineuropäer
Romane
lateinisch für Abscheu
horror
lateinisch für Ausspruch
diktum
lateinisch für Bruder
frater
lateinisch für Buchseite
pagina
lateinisch für Buchstabe
litera
lateinisch für Eisen
ferrum

6

6

lateinisch für Freund
amicus
lateinisch für gegen
contra
lateinisch für groß
magnus
lateinisch für Hafen
portus
lateinisch für im Ganzen
in toto
lateinisch für immer
semper
lateinisch für Königin
regina
lateinisch für Körper
corpus
lateinisch für Kranz
corona
lateinisch für Krone
corona
lateinisch für Odysseus
Ulixes
lateinisch für Ordensbruder
Frater
lateinisch für Redner
orator
lateinisch für Seite
pagina
lateinisch für sieben
septem
lateinisch für Sohn
filius
lateinisch für Sprache
lingua
lateinisch für Stern
astrum
lateinisch für Vaterland
patria
lateinisch für Zeichen
signum
lateinisch für Zeit
tempus
lateinisch für Zustand
status
lateinisch für Zweifel
dubium
lateinischer Dichter
Vergil
Latonas Sohn
Apollo
Latsche
Foehre, Kiefer
Latte
Leiste, Stange
Lattenkiste
Steige
Lattenzaun
Staket
Laubbaum
Akazie, Ginkgo, Mispel, Pappel
Laubbaumfrucht
Eichel, Marone
Laubengang
Arkade
Laubgewinde
Feston
Lauchpflanze
Porree
Lauf
Sprint
Laufart des Pferdes
Traben
Laufdisziplin
Sprint
Läufer
Athlet
Lauferei
Gerenn
Laufhindernis
Graben, Huerde
Laufschuhe
Spikes
Laufstange
Stelze
Laufwettbewerb
Rennen
Lauge zum Bleichen
Beuche
laugenartige Verbindung
Alkali
Laune
Grille, Spleen
launisch
bizarr
Lausbub
Bengel, Knirps, Lauser
Lausbub bei Wilhelm Busch
Moritz
Läuseeier
Nissen
laute Äußerung
Ausruf
laute Heiterkeit
Trubel
laute Klage
Jammer
laute Schallquelle
Sirene
laute Unruhe
Trubel
Laute von Hunden
Bellen, Gebell
lauter
schier
lauter Ausruf
Schrei
lax
locker
Lay-out, Layout
Skizze
leasen
mieten
Leben
Dasein
lebendig
belebt
Lebensabschnitt
Jugend
Lebensanfang
Geburt
Lebensart
Fasson
Lebensbeginn
Geburt
lebensfremd
droege
Lebensgefährte
Gemahl
Lebensgefährtin
Gattin
Lebensgrundsatz
Devise, Maxime
Lebensraum (biologisch)
Biotop
Lebensweisheit
Spruch
lebenswichtiger Vorgang
Atmung
Lebewesen
Mensch
lebhaft
munter
Lebkuchengebäck
Printe
Lebkuchenunterlage
Oblate
Ledas Sohn
Castor, Kastor, Pollux
Ledas Tier
Schwan
Ledas Tochter
Helena
Lederbearbeiter
Gerber
Lederer
Gerber
Lederfett
Abfett, Degras
Ledergurt
Riemen
Lederhersteller
Gerber
Lederstreifen
Riemen
Lederwams
Koller
leer
blanco, vakant
Leere
Nichts, Vakuum
leere Redensart
Phrase
leerer Zwischenraum
Luecke

leeres Gerede
Schmus
Leergut
Karton, Kasten
leger
salopp
Legionär
Soldat
Lehm
Erdart
Lehnsmann
Vasall
lehnsrechtlich
feudal
Lehranstalt
Lyzeum, Schule
Lehre *von der* **Dichtkunst**
Poetik
Lehre *von den* **Eigenschaften der Stoffe**
Chemie
Lehre *vom* **Gleichgewicht**
Statik
Lehre *von den* **Kräften**
Statik
Lehre *von den* **Kräften der Natur**
Physik
Lehre *von der* **Liebe**
Erotik
Lehre *vom* **Liebesleben**
Erotik
Lehre *von den* **Stoffen**
Chemie
Lehre *von den* **Versmaßen**
Metrik
Lehrer
Dozent, Lektor, Mentor, Pauker
Lehrer *des* **Aristoteles**
Platon
Lehrer *an einer* **Hochschule**
Dozent
Lehrer *für* **Körperbau**
Anatom
Lehrer *der* **Redekunst**
Rhetor
Lehrgang
Kursus
lehrreicher Satz
Spruch
Lehrstoff
Pensum
Leibbürge
Geisel
Leibchen
Mieder
Leibeserziehung
Turnen
Leibesfrucht
Embryo, Foetus

Leibesmitte
Taille
Leibriemen
Koppel
leicht zu kränkender Mensch
Mimose
Leichtathlet
Werfer
leichtathletische Übung
Laufen, Sprint, Sprung, Werfen
leichtathletisches Gerät
Diskus, Hammer
leichte Haft
Arrest
leichter Freiheitsentzug
Arrest
leichter Pferdezaum
Trense
leichter Stoß
Schubs
leichtfertig
frivol
leichtgläubig
arglos
Leichtmetall
Kalium
Leichtöl
Benzin, Benzol, Diesel
Leid
Kummer, Trauer
Leideform
Passiv
Leidenschaft
Affekt, Begier, Pathos
leidenschaftlicher Jäger
Nimrod
Leidenschaftlichkeit
Furore
Leidtragender
Dulder
leiern
drehen
leihen
leasen, mieten
Leim
Kleber
leimartig
viskos
leimen
kitten, kleben
Lein
Flachs
Leine
Riemen, Schnur, Strick
Leinen
Linnen
Leinengewebe
Inlett, Linnen
Leingewächs
Flachs

Leinöl
Firnis
leise
sachte
leise sprechen
raunen
Leiste an Gebäuden
Gesims
Leistung
Arbeit, Effekt, Ertrag
Leistung über das Normale hinaus
Zugabe
leistungsfähig
potent
Leistungsfähigkeit
Potenz
Leistungskraft
Potenz
Leistungslohn
Akkord
Leistungsschulung
Uebung
Leistungssportler
Athlet
Leistungsstärkster
Bester
Leistungssteigerung durch Wiederholung
Uebung
Leiter *eines* **Bautrupps**
Polier
Leiter *des* **Donkosakenchors**
Jaroff
Leiter *eines* **Kirchenchors**
Kantor
Leiter *einer* **Schule**
Rektor
Leiter *einer* **Universität**
Rektor
Leiterin
Chefin
Leiterin eines Nonnenklosters
Oberin
Leitfaden
Abriss
Leitgedanke
Devise, Maxime
Leitsatz
Maxime
Leitspruch
Devise, Losung
Leitung
Aegide
Leitwerk
Steuer
Leitwerkfläche
Flosse
Lektion
Lesung, Pensum

Lektion aus der Bibel
Lesung
Lemuride
Kukang
lenken
fahren
Lenker
Fahrer, Volant
Lenkrad
Steuer, Volant
Lernabschnitt
Pensum
Lernaufgabe
Pensum
lethargisch
passiv, traege
Letos Sohn
Apollo
letzter König des Irak
Faisal
letzter Schliff
Finish
letzter Tag des Monats
Ultimo
Leuchte
Talent
Leuchtturm
Pharus
Leuchtturm von Alexandrien
Pharos, Pharus
leutselig
jovial
Liasebene bei Stuttgart
Filder
libanesischer Volksteil
Drusen
Libelle
Agrion
libyscher Landesteil
Fessan, Fezzan
Lichtbildgerät
Kamera
Lichtblick
Chance, Freude
Lichtbrecher
Prisma
Lichtengel
Cherub, Seraph
Lichtgott
Apollo, Baldur
lichtlos
dunkel, duster
lichtloser Raum
Kabuff
Lichtöffnung am Foto
Blende
Lichtquant
Photon
Lichtschein
Strahl
Lichtschimmer
Schein
Lichtstreifen
Strahl
Lido
Strand
liebenswürdig
galant
Liebesapfel
Tomate
Liebesgabe
Spende
Liebesgötter in Kindergestalt
Eroten
Liebesgöttin
Freyja
Liebeskraft
Potenz
Liebeskunst
Erotik
Liebestrieb
Libido
Liebesverhältnis
Gspusi
Liebhaber
Freund, Schatz
Lieblingsfrau Mohammeds
Aischa
Lieblingsjünger Buddhas
Ananda
Liebreiz
Charme, Grazie
Liedform
Choral, Gospel, Hymnus
liedmäßiges Tonstück
Arioso
Liedvortrag
Gesang
Lieferung
Anfuhr
Liegesofas
Diwane
Lift
Aufzug
Ligaangehöriger
Ligist
Likör
Cherry
Liliengewächs
Funkie, Germer, Scilla
Limes
Grenze
Limette
Limone
Limit
Grenze
Limonade
Brause
Linderungsmittel
Balsam
Lindwurm
Drache
Linie
Gerade, Kontur, Strich, Umriss
Linienführung
Duktus
Linienführung beim Straßenbau
Trasse
Liniengitter
Raster
Liniennetz
Raster
Linse
Okular
Liparische Insel
Lipari, Salina, Ustica
Lippenblütlerart
Andorn, Salbei
Lippenlaut
Labial
List
Tuecke
Liste *der* Hits
Charts
literarischer Beruf
Lektor
Liturgie
Kultus
liturgischer Gegenstand
Hostie, Missal, Patene
liturgischer Gesang
Choral
Litze
Besatz, Leiter, Schnur, Tresse
livrierter Diener
Butler
Lobgesang auf Dreieinigkeit
Gloria
Loch
Hoehle, Krater, Luecke
löcherig
poroes
Lochvorbohrer
Pfriem
lockender Antrieb
Anreiz
locker machen
loesen
lockern
loesen
Lockmittel
Koeder
lodernde Glut
Flamme
loderndes Licht
Fackel
Lofoteninsel (Norwegen)
Hindoe, Mosken
logieren
hausen, wohnen

Logis
Bleibe
Lohe
Flamme
Lohn
Erwerb, Gehalt, Salaer
Lohnkutscher
Fiaker
Lokal
Kneipe
Lokal im Wildweststil
Saloon
Lokomotivbeiwagen
Tender
Londoner Bauwerk
Big Ben
Londoner Glockenturm
Big Ben
Lorbeerrose
Kalmia
Los
Kismet
losbinden
loesen
Löschung
Storno
lose
locker
loses Blatt Papier
Zettel
Losung
Devise, Parole, Slogan
Lösung
Ausweg
Lösungsmittel
Aceton, Azeton, Benzol, Dioxan, Toluol
lotrechter Dachabschluss
Giebel
Lotteriebegriff
Gewinn
Lötwerkzeug
Kolben
Lücke
Lakune, Spalte
Luder
Koeder
Luftbewegung
Taifun
Luftdruckmaß
Pascal
Luftfahrzeug
Ballon
luftgetrocknete Wurst
Salami
Luftklappe
Ventil
luftleerer Raum
Vakuum
Luftreiniger
Filter
Luftsack im Auto
Airbag
Luftschloss
Utopie
Luftschutzgebäude
Bunker
Luftströmung nach unten
Abwind
Luftzug machen
blasen
Lüge
Betrug, Verrat
lukullisch
ueppig
lumbecken
binden, heften
Lumme
Teiste
Lümmel
Bengel, Flegel, Ruepel
Lump
Bandit, Ganove, Gauner, Schuft
Lumpen
Fetzen, Lappen
Lungenkrankheit
Asthma
Lungentätigkeit
Atmung
Lurchlarve
Quappe
Lurchtier
Frosch, Kroete
Lust
Freude, Genuss, Libido, Rausch
lustig
heiter, munter, sonnig
lustiger Einfall
Bonmot, Pointe
lustiger Spaß
Scherz
lustiger Streich
Possen
Lustspiel
Sketch
Luxus
Pracht
Luzifer
Teufel
Lyrik
Poesie
lyrisches Werk
Elegie, Hymnus, Sonett

M

Mache
Gehabe
Machenschaft
Raenke
Macht
Gewalt, Potenz
Machthaber
Despot, Regent, Tyrann
mächtig
massig, massiv, riesig
mächtige Flotte
Armada
Machwerk
Pfusch
Macke
Mangel, Spleen
Mädchen
Dirndl, Maedel
Mädchenoberschule
Lyzeum
Madenkrankheit
Myiase
Madenwurm
Oxyure
Magazin
Kammer
Magensaftbestandteil
Lipase, Pepsin
Magenteil bei Wiederkäuern
Pansen
Magie
Zauber
Magnesiumsilikat
Talkum
Mähgerät
Sichel
Mahlprodukt
Griess, Schrot
Mahlzeit
Brunch, Imbiss, Vesper
Mahlzeit in England
Dinner
Mähne
Frisur, Schopf
mahnen
ruegen
Mailand auf Italienisch
Milano
Mailänder Adelsgeschlecht
Sforza
Maisschnaps
Chicha
Majestät
Hoheit, Wuerde
Makel
Mangel
makellos
sauber
Makiaffe
Lemure
Makkaroni
Nudeln
Makler
Broker, Sensal
Makulatur
Abfall

6

Malaiengewand
Sarong
malaiische Gedichtform
Pantum
malaiischer Bundesstaat
Pahang, Perlis
malaiisches Hackmesser
Parang
malaiisches Hüftgewand
Sarong
Malariaheilmittel
Chinin
Malereibedarf
Firnis, Pinsel
Malermaterial
Firnis, Tusche
Malerzeichenstift
Roetel
Malgerät
Pinsel, Spatel
Malheur
Pleite, Unfall
Malvengewächs
Althee, Ibisch
Malweise
pastos
Mammon
Zaster
manche
einige
Mandant
Klient
Mandelbitterstoff
Amarin
Mandelentzündung
Angina
Mandelkonfekt
Nougat
Mangel
Bedarf, Defekt, Fehler
mangelnde Anerkennung
Undank
mangelnde Ruhe
Hektik, Stress
Manifest
Erlass
manisch
erregt
Mannequin
Modell
Männer mit Kindern
Vaeter
Männerhaus bei den Naga
Morung
Männerkurzname
Hannes, Jochen, Niklas
Manneskraft
Potenz
männliche Biene
Drohne
männliche Gans
Ganser, Ganter
männliche Horntiere
Boecke
männlicher Falke
Terzel
männlicher Verwandter
Bruder, Cousin, Vetter
männlicher Vogel
Roller, Tauber
männlicher Vorname
Adrian, Albert, Alfons, Alfred, Anatol, Anselm, Ansgar, Arnold, Arnulf, Arthur, August, Detlef, Dieter, Edmund, Eduard, Egbert, Fabian, Gerald, Germar, Gernot, Gerold, Gerwig, Gerwin, Gregor, Gunnar, Gustav, Harald, Heiner, Helmut, Henner, Herwig, Hilmar, Holger, Hubert, Isidor, Jochen, Johann, Julian, Julius, Justus, Kaspar, Kilian, Konrad, Lorenz, Lothar, Lucien, Ludger, Markus, Martin, Michel, Moritz, Oliver, Rainer, Rasmus, Robert, Roland, Rudolf, Rupert, Stefan, Thomas, Tobias, Ulrich, Viktor, Volker, Walter, Wenzel, Werner
männliches Geflügeltier
Ganter
männliches Geschwister
Bruder
männliches Haustier
Ganter, Hammel, Hengst
männliches Pferd
Hengst
männliches Schaf
Hammel, Widder
männliches Wildschwein
Keiler
männliches Zuchtpferd
Hengst
Mannschaft
Equipe, Gruppe
Mannweib
Virago
Mantel mit Kapuze
Burnus
Mantelart
Ulster, Umhang
mantelartige Bekleidung
Umhang
mantelartiger Überrock der Juden
Kaftan
mantelartiger Umhang
Poncho
Mantelaufschlag
Revers
Mantelschnitt
Raglan, Ulster
Mantelteil
Aermel
Mantille
Umhang
Manufaktur
Fabrik
Manuskriptbearbeiter
Lektor
Märchenfigur
Adebar, Aladin, Drache, Eckart, Gretel, Kobold, Koenig, Laurin, Moloch, Nimrod, Nymphe, Oberon, Riesin, Schrat, Teufel, Undine
märchenhaft
irreal
Marderart
Grison, Wiesel
Marge
Spanne
Marginalie
Glosse
Marianeninsel
Saipan, Tinian
Marineoffiziersschüler
Kadett
mariniertes Dornhai-fleisch
Seeaal
markig
kernig
Markomannenkönig
Marbod
marktschreierischer Lärm
Tamtam
Marmel
Marbel, Murmel
marokkanischer König
Hassan
marokkanischer Volksteil
Berber, Mauren
marokkanisches Sultans-schloss
Kasbah
Marotte
Fimmel, Spleen
Marsch
Helder, Polder
Marschland der Nieder-lande
Betuwe
Marschlandschaft in Nie-dersachsen
Hadeln
Marsmond
Deimos, Phobos
Marter
Folter, Leiden, Tortur
Maschenware
Gewirk

Maschine
Geraet
Maschine *für* **Erdarbeiten**
Bagger
Maschinenart
Bagger, Dynamo, Geraet
Maschinenteil
Bolzen, Bremse, Kolben, Kurbel, Ventil, Zapfen
Maserung
Muster
Maskaron
Fratze
Maske
Huelle
Maskenmantel
Domino
Maß
Format, Mensur
Massebegriff
Dichte
Maßeinheit *für die* **Dehnbarkeit von Fasern**
Denier
Maßeinheit *für die* **elektrische Stromstärke**
Ampere
Maßeinheit *für die* **Kraft**
Newton
Massenerkrankung
Seuche
Massengutbehälter
Bunker
maßgebender Umstand
Faktor
massig
robust, schwer
mäßig
gering
mäßig kalt
frisch
maßlos
extrem, ueppig
Maßlosigkeit
Exzess
Maßnahme
Aktion
maßregeln
tadeln
Maßstab
Lineal
Mastgeflügel
Kapaun, Poulet
mastloses Boot
Gondel, Nachen
Matador
Torero
Match
Partie
Mater
Mutter
Material
Gehalt, Inhalt, Mittel
Material *zum* **Beschreiben**
Papier
Materialschwund bei Gummireifen
Abrieb
Materialverlust
Abrieb
Materie
Gebiet
Mathematiker
Briggs, Cantor, Euklid, Guldin, Ludolf, Newton, Pappus, Pascal
mathematische Figur
Prisma, Quader, Trapez
mathematische Linie
Gerade, Strahl
mathematische Verbindungslinie
Polare
mathematischer Ausdruck für ein Ganzes
Eintel
mathematischer Begriff
Breite, Faktor, Formel, Gerade, Inhalt, Laenge, Lineal, Mittel, Nenner, Polare, Potenz, Prisma, Quader, Radius, Sektor, Spitze, Strahl, Teiler, Trapez, Umfang, Vektor, Winkel, Wurzel, Zirkel
mathematisches Gerät
Lineal, Zirkel
mathematisches Symbol
Formel
Matrosenhemd
Troger
Matrosenlied
Shanty
Matura
Abitur
Maueraufbau
Zinnen
Mauerbogen auf Säulen
Arkade
Mauerkrone
Zinnen
Mauerpfeiler
Lisene
Mauerstein
Ziegel
Mauerstreifen
Lisene
Mauerverkleidung
Paneel, Tapete
Mauervertiefung
Nische
Maul
Fresse, Rachen
Maul bei Schafen und Ziegen
Muffel
Maulaffe
Gaffer
Maxime
Devise
Mäzen
Patron
Mechanikteilgebiet
Statik
mechanisches Absperrorgan
Ventil
Meckerer
Pedant
mecklenburgische Ostseeinsel
Usedom, Wollin
mecklenburgischer Dichter
Reuter
mecklenburgisches Adelsgeschlecht
Buelow, Moltke
Medikament
Arznei
Medikament für Malariakranke
Chinin
Medikamentform
Dragee, Kapsel, Pulver
Medizin
Arznei
Mediziner
Doktor
medizinischer Wissenschaftler
Anatom
medizinischer Fachausdruck für Abführmittel
Laxans
medizinischer Fachausdruck für Anfall
Insult
medizinischer Fachausdruck für Bläschenausschlag
Herpes
medizinischer Fachausdruck für Boden eines Hohlorgans
Fundus
medizinischer Fachausdruck für Brechreiz
Nausea
medizinischer Fachausdruck für die Lenden betreffend
lumbal
medizinischer Fachausdruck für Eizelle
Ovulum
medizinischer Fachausdruck für Gehunfähigkeit
Abasie

6

medizinischer Fachausdruck für Hals
Collum
medizinischer Fachausdruck für Hautknötchen
Papula
medizinischer Fachausdruck für Kehlkopf
Larynx
medizinischer Fachausdruck für Knochengeschwulst
Osteom
medizinischer Fachausdruck für Knochenriss
Fissur
medizinischer Fachausdruck für krankhafte Angst
Phobie
medizinischer Fachausdruck für Krankheit
Morbus
medizinischer Fachausdruck für Kurzsichtigkeit
Myopie
medizinischer Fachausdruck für Nacken
Cervix
medizinischer Fachausdruck für Nerv
Nervus
medizinischer Fachausdruck für Ohrentzündung
Otitis
medizinischer Fachausdruck für schwanger
gravid
medizinischer Fachausdruck für Teillähmung
Parese
medizinisches Instrument
Schere
Meduse
Qualle
Meer
Ostsee
Meerdrachen
Rochen
Meeresbucht
Bodden, Foerde
Meeresfisch
Seeaal
Meeresgestade
Kueste, Strand
Meeresgott
Neptun, Nereus, Pontos, Thetis, Triton
Meereshohltier
Qualle
Meereskrebs
Granat, Hummer, Krabbe
Meeresküste
Strand
Meeresmuschel
Auster
Meeresnymphe
Sirene, Undine
Meeresraubfisch
Rochen
Meeresraum
Kueste
Meeressäugetier
Delfin, Narwal, Seekuh, Seiwal
Meeresschnecke
Nerite, Seeohr
Meeresspeisefisch
Hering, Seeaal
Meerestier
Auster, Delfin, Granat, Hering, Hummer, Krabbe, Narwal, Qualle, Rochen, Seekuh, Seeohr
Meeresufer
Kueste, Strand
Meerkatze
Makake
meerkatzenartiger Affe
Rhesus
Meerteufel
Rochen
Mehlart
Griess, Schrot
mehrdeutig
ambigu
mehrere
einige
Mehrgebotenes
Zugabe
mehrjährige Grünpflanze
Staude
mehrsätziges Tonstück
Sonate
Mehrzahl
Plural
Meinung
Glaube, Urteil
Meinungsverschiedenheit
Streit
meißelartiges Werkzeug
Beitel
Meister
Kenner, Lehrer
Meistersinger bei Wagner
Pogner
Melodie
Gesang
Melodienallerlei
Medley
Melonenbaum
Papaya
Memento
Aufruf
Menelaos' Frau
Helena
Menelaos' Mutter
Aerope
Menelaos' Vater
Atreus
Menge
Anzahl, Haufen, Klasse
Menge abgesetzter Güter
Umsatz
Menge gleichartiger Waren
Posten
Mensch
Person
Mensch *der* **Arktis**
Eskimo
Mensch *mit* **Freude am Quälen**
Sadist
Mensch *ohne* **Hautfarbstoff**
Albino
menschenähnliche Zauberwurzel
Alraun
menschenfreundlich
sozial
menschenleer
einsam
menschliches Verständigungsmittel
Gestik
Mentor
Helfer
Menü
Gedeck
Menübeilage
Nudeln
Merkbuch
Agenda, Merker
Merkmal
Signum
merkwürdig
bizarr, kurios
merkwürdiger Mensch
Unikum
Merkzeichen
Anhalt
Messbuch der Priester
Missal
Messerblatt
Klinge
Messerschneide
Klinge
Messfeieroblate
Hostie
Messgefäß
Becher
Messgerät
Lineal
Messing
Tombak

Metall
Barium, Bismut, Erbium, Indium, Kalium, Kobalt, Kupfer, Mangan, Neodym, Nickel, Osmium, Platin, Radium, Silber, Tantal, Tellur, Wismut
Metall mit Goldüberzug
Dublee
Metallbearbeitungsmaschine
Fraese, Presse
Metallberuf
Dreher, Former, Nieter
Metallgefäß
Kessel
Metallgeld
Muenze
Metalllegierung (Metallegierung)
Alpaka, Tombak
Metallornament
Niello
Metallsalz der Halogene
Haloid
Metallschlinge
Masche
Metallschmelzgefäß
Muffel, Tiegel
Metallstange
Barren
Metallstift
Bolzen, Zwecke
Metallteile verbinden
loeten
Metallteller für Hostien
Patene
Metallzeichnung
Gravur
Metier
Gebiet, Sparte
Meute
Koppel
mexikanische Insel
Cedros
mexikanische Wüste
Sonora
mexikanischer Indianer
Azteke, Ladino
mexikanischer Kaktus
Peyote, Peyotl
mexikanischer Mantel
Poncho
mexikanischer Melonenbaum
Papaya
mexikanischer Präsident
Juarez
mexikanischer Schnaps
Mescal
mexikanisches Nationalgetränk
Pulque
mexikanisches Raubtier
Ozelot
mexikanisches Umschlagtuch
Serape
Mieder
Taille
mies
unwohl
mieten
leasen
Milcheiweiß
Kasein
milchig
unklar
Milchprodukt
Butter, Topfen
mild
guetig
milde Gabe
Spende
milder Südwestwind
Zephir, Zephyr
mildtätig
sozial
Milieu
Umwelt
Militär
Barras, Truppe
militärische Schutzanlage
Bunker
militärische Wache
Posten
militärischer Dienstgrad
Oberst, Rekrut, Soldat, Spiess
militärischer Weckruf
Appell
militärisches Erkennungswort
Parole
militärisches Hinterland
Etappe
militärisches Kennwort
Parole
militärisches Musikstück
Marsch
militärisches Seewesen
Marine
Militärmusik
Marsch
Militärperson
Soldat
Mimosengewächs
Akazie
Minderheitenwohnviertel
Ghetto
minderwertig
billig
minderwertige Literatur
Schund
minderwertige Ware
Kitsch, Schund
Mineral
Adular, Apatit, Asbest, Azurit, Bauxit, Biotit, Bromit, Galmei, Jadeit, Jaspis, Kainit, Kaolin, Karbid, Korund, Kreide, Leuzit, Olivin, Sylvin
mineralische Ablagerung
Sinter
mineralische Faser
Asbest
Mineralölprodukt
Benzin, Diesel
Minoritätenwohnviertel
Ghetto
Minus
Fehler, Mangel
Mirakel
Wunder
Mischarznei
Mixtur
Mischbecher
Shaker
Mischkristalle (Hochfrequenztechnik)
Ferrit
Mischling
Cafuso, Hybrid, Kreole, Mustio
Mischspeise mit Fleischstückchen
Ragout
Mischung zur Bierbereitung
Maisch
Missbehagen
Unlust
missbilligen
tadeln
Missbrauch
Abusus
Misserfolg
Fiasko, Pleite
Missetat
Delikt, Frevel, Suende
Missfallensäußerung
Buhruf, Murren
Missgeschick
Unbill
Missgestimmtheit
Aerger
Missgriff
Lapsus, Patzer
missgünstig
scheel
Missgünstiger
Neider
Misshandlung
Folter, Marter
Missionar *der* **Franken**
Kilian

6

Missionar *der* **Slawen**
Kyrill
misslungene Arbeit
Pfusch
Missmut
Aerger
Missvergnügen
Unlust
Missverständnis
Fehler, Irrtum
Mist
Abfall
mit Ausnahme
ausser
mit feinsten Löchern versehen
poroes
mit großer Flamme brennen
lodern
mit *der* **Hand greifen**
nehmen
mit Metallbolzen verbinden
nieten
mit Namen erwähnen
nennen
mit rauer (rauher) Stimme
heiser
mit Reißzwecken befestigen
pinnen
mit Schnüren besetzter Husarenrock
Attila
mit *der* **Sense schneiden**
maehen
Mitarbeiter
Helfer
Mitbegründer *des* **Marxismus**
Engels
Mitbesitz
Anteil
Mitbewerber
Rivale
mit Creme gefülltes Gebäck
Éclair
Miterfinder *des* **Automotors**
Diesel
Mitesser
Pickel, Pustel
Mitfahrer
Sozius
Mitgefühl
Anteil
Mitglied *einer* **Familie**
Mutter
Mitglied *eines* **katholischen Ordens**
Jesuit
Mitglied *eines* **Klosters**
Moench
Mitglied *einer* **legendären Popgruppe**
Beatle
Mitgliederzusammenschluss
Verein
Mitinhaber
Sozius
mitreißend
furios
Mittag als Himmelsrichtung
Sueden
Mittagsruhe
Siesta
Mittagsruhe in südlichen Ländern
Siesta
Mittäter
Hehler, Kumpan
Mitteilung
Angabe, Report
Mittel *zur* **Beruhigung**
Codein, Kodein
Mittel *zur* **Fiebersenkung**
Chinin
mittelalterliche Berufsgenossenschaft
Innung
mittelalterliche Kopfbedeckung
Barett
mittelalterliche Seuche
Pocken
mittelalterliche spanische Flotte
Armada
mittelalterliche Waffe
Spiess
mittelalterlicher Adliger
Ritter
mittelalterlicher Ausrufer
Herold
mittelalterlicher Burgherr
Ritter
mittelalterlicher Lehnsmann
Vasall
mittelalterlicher norwegischer Dichter
Skalde
mittelamerikanischer Mischling
Ladino
mittelamerikanischer Politiker
Duarte
mittelamerikanischer Staat
Mexiko, Panama
mitteldeutsche Landschaft
Anhalt
Mitteleuropäer
Magyar
Mittelmeerinsulaner
Kreter
Mittelmeerschiff
Feluke
Mittelmeerstaat
Israel, Libyen, Monaco, Syrien, Zypern
Mittelsmann
Makler
Mittelsperson im Spiritismus
Medium
Mittler
Medium
Mixbecher
Shaker
Mixgetränk
Cooler, Crusta, Punsch
Mob
Poebel
Möbelplüsch
Mokett
Möbelstil
Rokoko
Möbelstück
Hocker, Sessel
Mobiliar
Moebel
Mode
Brauch
Modell
Bauart, Muster
modern und auffallend
fetzig, poppig
moderne Tanzmusik
Techno
moderner Flugkörper
Rakete
modisch
modern, schick
modische Kunstart
Pop-Art
Mohammedaner
Moslem, Muslim
mohammedanische Kopfbedeckung
Turban
mohammedanischer Gebetsteppich
Namasi

mohammedanischer Wallfahrtsort
Medina
Mohammeds Lieblingsfrau
Aischa
Mohammeds Tochter
Fatima
Mohrenmaki
Akumba
Mohrrübe
Moehre
Monacos Landesfürstin
Gracia
Monarch
Koenig, Regent
Monarchentitel
Kaiser, Koenig
Monatsanfang
Erster
Monatsende
Ultimo
Monatslohn
Gehalt
Monatsname
August, Heuert, Januar
Mönch
Eremit, Frater, Novize, Oberer
Mönch in der Probezeit
Novize
Mönchsbehausung
Klause
Mond des Jupiter
Europa
Mond des Mars
Deimos, Phobos
Mond des Neptun
Nereid, Triton
Mond des Pluto
Charon
Mond des Saturn
Phoebe, Tethys
Mond des Uranus
Oberon
Mondfahrtunternehmen
Apollo
Mondgestein
Adular
Mondgöttin
Selene
Mondsonde
Apollo, Ranger
Mondzeiger
Epakte
mongolischer Fürst
Kublai
mongolischer Stamm
Hunnen
monieren
mahnen, ruegen
Monogamie
Einehe
Monstrum
Untier
Montage
Aufbau, Einbau
Monument
Statue
Moor
Morast
morbid
morsch
morden
killen, toeten
Mörderin Marats
Corday
Morgengebet
Laudes
Morgenland
Nahost, Orient
Morgenländer
Araber
morgenländischer Herrscher
Sultan
morgenländischer König (Bibel)
Kaspar
morsch
morbid, muerbe
Moschusbestandteil
Muskon
Moskau in der Landessprache
Moskwa
Moskauer Tageszeitung
Prawda
Moslem
Muslim
Motiv
Anlass
Motorenerfinder
Diesel, Wankel
Motorenteil
Kolben, Ventil
Motorfahrrad
Mokick
Motorfahrzeug
Roller
Motorradteil
Lenker, Rahmen, Reifen, Sattel
Motto
Devise
Mückenart
Gnitte, Gnitze
müde
fertig, kaputt
mühelos
bequem, leicht
Mühlenprodukt
Griess
Mühsal
Buerde, Kummer, Tortur
Mulde
Becken
Müll
Abfall
Münchener Baumeister
Klenze
Münchener Bildhauer
Knappe, Koelle
mundartlich für Holunder
Holler
Mundfessel
Knebel
mündlich
verbal
Mundteil
Gaumen, Gebiss, Kiefer, Rachen
Mündungsarm *der* **Donau**
Sulina
Mundvoll
Bissen, Happen
Mundvorrat
Ration
Münster
Kirche
munter
frisch
Münzanstalt
Praege
Münzfälscher
Kipper
Münzrückseite
Revers
Münzstätte
Praege
mürbe
morbid, morsch
Murks
Pfusch
Murmel
Letsch, Marbel, Marmel
murmeln
raunen
murren
maulen
Murrkopf
Muffel
muschelähnliches Organteil
Koncha
Muschelart
Auster
Muse *des* **Lustspiels**
Thalia
Muse *des* **Schachspiels**
Caissa
Muse *der* **Sternkunde**
Urania
Muselman
Moslem, Muslim
Museum in Paris
Louvre

6

Museumsbeamter
Kustos
Musik *für* acht Stimmen
Oktett
musikalischer Begriff
a tempo, adagio, da capo, Tonart
musikalischer Schlusssatz
Finale
musikalischer Fachterminus für langsam
adagio
musikalischer Fachterminus für schnell
presto, rapido
musikalischer Fachterminus für Wiederholung
da capo
musikalisches Blasinstrument
Fagott, Floete
musikalisches Intervall
Dezime, Oktave, Quarte, Quinte
musikalisches Übungsstück
Etuede
Musikdarbietung
Choral, Gesang, Sonate
Musikensemble
Oktett
Musikinstrument
Becken, Cornet, Fagott, Floete, Rassel, Zimbal, Zither
Musikstück
Marsch, Sonate
Musizierender
Solist
Muskel des Oberarmes
Bizeps
Muskelerschlaffung
Atonie
Muskelprotz
Athlet
Muskelreißen
Rheuma
Muskelzittern
Tremor
Muskelzucker
Inosit
muskulöser Mann
Athlet
Muslim
Moslem
Muss
Befehl
müßig
traege
Muster
Dessin, Fasson, Modell, Schema, Urform
Mustergewicht
Etalon
Musterzeichnung
Skizze
Mut
Traute
Mutprobe
Risiko, Wagnis
Mutter *von* Achill
Thetis
Mutter *von* Apoll
Latona
Mutter *von* Hektor
Hekabe, Hekuba
Mutter *der* Kassandra
Hekabe, Hekuba
Mutter *von* Paris
Hekabe, Hekuba
Mutter *von* Thor
Frigga
mutterseelenallein
einsam
Mutwille
Frevel
mysteriös
dunkel, obskur, unklar
Mysterium
Wunder

N

Nabelschwein
Pekari
nach
hinter
nach außen gewölbt
konvex
nach draußen
hinaus
nach innen gewölbt
konkav
Nachahmung
Replik
Nachahmung eines Edelsteins
Imitat, Simili
Nachbarschaft
Milieu, Umwelt
Nachbarstaat *des* Libanon
Israel
Nachbarstaat *von* Namibia
Angola
Nachbildung
Imitat
Nachbildung *eines* Edelsteins
Simili
Nachbildung *der* Erdkugel
Globus
Nachbildung *eines* Geldscheins
Bluete
Nachbildung *eines* Kunstwerkes
Replik
Nachdruck
Akzent
Nachfrage
Bedarf
nachgeahmtes Industrieprodukt
Imitat
Nachkomme
Spross
Nachkommenschaft
Kinder
Nachlass
Erbgut, Rabatt, Skonto
Nachlass zeitlicher Sündenstrafen
Ablass
nachlässig
salopp
Nachmittagsmahlzeit
Vesper
Nachrede
Epilog, Gerede
Nachrichtenmittel
Presse
Nachrichtensoldat
Funker
Nachrichter
Henker
Nachruf
Epilog
Nachschubgebiet
Etappe
Nachsicht
Geduld
nachsichtig
guetig
Nachsilbe
Suffix
Nachspeise
Kuchen
Nachspiel
Epilog
Nachteil
Fehler, Mangel
Nachtgewand
Pyjama
Nachtgöttin
Hekate
Nachtlager
Bleibe, Obdach
nächtlicher Blutsauger
Vampir
Nachtrag
Anhang, Zusatz
nachträgliche Montage
Einbau
Nachtschattengewächs
Tomate

Nachtwind am Genfer See
Morget
Nachweis
Attest, Beweis, Quelle
Nachwort
Epilog
Nackenpartie
Genick
Nacktbadender
Nudist
nackthalsige Storchenart
Marabu
Nacktsektierer im Mittelalter
Adamit
Nadelbaum
Fichte, Foehre, Kiefer, Zirbel
Nagel
Zwecke
Nagetier
Nutria, Ziesel
nah
unweit
nahe Verwandte
Eltern, Mutter
naher Verwandter
Bruder
nahezu
beinah
Nahost
Orient
Nahostbewohner
Araber
Nahrung
Futter, Speise
Nahrung für junge Greifvögel
Atzung, Speise
Nahrung für Nutztiere
Futter
Nahrungsaufnahme des Wildes
Aesung
Nahrungsmittel
Butter, Griess, Nudeln, Roggen, Weizen
Nahtbesatz
Paspel
Nähwerkzeug
Schere
naiv
arglos
Name *einer* **amerikanischen Raumstation**
Skylab
Name *aus der* **deutschen Fabel**
Adebar
Name *der* **Griechen bei Homer**
Danaer
Name *für* **Griechenland**
Hellas
Name *für das* **Kaiserreich Japan**
Nippon
Name persischer Könige
Darius
Name *der* **Pyrenäenhalbinsel**
Iberia
Name *von* **sechzehn Päpsten**
Gregor
Name *von* **spanischen Königen**
Alfons
Name *des* **Storches**
Adebar
Name *der* **vier Wochen vor Weihnachten**
Advent
namenlos
anonym
Namenszug
Signum
Napoli
Neapel
Narkosemittel
Aether, Curare, Evipan, Kurare
Narr
Kasper
närrisch
albern, lustig
Naschwerk
Nougat
Nasenaffe Borneos
Kihonk
Nasenantilope
Orongo
nass
feucht
nasser Straßenschmutz
Matsch
Nasszelle
Dusche
Nationalabzeichen
Emblem, Flagge
Nationalgetränk in Mexiko
Pulque
Nationalgetränk in Schottland
Whisky
Nationalspiel *der* **Basken**
Pelota
Natriumverbindung
Natron
Naturarzt
Kneipp
Naturell
Anlage
Naturereignis
Donner, Lawine, Meteor, Monsun, Passat, Schnee, Taifun, Zyklon
Naturheilmittel
Waerme, Wasser
Naturkatastrophe
Lawine, Taifun
natürliche Begabung
Anlage, Talent
natürlicher Brennstoff
Erdgas, Erdoel
natürlicher Dünger
Jauche
natürlicher Goldklumpen
Nugget
Naturwissenschaft
Chemie, Physik
nautisches Gerät
Oktant, Sender
nautisches Geschwindigkeitsmaß
Knoten
nautisches Maß
Knoten
nautisches Tiefenmaß
Fathom
nautisches Winkelmessgerät
Oktant
Navigation
Ortung
Nebel
Brodem, Wrasen
nebelig
diesig
Nebenbuhler
Rivale
Nebeneinnahme
Zubrot
Nebenfluss *der* **Ahr**
Adenau
Nebenfluss *der* **Aller**
Boehme, Lachte, Lehrde, Oertze, Wietze
Nebenfluss *des* **Amazonas**
Japura, Javari, Uatuma
Nebenfluss *des* **Amur**
Bureja, Ussuri
Nebenfluss *des* **Arno**
Chiana, Pescia
Nebenfluss *des* **Bug**
Bushok, Kodyma, Liwiec
Nebenfluss *des* **Dnjepr**
Samara
Nebenfluss *des* **Don**
Bitjug, Choper, Mescha, Tschir

Nebenfluss *der* **Donau**
Ablach, Bakony, Borcea, Gaissa, Jalpug, Jantra, Lauter, Leitha, Mindel, Morawa, Ogosta, Rottum, Sereth, Theiss, Trasen
Nebenfluss *der* **Dordogne**
Vézère
Nebenfluss *der* **Drau**
Bednya, Genest, Lavant, Lieser
Nebenfluss *des* **Ebro**
Aguado, Aragon, Arvigo, Yeltes
Nebenfluss *der* **Elbe**
Alster, Auscha, Elster, Erlitz, Jeetze, Loucna, Mettau, Moldau, Orlice, Pinnau, Polenc, Polenz
Nebenfluss *der* **Enz**
Nagold
Nebenfluss *der* **Etsch**
Avisio, Eisack, Fratta, Isarco
Nebenfluss *der* **Fulda**
Nieste, Schmer
Nebenfluss *der* **Havel**
Briese, Buckau, Polzow
Nebenfluss *des* **Inn**
Mattig, Ziller
Nebenfluss *der* **Isar**
Jachen, Mosach
Nebenfluss *der* **Isère**
Bagnol, Bourne, Ozeins
Nebenfluss *des* **Kongo**
Bologo, Cassai, Kassai, Lomami, Ubangi
Nebenfluss *der* **Lena**
Olekma, Wiljuj
Nebenfluss *der* **Loire**
Allier
Nebenfluss *der* **Maas**
Barnob, Chiers, Crelle, Houile, Hoyoux, Mouzon, Ourthe, Sambre, Samson, Semois
Nebenfluss *des* **Mains**
Bieber, Elsawa, Kinzig, Rodach, Tauber, Vokach
Nebenfluss *des* **Missouri**
Kansas
Nebenfluss *der* **Moldau**
Beraun, Salawa, Sazawa
Nebenfluss *der* **Mosel**
Endert, Lieser, Seille
Nebenfluss *der* **Nahe**
Simmer
Nebenfluss *des* **Neckars**
Echatz, Elsenz, Kocher, Lauter
Nebenfluss *der* **Nidda**
Wetter

Nebenfluss *des* **Niger**
Sokoto
Nebenfluss *des* **Nil**
Atbara
Nebenfluss *des* **Ob**
Kaslim, Surgut
Nebenfluss *der* **Oder**
Birsau, Lubina, Neisse, Ploene, Stober, Warthe
Nebenfluss *der* **Oka**
Moskwa
Nebenfluss *des* **Po**
Agogne, Bianco, Curone, Lambro, Lemina, Mincio, Ongina, Panaro, Tanaro, Tessin, Ticino
Nebenfluss *des* **Pregels**
Auxine, Inster
Nebenfluss *des* **Rheins**
Albula, Aubach, Birsig, Durach, Elzach, Ergolz, Fechte, Gutach, Kander, Kinzig, Kraich, Lauter, Neckar, Queich, Tamina, Wisper, Wupper, Wutach
Nebenfluss *des* **Rheins bei Mannheim**
Neckar
Nebenfluss *der* **Saale**
Barget, Brehne, Elster, Geisel, Lamilz, Laucha, Leutra, Wipper, Ziethe
Nebenfluss *der* **Seine**
Brevon
Nebenfluss *des* **Tiber**
Chiana
Nebenfluss *der* **Unstrut**
Wipper
Nebenfluss *der* **unteren Donau**
Sereth
Nebenfluss *der* **Warthe**
Cybina, Glowna, Grabia, Prosna, Samica
Nebenfluss *der* **Weichsel**
Bosura, Chodel, Czarna, Montau, Pilica, Wieprz
Nebenfluss *der* **Werra**
Ulster
Nebenfluss *der* **Weser**
Diemel, Drepte, Geeste, Niemen, Ochtum
Nebenfluss *der* **Wolga**
Alatyr, Besdna, Mescha, Mologa, Ossuga, Samara, Sestra, Twerza, Unscha
Nebenmeer des Atlantiks
Ostsee
Nebenrolle beim Theater
Charge
neblig
diesig, truebe

necken
foppen
Neckerei
Uzerei
neckische Bezeichnung
Uzname
neckischer Geist
Kobold, Schrat
Neffe
Nepote
Neffe des Königs Artus
Gawein
negative Mitteilung
Absage
negativer Charakterzug
Laster
Negerstamm
Batusi, Haussa, Jaunde, Joruba, Massai, Ovambo, Owambo, Somali
neidisch
scheel
Neigung
Abhang, Faible, Tendre
Nelkenpfeffer
Piment
Nenner
Teiler
Nepp
Betrug
Nereide
Nymphe, Thetis
Nerven betreffend
neural
Nervenerschütterung
Schock
Nervenfasergeschwulst
Neurom
Nervengeflecht
Plexus
Nervenkrankheit
Neurom
Nervenzelle
Neuron
Nervenzentrum
Gehirn
nervös
erregt, fahrig
nervöse Betriebsamkeit
Hektik
Nervosität
Unruhe
Nerz
Marder
Nesselqualle
Meduse
Nesseltier
Qualle
Nest *mit* **Eiern**
Gelege
nett
adrett, proper

Netzhaut des Auges
Retina
Netzmacher
Seiler
Netzschlange
Python
neu
rezent
neuartig
modern
neue Zeile
Alinea
Neuerung
Reform
Neuguineas Urbevölkerung
Papuas
Neuland vor dem Deich
Groden
neulateinisch für Leipzig
Lipsia
Neuling
Novize
neun Musizierende
Nonett
neuntägige katholische Andacht
Novene
neununddreißigster Präsident der USA
Carter
Neuordnung
Reform
Neureicher
Raffke
Neurose
Phobie
neuseeländisches Urvolk
Maoris
Neusilber
Alpaka
Neuverfilmung
Remake
New Yorker Schwarzenviertel
Harlem
nicht alle
einige, manche
nicht *für* Außenstehende
geheim
nicht bekömmlich
giftig
nicht breit
schmal
nicht eines
keines
nicht häufig
selten
nicht heil
kaputt
nicht im Raum
aussen
nicht innen
aussen
nicht klappen
hapern
nicht krank
gesund
nicht liegen
sitzen, stehen
nicht öffentlich
geheim, privat
nicht offiziell
privat
nicht oft
selten
nicht rund
kantig
nicht schlaff
straff
nicht schwer
leicht
nicht sesshafter Mensch
Nomade
nicht stehen
liegen, sitzen
nicht vorhersehbares Geschehen
Zufall
nicht weich
stabil
nicht wirklich
irreal
Nichtromane in Südamerika
Gringo
Nichts
Vakuum
Nichtstuer
Drohne
nichtswürdig
ehrlos
nichtswürdiger Mensch
Schuft
nie
nimmer
niederdeutsch für Färse
Sterke
niederdeutsch für Häusler
Kossat
niederdeutsch für kleine Mücke
Knitte
niederdeutscher Schriftsteller
Reuter
niedere englische Adelsstufe
Knight
niedere Umgangssprache
Jargon
niederes Lebewesen
Amoebe, Getier
niederes Volk
Poebel
niedergeschlagen
mutlos
Niederholz
Geaest
Niederkunft
Geburt
niederländische Hafenstadt
Helder
niederländische Insel
Rottum
niederländische Kanalstraße
Gracht
niederländische Käseart
Edamer
niederländische Münze
Florin, Gulden, Rijder
niederländische Währung
Gulden
niederländischer Admiral
Ruyter
niederländischer Architekt
Floris
niederländischer Bildhauer
Floris, Keyser, Leyden, Sluter
niederländischer Botaniker
Hotton
niederländischer Dirigent
Kempen
niederländischer Edelmann
Egmont
niederländischer Flugzeugkonstrukteur
Fokker
niederländischer Forscher
Jansen
niederländischer Grafiker (Graphiker)
Escher
niederländischer Gulden *(franz. Bez.)*
Florin
niederländischer Komponist
Pijper
niederländischer Kupferstecher
Rubens
niederländischer Maler
Mabuse, Mander, Massys, Ostade, Patini, Potter, Rubens, Scorel, Weyden
niederländischer Mathematiker
Stevin

niederländischer Mediziner
Camper, Ruysch
niederländischer Mystiker
Jansen
niederländischer Physiker
Bakker, Stevin, Zeeman
niederländischer Schachgroßmeister
Timman
niederländischer Schriftsteller
Donker, Gorter, Hartog, Lulofs, Luyken, Merode, Mulder, Nyhoff, Roland, Verway, Vondel
niederländischer Seefahrer
Tasman
niederländischer Stadtkanal
Gracht
niederösterreichische Stadt
Zwettl
Niederschlag
Schnee
niederschlagsarmes Gebiet
Wueste
Niederwild
Marder
niedlich
putzig
niedrig
gemein
niedriger Umgangssprache
Jargon
niedriges Lebewesen
Amoebe
niemals
nimmer
niemand
keiner
Nierenbaum
Acajou
Niete
Bolzen
Niflheim (Sagenwelt)
Hoelle
Nigerianer
Joruba, Yoruba
nigerianischer Autor
Achobe
Nilland
Nubien
Nilort in Oberägypten
Nakada
Nilstadt mit Stauwerk
Assuan
nimmersatt
gierig
Nimmersatt
Marabu, Storch
Nimrod
Jaeger
Nirgendland
Utopia
Nixe
Undine
noch
ferner
Nomadenstamm in Nordafrika
Tuareg
Nonne
Oberin
Nonnenschleier
Weihel
Nonsens
Unsinn
Noppengewebe
Bouclé
Nordafrikaner
Araber, Berber, Kabyle, Libyer
nordafrikanische Hauptstadt
Algier
nordafrikanische Landschaft
Nubien, Sahara
nordafrikanische Völkergruppe
Berber
nordafrikanische Wüste
Sahara
nordafrikanischer Staat
Libyen
nordafrikanisches Gericht
Kuskus
nordafrikanisches Hirsegericht
Kuskus
nordafrikanisches Mischvolk
Mauren
Nordamerikaner
Yankee
nordamerikanische Halbinsel
Alaska
nordamerikanischer Bär
Grisli, Grisly
nordamerikanischer Erfinder
Edison
nordamerikanischer Hirsch
Wapiti
nordamerikanischer Indianer
Apache, Dakota, Hurone
nordamerikanischer Präriewolf
Kojote
nordamerikanischer Staat
Kanada
nordamerikanisches Indianerzelt
Wigwam
nordamerikanisches Rentier
Karibu
norddeutsch für Jahrmarkt
Rummel
norddeutsche Landschaftsform
Marsch
Norddeutscher
Friese
norddeutscher Fluss
Alster, Warnow
Nordeuropäerin
Daenin
nordeuropäische Hafenstadt
Aarhus, Bergen, Kalmar, Malmoe, Narvik, Roenne
nordeuropäische Insel
Island
nordeuropäischer Staat
Island
nordeuropäisches Volk
Daenen, Finnen, Lappen
nordfranzösische Hafenstadt
Calais
Nordgermane
Friese
nordgermanische Sagengestalt
Ingeld
nordhessische Großstadt
Kassel
nordiranisches Gebirge
Elburs
nordirländische Grafschaft
Tyrone
nordische Göttin
Gefion
nordische Sagengestalt
Fafnir
nordischer Dichter
Skalde
nordischer Götterhimmel
Asgard
nordischer Sagenriese
Fafner, Fafnir
nordischer Sagenzwerg
Nordri
norditalienische Provinz
Novara

norditalienische Stadt
Mantua, Modena, Triest, Varese, Verona
nördlich
boreal
nördlicher Hügel Roms
Pincio
nördlichste Stadt in Schweden
Kiruna
nördlichster Staat der USA
Alaska
Nordmeerinsel
Island
Nordpolargebiet
Arktis
Nordseebad
Borkum, Buesum, Duhnen, Kampen, Rantum
Nordseegarnele
Granat, Krabbe
Nordseeinsel
Borkum, Mellum
Nordstaat der USA
Alaska
nordwesteuropäische Insel
Irland
nordwesteuropäischer Staat
Irland, Island
Nordwind
Boreas
Norm
Etalon, Muster
Normalmaßstab
Etalon
normannische Insel
Jersey
Normgröße für Papier
Format
normwidrig
abnorm, anomal
norwegische Hafenstadt
Bergen
norwegische Insel
Andoey
norwegische Schriftsprache
Bokmål
norwegischer Chemiker
Hassel
norwegischer Dichter im Mittelalter
Skalde
norwegischer Dichterin
Undset
norwegischer Erzähler
Hamsun
norwegischer Geograph und Forschungsreisender
Nansen
norwegischer Königsname
Haakon
norwegischer Mediziner
Hansen
norwegischer Nobelpreisträger für Chemie
Hassel
norwegischer Nobelpreisträger für Frieden
Nansen
norwegischer Nobelpreisträger für Literatur
Hamsun, Undset
norwegischer Polarforscher
Nansen
norwegischer Politiker
Hambro, Nansen
norwegischer Schriftsteller
Hamsun, Undset
norwegischer Verwaltungsbezirk
Opland
norwegischer Volkswirtschaftler
Frisch
Not
Misere
Notbehelf
Ersatz
notdürftiger Ersatz
Behelf
Note
Zensur
Notenschrift im MA
Neumen
notgedrungen
ungern
Notizbuch
Agenda
Notizpapierstück
Zettel
Notlage
Klemme, Mangel, Misere
Notlösung
Behelf
Notlüge
Flause
Notruf
Mayday
Notunterkunft
Obdach
notwendig
noetig
Nu
Moment
nuklear
atomar
Nummer
Numero, Ziffer
nur
allein, eigens
nur gedacht
ideell
nur geistig vorhanden
ideell
Nürnberger Bildhauer
Krafft
Nürnberger Buchdrucker
Hergot
Nürnberger Maler
Duerer
nussartige Frucht
Eichel, Mandel
Nusskonfekt
Nougat
Nutzen
Gewinn
Nutzland
Garten
Nutzleistung
Output
nützlich
ratsam
Nutzungserlaubnis
Lizenz
Nymphe
Daphne, Dryade, Egeria, Najade, Oreade

O

Oase in Ägypten
Charga, Dachla
Oase in Algerien
Biskra
Oase in Libyen
Mursuk
Obdach
Bleibe
Obelisk
Saeule
Oberarmmuskel
Bizeps
oberbayerische Kreisstadt
Dachau
oberbayerischer Kurort
Inzell, Kochel, Kreuth, Murnau, Oberau
oberbayerischer Maler
Haider
oberbayerischer Ort
Inzell
oberbayerischer See
Eibsee
oberer Raumabschluss
Kuppel
Oberflächenglättung
Ebnung
oberflächlich
seicht
oberfränkische Stadt
Coburg

6

obergäriges Bier
Weisse
Obergewand *der* **orthodoxen Juden**
Kaftan
Obergewand *der* **Römer**
Tunika
Obergewand *bei* **Turkvölkern**
Chalat
Oberhaupt
Leiter, Regent
Oberhaupt *der* **athenischen Akademie**
Platon
Oberhaupt *der* **Kosaken**
Hetman
Oberhaupt *einer* **Monarchie**
Kaiser, Koenig
Oberkörperteil
Achsel
oberpfälzische Stadt
Amberg
Oberschule
Lyzeum
Oberschulfach
Latein
oberster Bischof eines Landes
Primas
oberster Teil eines Baumes
Wipfel
Obhut
Aegide, Pflege, Schutz
Oblate
Hostie
Obliegenheiten
Agenda
obligat
noetig
Obmann
Leiter
Obolus
Abgabe
obskur
dunkel
Obstart, Obstsorte
Ananas, Banane, Dattel, Limone, Orange, Quitte, Traube
Obstgehölz
Mispel
Obstkerngehäuse
Griebs
Obstkistchen
Steige
Obstpresse
Kelter
öde
einsam
Odeur
Geruch
Ödland
Brache
Ofensetzer
Hafner
offen
vakant
offener Hausvorbau
Balkon
offener Pkw (Kurzwort)
Cabrio, Kabrio
offenes Küstensegelschiff
Feluke
öffentlich
publik
öffentliche Abgabe
Steuer, Tribut
öffentliche Auszeichnung
Ehrung
öffentlicher Beweis der Hochachtung
Ehrung
öffentlicher Park
Anlage
öffentlicher Werbeanschlag
Plakat
öffentliches Verkehrsmittel
Faehre
öffentliches Werbemittel
Plakat
Offizier
Oberst
Offizier Caesars
Brutus
Offiziersanwärter
Kadett
Offiziersdienstgrad
Oberst
Offiziersheim
Kasino
Öffnung
Luecke
Öffnung *eines* **Vulkans**
Krater
ohne Abzug
brutto
ohne Anzeichen von Leben
leblos
ohne Begleitung
allein, einsam
ohne Bezahlung
gratis
ohne Laut
tonlos
ohne Namensangabe
anonym
Ohr des Wildes
Teller
Ohrenentzündung
Otitis
Okeanide
Admete, Eidyia, Lanthe, Okyroe, Peitho
okkult
geheim
okkultistische Sitzung
Séance
ökologisches Milieu
Umwelt
Ölbaumgewächs
Jasmin
ölen
fetten
Ölfrucht
Mandel
Ölhafen im Iran
Abadan
ölig
fettig, tranig
öliges Arzneimittel
Oleosa
Ölpflanze
Flachs
Ölschiff
Tanker
Öltransportschiff
Tanker
olympische Bootsportart
segeln
Omelette
Plinse, Plinze
Oper von Berg
Wozzek
Oper von Bizet
Carmen
Oper von Flotow
Martha
Oper von Gluck
Armida
Oper von Händel
Admeto, Alcina, Almira, Oreste, Ottone, Xerxes
Oper von Honegger
Judith
Oper von Lortzing
Undine
Oper von Puccini
Bohème, Mantel
Oper von Strauß
Daphne, Salome
Oper von Verdi
Aroldo, Ernani
Oper von Wagner
Rienzi
Oper von Weber
Oberon
Operette von Lehár
Cloclo
Operette von Lincke
Grigri

Operette von Strauß
Indigo, Jakuba
Operettenkomponist
Kálmán, Lincke
Opernfach
Sopran
Opernfigur *im* **Freischütz**
Agathe
Opernfigur *bei* **Mozart**
Figaro
Opernkomponist
Busoni, Dvořak, Mozart, Wagner
Opernteil
Arioso, Aufzug, Finale
Opfer
Obolus, Spende, Tribut
Opferschale
Phiale
Opponent
Gegner
optisches Gerät
Brille, Kamera, Okular
opulent
ueppig
Opus
Œuvre
Orakelpriesterin der Antike
Pythia
Orakelstätte der alten Griechen
Delphi
Oratorium von Händel
Esther, Joseph, Salomo, Samson, Semele
Orchideenart
Dingel, Laelia, Orchis
Ordensband
Kordon
Ordensbruder
Frater, Moench
Ordenschefin
Oberin
Ordensritter
Komtur
Ordensstifter
Loyola
Order
Befehl
ordinär
gemein, unfein
Ordnungsbegriff der Biologie
Klasse
Ordnungsform
Schema, System
Ordnungsgruppe
Klasse
Ordnungshüter
Schupo
Ordnungssystem
Kartei
Ordnungszahl
Nummer
Organ
Gehirn
Organ *der* **Fische**
Flosse
Organ *zum* **Kauen**
Gebiss
Organ *im* **Rachen**
Mandel
Organ *der* **Sekretion**
Druese
Organisation
Aufbau
Organisation der UN
(Abkürzung)
ECOSOC, UNCTAD, UNESCO, UNICEF
Organisationsprinzip
System
Organisator
Macher
organische Verbindung
Ketone
Organist
Kantor
Orgeltaste
Clavis
Orgelteil
Manual, Pfeife
Orgie
Exzess, Gelage
Orient
Nahost
Orientale
Araber, Iraker, Iraner, Perser, Syrier, Tuerke
orientalische Badeanlage
Hammam
orientalische Gedichtform
Ghasel
orientalische Kopfbedeckung
Turban
orientalische Märchenfigur
Aladin
orientalische Wasserpfeife
Kalian
orientalische Zither
Sewuri
orientalischer Frauenname
Fatima
orientalischer Herrschertitel
Sultan
orientalischer Mantel
Burnus
orientalischer Märchenerzähler
Meddah
orientalischer Naturgott
Adonis
orientalischer Palast
Serail
orientalischer Polizeisoldat
Kawass
orientalischer Titel
Pascha, Sultan
orientalischer Überrock
Kaftan
orientalisches Badehaus
Hammam
orientalisches Fürstentum
Emirat
Orientteppichsorte
Afghan, Anatol, Berber, Bidjar, Kerman, Kirman, Perser, Sarugh, Smyrna, Tabriz
Original
Unikum, Urbild
Orkneyinsel
Burray, Flotta, Pomona, Sanday
Ornament
Feston, Zierde
Ornat
Gewand
Ort
Stelle, Weiler
Ort *bei* **Alexandria**
Abukir
Ort *im* **Kanton Freiburg**
Murten
Ort *bei* **Luxor**
Karnak
Ort *der* **Olympischen Winterspiele**
Nagano
Ort *der* **Qual**
Hoelle
Ort *in* **Südtirol**
Salurn
Ort *auf* **Sylt**
Kampen, Keitum, Morsum, Rantum
Ort *der* **Verdammnis**
Hoelle
orthodoxer Klostervorsteher
Igumen
ortsansässig
hiesig
Osmane
Tuerke
Ostafrikaner
Somali

6

ostafrikanische Überlandreise
Safari
ostafrikanischer Eingeborenensoldat
Askari
ostafrikanischer Nomade
Massai
ostafrikanischer Staat
Ruanda, Uganda
ostafrikanischer Stamm
Massai
Ostalpengruppe
Tauern
ostasiatischer Staat
Taiwan
ostasiatischer Tempel
Pagode
ostasiatischer Wirbelsturm
Taifun
ostasiatischer Zierbaum
Ginkgo
ostasiatisches Reitervolk
Hunnen
Osten
Orient
Osterbrauch
Marsch
Österreicher
Wiener
österreichisch für Abitur
Matura
österreichisch für Anzahlung
Akonto
österreichisch für Eckball
Corner
österreichisch für Krankenhaus
Spital
österreichisch für Nikolaus
Nikolo
österreichisch für Reifeprüfung
Matura
österreichisch für Taxifahrer
Taxler
österreichisch für Theke
Schank
österreichisch für Torhüter
Keeper
österreichische Autorin
Lavant
österreichische Bezeichnung für ein Viehfutter
Runkel
österreichische Hauptstädter
Wiener
österreichische Landschaft
Pongau, Wachau
österreichische Münze
Heller
österreichische Sängerin
Lolita
österreichischer Alpenpass
Flexen, Gerlos, Tauern, Wurzen
österreichischer Amtsehrentitel
Hofrat
österreichischer Archäologe
Arneth
österreichischer Arzt
Barany, Dittel
österreichischer Ausdruck für Mietkutsche
Fiaker
österreichischer Bildhauer
Gasser, Pacher
österreichischer Biologe
Mendel
österreichischer Botaniker
Kerner, Mendel, Schenk
österreichischer Chemiker
Paneth
österreichischer Chirurg
Lorenz
österreichischer Dirigent
Gielen, Krauss, Mahler, Paulik, Schalk, Schuch, Walter
österreichischer Exskifahrer
Sailer
österreichischer Feldmarschall
Laudon
österreichischer Flugzeugbauer
Etrich
österreichischer Forscher
Mendel, Ressel
österreichischer Gruß
Servus
österreichischer Historiker
Kaplan
österreichischer Ingenieur
Kaplan
österreichischer Instrumentalvirtuose
Czerny, Morini
österreichischer Koch und Hotelier
Sacher
österreichischer Komponist
Dostal, Hummel, Kálmán, Kienzl, Křenek, Lanner, Mahler, Mozart, Webern, Zeller
österreichischer Kurort
Aussee, Fuschl, Ramsau, Reutte, Velden
österreichischer Logiker
Goedel
österreichischer Lyriker
Kramer
österreichischer Mathematiker
Hlawka
österreichischer Nobelpreisträger für Medizin
Barany, Frisch, Lorenz
österreichischer Philosoph
Popper
österreichischer Physiker
Lecher
österreichischer Regisseur
Meisel, Ucicky
österreichischer Schauspieler
Hansen, Krones, Moissl, Muliar, Odilon, Thimig, Tiller
österreichischer Schriftsteller
Handke, Werfel
österreichischer Staatsmann
Badeni, Miklas, Renner, Seipel, Taaffe
österreichischer Tenor
Tauber
österreichischer Verhaltensforscher
Lorenz
österreichischer Zoologe
Frisch
österreichisches Regelwerk
OE-Norm
österreichisches Wort für Gehalt
Salaer
österreichisches Wort für Tabakladen
Trafik

Osteuropäer
Tuerke
Osteuropäerin
Russin
osteuropäische Völkergruppe
Slawen
ostfranzösisches Grenzland
Elsass
ostfriesische Hafenstadt
Norden
ostfriesische Insel
Borkum
Ostgotenkönig
Aorich, Berich, Totila
ostgotisches Herrschergeschlecht
Amaler
östlicher Teil des Pfälzer Waldes
Haardt
östlichster Punkt Islands
Gerpir
ostpreußische Dichterin
Miegel
Ostregion von Nigeria
Biafra
oströmische Hauptstadt
Byzanz
oströmische Kaiserin
Eirene
oströmischer Feldherr
Narses
oströmischer Kaiser
Fabius, Julian, Valens
Ostseebad
Bansin, Eldena, Nidden, Rettin, Sellin
Ostseebucht bei Rostock
Grabow
Ostseehafen
Danzig, Kalmar, Malmoe, Pillau, Windau, Wismar
Ostseehalbinsel
Zingst
Ostseeinsel
Anholt, Fuenen, Oeland, Ruegen, Samsoe, Ummanz, Usedom, Wollin
Ostsibirier
Ewenke
Ostwind in den Tropen
Passat
Otter
Marder, Natter
oval
eirund
Ovation
Ehrung
Oxidation
Rosten

P

Paarhufer, Paarzeher
Alpaka, Gaemse, Hammel, Hirsch, Muffel, Nilgau, Seekuh, Wapiti, Widder, Wisent
paarige Innenorgane
Nieren
paarige Körperteile
Fuesse, Haende
Paarungszeit
Brunft
Paarungszeit *beim* **Hirsch** (weidmännisch)
Brunft, Brunst
pachten
leasen, mieten
Pack
Bagage, Poebel
Packwagen
Waggon
Pädagoge
Lehrer, Pauker
pädagogische Beurteilung
Zensur
pädagogische Maßnahme
Strafe
Page
Diener
pakistanischer Politiker
Bhutto
Paladin Karls des Großen
Oliver, Roland
Palast *in* **Florenz**
Medici
Palast *in* **Paris**
Élysée, Louvre
Palast *eines* **Sultans**
Serail
Palästinenserführer
Arafat
Palauinsel
Angaur
Palmenart
Rotang
Palmenfaser
Africe
Palmenfrucht
Dattel
Pampashirsch
Guazuy
Pampashirt
Gaucho
Pandurenführer
Trenck
Panflöte
Syrinx
Panier
Banner
Panik
Grauen

Panne
Defekt
Pantherkatze
Jaguar
Panzer
Schutz
Panzerechse
Gavial, Kaiman
Panzerschrank
Tresor
Papageienart
Kakadu, Kakapo, Lorius, Nymphe
Papierart
Karton, Leinen
Papierformat
Duodez
Papiergeld
Schein
Papierstück
Zettel
Pappe
Karton
Pappschachtel
Karton
päpstliches Gewand
Fanone
Papstname
Agapet, Gregor
Parade im Sport
Abwehr
Paradeiser
Tomate
Paradies
Himmel
Paradieswächter
Cherub
Parasitenart
Laeuse
parat
bereit, fertig
Pardelkatze
Ozelot
Parfümflasche
Flacon, Flakon
Pariakaste in Indien
Balahi
Pariser Leichenschauhaus
Morgue
Pariser Modeschöpferin
Chanel
Park
Anlage, Garten, Gehege
Parkraum
Garage
Parlament
Kammer
parlamentarische Beratung
Lesung
Parlamentsgruppe
Rechte
Parole
Devise, Losung, Slogan

6

Paroli
Abwehr
Part
Anteil, Partie, Stimme
Part eines Gesangstückes
Stimme
Partiturteil
Partie, Stimme
Partner
Sozius
Parze
Klotho
Pass *in* **Graubünden**
Maloja
Pass *im* **Hindukusch**
Chawak
Passah
Ostern
passend
faehig, genehm
Passion
Faible, Leiden
Passionsblumengewächs
Adenia
Passionssonntag
Judika
Pastorenmütze
Barett
Paternoster
Aufzug
Patient
Klient
Patisserieerzeugnis
Kuchen
Patron *der* **Angler**
Petrus
Patron *der* **Apotheker**
Damian, Kosmas
Patron *der* **Bettler**
Martin
Patron *der* **Fischer**
Petrus
Patron *der* **katholischen Kirche**
Joseph
Patron *der* **Schiffer**
Petrus
Patron *der* **Soldaten**
Adrian
Patron *des* **Wetters**
Petrus
Patronin *des* **Elsass**
Odilia
Patronin *der* **Hausfrauen**
Martha
Patronin *der* **Mütter**
Monika
Patsche
Klemme
Pause
Siesta
Pechleuchte
Fackel
Peddigrohr
Rattan
Peinigung
Folter, Marter
peinlich
heikel
Pelerine
Umhang
Pelle
Schale
Pelz *der* **Biberratte**
Nutria
Pelz *des* **Sumpfbibers**
Nutria
Pelzart
Angora, Ozelot
Pelzsamt
Felbel
Pelztier
Marder, Murmel, Ozelot, Wiesel, Ziesel
perfid
gemein
Periode
Epoche, Zyklus
Peripherie
Umfang
Perpendikel
Pendel
Perser
Iraner
persische Gottheit
Ormuzd
persische heilige Schrift
Avesta, Awesta
persische Münze
Schahi
persische Provinz
Kerman
persische Wasserpfeife
Kalian, Kaliun
persischer Dichter
Nisami, Nizami
persischer König
Darius, Ismail, Xerxes
persischer langer Schleier
Tschad
persischer Lichtgott
Ormuzd
persischer Statthalter
Satrap
Person
Mensch
Person im Ruhestand
Emerit
Personenkraftwagen
Spider
persönlich
privat, selbst
peruanische Hafenstadt
Callao
peruanische Provinz
Ancash, Callao, Loreto
peruanischer Exportartikel
Erdoel, Kaffee, Kupfer, Silber
peruanischer Schriftsteller
Ortega
peruanisches Schafkamel
Alpaka, Vicuña
Petschaft
Siegel
Pfahl
Pflock, Stange
Pfand
Geisel
Pfannkuchen
Plinse
Pfarrer
Pastor
Pfefferkuchenart
Printe
Pfeifenstrauch
Jasmin
Pfeiler
Saeule
pfeilerartiger Mauerstreifen
Lisene
Pfeilgift
Kurare
Pfeilhecht
Pikuda
Pferch
Koppel
Pferd
Maehre
Pferdeart
Jucker, Maehre, Rappen, Zelter
Pferdefuhrwerk
Fiaker
Pferdegangart
Galopp
Pferdegeschirrteil
Gebiss, Sattel, Sporen, Trense
Pferdejunges
Fohlen
Pferdekrankheit
Koller
Pferdekutsche
Fiaker
Pferderasse
Araber, Berber, Hunter, Perser, Tatare
Pferdesport
Reiten
Pferdesportler
Reiter
Pferdewagen
Fiaker
Pferdeweide
Koppel

Pferdezaum
Trense
pfiffig
findig
Pflanze *zur* **Düngung**
Lupine
Pflanze *mit* **Haftfrüchten**
Klette
Pflanze *mit* **Heilwirkung**
Arnika
Pflanze *der* **Sukkulenten**
Kaktee, Kaktus
Pflanzenableger
Senker
Pflanzenanbau
Kultur
Pflanzenart
Staude
Pflanzenauszug
Essenz
Pflanzenfaser
Flachs
Pflanzenschössling
Senker
Pflanzenstängel
Strunk
Pflanzenteil
Bluete, Frucht, Knolle, Knospe, Kolben, Schote, Senker, Spross, Traube, Wipfel, Wurzel
Pflanzentrieb
Spross
Pflanzenwuchsform
Staude
pflanzliche Zellverbindung
Gewebe
pflanzliches Färbemittel
Safran
Pflanzung
Kultur
Pflegeanstalt von Bodelschwingh
Bethel
Pfleger *von* **Wild**
Jaeger
Pflicht
Dienst
pflügen
ackern
Pflugspur
Furche
Pforte
Portal
Pfosten
Balken, Pflock, Poller, Strebe
Pfote
Pranke
Pfropfen
Korken
Pfründe
Besitz
Pfuhlschnepfe
Limosa, Limose
Phänomen
Wunder
Pharaonenname
Cheops, Ramses
Philemons Frau
Baucis
philippinische Insel
Negros, Tablas
philippinische Politikerin
Aquino
philippinischer Diktator
Marcos
philippinischer Einwohner
Tagale
philippinischer Politiker
Enrile
Philosoph
Denker
phlegmatisch
traege
Phrase
Gerede, Tirade
phrygische Göttin
Kybele
physikalische Grundgröße
Ladung, Laenge
physikalische Krafteinheit
Newton
physikalischer Begriff
Dichte, Isotop, Kaelte, Ladung, Laenge, Leiter, Magnet, Moment, Pendel, Schall, Sender, Strahl, Vakuum, Waerme
Pickel
Pustel
pikant
scharf
Pike
Spiess
Pilgerfahrt nach Mekka
Hadsch
Pilgerherberge
Hospiz
Pille
Arznei, Dragee
Pilotenkabine
Kanzel
Pilzart
Bovist, Glucke, Marone
Pilzgeschwulst
Fungus
Pilzkeime
Sporen
Pilzkrankheit
Mykose
Pionier *des* **Automobilbaus**
Diesel
Piratenschiff
Korsar
Pirolart
Buelow
Pitcher
Werfer
Plage
Leiden, Tortur
Plagegeister (Sage)
Druden
Plakat
Poster
plakatartiges Bild
Poster
Plan
Design, Skizze
Plane
Plache
Planet
Merkur, Neptun, Saturn, Uranus
Planetoid
Pallas
Plänkelei
Streit
planvolle Maßnahme
Aktion
planvolle Vorsorge
Sparen
planvolles Vorgehen
Taktik
Plastik
Bueste, Statue
plastische Kleindarstellung
Modell
plastisches Brustbild
Bueste
Platte
Fliese, Glatze, Kachel
Plattform
Buehne, Perron, Podest
Plättgerät
Mangel
Platz
Posten, Stelle
Platzanweiser
Ordner
Plätzchengewürz
Nelken
Pleite
Misere
plötzlich
abrupt
plötzliche Krankheit
Anfall
plötzlicher Wutausbruch
Koller

plötzliches Schadensereignis
Unfall
plötzliches Unwohlsein
Anfall
plump
traege
Plüschgewebe
Mokett
Plutomond
Charon
Pöbel
Bagage
Pockenimpfstoff
Lymphe
Pockholz
Guajak
Poesie
Zauber
poetisch für Boot
Nachen
poetisch für Insel
Eiland
poetisch für Kahn
Nachen
poetisch für Kammer
Gelass
poetisch für kleiner Raum
Gelass
poetisch für Leinen
Linnen
poetisch für Träne
Zaehre
poetisch für Unklarheit
Irrsal
poetisch für Wunsch
Begehr
poetisch für Zimmer
Gemach
Pokal
Becher
Polarforscher
Andrée
Polargebiet
Arktis
Polder
Marsch
Polier- und Gleitmittel
Talkum
politische Gemeinschaft
Nation
politische Gruppe
Partei
politische Vereinigung
Partei
politischer Handstreich
Putsch
politischer Zusammenschluss
Partei
Polizeibeamter
Schupo
Polizeidienststelle
Revier
polizeiliche Aktion
Razzia, Sperre
polizeilicher Begriff
Taeter, Tatort
Polizeiwache
Revier
Polizisten (Jargon)
Bullen
Pollux' Zwillingsbruder
Castor, Kastor
polnisch für Posen
Poznan
polnische Hafenstadt
Danzig, Gdansk
polnische Stadt an der Oder
Oppeln
polnischer Adelstitel
Magnat
polnischer Arbeiterführer
Walesa
polnischer Chemiker
Fajans
polnischer Gewerkschaftsführer
Walesa
polnischer Komponist
Chopin
polnischer Mathematiker
Banach, Borsuk
polnischer Nobelpreisträger für Frieden
Walesa
polnischer Physiker
Infeld
polnischer Pianist
Chopin
polnischer Politiker
Bierut, Gierek, Walesa
polnischer Schriftsteller
Hlasko, Milosz, Mrozek
Polster
Kissen, Pfuehl
Polstermöbel
Sessel
Poltergeist
Kobold, Schrat
polynesische Inselgruppe
Hawaii
Pomp
Pracht
Popmusik aus Jamaika
Reggae
Popmusikbegriff
Reggae
porig
poroes
Portal
Pforte
Portepee
Quaste
Portion
Ration
portugiesische Insel
Flores
portugiesische Inselgruppe
Azoren
portugiesische Währungseinheit
Escudo
portugiesischer Entdecker
Cabral
portugiesischer Königsname
Alfons
portugiesischer Politiker
Soarez
portugiesischer Prinzentitel
Infant
portugiesischer Schriftsteller
Pessoa
portugiesischer Wallfahrtsort
Fatima
Porzellanerde
Kaolin
Porzellanmanufaktur
Sèvres
Posament
Besatz, Franse, Pompon, Quaste, Schnur, Tresse
Position
Posten, Stelle
positiv
gewiss
positiv geladenes Atomteil
Proton
positiv geladenes Ion
Kation
positive Mitteilung
Zusage
positiver Charakterzug
Tugend
positives Ergebnis
Erfolg
Possen
Scherz, Unsinn
Possenreißer
Kasper
possierlich
lustig
postalischer Begriff
Inland
Posten
Hueter, Stelle
Posten von Waren
Partie
Postenkette
Kordon

Poster
Plakat
Prachtbau
Palast
prächtig
feudal
Prachtstraße
Avenue
Prachttor
Portal
Prädikat
Zensur
Prägestempel
Stanze
Prägewerkzeug
Stanze
Pragmatiker
Macher
Prägung auf Stein
Gravur
prähistorisches Werkzeug
Eolith
Prahlerei
Angabe
praktisch
patent
Pralinenfüllung
Cognac, Kognak, Likoer, Nougat
prall
stramm
Prämie
Gewinn
Präposition
ausser, binnen, hinter, laengs, unweit
Präriewolf
Kojote
Präsident *der* **Bundesrepublik Deutschland**
Herzog, Luebke, Scheel
Präsident *des* **HSV**
Seeler
Präsident *der* **Palästinenser**
Arafat
Predigerstand
Kanzel
Predigt
Sermon
Predigtstuhl
Kanzel
Preis
Betrag
Preis *vor* **Abzug**
Brutto
Preis *der* **Beförderung**
Fracht
Preisabzug
Rabatt, Skonto
Preisauftrieb
Hausse
Preissturz an der Börse
Baisse
Preisträger
Sieger
preiswert
billig
prekär
heikel
preußischer Chemiker
Bayer
preußischer Feldmarschall
Moltke
preußischer Freikorpsführer
Schill
preußischer General
Moltke, Zieten
preußischer Schlachtenort
Torgau
preußischer Staatsmann
Abeken, Goertz, Schoen
preußisches Adelsgeschlecht
Buelow
prickelnd
pikant
Priester
Kaplan, Pastor
Priestergewand
Sutane
Priesterstand
Klerus
primitiv
billig
primitive Unterkunft
Huette
primitives Haus
Huette
primitives Indianerboot
Piroge
Prinzip
Maxime
Prise
Rapuse, Schuss, Zusatz
Probe
Uebung
Produkt
Ertrag
Produkte *der* **Textilindustrie**
Stoffe
Produktionsstätte
Fabrik
Profil
Umriss
Profit
Ertrag, Gewinn, Nutzen
Programm
Ablauf
Programmankündigung
Ansage
Programmerläuterung
(Fernsehen)
Ansage
Proklamation
Appell, Aufruf
Prophet
Mahner
Prophet im Alten Testament
Daniel, Haggai, Isaias, Jesaja, Nathan, Obadja, Samuel
Prophetin im alten Israel
Debora
Prophezeiung
Orakel
Protestant
Hussit
protestantische Gottesdienstordnung
Agende
Prototyp
Modell, Muster
Proviant
Vorrat
Provinz *in* **Irland**
Ulster
Provinz *in* **Italien**
Rovigo
Provinz *in* **Spanien**
Oviedo
Prozedur
Ablauf
Prozess
Ablauf
prüfen
proben
prüfend berühren
tasten
Prüfer
Tester
Prüfung
Examen
Prüfung *von* **Messgeräten**
Eichen
Prüfungsprädikat
Zensur
Prüfungsurkunde
Diplom
Prunk
Pracht
prunkvolles Tor
Portal
psychische Belastung
Stress
Publikum
Gaeste, Hoerer
Publizist
Texter
Puder
Pulver
Pudergrundstoff
Talkum

Puffer aus Tauwerk
Fender
Pullover
Jumper
Pult
Kanzel
Pump
Kredit
Pumpventil bei Blas-instrumenten
Piston
Punkt
Stelle
pünktlich
strikt, zeitig
pur
lauter
Purzelbaum
Kobolz
Pusztaschänke
Csarda
Putz
Zierat
Putztuch
Lappen
Pygmäenstamm
Bafoto, Semang
Pyrenäenberg
Nethou
Pyrenäenvolk
Basken

6

Q

Quader
Prisma
Quadrat
Karree, Potenz
Qual
Folter, Marter, Tortur, Unheil
Qualle
Meduse
Qualm
Brodem
Quantität
Anzahl
Quantum
Anteil, Anzahl, Ration
Quark
Topfen
Quartier
Bezirk, Bleibe
Quarzsteinchen
Kiesel
Quast
Pinsel
Quaste
Bommel, Pompon, Zottel
Quatsch
Unsinn
Quecksilber (Alchimie)
Merkur
Quellfluss *des* **Kongo**
Lukuga
Quellfluss *des* **Nil**
Kagera
Quellfluss *des* **Pregel**
Inster
Quellgöttin
Egeria, Najade
Quellnymphe der Griechen
Najade
quer
zwerch
Querabmessung
Breite
Querele
Streit
Querfaden beim Weben
Schuss
Querholzfahne
Banner
Querne
Muehle
Querschnitt
Mittel, Profil
Querstrich im Druckwesen
Serife
Quote
Anteil

R

Rabatt
Skonto
Rabenvogel
Elster, Haeher, Kraehe
Rachegöttin
Alekto
Radarmessung
Ortung
Radau
Tumult, Unruhe
Radfahrer
Radler
radikal
extrem
radioaktives Element
Curium, Radium
Radioquelle im Kosmos
Pulsar
Radrennfahrer
Steher
Radsportmehrkampf
Omnium
Raffinade
Zucker
raffiniert
schlau
Rage
Aerger
Raketenforscher
Oberth
Rammpfahl
Pilote
Rampe
Perron
Ramsch
Schund, Tinnef
Rand
Grenze
Randbemerkung
Glosse
Randleiste
Gesims
Rang
Balkon, Empore, Klasse, Wuerde
Rangstufe
Charge
Rankengewächs
Hopfen
Ränkespiel
Kabale, Tuecke
rapid
rasant
rar
selten
rasant
rasend
rasch
behend, hurtig, prompt, sofort
rasche Reaktion
Impuls
rasend
furios, rabiat, tobend
rasender Beifall
Furore
Rasenspiel
Hockey
Rasensprenger
Regner
Rassehund
Basset, Beagle
Rassel
Knarre
Rassepferd
Araber
Rastlosigkeit
Unruhe
Rate
Anteil, Betrag
Ratgeber
Helfer, Mentor
Ratgeber Karls des Großen
Alkuin
Ratgeber Telemachs
Mentor
Ratgeber *vor* **Troja**
Nestor
Ration
Anteil

Ratsche
Knarre
Rätselfreund
Loeser
rätselhafte Weissagung
Orakel
rau (rauh)
barsch, heiser, uneben
Raub
Rapuse
Räuber
Bandit
räuberischer Vogel
Elster
Raubfisch
Barsch, Eishai, Rochen, Zander
Raubkatze
Gepard, Ozelot
Raubtier
Gepard, Grisli, Grisly, Hyaene, Jaguar, Marder, Ozelot, Panter, Pardel, Serval, Wiesel
Raubtierpfote
Pranke
Raubvogelfüße
Klauen
Raubwild
Marder, Wiesel
Räuchermittel
Myrrhe
Raucherutensil
Ascher, Pfeife
Rauchfang
Schlot
Raum
Gelass, Gemach, Kammer, Kosmos, Zimmer
Raum *unter dem* **Dach**
Buehne
Raum *in* **Klöstern**
Klause
Raum *für* **Kraftfahrzeuge**
Garage
Raum *für* **Wagen**
Remise
Raumbegriff
Breite, Laenge
Raumfahrtbegriff
Kapsel
Raumfahrtprojekt
Apollo, Skylab
Raumschiff
Kapsel, Rakete
Raumschiff *der* **Amerikaner**
Apollo, Aurora, Gemini
Raumschiff *der* **Sowjets**
Wostok
Raumüberwölbung
Kuppel
Rausch
Affekt, Taumel
Rauschgift
Drogen, Heroin, Kokain
Raute
Staude
Rauware (Rauhware)
Molton
Realität
Dasein
Rebsorte
Merlot
Rechenbrett
Abakus
Rechnung
Faktur
Rechnungsamt
Rentei
Rechnungsbetrag
Posten
Recht
Gesetz
rechte Kontoseite
Kredit
rechteckig
oblong
rechteckig behauener Stein
Quader
Rechtsanwalt
Jurist
Rechtsanwaltskunde
Klient
rechtschaffen
bieder, honett
Rechtschreibübung
Diktat
Rechtsgrundlage
Gesetz
Rechtskundiger
Jurist
Rechtsmittel
Rekurs
Rechtsorgan
Justiz
Rechtspflege
Justiz
Rechtsspruch
Urteil
Rechtsvorschrift
Gesetz
rechtwinkliger Behälter
Karton, Kasten, Steige
rechtzeitig
prompt
Recke
Kaempe
recyclingfähiges flüssiges Fett
Altoel
Rededuell
Disput
Redensart
Phrase, Slogan
Redeschwall
Erguss, Tirade
redlich
bieder, ehrbar, honett, wacker
Redner
Orator, Rhetor
Rednerplatz
Kanzel, Podest, Podium
Referent
Kustos, Redner
Reformator
Calvin, Luther
rege
eifrig, munter, wendig
Regel
Gesetz
regelmäßig
normal, stetig
regelmäßiger Wechsel
Turnus
regelrecht
normal
regelwidrig
abnorm, anomal
Regenabfluss am Haus
Traufe
regenarmes Gebiet
Steppe, Wueste
Regenkleidung, Regenschutz
Anorak, Kapuze, Schirm, Umhang
Regenwolke
Nimbus
Regierender an Fürstenstelle
Regent
regierungsfeindlicher Zusammenschluss
Fronde
Regierungsform
Regime
Region
Bezirk, Gebiet, Gegend
Registratur
Ablage
Registraturmappe
Ordner
regulär
normal
Regungslosigkeit
Starre, Torpor
Reh
Gabler
Rehwildlaute
Fiepen
Reibeisen
Raffel, Raspel
reich
potent
Reich Gottes
Himmel

Reich *der* Riesen
Utgard
Reich *des* Satans
Hoelle
reichlich
ueppig
Reichsritter
Hutten
Reichweite
Radius
Reif
Diadem
Reifeprüfung
Abitur, Matura
Reihe *von* acht Tönen
Oktave
Reihenfolge
Ablauf, Turnus, Umlauf
rein
lauter, sauber
Reinfall
Fiasko, Pleite
Reisegepäck
Bagage, Koffer, Tasche
Reisegesellschaft in Afrika
Safari
Reisgericht
Paella
reißend
rapide, rasant
Reitbahn
Manege
Reiter
Jockey
Reitermannschaft
Equipe
Reitersitz
Sattel
Reitervolk in Asien
Hunnen
Reitfigur der hohen Schule
Levade, Pesade
Reithindernis
Gatter
Reitzubehör
Sattel, Sporen
Reiz
Charme, Scharm
Reiz ferner Länder
Exotik
reizbar
fahrig
Reklame machen
werben
Religionsbuch *der* Juden
Talmud
Religionsgemeinschaft
Kirche
Religionsstifter
Buddha, Laotse
religiöse Überzeugung
Glauben
religiöse Übung
Askese, Fasten
religiöser Brauch
Ritual
religiöses Vergehen
Suende
religiöses Zeremoniell
Ritual
Rembrandts Frau
Saskia
Rennhindernis
Huerde
Rennpferd
Araber, Traber
Rennpferd für lange Strecken
Steher
Rennreiter
Jockey
Rennruderboot
Achter, Vierer, Zweier
Rennschuhe der Sprinter
Spikes
Rennstrecke *in* Frankreich
Le Mans
Renommee
Nimbus
Reptilart
Kaiman, Leguan, Natter, Python
Reserve
Ersatz, Vorrat
Residenz *des* Agamemnon
Mykene
Residenz *in* Paris
Louvre
resolut
forsch
Respiration
Atmung
Rest
Relikt
restlich
uebrig
Restvorkommen
Relikt
Resultat
Effekt
rettende Lösung
Ausweg
Rettung
Ausweg
Revier
Bezirk, Gebiet
Revue
Parade
Rezitation
Lesung
Rheinhafen
Bingen
rheinisches Mittelgebirge
Taunus
Rhetor
Redner
Richter Israels
Gideon
Richterin im Alten Testament
Debora
richterliche Verfügung
Dekret
Richterspruch
Urteil
Richtlinie
Maxime
Richtungsanzeiger
Winker
Richtungswinkel (Astronomie)
Azemut
Riechfläschchen
Flacon, Flakon
Riechstoff
Myrrhe, Parfum
Riechstoffkonzentrat
Essenz
Riegel
Balken, Sperre
Riese
Gigant, Koloss
Riese *der* deutschen Heldensage
Fafner, Fafnir, Fasold
Riese *der* griechischen Sage
Kyklop, Zyklop
Riesenelefant der Eiszeit
Mammut
Riesengeier
Kondor
Riesengras
Bambus
Riesenkänguru, Riesenkänguruh
Boomer
Riesenschlange
Python
Riesenstandbild
Koloss
Riesenvogel
Dronte
Riesentier
Koloss
riesig
immens
Riff
Felsen, Klippe
rigoros
streng
Rind
Faerse, Farren, Kalbin, Starke

Rinde
Kruste
Rinderart
Wisent
Rinderhirt
Cowboy, Gaucho
Ring
Reifen
Ringergriff
Nelson
Ringmauer
Zingel
Rinne
Rigole
Rinne *am* **Dach**
Traufe
Rippenfell
Pleura
Risiko
Gefahr, Wagnis
Riss
Furche, Luecke, Spalte, Sprung
Ritter *der* **Artusrunde**
Gawein
ritterlich
galant
ritterliches Kampfspiel
Buhurt
Ritterrüstung
Panzer
Ritual
Brauch, Kultus
Ritze
Spalte
Rivale
Gegner
Rochenart
Fleten
Rockaufschlag
Revers
Rogen vom Stör
Kaviar
roh
brutal, rabiat
rohe Beleidigung
Insult
Rohkost
Muesli
Rohling
Barbar, Bestie, Ruepel
Rohpetroleum
Erdoel
Rohr
Bambus, Schilf
röhrenförmige Hülle
Huelse
Rohrstück mit Gewinde
Nippel
Rohrverbindungsstück
Buchse, Nippel
Rohschrift
Kladde

Rohstoff für Benzingewinnung
Erdoel
Rohstoff für Bier
Hopfen
Rohstoff für Textilien
Leinen
Rolle
Partie
Rollenfach
Heldin
Roman von Anet
Ariane
Roman von Bachmann
Malina
Roman von Colette
Chérie
Roman von Hamsun
Hunger
Roman von Hemingway
Fiesta
Romanfigur *bei* **Erich Kästner**
Fabian
römische Adelsfamilie
Orsini
römische Quellnymphe
Egeria
römische Totenklage
Naenie
römischer Architekt
Vitruv
römischer Beamter
Zensor
römischer Dichter
Catull, Seneca
römischer Feldherr
Caesar
römischer Geschichtsschreiber
Livius
römischer Gott
Apollo
römischer Hügel
Pincio
römischer Kaiser
Caesar, Gallus, Julian, Nerva, Nirva, Valens
römischer König
Tullus
römischer Liebesgott
Cupido
römischer Mediziner
Celsus
römischer Meeresgott
Neptun
römischer Philosoph
Seneca
römischer Rhetoriker
Cicero

römischer Schriftsteller
Caesar, Catull, Cicero, Livius, Lukrez, Seneca, Sueton, Terenz, Vergil, Vitruv
römischer Staatsmann
Aetius, Brutus, Caesar, Cicero, Drusus, Marius
römischer Trauergesang
Naenie
römischer Volkstribun
Rienzi
römisches Gewand
Tunika
römisches Kaisergeschlecht
Julier
Ross
Maehre
rösten
darren
Rotation
Umlauf
Rotationsmaschine
Presse
rote Gartenfrucht
Tomate
roter Farbstoff
Karmin, Purpur
roter Mineralfarbstift für Zeichnungen
Roetel
Rotte
Gruppe, Haufen
Rotwild
Hirsch
Roulettebegriff
Cheval, gerade, impair, manque
Rübenart
Moehre
Rubens' Frau
Helene
Rubrik
Spalte
ruchlos
gemein
Rückball beim Tennis
Return
Rückbuchung
Storno
Rückgratknochen
Wirbel
Rückhalt
Schutz
Rücklage
Vorrat
Rucksack
Ranzen
Rückseite der Münze
Revers
rücksichtslos
brutal, gemein

rücksichtslose Gewaltherrschaft
Terror
Rückstand
Relikt, Schuld, Verzug
Rückstand *bei der* **Bierherstellung**
Treber
Rückstoßflugkörper
Rakete
Rückstoßgeschoss
Rakete
Rückstrahlung
Albedo
Rücktritt
Bremse
Rückzug
Flucht
rüde
barsch, bruesk
Ruder
Paddel, Riemen, Steuer
Ruderboot
Achter, Gondel, Vierer
Ruderbootsart
Zweier
Ruderschiff
Bireme, Triere
Ruf
Nimbus
Rufmord
Insult
rügen
mahnen, tadeln
Ruhe
Stille
ruhelos
unstet
Ruhelosigkeit
Unrast
Ruhemöbel
Sessel
Ruhestörung
Tumult
Ruhetag
Sabbat
Ruhm
Glorie, Nimbus
Ruhmesglanz
Nimbus
Rührmichnichtan
Mimose
Ruin
Fiasko, Misere, Pleite
Ruinenstätte *in* **Griechenland**
Mykene, Tiryns
Ruinenstätte *in* **Kleinasien**
Didyma
Ruinenstätte *in* **Mesopotamien**
Ninive

6

rumänische Landschaft
Moldau
rumänischer Berg
Mandra
Rummel
Trubel, Wirbel
Rumpfknochen
Becken
Rumpfteil
Flanke
rumplig
uneben
Rundbogen auf 2 Pfeilern
Arkade
Runde
Korona, Umlauf, Zirkel
runde Stütze
Saeule
runde Vorführfläche
Manege
runder Metallstift
Bolzen
Rundfunkstation
Sender, Studio
rundfunktechnischer Begriff
Sender, Studio
Rundfunkteilnehmer
Hoerer
Rundmaul
Bricke, Pricke
Rundtanz
Reigen, Walzer
Rüpel
Flegel
russische Währungseinheit
Kopeke
russischer Berg
Elbrus, Kasbek
russischer Bildhauer
Sadkin
russischer Bretterwagen
Telega
russischer Frauenname
Tamara
russischer Instrumentalvirtuose
Gilels, Kremer
russischer Komponist
Glinka
russischer Kosmonaut
Leonow, Wolkow
russischer Mediziner
Pawlow
russischer Nobelpreisträger für Medizin
Pawlow
russischer Nobelpreisträger für Physik
Landau
russischer Politiker
Jelzin

russischer Revolutionär
Stalin
russischer Schachweltmeister
Karpow
russischer Schriftsteller
Herzen
russischer Tänzer
Fokine
russischer Zarenname
Alexej, Andrej, Feodor
russisches Dreigespann
Troika
russisches Verwaltungsgebiet
Oblast
russisches Weltraumschiff
Saljut, Wostok
rüstig
gesund
Rüstungsteil
Visier

S

Sachbereich
Gebiet, Sektor, Sparte
Sache
Objekt
Sachsenfürst
Gibeke
Sack
Beutel
Sackgasse
Impass
Safe
Tresor
Safran
Krokus
Sage
Mythos
Sägeabfall
Spaene
Sägefisch
Rochen
sagenhafter Dänenprinz
Hamlet
sagenhafter keltischer Barde
Ossian
sagenhaftes Goldland
Dorado
Sagentier
Drache
Sahnebonbon
Toffee
Saiteninstrument
Cymbal, Fiedel, Zither
Salamander
Triton

Salatpflanze
Ampfer, Kresse
saloppe Sprache
Jargon
salopper Gruß
Servus
salpetersaures Salz
Nitrat
Salz *des* **Bromwasserstoffs**
Bromid
Salz *der* **Essigsäure**
Acetat, Azetat
Salz *der* **Gerbsäure**
Tannat
Salz *des* **Hämatins**
Haemin
Salz *der* **Milchsäure**
Lactat, Laktat
Salz *der* **Salpetersäure**
Nitrat
Salz *der* **salpetrigen Säure**
Nitrit
Salz *der* **Schwefelsäure**
Sulfat
Salz *der* **Zitronensäure**
Citrat, Zitrat
Salzbergwerk
Saline
Salzgebäck
Brezel
Salzgewinnungsanlage
Saline
Salzlake
Poekel
Salzsee in Algerien
Schott
Samenbehälter
Frucht
Samenhülse
Schote
Sammelbegriff für Untugenden
Laster
Sammelmappe
Hefter
Sammlung jüdischer Gesetze
Talmud
Samsons Geliebte
Dalila, Delila
Samtart
Velvet
sandalenartiger Schuh
Opanke
Sandfloh
Chique, Jigger
Sandhose
Trombe
sandiges Meerufer
Strand
Sandlandschaft
Wueste
Sandsturm
Haboob
Sandwichinseln
Hawaii
sanft
sachte
Sänger *der* **alten Germanen**
Skalde
sanitäre Einrichtung
Dusche
Sanktion
Strafe
Saphir
Korund
Satan
Samiel, Teufel
Sattler
Riemer
Sattlerahle
Pfriem
Satyr
Daemon
Satz
Sprung
Satzteil
Objekt
Satzung
Statut
sauer
unreif
Säugetierart, Säugetiergattung
Robben
Säuglingswickeltuch
Windel
Säulenbogen
Arkade
Säulendeckplatte
Abakus
Säulenfuß
Sockel
Säulenheiliger
Stylit
Säulenplatte
Sockel
Säulenwulst
Entase
Saulus' späterer Name
Paulus
Saum
Besatz
säumig
traege
Schablone
Muster, Schema
Schachausdruck
Gambit, gardez, Partie
Schachfigur
Koenig
Schachtel
Karton
Schachweltmeister
Karpow, Lasker, Morphy
schade
leider
Schädelinhalt
Gehirn
Schädelknochen
Kiefer
Schaden
Defekt
Schadensereignis
Unfall
schadhaft
defekt, kaputt
schadhafte Stelle
Defekt
schädliche Neigung
Laster
Schaf
Hammel, Widder
Schafart
Merino
Schaffenskraft
Potenz
Schafwolle
Merino
schälen
pellen
Schalenfrucht
Mandel, Marone
Schalentier
Auster, Hummer, Krabbe
Schalk
Schelm
Schallalarmgerät
Sirene
Schallplattenart
Single
Schallsignalgerät
Sirene
Schaltanlage
Relais
Schaltelement (Elektronik)
Relais
Schalter
Klinke, Regler, Relais
schamhaft
keusch, pruede
schamlos
frivol
Schande
Verruf
Schanktisch
Buffet, Tresen
Schar
Gruppe, Haufen
scharf gewürzt
pikant
scharfe Antwort
Replik
scharfe Tierzehe
Kralle

scharfes Werkzeug
Messer, Schere
Scharfsinn
Esprit
Scharnier
Gelenk
Schattenbild
Umriss
Schattenstab
Gnomon
Schattierung
Nuance
Schaubild
Schema
Schauder
Grauen, Horror
Schaufel
Spaten
Schaufel beim Wild
Geweih
schaufelähnliches Werkzeug
Spatel
Schaufelmaschine
Bagger
Schaufenster des Westens
Berlin
Schaukelreck
Trapez
Schaum
Geifer, Gischt
schaumartige Speise
Mousse
Schaumgebäck
Baiser
Schauplatz im Theater
Buehne
Schauspiel von Goethe
Egmont, Stella
Schauspiel von Lessing
Nathan
Schauspiel von Shakespeare
Hamlet
Schauspieler
Akteur
Schauspieler auf der Bühne
Akteur
Schauspielschülerin
Elevin
Scheibe
Diskus, Platte
Scheidelinie
Grenze
scheinheilig
bigott, falsch
Scheitel
Gipfel
Schellfischart
Dorsch, Merlan, Quappe, Seeaal
Schelm
Schalk
Schelte
Kritik
Schema
Muster, Umriss
Schemel
Hocker
schemenhaft
unklar
Scherflein
Obolus, Spende
scherzhaft für Ahnung
Animus
Scherzwort für Friseur
Figaro
Scherzwort für Geige
Fiedel
Scherzwort für Gewehr
Knarre
Scherzwort für Lastwagen
Brummi
Scherzwort für Lehrer
Pauker
Scheuer
Stadel
Scheuerlappen
Feudel
Schicht
Turnus
Schickeria
Jetset
schicklich
dezent
Schicksal
Kismet
schicksalhaftes Leid
Tragik
Schicksalsdeutung
Mantik
Schicksalsgöttin
Klotho
Schiebewände japanischer Räume
Fusuma
Schiebung
Betrug
Schiedsrichter
Schiri
Schiedsspruch
Urteil
schief
scheel
Schienenabzweigung
Weiche
Schienenfahrzeug
Tender, Waggon
Schießer
Marmel, Murmel
Schiff *im* **Linienverkehr**
Faehre
Schifffahrtsbehörde
Seeamt
Schifffahrtskunde
Nautik
Schifffahrtsstraße
Seeweg
Schifffahrtsunternehmer
Reeder
Schiffsbalken
Planke, Steven
Schiffsbelader
Stauer
Schiffsbestand
Flotte
Schiffsbrüstung
Reling
Schiffseigner
Reeder
Schiffsgeländer
Reling
Schiffshaltetau
Brasse, Trosse
Schiffshindernis
Felsen, Klippe
Schiffskoch
Smutje
Schiffsladung
Fracht
Schiffslenkvorrichtung
Steuer
Schiffsquerwand
Schott
Schiffsraum
Kabine
Schiffsspeisekammer
Pantry
Schiffstyp
Faehre, Kutter, Schute, Segler, Tanker
Schiffsverband
Armada, Flotte, Konvoi
Schild
Aegide, Plakat
Schilderung friedlichen Lebens
Idylle
Schildkrötenart
Karett
Schildträger (Antike)
Hoplit
Schimmer
Schein
Schirm
Knirps
Schirmherr
Patron
schirmlose Mütze
Barett
Schirrzeug
Sielen, Trense, Zuegel
schlafähnlicher Zustand
Trance
Schlafanzug
Pyjama

Schlafbekleidung
Pyjama
Schlafdecke
Kolter
schlaff
traege
Schlagart *beim* **Tennis**
Volley
schlagfertig
witzig
Schlaginstrument
Piatti, Tamtam
Schlagwerkzeug
Hammer
Schlagwort
Parole, Slogan
Schlamm
Matsch, Modder, Morast
Schlammboden
Morast
Schlangenart, Schlangengattung
Assala, Natter, Python
schlank
grazil, schmal
Schlappe
Fiasko, Pleite, Schlag
Schlappohren in der Jägersprache
Behang
schlau
clever, findig
schlechte Angewohnheit
Laster
schlechte Gegenleistung
Undank
schlechte Lichtquelle
Funzel
schlechte Vergeltung
Undank
schlechter Geschäftsgang
Flaute
schlechter Mensch
Gauner
schlechtes Buch
Schund
schlechtes Pferd
Maehre
Schleichkatze
Musang, Poiana
schleiffähiger Kalkstein
Marmor
Schleimgeschwulst
Hygrom
Schlemmer
Lukull
Schleppkahn
Schute
Schleuderware
Ramsch, Schund
schleunigst
sofort
schlicht
frugal, simpel
Schlick
Matsch, Morast
Schließe
Spange
Schließvorrichtung
Riegel
schlimme Lebenslage
Misere
schlimmes Geschehen
Unheil
Schlinge
Knoten, Masche
Schlingel
Bengel
Schlingpflanze
Hopfen
Schlips
Binder, Fliege
Schloss
Palais, Palast
Schloss *bei* **Bonn**
Bruehl
Schloss *an der* **Loire**
Chinon, Saumur
Schloss *in* **Paris**
Louvre
Schloss *im* **Salzkammergut**
Fuschl
schlossartiges Gebäude
Palast
Schlummer
Schlaf
schlüpfrig
frivol, lasziv, pikant
Schluss
Finale
Schlusseffekt
Pointe
Schlüsselblume
Primel
Schlussgesang
Exodos
Schlussnummer
Finale
Schlussphase bei Wettläufen
Finish
Schlussteil eines Wortes
Endung
Schlusswendung (Musik)
Kadenz
Schlusswort
Epilog
Schmach
Unehre
schmackhaft
lecker
schmale Latte
Leiste
schmale Meeresbucht
Foerde
schmale Stelle des Rumpfes
Taille
schmale Treppe
Stiege
schmaler Einschnitt im Gebirge
Engtal
schmales Brett
Leiste
Schmarotzerpflanze
Mistel
Schmelze
Glasur
Schmelztopf
Tiegel
schmerzhafte Erkrankung
Rheuma
schmerzhafte Muskelkontraktion
Krampf
Schmetterling
Falter
Schmetterlingsart
Apollo, Bohrer, Falter, Moench, Ritter
Schmetterlingsblütler
Lupine
Schmiedeform
Gesenk
Schmiedegerät
Amboss, Gesenk, Hammer
schmieren
fetten
Schmierheft
Kladde
Schminke
Make-up
Schmorgefäß
Tiegel
Schmu
Betrug
Schmuck
Zierat
Schmückendes
Zierde
schmückendes Beiwerk
Zierat
Schmuckgewinde
Feston
Schmuckknopf am Ohr
Bouton
Schmuckmaterial
Platin, Silber, Strass
Schmuckring
Diadem
Schmuckspange
Fibula, Heftel

Schmuckstein
Beryll, Cyanit, Granat, Jadeit, Jaspis, Korund, Saphir, Zitrin
Schmuckstück
Diadem, Spange
Schmus
Gerede
Schnabelkrokodil
Gavial
Schnapssorte
Enzian, Klarer, Kognak
Schneeabsturz
Lawine
Schneebluse
Anorak
Schneeform
Flocke, Harsch
Schneemensch
Kangmi
Schneide
Klinge
Schneide *einer* **Sense**
Dengel
schneidend
scharf
schneidig
forsch, stramm, zackig
Schneidwerkzeug
Messer, Schere
schnell
hastig, hurtig, rasant, rasend
schnell beförderte Fracht
Eilgut
schnell trocknender Anstrich
Firnis
schnelle Bewegung
Wirbel
schnelles Reitkamel
Mehari
schnippisch
bissig, patzig, scharf
Schnitt
Fasson
Schnitte
Stulle
Schnittergerät
Sichel
Schnittholz
Latten, Leiste
Schnittmeister beim Film
Cutter
Schnitzer
Fehler, Lapsus
Schnupftabak
Makuba
Schnur
Bendel, Kordel
Schnürband
Nestel, Senkel
Schnurfabrikant
Seiler
Schnürjacke der Husaren
Dolman
Schnürleib
Mieder
schnurrig
witzig
Schnürsenkel
Nestel
Schock
Schlag
Scholar
Vagant
schon
allein, zeitig
schöne Frau der Antike
Helena
schöne Mineralien
Gemmen
schöner Jüngling
Adonis
schöner Mann
Adonis
Schönheitspflästerchen
Mouche, Musche
schonungslos
brutal, streng
Schöpfer *von* **„Wum"**
Loriot
Schöpfer *der* **Logarithmen**
Buergi, Napier
Schöpfer *der* **Mickymaus**
Disney
Schöpfer *des* **Wiener Walzers**
Lanner
Schöps
Hammel
Schorf
Kruste
Schornstein
Schlot
Schössling (Schößling)
Spross
Schottenstoff
Tartan
schottische Dynastie
Stuart
schottische Insel
Harris, Orkney
schottische Inselgruppe
Orkney
schottischer Branntwein
Whisky
schottischer Erfinder
Dunlop
schottischer König
Duncan
schottischer Männername
Gordon
schottischer Mathematiker
Lister, Napier
schottischer Mediziner
Cronin
schottischer Sagenheld
Fingal
schottischer Schäferhund
Collie
schottischer Volksstamm
Pikten, Skoten
schottischer Whisky
Scotch
schottisches Adelsgeschlecht
Stuart
schottisches Königshaus
Stuart
schottisches Seeungeheuer
Nessie
schräg
schief
schräge Stütze
Steife, Strebe
Schrägstütze
Strebe
Schranke
Gitter, Huerde, Sperre
Schraubenanker
Duebel
Schraubensicherung
Mutter, Splint
Schraubstock
Zwinge
Schrecken
Furcht, Grauen, Horror, Schock
Schreckensherrschaft
Terror
Schrecklichkeit
Greuel
Schreiber
Aktuar
Schreiberling
Pedant
Schreibgerät
Kreide
Schreibgerät der Antike
Stilus
Schreibheftart
Kladde
Schreibkunst
Grafik
Schreibkünstler im Mittelalter
Modist
Schreibmaterial
Papier
Schreibstift in der Antike
Stylos
Schreibstube
Kontor, Office

Schreibweise
Duktus
Schreinerwerkzeug
Bohrer, Hammer, Raspel, Zwinge
Schreittanz
Reigen
Schreitvogel
Marabu, Reiher, Storch
Schreivogel
Kraehe
Schriftart
Futura
Schriftblindheit
Alexie
Schriftform
kursiv
Schriftgrad
Borgis, Cicero, Korpus, Mignon, Tertia
Schriftleiter
Lektor
schriftliches Gesuch an eine Behörde
Antrag
Schriftstelle
Passus
Schriftzeichen
Letter
Schriftzug
Duktus
schrill
scharf
schriller Ruf
Schrei
schroff
barsch, bruesk, streng, wirsch
Schrotgewehr
Flinte
Schrulle
Fimmel, Grille, Spleen
Schubfach
Kasten
Schubstange
Pleuel
Schuft
Gauner
Schuhband
Nestel, Senkel
Schuhmacherwerkzeug
Hammer, Pfriem, Raspel
Schuhputzmittel
Wichse
Schuhteil
Absatz, Futter, Lasche, Nestel, Riemen, Schaft, Senkel
Schulabteilung
Klasse
Schularbeit
Pensum
Schulartikel
Lineal, Ranzen, Tasche, Zirkel
Schuld
Frevel, Suende
Schuldiener
Pedell
Schüler
Alumne, Hoerer
Schulfach
Chemie, Latein, Physik, Turnen, Werken
schulfreier Zeitraum
Ferien
Schulleiter
Rektor
Schulmeister
Lehrer, Pauker
Schulnote
Zensur
Schulraum
Klasse
Schultasche
Ranzen
Schulterstück
Klappe
Schultornister
Ranzen
Schulübung
Diktat
schummeln
mogeln
Schund
Kitsch, Ramsch
Schuppfisch
Doebel
Schüssel
Platte, Schale
schusskräftiger Fußballspieler
Bomber
schusslig
fahrig
Schutt
Abraum
Schutz
Aegide
Schutzanstrich
Firnis
Schutzbegleitung
Geleit
Schutzbehausung im Gebirge
Huette
schützende Begleitung
Geleit
Schutzheiliger *der* **Bettler**
Martin
Schutzheiliger *der* **Fischer**
Petrus
Schutzheiliger *von* **Venedig**
Markus
Schutzheiliger *des* **Wetters**
Petrus
Schutzherrschaft
Aegide, Mandat
Schutzhülle
Kuvert
Schutzkissen an Schiffen
Fender
Schützling
Klient
Schutzmann
Schupo
Schutzraum
Bunker
Schutzwaffe
Schild
Schwaben
Sueben, Sweben
schwäbischer Bildhauer
Fehrle
schwäbischer Schriftsteller
Uhland
schwach
muerbe
schwache Hitze
Waerme
schwache Kenntnis
Ahnung
Schwäche
Fehler
Schwachsinn
Demenz
Schwaden
Brodem, Wrasen
schwanger
gravid
schwanzloser Langarmaffe
Gibbon
schwarz-weißer Rabenvogel
Elster
schwarze Metallverzierung
Niello
schwarzer Erdteil
Afrika
schwarzer Vogel
Kraehe
schwarzes Mineral
Niobit
Schwarzfersenantilope
Impala
Schwarzwaldgipfel
Blauen, Kandel
Schwarzwild
Keiler
Schwebereck
Trapez
schwedische Altistin
Onegin

6

schwedische Insel
Oeland
schwedische Königin
Louise, Silvia
schwedischer Astronom
Gylden
schwedischer Botaniker
Agardh
schwedischer Ingenieur
Andree
schwedischer Königsname
Gustav, Johann
schwedischer Nobelpreisträger für Chemie
Alfven
schwedischer Nobelpreisträger für Medizin
Granit, Wiesel
schwedischer Nobelpreisträger für Wirtschaft
Myrdal
schwedisches Autorenpaar
Myrdal
Schwefelsalz
Sulfat, Sulfid, Sulfit
Schweigen
Stille
Schweinefett
Flomen, Liesen, Schmer
Schweiz auf Französisch
Suisse
schweizerisch für Gehalt
Salaer
schweizerisch für Innenstürmer
Inside
schweizerisch für Krankenhaus
Spital
schweizerisch für Lohn
Salaer
schweizerische Bergwiese
Ruetli
schweizerische Bezeichnung für ein Viehfutter
Runkel
schweizerische Kantonshauptstadt
Genève, Glarus, Luzern, Sarnen, Schwyz, Sitten
schweizerische Münze
Batzen, Rappen
schweizerische Währungseinheit
Rappen
schweizerische Wintersportort
Gstaad
schweizerischer Begründer des Roten Kreuzes
Dunant
schweizerischer Berg
Harder, Moench, Niesen, Ortler
schweizerischer Botaniker
Bauhin, Haller
schweizerischer Bundesstaat
Kanton
schweizerischer Chemiker
Karrer, Pictet
schweizerischer Chirurg
Kocher
schweizerischer Dirigent
Muench
schweizerischer Erzieher
Girard
schweizerischer General
Dufour
schweizerischer Gletscher des Monte Rosa
Gorner
schweizerischer Gletscherpilot
Geiger
schweizerischer Humanist
Servet
schweizerischer Ingenieur
Bodmer
schweizerischer Kanton
Aargau, Glarus, Luzern, Schwyz, Tessin, Wallis
schweizerischer Komponist
Lauber, Martin
schweizerischer Kupferstecher
Merian
schweizerischer Mathematiker
Buergi, Guldin
schweizerischer Mechaniker
Bodmer
schweizerischer Mediziner
Haller, Yersin
schweizerischer Naturforscher
Haller
schweizerischer Nobelpreisträger für Chemie
Karrer, Prelog, Werner
schweizerischer Nobelpreisträger für Frieden
Dunant
schweizerischer Nobelpreisträger für Medizin
Kocher
schweizerischer Pass
Julier, Maloja, Pillon, Susten
schweizerischer Philanthrop
Dunant
schweizerischer Politiker
Escher, Forrer, Hammer, Schenk
schweizerischer Psychologe
Piaget
schweizerischer Reformator
Calvin
schweizerischer Schriftsteller
Bodmer, Frisch, Haller, Keller
schweizerisches Abitur
Matura
schweizerisches Häuschen
Chalet
schweizerisches Käsegericht
Fondue
schweizerisches Landhaus
Chalet
Schwemmland
Marsch
Schwenkbecher
Shaker
schwer
massig, massiv
schwer erhältlich
selten
Schwerathlet
Ringer
schwerathletische Kampfsportart
Ringen
schwerer Treuebruch
Verrat
schweres Leid
Tragik
Schwermetall
Kobalt, Kupfer, Mangan, Nickel, Platin, Silber, Tantal, Wismut
Schwertlilie
Krokus
Schwertteil
Klinge
Schwester *von* **Castor und Pollux**
Helena
Schwester *des* **Hänsel**
Gretel
Schwester *der* **Maria**
Martha
Schwester *des* **Zeus**
Hestia
schwierig
heikel, subtil

schwierige Lage
Klemme
Schwimmart
Delfin
Schwimmbassin
Becken
schwimmende Brücken-stütze
Ponton
Schwindel
Betrug, Taumel, Unsinn
Schwindler
Mogler
Schwingkörper
Pendel
Schwund
Fading
Schwungholen
Anlauf
schwungvoll
zackig
Sedimentgestein
Kreide, Mergel, Sinter
See *in* **Finnland**
Orisee
See *am* **Fuß der Zugspitze**
Eibsee
See *in* **Österreich**
Almsee, Irrsee
See *an der* **Zugspitze**
Eibsee
Seebad *an der* **Adria**
Cervia, Pineto, Rimini
Seebad *in* **Belgien**
Knokke
Seebad *an der* **Cote d'Azur**
Cannes, Menton
Seebad *in* **Ostpreußen**
Nidden
Seebad *in* **Pommern**
Bansin, Eldena, Sellin
Seebad *an der* **Riviera**
Cannes, Menton, Savona, Sestri
Seebad *auf* **Rügen**
Sellin
Seebad *auf* **Sylt**
Kampen
Seeheld der Hanse
Beneke
Seejungfrau
Sirene
Seekrankheit
Nausea
Seele
Gemuet, Psyche
Seelenschmerz
Kummer
seelische Erschütterung
Schock, Trauma
seelische Regung
Affekt
seelischer Trost
Labung
Seelsorger
Pastor
Seemacht
Flotte, Marine
seemännisch für leer pumpen
lenzen
seemännisch für Pfosten zum Festmachen
Poller
seemännisch für Ruder
Riemen
seemännisch für rudern
pullen
seemännisch für Schiffs-brüstung
Reling
seemännisch für Schiffstau
Trosse
Seemannslied
Shanty
Seengebiet *bei* **Rügen**
Libben
Seeräuber
Korsar
Seeräuberschiff
Korsar
Seesäugetier
Delfin, Narwal
Seestreitkräfte
Armada, Flotte, Marine
Segelbootstyp
Delfin, Dinghi, Feluke, Kutter, Logger, Soling
Segelstange
Gaffel
Segeltau
Brasse, Schote
Segen
Glueck
sehr groß
riesig
sehr große Längeneinheit
Parsec
sehr große Menge
Unzahl
sehr hartes Tiefengestein
Granit
sehr naher Verwandter
Bruder
sehr schnell
rasant
seichter Strandsee
Lagune
Seidelbast
Daphne
Seidengewebe
Batist, Brokat, Damast, Faille, Ramage, Tussah
Seidenplüsch
Felbel
Seil
Schnur, Strang, Strick
Seilbahnkabine
Gondel
Seilscheibe
Haspel
Sein
Dasein
Seite
Flanke
Seite in der Buchführung
Kredit
Seitenansicht
Profil, Umriss
Seitenspross bei Kakteen
Kindel
Seitenteil eines Gebäudes
Giebel
Seitenverhältnis im Dreieck
Sekans
Seitenzahl
Pagina
seitliche Ausdehnung
Breite
Sekretorgan
Druese
Sektierer
Ketzer
Sektion
Gebiet
Sektor
Bezirk, Gebiet
Sekundant
Helfer
selbstgenügsam
autark
selbstständig (selb-ständig)
autark
selbstsüchtiger Mensch
Egoist
Selbstüberschätzung
Hybris
Selbstverteidigung als Sport
Aikido, Karate
selig
wonnig
seltene Erde
Erbium, Neodym
seltsam
bizarr, kauzig, kurios
seltsame Angewohnheit
Spleen
seltsamer Zeitgenosse
Unikum
Semiten
Araber

semitische Gottheit
Moloch
Semmelmehl
Panade
Senfgas
Yperit
Senkgrube
Kloake
senkrechte Reihe
Spalte
senkrechte Stütze
Saeule
Senn
Kaeser
Senner
Alpner
Sensenschneide
Dengel
Sentenz
Devise, Maxime
Sepiaschale
Schulp
serbischer Schriftsteller
Andric
serbischer Schuh
Opanke
Servierbrett
Platte
Sessel
Chaise
Session
Tagung
Setzereileiter
Faktor
Seuche
Pocken, Typhus
Sexus
Erotik
sexy
laszi v
sibirische Kältesteppe
Tundra
sich gegenseitig ärgern
zanken
sich *im* Schlamm wälzen
suhlen
sich spöttelnd äußern
mokieren
sicher
gefeit
sicheres Benehmen
Aplomb
Sicherheit Leistender
Buerge
Sicherheitsklausel
Kautel
Sicherheitsschrank
Tresor
Sicherheitsvorrichtung
Riegel
Sicherungsstift
Splint
Sicherungsvorrichtung bei Überdruck
Ventil
Sieb
Filter, Seiher
Siedlerkollektiv in Israel
Kibbuz
Siedlung
Weiler
Sieg
Erfolg, Gewinn
Sieger
Bester, Erster
Siesta
Schlaf
Signaleinrichtung
Glocke, Sirene, Summer
Signalmesser
Sensor
Signatur
Siegel, Signum
Silberauflage
Dublee
Silbergeld
Muenze
Silberlegierung für Münzen
Billon
silberweißes Metall
Barium
Silhouette
Umriss
Silvestergetränk
Punsch
Sinfonie von Beethoven
Eroica, Neunte
Singvogel
Lerche
Sinken der Börsenkurse
Baisse
Sinnbild
Symbol
Sinnbild boshaften Zorns
Geifer
Sinnesorgan
Gehoer
Sinngedicht
Xenion
Sinnlichkeit
Erotik
sinnlos
absurd, albern
Sinnpflanze
Mimose
Sippschaft
Clique
Sitte
Brauch
sittliche Tüchtigkeit
Tugend
sittsam Forderung
dezent, ehrbar
Sitz
Mandat, Stelle, Stimme
Sitzgelegenheit
Hocker, Sessel
Sitzmöbel
Sessel
Sitzpolster
Kissen
Sitzung
Séance, Tagung
skandinavischer Staat
Island
Skatausdruck
Kontra, Ramsch
Skelettknochen
Gebein
Skihindernislauf
Slalom
Skilauftechnik
Wedeln
Skiwettbewerb
Skibob, Slalom
Skizze
Layout, Umriss
Skonto
Rabatt
Skulptur
Bueste, Glypte, Statue
Skythenstamm
Alanen
Slang
Jargon
Slawe
Kroate
Slawenapostel
Kyrill
soeben
gerade
sofort
gleich, prompt
Sohn
Filius
Sohn vom Onkel
Vetter
Sohn von Abraham
Ismael
Sohn von Dädalus, Daidalos
Ikaros, Ikarus
Sohn von David
Salomo
Sohn von Elisabeth II.
Andrew
Sohn von Hekabe, Hekuba
Hektor
Sohn von Jakob
Joseph, Simeon
Sohn von Jupiter
Apollo, Kastor, Merkur, Pollux
Sohn von Kronos
Pluton

Sohn von Leda
Castor, Kastor, Pollux
Sohn von Leto
Apollo
Sohn von Noah
Japhet
Sohn von Odin
Balder, Baldur, Hermod, Hoeder, Hoedur
Sohn von Peleus
Achill
Sohn von Poseidon
Triton
Sohn von Priamos, Priamus
Hektor
Sohn von Rhea
Neptun, Pluton
Sohn von Ute
Gernot
Sohn von Zeus
Apollo, Castor, Hermes, Kastor, Pollux
Sohn von der Tante
Vetter
so lange
so weit
Soldat
Kaempe
Soldat in Ausbildung
Rekrut
Soldaten des Kölner Karnevals
Funken
Soldatenmütze
Kaeppi
Söldnertruppe
Legion
solid
massiv
sommerliche Kleidung
T-Shirt
sommerliche Temperatur
Waerme
Sonderausstattung
Extras
sonderbar
bizarr, kurios
Sonderling
Unikum
Sondervorführung
Zugabe
Sonnengott der Griechen
Helios
Sonnenuhr
Gnomon
sonnig
heiter
sonst auch genannt
anders
Sorge
Kummer, Unruhe
sortieren
ordnen
Soße
Bruehe, Stippe
sowjetischer Politiker
Stalin
sozialdemokratischer Politiker
Brandt, Wehner
Spalte
Fissur, Luecke, Rubrik
Spaltgerät
Fimmel
Spaltkeil
Fimmel
Span
Spliss
spanabhebende Maschine
Fraese
Spange
Fibula, Heftel
Spanien
España, Iberia
spanisch für Frau
señora
spanisch für Freunde
amigos
spanisch für Gebirgszug
sierra
spanische Anrede
Señora
spanische Flotte
Armada
spanische Fluggesellschaft
Iberia
spanische Form von Havanna
Habana
spanische Hauptstadt
Madrid
spanische Jacke
Bolero
spanische Königin
Sophia
spanische Königsname
Alonso
spanische Landschaft
Aragon, Mancha, Murcia, Oviedo
spanische Münze
Doblon
spanische Provinz
Burgos, Cuenca, Gerona, Huelva, Huesca, Lerida, Madrid, Malaga, Murcia, Orense, Oviedo, Toledo, Zamora
spanische Stadt am Tajo
Toledo
spanische Tänzerin
Pepita
spanische Volksvertretung
Cortes
spanische Währungseinheit
Peseta, Pesete
spanische Weinschenke
Bodega
spanischer Adelstitel
Grande
spanischer Architekt
Donoso
spanischer Arzt
Servet
spanischer Bevölkerungsteil
Basken
spanischer Degen
Espada
spanischer Dessertwein
Malaga, Sherry
spanischer Entdecker
Balboa, Cortez, Torres
spanischer Fruchtgarten
Huerta
spanischer Herrschername
Alfons, Carlos, Felipe
spanischer Instrumentalvirtuose
Casals
spanischer Königsname
Alfons
spanischer Maler
Cerezo, Pereda, Ribera
spanischer Männername
Felipe
spanischer Politiker
Franco
spanischer Prinz
Infant
spanischer Schriftsteller
Aleman
spanischer Süßwein
Malaga
spanischer Tanz
Bolero
spanischer Ureinwohner
Iberer
spanischer Zigeunertanz
Gitana
spanisches Adelsgeschlecht
Borgia
spanisches Kartenspiel
Lomber
spanisches Nationalgericht
Paella
spanisches Parlament
Cortes

spanisches Reisgericht
Paella
spanisches Volksfest
Fiesta
spannen
dehnen
spartanisch
streng
Sparte
Gebiet
Spaß
Freude, Scherz
Spaßvogel
Kasper, Schalk, Schelm
spät am Tag
abends
Speckstein
Talkum
Speckwürfel
Griebe, Griefe
Speer
Spiess
Speichel
Geifer, Saliva, Spucke
Speisefett
Butter, Schmer
Speisefisch
Dorsch, Hering, Schlei, Seeaal, Zander
Speisegewürz
Ingwer, Muskat, Nelken, Piment
Speisekrebs
Hummer
Speisenfolge
Gedeck
Speiseraum
Kasino
Speisewurzel
Moehre
Speisezimmer in Burgen
Remter
Spekulant
Jobber
Spende
Obolus
Sperre
Gitter, Huerde, Riegel
Sperrfrist
Karenz
Sperrvorrichtung
Riegel
Spesen
Kosten
Spezi
Freund, Kumpan
spezifische Masse
Dichte
spezifisches Gewicht
Wichte
Sphäre
Umwelt
Spiegelei
Setzei
Spiegelung
Reflex
Spiel
Partie
Spiel *mit* 28 Steinen
Domino
Spielart
Nuance
Spielbeginn beim Faustball
Angabe
Spieler
Akteur, Zocker
Spielkarte
Koenig
Spielkarte, die sticht
Trumpf
Spielkartenfarbe
Eichel, Herzen
Spielkügelchen
Murmel
Spielmarke
Plaque
Spielrunde
Partie
Spielzeit
Saison
Spielzeug
Ballon, Rassel, Roller
Spießer
Hirsch, Pedant
Spindel
Kunkel
Spinnenkrebs
Krabbe
Spinngerät
Rocken
spiritistische Mittelsperson
Medium
spiritistische Sitzung
Séance
Spital
Klinik
spitz
mokant
Spitzbube
Ganove, Gauner
Spitzenkragen
Berthe
Spitzenleistung
Rekord
Spitzenreiter
Leader
spitzes Stechwerkzeug
Messer, Pfriem
spitzfindig
subtil
Spitzhacke
Pickel
Spitzname
Uzname
Spleen
Fimmel, Grille
Sporn
Spitze
Sportanzug
Trikot
Sportart
Angeln, Boccia, Hockey, Karate, Kegeln, Laufen, Reiten, Ringen, Rodeln, Rudern, Segeln, Slalom, Tennis, Turnen
Sportboot
Achter, Vierer, Zweier
Sportfischer
Angler
Sportgerät
Balken, Barren, Diskus, Flinte, Gewehr, Hammer, Hantel, Huerde, Saebel, Skibob, Tandem, Trapez
Sportler
Golfer
sportlich durchtrainiert
topfit
sportliche Höchstleistung
Rekord
sportliche Kleidung
Jersey, Trikot
sportliche Laufschuhe
Spikes
sportlicher Mantel
Raglan
sportlicher Wettkampf
Rennen
sportliches Endspiel
Finale
sportliches Jackett
Blazer
Sportmannschaft
Equipe
Sportpferd
Renner, Traber
Sportveranstaltung
Rallye, Rennen
Spott
Ironie, Satire
Spottgedicht
Satire
spöttisch
bissig, mokant
spöttische Bemerkung
Glosse
Spottname für den Deutschen
Michel
Spottschrift
Satire
Sprache
Latein

Sprache *der* **alten Römer**
Latein
sprachwissenschaftliches Teilgebiet
Syntax
Sprecher
Redner
Sprechwerkzeug
Stimme
Sprechzimmer
Praxis
Spreeathen
Berlin
Spreizschritt
Spagat
Sprengel
Pfarre
Sprengkörper
Rakete
Spreu
Abfall, Spelze
springende heiße Quelle
Geiser, Geysir
Sprinterschuhe
Spikes
spröde
pruede
Spross
Spitze
Sprossanlage (Biologie)
Knospe
Sprossengestell
Leiter
Sprössling einer Pflanze
Senker
Sprudel
Wirbel
Sprühwasser
Gischt
Sprung
Hopser
Sprunglaufhindernis
Huerde
Spucke
Geifer
Spule
Huelse
Spulenring
Wirtel
spüren
merken
Spürjagd
Pirsch
Staat *in* **Afrika**
Ruanda, Tschad
Staat *im* **Atlantik**
Irland, Island
Staat *im* **Himalaja**
Bhutan, Sikkim
Staat *in* **Mittelamerika**
Belize, Kongo, Panama
Staat *in* **Mitteleuropa**
Ungarn
Staat *im* **Mittelmeer**
Zypern
Staat *im* **Nahen und Mittleren Osten**
Israel, Kuwait, Kuweit, Syrien, Zypern
Staat *in* **Nordafrika**
Libyen
Staat *in* **Nordamerika**
Canada, Kanada
Staat *in* **Nordeuropa**
Island
Staat *in* **Ostafrika**
Malawi, Ruanda, Rwanda, Uganda
Staat *in* **Ostasien**
Taiwan
Staat *in* **Südafrika**
Sambia
Staat *in* **Südamerika**
Guyana
Staat *in* **Südasien**
Bhutan, Indien
Staat *in* **Südeuropa**
Monaco
Staat *in* **Südosteuropa**
Zypern
Staat *in* **Südwestafrika**
Angola
Staat *in* **Westafrika**
Angola, Guinea
Staat *in* **Westeuropa**
Irland
staatliche Rechtspflege
Justiz
staatliche Vorschrift
Gesetz
Staatsabgabe
Steuer
Staatsetat
Budget
Staatsgemeinschaft
Nation
Staatshaushalt
Budget
Staatskasse
Fiskus
Staatsoberhaupt
Regent
Staatsstreich
Putsch
Staatssymbol
Farben, Flagge, Wappen
Staatsvertreter
Konsul
Staatsvolk
Nation
Stab
Beirat, Stange
Stäbchenspiel
Mikado
Stabsoffizier
Oberst
Stachel
Borste, Spitze
Stachelpflanze
Distel, Kaktee, Kaktus
Stadt, Gemeinde *an der* **Adria**
Ancona, Rijeka, Rimini, Triest
Stadt, Gemeinde *in* **Afrika**
Abukir, Agadir, Aleppo, Algier, Assuan, Banjul, Durban, Harare, Jaunde, Kankan, Kigali, Luanda, Meknes, Tabora, Tanger, Tetuan, Theben, Tobruk
Stadt, Gemeinde *in* **Ägypten**
Abukir, Assuan
Stadt, Gemeinde *in* **Albanien**
Tirana
Stadt, Gemeinde *in* **Algerien**
Algier, Annoba
Stadt, Gemeinde *an der* **Aller**
Verden
Stadt, Gemeinde *im* **Allgäu**
Wangen
Stadt, Gemeinde *im* **alten Griechenland**
Abdera, Mykene, Smyrna, Sparta, Theben
Stadt, Gemeinde *in* **Amerika**
Albany, Austin, Balboa, Bogotá, Boston, Dallas, Denver, Duluth, Easton, El Paso, Habana, Helena, Joplin, Lowell, Manaus, Mexiko, Newark, Newton, Paraná, Puebla, Quebec, Recife, Santos, Tucson
Stadt, Gemeinde *in* **Angola**
Lobito, Luanda
Stadt, Gemeinde *in* **Argentinien**
Arenas, Atucha, Paraná, Viedma
Stadt, Gemeinde *in* **Armenien**
Eriwan

Stadt, Gemeinde *in* **Asien**
Abadan, Aleppo, Ankara, Bagdad, Beirut, Bombay, Djidda, Eriwan, Kanton, Lahore, Madras, Madura, Manila, Medina, Peking, Penang, Rangun, Saigon, Taipeh, Tiflis
Stadt, Gemeinde *in* **Assyrien**
Kalach, Ninive
Stadt, Gemeinde *in* **Äthiopien**
Dessiè, Gondar, Harrar
Stadt, Gemeinde *in* **Australien und Ozeanien**
Albany, Cairns, Darwin, Hobart, Madang, Nelson, Rabaul, Sydney, Timaru
Stadt, Gemeinde *in* **Baden-Württemberg**
Achern, Asperg, Buchen, Hirsau, Nagold, Singen, Wangen
Stadt, Gemeinde *in* **Bayern**
Amberg, Coburg, Dachau, Erding, Fuerth, Landau, Laufen, Lindau, Neu-Ulm, Passau, Roding, Weiden
Stadt, Gemeinde *in* **Belgien**
Aarlen, Bergen, Binche, Boussu, Deurne, Dinant, Duffel, Izegem, Landen, Leuven, Lierre, Loewen, Meenen
Stadt, Gemeinde *bei* **Berlin**
Bernau
Stadt, Gemeinde *in* **Birma**
Lashio, Rangun
Stadt, Gemeinde *am* **Bodensee**
Hagnau, Lindau, Uttwil
Stadt, Gemeinde *in* **Bolivien**
Camiri, Potosí, Tarija
Stadt, Gemeinde *auf* **Bornholm**
Neksoe, Roenne
Stadt, Gemeinde *in* **Brandenburg**
Bernau, Kyritz, Luckau, Seelow, Teltow, Werder
Stadt, Gemeinde *in* **Brasilien**
Manaus, Recife, Santos
Stadt, Gemeinde *in* **Burgund**
Beaune, Chalôn, Épinal

6

Stadt, Gemeinde *auf* **Ceylon**
Jaffna
Stadt, Gemeinde *am* **Chiemsee**
Bernau
Stadt, Gemeinde *in* **China**
Anking, Dairen, Haikou, Juemen, Kalgan, Kanton, Kuefow, Linhai, Minhou, Mukden, Ningpo, Peking, Schasi, Sining, Tainan, Taipeh
Stadt, Gemeinde *an der* **Côte d'Azur**
Cannes
Stadt, Gemeinde *in* **Dalmatien**
Trogir
Stadt, Gemeinde *in* **Dänemark**
Aarhus, Alborg, Brande, Gedser, Maribo, Nusted, Nyborg, Odense, Roedby, Roenne, Skagen, Viborg
Stadt, Gemeinde *am* **Don**
Rostow
Stadt, Gemeinde *an der* **Donau**
Neu-Ulm, Passau
Stadt, Gemeinde *in* **Ecuador**
Ambato, Cuenca, Ibarra
Stadt, Gemeinde *in der* **Eifel**
Adenau
Stadt, Gemeinde *an der* **Elbe**
Aussig, Dessau, Melník, Torgau
Stadt, Gemeinde *im* **Elsass**
Colmar, Zabern
Stadt, Gemeinde *an der* **Ems**
Lathen, Lingen, Meppen, Rheine, Weener
Stadt, Gemeinde *im* **Emsland**
Lingen
Stadt, Gemeinde *in* **England**
Ashton, Bolton, Dundee, Durham, Exeter, Harlow, Hetton, Hexham, Ilford, Kendal, London, Morley, Neston, Oldham, Oxford, Penryn, Settle
Stadt, Gemeinde *an der* **Etsch**
Trient, Verona
Stadt, Gemeinde *in* **Finnland**
Hamina, Kuopio

Stadt, Gemeinde *auf* **Formosa** (Taiwan)
Taipeh
Stadt, Gemeinde *in* **Frankreich**
Amiens, Angers, Bayeux, Beaune, Bitche, Cahors, Calais, Cannes, Chinon, Cognac, Colmar, Dieppe, Épinal, Évreux, Fécamp, Fréjus, Givors, Grasse, Hyères, Le Mans, Limoux, Loches, Longwy, Millau, Nantes, Nantua, Nevers, Orange, Pantin, Poissy, Prades, Rennes, Roanne, Senlis, Sèvres, Tarbes, Toulon, Troyes, Verdun, Vienne
Stadt, Gemeinde *an der* **Fulda**
Kassel
Stadt, Gemeinde *auf* **Fünen**
Assens, Odense
Stadt, Gemeinde *in* **Georgien**
Batumi, Tiflis
Stadt, Gemeinde *in* **Ghana**
Kumasi, Tamale
Stadt, Gemeinde *am* **Golf von Salerno**
Amalfi
Stadt, Gemeinde *in* **Griechenland**
Abdera, Croton, Delphi, Edessa, Janina, Kroton, Megara, Mykene, Patras, Sparta, Theben
Stadt, Gemeinde *am/im* **Harz**
Goslar, Seesen
Stadt, Gemeinde *in* **Hessen**
Bad Orb, Erbach, Kassel, Langen, Lorsch, Vilbel
Stadt, Gemeinde *am* **Hohentwiel**
Singen
Stadt, Gemeinde *in* **Indien**
Bhopal, Bombay, Madras
Stadt, Gemeinde *in* **Indonesien**
Melang, Padang
Stadt, Gemeinde *am* **Inn**
Passau, Schwaz, Woergl
Stadt, Gemeinde *im* **Irak**
Bagdad, Mossul, Ninive, Ramadi
Stadt, Gemeinde *im* **Iran**
Abadan
Stadt, Gemeinde *in* **Irland**
Dublin, Galway, Mohill

Stadt, Gemeinde *an der* **Isar**
Landau
Stadt, Gemeinde *in* **Israel**
Eilath
Stadt, Gemeinde *in* **Italien**
Amalfi, Ancona, Aquila, Arezzo, Ascoli, Ascona, Assisi, Brixen, Faenza, Mantua, Milano, Modena, Napoli, Neapel, Novara, Reggio, Rimini, Rivoli, Stresa, Tarent, Torino, Trento, Trient, Triest, Urbino, Verona
Stadt, Gemeinde *in* **Jordanien**
Hebron, Nablus
Stadt, Gemeinde *in* **Kanada**
Ottawa, Quebec
Stadt, Gemeinde *am* **Kanal**
Calais
Stadt, Gemeinde *in* **Kasachstan**
Uralsk
Stadt, Gemeinde *in* **Kolumbien**
Bogotá
Stadt, Gemeinde *auf* **Korsika**
Bastia
Stadt, Gemeinde *am* **Lago Maggiore**
Ascona, Stresa
Stadt, Gemeinde *an der* **Lahn**
Bad Ems, Nassau
Stadt, Gemeinde *am* **Lech**
Reutte
Stadt, Gemeinde *an der* **Leine**
Alfeld, Freden, Gronau
Stadt, Gemeinde *im* **Libanon**
Batrun, Beirut
Stadt, Gemeinde *an der* **Lippe**
Luenen
Stadt, Gemeinde *an der* **Loire**
Angers, Nantes, Nevers, Saumur
Stadt, Gemeinde *in der* **Lüneburger Heide**
Soltau, Uelzen, Winsen
Stadt, Gemeinde *in* **Luxemburg**
Mersch
Stadt, Gemeinde *an der* **Maas**
Dinant, Verdun
Stadt, Gemeinde *auf* **Malta**
Hamrun
Stadt, Gemeinde *in* **Marokko**
Agadir, Meknes, Tanger, Tetuan
Stadt, Gemeinde *in* **Mecklenburg-Vorpommern**
Demmin, Grabow, Roebel, Wismar
Stadt, Gemeinde *an der* **Memel**
Tilsit
Stadt, Gemeinde *in* **Mexiko**
Oaxaca, Tuxtla
Stadt, Gemeinde *in* **Mittelitalien**
Assisi
Stadt, Gemeinde *in* **Moçambique**
Maputo
Stadt, Gemeinde *an der* **Mosel**
Cochem, Épinal
Stadt, Gemeinde *an der* **Nahe**
Bingen
Stadt, Gemeinde *in* **Namibia**
Tsumeb, Usakos
Stadt, Gemeinde *auf* **Neuseeland**
Napier, Nelson
Stadt, Gemeinde *in* **Nicaragua**
Masaya
Stadt, Gemeinde *in den* **Niederlanden**
Almelo, Arnhem, Bergen, Boxtel, Ermelo, Gennep, Huizen, Kampen, Leiden, Lochem, Meppel, Rhenen, Velsen, Zwolle
Stadt, Gemeinde *in* **Niedersachsen**
Aurich, Bergen, Goslar, Hameln, Lehrte, Lingen, Loehne, Meppen, Norden, Sachsa, Seesen, Soltau, Uelzen, Verden, Winsen
Stadt, Gemeinde *am* **Niger**
Bamako, Lokoja
Stadt, Gemeinde *am* **Nil**
Assuan, Atbara, Barbar, Shambe
Stadt, Gemeinde *in* **Nordfrankreich**
Amiens
Stadt, Gemeinde *in* **Nordirland**
Armagh, Bangor
Stadt, Gemeinde *in* **Nordostitalien**
Triest
Stadt, Gemeinde *in* **Nordrhein-Westfalen**
Aachen, Altena, Beckum, Bochum, Borken, Brilon, Bruehl, Bueren, Dueren, Ennepe, Geseke, Greven, Herten, Hilden, Honnef, Huerth, Kalkar, Kempen, Kerpen, Lennep, Liblar, Lohmar, Luenen, Menden, Minden, Rheine, Rheydt, Siegen, Witten, Xanten
Stadt, Gemeinde *in* **Norwegen**
Bergen, Narvik
Stadt, Gemeinde *am* **Nürburgring**
Adenau
Stadt, Gemeinde *in* **Oberitalien**
Trient, Verona
Stadt, Gemeinde *in der* **Oberpfalz**
Amberg
Stadt, Gemeinde *in* **Oberschlesien**
Lipine, Oppeln
Stadt, Gemeinde *an der* **Oder**
Glogau, Ostrau
Stadt, Gemeinde *in* **Österreich**
Aspang, Gmuend, Kaprun, Krimml, Leoben, Reutte, Schwaz, Woergl
Stadt, Gemeinde *an der* **Ostsee**
Danzig, Wismar
Stadt, Gemeinde *in* **Pakistan**
Lahore
Stadt, Gemeinde *auf dem* **Peloponnes**
Mykene
Stadt, Gemeinde *am* **Persischen Golf**
Abadan
Stadt, Gemeinde *auf den* **Philippinen**
Manila
Stadt, Gemeinde *in* **Polen**
Danzig, Krakau, Krakow, Lublin
Stadt, Gemeinde *in* **Portugal**
Aveiro, Guarda, Leiria, Lisboa, Oporto, Pombal, Sintra, Tavira

Stadt, Gemeinde *am* **Rhein**
Bingen, Honnef, Sinzig, Speyer, Xanten
Stadt, Gemeinde *in* **Rheinland-Pfalz**
Adenau, Bad Ems, Bingen, Cochem, Ehrang, Kandel, Landau, Mendig, Nassau, Speyer
Stadt, Gemeinde *an der* **Rhone**
Orange, Vienne
Stadt, Gemeinde *an der* **Riviera**
Cannes, Monaco
Stadt, Gemeinde *an der* **Ruhr**
Dueren, Wetter, Witten
Stadt, Gemeinde *im* **Ruhrgebiet**
Bochum, Herten, Luenen, Menden, Wetter, Witten
Stadt, Gemeinde *in* **Russland**
Gorkij, Maikop, Moskau, Rostow
Stadt, Gemeinde *an der* **Saale**
Koesen, Wettin
Stadt, Gemeinde *an der* **Saar**
Merzig
Stadt, Gemeinde *im* **Saarland**
Lebach, Merzig, Tholey, Wadern
Stadt, Gemeinde *in* **Sachsen**
Coswig, Grimma, Kamenz, Loebau, Nossen, Plauen, Torgau, Werdau, Wurzen, Zittau
Stadt, Gemeinde *in* **Sachsen-Anhalt**
Dessau, Zerbst
Stadt, Gemeinde *in* **Sambia**
Lusaka
Stadt, Gemeinde *auf* **Sardinien**
Ozieri
Stadt, Gemeinde *in* **Saudi-Arabien**
Djidda, Er Riad, Medina
Stadt, Gemeinde *im* **Sauerland**
Altena, Brilon, Menden
Stadt, Gemeinde *an der* **Save**
Zagreb
Stadt, Gemeinde *in* **Schleswig-Holstein**
Moelln, Preetz
Stadt, Gemeinde *in* **Schottland**
Dundee
Stadt, Gemeinde *am* **Schwarzen Meer**
Batumi, Odessa
Stadt, Gemeinde *im* **Schwarzwald**
Achern, Hirsau, Nagold
Stadt, Gemeinde *in* **Schweden**
Avesta, Kiruna, Malmoe, Moelle
Stadt, Gemeinde *in der* **Schweiz**
Aargau, Ascona, Brienz, Genève, Glarus, Lugano, Luzern, Morsee, Moudon, Murten, Saanen, Sarnen, Schwyz, Siders, Sitten
Stadt, Gemeinde *an der* **Seine**
Troyes
Stadt, Gemeinde *in* **Simbawe**
Harare
Stadt, Gemeinde *in* **Spanien**
Alcalá, Bailén, Bilbao, Burgos, Coruña, Cuenca, Gerona, Huelva, Huesca, Lérida, Madrid, Malaga, Molina, Murcia, Orense, Oviedo, Sagunt, Teruel, Toledo, Tolosa, Zamora
Stadt, Gemeinde *an der* **Spree**
Berlin
Stadt, Gemeinde *in der* **Steiermark**
Leoben
Stadt, Gemeinde *in* **Südafrika**
Durban
Stadt, Gemeinde *im* **Sudan**
Atbara, Obeidh, Sennar
Stadt, Gemeinde *in* **Südkorea**
Kunsan
Stadt, Gemeinde *in* **Südtirol**
Brixen, Merano
Stadt, Gemeinde *in* **Südwestengland**
Exeter
Stadt, Gemeinde *in* **Syrien**
Aleppo
Stadt, Gemeinde *in* **Texas**
Dallas, El Paso
Stadt, Gemeinde *an der* **Themse**
London, Oxford
Stadt, Gemeinde *in* **Thüringen**
Apolda, Erfurt, Koesen, Weimar, Worbis
Stadt, Gemeinde *am* **Tigris**
Bagdad
Stadt, Gemeinde *in der* **Tschechischen Republik**
Bruenn, Kanitz, Karwin, Kladno, Levice, Lewenz, Ostrau, Patzau, Pilsen
Stadt, Gemeinde *in* **Tunesien**
Sousse
Stadt, Gemeinde *in der* **Türkei**
Ankara, Smyrna
Stadt, Gemeinde *in der* **Ukraine**
Odessa
Stadt, Gemeinde *in* **Umbrien**
Assisi
Stadt, Gemeinde *in* **Ungarn**
Szeged
Stadt, Gemeinde *in den* **USA**
Albany, Austin, Berlin, Boston, Dallas, Denver, Durham, Ithaca, Newark
Stadt, Gemeinde *am* **Vesuv**
Neapel
Stadt, Gemeinde *in* **Vietnam**
Da Nang, Saigon
Stadt, Gemeinde *in* **Wales**
Bangor
Stadt, Gemeinde *an der* **Weichsel**
Krakau, Leslau, Modlin
Stadt, Gemeinde *in* **Weißrussland**
Grodno
Stadt, Gemeinde *westlich von* **Wesel**
Xanten
Stadt, Gemeinde *an der* **Weser**
Bremen, Hameln, Minden, Vlotho
Stadt, Gemeinde *an der* **Wolga**
Gorkij, Sysran
städtische Grünfläche
Anlage
Stadtkanal
Gracht

Stadtstreicher
Penner
Stafette
Kurier
Stahlschrank
Tresor
Stahlseil
Trosse
stämmig
robust
Stand
Status
Standarte
Banner, Flagge
Standbild
Statue
Ständer
Stativ
standfest
stabil
standhaft
eisern
ständige Wiederholung
Uebung
Standort
Stelle
Standortbestimmung
Ortung
Standplatz beim Jagen
Ansitz
Stängelabschnitt (Stengelabschnitt)
Knoten
Stangenzimt
Kaneel
Stanze
Presse
stark
baerig, heftig, robust
stark duftende Sommerblume
Reseda
stark gewürzte Dauerwurst
Salami
starke Dauerbelastung
Stress
starke Feuchtigkeit
Naesse
starke Gemütsbewegung
Affekt
starke Muskelzusammenziehung
Krampf
Stärke
Anzahl, Umfang
starkes Haar
Borste
starkes Schiffstau
Trosse
starkes Tau
Trosse
Start
Anfang, Beginn
Station
Sender
Stätte *für* **Hilfsbedürftige**
Bethel
Statthalter
Satrap
Status
Befund
Staudenart
Hopfen, Kalmus
stechendes Insekt
Bremse
Stechmücke
Bremse, Dassel, Gnitte, Gnitze
Stecken
Stange
Stegreifauftritt
Sketch
stehen bleiben
halten
steifer Hut
Bowler, Melone
Steigen der Börsenkurse
Hausse
Steigerungsstufe
Elativ
Steighilfe
Leiter
steile Treppe
Stiege
steiler Abfall einer Felsenküste
Klippe
Steinchen
Kiesel
Steinchenspiel
Domino
Steinfigur in Ägypten
Sphinx
Steingrab der Vorzeit
Dolmen
Steinkohlenprodukt
Anilin, Benzol
Steinkohlenzeit
Karbon
Steinmal der Kelten
Menhir
Steinsäule
Menhir
Steinwüste der Sahara
Hamada
Stelle *in einem* **Text**
Passus
Stellmacher
Wagner
Stellung
Status
Stemmeisen
Beitel
Stempel
Siegel
Steppenart
Llanos, Pussta, Tundra
Steppentier
Kojote
Steppenwolf
Kojote
Sterbeort Goethes
Weimar
Sterbeort Hofers
Mantua
Sternbild
Castor, Fliege, Gemini, Pollux, Widder
Sternbild Zwillinge
Gemini
Sterne betreffend
astral
Sternfahrt
Rallye
Sternschnuppe
Meteor
Steuer
Abgabe, Lenker, Umlage, Volant
Steuerer
Lenker
Steuergerät
Regler
Steuerungsanlage
Relais
Stichkarte beim Kartenspiel
Trumpf
Stickerei
Feston
Stickrahmen
Tambur
Stickstoffverbindung
Nitrat, Nitrid, Nitrit
Stiefmütterchen
Pensee
Stiege
Treppe
stier
glasig
Stierkämpfer
Torero
Stierkämpferdegen
Espada
Stiftsvorsteher
Propst
Stiftsvorsteherin
Domina
Stil
Bauart, Manier
Stilepoche
Barock, Empire, Rokoko
Stilrichtung der Popmusik
Reggae
Stirnband
Diadem

Stirnfleck
Blesse
Stirnschmuck der Hirsche
Geweih
stocken
hapern, stauen
Stoff
Gewebe, Inhalt
Stoffart
Batist, Bouclé, Brokat, Damast, Etamin, Fresko, Inlett, Jersey, Kaliko, Kattun, Koeper, Leinen, Linnen, Molton, Nessel, Pepita, Perkal, Ratine, Sammet, Velour
Stofffetzen (Stoffetzen)
Lappen
Stoffkunde
Chemie
stofflos
ideell
Stoffmuster
Dessin
Stoffrollen
Ballen
stoppen
halten
Stöpsel
Korken, Pfropf, Zapfen
Stör
Beluga, Hausen
Storch
Adebar
storchähnlicher Vogel
Marabu, Reiher
Störrogen
Kaviar
Stoß beim Billardspiel
Dublee
Stoßabfänger
Puffer
Stoßdegen
Rapier
Stoßzeit
Saison
strafbare Handlung
Delikt
straff
stramm
Strafpredigt
Sermon
Straftat
Betrug, Delikt
Strahlenbrecher
Prisma
Strahlenflosser
Barsch
strahlenförmig
radial
Strahlenkranz
Glorie, Korona, Nimbus
Strahlenkranz der Sonne
Korona
stramm gespannt
straff
Strand
Kueste
Strandsee
Lagune
Straße *in* Berlin
Kudamm
Straßenbaumaschine
Bagger
Straßenbaumaterial
Splitt
Straßenhund
Koeter
Straßenräuber
Bandit
Strauch
Staude
Strauß
Bukett, Streit
Straußenvogel
Kasuar
Strebe
Steife
Strebsamkeit
Fleiss
Streich
Scherz
Streichinstrument
Fiedel
Streit
Disput
streiten
hadern, zanken
Streitgespräch
Disput
streng
strikt
Strenge
Haerte
strenge Lebensweise
Askese
strenger antiker Gesetzgeber
Drakon
strenger Lehrer
Pauker
Streufrucht
Kapsel
Streupulver
Talkum
Strich
Gerade, Strahl
strikt
streng
strikte Anordnung
Befehl
Strippe
Schnur
Strohhut
Panama
Strohpuppe
Popanz
Strolch
Schelm
Stromentnahmestelle
Buchse
Stromerzeuger
Dynamo
Strommaßeinheit
Ampere
Strömungsform
Wirbel
Strophe
Stanze
Strudel
Trubel, Wirbel
Struktur
Aufbau
strukturlos
amorph
Strumpfhalter
Straps
Stube
Kammer, Zimmer
Stückchen Mull
Tupfer
Stücklohn
Akkord
Stückzahlmaß
Mandel, Schock
Studie
Skizze, Uebung
Studienbeihilfe
Bafoeg
Studienveranstaltung
Kolleg, Uebung
Stufe
Absatz, Etappe, Niveau
Stufenaufgang
Treppe
Stuhl mit Armlehne
Sessel
stumm
tonlos
Stummfilmstar
Keaton
Stümperarbeit
Pfusch
Stumpf
Strunk
stumpfsinnig
stupid
Sturm
Taifun
Sturmbock
Widder
stürmisch
feurig, furios
stürzende Schneemasse
Lawine
Stuss
Gerede, Unsinn

Stützbalken
Strebe
Stutzer
Mantel
Subjekt
Person
Subkontinent
Indien
südafrikanische Antilope
Passan
südafrikanischer Politiker
Flores, Rhodes
südafrikanischer Volksstamm
Herero
südamerikanische Ameisengattung
Azteca
südamerikanische Biberratte
Nutria
südamerikanische Echsenart
Leguan
südamerikanische Goldmünze
Condor
südamerikanische Grassteppe
Llanos
südamerikanische Großkatze
Ozelot
südamerikanische Kamelart
Alpaka
südamerikanische Krokodilart
Kaiman
südamerikanische Schulterdecke
Poncho
südamerikanischer ärmelloser Mantel
Poncho
südamerikanischer Cowboy
Gaucho
südamerikanischer Geier
Kondor
südamerikanischer Indianerhäuptling
Kazike
südamerikanischer Indianerstamm
Aimara, Kreole, Tukano
südamerikanischer Riesengeier
Kondor
südamerikanischer Staat
Guyana
südamerikanischer Storch
Jaribu
südamerikanischer Viehhirt
Gaucho
südamerikanischer Vogel
Kassik, Kondor
südamerikanisches Eingeborenenboot
Piroge
südamerikanisches Halbwildpferd
Bronco
südamerikanisches Lama
Alpaka
südamerikanisches Pfeilgift
Kurare
südamerikanisches Raubtier
Jaguar, Kuguar, Ozelot
südarabisches Sultanat
Maskat
südasiatischer Halbesel
Onager
südasiatischer Staat
Indien
süddeutsch für Fahrrad fahren
radeln
süddeutsch für Gänserich
Ganser
süddeutsch für große Rosine
Zibebe
süddeutsch für Scheune
Stadel
südfranzösischer Badeort
Cannes, Hyeres
südfranzösisches Adelsgeschlecht
Albret
Südfrucht
Ananas, Banane, Dattel, Limone, Mandel, Melone, Orange
südländisches Kürbisgewächs
Melone
Südostasiat
Malaie
südostasiatische Gewürzpflanze
Ingwer
südostasiatische Insel
Borneo, Taiwan
Südosteuropäer
Kroate
südosteuropäischer Großraum
Balkan
Südseeinsel
Tahiti
Südslawe
Kroate
Südtiroler Kurort
Brixen
Südwein
Malaga, Sherry
Sühne
Strafe
Sultanat auf Borneo
Brunei
Sultansname
Achmed, Mehmed
Sultanspalast
Serail
Sultansschloss in Marokko
Kasbah
sumerische Göttin
Inanna, Ninlil
sumerische Unterwelt
Arallu
sumerischer Gott
Dumuzi, Innini, Sabitu, Tammuz
sumerischer Stadtstaat
Nippur
Summe
Betrag
Sumpf
Bruehl, Morast
Sumpfbiber
Nutria
Sumpfland
Morast
Sumpfpflanze
Schilf
Sundainsel
Borneo, Flores
Sünde
Frevel, Schuld
Sündennachlass
Ablass
Suppe
Potage
surrealistischer Regisseur
Buñuel
surrealistischer Schriftsteller
Aragon, Breton, Eluard
süße Backware
Kuchen
Süßigkeit
Bonbon, Nougat
Süßkartoffel
Batate
Symbol *der* Herrscherwürde
Zepter
Synagogenraum
Genisa, Geniza
Synagogenvorbeter
Chasan
synthetische Faser
Dralon, Perlon

syrischer König
Hazael
syrischer Volksteil
Drusen, Kurden
syrisches Gebirge
Hermon
System
Aufbau

T

Tab
Reiter
Tabakladen in Österreich
Trafik
Tabaksorte
Brasil, Kruell, Orient, Scraps
Tabellenführer
Leader
Taburett
Hocker
Tafel
Platte
Täfelung
Paneel
Tagesanbruch
Fruehe, Morgen
Tagesordnung
Agenda
Tageszeit
Mittag, Morgen
Tagewerk
Pensum
Taggreifvogel
Kondor
Takt
Aktion
taktlos
unfein
Taktmaß
Metrum
taktvoll
dezent
Talent
Anlage
talentiert
begabt
Tallandschaft *an der* **Donau**
Wachau
Tallandschaft *in der* **Schweiz**
Tessin, Wallis
Talmudteil
Gemara
Tand
Ramsch
Tank
Kessel, Panzer
Tankschiff
Tanker
Tanz
Bolero, Boston, Cancan, Galopp, Reigen, Walzer
Tanzschritt
Chasse, Croise
Tarnfärbung
Mimese
Tarockfigur
Kavall, Reiter
Tartarus
Hoelle
Taschenklappmesser
Veitel
Taschenspieler
Magier
Tastatur
Manual
Tasten eines Instruments
Klavis
Tastsinnlehre
Haptik
Tat
Aktion
Tatbestand
Faktum
Tätigkeit
Arbeit, Dienst
Tätigkeitswort
Tuwort
tatkräftiges Streben
Fleiss
Tatsache
Faktum
Tatsachen
Fakten
tatsächliche Existenz
Dasein
Tatze
Pranke, Pratze
Tau
Strick, Trosse
taube Schicht
Abraum
Taubefestigung
Poller
Taubenvogel
Dronte
Taubnessel
Lamium
Taucherente
Dueker
Tauende
Tampen
Taufzeuge
Goetti
tauglich
in Form, probat
Tauhersteller
Seiler
Taumel
Rausch
Tauproduzent
Seiler
Täuschung
Betrug, Irrtum, Schein
Teamsportart
Hockey
technischer Richtungsermittler
Peiler
Teenager
Teenie
Teerfarbstoff
Anilin
Teerprodukt
Anilin
Teesorte
Broken
Teich
Weiher
Teichpflanze
Kalmus
Teigplättchen
Oblate
Teil
Anteil, Bissen, Happen, Partie, Sektor, Stueck
Teil *des* **Armes**
Finger
Teil *des* **Atoms**
Proton
Teil *des* **Automotors**
Kolben, Ventil
Teil *des* **Autorades**
Reifen
Teil *des* **Baumes**
Wipfel, Wurzel
Teil *von* **Befestigungen**
Bastei
Teil *des* **Bestecks**
Messer
Teil *der* **Blume**
Bluete
Teil *des* **Bruches**
Nenner
Teil *des* **Buches**
Deckel
Teil *einer* **Burg**
Graben
Teil *des* **Daches**
Giebel, Traufe
Teil dorischer Säulen
Entase
Teil *der* **Drehorgel**
Kurbel
Teil *des* **Essgeschirrs**
Teller
Teil *des* **Fahrrads**
Lenker
Teil *des* **Fingers**
Gelenk
Teil *des* **Flugzeuges**
Duesen
Teil *der* **Funkeinrichtung**
Sender

Teil *des* **Fußes**
Ballen
Teil *des* **Gebisses**
Kiefer, Zaehne
Teil *der* **Geige**
Buegel
Teil *des* **Gesichts**
Kiefer, Wimper
Teil *des* **Halses**
Genick, Gurgel, Mandel, Nacken
Teil *der* **Hand**
Daumen, Finger
Teil *des* **Hauses**
Giebel, Keller, Treppe, Zimmer
Teil *des* **Hemdes**
Kragen
Teil *des* **Hubschraubers**
Kabine
Teil *der* **Kamera**
Blende
Teil *der* **Karteikarte**
Reiter
Teil *der* **Kirche**
Empore, Kanzel
Teil *der* **Kleidung**
Aermel
Teil *des* **Klosters**
Klause
Teil *des* **Kopfes**
Gehirn, Kiefer, Wangen
Teil *des* **Messers**
Klinge
Teil *des* **Motors**
Kolben
Teil *des* **Mundes**
Gaumen, Gebiss, Lippen, Zaehne
Teil *des* **Ohres**
Amboss
Teil *der* **Orgel**
Manual, Pfeife
Teil *der* **Personalien**
Zuname
Teil *einer* **Pflanze**
Bluete, Wurzel
Teil *eines* **Produktes**
Faktor
Teil *des* **Rades**
Reifen
Teil *des* **Radios**
Sender
Teil *der* **Raubtierpfote**
Kralle
Teil *einer* **Rechnung**
Posten
Teil *des* **Reitgeschirrs**
Sattel
Teil *des* **Rheinischen Schiefergebirges**
Taunus

Teil *des* **Rindermagens**
Pansen
Teil *des* **Schuhs**
Absatz, Hacken, Schaft
Teil *der* **Schulter**
Achsel
Teil *der* **Setzmaschine**
Taster
Teil *des* **Sportunterrichts**
Turnen
Teil *des* **Tages**
Mittag, Morgen
Teil *des* **Telefons**
Hoerer
Teil *des* **Teutoburger Waldes**
Osning
Teil *des* **Tierkopfes**
Geweih, Maehne
Teil *der* **Treppe**
Podest
Teil *der* **Uhr**
Pendel, Zeiger
Teil *des* **Velos**
Lenker
Teil *des* **Vogelkleides**
Federn
Teil *des* **Wagens**
Achsen, Bremse, Raeder
Teil *der* **Wohnung**
Balkon, Keller, Kueche
Teil *der* **Wohnungseinrichtung**
Lampen, Moebel
Teil *der* **Wurzel**
Knolle
Teil *des* **Zaumzeugs**
Trense
Teilbesitz
Anteil
Teilbetrag
Anteil
Teiler (Bruchrechnung)
Nenner
Teilhaber
Sozius
teilnahmslos
passiv, stumpf
Teilstamm der Franken
Salier
Teilstrecke
Etappe
Telefonnebenstelle
Klappe
Telefonnummer bei Gefahr
Notruf
Telegrafistenberuf
Funker
Tempel *im* **Fernen Osten**
Pagode
temperamentvoll
feurig, rassig

Temperaturmaßeinheit
Kelvin
Tempobezeichnung in der Musik
adagio, presto, vivace
Tempolehre in der Musik
Agogik
tennisähnliches Ballspiel
Squash
Tennisausdruck
Doppel, Einzel, Racket, Rakett, Volley
Tennisschläger
Racket, Rakett
Tennisspielart
Doppel, Einzel
Tennisstar
Becker
Teppichart
Mihrab, Perser
Teppichrandfaden
Franse
Terminkalender
Agenda
Terrain
Gebiet
Tessinwein
Merlot
Testat
Attest
Teufelsfisch
Rochen
Teufelssitz
Hoelle
teuflischer Geist
Daemon
Textilarbeiter
Walker, Wirker
Textilerzeugnis
Gewebe, Gradel, Leinen, Spitze
Textstelle
Passus
Theater
Buehne
Theaterspielfläche
Buehne
Theaterspielzeit
Saison
Theke
Tresen
Thema
Inhalt
theologische Studienanstalt
Kolleg
Theoretiker des Sozialismus
Engels
Thermometerskala
Kelvin
Thronfolger in Spanien
Infant

tibetanischer Lastträger
Sherpa
Tick
Fimmel, Spleen
Tide
Gezeit
tiefe Erdrinne
Graben
tiefe Nachtruhe
Schlaf
tiefe Temperatur
Kaelte
Tiefengestein
Diorit
Tiefenmessung
Lotung
tiefer Abzugsgraben
Rigole
tiefes Betrübnis
Trauer
Tiefgangskala am Schiff
Ahming
Tiefland in Südamerika
Llanos
Tier *mit* weißem Stirnfleck
Blesse
Tierart
Amoebe, Insekt, Reptil
Tierbehausung
Gehege, Hoehle, Kaefig
Tierbrut
Gelege
Tiere aus fernen Ländern
Exoten
Tierfuß
Pranke
Tiergruppe
Sprung
Tierhautbearbeiter
Gerber
tierische Zellverbindung
Gewebe
tierisches Körperteil
Geweih
Tierkrankheit
Koppen, Laehme, Nagana, Raeude, Staupe
Tierkreiszeichen
Fische, Widder
Tiermund
Rachen
Tiernahrung
Futter
Tierwaffe
Gebiss, Geweih, Kralle, Pranke
Tierweide
Koppel
Tierwohnung
Hoehle, Kaefig
Tierzehe
Kralle
Tigerkatze
Ozelot
Tigerschlange
Python
Tinktur
Auszug
Tintenfisch
Kalmar
Tintenfleck
Klecks
Tirade
Erguss
Tiroler Kurort
Schwaz, Woergl
Tiroler Tal
Stubai, Ziller
Tiroler Weinort
Terlan, Tramin
Tiroler Zwergkönig
Laurin
Tischlerwerkzeug
Beitel, Bohrer, Raspel
Tischzeug
Gedeck
Titanias Gatte
Oberon
Titel
Anrede
Titel *von* Beamtinnen
Raetin
Titel *von* islamischen Gelehrten
Mullah
Titel *eines* islamischen Herrschers
Sultan
Titel *des* japanischen Kaisers
Mikado
Titel *von* mohammedanischen Herrschern
Sultan
Titelfigur von Bizet
Carmen
Titelfigur von Busch
Moritz
Titelfigur von Flaubert
Bovary
Titelfigur von Goethe
Egmont, Stella
Titelfigur von Humperdinck
Gretel
Titelfigur von Lessing
Nathan
Titelfigur von Mozart
Figaro
Titelfigur von Offenbach
Helena
Titelfigur von Schiller
Fiesco
Titelfigur von Shakespeare
Caesar, Hamlet
Titelfigur von Shaw
Caesar
Titelfigur von Wagner
Isolde
Titulierung
Anrede
toben
balgen
tobend
rasend
Tochter von Herodias
Salome
Tochter von Hyperion
Aurora
Tochter von Kronos
Hestia
Tochter von Ödipus
Ismene
Tod
Exitus
Todesangst
Phobie
Todeskampf
Agonie
tödliche Seuche
Pocken
Toga
Mantel, Umhang
Töle
Koeter
Ton-Kalk-Gestein
Mergel
Tonfall
Akzent
Tonintervall
Dezime, Oktave, Quarte, Quinte
Tonkunstart
E-Musik, U-Musik
tonlos
atonal, heiser
Tonne
Barrel
Tonschicht
Letten
Tonschrift im Mittelalter
Neumen
Tönung
Nuance
Tonwiedergabetechnik
Quadro, Stereo
Tonzusammenklang
Akkord
Töpfer
Hafner
Töpferware
Fliese, Kachel
Topfgriff
Henkel

6

Topfschließe
Deckel
Tor
Pforte, Portal
Torheit
Eselei, Unsinn
Torhüter
Keeper
töricht
albern, stupid, unklug
törichte Handlung
Eselei
törichter Einfall
Flause
törichtes Gerede
Unsinn
Torlauf im Skisport
Slalom
Tormann
Keeper
Tornister
Ranzen
Tort
Unbill
Tortur
Folter, Marter
tot
leblos
total
gesamt
Totenfährmann
Charon
Totenführer
Hermes
Totengeister
Zombie
Totengruft
Krypta
Totenklage
Naenie
Totenreich
Hoelle
toter Körper
Leiche
Totschläger
Killer
toxisch
giftig
Trab auf der Stelle
Piaffe
Trachtenjacke
Janker
Trachtenkleid
Dirndl
trächtig
gravid
Tradition
Brauch
tragbarer Computer
Laptop
tragender Balken
Pfette
tragendes Bauteil
Balken, Saeule, Strebe
Träger
Balken, Saeule, Strebe
Träger *für* **Golfgeräte**
Caddie
Träger *im* **Himalaja**
Sherpa
Tragetasche
Beutel
Trägheit
Unlust
Tragkorb
Buette, Kietze
Traglast
Buerde
Tragödie von Goethe
Egmont
Tragpfosten
Strebe
Tragweite
Folgen
Training
Uebung
Trajekt
Faehre
Träne
Zaehre
Tränen vergießen
weinen
tranig
fettig, traege
Trank der Götter
Nektar
Transportarbeiter
Packer
Transportart
Eilgut
Transportbehälter
Karton
Transportfahrzeug
Karren
Transportgut
Fracht, Ladung
Transportschiff für Öl und Benzin
Tanker
Transportwaren
Gueter
Trapezkünstler
Artist
Tratsch
Gerede
Traubenpresse
Kelter
Trauer
Wehmut
Trauerkloss
Muffel
Traumerscheinung
Utopie, Vision
Traumland
Dorado
Trauung
Heirat
Treff
Eichel
treffender Ausspruch
Bonmot
Treffer
Erfolg, Gewinn
Treib- und Brenngas
Propan
Treibgas
Propan
Treibstoff
Benzin, Diesel, Methan, Propan
Treibstoffbehälter
Barrel, Bunker, Kessel
Trennfläche
Planke
Trennlinie zwischen Staaten
Grenze
Trennungslinie
Grenze
Treppe
Stiege
Treppenabsatz
Podest
Treppenteil
Podest
Tresse
Besatz
Trester
Treber
treu
getreu
Treubruch
Verrat
Treuhandgebiet
Mandat
treuherzig
arglos
treulos
perfid, unstet, untreu
treuloser Geheimnisbrecher
Petzer
Triasformation
Keuper
Tribüne in Kirchen
Empore
Tribut
Abgabe, Steuer
Trichter im Karst
Doline
Trickfilmfigur
Donald
trickreich
listig, schlau
Trieb
Impuls, Libido, Spross

Trikot
Jersey
Trikothemd
T-Shirt
Trimm-dich-Läufer
Jogger
Trinkgefäß
Becher, Bembel, Humpen, Roemer, Schale, Seidel
Trinkgenosse
Kumpan, Zecher
Trinklied der Studenten
Kantus
Trinkspruch
Prosit
Trinkstube
Kneipe
Tristans Geliebte
Isolde
trittartige Erhöhung
Podium
Triumph
Erfolg, Freude
trivial
seicht
trocken
droege
trockene Ebene
Steppe
trockenes Grasland
Steppe
Trockengestell
Reiter, Reuter, Spinne
Trockenheit
Duerre
Troddel
Bommel, Quaste
Trödel
Ramsch
trojanische Sagengestalt
Hekabe, Hekuba, Helena
trojanischer Sagenheld
Achill, Aeneas, Hektor, Nestor
Trommel
Tamtam, Timbal
Trompete
Busine
Tropenbaum
Akazie, Baobab, Mastix, Sapote
Tropenfrucht
Ananas, Banane
Tropenvogel
Kakadu, Kondor
Tropenwind
Monsun, Passat
Tropfsteinhöhle
Grotte
tropische Baumeidechse
Leguan
tropische Echse
Leguan
tropische Feldfrucht
Ananas
tropische Graspflanze
Bambus
tropische Knollenpflanze
Batate, Maniok
tropische Pflanze
Aralie
tropische Regenwälder am Amazonas
Selvas
tropische Stärkeknolle
Maniok
tropische Vegetationsform
Urwald
tropischer Laubbaum
Akazie
tropischer Meeressäuger
Seekuh
tropischer Wirbelsturm
Taifun
tropisches Genussmittel
Kaffee
tropisches Gewürz
Kaneel, Muskat
tropisches Riesengras
Bambus
tropisches Säugetier
Jaguar, Ozelot
Trossschiff
Tender
Trost
Labsal
Trostpflaster
Ersatz
Trottoir
Gehweg
trotzig
zornig
trotzig reden
maulen
trübe
diesig, neblig
Trubel
Rummel, Tumult
Trübsal
Kummer, Trauer
Trug
Betrug, Schein
Trugschluss
Irrtum
Trümmer
Schutt
Trunkenheit
Rausch
Truppengattung
Marine
Truppenschau
Parade
Truppenspitze
Vorhut
Truppenverband der alten Römer
Legion
Truppenverpflegung
Menage
Trüsche
Quappe
trutzig
massiv
tschechische Bierstadt
Pilsen
tschechische Münze
Heller
tschechische Stadt
Pilsen
tschechischer Komponist
Dvořak
tschechischer Politiker
Dubček
tschechischer Schriftsteller
Neruda
Tuchstock beim Stierkampf
Muleta
tüchtig
begabt, faehig, wacker
tückisch
perfid
tugendhaft
ehrbar, keusch
Tümmler
Delfin
Tumult
Rummel, Trubel, Unruhe
tun
machen
tunesische Insel
Djerba
Tunichtgut
Schuft
Tunke
Stippe
tunlichst
lieber
Tupfer
Tampon
Tür
Pforte, Portal
Turbulenz
Unruhe
Türenteil
Klinke, Rahmen, Riegel, Zapfen
Türgriff
Klinke
Türke
Osmane
türkische Anrede
Efendi
türkische Insel
Imbros

türkische Nomadenvölker
Awaren
türkischer Beamter
Pascha
türkischer Berg
Ararat
türkischer Herrschertitel
Sultan
türkischer Leibrock
Dolman
türkischer Polizist
Kawass
türkischer Sultan
Mahmud, Mehmed
türkischer Titel
Efendi, Pascha
türkischer Volksstamm
Kurden
türkisches Gebirge
Taurus
Turktatare
Jakute, Usbeke
turnerische Darbietung
Uebung
Turngerät
Barren, Hantel, Kasten, Leiter, Reifen, Stange, Trapez
Turniertanz
Walzer
Turnkünstler
Artist
Turnübung
Flanke, Schere, Spagat, Sprung, Stuetz
Turnus
Umlauf
Türverschluss
Riegel
Türzapfen
Kloben
Tusch
Signal
TV-Quizmaster
Lembke
TV-Senderaum
Studio
Typ
Bauart, Macker, Modell, Muster, Urbild, Urform
Type
Letter
typische Landeskleidung
Tracht
Tyrann
Despot
übel
gemein
übel riechender Qualm
Brodem
Übelkeit
Nausea
Übeltat
Boeses
üben
proben
überall
passim
Überanstrengung
Stress
Überbelastung
Stress
Überbleibsel
Relikt
Überbleibsel, Rest
Abfall
Überbringer
Kurier
Überdruss
Degout
übereilt
hastig
Übereinandergeschichtetes
Stapel
Übereinkommen
Abrede
übereinstimmend
analog
überfrachtet
ueppig
überfromm
bigott
Übergewand
Anorak, Mantel, Umhang
übergroße Menge
Unmass
Überheblichkeit
Hybris
überhöhter Preis
Wucher
Überlieferung
Brauch
übermenschliches Wesen
Daemon
Übermut
Hybris
übermütig
albern
übernatürliches Geschehen
Wunder
überprüfen
testen
überragend
genial
Überrest
Relikt
Überschuss
Ertrag, Gewinn
Übersetzboot
Faehre
Übersetzungsgrundlage
Urtext
Übersicht
Schema
übersinnlich
mental, okkult
übersorgfältiger Mensch
Pedant
Überträger beim Wechsel
Girant
Übertretung
Delikt
übertrieben
extrem
übertrieben sparsam
geizig
übertriebener Stolz
Hybris
Übervorteilung
Betrug, Wucher
Überwurf
Poncho, Umhang
Überzeugung
Glaube
überzuckertes Naschwerk
Dragee
Überzug
Glasur, Huelle
üble Angewohnheit
Laster
üble Behandlung
Unbill
üblich
normal, usuell
Übung der hohen Schule
Levade
Übungsstück
Etuede

U

Ufer
Kueste, Strand
Ufergras
Schilf
Uhr mit Läutwerk
Wecker
Uhrenart
Wecker
Uhrengeräusch
ticken
Uhrenteil
Pendel, Zeiger
Ukas
Befehl, Erlass
ukrainische Hafenstadt
Odessa
Ulanenrock
Ulanka
Ulk
Scherz, Unsinn
umfassend
gesamt, global

Umfriedung
Gatter, Gitter
umgänglich
jovial
Umgangsformen
Sitten
Umgangssprache
Jargon
umgangssprachlich für Auf Wiedersehen
bye-bye
umgangssprachlich für bankrott
pleite
umgangssprachlich für beste Schulnote
Einser
umgangssprachlich für Dummheiten
Zicken
umgangssprachlich für Dummkopf
Haemel
umgangssprachlich für Fall
Plumps
umgangssprachlich für Fernsehen
Glotze, Roehre
umgangssprachlich für Flasche
Buddel
umgangssprachlich für Gaststätte
Kneipe
umgangssprachlich für Geld
Floehe, Kohlen, Maeuse, Piepen
umgangssprachlich für Gewehr
Knarre
umgangssprachlich für Glück
Massel
umgangssprachlich für kleiner rundlicher Mensch
Moppel
umgangssprachlich für Konkurs
Pleite
umgangssprachlich für langatmiges Gerede
Sermon
umgangssprachlich für Lehrer
Pauker
umgangssprachlich für Militär
Barras
umgangssprachlich für Mut
Traute
umgangssprachlich für nach Luft schnappen
japsen
umgangssprachlich für Neureicher
Raffke
umgangssprachlich für runder steifer Hut
Melone
umgangssprachlich für Spleen, Tick
Fimmel
umgangssprachlich für Stoß
Schubs
umgangssprachlich für Verrücktheit
Fimmel
umgangssprachlich für Wirtshaus
Kneipe
Umgebung
Milieu, Umwelt
umgehend
direkt, gleich, prompt, sofort
Umgestaltung
Reform
Umhang
Poncho
Umhüllung des Fahrrad-schlauchs
Mantel
Umklammerung beim Boxen
Clinch
Umkleideraum
Kabine
Umlage
Abgabe, Steuer
Umlauf
Turnus
Umleitung (Medizin)
Bypass
Umriss
Kontur, Profil
Umrisslinie
Kontur
Umschlag
Huelle, Kuvert, Umsatz, Wickel
Umsicht
Obacht
umsonst
gratis
Umstand
Faktor, Moment
Umstandskrämer
Pedant
Umstandswort
Adverb
Umstellanlage bei der Eisenbahn
Weiche
Umsturz
Putsch
Umstürzler
Rebell
Umtrieb
Kabale
Umwelt
Milieu
umzäunte Viehweide
Gehege, Koppel, Pferch
unabänderliches Schicksal
Kismet
unangebracht
falsch
unangenehm
heikel, widrig
unangenehme Situation
Klemme
Unangenehmes
Boeses
unantastbar
gefeit, sicher
unaufdringlich
dezent
unaufhörlich
stetig
unausgefüllt
blanko
unbare Zahlungsweise
Scheck
unbebautes Flurstück
Brache
unbedingt
streng, strikt
unbegrenzt
endlos
unbeherrschte Reaktion
Affekt
unbeirrbar
eisern
unbekannt
anonym, obskur
unberechnet
gratis
unbeschädigt
intakt
unbeschwert
heiter, lustig
unbesetzt
vakant
unbesetzter Posten
Vakanz
unbeständig
unstet
Unbeteiligte
Dritte
unbeweglich
leblos, stabil

unbewohnt
einsam
unbewölkt
heiter, sonnig
unbürgerliches Künstlermilieu
Boheme
Undurchlässigkeit
Dichte
undurchsichtig
obskur, unklar
unecht
falsch
unechter Geldschein
Bluete
unechter Schmuck
Simili, Strass
Unehrlichkeit
Betrug, Tuecke
Uneinigkeit
Streit
unempfänglich
gefeit
unendlich
endlos
unentgeltlich
franko, gratis
unerbittlich
streng
unerlässlich
noetig
unermesslich
immens
unermüdliches Arbeiten
Fleiss
unerwartetes Geschehen
Zufall
Unfall
Defekt
unförmig
klobig
Unfreier
Sklave
unfreundlich
barsch
unfreundlich antworten
murren
Unfriede
Streit
unfruchtbar
steril
unfruchtbare Gegend
Wueste
Unfug
Rabatz
Ungar
Magyar
ungarische Grassteppe
Pussta, Puszta
ungarische Landschaft
Pussta, Puszta
ungarische Münzeinheit
Forint
ungarische Währungseinheit
Forint
ungarischer Frauenname
Ilonka, Marika
ungarischer Großgrundbesitzer
Magnat
ungarischer Komponist
Bartók, Kálmán
ungarischer Mathematiker
Bolyai, Erdoes
ungarischer Nobelpreisträger für Medizin
Bekesy
ungarischer Operettenkomponist
Kálmán
ungarischer Pferdehirt
Csikós
ungarischer Zigeunerkapellmeister
Primas
ungebetener Zuschauer
Voyeur
Ungeborenes
Embryo
Ungebühr
Fehler
ungebundenes Künstlertum
Boheme
ungefähr
nahezu
ungeformt
amorph
Ungeheuer
Bestie, Drache
ungeheuer
immens
Ungeheuer
Unhold
Ungeheuer der Antike
Medusa
Ungeheuer der griechischen Sage
Skylla, Tityos, Typhon, Zyklop
ungehobelter Mensch
Flegel, Prolet, Ruepel
ungeklärt
dubios
ungekrümmte Linie
Gerade
ungemischt
lauter
ungenannt
anonym
ungeordnet
diffus
ungepflegt
salopp
Ungerade beim Roulett
Impair
ungereimt
absurd
ungesäuertes Brot der Juden
Matzen
ungeschickt
tapsig
ungeschliffener Mensch
Flegel
ungestüm
heftig
ungetrübt
lauter
Ungetüm
Gigant, Koloss
ungewöhnlich
abnorm, anomal, selten
Ungeziefer
Schabe
ungezogen
pampig
ungezogener Junge
Bengel, Flegel
ungezwungen
salopp
ungleich
inegal
Unglück
Unfall
unheilig
profan
unhöflicher Mensch
Flegel, Ruepel
Uniform
Montur
Uniform der Lakaien
Livree
Uniformschmuck
Emblem, Kordel, Quaste, Tresse
Uniformträger
Soldat
Universitätsgelände
Campus
Universitätsstadt *in* **Belgien**
Loewen
Universitätsstadt *in* **Großbritannien**
Durham, London, Oxford
Universitätsstadt *in* **Irland** (Eire)
Dublin
Universitätsstadt *in* **Kroatien**
Zagreb

6

Universitätsstadt *in den* **Niederlanden**
Leiden
Universitätsstadt *in* **Norwegen**
Bergen
Universitätsstadt *in* **Polen**
Krakau
Universitätsstadt *in der* **Tschechischen Republik**
Bruenn
Universitätsstadt *in* **Ungarn**
Szeged
Universitätsstadt *in den* **USA**
Boston
Universum
Kosmos

6

Unke
Frosch, Kroete
unklar
dubios, obskur, truebe
unkluge Frau
Toerin
unkompliziert
simpel
Unkosten
Spesen
Unkraut
Distel, Quecke
unkultivierter Mensch
Barbar, Flegel, Ruepel
unlauter
unfair
unlogisch
falsch
Unmaß
Unzahl
unmäßig
gierig
unmerklich
latent
unmittelbar
direkt, sofort
Unmögliches
Unding, Utopie
Unmut
Aerger
unnachgiebig
eisern, streng
unnachsichtig
streng
UNO-Generalsekretär
U Thant
UNO-Organisation
UNESCO
unordentliche alte Frau
Vettel
Unpaarzeher
Onager
unpassender Moment
Unzeit
unpässlich
malade
unpersönlich
anonym
Unrat
Abfall
unrichtig
falsch
Unrichtigkeit
Fehler, Lapsus
Unruhe
Hektik, Rabatz, Tumult
unsachlich
unfair
unser Erdteil
Europa
unsicher
dubios
Unsinn
Humbug
Unsitte
Laster
Unstimmigkeit
Streit
unstofflich
ideell
Untat
Frevel, Greuel
untätig
passiv, traege
Unteilbares
Monade
Unterbau
Sockel
Unterdrücker
Despot, Tyrann
Unterdrückung
Terror
untere Dachkante
Traufe
unteres Ende des Rumpfes
Steiss
Unterführung
Tunnel
Untergang
Sinken
Untergangsgefahr für Schiffe
Seenot
Untergeschoss
Keller
Untergestell
Sockel
unterirdische Straße
Tunnel
unterirdischer Kirchenraum
Krypta
unterirdischer Schutzraum
Bunker
unterirdisches Gewölbe
Grotte, Hoehle
Unterkunft
Bleibe, Obdach
Unterlage beim Schiffsbau
Stapel
Unterlage für Gebäck
Oblate
Unternehmen
Fabrik
Unternehmung
Aktion
Unterredung
Disput
Unterricht
Kolleg, Kursus
Unterrichtender
Dozent, Lehrer
Unterrichtsanstalt
Schule
Unterrichtsgegenstand
Pensum
Untersagung
Verbot
untersetzt
bullig
Unterstand
Bunker, Graben
Unterstellraum
Garage, Remise
Untersucher
Tester
Untersuchungsergebnis
Befund
Unterwäschestück
Mieder
Unterwelt
Erebos, Erebus, Hoelle
Unterwelt der griechischen Sage
Erebus
Unterweltgöttin der alten Griechen
Hekate
unterwürfig
servil
Unterzeichnung
Signum
untief
seicht
Untier
Bestie
untreu
perfid
unumschränkter Herrscher
Despot, Tyrann
ununterbrochen
zuegig
unveränderlich
stabil

unverblümt
direkt
unverbraucht
frisch
unverdorben
lauter
unverheiratet
ehelos
Unverheiratete
Ledige
unverletzt
gesund, intakt
unvermischt
lauter
unvermittelt
abrupt, bruesk
unverzagt
tapfer
unverzüglich
direkt, gleich, prompt, sofort
Unwahrheit
Betrug
unwiderstehlicher Reiz
Zauber
unwillkürliche Muskelkontraktion
Krampf
unwillkürliche Reaktion
Reflex
unwirklich
irreal
Unwirklichkeit
Utopie
Unzahl
Legion
Unzucht
Inzest
unzweifelhaft
sicher
üppig
barock
Uranofen
Meiler
Urbevölkerung Europas
Kelten
Ureinwohner Spaniens
Iberer
Urheberschutz
Patent
Urkanton der Schweiz
Schwyz
Urkunde
Charta
Urkundensammlung
Archiv
Urlaub
Ferien
Urlaubssport
Segeln, Surfen
Urlaubszeit
Ferien
Ursache
Anlass
ursächlich
kausal
Ursprung
Anfang, Beginn, Quelle
ursprünglich
genuin
Urstoff
Aether
Urteil
Spruch
Urtierchen
Amoebe, Sporen
Urvolk von Neuguinea
Papuas
Urwald in Südamerika
Hylaea, Selvas
Urwelttier
Mammut
urzeitliches Meer
Tethys
US-Amerikaner
Yankee
US-Polizist zu Pferde
Ranger
Usus
Brauch
Utensil für Raucher
Ascher
Utopie
Vision

V

Vagabund
Penner
vage
unklar
Vakuum
Nichts
Variante
Lesart, Nuance
Varieteekünstler (Varietékünstler)
Artist
Vater und Mutter
Eltern
Vater von Achill
Peleus
Vater von Agamemnon
Atreus
Vater von Hera
Kronos
Vater von Horus
Osiris
Vater von Kirke
Helios
Vater von Kronos
Uranos
Vater von Orkus
Saturn
Vater von Pluton
Kronos
Vater von Poseidon
Kronos
Vater der Titanen
Uranos
Vater von Zeus
Kronos
Vater der Zyklopen
Uranos
Vaterland
Heimat
väterlicher Lehrmeister
Mentor
Vatermörder
Kragen
Veitstanz
Chorea
venezianische Brücke
Rialto
venezianischer Maler
Tizian
venezianisches Boot
Gondel
verabredetes Zeichen
Signal
Verabredung
Dating, Termin
verächtlich
ehrlos
verächtlich für Gesicht
Visage
verächtlich für Hund
Koeter
verächtlich für Schwarzer
Nigger
veraltet
passee
veraltet für abwesend
absent
veraltet für Amtsbote
Weibel
veraltet für Anstand
Dezenz
veraltet für Banner
Panier
veraltet für bäuerlicher Alleinerbe
Anerbe
veraltet für bequem
kommod
veraltet für bescheiden
modest
veraltet für Besuch
Visite
veraltet für Bosheit
Malice
veraltet für Diele
Entree
veraltet für Gerichtsangestellter
Aktuar

6

veraltet für Grenzsteine
Termen
veraltet für Handlungsge-hilfe
Kommis
veraltet für Intrige
Kabale
veraltet für Kirchenamt
Pfarre
veraltet für Kirchendiener
Mesner
veraltet für Nummer
Numero
veraltet für Prozession
Umgang
veraltet für Ränkespiel
Kabale
veraltet für Trost
Labsal
veraltet für Türke
Osmane
veraltet für Uniform
Montur
veralteter Tanz
Cancan, Galopp, Reigen
veraltetes Flächenmaß
Morgen
veraltetes Getreidemaß
Malter
Veränderung
Wandel
Veranlagung
Anlage, Talent
Verb
Tuwort
Verband
Verein
Verband von Schiffen
Flotte
Verbesserung
Reform
Verbeugung
Diener
Verbindlichkeit
Obligo
Verbindungsstelle
Furche
Verbindungsstück
Bolzen, Klemme, Lasche
Verbindungsstudent
Bursch
verbleibend
uebrig
verborgen
geheim, latent, okkult
Verborgenes
Schatz
Verborgenheit
Latenz
Verbot *der* Wettkampfteil-nahme
Sperre
verbotene Anregung (Sport)
Doping
Verbrauch
Konsum
Verbrauchssteuer
Akzise
Verbrechen
Betrug, Delikt, Verrat
Verbrecher
Bandit, Ganove, Gauner
Verbreitung *von* Angst und Schrecken
Terror
Verbrennungserscheinung
Flamme, Waerme
verdächtig
obskur
verdampfen
sieden
verdeckt
latent
verderbliches Treiben
Unheil
Verderbnis
Unheil
Verdickung
Knolle, Knoten
Verdienst
Erloes, Erwerb, Gehalt, Gewinn, Salaer
Verdikt
Verbot
verdorben
kaputt
Verdruss
Aerger
Veredler von Glas mit Säure
Aetzer
Veredler von Metall mit Säure
Aetzer
Verehelichung
Heirat
Vereinigung
Verein
vereinsamt
allein
Vereinssatzung
Statut
Vereinsvorsitzender
Obmann
vereinzelt
selten
vereister Schnee
Harsch
verfallenes Bauwerk
Schutt
Verfasser
Texter
Verfassungsurkunde
Charta
Verfehlung
Delikt, Fehler, Frevel, Suende
verfeinert
sublim
verfeinerte Lebensweise
Kultur
Verflechtung
Konnex
verflossen
passee
verfolgen
hetzen
Verfolgung
Pogrom
verfügbar
bereit, fertig, liquid
Verfügung
Dekret, Erlass
Verführerin in Homers Odyssee
Sirene
Vergebung
Pardon
Vergeltung
Strafe, Suehne
Vergnügen
Freude
vergnügt
heiter
Vergnügungspark in Kopenhagen
Tivoli
Vergnügungsstätte
Zirkus
Vergoldung
Doublé, Dublee
Vergünstigung
Indult, Rabatt, Skonto
verhalten
dezent
Verhaltensforscher
Lorenz
Verhaltensmuster
Reflex
Verhaltensregel
Maxime
Verhandlung
Disput, Termin
Verhängnis
Unheil
Verheiratete
Gatten
Verhinderung des Zugangs
Sperre
Verkauf
Absatz, Handel
Verkaufseinnahme
Erloes
Verkaufserfolg
Renner

Verkaufsraum
Budike, Butike
Verkaufsstände
Kioske
Verkaufstisch
Tresen
Verkehr
Umgang
Verkehrshindernis
Schnee
Verkehrsmittel
Faehre, Schiff
Verkehrsteilnehmer
Radler, Reiter
Verkehrszeichen
Schild, Signal
verkleinertes Vorbild
Modell
Verkörperung des Übels
Teufel
verkrusteter Schnee
Harsch
Verkünder
Herold
Verkündiger im Mittelalter
Herold
verkürzte Unterschrift
Signum
Verlagsangestellter
Lektor, Setzer
Verlagszeichen
Signet
Verlangen
Begehr, Sehnen, Wunsch
verlangsamen
hemmen
verlassen
allein, einsam
verlassenes Seehundbaby
Heuler
Verlauf
Ablauf
Verlegenheit
Aporie, Klemme
Verleger
Editor
verleihen
borgen
Verleihung
Lizenz
Verletzung
Fissur, Schuss, Trauma
Verlies
Kerker
Verlockung
Anreiz
Verlustgefahr
Risiko
Vermählung
Heirat
Vermerk
Glosse
Vermessenheit
Hybris
Vermittler
Makler, Sensal
Vermögen
Besitz, Potenz
Vermögensstand
Aktiva, Status
Vermutung
Ahnung
Verneigung
Diener
verneinendes Wort
keiner, nichts
vernichtet
kaputt
Vernunft
Esprit, Raeson, Raison
Verordnung
Dekret, Erlass, Rezept
Verpackungsart
Beutel, Karton, Kasten, Papier
Verpflegungsanteil
Ration
Verpflichtung
Diktat, Obligo
Verpflichtungsschein
Revers
Verräter
Petzer
Versammlung
Konzil, Tagung
Versammlungsraum in Klöstern
Remter
Versbau
Metrik
verschieden
anders, divers
verschiedener Meinung
uneins
Verschlag
Remise
verschlagen
listig, schlau
verschleiern
tarnen
Verschlingung von Schnüren
Knoten
Verschluss
Deckel, Plombe, Riegel
Verschlussplatte
Deckel
Verschlussteil eines Topfes
Deckel
Verschmelzung
Fusion
verschmitzter Mensch
Schalk, Schelm
Verschnittener
Eunuch
verschnörkelt
barock
verschroben
bizarr
Verschrobenheit
Spleen
verschwommen
diffus, unklar
Verschwörer gegen Caesar
Brutus
Versdichter der Antike
Catull, Sappho, Vergil
Verse schmieden
reimen
Versehen
Fehler, Irrtum, Lapsus, Lapsus
Versicherungsschein
Police
Version
Lesart
Versmaß
Iambus, Jambus, Metrum
Versorgung
Pflege
Versorgungsschiff
Tender
Versprechen
Schwur
Verständigungsmittel
Gestik
Verstärkerröhre
Triode
versteckt
geheim, latent
versteckter Spott
Ironie
Verstecktheit
Latenz
Versteifung
Strebe
versteinert
fossil
Verstimmung
Aerger
Verstoß
Delikt, Fehler, Frevel, Lapsus, Suende
Verstoß gegen Gottes Gebot
Suende
versuchen
testen
Versucher
Teufel
Versuchsbühne
Studio
Versündigung
Frevel
Verteidiger
Anwalt

Verteidigung
Abwehr
Vertiefung
Graben
Vertiefung im Karst
Doline
Vertrauen
Glaube
Vertrauensbruch
Verrat
Vertrauensmann einer Gruppe
Obmann
vertrauensvoll
arglos
vertraulich
geheim, intern
Vertrauter
Freund
Vertreter *vor* **Gericht**
Anwalt
Vertreter *eines* **Staates**
Konsul
Vertretung
Ersatz
Vertretung des Monarchen
Regent
Vertrieb
Absatz
Vervielfältigung
Doppel
Vervielfältigungszahl
Faktor
Verwalter *einer* **Sammlung**
Kustos
Verwaltung
Bezirk
Verwaltungsbezirk *in* **Großbritannien**
County
Verwaltungsbezirk *der* **Schweiz**
Kanton
Verwaltungsform
Regime
Verwandte/Verwandter
Bruder, Cousin, Kusine, Mutter, Nichte, Vetter
Verwandtschaft
Anhang
verwirrt
konfus
verworren
konfus, unklar
verzagt
mutlos
Verzehr
Konsum
Verzeihung
Pardon
verzerrt
bizarr
verzerrtes Antlitz
Fratze
Verzicht
Abkehr
Verziertechnik des Goldschmieds
Niello
Verzierung
Zierat, Zierde
Verzückung
Trance
verzweifelt
mutlos
Vesper
Imbiss
Vestibül
Atrium, Lounge
Vesuvstadt
Napoli, Neapel
Vetter
Cousin
Viehfutter
Lupine, Rueben, Silage, Treber
Viehhirt in den USA
Cowboy
Viehhirt in Südamerika
Gaucho
Viehhüter
Cowboy, Gaucho
Viehseuche
Nagana
Viehzaun
Gatter, Pferch
Vielfalt
Fuelle
Vielfraß
Marder
Viereck
Karree, Trapez
viereckige Fahne
Flagge
viereckiger Körper
Quader
Vierkantholzstück
Balken
vierschrötig
robust
vierte Stufe der Tonleiter
Quarte
viertgrößter Erdteil
Europa
vierzigster Präsident der USA
Reagan
Violine
Fiedel
Violinspieler
Geiger
Virtuose
Solist
Visite
Besuch
Vogeleier im Nest
Gelege
Vogelhaus
Kaefig
Vogeljunges
Kueken
Vogelprodukt
Federn
Vogelscheuche
Popanz
Vogesen
Wasgau
Vokaldehnung
Ektase
Vokalmusik
Gesang
Volant
Besatz, Steuer
Volk
Nation
Volk *im* **Baltikum**
Balten, Letten
Volk *im* **Niltal**
Nubier
Volk *im* **nördlichen Europa**
Daenen
Volk *im* **oberen Nildelta**
Nubier
Volk *im* **Orient**
Iraker
Volk *in der* **Sahara**
Tuareg
Volk *in* **Vorderasien**
Iraner, Kurden
Völkergemeinschaft
Nation
Völkergruppe der Antike
Kelten, Roemer
Völkergruppe im Nahen Osten
Araber
Volksaufwiegler
Hetzer
Volksfest
Kirmes, Rummel
Volksführer im alten Rom
Tribun
Volkspark in Wien
Prater
Volksschulleiter
Rektor
Volksteil der Belgier
Flamen
Volksvertretung
Kammer
Volkszählung
Zensus
Vollblutpferd
Araber
vollendet
fertig

vollends
global
Vollendung
Finish
völlige Beinspreize
Spagat
Vollmacht
Mandat
Vollständigkeit
Gaenze
Vollstrecker der Todesstrafe
Henker
Volltreffer beim Kegeln
Neuner
Vollversammlung
Plenum
vom Urtext abweichende Fassung
Lesart
von außen kommend
exogen
von der Regel abweichend
anomal
von geringem Gewicht
leicht
von geringer Wassertiefe
seicht
von Rechts wegen
de jure
von Wasser umgebenes Land
Eiland
Voranschlag
Budget
Voranwartschaft bei Erwerb
Option
Vorarbeit zu einem Werk
Skizze, Studie
Vorarbeiter am Bau
Polier
vorausgesetzt
sofern
Voraussicht
Ahnung
Vorbau
Balkon, Loggia
Vorbehalt
Kautel
vorbei
passee
Vorbeimarsch
Parade
vorbestimmtes Schicksal
Kismet
Vorbild
Modell, Muster
Vorderasiat
Araber, Iraker, Iraner, Osmane, Perser, Syrier, Tuerke
vorderasiatische Hauptstadt
Ankara, Ar Riad, Bagdad, Beirut, Er Riad
vorderasiatischer Staat
Israel, Syrien
vorderasiatischer Strom
Jordan, Tigris
vorderasiatisches Kulturvolk (Antike)
Perser
Vorderasien
Nahost, Orient
Vorderer Orient
Nahost
Vorderster
Erster
Vorderteil des Halses
Gurgel
Vorderteil des Schiffes
Galion
Vorfahre
Mutter, Urahne
Vorfahren
Eltern
Vorfeld einer Festung
Glacis
Vorführfläche im Zirkus
Manege
Vorgang
Ablauf
Vorgang *beim* **Skatspiel**
Reizen
vorgeblich
fiktiv
Vorgefühl
Ahnung
Vorgehen
Aktion
vorgeschichtliche Fundstätte
La Tène
vorgeschichtliche Grabform
Dolmen
vorgeschichtlicher Abschnitt
Urzeit
vorgeschichtliches Kulturdenkmal
Dolmen, Menhir
Vorgesetzter
Patron
vorgesetzter Mauerteil
Blende
Vorhalle
Atrium, Entree
Vorhaltung
Kritik
Vorhandenes
Vorrat
Vorhangstoff
Etamin
Vorherbestimmung
Kismet
Vorherrschaft
Primat
Vorhölle
Limbus
vorisraelitisches Palästina
Kanaan
Vorkriegsgebäude
Altbau
Vorlesung
Kolleg
Vorliebe
Faible, Tendre
vormals
ehedem
Vormerkbuch
Agenda, Merker
Vorname *von* **Adenauer**
Konrad
Vorname *der* **Anderson**
(Schauspielerin)
Pamela
Vorname *von* **Caruso**
Enrico
Vorname *von* **Feuerbach**
Anselm
Vorname *von* **Ford** *(*US-Präsident)
Gerald
Vorname *von* **Gründgens**
Gustaf
Vorname *von* **Hemingway**
Ernest
Vorname *von* **Juhnke**
Harald
Vorname *von* **Washington**
George
vornehm
feudal
Vorort von Paris
Clichy, Sèvres
Vorort von Venedig
Mestre
Vorrang
Primat
Vorratsgebäude
Stadel
Vorratsraum
Kammer, Keller
Vorratswagen für Kohlen
Tender
Vorrecht
Primat
Vorrede
Prolog
Vorrichtung *zum* **Rösten**
Roeste
Vorschrift
Befehl, Dekret, Erlass, Gesetz

vorschriftsmäßig
normal
Vorsicht
Obacht
Vorsichtsmaßregel
Kautel
Vorsitzender
Obmann, Senior
Vorspeise
Entree
Vorspiel
Prolog
vorspringender Gebäudeteil
Balkon, Gesims
vorspringendes Bollwerk
Bastei
Vorsteckstift
Splint
Vorsteher
Leiter
Vorsteher *eines* **Kirchenchors**
Kantor
Vorsteherin einer Schwesternschaft
Oberin
Vorteil
Ertrag, Gewinn, Nutzen, Profit, Trumpf
Vortrag
Lesung
Vortrag eines Liedes
Gesang
Vortragender
Dozent, Lehrer, Lektor, Redner, Solist
Vortragskünstler
Diseur
Vortragsreihe
Zyklus
vortrefflich
superb
vorwärts
weiter
Vorweihnachtszeit
Advent
Vorwerk
Vorort
vorwitzig
dreist
Vorwort
Prolog
Vorwurf
Anwurf, Kritik
Vorzug
Nutzen
Votivbild
Exvoto
Votum
Stimme, Urteil

6

vulgär
gemein
Vulkan *in* **Amerika**
Colima, Osorno, Sangay, Tolima
Vulkan *in* **Ecuador**
Sangay
Vulkan *im* **Kaukasus**
Elbrus, Kasbek
Vulkan *in* **Mexiko**
Colima
Vulkan *am* **Südpol**
Erebus, Terror
Vulkan *in der* **Türkei**
Ararat
Vulkaninsel
Hawaii
Vulkantrichter
Krater

W

waagerechtes Bauglied
Gesims
wach
munter
Wache
Revier
Wächter
Hueter, Posten
Wächter *des* **Paradieses**
Cherub
wacker
bieder, tapfer
Wadenbein
Fibula
Waffe *einer* **Frau**
Charme
Waffe *der* **Katzen**
Zaehne
Waffe *von* **Tieren**
Geweih, Kralle, Zaehne
Waffengattung
Funker, Marine
Waffengefährte des Herakles
Iolaos
Waffengürtel
Gehenk
waffenlose Selbstverteidigung
Karate
Waffenrock der Ulanen
Ulanka
Wagen
Chaise, Karren, Kipper
Wagenbauer
Wagner
Wagenfuhre
Ladung
Wagenführer
Fahrer, Lenker

Wagenschuppen
Garage, Remise
Wagenteil
Aufbau, Kasten
Wagenunterbau
Rahmen
waghalsig
heikel
Wagnis
Gefahr, Hasard, Risiko
Wahl
Option
Wählerauftrag
Mandat
Wählervotum
Stimme
Wahlmöglichkeit
Option
Wahlspruch
Devise, Maxime
Wahlzelle
Kabine
Wahn
Schein
wahrnehmen
merken
Wahrnehmungsart
Hoeren
Wahrnehmungsorgan
Gehirn
Wahrsagerei
Mantik
Wahrsagerin des Altertums
Pythia
Währung
Valuta
Wahrzeichen
Emblem, Panier, Symbol, Wappen
Wahrzeichen von Bremen
Roland
Wahrzeichen von Frankfurt/Main
Roemer
Wahrzeichen von Hamburg
Michel
Wahrzeichen von London
Big Ben
Waidmann
Jaeger
Walart
Beluga, Narwal
Waldbezirk
Revier
Waldblume
Akelei
Wäldchen
Schlag
Waldgeist
Schrat

Waldgöttin
Nymphe
Waldnymphe
Dryade
Waldtier
Hirsch, Marder, Wiesel
Waldvogel
Haeher, Specht
Waldwiese am Vierwald-stätter See
Ruetli
Walfangprodukt
Walrat
Wallensteins Astrologe
Kepler
Wallfahrer
Pilger
Wallfahrt
Hadsch
Wallfahrtsort *an der* **Donau**
Beuron
Wallfahrtsort *in* **Italien**
Assisi, Loreto
Wallfahrtsort *der* **Mohammedaner**
Medina
Wallfahrtsort *in* **Portugal**
Fatima
wandelbar
unstet
Wandelstern
Planet
Wanderfisch
Hering
Wanderhirt
Nomade
Wanderpause
Vesper
Wanderung
Marsch
Wandervolk
Tuareg
Wandgemälde
Fresko
Wandlungsprozess des Organismus
Altern
Wandmalerei
Freske
Wandpapier
Tapete
Wandpfeiler
Lisene
Wandplatte
Fliese, Kachel
Wandschmuck
Tapete
Wandtäfelung
Paneel
Wandverkleidung
Fliese, Kachel, Tapete
Wandvertiefung
Nische
wankelmütig
unstet, untreu
Wanne
Becken, Buette
Wappen
Blason, Emblem
Wappenfahne
Banner
Wappenspruch
Devise
Wappentier
Drache, Widder
Wappenträger
Herold
Warenausfuhr
Export
Wareneinfuhr
Import
Warenmenge
Partie, Posten
Warenprobe
Muster
Warenrechnung
Faktur
Warenreste
Ramsch
Warenverkehr
Handel
Warenzeichen
Signet
warme Heilquelle
Therme
warme Jahreszeit
Sommer
warme Quelle
Therme
warme Zone
Tropen
wärmeloser Zustand
Kaelte
warmes alkoholisches Getränk
Punsch
Wärmeschutzmaterial
Asbest
warmherzig
guetig
Warmwasserbereiter
Boiler
Warner
Mahner
Warngerät
Glocke, Sirene
Warnzeichen
Signal, Sirene
Wartburgbewohner
Luther
Wärter
Hueter
Wartezeit
Karenz
Wartung
Pflege
Waschbecken
Lavabo
Wäscherolle
Mangel
Wäschestoff
Batist, Damast, Dralon, Kattun, Kreton, Leinen, Linnen, Molton, Perkal, Perlon, Zephir
Wäschestück
Mieder, Pyjama, Shorts
Waschfass
Kuebel
Waschgefäß
Buette
Waschraum
Dusche
Wasserablauf
Traufe
Wasserader
Quelle
Wasserbecken
Bassin
Wasserbehälter
Bassin, Boiler
wasserdichte Zwischenwand
Schott
Wasserfahrzeug
Faehre, Gondel, Kutter, Piroge, Schiff, Schute, Tanker
Wasserfall in Tirol
Krimml
Wasserfee
Nymphe, Undine
Wasserfläche innerhalb eines Atolls
Lagune
Wassergeist
Neptun, Nickel, Triton
Wasserlauf
Graben, Gracht
Wassernymphe
Najade
Wasserreservoir
Bassin
Wassersport
Rudern, Segeln, Surfen
Wassersportler
Kanute
wassersportliche Veranstaltung
Rennen
Wasserstoffkern
Proton
Wasserstoffverbindung
Hydrat, Hydrid

6

6

Wasserstrudel
Wirbel
wasserumgebenes Land
Eiland
Wasservogel
Reiher, Schwan
wässrige Südfrucht
Melone
Wattebausch
Tampon, Tupfer
Wattenmeerinsel
Hallig
Watvogel
Limose
Wau
Reseda, Resede
Webart
Koeper
Webereierzeugnis
Gewebe, Leinen
Weberknecht
Kanker, Spinne
Wechsel
Akzept, Cambio, Kambio, Tausch, Turnus, Umlauf, Wandel
Wechsel *im* Bankgeschäft
Akzept
Wechsel *des* Federkleides
Mauser
Wechselkonto
Obligo
wechselnde Gemütsstimmung
Grille
Wechselrede
Dialog
wechselseitig
mutual
Wechseltierchen
Amoebe
wechselwarme Tiere
Fische, Lurche
Wechselwind im Indischen Ozean
Monsun
Wecken
Semmel
Weckruf
Appell, Signal
Wegbeförderung
Abfuhr
Wegelagerer
Bandit
Wegführung
Trasse
Weglaufen
Flucht
Wegnahme
Entzug
Wegstrecke
Etappe
Wegweiser
Schild
Wegwendung
Abkehr
Weh
Kummer
Wehmut
Trauer
wehmütiges Klagelied
Elegie
Wehrmachtsteil
Marine
Wehrturm
Donjon
weibliche deutsche Sagengestalt
Gudrun
weibliche Figur aus der Zauberflöte
Pamina
weibliche Figur der Tristansage
Isolde
weibliche griechische Sagengestalt
Hekabe, Hekuba, Helena, Ismene
weibliche Naturgottheit
Nymphe
weibliche Sagengestalt
Gudrun
weibliche Verwandte
Kusine, Mutter, Nichte
weibliche Wesen
Frauen
weiblicher Vorname
Agathe, Amalie, Andrea, Angela, Bertha, Carmen, Elvira, Frieda, Gisela, Gudrun, Helene, Hertha, Ingrid, Judith, Kaethe, Leonie, Margot, Marion, Monika, Regina, Renate, Sabine, Sophie, Ulrike, Ursula, Yvonne
weiblicher Wassergeist
Undine
weibliches Grautier
Eselin
weibliches Großraubtier
Loewin
weibliches Haustier
Eselin
weibliches Raubtier
Baerin
weibliches Ungeheuer
Medusa, Meduse
weibliches Wild
Haesin
weich
mollig, wollig
Weichkaramell
Toffee
Weiche
Flanke
weiche Gesteinsart
Kreide
weiche Unterlage
Kissen
weiches Gewebe
Sammet
weiches Metall
Barium
Weichholz
Fichte, Kiefer, Pappel
Weidefläche
Koppel
weiden
grasen
Weidezaun
Gatter
Weidmann
Jaeger
Weidmesser
Nicker
Weigerung
Absage, Refues
weihevoll
solenn
Weihnachtsgebäck
Printe
Weihnachtsschmuck
Krippe, Mistel
Weihnachtszeit
Advent
weiland
damals
Weile
Moment
Weinbauer
Winzer
Weinbeere
Rosine, Traube, Zibebe
Weinbereitungsvorgang
Gaeren, Lagern
Weinbrand
Cognac, Kognak
Weinduft
Bukett
Weinernte
Wimmet
Weinglas
Becher, Roemer
Weinort *in* Frankreich
Beaune
Weinort *an der* Mosel
Cochem
Weinort *am* Rhein
Bingen
Weinort *in* Rheinland-Pfalz
Landau
Weinort *an der* Saar
Serrig
Weinort *in* Spanien
Malaga

Weinort *in* **Südtirol**
Brixen, Salurn, Terlan, Tramin
Weinpresse
Kelter
Weinschenke
Bodega
Weise
Brauch
Weiser
Denker, Druide
weiser Ältester
Nestor
Weiser der griechischen Sage
Nestor
Weisheit
Wissen
Weisheitsgöttin
Athena, Athene
weiß
bleich
Weissagung
Orakel
weißbrotähnliches Gebäck
Semmel, Stuten
Weißbrotbrei
Panade
Weißbrötchen
Semmel
weißer Fleck bei Tieren
Blesse
weißer Hornhautfleck
Albugo, Leukom
weißer Sport
Tennis
weißer Stirnfleck
Blesse, Flocke
Weißfisch
Doebel, Ukelei
Weißkäse
Topfen
Weißkohl
Kappes
Weißling
Albino, Merlan
Weißwal
Beluga
Weisung
Befehl
Weite
Breite, Umfang
weiter Herrenmantel
Raglan, Ulster
weites Gewand
Kimono
weitläufig
diffus
Weizenart
Dinkel
Wellenreiten
Surfen
Wellenschaum
Gischt
wellig
uneben
Welsart
Bagadu, Waller, Weller
Welt
Kosmos
Welt *der* **Asen**
Asgard
Weltanschauung
Glaube
Welthilfssprache
Lincos, Novial
Weltkinderhilfswerk (Abkürzung)
UNICEF
Weltkugel
Globus
weltlich
mundan, profan
Weltordnung
Kosmos
Weltraum
Kosmos
Weltraumflugkörper
Rakete
Weltreich
Empire
Weltschlange (indische Sage)
Ananta
Weltseele
Pneuma
weltumfassend
global
weltumspannend
global
Wende
Umkehr
Wenden
Sorben
Wendepunkt
Krisis
wendig
clever, regsam
weniger
minder
wenn
sobald, sofern
Werbeanschlag
Plakat
Werbegeschenk
Zugabe
Werbeschlagwort
Slogan
Werbeträger
Medium, Presse
Werden
Genese
Werftanlage
Helgen
Werftarbeiter
Nieter
Werk
Fabrik, Œuvre
Werkmeister auf dem Bau
Polier
Werkstatt des Künstlers
Studio
Werkstoff
Metall, Papier
Werktag
Alltag, Montag
Werkzeug
Amboss, Beitel, Bohrer, Hammer, Haspel, Messer, Pfriem, Pinsel, Raspel, Schere, Spatel, Spaten, Zwinge
Werkzeug *zum* **Herstellen von Löchern**
Bohrer
Werkzeugmaschine
Fraese, Presse, Stanze
Wert
Nutzen
Wertfestsetzungsbehörde
Taxamt
Wertigkeit (Chemie)
Valenz
wertlose Ware
Tinnef
wertloser Abfall
Abraum
Wertloses
Ramsch, Schund
Wertpapiermarkt
Boerse
Wertsachendepot
Tresor
Werturteil
Kritik
Wesen
Anlage, Essenz, Gemuet, Person
Wesensgehalt
Essenz
westafrikanischer Staat
Guinea
westdeutsche Großstadt
Aachen
westeuropäische Hauptstadt
Berlin, Dublin, London, Madrid
westeuropäischer Staat
Irland
Westgermane
Chatte, Franke, Friese
westgotisches Königsgeschlecht
Balten
Westindische Insel
Tobago

6

westslawisches Volk
Serben, Wenden
Wettbewerb
Partie
Wettererscheinung
Donner, Kaelte, Schnee
Wettersatellit
Meteor, Nimbus
Wetterschutz
Schirm
Wettkämpfer
Athlet
Wettlauf
Rennen
Wicht
Knirps, Kobold
Wichtigkeit
Belang
Wichtigtuer
Poseur
Wickel
Huelle
Wickelgewand der Malaien
Sarong
Wickeltuch
Windel
Wickelvorrichtung
Haspel
wider
kontra
Widerhakenfrucht
Klette
widerlich
gemein
widernatürlich
abnorm
Widersacher
Gegner, Rivale
Widersacher Gottes
Teufel
Widerschein
Reflex
widersinnig
absurd
Widerstand
Abwehr
Widerstandsbewegung
Maquis
widerstandsfähig
gefeit, robust, stabil
Widerstandsform
Streik
Widerwille
Unlust
wieder
erneut
wieder in der Musik
da capo
Wiedergutmachung
Suehne
wiederholt
erneut
Wiederholung
da capo
Wiederkäuer
Wisent
Wiederkehr
Turnus, Zyklus
Wiederverwertung eines künstlerischen Stoffes
Remake
Wiener Belustigungspark
Prater
Wiener Droschke
Fiaker
Wiener Flughafen
Aspern
Wiener Hotel
Sacher
Wiener Kneipe
Beisel
Wiener Komponist
Kálmán, Mahler, Mozart
Wiener Kutsche
Fiaker
Wiener Sehenswürdigkeit
Prater
Wiener Torte
Sacher
Wiener Volkspark
Prater
Wiener Zitherspieler
Karras
Wiese der Tellsage
Ruetli
Wiesel
Marder
Wiesenblume
Akelei
Wiesenpflanze
Akelei, Ampfer
Wikingerschiff
Drache
wild
furios, heftig, zornig
Wildart
Gaemse, Hirsch, Marder, Wiesel
wilde Bestie
Untier
Wildeber
Keiler
wildes Jammern
Geheul
wildes Tier
Bestie
wildes Umhertollen, Lärmen
Getobe
Wildesel
Onager
Wildfang
Racker, Unband
Wildkot
Losung
Wildpark
Gehege
Wildpfleger
Jaeger
Wildrind
Wisent
Wildschaf
Muffel
Wildschwein
Keiler
Wildwestheld
Cowboy
Wildziege
Gaemse
Wille
Wollen
willenloser Mensch
Popanz
willkommen
genehm
Willkürherrscher
Despot, Tyrann
Wimpel
Flagge
Windart
Kamsin, Monsun, Passat, Taifun, Zyklon
Windbluse
Anorak
Windboot fahren
surfen
Winde
Haspel
Windengewächs
Jalape
Winderhitzer
Cowper
Windgott
Aeolus, Boreas, Zephyr
Windhose
Trombe
Windhund
Barsoi, Saluki
Windjacke
Anorak
Windspiel
Mobile
Windstille
Flaute
Windung
Wendel
Winkelbruchteil
Minute
Winkelfunktion
Sekans
Winkelmessgerät
Oktant
Wintergrün
Mistel

6

winterliche Niederschlagsform
Schnee
Wintermonat
Januar
Winterniederschlag
Schnee
Wintersportart
Rodeln, Slalom
Wintersportgerät
Skibob
Wintersportort *in* **Oberbayern**
Inzell, Kreuth
Winzergerät
Kelter
winzige Insel
Eiland
winzige Kleinigkeit
Nuance
Winzigkeit
Nuance
Wipfel
Gipfel
Wirbel
Trubel, Tumult
Wirbelsäulenverkrümmung
Buckel
Wirbelsäulenvorstufe
Chorda
Wirbelsturm
Taifun, Zyklon
Wirbeltierart
Reptil
wirkliche Dinge
Fakten
wirklichkeitsfremd
irreal
wirksam
probat, taetig
Wirkstoff *des* **Organismus**
Hormon
Wirkstoffart
Jersey
Wirkung
Aktion, Effekt, Erfolg
Wirkungsfähigkeit
Potenz
Wirkware
Trikot
wirr
konfus, unklar
Wirrung
Irrweg
Wirrwarr
Gewirr, Tumult
wirsch
barsch, zornig
Wirtschaft
Kneipe
wirtschaftlich unabhängig
autark
wirtschaftliche Hochkonjunktur
Hausse
wirtschaftlicher Ertrag
Gewinn
wirtschaftlicher Ruin
Pleite
Wirtschaftsmathematiker
Aktuar
Wirtschaftssparte
Handel
Wirtschaftstheoretiker
Erhard, Keynes, Menger
Wirtschaftsvertreter eines Staates
Konsul
Wirtsleute
Wirtin
Wisch
Zettel
Wissenschaft
Chemie, Physik
wissenschaftliche Arbeit
Studie
wissenschaftlicher Vortrag
Kolleg
Wissensgebiet
Sparte
Witmann
Witwer
Witterung
Wetter
Witz
Bonmot, Esprit, Scherz
witzig
launig, lustig
witziger Spott
Satire
Witzwort
Bonmot
Wochentag
Alltag, Montag
wohl
gesund
Wohl
Glueck, Nutzen
wohlauf
gesund
wohlfeil
billig
Wohlgeruch
Bukett
Wohlgesinnter
Freund
wohlhabende Menschen
Reiche
wohlproportioniert
schoen
wohlriechend
duftig
wohlriechendes Haarfett
Pomade
wohlschmeckend
lecker, pikant
Wohltäter
Helfer, Maezen
Wohlverleih (Pflanze)
Arnika
wohlwollend
jovial
Wohngebäude
Chalet
Wohnraum
Zimmer
Wohnraum auf Schiffen
Kabine
Wohnsitz
Bleibe, Obdach
Wohnsitz *der* **Asen**
Asgard
Wohnung
Bleibe, Obdach
Wolf
Kojote
Wolfsmilchgewächs
Maniok
Wolkenart
Nimbus, Zirrus
wolkenlos
heiter
Wollart
Angora, Merino, Mohaer, Mohair
Wolle der Angoraziege
Mohaer, Mohair
Wolle lieferndes Tier
Alpaka, Merino
Wollschaf
Merino
Wollstoff
Alpaka, Angora, Merino, Mohaer, Mohair, Serail
Wolltuch
Serail
wollüstig
gierig
Wonne
Freude, Genuss
Wort *des* **Bedauerns**
leider
Wort *beim* **Skat**
Hirsch, Kontra
Wortblindheit
Alexie
Wortbruch
Betrug, Verrat
Worterguss
Sermon, Tirade
Wortführer
Obmann

Wortgefecht
Disput, Streit
wortgewandt
beredt
Wortklauber
Pedant
Wortschluss
Endung
Wortspiel
Bonmot
Wortteil
Suffix
Wucherung
Kallus
Wuchs
Statur
Wucht
Gewalt, Impuls
wuchtig
heftig, massiv
Wunde
Trauma
wunderbar
schoen
wunderlich
bizarr
wunderliche Eigenschaft
Spleen
Wundkruste
Schorf
Wundmal
Stigma
Wundnähmittel
Catgut
Wundschorf
Kruste
Wunsch
Begehr
Wunschbild
Utopie
Wunschland
Dorado, Utopia
Würde
Nimbus
Würdigung
Ehrung
Wurf des Raubwilds
Geheck
Wurfscheibe
Diskus
Wurfwaffe
Spiess
Würgefessel
Knebel
wurmstichig
defekt
Wurstsorte
Lyoner, Salami
Wurzelfüßer
Amoebe
Wurzelgemüse
Knolle, Moehre
Wurzelstock
Rhizom
Würzfleisch
Ragout
Würzgebäck
Printe
würzig
pikant
würzige Soße
Relish
Wust
Gewirr
Wüste *in* **Afrika**
Sahara
Wüste *in der* **Mongolei**
Schamo
Wüste *in den* **USA**
Mojawe
Wüste *in* **Zentralasien**
Schamo
Wüstenei
Oednis
Wüstenfuchs
Fennek
Wüstenwind
Kamsin
Wüstling
Sadist
Wut
Aerger
Wutausbruch
Koller, Rappel, Raptus
wütend
erregt, rasend, zornig

XYZ

Xenie
Spruch
Zacke
Spitze
zackig
forsch, straff
zäh
eisern, viskos
zähflüssig
viskos
Zahl *unter dem* **Bruchstrich**
Nenner
Zahl, *die* **etwas kennzeichnet**
Nummer
Zahlenergebnis
Potenz, Wurzel
Zähler
Gasuhr
Zähler von Brennstoffverbrauch
Gasuhr
Zählmaß
Schock, Stiege, Stueck
Zählmaß für Papier
Ballen
Zahltag
Ultimo
Zahlungsanweisung
Scheck
zahlungsfähig
liquid
Zahlungsmittel
Devise, Muenze, Scheck, Schein
Zahlungsnachlass
Rabatt, Skonto
zahlungsunfähig
pleite
Zahlungsweise
Scheck
Zahlzeichen
Ziffer
Zahn
Spitze
Zahnbein
Dentin
Zahnersatz
Gebiss
Zahnfüllung
Plombe
Zahnkrankheit
Fistel, Karies
Zahnlaut
Dental
Zahnrad
Ritzel
Zahnwal
Delfin
Zähre
Traene
Zanderart
Barsch, Schiel, Schill
Zank
Disput, Streit
zanken
hadern
zänkisch
hitzig, kiebig
Zapfen
Bolzen
zappenduster
dunkel
Zarge
Rahmen
zart
fragil, grazil, schoen, subtil
Zase
Fussel
Zauber
Charme
Zauberer
Magier
Zauberer der Artusrunde
Merlin

Zauberin
Armida, Medeia
Zaubermittel
Alraun
Zaum
Trense, Zuegel
Zaumzeug für heftige Pferde
Pelham
Zaun
Gatter, Gitter
Zaungast
Voyeur
Zehenteil bei Tieren
Kralle
zehnarmiger Tintenfisch
Kalmar
zehnjähriger Zeitraum
Dekade
zehntägiger Zeitraum
Dekade
Zeichen
Emblem, Signal, Signum, Symbol, Wunder
Zeichen *der* **Herrscherwürde**
Zepter
Zeichen über dem dritten Vokal
i-Punkt
Zeichengerät
Lineal, Zirkel
Zeichenkunst
Grafik
Zeichenmaterial
Papier, Tusche
Zeichensprache
Gestik
Zeichentinte
Tusche
zeichnerische Darstellung
Grafik, Schema, Skizze
Zeichnung
Dessin, Muster, Skizze
Zeile
Alinea
Zeileneinrückung (Druck)
Absatz
Zeit
Epoche, Spanne, Tempus
Zeit *vor* **Weihnachten**
Advent
Zeitalter
Epoche
Zeitbegriff
Dekade, Epoche, Herbst, Morgen, Sommer, Spanne, Termin, Winter
Zeiteinheit
Minute, Stunde
Zeitform
Tempus
Zeitform *der* **Gegenwart**
heutig
Zeitform *der* **Vergangenheit**
modern
zeitliche Abstimmung
Timing
Zeitlohn
Stress
Zeitmaß (Musik)
Adagio, Presto
Zeitpunkt
Termin
Zeitraum
Epoche, Spanne
Zeitsignal (Schifffahrt)
Glasen
Zeitungsmitarbeiter
Faktor, Setzer
Zeitungsspalte
Rubrik
Zeitungswesen
Presse
Zeitwert der Noten
Mensur
Zeitwort
Tuwort
Zellenverband
Gewebe
Zellkernteilung
Meiose, Mitose
Zelt
Wigwam
Zelter
Camper
Zeltpflock
Hering
Zenit
Gipfel
zerbrechlich
fragil
Zeremonie
Ritual
zerkleinerte Steine
Splitt
Zerkleinerungsmaschine
Muehle
zerlegen
teilen
Zermahlenes
Pulver
zermahlenes Gestein
Splitt
Zerrbild
Fratze
zerschlissenes Stück
Fetzen
zerschlissenes Tuch
Fetzen
zerstreut
diffus, fahrig
Zertifikat
Attest
Zerwürfnis
Streit
Zettelkasten
Kartei
Zeugnis
Attest, Testat
Zeugungsakt
Koitus
zeugungsfähig
potent
zeugungsunfähig
steril
Zeusgeliebte
Europa
Ziege
Zickel
Zierrat (Zierat)
Pracht, Zierde
Ziererei
Gehabe
Zierfiguren
Nippes
Zierfisch
Gurami
Zierholz
Leiste
Zierlatte
Leiste
zierlich
grazil
Zierpflanze
Akelei, Aralie, Azalea, Azalee, Clivia, Dahlie, Kaktus, Klivie, Mimose, Primel, Resede, Salvie
Zierstrauch
Azalee, Azalie, Jasmin
Ziffer
Nummer
Zigarrensorte
Brasil
Zigeunerinstrument
Cymbal, Zimbal
Zigeunerkapellmeister
Primas
Zikade
Grille
Zimmer
Gelass, Gemach, Kammer
Zimmereinrichtung
Moebel
Zimmerpflanze
Aralie
zimperlich
pruede
Zimtapfel
Annona, Annone
Zimtsorte
Kaneel
Zinke
Spitze

Zinkspat
Galmei
Zinnkraut
Graupe
Zins
Abgabe, Gewinn
Zinsschein
Coupon
Zirkel
Gruppe
Zirkulation
Umlauf
Zirkusarena
Manege
Zirkuskünstler
Artist
zirpendes Insekt
Grille, Zikade
Zitrone
Limone
zitronensaures Salz
Zitrat
Zitrusfrucht
Limone, Orange
Zittern
Tremor
zivil
billig, privat
Zivilisation
Kultur
Zobel
Marder
Zoff
Streit
Zögling
Alumne
Zoll
Abgabe
Zollpassierschein
Carnet
Zone
Gebiet, Region
Zooanlage
Gehege, Kaefig
Zoon politikon
Mensch
Zopf
Frisur
Zores
Aerger
Zornesausbruch
Koller, Rappel
zottiger Waldgeist
Schrat
Zuave
Kabyle
Zuber
Buette
Züchter
Farmer
züchtig
keusch
Züchtigung
Strafe
Züchtigungsmittel
Riemen
Zuchtlosigkeit
Amoral
Zuchtpferd
Hengst
Zuckerart
Kandis
Zuckergebäck
Baiser
Zuckerguss
Glasur
Zuckerkristalle
Kandis
Zuckerl
Bonbon
Zuckerzeug
Bonbon, Nougat
zuerst
vorher
Zuflucht
Obdach
Zug
Gruppe
Zugang
Pforte, Portal
zugeordnetes Gremium
Beirat
zugeteilte Arbeit
Pensum
zugeteilte Lebensmittelmenge
Ration
Zugkraft
Anreiz
Zugtiergeschirr
Kummet
Zugvogel
Lerche, Reiher, Storch
Zukunftstraum
Utopie
Zulassung
Lizenz
Zulu
Kaffer
Zunft
Innung
Zunftkleidung
Tracht
Zunge am Schuh
Lasche
Zupfinstrument
Zither
zurück
retour
zurückgeschlagener Ball
Return
zurückhaltend
dezent, passiv
Zurückweisung
Abfuhr
zusammen
gesamt
Zusammenbruch
Fiasko, Pleite
Zusammenfassung
Abriss, Exposé
Zusammenfassung *mehrerer* **Schüler**
Klasse
zusammengehörige Tonfolge
Phrase
zusammengeschnürt
beengt
Zusammengeschüttetes
Mixtur
Zusammenhalt
Konnex
Zusammenhang
Konnex
zusammenhanglos
abrupt
Zusammenklang
Akkord
Zusammenkunft
Konzil, Tagung
zusammenlegbare Tragetasche
Beutel
zusammenlegbarer Schirm
Knirps
Zusammenlegung
Fusion
Zusammenrottung
Tumult
Zusammenschluss
Fusion, Verein
Zusammensetzspiel
Puzzle
Zusammensetzung
Aufbau
Zusammenstoß
Streit, Unfall
Zusammentreffen zweier Vokale
Hiatus
Zusammenziehung zweier Wörter
Krasis
Zusatz
Anhang
Zusatzleistung
Extras, Zugabe
zuschanden
defekt, kaputt
Zuschauer
Gaffer, Voyeur
Zuschauerplatz
Balkon
Zuschnitt
Fasson, Format

Zuspruch
Zulauf
Zustand
Status
Zustand *der* **Dinge**
Status
Zustand *der* **Not**
Misere
Zustand *der* **Verzückung**
Taumel
zustimmende Antwort
jawohl
Zustimmung
Jawort, Plazet
Zuteilung
Anteil, Ration
Zuträger
Petzer
Zuversicht
Glaube
zuvor
zuerst
zuvörderst
zuerst
zuvorkommend
kulant
Zuwendung
Spende
Zwang
Befehl, Gewalt
zwanglos
locker
Zwangsabgabe
Steuer, Tribut
Zwangsherrschaft
Terror
Zwangslage
Klemme
Zwangsmaßnahme
Sperre, Strafe, Verbot
Zweck
Nutzen
zwei Staaten in den USA
Dakota
Zweibeiner
Mensch
zweideutig
unklar
zweifelhaft
dubios, obskur
zweifellos
gewiss, sicher
Zweifüßer
Mensch
Zweig
Sparte
Zweig *des* **Bauwesens**
Erdbau
Zweig *der* **Naturwissenschaft**
Chemie, Physik
zweijähriger Eber
Ueberlaeufer
Zweirad
Mokick, Roller, Tandem
zweireihiger Mantel
Ulster
zweisitziges Fahrrad
Tandem
zweiteiliger Badeanzug
Bikini
zweiter deutscher Bundeskanzler
Erhard
zweiter deutscher Bundespräsident
Luebke
zweites Buch Moses
Exodus
zweites Heu
Grumet
zweiwertiger Alkohol
Glykol
Zwerg
Knirps, Kobold
Zwergenkönig
Laurin
Zwergstaat in Europa
Monaco
Zwergvolk auf Malakka
Semang
Zwicker
Brille
Zwiebelgewächs
Porree
Zwiegespräch
Dialog
Zwietracht
Disput, Streit
Zwillich
Leinen
Zwillingsbruder von Castor
Pollux
Zwillingsbruder von Kastor
Pollux
Zwillingsbruder von Pollux
Castor, Kastor
Zwinger
Gehege, Kaefig
Zwingherr
Despot, Tyrann
Zwischenmahlzeit
Imbiss, Vesper
Zwischenraum
Luecke, Spanne
Zwist
Streit
zwitterhaft
hybrid
Zyklus
Kursus, Umlauf

7 BUCHSTABEN

A

Aachener Sehenswürdigkeit
Ponttor
aalförmiger Fisch
Muraene
aalförmiger Meeresraubfisch
Muraene
Aas
Kadaver
Aas fressendes Raubtier
Schakal
Abart *des* **Basalts**
Dolerit
abartig
pervers
Abbau
Abbruch
Abbild
Graphik
Abdruck
Faehrte, Moulage, Stempel
Abdruck *eines* **Stichs**
Estampe
Abendanzug
Smoking
Abendstern
Luzifer
Abenteurer
Waghals
Abfahrt
Abreise, Tallauf
Abfall
Schrott
Abfallabladeplatz
Deponie
Abfallplatz
Deponie
Abfindung
Abstand, Apanage
Abfolge
Sequenz
Abführmittel
Laxativ, Rizinus
Abgabe
Beitrag, Gebuehr
Abgabe *in* **Badeorten**
Kurtaxe
Abgasrohr am Auto
Auspuff
abgebrüht
herzlos
abgedroschen
hornalt, trivial

abgelegene Gegend
Einoede
abgemessene Menge
Einheit, Portion
Abgeordnetenbezüge
Diaeten
abgeschlossen
perfekt, separat
abgesondert
einzeln, separat
Abgesottenes
Extrakt
abgespannt
schlaff, schlapp
abgetan
beendet
abgeteilter Raum
Separee
Abgott
Fetisch
Abgrund
Schlund
Abguss
Moulage
Abgussform
Matrize
Abhandenkommen
Verlust
Abhandlung
Aufsatz, Beitrag, Exposee, Traktat
Abhang
Neigung
Abheben einer Rakete
Take-off
Abhilfe
Heilung, Remedur
Abkommen
Vertrag
Abkömmling
Derivat, Enkelin, Tochter, Urenkel
Abkürzung für Belgien, Holland, Luxemburg
BENELUX
Abkürzung für Europäische Atomgemeinschaft
EURATOM
Ablegen eines Ordensgelübdes
Profess
Ablehnung
niemals
Ablenkung
Abdrift, Abtrift, Beugung
Abmessung
Groesse
Abmessungsbegriff
Volumen
Abnahme
Schwund, Verlust
Abnehmer
Kaeufer
Abneigung
Abscheu
Abort
Abtritt, Klosett, Latrine, Pissoir
Abrede
Dementi
Abreibung
Pruegel
abrichten
zaehmen
Abriss
Entwurf
Absatz
Verkauf
abschätzig für Zeitung
Gazette
Abscheu
Graeuel, Grausen
Abschicken von Waren
widerwaertig
Abschied
Weggang
Abschlag
Disagio
Abschlag bei Börsenkursen
Disagio
Abschlag beim Fußball
Abstoss
Abschnitt
Segment, Sektion, Stadium
Abschnitt *eines* **Arbeitstages**
Schicht
Abschnitt *einer* **Bahnlinie**
Strecke
Abschnitt *eines* **Buches**
Kapitel
Abschnitt *eines* **Gesetzes**
Artikel
Abschnitt *im* **Sport**
Drittel
abschüssig
schroff
Absicht
Vorsatz
absolut
restlos, voellig
absonderlich
abstrus, seltsam, skurril
Absonderung
Abszess, Schleim
Absonderungsorgane
Druesen
Absperrorgan
Armatur
Abstammung
Abkunft
Abstand
Distanz
Abstecher
Ausflug
Abstellraum
Abseite
Abstreitender
Leugner
Absud
Extrakt
absurd
grotesk
Abtei
Kloster
Abteilung
Ressort, Sektion
Abtragen einer Schuld
Tilgung
Abtragung der Erdoberfläche
Erosion
Abtretung
Abandon, Zession
Abtritt
Latrine
abtrünnig
treulos
Abtrünniger
Apostat, Renegat
abweichend
deviant
abweisend
sproede
Abzahlung
Tilgung
Abzug
Diskont
abzüglich
weniger
Abzugsgraben
Abfluss
Achteck
Oktogon
Achtung
Ansehen, Geltung, Pietaet, Respekt
Ackerfrucht
Gemuese
Adelstitel
Baronin, Graefin
Ader
Arterie
ad hoc
spontan
Adjektiv
Beiwort
Adlatus
Adjunkt, Famulus, Gehilfe
adlig
vornehm
Adlige am Hof
Hofdame
Adriahafen
Pescara, Spalato, Venedig
Adriahalbinsel
Istrien

Adriainsel
Korcula
Adriazufluss
Rubikon
Affäre
Skandal, Vorfall
Affekt
Gefuehl, Wallung
affektiert
geziert
Affenart
Gorilla, Mangabe, Siamang
afghanische Münze
Afghani
Afrikaforscher
Stanley
afrikanische Hafenstadt
Bengasi, Bizerta, Conakry, Djibouti, Hurgada, Kenitra, Larache, Mombasa
afrikanische Hauptstadt
Abidjan, Conakry, Djibuti, Entebbe, Kampala, Karthum, Mbabane, Nairobi, St. Denis, Windhuk
afrikanische Insel
Annabon, Canaria
afrikanische Sprache
Kirundi, Suaheli, Turkama
afrikanischer Berg
Kirunga, Mawensi
afrikanischer Dickhäuter
Elefant, Nashorn
afrikanischer Laufvogel
Strauss
afrikanischer Marder
Zorilla
afrikanischer See
Abaisee, Debosee, Edkusee, Kiwusee, Merusee, Tanasee
afrikanischer Staat
Burundi, Kamerun, Lesotho, Liberia, Marokko, Namibia, Nigeria, Senegal, Somalia
afrikanischer Stamm
Basundi, Kabylen, Kaffern, Suaheli, Watussi
afrikanischer Vogel
Trongon
afrikanisches Gebirge
Ahaggar, Habesch
afrikanisches Horntier
Bueffel, Gazelle, Nashorn
afrikanisches Huftier
Giraffe
afrikanisches Musikinstrument
Marimba
afrikanisches Tier
Bueffel, Elefant, Gazelle, Giraffe, Gorilla, Leopard, Nashorn, Schakal

Agamemnons Sohn
Orestes
Agamemnons Tochter
Elektra
Agent
Spitzel
ägyptische Hafenstadt
Kosseir, Rosetta
ägyptische Münze
Piaster
ägyptische Pyramide
Chefren
ägyptischer Politiker
Mubarak
ägyptisches Bauwerk
Obelisk
Ahn
Vorfahr
Air
Fluidum, Haltung
Akazie
Robinie
Akkordlohn (im Bergbau)
Gedinge
akkurat
praezis
Akquisition
Einkauf
Akt
Vorgang
Akte
Urkunde
Aktenbündel
Dossier
Aktienminderwert
Disagio
Aktion
Vorgang
aktiv
wirksam
akut
wichtig
Akzent
Gewicht, Tonfall
akzentuieren
betonen
albanische Währung
Quintar
albanischer Staatsmann
Hodscha
Alfagras
Esparto
algerischer Berberstamm
Kabylen
algerisches Gebirge
Ahaggar
Alibi
Ausrede
Alkalimetall
Caesium, Lithium, Natrium, Zaesium

Alkaloid
Atropin, Coffein, Koffein, Morphin, Nikotin, Zytisin
alkoholfreie Gaststätte
Tearoom
Alkoholiker
Trinker
alkoholisches Getränk
Absinth, Aquavit, Genever, Kuemmel, Obstler, Rotwein, Schnaps
alkoholisches Mixgetränk
Cobbler, Collins
allein
einzeln
Alleinanspruch
Monopol
Alleinhandelsrecht
Monopol
Alleinherrscher
Monarch
Allheilmittel
Arkanum, Panazee, Theriak
allmählich
langsam
Almosenempfänger
Bettler
Alpengebirgsstock
Arlberg, Bernina
Alpengipfel
Ankogel, Pilatus, Saentis, Schlern
Alpengletscher
Aletsch
Alpengruppe
Bernina
Alpenpass
Arlberg, Bernina, Brenner, Bruenig, Cayolle, Flueela, Forclas, Glandon, Grimsel, Klausen, Nufenen, Reschen, Schober, Simplon
Alpenpflanze
Aurikel
Alpensee
Mondsee
Alpenveilchen
Zyklame
Alpenvorland
Allgaeu
also
demnach, deshalb
alt
bejahrt, ergraut
altägyptische Stadt
Dendera, Memphis
Altan
Soeller
Altaraufsatz
Retabel
altathenisches Gericht
Areopag

altbabylonisches Gewicht
Schekel
altdeutsche Münze
Dukaten, Kreuzer
altdeutscher Monatsname
Brachet, Eismond, Ernting, Hartung, Julmond, Lenzing
altdeutsches Flächenmaß
Tagwerk
altdeutsches Gewicht
Zentner
altdeutsches Längenmaß
Klafter
altdeutsches Laufspiel
Barlauf
alte Brillenform
Kneifer
alte Form des Klaviers
Spinett
alte Goldmünze
Dukaten, Pistole, Zechine
alte Handfeuerwaffe
Muskete
alte Kopfbedeckung
Kapotte
alte Kupfermünze
Kreuzer
alte Stadt im Libanon
Baalbek
alte Stadt in Ägypten
Memphis
alte Straßenleuchte
Laterne
alte Waffe
Schwert
alte Bezeichnung für August
Ernting
alte Bezeichnung für Bettnische
Alkoven
alte Bezeichnung für eine giftige Lösung
Vitriol
alte Bezeichnung für Fähnrich
Kornett
alte Bezeichnung für fahrender Student
Scholar
alte Bezeichnung für Januar
Eismond
alte Bezeichnung für Preuße
Borusse
alte Klavierform
Spinett
Alteisen
Schrott
altenglisches Heldengedicht
Beowulf

alter Feldzugteilnehmer
Veteran
alter französischer Tanz
Menuett
alter germanischer Stamm
Bataver, Chatten, Cimbern, Friesen, Kimbern, Sachsen
alter Kampfschutz
Bruenne, Kuerass
alter Krieger
Veteran
alter Name der Mosel
Mosella
alter Name des Griechen
Hellene
alter Name des Iran
Persien
alter Name des März
Lenzing
alter Name für Basel
Basilia
alter Name für Djakarta
Batavia
alter Name für Paris
Lutetia
alter Name für Thailand
Formosa
alter Name von Syrien
Aramaea
alter Name von Taiwan
Formosa
alter südbabylonischer Volksstamm
Sumerer
alter Tanz
Gavotte, Menuett
alter Volksstamm in Frankreich
Gallier
alter Volksstamm in Italien
Sabiner, Volsker
alter Volksstamm in Kleinasien
Galater, Phryger
alter Volksstamm in Westeuropa
Gallier
Altersgeldempfänger
Rentner
altersschwach
zittrig
Altersversorgung
Pension
altes Feldmaß
Juchart, Juchert, Tagwerk
altes französisches Herrschergeschlecht
Bourbon
altes Heldenepos
Odyssee

altes Hohlmaß
Klafter
altes Holzmaß
Klafter
altes indianisches Kulturvolk
Azteken, Olmeken
altes römisches Geschlecht
Flavier
altes Saiteninstrument
Bariton, Bassett, Cembalo, Kithara, Psalter
altes Wort für Abhilfe
Remedur
altes Zeug
Plunder
altgedienter Soldat
Veteran
altgriechische Dichterin
Korinna
altgriechische Geliebte
Hetaere
altgriechische Göttin
Artemis, Astraea, Demeter, Erinnye, Euterpe, Hygieia, Nemesis
altgriechische Landschaft
Argolis, Laurion
altgriechische Rachegöttin
Erinnye, Megaira
altgriechische Sagengestalt
Ariadne, Elektra, Jokaste, Kentaur, Oedipus, Orestes, Orpheus, Theseus, Zentaur
altgriechischer Bildhauer
Antenor, Phidias
altgriechischer Dichter
Thespis
altgriechischer Fluss der Unterwelt
Acheron
altgriechischer Geschichtsschreiber
Herodot, Zosimus
altgriechischer Gott
Anteros, Apollon, Chronos, Ganymed, Okeanos, Phoebus, Priapos, Proteus
altgriechischer Held
Aeneus
altgriechischer König von Theben
Oedipus
altgriechischer Mathematiker
Hippias, Pytheas
altgriechischer Philosoph
Epiktet, Gorgias, Hippias, Leukipp

altgriechischer Sänger
Orpheus
altgriechischer Stamm
Achaeer, Aeolier
altgriechisches Dichterross
Pegasus
altgriechisches Gewand
Chlamys
altgriechisches Gewicht
Drachme
altgriechisches Heldenepos
Odyssee
altgriechisches Nationalheiligtum
Olympia
altgriechisches Paradies
Elysion, Elysium
altgriechisches Saiteninstrument
Kithara
Altgut
Plunder, Troedel
altindische Dichtung
Rigweda
altindische Sprache
Prakrit
altiranischer König
Dareius
altiranisches Volk
Parther
altjapanisches Adelsgeschlecht
Samurai
altjüdische Geheimsekte
Essener
altkeltische Sagengestalt
Tristan
altklug
vorlaut
Altmetall
Schrott
altmexikanisches Volk
Azteken, Olmeken
altmodisch
obsolet
altmodisches Fahrzeug
Vehikel
altorientalischer Volksstamm
Akkader, Assyrer, Parther, Sabaeer
altsächsische Evangeliendichtung
Heliand
altsemitische Liebesgöttin
Astarde, Astarte
Altwaren
Troedel
Aluminiumoxid
Tonerde
am Tag vorher
gestern
am vergangenen Tag
gestern
Ambition
Ehrgeiz, Streben
ameisenartiges Insekt
Termite
amerikanische Automarke
Lincoln, Mercury, Pontiac, Rambler
amerikanische Autostadt
Detroit
amerikanische Berühmtheit
Pullman
amerikanische Beutelratte
Opossum
amerikanische Filmgattung
Western
amerikanische Filmschauspielerin
Allyson, Colbert, Darnell, de Carlo, Garland, Hayward, Hepburn, McLaine, Roberts, Russell, Swanson, Winters
amerikanische Halbinsel
Boothia, Florida, Nugsuak, Yucatán, Yukatan
amerikanische Hauptstadt
Caracas, Cayenne, Havanna, Managua, San José, San Juan
amerikanische Insel
Curaçao, Jamaika, Tortuga
amerikanische Inselgruppe
Bahamas
amerikanische Münze
Bolivar, Centime, Cordoba, Guarani, Lempira, Quetzal
amerikanische Raumsonde
Mariner
amerikanische Schnellstraße
Highway
amerikanischer Astronaut
Bormann, Collins, Grissom, Schirra, Schmitt, Shepard, Swigert
amerikanischer Astronom
Russell, Shapley
amerikanischer Bär
Grizzly
amerikanischer Berg
Atitlan, Cataaca, Huascan, Iliniza, Illampu, Orizaba, Roroima
amerikanischer Bildhauer
Lippold, Roberts
amerikanischer Bundesstaat (USA)
Alabama, Arizona, Florida, Georgia, Indiana, Montana, New York, Vermont, Wyoming
amerikanischer Chemiker
Pauling
amerikanischer Entertainer
Sinatra
amerikanischer Filmregisseur
Chaplin, Fleming
amerikanischer Filmschauspieler
Astaire, Bronson, Brynner, Chaplin, Connery, Douglas, Granger, Perkins, Sinatra, Skelton, Stewart, Widmark
amerikanischer Flugstützpunkt
Airbase
amerikanischer Geigenvirtuose
Menuhin
amerikanischer Instrumentalvirtuose
Cliburn, Menuhin
amerikanischer Jazzmusiker
Goodman, Hampton
amerikanischer Komponist
Rodgers
amerikanischer Maiswhisky
Bourbon
amerikanischer Maler
Pollock
amerikanischer Mediziner
Axelrod, Cushing, Flexner, Hershey, Robbins, Schally, Theiler, Whipple
amerikanischer Nobelpreisträger für Chemie
Giauque, Onsager, Pauling, Seaborg, Stanley
amerikanischer Nobelpreisträger für Frieden
Borlaug, Kellogg, Pauling
amerikanischer Nobelpreisträger für Medizin
Axelrod, Cormack, Edelman, Hershey, Huggins, Kendall, Khorona, Lipmann, Sanchez

amerikanischer Nobelpreisträger für Physik
Alvarez, Bardeen, Compton, Feynman, Giaever, Glashow, Penzias, Purcell, Richter
amerikanischer Nobelpreisträger für Wirtschaft
Kuznets, Schultz, Stigler
amerikanischer Nussbaum
Hickory
amerikanischer Pelzjäger
Trapper
amerikanischer Physiker
Alvarez, Bardeen, Compton, Feynman, Giaever, Glashow, Goddard, Penzias, Purcell
amerikanischer Politiker
Acheson, Kellogg
amerikanischer Präsident
Clinton, Harding, Jackson, Johnson, Kennedy, Lincoln, Madison
amerikanischer Psychologe
Skinner
amerikanischer Raketentyp
Polaris
amerikanischer Sänger
Sinatra
amerikanischer Satellit
Telstar
amerikanischer Schriftsteller
Emerson, Kerouac, Thoreau, Whitman
amerikanischer Schwirrvogel
Kolibri
amerikanischer Sexualforscher
Masters
amerikanischer Staat
Ecuador, Guayana, Jamaika, Surinam, Uruguay
amerikanischer Tanz
Onestep
amerikanischer Tänzer
Astaire
amerikanischer Vollzugsbeamter
Sheriff
amerikanischer Wasserfall
Niagara
amerikanischer Wirbelsturm
Tornado
amerikanisches Mischgetränk
Cobbler
amerikanisches Pferd
Mustang
amerikanisches Wildpferd
Mustang
Ammoniakverbindung
Salmiak
amorph
formlos
Amortisation
Tilgung
Amt
Priorat
Amt des Fakultätsvorstehers
Dekanat
amtliche Untersuchung
Enquete
amtliches Schriftstück
Urkunde
Amtsbereich
Ressort
Amtssiegel
Stempel
Amtsstube
Kanzlei
Amtszeichen
Stempel
amüsant
spassig
analog
gemaess
andauernd
immerzu
anderer Name *der* **Ulme**
Ruester
Änderung
Wechsel
Andeutung
Hinweis
Andrang
Zustrom
Anerbieten
Offerte
anerkannt
gueltig
anerkannte Bibelübersetzung
Vulgata
Anerkennung
Applaus, Beifall
Anfang
Anbruch, Auftakt
anfangen
angehen, starten
Anfänger
Neuling
Anfangsbuchstabe
Initial
Anforderung
Pflicht
Angabe *vor* **Gericht**
Aussage
angeben
prahlen
Angeber
Blender, Prahler
Angebot
Offerte
angebracht
passend
angeheitert
trunken
Angehörige
Familie
Angehöriger *eines* **baltischen Volksstammes**
Litauer
Angehöriger *einer* **belgischen Volksgruppe**
Wallone
Angehöriger *einer* **christlichen Glaubensgemeinschaft**
Baptist, Maronit, Mormone, Quaeker
Angehöriger *eines* **deutschen Fürstenhauses**
Staufer
Angehöriger *einer* **europäischen Völkergruppe**
Bretone, Germane, Grieche
Angehöriger *des* **öffentlichen Dienstes**
Beamter
Angehöriger *eines* **Staates**
Buerger
Angehöriger *eines* **Zwergvolkes**
Pygmaee
Angelegenheit
Affaere
Angelgerät
Kescher
angemessen
wuerdig
angenehm
passend
angeordnete Blumen
Gesteck
angeregt
lebhaft
Angesicht
Antlitz
angewandte Naturwissenschaft
Technik
Angewohnheit
Marotte
angrenzend
nebenan
Angriff
Ansturm, Attacke, Einfall
ängstlich
verzagt

7

anhaftende Eigenschaft
Merkmal
anhaltend
dauernd
Anhang
Familie, Gefolge
Anhänger
Trailer
Anhänger *des* **Arius**
Arianer
Anhänger *einer* **jüdischen Bewegung**
Zionist
Anhänger *einer* **kommunistischen Lehre**
Marxist
Anhänger *einer* **Kunstrichtung**
Dadaist
Anhänger *einer* **Philosophenschule**
Stoiker
Anhänger *einer* **philosophischen Weltanschauung**
Realist
Anhänger *einer* **politischen Weltanschauung**
Marxist
Anhänger *eines* **Religionsstifters**
Apostel, Juenger
Anhänger *des* **Sozialismus**
Marxist
Anhänger zum Transport von Booten
Trailer
anhäufen
sammeln
Anhäufung
Ballung, Hortung
Anhöhe bei Jerusalem
Oelberg
Anklang
Beifall
ankündigen
ansagen
Ankündigung
Anzeige
Ankunft
Landung
Ankunftshalle auf Flughäfen
Arrival
Anlage
Kapital
Anlass
Anstoss, Ursache
Anlassen des Motors
starten
Anlasser
Starter
Anlauf
Versuch
Anleitung
Hinweis
Anlieger
Nachbar
Anmaßung
Duenkel
Anmeldung zum Rennen
Nennung
anmutige Wesen
Grazien
annähernd
beinahe
Annahme
Empfang, Fiktion, Meinung
annehmen
glauben
Annonce
Anzeige, Inserat
anomal
abartig
Anordnung
Geheiss
anorganischer Stoff
Mineral
Anpassung
Mimikry
Anpassungsvorrichtung
Adapter
Anrainer
Nachbar
Anrede *eines* **Kardinals**
Eminenz
Anrede *unter* **Sozialisten**
Genosse
Anredefall
Vokativ
Anregung
Anstoss, Hinweis
Anreiz
Ansporn, Antrieb
Anrichte
Buefett, Kredenz
Ansammlung
Auflauf, Ballung
Anschaffung
Einkauf
anschaulich
konkret
Anschauung
Ansicht, Meinung
Anschlag
Affiche, Aushang
Anschlussvorrichtung
Adapter
Anschlussvorrichtung für Strom
Stecker
Anschrift
Adresse
Anschuldigung
Anklage, Vorwurf
Ansehen
Achtung, Geltung, Leumund
ansehnliches Gebäude
Bauwerk
Ansicht
Anblick, Meinung
Ansiedlung
Kolonie
Anspruch
Anrecht
anspruchslos
einfach
Anstaltsschülerin
Interne
anständig
ehrlich, honorig, integer, korrekt, redlich, serioes, sittsam
ansteckende Krankheit
Aussatz, Cholera, Malaria, Roeteln, Tollwut, Tripper
Anstecknadel
Brosche
anstelle
anstatt
Anstifter
Urheber
Anstoß
Ansporn, Antrieb, Ursache
anstößig
obszoen
anstößiges Ereignis
Skandal
Anstrengung
Ehrgeiz, Einsatz, Muehsal
Ansturm
Attacke
Ansuchen
Eingabe
antarktischer Schwimmvogel
Pinguin
Anteil
Beitrag, Portion, Quantum
Anteilnahme
Beileid, Mitleid
antike griechische Landschaft
Argolis
antike griechische Stadt
Chalkis, Eleusis, Ephesos, Ephesus, Mykenae, Stagira, Tanagra
antike Landschaft in Italien
Samnium
antike Landschaft in Kleinasien
Aeolien
antike Landschaft in Palästina
Samaria

antike Ruinenstadt in Italien
Pompeji, Stabiae
antike Stadt
Ephesus, Knossos
antike Stadt am Euphrat
Babylon
antike Stadt am Vesuv
Pompeji
antike Vase
Amphora
antiker Ausruf
Heureka
antiker Krug mit Doppelhenkel
Amphora, Amphore
antiker Name Frankreichs
Gallien
antiker Ort auf Kreta
Knossos
antiker Schlachtenort
Salamis
antikes Dichterross
Pegasus
antikes Epos
Odyssee
antikes Gefäß
Amphore
antikes Gewand
Chlamys
antikes Reitervolk
Skythen
antikes Saiteninstrument
Psalter
antikes Schiff
Galeere, Pentere, Trireme
antikes Schreibmaterial
Papyrus
antikes Theaterstück
Elektra, Orestie
antikes Werk der Philosophie
Gorgias, Phaidon
Antilleninsel
Bahamas, Barbuda, Curaçao, Grenada, Jamaika, Tortuga
Antilopenart
Gazelle
Antlitz
Gesicht
Antrag
Eingabe
Antrieb
Ansporn, Anstoss, Dynamik
Antriebsmaschine
Turbine
Anwalt
Advokat
Anwaltskunde
Mandant
Anwaltspraxis
Kanzlei
Anweisung
Auflage
anwesend
zugegen
Anwohner
Nachbar
Anzahl
Dutzend, Quantum
Anzapfung
Anstich
Anzeichen
Merkmal, Symptom, Vorbote
Anzeige
Annonce, Inserat, Offerte
Anziehungskraft der Erde
Schwere
Anzünder
Fidibus
apart
elegant, reizend
Aperitif
Campari, Cinzano, Martini
Apfelsinenart
Satsuma
Apfelsorte
Kalvill, Rambour, Renette
Apostel
Juenger
Apostel *der* **Bayern**
Emmeran
Apostel *der* **Iren**
Patrick
Apostel *des* **Jesus**
Andreas, Jakobus
Apotheke
Offizin
Apothekergefäß
Moerser
Apothekergewicht
Skrupel
Appartement
Wohnung
Appell
Mahnung
Appetit
Esslust
Applaus
Beifall
Aprikose
Marelle, Marille
Araberstamm
Senussi
arabische Dynastie
Ibn Saud
arabische Hafenstadt
Hodaida, Hodeida, Makalla
arabische Stadt
Ar Rijad, Dhahran, Er Riyad, Hodaida, Hodeida, Kerbela, Makalla
arabische Wüste
Hammada
arabischer Gebetsrufer
Muezzin
arabischer König
Hussein
arabischer Männername
Hussein, Ibrahim
arabischer Name Abrahams
Ibrahim
arabischer Staat
Bahrain, Libanon, Marokko
arabisches Schiff
Baggala
Arbeit
Aufgabe
Arbeiter außerhalb seines Wohnorts
Pendler
Arbeitsentgelt
Honorar
Arbeitsergebnis
Produkt
Arbeitsgebiet
Domaene
Arbeitsgefährte
Kollege
Arbeitsgruppe
Kolonne, Schicht
Arbeitskleidung
Overall, Uniform
Arbeitsmaschine
Roboter
Arbeitsraum des Künstlers
Atelier
Arbeitsstätte
Betrieb
Arbeitstag
Werktag
Arbeitstagung
Enquete
Arbeitsvermögen
Energie
Arbeitsweise
Methode, Schicht, Technik
Arbeitszeit
Schicht
Archäopteryx
Urvogel
architektonische Kunstrichtung
Baustil
architektonisches Gepräge
Baustil
arg
schlimm
argentinische Münze
Centavo

argentinische Provinz
Mendoza, Santa Fé, Tucumán
argentinischer Nobelpreisträger für Medizin
Houssay
argentinischer Politiker
Lonardi, Ongania, Ramirez
argentinischer Schriftsteller
Andrade
argentinisches Nationalgericht
Puchero
Ärger
Knatsch, Missmut, Trouble, Unwille
Ärgernis
Anstoss, Blamage, Skandal
arglos
harmlos
Aristokrat
Adliger
arktischer Vogel
Tordalk
arktisches Nutztier
Rentier
arktisches Raubtier
Eisbaer
arktisches Volk
Eskimos
armselig
popelig
Arroganz
Duenkel
Art
Gattung, Methode, Spezies
Art *von* **Bewusstseinszustand**
Hypnose
Art *des* **Gehens**
Gangart
Arterienverschluss
Infarkt
artfremdes Eiweiß
Antigen
artig
folgsam, sittsam
Artikel
Bericht, Produkt
Artikulation
Sprache
Artist
Akrobat, Gaukler
Artistenbühne
Varieté
artistische Schaubühne
Varieté
Artusritter
Tristan
Arznei
Medizin
Arzneiauszug
Tinktur
Arzneibehälter
Ampulle
Arzneifläschchen
Ampulle
Arzneiform
Tropfen
Arzneipflanze
Beifuss, Fenchel, Ginseng, Kamille, Melisse
Arzneiröhrchen
Ampulle
Arzt
Chirurg, Dentist, Medikus, Urologe
ärztliche Betäubung
Narkose
ärztliche Verordnung
Massage, Packung
ärztliche Vorsorgemaßnahme
Impfung
ärztlicher Eingriff
Schnitt
ärztliches Betäubungsmittel
Lachgas
ärztliches Instrument
Klammer, Spritze
Asbestzementschiefer
Eternit
asiatische Göttin
Astarte
asiatische Halbinsel
Arabien, Gujerat, Malakka
asiatische Hauptstadt
Bangkok, Colombo, Karachi, Punakha, Teheran
asiatische Heilpflanze
Ginseng
asiatische Insel
Amboina, Bahrain, Bahrein, Celebes, Formosa, Honschu, Kiushiu, Kurilen, Mindoro, Okinawa, Palawan, Sokotra, Sumatra, Sumbawa
asiatischer Berg
Alagoes, Belucha, Dansang, Everest, Sawelan
asiatischer Salzsee
Aralsee
asiatischer See
Aralsee, Biwasee, Datusee, Kukunor
asiatischer Staat
Bahrain, Formosa, Libanon, Persien, Tuerkei, Vietnam
asiatischer Wind
Tornado
asiatischer zweirädriger Wagen
Rikscha
asiatisches Gebirge
Kasdagh, Kwenlun, Libanon, Nilgiri
asiatisches Hochland
Juennan
asiatisches Horntier
Gazelle
asiatisches Reitervolk
Tataren
asiatisches Volk, Volksgruppe
Alfuren, Altaier, Assyrer, Bhutija, Ilocano, Itelmen, Jakuten, Japaner, Javaner, Jesiden, Lamuten, Luschai, Malaien, Miautse, Mundari, Oiraten, Palaung, Skythen, Tataren, Tibeter, Tingian, Tuerken, Uiguren, Usbeken, Wogulen
asiatisches Wildhuhn
Bankiva
Asket
Buesser
Aspekt
Anblick, Ansicht
Asphalt
Erdpech
Assistent
Famulus, Gehilfe
assyrische Gottheit
Astarte, Ischtar, Ninurta
assyrischer Volksstamm
Sumerer
Astronom
Bradley, Cassini, Celsius, Galilei, Laplace
astronomischer Begriff
Gestirn, Kompass, Neumond, Nordpol, Perikel, Quadrat, Quartal, Schweif, Sekunde, Sphaere, Suedpol, Tendenz, Trabant, Weltall
astronomisches Instrument
Bussole, Kompass, Sextant, Spiegel
äthiopische Hafenstadt
Massaua
äthiopischer See
Tanasee
Athlet
Laeufer
Atlantikinsel
Bahamas, Madeira
Atlantikinselgruppe
Kanaren
Atomanlage
Reaktor
atomar
nuklear
atomares Teilchen
Neutron

Atomgruppe
Radikal
Atomkern
Nukleus
Atomkernspaltung
Fission
Atommeiler
Reaktor
Atomreaktorart
Brueter
Atomverbindung
Molekel
Atomzertrümmerung
Fission
Atrophie
Schwund
Attacke
Angriff
Attest
Zeugnis
Attitüde
Haltung
Attribut
Beigabe, Merkmal
Ätzkunst
Kaustik
Audienz
Empfang
Aufbau
Gefuege, Geruest, Montage
Aufbau *von* **Maschinen**
Montage
aufbereiteter Kraftstoff
Gemisch
aufbinden
lockern
Aufbruch
Abfahrt, Abreise, Weggang
aufdringlich
laestig
Aufenthalt
Station, Wohnung
Aufenthaltsort
Domizil
auffallend
markant
auffällig
mondaen
auffälliger Anfangsbuchstabe
Initial
Auffassung
Ansicht, Meinung, Theorie
Aufforderung
Mahnung
Aufführung zu wohltätigen Zwecken
Benefiz
Aufgabe
Auftrag, Problem
aufgebracht
gereizt, wuetend
aufgeklärt
wissend
aufgerautes Gewebe
Flanell
aufgeregt
nervoes
aufgeschüttete Befestigung
Erdwall
aufgeweckt
lebhaft
aufgeweichte Erde
Schlamm
aufgrund
infolge
Aufklebebild
Collage
Aufkleber
Etikett
Auflage
Pflicht
Auflehnung
Revolte
Auflösung
Analyse
aufmerksam
achtsam, wachsam
Aufnahme
Empfang
Aufnahmeraum
Atelier
Aufregung
Emotion, Trouble
aufrichtig
ehrlich
Aufriss
Entwurf, Konzept
aufrührerischer Lärm
Krawall
aufsässig
trotzig
Aufsatz
Artikel, Beitrag, Bericht
Aufschneider
Angeber, Blender, Prahler
Aufschrift
Adresse, Epitaph, Hinweis
Aufsehen
Skandal
Aufseher im Zoo
Waerter
Aufsicht
Kuratel
Aufsichtsbeamter
Kurator
Aufsichtsbehörde
Eichamt
aufspüren
fahnden
Aufstand
Aufruhr, Revolte
Aufstellung
Katalog, Tabelle
Auftrag
Aufgabe, Mission, Sendung, Weisung
Auftraggeber
Mandant
Auftragszuteilung
Vergabe
Auftrieb
Ansporn
aufwärts gerichtete Warmluftströmung
Thermik
Aufwendung von Geld
Ausgabe
Aufzeichnung
Annalen, Chronik, Notizen, Vermerk
Aufzug für Wintersportler
Skifuni, Skilift
Aufzugführer
Liftboy
Auge des Gesetzes
Polizei
augenblicklich
aktuell
augenblickliche Verfassung
Zustand
augenfällig
evident
Augenglas
Binokel, Kneifer, Lorgnon, Monokel, Zwicker
Augenkrankheit
Glaukom, Trachom
Augenprüfung
Sehtest
Augenschein
Anblick, Evidenz
augenscheinlich
evident
Augsburger Maler
Holbein
August
Ernting
aus freier Regung
spontan
aus gebranntem Ton
toenern
aus innerer Ursache entstehend
endogen
Ausarbeitung
Entwurf
Ausbilder
Meister, Trainer
Ausbildungsanstalt für Lehrer
Seminar
Ausdehnung
Ausmass, Flaeche, Groesse
Ausdruck
Begriff

Ausdruck *beim* **Fechten**
Ausfall, Riposte
Ausdruck *beim* **Fußballspiel**
Abseits
Ausdruck *von* **Gedanken**
Sprache
Ausdrucksweise
Diktion
Auseinandersetzung
Debatte, Polemik, Prozess
auserlesen
delikat, elitaer
Ausfall
Verlust, Wegfall
Ausflucht
Ausrede, Evasion, Vorwand
Ausflügler
Tourist
ausführbar
machbar
Ausfuhrverbot
Embargo
Ausgabe
Auflage, Edition
Ausgeklügeltes
Finesse
ausgelernter Handwerker
Geselle, Meister
ausgeprägt
markant, typisch
ausgestorbene Riesenechsen
Saurier
ausgestorbener Kopffüßer
Ammonit
ausgestorbenes Tier
Saurier
ausgestoßene Vulkanmasse
Auswurf
ausgesucht
erlesen
ausgezeichnet
bestens, erlesen
ausgezeichnetes Ansehen
Weltruf
Ausgleich
Balance
Aushilfe
Reserve
Auskunft
Antwort, Hinweis
ausländisches Geld
Devisen
Auslauf für Hunde
Zwinger
Auslaugung
Erosion
Auslegung
Analyse, Deutung, Exegese
Auslöschung
Tilgung
Auslosung
Tombola
Ausmaß
Groesse
Ausnahmebewilligung
Dispens
Ausnahmesituation
Notfall
Ausputz
Zierrat
Ausrede
Vorwand
Ausrufer
Ansager, Buettel
Ausrüstung
Armatur
Ausscheidung
Schleim
Ausschlag auf der Haut
Flechte
Ausschmückung
Zierrat
Ausschnitt
Segment
Ausschreitung
Krawall
Ausschuss
Gremium, Komitee
Aussehen
Fluidum, Haltung
Außenbegrenzung
Bankett
Außenseiter
Outcast
Außenstände
Aktiven
Außenteil des Buches
Einband
außer Dienst
inaktiv
außerdem
daneben
äußere Form
Gestalt
Äußeres
Fassade, Gestalt
außergewöhnlich
eminent
äußerlich
formell
äußerst
eminent, hoechst, maximal
äußerst sorgfältig
penibel
äußerste Sorgfalt
Akribie
Äußerung
Aussage
Äußerung von Schmerz
Jammern
Aussicht
Anblick, Zukunft
ausspannen
erholen
Aussprache
Debatte, Hearing, Tonfall
Aussprachezeichen
Cedille
Ausspruch
Sentenz
Ausstattung
Mitgift
Ausstellungsraum
Galerie
Ausstellungsschrank
Vitrine
Ausstellungsstück
Exponat
Aussteuer
Mitgift
Ausstrahlung
Fluidum
Austragungsort für Boxkämpfe
Boxring
Austragungsort für Schispringen
Schanze
australischer Berg
Mt. Bruce, Mt. Cooke
australischer Bergsteiger
Hillary
australischer Politiker
McMahon
australischer See
Eyresee, Salzsee
australisches Tier
Strauss
auswärtige Besitzung
Kolonie
Auswaschung
Erosion
Ausweg
Loesung
Auszeichnungszettel an Waren
Etikett
Auszug
Extrakt, Exzerpt, Tinktur, Weggang
Auszug aus pflanzlichen Stoffen
Extrakt
Autoabstellfläche
Carport
Autoanhalter
Tramper
Autobahneinrichtung
Bankett
Autobus
Omnibus
Autogestell
Chassis

Autogramm
Widmung
Automarke
Bentley, Bugatti, Citroen, Ferrari, Hanomag, Lincoln, Magirus, Maybach, Packard, Peugeot, Pontiac, Porsche, Renault, Sunbeam, Triumph
Autopsie
Sektion
Autor
Dichter, Urheber
Autor von Amphitryon
Molière, Plautus
Autor von Antigone
Anouilh
Autor von Berlin Alexanderplatz
Doeblin
Autor von Das Dschungelbuch
Kipling
Autor von Der Geizige
Molière
Autor von Der Menschenfeind
Molière
Autor von Die gelehrten Frauen
Molière
Autor von Effi Briest
Fontane
Autor von Emilia Galotti
Lessing
Autor von Eurydike
Anouilh
Autor von Germania
Tacitus
Autor von Kim
Kipling
Autor von Krieg und Frieden
Tolstoi
Autor von Lumpazivagabundus
Nestroy
Autor von Medea
Anouilh
Autor von Minna von Barnhelm
Lessing
Autor von Nathan der Weise
Lessing
Autor von Oliver Twist
Dickens
Autor von Tartuffe
Molière
Autorennbahn
Sebring, Zeltweg
Autorität
Achtung, Ansehen

Autostadt bei Detroit
Pontiac
Autostopper
Tramper
Autoteil
Armatur, Auspuff, Blinker, Chassis, Heizung, Kuehler, Lenkrad, Lenkung, Leuchte, Schloss, Starter, Verdeck, Wischer
Avantgardist
Pionier

B

Baas (niederländisch)
Meister
Babel
Babylon
babylonische Gewichtseinheit
Schekel
babylonische Göttin
Astarte, Ischtar
babylonischer Gott
Ischtar
babylonisches Volk
Sumerer
Bach
Rinnsal
Bache
Wildsau
Backgewürz
Vanille
Backstein
Klinker
Backware
Brioche, Kipferl, Krapfen
Badegelände
Gestade
Badeort
Aibling, Ajaccio, Altenau, Antibes, Driburg, Fiesole, Gastein, Gmunden, Hofheim, Homburg, Kolberg, Krumbad, La Baule, Locarno, Mosbach, Nauheim, Ostende, Perugia, Pyrmont, Rapallo, Reinerz, Ristbad, Seeheim, Selters, Teinach, Titisee, Todtnau, Triberg, Tutzing, Wiessee, Wildbad, Wimpfen, Zermatt
Bader
Barbier
Badestrand
Gestade
Badestrand auf Honolulu
Waikiki
badisches Weinbaugebiet
Ortenau

Bagage
Gepaeck
Bagger
Greifer
Bahn
Tramway
Bahnanlage
Bahnhof
Bahnbrecher
Pionier
Bahnhof
Station
Bahnlinie
Strecke
Bakschisch
Almosen
Balance
Schwebe
Baleareninsel
Cabrera, Menorca, Minorca
Balkanbewohner
Albaner, Bosnier, Bulgare, Grieche, Rumaene, Slowene
Balkanhauptstadt
Belgrad
Balken
Stuetze, Traeger
Balkenwerk
Gebaelk
Balkon
Soeller
Balkonblume
Geranie
Balkondach
Markise
Balkonpflanze
Begonie, Fuchsie, Geranie, Lobelie, Petunie, Verbene, Zyklame
Ballade
Gedicht
Ballettmitglied
Taenzer
ballige Speise
Knoedel
Ballspiel
Bowling, Cricket, Kricket, Krocket, Radball, Radpolo
Ballspielbegriff
Abseits
Balte
Litauer
baltische Landschaft
Livland
baltischer Staat
Estland, Litauen
baltisches Land
Estland, Litauen
baltisches Volk
Litauer
banal
trivial

Band
Kapelle
Bande
Fesseln
Bändigung
Dressur
Bandit
Raeuber
Bandschleife
Rosette
Bankbegriff
Devisen, Disagio, Diskont, Einlage, Passiva, Rendite, Solvenz, Wechsel
Bänkelsängerlied
Moritat
Bankrott
Konkurs
bankrott
konkurs
banktechnischer Begriff
Eckzins
Bantustamm
Kaffern, Suaheli
barbarisch
grausam
Barbier
Friseur
Bärenart
Eisbaer, Grizzly
Barkasse
Beiboot
Barkeeper
Barmann
barmherzig
gnaedig
Barras
Kommiss
Barrikade
Schanze
barsch
schroff
Base
Cousine
Baseballspieler
Faenger
Bassgeige
Violine
Bastard
Bankert, Hybride
Bastei
Bastion
Bastion
Festung
Bataille
Gefecht
Batzen
Klumpen
Bauch
Abdomen
bauchige Flasche
Karaffe

bäuerliche Dienerschaft
Gesinde
bäuerlicher Besitz
Anwesen
bäuerliches Anwesen
Gehoeft
Bauernfänger
Luegner
Bauernhof
Gehoeft
Bauhütte
Baracke
Baum
Pflanze
Baumart
Laerche, Latsche, Lorbeer, Oelbaum, Platane, Ruester, Teebaum
Baumbestand
Gehoelz, Waldung
baumbestandenes Grasland
Savanne
Baumfrucht
Kirsche, Pflaume
Baumwollgewebe
Frottee, Kambrik, Velours
Baustil des Mittelalters
Romanik
Bauwerk
Bruecke, Denkmal, Festung, Kaserne, Obelisk, Schloss, Stadion, Theater
Bauwerk in Brüssel
Atomium
Bauwerk in Dresden
Zwinger
Bauwerk in Washington
Capitol
bayerische Flusslandschaft
Isartal
bayerische Symbolgestalt
Bavaria
bayerische Universitätsstadt
Bamberg
bayerischer Herzog
Tassilo
bayerischer Klosterlikör
Ettaler
bayerischer Politiker
Stoiber, Strauss, Streibl
bayerischer Regierungsbezirk
Franken
bayerischer See
Riegsee, Simssee
beabsichtigt
geplant
Beachtung aller Umstände
Umsicht

Beamtenentlohnung
Adjutum
Beamtenschwur
Treueid
Beamtentitel
Amtmann, Amtsrat
Beamter des gehobenen Dienstes
Amtmann
Beanstandung
Einwand, Vorwurf
Beau
Stutzer
Beben
Zittern
beben
zittern
bebildertes Warenverzeichnis
Katalog
Becken
Stausee
Bedacht
Umsicht
Bedauern
Mitleid
bedauernswert
elendig, unselig
Bedeckung
Eskorte
Bedenken
Reserve, Skepsis, Skrupel, Zweifel
bedenklich
ominoes, prekaer, suspekt
bedeutend
wichtig
Bedeutung
Ansehen, Geltung, Gewicht
Bedienung
Kellner, Service
Bedienungsgeld
Service
Bedienungsteil *von* **Maschinen**
Armatur
bedingt
relativ
Bedingung
Auflage
bedingungslos
absolut
Bedrängnis
Engpass, Notlage
Beduinenhäuptling
Scheich, Scheikh
bedürfnislos
einfach
Beendigung
Aufgabe
Beeteinfassung
Rabatte

Beethovens Oper
Fidelio
Befähigung
Eignung, Koennen
befangen
gehemmt
Befehl
Auftrag, Weisung
Befestigungsanlage
Kastell
Befestigungsmittel
Klammer
Befinden
Ergehen, Zustand
beflissen
bemueht
Beförderungsmittel
Autobus, Dampfer, Fahrrad, Omnibus, Postbus, Rikscha, Skilift
Befragung
Umfrage
Befreier Südamerikas
Bolivar
Befreiung
Dispens, Rettung
Begebenheit
Episode, Vorfall
Begegnung
Meeting, Treffen
Begehren
Geluest
Begeisterung
Ekstase, Hingabe
begierig
erpicht
Beginn
Anbruch, Auftakt
Beginn *eines* **Dienstes**
Antritt
Beginn *eines* **Fußballspiels**
Anstoss
beginnen
starten
Beglaubigung
Urkunde
Begleiter
Kamerad, Trabant
Begleiter *des* **Bacchus**
Silenos
Begleiter *von* **Jason**
Admetos, Telamon, Theseus
Begleiter *von* **Karl dem Großen**
Einhard
Begleiter *von* **Orest**
Pylades
Begleiter *eines* **Planeten**
Trabant
Begleiter *von* **Robinson**
Freitag
Begleitung
Eskorte, Gefolge
Begrenzung
Maximum, Minimum
Begriff *beim* **Boxen**
Infight
Begriff *der* **Bruchrechnung**
Zaehler
Begriff *im* **Fußball**
Abseits, Abstoss, Anstoss, Ausball, Einwurf
Begriff *beim* **Roulett**
Dutzend
Begriff *aus dem* **Verlagswesen**
Auflage, Ausgabe
Begriffsbestimmung
Analyse, Deutung
Begriffsgattung
Gattung, Ordnung
Begründer *der* **Berliner Akademie**
Leibniz
Begründer *des* **deutschen Postwesens**
Stephan
Begründer *der* **katholischen Gesellenvereine**
Kolping
Begründer *des* **Weltpostvereins**
Stephan
Begrüßung
Empfang
Begünstigung
Benefiz
Behaglichkeit
Komfort
Behälter *für* **Pfeile**
Koecher
behände (behende)
gewandt, schnell
Behandlung
Wartung
beharrlich
stoisch
Behauptung
Ansicht, Aussage, Meinung
Behelfsheim
Baracke
Behelfswohnung
Baracke
Beherbergungsbetrieb
Gasthof, Pension
beherrscht
gefasst
beherzt
resolut
Beherztheit
Courage, Schneid
Behinderung
Hemmnis
Behinderung beim Luftholen
Atemnot
Behörde
Gericht, Polizei
Behördenstelle
Instanz
behutsam
achtsam, sorgsam
Beiboot
Pinasse
Beifall
Applaus, Ovation
Beifallskundgebung
Ovation
Beiname *des* **Apoll**
Musaget, Phoebus
Beiname Buddhas
Gautama
Beiname *von* **Christus**
Heiland
Beiname Jesu
Heiland, Messias
Beiname *des* **Jupiter**
Pluvius
Beinbekleidung
Strumpf, Stutzen
Beispiel
Exempel, Vorbild
Beistand
Adlatus
Beitrag
Gebuehr, Praemie
Beitreibung
Inkasso
bekannt
namhaft, ruchbar
bekannt geben
ansagen
bekannter deutscher Luftschifffahrer
Eckener
bekannter Rheinfelsen
Lorelei
bekanntes Pariser Nachtlokal
Pigalle
Bekenntnis
Beichte, Glauben
Bekleidungsstück
Corsage, Cutaway, Gehrock, Guertel, Haenger, Jackett, Kamisol, Komplet, Korsett, Kostuem, Negligé, Overall, Paletot, Sandale, Schlips, Smoking, Soutane, Spenzer, Stiefel, Strumpf, Sweater, Uniform
bekömmlich
heilsam
beköstigen
naehren, speisen

Belag
Schicht
Belästigung
Anmache
Beleg
Urkunde
belegtes Weißbrothäppchen
Kanapee
beleidigt
pikiert
Beleidigung
Affront, Injurie
Beleihung
Lombard
Beleuchtungskörper
Blinker, Lampion, Laterne, Leuchte
Belgier
Wallone
belgische Königin
Fabiola
belgische Landschaft
Brabant, Campine, Limburg
belgische Provinz
Brabant, Campine, Limburg
belgischer Badeort
Ostende
belgischer Baumeister
Berlage, Lalaing, Meunier, Simonis
belgischer Bildhauer
Meunier
belgischer König
Leopold
belgischer Maler
Meunier, Wappers, Wauters
belgischer Mediziner
Heymans
belgischer Nobelpreisträger für Medizin
Heymans
belgischer Schriftsteller
Simenon
belgisches Seebad
Ostende
beliebt
begehrt, gaengig, gefragt
Beliebtheit
Achtung, Ansehen
Belohnung
Praemie
belustigend
komisch, spassig
Bemächtigung
Zugriff
bemerkenswert
wichtig
bemittelt
betucht
bemühen
streben
Bemühung
Einsatz
Benachrichtigung
Meldung, Telefax
Benediktion
Segnung
Benefizium
Wohltat
Benehmen
Alluere, Anstand, Gebaren, Haltung
Beneluxstaat
Belgien
Bengel
Lausbub, Luemmel, Steppke
Benutzer von Fahrzeugen
Insasse
Beobachter
Kiebitz, Spaeher
Beobachtungsposten
Ausguck
bequem
passend
Bequemlichkeit
Komfort
Berater
Sponsor
Berater im diplomatischen Dienst
Attaché
Beratung
Debatte, Session
Berberstamm
Beraber, Kabylen
Berechnung
Absicht, Kalkuel, Vorsatz
berechtigen
befugen
Berechtigung
Anrecht
Berechtigungsbescheinigung
Ausweis
Bereich
Domaene, Sektion
bereit
gewillt, willens
bereits
laengst
bereitwillig
freudig
Berg *in den* **Alpen**
Ankogel, Arlberg, Bernina, Pilatus, Saentis, Schlern
Berg *im* **Harz**
Brocken
Berg *der* **Hohen Tauern**
Ankogel
Berg *bei* **Jerusalem**
Oelberg
Berg *im* **Karakorum**
Dapsang
Berg *in den* **Kordilleren**
Illampu
Berg *im* **Lausitzer Gebirge**
Lausche
Berg *bei* **Luzern**
Pilatus
Berg *im* **Odenwald**
Malchen
Berg *im* **Säntisgebirge**
Saentis
Berg *im* **Schwarzwald**
Belchen, Kniebis
Berg *in den* **Vogesen**
Belchen, Hohneck
Berg *der* **Zillertaler Alpen**
Olperer
Bergbahn
Skilift
Berggruppe
Gebirge
Bergkiefer
Latsche
Bergkloster *in* **Griechenland**
Meteora
Bergland *im* **Allgäu**
Adeberg
bergmännischer Begriff
Anfahrt, Bergrat, Blaeser, Gebrech, Gezaehe, Huthaus, Laugung, Querbau, Schicht, Stempel, Stollen, Strecke, Tagebau, Versatz
bergmännischer Beruf
Bergrat, Steiger
bergmännisches Längenmaß
Lachter
Bergrücken *an der* **Weser**
Suentel
Bergstock *der* **nördlichen Kalkalpen**
Raxalpe
Bergstock *des* **Schwarzwaldes**
Kniebis
Bergübergang
Scharte
Bergung aus Gefahr
Rettung
Bergwerksanlage
Schacht, Stollen
Bericht
Exposee, Meldung, Rapport, Referat
Berichterstattung
Referat, Vortrag
Berichtigung
Dementi
Berliner Arzt
Virchow
Berliner Bürgermeister
Albertz, Diepgen

Berliner Gewässer
Wannsee
Berliner kleiner Junge
Steppke
Berliner Krankenhaus
Charité
Berliner Maler
Blechen
Berliner Pfannkuchen
Krapfen
Berliner Spezialität
Bulette, Eisbein
Berliner Stadtteil
Spandau, Treptow, Wedding
Beruf
Gewerbe
Beruf *im* **Baugewerbe**
Monteur
Beruf *in* **Forschung, Unterricht oder Wissenschaft**
Geologe, Oekonom, Zoologe
Beruf *der* **Gastronomie**
Kellner
Beruf *im* **Gesundheitswesen**
Chirurg, Dentist, Drogist, Hebamme, Masseur, Pfleger, Urologe
Beruf *in der* **Holzindustrie**
Fraeser
Beruf *in der* **Kunst**
Cellist, Dichter, Literat, Musiker, Pianist, Saenger, Statist, Taenzer
Beruf *in der* **Lederindustrie**
Sattler
Beruf *in der* **Metallindustrie**
Fraeser, Giesser, Monteur, Schmied, Wickler
Beruf *in der* **Nahrungsmittelindustrie**
Baecker, Metzger, Mueller, Selcher
Beruf *im* **Presse- oder Verlagswesen**
Drucker
Beruf *im* **Rechtswesen**
Advokat, Richter
Beruf *in der* **Textilindustrie**
Buegler, Faerber, Spinner, Stepper, Sticker
Beruf *im* **Transport- oder Verkehrswesen**
Flieger, Monteur, Seemann, Steward
Beruf *in der* **Unterhaltungsbranche**
Ansager, Komiker, Musiker, Saenger, Statist, Taenzer

beruflicher Fachhelfer
Berater
Berufung
Hinweis
Beruhigungsmittel
Sedativ
berühmt
bekannt, namhaft
berühmter Bergsteiger
Trenker
Berührung
Kontakt
Besatz
Ruesche
Beschädigung
Havarie, Schaden
Beschaffenheit
Zustand
Beschämung
Blamage
Beschau
Sektion
Bescheid
Antwort
bescheiden
einfach, maessig, sittsam
Bescheinigung
Ausweis, Urkunde, Zeugnis
Beschlagnahme
Embargo
beschleunigt
eilends, express, schnell
Beschränkung
Maximum, Minimum
Beschreibung
Bericht
Beschriftung
Legende
Beschuldiger
Klaeger
Beschuldigung
Anklage, Vorwurf
Beschützer
Goenner
Beschützter
Protégé
Beschwerde
Muehsal, Schmerz
beschwerlich
laestig, muehsam
Beseitigung von Missständen
Abhilfe
besessen
manisch
Besessenheit
Ekstase, Passion
Besitz
Anwesen
Besitzer
Inhaber
Besitztum eines Winzers
Weingut, Wingert

Besoldung
Entgelt, Honorar
besondere Art einer Gattung
Spezies
besonderer Tag
Festtag
Besonderheit
Merkmal, Version
Bestandteil *des* **Atomkerns**
Neutron
Bestandteil *des* **Bestecks**
Loeffel
Bestandteil *des* **Eies**
Eiweiss
Bestandteil *der* **Erdkruste**
Mineral
Bestandteil *des* **Kaffees**
Koffein
Bestandteil *des* **Opiums**
Morphin
Bestandteil *des* **Pfefferminzöls**
Menthol
Bestandteil *des* **Tabaks**
Nikotin
bestechlich
korrupt
Besteckteil
Loeffel
bestellter Pfleger
Kurator
Bestellung
Auftrag
bestens
optimal
Bestfall
Optimum
bestialisch
grausam
Bestie
Rohling
bestimmte Menge
Einheit, Quantum
bestimmter Anteil
Drittel, Neuntel, Siebtel, Viertel
bestimmter Teil eines Ganzen
Drittel, Neuntel, Zehntel
Bestimmung
Analyse, Deutung, Fuegung, Mission, Satzung
Bestleistung
Maximum, Optimum
Bestrafung
Ahndung
Bestseller
Reisser
bestürzt
perplex

Bestwert
Maximum, Optimum
betagt
bejahrt
Betäubung
Narkose
Betäubungsmittel
Lachgas
betörend
reizend
betreuen
pflegen
Betreuer
Pfleger, Trainer
Betreuung
Service, Wartung
Betrieb
Andrang, Treiben
Betrieb *der* **Textilindustrie**
Weberei
betrieblicher Arbeitsbereich
Ressort
betriebsam
ruehrig
Betriebslokal
Kantine
Betriebsspeiseraum
Kantine
betrogener Ehemann
Hahnrei
betrübt
traurig
Betrug
Mogelei
Betrüger
Gaukler, Halunke
Bettnische
Alkoven
Beugung
Biegung, Flexion
Beule
Hoecker
Beurteilung
Zeugnis
Beute
Raubgut
Beutelratte
Opossum
Beuteltier
Opossum
Bevölkerung
Buerger
Bevollmächtigter
Delegat
Bevollmächtigung
Prokura
bewaffnete Reiter im Mittelalter
Reisige
bewährt
erprobt
bewegende Kraft
Antrieb, Dynamik
bewegliche Habe
Hausrat
bewegliches Vermögen
Fahrnis
Beweglichkeit
Schwung
Bewegung *um eine* **Achse**
Drehung
Bewegungsart
Schritt
Bewegungslehre
Kinetik, Motorik
Bewegungsraum
Auslauf
Beweisstück
Zeugnis
Bewohner
Insasse
Bewohner *eines* **asiatischen Inselstaates**
Japaner
Bewohner Belgiens
Wallone
Bewohner Bosniens
Bosniak
Bewohner *von* **Bremen**
Hanseat
Bewohner *des* **deutschen Reichs**
Preusse
Bewohner *einer* **französischen Halbinsel**
Bretone
Bewohner *von* **Hamburg**
Hanseat
Bewohner *von* **Lübeck**
Hanseat
Bewohner *von* **Nahost**
Israeli
Bewohner *eines* **österreichischen Bundeslandes**
Steirer, Tiroler
Bewohnerin *eines* **europäischen Staats**
Ungarin
Bewusstsein
Absicht
Bezahlung
Entgelt, Honorar
Bezahlung für einen anderen
Auslage
Bezahlung in freien Berufen
Honorar
bezaubernd
reizend
bezeichnend
markant, typisch
Bezeichnung
Hinweis, Vermerk
Bezeichnung für Christus
Heiland
Bezeichnung für Mineralwasser
Selters
Beziehung
Betreff, Kontakt
Bezirk
Bereich, Flaeche, Provinz, Terrain, Umkreis
Bezirk des Pfarrers
Pfarrei
Bezug
Betreff
bezüglich
relativ
bezügliches Fürwort
Relativ
Bibelauslegung
Exegese
Bibelteil
Psalmen
Bibelübersetzung
Vulgata
biblische Frauengestalt
Abigail, Rebekka, Susanna
biblische Gestalt
Lazarus
biblische Landschaft
Aramaea, Idumaea, Jesreel, Samaria
biblische Männergestalt
Abraham, Absalom, Elieser, Elrasar, Ephraim, Goliath, Kaiphas, Lazarus, Manasse, Nehemia, Rehebam, Salomon, Sebalon, Zubalon
biblischer Berg
Garizim, Oelberg
biblischer König
Athalja, Herodes, Jeremia, Manasse, Menahem, Nehemia, Pekahja, Salomon
biblischer Monatsname
Chislev, Tischri
biblischer Name Gottes
Zebaoth
biblischer Ort
Askalon, Jericho, Samaria
biblischer Prophet
Habakuk, Jeremia, Nehemia
biblischer Riese
Goliath
biblischer Stammvater
Abraham
biblisches Buch
Chronik, Genesis, Habakuk, Jeremia, Koenige, Nehemia, Psalter, Richter
biblisches Gesetz
Dekalog

biblisches Gewicht
Schekel
biblisches Maß
Issaron, Stadion
Bienenzucht
Imkerei
Bienenzüchter
Bentner
Biergefäß
Stiefel
Bierglas mit Henkel
Kruegel
Bierkäppchen
Zerevis
Biersorte
Altbier, Pilsner
Bild
Anblick, Graphik
bildende Kunst
Graphik, Malerei, Plastik
Bildersammlung
Galerie
Bildhauermaterial
Messing
Bildhauerwerkzeug
Meissel
bildliches Erinnerungsvermögen
Eidetik
Bildteppich
Gobelin
Bildungsstätte
College, Seminar, Theater
Bildunterschrift
Legende
Bildwerfer
Diaskop, Episkop
bildwirksam
fotogen
billig
einfach
billigen
bejahen
Binde
Bandage, Verband
Bindemittel
Moertel
Binder
Schlips
Bindewort
dennoch, deshalb, nachdem, solange
Bindung
Heftung, Liaison
biochemischer Wirkstoff
Ferment
Biograph Karls des Großen
Einhard
biologische Disziplin
Botanik, Genetik
birnenförmige Frucht
Avocado

bis
solange
Bisam
Moschus
Bischof der Westgoten
Ulfilas, Wulfila
Bitte um Auskunft
Anfrage
Bittgebet
Litanei
Bittschrift
Eingabe
bizarr
seltsam
Blamage
Schande, Schimpf, Schmach
Blasinstrument
Alphorn, Althorn, Altoboe, Bassett, Bomhart, Bommert, Clairon, Clarino, Cornett, Fanfare, Helikon, Kornett, Okarina, Pikkolo, Posaune, Serpent
Blasmusiker
Hornist, Pfeifer
blass
farblos
Blässe
Bleiche
blassroter Wein
Clairet
Blättchen
Lamelle, Zeitung
Blättermagen
Psalter
Blätterpilz
Reizker
Blattgemüse
Mangold
Blatthalter des Setzers
Tenakel
Blattholz
Furnier
Blattkäfer
Erdfloh
Blattlausart
Reblaus
Blattlaushonig
Mehltau
Blaujacke
Matrose, Seemann
Blauspecht
Kleiber
Blechbehälter
Buechse
Bleibe
Wohnung
bleibend
durabel, haltbar, zeitlos
Bleichgesicht
Weisser

Bleifarbe
Mennige
Bleiglanz
Galenit
Blendenöffnung
Apertur
Blick nach allen Seiten
Umschau
Blindenschrifterfinder
Braille
Blindheit
Anopsie
blindwütiger Zerstörer
Wandale
Block
Brocken, Klumpen
Blockade
Embargo
blockfrei
neutral
Blocksberg
Brocken
Blockschrift
Antiqua
blöd
stupide
Blödsinn
Idiotie, Nonsens, Quatsch
Bloßstellung
Blamage, Schande, Schmach
Blume
Anemone, Aurikel, Begonie, Fuchsie, Geranie, Levkoje, Lobelie, Petunie, Pflanze, Tagetes
Blumenarrangement
Gebinde
Blumenbeet
Rabatte
Blumenbinder
Florist
Blumengebinde
Strauss
Blumenkohl
Karfiol
Blumensteckkunst
Ikebana
Blumentier
Koralle
Blut saugendes Ungeziefer
Schnake
Blutandrang
Wallung
Blutarmut
Anaemie
Blutegelwirkstoff
Hirudin
Blütenteil
Griffel, Perigon, Stempel
Blutgefäß
Arterie

Blutgefäßverstopfung
Embolie
Blutkrankheit
Anaemie, Leukose
blutunterlaufener Streifen
Strieme
Blutwurst (umgangssprachlich)
Blunzen
Bodenabtragung
Erosion
Bodenbelag
Fliesen, Parkett, Teppich
Bodenfläche
Flaeche
Bodenleben
Edaphon
Bodenschatz
Mineral
Bodenseehafen
Bregenz
Bogen
Biegung, Rundung
Bogengang
Arkaden
Bogenreihe
Arkaden
Bogensprung
Lancade
böhmischer Komponist
Smetana
böhmischer Königsname
Ottokar
böhmisches Bier
Pilsner
Bohnenkraut
Saturei
bolivianischer Berg
Illampu
bolivianischer Politiker
Bolivar
Bolle
Zwiebel
Bollwerk
Bastion, Schanze
bolschewistischer Führer
Trotzki
bombastisch
pompoes
Bonbon
Praline, Zuckerl
Bonus
Praemie
Bootsanlegestelle
Bruecke
Bootsart
Einbaum, Pinasse
Bootsgast
Matrose
Bootsrennen
Regatta
Bootssportler
Ruderer
Bootsteil
Schwert
Borg
Anleihe
Born
Brunnen
Börsenpapier
Einlage, Wechsel
Borste
Stachel
Borstentier
Schwein, Wildsau
borstig
struppig
Borusse
Preusse
bösartig
maligne
bösartige Geschwulst
Melanom
böse
boshaft, garstig, ruchlos, schlimm
böses Weib
Megaere
boshaftes Necken
aergern
Bosheit
Infamie, Unwille
botanischer Begriff
Ableger, Aussaat, Flechte, Griffel, Lamelle, Schuppe, Spindel, Stachel, Stempel, Stengel, Strauch, Zwiebel
Bote
Abholer
Botschaft
Meldung, Mission
Botschafter
Nuntius
Botschafter des Papstes
Nuntius
Botschaftsangehöriger
Attaché
Boxausdruck
Auslage, Bandage, Infight
Boykott
Embargo
Brache
Oedland
Branchenkenner
Experte, Insider
Brand
Nekrose
brandmarken
aechten
Branntwein
Absinth, Aquavit, Genever, Kuemmel, Schnaps, Trester, Whiskey
brasilianische Goldmünze
Milreis
brasilianische Insel
São Paul
brasilianische Währung
Centavo, Milreis
brasilianischer Indianerstamm
Goajiro, Guarani, Kariben
brasilianischer Mischling
Caboclo
brasilianischer Modetanz
Lambada
brasilianischer Schriftsteller
Alencar
Bratenstück
Roulade
Brauchbarkeit
Eignung
Brauereianlage
Sudhaus
Brauereiberuf
Maelzer
Brauereiprodukt
Altbier
Braumischung
Maische
Braunalgen
Seetang
Braunkohlenprodukt
Brikett
Braunschweiger Sehenswürdigkeit
Rathaus
Brause
Sprudel
brausen
tuschen
Brautschaft
Mitgift
Brautschau
Werbung
brav
folgsam, fuegsam
Brechruhr
Cholera
breiartiges Gericht
Gruetze
breites Kopfkissen
Pfulmen
Breitling
Sprotte
Brennöl
Kerosin
Brennstoff
Brikett, Heizoel, Kerosin
Bretterbau
Baracke
Brettspiel
Eckdame, Malefiz
Brief
Billett, Epistel, Urkunde

Brief der Apostel
Epistel
Brillant
Diamant
Brille
Binokel, Einglas, Klemmer, Kneifer, Lorgnon, Monokel, Zwicker
Brillenfachmann
Optiker
Brillenform
Kneifer, Zwicker
Brise
Seewind
Britannien
England
Brosame
Kruemel
Brosche
Agraffe
Brot rösten
toasten
Brotform
Stollen
Brothersteller
Baecker
Brotkrümel
Broesel, Brosame, Kruemel
Brotröster
Toaster
Bruch
Fraktur
Bruchschrift
Fraktur
Bruchstück
Scherbe
Bruchteil
Drittel
Brücke
Kontakt, Teppich, Viadukt
Bruder *von* **Gretel** (Märchen)
Haensel
Bruder *von* **Martha und Maria**
Lazarus
Bruder *von* **Remus**
Romulus
brüllen (Hirsch)
roehren
brüsk
schroff
Brustharnisch
Kuerass
Buch *des* **Alten Testaments**
Nehemia
Buch *des* **Pentateuch**
Genesis
Buch *der* **Psalmen**
Psalter
Buchabschnitt
Kapitel
Buchart
Lexikon
Buchausgabe
Edition
Buchbinderleinen
Buckram
Buchdruckerei
Offizin
Bücher herausgeben
edieren
Bücherverzeichnis
Katalog
Buchführungsbegriff
Ausgabe, Verlust
Buchhülle
Einband
Buchprüfer
Revisor
Buchseiten vor Textbeginn
Titelei
Buchspalte
Kolumne
Buchstabenrechnung
Algebra
Buchstabenverbindung
Ligatur
Bucht des Atlantiks
Biskaya
Buchteil
Titelei, Vorsatz, Vorwort
Buckel
Hoecker, Ruecken
Buddel
Flasche
Buddhas indischer Name
Gautama
buddhistisches Endziel
Nirwana
Büffel
Buffalo, Kerabau, Mindoro
Buffo
Komiker, Saenger
Buhle
Hetaere
buhlend
werbend
Bühnenbild
Kulisse
Bühnendekoration
Kulisse
Bühnenhaus
Theater
Bühnenschiebewand
Kulisse
Bühnenstück
Musical
Bühnentanz
Ballett
Bukett
Gebinde, Strauss
bulgarischer Berg
Mussala, Perelik
bulgarisches Gebirge
Rhodope, Witosch
Bulle
Urkunde
Bulletin
Bericht
Bummler
Flaneur
Bund
Buendel, Kartell, Liaison, Verband, Vertrag
Bundestrainer des Deutschen Fußballbundes
Derwall
Bündnis
Allianz, Entente
bunt
lebhaft
Buntmetall
Messing
Bürde
Ballast, Pflicht
Burenführer
Krueger
Burg
Festung, Kastell
Burg *in* **Frankreich**
Falaise, Grignan
Burg *in* **Italien**
Canossa, Capitol, Kapitol
Burg *am* **Rhein**
Lahneck, Nolling
Burg *von* **Rom**
Kapitol
Burg *an der* **Saale**
Saaleck
Burg *in der* **Schweiz**
Sargans
Burg *in* **Spanien**
Alcazar, Alkazar, Granada, San Juan
Burg *in* **Thüringen**
Saaleck
Bürgermeister
Schulze
Bürgersteig
Fussweg
Bürgschaft
Gewaehr, Haftung, Kaution
Burgunderkönig
Gunther
Burgunderwein
Chablis, Fleurie, Pommard
burlesk
spassig
Burleske
Schwank
Büro
Kanzlei
Büro eines Rechtsanwalts
Kanzlei

Busch
Strauch
Buschmesser
Machete
Buschwald
Macchia
Buschwindröschen
Anemone
Busenfreund
Intimus
Buße
Auflage
Bußübung
Einkehr
Bütte
Bottich
Büttel
Scherge
byzantinischer Feldherr
Belisar
byzantinischer Kaiser
Balduin, Michael, Romanos

C

Cab
Kutsche
Campingfahrzeug
Caravan
Campinggegenstand
Seesack
CDU-Politiker
Dregger
Champion
Favorit, Meister
Chanson
Couplet
Charakter
Merkmal
Charaktereigenschaft
Ehrgeiz, Neugier
Charakteristik
Merkmal
charakteristisch
typisch
charmant
anmutig, reizend
Charta
Urkunde
Chaussee
Strasse
Chef
Inhaber, Meister
chemische Flüssigkeiten
Saeuren
chemische Untersuchung
Analyse
chemische Verbindung
Nitrose
chemischer Abkömmling
Derivat
chemischer Begriff
Albumin, Aldehyd, Alkohol, Amalgam, Analyse, Arsenik, Chlorat, Chlorid, Element, Energie, Fluorid, Fluorit, Gaerung, Gemenge, Graphit, Halogen, Isopren, Kalorie, Kolloid, Loesung, Nitrose, Nuklein, Pipette, Reagenz, Salmiak, Silikat
chemischer Grundstoff
Element
chemischer Salzbildner
Halogen
chemischer Zusatz
Additiv
chemisches Element
Antimon, Caesium, Gallium, Hafnium, Holmium, Iridium, Kadmium, Kalzium, Krypton, Lanthan, Lithium, Natrium, Rhenium, Rhodium, Terbium, Thorium, Wolfram, Yttrium
chemisches Experimentiergefäß
Retorte
chemisches Prüfmittel
Reagenz
chemisches Reagenz
Lackmus
Cheruskerfürst
Hermann
Chiffre
Zeichen
chilenische Autorin
Allende
chilenische Dichterin
Mistral
chilenische Insel
Campana, Hanover, Rapanui
chilenische Münze
Centavo
chilenische Währung
Centavo
chilenische Wüste
Atacama
chilenischer Nobelpreisträger für Literatur
Mistral
chilenischer Politiker
Allende
chilenisches Ausfuhrprodukt
Bleierz
chinesische Insel
Formosa
chinesischer Kaiser
Kiaking
chinesischer Lyriker
Li Taipo
chinesischer Philosoph
Mengtse, Tschu Hi
chinesischer Schriftsteller
Li Taipo
chinesischer See
Kukunor
chinesisches Gewichtsmaß
Tschang, Tsching
chinesisches Längenmaß
Tschang
chinesisches Nahrungsmittel
Trepang
Chip
Bauteil
chlorsaures Salz
Chlorat
Chlorverbindung
Chlorat, Chlorid, Chlorit
Chorsänger
Chorist
Chorschranke
Lettner
Chorwerk
Kantate, Passion
Chrisam
Salboel
Christbaumschmuck
Lametta
christlicher Feiertag
Busstag, Firmung
Christus
Heiland, Messias
Chronik
Annalen, Bericht
chronisch
dauernd
City
Zentrum
Clown
Bajazzo, Pierrot
Coach
Kajuete, Trainer
Cocktail
Cobbler, Collins, Eggnogg
Combo
Kapelle
Comicfigur
Asterix
Comichund
Struppi
Computersprache
FORTRAN
computertechnischer Begriff
Display, Drop-out
Conférencier
Ansager
Couplet
Chanson
Courage
Schneid

couragiert
beherzt
Cowboyhut
Stetson
Cut
Gehrock

D

da
zugegen
Dachboden
Soeller
Dachdeckmaterial
Eternit
Dachdichtungsart
Teerung
Dachrinne
Kaennel
Dachstuhl
Gebaelk
daheim
zu Hause
Dakapo (Mehrzahl)
Zugaben
dalmatinische Hafenstadt
Cattaro
dalmatinische Insel
Korcula, Lastovo
dalmatinische Stadt
Sibenik
damals
dazumal, frueher, vormals, weiland
Damenhut
Topfhut
Damenmantel
Paletot
Damenschuh
Sandale, Slipper
Damenunterkleidung
Bustier, Dessous, Korsett
Damenzimmer
Boudoir
Dämon
Ungeist
Dampfdruck
Tension
Dampfer
Steamer
Dämpfer der Geige
Sordine, Sordino
Dampfschiff
Dampfer, Steamer
Dandy
Angeber
Dänemark in der Landessprache
Danmark
dänische Hafenstadt
Aalborg, Esbjerg, Korsoer
dänische Insel in der Ostsee
Falster, Laaland, Lolland, Seeland
dänische Schauspielerin
Nielsen
dänischer Chemiker
Thomsen
dänischer Königsname
Godfred
dänischer Mediziner
Fibiger
dänischer Nobelpreisträger für Medizin
Fibiger
dänischer Politiker
Brandes
dänischer Schriftsteller
Brandes, Heiberg, Holberg, Lauesen, Sibbern
dänisches Parlament
Rigsdag
Danziger Sehenswürdigkeit
Krantor
Darbietung
Vortrag
Darlegung
Entwurf, Exposee
Darlehen
Anleihe
Darsteller
Statist
Darstellung
Graphik, Plastik
darum
deshalb
das erste Buch Mose
Genesis
das Meer betreffend
maritim
das Seewesen betreffend
maritim
Dauer
Bestand
dauerhaft
durabel, haltbar
Davids Frau
Abigail
Davids Gegner
Goliath
Davids Sohn
Absalom, Salomon
Debakel
Konkurs
Debütant
Neuling
Deckelbehälter
Buechse, Schrein
Deckmantel
Tarnung
defekt
entzwei
Defekt
Schaden
Defizit
Verlust
Degenbehälter
Scheide
Degeneration
Abstieg, Verfall
Degensportler
Fechter
dehnbar
biegsam
dehnbares Gewebe
Elastik, Stretch
Dehnung
Tension
Dekadenz
Verfall
Dekan
Dechant
Deklamation
Vortrag
Deklination
Beugung
Dekor
Schmuck, Zierrat
Dekoration
Kulisse
Delfinart (Delphinart)
Zahnwal
demnächst
alsbald
Demontage
Abbruch
demütig
ergeben
demzufolge
demnach
den Atomkern betreffend
nuklear
Denkart
Ansicht, Meinung
denkrichtig
logisch
Denksportaufgabe
Raetsel
denkwürdig
epochal
Denkzettel
Verweis
Denunziant
Spitzel
Departement in Frankreich
Ardèche, Aveyron, Bas-Rhin, Belfort, Corrèze, Gironde, Herault, Mayenne, Moselle
Depot
Bahnhof, Einlage, Filiale
der hundertste Teil
Prozent

der nach dem Zweiten
Dritter
der Stille Ozean
Pazifik
derber Mensch
Grobian
derbkomisches Lustspiel
Schwank
Desaster
Unstern
deshalb
dadurch
Design
Entwurf
Desinfektionsmittel
Alkohol, Kreosot
Desperado
Raeuber
Dessert
Kompott, Pudding
Dessertwein
Madeira, Marsala, Tokaier
Dessin
Entwurf, Vorlage
Dessous
Waesche
Destillationsgefäß
Retorte
Destillationsprodukt
Alkohol
Deutlichkeit
Drastik, Evidenz
deutsche Bezeichnung für Adjektiv
Beiwort
deutsche Bucht
Dollart
deutsche Großstadt
Bottrop, Dresden, Hamburg, Koblenz, Krefeld, Leipzig, Luebeck, Potsdam, Rostock, Zwickau
deutsche Hafenstadt
Hamburg, Luebeck, Rostock
deutsche Kabarettistin
Herking, Lorentz, Waldoff
deutsche Kaiserin
Augusta
deutsche Landeshauptstadt
Dresden, Hamburg, Potsdam
deutsche Landschaft
Allgaeu, Altmark, Bauland, Emsland, Ermland, Franken, Hellweg, Kurmark, Lausitz, Linzgau, Maifeld, Masuren, Neumark, Ortenau, Pommern, Sachsen, Samland, Schwalm, Wagrien
deutsche Malerin
Muenter
deutsche Münze
Dukaten, Kreuzer, Pfennig
deutsche Nordseeinsel
Baltrum, Neuwerk
deutsche Ostseeinsel
Fehmarn
deutsche Sagengestalt
Gunther, Lorelei, Wieland
deutsche Schauspielerin
Dagover, Koczian, Peitsch, Riemann, Schmitz, Valente, Wessely, Ziemann
deutsche Schrift
Fraktur
deutsche Schriftstellerin
Seghers
deutsche Universitätsstadt
Bamberg, Giessen, Hamburg, Leipzig, Marburg, Rostock
deutscher Adelstitel
Baronin, Graefin, Komtess
deutscher Admiral
Canaris, Doenitz, Tirpitz
deutscher Arzt
Behring, Ehrlich, Virchow, Warburg, Windaus
deutscher Atomforscher
Ardenne
deutscher Automobilpionier
Daimler
deutscher Badeort
Aibling, Berneck, Doberan, Homburg, Nauheim, Pyrmont, Teinach, Waldsee, Wimpfen, Wurzach
deutscher Berg, Gebirge
Belchen, Brocken, Deister, Heuberg, Kniebis, Solling
deutscher Bildhauer
Barlach
deutscher Binnensee
Mueritz, Titisee, Wannsee
deutscher Bundeskanzler
Schmidt
deutscher Chemiker
Balling, Behring, Bergius, Buchner, Classen, Clusius, Curtius, Fischer, Geitner, Hofmann, Lambert, Landolt, Lepsius, Martius, Ostwald, Wallach, Wieland, Woehler
deutscher Dirigent
Karajan, Strauss
deutscher Erfinder
Daimler, Henlein, Junkers, Leipniz, Litfass, Schwarz, Siemens
deutscher Fußballspieler
Briegel, Hoeness, Moeller, Morlock, Mueller, Overath, Voeller
deutscher Geograph
Wegener
deutscher Germanist
Gundolf
deutscher Herrschername
Leopold, Philipp, Wilhelm
deutscher Historiker
Droysen, Gundolf, Leibniz, Lessing, Mommsen, Niebuhr
deutscher Humanist
Neander, Sabinus, Schedel
deutscher Humorist
Erhardt
deutscher Ingenieur
Daimler, Siemens
deutscher Jugendschriftsteller
Karl May
deutscher Komponist
Blacher, Distler, Fortner, Haendel, Hassler, Hoeffer, Krieger, Nicolai, Pepping, Raymond, Reimann, Reutter, Scheidt, Schuetz, Silcher, Stamitz, Strauss, Walther
deutscher Maler
Corinth, Cranach, Holbein, Richter, Slevogt
deutscher Mathematiker
Clepsch, Hilbert, Leibniz, Riemann
deutscher Naturheilkundiger
Schroth
deutscher Nobelpreisträger für Chemie
Bergius, Fischer, Ostwald
deutscher Nobelpreisträger für Literatur
Mommsen
deutscher Nobelpreisträger für Medizin
Behring, Ehrlich, Sakmann
deutscher Pädagoge
Basedow, Flitner, Froebel, Herbart, Steiner, Suevern, Wyneken
deutscher Philosoph
Dilthey, Dingler, Driesch, Fechner, Fischer, Gadamer, Haeckel, Herbart, Husserl, Jaspers, Lambert, Leibniz, Lessing, Rickert, Scheler, Strauss

7

deutscher Physiker
Ardenne, Clusius, Fechner, Gerlach, Hittorf, Karolus, Wehnelt
deutscher Politiker
Caprivi, Naumann, Schmidt, Strauss
deutscher Raketenforscher
Saenger
deutscher Rechtslehrer
Ihering
deutscher Regisseur
Hilpert, Ophuels, Staudte, Stemmle
deutscher Reichskanzler
Caprivi, Mueller
deutscher Schauspieler
Borsche, Deltgen, Deutsch, Durieux, Eggerth, Fischer, Forster, Fritsch, Gebuehr, Girardi, Gutwell, Herking, Huebner, Iffland, Kampers, Kieling, Klinger, Kortner, Krueger, Kurrent, Leibelt, Liedtke, Minetti, Mueller, Paulsen, Regnier, Richter, Roberts, Schroth, Sebaldt, Steppat, Theimer, Ullrich, Valetti, Wegener
deutscher Schriftsteller
Doeblin, Fallada, Fleming, Fontane, Gellert, Goerres, Klabund, Lessing, Luserke, Nossack, Novalis, Vischer, Vulpius, Wichert
deutscher Theologe
Ritschl, Wichern
deutscher Volksstamm
Franken, Friesen, Pommern, Sachsen
deutsches Alpenvorland
Allgaeu
deutsches Bundesland
Hamburg, Sachsen
deutsches Flächenmaß
Tagwerk
deutsches Fürstenhaus
Staufer
deutsches Kartenspiel
Canasta
deutsches Weinbaugebiet
Franken
devot
ergeben
diakritisches Zeichen
Cedille
Dialekt
Mundart, Sprache
Dialog
Debatte
dicht
kompakt
dicht anliegend
hauteng
Dichter
Lyriker
dichterisch
lyrisch
Dichterross
Pegasos, Pegasus
Dichtersitz
Parnass
Dichtung
Ballade, Gedicht, Legende, Novelle, Romanze, Schwank
Dichtung Homers
Odyssee
Dichtungsmaterial
Silikon
dick
beleibt, fuellig
Dickdarmentzündung
Colitis, Kolitis
dicker Farbauftrag
Impasto
dickes Buch
Waelzer
Dickfelligkeit
Phlegma
dickflüssige Absonderung
Schleim
Dickhäuter
Elefant, Nashorn
die Neue Welt
Amerika
die Fixsterne betreffend
stellar
Diebstahl
Plagiat
Diele
Vorraum
Diener
Bursche, Famulus
Dienerschaft
Gesinde
Dienst
Einsatz, Pflicht, Service
Dienstanzug
Uniform
Dienstbereich
Ressort
Dienstflagge am Auto
Stander
Dienstgrad bei der Bundeswehr
General
Dienstkleidung
Uniform
Dienstleistung
Service
Dienstraum eines Anwalts
Kanzlei
Dienstschwur
Amtseid
Dienststelle
Kanzlei
dienstuntauglich
invalid
diesig
dunstig
Differenz
Abstand
Dilemma
Notlage
Dilettant
Amateur
Dimension
Bereich, Groesse
Ding
Koerper
Diplom
Urkunde, Zeugnis
Diplomat
Attaché, Nuntius
diplomatische Vertretung
Mission
Diplomlandwirt
Agronom
Direktion
Leitung
Direktive
Weisung
Dirne
Hetaere, Kokotte
Disharmonie
Misston
Diskont
Vorzins
Diskussion
Debatte
Disposition
Entwurf, Planung, Zustand
Distanz
Abstand
Distrikt
Bereich
Disziplin
Ordnung, Strenge
Dividend
Zaehler
Division
Teilung
doch
dennoch
Dokument
Urkunde
Dokumentarbericht
Feature
Dolch
Stilett
Doldengewächs
Fenchel
Domizil
Wohnung

Doppelehe
Bigamie
Doppelkontinent
Amerika
Doppelreihe als Ehrengasse
Spalier
Doppelzug beim Schach
Rochade
Dose
Buechse
Dossier
Buendel
Dotation
Mitgift
Drachenviereck
Deltoid
Dragée, Dragee
Konfekt
Drall
Drehung, Torsion, Windung
dramatisches Gedicht
Ballade
Dramengestalt *bei* **Shakespeare**
Macbeth, Othello
Drang
Ehrgeiz, Streben
drastisch
wirksam
Draufgängertum
Schneid
Dreck
Schlamm, Schmutz
Drehkörper
Kreisel
Drehpunkt
Zentrum
Drehung
Wendung
drei Musikanten
Terzett
dreieckige Flagge
Stander
dreieckiges Vorsegel
Kluever
Dreiecksseite
Kathete
Dreikäsehoch
Steppke
Dreiklangtrompete
Fanfare
dreistellige Zahl
Hundert
Dreizack
Trident
Dresche
Pruegel
Dresdener Bauwerk
Zwinger
Drill
Schliff
dringend
wichtig
dröge
trocken
drohender Rat
Warnung
drollig
skurril
drolliger Mensch
Urviech
druckausübende Maschinen
Pressen
Druckerei
Offizin
Druckerzeugnis
Annalen, Chronik, Journal, Katalog, Lexikon, Magazin, Traktat, Zeitung
Druckfehler
Erratum
Druckspalte
Kolumne
drucktechnischer Begriff
Affiche, Andruck, Anzeige, Auflage, Ausgabe, Buckram, Edition, Einband, Feature, Fraktur, Geviert, Initial, Inserat, Kapitel, Kolumne, Konzept, Kurrent, Legende, Ligatur, Matrize, Meldung, Negativ, Positiv, Spiegel, Titelei, Umbruch, Umdruck, Vorsatz
drucktechnisches Gerät
Tenakel
Dudelsack
Musette
Duftstoff
Juchten, Kumarin, Moschus, Parfuem
dumm
stupide
dummes Zeug
Nonsens, Quatsch
Dummheit
Torheit
Dummkopf
Toelpel, Trottel
Düngemittel
Kompost
dunkel
duester, finster, schwarz
Dünkel
Hochmut
dunkelhäutiger Mensch
Negride
dünn
schwach
dünne Schicht aus flüssigem Fett
Oelfilm
dünner Kalkanstrich
Tuenche
dünnes Blättchen
Lamelle
dünnes Edelholzblatt
Furnier
dünnes Gewebe
Chiffon, Organdy
dünnes Kontaktblättchen
Lamelle
dünnes Röhrchen
Kanuele
durch die Nase sprechen
naeseln
durchaus
absolut, partout
Durchblick im Brett
Astloch
Durchfahrt
Passage
Durchfuhr von Waren
Transit
Durchgang
Passage, Stechen, Transit
durchgehend
dauernd
durchlässig
undicht
Durchmesser
Kaliber
durchscheinend
diaphan
durchsichtiges Gewebe
Bobinet
dürftig
mickrig
dürr
trocken
düster
finster
Dynamik
Schwung
dynamisch
lebhaft
Dynastie *in* **England**
Windsor
Dynastie *in* **Frankreich**
Bourbon, Orléans
Dynastie *in* **Italien**
Savoyen
Dynastie *in den* **Niederlanden**
Oranien
Dynastie *in* **Russland**
Romanow

E

ebenbürtig
wuerdig
Ebene
Flaeche

ebenso
genauso, unisono
Echo
Anklang
echt
ehrlich, primaer, typisch
Ecke
Eckball
Eckzahn des Keilers
Haderer
Eckzahn des Rotwildes
Grandel
edel
erlesen, kostbar, vornehm
Edelgas
Krypton
Edelmann
Adliger
Edelmetall
Iridium, Rhodium
Edelmetallart
Altgold
Edelpelz
Seehund
Edelstein
Diamant, Fluorit, Karneol, Lasurit, Melanit, Nephrit, Peridot, Smaragd, Spinell, Tuerkis
Edition
Ausgabe
EDV-Begriff
Numerik
EDV-Sichtgerät
Display
Effekt
Wirkung
effektiv
lohnend, wirksam
ehemalig
frueher
ehemalige japanische Adlige
Samurai
ehemalige portugiesische Münze
Milreis
ehemalige Schulklasse
Sekunda
ehemalige spanische Goldmünze
Dublone
ehemalige spanische Hochadlige
Granden
ehemaliger Bundes-kanzler
Kreisky
ehemaliger deutscher Landsmann
Preusse
ehemaliger Modetanz
Letkiss
ehemaliger Name von Benin
Dahomey
ehemaliger Name von Iran
Persien
ehemaliger Papstpalast
Lateran
ehemaliger Schirenn-fahrer
Klammer, Schranz
ehemaliger sowjetischer Minister
Gromyko
ehemaliger US-Präsident
Clinton, Kennedy
ehemals
dazumal, frueher
Ehepaar mit Kindern
Familie
eher
frueher
Eheschließung
Trauung
Eheverfehlung
Untreue
Ehrabschneidung
Rufmord
ehrbar
honorig
Ehrenbrief
Urkunde
Ehrengasse
Spalier
Ehrengeleit
Eskorte
Ehrenstrafe im Mittelalter
Pranger
Ehrentitel
Eminenz, Senator
Ehrenvorstellung
Benefiz
ehrenwert
achtbar
Ehrerbietung
Achtung, Honneur, Respekt
Ehrfurcht
Achtung, Pietaet, Respekt
Ehrgeiz
Streben
ehrgeiziger Mensch
Streber
Ehrgeizling
Streber
ehrlich
redlich
Ehrloser
Schurke
Ehrlosigkeit
Infamie, Schande, Schimpf
Ehrung
Lobrede
ehrwürdige alte Frau
Matrone
ehrwürdiger alter Mann
Padrone
Eibisch
Althaea
Eidbruch
Meineid
Eierauflauf
Soufflé
Eierkuchen
Omelett
Eierspeise
Omelett, Ruehrei
eigenartig
ominoes, seltsam
eigengesetzlich
autonom
Eigenname Buddhas
Gautama
Eigenname *einer* **italieni-schen Stadt**
Firenze
Eigenschaft
Merkmal
eigensinnig
trotzig
eigenständig
autonom
Eigentum
Kapital
Eigentümer
Inhaber
Eiklar
Eiweiss
ein Asiat
Siamese
ein Tagfalter
Admiral
Einbildung
Duenkel, Hochmut
Einbrecher
Raeuber
Einbuße
Schaden, Verlust
Eindruck
Wirkung
eindrucksvoll
wirksam
eine Anmeldung zurück-ziehen
absagen
eine *der* **Erinnyen**
Megaere
eine Mahlzeit
Eintopf
eine *der* **Musen**
Eunomia, Euterpe
einen Baum absägen
faellen
einen Hund scheren
trimmen

einen Motor in Gang setzen
starten
einer *der* Erzengel
Gabriel, Raphael
einfache Mahlzeit
Eintopf
einfacher Eiweißkörper
Protein
einfacher Holzbau
Baracke
einfacher Schuppen
Baracke
einfaches Boot
Einbaum
einfaches Segelflugzeug
Gleiter
einfaches Wort
Simplex
Einfahrt
Ankunft, Landung
Einfall
Gedanke
einfallsreich
gewitzt, pfiffig
einfältiger Mensch
Trottel
Einfaltspinsel
Toelpel, Trottel
Einfluss
Geltung, Wirkung
einförmig
farblos, monoton, reizlos, uniform
einförmige Aufzählung
Litanei
Einführung
Vorrede, Vorwort
Eingang
Empfang
Eingebildetheit
Duenkel
eingebügelte Falte
Plissee
Eingebung
Einfall, Gedanke
eingeschränkt
bedingt
Eingeweide
Gedaerm
Eingeweide vom Tier
Gedaerm, Kutteln
eingezäunter Auslauf für Hunde
Zwinger
Einglas
Monokel
einheimische Getreidesorte
Einkorn
einheimische Orchidee
Ragwurz
einheitlich
genormt, homogen, uniform
einig
konform
einige
diverse, etliche, mehrere
einjährig
annuell
Einklang
Unisono
Einkommen
Bezuege, Diaeten, Entgelt, Honorar, Pension, Revenue
Einlage im Füllfederhalter
Patrone
Einlasskarte
Ausweis, Billett
Einleitung
Vorrede, Vorwort
einleuchtend
evident
einnehmen
erobern
einprägsam
markant
Einreibemittel
Tinktur
Einrichtungsgegenstand
Bruecke, Eckbank, Kanapee, Laeufer, Schrank, Teppich, Vertiko, Vitrine, Vorhang
einsame Gegend
Einoede
Einschätzung
Wertung
einschließlich
mitsamt
Einschnitt
Scharte
Einschränkung
Einwand
Einspänner
Dogcart
Einspruch
Einrede, Protest
einst
ehemals, frueher
Einsteckpflock
Pfosten
einstimmig
unisono
einstöckiges Gebäude
Baracke
einteiliger Schutzanzug
Overall
Einteilungsbegriff
Familie, Gattung, Ordnung
eintönige Musik
Gedudel
eintöniges Gerede
Geleier, Litanei
Eintracht
Frieden
einträglich
lohnend
Eintreffen
Ankunft, Landung
Eintrittskarte
Billett
Einverständnis
Konsens
Einwand
Einrede
einwandfrei
astrein, korrekt
Einwohner
Buerger
Einwohner *eines* Nahoststaats
Israeli
einzeln
separat
Einzelraum
Separee
Einziehen von Geld
Inkasso
einziger englischer Papst
Hadrian
einziger polnischer Papst
Wojtyla
Eisenabfälle
Schrott
Eisenbahner
Bremser
Eisenbahnfähre
Trajekt
eisenbahntechnischer Begriff
Abfahrt, Ankunft, Bahnhof, Express, Fernzug, Geleise, Schiene, Station, Strecke
Eisenerz
Minette, Siderit
Eisenkraut
Verbena, Verbene
Eisenspat
Siderit
Eisheiliger
Bonifaz, Pankraz
Eishockeyspielabschnitt
Drittel
Eishockeystrafstoß
Penalty
eisiger Überzug
Raureif
Eiskunstlauffigur
Flieger, Libelle, Spirale
Eiskunstlaufsprung
Salchow, Toeloop
Eiskunstlaufwettbewerb
Eistanz, Pflicht

Eisschießen
Bosseln, Curling
Eisscholle
Packeis
Eiszeitalter
Glazial
eiszeitlich
glazial
Eiteransammlung
Abszess
Eitergeschwür
Abszess
eitler Selbstbewunderer
Narziss
Eiweißbaustein im Muskel
Kreatin
Eiweißkörper
Albumen, Albumin, Keratin, Nuklein, Proteid, Protein
Ekel
Abscheu, Grausen
Eklat
Skandal
eklig
garstig
Ekzem
Flechte
Elan
Dynamik, Schwung
elastisch
dehnbar
elastisches Bindegewebe
Knorpel
elastisches Gewebe
Stretch
Elbhafen
Hamburg
Elefantenkörperteil
Ruessel
elegant
erlesen, modisch, mondaen, vornehm
elegante Kutsche
Karosse
elegantes Damenzimmer
Boudoir
Elektras Bruder
Orestes
elektrisch leitende Stoffgruppe
Metalle
elektrische Leiterplatte
Platine
elektrische Schutzeinrichtung
Automat
elektrischer Anschluss
Kontakt, Stecker
elektrischer Minuspol
Kathode
elektrischer Pol
Kathode
elektrischer Stromerzeuger
Turbine
elektrisches Anschlussteil
Stecker
elektrisches Messgerät
Zaehler
elektrisches Röstgerät
Toaster
Elektrode
Kathode
elektronisches Lesegerät
Scanner
Element
Urstoff
elementar
einfach
Elementarlehrbuch
ABC-Buch
Elementarteilchen
Hyperon, Neutron, Nukleon
Elend
Notlage
Elfenkönigin
Titania
Elite
Auslese, Auswahl
Eloge
Lobrede
Elritze
Pfrelle, Pfrille
elsässischer Gelehrter
Lambert
Eltern mit Kindern
Familie
Embargo
Boykott
Emblem
Kokarde
Emirat am Persischen Golf
Bahrain
Emotion
Gefuehl
Empfang
Audienz
empfänglich
geneigt
Empfangsgebäude
Bahnhof
Empfehlung
Angebot, Hinweis
empfindlich
reizbar
Empfindung
Gefuehl
Empore
Galerie
emsig
rastlos, ruehrig
Ende
Schluss
Endkampf im Sport
Stechen
endloses Gerede
Gelaber, Palaver
Endpunkt
Schluss
Endstriche für Antiquaschriften
Serifen
Energiemenge
Quantum
energisch
resolut
enge Verbindung
Liaeson, Liaison
Engelwurz
Theriak
enger Vertrauter
Intimus
engherzig
penibel
englisch für Dampfer
steamer
englisch für Eingeweihter
insider
englisch für Flughafen
airport
englisch für Hauptmann
captain
englisch für Information
message
englisch für Irland
Ireland
englisch für Kämpfer
fighter
englisch für Krabben
shrimps
englisch für Landhaus
cottage
englisch für Liebling
darling
englisch für Luftpost
airmail
englisch für Nachricht
message
englisch für Oberst
colonel
englisch für Wochenende
weekend
englische Dynastie
Windsor
englische Grafschaft
Bedford, Denbigh, Heshire, Lincoln, Norfolk, Rutland, Suffolk, Warwick
englische Hunderasse
Mastiff
englische Insel
Bardsey
englische Käsesorte
Chester
englische Popgruppe
Beatles

englische Schauspielerin
Hepburn
englischer Adelstitel
Baronet, Duchess
englischer Afrikaforscher
Stanley
englischer Bakteriologe
Fleming
englischer Berg
Snowdon
englischer Bildhauer
Epstein
englischer Bischof
Beckett
englischer Dramenkönig
Richard
englischer Erfinder
Faraday
englischer Filmkomiker
Chaplin
englischer Komponist
Britten, Purcell
englischer Maler
Hogarth
englischer Mathematiker
Russell, William
englischer Nobelpreisträger für Chemie
Haworth, Kendrew, Norrish
englischer Nobelpreisträger für Frieden
Boyd-Orr
englischer Nobelpreisträger für Literatur
Golding, Kipling, Russell
englischer Nobelpreisträger für Medizin
Fleming, Hodgkin, Hopkins, Medawar, Wilkins
englischer Nobelpreisträger für Physik
Thomson
englischer Philosoph
Russell, Spencer, Toynbee
englischer Rassehund
Terrier
englischer Schauspieler
Chaplin, Olivier
englischer Schriftsteller
Addison, Bennett, Chapman, Chaucer, Dickens, Kipling, Maugham, Osborne, Raleigh, Ustinov, Wallace, Webster
englischer Seemann
Raleigh
englischer Staatsmann
Baldwin, Halifax
englischer Thronfolger
Charles
englisches Ballspiel
Kricket, Krocket

Engpass
Hohlweg
enorm
masslos
entartet
pervers
Entbindungshelferin
Hebamme
Entdecker *der* **Chloroformnarkose**
Simpson
Entdecker *des* **Diphtherieserums**
Behring
Entdecker *des* **Insulins**
Banting
Entdecker *des* **Penicillins**
Fleming
Entdecker *von* **Peru**
Pizarro
Entdecker *der* **Schilddrüsenkrankheit**
Basedow
Entdeckerin *der* **Kernspaltung**
Meitner
Entfernung
Abstand, Distanz
Entfernung des Inhaltes
Leerung
entgegen
zuwider
Entgegennahme
Empfang
Entgegnung
Antwort
Entgeld der Freiberufler
Honorar
Entgelt
Honorar
Entgleisung
Fauxpas
enthaltsam
maessig
enthülste Weizenkörner
Graupen
Entlassung
Weggang
Entleerungsrohr
Abfluss
Entmannter
Kastrat
entmutigt
verzagt
Entpflichtung
Dispens
Enträtselung
Loesung
Entrechteter
Outcast
Entrückung
Ekstase

entscheidend
dezisiv
entschieden
resolut
entschlossen
beherzt, gewillt, resolut, willens
Entschuldigungslüge
Ausrede, Vorwand
Entsetzen
Abscheu, Grausen, Schreck
entsetzliches Geschehen
Inferno
Entspannung
Détente
entsprechend
gemaess, homolog
Entsprechung
Pendant
Entstehungsgeschichte
Genesis
entweichen
fliehen
entwendet
geklaut
Entwicklungsabschnitt
Stadium
Entwicklungsbild beim Foto
Negativ
Entwicklungsrichtung
Tendenz
Entwicklungsstufe
Stadium
Entwurf
Aufriss, Konzept, Projekt
entzogenes Wohlwollen
Ungnade
Entzücken
Ekstase
entzückend
huebsch, reizend
Entzündung
Katarrh
Entzweiung
Teilung
Enzyklopädie
Lexikon
Enzym
Ferment
Epidemie
Aussatz, Cholera
Epigramm
Gedicht
Epiker
Dichter
epileptischer Anfall
Haut Mal
Epilog
Nachruf
episch-dramatisches Gedicht
Ballade

Epoche
Periode
Epode
Gedicht
Epos *der* **Antike**
Odyssee
Epos *von* **Homer**
Odyssee
Epos *von* **Klopstock**
Messias
Equipage
Kutsche
Erbarmen
Mitleid
Erbauer *des* **Panamakanals**
Lesseps
Erbauer *des* **Suezkanals**
Lesseps
Erbauungsschrift
Traktat
Erbbild
Genotyp
Erbbiologie
Genetik
Erbfolgeordnung
Majorat
Erbgesundheitslehre
Eugenik
Erdabtragung
Erosion
Erdachsenendpunkt
Nordpol, Suedpol
Erdalkalimetall
Calcium, Kalzium
Erdarbeiten
Tiefbau
Erdbebenkunde
Seismik
Erdbegleiter
Trabant
Erde
Scholle
Erdforscher
Geologe
Erdgeist
Alraune
Erdgeschichtler
Geologe
Erdichtung
Fiktion
Erdmesser
Geodaet
Erdöllagerstätte
Oelfeld
Erdölprodukt
Bitumen
Erdpech
Asphalt, Bitumen
Erdpol
Nordpol, Suedpol
Erdrauch
Fumaria
Erdteil
Amerika
Ereignis
Vorgang
Ereignisablauf
Hergang
Ereignisgrund
Ursache
Erfahrung
Empirie, Routine
Erfahrungslehre
Empirie
Erfinder *des* **Automobilmotors**
Daimler
Erfinder *der* **Blindenschrift**
Braille
Erfinder *der* **Chloroformnarkose**
Simpson
Erfinder *der* **Differenzialrechnung (Differentialrechnung)**
Leibniz
Erfinder *des* **Diphterieserums**
Behring
Erfinder *der* **Dynamomaschine**
Siemens
Erfinder *des* **Fernrohrs**
Galilei
Erfinder *des* **Funktelegrafen**
Marconi
Erfinder *der* **Pendeluhr**
Huygens
Erfinder *des* **Penicillins**
Fleming
Erfinder *der* **Plakatsäule**
Litfass
Erfinder *des* **Schießpulvers**
Schwarz
Erfinder *der* **Taschenuhr**
Henlein
Erfinder *des* **Tonfilms**
Masolle
Erfolg
Triumph, Wirkung
Erfolgsbuch
Reisser
Erfolgsfilm
Reisser
Erfrischungsgetränk
Sprudel
Erfrischungsstand
Eisbude
ergänzendes Gegenstück
Pendant
Ergänzung
Beigabe, Beiwerk, Pendant
ergeben
folgsam
Ergebnis
Loesung, Wirkung
Ergebung
Aufgabe
ergo
demnach
Ergreifung
Zugriff
erhaben
vornehm
Erhalt
Empfang
Erhebung
Umfrage
erhöhter Fußbodenteil
Estrade
erhöhter Platz
Estrade, Galerie
Erholungsort
Badeort, Heilbad
erinnernder Mahnruf
Memento
Erinnerung
Mahnung
Erinnerungsbauwerk
Denkmal
Erinnerungsbild
Engramm
Erinnerungsstätte
Denkmal, Mahnmal
Erinnerungstafel
Marterl
Erinnerungsverlust
Amnesie
Erinnye
Megaere
Erkältung
Katarrh
Erkennungszeichen
Merkmal
Erkennungsziffer
Chiffre
Erklärung
Deutung
Erklärung vor Gericht
Aussage
Erlass
Weisung
Erlaubnis haben
duerfen
erlesen
elegant, kostbar
Erleuchtung
Einfall
erlittener Schaden
Verlust
Erlös
Rendite
Erlöser
Heiland, Messias

Ermittlung
Enquete
ermüdend
monoton
ermüdet
schlapp
erneuerte Schuhsohle
Doppler
ernsthaft
serioes
Erntemonat
Ernting
Eroberer
Invasor
Eröffnung
Auftakt
Eröffnungsstück der Suite
Intrade
Erörterung
Debatte, Diskurs
Erörterung im Parlament
Debatte
Eroscenter
Bordell
Erprobung
Versuch
erregbar
reizbar
Erreger
Mikrobe
erregt
gereizt, unruhig
Erregung
Emotion
Errichter
Erbauer
Errichtung von Gebäuden
Hausbau
Ersatz
Reserve
Ersatzanspruch
Regress
Erschaffer
Kreator
Erscheinung
Phantom
Erscheinungsform
Habitus
Erschießungskommando
Peloton
Erschlaffung
Paresis
erschlossenes Areal
Bauland
Erschöpfungserscheinung
Apathie
erst
primaer
Erstattungsanspruch
Regress
Erstbesteiger des Mount Everest
Hillary

erste dreistellige Zahl
hundert
erste europäische Universität
Bologna
erster Januar
Neujahr
erster Kosmonaut
Gagarin
erster Stoß (Sport)
Anspiel
erster Wurf (Sport)
Anspiel
erstes Buch Mose
Genesis
Ertönen von Glocken
Laeuten
Ertrag
Rendite
ertragloser Boden
Oedland
Eruptivgestein
Porphyr
erwarteter Sieger
Favorit
erwerbsunfähig
invalid
Erwiderung
Antwort
erzählende Dichtung
Ballade, Legende, Novelle
Erzähler
Dichter
Erzählungsform
Parabel
Erzengel
Gabriel, Michael, Raphael
Erzeugnis
Artikel, Produkt
Erzieher
Vormund
erzieherische Härte
Strenge
Erziehung
Anstand
erzielter Effekt
Wirkung
Erzvater im Alten Testament
Abraham
Esaus Mutter
Rebekka
Esel
Langohr
Eselei
Torheit
Essay
Aufsatz, Versuch
essbare Dinge
Nahrung
essbare Pflanzen
Gemuese

essbare Tiereingeweide
Innerei, Kutteln
essbarer Stachelhäuter des Atlantiks
Seeigel
Essbedürfnis
Appetit
Essen
Nahrung
essenziell
wichtig
Essgerät
Besteck, Loeffel
Essgeräte für eine Person
Besteck
Essgeschirr
Terrine
Essraum in Betrieben
Kantine
estnische Hauptstadt
Tallinn
Estragon
Beifuss
Etablissement
Bordell
Etagere
Gestell
etliche
mehrere
Eulenspiegelei
Streich
Euphorie
Ekstase
Europäer
Albaner, Belgier, Bulgare, Grieche, Litauer, Rumaene, Schotte, Schwede, Slowake, Slowene, Spanier
europäische Atomforschungsgesellschaft
Euratom
europäische Hauptstadt
Belgrad
europäische Völkergruppe
Romanen
europäischer Gebirgszug
Apennin
europäischer Staat
Andorra, Belgien, Holland, Italien, Schweiz, Spanien, Vatikan
europäischer Ureinwohner
Germane
europäischer Zwergstaat
Andorra
europäisches Königreich
Belgien, Spanien
europäisches Meer
Nordsee

evangelische Christen
Unierte
ewig
zeitlos
exakt
praezis, sorgsam
Exempel
Aufgabe
existenzialistischer Philosoph
Jaspers
Exitus
Ableben, Sterben
exklusiv
vornehm
Exkursion
Ausflug
exotische Raubkatze
Leopard
exotischer Vogel
Papagei
Experiment
Versuch
Experimentiergefäß
Retorte
Experte
Koenner
explodieren
platzen
Explosion
Bersten, Krachen, Platzen
Explosivgeschoss
Torpedo
Explosivstoff
Melinit
Export
Ausfuhr
Exposee (Exposé)
Entwurf
Expräsident von Südafrika
Mandela
express
eiligst, schnell
exquisit
erlesen, kostbar
Extraraum im Lokal
Separee, Séparée
extrem
radikal

F

Fabelname *des* **Esels**
Langohr
Fabelname *des* **Fuchses**
Reineke
Fabelname *des* **Hahnes**
Henning
Fabelname *des* **Wolfes**
Isegrim
Fabeltier
Drachen, Einhorn, Werwolf
Fabelwesen
Kentaur, Phoenix, Zentaur
Fabrik
Betrieb
Fabrikat
Artikel, Produkt
Fabrikrestaurant
Kantine
Facharbeiter
Fraeser
Facharzt
Chirurg, Dentist, Urologe
Facharzt für Operationen
Chirurg
Fachbericht
Referat
Fachgebiet
Bereich, Ressort
Fachhilfe leisten
beraten
Fachmann
Experte, Koenner
fachmännisch
gekonnt
Fachmediziner
Urologe
Fachverkäufer
Drogist
Fachvortrag
Referat
fad-witziges Wortspiel
Kalauer
Fadenwurm
Aelchen
fähig
passend
Fahlheit
Blaesse, Bleiche
Fahrersitz im Flugzeug
Cockpit
Fahrgast
Insasse
Fahrgestell
Chassis
fahrig
nervoes, reizbar
Fahrkarte
Billett
Fahrradteil
Klingel, Speiche
Fahrspur von Zügen
Geleise
Fahrt
Ausflug
Fahrt *zum* **Zielort**
Anreise
Fährte
Abdruck
Fahrtenbuch für Schiffe
Logbuch
Fahrzeug *für* **Kinder**
Dreirad, Kettcar
Faible
Neigung
fair
ehrlich, redlich
Faktor
Umstand
Faktotum
Gehilfe
Fakultätsverwaltung
Dekanat
Falkenabrichter
Falkner
Falkenvogel
Habicht
Fall
Abstieg
Fall in die Tiefe
Absturz
Fallensteller
Trapper
Fallwind
Mistral
falsche Akazie
Robinie
falscher Eid
Meineid
falscher Glanz
Flitter
falscher Schwur
Meineid
Faltenbesatz
Ruesche
Faltenstoff
Plissee
Familienangehörige
Tochter
Famulus
Gehilfe
Fanal
Zeichen
Fanatiker
Eiferer
fanatisch
eifernd
Fangnetz
Kescher
Fantast
Utopist
Farbe
Couleur, Kolorit
Farbe *der* **Trauer**
Schwarz
Farbe
Schwarz, Tuerkis, Violett
Farbenbrett
Palette
Farbenmischbrett
Palette
farbenprächtiger Schmetterling
Admiral
farbenprächtiger Vogel
Papagei

Farbenzusatz
Leinoel
Farbgebung
Kolorit
farbiges Abzeichen
Kokarde
Farbkörper in der Haut
Pigment
farblos
reizlos
Farblosigkeit
Blaesse
Farbmischtafel
Palette
Farbschattierung
Toenung
Farbton
Weinrot
Färbung
Kolorit
Farbwirkung
Kolorit
Farce
Schwank
Farmer
Rancher, Siedler
Fasanenvogel
Rebhuhn
Faschingsfest
Gschnas
Faschingsgebäck
Krapfen
Fasson
Machart, Schnitt
Fassung
Version
Fassungsvermögen
Volumen
fast
beinahe
fast immer
zumeist
Fastenmonat der Moslems
Ramadan
fatal
schlimm
faul
muessig
Faulenzer
Gammler
fauler Witz
Kalauer
Faustfeuerwaffe
Pistole
Fayence
Tonware
Fazit
Wirkung
Feature
Bericht
Fechtausdruck
Ausfall, Rimesse, Riposte, Treffer
Fechtbahn
Planche
Fechtwaffe
Florett
Federbett
Plumeau, Tuchent
Federbusch
Panasch
Federhalter
Fueller
federnd
biegsam
Federvieh
Goessel, Kuecken
Federwild
Rebhuhn, Wachtel
Feeling
Gefuehl
Fehlbetrag
Defizit, Verlust
fehlerfrei
korrekt, richtig
fehlerhaft sprechen
lispeln
Fehlgeburt
Abortus
Fehltritt
Fauxpas
Feier
Festakt
feierlich
wuerdig
feierliche katholische Messe
Hochamt
feierliche Männerkleidung
Gehrock
feierliche Veranstaltung
Festakt
feierliche Verleihung einer Auszeichnung
Festakt
feierlicher Anlass
Festtag
feierlicher Empfang
Audienz
Feiertag
Festtag
feige
schwach
Feigenkaktus
Opuntie
feiges Ausweichen
Kneifen
fein
anmutig, delikat, elegant, huebsch, praezis, schlank, vornehm
fein gehacktes Fleisch
Haschee
fein gekleidet
elegant
fein regnen
nieseln
fein schmeckend
delikat
feindlicher Vorstoß
Angriff, Attacke
Feingebäck
Biskuit, Krapfen, Kringel, Makrone, Pastete
Feingeist
Aesthet
Feingemüse
Spargel
Feinheit
Finesse
Feinmechaniker
Optiker
Feinschmecker
Gourmet
feinster gefrorener Tau
Raureif
Feldbefestigung
Schanze
Feldfrucht
Luzerne, Rotklee
Feldhuhn
Rebhuhn, Wachtel
Feldjäger
Gendarm, Schuetz
Feldmesser
Geodaet
Feldwache
Vedette
Felsen *am* Mittelrhein
Lorelei, Loreley
Felsenschlucht
Abgrund
Felsstücke
Gestein
Fensterbehang
Gardine
Fensterglas
Scheibe
Fensterladen
Spalett
fensterlose Zimmernische
Alkoven
Fensterschutz
Markise
Fenstervorhang
Gardine, Rouleau
Feriengast
Tourist
fern
weit weg
Ferne
Abstand
fernsehgeeignet
telegen
Fernsehsendung
Feature, Magazin

Fernsprechapparat
Telefon
Fernsprechteilnehmer
Anrufer
fertig
beendet
Fertigkeit
Koennen, Routine
Fertigteile zum Zusammenbauen
Bausatz
fesch
elegant
fesselnd
packend
fest
haltbar, kompakt
fest gegen etwas drücken
stemmen
feste Elemente
Metalle
fester Entschluss
Vorsatz
festes Körpergewebe
Knorpel
Festessen
Bankett, Schmaus
Festhaltegerät
Klammer
Festigkeit
Staerke
Festkleidung
Smoking
Festkneipe
Kommers
Festland
Erdteil
festlicher Herrenanzug
Smoking
Festmahl
Bankett
Festspielort *in* **Österreich**
Bregenz
feststehend
fixiert
Festteilnehmer
Jubilar
Festungsanlage
Bastion, Kastell, Schanze
Fett
Lanolin, Schmalz, Stearin
Fettansatzverfahren
Mastkur
Fettprodukt zur Kerzenherstellung
Stearin
Fetzen
Flicken
feucht
benetzt
feuchter Boden
Schlamm, Schlick
Feuchtigkeit
Feuchte
feuchtwarm
schwuel
feudal
vornehm
Feuer
Schwung
Feueranzünder
Fidibus
Feuerhaken
Stocher
Feuerlöschgerät
Spritze
Feuerwaffe
Buechse, Pistole
Feuerwasser
Schnaps
Feuerwehrgerät
Spritze
Feuerwerkskörper
Kracher
Fiaker
Kutsche
Fiasko
Konkurs, Verlust
Fibel
ABC-Buch, Agraffe, Brosche, Klammer
Fibula
Brosche, Klammer
Fichtenharz
Galipot
Fieber
Pyrexie
Fiebermittel
Aspirin, Salizyl
Fiedel
Violine
fifty-fifty
geteilt
Fight
Gefecht
Figur
Gestalt
Figur *beim* **Schachspiel**
Laeufer
Figur aus 1001 Nacht
Alibaba
Figur aus Aida
Amneris, Radames, Ramphis
Figur aus Carmen
Micaela
Figur aus Der Barbier von Sevilla
Bartolo, Basilio
Figur aus Der Rosenkavalier
Faninal
Figur aus Der Zigeunerbaron
Ottokar
Figur aus Die Nibelungen
Gunther
Figur aus Ein Sommernachtstraum
Schnauz, Theseus, Titania
Figur aus Faust
Famulus
Figur aus Hamlet
Horatio, Laertes, Ophelia
Figur aus Land des Lächelns
Tschang
Figur aus Macbeth
Fleance, Macduff, Malcolm
Figur aus My Fair Lady
Freddie, Higgins
Figur aus Romeo und Julia
Capulet, Lorenzo
Figur aus Zar und Zimmermann
Syndham
Filia
Tochter
Filiale
Agentur
Filmfachmann
Cineast
Filmfan
Cineast
Filmkammer
Magazin
Filmkenner
Cineast
Filmvertriebsfirma
Verleih
Filzzelt
Kibitka
Fimmel
Marotte
Finale
Endlauf, Schluss
Finanzexperte
Bankier
finanzieller Aufwand
Zahlung
Finanzier
Sponsor
Finanzierungsform
Leasing
findig
pfiffig
Fingerschmuck
Ehering
Fingerzeig
Hinweis
finnische Harfe
Kandele, Kantele
finster
duester
Finte
Vorwand

Firma
Betrieb
Firmenleiter
Manager
Firmenvertretung
Agentur, Filiale
Firmenzusammenschluss
Konzern
Firnis
Leinoel
Fischart
Aalbutt, Elbbutt, Felchen, Fogosch, Forelle, Scholle, Sprotte
Fischdampfer
Trawler
Fischereifahrzeug
Trawler
Fischfanggerät
Kescher
Fistel
Abszess
Fistelstimme
Falsett
Fittich
Fluegel
fix
gewandt
fixe Idee
Marotte
Fixiermittel
Fixativ
Fixstern
Antares, Canopus, Capella, Kapella, Zentaur
Fixum
Entgelt
flach
niedrig
Flachbrustvogel
Strauss
flache Gewässerstelle
Untiefe
flache Meeresteile
Lagunen
Fläche
Terrain
Flächenmaß
Tagwerk
flaches Boot
Einbaum
flaches Lastschiff
Trauner
flaches Schnittholz
Bretter
Flagge
Stander
Flair
Fluidum
Flammeri
Pudding
flandrische Stadt
Bruegge
Flanke
Fluegel
Flanke beim Fußball
Vorlage, Zuspiel
Flasche
Gefaess, Karaffe
Flaschen für das Recycling
Altglas
flau
lustlos, schwach
Flause
Ausrede
Fleck
Flicken, Schmutz
Flegel
Grobian, Luemmel
Fleisch räuchern
selchen
Fleischer
Metzger
Fleischgericht
Gulasch
Fleischhauer
Metzger
fleischig
pulpoes
Fleischkloß
Bulette
Fleischrolle
Roulade
Fleischscheibe
Tranche
Fleischspeise
Eisbein, Gulasch
Fleischspeise in Teighülle
Pastete
Fleiß
Absicht, Streben
flexibel
beugbar, beugsam, biegsam, dehnbar
Flexion
Beugung
fliegendes Personal
Kopilot, Steward
Fließarbeitsanlage
Rutsche
Fließgewässer
Rinnsal
flink
behaend, behende, gewandt, lebhaft, schnell
Flinte
Buechse
Flitter
Plunder, Troedel
Florenz auf italienisch
Firenze
Florgewebe
Pluesch
Flossenfüßer
Seehund
Flötenart
Pikkolo
flott
modisch
Flottenchef
Admiral
Fluch
Unsegen
flüchtige Flüssigkeit
Alkohol
flüchtiger Brennstoff
Heizgas
flüchtiges Erlebnis
Episode
Flugbahn
Parabel
Flugbegleiter
Steward
Flügel
Fittich
Flügelhorn
Kornett
Flügelpferd
Pegasus
Flugfigur
Looping
Fluggastbrücke
Gangway
Fluggerät
Drachen
Flughafen
Airbase, Airport
Flughafen von London
Croydon, Gatwick
Flughafen von Uganda
Entebbe
Fluginsekten
Muecken
Flugkäfig für Vögel
Voliere
Flugpionier
Dornier
Flugschrift
Traktat
flugunfähiger Vogel
Pinguin, Strauss
Flugzeugankunft
Landung
Flugzeugart
Clipper, Gleiter
Flugzeugführer
Copilot, Flieger
Flugzeugpilotenkabine
Cockpit
Flugzeugstarthilfe
Schlepp
Flugzeugteil
Cockpit, Fluegel
Flugzeugtyp
Concorde, Douglas

Flugzeugverband
Staffel
Fluktuation
Wechsel
Flunder
Scholle
Flur
Vorraum
Flurhüter
Schuetz
Fluss *zur* **Adria**
Rubikon
Fluss *in* **Afrika**
Bandama, Dschuba, Kubango, Limpopo, Lulonga, Pangani, Sambesi, Sankuru, Semliki, Senegal
Fluss *in* **Amerika**
Abitibi, Alabama, Araguay, Berbice, Bermejo, Guapore, La Plata, Madeira, Maranon, Niagara, Orinoco, Potomac, Ribeira, Rio Beni, San Juan, Schingu, Surinam, Tapajoz, Ucayali, Uruguay
Fluss *in* **Asien**
Abukuma, Alaseja, Bjelaja, Euphrat, Ghaggar, Hilmend, Hoangho, Hwangho, Irawadi, Irtysch, Jarkand, Kerulen, Krishna, Kumgang, Narbada, Orontes, Pekiang, Sakaria, Schilka, Selenga, Sungari, Tschuja, Wukiang
Fluss *der* **Balkanhalbinsel**
Maritza
Fluss *in* **Belgien**
Schelde
Fluss *durch* **Bordeaux**
Garonne
Fluss *in* **China**
Hoangho, Hwangho, Jangtse
Fluss *in* **Deutschland**
Brigach, Dreisam, Emscher, Loisach, Pegnitz, Regnitz, Schwalm, Sprotte, Unstrut
Fluss *in* **Frankreich**
Durance, Garonne, Gironde, Hérault, Moselle
Fluss *durch* **Freiburg**
Dreisam
Fluss *in* **Griechenland**
Acheron, Alphios, Peneios, Strymon
Fluss *der* **griechischen Unterwelt**
Acheron
Fluss *im* **Irak**
Euphrat
Fluss *in* **Irland**
Shannon
Fluss *in* **Italien**
Busento, Rubikon
Fluss *in* **Kolumbien**
Orinoko
Fluss *in den* **Niederlanden**
Schelde
Fluss *in* **Nordbayern**
Pegnitz
Fluss *durch* **Nürnberg**
Pegnitz
Fluss *in* **Österreich**
Saalach, Salzach
Fluss *in* **Peru**
Maranon, Ucayali
Fluss *in* **Russland**
Dnjestr, Irtysch
Fluss *durch* **Salzburg**
Salzach
Fluss *in* **Südafrika**
Limpopo, Sambesi
Fluss *in* **Venezuela**
Orinoco
Fluss *in* **Vorderasien**
Euphrat
Flusserweiterungsanlage
Uferbau
Flussgott der Griechen
Alpheus, Penelos
flüssiger Brennstoff
Heizoel
Flüssigkeitsbehälter
Flasche, Gefaess, Karaffe
Flüssigkeitsgemisch
Loesung
Flusslauflandschaft in Tirol
Oetztal
Flussmündungsform
Aestuar
Flussübergang
Bruecke, Viadukt
flüstern
murmeln
Flut
Steigen
flutartiger Wasserguss
Schwall
Föderation
Verband
Fohlen
Fuellen
Folge
Sequenz, Wirkung
folgerichtig
logisch
Folgerung
Schluss
Folgewidrigkeit
Unlogik
Folgezeit
Zukunft
folglich
demnach, deshalb
folgsam
ergeben, fuegsam
foltern
martern, quaelen
Förderanlage
Rutsche
Förderer
Goenner, Sponsor
Förderung von Bodenschätzen
Bergbau, Tagebau
Form
Gestalt, Schnitt
Format
Groesse
Formation
Gefuege, Verband
Formel
Floskel, Wendung
Formgebung
Styling
Formgestalter
Stylist
förmlich
formell
Formstück an Rohren
Fitting
Forschungsweise
Methode
Forstschädling
Spanner, Spinner
Fort
Festung
Fortbestehen
Bestand
Fortbestehen eines Zustands
Andauer
Fortbewegung
Gangart
Forum
Gericht
Fossil
Abdruck
fossiles Tier
Saurier
fotografischer Begriff
Negativ, Positiv
Foyer
Vorraum
Fracht
Ladegut
Frachtraum
Tonnage
Frachtvertrag
Charter
Frage
Problem, Raetsel
Fragelust
Neugier
Fragewort
welches, weshalb

fragwürdig
ominoes, seltsam, suspekt
Fraktur
Schrift
Fransenbüschel
Troddel
Franzose
Bretone
französisch für Ankunft
arrivée
französisch für Arbeit
travail
französisch für Dienst
service
französisch für Dorf
village
französisch für durchaus
partout
französisch für Durchgang
passage
französisch für Farbe
couleur
französisch für Fehltritt
fauxpas
französisch für Feinschmecker
gourmet
französisch für Freiheit
liberté
französisch für Hut
chapeau
französisch für Mut
courage
französisch für nebenbei bemerkt
á propos
französisch für Ohr
oreille
französisch für Schloss
château
französische Comicfigur
Astérix
französische Festung
Belfort
französische Gebirgslandschaft
Vogesen
französische Hafenstadt
Bayonne
französische Insel
Korsika
französische Landschaft
Burgund, Savoyen
französische Mittelmeerküste
Riviera
französische Münze
Centime
französische Sängerin
Mathieu
französische Stadt an der Loire
Orléans
französischer alter Tanz
Gavotte, Menuett
französischer Arzt
Barnard, Pasteur
französischer Astronom
Laplace
französischer Bakteriologe
Pasteur
französischer Bildhauer
Maillol, Pigalle
französischer Dichter
Anouilh, Ionesco, Molière, Rimbaud
französischer Entdecker
Braille, Pasteur, Réaumur
französischer General
Leclerc
französischer Herrschername
Charles
französischer Ingenieur
Ardenne, Flobert, Lesseps
französischer Kardinal
Mazarin
französischer Komponist
Berlioz, Débussy
französischer Kronprinz
Dauphin
französischer Landsmann
Bretone
französischer Lustspieldichter
Molière
französischer Maler
Cézanne, Chagall, Daumier, Gauguin, Matisse, Pissaro, Prudhon, Utrillo
französischer Männername
Étienne, Gilbert, Maurice
französischer Mathematiker
Fourier, Laplace
französischer Modeschöpfer
Esterel
französischer Nobelpreisträger für Chemie
Moissan
französischer Nobelpreisträger für Frieden
Buisson, Jouhaux, Renault
französischer Nobelpreisträger für Literatur
Bergson, Mauriac, Rolland
französischer Nobelpreisträger für Medizin
Dausset, Laveran, Nicolle
französischer Nobelpreisträger für Physik
Broglie, Kastler
französischer Philosoph
Bergson, Diderot, Duhamel
französischer Physiker
Broglie, Réaumur
französischer Politiker
Colbert, Maginot, Malraux, Mazarin, Reynaud, Schuman
französischer Tanz
Gavotte, Musette
französischer Waffenschmied
Flobert
französischer Wallfahrtsort
Lourdes
französischer Walzer
Musette
französischer Weißwein
Chablis
französisches Adelsprädikat
Baronne, Marquis, Vicomte
französisches Gasthaus
Auberge
französisches Gebirge
Vogesen
französisches Herrschergeschlecht
Bourbon
französisches Küstengebiet
Riviera
französisches Lied
Chanson
französisches Mittelgebirge
Vogesen
französisches Schloss
Amboise, Brissac, Trianon, Vendome
französisches Seebad
Antibes, La Baule
französisches Weinbaugebiet
Burgund
Frau von Admetos
Alkeste
Frau von Amphitryon
Alkmene
Frau von Bacchus
Ariadne
Frau von David
Abigail
Frau von Dionysos
Ariadne
Frau von Isaak
Rebecca, Rebekka
Frau von Napoleon III.
Eugenie
Frau von Oberon
Titania
Frau von Ödipus
Iokaste

Frau von Perikles
Aspasia
Frau von Theseus
Antiope, Phaedra
Frauen mit Kindern
Muetter
Frauenberuf
Aerztin, Hebamme, Koechin, Malerin, Weberin
Frauengestalt als Sinnbild Bayerns
Bavaria
Frauengestalt im Hamlet
Ophelia
Frauenheld
Don Juan, Playboy
fraulich
feminin
frecher Junge
Lausbub
freches Mensch
Luemmel

7

frei
umsonst
frei *von* **Feuchtigkeit**
trocken
freiberufliches Entgelt
Honorar
Freibrief
Charter
Freidenkerglaube
Deismus
Freifrau
Baronin
freigebig
honorig
Freiherrnwürde
Baronie
Freikirchler
Baptist
freisinnig
liberal
frei stehender Spitzpfeiler
Obelisk
Freistilringen als Show
Catchen
Freitisch für Hochschüler
Konvikt
freiwillig
spontan
freiwillige Gabe
Almosen
freiwillige unentgeltliche Hilfe
Wohltat
Freizeitausflug
Radtour
Freizeitbeschäftigung
Passion, spielen
Freizeithandwerker
Bastler
Freizeitlaufen
Jogging
Freizeitsport
Wandern
Freizeitsportler
Amateur
Fremde
Ausland
Fremdenheim
Gasthof, Pension
Fremder
Tourist
fremdes Staatsgebiet
Ausland, Enklave
Fremdgebiet
Ausland
Fremdgebiet im andern Staat
Exklave
Fremdgebiet im Staat
Enklave
Fremdwort für Hochebene
Plateau
Fremdwort für Mundart
Dialekt
Freude
Gaudium
Freudenhalle der nordischen Sage
Wingolf
Freudenhaus
Bordell
freudlos
traurig
Freund
Intimus, Kamerad, Partner
Freund Isoldes
Tristan
Freund *des* **Orest**
Pylades
Freund *des* **Schönen**
Aesthet
Freundin Goethes
Vulpius
Freundin Michelangelos
Colonna
freundlich gesinnt
zugetan
freundliche Aufnahme
Anklang
freundlicher Förderer
Goenner
Frevel
Unrecht
Frevler
Suender
Friedensgott
Forseti
Friedensnobelpreisträgerin
Suttner
Friedenspfeife der Indianer
Kalumet
Friedensversprechen
Urfehde
Frieselstoff
Frottee
friesische Inseln
Ameland, Baltrum
Frikadelle
Bulette
frisch
lebhaft
Frischhalteanlage
Froster
Friseur
Barbier, Stylist
Frisiergerät
Buerste
Frisiermittel
Shampon, Shampoo
fröhliches Naturell
Frohmut
fromme Ehrfurcht
Pietaet
fromme Sage
Legende
Frömmigkeit
Pietaet
Froschmensch
Taucher
Frostablagerung
Raureif
Frostbarriere
Eisbank
frösteln
frieren
Frostgebilde
Raureif
Frucht
Erdnuss, Kirsche, Kuerbis, Pflaume, Walnuss, Zitrone
Fruchtauszug
Extrakt
Fruchtbarkeitsgott
Priapos
Fruchtbarkeitsgöttin
Artemis, Demeter
Früchtebranntwein
Obstler
früher
ehemals, einstig
früher als erwartet
bereits
frühere deutsche Münze
Kreuzer
frühere Bezeichnung für Friseur
Barbier
frühere Bezeichnung für Hofpersonal
Gesinde

frühere Bezeichnung für Rechtsanwalt
Advokat
frühere Bezeichnung für Türken
Osmanen
frühere Bezeichnung für Turmwächter
Tuermer
frühere Bezeichnung für Zeitung
Gazette
früherer Gerichtsbote
Buettel
früherer Name von Taiwan
Formosa
früherer Name von Varanasi
Benares
früherer Papstpalast
Lateran
früherer Schiffstyp
Galeere
früheres Feldmaß
Tagwerk
früheres französisches Herzogtum
Burgund
früheres Holzraummaß
Klafter
Frühform des Jazz
Ragtime
frühgeschichtlicher Zeitabschnitt
Eiszeit
Frühjahrsgemüse
Spargel
Frühjahrsveranstaltung
Maitanz
Frühlingsblume
Anemone, Aurikel
Frühlingsmonat
Lenzing
frühreif
altklug, vorlaut
Frühvorstellung
Matinee
Fuchs in der Fabel
Reineke
fugenloser Fußboden
Estrich
fügsam
ergeben
Fühler
Antenne
Fühlungnahme
Kontakt
Führer *der* **Hugenotten**
Coligny
Führung
Leitung
Fuhrwerk
Gespann, Kutsche
Fundus
Bestand
fünfter Buchstabe des griechischen Alphabets
Epsilon
Funkanlage
Antenne
Funkdarbietung
Sendung
Funkortung
Peilung
Funktion
Aufgabe
Funkzubehör
Antenne
für sich allein
einzeln
Furcht
Schreck
Furie
Erinnye
Furore
Beifall
Fürsorge
Karitas
Fürsorgeeinrichtung
Anstalt
Fürsorgeverband
Caritas
Fürst *von* **Monaco**
Rainier
Furunkel
Abszess
Fußballausdruck
Abpfiff, Abseits, Abstoss, Angriff, Anpfiff, Anspiel, Anstoss, Deckung, Eckball, Einwurf, Stopper, Tormann, Tornetz, Torraum, Trainer, Treffer, Weltcup
Fußballberuf
Manager, Spieler, Trainer
Fußballclub in Bielefeld
Arminia
Fußballfreistoß
Eckball
Fußballspielbeginn
Anpfiff, Anstoss
Fußballspieler
Laeufer, Stopper, Tormann, Torwart
Fußbank
Schemel
Fußbekleidung
Pantine, Sandale, Slipper, Stiefel
Fußbodenbelag
Balatum, Estrich, Fliesen, Laeufer, Parkett, Teppich
Fußbodenerhöhung
Estrade
Fußgänger
Passant
Fußgicht
Podagra
Fußleiste
Lambrie
Fußstütze
Bandage, Einlage
Futter
Nahrung, Polster
Futteral
Scheide
Futtermittel
Eicheln, Knollen
Futterpflanze
Luzerne, Ruebsen
Futur
Zukunft

G

Gabe
Almosen
Gabler
Rehbock
Gag
Einfall
Gage
Entgelt, Honorar
gallertartige Substanz
Kolloid
Galopp
Gangart
gämsfarben (gemsfarben)
chamois
Gämsgehörn (Gemsgehörn)
Krickel, Kricket
Gandhis Ehrentitel
Mahatma
Gang
Galerie
Gang des Viehs von den Almen
Abtrieb
Gangart *der* **hohen Schule**
Lançade
Gangart *des* **Pferdes**
Alluere, Passage, Renvers, Schritt, Travers
Gangster
Raeuber
Gänschen
Goessel
ganz
restlos, voellig
ganz und gar
absolut
Garantie
Gewaehr, Haftung, Kaution
Gardine
Vorhang

Gärmittel
Ferment
Gartenammer
Ortolan
Gartenblume
Anemone, Aurikel, Begonie, Fuchsie, Geranie, Glyzine, Levkoje, Lobelie, Petunie, Tagetes, Verbene, Zyklame
Gartenerzeugnis
Endivie, Gemuese, Gewuerz, Karfiol, Karotte, Kirsche, Kuerbis, Lattich, Mangold, Marille, Paprika, Pflaume, Rettich, Rotkohl, Spargel, Wirsing, Zwiebel
Gartengerät
Sauzahn
gärtnerische Anlage
Rabatte, Rondell
Gärung
Aufruhr
Gasdruck
Tension
gasförmiger Brennstoff
Butylen
gasförmiges Element
Krypton
Gasmann
Ableser
Gasse
Hohlweg, Passage
Gassenjunge
Lausbub
Gast
Fremder, Tourist
Gästebediener
Kellner
Gasthausbesuch
Einkehr
Gastmahl
Bankett
Gastpflanze
Parasit
Gastronomieangestellte
Barfrau
Gastspielreise
Tournee
Gaststättenangestellter
Barmann, Kellner, Pikkolo
Gastwirtschaft
Gasthof, Kantine, Pension, Schenke, Tanzbar, Taverne
Gatte
Ehemann
Gatte von Andromeda
Perseus
Gatte von Brunhilde
Gunther
Gatte von Desdemona
Othello
Gatte von Eurydike
Orpheus
Gatte von Hagar
Abraham
Gatte von Hekuba
Priamos
Gatte von Jokaste
Oedipus
Gatte von Juno
Jupiter
Gatte von Thusnelda
Hermann
Gattin
Ehefrau
Gattin von Amphitryon
Alkmene
Gattin von Äneas
Lavinia
Gattin von Bernadotte
Desirée
Gattin von Dionysos
Ariadne
Gattin von Isaak
Rebekka
Gattin von Mussolini
Rachele
Gattin von Oberon
Titania
Gattin von Oedipus
Jokaste
Gattung
Familie, Ordnung, Spezies
Gau
Provinz
Gaudi
Streich
Gaukler
Magiker
Gaul
Klepper
Gauner
Luegner, Stehler, Strolch
Gaunerwort für Falschgeld
Blueten
Gazette
Zeitung
Geäst eines Baumes
Astwerk
Gebäck mit Fleischfüllung
Pastete
gebackene Speise
Auflauf
Gebäcksorte
Beignet, Biscuit, Biskuit, Brioche, Krapfen, Kringel, Krokant, Makrone, Stollen, Strudel
Gebärde
Zeichen
Gebaren
Habitus
Gebäudeentwurf
Bauplan
Gebäudeteil
Fassade, Fenster, Pfeiler, Veranda, Vorraum, Wohnung
Gebäudevorsprung
Risalit
Gebeine
Knochen, Skelett
geben
reichen
Gebenedeite
Madonna
Geber
Spender, Stifter
Gebetbuch
Brevier, Missale
Gebetsmantel
Tallith
Gebetsrufer im Islam
Muezzin
Gebiet
Bereich, Branche, Ressort, Sektion, Terrain
Gebiet *am* **Bodensee**
Linzgau
Gebiet *im* **ehemaligen Ostpreußen**
Ermland
Gebiet *in der* **Mathematik**
Algebra
Gebiet *in der* **Steiermark**
Ennstal
Gebiet *in* **Südosteuropa**
Serbien
Gebietsausschluss
Exklave
Gebietseinschluss
Enklave
Gebietsseuche
Endemie
gebietstypische Krankheit
Endemie
Gebilde
Gefuege, Gestalt, Koerper
gebildet
belesen, gelehrt
Gebinde
Bouquet, Buendel, Strauss
Gebirge *im* **Elsass**
Vogesen
Gebirge *in* **Frankreich**
Vogesen
Gebirge *in* **Italien**
Apennin
Gebirge *in der* **Schweiz**
Bernina
Gebirge *in der* **Tschechischen Republik**
Sudeten
Gebirgsbahn
Skilift

Gebirgseinschnitt
Hochtal
Gebirgserhebung
Anhoehe, Plateau, Ruecken
Gebirgspflanze
Aurikel, Latsche
Gebirgstier in Südamerika
Guanako
Gebissstange des Pferdes
Kandare
gebleichtes Wachs
Ceresin, Zeresin
gebogenes Gebäck
Kipferl
Geborgtes
Anleihe
Gebotsübertreter
Suender
gebrannte Tonware
Keramik
gebrannter Baustein
Klinker
gebrannter Ziegel
Klinker
gebrannter Zucker
Karamel
gebratenes Fleischklößchen
Bulette
Gebrauch
Nutzung
gebräuchlich
gaengig, ueblich
Gebrauchsgegenstand
Utensil
Gebrechen
Schaden
gebrechlich
schwach
gebrochene Schrift
Fraktur
Gebühr
Beitrag, Entgelt, Honorar, Praemie
Geburtshelferin
Hebamme
Geburtsort von Schiller
Marbach
Gebüschpflanzung
Boskett
Geck
Angeber, Flaneur, Prahler, Stutzer
Gedächtnisschwäche
Amnesie
Gedächtnisschwund
Amnesie
Gedächtnisstätte
Denkmal, Mahnmal
Gedächtnisstütze
Vermerk
Gedanke
Einfall
Gedärm
Innerei
Gedenkstätte
Denkmal, Mahnmal, Obelisk
Gedenktag
Festtag
Gedichtform
Ballade
gediegen
serioes, vornehm
gedienter Soldat
Veteran
Gedränge
Andrang, Gewuehl
gedrängt
kompakt
gedruckte Anzahl
Auflage
gedruckte Menge
Auflage
gedrungen
kompakt
Geduld
Langmut
geeignet fürs Fernsehen
telegen
geeignet zum Fotografieren
fotogen
Gefahr
Drohung, Notlage
Gefahr für Kinder
Verkehr
Gefahr für Schiffe
Eisberg, Packeis, Untiefe
Gefahrensituation
Notfall
gefährlich
drohend, riskant
gefährliche Tierseuche
Tollwut
Gefährt
Vehikel
Gefährte
Genosse, Intimus, Kamerad, Partner
Gefährte *des* **Jason**
Admetos, Telamon, Theseus
Gefälle einer Fläche
Neigung
gefältelter Kleiderbesatz
Ruesche
gefälteltes Gewebe
Plissee
gefalteter Papierstreifen
Fidibus
Gefängnis
Verlies
Gefasel
Rederei
Gefäß
Amphore, Ampulle, Arterie, Bottich, Buechse, Flasche, Karaffe, Retorte, Terrine, Traenke
Gefäß *im* **Labor**
Retorte
Gefäß *für* **Tierfutter**
Traenke
gefasst
stoisch
Gefäßverschluss
Infarkt
Gefäßverstopfung
Embolie
Gefilde *der* **Asen**
Idafeld
Gefilde *der* **Seligen**
Elysium
geflecktes Pferd
Schecke
geflecktes Rind
Schecke
geflochtene Schnur
Schecke
Geflügel
Goessel, Kuecken
Geflügelfett
Schmalz
Geflügelräuber
Habicht
geflügeltes Dichterross
Pegasus
Gefolge
Eskorte
Gefolgsmann
Paladin, Trabant
Gefolgsmann Jesu
Juenger
Gefrorenes
Eiskrem
gefügig
folgsam
gefügig machen
zaehmen
Gefühl
Behagen, Feeling, Gespuer
Gefühl *der* **Zufriedenheit**
Behagen
gefühlsbedingtes Verhalten
Emotion
gefühlskalt
grausam, lieblos
gefühlsmäßige Handlung
Emotion
gefüllt
besetzt
gefüllte Mehlspeise
Strudel
gefüllte Teigtaschen
Ravioli

gefülltes Schmalzgebäck
Beignet
Gegenargument
Einwand
Gegenbild
Pendant
Gegend
Bereich, Gefilde
Gegend in Asien
Fernost
Gegengift
Antidot
Gegengrund
Einwand
Gegenmaßnahme
Antwort
Gegenpol *zur* **Anode**
Kathode
Gegenrede
Antwort
gegensätzlich
paradox
Gegenstand
Gebilde, Koerper, Materie
Gegenstand des Gebrauchs
Utensil
Gegenstände in der Wohnung
Hausrat
gegenständlich
konkret
Gegenstück
Pendant
Gegenteil von Abreise
Anreise
Gegenteil von absolut
relativ
Gegenteil von abstrakt
konkret
Gegenteil von Ebene
Gebirge
Gegenteil von Inland
Ausland
Gegenteil von Krieg
Frieden
Gegenteil von negativ
positiv
Gegenteil von positiv
negativ
Gegenteil von Praxis
Theorie
Gegenteil von relativ
absolut
Gegenteil von Synthese
Analyse
gegenüber
vis-à-vis
gegenwärtig
aktuell, derzeit
gegenwartsbezogen
aktuell, zeitnah
Gegenwert
Entgelt
gegerbtes Ziegenleder
Saffian
gegorenes Milchprodukt
Joghurt
Gehabe
Alluere, Gebaren
Gehalt
Entgelt, Honorar
gehaltlos
trivial
gehbehindert
hinkend
Gehbewegung
Schritt
Gehege
Paddock, Zwinger
geheim
diskret
Geheimbund *der* **Antike**
Kariben
Geheimbund *in* **Neapel**
Camorra, Kamorra
Geheimlehre
Kabbala
Geheimnis
Arkanum, Raetsel
Geheimzeichen
Chiffre
Geheinheit
Schritt
Gehilfe
Adjunkt, Adlatus, Famulus
Gehöft
Anwesen
Gehölz
Waldung
gehörnter Ehemann
Hahnrei
gehorsam
folgsam
Gehörsteinchen
Otolith
Gehrock
Cutaway
Gehweg
Fussweg
Geige
Violine
Geigenbauer
Stainer, Testore
Geigenteil
Sordine, Sordino
Geigenvirtuose
Corelli, Heifetz, Menuhin
Geißfuß
Giersch, Kuhfuss, Spanner
Geister der Verstorbenen
Lemuren
Geistesarmut
Einfalt
Geistesblitz
Einfall
Geisteshaltung
Habitus
geisteskrank
imbezil
Geisteskrankheit
Irrsinn
Geistesschwäche
Idiotie
Geistesträgheit
Phlegma
Geisteswissenschaft
Melodik
geistige Formung
Bildung
geistige Trägheit
Phlegma
geistige Vorstellung
Gedanke
geistiger Diebstahl
Plagiat
geistliche Amtstracht
Soutane
geistliche Komposition
Kantate, Litanei, Motette, Passion, Psalter, Requiem
Geistlicher
Dechant, Pfarrer
geistlicher Amtsbereich
Dekanat, Pfarrei
geistlicher Orden
Templer
geistlicher Würdenträger
Praelat
geistliches Amt
Bischof, Dechant, Domherr, Nuntius, Pfarrer, Praelat
geistliches Buch
Brevier, Missale, Psalter
geistreiche Verspottung
Parodie
Geiz
Habgier
Geizhals
Knauser, Knicker
Gejammer
Lamento
geklärte Flüssigkeit
Filtrat
geklebtes Bild
Collage
gekochtes Obst
Kompott
gekränkt
pikiert
gekrümmte Linie
Ellipse, Parabel, Spirale
Gel
Kolloid
Gelächter
Kichern

Gelage
Bankett
Gelände ringsum
Umkreis
Geländeform
Anhoehe, Flaeche, Gebirge, Hochtal, Terrain
geländegängiges Fahrzeug
Traktor, Trecker
gelassen
gefasst, stoisch
Gelatine
Gallert
gelb blühende Blume
Teerose
gelb blühender Strauch
Ginster, Mahonie
gelbbräunlich
chamois
gelbe Blume
Teerose
gelbe Rübe
Karotte
gelber Farbstoff
Auramin
gelber Fluss
Hoangho, Huangho, Hwangho
Gelbguss
Messing
gelbliche Farbe
chamois
Gelbrübe
Karotte
Gelbsucht
Ikterus
Gelbwurz
Kurkuma
Geld *für* **Investitionen**
Kapital
Geld *im* **Jargon**
Moneten
Geld *im* **Volksmund**
Kroeten, Moneten, Penunse, Penunze
Geld investieren
anlegen
Geldaufnahme
Anleihe, Darlehn
Geldbeitreibung
Inkasso
Geldbezug im Alter
Pension
Geldeinzahlung
Einlage
Geldeinziehung
Inkasso
Geldgeber
Sponsor
Geldmann
Bankier
Geldnehmer
Debitor
Geldzuschuss
Wechsel
Gelee
Gallert
geleeartige Masse
Gallert
gelegen
passend
Gelehrsamkeit
Bildung
Gelehrter *von* **Rotterdam**
Erasmus
Geleit
Eskorte
gelernter Handwerker
Geselle, Meister
Geliebte von Abaelard
Heloise
Geliebte von Hölderlin
Diotima
Geliebte von Ludwig XV. von Frankreich
Dubarry
Geliebter von Chloe
Daphnis
Geliebter von Hero
Leander
Geliebter von Isolde
Tristan
Geltung
Ansehen, Leumund
Geltungstrieb
Ehrgeiz
gemächlich
langsam
Gemahl
Ehemann
Gemahlin
Ehefrau
Gemälde
Bildnis, Gouache, Oelbild, Pastell, Tableau
Gemäldesammlung
Galerie
gemein
ruchlos
Gemeinde
Kommune
Gemeindezentrum
Rathaus
Gemeinheit
Infamie
gemeinsam überlegen
beraten
Gemeinschaft
Einheit, Familie, Kommune, Verband
gemeinschaftsfeindlich
asozial
gemeinschaftsschädlich
asozial
Gemeinwesen
Kommune
gemessene Schwere
Gewicht
Gemetzel
Blutbad
Gemisch
Amalgam, Loesung
Gemisch *zum* **Mauern**
Moertel
Gemunkel
Klatsch, Tratsch
Gemüsepflanze
Mangold, Rotkohl, Spargel, Zwiebel
Gemüserübe
Karotte
gemütliche Plauderei
Plausch
Gemütsbewegung
Emotion
genarbtes Leder
Chagrin
genau
akkurat, korrekt, penibel, praezis
Genauigkeit
Akribie
genehm
passend
Generalsekretär der UNO
Cuellar
Genesungsstätte
Kurheim
Genießer
Gourmet
Genitiv
Wesfall
Genosse
Kamerad
Genotyp
Erbbild
Genre
Gattung
genug
punktum, sattsam
Genugtuung
Triumph
Genus
Gattung
Genussgift
Alkohol, Koffein, Nikotin
Genussmensch
Phaeake, Sybarit
Genussmittel
Alkohol, Coffein, Koffein, Nikotin, Schnaps
geographischer Begriff
Erdteil, Erosion, Gebirge Faltung, Glimmer, Porphyr
geometrische Figur
Ellipse, Parabel, Quadrat, Rhombus, Vieleck, Wuerfel

geometrische Zeichnung
Aufriss
geometrischer Begriff
Dreieck, Ellipse, Flaeche, Kathete, Koerper, Parabel, Polygon, Quadrat, Rhombus, Segment, Sekante, Spirale, Vieleck, Viereck, Volumen, Wuerfel
Gepäckstück
Buendel, Seesack
gepflegt
elegant, serioes
gepökeltes Fleischgericht
Eisbein
Gepräge
Merkmal
gequetschte Nährmittel
Flocken
gerade
ehrlich
Gerade
Strecke
geradeaus
stracks
Geradflügler
Ohrwurm, Termite
Gerät
Apparat
Gerät *im* **Büro**
Stempel
Gerät *zum* **Fischfang**
Harpune
Gerät *zur* **Flüssigkeitsentnahme**
Pipette
Gerät *im* **Haushalt**
Oeffner
Gerät *zum* **Messen der Wassertiefe**
Echolot
Gerät *zur* **Richtungsbestimmung**
Kompass
Gerät *zum* **Ziehen von Notenlinien**
Rastral
geräucherter Fisch
Sprotte
Geräusch *des* **Gebirgsbaches**
Brausen
Geräusch *von* **Rädern**
Rattern
Geräusch *von* **schleifenden Ketten**
klirren
Geräusch *des* **Wassers**
Brausen, Gurgeln, Rieseln
Geräusch *des* **Windes**
Brausen, Pfeifen

Gerede
Gefasel, Klatsch, Palaver, Rederei, Tratsch
geregelter Zustand
Ordnung
gereizt
nervoes, pikiert
Gericht
Instanz
gerichtliches Verfahren
Prozess
Gerichtsdiener
Buettel
Gerichtsstand
Instanz
Gerichtsverfahren
Prozess
geringfügig
minimal
Gerippe
Skelett
gerissen
gewieft
Germane
Teutone
germanische Gefallenenhalle
Walhall
germanische Göttin
Asynien, Loeffna, Sjoefna
germanische Sagengestalt
Alfadur, Gungnir, Gunther, Skjoeld, Wieland
germanischer Adliger
Edeling
germanischer Gott
Forseti, Skirnir
germanischer Heerführer
Odoaker
germanischer Volksstamm
Bataver, Chatten, Franken, Friesen, Gepiden, Kimbern, Sachsen, Zimbern
germanisches Seefahrervolk
Chauken
Germteiggebäck
Buchtel
gern, gerne
freudig
Gernegroß
Angeber, Steppke
Geröllhalde
Moraene
Geruch
Bouquet, Geltung, Gestank
Gerücht
Klatsch
geruhsamer Sport
Billard
Gerümpel
Altware, Plunder

Gerüst
Gestell
gerüstet
armiert
Gesamtheit *der* **Erbanlage**
Genotyp
Gesamtheit *der* **essbaren Dinge**
Nahrung
Gesandter
Nuntius
Gesangsgruppe
Terzett
Gesangsstimme
Bariton
Gesangsstück
Chanson, Couplet, Kantate, Kanzone, Moritat, Passion
Gesangsverzierung
Triller
Gesäß
Hintern
Geschäft
Agentur, Betrieb, Filiale
geschäftiges Tun
Treiben
Geschäftsbereich
Branche, Ressort
Geschäftseinlage
Kapital
Geschäftsführer
Manager
Geschäftsgewinn
Rendite
Geschäftsmann
Manager
Geschäftsnebenstelle
Agentur, Filiale
Geschäftsordnung
Satzung
Geschäftsschulden
Passiva
Geschäftsteilhaber
Partner
Geschäftsvermögen
Kapital
Geschäftsvollmacht
Prokura
Geschäftszusammenbruch
Konkurs
Geschäftszweig
Branche
Geschehen
Vorfall, Vorgang
Geschehnisfolge
Verlauf
Geschichte
Chronik
geschichteter Heuhaufen
Schober
geschichtliche Jahrbücher
Annalen

Geschichtsepoche
Eiszeit, Neuzeit, Vorzeit
Geschichtswerk
Annalen, Chronik
Geschick
Fuegung
Geschicklichkeit
Eignung
Geschicklichkeitsspiel
Diabolo
geschickt
behaend, gewandt
Geschirr
Service, Terrine
Geschirrsatz
Service
Geschirrschrank
Buefett
Geschlecht
Familie, feminin, Gattung, Gebluet, neutral, Neutrum
geschlechtlich
sexuell
Geschlechtskrankheit
Tripper
Geschlechtswort
Artikel
geschliffene Flasche
Karaffe
geschliffene Glasfläche
Facette
geschliffene Glasflasche
Karaffe
geschlossen
vereint
geschlossene Kurve
Ellipse
Geschmack
Eleganz
geschmacklos
stillos, taktlos
Geschmacksknospe
Papille
geschmackvoll
anmutig, elegant, huebsch, vornehm
geschmackvoll gekleidet
elegant
Geschmeide
Juwelen
geschmeidig
biegsam, schlank
Geschnürtes
Buendel
Geschöpf
Kreatur, Pflanze
Geschoss mit Hülse
Granate, Patrone
Geschrei
Gezeter
Geschützuntergestell
Lafette

Geschwätz
Faselei, Gefasel, Klatsch, Rederei, Tratsch
geschwind
behaend, behende, schnell
Geschwindigkeit
Schwung
Geschwindigkeitsgrad
langsam, schnell
Geschwister
Brueder
Geschwisterkind
Cousine
Geselle
Gehilfe, Genosse, Kamerad
gesellige Veranstaltung
Bankett, Empfang, Tanztee
Gesellschafter
Partner
Gesellschaftsanzug
Smoking
Gesellschaftsinsel
Maupiti
gesellschaftsschädlich
asozial
Gesellschaftsspiel
Billard, Bowling, Canasta, Diabolo, Knobeln, Malefiz, Roulett, Tombola
Gesetz
Prinzip
Gesetzesbruch
Unrecht
Gesetzesnachtrag
Novelle
Gesetzesvorlage
Novelle
gesetzlich
legitim
gesetzwidrig
illegal
Gesicht
Ansehen, Antlitz
Gesichtshaare
Stoppel
Gesichtskreis
Sphaere
Gesichtspflege
Massage, Packung
Gesichtspunkt
Annahme, Ansicht, Meinung
Gesindel
Gelumpe, Gesocks
Gesinnung
Ansicht, Denkart, Haltung
gesondert
separat
Gespenst
Phantom
Gespielin des Dionysos
Maenade

Gespinst
Einfall
Gespräch
Debatte, Diskurs, Plausch
Gesprächsstoffe
Themata
gesprenkelt
meliert
Gestalt
Gebilde, Gefuege, Koerper
gestattet
erlaubt
Gesteinsart
Dolerit, Dolomit, Porphyr, Quarzit
Gesteinsbruchstücke
Geroell
Gesteinsschutt
Geroell, Moraene
Gesteinsspalte
Erzader
Gestell
Chassis, Geruest
Gesuch *um* **Auskunft**
Anfrage
Gesuch *um* **Verzeihung**
Abbitte
gesund
ruestig
gesund werden
genesen
Gesundheitslehre
Hygiene
Gesundung
Heilung
getäfelter Fußboden
Parkett
getestet
erprobt
Getöse
Poltern
Getränk
Absinth, Aquavit, Campari, Chianti, Cinzano, Genever, Kuemmel, Madeira, Marsala, Martini, Pilsner, Rotwein, Sangria, Schnaps, Schnaps, Schorle, Selters, Sprudel
Getränkeschrank
Hausbar
Getratsch
Klatsch
Getreideart
Einkorn
Getreideerzeugnis
Flocken, Popcorn
Getreidehaufen
Schober
Getreidekrankheit
Mehltau
Getreidespeicher
Scheuer, Scheune

getrennt
separat
getreu
ergeben
Getriebe
Betrieb, Treiben, Verkehr
Getriebeteil
Reibrad, Scheibe, Zahnrad
Getümmel
Gewuehl, Theater, Treiben
Geübtheit
Routine
Gewächs
Pflanze, Strauch
Gewächsteil
Stengel
gewagt
riskant
gewählt
gehoben, vornehm
Gewährleistung
Haftung
Gewährsleute
Buergen
gewaltig
wuchtig
gewaltsam geöffnete Liste
Bresche
gewalttätig
radikal
gewalttätiger Mensch
Rabauke
Gewand
Kostuem, Uniform
Gewand der alten Griechen
Chlamys
Gewandspange
Agraffe, Brosche
gewandt
behaend, behende
Gewandtheit
Schliff
Gewässer
Bergsee, Rinnsal, Stausee, Tuempel
Gewässer *in* Kasachstan
Aralsee
Gewässer *in* Mittelasien
Aralsee
Gewässer *in* Nordamerika
Eriesee
Gewässer *in* Norditalien
Idrosee
Gewässerrand
Gestade
Gewässersediment
Schlamm
Gewässerverschmutzung
Oelpest
Gewebe
Gefuege
Gewebeart
Chiffon, Etamine, Flanell, Flausch, Foulard, Frottee, Mouline, Organdy, Organza, Pluesch, Popelin, Schappe, Stramin, Trevira, Velours
Gewebekante
Salband
Geweih
Gehoern, Gewicht, Krickel, Stangen
Geweih des Rehwilds
Gehoern
Gewerbe
Branche
Gewicht
Ballast, Gehoern, Schwere
Gewichtheben
Reissen, Stossen
Gewichthebeübung
Stossen
Gewichtigkeit
Schwere
Gewichtseinheit
Zentner
Gewichtsminderung
Abnahme
Gewinde
Spirale
Gewinn bringend
lohnend
Gewinnanteil
Praemie
Gewinne
Erloese
Gewinner
Meister
Gewinnsucht
Ehrgeiz, Habgier
gewiss
positiv
gewissenhaft
akkurat, penibel, sorgsam
gewissenlos
perfide
Gewissensbiss
Skrupel
Gewitterdonner
Grollen
Gewittererscheinung
Graupel, Schauer
gewittrig
schwuel
gewitzt
pfiffig
Gewohnheit
Routine
gewöhnlich
einfach, ueblich, vulgaer
Gewöhnung
Routine
Gewölbe
Rotunde
Gewürz
Beifuss, Catchup, Cayenne, Fenchel, Ketchup, Kuemmel, Kurkuma, Lorbeer, Majoran, Melisse, Oregano, Paprika, Pfeffer, Quendel, Thymian, Vanille, Zwiebel
Gewürz *für* Süßspeisen
Vanille
Gewürzblatt
Lorbeer
Gewürzpflanze
Beifuss, Majoran, Oregano
gewusst wie
Know-how
gezogener Wechsel
Rimesse
gezuckerte Mandeln
Krokant
Gibbonaffe
Siamang
Gichtrose
Paeonie
Gier
Geluest, Habgier
Gift
Toxikum
Gift *im* Tabak
Nikotin
Gift *in der* Tollkirsche
Atropin
Giftgas
Senfgas
Giftpilz
Lorchel
Giftstoff
Arsenik
gigantische Götter der griechischen Sage
Titanen
Ginsterkatze
Genette
Giraffengazelle
Gerenuk
Gitarrenart
Klampfe
Gittergewebe
Kanevas, Stramin
Gitterleinen
Kanevas, Stramin
Glanz
Flitter
glänzender Stoff
Luester
Glanzüberzug
Emaille
glanzvolles Ballfest
Bal paré
Glas des Fensters
Scheibe

glasartiger Überzug
Emaille
Glasbehälter für Arzneien
Ampulle
Glasbehälter für Getränke
Flasche
Glasbruchstücke
Scherbe
gläserner Schauschrank
Vitrine
Glasflasche
Karaffe
Glasflasche mit Stöpsel
Karaffe
glasierte Tonware
Fayence
Glaskolben
Retorte
Glasröhrchen
Ampulle, Pipette
Glasröhrchen mit Injektionslösung
Ampulle
Glasschmelze
Emaille
Glasschneider
Diamant
Glasschrank
Vitrine
Glasur
Schmelz
Glätte
Politur
Glaubensabtrünniger
Renegat
Glaubensloser
Atheist
glaubwürdig
serioes
Glazialzeit
Eiszeit
gleich
homolog
gleich bleibend
dauernd
gleich lautend
homonym
gleichbedeutend
homonym, synonym
gleichförmig
monoton, uniform
Gleichgewicht
Balance
gleichgültig
achtlos
gleichmütig
stoisch
gleichmütiger Mensch
Stoiker
gleichseitiges Parallelogramm
Quadrat, Rhombus
gleichsinnig
homolog
Gleis
Schiene
Gleisabschnitt
Strecke
Gleisanlage
Bettung, Oberbau, Schiene
Gleisstrecke
Schiene
Gleitbahn
Rutsche
Gletscher
Eisfeld, Glacier
Gletscherbrocken
Eisberg
Gletschereinschnitt
Schrund
Gletschergeröll
Moraene
Glibber
Gallert, Pudding, Schleim
Glied
Segment
Gliederung
Gefuege, Ordnung
Gliedstaat
Provinz
glimmen
gluehen
Glimmstängel
Zigarre
Globus
Erdball
Glocke
Klingel, Schelle
Glockenblumengewächs
Lobelie
Glockenklang
Gelaeut
Glosse
Artikel
Glück
Bonheur, Fortune
Glücksbringer
Amulett, Schwein
Glücksgöttin
Fortuna
Glücksspiel
Knobeln, Roulett, Tombola
Glückwunschkarte
Billett
glühen
glimmen
glühender Verehrer
Anbeter
Glut
Gefuehl, Passion
Goal beim Fußball
Treffer
Goalkeeper beim Fußball
Tormann, Torwart
Goldbutt
Scholle
Goldparmäne
Renette
Gondelstadt
Venedig
Gönner
Sponsor
Gorgone
Euryale
gotische Schrift
Fraktur
gotischer Bibelübersetzer
Ulfilas, Wulfila
Gott
Demiurg
Gott *der* Dichtkunst
Apollon
Gott *des* Lichtes
Apollon, Mithras
Gott *des* Meeres
Okeanos
Gott *der* Sonne
Serapis
Gott *der* Unterwelt
Serapis
Gott *des* Weines
Bacchus
Götterburg
Walhall
Gottesdienst
Andacht
gottesdienstliche Handlung
Andacht, Beichte
gottesdienstlicher Gesang
Eleison
Gotteshaus
Kapelle, Moschee
Gottesleugner
Atheist
Gottessohn
Heiland
Göttin *des* Ackerbaus
Demeter
Göttin *der* Gerechtigkeit
Nemesis
Göttin *der* Gesundheit
Hygieia
Göttin *des* Glücks
Fortuna
Göttin *der* Jagd
Artemis
Göttin *der* Rache
Erinnye, Megaere
Göttin *der* Vergeltung
Nemesis
Göttin *der* Weisheit
Minerva
Götze
Fetisch

7

Gouvernement
Provinz
Grabgerät
Schippe
Grabinschrift
Epitaph
Grabrede
Nachruf
Grad
Einheit
Gradeinheit der Temperatur
Celsius, Réaumur
Grafentitel in Frankreich
Marquis
grafischer Beruf
Anleger, Drucker, Graveur, Metteur
grafischer Betrieb
Offizin
grafisches Erzeugnis
Affiche, Collage, Graphik, Journal, Katalog, Zeitung
Gralsritter
Titurel
grammatikalischer Begriff
Ablativ, Artikel, Beugung, Einzahl, Genitiv, Mitlaut, Neutrum, Numerus, Perfekt, Satzbau, Subjekt, Vokativ, Zukunft
Grasart
Esparmo
Grasebene Nordamerikas
Praerie
Grasflur mit Bäumen
Savanne
Grasland
Praerie, Savanne
Grasschnitt
Grummet
Grassteppe in Afrika
Savanne
Grassteppe in Nordamerika
Praerie
Gratifikation
Praemie
gratis
umsonst
Graubär Nordamerikas
Grizzly
Grauen
Abscheu, Schreck
grauenvoll
makaber
graziles Huftier
Gazelle
Greenhorn
Neuling
greifbar
konkret
Greiforgan *der* Elefanten
Ruessel
Greifvogel
Bussard, Habicht, Sperber
grell
knallig
Grenzabgabenbehörde
Zollamt
Grenze
Schluss
Grenzpassierdokument
Triptyk
Grieche
Hellene
Griechen bei Homer
Achaeer
griechische Dichterin
Corinna, Korinna
griechische Göttin
Artemis, Astraea, Demeter, Eunomia, Euterpe, Megaera, Nemesis, Plejade
griechische Göttin der Gerechtigkeit
Nemesis
griechische Göttin der Gesundheit
Hygieia
griechische Göttin der Jagd
Artemis
griechische Göttin der Rache
Erinnye
griechische Göttin des Ackerbaus
Demeter, Demeter
griechische Insel
Amorgos, Kefalos, Kerkyra, Kythera, Mykonos, Nikaria, Pelagos, Salamis
griechische Kolonie in Unteritalien
Paestum
griechische Kriegerin
Amazone
griechische Landschaft
Argolis, Laurion
griechische Meernymphe
Nereide
griechische Münze
Drachme
griechische Nymphe
Kalypso, Nereide
griechische Rachegöttin
Erinnye
griechische Sagengestalt
Ariadne, Elektra, Jokaste, Laokoon, Oedipus, Orpheus, Theseus
griechische Währung
Drachme
griechischer Astronom
Eudoxus
griechischer Bildhauer
Antenor, Phidias
griechischer Buchstabe
Digamma, Epsilon, Omikron, Ypsilon
griechischer Fluss der Unterwelt
Acheron
griechischer Geograf, (Geograph)
Marinus, Strabon
griechischer Geschichtsschreiber
Herodot
griechischer Gott
Alpheus, Anteros, Apollon, Bacchus, Chronos, Ganymed, Okeanos, Peneios, Phoebus, Priapos, Proteus
griechischer Gott der Dichtkunst
Apollon
griechischer Gott der Zeit
Chronos
griechischer Gott des Meeres
Okeanos
griechischer Heros
Aktaeon
griechischer Jüngling
Narziss
griechischer Kultort
Eleusis, Olympia
griechischer Mathematiker
Eudoxos, Hippias
griechischer Musenberg
Parnass
griechischer Philosoph
Gorgias, Hippias, Leukipp, Phaedon, Phaidon, Proklos
griechischer Reeder
Onassis
griechischer Rhetoriker
Gorgias
griechischer Sagenkönig
Oedipus
griechischer Sänger
Orpheus
griechischer Schriftsteller
Alkaeus, Herodot, Korinna
griechischer Staatsmann
Kanaris
griechischer Stamm
Achaeer, Aeolier
griechischer Volkstanz
Sirtaki

griechisches Dichterross
Pegasus
griechisches Heldengedicht
Odyssee
griechisches Musikinstrument
Kithara
griechisches Sagenwesen
Kentaur, Zentaur
griechisches Wegemaß
Stadion
Grille
Einfall, Marotte
Grind
Flechte, Schmutz
grob
schroff
grobe Beleidigung
Affront
grober Kerl
Grobian
grober Mensch
Luemmel, Rohling
grober Verweis
Rueffel
Grobian
Rohling
grollen
donnern, krachen
grönländischer Hauptort
Godthab
großartig
pfundig, sueperb
große Antilleninsel
Jamaika
große Sportanlage
Stadion
Größe
Ausmass
Größenfestsetzung
Normung
großer Anfangsbuchstabe
Initial
großer Lärm
Getoese
großer Meeresraubfisch
Blauhai
großer Menschenaffe
Gorilla
großer Schwimmvogel
Pelikan
großer Vogelkäfig
Voliere
größerer Truppenteil
Brigade
größeres Beet
Rabatte
großes Buch
Foliant
großes Klavier
Fluegel
großes Meeressäugetier
Blauwal
großes Missgeschick
Unstern
großes Säugetier
Elefant, Nashorn
großes Unternehmen
Konzern
Großherzigkeit
Edelmut
großjährig
muendig
Großkatze
Leopard, Panther
Großmaul
Angeber, Prahler
größte hessische Talsperre
Edersee
größte Talsperre in Hessen
Edersee
größter Fluss in Südafrika
Sambesi
größter Hörsaal der Uni (Kurzwort)
Audimax
größter lebender Vogel
Strauss
größter Planet unseres Sonnensystems
Jupiter
größtes lebendes Landtier
Elefant
Großwesir
Premier
großwüchsiger Laubbaum
Platane
grotesk
komisch, seltsam
Groteskschrift
Antiqua
Grünanlage
Rabatte
Grund
Anstoss, Terrain, Umstand, Ursache, Vorwand
Gründer *von* **Prag**
Libussa
Gründer *von* **Rom**
Romulus
grundlegende Änderung
Umbruch
gründlich
penibel
Grundsatz
Prinzip
Grundschulfach
Rechnen
Grundstoff
Element
Grundstoff *einer* **Gruppe**
Edelgas
Grundstoff *für* **Kerzen**
Stearin
Grundstoff *für* **Salben**
Lanolin
Grundstück
Anwesen, Bauland, Terrain
Grundstück mit Haus
Anwesen
Grundstufe (Grammatik)
Positiv
Grundzug
Merkmal
grüner Edelstein
Smaragd, Smaragd
Gruppenakkord
Gedinge
Gruß
Tschues
guatemaltekische Münze
Centavo, Quetzal
Guckkasten
Diarama
Gullivers Zwergenland
Liliput
günstig
gelegen, passend
Günstling
Favorit, Protegé
Gurgel
Schlund
Gürtelschliesse
Schloss
GUS-Staat
Ukraine
Gussform für Stahl
Kokille
Gusto
Neigung
Gut
Anwesen, Domaene, Produkt
Gutachter
Experte
gutartig
benigne
gute Kondition
Fitness
Güte
Edelmut
guter Bekannter
Intimus, Kamerad, Kollege
gutes Benehmen
Anstand
gutmütige Dummheit
Einfalt
Gutshof
Gehoeft
Gutspersonal
Gesinde

Gymnasialklasse (veraltet)
Sekunda
gymnastischer Künstler
Akrobat

H

Haarbusch
Panasch
Haarfarbe
schwarz
haarklein
praezis
Haarknoten
Chignon
Haarpflegegerät
Buerste
Haarpflegemittel
Shampoo
Haarpfleger
Barbier, Friseur, Frisoer
Haarreihe in Augennähe
Wimpern
Haarschneider
Friseur
Haarspalter
Sophist
Haarspange
Agraffe
Haarwaschmittel
Shampoo
Haarzopf
Flechte
Habe
Kapital
habgieriger Mensch
Knauser
Habitus
Gebaren, Haltung
Hackfleisch
Haschee
Hackfleischklößchen
Bulette
Hader
Haendel
Hafen *in der* **Bretagne**
Lorient
Hafenboot
Pinasse
Hafenstadt *an der* **Adria**
Venedig
Hafenstadt *in* **Äthiopien**
Massaua
Hafenstadt *in* **Belgien**
Bruegge, Ostende
Hafenstadt *in* **Brasilien**
Camocim, Niteroi, São Luiz, Vitoria
Hafenstadt *in* **Chile**
Caldera, Iquique
Hafenstadt *in* **China**
Nanking, Tschifu, Yungkia
Hafenstadt *am* **finnischen Meerbusen**
Tallinn
Hafenstadt *in* **Finnland**
Kokkola
Hafenstadt *in* **Frankreich**
Bayonne, Le Havre, Lorient, Quimper
Hafenstadt *in* **Griechenland**
Chalkis, Kalamae, Kalamai, Kavalla, Korinth, Laurion, Piraeus, Prebeza, Preveza
Hafenstadt *in* **Großbritannien**
Bristol, Cardiff, Harwich, Ipswich, Newport, Norwich, Rhondda, Swansea
Hafenstadt *in* **Guinea**
Conakry
Hafenstadt *am* **Indischen Ozean**
Colombo
Hafenstadt *in* **Indonesien**
Jakarta
Hafenstadt *in* **Italien**
Catania, Livorno, Messina, Otranto, Palermo, Salerno, Syrakus, Venedig
Hafenstadt *in* **Japan**
Aeomori, Tschiba
Hafenstadt *in* **Kanada**
Halifax, Toronto
Hafenstadt *in* **Kenia**
Mombasa
Hafenstadt *in* **Kroatien**
Abbazia, Opatija, Sibenik
Hafenstadt *auf* **Kuba**
Havanna
Hafenstadt *im* **Libanon**
Tripoli
Hafenstadt *in* **Libyen**
Bengasi
Hafenstadt *in* **Mexiko**
Tampico
Hafenstadt *am* **Mittelmeer**
Bengasi, Durazzo, Korinth, Livorno, Messina, Palermo, Piraeus, Salerno, Venedig
Hafenstadt *in* **Nordamerika**
Buffalo, New York, Norfolk, Oakland, Seattle
Hafenstadt *in* **Nordirland**
Belfast
Hafenstadt *an der* **Nordsee**
Esbjerg, Hamburg
Hafenstadt *in* **Norwegen**
Alesund, Arendal, Drammen, Tromsoe
Hafenstadt *an der* **Ostsee**
Gdingen, Luebeck, Rostock, Stettin
Hafenstadt *in* **Peru**
San Juan
Hafenstadt *in* **Polen**
Gdingen, Stettin
Hafenstadt *in* **Pommern**
Kolberg, Stettin
Hafenstadt *in* **Portugal**
Setubal
Hafenstadt *in* **Schottland**
Glasgow
Hafenstadt *in* **Schweden**
Varberg
Hafenstadt *auf* **Sizilien**
Augusta, Marsala, Messina, Palermo
Hafenstadt *in* **Spanien**
Almería, Melilla
Hafenstadt *auf* **Sri Lanka**
Colombo
Hafenstadt *in* **Süditalien**
Salerno
Hafenstadt *in* **Thailand**
Bangkok
Hafenstadt *in* **Tunesien**
Biserta, Bizerta, Bizerte
Hafenstadt *der* **Türkei**
Giresun
Hafenstadt *in* **Westengland**
Bristol
Hafenstadt *auf* **Zypern**
Larnaka
Haff
Ufersee
Hafner
Toepfer
Haftbarmachung
Regress
Haftraum
Verlies
Haftsumme
Kaution
Haftung
Gewaehr
Hagelkorn
Graupel
hager
knochig
Hahn in der Fabel
Henning
Hahnenfußgewächs
Anemone
Halbblut
Bastard, Mestize, Mulatte
Halbdunkel
Daemmer

Halbedelstein
Spinell
halber Teil
Haelfte
Halbgefrorenes
Sorbett
Halbinsel *in der* **Adria**
Istrien
Halbinsel *in* **Amerika**
Florida
Halbinsel *in* **Europa**
Istrien, Kintyre
Halbinsel *in* **Hinterindien**
Malakka
Halbinsel *in* **Kroatien**
Istrien
Halbinsel *in* **Mexiko**
Yukatan
Halbinsel *in* **Nordamerika**
Florida
Halbinsel *in* **Vorderasien**
Arabien
Halbmetall
Antimon
Halbporzellan
Fayence
Halbschuh
Slipper
halbsteife Masse
Gallert
Halbteil
Haelfte
Halbweltdame
Kokotte
Halbwüchsiger
Bursche
Halle Odins
Walhall
Hallensische Münze
Haeller
Halsbinde
Schlips
Halseisen
Pranger
Halskette
Kollier
Halsschlagader
Karotis
Halsschmuck
Collier, Kollier
Halsteil
Mandeln, Schlund
Halt
Station
Halteband
Traeger
halten
stoppen
Haltestation
Bahnhof
Haltestelle
Station
Haltezeichen (Musik)
Fermate
haltlos
schwach
Haltung
Fassung, Gebaren, Habitus, Positur
Hamburger Sehenswürdigkeit
Rathaus
Hamburger Stadtteil
Barmbek
Hamburger Vergnügungsviertel
St. Pauli
Handarbeit
Flicken, Haekeln, Sticken, Stopfen
Handarbeitsstoff
Stramin
Handballausdruck
Abspiel, Eckwurf, Einwurf, Torraum
Handdruckgerät
Stempel
Händeklatschen
Applaus, Beifall
Handel
Einkauf, Kommerz, Verkauf
handeln
agieren
Handelsgut
Artikel, Produkt
Handelsmann
Kraemer
Handelsniederlassung
Filiale
Handelsvertretung
Agentur
Handelsvollmacht
Prokura
Handfeuerwaffe
Muskete, Pistole
Handfischnetz
Kescher
Handgepäck
Seesack
handgreiflich
konkret
Handhabung
Einsatz, Technik
Handikap
Vorgabe
Händler
Kraemer, Tandler
Handleuchte
Laterne
Handluftwedler
Faecher
Handlung
Vollzug, Vorgang
Handlungsvollmacht
Prokura
Handreichung
Service
Handtuchstoff
Frottee
Handwerker
Drucker, Graveur, Sattler, Schmied, Spinner, Toepfer
Handwerkertitel
Geselle, Meister
Handwerksgehilfe
Geselle
Handwerkszeug
Buerste, Meissel, Stichel
Hang
Neigung
Hansestadt
Breslau, Bruegge, Hamburg, Kolberg, Luebeck, Rostock, Stettin
Hansestadt an der Trave
Luebeck
Hansestadt in Schleswig-Holstein
Luebeck
Happening
Meeting, Treffen
Harm
Schmerz
Harmonie
Einheit, Frieden
harmonische Klangfolge
Melodie
Harnisch
Kuerass
Harnvergiftung
Uraemie
hart
rigoros
Härte
Strenge
harter Ziegel
Klinker
hartes Metall
Iridium
härtestes Mineral
Diamant
Hartgeld
Muenzen
Hartkäse
Cheddar, Chester, Gruyère
Hartung
Jaenner
Harzart
Galipot, Ladanum
Harzgipfel
Brocken
Häscher
Buettel, Scherge
Haselschwamm
Porling
Hasenbock
Rammler

7

Hasenmännchen
Rammler
Hass
Abscheu
Haube
Aufsatz, Kalotte
Hauch
Fluidum, Luftzug
Haudegen
Veteran
Haue
Dresche, Pruegel
Haufen
Schwarm
Haufenwolke
Kumulus
Haumesser
Machete
Haupt
Fuehrer
Hauptbuch
Journal
Hauptort *des* **Kantons Uri**
Altdorf
Hauptort *auf* **Madeira**
Funchal
Hauptort *von* **Tahiti**
Papeete
Hauptort *auf* **Zypern**
Nikosia
Hauptperson einer Feier
Jubilar
Hauptstadt *von* **Brandenburg**
Potsdam
Hauptstadt *von* **Brunei**
Begawan
Hauptstadt *von* **Costa Rica**
San José
Hauptstadt *der* **Elfenbeinküste**
Abidjan
Hauptstadt *von* **Estland**
Tallinn
Hauptstadt *von* **Guinea**
Conakry
Hauptstadt *von* **Indonesien**
Jakarta
Hauptstadt *des* **Iran**
Teheran
Hauptstadt *von* **Jugoslawien**
Belgrad
Hauptstadt *des* **Kantons Uri**
Altdorf
Hauptstadt *von* **Kenia**
Nairobi
Hauptstadt *von* **Kuba**
Havanna
Hauptstadt *in* **Nahost**
Teheran
Hauptstadt *von* **Namibia**
Windhuk
Hauptstadt *von* **Nicaragua**
Managua
Hauptstadt *von* **Nordirland**
Belfast
Hauptstadt *von* **Ontario**
Toronto
Hauptstadt *von* **Puerto Rico**
San Juan
Hauptstadt *von* **Sachsen**
Dresden
Hauptstadt *von* **Serbien**
Belgrad
Hauptstadt *von* **Sizilien**
Palermo
Hauptstadt *von* **Sri Lanka**
Colombo
Hauptstadt *des* **Sudan**
Khartum
Hauptstadt *von* **Swasiland**
Mbabane
Hauptstadt *von* **Tahiti**
Papeete
Hauptstadt *von* **Thailand**
Bangkok
Hauptstadt *von* **Uganda**
Kampala
Hauptstadt *des* **US-Staates Georgia**
Atlanta
Hauptstadt *von* **Venezuela**
Caracas
Hauptstadt *von* **Vorarlberg**
Bregenz
Hauptstadt *von* **Wales**
Cardiff
Hauptstadt *von* **Wisconsin**
Madison
Hauptstadt *von* **Zypern**
Nikosia
Hauptstierkämpfer
Matador
Haupttür
Eingang
Hauptvolk der Kelten
Gallier
Haus
Bauwerk
Haus *für* **Kunstausstellungen**
Galerie
Hausangestellte
Koechin
Hausangestellter
Bursche
Hauserrichter
Erbauer
Häuserzwischenraum
Bauwich
Hausfront
Fassade
Hausgötter der alten Römer
Penaten
Haushaltstextilien
Waesche
Haushuhnrasse
Leghorn
Hauskleid
Negligé
Hausmeister
Portier
Haustier
Fuellen, Goessel, Hamster, Huendin, Kuecken, Rammler, Rentier, Schwein, Wallach
Haustier *der* **Lappen**
Rentier
Haustürklingel
Klingel, Schelle
Hausvorbau
Veranda
Hauswart
Portier
Haut
Schicht
Hautausschlag
Flechte, Kraetze
Hautfarbstoff
Pigment
Hautkrankheit
Flechte, Kraetze
Hautpilzerkrankung
Flechte
Hautplättchen
Schuppe
Hawaiigitarre
Ukulele
Hawaiiinsel
Molokai
Heber für Flüssigkeiten
Pipette
Hebevorrichtung
Baukran
hebräische Münze
Schekel
hebräischer Gruß
Schalom
hecheln
lechzen
Heckenpflanze
Rotdorn
Hederich
Unkraut
Heerführer
General
Heerschar
Einheit, Verband
Hefegebäck
Brioche, Krapfen

Heft
Journal, Magazin
heftige Abneigung
Abscheu
heftige Sehnsucht
Heimweh
heftiger Stoß
Anprall
heftiger Unwille
Raserei
hehr
erhaben
Heide
Atheist
Heidekraut
Bruesch
Heidenbekehrer
Apostel
Heidepflanze
Ginster
heidnisches Wesen
Goetter
heikel
delikat, kitzlig, prekaer
heil
integer
Heil- und Pflegeanstalt
Kurhaus
Heiland
Messias
Heilbutt
Scholle
Heilgehilfe
Masseur, Pfleger
heilige Handlung
Firmung, Trauung
Heiligenerzählung
Legende
Heiligenschein
Aureole
Heiligtum der alten Griechen
Eleusis, Olympia
heilkräftige Wurzel
Ginseng
Heilkunde
Medizin
Heilmittel
Aspirin, Insulin, Kampfer, Medizin
Heilmittelart
Medizin
Heilpflanze
Beifuss, Betonie, Bryonie, Eibisch, Fenchel, Ginseng, Kamille, Kuemmel, Kurkuma, Majoran, Melisse, Quendel, Rettich, Rizinus, Sanikel, Schlehe, Thymian
Heilteepflanze
Fenchel
Heiltrank
Elixier, Theriak
Heim
Wohnung, Zuhause
Heimat
Wohnort, Zuhause
Heimaterde
Scholle
heimlich
diskret
Heimlichtuer
Kiebitz, Spaeher, Spanner, Spitzel
Heimschule
Alumnat
Heimtücke
Arglist, Bosheit, Intrige
Heimwerker
Bastler
Heimzögling
Interne
Heinzelmännchen
Wichtel
Heirat
Trauung
Heiratsantrag
Werbung
Heiratsgut
Mitgift
Heiratssymbol
Ehering
heißblütig
lebhaft
Heißhunger
Appetit
heiterer Schauspieler
Komiker
heiteres Bühnenstück
Schwank
heiteres Musikstück
Scherzo
Heizmaterial
Brikett, Heizoel
Heizungsanlage
Gasofen, Oelofen
hektisch
gereizt, nervoes
Held
Krieger
Held *der* **griechischen Sage**
Theseus
Held *bei* **Shakespeare**
Othello
Heldendarstellerin
Heroine
Heldenepos
Odyssee
Heldengedicht
Epopoee
Heldin
Heroine
Helfer
Adlatus, Famulus, Gehilfe
Helfer *bei* **Entscheidungen**
Berater
Helferin *von* **Theseus**
Ariadne
Helium
Edelgas
Hellseher
Prophet
Helmbusch
Panasch
Helvetia
Schweiz
hemmen
bremsen, hindern
Hemmung
Skrupel
Henkelgefäß
Karaffe, Terrine
Herabsetzung
Senkung
herausfordernde Körperhaltung
Positur
Herausgabe
Edition
herausgestülpt
wulstig
herb
sproede
Herbstmonat
Oktober
Herde
Schwarm
hereditär
erblich
Hergang
Verlauf
Heringsart
Sardine, Sprotte
Herkommen
Abkunft, Gebluet
Hermaphrodit
Zwitter
Herr *auf* **Italienisch**
Signore
Herr *auf* **Lateinisch**
Dominus
Herr *auf* **Türkisch**
Effendi
Herrenbekleidungsstück
Smoking
Herrenhut
Homburg
Herrenmantel
Paletot
Herrenreiterin
Amazone
herrlich
bestens
herrschaftlich
vornehm

Herrschaftsbereich
Domaene
Herrscher
Monarch
Herstellungsverfahren
Technik
Herstellungsweise
Machart, Technik
Herumtreiber
Gammler, Strolch, Stromer
hervorheben
betonen
hervorragend
eminent
herzanregendes Mittel
Koffein
Herzattacke
Infarkt
Herzeleid
Schmerz
herzlos
grausam, inhuman
Herzog *von* **Bayern**
Tassilo
Herzschlag
Systole
Hessen
Chatten
hessische Großtalsperre
Edersee
Hetäre des griechischen Altertums
Aspasia
hethitische Hauptstadt
Hattusa
Heuschnitt
Grummet
heutiger Name von Reval
Tallinn
Hexenberg
Brocken
Hexenschuss
Lumbago
Hibiskus
Eibisch
Hieb
Streich
Hiebe
Dresche, Pruegel
Hiebwaffe
Florett, Schwert
Hifthorn Rolands
Olifant
Hilfe
Loesung
Hilfe aus Gefahr
Rettung
Hilfeleistung
Rettung
Hilfsbau aus Leitern
Geruest
Hilfsmittel
Kruecke

Himalajabewohner
Tibeter
Himmelsgewölbe
Sphaere
Himmelskönigin
Madonna
Himmelskörper
Gestirn, Trabant
Himmelskugel
Sphaere
Himmelswächter
Heimdal
Hin- und Herfahrender
Pendler
hinaufführender Weg
Anstieg
hinderlich
hemmend, laestig
Hindernis
Engpass, Hemmnis, Hemmung
Hindernis *in der* **Schifffahrt**
Eisberg, Untiefe
Hinderung an weiterem Tun
Einhalt
hinduistische Gottheit
Ganesha, Kasjapa, Krishna, Lakshmi, Parvati, Parwati, Wischnu
Hinfahrt
Anfahrt, Anreise
Hingabe
Passion
hingebungsvoll
ergeben
hinken
humpeln
hinlänglich
sattsam
Hinlänglichkeit
Genuege
Hinnahme
Duldung
Hinreise
Anfahrt
hinter
folgend
Hinterbliebene, Hinterbliebener
Witfrau, Witmann
hintere Körperpartie
Ruecken
hinterer Teil des Rachens
Schlund
Hintergedanke
Arglist
Hintergrund
Kulisse
hinterindische Halbinsel
Malakka

hinterindischer Staat
Vietnam
hinterindischer Strom
Irawadi
hinterlegte Bürgschaft
Kaution
Hinterleib der Insekten
Abdomen
Hinterlist
Arglist, Bosheit, Intrige
hinterlistig
boshaft
Hintern
Gesaess
Hinterseite
Ruecken
Hinundherlaufen
Gerenne
Hinweg
Anfahrt, Anreise
Hinweis
Zeichen
hinweisendes Fürwort
solcher, solches
hinzuzuzählende Zahl
Summand
Hippie
Gammler
Hirn
Braegen
Hirngespinst
Phantom
hirnverbrannt
sinnlos
Hirschart
Rentier
Hirschbrunftgeschrei
Roehren
Hirseart
Fennich
Hirtendichtung
Bukolik
Hirtenvolk
Jakuten, Nomaden
Histörchen
Episode
historische Aufzeichnungen
Annalen, Chronik
historischer Name von Frankreich
Gallien
historischer Zeitbericht
Chronik
historisches Gebäude in Dresden
Zwinger
historisches lettisches Gebiet
Kurland
Hit
Reisser

Hitzebläschen
Wimmerl
hitzig
reizbar
hoch achtbar
wuerdig
Hochachtung
Respekt
hochaktuell
brisant
hochbedeutsam
epochal
Hochbetrieb
Andrang, Ansturm
Hochburg
Zentrum
Hochebene
Plateau
hochexplosiv
brisant
hochfeine modische Erscheinung
Eleganz
Hochfläche
Plateau
Hochform
Topform
Hochglanz
Politur
hochgradiger Schwachsinn
Idiotie
Hochherzigkeit
Edelmut
Hochländer
Schotte
Hochlandschaft
Gebirge
Hochmeister des Deutschen Ordens
Hermann, Winrich
Hochmut
Duenkel
Hochschätzung
Achtung, Respekt
Hochschulbereich
Dekanat
Hochschulbesuch
Studium
Hochschuleinrichtung
Seminar
Hochschüler
Student
Hochschulkurs
Seminar
Hochseefischereifahrzeug
Trawler
Hochsitz
Anstand
höchst
maximal
Hochstapler
Blender
höchste Begeisterung
Ekstase
höchste Genauigkeit
Akribie
höchste Glückseligkeit im Buddhismus
Nirwana
höchste Sorgfalt
Akribie
höchster Berg der Erde
Everest
höchster Berg im Harz
Brocken
höchster Berg in den Ostalpen
Bernina
höchster Berg in Japan
Fudschi
höchster Berg in Slowenien
Triglav
höchster Offizier
General
höchster Richter im alten Rom
Praetor
höchster Schuh
Stiefel
Höchstmaß
Maximum
Höchstwert
Maximum, Optimum
Hochtal *in* **Graubünden**
Engadin
hochtrabend
pompoes
hochwertig
kostbar
Hochwildart
Damwild, Rotwild
Hochzeit
Trauung
Hochziel
Vorbild
Hocker
Schemel
Hof
Anwesen, Gefolge
Hof der Sonne, des Mondes
Aureole
Hoffart
Hochmut
höfischer Tanz
Menuett
höfliches Benehmen
Anstand, Schliff
Hofritter
Paladin
hohe Gesinnung
Edelmut
hohe Stangen mit Trittklötzen
Stelzen
Hoheitszeichen
Kokarde, Stander
Höhenmesser
Echolot, Sextant
Höhensonne
UV-Lampe
Höhenzug
Gebirge
Höhenzug *im* **Elsass**
Vogesen
Höhenzug *bei* **Hannover**
Deister
Höhenzug *in* **Niedersachsen**
Deister, Solling
Höhenzug *im* **Weserbergland**
Solling
Höhepunkt
Maximum, Optimum
hoher Beamter im alten Rom
Praetor
hoher Offizier
Admiral, General
hoher Offiziersrang
General
höhere Wichtigkeit
Vorrang
höherer Fußbogenteil
Estrade
höherer katholischer Geistlicher
Dechant
hohle Abgussform
Matrize
Höhle
Kaverne
Höhle *in der* **Dordogne**
Lascaux
Hohlkopf
Angeber
Hohlkörper
Trommel
Hohlmaß
Gallone
Hohlnadel
Kanuele
Hohlraum
Kaverne
Hohltier
Koralle, Schwamm, Seemoos, Seerose
höhnisch
zynisch
Höker
Kraemer, Tandler
hold
anmutig, huebsch

Holländer
Gebaeck, Mynheer, Zigarre
Hölle
Inferno
höllisches Geschehen
Inferno
holprig
rumplig
Holunder
Flieder
Holzart
Flieder, Hickory, Laerche, Platane, Robinie, Ruester, Schlehe
Holzbehälter
Schrank
Holzblasinstrument
Alphorn
Holzblatt
Furnier
Holzdeckblatt
Furnier
hölzerne Fußform
Leisten
Holzfußboden
Parkett
Holzkohlenhersteller
Koehler
Holzkopf
Grobian
Holzraummaß
Klafter
Holzschädling
Spanner, Spinner
Holzschalenfrucht
Walnuss
Holzschuh
Pantine
homerische Dichtung
Odyssee
Honig sammelnde Insekten
Hummeln
Honigfalke
Bussard
Honorar
Entgelt
Hopfensteckling
Fechser
hörbares Zeichen
Fanfare
Horcher
Spitzel
Horen
Eunomia
Horizont
Kimming, Kimmung
Horizontlinie
Skyline
Hormon
Insulin, Oestron
Horn
Kornett
Horn der Gämse (Gemse)
Krickel
Hornblättchen (Fisch)
Schuppe
Hörnchen
Kipferl
Hornplatte der Schildkröte
Karette
Hornstoff
Keratin
Horntier
Rentier
Hornung
Februar
Horror
Abscheu, Grausen
Hotel
Gasthof, Pension
Hotelangestellte
Koechin
Hotelangestellter
Barmann, Liftboy, Pikkolo, Portier
Hüfthalter
Korsett
Hüfthorn Rolands
Olifant
Huftier
Elefant, Giraffe, Nashorn, Rentier, Schwein
Hüftweh
Ischias
Hügel *in* **Athen**
Areopag
Hügel *vor* **Jerusalem**
Oelberg
Hügel *in* **Rom**
Aventin, Caelius, Kapitol, Palatin, Viminal
Hugenottenführer
Coligny
Hühnerrasse
Leghorn, Minorka
Hühnervogel
Rebhuhn, Wachtel
Huldigung
Beifall, Ovation
huldvoll
gnaedig
Hülle
Packung
Humanist
Erasmus, Grotius
Humbug
Nonsens, Quatsch
humorlos
trocken
humorvoll
komisch
hundeartiges Raubtier
Schakal
Hundekrankheit
Tollwut
Hunderasse
Afghane, Bobtail, Griffon, Mastiff, Pointer, Rattler, Sheltie, Spaniel, Terrier, Whippet
Hundertstel
Prozent
Hundeunterkunft
Zwinger
Hundeweibchen
Huendin
Hunger
Appetit
Hungerleider
Bettler
Hurenhaus
Bordell
Hurrikan
Tornado
hurtig
behende, eilends, schnell
Husarenmütze
Tschako
Hut der Cowboys
Stetson
Hüter *des* **heiligen Grals**
Titurel
Hutform
Filzhut, Homburg
Hüttner
Kaetner
Hybride
Bastard
hygienische Maßnahme
Asepsis
Hymne
Loblied
Hypothese
Annahme, Theorie
Hysterie
Neurose

I

iberischer Staat
Spanien
ideal
perfekt
Ideal
Vorbild
Idee
Einfall, Gedanke
ideenreich
kreativ
Identitätsurkunde
Ausweis
Identitätszeichen (Tier)
Mundart
Idiom
Dialekt

Idiot
Trottel
Idol
Fetisch
Iffland-Ring-Träger
Meinrad
Illustration
Graphik
im bestimmten Augenblick
jeweils
im Meer treibender Gletscherbrocken
Eisberg
im Stande (imstande)
kapabel
im Trend
modern
Imbiss einnehmen
jausnen
Imitation
Parodie
immer
zeitlos
Immunisierung
Impfung
impertinent
laestig, vorlaut
Impetus
Neigung, Tendenz
Impfstoff
Vakzine
Import
Einfuhr
Impresario
Manager
Impuls
Ansporn, Anstoss, Antrieb
impulsiv
spontan
in Angriff nehmen
angehen
in Düsseldorf beliebtes Getränk
Altbier
in vorgerücktem Alter
bejahrt
In-Dienst-Nahme
neutral
In-sich-Gehen
Einkehr
Indianer
Rothaut
Indianerpfeife
Kalumet
Indianerpferd
Mustang
Indianerstamm
Apachen, Azteken, Guarani, Huronen, Olmeken, Quechua
indianische Friedenspfeife
Kalumet
indische Dichtung
Rigweda
indische Gottheit
Wischnu
indische Oasenstadt
Bikanir
indische Provinz
Manipur, Tripura
indischer Ehrentitel
Mahatma
indischer Landsmann
Bengale
indischer Wasserbüffel
Kerabau
indiskret
taktlos
Indiskretion
Klatsch, Rederei, Tratsch
Indiz
Hinweis
indogermanischer Stamm
Albaner, Illyrer, Iranier, Phryger, Romanen, Thraker
indonesische Insel
Celebes, Sumatra, Sumbawa
indonesische Stadt
Bandung, Batavia, Jakarta
indonesischer Berg
Tambora
indonesischer Politiker
Sukarno
indonesischer Volksstamm
Malaien
industrieller Ausdruck
Kartell, Normung
inexakt
ungenau
infam
ruchlos
Infektionsausbreitung
Endemie
Infektionskrankheit
Aussatz, Cholera, Malaria, Roeteln, Tetanus, Tollwut, Tripper
Information
Meldung
Informationsmittel
Journal, Katalog, Lexikon, Zeitung
Ingredienzien
Zutaten
Inhalt
Volumen
Inhaltsangabe
Synopse
inhaltslos
trivial
Initiative
Anstoss, Antrieb
Initiator
Urheber
Injektion
Spritze
Injektionsnadel
Kanuele
Inkrimination
Anklage
Innendurchmesser von Rohren
Kaliber
Innenstadt
Zentrum
innere Harmonie
Frieden
innere Ordnung
Gefuege
innere Verhältnisse
Interna
innerer Teil unseres Planeten
Erdkern
innerlich erfüllt
beseelt
Innewerden eines Geschehens
Erleben
innewohnende Kraft
Energie
Input
Eingabe
Insasse einer Pflegeanstalt
Kranker, Patient
Inschrift
Legende, Widmung
Inschrift in einem Buch
Widmung
Insekt
Erdfloh, Libelle, Moskito, Ohrwurm, Reblaus, Schnake, Termite
Insektenbekämpfungsmittel
Kampfer
Insektenwaffe
Stachel
Insel
Schaere
Insel *bei* **Afrika**
Reunion, São Tomé, Sokotra
Insel *in der* **Ägäis**
Kythira, Thassos
Insel *im* **Ärmelkanal**
Aurigny
Insel *bei* **Athen**
Salamis
Insel *der* **Balearen**
Menorca
Insel *der* **Großen Antillen**
Jamaika

7

Insel *der* **Hawaii-Gruppe**
Molokai
Insel *im* **Indischen Ozean**
Reunion, Sokatra
Insel *der* **Kleinen Antillen**
Bahamas, Grenada
Insel *bei* **Mallorca**
Cabrera
Insel *im* **Mittelmeer**
Cabrera, Korsika, Kythera, Menorca, Minorca, Salamis
Insel *in der* **Nordsee**
Ameland, Baltrum, Neuwerk
Insel *in der* **Ostsee**
Falster, Fehmarn, Gotland, Laaland, Lolland, Seeland
Insel *im* **Pazifik**
Honshu, Kiuschu
Insel *der* **Philippinen**
Mindoro, Palawan
Insel *vor* **Schweden**
Gotland
Insel *vor* **Sizilien**
Alicudi, Vulcano
Insel *im* **Stillen Ozean**
Formosa
Insel *bei* **Venezuela**
Tortuga
Inselgruppe *bei* **Alaska**
Aleuten
Inselgruppe *zwischen* **Alaska und Sibirien**
Aleuten
Inselgruppe *im* **Atlantik**
Lofoten
Inselgruppe *im* **Beringmeer**
Aleuten
Inselgruppe *östlich von* **Florida**
Bahamas
Inselgruppe *in der* **Karibik**
Bahamas
Inselgruppe *vor der* **Küste Norwegens**
Lofoten
Inselgruppe *im* **Pazifik**
Fidschi
Inselgruppe *im* **Stillen Ozean**
Aleuten, Kurilen
Inselkette bei Alaska
Aleuten
Inselstaat
Fidschi, Jamaika
Inselstaat *der* **Antillen**
Jamaika
Inselstaat *in der* **Karibik**
Grenada
Inselvolk in der Südsee
Kanaken
Inserat
Annonce, Anzeige
Inspiration
Einfall
Installateur
Monteur
Instandhaltung
Service, Wartung
Instandsetzung
Flicken, Stopfen
Instinkt
Gefuehl
Institut
Anstalt, Seminar
Instruktion
Weisung
Instrument
Apparat
Instrument *des* **Arztes**
Kanuele, Spritze
Intellektueller
Egghead
Intention
Absicht, Vorsatz
Interesse
Neigung
Interessengruppe
Kartell
Interessenvertreter
Manager
internationales Bündnis
Allianz
Internatsschüler
Interne
Interpellation
Anfrage
Interpretation
Deutung
Intervall
Abstand, Sekunde, Septime
intime Räumlichkeit
Separee
Intuition
Einfall
Invasion
Einfall
Inventar
Bestand
investieren
anlegen
Investor
Anleger
Investoren
Anleger
Iran
Persien
irischer Apostel
Patrick
irischer Berg
Brandon, Errigal
irischer Nationalheiliger
Patrick
irischer Nobelpreisträger für Literatur
Beckett
irischer Physiker
Tyndall
irischer Schriftsteller
Beckett
irisches Luftverkehrszentrum
Shannon
Irrfahrt
Odyssee
Irrtum
Erratum
Isaaks Frau
Rebekka
Isaaks Vater
Abraham
islamische Hochschule
Medrese
islamischer Fastenmonat
Ramadan
islamischer Gebetsrufer
Muezzin
islamischer Mekkapilger
Hadschi
islamischer Prediger
Scheich
islamischer Schutzgeist
Gabriel, Israfil, Michael
islamischer Theologe
Ghazali, Ibn Sina
islamisches Bethaus
Moschee
islamisches Gotteshaus
Moschee
islamisches Recht
Scharia
isländischer Maler
Jonsson
isländischer Nobelpreisträger für Literatur
Laxness
isländischer Schriftsteller
Laxness
Ismailitenoberhaupt
Aga Khan
Isoldes Geliebter
Tristan
Isoliermaterial
Bitumen, Glimmer
Isotop des Wasserstoffs
Tritium
israelischer Berg
Oelberg
israelischer König
Herodes, Salomon
israelischer Politiker
Eschkol, Schasar, Sharett
israelischer Stamm
Sebulon
israelischer Stammvater
Abraham
israelisches Parlament
Knesset

Israels Bürger
Israeli
italienisch für „Die Blauen" (Sport)
Azzurri
italienisch für Brief
lettera
italienisch für Dame
signora
italienisch für Frau
signora
italienisch für Gasthaus
albergo, osteria, taverne
italienisch für Herr
signore
italienisch für Junge
ragazzo
italienisch für klein
piccolo
italienisch für kleiner Junge
bambino
italienisch für Kleinkind
bambino
italienisch für Lied
canzone
italienisch für Mädchen
ragazza
italienisch für Meister
Maestro
italienisch für Musiklehrer
Maestro
italienisch für Palast
palazzo
italienisch für vier
quattro
italienisch für Wirtshaus
osteria
italienische Adelsfamilie
Farnese
italienische Anrede
Signora, Signore
italienische Gaststätte
Albergo, Osteria, Taverne
italienische Gedichtform
Kanzone
italienische Hafenstadt
Catania, Livorno, Marsala, Messina, Otranto, Palermo, Ravenna, Salerno, Sorrent, Syrakus, Venedig
italienische Halbinsel
Apulien
italienische Insel
Alicudi, Asinara, Capraia, Caprera, Panaria, Pianosa, Procida, Tremiti, Vulcano
italienische Lagunenstadt
Venedig
italienische Landschaft
Apulien, Piemont, Romagna, Toskana, Umbrien
italienische Malerfamilie
Bellini
italienische Pasteten aus Nudelteig
Ravioli
italienische Provinz
Bologna, Brescia, Caserta, Cosenza, Ferrara, Florenz, Livorno, Mailand, Messina, Ravenna, Viterbo
italienische Region
Toskana
italienische Reisspeise
Risotto
italienische Sängerin
Bartoli
italienische Sopranistin
Tebaldi
italienische Weinschenke
Osteria, Taverne
italienische Weinsorte
Barbera, Chianti, Lacrima, Marsala, Moscato, Vesuvio
italienischer Astronom
Galilei
italienischer Badeort
Alassio, Sorrent
italienischer Berg
Antelao, Antenna, Bernina, Pollino, Rotondo, Schlern
italienischer Bergsteiger
Trenker
italienischer Botaniker
Delpino
italienischer Erfinder
Galilei, Galvani, Marconi
italienischer Erzähler
Baldini
italienischer Exkönig
Umberto
italienischer Filmregisseur
Fellini, Trenker
italienischer Freiheitskämpfer
Mazzini
italienischer Komponist
Corelli, Puccini, Rossini, Torelli, Vivaldi
italienischer König
Emanuel, Humbert, Umberto
italienischer Kräuterlikör
Rosolio
italienischer Küstenstreifen
Riviera
italienischer Maler
Alberti, Bellini, Bertini, Chirico, da Vinci, Raffael, Solario, Tiepolo, Uccello
italienischer Männername
Lorenzo
italienischer Mathematiker
Cardano, Cremona, Ferrari, Galilei
italienischer Name von Venedig
Venezia
italienischer Naturforscher
Galilei
italienischer Nobelpreisträger für Literatur
Deledda, Montale
italienischer Opernkomponist
Bellini
italienischer Palast
Palazzo
italienischer Philosoph
Gentile
italienischer Physiker
Galilei, Galvani
italienischer Politiker
Boselli, Cairoli, Colombo, Fanfani, Gasperi, Orlando, Saragat
italienischer Revolutionär
Mazzini
italienischer Rotwein
Chianti
italienischer Schriftsteller
Allieri, Aretino, Ariosto, Boiardo, Buzzati, Chirico, Colonna, Deledda, Giraldi, Goldoni, Guarini, Manzoni, Montale, Moravia, Pascoli
italienischer See
Idrosee, Iseosee
italienischer Süßwein
Marsala
italienischer Volksstamm
Sabiner
italienischer Weinbauort
Termeno
italienischerr Geheimbund
Camorra
italienisches Bergmassiv
Apennin
italienisches Fürstengeschlecht
Farnese
italienisches Gebirge
Apennin
italienisches Maisgericht
Polenta

italienisches Nudelgericht
Lasagne, Ravioli
italienisches Rivieraseebad
San Remo
italienisches Wirtshaus
Osteria
italienisches Zupfinstrument
Mandola

J

7

Jacke und Pulli aus gleichem Material
Twinset
Jackenart
Jackett, Spenzer
Jackenkleid
Kostuem
jagdbarer Vogel
Rebhuhn, Wachtel
jagdbares Tier
Rebhuhn
Jagdergebnis
Strecke
Jagdgehilfe
Treiber
Jagdgöttin
Artemis
Jagdhelfer
Treiber
Jagdhund
Spaniel, Terrier
Jagdmesser
Knicker, Weidner
Jagdvergehen
Wildern
Jagdwaffe
Harpune
Jäger der griechischen Sage
Aktaeon
jäh
schroff
Jahrbücher
Annalen, Chronik
Jahresteil
Quartal
Jahreswende
Neujahr
Jahrfünft
Lustrum
Jahrgeld
Apanage
Jammer
Lamento, Notlage, Schmerz
Januar
Eismond, Hartung, Jaenner
japanische Adelsschicht
Samurai
japanische Blumensteckkunst
Ikebana
japanische Insel
Honschu, Kiuschu, Kyuschu
japanische Kunst des Blumensteckens
Ikebana
japanische Politiker
Katsura
japanische Selbstmordart
Seppuku
japanische Theaterstil
Bunraku
japanischer Badeort
Atakawa, Odawara
japanischer Berg
Abukuma, Fujisan
japanischer Binnensee
Biwasee
japanischer Kaiser
Akihito
japanischer Karren
Rikscha
japanischer Kriegerstand
Samurai
japanischer Mathematiker
Kodaira
japanischer Ritter
Samurai
japanischer Wintersportort
Sapporo
japanisches Lokal
Teehaus
japanisches Musikinstrument
Samisen
japanisches Puppenspiel
Bunraku
Jargon
Mundart
Jause in Tirol
Marende
Jazzbegriff
Bigband, Hardbop, Oldtime, Ragtime, Skiffle, Twobeat
Jazzensemble
Bigband
Jazzinstrument
Cornett, Gitarre, Klavier, Kornett, Posaune, Violine
Jazzmusiker
Brubeck, Coleman, Goodman, Hampton, Hawkins, Jackson, Jarrett, Johnson, Rollins, Vaughan, Webster
je Hundert
Prozent
jemand ***mit*** **mehr Schein als Sein**
Blender
jenseitig
drueben
Jesus
Heiland
jetziger Vorrat
Bestand
jetzt
derzeit
Jetztzeit
Neuzeit
Johannisbeere
Ribisel
Johannistag
Johanni
Jolle
Beiboot
jordanischer König
Hussein
Journal
Magazin, Zeitung
Jubel
Applaus, Beifall, Triumph
Jubiläum
Festtag
juckende Anschwellung
Quaddel
juckender Hautausschlag
Kraetze
Jude
Israeli
jüdische Ernährungsart
koscher
jüdische Geheimlehre
Kabbala
jüdischer Feiertag
Neujahr
jüdischer König
Herodes, Manasse, Salomon, Zedekia
jüdischer König zur Zeit Jesu
Herodes
jüdischer Philosoph
Gabirol, Spinoza
jüdischer Politiker
Schamir
jüdischer Priester
Ananias, Kaiphas
jüdisches Gebetbuch
Tefilla
jugendlich
juvenil
Jugendlicher
Bursche
jugoslawische Teilrepublik
Serbien
Juli
Heumond
junge Birke
Maibaum
junge Buche
Heister

junge Gans
Goessel
junge Pflanze der Mutterpflanze
Ableger
junger Mann
Bursche
junger Pflanzenspross
Ableger
Jünger Jesu
Andreas, Apostel, Jakobus
junges Pferd
Fuellen
junges Reh
Rehkalb, Rehling
junges Schwein
Laeufer
Jungfrau Maria
Madonna
Jungfrau von Orléans
Johanna
Junggeselle
Lediger
Junghandwerker
Geselle
Jüngling
Bursche
Jungpferd in der Ausbildung
Remonte
jüngst
neulich
Jüngstenrecht
Minorat
Juni
Brachet
Jupitermond
Ganymed
Jurist
Advokat, Richter
Juristenberuf
Richter
juristischer Begriff
Anklage, Anzeige, Aussage, Injurie, Instanz, Kaution, Klaeger, Klausel, Mandant, Meineid, Protest, Prozess, Verhoer
Justizbehörde
Gericht
Juwel
Kleinod, Schmuck

K

Kabale
Arglist, Intrige
Kabarettlied
Chanson, Couplet
Kabarettszene
Parodie
Kabel
Leitung
Kabinettschef
Kanzler
Kaffeeart
Brauner, Melange
Kaffeewirkstoff
Koffein
Kaffernhirse
Sorghum
Kaffernstamm
Amakosa
Käfig
Voliere, Zwinger
Käfigvogel
Papagei
Kahlstelle
Bloesse
Kaiserschmarren
Omelett
Kakteenart
Opuntia, Opuntie
Kalamität
Notlage
Kalbsleder
Boxcalf
Kalesche
Kutsche
kalifornische Stadt
Oakland
Kalkanstrich
Tuenche
Kalkspat
Siderit
kalt
frostig
kalt stellen
kuehlen
Kälte empfinden
frieren
kalter Wind in Südfrankreich
Mistral
kamelartiges Tier
Guanako, Huanako, Vikunja
Kamerad
Genosse, Kollege, Partner
Kameraeinstellung
halbnah
Kamm
Ruecken
Kammer
Gericht, Instanz
Kampagne
Feldzug
Kampfesweise
Technik
Kampfgefährte
Genosse, Kamerad, Partner
Kampfjungfrau
Amazone
Kampfreihe
Phalanx
Kampfspiel
Treffen, Turnier
Kampfsportart
Fechten
kanadische Hafenstadt
Halifax, Toronto
kanadische Provinz
Alberta, Ontario
kanadischer Nobelpreisträger für Medizin
Banting
kanadischer Politiker
Trudeau
kanadischer See
Eriesee
Kanaille
Schurke
Kanalhafen
Le Havre, Ostende
Kanalinsel
Aurigny
Kanalisationsanlage
Ausguss, Klosett
Kanarische Insel
La Palma
Kaninchenbock
Rammler
Kanoniker
Domherr
Kantine
Essraum
Kanton der Schweiz
Thurgau, Zuerich
Kanton und Stadt der Schweiz
Zuerich
Kanzel
Anstand, Cockpit
Kanzelrede
Predigt
Kanzler
Premier
Kapitalanteil
Einlage
Kapitalertrag
Rendite
Kapitelherr
Domherr
Kapitular
Domherr
Käppchen der Verbindungsstudenten
Zerevis
Käppi
Tschako
Karaffe
Flasche
Karawane
Kolonne
Kardinaltugend
Glauben, Staerke

Karibenfisch
Piranha
Karibikinsel
Antigua
Karikatur
Cartoon
Karnevalistin
Naerrin
Karnevalssitzung
Session
Karo
Viereck
Karo beim Kartenspiel
Schelle
karpfenartiger Fisch
Brachse, Elritze, Guester, Pfrelle, Ploetze, Rotauge, Schleie
Karree
Quadrat, Viereck
Karren
Karrete, Rikscha, Vehikel
Karrierist
Streber
Karstfluss
Fiumare
Karte
Billett
Kartenspiel
Canasta
Kartenspielausdruck
Einsatz, Kiebitz, mischen, Renonce, Schelle, Schwarz, Sequenz, Spieler, Vorhand
Kartoffelmehl
Staerke
Käsesorte
Chester, Gervais, Gruyère, Romadur, Stilton
Käsestadt in Belgien
Limburg
Kassenprüfer
Revisor
Kassenschlager
Reisser
Kaste
Schicht
Kastell
Festung, Schloss
Kasten
Schrank, Schrein
Kastenmöbel
Kommode
kastrierter Hengst
Wallach
Katastrophenart
Absturz, Debakel, Havarie, Umsturz
Kategorie
Gattung, Ordnung
katholische Geistlichkeit
Kapitel
katholische Heilige
Barbara
katholische Kultperson
Heilige
katholische Seelenmesse
Requiem
katholischer Altardiener
Akoluth
katholischer Heiliger
Blasius, Erasmus
katholischer Küster
Messner
katholisches Bittgebet
Litanei
katholisches Sakrament
Firmung
Katzenart
Leopard, Panther
Katzengold
Glimmer
Katzenmusik
Gedudel
Katzensilber
Glimmer
Kaufmann
Kraemer
kaufmännische Eintragung
Buchung
kaufmännischer Begriff
Abnahme, Angebot, Artikel, Ausfuhr, Branche, Buchung, Einfuhr, Einkauf, Faktura, Inkasso, Kaeufer, Magazin, Monopol, Offerte, Passiva, Prokura, Prozent, Solvenz, Verkauf, Zahlung
kaufmännischer Beruf
Manager, Revisor
kaufmännisches Angebot
Offerte
Kaukasusbergvolk
Osseten
Kaulbarsch
Schroll
Kavallerieangriff
Attacke
Kaviarlieferant
Sterlet
Keckheit
Schneid
Keeper
Barmann, Tormann, Torwart
kegelförmig
konisch
Kegelschnittlinie
Ellipse, Parabel
Keglergruß
Gut Holz
Kehlsackvogel
Pelikan
Kehrbild
Negativ
Kehre
Drehung
Kehricht
Schmutz
Kehrreim
Refrain
Kehrseite
Ruecken
Keil an Kleidern
Zwickel
Keile
Dresche, Pruegel
Keim
Erreger
Keimfreiheit
Asepsis
Keimlinge im Boden
Aussaat
keinesfalls
niemals
Kelch
Gefaess
Kellner
Steward
Kellnerlehrling
Pikkolo
Kelterrückstand
Trester
Kenner
Experte, Gourmet, Koenner
kenntnisreich
belesen
Kennzahl
Chiffre
Kennzeichen
Merkmal, Symptom
kennzeichnend
markant, typisch
Kennziffer
Chiffre
Keramiker
Haefner, Toepfer
keramisches Erzeugnis
Fayence, Tonware
Kerbe
Scharte
Kerker
Verlies
Kern
Nukleus
Kernteilchen
Neutron, Nukleon
Kerzenfett
Stearin
Kerzenmaterial
Stearin
kess
vorlaut
Kesselpauken
Timpani
Kettchenanhänger
Amulett

7

Kette
Collier
Kettenfahrzeug
Traktor, Trecker
Kettengeräusch
Rasseln
Kettenpanzer
Bruenne
Keule
Pistill
Kfz-Fahrgestell
Chassis
Kiefernart
Latsche
Kielflügel
Cembalo
Kies
Geroell
Kind des Agamemnon
Elektra, Orestes
Kinderfahrzeug
Dreirad, Kettcar
Kinderhandpuppe
Kasperl
Kinderkrankheit
Roeteln
Kinderspiel
Diabolo, Haschen, Kriegen
Kinderspielzeug
Dreirad, Kreisel
Kindeskind
Enkelin
kindisches Getue
Alberei
Kindslage
Positio
Kinostück
Tonfilm
Kirchenbann
Anathem
Kirchenbauwerk
Bethaus, Dschami, Kapelle, Moschee
Kirchendiener
Kuester, Messner, Sigrist
Kirchenfürst
Bischof
Kirchengemeinde
Pfarrei
Kirchenpräsident
Praeses
Kirchenrede
Predigt
Kirchenspaltung
Schisma
Kirchenspiel
Pfarrei
Kirchenstaat
Vatikan
Kirchenvorsteher
Dechant
kirchliche Handlung
Andacht, Beichte, Firmung, Hochamt, Predigt, Requiem, Segnung, Trauung
kirchlicher Bittgesang
Litanei
kirchlicher Gesang
Eleison
kirchlicher Würdenträger
Bischof, Praelat
kirchliches Bauwerk
Kapelle
Kirschenart
Morelle
Kirschwasser
Obstler, Schnaps
Kissen
Polster
Kladde
Diarium
Klage
Lamento, Querele, Seufzer
Klagegeschrei
Lamento
Klagelaut
Seufzer, Wehlaut
Klagelied
Lamento
Klampfe
Gitarre
Klangfarbe
Tonfall
Klangwirkung
Akustik
Klapper
Ratsche
Klappergerät
Ratsche
klappern
rasseln, rattern
klappriges Pferd
Klepper
klar
praezis
Klarer
Schnaps
Klasse
Gattung, Schicht
Klassenbezeichnung im Gymnasium
Sekunda
Klatsch
Geraune, Rederei, Tratsch
Klavierspieler
Pianist
Klebereiweiß
Aleuron
klebrige Flüssigkeit
Schleim
Kleid
Kostuem
Kleiderbesatz
Ruesche
Kleiderform
Schnitt
Kleiderverschluss
Guertel
Kleiderverzierung
Ruesche
Kleidungsstück
Gehrock, Guertel, Jackett, Kapotte, Komplet, Kostuem, Overall, Sandale, Schlips, Smoking, Soutane, Spenzer, Stiefel, Strumpf, Stutzen, Sweater, Taghemd, Tschako, Uniform, Vorhemd
Kleinasiatin
Tuerkin
kleinasiatische Stadt
Ephesus
Kleindarsteller
Statist
kleine Ansiedlung
Flecken
kleine Apfelsine
Satsuma
kleine Burg
Kastell
kleine Fahne
Stander
kleine Geldspende
Almosen
kleine Heringsart
Sprotte
kleine Kirche
Kapelle
kleine Krebse (italienisch)
Scampis
kleine Krume
Kruemel
kleine Zeiteinheit
Sekunde
kleiner Bach
Rinnsal
kleiner Dolch
Stilett
kleiner Filmstar
Starlet
kleiner Heringsfisch
Sardine, Sprotte
kleiner Hocker
Schemel
kleiner Karpfenfisch
Elritze
kleiner Kerl
Steppke
kleiner Ladenkaufmann
Kraemer
kleiner Mörser
Boeller
kleiner Papageienvogel
Sittich
kleiner Schrank mit Aufsatz
Vertiko

7

7

kleiner Schwindel
Mogelei
kleiner Speisekrebs
Garnele
kleiner Sprung
Huepfer
kleiner Teich
Tuempel
kleiner Teppich
Bruecke
kleiner Tropenvogel
Kolibri
kleiner Wasserlauf
Rinnsal
kleiner Zeitungsaufsatz
Artikel
kleines Federdeckbett
Plumeau
kleines Feldhuhn
Wachtel
kleines Gefäß für Salz
Streuer
kleines Klavier
Pianino
kleines Nagetier
Hamster
kleines Orchester
Kapelle
kleines stehende Gewässer
Tuempel
kleines Teigstück
Nockerl
kleines Warenschild
Etikett
Kleingebäck
Biskuit, Cracker
Kleingeld
Muenzen
Kleinhändler
Kraemer
Kleinkram
Plunder
Kleinkunstbühne
Varieté
kleinlich
penibel
Kleinod
Schmuck
Kleinodien
Juwelen
Kleinpapagei
Sittich
Kleinstaat in Europa
Andorra, Vatikan
kleinste deutsche Münze
Pfennig
Kleintaxi
Minicar
Klemme
Dilemma, Notlage
Klemmer
Kneifer

Klient
Mandant
Klient eines Rechtsanwalts
Mandant
Klingel
Schelle
Klops
Bulette, Knoedel
Kloß
Klumpen, Knoedel
Kloster
Konvent, Priorat
Klosterfrau
Novizin
Klostergemeinschaft
Konvent
Klosterteil
Klausur
Kluft
Abstand, Distanz
klug
gewitzt
Klumpen
Brocken, Scholle
Knabberei zum Kaffee
Gebaeck
knapp
lapidar
knausern
knapsen
knebeln
fesseln
Knecht des Abraham
Elieser
Kneifer
Klemmer, Zwicker
Kneipe
Schenke
Knetkur
Massage
Knettherapie
Massage
Knieholz
Latsche
Kniestrumpf
Stutzen
Kniff
Finesse
Knirps
Steppke
Knobel
Wuerfel
Knobelbecherzubehör
Wuerfel
Knochen
Gebeine, Skelett
Knochenbruch
Fraktur
Knochenfischart
Karpfen, Scholle, Seehase
Knochengerüst
Gerippe, Skelett

Knollengemüse
Rettich, Zwiebel
Knüller
Reisser
Knüpfarbeit
Teppich
Knüppel
Pruegel
Koalition
Allianz
Kobold
Bilwiss, Kerkops
Kochgefäß
Braeter, Retorte
Kochgerät
Gasherd
Kochstelle
Gasherd
Kogge
Galeone, Galione
Kognomen
Beiname
Kohlart
Rotkohl, Wirsing
Kohlehydrat
Staerke
Kohlenbrenner
Koehler
Kohlenprodukt
Brikett, Heizoel, Pyridin
Kohlgemüse
Wirsing
kokettieren
flirten
Kokosgebäck
Makrone
Kokswerk
Kokerei
Kolleg
Anstalt
Kollektion
Auswahl
Kölner Witzfigur
Tuennes
Kolonist
Siedler
Koloratur
Triller
kolumbianische Münze
Centavo
kolumbianischer Autor
Marquez
kolumbianischer Nobelpreisträger für Literatur
Marquez
Kombiwagen
Caravan
komisch
grotesk, spassig
Kommandant
Fuehrer, General
Kommandeursflagge
Stander

Kommando
Weisung
Kommen in Scharen
Zustrom
kommende Zeit
Zukunft
Kommentar
Deutung
Kommission
Gremium
Kommunalbeamter
Landrat
Kommunikation
Verkehr
Komödie
Schwank
Komparse
Statist
Komplex
Bereich, Neurose
Komplott
Intrige
Kompottart
Roester
Kompresse
Auflage, Verband
Kondition
Fitness
Konditoreierzeugnis
Gebaeck
Kondolenz
Beileid
Konfekt
Praline
Konferenz
Sitzung, Treffen
Konglomerat
Gemenge
Kongress
Treffen
Kongresspalast in Washington
Kapitol
König *von* **Böhmen**
Ottokar
König *und* **Hüter des Grals**
Titurel
König *von* **Israel und Juda**
Salomon
König *von* **Jerusalem**
Balduin
König *von* **Juda**
Manasse
König *von* **Lydien**
Kroesus
König *im* **Nibelungenlied**
Gunther
König *der* **Ostgoten**
Witigis
König *von* **Pergamon**
Attalos
König *von* **Theben**
Oedipus
König *von* **Troja**
Priamus
König *der* **Wandalen**
Gelimer
König *der* **Westgoten**
Alarich, Athaulf
Königin *der* **Elfen**
Titania
Königreich *in* **Europa**
Belgien, Holland, Spanien
Könner
Experte, Meister
Konsequenz
Schluss
Konservenbehältnis
Buechse
Konservierungsverfahren
poekeln
Konsonant
Mitlaut
Konsorte
Genosse
Konstitution
Zustand
Konstrukteur
Erbauer
Konsum
Verzehr
Kontaktblättchen
Lamelle
Konterfei
Bildnis
Kontinent
Amerika, Erdteil
Kontrakt
Vertrag
Kontrollbildschirm
Monitor
Kontrolleur
Revisor
Kontrollgang
Streife
Konvent
Kloster
Konvention
Vertrag
Konzept
Entwurf
Konzertunternehmer
Manager
Kopf
Fuehrer
Kopfauswuchs beim Wild
Gehoern
Kopfbedeckung
Filzhut
Kopffüßer
Ammonit, Oktopus
kopflos
panisch
Kopfschlagader
Carotis, Karotis
Kopfschmuck
Ohrring
Kopfsprung
Koepfer
Kopfstimme
Falsett
Kopfteil
Antlitz, Gesicht, Wimpern
Kopfteil bei Tieren
Fuehler, Gehoern, Ruessel
Koppel
Guertel
Korbblütler
Beifuss, Endivie, Kamille, Lattich, Tagetes
Kordel
Baendel
Kordon
Spalier
Korken
Stopfen
Kormoran
Scharbe, Seerabe
Körnerfrucht
Einkorn, Sorghum
Körperabsonderung
Traenen
Körperart (Geometrie)
Wuerfel
Körperertüchtigung
Jogging
Körperglied
Oberarm
Körperknetkur
Massage
Körperkraft
Staerke
Körperlänge
Groesse
körperlich
konkret
körperliche Bestform
Fitness
Körperpflege
Hygiene
Körperschaft
Gremium, Verband
Körperteil
Gerippe, Gesaess, Gesicht, Knochen, Knorpel, Oberarm, Ruecken, Skelett
Körperteil *des* **Elefanten**
Ruessel
Körperteil *des* **Tintenfischs**
Fangarm
korpulent
beleibt
korrekt
richtig
Korridor
Passage, Vorraum

korsische Hauptstadt
Ajaccio
Korso
Festzug
Kosakenpeitsche
Nagaika
kosmetische Hautbehandlung
Peeling
kosmetischer Artikel
Parfuem, Shampoo
kosmetischer Begriff
Peeling
Kosmos
Weltall
Kost
Nahrung
Kost und Wohnung
Pension
kostbar
erlesen
kostbarer Kasten
Schrein
Kostbarkeit
Kleinod, Schmuck
Kosten
Aufwand
kostenfrei
umsonst
Kostenvoranschlag
Angebot
köstlich
delikat, erlesen
Kostschüler im Heim
Alumnus
Krabbe
Garnele
Krach
Getoese, Krawall
Krachen beim Gewitter
donnern
Kraft
Antrieb, Dynamik, Energie, Staerke
Kraftfahrzeug
Lastzug, Omnibus, Traktor, Trecker
Kraftfahrzeugtyp
Autobus
kraftlos
schlapp, schwach
Kraftmaschine
Turbine
kraftvoll
wuchtig
Kraftwagengestell
Chassis
Kragen
Goeller
Kragstein
Konsole
Kram
Krempel, Plunder, Troedel

Krampe
Klammer
Krampf
Spasmus
Krampfzustand
Spasmus
krank
leidend
Krankenbetreuer
Pfleger
Krankenhaus
Charité, Spittel
Krankenhaus *in* Berlin
Charité
Krankenhaus *in* Paris
Bicêtre
Krankenwagen
Rettung
Krankenwärter
Pfleger
Kranker
Patient
Krankheitsanzeichen
Symptom
Krankheitsereignis
Attacke
Krankheitserregerfreiheit
Asepsis
Krankheitskeim
Erreger
Krankheitssymptom
Schmerz
Krankheitszeichen
Symptom
Kränkung
Affront, Injurie
Kranz
Gebinde
Krapfen
Beignet
Kratersee bei Rom
Nemisee
Krätze
Skabies
Kratzer
Blessur
Krause
Ruesche
Krawattenart
Schlips
Kreatur
Pflanze
Krebstier
Daphnie, Garnele
Kredit
Anleihe
Kreditaufnahme
Anleihe
Kreidefarben-Malerei
Pastell
Kreidezeichnung
Pastell

Kreisabschnitt
Segment
Kreisschnittlinie
Sekante
krepieren
bersten, platzen, sterben
Kreuzblütler
Levkoje, Rettich
Kreuzfahrer
Tankred
Kreuzkraut
Senecio
Krieger
Landser, Veteran
Kriegerin der griechischen Sage
Amazone
Kriegsflugzeugverband
Staffel
Kriegsschiff
Galeere, Galeone, Kreuzer
Kriemhilds Bruder
Gunther
Krimskrams
Plunder, Troedel
Kriterium
Merkmal
Kronleuchter
Luester
Krume
Broesel, Brosame, Kruemel
Krümel
Brosame
krumme Linie
Spirale
Krummholzart
Latsche
Krummholzkiefer
Latsche
Krummsäbel
Jatagan
Krümmung
Biegung
kubanische Währungseinheit
Centavo
Kübel
Bottich
Küchenbecken
Ausguss
Kücheneinrichtung
Ausguss
Küchengegenstand
Buerste, Eieruhr, Oeffner
Küchengewürz
Beifuss, Borrago, Fenchel, Kuemmel, Lorbeer, Majoran, Melisse, Oregano, Paprika, Pfeffer, Quendel, Thymian, Vanille, Zwiebel
Küchenkraut
Quendel, Thymian

Küfer
Kuebler
Kugelabschnitt
Kalotte, Segment
Kügelchen
Globuli
Kugelkappe
Kalotte
Kugelspiel
Billard
kühl
frostig
Kuhle
Erdloch
kühn
beherzt
kühne Unternehmungslust
Wagemut
kultische Bräuche
Rituale
kultiviert
elegant, erlesen
Kultstätte des Zeus
Olympia
Kultur
Bildung
Kulturepoche
Klassik, Moderne, Neuzeit, Romanik
Kulturerde
Kompost
Kulturhochzeit
Klassik
Kulturpflanze der Tropen
Erdnuss, Oelbaum
Kulturstätte
Galerie, Theater
Kümmelbranntwein
Aquavit
Kummer
Schmerz
kümmerlich
popelig
Kumpan
Genosse, Kamerad, Partner
Kunde
Kaeufer, Mandant, Meldung
Kundendienst
Service
Künder
Prophet
Kundschafter
Spaeher, Spitzel
Kunst des Zeichnens
Graphik
Kunstdruck
Graphik
Kunstfaser
Acrylan, Cupresa, Helanca, Nyltest, Trevira
kunstfertig
virtuos
Kunstflugfigur
Looping
Kunstförderer
Goenner
Kunstfreund
Aesthet
Kunstgattung
Graphik, Keramik, Malerei, Plastik
kunstgewerbliche Handarbeit
Gobelin, Keramik, Teppich
Kunstgriff
Finesse
Kunsthandlung
Galerie
Kunstharz
Bakelit
Künstler
Akrobat, Dichter, Gaukler, Komiker, Literat, Lyriker, Maestro, Meister, Musiker, Pianist, Saenger, Statist, Taenzer
künstlerisch
musisch
künstlerische Morgenvorstellung
Matinee
Künstlerwerkstatt
Atelier
künstlich herbeigeführter Schlaf
Narkose
künstliche Weltsprache
Mondial
künstlicher Lichtspender
Leuchte
künstlicher Mensch
Android
künstlicher Wasserfall
Kaskade
künstlicher Zahnersatz
Bruecke
künstliches Gewässer
Stausee
Kunstrichtung
Klassik, Moderne, Romanik
Kunstrichtung *im* Mittelalter
Romanik
Kunstsammlung
Galerie
kunstsinnig
musisch
Kunststoff
Bakelit, Eternit, Plastik, Resopal, Silikon, Vinidur
Kunsttanz
Ballett
Kunsttänzer
Stepper
Kunstturner im Zirkus
Akrobat
Kunstwerk
Gedicht, Graphik, Musical, Oelbild, Plastik
Kupferlegierung
Messing
Kuppelaufsatz
Laterne
Kuppelbau
Rotunde
Kur
Heilung
Kuranwendung
Massage, Moorbad
kurios
seltsam
Kurort
Heilbad
Kurort *in* Belgien
Ostende
Kurort *am* Gardasee
Gardone, Torbole
Kurort *im* Harz
Altenau
Kurort *in* Kroatien
Opatija
Kurort *am* Lago Maggiore
Locarno
Kurort *in* Oberbayern
Aibling
Kurort *an der* Riviera
Rapallo
Kurort *im* Schwarzwald
Triberg, Wildbad
Kurort *im* Weserbergland
Pyrmont
Kurs
Gelaeuf, Strecke
Kursabschlag
Disagio
Kurserholung
Reprise
Kurve
Biegung, Ellipse, Parabel, Rundung, Spirale
Kurve schneidende Gerade
Sekante
kurz hochheben
luepfen
kurz und bündig
lapidar
kurze Begebenheit
Episode
kurze feierliche Veranstaltung
Festakt
kürzere Prosaerzählung
Novelle
Kurzgeschichte
Episode, Novelle

Kurzgottesdienst
Andacht
kürzlich
juengst, neulich
Kuss
Busserl, Schmatz
Küste
Gestade
Küstenform
Gestade, Nehrung
Küstenstreifen am Mittelmeer
Riviera
Küstenzone
Litoral
Küster
Messner, Sigrist
Kykladeninsel
Mykonos, Serifos

L

Lab
Ferment
Laborgefäß
Retorte
Labsal
Wohltat
Lache
Pfuetze
lächerlich
grotesk, komisch, skurril
lächerlicher Vorfall
Blamage
lachsartiger Fisch
Felchen, Forelle, Maraene
Lachsfisch
Kapelan
Lackaffe
Angeber, Stutzer
Lackmus
Reagenz
Lade
Schrein
Ladung
Ballast
Laffe
Stutzer
Lage
Haltung
Lage *des* **Fetus**
Positio
Lager
Magazin
Lagerpfandschein
Warrant
Lagerpflanze
Flechte
Lagune
Ufersee
Lagunenstadt
Venedig

Laie
Amateur
Laken
Bettuch
Lamaart
Guanako
Lammfell
Karakul, Krimmer
Lampenart
Laterne, Luester
Lampion
Laterne
Land
Gefilde, Terrain
Land *der* **Bundesrepublik**
Hamburg, Sachsen
Land *der* **Kelten**
Gallien
Land *im* **Naturzustand**
Wildnis
Land *der* **unbegrenzten Möglichkeiten**
Amerika
Landbesitz
Gehoeft, Gutshof
Landenge vor Korinth
Isthmus
Landeshauptmann im alten Polen
Starost
Landesherr
Monarch
Landesherr Jesu
Herodes
Landesteil
Provinz
Landesteil *von* **Bayern**
Franken
Landesteil *der* **Tschechischen Republik**
Boehmen, Maehren
Landhaus
Cottage, Datscha
landläufig
ueblich
ländlicher Besitz
Anwesen, Gehoeft
ländliches Hotel
Gasthof
ländliches Wirtshaus
Gasthof
Landpartie
Ausflug
Landpolizist
Gendarm
Landschaft *im* **Alten Testament**
Aramaea
Landschaft *der* **Antike**
Aeolien
Landschaft *im* **Baltikum**
Kurland, Livland

Landschaft *in* **Belgien**
Brabant
Landschaft *zwischen* **Elbe und Bober**
Lausitz
Landschaft *am* **Mittelmeer**
Riviera
Landschaft *in* **Niedersachsen**
Emsland, Solling
Landschaft *am* **Oberrhein**
Ortenau
Landschaft *in* **Ostpreußen**
Ermland, Masuren, Samland
Landschaft *in der* **Schweiz**
Engadin
Landschaft *in* **Süddeutschland**
Allgaeu
Landschaft *in* **Westfalen**
Hellweg
landschaftlich für Pfifferling
Rehling
Landschaftsform
Gebirge, Praerie
Landsmann in Österreich
Steirer, Tiroler
Landspitze
Nehrung
Landstreicher
Bettler
Landvermesser
Geodaet
Landvogt bei Wilhelm Tell
Gessler
Landwirt
Agronom
landwirtschaftliche Zugmaschine
Traktor
landwirtschaftliches Fahrzeug
Traktor
landwirtschaftliches Gebäude
Scheune
landwirtschaftliches Gerät
Traktor
landwirtschaftliches Personal
Gesinde
landwirtschaftliches Produkt
Fleisch, Gemuese
langbeiniges Steppentier
Giraffe
lange Stäbe
Stangen
Länge
Ausmass

Längenmaß
Klafter
langfristige Kreditnahme
Anleihe
Langhalstier
Giraffe
längliches Gebäck
Weckerl
längliches Teigstück
Nockerl
längs
entlang
langsam
saeumig
langsamer französischer Tanz
Gavotte
langsamer moderner Tanz
Slowfox
langsamer Tanz
Slowfox
langweilig
monoton
Lärm
Aufruhr, Getoese, Klamauk, Krakeel, Krawall
lärmen
groelen, rumoren
lärmende Umzüge Jugendlicher
Randale
lärmender Unfug
Randale
lärmendes Schreien
Groelen
Lärminstrument
Klapper
lasch
laessig, schlaff
lässig
langsam
Lässigkeit
Laxheit
Last
Gewicht
Lastenheber
Stapler
Laster
Unsitte
lästiger Mensch
Stoerer
lästiges Insekt
Schnake
lateinisch für Arzt
medicus
lateinisch für Erinnerung
memoria
lateinisch für fünf
quinque
lateinisch für Glück
fortuna
lateinisch für jugendlich
juvenil
lateinisch für Volk
populus
lateinisch für Zahl
numerus
lateinische Bibelübersetzung
Vulgata
lateinische Druckschrift
Antiqua
lateinische Sprachprüfung
Latinum
lateinischer Name für Österreich
Austria
lateinischer Name für Paris
Lutetia
lateinischer Name für Polen
Polonia
Laterne
Aufsatz, Lampion, Leuchte
Latonas Sohn
Apollon
Latrine
Abtritt, Klosett
Lattengestell
Spalier
Laubbaum
Lorbeer, Oelbaum, Platane, Robinie, Walnuss
Laubengang
Pergola
Lauchpflanze
Zipolle, Zwiebel
Laudatio
Lobrede
Lauf
Jogging
Laufbrücke
Gangway
Läufer
Teppich
Lauferei
Gerenne
Laufvogel
Strauss
Laune
Einfall, Marotte
Lauscher
Horcher
laute Warnung
Mahnruf
lauter
ehrlich, integer
lauter Beifall
Applaus, Ovation
lauter Tadel
Schelte
lautes Jammern
Gezeter
lautes zänkisches Streiten
Gekeife
lax
laessig, schlaff
Lay-out, Layout
Entwurf
leasen
pachten
Lebemann
Playboy
lebendig
schnell
Lebensbeschreiber
Biograf
Lebensende
Ableben
lebensfremd
trocken
Lebensgefährte
Ehemann, Partner
Lebensgefährtin
Ehefrau
Lebensgemeinschaft
Familie
Lebensgemeinschaft mit Kindern
Familie
Lebewesen
Kreatur, Pflanze
lebhafte Erörterung
Debatte
lebhaftes Musikstück
Allegro
Lebhaftigkeit
Schwung
lecker
delikat
Leckermaul
Gourmet
Lederart
Boxkalf, Chagrin, Chamois, Glacee, Juchten, Rindbox, Rossbox, Saffian
Lederbearbeiter
Sattler
Lederfleck
Riester
Lederflicken auf dem Schuh
Riester
Ledergurt
Guertel
Lederhandwerker
Sattler
Lederpeitsche
Nagaika
Lederriemen
Guertel
Lederteil zum Ausbessern
Flicken
ledige Gräfin
Komtess

leere Redensart
Floskel
legal
legitim
legendäre englische Popgruppe
Beatles
legendärer Rockmusiker
Hendrix
Legendenspiel
Mirakel
leger
laessig
Legföhre
Latsche
Legitimation
Ausweis, Urkunde
Lehen
Benefiz
Lehranstalt
Seminar
Lehrberuf
Drogist
Lehre *von der* **Bewegung**
Kinetik
Lehre *von den* **Kräften**
Dynamik
Lehre *vom* **Schall**
Akustik
Lehrerausbildungsanstalt
Seminar
Lehrherr
Meister
Lehrmeinung
Doktrin, Theorem, Theorie
Lehrstück
Parabel
Leib
Abdomen, Koerper
Leibchen
Korsett
leibhaftig
konkret
Leibrente
Apanage
Leibriemen
Guertel
Leibwache
Eskorte
Leichenmahl
Schmaus
Leichenöffnung
Beschau, Sektion
Leichenzug
Kondukt
leicht ergraut (Haare)
meliert
leicht nachgebend
formbar
Leichtathlet
Laeufer
leichtathletische Übung
Stossen

leichte Fußbekleidung
Sandale
leichte Verletzung
Kratzer
leichter Morgenmantel
Negligé
leichter Rausch
Schwips
leichtlebig
unsolid
Leichtmetall
Caesium, Kalzium, Natrium
Leichtöl
Gasolin, Heizoel
leichtsinniger Mensch
Strizzi
Leid
Schmerz
Leiden Christi
Passion
leidender Mensch
Kranker
Leidenschaft
Hingabe, Passion
leidenschaftliche Hingabe
Passion
leidenschaftliche Wut
Raserei
Leidensgeschichte Jesu
Passion
leihen
pachten
leimartig
klebrig, viskoes
leise
schwach
leise lachen
kichern
leise sprechen
wispern
Leistungsfähigkeit
Ability, Energie
Leistungskraft
Energie
Leitbild
Vorbild
Leiter
Fuehrer, Manager
Leiter *eines* **Bautrupps**
Meister
Leiter *des* **Burenkrieges gegen England**
Krueger
Leiter *eines* **Landkreises**
Landrat
Leiterteil
Sprosse
Leitgedanke
Prinzip
Leitsatz
Doktrin, Prinzip

Lektüre
Zeitung
lenken
steuern
Lenker
Fuehrer
lentement
langsam
Lenz
Lenzing
Leopard
Panther
Lepra
Aussatz
Lernabschnitt
Lektion
lernender junger Mensch
Student
Lernpensum
Lektion
Lernzeit
Studium
Lesart
Deutung, Fassung, Version
Lesbierin
Tribade, Urlinde, Urninde
Lesebuch
ABC-Buch
Letos Sohn
Apollon
Letos Tochter
Artemis
lettische Landschaft
Kurland, Livland
Lettland in der Landessprache
Latvija
letzter deutscher Kaiser
Wilhelm
letzter König Italiens
Umberto
Leuchte
Laterne, Luester
Leuchtpunkte
Lichter
Leumund
Ansehen, Geltung
libysche Residenzstadt
Bengasi
Lichtdurchlass
Fenster
Lichtgehäuse
Laterne
Lichtgott
Apollon, Mithras
Lichthof um die Sonne
Aureole
lichtlos
duester, finster
Lichtreflektor
Spiegel
Lichtspielhaus
Kintopp

Lichtstärkemaßeinheit
Candela
lieb
huebsch
Liebelei
Affaere, Liaison
Liebesabenteuer
Romanze
Liebesbeweis
Busserl
Liebesdienerin
Hetaere
Liebesepisode
Romanze
Liebesgabe
Almosen
Liebesgöttin
Astarte
Liebesverhältnis
Liaison
Liebhaberei
Passion
lieblich
huebsch
Liebschaften
Amouren
Lied
Chanson, Couplet, Melodie
liedartig
lyrisch
Liederabschnitt
Strophe
Liederinterpret
Saenger
Liederjan
Saeufer, Trinker
Liedform
Ballade, Chanson, Couplet, Kanzone, Sestine
Liedteil
Refrain, Strophe
Lieferung
Sendung, Versand
Liegestatt
Kanapee
Liga
Allianz, Verband
Ligatur
Bindung
Likör
Curaçao
Liliengewächs
Spargel, Zwiebel
Limerick
Gedicht
Limonade
Sprudel
Limone
Limette
limos
sumpfig
lindern
mildern
linksrheinisches Bergland
Vogesen
Liparische Insel
Alicudi, Panarea, Vulcano
Lippenblütler
Labiate
Lippenblütlerart
Majoran, Melisse, Quendel, Thymian
Liste
Katalog, Tabelle
listenförmige Aufstellung
Tabelle
Litauen in der Landessprache
Lietuva
literarische Erzählform
Novelle
literarische Fehde
Polemik
literarisches Werk
Ballade, Gedicht, Novelle
literaturbewandert
belesen
liturgischer Gegenstand
Missale
liturgisches Gewand
Soutane
livländischer Kümmellikör
Allasch
Lobby
Vorraum
loben
ruehmen
Loch
Auslauf, Einlauf
locker
laessig
locker machen
lockern
Lockgerät des Jägers
Blatter
logarithmische Maßeinheit
Dezibel
Loggia
Veranda
Lohn
Entgelt, Honorar
Lokal
Gasthof, Schenke, Stehbar, Tanzbar, Tearoom
Londoner Schriftsteller
Dickens
Londoner Stadtteil
Chelsea, Croydon, Eastend, Westend
Londoner Zentralflughafen
Croydon
Los
Fuegung
losbinden
lockern
Lösegeldzahlung
Loskauf
lösen
lockern
löslich
solubel
Lostrennung
Schisma
Losung
Wildkot
Lösung
Gemisch
Lösungsmittel
Alkohol
lothringisches Eisenerz
Minette
Lotterie
Tombola
Lotteriebegriff
Einsatz, Ziehung
loyal
ergeben, redlich
Lücke für Angreifer
Bresche
Luder
Kadaver
Luftbewegung
Tornado
Luftdruckanzeiger
Aneroid
luftdurchlässig
undicht
lüften
luepfen
Luftfahrt
Aviatik
Luftleitblech am Auto
Spoiler
Luftröhre
Trachea, Trachee
Luftrolle
Looping
Luftschiffpionier
Eckener
Luftstrom
Windzug
Luftströmung nach oben
Aufwind
Luftverkehrszentrum
Airport
lukrativ
lohnend
Lümmel
Grobian
Lump
Halunke, Saeufer, Schurke
Lust
Geluest, Wollust
Lustgefilde
Elysium

7

lustig
drollig, komisch, spassig
lustige Figur
Bajazzo, Kasperl
lustiges Bühnenstück
Schwank
lustiges Lied
Gstanzl
Lustschloss *im* **Park von Versailles**
Trianon
Lustspiel
Schwank
luxemburgischer Landesteil
Gutland, Oesland
Luxus
Aufwand
Luzerner Hausberg
Pilatus
Luzifer
Satanas
Lyriker
Dichter
lyrisches Chorwerk
Kantate
lyrisches Werk
Gedicht

M

Machenschaft
Intrige, Umtrieb
Macht
Groesse, Staerke
Machtbereich
Sphaere
Machthaber
Monarch
mächtig
wuchtig
machtlos
hilflos, schwach
Magazin
Arsenal
mager
knochig, schlank
Magie
Hexerei
magischer Gegenstand
Amulett, Fetisch
Magnetende
Nordpol, Suedpol
Mahd
Schnitt
Mahl
Gericht, Speise
Mahnbrief
Epistel, Monitum
Mahnmal
Denkmal
Mahnruf
Memento, Monitum
Mahnung zur Vorsicht
Warnung
Mähre
Klepper
Mais
Kukuruz
Maisspeise
Polenta
majestätisch
erhaben
makaber
duester
Makel
Schande
mäkeln
meckern
Makler
Mittler
Mal
Zeichen
Malaienorchester
Gamelan
malaiische Dorfsiedlung
Kampong
malaiische Halbinsel
Malakka
Malariaheilmittel
Atebrin
Malariamücke
Moskito
Malgerät
Palette
maliziös
boshaft
malvenfarbig
violett
Malvengewächs
Eibisch
Malzzucker
Maltose
Mammutbaum
Sequoie
Mandarinenart
Satsuma
Mandat
Auftrag, Vertrag
Mandelgebäck
Makrone
Mandelkonfekt
Krokant
Mangel
Defizit, Schaden
Mangel *an* **Erfahrung**
Unreife
Mangel *an* **Lebenserfahrung**
Unreife
Mangelkrankheit
Skorbut
mangelnder Glaube
Zweifel
Manie
Neigung, Passion
Maniokmehl
Tapioka
Maniokwurzel
Kassawa
Manipulation
Methode
manipulieren
steuern
maniriert
geziert
Männerkurzname
Bastian, Frieder
Männerstimmlage
Bariton
männliche Geschwister
Brueder
männlicher Hase
Rammler
männlicher Verwandter
Urenkel
männlicher Vorname
Agrippa, Amadeus, Andreas, Balduin, Bertold, Bertram, Clemens, Dankrad, Dietmar, Dominik, Eginald, Eilbert, Emanuel, Erasmus, Florian, Friedel, Gabriel, Gerhard, Gilbert, Gisbert, Guenter, Hartmut, Helmuth, Herbert, Hermann, Joachim, Juergen, Karsten, Kasimir, Lambert, Leopold, Manfred, Michael, Norbert, Philipp, Richard, Severin, Steffen, Stephan, Tankred, Tassilo, Theodor, Tilmann, Vinzenz, Walther, Wilhelm, Wolfram
männliches Haustier
Rammler, Schoeps, Wallach
männliches Schaf
Schoeps
männliches Waldtier
Rehbock
Mannsbild
Bursche
Mannweib
Zwitter
Manschetten
Stulpen
Mantelart
Paletot
Manuskript
Hand-out
Märchenfigur
Ali Baba, Alraune, Einhorn, Haensel, Isegrim, Jorinde, Olifant, Reineke, Sindbad, Zwergin
Märchenland
Liliput

Marderart
Zorilla
Marienbildnis
Madonna
Marinedienstgrad
Admiral, Matrose
Marineoffizier
Admiral
markant
typisch
Marke
Merkmal, Stempel, Zeichen
märkischer Dichter
Fontane
marktbeherrschende Organisation
Konzern
Marmel
Klicker
Marmelade
Kompott
marokkanischer Volksteil
Kabylen
Marsch
Neuland
Marsch von Truppen
Heerzug
Marschboden
Schlick
Marschformation
Kolonne
martern
foltern
Martinstag
Martini
Märtyrer
Blasius, Emmeram, Erasmus, Florian
März
Lenzing
Maschine
Apparat
Maschine *für* **Erdarbeiten**
Scraper, Skraper
Maschinenart
Apparat, Turbine, Windrad
Maschinenaufsteller
Monteur
Maschinenelement
Zahnrad
Maschinenmensch
Roboter
Maschinenteil
Trommel
Maschinerie
Apparat, Betrieb
masernähnliche Krankheit
Roeteln
Maserung
Geaeder
Maskareneninsel
Réunion
Maske
Fassade
Maskenball
Redoute
Maskenkleidung
Kostuem
Maskottchen
Amulett
Maß
Quantum
Massage
Knetkur
Massaker
Blutbad
Masse
Bestand, Materie
Maßeinheit *für das* **spezifische Mostgewicht**
Oechsle
Maßeinheit *für die* **Stärke radioaktiver Strahlung**
Sievert
Maßeinheit *der* **Wärmemenge**
Kalorie
Maßeinheit *für die* **Zeit**
Sekunde
Massenansturm
Andrang
Massenerkrankung
Endemie
Masseteilchen
Molekel
massig
kompakt, wuchtig
mäßig
moderat, schwach
mäßig langsames Tonstück
Andante
mäßig warm
lauwarm
Mast
Vortopp
Match
Treffen
Matchteilnehmer
Spieler
Mater
Matrize
Mater dolorosa
Madonna
Material *zur* **Kerzenherstellung**
Stearin
Materialverlust
Schwund
materieller Schaden
Verlust
Mathematiker
Cardano, Hilbert, Lambert, Laplace, Leibniz, Neumann, Riemann
Mathematikteilgebiet
Algebra, Numerik
mathematische Figur
Ellipse, Quadrat, Rhombus, Vieleck, Viereck, Wuerfel
mathematische Funktion
Cosinus, Kosinus, Tangens
mathematische Linie
Strecke
mathematischer Begriff
Achteck, Algebra, Divisor, Dreieck, Einheit, Ellipse, Flaeche, Kathete, Komplex, Kosinus, Loesung, Maximum, Minimum, Numerus, Parabel, Produkt, Prozent, Quadrat, Rhombus, Segment, Sekante, Sphaere, Spirale, Tangens, Teilung, Vieleck, Viereck, Volumen, Wuerfel, Zaehler, Zentrum
mathematischer Kegelschnitt
Ellipse, Parabel
Mätresse Ludwigs XV.
Dubarry
Matrose
Mariner, Seemann
Matrosengepäck
Seesack
matt
schwach
Mauerbewurf
Verputz
Mauerbrei
Moertel
Mauerbruch
Bresche
Mauerlücke
Scharte
Mauersalat
Lattich
Mauerverzierung
Risalit
Maul
Schlund
Maulform
Ruessel
Maulheld
Angeber, Poltron
Maurerwerkzeug
Senklot
Mausoleum
Grabmal
Maut
Gebuehr, Wegzoll
Maxime
Prinzip
Maya-Gottheit
Hunahan, Hunahpu, Hurakan, Itzamna

Mäzen
Goenner
Mechanikteilgebiet
Dynamik
mechanisches Klavier
Pianola
Mechanismus
Apparat
Mechanismus eines Zeitmessgeräts
Uhrwerk
Medeas Heimat
Kolchis
Medikament
Medizin
Medikament für Zuckerkranke
Insulin
Medikamentform
Aerosol
Mediziner
Medikus

7

medizinische Betäubung
Narkose
medizinische Körperbehandlung
Knetkur, Massage
medizinischer Fachausdruck für Körperkraft
Sthenie
medizinischer Fachausdruck für Verletzung
Laesion
medizinisches Gerät
Spritze
medizinisches Instrument
Spritze
Medizinstudent
Famulus
Medusa
Gorgone
Meer
Eismeer, Nordsee, Pazifik, Suedsee
Meeresbewegung
Brecher, Duenung, Seegang
Meeresblumentier
Koralle
Meeresbrise
Seeluft
Meeresgott
Okeanos, Phorkys, Proteus
Meereshohltier
Koralle
Meereskrebs
Garnele
Meeresküste
Gestade
Meeresraubfisch
Dornhai, Muraene
Meeressäugetier
Blauwal, Delphin, Finnwal

Meeressaum
Gestade
Meeresschlamm
Schlick
Meerestiefenmessgerät
Echolot
Meerestier
Blauwal, Delphin, Finnwal, Flunder, Garnele, Koralle, Makrele, Meerkuh, Pottwal, Sardine, Scholle, Seehase, Seehund, Seeigel, Seewolf, Walross, Zahnwal
Meeresufer
Gestade
Meeresvogel
Pinguin, Scharbe, Toelpel, Tordalk
Meeresweichtier
Muschel
Meerkatze
Mangabe
Megäre
Erinnye
Mehlspeise
Auflauf, Omelett
mehrarmiger Anker
Draggen
mehrere
etliche
mehrfach
haeufig
mehrmastiges Segelschiff
Schoner
Mehrpreis
Aufgeld
mehrstimmig
polyfon
mehrstimmige Vokalkomposition
Motette
Meinung
Annahme, Ansicht, Glauben
Meinungsaustausch
Debatte
Meinungsforschung
Umfrage
Meinungsverschiedenheit
Dissens
Meisenart
Kleiber
Meister
Experte, Koenner, Maestro, Vorbild
meisterhaft
perfekt, virtuos
Meistersinger bei Wagner
Kothner, Schwarz
Mekkapilger
Hadschi
Meldung
Rapport

Meldung einer strafbaren Handlung
Anzeige
melierter Wollstoff
Marengo
Memento
Mahnruf, Mahnung
Memorial
Denkmal
Menge
Quantum
Mensch *der* Antike
Germane
Mensch *mit* grobem Benehmen
Raubein
Mensch *ohne* Kunstsinn
Banause
Mensch *mit* überspannten Ideen
Fantast
Menschen der Antike
Gallier
Menschenaffe
Gorilla
menschenähnliche Zauberwurzel
Alraune
Menschenansammlung
Auflauf
Menschenhai
Blauhai
menschliche Verbindung
Kontakt
menschliches Verständigungsmittel
Sprache
Menstruation
Periode
mental
geistig
Mentalität
Denkart
Mentor
Berater
Menübeilage
Knoedel
Merkmal
Symptom, Zeichen
Merkspruch
Sentenz
merkwürdig
abwegig, seltsam
Mesner
Kuester
Messbuch der Priester
Missale
Messe für Verstorbene
Requiem
Messebetreuerin
Hostess
Messer, Gabel, Löffel
Besteck

Messerspur
Schnitt
Messestadt *des* **Buchhandels**
Leipzig
Messestadt *der* **Mode**
Mailand
Messgerät
Echolot, Kompass, Sextant
Messias
Heiland
Metall
Antimon, Cadmium, Caesium, Gallium, Hafnium, Iridium, Kadmium, Kalzium, Lanthan, Lithium, Natrium, Niobium, Rhenium, Rhodium, Terbium, Thorium, Vanadin, Wolfram, Yttrium
Metallabfall
Schrott
Metallberuf
Fraeser, Giesser, Schmied
metallenes Altmaterial
Schrott
Metallhandwerker
Schmied
metallisches Element
Antimon
Metalllegierung
Messing
Metallstecher
Graveur
Metallüberzug
Emaille
meteorologischer Begriff
Isobare, Zyklone
Metier
Gewerbe
Metzger
Selcher
Metzgereierzeugnis
Fleisch, Pastete
mexikanische Goldmünze
Hidalgo
mexikanische Halbinsel
Yucatan, Yukatan
mexikanische Insel
Clarion, Cozumel, Socorro, Tiburon
mexikanische Münze
Centavo
mexikanischer Badeort
Orizaba
mexikanischer Branntwein
Tequila
mexikanischer Haupthafen
Tampico
mexikanischer Schwanzlurch
Axolotl
mexikanischer Staat
Yucatan, Yukatan
mexikanisches Indianervolk
Azteken
mickerig
schwach
Mieder
Korsage, Korsett
mieten
pachten
Mietfahrzeug
Minicar
Mietunternehmen
Verleih
Mietverhältnis
Leasing
Mikroskopart
Binokel
Milchkaffee
Melange
Milchprodukt
Joghurt
Milchstraße
Galaxis
Milchwirtschaftsbetrieb
Meierei
Milchzucker
Laktose
mild
lauwarm
milde Gabe
Almosen
mildern
lindern
Militär
Kommiss
militärische Dienstkleidung
Uniform
militärische Einheit
Brigade
militärischer Dienstgrad
Admiral, General, Matrose
militärischer Führer
General
militärisches Bündnis
Entente
militärisches Geleit
Eskorte
Militärpferd
Remonte
minder
weniger
Minderbetrag
Defizit
minderwertige Pferd
Klepper
minderwertige Ware
Gelumpe, Plunder
minderwertiger Tabak
Knaster
Mindestwert
Minimum
Mineral
Andesin, Asphalt, Chromit, Disthen, Dolomit, Glimmer, Graphit, Idokras, Ilmenit, Limonit, Melanit, Minette, Monazit, Nephrit, Peridot, Porphyr, Quarzit, Siderit, Silikat
Mineraliengemenge
Gestein
Mineralölprodukt
Asphalt, Bitumen, Heizoel, Naphtha
Mineralölverarbeitung
Kracken
Mineralwachs
Zeresin
Mineralwasser
Selters, Sprudel
Minister unter Karl dem Großen
Einhard
Minus
Defizit, Verlust
minus
weniger
minuziös
penibel
Mischbrett des Malers
Palette
Mischgericht
Eintopf
Mischling
Bastard, Castize, Hybride, Kastize, Mestize, Mulatte
Mischung zur Bierbereitung
Maische
Mischvolk in Russland
Tataren
Misere
Notlage
Missbilligung
Verweis
Missetäter
Frevler, Suender
Missfallen
Abscheu
Missgeschick
Malheur
missglückte Poesie
Gereime
Missgriff
Fauxpas
Misshandlungsspur
Strieme
Mission
Auftrag, Sendung

7

Missionar *der* **Iren**
Patrick
Missionar *der* **Westgoten**
Wulfila
misslich
prekaer
Missmut
Unwille
Misstrauen
Argwohn, Skepsis
Missverhältnis
Ametrie
Mist
Duenger
mit der Hand
manuell
mit Holz getäfelter Fußboden
Parkett
mit *von der* **Partie**
zugegen
Mitarbeit
Beitrag
Mitarbeiter
Famulus, Gehilfe, Geselle, Gespann, Kollege
Mitbegründer *der* **amerikanischen Unabhängigkeit**
Steuben
Mitbegründer *von* **Rom**
Romulus
Miterfinder *des* **Automotors**
Daimler
Mitesser
Parasit
Mitgefühl
Beileid, Mitleid
Mitglied
Genosse, Kollege
Mitglied *des* **Senats**
Senator
Mitglied *eines* **sizilianischen Geheimbundes**
Mafioso
Mitglieder eines Preisgerichts
Juroren
Mitgliederzusammenschluss
Verband
Mitgliedsgebühr
Beitrag
Mitinhaber
Partner
Mitläufer
Jasager
mitreißende Kraft
Schwung
Mitspieler
Partner
Mitte
Zentrum
Mitteilung
Aussage, Aussage, Bericht, Bericht
Mitteilung am schwarzen Brett
Aushang
mittelalterliche Waffe
Schwert
mittelalterlicher Humanist
Erasmus
mittelalterlicher Schandpfahl
Pranger
mittelalterliches Kriegsschiff
Galeere, Galeone
mittelalterliches Reiterkampfspiel
Turnier
mittelalterliches Saiteninstrument
Psalter
mittelalterliches Segelschiff
Galeere, Galeone
mittelalterliches Tanzlied
Rondeau
mittelamerikanischer Indianerstamm
Azteken, Kariben
Mittelasiat
Kirgise
mitteldeutsche Landschaft
Lausitz, Pommern, Sachsen
Mitteleuropäerin
Ungarin
mitteleuropäisches Gebirge
Sudeten
Mittelmeer-Sommerwinde
Elesien
Mittelmeerfisch
Muraene, Sardine
Mittelmeerfischerboot
Tartane
Mittelmeerküste
Riviera
Mittelmeerstaat
Italien, Libanon, Marokko, Spanien, Tuerkei
Mittelmeerteil
Aegaeis
Mittelmeerwind
Etesien, Mistral
Mittelpunkt
Zentrum
Mittelsmann
Mittler
Mittelwert
Schnitt
mitten
zentral
Mixgetränk
Cobbler, Collins, Schorle
Moa
Strauss
Möbelbezugstoff
Epinglé
Möbelpflegemittel
Politur
Möbelstück
Ehebett, Kommode, Schemel, Schrank, Spiegel, Vertiko, Vitrine
mobil
behende
Mode
Fashion
Mode ab 1947
New Look
Modell
Entwurf
Modenarr
Stutzer
Moderator
Ansager
modern
aktuell, im Trend, modisch, zeitnah
moderne Gymnastik
Aerobic
Modetanz
Lambada, Letkiss
modisch
elegant
modische Feinheit
Eleganz
modische Tanzgymnastik
Aerobic
modischer Ohrschmuck
Stecker
möglich
denkbar, machbar
Mohammedaner
Islamit
mohammedanische Sekte
Sufiten
mohammedanischer Fastenmonat
Ramadan
mohammedanischer Gebetsrufer
Muezzin
mohammedanischer Tempel
Moschee

mohammedanisches Gotteshaus
Moschee
Mohammeds Nachfolger
Abu Bakr, Abu Bekr
Mohrrübe
Karotte
Mohrrübenfarbstoff
Karotin
Molkerei
Meierei
Monacos Landesfürst
Rainier
monarchische Sitzung
Kronrat
Monatsblutung
Periode
Monatsname
Brachet, Eismond, Ernting, Februar, Hartung, Heumond, Hornung, Jaenner, Julmond, Lenzing, Nebelung, Oktober
Mönchsbehausung
Kloster
Mond
Trabant
Mond des Jupiter
Ganymed
Mond des Saturn
Japetus
Mond des Uranus
Miranda, Titania, Umbriel
mondän
elegant, vornehm
Mondfinsternis
Eklipse
Mondphase
Neumond
mongolischer Stamm
Tataren
mongolischer Statthalter
Perwane
Monokel
Einglas
Monstranz
Gefaess
Monteurkittel
Overall
montiertes Bild
Collage
Montur
Uniform
Monument
Denkmal, Mahnmal
Moralphilosoph
Ethiker
Morast
Schlamm
Morgengabe
Mitgift
Morgenland
Levante
Morgenrock
Negligé
Morgenstern
Luzifer
Morgenunterhaltung
Matinee
Mörser zum Schießen
Boeller
Moselstädter
Trierer
Moslem
Islamit
Mostgewicht (Einheit)
Oechsle
Motor
Antrieb
Motorengeräusch
tuckern
Motorenteil
Kuehler
Motorfahrzeug
Omnibus, Traktor, Trecker
Motorleistungsbasis
Hubraum
Motorradteil
Auspuff
Motorschlepper
Traktor, Trecker
Mottenmittel
Kampfer
motzen
meckern
Mückenart
Moskito, Schnake
müde
schlapp
Müdigkeitszeichen
Gaehnen
mühelos
einfach
Mühlenbesitzer
Mueller
Mühlennebenprodukt
Gruesch
mühsam
laestig
Müll
Schmutz
Müllabladeplatz
Deponie
Mumm
Schneid, Schwung
Münchener Symbolfigur
Bavaria
Münchener Verkehrszentrum
Stachus
Mundart
Dialekt
mundartlich für *sich* **balgen**
rangeln
Mundausschlag
Aphthen
mündlicher Bericht
Aussage
Mundschenk des Zeus
Ganymed
Mundteil
Schlund
Mündungsarm *des* **Rheins**
Merwede
Mündungstrichter der Garonne
Gironde
munter
behende, lebhaft
Münzen und Scheine
Bargeld
Münzprüfer
Wardein
Münzuhr für das Auto
Parkuhr
Murmel
Klicker
Murmeln
Geraune
mürrisch
grantig
Muse *des* **Gesangs**
Euterpe
Musenberg
Helikon, Parnass
Musenross
Pegasus
Musentempel
Theater
Museum
Galerie
Museum in Frankfurt/Main
Staedel
Museumsbeamter
Kustode
Musik *für* **drei Stimmen**
Terzett
Musik *für* **sechs Stimmen**
Sextett
Musik *für* **sieben Stimmen**
Septett
musikalische Verzierung
Triller
musikalischer Begriff
andante
musikalischer Beruf
Saenger
musikalischer Fachterminus für bebend
tremolo, vibrato

musikalischer Fachterminus für einstimmig
unisono
musikalischer Fachterminus für erregt
agitato
musikalischer Fachterminus für fließend
andante
musikalischer Fachterminus für heiter
allegro
musikalischer Fachterminus für lebhaft
allegro
musikalischer Fachterminus für leidenschaftlich
furioso
musikalischer Fachterminus für lustig
scherzo
musikalischer Fachterminus für schnell
allegro
musikalischer Fachterminus für stürmisch
furioso
musikalischer Fachterminus für wild
furioso
musikalischer Fachterminus für zittern
tremolo
musikalisches Bühnenwerk
Musical
musikalisches Gesangswerk
Kantate
musikalisches Intervall
Sekunde, Septime
musikalisches Schlaginstrument
Trommel
musikalisches Streichinstrument
Violine
musikalisches Vorspiel
Prélude
Musikautomat
Jukebox
Musikdarbietung
Konzert, Motette, Musical, Passion, Prelude, Requiem, Tokkata
Musikensemble
Bigband, Kapelle, Septett, Sextett
Musikinstrument
Alphorn, Bandola, Cembalo, Fanfare, Fluegel, Gitarre, Helikon, Klavier, Kornett, Mandola, Musette, Posaune, Spinett, Trommel, Violine
Musikstück für drei Stimmen
Terzett
Musiktonträger
Tonband
Musikveranstaltung
Konzert
Musikweise
Melodie
Musizierender
Musiker, Musikus
Muskelkraft
Staerke
Muskelkrampf
Tetanie
Muskelschmerz
Myalgie
Muslim
Islamit
Muss
Pflicht
Müßiggänger
Bummler, Flaneur, Gammler
Muster
Exempel, Vorbild, Vorlage
Musterzeichnung
Entwurf
Mut
Courage, Schneid, Wagemut
mutig
beherzt
mutmaßen
glauben
mutmaßlich
putativ
Mutter *der* **Antigone**
Jokaste
Mutter *von* **Esau**
Rebekka
Mutter *von* **Herakles, Herkules**
Alkmene
Mutter *von* **Jakob**
Rebekka
Mutter *von* **Ödipus**
Jokaste
Muttermörder in der griechischen Sage
Orestes
Mütze der Couleurstudenten
Zerevis
Mützenabzeichen
Kokarde
mysteriös
seltsam
Mysterium
Mirakel, Raetsel
Mythos
Legende

N

Nabob
Kroesus, Reicher
nach
folgend
nach oben
peu à peu
nach und nach
peu à peu
Nachahmung
Parodie
Nachbildung
Plagiat
Nachdichtung im Scherz
Parodie
Nachdruck
Emphase, Gewicht, Reprint
Nachfolger
Epigone, Juenger
Nachforschung
Enquete
nachgebend
formbar
nachgiebig
formbar
Nachkomme
Enkelin, Epigone, Tochter, Urenkel
Nachlass
Diskont, Erbteil
Nachlässigkeit
Laxheit
Nachlassverwalter
Vormund
Nachprüfer
Revisor
Nachrede
Affront, Klatsch, Tratsch
Nachricht
Meldung
Nachrichtenbüro
Agentur
Nachrichtenmittel
Telefax, Telefon, Zeitung
Nachschlagewerk
Lexikon
Nachsicht
Langmut
Nachspeise
Dessert, Kompott, Pudding
Nächstenliebe
Caritas, Karitas
Nachteil
Schaden

Nachtfalter
Spanner
Nachtisch
Dessert
nächtliche Wachrunde
Streife
Nachtlokal
Dancing, Tanzbar
Nachtragsgesetz
Novelle
Nachtschattengewächs
Paprika, Solanum
Nachweis
Urkunde
Nachwuchspferd
Remonte
Nadelarbeit
Haekeln, Sticken, Stopfen
Nadelbaum
Laerche, Latsche
Nadelrips
Epinglé
Nagetier
Hamster, Lemming
nahe Verwandte
Tochter
nahezu
beinahe
Nahost
Levante
Nahostbewohner
Israeli
Nahosthalbinsel
Arabien
Nährstoff
Eiweiss, Vitamin
Nahrungsmittel
Fleisch, Gemuese
Nährwerteinheit
Kalorie
Name *für* **Astarte**
Ischtar
Name *aus der* **deutschen Fabel**
Isegrim, Reineke
Name *der* **ersten Raumsonde**
Sputnik
Name *des* **Fuchses**
Reineke
Name *eines* **Inkagottes**
Kontiki
Name *des* **Satans**
Luzifer
Name *von* **spanischen Königen**
Alfonso
Name *des* **Wolfes**
Isegrim
Namenszeichen
Paraphe
Namenszug
Paraphe

namhaft
bekannt
Narbe
Schmiss
Narbenleder
Chagrin, Saffian
Narkosemittel
Lachgas
Narrenfigur im italienischen Theater
Bajazzo
Narrenkleidung
Kostuem
Narrheit
Torheit
Narzissenart
Tazette
Naschwerk
Bonbons, Gebaeck, Konfekt, Praline
naseweis
altklug, vorlaut
Nässe
Feuchte
Nationalgetränk in Holland
Genever
Nationalheiliger der Iren
Patrick
Nationalheldin der Tschechen
Libussa
Naturalienleistung
Deputat
Naturallohn
Deputat
Naturereignis
Graupel, Schauer, Tornado
Naturforscher
Biologe
Naturkatastrophe
Tornado
natürlich
einfach
natürliche Erdabtragung
Erosion
natürlicher Dünger
Kompost
Naturschutzgebiet *in der* **Schweiz**
Engadin
Naturtrompete
Fanfare
Naturwissenschaft
Botanik, Medizin
Naturwissenschaftler
Biologe, Geologe, Zoologe
nautisches Gerät
Echolot, Kompass, Sextant
Nebelhorn
Foghorn
nebenbei bemerkt
apropos

Nebenbestimmung
Klausel
Nebenbewohner
Nachbar
Nebendarsteller
Komparse, Statist
Nebenfluss *des* **Arno**
Ombrone
Nebenfluss *des* **Dnjepr**
Pripjet
Nebenfluss *der* **Donau**
Agostul, Altbach, Argesul, Arschis, Bielach, Brigach, Cibrica, Ostrach, Sarming, Wolfach
Nebenfluss *der* **Drau**
Bisztra, Vellach
Nebenfluss *der* **Elbe**
Cidlina, Ilmenau, Jeetzel, Tetrowa
Nebenfluss *der* **Havel**
Stremme, Wublitz
Nebenfluss *des* **Inn**
Salzach
Nebenfluss *der* **Isar**
Ellbach, Loisach, Moosach, Rottach
Nebenfluss *der* **Kinzig**
Wolfach
Nebenfluss *der* **Maas**
Wiseppe
Nebenfluss *des* **Mains**
Rednitz, Regnitz
Nebenfluss *der* **Moldau**
Maltsch, Mastnik, Wottawa
Nebenfluss *der* **Mosel**
Meurthe, Vologne
Nebenfluss *des* **Ob**
Irtysch
Nebenfluss *der* **Oder**
Bartsch, Iseritz, Pleiske, Proskau
Nebenfluss *der* **Regnitz**
Wiesent
Nebenfluss *des* **Rhein**
Emscher
Nebenfluss *der* **Saale**
Gleisse, Lomnitz, Loquitz, Regnitz, Selbitz, Sorbitz, Unstrut
Nebenfluss *der* **Werra**
Hoersel
Nebenhandlung
Episode
Nebenmann
Nachbar
Nebenmeer des Atlantiks
Karibik, Nordsee
Nebenraum
Alkoven, Separee
Nebenrolle beim Theater
Episode

Nebensächliches
Beiwerk
Nebenstelle
Agentur, Filiale
neblig
dunstig
negative Auswirkung
Schaden
negative Elektrode
Kathode
Negerstamm
Kaffern, Watussi
nehmen
greifen
neidloses Zugestehen
Goennen
Neigung
Tendenz
Nenner
Divisor
Neon
Edelgas
Nereide
Galatea
Nervatur
Aderung
Nervenkrankheit
Neurose
nervenschwach
nervoes, reizbar
nervös
gereizt, pikiert, rastlos, reizbar
Nervosität
Aufruhr
netzartig
filiert
Neue Welt
Amerika
Neugetaufter
Neophyt
neuindische Sprache
Bengali
neulich
juengst
Neuneck
Nonagon
Neureicher
Parvenu
Neuzeit
Moderne
Nibelungenschwert
Nothung
nicht analog
digital
nicht berufsmäßiger Sportler
Amateur
nicht beteiligt
neutral
nicht exakt
ungenau
nicht gemeinschaftsfähig
asozial
nicht genau
ungenau
nicht heiß
lauwarm
nicht hoch
niedrig
nicht klappen
stocken
nicht kostbar
wertlos
nicht langsam
schnell
nicht leicht verderblich
haltbar
nicht nass
trocken
nicht positiv
negativ
nicht präzise
ungenau
nicht rostender Stahl
Nirosta
nicht sehr viel
maessig
nicht straff
schlaff
nicht süß
trocken
nicht verderblich
haltbar
nicht verschwenderisch
sparsam
Nichtfachmann
Amateur
nichtig
wertlos
Nichtprofi
Amateur
Nichtstattfinden
Ausfall
Nichtstuer
Gammler, Stromer
nichtswürdiger Mensch
Halunke
nie
niemals
niedere Pflanze
Flechte
Niedergang
Abstieg, Verfall, Zerfall
niedergeschlagen
traurig
Niederlage
Debakel, Schmach, Verlust
niederländische Antilleninsel
Bonaire, Curaçao
niederländische Großstadt
Utrecht
niederländische Insel
Ameland
niederländische Käsestadt
Alkmaar
niederländische Königin
Beatrix, Juliana
niederländische Malerfamilie
Bruegel
niederländische Provinz
Geldern, Seeland
niederländische Residenzstadt
Den Haag
niederländische Stadt mit dem Käsemarkt
Alkmaar
niederländischer Astronom
Huygens
niederländischer Botaniker
Jacquin
niederländischer Branntwein
Genever
niederländischer Forscher
Huygens
niederländischer Herrscher
Oranier
niederländischer Humanist
Erasmus, Grotius
niederländischer Kupferstecher
Sadeler, Soutman
niederländischer Maler
Beyeren, Brouwer, Hobbema, Memling, Seghers, Snyders, Teniers, van Dyck, van Eyck, van Gogh, Vermeer
niederländischer Mathematiker
Brouwer, Huygens
niederländischer Mediziner
Swieten
niederländischer Naturwissenschaftler
Huygens
niederländischer Nobelpreisträger für Medizin
Eijkman
niederländischer Nobelpreisträger für Physik
Lorentz, Zernike
niederländischer Philosoph
Spinoza

niederländischer Physiker
Huygens, Lorentz, Zernike
niederländischer Politiker
Grotius
niederländischer Schnaps
Genever
niederländischer Seefahrer
Barents
niederländischer Showmaster
Carrell
niederländisches Fürstenhaus
Oranien
Niederlassung
Agentur, Filiale, Kolonie
Niederlegung
Aufgabe
Niederschlag
Graupel, Schauer
Niederschrift im Register
Eintrag
Niedertracht
Arglist, Bosheit, Infamie
niederträchtig
ruchlos
Niederwild
Rebhuhn
niedlich
drollig, huebsch, reizend
Niesen nachahmender Ruf
hatschi
Nikolausbegleiter
Krampus
Nimbus
Ansehen
nimmer
nie mehr, niemals
nimmermüde
rastlos
Nische in Gaststätte
Separee
Niveauunterschied
Neigung
Nixe
Lorelei, Loreley
nobel
honorig, vornehm
Noblesse
Edelmut
Nomade
Beduine
Nominativ
Werfall
nonchalant
formlos, laessig
Nonne in der Probezeit
Novizin
Nonsens
Quatsch
Nordafrikaner
Beduine, Numider, Senussi
nordafrikanische Hauptstadt
Khartum
nordafrikanischer Staat
Marokko
nordafrikanisches Gebirge
Ahaggar
nordamerikanische Beutelratte
Opossum
nordamerikanische Grasebene
Praerie
nordamerikanische Halbinsel
Florida
nordamerikanische Inselkette
Aleuten
nordamerikanischer Bär
Grizzly
nordamerikanischer Fallensteller
Trapper
nordamerikanischer Farmer
Rancher
nordamerikanischer Indianer
Irokese
nordamerikanischer Nussbaum
Hickory
nordamerikanischer Pelztierjäger
Trapper
nordamerikanischer Schachweltmeister
Fischer
nordamerikanischer See
Eriesee
nordamerikanischer Wasserfall
Niagara
nordamerikanischer Wirbelsturm
Tornado
nordamerikanisches Gewässer
Eriesee
nordamerikanisches Steppengebiet
Praerie
nordamerikanisches Wildpferd
Mustang
Nordeuropäer
Schwede
nordeuropäische Felseninsel
Schaere
nordeuropäische Hafenstadt
Aalborg, Le Havre
nordfranzösische Industriestadt
Roubaix
nordhessischer Luftkurort
Arolsen
norditalienische Großstadt
Bologna, Mailand
norditalienisches Gewässer
Idrosee, Iseosee
nördlichster Punkt der Erde
Nordpol
nördlichster Punkt Europas
Nordkap
Nordosteuropäer
Litauer
Nordpolargewässer
Eismeer
Nordseebad
Baltrum
Nordseebucht
Dollart
Nordseeinsel
Baltrum
Nordseekrabbe
Garnele
Nordseevolk
Friesen
nordspanische Provinz
Navarra
Nordwesteuropäer
Schotte, Waliser
Nordwind
Mistral
Nörgler
Maekler
normal
ueblich
Normannenfürst
Tankred
Normlängenmaß
Urmeter
norwegische Inselgruppe
Lofoten
norwegischer Bildhauer
Sinding
norwegischer Verwaltungsbezirk
Hedmark, Oppland, Ostfold
norwegisches Oberhaus
Lagting
Nostalgie
Heimweh
Nothelfer
Barbara, Blasius, Erasmus

nötig
geboten, obligat
Notiz
Eintrag, Vermerk
Notizbuch
Diarium
Notlage
Dilemma, Malaise
Notlüge
Ausrede, Vorwand
notorisch
bekannt
Notunterkunft
Baracke
notwendig
obligat
notwendiger Gegenstand
Utensil
Novität
Neuheit
Novität der Mode
Neuheit
Nu
Sekunde
Nuance
Toenung
Nudelart
Lasagne, Nockerl
nummerisch
digital
Nürnberger Erfinder
Henlein
Nussart
Erdnuss, Walnuss
Nussbaum
Walnuss
Nusskonfekt
Krokant
Nuten einarbeiten
fraesen
Nutzen
Vorteil
nützlich
passend
Nutztier
Schwein
Nutzung gegen Entgelt
Leasing
Nymphe
Galatea, Kalypso, Nereide

O

Oase in Ägypten
Farafra
Oase in Algerien
Gardaia
Oase in Libyen
Audjila, Gadames
Obduktion
Sektion
Ober
Kellner
Oberarmmuskel
Trizeps
oberbayerische Landschaft
Allgaeu
oberbayerische Stadt
Kempten
oberbayerischer Klosterlikör
Ettaler
oberbayerischer Kurort
Aibling, Grainau, Grassau, Wallgau, Wiessee
oberbayerischer See
Simssee
oberes Inntal
Engadin
oberflächlich
trivial
oberfränkische Stadt
Bamberg
obergäriges Bier
Altbier, Koelsch
Oberhaupt
Fuehrer
Oberhirt
Bischof
oberirdische Förderung von Bodenschätzen
Tagebau
oberitalienische Landschaft
Piemont, Poebene
oberitalienische Provinz
Ferrara
oberitalienische Stadt
Ravenna, Braunau, Gmunden
oberösterreichisches Gewässer
Mondsee
oberste Behörde der katholischen Kirche
Vatikan
oberster Beamter eines Kreises
Landrat
oberster Gott der Römer
Jupiter
Oberstimme
Diskant
Oberteil des Bikini
Bandeau
objektiv
gerecht, neutral
Obliegenheit
Pflicht
Obliegenheiten
Pflicht
Obligation
Anleihe
Obolus
Beitrag
obskur
nebulos
Obstart, Obstsorte
Kirsche, Kuerbis, Marille, Pflaume, Renette, Zitrone
Obstgericht
Kompott
Obstler
Schnaps
Obsttag
Fasttag
Odins Speer
Gungnir
Ofensetzer
Haefner
offenbar
evident
offener Umgang
Soeller
Offenkundigkeit
Evidenz
Offensive
Angriff, Attacke
öffentlich
amtlich
öffentliche Abgabe
Gebuehr
öffentliche Anhörung
Hearing
öffentliche Bekanntmachung
Aushang
öffentliche Empörung
Aufruhr
öffentliche Mitteilung
Aushang
öffentliche Verleumdung
Rufmord
öffentliches Ärgernis
Skandal
öffentliches Verkehrsmittel
Autobus, Omnibus, Tramway
Offerte
Angebot, Anzeige
offiziell
amtlich
offizieller Empfang
Audienz
offizieller Widerruf
Dementi
offizielles Schriftstück
Urkunde
Offizier
Admiral, General
Offiziersdienstgrad
General
Öffnen des Fasses
Anstich

Öffnung
Fenster
Öffnung *eines* **Saales**
Einlass
oft
haeufig
ohne bestimmte Planung
ziellos
ohne Bezahlung
umsonst
ohne Feingefühl
taktlos
ohne festes Ziel
planlos
ohne Feuchtigkeit
trocken
ohne Halt
nonstop
ohne Kunstverstand
Banause
ohne Planung
ziellos
ohne Schuhe und Strümpfe
barfuss
ohne Sinn und Zweck
sinnlos, witzlos
ohnehin
sowieso
Ohnmacht
Kollaps
Ohren der Hasen
Loeffel
Ohrenarzt
Otologe
Ohrenrobbe
Seebaer
Ohrenschmerz
Otalgie
Ohrenschmuck
Ohrring
Ohrenspiegel
Otoskop
Ohrenteil
Muschel
Ohrfeige
Watsche
Okeanide
Elektra, Kalypso, Petraia, Rhodeia
okkult
magisch
Okkupation
Einfall
ökonomisch
sparsam
Oktogon
Achteck
ölartiger Stoff
Elaidin
Ölbaumgewächs
Flieder
Ölfrucht
Erdnuss
Olivengewächs
Oelbaum
Ölpflanze
Erdnuss, Oelbaum, Rizinus
Olympiastadt 1996
Atlanta
olympische Bootsklasse
Tempest
Omen
Vorbote
Omnibus
Autobus
Ondit
Klatsch, Tratsch
Oper von Beethoven
Fidelio
Oper von Blacher
Die Flut
Oper von Dvořák
Rusalka
Oper von Egk
Revisor
Oper von Gluck
Alceste, Orpheus
Oper von Händel
Orlando, Rinaldo
Oper von Lully
Alceste
Oper von Meyerbeer
Dinorah, Prophet
Oper von Milhaud
Bolivar
Oper von Monteverdi
Orpheus
Oper von Mozart
Don Juan
Oper von Prokofieff
Spieler
Oper von Rossini
Othello
Oper von Smetana
Dalibor, Libussa
Oper von Strauß
Ariadne, Elektra, Guntram
Oper von Tschaikowsky
Mazeppa
Oper von Verdi
Macbeth, Nabucco, Othello
Oper von Weber
Silvana
Operation
Schnitt
Operationsarzt
Chirurg
operative Entfernung von Organen
Ektomie
Operette von Raymond
Marielu
Operette von Stolz
Peppina
Operettenform
Musical
Operettenkomponist
Abraham, Gilbert, Raymond, Strauss
Opernfach
Bariton
Opernkomponist
Berlioz, Blacher, Britten, Fortner, Haendel, Puccini, Rossini, Strauss
Opernteil
Terzett
Opfer
Almosen, Hingabe
Opferbereitschaft
Hingabe
Opferfreudigkeit
Hingabe
opportun
passend
Optimum
Maximum
optisches Zielgerät
Diopter
Orakelpriesterin der Antike
Sibylle
Orange
Satsuma
Oratorium von Händel
Deborah, Jephtha, Messias, Susanna
Orchester
Kapelle
Orchestermitglied
Musiker
Orchideenart
Ragwurz, Vanille
Ordensoberer
General
Ordensstifter
Chantal, Liguori
ordentlich zupacken
klotzen
Order
Auftrag, Mission
Orderpapier
Wechsel
ordinär
taktlos, vulgaer
Ordnungsbegriff der Biologie
Gattung, Ordnung
Ordnungsbehörde
Polizei
Ordnungsform
Prinzip
Ordnungshüter
Gendarm, Polizei
Ordnungstruppe
Polizei

Organisation
Ordnung, Verband
Organisator
Manager
organische chemische Verbindung
Aldehyd
organische Verbindung
Aldehyd, Derivat
organischer Wirkstoff
Ferment
organisierte Hilfstätigkeit
Karitas
Organismus eines Lebewesens
Koerper
Orgelregister
Fistula
Orientalin
Tuerkin
orientalische Gottheit
Astarte
orientalische Liebesgöttin
Astarte
orientalische Märchenfigur
Ali Baba
orientalischer Ehrentitel
Scheich
orientalischer Titel
Scheich
orientalischer Wanderhirt
Beduine
orientalisches Krummschwert
Jatagan
Orientteppichsorte
Bergama, Buchara, Hamadan, Isparta, Karaman, Kaschan, Keshuan, Mesched, Schiras, Schiraz, Taebris, Teheran
Original
Vorlage
Orkneyinsel
Westray
Ornament
Rosette
Ort
Flecken, Staette
Ort *der* **Begegnung**
Staette
Ort *am* **Gardasee**
Torbole
Ort *der* **Gefallenen** (Sagenwelt)
Walhall
Ort *im* **Kanton Freiburg**
Greyerz
Ort *der* **nordischen Sage**
Walhall
Ort *der* **Qual**
Inferno
Ort *der* **Seligkeit**
Elysium
Ort *auf* **Sylt**
Hoernum
Ort *in* **Tirol**
Soelden
ortsfest
immobil
Ortsnachrichten (Zeitung)
Lokales
Ortung
Peilung
Ostafrikaner
Ugander
ostafrikanische Inselgruppe
Komoren
ostafrikanische Sprache
Suaheli
ostafrikanischer Staat
Burundi, Somalia
ostafrikanisches Volk
Suaheli
Ostasiat
Chinese, Japaner
ostasiatische Heilpflanze
Ginseng
ostasiatische Wurzel
Ginseng
ostasiatisches Personengefährt
Rikscha
ostasiatisches Verkehrsmittel
Rikscha
ostasiatisches Volk
Japaner
Ostasien
Fernost
Österreicher
Tiroler
österreichisch für Aprikose
Marille
österreichisch für Geldbeutel
Saeckel
österreichisch für Mais
Kukuruz
österreichisch für Milchkaffee
Melange
österreichisch für Schienenstrang
Geleise
österreichische Feingebäck
Krapfen
österreichische Hafenstadt am Bodensee
Bregenz
österreichische Landeshauptstadt
Bregenz
österreichische Landschaft
Pinzgau
österreichische Münze
Dukaten, Kreuzer
österreichische Schauspielerin
Wessely
österreichische Stadt in Tirol
Landeck
österreichischer Alpenpass
Arlberg, Brenner, Reschen, Seeberg
österreichischer Archäologe
Gomperz, Schoell
österreichischer Bildhauer
Wotruba
österreichischer Bundeskanzler
Kreisky
österreichischer Dirigent
Herbeck, Kabasta, Karajan, Kleiber
österreichischer Forscher
Neisser
österreichischer Komponist
Raymond, Stamitz, Strauss
österreichischer Kurort
Gmunden, Mondsee, Ossiach, Seefeld, Villach
österreichischer Landsmann
Steirer, Tiroler
österreichischer Nobelpreisträger für Frieden
Suttner
österreichischer Pazifist
Suttner
österreichischer Philosoph
Meinong
österreichischer Politiker
Kreisky
österreichischer Schauspieler
Bergner, Kortner, Nestroy, Raimund, Reimers, Schratt
österreichischer Schriftsteller
Doderer, Meyrink, Nestroy, Stifter

österreichischer Staatsmann
Kaunitz, Koerner, Schober, Stadion
österreichisches Hörnchengebäck
Kipferl
österreichisches Wort für Kaffee
Brauner
Osteuropäer
Bulgare, Litauer, Rumaene, Ruthene, Slowake
ostfriesische Insel
Baltrum, Memmert
ostfriesische Vogelschutzinsel
Memmert
ostgermanischer Stamm
Gepiden
Ostgotenkönig
Ararich, Erarich, Lidibad, Walamer, Widemer, Witigis
osthamitischer Volksstamm
Boraner
östliche Mittelmeerländer
Levante
ostpreußische Landschaft
Ermland, Masuren, Samland
oströmischer Feldherr
Belisar
Ostseeanwohner
Schwede
Ostseebad
Ahlbeck, Goehren, Kolberg, Koserow, Mueritz, Selling
Ostseehafen
Gdingen, Luebeck, Rostock, Stettin
Ostseehalbinsel
Wustrow
Ostseeinsel
Fehmarn, Gotland, Lolland, Seeland
Ostsibirier
Tunguse
Osttiroler
Lienzer
ovale Kurve
Ellipse
Ovation
Applaus, Beifall
Ozean
Pazifik

P

Paarhufer, Paarzeher
Bueffel, Gazelle, Giraffe, Guanako, Rentier, Schwein
paarige Innenorgane
Mandeln
Pachtgeld
Entgelt
Pachthof
Domaene
pädagogische Akademie
Seminar
pädagogische Beurteilung
Zeugnis
Paddelboot
Einbaum
pakistanische Amtssprache
Bengali
Pakt
Allianz, Entente, Vertrag
Paladin
Berater
Palast *in* **Florenz**
Strozzi, Vecchio
Palast *des* **Papstes**
Lateran, Vatikan
Palast *in* **Rom**
Lateran, Vatikan
palastartiges Gebäude
Schloss
Palatschinke
Omelett
Palmenart
Pandane
Palmenfrüchte
Datteln
Paniermehl
Broesel
Pankreashormon
Insulin
Panne
Schaden
Pantoffelheld
Simandl, Trottel
Panzerhemd
Bruenne
Papageienart
Amazone, Rosella, Sittich
Papageienblume
Amarant
Papageienname
Lorchen
papierähnliches Schreibmaterial
Papyrus
Papierart
Buetten
Papierbehälter
Sackerl
Papierlaterne
Lampion
Papiersorte
Buetten
Papierstaude
Papyrus
päpstliche Jahrgelder
Annaten
päpstliche Kopfbedeckung
Kalotte
päpstliche Residenz
Vatikan
päpstlicher Botschafter
Nuntius
päpstlicher Palast in Rom
Lateran
päpstlicher Richter
Uditore
päpstliches Gewand
Pallium
Papstname
Clemens
Papstpalast
Vatikan
Parade
Defilee
Paradies
Elysium, Nirwana
Paradigma
Vorbild
Parallelogramm
Quadrat, Rhombus
Parentel
Familie
Parfümduftstoff
Moschus
Pariser Siegesdenkmal
Obelisk
Parlament
Landtag
Parlament in Israel
Knesset
Parlamentsgebäude *in* **Washington**
Kapitol
Parteifreund
Genosse
parteilos
neutral
Partie
Ausflug
Partie des Körpers
Ruecken
Parze
Atropos
Pass
Ausweis
Pass *bei* **Tieren**
Gangart
passabel
gangbar
passatartiger Wind im Mittelmeer
Etesien
passend
gelegen
Passionssonntag
Laetare

7

Passionsspielort
Selzach
passiv
leidend
Pastetenart
Bouchee, Pirogge, Ravioli, Rissole, Timbale
Pastor
Pfarrer
Patengeschenk
Einbund
Patient
Kranker
Patrizier
Buerger
Patron *der* **Apotheker**
Michael
Patron *von* **Böhmen**
Nepomuk
Patron *gegen* **Feuersnot**
Florian
Patron *der* **Pilger**
Jakobus
Patronin *der* **Bergleute**
Barbara
Patrouille
Streife
Pauke
Timpani, Trommel
Pein
Schmerz
peinigen
foltern, martern, quaelen
peinlich genau
penibel
peinliche Angelegenheit
Affaere
peinliche Bloßstellung
Blamage
peinlicher Vorfall
Affaere, Skandal
Peitschenspur
Strieme
Pelztier
Leopard, Seehund
Pelztierjäger
Trapper
Pensionär
Rentner
Pensum
Aufgabe, Lektion
Pep
Dynamik, Schwung
Perforation
Lochung
Periskop
Sehrohr
permanent
dauernd
permanente Streiterei
Gezaenk, Gezanke
Perseusstern
Algenib
Persianerschaf
Karakul
persische Gottheit
Ahriman, Mithras
persische Schriftsprache
Pehlewi
persische Teppichstadt
Hamadan, Taebris
persischer Dichter
Dschami, Firdusi, Marwasi
persischer Frauenname
Suleika
persischer Lichtgott
Mithras
Person im Fahrzeug
Insasse
Person im Ruhestand
Rentner
Personal
Gesinde
Personenaufspürer
Fahnder
Personenbeförderungsmittel
Autobus
persönliche Ansicht
Meinung
peruanische Hafenstadt
San Juan
peruanische Münze
Centavo
peruanischer Bürgermeister
Alkalde
peruanischer Eroberer
Pizarro
peruanischer Schriftsteller
Alegria
peruanisches Schafkamel
Guanako, Vikunja
pervers
abartig
Petersilie
Peterle
Pfad zwischen Ackerland
Feldweg
Pfahl
Pfosten
Pfalzgraf
Palatin
Pfand
Kaution
Pfannengericht
Omelett, Ruehrei
Pfannkuchen
Krapfen, Omelett
Pfeffergefäß
Streuer
Pfeifenanzünder
Fidibus
Pfeilbehälter
Koecher
Pfeiler
Pfosten, Stuetze
Pfeilwurz
Tapioka
Pfennigfuchser
Knauser, Knicker
Pferd
Klepper
Pferd von Winnetou
Iltschi
pferdeähnliches Fabeltier
Einhorn, Zentaur
Pferdeart
Brauner, Mustang, Schecke, Wallach
Pferdebesitz
Gestuet
Pferdedecke
Woilach
Pferdefuhrwerk
Karosse, Kutsche
Pferdegangart
Schritt
Pferdegeschirrteil
Halfter, Kandare
Pferdejunges
Fuellen
Pferdenasenloch
Nuester
Pferderasse
Belgier, Hackney, Suffolk
Pferdesport
Dressur
Pferdewagen
Kutsche
Pferdezaum
Halfter
Pferdezuchtbetrieb
Gestuet
pfiffig
gewitzt
Pfingstrose
Paeonie
Pflanze *mit* **Heilwirkung**
Melisse, Thymian
Pflanze *auf* **Meeresböden**
Seegras
Pflanzenart
Flechte, Strauch
Pflanzenauszug
Tinktur
Pflanzenfett
Keimoel, Leinoel
Pflanzenkost
Gemuese, Rohkost
Pflanzenkrankheit
Mehltau
Pflanzenkrankheit durch Pilze
Mehltau

Pflanzenkunde
Botanik
Pflanzenleim
Staerke
Pflanzennährstoff
Duenger
Pflanzenschädling
Reblaus
Pflanzenschössling
Ableger
Pflanzenteil
Ableger, Griffel, Stachel, Stempel, Stengel, Zwiebel
Pflanzentrieb
Ableger
pflanzliche Ölart
Sojaoel
pflanzlicher Farbstoff
Carotin, Karotin
Pflaumenschnaps
Quetsch
Pflege
Service, Wartung
Pflege der Gesundheit
Hygiene
Pflegebefohlener
Muendel, Patient
Pfleger
Kurator, Vormund, Waerter
Pflegschaft
Kuratel
Pflicht
Aufgabe
Pflugteil
Grindel
Pforte
Eingang, Einlass
Pförtner
Portier
Pfosten
Pfeiler
Pfriem
Ginster
Pfropfen
Stopfen
Pfründe
Benefiz
Phädras Mann
Theseus
Phädras Schwester
Ariadne
Phänomen
Vorgang
Phase
Stadium
philippinische Insel
Mindoro
philippinischer Einwohner
Negrito
philippinischer Urmensch
Negrito
philosophische Schule
Kyniker
Phiole
Flasche, Gefaess
Phrase
Floskel, Wendung
physikalischer Begriff
Akustik, Beugung, Biegung, Drehung, Dynamik, Einheit, Element, Energie, Gewicht, Kathode, Kreisel, Materie, Messung, Reibung, Schwere, Spiegel, Volumen
Piano
Klavier
Piefke
Banause
pikante Soße
Catchup, Ketchup
pikiert
gereizt, nervoes
Pilot
Flieger
Pilotenkabine
Cockpit
Pilz
Schwamm
Pilzart
Lorchel, Morchel, Parasol, Rehling, Reizker
Pincenez
Kneifer
Pionier *des* **Automobilbaus**
Daimler
Pistolentasche
Halfter
Pizzagewürz
Oregano, Origano
Plackerei
Muehsal
Plage
Muehsal
Plan
Absicht, Entwurf, Konzept, Projekt
Planet
Jupiter
Planetenbegleiter
Trabant
Planetoid
Ganymed
planmäßig
gezielt
planvolles Vorgehen
Methode
plastisches Schaubild
Diorama
Platitüde
Fadheit
Platte
Scheibe, Tablett
plätten
buegeln
Plattfisch
Flunder, Scholle
Plattform
Ausguck
Platz
Staette
Platz *in* **München**
Stachus
Plätzchengewürz
Vanille
Plauderei
Plausch, Schnack
Plauderer
Causeur
Pleite
Debakel, Konkurs
Plötze (Fisch)
Rotauge
plötzlich
spontan
plötzliche Angst
Schreck
plötzliche Idee
Einfall
plötzlicher Blutgefäßverschluss
Embolie
plötzlicher Schwächeanfall
Kollaps
Plumeau
Zudecke
plumps
pardauz
Plunder
Krempel, Troedel
Pockennarbe
Blatter
Poem
Gedicht
Poet
Dichter, Lyriker
poetisch für Bauer
Saemann
poetisch für Flügel
Fittich
poetisch für Küste
Gestade
poetisch für *unser* **Planet**
Erdball
poetisch für Schwanz
Schweif
poetisch für Ufer
Gestade
poetisch für Unklarheit
Wirrsal
poetisches Werk
Ballade, Gedicht
Pokal
Gefaess

7

polares Gewässer
Eismeer
Polargewässer
Eismeer
Polartier
Eisbaer, Pinguin, Seehund, Walross
Poliermittel
Politur
politische Versammlung
Meeting
politischer Begriff
Junktim
Politur
Glaette, Schliff
Polizei (Jargon)
Polente, Polypen
Polizeibeamter
Gendarm
Polizeibeamter *in den* **USA**
Sheriff
Polizeibüttel
Scherge
Polizeihelm
Tschako
polizeiliche Aktion
Verhoer
Polizeiorganisation
Europol
Polizeipatrouille
Streife
polnische Hafenstadt
Gdingen, Stettin
polnische Landschaft
Masuren
polnischer Chemiker
Starost
polnischer König
Kasimir
polnischer Nationaltanz
Mazurka
polnischer Nobelpreisträger für Literatur
Reymont
polnischer Politiker
Gomulka, Rapacki
polnischer Schriftsteller
Rembeck, Reymont, Wybicki
polnischer Statthalter
Woiwode
polnischer Tanz
Mazurka
polnisches Herrscherhaus
Piasten
Polstermaterial
Seegras
Polstermöbel
Kanapee
poltern
rumoren, rumpeln
polternder Lärm
Getoese
Polygamie
Vielehe
Pomeranzenlikör
Curacao
Pomp
Aufwand
Popmusikbegriff
Session
Portal
Eingang
Portion
Quantum
Porträt
Bildnis
portugiesische Insel
Madeira
portugiesische Landschaft
Algarve
portugiesische Münze
Centavo
portugiesische Provinz
Algarve
portugiesische Währungseinheit
Centavo
portugiesischer Adelstitel
Fidalgo
portugiesischer Heerführer
Almeida
portugiesischer Königsname
Alfonso, Emanuel
portugiesischer Politiker
Caetano, Salazar
portugiesischer Süßwein
Madeira
Porzellanmanufaktur
Meissen
Posament
Troddel
Pose
Haltung, Theater
Position
Haltung
Posse
Schwank
Possen
Streich
possenhaft
burlesk
Possenreißer
Bajazzo, Kasperl
Possenreißer am Fürstenhof
Hofnarr
possierlich
drollig
postalischer Begriff
Ausland
Postanschrift
Adresse
Postbediensteter
Postler
Postdienststelle
Fernamt
Posten
Ausguck, Quantum, Spaeher
Postgebäude
Postamt
Postselbstempfänger
Abholer
Postsendung
Telefax
Postulat
Annahme
Prachtbau
Schloss
Prachtgebäude
Schloss
prächtig
kostbar, pompoes, vornehm
Prachtkutsche
Karosse
Prädikat
Aussage, Beiwort
Prädikat bei Weinen
Auslese
Prags sagenhafte Gründerin
Libussa
prahlen
angeben
Prahlhans
Angeber, Blender
praktikabel
machbar
Praktikerfertigkeit
Routine
Pralinen
Konfekt
Pralinenfüllung
Krokant
Prämie
Beitrag, Gebuehr
Präposition
naechst, zufolge
Präriepferd
Mustang
Preis
Entgelt, Gebuehr, Praemie
Preis *einer* **Dienstleistung**
Gebuehr
preisen
ruehmen
Preisgabe
Aufgabe
Preisliste
Katalog
Preisschild
Etikett

Preissturz an der Börse
Deroute
Preisunterbietung
Dumping
Preisvorschlag
Angebot, Offerte
prekär
kitzlig
Pressbraunkohle
Brikett
Presseerzeugnis
Journal, Magazin, Zeitung
Pressfalte
Plissee
Presskohle
Brikett
Pressrückstand
Trester
Prestige
Ansehen, Geltung
Preuße
Borusse
preußische Provinz
Pommern
preußischer Feldmarschall
Wrangel
preußischer Freikorpsführer
Luetzow
preußischer General
Wrangel
preußischer Staatsmann
Caprivi, Roedern, Zedlitz
Priester
Dechant, Pfarrer
Priestergewand
Soutane
priesterliche Handlung
Segnung
Primelart
Aurikel
Prise
Portion, Quantum
Probe
Versuch
Probeabzug
Andruck
proben
pruefen
Problem
Aufgabe, Raetsel
Profil
Ansicht, Schnitt
Profit
Vorteil
Programm
Abfolge, Absicht
Programmankündiger
Ansager
Projektionsapparat
Diaskop, Episkop
Prolog
Vorrede, Vorwort
prominent
bekannt
Propaganda
Reklame, Werbung
Prophet
Kuender
Prophet im Alten Testament
Habakuk, Jeremia, Jesajas, Nehemia
Prophetin
Seherin
Prophetin im alten Israel
Deborah
Prosawerk
Novelle
Prostituierte
Hetaere, Kokotte
Protein
Eiweiss
Protokoll
Bericht
Protz
Angeber, Prahler
Provinz *in* **Belgien**
Brabant
Provinz *in* **China**
Schansi
Provinz *in* **Kanada**
Alberta, Ontario
Provinz *in den* **Niederlanden**
Utrecht
Provision des Börsenmaklers
Kurtage
Prozedur
Vorgang
Prozess
Hergang, Verlauf, Vorgang
Prozesspartei
Anklage
Prozessteilnehmer
Klaeger, Richter
Prozessvorsitzender
Richter
prüde
geziert, sproede
prüfen
checken
Prüfer
Revisor
Prüfung *im* **Griechischen**
Graecum
Prüfung *im* **Lateinischen**
Latinum
Prüfung *von* **Zuchttieren**
Koerung
Prüfungsarbeit
Klausur
Prüfungsurkunde
Zeugnis
prunkvoll
pompoes
Prunkwagen
Karosse
publik
bekannt
Puffmais
Popcorn
Pulk von Flugtieren
Schwarm
Pullover
Sweater, Twinset
Pulsader
Arterie
Puma
Panther
Pump
Anleihe
Punkt *in der* **Antarktis**
Suedpol
Punkt *in der* **Arktis**
Nordpol
Punkt *der* **Erdachse**
Nordpol
Punkt *der* **größten Sonnennähe eines Planeten**
Perihel
Putsch
Revolte, Umsturz
Putz
Schmuck
Putzzimmer
Boudoir
Pylon
Pfeiler
Pyrenäenberg
Canigou
Pyrenäenhalbinsel
Iberien
Pyrenäenstaat
Andorra
Pyrenäenzwergstaat
Andorra

Q

Quadrat
Viereck
quadratischer Raum (Typographie)
Geviert
Qual
Muehsal, Schmerz
quälen
foltern, martern
quälende Empfindung
Schmerz
Quantität
Ausmass, Groesse

Quantum
Einheit, Portion
Quartier
Viertel
Quaste
Puschel, Troddel
Quecksilberverbindung
Amalgam
quecksilbrig
lebhaft
Quelle
Brunnen
Quellfluss *der* **Donau**
Brigach
Quellfluss *des* **Kongo**
Lualaba, Luapula
Quendel
Thymian
quer
schraeg, travers
Querbeil
Dechsel
Querholz der Leiter
Sprosse
querköpfig
trotzig

R

rabiater Mensch
Grobian, Rohling
Rachegöttin
Erinnye, Megaere
Rachen
Schlund
Rächerin des Frevels
Nemesis
radioaktiver Niederschlag
Fall-out
radioaktives Element
Fermium, Thorium
Radiozubehör
Antenne
Radrennfahrer
Flieger
Raffgier
Habgier
raffiniert
gewieft, gewiegt
Rage
Raserei
Rahmbonbon
Karamel
Rahmen
Chassis, Gestell
Ramsch
Plunder, Troedel
Randbeet
Rabatte
Randmeer des Atlantiks
Nordsee
Randstreifen neben der Fahrbahn
Bankett
Rang
Ansehen, Geltung
rank
schlank
Ränkespiel
Arglist, Intrige
Ranzen
Raenzel
rapid
schnell
Rapport
Bericht, Meldung
rasant
schnell
rasch
behaend, schnell
rasend
wuetend
rasendes Weib
Maenade, Megaere
Rasenspiel
Kricket, Krocket
Rassehund
Afghane, Spaniel, Terrier
Rast im Gasthaus
Einkehr
Rat
Hinweis
Ratgeber
Berater
Ratgeber *eines* **Fürsten**
Paladin
Ration
Portion
ratlos
hilflos, hilflos, perplex
Rätoromane
Ladiner
Ratsherr
Senator
rattern
rasseln
Räuber
Brigant
räuberischer Singvogel
Wuerger
räuberisches Insekt
Libelle
Raubfisch
Piranha
Raubinsekt
Libelle
Raubtier
Eisbaer, Grizzly, Leopard, Panther, Schakal
Raubtier der Arktis
Eisbaer
Raubtiernahrung
Fleisch
Raucherutensil
Fidibus
Raufbold
Rohling
Rauferei
Haendel
Raum
Weltall
Raum *des* **Motorkolbens**
Hubraum
Raumfahrtzentrum
Houston
Rauminhalt
Volumen
Rauminhalt bei Schiffen
Tonnage
räumliche Distanz
Abstand
Raummaß
Klafter
Raumschiff
Station
Raumschiff *der* **Amerikaner**
Freedom
Raumschiff *der* **Sowjets**
Sputnik, Woschod
Raumsonde *der* **Amerikaner**
Mariner, Voyager
Raumsonde *der* **Sowjets**
Sputnik
raunen
munkeln, murmeln
Rausch
Schwips
rauschen
brausen
Rauschgold
Flitter
Raute
Pflanze, Rhombus, Strauch, Viereck
Rauware (Rauhware)
Flanell
Reagenzmittel
Lackmus
reaktionsträges Element
Edelgas
real
konkret
rebellieren auf dem Schiff
meutern
Rebenfrüchte
Trauben
Rebensorte
Gutedel
Rechenaufgabe
Exempel
Rechenergebnis
Produkt

Rechenschaft
Bericht, Rapport
Rechenübung
Aufgabe
Rechnen *mit* **Buchstaben**
Algebra
Rechnung
Faktura
Rechnungsamt
Rentamt
Rechnungsführer
Rendant
Rechteck
Quadrat, Rhombus, Viereck
rechtmäßig
legitim
Rechtsanwalt
Advokat
Rechtsanwaltskunde
Mandant
rechtschaffen
achtbar, ehrlich, honorig, redlich
Rechtsextremist
Neonazi
Rechtsorgan
Gericht
Rechtsprecher
Richter
Rechtsstreit
Prozess
Rechtsverdreher
Kasuist
Rechtsweg
Instanz
rechtswidrig
illegal
Recke
Krieger
Rede
Referat, Vortrag
Redensart
Floskel
Rederei
Gefasel, Klatsch, Tratsch
Redeschlacht
Debatte
redlich
ehrlich, integer
reell
ehrlich
Reflektor
Spiegel
Reformator
Zwingli
Regal
Gestell
rege
lebhaft, rastlos, ruestig
Regel
Periode, Prinzip
regelmäßiges Achteck
Oktogon
regelmäßiges Viereck
Quadrat
Regelverstoß *beim* **Fußball**
Abseits
Regelverstoß *im* **Sport**
rempeln
regelwidrige Stellung
(Fußball)
abseits
Regengöttin
Plejade
Regenkleidung, Regenschutz
Oelzeug
Regenwasserlache
Pfuetze
Regie
Leitung
Regierungschef
Kanzler, Premier
regulär
ueblich
rehfarbig
chamois
Reibkeule
Pistill
reich
betucht, opulent
reicher Mann
Kroesus
reicher Nichtstuer
Playboy
reichlich
opulent
Reihe
Abfolge, Sequenz
Reihenfolge
Abfolge, Wechsel
Reimform
Endreim
Reinfall
Blamage
Reinigungsgerät
Buerste, Klopfer, Schwamm, Wischer
Reinlichkeit
Hygiene
Reise
Ausflug
Reisegepäck
Seesack
Reiselust
Fernweh
reisen zu Fuß
wandern
Reisender
Tourist
Reiseweg
Strecke
Reisgericht
Risotto
Reiterangriff
Attacke
Reiterin
Amazone
Reiterkampfspiel im Mittelalter
Turnier
Reitervolk der Antike
Skythen
Reitjacke
Kollett
reizbar
nervoes
reizlos
farblos
Reizstoff *im* **Kaffee**
Koffein
Reizstoff *im* **Tabak**
Nikotin
reizvoll
huebsch
Reklame
Werbung
relevant
wichtig
Religionsstifter
Gautama
religiöse Ansprache
Predigt
religiöse Schrift
Traktat
religiöse Übung
Andacht
Reminiszenz
Anklang
Remus' Zwillingsbruder
Romulus
Rennstall
Gestuet
Renommee
Ansehen, Geltung, Leumund
Renommist
Angeber
Rente
Pension
Rentner
Rentier
Report
Bericht, Meldung
Reportage
Bericht
Reptilart
Saurier
Reputation
Ansehen, Geltung
Residenz *des* **Papstes**
Vatikan
resolut
beherzt

7

Resonanz
Anklang, Wirkung
Respekt
Achtung
Ressentiment
Gefuehl
retour
zurueck
Rettung
Bergung, Entsatz
Revier
Bereich
Rezitation
Vortrag
Rheinfelsen
Lorelei, Loreley
Rheinhafen
Arnheim, Koblenz
Rheinmündungsarm
Merwede
Rheumatismus
Reissen
Rhinozeros
Nashorn
richtig
korrekt, passend
Richtlinie
Prinzip
Richtung
Tendenz, Verlauf
Richtungsänderung
Wendung
Richtungsanzeiger
Blinker, Kompass
Riechstoff
Juchten, Moschus, Parfuem
Riemen
Guertel
Riemenschuh
Sandale
Riese *im* **Alten Testament**
Goliath
Riesenechse
Saurier
Riesenkrabbe
Simagan
Riesenschachtelhalm
Kalamit
Riesenschildkröte
Karette, Tortuga
Riesentier der Vorzeit
Saurier
Riff bildendes Nesseltier
Koralle
Rind im Orient
Banteng
Rinderart
Bueffel
Ring um Gestirne
Aureole
Ringen nach Luft
Atemnot
Ringer (Freistil)
Catcher
ringförmiges Gebäck
Kringel
Ringrichter
Referee
Ripsgewebe
Ottoman
Riss
Schlitz
Ritter *der* **Artusrunde**
Tristan
ritterlicher Wettkampf
Turnier
ritterliches Kampfspiel
Turnier
Ritterorden
Templer
Ritterrüstung
Bruenne
Robbenart
Seebaer, Seehund, Walross
Robinsons Gefährte
Freitag
Roherdöl
Naphtha
Rohkost
Koerner
Rohling
Grobian, Rabauke, Wandale
Röhrchen
Kanuele
Rohrdurchmesser
Kaliber
Röhrling
Boletus
Rohrverbindungsstück
Flansch
Rohschrift
Konzept
Rohstoff für Kerzen
Stearin
Rohstoff für Parfüme
Moschus
Rolands Hifthorn
Olifant
Rollenfach
Heroine
Rollladen (Rolladen)
Markise, Rouleau
Roman von Frisch
Stiller
Roman von Joyce
Ulysses
Roman von Kafka
Amerika, Prozess, Schloss
Roman von Scott
Ivanhoe
Roman von Voltaire
Candide
Romanabschnitt
Kapitel
römische Festung
Kastell
römische Hausgötter
Penaten
römische Münze
Sesterz
römische Silbermünze
Sesterz
römischer Beamter
Auditor, Praetor
römischer Feldherr
Agrippa
römischer Geschichts-schreiber
Sallust, Tacitus
römischer Hügel
Aventin, Caelius, Capitol, Kapitol, Palatin, Pincius, Vatikan, Viminal
römischer Kaiser
Gratian, Hadrian, Maximus, Severus
römischer König
Romulus
römischer Mediziner
Galenus
römischer Prokurator
Pilatus
römischer Schriftsteller
Juvenal, Lucanus, Martial, Plautus, Plinius, Sallust, Tacitus
römischer Staatsmann
Cassius, Crassus
römisches Bauwerk
Lateran, Vatikan
römisches Kaiserge-schlecht
Flavier
Rosenart
Teerose
rosenförmige Verzierung
Rosette
Rostschutzmittel
Mennige
Rotalgen
Seetang
Rotation
Drehung
rote Gartenfrucht
Paprika
roter Farbstoff
Fuchsin
rotierender Körper
Kreisel
Rotweinbowle
Sangria
Roulettebegriff
Drittel, Dutzend, schwarz
Route
Strasse, Strecke
Routinier
Koenner

Rübenart
Karotte
Rubrik
Kolonne
Rückgriff
Regress
Rücklage
Bestand, Reserve
Rücksendung an den Verkäufer
Retoure
Rücksicht
Achtung, Respekt
Rücksichtnahme
Anstand
rücksichtslose Ausnützung
Raubbau
rücksichtsloser Mensch
Rohling
rücksichtsvoll
diskret
Rückstand
Passiva
Rückstand *beim* **Brennen und Keltern**
Trester
Rückstand *bei der* **Zuckergewinnung**
Melasse
rückständiger Schuldner
Restant
rückwirkend
reaktiv
Rückzahlung
Tilgung
rüde
schroff
Ruderfüßer
Pelikan, Toelpel
Ruderschiff
Galeere, Trireme
Ruf
Ansehen, Geltung, Leumund
Ruf *zur* **Aufmerksamkeit**
Achtung
Rüffel
Verweis
Rufmord
Injurie
Rufname
Vorname
Ruftrichter
Megafon
Ruhegehalt
Pension
ruhelos
nervoes, rastlos
Ruhemöbel
Kanapee
Ruheständler
Rentier, Rentner
Ruhestörung
Getoese, Krawall
Ruhetag
Festtag, Sonntag
ruhig
gefasst, stoisch
ruhiges Musikstück
Andante
Ruhrgroßstädter
Essener
Ruin
Debakel, Konkurs, Verfall
Ruinenstätte *am* **Euphrat**
Babylon
Ruinenstätte *in* **Griechenland**
Olympia
Ruinenstätte *in* **Italien**
Pompeji
Ruinenstätte *in* **Kleinasien**
Ephesus
Ruinenstätte *in* **Syrien**
Baalbek, Palmyra
Ruinenstätte *am* **Vesuv**
Pompeji
rumänische Adelsfamilie
Stirbey, Sturdza
rumänische Steppe
Baragan
rumänischer Berg
Bihorul, Peleaga
rumänischer Dramatiker
Ionesco
rumänischer König
Michael
Rummel
Betrieb, Treiben
rumplig
holprig
Run
Ansturm
Rundbau
Rotunde
Rundbeet
Rondell
Rundblick
Umschau
runder Saal
Rotunde
rundes Gebäck
Kringel
rundfunktechnischer Begriff
Antenne, Empfang
Rundornament
Rosette
Rundreise
Tournee
Runenalphabet
Futhark
Rüpel
Grobian, Luemmel, Rabauke
Rüsseltier
Elefant
russische Dynastie
Romanow
russische Geheimpolizei
Ochrana
russische Lederpeitsche
Nagaika
russische Tänzerin
Pawlowa, Ulanowa
russische Teemaschine
Samowar
russische Windhunde
Barsois
russische Wüste
Karakum
russischer Bildhauer
Zadkine
russischer Heiliger
Andreas
russischer Instrumentalvirtuose
Richter
russischer Kleinbauer
Muschik
russischer Komponist
Arensky, Borodin, Tanejew
russischer Kosmonaut
Chrunow, Gagarin, Jegorow, Komarow, Kubasow, Pazajew, Schonin, Wolynow
russischer Maler
Chagall, Lewitan
russischer Nobelpreisträger für Physik
Kapitza
russischer Politiker
Gromyko, Kalinin, Kamenew, Mikojan, Molotow, Trotzki
russischer Revolutionär
Bakunin, Trotzki
russischer Schachspieler
Jusupow
russischer Schachweltmeister
Smyslow, Spasski
russischer Schriftsteller
Nabokov, Tolstoi
russischer See
Aralsee
russischer Tänzer
Nurejew
russischer Zarenname
Godunow, Michail, Nikolaj
russisches Frauengewand
Sarafan
russisches Herrscherhaus
Romanow
russisches Landhaus
Datscha

russisches Musikinstrument
Pischna
russisches Schaffell
Krimmer
russisches Weltraumschiff
Sputnik, Woschod
Rute
Schwanz

S

Sabbat
Ruhetag, Samstag
Sabbatbrot der Juden
Barches
Säbelart
Sarrass
Sachkenntnisse
Realien
sächliches Hauptwort
Neutrum
Sachsenkaisergeschlecht
Ottonen
sächsische Evangeliendichtung
Heliand
sächsische Hauptstadt
Dresden
Sachverhalt
Umstand
Sachverständigengutachten
Enquete
Sachverständiger
Experte
Sachverzeichnis
Katalog
Sackpfeife
Musette
Sage
Legende
sagenhafter Gründer von Rom
Romulus
sagenhafter König von Theben
Oedipus
sagenhafter Sänger der griechischen Sage
Orpheus
sagenhafter Seefahrer aus 1001 Nacht
Sindbad
sagenhafter Vogel
Phoenix
Saiteninstrument
Bandola, Bandura, Cembalo, Fluegel, Gitarre, Klampfe, Klavier, Pianino, Violine

Sakrament
Beichte, Firmung
Salatpflanze
Endivie, Lattich, Mangold
Salbengrundlage
Lanolin
Salinenarbeiter in Halle
Hallore
salopp
laessig
Salz *der* Chlorsäure
Chlorat
Salz *der* Kieselsäure
Silicat, Silikat
Salz *der* Salzsäure
Chlorid
Salzbildner
Halogen
Salzgefäß
Streuer
Salzsee in Australien
Eyresee
Sämerei
Saatgut
Sammelbegriff für Lebensmittel
Nahrung
Sammelbegriff für unerwünschte Pflanzen
Unkraut
Samtart
Velours
Samtblume
Tagetes
sandige Landzunge
Nehrung
sangbare Weise
Melodie
Sänger *der* griechischen Sage
Orpheus
Sarahs Mann
Abraham
Satan
Luzifer
Satellit
Sputnik, Trabant
Satteldecke
Woilach
Satzteil
Subjekt
Satzung
Ordnung
Satzzeichen
Klammer
Säuberung
Waesche
Sauerkirschenart
Marelle, Morelle
säuerlich (Wein)
trocken

saugende Strahlpumpe
Ejektor
Säugetierart, Säugetiergattung
Sirenen
Saugröhre
Pipette
Säule
Obelisk, Pfeiler, Stuetze
Säulenplatte
Plinthe
Säulenwulst
Entasis
säumiger Schuldner
Restant
Schablone
Vorlage
Schachausdruck
Rochade
Schachfigur
Laeufer
Schachtbau
Stollen
Schachtel
Packung, Schuber
Schachweltmeister
Fischer, Smyslow, Spasski
Schaden
Verlust
Schaden in der Schifffahrt (Schiffahrt)
Havarie
Schadenersatz
Regress
schadenfroh
boshaft
schädliches Genussmittel
Alkohol, Nikotin
schädliches Insekt
Termite
Schädling
Parasit
Schädling *des* Weinstocks
Reblaus
Schafart
Mufflon
Schafleder
Chamois
Schafwollfett
Lanolin
Schalenfrucht
Erdnuss, Walnuss
Schalentier
Garnele, Muschel
Schall
Akustik
Schalllehre
Akustik
Schallplattenart
Scheibe
Schalltrichter
Megafon

Schaltbrett
Armatur
schamlos
obszoen
Schande
Blamage, Schimpf, Schmach, Skandal
Schandpfahl
Pranger
Schanzwerk
Redoute
scharf umrissen
markant
scharfer Widerspruch
Protest
scharfes Gewürz
Pfeffer
Scharmützel
Gefecht
Schattenreich
Abyssus
Schattierung
Toenung
Schatz
Kleinod, Liebste
Schätzung
Kalkuel
Schaubühne
Theater, Varieté
Schauder
Abscheu, Grausen
Schauerballade
Moritat
Schaufel
Schippe
Schaufenster
Auslage, Vitrine
Schaufensterauslage
Etalage
Schaufensterware
Auslage
Schaukämpfer
Catcher
Schaukasten
Vitrine
Schaumgebäck
Meringe
schaurig
gruslig
Schauseite
Fassade, Gesicht
Schauspiel von Büchner
Woyzeck
Schauspiel von Goethe
Clavigo
Schauspiel von Shakespeare
Macbeth, Othello
Schauspieler
Statist
Schauspielerin
Aktrice
Schauspielhaus
Theater
scheckig
meliert
Scheinakazie
Robinie
scheinbar
paradox
Scheingelehrter
Sophist
Scheinmedikament
Placebo
Scheitel
Maximum
Schelle
Klammer, Klingel
Schellenbaum
Bumbass
Schenkender
Spender, Stifter
scheppern
klirren
Scheren des Hundefells
Trimmen
Scherflein
Almosen
scherzhafte Nachahmung
Parodie
scherzhaftes Musikstück
Scherzo
Scherzwort für Arzt
Medikus
scheu
zaghaft
Scheuer
Scheune
scheuer Waldvogel
Kuckuck
Scheusal
Monster, Rohling
Schichtwolke
Stratus
schick
elegant
Schicklichkeitsgefühl
Anstand
Schicksal
Fuegung
Schicksalsgöttin
Atropos
Schiedsrichter
Arbiter
schief
schraeg
Schieferschreiber
Griffel
Schiene
Geleise
Schienenstrang
Geleise
Schiff älterer Art
Dampfer
Schiffbruch
Havarie
Schiffer
Matrose, Seemann
Schifffahrtshindernis
Eisberg, Packeis
Schiffsagenda
Logbuch
Schiffsaufbau
Kajuete
Schiffsbauplatz
Helling
Schiffsbeschädigung
Havarie
Schiffshindernis
Eisberg
Schiffsjournal
Logbuch
Schiffskellner
Steward
Schiffsorientierungsmittel
Kompass
Schiffsrauminhalt
Tonnage
Schiffstyp
Dampfer, Klipper, Kreuzer, Schoner, Steamer, Trawler
Schiffstyp älterer Art
Dampfer
Schiffsverband
Eskader
Schiffswohnraum
Kajuete
Schikane
Bosheit
Schild
Etikett
Schildchen
Etikett
Schindmähre
Klepper
Schirm
Parasol
Schirmpilz
Parasol
Schirrzeug
Kandare
Schlachter
Metzger, Selcher
schlafähnlicher Zustand
Hypnose
Schlafdecke
Plumeau, Zudecke
schlaff
laessig, schlapp
Schlaflosigkeit
Asomnie
Schlafnische
Alkoven
Schlag
Streich

Schlagader
Arterie
Schlagart *beim* **Tennis**
Topspin, Vorhand
Schläge
Dresche, Pruegel
Schläger
Grobian, Rohling
Schlaginstrument
Trommel
schlagkräftiger Boxer
Puncher
Schlagwort der französischen Revolution
Égalité, Liberté
Schlamm
Schlick
schlangenförmiger Fisch
Muraene
schlapp
schlaff, schwach
Schlappe
Debakel, Verlust
schlau
gewitzt, pfiffig
Schlauchpilz
Morchel
schlechter Mensch
Schurke
schlechter Tabak
Knaster
schlechtes Getränk
Gesoeff
schlechtes Pferd
Klepper
Schleichkatze
Genette
schleierartiges Gewebe
Chiffon
Schleife
Schlips
Schleiffläche
Facette
Schleimhautentzündung
Katarrh
schlemmen
prassen
Schlemmer
Gourmet
Schlepper
Traktor, Trecker
schlesische Hauptstadt
Breslau
schlesische Töpferstadt
Bunzlau
schlesische Witzfigur
Frantek
schleswig-holsteinische Insel
Fehmarn
schleunigst
express, schnell
schlicht
einfach
Schlichter
Mittler
Schlick
Schlamm
Schließe
Agraffe
Schließer
Portier
schließlich
endlich
Schließvorrichtung
Schloss
Schliff
Politur
schlimmes Treiben
Unwesen
Schlingel
Lausbub
Schlittschuharena
Eisbahn
Schlittschuhsport
Eislauf, Eistanz
Schloss *am* **Genfer See**
Chillon
Schloss *an der* **Loire**
Amboise
Schloss *an der* **Themse**
Windsor
Schloss *in* **Versailles**
Trianon
Schloss *in* **Wien**
Hofburg
schlossartiges Gebäude
Kastell
Schlosskerker
Verlies
Schlucht
Abgrund, Couloir
schlüpfrig
obszoen
Schlüpfschuh
Slipper
Schluss
Ausgang
Schmach
Schande, Schimpf
schmachtender Liebhaber
Seladon
schmackhaft
delikat
Schmähung
Affront, Injurie, Schande
schmal
schlank
schmale Straße
Engpass
Schmarotzer
Parasit
Schmeichelei
Lobrede
Schmeißfliege
Brummer
Schmelze
Emaille
Schmerzen mildern
lindern
schmerzhafte Erkrankung
Ischias
schmerzhafte Überdehnung
Zerrung
schmerzliches Mitgefühl
Beileid
Schmetterlingsart
Admiral, Kuhauge, Spanner, Spinner, Wickler, Zygaene
Schmetterlingsblütler
Erdnuss, Ginster, Luzerne, Robinie
Schmied in der Sage
Wieland
Schmuck
Kleinod, Zierrat
schmückendes Beiwerk
Zierrat
Schmuckform
Rosette
Schmuckmaterial
Koralle
Schmuckspange
Agraffe, Brosche
Schmuckstein
Amaryll, Karneol, Smaragd, Tuerkis
Schmuckstück
Armband, Armreif, Brosche, Kollier, Ohrring
schmuddelig
dreckig
schmutzig
dreckig
Schnalle
Agraffe
Schnapssorte
Obstler
Schneckenlinie
Spirale
Schneid
Courage
schnelle Tonfolge
Passage
schnelles Auto
Flitzer
schnelles Musikstück
Allegro
schnelles Steppentier
Gazelle
Schnellzusteller
Eilbote
Schnepfenvogel
Kiebitz
Schnittblume
Gerbera

Schnittlinie
Sekante
Schnur
Baendel, Baendel
Schnürleib
Korsett
Schnurre
Marotte
Schnürriemen
Guertel
Schock
Schreck
Scholar
Student
Schollenart
Flunder
schon
bereits, laengst
schön
anmutig, reizend
schöner Jüngling
Narziss
Schöngeist
Aesthet
schonungslos
radikal, rigoros
Schöpfer
Urheber
Schöpfer *des* **Kommissar Maigret**
Simenon
Schöpfer *der* **Roten Armee**
Trotzki
schöpferisch
kreativ
Schöpfung
Weltall
Schöpfungsgeschichte
Genesis
Schössling (Schößling)
Ableger
schottische Insel
Kintyre
schottischer König
Macbeth, Malcolm
schottischer Physiker
Maxwell
schottischer Seefahrer
Selkirk
schottisches Eisspiel
Curling
schräg
geneigt, travers
Schräge
Neigung
schräger Schiffsbauplatz
Helling
Schrägstellung
Neigung
Schramme
Blessur, Kratzer
Schraubengang
Gewinde
Schraubenpalme
Pandane, Pandang
Schraubhülse
Fassung
Schreckgespenst
Buhmann
Schreckgestalt
Monster
schrecklich
grausam
Schrecklichkeit
Abscheu, Graeuel
Schreibgerät
Fueller, Griffel
Schreibgerät der Antike
Calamus
Schreibstube
Kanzlei
Schreibweise
Diktion
schreien
groelen, laermen
Schreitvogel
Kranich, Sichler
Schriftart
Fraktur, Gotisch, Lapidar, Memphis, Univers, Walbaum
Schriftform
grotesk
Schriftgrad
Kolonel, Missale
schriftlicher Antrag
Eingabe
schriftlicher Hinweis
Vermerk
schriftliches Kaufangebot
Offerte
Schriftrolle
Papyrus
Schriftsetzer
Metteur
Schriftstelle
Passage
Schriftsteller
Dichter, Literat, Lyriker
Schriftstück
Urkunde
schrill tönen
klirren
Schrittmacher
Pionier
Schrulle
Marotte
Schrumpfkopf
Tsantsa
Schubs an die Nase
Stueber
schüchtern
zaghaft
schüchterner Liebhaber
Seladon
Schuft
Halunke, Schurke
Schuhflicken
Riester
Schuhform
Leisten, Spanner
Schuhmacherwerkzeug
Leisten
Schularbeit
Aufgabe, Aufsatz, Lektion
Schulartikel
Fueller, Spitzer
Schuld
Pflicht, Unrecht
Schuldgefühl
Skrupel
Schuldner
Debitor, Restant
Schuldokument
Zeugnis
Schuldverschreibung
Anleihe, Wechsel
Schulfach
Deutsch, Rechnen
Schullesebuch
Abc-Buch
Schulveranstaltung
Ausflug
Schund
Plunder, Schmutz
Schürzenjäger
Don Juan
Schüssel
Terrine
Schutt aus der Eiszeit
Moraene
Schutz
Deckung
Schutz *gegen* **Sicht**
Tarnung
Schutz *gegen* **Zauberei**
Amulett
Schutzanzug
Overall
Schutzbinde
Bandage
Schutzfärbung
Mimikry
Schutzheilige *der* **Bergleute**
Barbara
Schutzheilige *der* **Feuerwehr**
Barbara
Schutzheilige *der* **Mädchen**
Barbara
Schutzheiliger *der* **Feuerwehr**
Florian
Schutzinjektion
Impfung

Schützling
Muendel, Protegé
Schutzverband
Bandage
schwäbischer Schriftsteller
Moerike, Wieland
schwäbisches Fürstengeschlecht
Staufer
schwach
hilflos
Schwächeanfall
Kollaps
Schwachsinn
Idiotie
Schwanzlurch
Axolotl
Schwanzwurzel des Vogels
Buerzel
Schwärmer
Fantast, Utopist
schwärmerisches Gedicht
Romanze
Schwarzdorn
Schlehe
Schwarzwalddorf
Kniebis
Schwarzwaldgipfel
Kniebis
Schwarzwasserfieber
Malaria
Schwarzwild
Laeufer, Wildsau
schwedische Filmschauspielerin
Bergman, Leander
schwedische Insel
Gotland
schwedische Landschaft
Dalarna, Halland, Schonen, Smaland, Soederm
schwedische Universitätsstadt
Uppsala
schwedischer Astronom
Celsius
schwedischer Berg
Sylarna
schwedischer Chemiker
Bergman, Scheele
schwedischer Filmregisseur
Bergman
schwedischer Grafiker
Larsson
schwedischer Krimiautor
Mankell
schwedischer Maler
Larsson
schwedischer Mathematiker
Ahlfors
schwedischer Name für Schweden
Sverige
schwedischer Nobelpreisträger für Literatur
Johnson
schwedischer Schriftsteller
Johnson
Schwefelsalz
Vitriol
Schweif
Schwanz
Schweinefett
Schmalz
Schweinefleischspeise
Eisbein
Schweinshaxe
Eisbein
schweizerische Kantonshauptstadt
Altdorf, Herisau, Liestal, Zuerich
schweizerische Landschaft
Engadin, Saastal
schweizerische Münze
Kreuzer
schweizerische Währungseinheit
Franken
schweizerischer Berg
Bernina, Pilatus, Piz Buin, Saentis
schweizerischer Chemiker
Mueller
schweizerischer Grenzort
Chiasso
schweizerischer Humanist
Lemnius, Neander
schweizerischer Kanton
Thurgau, Zuerich
schweizerischer Komponist
Schoeck
schweizerischer Mediziner
Niehans
schweizerischer Nobelpreisträger für Chemie
Ruzicka
schweizerischer Nobelpreisträger für Medizin
Mueller
schweizerischer Pass
Bernina, Bruenig, Grimsel, Simplon, Umbrail
schweizerischer Reformator
Zwingli
schweizerischer Schriftsteller
Braeker, Gessner, Lavater
schweizerischer Theologe
Lavater
schweizerischer Wintersportort
Zermatt
schweizerisches Hochtal
Engadin
Schwemmland
Schlick
schwer
wuchtig
Schwerathlet
Catcher
schwere Infektionskrankheit
Cholera
schwere Verleumdung
Rufmord
Schwermetall
Cadmium, Kadmium, Wolfram
Schwermut
Phlegma
schwerreicher Mann
Kroesus
Schwerthülle
Scheide
Schwester *des* **Apoll**
Artemis
Schwester *der* **Iphigenie**
Elektra
Schwester *von* **Joringel**
Jorinde
Schwester *des* **Orest**
Elektra
Schwester *des* **Zeus**
Demeter
schwierig
prekaer
schwierige Lage
Dilemma
Schwimmart
Ruecken
Schwingblättchen
Membran
Schwinge
Fittich, Fluegel
Schwingungsdauer
Periode
Séance
Sitzung
Sechseck
Hexagon
Sechsergruppe
Sextett
Sechsflächner
Wuerfel
Sedimentgestein
Dolomit
See *bei* **Berlin**
Wannsee

See *in* **Finnland**
Oulusee
See *in* **Italien**
Idrosee, Iseosee
See *in* **Österreich**
Abersee, Mattsee, Mondsee, Plansee
See *in* **Pennsylvanien**
Eriesee
See *bei* **Rom**
Nemisee
See *in* **Russland**
Aralsee
See *im* **Schwarzwald**
Titisee
See *in* **Ungarn**
Balaton
Seeanemone
Aktinie
Seebad *an der* **Adria**
Abazzia, Opatija
Seebad *am* **Atlantik**
Hendaye, La Baule
Seebad *in* **Belgien**
Ostende
Seebad *in* **Pommern**
Kolberg
Seebad *an der* **Riviera**
Mentone, Rapallo, San Remo
Seebad *auf* **Rügen**
Goehren
Seegang
Duenung
Seegurke
Trepang
Seelenmesse
Requiem
Seelenvogel
Harpyie
seelische Regung
Gefuehl
seelischer Widerstand
Hemmung
Seelsorger
Pfarrer
Seemann
Matrose
seemännisch für hinten
achtern
Seemannskleidung
Oelzeug
Seengebiet *in* **Ostpreußen**
Masuren
Seesäugetier
Delphin, Seehund, Walross
Seeschaden
Havarie
Seewalze
Trepang
Segelart
Kluever
Segelbootstyp
Clipper, Delphin, Drachen, Galeone, Klipper, Kreuzer, Schoner, Scooter
Segelflugströmung
Aufwind, Thermik
Seher
Kuender, Prophet
Sehnenverziehung
Zerrung
sehnig
drahtig
Sehnsucht
Fernweh, Heimweh
Sehöffnung des Auges
Pupille
sehr
hoechst
sehr große Menge
Unmasse
sehr winzig
minimal
seichte Stelle im Meer
Untiefe
Seidengewebe
Chiffon, Epingle, Foulard, Organza
Seite des rechtwinkligen Dreiecks
Kathete
Seitenstreifen an Straßen
Bankett
Seitenstück
Pendant
Seitental des Inn (Tirol)
Oetztal
Seitenverhältnis im Dreieck
Kosinus, Tangens
seitlich
lateral
seitlich benachbart
nebenan
seitwärts
lateral
Selbstbewunderer
Narziss
Selbstbewusstsein
Duenkel
Selbstgespräch
Monolog
Selbstmord der Japaner
Harakiri, Seppuku
selbstständig (selbständig)
autonom
selbsttätiger Apparat
Automat
Selbstüberschätzung
Duenkel
selbstverständlich
logisch
Selbstverteidigung als Sport
Jujutsu
selige Ruhe (Buddhismus)
Nirwana
seltene Erde
Holmium, Lanthan, Terbium, Thulium, Yttrium
seltsam
grotesk, skurril
semitische Gottheit
Astarte
Sems Nachkommen
Semiten
Senatsmitglied
Senator
Sendschreiben
Epistel
Sendung
Aufgabe, Auftrag, Mission
Senkgrube
Latrine
Senkkasten
Caisson
senkrechte Reihe
Kolumne
senkrechte Stütze
Pfeiler
senkrechter Schleifenflug
Looping
senkrechtes Bauglied
Pfeiler, Stuetze
Senner
Almhirt
Sentiment
Gefuehl
separat
einzeln
serbische Hauptstadt
Belgrad, Beograd
Serpentine
Windung
Servierbrett
Tablett
Servierer
Kellner
Session
Sitzung
Seuche
Cholera
sibirischer Volksstamm
Jakuten, Tataren, Wogulen
sich brausen
duschen
sicher
fraglos
Sicherheit
Kaution
Sicherheitsbehörde
Polizei
Sicherheitsglas
Sekurit

Sicherheitsvorrichtung
Schloss
Siebenergruppe
Septett
Siedlung
Flecken, Kolonie
Sieg
Triumph
Siegerpreis
Lorbeer
Siegesanwärter
Favorit
Siegfrieds Schwert
Balmung
Signal
Zeichen
Signalflagge
Stander
Signatur
Zeichen
Silvesterfreude
Knaller
Silvestergebäck
Krapfen
Sinfonie von Mozart
Jupiter
singbare Tonfolge
Melodie
singbares Gedicht
Ballade
Singular
Einzahl
Singvogel
Drossel, Kleiber
sinnfällig
konkret
sinngleich
synonym
sinnlos
abwegig, paradox
Sippe
Familie, Gattung
Sitte
Anstand, Komment
Situation
Umstand, Zustand
Situs
Positio
Sitz
Domizil
Sitz *der* **Musen**
Parnass
Sitz *im* **Theater**
Galerie, Parkett
Sitz *der* **UN**
New York
Sitzgelegenheit
Schemel
Sitzsofa
Kanapee
Sitzungsdauer
Session
Sitzungsperiode
Session
sizilianische Hauptstadt
Palermo
sizilianische Stadt
Catania, Messina, Syrakus
Skandinavier
Schwede
skandinavische Wühlmaus
Lemming
Skelett
Gebeine, Gerippe
Skepsis
Zweifel
Skipetar
Albaner
Skiwettbewerb
Skiflug
Skizze
Aufriss, Entwurf
Sklavenschiff
Galeere
Skrupel
Zweifel
Skulptur
Plastik
Slalom
Torlauf
Slawe
Bulgare, Kassube, Ruthene, Slowake, Slowene
slawische Gottheit
Triglaw
Snob
Angeber, Stutzer
so gut wie möglich
bestens
so weit
so lange
Sodawasser
Selters, Sprudel
Sofa
Kanapee
sofort
stracks
Sohn vom Kindeskind
Urenkel
Sohn von David
Absalom, Salomon
Sohn von Hermes
Daphnis
Sohn von Jakob
Sebulon
Sohn von Jokaste
Oedipus
Sohn von Jupiter
Apollon, Bacchus
Sohn von Klytämnestra
Orestes
Sohn von Leto
Apollon
Sohn von Rhea
Jupiter
Sohn von Ute
Gunther
Sohn von Zeus
Apollon, Bakchos, Perseus
Soldat
Krieger, Landser, Veteran
Soldatenkleidung
Uniform
Soldatenunterkunft
Kaserne
Söldner
Heiduck
solid
haltbar
solvent
betucht
somit
demnach
sonderbar
seltsam, skurril
Sonderraum
Separee
Sondervorführung
Einlage
Sonderzuwendung
Praemie
Sonnabend
Samstag
Sonnendach
Markise
Sonnenfinsternis
Eklipse
Sonnenhof
Aureole
Sonnennähe
Perihel
Sonnenschirm
Parasol
Sonnwendfeier
Johanni
sorgfältig
akkurat, penibel
Sorte
Gattung, Spezies
Sortiment
Auswahl
Soufflee (Soufflé)
Auflauf
sowieso
ohnehin
sozialdemokratischer Politiker
Kautsky, Schmidt
Sozialprestige
Ansehen
Späher
Spitzel
Spalte
Kolumne
Spaltpilz
Bazille

Spaltung
Schisma, Teilung
Spange
Agraffe, Brosche, Klammer, Schmuck
Spanien
Iberien
spanisch-französische Grenzstadt
Cerbère, Port Bou
spanische Burg
Alcazar, Alkazar
spanische Insel
Cabrera, Menorca, Minorca
spanische Inselgruppe
Kanaren
spanische Landschaft
Navarra
spanische Provinz
Almeria, Badajoz, Biscaya, Cordoba, Granada, Logrono, Navarra, Segovia, Sevilla
spanische Rotweinbowle
Sangria
spanische Währungseinheit
Centimo
spanischer Adelstitel
Hidalgo
spanischer Architekt
Herrera
spanischer Bildhauer
Alvarez, Vazquez
spanischer Bürgermeister
Alcalde, Alkalde
spanischer Dorfrichter
Alcalde, Alkalde
spanischer Entdecker
Almagro, Pizarro
spanischer Golf
Biscaya
spanischer Herrschername
Alfonso, Philipp
spanischer Instrumentalvirtuose
Albeniz, Segovia
spanischer Komponist
Albeniz, Cassado, de Falla
spanischer Maler
El Gréco, Murillo, Picasso, Ribalta
spanischer Nobelpreisträger für Literatur
Jimenez
spanischer Politiker
Durruti, Narvaez, Sagasta
spanischer Schriftsteller
Guillen, Herrera, Jimenez, Unamuno
spanisches Kap
Ortegal
spanisches Saiteninstrument
Bandola
Spanne
Abstand
spannender Film
Reisser
Spannung
Tension
sparen
knapsen
spärliches Flüsschen
Rinnsal
Sparte
Bereich
Spaß
Streich
spaßig
drollig
Spaßvogel
Bajazzo, Kasperl, Komiker, Pierrot
Spaziergänger
Flaneur
Spechtmeise
Kleiber
Speckwürfel
Grammel
Speer des Odin
Gungnir
Speichel
Auswurf
Speicher
Magazin
Speis
Moertel
Speise
Gericht, Nahrung
Speise *in* **Teighülle**
Pastete
Speisefett
Schmalz
Speisefisch
Felchen, Flunder, Forelle, Karpfen, Makrele, Sardine, Schleie, Scholle, Seehase, Sprotte
Speisegang
Dessert
Speisegewürz
Lorbeer, Paprika, Pfeffer
Speisekrebs
Garnele
Speisenbestandteil
Gewuerz
Speiseraum
Kantine
Speisewürze
Ketchup
Speisewurzel
Rettich
Spektakel
Klamauk
Spende
Almosen
Sperberfalke
Habicht
Sperre
Embargo
Sperrung beim Buchdruck
Spatium
Spesen
Aufwand, Diaeten
Spezi
Intimus, Kollege
Spezialgebiet
Domaene
Sphäre
Bereich
Spiel *zu* **mildtätigen Zwecken**
Benefiz
Spielanfang beim Fußball
Anstoss
Spielbetrag
Einsatz
Spieler
Amateur
Spielkartenfarbe
Schippe
Spielmann
Pfeifer
Spieltisch der Orgel
Manuale
Spielunterbrechung
Wechsel
Spielzeug
Klapper, Kreisel
Spießer
Banause, Rehbock
Spind
Schrank
Spinett
Cembalo
Spion
Spaeher, Spitzel
Spionin
Agentin
Spiralnebel
Galaxie
spirituell
geistig
Spiritus
Alkohol
spitzer Pflanzenteil
Stachel
Spitzgiebel
Wimperg
Spitzname
Beiname
Spitzpfeiler
Obelisk
Spleen
Einfalt, Marotte

splitterfreies Glas
Sekurit
Sporn
Stachel
Sportanlage
Bobbahn, Boxring, Eisbahn, Freibad, Schanze, Stadion
Sportart
Billard, Bowling, Curling, Eislauf, Eistanz, Fechten, Kricket, Krocket, Paddeln, Radball, Radpolo, Skilauf, Tauchen
Sportausbilder
Trainer
Sportbetreuer
Manager
Sportboot
Skuller
Sportfeld
Stadion
Sportfest
Turnier
Sportgerät
Billard, Buechse, Florett, Pistole, Rennrad
Sportlehrer
Trainer
Sportler
Fechter
sportlich gestählt
drahtig
sportliche Auszeichnung
Urkunde
sportlicher Wettkampf
Regatta, Turnier
Sportpferd
Flieger
Sportpreis
Urkunde
Sportsegelboot
Tempest
Sportveranstaltung
Regatta, Turnier
Spott
Parodie
Spötter
Zyniker
spöttisch
boshaft, zynisch
Sprache
Deutsch, Indisch
sprachlos
perplex
Sprecher
Ansager, Speaker
Sprengel
Pfarrei
sprengend
brisant
Sprengkörper
Granate, Torpedo
Sprengkraft
Brisanz
Sprengstoff
Dynamit
Spritztour
Ausflug
Sprössling einer Pflanze
Ableger
Spruchgedicht
Priamel
Sprudel
Selters
Sprung
Huepfer, Kaskade
Spülstein
Ausguss
Spur
Faehrte, Merkmal
Spur des Schalenwilds
Faehrte
Spürsinn
Riecher
Staat *in* **Afrika**
Burundi, Kongo
Staat *der* **Apenninenhalbinsel**
Italien, Vatikan
Staat *im* **Atlantik**
England
Staat *in* **Hinterindien**
Vietnam
Staat *in* **Indochina**
Vietnam
Staat *in* **Mittelamerika**
Jamaika
Staat *in* **Mitteleuropa**
Schweiz
Staat *im* **Nahen und Mittleren Osten**
Bahrain, Bahrein, Libanon, Tuerkei
Staat *in* **Nordafrika**
Marokko
Staat *in* **Ostafrika**
Djibuti, Somalia
Staat *in* **Osteuropa**
Ukraine
Staat *in* **Ozeanien**
Fidschi
Staat *der* **Pyrenäenhalbinsel**
Andorra, Spanien
Staat *in* **Südafrika**
Lesotho, Namibia
Staat *in* **Südamerika**
Ecuador, Grenada, Surinam, Uruguay
Staat *in* **Südeuropa**
Andorra, Italien, Spanien
Staat *in* **Südostasien**
Vietnam
Staat *in* **Westafrika**
Kamerun, Liberia, Nigeria, Senegal
Staat *in* **Westeuropa**
Belgien
Staatenbündnis
Allianz, Entente
staatliches Ausfuhrverbot
Embargo
Staatsabgabe
Gebuehr
Staatsbediensteter
Beamter
Staatsdienerin
Beamtin
Staatsgut
Domaene
Staatskutsche
Karosse
Staatsoberhaupt
Monarch
Staatsteil außerhalb der Grenzen
Exklave, Kolonie
Stab
Leitung, Stecken
stabil
haltbar
Stachelhäuter
Seeigel
Stadel
Scheuer, Scheune, Schober
Stadt als Gemeinde
Kommune
Stadt *am* **Euphrat**
Babylon
Stadt *im* **Irak**
Babylon, Kerbala
Stadt *in* **Sibirien**
Irkutsk
Stadt, Gemeinde *in* **Abchasien**
Suchumi
Stadt, Gemeinde *an der* **Adria**
Venedig
Stadt, Gemeinde *in* **Afghanistan**
Baghlan, Maimana
Stadt, Gemeinde *in* **Afrika**
Abidjan, Bengasi, Bizerta, Conakry, Entebbe, Kampala, Kasanga, Khartum, Mascara, Mombasa, Nairobi, Njangwe, Rosette, Windhuk
Stadt, Gemeinde *an der* **Aller**
Gifhorn
Stadt, Gemeinde *im* **Allgäu**
Fuessen, Kempten

Stadt, Gemeinde *im* **alten Ägypten**
Memphis
Stadt, Gemeinde *in* **Amerika**
Atlanta, Augusta, Bristol, Buffalo, Chelsea, Chester, Chicago, Clinton, Detroit, Halifax, Hoboken, Houston, Key West, La Plata, Lincoln, Madison, Memphis, Mendoza, New York, Newport, Oakland, Olympia, Raleigh, Reading, Santa Fé, Seattle, Tampico, Toronto, Tucuman, Wichita
Stadt, Gemeinde *in* **Argentinien**
Córdoba, La Plata, Mendoza, Rosario, San Juan, Santa Fe, Tucuman
Stadt, Gemeinde *am* **Arno**
Florenz
Stadt, Gemeinde *in* **Asien**
Alma Ata, Bandung, Bangkok, Batavia, Benares, Colombo, Irkutsk, Isfahan, Jakutsk, Karachi, Lucknow, Nanking, Sapporo, Schiras, Taebris, Teheran, Tel Aviv
Stadt, Gemeinde *in* **Australien und Ozeanien**
Bendigo, Bunbury, Dunedin, Fanning, Honiara, Ipswich, Maytown, Russell, Winston, Wyndham
Stadt, Gemeinde *in* **Baden-Württemberg**
Haslach, Lauffen, Marbach, Mosbach, Rastatt, Triberg, Wildbad, Wimpfen, Wolfach
Stadt, Gemeinde *in* **Bayern**
Aibling, Aichach, Altdorf, Ansbach, Arzberg, Bamberg, Fuessen, Hofheim, Kelheim, Kempten, Nabburg, Neuburg, Pegnitz, Zwiesel
Stadt, Gemeinde *in* **Belgien**
Bruegge, Hoboken, Limburg, Lokeren, Louvain, Malmedy, Mecheln, Ostende, Tournai
Stadt, Gemeinde *im* **Bergischen Land**
Schwelm, Velbert
Stadt, Gemeinde *in* **Birma**
Rangoon
Stadt, Gemeinde *am* **Bodensee**
Bregenz, Kesswil
Stadt, Gemeinde *in* **Brandenburg**
Cottbus, Luebben, Potsdam, Schwedt, Templin
Stadt, Gemeinde *in* **Brasilien**
Alagoas, Camocim, Corumba, Miranda, Pelotas, Vitória
Stadt, Gemeinde *in* **Bulgarien**
Tarnovo
Stadt, Gemeinde *in* **Burgund**
Auxerre, Belfort, Moulins
Stadt, Gemeinde *auf* **Ceylon**
Colombo, Negombo
Stadt, Gemeinde *in* **China**
Anschan, Fuschun, Hanyang, Kaifeng, Kunming, Kweilin, Kweisui, Nanking, Nanning, Nantung, Tschifu, Wanhien
Stadt, Gemeinde *in* **Costa Rica**
Cartago, Heredia, San José
Stadt, Gemeinde *in* **Dänemark**
Aalborg, Esbjerg, Horsens, Korsoer, Randers, Tondern
Stadt, Gemeinde *am* **Don**
Sodonsk
Stadt, Gemeinde *an der* **Donau**
Belgrad, Neuburg
Stadt, Gemeinde *an der* **Drau**
Marburg, Maribor, Spittal, Villach
Stadt, Gemeinde *in der* **Eifel**
Bitburg
Stadt, Gemeinde *an der* **Elbe**
Dresden, Hamburg, Meissen, Strehla
Stadt, Gemeinde *im* **Elsass**
Hagenau, Saverne
Stadt, Gemeinde *in* **England**
Bedford, Bristol, Chatham, Chelsea, Chester, Halifax, Harwich, Ipswich, Margate, Norfolk, Norwich, Reading, Swindon, Warwick, Westham, Windsor
Stadt, Gemeinde *am* **Euphrat**
Babylon
Stadt, Gemeinde *in* **Finnland**
Kokkola, Tampere, Varkaus
Stadt, Gemeinde *in* **Frankreich**
Alençon, Antibes, Auxerre, Avignon, Bayonne, Belfort, Béziers, Bourges, Épernay, Forbach, Hagenau, Le Havre, Limoges, Lorient, Lourdes, Orléans, Quimper, Roubaix, Saverne, Valence
Stadt, Gemeinde *am* **Ganges**
Benares
Stadt, Gemeinde *in* **Griechenland**
Chalkis, Eleusis, Korinth, Larissa, Mykenae, Piraeus, Stagira
Stadt, Gemeinde *in* **Guinea**
Conakry
Stadt, Gemeinde *an der* **Havel**
Potsdam
Stadt, Gemeinde *in* **Hessen**
Alsfeld, Dieburg, Giessen, Herborn, Homberg, Korbach, Limburg, Marburg, Nauheim, Wetzlar
Stadt, Gemeinde *im* **Hunsrück**
Morbach, Simmern
Stadt, Gemeinde *in* **Indien**
Benares, Lucknow
Stadt, Gemeinde *in* **Indonesien**
Bandung, Batavia, Jakarta
Stadt, Gemeinde *am* **Inn**
Braunau
Stadt, Gemeinde *im* **Iran**
Asfahan, Hamadan, Isfahan, Schiras, Taebris, Teheran
Stadt, Gemeinde *in* **Irland**
Dundalk, Wexford
Stadt, Gemeinde *in* **Israel**
Tel Aviv
Stadt, Gemeinde *in* **Italien**
Bergamo, Bologna, Bolzano, Brescia, Carrara, Catania, Cremona, Ferrara, Firenze, Florenz, Lignano, Livorno, Mailand, Marsala, Messina, Orvieto, Palermo, Perugia, Pescara, Pistoia, Rapallo, Ravenna, Salerno, San Remo, Sorrent, Spoleto, Syrakus, Treviso, Venedig, Venezia, Vicenza, Viterbo

Stadt, Gemeinde *in* **Jakutien**
Jakutsk
Stadt, Gemeinde *in* **Japan**
Sapporo
Stadt, Gemeinde *auf* **Java**
Bandung, Kalisat
Stadt, Gemeinde *in* **Jordanien**
Jericho
Stadt, Gemeinde *in* **Kanada**
Calgary, Halifax, Toronto
Stadt, Gemeinde *in* **Kasachstan**
Alma Ata
Stadt, Gemeinde *in* **Kenia**
Mombasa, Nairobi
Stadt, Gemeinde *auf* **Korsika**
Ajaccio
Stadt, Gemeinde *auf der* **Krim**
Kertsch
Stadt, Gemeinde *auf* **Kuba**
Baracoa, Havanna
Stadt, Gemeinde *am* **Lago Maggiore**
Locarno
Stadt, Gemeinde *an der* **Lahn**
Giessen, Laasphe, Limburg, Marburg, Wetzlar
Stadt, Gemeinde *am* **Lech**
Fuessen
Stadt, Gemeinde *an der* **Lena**
Jakutsk
Stadt, Gemeinde *im* **Libanon**
Baalbek, Tripoli
Stadt, Gemeinde *in* **Libyen**
Bengasi
Stadt, Gemeinde *an der* **Loire**
Amboise, Orléans
Stadt, Gemeinde *in der* **Lüneburger Heide**
Munster
Stadt, Gemeinde *in* **Luxemburg**
Vianden
Stadt, Gemeinde *an der* **Maas**
Seraing
Stadt, Gemeinde *auf* **Madeira**
Funchal
Stadt, Gemeinde *in* **Marokko**
Djerada, Tetouan
Stadt, Gemeinde *in* **Mecklenburg-Vorpommern**
Doberan, Grimmen, Parchim, Rostock, Teterow, Wolgast
Stadt, Gemeinde *in* **Mexiko**
Rosario, Tampico
Stadt, Gemeinde *in* **Mittelfranken**
Ansbach
Stadt, Gemeinde *in* **Moçambique**
Angoche, Nampula
Stadt, Gemeinde *an der* **Mosel**
Koblenz
Stadt, Gemeinde *in* **Namibia**
Windhuk
Stadt, Gemeinde *am* **Neckar**
Lauffen, Marbach, Wimpfen
Stadt, Gemeinde *auf* **Neuseeland**
Dunedin
Stadt, Gemeinde *in* **Nicaragua**
Granada, Managua
Stadt, Gemeinde *in den* **Niederlanden**
Alkmaar, Arnheim, Den Haag, Haarlem, Helmond, Hengelo, Katwijk, Tilburg, Utrecht, Zaandam
Stadt, Gemeinde *in* **Niedersachsen**
Einbeck, Rinteln
Stadt, Gemeinde *am* **Nil**
Dongola, Karaima, Khartum
Stadt, Gemeinde *in* **Nordirland**
Belfast
Stadt, Gemeinde *in* **Nordrhein-Westfalen**
Alsdorf, Bottrop, Detmold, Dorsten, Frechen, Geldern, Herford, Hoexter, Homberg, Juelich, Krefeld, Opladen, Schwelm, Velbert, Viersen, Warburg
Stadt, Gemeinde *in* **Norwegen**
Tromsoe, Vadheim
Stadt, Gemeinde *in* **Oberfranken**
Bamberg
Stadt, Gemeinde *in* **Oberitalien**
Ravenna
Stadt, Gemeinde *in* **Oberschlesien**
Beuthen, Ratibor
Stadt, Gemeinde *an der* **Oder**
Beuthen, Breslau, Ratibor, Stettin
Stadt, Gemeinde *in* **Österreich**
Bludenz, Braunau, Bregenz, Ehrwald, Gmunden, Jenbach, Lambach, Landeck, Seefeld, Soelden, Spittal, Villach
Stadt, Gemeinde *an der* **Ostsee**
Gdingen, Koeslin, Kolberg, Luebeck, Rostock, Stettin
Stadt, Gemeinde *am* **Po**
Cremona, Ferrara
Stadt, Gemeinde *in* **Polen**
Breslau, Gdingen, Stettin, Wroclaw
Stadt, Gemeinde *in* **Portugal**
Coimbra, Setúbal
Stadt, Gemeinde *am* **Rhein**
Arnheim, Boppard, Homberg, Koblenz, Neuwied, Remagen
Stadt, Gemeinde *in* **Rheinland-Pfalz**
Bendorf, Bitburg, Koblenz, Neuwied, Remagen, Simmern
Stadt, Gemeinde *an der* **Rhône**
Avignon, Valence, Viviers
Stadt, Gemeinde *an der* **Riviera**
San Remo
Stadt, Gemeinde *im* **Ruhrgebiet**
Bocholt, Bottrop
Stadt, Gemeinde *in* **Russland**
Irkutsk, Saratow
Stadt, Gemeinde *im* **Saarland**
Bexbach, Brebach, Freisen, Homburg, Losheim
Stadt, Gemeinde *in* **Sachsen**
Bautzen, Doebeln, Dresden, Leipzig, Meissen, Oschatz, Zwickau
Stadt, Gemeinde *in* **Sachsen-Anhalt**
Koethen, Rosslau, Stendal
Stadt, Gemeinde *in* **Saudi-Arabien**
Bureida, Dhahran

Stadt, Gemeinde *im* **Sauerland**
Werdohl
Stadt, Gemeinde *an der* **Save**
Belgrad
Stadt, Gemeinde *in* **Schleswig-Holstein**
Itzehoe, Kappeln, Luebeck, Malente
Stadt, Gemeinde *in* **Schottland**
Glasgow
Stadt, Gemeinde *im* **Schwarzwald**
Todtnau, Triberg, Wildbad, Wolfach
Stadt, Gemeinde *in* **Schweden**
Oerebro, Uppsala
Stadt, Gemeinde *in der* **Schweiz**
Altdorf, Herisau, Liestal, Locarno, Muerren, Sargans, Thalwil, Yverdon, Zermatt, Zuerich
Stadt, Gemeinde *an der* **Seine**
Corbeil, Le Havre
Stadt, Gemeinde *im* **Senegal**
Kaolack
Stadt, Gemeinde *auf* **Sizilien**
Palermo, Syrakus
Stadt, Gemeinde *in der* **Slowakei**
Kaschau, Pistyan, Rosenau
Stadt, Gemeinde *in* **Spanien**
Almería, Badajoz, Cáceres, Cordoba, Granada, Linares, Logroño, Sagunto, Segovia, Sevilla
Stadt, Gemeinde *im* **Sudan**
Dongola, Kassala, Khartum
Stadt, Gemeinde *in* **Südtirol**
Bolzano, Bruneck
Stadt, Gemeinde *im* **Taunus**
Idstein
Stadt, Gemeinde *in* **Texas**
Houston
Stadt, Gemeinde *an der* **Themse**
Windsor
Stadt, Gemeinde *in* **Thüringen**
Ilmenau, Schleiz
Stadt, Gemeinde *am* **Tiber**
Perugia
Stadt, Gemeinde *in der* **Tschechischen Republik**
Altsohl, Budweis, Gablonz, Olmuetz, Teplitz, Teschen, Troppau, Zwittau
Stadt, Gemeinde *in* **Tunesien**
Biserta, Biserte
Stadt, Gemeinde *in* **Uganda**
Entebbe, Kampala
Stadt, Gemeinde *in der* **Ukraine**
Charkow, Poltawa
Stadt, Gemeinde *in den* **USA**
Atlanta, Buffalo, Chicago, Concord, Detroit, Houston, Jackson, Lincoln, Madison, Memphis, New York, Oakland, Phoenix, Raleigh, Reading, San José, Santa Fé, Seattle
Stadt, Gemeinde *am* **Vesuv**
Pompeji
Stadt, Gemeinde *in* **Wales**
Cardiff, Rhondda, Swansea
Stadt, Gemeinde *an der* **Weser**
Hoexter, Muenden, Rinteln
Stadt, Gemeinde *an der* **Wolga**
Kalinin, Saratow
Stadt, Gemeinde *auf* **Zypern**
Larnaka, Nikosia
Stadtbezirk von Wien
Hernals, Liesing, Penzing
Stadtburg Alt-Roms
Kapitol
Städter
Buerger
Stadtgebiet
Viertel
städtisches Verkehrsmittel
Autobus, Omnibus
Stadtmitte
Zentrum
Stadtstreicher
Gammler
Stadtteil
Viertel
Stadtteil *von* **London**
Chelsea
Stafette
Eilbote, Staffel
Staffelung
Stufung
Stahlross
Fahrrad
Stallmist
Duenger
Stammgast
Habitue
Stammvater
Ahnherr
Stammvater *der* **Israeliten**
Abraham
Stampfer
Pistill
Ständer
Etagere, Gestell
ständig
dauernd
Standpauke
Schelte
Standpunkt
Ansicht, Meinung
Stangenbiss am Pferdegeschirr
Kandare
Stangengemüse
Spargel
Stanze
Strophe
Starallüren
Duenkel, Hochmut
stärkendes Mittel
Tonikum
starker Sturm
Tornado
starkes Streben nach Erfolg
Ehrgeiz
Stärkungsmittel
Tonikum
starr
rigoros
starrflügeliges Insekt
Libelle
starrköpfig
trotzig
Starrkrampf
Tetanus
Start einer Rakete
Take-off
Station
Bahnhof
statthaft
erlaubt
Statthalter *von* **Jerusalem**
Nehemia
Statue
Denkmal, Plastik
Statur
Gestalt
Status
Zustand
Statut
Satzung
stechendes Insekt
Schnake

Stecher
Graveur
Stechheber
Pipette
Stechmücke
Moskito, Schnake
Steckling
Ableger
stehen bleiben
stoppen
stehendes Gewässer
Tuempel
steigender Luftstrom
Aufwind
steil
schroff
Steingarten
Alpinum
Steingut
Fayence, Keramik, Tonware
Steinkohlenteer
Bitumen
Steinobst
Kirsche, Pflaume
steinreicher Mann
Kroesus
Steinsäule
Obelisk
Steiß
Gesaess
Stellage
Etagere, Gestell
Stelle
Staette
Stelle *mit* **geringer Meeresttiefe**
Untiefe
Stelle *in einem* **Text**
Passage
Stellung
Positur
Stelze
Eisbein
Stemmeisen
Meissel
Stempel
Abdruck, Griffel
Stenz
Flaneur
Steppenart
Praerie
Steppenpferd
Mustang
Steppentier
Gazelle, Giraffe, Mustang
Stereofonie (Stereophonie)
Raumton
Stern *im* **Skorpion**
Antares
Sternbild
Centaur, Pegasus

Sterz
Puerzel, Schwanz
stets
dauernd
Steuer
Beitrag, Gebuehr, Lenkrad
Steuerzahler
Buerger
Stewardess
Hostess
stichhaltig
triftig
Stiege
Aufgang
Stielbrille
Lorgnon
Stierkämpfer
Matador
Stift
Kloster, Konvikt
Stifter
Spender
Stiftsherr
Domherr
Stil
Diktion, Machart
Stilepoche
Klassik, Moderne, Romanik
still
lautlos
Stiller Ozean
Pazifik
Stimmritze
Glottis
stimmungsvoll
lyrisch
Stirnseite
Fassade
Stöberhund
Spaniel
Stoff
Materie
Stoffart
Chiffon, Flanell, Flausch, Frottee, Marengo, Plissee, Pluesch, Velours
Stoffeinsatz
Zwickel
Stolz
Duenkel, Hochmut
Stör
Sterlet
storchähnlicher Vogel
Kranich, Pelikan
Stoßdegen
Florett
Stoßzeit
Andrang
strafbar
illegal
Strafpredigt
Epistel, Rueffel

Strafstoß *beim* **Eishockey**
Penalty
Strahlenflosser
Makrele, Seehase
Strahlenkranz
Aureole
Strand
Gestade
Straße *in* **Mannheim**
Planken
Straßenbaumaterial
Asphalt, Bitumen
Straßenbelag
Asphalt
Straßenbeleuchtung
Laterne
Straßenlampe
Laterne
Straßenräuber
Brigant
Strauchart
Flieder, Ginster, Schlehe
Strauchfrucht
Ribisel
Strauß
Gebinde
Strebe
Stuetze
Streben
Tendenz
Streben *nach* **Erfolg**
Ehrgeiz
Strebsamkeit
Ehrgeiz
Streichinstrument
Violine
Streifen
Lamelle
Streit
Knatsch, Querele, Strauss
Streitgespräch
Debatte, Polemik
Streithammel
Eiferer
Streitsache
Affaere
streitsüchtiger Mensch
Haderer
streng
rigoros
Strich
Strecke
Strolch
Stromer
Stromaustrittsstelle
Kathode
Stromerzeuger
Turbine
Strommaßeinheit
Coulomb
Strömung
Tendenz

Strömungsform
Strudel
Struktur
Gefuege
Strumpfart
Stutzen
struppig
borstig
Stubenvogel
Papagei
Stück für sechs Instrumente
Sextett
Stückzahlmaß
Dutzend
studentisches Trinkgelage
Kommers
Studie
Entwurf
Studienveranstaltung
Seminar
Studio
Atelier
Stufe
Sprosse
stufenförmiger Wasserfall
Kaskade
stumm
wortlos
stummer Bühnendarsteller
Statist
Stummfilmstar
Chaplin
Stundenglas
Sanduhr
Sturm
Tornado
Stuss
Nonsens, Quatsch
Stützbalken
Traeger
stützendes Bauteil
Pfeiler
Stutzer
Angeber
Stützholz im Bergbau
Stempel
Stützmieder
Korsett
Stützverband
Bandage
südafrikanische Schriftstellerin
Lessing
südafrikanischer Arzt
Barnard
südafrikanischer Bürgerrechtler
Mandela
südafrikanischer Landesteil
Kapland, Namibia
südafrikanischer Nobelpreisträger für Frieden
Luthuli
südafrikanischer Nobelpreisträger für Medizin
Theiler
südafrikanischer Politiker
Hertzog
südafrikanischer Präsident
Mandela
südafrikanischer Staat
Namibia
Südamerikaner
Chilene, Guyaner
südamerikanische Grassteppe
Savanne
südamerikanische Kamelart
Guanako
südamerikanischer Freiheitskämpfer
Bolivar
südamerikanischer Indianerstamm
Chibcha, Guarani, Kariben, Puelche
südamerikanischer Raubfisch
Piranha
südamerikanischer Schachmeister
Mecking
südamerikanischer Staat
Ecuador, Ekuador, Surinam, Uruguay
südamerikanischer Sturm
Pampero
südamerikanischer Vogel
Kolibri, Papagei
südamerikanisches Gebirgstier
Guanako
sudanesische Währungseinheit
Piaster
süddeutsch für Weinberg
Wingert
Südeuropäer
Grieche, Spanier
südeuropäische Sprachfamilie
Romanen
südfranzösischer Fallwind
Mistral
südfranzösischer Wallfahrtsort
Lourdes
Südfrucht
Avocado, Zitrone
südlichster Teil der Hauptinsel Großbritannien
England
Südostasiat
Birmane, Siamese
südostasiatische Halbinsel
Malakka
südostasiatische Insel
Celebes, Formosa, Sumatra
Südosteuropäer
Albaner, Bulgare, Grieche, Rumaene, Slowene
südportugiesische Provinz
Algarve
Südseeinsel
Fidschi, Salomon
Südseeinselgruppe
Fidschi
Südtiroler Kurort
Bruneck
Südwein
Madeira, Marsala
Südwestafrika
Namibia
Sultansname
Mustafa, Saladin, Soliman
sumerische Göttin
Ischtar
Sumpffieber
Malaria
Sumpfpflanze
Papyrus
Sumpfvogel
Kiebitz, Kranich
Sundainsel
Celebes, Sumatra
Suppenschüssel
Terrine
surrealistischer Maler
Chirico
süße Backware
Gebaeck
Süßigkeit
Konfekt, Praline
Süßspeise
Auflauf, Dessert, Kompott, Pudding
Süßwasserspeisefisch
Forelle
Symbol
Zeichen
Symbol *für* Eitelkeit
Spiegel
Symptom
Merkmal, Zeichen
syrische Münze
Piaster

System
Gefuege, Ordnung
systematisches Vorgehen
Methode

T

Tabak von minderer Qualität
Knaster
Tabakblume
Petunie
Tabakgift
Nikotin
Tabakkonsument
Raucher
Tabakprodukt
Stumpen, Zigarre
Tabaksorte
Havanna, Sumatra
Tabakware
Stumpen, Zigarre
Tadel
Rueffel, Verweis
Tafelgeschirr
Service
Tafelland
Plateau
Tageblatt
Zeitung
Tagebuch
Diarium, Journal
Tagedieb
Gammler
Tagegelder
Diaeten
Taggreifvogel
Bussard, Habicht, Sperber
tägliche Arbeitsleistung
Tagwerk
Tagung
Konvent, Meeting, Session, Sitzung
taillenloses Kleid
Haenger
Taiwan
Formosa
Takt
Anstand, Bildung
Taktlosigkeit
Fauxpas
taktvoll
diskret
Tal *in den* **Cevennen**
Ardèche
Tal *der* **oberen Adda**
Veltlin
Tal *in den* **Ötztaler Alpen**
Pitztal
Tal *der* **Salzach**
Pinzgau
Talbrücke
Viadukt
Talent
Neigung
Talisman
Amulett
Talismananhänger
Amulett
Tallandschaft *in den* **Dolomiten**
Ampezzo
Tallandschaft *in* **Italien**
Veltlin
Talmudteil
Mischna
Talsperre
Stausee
Talüberführung
Viadukt
Tand
Plunder, Troedel
Tannenbaumschmuck
Lametta
Tanz
Calypso, Csardas, Gavotte, Lambada, Letkiss, Madison, Mazurka, Menuett, Musette, Onestep, Ragtime, Slowfox, Twostep
Tanzensemble
Ballett
Tanzlokal
Dancing
Tanzsportler
Stepper
Tanztruppe
Ballett
tapfer
beherzt
Tapferkeit
Bravour, Courage, Schneid
Tarnfärbung
Mimikry
Taschenspieler
Gaukler
Tastempfindung
Gefuehl
Tasteninstrument
Celesta, Cembalo, Fluegel, Klavier, Spinett
Tastorgan bei Tieren
Fangarm, Fuehler
Tatendrang
Energie, Hingabe, Passion, Schwung
tätiger Sportler
Aktiver
Tätlichkeit
Haendel
Tatsachenmensch
Realist
tatsächlich
konkret
tatsächliche Handlung
Realakt
Tauchvogel
Pinguin, Taucher
Taufname
Vorname
Taugenichts
Lorbass
Tauglichkeit
Eignung
Tausch
Wechsel
Täuschung
Phantom
tausend Milliarden
Billion
tausend Tausender
Million
Teamsportart
Radball
Teegebäck
Konfekt
Teemaschine
Samowar
teerartige Masse
Asphalt, Bitumen
Teich
Tuempel
Teichblume
Seerose
Teil
Brocken, Portion
Teil *der* **altrömischen Kohorte**
Manipel
Teil *der* **Anrede**
Rufname
Teil *des* **Armes**
Oberarm
Teil *des* **Atlantiks**
Nordsee
Teil *des* **Atoms**
Neutron
Teil *der* **Augenlider**
Wimpern
Teil *des* **Auges**
Pupille, Sehnerv, Wimpern
Teil *des* **Baltikums**
Estland, Litauen, Livland
Teil *des* **Bestecks**
Loeffel
Teil *der* **Blüte**
Stempel
Teil *des* **Bodensees**
Obersee
Teil *der* **Britischen Insel**
England
Teil *des* **Bruches**
Zaehler
Teil *des* **Buches**
Einband, Titelei

Teil *des* **Bühnenbildes**
Kulisse
Teil *der* **Funkeinrichtung**
Antenne
Teil *vom* **Ganzen**
Drittel
Teil *des* **Gedichtes**
Strophe
Teil *des* **Getriebes**
Zahnrad
Teil *von* **Großbritannien**
England
Teil *des* **Halses**
Mandeln, Schlund
Teil *des* **Hauses**
Fenster, Wohnung
Teil *des* **Hühnereis**
Eiweiss
Teil *des* **Klosters**
Klausur
Teil *des* **Kopfes**
Gesicht
Teil *des* **Körpers**
Gesaess, Ruecken
Teil *des* **Menüs**
Dessert
Teil *des* **Mittelmeeres**
Aegaeis
Teil *der* **Mittelmeerküste**
Riviera
Teil *des* **nördlichen Eismeeres**
Karasee
Teil *des* **Ohres**
Muschel
Teil *des* **Pazifiks**
Suedsee
Teil *eines* **Quotienten**
Divisor
Teil *des* **Radios**
Antenne, Roehren
Teil *des* **Schlafzimmers Verheirateter**
Ehebett
Teil *der* **Schraube**
Gewinde
Teil *des* **Skeletts**
Knochen
Teil *des* **Spinnrades**
Spindel
Teil *des* **Sprengkörpers**
Zuender
Teil *des* **Stempels**
(Botanik)
Griffel
Teil *des* **Stillen Ozeans**
Suedsee
Teil *einer* **Summe**
Summand
Teil *der* **Wasserwaage**
Libelle
Teil *des* **Weserberglandes**
Deister, Solling

Teil *des* **Zaumzeugs**
Kandare
Teil *der* **Zeitung**
Beilage
Teil *des* **Zuschauerraumes**
Galerie, Parkett
Teiler (Bruchrechnung)
Divisor
Teilgebiet der Biologie
Botanik, Genetik
Teilgebiet der Mathematik
Algebra
Teilhaber
Partner
Teilnahme
Beileid, Mitleid
Teilnahmslosigkeit
Apathie
Teilstück
Portion
Telefonbenützer
Anrufer
Telefonleitung
Strippe
Tells Gegner
Gessler
Tempel *im* **Islam**
Moschee
Temperament
Schwung
Temperaturbezeichnung
frostig
Temperaturmaßeinheit
Celsius
Tempo
Karacho
Tempobezeichnung in der Musik
allegro, andante
Tendenz
Absicht, Neigung, Streben
Tennisausdruck
Service, Vorhand
Tenniswettkampf
Turnier
Teppichart
Bruecke, Buchara, Taebris
Teppichklopfer
Pracker
Test
Umfrage, Versuch
Testat
Zeugnis
Tester
Pruefer
Testperson
Proband
Teufel
Luzifer
Textauslegung
Exegese

Textilarbeiter
Faerber, Spinner
Textilbetrieb
Weberei
Textreproduktion
Abdruck
Textstelle
Passage
thailändische Königin
Sirikit
Theaterfigur
Staberl
Theaterplatz
Galerie, Parkett
Theaterrolle
Rotulus
thebanischer Königssohn
Oedipus
Thema
Aufgabe, Gedanke
Thermometerskala
Celsius, Réaumur
Thriller
Reisser
Thusneldas Gatte
Hermann
Thymian
Quendel
tibetanischer Buddhist
Lamaist
Tick
Marotte
Ticket
Billett
tief greifend
radikal
Tiefdruckgebiet
Zyklone
Tiefe
Abgrund
tiefe Felsenkluft
Abgrund
Tiefenmesser
Echolot
tiefes Misstrauen
Argwohn
tiefsinnig
profund
Tiefstpunkt
Minimum
Tierabrichtung
Dressur
Tierart
Schwamm
Tierbehausung
Voliere, Zwinger
Tiereingeweide
Innerei, Kutteln
Tierfett
Schmalz
Tiergruppe
Schwarm

tierischer Duftstoff
Moschus
tierisches Körperteil
Fittich, Fluegel, Fuehler, Ruessel, Schwanz
tierisches Speisefett
Schmalz
Tierkenner
Zoologe
Tierkrankheit
Rotlauf, Tollwut
Tierprodukt
Fleisch, Schmalz
Tierseuche
Tollwut
Tierwaffe
Stachel
Tierwohnung
Zwinger
Tintenfederhalter
Fueller
Tintenstift
Fueller
Tipp (Tip)
Hinweis
tipptopp (tip-top)
korrekt
Tiroler Geigenbauer
Stainer
Tiroler Weinort
Kaltern
Tischkugelspiel
Billard
Tischzeug
Besteck, Service
Titel ***im*** **Handwerk**
Meister
Titel ***an*** **Hochschulen**
Oberrat
Titel ***eines*** **indischen Fürsten**
Radscha
Titel ***der*** **Kardinäle**
Eminenz
Titelfigur von Berg
Wozzeck
Titelfigur von Frisch
Stiller
Titelfigur von Goethe
Clavigo, Hermann, Werther
Titelfigur von Humperdinck
Haensel
Titelfigur von Mozart
Bastien
Titelfigur von Offenbach
Orpheus
Titelfigur von Shakespeare
Macbeth, Othello
Titelfigur von Shaw
Candida
Titelfigur von Sophokles
Elektra, Oedipus
Titelfigur von Strawinsky
Oedipus
Titelfigur von Wagner
Tristan
Titelträger
Titular
tobend
wuetend
Tobsucht
Raserei
Tochter von Agamemnon
Elektra
Tochter von Klytämnestra
Elektra
Tochter von Kronos
Demeter
Tochter von Minos
Ariadne
Tochter von Nereus
Galatea
Tod
Ableben
Todesfall
Ableben
Todesstrafe im Mittelalter
raedern
tödliche Seuche
Cholera
Toilette
Klosett
tolerant
duldsam
Toleranz
Duldung
Tollkirschengift
Atropin
Tolpatsch
Toelpel, Trottel
Tomatensoße
Ketchup
Tonblasinstrument
Okarina
tönernes Blasinstrument
Okarine
Tonfolge
Melodie, Passage
Tongeschirr
Keramik
Tonintervall
Sekunde, Septime
Tonkünstler
Musiker, Saenger
Tonne
Gefaess, Gewicht
Tonwarenhersteller
Toepfer
Tonwirbel
Triller
Töpfer
Haefner
Töpferkunst
Keramik
Töpferware
Fayence, Keramik
Töpferwerkstatt
Poterie
Tor
Treffer
Torhüter
Tormann, Torwart
törichtes Gerede
Gefasel, Nonsens
törichtes Verhalten
Idiotie
Tormann
Torwart
Tortengussmaterial
Fondant
Torwächter
Portier
tote Fracht
Ballast
Totem
Amulett
Toteneröffnung
Sektion
Totengeister
Lemuren
Totengeleit
Kondukt
Totenknochen
Gebeine
Totenmesse
Requiem
toter Tierkörper
Kadaver
Totgewicht
Ballast
Tour
Ausflug, Tournee
trächtig
tragend
träg
langsam, schlaff
Tragbrett
Tablett
tragendes Bauteil
Pfeiler, Stuetze
Träger
Pfeiler, Stuetze
Träger ***von*** **Musikaufzeichnungen**
Tonband
trägerloses Kleiderteil
Korsage
Trägheit
Phlegma
Tragödie von Euripides
Alkeste
Tragsäule
Pfeiler, Pfosten, Stuetze
Tragsessel
Saenfte

Tragstütze
Pfeiler, Pfosten
Tragtier
Elefant
Tragweite
Ausmass
Training
Jogging
Traktor
Trecker
tranig
langsam
Transport
Versand
Transportbehälter
Collico, Hobbock
Transportfahrzeug
Lastzug
Transportmittel
Omnibus, Stapler
Trapez
Viereck
Trasse
Faehrte
Tratsch
Klatsch
Traubenzucker
Glukose, Glykose
Trauer
Pietaet
Traueressen
Kondukt
Trauerfeier
Requiem
Trauerzug
Kondukt
Träumer
Fantast
Träumerei
Reverie
Traumerscheinung
Phantom
traurig
desolat
travers
schraeg
Travestie
Parodie
Treber
Trester
Treck
Kolonne
Trecker
Traktor
Treffer
Reisser
trefflich
bestens
treibende Kraft
Energie
Treibjagdausbeute
Strecke
Treibstoff
Gasolin, Holzgas
Tremolo
Vibrato
Trend
Neigung, Tendenz
Trendel
Kreisel
Trennung
Schisma, Teilung
Trennungsverfahren
Dialyse
Treppe
Aufgang
Treppe *beim* **Flugzeug**
Gangway
Treppe nach oben
Aufgang
treu
ergeben
Treubruch
Untreue
treuer Gefolgsmann
Paladin
Treuhänder
Kurator
treulos
perfide
Triangel
Dreieck
Tribunal
Gericht
Trichtermündung
Aestuar
Trick
Finesse
Trieb
Ableger
Triebkraft
Dynamik, Energie
trigonometrische Funktion
Cosinus, Kosinus, Tangens
Trilogie des Äschylus
Orestie
Trinkgefäß
Stiefel
Trinkgefäß der Germanen
Methorn
Trinkgesellschaft
Kommers
Trinkgruß der Studenten
Fiduzit
Trio
Terzett
Trip
Ausflug
trist
traurig
Trittholz an der Leiter
Sprosse
trockenes Gebäck
Knaecke
Trödel
Altware, Plunder
trojanischer Priester
Laokoon
trojanischer Prinz
Troilos
trojanischer Sagenheld
Priamos, Priamus
Trommel
Timpano
Trommler
Drummer, Tambour
Trompete
Clairon, Fanfare
Trompetenbaum
Katalpa
Trompetenschmettern
Fanfare
Tropenfieber
Malaria
Tropenfrucht
Erdnuss
Tropengewuerz
Vanille
Tropenkrankheit
Aussatz, Malaria
Tropenvogel
Kolibri, Papagei
tropische Ameise
Termite
tropische Baumsteppe
Savanne
tropische Bodenfrucht
Erdnuss
tropische Landschaftsform
Savanne
tropischer Schwirrvogel
Kolibri
tropischer Vogel
Papagei
tropisches Gewürz
Pfeffer, Vanille
tropisches Insekt
Moskito, Termite
tropisches Säugetier
Elefant, Gazelle, Giraffe, Leopard, Nashorn
Tross
Gefolge
trostlos
desolat, traurig
Trottoir
Fussweg
trotzdem
dennoch, obschon
trübe
dunstig, milchig
Trübsal
Schmerz
Trugbild
Phantom

Truhe
Schrein
Trunkenbold
Saeufer, Trinker
Truppenabteilung
Brigade
Truppenteil
Einheit, Nachhut
Truppenunterkunft
Kaserne
Truppenverstärkung
Reserve
Trust
Kartell, Konzern
tschechische Bierstadt
Budweis
tschechischer Dirigent
Kubelik
tschechischer Instrumentalvirtuose
Kubelik
tschechischer Komponist
Smetana
tschechischer Landesteil
Boehmen, Maehren
tschechischer Langstreckenläufer
Zatopek
tschechischer Politiker
Svoboda
tschechisches Gebiet
Maehren
Tuba
Helikon
Tücke
Arglist
tüfteln
basteln
tugendhaft
achtbar, sittsam
Tülle
Ausguss
Tümmler
Delphin
Tumult
Aufruhr, Getoese
tumultartige Auflehnung
Aufruhr
Tun mit Absicht
Vorsatz
Tunfisch
Makrele
Tunnel im Erdreich
Stollen
Tür
Ausgang, Eingang, Einlass
Tür ***ins*** **Freie**
Ausgang
Tür ***ins*** **Haus**
Eingang
turbulent
unruhig
Türenteil
Klopfer, Pfosten, Schloss
Türglocke
Klingel, Schelle
Türhüter
Portier
türkische Anrede
Effendi
türkische Insel
Tenedos
türkische Münze
Piaster
türkischer Männername
Buelent, Mustafa
türkischer Sultan
Bajazet, Mustafa, Soliman
türkischer Titel
Effendi, Muschir
Turktatare
Kasache, Kirgise
turmartiger Kuppelaufbau
Laterne
Turnierreiterin
Amazone
Turnkünstler
Akrobat
Turnus
Wechsel
Türverschluss
Schloss
Tusch
Fanfare
Tutor
Vormund
TV-Kontrollgerät
Monitor
TV-Quizmaster
Elstner, Thoelke
TV-Serie des ZDF
Derrick
Typ
Gattung

U

übel gesinnt
illoyal
übellaunig
grantig
Übeltäter
Frevler, Suender
überdachter Durchgang
Passage
überdachter Hausvorbau
Veranda
Überdruss
Abscheu
Übereinkommen
Vertrag
übereinstimmend
homolog, konform
Übereinstimmung
Konsens
Überfahrt
Passage
Überfall
Angriff, Attacke
Überfluss
Opulenz
überfrachtet
pompoes, protzig
Übergangszeit
Interim
übergroße Menge
Unmasse
Überheblichkeit
Duenkel, Hochmut
überirdisch
geistig
überirdisches Wesen
Goettin
Überlassung
Zession
überlieferte Geschichte
Legende
übermäßig
horrend
übermäßig Ehrgeiziger
Streber
übermenschliches Wesen
Demiurg
Übernachtungsgelegenheit
Gasthof, Pension
überragend
erhaben
überrascht
perplex
Überraschungsangriff
Attacke
überreizt
nervoes
übersandter Wechsel
Rimesse
überschlau
vorlaut
Überschuss
Rendite
überseeischer Besitz
Kolonie
Übersicht
Tabelle
übersorgfältig
penibel
überstehendes Schneebrett
Waechte
übertriebene Schnelligkeit
Raserei
übertriebener Stolz
Duenkel

überwältigend
eminent, stupend
Überzeugung
Ansicht, Meinung
Überziehanzug
Overall
üble Nachrede
Rufmord
übler Geruch
Gestank
übrigens
apropos
Übungskurs an Hochschulen
Seminar
Übungskursus
Seminar
Übungsleiter
Trainer
Ufer
Gestade
Uhrenart
Atomuhr, Pendule
Uhrenteil
Zahnrad
Ulk
Klamauk
ulkig
drollig, komisch, spassig
Ulme
Ruester
um Almosen Bittender
Bettler
um jeden Preis
partout
Umfang
Ausmass, Staerke
Umfrage
Enquete
Umgang
Verkehr
Umgangsformen
Anstand, Schliff
Umgangssprache
Dialekt, Mundart
umgangssprachlich für Abschreibzettel
Spicker
umgangssprachlich für Alkoholiker
Saeufer
umgangssprachlich für Arbeit
Maloche
umgangssprachlich für Arzt
Medikus
umgangssprachlich für Aufhebens
Gedoens
umgangssprachlich für ausgemergeltes Pferd
Klepper
umgangssprachlich für balgen
rangeln
umgangssprachlich für bedenklich
brenzlig
umgangssprachlich für flegelhaft
flapsig
umgangssprachlich für Geld
Moneten
umgangssprachlich für gemein
schofel
umgangssprachlich für Gewinn
Reibach
umgangssprachlich für Glück
Schwein
umgangssprachlich für großartig
pfundig
umgangssprachlich für Indianer
Rothaut
umgangssprachlich für kleiner Junge
Steppke
umgangssprachlich für Militär
Kommiss
umgangssprachlich für Polizei
Polente
umgangssprachlich für schlau
gewieft
umgangssprachlich für schlechtes Fahrzeug
Vehikel
umgangssprachlich für Telefon
Apparat
umgangssprachlich für Verdienst
Reibach
umgangssprachlich für Versager
Flasche
Umgebung
Sphaere, Umkreis
umgehend
schnell
Umgestalter
Neuerer
umherwandernde Menschen
Nomaden
Umherziehende
Gaukler, Nomaden
Umkehr
Wendung
Umkehrbild
Negativ
Umkippen beim Schiff
Kentern
Umlage
Beitrag
Umlauf
Wechsel
Umlaufzeit
Periode
Umriss einer Stadtansicht
Skyline
Umschlag
Couvert, Einband, Packung, Wechsel
Umsetzer
Metteur
Umsicht
Bedacht
umsichtig
bedacht
Umsturz
Revolte
Umtrieb
Intrige
unangenehme Situation
Dilemma
Unannehmlichkeiten
Trouble
unanständig
obszoen, vulgaer
unaufdringlich
diskret
unaufhörlich
dauernd
unaufmerksam
achtlos
unbare Zahlungsweise
Wechsel
unbarmherzig
grausam
unbearbeitetes Werkstück
Rohling
unbedeutend
nichtig, wertlos
unbedingt
absolut, partout
unbefestigter Straßenrand
Bankett
unbefugt jagen
wildern
Unbehagen
Malaise, Missmut
unberechnet
umsonst

unbeschränkt
absolut
unbeschwert
sorglos
unbesorgt
sorglos
unbeteiligt
neutral
unbeweglich
immobil
unbezahlter Sportler
Amateur
unbrauchbares Gerät
Schrott
undurchsichtig
milchig
uneben
holprig, rumplig
unechter Schmuck
Flitter
uneheliches Kind
Bankert
Unehre
Schande
unehrlich
illoyal
uneingeschränkt
absolut
unendlich viel
zahllos
unentgeltlich
umsonst
unentgeltlicher Lotterieschein
Freilos
unerbittlich
rigoros
unerforschtes Gebiet
Neuland
unerlässlich
obligat
unerschütterlich
gefasst, stoisch
Unfall
Schaden
unfein
taktlos
unfertiges Werkstück
Rohling
unfolgsam
unartig
unfruchtbare Gegend
Oedland
ungarische Gemüsepflanze
Paprika
ungarischer Binnensee
Balaton
ungarischer Mathematiker
Neumann
ungarischer Nationaltanz
Czardas
ungarischer Operettenkomponist
Abraham
ungarischer Süßwein
Tokaier, Tokajer
ungarischer Wein
Erlauer, Tokaier, Tokajer
ungebetener Zuschauer
Kiebitz
Ungebildeter
Banause
Ungebühr
Fauxpas
ungebunden
autonom
ungefährlich
harmlos
Ungeheuer
Drachen
ungeheuer
masslos
Ungeheuer
Monster
ungehobelter Mensch
Grobian
ungekochte Nahrung
Koerner, Rohkost
ungeladenes Elementarteilchen
Neutron
ungelogen
ehrlich
ungenau
inexakt
ungereimt
abwegig
ungeschickter Mensch
Toelpel
ungesetzlich
illegal
Ungetüm
Monster
ungewaschen
dreckig
ungewöhnlich
seltsam
Ungeziefer
Parasit
ungezogener Junge
Luemmel
ungezwungen
laessig
Ungläubiger
Atheist
Unglück
Debakel, Malaise, Malheur
ungültig
nichtig
Unheil abwehrender Anhänger
Amulett
unheilvoll
ominoes
unhöflicher Mensch
Grobian, Stoffel
Uniformrock
Litewka
Uniformschmuck
Kokarde, Troddel
Union
Allianz, Verband
Universalarznei
Panazee
Universität in den USA
Cornell, Harvard
Universitätsbesucher
Student
Universitätsstadt *in* **Deutschland**
Leipzig, Marburg
Universitätsstadt *in* **Italien**
Bologna, Florenz, Mailand, Messina, Palermo, Perugia
Universitätsstadt *in den* **Niederlanden**
Utrecht
Universitätsstadt *in* **Portugal**
Coimbra
Universitätsstadt *in* **Schweden**
Uppsala
Universitätsstadt *in der* **Schweiz**
Zuerich
Universitätsstadt *in* **Spanien**
Sevilla
Universum
Weltall
unkindlich
altklug
unklar
milchig, nebulos, ungenau
unkompliziert
einfach, trivial
Unkosten
Aufwand
Unkundiger
Fremder
unlogisch
paradox
Unmaß
Myriade, Unmasse
unmenschlich
inhuman
unmittelbar
spontan
Unmut
Unwille
unnachgiebig
rigoros
Unnachsichtigkeit
Strenge

unnatürlich
geziert, pervers
UNO-Generalsekretär
Cuellar
Unpaarzeher
Nashorn
unparteiisch
neutral
Unparteiischer
Arbiter
Unrat
Schmutz
unrechtmäßig
illegal
unredlich
illoyal
Unruhe
Krawall
Unruhestifter
Stoerer
unruhig
nervoes, rastlos
unsachlicher Angriff
Polemik
unsauber
dreckig
unschöpferischer Nach-ahmer
Epigone
Unsinn
Nonsens, Quatsch
unsinnig
abstrus, sinnlos
Unsinnigkeit
Idiotie
unstet
rastlos, unruhig
untätig
schlaff
unter keinen Umständen
niemals
Unterarmknochen
Speiche
Unterbau bei Kraftfahr-zeugen
Chassis
Untergang
Verfall
Untergebene
Gesinde
Untergestell der Geschütze
Lafette
unterhaltend
spassig
Unterhaltung
Diskurs, Schwatz
unterirdische Höhlung
Kaverne
unterirdischer Gang
Stollen
unterirdisches Gefängnis
Verlies
Unterleib
Abdomen
Unternehmen
Betrieb
Unternehmenszusammen-schluss
Kartell, Konzern
Unternehmer
Manager
Unternehmungsgeist
Energie, Schwung
Unterredung
Debatte
Unterricht
Lektion
Unterrichtsfach
Rechnen
Unterrichtsstunde
Lektion
Unterrichtsteilnehmer
Student
Unterscheidungsmerkmal
Merkmal
Unterschriftskürzel
Paraphe
unterste politische Ver-waltungseinheit
Kommune
Untersucher
Pruefer
Untersuchung
Analyse, Enquete
untertänig
ergeben, folgsam, fuegsam
Unterwäsche
Dessous, Waesche
Unterwäschestück
Korsett
Unterwasserarbeiter
Taucher
Unterwassergeschoss
Torpedo
Unterwassersport
Tauchen
Unterwelt
Inferno
Unterweltfluss
Acheron
unterwürfig
ergeben, submiss
untreu
perfide
Untreue
Felonie
unüberlegt
kopflos, spontan
Unübertreffbares
Optimum
unumschränkt
absolut
unverdächtig
astrein, koscher
unverkennbar
typisch
unverletzt
integer
unvermeidlich
obligat
unvollkommen
geteilt
unwichtig
trivial
unwillkürlich
spontan
unwillkürliche Muskel-kontraktion
Spasmus
unwirksam
nichtig
Unwissenheit
Agnosie
Unzahl
Myriade
unzüchtig
obszoen, pervers
unzufriedenes Gebrumme
Gemurre
unzugänglich
finster, trotzig
unzweideutig
praezis
üppig
opulent
Üppigkeit
Opulenz
Urgeschichte
Vorzeit
Urgrund
Prinzip
Urheberin
Autorin
Urlauber
Tourist
Urlaubsreisender
Tourist
Urlaubssport
Wandern
ursprünglich
primaer
Urstoff
Element, Materie
urtümlich
komisch
urweltliches Kriechtier
Saurier
Urwelttier
Saurier
urwüchsiger Mensch
Urviech
Urzeit
Vorzeit
Urzeitreptil
Saurier

US-Vollzugsbeamter
Sheriff
Utopist
Fantast

V

Vagabund
Gammler, Strolch, Stromer
Vampir
Dracula
Varieteekünstler (Varietékünstler)
Akrobat
Vater von Antigone
Oedipus
Vater von Apollo
Jupiter
Vater von Bacchus
Jupiter
Vater von Diana
Jupiter
Vater von Hektor
Priamos
Vater von Isaak
Abraham
Vater von Ismael
Abraham
Vater von Kassandra
Priamos, Priamus
Vater von Libertas
Jupiter
Vater von Mars
Jupiter
Vater von Odysseus
Laertes
Vater von Paris
Priamos, Priamus
Vater von Vulcanus
Jupiter
Vaterlandsfreund
Patriot
veilchenfarbig
violett
venezianische Goldmünze
Zechine
venezianischer Kupferstecher
Mocetto
venezianisches Geschlecht
Dandolo
venezolanische Münze
Bolivar, Centimo
venezolanischer Freiheitskämpfer
Bolivar
Verabredung
Meeting, Treffen
verächtlich
zynisch
verächtlich für Pferd
Klepper
Verachtung
Abscheu
veraltet für Anwalt
Advokat
veraltet für Bienenzüchter
Zeidler
veraltet für Bittgesuch
Supplik
veraltet für Damenzimmer
Boudoir
veraltet für ehrbar
honorig
veraltet für Friseur
Barbier
veraltet für früher
weiland
veraltet für Gutsbetrieb
Meierei
veraltet für Hauspersonal
Gesinde
veraltet für Kirchendiener
Messner
veraltet für Pilger
Pilgrim
veraltet für Rentner
Rentier
veraltet für Schnellzug
Express
veraltet für Unglück
Malheur
veraltet für unverheiratete Frau
Jungfer
veraltet für Verwundung
Blessur
veraltet für Vormundschaft
Kuratel
veraltet für Witwe
Witfrau
veraltet für Witwer
Witmann
veraltet für Wunder
Mirakel
veraltet für Zeitung
Gazette
veralteter Tanz
Menuett
veralteter Zeitmesser
Sanduhr
veraltetes Längenmaß
Klafter
Veranlagung
Eignung
Veranlassung
Anstoss
Veranstalter
Manager
Veräußerung
Verkauf
Verband
Bandage
verbinden
koppeln
verbindlich
obligat
verbindliche Abmachung
Vertrag
Verbindlichkeiten
Passiva
Verbindung
Allianz, Liaison
Verbindung politischer Maßnahmen
Junktim
Verbindungslinie zwischen Orten gleichen Luftdrucks
Isobare
Verbindungsstelle
Kontakt
Verbindungsstück
Flansch
verbissener Zorn
Ingrimm
verblüfft
perplex
Verbot
Verdikt
Verbot *der* **Ausfuhr**
Embargo
Verbündeter
Genosse
Verdacht
Argwohn, Skepsis, Skrupel, Zweifel
verdächtig
ominoes, suspekt
verderbliches Treiben
Unwesen
Verdienst
Entgelt, Honorar, Meriten
verdorben
korrupt
Verdrehung
Torsion
verdrießliches Gebrumme
Gemurre
Verdruss
Missmut, Unwille
Verdruss bereiten
aergern
verdutzt
perplex
Verehrer des Schönen
Aesthet
Verehrerin
Groupie
Verehrung
Achtung, Respekt

Vereinheitlichung
Normung
Vereinigung
Verband
vereinsamt
desolat
Vereitelung
Boykott
Vererbungslehre
Genetik
Verfahren
Methode, Schiene
Verfahrensweise
Methode
Verfasser
Urheber
Verfasser einer Lebensbeschreibung
Biograf
Verfasser von Lyrik
Dichter
Verfasserin
Autorin
Verfassung
Satzung, Zustand
Verfechter
Eiferer
Verfehlung
Unrecht
verfemen
aechten
Verfluchung
Bannung
verfügbare Zahlungsmittel
Bargeld
Verführer
Don Juan
Vergangenheitsform
Perfekt
vergeblich
umsonst
Vergeltung Übender
Raecher
Vergleichsstufe
Positiv
vergleichsweise
relativ
Vergnügen
Gaudium
Vergnügungsstätte
Theater, Varieté
verhalten
diskret
Verhalten
Gebaren
Verhaltensmaßregel
Weisung
Verhaltensmuster
Pattern

Verhältnis
Liaison
Verhältnisgröße
Proporz
verhältnismäßig
relativ
Verhältniswahlsystem
Proporz
Verhandlung
Debatte, Diskurs, Prozess
verhängnisvoll
schlimm
Verheiratete
Ehepaar
Verkaufsapparat
Automat
Verkaufsförderung
Werbung
Verkehrsflugzeug
Clipper
Verkehrsgebäude
Bahnhof
Verkehrshindernis
Glaette, Kolonne, Stauung
Verkehrsmittel
Autobus, Dampfer, Fahrrad, Omnibus, Tramway
Verkehrsweg
Highway, Strasse
Verkörperung des Übels
Luzifer
Verköstigung
Pension
Verkünder
Prophet
Verlagsabteilung
Werbung
Verlagserzeugnis
Journal, Magazin, Zeitung
Verlängerungszettel bei Wechseln
Allonge
verlangsamen
bremsen
verlassene Gegend
Einoede
Verlauf
Prozess
Verlegenheit
Dilemma
Verleih
Leasing
verletzt
pikiert
Verletzung
Blessur, Fraktur, Zerrung
Verletzung des Urheberrechts
Plagiat
Verleumdung
Rufmord
Verlosung
Tombola, Ziehung

Verlust
Ausfall, Defizit, Schaden, Schwund
Verlust der Erinnerung
Amnesie
Vermächtnisnehmer
Legatar
Vermählte
Ehepaar
Vermählung
Trauung
Vermehrung
Zunahme, Zuwachs
vermeintlich
putativ
Vermerk
Eintrag
Vermessenheit
Duenkel
Vermietung von Gütern
Leasing
Vermittlungsbüro
Agentur
Vermögen
Kapital, Koennen
vermögender Mensch
Kroesus
Vermögenseinbuße
Defizit, Verlust
Vermögensstamm
Kapital
Vermutung
Annahme, Meinung
Vernehmung
Hearing, Verhoer
verneinendes Wort
niemals, niemand
vernunftwidrig
paradox
Veröffentlichung
Edition
Verpackungsart
Flasche
Verpflegung
Nahrung
Verpflegungsanteil
Portion
Verpflichtung
Auflage
Verpflichtung zum Schadenersatz
Haftung
Verputzmaterial
Moertel
Verrat
Arglist, Felonie, Untreue
Verringerung
Abnahme
verrucht
ruchlos
Versammlung
Gremium, Konvent, Meeting

7

Verschluss
Schloss
Verschlüsselung
Chiffre
Verschnittener
Kastrat
verschnürter Packen
Buendel
verschroben
drollig, seltsam, skurril
Verschrobenheit
Marotte
Verschwender
Prasser
verschwiegen
diskret
Verschwörer gegen Caesar
Cassius
versessen
erpicht
Versicherungsbeitrag
Praemie
Version
Fassung
Versorgungsbezüge
Pension
Verständigungsmittel
Schrift, Sprache
Versteigerung
Auktion
versteinerter Kopffüßer
Ammonit
verstimmt
pikiert, unmutig
Verstimmung
Unwille
Verstopfung der Blutgefäße
Embolie
Verstoß
Fauxpas, Unrecht
versunkenes Schiff (1912)
Titanic
vertontes Gedicht
Ballade
Vertragsvorbehalt
Klausel
Vertrauen
Verlass
Vertrauensbruch
Untreue
Vertrauter
Intimus, Kamerad
Vertreter *für* **Minderjährige**
Kuratel, Vormund
Vertretung
Agentur, Prokura
Verwahrung
Protest
Verwalter
Kurator
Verwalter *einer* **Stiftung**
Kurator
Verwaltungsbeamter
Landrat
Verwaltungsbeamter der Kirchengemeinde
Kuester
Verwaltungsbehörde
Passant
Verwaltungsgebäude
Rathaus
Verwandte/Verwandter
Cousine, Enkelin, Tochter, Urenkel
Verwandtschaft
Familie
Verweis
Lektion, Rueffel, Vorwurf
Verwendbarkeit
Eignung
verwickelt
heillos, komplex
Verwindung
Torsion
verwirrt
perplex
verworren
abstrus, komplex
Verwundung
Blessur
Verzeichnis
Katalog
Verzeihungsersuchen
Abbitte, Beichte
verzerrt
grotesk, skurril
verzierter Anfangsbuchstabe
Initial
verzierter hölzerner Behälter
Schrein
Verzierung
Schmuck, Zierrat
Verzierung in Rosenform
Rosette
Verzinsung
Rendite
Verzückung
Ekstase
verzweifelt
verzagt
Vestibül
Vorraum
Vibrato
Tremolo
vibrieren
zittern
Vieh
Schwein
Viehfutter
Melasse
Viehseuche
Tollwut
Viehwasserstelle
Traenke
Vieleck
Polygon
vielfältig
komplex
vielschichtig
komplex
vielsitziger Kraftwagen
Omnibus
Vielzahl an Gästen
Andrang
Viereck
Quadrat, Rhombus
viereckiger Körper
Wuerfel
Vierteljahr
Quartal
vietnamesische Währungseinheit
Centime, Piaster
violett
flieder
Virtuose
Koenner, Meister
Visage
Gesicht
Vision
Gesicht
Vitaminmangelkrankheit
Skorbut
vite
schnell
Vogel *in* **Afrika**
Strauss
Vogel *der* **Antarktis**
Pinguin
Vogelhaus
Voliere
Vogelkäfig
Voliere
Vogelschwinge
Fluegel
Vokabel
Begriff
Vokalauslassung
Elision
Vokalwerk
Kantate
Volant
Lenkrad
Volk *der* **Arktis**
Eskimos
Volk *im* **Baltikum**
Litauer
Völkermord
Genozid
volkstümlich
beliebt
Volkswirt
Oekonom

vollendet
perfekt
vollends
rundweg
völlige Klarheit
Evidenz
völliges Überzeugtsein
Glauben
volljährig
muendig
vollkommen
perfekt
Vollmacht
Prokura
Vollschiff
Clipper, Klipper
vollständig
perfekt
Vollstreckung
Vollzug
Vollzug
Vorgang
von Almosen Lebender
Bettler
von Bedeutung
wichtig
von drei Seiten begrenzte Figur
Dreieck
von Hundert
Prozent
von innen kommend
endogen
von selbst
spontan
von Zeus gestürzte Götter
Titanen
Vorarbeit zu einem Werk
Entwurf
Voraussetzung
Annahme
voraussetzungslos
absolut
Voraussicht
Planung
voraussichtlicher Sieger
Favorit
Vorbau
Risalit, Soeller, Veranda
Vorbehalt
Klausel, Skepsis
Vorbeimarsch
Defilee
vorbeugende Maßnahme
Impfung
Vorderansicht des Kopfes
Gesicht
Vorderasiat
Afghane, Israeli, Jemenit
vorderasiatische Halbinsel
Arabien
vorderasiatische Hauptstadt
Teheran
vorderasiatischer Staat
Libanon, Persien, Tuerkei
vorderasiatischer Strom
Euphrat
vorderasiatisches Kulturvolk (Antike)
Akkader, Assyrer, Iranier, Semiten, Sumerer
Vorderasien
Levante
Vorderseite
Fassade, Gesicht
Vorentwurf
Konzept
Vorfahre Parzivals
Titurel
Vorfahren
Urahnen
Vorfall
Affaere, Affaire, Episode, Skandal
Vorgang
Hergang, Prozess, Vollzug
Vorgang *bei der* **Bierherstellung**
Gaerung
Vorgang *bei der* **Weinherstellung**
Gaerung
Vorgehen
Schritt
vorgeschichtliche Fundstätte
Hallein
vorgeschichtliches Hügelgrab
Tumulus
Vorgeschichtsperiode
Eiszeit
Vorgesetzter
Meister
Vorhaben
Absicht, Projekt
Vorhaltung
Vorwurf
Vorhandenes
Bestand
Vorhang
Gardine
vorher
frueher
Vorkämpfer
Pionier
Vorlaube am Haus
Veranda
Vorläufer des Klaviers
Cembalo
vorläufige Aufzeichnung
Entwurf
vorläufige Regelung
Interim
Vorlesung
Lektion
Vorliebe
Neigung
vormals
frueher
Vormittagsveranstaltung
Matinee
Vormund
Kurator
Vormundschaft
Kuratel
Vorname
Rufname
Vorname *der* **Dietrich**
Marlene
Vorname *der* **Giehse**
Therese
Vorname *von* **Mozart**
Amadeus
vornehm
elegant
vornehme Buhlerin
Hetaere
vornehme Gesinnung
Edelmut
Vorort von London
Croydon, Wembley
Vorort von Paris
Neuilly, St. Denis
Vorrat
Bestand, Reserve
Vorratsgebäude
Magazin, Scheuer, Scheune
Vorrichtung
Apparat
Vorrichtung *am* **Ski**
Bindung
Vorrichtung *zum* **Steuern**
Lenkung
Vorsatz
Absicht
Vorschlag
Angebot, Offerte
vorschriftsmäßig
ueblich
Vorsegel
Kluever
Vorsicht
Skepsis
Vorsilbe
Praefix
Vorsitz
Leitung
Vorspiel
Intrade, Prélude
vorspringender Gebäudeteil
Risalit
vorspringendes Bollwerk
Bastion

Vorsteher *einer* **Dorfgemeinde**
Schulze
Vorsteher *im* **Islam**
Scheich
Vorstoß
Angriff, Versuch
Vortäuschung
Fiktion
Vorteil bringen
nuetzen
vorteilhaft
positiv
Vortrag
Bericht, Referat
Vortragskünstler/Vortragskünstlerin
Diseuse
vortrefflich
sueperb
vorübergehend
ephemer
Vorübergehender
Passant
vorurteilsfrei
liberal
vorurteilslos
liberal
Vorwand
Ausrede
Vorwurf
Rueffel, Schelte
Vorzug
Vorteil
Votivbild
Marterl
Voyeur
Spanner
Vulkan *in* **Amerika**
Jorulla
Vulkan *auf* **Hawaii**
Kilauea
Vulkan *in* **Japan**
Fudschi
Vulkan *in* **Mexiko**
Jorulla
Vulkaninsel
Surtsey
Vulkantrichter
Caldera

W

waagerecht angelegter Tunnel
Stollen
waagerecht tragende Dachstuhlbalken
Pfetten
waagerechter Grubenbau
Stollen
waagerechtes Bauglied
Traeger
Wacholdergetränk
Genever, Krammet
Wacholderschnaps
Genever
wachsam
achtsam
wachsweich
fuegsam
Wächter
Waerter
Wächter *der* **nordischen Sage**
Heimdal
Wachtturm
Ausguck
wackeln
pendeln, torkeln, zittern
wacker
ehrlich
Wadenbekleidung
Strumpf, Stutzen
Waffe *von* **Insekten**
Stachel
Waffe *der* **Katzen**
Krallen
Waffe *der* **Ritter**
Schwert
Waffengattung
Flieger
Waffenlager
Arsenal, Magazin
Waffensportart
Fechten
Wagen
Karosse, Kibitka
Wagenteil
Chassis
Wagenunterbau
Chassis
waghalsig
beherzt
wählerisch
maeklig
Wahlvolk
Waehler
wahnsinnig
abwegig, manisch
wahr
richtig
wahrnehmbar
hoerbar
wahrnehmen
spueren
Wahrnehmungsart
Fuehlen
Wahrsager
Prophet
Wahrsagerin des Altertums
Sibylle
Wahrzeichen
Merkmal
Wahrzeichen von Brüssel
Atomium
Wahrzeichen von Dresden
Zwinger
Wahrzeichen von Graz
Uhrturm
Wahrzeichen von Heidelberg
Schloss
Wahrzeichen von Washington
Capitol, Kapitol
Waisenpflegevater
Kurator, Vormund
Walart
Blauwal, Delphin, Finnwal, Pottwal
Wald
Gehoelz
Wäldchen
Gehoelz
Waldgeist
Schratt
Waldschädling
Spanner, Spinner
Waldtier
Damwild, Rotwild
Waldvogel
Kuckuck
Walfanggerät
Harpune
Wallfahrer
Hadschi, Pilgrim
Wallfahrtsort *in* **Frankreich**
Lourdes
Walnuss
Juglans
Walnussbaumgewächs
Hickory
Wams
Kamisol
Wand
Kulisse
Wandalenherrscher
Gelimer, Wisumer
Wandbehang
Gobelin, Teppich
Wandbrett
Konsole
wandelbar
formbar
Wandelformen
Abarten
Wandelhalle
Pergola
Wandelröschen
Lantana
Wanderpause
Einkehr

Wandertier
Lemming
Wanderung
Ausflug
Wandervolk
Nomaden
Wandgestell
Etagere, Konsole
Wandlung
Wechsel
Wandöffnung
Fenster
Wandschmuck
Gobelin, Malerei, Oelbild
Wandteppich
Gobelin
Wandverkleidung
Lambris
Wandvorsprung
Konsole
Wanne
Bottich
Wappentier
Einhorn
Ware
Artikel, Produkt
Warenabgabe
Verkauf
Warenabrechnung
Faktura
Warenart
Artikel
Warenaufschrift
Etikett
Warendepot
Magazin
Warenexportsperre
Embargo
Warengattung
Artikel
Warenimport
Einfuhr
Warenrechnung
Faktura
Warenschildchen
Etikett
Warensorte
Artikel
Warentransport
Versand
Warentransportmittel
Lastzug
Warenverzeichnis
Katalog
Warenvorrat
Bestand
Wärmeeinheit
Kalorie
Wärmelehre
Kalorik, Thermik
Wärmeplatte
Rechaud

warmer Aufwind
Thermik
warnendes Beispiel
Exempel
Warngerät
Klingel
Warnlicht
Blinker
Warnzeichen
Achtung
Wärter
Pfleger
Wartung
Service
Warze
Papille
Wäsche
Dessous
Wäsche glätten
buegeln
Wäsche plätten
buegeln
Wäschehalter
Klammer
Wäschestoff
Finette, Flanell, Zanella
Wäschestück
Bettuch, Dessous, Korsett, Tuchent
wasserarm
trocken
Wasserblume
Seerose
wasserdurchlässig
undicht
Wasserfahrzeug
Dampfer
Wasserfall
Kaskade
Wasserfall in den USA
Niagara
Wasserflasche
Karaffe
Wasserfloh
Daphnie
Wasserförderanlage
Brunnen
Wasserlache
Pfuetze
Wasserlauf
Rinnsal
Wasserloch
Tuempel
Wassernymphe
Nereide
Wasserpflanze
Seerose
Wasserreservoir
Stausee
Wassersport
Paddeln, Tauchen
Wassersportler
Ruderer

wassersportliche Veranstaltung
Regatta
Wasserstelle
Brunnen
Wasserstelle für Tiere
Traenke
Wasserstoffabart
Tritium
Wasservogel
Pelikan, Pinguin
Wasserwaagenbestandteil
Libelle
Wasserzapfstelle
Hydrant
wässriger Auszug
Aufguss
Watvogel
Kiebitz
Weberkante
Salband
Wechselfieber
Malaria
Wechselgebet
Litanei
wechselseitig
mutuell
wechselwarme Tiere
Wuermer
Weckergeräusch
Rappeln
Wedel
Buendel, Schwanz
weg
abseits
Weg
Strasse, Strecke
Weg *für* **elektrische Energie**
Leitung
Weg *eines* **Rennens**
Strecke
Wegbereiter
Pionier
Wegelagerer
Raeuber
Weggabe gegen Gebühr
Verleih
Weggenosse
Kamerad
Wegmal
Marterl
Wegzeichnung
Faehrte
Weh
Schmerz
Wehfrau
Hebamme
Wehgeschrei
Lamento
Wehlaut
Seufzer

Wehmut
Schmerz
Wehmutter
Hebamme, Wehfrau
Weib
Ehefrau
Weiberfeind
Misogyn
weiblich
feminin
weibliche griechische Sagengestalt
Alkeste, Alkmene, Ariadne, Elektra
weibliche Kriegerin
Amazone
weibliche Verwandte
Cousine, Enkelin, Tochter
weiblicher Faschingsgeck
Naerrin
weiblicher Nachkomme
Enkelin, Tochter
weiblicher Riesenhirsch
Elchkuh
weiblicher Spion
Agentin
weiblicher Vorname
Annette, Barbara, Bettina, Christa, Claudia, Corinna, Eulalia, Eveline, Gertrud, Irmgard, Johanna, Kordula, Marlene, Melanie, Pauline, Sibylle, Susanna, Waltrud, Xaveria, Zerline
weibliches Haustier
Huendin
weich
formbar
weiche Auflage
Polster
weiche Unterlage
Polster
weiches Metall
Caesium
Weichholz
Laerche
Weichkäse
Romadur, Stilton
Weichspeise
Pudding
Weichtier
Muschel
weidmännisch für Jagdbeute
Strecke
Weiher
Tuempel
weihevoll
erhaben
Weihnachtsbaumschmuck
Lametta
Weihnachtsgebäck
Stollen
weiland
ehemals, vormals
Wein mit hoher Süße
Eiswein
Weinart
Eiswein, Rotwein
Weinbereitungsvorgang
Keltern
Weinberg
Wingert
Weinbergschädling
Mehltau, Reblaus
weinerlicher Nörgler
Raunzer
Weingefäß
Flasche
Weingeist
Alkohol
Weingott
Bacchus
Weinmaß
Oechsle
Weinmonat
Oktober
Weinort *am* Rhein
Boppard
Weinort *auf* Sizilien
Marsala
Weinort *in* Südtirol
Kaltern
Weinpflanzung
Rebberg, Rebhang, Wingert
Weinprädikat
Auslese
Weinschenke
Taverne
Weinsorte
Eiswein
Weinstadt *in* Franken
Iphofen
Weinstockschädling
Reblaus
weise
gereift
Weise
Melodie
weise Frau
Hebamme
Weisheitsgöttin
Minerva
Weissager
Prophet
weißbrotähnliches Gebäck
Kipferl
weiße Ameise
Termite
weißer Burgunderwein
Chablis
Weißfisch
Elritze, Ploetze, Rotauge
Weisung
Auftrag, Geheiss
weit hergeholt
bemueht, gesucht
Weite
Ausmass
Weitergabe des Balles
Abspiel
Weizenart
Einkorn
Welfenpartei
Guelfen
Wellenschlag
Seegang
wellig
holprig
Welschkohl
Wirsing
Welt *der* Menschen
Midgard
Weltbaumeister
Demiurg
weltgewandt
mondaen
Welthilfssprache
Mondial
weltlich
irdisch
weltmännisch
gewandt, mondaen
Weltmeer
Pazifik
Weltraumzentrum der USA
Houston
Weltseele
Brahman
Weltsprache
Deutsch
Wende
Wechsel
Wendel
Spirale
Werbeanschlag
Affiche, Aushang
Werbebüro
Agentur
Werbeträger
Zeitung
Werbung
Annonce, Anzeige, Inserat, Offerte, Reklame
Werden
Genesis
Werftanlage
Helling
Werk
Betrieb
Werkspeiseraum
Kantine
Werkstatt des Künstlers
Atelier

Werkstoff
Plastik
Werktag
Freitag, Samstag
Werkzeug
Buerste, Leisten, Meissel, Schippe
Werkzeug *des* **Graveurs**
Stichel
Wermutart
Absinth, Beifuss
wert
wichtig, wuerdig
Wertermittler
Taxator
wertlose Wildpflanze
Unkraut
wertloser alter Kram
Troedel
wertloser Schmuck
Flitter
Wertloses
Plunder, Troedel
Wertminderung
Schaden
Wertpapiere
Wechsel
Wertpapierkäufer
Anleger
Wertpapierzins
Rendite
Wertschätzung
Achtung, Ansehen, Geltung
Wertvergrößerung
Zuwachs
wertvoll
kostbar
wertvolles Mineral
Diamant
Wesen
Urgrund
wesentlich
wichtig
Wesfall
Genitiv
westafrikanische Insel
São Tomé
westafrikanischer Staat
Liberia, Senegal
Westeuropäer
Belgier, Schotte, Spanier
westeuropäischer Staat
Belgien, Spanien
westeuropäisches Gebirge
Vogesen
westeuropäisches Volk
Belgier
Westfranzose
Brester, Bretone
westfriesische Insel
Ameland
Westgotenkönig
Alarich
westgotischer Bischof
Ulfilas, Wulfila
Westindische Insel
Curaçao, Grenada, Jamaica, Jamaika
Westindische Inselgruppe
Bahamas
westkanadische Provinz
Alberta
Wettbewerb
Turnier
Wettererscheinung
Raureif
Wetterkartenlinie
Isobare
Wettfahrt auf dem Wasser
Regatta
Wettkämpfer
Spieler
Wettkampfstätte
Stadion
Wicht
Wichtel
Wichtigtuer
Angeber, Blender, Prahler
Wickel
Buendel, Packung
widernatürlich
pervers
widerrechtlich
illegal
widerrechtliche Verwendung geistigen Eigentums
Plagiat
Widerrede
Antwort, Protest
Widerruf
Dementi
Widerschein
Abglanz
widersinnig
paradox
widerspenstig
trotzig
Widerspruch
Einwand, Protest
widersprüchlich
paradox
Widerstand
Aufruhr
Widerwille
Abscheu, Grausen
widrig
hemmend
wiebeln
stopfen
Wiederaufführung eines Bühnenstückes
Reprise
Wiedergutmachung
Regress
Wiederherstellung der Gesundheit
Heilung
Wiederkäuer
Bueffel, Rentier
Wiederkehr
Reprise
wiederkehrender Zeitraum
Periode
Wiener Bauwerk
Hofburg
Wiener Komponist
Raymond, Strauss
Wiener Mimin
Wessely
Wiener Sehenswürdigkeit
Hofburg, Steffel
Wiener Tänzerin
Elssler
Wiener Weißbrot
Kipferl
Wiesenblume
Betonie, Luzerne
wieso
weshalb
wild
wuetend
wild in der Musik
furioso
wild lebende Rinderart
Bueffel
Wildart
Damwild, Rebhuhn, Rotwild, Wildsau
wildes Herumtollen
Toberei
Wildgeflügel
Rebhuhn, Wachtel
Wildkanzel
Anstand
Wildleder
Chamois
Wildnis
Einoede
Wildpfad
Wechsel
Wildpferd
Mustang
Wildpflanzen
Unkraut
Wildrind
Bueffel
Wildschaf
Mufflon
Wildspur
Faehrte
Wildwestfilm
Western
Wille
Absicht, Vorsatz
willenlos
schwach

7

Willenlosigkeit
Phlegma
Willenskraft
Energie
Willensschwäche
Phlegma
willentlich
bewusst
willig
fuegsam
Wimperntusche
Mascara
Windart
Mistral, Tornado
Windbeutel
Angeber, Gebaeck
Winde
Spindel
Windgeist
Harpyie
Windhauch
Luftzug
Windhund
Afghane
Windröschen
Anemone
windschief
schraeg
Windung
Biegung, Drehung, Spirale
Wink
Hinweis
Winkelbruchteil
Radiant, Sekunde
Winkelfunktion
Kosinus, Tangens
Winkelmessgerät
Bussole, Sextant
Winkelschnitt
Gehrung
Winkelträger
Konsole
Winkelzug
Arglist
winterliche Niederschlagsform
Raureif
Wintermonat
Februar
Wintersportanlage
Abfahrt, Bobbahn, Eisbahn, Skilift
Wintersportart
Curling, Eislauf, Eistanz, Skilauf
Wintersportgerät
Schbob
Wintersportort *im* **Bayrischen Wald**
Zwiesel
Wintersportort *in* **Japan**
Sapporo
winzig
minimal
winziger Vogel
Kolibri
winziger Wasserlauf
Rinnsal
winziges Fließwasser
Rinnsal
Wirbel
Strudel
Wirbelsturm
Tornado
Wirbeltierart
Saeuger
wirklich
aktuell, konkret
wirkliche Dinge
Realien
wirksam
wirkend
Wirkstoff *im* **Kaffee**
Coffein, Koffein
Wirkstoff *in* **Nahrungsmitteln**
Vitamin
Wirkstoff *im* **Tabak**
Nikotin
Wirkstoff *im* **Tee**
Coffein, Koffein
Wirkteppich
Gobelin
Wirkungskraft
Dynamik, Energie
Wirkungskreis
Domaene, Sphaere
wirsch
schroff
Wirtschaft
Schenke
Wirtschafterin
Mamsell
Wirtschafterin in Hotels
Mamsell
wirtschaftlich
sparsam
wirtschaftliche Machtstellung
Monopol
wirtschaftlicher Ertrag
Rendite
wirtschaftlicher Zusammenschluss
Kartell
Wirtschaftskrieg
Boykott, Embargo
Wirtschaftsprüfer
Revisor
Wirtschaftssparte
Gewerbe
Wirtschaftstheoretiker
Galtung, Mueller, Ricardo, Sombart
Wirtschaftsverbund
Kartell, Konzern
Wirtschaftszweig
Branche
Wisch
Buendel, Schrieb
Wissbegierde
Neugier
Wissenschaft
Medizin
wissenschaftlich
gelehrt
wissenschaftlich gebildeter Landwirt
Agronom
wissenschaftliche Abhandlung
Traktat
wissenschaftliche Forschung
Studium
wissenschaftliche Untersuchung
Analyse
wissenschaftlicher Begriff
Analyse, Methode, Theorie
Wissensgebiet
Domaene
Wissensschatz
Lexikon
Witwe
Witfrau
Witwenblume
Knautia, Knautie
Witwer
Witmann
Witz
Kalauer
witzig
humorig, spassig
witzige Zeichnung
Cartoon
witziges Lied
Couplet
Witzzeichnung
Cartoon
Wochenende
Weekend
Wochentag
Freitag, Samstag, Sonntag, Werktag
Woge
Brecher
Wohl
Frommen, Vorteil
Wohlbefinden
Behagen
wohlerzogen
folgsam

Wohlgefallen
Behagen
wohlgelitten
beliebt
wohlgesinnt
geneigt
wohlriechende Pflanze
Levkoje
wohlschmeckend
delikat
Wohltat
Benefiz
Wohltäter
Goenner
wohlwollend
geneigt, zugetan
Wohnraum auf Schiffen
Kajuete
Wohnsitz
Domizil
Wohnsitz *der* **Asen**
Idafeld
Wohnung
Zuhause
Wohnung und Kost
Pension
Wohnungsanschrift
Adresse
Wohnwagen
Caravan
Wölbung
Rundung
Wolf
Isegrim
Wolfsmensch
Werwolf
Wolkenart
Kumulus, Stratus
Wolkenbruch
Schauer
Wolleball
Knaeuel
Wollfett
Lanolin
Wollstoff
Cheviot, Flausch, Krimmer, Lasting, Marengo
Wort
Vokabel
Wortbedeutung
Begriff
Wortbruch
Meineid, Untreue
Wörterbuch
Glossar, Lexikon
Worterguss
Schwall
Wortführer
Speaker
Wortklauber
Kasuist, Sophist
Wortkürzungszeichen
Kuerzel
Wortteil
Praefix
Wortvorsatz
Praefix
Wortwiederholung
Anapher
Wrocław
Breslau
Wuchs
Gestalt
Wucht
Energie, Schwung
Wundarzt
Chirurg
Wunde
Blessur, Laesion
Wunder
Mirakel
Wunderhorn
Olifant
wunderlich
grotesk, seltsam
wunderliche Eigenschaft
Marotte
Wundermittel
Arkanum, Panazee, Theriak
Wunderwerk
Mirakel
Wundstarrkrampf
Tetanus
Wunsch
Geluest
Wunschland
Elysium
Würde
Achtung, Ansehen, Geltung
Würde eines Priors
Priorat
würdelos
niedrig
Würdigung eines Verstorbenen
Nachruf
würfelförmig
kubisch
Wurfkurve
Parabel
Wurfwaffe
Harpune
Wurstgewürz
Majoran
Wurzelgemüse
Karotte
Wurzelmännchen
Alraune
würzige Fleischspeise in Blätterteig
Pastete
Würzpflanze
Thymian
Würztunke
Ketchup
wuselig
lebhaft, nervoes
Wüste *in* **Chile**
Atacama
Wüste *in* **Turkmenistan**
Karakum
Wüstenbewohner
Beduine
Wüstenei
Einoede
Wüstenluchs
Karakal, Schakal
Wüstenwind
Chamsin
Wüstling
Rohling, Saeufer
Wut
Ingrimm, Raserei
Wutausbruch
Raserei
wütend
empoert, grimmig
wütendes Weib
Megaere
Wutz
Schwein

XYZ

x-mal
haeufig
Xenon
Edelgas
xerotisch
trocken
Xylophon
Marimba, Marymba, Vibrafon
Ymir
Urriese
Youngster
Neuling
Yperit
Senfgas
zackig
drahtig
Zagel
Schwanz
Zahl *über dem* **Bruchstrich**
Zaehler
zahlender Kunde
Kaeufer
Zahlenergebnis
Produkt
Zahlenliste
Tabelle
Zahlenreihe
Kolonne
Zahlenübersicht
Tabelle

Zählmaß
Dutzend
Zahlung
Ausgabe, Tilgung
Zahlungsaufforderung
Mahnung
Zahlungsbefehl
Mahnung
zahlungsfähig
solvent
Zahlungsmittel
Bargeld, Devisen, Wechsel
Zahlungsweise
Wechsel
Zahnarten
Eckzahn
Zahnarzt
Dentist
Zahnbestandteil
Schmelz
Zahnersatz
Bruecke
Zahntechniker
Dentist
Zahnwal
Delphin, Pottwal
zänkisch
grimmig
zänkisches Schelten
Gekeife
zänkisches Weib
Drachen
Zapfstelle für Wasser
Hydrant
zappenduster
finster
Zarentochter
Zarewna
zart
schwach
Zaster
Moneten
Zauber
Hexerei
Zauberei
Hexerei
Zauberer
Gaukler
zauberhaft
magisch
Zaubermittel
Alraune, Elixier
Zauberschutzmittel
Amulett
Zauberwurzel
Alraune
Zauderer
Bremser
Zaum
Halfter, Kandare
Zaungast
Kiebitz
Zaunlatte
Stakete
Zecher
Saeufer, Trinker
Zechine
Dukaten
Zehn Gebote
Dekalog
Zehneck
Dekagon
Zehntschaft
Dekurie
Zehrung
Nahrung
Zeichen *zur* Sprachwieder-gabe
Schrift
Zeichenerklärung
Legende
Zeichenkunst
Graphik
zeichnerische Darstel-lung
Entwurf, Graphik
Zeileneinzug
Geviert
Zeit *der* Ausbildung
Studium
Zeit *ohne* Krieg
Frieden
Zeit vom Pflanzen bis zum Abholzen
Umtrieb
Zeit vor uns
Zukunft
Zeitalter
Periode
Zeitangabe
Uhrzeit
Zeitbegriff
Zukunft
Zeiteinheit
Sekunde
Zeitform der Vergangen-heit
Perfekt
zeitgemäß
al, zeitnah
zeitlich geordneter Bericht
Annalen, Chronik
Zeitmaß (Musik)
Andante
Zeitmesser
Eieruhr, Turmuhr
Zeitnehmer
Stopper
Zeitraum
Periode
Zeitschrift
Gazette, Journal, Magazin
Zeitung
Gazette
Zeitungsanzeige
Annonce, Inserat
Zeitungsaufsatz
Artikel, Bericht
Zeitungsnachricht
Meldung
Zeitungsspalte
Kolumne
Zeitungsteil
Politik
Zellbestandteil
Membran
Zellengewebe
Epithel
Zellkern
Nukleus
Zellstoffverbindung
Viskose
Zelt
Kibitka
Zensor
Pruefer
Zensuren
Zeugnis
Zentralasiat
Mongole
Zenturium
Fermium
zeremoniell
formell
Zergliederung
Analyse, Sektion
zermalmend
brisant
zerplatzen
bersten
zerstäuben
sieben
zerstreuter Mensch
Trottel
Zertifikat
Urkunde, Zeugnis
zerzaust
borstig
Zeughaus
Arsenal
Zeugnis
Urkunde
Zeugnisnote
sehr gut
Zeus geweihte Stätte
Olympia
Ziegel
Klinker
Ziegenleder
Chagrin, Chamois, Saffian
Ziel
Absicht, Schluss

Ziel *im* **Schießsport**
Scheibe
ziellos
planlos
zielsicher
resolut
Zierat
Rosette, Schmuck
Zierfisch
Puntius, Rasbora
Ziergebüsch
Boskett
zierlich
anmutig
zierliche Antilope
Gazelle
Zierpflanze
Amarant, Begonie, Freesie, Fuchsie, Geranie, Kamelie, Levkoje, Lobelie, Petunie
Zierschrank
Vertiko
Zierstrauch
Eibisch, Flieder, Ginster, Kamelie, Lorbeer
ziffernartig
digital
Zigarettenrest
Stummel
Zigarrenform
Stumpen
Zigarrenrest
Stummel
Zigarrensorte
Havanna, Sumatra
Zimmer
Boudoir
Zimmerausblick
Fenster
Zimmerdecke
Plafond
Zimmeröffnung
Fenster
Zimmervogel
Papagei
Zinken
Zeichen
Zinnkies
Stannin
Zinsabzug
Diskont
Zinsertrag
Rendite
Zinsvergütung
Diskont
Zipperlein
Podagra
Zirkuskünstler
Akrobat
Zisterzienserabtei
Citeaux
Zitadelle
Festung
Zitronenkraut
Melisse
Zitrusfrucht
Limette, Satsuma, Zitrone
zitterig
tattrig
Zitterton in der Musik
Tremolo
zivil
maessig
Zivilist
Buerger
zögerlicher Mensch
Saeumer
Zollpassierschein
Triptik
Zone
Bereich
Zönobium
Kloster
Zooanlage
Voliere, Zwinger
Zorn
Unwille
Zornesausbruch
Raserei
zu *einer* **Kugel gewickelter Faden**
Knaeuel
zu nichts zu gebrauchen
unnuetz
Zubehör
Beiwerk
Zuber
Bottich
Zucht
Ordnung
Zuchtanlage
Gestuet, Zwinger
züchtig
sittsam
Züchtigung
Pruegel
Züchtigungsspur
Strieme
Zuckerart
Glukose, Karamel
Zuckerzeug
Fondant, Konfekt
Zudecke
Plumeau
Zueignung
Widmung
zuerst
primaer
Zufahrtsweg
Anfahrt
Zuflucht Erbittender
Asylant
Zug
Kolonne, Luftzug, Schluck
Zugabe
Beilage, Praemie
Zugang
Einlass, Zutritt
Zugeld für standesgemäßes Leben
Apanage
zugemessene Menge
Portion
zugetan
gewogen
Zugezogener
Fremder
zügig
schnell
zugkräftiges Angebot
Angebot, Reisser
Zugmaschine
Traktor
Zugtier
Bueffel, Rentier
Zugvogel
Drossel, Kiebitz, Kranich
Zuhause
Wohnung
zulässig
erlaubt
Zulauf
Zustrom
zuletzt
endlich
Zuluspeer
Assagai
zum Nennwert
nominal
Zunder
Pruegel, Schwamm
Zungenlaut
Lingual
Zupfgeige
Gitarre
Zupfinstrument
Bandola, Bandura, Gitarre, Klampfe, Mandola, Ukulele
Zurechtweisung
Verweis
Zurückberufung
Rappell
zurückgegebener Wechsel
Rimesse
zurückgehende Verpackung
Leergut
zurückgesandte Ware
Retoure
zurückhaltend
diskret
Zurücknahme
Dementi
zusammen
mitsamt, vereint
Zusammenbau
Montage

Zusammenbruch
Kollaps, Konkurs, Verfall
Zusammenfassung
Exposee, Resumee, Summary, Synopse
Zusammengekochtes
Eintopf
Zusammenhalt
Einheit, Kontakt
Zusammenhang
Kontext
Zusammenkunft
Meeting, Session, Sitzung, Treffen
Zusammenleben
Kommune
Zusammenrottung
Aufruhr
Zusammenschluss
Allianz, Kartell
Zusammensein
Treffen
Zusammenstellung
Katalog, Tabelle
Zusammenstellung *von* **Waren**
Katalog
zusammentragen
sammeln
Zusammenziehung zweier Zeichen
Ligatur
Zusatz
Additiv
Zusatzbestimmung
Klausel
Zusatzgerät zu einem Hauptgerät
Adapter
Zusatzleistung
Praemie
Zusätzliches
Beiwerk
Zusatzteil der Nähmaschine
Saeumer
Zuschauer
Kiebitz, Spanner
Zuschnitt
Machart
Zuspruch
Andrang, Anklang, Beifall
Zustand
Stadium
Zustand rauschhafter Erregung
Ekstase
Zustand *der* **Verzückung**
Ekstase
zuständige Stelle
Instanz
Zustandsform
Stadium
zustimmen
bejahen
Zustimmung
Beifall, Konsens
Zustrom
Andrang, Ansturm
Zutat
Beigabe, Beilage, Beiwerk
Zuteilung
Portion
zutiefst
voellig
zutreffend
richtig
zuverlässig
ergeben
zuvor
frueher
Zuwachs an Erfahrung
Reifung
Zuwendung
Almosen
Zwang
Drohung
zwanglos
laessig
Zwangsankündigung
Drohung
Zwangslage
Dilemma
Zwangsmaßnahme
Boykott, Embargo
zweckmäßig
passend
zwei miteinander Vermählte
Ehepaar
zweidimensionales Gebilde
Flaeche
zweifach
doppelt
Zweifel
Skepsis, Skrupel
zweifellos
fraglos
zweifelnde Betrachtungsweise
Skepsis
Zweig
Branche
Zweig *des* **Bauwesens**
Hochbau, Tiefbau
Zweig *der* **bildenden Kunst**
Malerei
Zweig *der* **Landwirtschaft**
Imkerei, Obstbau
Zweig *der* **Naturwissenschaft**
Botanik
Zweig *zur* **Neuzucht**
Ableger
Zweig *der* **Textilindustrie**
Weberei
Zweigstelle
Agentur, Filiale
zweihenkliger Tonkrug
Amphora, Amphore
zweijährig
biennal
zweipolig
bipolar
Zweirad
Fahrrad
zweirädriger Einspänner
Dogcart
zweirädriger Wagen
Rikscha
zweischneidiger Dolch
Stilett
zweistellige Zahl
achtzig
zweite Vergangenheit
Perfekt
zweiter Fall der Deklination
Genitiv
zweiter Flugzeugführer
Kopilot
zweites Heu
Grummet
Zwerg
Wichtel
Zwergapfelsine
Satsuma
Zwergenland Gullivers
Liliput
Zwergkiefer
Latsche
Zwergstaat in Europa
Andorra
Zwicker
Klemmer, Kneifer
Zwiebelart
Zipolle
zwielichtige Angelegenheit
Affaere
Zwillingsbruder von Remus
Romulus
Zwischenhandlung
Episode
Zwischenraum
Abstand, Spatium
Zwischenspiel
Episode
Zwischenträger
Mittler
Zwölf
Dutzend
Zyklus
Periode

8 BUCHSTABEN

A

Aa
Bergbach
aalförmiger Fisch
Lamprete, Neunauge
Aalraupe
Truesche
Aasblume
Stapelie
Abänderung
Revision
Abart
Spielart, Variante
Abbild
Portraet, Portrait
Abc
Alphabet
Abdecker
Schinder
Abendland
Okzident
Abendständchen
Serenade
Abendstern
Hesperos, Hesperus
Abenteuer
Erlebnis
Aberglaube
Wahnidee
Abfahrt
Aufbruch, Talfahrt
Abfall
Kehricht, Schlacke
Abfertigungsfenster
Schalter
Abfluss
Senkloch
Abführmittel
Agar-Agar
Abfüllgerät
Trichter
abgebrüht
gerissen
abgedroschen
geistlos
abgegrenztes Gebiet
Distrikt
abgeholztes Waldstück
Lichtung, Schneise
abgeklärt
gelassen
abgelegen
entlegen
abgeneigt
unwillig
Abgeordnetengruppe
Fraktion
Abgeordneter
Mandatar
Abgesandter
Emissaer
abgeschlossen
isoliert, komplett
abgesondert
getrennt, isoliert
abgespannt
ermattet
abgesteckte Strecke
Rennbahn, Rundkurs
abgeteiltes Grundstück
Parzelle
abgetrennt
isoliert
Abgottschlange
Anakonda
Abgrenzung
Barriere
Abgrund
Schlucht
Abhang
Schraege
abhängig
gebunden, indirekt, suechtig
Abklatsch
Klischee
Abkommen
Buendnis, Einigung, Kontrakt
Abkömmlinge
Parentel
Abkürzung für amerikanisch
amerikan
Abkürzung für Internationale Polizeiorganisation
INTERPOL
Ablagerung
Sediment
Ablauf
Handlung, Programm
Ableitung
Nachweis
Ablenkung
Brechung
Abnäher
Keilnaht
Abneigung
Aversion
Abonnent
Bezieher
Abrede
Leugnung, Widerruf
Abreibung
Frottage
Abreise
Wegfahrt
Abrichter von Tieren
Dompteur, Dresseur
Abriss
Lehrbuch
Absatzkartell
Syndikat
absatzloser Schuh
Mokassin
Absauggerät
Absorber
Abschaum
Gesindel
Abscheu
Schauder
Abschied
Laufpass, Scheiden, Trennung
Abschiedsgruß
Lebewohl
Abschluss
Ergebnis, Resultat
Abschmelzen bei Gletschern
Ablation
Abschnitt *im* **Sport**
Halbzeit
Abschrift
Duplikat
Abschürfung
Hautriss, Schramme
abseits
entfernt, entlegen
Absicht
Vorhaben
Absichtsvorhaben
Planziel
absolut
durchaus
Absonderlichkeit
Kuriosum
Absonderung
Schweiss, Speichel, Trennung
Absonderung *der* **Speicheldrüse**
Speichel
Absperrung
Barriere, Blockade, Schieber
Abspielgerät für Compactdiscs
CD-Player
Absprache
Abkommen, Einigung
Abstammung
Herkunft
Abstellraum
Schuppen
Abstimmung
Wahlgang
abstoßend
repulsiv

absurd
unsinnig
Abszess
Furunkel
Abteilung
Distrikt
Abtransport
Abholung
Abtritt
Toilette
Abwandlung
Variante
abwärts
hinunter
Abwärtsneigung
Gefaelle
abwechslungslos
einerlei
abweichend
abnormal
abweichende Spielart
Variante
abwertend für Malerarbeit
Pinselei
Abzeichen
Plakette, Schleife, Sinnbild
Abzug
Kuerzung
Abzweigung
Gabelung, Kreuzung, Kreuzweg
Achsel
Schulter
Acht
Aechtung
ächten
verfemen
Achtflächner
Oktaeder
Achtung
Renommee, Vorsicht
Ackerknolle
Erdapfel
Ackerrand
Feldsaum
Ackerunkraut
Hederich, Kornrade
ade
Lebewohl
Adel
Noblesse
Adelstitel
Baroness, Burggraf, Freifrau, Freiherr, Fuerstin, Herzogin, Landgraf, Markgraf
Aderverhärtung
Sklerose
Adlige am Hof
Edeldame
Adoration
Anbetung
Adressant
Absender
adrett
gepflegt
Adriahafen
Brindisi, Molfetta
Aeroplan
Flugzeug
Affekt
Erregung
Affenart
Mandrill, Wollaffe
afghanische Wüste
Registan
Afrikaforscher
Wissmann
afrikanische Flussmündung
Nildelta
afrikanische Hafenstadt
Bathurst, Kapstadt, Misurata, Monrovia, Port Said, Tripolis
afrikanische Hauptstadt
Fort Lamy, Freetown, Kinshasa, Lilongwe, Mafeking, Monrovia, Ndjamena, Pretoria, Tripolis, Usumbura, Wagadugu, Windhoek
afrikanische Insel
Principe, Sansibar
afrikanische Landschaft
Kalahari, Usambara
afrikanische Panzerechse
Krokodil
afrikanische Sprache
Mandingo
afrikanische Wüste
Kalahari
afrikanischer Berg
Komsberg, Kuroworo
afrikanischer Dickhäuter
Nilpferd
afrikanischer Feigenbaum
Sykomore
afrikanischer See
Ngamisee, Rukwasee, Tafelbai
afrikanischer Staat
Aegypten, Algerien, Botswana, Djibouti, Mosambik, Simbabwe, Tansania, Tunesien
afrikanischer Stamm
Beduinen, Mandingo, Pygmaeen
afrikanischer Vogel
Bandfink
afrikanischer Wasserfall
Victoria
afrikanisches Bergland
Usambara
afrikanisches Horntier
Antilope
afrikanisches Naturschutzgebiet
Kalahari
afrikanisches Tier
Antilope, Krokodil
afrikanisches Zwergvolk
Pygmaeen
Ägäische Inseln
Kykladen, Sporaden
Agententätigkeit
Spionage
Aggregatzustand
fluessig
Aggressor
Eroberer
Agreement
Abkommen
Agrikultur
Ackerbau
ägyptische Hafenstadt
Ismailia, Port Said
ägyptische Königin
Berenike
ägyptischer Bauer
Fellache
ägyptischer König
Echnaton, Tutmosis
ägyptisches Bauwerk
Pyramide
ähnlich
verwandt
ähnliches Wesen
Ebenbild
Ahnung
Instinkt, Verdacht
Air
Aussehen
akademische Examensnote
cum laude
akademischer Titel
Magister
akademisches Halbjahr
Semester
Akne
Mitesser
Akt
Handlung
Akte
Dokument
Aktenbündel
Faszikel, Konvolut
Aktion
Ereignis, Handlung
Aktiva
Guthaben
aktueller Bericht
Panorama
akustisches Phänomen
Nachhall, Resonanz

Akzent
Betonung
Akzentuierung
Betonung
Albaner
Skipetar
albanischer Berg
Valamare
albern
daemlich, kindisch, toericht
albernes Benehmen
Kinderei
Aldermann
Ratsherr, Stadtrat
Alepponuss
Pistazie
Algenforscher
Algologe
algerischer Freiheitskämpfer
Ben Bella
Alkalimetall
Francium, Rubidium
Alkaloid
Meskalin, Morphium
Alkohol
Spiritus
alkoholfreies Getränk
Limonade
Alkoholgehalt
Promille
alkoholisches Getränk
Anisette, Cocktail
alkoholisches Mixgetränk
Cocktail, Highball, Sangaree
All
Weltraum
Allegorie
Sinnbild
allein
isoliert
Alleinherrschaft
Diktatur
Alleinherrscher
Autokrat, Diktator
allerorten
ueberall
allerseits
generell
alles verneinender Mensch
Nihilist
allgemein
allseits, generell
allgemeine Beachtung
Aufsehen
allgemeiner Preisauftrieb
Teuerung
allgemeiner Straferlass
Amnestie
allgemeingültig
generell
Allgemeinheit
Publikum
allgemeinverständlich
populaer
Allianz
Buendnis
Alliteration
Stabreim
allmählich
graduell
Allüren
Benehmen
Almanach
Jahrbuch, Kalender
Almbäuerin
Sennerin
Almosenheischen
Bettelei
Almwirtschaft
Sennerei
Alpengipfel
Hochobir, Jungfrau, Pfaender, Watzmann
Alpengletscher
Pasterze
Alpengruppe
Raetikon
Alpenhütte
Sennerei
Alpenpass
Galibier, Karersee, Lautaret, Septimer, Spluegen
Alpenpflanze
Eisenhut, Gemswurz
Alpensee
Achensee, Ammersee, Bodensee, Comer See, Gardasee, Wuermsee, Zuger See
Alpental in Vorarlberg
Montafon
Alpentier
Kolkrabe
Alpenwirtschaft
Sennerei
alpines Skirennen
Kandahar
als Sieger in Besitz nehmen
erbeuten
alsbald
sogleich
also
folglich
altägyptische Stadt
El Amarna
altägyptischer König
Echnaton
altägyptisches Königsgrabmal
Pyramide
Altaraufsatz
Messpult
Altarbaldachin
Ziborium
Altargewand
Parament
altbabylonischer König
Belsazar
Altbuchhändler
Antiquar
altchinesischer Weiser
Konfutse
altdeutsche Münze
Groschen
altdeutscher Monatsname
Gilbhart, Heilmond, Lenzmond, Nebelung, Weinmond
altdeutsches Hohlmaß
Scheffel
alte Anredeform
Erlaucht
alte französische Grafschaft
Auvergne, Touraine
alte französische Münze
Louisdor
alte Geschichten
Kamellen
alte Goldmünze
Louisdor
alte Schusswaffe
Arkebuse, Armbrust, Balliste
alte Stadt in Persien
Ekbatana
alte Waffe
Armbrust, Balliste
alte Bezeichnung für Unteroffizier
Korporal
alter asiatischer Volksstamm
Mongolen
alter germanischer Stamm
Ostgoten, Teutonen, Vandalen, Wandalen
alter Kampfschutz
Harnisch, Topfhelm
alter Name der Bretagne
Armorika
alter Name der Donau
Danuvius
alter Name des westlichen Balkans
Illyrien
alter Volksstamm in Italien
Etrusker, Samniten
alter Volksstamm in Kleinasien
Hethiter, Isaurier

alter Volksstamm in Nordeuropa
Germanen
Altersschwäche
Marasmus
altes asiatisches Reitervolk
Mongolen
altes astronomisches Instrument
Astrolab, Dreistab
altes Automobil
Oldtimer
altes Getreidemaß
Scheffel
altes Hohlmaß
Scheffel
altes Holzblasinstrument
Schalmei
altes indianisches Kulturvolk
Tolteken
altes Kleidungsstück
Klamotte
altes Königreich in Nordafrika
Numidien
altes Kraftfahrzeug
Oldtimer
altes römisches Geschlecht
Claudier
altes Volk in Nordeuropa
Germanen
Ältestenrecht
Seniorat
Altgeige
Bratsche
altgriechische Göttin
Charitin, Kalliope, Lachesis
altgriechische Landschaft
Aetolien, Arkadien, Boeotien, Lakonien, Magnesia, Thrakien
altgriechische Philosophenschule
Akademie
altgriechische Rachegöttin
Eumenide
altgriechische Sagengestalt
Antigone, Daedalos, Daedalus, Eurydike, Herakles, Herkules, Odysseus, Penelope, Philemon, Tantalus
altgriechische Unterwelt
Tartaros, Tartarus
altgriechischer Bildhauer
Polyklet
altgriechischer Dichter
Anakreon, Menander, Pindaros, Plutarch, Theokrit, Xenophon
altgriechischer Geschichtsschreiber
Polybios, Xenophon
altgriechischer Gott
Aeskulap, Alpheios, Dionysos, Hephaest, Hyperion, Morpheus, Poseidon, Thanatos
altgriechischer Held
Achilles, Diomedes, Herakles, Odysseus, Tantalus
altgriechischer Lustspieldichter
Menander
altgriechischer Lyriker
Anakreon
altgriechischer Mathematiker
Archytas
altgriechischer Meeresgott
Poseidon
altgriechischer Philosoph
Aristipp, Demokrit, Diodorus, Heraklit, Sokrates, Xenophon
altgriechischer Seher
Tiresias
altgriechischer Staatsmann
Perikles
altgriechisches Gewand
Himation
Althändler
Troedler
altindische Sprache
Sanskrit
altiranischer König
Kambyses
altitalienisches Volk
Etrusker
altkeltische Sagengestalt
Lancelot, Lanzelot
altklug
naseweis
altmexikanisches Volk
Tolteken
altmodisch
unmodern
altnordisches Seefahrervolk
Wikinger
altorientalischer Volksstamm
Amoriter, Aramaeer, Hebraeer, Hethiter, Moabiter
Altwarenhändler
Troedler
Aluminiumfolie
Stanniol
Amaryllisgewächs
Narzisse
Ameisenbär
Pangolin
amerikanische Automarke
Cadillac, Chrysler, Plymouth
amerikanische Berühmtheit
Carnegie
amerikanische Filmschauspielerin
Clarisse, Crawford, Fontaine, Gardener, Hayworth, Williams
amerikanische Halbinsel
Labrador, Melville
amerikanische Hauptstadt
Asunción, Brasilia, Kingston, Santiago
amerikanische Insel
Barbados, Trinidad
amerikanische Inselgruppe
Antillen, Bermudas
amerikanische Münze
Cruzeiro
amerikanische Raumfähre
Columbia
amerikanische Riesenschlange
Anakonda
amerikanische Schriftstellerin
Mitchell
amerikanischer Astronaut
Garriott, McDivitt, Mitchell, Stafford
amerikanischer Berg
Antisana, Coropuna, Cotopaxi, Illimani, Mont Pelé, Pikes Pik
amerikanischer Bildhauer
Crawford
amerikanischer Bundesstaat (USA)
Arkansas, Colorado, Delaware, Illinois, Kentucky, Maryland, Michigan, Missouri, Nebraska, Oklahoma, Virginia
amerikanischer Chemiker
Langmuir
amerikanischer Erfinder
Franklin
amerikanischer Filmregisseur
Dieterle, Griffith

amerikanischer Filmschauspieler
Chandler, Eastwood, Goldblum, Hoffmann
amerikanischer General
Marshall
amerikanischer Großindustrieller
Pullmann
amerikanischer Instrumentenbauer
Steinway
amerikanischer Komponist
Gershwin
amerikanischer Maler
Whistler
amerikanischer Mediziner
Erlander, Hartline, Kronberg, Richards
amerikanischer Nobelpreisträger für Chemie
Anfinsen, Hoffmann, Langmuir, Lipscomb, McMillan, Mulliken, Northrop, Richards, Vigneaud, Woodward
amerikanischer Nobelpreisträger für Frieden
Marshall
amerikanischer Nobelpreisträger für Literatur
Faulkner
amerikanischer Nobelpreisträger für Medizin
Blumberg, Cournand, Erlander, Gajdusek, Hartline, Kronberg, Richards
amerikanischer Nobelpreisträger für Physik
Anderson, Brattain, Bridgman, Davisson, Gell-Mann, Lawrence, Millikan, Schawlow, Shockley, van Vleck, Weinberg
amerikanischer Nobelpreisträger für Wirtschaft
Friedman, Koopmans, Leontief
amerikanischer Physiker
Anderson, Brattain, Bridgman, Davisson, Gell Mann, Langmuir, Lawrence, Millikan, Shockley, van Vleck, Weinberg
amerikanischer Politiker
Franklin, Marshall
amerikanischer Präsident
Buchanan, Coolidge, Fillmore, Garfield, Harrison, VanBuren

amerikanischer Schneesturm
Blizzard
amerikanischer Schriftsteller
Caldwell, Faulkner, Franklin, McCarthy, Melville, Salinger, Sherwood, Sinclair, Williams
amerikanischer Staat
Bolivien, Honduras, Paraguay, Trinidad
amerikanischer Stahlkönig
Carnegie
amerikanischer Tanz
Foxtrott
amerikanischer Ureinwohner
Indianer
amerikanischer Wirbelsturm
Hurrikan
amerikanisches Ballspiel
Baseball, Football
amerikanisches Landgut
Hazienda
amerikanisches Mischgetränk
Cocktail
amerikanisches Nationalspiel
Baseball
amerikanisches Verteidigungsministerium
Pentagon
Amt
Behoerde, Funktion
Amt des Kantors
Kantorat
amtliche Bekanntgabe
Aufgebot, Bulletin
amtliche Festsetzung
Bescheid
amtlicher Aushang
Aufgebot
amtliches Grundbuch
Kataster
Amtsbereich
Dezernat
Amtsbereich eines Bischofs
Dioezese, Sprengel
Amtsbewerber
Kandidat
Amtsvordruck
Formular
Amulett
Talisman
analog
aehnlich
anbeißen
knabbern

Anblick
Eindruck
andalusischer Tanz
Flamenco
andauernd
bleibend, staendig
Andenken
Souvenir
anderer Name *der* **Kartoffel**
Erdapfel
anderer Name *des* **Pfifferlings**
Gelbling
Änderung
Wandlung
Änderung der Erbanlage
Mutation
Aneignung
Annexion
Anfahrt
Hinreise
Anfang
Ursprung
anfangen
beginnen
Anfänger
Lehrling, Newcomer
Anfangsbuchstabe
Initiale
Anfechtung
Berufung
anfordern
erbitten
Anforderung
Ersuchen
Anführer *im* **Bauernkrieg**
Muentzer
Anführer *eines* **Kreuzzuges**
Bouillon
angängig
passabel
angeboren
konnatal
angeborene Fähigkeit
Begabung
angeborener Naturtrieb
Instinkt
angebracht
opportun
Angehöriger *des* **Adels**
Edelmann
Angehöriger *einer* **christlichen Glaubensgemeinschaft**
Katholik, Mennonit, Unierter
Angehöriger *eines* **deutschen Fürstenhauses**
Askanier, Wettiner

Angehöriger *einer* **indischen Kaste**
Brahmane, Vaischya
Angehöriger *der* **römischen Plebs**
Plebejer
Angehöriger *einer* **Theatergruppe**
Ensemble
Angehöriger *eines* **wandernden Volkes**
Zigeuner
Angehöriger *einer* **Weltreligion**
Buddhist, Muselman
Angelegenheit
Anliegen, Ereignis
angemessen
adaequat, gehoerig
angeregt
animiert
angeschlagen
verletzt
angesehen
beruehmt, geachtet, populaer

8

angesehene Mitglieder der Gesellschaft
Notabeln
Angriff
Anschlag, Invasion, Vorstoss
Angsthase
Feigling
anhaltende Dürre
Troeckne
anhaltende Klagen
Gejammer
Anhang
Appendix, Nachtrag
Anhänger
Beiwagen
Anhänger *einer* **bejahenden Weltanschauung**
Optimist
Anhänger *einer* **kommunistischen Lehre**
Leninist
Anhänger *des* **Königtums**
Royalist
Anhänger *der* **Lehre Moses'**
Israelit
Anhänger *der* **Monarchie**
Royalist
Anhänger *einer* **negativen Weltanschauung**
Nihilist
Anhänger *einer* **philosophischen Weltanschauung**
Idealist, Nihilist
Anhänger *einer* **politischen Weltanschauung**
Demokrat, Faschist, Leninist, Pazifist, Royalist
Anhänger *der* **römischen Kirche**
Katholik
Anhänger *der* **Weltfriedensidee**
Pazifist
Anhängsel
Appendix
Anhäufung
Sammlung
Anhöhe
Erhebung
animalisch
tierisch
Anisbranntwein
Anisette
Anklang
Aufnahme, Resonanz
Ankleideraum
Toilette
Ankündigung
Programm, Prospekt
Anlage
Begabung
Anlage *zur* **Hautbräunung**
Solarium
Anleihe
Darlehen
anleiten
anweisen
Anleitung
Beratung
Anliegen
Ersuchen
Anlieger
Anrainer, Anwohner
anmaßend
arrogant, insolent
Anmaßung
Arroganz
Anmerkung
Fussnote
Anmut
Liebreiz
Annahme an Kindes statt
Adoption
annehmbar
leidlich, passabel
annehmen
vermuten
anonym
namenlos
Anpassung
Adaption
Anpflanzung
Plantage
Anrainer
Anlieger
Anrecht
Anspruch
anregend
belebend
Ansager
Sprecher
ansässig
heimisch
anschaulich
bildlich, lebendig
Anschlag
Attentat, Sabotage
Ansehen
Prestige, Renommee
Ansicht
Erachten
Ansiedler
Kolonist
Ansiedlung
Gemeinde
Ansinnen
Zumutung
Ansporn
Auftrieb
Ansprache *bei einer* **Feier**
Festrede
anspruchslos
primitiv, schlicht
anspruchsvoll
kritisch
Anstalt
Institut
Anstaltsschüler
Interner
Anstand
Benehmen, Betragen
anständig
sittlich
Anstandsregeln
Etikette
ansteckende Krankheit
Blattern, Syphilis
Anstecknadel
Plakette
Anstoß
Anregung
anstreichen
tuenchen
anstrengen
bemuehen
Anstrengung
Strapaze
Anstrichmittel
Oelfarbe
Ansuchen
Petition
Antike
Altertum
antike griechische Landschaft
Aetolien, Arkadien, Boeotien, Kilikien, Lakonien, Phrygien

antike Landschaft in Italien
Etrurien
antike Landschaft in Kleinasien
Kilikien, Phrygien, Pisidien, Zilizien
antike Landschaft in Palästina
Galilaea
antike Landschaft in Persien
Baktrien
antike Lehrstätte
Akademie
antike Stadt
Pergamon, Philippe, Plataeae, Tusculum
antiker Hafen Athens
Phaleron
antiker Hallenbau
Basilika
antiker Schlachtenort
Marathon
antiker Volksstamm in Italien
Etrusker
antikes Bauwerk in Rom
Pantheon
antikes Bauwerk in Trier
Basilika
antikes Reich in Kleinasien
Phrygien
antikes Reich in Mesopotamien
Assyrien
antikes Theaterstück
Alcestis, Alkestis, Antigone
antikes Versmaß
Anapaest, Daktylus
antikes versunkenes Land
Atlantis
antikes Werk der Philosophie
Apologie, Gastmahl
antikes Wurfgeschütz
Balliste
Antilleninsel
Barbados, Trinidad
Antrag
Ersuchen, Petition
Antwort auf Kontra
Rekontra
Anwaltskundin
Klientin
Anwärter
Aspirant, Assessor, Bewerber, Kandidat
anweisen
anleiten
Anwendung
Gebrauch
anwesend
praesent
Anwurf
Nachrede
Anzeigenaufgeber
Inserent
apart
reizvoll
Aperitif
Dubonnet, Vermouth
Apfelbranntwein
Calvados
Apfelsorte
Jonathan, Parmaene
Apogäum
Erdferne
Apostel
Sendbote, Sendling
Apostel *des* **Jesus**
Johannes, Matthias
Apostel *der* **Preußen**
Adalbert
Apothekergehilfe
Provisor
Apparat
Maschine
Appeal
Zugkraft
Appell
Antreten
Appendix
Fortsatz
appetitanregendes Getränk
Aperitif
Araberstamm
Beduinen
Arabeske
Ornament
arabisch für Satan
Schaitan
arabische Dynastie
Omajaden
arabische Halbinsel
Mosandam
arabische Hauptstadt
Ash Shaab, Damaskus, Tripolis
arabische Nomaden
Beduinen
arabische Stadt
Damaskus
arabischer Arzt im Mittelalter
Avicenna
arabischer Philosoph
Averroes, Avicenna
arabischer Staat
Aegypten, Algerien, Tunesien
arabisches Küstengebiet
Hedschas
arabisches Reiterkampfspiel
Fantasia
Arbeit
Leistung, Stellung
Arbeit *mit* **Nadel und Faden**
Naeherei
Arbeitnehmer
Arbeiter
arbeitsam
fleissig, tuechtig
arbeitsfreier Gedenktag
Feiertag
arbeitsfreier Wochentag
Feiertag
Arbeitsgerät
Werkzeug
Arbeitskampfmaßnahme
Ausstand
Arbeitskraft auf Zeit
Aushilfe
Arbeitsstoff
Material
arbeitsunfähig
invalide
Arbeitsunfähiger
Invalide
Architektur
Baukunst
Archivalien
Urkunden
arg
schlecht
argentinischer Politiker
Alfonsin, Aramburu, Belgrano, Hipolito
argentinischer Schriftsteller
Obligado
Ärger
Ungemach, Verdruss
Ärgernis
Verdruss
Argwohn
Verdacht
arktische Dauerfrostdecke
Polareis
arktischer Vogel
Albatros
arm
duerftig, primitiv
Armbeuge
Ellbogen
armenische Sackpfeife
Zuggarah
armer Teufel
Hascherl
Armgelenk
Ellbogen

Armleuchter
Flambeau
ärmlich
schaebig
armselig
aermlich, duerftig
Arsenal
Zeughaus
Art
Benehmen, Betragen, Naturell
Art *einer* **Katastrophenwarnung**
Oelalarm
artenreichste Tiergruppe
Insekten
Arterie
Pulsader
artig
gehorsam, gesittet, hoeflich
Artikel
Warenart
Artist
Jongleur
Artistenbühne
Varietee
artistische Schaubühne
Varietee
Artusritter
Lancelot, Parsifal, Parzival
artverwandt
aehnlich
Arznei
Tablette
Arzneiform
Granulat, Tablette
Arzneimittelgeschäft
Apotheke
Arzneipflanze
Baldrian, Beinwell, Eisenhut, Faulbaum, Lavendel, Rosmarin, Sanddorn, Wegerich
Arzt
Allopath
Arzt *im* **negativen Sinn**
Pfuscher
ärztliche Verordnung
Bettruhe, Schonung
ärztliche Vorprüfung
Physikum
ärztlicher Eingriff
Punktion
ärztliches Instrument
Pinzette, Skalpell
ärztliches Urteil
Diagnose
aseptisch
keimfrei
asiatische Hauptstadt
Damaskus, Djakarta, Katmandu, Neu-Delhi, Pnompenh, Singapur
asiatische Insel
Belitung, Hokkaido, Honschiu, Karafuto, Kiuschiu, Mindanao, Sachalin, Schikoku, Singapur, Sri Lanka
asiatische Inselgruppe
Molukken
asiatische Landschaft
Sibirien
asiatischer Berg
Adamspik, Afmajana, Blagodat, Demawend, Kerintji, Kini Balu, Krakatau, Pik Lenin
asiatischer See
Bandasee, Isniksee, Issykkul, Kaspisee, Nirissee, Sundasee, Timorsee, Tonlesap, Tsiaosee, Urmiasee
asiatischer Staat
Abu Dhabi, Malaysia, Mongolei, Pakistan, Russland, Singapur, Sri Lanka, Thailand
asiatischer Vulkan
Krakatau
asiatischer Wind
Hurrikan
asiatischer Zauberpriester
Schamane
asiatisches Gebirge
Himalaja, Kaukasus, Nanschan
asiatisches Hochland
Armenien, Mongolei
asiatisches Horntier
Antilope
asiatisches Königreich
Thailand
asiatisches Volk, Volksgruppe
Abchasen, Afghanen, Armenier, Birmanen, Burjaten, Burmesen, Chinesen, Georgier, Kacheten, Kasachen, Kirgisen, Koreaner, Korjaken, Leptscha, Mandschu, Manipuri, Mongolen, Ostjaken, Siamesen, Thuschen, Torgoten, Tungusen, Weddiden
Aspirant
Bewerber, Kandidat
Assistent
Beistand
Assistenz
Beistand, Zuarbeit
assyrische Gottheit
Annunaki, Ningersu
assyrischer König
Sanherib, Sarrukiu
assyrischer Stufentempel
Zikkurat
astrologisches Gestirnsschema
Horoskop
Astronom
Herschel, Hipparch, Huyghens, Lagrange, Riccioli
astronomischer Begriff
Aequator, Apogaeum, Ekliptik, Eruption, Fixstern, Halbmond, Horizont, Horoskop, Kalender, Meridian, Meteorit, Ortszeit, Polhoehe, Prognose, Rotation, Satellit, Spektrum, Sterntag, Tagkreis, Teleskop, Vollmond, Weltraum, Windrose
astronomisches Instrument
Fernrohr, Teleskop
Atem
Spiritus
Atempause
Erholung
Atemschutzgerät
Gasmaske
Athlet
Sportler, Springer, Sprinter
Äthylalkohol
Spiritus
Atlantikinsel
Bissagos, Boavista, Kap Verde, Sao Tiago
Atlantikinselgruppe
Antillen, Bermudas
Atmosphäre
Luftraum, Stimmung
Atoll der Marshallinseln
Eniwetok
Atom-U-Boot *bei* **Jules Verne**
Nautilus
Atom-U-Boot *der* **USA**
Nautilus
atomares Teilchen
Elektron
Atomverbindung
Molekuel
Atride
Menelaos
Atrium
Innenhof
Attacke
Vorstoss

Attentat
Anschlag
Attitüde
Gebaerde, Stellung
Attraktion
Schlager, Zugkraft
Auditorium
Hoersaal
Auerochse
Wildrind
auf *einem* **Schiff in Dienst treten**
anheuern
Aufbau
Struktur
Aufbau *einer* **chemischen Verbindung**
Synthese
aufbewahrte Sachen
Asservat
Aufbewahrung
Lagerung
Aufbewahrungsgefäß für Hostien
Ziborium
Aufbewahrungsort für Ernteprodukte
Speicher
aufdringlich
insolent
aufeinander bezogen
reziprok
Aufenthaltsort
Wohnsitz
Aufenthaltsort *der* **Helden nach dem Tode**
Walhalla
auffallend
eklatant, frappant, merklich
Auffangbehälter für Wasser
Zisterne
Auffassung
Verstand
Aufforderung
Ersuchen
Aufführung
Benehmen
Aufgabe
Funktion, Raeumung, Verzicht
aufgeblasen
arrogant, blasiert
Aufgebrachtsein
Erregung
aufgeklärt
gebildet
Aufgelegtheit
Stimmung
aufgeschlossen
tolerant

aufhellen
bleichen
Auflaufen eines Schiffes
stranden
Auflehnung
Meuterei
Auflösung
Ergebnis, Resultat
aufmerksam
hoeflich
Aufnahme
Beitritt
Aufnahmegerät
Mikrofon, Recorder
Aufpasser
Wachmann, Waechter, Zerberus
aufpeitschender Redner
Agitator
aufrecht
lotrecht
aufregender Krimi
Thriller
Aufrichten der Federn
plustern
Aufrührer
Agitator, Empoerer, Meuterer
aufsässig
renitent
Aufsässiger
Meuterer
Aufsässigkeit
Renitenz
Aufspüren
Fahndung
Aufspürung
Fahndung
Aufstand
Erhebung, Meuterei
Aufständischer
Empoerer
Aufstellung
Rechnung
Aufstieg
Karriere
aufteilen
dosieren
Auftragen von Farbe
Anstrich
Auftraggeberkreis
Klientel
Aufwartefrau
Putzfrau
Aufwiegler
Agitator
Aufziehen *von* **Tieren**
Aufzucht
Aufzug
Elevator, Kleidung
Auge
Keimling, Sehorgan

augenblicklich
momentan
augenfällig
deutlich, eklatant, offenbar
Augsburger Siedlung
Fuggerei
Aula
Festsaal
Aura
Charisma
aus Samen gezogene Pflanze
Saemling
Aus- und Eingangsanlage
Drehtuer
Ausarbeitung
Elaborat
Ausbeute
Ergebnis, Resultat
Ausbeutung
Wucherei
Ausbruch
Eruption
Ausdruck *beim* **Bergsteigen**
Abseilen
Ausdruck *beim* **Fußballspiel**
Elfmeter, Halbzeit
ausdrücklich
deutlich, explizit
Ausdrucksbewegung
Gebaerde
ausdruckslos
erstarrt
Ausdrucksweise
Gepraege, Praegung
Auseinandersetzung
Auftritt, Konflikt
auserlesen
exquisit
Ausfall
Versagen
Ausflucht
Notluege
Ausflügler
Urlauber, Wanderer
Ausforschung
Spionage
ausführbar
moeglich
Ausgabe
Emission
Ausgangspunkt
Ursprung, Zentrale
ausgebautes Dachgeschoss
Mansarde
Ausgeber von Wertpapieren
Emittent

8

ausgedehnt
extensiv
ausgedient
veraltet
ausgeglichen
gelassen
ausgehöhlte Stelle
Hohlraum
ausgekocht
gerissen
ausgeliehenes Geld
Darlehen
ausgestorbener Elefant
Mastodon
ausgesucht
exklusiv, exquisit
Ausgewogenheit
Harmonie
ausgezeichnet
exquisit
Ausguck
Mastkorb
Aushang vor der Eheschließung
Aufgebot
Aushebegerät
Schaufel
Aushilfsstoff
Surrogat
Auskommen
Existenz
Auskundschaftung
Spionage
Auskunft
Bescheid, Referenz
Auskunftei
Detektei
Auslagen
Unkosten
Auslauf
Oeffnung
Auslauffeld auf Flugplätzen
Rollfeld
Ausleger
Traverse
Auslöser
Stimulus
Auslosung
Lotterie
Ausnahmeerscheinung
Anomalie
Ausrede
Notluege
Ausrüstung
Zubehoer
ausschachten
ausheben
Ausscheidung
Schweiss, Speichel
Ausschlag auf der Haut
Exanthem
ausschließlich
exklusiv, speziell
Ausschmückung
Ornament
ausschweifender Mensch
Libertin
außen
peripher
Aussendung
Emission
Außenseiter
Outsider
Außenstände
Guthaben
Außenteil des Buches
Umschlag
außerstädtisches Domizil
Landhaus
Äußerung von Schmerz
Stoehnen
Aussicht
Hoffnung, Panorama, Prospekt
Aussichtspunkt
Bellevue
Aussiedler
Kolonist
Ausstattung
Dotation, Staffage
Aussteuer
Dotation
Ausstoß
Emission
Ausstoßung aus einer Gemeinschaft
Aechtung
Ausstrahlungskraft
Charisma
Austauschverhältnis zwischen Währungen
Paritaet
australische Insel
Melville
australische Staatssprache
Englisch
australischer Berg
Mount Isa, Musgrave
australischer Bundesstaat
Victoria
australisches Beuteltier
Kaenguru
australisches Säugetier
Kaenguru
australisches Tier
Kaenguru
australisches Wurfholz
Bumerang
Auswanderer
Emigrant
auswärtige Vertretung einer Regierung
Konsulat
Ausweis
Dokument
Auswirkung
Ergebnis, Resultat
Auszehrung
Atrophie
Auszeichnung
Medaille
ausziehbares Sehrohr der U-Boote
Periskop
Auszubildender
Lehrling
Auszug
Raeumung
Autoanhaltestrecke
Bremsweg
Autobahnrestaurant
Rasthaus
Automarke
Borgward, Buessing, Cadillac, Chrysler, Henschel, Maserati, Wanderer, Zuendapp
Automodell der Frühzeit
Oldtimer
Autor
Essayist, Reporter
Autor kürzerer Abhandlungen
Essayist
Autor von Dame Kobold
Calderón
Autor von Dantons Tod
Buechner
Autor von Das einfache Leben
Wiechert
Autor von Der verlorene Sohn
Wiechert
Autor von Die Clique
McCarthy
Autor von Die Glasmenagerie
Williams
Autor von Die Räuber
Schiller
Autor von Don Carlos
Schiller
Autor von Emil und die Detektive
Kaestner
Autor von Endstation Sehnsucht
Williams
Autor von Im Westen nichts Neues
Remarque
Autor von Lady Chatterley
Lawrence

Autor von Leonce und Lena
Buechner
Autor von Madame Bovary
Flaubert
Autor von Maria Stuart
Schiller
Autor von Vom Winde verweht
Mitchell
Autor von Wallenstein
Schiller
Autor von Wilhelm Tell
Schiller
Autor von Woyzeck
Buechner
Autorennbahn
Solitude
Autorität
Renommee
Autostopper
Anhalter
Autoteil
Anlasser, Batterie, Federung, Getriebe, Kupplung, Oelwanne, Vergaser, Zylinder
Azoreninsel
Graciosa, São Jorge, Terceira
aztekischer Gott
Tonatiuh
aztekischer König
Itzcoatl

B

babylonischer Herrscher
Belsazar
babylonischer Stufentempel
Zikkurat
Backenknochen
Jochbein
Backenstreich
Ohrfeige
Backfisch
Teenager
Backgewürz
Orangeat, Zitronat
Backmasse
Germteig, Hefeteig
Backsteinbrennerei
Ziegelei
Backware
Schrippe, Zwieback
Badeanzug
Badehose
Badeküsten
Straende
Badeort
Altenahr, Bertrich, Biarritz, Brighton, Cuxhaven, Eisenach, Garmisch, Goegging, Harzburg, Hastings, Hersfeld, Karlsbad, Miesbach, Montreux, Neuenahr, Neustadt, Niendorf, Noordwyk, Oldesloe, Osterode, Rappenau, Sassnitz, Segeberg, Sulzbach, Todtmoos
badische Landschaft
Breisgau
badisches Weinbaugebiet
Breisgau
Bagage
Gesindel
Bagatelle
Lappalie
Bagger
Scrapper
Bahn
Rundkurs, Streifen, Zeltteil
Bahngleisquerholz
Schwelle
Bakterienart
Spirille, Tuberkel
Bakterium
Bazillus
Baleareninsel
Mallorca, Pityusen
Balg
Luftsack, Tierhaut
Balgerei
Rangelei, Rauferei
Balkanbewohner
Albanier, Mazedone
Balkanhauptstadt
Bukarest
Balkanstaat
Albanien, Kroatien
Balkon
Terrasse
Balkonpflanze
Clematis, Gloxinie
Ball
Tanzfest
Ballade
Tanzlied
Ballettpose
Arabeske
Ballraum
Tanzsaal
Ballspiel
Baseball, Football, Fussball, Handball, Korbball, Pingpong
Ballspielbegriff
Halbzeit
baltische Randstaaten
Baltikum
baltischer Staat
Lettland
baltisches Land
Lettland
Banause
Ignorant, Spiesser
Band
Streifen
Bande
Gesindel
Bandit
Gangster
Bandmuster
Arabeske
Bandschleife
Schleife
Bandschlinge
Schleife
Bandwurmlarve
Drehwurm
Bankbegriff
Bonitaet, Darlehen, Emission, Festgeld, Floating, Guthaben, Hypothek, Leitzins
Bankett
Festmahl
Bankhalter
Croupier
Bann
Aechtung
Bannspruch
Anathema
Bantustamm
Muongoni
Barbier
Coiffeur
Bärenklau
Akanthus
Bargeld aus eigenem Geschäft
Entnahme
Baron
Freiherr
Barras
Militaer
Barriere
Schranke
Bart
Kinnbart, Vollbart
Basar
Kaufhaus
Basis
Standort, Unterbau
Basketball
Korbball
Bassin
Aquarium
Bastei
Bollwerk
basteln an einer Sache
tuefteln

8

Bastion
Bollwerk
Bataille
Schlacht
Bau
Gebaeude
Bauarbeitergerät
Sandsieb
Bauch
Hohlraum, Laderaum
Bauchpilz
Erdstern
Bauchspeicheldrüse
Pankreas
Bauer
Agrarier, Landmann, Landwirt
Bauernfänger
Heuchler
Bauhandwerker
Klempner, Spengler, Tischler, Zimmerer
Bauholz
Kantholz, Rundholz
Baumart
Hornbaum, Kastanie, Magnolie, Nussbaum, Pistazie, Zypresse
Baumaschine
Radlader
Baumbestand
Dickicht
Baumfrucht
Kastanie, Pfirsich
Baumuster
Maquette
Baumverzweigung
Astgabel
Baumwollgewebe
Barchent, Kretonne, Moleskin, Popeline, Renforce, Tarlatan
Bauwerk
Bungalow, Gebaeude, Hochhaus, Miethaus, Minarett, Monument, Muenster, Parkhaus, Pavillon, Staudamm, Wohnhaus
Bauwerk in Berlin
Funkturm
Bauwerk in Straßburg
Muenster
bayerisch für leichtsinniger Mensch
Hallodri
bayerisch für Schnapsgläschen
Stamperl
bayerische Universitätsstadt
Augsburg, Bayreuth, Erlangen, Muenchen
bayerischer Berg
Watzmann
bayerischer Bierkrug
Masskrug
bayerischer Humorist
Valentin
bayerischer Regierungsbezirk
Schwaben
bayerischer See
Ammersee, Badersee, Chiemsee, Wuermsee
Bazillus
Bakterie
beachtlich
grandios, imposant
Beamtenanwärter
Assessor
Beamtentitel
Assessor, Direktor
Becherkeim
Gastrula
Bedacht
Sorgfalt, Vorsicht
bedauernswert
aermlich, armselig, duerftig
bedeckt
bewoelkt
bedenklich
kritisch, misslich
bedeuten
bekunden
bedeutend
beruehmt, imposant, relevant, wertvoll
Bedeutung
Relevanz
Bedienungsteil *im* **Auto**
Gaspedal, Kupplung
Bedrängen des Gegners
Rempelei
Bedrängnis
Drangsal
Bedürfnis
Notdurft
bedürfnislos
schlicht
beeindruckend
imposant
Beeinträchtigung
Handicap, Handikap
Beerensorte
Erdbeere, Himbeere
befähigt
geeignet
Befähigung
Begabung
befangen
verlegen
Befehl
Kommando
befehlen
anweisen
Befehlsbefolgung
Gehorsam
Befehlsgewalt
Kommando
Befestigungsmittel
Kleister, Schlinge, Schraube
Befestigungspfahl
Palisade
beflissen
fleissig
Beförderung
Aufstieg, Berufung
Beförderungsmittel
Bergbahn, Droschke, Flugzeug, Hochbahn, Lastauto, Motorrad, Seilbahn, Zeppelin
Befreier
Erloeser
befriedigt
erfuellt
Befugnis
Anspruch
Befund
Diagnose, Ergebnis, Resultat
begabt
begnadet, geeignet, tuechtig
Begebenheit
Ereignis
Begehren
Begierde, Postulat
begehrlich
luestern
Begeisterung
Inbrunst
Begierde
Begehren
Begierden
Gelueste
beginnen
anfangen
Beglaubigung
Dokument
begleitender Himmelskörper
Satellit
Begleiter
Satellit
Begleiter *des* **Apostel Paulus**
Barnabas
Begleiter *des* **Bacchus**
Maenaden
Begleiter *von* **Jason**
Euphemos, Herakles
Begleiter *von* **Karl dem Großen**
Paladine

Begleiter *des* **Nikolaus**
Ruprecht
Begnadigung
Amnestie
Begnadung
Charisma
Begräbnisstätte
Friedhof, Kirchhof
Begriff *beim* **Boxen**
Nahkampf
Begriff *im* **Fußball**
Elfmeter, Halbzeit
Begriff *beim* **Tennis**
Einstand
Begriff *der* **Wetterkunde**
Millibar
Begriffsfanatiker
Ideologe
Begründer *der* **Berliner Universität**
Humboldt
Begründer *der* **Mineralogie**
Agricola
Begründer *der* **modernen Türkei**
Atatuerk
Begründer *der* **Relativitätstheorie**
Einstein
begründet
fundiert
Begründung
Argument
Begünstigung der Unzucht
Kuppelei
behaglich
angenehm
Behälter *für* **Briefe**
Postsack
Behälter *für* **Hühnerprodukte**
Eierkorb
Behandlung
Prozedur, Therapie
Behang
Draperie
beharrlich
gelassen, konstant
Behauptung
Leitsatz
Behelf
Surrogat
Beherbergungsbetrieb
Gasthaus, Herberge
beherrschend
dominant
Behinderung
Handicap, Handikap
Behörde
Meldeamt
behutsam
schonend, taktvoll
Beiboot
Barkasse
beieinander
zusammen
Beifallklatscher
Claqueur
Beifügung
Attribut
Beifußgewächs
Estragon
beigegebener Offizier
Adjutant
Beilage
Beiblatt
beiläufig
nebenbei
Beiname
Kognomen
Beiname Jesu
Christus
Beinbekleidung
Gamasche
Beine des Federwildes
Staender
Beingelenk
Knoechel
Beinhaus
Ossarium
Beinkleid
Niethose
Beinkleid mit Bruststück
Latzhose
Beinteil
Knoechel, Meniskus, Schenkel
Beischlafunfähigkeit
Impotenz
Beisitzer
Assessor
beißend
ironisch
Beißschutz für Hunde
Maulkorb
Beistand
Ratgeber
Beiwerk
Staffage, Zubehoer
Beiwort
Adjektiv
bejahen
billigen
Bekämpfung eines Brandes
loeschen
bekannt
offenbar, populaer, vertraut
bekannte deutsche Käsesorte
Tilsiter
bekannte Musical
Anatevka
bekannter deutscher Luftschifffahrer (Luftschiffahrer)
Zeppelin
bekanntes Zuchthaus in New York
Sing Sing
Bekanntmachung
Bulletin
Bekenntnis
Religion
Bekleidungsstück
Badehose, Breeches, Bundhose, Galosche, Gamasche, Halstuch, Hemdhose, Kniehose, Kopftuch, Krawatte, Leibchen, Oberhemd, Pelerine, Polohemd, Puffhose, Pullover, Pumphose, Reithose, Schleier, Schleppe, Schuerze, Strohhut, Zylinder
Beklemmung
Albdruck, Albtraum, Alpdruck, Alptraum
bekömmlich
nahrhaft
beköstigen
bewirten
bekunden
bedeuten
Belagerung
Blockade
Belanglosigkeit
Lappalie
belebend
anregend
Beleg
Dokument, Nachweis, Quittung
belegen
besetzen
Belegschaft
Personal
belegtes Brot
Sandwich
beleibt
dicklich, pummelig
belesen
gebildet
belgische Industriestadt
Luettich
belgische Landschaft
Ardennen, Borinage, Flandern, Hageland, Hennegau
belgische Provinz
Hennegau, Luettich
belgische Volksgruppe
Wallonen
belgischer Astronom
Quetelet

belgischer Baumeister
Lambeaux, Poelaert, Roelandt
belgischer Graphiker
Baertson, Masereel
belgischer Komponist
Gassmann
belgischer König
Baudouin
belgischer Maler
Laermans, Magritte, Masereel, Vlaminck
belgischer Schlachtenort
Waterloo
belgischer Schriftsteller
De Coster
belgischer Teil des Schiefergebirges
Ardennen
belgisches Bergbaugebiet
Borinage
beliebt
geachtet, populaer
Beliebtheit
Renommee
belustigend
amuesant
Bemerkung
Fussnote
bemühen
trachten
Benachteiligung
Handicap, Handikap
Benefizium
Pfruende
Benehmen
Allueren, Betragen, Etikette, Fuehrung, Manieren
Bengel
Wildfang
benommen
betaeubt, taumelig
Benutzer von Fahrzeugen
Fahrgast
Benzinbehälter
Kanister
bequem
angenehm, behaebig, guenstig, muehelos
bequeme Sitzgelegenheit
Ottomane
Berater
Ratgeber
Berberstamm
Beni Mzab, Guanchen, Schelluh, Schloech
berechtigen
erlauben
berechtigte Forderung
Anspruch
Berechtigung
Befugnis
beredsam
eloquent
Beredsamkeit
Eloquenz
beredt
beredsam, eloquent
Bereich
Distrikt
bereit
gesonnen
Berg
Erhebung
Berg *im* **Allgäu**
Gruenten
Berg *in den* **Alpen**
Hochobir, Jungfrau, Pfaender, Watzmann
Berg *bei* **Athen**
Hymettos
Berg *bei* **Berchtesgaden**
Watzmann
Berg *im* **Berner Oberland**
Jungfrau
Berg *der* **Berninagruppe**
Piz Palue
Berg *auf* **Borneo**
Kinabalu
Berg *bei* **Bregenz**
Pfaender
Berg *im* **Elbrus**
Demawend
Berg *im* **Erzgebirge**
Keilberg
Berg *bei* **Frankfurt/Main**
Feldberg
Berg *im* **Harz**
Wurmberg
Berg *bei* **Innsbruck**
Solstein
Berg *bei* **Jerusalem**
Golgatha
Berg *in den* **Karawanken**
Hochobir
Berg *bei* **Kassel**
Meissner
Berg *auf* **Kuba**
Turquino
Berg *in* **Oberschlesien**
Annaberg
Berg *bei* **Salzburg**
Gaisberg
Berg *in* **Schottland**
Ben Nevis
Berg *im* **Schwarzwald**
Feldberg, Hornkopf
Berg *auf* **Sri Lanka**
(Ceylon)
Adamspik
Berg *auf* **Sumatra**
Kerintji
Berg *im* **Taunus**
Feldberg
Berg *im* **Wettersteingebirge**
Kreuzeck
Bergarbeiter
Bergmann
Bergbahn
Babylift, Seilbahn
Bergbauanlage
Bausohle, Bohrloch, Strebbau
Bergbaugerät
Schaufel
Bergeinschnitt
Schlucht
Bergfried
Belfried, Burgturm, Wehrturm
Bergland *in* **Belgien**
Ardennen
Bergland *im* **Mainviereck**
Spessart
Bergland *am* **Oberrhein**
Odenwald
bergmännischer Begriff
Abteufen, Ausfahrt, Bausohle, Bergmann, Bergwerk, Bohrloch, Fahrturm, Fuellort, Geleucht, Keilhaue, Seilkorb, Strebbau, ueber Tag, unter Tag, Vortrieb
bergmännischer Beruf
Bergmann
Bergpfad
Saumpfad
Bergsteigergerät
Eishaken
Bergstock *in der* **Schweiz**
Axenberg
Bericht
Bulletin
Berichterstatter
Chronist, Referent, Reporter, Sprecher
Berliner Arzt
Hufeland
Berliner Bauwerk
Funkturm, Zeughaus
Berliner Komponist
Kuenneke
Berliner Maler
Hosemann
Berliner Operettenkomponist
Kuenneke
Berliner Schriftsteller
Schnurre
Berliner Stadtteil
Steglitz
Berliner Symbolfigur
Berolina
Berliner Wahrzeichen
Funkturm

Berner Landschaft
Emmental
Bernina-Alpengipfel
Piz Palue
berüchtigt
schlecht, verrufen
Beruf *im* **Baugewerbe**
Klempner, Spengler, Statiker, Tischler, Zimmerer
Beruf *in der* **Chemie**
Laborant
Beruf *in* **Forschung, Unterricht oder Wissenschaft**
Astronom, Chemiker, Erfinder, Erzieher, Forscher, Geograph, Laborant, Physiker, Theologe
Beruf *der* **Gastronomie**
Barmixer
Beruf *im* **Gesundheitswesen**
Allopath, Chefarzt, Facharzt, Hausarzt, Laborant, Oberarzt, Tierarzt, Zahnarzt
Beruf *in der* **Holzindustrie**
Floesser, Foerster, Tischler
Beruf *in der* **Kunst**
Dirigent, Essayist, Kritiker, Organist
Beruf *in der* **Lederindustrie**
Schuster
Beruf *in der* **Metallindustrie**
Klempner, Spengler
Beruf *in der* **Nahrungsmittelindustrie**
Konditor
Beruf *im* **Presse- oder Verlagswesen**
Archivar, Fotograf, Kritiker, Layouter, Reporter, Verleger, Zeichner
Beruf *im* **Rechtswesen**
Assessor, Syndikus
Beruf *in der* **Textilindustrie**
Stricker
Beruf *im* **Transport- oder Verkehrswesen**
Fuhrmann, Kutscher, Schiffer
Beruf *in der* **Unterhaltungsbranche**
Dirigent, Humorist, Komparse, Reporter, Sprecher
Beruhigungsmittel
Baldrian, Laudanum, Morphium
berühmt
illuster, populaer
Berührungsempfinden
Tastsinn
Berührungslinie
Tangente
Besatz
Borduere, Garnitur, Posament
Besatzung
Garnison
beschädigt
laediert, versehrt
beschädigtes Schiff
Havarist
Beschäftigung
Handwerk
Beschau
Pruefung, Revision
Bescheid
Auskunft
bescheiden
demuetig, duerftig
Bescheinigung
Dokument, Quittung
beschlagen
versiert
Beschlagnahme
Kaperung, Pfändung
Beschleuniger für Elementarteilchen
Betatron
beschränken
einengen
beschränkt
borniert
Beschützerin
Patronin
Beschwerlichkeit
Strapaze
Beseitigung
Behebung
besetzt
verziert
Besetzung
Einnahme
besinnliche Mußezeit
Festtage
besinnliches Ende
Ausklang
Besitz
Eigentum
Besitzer
Hausherr, Hauswirt
Besitzer *einer* **Kunstausstellung**
Galerist
Besitzer *eines* **Lokals**
Gastwirt
besondere Ausstrahlung
Charisma
besondere Note
Gepraege
besondere Schnelligkeit
Eiltempo
besonderer Wesenszug einer Person
Eigenart
Besonderheit
Ausnahme, Eigenart, Original, Raritaet, Variante
besonders
exklusiv, reizvoll, speziell
Besserwisser
Meckerer, Noergler
Bestand
Inventar
beständig
konstant
Bestandsaufnahme
Inventur
Bestandteil
Zubehoer
Bestandteil *der* **Öle**
Geraniol
Bestandteil *des* **Opiums**
Morphium, Narkotin
Bestätigung
Quittung
bestehend
existent
bestialisch
viehisch
Bestie
Raubtier, Unmensch
bestimmte Backmasse
Hefeteig
bestimmtes Stück der Kleidung
Oberteil
Bestplatzierte (Bestplazierte) (Sport)
Siegerin
bestricken
betoeren, umgarnen
Bestseller
Knueller, Schlager
Besucher
Publikum
betagt
steinalt
Betätigung im Schnee
Skisport
betäubt
benommen
Beteiligung am Gewinn
Tantieme
betont
deutlich
betören
umgarnen
betörend
reizvoll
Betragen
Benehmen

Betrieb *der* **Bierherstellung**
Brauerei
Betrieb *zur* **Förderung von Bodenschätzen**
Bergwerk
Betrieb *der* **Metallindustrie**
Walzwerk
Betrieb *der* **Milchverarbeitung**
Molkerei
Betrieb *der* **Textilindustrie**
Wirkerei
betriebsam
fleissig, hektisch
Betrug
Gaunerei
betrunken
besoffen
Bett
Pritsche
Bettlaken
Leintuch
Bettpolster
Matratze
beugen
kruemmen
Beule
Woelbung
beurkundet
testiert
Beurkundungskanzlei
Notariat
Beurteiler
Kritiker
Beurteilung
Diagnose, Ermessen
Beutel
Futteral
Beuteltier
Kaenguru
Bewacher *des* **Hades**
Kerberos, Zerberus
Bewachung
Aufsicht
Bewaffnung
Ruestung
bewährt
getestet, getestet
bewandert
versiert
beweglich
ambulant, flexibel, lebendig
Bewegung *um eine* **Achse**
Rotation
Bewegungslehre
Mechanik
bewegungslos
erstarrt
Beweis der Tapferkeit
Mutprobe
Beweisgrund
Argument
Beweismittel
Argument
Beweisstück
Dokument, Quittung
Beweiszettel
Quittung
Bewerber
Aspirant, Kandidat
Bewohner *einer* **deutschen Stadt**
Aachener
Bewohner *von* **Kanada**
Kanadier
Bewohner *einer* **Stadt in NRW**
Aachener
Bewohner *von* **Troja**
Trojaner
Bewohnerin *einer* **französischen Halbinsel**
Bretonin
Bewusstlosigkeit
Ohnmacht
Bewusstsein
Verstand
bezaubern
becircen
bezaubernd
charmant, reizvoll
Bezeichnung für Christus
Erloeser
Bezeichnung für Esel
Lasttier
Bezeichnung für Kamel
Lasttier
Bezeichnung für Maus oder Ratte
Nagetier
Bezieher
Abnehmer, Abonnent
Beziehung
Relation
beziehungslos
isoliert
Bezirk
Distrikt, Gelaende, Ortsteil, Umgegend
Bezug
Hinsicht
Bezwinger
Eroberer
Bibelauslegung
Exegetik
Bibelübersetzung
Peschita
biblische Frauengestalt
Bathseba
biblische Katastrophe
Sintflut
biblische Landschaft
Galilaea
biblische Männergestalt
Barnabas, Benjamin, Ezechias, Jerobeam, Jonathan, Josaphat, Potiphar, Sulamith
biblische Sündenstadt
Gomorrha
biblische Überschwemmungskatastrophe
Sintflut
biblischer Berg
Golgatha
biblischer Freudenruf
Hosianna
biblischer König
Jerobeam, Jojachin, Rehabeam, Sacharja
biblischer Ort
Bethesda, Caesarea, Golgatha, Gomorrha, Nazareth, Tiberias
biblischer Prophet
Ezechiel, Hesekiel, Jeremias, Maleachi, Sacharja, Zephania, Zephanja
biblisches Buch
Hesekiel, Hohelied, Johannes, Maleachi, Sacharja, Zephanja
biblisches Riesenvolk
Enakiter
biblisches Volk
Amoriter, Aramaeer, Enakiter, Idumaeer, Moabiter
Biedermann
Bonhomme
biegen
kruemmen
biegsam
flexibel
Biergefäß
Masskrug
Bierglas mit Henkel
Bierkrug, Masskrug
Biersorte
Bockbier, Malzbier, Pilsener
Bilanz
Ergebnis
Bild
Aquarell, Aufnahme, Eindruck, Gemaelde, Portraet, Portrait
bildende Kunst
Skulptur
bildender Künstler
Grafiker, Radierer
bildhaft
lebendig
bildhafte Redewendung
Metapher

Bildhauerwerkzeug
Faeustel, Schlegel
bildliche Wendung
Metapher
Bildnachbesserung
Retusche
Bildnis
Gemaelde, Portraet, Portrait
Bildstock
Klischee
Bildung
Klugheit
Bildungsstätte
Akademie, Institut, Internat
bildwirksam
photogen
Bildzeichen
Signatur
billig
ordinaer, primitiv, wohlfeil
Bindemittel
Kleister
Binder
Krawatte
Bindewort
deswegen, trotzdem, waehrend, zugleich
Binokel
Fernglas, Fernrohr
Biographie
Memoiren
biologische Disziplin
Zoologie
biologischer Begriff
Tierwelt
Birnensorte
Gellerts
Bischofsamtsbereich
Dioezese
Bischofssprengel
Dioezese
bisherige Existenz
Vorleben
Bistum
Dioezese
bisweilen
manchmal, mitunter
Bitte
Anliegen, Ansuchen, Ersuchen, Petition
bitten
ersuchen
Bittererde
Magnesia
Bittschrift
Petition
bituminöser Schiefer
Ichthyol
Blähsucht
Tympanie
Blamage
Reinfall
Blankovordruck
Formular
Blasenentzündung
Zystitis
Blasenkeim
Blastula
blasiert
arrogant
Blasinstrument
Basshorn, Basstuba, Hautbois, Jagdhorn, Saxophon, Schalmei, Trombone, Trompete, Waldhorn
Blasmusiker
Floetist
Blässe
Fahlheit
Blätterpilz
Egerling
Blattnervatur
Aederung
Blattzinn
Stanniol
blau blühende Blume
Veilchen
blaue Farbe
Azurblau
Blausäuregift
Zyankali
Blauspat
Lazulith
Blechbehälter
Kanister
Blechner
Klempner, Spengler
Bleibe
Herberge, Quartier
bleibend
remanent
Bleichsucht
Chlorose
Bleistreifen der Setzer
Reglette
Blendwerk
Trugbild
Blickbereich
Sehweite
Blinddarmfortsatz
Appendix
Blindgänger
Versager
Blindwiderstand
Reaktanz
Blitz und Donner
Gewitter
Blitzschutz
Ableiter
blöd
borniert
blonde Frau
Blondine
Blume
Clematis, Georgine, Gladiole, Gloxinie, Goldlack, Goldwurz, Narzisse, Veilchen
Blumenband
Girlande
Blumengewinde
Girlande
Blutabnahme
Aderlass
Blutaustritt ins Gewebe
Haematom
Blutbad
Gemetzel, Massaker
Blütenstand
Geschein
Blütenteil
Perianth
Blutentnahme
Aderlass
Blutgefäßverengung
Stenosis
Blutgerinnsel
Pfropfen, Thrombus
Blutgerüst
Schafott
Blutgeschwulst
Haematom
Blutgeschwür
Furunkel
Blutkörperchen
Leukozyt
Blutrache
Vendetta
Blutsauger
Blutegel
Blutvergiftung
Toxaemie
Boaschlange
Anakonda
Bobbahn
Eiskanal
Bocksprung
Kapriole
Bodenanreicherung
Duengung
Bodenaushub
Baugrube
Bodenbelag
Linoleum, Stragula
Bodenentwässerung
Draenage, Drainage
Bodengüte
Bonitaet
Bodennutzung
Ackerbau
Bodensatz
Abschaum, Residuum, Sediment
Bodenseehafen
Konstanz

bodenständig
heimisch, sesshaft
Bodenturnübung
Radwende, Schraube
Bogen
Gewoelbe, Woelbung
Bogensprung
Kurbette
böhmische Landschaft
Egerland
bolivianischer Berg
Illimani
Bombardement
Beschuss
Bombardon
Basstuba
Bon
Quittung
Bonbon
Pralinee
Bonus
Nachlass
Bonvivant
Lebemann
Bootsart
Barkasse, Canadier, Dschunke, Faltboot, Kanadier
bootssportliche Eröffnung im Frühling
Ansegeln
Bootsteil
Dollbord
Bordeauxwein
Bazadais
Borkenkäfer
Ruessler
Börsenmaklergebühr
Courtage
Börsenpapier
Effekten
Börsenspekulation
Agiotage
Borstenwurm
Sandwurm
borstig
zerzaust
bösartiges Geschwulst
Karzinom, Malignom
böser Geist
Mephisto
boshaft
haemisch
Bosheit
Schikane
böswillige Zerstörung
Sabotage
botanischer Begriff
Gehaeuse, Keimling, Kernhaus, Saatkorn, Saemling, Staengel
botanischer Männerberuf
Gaertner
Botschafter
Diplomat
Böttcher
Buettner
Böttcherwerkzeug
Schlegel
Box
Postfach
Boxausdruck
Betreuer, Knock-out, Nahkampf, Sidestep, Sparring, Uppercut
Boxtraining
Sparring
Bracke
Jagdhund, Laufhund, Querholz
Branchenkenner
Fachmann
Brand
Nekrosis
brandmarken
verfemen
Brandmarkung
Aechtung
Branntwein
Armagnac, Calvados
brasilianische Währung
Cruzeiro
brasilianischer Berg
Itatiaia
brasilianischer Fußballspieler
Sokrates
brasilianischer Indianer
Botokude
brasilianischer Indianerstamm
Arawaken, Karaiben
Brasilnuss
Paranuss
Bratenstück
Kotelett
Bratrohr
Backofen
Bratrost
Barbecue
Bratsche
Altgeige, Armviola
Brauereianlage
Fuhrpark
Braunfisch
Tuemmler
braunhaarig
bruenett
Bräunungsstudio
Solarium
Brause
Limonade
brausen
rauschen
Braut
Verlobte
Brautschau
Freierei
brav
gehorsam
Brechmittel
Emetikum
breiförmige Speise
Apfelmus
breiter Schlips
Plastron
breitkrempiger Hut
Sombrero
Bremsschwung beim Skilauf
Telemark
Brennstoff
Spiritus
Brennstoffbehälter
Kanister
Bretterbau
Schuppen
Bretterverkleidung
Schalung
Brettspiel
Blockade, Monopoly, Trictrac
Brettverkleidung
Schalung
Briefempfänger
Adressat
Briefträger
Postbote
brillant
grandios
Brille
Haftglas, Pincenez
brisant
explosiv
Brise
Fahrwind
Bröckchen auf Gebäck
Streusel
Brodem
Schwaden
Brotbelag
Schinken
Brötchen
Knueppel, Schrippe
Brotscheibe
Schnitte
Brotsorte
Baguette
Bruchstück
Fragment, Rudiment, Splitter, Truemmer
Bruder *des* Ehepartners
Schwager
Brustharnisch
Plastron

Brustpanzer der Ritter
Harnisch
Brustschutz des Fechters
Plastron
brutaler Rohling
Unmensch
Buchart
Bildband, Fachbuch, Sachbuch
Buchbindergerät
Falzbein, Heftlade
Buchdruckverfahren
Rotation
Buchenfrucht
Buchnuss
Buchenland
Bukowina
Buchführung
Gebarung
Buchführungsbegriff
Darlehen, Einnahme, Guthaben
Buchhülle
Umschlag
Buchmacherkurse
Vorgaben
Buchse
Zylinder
Büchse
Konserve
Buchstabe
Majuskel, Minuskel
Buchstabenfolge
Alphabet
Buchstabenversetzrätsel
Anagramm
Buchteil
Nachwort, Register, Umschlag
Buchunternehmer
Verleger
Budget
Haushalt
Büfett
Anrichte
Buhle
Geliebte, Kebsweib
Buhne
Uferdamm
Bühnenbild
Prospekt, Szenerie
Bühnenstück
Einakter, Komoedie, Operette
Bühnenszene
Auftritt
Bukoliker
Theokrit
bulgarische Währungseinheit
Stotinka
Bumerang
Wurfholz
Bummler
Troedler
Bund
Buendnis
Bundesdistrikt der USA
Columbia
bunt
scheckig
bunte Papierschnitzel
Konfetti
buntes Gemisch
Allerlei
Burg *im* **Aargau**
Habsburg
Burg *in der* **Eifel**
Nuerburg
Burg *von* **Eisenach**
Wartburg
Burg *in* **Frankreich**
Langeais, Tarascon
Burg *von* **Granada**
Alhambra
Burg *an der* **Lahn**
Weilburg
Burg *am* **Main**
Wertheim
Burg *von* **Paris**
Bastille
Burg *am* **Rhein**
Rheineck
Burg *in* **Spanien**
Alcazaba, Alhambra
Burg *im* **Taunus**
Saalburg
Burg *in* **Thüringen**
Wartburg
Bürger
Staedter
Bürger der größten deutschen Stadt
Berliner
Bürgersteig
Gehsteig, Trottoir
Burggemach
Kemenate
Burgherr
Edelmann
Burgherrin
Edelfrau
Bürgschaft
Garantie
Burgunderkönig
Giselher
Burgunderkönigin
Brunhild
Burgwächter
Burgvogt
Burleske
Groteske, Schnurre
Bürogerät
Computer
Busch
Bueschel, Dickicht, Gebuesch
Bußpsalm
Miserere
Büttel
Haescher
byzantinische Kaiserin
Theodora
byzantinischer Kaiser
Basilius, Tiberios
byzantinisches Kaiserhaus
Komnenen
Byzanz
Istanbul

C

Cab
Droschke
Cachenez
Halstuch
Campinggegenstand
Zeltstab
Ceylons offizieller Name
Sri Lanka
Champignon
Egerling, Weidling
Chance
Aussicht, Hoffnung, Okkasion
Chaos
Wirrwarr
Charakter
Gepraege
Charaktereigenschaft
Egoismus, Fairness, Feigheit, Toleranz
charakteristisches Merkmal
Eigenart
charmant
lieblich
Charme
Liebreiz
Charta
Leitsatz
Chef
Besitzer, Direktor
Chefpilot
Kapitaen
chemische Verbindung
Alkaloid, Perborat

8

chemischer Begriff
Acetylen, Aethylen, Aetzkali, Alkaloid, Ammoniak, Ammonium, Bleioxid, Dreifuss, Emulsion, Formalin, Glykogen, Glyzerin, Hydrogen, Hydroxid, Hydroxyl, Jodoform, Karbonat, Katalyse, Knallgas, Kristall, Messglas, Mischung, Molekuel, Naphthen, Naphthol, Nitrogen, Paraffin, Phosphat, Phosphid, Phosphin, Reaktion, Salpeter, Schlacke, Schwefel, Spaltung, Spektrum, Spiritus, Sublimat, Substanz, Synthese, Zinkbase, Zinkoxid, Zyankali
chemisches Element
Aktinium, Argentum, Europium, Francium, Lutetium, Nobelium, Phosphor, Polonium, Rubidium, Samarium, Schwefel, Silizium, Skandium, Thallium, Vanadium
chemisches Experimentiergefäß
Kochglas
Chemotechniker
Laborant
Cheruskerfürst
Arminius
Chiffre
Kennwort
chilenische Insel
San Felix
chilenischer Dünger
Salpeter
chilenischer Landbesitzer
Criollos
chilenischer Politiker
Pinochet
chilenisches Ausfuhrprodukt
Eisenerz, Salpeter
Chinaforscher
Sinologe
Chinarindenbaum
Cinchona
chinesische Dynastie
Mandschu
chinesische Halbinsel
Liaotung
chinesische Hunderasse
Chow-Chow, Pekinese
chinesische Provinz, Region
Sinkiang
chinesische Religion
Daoismus, Taoismus
chinesische Volksliedersammlung
Schiking
chinesische Volksreligion
Daoismus, Taoismus
chinesischer Beamter
Mandarin
chinesischer Kaiser
Kienlung, Kuangsue, Taukuang
chinesischer Philosoph
Konfutse
chinesischer See
Dalainor, Tsaiosee, Tungting
chinesischer Weiser
Konfutse
chinesischer Würdenträger
Mandarin
chinesischer Zwerghund
Pekinese
chinesisches Segelschiff
Dschunke
Chirurg
Wundarzt
chirurgisch
operativ
chirurgisches Instrument
Lanzette, Skalpell
Chorleiter
Dirigent
christliche Kardinaltugend
Hoffnung
christlicher Feiertag
Auffahrt
christliches Mitleid
Erbarmen
Christmond
Dezember
Christus
Erloeser
Chronik
Jahrbuch, Tagebuch
chronische Gelenkerkrankung
Arthrose
City
Altstadt
clever
gerissen
Clinch beim Boxen
Klammern
Clique
Kluengel
Clown
Harlekin
Coach
Betreuer
Cocktail
Getraenk, Highball
Combo
Ensemble
Comicfigur
Dagobert
Computerbediener
Operator
Computerprogramm
Software
computertechnischer Begriff
Compiler, Diskette, Hardware, Operator, Software
Conférencier
Sprecher
Cowboy
Kuhjunge
cremefarben
mattgelb

D

da
anwesend
Dachboden
Speicher
Dachdeckmaterial
Schiefer, Schindel
Dachform
Pultdach, Walmdach, Zeltdach
Dachgeschoss
Mansarde
Dachs in der Fabel
Grimbart
Dachsfell
Schwarte
Dahlienart
Georgine
damenhaft
ladylike
Damenhut
Strohhut
Damenmantel
Mantille
Damenmodegeschäft
Hutsalon
Damenschuh
Trotteur
Damenunterkleidung
Bodysuit, Garnitur, Leibchen
dämonisch
besessen
Dampf
Schwaden
Dampfgebilde
Schwaden
Dampfmaschinenteil
Exzenter, Schieber, Zylinder
Dandy
Modenarr

dänische Bucht
Kattegat
dänische Flagge
Danebrog
dänische Hafenstadt
Hirthals, Roskilde
dänische Halbinsel
Juetland
dänische Insel im Kattegat
Hesseloe
dänische Insel im Øresund
Saltholm
dänische Insel in der Ostsee
Bornholm
dänische Inselgruppe im Atlantik
Faeroeer
dänische Meerenge
Kattegat
dänischer Atomphysiker
Aage Bohr
dänischer Filmkomiker
Patachon
dänischer Grenzwall
Danewerk
dänischer Königsname
Frederik, Kristian, Valdemar, Waldemar
dänischer Märchendichter
Andersen
dänischer Mediziner
Jacobson
dänischer Politiker
Berntsen
dänischer Schriftsteller
Andersen
Dantes Jugendliebe
Beatrice
Danziger Sehenswürdigkeit
Artushof, Zeughaus
Darbietung
Auftritt
Darling
Liebling
Darmeinlauf
Klistier
Darmschmarotzer
Bandwurm, Spulwurm
Darmüberfunktion
Diarrhoe
Darsteller
Komparse
Darstellung
Gemaelde
das andere Ich
Alter ego
Dasein
Bestehen, Existenz
Datenendgerät
Terminal
Datenträger
Diskette
Datumsanzeiger
Kalender
Dauer
Zeitraum
Dauergebäck
Zwieback
Dauerläuten kleiner Glocken
Gebimmel
dauernd
bleibend, konstant, staendig
Dauerware
Konserve
Dauerwurst
Cervelat
Davids Frau
Bathseba, Bethseba
Debattenbeginn
Einstieg
Deckelbehälter
Kassette, Kochtopf
Deckendekoration
Soffitte
Deckenverkleidung aus Holz
Taeflung
Deckschicht
Hangende, Ueberzug
definitiv
bestimmt
Defizit
Einbusse, Passivum
degenerieren
entarten
Degengehänge
Portepee
dehnbar
flexibel
Dekade
Zehnzahl
Dekoration
Medaille
Delfinart (Delphinart)
Grindwal, Tuemmler, Weisswal
Delikatesse
Feinheit, Feinkost
Delikt
Straftat, Vergehen, Verstoss
Delirium
Wahnsinn
Demagoge
Agitator
Dementi
Widerruf
Demimonde
Halbwelt
demnach
folglich
Demutsgeste
Kniefall
demzufolge
folglich
Dengel
Schneide
denkbar
moeglich
Denkmal
Monument
Denkvermögen
Vernunft, Verstand
denkwürdig
sekulaer
Denkwürdigkeiten
Memoiren
Denkzettel
Notabene
dennoch
trotzdem
Departement in Frankreich
Ardennes, Calvados, Charente, Dordogne, Haut-Rhin, Morbihan, Vaucluse
Depotverwalter
Lagerist
der römische Herakles
Herkules
derb
kraeftig, ordinaer
deshalb
deswegen, insofern
Desinfektionsmittel
Formalin, Jodoform, Sagrotan
desolat
trostlos
Despot
Diktator
Despotie
Diktatur, Tyrannei, Willkuer
Dessertwein
Jenerodi, Portwein
Detektiv
Polizist
determiniert
bestimmt
Deutlichkeit
Klarheit
deutsche Großstadt
Augsburg, Chemnitz, Dortmund, Duisburg, Freiburg, Hannover, Mannheim, Muelheim, Muenchen, Muenster, Solingen
deutsche Hafenstadt
Cuxhaven

8

deutsche Kaiserin
Adelheid, Viktoria
deutsche Landeshauptstadt
Hannover, Muenchen, Schwerin
deutsche Landschaft
Breisgau, Flaeming, Grabfeld, Holledau, Holstein, Lechfeld, Odenwald, Prignitz, Rheingau, Saarland, Schwaben, Spessart, Stormarn, Vogtland, Westrich, Wetterau
deutsche Malerin
Kollwitz
deutsche Münze
Groschen
deutsche Nordseeinsel
Langeoog, Pellworm, Trischen
deutsche Sagengestalt
Alberich, Brunhild, Dietrich, Giselher, Ruediger, Siegmund
deutsche Schauspielerin
Dietrich, Leuwerik, Sandrock, Valentin
deutsche Schriftstellerin
Bachmann
deutsche Spielkartenfarbe
Eckstein, Schellen, Schippen
deutsche Universitätsstadt
Bayreuth, Dortmund, Erlangen, Freiburg, Hannover, Konstanz, Mannheim, Muenchen, Muenster
deutscher Adelstitel
Baroness, Burggraf, Freifrau, Freiherr, Fuerstin, Komtesse, Landgraf, Markgraf
deutscher Arzt
Kussmaul
deutscher Badeort
Harzburg, Hersfeld, Kohlgrub, Muenster, Neuenahr, Neustadt, Rappenau, Segeberg
deutscher Berg, Gebirge
Auerberg, Beerberg, Ederkopf, Feldberg, Flaeming, Kreuzeck, Meissner, Odenwald, Spessart, Wallberg, Watzmann
deutscher Bildhauer
Kollwitz, Penzoldt
deutscher Binnensee
Ammersee, Arendsee, Bodensee, Chiemsee
deutscher Bundeskanzler
Adenauer
deutscher Bundespräsident
Carstens
deutscher Chemiker
Boettger, Duisberg, Klaproth, Marggraf
deutscher Erfinder
Boettger, Guericke, Roentgen, Zeppelin
deutsche Fliegerin
Beinhorn
deutscher Fußballspieler
Breitner, Haessler
deutscher Geograph
Humboldt
deutscher Herrschername
Heinrich
deutscher Historiker
Bachofen, Dahlmann, Meinecke, Schlegel
deutscher Humanist
Eichrodt, Reuchlin, Rhodeman, Tritheim
deutscher Komponist
Hartmann, Hoffmann, Kaminski, Kreutzer, Kuenneke, Lortzing, Pfitzner, Schreker, Schumann, Telemann, Zumsteeg
deutscher Maler
Beckmann, Carstens, Gebhardt, Hosemann, Kaulbach, Kirchner, Overbeck, Penzoldt, Rottmann, Rottmayr, Schinkel, Spitzweg
deutscher Mathematiker
Dedekind, Kaestner
deutscher Name für Champignon
Egerling
deutscher Nobelpreisträger für Physik
Einstein, Roentgen
deutscher Philosoph
Brentano, Buechner, Duehring, Guardini, Habermas, Hartmann, Reimarus, Spengler
deutscher Physiker
Clausius, Dessauer, Einstein, Guericke, Roentgen, Scheiner
deutscher Pianist
Backhaus
deutscher Politiker
Adenauer, Albrecht, Bismarck, Bluecher, Bruening, Carstens, Genscher, Hoecherl, Honecker, Rathenau, Ulbricht
deutscher Reeder
Woermann
deutscher Regisseur
Kaeutner, Lubitsch
deutscher Reichskanzler
Bismarck, Bruening, Hertling
deutscher Schauspieler
Bethmann, Bollmann, Borchers, Buchholz, Collande, Hartmann, Hoeflich, Jannings, Juergens, Kirchner, Kloepfer, Ruehmann, Soehnker, Thomalla, Tressler, Waescher
deutscher Schriftsteller
Borchert, Brentano, Buechner, Chamisso, Claudius, Doerfler, Fechtner, Gryphius, Hoffmann, Kaestner, Kotzebue, Langbehn, Penzoldt, Scheffel, Schiller, Schlegel, Wedekind, Wiechert, Winckler
deutscher Sozialist
Lassalle, Weitling
deutscher Theologe
Bultmann, Dibelius, Fliedner, Guardini, Niemeyer
deutscher Volksstamm
Ostfalen, Schwaben
deutsches Bundesland
Saarland
deutsches Fürstenhaus
Askanier, Wettiner
deutsches Kartenspiel
Quartett
deutsches Weinbaugebiet
Bodensee, Rheingau, Schwaben
Deutung der Gestirnkonstellationen
Horoskop
devot
demuetig
Diarium
Tagebuch
dichterisch
poetisch
Dichtung
Epigramm, Groteske, Komoedie, Libretto, Maerchen
dick
pummelig, rundlich

dickes Buch
Schwarte
Dickhäuter
Nilpferd
Dickicht
Gebuesch
die Minister einer Regierung
Kabinett
Diebshelfer
Komplize
Diebsschlüssel
Dietrich
Diebstahl
Einbruch
Diele
Hausflur, Korridor
Diener
Domestik, Faktotum
Dienerschaft
Personal
Dienst
Leistung
Dienstantritt
Einstand
Dienstbereich
Sprengel
Dienstgrad bei der Bundeswehr
Kanonier, Leutnant, Schuetze
Dienststelle
Behoerde
Dienststelle eines Geistlichen
Pfarramt
dienstuntauglich
invalide, versehrt
different
ungleich
diffus
unscharf
Diktatur
Despotie, Tyrannei
Diktierapparat/Diktiergerät
Diktafon
Dilettant
Stuemper
Diphthong
Zwielaut
diplomatische Vertretung
Konsulat
diplomatischer Schritt
Demarche
Direktion
Fuehrung, Vorstand
Direktive
Massgabe
Dirigentennotenheft
Partitur
Dirne
Callgirl
diskret
heimlich, schonend, taktvoll
Disposition
Befinden, Stimmung, Vorsorge
Divisionsergebnis
Quotient
Diwan
Bettsofa, Wandsofa
doch
trotzdem
Dogma
Lehrsatz
Doktortitel (Abkürzung)
Dr rer nat
Doktrin
Lehrsatz
Dokument
Nachweis
Dom
Muenster
Domizil
Wohnsitz
Dompteur
Dresseur
Doppel
Dublette, Duplikat
Doppelgänger
Ebenbild
doppelgeschlechtlich
androgyn, zwittrig
Doppelkontinent
Eurasien
Doppelstück
Dublette, Duplikat
Doppeltreffer
Dublette
Dorado
Goldland, Paradies
Dorf
Gemeinde, Siedlung
Dörrfrüchte
Backobst
Dorsch
Kabeljau, Laberdan
dosieren
zumessen
Dossier
Faszikel
Double
Stuntman
Drache
Lindwurm
Dragée, Dragee
Tablette
Drahtnachricht
Depesche
Drahtziergeflecht
Filigran
Drall
Drillung
dramatisch
erregend, spannend
Dramenteil
Auftritt
drastisch
deutlich, merklich
Drehflügelflugzeug
Autogiro
Drehung
Rotation
Drehzahl
Frequenz
Dreieck
Triangel
dreifacher Torerfolg
Hattrick
dreiteiliges Literaturwerk
Trilogie
dreiwertiger Alkohol
Glyzerin
Dreizehn- bis Neunzehnjähriger
Teenager
Drellgewebe
Drillich
Dresseur
Dompteur
dressiertes Raubtier
Tanzbaer
Dressurübung
Kapriole
dringende Nachricht
Eilbrief
Drogenszenenbegriff
Cannabis
drolliger Luftsprung
Kapriole
drüben
jenseits
Druck
Pression
drückende Wärme
Schwuele
Druckerzeugnis
Almanach, Kalender, Prospekt
Druckstock
Klischee
drucktechnischer Begriff
Akzidenz, Bildtext, Bleisatz, Broschur, Fotosatz, Fuellsel, Gravuere, halbfett, Initiale, Klischee, kompress, Majuskel, Praegung, Rotation, Signatur, Versalie, Vorspann
Druckverfahren
Linotype, Rotation
Drude
Zauberin
Drudenfuß
Fuenfeck

Duckmäuser
Feigling, Kriecher
duftende Gartenblume
Edelrose
Duftstoff
Lavendel, Rosenoel, Weihrauch
Duldsamkeit
Toleranz
dumm
toericht
Dummy
Attrappe
dumpf dröhnender Lärm
Gepolter
Düne im Meer
Sandbank
Düngemittel
Blutmehl, Salpeter
dunkel
ungewiss
Dünkel
Arroganz
dünkelhaft
arrogant, spleenig
dünn
fluessig, zierlich
dünnes Zinn
Stanniol
dünnschalige Zitrusfrüchte
Limetten
Dunst über dem Meer
Seenebel
Dunstgebilde
Schwaden
durchdringend
beissend, stechend, strident
Durcheinander
Ramasuri, Wirrwarr
Durchfall
Diarrhoe
Durchgang
Korridor, Oeffnung
Durchgangshindernis
Barriere, Schranke
durchgehend
staendig
Durchhieb im Wald
Schneise
durchlässig
loechrig
durchleuchten
roentgen
Durchmesser
Diameter
Durchschrift
Duplikat
Durchsicht
Pruefung, Revision
durchtrainierter Mensch
Sportler
durchweg
generell
dürftig
aermlich, armselig, primitiv, schlecht
dürr
verdorrt

E

Ebbe und Flut
Gezeiten
Ebenbild
Duplikat
Ebene
Tiefland
Ebene bei Augsburg
Lechfeld
Ebenmaß
Harmonie
Echo
Nachhall
Echsenart
Eidechse, Krokodil
echt
gediegen, original
ecuadorianischer Berg
Cotopaxi
ecuadorianischer Vulkan
Antisana, Cotopaxi
Edelholz
Ebenholz, Mahagoni
edelmütig
generoes
Edelpelz
Hermelin, Rotfuchs
Edelpflaume
Reneklode
Edelstein
Almandin, Amazonit, Amethyst, Brillant, Edelopal, Haematit, Magnesit, Malachit, Pleonast, Rhodonit, Sardonyx, Turmalin, Vesuvian
Eden
Paradies
EDV-Gerät
Computer
Effekt
Eindruck, Leistung, Resultat
effektiv
greifbar, wirklich
egal
einerlei
Egoismus
Ichsucht
Ehefrau
Gemahlin
ehemalige britische Münze
Shilling
ehemalige Hausangestellte
Dienerin
ehemaliger Bundespräsident
Carstens
ehemaliger sowjetischer Staatschef
Andropow
eher
vielmehr
Eheschließung
Hochzeit
Ehesymbol
Trauring
Ehrenbezeigung
Honneurs, Reverenz
ehrenhaftes Spiel
Fairplay
Ehrenname Jesu
Christus
Ehrerbietung
Reverenz
Ehrgeiz
Ambition
ehrwürdig
erlaucht
Eibisch
Hibiskus
Eid
Geluebde
Eierauflauf
Soufflee
Eierkuchen
Omelette
Eierteigware
Spagetti
eifrig
fleissig
Eigenart
Gepraege
eigenartig
reizvoll
Eigenbrötler
Original
Eigenliebe
Egoismus, Ichsucht
eigens
speziell
Eigenschaft
Attribut
Eigenschaftswort
Adjektiv
Eigensinn
Sturheit
eigentlich
faktisch

Eigentümer
Besitzer
Eigentumsdelikt
Einbruch
eigenwillig
spleenig
Eigner
Besitzer
Eignungstest
Pruefung
Eilbote
Stafette
Eilnachricht
Depesche
einäugiger Riese
Polyphem
Einband
Umschlag
Einbildung
Chimaere, Fantasie, Illusion
Einbildungskraft
Fantasie
Einbrenne
Schwitze
eindeutig
deutlich
eindringlich
bestimmt, intensiv
Eindruck
Anschein
eindrucksvoll
imposant
eine *der* **Musen**
Kalliope
einer *der* **Ozeane**
Atlantik
einfach
primitiv, schlicht
einfache Lagerstätte
Pritsche
Einfall
Invasion
Einfallsreichtum
Fantasie
Einfalt
Dummheit
einfältig
kindisch, toericht
Einfaltspinsel
Dummkopf
Einfamilienhaus
Bungalow
Einfassung
Borduere
Einfluss
Renommee
einflussreich
maechtig
Einförmigkeit
Einerlei

Einführen von Flüssigkeit in den Körper
Infusion
Eingabe
Petition
eingebildet
arrogant, blasiert
eingebildeter Kranker
Simulant
Eingebildetheit
Arroganz
eingeboren
heimisch
Eingeborener Amerikas
Indianer
eingedickter Süßholzsaft
Lakritze
eingelegter Hering
Rollmops
Eingemachtes
Fruechte, Konserve
eingesalzener Fisch
Laberdan
Eingeweide vom Tier
Gedaerme, Gekroese
eingezuckerte Schale von Zitrusfrüchten
Orangeat, Zitronat
einheimische Getreidesorte
Zweikorn
einheimische Orchidee
Nestwurz
einheimischer Giftpilz
Erdstern, Risspilz
einheimisches Raubtier
Hermelin
einheimisches Reptil
Eidechse
Einheit *beim* **Telefonieren**
Zeittakt
Einheitslehre
Monismus
einhöckriges Kamel
Dromedar
Einhufer
Maultier
Einigungsbewegung der Christenheit
Oekumene
Einkaufsbummel
Shopping
Einklang
Harmonie
Einkommen
Loehnung, Pfruende, Tantieme
Einlauf
Klistier
Einlegearbeit
Intarsia
Einlegesauce
Marinade

Einleitung
Vorspann, Vorspiel
Einmütigkeit
Harmonie
einnehmen
stuermen
Einreibemittel
Vaseline
Einrichtung
Institut, Inventar, Mobiliar
Einrichtungsgegenstand
Anrichte, Ottomane, Vorleger
einsam
entlegen, solitaer
Einsatz bei Gefahr
Nothilfe
Einschätzung
Ermessen
Einschließung
Blockade
Einschnitt
Inzision
Einsicht
Vernunft
Einsiedelei
Kartause
Einsiedler
Klausner
Einstellraum
Schuppen
einstöckiges Gebäude
Bungalow, Pavillon
Eintopfgericht
Labskaus, Ritscher
Eintracht
Harmonie
einträglich
lukrativ, rentabel
Eintragungsliste von Universitäten
Matrikel
Einverleibung
Annexion
Einwand
Bedenken
einwandfrei
makellos, tadellos
Einwohner *einer* **Stadt in Niedersachsen**
Mellener
Einzahl
Singular
Einzeller
Bakterie
einzelliges Lebewesen
Bakterie
einzeln gefasster Edelstein
Solitaer
Einzelposten
Position

Einzelraum
Kabinett
Einzelsängerin
Solistin
Einzelstück
Exemplar
einzigartig
einmalig
Eisenbahnfahrplan
Kursbuch
Eisenbahnfahrzeug
Draisine
eisenbahntechnischer Begriff
Barriere, Einfahrt, Eurocity, Fahrzeit, Gegenzug, Kupplung, Schranke, Unterbau
Eisenerz
Haematit, Magnetit, Markasit, Rasenerz
Eisenhut
Aconitum, Sturmhut
Eisenhutgift
Aconitin
Eisenwerk
Walzwerk
Eisheiliger
Mamertus
eisiger Schneesturm
Blizzard
Eiskunstlaufdisziplin
Paarlauf
Eisscholle
Treibeis
Eiszeitalter
Diluvium
Eitergeschwür
Furunkel
Eiweißkörper
Globulin, Kollagen, Lezithin
Ekel
Aversion, Noergler, Scheusal
ekeln
anwidern
Eklat
Aufsehen
eklatant
offenbar
elastisch
flexibel
elastische Aufhängung
Federung
Elbstädter
Torgauer
Elchgeweih
Schaufel
Eldorado
Goldland, Paradies
Elefant der Vorzeit
Mastodon
elegante Kutsche
Equipage
elektrischer Stromerzeuger
Batterie
elektrischer Stromspeicher
Batterie
elektrisches Bratgerät
Friteuse
Elektrizitätsteilchen
Elektron
Elektronenbeschleuniger
Betatron
Elektronengehirn
Computer
elektronischer Rechner
Computer
Elementarteilchen
Elektron, Neutrino, Positron
Elementengruppe
Edelgase
Elend
Unglueck
Eleve
Schueler
elsässischer Wein
Sylvaner
Emanzipation
Freigabe
Emblem
Sinnbild
Emirat am Persischen Golf
Abu Dhabi
Emission
Ausstoss
Emotion
Erregung
Empfang
Aufnahme
empfangend
rezeptiv
Empfänger
Adressat
empfänglich
sensibel
Empfangsbescheinigung
Quittung
Empfangsgebäude
Terminal
Empfangsschein
Quittung
Empfehlung
Auskunft, Referenz
empfindlich
sensibel, sensitiv
empfindsam
sensibel
Empfindung
Eindruck
Emporkömmling
Parvenue
emsig
fleissig, tuechtig
Ende *eines* Wasserlaufs
Muendung
Endergebnis
Resultat
Endkampf im Sport
Endspurt
Endspielteilnehmer
Finalist
Endstück des Brotes
Scherzel
Endsumme
Ergebnis, Resultat
Energie
Tatkraft
Energie der Sonne
Strahlen
eng
begrenzt
enge Verbindung
Liierung
Engelwurz
Angelika
engherzig
pingelig, spiessig
englisch für alkoholisches Mixgetränk
cocktail
englisch für Außenseiter
outsider
englisch für damenhaft
ladylike
englisch für Geschäft
business
englisch für in Ordnung
allright
englisch für Schlagzeile
headline
englisch für zeitgemäß
up to date
englische Grafschaft
Anglesey, Cardigan, Cheshire, Cornwall, Hereford, Monmouth, Pembroke, Somerset, Stafford
englische Insel
Alderney, Anglesey, Guernsey
englische Königin
Victoria, Viktoria
englische Krankheit
Rachitis
englische Münze bis 1971
shilling
englische Politikerin
Thatcher
englische Porzellanmanufaktur
Wedgwood
englische Prinzessin
Margaret

englische Schriftstellerin
Christie
englischer Adelstitel
Countess, Marquess, Viscount
englischer Bildhauer
Armitage, Chadwick
englischer Erfinder
Bessemer
englischer Expremier
Thatcher
englischer Feldherr
Cromwell
englischer Komponist
Sullivan
englischer Mathematiker
Hamilton
englischer Nobelpreisträger für Chemie
Mitchell, Robinson
englischer Nobelpreisträger für Physik
Appleton, Blackett, Chadwick, Cockroft, Rayleigh
englischer Schauspieler
Guinness, Laughton
englischer Schriftsteller
Campbell, Disraeli, Fletcher, Forester, Geoffrey, Kingsley, Lawrence, Macauley
englischer Staatsmann
Aberdeen, Cromwell, Disraeli
englisches Nationalgericht
Porridge
engstirnig
borniert
enorm
gewaltig
entartet
dekadent
entbehrlich
unnoetig
Entdecker *von* **Amerika**
Columbus, Kolumbus
Entdecker *von* **Neuem**
Erfinder
Entdecker *der* **Philippinen**
Magellan
Entdecker *des* **Südpols**
Amundsen
Entdecker *der* **X-Strahlen**
Roentgen
Entenwal
Doegling
entfernt
entlegen
Entfernungsbegriff
Umgebung
Entfettungsmaßnahme
Slimming
entgegengesetzt
kontraer
Entgegennahme an Ort und Stelle
Abholung
Enthaltsamkeit
Verzicht, Zoelibat
Entkräftung
Marasmus
Entlassung
Abschied
Entnahme von Flüssigkeit
Punktion
Entsagung
Verzicht
entscheidender Boxsieg
Knock-out
Entsetzen
Schauder
entspannt
zwanglos
Entspannung
Erholung
entsprechend
adaequat
Entsprechung
Analogie
entstelltes Bild
Zerrbild
Entwässerung
Drainage
Entwendung
Wegnahme
entzückend
charmant, reizvoll
entzündbar
brennbar
Entzweiung
Spaltung, Trennung
Enzian
Gentiana
epileptischer Anfall
Grand Mal, Petit Mal
Epilog
Ausklang, Nachwort, Nekrolog
Episode
Liebelei
Epoche
Zeitraum
Epode
Abgesang
Epos *des* **Mittelalters**
Parzival
Erbauer *des* **ersten Luftschiffes**
Zeppelin
Erbauungsschrift
Postille
Erbe
Nachlass
erbetene Mitteilung
Auskunft
Erblasser
Testator
Erbschaft
Nachlass
Erbveränderung
Mutation
Erdabsatz
Terrasse
Erdachsenschwankung
Nutation
Erdbegleiter
Satellit
Erdformation
Kambrium
Erdgeschichte
Geologie
Erdgeschoss
Parterre
erdichtete Erzählung
Maerchen
Erdlängenkreis
Meridian
Erdmesser
Geometer
Erdölleitung
Pipeline
Erdölprodukt
Vaseline
Erdstufe am Hang
Terrasse
Erdteil
Eurasien
Erdtrabant
Satellit
Erdüberflutung
Sintflut
Erdwissenschaft
Geologie
Erdzeitalter
Kambrium, Quartaer, Tertiaer
Eremit
Klausner
erfahren
versiert
erfahrene Fachfrau
Kennerin
erfahrene Klugheit
Weisheit
Erfahrung
Kenntnis
erfahrungsgemäß
induktiv
Erfinder *der* **Farbfotografie**
Lippmann
Erfinder *der* **Fotografie**
Daguerre

Erfinder *des* **Grammofons (Grammophons)**
Berliner
Erfinder *der* **Luftpumpe**
Guericke
Erfinder *des* **Porzellans**
Boettger
Erfinder *der* **Relativitätstheorie**
Einstein
Erfinder *der* **Schallplatte**
Berliner
Erfinder *des* **Steinguts**
Wedgwood
Erfindungsgabe
Fantasie, Ingenium
Erfolg
Ergebnis, Resultat
erfolgreiche Laufbahn
Karriere
erfolgreicher Artikel
Knueller
erfreulich
angenehm, guenstig
Erfrischungsalon
Eisdiele
Erfrischungsgetränk
Limonade
Ergänzung
Nachtrag
Ergebnis
Resultat
ergo
folglich
ergötzlich
amuesant
Ergriffenheit
Ruehrung
erhaben
festlich
erhabene Rundung
Woelbung
erhalten
bekommen
erhaltenes Geld
Einnahme
erheblich
relevant
Erhebung
Aufstand, Meuterei
erhöhte Gleisanlage
Bahndamm
erhöhte Sitzreihen
Tribuene
Erhöhung
Anhebung
Erholung
Freizeit
Erinnerungsstück
Andenken, Souvenir
Erinnerung
Andenken, Gedenken
Erinnerungen
Memoiren
Erinnerungsstätte
Monument
Erinnye
Eumenide
Erkennen einer Krankheit
Diagnose
Erkenntnis
Einsehen, Einsicht
Erlass
Amnestie
Erlebnis
Eindruck
erledigt
knock-out
erlesen
exquisit, wertvoll
Erlös
Einnahme
Erlöser
Befreier
Ermittler
Detektiv
Ermittlungsbüro
Detektei
ernsthaft
gediegen
erobern
besetzen, sturmen
Eröffnung im Schach
Spanisch
Eröffnungsregatta
Ansegeln
Erörterung
Beratung
Erpel
Enterich
Erprobung
Pruefung
erregende Spannung
Dramatik
Erreger
Bakterie, Bazillus
Erregungsauslöser
Stimulus
Errichter
Gruender
Ersatz
Aushilfe, Prothese, Surrogat
Ersatzkörperteil
Prothese
Erscheinung
Gespenst
Erscheinungsbild
Aussehen
Erscheinungsform
Aussehen, Variante
Erschütterung des Erdbodens
Erdbeben, Erdstoss
Erschwerung
Handicap, Handikap
Erstattung der Fahrtkosten
Wegegeld
Erstauftritt
Premiere
erste Solotänzerin
Assoluta
erster deutscher Bundeskanzler
Adenauer
erster deutscher Reichskanzler
Bismarck
erster Erdsatellit
Sputnik
erster römischer Kaiser
Augustus
Erstürmung eines Schiffes
Enterung
Ersuchen
Petition
erteilte Erlaubnis
Befugnis
Erteilung der Gesetzeskraft
Sanktion
Ertrag
Ausbeute, Einnahme
ertragreich
ergiebig, rentabel
Eruption
Ausbruch
Eruptivgestein
Melaphyr
erwerben
aneignen
erwerbsunfähig
invalide
erzählende Dichtung
Maerchen
Erzeugnis
Fabrikat
Erzhafen in Norwegen
Kirkenes
Erzieherin
Lehrerin
Erziehungsanstalt
Internat
Erzittern des Bodens
Erdbeben
erzwungen
ertrotzt
Esel
Einhufer, Grautier
Eselsabart
Maulesel, Maultier
essbarer Schaum
Eischnee
Essen
Gastmahl, Mahlzeit

Essgefäße
Geschirr
Essgerät
Geschirr
Essgeschirr
Sauciere
Esslokal
Gasthaus
Estland, Lettland und Litauen
Baltikum
Etage
Geschoss
Etagere
Stellage
Etat
Haushalt
ethisch
sittlich
ethische Haltung
Purismus
ethischer Begriff
Gewissen, Wahrheit
Etui
Futteral
etwas vom Schiff an Land schaffen
anlanden
Eulenart
Waldkauz
Europa und Asien
Eurasien
Europäer
Albanier, Franzose, Norweger, Tscheche, Ukrainer
europäische Hauptstadt
Bruessel, Budapest, Bukarest, Helsinki, Lissabon, Warschau
europäische Völkergruppe
Germanen, Magyaren
europäischer Gebirgszug
Karpaten
europäischer Hochgebirgsteil
Ostalpen
europäischer Staat
Albanien, Finnland, Kroatien, Norwegen, Portugal, Schweden, Slowakei
europäischer Strom
Weichsel
europäisches Königreich
Norwegen, Schweden
Evakuierung
Raeumung
Evangelist
Johannes, Prediger
Evastochter
Maedchen
Event
Ereignis
evident
glasklar, offenbar
ewig
immerdar
exakt
praezise, treffend
exaktes Zitat
Wortlaut
Examen
Pruefung
Examinand
Kandidat
Exempel
Beispiel
Exhaustor
Absauger, Geblaese
existent
wirklich
Exmission
Raeumung
exotische Zierpflanze
Orchidee
Expedient
Absender
Experte
Fachmann
Expertin
Kennerin
Explosionsauslösung
Zuendung
Exponent
Hochzahl
extern
draussen
extra
nebenbei
extravagant
versnobt
extreme Überlebensfähigkeit
Anabiose
exzellent
exquisit

F

Fabelland
Arkadien, Atlantis, Eldorado, Paradies
Fabelname *des* Dachses
Grimbart
Fabeltier
Basilisk, Lindwurm
Facharzt
Hautarzt, Zahnarzt
Fachausdruck
Terminus
Fachauskunft
Beratung
Fachgebiet der Medizin
Urologie
Fachgeschäft
Drogerie
Fachhochschule
Akademie
Fachingenieur
Statiker
fachliche Unterweisung
Beratung
Fachmediziner
Zahnarzt
Fachwort
Terminus
Fackel
Kienspan
Fäden aus Ziegenwolle
Haargarn
Fadennudeln
Spagetti
Fadenwurm
Nematode, Trichine
fähig
geeignet, tauglich, tuechtig
Fahne Dänemarks
Danebrog
Fahrbahn für Fahrräder
Radweg
Fahrbahn neben einer Straße
Radweg
fahrbarer Serviertisch
Teewagen
fahrende Leute
Artisten
Fahrer
Steuerer
fahriger Mensch
Schussel
Fahrplanübersicht
Kursbuch
Fahrradvorläufer
Draisine
Fahrzeugschaden
Schramme
Fahrzeugteil
Wagenrad
Faible
Vorliebe
Faktum
Tatsache
Faktur
Rechnung
fakultativ
wahlfrei
falbes Pferd
Isabelle
Falklandinseln
Malvinen, Malwinen
Fallbeil
Schafott
Fallhammer
Rammbaer

8

Fallhöhe
Gefaelle
falsch
verkehrt, verlogen
falsche Theorie
Irrlehre
falscher Glaube
Haeresie, Irrlehre
falscher Schein
Trugbild
falsches Haarteil
Peruecke
Faltenwurf
Draperie
Fama
Geruecht
Familiendoktor
Hausarzt
Familienfeier
Hochzeit
Familienjüngster
Benjamin
Familienname
Nachname
Famulus
Schueler
Fangarm des Tintenfisches
Tentakel
Fanggerät von Wilderern
Schlinge
Fantasie (Phantasie)
Trugbild
fantastische (phantastische) Erzählung
Groteske
fantastischer (phantastischer) Erzähler
Fabulant
Farbe *im* **Kartenspiel**
Schellen
Farbfolge (Prisma)
Spektrum
Farbgebung
Faerbung
farbloses Gas
Ammoniak
Farblosigkeit
Fahlheit
Farbstoff
Karmesin, Zinnober
Farbton
Bruenett, Flamingo, Hellblau, Perlgrau, Zinnober
Färbung des Himmels
Abendrot
Farce
Fuellsel, Fuellung, Groteske, Komoedie
Farmer
Landwirt
Farngewächs
Baerlapp, Haarfarn
Fasching
Fasnacht, Karneval
Faschingstreiben
Narretei
Fasergewebe
Textilie
fast
ziemlich
Fastnachtsausschuss
Elferrat
Fata Morgana
Trugbild
fatal
peinlich
faul
untaetig
Faulbrand
Gangraen
Faulenzer
Tagedieb
Fauna
Tierwelt
Fayence
Steingut
Fazit
Endsumme, Ergebnis, Resuemee, Resultat
Fechtausdruck
Inkontro, Kavation
Federkleid der Vögel
Gefieder
federnd
flexibel
Federschmuck
Aigrette
Federvieh
Enterich, Perlhuhn, Poularde, Truthahn
Federwild
Auerhahn, Birkhahn, Birkhuhn, Schnepfe, Wildente, Wildgans
Federzange
Pinzette
Fehde
Unfrieden
fehlendes Wissen
Unwissen
Fehler
Nachteil, Versehen, Verstoss
Fehlschlag
Reinfall
Fehlschluss
Versehen
Fehltritt
Vergehen
feierlich
erhebend, festlich
feierliche Ansprache
Festrede
feierliches Versprechen
Geluebde
feilhalten
anbieten
fein
grazioes, praezise, zierlich
Feinbäcker
Konditor
Feind
Opponent
feindlicher Einfall
Invasion
feine Sitte
Etikette
feines Damenmodegeschäft
Hutsalon
feines Filtergerät
Haarsieb
feinfühlend
sensibel, taktvoll
feingliedrig
filigran
feinkeramisches Produkt
Majolika, Steingut
Feldfrucht
Erdapfel, Erdbirne, Feldklee, Getreide, Ruebsame
Feldgemeinschaft
Allmende
Feldgeschütz
Haubitze
Feldherr
Stratege
Feldherr *im* **Krieg gegen Napoleon**
Bluecher
Feldmesser
Geometer
Feldraute
Erdrauch
Feldsalat
Rapunzel
Feldstecher
Fernglas
Fell der Bärenrobbe
Sealskin
Fellzuchtbetrieb
Nerzfarm
Fensterschutz
Jalousie, Rolladen
Fensterverschluss
Rolladen
Ferien
Erholung
Feriengast
Urlauber
Ferienreisender
Urlauber
fern
entlegen

ferne Sonne
Fixstern
Ferner Osten
Ostasien
Fernrohr
Teleskop
Fernschreiber
Telegraf
Fernsehsendung
Panorama
Fernsprechbereich
Ortsnetz
fertig
erledigt
Fertiggericht
Konserve
Fertigkeit
Geschick
Fessel
Knoechel
fesselnd
spannend
fest
bestimmt, staendig
fest gegründet
fundiert
festes Gewebe
Drillich
Festessen
Gastmahl
festgelegte Spielfolge
Programm
Festland aus Asien und Europa
Eurasien
festlicher Dienstbeginn
Einstand
Festspiel
Festival
Festspielort *in* **Bayern**
Bayreuth
Festspielort *in* **Österreich**
Salzburg
Festspielort *in der* **Schweiz**
Montreux
feststehend
konstant
Feststellung
Diagnose
Festung *bei* **Brugg**
Habsburg
Fett
Paraffin
Fettsalbe
Vaseline
feucht
waessrig
feudal
exklusiv
feuergefährliche Flüssigkeit
Spiritus
Feuergott
Hephaest
Feuerwerkskörper
Feuerrad
feurig
vehement
Fiaker
Droschke, Kutscher
Fiasko
Reinfall
Fibel
Lehrbuch, Lesebuch
Fieberwahn
Delirium
fifty-fifty
haelftig, halbiert
Fight
Boxkampf
Fighter
Kaempfer
Figur *am* **Naumburger Dom**
Dietrich, Ekkehard
Figur *beim* **Schachspiel**
Springer
Figur aus Aida
Amonasro
Figur aus Carmen
Mercedes
Figur aus Der Barbier von Sevilla
Fiorillo
Figur aus Der Rosenkavalier
Oktavian, Quinquin
Figur aus Die Entführung aus dem Serail
Belmonte, Pedrillo
Figur aus Die Nibelungen
Alberich, Brunhild, Dankwart, Giselher, Ruediger, Siegmund
Figur aus Die Zauberflöte
Papagena, Papageno, Sarastro
Figur aus Faust
Gretchen, Mephisto, Valentin
Figur aus Hamlet
Claudius, Gertrude, Polonius
Figur aus Maria Stuart
Mortimer
Figur aus Minna von Barnhelm
Tellheim
Figur aus Romeo und Julia
Benvolio, Gregorio, Montague
Figur aus Tristan und Isolde
Kurwenal
Figürchen
Figurine
Filmfestival in Venedig
Biennale
Filmmanuskript
Drehbuch
Filmvorführfläche
Leinwand
Filmvorlage
Drehbuch
Filmzubehör
Requisit
Filou
Spitzbub
Finale
Endkampf, Endrunde, Endspiel
finanziell
monetaer
Findelkind
Findling
Finesse
Feinheit, Klugheit
Fingerschmuck
Trauring
Finish im Rennen
Endspurt
Finkenvogel
Bergfink, Buchfink, Dompfaff, Sperling
finnische Landschaft
Karelien, Lappland
finnische Völkergruppe
Karelier, Ostjaken
finnische Währung
Finnmark
finnischer Architekt
Saarinen
finnischer Komponist
Sibelius
finnischer Nobelpreisträger für Chemie
Virtanen
finnischer Politiker
Kekkonen
finnisches Nationalepos
Kalevala, Kalewala
Firmament
Horizont
Firmenleiter
Direktor
Firmenleitung
Vorstand
Firmenurheber
Gruender
Fisch in Würztunke
Marinade

Fischart
Anchovis, Heilbutt, Kabeljau, Sardelle, Seebarbe, Seelachs, Seezunge, Truesche, Tunfisch
Fischbein
Walbarte
Fischerkahn
Weidling
Fischgericht
Aalsuppe
Fischkonserve
Rollmops
Fischwasserbehälter
Aquarium
fit
tauglich
fixe Idee
Schrulle
Flachdachhaus
Bungalow
flache Beschaffenheit
Ebenheit
Flächenverzierung
Arabeske
flaches Boot
Canadier, Kanadier
Flachssamen
Leinsaat
flämischer Geograph
Mercator
Flanellgewebe
Barchent
Flasche
Versager
Flaschenansammlung
Batterie
Flaschenreihe
Batterie
Flaschenverschluss
Stoepsel
Flaschenzug
Elevator
Flaschner
Blechner, Klempner, Spengler
flatterhaftes Geschöpf
Irrwisch
Flattertier
Flughund
flau
kraftlos, schlecht
Flechtwerk
Geflecht
Fleck
Spritzer
Fledermaus
Flughund
Flegelhaftigkeit
Ruepelei
Fleisch des Wildes
Wildbret
Fleisch fressender Vogel
Aasgeier
Fleisch fressendes Lebewesen
Raubtier
Fleischbrühe
Bouillon, Consommé
Fleischgericht
Saumagen
Fleischkloß
Boulette
Fleischkonserve
Pemmikan
fleischlich
leiblich
Fleischprodukt
Schinken
Fleischton auf Gemälden
Inkarnat
flexible Gummileitung
Schlauch
flexibler Zollstock
Messband
fliegender Fisch
Flughahn
Fliegenfanggerät
Klatsche
Flieger
Aeronaut
fließendes Eis
Eisstrom
Fließgewässer
Wildbach
Fließheck an Autos
Fastback
Flirt
Liebelei
Flocke
Flankerl
Flop
Reinfall
Florentiner Kunstgalerie
Uffizien
Flucht Mohammeds
Hedschra
Fluchtburg
Refugium
Flügel
Schwinge
flugfähiges Säugetier
Flughund
Flugfigur
Schleife
Fluggebiet
Luftraum
Flughafen
Aeroport
Flughafen von Amsterdam
Schiphol
Flughafen von London
Heathrow, Northolt
Flughafen von New York
Idlewild
Flughafenhalle
Terminal
Flughafenpiste
Rollbahn
Flugpionier
Zeppelin
Flugschrift
Pamphlet
flugunfähiger Jungvogel
Nestling
Flugzeugkommandant
Kapitaen
Flugzeugstarthilfe
Katapult
Fluidum
Stimmung
Flur
Korridor
Flurbuch
Kataster
Flurhüter
Bannwart
Fluse
Faedchen
Fluss *in* Afrika
Komadugu, Okavango
Fluss *in* Amerika
Amazonas, Apurimac, Arkansas, Chukamba, Colorado, Delaware, Guaviare, Huallaga, Humboldt, Illinois, Klondike, Merri Mac, Missouri, Paraguay, Parahyba, Pastassa, Red River, Rio Chico, Rio Negro, Rio Pecos, Rio Yaqui, St. Lorenz
Fluss *in* Asien
Amudarja, Brahmani, Chatanga, Dschamma, Godawari, Hankiang, Jaxartes, Jenissei, Krischna, Mahanadi, Menderes, Minkiang, Sinkiang, Syr Darja, Tschinab, Tschulym, Tunguska, Tunkiang
Fluss *in* Australien und Ozeanien
Burdekin, Flinders, Georgina, Victoria, Wooramel
Fluss *in* Deutschland
Altmuehl
Fluss *in* Finnland
Kalajoki
Fluss *in* Frankreich
Charente, Dordogne
Fluss *in* Griechenland
Acheloos, Aliakmon, Alpheios, Megdobas
Fluss *der* griechischen Sage
Eridanus

Fluss *der* griechischen Unterwelt
Eridanos
Fluss *in* Nordamerika
Arkansas, Colorado, Columbia, Delaware, Illinois, Missouri
Fluss *in* Österreich
Lassnitz, Schwarza
Fluss *in* Polen
Weichsel
Fluss *in* Portugal
Guadiana
Fluss *in* Russland
Jenissei, Tunguska
Fluss *durch* Warschau
Weichsel
Flussabschnitt nach der Quelle
Oberlauf
Flussbiegung
Maeander
Flussgott der Griechen
Acheloos, Alphaios
flüssige Vorspeise
Bouillon
Flüssigkeitsbehälter
Kanister, Zisterne
Flüssigkeitseinfüllgerät
Trichter
Flüssigkeitsgemisch
Emulsion
Flüssigkeitsleitung
Pipeline
flussnahe Baumansammlung
Auenwald
Flusspferd
Nilpferd
Flussschlinge
Maeander
Flusswindung
Maeander
Flut und Ebbe
Gezeiten
Folge
Ergebnis, Resultat
Folge *von* drei Werken
Trilogie
folglich
deswegen, insofern
folgsam
gehorsam
Folie aus Zinn
Stanniol
foltern
peinigen
foppen
haenseln
Förderanlage
Elevator, Schnecke, Seilbahn
Forderung
Anspruch, Begehren, Postulat
Forke
Heugabel
Form
Struktur
Form *der* Abstimmung
Handmehr
Formation *des* Paläozoikums
Kambrium
Formblatt
Formular, Vordruck
Former
Designer
Formgestalter
Designer
Förmlichkeit
Etikette
Formular
Vordruck
Forschungsanstalt
Institut
Forstbeamter
Assessor, Foerster, Forstrat
Forstschutzbezirk
Schonung
Fortsatz des Blinddarms
Appendix
Fortschritt
Progress
fossiles Tier
Stegadon
Foto
Aufnahme
Fotobuch
Bildband
fotografischer Begriff
Aufnahme, Farbfilm, Kassette, Objektiv, Rollfilm
Fotopionier
Daguerre
Fotozubehör
Kassette, Rollfilm
Foyer
Vorhalle
Frachtentladung bei Schiffen
Loeschen
Frachter
Lastkahn, Leichter
Fragebogen
Formular, Vordruck
Fragewort
weswegen
fraglich
ungewiss, unsicher
Frankenkönig
Chlodwig
Franse
Posament
französisch für deutsch
allemand
französische alte Münze
Louisdor
französische Anrede
Monsieur
französische Dichterin
Beauvoir
französische Gebirgslandschaft
Auvergne
französische Hafenstadt
Bordeaux
französische Halbinsel
Bretagne
französische Käsesorte
Romadour
französische Landschaft
Armagnac, Bretagne, Rhonetal
französische Münze
Louisdor
französische Rotweinsorte
Bordeaux
französische Weinsorte
Bordeaux
französischer Apfelbranntwein
Calvados
französischer Badeort
Arcachon
französischer Chansonnier
Aznavour
französischer Dichter
Flaubert, Rousseau, Verlaine, Voltaire
französischer Entdecker
Daguerre, Foucault
französischer General
de Gaulle
französischer Herrschername
Napoleon
französischer Historiker
Voltaire
französischer Maler
Delauney, Pissarro, Rousseau
französischer Mathematiker
Lagrange, Poincaré
französischer Nobelpreisträger für Chemie
Grignard, Sabatier
französischer Nobelpreisträger für Physik
Lippmann
französischer Philosoph
Alembert, Gassendi, Rousseau, Voltaire

8

französischer Physiker
Alembert, Gassendi, Mariotte
französischer Politiker
Caillaux, Daladier, de Gaulle, Gambetta, Loucheur, Mac-Mahon, Mirabeau, Pompidou
französischer Revolutionär
Mirabeau
französischer Satiriker
Rabelais
französischer Schauspieler
Barrault, Delaunay
französischer Tanz
Chaconne
französischer Weinbrand
Armagnac
französisches Adelsprädikat
Comtesse, Duchesse, Marquise
französisches Gebirge
Ardennen, Cevennen
französisches Märchenwesen
Magelone
französisches Schloss
Chambord, Cheverny, Tarascon, Valençay
französisches Seebad
Biarritz, St. Tropez
französisches Weinbaugebiet
Bordeaux
Fratze
Grimasse, Zerrbild
Frau
Gemahlin
Frau *der* Antike
Germanin
Frau von Admetos
Alkestis
Frau von David
Bathseba
Frau von Gunther
Brunhild
Frau von Odysseus
Penelope
Frau von Orpheus
Eurydike
Frau von Rubens
Isabella
Frau von Uria
Bathseba
Frauenberuf
Cutterin, Friseuse, Hausfrau, Lehrerin, Lektorin, Masseuse, Modistin, Naeherin, Putzfrau, Wirkerin
Frauengemach einer Burg
Kemenate
Frauengestalt als Sinnbild Berlins
Berolina
Frauengestalt als Sinnbild Deutschlands
Germania
Frauengestalt als Sinnbild Frankreichs
Marianne
Frauenhaar
Adiantum, Milzfarn
Frauenheld
Casanova, Charmeur
Frauenmantel
Ohmkraut, Taublatt, Taukraut
Frauenmantel aus Seide
Mantille
Frauenschuh
Orchidee
frei
zwanglos
frei stehender Glockenturm
Belfried
Freibrief
Privileg
Freidenker
Libertin
freie Stelle im Wald
Lichtung
Freier
Bewerber
freigebig
generoes
Freigebigkeit
Noblesse
Freigehege für Tiere
Reservat
Freiheit
Privileg, Vorrecht
Freiheitsheld
Jenatsch
Freikörperkultur
Nudismus
Freilicht in der Malerei
Pleinair
Freischärler
Guerilla, Partisan
Freistatt
Zuflucht
Freizeit
Erholung
Freizeitausflug
Velotour
Freizeitsport
Minigolf
fremdartig
exotisch
Fremdenheim
Gasthaus, Herberge
Fremdkapital
Hypothek
fremdländisch
exotisch
Fremdwort für ausschließlich
exklusiv
Fremdwort für Selbstsucht
Egoismus
frequentieren
besuchen
Fresko
Wandbild
Freude
Frohsinn
Freude am Quälen
Sadismus
Freudenruf
Hosianna
Freund Goethes
Behrisch
Freund *des* Patroklos
Achilles
Freundin Goethes
Herzlieb, Willemer
Freundin Odysseus'
Nausikaa
Freundin Voltaires
Chatelet
freundlicher Dienst
Gefallen
Frevel
Sakrileg, Vergehen, Verstoss
Friede
Harmonie
Friedhof
Kirchhof
friedlich
irenisch
friedliebend
irenisch
Friesenhausteil
Reetdach
friesische Inseln
Langeoog, Pellworm, Suedfall, Vlieland
Friseur
Coiffeur
Frisiergerät
Haarnetz
Frisierkunst
Coiffure
Frisiermittel
Haarlack, Spuelung
Frisiertisch
Toilette

Frist
Zeitraum
Fristgewährung
Stundung
frivol
schamlos
fromm
glaeubig
frontal
von vorne
Froschlurch
Bergunke
Frostablagerung
Rauhreif
Frostgebilde
Eisblume, Glatteis, Rauhreif
Frostgebilde an Glasscheiben
Eisblume
frottieren
abreiben
Frucht
Aprikose, Erdbeere, Himbeere, Paranuss, Pfirsich, Zwetsche
Fruchtbarkeitsgott
Dionysos
Fruchtgetränk
Limonade
Fruchtzucker
Fructose, Fruktose
frühchristlicher Kirchenbau
Basilika
früher
zeitiger
frühere deutsche Münze
Groschen
frühere französische Silbermünze
ECU
frühere Bezeichnung für (junge) Militärpferde
Remonten
frühere Bezeichnung für Ausbilder
Lehrherr
frühere Bezeichnung für *einen* **Bürger einer Monarchie**
Untertan
frühere Bezeichnung für Dienstbote
Domestik
frühere Bezeichnung für Freund
Gevatter
frühere Bezeichnung für Kneifer
Pincenez
früherer Adliger
Edelmann
früherer berittener Soldat
Dragoner
früherer chinesischer Staatsbeamter
Mandarin
früherer reitender Eilbote
Stafette
früheres Feldmaß
Tagewerk
früheres Gefängnis in Paris
Bastille
früheres schnelles Segelkriegsschiff
Fregatte
Frühlingsblume
Narzisse, Veilchen
Frühstück im Freien
Picknick
Fuchs in der Fabel
Reinhart
Fuchtel
Peitsche
fügsam
gehorsam
Fügung
Geschick
fühlbar
palpabel
Fühler
Tentakel
Führer *beim* **Militär**
Offizier
Führer *eines* **Schiffes**
Kapitaen
Führerin
Leiterin
Fuhrmann
Kutscher
Fülle
Reichtum
Füllung
Fuellsel
Fundament
Grundbau, Unterbau
Fünfeck
Pentagon
Fünfergruppe
Quintett
Fungizid
Pilzgift
Funkspruch
Depesche
Funktion
Leistung
Furcht erregend
schaurig
Furnierholz
Mahagoni
Furore
Aufsehen
Fürst
Erbprinz, Potentat
Fürst *in* **Frankreich**
Empereur
Fürstendoktor
Leibarzt
Fürstengeschlecht
Dynastie
Fürstenhaus von Monaco
Grimaldi
Fürstenname
Waldemar
Fürstin
Duchesse, Herzogin, Kaiserin, Koenigin
Fürstin in Indien
Maharani
fürstliche Anrede
Erlaucht
Fürwort
Pronomen
Fußabtreter
Vorleger
Fußballausdruck
Abschlag, Eckstoss, Elfmeter, Endspiel, Halbzeit, Kopfball, Stuermer, Torlinie
Fußballspieler
Stuermer
Fußballspielpause
Halbzeit
Fußbekleidung
Galosche, Gamasche, Latschen, Skischuh
Fußbodenbelag
Linoleum, Stragula
Fußgelenk
Knoechel
Fußhebel im Kfz
Gaspedal
Fußleiste
Lamperie
fußloses Kriechtier
Schlange
Fußmatte
Abtreter
Fußteil
Knoechel, Zehnagel
Fußweg
Gehsteig, Trottoir
Futteral
Ueberzug
Futtermittel
Getreide, Haecksel
Futterstroh
Haecksel

G

Gabe
Begabung, Geschenk, Praesent
Gabel
Deichsel

Gabelfrühstück
Dejeuner
Galan
Liebster
galant
hoeflich
Galerie
Laufgang, Sammlung
Galerie, die Bilder und Plastiken ausleiht
Artothek
Galgenvogel
Kolkrabe
Gallerterzeuger
Agar-Agar
Gallertmasse
Gelatine
gallischer Volksstamm
Arverner, Eburonen
Galopp
Rundtanz
Gämsgehörn (Gemsgehörn)
Krickeln
Gang
Korridor
8
Gangart *der* **hohen Schule**
Kapriole, Kurbette
Gangart *des* **Pferdes**
Karriere, Kurbette
Gängelband
Aufsicht
Gänseart
Graugans, Wildgans
ganz
komplett
gänzlich
komplett
Garderobe
Kleidung
Gärfutterbereitung
Ensilage
Gargefäß
Kochtopf
Gärmittel
Weinhefe
Garnele
Krevette
Garnison
Standort
Garten Eden
Paradies
Garten Gottes
Paradies
Gartenblume
Eisenhut, Georgine, Gladiole, Gloxinie, Goldlack, Goldrute, Goldwurz, Lavendel, Magnolie, Maiblume, Narzisse, Oleander, Rosmarin, Veilchen, Zyklamen
Gartenerzeugnis
Aprikose, Chicorée, Erdbeere, Himbeere, Pastinak, Pfirsich, Portulak, Rotkraut, Sellerie, Zwetsche
Gartengerät
Schaufel, Schlauch
Gartenhaus
Pavillon
Gartenstück
Parzelle
Gartenzierpflanze
Ranunkel
Gasfernleitung
Pipeline
gasförmiger Brennstoff
Acetylen, Azetylen, Stadtgas
Gasleitung
Pipeline
Gassenhauer
Schlager
Gast
Besucher
Gasthausbesitzer
Gastwirt
gastlich
wirtlich
Gastronom
Gastwirt, Hotelier
gastronomischer Beruf
Chefkoch
Gaststättenangestellter
Barmixer
Gaststätteninhaber
Gastwirt
Gastwirt
Kneipier
Gastwirtschaft
Bierhaus, Bierzelt, Destille, Dorfkrug, Eisdiele, Herberge, Milchbar, Quartier, Rasthaus, Schaenke, Snackbar, Spelunke, Teestube
Gatte von Ariadne
Dionysos, Dionysus
Gatte von Helena
Menelaos, Menelaus
Gatte von Nofretete
Echnaton
Gatte von Penelope
Odysseus
Gatte von Thusnelda
Arminius
Gatte von Xanthippe
Sokrates
Gattin
Gemahlin
Gattin von Orpheus
Eurydike
Gattung der Korbblütler
Zichorie
Gaukler
Zauberer
Gaumenlaut
Guttural
Gauner
Gangster, Heuchler, Tagedieb
Gebäcksorte
Feinbrot, Schrippe, Striezel, Zwieback
Gebärde
Bewegung
Gebäude
Bungalow, Hochhaus
Gebäudeeingang
Haustuer
Gebäudeteil
Geschoss, Gewoelbe, Hausflur, Lichthof, Mansarde, Speicher
Gebeinurne
Ossarium
Geber
Schenker
Gebetsruf
Hosianna
Gebetsteppich
Namazlik
Gebiet
Distrikt, Gelaende
Gebiet *in* **Belgien**
Flandern
Gebiet *in* **Böhmen**
Egerland
Gebiet *am* **Indus**
Kaschmir
Gebiet *in* **Norddeutschland**
Holstein
Gebiet *mit* **religiöser Minderheit**
Diaspora
Gebieter
Potentat
gebieterisch
herrisch
Gebietsaneignung
Annexion
gebietsmäßig
regional
gebietsweise
regional
Gebilde
Struktur
Gebilde *von* **gewaltigem Ausmaß**
Ungetuem
gebildet
studiert
Gebirge *in* **Asien**
Himalaja, Kaukasus

Gebirge *in* **Belgien**
Ardennen
Gebirge *in* **Frankreich**
Cevennen
Gebirge *in* **Italien**
Abruzzen
Gebirge *der* **Karpaten**
Beskiden
Gebirge *in* **Luxemburg**
Ardennen
Gebirge *in* **Polen**
Beskiden, Karpaten
Gebirge *in* **Russland**
Kaukasus
Gebirge *in der* **Slowakei**
Karpaten
Gebirgsbahn
Bergbahn, Seilbahn
Gebirgseinschnitt
Schlucht
Gebirgsfluss
Wildbach
Gebirgspflanze
Gemswurz
Gebirgsweg
Saumpfad
Gebiss
Prothese
geblättert
lamellar
Geblüt
Erbmasse, Herkunft
gebogenes Wurfholz
Bumerang
Gebotsübertretung
Vergehen, Verstoss
gebratenes Fleischstück
Kotelett
Gebrechen
Siechtum
Geburt
Herkunft
Geburtsort von Bach
Eisenach
Geburtsort von Luther
Eisleben
Geburtsort von Mozart
Salzburg
Geburtstag
Ehrentag
Geck
Lackaffe, Modenarr
Gedächtnis
Andenken, Gedenken
Gedächtnisstätte
Ehrenmal
Gedankenflug
Fantasie
gedankenverloren
abwesend
Gedärm
Gekroese
Gedenkfeier
Ehrentag
Gedenkmünze
Medaille, Plakette
Gedenkstätte
Ehrenmal, Monument
Gedenktag
Feiertag
gedrängt
massiert
gedrungen
staemmig
Geduld
Ausdauer, Grossmut, Sanftmut
geduldig
gelassen
Geduldsspiel
Patience
Gefahr
Faehrnis
Gefahr für Schiffe
Treibeis
Gefahrenlage
Notstand
gefährlich
kritisch
gefährliche Infektionskrankheit
Gasbrand
Gefährte *des* **Jason**
Euphemos, Herakles
Gefährtin
Freundin, Genossin
Gefallen
Belieben
gefällte Bäume
Langholz
Gefängnis
Kittchen
Gefäß
Aquarium, Blutader, Kanister, Kochtopf, Kuevette, Messglas, Schoppen, Ziborium
Gefäß *für ein* **alkoholisches Getränk**
Bierfass
Gefäß *in der* **Küche**
Kochtopf
Gefäß *für* **Treibstoff**
Kanister
Gefäß *für* **Tunke**
Saucière
Gefäß *für* **Wassertiere**
Aquarium
gefasst
gelassen
Gefecht
Bataille
Gefilde *der* **Seligen**
Jenseits, Paradies
Geflecht
Faschine
geflochtener Behälter
Eierkorb
geflochtenes Gebäck
Striezel
Geflügel
Enterich, Perlhuhn, Truthahn
Geflügelrumpf
Karkasse
Gefolge
Hofstaat
Gefolgsleute
Vasallen
Gefolgsmann
Satellit
gefrierender Niederschlag
Eisregen
Gefrorenes
Eiscreme
Gefüge
Struktur
gefügig
gehorsam
Gefügigmachung
Zaehmung
Gefühl
Instinkt, Tastsinn
Gefühle verletzen
kraenken
Gefühlsausbruch
Erregung
gefühlsbedingtes Verhalten
Stimmung
gefühlsbetont
affektiv
Gefühlsbewegung
Erregung
gefühlskalt
steinern
Gefühlslage eines Menschen
Stimmung
gefühlsmäßig
intuitiv
gefürchtet
verhasst
gegebene Veranlagung
Naturell
Gegebenheit
Tatsache
Gegenbuchung
Ristorno
Gegend
Umgebung
Gegenfüßler
Antipode
Gegenmaßnahme
Reaktion, Revanche

Gegensatz
Kontrast
gegensätzlich
kontraer
Gegenschlag
Reaktion
gegenseitig
reziprok
Gegenspieler
Opponent
Gegenstand
Entitaet, Material, Substanz
Gegenstand von Heiligen
Reliquie
gegenständlich
greifbar, objektiv
Gegenströmung
Reaktion
Gegenstück
Korrelat
Gegenteil
Negation
Gegenteil von Analyse
Synthese
Gegenteil von Licht
Schatten
Gegenteil von Orient
Okzident
Gegenwart
Praesens, Praesenz
gegenwärtig
anwesend, momentan
Gegenwartsform
Praesens
Gegenwirkung
Reaktion
Gegner
Opponent
Gehalt
Substanz
Gehaltsbestandteil
Fahrgeld
gehaltvoll
ergiebig, wertvoll
gehärtetes Eisen
Rohstahl
Gehege
Aviarium
Geheimagent
Emissaer
Geheimbote
Emissaer
Geheimbund *der* **Antike**
Orphiker
Geheimermittler
Detektiv
Geheimlehre
Alchemie, Alchimie, Esoterik
geheimnisvoll
mystisch, orphisch
Geheimzeichen
Kennwort
Gehilfe
Adjutant, Komplice, Komplize
gehobenes Lebensgefühl
Euphorie
Gehölz
Gebuesch, Kniehole, Schonung
Gehorsamsverweigerung
Meuterei
Gehsteig
Trottoir
Geierart
Aasgeier
Geifer
Speichel
Geige
Bratsche
Geigenteil
Daempfer, Schnecke
Geigenvirtuose
Oistrach, Paganini, Sarasate
Geißbart
Wollgras
Geißblattgewächs
Holunder
Geißel
Peitsche
Geist
Gespenst, Klugheit, Substanz, Vernunft, Verstand
Geister der Verstorbenen
Schatten
Geisterbeschwörer
Exorzist
Geistererscheinung
Gespenst, Irrlicht, Irrwisch, Ungetuem
Geistesarmut
Dummheit
Geisteserkrankung
Psychose
geisteskrank
paranoid
Geisteskrankheit
Paranoia, Psychose, Wahnsinn
geistige Umnachtung
Wahnsinn
geistliche Amtstracht
Messrock
Geistlicher
Prediger, Priester
geistlicher Amtsbereich
Dioezese, Gemeinde, Parochie, Sprengel
geistlicher Orden
Jesuiten, Malteser
geistliches Amt
Kardinal, Katechet, Parochus, Pastorat, Priester, Reverend, Superior, Vikariat
geistliches Buch
Messbuch
geistreich
spritzig
Geiz
Geldgier, Habsucht, Raffgier
geizen
knausern
Geizhals
Raffzahn
Gejammer
Geraunze, Gewinsel, Wehklage
geknickte Buchseite
Eselsohr
gekonnte Arbeit
Leistung
gekränkt
verletzt
gekrümmte Linie
Hyperbel, Maeander, Schlange, Zickzack
gelagerte Dinge
Vorraete
Geländeform
Tiefland
Geländeneigung
Gefaelle
Geländerstütze
Baluster
Geländerteil
Handlauf
Gelass
Kemenate
Gelatine
Gallerte
Gelbbleierz
Wulfenit
Geld
Banknote
Geldaufnahme
Darlehen
Geldaufwendungen
Ausgaben
Geldbehälter
Kassette, Spardose
Geldbezug im Alter
Ruhegeld
geldlich
monetaer
Geldmittel
Finanzen
Geldschein
Banknote
Geldwechselstube
Exchange
Gelee
Gallerte

gelegen
guenstig
Gelegenheitskauf
Occasion, Okkasion
Gelehrter
Forscher
Geleis
Schienen
Gelenk *des* **Armes**
Ellbogen, Knoechel
Gelenkband
Ligament
Gelenkentzündung
Arthrose
Geliebte von Dante Alighieri
Beatrice
Geliebter von Kleopatra
Antonius
Gelöbnis
Geluebde
Geltung
Einfluss, Prestige, Renommee
Gelüste
Begehren, Begierde
Gemahl
Ehegatte
Gemälde
Aquarell, Portrait
Gemälde von da Vinci
Mona Lisa
Gemäldesammlung in Florenz
Uffizien
gemein
schaebig, schnoede
Gemeindeland
Allmende
Gemeindevertretung
Stadtrat
gemeinhin
generell
Gemeinschaft
Buendnis
Gemeinschaftsarbeit
Teamwork
gemeinverständlich
populaer
Gemeinwesen
Gemeinde, Siedlung
Gemenge von Stoffen
Mischung
Gemetzel
Massaker, Schlacht
Gemisch
Emulsion, Mischung
Gemisch *aus* **Sauerstoff und Wasserstoff**
Knallgas
Gemme
Intaglio
Gemunkel
Geruecht
Gemüsepflanze
Sellerie
Gemüsesorte
Chicorée
Gemüsesuppe
Julienne
Gemüt
Naturell
Gemütsart
Naturell
Gemütsbewegung
Erregung
Gemütszustand
Stimmung
genagelter Bergschuh
Goiserer
genähter Kleiderrand
Saumnaht
genau
pingelig, praezise
genaue Überprüfung
Revision
Generalsekretär der UNO
Waldheim
generieren
erzeugen
Genesis
Ursprung
Genetik
Erblehre
genial
begnadet
Genießer
Bacchant, Gourmand, Lebemann
Genugtuung
Revanche
Genussmensch
Bacchant, Lebemann
Genussmittel
Kautabak
genusssüchtige Frau
Lebedame
Geographie
Erdkunde
geographischer Begriff
Aequator, Archipel, Festland, Gradnetz, Meridian, Weltmeer
geologische Formation
Alluvium, Diluvium, Kambrium, Quartaer, Tertiaer
geologischer Begriff
Erdrinde, Feldspat, Melaphyr, Schiefer, Warmzeit
geometrische Figur
Hyperbel, Pyramide, Sechseck, Zylinder
geometrischer Begriff
Hyperbel, Pentagon, Pyramide, Rechteck, Rhomboid, Scheitel, Schenkel, Tangente, Zylinder
geometrischer Körper
Pyramide
geometrisches Muster
Ornament
Gepäckstück
Rucksack
gepanzerte Ritterrüstung
Harnisch
gepökeltes Fleischgericht
Kasseler
gepolsterter Brustschutz
Plastron
Gepräge
Eigenart
geprägte Metallscheibe
Medaille
gerade
momentan, vertikal
Geradflügler
Heimchen, Heupferd, Kakerlak
Gerät
Requisit, Werkzeug
Gerät *des* **Bergsteigers**
Rucksack
Gerät *im* **Betonbau**
Ruettler
Gerät *im* **Büro**
Computer
Gerät *der* **Erdarbeiter**
Schaufel
Gerät *im* **Haushalt**
Trockner
geräucherte Fleischware
Schinken, Zervelat
Geräusch *von* **Feuer**
Prasseln
Geräusch *des* **Wassers**
Rauschen
Geräusch *von* **welkem Laub**
Rascheln
Gerbmittel
Dividivi
gerecht
objektiv, verdient
Gerede
Geruecht, Nachrede
gereizt
hektisch
gereizter Zustand
Spannung
Gericht
Mahlzeit, Tribunal
Gerichtsbeisitzer
Assessor, Schoeffe
Gerichtshof
Judizium, Tribunal

Gerichtsordnung Karls V.
Carolina
Gerichtsplatz
Tribunal
Gerichtsvollzieher
Exekutor, Pfaender
geringfügig abweichende Spielart
Variante
geringfügiger Fehler
Lappalie
geringwertiges Garn
Pelseide
Gerinnsel
Pfropfen
gerissen
gerieben
germanische Gefallenenhalle
Walhalla
germanische Gottheit
Walkuere
germanische Göttin
Verdandi
germanische Heldenjungfrau
Walkuere
germanische Sagengestalt
Alberich, Brunhild, Dietrich, Farbaute, Giselher, Managarm, Neidhard, Siegmund, Sleipnir
germanischer Gott
Byleistr, Heimdall, Thuiskon
germanischer Suebenfürst
Ariovist
germanischer Volksstamm
Ostgoten, Schwaben, Semnonen, Silingen, Teutonen, Vandalen, Wikinger
germanischer Zwergenfürst
Alberich
germanisches Seefahrervolk
Wikinger
Germteigmehlspeise
Rendling
Gerte
Peitsche
Gerücht
Nachrede
Gerümpel
Altwaren
Gerüst
Tragwerk
Gerüst für den Sarg
Katafalk
Gerüst für Hinrichtungen
Schafott

8

Gesalbter
Christus
gesalzener Fisch
Anchovis, Sardelle
gesammelte Schriftstücke
Regesten
gesamt
komplett
Gesamtanschauung
Weltbild
Gesamtansicht einer Landschaft
Panorama
Gesamtheit
Ganzheit
Gesamtheit *der* **baltischen Staaten**
Baltikum
Gesamtheit *der* **Betriebsangehörigen**
Personal
Gesamtheit *der* **Christen**
Oekumene
Gesamtheit *der* **Erbanlage**
Erbmasse
Gesamtheit *an* **Fahrzeugen**
Fuhrpark
Gesamtheit *der* **Gene**
Erbmasse
Gesamtheit *der* **Pazifikinseln**
Ozeanien
Gesandter
Diplomat
Gesangsgruppe
Ensemble, Quartett, Quintett
Gesangsstück
Schlager
Gesangverein
Kurrende
gesättigt
gefuellt
Geschäft
Boutique, Einnahme, Notdurft
Geschäftsbereich
Dezernat
Geschäftsbuch
Inventar
Geschäftsführer
Direktor, Syndikus
Geschäftsmann
Haendler, Kaufmann
Geschäftspartner
Konsorte
geschäftstüchtig
gerieben, gerissen
Geschäftszusammenbruch
Bankrott
Geschehen
Ereignis

Geschenk
Praesent
Geschichte
Historie
Geschichtsepoche
Altertum
Geschichtsschreiber
Chronist
Geschicklichkeit
Begabung
Geschicklichkeitskünstler
Jongleur
Geschirr
Sauciere, Teekanne
Geschirrschrank
Anrichte
Geschlecht
Dynastie, maskulin, weiblich
Geschlechtshormon
Androgen, Gestagen
Geschlechtskrankheit
Schanker, Syphilis
geschliffener Diamant
Brillant
geschliffenes Glas
Kristall
geschlossen
allesamt, gesperrt, zusammen
Geschmack
Gefallen
geschmacklos
kitschig
geschmackvoll
gediegen, stilvoll
geschnittener Stein
Intaglio
Geschoss
Mansarde, Mezzanin, Parterre, Speicher
Geschraubtheit
Ziererei
Geschrei
Gebruell, Hilferuf
geschwind
behaende
Geschwindigkeitsänderung
Bremsung
Geschworener
Schoeffe
Geschwulst
Carcinom, Karzinom, Schanker, Schwaere
gesegnet
benedeit
Gesellschafter
Konsorte
gesellschaftliche Umgangsform
Etikette

Gesellschaftsraum
Kabinett, Klubhaus, Klubraum
Gesellschaftsspiel
Lotterie, Monopoly, Quartett, Roulette, Scrabble, Wuerfeln
Gesetzlosigkeit
Anarchie
gesetzwidrig
verboten
Gesichtsfeld
Horizont, Sehkreis
Gesichtsknochen
Jochbein, Keilbein, Siebbein
Gesichtspflege
Kosmetik
Gesichtspickel
Mitesser
Gesichtspunkt
Position
Gesichtsteil
Kinnlade, Schlaefe
Gesichtsverzerrung
Grimasse
Gesinde
Personal
Gesindel
Abschaum, Halbwelt, Kanaille, Packzeug
gesinnungslos
verlogen
Gespenst
Trugbild
Gespinst
Trugbild
gesprächig
redselig
Gestalt
Aussehen, Struktur
Gestalter
Designer
Geste
Abwinken, Bewegung, Gebaerde, Zuwinken
Gesteinsart
Schiefer, Vulkanit
Gestell
Stellage, Unterbau
Gestell *für* **Kerzen**
Leuchter
Gestikulation
Gebaerde
Gestirn
Fixstern
Gestrüpp
Dickicht, Gebuesch
Gesuch
Ansuchen, Ersuchen, Petition
Gesundbrunnen
Jungborn
gesundheitlich
sanitaer
Gesundung
Erholung, Genesung
Getändel
Liebelei
geteilt
getrennt
Getöse
Gepolter
Getränk
Anisette, Aperitif, Bockbier, Coca Cola, Cocktail, Espresso, Heuriger, Limonade, Malzbier, Obstwein, Portwein, Vermouth
Getränk vor dem Essen
Aperitif
Getreideanbaufläche
Maisfeld
Getreideerzeugnis
Puffmais
Getreidefrucht
Reiskorn
Getreidekrankheit
Gelbrost
Getreidereiniger
Windfege
Getreideschädling
Kornrade, Kornwurm
Getreideunkraut
Kornrade
getrennt
isoliert
Getriebe
Mechanik
Getriebeteil
Gehaeuse, Schieber, Schraube
getrocknete Weinbeere
Korinthe
Getue
Allueren, Ziererei
Getuschel
Gemunkel
geübt
versiert
Gewächsteil
Staengel
Gewährleistung
Garantie
Gewalt
Befugnis
Gewaltherrschaft
Despotie, Diktatur, Tyrannei
gewaltig
imposant, kolossal, maechtig
Gewaltregime
Diktator
gewaltsame Aneignung
Annexion
gewaltsamer Bezwinger
Eroberer
Gewaltverbrechen
Bankraub
gewalztes Metall
Stanniol
Gewand
Kleidung
Gewand der alten Griechen
Himation
gewandt
behaende, gelenkig
Gewässer
Flussarm, Muendung, Weltmeer, Wildbach
Gewässer *im* **finnischen Lappland**
Inarisee
Gewässer *in* **Masuren**
Mauersee
Gewässer *in* **Nordwestrussland**
Onegasee
Gewässer *in* **Oberitalien**
Gardasee
Gewässer *in* **Tirol**
Achensee
Gewässer *in* **Vorarlberg**
Bodensee
Gewebe
Gespinst
Gewebeart
Barchent, Bourette, Cretonne, Drillich, Duchesse, Homespun, Kammgarn, Moleskin, Musselin, Popeline, Velveton
Gewebebänder
Streifen
Gewebebindung
Jacquard
Gewebeimprägnierung
Appretur
Gewebeschwund
Atrophie
Gewebeteil
Schleife, Schlinge
Gewebeveredelung
Appretur
Gewerbe
Handwerk
Gewerbetreibender
Haendler, Kaufmann
Gewerbezweig
Handwerk
Gewichtheben
Druecken
gewieft
gerissen

Gewindebolzen
Schraube
Gewinn
Ausbeute
Gewinn bringend
lukrativ, rentabel
Gewinnanteil
Ausbeute, Tantieme
Gewinnung
Ausbeute
Gewirr
Wirrwarr
gewiss
bestimmt, freilich
Gewissheit
Garantie
Gewitter
Unwetter
gewitzt
versiert
gewöhnlich
ordinaer, primitiv
Gewölbe
Runddach, Woelbung
Gewühl
Gewimmel
Gewürz
Boretsch, Estragon, Kardamom, Ketschup, Lavendel, Mostrich, Rosmarin, Sellerie
Gewürzinseln
Molukken
Gewürzlikör
Anisette
Gewürzpflanze
Rosmarin
gewürzter Aufguss
Marinade
gewürzter Tomatensaft
Sangrita
Gezeitendifferenz
Tidenhub
Gezeter
Geschrei
gezuckert
gesuesst, kandiert
Giebelfeld antiker Tempel
Tympanon, Tympanum
Gier
Begehren, Begierde, Habsucht
Gießerei
Formerei
Gift *des* Eisenhutes
Aconitin, Akonitin
giftig
virulent
giftige Spinne
Tarantel
giftige Staude
Einbeere
giftiges Liliengewächs
Einbeere
giftiges Salz
Zyankali
Giftpflanze
Aronstab, Einbeere, Eisenhut, Giftheil, Hohlzahn, Kornrade, Magsamen, Nieswurz, Ranunkel, Sadebaum, Sturmhut, Tollkorn, Zehrwurz
Giftpilz
Erdstern, Risspilz
Giftschlange
Lachesis, Surukuku
Giftspinne der Mittelmeerländer
Tarantel
Giftstoff
Thallium, Zyankali
Gigolo
Betreuer
Gimpel
Dompfaff, Dummkopf
Gipfel *der* Berner Alpen
Wildhorn
Gischt
Brandung
Gladiole
Siegwurz
Glanz
Brillanz, Schimmer
glänzend
brillant
glänzende Laufbahn
Karriere
Glanzschicht bei Muscheln
Perlmutt
Glasbehälter für Fische
Aquarium
glasierte Tonware
Majolika
Glasröhrchen
Buerette
Glasschneider
Stahlrad
Glasur
Ueberzug
glatt
muehelos, rutschig
Glättwerkzeug
Kalander
Glatze
Kahlkopf
Glaube *an* Gott
Religion
glauben
annehmen, vermuten
Glaubenslehre
Dogmatik
Gläubiger
Kreditor
Glazialzeit
Diluvium
gleich
momentan, umgehend
gleich bleibend
konstant, staendig
gleich laufend
synchron
Gleichförmigkeit
Einerlei
gleichgerichtet
parallel
gleichgestaltig
isomorph
Gleichgewicht
Harmonie, Ruhelage
gleichgültig
einerlei
gleichlaufend
parallel
Gleichmaß
Harmonie, Rhythmus
gleichmütig
gelassen
Gleichnis
Sinnbild
gleichnishafte Redewendung
Metapher
Gleichstellung
Paritaet
Gleichwertigkeit
Paritaet
gleichzeitig
simultan, synchron
Gleisanlage
Bahndamm, Kreuzung, Schotter, Schranke, Schwelle, Unterbau
Gleisner
Heuchler
gleitende Bewegung
Rutschen
gleitende Tonfolge
Arpeggio
Gleitschritt beim Tanzen
Glissade
Gletscher
Eisstrom
Glibber
Gallerte, Schmiere
Gliedertier
Kerbtier
Gliederung
Struktur
Gliedmaßenteil
Unterarm
glitschig
rutschig
global
weltweit

Globus
Erdkugel
Glockenklang
Gelaeute
Glockenschwengel
Kloeppel
Glück
Gedeihen, Geschick
Glücksbringer
Talisman
Glückspielstadt in Nevada
Las Vegas
Glücksspiel
Bakkarat, Lotterie, Roulette, Wuerfeln
Glutin
Gelatine
Gnade
Erbarmen, Nachlass
Gnom
Erdgeist
Gnosis
Einsicht
Goldland
Eldorado
Goldmacherkunst
Alchemie, Alchimie
Goldschmied
Juwelier
Gondel
Schaukel
Göre
Maedchen
Gott
Herrgott
Gott *des* **Feuers**
Hephaest, Vulcanus, Vulkanus
Gott *der* **Fruchtbarkeit**
Dionysos, Saturnus
Gott *der* **Heilkraft**
Aesculap, Aeskulap
Gott *des* **Meeres**
Poseidon
Gott *des* **Todes**
Thanatos
Gott *des* **Weines**
Dionysos
Götterburg
Walhalla
Götterspeise
Ambrosia
Gottesacker
Friedhof, Kirchhof
Gottesbote
Erzengel
gottesdienstliche Handlung
Anbetung
Gotteshaus
Basilika, Muenster, Synagoge
Gotteslästerung
Sakrileg
Gottessohn
Christus, Erloeser
Göttin *der* **Eintracht**
Harmonia
Göttin *der* **Gerechtigkeit**
Justitia
Göttin *des* **Rechts**
Justitia
Göttin *des* **Sieges**
Victoria, Viktoria
Göttinger Dichterbund
Hainbund
Gouvernement
Distrikt
Grab
Monument, Pyramide, Urnenmal
graben
ausheben
Grabgerät
Schaufel
Grafentitel in England
Viscount
Grafik
Diagramm
grafischer Beruf
Kolorist, Typograf, Ziseleur
grafischer Betrieb
Binderei, Setzerei
grafisches Erzeugnis
Kalender, Prospekt
Gralskönig
Amfortas
Gralsritter
Lanzelot, Parzival
grammatikalischer Begriff
Adjektiv, Attribut, Dingwort, Fuerwort, Gerundiv, Mehrzahl, Nennform, Numerale, Partizip, Praesens, Pronomen, Singular, Zahlwort, Zeitform, Zeitwort
Grandseigneur
Kavalier
Grasart
Alfagras
Grauen
Schauder
graugelbes Pferd
Isabelle
Grausamkeiten
Rohheiten
Grazie
Liebreiz
graziles Huftier
Antilope
greifbar
effektiv, wirklich
greifen
erfassen
Greiforgan *der* **Kraken**
Tentakel
Greifwerkzeug
Pinzette
greller Farbton
feuerrot
Grenzbarriere
Schranke
Grenzbeamter
Zoellner
Grenze
Schranke
Grenzübertritt
Ausreise, Einreise
griechische Göttin
Aletheia, Erinnyen, Harmonia, Kalliope
griechische Insel
Mytilene, Santorin, Skiathos, Skopelos, Skorpios
griechische Landschaft
Aetolien, Arkadien, Boeotien, Lakonien, Magnesia, Thrakien, Thrazien
griechische Meernymphe
Ozeanide
griechische Rachegöttin
Eumenide
griechische Sagengestalt
Antigone, Daedalus, Eurydike, Herakles, Herkules, Odysseus, Penelope, Tantalus
griechische Unterwelt
Tartarus
griechischer Astronom
Hipparch
griechischer Bildhauer
Ageladas, Kresilas, Lysippos, Paionios, Pheidias, Polyklet
griechischer Feldherr
Leonidas, Timoleon
griechischer Fleischspieß
Souflaki
griechischer Flieger der Sage
Daedalos, Daedalus
griechischer Geschichtsschreiber
Logograf
griechischer Gott
Acheloos, Aeskulap, Alpheios, Dionysos, Morpheus, Palaimon, Poseidon, Thanatos
griechischer Gott der Heilkunde
Aeskulap

griechischer Gott des Meeres
Poseidon
griechischer Held vor Troja
Achilles, Diomedes, Odysseus
griechischer Höllenhund
Kerberos, Zerberus
griechischer Kirchenvater
Irenaeus
griechischer Mathematiker
Archytas
griechischer Philosoph
Demokrit, Diogenes, Heraklit, Plutarch, Sokrates
griechischer Sagenkönig
Menelaos
griechischer Sänger
Rhapsode
griechischer Schriftsteller
Anakreon, Diodorus, Menander, Plutarch, Theokrit, Xenophon
griechischer Sonnengott
Hyperion
griechischer Staatsmann
Kolettis, Perikles
griechischer Tempelsklave
Herodule
griechischer Versfuß
Daktylus
griechisches Bauwerk
Theseion
griechisches Musikinstrument
Barbiton
Griesgram
Murrkopf
Griff
Handhabe
Griffbrett
Tastatur
Grill
Barbecue, Bratrost
Grille
Heimchen, Schrulle
Grips
Klugheit, Schlaeue, Verstand
Grisli (Grizzly)
Graubaer
grob
ordinaer
grobe Ungezogenheit
Flegelei
grobes Geröll für Straßenbau
Schotter
grönländisches Kap
Farewell
Grönlandwal
Glattwal
großartig
grandios, imposant
Großbetrieb im Einzelhandel
Kaufhaus
Großbuchstabe
Majuskel, Versalie
große Anstrengung
Strapaze
große Dummheiten
Eseleien
große Kirche
Muenster
große Robbe
Seeloewe
große Schüssel
Weitling
große Wespenart
Hornisse
großer Anfangsbuchstabe
Initiale
größere Blutentnahme
Aderlass
größere Landwirtschaft
Plantage
größere militärische Übung
Manoever
größere Pflanzung
Plantage
größerer Truppenteil
Division
großes Missgeschick
Desaster
Großhändler
Grossist
Großkreis der Erdkugel
Aequator
großmütig
generoes
Großpflanzung
Plantage
Großraumflugzeug
Jumbo Jet
Großstadtbahn
Hochbahn
größte indische Stadt
Kalkutta
größter Binnenhafen Europas
Duisburg
größter Landblock der Erde
Eurasien
größter See Deutschlands
Bodensee
größter Strom in Amerika
Amazonas
großzügig
generoes
grotesk
verzerrt
Grube
Bergwerk
grüblerisches Nachdenken
Tiefsinn
Grundbesitzer
Gutsherr
Grundbuch
Kataster
Gründe für ein Urteil
Indizien
Gründer *des* **deutschen Reiches**
Bismarck
Gründer *des* **Jesuitenordens**
Ignatius
Grundlage
Unterbau, Ursprung
Grundlast
Servitut
gründlich
intensiv
Grundlinie beim Tennis
Baseline
Grundmaterial
Rohstoff
Grundpfandrecht
Hypothek
Grundrechenart
Abziehen, Addition, Division
Grundsatzerklärung
Manifest, Programm
Grundschuld
Hypothek
Grundstoff *für* **Salben**
Vaseline
Grundstück
Parzelle
Grundstücksverzeichnis
Kataster
Grünrock
Foerster, Waidmann
Gruppentanz
Laendler
Gruppentänzer
Figurant
guatemaltekischer Nobelpreisträger für Literatur
Asturias
Guerilla
Partisan
Guillotine
Fallbeil
Gummiüberschuh
Galosche
Gunstgewerblerin
Callgirl

8

günstig
opportun
günstigster Zeitpunkt
Okkasion
Günstling
Liebkind, Liebling
Gurgel
Kehlkopf
Gürtelschliesse
Schnalle
Gusto
Vorliebe
Gut
Eigentum
Gutdünken
ermessen
gute Entwicklung
Gedeihen
Güte
Grossmut, Sanftmut, Toleranz
guter Ausgang eines Films
Happyend
guter Ruf
Renommee
Guttural
Kehllaut

H

Haar
Bueschel, Straehne
Haarbüschel
Straehne
Haarersatz
Peruecke
haarfein
kapillar
Haargebilde der Vögel
Gefieder
Haarpflegemittel
Festiger, Haarfett, Schampon, Shampoon
Haarpfleger
Coiffeur
Haarpflegerin
Friseuse
Haarschopf
Bueschel
Haarspalter
Rabulist
Haartracht
Afrolook, Bubikopf, Igelkopf, Pilzkopf, Scheitel
Habe
Eigentum
Habgier
Geldgier, Habsucht, Raffgier
habgieriger Mensch
Geizhals, Raffzahn
Habit
Kleidung
hadern
streiten
Hafenboot
Barkasse, Leichter
Hafenstadt *an der* **Adria**
Brindisi
Hafenstadt *an der* **Agäis**
Saloniki
Hafenstadt *in* **Ägypten**
Port Said
Hafenstadt *in* **Australien**
Adelaide, Brisbane
Hafenstadt *in* **Brasilien**
Belmonte, Salvador
Hafenstadt *in* **Chile**
Valdivia
Hafenstadt *in* **China**
Anschang, Futschou, Hongkong, Shanghai, Tientsin, Tsingtau
Hafenstadt *am* **finnischen Meerbusen**
Helsinki
Hafenstadt *in* **Finnland**
Helsinki, Uleaborg
Hafenstadt *in* **Frankreich**
Bordeaux, Boulogne
Hafenstadt *in* **Gambia**
Bathurst
Hafenstadt *in* **Griechenland**
Nauplion, Saloniki
Hafenstadt *in* **Großbritannien**
Brighton, Hastings, Plymouth, Ramsgate, Yarmouth
Hafenstadt *in* **Indien**
Kalkutta
Hafenstadt *am* **Indischen Ozean**
Djakarta, Kalkutta
Hafenstadt *der* **Indischen Union**
Kalkutta
Hafenstadt *in* **Indonesien**
Djakarta, Semarang, Surabaja
Hafenstadt *im* **Iran**
Baendaer, Schahpur
Hafenstadt *in* **Italien**
Brindisi, Cagliari, La Spezia, Molfetta, Piombino, Siracusa, Sorrento
Hafenstadt *auf* **Jamaika**
Kingston
Hafenstadt *in* **Japan**
Hakodate, Jokohama, Kanasawa, Nagasaki, Schimizu, Yokohama
Hafenstadt *auf* **Java**
Semarang
Hafenstadt *in* **Kanada**
Montreal
Hafenstadt *an der* **Kanalküste**
Weymouth
Hafenstadt *in* **Liberia**
Monrovia
Hafenstadt *in* **Libyen**
Tripolis
Hafenstadt *in* **Mexiko**
Mazatlan, Veracruz
Hafenstadt *am* **Mittelmeer**
Brindisi, Port Said, Saloniki, Tripolis
Hafenstadt *auf* **Neuseeland**
Auckland
Hafenstadt *in* **Nordamerika**
Portland
Hafenstadt *an der* **Nordsee**
Aberdeen, Cuxhaven
Hafenstadt *in* **Norwegen**
Kirkenes
Hafenstadt *in* **Paraguay**
Asunción
Hafenstadt *in* **Pommern**
Sassnitz
Hafenstadt *in* **Portugal**
Lissabon
Hafenstadt *in* **Russland**
Murmansk
Hafenstadt *in* **Schottland**
Aberdeen, Greenock
Hafenstadt *in* **Schweden**
Halmstad
Hafenstadt *in* **Sierra Leone**
Freetown
Hafenstadt *in* **Spanien**
Alicante, La Coruña, Valencia
Hafenstadt *in* **Südafrika**
Kapstadt
Hafenstadt *der* **Südafrikanischen Republik**
Kapstadt
Hafenstadt *der* **Türkei**
Istanbul
Hafenstadt *in* **Vietnam**
Haiphong
Hafenstadt *auf* **Zypern**
Limassol
Haferflockenbrei
Porridge
Haftung
Garantie

Haftzeher
Eidechse
Hagelkorn
Schlosse
Hahnenfußgewächs
Eisenhut, Feigwurz, Nieswurz, Ranunkel, Waldrebe
Hahnenschrei
Kikeriki
Hakenbüchse
Arkebuse
Halbaffe
Faulaffe
Halbdunkel
Schummer
Halbedelstein
Amethyst, Malachit
Halbesel
Maulesel, Maultier
Halbfreier
Hoeriger
Halbinsel *in* **Amerika**
Labrador
Halbinsel *in* **Dänemark**
Juetland
Halbinsel *in* **Europa**
Bretagne, Cornwall, Juetland
Halbinsel *in* **Frankreich**
Bretagne
Halbinsel *in* **Griechenland**
Sithonia
Halbinsel *in* **Großbritannien**
Cornwall
Halbinsel *in* **Kanada**
Labrador
Halbinsel *in* **Nordamerika**
Labrador
Halbjahr
Semester
Halbkanton der Schweiz
Obwalden
Halbmetall
Silicium, Silizium
Halbporzellan
Majolika
Halbschuh
Mokassin
halbseiden
verrucht
Halbseidengewebe
Eolienne
halbseitiger Kopfschmerz
Migraene
Halbwüchsige/Halbwüchsiger
Teenager
Hall
Resonanz
Halle Odins
Walhalla
Hallenkirche
Basilika
Hallig
Suedfall
Halluzination
Fantasie, Trugbild
Halmfrüchte
Getreide
Halmgewächs
Getreide
Halsabschneider
Wucherer
Halsbinde
Krawatte, Plastron, Schleife
Halsorgan
Kehlkopf
Halsteil
Kehlkopf
Halstuch
Cachenez
Haltegestell
Staender
Haltung
Aussehen, Benehmen, Betragen
Hamburger Reeder
Woermann
Hamburger Stadtteil
Ottensen
Hamilkars Sohn
Hannibal
Hammer der Bergleute
Faeustel
Handarbeit
Knuepfen, Stricken
Handballausdruck
Freiwurf, Torlinie
Handbewegung
Abwinken, Zuwinken
Handel
Vertrieb
Handel mit Diebesgut
Hehlerei
Handel Treibender
Kaufmann
Handelsmann
Grossist, Kaufherr, Kaufmann, Troedler
Handelsniederlassung
Faktorei
Handelsschiff
Frachter
Handelswaren
Produkte
Handfeuerwaffe
Revolver
Handgepäck
Rucksack
handgreiflich
taetlich
Handgriff
Schlaufe, Schlinge
Handhabung
Gebrauch
Handikap
Nachteil
Handlanger
Komplize
Händler
Antiquar, Troedler
Handlung
Ereignis, Fortgang
Handpflegemittel
Glyzerin, Vaseline
Handpuppenfigur
Kasperle, Polizist
Handschrift
Eigenart
Handschuh
Faeustel
Handtäschchen
Ridikuel
Handteil
Knoechel
Handtrommel
Tamburin
Handwerker
Klempner, Schuster, Spengler, Tischler, Zimmerer
Handwerkszeug
Schaufel, Spachtel
Handzettel
Prospekt
Hang
Vorliebe
Hannibals Vater
Hamilkar
Hansestadt
Nowgorod
Hansestädter
Luebecker
Hanswurst
Harlekin, Kasperle
Happening
Ereignis
Häresie
Ketzerei
harmloser Streit
Kabbelei
Harmonie
Ebenmass, Einklang
Harmonielehre
Harmonik
Harnisch
Ruestung
hart
eisern
harter Reibkäse
Parmesan
Hartkäse
Parmesan
Hartriegelgewächs
Liguster

Harzart
Sandarak
Harzkurort
Schierke
Hasenfuß
Feigling
Hasenpanier
Feigheit
Häsin
Satzhase, Setzhase
hässlicher Anblick
Grimasse
hässliches Wesen
Scheusal, Ungetuem
hastiges Umhereilen
Rennerei
Haube
Woelbung
Haue
Schlaege
Häufigkeit
Frequenz
Haupteingang
Haustuer
Hauptgeschäftsstelle
Zentrale
Hauptinsel *der* **Balearen**
Mallorca
Hauptkirche
Basilika, Muenster
Hauptort *auf* **Grönland**
Godthaab
Hauptsache
Substanz
Hauptstadt
Kapitale
Hauptstadt *von* **Australien**
Canberra
Hauptstadt *von* **Bali**
Denpasar
Hauptstadt *von* **Bayern**
Muenchen
Hauptstadt *von* **Belgien**
Bruessel
Hauptstadt *von* **Bengalen**
Kalkutta
Hauptstadt *von* **Botswana**
Gaberone
Hauptstadt *von* **Brasilien**
Brasilia
Hauptstadt *von* **Chile**
Santiago
Hauptstadt *von* **Finnland**
Helsinki
Hauptstadt *von* **Gambia**
Bathurst
Hauptstadt *von* **Hawai**
Honolulu
Hauptstadt *von* **Indien**
Neu Delhi, New Delhi
Hauptstadt *von* **Indonesien**
Djakarta
Hauptstadt *von* **Jamaika**
Kingston
Hauptstadt *von* **Kambodscha**
Pnompenh
Hauptstadt *von* **Kuba**
La Habana
Hauptstadt *von* **Liberia**
Monrovia
Hauptstadt *von* **Libyen**
Tripolis
Hauptstadt *von* **Malawi**
Lilongwe
Hauptstadt *von* **Mecklenburg-Vorpommern**
Schwerin
Hauptstadt *von* **Namibia**
Windhoek
Hauptstadt *von* **Nepal**
Katmandu
Hauptstadt *von* **Niedersachsen**
Hannover
Hauptstadt *von* **Paraguay**
Asunción
Hauptstadt *von* **Polen**
Warschau
Hauptstadt *von* **Portugal**
Lissabon
Hauptstadt *von* **Rumänien**
Bukarest
Hauptstadt *von* **Sardinien**
Cagliari
Hauptstadt *der* **Seychellen**
Victoria
Hauptstadt *von* **Sierra Leone**
Freetown
Hauptstadt *von* **Singapur**
Singapur
Hauptstadt *von* **Südafrika**
Pretoria
Hauptstadt *der* **Südafrikanischen Republik**
Pretoria
Hauptstadt *von* **Südkarolina**
Columbia
Hauptstadt *von* **Syrien**
Damaskus
Hauptstadt *des* **Tschad**
Fort Lamy, Ndjamena
Hauptstadt *von* **Ungarn**
Budapest
Hauptstadt *von* **Zaire**
Kinshasa
Hauptverkehr
Rushhour
Hauptwort
Dingwort
Haus
Bungalow, Dynastie, Gebaeude
Haus *mit* **Hof**
Hofstatt
Hausangestellte
Dienerin, Maedchen
Hausbesitzer
Hauswirt
Häuserkomplex
Quartier, Siedlung
Hausflur
Korridor
Hausgrille
Heimchen
haushaltführende Ehefrau
Hausfrau
Haushaltsgerät
Backofen, Kochherd, Kochtopf
Haushaltsituation
Etatlage
Hauskleid
Negligee
Hausmeister
Hauswart
Hausrat
Geschirr, Inventar, Mobiliar
Hausschuhe
Latschen
Haustier
Enterich, Grautier, Maulesel, Maultier, Perlhuhn, Truthahn
Hauswiese
Hofstatt
Hautabschürfung
Schrunde
Hautabsonderung
Schweiss
Hautbräunanlage
Solarium
Hautfärbemittel
Schminke
Hautflügler
Hornisse
Hautjucken
Pruritus
Hautkrankheit
Furunkel
Hautpflegemittel
Vaseline
Hautunreinheit
Mitesser
Hautverhärtung
Hornhaut, Schwiele
Hawaiiinsel
Kahulaui
Heber für Flüssigkeiten
Saugrohr
Hebevorrichtung
Elevator, Hebebaum, Schleuse

Hebewerk für Schiffe
Schleuse
Hecht
Schnoeck
Heckenpflanze
Hagedorn, Liguster
Heckenrose
Hagedorn
Heckenschütze
Guerilla, Partisan
Heeresabteilung
Division, Kompanie, Regiment
Heeresangehöriger
Offizier
Heerführer
Feldherr, Stratege
Heerkönig der Sweben
Ariovist
Heerwesen
Militaer
Hefegebäck
Berliner, Schnecke
heftig
impulsiv, vehement
heftiger Kopfschmerz
Migraene
heftiger Sturm
Unwetter
heftiges Verlangen
Begehren, Begierde
Heftigkeit
Vehemenz
Hege
Schonung
Hehler
Komplize
Heidelberger Bibliothek
Palatina
heidnische Zauberkunst
Theurgie
heidnisches Brauchtum
Zauberei
Heiduck
Soeldner
heikel
diffizil
Heil
Gedeihen
Heil- und Duftpflanze
Lavendel
Heil- und Pflegeanstalt
Badehaus, Hospital, Lazarett
Heiland
Erloeser
Heilbehandlung
Therapie
heilen
kurieren
Heiligenschein
Gloriole
heilkräftig
lindernd, nahrhaft
Heilmittel
Borsalbe
Heilpflanze
Angelika, Baerlapp, Baldrian, Beinwell, Blutwurz, Eberwurz, Eisenhut, Faulbaum, Gamander, Holunder, Labkraut, Lavendel, Nieswurz, Rosmarin, Sanddorn, Wallwurz, Wegerich, Wundklee, Wurmfarn
Heilung
Erholung, Genesung
Heim
Internat
Heimat
Wohnsitz
Heimat *von* **Jesus**
Nazareth
heimischer Straßenvogel
Schwalbe, Sperling
heimliche Botschaft
Kassiber
heimliches Gerede
Gemunkel
Heimlichtuer
Lauscher, Naseweis
Heimschule
Internat
Heimtücke
Perfidie
Heimzahlung
Revanche
Heimzögling
Interner
Heirat
Hochzeit
Heiratssymbol
Trauring
heiß machendes Gerät
Erhitzer
Heißgetränk
Jagertee
Heißluftbad
Dampfbad
Heißsporn
Hitzkopf
heitere Erzählung
Anekdote
heiteres Bühnenstück
Burleske, Komoedie
Heiterkeit
Frohsinn
Heizkörper
Radiator
Heizmaterial
Naturgas, Stadtgas
Heizungsanlage
Radiator, Strahler
Held
Halbgott
Held *der* **Artussage**
Lancelot
Held *der* **griechischen Sage**
Achilles
Held *bei* **Swift**
Gulliver
Held *vor* **Troja**
Achilles, Odysseus
Heldendarsteller
Tragoede
heldenhaft
heroisch
Helfer
Beistand, Ratgeber
Helfer in allem
Faktotum
Helferin *aus der* **Not**
Retterin
Helfershelfer
Komplize
hellhaarige Frau
Blondine
hellroter Wein
Schiller
Hellseher
Haruspex
Hemdbrust
Plastron
Hemmung
Handikap
Hengst Odins
Sleipnir
Henkergerüst
Fallbeil, Schafott
herabsetzen
abwerten
herabwürdigen
abwerten
Heranwachsende
Maedchen
Heranwachsender
Teenager
heranziehen
zuechten
Herausgeber
Verleger
Herberge
Quartier
Herbstblume
Goldrute
Herbstmonat
Dezember, November
Herd
Barbecue, Bratrost
Heringsart
Anchovis, Rollmops, Sardelle
Heringsfisch
Anchovis
Herkommen
Ursprung

Herkunftsbezeichnung auf Briefen
Absender
Hermann der Cherusker
Arminius
Heros
Halbgott
Herr
Gebieter
Herr *auf* **Französisch**
Monsieur
Herr *auf* **Russisch**
Gospodin
Herrenbekleidungsstück
Oberhemd, Pullover
Herrenbinder
Krawatte
Herrenmantel
Havelock
Herrschaft
Regiment
herrschaftliche Kutsche
Equipage
Herrschaftslosigkeit
Anarchie
Herrscher
Diktator
Herrschergeschlecht
Dynastie
Herrscherhaus
Dynastie
Herrscherin
Fuerstin, Kaiserin, Koenigin
Hersteller
Erzeuger
Hersteller von Behältern aus Leder
Taschner
Herumtreiber
Faulpelz, Tagedieb, Vagabund
Hervorhebung
Betonung, Betonung
hervorragend
blendend, dominant, grandios
hervorragender Meister
Virtuose
Herzblatt
Liebling
Herzog *der* **Sachsen**
Widukind
Herzschlag
Diastole
hessische Landschaft
Wetterau
hessische Stadt im Rheingau
Eltville
hessisches Weinbaugebiet
Rheingau
hethitischer Herrscher
Labarnas, Mursilis, Telepinu
Hetzer
Agitator, Demagoge
Heuchler bei Molière
Tartuffe
Heuhüpfer
Heimchen, Heupferd
heutiger Name von Ceylon
Sri Lanka
Hexe
Daemonin, Zauberin
Hexenaustreiber
Exorzist
Hexenbesen
Wollgras
Hexenmeister
Schamane, Zauberer
Hexerei
Zauberei
Hiebe
Schlaege
Hiebwunde
Schmarre
hier Ansässiger
Hiesiger
Hifthorn
Jagdhorn
Hilfe aus Mitleid
Erbarmen
Hilfeleistung
Beistand
Hilfskraft
Adjutant, Schoeffe
Hilfsmittel
Requisit
Hilfsoffizier
Adjutant
Himalajabewohner
Nepalese
Himmel
Jenseits
Himmelserscheinung
Abendrot
Himmelsfärbung
Abendrot
Himmelsforscher
Astronom
Himmelskörper
Fixstern, Meteorit, Satellit
Himmelsverfärbung im Westen
Abendrot
Himmelswesen
Erzengel
himmlisches Wesen
Erzengel
hinablassbare Schiffstreppe
Fallreep
hinderlich
stoerend
Hindernis
Barriere, Blockade, Schranke
Hindernis *in der* **Schifffahrt**
Katarakt, Sandbank, Schleuse, Treibeis
Hindernis *im* **Verkehr**
Glatteis, Sperrung
Hindernisbahn
Parcours
Hindernispfahl
Palisade
Hinderniswand
Eskalade
hinduistische Gottheit
Ganescha, Karikeja, Krischna, Lakschmi
Hinreise
Hinfahrt
Hinsicht
Einblick
hintere Keule vom Schwein
Schinken
hinterer Backenzahn
Mahlzahn
Hintergrund
Prospekt
hinterhältig
verlogen
hinterindischer Staat
Thailand
Hinterlassenschaft
Nachlass
Hinterlist
Perfidie
hinterwäldlerisch
spiessig
hinunter
abwaerts
Hinweg
Anmarsch
Hinzufügung
Addendum, Nachtrag
Hirngespinst
Fantasie, Illusion, Tagtraum, Trugbild, Wahnidee
hirnverbrannt
toericht, unsinnig
Hirschziege
Antilope
Hirtenflöte
Schalmei
Hirtenlied
Madrigal
Hirtenvolk
Beduinen, Tungusen
Histörchen
Anekdote, Schnurre

historische norditalienische Landschaft
Venetien
historische rumänische Landschaft
Walachei
historische spanische Provinz
Aragonien, Asturien, Galicien
historischer Autor
Chronist
historischer Bereich der City
Altstadt
historisches Bauwerk
Stadttor
historisches Gebiet der Karpaten
Galizien
Hitsche
Fussbank
Hobbyarbeit
Bastelei
hoch aufragendes Gestein
Felswand
hoch empfindlich
sensibel, sensitiv
Hochachtung
Reverenz
hochaktuell
explosiv
hochbetagt
steinalt
hochfahrend
arrogant
Hochfrequenzgleichrichter
Detektor
Hochgebirge *in* Asien
Himalaja, Nanschan
Hochgebirgstier
Gamsbock
Hochgefühl
Euphorie
Hochgericht
Schafott
hochherzig
generoes
hochkant
aufrecht
Hochland *in* Asien
Armenien, Mongolei
Hochland *in* Südfrankreich
Auvergne
Hochland *in* Vorderasien
Armenien
Hochmeister des Deutschen Ordens
Albrecht, Heinrich
Hochmut
Arroganz

8

Hochofenwerk
Schmelze
Hochruf
Lebe hoch
Hochschuleinrichtung
Institut
Hochschulhalbjahr
Semester
Hochschullehrraum
Hoersaal
Hochschulsaal
Hoersaal
Hochsprungstil
Straddle
höchst
ueberaus, ungemein
höchstentwickelte Säugetiere
Primaten
höchster Berg der britischen Inseln
Ben Nevis
höchster Berg im Schwarzwald
Feldberg
höchster Berg in Amerika
Acocagua
höchster Chef
Oberster
höchster Cheftitel
Direktor
höchstes Gebirge der Erde
Himalaja
Hochstimmung
Euphorie
Hochtourist
Alpinist
Hochwasser
Sintflut
hochwertig
exquisit
Hochzahl
Exponent
Hocker
Taburett
Höckertier
Dromedar
Hoden
Testikel
Hof
Residenz
hoffnungslos
desperat
höflich auffordern
ersuchen
höflicher Mensch
Kavalier
höfliches Benehmen
Manieren
Höflichkeit
Bravheit

Höfling
Kavalier, Schranze
Höfling von Dionysos
Damokles
Hofsitte
Etikette
Höhe
Erhebung
Höhenruder
Leitwerk
Höhensteuer
Leitwerk
Höhenunterschied
Gefaelle
Höhenzug *im* Hunsrück
Idarwald
Höhenzug *in* Nordostfrankreich
Ardennen
Höhepunkt
Epitasis
hoher Beamter im alten China
Mandarin
hoher Cheftitel
Direktor
hoher Herrenhut
Zylinder
hoher katholischer Würdenträger
Kardinal
hoher Staatsbeamter
Minister
höherer Beamtenanwärter
Assessor
höherer Vorgesetzter beim Militär
Offizier
hohes Bauwerk
Hochhaus
hohes Streben
Ambition
Höhle
Hohlraum
Höhle *in* Spanien
Altamira
Hohlkörper
Zylinder
Hohlmaß
Scheffel
Hohltier
Seefeder
Hohn
Zynismus
höhnisch
ironisch
Hokuspokus
Gaukelei, Zauberei
Holder
Holunder
Holdseligkeit
Liebreiz

Holländer
Maschine, Mastbaum, Mijnheer
Höllenfürst
Mephisto
Höllenhund
Kerberos, Zerberus
höllisch
infernal
Holzart
Birnbaum, Ebenholz, Kastanie, Mahagoni, Nussbaum, Oleander, Pistazie, Rotbuche, Rottanne, Zypresse
Holzblasinstrument
Schalmei
Holzblättchen
Splitter
Holzeinlegearbeit
Intarsie
hölzerne Lagerstätte
Pritsche
hölzerner Stuhl
Stabelle
hölzernes Milchgeschirr
Melchter
Holzgeist
Methanol
Holzkopf
Dummkopf
Holzliege
Pritsche
Holzschädling
Holzbock, Holzwurm, Totenuhr
Holzschalenfrucht
Paranuss
Holzschneidebetrieb
Saegerei
Holzschneider
Xylograf
Holzsplitter
Schiefer
Holz verarbeitender Betrieb
Saegerei
Holzzeichnung
Maserung
Honigklee
Hornklee
Hörapparat
Hoerrohr
horchen
lauschen
Horcher
Lauscher
Hörerschaft
Publikum
Horizont
Sehkreis
Hormon
Androgen, Cortison, Gestagen, Glucagon, Glukagon, Histamin
Hornblättchen (Fisch)
Schuppen
Horntier
Antilope
Horror
Schauder
Horror im Schlaf
Albtraum, Alptraum
Horrorfilm
Thriller
Hort
Zuflucht
Hose
Bermudas, Hot Pants, Pantalon
Hospital
Lazarett
Hospiz
Gasthaus, Herberge
Hostienbehälter
Ziborium
Hotdog
Sandwich
Hotel
Herberge
Hotelbesitzer
Hotelier
Hotte
Tragkorb
Hüft- oder Brustband
Schaerpe
Hüftgelenksverrenkung
Luxation
Huftier
Antilope, Dromedar, Maulesel, Maultier
Hügel
Erhebung
Hügel *vor* **Jerusalem**
Golgatha
Hügel *in* **Rom**
Esquilin, Quirinal
Huhn
Poularde
Hühnervogel
Auerhahn, Auerhuhn, Birkhuhn, Feldhuhn, Perlhuhn, Truthahn
Huldigung
Anbetung
Hülle
Futteral, Konvolut, Ueberzug, Umschlag
human
tolerant
Humanist
Petrarca, Reuchlin
Hummer
Languste
Humor
Frohsinn
Hund
Klaeffer
Hundegebell
Geklaeff
Hunderasse
Bluthund, Chow Chow, Pekinese, Pinscher, Windhund
Hundertschaft
Zenturie
Hundezecke
Holzbock
Hundezüchter
Kynologe
Hundskopfaffe
Mandrill
Hunger
Begierde
hüpfen
springen
Hürde
Barriere
Hürdenläufer
Steepler
Hüter
Bewacher, Waechter
Hüter *von* **Lämmern und Schafen**
Schaefer
Hüter *des* **Nibelungenhorts**
Alberich
Hutform
Sombrero, Strohhut, Zylinder
Hutmacherin
Modistin
Hütte
Schuppen
Hybris
Uebermut
Hydra
Schlange
Hygieneartikel
Sacktuch
hygienisch
reinlich, sanitaer
hygienische Einrichtung
Toilette

I

iberischer Staat
Portugal
Ichsucht
Egoismus
Ideal
Leitbild

Identitätszeichen (Tier)
Ohrmarke
Idiot
Dummkopf
idyllisch
heimelig, traulich
illegal
verboten
Illusion
Fantasie, Trugbild, Wahnbild
Illustration
Diagramm, Vignette
im Kleinen *(franz.)*
en détail
Imagination
Fantasie
Imbiss
Brotzeit, Mahlzeit
Imbiss im Freien
Picknick
Imbissstube
Snackbar
immens
gewaltig
immer
staendig
immer Gleiches
Einerlei
immergrünes Gewächs
Oleander, Rosmarin
Impression
Eindruck
Impuls
Anregung
in Besitz nehmen
aneignen
in Betracht ziehen
bedenken
in Fett geröstetes Mehl
Einbrenn
in Form
tauglich
in vier Teile zerlegen
vierteln
inaktiv
untaetig
Inbegriff
Substanz
Index
Register
Indianergebiet
Reservat
Indianerschuh
Mokassin
Indianerschutzgebiet
Reservat
Indianerstamm
Cherokee, Comanche, Delaware, Irokesen, Mixteken, Tolteken
Indianerwaffe
Tomahawk
indifferent
tolerant
indische Fürstin
Maharani
indische Gottheit
Krischna
indische Hafenstadt
Kalkutta
indische Kaste
Vaischya
indische Provinz
Bengalen, Kaschmir
indische Sänfte
Palankin
indische Tempeltänzerin
Bajadere
indischer Berg
Satpatra
indischer Fluss
Krischna
Individualität
Eigenart
indogermanischer Stamm
Armenier, Germanen, Griechen, Hethiter, Italiker
indonesische Hafenstadt
Semarang, Surabaja
indonesische Insel
Billiton, Relitung, Sulawesi
indonesische Inselgruppe
Molukken
indonesische Stadt
Djakarta, Makassar
indonesischer Berg
Kerintji
indonesischer Inselbewohner
Balinese
indonesischer Vulkan
Krakatau
inegal
ungleich
infantil
kindisch, kindlich
Infektionsausbreitung
Epidemie, Pandemie
Infektionskrankheit
Blattern, Gasbrand, Schanker, Syphilis, Wundrose
Infinitiv
Nennform
Information
Auskunft
Informationsmittel
Anschlag, Prospekt, Rundfunk, Sachbuch
Ingwergewürz
Kardamom
Inhaber
Besitzer
Inhaber eines Lokals
Gastwirt
inhalieren
einatmen
Inhalt
Fuellsel, Fuellung, Handlung, Substanz
Inhaltsangabe
Register, Resuemee, Synopsis
Inhaltsübersicht
Resuemee
Inhaltsverzeichnis
Register
Initiative
Anregung, Befugnis
Injektionenschutznachweis
Impfpass
inkognito
heimlich, verdeckt
inmitten
zwischen
Innenseite des Armgelenks
Armbeuge
Innereien
Gekroese
innerer Trieb
Instinkt
innewohnend
immanent
innig
vertraut
Insasse
Bewohner, Fahrgast, Fluggast
Inschrift
Epigramm, Epigraph
Insekt
Filzlaus, Heimchen, Heupferd, Holzbock, Hornisse, Kakerlak, Kerbtier, Kopflaus, Qualster
Insekten fressende Pflanze
Taublatt
Insektenfresser
Maulwurf
Insel *bei* **Afrika**
Sansibar
Insel *in der* **Ägäis**
Mytilini
Insel *im* **Ärmelkanal**
Alderney, Guernsey
Insel *der* **Balearen**
Mallorca
Insel *der* **Großen Antillen**
Trinidad
Insel *vor* **Indien**
Sri Lanka
Insel *im* **Indischen Ozean**
Sri Lanka

Insel *in der* **Irischen See**
Anglesey
Insel *vor* **Kanada**
Bathurst, Melville, Somerset
Insel *der* **Kleinen Antillen**
Bermudas
Insel *im* **Mittelmeer**
Mallorca, Santorin, Sizilien, Skorpios
Insel *in der* **Nordsee**
Langeoog, Pellworm, Trischen, Vlieland
Insel *vor* **Ostafrika**
Sansibar
Insel *in* **Ostasien**
Sachalin
Insel *vor der* **Ostküste Sibiriens**
Sachalin
Insel *in der* **Ostsee**
Bornholm, Saaremaa
Insel *im* **Pazifik**
Eniwetok
Insel *der* **Philippinen**
Mindanao
Insel *vor* **Schweden**
Bornholm
Insel *bei* **Sumatra**
Belitung
Insel *bei* **Venezuela**
Trinidad
Inseleuropäer
Malteser, Zypriote
Inselgruppe
Archipel
Inselgruppe *der* **Ägäis**
Kykladen, Sporaden
Inselgruppe *im* **Atlantik**
Bermudas
Inselgruppe *in der* **Karibik**
Antillen
Inselgruppe *im* **Mittelmeer**
Balearen
Inselgruppe *im* **Pazifik**
Marianen
Inselgruppe *im* **Stillen Ozean**
Marianen
Inseln im Wattenmeer
Halligen
Inselstaat
Kiribati, Malaysia, Sri Lanka
Inselstaat *vor* **Indien**
Sri Lanka
Inselstaat *im* **Indischen Ozean**
Sri Lanka
Inselstaat *in* **Westindien**
Dominica
Inselwelt im Pazifik
Ozeanien
insgesamt
pauschal, zusammen
insolvent
bankrott
Inspektion
Aufsicht, Behoerde, Pruefung
Inspiration
Anregung
inspirieren
eingeben
Institution
Stiftung
Instrument
Maschine, Werkzeug
Instrument *des* **Arztes**
Hoerrohr, Lanzette, Pinzette, Skalpell
Instrument *der* **Optik**
Fernglas, Fernrohr
Instrumentalstück
Sinfonie
Intarsienmaterial
Ebenholz
Intellekt
Vernunft, Verstand
Intelligenz
Klugheit
intensivieren
steigern
Intention
Vorhaben
Interessenvertreter
Lobbyist
international geltende Vorschrift
Seerecht
internationale Bank
Weltbank
internationale Kriminalpolizei
Interpol
internationale Polizei
INTERPOL
internationales Verrechnungsverfahren
Clearing
Internatsschüler
Zoegling
Intervall
Tonstufe
intim
vertraut
intime Bekannte
Freundin
intime Freundin
Geliebte
Intrige
Komplott
irakischer Revolutionsführer
Gaddhafi
iranischer Politiker
Morsadeq
iranischer Revolutionsführer
Chomaini, Khomeini
irdenes Geschirr
Steingut
irische Insel
Valentia
irischer Apostel
Colomban
irischer Freiheitskämpfer
Casement
irischer Mathematiker
Hamilton
irischer Missionar
Columban
irischer Nobelpreisträger für Frieden
Corrigan, MacBride, Williams
irischer Politiker
Casement, Costello
irisches Wahrzeichen
Shamrock
ironisch für Geliebte
Dulcinea, Dulzinea
irr
unsicher
Irrlehre
Haeresie, Ketzerei
Irrsinn
Wahnsinn
Irrtum
Versehen
islamische Konfession
Schiiten, Sunniten
islamischer Asket
Derwisch
islamischer Bettelmönch
Derwisch
islamischer Prophet
Mohammed
islamischer Theologe
Alghazel, Averroes, Ibn Rushd
islamisches Ordensmitglied
Derwisch
islamisches Symbol
Halbmond
Islamit
Muselman
isländischer Schriftsteller
Svensson
Isoliermaterial
Paraffin, Torfmull
israelischer Politiker
Goldmann
israelischer Stamm
Benjamin, Isaschar, Naphtali

israelischer Wüstenwind
Scharaff
Israelit
Hebraeer
Isthmus
Landenge
italienisch für Bahnhof
stazione
italienisch für Gräfin
contessa
italienisch für Land
campagna
italienische Adelsfamilie
Borghese
italienische Art der Kaffeezubereitung
Espresso
italienische Filmfestspiele
Biennale
italienische Gebirgsgruppe
Abruzzen
italienische Hafenstadt
Brindisi, Cagliari, La Spezia, Molfetta, Piombino, Siracusa, Sorrento
italienische Hauptstädterin
Roemerin
italienische Insel
Filicudi, Sizilien
italienische Landschaft
Abruzzen, Aostatal, Benevent, Campagna, Etrurien, Ligurien, Sizilien, Venetien
italienische Region in Norditalien
Aostatal
italienische Tonware
Majolika
italienische Weinsorte
Falerner, Malvasia, Nebbiolo, Prosecco
italienische Wolfsspinne
Tarantel
italienischer Abenteurer
Casanova
italienischer Adelstitel
Contessa, Marchesa, Marchese, Principe, Visconte
italienischer Adriahafen
Brindisi
italienischer Badeort
Sorrento
italienischer Berg
Adamello, Cevedale
italienischer Botaniker
Saccardo
italienischer Erfinder
Grimaldi
italienischer Frauenheld
Casanova
italienischer Fremdenführer
Cicerone
italienischer Geigenvirtuose
Paganini
italienischer Gesangsstil
Belcanto
italienischer Hartkäse
Parmesan
italienischer Heiliger
Antonius
italienischer Jongleur
Rastelli
italienischer Komponist
Albinoni, Gabrieli
italienischer Kriegshafen
Brindisi, La Spezia
italienischer Liebesabenteurer
Casanova
italienischer Maler
Leonardo, Pissarro
italienischer Mandellikör
Amaretto
italienischer Mathematiker
Beltrami, Brioschi, Volterra
italienischer Mediziner
Lombroso, Malpighi, Morgagni
italienischer Nobelpreisträger für Literatur
Garducci
italienischer Nobelpreisträger für Medizin
Dulbecco
italienischer Ordensgründer
Benedikt
italienischer Philosoph
Guardini
italienischer Physiker
Avogadro
italienischer Politiker
Badoglio, Giolitti, Salandra, Tambroni
italienischer Schaumwein
Spumante
italienischer Schriftsteller
Bandello, Carducci, Leopardi, Petrarca
italienischer See
Comer See, Gardasee
italienischer Seefahrer
Kolumbus, Vespucci
italienischer Volksstamm
Samniter
italienisches Alpengewässer
Comer See
italienisches autonomes Gebiet
Aostatal
italienisches Bergmassiv
Abruzzen
italienisches Gebirge
Abruzzen
italienisches Kaffeegetränk
Espresso

J

Jagd
Jaegerei, Waidwerk, Weidwerk
jagdbarer Vogel
Auerhahn, Schnepfe
Jagdbeute
Trophaee
Jagdergebnis
Trophaee
Jagdfrevel
Wilderei
Jagdfrevler
Wilddieb, Wilderer
Jagdgewehr mit 3 Läufen
Drilling
Jagdgewehrart
Drilling
Jagdhorn
Hifthorn
Jagdsignalinstrument
Hifthorn
Jagdtasche
Weidsack
Jagdvergehen
Wilderei
Jagdwaffe
Armbrust, Blasrohr, Bumerang, Drilling, Saufeder
jagen
pirschen
Jäger
Schuetze, Waidmann, Weidmann
Jägeranstand
Hochsitz
Jägerei
Waidwerk, Weidwerk
jäh
impulsiv
Jahrbücher
Almanach, Kalender, Tagebuch
Jahresabschluss
Inventur
Jahresteil
Semester
Jahrhundert
Saekulum

8

Jahrmarktsvergnügen
Autodrom, Lotterie, Schaukel
Jalousie
Rolladen
Jammer
Unglueck, Wehklage
Janhagel
Abschaum
japanische Automobilmarke
Daihatsu
japanische Insel
Hokkaido, Schikoku
japanische Religion
Tenrikyo
japanische Riesenstatue
Daibutsu
japanische Schrift
Hiragana, Katakana
japanische Selbstmordart
Harakiri
japanische Selbstverteidigung
Jiu-Jitsu
japanische Silbenschrift
Hiragana, Katakana
japanischer Berg
Kitagami
japanischer Kaiser
Hirohito
japanischer Kampfsport
Jiu-Jitsu
japanischer Mathematiker
Hironaka
japanischer Mediziner
Kitasato
japanischer Nobelpreisträger für Literatur
Kawabata
japanischer Nobelpreisträger für Physik
Tomonaga
japanischer Physiker
Tomonaga
japanischer Politiker
Hatoyama, Joschida, Nakasone, Yamagata
japanischer ritueller Selbstmord
Harakiri, Seppuku
japanischer Todesflieger
Kamikaze
japanischer Wallfahrtsort
Kotohira, Miyajima
japanisches Gemälde auf Seide oder Papier
Kakemono
japanisches Nationalgetränk
Reiswein
japanisches Rollbild
Kakemono
Jazzbegriff
Bluenote, Cooljazz, Freejazz
Jazzinstrument
Guitarre, Saxophon, Trompete, Xylophon
Jazzmusiker
Eldridge, Gershwin, Grapelli, King Cole, Mulligan, Peterson
je Tausend
Promille
jederzeit
staendig
jemanden demütig um etwas bitten
anflehen
Jesus
Christus
jetzt
momentan
Jobber
Haendler
Jobbertum
Agiotage
Jodverbindung
Jodoform
Johannisbeere
Ahlbeere
Johannisnacht
Sonnwend
Johanniter
Malteser
Journal
Tagebuch
Journalist
Reporter
Jubelruf
Hosianna
Jubiläum
Ehrentag
Jude
Hebraeer, Israelit
jüdische Bibelauslegung
Midrasch
jüdischer Feiertag
Chanukka
jüdischer Geistlicher
Rabbiner
jüdischer Gelehrter
Rabbiner
jüdischer König
Rehabeam
jüdischer Politiker
Weizmann
jüdischer Seelsorger
Rabbiner
jüdisches Deutsch
Jiddisch
jüdisches Gesetzbuch
Midrasch
jüdisches Gotteshaus
Synagoge
jüdisches Lichterfest
Chanukka
Jugendfreund
Gespiele
Jugendliche
Maedchen, Teenager
Jugendlicher
Teenager
Jugendzeit
Kindheit
Julmond
Dezember
junge Waldanpflanzung
Schonung
junge Ziege
Kitzlein, Zicklein
Jünger Jesu
Johannes, Matthias
junges Mädchen
Teenager
junges Masthuhn
Poularde
Jupitermond
Kallisto
juristischer Begriff
Amnestie, Berufung, Fahndung, Paragraf, Revision, Schoeffe, Unschuld, Verdacht, Vergehen, Verstoss
Juwel
Pretiose, Preziose

K

Kabale
Anschlag, Komplott
Kabarettszene
Black-out
Kabbelei
Zankerei
Kabeljau
Laberdan
Kadett
Zoegling
Käferart
Gelbrand, Hausbock, Heldbock, Totenuhr
Käferlarve
Mehlwurm
Kaffeeart
Espresso
Kaffeezusatz
Zichorie
Kaiser der Franzosen
Napoleon
Kaiserreich
Imperium
Kaisertitel *in* Frankreich
Empereur

Kaldaunen
Gekroese
Kalender
Almanach
Kalendertage im alten Rom
Kalenden
Kalif von Bagdad
Suleiman
kalifornische Stadt
Pasadena
Kaliumverbindung
Salpeter
Kalkspat
Magnesit
Kalkül
Rechnung
Kalkulation
Rechnung
kaltblütig
gelassen
kalte Süßspeise
Flammeri
kalter Niederschlag
Eisregen
Kalvarienberg
Golgatha
Kamel
Dromedar
kamelzüchtende Araberstämme
Beduinen
Kammer
Behoerde, Hohlraum, Kabinett, Wohnraum
Kammer des englischen Parlaments
Oberhaus
Kampf im Untergrund
Guerilla
Kämpfer
Streiter
kämpferisch
militant
Kampfjungfrau
Walkuere
Kampfplatz
Walstatt
Kampfwagen der Antike
Quadriga
Kanadas Bewohner
Kanadier
kanadische Bucht
Jamesbai
kanadische Hafenstadt
Montreal
kanadische Halbinsel
Labrador, Melville
kanadische Insel
Bathurst, Melville, Somerset, Victoria
kanadische Provinz
Columbia, Franklin, Keewatin, Manitoba
kanadischer Berg
Columbia
kanadischer Schlitten
Toboggan
kanadischer See
Huronsee
kanadisches Ballspiel
Lacrosse
Kanaille
Dummkopf, Gesindel, Spitzbub
Kanalbauwerk
Schleuse
Kanalhafen
Boulogne, Plymouth
Kanalinsel
Alderney, Guernsey
Kanalisationsanlage
Senkloch
Kanalstufe
Schleuse, Stauwehr
Kanapee
Ruhebett
Kanarische Insel
La Gomera
Kandelaber
Leuchter
Kandidat
Aspirant, Bewerber
kandierte Apfelsine
Orangeat
kandierte Backzutat
Orangeat, Zitronat
Kanoniker
Chorherr
Kanton der Schweiz
Freiburg, Obwalden, St. Gallen
Kanzel
Hochsitz, Katheder
Kanzelredner
Prediger
Kapelle
Ensemble, Musikzug
Kapellmeister
Dirigent
Kapital
Eigentum, Substanz
Kapitelherr
Chorherr
Kapitulation
Ergebung
Kapriole
Narretei, Uebermut
Kapsel
Futteral, Gehaeuse, Satellit
kaputt
ruiniert
Kapverdische Insel
Boavista, Sao Antao, Sao Tiago
Karawanserei
Herberge, Quartier
Kardinaltugend
Hoffnung, Klugheit
karg
aermlich, armselig, duerftig
Karikatur
Zerrbild
karitative Anstalt
Hospital
Karneval
Fasching, Fasnacht
Karnevalsausschuss
Elferrat
Karnevalsgremium
Elferrat
Karo beim Kartenspiel
Eckstein, Schellen
Karpatenlandschaft
Bukowina
Karpatenteil
Beskiden
karpfenartiger Fisch
Blaunase, Goldorfe, Nerfling, Peitzger, Rotfeder, Schmerle
Karren
Karrette
Karriere
Laufbahn
Kartenfarbe
Eckstein
Kartenglücksspiel
Bakkarat
Kartenspiel
Bakkarat, Patience, Quartett
Kartenspielausdruck
bedienen, bekennen, Eckstein, Full Hand, Hochzeit, Schellen, Schippen
karthagischer Feldherr
Hamilkar, Hannibal
Kartoffel
Erdapfel
Kartusche
Ornament
Kaschemme
Spelunke
Käsesorte
Belpaese, Muenster, Parmesan, Tilsiter, Vacherin
Kassenschlager
Knueller
Kassensturz
Revision
Kassenzettel
Quittung
Kasserolle
Kochtopf
Kataster
Flurbuch

Katastrophenart
Einsturz, Epidemie, Erdbeben, Unglueck, Unwetter
Kathedrale
Muenster
katholische Heilige
Veronika
katholische Kultperson
Heiliger
katholischer Geistlicher
Kleriker, Priester
katholischer Heiliger
Achatius, Aegidius, Nikolaus
katholischer Kirchenlehrer
Augustin
katholischer Orden
Jesuiten, Mauriner
katholischer Religionslehrer
Katechet
katholisches Gebet
Ave-Maria
katholisches Gnadenmittel
Nachlass
katholisches Priestergewand
Pluviale
Kattun
Indienne
Katzenart
Kurzhaar, Manguste
Katzenmusik
Gejammer, Gewimmer
Katzensilber
Muskovit
Käufer
Abnehmer, Erwerber
Kaufmann
Haendler
kaufmännischer Begriff
Einnahme, Inventar, Inventur, Quittung, Rohstoff, Unkosten, Vertrieb
kaufmännischer Beruf
Grossist, Haendler, Lagerist
Kaukasier
Georgier
kaukasischer Volksstamm
Georgier
Kaukasusbewohner
Grusiner
Kaution
Garantie
Kavallerie
Reiterei
Kavallerieeinheit
Eskadron
Kavalleriesäbel
Pallasch
Kavalleriesoldat
Dragoner
Kavallerist
Dragoner
Kaverne
Hohlraum
Kaviar
Malossol
Keeper im Nachtlokal
Barmixer
Kegelschnittlinie
Hyperbel
Kehlkopfteil
Kehlsack
Kehrgerät
Schaufel
Kehrwiederkeule
Bumerang
Keile
Schlaege
Keilerei
Rauferei
Keilschriftmaterial
Tontafel
Keim
Bakterie, Bazillus
Keimträger
Saatkorn
kein Regelfall
Ausnahme
Kellereibehälter
Weinfass
Kellner
Bediener
Kelten
Bretonen, Schotten, Walliser
Kenner
Fachmann, Gourmand
Kenntnis
Einblick
Kenntnis durch eigenen Augenschein
Einblick
Kenntnisnahme
Einsicht
kenntnisreich
gebildet
Kennzeichen
Attribut
keramisches Erzeugnis
Geschirr, Majolika, Steingut, Tonfigur
Kernobstgewächs
Birnbaum
Kernteilchen
Elektron
Kerzenmaterial
Paraffin
Kerzenständer
Flambeau
Kessel
Kochtopf
Kette
Girlande
Kettengeräusch
Gerassel
Kettenpanzer
Harnisch, Ruestung
Ketzerei
Haeresie, Irrlehre
Ketzergericht
Autodafé
Keule
Schenkel, Schinken, Schlegel
Keulenfleisch
Schinken
Keuschheit
Reinheit, Unschuld
Kickstarter
Anlasser
Kiefernbaum
Zypresse
Kieselalge
Diatomee
Kimm
Horizont, Sehkreis
Kind
Maedchen, Tragling
Kinderkrankheit
Rachitis
kinderleicht
muehelos
Kinderspielzeug
Katapult, Schaukel
Kindesannahme
Adoption
kindisch
infantil
Kinostück
Farbfilm, Streifen
Kirchenbauwerk
Basilika, Muenster, Synagoge
Kirchenfürst
Kardinal
Kirchengemeinde
Sprengel
Kirchengemeinschaft
Oekumene
Kirchenmusiker
Organist
Kirchenprovinz
Dioezese
Kirchenraub
Sakrileg
Kirchhof
Friedhof
kirchlich
klerikal
kirchliche Handlung
Totenamt
kirchlicher Bezirk
Dioezese

kirchliches Bauwerk
Muenster
kirchliches Einkommen
Kommende, Pfruende
Kirschenart
Amarelle, Weichsel
Kitzler
Clitoris, Klitoris
Kladde
Tagebuch
Klageliederdichter
Elegiker
klagende Töne
Gejammer
Klang
Nachhall
Klanggestaltungslehre
Harmonik
Klangschönheit
Euphonie, Harmonie
Klatsch
Geruecht, Nachrede
Klaviatur
Tastatur
Klavierstück träumerischen Inhalts
Notturno
klebendes Verbandsmaterial
Pflaster
Klecks
Spritzer
Kleid der Vögel
Gefieder
Kleidergestell
Staender
Kleidernaht
Abnaeher
Kleiderverschluss
Schnalle
Kleidungsstück
Badehose, Galosche, Gamasche, Halstuch, Kniehose, Kopftuch, Krawatte, Oberhemd, Pelerine, Polohemd, Pullover, Pumphose, Reifrock, Reithose, Sacktuch, Schihemd, Schleier, Schuerze, Strohhut, Turnhose, Zierrock
klein
niedlich, zierlich
Kleinbild
Miniatur
Kleinbuchstabe
Minuskel
kleinbürgerlich
spiessig
Kleindarsteller
Komparse
kleine Rosine
Korinthe
kleine Schellentrommel
Tamburin
kleine Straftat
Vergehen
kleiner Buchstabe
Minuskel
kleiner Heringsfisch
Anchovis, Sardelle
kleiner Holzquader
Bauklotz
kleiner Modeladen
Boutique
kleiner Stuhl ohne Lehne
Taburett
kleiner Teil der Materie
Molekuel
kleineres Musikstück
Sonatine
kleines Bild
Miniatur
kleines chirurgisches Messer
Skalpell
kleines deutsches Bundesland
Saarland
kleines Geschenk
Praesent
kleines Motorboot
Barkasse
kleines Musikstück
Sonatine
kleines Nagetier
Feldmaus
kleines Operationsmesser
Lanzette
Kleinigkeit
Bisschen, Lappalie
Kleinigkeiten
Minuzien
kleinkariert
borniert
Kleinkram
Lappalie
Kleinkunstbühne
Kabarett, Varietee
kleinlaut
verlegen
kleinlich
pingelig, pinselig, spiessig
kleinliche Auslegung
Deutelei, Deuterei
Kleinmalerei
Miniatur
Kleinod
Pretiose
kleinste deutsche Münze
Eurocent
kleinstes Lebewesen
Mikroben
Kleinstplanet
Asteroid
Klemmer
Pincenez
Klempner
Blechner, Spengler
Kletterer
Alpinist
Klinik
Hospital
Klinikabteilung
Ambulanz
Klinikmediziner
Chefarzt, Oberarzt
Klippfisch
Kabeljau
Klopfkäfer
Totenuhr
Klosett
Toilette
Kluft
Kleidung, Schlucht
klug Vorgehender
Taktiker
knabbern
muemmeln
knapp
duerftig
Knauser
Geizhals
Kneifer
Pincenez
Kneipe
Gasthaus, Spelunke
Knick in der Buchseite
Eselsohr
kniefreie Hose
Bermudas
Knobel
Knoechel
Knochenerweichung
Rachitis
Knochenfischart
Seekatze
Knochengelenk
Ellbogen, Knoechel
Knochenleim
Gelatine
Knollengemüse
Kohlrabi, Sellerie
Knorpelscheibe im Knie
Meniskus
Knüpfarbeit
Makramee
Knute
Peitsche
Koalition
Buendnis
Kobold
Erdgeist
Kochgefäß
Kochtopf
Kochgefäße
Geschirr

Kohlenprodukt
Azetylen, Gichtgas, Methanol, Paraffin
kohlensaures Salz
Carbonat, Karbonat
Kohlenstaublunge
Silikose
Kohlgemüse
Brokkoli
Kolleg
Institut
Kollektion
Sammlung
Kollektiv
Kolchose, Kombinat, Sowchose
Kölner Oberbürgermeister
Adenauer
Kölner Stadtteil
Holweide
Kolorierung
Faerbung
Koloss
Ungetuem
kolossal
gewaltig
Kombattant
Kaempfer
Kombination
Garnitur, Synthese
komfortabel
wohnlich
Komfortwohnhaus
Bungalow
Komiker
Humorist, Parodist
komisches Bühnenwerk
Komoedie
Kommandant
Kapitaen, Offizier
Kommiss
Militaer
Kommune
Gemeinde
Komödie
Burleske, Schnurre
Kompassscheibe
Windrose
komplettes Essen
Mahlzeit
Kompottart
Apfelmus
Kompresse
Umschlag
Kompromiss
Einigung
kompromittiert
blamiert
Konferenz
Beratung, Kongress
Konfiseur
Konditor
König *von* **Assyrien**
Sanherib
König *der* **griechischen Sage**
Menelaos, Menelaus
König *der* **Merowinger**
Chlodwig, Dagobert
König *im* **Nibelungenlied**
Siegmund
König *der* **Ostgoten**
Dietrich
König *von* **Sparta**
Leonidas, Menelaos
König *der* **Sueben**
Ariovist
König *der* **Westgoten**
Roderich
Königreich *in* **Europa**
Norwegen, Schweden
Königreich *in* **Südostasien**
Thailand
konkret
greifbar, greifbar, leibhaft, wirklich
Konkurs
Bankrott
Könner
Fachmann, Virtuose
Konsequenz
Ausdauer
konservieren
erhalten
Konsorte
Komplize
Konstitution
Befinden, Eigenart, Struktur
Konstrukteur
Erfinder
Konsultation
Beratung
Kontakt
Fuehlung
kontaktfreudig
gesellig
Konterfei
Ebenbild, Portraet, Portrait
kontern
erwidern, parieren
Kontinent
Festland
Kontrakt
Abkommen
Kontrolle
Aufsicht, Pruefung, Revision
Kontrolluhr
Stechuhr
Konvention
Abkommen, Kontrakt
Konzept
Programm, Vorhaben
Konzertveranstalter
Promoter
Konzession
Befugnis
Kopf bei Säulen
Kapitell
Kopfbedeckung
Kopftuch, Peruecke, Sombrero, Strohhut, Zylinder
Kopffüßer
Nautilus, Seepolyp
Kopfschmerzen
Migraene
Kopfschmuck
Schleife
Kopfskelett
Schaedel
Kopfsprung
Koepfler
Kopfteil
Augenlid, Kinnlade, Schaedel, Schlaefe
Kopfteil bei Tieren
Lauscher, Schnabel, Schnauze
Kopie
Duplikat
Koranschule
Medresse
Korbblütler
Eberwurz, Estragon, Georgine, Goldrute, Masslieb, Zichorie
kordial
herzlich
Korken
Stoepsel
Körnerfrucht
Getreide
Kornpflanzen
Getreide
Körper mit acht Flächen
Oktaeder
Körperabsonderung
Schweiss
Körperart (Geometrie)
Pyramide, Zylinder
Körperbautyp
Pykniker
Körpererfrischung
Dampfbad
Körpergelenk
Ellbogen
Körperglied
Unterarm
körperlich
physisch
Körperpflege
Kosmetik
Körperreinigung
Dampfbad, Duschbad
Körperschwäche
Asthenie

Körperteil
Ellbogen, Schaedel, Schenkel, Schulter, Unterarm
Körperteil *der* **Egel**
Saugnapf
korrekt
tadellos
Korrektur
Revision
Korrekturzeichen
Deleatur
Korridor
Hausflur
Korsar
Bukanier
Korsett
Leibchen
korsische Berühmtheit
Napoleon
Korso
Auffahrt
Kosewort
Liebling
Kosmetiker
Visagist
kosmetischer Artikel
Badesalz, Schminke
Kost
Proviant
kostbar
prezioes, wertvoll
kostbares Andenken
Reliquie
Kostbarkeit
Pretiose
Kosten
Ausgaben, Auslagen
Kot
Faekalie
Krabbe
Krevette
Krach
Gepolter, Stoerung
krackseln
klettern
Kraftbrühe
Bouillon, Consommé
Kräfteeinsatz vor dem Ziel
Endspurt
Kraftfahrzeug
Kleinbus, Kraftrad, Lastauto, Motorrad, Roadster
Kraftfahrzeugraum
Parkhaus
Kraftlosigkeit
Asthenie
Kraftmensch
Herkules
Kraftstoffbehältnis
Kanister
Kram
Altwaren
Krankenbehandlung
Therapie
Krankenbericht
Bulletin
Krankenhaus
Hospital, Lazarett
Krankenhausabteilung
Ambulanz
Krankenvorgeschichte
Anamnese
Krankheit
Allergie, Epidemie, Siechtum
Krankheitsbestimmung
Diagnose
krankheitserregend
pathogen, virulent
Krankheitserreger
Bakterie, Bazillus
Krankheitsheuchler
Simulant
Krankheitssymptom
Mattheit
Krankheitsvorgeschichte
Anamnese
kratzende Bewegung
scharren
Kratzer
Schramme
krautige Pflanze
Wegerich
Krebsgeschwulst
Karzinom
Krebstier
Krevette, Languste
Kredenz
Anrichte
Kredit
Darlehen
Kreditwürdigkeit
Bonitaet
Kreisberührungslinie
Tangente
kreisförmig
rundlich, zirkular
krepieren
umkommen, verenden
Kreuzbild Jesu
Kruzifix
Kreuzblütler
Goldlack, Meerkohl
Kreuzbruder
Geissler
Kreuzigungsstätte Jesu
Golgatha
Kreuzung zwischen Pferd und Esel
Maulesel, Maultier
Kriechtier
Anaconda, Eidechse, Krokodil, Matamata, Schlange
Krieger
Kaempfer, Soeldner
Kriegsmaschine
Katapult
kriegsmäßige Truppenübung
Manoever
Kriegsministerium der USA
Pentagon
Kriegsschiff
Fregatte, Korvette, Wachboot
Kriemhilds Bruder
Giselher
Kriminalautorin
Christie
kriminell
strafbar
Kriterium
Massstab
Kritik
Pruefung
Kritikaster
Meckerer, Noergler
Krönungsmantel
Pluviale
kross
knusprig
kubanischer Berg
Turquino
kubanischer Tanz
Habanera
Kübel
Holzfass
Küchen- und Essgeräte
Geschirr
Kuchenauflage
Streusel
Kücheneinrichtung
Anrichte, Backofen, Kochherd
Küchengegenstand
Kochtopf, Teekanne, Trichter
Küchengewürz
Estragon, Kardamom, Rosmarin
Küchenkleid
Schuerze
Küchenschabe
Kakerlak
Küchenungeziefer
Kakerlak
Kuchenzutat
Orangeat, Zitronat
Kügelchen
Pastille
Kugelspiel
Roulette
kühl
sachlich

Kult
Anbetung
kultivieren
veredeln
kultiviert
gebildet
Kultur
Bebauung
Kulturdenkmal
Monument
Kulturepoche
Altertum, Romantik
Kulturstätte
Akademie, Sammlung
kümmerlich
armselig
Kumpan
Komplize
Kunde
Abnehmer, Kenntnis
Kündigung der Mitgliedschaft
Austritt
Kundschaft
Klientel
Kunstbeurteiler
Kritiker
Kunstepoche
Romantik
kunstfertig
versiert
Kunstgattung
Baukunst, Dichtung
Kunstglied
Prothese
Künstler
Dirigent, Fotograf, Grafiker, Jongleur, Organist, Radierer, Virtuose, Vokalist, Zauberer, Zeichner
Künstlergruppe
Ensemble
Künstlerimitator
Parodist
Künstlerzeichen
Signatur
künstliche Glucke
Brutofen
künstlicher Erdtrabant
Satellit
künstlicher Ersatz für Glieder und Zähne
Prothese
künstlicher Zahnersatz
Prothese
Kunstrichtung
Kubismus, Romantik
Kunstsammlung
Kabinett
Kunststoff
Astralon, Galalith, Hostalen, Perbunan, Polyamid

Kunststück
Leistung
kunstvolles Bücherzeichen mit Namen
Exlibris
Kunstwerk
Aquarell, Dichtung, Gemaelde, Komoedie, Operette, Portraet, Skulptur
Kunterbunt
Allerlei
kunterbunt
gemischt
Kupon
Quittung
Kuppel
Gewoelbe
Kur
Erholung, Therapie
Kurort *am* **Comer See**
Bellagio
Kurort *am* **Genfer See**
Montreux
Kurort *im* **Harz**
Harzburg
Kurort *an der* **Mosel**
Bertrich
Kurort *in der* **Schweiz**
Klosters, Montreux
Kurs
Lehrgang, Parcours, Rennbahn, Richtung
Kursbuch
Fahrplan
Kursus
Lehrgang
Kurve
Hyperbel
Kurve berührende Gerade
Tangente
kürzeste Verbindung zweier Punkte
Geodaete
Kurzform für internationale Kriminalpolizei
Interpol
Kurzstreckenläufer
Sprinter
Kurzübersicht
Abstract
Kürzung
Nachlass
Kurzware
Naehgarn
Kurzwort für Bartschergerät
Rasierer
Küstenabtragung
Abrasion
Küstenfrachtsegler
Galeasse

Küstenschifffahrt
Kabotage
Küster
Kirchner
Kutsche
Droschke, Fuhrwerk, Kalesche
Kuvert
Konvolut, Umschlag
Kuvertüre
Ueberzug
Kykladeninsel
Santorin
Kyklop
Polyphem

L

labil
instabil, unsicher
Laborgehilfe
Laborant
lächerlich
lachhaft
Lack dünn auftragen
lasieren
Lackel
Dummkopf
Ladebaum
Ausleger
Ladefähigkeit
Nutzlast
Laden
Boutique
Ladung
Nutzlast
Ladykiller
Casanova
Laertes' Sohn
Odysseus
Lage
Position, Stellung
Lagerraum
Speicher
Lagerverwalter
Lagerist
Lähmung
Paralyse
Laienrichter
Schoeffe
Laken
Betttuch
lakonisch
wortkarg
Lamento
Gejammer, Geschrei, Wehklage
Lampenart
Leuchter, Strahler
lancieren
foerdern

Land
Erdboden
Land *der* **Bundesrepublik**
Saarland
Land *des* **ehemaligen deutschen Reichs**
Preussen
Land *am* **Kaukasus**
Georgien
Land *der* **tausend Seen**
Finnland
Landbewohner
Haeusler
Landeplatz *für* **Flugzeuge**
Flugfeld, Rollbahn, Rollfeld
Länder jenseits der Meere
Uebersee
Landesherr
Potentat
Landesteil *von* **Bayern**
Schwaben
Landesteil *von* **Dänemark**
Juetland
Landesteil *von* **Österreich**
Kaernten
Landesverrat
Spionage
Landgut in Südamerika
Estanzia, Hazienda
Landhaus
Bungalow
Landkreis in Schleswig-Holstein
Stormarn
Landkultur
Ackerbau
ländlich
rustikal
Landmann
Agrarier
Landschaft *in* **Belgien**
Ardennen, Flandern, Hennegau
Landschaft *in* **Böhmen**
Egerland
Landschaft *in* **Finnland**
Karelien, Lappland
Landschaft *in* **Kleinasien**
Phrygien
Landschaft *in* **Mesopotamien**
Chaldaea
Landschaft *am* **Mittelmeer**
Provence
Landschaft *in* **Palästina**
Galilaea
Landschaft *in* **Rumänien**
Bukowina, Walachei
Landschaft *in* **Schleswig-Holstein**
Probstei, Stormarn
Landschaft *in der* **Schweiz**
Emmental
Landschaft *in* **Spanien**
Asturien, Galicien
Landschaftsbild
Szenerie
Landschaftsform
Bergland, Hochland, Tiefland
Landsknecht
Soeldner
Landstraße
Chaussee
Landstreicher
Streuner, Vagabund
Landvermesser
Geometer
Landwirt
Agrarier
landwirtschaftliche Nutzung des Bodens
Ackerbau
landwirtschaftlicher Betrieb
Plantage
landwirtschaftliches Gebäude
Heuboden
landwirtschaftliches Gerät
Heugabel, Heuharke
landwirtschaftliches Nutztier
Milchkuh
landwirtschaftliches Produkt
Getreide
langbeiniger Wasservogel
Flamingo
Längenkreis
Meridian
Längenmaß
Seemeile
langes Skalpell
Bistouri
Langeweile
Einerlei
langfristige Kreditnahme
Darlehen, Hypothek
länglicher Biskuit
Biskotte
Langmut
Ausdauer
langmütig
geduldig
langsame Filmwiedergabe
Zeitlupe
langsamer Volkstanz
Laendler
langweilig
einerlei, ennuyant
langweiliger Schwätzer
Salbader
lapidar
wortkarg
läppisch
infantil, kindisch
lärmen
schreien
Laschenkragen
Beffchen
lästig
stoerend
lästiges Insekt
Sandfloh
Lastschiff
Frachter
Lasttier
Dromedar, Maulesel, Maultier
Lasur
Ueberzug
lasziv
erotisch, sinnlich
lateinisch für Bedingung
conditio
lateinisch für Sieg
victoria
lateinischer Dichter
Ausonius
lateinischer Name für Irland
Hibernia
lateinischer Name von Spanien
Hispania
Latsche
Knieholz, Schlappe
Latte
Kantholz, Kerbholz
Laub der Bäume
Blaetter
Laubbaum
Birnbaum, Kastanie, Nussbaum, Rotbuche, Salweide
Laubbaumfrucht
Kastanie
Laube
Pavillon
Laubgewinde
Girlande
Laufbahn
Aufstieg, Karriere
Laufbrücke
Stelling
Laufdisziplin
Marathon
Laune
Allueren, Kapriole, Schrulle, Stimmung
laute Äußerung
Gebruell
Laute von Hühnern
Gegacker
lauter
gediegen, makellos

lautes Schreien
Gebruell
Lautlehre
Phonetik
lautlos
unbewegt
Lazarett
Hospital
Leasing
Mietkauf
Lebemann
Casanova
Leben
Existenz
Lebensabschnitt
Kindheit
lebensbejahender Mensch
Optimist
Lebensbeschreiber
Biograph
Lebensbeschreibung
Memoiren
Lebenserinnerungen
Memoiren
Lebensgefährtin
Gemahlin
lebenshungrig
begierig
Lebenskunde
Biologie
Lebensunterhalt
Alimente
lebenswichtige Stoffe für den Körper
Vitamine
lebhaftes Kind
Wildfang
Lebhaftigkeit
Uebermut
leblos
erstarrt
Leckermaul
Gourmand
Lederart
Chevreau, Krokodil, Maroquin, Saemisch
Lederbearbeiter
Schuster
ledige Gräfin
Komtesse
Leeren von Straßen
Raeumung
leeres Gerede
Larifari
Legierung
Mischung
Legionär
Soeldner
Legitimation
Befugnis
Leguan
Basilisk
Lehnsmänner
Vasallen
Lehnstuhl
Fauteuil
Lehramt
Dozentur
Lehranstalt
Akademie, Internat
Lehrbefähigung
Fakultas
Lehre *vom* **Bau der Erde**
Geologie
Lehre *vom* **Bau der Lebewesen**
Anatomie
Lehre *von der* **belebten Natur**
Biologie
Lehre *von der* **Bewegung**
Mechanik
Lehre *von der* **Einheit allen Seins**
Monismus
Lehre *von den* **Harnwegskrankheiten**
Urologie
Lehre *vom* **Körperbau**
Anatomie
Lehre *vom* **Leben**
Biologie
Lehre *von der* **Redekunst**
Rhetorik
Lehre *von den* **Sprachlauten**
Phonetik
Lehre *von den* **Wappen**
Heraldik
Lehre *von den* **Zeichen**
Semiotik
Lehrer
Erzieher, Magister
Lehrertisch
Katheder
Lehrgang
Schulung
Leibbinde
Schaerpe
leibhaftig
dinghaft, wirklich
Leichenöffnung
Autopsie
Leichtathlet
Springer
leichtathletische Übung
Springen
leichte Kost
Reisbrei
leichte Kutsche
Kalesche
leichter Morgenmantel
Negligee
leichtfertiges Mädchen
Grisette
Leichtmetall
Duralium
leichtsinniger Mensch
Hallodri
Leid
Unglueck
Leiden
Siechtum
Leidenschaft
Begierde, Inbrunst
leidenschaftliches Gefühl
Inbrunst
leidenschaftliches Verlangen
Begierde
Leidensweg Christi
Kreuzweg
leidlich
passabel
leiern
hersagen
Leihgeld von der Bank
Darlehen
Leihwagen
Mietauto
Leim
Gelatine, Kleister
Leinwandkünstler
Filmstar
leise husten
huesteln
Leistung
Resultat
Leistungskämpfer
Sportler
Leistungsnoten
Zensuren
Leistungssteigerung durch Wiederholung
Training
leitender Angestellter
Direktor
Leiter
Direktor, Vorstand
Leiter *eines* **Orchesters**
Dirigent
Leiter *einer* **Schule**
Direktor
Leiter *einer* **Sportmannschaft**
Kapitaen, Teamchef
Leiter *einer* **Urkundensammlung**
Archivar
Leiter *eines* **Verlages**
Verleger
Leitfaden
Handbuch, Lehrbuch
Leitgedanke
Thematik
Leitstelle
Zentrale

Leitung
Aufsicht, Fuehrung
Lemuride
Gespenst, Halbaffe
lenkbar
flexibel
Lenker
Kutscher, Steuerer
Lenkriemen für Reittiere
Zaumzeug
lernender junger Mensch
Lehrling, Schueler
Lernmittel
Lesebuch
Lesart
Variante
Leserschaft
Publikum
Lesestoff
Lektuere
letal
toedlich
letzte Anstrengung
Endspurt
letzter russischer Zar
Nikolaus
Leuchter
Flambeau
Leuchterscheinung im Sumpf
Irrlicht
Leuchtstoff
Naturgas, Phosphor
Leumund
Prestige, Renommee
Leute
Menschen
Leute mit Emotionen
Gemueter
libyscher Politiker
Gaddhafi
lichtarme Fläche hinter Körpern
Schatten
Lichtband
Spektrum
Lichtbild
Portraet, Portrait
Lichtbildner
Fotograf
Lichtblick
Aussicht, Hoffnung
lichtempfindliche Filmschicht
Emulsion
Lichtöffnung am Mikroskop
Objektiv
Lichtspieltheater
Autokino
Lichttaste
Schalter
liebenswürdig
angenehm, charmant, hoeflich
liebenswürdiger Plauderer
Charmeur
Liebesbeweis
Umarmung
Liebesdiener
Charmeur
Liebesdienerin
Callgirl, Erostess
Liebesgottfigur
Amorette
liebevolles An-sich-Drücken
Umarmung
Liebhaber
Verehrer
Liebhaberin
Freundin, Geliebte
Liebkosung
Umarmung
Liebschaften
Affaeren
Liederjan
Saufbold, Tagedieb
Liedform
Madrigal, Schlager
Liegestatt
Ottomane, Pritsche, Ruhebett
Lift
Seilbahn
Liga
Buendnis
Ligula
Bandwurm
Likör
Anisette, Rosoglio
Liliengewächs
Affodill, Einbeere, Germerig, Maiblume
Linie vom Süd- zum Nordpol
Erdachse
Linie von Nord- zum Südpol
Erdachse
linke Schiffsseite
Backbord
linkisch
ungelenk
Linse
Objektiv
Liparische Insel
Filicudi
Lippenblütlerart
Brunelle, Gamander, Hohlzahn, Lavendel
liquid
fluessig
Liste
Register
literarischer Beruf
Kritiker
literarisches Jahrbuch
Almanach
literarisches Werk
Dichtung, Sachbuch
Literatur
Dichtung, Lektuere
liturgischer Gegenstand
Reliquie, Ziborium
liturgischer Gesang
Antiphon
liturgisches Gewand
Parament
Lizenz
Befugnis
Lob
Laudatio
Lobby
Vorhalle
Lobrede
Enkomion
Loch
Oeffnung
locker
zwanglos
Logis
Quartier
Logos
Vernunft
Lohengrins Vater
Parzival
lohnend
lukrativ, rentabel
Loirestädter
Orleaner
Lokal
Gasthaus, Nachtbar, Snackbar, Spelunke
Lokalbesitzer
Gastwirt, Kneipier
Lokalinhaber
Gastwirt, Kneipier
lombardische Adelsfamilie
Visconti
Londoner Anlage
Hydepark
Londoner Stadtteil
Richmond
Londoner Zentralflughafen
Heathrow
Looping
Schleife
Lostrennung
Spaltung
Lösung
Ergebnis, Resultat

8

Lösung *aus einer* **Gewohnheit**
Absprung
Lot
Senkblei
lotrecht
vertikal
Lübecker Spezialität
Marzipan
Lücke
Hohlraum, Oeffnung
Lues
Syphilis
Luftbewegung
Hurrikan, Scirocco, Windhose
Luftfahrzeug
Flugzeug, Zeppelin
Luftikus
Windhund
Luftpirat
Hijacker
Luftröhrenast
Bronchie
Luftschiff
Zeppelin
Luftschiffer
Aeronaut
Luftschloss
Chimaere, Illusion
Luftsprung
Kapriole
Luftverkehrsmittel
Flugzeug
Luftverunreinigung
Emission
Lüge
Unwahres
Lügner
Fabulant
lukrativ
rentabel
Lump
Ehrloser
Lumpenpack
Gesindel
Lungenbläschen
Alveolen
Lungenkrankheit
Silikose
Lurchtier
Amphibie
Lust
Begierde
Lustgefilde
Paradies
lustig
amuesant
lustige Figur
Harlekin, Witzbold
Lustspiel
Burleske, Komoedie
Luthers Zuflucht
Wartburg
Lyrik
Dichtung

M

machbar
moeglich
Mache
Ziererei
Machenschaft
Komplott
Macht
Einfluss, Regiment
Machtbereich
Imperium
Machthaber
Diktator, Gebieter, Potentat
mächtig
gewaltig, kraeftig
mächtigste Handelsstadt des Altertums
Karthago
machtlos
kraftlos, unfaehig
Machtmissbrauch
Willkuer
Machwerk
Elaborat
Mädchen
Teenager
Mädchen für alles
Faktotum
Magazin
Speicher
Magenteil bei Wiederkäuern
Labmagen
mager
duerftig
magischer Gegenstand
Talisman
Mahl im Freien
Picknick
Mahlzeit
Brotzeit
mahnen
monieren
Mahnmal
Monument
Maisfladen
Tortilla
Maiskolbenhüllblätter
Lieschen
majestätisch
herrlich
Majorität
Mehrheit
makellos
tadellos
mäkeln
kritteln, noergeln
Makeup
Schminke
Makeup der Augen
Eyeliner
Maklergebühr
Courtage, Sensalie
Makrelenart
Tunfisch
Malaienorchester
Gamelang
malaiischer Bund
Malaysia
malaiischer Bundesstaat
Kelantan, Selangor
malaiischer Staat
Malaysia
Maler
Tuencher
Malermaterial
Oelfarbe
Malerwerk
Gemaelde
Malgerät
Spachtel
Malheur
Reinfall, Unglueck
maliziös
haemisch
Malvengewächs
Hibiskus
Malweise
Aquarell
Mammon
Reichtum
mandelförmige Gloriole
Mandorla
Mandelkonfekt
Marzipan
Mandelkrähe
Blaurake
Mangel *an* **Ausdauer**
Ungeduld
Mangelkrankheit
Beriberi, Rachitis
Manieren
Benehmen, Betragen
Manifest
Programm
manisch
besessen
Mann *mit* **hoher Stimme**
Tenorist
Mann *auf* **Jasons Schiff**
Argonaut
Mannen
Vasallen
Mannigfaltigkeit
Vielfalt
männlich
maskulin

männlicher Modevorführer
Dressman
männlicher Vorname
Adalbert, Augustin, Benedikt, Benjamin, Bernhard, Berthold, Burkhard, Dagobert, Dietrich, Eberhard, Fridolin, Giselher, Gottlieb, Guenther, Heinrich, Heribert, Hubertus, Johannes, Jonathan, Leonhard, Matthias, Nikolaus, Reginald, Reinhart, Ruprecht, Siegbert, Siegmund, Theobald, Traugott, Valentin, Wilfried, Winfried, Wladimir, Wolfgang
männlicher Waldvogel
Auerhahn
männliches Haustier
Truthahn
männliches Mannequin
Dressman
männliches Wassertier
Enterich
Mannschaft
Aufgebot
Mannschaftsdienstgrad
Schuetze
Mannschaftsführer
Kapitaen, Teamchef
Mannschaftsspiel
Fussball, Korbball
Mantelart
Havelock
Mantelrückenspanne
Dragoner
Mantelstoff
Popeline
Manteltier
Tunikate
Manuskript
Original
Maquisard
Partisan
Mär
Maerchen
Märchenfigur
Alberich, Erdgeist, Genoveva, Gespenst, Grimbart, Gulliver, Ilsebill, Irrwisch, Joringel, Klingsor, Koenigin, Lanzelot, Lindwurm, Meerfrau, Melusine, Nikolaus, Rapunzel, Rosenrot, Ruprecht, Sandmann, Zauberer, Zauberin
Marderart
Hermelin, Seeotter
Marge
Toleranz

8

Marille
Aprikose
Marinedienstgrad
Kapitaen, Obermaat
marinierte Fischart
Rollmops
Marktschreier
Haendler
marokkanisches Leder
Maroquin
Marotte
Eigenart, Schrulle
Marschgepäck
Rucksack
Marschinseln im Wattenmeer
Halligen
Marschverpflegung
Proviant
Märtyrer
Ignatius, Polykarp
März
Lenzmond
Masche
Schlaufe, Schleife, Schlinge
Maschengefüge
Netzwerk
Maschenware
Geflecht
Maschinenart
Flugzeug, Motorrad
Maschinengruppe
Aggregat
Maschinensatz
Aggregat
Maschinentätigkeit ohne Arbeitsnutzen
Leerlauf
Maschinenteil
Anlasser, Exzenter, Getriebe, Kupplung, Schraube, Zylinder
Maschinerie
Getriebe
Maskaron
Grimasse
Maskottchen
Talisman
Maß
Standard
Massaker
Gemetzel
Masse
Substanz
Masse *zum* **Kauen**
Kaugummi
Maßeinheit *für die* **Kraft**
Kilopond
Massenerkrankung
Epidemie, Pandemie
Masseteilchen
Molekuel

maßgebend
normativ
massig
kraeftig, maechtig
massiver Rundkörper
Zylinder
maßlos
exzessiv
Maßnahme
Handlung, Regelung, Vorgehen
Maßstab
Standard
Mast
Fockmast
Mastgeflügel
Mastgans, Poularde
Material
Rohstoff, Substanz
Materie
Substanz
Materieteilchen
Molekuel
Mathematiker
Lagrange, Pluecker, Poincaré
Mathematikteilgebiet
Analysis
mathematisch für Dazuzählen
Addition
mathematisch für Teilen
Division
mathematische Figur
Pyramide, Zylinder
mathematische Zeichnung
Diagramm
mathematischer Begriff
Abszisse, Addition, Dezimale, Dividend, Division, Exponent, Fuenfeck, Funktion, Hyperbel, Integral, Ordinate, Primzahl, Pyramide, Quotient, Rechteck, Resultat, Scheitel, Schenkel, Sechseck, Tangente, Zylinder
mathematischer Kegelschnitt
Hyperbel
mathematisches Symbol
Integral
Mätresse
Geliebte
Matrize
Gussform
Matte
Vorleger
matter Schein
Schimmer
mau
duerftig, schlecht

Mauer
Hauswand
Mauerwerk
Gemaeuer
Maul
Schnauze
Maulschelle
Ohrfeige, Watschen
Maurerwerkzeug
Faeustel, Senkblei, Spachtel
maurisches Schloss bei Granada
Alhambra
Maya-Gottheit
Kukulkan
Mechanismus
Getriebe, Maschine
Meckerer
Krittler, Noergler
Medikamentform
Granulat, Pastille, Tablette
Mediziner
Oberarzt
medizinischer Ringelwurm
Blutegel
medizinischer Saugwurm
Blutegel
medizinisches Instrument
Pinzette, Skalpell
medizinisches Röhrchen
Katheter
Medizinmann
Schamane
Meer
Atlantik
Meerenge *bei* **Istanbul**
Bosporus
Meerenge *zwischen* **Schweden und Jütland**
Kattegat
Meerenge *in* **Südosteuropa**
Bosporus
Meeresbewegung
Brandung, Nippflut
Meeresgott
Poseidon
Meereskrebs
Languste
Meerespflanze
Plankton
Meeresraubtier
Seeadler
Meeressäugetier
Tuemmler
Meeresschnecke
Nautilus
Meeresspeisefisch
Kabeljau
Meerestier
Grindwal, Kabeljau, Languste, Seegurke, Seekatze, Seelachs, Seeloewe, Seestern, Seezunge, Tuemmler
Meeresvogel
Albatros, Kormoran
Meeresweichtier
Nautilus
Meerfee
Melusine
Meerkatze
Mandrill
Meerweib
Melusine
Mehlspeise
Omelette
mehrsätziges Tonstück
Sinfonie
mehrstimmig
polyphon
mehrstimmiges Hirtenlied
Madrigal
Meierei
Molkerei
Meinung
Erachten
Meinungsforscher
Demoskop
Meister
Champion, Fachmann, Lehrherr, Magister, Virtuose
Meistersinger bei Wagner
Stolzing
Meldereiter
Stafette
meliert
scheckig
melierter Wollstoff
Shetland
Memme
Feigling
Memorial
Monument
Menagerie
Tierpark
Menge
Vielfalt, Vielheit, Vielzahl
Mensch *mit* **grobem Benehmen**
Rauhbein
Mensch *mit* **überspannten Ideen**
Phantast
Menschenbildnis
Portraet
menschlicher Glaube
Religion
Mentor
Ratgeber
Meriten
Vorzuege
Merkbuch
Memorial
Merkmal
Attribut, Eigenart
Merkspruch
Epigramm
Merkzeichen
Notabene
Mesopotamien
Assyrien
Messepriester
Altarist
Messer des Chirurgen
Lanzette, Skalpell
Messerblatt
Schneide
Messestadt *der* **Industrie**
Hannover
Messgerät
Bandmass, Messstab, Metronom, Senkblei
Messias
Erloeser
Metall
Francium, Polonium, Rubidium, Samarium, Scandium, Silicium, Silizium, Thallium, Thullium, Vanadium
Metallbearbeitungsmaschine
Drehbank
Metallbetrieb
Schmiede
Metallfolie
Stanniol
Metallgestein
Eisenerz
Metallornament
Filigran
Metallplatte mit bildlicher Darstellung
Plakette
Metallstecher
Ziseleur
Metapher
Sinnbild
Methylalkohol
Methanol
Metier
Handwerk
Metzgereierzeugnis
Schinken
Meuterei
Aufstand, Erhebung
mexikanischer Badeort
Acapulco
mexikanischer Haupthafen
Mazatlan, Veracruz
mexikanischer Hut
Sombrero

mexikanischer Indianer
Zapoteke
mickerig
duerftig
Mieder
Leibchen
mies
aermlich, aermlich, schaebig, schaebig
Miesmacher
Noergler, Querkopf
Miete
Erdgrube, Wohnzins
Mietfahrzeug
Droschke
Milbenart
Holzbock
milchige Flüssigkeit
Emulsion
Milchspeise
Reisbrei
Milchwirtschaftsbetrieb
Molkerei, Sennerei
Milieu
Umgebung
Milieumaler Bayerns
Spitzweg
Militärgegner
Pazifist
Militärhospital
Lazarett
militärische Einheit
Division, Kompanie, Regiment
militärische Kapelle
Musikzug
militärische Löhnung
Wehrsold
militärische Übung
Manoever
militärischer Befehl
Kommando
militärischer Dienstgrad
Adjutant, Kanonier, Kapitaen, Korporal, Leutnant, Obermaat, Offizier, Schuetze
Milzentzündung
Lienitis
Mimikry
Tarnform
minder
geringer
minderjährig
minorenn
minderwertig
inferior, schlecht
minderwertiges Buch
Schwarte
minderwertiges Stück
Klamotte

Mine
Bergwerk
Mineral
Akantith, Aluminit, Anorthit, Aragonit, Arkansit, Feldspat, Kalkspat, Kryolith, Labrador, Lazulith, Magnesit, Magnetit, Manganit, Muskovit, Nephelin, Pegmatit, Periklas, Periklin, Phosphat, Salpeter, Schwefel, Sodalith, Tellurit, Zinkspat, Zinnober
Ministerrunde
Kabinett
Mischgericht
Labskaus
Mischgetränk
Cocktail
Mischling
Halbblut, Halfcast
Mischmasch
Mischung
miserabel
duerftig, schlecht
Misogamie
Ehescheu
Missachtung
Aechtung
Missal, Missale
Messbuch
Missbehagen
Verdruss
Missbildung
Anomalie
Misserfolg
Schlappe
Missetat
Verstoss
Missfallen
Verdruss
Missgeschick
Unglueck
missgünstig
neidisch
Misshandlung
Schikane
Missionar *der* **Burgunder**
Columban
misslich
schlecht
Missmut
Verdruss
Misstrauen
Verdacht
Mistral
Fallwind
mit Wasserfarben gemaltes Bild
Aquarell
Mitarbeiter der Zeitung
Redaktor

Mitarbeiterin
Kollegin
Mitbringsel
Andenken, Geschenk, Souvenir
miteinander
zusammen
Miterfinder *des* **Automotors**
Shockley
Mitglied *eines* **islamischen Ordens**
Derwisch
Mitglied *der* **Regierung**
Minister
Mitglied *des* **Stadtrats**
Ratsherr
Mitgliedsaufnahme
Beitritt
mithin
folglich
Mitläufer
Fussvolk
Mitschuldiger
Komplize
mitschwingender Ton
Beiklang
Mittagskreis
Meridian
Mittäter
Komplize
Mitteilung
Kundgabe
Mitteilung im Gefängnis
Kassiber
Mittel *zur* **Beruhigung**
Baldrian
mittelalterliche Chemie
Alchemie, Alchimie
mittelalterliche Gefolgsleute
Vasallen
mittelalterliche Lehnsleute
Vasallen
mittelalterliche Schusswaffe
Arkebuse, Armbrust
mittelalterliche Seuche
Blattern, Syphilis
mittelalterliche Waffe
Armbrust
mittelalterlicher Verwaltungsbeamter
Landvogt
mittelalterliches Frauengemach
Kemenate
Mittelamerikaner
Panamaer

mittelamerikanische Inselgruppe
Antillen
mittelamerikanischer Indianerstamm
Karaiben, Mixteken, Tolteken
mittelamerikanischer Staat
Honduras
mittelbar
indirekt
mitteleuropäischer Staat
Slowakei
mitteleuropäisches Gebirge
Karpaten
Mittelmeerfisch
Tunfisch
Mittelmeerinsulaner
Malteser
Mittelmeerstaat
Aegypten, Albanien, Algerien, Kroatien, Tunesien
Mittelpunkt
Zentrale
Mittelwort
Partizip
Mittönen
Resonanz
mitunter
zuweilen
Mixgetränk
Cocktail, Highball
Mixtur
Mischung
Mob
Abschaum
Möbelstück
Anrichte, Esstisch, Ottomane, Sitzbank, Sitzecke, Stellage
Mobiliar
Inventar
mobilisierte Kräfte
Energien
Modegeschäft
Boutique, Hutsalon
Modell
Dressman, Prototyp
Modellentwerfer
Designer
Moder
Faeulnis
Moderator
Sprecher
modern
neuartig
moderne Rechenanlage
Computer
modernes Personenbeförderungsmittel
Flugzeug
Modeschöpfung
Creation, Kreation
Modestil
Creation, Kreation
Modezeichnung
Figurine
modische Frisur
Afrolook
Mohammedaner
Muselman, Sarazene
mohammedanische Sekte
Schiiten, Sunniten
mohammedanischer Bettelmönch
Derwisch
mohammedanischer Orden
Senussi
Molkereibetrieb
Kaeserei
mollig
dicklich
Monacos Fürstenhaus
Grimaldi
Monarch
Potentat
Monarchist
Royalist
Monatsblutung
Menarche
Monatsname
Dezember, Eismonat, Gilbhart, Heilmond, Heumonat, Lenzmond, Nebeling, November, Weinmond, Windmond
Mönch
Klausner
Mönch am letzten Zarenhof
Rasputin
Mönchsorden
Jesuiten
Mond
Satellit
Mond des Jupiter
Kallisto
Mond des Saturn
Hyperion
Mondphase
Halbmond, Vollmond
Mondsonde
Satellit
mongolischer Fürst
Tamerlan
monoklinisches Mineral
Malachit
Monomanie
fixe Idee
Monopol
Dominanz, Vorrecht
Monotonie
Einerlei
monströs
gewaltig
Monstrum
Scheusal
Montur
Kleidung
Monument
Ehrenmal, Memorial
Moorleuchten
Irrlicht, Irrwisch
moralisch
sittlich
Mordanschlag
Attentat
morgenländischer König (Bibel)
Melchior
morsch
bruechig
Morseapparat
Telegraf
Mörserkeule
Stoessel
Moscheenturm
Minarett
Moslem
Muselman
Most
Obstwein
Motor
Maschine
Motorboot
Barkasse
Motorenteil
Anlasser, Vergaser, Zylinder
Motorfahrzeug
Motorrad
Motorrad
Kraftrad
Motorradgeräusch
Knattern
Motorradhänger
Beiwagen
Motortätigkeit ohne Leistung
Leerlauf
Motto
Kennwort, Leitwort
Mozartstadt
Salzburg
Mühsal
Strapaze
mühsam
diffizil
mühsames Verfahren
Prozedur
Müll
Kehricht
multipel
mehrfach
mümmeln
knabbern

Münchener Kabarettist
Valentin
mündig
majorenn
Mündungsform
Trichter
Mündungsgebiet der Rhone
Camargue
Mundvorrat
Proviant
Münsterstadt
Freiburg
munter
lebendig
munter werden
erwachen
mürbe
bruechig
Murmel
Schusser
mürrisch
unwillig
Murrkopf
Noergler
Muschelprodukt
Perlmutt
Muschelschale
Coquille
Muselman
Sarazene
Musestunden
Freizeit
Museum
Kabinett, Sammlung
Museum in Florenz
Uffizien
Musik
Tonkunst
musikalischer Beruf
Dirigent
musikalischer Fachterminus für feierlich
maestoso
musikalischer Fachterminus für gemäßigt
moderato
musikalisches Blasinstrument
Saxophon, Schalmei, Trompete
musikalisches Bühnenwerk
Operette
musikalisches Schlaginstrument
Triangel
musikalisches Streichinstrument
Bratsche
musikalisches Takt- und Zeitmaß
Rhythmus
musikalisches Zeitmaß
Lentando, Rhythmus
Musikapparat
Musikbox
Musikautomat
Musicbox, Musikbox
Musikdarbietung
Madrigal, Operette, Sinfonie
Musikdose
Spieluhr
Musikensemble
Musikzug, Quartett
Musikinstrument
Bratsche, Guitarre, Hautbois, Jagdhorn, Saxophon, Schalmei, Tamburin, Triangel, Trompete, Tympanon, Vibrafon, Xylophon
Musikstück
Fantasie
Musizierender
Virtuose
Muskelkraftmesser
Ergostat
Muskelprotz
Herkules
Muskelschwund
Atrophie
Muskelstrecker
Expander
muskulös
kraeftig
Muslim
Muselman
Muße
Freizeit
müßig
untaetig
Müßiggang
Faulheit
Müßiggänger
Faulpelz, Tagedieb
Muster
Beispiel, Prototyp
mustergültig
normativ
Musterung
Maserung
Musterzeichner
Designer
Mutlosigkeit
Feigheit
mutmaßen
annehmen, vermuten
Mutter *von* **Salomo**
Bathseba
Mutterkuchen
Plazenta
Muttersöhnchen
Feigling
Mutterwitz
Schlaeue
Mutwille
Uebermut
mutwilliger Streich
Eskapade
mythischer Drache
Lindwurm

N

nach hohen Zielen Strebender
Idealist
nach oben wirkende Kraft
Auftrieb
nach unten
Imitator
Nachbar
Anlieger, Anrainer, Anwohner
Nachbarvolk der Juden im Alten Testament
Moabiter
Nachbesserung
Retusche
Nachbildung
Attrappe, Klischee
Nachdruck
Betonung
nachdrücklich
deutlich
Nachfolger
Schueler
Nachforschung
Fahndung, Pruefung
Nachfrage
Kauflust
Nachhall
Resonanz
Nachkomme
Nachfahr
Nachlass
Erbmasse
Nachlassgut
Erbmasse
Nachprüfung
Revision
Nachrichtenmittel
Eilbrief, Funkbild, Hoerfunk, Rohrpost, Rundfunk, Satellit, Telegraf
Nachruf
Grabrede, Nekrolog
Nachschlagewerk
Handbuch

Nachschlagewerk *für* **Prominente**
Who is who
Nachschlüssel
Dietrich
Nachschubwesen
Logistik
Nachspeise
Eiscreme, Fruechte
Nachtmusik
Nocturne, Notturno, Serenade
Nachweis
Dokument
Nacktkultur
Nudismus
Nadelarbeit
Stricken
Nadelbaum
Zypresse
Nadelholz
Konifere
nagen
knabbern, muemmeln
Näherin
Grisette
nahezu
ziemlich
Nähfaden zum Heften
Reihgarn
Nählinie am Kleiderrand
Saumnaht
Nährboden
Agar-Agar, Substrat
Nahrung
Proviant
naiv
kindisch
Name *des* **Dachses**
Grimbart
Name *aus der* **deutschen Fabel**
Grimbart
Name *vieler* **deutscher Städte**
Neustadt
Name *eines* **finnischen Sees**
Enaresee, Inarisee
Name *von* **Heiligen**
Ignatius
Name spanischer Königinnen
Isabella
Name *von* **Zeitungen**
Anzeiger
Name *von* **zwei deutschen Dichtern**
Brentano
Namenszug
Initiale, Signatur
namhaft
beruehmt, illuster
Narbe
Schmarre
Narkosemittel
Novocain
Narr
Dummkopf
Narrengestalt
Harlekin
närrische Zeit
Fasching, Karneval
Naschwerk
Leckerei, Pralinen
Nasenlöcher beim Pferd
Nuestern
Nationalspiel *in* **Deutschland**
Fussball
Nationalspiel *in den* **USA**
Baseball
Natriumverbindung
Kochsalz, Salpeter
Naturell
Eigenart
Naturereignis
Abendrot, Erdbeben, Gewitter, Gezeiten, Hurrikan, Rauhreif, Seebeben, Windhose
Naturkatastrophe
Erdbeben, Hurrikan, Seebeben
Naturkunde
Biologie
natürlich
schlicht
Naturschutzgebiet *in* **Afrika**
Kalahari
Naturschutzgebiet *in* **Schwaben**
Federsee
Naturschutzgebiet *in den* **USA**
Yosemite
Naturtrieb
Instinkt
Naturwissenschaft
Biologie, Geologie, Zoologie
Naturwissenschaftler
Astronom, Chemiker, Physiker
Nautiker
Kapitaen
nautisches Hilfsmittel
Seekarte
nautisches Längenmaß
Seemeile
nautisches Maß
Seemeile
nautisches Planbild
Seekarte
Navigationsgrundlage
Seekarte
Nebeling
November
Nebelmonat
November
Nebelreich der nordischen Sage
Niflheim
neben
seitlich
nebenan Wohnende
Nachbarn
nebeneinander laufend
parallel
Nebenfluss *des* **Dnjepr**
Beresina
Nebenfluss *der* **Donau**
Altmuehl, Sereskul, Woernitz
Nebenfluss *der* **Elbe**
Pantsche, Rossbach, Schwinge
Nebenfluss *der* **Garonne**
Dordogne
Nebenfluss *der* **Leine**
Innerste
Nebenfluss *des* **Mississippi**
Arkansas, Illinois, Missouri, Red River
Nebenfluss *der* **Oker**
Schunter
Nebenfluss *der* **Saar**
Sulzbach
Nebenfluss *der* **Salzach**
Saalbach
Nebenform
Variante
Nebenfrau
Geliebte
Nebenraum
Kabinett
Nebensache
Lappalie
Nebensächliches
Staffage
Neblung
November
necken
haenseln
Neckerei
Fopperei
negativ geladenes Teilchen
Elektron
negative Auswirkung
Nachteil

negativer Charakterzug
Untugend
nehmen
erfassen
Neigung
Vorliebe
Neigung nach unten
Gefaelle
Neinsager
Nihilist
Nennwert
Parikurs
Nennwort
Adjektiv, Zahlwort
Nepp
Gaunerei
Nereide
Galateia
Nervenbündel
Hektiker
Nervenentzündung
Neuritis
Nervenfaser
Fibrille
Nervenknoten
Ganglion
Nervenkrankheit
Hysterie, Neuritis, Psychose
Nervenstärkungsmittel
Baldrian, Lecithin, Lezithin
nervös
hektisch
nett
niedlich, zierlich
Netz
Geflecht, Gespinst
Neubekehrter
Proselyt
neuer Ortsteil
Siedlung
Neuerscheinung
Novitaet
Neuerung
Kreation, Novitaet
neulateinisch für Berlin
Berolina
Neunauge
Lamprete
Neurose
Hysterie
Neusilber
Argentan
neutral
objektiv, sachlich
New Yorker Geschäftsstraße
Broadway
nicht durch zwei teilbar
ungerade
nicht ehrlich
unlauter
nicht erforderlich
unnötig
nicht fest
fluessig
nicht flügger Vogel
Nestling
nicht hergeben
behalten
nicht im Raum
draussen
nicht vereint
getrennt
nicht wissend
ignorant
nicht zahlender Zuschauer
Zaungast
Nichtachtung
Verstoss
Nichtigkeit
Lappalie
Nichtleiter
Isolator
nichtsesshafter Mensch
Vagabund, Zigeuner
Nichtskönner
Stuemper
Nichtsnutz
Versager
Nichtsoldat
Zivilist
Nichtstuer
Faulpelz, Tagedieb
Nichtstun
Erholung, Freizeit
Nichtswisser
Dummkopf, Stuemper
niederdeutscher Schriftsteller
Claudius
Niederholz
Dickicht, Knieholz
Niederlage
Schlappe
niederländische Insel
Schouwen, Vlieland
niederländische Königin
Hortense
niederländische Malerfamilie
Breughel, Brueghel
niederländischer Bildhauer
Tassaert
niederländischer Chemiker
van't Hoff
niederländischer Historiker
Huizinga
niederländischer Komponist
Ockeghem, Willaert
niederländischer Maler
Breughel, Brueghel, Doesburg, Jordaens, Mondrian, Mostaert, Ruisdael, Ruysdael, Snijders, Terborch
niederländischer Naturwissenschaftler
Snellius
niederländischer Nobelpreisträger für Chemie
van't Hoff
niederländischer Philosoph
Geulincx
niederländischer Schauspieler
Heesters
niederländischer Schriftsteller
Bemmelen, Couperus, Gossaert, Hinrichs, Schendel
niederländischer Showstar
Heesters
niederländisches Seebad
Nordwijk
Niederlassung
Siedlung
niederösterreichische Stadt
Moedling
Niederschlag
Raureif
Niederschlag beim Boxen
Knock-out
Niedertracht
Gaunerei, Perfidie
Niederwild
Schnepfe, Wildente, Wildgans
niedlich
charmant, zierlich
niedriger Stuhl ohne Lehne
Taburett
niedriges Liegesofa
Ottomane
Nierenentzündung
Nephrose
Niete
Versager
Nilpferd im Alten Testament
Behemoth
Nimbus
Prestige
Nimrod
Waidmann, Weidmann
Niveauunterschied
Gefaelle, Schraege
Nixe
Meerjungfrau, Melusine

nobel
gepflegt
Nomadenstamm in Mittelasien
Kirgisen
Nomen
Nennwort
Nordafrikaner
Aegypter, Fellache, Tunesier
nordafrikanische Hauptstadt
Tripolis
nordafrikanische Landschaft
Nildelta
nordafrikanischer Staat
Aegypten, Algerien, Tunesien
nordafrikanisches Gericht
Couscous
Nordamerikaner
Kanadier
nordamerikanische Halbinsel
Labrador
nordamerikanischer Schneesturm
Blizzard
nordamerikanischer Teamsport
Baseball
nordchinesisches Hochland
Mongolei
norddeutsches Gebiet
Holstein
norddeutsches Gericht
Labskaus
Nordeuropäer
Norweger
nordeuropäische Hafenstadt
Helsinki
nordeuropäische Hauptstadt
Helsinki
nordeuropäische Insel
Bornholm
nordeuropäische Landschaft
Lappland
nordeuropäische Sprache
Daenisch
nordeuropäischer Staat
Finnland, Norwegen, Schweden
nordeuropäisches Königreich
Norwegen, Schweden
nordeuropäisches Volk
Norweger, Schweden
nordfinnisches Gewässer
Enaresee, Inarisee
nordfranzösische Hafenstadt
Boulogne
nordfranzösische Landschaft
Picardie
nordfriesische Insel
Pellworm
Nordgermane
Normanne, Waraeger, Wikinger
nordgriechische Landschaft
Thrakien
nordische Sagengestalt
Walkuere
nordisches Totenreich
Niflheim
norditalienisches Gewässer
Gardasee
nördlichster Teil Skandinaviens
Lappland
Nordmeerinselgruppe
Faeroeer
Nordseebad
Cuxhaven, Langeoog
Nordseeinsel
Langeoog, Pellworm
nordspanische Stadt
Figueras
nordwestrussisches Gewässer
Onegasee
Nörgler
Meckerer
Norm
Standard
normal
regulaer
Normalmaß
Standard
Normandiehalbinsel
Calvados, Cotentin
Normanne
Wikinger
Normannenfürst
Guiscard
normannische Insel
Alderney, Guernsey
Norne
Verdandi, Werdandi
norwegische Volksvertretung
Storting
norwegischer Bildhauer
Vigeland
norwegischer Chemiker
Bergmann
norwegischer Geograf und Forschungsreisender
Amundsen
norwegischer Polarforscher
Amundsen, Sverdrup
norwegischer Politiker
Quisling
norwegischer Schriftsteller
Kielland
Note beim Doktorexamen
cum laude
Notengestell
Staender
Nothelfer
Achatius, Aegidius, Cyriakus
nötig
dringend, zwingend
Notizbuch
Merkbuch, Merkheft
notwendig
zwingend
November
Nebelung, Windmond
Novität
Création, Kreation
Nuance
Feinheit, Schatten
nüchtern
besonnen, objektiv, sachlich
Nudelart
Rigatoni, Spaetzle, Spagetti
Nukleus
Zellkern
Null-Null
Toilette
Numerale
Zahlwort
nur zum Schein
pro forma
Nussart
Kolanuss, Paranuss
nussartige Frucht
Kastanie
Nutzleistung
Ausstoss
nützlich
opportun
nutzlos
unnoetig
Nutznießer
Benutzer
Nutztierfütterung
Maestung
Nutzungsnehmer gegen Entgelt auf Zeit
Paechter
Nymphe
Galateia, Okeanide

8

O

Oase in Ägypten
Baharieh, Bahariya
Obdach
Zuflucht
Obdachloser in Paris
Clochard
Obduktion
Autopsie
Ober
Bediener
oberbayerische Landschaft
Chiemgau
oberbayerische Stadt
Freising
oberbayerischer See
Ammersee, Chiemsee, Ostersee, Wuermsee
Oberbefehlshaber
Feldherr
Oberer
Guardian, Superior
oberer Raumabschluss
Gewoelbe
oberer Säulenabschluss
Kapitell
oberer Teil der Scheune
Heuboden
oberer Teil des menschlichen Rumpfes
Schulter
oberflächlicher Mensch
Luftikus
oberfränkische Stadt
Bayreuth
Obergeschoss
Beletage
Obergewalt
Supremat
Oberhaupt
Gebieter
Oberhirt
Kardinal
Oberkörperteil
Schulter
oberösterreichischer Kurort
Bad Ischl
oberösterreichisches Gewässer
Traunsee
Oberpriester im antiken Rom
Pontifex
Oberschicht
Upper Ten
Objekt
Entitaet
objektiv
sachlich, wirklich
Obst verarbeitender Betrieb
Mosterei
Obstart, Obstsorte
Aprikose, Erdbeere, Himbeere, Pfirsich, Reinette, Zwetsche
obszön
schamlos
öde
unbelebt
Odins achtbeiniges Pferd
Sleipnir
Odyssee
Irrfahrt
Ofensetzerbetrieb
Hafnerei
offenbar
deutlich, manifest, sichtbar
offene Bekanntmachung der Heirat
Aufgebot
offener zweisitziger Sportwagen
Roadster
öffentliche Erklärung
Manifest
öffentlicher Aushang
Anschlag
öffentlicher Aushang vor der Eheschließung
Aufgebot
öffentliches Geldwesen
Finanzen
öffentliches Verkehrsmittel
Hochbahn, Trambahn
Öffentlichkeit
Publikum
offerieren
anbieten
offizielles Schriftstück
Dokument
Offizier
Kapitaen, Leutnant
Offiziersdienstgrad
Leutnant
Offiziersgehilfe
Adjutant
Offizin
Apotheke
Öffnung
Ausstieg
ohne Abwechslung
einerlei
Ohr des Wildes
Lauscher
Ohrenheilkunde
Otiatrie, Otologie
Ohrfeige
Watschen
Okeanide
Kalliroe, Plexaure, Polydora
Okkupation
Invasion
Ökonom
Landwirt
Oktober
Gilbhard, Weinmond
Ölbaumgewächs
Liguster
ölige Flüssigkeit
Glyzerin
Olm
Amphibie
Ölpflanze
Oelpalme
ölreiche Hartfrucht
Paranuss
Ölröhre
Pipeline
olympische Auszeichnung
Medaille
olympische Frauenturndisziplin
Achtkampf
Ondit
Geruecht
Oper von Busoni
Turandot
Oper von d'Albert
Tiefland
Oper von Egk
Columbus, Peer Gynt
Oper von Gluck
Alkestis, Antigone, Telemach
Oper von Händel
Atalanta, Berenice
Oper von Honegger
Antigone
Oper von Mozart
Idomeneo
Oper von Orff
Antigone
Oper von Puccini
La Bohème, Turandot
Oper von Strauß
Arabella
Oper von Verdi
Falstaff
Oper von Wagner
Parsifal, Walkuere
Oper von Weber
Preziosa
Operation
Eingriff, Manoever
Operationsmesser
Lanzette, Skalpell
operative Maßnahme
Eingriff
Operette von Gilbert
Puppchen

Operette von Kàlmàn
Bajadere
Operette von Kollo
Juxbaron, Marietta
Operette von Künneke
Liselott
Operette von Lehàr
Giuditta, Paganini
Operette von Lincke
Casanova, Frau Luna
Operette von Offenbach
Banditen
Operettenkomponist
Benatzky, Kuenneke
Opernarie
Kavatine
Opernfigur *bei* **Verdi**
Falstaff
Opernkomponist
Lortzing, Pfitzner
Opernteil
Quartett
Operntextbuch
Libretto
Opiumalkaloid
Narcotin, Narkotin
Optimismus
Hoffnung
Option
Vorrecht
optischer Telegraf
Semaphor
optisches Gerät
Fernglas, Fernrohr, Objektiv, Periskop, Teleskop
Oratorium von Händel
Belsazar, Herakles, Theodora
Orchesterleiter
Dirigent
Orchesterwerk
Sinfonie
Orchideenart
Cattleya, Nestwurz, Oncidium
Orden
Medaille
Ordensstifter
Benedikt
ordentlich
tuechtig
ordnende Festlegung
Regelung
Ordnung
Regelung
Ordnungshüter
Polizist
Ordnungsmaßnahme
Regelung
Ordnungssystem
Alphabet
ORF-Zusatzinformation
Teletext
Organ *der* **Stimmbildung**
Kehlkopf
Orgelpfeifenreihe von gleicher Klangfarbe
Register
Orgelspieler
Organist
Orgelteil
Register, Windlade, Windwerk
Orientale
Armenier, Libanese
Orientalin
Araberin, Iranerin
orientalische Frauenhose
Schalwar
orientalische Reisegesellschaft
Karawane
orientalische Wasserpfeife
Nargileh
orientalischer Bauer
Fellache
orientalischer Bettelmönch
Derwisch
Orientierungsfähigkeit
Ortssinn
Orientteppichsorte
Luristan, Meschhed, Serabend
Orkneyinsel
Mainland, Stronsay
Ornament
Arabeske, Maeander, Palmette, Zickzack
Ornamentform
Akanthus
Ort
Gemeinde, Siedlung
Ort *zum* **Abstellen von Fahrzeugen**
Parkhaus
Ort *der* **Gefallenen** (Sagenwelt)
Walhalla
Ort *der* **Kardinäle zur Papstwahl**
Konklave
Ort *der* **Karl-May-Festspiele**
Segeberg
Ort *der* **nordischen Sage**
Asenheim, Walhalla
Ort *der* **Seeschlacht 1805**
Trafalgar
Ort *der* **Seligen**
Jenseits
Ort *der* **Seligkeit**
Paradies
Ort *auf* **Sylt**
Braderup
Ort *der* **Verdammnis**
Tartarus
ortsansässig
heimisch
Öse
Schlaufe, Schleife, Schlinge
Ostafrikaner
Kenianer
ostafrikanische Insel
Sansibar
ostafrikanischer Staat
Tansania
Ostasiat
Koreaner
ostasiatischer Staat
Mongolei
österreichisch für Beeren einzeln abpflücken
abrebeln
österreichisch für Schnapsgläschen
Stamperl
österreichische Autorin
Jellinek
österreichische Landeshauptstadt
Salzburg
österreichische Münze
Groschen
österreichische Stadt in der Steiermark
Eisenerz
österreichischer Bundeskanzler
Dollfuss
österreichischer Bundespräsident
Waldheim
österreichischer Feldmarschall
Radetzky
österreichischer Instrumentalvirtuose
Kreisler
österreichischer Komponist
Benatzky, Bruckner, Schubert
österreichischer Literat
Rosegger
österreichischer Pazifist
Lammasch
österreichischer Politiker
Dollfuss, Sinowatz
österreichischer Sänger
Juergens
österreichischer Schauspieler
Lewinsky, Tressler

österreichischer Schriftsteller
Roda Roda, Rosegger
österreichischer Staatsmann
Dollfuss
österreichisches Bundesland
Kaernten, Salzburg
Osteuropäer
Tscheche, Ukrainer
ostfinnischer Volksstamm
Karelier, Udmurten
ostfriesische Insel
Langeoog
Ostgotenkönig
Dietrich, Geberich, Hunimund, Ildibald
ostkanadische Halbinsel
Labrador
ostpreußische Landschaft
Natangen
oströmische Kaiserin
Theodora
oströmischer Kaiser
Arkadios
Ostseebad
Groemitz, Haffkrug, Hohwacht, Niendorf
Ostseehafen
Helsinki
Ostseeinsel
Bornholm
Ostseemeerenge
Oeresund
ostspanisches Seebad
Benidorm
Otter
Schlange
Ouvertüre
Vorspiel
Ovulation
Eisprung
Ozean
Atlantik, Weltmeer

8

P

Paarhufer, Paarzeher
Antilope, Dromedar, Nilpferd
Pächter eines Lokals
Gastwirt
Pachtgeld
Mietzins
Pachthof im Mittelalter
Lehnsgut
Pack
Abschaum, Gesindel
packend
spannend
Pädagoge
Erzieher
Paddelboot
Faltboot, Kanadier
pakistanischer Politiker
Ajub Khan
Pakt
Abkommen, Buendnis, Kontrakt
Palast *in* **Florenz**
Bargello, Uffizien
Palast *bei* **Granada**
Alhambra
Palast *in* **Rom**
Quirinal
Palasthund
Pekinese
Palatschinke
Omelette
Palmblattfaser
Piassava
Palmblatthut
Sombrero
Palmenart
Oelpalme
Palmsonntag
Palmarum
Paniermehl
Weckmehl
Panorama
Aussicht
Panzer
Harnisch, Ruestung
Panzerechse
Krokodil
Panzerschrank
Bankfach
Papageienart
Arakanga, Ararauna
Papierblättchen
Konfetti
papierdünn gewalztes Zinn
Stanniol
Papiergeld
Banknote
päpstliche Gesandtschaft
Legation
päpstliche Kopfbedeckung
Pileolus
päpstliche Obergewalt
Supremat
Papstname
Benedikt, Eusebius, Innozenz, Johannes, Nikolaus, Valentin
Paradies
Eldorado
Parallelogramm
Rechteck
parat
greifbar
Pariser Bettler
Clochard
Pariser Modeschöpfer
Givenchy
Pariser Universität
Sorbonne
Parlament
Kongress
Parlamentarierzusammenschluss
Fraktion
Parole
Kennwort
Part
Teilhabe
Parteigenosse
Mitglied
parteiisch
befangen
Partisan
Guerilla
Party
Hausball, Hausfest
Parze
Lachesis
passabel
leidlich
Passagier
Fahrgast, Fluggast
passend
angenehm, geeignet, guenstig, opportun
Passionswoche
Karwoche
passiv
untaetig
Pastetenart
Grisette, Krustade
Pastor
Priester
Pate
Gevatter
Patenkind
Firmling
patent
tuechtig
Patina
Edelrost
Patron *der* **Bergsteiger**
Bernhard
Patron *der* **Förster**
Hubertus
Patron *der* **Jäger**
Hubertus
Patron *der* **Kinder**
Nikolaus
Patron *der* **Kranken**
Johannes
Patron *der* **Schiffer**
Nikolaus
Patronin *der* **Musik**
Caecilia, Caecilie

Pause
Freizeit, Halbzeit
Pavianart
Mandrill
Pech
Unglueck
peinlich berührt
betreten
pelikanartiger Vogel
Kormoran
Pelztier
Hermelin
Penelopes Mann
Odysseus
Penelopes Sohn
Telemach
Pentagon
Fuenfeck
Perigäum
Erdnaehe
Periode
Menarche, Zeitraum
Periodenzahl
Frequenz
Perron
Auffahrt
persische Münze
Dareikos
persische Provinz
Kuhistan
persischer Dichter
Dschelal, Firdausi
persischer König
Kambyses
Personenkraftwagen
Roadster
persönliche Habe
Eigentum
Perspektive
Ausblick, Aussicht
peruanischer See
Titicaca
Pfadfinder
Boyscout
Pfadfindertreffen
Jamboree
Pfahlsperre
Palisade
Pfandrecht an Immobilien
Hypothek
Pfannengericht
Omelette
Pfannkuchen
Omelette
Pfannkuchenart
Berliner
Pfarramt
Pastorat
Pfarrbezirk
Parochie
Pfarrei
Sprengel
Pfarrer
Priester
Pfarrwohnung
Pastorat
Pfefferschoten
Peperoni
Pfeil
Geschoss
Pfeiler
Pilaster, Staender
Pfeilerabschluss
Kapitell
Pfennigfuchser
Geizhals
Pferch
Viehzaun
Pferd
Einhufer
Pferd von Odin
Sleipnir
Pferd-Esel-Kreuzung
Maulesel
Pferdeart
Isabelle, Schimmel
Pferdebesitz
Marstall
Pferdebürste
Striegel
Pferdefuhrwerk
Droschke, Equipage, Kalesche
Pferdefußbeschlag
Hufeisen
Pferdegeschirr
Reitzeug
Pferdekutsche
Droschke
Pferderasse
Halbblut, Kaltblut, Turkmene, Vollblut, Warmblut
Pferderennplatz
Daglfing
Pferdesport
Military, Springen
Pferdesportanlage
Reitbahn
Pferdestammbuch
Stutbuch
Pfiff
Pfeifton
Pfifferling
Gelbling
Pflanzenanbau
Plantage
Pflanzengattung
Wegerich
Pflanzenornament
Arabeske
Pflanzenprodukt
Baumharz
Pflanzenschutzmittel
Fungizid, Pestizid
Pflanzenstängel
Grashalm
Pflanzenteil
Staengel
Pflanzenzüchter
Gaertner
Pflanzung
Plantage
Pflaumenart
Quetsche, Spilling, Zwetsche
Pfleger
Betreuer
Pflegestätte für herrenlose Kreaturen
Tierheim
Pflegschaftsübernahme
Adoption
Pfropfbastard
Chimaere
Pfropfen
Stoepsel
Pfuscher
Stuemper
Phänomen
Ereignis
Phantom
Gespenst, Trugbild
Pharaonengrab
Pyramide
Pharaonenname
Chephren, Echnaton
Pharisäer
Heuchler
philippinische Insel
Camiguin, Mindanao
philippinischer Ureinwohner
Filipino
philippinischer Vulkan
Urdaneta
philosophische Richtung
Monismus
phönizische Kolonie
Karthago
physikalische Größe der Thermodynamik
Entropie
physikalische Zustandsgröße
Entropie
physikalischer Begriff
Atomkern, Auftrieb, Batterie, Bewegung, Brechung, Drehzahl, Emission, Fernrohr, Flugbahn, Frequenz, Influenz, Isolator, Leistung, Maschine, Mechanik, Molekuel, Rotation, Spannung, Spektrum, Struktur

Pickel
Mitesser
Piefke
Spiesser
pikant
gewuerzt
pikante Soße
Ketschup
pikiert
verletzt
Pille
Pastille, Tablette
Pilzart
Egerling, Eierpilz, Hefepilz, Trueffel
Pilzfäden
Myzelium
Pilzvernichtungsmittel
Fungizid
Pimpernuss
Pistazie
Pirolart
Bieresel, Bierhahn
Piste
Rennbahn
Piste auf Flugplätzen
Rollbahn
Plackerei
Strapaze
Plage
Strapaze
Plakat
Anschlag
Plakette
Medaille
Plan
Vorhaben
Planetenbegleiter
Satellit
planmäßige Übung
Training
Plantagenbesitzer
Pflanzer
planvoll
taktisch
planvolle Maßnahme
Handlung
Plastik
Skulptur
plastisches Bildwerk
Skulptur
Platte
Kahlkopf
Plattengestein
Schiefer
Plattfisch
Heilbutt
Plattform
Terrasse
Plattwurm
Bandwurm
Platz
Position
Plätzchen
Pastille
Playboy
Lebemann
Pleite
Bankrott, Reinfall
plötzliche Wettererscheinung
Gewitter
plötzlicher Wechsel ins Gegenteil
Umschlag
Plumeau
Oberbett
Plünderer
Marodeur
Plural
Mehrzahl
Pöbel
Gesindel
Pocken
Blattern
Poesie
Stimmung
poetisch für Heuchler
Gleisner
poetisch für Kartoffel
Erdapfel
pointierte Kurzgeschichte
Anekdote
Pokal
Trophaee
Pökelflüssigkeit
Salzlake
polar
arktisch
Polarforscher
Amundsen
Polierschiefer
Bergmehl
politische Ansprache
Wahlrede
politische Gewalttat
Attentat
politische Streitschrift
Pamphlet
politischer Begriff
Anarchie
politischer Hetzredner
Agitator
politischer Mordanschlag
Attentat
politischer Redner
Agitator
politischer Theoretiker
Ideologe
politischer Werber
Agitator
politisches Programm
Manifest
politisches Tötungsverbrechen
Fememord
Politur
Ueberzug
Polizeibeamter
Detektiv
polizeiliche Aktion
Fahndung
polizeilicher Begriff
Tatwaffe
Polizeiorganisation
Interpol
polnische Landschaft
Galizien, Masowien
polnischer König
Jagiello
polnischer Politiker
Morawski, Moscicki, Zawadski
polnischer Schriftsteller
Malewska, Zeromski
Polster
Matratze
Polstermaterial
Rosshaar
Polstermöbel
Fauteuil, Ottomane
popelig
armselig
Popmusikbegriff
Hardrock
populärer Künstler
Filmstar
populäres Liedchen
Schlager
Portier
Hauswart
Porträt
Gemaelde, Kopfbild
portugiesische Insel
Berlenga, Desertas, Terceira
portugiesische Weinsorte
Portwein
portugiesischer Entdecker
Magellan
portugiesischer Königsname
Fernando
portugiesischer Mediziner
Giraldes
portugiesischer Politiker
Oliveira
portugiesischer Schriftsteller
Carneiro, Pascoaes
portugiesischer Seefahrer
Magellan
portugiesisches Geschlecht
Braganza

Porzellanerde
Kaolinit
Porzellantrinkgefäß
Teetasse
Pose
Gebaerde, Stellung
Position
Stellung
positiv
bejahend, bestimmt
positiv geladenes Elementarteilchen
Positron
positiver Kontostand
Guthaben
Possen
Burleske, Groteske, Komoedie
Possenreißer
Harlekin, Witzbold
possierlich
niedlich, zierlich
Postbeförderung im Krieg
Feldpost
Posten
Position, Stellung
Postillion
Kutscher, Schwager
Postkutscher
Schwager
Postsendung
Depesche, Eilbrief, Eilpaket, Luftpost, Rohrpost
Postskript
Nachsatz, Nachtrag
Postulat
Begehren
Postzusteller
Postbote
Prachtgebäude
Prunkbau
prächtig
blendend, herrlich
Prädikant
Prediger
Prädikat bei Doktorprüfungen
cum laude
Prädikat bei Weinen
Kabinett
Prägemaschine
Kalander
prägende Wirkung
Eindruck
Prahlhans
Maulheld
praktisch
guenstig
Pralinenfüllung
Marzipan
Präludium
Vorspiel
Prämie
Nachlass, Zuschlag, Zuschuss
Präposition
jenseits, oberhalb, waehrend, zwischen
Präsent
Geschenk
Präsentationsfläche bei Modenschauen
Laufsteg
Präsident *der* **Bundesrepublik Deutschland**
Carstens
präzise
treffend
Predigtbuch
Postille
Predigtstuhl
Katheder
Preis
Trophaee
Preisabzug
Nachlass
Preisauftrieb
Teuerung
Preisgabe
Verzicht
Preisliste
Prospekt
Preisträger
Gewinner
Preistreiber
Wucherer
preiswert
wohlfeil
prekär
diffizil
Presseberichterstatter
Reporter
Pressefeldzug
Kampagne
Prestige
Renommee
preußische Provinz
Hannover
preußischer Feldmarschall
Bluecher
preußischer General
Bluecher, Seydlitz
preußischer Staatsmann
Bismarck, Humboldt, Radowitz
prickelnd
reizvoll
Priem
Kautabak
primitiv
duerftig
primitive Befestigung
Ringwall
Prinzessin aus Tausendundeiner Nacht
Turandot
Prinzessin *von* **Monaco**
Caroline
privater Autoweg zum Haus
Einfahrt
Privatschule
Internat
Privileg
Vorrecht
Probe
Pruefung
Probezeit im Kloster
Noviziat
Produkt
Ergebnis, Resultat
Produktionsbereich in der Textilbranche
Buegelei
Produzent
Erzeuger
Professor im Ruhestand
Emeritus
Profit
Einnahme
Programm
Vorhaben
Programm für eine EDV-Anlage
Software
programmatische Grundsatzerklärung
Manifest
Projektil
Geschoss
Prolog
Vorspiel
prominent
beruehmt
Prophet im Alten Testament
Ezechiel, Hesekiel, Jeremias, Maleachi, Sacharja, Zephanja
Proportion
Ebenmass
Prosa
Dichtung
Prostituierte
Callgirl
Prototyp
Testfall
Provenienz
Herkunft, Ursprung
provenzalischer Minnesänger
Trouvère
provenzalischer Tanz
Rigaudon
Provinz *in* **Belgien**
Hennegau

Provinz *in* **Indien**
Bengalen
Provinz *in* **Kanada**
Manitoba
Provinz *in* **Spanien**
Alicante
Provision des Börsenmaklers
Courtage
Prozession
Bittgang
prüfend
kritisch
Prüfling
Kandidat
Prügel
Schlaege
Prügelei
Keilerei, Rauferei
prunklos
schlicht
Pseudonym
Deckname
Publikum
Besucher, Zuhoerer
Publizist
Verleger
pudelartige Schoßhunde
Malteser
Puderzucker
Farinade
Pult
Katheder
Punkt *auf der* **Y-Achse**
(mathematisch)
Ordinate
Punktgleichheit
Einstand
Putsch
Aufstand, Erhebung
putzen
reinigen
Putzlappen
Reibtuch
Putzmacherin
Modistin
Putzmittel
Reiniger
Putztisch
Toilette

Q

Quacksalber
Pfuscher, Salbader, Stuemper
Quader
Baustein
Quadrat
Rechteck
quälen
peinigen
qualifiziert
geeignet
Qualitätsniveau
Standard
Qualle
Hohltier
Quappe
Truesche
Quaste
Portepee, Posament
Queen
Koenigin
Quelle
Herkunft, Ursprung
Quellgöttin
Arethusa
quer
diagonal
Querbalken
Traverse
Querholz der Eisenbahnschienen
Schwelle
querköpfig
obstinat
Querschiff
Transept
Querulant
Noergler, Quengler
Querversteifung
Traverse
quietistisch
geduldig
Quizmannschaft
Rateteam
Quodlibet
Allerlei, Mischung

R

Rabatt
Abschlag, Nachlass
Rabenvogel
Kolkrabe
Rache
Revanche
Rachegöttin
Eumenide
Rachenmandel
Tonsille
Rachsucht
Rankuene
Räderwerk
Getriebe, Mechanik
Radierung
Gravuere
Radio
Rundfunk
radioaktives Element
Aktinium, Francium, Polonium, Thallium
Radrennbahn
Velodrom
Radsportanlage
Rennbahn
Raffgier
Habsucht
raffiniert
gerieben, gerissen
Raffsucht
Habsucht
Rainweide
Liguster
Rampe
Auffahrt
Randalierer
Hooligan
Randbemerkung
Fussnote
Randstickerei
Langette
Randstreifen neben der Fahrbahn
Bankette
Randverzierung
Vignette
Rang
Renommee, Stellung
Range
Wildfang
Rankenwerk
Arabeske, Ornament
Ränkespiel
Komplott
Ranzen
Rucksack
rapid
reissend
rasch die Stimmung wechselnd
launisch
rasendes Verlangen
Begierde
Rasenspiel
Fussball, Handball
Rassehund
Pekinese
Rat
Zuspruch
Ratgeber *am* **Zarenhof**
Rasputin
Ratio
Vernunft, Verstand
Rätoromane
Friauler
Rätselart
Anagramm, Scharade
rätselhaft
pythisch
Ratsherr
Alderman, Stadtrat

rattern
klappern
rau (rauh)
klanglos
räuberisches Insekt
Gelbrand
Raubfisch
Saegehai, Tigerhai
Raubtier
Hermelin, Wildhund
Raubwild
Hermelin
Rauch
Schmauch, Schwaden
Rauchabzug
Ofenrohr
Rauferei
Keilerei
Raufutter (Rauhfutter)
Haecksel
Raum
Weltraum
Raum *unter dem* **Dach**
Speicher
Raum *für* **große Feiern**
Festsaal
Raumbegriff
Richtung
Raumfahrtbegriff
Machzahl, Satellit
Raumschiff
Satellit
Raumsonde
Satellit
Raumsonde *der* **Amerikaner**
Explorer, Vanguard
Raunen
Gemunkel
raupenartiges Garn
Chenille
Rausch
Erregung
Rauschgift
Morphium
Rauschzustand
Delirium
Rauware (Rauhware)
Barchent, Velveton
Reaktion im Schachspiel
Gegenzug
Reaktorkatastrophe
Supergau
real
dinglich, wirklich
Rebell
Empoerer, Meuterer
Rebellion
Aufstand
Rebenanlage
Weinberg
Rebensorte
Riesling, Silvaner, Traminer
Rebensorte an der Mosel
Riesling
Rechenanlage
Computer
Rechenergebnis
Endsumme, Quotient, Resultat
Rechenschaft
Auskunft
Rechnung
Quittung
Rechnungsart
Addition, Division
Recht
Anspruch, Befugnis
Rechteck
Rhomboid
rechtgläubig
orthodox
Rechtsanwalt
Syndikus
Rechtsextremist
Faschist
Rechtsmittel
Berufung, Revision
Rechtsverdreher
Rabulist
rechtswidrig
verboten
Rechtswidrigkeit
Vergehen, Verstoss
Redekunst
Rhetorik
Redner
Demagoge, Referent, Sprecher
Rednerplatz
Katheder, Tribuene
reell
wirklich
Referenz
Auskunft
Reflektor
Fernrohr, Teleskop
Refrain
Kehrreim
Regal
Staender, Stellage
Regel
Leitsatz
Regeldetri
Dreisatz
regelmäßig
geordnet, regulaer
regelmäßiger Sitzungstermin
Jour fixe
Regelmäßigkeit
Ebenmass
regelrecht
regulaer
regelwidrig
verboten
Regelwidrigkeit
Anomalie
Regenauffangbehälter
Zisterne
Regenkleidung, Regenschutz
Gamasche, Pelerine
Regie
Fuehrung
Regierung
Kabinett
Regierungsform
Diktatur
Regierungsmitglied
Minister
Regierungssitz
Residenz
Regierungsvertreter
Diplomat
Region
Distrikt
Reh
Spiesser
Reibelaut
Frikativ
Reibung
Friktion
Reich
Imperium
Reich *der* **Kälte**
Niflheim
reich an Aufbaustoffen
nahrhaft
Reifeprüfling
Maturand
Reimform
Stabreim
Reimschmied
Reimling
rein
gediegen
rein begrifflich
abstrakt
Reisedauer
Fahrzeit
Reisegepäck
Rucksack
Reisegesellschaft im Orient
Karawane
Reisender
Fahrgast, Fluggast
Reisgericht
Risibisi, Risipisi
Reisigbündel
Faschine
Reißer
Knueller, Schlager
Reitbahn
Parcours

Reitersäbel
Pallasch
Reitersoldat
Dragoner
Reitfigur der hohen Schule
Kapriole
Reithose
Breeches
Reittier
Dromedar, Maulesel, Maultier
Reitzubehör
Zaumzeug
Reiz
Stimulus, Zugkraft
reizlos
unsinnig
Rekurs
Berufung
Religion
Judentum, Taoismus
Religionsfrevel
Sakrileg
Religionsgelehrter
Theologe
Religionslehrer
Katechet
Religionsstifter
Christus, Konfutse, Mohammed
religiöse Minderheit
Diaspora
Rennbahn
Motodrom
Rennschlitten
Skeleton
Rente
Ruhegeld
Reptilart
Anakonda, Basilisk, Eidechse, Iguanide, Krokodil, Schlange
Reserve
Vorsicht
Resistenz
Ausdauer
Resonanz
Aufnahme
Rest
Fragment, Residuum, Rudiment
Restaurant
Gasthaus
Resultat
Ergebnis
Retter
Befreier, Erloeser
Rettich
Hederich
Rettungswagen
Ambulanz
Reue
Bedauern
Revier
Schonung
Revision
Pruefung
Rezeptesammlung
Kochbuch
Rheinhafen
Duisburg, Mannheim
Rhythmuslehre
Rhythmik
Richtblei
Senkblei
richtig
treffend
Richtlinie
Massstab, Standard
Richtschnur
Standard
Riechstoff
Lavendel, Rosenoel
Riese *der* **griechischen Sage**
Polyphem
Riesenechse
Krokodil
Riesenelefant der Eiszeit
Mastodon
riesengroß
gewaltig, kolossal
Riesenschlange
Anakonda
Riesentier
Ungetuem
Riesenvolk im Alten Testament
Enakiter
riesig
kolossal
Rinder
Hornvieh
Ring um Gestirne
Lichthof
Ringelwurm
Blutegel
Rippenstück
Kotelett
ripsartiger Stoff
Popeline
Riss
Schramme
Ritter
Edelmann
Ritter *der* **Artusrunde**
Lancelot, Lanzelot, Parsifal, Parzifal, Parzival
Ritter *der* **französischen Sage**
Blaubart
Ritterkleidung
Ruestung
ritterlich
hoeflich
Ritterorden
Malteser
Ritterrüstung
Harnisch
Ritzmesser
Lanzette
Rivale
Opponent
Robbenart
Seeloewe
Robbenfell
Sealskin
robust
kraeftig
Rodel
Skeleton
Rohling
Unmensch
Rohrleitung für Erdöl
Pipeline
Rohrverbindungsstück
Dichtung
Rohstoff
Material
Rohstoff für Düngemittel
Ammoniak
Rolands Schwert
Durendal
Rollladen (Rolladen)
Jalousie
Rolle
Zylinder
Rollkörper
Zylinder
Roman in 3 Bänden
Trilogie
Roman von Charrière
Papillon
Roman von Fontane
Stechlin
Roman von Melville
Moby Dick
Roman von Zola
Germinal
römische Adelsfamilie
Borghese
römische Priesterin
Vestalin
römischer Amtstitel
Magister
römischer Beamter
Praefekt, Quaestor
römischer Feinschmecker
Lucullus
römischer Hügel
Esquilin, Quirinal
römischer Kaiser
Antonius, Augustus, Caligula, Oktavian, Tiberius, Valerian, Valerius

8

römischer Kaisertitel
Princeps
römischer Ritter
Maecenas
römischer Staatsmann
Antonius, Boethius, Oktavian, Pompejus
römischer Volkstribun
Gracchus
römisches Bauwerk
Pantheon, Quirinal
römisches Kaisergeschlecht
Claudier
Rosenart
Moosrose, Samtrose
Rosengarten
Rosarium
Rosenlorbeer
Oleander
Rosinenart
Korinthe
Rostbraten
Grillade
rote Färbung des Himmels
Abendrot
rote Gartenfrucht
Erdbeere
roter Farbstoff
Karmesin, Zinnober
Rothaut
Indianer
Roulettebegriff
Croupier, ungerade
Route
Reiseweg
Rübenart
Kohlrabi
Rubens' Frau
Isabella
rückbezüglich
reflexiv
Rückhandschlag beim Tennis
Backhand
Rückstand
Residuum, Rudiment
Rückstand *bei der* **Spirituserzeugung**
Schlempe
rückständig
dekadent
Ruder
Leitwerk
Ruderboot
Kanadier
Ruderfüßer
Kormoran
Ruderschiff
Galeasse
Ruf
Prestige, Renommee
Rufname
Taufname
Ruftrichter
Megaphon
rügen
monieren
Ruhegehalt
Ruhegeld
Ruhemöbel
Ottomane
Ruheständler
Emeritus
Ruhetag
Feiertag
ruhig
gelassen
Ruhmeshalle an der Donau
Walhalla
Ruinenstätte *in* **Kleinasien**
Pergamon
rumänische Landschaft
Bukowina, Walachei
rumänisches Gebirge
Karpaten
Rumtreiber
Vagabund
rund geschliffener Edelstein
Cabochon
Rundblick
Panorama
runder Durchgang
Torbogen
runder Körper
Zylinder
rundes Schiffsfenster
Bullauge
rundfunktechnischer Begriff
Frequenz, Mikrofon, Programm, Rauschen, Resonanz
Rundgemälde
Panorama
Rundkurs für Testfahrten
Autodrom
Rundmaul
Neunauge
Rundschreiben
Zirkular
russische Insel
Sachalin
russische Wüste
Kysylkum, Mujunkum
russischer Abenteurer
Rasputin
russischer Berg
Pik Lenin, Putorana, Stanowoi
russischer Fürst
Potemkin, Wladimir
russischer Instrumentalvirtuose
Oistrach, Skrjabin
russischer Komponist
Assafiew, Glasunow, Skrjabin
russischer Kosmonaut
Beljajew, Bykowski, Gorbatko, Kubassow, Patsajew, Popovich
russischer Mediziner
Haffkine, Voronoff
russischer Mönch
Rasputin
russischer Nobelpreisträger für Chemie
Semjonow
russischer Nobelpreisträger für Frieden
Sacharow
russischer Politiker
Andropow, Bulganin, Kerenski, Malenkow, Semjonow, Sinowjew
russischer Schachspieler
Awerbach
russischer Schachweltmeister
Kasparow
russischer Schriftsteller
Belinski, Nekrasow, Puschkin, Samjatin
russischer See
Eltonsee, Ilmensee, Onegasee, Sasiksee, Sewansee, Uchtasee
russischer Zarenname
Dimitrij, Nikolaus
russisches Landschaft
Bukowina, Galizien, Podolien, Sibirien
russisches Raumfahrtzentrum
Baikonur
Rüstungsteil
Harnisch

S

Saatgut
Saemerei
Säbelart
Pallasch
Säbelquaste
Portepee
Sachbearbeiter
Referent
Sachbeschädigung
Sabotage
sachbezogen
objektiv

8

sachlich
objektiv
Sachsenherzog
Widukind
sacht
behutsam
Sachverständiger
Fachmann
Sachverzeichnis
Register
sagenhafte Insel
Atlantis
sagenhafter König von Phrygien
Tantalus
sagenhafter König von Sparta
Menelaos
sagenhaftes asiatisches Frauenvolk
Amazonen
sagenhaftes Goldland
Eldorado
sagenhaftes versunkenes Land
Atlantis
Saiteninstrument
Bratsche
Sakramentsempfänger
Firmling
Sakramentszeuge
Taufpate
Salatpflanze
Chicorée, Rapunzel, Zichorie
Salatsoße
Dressing
Salbe
Liniment
Salbengrundlage
Vaseline
Salz *der* **Kohlensäure**
Carbonat, Karbonat
Salz *der* **Phosphorsäure**
Phosphat
Sammelband
Konvolut
Sammelbecken
Zisterne
Sammelbegriff für Körnerfrüchte
Getreide
Sammlung
Kollekte
Sammlung *von* **Fahrplänen**
Kursbuch
Sammlung neuer Kräfte
Erholung
Sandelholzöl
Santalol
Sandsteppe in Afrika
Kalahari
Sandsturm
Scharaff
Sänfte
Palankin
Sänger *der* **alten Griechen**
Rhapsode
Sänger *der* **griechischen Sage**
Rhapsode
Sängergruppe
Ensemble, Quartett
sanitäre Einrichtung
Toilette
Sardelle
Anchovis
Sarggestell
Katafalk
Satan
Diabolus, Mephisto
säubern
reinigen
Säuberung
Hausputz
Sauerkirschenart
Amarelle, Weichsel
Sauertopf
Murrkopf
Säugetierart, Säugetiergattung
Huftiere, Primaten, Seekuehe, Zahnarme
Saugwurm
Blutegel
Säulenabschluss
Kapitell
Säulenform
Baluster
Säulenhalle
Portikus
Sauls Sohn
Jonathan
Saum
Traglast, Umschlag
Schabe
Kakerlak
Schachausdruck
Abtausch, Endspiel, Offizier
Schachfigur
Koenigin, Springer
Schachweltmeister
Aljechin, Kasparow, Steinitz
Schädelknochen
Jochbein, Keilbein, Kinnlade
Schaden
Einbusse, Stoerung
Schadensbeseitigung
Behebung
Schafart
Schnucke, Shetland
Schafinseln
Faeroeer
schal
labberig
Schalenfrucht
Kastanie, Paranuss
Schalentier
Languste
Schallreflexion
Nachhall
Schalltrichter
Megaphon
Schallumwandler
Mikrofon
Schamane
Zauberer
schändlich
schnoede
Schanzpfahl
Palisade
Scharbockskraut
Feigwurz
scharfer Span
Splitter
scharfes Gewürz
Kardamom
Scharfsinn
Verstand
Schattenreich
Tartarus
Schatulle
Kassette
Schatz
Geliebte, Liebster, Reichtum
Schaubild
Diagramm
Schaubühne
Varietee
Schaukel
Gautsche
Schaum
Brandung
Schaumwein
Schampus, Spumante
Schauplatz
Szenerie
Schauprodukt
Attrappe
schaurig
gruselig
Schauspiel mit Musikbegleitung
Melodram
Schauspiel von Ibsen
Peer Gynt
Schauspielergruppe
Ensemble
scheel
neidisch
Scheibe Brot
Schnitte

Scheibenkurbel
Exzenter
Scheidung
Trennung
Schein
Banknote, Dokument, Gefunkel, Trugbild
scheinbar
pro forma
Schelle
Ohrfeige, Watschen
Schellen
Eckstein
Schellentrommel
Tamburin
Schellfischart
Kabeljau, Truesche
Schelm
Witzbold
Schemel
Fussbank, Taburett
Schenkender
Schenker
scheppernder Lärm
Gerassel
scherenloser Hummer
Languste
Scherzgedicht
Limerick
Scherzwort für Bayer
Bajuware
Scherzwort für Fahrrad
Tretesel
Scheuer
Speicher
Scheusal
Monstrum
Schicht
Ueberzug
Schicksalsdeutung
Horoskop
Schicksalsgöttin
Lachesis, Werdandi
schiefe Ebene
Schraege
Schienenfahrzeug
Dampflok, Draisine
Schießpatronen
Munition
Schifffahrt auf dem Meer
Seereise
Schifffahrtsgesellschaft
Reederei
Schifffahrtskundiger
Nautiker
Schiffsausguck
Mastkorb
Schiffsbewegung
Stampfen
Schiffsfenster
Bullauge
Schiffsführer
Kapitaen
Schiffskran
Ladebaum, Lademast
Schiffsküche
Kombuese
Schiffsmannschaft
Equipage
Schiffsnotausruestung
Notanker
Schiffsoffizier
Kapitaen
Schiffsorientierungsmittel
Seekarte
Schiffsseite
Backbord
Schiffstreppe
Fallreep
Schiffstyp
Barkasse, Frachter, Fregatte, Korvette
Schildbürgerstreich
Dummheit
Schildkrötenart
Matamata
Schinderei
Schikane
Schlacht
Bataille
Schlachtfeld
Walstatt
Schlafbringer
Sandmann
Schlafdecke
Oberbett
Schlaferlebnis
Albtraum, Alptraum
schlaff
untaetig
Schlafmütze
Transuse
Schlag auf die Wange
Ohrfeige
Schlagballspiel
Baseball
Schlagbaum
Barriere, Schranke
Schläger
Raufbold
Schlaggerät
Peitsche
Schlagholz
Schlegel
Schlaginstrument
Triangel
Schlagspuren am Körper
Striemen
Schlagzeile
Headline
schlaksiger Bursche
Lulatsch
Schlangenart, Schlangengattung
Aeskulap, Anakonda, Surukuku
schlangenförmiger Fisch
Neunauge
schlapp
kraftlos
Schlappe
Einbruch, Einbusse
schlecht
duerftig, misslich
schlechte Leistung
Machwerk
schlechtes Buch
Schinken
Schleier im Iran
Tschador, Tschadyr
Schleier in Spanien
Mantille
schleierhaft
nebuloes
Schleife
Schlaufe, Schlinge
Schleuder
Balliste, Katapult
Schleuderwaffe
Bumerang
Schließe
Schnalle
Schließfalte am Sehorgan
Augenlid
Schlinge
Schlaufe, Schleife
Schlips
Krawatte, Plastron, Schleife
Schlitten
Skeleton, Toboggan
Schloss
Residenz
Schloss *in* **Baden-Württemberg**
Bruchsal
Schloss *in* **Bayern**
Schachen
Schloss *bei* **Eisenach**
Wartburg
Schloss *in* **Granada**
Alhambra
Schloss *an der* **Loire**
Chambord, Cheverny
Schloss *bei* **Madrid**
Escorial
Schloss *in* **Salzburg**
Mirabell
Schloss *in* **Spanien**
Escorial
Schloss *bei* **Stuttgart**
Solitude
Schlupfwinkel
Versteck
Schluss
Endpunkt, Ergebnis, Resultat

8

Schlussergebnis
Resultat
Schmähschrift
Pamphlet
schmal
begrenzt
schmale Gewässerstelle
Meerenge
schmalwüchsig
leptosom
Schmarotzer
Nassauer
Schmeichler
Charmeur
Schmetterlingsart
Blaukopf, Dickkopf, Forleule, Gelbling, Sandauge, Zuensler
Schmetterlingsblütler
Glyzinie, Hornklee, Saubohne
Schmied in der Sage
Alberich
Schmöker
Lektuere, Schwarte
Schmuckgewinde
Girlande
Schmuckhändler
Juwelier
schmucklos
schlicht
Schmuckmaterial
Perlmutt
Schmuckstein
Amethyst, Malachit, Obsidian
Schmuckstück
Halsband, Uhrkette
Schmus
Gewaesch
Schmutzflüssigkeit
Abwasser
Schnapsfabrik
Destille
Schneerose
Nieswurz
Schneesturm *in* **Amerika**
Blizzard
Schneider
Tailleur
Schneidewerkzeug
Vierkant
Schneise
Lichtung
schnell zugestellte Postsendung
Eilbrief
schnelles Verkehrsmittel
Flugzeug
Schnellfahrstraße
Autobahn
Schnittkante
Schneide
Schnitzer
Versehen
Schnur am Fesselballon
Notleine
schöner Jüngling
Antinoos, Hyazinth
Schönheitspflege
Kosmetik
Schönheitswettbewerb
Misswahl
Schöpfer
Erfinder
Schöpfer *der* **Relativitätstheorie**
Einstein
Schöpferwesen
Herrgott
Schöpfung
Kreation
Schöps
Dummkopf
Schoßhund
Malteser, Pekinese
schottische Inselgruppe
Hebriden, Shetland
schottischer Physiker
Brewster
schottischer See
Loch Ness
schottisches Nationalgericht
Porridge
schräg
diagonal
Schräge
Gefaelle
Schräglinie
Traverse
Schranke
Barriere
Schraubenpalme
Pandanus
Schraubenschlüssel
Franzose
Schreckensherrschaft
Despotie
Schreckgestalt
Monstrum
Schreiben
Dokument
Schreiber
Chronist, Skribent
Schreiberling
Reimling
Schreibkraft
Typistin
Schreiner
Tischler
Schreitvogel
Flamingo, Schnepfe
Schrift
Skriptur
Schriftart
Claudius, Elzevier, Garamond
Schriftform
halbfett
schriftliche Bescheinigung
Quittung
schriftliche Unterlage
Dokument
schriftliches Machwerk
Elaborat
Schriftsetzer
Typograf
Schriftsprache im Hinduismus
Sanskrit
Schriftstück
Dokument, Skriptum
Schriftzug
Signatur
Schrott
Alteisen
schüchtern
befangen, verlegen
Schuft
Ehrloser
Schuhmacher
Schuster
Schulartikel
Ringbuch
Schulbesucher
Schueler
Schuldgefühl
Einsicht
Schuldlosigkeit
Unschuld
Schule mit Heim
Internat
Schüler
Zoegling
Schulfach
Biologie, Englisch, Erdkunde, Religion, Zeichnen
Schulleiter
Direktor
Schulmeister
Erzieher, Magister
Schulterbinde
Schaerpe
Schulterumhang
Mantille
Schuppenkriechtier
Eidechse, Schlange
Schusterschemel
Dreibein
Schutt
Truemmer
Schutz *gegen* **Zauberei**
Talisman
Schutzbinde des Fechters
Plastron

Schutzgebiet
Reservat
Schutzheiliger *der* **Alpinisten**
Bernhard
Schutzheiliger *der* **Jäger**
Hubertus
Schutzheiliger *der* **Männer**
Bernhard
Schutzhülle
Futteral, Umschlag
Schutzmann
Polizist
Schwabenstreich
Dummheit
schwäbische Hauptstadt
Augsburg
schwäbische Mehlspeise
Spaetzle
schwäbische Spezialität
Spaetzle
schwäbischer Schriftsteller
Schiller, Schubart
schwäbisches Meer
Bodensee
schwach
kraftlos
Schwäche
Nachteil
schwacher Lichtschein
Schimmer
Schwank
Burleske, Groteske, Komoedie
Schwärmer
Idealist, Phantast, Traeumer
schwarze Kunst
Alchimie
schwarzer Großvogel
Kolkrabe
schwarzer Vogel
Kolkrabe
schwarzes Mineral
Columbit
Schwarzkünstler
Zauberer
Schwarzwal
Grindwal
Schwarzwaldgipfel
Feldberg, Hornkopf
schwätzen
plappern
Schwebesitz
Schaukel
schwedische Autorin
Lindgren
schwedische Inselgruppe
Schaeren
schwedische Landschaft
Lappland, Svealand
schwedischer Botaniker
Acharius, Afzelius
schwedischer Chemiker
Nylander, Svedberg
schwedischer Ingenieur
Ericsson
schwedische(r) Krimiautor(in)
Sjoewall, Wahloeoe
schwedischer Nobelpreisträger für Chemie
Svedberg, Tiselius
schwedischer Nobelpreisträger für Frieden
Branting
schwedischer Nobelpreisträger für Medizin
Theorell
schwedischer Nobelpreisträger für Physik
Siegbahn
schwedischer Schriftsteller
Lindgren
schweigsam
wortkarg
Schweineparasit
Bandwurm, Trichine
Schweiz
Helvetia
Schweiz auf Italienisch
Svizzera
schweizerische Kantonshauptstadt
Delémont, Delsberg, Freiburg, Fribourg, Lausanne
schweizerische Landschaft
Emmental
schweizerische Luftfahrtgesellschaft
Swissair
schweizerischer Archäologe
Bachofen
schweizerischer Berg
Jungfrau, Piz Palue
schweizerischer Historiker
Bachofen
schweizerischer Humanist
Vadianus
schweizerischer Kanton
Freiburg, Obwalden
schweizerischer Komponist
Honegger
schweizerischer Landsmann
Aargauer
schweizerischer Maler
Boecklin
schweizerischer Nobelpreisträger für Frieden
Ducommun
schweizerischer Pass
Gotthard, Spluegen, Wildhaus
schweizerischer Schriftsteller
Gotthelf, Zschokke
schweizerisches Gebäck
Leckerli
schweizerisches Käsegericht
Raclette
schwere Arbeit
Ochserei
Schwerenöter
Casanova
Schwertlilie
Gladiole, Siegwurz
Schwertteil
Schneide
Schwertwal
Butskopf
Schwester *von* **Schneeweißchen**
Rosenrot
Schwiele
Hornhaut
schwierig
diffizil, kritisch, misslich
Schwierigkeit (Sport)
Schikane
Schwimmkäfer
Gelbrand
Schwingungszahl
Frequenz
schwüler Wind in Italien
Scirocco
Schwung
Vehemenz
schwungvoll
spritzig
Schwur
Geluebde
Sechsflächner
Hexaeder
See *in* **Finnland**
Enaresee, Inarisee, Saimasee
See *in* **Irland**
Allensee, Neaghsee
See *in* **Italien**
Comer See, Gardasee
See *in* **Österreich**
Achensee, Attersee, Traunsee, Walchsee
See *in* **Ostpreußen**
Mauersee
See *in* **Russland**
Ilmensee, Kaspisee, Onegasee, Sasiksee, Uchtasee

See *in* Schottland
Loch Ness, Mareesee
See *in* Schweden
Amungsee
See *in der* Schweiz
Urner See, Zuger See
Seebad *am* Atlantik
Biarritz
Seebad *an der* Riviera
St. Tropez
Seebad *auf* Rügen
Sassnitz
Seelenmesse
Totenamt
Seelenruhe
Ataraxie
seelische Krankheit
Psychose
seelische Störung
Psychose
seelischer Trost
Zuspruch
Seelsorger
Priester
Seemann
Kapitaen
seemännisch für Küche
Kombuese
seemännisch für linke Schiffsseite
Backbord
seemännisch für Treppe zum Schiff
Fallreep
Seemannsgericht
Labskaus
Seerabe
Kormoran
Seeräuber
Korsaren
Seesäugetier
Seeloewe
Seeuntiefe
Sandbank
Seezeichen
Heulboje
Segelart
Rahsegel
Segelausrüstung
Takelage, Takelung
Segelbootstyp
Dschunke, Fregatte, Galeasse, Korvette, Starboot, Trimaran
Segelschlitten
Eisjacht
Sehkreis
Horizont
sehr
ueberaus
sehr fein
exquisit
Sehrohr von U-Booten
Periskop
seichtes Bühnenstück
Klamotte
Seidenfrottee
Bourette
Seidengarn
Chenille
Seidengewebe
Duchesse, Eolienne, Florette, Shantung
Seifenbaumgewächs
Quillaja
Seilmacherwerkstatt
Seilerei
Sein
Existenz
Seinebrücke in Paris
Pont Neuf
Seitengewehr
Bajonett
Seitenhänger am Motorrad
Beiwagen
Seitenruder
Leitwerk
Seitensprung
Ehebruch, Eskapade
Seitenstück
Analogon
Seitenverhältnis im Dreieck
Kosekans
Sekt
Schampus
Sekundant
Beistand
Selbstanerkennung
Eigenlob
Selbstbedienungsladen
Kaufhaus
Selbstbezogenheit
Autismus
Selbstbiografie (Selbstbiographie)
Memoiren
selbstloser Mensch
Altruist
Selbstmord der Japaner
Harakiri
Selbstmordflieger
Kamikaze
Selbstsucht
Egoismus
Selbsttäuschung
Illusion
Selbstverherrlichung
Eigenlob
Selbstverteidigung als Sport
Jiujitsu
seltene Erde
Actinium, Europium, Lutetium, Samarium, Scandium
seltene Gelegenheit
Okkasion
Seltenheit
Raritaet
Semester
Halbjahr
Semiten
Aramaeer, Hebraeer
semitischer Volksangehöriger
Israelit
Sendefolge
Programm
Sendung
Berufung
Senf
Mostrich
senkrecht
lotrecht, vertikal
senkrechte Achse
Ordinate
Sensation
Ereignis, Knueller
serbischer Geheimbund
Omladina
Servierer
Bediener
Serviette
Mundtuch
Sessel
Fauteuil
Setzmaschine
Linotype, Monotype
Seuche
Epidemie
Seziermesser
Skalpell
sibirischer Volksstamm
Ostjaken, Tungusen
sicher
bestimmt, geborgen
Sicherheit
Garantie
Sichtgrenze
Horizont
Siebeneck
Heptagon
Siebengestirn
Plejaden
Siedler
Kolonist
Siedlungsform
Runddorf
Sieger
Gewinner
Siegerpreis
Medaille, Plakette, Trophaee
Siegesgöttin
Viktoria

Siegeszeichen
Trophaee
Siegwurz
Gladiole
Signatur
Kennzahl
Signum
Signatur
Silbenrätsel
Scharade
Silberglanz
Argentit
Silberpapier
Alufolie, Stanniol
Singspiel
Operette
Singvogel
Schwalbe
Sinnbild
Metapher
Sinnestäuschung
Illusion, Trugbild
Sinngedicht
Epigramm
sinnlos
toericht, unnoetig
Sippe
Parentel
Sippschaft
Kluengel
Sitte
Benehmen, Manieren
Sittenprediger
Moralist
sittliche Forderung
Postulat
sittsam
zuechtig
Situation
Sachlage, Stellung
situiert
gestellt
Sitz
Residenz
Sitz *der* **EU**
Bruessel
Sitz *der* **Gene**
Zellkern
Sitzgelegenheit
Fauteuil, Taburett
sizilianische Stadt
Siracusa
Skandal
Aufsehen
Skandinavier
Norweger
skandinavischer Staat
Finnland, Norwegen, Schweden
skandinavisches Königreich
Norwegen, Schweden
Skilift
Seilbahn
Skipetar
Albanier
Skiwettbewerb
Biathlon, Langlauf, Springen
Skonto
Nachlass
Skript
Drehbuch
Skrupel
Bedenken
Slawe
Kaschube, Tscheche, Ukrainer
Slawenapostel
Cyrillus
slowakischer Schafskäse
Liptauer
Sofa
Ottomane, Sitzbank
sofort
sogleich, umgehend
Sohn von Alkmene
Herakles, Herkules
Sohn von Atreus
Menelaos
Sohn von Jakob
Isaschar, Naphtali
Sohn von Juno
Vulcanus
Sohn von Jupiter
Herakles, Herkules, Vulcanus
Sohn von Kronos
Poseidon
Sohn von Peleus
Achilles
Sohn von Rhea
Poseidon
Sohn von Ute
Giselher
Sohn von Zeus
Dionysos, Hephaest, Herakles, Herkules, Sarpedon, Tantalus
Soldat
Soeldner
Soldatenwesen
Militaer
solid
gediegen
somit
folglich
sommerliche Kopfbedeckung
Strohhut
sommerliches Schuhwerk
Sandalen
Sonderfall
Ausnahme
Sonderform
Variante
Sonderling
Original
Sonderrecht
Privileg
Sonnenblende
Jalousie
Sonnengott der Germanen
Heimdall
sorgsam
behutsam
sorgsam behandelt
gepflegt
Sortiment
Sammlung
Soße
Marinade
Souvenir
Andenken, Geschenk
Spaltpilz
Bakterie, Bazillus
Spaltung
Trennung
Span
Spleisse, Splitter
spanisch für Bedienung
servicio
spanische Anrede
Señorita
spanische Burg
Alcazaba
spanische Form von Havanna
La Habana
spanische Insel
Mallorca
spanische Inselgruppe
Balearen
spanische Königin
Isabella
spanische Landschaft
Asturien, Galicien, La Mancha
spanische Provinz
Albacete, Alicante, Baleares, La Coruña, Valencia, Zaragoza
spanische Wand
Paravent
spanischer Bevölkerungsteil
Asturier, Gallegos
spanischer Bildhauer
Montanez, Olivieri
spanischer Herrschername
Fernando
spanischer Maler
Zurbaran
spanischer Ordensstifter
Ignatius

8

spanischer Politiker
Olivarez
spanischer Schriftsteller
Calderon, Saavedra
spanischer Spitzenschleier
Mantille
spanischer Tanz
Fandango, Flamenco, Habanera
spanisches Gehöft
Estanzia
spanisches Kloster
Escorial
spanisches Schloss
Escorial
Spanne
Zeitraum
spannender Roman
Thriller
Spannkraft
Tatkraft
Spannung
Erregung
spannungsgeladen
explosiv
Spannungsquelle
Batterie
Spargelkohl
Brokkoli
spärlich
duerftig
Spaßvogel
Harlekin, Witzbold
Spatz
Sperling
Spaziergänger
Wanderer
Speaker
Sprecher, Vorstand
Speichellecker
Kriecher
Speise
Mahlzeit
Speise *in der* **Dose**
Konserve
Speise *der* **Götter**
Ambrosia
Speisefett
Sesamoel
Speisefisch
Heilbutt, Kabeljau, Seezunge, Tunfisch
Speisegewürz
Kardamom
Speisepilz
Gelbling
Speisewürze
Ketschup, Mostrich
Spende
Donation, Geschenk, Stiftung

Sperre
Barriere, Blockade, Schranke
Sperrgestell
Stellage
Spesen
Auslagen, Unkosten
Spezialist
Facharzt, Fachmann
Sphäre
Umgebung
Spielabfolge
Programm
Spielart
Variante
Spielbankangestellter
Croupier
Spielergebnis
Resultat
Spielkartenfarbe
Eckstein, Schellen
Spielplan
Programm
Spielraum
Toleranz
Spielunterbrechung
Halbzeit
Spielzeug
Spieluhr
Spießgeselle
Komplice, Konsorte
Spion
Lauscher
Spionin
Mata Hari
Spital
Hospital
Spitzenkönner
Champion
Spitzentechnologie
Hightech
Spleen
Schrulle
spontan
impulsiv
Spore
Keimkorn
Sporn
Fortsatz
Sportanlage
Motodrom, Parcours, Polofeld, Reitbahn, Rennbahn, Rundkurs, Velodrom
Sportart
Baseball, Biathlon, Eissport, Football, Fussball, Handball, Jiu-Jitsu, Korbball, Radsport, Skisport
Sportbegriff
Endrunde

Sportboot
Faltboot, Inborder, Kanadier
Sportgerät
Armbrust, Fussball, Handball, Rhoenrad, Skeleton
Sportgrundsatz
Fairness, Fairplay
sportliche Auszeichnung
Medaille, Trophaee
sportliche Kleidung
Turnzeug
sportliche Übung
Training
Sportpreis
Medaille, Plakette, Schaerpe
Sportschlitten
Skeleton
Sportwagen
Roadster
Spottdrossel
Spoetter
Spottgedicht
Epigramm
spöttisch
ironisch
Sprache
Arabisch, Englisch, Russisch, Spanisch
Sprachforscher
Linguist
Sprachrohr
Megafon, Megaphon
sprachwissenschaftliches Eigenschaftswort
Adjektiv
sprachwissenschaftliches Teilgebiet
Phonetik, Semantik
Sprechdauer im Parlament
Redezeit
Sprecherziehung
Rhetorik
Sprechgesang
Parlando
Sprechwerkzeug
Kehlkopf
Sprengel
Dioezese, Parochie
sprengend
explosiv
Springbrunnen
Fontaene
Sprosse
Querholz
Spruch
Epigramm
Spucke
Speichel

8

Spuk
Gespenst
Spürsinn
Instinkt
Sputnik
Satellit
Staat *der* **Balkanhalbinsel**
Albanien
Staat *in* **Hinterindien**
Malaysia, Singapur, Thailand
Staat *in* **Mittelamerika**
Honduras
Staat *in* **Mitteleuropa**
Slowakei
Staat *in* **Nordafrika**
Aegypten, Algerien, Tunesien
Staat *in* **Nordeuropa**
Finnland, Norwegen, Schweden
Staat *in* **Ostafrika**
Simbabwe, Tansania
Staat *in* **Ostasien**
Mongolei
Staat *der* **Pyrenäenhalbinsel**
Portugal
Staat *in* **Südafrika**
Botswana, Simbabwe
Staat *in* **Südamerika**
Bolivien, Paraguay
Staat *in* **Südasien**
Pakistan, Sri Lanka
Staat *in* **Südeuropa**
Portugal
Staat *in* **Südostasien**
Malaysia, Singapur, Thailand
Staat *in* **Südosteuropa**
Albanien, Kroatien
Staatenbündnis
Alliance
Staatsetat
Haushalt
Staatsform
Despotie, Diktatur, Republik, Tyrannei, Tyrannis
Staatskutsche
Equipage
Staatsvertreter
Diplomat
Stabtierchen
Bakterie
Stachelhäuter
Seestern, Seewalze
Stadel
Schuppen
Stadion
Rennbahn
Stadt *auf* **Sizilien**
Taormina
Stadt *in der* **Steiermark**
Eisenerz
Stadt, Gemeinde *an der* **Adria**
Brindisi
Stadt, Gemeinde *in* **Afrika**
Freetown, Gaborone, Kapstadt, Kinshasa, Monrovia, Port Said, Pretoria, Sansibar, Timbuktu, Tripolis, Windhoek
Stadt, Gemeinde *in* **Ägypten**
Port Said
Stadt, Gemeinde *in* **Amerika**
Amarillo, Appleton, Asunción, Bradford, Brasilía, Columbus, Hamilton, Las Vegas, Montreal, New Haven, Pasadena, Portland, Richmond, San Diego, San Pedro, Santiago, São Paulo, Savannah, Veracruz, Winnipeg
Stadt, Gemeinde *in* **Angola**
Benguela
Stadt, Gemeinde *in* **Asien**
Damaskus, Djakarta, Hongkong, Jokohama, Kalkutta, Katmandu, Mandalay, Nagasaki, Neu Delhi, Rourkela, Shanghai, Singapur, Tientsin, Tsingtau, Yokohama
Stadt, Gemeinde *in* **Äthiopien**
Diredaua, Dschimma, Lalibela
Stadt, Gemeinde *in* **Australien und Ozeanien**
Adelaide, Auckland, Bathurst, Brisbane, Canberra, Cooktown, Hamilton, Hokitika, Somerset, Wangarai, Windorah
Stadt, Gemeinde *in* **Baden-Württemberg**
Backnang, Balingen, Biberach, Breisach, Bruchsal, Fellbach, Freiburg, Gaggenau, Konstanz, Leonberg, Loerrach, Mannheim, Rottweil, Sinsheim, Stockach, Tettnang, Waldshut, Weinheim, Wertheim, Wiesloch
Stadt, Gemeinde *in* **Bayern**
Augsburg, Bad Toelz, Bayreuth, Erlangen, Freising, Garching, Garmisch, Grafenau, Kehlheim, Kulmbach, Landshut, Lauingen, Mainburg, Miesbach, Muenchen, Neumarkt, Parsberg, Penzberg, Weilheim, Zirndorf
Stadt, Gemeinde *in* **Belgien**
Bastogne, Bruessel, Kortrijk, Luettich, Mechelen, Verviers
Stadt, Gemeinde *im* **Bergischen Land**
Solingen
Stadt, Gemeinde *an der* **Bergstraße**
Bensheim, Weinheim
Stadt, Gemeinde *am* **Bodensee**
Konstanz
Stadt, Gemeinde *in* **Brandenburg**
Kuestrin, Prenzlau, Rathenow
Stadt, Gemeinde *in* **Brasilien**
Belmonte, Bragança, Brasilia, Santarem, São Paulo, Teresina
Stadt, Gemeinde *im* **Breisgau**
Breisach, Freiburg
Stadt, Gemeinde *in* **Burgund**
Besançon
Stadt, Gemeinde *in* **Chile**
Valdivia
Stadt, Gemeinde *in* **China**
Futschou, Hangjang, Hsingtai, Pinkiang, Schantou, Shanghai, Sotschou, Tientsin
Stadt, Gemeinde *in* **Dänemark**
Roskilde, Slagelse
Stadt, Gemeinde *am* **Dnjepr**
Smolensk
Stadt, Gemeinde *an der* **Donau**
Budapest
Stadt, Gemeinde *in der* **Eifel**
Wittlich
Stadt, Gemeinde *an der* **Elbe**
Cuxhaven, Radebeul

Stadt, Gemeinde *im* **Elsass**
Mulhouse
Stadt, Gemeinde *in* **England**
Barnsley, Bradford, Brighton, Coventry, Hastings, Kingston, Plymouth, Ramsgate, Richmond, Stafford, Stockton, Wallasey
Stadt, Gemeinde *in* **Finnland**
Helsinki, Uleaborg
Stadt, Gemeinde *in* **Frankreich**
Aubusson, Aurillac, Beauvais, Besançon, Biarritz, Bordeaux, Boulogne, Chartres, Grenoble, Maubeuge, Mulhouse, Narbonne, Poitiers, Toulouse
Stadt, Gemeinde *an der* **Garonne**
Toulouse
Stadt, Gemeinde *am* **Genfer See**
Lausanne
Stadt, Gemeinde *in* **Griechenland**
Saloniki
Stadt, Gemeinde *am/im* **Harz**
Gernrode, Herzberg, Osterode
Stadt, Gemeinde *an der* **Havel**
Rathenow
Stadt, Gemeinde *auf* **Hawaii**
Honolulu
Stadt, Gemeinde *in* **Hessen**
Bensheim, Eltville, Eschwege, Fritzlar, Hersfeld, Huenfeld, Weilburg
Stadt, Gemeinde *in* **Indien**
Kalkutta, Neu Delhi, Rourkela
Stadt, Gemeinde *in* **Indonesien**
Djakarta, Makassar
Stadt, Gemeinde *am* **Inn**
Kufstein
Stadt, Gemeinde *im* **Iran**
Astrabad, Baendaer, Meschhed
Stadt, Gemeinde *an der* **Isar**
Freising, Landshut, Muenchen
Stadt, Gemeinde *in* **Israel**
Nazareth, Tiberias

8

Stadt, Gemeinde *in* **Italien**
Agrigent, Brindisi, Frascati, La Spezia, Monreale, Sorrento
Stadt, Gemeinde *auf* **Jamaika**
Kingston
Stadt, Gemeinde *in* **Japan**
Jokohama, Kawasaki, Nagasaki, Yokohama
Stadt, Gemeinde *auf* **Java**
Djakarta
Stadt, Gemeinde *in* **Kanada**
Bathurst, Edmonton, Montreal, Victoria, Winnipeg
Stadt, Gemeinde *in* **Kolumbien**
Medellín
Stadt, Gemeinde *am* **Kongo**
Kinshasa
Stadt, Gemeinde *auf* **Kuba**
La Habana
Stadt, Gemeinde *an der* **Lahn**
Weilburg
Stadt, Gemeinde *am* **Lech**
Augsburg, Schongau
Stadt, Gemeinde *an der* **Leine**
Hannover, Northeim
Stadt, Gemeinde *im* **Libanon**
Tripolis
Stadt, Gemeinde *in* **Liberia**
Monrovia
Stadt, Gemeinde *in* **Libyen**
Tripolis
Stadt, Gemeinde *in der* **Lüneburger Heide**
Walsrode
Stadt, Gemeinde *in* **Luxemburg**
Clervaux
Stadt, Gemeinde *an der* **Maas**
Beaumont, Luettich, Mézières
Stadt, Gemeinde *am* **Main**
Hassfurt, Kulmbach, Wertheim
Stadt, Gemeinde *in* **Mecklenburg-Vorpommern**
Guestrow, Schwerin
Stadt, Gemeinde *in* **Mexiko**
Acapulco, Veracruz

Stadt, Gemeinde *in* **Moçambique**
Quissico
Stadt, Gemeinde *an der* **Mosel**
Schweich
Stadt, Gemeinde *am* **Neckar**
Eberbach, Mannheim, Rottweil
Stadt, Gemeinde *in* **Nepal**
Katmandu
Stadt, Gemeinde *auf* **Neuseeland**
Auckland, Hokitika
Stadt, Gemeinde *in den* **Niederlanden**
Deventer, Enschede, Nimwegen, Rijswijk, Schiedam
Stadt, Gemeinde *in* **Niedersachsen**
Cuxhaven, Diepholz, Hannover, Harzburg, Nienburg, Nordhorn, Northeim, Osterode, Walsrode
Stadt, Gemeinde *am* **Niger**
Timbuktu
Stadt, Gemeinde *in* **Nordbaden**
Mannheim
Stadt, Gemeinde *in* **Nordbayern**
Erlangen
Stadt, Gemeinde *in* **Nordrhein-Westfalen**
Arnsberg, Bensberg, Bergheim, Dortmund, Duisburg, Emmerich, Erkelenz, Gladbeck, Iserlohn, Meschede, Monschau, Muelheim, Muenster, Ratingen, Schwerte, Siegburg, Solingen
Stadt, Gemeinde *in der* **Oberpfalz**
Neumarkt
Stadt, Gemeinde *in* **Oberschlesien**
Gleiwitz, Neustadt
Stadt, Gemeinde *an der* **Oder**
Kuestrin, Neumarkt
Stadt, Gemeinde *in* **Österreich**
Dornbirn, Kufstein, Pertisau, Salzburg
Stadt, Gemeinde *in* **Paraguay**
Asunción
Stadt, Gemeinde *in* **Polen**
Bromberg, Katowice, Warschau, Zakopane

Stadt, Gemeinde *in* **Portugal**
Abrantes, Bragança, Lissabon, Santarém
Stadt, Gemeinde *am* **Rhein**
Breisach, Dormagen, Duisburg, Eltville, Emmerich, Kevelaer, Konstanz, Loerrach, Mannheim, Nimwegen, Waldshut
Stadt, Gemeinde *in* **Rheinland-Pfalz**
Neuenahr, Neustadt, Saarburg, Wittlich
Stadt, Gemeinde *an der* **Ruhr**
Arnsberg, Duisburg, Herdecke, Meschede, Muelheim, Schwerte
Stadt, Gemeinde *im* **Ruhrgebiet**
Dortmund, Duisburg, Gladbeck, Herdecke, Muelheim, Schwerte
Stadt, Gemeinde *in* **Rumänien**
Bistritz, Bukarest
Stadt, Gemeinde *in* **Russland**
Murmansk, Nowgorod, Smolensk
Stadt, Gemeinde *an der* **Saale**
Bernburg, Naumburg, Saalfeld
Stadt, Gemeinde *an der* **Saar**
Mettlach, Saarburg
Stadt, Gemeinde *im* **Saarland**
Mettlach, Sulzbach
Stadt, Gemeinde *in* **Sachsen**
Annaberg, Auerbach, Chemnitz, Freiberg, Naumburg, Oelsnitz, Radebeul, Schandau, Zschopau
Stadt, Gemeinde *in* **Sachsen-Anhalt**
Bernburg, Eisleben, Mansfeld, Saalfeld
Stadt, Gemeinde *auf* **Sardinien**
Cagliari
Stadt, Gemeinde *im* **Sauerland**
Arnsberg, Iserlohn, Meschede
Stadt, Gemeinde *in* **Schleswig-Holstein**
Elmshorn, Niebuell, Oldesloe, Segeberg
Stadt, Gemeinde *in* **Schottland**
Aberdeen, Greenock
Stadt, Gemeinde *im* **Schwarzwald**
Freiburg, Gaggenau, Loerrach, Neustadt, Rottweil
Stadt, Gemeinde *in der* **Schweiz**
Bad Ragaz, Burgdorf, Freiburg, Fribourg, Grenchen, Klosters, Lausanne, Martigny
Stadt, Gemeinde *in* **Sierra Leone**
Freetown
Stadt, Gemeinde *auf* **Sizilien**
Agrigent
Stadt, Gemeinde *in der* **Slowakei**
Preschau
Stadt, Gemeinde *in* **Spanien**
Albacete, Alicante, Aranjuez, Badalona, La Coruña, Pamplona, Santiago, Valencia, Zaragoza
Stadt, Gemeinde *in* **Südafrika**
Kapstadt, Pretoria
Stadt, Gemeinde *in* **Syrien**
Damaskus
Stadt, Gemeinde *im* **Taunus**
Bad Soden, Kronberg
Stadt, Gemeinde *an der* **Themse**
Richmond
Stadt, Gemeinde *in* **Thüringen**
Eisenach
Stadt, Gemeinde *am* **Thüringer Wald**
Eisenach
Stadt, Gemeinde *in der* **Tschechischen Republik**
Falkenau, Graslitz, Karlsbad, Schoenau
Stadt, Gemeinde *in der* **Türkei**
Istanbul
Stadt, Gemeinde *in* **Ungarn**
Budapest, Debrecen, Szegedin
Stadt, Gemeinde *in den* **USA**
Amarillo, Columbus, Hartford, Oklahoma, Pasadena, Portland, Richmond, San Diego, Savannah, Syracuse
Stadt, Gemeinde *in* **Vietnam**
Haiphong
Stadt, Gemeinde *an der* **Weichsel**
Bromberg, Warschau
Stadt, Gemeinde *an der* **Weinstraße**
Neustadt
Stadt, Gemeinde *an der* **Weser**
Nienburg
Stadt, Gemeinde *an der* **Wolga**
Kostroma
Stadtbezirk von Wien
Hietzing
Stadtburg *von* **Granada**
Alhambra
städtisch
kommunal
städtische Verwaltungsbehörde
Stadtrat
städtischer Versorgungsbetrieb
Fuhrpark
städtisches Verkehrsmittel
Hochbahn
Stadtviertel
Quartier
Staffellauf
Stafette
Stammesverband
Parentel
Stammtafel bei Zuchtpferden
Stutbuch
Stampfer
Stoessel
Standbild
Monument
Ständchen
Serenade
Ständer
Stellage
standhaft
aufrecht
ständig
bleibend
ständig klirrendes Geräusch
Gerassel
ständig mäkelnder Mensch
Noergler
Standort
Position
Standpunkt
Position

Stängel (Stengel) von Wiesenpflanzen
Grashalm
Stangenweißbrot
Baguette
stark
intensiv, kraeftig
Starkbier
Bockbier
starker Kaffee
Espresso
starkes Schiffsseil
Ankertau
starrköpfig
renitent
Starrsinn
Sturheit
Start
Aufbruch
Startbahn für Flugzeuge
Rollfeld
Starter bei Motoren
Anlasser
Statist
Figurant, Komparse
statistische Darstellung
Diagramm
Stativ
Staender
Stätte *bei* Jerusalem
Golgatha
Stätte *für* Kranke
Hospital
Stätte *für die* Toten
Friedhof
Statthalter
Resident
Status
Stellung
Stauanlage
Schleuse
Staubfaden
Filament
Staublunge
Silikose
Staudenart
Einbeere, Goldlack, Skabiose, Wegwarte
Stauung
Stockung
stechendes Insekt
Hornisse
Stechwerkzeug
Vierkant
Steckling
Setzling
steifer Hut
Zylinder
Steingut
Irdengut, Majolika
Steinobst
Aprikose, Pfirsich, Zwetsche
Steinschlag
Schotter
Steinschleudermaschine
Balliste, Bombarde
Steinzeitbehausung
Pfahlbau
Stellage
Staender
Stelle *als* Arbeitsplatz
Position, Stellung
Stelle *mit* geringer Meerestiefe
Sandbank
Stellung
Position
Stellvertreter
Adjutant
Stempel
Praegung
Steppentier
Antilope
sterbend
moribund
steril
keimfrei
Sternbild
Berenice, Jungfrau, Schuetze, Skorpion
Sternforscher
Astronom
Sternschnuppe
Meteorit
steter Gleichklang
Harmonie
Stethoskop
Hoerrohr
Stetigkeit
Konstanz
stets
staendig
Steuerungsscheibe
Exzenter
stichhaltig
zwingend
Stickstoffverbindung
Salpeter
stieben
spruehen
Stierkämpfer
Toreador
Stift
Lehrling
Stifter
Schenker
Stiftskirche
Muenster
Stiftung
Donation, Dotation
Stilepoche
Romantik
Stimmbildungslehre
Phonetik
Stimmenzug der Orgel
Register
stimmungsvoll
poetisch
Stimmzettelbehälter
Wahlurne
Stockwerk
Geschoss
Stoff
Material, Substanz
Stoffart
Chenille, Drillich, Jacquard, Kammgarn, Kaschmir, Musselin, Popeline
Stoffdekoration
Draperie
Stoffmuster
Streifen
stoisch
gelassen
Stolz
Arroganz
Stöpsel
Pfropfen
storchähnlicher Vogel
Flamingo
störrisch
obstinat, renitent
Stoßzeit
Rushhour
strafbare Handlung
Straftat, Vergehen
Straferlass
Amnestie
Strafstoß *beim* Fußball
Elfmeter
Straftat
Vergehen, Verstoss
Strahlenkranz
Gloriole
Strahler
Radiator
Straße *in* New York
Broadway
Straße *bei* Rom
Via Appia
Straßenbaumaterial
Schotter
Straßendecke
Pflaster
Stratege
Feldherr
sträuben
plustern
Strauchart
Holunder, Liguster, Oleander, Rosmarin, Sanddorn
Strauchfrucht
Himbeere
Streben
Ambition
Streben *nach* Reinheit
Purismus

Streckmuskel
Abduktor
Streichinstrument
Bratsche
Streifen *im* **Glas**
Schliere
Streifen *auf der* **Haut**
Striemen
Streik
Ausstand
Streit
Kabbelei, Konflikt, Rauferei, Reiberei
Streitaxt der Indianer
Tomahawk
streitbar
militant
Streitschrift
Pamphlet
strenggläubig
orthodox
Strohhut
Sombrero
Strolch
Vagabund
Stromer
Vagabund
Stromerzeuger
Batterie
Stromschnelle
Katarakt
Stromspeicher
Batterie
struppig
zerzaust
Studentenregister
Matrikel
Studienhalbjahr
Semester
stufenweise
graduell
Stulle
Schnitte
stummer Bühnendarsteller
Komparse
Stümper
Pfuscher
Stundung
Aufschub
stur
obstinat
Sturm
Blizzard, Hurrikan
stürmisch
vehement
Sturmvogel
Albatros
Stutzer
Modenarr
Stützverband
Armbinde
subjektives Wohlbefinden
Euphorie
subtrahieren
abziehen
Subvention
Beihilfe, Zuschuss
südafrikanische Schriftstellerin
Gordimer
südafrikanische Wüste
Kalahari
südafrikanischer Politiker
Strijdom
südafrikanischer Regierungssitz
Pretoria
Südamerikaner
Peruaner
südamerikanische Farm
Estanzia, Hazienda
südamerikanische Schildkröte
Matamata
südamerikanische Schlange
Anakonda
südamerikanischer Indianerstamm
Karaiben, Ketschua
südamerikanischer Staat
Bolivien, Paraguay
südamerikanischer Strohhut
Sombrero
südamerikanischer Vulkan
Cotopaxi
Südeuropäer
Malteser
südeuropäische Wolfsspinne
Tarantel
südfranzösische Großstadt
Toulouse
südfranzösischer Badeort
Biarritz, St. Tropez
südländischer Nadelbaum
Zypresse
südlichste Spitze von Südamerika
Kap Hoorn
südostasiatische Inselgruppe
Molukken
südostasiatische Schleichkatze
Manguste
Südosteuropäer
Albanier, Tscheche
Südpolarforscher
Amundsen
Südseeinsel
Eniwetok
Südseeinselgruppe
Marianen
Südwein
Portwein
Sühneleistung
Bussgeld
Sultansname
Mohammed
sumerischer Gott
Ningersu
Summation
Addition
Summe
Ergebnis, Resultat
Sumpfvogel
Flamingo
Sünde
Vergehen, Verstoss
Suppe
Consommé
Suppengemüse
Julienne
surrealistischer Maler
Magritte
Süßholzsaft
Lakritze
Süßigkeit
Marzipan
Süßstoff
Sacharin
Symbol
Sinnbild
Symbol *für* **Frieden**
Oelzweig
Symbol *für den* **Islam**
Halbmond
syrische Bibelübersetzung
Peschita
System
Struktur
systematisches Vorgehen
Methodik

T

Tabaksorte
Kautabak, Machorka, Virginia
Tabernakel
Ziborium
Tableau
Gemaelde
Tablette
Pastille
tabu
verboten
Tafel
Festmahl

8

Tagelöhner
Haeusler
Tagesbericht
Bulletin
Tagesfieber
Ephemera
Tagesordnung
Programm
Tagesverzeichnis
Kalender
Tageszeitungstitel
Anzeiger
Taggreifvogel
Aasgeier, Seeadler
Tagtraum
Illusion
Tagung
Kongress
Takt
Handlung
taktlos
ordinaer
taktmäßige Gliederung
Rhythmus
Taktmesser
Metronom
Tal *in* **Vorarlberg**
Montafon
Talent
Begabung
Talsperre
Staudamm
Tändel
Liebelei
Tanz
Anglaise, Fandango, Foxtrott, Laendler, Onestepp, Rundtanz, Schieber, Twostepp
Tänzerin in Indien
Bajadere
Tanzfigur
Arabeske
Tanzschuh
Eskarpin
Tapetenleim
Kleister
Taschenbuch
Ratgeber
Taschenpistole
Terzerol
Taschenspieler
Zauberer
tastbar
palpabel
Tastbrett
Tastatur
Tasten eines Klaviers
Tastatur
Tasteninstrument
Keyboard
Tastorgan bei Tieren
Tentakel
Tat
Handlung
Tätigkeit
Funktion
Tätigkeit sichtbarer Art
Bewegung
Tätlichkeit
Rauferei
Tatsache
Ereignis, Wahrheit
tatsächlich
effektiv, faktisch, realiter, wirklich
tatsächliche Situation
Sachlage
tatsächlicher Sachwert
Realwert
Taufzeuge
Gevatter
Taugenichts
Faulpelz, Tagedieb
Täuschung
Fantasie, Illusion, Trugbild
tausend Billiarden
Trillion
Tausendstel
Promille
Taxi
Mietauto
Teamsportart
Fussball, Handball
Techtelmechtel
Liebelei
teigige Hautschwellung
Myxoedem
Teil *des* **Apennin**
Abruzzen
Teil *des* **Armes**
Unterarm
Teil *des* **Atoms**
Elektron
Teil *des* **Auges**
Hornhaut, Netzhaut
Teil *des* **Automotors**
Vergaser, Zylinder
Teil *des* **Baltikums**
Lettland
Teil *von* **Befestigungen**
Bollwerk
Teil *des* **Beines**
Schenkel
Teil *der* **Bettwäsche**
Leintuch
Teil *des* **Blutfarbstoffes**
Haematin
Teil *des* **Bodensees**
Untersee
Teil *des* **britischen Parlaments**
Oberhaus
Teil *des* **Buches**
Register, Umschlag
Teil *einer* **Burg**
Wachturm
Teil *des* **Fingers**
Knoechel
Teil *des* **Flughafens**
Rollfeld
Teil *des* **Fußes**
Knoechel
Teil *des* **Gartens**
Terrasse
Teil *des* **Gesichts**
Jochbein, Schlaefe
Teil *des* **Gürtels**
Schnalle
Teil *des* **Halses**
Kehlkopf
Teil *des* **Hauses**
Haustuer, Mansarde, Speicher
Teil *der* **Kamera**
Objektiv
Teil *des* **Klaviers**
Tastatur
Teil *des* **Kopfes**
Schaedel, Schlaefe
Teil *eines* **Körperglieds**
Unterarm
Teil *des* **Kraftfahrzeugs**
Getriebe
Teil *des* **Ofens**
Ofenrohr
Teil *des* **Ohres**
Schnecke
Teil *der* **Orgel**
Register, Windwerk
Teil *eines* **Quotienten**
Divident
Teil *des* **Rades**
Speichen
Teil *des* **Rheinischen Schiefergebirges**
Ardennen
Teil *der* **Schreibmaschine**
Farbband, Tastatur
Teil *des* **Schuhs**
Schnalle
Teil *des* **Sehorgans**
Augapfel
Teil *des* **Stadions**
Tribuene
Teil *des* **Stillen Ozeans**
Bandasee, Rossmeer, Sundasee
Teil *der* **Talsperre**
Staudamm
Teil *des* **Thermostaten**
Bimetall
Teil *des* **Tierkopfes**
Schnauze
Teil *der* **Uhr**
Gangwerk

Teil *des* **Verdauungsapparates**
Dickdarm
Teil *des* **Wagens**
Deichsel, Wagenrad
Teil *der* **Wohnung**
Mansarde, Speicher, Toilette
Teil *der* **Wohnungseinrichtung**
Gardinen, Teppiche
Teilchen
Partikel
Teilgebiet der Biologie
Zoologie
Teilgebiet der Mathematik
Analysis
teilnahmslos
untaetig
Teilnehmer am Zweikampf
Duellant
Teilung
Division, Spaltung, Trennung
Teilungslinie der Erdhalbkugeln
Aequator
teilweise
partiell
telefonisch bestellbare Prostituierte
Callgirl
Telefonvermittlung
Zentrale
Telegramm
Depesche
Telemachs Mutter
Penelope
Telemachs Vater
Odysseus
Teleskop
Fernrohr
Tempel *für* **alle Götter**
Pantheon
Tempel *im* **Judentum**
Synagoge
Tempelfest der Juden
Chanukka
Tempeltänzerin in Indien
Bajadere
Tempo
Zeitmass
Tempobeschleunigung
Endspurt
Tempobezeichnung in der Musik
ritenuto
Temporennen
Wettlauf
Tendenz
Richtung, Stimmung
Tennisausdruck
Backhand, Einstand, Flugball, Tiebreak
Tennisgrundlinie
Baseline
Tenniswanderpokal
Daviscup
Teppichart
Meschhed
Terminkalender
Merkbuch
Terrain
Gelaende
Test
Pruefung
Testamentzusatz
Kodizill
teuer
wertvoll
Teufel
Diabolus, Mephisto
Teufelsaustreiber
Exorzist
Text
Wortlaut
Textbuch für Opern
Libretto
Textilarbeiter
Stricker
Textilbetrieb
Wirkerei
Textilmaschine
Webstuhl
Theatermannschaft
Ensemble
Theaterplatz
Parterre
Theaterzettel
Programm
Theaterzubehör
Requisit
Themenstellung
Thematik
Theoderichs Volk
Ostgoten
Theorem
Lehrsatz
therapeutische Bodenmasse
Heilerde
These
Lehrsatz, Leitsatz
Thronfolger
Erbprinz, Kronerbe
Thusneldas Gatte
Arminius
Tick
Schrulle
tiefe Verehrung
Anbetung
Tiefengestein
Plutonit
Tier *der* **Geflügelfarm**
Legehuhn
Tierabrichter
Dompteur
Tierart
Amphibie, Hohltier, Molluske
Tierbehausung
Aquarium
Tierfangeinrichtung
Leimrute, Schlinge
tierisches Körperteil
Schnabel, Schnauze
Tierkreis
Zodiakus
Tierkreiszeichen
Jungfrau, Schuetze, Skorpion
Tierkunde
Zoologie
Tiermund
Schnabel, Schnauze
Tierprodukt
Schinken
Tierwaffe
Schaufel
Tierwohnung
Aquarium
Tintenfisch
Argonaut, Nautilus, Oktopode, Seepolyp
Tintenfischfangarm
Tentakel
Tintentrockner
Loescher
tipptopp (tip-top)
tadellos
Tiroler Landwein
Traminer
Tiroler See
Achensee
Tischtennis
Pingpong
Titel
Headline
Titel *der* **Geistlichen in England und Amerika**
Reverend
Titel *eines* **indischen Fürsten**
Maharaja
Titel *einer* **indischen Fürstin**
Maharani
Titel *des* **Papstes**
Pontifex
Titel *von* **unverheirateten Gräfinnen**
Komtesse
Titelbildchen
Vignette
Titelfigur von Anouilh
Antigone, Eurydike

Titelfigur von Defoe
Robinson
Titelfigur von Egk
Columbus
Titelfigur von Goethe
Dorothea
Titelfigur von May
Winnetou
Titelfigur von Molière
Tartuffe
Titelfigur von Sophokles
Antigone
Titelfigur von Swift
Gulliver
Titelfigur von Tolstoi
Karenina
Tobsuchtsanfall
Amoklauf
Töchter *des* Danaos
Danaiden
Tochter von Alkinoos
Nausikaa
Tochter von Jokaste
Antigone
Tochter von Menelaos
Hermione

Tochter von Ödipus
Antigone
Todesgott
Thanatos
Todesweihe
Viatikum
todgeweiht
moribund
tödliches Gift
Zyankali
tolerant
geduldig
toller Einfall
Kapriole
Tomatensoße
Ketschup
Tonbandgerät
Recorder, Tapedeck
Tonfall
Betonung
Tonkonserve
Kassette
Tonkünstler
Dirigent
Tonlehre
Phonetik
Tonträger
Cassette, Kassette
Tonwiedergabegerät
Recorder
Töpferware
Majolika, Steingut
Topinambur
Erdbirne
Tor
Dummkopf, Einfahrt
Torheit
Dummheit, Kinderei, Narretei, Wahnwitz
Torhüter
Goalmann
töricht
kindisch, unsinnig
Torjaeger
Stuermer
Tornister
Rucksack
Tortengussmaterial
Gelatine
tot
entseelt
Totenacker
Friedhof, Kirchhof
Totengedenkworte
Grabrede
Totennachruf
Nekrolog
Totenreich
Niflheim
Totenverehrung
Manismus
toter Bestand
Inventar
toter Körper
Leichnam
Tourist
Urlauber
Trabant
Satellit
träg
indolent, untaetig
tragbar
portabel
tragbarer Behälter
Kanister
tragbares Fernsehgerät
Portable
Träger *der* Segel und Rahen
Mastbaum
Tragfähigkeit
Nutzlast
Trägheit
Faulheit, Indolenz
Tragsessel
Palankin
Tragtier
Dromedar, Maultier
Trainer
Betreuer
Tramp
Vagabund
Tramper
Anhalter
Transformator
Umformer
Translation
Bewegung
Transpiration
Schweiss
Transportbehälter
Kanister
Transportfahrzeug
Lastauto
Transportkosten
Rollgeld
Transportmittel
Flugzeug, Reisebus, Seilbahn
Trapez
Querholz
Tratsch
Gemunkel, Geruecht
Traubenanbaugebiet
Weinberg
Traubenernte
Weinlese
Traubenzucker
Dextrose
Trauer
Truebsal
Trauerspieldichter
Tragiker
traulich
heimelig
Träumer
Phantast
Träumerei
Fantasie
Traumerscheinung
Fantasie, Illusion, Trugbild
Trauminet
Feigling
Traumland
Atlantis, Eldorado
traurig
betruebt, freudlos, trostlos
traut
traulich, vertraut
Trauung
Hochzeit
Trauzeuge
Beistand
Traverse
Ausleger
Treck
Karawane
treffend
frappant
Treibjagd
Hetzjagd
Treibstoffbehälter
Kanister
Treidelpfad
Leinpfad
Trend
Richtung
Trennung
Spaltung
Treppe *beim* Schiff
Fallreep

Tresse
Borduere
Treubruch
Ehebruch
Triade
Dreiheit, Dreizahl
trickreich
gerissen
Trident
Dreizack
triebartig
impulsiv
Triebwerk
Maschine
Trikotage
Wirkware
Trinkgefäß
Bierglas, Bierkrug, Schoppen, Sektglas, Stamperl, Teetasse, Weinglas, Weinkrug
Trinkgelage
Sauferei, Zecherei
trist
betruebt, freudlos
Triumvirat
Dreibund
trockenes Gebäck
Zwieback
Trockenlegung
Drainage
Trockenmittel
Sikkativ
Trockensteppe in Afrika
Kalahari
trojanische Burg
Pergamon
trojanischer Sagenheld
Achilles
Trommel
Tamburin
Trommelfeuer
Kanonade
Trommelstock
Schlegel
Tropenfrucht
Maracuja
Tropenkrankheit
Beriberi, Pellagra
tropische Anpflanzung
Plantage
tropische Baumfrucht
Paranuss
tropische Blume
Orchidee
tropische Edelholzart
Ebenholz, Mahagoni
tropische Kopfbedeckung
Sombrero
tropisches Baumwachs
Carnauba
tropisches Holz
Mahagoni
tropisches Säugetier
Antilope, Nilpferd
Trost
Beistand, Zuspruch
Trottel
Dummkopf
Trottoir
Gehsteig
Trotz
Renitenz
trotzdem
obgleich
trotzig
renitent
Trugbild
Illusion, Wahnbild
trügerische Hoffnung
Illusion
Trümmer
Scherben
Truppe auf fremdem Gebiet
Besatzer
Truppenabteilung
Kompanie
Truppenstandort
Garnison
Truppenteil
Division, Kompanie, Regiment
Truppenübung
Manoever
Trüsche
Aalrutte
trutzig
maechtig
tschechischer Schriftsteller
Comenius
tüchtig
fleissig, tauglich
tugendhaft
zuechtig
Tülle
Schnauze
Tulpenbaum
Magnolie
Tumult
Wirrwarr
Tun mit Absicht
Mutwille
tunesische Insel
Dscherba, Kerkenna
Tunkenschüssel
Sauciere
Tupfen
Sprenkel
turbulent
wirbelnd
Türenteil
Druecker, Schwelle
Türgriff
Schnalle
türkische Meerenge
Bosporus
türkische Nationalspeise
Tschorba
türkische Nomadenvölker
Kirgisen
türkische Tabakspfeife
Tschibuk
türkischer Hausschuh
Babusche
türkischer Staatsmann
Atatuerk
türkischer Sultan
Mohammed, Suleiman
Turktatare
Turkmene
Turm ***einer*** **Moschee**
Minarett
Turngerät
Rhoenrad
Turnübung
Klimmzug
Türöffner
Druecker
Türvorhang
Portiere
Tutor
Erzieher
TV-Justierdiagramm
Testbild
Tyrann
Diktator
Tyrannei
Despotie, Diktatur

U

U-Boot-Sehrohr
Periskop
übel
misslich, schlecht
übel riechende Blume
Aasblume
über eine Tat Informierter
Mitwisser
überall
allseits
Überanstrengung
Strapaze
Überbein
Ganglion
Überbleibsel
Residuum, Rudiment
Überblick
Panorama
überdeckend
dominant
überdeckt
rezessiv
Überdruss
Sattheit

Übereinkommen
Abkommen, Einigung, Kontrakt
übereinstimmend
parallel
Übereinstimmung
Analogie, Harmonie
überempfindlich
sensitiv
Überempfindlichkeit
Allergie
Überfluss
Schwemme
Überführung
Transfer
Übergewicht
Mehrheit
übergroß
kolossal
Überheblichkeit
Arroganz
überirdisch
abstrakt, jenseits
Überlandstraße
Chaussee
Überlegenheit
Dominanz
Überlieferung
Historie
übermäßig
gewaltig
übermütiger Streich
Kapriole
Übernachtungsgelegenheit
Herberge
Überordnung
Supremat
Überprüfung
Revision
überquellen
strotzen
überragend
dominant
überraschend
frappant
überrascht
verdutzt
Überredungskunst
Rhetorik
überreizt
hektisch
Überrest
Fragment
überschlau
naseweis
Überschrift
Headline
Überschuh
Galosche
Überschuss
Einnahme
überseeisch
exotisch
übersinnlich
mystisch
überspannt
spleenig
Überstrumpf
Gamasche
Übertragung
Transfer
Übertretung
Vergehen, Verstoss
übertriebene Abwehr
Ziererei
übertriebene Männlichkeit
Machismo
Übervorteilung
Gaunerei
Überwachung
Aufsicht
überwältigend
grandios
Überweisung
Transfer
Überwurfkragen
Pelerine
Überziehanzug
Blaumann
üble Kneipe
Spelunke
üblich
regulaer
Übung
Training
Übungskursus
Training
Uhrenart
Quarzuhr, Stoppuhr
Uhrenteil
Gehaeuse, Zugfeder
Uhrkettenanhänger
Berlocke
ukrainische Landschaft
Bukowina
Ulanenmütze
Tschapka
ultimatives Wort
entweder
um jeden Preis
durchaus
Umdrehung
Rotation
umfassend
komplett
Umfrage
Erhebung
Umgangsformen
Allueren, Benehmen, Manieren
umgangssprachlich für Ziehharmonika
Quetsche
umgeknickte Buchseite
Eselsohr
Umhang
Pelerine
Umherziehende
Vaganten
Umkreis
Umgebung, Umgegend
Umlauf
Rotation
Umlaufkörper
Satellit
umnachtet
verwirrt
Umsatzanteil
Tantieme
Umsicht
Sorgfalt, Vorsorge
umsichtig
besonnen
Umsturz
Aufstand
Umtrieb
Komplott, Rankuene
Umwelt
Ambiente, Umgebung
Unabhängigkeit
Autarkie, Freiheit
unangenehm
misslich, peinlich
Unannehmlichkeit
Malesche
unauffällig
taktvoll
unbedacht
impulsiv
unbedeutende Kleinigkeit
Lappalie
unbedingt
durchaus
unbefangen
kindlich, objektiv
Unbeflecktheit
Reinheit
unbefugter Jäger
Wilderer
Unbehagen
Verdruss
Unbehaglichkeit
Ungemach
Unbeherrschtheit
Cholerik, Jaehzorn
unbekleidetes Kind
Nackedei
unbemerkt
heimlich
unbescheidenes Ansinnen
Zumutung
unbesonnen vorwärts
drauflos

unbeständig
launisch
unbestimmt
fraglich, strittig, ungewiss
unbestimmte Zuversicht
Hoffnung
unbeteiligt
objektiv
unbezahlte Tätigkeit
Ehrenamt
unecht
apokryph, imitiert
Unehrlichkeit
Gaunerei
unendliche Dauer
Ewigkeit
unendlicher Zeitraum
Ewigkeit
unentgeltliche Tätigkeit
Ehrenamt
unentwickelt
infantil
unerfüllbar
utopisch
unerlaubt
verboten
Unerschütterlichkeit
Ataraxie
Unfall
Unglueck
unfein
ordinaer
unflügger Vogel
Nestling
unfreier Bürger
Untertan
unfreundlich
unwirsch
unfruchtbar
infertil
Unfug
Allotria
ungebetener Zuschauer
Zaungast
Ungebildeter
Boeotier, Ignorant
Ungebühr
Verstoss
Ungebundenheit
Freiheit
ungeheuer
gewaltig
Ungeheuer
Monstrum, Ungetuem
Ungeheuer der griechischen Sage
Chimaere, Chimaira
ungeklärt
fraglich, strittig
ungeladenes Elementarteilchen
Neutrino
ungelenk
linkisch
Ungemach
Verdruss
ungenutzte Kapazität
Leerlauf
ungeschickt
linkisch
ungesetzlich
verboten
Ungestalt
Monstrum
ungestüm
vehement
ungetrübt
glasklar
ungewiss
fraglich, strittig
Ungeziefer
Filzlaus, Kakerlak, Kopflaus
Ungezogenheit
Flegelei
ungiftig
atoxisch
ungültig
unwirksam
unhandliche Fracht
Sperrgut
Unheil abwehrender Anhänger
Talisman
unheilig
saekular
Uniformschmuck
Epaulett, Portepee
Uniformträger
Polizist
Unikum
Original
Union
Buendnis
universell
weltweit
Universität von Paris
Sorbonne
Universitätsprofessor im Ruhestand
Emeritus
Universitätsstadt *in* **Belgien**
Bruessel, Luettich
Universitätsstadt *in* **Deutschland**
Freiburg, Muenchen
Universitätsstadt *in* **Frankreich**
Bordeaux
Universitätsstadt *in* **Großbritannien**
Aberdeen
Universitätsstadt *in* **Österreich**
Salzburg
Universitätsstadt *in* **Polen**
Warschau
Universitätsstadt *in* **Portugal**
Lissabon
Universitätsstadt *in* **Rumänien**
Bukarest
Universitätsstadt *in der* **Schweiz**
Fribourg
Universitätsstadt *in* **Spanien**
Santiago
Universitätsstadt *in* **Ungarn**
Budapest
Universitätsstadt *in den* **USA**
Stanford
Unkenntnis
Ignoranz
unklar
nebuloes
unklug
toericht
unkompliziert
muehelos, primitiv
Unkosten
Ausgaben, Auslagen
Unkraut
Hederich, Kornrade
Unkrautvertilgungsmittel
Herbizid
Unmögliches
Illusion
Unmut
Verdruss
UNO-Generalsekretär
Waldheim
unordentlich
lodderig
unoriginell
epigonal
Unpaarzeher
Maulesel, Maultier
unparteiisch
objektiv
unpersönlich
sachlich
unredlich
unlauter
Unruhe
Spannung
unschlüssig Handelnder
Zauderer
Unschuld
Reinheit
unsichtbare Wärmestrahlen
Infrarot

8

unsittlich
verderbt
Untat
Verstoss
Unterbrechung
Stockung, Stoerung
Unterbrechung beim Fußball
Halbzeit
Unterdrücker
Diktator
Untergebene
Personal
untergeordnet
inferior
unterhaltend
amuesant
Unterhaltsbeiträge
Alimente
Unterhaltszahlung
Alimente
Unterhaltungssendung
Talkshow
Unterhautentzündung
Furunkel
Unterkunft
Quartier, Zuflucht
Unterkunft für Wanderer
Herberge
Unterlage
Dokument, Substrat
Unternehmen
Kommando
Unteroffizier
Korporal, Sergeant
Unterordnung
Gehorsam
Unterricht
Lehrgang
Unterrichtsanstalt
Institut, Internat
Unterrichtslehre
Didaktik, Methodik
Unterrichtsteilnehmer
Schueler
Unterschrift
Federzug, Signatur
unterseeisch
submarin
untersetzt
pyknisch, staemmig
Unterstellraum
Schuppen
unterster Offiziersrang
Leutnant
Unterstützung
Beihilfe, Beistand
Unterstützung einer Straftat
Hehlerei
Untersuchungsergebnis
Diagnose
Untertagearbeiter
Bergmann
Untertagebetrieb
Bergwerk
Unterwelt
Halbwelt, Jenseits, Tartaros, Tartarus
Unterweltfluss
Eridanus
Unterwerfung
Ergebung
unterwürfig
demuetig
unterwürfiger Mensch
Kriecher
Untiefe
Sandbank
Untier
Monstrum
Untreue von Verheirateten
Ehebruch
unumschränkter Herrscher
Diktator
unveränderlich
konstant
unverdorben
makellos
unvereinbar
disparat, kontraer
unvermischt
gediegen
unvernünftig
geistlos, toericht
unverständig
ignorant
unverzüglich
umgehend
Unvollendetes
Fragment
unvorbereitete Rede
Stegreif
unwirklich
abstrakt, utopisch
Unwirklichkeit
Illusion, Trugbild
unwirtlich
unbequem
unwissend
ignorant
Unwissenheit
Ignoranz
unzufriedener Mensch
Noergler
Uraufführung
Premiere
Urbild
Original, Prototyp
urchristlicher Missionar
Barnabas
Ureinwohner Amerikas
Indianer
Ureinwohner Italiens
Italiker
Urheber
Gruender
Urkontinent
Gondwana
Urkunde
Dokument
Urkundensammlung
Regesten
Urlaub
Erholung
Ursprung
Herkunft
ursprünglich
original
Urteil
Ermessen
Urtext
Original
Urtierchen
Protozoe
urtümlich
primitiv
urweltliches Rüsseltier
Stegodon
urzuständlich
primitiv
Utopie
Illusion
Utopist
Phantast

V

Vademekum
Ratgeber
Vagabund
Clochard
Vampir
Gespenst
Vanilleersatz
Vanillin
Variante
Spielart, Wandlung
Varieteekunst (Varietékunst)
Artistik
Varieteekünstler (Varietékünstler)
Zauberer
Vater von Fatima
Mohammed
Vater von Hannibal
Hamilkar
Vater von Ikarus
Daedalos, Daedalus
Vater von Juno
Saturnus
Vater von Jupiter
Saturnus

Vater von Lohengrin
Parsifal, Parzival
Vater von Siegfried
Siegmund
Vater von Telemach
Odysseus
Vater von Vesta
Saturnus
vaterländisch
national
Ventilation
Lueftung
veraltet
unmodern
veraltet für Adel
Noblesse
veraltet für Bürgersteig
Trottoir
veraltet für Chirurg
Wundarzt
veraltet für eilig
pressant
veraltet für Flugzeug
Aeroplan
veraltet für Freund
Gevatter
veraltet für Gewürzware
Spezerei
veraltet für Kneifer
Pincenez
veraltet für Rachsucht
Rankuene
veraltet für Rückzug
Retirade
veraltet für Vornehmheit
Noblesse
veraltet für Wegzehrung
Viatikum
veralteter Tanz
Laendler
veränderlich
flexibel, variabel
veränderliche Größe
Variable
Veränderung
Mutation
Veranlagung
Naturell
Veranstalter
Promoter
Verb
Zeitwort
Verbandmaterial
Pflaster
Verbesserer
Reformer
Verbesserung
Retusche
verbindliche Abmachung
Kontrakt
Verbindlichkeiten
Schulden
Verbindung
Kopplung, Kupplung, Synthese
verbissen
verbohrt
verbleibend
restlich
verblüffend
frappant
verborgen
heimlich
verbotene Gefängnisbotschaft
Kassiber
Verbrechen
Sakrileg, Uebeltat
Verbrecher
Gangster
Verbrecherkneipe
Spelunke
Verbrechermilieu
Halbwelt
verbreitet
populaer
Verbrennungsrückstand
Schlacke
Verdauungsflüssigkeit
Speichel
Verderbnis
Unglueck
Verdeutlichung
Klaerung
verdorben
schlecht
Verdrehung
Drillung
veredeln (Botanik)
pfropfen
Vereinigung
Buendnis
vereinsamt
isoliert
Vereinsangehöriger
Mitglied
Vereinslokal
Klubhaus, Klubheim
Vereinssatzung
Statuten
vereinzelt
isoliert
Vereitelung
Sabotage
Verengung der Blutgefäße
Stenosis
Verfahren
Prozedur, Vorgehen
Verfahren der Wahl
Via Regia
verfallen
dekadent
verfallenes Bauwerk
Truemmer
Verfasser einer Lebensbeschreibung
Biograph
Verfechter
Apologet
Verfehlung
Verstoss
verfeinert
veredelt
Verflechtung
Geflecht
Verfluchung
Anathema
Verfolgung
Fahndung
Verfolgungswahn
Paranoia
Verführer
Casanova, Charmeur
Vergeltung
Revanche
Vergeltungsmaßnahme
Sanktion
Vergnügen
Plaesier
Vergnügen nach dem Skilaufen
Après-Ski
Vergnügungsstätte
Varietee
Vergötterung
Anbetung
vergreist
tatterig
Vergrößerungsgerät
Fernglas
Vergünstigung
Nachlass, Privileg
Verhalten
Benehmen
Verhältnis
Relation
Verhängnis
Unglueck
Verheiratete
Eheleute
Verheiratetsein
Ehestand
Verkalkung
Sklerose
Verkaufserfolg
Schlager
Verkaufskartell
Syndikat
Verkaufsorganisation
Vertrieb
Verkaufsraum
Boutique, Kaufhaus
Verkaufsstelle für Arzneimittel
Apotheke
Verkehr
Frequenz

Verkehrshindernis
Eisregen, Glatteis, Schlange, Stockung
Verkehrsmittel
Flugzeug, Hochbahn, Motorrad, Trambahn
Verkehrsstockung
Schlange
Verkehrsweg
Autobahn, Chaussee
Verknüpfung
Synthese
verkümmertes Organ
Rudiment
Verkünder
Ausrufer
Verladefahrzeug
Hublader
Verladegerät
Laufkran
Verlagsabteilung
Lektorat, Setzerei, Vertrieb
Verlagsangestellter
Grafiker, Layouter, Reporter
Verlangen
Ansinnen, Begehren, Begierde, Gelueste
Verlängerung der Zahlungsfrist
Stundung
Verlauf
Fortgang
Verlautbarung
Bulletin, Kundgabe
Verleiher
Wucherer
verletzt
laediert
Verletzung
Haematom, Prellung
Verleumdung
Diffamie
Verlosung
Lotterie
Verlust
Einbusse, Nachteil
Vermächtnis
Nachlass
Vermählung
Hochzeit
vermehren
zunehmen
vermessenes Bauland
Parzelle
Vermögen
Eigentum
vermuten
annehmen
verneinendes Wort
nirgends
Verneinung
Negation

Vernunft
Einsicht, Klugheit, Verstand
vernünftig
rational, sinnvoll
vernunftwidrig
alogisch, unsinnig
Verpflegung
Proviant
Verpflegungsbeitrag
Kostgeld, Zehrgeld
Verrechnung im Zahlungsverkehr
Clearing
Verrenkung
Luxation
verrufenes Lokal
Spelunke
Verschiedenes
Allerlei, Diverses
verschließbarer Kasten
Kassette
Verschmelzung
Synthese
verschnittenes Masthuhn
Poularde
Verschrobenheit
Schrulle
verschwiegen
taktvoll
verschwommen
unscharf
Verschwörung
Komplott
versessen
begierig
Versmaß
Anapaest, Daktylus
versonnener Mensch
Traeumer
versorgen
betreuen
Versprechen
Geluebde
Verstand
Vernunft
verstandesmäßig
rational
Verständnis
Einsehen, Einsicht
Versteck
Zuflucht
Versteifung
Traverse
verstimmt
unwillig
verstohlen
heimlich
Verstoß
Sakrileg, Vergehen
Versuch
Pruefung, Vorstoss
Versuchsmuster
Prototyp

versunkenes Inselreich
Atlantis
Verteidiger
Apologet
Verteidigung
Apologie
verteidigungsbereit
wehrhaft
Verteidigungsministerium der USA
Pentagon
Verteidigungsrede
Apologie
vertieft geschnittener Edelstein
Intaglio
vertikal
lotrecht
Vertrag
Abkommen, Kontrakt
Vertragsabänderung
Revision
Vertrauen
Hoffnung
Vertreter
Exponent
Vertreter *einer* **Anschauung**
Exponent
Vertreter *eines* **Staates**
Diplomat
Vertretung
Aushilfe
Vertretung im Ausland
Konsulat
Vervielfältigung
Duplikat
Verwalter
Aufseher, Direktor, Waechter
Verwalter *eines* **Warendepots**
Lagerist
Verwaltung
Behoerde
Verwaltungsbeamter der Kirchengemeinde
Praefekt
Verwaltungsbeamter im Mittelalter
Landvogt
Verwandtschaft
Parentel
verwerfliche Handlung
Missetat
Verwerter von Tierleichen
Abdecker
Verwirrung
Wirrwarr
verwundbar
sensibel

Verwunderung
Aufsehen
verzeichnen
notieren
Verzeichnis
Inventar, Konspekt, Register
Verzeichnis von Studenten
Matrikel
verzerrtes Antlitz
Grimasse
verzichten
entsagen
verzierender Wandstreifen
Ornament
Verzierung
Garnitur, Ornament
Verzierungsmotiv
Ornament
Verzweigung
Gabelung
Vestibül
Vorhalle
Veterinär
Tierarzt
Vetternwirtschaft
Kluengel
Viehfutter
Schlempe
Viehwirtschaftsgebäude
Kuhstall
vielerlei
allerlei
Vielflächner
Polyeder
Vielfraß
Gourmand
Vielschreiber
Skribent
vielseitig
allround, versiert
vielseitig bewandert
versiert
Vielseitigkeitsprüfung im Reitsport
Military
vielstimmig
polyphon
Viereck
Rechteck
Vierergruppe
Quartett
Viererzug
Quadriga
Viergespann in der Antike
Quadriga
Viertel
Quartier
Viertelkreis
Quadrant
Viola
Bratsche
Virginität
Unschuld
viril
mannhaft
Vision
Trugbild
Vitaminmangelkrankheit
Beriberi, Rachitis
Vivarium
Aquarium
Vogelfänger in Die Zauberflöte
Papageno
Vogelfanggerät
Leimrute
Vogelflügel
Schwinge
Vogelkraut
Wegerich
Vokalmusik
Chorlied
Vokation
Berufung
Volk
Menschen
Volk *in* **Ostasien**
Koreaner
Volk *in* **Südosteuropa**
Bulgaren, Rumaenen
Völkergruppe der Antike
Germanen, Griechen
Volksaufwiegler
Demagoge
Volksfest
Fasching, Karneval
Volkskunde
Folklore
Volksstaat
Republik
Volkstanz
Laendler
Volksteil der Belgier
Wallonen
volkstümlich
populaer
volkstümliches Lied
Folksong
Volksvertretung
Kreistag
vollendet
erledigt
voller Erwartung
gespannt
volljährig
majorenn
vollkommen
komplett, makellos, tadellos
Vollmacht
Befugnis
Vollschiff
Fregatte, Korvette
vollständig
komplett
Vollstrecker
Exekutor
Vollzug
Handlung
vom Tausend
Promille
Voraussage
Prognose
Vorauszahlung
Abschlag
Vorbereitung zum Wettkampf
Training
Vorbild
Hochziel, Leitidee
Vorderasiat
Armenier, Libanese
vorderasiatische Hauptstadt
Damaskus
vorderasiatisches Kulturvolk (Antike)
Hethiter
Vorderteil des Halses
Kehlkopf
vordringlich
brennend
Vordruck
Formular
voreingenommen
befangen
Vorfahren
Ureltern
Vorfall
Ereignis
Vorführherr
Dressman
Vorgang
Ereignis, Handlung, Prozedur
Vorgänger des Fahrrades
Draisine
Vorgehen
Handlung
Vorgeschichte einer Krankheit
Anamnese
vorgeschichtliche Fundstätte
Altamira, Aurignac, Federsee, Moordorf
vorgeschichtlicher Menschentyp
Aurignac
vorgeschichtliches Kulturdenkmal
Megalith

8

vorgeschichtliches Werkzeug
Steinaxt
Vorgesetzte
Leiterin
Vorgesetzter
Direktor, Vorstand
Vorhafen *von* **Hamburg**
Cuxhafen
Vorhalle
Windfang
Vorhangleiste
Karniese
Vorherrschaft
Dominanz, Fuehrung
vorherrschend
dominant
Vorhersage
Prognose
Vorladung
Zitation
vorlautes Mädchen
Naseweis
Vorlesungsraum an der Universität
Hoersaal
Vorname
Taufname
Vorname *von* **Mozart**
Wolfgang
vornehm
exklusiv
vornehme Art
Noblesse
vornehme Gesellschaftsschicht
Upper Ten
vornehme Gesinnung
Noblesse
Vornehmheit
Noblesse
Vorort von Hamburg
Ottensen
Vorort von Zürich
Zollikon
Vorprüfung für Medizinstudenten
Physikum
Vorratsraum
Speicher
Vorrecht
Privileg
Vorsatz
Vorhaben
vorschriftsmäßig
regulaer
Vorschub
Beihilfe
Vorschuss
Abschlag
vorsichtig
behutsam
Vorsitzender
Chairman
Vorsteher
Direktor
Vorsteher *eines* **Orchesters**
Dirigent
Vorstellung
Fantasie
Vortäuschung
Blendung, Gaukelei, Illusion
Vorteil
Guthaben
vorteilhaft
guenstig
Vortragender
Referent, Sprecher, Vorleser
vorübergehend
momentan
vorurteilsfrei
objektiv
Vorwand
Notluege
vorwitzig
naseweis
vulgär
ordinaer
Vulkan *in* **Amerika**
Antisane, Cotopaxi
Vulkan *in* **Ecuador**
Antisane, Cotopaxi
Vulkan *bei* **Kreta**
Santorin
Vulkan *in der* **Sundastraße**
Krakatau
Vulkanausbruch
Eruption
Vulkaninsel
Krakatau

W

waagerechte Koordinatenachse
Abszisse
wach
vigilant
Wachmann
Polizist, Waechter
wachsam
vigilant
wachsartige Substanz
Paraffin
Wachstumsbewegung von Pflanzen
Nutation
wachsweich
gefuegig
Wächter
Aufseher, Wachmann
Wächter *der* **griechischen Sage**
Zerberus
Wächter *des* **Nibelungenhortes**
Alberich
Wächter *der* **nordischen Sage**
Heimdall
Wachtraum
Illusion, Trugbild
wackelig
unsicher, zitterig
wacker
tuechtig
Waffe *von* **Wilhelm Tell**
Armbrust
Waffengattung
Pioniere, Reiterei
Waffenlager
Zeughaus
waffenlose Selbstverteidigung
Jiu-Jitsu
Wagen
Droschke, Fahrzeug
Wagenführer
Kutscher
Wagenkolonne
Schlange
Wagenstange
Deichsel
Wagenteil
Deichsel
Wagners letzte Ruhestätte
Bayreuth
Wagnis
Mutprobe
wählen
optieren, votieren
Wahlfeldzug
Kampagne
wahlfrei
beliebig
wahllos
beliebig
Wahlpropagandist
Agitator, Demagoge
Wahn
Illusion, Tagtraum
wahnsinnig
paranoid, toericht
Wahnvorstellung
fixe Idee
wahr
wirklich
wahrhaft
wirklich
wahrnehmbar
fuehlbar, sichtbar
wahrnehmen
bemerken

Wahrsager
Mantiker, Telepath
wahrscheinlich
moeglich, probabel
Wahrzeichen
Sinnbild
Wahrzeichen von Berlin
Funkturm
Wahrzeichen von Freiburg/Breisgau
Muenster
Wahrzeichen von Straßburg
Muenster
Wahrzeichen von Ulm
Muenster
Waisenkind
Findling
Waldanpflanzung
Schonung
Waldaufseher
Foerster
Walddurchhau
Schneise
Waldfrucht
Erdbeere, Himbeere
Waldhuhn
Auerhuhn
Waldlichtung
Schneise
Waldmeisterkaltgetränk
Maibowle
Waldpflanze
Aronstab
Waldrebe
Klematis
Walküre
Gerlinde, Helmwige, Ortlinde, Siegrune
Wall
Bollwerk
Wallfahrtsort *in* **Nordrhein-Westfalen**
Kevelaer
Wallfahrtsort *in* **Palästina**
Nazareth
Wallfahrtsort *in* **Spanien**
Santiago
Walliser Käsesorte
Raclette
Walliser Käsespeise
Raclette
Walzbruder
Vagabund
Walze
Zylinder
Walzzinn
Stanniol
Wand
Paravent
wandelbar
variabel
Wandergepäck
Rucksack
wandernd
ambulant
Wandersänger
Rhapsode
Wandertier
Schwalbe
Wandervolk
Beduinen, Zigeuner
Wandpfeiler
Pilaster
Wandschirm
Paravent
Wandteppich
Verduere
Wangenbein
Jochbein
Wappenkunde
Heraldik
Ware
Fabrikat
Warendepot
Speicher
Warenhaus
Kaufhaus
Warenkäufer
Abnehmer
Warenvorrat
Inventar
warm
herzlich
Wärme abgebend
exotherm
Wärmekraftmaschinen
Gasmotor
wärmender Sitzplatz
Ofenbank
warmer Fallwind im Mittelmeerraum
Scirocco
Wärmeschutz
Daemmung
Wärmeschutzmaterial
Styropor
Wärmespender
Radiator
warmherzig
herzlich
Wartburgstadt
Eisenach
Wärter
Betreuer
Warze
Karunkel
Wäschestoff
Barchent, Cretonne, Irisette, Kretonne, Popeline
Wäschestück
Badetuch, Betttuch, Bettzeug, Garnitur, Handtuch, Leibchen, Leintuch, Netzhemd
Waschraum
Toilette
Wasenmeister
Abdecker
Wasserbauwerk
Schleuse
Wasserbehälter
Kanister, Zisterne
Wasserfahrzeug
Faltboot, Frachter, Kanadier, Leichter
Wasserfall
Katarakt
Wasserfarbenmalerei
Aquarell
Wasserfee
Melusine
Wasserlauf
Wildbach
Wasserreservoir
Zisterne
Wasserspiel
Fontaene
Wassersport-Fahrzeug
Rennboot
Wasserstrahl
Fontaene
Wasserstraße
Meerenge
Wasservogel
Albatros, Flamingo, Graugans, Kormoran
Wasserwatvogel
Flamingo
Wasserwehr
Staudamm
Watsche
Ohrfeige
Watvogel
Schnepfe
WC
Toilette
Webereierzeugnis
Textilie
Webervogel
Sperling
Wechsel
Wandlung
Wechsel *des* **Wasserstandes im Meer**
Gezeiten
Wechselbegriff
Korrelat
Wechselgesang
Antiphon
wechselhaft
launisch, variabel
wechselseitig
reziprok
Weckergeräusch
Klingeln

Wedel
Bueschel
weg
entfernt
Weggang
Abschied
Wegrand
Bankette
Wegweiser
Ratgeber
Wegzehrung
Proviant
weh
verletzt
wehleidig
jammernd
wehmütig
elegisch
Wehr
Stauwerk
Wehrmacht
Militaer
weiblich
fraulich
weibliche Figur aus der Zauberflöte
Papagena
weibliche griechische Sagengestalt
Antigone
weibliche Sagengestalt
Brunhild
weibliche Symbolfigur Deutschlands
Germania
weibliche Symbolfigur Frankreichs
Marianne
weibliche Symbolfigur von Berlin
Berolina
weiblicher Vorname
Adelheid, Angelika, Beatrice, Brigitte, Caecilia, Dorothea, Eleonore, Gabriele, Genoveva, Gerlinde, Ingeborg, Jakobine, Kornelia, Marianne, Mathilde, Reinhild, Roswitha, Theresia, Veronika, Walpurga, Waltraud
weibliches Kind
Maedchen
Weichling
Feigling
Weichtier
Molluske, Schnecke
Weidefläche
Grasland
weidlich
kraeftig, tuechtig
Weidwerk mit vielen Hunden
Hetzjagd
Weihnachtsrose
Nieswurz
Weinart
Suedwein
Weinbeere
Korinthe
Weingeist
Spiritus
Weingott
Dionysos
Weinlager
Kellerei
Weinort *in* **Frankreich**
Bordeaux
Weinort *an der* **Mosel**
Piesport, Wintrich
Weinort *am* **Rhein**
Eltville
Weinort *in* **Rheinland-Pfalz**
Mussbach, Neustadt
Weinort *bei* **Rom**
Frascati
Weinort *an der* **Ruwer**
Sommerau, Waldrach
Weinort *an der* **Saar**
Saarburg
Weinpflanzung
Weinberg
Weinprädikat
Kabinett
Weinsorte
Kabinett
weise
erfahren
Weisheit
Klugheit
Weißbinder
Tuencher
weißbrotähnliches Gebäck
Schrippe
Weißdorn
Hagedorn
weißes Pferd
Schimmel
weite Jacke
Schlutte
weiter Wettermantel
Pelerine
Weiterentwicklung
Progress
weiterhin
kuenftig
weitgehend
generell
weitherzig
tolerant
Welle
Bewegung
Wellenlinie
Maeander
Wellenschlag
Brandung
Welsart
Katfisch
Welt
Erdkugel, Weltraum
Weltalter
Ewigkeit
weltfremder Theoretiker
Ideologe
Weltgeschichte
Historie
Welthilfssprache
Volapuek
Weltkirchenbewegung
Oekumene
weltlich
saekular
Weltmann
Kavalier
Weltmeer
Atlantik
Weltraumflugkörper
Satellit
Weltreich
Imperium
Weltrekordler
Champion
Weltreligion
Daoismus, Judentum, Taoismus
Weltsprache
Englisch, Russisch, Spanisch
Weltstadt mit Herz
Muenchen
Weltumsegler
Magellan
Wendel
Schnecke
wendig
flexibel
Werbegeschenk
Praesent
Werbeschrift
Prospekt
Werkstoff
Material, Rohstoff
Werktag
Dienstag, Mittwoch
werktätige Person
Arbeiter
Werktätiger
Arbeiter
Werkzeug
Schaufel, Stampfer, Stoessel
Werkzeugmaschine
Drehbank

wertlos
schlecht
wertlose Arbeit
Machwerk
wertloser Gegenstand
Klamotte
Wertmesser
Massstab
Wertmineral
Eisenerz
Wertpapierausgabe
Emission
Wertpapiere
Effekten
wertvoll
prezioes
wertvolles Edelholz
Mahagoni
wertvolles Kernholz
Ebenholz
Wesen
Eigenart, Naturell
Wesensgehalt
Substanz
Wesensmerkmal
Eigenart, Gepraege
wesentlich
relevant
weshalb
weswegen
Wespenart
Hornisse
Weste
Leibchen
Westen
Okzident
Westeuropäer
Franzose
westeuropäische Hauptstadt
Bruessel, Lissabon
westeuropäischer Staat
Portugal
westeuropäisches Gebirge
Ardennen, Cevennen
westfriesische Insel
Vlieland
Westgermane
Alemanne
Westgotenkönig
Roderich
Westindische Insel
Trinidad
Westindische Inselgruppe
Antillen
westslawisches Volk
Slowaken
Wettererscheinung
Gewitter, Rauhreif
Wetterleuchten
Gewitter
Wetterschutz
Pelerine
Wetterumhang
Pelerine
Wettkämpfer
Sportler
wichtig
relevant
wichtiges Eisenerz
Haematit
wichtiges Ereignis
Erlebnis
Wickel
Umschlag
Wickenart
Saubohne
wider
entgegen
Widerhall
Resonanz
widerlich
ekelhaft
Widerling
Fiesling
widerrechtlich
verboten
Widersacher
Opponent
Widersetzlichkeit
Renitenz
widersinnig
alogisch
widerspenstig
obstinat, renitent
widersprüchlich
disparat, kontraer
Widerstand
Aufstand
Widerstandskämpfer
Guerilla, Partisan
Widerstandsmesser
Ohmmeter
Widerstreit
Konflikt, Kontrast
widerwärtig
ekelhaft, unschoen
Widerwille
Aversion
widrig
kontraer, schlecht
Widrigkeit
Verdruss
wieder
abermals, nochmals
Wiederauftritt
Comeback
Wiedereinfuhr bereits ausgeführter Waren
Reimport
Wiederherstellung der Gesundheit
Genesung
wiederholt
mehrfach, mehrmals, nochmals
Wiederholungskurs
Paukkurs
Wiederkehr
Heimkehr
wiederum
nochmals
Wiener Heurigentreffpunkt
Grinzing, Nussdorf
Wiener Komponist
Schubert
Wiener Vergnügungsviertel
Grinzing
Wiener Winzerdorf
Grinzing, Nussdorf
Wiesel
Hermelin
Wiesenblume
Baerwurz, Kuhblume, Skabiose
Wiesenpflanze
Wegerich
Wikingerstadt bei Schleswig
Haithabu
Wikingerstamm
Waraeger
Wildart
Auerwild
Wilddieb
Wilderer
Wildfangvorrichtung
Schlinge
Wildfleisch
Wildbret
Wildgeflügel
Auerhahn, Schnepfe, Wildente, Wildgans
Wildgeschmack
Hautgout
Wildkanzel
Hochsitz
Wildleder
Saemisch
Wildpark
Tierpark
Wildpark in Amerika
Yosemite
Wildpfleger
Foerster, Weidmann
willenlos
gefuegig, gehorsam
Willenskraft
Tatkraft
Willkürherrschaft
Despotie, Diktatur, Tyrannei
Willkürherrscher
Diktator

willkürlich
beliebig
Wimpertierchen
Ziliaten
Windart
Blizzard, Hurrikan, Scirocco
Windgott
Zephyros
windig
unsicher, unsolide
Windmaschine
Geblaese
Windmonat
November
Windschirm
Paravent
Windstärkeskala
Beaufort
Windung
Schlange, Schnecke
Wingert
Weinberg
Winkelbegrenzung
Schenkel
Winkelfunktion
Kosekans
Winkelmesser
Quadrant
Winkelspitze
Scheitel
Winselei
Gewimmer
winterlich
hibernal
winterliche Niederschlagsform
Rauhreif
winterliche Vereisungserscheinung
Glatteis
Wintermonat
Dezember
Winterniederschlag
Eisregen
Wintersonnenwende
Julklapp
Wintersportanlage
Eiskanal, Schilift
Wintersportart
Biathlon, Schilauf
Wintersportgerät
Eisstock, Skeleton
Wintersportort *in* **Frankreich**
Chamonix, Grenoble
Winzerarbeit
Weinlese
Winzigkeit
Schimmer
Wippe
Schaukel
Wirbelsturm
Blizzard, Hurrikan, Sandhose, Windhose
Wirbeltierart
Amphibie, Rundmaul
wirklich
existent, faktisch
wirklichkeitsfremd
utopisch
wirksam
effektiv
Wirksamkeit
Funktion
Wirkteppich
Aubusson
Wirkung
Ergebnis, Resultat
Wirkungsgrad
Ausbeute
wirkungsvoll
imposant
Wirsing
Herzkohl
Wirt
Gastwirt, Hotelier
Wirtschaft
Gasthaus, Schwemme
wirtschaftlich
rentabel
wirtschaftliche Unabhängigkeit
Autarkie
Wirtschaftskrieg
Blockade
Wirtschaftssparte
Handwerk
Wirtschaftstheoretiker
Schiller
Wirtschaftsverbund
Syndikat
Wirtshausgelage
Zecherei
Wischlappen
Putztuch
Wisent
Wildrind
Wissen
Kenntnis
Wissenschaft
Biologie, Geologie, Historie, Zoologie
wissenschaftliche Anstalt
Akademie, Institut
wissenschaftlicher Begriff
Methodik, Synthese
Witwenblume
Skabiose
Witwer
Wittmann
Witzgeschichte
Anekdote
witzige Geschichtchen
Anekdote
Wochenbett
Kindbett
Wochentag
Dienstag, Mittwoch
wohl
angenehm
Wohl
Gedeihen
Wohlfahrt
Diakonie
wohlfeil
guenstig
Wohlgefühl
Euphorie
wohlgemerkt
notabene
wohlig
angenehm
Wohlklang
Euphonie, Harmonie
Wohlstand
Reichtum
wohltuend
angenehm, lindernd
Wohngebäude
Bungalow, Hochhaus, Zinshaus
Wohnschiff
Hausboot
Wohnsitz *von* **Fürsten**
Residenz
Wohnsitz *der* **Göttin Freya**
Folkwang
Wohnsitz *des* **Staatsoberhauptes**
Residenz
Wohnungsgeld
Mietzins
Wolfsspinne
Tarantel
Wolkenart
Eiswolke
Wolkenkratzer
Hochhaus
Wollstoff
Kammgarn, Kaschmir
Wollust
Begierde
wollüstig
luestern
wonnevoll
elysisch
Wortbedeutungslehre
Semantik
Wortführer
Sprecher
wortgewandt
eloquent
Wortklauber
Rabulist

wortreich
eloquent
Wortspiel
Limerick
Wortteil
Vorsilbe
Wortumbildung
Anagramm
Wortvorsatz
Vorsilbe
Wotans Schlachtross
Sleipnir
Wucht
Vehemenz
wund
verletzt
wunderbar
herrlich
Wunderdoktor
Pfuscher
wunderlich
launisch, spleenig
wunderliche Eigenschaft
Schrulle
Wundmale
Stigmata
Wundrose
Erysipel
Wundschutz
Pflaster
Wunsch
Anliegen, Begehren, Begierde, Gelueste, Hoffnung
Wünschelrute
Detektor
Wunschland
Eldorado
Würde
Renommee
würdevoll
gemessen
Würdigung eines Verstorbenen
Grabrede, Nekrolog
Wurfbeil der Indianer
Tomahawk
Würfel
Hexaeder
Wurfgerät
Katapult
Wurfgeschoss der Antike
Balliste
Wurfholz
Bumerang
Wurfwaffe
Bumerang, Tomahawk
Wurmart
Bandwurm, Blutegel, Rundwurm, Sandpier, Sandwurm, Saugwurm, Spulwurm, Trichine
Wurmfortsatz des Blinddarms
Appendix
Wurstsorte
Krakauer, Schinken, Teewurst
Württembergischer Fürstenname
Eberhard
Wurzelgemüse
Kohlrabi, Sellerie
würzige Speisezutat
Dressing
Würzsoße
Dressing
Würztunke
Ketschup, Marinade
Wust
Wirrwarr
wüst
unbebaut
Wüste *in* **Afrika**
Kalahari
Wüste *in* **Südafrika**
Kalahari
Wüstenlasttier
Dromedar
Wüstenwind
Scirocco
Wüstling
Libertin, Raufbold

XYZ

x-Achse
Abszisse
x-mal
vielmals
Xanthippes Gatte
Sokrates
Xenie
Epigramm, Gastgabe
y-Achse
Ordinate
Youngster
Newcomer
Zahl *unter dem* **Wurzelzeichen**
Radikand
Zahlenergebnis
Quotient
Zahlenglücksspiel
Lotterie
Zähler
Dividend
Zahlungsaufschub
Stundung
Zahlungsbescheinigung
Quittung
zahlungsunfähig
bankrott, illiquid
Zahlwort
Numerale
Zahnarten
Fangzahn, Giftzahn, Mahlzahn, Nagezahn
Zahnersatz
Prothese
Zahnkrankheit
Granulom
Zahnlaut
Dentalis
Zank
Kabbelei, Reiberei
Zapfen
Pfropfen, Stoepsel
Zapfstellenbediener
Tankwart
Zarenname
Nikolaus
zart
grazioes, sensibel, zierlich
zarte Malweise
Aquarell
zärtlich
herzlich
Zärtlichkeit
Schmusen
Zauberei
Gaukelei
Zauberer
Schamane
Zauberer der Artusrunde
Klingsor
Zauberpriester
Schamane
Zauberschutzmittel
Talisman
Zeche
Bergwerk
Zecke
Holzbock
Zehner
Groschen
Zehnflächner
Dekaeder
Zehnfußkrebs
Dekapode
Zehnpfennigstück
Groschen
Zeichen der Verkehrsampel
Rotlicht
Zeichner
Designer, Grafiker
zeichnerische Darstellung
Diagramm
Zeilengießmaschine
Linotype
Zeiselbär
Tanzbaer

Zeit *der* **Ausgelassenheit**
Fasching, Karneval
Zeit vergeuden
plempern
Zeitalter
Saekulum
Zeitbegriff
Saekulum, Semester
Zeiterfassungsgerät
Stechuhr
Zeitform der Gegenwart
Praesens
zeitgemäß
up to date
zeitgleich
simultan, synchron
zeitlich
temporal
zeitlich geordnete Urkundensammlung
Regesten
Zeitmaß
Rhythmus
Zeittabelle
Kalender
Zeitungsmitarbeiter
Fotograf, Reporter
Zeitungsschreiber
Reporter
Zeitvertreib
Kurzweil
zeitweilig
momentan
Zellgewebsfaser
Fibrille
Zelluloid
Zellhorn
Zensur
Benotung
Zerberus
Waechter
Zerbrechlichkeit
Zartheit
Zerbrochenes
Scherben, Truemmer
Zerfallserscheinung
Schimmel
zerkleinerte Steine
Schotter
zermahlenes Gestein
Schotter
zernagend
korrosiv
zerschlissen
schaebig
zerstäuben
spruehen
zerstört
ruiniert
zerstörtes Gebäude
Truemmer
zerstreut
disparat
zerstreuter Mensch
Schussel
zerzaust
struppig
Zeugnis
Dokument
Zeugnisnote
cum laude
zeugungsunfähig
impotent
Zichorienart
Chicorée
Ziegenleder
Chevreau, Maroquin
Ziel
Endpunkt
Ziel *im* **Schießsport**
Tontaube
Zielbahnhof
Terminal
zielgerichtet
strebsam
zielstrebig
fleissig
Ziemer
Peitsche
Zierat
Ornament
Zierband
Maeander, Ornament
Zierbildchen
Vignette
Zierfischbehälter
Aquarium
zierlich
niedlich
zierliche Malerei
Miniatur
Zierpflanze
Akanthus, Georgine, Gladiole, Gloxinie, Orchidee, Zyklamen
Zierstrauch
Gardenie, Hibiskus, Liguster, Oleander, Sanddorn
Zigarrensorte
Virginia
Zigeunermusiker (Jazz)
Reinhard
Zigeunertanz
Flamenco
Zimmer
Kabinett, Wohnraum
Zimmereinrichtung
Mobiliar
Zimmermann
Zimmerer
Zinkweiß
Zinkoxid, Zinkoxyd
Zinnfolie
Stanniol
Zinsfuß
Zinssatz
Zirbeldrüse
Epiphyse
Zirkuskünstler
Dompteur
zirpende Grille
Heimchen
Zisterzienserabtei
Eberbach
zivil
gesittet
Zofe
Dienerin
zögerlicher Mensch
Zauderer
Zögling
Schueler
Zoll
Wegegeld
Zollbeamter
Zoellner
Zollstock
Messstab
Zoo
Tierpark
Zopf
Geflecht
Zores
Wirrwarr
Zorn
Harnisch
zottig
struppig
zu *einem* **Besuch bitten**
einladen
zu essen geben
fuettern
zu Tage
offenbar, sichtbar
Zubehör
Requisit
Zucht
Gehorsam
Züchter
Gaertner, Landwirt, Pflanzer
Zuchthaus in New York
Singsing
Züchtigung
Ohrfeige, Schlaege
Züchtigungsmittel
Peitsche
Zuckerart
Dextrose, Fruktose
Zuckerbäcker
Konditor
Zudecke mit Federfüllung
Oberbett

Zuflucht
Refugium, Versteck
Zugabe
Geschenk
Zugang
Einfahrt, Eintritt
zugegen
anwesend
Zugeherin
Putzfrau
zügelloser Mensch
Libertin
Zügelung des Übermuts
Daempfer
zugespitzt
plakativ
zugleich
simultan, zusammen
Zugluft
Durchzug
Zugtier
Maulesel, Maultier
Zugvogel
Schwalbe, Wildente
Zuhause
Wohnsitz
Zuhörerbühne
Tribuene
Zuhörerschaft
Publikum
Zukunft
Nachwelt
zulässige Abweichung
Toleranz
Zumutung
Ansinnen
Zuname
Nachname
zungenfertig
eloquent
zurückhaltend
taktvoll, unnahbar
Zurücknahme
Revision, Widerruf
zurücktretend
rezessiv
zusagen
gefallen
Zusammenarbeit
Teamwork
Zusammenbruch
Bankrott, Desaster
Zusammenfassung
Resuemee
Zusammenfassung *eines* **musikalischen Werkes**
Partitur
Zusammenfassung *mehrerer* **Schriftstücke**
Konvolut
Zusammenfügung
Synthese
Zusammengefegtes
Kehricht
Zusammengetragenes
Sammlung
Zusammenhalt
Harmonie
zusammenhanglos
isoliert
Zusammenklang
Harmonie, Wohllaut
Zusammenkunft
Beratung, Kongress
Zusammenleben
Symbiose
zusammenlegbares Boot
Faltboot
Zusammenschau
Panorama, Synthese
Zusammenschluss
Syndikat
Zusammensetzung
Struktur, Synthese
Zusammenstellung
Register
Zusammentreffen
Inzidenz
Zusammenwirken
Synergie
Zusammenzählung
Addition
Zusatz
Addendum, Appendix, Fussnote, Nachtrag
zusätzlich zu zahlender Betrag
Zuschlag
Zuschauer
Publikum, Zaungast
Zuschauerbefragung
Teletest
Zuschauermenge
Publikum
Zuschauerplatz
Tribuene
Zuschuss
Beihilfe
zusehends
merklich
Zusicherung
Garantie
Zustand heftiger Gefühlsbewegung
Erregung
Zustand höchster Glückseligkeit
Euphorie
Zusteller
Postbote
zustimmen
billigen
zuträglich
guenstig
Zutrittsöffnung
Einstieg
Zuversicht
Hoffnung
zuversichtlicher Mensch
Optimist
zuvorkommend
hoeflich
zuvorkommender Herr
Kavalier
Zuwachs an Jahren
Alterung
zuweilen
manchmal
Zuwendung
Dotation, Stiftung
zuwider
entgegen
Zuwiderhandlung
Vergehen, Verstoss
Zwangsherrschaft
Diktatur, Tyrannei
Zwangsmaßnahme
Blockade, Raeumung, Sanktion, Sperrung
Zwangsvorstellung
fixe Idee
zweckdienlich
adaequat, geeignet
zweckmäßig
opportun, sinnvoll, tauglich
zwei verlötete Metallbänder
Bimetall
zweideutig
aequivok
Zweifel
Bedenken
zweifelhaft
fraglich, unsicher
Zweig *der* **Landwirtschaft**
Ackerbau
Zweig *der* **Naturwissenschaft**
Biologie, Zoologie
zweigeschlechtlich
zwittrig
zweijährliche Veranstaltung
Biennale
Zweikampfteilnehmer
Duellant
Zweirad
Motorrad
zweistellige Zahl
neunzehn
Zweitausfertigung
Duplikat
Zwerg
Erdgeist, Erdgeist
Zwergenkönig
Alberich

Zwerghund
Pekinese
Zwergkiefer
Knieholz
Zwergvolk in Afrika
Pygmaeen
Zwergwuchs
Nanismus
Zwiebelgewächs
Gladiole, Narzisse
Zwielicht
Schummer
zwischen
inmitten
Zwischenfall
Ereignis, Stoerung
Zwischengeschoss
Mezzanin
Zwischenknorpel im Kniegelenk
Meniskus
Zwischenmahlzeit
Brotzeit
Zwischenrippenstück
Kotelett
Zwist
Konflikt, Unfriede
Zwölffingerdarm
Duodenum
Zyklop
Polyphem

9 BUCHSTABEN

A

Aachener Sehenswürdigkeit
Kaiserdom
Abänderung
Umformung, Variation
Abart
Variation, Varietaet
Abart *des* **Iltisses**
Frettchen
Abbau
Demontage, Zerlegung
Abbau von Maschinen
Demontage
Abbild
Faksimile, Fotokopie, Konterfei
Abbruch
Demontage
ABC-Staat
Brasilien
Abdankung
Demission
Abdichtungsmittel
Glaswolle
Abdikation
Abdankung
Abdomen
Unterleib
Abendbrot
Nachtmahl
Abendmahl
Kommunion
Abendmahlfeier
Kommunion
Abenteurer
Desperado, Hasardeur
Aberglaube
Hexenwahn
Abfall
Ausschuss, Geruempel, Makulatur
Abfallbehälter
Container
abfallendes Gelände
Steilhang
Abfallprodukt *beim* **Sägen**
Saegemehl
Abfassung eines Textes
Redaktion
Abfertigung
Bedienung
Abfeuern
Schiessen
Abfindung
Abgeltung, Ausgleich, Pauschale
Abflugpiste
Startbahn
Abfluss
Rinnstein
abgebrannt
mittellos
abgebrüht
abgefeiht, abgefeimt
abgedroschen
stereotyp
Abgeordnetenhaus
Parlament
abgerichtetes Suchtier
Spuerhund
Abgesandter
Missionar
abgesondert
separiert
abgesteckte Strecke
Abschnitt
Abhang
Boeschung
Abhilfe
Besserung, Linderung
Abkapselung
Isolation
Abkommen
Abmachung, Agreement
Abkömmling
Nachfahre, Urenkelin
Abkühlung
Erkaltung
Ablage
Garderobe
Ablagerung
Bodensatz
Ablagerung am Gebiss
Zahnstein
Ablass
Indulgenz
Ablehner
Verneiner
Ableitung
Deduktion
Abmagerungsmaßnahme
Fastenkur
Abmessung
Dimension, Dosierung
Abnahme
Minderung, Nachfrage
abnehmend
degressiv
Abnehmer
Konsument
Abriss
Demontage, Leitfaden, Zeichnung
Absatz
Nachfrage, Paragraph
Absatzpolitik
Marketing
Absauggerät
Exhaustor
abschätzig für Beamter
Buerokrat
Abscheu
Entsetzen
abschirmen
schuetzen
Abschlagszahlung
Vorschuss
abschließend
definitiv
Abschnitt
Paragraph
Abschnitt *eines* **Gesetzes**
Paragraph
Abschnitt *eines* **Schriftstücks**
Paragraph
Abschnitt *im* **Sport**
Durchgang
Abschweifung
Abstecher
abseits
abgelegen
Absender
Adressant, Expedient
Absetzung
Enthebung

Absicht
Intention
absolut
gaenzlich, unbedingt
Absolvent
Pruefling
Absonderung
Isolation, Sekretion, Sezession
Abspannung
Ermattung, Ermuedung
Absprache
Abmachung
Abstammung
Herkommen
Abstammungsnachweis
Stammbaum
Abstand
Intervall
Abstimmung
Plebiszit
Absud
Abkochung
absurd
ungereimt
Abtrieb
Abholzung
Abtrünniger
Verraeter
Abwandlung
Variation
abwaschbare Papiertapete
Linkrusta
Abwechslung
Ablenkung
Abwehr
Defensive, Resistenz
Abweichler
Dissident
Abweichung
Parallaxe
Abwertung
Minderung
abwesend
unterwegs, zerstreut
Abzeichen
Insignien, Insignium
Achselstück
Epaulette
achtbar
ehrenhaft
achten
schaetzen
achtsam
umsichtig
Ackerbaukunde
Agronomie
Ackerknolle
Kartoffel
Ackerunkraut
Gauchheil
Adaption
Anpassung
Adelstitel
Kurfuerst, Pfalzgraf
Adresse
Anschrift
Adriahafen
Dubrovnik
Aera
Abschnitt, Zeitalter
Affäre
Sensation
Affekt
Aufregung
Affenart
Gruenaffe, Kapuziner, Meerkatze, Ohrenmaki, Orang-Utan
Afrikaforscher
Bernatzik, Nachtigal
afrikanische Giftschlange
Puffotter
afrikanische Hafenstadt
Dschibuti
afrikanische Hauptstadt
Bujumbura, Dschibuti, Gaberones, Porto Novo, Salisbury
afrikanische Insel
Lanzarote, Mauritius, Teneriffa
afrikanische Sprache
Afrikaans, Amharisch, Kabylisch, Kisuaheli
afrikanischer Berg
Brandberg, Nimbaberg, Ruwenzori, Tafelberg, Waterberg
afrikanischer See
Albertsee, Bittersee, Burlussee, Dilolosee, Edwardsee, Kwaniasee, Manokasee, Mariutsee, Njassasee, Nyassasee, Rudolfsee, Tschadsee
afrikanischer Staat
Mauritius, Swasiland
afrikanischer Vogel
Goldweber, Sekretaer
afrikanisches Gebirge
Antiatlas, Ruwenzori
afrikanisches Naturschutzgebiet
Serengeti
afrikanisches Tier
Erdferkel
afrikanisches Urwaldhospital
Lambarene
afrikanisches Wildreservat
Serengeti
Agamemnons Tochter
Iphigenie
Agent
Vertreter
Aggressor
Angreifer, Bezwinger
agil
beweglich
Agreement
Abmachung
ägyptische Königin
Kleopatra, Nofretete
ägyptische Pharaonin
Kleopatra
ägyptische Pyramiden
Mykerinos
ägyptische Wasserstraße
Sueskanal, Suezkanal
Ahnentafel
Stammbaum
Ahnung
Vermutung
akademischer Titel
Professor
akrobatische Darbietung
Trapezakt
Akt
Massnahme
Akte
Protokoll
Aktiengewinnanteil
Dividende
Aktion
Geschehen, Verfahren
Aktionär
Teilhaber
Aktualität
Zeitnaehe
aktuelle Nachricht
Neuigkeit
aktueller Bericht
Reportage
akute Blutarmut
Oligaemie
Akzent
Nachdruck
akzeptabel
annehmbar
albanischer Nationalheld
Kastriota
Albert Schweitzers Urwalddorf
Lambarene
Albinoform des Iltisses
Frettchen
Aldermann
Aeltester, Vorsteher
Alkaloid
Strychnin
Alkohol
Weingeist

alkoholisches Getränk
Gluehwein, Slibowitz, Weinbrand, Weissbier, Weisswein
alkoholisches Heißgetränk
Gluehwein
alkoholisches Mixgetränk
Gluehwein
All
Universum
alle Sportpferde eines Besitzers
Rennstall
Allegorie
Gleichnis
allein
verlassen
Alleinherrschaft
Monarchie
allergische Erkrankung
Heufieber
Allerlei
Potpourri, Quodlibet
allerseits
allgemein
alles
insgesamt, jegliches
allgemein
umfassend, universal
Allianz
Koalition
allumfassend
universal
Allüren
Auftreten
Alm
Bergweide, Bergwiese
Almenrausch
Alpenrose
Almrausch
Alpenrose
Alp
Bergweide, Bergwiese, Traummahr
Alpenblume
Alpenrose, Edelweiss
Alpengebirgsstock
Dolomiten, Karwendel, Marmolata, Silvretta
Alpengipfel
Dachstein, Hochstuhl, Langkofel, Marmolata, Montblanc, Monte Rosa, Nebelhorn, Venediger, Zugspitze
Alpenpass
Lukmanier, Sellajoch, Semmering
Alpenpflanze
Almrausch, Alpenhelm, Alpenrose, Edelweiss, Taumantel
Alpenrose
Almrausch
Alpensee
Genfer See, Kochelsee, Tegernsee
Alpentier
Hornviper, Steinbock, Steinhuhn
Altargerät
Monstranz
Altarsakrament
Abendmahl
altbabylonischer König
Hammurabi
altchinesischer Weiser
Konfuzius
altdeutscher Monatsname
Brachmond, Erntemond, Nebelmond, Ostermond, Rosenmond, Scheiding, Wonnemond
alte englische Münze
Rosenobel
alte französische Grafschaft
Champagne
alte französische Landschaft
Normandie
alte Handschrift
Pergament
alte Kopfbedeckung
Dreispitz, Zweispitz
alte Waffe
Faustkeil, Partisane, Schleuder, Streitaxt
alte Wurfwaffe
Schleuder
alte Bezeichnung für Fahrrad
Veloziped
altenglischer Sagenheld
Robin Hood
alter französischer Tanz
Quadrille
alter germanischer Stamm
Alemannen, Bajuwaren, Burgunder, Cherusker, Westgoten
alter Junggeselle
Hagestolz
alter Name für England
Britannia
alter Name für Florenz
Florentia
alter Name für London
Londinium
alter Name für Wien
Vindobona
alter Tanz
Allemande, Sarabande
alter Volksstamm in Kleinasien
Kimmerier
alternativ
wahlweise
Altersheilkunde
Geriatrie
Altersversorgung
Leibrente
altertümlich
archaisch
Ältester
Presbyter
altgeliebter Schlager
Evergreen
altgriechische Göttin
Aphrodite, Mnemosyne
altgriechische Landschaft
Messenien
altgriechische Philosophenschule
Peripatos
altgriechische Sagengestalt
Achilleus, Agamemnon, Iphigenie, Pygmalion
altgriechische Seherin
Kassandra
altgriechische Stadtburg
Akropolis
altgriechischer Dichter
Aeschylos, Aeschylus, Aischylos, Euripides, Sophokles
altgriechischer Gott
Asklepios, Hymenaeos, Phantasos
altgriechischer Heerführer
Agamemnon
altgriechischer Held
Achilleus, Agamemnon, Idomeneos, Idomeneus, Patroklos, Patroklus
altgriechischer Philosoph
Kleanthes, Periander
altgriechischer Seher
Teiresias
altgriechischer Staatsmann
Aristides
altgriechischer Tragödiendichter
Aeschylus, Aischylos, Euripides, Sophokles
altgriechisches Bauwerk
Parthenon
altgriechisches nationales Fest
Olympiade
altgriechisches Ungeheuer
Charybdis

altindische Dichtung
Kamasutra
Altjahresabend
Silvester
altmodisch
ueberholt, ueberlebt
altorientalischer Volksstamm
Churriter, Kimmerier, Nabataeer
altspanischer Tanz
Sarabande
altwalisische Königssage
Artussage
Amateur
Dilettant, Liebhaber
Ambition
Bestreben, Interesse
amerikanische Automarke
Chevrolet, Oldsmobil
amerikanische Filmmetropole
Hollywood
amerikanische Filmschauspielerin
Mansfield
amerikanische Folklore
Bluegrass
amerikanische Halbinsel
Manhattan, Paraguana
amerikanische Hauptstadt
Guatemala
amerikanische Insel
Feuerland, Vancouver
amerikanische Inselgruppe
Galapagos
amerikanische Marderart
Stinktier
amerikanische Musikgattung
Dixieland, Rock 'n' Roll, Spiritual
amerikanische Raumfähre
Discovery
amerikanischer Astronaut
Armstrong, Carpenter, Mattingly
amerikanischer Berg
Aconcagua, Black Dome, Blue Ridge, Cotacachi, Eliasberg, Forelberg, Huascaran, Itacolumi, Mac Kinley, Monte Tina, Paricutin, Pichincha, Silillica, Tajumulco, Villarica, Zuckerhut
amerikanischer Bildhauer
Greenough, Lipschitz
amerikanischer Bundesstaat (USA)
Louisiana, Minnesota, New Jersey, New Mexico, Tennessee, Wisconsin
amerikanischer Diplomat
Kissinger
amerikanischer Dirigent
Bernstein
amerikanischer Erfinder
Remington
amerikanischer Filmregisseur
Hitchcock, Spielberg
amerikanischer Filmschauspieler
Fairbanks, Lancaster, Valentino
amerikanischer Flieger
Lindbergh
amerikanischer General
MacArthur
amerikanischer Jazzmusiker
Armstrong, Ellington
amerikanischer Jazztanz
Jitterbug
amerikanischer Komponist
Bernstein
amerikanischer Luftschiffhafen
Lakehurst
amerikanischer Maler
Feininger
amerikanischer Mediziner
Delbrueck, Lederberg, Nirenberg
amerikanischer Nachrichtensatellit
Early Bird
amerikanischer Nobelpreisträger für Frieden
Kissinger, Roosevelt
amerikanischer Nobelpreisträger für Literatur
Hemingway, Steinbeck
amerikanischer Nobelpreisträger für Medizin
Baltimore, Delbrueck, Guillemin, Lederberg, Nirenberg
amerikanischer Nobelpreisträger für Physik
Michelson, Rainwater, Schwinger
amerikanischer Nobelpreisträger für Wirtschaft
Samuelson
amerikanischer Ozeanflieger
Lindbergh
amerikanischer Philosoph
Santayana, Whitehead
amerikanischer Physiker
Michelson, Rainwater, Schwinger
amerikanischer Politiker
Stevenson
amerikanischer Präsident
Cleveland, Jefferson, MacKinley, Roosevelt
amerikanischer Sänger
Armstrong
amerikanischer Schriftsteller
Dickinson, Doolittle, Dos Passos, Hawthorne, Hemingway, Mark Twain, Steinbeck
amerikanischer Staat
Brasilien, Costa Rica, Guatemala, Kolumbien, Nicaragua, Venezuela
amerikanischer Tanz
Jitterbug, Rock 'n' Roll
amerikanisches Hacksteak
Hamburger
Amortisation
Loeschung
Amphitheater in Rom
Kolosseum
amtlich
foermlich, offiziell
amtliche Niederschrift einer Aussage
Protokoll
Amtsniederlegung
Abdankung, Demission
Analyse
Darlegung, Zerlegung
Anämie
Blutarmut
Anarchist
Desperado
Anbetung
Huldigung
andauernd
permanent
Andengipfel
Aconcagua
anders
different, heterogen
andersartig
ungewohnt
Andersdenkender
Dissident
andersgläubig
heterodox
Änderung
Variation
andeuten
umreissen

Andrang
Gedraenge
Aneinanderhaften
Adhaesion
Anerbieten
Vorschlag
anerkannt
arriviert, offiziell
Anfänger
Debuetant, Greenhorn, Youngster
Anfechtung
Einspruch
Anforderung
Verlangen
Anfuhr
Lieferung
Angabe
Prahlerei, Protzerei, Snobismus
Angabe *beim* **Tennis**
Aufschlag
Angeber
Prahlhans, Renommist
Angebot
Vorschlag
angeheitert
berauscht, betrunken
Angehörige
Verwandte
Angehöriger *einer* **christlichen Glaubensgemeinschaft**
Adventist, Hugenotte, Kalvinist, Methodist, Puritaner, Waldenser
angelegte Gelder
Depositen
angemessen
geziemend
angenehm
behaglich
Anger
Dorfwiese
angeregt
froehlich
angestrebter Urlaubsort
Reiseziel
angestrengtes Lernen
Bueffelei
angetrunkener Wanst
Bierbauch
angewiesen
abhaengig
angezeigt
indiziert
Angleichung
Anpassung
Anglergruß
Petri Dank, Petri Heil
Angreifer
Aggressor

9

Angriff
Offensive, Ueberfall
Angsthase
Hasenfuss
ängstlich
furchtsam
anhaltend
chronisch, permanent
Anhänger *der* **Geisterlehre**
Spiritist
Anhänger *einer* **kommunistischen Lehre**
Stalinist, Trotzkist
Anhänger *der* **Lehre Mohammeds**
Muselmann
Anhänger *des* **Marxismus**
Kommunist, Sozialist
Anhänger *einer* **negativen Weltanschauung**
Pessimist
Anhänger *einer* **Philosophenschule**
Epikureer
Anhänger *einer* **politischen Weltanschauung**
Anarchist, Kommunist, Liberaler, Sozialist, Stalinist
Anhänger *eines* **Religionsstifters**
Maertyrer, Missionar
Anhänger *eines* **schweizerischen Reformators**
Kalvinist
Anhänger *des* **Sozialismus**
Sozialist
Anklang
Sympathie
Ankleideraum
Garderobe
Ankündigung des Kommens
Anmeldung
Ankunft
Einlaufen
Anlage *für* **Freizeitsport**
Kegelbahn
Anlage für Pferdesport
Hippodrom
Anlage für Pflanzenzucht
Treibhaus
Anlass *für* **Pflanzenzucht**
Auslosung
Anleitung
Anweisung
Anmelderaum in Büros
Vorzimmer
Anmerkung
Kommentar

annähernd
ungefaehr
Annahme
Hypothese, Rezeption, Vermutung
annehmbar
plausibel
annehmen
mutmassen
Annexion
Aneignung, Besetzung
Anode
Elektrode
anonym
ungenannt
Anordnung
Direktive, Regulativ
anormal
krankhaft
Anrede
Fraeulein, Majestaet
Anrede *eines* **Bischofs**
Exzellenz
Anrede *eines* **Kaisers**
Majestaet
anregendes Mittel
Stimulans
Anrichte
Sideboard
Ansager
Moderator
Anschaffung
Erwerbung
anschaulich
plastisch
Anschauung
Denkweise, Intuition
anschmiegsam
zaertlich
Anschwärzer
Verraeter
ansehnlich
bedeutend, stattlich
Ansinnen
Verlangen, Vorschlag
Anspiel beim Tennis
Aufschlag
Ansprache *beim* **Festmahl**
Tischrede
Anspruch
Forderung, Verlangen
anspruchslos
genuegsam
anspruchsvoll
ambitioes
Anstalt
Pensionat
Anstand
Erziehung
anständig
moralisch

ansteckende Krankheit
Influenza, Milzbrand, Scharlach
Ansteckung
Infektion
Anstifter
Initiator
anstößiges Ereignis
Aergernis
Anteilnahme
Interesse, Kondolenz
antike griechische Landschaft
Messenien
antike griechische Stadt
Epidauros, Epidaurus
antike Hirtenpfeife
Panfloete
antike Landschaft in Kleinasien
Bithynien
antike Schaukämpfer
Gladiator
antike Wasserleitung
Aquaedukt
antike Wettkämpfer
Gladiator
antiker Name Deutschlands
Germanien
antikes Bauwerk in Rom
Colosseum, Kolosseum
antikes Schreibmaterial
Diptychon, Pergament
antikes Seeungeheuer
Charybdis
antikes Theaterstück
Iphigenie
antikes Versmaß
Hexameter, Trochaeus
Antipathie
Ablehnung, Abneigung
Antiquaschrift
Italienne
Antlitz
Angesicht
Antriebsmaschine
Generator, Ottomotor, Triebwerk
Antriebsschraube
Propeller
Anwaltspraxis
Advokatur
Anwaltsrede
Plaedoyer
Anweisung
Anordnung, Direktive
Anwesen
Besitztum
anwesend
vorhanden

anziehend
attraktiv
Anziehungskraft
Sexappeal
Anziehungskraft zwischen Molekülen
Kohaesion
Anzugform
Einreiher
apart
besonders
Apfelsinenart
Mandarine, Pomeranze
Apfelsorte
Delicious, Spitzling, Taeubling
Apostel *des* **Jesus**
Matthaeus, Philippus, Thaddaeus
Apostel *der* **Slawen**
Methodius
Appeal
Anziehung
Appendix
Blinddarm
Appetithäppchen
Kostprobe
appetitlich
delizioes, einladend, koestlich
April
Ostermond
apropos
uebrigens
Äquivalent
Gegenwert
Ära
Zeitalter
Arabeske
Tanzfigur
arabische Dynastie
Fatimiden
arabischer Staat
Jordanien
arabisches Königreich
Jordanien
Arbeitshose
Blue Jeans
Arbeitsmittel
Werkstoff
Arbeitsscheuer
Faulenzer
Arbeitsweise
Verfahren
argentinische Landschaft
Feuerland, Gran Chaco
argentinische Münze
Argentino
argentinische Provinz
Entre Rios
argentinischer Berg
Aconcagua

argentinischer Schriftsteller
Sarmiento
arm
besitzlos, mittellos
Armenpflege
Fuersorge
armer Teufel
Schlucker
armselig
spaerlich
armseliges Haus
Bruchbude
Aroma
Geschmack
aromatisches Harz
Weihrauch
Arrangement
Anordnung
Arrestant
Haeftling
arrogant
anmassend
Arroganz
Anmassung
Art
Verfahren, Verhalten
Art *von* **Devisen**
Geldserie
Art *eines* **Gemäldes**
Stilleben
Art und Weise eines Menschen
Wesensart
Arterienerweiterung
Aneurysma
Artusritter
Lohengrin
artverschieden
heterogen
Arznei
Praeparat
arzneiartiges Fischfettprodukt
Lebertran
Arzneiform
Zaepfchen
Arzneikunde
Pharmazie
Arzneipflanze
Engelwurz, Fingerhut, Hamamelis, Leinkraut
Arzt
Internist, Mediziner, Neurologe, Paediater
Arzt *im* **Mittelalter**
Eisenbart
ärztlicher Eingriff
Operation
Asbestart
Serpentin
asiatische Großregion
Ostindien

asiatische Halbinsel
Schantung
asiatische Hauptstadt
Islamabad, Jerusalem, Karatschi, Singapore, Ulan Bator, Vientiane
asiatische Inselgruppe
Malediven
asiatische Sagenkönigin
Semiramis
asiatischer Berg
Indrapura, Rakapushi
asiatischer See
Baikalsee, Balchasch, Rotes Meer, Totes Meer, Tungtiang
asiatischer Staat
Jordanien, Malediven, Nordkorea, Suedkorea
asiatischer Teil der Türkei
Anatolien
asiatischer Vulkan
Asamajana
asiatisches Gebirge
Karakorum, Tienschan
asiatisches Gewürzkraut
Basilikum
asiatisches Königreich
Jordanien
asiatisches Volk, Volksgruppe
Adscharen, Ambonesen, Andamaner, Assamesen, Bachtiare, Burjaeten, Filipinos, Inguschen, Jukagiren, Kandresen, Kaschmiri, Kaukasier, Samojeden, Turkmenen
Askese
Entsagung
Aspirant
Anwaerter
Assessor
Anwaerter
Assistenz
Mitarbeit
assyrische Gottheit
Bel Marduk, Schamasch
assyrische Kaiserin
Semiramis
assyrische Sagenkönigin
Semiramis
assyrischer König
Hammurabi
Astronautik
Raumfahrt
Astronom
Aristarch
astronomische Einheit
Lichtjahr

astronomischer Begriff
Anziehung, Aszendent, Firmament, Halbkugel, Lichtjahr, Lichtzeit, Mondphase, Nordlicht, Polarzone, Ringnebel, Sternbild, Sternjahr, Tierkreis, Universum
astronomisches Instrument
Bolometer, Reflektor, Regulator
Asyl
Freiplatz, Freistatt
athenischer Tempel
Parthenon
athenisches Wahrzeichen
Akropolis
ätherisch
hauchzart, himmlisch
äthiopischer Berg
Ras Dedjen
Äthylalkohol
Weingeist
Atlantikinsel
Ascension, Teneriffa
Atmosphäre
Gashuelle, Luftdruck
atmosphärische Lichterscheinung
Nordlicht
Atride
Agamemnon
Attentat
Gewalttat, Ueberfall
Attest
Gutachten
Attraktion
Anziehung, Zugstueck
Attribut
Abzeichen
Ätzkunst
Radierung
auch
ebenfalls
Audienz
Anhoerung, Zulassung
auf Klatsch erpicht
neigierig
auf Neuigkeiten erpicht
neugierig
auf Tempo Drängender
Antreiber
aufbegehrend
zaenkisch
aufdringlich
anmassend, penetrant
Aufdringlichkeit
Anmassung, Frechheit, Penetranz
aufeinander folgend
sukzessiv
auferlegte Bürde
Belastung

auffallend
besonders
Auffassung
Auslegung
Aufforderung
Ultimatum
Aufforderung *zum* **Besuch**
Einladung
Aufgabe
Lernstoff, Preisgabe
Aufgabe des Geistlichen
Seelsorge
Aufgangspunkt eines Gestirns
Aszendent
Aufgeber einer Postsache
Adressant
aufgedreht
froehlich
aufgeregt
exaltiert, kribbelig
Aufhebung
Kassation
Aufklärung
Belehrung
Auflage
Anordnung, Bedingung
Auflauf
Getuemmel
Auflehnung
Rebellion
Auflösung einer Ehe
Scheidung
Aufnahme
Betreuung, Bewirtung, Rezeption
aufrecht
senkrecht
aufregend
empoerend, turbulent
aufregendes Erlebnis
Abenteuer
Aufregung
Turbulenz
aufreibend
ermuedend
Aufriss
Zeichnung
Aufrührer
Insurgent
Aufsatz
Reportage
Aufschneider
Prahlhans
Aufschrift
Inschrift
Aufschub
Vertagung
Aufsehen
Sensation, Spektakel
Aufsicht
Kontrolle

Aufsicht zum Schutze
Bewachung
Aufsichtsbezirk
Inspektur
Aufstand
Empoerung, Rebellion
Aufständischer
Insurgent
Aufteilung
Dosierung
auftischen
servieren
Auftrag
Anweisung
Auftraggeber
Besteller
Auftropfstein
Stalagmit
Aufwärter
Kalfaktor
Aufwärtsentwicklung
Besserung
Aufwiegelung
Agitation, Demagogie
Aufzeichnung
Protokoll
Aufzeichnungszettel
Merkblatt
Aufzug
Fahrstuhl, Garderobe
augenfällig
auffällig
Augenglas
Lorgnette
Augenkrankheit
Granulose
Augenmerk
Beachtung
Augenzeuge
Zuschauer
August
Erntemond
Ausarbeitung
Expertise
Ausbacken in Fett
fritieren
Ausbesserung
Reparatur
Ausbesserungsstätte
Werkstatt
Ausbreitung
Expansion
Ausdauer
Gleichmut
ausdauernder Fleiß
Emsigkeit
Ausdehnung
Dimension, Extension
Ausdruck *beim* **Fußballspiel**
Freistoss, Strafraum
ausdrücklich
besonders, foermlich
ausdrucksfähig
expressiv, plastisch
ausdrucksvoll
expressiv
auseinander laufend
divergent
Auseinandergehen von Meinungen
Divergenz
Auseinandersetzung
Rededuell, Zwiespalt
Auseinanderstreben
Divergenz
Ausflug
Abstecher, Exkursion, Wanderung
Ausforschung
Erkundung
ausführende Gewalt
Exekutive
Ausfuhrhändler
Exporteur
ausführlich
haargenau, umfassend
Ausführung
Darlegung
Ausgangspunkt
Fundament, Grundlage
ausgebaggerte Erdmassen
Erdaushub
ausgedehnt
bedeutend, geraeumig, gestreckt
ausgedehnte Fahrt
Rundreise
ausgehöhlter Kürbis
Kalebasse
ausgestanzte Vorlage
Schablone
ausgestorbener Tauchvogel
Riesenalk
ausgestorbenes Tier
Auerochse
ausgezeichnet
exzellent, praechtig
ausgiebig
reichlich
Aushilfe
Assistenz, Vertreter
Aushorcher
Kalfaktor
Auskommen
Unterhalt
Auskunftseinholung
Nachfrage
Auslassungszeichen
Apostroph
Ausleger
Erklaerer, Interpret
Auslegung
Kommentar
Auslese
Selektion
Auslösung
Induktion
Ausmaß
Abmessung, Dimension
Ausnahme
Exzeption
Ausrede
Schwindel
Ausruhemöglichkeit
Rastplatz
Ausrüstung
Armierung, Ruestzeug
Aussage
Bekundung
Ausscheidung
Exkrement, Exkretion
ausschließlich
lediglich
Ausschnitt
Abschnitt, Dekolleté
Außenstände
Debitoren
außerehelich
illegitim
äußerer Ortsbezirk
Stadtrand
Äußeres
Exterieur
außergewöhnliches Ereignis
Phaenomen, Sensation
Äußerung
Bemerkung
Ausstattung
Aussteuer, Interieur
Ausstrahlung
Emanation
australische Insel
Tasmanien
australischer Berg
Mount Hann
australischer Beuteltier
Kaenguruh
australischer Bundesstaat
Tasmanien
australischer Schachtelhalmbaum
Kasuarine
australisches Holzgewächs
Kasuarine
australisches Säugetier
Kaenguruh
australisches Tier
Kaenguruh
Auswahl
Selektion, Sortiment
auswärtige Vertretung einer Regierung
Botschaft

Auswechslung
Austausch
Ausweis
Kennkarte, Reisepass
Ausweisung
Exmission
Ausweitung
Expansion
Auszug
Leseprobe
authentisch
verbuergt
Autoabstellfläche
Parkplatz
Autobahneinrichtung
Leitlinie, Parkplatz, Rastplatz, Standspur
Autobeleuchtung
Fernlicht
Autogramm
Namenszug
Automarke
Alfa Romeo, Auto Union, Chevrolet, Hotchkiss
Autor
Romancier, Schreiber, Verfasser
Autor von Amphitryon
Giraudoux
Autor von Andromache
Euripides
Autor von Antigone
Sophokles
Autor von Barbara Blomberg
Zuckmayer
Autor von Cid
Corneille
Autor von Decamerone
Boccaccio
Autor von Der alte Mann und das Meer
Hemingway
Autor von Der arme Heinrich
Hauptmann
Autor von Der Biberpelz
Hauptmann
Autor von Der Hauptmann von Köpenick
Zuckmayer
Autor von Der Heiratsantrag
Tschechow
Autor von Der Schelm von Bergen
Zuckmayer
Autor von Des Teufels General
Zuckmayer
Autor von Die drei Schwestern
Tschechow
Autor von Die Hose
Sternheim
Autor von Die Irre von Chaillot
Giraudoux
Autor von Die Möwe
Tschechow
Autor von Die Ratten
Hauptmann
Autor von Die Schatzinsel
Stevenson
Autor von Die Troerinnen
Euripides
Autor von Die Weber
Hauptmann
Autor von Doktor Schiwago
Pasternak
Autor von Don Quichotte
Cervantes
Autor von Elektra
Giraudoux, Hauptmann, Sophokles
Autor von Iphigenie in Aulis
Euripides, Hauptmann
Autor von Katharina Knie
Zuckmayer
Autor von König Ödipus
Sophokles
Autor von Medea
Euripides
Autor von Schinderhannes
Zuckmayer
Autor von Wem die Stunde schlägt
Hemingway
Autorennbahn
Zandvoort
Autorin
Urheberin
Autorisation
Vollmacht
Autoteil
Bereifung, Schaltung, Steuerrad, Verteiler
Autoversicherung
Teilkasko, Vollkasko
Avantgardist
Initiator, Vorreiter
Aversion
Abneigung
Aviatik
Flugwesen
Avis
Nachricht
Axiom
Grundsatz, Hypothese
Azoreninsel
São Miguel
aztekischer Gott
Coatlicue
aztekischer König
Moctezuma, Montezuma

B

Baby
Saeugling
babylonischer Gott
Schamasch
babylonischer Herrscher
Hammurabi
Babymundtuch
Laetzchen
Babysauger
Schnuller
Bach
Gewaesser
Bachstelze
Wippsterz
Backmasse
Brandteig, Muerbeteig
Backtriebmittel
Pottasche, Sauerteig
Backutensil
Nudelholz
Backware
Broetchen, Hoernchen, Lebkuchen, Weissbrot
Backzutat
Backaroma
Badeanzug
Einteiler
Badeort
Ahrweiler, Andermatt, Braunlage, Deauville, Duerkheim, Duerrheim, Engelberg, Godesberg, Heilbronn, Jagstfeld, Kissingen, Kreuznach, Marienbad, Meersburg, Norddeich, Peterstal, Salzbrunn, Salzuflen, Schwartau, Semmering, Starnberg, Steinhude, Villingen, Wiesbaden, Wildungen, Zinnowitz
badisches Weinbaugebiet
Kraichgau
Badminton
Federball
Bagatelle
Kleinkram
Bagger
Schrapper
Baggersee
Kiesgrube
Bahn für Pferderennen
Hippodrom
Bahnanlage
Stellwerk
Bahnbediensteter
Schaffner

bahnbrechend
saekulaer
Bai
Meerbusen
Bajazzo
Hanswurst
Bakschisch
Trinkgeld
Bakterienart
Gonokokke, Spirillen
Bakterium
Einzeller, Spaltpilz
Baldachin
Stoffdach
Baleareninsel
Dragonera
Balgerei
Pruegelei
Balkanbewohner
Jugoslawe
Balkanstaat
Bulgarien, Rumaenien, Slowenien
Balkonpflanze
Balsamine, Heliotrop, Hortensie
Ballade *von* **Goethe**
Erlkoenig
Ballade *von* **Schiller**
Die Glocke
Ballerina
Taenzerin
Ballettmitglied
Ballerina, Ballerino, Taenzerin
Balletttanz (Ballettanz)
Pas de deux
Ballspiel
Badminton, Faustball, Federball, Prellball
Ballsportler
Radballer
Baltin
Litauerin
Balustrade
Bruestung, Gelaender
banal
laeppisch
Band
Bindfaden, Orchester
Bande
Beziehung, Umrandung
Bandit
Desperado
bange
furchtsam
Bankbegriff
Arbitrage, Briefkurs, Dividende, Girokonto, Sparkonto
Bankett
Ehrenmahl

Banner
Standarte
Bar
Ausschank, Nachtklub, Nightclub
Bärenart
Braunbaer, Nasenbaer, Waschbaer
Bargetränk
Longdrink
Barkasse
Hafenboot, Motorboot
barmherzig
mitleidig
barmherziger Helfer
Samariter
Bart
Schnauzer, Spitzbart, Stutzbart
Basar
Kaufhalle, Warenhaus
Basilisk
Fabeltier, Geschuetz
Basis
Fundament, Grundlage, Grundzahl, Plattform
Basisstück eines Ganzen
Unterteil
Bastard
Mischling
Bastelmaterial
Sperrholz
Bastlerwerkzeug
Laubsaege
Bauernfänger
Betrueger
Bauhandwerker
Rohrleger, Schlosser, Schreiner, Steinmetz
Bauholz
Schalholz
Baumart
Araukarie, Buchsbaum, Eberesche, Gummibaum, Hagebuche, Hainbuche, Judasbaum, Judenbaum, Kakaobaum, Legfoehre, Mangobaum
Baumaschine
Bulldozer
Baumbestand
Waeldchen
Baumeister
Architekt
Baumfrucht
Buchecker, Holzapfel
Baumschule
Arboretum
Bauteil des Motors
Oelfilter
Bauwerk
Buerohaus, Kraftwerk, Wohnblock

Bauwerk in Athen
Parthenon
Bauwerk in Berlin
Reichstag
Bauwerk in Rom
Colosseum, Petersdom
bayerische Universitätsstadt
Nuernberg
bayerischer Berg
Zugspitze
bayerischer Regierungsbezirk
Oberpfalz
bayerischer Schriftsteller
Ganghofer
bayerischer See
Hopfensee, Kochelsee, Tegernsee
bayerisches Schloss
Linderhof
Bazillus
Spaltpilz
beachtlich
bedeutend, bedeutsam
Beamtentitel
Inspektor
Beanstandung
Einspruch
Beaufsichtigung
Kontrolle
Beauftragter
Vertreter
Beben
Vibration
beben
vibrieren
Becken
Tiefebene
Bedarf
Nachfrage
Bedauern
Leidwesen, Teilnahme
bedauernswert
miserabel
bedenklich
schwierig
bedeutend
gewichtig, prominent
bedeutungslos
unwichtig
Bedienung
Kellnerin
Bedienungsanlage für Eisenbahnsignale
Stellwerk
Bedingung
Kondition, Reglement, Vorbehalt
Bedürfnis
Verlangen

bedürfnislos
asketisch
bedürftig
mittellos
Beeinflussung
Steuerung
Beerensorte
Blaubeere, Brombeere
Beethovens Symphonie
Pastorale
Befähigung
Qualitaet
befangen
einseitig, subjektiv
Befehl
Anordnung, Anweisung
Befehlsform
Imperativ
Befestigungsanlage
Zitadelle
Befestigungsmittel
Klebeband, Klebstoff, Kunstharz
beflissen
eilfertig
Beförderung
Ernennung, Spedition, Transport
Beförderungsmittel
Eisenbahn, Fahrstuhl, Lastwagen, Taxameter
Befragung
Interview, Recherche
Befreiung
Erloesung, Exemption
Befreiung *von* Qualen
Erloesung
Befremden
Erstaunen
befriedigt
zufrieden
Befugnis
Erlaubnis, Kompetenz, Vollmacht
Befund
Gutachten
begabt
veranlagt
Begebenheit
Geschehen
Begehren
Forderung, Verlangen
begeistert
entzueckt
Beginn *eines* Menüs
Vorspeise
Begleiter
Gefaehrte
Begleiter *des* Achill
Patroklos, Patroklus
Begleiter *des* Don Giovanni
Leporello
Begnadigung
Vergebung
Begräbnisstätte
Mausoleum
begrenzt
limitiert
Begriff *im* Fußball
Freistoss, Strafraum
Begriff *der* Sternkunde
Tierkreis
Begriff *beim* Tennis
Aufschlag
Begriff *der* Wetterkunde
Kaltfront, Warmfront
Begriffsgattung
Kategorie
Begründer *der* neuen Olympischen Spiele
Coubertin
Begründer *des* Tierpark Stellingen
Hagenbeck
Begutachtung
Expertise
Behälter *für* Reptilien
Terrarium
Behandlung
Verfahren
beharrlich
unentwegt
Beherrschtheit
Disziplin
beherzt
wagemutig
Beherztheit
Kuehnheit
behilflich
gefaellig
Behörde
Finanzamt, Jugendamt, Kulturamt, Magistrat, Sozialamt
Behördenzuständigkeit
Kompetenz
beidäugig
binokular
beiderseitig
bilateral
beieinander
beisammen
Beifall
Huldigung, Klatschen
Beifußgewächs
Almrausch, Eberraute
Beihilfe
Assistenz
beiläufig
en passant
Beilegung eines Streites
Ausgleich, Vergleich
Beileid
Kondolenz, Teilnahme
Beileidsbekundung
Kondolenz
beinahe
ungefaehr
Beiname *des* Apoll
Musagetes
Beiname Dantes
Alighieri
Beiname Jesu
Nazarener
Beiname *des* Judas
Ischariot
Beinkleid
Hosenrock
Beinspreize
Graetsche
Beinteil
Kniekehle, Wadenbein
beißend
penetrant
beißender Spott
Sarkasmus
Beistand
Assistent, Assistenz, Sekundant
Beiwagen
Anhaenger
bejahen
zustimmen
Bejahung
Billigung
bekannt
angesehen, notorisch, prominent
Bekanntentreffpunkt
Stammbeiz
Bekleidung
Garderobe
Bekleidungsstück
Badeanzug, Badekappe, Ballkleid, Beinkleid, Bluejeans, Chemisett, Covercoat, Einreiher, Galoschen, Gamaschen, Garderobe, Handschuh, Hausanzug, Hausjacke, Hemdbluse, Hosenrock, Klubweste, Korselett, Lederhose, Nachthemd, Pelzjacke, Petticoat, Sporthemd, Ueberrock, Unterhemd, Unterrock, Windbluse, Windjacke
Belang
Bedeutung, Interesse
belanglos
unwichtig
Belanglosigkeit
Bagatelle
belebend wirkende Lösung
Riechsalz

9

Beleg
Unterlage
belehrendes Erlebnis
Erfahrung
beleibt
korpulent
beleidigend
kraenkend
beleidigt
gekraenkt, verstimmt
Beleidigung
Kraenkung
belgische Industriestadt
Charleroi
belgische Landschaft
Haspengau
belgische Provinz
Antwerpen
belgischer Käse
Limburger
belgischer Nobelpreisträger für Chemie
Prigogine
belgischer Nobelpreisträger für Frieden
Beernaert
belgischer Schriftsteller
Rodenbach, Streuvels, Verhaeren
beliebig
ad libitum
beliebt
anerkannt, angesehen
Bemächtigung
Aneignung
bemerkenswert
bedeutend, bedeutsam
Bemerkung
Ausspruch, Kommentar
bemittelt
beguetert
benachrichtigen
mitteilen
Benachrichtigung
Schreiben, Telegramm
Benehmen
Auftreten, Verhalten
Beneluxstaat
Luxemburg
Benommenheit
Schwindel
Benutzer von Fahrzeugen
Passagier
Beobachter
Zuschauer
bequem
behaglich
bequeme Sitzgelegenheit
Lehnstuhl
Beratung
Konferenz, Konsilium
berechtigt
anerkannt, motiviert
Berechtigung
Vollmacht
Bereich
Abschnitt, Abteilung
bereit
geruestet, startklar
Berg *in den* **Abruzzen**
Gran Sasso
Berg *im* **Allgäu**
Hoher Ifen, Nebelhorn
Berg *in den* **Alpen**
Dachstein, Hochstuhl, Marmolata, Mont Cenis, Montblanc, Monte Rosa, Nebelhorn, Sonnblick, Venediger, Zugspitze
Berg *in den* **Anden**
Ausangate
Berg *im* **Erzgebirge**
Auersberg
Berg *im* **Himalaja**
Annapurna, Nand a Devi
Berg *im* **Hunsrück**
Erbeskopf
Berg *bei* **Innsbruck**
Hafelekar
Berg *bei* **Kapstadt**
Tafelberg
Berg *im* **Lausitzer Gebirge**
Czornebog, Czorneboh
Berg *auf* **Mallorca**
Puig Mayor
Berg *bei* **Oberstdorf**
Nebelhorn
Berg *im* **Odenwald**
Melibokus
Berg *auf den* **Philippinen**
Malaspina
Berg *bei* **Rio de Janeiro**
Zuckerhut
Berg *auf* **Sri Lanka**
(Ceylon)
Adams Peak
Berg *im* **Teutoburger Wald**
Bielstein
Berg *im* **Wettersteingebirge**
Alpspitze, Zugspitze
Berg *im* **Zentralmassiv**
Puy de Dôme
Bergbauanlage
Berghalde
Bergbaugerät
Bergbarte, Schlaegel
Bergblume
Alpenrose, Edelweiss
Bergfried
Hauptturm
Berggruppe *in den* **österreichischen Alpen**
Dolomiten
Bergkiefer
Legfoehre
bergmännischer Begriff
Abteufung, Bergeisen, Berghalde, Bergleder, Bergrecht, Bergregal, Drahtseil, Geleuchte, Gewinnung, Grubenbau, Grubengas, Pechkohle, Sohlenbau, Sprengung, Strebebau
bergmännischer Gruß
Glueckauf
Bergmassiv *in* **Südtirol**
Dolomiten
Bergstock *in den* **Abruzzen**
Gran Sasso
Bergstock *im* **Salzkammergut**
Schafberg
Bergwild
Steinbock
Bericht
Reportage
Berichterstatter
Erzaehler
Berichterstattung
Reportage
Berichtigung
Korrektur
Berieselung zum Feuerschutz
Sprinkler
Berliner Bauwerk
Reichstag
Berliner Flughafen
Tempelhof
Berliner Hotel
Kempinski
Berliner Spezialität
Weissbier
Berliner Stadtteil
Koepenick, Kreuzberg, Neukoelln, Tempelhof
berüchtigt
notorisch
Beruf *im* **Baugewerbe**
Architekt, Rohrleger, Schlosser, Schreiner, Steinmetz
Beruf *der* **Feinmechanik**
Uhrmacher
Beruf *in* **Forschung, Unterricht oder Wissenschaft**
Astrologe, Botaniker, Ingenieur, Mediziner, Paedagoge, Philologe, Philosoph, Soziologe
Beruf *der* **Gastronomie**
Bedienung, Gastronom, Kellnerin

Beruf *im* **Gesundheits-wesen**
Apotheker, Augenarzt, Internist, Mediziner, Neurologe, Paediater
Beruf *in der* **Holzindustrie**
Boettcher, Drechsler, Forstwart, Schnitzer, Schreiner
Beruf *in der* **Kunst**
Architekt, Arrangeur, Bildhauer, Komponist, Regisseur, Repetitor, Romancier
Beruf *in der* **Lederindus-trie**
Lohgerber, Taeschner, Zurichter
Beruf *in der* **Metallindus-trie**
Emailleur, Lackierer, Schleifer, Schlosser
Beruf *in der* **Nahrungsmit-telindustrie**
Fleischer
Beruf *im* **Presse- oder Ver-lagswesen**
Disponent, Expedient, Kolumnist, Korrektor, Lithograf, Publizist, Redakteur, Stenograf
9
Beruf *im* **Rechtswesen**
Beisitzer
Beruf *in der* **Textilindus-trie**
Appreteur, Hutmacher, Kloeppler, Leinweber, Schneider, Zurichter
Beruf *im* **Transport- oder Verkehrswesen**
Chauffeur, Schaffner, Spediteur
Beruf *in der* **Unterhal-tungsbranche**
Arrangeur, Dramaturg, Intendant, Kassierer, Komponist, Moderator, Operateur, Produzent, Redakteur, Regisseur, Repetitor, Souffleur, Verleiher
Berufsanwärter
Volontaer
Berufskraftfahrer
Chauffeur
Berufung
Ernennung
Beruhigungsmittel
Sedativum
berühmt
prominent
Berühmtheit
Prominenz
Besatzung
Bemannung
Beschaffenheit
Charakter, Qualitaet
Beschau
Kontrolle, Musterung
beschaulich
idyllisch
Bescheid
Nachricht
bescheiden
genuegsam
Bescheinigung
Kennkarte
beschlagen
kompetent
Beschlagnahmer
Sequester
Beschleuniger für Ele-mentarteilchen
Zyklotron
Beschluss
Anordnung, Entscheid
beschränken
begrenzen
beschränkt
limitiert
Beschränkung
Einengung, Reduktion
Beschriftung
Inschrift
Beschützer
Protektor
Beschwerde
Einspruch
Beschwerdeführer
Reklamant
beschwerlich
muehevoll
Besen
Handfeger
besetzt
okkupiert
Besetzung
Eroberung
besinnlich
idyllisch
Besitz
Vermoegen
Besitzer industrieller Anteilscheine
Aktionaer
Besitzer *des* **Nibelungen-horts**
Siegfried
Besitzergreifung
Aneignung, Diebstahl
Besoldung
Einkommen, Verdienst
Besonderheit
Eigenheit, Varietaet
Besprechung
Rezension
Bestand
Ruecklage
beständig
dauerhaft
Bestandteil *der* **Ölfarbe**
Terpentin
Bestandteil *des* **Zellkerns**
Chromosom
bestechlich
kaeuflich
bestehend
vorhanden
Bestellung
Nachricht
bestens
exzellent
Bestie
Ungeheuer
bestimmt
abgemacht, definiert, energisch
bestimmte Kaffeeart
Kapuziner
Bestimmung
Anordnung, Reglement, Schicksal
Bestreben
Bemuehung
Bestückung
Armierung
bestürzt
betroffen
Besucher
Zuschauer
Besucher honoris causa
Ehrengast
Beteiligung
Teilnahme
Betelpalmenfrucht
Arekanuss
Beteuerung
Geloebnis
betont
besonders, pointiert
Betrachter
Zuschauer
beträchtlich
bedeutend
betreuen
versorgen
Betreuer
Animateur
Betreuung
Fuersorge
Betrieb
Geschaeft
Betrieb *der* **Metallindus-trie**
Eisenwerk, Giesserei
Betrieb *der* **Textilindus-trie**
Spinnerei

betrieblicher Arbeitsbereich
Abteilung
betroffen
bestuerzt
Betrug
Schiebung, Schwindel
betrunken
berauscht
Bettelmönch
Mendikant
Betthimmel
Baldachin
Bettlersprache
Rotwelsch
Beugung
Kruemmung
Beurkundung
Protokoll
Beurteiler
Gutachter, Rezensent
Beurteilung
Bewertung, Gutachten, Praedikat, Rezension
Beute
Diebesgut
Beutel
Portmonee
beutelartige Handtasche
Pompadour
Beuteltier
Kaenguruh, Zebrahund
Bevölkerung
Einwohner
Bevollmächtigter
Prokurist
Bevormundung
Gaengelei
Beweggrund
Intention
beweglich
elastisch
bewegliches Fest
Pfingsten
Beweglichkeit
Agilitaet
Bewegung *des* **Flusses**
Stroemung
Bewegungsart
Dauerlauf
Bewegungslehre
Kinematik
Bewegungsübung
Gymnastik
Beweisführung
Ableitung, Deduktion
Bewerber
Anwaerter
Bewertungsnote
Praedikat
Bewilligung
Erlaubnis
Bewohner *eines* **Eilands**
Insulaner
Bewohner *eines* **Erdteils**
Afrikaner
Bewohner *von* **Monaco**
Monegasse
bewundernswert
admirabel
Bezeichnung für Wein
Rebensaft
Bezirk
Stadtteil
bezügliches Fürwort
Relativum
Bezwinger
Aggressor
Bezwinger eines Gipfels
Ersteiger
Bibliothek
Buecherei
biblische Frauengestalt
Bathsebee
biblische Landschaft
Bethanien
biblische Männergestalt
Malachias, Mardochai, Serubabel, Zacharias, Zorubabel
biblischer König
Abimelech, Aristobul, Serubabel
biblischer Nomadenstamm
Ammoniter
biblischer Ort
Bet Safata, Beth Semes, Bethabara, Bethanien, Bethlehem, Jerusalem, Kapernaum
biblischer Prophet
Malachias, Sophonias
biblisches Buch
Hohes Lied, Levitikus, Matthaeus
biblisches Maß
Sabbatweg
biblisches Volk
Ammoniter, Chaldaeer, Philister, Samariter
bieder
ehrenwert
biegsam
beweglich, elastisch
Biersorte
Rauchbier, Starkbier, Weissbier
Bigamie
Doppelehe
Bilanz
Abschluss
Bild
Abklatsch, Konterfei, Medaillon, Radierung
Bildeinfassung
Umrahmung
bildender Künstler
Bildhauer, Graphiker
bildhaft
plastisch
bildhafte Erzählung
Gleichnis
bildhafte Redewendung
Gleichnis
Bildhauer
Plastiker, Schnitzer, Skulpteur, Steinmetz
Bildhauermaterial
Elfenbein, Kalkstein, Sandstein
Bildhauerwerkzeug
Faustkeil, Schlaegel
Bildkapsel
Medaillon
bildliche Wendung
Allegorie
Bildnis
Abbildung, Konterfei, Zeichnung
Bildung
Formation
Bildungsstätte
Gymnasium
Bildwerfer
Projektor
Bildzeichen
Ideogramm
Billardausdruck
Fehlstoss, Kopfstoss
Billett
Fahrkarte
billig
preiswert
billigen
zustimmen
billiger Jakob
Hausierer
Bindung
Beziehung
binnen
innerhalb
Binokel
Augenglas, Mikroskop
Biograph Goethes
Eckermann
biologische Entwicklung
Evolution
Birnensorte
Alexander, Gute Luise
Bischofsamt
Episkopat
Bischofsstab
Krummstab

Bissen
Haeppchen
Bitterapfelsine
Pomeranze
bitterer Hohn
Sarkasmus
Blähsucht
Flatulenz
blank
glaenzend
Blasenspiegel
Cystoskop, Zystoskop
Blasinstrument
Bombardon, Dudelsack, Harmonika, Krummhorn, Naturhorn, Panfloete, Panpfeife, Sousaphon, Tenorhorn
Blasmusiker
Trompeter
Blätterteighörnchen
Croissant
Blatthornkäfer
Maikaefer
Blaubeere
Bickbeere
Blaujacke
Seefahrer
bleibend
dauerhaft
Bleichmittel
Chlorkalk
blindwütig
fanatisch
blindwütiger Zerstörer
Berserker
blitzend
fulminant
blöd
idiotisch
bloß
lediglich
Blüchers Generalstabschef
Gneisenau
Blume
Amaryllis, Buschrose, Hortensie, Hyazinthe
Blumenbinderin
Floristin
Blutarmut
Oligaemie
Blütenstand
Kaetzchen, Koerbchen
Blütenteil
Kronblatt
Blutgerinnselbildung
Thrombose
Blutgeschwür
Karbunkel
Blutkrankheit
Leukaemie
Bluttat
Totschlag
Blutzirkulation
Kreislauf
Boa
Pelzstola
Boden
Grundlage
Bodenbewegung am Hang
Erdrutsch
Bodenerzeugnis
Naturalie
Bodenkunde
Pedologie
Bodensatz
Sinkstoff
Bodenschatz
Edelstein
Bodenseehafen
Meersburg, Rorschach
Bodenseeinsel
Reichenau
Bodenturnübung
Flugrolle, Handstand, Kopfstand
Bogen
Kruemmung
bolivianische Münze
Boliviano
bombensicherer Raum
Kasematte
Bon
Anweisung, Gutschein
Bonbon
Karamelle, Naschwerk, Suessware
Bonmot
Ausspruch, Wortspiel
Bonus
Dividende
Bootsart
Katamaran, Ruderboot, Schinakel, Segelboot
Bordeauxwein
Haut Brion, Sauternes
borgen
verleihen
Börse
Portmonee
Börsenbericht
Kurstafel
Börsenpreis
Kassakurs
Borstenwurm
Regenwurm
böse
teuflisch
böses Weib
Xanthippe
botanische Anlage
Treibhaus
botanische Sammlung
Herbarium
botanischer Begriff
Deckblatt, Haarkranz, Kaetzchen, Keimblatt, Kronblatt, Milchsaft, Schraubel, Steckling
Bote
Zusteller
Botengang
Besorgung
Botschaft
Ambassade, Nachricht, Neuigkeit
Botschafter
Gesandter
Botschaftsgebäude
Ambassade, Botschaft
Bottich
Holzwanne
Boutique
Geschaeft, Kramladen
Box
Verschlag
Boxausdruck
Doublette, Kinnhaken, Maisbirne, Punktsieg, Schwinger
Bracke
Spuerhund
Branche
Abteilung
Brandstiftungstrieb
Pyromanie
Brandwache
Feuerwehr
Branntwein
Slibowitz, Sliwowitz, Wacholder, Weinbrand
brasilianische Insel
Trinidade
Bratenstück
Karbonade, Rumpsteak, Schnitzel
Brauch
Tradition
Brauereianlage
Maelzerei
Brauereiprodukt
Lagerbier, Weissbier
Brautschaft
Aussteuer
brav
ehrenwert
Bravheit
Artigkeit
Brechnussbaumgift
Strychnin
breite Straße
Boulevard
Bremsvorrichtung
Hemmschuh

Brenner
Alpenpass
Brennstoff
Anthrazit, Holzkohle
brenzlig
verbrannt
Bresche
Durchlass
Brett von Fässern
Fassdaube
Bretterbau
Verschlag
Brettspiel
Fuchsjagd, Tokadille
Brevier
Gebetbuch
Brief
Schreiben, Zuschrift
Briefabsender
Adressant
Briefträger
Zusteller
brillant
glaenzend
Brille
Augenglas, Lorgnette
Brise
Segelwind
Brotaufstrich
Marmelade
Brotherstellungsbetrieb
Baeckerei
Brotsorte
Mischbrot, Weissbrot
Brücke
Uebergang
Brunnentempel
Nymphaeum
Brustfellentzündung
Pleuritis
Brustkorbknochen
Brustbein
Brustkreuz
Pektorale
Brüstung
Gelaender
brutal
gewaltsam
Bruttoerlös
Rohertrag
Buch *des* **Pentateuch**
Leviticus
Buchbindergerät
Leimwalze
Buchdruckverfahren
Hochdruck, Rotaprint, Siebdruck, Tiefdruck
Bucheinbandart
Halbleder
Buchenfrucht
Buchecker

Bücherfreund
Leseratte
Buchführungsbegriff
Abschluss, Belastung, Hauptbuch
Buchhandlungszweig
Sortiment
Buchkritik
Rezension
Buchse
Steckdose
Bucht
Meerbusen
Buchteil
Impressum
Buchweizen
Heidekorn
Bug
Vorschiff
Bühnenberater
Dramaturg
Bühnenfach
Bonvivant
Bühnenkünstlerin
Saengerin
Bühnenleiter
Intendant
Bühnenneuling
Debuetant
Bühnenstück
Lustspiel, Melodrama, Mysterium, Pantomime, Singspiel, Tragoedie
Bummel
Promenade
Bundestagspräsidentin
Suessmuth
Bundestrainer des Deutschen Fußballbundes
Herberger
Bündnis
Koalition
Bunker
Kasematte
bunt
koloriert
Bürde
Belastung
Burenführer
Pretorius
Burg *der* **„Goldenen Stadt"**
Hradschin
Burg *von* **Athen**
Akropolis
Burg *in* **Bayern**
Nuernberg, Trausnitz
Burg *an der* **Nahe**
Ebernburg
Burg *von* **Prag**
Hradschin

Burg *am* **Rhein**
Gutenfels, Marksburg, Rheinfels
Burg *in* **Spanien**
Salobrena
Bürger
Bourgeois, Einwohner
Bürgerschaftsvertretung
Magistrat
Burgunderkönigin
Bruenhild, Brunhilde
Busch
Dschungel, Unterholz
Buße
Ausgleich
Bütte
Waschfass
Button
Abzeichen
byzantinische Prinzessin
Theophano, Theophanu
byzantinischer Humanist
Bessarion
byzantinischer Kaiser
Basileios, Justinian

C

Camionbeiwagen
Anhaenger
Campingfahrzeug
Wohnmobil, Wohnwagen
Campinggegenstand
Wohnwagen
Caravan
Wohnwagen
Cellospielerin
Cellistin
Chaiselongue
Liegesofa
Champion
Rekordler
Chaos
Unordnung
Charakter
Sinnesart, Wesensart
Charaktereigenschaft
Eigensinn, Neugierde
Charakterformung
Erziehung
Charakteristik
Wesenszug
charakteristisch
praegnant
Charakterzug
Wesensart
Charta
Grundsatz
Chef
Anfuehrer, Oberhaupt, Vorsteher

Chefarzt (österreichisch)
Primarius
chemischer Begriff
Adhaesion, Bleiglanz, Borsaeure, Chlorkalk, Diffusion, Eisenoxid, Explosion, Flintglas, Indikator, Kohaesion, Konverter, Legierung, Metalloid, Oelsaeure, Oxidation, Raffinade, Reduktion, Zelluloid, Zellulose
chemisches Element
Aluminium, Americium, Berkelium, Beryllium, Gadolinum, Germanium, Magnesium, Molybdaen, Neptunium, Palladium, Plutonium, Praseodym, Ruthenium, Strontium, Ytterbium, Zirkonium
Cheruskerfürstin
Thusnelda
chilenische Insel
Santalnes
chilenischer Berg
El Calbuco
chilenischer Vulkan
El Calbuco
chilenisches Ausfuhrprodukt
Manganerz
Chiletanne
Araukarie
chinesische Halbinsel
Laitschou, Schantung
chinesische Provinz, Region
Schantung
chinesischer Philosoph
Konfuzius
chinesischer Politiker
Mao Zedong, Sun Jatsen, Sun Yatsen
chinesischer Revolutionär
Mao Zedong
chinesischer Schriftsteller
Lin Yutang
chinesischer See
Pojangsee, Poyangsee, Tengrinor
chinesischer Weiser
Konfuzius
Chip
Spielgeld
Chirurg
Operateur
Chirurg bei der Arbeit
Operateur
chirurgischer Eingriff
Operation
Chor
Altarraum, Singschar
Choreographie
Tanzregie
Chorfrau
Kanonisse
Chorherr
Kanonikus
Chorwerk
Oratorium
christlicher Feiertag
Kommunion, Pfingsten, Weihnacht
christliches Sakrament
Abendmahl
chronisch
anhaltend
Chronologie
Zeitfolge, Zeitkunde
Chrysantheme
Goldblume, Margarite, Margerite
circa
ungefaehr
City
Stadtkern
clever
geschickt
Clou
Sensation, Zugnummer
Clown
Hanswurst
Cocktail
Manhattan
Cognacglas
Schwenker
Computersprache
Assembler
computertechnischer Begriff
Assembler, Prozessor
Conférencier
Moderator
Container
Behaelter
Creme
Hautsalbe
cremefarben
blassgelb
Crew
Besatzung

D

Dachdeckmaterial
Teerpappe, Wellblech, Zinkblech
Dachform
Flachdach
Dachterrassenwohnung
Penthouse
Dackel
Dachshund
dalmatinische Hauptstadt
Dubrovnik
dalmatinische Stadt
Dubrovnik
damals
einstmals
Damenbadeanzug
Einteiler
Damenhut
Kapotthut, Pelzkappe
Damenmantel
Redingote
Damenschuh
Ballerina
Damenunterkleidung
Korselett, Petticoat, Trikotage, Unterrock
Dämmerung
Zwielicht
dämonisch
teuflisch
Dampfmaschinenteil
Kreuzkopf
dänische Hafenstadt
Nykoebing
dänische Insel in der Arktis
Groenland
dänische Insel in der Ostsee
Langeland, Sjaelland
dänische Prinzessin
Benedikte
dänischer Atomphysiker
Niels Bohr
dänischer Forscher
Bartholin
dänischer Geograph
Rasmussen
dänischer Komponist
Boerreson
dänischer Königsname
Christian, Friedrich, Gottfried
dänischer Nobelpreisträger für Literatur
Gjellerup
dänischer Nobelpreisträger für Physik
Mottelson
dänischer Polarforscher
Rasmussen
dänischer Politiker
Struensee
dänischer Schriftsteller
Gjellerup, Grundtvig, Michaelis
dänisches Abgeordnetenhaus
Folketing
dänisches Parlament
Folketing, Landsting

Dankgeschenk
Belohnung
Darmentzündung
Enteritis
Darmschmarotzer
Madenwurm
Darmüberfunktion
Durchfall
Darsteller
Interpret
Darstellung
Schaubild, Zeichnung
Darstellung der Erdoberfläche
Landkarte
Darstellung einer Person
Abbildung
das gesamte Schrifttum
Literatur
Datum
Zeitpunkt
Dauer
Permanenz
dauernd
chronisch, permanent
dauernder Körperschaden
Gebrechen
Dauerwurst
Cabanossi, Hartwurst
Daunenvogel
Eiderente
Dauphin
Kronprinz
dazu
obendrein
Debet
Belastung
Debitor
Schuldner
Debütant
Anfaenger, Greenhorn
Deckelbehälter
Sarkophag, Schachtel, Schatulle
decken
schuetzen
Deckenverkleidung aus Holz
Taefelung
Deckname
Pseudonym
Deckoffizier
Bootsmann
deckungsgleich
kongruent
Deduktion
Ableitung
Defekt
Gebrechen, Plattfuss
defekt
schadhaft
Degeneration
Entartung
dehnbar
beweglich, elastisch
dehnbares Material
Kautschuk
Dekade
Jahrzehnt
Dekadenz
Entartung
Delegation
Abordnung
delikat
koestlich
deliziös
koestlich
Demimonde
Unterwelt
Demonstration
Bekundung, Darlegung
Demontage
Zerlegung
den Inhalt entnehmen
entleeren
Denkart
Gesinnung
Denken
Reflexion
Denker
Philosoph
Denksport
Ratespiel
Denksportaufgabe
Quizfrage
Denkvermögen
Intellekt
Denunziant
Verraeter
Departement in Frankreich
Finistère
Depesche
Telegramm
Depression
Schwermut, Tiefdruck, Tiefpunkt
Deputation
Abordnung, Ausschuss
desgleichen
ebenfalls
Desinfektion
Abtoetung
Desinfektionsmittel
Chloramin, Chlorkalk
desinfizieren
entkeimen
despektierlich
abfaellig
Dessert
Nachtisch
Dessertwein
Tarragona
Destillationsprodukt
Petroleum
Detektiv
Ermittler
Detonation
Entladung, Explosion
Deuter
Interpret
deutlich
eindeutig, plastisch
deutlich machen
erklaeren
deutsche Anrede
Fraeulein
deutsche Bucht
Jadebusen
deutsche Frauenrechtlerin
Schwarzer
deutsche Großstadt
Bielefeld, Darmstadt, Frankfurt, Heilbronn, Karlsruhe, Magdeburg, Nuernberg, Offenbach, Oldenburg, Remscheid, Stuttgart, Wiesbaden, Wolfsburg, Wuerzburg, Wuppertal
deutsche Hafenstadt
Flensburg, Stralsund
deutsche Kabarettistin
Schlueter
deutsche Landeshauptstadt
Magdeburg, Stuttgart, Wiesbaden
deutsche Landschaft
Ammerland, Donaumoos, Friesland, Hallertau, Havelland, Jeverland, Kraichgau, Loessnitz, Nordbaden, Oberpfalz, Oldenburg, Rheinland, Sauerland, Schleswig, Suedbaden, Uckermark, Westfalen
deutsche Malerin
Modersohn
deutsche Marxistin
Luxemburg
deutsche Nordseeinsel
Helgoland, Langeness, Norderney
deutsche Ostseeinsel
Hiddensee
deutsche Sagengestalt
Kriemhild, Ruebezahl, Siegfried, Sieglinde
deutsche Schauspielerin
Andergast, Frydtberg, Hielscher, Schygulla

9

deutsche Spielkartenfarbe
Schueppen
deutsche Universitätsstadt
Bielefeld, Frankfurt, Karlsruhe, Stuttgart, Tuebingen, Wuerzburg
deutscher Adelstitel
Baronesse, Kurfuerst, Pfalzgraf
deutscher Arzt
Hahnemann, Uhlenhuth
deutscher Badeort
Duerkheim, Godesberg, Kissingen, Kreuznach, Krozingen, Niedernau, Peterstal, Salzuflen, Salzungen, Schwartau, Steinbeck, Wildungen
deutscher/s Berg, Gebirge
Auersberg, Erbeskopf, Hainleite, Hassberge, Hunsrueck, Kalkalpen, Kreuzberg, Nebelhorn, Schurwald, Wetzstein, Zugspitze
deutscher Bildhauer
Dannecker, Lehmbruck, Schlueter
deutscher Binnensee
Kochelsee, Mummelsee, Tegernsee
deutscher Buchdrucker
Gutenberg
deutscher Bundeskanzler
Kiesinger, Schroeder
deutscher Bundespräsident
Heinemann
deutscher Chemiker
Butenandt, Fresenius
deutscher Dirigent
Klemperer
deutscher Erfinder
Gutenberg, Helmholtz
deutscher Fürstenbund
Rheinbund
deutscher Fußballspieler
Grabowski, Klinsmann, Matthaeus, Szymaniak, Tilkowski
deutscher Herrschername
Ferdinand, Friedrich, Sigismund
deutscher Historiker
Delbrueck, Lamprecht
deutscher Humanist
Cellarius, Peutinger
deutscher Klavierbauer
Bechstein, Bluethner
deutscher Komponist
Beethoven, Buxtehude, Cornelius, Hindemith, Holzbauer, Marschner, Meyerbeer, Pachelbel, Reichardt, Schroeder
deutscher Maler
Feininger, Feuerbach, Kandinsky, Pechstein
deutscher Mathematiker
Lipschitz, Minkowski
deutscher Nobelpreisträger für Chemie
Butenandt
deutscher Nobelpreisträger für Frieden
Ossietzky
deutscher Nobelpreisträger für Literatur
Hauptmann
deutscher Nobelpreisträger für Medizin
Forssmann
deutscher Philosoph
Avenarius, Feuerbach, Heidegger, Holzapfel, Nietzsche, Pufendorf, Schelling, Thomasius, Troeltsch, Vaihinger
deutscher Physiker
Helmholtz, Kirchhoff
deutscher Pianist
Gieseking
deutscher Politiker
Bangemann, Erzberger, Filbinger, Goerdeler, Grotewohl, Heinemann, Kiesinger, Thaelmann
deutscher Rebensaft
Rheinwein
deutscher Rechenmeister
Faulhaber
deutscher Regisseur
Weidemann
deutscher Reichskanzler
Hohenlohe
deutscher Schauspieler
Bleibtreu, Froehlich, Hoerbiger, Holtzmann, Hubschmid, Meyerinck, Mosbacher, Quadflieg, Schneider, Schollwer
deutscher Schriftsteller
Bechstein, Ganghofer, Gottsched, Hauptmann, Klopstock, Tucholsky, Zuckmayer
deutscher Theologe
Ratzinger
deutscher Volksstamm
Alemannen, Schlesier, Westfalen
deutsches Kartenspiel
Schafkopf
deutsches Luftverkehrsunternehmen
Lufthansa
deutsches Parlament
Bundestag
deutsches Zirkusunternehmen
Sarrasani
Deutschlands höchster Berg
Zugspitze
Deutung
Auslegung
Dezennium
Jahrzehnt
dezent
gedaempft
diabolisch
hoellisch, satanisch, teuflisch
Diadem
Stirnband, Stirnreif
Diagramm
Schaubild
Dialog
Gespraech
Diamantenstadt in Südafrika
Kimberley
Diät
Schonkost
Dichtung
Humoreske, Lustspiel, Tragoedie
Dichtungsmaterial
Glaswolle
dick
korpulent
Dickblatt
Fetthenne
Dickfelligkeit
Lethargie
dickflüssige Tunke
Majonaese
Dickicht
Gestruepp, Roehricht, Unterholz
die Rippen verbindender Knochen
Brustbein
Dieb
Spitzbube
Diebstahlschutz
Fussangel
Diele
Vorzimmer
Diener
Bueckling
Dienstbezüge
Besoldung

Dienstenthebung
Kassation
Dienstgrad bei der Bundeswehr
Faehnrich, Gefreiter, Hauptmann
Dienstordnung
Reglement
Dienststelle
Amtsstube
Dienstvorschrift
Anweisung, Direktive, Reglement
diffizil
schwierig
diffus
nebelhaft, zerstreut
Diktierapparat/Diktiergerät
Diktaphon
Dimension
Abmessung
Diner
Festessen
Ding zum Gebrauch
Utensilie
Diplomat
Gesandter, Vertreter
diplomatische Vertretung
Botschaft
Direktive
Anordnung, Anweisung
Direktor
Vorsteher
Dirigentenstab
Taktstock
Disharmonie
Missklang
Diskont
Zinsabzug
Diskothek
Tanzlokal
Diskrepanz
Zwiespalt
Diskussionsleiter
Moderator
Diskussionstagung
Symposium
Dispens
Befreiung
Disposition
Anordnung, Kondition
Dissonanz
Missklang
Distelfink
Stieglitz
Distrikt
Abteilung
Diwan
Liegesofa
Doktortitel (Abkürzung)
Dr. med. dent.
Doktrin
Grundsatz
Dokumentarbericht
Reportage
Doldengewächs
Mannstreu
Dolmen
Steingrab
Domäne
Staatsgut
Domherr
Kanoniker, Kapitular
Don Quijotes Pferd
Rosinante
Donars Hammer
Mjoellnir
Doppel
Abschrift, Doublette
doppelgeschlechtlich
bisexuell
Doppellaut
Diphthong
Doppelrumpfboot
Katamaran
Dorf
Ortschaft
Dose
Behaelter, Schachtel
dosieren
aufteilen
Dossier
Aktenheft, Geheimakt
Dotation
Aussteuer, Ehrengabe, Schenkung, Zuwendung
Drahtnachricht
Telegramm
Drahtzieher
Anstifter
dramatisch
aufregend
dramatischer Sprechgesang
Rezitativ
dramatisches Tonstück
Oratorium
Drang
Bestreben, Sehnsucht, Verlangen
Drängender
Antreiber
Dreh
Handgriff
Drehschwung
Pirouette
dreidimensionale Aufnahme
Hologramm
dreieckiges Beisegel
Spinnaker
Dreieinigkeit
Trinitaet
Dreifachgeburt
Drillinge
Dreifaltigkeit
Trinitaet
dreijährliche Veranstaltung
Triennale
Dreikampf im Sport
Triathlon
Dreikäsehoch
Hosenmatz
dreiseitige Pyramide
Tetraeder
dreist
furchtlos, vorwitzig
Dressurübung
Courbette, Pirouette
dringend
notwendig
dringende Nachricht
Telegramm
Drohung
Noetigung, Ultimatum
Druckmesser
Manometer
Drucknachbildung
Faksimile
drucktechnischer Begriff
Aufmacher, Autotypie, Copyright, Faksimile, Impressum, Leerzeile, Lichtsatz, Makulatur, Photosatz
Druckverfahren
Buchdruck, Hochdruck, Rotaprint, Siebdruck, Tiefdruck
Druckwerküberschrift
Buchtitel
Duckmäuser
Hasenfuss
Duellzeuge
Sekundant
duftendes Harzgemisch
Weihrauch
dumm
unwissend
dummes Zeug
Bloedsinn
Dummheit
Toelpelei
Dummkopf
Tolpatsch
Dummy
Blindband
Dünkel
Anmassung
dunkelhäutiger Mensch
Schwarzer
dünn
schuetter

dünnes Gewebe
Georgette
durchbrochenes Gewebe
Grenadine
durchdringend
penetrant
Durcheinander
Charivari, Getuemmel
durchgehend
permanent
durchlässig
permeabel
durchscheinender Gips
Alabaster
Durchsicht
Kontrolle
durchsichtige Glocke
Glassturz
dürftig
spaerlich
Dynamo
Generator
Dynastie *in* Frankreich
Bourbonen

E

9

Ebbe
Tiefstand
eben
kuerzlich
Ebenbild
Konterfei
ebenbürtig
kongenial
Ebene
Flachland, Niederung
ebenfalls
ausserdem
Ebenmaß
Symmetrie
Eberwurz
Saudistel
Echo
Widerhall
Echsenart
Schleiche
echt
originaer, originell, verbuergt
Edelmetall
Palladium, Ruthenium
Edelpelz
Blaufuchs, Persianer
Edelpilzkäse
Camembert, Roquefort
Edelstein
Aquamarin, Aventurin, Bernstein, Blutstein, Brasilian, Chalcedon, Demantoid, Edelquarz, Edeltopas, Goldtopas, Grossular, Heliotrop, Kapgranat, Mondstein, Moosachat, Oligoklas, Rosatopas, Tigerauge
Edelsteinimitation
Imitation
Edikt
Anordnung
Edition
Nachdruck
EDV-Begriff
Datenbank
Egalisierung
Ausgleich
Egoismus
Eigennutz, Eigensinn
ehemalige Bundestagspräsidentin
Suessmuth
ehemalige Prügelstrafe
Bastonade
ehemaliger Beamtentitel
Geheimrat
ehemaliger Bundespräsident
Heinemann
ehemaliger deutscher Boxer
Schmeling
ehemaliger Name von Simbabwe
Rhodesien
ehern
unbeugsam
Ehescheu
Misogamie
Eheversprechen
Verlobung
ehrbar
honorabel
ehren
schaetzen
Ehrentag
Jubilaeum
Ehrentag eines Elternteils
Muttertag
Ehrentitel
Exzellenz
Ehrerbietung
Bueckling, Kratzfuss
ehrgeizige Frau
Streberin
ehrwürdiger alter Mann
Patriarch
eidesstattliche Versicherung
Affidavit
Eidgenosse
Schweizer
Eierfrucht
Aubergine
Eierspeise
Spiegelei
Eierteigware
Makkaroni, Spaghetti
Eifer
Emsigkeit
Eiferer
Fanatiker
Eifersucht
Missgunst
eigen
sonderbar
Eigenart
Charakter
eigenartig
originell
Eigenpreisung
Selbstlob
eigens
besonders
Eigenschaft
Qualitaet, Wesenszug
eigensinniges Kind
Trotzkopf
Eigentum
Vermoegen
Eigentumsdelikt
Diebstahl
Eilandsbewohner
Insulaner
Eilnachricht
Telegramm
ein Gerät zusammenbauen
montieren
Einäscherung
Kremation
Einbildung
Phantasie
Einbildungskraft
Phantasie
Einbringen der Baumfrüchte
Obsternte
eine Art Schneidersitz
Lotossitz, Lotussitz
eine *der* Erinnyen
Tisiphone
eine Hochschule besuchen
studieren
eine *der* Musen
Melpomene
Einehe
Monogamie
einer Gefahr knapp entgehen
entrinnen

Einerlei
Monotonie
einfacher Schuppen
Verschlag
einfachstes Lebewesen
Einzeller
Einfall
Eingebung, Intuition
Einfallsreichtum
Phantasie
Einfalt
Naivitaet
Einfamilienhaus
Eigenheim
einfarbig
monochrom
Einfassung
Umrandung
einfetten
schmieren
Einflieger
Testpilot
einflussreich
machtvoll
einförmig
eintoenig, ermuedend
Einförmigkeit
Monotonie
Einfrierung der Gehälter
Lohnstopp
Einfuhrhändler
Importeur
Einführung
Anleitung
Eingangshalle
Vestibuel
eingebildet
imaginaer
Eingeborener Australiens
Aborigine
Eingebung
Intuition
eingefleischter Jungge-selle
Hagestolz
eingehend besprechen
eroertern
eingelegte Gemüsefrucht
Senfgurke
eingelegte kleine Gurke
Cornichon
Eingemachtes
Marmelade
Eingeweide vom Tier
Innereien, Kaldaunen
Eingriff
Massnahme, Operation
einheimische Orchidee
Sumpfwurz, Zweiblatt
einheimischer Giftpilz
Faelbling
einheimisches Raubtier
Frettchen, Wildkatze
einheimsen
kassieren
einig
friedlich
Einigung
Abmachung
Einkaufsstätte
Warenhaus
Einkehr
Besinnung
Einkommen
Besoldung, Bezahlung, Dividende, Verdienst
Einladender
Gastgeber
Einlegearbeit
Intarsien
Einleitung
Introitus, Praeambel
Einleitungstanz
Polonaise
einleuchtend
plausibel
einmalige Zahlung
Abfindung
Einmütigkeit
Eintracht
Einnahme
Verdienst
Einöde
Wuestenei
einordnen
sortieren
einpassen
justieren
Einpauker
Repetitor
Einrichter
Justierer
Einrichtung
Anordnung
Einrichtungsgegenstand
Regalwand, Stehlampe
Einsager beim Theater
Souffleur
einsam
abgelegen, unbewohnt, verlassen
einschließlich
implizite, inklusive
Einschließung
Okklusion
Einschnitt
Durchlass
Einschränkung
Vorbehalt
Einschränkung des Geld-umlaufs
Deflation
einsehbar
plausibel
einseifen
betruegen
einseitig
subjektiv
Einseitigkeit
Vorurteil
Einsiedelei
Eremitage
Einspritzung
Injektion
Einstellraum
Verschlag
Einstudierung
Einuebung
Eintauchkochvorrichtung
Wasserbad
Einteilungsbegriff
Kategorie
Eintönigkeit
Monotonie
Eintopfgericht
Irishstew
Eintrittskarte
Freikarte
Einverleibung
Aneignung
Einverständnis
Billigung, Erlaubnis
Einwanderer
Immigrant
einwandfrei
fehlerlos, untadelig
Einzahlungsformular
Zahlkarte
Einzeller
Protozoon
einzeln
gesondert, singulaer
einzigartig
originell, singulaer
Einzimmerwohnung
Apartment
Eipulver
Trockenei
Eisenbahner
Rangierer, Schaffner
Eisenbahnfahrzeug
Diesellok, Postwagen, Tief-lader
Eisenbahnsignalanlage
Stellwerk
eisenbahntechnischer Begriff
Fahrdraht, Fahrkarte, Inter-city, Kontrolle, Laeutwerk, Netzkarte, Notbremse, Uebergang, Vorortzug, Warnkreuz
Eisenerz
Eisenkies, Eisenspat
Eisenwerk
Giesserei

Eisheiliger
Servatius
Eiskunstlauffigur
Pirouette
Eisprung
Ovulation
Eisstrom im Gebirge
Gletscher
Ekel
Abneigung, Entsetzen, Uebelkeit
Ekzem
Ausschlag
elastische Kordel
Gummiband
elastischer Werkstoff
Hartgummi
Elchbulle
Schaufler
Eldorado
Traumland
Elefantenstoßzahn
Elfenbein
elegisch
wehmuetig
elegischer Gesang
Klagelied
Elektras Schwester
Iphigenie
9
Elektras Vater
Agamemnon
elektrische Anschlussstelle
Steckdose
elektrische Energie
Drehstrom
elektrische Entladung
Elmsfeuer
elektrische Lichterscheinung
Elmsfeuer, Nordlicht
elektrische Schutzeinrichtung
Isolation, Sicherung
elektrischer Leiter
Elektrode, Konduktor
elektrischer Strom
Drehstrom
elektrischer Stromerzeuger
Generator
elektrisches Messgerät
Voltmeter
Elektronenbeschleuniger
Zyklotron
elektrotechnischer Begriff
Drehstrom
elend
miserabel
Emanzipation
Befreiung

Emblem
Abzeichen
eminent
aeusserst
Emotion
Aufregung
Empfang
Rezeption
Empfängerin von Altengeld
Rentnerin
empfänglich
anfaellig
Empfangsbüro
Rezeption
Empfangsgebäude
Flughafen
Empfangsgerät
Fernseher
empfehlenswert
nuetzlich
Empfehlung
Vorschlag
Empfindung
Sentiment
empirische Verhaltensforschung
Ethologie
empor
aufwaerts
emporgekommen
arriviert
Emporhebung
Elevation
Emporkömmling
Homo novus
emsig
umtriebig
Ende *der* Frostperiode
Tauwetter
Ende *des* Jahres
Silvester
endgültig
definitiv
Endpunkt einer Fahrt
Reiseziel
Energie
Nachdruck
Energieerzeuger
Generator, Kraftwerk
Energiequelle
Atomkraft, Kernkraft
eng
gedraengt
Engelkraut
Sonnentau
engherzig
kleinlich
Engherzigkeit
Knauserei
England
Britannia

englische Grafschaft
Berkshire, Carnarvon, Glamorgan, Hampshire, Lancaster, Leicester, Middlesex, Wiltshire, Worcester, Yorkshire
englische Königin
Elisabeth, Elizabeth, Katharina, Margareta
englische Kronkolonie in Südeuropa
Gibraltar
englische Universitätsstadt
Cambridge
englischer Erfinder
Arkwright
englischer Expremier
Churchill
englischer Nobelpreisträger für Chemie
Cornforth, Wilkinson
englischer Nobelpreisträger für Frieden
Henderson, Noel-Baker
englischer Nobelpreisträger für Literatur
Churchill
englischer Nobelpreisträger für Physik
Josephson
englischer Philosoph
Whitehead
englischer Regisseur
Hitchcock
englischer Schriftsteller
Priestley
englischer Seemann
Vancouver
englischer Staatsmann
Churchill, Gladstone
englisches Ballspiel
Badminton
enorm
ungeheuer
Entdecker *der* Philippinen
Magalhães
Entdecker *der* Radioaktivität
Becquerel
Entdecker *des* Wasserstoffs
Cavendish
Entführer
Kidnapper
entgegengesetzt
diametral, umgekehrt
Entgelt
Besoldung, Bezahlung
Entgelt bei Havarie
Bergelohn

enthaltsam
abstinent, asketisch
Enthaltsamkeit
Abstinenz
Enthusiast
Anhaenger
Entlüfter
Exhaustor
Entrüstung
Empoerung
Entsagung
Preisgabe
Entschädigung
Abfindung, Ausgleich, Rekompens
Entscheid des Papstes
Dekretale
Entscheidung
Anordnung, Beschluss, Machtwort
entschieden
dezidiert
Entschließung
Beschluss
entschlossen
energisch
Entschuldigung
Vergebung
Entsprechung
Parallele
Entstehung des Lebens
Biogenese
entstelltes Bild
Karikatur
Entwendung
Diebstahl
Entwicklungsjahre
Pubertaet
Entzücken
Seligkeit
ephemer
kurzlebig
Epigone
Nachahmer
Epigramm
Spottvers
Epigraph
Inschrift
Epiker
Erzaehler
Epilepsie
Fallsucht, Veitstanz
Epoche
Abschnitt, Zeitpunkt
erbärmlich
klaeglich, miserabel
Erbauer
Architekt
Erbbild
Genotypus
Erbe
Nachkomme
erblich
angeboren
Erdalkalimetall
Beryllium, Magnesium, Strontium
Erdapfel
Kartoffel
Erdball
Erdenrund, Weltkugel
Erdkunde
Geografie
Erdneuzeit
Neozoikum
Erdölprodukt
Petroleum
Erdrauch
Feldraute
Erdteil
Antarktis, Kontinent
Erdvermessung
Geodaesie
Erdvermessungsgerät
Theodolit
Ereignis
Geschehen, Happening, Sensation
Ereignisablauf
Geschehen
erfahrungsgemäß
empirisch
Erfahrungsmensch
Empiriker
Erfinder *des* **Augenspiegels**
Helmholtz
Erfinder *des* **Bieres**
Gambrinus
Erfinder *der* **Buchdruckerkunst**
Gutenberg
Erfinder *der* **Spinnereimaschine**
Arkwright
Erfindungsgabe
Phantasie
erfolgreicher Forscher
Entdecker
Erfolgsschlager
Evergreen
erforderlich
notwendig
Erforschung
Recherche
Erforschungssatellit
Mondsonde
Ergebnis
Endeffekt
Erhebung
Empoerung, Rebellion
Erinnerungsstätte
Mausoleum
Erinnerungsverlust
Vergessen
Erkältung
Influenza
Erklärer
Interpret
Erklärung
Darlegung
Erkrankung der Leber
Gelbsucht
Erkundigung
Nachfrage
Erlass
Anordnung
Erlaubnis
Billigung
Erläuterer
Erklaerer
erläutern
erklaeren
Erläuterung
Auslegung, Darlegung, Kommentar
Erlebnis
Abenteuer
erleichtert
zufrieden
erlesen
exzellent
Erleuchtung
Eingebung, Intuition
Erlogenes
Schwindel
ermächtigt
kompetent
Ermächtigung
Vollmacht
Ermattung
Ermuedung
Ermittlung
Recherche
Ermordung
Totschlag
Ermüdung
Ermattung
ernstes Musikstück
Oratorium
Erntearbeiter
Schnitter
Eroberer
Aggressor, Bezwinger
erobern
einnehmen
Eröffnungsrede
Ansprache
erpicht
versessen
Erpressung
Noetigung
erregbar
irritabel
erregendes Ereignis
Sensation

Ersatz
Ausgleich
Ersatzmann
Reservist, Substitut, Suppleant
Erschaffer
Schoepfer
Erscheinung
Phaenomen
Erscheinungsform
Phaenotyp, Varietaet
Erscheinungsvermerk
Impressum
Erschöpfung
Ermattung
erschütterndes Leid
Tragoedie
erschüttert
ergriffen
Erschütterung
Vibration
erste Geige
Primgeige
erste Kaufrate
Anzahlung
erste Tänzerin
Ballerina
erster technischer Test
Probelauf
erteilte Befugnis
Vollmacht
ertragreich
fruchtbar, produktiv
eruptives Ausströmen
ergiessen
Erwerb
Einkommen, Verdienst
Erwiderung
Gegenrede
Erwünschtes
Desiderat
Erzähler
Novellist, Romancier
Erzbischof
Patriarch
Erzeuger
Fabrikant, Produzent
Erzieher
Paedagoge
Erziehungsanstalt für Mädchen
Pensionat
Erzvater
Patriarch
erzwungen
gewaltsam
essbare Tiereingeweide
Innereien, Kaldaunen
Esse
Rauchfang
Essensversorgung
Bewirtung
Essenz
Wesenheit
Essgerät
Staebchen
Essgeschirr
Schuessel
Esslokal
Wirtshaus
Etage
Stockwerk
Ethik
Wertlehre
ethisch
moralisch
ethischer Begriff
Charakter, Gesinnung
Etikett
Aufkleber
Etui
Behaelter
etwa
eventuell, ungefaehr
Eucharistie
Abendmahl, Kommunion
Eulenart
Steinkauz
Europäer
Deutscher, Islaender, Italiener, Jugoslawe, Monegasse, Schweizer
europäische Hauptstadt
Amsterdam, La Valetta, Luxemburg, Ostberlin, Reykjavík, San Marino, Stockholm
europäischer Gebirgszug
Apenninen, Pyrenaeen
europäischer Inselbewohner
Irlaender, Islaender
europäischer Staat
Bulgarien, Daenemark, Luxemburg, Rumaenien, San Marino, Slowenien
europäischer Strom
Petschora
europäischer Vulkan
Stromboli
europäisches Großherzogtum
Luxemburg
europäisches Königreich
Daenemark
Evangelist
Matthaeus
ewig
unendlich
Ewigkeit
Weltalter
Examinand
Puefling
existent
bestehend, vorhanden
Existenz
Auskommen, Unterhalt
existenzialistischer Philosoph
Heidegger
Exkremente
Faekalien
Exkursion
Lehrfahrt, Streifzug, Wanderung
Exodus
Bibelteil
exotisches Harz
Weihrauch
Expedient
Versender
Experiment mit Samen
Keimprobe
Experte
Gutachter, Routinier
Expertise
Gutachten
explodierender Stern
Supernova
Explosion
Sprengung
Exponent
Vertreter
Export
Biersorte
express
schleunig
exquisit
exzellent
extra
ausserdem, besonders

F

Fabrikat
Erzeugnis
Fabrikzeichen
Trademark
Fach
Abteilung, Disziplin, Schublade
Facharbeiter
Justierer
Facharzt
Internist, Neurologe, Paediater
Fachbearbeiter
Dezernent
Fachgebiet
Disziplin
Fachgröße
Koryphaee
Fachhelferin
Beraterin
Fachhochschule
Technikum

fachmännisches Urteil
Gutachten
Fachmediziner
Augenarzt, Ohrenarzt
Faden zum Ausbessern
Stopfgarn
Fadenloch
Nadeloehr
Fadennudeln
Spaghetti
fadenscheinig
abgenutzt
Fahne
Standarte
Fahne Frankreichs
Trikolore
Fahnenflucht
Desertion
Fahrer
Chauffeur, Zusteller
Fahrgast
Beifahrer, Mitfahrer, Passagier
fahrig
aufgeregt
Fahrkarte
Flugkarte, Umsteiger
Fahrpreisanzeiger
Taxameter
Fahrradteil
Schaltung
Fahrradzubehör
Luftpumpe
Fahrt *nach* **Hause**
Heimreise
Fahrzeug *für* **Kranke**
Rollstuhl
Fahrzeugschaden
Autopanne
Fahrzeugteil
Hinterrad, Vorderrad
Fahrzeugversicherung
Teilkasko, Vollkasko
Faible
Schwaeche
Faksimile
Nachdruck
Falkenabrichterin
Falknerin
Falkenvogel
Turmfalke
Fallsucht
Epilepsie
falscher Glanz
Blendwerk
Fälscher
Betrueger
Falschmünzer
Betrueger
Fälschung
Imitation

Familienangehörige
Schwester
Familienfeier
Kommunion, Verlobung
Familienforscher
Genealoge
Familienname Napoleons
Bonaparte
Familienstand
verwitwet
famos
praechtig, sagenhaft
Famulus
Assistent
Fan
Anhaenger, Liebhaber
Fanggerät von Wilderern
Tierfalle
fantasiearm (phantasiearm)
nuechtern, prosaisch
Farbenlehre
Chromatik
Färberpflanze
Gilbkraut
farbig
koloriert
Farbiger
Afrikaner, Schwarzer
farblos
eintoenig
Farbstoff
Zinkweiss
Farbton
meergruen, ziegelrot, zinkweiss
Färbung des Himmels
Morgenrot
Farce
Lustspiel
Farngewächs
Adlerfarn
Fasanart
Goldfasan
Fasanengehege
Fasanerie
Fasching
Fastnacht
Faserpflanze
Baumwolle
Fassade
Hausfront
Fassmacher
Boettcher
fassungslos
betroffen
Fastensonntag
Invokavit
faul
verdorben
Faulbaum
Kreuzdorn

Faulheit
Nichtstun
Faxen
Grimassen
Federball
Badminton
federnd
elastisch
federndes Sprungtuch
Trampolin
Federwechsel der Vögel
Mauserung
Federweiß
Talkpuder
Federweißer
neuer Wein
Federwild
Goldfasan, Haselhuhn, Stockente, Sumpfhuhn
Fegefeuer
Vorhoelle
Fehldruck
Makulatur
fehlendes Sehvermögen
Blindheit
Fehler
Missgriff, Schnitzer
fehlerhaft
inkorrekt, schadhaft
Feier beim Hausbau
Aufrichte, Richtfest
feierliche Handlung
Zeremonie
feierliches Versprechen
Ehrenwort, Geloebnis
Feigling
Angsthase, Hasenfuss
feil
kaeuflich
feilhalten
verkaufen
fein gemahlener Zucker
Raffinade
fein gerippter Stoff
Gabardine
fein schmeckend
delizioes, koestlich
feindlich
aggressiv
feindliche Eindringlinge
Invasoren
feiner Instinkt
Spuersinn
Feingebäck mit Früchten
Obsttorte
Feingemüse
Aubergine
Feinheit
Qualitaet
feinkeramisches Produkt
Porzellan
Feinmechaniker
Uhrmacher

9

Feinmessgerät
Goldwaage
Feinschmecker
Schlemmer
feinste Tonware
Porzellan
feist
fleischig
Feld
Abschnitt
Feldfrucht
Blaukraut, Gruenkern, Heidekorn, Kartoffel, Kohlruebe, Krauskohl
Feldherr *im* Krieg gegen Napoleon
Gneisenau
Feldwache
Vorposten
Fellranzen
Tornister
Fensterschutz
Rollladen
Fensterzone in einer Basilika
Obergaden
fern
abgelegen
ferner
ausserdem, ebenfalls
Ferngespräch
Telefonat
Fernrohr
Refraktor
Fernschreiben
Telegramm
Fernschreiber
Telegraph
Fernsehredakteur
Moderator
Fernweh
Reiselust
fertig
startklar, vollendet
Fertigungsprodukt
Erzeugnis
fesch
schneidig
fest
standhaft, unbeugsam
Fest *der* Bauern
Erntedank
fest gegründet
etabliert
Festbeleuchtung
Feuerwerk
fester Entschluss
Intention
Festessen
Galadiner
Festival
Festspiel
Festkleidung
Ballkleid
Festland
Kontinent
Festlandgewässer
Binnensee
festlegend
definitiv
festliche Tanzrobe
Ballkleid
festliches Essen
Galadiner
festnehmen
ergreifen
feststehend
stereotyp
Festteilnehmer
Ehrengast
Festungsanlage
Bergfried, Zitadelle
Festungsteil
Esplanade
Festwert
Konstante
fett
korpulent, schmierig
Fett
Margarine
Fettarmut
Magerkeit
fetten
schmieren
fettig
schmierig
fettleibig
korpulent
Fettleibigkeit
Fettsucht, Korpulenz
Fetzen
Schnitzel
feuchter Umschlag
Kompresse
Feuchtigkeitsmesser
Hygroskop
feuchtwarm
drueckend
Feueranfachgerät
Blasebalg
Feueranzünder
Brennglas, Feuerzeug, Zuendholz
feuerfester Ton
Schamotte
Feuerkatastrophe
Waldbrand
Feuerspender
Feuerzeug, Zuendholz
Feuerstäbchen
Zuendholz
Feuerwaffe
Karabiner
Feuerwehrfahrzeug
Loeschzug
feurig roter Edelstein
Karfunkel
Fibula
Wadenbein
fidel
froehlich, vergnuegt
Fiebermücke
Anopheles
Fight
Zweikampf
Figur *aus* Himmelskörpern
Sternbild
Figur aus Carmen
Escamillo
Figur aus Der Rosenkavalier
Valzacchi
Figur aus Der Zigeunerbaron
Mirabella
Figur aus der Entführung aus dem Serail
Blondchen, Konstanze
Figur aus Die Nibelungen
Kriemhild, Sieglinde
Figur aus Faust
Margarete
Figur aus My Fair Lady
Doolittle, Pickering
Figur aus Romeo und Julia
Balthasar
Figur aus Tristan und Isolde
Brangaene
Filetschnitte
Beefsteak
Filmberuf
Produzent, Regisseur
Filmfestival in Berlin
Berlinale
Filmvorführer
Operateur
Filmzentrum in Amerika
Hollywood
Filou
Spitzbube
Finale
Abschluss
Finanzen
Vermoegen
Finanzier
Geldgeber
Finanzmann
Finanzier
Fingerhut
Digitalis

Finkenvogel
Goldammer, Gruenfink, Gruenling, Haenfling, Rohrammer, Stieglitz
finnischer Komponist
Palmgreen
Finte
Ausflucht
Firma
Geschaeft
Firmeninhaber
Fabrikant
Firmenleitung
Direktion
Firmenmitbesitzer
Aktionaer
Firmenschaffung
Gruendung
Firmenvertreter
Reisender
Firn
Altschnee
First Lady
Erste Dame
Fischart
Hammerhai, Knurrhahn, Seeteufel, Thunfisch, Zitteraal
Fischfanggerät
Angelrute
Fischöl als Zusatz zur Kindernahrung
Lebertran
Fischprodukt
Lebertran
Fiskus
Finanzamt
Fistula
Panfloete
Fixiermittel
Schellack
Fixstern
Aldebaran, Centaurus
Fixsterngruppe
Sternbild
Fixum
Einkommen, Festbezug, Verdienst
fjordähnliche Bucht
Meeresarm
Flachbildwerk
Basrelief
flaches Küstengewässer
Strandsee
Flachsprodukt
Leinsamen
Flagge
Standarte
Flagge Frankreichs
Trikolore
Flaneur
Bummelant
Flasche
Dilettant
Flaschenbehälter
Bierkiste
Flaschenkürbis
Kalebasse
Flattergras
Waldhirse
Flechte
Ausschlag
Fleckenspezialist
Detacheur
Flegeljahre
Pubertaet
Fleisch fressende Pflanze
Sonnentau
Fleisch fressender Vogel
Raubvogel
Fleischbeilage
Apfelkren
Fleischereiprodukt
Bockwurst
Fleischfresser
Karnivore
Fleischgericht
Frikassee
fleischig
sukkulent
Fleischklößchen
Brisolett
Fleischschnitte
Schnitzel
Fleischspeise
Beefsteak, Entrecote, Roastbeef
fleißiges Lieschen
Balsamine
flexibel
beweglich, elastisch
Flickarbeit
Reparatur
Fliege
Taufliege
fliegendes Personal
Navigator
Flieger
Radfahrer, Rennpferd
Fliegertruppe
Luftwaffe
fliehen
weglaufen
Fließarbeitsanlage
Rolltisch
fließende Vulkanmasse
Lavastrom
fließendes Eis
Gletscher
flink
behaende, beweglich, geschickt, geschwind
Flinkheit
Agilitaet
Flirt
Taendelei
Flitterkram
Firlefanz
Flor
Wohlstand
Floskel
Redensart
Flötenart
Panfloete
flott
schneidig
Flugbahnkunde
Ballistik
Flügel
Seitenbau
Flügelaltar
Diptychon
flugfähiges Säugetier
Flugfuchs
Fluggast
Passagier
Flughafen von Berlin
Tempelhof
Flughafen von Paris
Le Bourget
Flughafen von Rom
Fiumicino
Flughafen von Wien
Schwechat
Flughafenpiste
Landebahn
Flugpionier
Blanchard, Huenefeld, Immelmann, Lindbergh, Weisskopf
Flugwesen
Fliegerei
Flugzeugart
Eindecker, Turboprop
Flugzeugentführung
Hijacking
Flugzeugerprober
Testpilot
Flugzeugmieter
Charterer
Flugzeugmotor
Triebwerk
Flugzeugstarthilfe
Seilwinde
Flugzeugteil
Propeller, Triebwerk
Flugzeugtyp
Iljuschin
Flur
Ackerland
Fluss
Gewaesser
Fluss *in* Afrika
Blauer Nil

Fluss *in* Amerika
Athabaska, Des Moines, Mackenzie, Parnahyba, Pilcomayo, Rio Grande, Rio Salado, Saint John, Tennessee, Tocantins, Vilcamayo, Wisconsin
Fluss *in* Asien
Indigirka, Indragiri, Indrawadi, Julukiang, Ling Kiang, Madhumati, Mahananda, Menam Ping, Satledsch, Tschambal
Fluss *in* Australien und Ozeanien
Condamine, Fortescue, Mackenzie, Murchison, Swan River
Fluss *in* Brasilien
Rio Grande
Fluss *in* Griechenland
Bouraikos, Salamvria
Fluss *in* Kanada
Mackenzie
Fluss *in* Nordamerika
Tennessee
Fluss *in* Pakistan
Satledsch
Fluss *in* Russland
Indigirka, Petschora
flüssige Vorspeise
Rindsuppe
Flusslauflandschaft
Simmental
Flussrand
Boeschung
Flusswirtschaft
Fischerei
föderatives Bundesorgan
Bundesrat
Fohlen
Jungpferd
Folge
Endeffekt
Folge *von* Stockungen
Rueckstau
folgewidrig
unlogisch
Folklore
Volkslied, Volkstanz
folkloristisches Singstück
Volkslied
Folter
Peinigung
Förde
Meerbusen
Förderer
Geldgeber, Protektor
Forderung
Verlangen
Förderung
Gewinnung
Forke
Mistgabel
Form *des* Kunstturnens
Akrobatik
Formalität
Formsache
Format
Abmessung, Dimension, Zuschnitt
formbar
plastisch
Formel
Redensart
formell
foermlich
Formenlehre
Grammatik
Former
Gestalter
förmlich
offiziell
Formular
Formblatt
forsch
schneidig
Forscher
Entdecker, Gelehrter
fortpflanzungsfähig
fruchtbar
fortschreitende Entwicklung
Evolution
Fortschritt
Besserung
Fortsetzung
Anschluss
fossiles Harz
Bernstein
Foto
Lichtbild
fotografische Flüssigkeit
Fixierbad
fotografischer Begriff
Fixierbad, Lichtwert
Frachtauslage
Lagergeld
Frachter
Oeltanker
Frachtstück
Container
fragend
skeptisch
Franse
Fadensaum
Franziskaner
Kapuziner, Klarissen, Minoriten
französisch für breite Ringstraße
Boulevard
französisch für Regenschirm
parapluie
französisch für Ritter
chevalier
französisch für Versammlung
assemblée
französische Flagge
Trikolore
französische Fluggesellschaft
Air France
französische Hafenstadt
Cherbourg, Dunkerque, Marseille
französische Käsesorte
Camembert, Roquefort
französische Landschaft
Normandie
französische Nationalflagge
Trikolore
französische Weinsorte
Burgunder
französischer Astronom
Leverrier
französischer Chemiker
Lavoisier
französischer Dichter
Corneille, Montaigne
französischer Dramatiker
Corneille, Giraudoux
französischer Entdecker
Becquerel
französischer Frauenname
Madeleine
französischer Kardinal
Richelieu
französischer Maler
Delacroix
französischer Mathematiker
Descartes
französischer Mittelmeerhafen
Marseille
französischer Modeschöpfer
Courrèges
französischer Nobelpreisträger für Frieden
Bourgeois
französischer Nobelpreisträger für Physik
Becquerel, Guillaume
französischer Philosoph
Condorcet, Descartes, Helvetius, Montaigne
französischer Physiker
Becquerel, Guillaume
französischer Politiker
Beregovoy, Lafayette, Lamartine, Richelieu, Trautmann

französisches Adelsprädikat
Baronesse, Chevalier, Princesse
französisches Gasthaus
Brasserie
französisches Gebirge
Meeralpen, Pyrenaeen
französisches Kaiserhaus
Bonaparte
französisches Schloss
Perpignan
französisches Weinbaugebiet
Bourgogne
Fratze
Karikatur, Spottbild
Frau von Amenophis
Nofretete
Frau von Armin
Thusnelda
Frau von Claudius
Agrippina, Messalina
Frau von David
Bethsabee
Frau von Etzel
Kriemhild
Frau von Gunther
Bruenhild, Brunhilde
Frau von Hephaistos
Aphrodite
Frau von Hermann dem Cherusker
Thusnelda
Frau von Napoleon I.
Josephine
Frau von Othello
Desdemona
Frau von Perseus
Andromeda
Frau von Rembrandt
Hendrikje
Frau von Siegfried
Kriemhild
Frau von Sokrates
Xanthippe
Frau von Theseus
Hippolyta
Frau von Uria
Bethsabee
Frauenberuf
Ansagerin, Ballerina, Floristin, Kellnerin, Mannequin, Pflegerin, Pianistin, Saengerin, Taenzerin
Frauenflachs
Leinkraut
Frauenhaar
Federgras, Hasenbrot
Frauenmantel
Hasenklee, Taumantel
Frauenunterrock
Krinoline

frei
degagiert, kostenlos, unbesetzt
frei liegend
exponiert
frei stehender Glockenturm
Campanile
Freidenker
Dissident, Freigeist
freier Platz
Esplanade
Freifräulein
Baronesse
freigebig
spendabel
Freiheitsentzug
Festnahme, Zuchthaus
Freikaufsumme
Loesegeld
Freimachung von Sendungen
Frankatur
Freimaurervereinigung
Grossloge
Freischlag beim Hockey
lange Ecke
Freiübungen
Gymnastik
freiwillige Krankenpfleger
Samariter
Freiwilliger
Volontaer
Freizeitberater
Animateur
Fremdenverkehr
Tourismus, Touristik
Fremder
Fremdling, Reisender
Fremdherrschaft
Besatzung
Fremdwort für Mitlaut
Konsonant
Freude
Ergoetzen
Freudengesang
Halleluja
freudige Erwartung
Vorfreude
Freund
Begleiter, Gefaehrte, Geliebter, Liebhaber
Freund *des* **Achill**
Patroklos, Patroklus
Freund *eines* **Mädchens**
Bekannter
Freundin Goethes
Schroeter
freundliche Gesinnung
Zuneigung
Freundschaft
Sympathie, Zuneigung

Friede
Einigkeit, Eintracht
Friedhof
Katakombe
friedlich
gutmuetig, idyllisch
friesische Insel
Langeness, Norderney, Norderoog, Suederoog
frischer Schnee
Neuschnee
Frischhalteanlage
Eiskeller, Kuehlfach
Frisiergerät
Haarnadel
Frisiermittel
Haarspray
Frist
Intervall, Zeitpunkt
froh
froehlich, vergnuegt, zufrieden
fromm
religioes
Froschlurch
Erdkroete, Taufrosch
Frostgebilde
Eiszapfen
Frostschutzmittel
Glysantin
Frucht
Apfelsine, Blaubeere, Brombeere, Hagebutte, Haselnuss, Kartoffel, Kokosnuss, Mandarine, Mirabelle, Nektarine, Reneklode, Weinbeere, Zwetschge
Frucht *der* **Betelpalme**
Arekanuss
Frucht *der* **Buche**
Buchecker
Frucht *der* **Heckenrose**
Hagebutte
Frucht *der* **Palme**
Kokosnuss
Frucht *der* **Rebe**
Weinbeere
fruchtbar
produktiv
Fruchterzeugnis
Marmelade
Fruchtsaftgetränk
Orangeade
Fruchtstand
Kaetzchen
Frühdruck
Inkunabel
frühere deutsche Münze
Schilling
früherer Reifrock der Frauen
Krinoline

frühgeschichtlicher Zeitabschnitt
Eisenzeit, Steinzeit
Frühjahr
Fruehling, Maienzeit
Frühlingsblume
Hyazinthe
Frühlingsmonat
Ostermond, Wonnemond
Fuchsschwanz
Standarte
Fügung
Schicksal
Fuhrbetrieb
Spedition
Führung
Direktion
Fuhrunternehmer
Spediteur
Füllen
Jungpferd
fulminant
glaenzend
Fundament
Grundlage
Fundort *von* **Mineralien**
Vorkommen
Fundus
Grundlage
Fünfstromland
Pandschab
Funktion
Beziehung
Funkturm
Sendemast
für die Allgemeinheit Tätiger
Politiker
Furche
Querrinne
Furcht
Schrecken
furchtbares Verbrechen
Greueltat
furchtsamer Mensch
Angsthase
Furie
Xanthippe
Fürsorge
Betreuung, Wohlfahrt, Zuwendung
Fürsorgeeinrichtung
Armenhaus
Fürsprache
Fuerbitte
Fürst
Erzherzog, Herrscher, Imperator
Fürst *im* **Orient**
Padischah
fürstliche Anrede
Majestaet
Fußabtreter
Fussmatte
Fußballausdruck
Abpfeifen, Aufsetzer, Ausgleich, Ausputzer, Dribbling, Flutlicht, Freistoss, Handspiel, Offensive, Querlatte, Selbsttor, Spielfeld, Steilpass, Strafraum, Torhueter, Torjaeger
Fußballbegriff (zwei Worte)
rote Karte
Fußballspieler
Ausputzer, Torhueter
Fußballwettbewerb
Europacup
Fußbekleidung
Halbschuh, Hausschuh, Holzschuh, Lackschuh, Pampusche, Pantoffel, Schischuh, Schlappen, Turnschuh
Fußgestell
Piedestal
Fußmissbildung
Klumpfuss
Fußnote
Anmerkung
Fußpflege
Pedikuere
Fußsoldat
Grenadier
Futterbehälter
Fressnapf
Futtermittel
Fischmehl
Futterpflanze
Kartoffel, Kohlruebe
Futterstoff
Gloriette

G

Gabe
Angebinde, Vermoegen
Gabel
Essgeraet
Gabelmücke
Anopheles
Gaben der Ceres
Zerealien
Gagat
Pechkohle
Gage
Bezahlung
Galadiner
Festessen
Galan
Geliebter, Liebhaber
Galgenvogel
Betrueger
Gallenfarbstoff
Bilirubin
Gambe
Kniegeige
Gangart *der* **hohen Schule**
Courbette, Pirouette
Gangart *des* **Pferdes**
Courbette
Gängelband
Laufleine
Gangster
Betrueger, Spitzbube
Gänseblümchen
Grasblume
Gänsedistel
Hasenkohl
ganz
ungeteilt
Garaus
Verderben
gärender Brotteig
Sauerteig
Garnstück
Bindfaden
garstig
ablehnend, haesslich
Gartenblume
Bartnelke, Buschrose, Dickblatt, Echinacea, Goldregen, Heliotrop, Herzblume, Hortensie, Hyazinthe, Mohnblume, Pechnelke, Samtblume, Stockrose, Zaunwinde
Gartenerzeugnis
Blaukraut, Brombeere, Gruenkohl, Kartoffel, Knoblauch, Kopfsalat, Mirabelle, Mohrruebe, Reneklode, Rhabarber, Rosenkohl, Schikoree, Weisskohl, Zwetschge
Gartengerät
Baumsaege
Gartenpartyleuchte
Windlicht
gärtnerische Anlage
Treibhaus
Gasbehälter
Gasometer
Gaskammer im Fesselballon
Ballonett
Gasse
Durchgang
Gassenhauer
Evergreen
Gast
Hospitant
Gasthausbesitzer
Gastronom
Gasthörer an Hochschulen
Hospitant

gastlich
einladend
Gastmahl
Festessen, Galadiner
Gaststättenangestellter
Barkeeper
Gaststätteninhaber
Gastronom
Gastwirt
Gastronom
Gastwirtschaft
Bierhalle, Bierlokal, Bierstube, Tanzlokal, Weinlokal, Weinstube, Wirtshaus
Gatte von Kriemhild
Siegfried
Gatte von Nofretete
Amenophis
Gattenzwist
Ehestreit
Gatter
Schaltung
Gattin von Etzel
Kriemhild
Gattin von Perseus
Andromeda
Gattin von Siegfried
Kriemhild
Gattin von Sokrates
Xanthippe
Gattung
Grundform, Kategorie
Gattung der Reptilien
Schlangen
Gauklerblume
Braunwurz
Gauner
Betrueger, Spitzbube
Gaunerei
Schwindel
Gaunersprache
Rotwelsch
gebackene Kartoffelklößchen
Kroketten
Gebäcksorte
Broetchen, Gugelhupf, Lebkuchen, Negerkuss
Gebälkträger
Kanephore, Karyatide
Gebärdenspiel
Pantomime
Gebäudeteil
Apartment, Dachboden, Dachstuhl, Fundament, Stockwerk
gebefreudig
freigebig, spendabel
Gebeine von Heiligen
Reliquien
Gebiet
Abschnitt, Disziplin
Gebiet *um den* **Südpol**
Antarktis
Gebieter
Herrscher, Oberhaupt
Gebirge
Bergkette, Bergstock, Hoehenzug
Gebirge *in* **Asien**
Karakorum, Tienschan
Gebirge *in* **Frankreich**
Pyrenaeen
Gebirge *in* **Italien**
Dolomiten
Gebirge *der* **Kalkalpen**
Karwendel
Gebirge *der* **Rätischen Alpen**
Silvretta
Gebirge *in* **Spanien**
Pyrenaeen
Gebirge *in* **Südwesteuropa**
Pyrenaeen
Gebirgsbildung
Orogenese
Gebirgshaus
Almhuette
Gebirgspflanze
Almrausch, Alpenerle, Alpenhelm, Alpenklee, Alpenrose, Edelweiss, Legfoehre
Gebirgstier
Alpenhase, Steinbock, Steinhuhn
Gebissteil der Elefanten
Stosszahn
Gebläsevorrichtung
Blasebalg, Exhaustor, Lederbalg
gebogen
gekruemmt
Geborgenheit
Betreuung, Fuersorge
Gebot
Anweisung, Forderung
gebratenes Fleischstück
Beefsteak, Entrecote, Karbonade, Rumpsteak, Schnitzel
gebratenes Rippenstück
Karbonade
Gebrauch
Anwendung, Benutzung
Gebrechen
Krankheit, Schwaeche
gebundenes Buch
Hardcover
Geburtsort von Dürer
Nuernberg
Geburtsort von Jesus
Bethlehem
Geck
Schniepel
Gedächtnisfeier
Jubilaeum
Gedächtnisstütze
Merkhilfe
Gedanke
Eingebung, Vorschlag
Gedankenflug
Phantasie
gedankliche Aussicht
Erwartung
Gedärm
Kaldaunen
Gedenkfeier
Jubilaeum
Gedenkstätte
Siegestor
Gedenktag
Jubilaeum
Gedichtform
Distichon, Hexameter, Volksepos, Volkslied
Gedichtsammlung
Analekten
Gedränge
Getuemmel
Gedrücktheit
Schwermut
Geduld
Gleichmut, Nachsicht
Gefahr
Bedrohung
Gefahr für Alpinisten
Eislawine
Gefahr für Bergleute
Grubengas
gefährlich
boesartig
gefährliche Unternehmung
Abenteuer
Gefährt für Gehbehinderte
Rollstuhl
Gefährt für Kleinkinder
Babywagen
Gefährte
Begleiter
Gefährtin
Kameradin, Partnerin, Vertraute
Gefallen
Sympathie, Zuneigung
gefallener Kämpfer
Einherier
gefällig
hilfreich
Gefallsucht
Eitelkeit
gefalteter Papierstreifen
Leporello
Gefangenschaft
Gewahrsam

Gefängnis
Gewahrsam, Zuchthaus
Gefasel
Gequassel
Gefäß
Badewanne, Kalebasse, Schuessel, Teekessel
Gefäß *im* **Haushalt**
Putzeimer, Schuessel, Teekessel
Gefäß *für* **Kleintiere**
Terrarium
Gefäßverschluss
Thrombose
gefedertes Sprungtuch
Trampolin
gefeit
gewappnet, resistent
gefiederter Sänger
Singvogel
Gefiederwechsel
Mauserung
Gefilde *der* **Asen**
Idafoellr
gefilterter Zucker
Raffinade
Geflügel
Federvieh, Truthenne
Geflügelgericht
Backhendl, Brathendl
geflügeltes Wort
Redensart
Gefolge altrussischer Fürsten
Druschina
geformt
gestaltet
Gefrorenes
Fruchteis, Speiseeis
Gefüge
Anordnung
Gefüge von Stangen
Gestaenge
Gefühl
Empfinden, Sentiment, Spuersinn, Unbehagen
gefühlsbetont
emotional, expressiv
gefühlsmäßig
emotional
gefühlsmäßige Erkenntnis
Intuition
Gefühlsverletzung
Kraenkung
gefürchtet
unbeliebt
gegebenenfalls
eventuell
Gegebenheit
Realitaet, Situation
Gegebenheiten
Umstaende
gegen
ungefaehr
gegen Motten schützen
einmotten
Gegenbehauptung
Antithese
Gegend
Erdstrich
Gegendarstellung
Korrektur
Gegengift
Antidotum, Antitoxin
Gegenleistung in Geld
Bezahlung
Gegensatz
Antithese, Differenz, Widerpart, Zwiespalt
Gegensätzlichkeit
Antinomie, Dualismus
gegenseitiger Wechsel
Austausch
Gegenspieler
Widerpart
Gegenteil
Umkehrung, Widerpart
Gegenteil von Gesundheit
Krankheit
gegenüber
diametral
Gegenüberstellung
Vergleich
Gegenwart
Jetztzeit, Teilnahme
Gehalt
Bedeutung, Besoldung, Einkommen, Verdienst
Gehaltskürzung
Lohnabzug
gehandikapt
behindert
Gehäuse
Behaelter
geheftetes Buch
Paperback
Gehege
Fasanerie
Gehege zur Hühnervogelzucht
Fasanerie
geheim
verborgen
Geheimbund *in* **Italien**
Carbonari, Karbonari
Geheimkult
Mysterium
Geheimnis
Mysterium
Geheimnisbrecher
Verraeter
Geheimnislüftung
Preisgabe
geheimnisvoll
verborgen
geheimnisvolle Inschrift
Menetekel
geheimnisvolles Geschehen
Mysterium
Geheiß
Anordnung, Anweisung
Gehfläche im Zimmer
Fussboden
Gehilfe
Assistent
Gehirnschlag
Apoplexie
Gehöft
Bauernhof, Einoedhof
Gehölz
Buschwerk, Gestruepp, Unterholz, Waeldchen
gehörsmäßig
akustisch
Gehörstörung
Hoersturz
Geierart
Bartgeier, Kammgeier
Geigenteil
Schalloch
Geisha
Taenzerin
Geißeltierchen
Flagellat
Geist
Gesinnung, Intellekt
Geisterbeschwörer
Spiritist
Geistererscheinung
Beelzebub, Nachtmahr, Ruebezahl, Ungeheuer
Geisterglaube
Animismus
Geistesblitz
Eingebung, Intuition
geisteskrank
idiotisch
Geisteskrankheit
Katatonie, Monomanie
geistesverwandt
kongenial
Geisteswissenschaft
Aesthetik, Dialektik, Ontologie, Theologie
geistige Anteilnahme
Interesse
geistliche Komposition
Introitus, Kyrieleis, Oratorium
geistlicher Amtsbruder
Konfrater
geistlicher Negergesang
Spiritual

geistlicher Orden
Kapuziner, Minoriten, Ursulinen
geistliches Amt
Kanonikus, Kapitular, Lizentiat, Missionar, Patriarch, Presbyter
geistliches Buch
Gebetbuch
geistliches Chorwerk
Oratorium
geistreiche Verspottung
Karikatur
Geiz
Knauserei
geizig
knauserig
Gejammer
Noergelei
gekränkt
beleidigt, verstimmt
gekrönter Dichter
Laureatus
Gelage
Bacchanal
Geländeform
Flachland, Hoehenzug, Niederung, Talkessel
Geländeneigung
Boeschung
Geländeprüfung für Motorräder
Motocross
Geländer
Bruestung
Gelassenheit
Gleichmut
geläufig
habituell
gelb blühender Strauch
Goldregen
gelbe Frucht
Mirabelle
gelbe Rübe
Mohrruebe
gelber Schmuckstein
Tigerauge
gelbliche Farbe
erdfarben
Gelbling
Tagfalter
Gelbrübe
Mohrruebe
Gelbsucht
Hepatitis
Geldbehälter
Geldkatze, Portmonee, Schatulle
Geldbeutel
Portmonee
Geldentwertung
Inflation
Geldgeber
Finanzier
Geldinstitut
Sparkasse
Geldleistung
Bezahlung
geldlich
pekuniaer
Geldmann
Financier, Finanzier
Geldnehmer
Schuldner
Geldsendung
Anweisung
Geldverdiener
Ernaehrer
Geldwert
Kaufkraft
Gelehrter
Professor
Geleit
Bedeckung, Bewachung, Sicherung
Gelenk
Drehpunkt, Scharnier
Gelenkentzündung
Arthritis
Geliebte von Adonis
Aphrodite
Geliebte von Antonius
Cleopatra, Kleopatra
Geliebte von Caesar
Cleopatra, Kleopatra
Geliebte von Ludwig XV. von Frankreich
Pompadour
geliehenes Auto
Mietwagen
Geltung
Bedeutung
Gelüste
Verlangen
Gemahlin
Ehegattin
Gemälde
Konterfei, Stilleben
Gemäldesammlung in Leningrad
Eremitage
gemaltes Laubwerk
Feuillage
Gemeindebezirk
Gemarkung
Gemeindegrund
Gemarkung
Gemeindekassenleiter
Kaemmerer
Gemeinplatz
Platitude, Plattheit
gemeinschaftlich
kollektiv
Gemme
Edelstein
Gemüsesorte
Schikoree
Gemüt
Charakter
Gemütsbewegung
Empoerung
Gemütsruhe
Gleichmut
Gen
Erbanlage
genau
akribisch, minuzioes
genaue Nachbildung
Faksimile
Genauigkeit
Exaktheit, Praegnanz
Genehmigung
Billigung, Erlaubnis
geneigte Fläche
Boeschung
Generalsekretär der UNO
De Cuellar
generell
allgemein
generös
freigebig, spendabel
Genesis
Erzeugung, Werdegang
Genießer
Epikureer, Luestling, Schlemmer
Genossenschaft
Sozietaet
genügsam
asketisch, zufrieden
Genussmensch
Epikureer, Geniesser, Luestling
geographische Zone
Subtropen
geographischer Begriff
Formation, Geodaesie, Gewaesser, Kontinent, Landkarte, Polarzone, Subtropen Erdkruste, Formation, Fossilien, Kalkstein, Sandstein, Zechstein
Geometrie
Raumlehre
geometrischer Begriff
Diagonale, Dimension, Parallele
Georgien
Grusinien
Gepäckstück
Tornister
Gepflogenheit
Tradition
Gepräge
Charakter, Wesensart, Wesenszug
geraspelte Backzutat
Kokosette

Gerät *auf dem* **Bauernhof**
Mistgabel
Gerät *der* **Boxer**
Maisbirne
Gerät *im* **Büro**
Bleistift
Gerät *zum* **Messen von Winkeln**
Theodolit
Gerät *zur* **Strahlenzählung**
Zaehlrohr
Gerät *zum* **Zeichnen**
Reisszeug
geräucherte Fleischware
Mettwurst
geräucherter Fisch
Bueckling
Geräusch
Explosion, Widerhall
Geräuschbelästigung aus der Luft
Fluglaerm
gereinigter Zucker
Raffinade
gerichtliche Entscheidung
Geldbusse, Zuchthaus
Geringfügigkeit
Bagatelle
geringschätzig
abfaellig
gerippter Stoff
Gabardine
germanische Sagengestalt
Brunhilde, Siegfried
germanischer Drachentöter
Siegfried
germanischer Volksstamm
Alemannen, Burgunder, Cherusker, Normannen, Westgoten
germanisches Seefahrervolk
Normannen
Germteiggebäck
Golatsche, Kolatsche
geruchtilgendes Mittel
Deodorant
Gerüst
Gestaenge
gesalzener Fisch
Anschovis
gesamter Besitz
Vermoegen
Gesamtheit *der* **bekannten Persönlichkeiten**
Prominenz
Gesamtheit *der* **Bischöfe**
Episkopat
Gesamtheit *an* **Fahrzeugen**
Wagenpark
Gesamtheit *der* **Lehrerschaft**
Kollegium
Gesamtheit *der* **Medizin**
Heilkunde
Gesamtheit *der* **Nutzvögel**
Gefluegel
Gesamtheit *der* **Schriftwerke**
Literatur
Gesamtvergütung
Pauschale
Gesangsstück
Oratorium, Spiritual, Volkslied
Gesangsverzierung
Koloratur
Gesangverein
Singkreis
gesättigt
saturiert
Geschäft für Büroartikel
Papeterie
Geschäftsbuch
Hauptbuch, Kontobuch
Geschäftsführer
Prokurist
Geschäftsgewinn
Dividende
Geschäftsleitung
Direktion
Geschäftsmann
Fabrikant, Produzent
Geschäftsordnung
Reglement
Geschäftspartner
Kompagnon, Teilhaber
Geschäftsreisender
Vertreter
Geschäftsteilhaber
Kompagnon
geschäftstüchtig
geschickt
Geschichtsepoche
Eisenzeit, Fruehzeit, Gegenwart, Steinzeit, Zeitalter
Geschick
Schicksal
geschickte Maßnahme
Schachzug
Geschirr
Porzellan, Schuessel
Geschlecht
Femininum, maennlich, saechlich
geschlechtliche Anziehung
Sexappeal
Geschlechtshormon
Oestrogen
Geschlechtskrankheit
Gonorrhoe
geschlechtsreif
erwachsen
Geschlechtsreifung
Pubertaet
Geschlechtsverkehr
Beischlaf
geschlossen
einmuetig, gemeinsam, versperrt
geschlossener Pkw
Limousine
Geschmack
Empfinden
geschmeidig
beweglich, elastisch
Geschöpf
Erzeugnis, Lebewesen
Geschoss
Stockwerk
Geschwister
Drillinge, Mehrlinge, Vierlinge, Zwillinge
Geschwulst
Karbunkel, Karfunkel, Wucherung
Geselle
Gefaehrte
gesellige Veranstaltung
Ballabend, Skatabend, Tanzabend, Tanzparty
Gesellschafter
Aktionaer, Kompagnon, Teilhaber
Gesellschaftsraum
Clublokal, Klublokal
Gesellschaftsspiel
Schafkopf
Gesellschaftswissenschaftler
Soziologe
Gesetz
Anordnung, Grundsatz
Gesetzesabschnitt
Paragraph
Gesetzesvortext
Praeambel
gesetzwidrig
illegitim
Gesicht
Angesicht, Traumbild
Gesichtsknochen
Nasenbein, Stirnbein
Gesichtspunkt
Vermutung
Gesichtsteil
Gruebchen, Nasenbein, Oberlippe
Gesims
Vorsprung
Gesindel
Gelichter, Unterwelt

Gesinnung
Denkweise, Ideologie
gespannt
neugierig
Gespinstpflanze
Baumwolle
Gespräch
Plauderei
Gesprächsleiter
Moderator
gestaltend
plastisch
Gestaltung
Formation
gestattet
bewilligt, gebilligt, genehmigt, zulaessig
Gesteinsart
Bimsstein, Kalkstein, Sandstein
Gesteinsmasse
Felsblock
Gestell *für* **Gemälde**
Staffelei
Gestirnskonstellation
Sternbild
gestohlene Ware
Diebesgut
Gestrüpp
Buschwerk, Unterholz
Gestüt
Rennstall
Gesundheitsverlust
Krankheit
Gesundmacher
Mediziner
getragen
feierlich
Getränk
Duennbier, Gluehwein, Orangeade, Slibowitz, Weinbrand, Weissbier, Weisswein
Getränkemischer
Barkeeper
Getreide
Zerealien
Getreideart
Gruenkern
Getreidekrankheit
Maisbrand
Getreideschädling
Blattlaus, Engerling, Kornmotte, Mehlmotte
getrennt
separiert
getreue Nachbildung
Faksimile
Getreuer
Anhaenger
Getriebe
Apparatur, Gestaenge, Schaltung, Triebwerk
Getriebeteil
Zahnkranz
getrocknete Früchte
Doerrobst
getrocknete Weinbeere
Sultanine
Getümmel
Gedraenge
geübt
bewandert
geübter Praktiker
Routinier
Gewächshaus
Orangerie, Treibhaus
gewählte Volksvertretung
Parlament
Gewährsmann
Informant
gewaltig
kraftvoll, machtvoll, titanisch
gewaltsame Maßregel
Drakonade
gewalttätiger Mensch
Terrorist
Gewandspange
Schliesse
gewandt
beweglich, geschickt
Gewandtheit
Agilitaet
Gewässer
Baggersee, Binnensee, Talsperre
Gewässer *im* **Bayerischen Wald**
Rachelsee
Gewässer *in* **Kärnten**
Faaker See
Gewässer *in* **Oberbayern**
Tegernsee
Gewässer *in* **Pinzgau**
Zeller See
Gewässer *in* **Sibirien**
Baikalsee
Gewässerrand
Boeschung, Steilufer
Gewebeart
Bourrette, Changeant, Charmeuse, Gabardine, Georgette, Glencheck
Gewebekante
Salleiste
Gewebsentfernung
Resektion
Geweih
Schaufeln
gewelltes Haar
Kraushaar, Krauskopf
Gewerbebetrieb
Bauernhof, Industrie
Gewicht
Bedeutung
gewichtig
bedeutsam
Gewichtseinheit
Dekagramm, Dezigramm, Kilogramm
Gewinnanteil
Dividende
Gewinnsucht
Pleonexie
Gewirr
Unordnung
gewissenhaft
minuzioes, pfleglich
gewissermaßen
gleichsam, sozusagen
Gewogenheit
Sympathie, Zuneigung
Gewohnheit
Tradition
gewöhnlich
unflaetig
Gewöhnung
Anpassung
Gewühl
Gedraenge, Getuemmel
Gewürz
Basilikum, Borretsch, Engelwurz, Knoblauch, Koriander, Wacholder, Weinblatt
Gewürzpflanze
Basilikum, Knoblauch
gewürzte Soße
Remoulade
Gewürzwein
Gluehwein
gezahntes Schneidewerkzeug
Lochsaege
geziert
etepetete
Gicht
Arthritis
Gier
Raffsucht, Verlangen
Gift *in der* **Brechnuss**
Strychnin
Gift *der* **Herbstzeitlose**
Colchicin, Kolchizin
Giftgas
Gelbkreuz
giftiger Zierstrauch
Goldregen
Giftpflanze
Alpenmohn, Aronsstab, Blutkraut, Brechnuss, Digitalis, Dornapfel, Dullkraut, Feigbohne, Fingerhut, Giftbeere, Giftwende, Goldregen, Spaltpilz, Tollbeere, Tollkraut, Wollblume

9

Giftpilz
Faelbling, Gichtpilz
Giftschlange
Hornviper, Puffotter, Sandviper
Giftstoff
Strychnin
Giftwarnungszeichen
Totenkopf
Gipsart
Alabaster
Gitarrenart
Balalaika
Glacee (Glacé)
Lammleder
glänzend
fulminant
glänzende Kohle
Anthrazit
glänzende Steinkohle
Anthrazit
Glanzpunkt
Sensation, Zugnummer
Glas
Werkstoff
Glasbehälter für Kleintiere
Terrarium
Glashaus
Treibhaus
glasklarer Kunststoff
Plexiglas
glatt
glitschig
glattschaliger Pfirsisch
Nektarine
glauben
mutmassen
Glaubensabtrünniger
Dissident
Glaubenseiferer
Fanatiker
Glaubensheld
Maertyrer
gläubig
religioes
gleich
identisch
gleich bleibend
andauernd, anhaltend, dauerhaft
gleich laufende Linie
Parallele
gleichermaßen
ebenfalls
Gleichförmigkeit
Monotonie
gleichgültig
apathisch
Gleichheit
Egalitaet, Kongruenz
Gleichmaß
Symmetrie
Gleichmäßigkeit
Monotonie
Gleichnis
Allegorie
gleichsam
sozusagen
Gleis
Bahnsteig
Gleisanlage
Ladegleis, Prellbock, Stellwerk, Vorsignal, Warnkreuz
gleisnerisch
unredlich
gleißend
strahlend
gleitende Tonfolge
Glissando
Gliedermessstab
Zollstock
Gliedertier
Bandassel, Krebstier, Rollassel
Gliederung
Anordnung
Glimmstängel
Zigarette, Zigarillo
Glitzerplättchen
Paillette
global
allgemein, umfassend
Glockenklöppel
Schwengel
Glockenturm
Campanile, Kampanile
Gloria
Lobgesang
Glosse
Anmerkung, Kommentar
Glück
Schicksal, Seligkeit
Glucke
Bruthenne
Glücksbringer
Kleeblatt
Glückspflanze
Kleeblatt
Glücksspieler
Hasardeur
Glückssymbol
Kleeblatt
Glückwünschender
Gratulant
Gnade
Nachsicht, Vergebung, Verzeihen
Gnadenmittel
Sakrament
Goal beim Fußball
Torschuss
Goalkeeper beim Fußball
Torhueter
Goethes Sekretär
Eckermann
Goethestadt
Frankfurt
Gold der Ostsee
Bernstein
Goldfürst
Foerderer
Goldmacher
Alchemist, Alchimist
Golf
Meerbusen
Gondellied
Barcarole, Barkarole
Gönner
Foerderer, Protektor
Gose
Weissbier
Gospel
Spiritual
Gosse
Rinnstein
Gössel
Gaenschen
Gott *der* Heilkraft
Asklepios
Gott *der* Parsen
Zoroaster
gottesdienstliche Handlung
Abendmahl, Fuerbitte, Kommunion
Gottesgabe
Begnadung
Gottesgelehrtheit
Theologie
Gotteslehre
Theologie
Göttin *der* Eintracht
Concordia
Göttin *der* Liebe
Aphrodite
Göttin *der* Schönheit
Aphrodite
göttliches Walten
Schicksal, Vorsehung
Götzendienst
Idolatrie
Gourmand
Vielfrass
Gourmet
Geniesser
Grab
Mausoleum
Gräberfeld des Altertums
Nekropole
Grabmal
Mausoleum
Grabmale in Ägypten
Pyramiden
Grad
Abstufung

Grafik
Schaubild
grafischer Beruf
Korrektor, Lithograf, Typograph
grafischer Betrieb
Druckerei, Druckhaus
Gralsritter
Lohengrin
grammatikalischer Begriff
Akkusativ, Diphthong, Femininum, Gegenwart, Hauptsatz, Imperativ, Imperfekt, Indikativ, Infinitiv, Konsonant, Leideform, Nebensatz, Nominativ, Praedikat
Grandseigneur
Gentleman
Graph
Schaubild
Grat
Kammlinie
gratis
kostenlos
Grauen
Entsetzen, Schrecken
gravierend
belastend
Grazer Flughafen
Thalerhof
Grazer Schloss
Eggenberg
Greenhorn
Anfaenger
greifbar
materiell
grell
gleissend
Gremium
Ausschuss
Grenzgebirge *in* **Westeuropa**
Pyrenaeen
griechische Göttin
Aphrodite, Melpomene, Mnemosyne, Tisiphone
griechische Göttin der Liebe
Aphrodite
griechische Göttin der Schönheit
Aphrodite
griechische Insel
Alonnesos, Kassandra
griechische Inselgruppe
Dodekanes
griechische Landschaft
Messenien
griechische Rennbahn
Hippodrom
griechische Ringerschule
Palaestra
griechische Sagengestalt
Agamemnon, Deukalion, Euphorion, Hesperide, Iphigenie
griechische Sängerin
Mouskouri
griechische Seherin
Kassandra
griechischer Astronom
Aristarch
griechischer Baumeister
Sostratos
griechischer Erfinder
Ktesebios
griechischer Feldherr
Agamemnon, Miltiades, Pelopidas
griechischer Geschichtsschreiber
Logograph
griechischer Gott
Apeliates, Asklepios, Hymenaeos, Phantasos
griechischer Gott der Heilkunde
Asklepios
griechischer Held vor Troja
Achilleus, Agamemnon, Patroklos
griechischer Philosoph
Leukippos
griechischer Sagenkönig
Agamemnon
griechischer Schriftsteller
Aeschylus, Aischylos, Euripides, Sophokles
griechischer Seher
Teiresias
griechischer Staatsmann
Aristides, Papandreu, Venizelos
griechischer Versfuß
Distichon
griechisches Bauwerk
Parthenon
griechisches Trinkgelage
Symposion, Symposium
griechisches Ungeheuer
Charybdis
Grind
Ausschlag
Grippe
Influenza
Grips
Koepfchen
grober Mensch
Wuestling
Grobheit
Frechheit
großartig
bedeutend, praechtig
Großbehälter
Container
Großbehäter für eine Energie
Gasometer
Großbetrieb im Einzelhandel
Warenhaus
große Arbeitsstätte
Werkhalle
große Einkaufsstätte
Warenhaus
große Längeneinheit
Lichtjahr
große Qual
Martyrium
Größe
Dimension, Koryphaee
großer Fabrikraum
Werkhalle
großer Menschenaffe
Orang Utan
größerer Landschaftsbereich
Naturpark
größerer Ort
Metropole
großes Grabmal
Mausoleum
großes Musiktheatergebäude
Opernhaus
großes Wohngebäude
Mietshaus
Großgrundbesitz
Rittergut
Großherzogtum
Luxemburg
Großinsel in der Arktis
Groenland
großjährig
erwachsen
größte Insel der Erde
Groenland
größte Kaskade Mitteleuropas
Rheinfall
größter Landsee in Europa
Ladogasee
Großwildpark in Afrika
Serengeti
großzügig
freigebig, spendabel
Grübelei
Reflexion
grübeln
sinnieren

Grundbegriff
Kategorie
Grundbesitz
Laenderei
Gründer *der* **olympischen Spiele**
Coubertin
Grundfeste
Fundament
Grundlage
Fundament
Grundrechenart
Malnehmen, Zuzaehlen
Grundriss
Fundament
grundsätzlich
elementar
Grundschulfach
Sachkunde, Schreiben
Grundstein
Fundament
Grundstück
Besitztum, Immobilie
Grundstück mit Haus
Heimwesen
Gruppe
Abteilung
Gruppe *der* **Säuger**
Nagetiere
9
Gruppentanz
Polonaise, Quadrille
Gruppierung
Anordnung
guatemaltekischer Berg
Tajamulco
gültig
abgemacht, anerkannt, offiziell
Gummilack
Schellack
Gummirohstoff
Kautschuk
Gunst
Zuneigung
Gurgel
Halsorgan
Gurkenkraut
Borretsch
Gürtel
Halteband, Halterung, Hueftband
Gusto
Geschmack
Gutachten
Expertise
Güte
Qualitaet
Güterbeförderung
Transport
gutes Einvernehmen
Eintracht
gymnastische Übung
Kniebeuge

H

Haarfarbe
hellblond
Haargefäß
Kapillare
Haarklammer
Haarnadel
Haarröhrchen
Kapillare
Haarspalterei
Sophistik
Haartracht
Pagenkopf
Haarwickel
Papillote
Habe
Barschaft, Vermoegen
Habgier
Raffsucht
Habitus
Auftreten, Verhalten
Hackfrucht
Kartoffel, Kohlruebe, Mohrruebe
Hades
Unterwelt
Hafenboot
Schlepper
Hafenstadt *in* **Australien**
Melbourne
Hafenstadt *in* **Belgien**
Antwerpen
Hafenstadt *in* **Brasilien**
Caravelas, Fortaleza, Joinville, Rio Grande
Hafenstadt *in* **Chile**
Las Serena
Hafenstadt *in* **China**
Ninghsien, Schanghai, Tangschan, Weihaiwei, Wentschou
Hafenstadt *am* **finnischen Meerbusen**
Kronstadt
Hafenstadt *in* **Frankreich**
Abbeville, Cherbourg, Dunkerque, Marseille, Martigues, Saint Malo
Hafenstadt *in* **Griechenland**
Epidauros, Heraklion
Hafenstadt *in* **Großbritannien**
Blackpool, Liverpool, Newcastle, Rochester
Hafenstadt *auf* **Island**
Reykjavík
Hafenstadt *in* **Kambodscha**
Phnom Penh
Hafenstadt *in* **Kanada**
Vancouver
Hafenstadt *am* **Kaspischen Meer**
Astrachan
Hafenstadt *in* **Kolumbien**
Cartagena
Hafenstadt *in* **Kroatien**
Dubrovnik
Hafenstadt *der* **Niederlande**
Amsterdam, Rotterdam
Hafenstadt *in* **Nordamerika**
Baltimore, Galveston
Hafenstadt *an der* **Nordsee**
Rotterdam, Stavanger
Hafenstadt *in* **Norwegen**
Drontheim, Haugesund, Stavanger, Trondheim, Trondhjem
Hafenstadt *an der* **Ostsee**
Stockholm, Stralsund
Hafenstadt *in* **Pakistan**
Karatschi
Hafenstadt *in* **Pommern**
Stralsund
Hafenstadt *in* **Russland**
Astrachan
Hafenstadt *in* **Schleswig-Holstein**
Flensburg
Hafenstadt *in* **Schottland**
Edinburgh
Hafenstadt *in* **Schweden**
Goeteborg, Nykoeping, Stockholm, Sundsvall
Hafenstadt *in* **Spanien**
Algeciras, Barcelona, Cartagena, Santander
Hafenstadt *auf* **Zypern**
Famagusta
Haff
Strandsee
Haft
Gewahrsam
Haftanstalt
Zuchthaus
Häftling
Arrestant
hager
asketisch
Hähne und Ventile
Armaturen
Hahnenfußgewächs
Haarkraut
Haifischart
Hammerhai, Katzenhai

Häkelmasche
Staebchen
Halbaffe
Duennleib, Fuchsaffe, Ohrenmaki
halbamtlich
offizioes
Halbblut
Mischling
Halbdunkel
Zwielicht
Halbedelstein
Aquamarin, Tigerauge
Halbgefrorenes
Scherbett
Halbinsel *in* **Europa**
Gallipoli, Kassandra
Halbinsel *in* **Frankreich**
Normandie
Halbinsel *in der* **Türkei**
Gallipoli
Halbkanton der Schweiz
Appenzell, Nidwalden
Halbmetall
Germanium
Halbschlaf
Schlummer
halbseiden
anruechig
Halbwelt
Demimonde, Unterwelt
Halbweltdame
Kurtisane
Halbwisser
Dilettant
Halbwüchsige/Halbwüchsiger
Backfisch
Hallig
Langeness, Norderoog, Suederoog
Halluzination
Phantasie
Halsteil
Zaepfchen
haltbar
dauerhaft
Halteeinrichtung
Notbremse
Haltekraft
Kohaesion
Haltung
Attituede, Auftreten
Hamburger Stadtteil
Wandsbeck
Hamburger Witzfigur
Klein Erna
hämisch
malizioes
Hammer der Bergleute
Schlaegel
Handarbeitsmaterial
Naehseide
Handarbeitsutensil
Naehnadel
Handbeutel
Pompadour
Handbuch
Leitfaden
Handel
Geschaeft
Handelsmann
Exporteur, Hausierer, Importeur
Handelsmarke
Trademark
Handelsunternehmen
Geschaeft
Handelsvertreter
Reisender, Schlepper
Handgemenge
Pruegelei
Handgepäck
Reisekorb
handgreiflich
drastisch
Handharmonika
Akkordeon
Händler
Hausierer
handlich
nuetzlich, praktisch
Handlungsablauf
Geschehen
Handlungsbevollmächtigter
Prokurist
Handpflege
Manikuere
Handreichung
Assistenz
Handschriftendeuter
Grafologe
Handstempel
Petschaft
Handstreich
Ueberfall
Handteil
Nagelbett
Handwerker
Boettcher, Drechsler, Emailleur, Kloeppler, Leinweber, Lohgerber, Polsterer, Schleifer, Schlosser, Schreiner, Steinmetz, Taeschner
Handwerkergerät
Loetlampe
handwerklich Erfahrener
Praktiker
Handwerkszeug
Zollstock
Handzettel
Flugblatt
hanebüchen
unerhoert
Hang
Boeschung
Hannibals Bruder
Hasdrubal
Hansestadt
Amsterdam, Antwerpen, Magdeburg, Stralsund
Hansestädter
Hamburger, Rostocker
Harlekin
Hanswurst
harmlos
friedlich
Harmonie
Einigkeit, Eintracht, Konsonanz
Harmonika
Akkordeon, Bandoneon
Harn
Exkrement
Harpune
Wurfspeer
hart
unbeugsam
Hartholz
Eisenholz, Kasuarine
Hartkernfrüchte
Steinobst
hartnäckig
verbissen
Haruspex
Wahrsager
Harzart
Bernstein, Gummigutt, Kautschuk, Schellack, Terpentin, Weihrauch
Harzkurort
Bad Sachsa, Braunlage
Harzöl
Terpentin
Haselmaus
Schlaefer
Haselwurz
Brechwurz
Hasenampfer
Sauerklee
hasenartiges Tier
Kaninchen, Karnickel
Hasenfuß
Angsthase
hätscheln
liebkosen
Haubitze
Geschuetz
Haue
Abreibung
Haupt
Anfuehrer
Hauptbuch
Kontobuch

Hauptmasse
Ueberzahl
Hauptort *auf* **Malta**
La Valetta
Hauptperson einer Feier
Jubilarin
Hauptregister der Orgel
Prinzipal
Hauptsache
Kernpunkt
Hauptstadt
Metropole
Hauptstadt *von* **Baden-Württemberg**
Stuttgart
Hauptstadt *von* **Benin**
Porto Novo
Hauptstadt *von* **Burundi**
Bujumbura
Hauptstadt *von* **Hessen**
Wiesbaden
Hauptstadt *von* **Holland**
Amsterdam
Hauptstadt *von* **Island**
Reykjavík
Hauptstadt *von* **Israel**
Jerusalem
Hauptstadt *von* **Kreta**
Heraklion
9
Hauptstadt *von* **Laos**
Vientiane
Hauptstadt *von* **Luxemburg**
Luxemburg
Hauptstadt *der* **Mongolischen Volksrepublik**
Ulan Bator
Hauptstadt *der* **Niederlande**
Amsterdam
Hauptstadt *von* **Pakistan**
Islamabad
Hauptstadt *von* **Rhodesien**
Salisbury
Hauptstadt *von* **Sachsen-Anhalt**
Magdeburg
Hauptstadt *von* **San Marino**
San Marino
Hauptstadt *von* **Sankt Helena**
Jamestown
Hauptstadt *von* **Schottland**
Edinburgh
Hauptstadt *von* **Schweden**
Stockholm
Hauptstadt *von der* **Slowakei**
Pressburg
Hauptstadt *von* **Usbekistan**
Taschkent
Hauptturm der Burg
Bergfried, Burgfried
Hauptverkehr
Stosszeit
Hauptzeuge
Kronzeuge
Hausbesitzer
Vermieter
Hauseigner
Vermieter
Haushaltsführung
Oekonomie
Haushaltsgefäß
Schuessel
Haushaltsgerät
Putzeimer, Schrubber
Hausmeister
Kalfakter
Hausmeisterin in Frankreich
Concierge
Hausschuhe
Pantoffel, Schlappen
Haustier
Kaninchen, Karnickel, Schafbock, Siamkatze, Truthenne
Haustier reiner Abstammung
Rassehund
Hauswirt
Vermieter
Haut
Epidermis
Hautauswuchs
Gruebchen
Hauterkrankung
Ausschlag
Hautfleck
Muttermal
Hautoberschicht
Epidermis
Hawaiiinsel
Kahoolawe
Hebel *im* **Auto**
Schaltung
Heber für Flüssigkeiten
Giftheber
Hebevorrichtung
Fahrstuhl
Heckenpflanze
Hainbuche, Weissdorn
Heckenrose
Hundsrose
Heeresabteilung
Bataillon
Heerführer
Marschall
heftig
ungestuem
Hegezeit
Schonzeit
Hehler
Mittaeter, Mitwisser
Hehlerware
Diebesgut
Heidelbeere
Bickbeere, Blaubeere, Waldbeere
Heidenbekehrer
Missionar
Heidentum
Atheismus
Heidepflanze
Machandel, Wacholder
heikel
schwierig
Heil
Besserung
Heil- und Pflegeanstalt
Armenhaus
heilig
gottselig
heilige deutsche Königin
Kunigunde
heilige Handlung
Abendmahl, Kommunion, Sakrament
Heiligenerzählung
Martyrium
heilkräftig
staerkend, wohltuend
Heilkundiger
Mediziner, Therapeut
heillos
verfahren
Heilmittel
Impfstoff, Pharmakon
Heilmittelhersteller
Apotheker
Heilnahrung
Schonkost
Heilpflanze
Aberraute, Blutkraut, Digitalis, Engelwurz, Fingerhut, Gichtrose, Hamamelis, Hauhechel, Knoblauch, Kreuzdorn, Leinkraut, Mannstreu, Sabadille, Steinwurz, Wacholder, Weissdorn
Heilung
Gesundung
Heim *eines* **Geistlichen**
Pfarrhaus
Heim *für* **Mittellose**
Armenhaus
Heimat
Vaterhaus, Vaterland
Heimatstaat
Vaterland

Heimatvertriebener
Umsiedler
Heimkunft
Rueckkehr
heimlich
inkognito, insgeheim, unbemerkt, verborgen
Heimlichkeit
Geheimnis, Getuschel
Heimreise
Rueckkehr
Heimtücke
Heuchelei
Heimweh
Langezeit, Nostalgie
Heinzelmännchen
Daeumling
Heiratsgut
Aussteuer
Heiratsschwindler
Betrueger
heißes alkoholisches Getränk
Gluehwein
Heißhunger
Kohldampf
Heißsporn
Desperado
heiter
froehlich, vergnuegt
heiteres Bühnenstück
Lustspiel
Heizmaterial
Brennholz, Holzkohle
Heizungsanlage
Kohleofen
Held *des* **Nibelungenliedes**
Siegfried
Heldentum
Heroismus
Helfer
Assistent
Helfershelfer
Mitwisser
Heliotrop
Edelstein
Helldunkelzone
Zwielicht
heller Stern
Nordstern
hellroter Wein
Schilcher
Hellsehen
Prophetie
Hellseher
Wahrsager
Hemdbrust
Brustlatz
Hemdteil
Knopfloch
Hemisphäre
Halbkugel
hemmend
repressiv
Hemmschuh
Hindernis
Henkel
Handgriff
Herabsetzung
Abwertung, Reduktion
Herabzählen zum Start
Count-down
Herantransport
Lieferung
Heranwachsender
Juengling
herausfordernd
provokant
Herausgeber
Publizist
Herausschneiden eines Körperteils
Resektion
herb
abweisend
Herbstmonat
September
Herbstmond
September
hereditär
angeboren
Hergang
Geschehen, Tatablauf
Heringsart
Anschovis, Bueckling
Herkommen
Tradition
herkömmlich
klassisch
Herleitung
Deduktion, Induktion
heroisches Handeln
Heldentat
Herr
Herrscher
Herrenbekleidungsstück
Unterhemd, Unterhose
Herrenpilz
Steinpilz
herrisch
anmassend
herrlich
glanzvoll, koestlich, praechtig, wunderbar
Herrschaft
Regierung
Herrscher
Souveraen
Hersteller
Fabrikant, Produzent
Herummäkeln
Noergelei
Herumtreiber
Bummelant, Faulenzer
Hervorhebung
Nachdruck
hervorragend
exzellent, prominent
herzanregendes Mittel
Digitalis
Herzenswunsch
Sehnsucht
herzlich
liebevoll
Hetze
Agitation, Demagogie
hetzen
verfolgen
Hetzhund
Hatzruede
Hiebe
Abreibung
Hierarchie
Rangfolge
Hijacker
Luftpirat
hilfreicher Mensch
Samariter
hilfsbereit
kollegial
Hilfsgelder
Subsidien
Hilfskraft
Assistent, Beisitzer
Hilfstätigkeit
Fuersorge
Himmel
Baldachin, Firmament
Himmelserscheinung
Morgenrot, Nordlicht
Himmelsfärbung
Morgenrot
Himmelsgewölbe
Firmament
Himmelskörper
Planetoid
Himmelskugel
Firmament
Himmelsschauspiel
Feuerwerk
Himmelsverfärbung im Osten
Morgenrot
Himmelszelt
Firmament
himmlisch
goettlich
Hindernis
Barrikade, Hemmschuh
Hindernis *im* **Verkehr**
Baustelle, Umleitung
hinlänglich
genuegend
Hinrichtung
Exekution

Hinsicht
Beziehung
Hintergrundlärm
Geraeusch
hinterhältig
intrigant, tueckisch
Hinterlassenschaft
Erbschaft
hinterlegter letzter Wille
Testament
Hinterseite
Kehrseite
hinterster Schiffsbaum
Besanmast
hintertreiben
vereiteln
hinweisend
deiktisch
Hinweistafel
Wegweiser
Hirnanhangdrüse
Hypophyse
Hirngespinst
Phantasie, Schimaere
Hirtenflöte
Panfloete
Hirtenjunge
Halterbub
Hirtenlied
Pastorale
Hirtenlieddichter
Bukoliker
historisches spanisches Gebiet
Aragonien
Hitzemesser
Pyrometer
hitzig
ungestuem
Hitzkopf
Fanatiker
Hochachtung
Ehrfurcht, Verehrung
Hochgebirge *in* **Asien**
Karakorum
Hochgebirge *zwischen* **Frankreich und Spanien**
Pyrenaeen
Hochgebirgsblume
Edelweiss
hochherzig
freigebig, selbstlos, spendabel
Hochland *in* **Asien**
Kurdistan
Hochmut
Anmassung, Eitelkeit
Hochofenwerk
Eisenwerk
Hochschulabteilung
Fakultaet
Hochschule
Alma Mater
Hochschuleinrichtung
Fakultaet
Hochschullehrer
Professor
höchst
aeusserst
Hochstapler
Betrueger
höchster Berg Amerikas
Aconcagua
höchster Berg Australiens
Aconcagua
höchster Berg der Anden
Aconcagua
höchster Berg Deutschlands
Zugspitze
höchster Berg Europas
Montblanc
höchster jüdischer Feiertag
Jom Kippur
Hochtal *in* **Tirol**
Stubaital
Hochtourist
Kletterer
Hochwasser
Sturmflut
hochwertig
exzellent
Hofbeamter
Kaemmerer, Marschall, Truchsess
Hoffnung
Erwartung, Sehnsucht, Verlangen
hoffnungslos
ausweglos
höfische Dichtung
Minnelied, Minnesang
höflicher Mensch
Gentleman
Höflichkeit
Artigkeit
Hofstatt
Bauernhof
Hoheit
Majestaet
Hoheitszeichen
Standarte
Höhenmesser
Aerometer
Höhensonne
Strahlung
Hohenstaufenanhänger
Gibelline
Höhenzug *in der* **Pfalz**
Hunsrueck
Höhenzug *in* **Thüringen**
Hainleite
Höhepunkt
Sensation
höhere Kriegskunst
Strategie
höhere Schule
Gymnasium
höherer Schüler
Pennaeler
hohes Bauwerk
Sendemast, Wachturm
hohes Kirchenfest
Pfingsten
Höhlentropfstein
Stalagmit, Stalaktit
Hohlkopf
Duemmling
Hohlmaß
Deziliter
Hohlspiegel
Reflektor
Hohltier
Wachsrose
Hohn
Sarkasmus
Höker
Hausierer
Hölle
Totenwelt, Unterwelt
Höllenmaschine
Zeitbombe
höllisch
teuflisch
Holz verarbeitender Betrieb
Saegewerk
Holzart
Apfelbaum, Bergahorn, Blutbuche, Buchsbaum, Eberesche, Edeltanne, Hainbuche, Haselnuss, Korkeiche
Holzgebäude
Blockhaus
Holzraummaß
Festmeter, Raummeter
Holzschneider
Xylograph
Holzung
Einschlag
Holzweg
Sackgasse
homerische Versform
Hexameter
homogene Körper
Kristalle
honett
ehrenhaft
Honiggebäck
Lebkuchen

9

Honigklee
Steinklee
Honigkuchen
Lebkuchen, Lebzelten
Honorar
Bezahlung, Ehrensold
honorig
ehrenhaft
hörbarer Laut
Geraeusch
Hormon
Adrenalin, Oestrogen
Horror
Entsetzen
Horst
Flugplatz, Vogelnest
Hort
Tagesheim
Hose
Beinkleid, Blue Jeans, Pantalons
Hosensaumverstärkung
Stossband
Hospiz
Armenhaus
Hostientraeger
Monstranz
Hotelangestellte
Kellnerin
Hotelangestellter
Pfoertner
Hotelbesitzer
Gastronom
Hotelwohnung
Apartment
Hüfthalter
Korselett
Huftier
Erdferkel
Hügel *am* Meeresufer
Sandduene
Hühnerrasse
Faverolle, Italiener, Orpington, Wyandotte
Hühnervogel
Edelfasan, Goldfasan, Haselhuhn, Jagdfasan, Steinhuhn, Truthenne
Huldigung
Adoration
Hülle
Kartusche
Hülsenfrucht
Sojabohne
Hunderasse
Bulldogge, Dobermann, Schnauzer, Windspiel, Wolfshund
Hundskopfaffe
Meerkatze
Hunger
Kohldampf
Hungerkur
Nulldiaet
Hungerleider
Schlucker
Hürde
Hindernis
Hussit
Utraquist
Hutform
Dreispitz, Zweispitz
Hütte
Eisenwerk, Haeuschen, Verschlag
Hütte für Viehfutter
Heustadel
Hybris
Frevelmut
Hymne
Lobgesang
Hypothese
Bedingung, Vermutung
hysterisch
aufgeregt

I

ideal
imaginaer
Ideal
Leitstern
ideale Partnerin
Traumfrau
Idee
Eingebung, Intuition
idyllisch
arkadisch, friedlich, laendlich
illegal
illegitim
illegitim
unehelich
illoyal
unredlich
Illusion
Phantasie
Illustration
Abbildung, Faksimile, Schaubild, Zeichnung
Illustriertencover
Titelbild
Iltisart
Frettchen
Imagination
Phantasie
Imitator
Nachahmer
immergrünes Gewächs
Buchsbaum, Hundsgift
Imperium
Weltreich
impertinent
ungezogen
Improvisation
Extempore, Impromptu
in Fett geröstetes Mehl
Einbrenne
in Gang bringen
ankurbeln
Inbegriff
Charakter, Hoechstes, Innerstes
Inbegriff *der* Persönlichkeit
Charakter
inbegriffen
inklusive
Inbesitznahme
Eroberung
Indianerstamm
Apatschen, Mohikaner, Zapoteken
indirekt
abhaengig, mittelbar
indische Kaste
Brahmanen, Brahminen
indische Provinz
Pandschab
indische Religion
Sikhismus
indisches Liebeslehrbuch
Kamasutra
Indiz
Anzeichen
indogermanischer Stamm
Indoarier
indonesische Insel
Halmahera
indonesische Stadt
Palembang, Pontianak
Infektionskrankheit
Gonorrhoe, Influenza, Milzbrand, Scharlach
infernal
hoellisch, teuflisch
Inferno
Unterwelt
infizieren
anstecken
Information
Botschaft, Nachricht
Informationsmittel
Fernsehen, Flugblatt
Ingenieurschule
Technikum
Ingwerbier
Gingerale
Inhaber eines Lokals
Gastronom
inhaftieren
verhaften
Initiator
Schoepfer
Inkakaiser
Atahualpa

Inkarnation
Inbegriff
inkognito
unerkannt
Inlandgewässer
Binnensee
innehalten
pausieren
Innenausstattung
Interieur
Innenraum
Interieur
Innenstadt
Stadtkern
innere Einstellung
Attituede
innere Zerrissenheit
Zwiespalt
innewohnend
inhaerent
inniges Verlangen
Sehnsucht
Insasse
Beifahrer, Mitfahrer, Passagier
Insasse einer Strafanstalt
Arrestant, Haeftling
Inschrift
Zueignung
Insekt
Anopheles, Baumwanze, Gallwespe, Grabwespe, Maikaefer, Sandwespe
Insekten fressende Pflanze
Fettkraut, Nepenthes, Sonnentau
Insektenfresser
Spitzmaus
Insektenlarve
Engerling
Insel *bei* **Afrika**
Mauritius
Insel *bei* **Australien**
Neuguinea, Tasmanien
Insel *im* **Bodensee**
Reichenau
Insel *im* **Indischen Ozean**
Mauritius, Rodrigues
Insel *vor* **Kanada**
Anticosti, Vancouver
Insel *der* **Kanaren**
Lanzarote, Teneriffa
Insel *an der* **Magalhãesstraße**
Feuerland
Insel *bei* **Mallorca**
Dragonera
Insel *im* **Mittelmeer**
Dragonera, Sardinien
Insel *bei* **New York**
Nantucket
Insel *im* **Nordmeer**
Groenland
Insel *in der* **Nordsee**
Helgoland, Norderney, Wangeroog
Insel *in der* **Ostsee**
Hiddensee, Langeland
Insel *vor* **Pommern**
Hiddensee
Insel *bei* **Rügen**
Hiddensee
Insel *vor* **Sizilien**
Lampedusa, Stromboli
Insel *im* **Stillen Ozean**
Neuguinea
Insel *bei* **Venezuela**
Margarita
Inselbewohner
Insulaner
Inseleuropäer
Islaender
Inselgruppe *der* **Ägäis**
Dodekanes
Inselgruppe *im* **Golf von Bengalen**
Andamanen, Nikobaren
Inselgruppe *im* **Indischen Ozean**
Amiranten, Andamanen, Kerguelen
Inselgruppe *im* **Pazifik**
Karolinen
Inselgruppe *im* **Stillen Ozean**
Karolinen, Marquesas
Inselstaat
Mauritius
insgesamt
gaenzlich
Inspektion
Kontrolle
Inspiration
Eingebung
Instandsetzung
Reparatur
Instruktion
Anleitung, Anweisung, Belehrung
instruktiv
lehrreich
Instrument *des* **Arztes**
Hohlnadel
Instrument *zum* **Messen des Luftdrucks**
Barometer
Instrument *zum* **Messen elektrischer Spannungen**
Voltmeter
Instrument *der* **Optik**
Mikroskop, Projektor, Reflektor
Instrumentalstück
Symphonie
Interesselosigkeit
Lethargie
internationale Hilfssprache
Esperanto
internationale Sportwettkämpfe
Olympiade
internieren
isolieren
Interpretation
Auslegung
Interview
Befragung
intolerant
unduldsam
Intuition
Eingebung
Invasion
Besetzung
investieren
einsetzen, einweisen
iranische Religion
Parsismus
iranischer Geistlicher
Ayatollah
iranischer Religionsstifter
Zoroaster
ironischer Kritiker
Satiriker
irr
zweifelnd
irren
fehlgehen
Irrgarten
Labyrinth
Islamit
Muselmann
Isoliermaterial
Glaswolle, Holzwolle, Kieselgur, Kunstharz, Porzellan, Teerpappe
Isotop des Wasserstoffs
Deuterium
israelischer Politiker
Ben Gurion
italienisch für Flasche
bottiglia
italienisch für Fräulein
signorina
italienisch für Gasthaus
trattoria
italienisch für Tänzerin
ballerina
italienisch für Vorspeise
antipasto
italienische Adelsfamilie
Malatesta
italienische Anrede
Signorina

italienische Gaststätte
Trattoria
italienische Hafenstadt
Gallipoli
italienische Halbinsel
Kalabrien
italienische Insel
Favignana, Giannutri, Lampedusa, Sardinien, Stromboli, Ventotene
italienische Landschaft
Kalabrien, Kampanien, Lombardei, Sardinien
italienische Münze
Centesimo
italienische Novellensammlung
Dekameron
italienische Nudelart
Makkaroni, Spaghetti
italienische Provinz
Frosinone
italienische Schauspielerin
Cardinale
italienische Teigware
Canelloni, Makkaroni, Spaghetti
italienische Vulkaninsel
Stromboli
italienische Weinschenke
Trattoria
italienische Weinsorte
Bardolino
italienischer Berg
Falterona, Marmolata, Monte Rosa
italienischer Botaniker
Bertoloni, Cesalpino
italienischer Diktator
Mussolini
italienischer Dirigent
Toscanini
italienischer Frauenname
Francesca
italienischer Freiheitskämpfer
Garibaldi
italienischer Geograf (Geograph)
Marco Polo
italienischer Geologe
Capellini
italienischer Komponist
Cherubini, Scarlatti
italienischer Maler
Segantini
italienischer Männername
Francesco
italienischer Mathematiker
Cavalieri
italienischer Mediziner
Eustachio
italienischer Modeschöpfer
Schuberth
italienischer Nobelpreisträger für Literatur
Quasimodo
italienischer Opernkomponist
Donizetti
italienischer Politiker
De Gasperi, Garibaldi, Mussolini, Togliatti
italienischer Reisender
Marco Polo
italienischer Revolutionär
Garibaldi
italienischer Rotwein
Lambrusco
italienischer Sänger
del Monaco
italienischer Schriftsteller
Alighieri, Bacchelli, Bartolini, Boccaccio, Crescenzo, d'Annunzio, Guareschi, Lampedusa, Malaparte, Marinetti, Mirandola, Pogazzaro, Quasimodo, Ungaretti
italienischer Seefahrer
Verrazano
italienischer Tenor
Pavarotti
italienischer Vulkan
Stromboli
italienisches Bergmassiv
Dolomiten, Gran Sasso
italienisches Gondellied
Barkarole

J

Jackettform
Einreiher
Jagd mit Vögeln
Falknerei
jagdfreie Monate
Schonzeit
Jagdhütte
Forsthaus
Jagdmunition
Rehposten
Jagdwaffe
Schleuder, Wurfspeer
jagen
verfolgen
Jäger
Gruenrock
Jägeranstand
Hochstand
jäh
ruckartig
Jahresabschluss
Silvester
Jahresende
Silvester
Jahresteil
Trimester
Jahreswende
Silvester
Jahreszeit
Fruehjahr, Fruehling
Jahrmarkt
Kirchweih, Volksfest
Jahrmarktsfahrzeug
Karussell
Jahrmarktsvergnügen
Karussell, Riesenrad
Jahrzehnt
Dezennium
Jalousie
Rollladen
Jam
Fruchtmus, Marmelade
Janker
Hausjacke
japanischer Kampfsport
Taekwondo
Jausenstation
Almhuette, Alphuette
Jazzbegriff
Dixieland, Headgroup, Spiritual, Statement
Jazzinstrument
Sousaphon, Vibraphon
Jazzmusiker
Armstrong, Doldinger, Ellington, Gillespie, Henderson, Reinhardt
Jazzstil
Dixieland
Jazztanz im 4/4-Takt
Jitterbug
jemand, *der* alles ablehnt
Neinsager
jemand *eines* Amtes entheben
abberufen
jenseitig
himmlisch
Jenseits
Fegefeuer, Unterwelt
Jeton
Spielgeld
jetzig
derzeitig
Jetztzeit
Gegenwart
Job
Geschaeft, Verdienst

Jobber
Spekulant
Jogging
Dauerlauf
Jolle
Ruderboot, Segelboot
Journalist
Kolumnist, Redakteur
jovial
leutselig
Jubelfeier
Jubilaeum
Jubiläum
Gedenktag, Jahrestag
Judas' Beiname
Ischariot
Judentum
Judaismus, Zionismus
jüdische Bewegung
Zionismus
jüdische Religion
Mosaismus
jüdischer Feiertag
Jom Kippur
jüdischer Politiker
Ben Gurion
jüdisches Versöhnungs-fest
Jom Kippur
Jugendlokal
Diskothek
Jugendzeit
Pubertaet
junger Wein
neuer Wein
Jünger Jesu
Matthaeus, Philippus, Thaddaeus
junges Mädchen
Backfisch
Junggeselle
Hagestolz
jüngst
kuerzlich
Juni
Brachmond
Jupon
Unterrock
Jurist
Justitiar, Justiziar, Justizrat
juristischer Begriff
Einspruch, Festnahme, Kassation, Paragraph, Plaedoyer, Praejudiz, Protokoll, Verfahren, Vergleich
Juwel
Edelstein
jwd
abgelegen

K

Kabarettlied
Quodlibet
Kabel
Drahtseil, Telegramm
Kabinett
Nebenraum, Regierung
Kadett
Faehnrich
Käferart
Aaskaefer, Gluehwurm, Maikaefer, Oelkaefer, Saegebock, Schreiner, Totenwurm
Käferlarve
Engerling
Kaffee ohne Milch
Schwarzer
Kaffeehaus
Cafeteria
Käfig
Terrarium
kahl
unbelaubt
Kaiser
Imperator
Kaisertitel *im* **alten Rom**
Imperator
Kalamität
Missstand
Kaldaunen
Innereien
Kalifengeschlecht
Abbasiden, Omaijaden
kalifornische Stadt
San Diego, Sausalito
Kaliumkarbonat
Pottasche
Kaliumverbindung
Pottasche
Kalkmassiv im Salzkammergut
Dachstein
Kalkstein
Travertin
kalorienfreie Fastenkur
Nulldiaet
Kältepackung
Eisbeutel
Kaltspeise
Feldsalat
Kaltwasserheilverfahren
Kneippkur
Kamarilla
Hofpartei
Kamerad
Begleiter, Gefaehrte
Kameramann
Operateur

Kamin
Felsspalt
Kammer des englischen Parlaments
Unterhaus
Kampagne
Wahlkampf
kampferhaltiges Einreibemittel
Opodeldok
Kampfesweise
Strategie
Kampfplanung
Strategie
Kampfspiel
Wettkampf
Kampfsportart
Schiessen
Kampfwaffe der Indianer
Streitaxt
Kampfzeuge
Sekundant
kanadische Bucht
Baffinbai, Hudsonbai
kanadische Hafenstadt
Vancouver
kanadische Insel
Anticosti, Vancouver
kanadische Provinz
Mackenzie
kanadischer See
Baerensee, Oberer See
Kanal *in* **Ägypten**
Sueskanal, Suezkanal
Kanalhafen
Cherbourg, Saint Malo
Kanalinsel
Eddystone
Kanalisationsanlage
Rinnstein, Senkgrube
Kanarische Insel
Lanzarote, Teneriffa
Kandel
Dachrinne
Kandidat
Anwaerter, Pruefling
Kaninchenfell
Biberette
Kanoniker
Kapitular
Kantenband
Vorleimer
Kanton der Schweiz
Appenzell, Basel Land, Neuenburg, Nidwalden, Solothurn
kantonales Ministerium
Direktion
Kanüle
Hohlnadel
Kanzel
Lehrstuhl

Kapelle
Orchester
Kapellmeisterstab
Taktstock
Kapital
Vermoegen
Kapitalertrag
Dividende
Kapitän
Hauptmann, Kommodore
Kapitel
Abschnitt
Kapitelherr
Kapitular
Kapitulation
Uebergabe
Kapsel
Behaelter
kaputt
verdorben, zerstoert
Kapuzinerpilz
Roehrling
Karenz
Sperrzeit, Wartezeit
karg
spaerlich
Karikatur
Spottbild
karitative Anstalt
Altenheim, Wohlfahrt
Karneval
Fastnacht
Karotte
Gelbruebe, Mohrruebe
karpfenartiger Fisch
Goldfisch, Karausche
Karren
Handwagen
karrieresüchtig
ehrgeizig
Kartenspiel
Schafkopf, Schnapsen
Kartenspielausdruck
Grand Hand, kiebitzen, schneiden, Schneider, Schueppen
karthagischer Feldherr
Hasdrubal
Karton
Schachtel
kartoniertes Buch
Paperback
Käsesorte
Allgaeuer, Camembert, Greyerzer, Handkaese, Limburger, Rahmkaese, Roquefort, Schweizer
Kassenführer
Kassierer
Kassette
Behaelter, Kaestchen, Schatulle
Kastell
Zitadelle
Kastellmauerrest
Burgruine
Kasten
Behaelter, Schublade
Katapult
Schleuder
Kataster
Grundbuch
Katastrophenart
Dammbruch, Explosion, Kollision, Sturmflut, Tragoedie, Untergang, Wassernot
Katharsis
Reinigung
Katheder
Lehrstuhl
katholische Feier der Eucharistie
Messopfer
katholische Heilige
Katharina
katholischer Bettelorden
Kapuziner, Minoriten
katholischer Kirchenlehrer
Ambrosius
katholischer Orden
Kapuziner, Minoriten, Ursulinen
katholisches Sakrament
Abendmahl
Kattun
Schirting
Katzenart
Bergloewe, Ichneumon, Siamkatze, Wildkatze
Katzenauge
Edelstein
Katzenfisch
Zwergwels
Katzenmusik
Charivari, Geklimper, Klimperei
Kau- und Genussmittel
Betelnuss
Kauf
Erwerbung
Käufer
Konsument
Kaufhaus
Warenhaus
käuflich
unredlich
kaufmännisch
merkantil
kaufmännischer Begriff
Abbuchung, Abschluss, Abzahlung, Anzahlung, Bezahlung, Emballage, Forderung, Hauptbuch, Insolvenz, Kondition, Lagergeld, Lagerraum, Lieferant, Lieferung, Nachfrage, Provision
kaufmännischer Beruf
Expedient, Exporteur, Importeur, Kassierer, Kontorist, Prokurist, Reisender, Vertreter, Verwalter
Kaution
Haftsumme
Kautschukbaum
Castilloa, Gummibaum
Kavalier
Gentleman
Kavallerieeinheit
Schwadron
keck
anmassend
Keckheit
Frechheit
Kehlkopfteil
Stimmband
Kehrgerät
Handfeger
Kehrwisch
Handfeger
Keile
Abreibung
Keilerei
Pruegelei
keimfrei
aseptisch
Keimgut des Flachses
Leinsamen
Keimling
Samenkorn
Kellerei
Weinlager
Kellergewölbe
Kasematte
Kellner
Servierer
Kenner der Gesteine
Lithologe
Kenntnis
Erfahrung
Kennzeichen staatlicher Macht und Würde
Insignien
keramisches Erzeugnis
Porzellan, Schamotte, Steinzeug
Kerker
Zuchthaus
Kernenergie
Atomkraft

kernlose Rosine
Sultanine
Kernobstgewächs
Apfelbaum
Kernschleife
Chromosom
Kernwaffe
Atombombe
Kerwe
Jahrmarkt
Kerzenmaterial
Unschlitt
kess
schneidig
Kesseltreiben
Treibjagd
Kettenfahrzeug
Bulldozer
Keule
Schlaegel
Kfz-Rundfunkgerät
Autoradio
Kfz-Standbeleuchtung
Parklicht
Kfz-Testbauwerk
Windkanal
Kfz-Versicherung
Vollkasko
Kiebitz
Zuschauer
Kiefernart
Legfoehre
Kiefernharz
Terpentin
Kiefernzapfen
Kienapfel
Kilometerstein
Markstein
Kind
Saeugling
Kind des Agamemnon
Iphigenie
Kinder
Trabanten
Kinderkrankheit
Scharlach
Kindermundtuch
Laetzchen, Serviette
Kinderspielzeug
Baukasten, Stofftier, Teddybaer
Kindesentführer
Kidnapper
Kindesräuber
Kidnapper
kindisch
laeppisch
Kinostück
Spielfilm, Stummfilm
Kipf
Hoernchen
Kipferl
Hoernchen
Kirche
Sakralbau
Kirchenältester
Presbyter
Kirchenanbau
Sakristei
Kirchendiener
Gloeckner
Kirchenlied
Halleluja
kirchliche Handlung
Abendmahl, Kommunion, Sakrament
kirchlicher Feiertag
Pfingsten
kirchlicher Gesang
Kyrieleis
kirchliches Gnadenmittel
Sakrament
kirchliches Kunstwerk
Altarbild
Kirchturm in Italien
Campanile, Kampanile
Kirchweih
Jahrmarkt
Kirmes
Jahrmarkt, Kirchweih
Kirmesfahrzeug
Karussell, Riesenrad
Kismet
Schicksal
kitzlig
schwierig
klageführende Person
Klaegerin
Klagelied
Jeremiade
kläglich
miserabel
Klammeraffe
Breitnase, Kapuziner
Klampfe
Zupfgeige
Klangkörper
Orchester
klanglich
akustisch
klar
eindeutig, wolkenlos
Klasse
Abteilung, Kategorie
Klause
Eremitage
Kleidausschnitt
Décolleté, Dekolleté
Kleiderablage
Garderobe
Kleideraufhänger
Garderobe
Kleiderverschluss
Knopfloch
Kleidung
Garderobe
Kleidungsstück
Badeanzug, Ballkleid, Halbschuh, Handschuh, Hausanzug, Hausjacke, Hausschuh, Hemdbluse, Hosenrock, Kaeppchen, Panamahut, Pantoffel, Pelzjacke, Pelzschuh, Regenhaut, Soeckchen, Sporthemd, Sporthose, Turnschuh, Ueberwurf, Unterhemd, Unterhose, Unterrock, Windjacke, Wollsocke
Kleinbär
Kakamizli, Nasenbaer, Waschbaer
kleinbürgerlich
engherzig
kleine Apfelsine
Mandarine
kleine Garnspule
Roellchen
kleine Gebietskörperschaften
Gemeinden
kleine Kammer
Stuebchen
kleine Skulptur
Statuette
kleine Zigarre
Zigarillo
kleine Zwiebel
Schalotte
kleiner Specht
Wendehals
kleines Blutgefäß
Kapillare
kleines Gewässer
Dorfteich
kleines Kind
Saeugling
kleines Merkbuch
Notizheft
kleines Segelschiff
Einmaster
kleines Standbild
Statuette
Kleingebäck
Anisbogen
Kleinhäusler
Keuschler
Kleinholz
Brennholz
Kleinigkeit
Bagatelle
Kleinkind
Saeugling
kleinlaut
bedrueckt, verstimmt
kleinlich
engherzig

kleinlicher Beamter
Buerokrat
kleinlicher Tadel
Noergelei
Kleinod
Edelstein
Kleinodien
Pretiosen
Kleinstaat in Europa
Luxemburg, San Marino
Kleinvieh
Gefluegel, Kaninchen
Kleinwohnung
Apartment
kleinwüchsiges Nagetier
Zwerghase
Klempner
Schlosser
Klempnerwerkzeug
Rohrzange
Kletterausrüstung
Eispickel
Klinke
Tuergriff
klirren
scheppern
Klischee
Abklatsch, Vorurteil
Klopffestigkeitsmaß für Kraftstoffe
Oktanzahl
Klopfkäfer
Totenwurm, Trotzkopf
Kloster *am* **Bodensee**
Reichenau
Klostervorsteherin
Aebtissin
Kluft
Differenz, Klamotten, Zwiespalt
klug
geschickt
Klytämnestras Mann
Agamemnon
knabbern
anbeissen
Knall
Explosion
knapp
lakonisch, spaerlich
Kneipe
Bierabend
Knetmasse
Plastilin
knickrig
knauserig
Knieholz
Legfoehre
Knochen des Brustkorbs
Brustbein
Knochenfischart
Seeteufel
Knollengemüse
Kartoffel
knorke
trefflich
Knüller
Sensation
Koben
Viehstall
Kobold
Hausgeist, Waldgeist
Kochgefäß
Teekessel
Kogge
Karavelle
Kohlart
Rosenkohl, Weisskohl
Kohlenart
Holzkohle
Kohlenprodukt
Dachpappe, Farbstoff, Kokskohle, Nusskohle
kokettes Spiel
Taendelei
Kolchose
Kollektiv
Kolleg
Vorlesung
Kollektion
Sortiment
Kolonne
Abteilung
Kolonnennachbar
Nebenmann
Koloriermittel
Farbstoff
kolumbianische Hafenstadt
Cartagena
Kombination
Anordnung
komfortabel
behaglich
komisch
humorvoll
Komitee
Ausschuss
Kommandant
Kommodore
Kommanditist
Teilhaber
Kommentar
Anmerkung, Auslegung, Bemerkung
Kommission
Ausschuss
Kommunikation
Austausch
Komödie
Lustspiel
kompakt
gedrungen
komplett
vollendet
Kompliment
Artigkeit
Komplize
Mittaeter, Mitwisser
kompliziert
schwierig
Komposition
Tonstueck
Kompottpflanze
Rhabarber, Zwetschge
komprimierte Luft
Pressluft
Kompromiss
Ausgleich, Kuhhandel, Vergleich
Kondition
Bedingung
Konfekt
Naschwerk
Konfitüre
Marmelade
Konflikt
Differenz, Zwiespalt
konfus
verworren
Kongress
Konferenz, Parlament
Konifere
Nadelholz
König *der* **Azteken**
Montezuma
König *der* **griechischen Sage**
Agamemnon
König *von* **Mykene**
Agamemnon
König *im* **Nibelungenlied**
Siegfried
König *von* **Sparta**
Agesilaus
König *der* **Wandalen**
Geiserich
König *der* **Westgoten**
Amalarich
Königin *von* **Assyrien**
Semiramis
Königreich
Monarchie
Königreich *in* **Europa**
Daenemark
Königreich *in* **Nahost**
Jordanien
Konjunktion
Bindewort
Konjunkturrückgang
Rezession
Können
Vermoegen
Könner
Koryphaee, Kuenstler, Routinier

Konsequenz
Folgerung, Nachspiel, Weiterung
konservieren
einmachen
Konsorte
Mittaeter
Konstitution
Anordnung
Konstrukteur
Errichter, Ingenieur, Techniker
Konstruktion
Konstrukt
Konsultation
Befragung
Konsum
Verbrauch
konsumieren
verzehren
kontern
reagieren
Kontertanz
Quadrille
Kontrakt
Abmachung
Kontrast
Abstufung, Gegensatz
Kontrollbeamter
Inspektor
Kontrolle der Emissionen eines Pkw
Abgastest
Kontur
Randlinie
Konvention
Herkommen, Tradition
Konversation
Gespraech, Plauderei
Konversion
Bekehrung
Konzession
Erlaubnis, Zulassung
Köper
Gewebeart
Kopf
Anfuehrer, Oberhaupt
Kopfbedeckung
Kaeppchen, Sturzhelm
kopflos
uebereilt
Kopfschmuck
Nasenring, Stirnband, Stirnreif
Kopfteil
Kinnbacke, Oberlippe
Kopie
Abschrift
Korbblütler
Artemisia, Bocksbart, Edelweiss, Kornblume, Margerite
Kornett
Faehnrich
körnig
granuloes
Kornmahlbetrieb
Muellerei
Körperbautyp
Leptosome
Körperertüchtigung
Gymnastik
Körperfleck
Muttermal
körperlich
somatisch
körperliche Verfassung
Kondition
körperliches Leiden
Gebrechen
Körperschaft
Ausschuss
Körperspray
Deodorant
Körperteil
Brustkorb, Rueckgrat, Unterleib
Korrespondent
Berichter
korrodieren
verfallen
kosmetische Creme
Hautsalbe
kosmetischer Artikel
Badeseife, Fettcreme, Fettpuder, Haarspray, Nagellack, Zahncreme, Zahnpasta
Kosmonaut
Astronaut
Kosmos
Universum
kostbare Pelzart
Persianer
kostbares Mineral
Edelstein
Kosten
Gebuehren
kosten
probieren, versuchen
kostenlose Beförderung
Nulltarif
köstlich
delizioes
Kostümfest
Maskerade
Kot
Exkrement
Kotau
Bueckling
Kotelett
Karbonade
Krach
Explosion, Spektakel
Kraft
Nachdruck
Kraftfahrer
Chauffeur
Kraftfahrzeug
Automobil, Lastwagen, Limousine, Rennwagen, Tankwagen
Kraftfahrzeugschein
Zulassung
Kraftmaschine
Generator
Kraftwagen
Automobil
Kram
Firlefanz
krampfartig
spasmisch
Kranke beim Arzt
Patienten
Krankenbetreuerin
Schwester
Krankenfahrzeug
Rollstuhl
Krankenkost
Schonkost
Kranker
Leidender
krankhafter Kauftrieb
Oniomanie
Krankheit
Gebrechen
Krankheitssymptom
Ausschlag, Erbrechen, Schwindel
kratzbürstig
abweisend
Kräutersoße
Remoulade
Kreatur
Geschoepf, Lebewesen
Kredit auf ein Pfand
Beleihung
Kreditanstalt
Sparkasse
Kreditnehmer
Schuldner
Kreis
Ortslinie
kreisförmig
zirkulaer
krepieren
verrecken
kretische Hauptstadt
Heraklion
Kreuz im Freien
Bildstock
Kreuzblütler
Kruzifere, Mauersenf, Rosenkohl
Kriechtier
Alligator, Schleiche
Kriechtierordnung
Eidechsen, Krokodile, Schlangen

Kriegsführung
Strategie
Kriegskunst
Strategie
Kriegsmaschine
Rammklotz, Schleuder
Kriegsschule der USA
Westpoint
Kriemhilds Gatte
Siegfried
kriminelles Vergehen
Diebstahl
Kritik
Rezension
Kritiker
Rezensent
kritische Anmerkung
Kommentar
Krokodil
Alligator
Kronprinz
Thronerbe
Krummholzart
Legfoehre
Kübel
Waschfass
Küchenfett
Speiseoel
Küchengegenstand
Backblech, Entsafter, Holzbrett, Nudelholz, Reibeisen, Schuessel
Küchengewürz
Basilikum, Borretsch, Engelwurz, Knoblauch, Koriander, Peterling, Wacholder
Küchenkraut
Borretsch
kuckucksartiger Vogel
Wiedehopf
Kufenfahrzeug
Schlitten
Küfer
Boettcher
kühl
foermlich
Kühlungsmittel bei Schmerzen
Eisbeutel
kühn
waghalsig
Kult
Verehrung
Kultrequisit
Weihrauch
Kultstätte
Heiligtum
Kultur
Erziehung, Gesittung, Lebensart
Kulturerscheinung
Literatur

kümmerlich
spaerlich
Kumpan
Gefaehrte, Teilhaber
Kunde
Konsument, Nachricht
Kundenwerber
Vertreter
Künder
Weissager
Kundgebung
Aufmarsch
Kunstfaser
Courtelle, Zellwolle
Kunstgattung
Literatur
Kunstgewerbler
Modelleur
Kunstharzbeschichtung für Bratgeschirr
Hostaflon
Künstler
Bildhauer, Graphiker, Komponist, Regisseur, Romancier
Künstlerin bei Bühne und Film
Ballerina, Saengerin, Taenzerin
künstlerischer Leiter einer Bühne
Intendant
Künstlerkolonie bei Bremen
Worpswede
Künstlernamenszug
Autogramm
Künstlerviertel von München
Schwabing
künstliche Weltsprache
Esperanto, Volapueck
künstlicher Süßstoff
Saccharin
Kunstrichtung
Dadaismus, Realismus
Kunstseidenwirkware
Charmeuse
Kunststoff
Duroplast, Kunstharz, Moltopren, Plexiglas, Polyakryl, Zelluloid, Zellulose
Kunsttöpfer
Keramiker
Kunstturnen
Akrobatik
Kunstveranstaltung
Happening
Kunstwerk
Standbild, Symphonie, Tonstueck, Tragoedie, Zeichnung

Kunterbunt
Potpourri
Kupferoxid
Gruenspan
Kupferstich
Radierung
Kupon
Abschnitt, Gutschein
Kuppel
Kugeldach
Kuranwendung
Wannenbad
Kurare
Pfeilgift
Kurator
Verwalter
Kürbisflasche
Kalabasse, Kalebasse
Kurierdienst
Botengang
Kurort *im* **Allgäu**
Hindelang, Sonthofen
Kurort *im* **Kanton Bern**
Adelboden
Kurort *im* **Kanton Sankt Gallen**
Rorschach
Kurort *im* **Kanton Uri**
Andermatt
Kurort *in der* **Schweiz**
Adelboden, Andermatt
kurz gebratene Rinderscheibe
Beefsteak
kurz und treffend
lakonisch
kurze Äußerung
Bemerkung
kurze Zeitspanne
Atempause
kürzeste Distanz zwischen zwei Punkten
Luftlinie
kürzeste Entfernung
Luftlinie
Kurzschriftler
Stenograf
Kurzware
Bindfaden, Naehnadel, Naehseide
kuschen
gehorchen
Küstenfahrzeug
Schaluppe
Küstenform
Halbinsel, Landzunge, Meerbusen, Steilufer, Strandsee
Küstenkatastrophe
Sturmflut
Küstenstreifen am Mittelmeer
Côte d'Azur

Küster
Gloeckner
Kutte
Ueberrock
Kuvert
Enveloppe

L

laben
erquicken
labil
anfaellig
Labsal
Linderung
Labyrinth
Irrgarten
lachsartiger Fisch
Rheinsalm
Lade
Behaelter, Schubfach
Laden
Geschaeft
ladylike
damenhaft
Lage
Situation
Lagune
Strandsee
lähmender Schrecken
Entsetzen
Laie
Dilettant
Lammfell
Persianer
Lampenart
Spotlight, Wandlampe
Landbesitz
Bauernhof, Rittergut
Landeplatz *für* **Flugzeuge**
Flughafen, Flugplatz
Ländervertretung der BRD
Bundesrat
Landesherr
Souveraen
Landesteil *von* **Bayern**
Oberpfalz
Landkartenzeichner
Kartograf
Landkultur
Viehzucht
ländlich
bukolisch, idyllisch
Landnase
Halbinsel
Landschaft *der* **Antike**
Bithynien
Landschaft *in* **Baden**
Kraichgau
Landschaft *im* **Baltikum**
Semgallen
Landschaft *im* **Kanton Luzern**
Entlebuch
Landschaft *in der* **Niederlausitz**
Spreewald
Landschaft *in* **Niedersachsen**
Stedingen
Landschaft *in* **Pakistan**
Pandschab
Landschaft *in* **Spanien**
Aragonien, Kastilien
Landschaft *in* **Tirol**
Zillertal
Landschaft *in* **Westfalen**
Sauerland
Landschaftsform
Flachland, Hochebene, Niederung
Landsmann in Österreich
Kaerntner
Landspitze
Halbinsel
Landstreicher
Schnorrer
landwirtschaftlich
agrarisch
landwirtschaftlicher Betrieb
Bauernhof
landwirtschaftliches Gerät
Mistgabel
landwirtschaftliches Produkt
Gefluegel, Kartoffel
lang
gestreckt
Länge
Abmessung, Dimension
Längengleichheit
Isometrie
Längenmaß
Dezimeter, Kilometer, Lichtjahr, Nanometer
Längentreue (Kartografie)
Isometrie
Langeweile
Tristheit
langlebiger Schlager
Evergreen
Langmut
Nachsicht
langsam
saumselig
langsamer spanischer Tanz
Sarabande
Langstreckenwettbewerb
Radrennen
langweilig
eintoenig, langatmig
Langzeitprüfung
Dauertest
Lappalie
Bagatelle, Petitesse
Lapsus
Fehltritt
Lärm
Spektakel
lärmen
krakeelen
Larve
Engerling
Larve des Maikäfers
Engerling
Lastenheber
Seilwinde
lästig
penetrant
lästiges Lärmen
Groelerei
lateinamerikanischer Tanz
Cha-Cha-Cha
lateinischer Name für Wien
Vindobona
Latsche
Pantoffel, Schlappen
Lattenkiste
Obstkiste
Latz
Serviette
Laubbaum
Apfelbaum, Bergahorn, Blutbuche, Buchsbaum, Eberesche, Feldahorn, Hagebuche, Hainbuche, Korkeiche, Mangobaum
Laubbaumfrucht
Buchecker
Laubhüttenfest
Erntedank
Laubwerk in der Kunst
Feuillage
Lauchpflanze
Knoblauch, Schalotte
Laufbahn
Werdegang
Laufdisziplin
Dauerlauf
Lausbub
Schlingel
Läuterung
Katharsis, Reinigung
lautstark schimpfen
krakeelen
lavieren
taktieren
Lebemann
Bonvivant
Lebensbeschreibung
Biografie

Lebensdarstellung
Biografie
Lebensführungskosten
Unterhalt
Lebensgefährtin
Partnerin
Lebenskosten
Unterhalt
Lebenskünstler
Geniesser
lebensverneinender Mensch
Pessimist
lebenswichtiger Vorgang
Verdauung
Leberentzündung
Hepatitis
Leberfleck
Muttermal
Lebewesen
Geschoepf
Lebkuchenstadt
Nuernberg
lecker
koestlich
Leckermaul
Geniesser
Ledas Gatte
Tyndareos
Lederart
Lackleder, Wildleder
Lederimitat
Alcantara
Lederwarenstadt
Offenbach
ledige Frau
Fraeulein
leer
unbesetzt
Leergut
Behaelter, Container
Leerlauf
Nichtstun
Lefze
Tierlippe
Lehramt
Professur
Lehranstalt
Gymnasium, Technikum
Lehrausflug
Exkursion
Lehrbuch
Leitfaden
Lehre *von der* **Arzneimittelherstellung**
Pharmazie
Lehre *von der* **Bewegung geworfener Körper**
Ballistik
Lehre *von den* **Beziehungen der Lebewesen zur Umwelt**
Oekologie
Lehre *vom* **Blutserum**
Serologie
Lehre *von den* **Figuren**
Geometrie
Lehre *von* **Gott**
Theologie
Lehre *vom* **Schönen**
Aesthetik
Lehre *vom* **Sein**
Ontologie
Lehre *vom* **Verhalten der Tiere**
Ethologie
Lehre *von* **W. Ostwald**
Energetik
Lehrer
Paedagoge, Professor
Lehrfahrt
Exkursion
Lehrgang für Berufstätige
Abendkurs
Lehrherr
Ausbilder
Lehrling
Volontaer
Lehrmeister
Ausbilder
Leibchen
Korselett
Leibeigenschaft
Sklaverei
Leibeserziehung
Gymnastik
leiblich
somatisch
Leibwache
Bedeckung
Leichenbegängnis
Trauerzug
Leichenöffnung
Obduktion
leichtathletische Übung
Bahngehen, Speerwurf, Zehnkampf
leichtes Mädchen
Flittchen
Leichtmetall
Aluminium, Magnesium
Leiden
Gebrechen, Martyrium
leidenschaftlicher Eiferer
Fanatiker
leidenschaftlicher Leser
Leseratte
leidlich
annehmbar
Leierkasten
Drehorgel
Leihanstalt
Pfandhaus
Leim
Klebstoff
Leinengewebe
Weisszeug
leise sprechen
fluestern
Leistung
Verdienst
leistungsfähig
effizient
Leistungsfähigkeit
Kondition, Potential, Potenzial
Leistungslehre
Ergonomie
leitender Angestellter
Prokurist
Leiter
Anfuehrer, Konduktor, Oberhaupt, Vorsteher
Leiter *einer* **Bühne**
Intendant
Leiter *eines* **Fernsehsenders**
Intendant
Leiter *einer* **Rundfunkanstalt**
Intendant
Leiter *eines* **Theaters**
Intendant
Leiterin *eines* **Nonnenklosters**
Aebtissin
Leitfaden
Vademekum
Leitung
Direktion
Lektüre
Lesestoff, Literatur
Lemma
Stichwort
Lenker
Chauffeur
Lenkrad
Steuerrad
Lenz
Fruehling
lernender junger Mensch
Studiosus
Lesart
Auslegung
Lesestoff
Literatur
Lesestörung
Paralexie
Lethargie
Traegheit
Letter
Buchstabe
lettische Landschaft
Semgallen
letzte Aufforderung
Ultimatum
letzte Willenserklärung
Testament

letzter Aztekenherrscher
Montezuma
letzter Tag des Jahres
Silvester
letztwillige Verfügung
Testament
Leuchte
Koryphaee
Leuchtgasbehälter
Gasometer
Leuchtkörperart
Leselampe
Leuchtöl
Petroleum
Leuchtröhrenstrahlung
Neonlicht
Leuchtturm
Leitfeuer
Leugner der Dreifaltigkeit
Unitarier
Leugnung der Existenz Gottes
Atheismus
Leute eines Gebiets
Talschaft
libyscher Landesteil
Cyrenaica, Cyrenaika
licht
schuetter
Lichtbildwerfer
Projektor
Lichtdurchlass
Oberlicht
Lichterscheinung bei elektrischer Entladung
Elmsfeuer
Lichtquelle am Bett
Leselampe
Lichtstärkemesser
Fotometer
lieb
zaertlich
Liebe
Zuneigung
Liebesgöttin
Aphrodite
liebevolle Zuneigung
Innigkeit
Liebhaber
Anhaenger, Geliebter
liederlicher Mensch
Haderlump
Liedform
Barkarole, Quodlibet, Spiritual, Volkslied
Lieferung
Transport
Liegestatt
Klappbett
Lift
Fahrstuhl
Liga
Koalition
Ligatur
Koppelung
Liguster
Rainweide
Likör
Cointreau
Liliengewächs
Baerlauch, Blaustern, Goldstern, Graslilie, Hyazinthe, Weisswurz
Liman
Strandsee
Limes
Grenzwall, Grenzwert
limos
schlammig
Linie im Gesicht
Lineament
Linienzeichnung
Guilloche
linksrheinisches Bergland
Hunsrueck
Liparische Insel
Stromboli
Lippenblütlerart
Basilikum
listige Bitte um Antwort
Fangfrage
literarischer Berater im Theater
Dramaturg
literarischer Kritiker
Rezensent
Literat von Format
Klassiker
liturgischer Gegenstand
Monstranz, Paramente
Lizenz
Erlaubnis, Zulassung
Lkw-Beiwagen
Anhaenger
lockend
anziehend, attraktiv, einladend
Lockenwickler
Papillote
locker
entspannt
lockerer Sand an Flüssen
Treibsand
lockern
aufbinden
logischer Beweis
Deduktion
Lohn
Bezahlung, Einkommen, Verdienst
Lokal
Diskothek, Kaschemme, Nightclub
Lokalbesitzer
Gastronom
Lokalinhaber
Gastronom
Londoner Bauwerk
Parlament, Saint Paul
Londoner Stadtteil
Greenwich, Tottenham, Wimbledon
Looping
Luftrolle
lorbeergekrönter Dichter
Laureatus
Los
Schicksal
losbinden
aufbinden
Löschtruppe
Feuerwehr
lose
schuetter
lösen
aufbinden, losbinden
lotrecht
senkrecht
Lotterie
Verlosung
Lotteriescheinzahl
Losnummer
Lübecker Komponist
Buxtehude
Lude
Zuhaelter
ludolfsche Zahl
Kreiszahl
Luftdichtemesser
Aerometer
Luftdruckmesser
Barograph, Barometer
Luftfahrt
Flugwesen
Luftikus
Hansdampf
Luftkissenzug
Aerotrain
Luftpostleichtbrief
Aerogramm
Luftschloss
Schimaere, Traumbild
Luftschraube
Propeller
Luftsportart
Segelflug
Lufttrübung
Hochnebel
Luftverkehrszentrum
Flughafen
Luftverunreinigung
Immission
Luftwirbel
Turbulenz
Lüge
Geflunker, Heuchelei,

Schwindel
Lügengeschichte
Flunkerei
Lügner
Betrueger
Lump
Liederjan
Lungenentzündung
Pneumonie
Lupe
Brennglas
Lust
Interesse, Verlangen
lüsterner Mensch
Luestling
lustig
froehlich, vergnuegt
lustige Erzählung
Humoreske
lustige Figur
Hanswurst
Lüstling
Wuestling
Lustschloss *bei* **Paris**
Malmaison
Lustschloss *bei* **Potsdam**
Sanssouci
luxuriöse Kleinstwohnung
Apartment
Luxus
Wohlleben
Luzifer
Beelzebub

M

Macht
Nachdruck, Regierung, Vermoegen
Machthaber
Herrscher
mächtig
kraftvoll, souveraen
Mädchen
Backfisch
Mädchen in Uniform
Majorette
Magenkatarr (Magenkatarrh)
Gastritis
Magenschleimhautentzündung
Gastritis
Magenteil bei Wiederkäuern
Netzmagen
Mahlzeit
Abendbrot, Nachtmahl
Mahnruf
Menetekel
Maikäferlarve
Engerling
Mainmetropole
Frankfurt
Majorität
Ueberzahl
Mäkelei
Noergelei
makellos
untadelig
Makeup-Utensil
Puderdose
Makkaroni
Teigwaren
Makrelenart
Thunfisch
Makulatur
Altpapier, Fehldruck
malaiisches Archipel
Insulinde
Malariamücke
Anopheles
malerisch
pittoresk
Malerkreis der Romantik
Nazarener
Malerwerk
Zeichnung
Malgerät
Staffelei
Malweise
Tachismus
Mamsell
Fraeulein
Mangel
Desiderat
Manieren
Auftreten, Lebensart
Manipulation
Verfahren
manipulieren
handhaben
Mann *ohne* **Schatten**
Schlemihl
Mann unter 20
Juengling
Männerhass
Misandrie
Manneszucht
Disziplin
männliche Tracht
Lederhose
männlicher Vorname
Alexander, Balthasar, Christian, Christoph, Ferdinand, Friedhelm, Gottfried, Karlheinz, Ladislaus, Sebastian, Severinus, Siegfried, Sylvester
männliches Rollenfach
Liebhaber
männliches Tier
Maennchen
Mannschaft
Besatzung, Formation
Mannschaftsdienstgrad
Gefreiter
Mannschaftsspiel
Prellball
mannstoll
nymphoman
Manschetten
Aufschlag
Manufakturware
Textilien
Manuskript
Urschrift
Manuskriptbearbeiter
Redakteur
Mär
Nachricht
Märchenfigur
Beelzebub, Berggeist, Daeumling, Eiskoenig, Erlkoenig, Frau Holle, Goldmarie, Huckebein, Osterhase, Pechmarie, Ruebezahl, Vogel Rock, Zwerg Nase
Märchenfigur aus Frau Holle
Goldmarie, Pechmarie
märchenhaft
fabelhaft, sagenhaft, traumhaft, wunderbar
Märchenriese
Ruebezahl
Marderart
Frettchen, Stinktier, Vielfrass
Märe
Nachricht
Marge
Spielraum
Marginalie
Anmerkung
Marinedienstgrad
Bootsmann
Marineoffiziersschüler
Seekadett
markig
kraftvoll
Markt *für* **Trödelwaren**
Flohmarkt
Marotte
Eigenheit
Marschgepäck
Tornister
Marschland zwischen Hunte und Weser
Stedingen
Marschlandschaft an der Unterelbe
Kehdingen

Marter
Peinigung
Marterl
Votivbild
martialisch
streitbar
Märtyrer
Sebastian
Maschine *zur* **Stromerzeugung**
Generator
Maschinenart
Generator, Triebwerk
Maschinenteil
Gestaenge
Maschinerie
Apparatur
Maskareneninsel
Mauritius, Rodriguez
Maskenball
Maskerade
Maßeinheit *für die* **Entfernung**
Kilometer
Maßeinheit *für die* **Stärke radioaktiver Strahlung**
Becquerel
Massengutbehälter
Container

Massenmedium
Fernsehen
Massenopfer
Hekatombe
Masseteilchen
Korpuskel
maßgebend
gewichtig, kompetent
maßgebender Zeuge
Kronzeuge
Mäßigkeit
Temperenz
maßlos
unbaendig, ungeheuer
maßregeln
bestrafen
Mast
Grossmast
Match
Wettkampf
Material
Werkstoff
Material *zum* **Dachdecken**
Teerpappe
Material *der* **Elefantenstoßzähne**
Elfenbein
Mathematiker
Descartes
Mathematikteilgebiet
Geometrie
mathematische Funktion
Cotangens, Kotangens
mathematische Relation
Gleichung
mathematischer Begriff
Asymptote, Diagonale, Differenz, Dimension, Geometrie, Gleichung, Grundzahl, Halbkreis, Kongruenz, Konstante, Kubikzahl, Parallele, Quersumme, Symmetrie, Vertikale
Mätresse Ludwigs XIV.
Fontanges
Mätresse Ludwigs XV.
Pompadour
Matrize
Druckform
Matrose
Blaujacke
Mauer
Steinwand
Maurerwerkzeug
Reibbrett
Maxime
Grundsatz
Mäzen
Foerderer
Mechanikteilgebiet
Kinematik
mechanisches Arbeitsgerät
Maschinen
Mechanismus
Triebwerk
Meckerer
Noergeler, Querulant
Medikament
Pharmakon, Praeparat
Medikamentform
Zaepfchen
medizinische Einspritzung
Injektion
medizinische Pflanze
Heilkraut
Medusa
Ungeheuer
Meer
Polarmeer
Meeresbewegung
Sturmflut
Meeresfisch
Knurrhahn
Meeresküste
Steilufer
Meerespflanze
Braunalge, Gruenalge
Meeresraubtier
Meerotter
Meeressäugetier
Pelzrobbe
Meerestier
Steinbutt
Meeresvogel
Bootsmann
Mehlschwitze
Einbrenne
Mehlspeise
Gugelhupf
Mehrehe
Polygamie
Mehrfachgeburt
Drillinge, Vierlinge, Zwillinge
Mehrheit
Ueberzahl
Mehrphasenstrom
Drehstrom
mehrsprachig
polyglott
mehrteiliges Musikstück
Oratorium
Meilerprodukt
Holzkohle
meinetwegen
von mir aus
Meinung
Vermutung
Meinungsforschung
Befragung
Meinungsverschiedenheit
Divergenz
Meisenart
Blaumeise, Kohlmeise
Meister
Rekordler
meisterhaft
exzellent
Meistersingerstadt
Nuernberg
Melancholie
Schwermut, Truebsinn
Meldereiter
Ordonnanz
Meldung
Nachricht
meliert
gescheckt
Melodienallerlei
Potpourri
Memme
Angsthase, Hasenfuss
Menagerie im Zirkus
Tierschau
Mengenzuteilung
Dosierung
Menschenaffe
Orang-Utan
Menschenansammlung
Getuemmel
Menschenfresser
Kannibale
Menschengewühl
Gedraenge
Menschenkenntnis
Erfahrung

menschenleer
unbewohnt
Mentalität
Denkweise, Sinnesart
Merkbuch
Notizbuch, Notizheft
Merkmal
Anzeichen, Wesenszug
merkwürdig
sonderbar
Mesner
Gloeckner
Messband
Metermass
Messdiener
Sakristan
Messestadt *des* **Buchhandels**
Frankfurt
Messestadt *der* **Spielwaren**
Nuernberg
Messgerät
Aerometer, Barograph, Barometer, Manometer, Metermass, Voltmeter, Zaehlrohr, Zollstock
Metall
Aluminium, Beryllium, Germanium, Magnesium, Molybdaen, Palladium, Plutonium, Ruthenium, Strontium, Ytterbium, Zirkonium
Metallabfall
Altmetall
Metallberuf
Schlosser
Metallbetrieb
Giesserei
metallenes Essgeschirr
Blechnapf
Metallfraß
Gruenspan, Korrosion
Metallgemisch
Legierung
Metallhülse
Kartusche
Metalllegierung (Metallegierung)
Duralumin, Weissgold
Metallmischung
Legierung
meteorologischer Begriff
Kaltfront, Warmfront
Methode
Verfahren
Methylalkohol
Holzgeist
Metronom
Taktgeber
Metzger
Fleischer
Metzgereierzeugnis
Mettwurst
mexikanische Insel
Guadelupe, Magdalena
mexikanischer Zwerghund
Chihuahua
Mieder
Korselett
miesmachen
verleiden
Miesmacher
Defaitist, Griesgram, Pessimist
Mietauto
Leihwagen
Mietautowarteplatz
Taxistand
Mietfahrzeug
Leihwagen
Milchbonbon
Karamelle
Milchprodukt
Dickmilch, Pastmilch, Vollmilch
mildtätig
karitativ
Militär
Wehrmacht
Militärakademie in den USA
West Point
Militärarzt
Feldscher
Militärgewehr
Karabiner
militärische Abteilung
Formation
militärische Einheit
Abteilung, Bataillon, Flottille, Schwadron
militärische Tauglichkeitsprüfung
Musterung
militärischer Dienstgrad
Bootsmann, Faehnrich, Feldwebel, Gefreiter, Grenadier, Hauptmann, Kommodore, Marschall
militärischer Meldegänger
Ordonnanz
Millionenfaches einer Tonne
Megatonne
Minderausgabe
Ersparnis
minderjährig
unmuendig
minderwertig
miserabel
minderwertige Nachahmung
Imitation
minderwertige Ware
Ausschuss
minderwertiges Buch
Schmoeker
Mineral
Alabaster, Anthrazit, Bleiglanz, Chalzedon, Eisenkies, Eisenspat, Flussspat, Glaukonit, Gruenerde, Hyalophan, Kieselgur, Lanthanit, Mondstein, Orthoklas, Steinsalz, Stephanit, Tigerauge, Travertin, Vanadinit, Wolframit, Zinnstein
Mineralölprodukt
Petroleum
Minnesänger
Spielmann
minuziös
haargenau, kleinlich
Mirakel
Wundertat
Mischling
Quarteron, Terzerone
Mischmasch
Charivari, Potpourri
miserabel
klaeglich
Missbilligung
Ablehnung
missgestaltet
monstroes
missglückter Rennbeginn
Fehlstart
Missgriff
Fehlgriff
Misshandlung
Peinigung, Quaelerei
Mission
Botschaft
Missionar *der* **Slawen**
Methodius
missionarischer Erfolg
Bekehrung
Missklang
Dissonanz
misslich
schwierig
Misslingen
Scheitern
misstönend
dissonant
misstrauischer Mensch
Skeptiker
mit Abneigung gemischte Sympathie
Hassliebe
mit Leitungsdrähten versehen
verkabeln

mit Nachdruck
energisch
Mitarbeit
Teilnahme
Mitarbeiter
Assistent
Mitarbeiter der Zeitung
Redakteur
Mitbesitzer
Teilhaber
Mitbesitzer von Firmen
Aktionaer
miteinander
gemeinsam
Mitgefühl
Interesse, Teilnahme
Mitgift
Aussteuer
Mitglied *einer* **Flugzeug-besatzung**
Navigator
Mitinhaber
Kompagnon, Teilhaber
Mitläufer
Stimmvieh
Mitlaut
Konsonant
Mitmachen
Teilnahme
9
mitreißend
fulminant
Mitteilung
Botschaft, Nachricht, Zuschrift
Mittel *gegen* **Eisglätte**
Streusalz
Mittel *gegen* **Heiserkeit**
Emser Salz
mittelalterliche Bau-genossenschaft
Bauhuette
mittelalterlicher Musi-kant
Spielmann
mittelalterlicher Wunder-doktor
Eisenbart
mittelalterliches Segel-schiff
Karavelle
Mittelamerikaner
Mexikaner
mittelamerikanische Republik
Costa Rica
mittelamerikanischer Indianerstamm
Zapoteken
mittelamerikanischer Staat
Costa Rica, Guatemala, Nicaragua
mitteldeutsche Land-schaft
Havelland, Spreewald, Uckermark
mitteleuropäisches Volk
Schweizer, Tschechen
Mittelmeerfisch
Thunfisch
Mittelmeerstaat
Slowenien
Mittelmeerwind
Schirokko
Mittelpunkt
Metropole
Mittlergebühr
Provision
Mittönen
Widerhall
Mitwirkung
Mitarbeit
Mixgetränk
Gluehwein
Mob
Gesindel
Möbelstück
Bettcouch, Garderobe, Stehlampe
mobil
beweglich
Modell
Mannequin
Modelliermasse
Knetmasse, Plastilin
moderne Drucktechnik
Siebdruck
moderne Unterhaltung
Fernsehen
moderner Transportbe-hälter
Container
Modeschöpfer
Couturier
Modetanz
Bossa Nova, Cha-Cha-Cha
Modevorführdame
Mannequin
Modifikation
Aenderung
modisches Zubehör
Stecktuch
Modistin
Midinette
Modus Vivendi
Abmachung
möglicherweise
eventuell
mohammedanischer hoher Geistlicher
Ajatollah, Ayatollah
Mohrrübe
Gelbruebe
Molkerei
Milchwerk
mollig
behaglich
Moment
Zeitpunkt
Monarch
Herrscher
Monarchenansprache
Thronrede
Monatsname
Brachmond, Erntemond, Lenzmonat, Nebelmond, Ostermond, Rosenmond, Scheiding, September, Wei-demond, Wonnemond
Mönchsbehausung
Eremitage
Mönchsorden
Kapuziner, Minoriten, Thea-tiner
Mond des Saturn
Enceladus
Mondsonde
Raumsonde
monochromatisch
einfarbig
monoton
eintoenig
Monstrum
Ungeheuer
Monument
Standbild
Moorpflanze
Sonnentau
Morast
Sumpfland
mordähnliche Straftat
Totschlag
Mörder Heinrichs IV.
Ravaillac
Morgengabe
Aussteuer
Morgenländer
Orientale
morgenländischer König (Bibel)
Balthasar
Morgenrock
Hausanzug
morsch
verrottet
Morseapparat
Telegraph
Motor
Triebwerk
Motorenteil
Verteiler
Motorfahrzeug
Lastwagen
Motorradgeräusch
Geknatter

Motorsport im Gelände
Motocross
Mottenkraut
Honigklee
Mottenmittel
Nexalotte
Muffel
Wildschaf
Mühlenbesitzerin
Muellerin
Mühsal
Plackerei
Mulatte
Mischling
Mummenschanz
Maskerade
Münchener Kabarettistin
Karlstadt
Münchener Studentenviertel
Schwabing
Münchener Vergnügungsviertel
Schwabing
Mundtuch
Serviette
munter
beweglich
mürbe
broecklig, verfallen
murmeln
fluestern
Murmeln
Gestammel
mürrisch
abgeneigt
mürrischer Mensch
Griesgram
Murrkopf
Griesgram
Muschelart
Pfahlwurm
Muse *des* **Trauerspiels**
Melpomene
Musensohn
Kuenstler
Museum in St. Petersburg
Eremitage
musikalischer Begriff
Dominante
musikalischer Beruf
Komponist
musikalischer Fachterminus für gleitend
glissando
musikalisches Bühnenwerk
Singspiel
musikalisches Produkt
Kunstwerk
musikalisches Streichinstrument
Bassgeige
Musikant im Mittelalter
Spielmann
Musikbearbeiter
Arrangeur
Musikdarbietung
Oratorium, Ouverture, Pastorale, Potpourri, Quadrille, Symphonie
Musikensemble
Orchester
Musikinstrument
Akkordeon, Bandoneon, Bassgeige, Drehorgel, Harmonika, Mandoline, Tambourin, Vibraphon, Zupfgeige
Musiktheatergebäude
Opernhaus
musisch Tätiger
Kuenstler
Musizierender
Interpret
Muskelkraftmesser
Ergometer
Müßiggang
Nichtstun, Nichtstun
Müßiggänger
Faulenzer
Muster
Paradigma, Schablone
Musterbeispiel
Inbegriff, Paradigma
mustergültig
kanonisch, klassisch
Musterkollektion
Sortiment
Mut
Kuehnheit
mutlos
aengstlich
Mutmaßung
Vermutung
Mutter *von* **Caligula**
Agrippina
Mutter *von* **Eros**
Aphrodite
Mutter *von* **Nero**
Agrippina
Mutter *von* **Siegfried**
Sieglinde
Muttersöhnchen
Angsthase, Hasenfuss
Mutwille
Frechheit
mysteriös
unfassbar
mythisch
legendaer, sagenhaft
mythischer Drache
Leviathan

N

nach oben
aufwaerts
Nachahmung
Abklatsch, Imitation
Nachbar
Nebenmann
Nachbildung
Abformung, Abklatsch, Faksimile, Imitation, Karikatur
Nachbildung *einer* **Handschrift**
Faksimile
Nachbildung *eines* **Kunstwerkes**
Reflexion
nacheinander
sukzessiv
Nachforschung
Recherche
Nachfrage
Interesse
nachgeahmtes Druckerzeugnis
Faksimile
Nachhall
Widerhall
Nachhilfelehrer
Repetitor
Nachkomme
Enkelkind, Urenkelin
Nachkömmling
Spaetling
Nachlass
Erbschaft
Nachlassen der Kräfte
Ermattung
nachlässig
fluechtig, schlampig, schludrig
Nachlassvermögen
Erbschaft
Nachricht
Botschaft
Nachrichtenmittel
Fernsehen, Telefonat, Telegramm, Telegraph
Nacht *zu* **Neujahr**
Silvester
Nachtgespenst
Nachtmahr, Traummahr
Nachtgewand
Nachthemd
Nachtlokal
Discothek, Diskothek, Nightclub
Nachtschattengewächs
Aubergine, Kartoffel

9

Nadelbaum
Araukarie, Douglasie, Edeltanne, Legfoehre, Wacholder
Nagelpflege
Manikuere, Pedikuere
nagen
anbeissen
Nagetier
Kaninchen, Karnickel, Schermaus
Nähbetrieb
Stepperei
nahe Verwandte
Schwester
Nähgerät
Naehnadel
Nähmaterial
Naehseide
Nahostbewohner
Orientale
Nahrung
Naturalie
Nahrungsmittel
Kartoffel, Teigwaren
Nährwerteinheit
Kilojoule
Nahtbesatz
Passepoil
Nahverkehrsmittel
Lokalbahn
Nähwerkzeug
Fingerhut
Name *der* **Erinnyen**
Eumeniden
Name *für* **Kleinasien**
Anatolien
Name *eines* **russischen Sees**
Ladogasee
Name *von* **Zeitungen**
Tageblatt
Namengebung
Benennung
namenlos
inkognito
Namenszug
Autogramm, Monogramm
namhaft
angesehen, bedeutend
Napf
Schuessel
Napfkuchen
Gugelhupf
närrisch
vergnuegt
närrische Zeit
Fastnacht
Narzissenart
Amarillis
Naschwerk
Negerkuss
Nasenspiegel
Rhinoskop
naseweis
vorwitzig
Nassauer
Schnorrer
Nationalfahne Frankreichs
Trikolore
Nationalheld Italiens
Garibaldi
Nationalökonom
Volkswirt
Nationalpark in Tansania
Serengeti
nativ
angeboren
Naturalien
Rohstoffe
Naturarzt
Physiater
Naturell
Charakter, Wesenszug
Naturereignis
Erdrutsch, Morgenrot, Nordlicht
Naturgummi
Kautschuk
Naturkatastrophe
Erdrutsch
Naturkunde
Tierkunde
natürlicher Brennstoff
Holzkohle
natürlicher Verschleiß
Abnutzung
Naturschutzgebiet *in* **Afrika**
Serengeti
Naturvölker
Primitive
Naturwissenschaft
Biochemie, Biophysik, Geophysik
Naturwissenschaftler
Botaniker, Genetiker
Nautiker
Navigator
nebenbei
en passant
Nebenfluss *des* **Mississippi**
Wisconsin
Nebenform
Variation
Nebenfrau
Konkubine, Maetresse
Nebenraum der Kirche
Sakristei
Nebenrichter
Beisitzer
Nebensache
Bagatelle
nebensächlich
unwichtig
neblig
verhangen
Neckerei
Haenselei
negieren
verneinen
Neigung eines Geländes
Abdachung
Nennform
Infinitiv
Nennwort
Namenwort
Nepotismus
Schiebung
Nervenarzt
Neurologe
Nervenerkrankung
Neuralgie
Nervenkitzel
Sensation
Nervenkrankheit
Neuralgie
Nervenschmerz
Neuralgie
nervös
chaotisch
neu
unbenutzt
neuartig
originell
Neubekehrter
Konvertit
neuer Stern
Supernova
Neuerscheinung
Nouveauté
Neugeborenes
Saeugling
Neugier
Interesse
Neuigkeit
Nachricht, Sensation
neulich
kuerzlich
Neuling
Anfaenger, Debuetant, Greenhorn
neutral
blockfrei, parteilos, saechlich
New Yorker Chinesenviertel
Chinatown
Nibelungenvolk
Burgunder
nicht amtlich
offizioes
nicht aufhörend
unendlich

nicht freundlich
abweisend
nicht leicht verderblich
dauerhaft
nicht sprechen
schweigen
nicht verbürgt
offizioes
nicht verschwiegen
indiskret
nicht weiterführende Straße
Sackgasse
nicht zu zähmen
unbaendig
Nichtfachmann
Dilettant, Liebhaber
nichtig
ungueltig, unwirksam
Nichtiges
Firlefanz
nichts als
lediglich
Nichtstuer
Faulenzer
nichtswürdig
miserabel
niederes Kriechtier
Regenwurm
niederes Lebewesen
Einzeller, Regenwurm
Niedergang
Untergang
Niederholz
Gestruepp, Unterholz
niederländische Großstadt
Amsterdam, Rotterdam
niederländische Hafenstadt
Amsterdam, Rotterdam
niederländische Insel
Walcheren
niederländische Provinz
Friesland, Groningen
niederländischer Maler
Rembrandt
niederländischer Mediziner
Boerhaave
niederländischer Nobelpreisträger für Medizin
Einthoven, Tinbergen
niederländischer Radrennfahrer
Zoetemelk
niederländisches Seebad
Zandvoord
niederösterreichische Stadt
Amstetten, Stockerau
Niederschrift
Protokoll
Niederung
Tiefebene
Niederwild
Kaninchen
niedriger Hilfsgeistlicher
Koadjutor
niedriges Lebewesen
Einzeller
Nierenentzündung
Nephritis
nimmermüde
unentwegt
Nimmersatt
Vielfrass
nobel
freigebig
noch
ausserdem
Nomen
Hauptwort
Nominierung
Ernennung
nordamerikanische Insel
Manhattan
nordamerikanische Panzerechse
Alligator
nordamerikanischer Bär
Waschbaer
nordamerikanischer Indianer
Mohikaner
nordamerikanischer See
Baerensee, Oberer See
nordamerikanisches Gewässer
Oneidasee
nordamerikanisches Pelztier
Waschbaer
nordatlantisches Inselvolk
Islaender
Norddeutscher
Ostfriese
norddeutscher Maler
Modersohn
Nordeuropäer
Islaender
nordeuropäische Hafenstadt
Stockholm
nordeuropäische Hauptstadt
Reykjavík, Stockholm
nordeuropäische Insel
Groenland
nordeuropäischer Staat
Daenemark
nordeuropäisches Königreich
Daenemark
nordeuropäisches Volk
Islaender
nordfranzösische Hafenstadt
Cherbourg
nordfranzösische Landschaft
Normandie
nordische Münze
Kleingeld
norditalienische Landschaft
Suedtirol
norditalienische Region
Lombardei
Nordseebad
Helgoland, Norderney
Nordseebucht
Jadebusen
Nordseeinsel
Helgoland, Norderney
Nordseeküstenbewohner
Ostfriese
Nordwesteuropäer
Islaender
Nörgler
Querulant
norwegische Hafenstadt
Stavanger
norwegischer Forscher
Heyerdahl
norwegischer Nobelpreisträger für Literatur
Bjoernson
norwegischer Schriftsteller
Bjoernson
norwegisches Unterhaus
Odelsting
Not leidend
bettelarm, mittellos
Notgroschen
Ersparnis
Nothelfer
Dionysius, Katharina, Margareta, Pantaleon
nötig
notwendig
Notiz
Anmerkung, Bemerkung
Notlüge
Ausflucht
November
Nebelmond, Windmonat
Novität
Neuigkeit, Nouveauté
Nuancierung
Abstufung
nüchtern
prosaisch

Nudelart
Canelloni, Makkaroni, Spaghetti
numinos
goettlich
nur
lediglich
nur gedacht
imaginaer
Nürnberger Meistersinger
Hans Sachs
Nürnberger Schuhmacherpoet
Hans Sachs
Nürnberger Sehenswürdigkeit
Mauthalle
Nürnberger Spezialität
Lebkuchen
Nussart
Haselnuss, Kokosnuss
nussartige Frucht
Buchecker
nützlich
hilfreich
nützlicher Bodenbewohner
Regenwurm
Nutztierverband
Viehherde
Nymphomanie
Liebeswut

9

O

Ober
Bedienung, Servierer
oberbayerische Stadt
Starnberg
oberbayerischer Kurort
Lenggries
oberbayerischer See
Kochelsee, Tegernsee
oberbayerisches Gewässer
Tegernsee
oberbayerisches Königsschloss
Linderhof
oberer Teil der Scheune
Heubuehne
obergäriges Bier
Weissbier
Obergeschoss
Penthouse
Obergewand *mit* **Ärmeln**
Dalmatika
Oberhaupt
Herrscher, Souveraen
Oberhaupt *des* **Lamaismus**
Dalai-Lama
Oberhaut
Epidermis
Oberleitung
Direktion, Fahrdraht
Oberleitungsverkehrsmittel
Eisenbahn
Obermauer der Basilika
Obergaden
Oberschule
Gymnasium
oberste Hautschicht
Epidermis
oberste Staatsgewalt
Regierung
oberstes Exekutivorgan eines Staates
Regierung
Oberton
Konsonanz
Obhut
Fuersorge, Gewahrsam
obskur
anruechig
obsolet
ueberholt
Obst aus dem Backofen
Bratapfel
Obstart, Obstsorte
Apfelsine, Blaubeere, Brombeere, Mandarine, Mirabelle, Reneklode, Ringlotte, Zwetschge
Obstgericht
Obstsalat
Obstgetränk
Apfelsaft
Obstpresse
Entsafter
Obstprodukt
Marmelade
öde
abgelegen
öde Gegend
Wuestenei
Odeur
Duftstoff
offene Mitteilung
Postkarte
offenes Auto
Kabriolet
öffentlich
allgemein, offiziell, staatlich
öffentliche Erklärung
Statement
öffentliche Fürsorge
Wohlfahrt
öffentliches Verkehrsmittel
Eisenbahn, Stadtbahn
Offerte
Vorschlag
offiziell
foermlich
Offizier
Hauptmann, Marschall
Offiziersanwärter
Faehnrich, Seekadett
Offizin
Druckerei
Öffnung
Oberlicht
ohne Bezahlung
geschenkt
ohne Nachsicht
gnadenlos
ohne Vaterland
heimatlos
Ohrenteil
Laeppchen
Okeanide
Galaxaure
okkult
verborgen
Okkultist
Spiritist
Okkupation
Besetzung, Einmarsch
Ökonom
Verwalter, Volkswirt
Ökonomie
Bauernhof
Okzident
Abendland
ölen
einfetten, schmieren
ölig
schmierig
Olm
Amphibium
Ölpflanze
Baumwolle, Ruebsamen
Omen
Anzeichen, Menetekel
omnipotent
goettlich
Oper von Busoni
Brautwahl
Oper von Dvořák
Jakobiner
Oper von Flotow
Stradella
Oper von Händel
Agrippina, Feramonde, Rodelinde
Oper von Haydn
Apotheker
Oper von Hindemith
Cardillac
Oper von Lortzing
Hans Sachs
Oper von Meyerbeer
Nordstern, Struensee

Oper von Puccini
Der Mantel, La Rondine
Oper von Rossini
Semiramis
Oper von Strauß
Capriccio, Feuersnot
Oper von Tschaikowsky
Pique Dame
Oper von Verdi
Don Carlos, Rigoletto
Oper von Wagner
Lohengrin, Rheingold, Siegfried
Oper von Weber
Abu Hassan, Euryanthe
Oper von Weingartner
Sakuntala
operative Entfernung von Organteilen
Resektion
operative Heilkunde
Chirurgie
Operette von Gilbert
Annemarie
Operette von Künneke
Traumland
Operette von Lehár
Frasquita, Juxheirat
Operette von Suppé
Boccaccio, Fatinitza, Gascogner
Operettenkomponist
Offenbach
opernartiges Musikwerk
Oratorium
Opernkomponist
Beethoven, Hindemith, Meyerbeer, Pergolesi
Opernteil
Ouverture, Rezitativ
Opfertod
Martyrium
Ophthalmologe
Augenarzt
opportun
nuetzlich
optisches Autosignalgerät
Lichthupe
optisches Gerät
Mikroskop
opulent
reichlich
Opus
Kunstwerk
Orakel
Menetekel
Orange
Apfelsine, Mandarine, Pomeranze

Orchideenart
Braunelle, Zahnlippe, Zweiblatt
Ordensstifter
Dominikus
Order
Anordnung
Ordnung
Disziplin
Ordnungsgruppe
Kategorie
organische Säure
Oelsaeure
organisierte Hilfstätigkeit
Fuersorge, Wohlfahrt
Orgie
Trinkfest, Voellerei
Orientale
Jordanier
orientalisches Genussmittel
Betelnuss
orientalisches Königreich
Jordanien
Orientteppichsorte
Ferraghan
Original
Urfassung, Urschrift
Originaldokument
Urschrift
Ort
Ortschaft
Ort *zum* **Abstellen von Fahrzeugen**
Parkplatz
Ort *der* **Grabstätte von Gerhart Hauptmann**
Hiddensee
Ort *in* **Tirol**
Hintertux
Ort *des* **Wirkens Albert Schweitzers**
Lambarene
Orter
Navigator
ostafrikanische Verkehrssprache
Kisuaheli
ostasiatischer Staat
Nordkorea, Suedkorea
Österreicher
Kaerntner
österreichische Landeshauptstadt
Innsbruck
österreichische Landschaft
Zillertal
österreichische Münze
Schilling

österreichischer Alpenpass
Poetschen, Semmering
österreichischer Filmkomiker
Hoerbiger
österreichischer Instrumentalvirtuose
Hofhaimer
österreichischer Maler
Defregger, Kokoschka
österreichischer Mathematiker
Wirtinger
österreichischer Nobelpreisträger für Chemie
Zsigmondy
österreichischer Regisseur
Lindtberg, Reinhardt
österreichischer Schauspieler
Bleibtreu, Gallmeyer, Hoerbiger, Reinhardt
österreichischer Schriftsteller
Kokoschka
österreichischer Staatsmann
Gleispach
ostfranzösischer Landsmann
Elsaesser
ostfriesische Insel
Norderney
ostgermanischer Stamm
Bastarner, Burgunder
ostgotisches Herrschergeschlecht
Amelungen
ostpreußische Pferderasse
Trakehner
ostpreußischer Schriftsteller
Sudermann
oströmischer Kaiser
Justinian
Ostseeanwohner
Deutscher
Ostseehafen
Leningrad, Stockholm, Stralsund
Ostseeinsel
Hiddensee, Langeland
oval
eifoermig
Ovation
Huldigung
Ozelot
Raubkatze, Wildkatze

P

Paarhufer, Paarzeher
Bergziege, Schafbock, Steinbock
Packpapier
Emballage
pädagogische Maßnahme
Erziehung
Page
Edelknabe
pakistanische Hafenstadt
Karatschi
pakistanische Landschaft
Pandschab
Pakt
Abmachung
Palast *in* **Paris**
Trocadéro
Palast *in* **Rom**
Barberini
Palmenart
Rohrpalme, Sagopalme, Weinpalme
Palmenfrucht
Kokosnuss
Palmenhaus
Orangerie, Treibhaus
Palmenprodukt
Kokosfett, Kokosmehl
Panik
Entsetzen, Schrecken
Panorama
Rundblick
Pantine
Holzschuh
Pantoffelkino
Fernsehen
Panzerechse
Alligator
Papierabfall
Altpapier, Makulatur
Papierart
Oelpapier, Pergament
Pappverpackung
Kartonage
Papst
Oberhirte
päpstliche Gesandtschaft
Nuntiatur
päpstliche Kirche
Petersdom
päpstlicher Erlass
Enzyklika
päpstliches Rundschreiben
Enzyklika
Papstname
Alexander, Sylvester
Parabel
Gleichnis
Parade
Aufmarsch, Vorbeizug
Paradies
Seligkeit
Paragraph
Abschnitt
Parallele
Vergleich
Parasit
Schnorrer
Parfüm
Duftstoff
Parfümriechmittel
Duftstoff
Pariser Kathedrale
Notre Dame
Pariser Modistin
Midinette
Park in Badeorten
Kurgarten
Parlament
Bundestag
Parlamentarier
Politiker
parlamentarische Abstimmung
Ballotage
Paroli
Gegenwehr
parterre
ebenerdig
Partitur
Notentext
Partner
Kompagnon, Teilhaber
passabel
annehmbar
Passage
Durchgang, Uebergang
Passagier
Reisender
Passah
Osterfest
passé
ueberholt
passend
nuetzlich
Passus
Abschnitt
Pastenbehältnis
Toepfchen
Pastetenart
Piroschki
Pate
Taufzeuge
Patenkind
Taeufling
patent
brauchbar, geschickt
patentfähige Neuheit
Erfindung
pathologisch
krankhaft
Patisserieerzeugnis
Tortelett
Patron *der* **Schützen**
Sebastian
pauschal
insgesamt
Pedant
Buerokrat
pedantischer Verwaltungsangestellter
Buerokrat
pejorativ
abwertend
Pelz *eines* **Raubtieres**
Dachsfell
Pelzart
Persianer
pelzartiger Wollplüsch
Biberette
Pelzcape
Nerzstola
Pelztier
Kaninchen
Pelzwerk
Rauchware
Pendeluhr
Regulator
Pensum
Lehrstoff, Lernstoff
perfekt
abgemacht, vollendet
Perron
Bahnsteig, Plattform
persische Religion
Parsismus
persischer Religionsstifter
Zoroaster
persisches Herrschergeschlecht
Abbasiden
Personal im Lokal
Bedienung
Personalausweis
Kennkarte, Reisepass
Personen des Familienkreises
Verwandte
Personenkraftwagen
Cabriolet, Limousine
persönliche Gedenkfeier
Jubilaeum
persönlicher Festtag
Namenstag
Persönlichkeit
Charakter
peruanischer Exportartikel
Baumwolle
Pessimist
Defaetist

Petersilie
Peterling
Pfad in einer Grünanlage
Gartenweg
Pfannenmehlspeise
Schmarren
Pfeffergurke
Cornichon
Pfeil
Wegweiser
Pfeilhecht
Barrakuda
Pferd von Don Quichote
Rosinante
Pferd von Old Shatterhand
Hatatitla
Pferdeart
Goldfuchs
Pferdebesitz
Rennstall
Pferdekutsche
Planwagen
Pferderasse
Haflinger, Ostfriese, Pinzgauer, Trakehner
Pferderennbahn
Hippodrom
Pferderennplatz
Iffezheim, Vincennes
Pferdesportrequisit
Reitgerte
Pferdewagen
Planwagen
Pfirsichart
Nektarine
Pflanzenfaser
Baumwolle
Pflanzenfett
Margarine
Pflanzenlaus
Blattlaus
Pflanzenmilch
Gummiharz, Kautschuk
Pflanzenprodukt
Baumwolle
Pflanzensammlung
Herbarium
Pflanzenschädling
Blattlaus
Pflanzenteil
Kaetzchen
pflanzlich
vegetabil
pflanzliche Ölart
Disteloel
Pflasterart
Kopfstein
Pflaumenart
Damaszene, Mirabelle, Pruenelle, Reneklode, Zwetschge
Pflaumenschnaps
Slibowitz, Sliwowitz
Pflege
Betreuung, Fuersorge
Pflicht
Imperativ
pflichteifrig
beflissen
Pflugteil
Pflugbaum
Pförtner
Concierge
Pfropfen in den Blutgefäßen
Thrombose
Pfründe
Praebende
Pharaonengattin
Nofretete
Pharaonenname
Amenhotep
Pharmazeut
Apotheker
Phase
Abschnitt
Philharmonie
Musiksaal
philosophische Disziplin
Aesthetik, Dialektik, Ontologie
philosophische Richtung
Realismus
Phlegma
Traegheit
physikalischer Begriff
Anziehung, Bildpunkt, Bildweite, Dimension, Elektrode, Entladung, Expansion, Induktion, Konstante, Koppelung, Luftdruck, Nullpunkt, Potential, Potenzial, Reflexion, Strahlung, Traegheit
Pianotasten
Klaviatur
Pigment
Farbstoff
pikant
prickelnd
pikante Soße
Remoulade
pikiert
beleidigt, verstimmt
Pilgerfahrt
Wallfahrt
Pillendreher
Apotheker
Pilzart
Gruenling, Hexenpilz, Kapuziner, Krempling, Steinpilz, Suessling, Taeubling
Pilzkunde
Mykologie
pingelig
engherzig, kleinlich
Pipette
Saugheber
Piste auf Flugplätzen
Landebahn, Startbahn
Pizzagewürz
Basilikum
Plakette
Abzeichen
Plane
Abdeckung
Planierung
Einebnung
planvolles Vorgehen
Strategie
Plateau
Hochebene, Tafelland
Platte
Glatzkopf
Plattensammlung
Diskothek
Plattenspieler
Grammofon
Plattfisch
Steinbutt
Platz
Spielfeld
Platzanweiser
Billeteur
Platzmangel
Gedraenge
Platzmiete
Standgeld
plötzliche Angst
Schrecken
plötzlicher Angriff
Ueberfall
plump
boeotisch, unfoermig
Plünderung
Raeuberei
Pol
Drehpunkt, Zielpunkt
Polargebiet
Antarktis, Groenland
Polarinsel
Groenland
Polarleuchten
Nordlicht
Polarstern
Nordstern
Polartier
Blaufuchs
Polhöhe
Elevation
Poliermittel
Bimsstein

Polierschiefer
Kieselgur
politische Werbung
Agitation
politischer Heißsporn
Desperado
politischer Tagesschriftsteller
Publizist
polizeiliche Aktion
Festnahme
polnischer Adel
Schlachta
polnischer Marschall
Pilsudski
polnischer Nationaltanz
Krakowiak
polnischer Politiker
Jagielski, Pilsudski
polnischer Tanz
Polonaise
Popmusiktanzlokal
Diskothek
Portier
Pfoertner
Porträt
Konterfei
portugiesische Inselgruppe
Kapverden
portugiesischer Entdecker
Magalhäes
portugiesischer Königsname
Ferdinand
portugiesischer Schriftsteller
Fernandes
Pose
Federkiel
Possen
Lustspiel
Possenreißer
Hanswurst
Postadresse
Anschrift
postalischer Begriff
Frankatur
Postaufgeber
Adressant
Postbote
Zusteller
Postsendung
Anweisung, Paeckchen, Postkarte, Telegramm, Wertbrief, Wertpaket
Postulat
Forderung, Probezeit, Verlangen
Postwertzeichen
Freimarke
Potentat
Herrscher
prächtig
prunkvoll
prächtiges Grab
Mausoleum
Prachtstraße
Boulevard
Prädikat
Bewertung
Prager Burg
Hradschin
prähistorisches Werkzeug
Faustkeil
Prahlhans
Grossmaul, Renommist
Praktikant
Volontaer
Pralinen
Naschwerk
Prämie
Belohnung
Präposition
diesseits, innerhalb, unterhalb
Präsenz
Gegenwart
Präsident *der* **Bundesrepublik Deutschland**
Heinemann
prassen
schlemmen
Prasserei
Voellerei
Preis
Gegenwert
Preisauftrieb
Inflation
prekär
schwierig
Pressearbeitsplatz
Redaktion
preußische Provinz
Schlesien, Westfalen
preußischer Feldmarschall
Gneisenau
preußischer General
Gneisenau
preußischer Heerführer
Gneisenau
preußischer Schlachtenort
Auerstedt
preußischer Staatsmann
Achenbach, Hansemann, Ladenberg
Priester der Schiiten
Ajatollah, Ayatollah
Primärpublikation
Erstdruck
Prinzessin *von* **Monaco**
Stephanie
Prinzip
Grundsatz
Privatkasse
Schatulle
Privileg
Freibrief
Probe
Kontrolle
Problem
Geheimnis
Produktion
Erzeugung, Fertigung
Profit
Verdienst
Programmgestalter
Animateur
Projektionsapparat
Projektor
Promovierender
Doktorand
Propaganda
Agitation, Publicity
Prophet
Weissager
Prophet im Alten Testament
Malachias, Zephanias
Protest
Einspruch
Protestant
Calvinist, Hugenotte, Kalvinist
provenzalische Sprache
Languedoc
provenzalischer Tanz
Farandole, Olivettes
Provinz *in* **Spanien**
Tarragona
Prozedur
Verfahren
Prozess
Geschehen
Prozession
Pilgerzug, Wallfahrt
prüde
schamhaft
Prüfling
Doktorand
Prüfstein
Kriterium
Prüfung
Kontrolle
Prüfung *von* **Handelsgütern**
Warentest
Prügelstrafe
Bastonade
Prunk
Gepraenge
Prunksarg
Sarkophag

prunkvoll
luxurioes, praechtig
prunkvolle Mahlzeit
Festessen
prunkvolles Grabmal
Mausoleum
Publikum
Fernseher, Zuschauer
Publizist
Redakteur
pulverförmiger Holzabfall
Saegemehl
Pulverladung in Metall-hülsen
Kartusche
Punktgleichheit
Ausgleich
Purgatorium
Fegefeuer
Pute
Truthenne
Putsch
Rebellion
Putzmacherin
Midinette
Putzsucht
Eitelkeit
Pyrenäenberg
Maladetta, Mont Perdu, Vignemale
Pyrenäenpass
Tourmalet

Q

Quackelbeere
Wacholder
Quadrofonie (Quadro-phonie)
Raumklang
Qual
Martyrium, Peinigung
quälender Gedanke
Gruebelei
qualifiziert
befaehigt
Quarte
Intervall
Quarzart
Tigerauge
Quellfluss *des* **Nil**
Blauer Nil
Querbalken
Architrav
Querfeldeinmotorrad-rennen
Motocross
Querlinie
Diagonale
Quetschung
Kontusion
Quintessenz
Inbegriff, Kernpunkt
Quizaufgabe
Ratespiel

R

Rachegöttin
Tisiphone
Rachenblütler
Braunwurz, Fingerhut, Leinkraut
Rackenvogel
Wiedehopf
Radabstand
Spurweite
radikal
fanatisch
radikale Jugendgruppie-rung
Skinheads
radioaktiver Abfall
Atommuell
radioaktives Element
Neptunium, Plutonium
Radiodarbietung
Hoerspiel
Raffgier
Raffsucht
Rahmbonbon
Karamelle
Rahmenteil des Motorrads
Fussraste
Rampe
Plattform
Rang
Bedeutung
Rangbezeichnung
Praedikat
Ränkeschmied
Intrigant
Ranzen
Felleisen, Tornister
rasant
schneidig
rasch
geschwind
rasend
fanatisch
rasender Krieger
Berserker
Rasensprenger
Sprinkler
Rassehund
Bulldogge
Rassenhass
Rassismus
Rassentrennung
Apartheid
rassig
schnittig
raten
empfehlen
Ratgeber
Leitfaden, Vademekum
ratsam
nuetzlich
Rätselart
Kreuzwort, Palindrom
Raub
Diebstahl
Räuberhauptmann und Sagenheld in Altengland
Robin Hood
Raubtier
Frettchen, Vielfrass, Wild-katze
Raubwild
Frettchen
Räucherfisch
Bueckling
Räuchermittel
Weihrauch
Raucherutensil
Feuerzeug
Rauchkrautbehälter
Tabaksdose
Raufbold
Schlaeger
Rauferei
Pruegelei
Raum
Universum
Raum *für den* **Geistlichen**
Sakristei
Raumbegrenzung
Fussboden
Raumbegriff
Abmessung, Dimension
Raumfahrer
Astronaut, Kosmonaut
Raumfahrtbegriff
Astronaut, Count-down, Koppelung, Kosmonaut, Raumanzug, Raumsonde, Treibsatz, Wasserung
Raumfahrtzentrum
Kosmodrom
Raummaß
Festmeter, Raummeter
Raummaß *für* **Langholz**
Festmeter
Raummaß *für* **Schnittholz**
Festmeter
Raumsonde
Mondsonde
raunen
fluestern
Rebell
Insurgent
Rebensaft aus grünen Trauben
Weisswein

Rebensorte
Burgunder, Huxelrebe, Rulaender, Scheurebe, Veltliner
Rechenergebnis
Differenz
Rechnungsamt
Finanzhof, Kaemmerei
Recht
Erlaubnis, Vollmacht, Zulassung
Rechte eines Schutzherrn
Patronate
Rechthaber
Trotzkopf
Rechtsanwalt
Justitiar, Justiziar
Rechtsnorm zum Schutz geistigen Eigentums
Copyright
Rechtsprechung
Judikatur
Rechtsstreit
Verfahren
rechtswidrig
illegitim, unerlaubt, untersagt
rechtswidrige Aneignung
Diebstahl

rechtwinklig
senkrecht
Rede
Ansprache
Rede vor Gericht
Plaedoyer
Redeschwall
Redefluss
redselig
leutselig
Referent
Dezernent, Gutachter
Reformer
Erneuerer
rege
umtriebig
regelrecht
kanonisch
Regelumkehrung beim Tanz
Damenwahl
Regenabfluss am Haus
Dachrinne
Regenkleidung, Regenschutz
Parapluie, Windjacke
Regenschirm
Parapluie
Regent
Herrscher, Oberhaupt
Regierung
Staatsrat
Regierungsfeier
Staatsakt
Regler
Regulator
reich
beguetert, bemittelt
Reich *der* Toten
Unterwelt
Reichsritter
Sickingen
Reifezeit
Pubertaet
Reifrock
Krinoline
Reimschmied
Poetaster
rein zahlenmäßig
numerisch
Reinigung
Katharsis, Purgation
Reinigungsmittel
Terpentin
reinster Zucker
Raffinade
Reiseausweis
Reisepass
Reisender
Passagier, Vertreter
Reisewesen
Tourismus, Touristik
Reitbahn
Hippodrom
Reiterabteilung
Schwadron
Reiterfahne
Standarte
Reiterzug
Kavalkade
Reitfigur der hohen Schule
Pirouette
Reiz
Anziehung
reizbar
irritabel
Reizker
Gruenling
reizlos
eintoenig
Reizmittel
Stimulans
Reizung
Affektion
reizvoll
anziehend, attraktiv, besonders
Reklamation
Einspruch
Rekurs
Einspruch
Relation
Beziehung
relevant
bedeutsam
Religion
Jainismus
Religionsstifter
Konfuzius, Kungfutse, Siddharta, Zoroaster
Religionswissenschaft
Theologie
religiöses Vergehen
Todsuende
Reliquienschrein
Reliquiar
Rembrandts Frau
Hendrikje
Reproduktion
Nachdruck
Reptilart
Alligator, Puffotter, Sandviper, Schleiche
Reserve
Ruecklage
Residenz *in* Paris
Tuilerien
Resistenz
Gegenwehr
resolut
energisch
Respekt
Ehrfurcht
Ressentiment
Abneigung, Vorurteil
Rettung
Befreiung, Erloesung
Rettungsgerät in der Schifffahrt (Schiffahrt)
Hosenboje
Rezitation
Vorlesung
Rheinhafen
Dordrecht, Karlsruhe
Richtlinie
Direktive, Leitfaden
Richtung
Direktion
Richtungsanzeiger
Wegweiser
Riechstoff
Duftstoff
Ried
Roehricht
riesenhaft
titanisch
Rindslendenstück
Beefsteak, Rumpsteak
Ringelblume
Calendula
Ringelwurm
Regenwurm
Ringerausbildungsstätte in der Antike
Palaestra

Rippenstück
Entrecote, Karbonade, Schnitzel
risikofreudiger Geschäftsmann
Spekulant
Ritter
Chevalier
Ritual
Zeremonie
Rodel
Schlitten
Rohholzbearbeitungsbetrieb
Saegewerk
Röhrennudeln
Makkaroni
Rohstoff
Werkstoff
Rohstoff für Lakritz
Suessholz
Rohstoff für Textilien
Baumwolle
Rolands Schwert
Durendart
Rollbahn
Landebahn, Startbahn
Rollenfach
Bonvivant, Liebhaber
Roman von Cronin
Zitadelle
Roman von Frisch
Homo Faber
Roman von Kerouac
Unterwegs
Roman von Mark Twain
Tom Sawyer
Romanschreiber
Romancier
römische Kaiserin
Agrippina
römischer Hügel
Janiculus
römischer Kaiser
Vespasian
römischer Kaisertitel
Imperator
römischer Rebell
Spartakus
römischer Staatsmann
Fabricius
römisches Bauwerk
Kolosseum
Rosenart
Essigrose, Hundsrose
Rosinenart
Sultanine
Rostbraten
Roastbeef
rote Färbung des Himmels
Morgenrot
Rotwein mit Gewürzen
Gluehwein

Rübenart
Gelbruebe, Mohrruebe
Rückenteil
Rueckgrat
Rückenteil des Pferdes
Widerrist
Rückfahrt
Heimreise
Rückfall
Atavismus
Rückgang
Rezession
Rücklage
Ersparnis
rückläufig
regressiv
Rucksack
Tornister
Rückstoßflugzeug
Duesenjet
Rückstrahler
Reflektor
Rückstrahlung
Reflexion
Rücktritt
Abdankung, Demission
rückwirkend
regressiv
Ruhemöbel
Liegesofa
Ruhmsucht
Prahlerei
rührselig
larmoyant
rumänische Königin
Elisabeth
rumänische Landschaft
Gheorghiu
rumänischer König
Ferdinand
rumänischer Politiker
Ceausescu, Dimitroff
Rummel
Jahrmarkt
Runde
Spielzeit, Umdrehung
rundfunktechnischer Begriff
Kurzwelle, Langwelle, Mikrophon, Mischpult, Senderaum, Sendezeit
Rune
Buchstabe
russische Kaiserin
Katharina
russische Zarin
Elisabeth, Katharina
russischer Fürst
Demetrius
russischer Komponist
Balakirew

russischer Kosmonaut
Beregowoi, Feokistow, Jelisajew, Nikolajew, Schatalow
russischer Maler
Jawkensky, Kandinsky
russischer Mediziner
Bechterew
russischer Nobelpreisträger für Literatur
Pasternak
russischer Nobelpreisträger für Physik
Prochorow
russischer Politiker
Breschnew, Plechanow
russischer Revolutionär
Kropotkin
russischer Schachspieler
Bronstein
russischer Schachweltmeister
Botwinnik, Petrosian
russischer Schriftsteller
Ehrenburg, Lermontow, Nekrassow, Pasternak, Plechanow, Tschechow, Turgenjew
russischer See
Baikalsee, Kunduksee, Ladogasee, Tengissee
russischer Tänzer
Nijinskij
russischer Techniker
Iljuschin
russischer Zarenname
Alexander
russisches Musikinstrument
Balalaika
russisches Saiteninstrument
Balalaika
rutschig
glitschig

S

Saalbau
Festhalle
Sabbat
Sonnabend
Sachbereich
Disziplin
sachkundig
kompetent
Sachlage
Situation
sachlich
nuechtern
Sachsenherzog
Wittekind

Sachverständigengutachten
Expertise
Sachverständiger
Gutachter
Sackpfeife
Dudelsack
saftig
sukkulent
Sägeabfall
Saegemehl
sagenhaft
legendaer
sagenhafte assyrische Königin
Semiramis
sagenhafter Erfinder des Bieres
Gambrinus
sagenhafter König von Mykene
Agamemnon
sagenhafter König von Zypern
Pygmalion
Sahnebonbon
Karamelle
Saison
Hauptzeit, Reisezeit
Saiteninstrument
Balalaika, Hackbrett, Mandoline, Oktachord, Zupfgeige
sakrale Handlung
Sakrament
Sakrament
Abendmahl
Salatpflanze
Feldsalat, Kopfsalat, Schikoree
Salbader
Schwafler
Salzsee in Palästina
Totes Meer
Sammelbecken
Reservoir
Sammelwerk
Thesaurus
Sammlung
Besinnung, Sortiment
Sammlung getrockneter Pflanzen
Herbarium
Samstag
Sonnabend
Sandsturm
Karaburan
Sänger *im* **Mittelalter**
Spielmann
sanitäre Einrichtung
Badewanne
Satan
Beelzebub
Satellit
Begleiter
Sattler
Polsterer, Taeschner
Satyr
Luestling, Waldgeist
Satz
Ausspruch
Satzaussage
Praedikat
Satzbruch
Anakoluth
Satzteil
Praedikat
Satzzeichen
Apostroph, Beistrich, Semikolon
Säuberung
Reinigung
Sauerklee
Hasenkohl
Säugetierart, Säugetiergattung
Elefanten, Halbaffen, Nagetiere, Paarhufer, Paarzeher, Raubtiere
Saugwurm
Leberegel
Säulengang
Kolonnade
Säulenhalle
Gloriette
SB-Restaurant
Cafeteria
Schabefleisch
Gehacktes
Schachausdruck
en passant
Schachweltmeister
Anderssen, Botwinnik, Petrosjan
Schädelknochen
Nasenbein, Stirnbein
Schaden am Autorad
Plattfuss
Schadenversicherung
Teilkasko, Vollkasko
schädliches Insekt
Maikaefer
Schädling *im* **Garten**
Wuehlmaus
Schäferspiel
Pastorale
Schäkerei
Taendelei
Schalenfrucht
Haselnuss, Kokosnuss
Schall
Geraeusch, Widerhall
Schallplattensammlung
Diskothek
Schallsignalgerät
Nebelhorn
Schallumwandler
Mikrophon
Schänke (Schenke)
Wirtshaus
Schankraum
Gaststube
Scharfsinn
Intellekt, Koepfchen
Schatz
Geliebter, Vermoegen
Schatzkästlein
Schatulle
Schau lebender Tiere
Menagerie
Schauder
Entsetzen
Schaukämpfer
Gladiator
Schauspiel von Hofmannsthal
Jedermann
Schauspiel von Schiller
Don Carlos
Schauspiel von Shaw
Pygmalion
Scheiding
September
scheinbar
angeblich, imaginaer
Scheinfrucht der Rose
Hagebutte
Scheinwissen
Sophistik
Schelm
Spitzbube
Schema
Schablone
scherzhaftes Musikstück
Capriccio
Scherzwort für Binnenländer
Landratte
Scherzwort für Bücherfreund
Leseratte
Scheuerlappen
Aufnehmer
Scheusal
Ungeheuer
Schicksal
Schickung, Vorsehung
schiebende Menschen
Gedraenge
Schienenabstand
Spurweite
Schienentransportmittel
Eisenbahn
Schiff *mit einem* **Mast**
Einmaster
Schiffbruch
Strandung, Untergang

Schifferklavier
Akkordeon, Harmonika
Schiffsführer
Faehrmann
Schiffsmannschaft
Besatzung
Schiffsreisender
Passagier
Schiffsschraube
Propeller
Schiffssignalgerät
Nebelhorn
Schiffsverband
Flottille, Geleitzug
Schiffswinde
Gangspill
Schildbürger der Antike
Abderiten
Schildkröteninseln
Galapagos
Schilf
Roehricht, Teichrohr
schillerndes Gewebe
Changeant
Schindmähre
Rosinante
Schirm
Parapluie
Schirmdach
Baldachin
Schirmherr
Protektor
Schlachter
Fleischer
Schlaf
Schlummer
Schlafbekleidung
Nachthemd
schlafwandelnd
somnambul
Schlaganfall
Apoplexie
Schlagart *beim* **Tennis**
Rueckhand
Schlagerfestival
Hitparade
Schlagholz
Schlaegel
Schlangenart, Schlangengattung
Hornviper, Mussurana, Puffotter, Sandviper
Schlauberger
Pfiffikus
schlecht
miserabel, verdorben
schlechte Schrift
Gekritzel
schlechte Wohnung
Behausung
Schlechtes
Missstand
schlechtes Wetter
Sauwetter
Schleichhandel
Schmuggel
Schleichkatze
Ichneumon
Schleifmittel
Schmirgel
Schlendrian
Lebensart
schlesischer Berggeist
Ruebezahl
Schließer
Pfoertner
schließlich
letztlich
Schlitten
Bobsleigh
Schlittschuhsport
Eishockey
Schloss *in* **Bayern**
Linderhof
Schloss *bei* **Ettal**
Linderhof
Schloss *in* **Paris**
Tuilerien
Schloss *in* **Potsdam**
Sanssouci
Schloss *in* **Salzburg**
Klessheim
Schloss *in* **Schweden**
Gripsholm
Schloss *bei* **Stuttgart**
Solituede
Schloss *in* **Wien**
Belvedere
Schlossberg von Prag
Hradschin
Schlossvogt
Kastellan
Schlüpfer
Unterhose
schlüpfrig
anruechig
Schmarotzer
Schnorrer
Schmeichelei
Flatterie
schmeichelnde Betörung
Umgarnung
Schmeichler
Kalfaktor
schmerzhafte Erkrankung
Arthritis
Schmerznachlassen
Linderung
Schmetterlingsart
Postillon, Tagfalter, Totenkopf, Weissling
Schmetterlingsblütler
Goldregen
Schmiedegerät
Blasebalg
schmieren
einfetten
Schmu
Schwindel
schmückend
dekorativ
schmückende Federn
Aigretten
Schmuckkasten
Schatulle
Schmuckmaterial
Bernstein, Edelstein, Elfenbein
Schmuckstein
Aquamarin, Bernstein, Cordierit, Tigerauge
Schmuckstück
Anhaenger, Armspange, Halskette, Medaillon
Schmuckstück bei Naturvölkern
Nasenring
Schmuckteil
Edelstein
schmuddelig
schmierig, schmutzig
Schmutzteilchen
Staubkorn
Schnalle
Schliesse
Schnapsfabrik
Brennerei
Schneefahrzeug
Schlitten
Schneeform
Altschnee, Neuschnee
Schneeschmelze
Tauwetter
Schneider
Couturier
schneidig
schmissig
Schnepfenvogel
Bekassine
Schnitzer
Missgriff
Schnitzmaterial
Elfenbein
schnurrig
originell
Schnürsenkel
Schuhband
Schöngeist
Belesprit
Schönheitsgöttin
Aphrodite
Schönheitslehre
Aesthetik
Schönheitspflege
Manikuere
Schöpfer
Initiator

Schöpfung
Universum
Schornstein
Rauchfang
schottische Hauptstadt
Edinburgh
schottisches Musikinstrument
Dudelsack
Schräglinie
Diagonale
Schreckgestalt
Ungeheuer
Schreiber
Kontorist, Sekretaer
Schreibgerät
Bleistift
Schreibmaterial
Pergament
Schreibschrank
Sekretaer
Schreibtafel der Antike
Diptychon
Schreibutensilienbehälter
Maeppchen
Schreinerwerkzeug
Putzhobel
Schriftführer
Schreiber
Schriftleiter
Redakteur
Schriftrepro
Faksimile
Schriftrolle
Pergament
Schriftsetzer
Typograph
Schriftstück
Schreiben
Schrifttum
Literatur
Schriftzeichen
Buchstabe
schrilles Schreien
Gekreisch
Schrittmacher
Vordenker
schroffe Küste
Steilufer
schrottreifes Auto
Rostlaube
Schuhmaterial
Wildleder
Schuhteil
Oberleder
Schuldentilgung
Abzahlung
Schuldner
Debitoren
Schüler
Anhaenger, Pennaeler
Schulfach
Geografie, Sachkunde
Schulmeister
Paedagoge
Schulnote
Praedikat
Schulranzen
Tornister
Schultasche
Tornister
Schulterstück
Epaulette
Schulveranstaltung
Exkursion, Schulfest
schusslig
zerfahren, zerstreut
Schutzfärbung
Tarnfarbe
Schutzgebiet
Bannmeile
Schutzheilige *der* **Mädchen**
Katharina, Margareta
Schutzherrschaft
Patronage
Schutzraum
Kasematte
Schwank
Lustspiel
schwankend
unsicher
Schwarte
Schmoeker
Schwarzkünstler
Alchemist, Alchimist
Schwarzseher
Defaetist, Pessimist
schwedische Autorin
Lagerloef
schwedische Königin
Christine
schwedische Landschaft
Goetaland, Vaermland
schwedische Schriftstellerin
Lagerloef
schwedischer Berg
Areskutan
schwedischer Chemiker
Arrhenius, Atterberg, Berzelius
schwedischer Königsname
Christian
schwedischer Nobelpreisträger für Chemie
Arrhenius
schwedischer Nobelpreisträger für Frieden
Arnoldson
schwedischer Nobelpreisträger für Literatur
Karlfeldt, Lagerloef, Martinson
Schweiz
Helvetien
schweizerische Kantonshauptstadt
Appenzell, Neuchâtel, Neuenburg, Solothurn
schweizerischer Berg
Monte Rosa
schweizerischer Humanist
Frischlin
schweizerischer Kanton
Appenzell, Neuenburg, Nidwalden, Solothurn
schweizerischer Luftkurort
Adelboden
schweizerischer Mathematiker
Bernoulli
schweizerischer Nobelpreisträger für Literatur
Spitteler
schweizerischer Physiker
Bernoulli
schweizerischer Wintersportort
Andermatt
schwer
schwierig
schwerer Wasserstoff
Deuterium
schweres Nervenleiden
Veitstanz
schwerreicher Mann
Plutokrat
Schwertlilie
Schwertel
Schwester *der* **Burgunderkönige**
Kriemhild
Schwester *der* **Elektra**
Iphigenie
Schwester *des* **Hektor**
Kassandra
Schwester *des* **Orest**
Iphigenie
Schwester *des* **Paris**
Kassandra
Schwimmart
Butterfly
Schwimmkleidung der Damen
Badeanzug
Schwingung
Vibration
Schwingungsweite
Amplitude
schwüler Wind in Italien
Schirokko
Schwund
Abnutzung
schwungvoll
dynamisch

9

Schwur
Geloebnis
sechsstrahliger Stern
Hexagramm
sechster Sinn
Spuernase
Sedimentgestein
Kalkstein, Sandstein
See *in* **Österreich**
Fuschlsee, Grundlsee, Hintersee, Zeller See
See *in* **Russland**
Baikalsee, Kunduksee, Ladogasee, Tengissee
See *im* **Schwarzwald**
Mummelsee
See *in* **Schweden**
Maelarsee, Siljansee, Vaenersee
See *in der* **Schweiz**
Bieler See, Genfer See, Langensee, Murtensee, Sarner See, Thuner See
Seebad *in* **Pommern**
Zinnowitz
Seelenwärmer
Wolljacke
seelisch
psychisch
seemännisch für Tau zum Festmachen
Fangleine
Seeräuberei
Piraterie
Seerose
Teichrose
Segelart
Bramsegel, Focksegel, Spinnaker
Segelbootstyp
Katamaran
Segelstange
Besanbaum, Bugspriet
Segment
Abschnitt
Seher
Weissager
Seherin der griechischen Sage
Kassandra
Seherin in Troja
Kassandra
Sehnsucht
Nostalgie, Verlangen
sehnsuchtsvolle Erinnerung
Nostalgie
sehr große Längeneinheit
Lichtjahr
Seinslehre
Ontologie
Seitensprünge (Reiten)
Eskapaden
Seitenverhältnis im Dreieck
Cotangens, Kotangens
Sektion
Abteilung, Obduktion
Selbstbedienungsrestaurant
Cafeteria
Selbstbeherrschung
Disziplin
selbstständig (selbständig)
souveraen
Selbstverteidigung als Sport
Taekwondo
Selbstverwaltung
Autonomie
seltene Briefmarke
Mauritius
seltene Erde
Praseodym, Ytterbium
seltsam
sonderbar, wunderbar
Sendschreiben
Enzyklika
Senior
Aeltester
Senkblei
Richtblei
Sentenz
Ausspruch
separat
gesondert
September
Scheiding
seriös
ernsthaft
Serum
Impfstoff
Servierer im Nachtlokal
Barkeeper
Serviererin
Bedienung
Sessel
Lehnstuhl
Sexualforschung
Sexologie
sexy
attraktiv
Shaker
Mixbecher
Shakespeares Geburtsort
Stratford
Showtänzerin
Revuegirl
sibirischer Volksstamm
Burjaeten, Jukagiren, Samojeden
Siebenschläfer
Bilchmaus
Siechtum
Krankheit
Siegelstempel
Petschaft
Siegfrieds Frau
Kriemhild
Siegfrieds Mutter
Sieglinde
Signaleinrichtung
Nebelhorn
Signatur
Namenszug
Silberpapier
Zinnfolie
Silvesterfreude
Feuerwerk
Sinfonie von Beethoven
Pastorale
Sinfonie von Schubert
Tragische
Singvogel
Goldammer
Sinnbild
Allegorie, Gleichnis
Sinnbild *des* **Christentums**
Charakter
Sinnesart
Gesinnung
Sinngehalt
Bedeutung
sinnlos
unlogisch
Sippenstrafe
Blutrache
Sitte
Tradition
Situs
Kindslage
Sitz *im* **Theater**
Sperrsitz
Sitzung
Konferenz
Sitzungsbericht
Protokoll
Skala
Tonleiter
Skandal
Aergernis
Skandinavier
Islaender
skandinavische Meerenge
Kattegatt
skandinavischer Meeresarm der Nordsee
Skagerrak
skandinavischer Staat
Daenemark
skandinavisches Königreich
Daenemark
Skeleton
Schlitten

Skepsis
Vorbehalt
Skizze
Zeichnung
Sklavenführer in Rom
Spartakus
Skriptum
Schreiben
Skrotum
Hodensack
Slawenapostel
Methodius
Sockel
Piedestal, Postament
Sohn von Jupiter
Mercurius
Sohn von Parsifal, Parzival
Lohengrin
Sohn von Siegmund
Siegfried
Söhne des Zeus
Dioskuren
Soldat
Legionaer, Schweizer
Söldner
Legionaer
Söldnertruppe
Freikorps
Sonderdruck
Separatum
Sonderform
Variation
Sorge
Betreuung
sorglos
unbedacht, unbesorgt
Soße
Remoulade
Soubrette
Saengerin
Souper
Nachtmahl
sozialdemokratischer Politiker
Luxemburg, Schroeder
Sozius
Kompagnon, Teilhaber
Spagat
Bindfaden
Spagetti
Teigwaren
Spalteneinsteller
Tabulator
Span
Schnitzel
Spange
Schliesse
spanisch für Tintenfisch
calamares
spanische Halbinsel an der Südspitze
Gibraltar
spanische Insel
Teneriffa
spanische Landschaft
Aragonien, Kastilien
spanische Provinz
Barcelona, Castellon, Guipuzcoa, Las Palmas, Salamanca, Santander, Tarragona
spanischer Bevölkerungsteil
Aragonier, Kastilier, Katalanen
spanischer Bildhauer
Moratillo, Valdevira
spanischer Herrschername
Ferdinand
spanischer Maler
Navarrete, Velasquez
spanischer Nobelpreisträger für Literatur
Benavente, Echegaray
spanischer Prinz
Don Carlos
spanischer Schriftsteller
Benavente, Cervantes, Echegaray
spanischer Tanz
Esmeralda, Sarabande
spanisches Gebirge
Pyrenaeen
spanisches Hochland
Kastilien
spanisches Kap
Trafalgar
spanisches Saiteninstrument
Bandurria
Spanne
Differenz
Spannung
Erwartung
Spannungsmesser
Voltmeter
Spargel
Asparagus
Spargeld
Ruecklage
spärlich
schuetter
Sparte
Abteilung, Disziplin
Spaßvogel
Hanswurst
Specht
Wendehals
speckig
schmutzig
Speicher
Dachboden
Speisefett
Kokosfett, Margarine
Speisefisch
Steinbutt, Thunfisch
Speisegang
Vorspeise
Speisegewürz
Koriander, Weinessig
Spektrum
Farbfolge
Spelunke
Kaschemme
Sperrfrist
Wartezeit
Sperrzeit bei der Jagd
Schonzeit
Spezialgebiet
Disziplin
speziell
besonders
Spiegelung
Reflexion
Spieler
Hasardeur
Spieler eines Saiteninstruments
Gitarrist
Spielgerät
Schlaeger
Spielzeug
Baukasten, Bausteine, Eisenbahn, Stofftier, Teddybaer
Spieß
Partisane
Spießer
Philister
Spinnmaschine
Selfaktor
Spiritist
Okkultist
Spiritus
Weingeist
Spitzbube
Betrueger
Spitzenkönner
Koryphaee
Spökenkieker
Spiritist
Sponsor
Finanzier, Geldgeber
Sportanlage
Fechtbahn, Flugplatz, Hallenbad, Kegelbahn, Reithalle, Rennplatz, Spielfeld, Turnhalle
Sportanlage in Gaststätten
Kegelbahn

Sportart
Badminton, Bobfahren, Eishockey, Eislaufen, Faustball, Gymnastik, Prellball, Radfahren, Schiessen, Schwimmen, Segelflug, Skilaufen, Speerwurf, Zehnkampf
Sportauto
Rennwagen
Sportfest
Olympiade
Sportgerät
Angelrute, Bobsleigh, Faustball, Federball, Prellball, Rollschuh, Rugbyball, Schlaeger, Schlitten, Seitpferd, Trampolin
sportlicher Wettkampf
Mehrkampf, Olympiade
Sportplatzbeleuchtung
Flutlicht
Sportschlitten
Bobsleigh
Sportsegelboot
Katamaran
Sportveranstaltung
Olympiade, Wettkampf
Spott
Sarkasmus
Spottbild
Karikatur
spöttisch
hoehnisch, satirisch
spöttischer Kritiker
Satiriker
Sprache
Flaemisch, Ungarisch
Spracherzieher
Logopaede
Sprachforscher
Philologe
sprachwissenschaftliches Teilgebiet
Grammatik
Sprechbehinderter
Stotterer
Sprecher
Moderator
Sprechgesang
Rezitativ
Spreizsprung
Graetsche
Sprengkörper mit Uhrzünder
Zeitbombe
Sprengschlag
Explosion
Spritze
Injektion
Spritztour
Abstecher
spröde
engherzig
Spross
Nachkomme
Sprosse
Hautfleck
Spruchband *auf* **Gemälden**
Banderole
Staat *der* **Apenninenhalbinsel**
San Marino
Staat *der* **Balkanhalbinsel**
Bulgarien, Rumaenien
Staat *in* **Mittelamerika**
Costa Rica, Guatemala, Nicaragua
Staat *in* **Mitteleuropa**
Luxemburg
Staat *im* **Nahen und Mittleren Osten**
Jordanien
Staat *in* **Nordeuropa**
Daenemark
Staat *in* **Ostafrika**
Mauritius
Staat *in* **Ostasien**
Nordkorea, Suedkorea
Staat *in* **Südafrika**
Rhodesien
Staat *in* **Südamerika**
Brasilien, Kolumbien, Venezuela
Staat *in* **Südeuropa**
San Marino
Staat *in* **Südostasien**
Malediven
Staat *in* **Südosteuropa**
Bulgarien, Rumaenien
Staat *in* **Zentralamerika**
Guatemala
staatliche Vollziehungsgewalt
Exekutive
Staatsform
Monarchie
Staatsführung
Regierung
Staatsmann
Politiker
Staatsorgan
Regierung
Staatsteil außerhalb der Grenzen
Besitzung
stabil
dauerhaft, standfest
Stadion
Hippodrom
Stadium
Abschnitt
Stadt, Gemeinde *an der* **Aare**
Solothurn
Stadt, Gemeinde *an der* **Adria**
Dubrovnik
Stadt, Gemeinde *in* **Afrika**
Dschibuti, Gaberones, Granville, Jamestown, Kimberley, Salisbury
Stadt, Gemeinde *in* **Ägypten**
El Alamein
Stadt, Gemeinde *im* **Allgäu**
Sonthofen
Stadt, Gemeinde *in* **Amerika**
Anchorage, Annapolis, Baltimore, Cambridge, Cleveland, Davenport, Des Moines, Fort Worth, Guayaquil, Hollywood, Knoxville, Lakehurst, Lancaster, Lexington, Long Beach, Mansfield, Milwaukee, Nashville, Palm Beach, Princeton, Rochester, Vancouver
Stadt, Gemeinde *in* **Argentinien**
Santa Cruz
Stadt, Gemeinde *in* **Asien**
Ahmedabad, Allahabad, Antiochia, Hiroshima, Jerusalem, Karatschi, Phnom Penh, Samarkand, Schanghai, Singapore, Taschkent, Trapezunt, Tschengtu, Ulan Bator
Stadt, Gemeinde *in* **Assyrien**
Dur Sargon
Stadt, Gemeinde *in* **Australien und Ozeanien**
Esperance, Fremantle, Geraldton, Granville, Longreach, Melbourne
Stadt, Gemeinde *in* **Baden-Württemberg**
Besigheim, Duerrheim, Eislingen, Ellwangen, Esslingen, Ettlingen, Heilbronn, Karlsruhe, Maulbronn, Meersburg, Oehringen, Offenburg, Pforzheim, Stuttgart, Tuebingen, Vaihingen, Villingen, Weinsberg

Stadt, Gemeinde *in* **Bayern**
Dillingen, Forchheim, Gemuenden, Griesbach, Guenzburg, Karlstadt, Kissingen, Kitzingen, Koetzting, Landsberg, Memmingen, Nuernberg, Obernburg, Plattling, Rosenberg, Rosenheim, Schwabach, Sonthofen, Starnberg, Straubing, Trostberg, Vilshofen, Wegscheid, Wertingen, Wolfstein, Wuerzburg, Wunsiedel
Stadt, Gemeinde *in* **Belgien**
Antwerpen, Charleroi, Roeselare
Stadt, Gemeinde *im* **Bergischen Land**
Remscheid, Wuppertal
Stadt, Gemeinde *am* **Bodensee**
Meersburg, Rorschach
Stadt, Gemeinde *in* **Brandenburg**
Frankfurt, Jueterbog, Neuruppin, Perleberg
Stadt, Gemeinde *in* **Brasilien**
Rio Grande
Stadt, Gemeinde *in* **China**
Kintschou, Ninghsien, Schanghai, Suetschau, Tschengtu, Urumtschi, Wutschang
Stadt, Gemeinde *in* **Dalmatien**
Dubrovnik
Stadt, Gemeinde *in* **Dänemark**
Hirtshals, Nykoebing, Svendborg
Stadt, Gemeinde *am* **Don**
Woronesch
Stadt, Gemeinde *an der* **Donau**
Dillingen, Guenzburg, Pressburg, Straubing, Vilshofen
Stadt, Gemeinde *an der* **Elbe**
Lauenburg, Magdeburg
Stadt, Gemeinde *an der* **Ems**
Emsdetten, Warendorf
Stadt, Gemeinde *in* **England**
Blackburn, Blackpool, Cambridge, Greenwich, Lancaster, Leicester, Liverpool, Newcastle, Rochester, Salisbury, Sheffield, Southport, Stratford, Tottenham, Worcester
Stadt, Gemeinde *in* **Frankreich**
Angoulème, Cherbourg, Dunkerque, Lunéville, Marseille, Montluçon, Périgueux, Perpignan, Rochefort, Saint Malo, Tourcoing
Stadt, Gemeinde *auf* **Fünen**
Svendborg
Stadt, Gemeinde *am* **Ganges**
Allahabad
Stadt, Gemeinde *auf* **Gran Canaria**
Las Palmas
Stadt, Gemeinde *in* **Griechenland**
Epidaurus, Heraklion
Stadt, Gemeinde *bei* **Halle an der Saale**
Merseburg
Stadt, Gemeinde *am/im* **Harz**
Braunlage
Stadt, Gemeinde *in* **Hessen**
Allendorf, Bad Vilbel, Darmstadt, Frankfurt, Friedberg, Melsungen, Oberursel, Offenbach, Viernheim, Wiesbaden
Stadt, Gemeinde *in* **Indien**
Allahabad
Stadt, Gemeinde *in* **Indonesien**
Palembang
Stadt, Gemeinde *am* **Inn**
Innsbruck, Rosenheim
Stadt, Gemeinde *an der* **Isar**
Plattling
Stadt, Gemeinde *in* **Israel**
Jerusalem
Stadt, Gemeinde *in* **Italien**
Agrigento
Stadt, Gemeinde *in* **Japan**
Hiroshima
Stadt, Gemeinde *in* **Kanada**
Vancouver
Stadt, Gemeinde *auf den* **Kanarischen Inseln**
Las Palmas
Stadt, Gemeinde *am* **Kaspischen Meer**
Astrachan
Stadt, Gemeinde *auf* **Kreta**
Heraklion
Stadt, Gemeinde *in* **Laos**
Vientiane
Stadt, Gemeinde *am* **Lech**
Landsberg
Stadt, Gemeinde *in der* **Lüneburger Heide**
Lueneburg
Stadt, Gemeinde *in* **Luxemburg**
Dudelange, Luxemburg
Stadt, Gemeinde *am* **Main**
Frankfurt, Kitzingen, Offenbach, Wuerzburg
Stadt, Gemeinde *in* **Mecklenburg-Vorpommern**
Stralsund
Stadt, Gemeinde *am* **Michigansee**
Milwaukee
Stadt, Gemeinde *an der* **Mosel**
Beilstein, Zeltingen
Stadt, Gemeinde *an der* **Nahe**
Kreuznach
Stadt, Gemeinde *am* **Neckar**
Esslingen, Heilbronn, Stuttgart, Tuebingen
Stadt, Gemeinde *auf* **Neuseeland**
Lyttelton
Stadt, Gemeinde *in den* **Niederlanden**
Amsterdam, Dordrecht, Eindhoven, Groningen, Harlingen, Hilversum, Rotterdam, Zandvoort
Stadt, Gemeinde *in* **Niedersachsen**
Braunlage, Buxtehude, Helmstedt, Lueneburg, Oldenburg, Papenburg, Wolfsburg
Stadt, Gemeinde *in* **Nordrhein-Westfalen**
Attendorn, Bad Honnef, Berleburg, Bielefeld, Burscheid, Dinslaken, Godesberg, Hattingen, Lippstadt, Paderborn, Remscheid, Salzuflen, Schleiden, Troisdorf, Warendorf, Wuppertal

Stadt, Gemeinde *in* **Norwegen**
Drontheim, Stavanger, Trondheim
Stadt, Gemeinde *in* **Oberschlesien**
Kattowitz, Kreuzburg, Rosenberg
Stadt, Gemeinde *an der* **Oder**
Frankfurt
Stadt, Gemeinde *in* **Österreich**
Amstetten, Feldkirch, Gloggnitz, Hallstatt, Innsbruck, Mayrhofen
Stadt, Gemeinde *an der* **Ostsee**
Flensburg, Stockholm, Stralsund
Stadt, Gemeinde *in* **Pakistan**
Hyderabad, Islamabad, Karatschi
Stadt, Gemeinde *in* **Polen**
Kattowitz
Stadt, Gemeinde *am* **Rhein**
Andernach, Bacharach, Bad Honnef, Godesberg, Iffezheim, Ingelheim, Karlsruhe, Oberwesel, Oppenheim, Wiesbaden
Stadt, Gemeinde *in* **Rheinland-Pfalz**
Ahrweiler, Andernach, Edenkoben, Ingelheim, Kreuznach, Montabaur, Oppenheim, Pirmasens, Sankt Goar
Stadt, Gemeinde *an der* **Ruhr**
Hattingen
Stadt, Gemeinde *im* **Ruhrgebiet**
Hattingen
Stadt, Gemeinde *in* **Rumänien**
București, Constanța, Konstanza, Kronstadt
Stadt, Gemeinde *in* **Russland**
Astrachan, Krasnodar, Wolgograd, Woronesch
Stadt, Gemeinde *an der* **Saale**
Merseburg
Stadt, Gemeinde *an der* **Saar**
Dillingen, Saarlouis
Stadt, Gemeinde *im* **Saarland**
Dillingen, Dudweiler, Ottweiler, Saarlouis
Stadt, Gemeinde *in* **Sachsen-Anhalt**
Altenburg, Magdeburg, Merseburg, Salzwedel
Stadt, Gemeinde *im* **Sauerland**
Allendorf, Attendorn
Stadt, Gemeinde *in* **Schleswig-Holstein**
Flensburg, Lauenburg, Pinneberg, Ratzeburg, Rendsburg, Schleswig
Stadt, Gemeinde *in* **Schottland**
Edinburgh, Inverness, Kirkcaldy
Stadt, Gemeinde *am* **Schwarzen Meer**
Konstanza
Stadt, Gemeinde *im* **Schwarzwald**
Villingen, Waldkirch
Stadt, Gemeinde *in* **Schweden**
Goeteborg, Haparanda, Nykoebing, Stockholm
Stadt, Gemeinde *in der* **Schweiz**
Andermatt, Appenzell, Engelberg, Meiringen, Neuchâtel, Neuenburg, Rorschach, Solothurn
Stadt, Gemeinde *in der* **Slowakei**
Pressburg
Stadt, Gemeinde *in* **Spanien**
Algeciras, Barcelona, Cartagena, Castellón, Salamanca, Santander, Saragossa, Tarragona
Stadt, Gemeinde *in* **Südafrika**
Kimberley
Stadt, Gemeinde *im* **Sudan**
Port Sudan
Stadt, Gemeinde *im* **Taunus**
Friedberg, Oberursel
Stadt, Gemeinde *in* **Thüringen**
Eisenberg
Stadt, Gemeinde *am* **Thüringer Wald**
Sonneberg
Stadt, Gemeinde *in der* **Tschechischen Republik**
Marienbad, Pardubitz, Prossnitz
Stadt, Gemeinde *in* **Ungarn**
Kecskemét
Stadt, Gemeinde *in den* **USA**
Annapolis, Baltimore, Cleveland, Knoxville, Nashville, New Jersey, Pittsburg
Stadt, Gemeinde *in* **Usbekistan**
Samarkand, Taschkent
Stadt, Gemeinde *an der* **Warthe**
Landsberg
Stadt, Gemeinde *an der* **Weinstraße**
Edenkoben
Stadt, Gemeinde *an der* **Weser**
Nordenham
Stadt, Gemeinde *an der* **Wolga**
Astrachan
Stadt, Gemeinde *auf* **Zypern**
Famagusta
Stadtbezirk von Wien
Mariahilf, Simmering
Stadtburg *von* **Athen**
Akropolis
Stadtburg *von* **Prag**
Hradschin
städtisches Verkehrsmittel
Stadtbahn
Stadtrat
Magistrat
Stadtteil *von* **New York**
Manhattan
Stallhase
Kaninchen
Stammvater
Patriarch
ständig
andauernd, chronisch
ständige Unzufriedenheit
Noergelei
ständiger Besucher
Stammgast
ständiges Herummäkeln
Noergelei
Ständigkeit
Permanenz
Standleuchte
Stehlampe
Standwirbel beim Eislauf
Pirouette
Starlet
Sternchen
starr
unbeugsam

Statistin
Komparsin
statistische Darstellung
Schaubild
statthaft
gestattet, zulaessig
Statue
Standbild
Stauanlage
Talsperre
Stechmücke
Anopheles
steif
unbeugsam
Steigen der Geldmenge
Inflation
steinerner Prunksarg
Sarkophag
Steinkohle
Anthrazit
Steinmetz
Bildhauer
Steinobst
Mirabelle, Reneklode, Zwetschge
Steinzeitgerät
Faustkeil
Stelldichein
Tête-à-tête
Stellungnahme
Gutachten, Kommentar
Stellvertreter
Prokurist, Substitut
Stellvertreter *des* **Rektors**
Konrektor, Prorektor
Sterbeort Shakespeares
Stratford
Stereometrie
Raumlehre
steril
aseptisch
Sternbild
Aldebaran, Andromeda, Steinbock, Zwillinge
Sterndeuter
Astrologe
stets
andauernd, permanent
Steuerband
Banderole
Steuerbehörde
Finanzamt
stichhaltig
stringent
Stielbrille
Lorgnette
Stiftsherr
Kapitular
Stiftung
Fundation
Stil
Lebensart
still
friedlich
Stille
Silentium
Stillschweigen
Silentium
Stimmbezirk
Wahlkreis
Stimmungslage
Tiefpunkt
Stoffart
Baumwolle, Gabardine
Stoffdach
Baldachin
stofflich
materiell
Stoffzersetzung
Verwesung
störendes Geräusch
Geklapper
Stoßzahnmaterial
Elfenbein
Strafanstalt
Zuchthaus
strafbar
kriminell
Straftat
Totschlag
Strafzettel
Protokoll
Strahlenfacharzt
Radiologe
Strahlenflosser
Stichling
Strahlenrückwurf
Reflexion
Strahlung
Emanation, Radiation
Strahlungsmessgerät
Dosimeter, Zaehlrohr
Strapaze
Plackerei
Straßenkante
Bordstein
Straßensperre
Barrikade
Strauchfrucht
Brombeere, Hagebutte, Haselnuss
Streichinstrument
Bassgeige
Streifen *zu* **Steuerzwecken**
Banderole
Streifzug
Exkursion
streitbar
aggressiv
streiten
krakeelen
Streiterei
Zaenkerei
Streithammel
Querulant
Streitobjekt
Zankapfel
Strichelung
Schraffur
Strichpunkt
Semikolon
Strickbeutel
Pompadour
Strickmaterial
Baumwolle
Strickware
Trikotage
Strom erzeugender Fisch
Zitteraal
Stromabnehmer
Kollektor
Stromaustrittsstelle
Elektrode
Stromeintrittsstelle
Elektrode
Stromentnahmestelle
Steckdose
Stromerzeuger
Generator
Strommessgerät
Voltmeter
Strophe
Versreihe
Strumpfart
Soeckchen
Stuckarbeit
Stuckatur, Stukkatur
Studie
Vorarbeit
Studienfahrt
Exkursion
Studienveranstaltung
Praktikum, Vorlesung
Stufenfolge von Tönen
Tonleiter
stumm
sprachlos
stumme Mitspielerin
Komparsin
stummes Spiel
Pantomime
Stummfilmgag
Slapstick
Stümper
Dilettant
Sturheit
Eigensinn, Starrsinn
stürmisch
turbulent, ungestuem
Suada
Redefluss
subjektiv
einseitig
Sucht
Verlangen

südafrikanische Form der Rassentrennung
Apartheid
südafrikanischer Landesteil
Transvaal
Südamerikaner
Uruguayer
südamerikanischer Indianerstamm
Araukaner, Pueltsche
südamerikanischer Staat
Brasilien, Kolumbien, Venezuela
südamerikanischer Tanz
Bossanova
südamerikanisches Raubtier
Nasenbaer
sudanesische Hafenstadt
Port Sudan
Südeuropäer
Italiener, Jugoslawe
südfranzösische Großstadt
Marseille
südfranzösische Provinz
Languedoc
südfranzösisches Gebirge
Pyrenaeen
Südfrucht
Apfelsine, Mandarine
südlichster Teil Amerikas
Feuerland
Südosteuropäer
Jugoslawe
Südpolargebiet
Antarktis
Südseeinsel
Neuguinea
sumerischer Gott
Schamasch
Summe *der* **Ziffern einer Zahl**
Quersumme
Sumpfpflanze
Weiderich
Sumpfschnepfe
Bekassine
Sumpfvogel
Bekassine, Blesshuhn, Teichhuhn
Süßigkeit
Karamelle
Süßstoff
Saccharin
Symbol *für* **Gift**
Totenkopf
Symbolfigur des Frühlingsfestes
Osterhase
sympathisch
attraktiv
Symptom
Anzeichen
syrische Christen
Jakobiten, Maroniten
syrischer König
Antiochus

T

Tabakdose
Tabatiere
Tabakprodukt
Zigarette, Zigarillo
Tabakware
Zigarette, Zigarillo
Tablette
Komprette
Tafel
Festessen
Tageszeit
Vormittag
Tagtraum
Wachtraum
Tagung
Konferenz
Tagungsbericht
Protokoll
Takelage
Segelwerk
taktlos
indiskret
Taktlosigkeit
Schnitzer
Tand
Firlefanz
Tank
Behaelter
Tanz
Allemande, Bossanova, Jitterbug, Krakowiak, Pasodoble, Polonaese, Quadrille, Quickstep, Rock'n'Roll, Sarabande
Tanzbegriff
Damenwahl
Tanzdiele
Diskothek
Tanzdrehung
Pirouette
Tanzensemble
Formation
Tanzkunst
Choreutik
Tanzlokal
Diskothek
Tapetenart
Rauhfaser
tapferes Handeln
Heldentat
Taschenbuch
Paperback, Vademekum
Tastatur
Klaviatur
Tasten eines Klaviers
Klaviatur
Tasteninstrument
Akkordeon, Harmonika, Harmonium
Tastuntersuchung
Palpation
Tatar
Gehacktes
Tatgenossen
Komplizen, Konsorten
tatkräftig
dynamisch, energisch, schneidig, zupackend
tätlicher Angriff
Ueberfall
Tätlichkeit
Pruegelei
Tatsache
Realitaet
Taubenart
Krontaube, Lachtaube, Wildtaube
Tauchvogel
Eiderente
Taugenichts
Bummelant, Faulenzer
tauglich
brauchbar
Tauglichkeitsprüfung
Musterung
Taumel
Schwindel
Täuschung
Blendwerk, Phantasie, Schwindel
Tauschwert des Geldes
Kaufkraft
tausend Billionen
Billiarde
tausend Millionen
Milliarde
Tauwerk
Kabelgarn
Taxi
Taxameter
Teamsportart
Eishockey
Techniker
Ingenieur
technische Lehranstalt
Technikum
technische Vorrichtung
Apparatur
technischer Beruf
Architekt
Techtelmechtel
Taendelei
Teckel
Dachshund

Teenager
Backfisch
Teichhuhn
Blesshuhn
Teigroller
Nudelholz
Teigtreibmittel
Sauerteig
Teigwaren in gebogener Form
Hoernchen
Teil
Abschnitt
Teil *des* **Alphabets**
Buchstabe
Teil *des* **Auges**
Bindehaut
Teil *des* **Bahnhofs**
Bahnsteig
Teil *der* **Bayerntracht**
Lederhose
Teil *der* **Bettwäsche**
Bettbezug
Teil *des* **britischen Parlaments**
Unterhaus
Teil *des* **Bürgersteigs**
Bordstein
Teil *des* **Fahrrads**
Kettenrad
Teil *des* **Fingers**
Nagelbett
Teil *des* **Flughafens**
Landebahn, Startbahn
Teil *des* **Flugzeuges**
Armaturen, Propeller
Teil *der* **Funkeinrichtung**
Sendemast
Teil *des* **Gaumens**
Zaepfchen
Teil *des* **Gebisses**
Stockzahn
Teil *der* **Geige**
Schalloch
Teil *des* **Gesichts**
Gruebchen, Oberlippe
Teil *des* **Getriebes**
Kettenrad
Teil *des* **Hauses**
Dachboden
Teil *der* **Karpaten**
Hohe Tatra
Teil *der* **Kirche**
Sakristei
Teil *des* **Klaviers**
Klaviatur
Teil *der* **Kletterpflanze**
Efeuranke
Teil *des* **Klosters**
Kreuzgang
Teil *des* **menschlichen Bauchs**
Unterleib
Teil *des* **Menüs**
Nachtisch, Vorspeise
Teil *der* **Mittelmeerküste**
Côte d'Azur
Teil *des* **Motors**
Verteiler
Teil *der* **Motorzündanlage**
Verteiler
Teil *des* **Mundes**
Oberlippe
Teil *des* **nördlichen Eismeeres**
Laptewsee
Teil *der* **Personalabteilung**
Lohnbuero
Teil *der* **Rauchergarnitur**
Feuerzeug
Teil *des* **Rheinischen Schiefergebirges**
Hunsrueck
Teil *des* **Rückgrates**
Kreuzbein
Teil *der* **sanitären Einrichtung**
Badewanne
Teil *der* **Schreibmaschine**
Tabulator
Teil *der* **Südalpen**
Dolomiten
Teil *eines* **Tafelgeschirrs**
Untersatz
Teil *des* **Tages**
Vormittag
Teil *der* **Takelage**
Bramsegel
Teil *der* **Treppe**
Gelaender
Teil *des* **Urlaubs**
Ferientag
Teil *des* **Verdauungsapparates**
Duenndarm
Teil *von* **Wohngrundstücken**
Hinterhof
Teil *der* **Wohnung**
Esszimmer
Teil *des* **Wortes**
Buchstabe
Teil *des* **Zodiakus**
Sternbild
Teilaufnahme einer Person
Brustbild
Teilbereich
Abschnitt
Teilchen
Korpuskel
Teilgebiet der Geologie
Geophysik
Teilgebiet der Mathematik
Geometrie
Teilhaber
Aktionaer, Kompagnon
Teilnahme
Interesse
teilnahmslos
apathisch
Teilnahmslosigkeit
Lethargie
Teilstrecke
Abschnitt
Teilung
Zerlegung
Teilzahlung
Ratenkauf
Teint
Hautfarbe
Telefonat
Gespraech
Teleskop
Reflektor, Refraktor
Television
Fernsehen
Tempel *auf der* **Akropolis**
Parthenon
Tempel *der* **Athene**
Parthenon
Tempelsklave im Altertum
Hierodule
Temperament
Wesensart
Temperaturmessgerät
Pyrometer
temporär
zeitweise
Tendenz
Stroemung
Tennisausdruck
Aufschlag, Matchball, Rueckhand
Termin
Zeitpunkt
Test
Erprobung
Testator
Erblasser
Teufel
Beelzebub
teuflisch
hoellisch
teure Rohedelsteine
Diamanten
Text
Inschrift
Textilbetrieb
Faerberei, Spinnerei
Textilerzeugnis
Dekostoff

Textilgrundstoff
Baumwolle
Textilhandwerker
Schneider
Textilrohstoff
Baumwolle
Textilstueck in der Küche
Spueltuch
Theater
Opernhaus
Theaterleiter
Intendant
Theaterplatz
Sperrsitz
Thema
Leitmotiv
Thronfolger
Kronprinz
Thronhimmel
Baldachin
Thronräuber
Usurpator
tibetanische Form des Buddhismus
Lamaismus
tibetanischer Nobelpreisträger für Frieden
Dalai-Lama
tibetanisches Oberhaupt
Dalai-Lama
Ticket
Fahrkarte, Flugkarte
tief liegende Landschaft
Niederung
tiefe Achtung
Ehrfurcht
Tiefebene
Niederung
tiefer Kleiderausschnitt
Dekolleté
Tierart
Amphibium, Schaltier, Weichtier
Tierbehausung
Exotarium, Terrarium
Tierfangeinrichtung
Fallgrube, Fangeisen, Vogelherd
Tierhautprodukt
Kalbleder, Wildleder
Tierkrankheit
Milzbrand
Tierkreiszeichen
Steinbock, Zwillinge
Tierprodukt
Elfenbein
Tierschau
Menagerie
Tierwaffe
Stosszahn
Tierwohnung
Terrarium

Tiger oder Löwe
Raubkatze
Tilgung
Bezahlung, Loeschung
Tip
Andeutung, Ratschlag
Tiroler Bauernmaler
Defregger
Tiroler Bergmassiv
Dolomiten
Tiroler Hauptstadt
Innsbruck
Tischdecke
Tafeltuch
Tischdeckenart
Wachstuch
Tischler
Schreiner
Tischlerabfall
Saegemehl
Tischlerwerkzeug
Bandsaege, Hobelbank
Tischzeug
Tischtuch
Titel *für* **Botschafter und Gesandte**
Exzellenz
Titel *von* **römischen Feldherren**
Imperator
Titel *des* **Thronfolgers**
Kronprinz
Titelbildmädchen
Covergirl
Titelfigur von Goethe
Iphigenie
Titelfigur von Mozart
Bastienne
Titelfigur von Wagner
Lohengrin, Siegfried
Titelverleihung
Ernennung
Toast
Roestbrot
Tobsüchtiger
Berserker, Wueterich
Tochter von Agamemnon
Iphigenie
Tochter von Hekabe, Hekuba
Kassandra
Tochter von Klytämnestra
Iphigenie
Tochter von Priamos
Kassandra
Tochter von Ute
Kriemhild
Tochtergeschwulst
Metastase
tödliche Seuche
Pestilenz
toll
unbaendig

Tonabstand
Intervall
tonangebend
kompetent
Tonarchiv
Phonothek
Tondichter
Komponist
Tonkünstler
Komponist
Tonsetzer
Komponist
Töpfer
Keramiker
Töpferware
Porzellan
Topmodel
Mannequin
Torheit
Bloedsinn
Torhüter
Torsteher
töricht
naerrisch
Tort
Kraenkung
Törtchen
Tortelett
Torwächter
Pfoertner
total
gaenzlich
Totem
Talismann
totenähnlich
scheintot
Toteneröffnung
Obduktion
Totengedenkstein
Grabstein
Totengruft
Mausoleum
Totenreich
Unterwelt
Totenschrein
Sarkophag
Totenvogel
Steinkauz
Toter mit Hinterlassenschaft
Erblasser
Tötung
Ermordung, Exekution
Tour
Exkursion, Wanderung
Tourist
Reisender
Touristenbegleiter
Animateur
Trabant
Begleiter

Trachom
Granulose
trächtig
schwanger
träg
apathisch
Tragbalken
Architrav
tragbarer Behälter
Tornister
Tragbett
Tragbahre
Träger *der* Erbanlagen
Chromosom
Träger *einer* Kraftsport-truppe
Untermann
Trägheit
Lethargie
Traghimmel
Baldachin
tragisches Geschehen
Tragoedie
Trainer
Ausbilder
Trainingsgerät der Boxer
Maisbirne
Trainingsmaschine für Piloten
9
Simulator
Traktor
Schlepper
tranig
troedelig
Transformator
Umspanner
Transit
Durchfuhr, Durchgang
transparenter Anstrich
Lasierung
Transpiration
Schwitzen
Transport
Spedition
transportabel
beweglich
Transportbehälter
Container
Transportbetrieb
Spedition
Transportfahrzeug
Lastwagen
Transportgerät für Kranke
Rollstuhl, Tragbahre
Transportmittel
Eisenbahn, Lastwagen
Transportwesen
Spedition
Trauer
Schwermut, Tristesse
Trauerfeier
Abdankung
Trauerspiel
Tragoedie
traulich
idyllisch
Traumdeuter
Wahrsager
Träumerei
Phantasie
Traumerscheinung
Phantasie, Schimaere
traumhaft
visionaer, wunderbar
Traumined
Hasenfuss
traut
behaglich
Trecker
Schlepper
Treffen
Begegnung
Treffen unterwegs
Begegnung
treffend
praegnant
Treffer *zum* Remis
Ausgleich
treffsicher
praegnant
Treibgut
Strandgut, Treibholz
Treibhaus
Kaldarium
Treibladung
Kartusche
Treibstoff
Dieseloel, Schweroel
Treibstoffanzeiger
Benzinuhr
Trennung
Scheidung, Sezession
Trennung der Rassen
Apartheid
Treppenhalle
Vestibuel
Treppenteil
Gelaender
Treppenzaun
Gelaender
treu
verbunden
treuloser Geheimnisbre-cher
Verraeter
Trickfilmfigur
Mickymaus
Trieb
Sehnsucht, Verlangen
triftig
plausibel
trigonometrische Funk-tion
Cotangens, Kotangens
Trinkgefäß
Obertasse
Trinkgelage
Bacchanal
Trinkgruß der Studenten
Schmollis
Trinkröhrchen
Strohhalm
Trip
Kurzreise
Tripper
Gonorrhoe
Triptychon
Altarbild
Trockenobst
Doerrobst
Trödelbasar
Flohmarkt
trojanische Sagengestalt
Kassandra
Tropenbaum
Mangobaum, Tamarinde
Tropenfrucht
Kokosnuss, Tamarinde
Tropfsteinform
Stalagmit, Stalagtit
tropische Baumfrucht
Kokosnuss
tropische Landschafts-form
Dschungel, Regenwald
tropische Niederschlags-periode
Regenzeit
tropische Vegetations-form
Dschungel, Regenwald
tropische Wetterperiode
Regenzeit
tropischer Sumpfwald
Dschungel
Trotz
Eigensinn
Trubel
Gedraenge
trübes Bier
Weissbier
Trübsal
Schwermut, Tristesse
Trübsinn
Schwermut
Trug
Blendwerk
Trugbild
Schimaere
Trupp
Abteilung
Truppenfahne
Standarte
Truppengattung
Luftwaffe

tschechischer Nobelpreisträger für Chemie
Heyrovský
Tuba
Bombardon
Tuberkel
Knoetchen
Tuchent
Federbett
tüchtig
geschickt
tückisch
arglistig
tüftelig
schwierig
Tunke aus Eigelb und Öl
Majonaese
Tür
Durchlass
Türhüter
Pfoertner
Turktatare
Baschkire
Turm *der* **Burg**
Bergfried
Turm italienischer Kirchen
Campanile, Kampanile
Türmer
Gloeckner
Turngerät
Trampolin
Turnier
Wettkampf
Turniereinsatzbetrag
Startgeld
Turniertanz
Paso doble
Turnleibchen
Sporthemd
Turnübung
Graetsche, Handstand, Hockwende, Kopfstand, Umschwung
Türvorleger
Fussmatte
TV-Gerät
Fernseher
TV-Gesprächsleiter
Moderator
TV-Quizmaster
Rosenthal
TV-Stück
Spielfilm
Typ
Grundform, Kategorie
Übelkeit
Brechreiz, Schwindel
Übelstand
Missstand
Überbringer
Zusteller
überdies
ausserdem
Überdruss
Abneigung
Überecklinie
Diagonale
Übereinkommen
Abmachung, Agreement
Übereinkunft
Abmachung, Agreement
übereinstimmend
identisch, kongruent
Übereinstimmung
Eintracht
Überfluss
Redundanz
Überfüllung
Gedraenge
übergeschnappt
verrueckt
Übergetretener
Konvertit
überirdisch
goettlich, himmlisch
Überlassung
Abtretung
Überläufer
Deserteur
Überlieferung
Tradition
übermäßig
ungeheuer
Übernahme
Rezeption
Überprüfung
Kontrolle
Überraschungsangriff
Ueberfall
Überreste von Heiligen
Reliquien
überschnelle Verdauung
Durchfall
Übersicht
Schaubild
übersinnliches Geheimnis
Mysterium
überspannt
exaltiert, fanatisch
Überträger beim Wechsel
Indossant
Überträgerin der Malaria
Anopheles
Übertragung
Abtretung
Übertragung von Krankheitskeimen
Infektion
Übertretung
Fehltritt
übertrieben
aeusserst
übertrieben sparsam
knauserig
übertriebene Eitelkeit
Putzsucht
übertriebene Sparsamkeit
Knauserei
Überwachung
Kontrolle
überwiegende Mehrheit
Ueberzahl
übles Geschäft
Kuhhandel
übrigens
en passant
Übungsgerät für Piloten
Simulator

U

Uhrenart
Pendeluhr
Uhrenteil
Federhaus
Uhrkette
Charivari
Umbildung
Umformung
Umdrehung
Reversion
umfassend
allgemein, universal
Umfrage
Interview, Recherche
Umgang
Kolonnade
umgangssprachlich für Auto
Rostlaube, Untersatz
umgangssprachlich für Badminton
Federball
umgangssprachlich für Fahrrad
Drahtesel
umgangssprachlich für Fünfmarkstück
Heuermann
umgangssprachlich für geziert
etepetete
umgangssprachlich für Hunger
Kohldampf
umgangssprachlich für Reifenpanne
Plattfuss
umgangssprachlich für Zigarette
Sargnagel
umgehend
schleunig
Umgestaltung
Aenderung

Umhang aus Tierfell
Pelzstola
umherschlendern
flanieren
Umherziehende
Clochards, Hausierer
Umhüllung
Emballage
Umkehr
Bekehrung, Neubeginn, Reversion
Umkleideraum
Garderobe
Umlauf
Kreisbahn, Kreislauf
Umlaut
Diphthong
Umsatzanteil
Provision
Umschlag
Aenderung, Enveloppe, Kompresse
Umschließung
Okklusion
umsichtig
ueberlegt
umsonst
kostenlos, vergebens
Umstand
Situation
Umstellung
Variation
Umstürzler
Anarchist, Putschist
umstürzlerisch
subversiv
Umwandlung
Aenderung
Umweltforschung
Oekologie
Umweltlehre
Oekologie
Umzug
Aufmarsch
unabänderlich
definitiv
Unabhängigkeit
Autonomie
unangenehm
schwierig, unliebsam
Unannehmlichkeit
Schererei
unanständig
schmutzig
unaufdringlich
gedaempft
unaufhörlich
permanent, unendlich
unaufmerksam
zerstreut
unbare Zahlungsweise
Anweisung
unbarmherzig
gnadenlos
unbebautes Ackerland
Brachfeld
unbebautes Flurstück
Brachland
unbedeutende Kleinigkeit
Bagatelle, Petitesse
unbegrenzt
unendlich
unbeschädigt
brauchbar
unbeschwert
vergnuegt
unbestimmter Sinn
Wankelmut
unbeugsam
standhaft
unbewiesene Voraussetzung
Hypothese
Unbill
Kraenkung
unbrauchbares Gerät
Geruempel
unduldsam
engherzig
unechter Schmuck
Imitation
Unehrlichkeit
Schwindel
uneinheitlich
heterogen
unentbehrlich
notwendig
unentgeltlich
kostenlos
unerheblich
belanglos
unerkannt
inkognito
unerlässlich
notwendig
unerlaubt
illegitim, untersagt
unfachgemäß
laienhaft
unförmig
monstroes
ungarischer Erfinder
Zsigmondy
ungarisches Adelsgeschlecht
Esterhazy
Ungebundenheit
Autonomie
ungefährlich
friedlich
Ungeheuer der griechischen Sage
Alkyoneus, Charybdis
ungeheuerlich
unerhoert
ungelegen
unpassend
ungenannt
inkognito
ungenau
inakkurat, unpraezis
ungeordnet
chaotisch
ungepflegt
schlampig
ungeschickt
taeppisch
ungeschickter Mensch
Tolpatsch
ungesetzlich
illegitim, untersagt
ungestüm
turbulent
Ungetüm
Ungeheuer
ungewaschen
schmutzig
ungewöhnlich
sonderbar, unueblich
ungewöhnliches Unternehmen
Abenteuer
Ungeziefer
Bettwanze, Kakerlake
unglaublich
unerhoert
unglaubwürdig
legendaer
ungleich
different, inhomogen
Unglücksrabe
Pechvogel
unheilbar
inkurabel
Unheilsprophet
Pessimist
Unheilverkünderin Trojas
Kassandra
Uniformschmuck
Epaulette
Uniformschulterstück
Epaulette
universell
allgemein
Universität
Alma Mater
Universitätslehrstuhl
Professur
Universitätsstadt *in* **Deutschland**
Tuebingen
Universitätsstadt *in* **Frankreich**
Marseille

Universitätsstadt *in* **Großbritannien**
Cambridge, Liverpool
Universitätsstadt *am* **Neckar**
Tuebingen
Universitätsstadt *in den* **Niederlanden**
Amsterdam
Universitätsstadt *in* **Österreich**
Innsbruck
Universitätsstadt *in* **Schweden**
Goeteborg, Stockholm
Universitätsstadt *in* **Spanien**
Salamanca, Saragossa
Universitätsstadt *in den* **USA**
Princeton
Unke
Pessimist
unkindlich
fruehreif
unklar
verworren
Unkraut
Gauchheil
Unkundiger
Dilettant
unlauter
unredlich
unleidlich
quengelig
Unlust
Abneigung
unordentlich
schlampig, schludrig
unordentlicher Mann
Liederjan, Schlamper
Unpaarzeher
Wildpferd
unrealistisch
weltfremd
unrechtmäßig
illegitim
unredliche Bevorzugung
Schiebung
unrichtig
inkorrekt
Unruhe
Aufregung
unsachlich
sachfremd, subjektiv
unsauber
schmierig, schmutzig
unselbstständig (unselbständig)
abhaengig
unsterblicher Schlager
Evergreen

Unstimmigkeit
Differenz, Dissonanz
unter fremdem Namen
inkognito
unter Umständen
eventuell
Unterbau
Fundament, Grundlage, Postament
unterdrückend
repressiv
Unterdrückung
Knechtung
unterer Hirnanhang
Hypophyse
untergeordnet
subaltern
Untergrund
Fundament
Unterhaltung
Gespraech, Plauderei
Unterhaltungssendung
Ratespiel
unterirdisches Grabgewölbe
Katakombe
Unterkleid
Petticoat, Unterrock
Unterlage
Fundament, Grundlage, Postament
Unterlegener
Verlierer
Unternehmen
Exkursion, Geschaeft
Unternehmer
Fabrikant, Produzent
unternehmungslustig
dynamisch, umtriebig
Unteroffizier
Bootsmann, Feldwebel
Unterordnung
Anpassung
Unterredung
Gespraech, Interview
Unterricht
Vorlesung
unterrichten
mitteilen
Unterrichtsanstalt
Gymnasium
Unterrichtung
Belehrung
untersagen
verbieten
Unterscheidungsmerkmal
Kriterium
Unterschenkelknochen
Wadenbein
Unterschied
Differenz
Unterschrift
Autogramm, Namenszug

untersetzt
gedrungen
Unterstand
Kasematte
Unterstützung
Assistenz
Untersuchung
Recherche
Unterweisung
Anleitung
Unterwelt
Demimonde
Unterwerfung
Uebergabe
Untier
Ungeheuer
Untreue
Treubruch
unumschränkt
souveraen
ununterbrochen
permanent
unveränderlich
stereotyp
unveränderliche Größe
Konstante
unverbesserlicher Nörgler
Querulant
Unverfrorenheit
Frechheit
Unverheirateter
Hagestolz
unverkennbar
praegnant
unvermeidlich
notwendig
unverzagt
standhaft
unvorbereitete Rede
Extempore
Unwahrheit
Schwindel
Unwetter in der Wüste
Sandsturm
unwichtig
belanglos
unwiderruflich letzte Aufforderung
Ultimatum
unwirklich
imaginaer
unwirksam
ungueltig
Unwohlsein
Uebelkeit
unzüchtig
sittenlos
unzureichendes Ersatzmittel
Notbehelf
unzuverlässig
inkorrekt

unzweideutig
eindeutig
unzweifelhaft
eindeutig
üppig
luxurioes, redundant
üppiges Gelage
Bacchanal
Urheber
Anstifter, Initiator, Verfasser
Urheberschutz
Copyright
Urinal
Nachttopf
Ursprung
Keimzelle
ursprünglich
angeboren, originaer
Urteilsaufhebung
Kassation
Urteilsvollstreckung
Exekution
Urtierchen
Einzeller
urtümlich
originaer
uruguayische Münze
Centesimo
Utopia
Traumland

V

Vademekum
Leitfaden
vakant
unbesetzt
Vakat
Leerseite
Vakuum
Luftleere
variabel
wandelbar
Variante
Spielform
Vater von Elektra
Agamemnon
Vater von Orestes
Agamemnon
Veitstanz
Epilepsie, Fallsucht
Venenentzündung
Phlebitis
venezianischer Maler
Carpaccio, Giorgione
venezianisches Gondellied
Barcarole, Barkarole
veraltet für Abbild
Konterfei
veraltet für Bursche
Juengling
veraltet für Chirurg
Feldscher
veraltet für Fahrrad
Veloziped
veraltet für Junggeselle
Hagestolz
veraltet für Kaufmannsfrau
Kraemerin
veraltet für Lehrherr
Prinzipal
veraltet für Musikant
Spielmann
veraltet für Reifrock
Krinoline
veraltet für Rentner
Privatier
veraltet für Salatschüssel
Salatiere
veraltet für Urkunde
Handfeste
veraltet für Vorrang
Prinzipat
veraltet für wahrhaft
veritabel
veränderliche Größe
Parameter
Veränderung
Variation
Veranlagung
Charakter
Veranlasser
Initiator
Verband
Kompresse
Verbesserung
Korrektur
Verbeugung
Bueckling, Kratzfuss
verbindlich
definitiv
Verbindung
Koppelung
Verbindungslinie zwischen Orten gleicher Temperatur
Isotherme
Verbindungsstück
Scharnier
verbissen
energisch, fanatisch
Verborgenes
Geheimnis
verboten
untersagt
verbotene Einfuhr
Schmuggel
Verbrauch
Nachfrage
Verbraucher
Konsument
Verbrecher
Erpresser, Spitzbube
Verbrecherkneipe
Kaschemme
Verbrechermilieu
Demimonde, Unterwelt
verbreiterte Geweihstangen
Schaufeln
verbündete Mächte
Alliierte
Verdacht
Vermutung
verdächtig
anruechig
Verdauung
Digestion
Verdauungsflüssigkeit
Magensaft
Verderbnis
Untergang
Verdichter
Kondensor
Verdichtetes
Kondensat
Verdinglichung
Hypostase
Verdruss
Unbehagen
Verdunstungsniederschlag
Kondensat
veredeln (Botanik)
okulieren
Verehrung
Huldigung
Vereidigung
Geloebnis
vereinbarter Gesamtbetrag
Pauschale
Vereinbarung
Absprache
Vereinigung
Koalition
vereinzelt
singulaer
verfallen
verkommen
Verfasserin
Urheberin
Verfassung
Kondition
Verfehlung
Fehltritt, Missgriff
verfrüht
vorzeitig
Verfügung
Anordnung, Anweisung, Testament
Verfügungsberechtigter
Disponent

verführerisch
attraktiv
Vergangenheitsform
Imperfekt
Vergeltung
Belohnung
vergleichbarer Fall
Parallele
Vergnügungsviertel in München
Schwabing
Vergrößerungsgerät
Mikroskop
Verhaftung
Festnahme
Verhaltensforschung
Ethologie
Verhaltensregel
Anweisung, Direktive
Verhältnis
Beziehung
Verhandlung
Gespraech, Konferenz
Verhandlungsbericht
Protokoll
Verhängnis
Untergang
verhätschelt
verwoehnt
Verherrlichung
Apotheose
Verhinderung des Zugangs
Barrikade
Verkauf
Geschaeft
Verkaufsleiter
Substitut
Verkaufspolitik
Marketing
Verkaufsraum
Geschaeft, Warenhaus
Verkehrsangestellter
Busfahrer
Verkehrshindernis
Baustelle, Umleitung
Verkehrshinweis vor Bahnübergängen
Warnkreuz
Verkehrsmittel
Alwegbahn, Automobil, Eisenbahn, Kleinbahn, Lastwagen, Stadtbahn
Verkehrsteilnehmer
Radfahrer
Verkehrsweg
Bahnlinie
Verkehrszeichen
Wegweiser
Verklärung
Apotheose
Verkleidung
Maskerade
Verkleinerung
Reduktion
Verkleinerungsform
Diminutiv
Verkörperung des Übels
Beelzebub
Verladebühne
Laderampe
Verlagsangestellter
Graphiker, Redakteur
Verlangen
Forderung, Sehnsucht
verlassene Gegend
Wuestenei
Verlauf
Geschehen
Verleihung der Doktorwürde
Promotion
verlogen
unehrlich, unredlich
Verlust
Minderung
Vermächtnis
Erbschaft, Testament
vermessene Frechheit
Anmassung
Vermessungskunde
Geodaesie
Verminderung
Reduktion
Vermisstes
Desiderat
Vermittler für Seeleute
Heuerbaas
Vermittlungsvergütung
Provision
Vermutung
Hypothese
Verneigung
Bueckling, Kratzfuss
Verneinung
Negierung
vernichtet
zerstoert
Vernichtung einer Urkunde
Kassation
Vernunft
Intellekt
Verpackung
Emballage
Verpackungsart
Behaelter, Container, Schachtel
Verrammelung
Barrikade
Verrat
Treubruch, Wortbruch
Verringerung
Reduktion
verrückt
irrsinnig, meschugge, naerrisch
verrufen
anruechig
verrufenes Lokal
Kaschemme
Vers
Distichon
Versammlung
Consilium, Konsilium
Versand
Spedition
Versandangestellter
Expedient
Versandbehälter
Container
Versandfirma
Spedition
Versandleiter
Expedient
Versatzamt
Pfandhaus
Verschiebung des Sehwinkels
Parallaxe
verschieden
divergent, heterogen, inhomogen
Verschiedenheit
Differenz, Divergenz
verschlagen
tueckisch
Verschleiß
Abnutzung
verschlissen
abgewetzt
Verschlüsselung
Kodierung
Verschlussstreifen
Banderole
Verschmelzung
Legierung
Versehen
Fehlgriff, Schnitzer
Versender
Expedient
versicherte Sendung
Wertbrief
Versmaß
Hexameter, Trochaeus
Versorgung
Betreuung
Versprechen
Geloebnis
Verstand
Denkkraft, Intellekt
verständlich
plausibel
versteckt
verborgen

versteinerte Reste von Lebewesen
Fossilien
versteinertes Harz
Bernstein
Verstellung
Heuchelei
verstimmt
beleidigt
Verstopfung der Blutgefäße
Thrombose
Verstorbener im Erbrecht
Erblasser
Verteidigung
Defensive
verteidigungsbereit
streitbar
Verteidigungsrede
Plaedoyer
vertikal
senkrecht
Vertrag
Abmachung
Vertrag zwischen Kirche und Staat
Konkordat
Vertragsvorspann
Praeambel
vertraut
familiaer
Vertrauter
Konfident
Vertreter
Reisender
Vertreter *eines* **Staates**
Gesandter
Vertretervergütung
Provision
Vertretung im Ausland
Botschaft
Vertretungsrecht
Vollmacht
verunziert
entstellt
Vervielfältigung
Abschrift, Fotokopie
Verwandlung
Aenderung
Verwandte/Verwandter
Schwester, Urenkelin
Verwandtschaft
Vorfahren
verwegen
tollkuehn
Verweis
Ermahnung
verwirrt
irritiert
Verwirrung
Konfusion, Unordnung
Verwitterungserscheinung am Kupfer
Gruenspan
Verwunderung
Befremden, Erstaunen
verzagt
entmutigt
Verzeihung
Vergebung
verzerrt
karikiert
Verzicht
Entsagung
Verzweifelter
Desperado
verzwickt
schwierig
Veto
Einspruch
Vetternwirtschaft
Patronage
Vieh
Nutztiere
Viehknecht
Schweizer
Vielehe
Polygamie
vielfarbig
polychrom
Vielfresser
Polyphage
vielgestaltig
polymorph
vielleicht
eventuell
Vielschreiber
Polygraph
vielsprachig
polyglott
Vielweiberei
Polygamie, Polygynie
Vierflächner
Tetraeder
Vierfüßer in der Biologie
Tetrapode
vietnamesischer Revolutionsführer
Ho Chi Minh
Violoncello
Kniegeige
Violone
Bassgeige
Vipernart
Puffotter
viril
maennlich
Virtuose
Kuenstler
Vision
Schimaere, Traumbild
vitaminhaltiges Fischprodukt
Lebertran
Vivarium
Behaelter, Terrarium
Vogelbeerbaum
Eberesche
Volant
Steuerrad
Volk *in* **Südeuropa**
Italiener
Volksabstimmung
Plebiszit
Volksfest
Jahrmarkt, Kirchweih
Volksverhetzung
Demagogie
Volksvertretung
Bundestag, Parlament
vollends
gaenzlich
voller Erwartung
neugierig
Volleyball
Faustball
völlig gleich
identisch
vollkommen
vollendet
Vollstreckung
Exekution
volltönend
klangvoll
volltrunken
berauscht
vollziehende Gewalt im Staate
Exekutive
Volontär
Anwaerter
von Amts wegen
ex officio
Voraussetzung
Bedingung, Hypothese, Praemisse
voraussichtliche Siegerin
Favoritin
Vorauszahlung
Vorschuss
Vorbemerkung
Praeambel
Vorbild
Leitstern
vorbildlich
klassisch
Vorbindetuch
Laetzchen, Serviette
Vorderasiat
Jordanier
vorderasiatische Hauptstadt
Jerusalem
vorderasiatischer Staat
Jordanien

vorderasiatisches Kulturvolk (Antike)
Chaldaeer, Phoeniker
Vorderteil des Schiffes
Vorschiff
Vordruck
Formblatt
voreilig
verfrueht
voreingenommen
subjektiv
Voreingenommenheit
Feindbild
Vorflur
Vestibuel
Vorführdame
Mannequin
Vorführer im Kino
Operateur
Vorgehen
Massnahme
vorgeschichtliche Fundstätte
Cromagnon, Hallstatt, Trundholm
vorgeschichtliche Grabform
Urnengrab
vorgeschichtlicher Menschentyp
Cromagnon
vorgeschichtliches Kulturdenkmal
Fliehburg
vorgeschichtliches Werkzeug
Faustkeil
Vorgeschichtsperiode
Steinzeit
vorgeschobene Person
Strohmann
Vorgesetzte
Fuehrerin
vorgesetzte Behörde
Obrigkeit
Vorhaben
Intention
Vorhalle
Vestibuel
Vorhemd
Chemisett
Vorherbestimmung
Schicksal, Vorsehung
Vorherrschaft
Hegemonie
Vorhölle
Fegefeuer
vorläufig
zunaechst
Vorleger
Fussmatte
Vormerkbuch
Notizbuch
Vormundschaft
Fuersorge
vornehme Buhlerin
Kurtisane
vornehmer Altrömer
Patrizier
vornehmer Bürger
Patrizier
Vorort von Dresden
Blasewitz
Vorort von London
Greenwich, Tottenham, Wimbledon
Vorort von Los Angeles
Hollywood
Vorort von Paris
Vincennes
Vorratsgebäude
Lagerhaus
Vorratsraum auf Schiffen
Hellegatt
Vorrede
Praeambel
Vorrichtung *am* **Fotoapparat**
Ausloeser
Vorsager
Souffleur
Vorsatz
Intention
vorschlagen
empfehlen
Vorschrift
Anordnung, Anweisung, Reglement
vorsichtig
umsichtig
Vorsorge
Ersparnis
Vorspiel
Ouverture
vorspringender Gebäudeteil
Kragstein
Vorstartphase
Count-down
Vorsteher *eines* **Theaters**
Intendant
Vorstellung
Phantasie
Vortäuschung
Heuchelei
Vorteil *bei* **Wahlen**
Amtsbonus
Vortrag
Vorlesung
Vortrag vor Gericht
Plaedoyer
Vortragskünstler/Vortragskünstlerin
Rezitator
vortrefflich
exzellent
vorübergehend
temporaer
Vorwand
Ausflucht
vorweg
zunaechst
vorzeitig erwachsen
fruehreif
Vorzimmerherr
Sekretaer
Votivbild
Bildstock
Votum
Gutachten
Vulkan *in* **Amerika**
Tajamulco
Vulkan *in* **Guatemala**
Tajamulco
Vulkan *in* **Italien**
Stromboli
Vulkan *bei* **Neapel**
Stromboli
vulkanisierter Gummi
Kautschuk

W

Wache
Leibgarde
Wachsmalerei
Enkaustik
Wachspflaume
Mirabelle
Wächter
Aufpasser
wackeln
schwanken, vibrieren
wacklige Schrift
Gekritzel
Wadenbekleidung
Struempfe
Waffe *der* **Piraten**
Enterbeil
Waffengattung
Luftwaffe
Waffensportart
Schiessen
Wagen
Limousine
Wagenführer
Chauffeur
waghalsig
tollkuehn, wagemutig
waghalsiger Unternehmer
Spekulant
Wagners Villa
Wahnfried
Wagnis
Abenteuer

wählen
abstimmen, aussuchen
wählerisch
etepetete
Wahlfeldzug
Wahlkampf
Wahlpropaganda
Agitation
Wahn
Irrglaube, Wachtraum
wahnsinnig
verrueckt
wahnwitzig
tollkuehn
wahr
ungelogen
Wahrnehmungsart
Schmecken
Wahrsager
Astrologe, Hellseher
Wahrsagerin des Altertums
Kassandra
wahrscheinlich
plausibel
Wahrung
Erhaltung
Wahrzeichen von Athen
Akropolis, Parthenon
Wahrzeichen von Rio de Janeiro
Zuckerhut
Wahrzeichen von Rom
Kolosseum
Waldfrucht
Blaubeere, Brombeere
Waldpflanze
Sauerklee
Waldschädling
Gallwespe
Waldschnepfe
Bekassine
Waldtier
Kaninchen
Walfangprodukt
Fischbein
Wälgerholz
Teigrolle
walken
massieren
Walküre
Grimgerde, Waltraute
Wallfahrt
Pilgerzug
Wallfahrtsort *in der* **Steiermark**
Mariazell
Wandalenherrscher
Geiserich
Wanderhändler
Hausierer
Wanderung
Exkursion
Wandverkleidung aus Holz
Taefelung
Wappen
Abzeichen
Warenangebot
Sortiment
Warenauswahl
Sortiment
Warensendung
Lieferung
Warentransportmittel
Gueterzug
Warenzeichen
Trademark
Warenzubringer
Lieferant
Warenzusammenstellung
Sortiment
warme Meeresströmung
Golfstrom
Wärme aufnehmend
endotherm
Wärmelehre
Thermotik
wärmendes Accessoire
Handschuh
Wärmeplatte
Stoevchen
warmer Fallwind im Mittelmeerraum
Schirokko
warmes alkoholisches Getränk
Gluehwein
Wärmeschutz
Isolation
Wärmespender
Heizdecke
Wärmestrahler
Heizsonne
Warnzeichen
Menetekel
Warp
Kettfaden
Warte
Wachtturm
Wartung
Betreuung
Wäsche
Textilien, Unterzeug, Weisszeug
Wäschestoff
Charmeuse
Wäschestück
Bettbezug, Bettlaken, Chemisett, Korselett, Nachthemd, Unterhemd, Unterhose, Unterrock
Waschmittel
Kernseife
Wasserbauwerk
Talsperre
Wasserbehälter
Badewanne, Reservoir
Wasserbehandlung
Kneippkur
Wasserbewegung
Stroemung
Wasserbewohner
Amphibium
wasserdichter Umhang
Regenhaut
Wasserfahrzeug
Motorboot, Ruderboot, Schaluppe, Schlepper, Segelboot
Wasserfloh
Kladozere
Wasserlaufverlegung
Ableitung
Wasserleitung der Römer
Aquaedukt
Wasserreservoir
Talsperre
Wassersport
Kanusport, Schwimmen, Wasserski
Wassersportfahrzeug
Hallenbad
Wassersportgerät
Surfbrett
Wasserstoffabart
Deuterium
Wasserstrauch
Hortensie
Wasservogel
Stockente
Wasserwatvogel
Stockente
Watvogel
Bekassine, Kampfhahn
Weberkante
Salleiste, Selfkante
Wechsel
Aenderung, Umschwung
Wechsel *einer* **Wache**
Abloesung
Wechselkursvergleich
Arbitrage
wechselwarme Tiere
Amphibien, Reptilien
Wechte
Ueberhang
Wecken
Broetchen, Weissbrot
Wegbereiter
Initiator
Weggenosse
Begleiter, Gefaehrte
Wegmal
Wegweiser
Wegnahme
Diebstahl

Wegweiser
Vademekum
Wegzeichen
Wegweiser
Wehfrau
Wehmutter
Wehlaut
Klagelaut
Wehmut
Nostalgie, Sehnsucht
Wehr
Staustufe
wehrhaft
geruestet
Wehrmachtsteil
Luftwaffe
Wehrturm
Bergfried
weibliche deutsche Sagengestalt
Brunhilde, Krimhilde
weibliche Dramenfigur in Othello
Desdemona
weibliche griechische Sagengestalt
Iphigenie
weibliche Sagengestalt
Kriemhild
weibliche Turndisziplin
Achtkampf
weibliche Verwandte
Schwester, Urenkelin
weiblicher Handwerkertitel
Meisterin
weiblicher Harlekin
Kolombine
weiblicher Juristenberuf
Richterin
weiblicher Nachkomme
Urenkelin
weiblicher Vorname
Alexandra, Anastasia, Annabella, Anneliese, Annemarie, Brunhilde, Charlotte, Christina, Elisabeth, Euryanthe, Franziska, Hildegard, Josephine, Katharina, Kriemhild, Magdalena, Philomena, Rosemarie, Sieglinde, Stephanie
weibliches Ballettmitglied
Ballerina, Taenzerin
weibliches Wild
Hirschkuh
weichherzig
gutmuetig
Weichkäse
Camembert, Limburger
Weichling
Hasenfuss
Weichspeise
Hirsebrei
Weichtier mit Gehäuse
Schaltier
Weigerung
Ablehnung
Weihegeschenk
Votivgabe
weihevoll
feierlich
Weihgabe (Ostern)
Osterlamm
Weihnachtsgebäck
Lebkuchen
weiland
einstmals
Weinart
Weisswein
Weinbeere
Sultanine
Weinbereitungsvorgang
Abfuellen
Weindestillat
Weinbrand
weinerlich
larmoyant, wehleidig
Weinort *am* **Bodensee**
Meersburg
Weinort *an der* **Mosel**
Zeltingen
Weinort *am* **Rhein**
Bacharach, Ingelheim, Nierstein, Oppenheim, Sankt Goar
Weinort *in* **Rheinland-Pfalz**
Duerkheim, Edenkoben, Kallstadt, Maikammer
Weinort *an der* **Ruwer**
Gruenhaus
Weinort *an der* **Saar**
Wiltingen
Weinpflanze
Weinstock
Weinprädikat
Spaetlese
Weinsorte
Spaetlese
Weise
Verfahren
Weiser
Philosoph
Weissager
Hellseher
Weissagung
Prophetie
Weißblütigkeit
Leukaemie
Weißbuche
Hainbuche
Weißdorn
Crataegus
weißes Gold
Porzellan
Weisung
Anordnung, Anweisung, Direktive
weit
geraeumig
Weite
Abmessung
weite Sicht
Fernblick
weiterhin
ausserdem
weitläufig
langatmig, wortreich
Weitling
Schuessel
Weitsichtigkeit
Hyperopie
Weizengetränk
Weissbier
welk
verblueht
Wellenlängenbereich (Rundfunk)
Kurzwelle, Langwelle
Welsart
Zwergwels
Welt
Universum
weltabgewandt
asketisch
Weltanschauung
Ideologie
Weltbaumeister
Schoepfer
Welthilfssprache
Esperanto
weltliches Oberhaupt des Lamaismus
Dalai-Lama
Weltmann
Gentleman
Weltraum
Universum
Weltraumfahrer
Astronaut, Kosmonaut
Weltsportveranstaltung
Olympiade
Weltstadt
Metropole
Weltumsegler
Magalhães
Wende
Umschwung
wendig
beweglich, geschickt
Wendigkeit
Agilitaet
Wendung
Redensart
Wendung zum Guten
Besserung

Wenfall
Akkusativ
Werbeträger
Fernsehen
Werfall
Nominativ
Werk
Erzeugnis
Werk *eines* **Kunstmalers**
Stilleben
Werktag
Sonnabend, Wochentag
Werkzeug
Handsaege, Hobelbank, Laubsaege, Rohrzange
Werkzeug *für* **Handarbeiten**
Naehnadel
Werkzeug *zum* **Schärfen**
Wetzstahl, Wetzstein
Werkzeugmaschine
Hobelbank
wert
bedeutsam
Wert
Bedeutung, Qualitaet
Wertermittler
Gutachter, Schaetzer
Wertfestsetzung
Notierung
Wertloses
Geruempel
wertloses Buch
Scharteke
Wertpapierbesitzer
Aktionaer
Wertschätzung
Taxierung, Verehrung
Werturteil
Bewertung, Gutachten
wertvolle Briefmarke
Mauritius
wertvoller Pelz
Persianer
wertvoller Stein
Edelstein
wertvolles Mineral
Edelstein
Wesen
Charakter, Geschoepf
Wesensgehalt
Inbegriff
wesentlich
bedeutend, bedeutsam
westdeutsche Landschaft
Rheinland
westeuropäischer Staat
Luxemburg
westeuropäisches Gebirge
Pyrenaeen
westeuropäisches Volk
Franzosen
westfälische Landschaft
Sauerland
Westgotenkönig
Amalarich
westslawisches Volk
Tschechen
Wetter
Witterung
Wetterglas
Barometer
wichtig
bedeutend, bedeutsam
Wichtigtuer
Grossmaul, Prahlhans
Wichtigtuerei
Angeberei
Wickelkind
Saeugling
Widder
Schafbock, Sternbild
Widerhall
Nachklang
widerlich
haesslich
widerrechtlich
illegitim
widerrechtliche Besitzergreifung
Diebstahl
Widerrede
Einspruch
Widerschein
Reflexion
widersinnig
unlogisch
Widersinnigkeit
Antinomie, Paradoxie
Widerspiegelung
Reflexion
Widerspruch
Antinomie, Einspruch, Gegensatz, Paradoxie
Widerstand
Gegenwehr, Rebellion, Resistenz
widerstandsfähig
resistent
Widerstreit
Gegensatz, Kollision, Zwiespalt
widerwärtig
haesslich
Widerwille
Abneigung
Widmung
Zueignung
Wiedergutmachung
Abfindung
Wiederherstellung
Reparatur
Wiederkunft
Rueckkehr
wiederverflüssigter Dampf
Destillat, Kondensat
Wiederverwendung von Rohstoffen
Recycling
Wiegendruck
Inkunabel
Wiener Bauwerk
Belvedere
Wiener Flughafen
Schwechat
Wiener Komiker
Hoerbiger
Wiener Maler
Kokoschka
Wiener Mimin
Hoerbiger
Wiener Schloss
Belvedere
Wiener Sehenswürdigkeit
Belvedere, Riesenrad
Wiener Winzerdorf
Sievering
Wiesenblume
Bocksbart, Goldstern, Margerite, Weissklee
Wikingerstamm
Normannen
wild
unbaendig, ungestuem
Wildente
Krickente
Wilder
Kannibale
wilder Apfel
Holzapfel
wilder Krieger
Berserker
wildes Dickicht
Gestruepp
wildes Gelage
Bacchanal
wildes Jammern
Gekreisch
Wildledersandalen
Mokassins
Wildnis
Wuestenei
Wildpark in Afrika
Serengeti
Wildrind
Auerochse
Wildziege
Steinbock
Wille
Intention
willkürlich
arbitraer
Wimpel
Faehnchen
Windart
Schirokko

Windhund
Afghaaner, Greyhound
Windmesser
Areometer
Windung
Kruemmung
Wink
Andeutung
Winkel in der Optik
Parallaxe
Winkelfunktion
Kotangens
Winkelmessgerät
Theodolit
winterliches Gebilde
Eiszapfen
winterliches Vergnügen
Skifahren
Wintersportanlage
Rodelbahn
Wintersportart
Bobfahren, Eishockey, Eissegeln
Wintersportgerät
Schlitten
Wintersportort *im* **Allgäu**
Sonthofen
Wintersportort *im* **Bayrischen Wald**
Bodenmais
Winzer
Weinbauer
Wirbel
Aufregung, Turbulenz
wirbelnd
turbulent
Wirbelsäule
Rueckgrat
Wirbelsäulenknochen
Kreuzbein
Wirbelströmung
Turbulenz
wirkliche Dinge
Tatsachen
Wirklichkeit
Realitaet
Wirklichkeitsform
Indikativ
Wirklichkeitssinn
Realismus
wirksam
effizient
Wirkungsfähigkeit
Potential, Potenzial
Wirkungskraft
Potential, Potenzial, Vermoegen
Wirkungsstätte Schweitzers
Lambarene
wirkungsvoll
effizient
Wirkware
Charmeuse, Trikotage
wirr
chaotisch, verworren
Wirrnis
Labyrinth
Wirrwarr
Charivari, Unordnung
Wirt
Gastgeber, Gastronom
Wirtschaft
Bierstube, Oekonomie, Weinstube, Wirtshaus
wirtschaftlicher Rückgang
Rezession
Wirtschaftlichkeit
Effizienz, Oekonomie
Wirtschaftslehre
Oekonomie
Wirtschaftssparte
Industrie
Wirtschaftstheoretiker
Galbraith, Schmoller
Wischlappen
Staubtuch
Wisent
Auerochse
Wissbegierde
Interesse
Wissen
Erfahrung
Wissenschaft
Disziplin, Theologie
wissenschaftlicher Begriff
Forschung, Hypothese
wissenschaftlicher Gehilfe
Assistent
Wissenschaftsgruppe
Fakultaet
Wissensgebiet
Disziplin
Wissensschatz
Thesaurus
Witterung
Spuersinn
witzige Zeichnung
Karikatur
Wochentag
Sonnabend
Wohlfahrt
Fuersorge
Wohlgefallen
Sympathie, Zuneigung
wohlgemut
froehlich
wohlig
behaglich
wohlklingend
klangvoll
wohllautend
melodioes
wohlschmeckend
delizioes
Wohltat
Troestung
Wohltäter
Samariter
wohltätig
karitativ
Wohlwollen
Sympathie, Zuneigung
Wohngebäude
Mietshaus, Wohnblock
wohnlich
behaglich
Wohnsitz
Behausung
Wohnung *eines* **Einsiedlers**
Eremitage
Wohnung *eines* **Pfarrers**
Pfarrhaus
Wohnung *für* **Senioren**
Wohnstift
Wolkenkuckucksheim
Traumland
Wolle lieferndes Tier
Kaninchen
Wollstoff
Gabardine, Lambswool
Wonne
Seligkeit
Wortbruch
Treubruch
Wortbrüchiger
Verraeter
wortgetreu
woertlich
wortkarg
einsilbig, lakonisch
Wortschatz
Vokabular
Wortspiel
Parechese
Wortteil
Nachsilbe
Wortüberfluss
Redundanz
Wruke
Kohlruebe
wund
verwundet
Wundarzneikunde
Chirurgie
Wunder
Mysterium
wunderbar
fabelhaft, praechtig
wunderlich
schrullig, sonderbar
Wunsch
Sehnsucht, Verlangen
wunschlos
zufrieden

würdelos
unachtbar, unwuerdig
Wurfgerät
Schleuder
Wurflehre
Ballistik
Wurmart
Hakenwurm, Leberegel, Plattwurm, Regenwurm
Wurstsorte
Bierwurst, Blutwurst, Bratwurst, Jagdwurst, Leberkaes, Mettwurst
Wurzelgemüse
Mohrruebe
Würzgebäck
Lebkuchen
würziger Weichkäse
Limburger
Würztunke
Majonaese, Remoulade
Wust
Unordnung
Wüstenform
Eiswueste
Wüstenwind
Harmattan, Schirokko
wüstes Gelage
Bacchanal

XYZ

Xanthopsie
Gelbsehen
Xerokopie
Fotokopie
Xylan
Holzgummi
Xylofon (Xylophon)
Marimbafon, Vibraphon
Yperit
Gelbkreuz
Yucca
Palmlilie
Zahlenergebnis
Differenz
zahlenmäßig
numerisch
Zahlenübersicht
Statistik
Zähler
Gasmesser
zahllos
reichlich
Zähluhr
Taxameter
Zahlung
Ausgleich, Loeschung
zahlungsunfähig
insolvent
zahm
friedlich
Zahnarten
Milchzahn, Stosszahn
Zahnersatz
Stiftzahn
Zahnwurz
Engelwurz
Zank
Unfrieden
zänkisches Weib
Xanthippe
zanksüchtiges Weib
Xanthippe
Zapfer
Barkeeper
zärtlich
liebevoll
Zäsur
Ruhepunkt
Zauberei
Blendwerk
Zaubernuss
Hamamelis
Zauderer
Kunktator
Zaungast
Zuschauer
Zechstein
Kalkstein
zehnteilig
dekadisch
Zeichengerät
Bleistift, Buntstift, Farbstift, Schablone
Zeichenstil
Radierung
Zeichner
Graphiker
zeichnerische Darstellung
Abbildung, Grundriss
Zeichnung
Abbildung
Zeit *der* **Ausbildung**
Schulzeit
Zeit *vor der* **Geschlechtsreife**
Pubertaet
Zeitbegriff
Dezennium, Fruehling, Gegenwart, Intervall, Jahrzehnt, Trimester, Vormittag
Zeitgenosse
Mitmensch
Zeitgeschmack
Modewelle
Zeitmesser
Sonnenuhr
zeitraubend
aufwendig
Zeitungsaufsatz
Reportage
Zeitungsbüro
Redaktion
Zeitungsmitarbeiter
Redakteur
Zeitungsschriftleitung
Redaktion
zeitweilig
temporaer
Zellenlehre
Zytologie
Zellglas
Cellophan
Zellhorn
Zelluloid, Zellulose
Zellkernschleife
Chromosom
zelotisch
fanatisch
Zenotaph
Grabstein
Zensur
Bewertung, Praedikat
zentralamerikanische Republik
Guatemala
Zentrifuge
Schleuder, Separator
zeremoniell
feierlich, foermlich
Zergliederung
Zerlegung
Zerkleinerungsmaschine
Reisswolf
zerklüftet
gespalten, zerfurcht
Zerrbild
Karikatur
Zerrissenheit
Zwiespalt
zerschlissen
abgenutzt
zersetzend
aggressiv
zerstreut
erratisch
Zerstreuung
Diffusion
Zeugnis
Bewertung
Zeugungsakt
Beischlaf
Ziborium
Altardach
Zichorienart
Schikoree
Zieche
Bettbezug
Ziefer
Federvieh
Ziegel
Backstein, Formstein
Ziehharmonika
Akkordeon, Bandoneon, Bandonion

Ziehung
Auslosung
Ziel *im* **Schießsport**
Wurftaube
ziellos
irritiert
zielstrebig
ehrgeizig
Ziererei
Pruederie
Zierfisch
Baerbling, Goldfisch
Ziergesang
Koloratur
Zierpflanze
Amaryllis, Araukarie, Gummibaum, Hyazinthe, Zineraria
Zierstrauch
Alpenrose, Feuerdorn, Forsythie, Goldregen, Hortensie, Weissdorn
Zigarrenform
Zigarillo
Zigarrensorte
Fehlfarbe
Zigarrenteil
Deckblatt
Zimmer
Esszimmer, Spielraum
Zimmertanne
Araukarie
Zingel
Ringmauer
Zinskaserne
Mietshaus
Zion
Jerusalem
Zipperlein
Arthritis
zirka
ungefaehr
Zirkelkasten
Reisszeug
Zirkulation
Kreislauf
Zirkus
Aufhebens, Aufregung
Zirkuskunst
Akrobatik
Zirkusnummer
Trapezakt
Zisterzienserabtei
Clairvaux, Maulbronn, Port Royal
Zitat
Ausspruch
Zitatensammlung
Analekten
Zitation
Vorladung
Zitrusfrucht
Apfelsine, Mandarine

zittern
vibrieren
Zodiakus
Tierkreis
zögerlicher Mensch
Kunktator
Zollstock
Meterstab
Zollvergehen
Schmuggel
Zoologie
Tierkunde
zopfig
ueberholt
Zorn
Empoerung
Zuber
Waschfass
Zubringer
Lieferant
Zucht
Disziplin
Züchtigungsmittel
Rohrstock
Zuchtwahl
Selektion
Zuckerart
Galaktose, Laevulose
zudringlich
penetrant
zufällig
unwichtig
zufrieden
wunschlos
zufrieden gestellt
saturiert
Zufuhr
Nachschub
Zugabe
Dreingabe
Zugbegleiter
Schaffner
zügellos
unbaendig
zügellose Ausgelassenheit
Orgiasmus
zugespitzt
pointiert
zugkräftig
anreizend, anziehend, attraktiv
zugkräftiges Angebot
Sensation
Zukünftiger
Verlobter
zulänglich
genuegend
zulässig
gestattet, statthaft
zulässige Abweichung
Spielraum

Zulassung
Admission, Erlaubnis
Zuname Napoleons
Bonaparte
zündend
fulminant
zündende Idee
Intuition
Zündwaren
Feuerzeug
Zuneigung
Sympathie
Zuordnung
Abbildung
Zupfinstrument
Balalaika, Bandurria, Mandoline, Zupfgeige
Zurückführung
Reduktion
Zurückgezogenheit
Eremitage
Zurückschall
Widerhall
Zurückweisung
Ablehnung
zusammen
insgesamt
zusammenfassender Schlussvortrag bei Gericht
Plaedoyer
Zusammenfassung *mehrerer* **Himmelskörper**
Sternbild
Zusammengewürfeltes
Charivari
Zusammenhalt
Einigkeit, Kohaesion
Zusammenhang
Kohaerenz
zusammenhängend
kohaerent
Zusammenklang
Einigkeit, Konsonanz
zusammenklingend
konsonant
Zusammenkunft
Begegnung, Konferenz, Symposion, Symposium
zusammenlegbarer Maßstab
Zollstock
Zusammenrottung
Rebellion
Zusammenschluss
Koalition
Zusammenschmelzung von Metallen
Legierung
Zusammensein
Tête-à-tête
Zusammenstellung
Sortiment

Zusammenstellung *von* **beliebten Schlagern**
Hitparade
Zusammenstellung beliebter Musikstücke
Potpourri
Zusammenstellung verschiedener Waren
Sortiment
Zusammenstoß
Kollision
Zusammentreffen
Begegnung
Zusatz
Anmerkung
zuschanden
zerstoert
Zuschauerplatz
Sperrsitz
Zuschauerstandort
Stehplatz
Zuspeise
Nachtisch
Zustand
Situation
Zustand gleicher Meinung
Einigkeit
zuständig
kompetent
Zusteller
Lieferant, Spediteur
Zustimmung
Billigung, Erlaubnis
Zuträger
Verraeter
zuträglich
nuetzlich
zutraulich
friedlich
Zuversicht
Lebensmut, Vertrauen
zuvörderst
allererst
zuvorkommender Herr
Gentleman
Zuwachs
Inkrement
Zuwendung
Schenkung
Zwang
Noetigung, Verlangen
zwanglos
entspannt
Zwangsankündigung
Ultimatum
zwangsläufig
notwendig
Zwangsverwalter
Sequester
Zwangsvollstreckung
Exekution, Pfaendung
Zwangsvorstellung
Obsession
Zwanzigflächner
Ikosaeder
zweckbestimmte Handlung
Massnahme
zweckdienlich
nuetzlich, praktisch
Zweifel
Vorbehalt
Zweifler
Skeptiker
Zweig
Disziplin
Zweig *der* **Landwirtschaft**
Viehzucht
Zweig *der* **Mathematik**
Geometrie
Zweig *der* **Textilindustrie**
Spinnerei
zweigeschlechtlich
bisexuell
Zweiheitslehre
Dualismus
Zweikampfhelfer
Sekundant
Zweirad
Veloziped
zweiseitig
bilateral
zweisprachig
bilingual
zweiteiliges Gemälde
Diptychon
zweitgrößte Insel der Erde
Neuguinea
zweitrangig
sekundaer
zweiunddreißigster US-Präsident
Roosevelt
Zweizeiler
Distichon
Zwerg
Daeumling
Zwergapfelsine
Mandarine
Zwergkiefer
Legfoehre
Zwergstaat in Europa
San Marino
Zwetschgenschnaps
Slibowitz, Sliwowitz
Zwiebelart
Schalotte
Zwiebelgericht
Cipollata
Zwiebelgewächs
Hyazinthe
Zwiegespräch
Tête-à-tête
Zwielaut
Diphthong
Zwietracht
Unfrieden
Zwillinge der griechischen Sage
Dioskuren
zwingend
notwendig
Zwischenraum
Intervall
zwischenstaatlich
bilateral
Zyklus
Kreislauf

10 BUCHSTABEN

A

Aas
Tierleiche
Abart
Abweichung
Abbild
Fotografie, Photokopie
Abbruchwerkzeug
Brecheisen
Abdankung
Abdikation, Ruecktritt
Abdichtung
Isolierung
Abendstern
Phosphorus
Abersinn
Aberglaube
Aberwitz
Aberglaube, Aberglaube
Abessinien
Aethiopien
Abfallabladeplatz
Muellhalde
Abfallbehälter
Muelleimer, Muelltonne, Papierkorb
Abfalldeponie
Muellhalde
Abfalleimer
Mistkuebel, Muelleimer
Abfallplatz
Muellplatz
Abfertigung
Expedition
Abführmittel
Bittersalz, Rizinusoel
Abgabendruck
Steuerlast

Abgangszeugnis einer Hochschule
Exmatrikel
abgegriffene Äußerung
Platituede
abgeholztes Waldstück
Kahlschlag
abgekämpft
erschoepft
Abgesandter
Geheimbote
abgeschlossen
verriegelt
abgespannt
erschoepft
abgestumpft
abgebrueht, dickfellig, gefuehllos
Abglanz
Spiegelung
Abgrund
Verderbnis
Abhängigkeit
Hoerigkeit
Abirrung
Abweichung, Perversion
Abkommen
Konvention
Abkürzung für Europäisches Fernsehen
Eurovision
Ablehnung des Krieges
Pazifismus
Ableitung
Herleitung
Ablenkung
Aberration
Abneigung
Antipathie, Widerwille
Abordnung
Delegation, Vertretung
Abrede
Ableugnung
Abriss
Kompendium
Abscheu
Widerwille
abschließend
endgueltig
Abschnitt
Zeitspanne
Abschwächung
Maessigung
Absetzung
Entlassung
Absicht
Konzeption
absolut
ganz und gar
Absolvent einer Hochschule
Akademiker
Absonderung
Isolierung
Abspannung
Muedigkeit
Absperrung
Schlagbaum, Umzaeunung
Absprunggerät
Fallschirm
Abstammung
Deszendenz, Provenienz
Abstand
Entfernung
Abstieg
Niedergang
abstrakt
unwirklich
absurd
sinnwidrig
Abtei *im* **Schwarzwald**
Sankt Peter
Abtrennung eines Körperteils
Amputation
Abtrieb
Kahlschlag
Abtrünniger
Haeretiker
Abwandlung
Abweichung, Modulation
Abwasseranlage
Rieselfeld
abwechselnd
alternativ
abwechslungslos
langweilig
Abwehr
Widerstand
Abweichung
Aberration
Abzeichen
Ehrennadel
abzuziehende Zahl
Subtrahend
Acht
Ausschluss, Verdammung
achtbare Würde
Ehrsamkeit
achtsam
vorsichtig
Achtung
Vorbedacht
Ächtung
Ausschluss
Ackerbau
Agrikultur
Ackerfrucht
Kartoffeln
Ackerkrume
Muttererde
Ackerrand
Feldgrenze, Flurgrenze
Ackerunkraut
Ackerroete, Knoeterich, Kreuzkraut
Adaption
Gewoehnung
adäquat
angemessen
Administration
Verwaltung
Adressat
Empfaenger
adrett
ordentlich
Aeronaut
Luftfahrer
Affäre
Streitfall
Affenart
Baerenmaki, Bruellaffe, Fingertier, Rhesusaffe, Schimpanse
afghanisches Hochgebirge
Hindukusch
afrikanische Hafenstadt
Alexandria, Casablanca, Daressalam, Libreville, Mogadischu
afrikanische Hauptstadt
Addis Abeba, Libreville, Mogadischu, Nouakchott
afrikanische Insel
Madagaskar, Seychellen
afrikanischer Berg
Keeromberg, Schneeberg, Zwarteberg
afrikanischer Dickhäuter
Flusspferd, Rhinozeros
afrikanischer See
Leopoldsee, Schirwasee
afrikanischer Staat
Abessinien, Basutoland, Madagaskar, Moçambique, Suedafrika
afrikanischer Stamm
Aethiopier, Madegassen
afrikanischer Vogel
Feuerweber
afrikanisches Horntier
Hartebeest
afrikanisches Tier
Flusspferd, Hartebeest, Schimpanse
Aggregatzustand
gasfoermig
Agitator
Aufwiegler
Agonie
Todeskampf
ägyptische Hafenstadt
Alexandria
Ahn
Stammvater, Vorgaenger

Ahnenforschung
Genealogie
Ahnherr
Stammvater
Ähnlichkeit
Affinitaet
Ahnung
Mutmassung, Vorgefuehl
Akt
Dramenteil
Akteur
Darsteller, Teilnehmer
Aktie
Wertpapier
Aktion
Taetigkeit
aktuelle Fernsehsendung
Tagesschau
Akustik
Schallehre
akut
bedrohlich
Akzent
Aussprache, Tonzeichen
albanischer Nationalheld
Skanderbeg
albern
einfaeltig
alexandrinischer Mathematiker
Apollonios, Apollonius
alkoholisches Getränk
Branntwein, Champagner, Chartreuse, Schaumwein
alle Innenorgane
Eingeweide
allein
vereinsamt
Allerlei
Kunterbunt
allgemein
allerseits, summarisch, universell
Allgewalt
Omnipotenz
allmählich
sukzessive
allumfassend
universell
Allüren
Erscheinen
Almosen
Liebesgabe
Alpengebirgsstock
Hohe Tauern, Karawanken
Alpengipfel
Drei Zinnen, Matterhorn, Piz Bernina, Wetterhorn, Wildspitze
Alpenpass
Bernardino, Katschberg
Alpenpflanze
Alpenlilie, Alpennelke, Bergkiefer, Gemskresse, Silberwurz, Soldanelle, Steinnelke
Alpensee
Koenigssee, Schliersee, Schwarzsee, Staffelsee, Walchensee, Weissensee, Zuerichsee
Alpentier
Alpendohle, Murmeltier, Schneehase, Schneehuhn, Steinadler
also
demgemaess
altägyptische Stadt
Heliopolis
Altarbaldachin
Tabernakel
altdeutscher Monatsname
Christmond, Herbstmond
altdeutsches Heldenepos
Nibelungen
alte Hauptstadt Ägyptens
Alexandria
alte römische Provinz
Lusitanien
alte Spießwaffe
Hellebarde
alte Sprache
Griechisch, Hebraeisch
alte Stadt in Ägypten
Heliopolis
alte Stadt in Persien
Persepolis
alte Straßenleuchte
Gaslaterne
alte Waffe
Hellebarde, Pfeilbogen
alte Wasserhebemaschine
Schoepfrad
Altenteil
Ausgedinge
alter Mann
Methusalem
alter Name der Dardanellen
Hellespont
alter Name für Oslo
Kristiania
alter Schiffstyp
Raddampfer
altertümlich
antiquiert
altes Land am Mittelmeer
Phoenizien
altes Saiteninstrument
Aeolsharfe, Trumscheit
altgriechische Göttin
Persephone
altgriechische Helden
Argonauten
altgriechische Landschaft
Makedonien, Thessalien
altgriechische Sagengestalt
Amphitryon, Kassiopeia, Prokrustes, Prometheus
altgriechischer Dichter
Thukydides
altgriechischer Erfinder
Archimedes
altgriechischer Geschichtsschreiber
Thukydides
altgriechischer Gott
Hephaestos, Hephaistos
altgriechischer Mathematiker
Apollonius, Archimedes, Pythagoras
altgriechischer Philosoph
Anaxagoras, Anaximenes, Aristippos, Demokritos, Empedokles, Pythagoras, Xenokrates, Xenophanes
altgriechischer Physiker
Archimedes
altgriechischer Staatsmann
Alkibiades
altgriechischer Weiser
Pythagoras
altgriechisches Saiteninstrument
Aeolsharfe
altgriechisches Ungeheuer
Minotaurus
altiranischer König
Artaxerxes
altiranischer Lichtgott
Ahuramazda
altorientalischer Volksstamm
Aethiopier, Babylonier, Kanaanaeer, Phoenizier
altsprachliches Schulfach
Griechisch
Amateur
Autodidakt, Nichtprofi
amerikanische Berühmtheit
Vanderbilt
amerikanische Halbinsel
Cornwallis, Cumberland, Long Island, Patagonien
amerikanische Hauptstadt
Georgetown, Mexico City, Montevideo, Panama City, Paramaribo, Washington
amerikanische Insel
Baffinland, Cornwallis, Martinique, Puerto Rico

amerikanische Mondfähre
Challenger
amerikanische Raumfähre
Challenger
amerikanische Raumfahrtbasis
Kap Kennedy
amerikanische Wühlmaus
Bisamratte
amerikanischer Astronaut
Cunningham
amerikanischer Bär
Grislibaer, Grislybaer
amerikanischer Berg
Chimborazo, Parinacota
amerikanischer Bundesstaat (USA)
California, Norddakota, Sueddakota, Washington
amerikanischer Finanzmann
Morgenthau, Vanderbilt
amerikanischer Geheimbund
Ku-Klux-Klan
amerikanischer General
Eisenhower
amerikanischer Großindustrieller
Guggenheim, Vanderbilt
amerikanischer Mediziner
Sutherland
amerikanischer Nobelpreisträger für Chemie
Herschbach
amerikanischer Nobelpreisträger für Medizin
McClintock, Sutherland
amerikanischer Nobelpreisträger für Physik
Hofstadter, Schrieffer
amerikanischer Physiker
Hofstadter
amerikanischer Präsident
Eisenhower, Washington
amerikanischer Schriftsteller
Fitzgerald, Longfellow
amerikanischer Staat
El Salvador
amerikanischer Tanz
Charleston
amerikanisches Ballspiel
Basketball
Amme
Kinderfrau
amorph
gestaltlos
Amt des Papstes
Pontifikat
amtliche Anordnung
Bestimmung, Verfuegung, Verordnung
amtliche Bescheinigung
Zertifikat
amtliche Mitteilung
Kommuniqué
Amtsenthebung
Suspension
amüsant
kurzweilig
Amüsement
Vergnügen
Anarchist
Aufruehrer
Anatolien
Kleinasien
anbei
beiliegend
anbieten
offerieren
Andacht
Versenkung
andächtiges Nachdenken
Meditation
Andengipfel
Chimborazo
Andenken
Erinnerung
anderer Name *für den Monat* **Mai**
Wonnemonat
anderer Name *der* **Nase**
Riechorgan
anderer Name *der* **Venus**
Abendstern
Änderung
Revirement
Änderungsantrag
Amendement
Andeutung
Fingerzeig
andeutungsweise
unbestimmt
Andrang
Draengelei
anerkannt
zugelassen
Anerkennung
Belobigung, Wuerdigung
Anfang
Einleitung, Eroeffnung
Anfangsform
Archetypus
Anfangskapital
Grundstock
Anfechtung
Verlockung, Versuchung
Anfertigung
Produktion
Anführer
Haeuptling, Kommandeur
Anführer *eines* **Kreuzzuges**
Barbarossa, Loewenherz
Angeber
Gernegross, Windmacher
angeboren
hereditaer, kongenital
angebundenes Haustier
Kettenhund
angeheitert
beschwipst
Angehöriger *des* **Adels**
Aristokrat
Angehöriger *einer* **christlichen Glaubensgemeinschaft**
Herrnhuter, Lutheraner, Protestant
Angehöriger *eines* **deutschen Fürstenhauses**
Karolinger
Angehöriger *eines* **germanischen Stammes**
Markomanne
Angehöriger *einer* **indischen Kaste**
Kschatriya
Angehöriger *einer* **Weltreligion**
Schintoist
Angeklagter
Delinquent
Angelegenheit
Gegenstand, Vorkommnis
angemessen
angebracht
angenehm
erfreulich
angesehen
geschaetzt, renommiert
angetrunken
beschwipst
angrenzend
benachbart
Angriff
Aggression
anhaltend
persistent
Anhänger
Mitlaeufer, Nachfolger
Anhänger *des* **Königtums**
Monarchist
Anhänger *der* **Monarchie**
Monarchist
Anhänger *einer* **Philosophenschule**
Platoniker
Anhänger *einer* **philosophischen Weltanschauung**
Pragmatist
Anhänger *einer* **politischen Weltanschauung**
Chauvinist, Monarchist
Anhänger *eines* **Religionsstifters**
Glaeubiger, Verkuender

10

Anhäufung
Agglomerat, Ansammlung, Kumulation
anheimelnd
gemuetlich
Ankunft
Eintreffen, Erscheinen
Anlass
Beweggrund
Anleihepapier
Obligation, Pfandbrief
Anleitung
Unterricht, Vorschrift
Anmerkung
Ergaenzung, Marginalie
Annahme
Mutmassung
annehmbar
akzeptabel
Annexion
Okkupation
anomal
abweichend
Anomalie des Auges
Presbyopie
Anordnung
Gliederung, Verfuegung
anorganische Säure
Salzsaeure
Anpassung
Adaptation, Gewoehnung
Anrede *für* **Ordensbrüder**
Ehrwuerden
Anrede *für den* **Papst**
Heiligkeit
anregend
animierend
Anregung
Initiative
Ansage
Conférence
Anschauung
Auffassung
anscheinend
vermutlich
Anschriftenverzeichnis
Adressbuch
Anschwärzer
Denunziant
Ansehen
Autoritaet, Reputation
Ansicht
Auffassung, Standpunkt
Ansprache *des* **Papstes**
Allokution
anspruchslos
bescheiden
anständig
schicklich
ansteckend
infektioes
ansteckende Krankheit
Diphtherie, Gelbfieber, Paratyphus, Windpocken
Anstellung als Beamter
Bestallung
Anstellung beim Theater
Engagement
Anstifter
Hintermann, Verfuehrer
Anstimmen
Intonation
Anstoß
Beweggrund
anstößig
skandaloes
Anteil
Kontingent
Anteil an Glyceriden
Fettgehalt
Anteilnahme
Mitgefuehl
Anteilschein
Obligation, Pfandbrief, Wertpapier
Anthrazit
Glanzkohle, Steinkohle
antike griechische Landschaft
Makedonien
antike Landschaft in Kleinasien
Pamphylien
antike Landschaft in Syrien
Phoenizien
antike Sprache
Griechisch, Lateinisch
antike Stadt
Alexandria
antiker Fünfkampf
Pentathlon
antiker Name der Dardanellen
Hellespont
antikes Bauwerk in Rom
Engelsburg, Titusbogen
antikes Bauwerk in Trier
Porta Nigra
antikes Reich in Mesopotamien
Babylonien
antikes Saiteninstrument
Aeolsharfe
antikes Schiff
Quadrireme
antikes Theaterstück
Amphitryon, Andromache, Lysistrata, Lysistrate, Oedipus Rex
antikes Versmaß
Heptameter, Pentameter
antikes Werk der Philosophie
Metaphysik, Protagoras
Antilleninsel
Guadeloupe, Martinique, Montserrat, Puerto Rico, Santa Lucia
Antritt der Nachfolge
Uebernahme
Antwort
Entgegnung, Erwiderung
Anwärter
Referendar
Anwartschaft
Kandidatur
Anweisung
Wegleitung
Anzeichen
Indikation
Anzugform
Zweireiher
anzüglich
zweideutig
anzügliche Erwähnung
Anspielung
apart
eigenartig
Apfelsinenart
Bergamotte, Klementine
Apfelsorte
Morgenduft, Streifling
Aphrodite
Anadyomene
apodiktisch
endgueltig
Apostel *der* **Deutschen**
Bonifatius
Apostel *der* **Friesen**
Willibrord
Apostel *der* **Iren**
Columbanus
Apotheker
Pharmazeut
Appendix
Anhaengsel
appetitlich
verlockend
Apposition
Beifuegung
Ära
Zeitspanne
Araberstamm
Amalekiter
arabischer Dichter
Omar Kayyam
Arbeit
Engagement, Taetigkeit
Arbeitsausstand
Warnstreik
Arbeitsniederlegung
Warnstreik
Arbeitsschluss
Feierabend

Architekt
Baumeister
argentinische Landschaft
Patagonien
argentinischer Schriftsteller
Echeverría
Ärger
Alteration
Arglist
Hinterlist
arglos
einfaeltig, zutraulich
Argwohn
Misstrauen, Mutmassung
Arkade
Mauerbogen
Arktis
Polarkreis
arktisches Raubtier
Polarfuchs
arm
beduerftig, Not leidend
Armbeuge
Ellenbogen
Armgelenk
Ellenbogen
Armleuchter
Kandelaber
Aroma
Wohlgeruch
aromatisches Gewürz
Zimtstange
Arrest
Nachsitzen
Arrestgebäude
Gefaengnis
arrogant
hochmuetig
Art *eines* **Gemäldes**
Stillleben
arteigen
spezifisch
Arterie
Schlagader
artig
manierlich
Artigkeit
Kompliment
Artikel
Abhandlung, Gegenstand
Artikulation
Aussprache
Arznei
Heilmittel, Medikament
Arzneiberater
Pharmazeut
Arzneimittel
Medikament
Arzneipflanze
Belladonna, Eisenkraut, Eukalyptus
Arzt
Homoeopath, Kardiologe, Nephrologe, Orthopaede, Psychiater
Arzt *im* **Mittelalter**
Paracelsus
Arzt *im* **negativen Sinn**
Scharlatan
ärztliche Sprechstunde
Ordination
ärztliches Betäubungsmittel
Chloroform
ärztliches Instrument
Stethoskop
asiatische Halbinsel
Kleinasien
asiatische Hauptstadt
Pjoengjang, Rawalpindi
asiatische Inselgruppe
Indonesien
asiatische Religion
Buddhismus
asiatischer Berg
Chantengri, Dhaulagiri, Mustaghala
asiatischer See
Gelbes Meer, Gudi Sirreh, Paujuensee, Saissansee
asiatischer Staat
Bangladesh, Indonesien, Kambodscha
asiatisches Gebirge
Hindukusch
asiatisches Volk, Volksgruppe
Bachtiaren, Baschkiren, Belutschen, Jenissejer, Kabardiner, Kalmuecken, Karagassen, Karalpaken, Makassaren, Pandschabi
Askese
Enthaltung
Aspekt
Standpunkt, Vorzeichen
Assistent
Hilfskraft
Assoziation
Verbindung
assyrischer Feldherr
Holofernes
assyrischer König
Adadninari, Sardanapal
Astronaut
Raumfahrer
Astronom
Hipparchos, Kopernikus, Ptolemaeus
Astronomie
Sternkunde
astronomische Beobachtungsstelle
Sternwarte
astronomische Station
Sternwarte
astronomischer Begriff
Abendstern, Brennpunkt, Finsternis, Helligkeit, Jahreszeit, Leitstrahl, Meteorring, Mondsichel, Nebelfleck, Nebensonne, Peripherie, Polarachse, Polarkreis, Schaltjahr, Sonnenjahr, Sonnenring, Sonnenzeit, Sternkarte, Sternwarte, Sternweite, Umlaufbahn, Umlaufzeit, Weltenraum, Wendekreis
astronomisches Instrument
Astrograph, Heliograph, Heliometer, Mikrometer, Photometer, Sternkarte
Atelier
Filmstudio
Atemmesser
Spirometer
Atemnotleiden
Bronchitis
äthiopischer Berg
Ras Daschan
Atlantikinsel
Porto Santo
Atmosphäre
Lufthuelle
atmosphärische Lichterscheinung
Polarlicht, Regenbogen
Atomanlage
Atommeiler
Atrophie
Abmagerung
Attribut
Beifuegung
Aubergine
Eierfrucht
Aufbau
Gliederung, Konzeption
Aufbau *von* **Kraftwagen**
Karosserie
Aufbewahrungsort für Ernteprodukte
Kornkammer
aufblasbares Kinderspielzeug
Luftballon
aufbrausend
cholerisch, jaehzornig
aufbrausender Mensch
Choleriker
aufeinander bezogen
korrelativ
aufeinander folgend
konsekutiv
auffallend
beachtlich

auffallender Unterschied
Diskrepanz
Auffassung
Standpunkt
Aufführung
Wiedergabe
Aufgabe
Bestimmung
Aufgang
Freitreppe
aufgeblasen
affektiert, geckenhaft, hochnaesig
aufgebracht
entruestet, indigniert
Aufgusstierchen
Infusorien
Aufkleber
Abziehbild
Auflage
Bestimmung, Richtlinie
Auflauf
Ansammlung
Auflehnung
Revolution, Widerstand
Auflösung
Erklaerung
Aufmarsch
Kundgebung
Aufnahme
Belichtung, Fotografie
Aufnahmefähigkeit
Kapazitaet
aufregend
dramatisch
Aufregung
Exaltation
aufrichtig
freimuetig, wahrhaftig
Aufriss
Konzeption
aufsässig
feindselig
Aufsatz
Abhandlung, Dekoration
Aufsaugung
Absorption
Aufschaukelung
Eskalation
aufschlussreich
instruktiv
Aufschneider
Gernegross, Windmacher
Aufschub
Aussetzung, Moratorium
Aufsicht
Inspektion
Aufsichtsbehörde
Kuratorium
Aufstand
Revolution
Aufständischer
Aufruehrer, Revoluzzer

aufsteigende Straße in Bergen
Serpentine
Aufstellung
Uebersicht
Auftakt
Eroeffnung
Aufteilung
Gliederung
Aufwiegler
Hetzredner
Aufzeichnung
Stenogramm
Aufzug
Bekleidung
Augenglas
Haftschale, Lesebrille
Augenkrankheit
grauer Star
Augenweide
Entzuecken, Vergnuegen
Augenzeuge
Beobachter
Ausatmung
Exhalation, Expiration
Ausbilder für Autolenker
Fahrlehrer
Ausbreitung
Entfaltung
Ausdauer
Zaehigkeit
Ausdruck *beim* **Fußballspiel**
Strafstoss
ausdrucksvoll
pathetisch
Auseinanderklaffen
Diskrepanz
Auseinandersetzung
Diskussion
Ausfall
Fehlbetrag
Ausfertigung
Zertifikat
Ausführungsart
Modalitaet
Ausgangspunkt
Startplatz
ausgedient
antiquiert
ausgeglichen
harmonisch
Ausgehbekleidung
Pelzmantel
Ausgehverbot
Hausarrest
ausgeklügelt
raffiniert
ausgekocht
raffiniert
ausgeprägt
profiliert

ausgesetztes Baby
Findelkind
Ausgleich
Kompromiss
Ausgrabung
Entdeckung
Aushilfe
Vertretung
Aushöhlung
Exkavation
Auskunft
Fingerzeig
Auslage
Dekoration
Auslagenbezahlung
Erstattung
Auslagengestalter
Dekorateur
Auslaugung
Extraktion
Auslegung
Erklaerung
Auslöser
Beweggrund
Ausmaß
Ausdehnung
Ausnahme
Sonderfall
ausreichend
suffizient
Aussage
Aeusserung, Behauptung, Mitteilung
Ausschachtung
Exkavation
Ausschlag des Pendels
Elongation
Ausschmückung
Dekoration, Verzierung
Ausschnitt
Dekolletee
Ausschuss
Kommission
Außenseiter
Sonderling
äußerst
hochgradig
Ausspiegelung
Endoskopie
Aussprache
Diskussion, Kolloquium
australische Insel
Neuseeland
australische Inselwelt
Melanesien
australische Ureinwohner
Aborigines
australische Wüste
Sandwueste
australischer Berg
Capoompeta, Mount Bruce, Mount Cooke

australischer Bundesstaat
Queensland
australischer Myrtenbaum
Eukalyptus
australisches Holzgewächs
Eukalyptus
australisches Säugetier
Beuteltier
australisches Tier
Beuteltier
Auswahl
Kollektion
Ausweis
Zertifikat
Ausweis des Weidmanns
Jagdschein
auswendig lernen
memorieren
Auswirkung
Konsequenz
Auszeichnung
Dekoration
auszufüllendes Testpapier
Fragebogen
Auszug
Wiedergabe
Autobahneinrichtung
Kriechspur, Leitplanke
Autobeleuchtung
Standlicht
Autoersatzteil
Reserverad
Autogramm
Schriftzug
Automarke
Austro Fiat, Hansa Lloyd, Oldsmobile, Rolls Royce, Studebaker, Volkswagen
Automobil
Kraftwagen, Motorwagen
Autor
Dramatiker, Journalist, Librettist
Autor von Bekenntnisse des Hochstaplers Felix Krull
Thomas Mann
Autor der Buddenbrooks
Thomas Mann
Autor von Der Tunnel
Kellermann
Autor von Der Vater
Strindberg
Autor von Der Zauberberg
Thomas Mann
Autor von Fräulein Julie
Strindberg
Autor von Hyperion
Hoelderlin
Autor von Liebelei
Schnitzler
Autorennbahn
Hockenheim, Monte Carlo
Autostopper
Hitchhiker
Autoteil
Handbremse, Wagenheber
Autozusatzleuchte
Nebellampe
Aversion
Antipathie
Avis
Mitteilung, Voranzeige
Azoreninsel
Santa Maria
aztekischer Gott
Huehuetotl
aztekischer König
Cuathemoc, Cuitlahuac, Quauthemoc
azur
himmelblau

B

babylonischer Feldherr
Holofernes
babylonisches Epos
Gilgamesch
Babysitter
Kinderfrau
Bachstelze
Wippsteert
Backenbart
Koteletten
Backtriebmittel
Backpulver
Backutensil
Teigroller
Badeort
Baden Baden, Bellinzona, Bergzabern, Bernkastel, Gelnhausen, Hofgastein, Hofgeismar, Hohensalza, Interlaken, Karlsbrunn, Kuenzelsau, Liebenzell, Oeynhausen, Rilchingen, Ruhpolding, Saeckingen, Schwalbach, Vlissingen, Wangerooge, Westerland
Bagatelle
Banalitaet, Nebensache
Bahnbediensteter
Lokfuehrer
bahnbrechende Leistung
Pioniertat
Bahnhofsfahrzeug
Rangierlok
Bahnstreckenwerk
Liniennetz
bald
demnaechst
Baldachin
Betthimmel
Baleareninsel
Formentera
Balg
Quaelgeist
Balkanbewohner
Makedonier, Mazedonier
Balkanlandschaft
Makedonien, Mazedonien
Balkanvolk
Makedonier, Mazedonier
Balkonpflanze
Pelargonie
Ball
Maskenfest
Ballade
Erzaehlung, Geschichte
Ballett
Tanzgruppe, Tanztruppe
Ballspiel
Basketball, Feldhockey, Rollhockey, Schlagball, Volleyball, Wasserball
Banause
Kleingeist
Bande
Begrenzung, Verbindung
Banderilla
Wurfspiess
Banderole
Steuerband
Bandit
Abenteurer, Verbrecher
bange
aengstlich
Bankbegriff
Parikurs, Sperrkonto, Verzinsung, Zinstermin
Banknote
Geldschein
Bann
Ausschluss
Bannmeile
Schutzzone
Bantustamm
Wanjamwesi
Bar
Nachtlokal
Baracke
Holzhuette
Bärenart
Grislibaer, Kragenbaer
Barkarole
Gondellied, Liebeslied
Barometer
Wetterglas
Barriere
Schlagbaum
Barschart
Kaulbarsch

Bart
Backenbart, Knebelbart, Koteletten
Basis
Grundlinie
Basis des Rechnens
Einmaleins
Bassgeige
Kontrabass
Bastlerwerkzeug
Sandpapier
Bau
Tierhoehle
Bauchpilz
Staeubling
Baude
Berghuette, Schutzhaus
Bauer
Spielkarte
Bauhandwerker
Dachdecker, Elektriker, Ofensetzer, Stuckateur, Stukkateur, Tapezierer, Zimmermann
Bauhilfsarbeiter
Handlanger
Baum
Hebegeraet, Ladegeraet
Baumart
Feigenbaum, Kaffeebaum, Lebensbaum, Mammutbaum, Papayabaum, Stechpalme, Weissbuche
Baumbestand
Waldstueck
Baumeidechse
Chamaeleon
Baumreptil
Chamaeleon
Baumwollgewebe
Mousseline
Bauwerk
Doppelhaus, Gefaengnis, Kathedrale, Reihenhaus, Sanatorium
Bauwerk in Lübeck
Holstentor
Bauwerk in Paris
Eiffelturm
Bauwerk in Trier
Porta Nigra
bayerische Universitätsstadt
Regensburg
bayerischer Humorist
Weissferdl
bayerischer Regierungsbezirk
Oberbayern
bayerischer See
Koenigssee, Schliersee, Staffelsee, Walchensee, Weissensee

beabsichtigt
intendiert
Beamtenanwärter
Referendar
Beamtenwechsel
Revirement
Beauftragte
Abgesandte
Becken
Bodensenke
Bedauern
Mitgefuehl
Bedeckung des Himmels
Bewoelkung
bedenklich
unheilvoll
bedeutender Fachmann
Autoritaet
bedeutungslos
irrelevant
bedürfnislos
bescheiden
bedürftig
Not leidend
Beeinflussung
Suggestion
Beerdigung
Begraebnis, Beisetzung, Bestattung
Beerensorte
Kronsbeere
befähigt
talentiert
Befähigung
Fertigkeit
befangen
aengstlich
Befehlshaber
Kommandant, Kommandeur
Befestigungsmittel
Heftzwecke, Klebefolie, Reissnagel, Stecknadel, Wasserglas
Befinden
Verfassung
Beförderung
Avancement
Beförderungsmittel
Freiballon, Helikopter, Kraftwagen, Luftschiff, Rolltreppe, Sessellift, Triebwagen, Trolleybus
Befreiung
Absolution, Degagement
Befruchtung
Konzeption
begabt
talentiert
Begegnung
Rendezvous
begeisterter Anhänger
Enthusiast, Schwaermer

Begeisterung
Entzuecken
Beginn
Eroeffnung
Begleiter *von* **Jason**
Argonauten
Begnadigung
Absolution, Verzeihung
Begräbnis
Beerdigung, Beisetzung, Bestattung, Funeralien
Begrenzung
Limitation
Begriff *im* **Fußball**
Strafstoss
Begriff *des* **räumlichen Abstands**
Entfernung
Begriffsbestimmung
Definition, Erklaerung
Begünstigung
Benefizium, Foerderung, Protektion
Begünstigung von Verwandten
Nepotismus
begütert
vermoegend, wohlhabend
behaglich
gemuetlich
Behältnis für Toilettengegenstände
Necessaire, Nessessaer
Behang
Faltenwurf
beharrlich
ausdauernd, konsequent
Behelf
Notloesung
Beherbergungsbetrieb
Hotel garni
Beherbergungsgewerbe
Hotellerie
beherzt
couragiert
Beherztheit
Tapferkeit
Behörde
Arbeitsamt, Standesamt
behördlich zugelassen
approbiert
behutsam
vorsichtig
beidlebig
amphibisch
Beifall
Zustimmung
Beifallsruf
Bravissimo
Beifügung
Apposition
Beigabe
Supplement

beige
sandfarben
Beihilfe
Subvention
Beilage
Ergaenzung
beiläufige Anführung
Erwaehnung
Beileid
Mitgefuehl
beinahe
annaehernd
Beiname *der* **Aphrodite**
Anadyomene, Kallipygos
Beiname Kaiser Friedrichs I.
Barbarossa
Beiname Richards I.
Loewenherz
Beinkleid
Pluderhose
Beinteil
Kniegelenk, Schienbein
Beisatz
Apposition
Beisetzung
Beerdigung, Begraebnis, Bestattung
Beispielsfall
Praezedenz
Beistehender
Handlanger
Beitrag
Scherflein
Beitreibung
Einziehung
Bejahung
Zustimmung
bekannt
renommiert
Bekanntentreffpunkt
Stammlokal
bekannter Moselwein
Nacktarsch
Bekanntgabe
Mitteilung
Bekenntnis
Anschauung, Konfession
Bekleidungsstück
Bademantel, Badeschuhe, Dufflecoat, Faltenrock, Lederjacke, Lederweste, Morgenrock, Pantoffeln, Pelzmantel, Pluderhose, Schlafrock, Schluepfer, Sportdress, Sportjacke, Trenchcoat, Unterkleid, Zweireiher
beköstigen
verpflegen
Bekräftigung
Handschlag
belanglos
irrelevant
Belanglosigkeit
Banalitaet, Irrelevanz
belastend
gravierend
Belegschaft
Mannschaft
belegt
ausgebucht, reserviert
belegte Schnitte für die Schule
Pausenbrot
belehrend
informativ, instruktiv
beleidigend
verletzend
Beleuchtungskörper
Gaslaterne
belgische Landschaft
Kempenland
belgischer Komponist
Schoemaker
belgischer Nobelpreisträger für Frieden
La Fontaine
belgischer Schriftsteller
Timmermans
beliebt
geschaetzt, renommiert
Belohnung
Verguetung
Belüfter
Ventilator
belustigend
erheiternd
Belustigung
Amuesement, Vergnuegen
Bemächtigung
Okkupation
Bemerkung
Erklaerung
bemittelt
vermoegend, wohlhabend
Benachrichtigung
Mitteilung
Benediktinerabtei
Einsiedeln, Maria Laach, Wessobrunn
Bengel
Lausejunge
benommen
schwindlig
Beobachter
Augenzeuge, Betrachter, Betrachter
Beobachtung
Verfolgung
Beobachtungsposten
Sternwarte
bequem
gemuetlich
bequeme Sitzgelegenheit
Clubsessel, Klubsessel, Lehnsessel, Ohrenstuhl
Berater
Konsultant
berauschend
narkotisch
Berberstamm
Rifkabylen
Bereich
Fachgebiet
Berg *in den* **Alpen**
Drei Zinnen, Matterhorn, Wetterhorn, Wildspitze
Berg *bei* **Berchtesgaden**
Hochkalter, Hoher Goell
Berg *im* **Berner Oberland**
Wetterhorn
Berg *im* **Fichtelgebirge**
Ochsenkopf
Berg *im* **Glatzer Bergland**
Heuscheuer
Berg *im* **Hegau**
Hohentwiel
Berg *im* **Himalaja**
Dhaulagiri
Berg *bei* **Kitzbühel**
Hahnenkamm
Berg *im* **Riesengebirge**
Sturmhaube
Berg *bei* **Salzburg**
Untersberg
Berg *im* **Spessart**
Geiersberg, Hahnenkamm
Berg *im* **Teutoburger Wald**
Grotenburg
Berg *im* **Thüringer Wald**
Kickelhahn
Berg *bei* **Wien**
Kahlenberg
Berg *bei* **Zermatt**
Matterhorn
Berg-und-Tal-Bahn
Achterbahn
Bergarbeiter
Bergknappe
Bergbahn
Gondellift, Sessellift
Bergbauanlage
Querschlag
Bergbaugerät
Bohrhammer
Bergdrache
Tatzelwurm
Berggasthof
Schutzhaus
Berggruppe *der* **Dolomiten**
Drei Zinnen
Bergland *der* **USA**
Black Hills
Bergrücken *am* **Rhein**
Niederwald

Bergsteigergruppe
Seilschaft
Bergstock *der* **nördlichen Kalkalpen**
Schneeberg
Bergstock *der* **Salzburger Kalkalpen**
Untersberg
Bergstock *in* **Spanien**
Montserrat
Bericht
Erzaehlung, Mitteilung
Berichterstatter
Journalist
Berliner Arzt
Sauerbruch
Berliner Bauwerk
Staatsoper
Berliner Maler
Liebermann
Berliner Stadtteil
Mariendorf, Tiergarten, Weissensee, Zehlendorf
Beruf
Profession, Taetigkeit
Beruf *im* **Baugewerbe**
Baufuehrer, Dachdecker, Elektriker, Handwerker, Ofensetzer, Pflasterer, Stuckateur, Tapezierer, Zimmermann
Beruf *in* **Forschung, Unterricht oder Wissenschaft**
Historiker, Mineraloge, Pharmazeut, Psychiater
Beruf *im* **Gesundheitswesen**
Frauenarzt, Homoeopath, Orthopaede, Pharmazeut, Psychiater, Sanitaeter, Veterinaer
Beruf *in der* **Holzindustrie**
Fassbinder, Zimmermann
Beruf *in der* **Kunst**
Kunstmaler, Librettist, Tanzlehrer
Beruf *in der* **Lederindustrie**
Kuerschner
Beruf *in der* **Metallindustrie**
Schweisser
Beruf *in der* **Nahrungsmittelindustrie**
Schlachter
Beruf *im* **Presse- oder Verlagswesen**
Hersteller, Journalist, Kolporteur, Lithograph, Photograph, Retuscheur, Stenograph
Beruf *im* **Rechtswesen**
Referendar
Beruf *im* **Transport- oder Verkehrswesen**
Dienstmann, Fahrlehrer, Fernfahrer, Taxifahrer, Zugfuehrer
Beruf *in der* **Unterhaltungsbranche**
Ausstatter, Beleuchter, Darsteller, Discjockey, Impresario, Inspizient, Kameramann, Librettist, Quizmaster, Tonmeister, Vorfuehrer
Beruf *in der* **Werbung**
Fotomodell
Berufsstand
Handwerker
Berufung
Bestallung, Einsetzung
berühmt
renommiert
berühmter Chirurg
Sauerbruch
Besatzung
Mannschaft
beschädigt
ramponiert
beschädigtes Buch
Remittende
Beschädigung
Verletzung
Beschaffenheit
Konsistenz
Beschäftigung
Broterwerb, Taetigkeit
Beschau
Inspektion
beschaulich
besinnlich
Bescheid
Mitteilung
Bescheinigung
Zertifikat
Beschimpfung
Schmaehung
Beschlagnahme
Einziehung
Beschluss
Resolution, Verfuegung, Verordnung
beschränken
limitieren, reduzieren
beschränkend
restriktiv
Beschränkung
Limitation
Beschriftung
Erklaerung
Beschützer
Schirmherr, Schutzherr
Beschützter
Guenstling
Besenginster
Brahmbusch
Besetzung
Okkupation
Besichtigung
Inspektion, Visitation
Besitzentzug
Enteignung
Besitzergreifung
Erbantritt, Okkupation, Usurpation
Besoldung
Verguetung
Besonderheit
Abweichung, Seltenheit
Besprechung
Diskussion, Wuerdigung
Besserwisser
Rechthaber
beständig
ausdauernd
Bestandteil
Einzelheit, Ingrediens, Ingredienz, Komponente
Bestandteil *des* **Bestecks**
Obstmesser, Teeloeffel
Bestandteil *des* **Blutes**
Erythrozyt, Leukozyten
Bestandteil *der* **Erdatmosphäre**
Sauerstoff, Stickstoff
Bestandteil *eines* **Ganzen**
Komponente
Bestandteil *der* **Luft**
Sauerstoff, Stickstoff
Bestätigung
Zustimmung
Bestechungsgeld im Orient
Bakschisch
Bestellung
Feldarbeit, Kommission
bestialisch
vandalisch
bestimmt
festgelegt, garantiert, vereinbart
bestimmte Menge
Quantitaet
bestimmter Wirtschaftsbereich
Baubranche
bestimmter Zeitpunkt
Augenblick
Bestimmung
Definition, Verfuegung, Verordnung, Vorschrift
Bestleistung
Weltrekord

Bestrahlungsgerät
Quarzlampe
Besucherliste
Gaestebuch
betäubt
bewusstlos
Betäubungsmittel
Chloroform, Narkotikum
betont
auffallend, ostentativ
betont ungezwungen
burschikos
Betonungszeichen
Zirkumflex
betören
bestricken
betörend
berueckend, bezaubernd
Betrachter
Beobachter
beträchtlich
ansehnlich
Betreuer
Fuersorger, Impresario
Betreuung
Versorgung
Betrieb *der* **Fischindustrie**
Raeucherei
Betriebsführung
Management
Betriebsprüfer
Controller
betrübt
deprimiert
Betrug
Faelschung, Taeuschung
Betrüger
Scharlatan
betrunken
beschwipst
Beugung
Abwandlung, Abweichung, Verletzung
Beule
Schwellung
Beurkundung
Zertifikat
Beurteilung
Einstufung
Beutel
Geldtasche
Bevölkerung
Population
bevor
frueher als
bevorzugtes Gasthaus
Stammbeisl, Stammlokal
bewandert
beschlagen, sattelfest
bewegliche Gliederpuppe
Hampelmann
bewegliches Fest
Karfreitag
Beweglichkeit
Mobilitaet, Vitalitaet
Bewegungsart
Schlendern
Bewegungslehre
Phoronomie
beweisend
ostentativ
Beweisführung
Herleitung
Bewerbung
Kandidatur
Bewilligung
Gewaehrung, Konzession
Bewohner *einer* **Antilleninsel**
Jamaikaner
Bewohner *der* **Niederlande**
Hollaender
Bewusstsein
Erkenntnis
Bezahlung
Verguetung
bezaubern
verfuehren
bezaubernd
berueckend
Beziehung
Verbindung
beziehungsweise
respektive
Bezirk
Landesteil, Landstrich
Bibelteil
Apokalypse, Evangelium
biblische Männergestalt
Methusalah, Methusalem
biblische Silbermünze
Silberling
biblischer Garten
Gethsemane
biblischer Ort
Betdschala, Gethsemane
biblischer See
Genezareth
biblisches Gesetz
Zehn Gebote
biblisches Volk
Amalekiter, Hasmonaeer, Israeliten, Kanaaniter, Makkabaeer, Phoenizier
bieder
anstaendig, einfaeltig
Bienenerzeugnis
Wabenhonig
Bienenhaus
Immenstock
Biersorte
Weizenbier
bigott
froemmelnd
Bilanz
Abrechnung, Rueckblick, Ueberblick
Bildaufnahmegerät
Filmkamera
Bilderrätsel
Vexierbild
Bildersammlung
Pinakothek
Bilderstürmer
Ikonoklast
Bildgeschichte
Comicstrip
Bildhauermaterial
Kunststoff, Terrakotta
bildlich
figuerlich, symbolisch
bildsam
lernfaehig
Bildspeicher
Bildplatte, Magnetband
Bildteppich
Tapisserie
Bildung
Gestaltung
Bildungsstätte
Hochschule, Oberschule, Realschule
Bildwerfer
Epidiaskop
Bildzeichen
Pictogramm, Piktogramm
Billett
Fahrschein
Billigwarenvertrieb
Ausverkauf
Binde
Wundschutz
Bindung
Engagement
Biographie
Lebensbild
Birnensorte
Bergamotte
bischöfliche Hauptkirche
Kathedrale
Bischofsstab
Hirtenstab
bissig
spoettisch
Bistumsverleihung
Investitur
Bittgang
Prozession
Bittsteller
Supplikant
bizarr
wunderlich
blasiert
hochmuetig, hochnaesig

Blasinstrument
Altposaune, Bombardino, Flageolett, Heckelphon, Klarinette, Kontrabass, Oboedamore, Querfloete, Querpfeife, Rohrfloete, Sackpfeife
Blasmusiker
Kornettist
Blätterpilz
Champignon
Blatthornkäfer
Junikaefer, Mistkaefer, Skarabaeus
blaue Farbe
Himmelblau, Ultramarin
Bleibe
Nachtlager, Unterkunft
Blendwerk
Hokuspokus, Taeuschung
Blessur
Verwundung
blinde Leidenschaft
Fanatismus
Blinkfeuer
Leuchtturm
Blitzart
Kugelblitz
bloß
huellenlos
Bloßstellung
Entlarvung
Blue Jeans
Nietenhose
Bluff
Hokuspokus, Taeuschung
Blume
Immortelle, Leberblume, Loewenmaul, Montbretie, Nachtkerze, Osterblume, Pelargonie, Strohblume
Blumenfläche
Ziergarten
Blutabnahme
Schroepfen
Blutandrang
Kongestion
Blutaustritt ins Gewebe
Bluterguss
Blutdorn
Berberitze
Blütenlese
Anthologie
Blütenteil
Huellblatt, Staubblatt, Staubfaden
Blütezeit einer Pflanze
Floreszenz
Blutgefäß
Schlagader
Blutgerinnsel
Blutpfropf
Blutkörperchen
Erythrozyt
Blutplättchen
Thrombozyt
Blutwurz
Tormentill
Boden
Dachkammer
Bodensatz
Ablagerung
Bodenschatz
Braunkohle, Steinkohle
Bodenseehafen
Romanshorn
bodenständig
autochthon, urwuechsig
Bodenturnübung
Hechtrolle
Bogenhanf
Sanseverie
böhmisches Mittelgebirge
Erzgebirge
bombensicherer Raum
Unterstand
Bonität
Bodenguete
Bonus
Verguetung
Bootsart
Paddelboot
Bootsführer in Venedig
Gondoliere
Bootsschutzhülle
Persenning
Bordell
Eroscenter
Born
Heilquelle
Börse
Geldbeutel
Börsenbericht
Kurszettel
Börsenpapier
Obligation, Pfandbrief, Stammaktie, Volksaktie, Wertpapier
Börsenspekulant
Boersianer
bösartig
pernizioes
bösartige Hinterlist
Heimtuecke
Bosheit
Gemeinheit, Hinterlist
botanische Anlage
Dachgarten, Obstgarten
botanischer Begriff
Blattgruen, Jahresring, Kelchblatt
Botschaft
Evangelium, Kundgebung, Mitteilung
Böttcher
Fassbinder, Schaeffler
Bouillabaisse
Fischsuppe
Boxausdruck
Leberhaken, Tiefschlag
Bramme
Eisenblock
Branche
Fachgebiet
Brandy
Branntwein
Bratgefäß
Bratpfanne, Roemertopf
Brauch
Gewohnheit, Konvention
Brauereianlage
Abfuellung, Gaerkeller
Brauereiprodukt
Weizenbier
Brautschaft
Heiratsgut
Brecher
Sturzwelle
Brechung
Refraktion
Brennstoff
Braunkohle, Presskohle, Steinkohle
brenzlig
bedenklich
Bresche
Einschnitt, Mauerbruch
Brettspiel
Backgammon, Fang den Hut, Tricktrack
Brief
Wertpapier
Briefmarkenkunde
Philatelie
Brikett
Presskohle
brillant
grossartig
Brocken in der Sage
Blocksberg
Bromaceton
Traenengas
Brotaufstrich
Verhackert
Brotbelag
Aufschnitt, Konfituere
Brotkrümel
Broeckchen
Brotsorte
Grahambrot, Roggenbrot, Weizenbrot
Bruch
Entzweiung
Brücke
Verbindung, Zahnersatz
Brücke *bei* **San Franzisco**
Golden Gate

Brustfell
Rippenfell
Brüstung
Balustrade
brutal
gefuehllos
Brutalität
Gemeinheit
Bub
Spielkarte
Buchart
Bilderbuch, Broschuere, Kinderbuch
Buchdruckverfahren
Flachdruck, Lichtdruck, Steindruck
Bücherei
Bibliothek
Büchersammlung
Bibliothek
Buchführungsbegriff
Gutschrift
Büchsenfleisch
Corned Beef, Cornedbeef
Buchteil
Einleitung, Geleitwort
Bückling
Verbeugung
Buddhas indischer Name
Siddhartha
Bugspill
Ankerwinde
Buhne
Uferschutz
Bühnenbild
Dekoration
Bühnendichter
Dramatiker
Bühnenstück
Schauspiel
Bühnenwart
Inspizient
Bukanier
Seeraeuber
Bund
Verbindung
Bundeshauptstadt der USA
Washington
Bunker
Schutzraum, Unterstand
bunt
farbenfroh, mehrfarbig, vielfarbig
buntes Blattwerk
Herbstlaub
Burg
Rittersitz
Burg *in* **Bayern**
Burghausen, Marienberg
Burg *von* **Belgrad**
Kalimegdam
Burg *bei* **Göttingen**
Hardenberg
Burg *im* **Hegau**
Hohentwiel
Burg *in* **Italien**
Engelsburg
Burg *am* **Main**
Miltenberg
Burg *an der* **Nogat**
Marienburg
Burg *in* **Ostpreußen**
Marienburg
Burg *am* **Rhein**
Rheinstein, Treuenfels
Burg *von* **Rom**
Engelsburg
Burg *an der* **Saale**
Rudelsburg
Burg *an der* **Salzach**
Burghausen
Burg *in* **Thüringen**
Rudelsburg
Burg *von* **Würzburg**
Marienberg
bürgerliches Recht
Zivilrecht
Bürgschaft
Sicherheit
Bürgschaftsbrief
Akkreditiv
burlesk
possenhaft
Büro
Amtszimmer
Büroangestellter
Buchhalter
Bürostunden
Dienstzeit
Burschenschaft
Verbindung
Busch
Niederholz, Niederwald
Busstreckennetz
Liniennetz
Butterblume
Hahnenfuss
byzantinischer Kaiser
Konstantin, Nikephoros, Theodosius

C

Caisson
Senkkasten
Campinggegenstand
Schlafsack, Sturmleine, Zeltpflock, Zeltstange
Chaldäa
Babylonien
Champion
Rekordmann
Chanson
Brettllied
Chaos
Tohuwabohu, Verwirrung
Charge
Dienstgrad, Fuellstoff, Nebenrolle
Charis
Euphrosyne
chemische Verwandtschaft
Affinitaet
chemischer Begriff
Becherglas, Bikarbonat, Bittersalz, Blausaeure, Bleichkalk, Bleinitrat, Bleisulfat, Bromsilber, Chloroform, Experiment, Fettsaeure, Filtration, Gerbsaeure, Kohlenoxid, Kunstfaser, Kupferoxid, Metalloxid, Naphthalin, Pechblende, Salzsaeure, Sauerstoff, Siedepunkt, Speckstein, Stickstoff, Temperatur, Wasserglas, Wertigkeit, Zinkblende
chemisches Element
Dysprosium, Lawrentium, Promethium, Sauerstoff, Stickstoff, Technetium
Chiffre
Geheimwort, Schluessel
chilenische Insel
Osterinsel, Wellington
chilenische Wasserfälle
Pilmaiquén
chinesische Dynastie
Nanpeichao
chinesische Insel
Tschuschan
chinesischer Berg
Wutaischan
chinesischer Maler
Ku Kaitschi
chinesischer Politiker
Mao Tse-tung, Tschu En-lai
chinesischer Revolutionär
Mao Tse-tung
chinesischer See
Hungtsesee
chinesisches Heilverfahren
Akupunktur
chininhaltige Droge
Chinarinde
Chip
Spielmarke
chirurgischer Eingriff
Amputation
Chlorophyll
Blattgruen

Chlorwasserstoff
Salzsaeure
Chor
Singgruppe
Christbaum
Tannenbaum
Christbaumschmuck
Engelshaar
christliche Heilsbotschaft
Evangelium
christlicher Feiertag
Christfest, Einsegnung, Karfreitag
christliches Gebet
Vaterunser
Chronometer
Zeitmesser
Chrysantheme
Marguerite
City
Innenstadt, Stadtmitte
Clinch beim Boxen
Festhalten
Clique
Sippschaft
Clou
Hoehepunkt
Clown
Hampelmann, Komoediant, Spassvogel
Cockpit
Fahrersitz
Code
Gesetzbuch, Schluessel
College
Hochschule
Computerfachmann
Analytiker
computertechnischer Begriff
Dispatcher, Magnetband
Computerwissenschaft
Informatik
Courage
Tapferkeit
Cowboy
Rinderhirt
Crack
Rauschgift

D

Dachform
Satteldach
Dachteil
Regenrinne
damals
seinerzeit
Damenhut
Pelzmuetze
Damenschuh
Sandalette
Damenunterkleidung
Schluepfer, Unterkleid
Dämmerung
Halbdunkel
dämmrige Beleuchtung
Halbdunkel
Dampfmaschinenteil
Schwungrad
dänische Hafenstadt
Helsingoer, Kœbenhavn, Kopenhagen, Sonderburg
dänische Hauptstadt
Kœbenhavn, Kopenhagen
dänischer Berg
Himmelberg
dänischer Politiker
Bernstorff
Danziger Getränkespezialität
Goldwasser
Dardanellen
Hellespont
Darlegung
Erklaerung, Exposition
Darstellung
Ueberblick
daseinsbejahend
lebensfroh
Daseinsfreude
Lebenslust
Datenendgerät
Bildschirm
Datum
Zeitangabe
Dauer
Ausdehnung, Zeitspanne
Dauerbezug
Abonnement
dauerhaft
bestaendig
Dauermiete
Abonnement
dauernd
bestaendig
Dauerverkaufserfolg
Longseller
Dauerwurst
Landjaeger, Plockwurst
Debakel
Misserfolg
Debatte
Aussprache, Diskussion
decken
abschirmen
Deduktion
Herleitung
Defekt im Strumpf
Laufmasche
definitiv
endgueltig, massgebend
Defizit
Fehlbetrag
Deformation
Verformung
Degeneration
Niedergang
Dehnungszeichen
Zirkumflex
Deklamation
Rezitation, Wiedergabe
Deklaration
Erklaerung, Wertangabe
Deklination
Abweichung
Dekolletee (Dekolleté)
Ausschnitt
Dekor
Verzierung
Dekoration
Gestaltung
delikat
auserlesen, bedenklich
Delikatesse
Comestible, Hochgenuss
Delikt
Verbrechen, Verfehlung
Deliktmerkmal
Tatbestand
Delinquent
Verbrecher
Delirium
Verwirrung
Delle
Vertiefung
Demarkation
Abgrenzung, Begrenzung
Demission
Entlassung, Ruecktritt
demnächst
naechstens
Demonstration
Erklaerung, Kundgebung
Denkart
Auffassung, Standpunkt
denkbar
potentiell, potenziell
Denken
Reflektion
Denkschrift
Memorandum
Denksportaufgabe
Mixraetsel, Vexierbild
Depesche
Funkspruch
Deportation
Verbannung
Depot
Niederlage
Depotraum
Lagerhalle
Deputation
Vertretung
des Lesens Unkundiger
Analphabet

Design
Gestaltung
Desinfektion
Entgiftung, Entkeimung
desolat
vereinsamt
despektierlich
respektlos
Desperado
Abenteurer
Despot
Machthaber
Dessert
Nachspeise
Detail
Einzelheit, Einzelteil
determiniert
festgelegt
deutlich
auffallend, profiliert
deutlich machen
erlaeutern
deutsche Großstadt
Goettingen, Heidelberg, Leverkusen, Oberhausen, Osnabrueck, Regensburg, Salzgitter
deutsche Jugendorganisation
Pfadfinder
deutsche Landschaft
Oberbayern, Oberhessen, Soederland, Thueringen
deutsche Münze
Reichsmark, Rentenmark
deutsche Nordseeinsel
Nordstrand, Scharhoern, Spiekeroog, Wangerooge
deutsche Sagengestalt
Hildebrand
deutsche Schauspielerin
Hesterberg, Soederbaum, Tschechowa
deutsche Schreibschrift
Suetterlin
deutsche Sprachwissenschaft
Linguistik
deutsche Universitätsstadt
Goettingen, Greifswald, Heidelberg, Regensburg
deutscher Adelstitel
Prinzessin
deutscher Archäologe
Schliemann
deutscher Arzt
Paracelsus
deutscher Astronom
Kopernikus
deutscher Atomforscher
Heisenberg
deutscher Badeort
Baden-Baden, Bergzabern, Hoenningen, Lauterberg, Liebenzell, Oeynhausen, Schwalbach
deutscher Bankier
Herrhausen
deutscher Berg, Gebirge
Bauersberg, Erzgebirge, Hesselberg, Hohentwiel, Ochsenkopf, Petersberg, Rosstrappe, Sturmhaube, Vogelsberg, Westerwald
deutscher Binnensee
Koenigssee, Schliersee, Schluchsee, Staffelsee, Walchensee
deutscher Chemiker
Erlenmeyer, Staudinger, Strassmann
deutscher Erfinder
Fahrenheit, Lilienthal
deutscher Fußballspieler
Littbarski, Rummenigge, Schumacher
deutscher Herrschername
Barbarossa, Maximilian
deutscher Historiker
Schnitzler, Treitschke
deutscher Humanist
Camerarius, Mosellanus, Pirkheimer
deutscher Ingenieur
Lilienthal
deutscher Komponist
Praetorius, Schoenberg
deutscher Maler
Liebermann, Schwitters
deutscher Marxist
Liebknecht
deutscher Nobelpreisträger für Physik
Heisenberg, Moessbauer
deutscher Pädagoge
Diesterweg
deutscher Philosoph
Baumgarten, Horkheimer, Keyserling, Windelband
deutscher Physiker
Barkhausen, Fahrenheit, Fraunhofer, Heisenberg, Kohlrausch, Moessbauer, Poggendorf, Sommerfeld
deutscher Pianist
Eschenbach
deutscher Politiker
Armansperg, Hardenberg, Hindenburg, Liebknecht, Ollenhauer, Schleicher, Schumacher, Stresemann, Windthorst
deutscher Regisseur
Fassbinder, Gruendgens
deutscher Reichskanzler
Schleicher, Stresemann
deutscher Reichspräsident
Hindenburg
deutscher Schauspieler
Bassermann, Gruendgens, Hesterberg, Pallenberg, Schoenhals, Stankowski, Vespermann, Wohlbrueck
deutscher Schriftsteller
Hoelderlin, Liliencron, Ringelnatz
deutscher Sozialist
Liebknecht, Schumacher
deutscher Theologe
Bonhoeffer, Doellinger, Gollwitzer, Niemoeller, Schweitzer
deutscher Volksstamm
Ostfriesen, Thueringer
deutsches Bundesland
Thueringen
deutsches Fürstenhaus
Karolinger
deutsches Kartenspiel
Doppelkopf
deutsches Weinbaugebiet
Rheinpfalz
Deutung
Erklaerung
Devise
Leitspruch, Schlagwort, Sinnspruch, Wahlspruch
dezent
schicklich
Diadem
Stirnbinde, Stirnkrone
Diagnose
Bestimmung, Erkenntnis
Diäten
Tagegelder
Dichtung
Erzaehlung, Schauspiel
dick
fettleibig
dickflüssige Tunke
Mayonnaise
Dickflüssigkeit
Saemigkeit
Dickhäuter
Flusspferd, Rhinozeros
Dieb
Einbrecher, Kleptomane, Langfinger
Diebstahl
Entwendung
Diener
Verbeugung
Dienstenthebung
Entlassung, Suspension

Dienstkleidung
Amtstracht
Dienststellenwechsel
Versetzung
different
abweichend
Differenz
Fehlbetrag, Restbetrag
diffus
undeutlich
Dilemma
Zwangslage
Dill
Baerenwurz
Dimension
Ausdehnung
Ding
Gegenstand
Dinge wegschaffen
beseitigen
Dingwort
Substantiv
Diphthong
Doppellaut
Diplom
Ehrenbrief
diplomatisches Schriftstück
Kommunikee, Kommuniqué
direkt
geradewegs, unumwunden
Direktive
Richtlinie, Vorschrift
Diskant
Oberstimme
Diskussion
Aussprache
Diskussionstagung
Kolloquium
Disposition
Einteilung, Gliederung, Verfassung, Verfuegung
Disqualifikation
Ausschluss
Dissident
Abweichler, Freidenker
Distanz
Entfernung
Distribution
Verteilung
Distrikt
Landstrich
Disziplin
Fachgebiet
Divergenz
Abweichung
Doldengewächs
Baerenklau, Pimpinelle, Waldkerbel
Dom
Kathedrale
Domäne
Fachgebiet
Don Quijotes Gegner
Windmuehle
doppeldeutig
ambivalent
doppelkohlensaures Salz
Bikarbonat
Doppelsinn
Amphibolie
Doppelwertigkeit
Ambivalenz
Dorade
Goldbrasse
Dorsch
Klippfisch, Stockfisch
Dossier
Aktenstoss
Drache
Fluggeraet, Tatzelwurm, Tazzelwurm
Drahtzieher
Hintermann
Drall
Drehimpuls
Drama
Schauspiel
Dreh
Handhabung, Kunstgriff
Dreiecksseite
Hypotenuse
Dreierherrschaft
Triumvirat
Dreikäsehoch
Gernegross
Dreikönigsfest
Epiphanias
Dreisatzrechnung
Regeldetri
dreiteiliger Altaraufsatz
Triptychon
Dressur
Abrichtung
Droge
Rauschgift
dröge
langweilig
Drohung
Erpressung
Druckerlaubnis
Imprimatur
Druckerzeugnis
Bilderbuch, Broschuere, Flugzettel, Handzettel
drucktechnischer Begriff
Aufmachung, Broschuere, Hauptzeile, Hochformat, Imprimatur, Konkordanz, Manuskript, Querformat, Unterzeile, Widerdruck
Druckverfahren
Flachdruck, Lichtdruck, Steindruck
Druckvorlage
Manuskript
Drudenfuß
Pentagramm
Dudelsack
Sackpfeife
Duett
Zwiegesang
Duft
Wohlgeruch
duftig
aromatisch
Duftstoff
Riechstaoff
Dummkopf
Kleingeist, Tollpatsch
Düngemittel
Hornspaene, Stickstoff, Thomasmehl
dünkelhaft
hochmuetig
durchdacht
methodisch
Durcheinander
Kunterbunt, Mischmasch, Tohuwabohu, Verwirrung
durchgeistigt
aetherisch
durchlocht
perforiert
Durchscheinbild
Diapositiv
durchschimmernd
opaleszent
Durchschnitt
Mittelmass, Mittelwert
Durchsuchung einer Person
Visitation
durchtrieben
raffiniert
Dynastie
Geschlecht

E

Ebenmaß
Gleichmass
Eberesche
Teufelbaum
Eberwurz
Golddistel, Sonnenrose
Echse, die ihre Hautfarbe wechselt
Chamaeleon
Echsenart
Chamaeleon
echt
natuerlich, urwuechsig
edel
reinrassig

Edelholz
Palisander, Sandelholz
Edelpelz
Chinchilla
Edelpilz
Champignon
Edelstein
Alexandrit, Chrysolith, Chrysopras, Falkenauge, Katzenauge, Labradorit, Meerschaum, Milchquarz, Rauchquarz, Rauchtopas, Rosenquarz, Speckstein
Edikt
Verfuegung, Verordnung
Edition
Herausgabe
edles Warmblutpferd
Lipizzaner
Effekt
Konsequenz
effektiv
nachhaltig
Egerling
Champignon
Ehefrau
Angetraute
ehemalige Straßen-leuchte
Gaslaterne
ehemaliger Name von Äthiopien
Abessinien
ehemaliger Name von Wolgograd
Stalingrad
ehemaliger Postkutscher
Postillion
ehemaliges französisches Papiergeld
Assignaten
Ehrabschneider
Beleidiger
ehrbar
anstaendig
Ehrentag
Geburtstag
Ehrerbietung
Verbeugung
ehrlich
anstaendig, aufrichtig
Ehrung
Wuerdigung
Eifersucht
Rivalitaet
Eigenbrötler
Sonderling
Eigenliebe
Narzissmus
eigens
namentlich
Eigenschaft
Faehigkeit
eigenwillig
kaprizioes
Eiland im Pazifik
Osterinsel
Einatmung
Inhalation
Einband
Buchhuelle
Einbildung
Suggestion
eindringlich
instaendig
Eindruck
Empfindung, Impression, Vertiefung
eine *der* drei Chariten
Euphrosyne
eine *der* Musen
Polyhymnia
einer *der* Titanen
Prometheus
einfach
bescheiden
einfältig
treuherzig
Einfluss
Autoritaet
einförmig
langweilig
Einfuhrgebühr
Schutzzoll
Einführung
Initiation, Investitur
Eingabe
Memorandum
Eingang
Eintreffen, Zustellung
eingebildet
hochmuetig, unwirklich
Eingeborene Amerikas
Indianerin
eingedickte Flüssigkeit
Konzentrat
eingelegte Frucht
Essiggurke
eingelegte Gemüse-frucht
Essiggurke
eingelegte Locke
Schneckerl
eingelegter Fisch
Oelsardine, Salzhering
eingelegter Weißkohl
Sauerkraut
Eingemachtes
Konfituere
eingesalzener Fisch
Klippfisch, Stockfisch
eingreifen
einmischen
Eingriff
Verletzung
einheimische Getreide-sorte
Buchweizen
einheimische Gift-schlange
Kreuzotter
einheimischer Giftpilz
Satanspilz, Speiteufel
einheimisches Raubtier
Fischotter
Einhüllung in Dunst
Umnebelung
Einkehr
Meditation
Einkommen
Entlohnung
Einleitung
Ouvertuere
Einmütigkeit
Konkordanz
Einöde
Einsamkeit
Einpeitscher
Aufwiegler, Hetzredner
einprägsam
instruktiv
einrädriges Fahrzeug
Schubkarre
Einreihung
Klassement
Einrichtung
Gestaltung
Einrichtungsgegenstand
Klubsessel, Nachttisch
eins im anderen
ineinander
Einsagerin beim Theater
Souffleuse
einschränkend
restriktiv
einseitig
doktrinaer, parteiisch, unilateral
Einsiedlerorden
Kartaeuser
einstudierte Stücke
Repertoire
einstweilige Amtsenthebung
Suspension
Eintagsfliege
Ephemeride
Einteilungsbegriff
Geschlecht
Eintreffen
Erscheinen
Eintrittsbillett
Platzkarte
Einverständnis
Zustimmung
Einwand
Gegengrund

Einweihung
Initiation
Einwohnerverzeichnis
Adressbuch
Einzeldarstellung
Monografie
Einzelgänger
Sonderling
Einzelmensch
Individuum
Einzelwesen
Individuum
einziger Nachlassempfänger
Alleinerbe
Eisenbahner
Lokfuehrer, Zugfuehrer
Eisenbahnfahrzeug
Elektrolok, Kuehlwagen, Lokomotive, Rangierlok, Triebwagen
eisenbahntechnischer Begriff
Endstation, Interregio, Platzkarte, Schnellzug, Signalmast
Eisenbahnwagen mit Eigenantrieb
Triebwagen
Eisenbeton
Stahlbeton
Eisenerz
Eisenstein
Eisenhut
Hahnenfuss, Kopfschutz
Eisenkraut
Verbenazee
Eisenstift
Nietbolzen
Eisheiliger
Bonifatius, Pankratius
Eiskunstlaufsprung
Doppelaxel, Rittberger
Eisschützenmannschaft
Moarschaft
eitel
affektiert
Eitelkeit
Koketterie
Eiweißkörper
Fibrinogen
Ekel
Ueberdruss, Widerwille
Elan
Vitalitaet
elegant
kultiviert
elektrische Bedienungsanlage
Schaltpult
elektrische Lichterscheinung
Polarlicht
elektrische Lichtquelle
Gluehlampe
elektrische Schutzeinrichtung
Isolierung
elektrisches Messgerät
Voltameter
Elektrizitätsträger
Elektronen
elektronisches Bauteil
Transistor
Element
Grundstoff, Naturkraft
Elementarteilchen
Antiproton
elend
hinfaellig
Elfmeter beim Fußball
Strafstoss
Eloge
Kompliment
elternloses Kind
Findelkind
Emission
Aussendung
Empfängnis
Konzeption
Empfangsapparat
Funkgeraet
Empfindung
Impression
empörend
skandaloes
Emporkömmling
Aufsteiger, Neureicher
empört
indigniert
Ende *der* Arbeitszeit
Feierabend
Energie für Motoren
Treibstoff
Engagement
Anstellung
Engel
Gottesbote
engherzig
intolerant, pedantisch
England
Britannien
englisch für Torwart
goalkeeper
englische Grafschaft
Carmarthen, Cumberland, Derbyshire, Devonshire, Gloucester, Huntingdon, Lancashire, Montgomery, Shropshire
englischer Feldherr
Cumberland, Wellington
englischer Ingenieur
Stephenson
englischer Nobelpreisträger für Chemie
Rutherford
englischer Nobelpreisträger für Literatur
Galsworthy
englischer Nobelpreisträger für Medizin
Hounsfield
englischer Nobelpreisträger für Physik
Richardson
englischer Physiker
Rutherford
englischer Polizist
Konstabler
englisches Korbballspiel
Basketball
ennuyant
langweilig
Entbindungsraum
Kreisssaal
Entdecker *der* Asepsis
Semmelweis
Entdecker *der* Kernspaltung
Strassmann
entdeckte Utensilien
Fundsachen
Entdeckung
Ausgrabung
Entertainer
Showmaster
Entfernung vom geraden Weg
Abweichung
Entführung
Kidnapping
entgegenkommend
freundlich, konziliant
Entgegnung
Erwiderung
Entgelt
Verguetung
enthusiastisch
begeistert
Entkeimung
Antisepsis
Entkleidungsnummer
Striptease
Entkleidungstänzerin
Stripperin
Entkoloriermittel
Entfaerber
Entlassung
Kuendigung
Entlüfter
Ventilator
Entmannung
Kastration
entmutigt
deprimiert

Entschädigung
Reparation, Verguetung
entscheidend
endgueltig
Entscheidung
Entschluss, Hoehepunkt, Verfuegung
Entschließung
Resolution
entschlossen
kurzerhand
Entschlusskraft
Initiative
Entschuldigung
Verzeihung
Entstellung
Verdrehung, Verzerrung
enttäuscht
frustriert
Entweihung
Schaendung
Entwicklung
Entstehung
entwicklungsverzögert
retardiert
Entwurf
Gestaltung, Konzeption
entzückend
berueckend, bezaubernd, zauberhaft
entzweien
verkrachen
Epigone
Nachfolger
Epigramm
Aufschrift, Sinnspruch
Epoche
Wendepunkt, Zeitspanne
Epos *des* **Mittelalters**
Gudrunlied
Equipe
Mannschaft
Erbarmen
Mitgefuehl
Erbauer
Baumeister
Erbauung
Errichtung
Erbe
Nachfolger
erblich
hereditaer, kongenital
Erdbebenanzeiger
Seismograf, Seismoskop
Erdbebenherd
Epizentrum
Erdbirne
Topinambur
Erdhörnchenart
Murmeltier
Erdkunde
Geographie
Erdmittelalter
Mesozoikum
Erdoberflächendelle
Bodensenke
Erdteil
Australien
Eremit
Einsiedler
erfahren
beschlagen, routiniert
Erfahrungsbeweis
Experiment
Erfinder *des* **Barometers**
Torricelli
Erfinder *des* **Flaschenzuges**
Archimedes
Erfinder *des* **Flugzeugs**
Lilienthal
Erfinder *der* **Lokomotive**
Stephenson
Erfinder *des* **Thermometers**
Fahrenheit
Erfolgsbuch
Bestseller
Erfolgszuversicht
Optimismus
erfreulicher Anblick
Augenweide
Ergänzung
Accessoire, Supplement
erhaben
pathetisch
erholen
ausspannen
Erholungsort
Luftkurort, Sanatorium
Erikagewächs
Heidekraut
Erinnerung
Rueckblick
erkälten
verkuehlen
erklären
erlaeutern
Erkrankung durch Abkühlung
Erkaeltung
Erlass
Bestimmung, Verfuegung, Verordnung
Erlaubnis
Konzession, Permission, Zustimmung
Erlebnis
Impression
Erlebnishungriger
Abenteurer
erlesen
ausgesucht, kultiviert
Erlös
Reingewinn
ermüdet
erschoepft
Ernennung
Nomination
Erneuerung
Renovation
ernsthaft
anstaendig
Erntegerät
Maehbinder
Eröffnung
Ouvertuere
Eröffnungsart im Schachspiel
Fianchetto
Erörterung
Diskussion
Erprobung
Experiment
erregbarer Mensch
Choleriker
Ersatzreifen im Auto
Reserverad
Erscheinungsfest
Epiphanias
erschöpft
abgespannt, ausgepumpt
erschwerend
gravierend
Erstattung der Fahrtkosten
Benzingeld
erste Hilfe für Verletzte
Notverband
erste Sängerin
Primadonna
erster Anstoß
Initiative
erster Opernsängerin
Primadonna
erster US-Präsident
Washington
Erstrecht
Prioritaet
erwägenswert
diskutabel
Erwiderung
Entgegnung
erzählende Dichtung
Geschichte
Erzbischof
Metropolit
Erzeuger
Hersteller
Erzeugung
Produktion
Erzieherin
Paedagogin
Erziehungslehre
Paedagogik
erzürnt
veraergert

Eskalation
Steigerung
Eskorte
Begleitung
Essay
Abhandlung
essbare Dinge
Viktualien
Essener Großbau
Grugahalle
Essenspause
Jausenzeit
essenziell
wesentlich
Esslokal
Restaurant, Wirtschaft
Ethik
Morallehre
Etikett
Schildchen
etwa
vielleicht
Europäer
Andorraner, Englaender, Hollaender, Portugiese
europäische Hauptstadt
Kopenhagen
europäischer Staat
Frankreich
evangelische Christen
Hugenotten, Lutheraner
eventuell
vielleicht
exakt
gruendlich
exaltiert
empfindsam, ruehrselig
Exchampion
Altmeister
Exhaustor
Entluefter, Ventilator
Exhumierung
Ausgrabung
Exil
Emigration, Verbannung
Exkurs
Abhandlung
exotisch
fremdartig
Expansion
Ausdehnung
Experte
Sachkenner, Spezialist
Explosion
Detonation
express
namentlich
exquisit
ausgesucht
extern
ausserhalb, auswaertig
extra
ausserhalb
extrem komfortabler Dampfer
Luxusliner
Extremist
Radikalist
Extremität
Gliedmasse

F

Fabel
Erzaehlung
fabelhaft
grossartig
Fabeltier
Tatzelwurm
Facharbeiter
Maschinist, Mechaniker
Facharzt
Frauenarzt, Kardiologe, Kinderarzt, Orthopaede, Psychiater
Fachgespräch
Kolloquium
Fachgröße
Kapazitaet
Fachhelferin
Ratgeberin
Fachmann
Spezialist
Fachmediziner
Orthopaede
Fachwerkgebäude
Riegelhaus
fad
ungewuerzt
fähig
talentiert
Fahndung
Aufspueren
Fahndungsblatt
Steckbrief
Fahrbahnmarkierung
Haltelinie
fahrbare Dampfmaschine
Lokomotive
fahrende Leute
Zirkusvolk
Fahrerkopfschutz
Schutzhelm
Fahrgastbetreuerin
Stewardess
Fahrgeschwindigkeits-messer
Tachometer
fahrlässig
unbesonnen
Fahrradteil
Lenkstange, Ruecktritt
Fahrtenschreiber
Tachograph
Fahrtweg
Reiseroute
Fahrunterricht Ertei-lender
Fahrlehrer
Fahrweg für den Urlaub
Reiseroute
Fahrzeug *für* **Kleinkinder**
Sportwagen
Fahrzeug *im* **Straßenbau**
Dampfwalze
Fahrzeug *im* **Weltall**
Raumschiff
Fahrzeugoberbau
Karosserie
fair
anstaendig
faire Gesinnung
Loyalitaet
Fäkalien
Exkremente
Faktum
Tatbestand
fakultativ
freiwillig
Fall
Niedergang, Vorkommnis
Fallbeil
Guillotine
falls
angenommen
falsch geleitete Post
Irrlaeufer
falsche Zähne
Zahnersatz
falscher Schein
Taeuschung
Fälscher
Schwindler
Fälschung
Falsifikat
Falsett
Kopfstimme
Falsifikat
Faelschung
Familienangehöriger
Grossvater
Familienfeier
Geburtstag
Familienforschung
Genealogie
Familienstammbaum
Ahnentafel
Familienstand
geschieden
famos
grossartig
fanatischer Nationalist
Chauvinist
Fangkorb für Wassertiere
Fischreuse
Fantasie (Phantasie)
Einbildung, Traeumerei

Fantast
Schwaermer
Farbenhalbring am Himmel
Regenbogen
Farblosigkeit
Albinismus
Farbmesser
Chromoskop
Farbstoff
Cochenille
Farbton
Kobaltblau
Färbung
Farbgebung
Farngewächs
Frauenhaar
Fassade
Schauseite
Fassungsvermögen
Kapazitaet, Rauminhalt
fast
annaehernd
fatal
unangenehm
Faulenzer
Nichtsnutz
Faultier
Zweifinger
Favorit
Guenstling
Fechtausdruck
Tempostoss
Federvieh
Goesseling
Federwild
Blaesshuhn
fehlgeleiteter Brief
Irrlaeufer
Fehlschlag
Misserfolg
feierlich
pathetisch, wuerdevoll
feierliche Eröffnung
Einweihung
feierlicher Umzug
Prozession
Feiertag kurz vor Ostern
Karfreitag
feige
aengstlich
fein
kultiviert
Feinbäckerei
Konditorei
feindlich
gegnerisch
feines Gebäck
Patisserie
feinfühlend
empfindsam
Feinheit
Praezision, Raffinesse
feinkeramisches Produkt
Terrakotta
Feinmessgerät
Mikrometer, Schublehre
feist
dickleibig, fettleibig
Feldfrucht
Buchweizen, Esparsette, Topinambur, Weisskraut
Feldherr *im* Krieg gegen Napoleon
Wellington
Feldherr Nebukadnezars
Holofernes
Feldunkraut
Ackerwinde
Felsen *im* Harz
Rosstrappe
Fernsehen
Television
Fernseher
Bildschirm
Fernsehsendung
Tagesschau
Fernsehunterricht
Telekolleg
Fertigkeit
Faehigkeit
Fertigkleidung
Konfektion
Fertigung
Produktion
fest
bestaendig
Festkleidung
Abendkleid
Festlegung
Bestimmung
festliche Beerdigung
Funeralien
festliche Robe
Abendkleid
Festzug
Prozession
Feuchtigkeitsmesser
Hygrometer
feudal
prachtvoll
Feueranzünder
Feuerstein
Feuergeist
Salamander
Feuergott
Hephaistos
Feuersbrunst
Grossbrand
Feuerschutzwand
Brandmauer
Feuerwehrgebäude
Brandwache
Feuerwelt
Muspelheim
Feuerwerkskörper
Knallerbse, Schwaermer
Feuilleton
Kulturteil
Fiasko
Fehlschlag, Misserfolg
Fieber
Temperatur
Fieberbaum
Eukalyptus
Fiebermittel
Chinchonin
fies
abstossend
fifty-fifty
halbe-halbe
Figur *bei* Thomas Mann
Felix Krull
Figur aus Der Barbier von Sevilla
Marzelline
Figur aus Die Nibelungen
Hildebrand
Figur aus Die Zauberflöte
Monostatos
Filiale
Niederlage, Zweigbuero
Filibuster
Seeraeuber
Film
Lichtspiel
Filmberuf
Kameramann
Filmbühne
Filmpalast
Filmsammlung
Cinemathek
Filou
Schlaukopf, Schwindler
Finanzen
Geldmittel
Findelhaus
Waisenhaus
Finden von Neuem
Entdeckung
Finesse
Kunstgriff, Schlauheit
Fingerkraut
Gaensefuss, Gaenserich, Tormentill
Finkenvogel
Distelfink
finnischer Feldmarschall
Mannerheim
Finsternis
Dunkelheit
firm
sattelfest
Firmenleitung
Management
Firmennachfolger
Juniorchef

Fischart
Bitterling, Flussbarbe, Goldbarsch, Goldbrasse, Klippfisch, Seeforelle, Zitterwels
Fischfangrequisit
Angelhaken
Fischkonserve
Oelsardine
Fischspezialität
Brathering
Fischweib
Seejungfer
Fistelstimme
Kopfstimme
Fitzbohne
Veitsbohne
Fixstern
Alpha Tauri
Fixum
Festgehalt
flach
huegelfrei
Flachdruckverfahren
Lichtdruck, Steindruck
flaches Trinkgefäß
Sektschale
Flächenmesser
Planimeter
Flaggenstange
Fahnenmast
Flaneur
Nichtstuer
Flanke beim Fußball
Hereingabe
Flaschenverschluss
Kronkorken
Flattertier
Fledermaus
Flaumfeder
Eiderdaune
Flause
Geschwaetz
Flaute
Windstille
Flechtmaterial
Peddigrohr
Fledermaus
Flederhund
flehentlich
instaendig
Fleisch fressender Vogel
Greifvogel
Fleischer
Schlachter
Fleischereiprodukt
Plockwurst
Fleischgericht
Hackbraten
Fleischkloß
Frikadelle
Fleischklößchen
Brisolette
Fleischkonserve
Cornedbeef
Fleischpastetchen
Rissolette
Fleischprodukt
Leberkaese
Fleischvergiftung
Botulismus
Fliegenart
Florfliege
fliegendes Personal
Bordfunker, Stewardess
Fliegenschnäppervogel
Grasmuecke, Rotschwanz
Flieger
Bahnfahrer, Rennfahrer
Fliese
Plaettchen
Fließarbeitsanlage
Fliessband
flink
aufgeweckt
Flint
Feuerstein
Flinte
Jagdgewehr
Florentiner Reformator
Savonarola
Flötenart
Flageolett, Querfloete
Flötenregister der Orgel
Flageolett
Fluch
Laesterung, Schmaehung
Flügel
Seitenteil
Flügelaltar
Triptychon
flugfähiges Säugetier
Fledermaus
Fluggastbetreuerin
Stewardess
Flugnotgerät
Fallschirm
Flugpionier
Lilienthal, Richthofen
Flugschrift
Broschuere, Handzettel
Flugwesen
Aeronautik
Flugzeugart
Aufklaerer, Fernbomber, Jagdbomber
Flugzeugführung
Navigation
Flugzeugstarthilfe
Motorwinde
Flugzeugverband
Geschwader, Luftflotte
Flur
Kulturland
Fluss
Wasserlauf
Fluss *in* Afrika
Medscherda, Weisser Nil
Fluss *in* Asien
Serafschan, Skamandros
Fluss *in* Australien und Ozeanien
Strickland
Fluss *in* Irland
Blackwater
flüssig
verfuegbar
flüssige Vorspeise
Nudelsuppe
Flüssigkeit einer Tropennuss
Kokosmilch
Fokus
Brennpunkt
Folge
Auswirkung, Konsequenz
folgerichtig
konsequent
Folgerung
Konsequenz
Folklore
Volkskunde
Förderanlage
Fliessband, Schoepfrad
Form
Gestaltung
Formation
Schichtung
formbar
nachgebend
formelhaftes Bildsymbol
Piktogramm
Formgebung
Gestaltung
formlos
nonchalant
Formular
Fragebogen
Formung
Gestaltung
forsch
burschikos
Forschungsmittel
Experiment
Forschungsreise
Expedition
Forstbeamter
Waldhueter, Wildhueter
Fortdauer
Stetigkeit
Fortpflanzung
Vermehrung
Fortpflanzungsorgane
Genitalien
Forum
Marktplatz
fotografische Flüssigkeit
Entwickler

fotografischer Begriff
Belichtung, Belichtung, Blitzlicht, Diapositiv, Entwickler, Farbfilter, Gegenlicht
fotografischer Beruf
Retuscheur
fotografisches Gerät
Filmkamera
Fotokopie
Ablichtung
Fotozubehör
Blitzlicht, Farbfilter
Foyer
Wandelgang
Fragment
Stueckwerk, Unfertiges
fragwürdig
mysterioes
Frankenkönig
Theoderich
fränkisches Herrschergeschlecht
Karolinger, Merowinger
französisch für Brüderlichkeit
fraternité
französisch für Eindruck
impression
französisch für Streife
patrouille
französische Grenzlandschaft
Lothringen
französische Nationalheldin
Jeanne d'Arc
französische Protestanten
Hugenotten
französische Rotweinsorte
Beaujolais
französische Widerstandsbewegung
Résistance
französischer Dichter
Baudelaire, Maupassant
französischer Kräuterlikör
Chartreuse
französischer Minnesänger
Troubadour
französischer Perlwein
Champagner
französischer Physiker
Berthollet
französischer Politiker
Clemenceau, Mitterrand, Talleyrand
französischer Schaumwein
Champagner
französisches Akzentzeichen
Zirkumflex
französisches Herrschergeschlecht
Kapetinger
französisches Schloss
Châteaudun, Versailles
Fraß
Tierfutter, Viehfutter
Frau *im* Wochenbett
Woechnerin
Frau von Hades
Persephone
Frau von Hektor
Andromache
Frau von Mohammed
Chadidscha
Frau von Orkus
Persephone, Proserpina
Frau von Pluto
Proserpina
Frau von Poseidon
Amphitrite
Frauenberuf
Direktrice, Erzieherin, Fotografin, Gaertnerin, Grafikerin, Laborantin, Reporterin, Scriptgirl, Souffleuse, Stewardess
Frauenbewegung
Feminismus
Frauenhaar
Zittergras
Frauenmantel
Alchemilla, Milchkraut
Frauenrechtlerin
Feministin
Freak
Aussteiger
frei
ungebunden, verfuegbar
Freibeuter
Filibuster, Flibustier, Seeraeuber
freigebig
weitherzig
freigestellt
fakultativ
Freiheit
Immunitaet
Freiheitsentzug
Gefaengnis, Verhaftung
Freiheitsverbrechen
Kidnapping, Kindesraub
Freikörperkultur
Naturismus
Freiluftmöbel
Liegestuhl
Freisprechung
Absolution
Freitag vor Ostern
Karfreitag
freiwillig
fakultativ
Freizeit
Feierabend
Freizeitlandschaft
Ferienpark
Fremder
Auslaender, Logiergast
Fremdkapital
Obligation
Fremdwort für Meinungsumfrage
Demoskopie
Fremdwort für Selbstlosigkeit
Altruismus
frenetisch
begeistert, stuermisch
Fressen
Tierfutter, Viehfutter
Freude
Vergnuegen
Freund
Vertrauter
Freund Hein
Sensenmann
Freundin Goethes
Schoenkopf, Schulthess
freundliches Wesen
Nettigkeit
Frevel
Laesterung, Verbrechen
Frevler
Verbrecher
Friedensbewegung
Pazifismus
Friedensliebe
Pazifismus
Friedhof
Totenacker
friedlich
harmonisch
friedliches Nebeneinander
Koexistenz
friesische Insel
Boschplaat, Nordstrand, Spiekeroog, Wangerooge
Frischhalteanlage
Eisschrank, Frigidaire, Kuehltruhe
Frisiergerät
Brenneisen, Haarklemme, Haarspange
Frisiermittel
Haarwasser
Frist
Bedenkzeit, Zeitspanne
Frisur
Haartracht
froh
beschwingt

Frohbotschaft
Evangelium
fröhliche Stimmung
Heiterkeit
Fröhlichkeit
Heiterkeit
Frohsinn
Heiterkeit
fromm
andaechtig
Frömmelei
Bigotterie
frommer Wanderer
Wallfahrer
Front
Kampflinie, Stirnseite
Froschlarve
Kaulquappe
Froschlurch
Grasfrosch, Laubfrosch
frottieren
abtrocknen
Frucht
Grapefruit, Kronsbeere, Pampelmuse, Topinambur, Weintraube
Frucht *der* Rebe
Weintraube
Fruchterzeugnis
Konfituere
fruchtige Schleckerei
Erdbeereis
Fruchtstand einer Körnerpflanze
Maiskolben
frühere deutsche Währung
Reichsmark
frühgeschichtlicher Zeitabschnitt
Bronzezeit
Frühlingsblume
Osterblume
frühreif
unkindlich
Fuchsbau in der Tierfabel
Malepartus
fühlbare Strafe
Denkzettel
Fühlungnahme
Beruehrung
Fuhrmann
Fuhrknecht
Führungstier
Leithammel
Fülle
Ueberfluss
Fülle von Ackerfrüchten
Erntesegen
Fundort vorgeschichtlicher Menschen
Heidelberg, Neandertal
Funeralien
Beerdigung, Begraebnis
fünf Bücher Mose
Pentateuch
Fünfeck
Drudenfuss
fünffüßiger Vers der Antike
Pentameter
Fünfkampf der Hellenen
Pentathlon
Fünfmaß
Pentameter
fünfzackiger Stern
Drudenfuss, Pentagramm
Funk
Telegrafie
Funkstille
Sendepause
Funktion
Anstellung, Bestimmung, Taetigkeit
für wahr erklären
versichern
Furche
Einschnitt, Vertiefung
Furnierholz
Palisander
Fürsorge
Versorgung
Fürsorgeeinrichtung
Altersheim, Jugendheim, Waisenhaus
Fürsorgeverband
Rotes Kreuz
Fürst
Landesherr
Fürst *im* Orient
Grossmogul
Fürstin
Prinzessin
Fußballausdruck
Bundesliga, Fernschuss, Mittelfeld, Querbalken, Seitenwahl, Spieldauer, Strafstoss, Torpfosten
Fußbekleidung
Gummischuh, Lederschuh, Sandalette, Skistiefel, Sportschuh, Ueberschuh
Fußgicht
Zipperlein
Fußnote
Marginalie
Fußtruppe
Infanterie
Fußwurzelknochen
Sprungbein
Futter *für* alte Tiere
Gnadenbrot

G

Gabe
Faehigkeit
Gabelung
Abzweigung
Gabenbehälter der Kirche
Opferstock
Gage
Verguetung
galant
aufmerksam, ritterlich
Gallenfarbstoff
Biliverdin
Gallien
Frankreich
gallische Provinz
Aquitanien
Galosche
Gummischuh, Ueberschuh
Gangster
Verbrecher
Gänseart
Schneegans
Gänsedistel
Milchkraut
ganz
unversehrt
Ganzheit
Totalitaet
Garantie
Sicherheit
Garderobe
Bekleidung
Gardinenstoff
Filettuell
Garten *am* Ölberg
Gethsemane
Gartenblume
Christrose, Ehrenpreis, Federnelke, Feuerlilie, Gartenmohn, Heckenrose, Heidekraut, Helianthus, Herbstrose, Immortelle, Leberblume, Loewenmaul, Marguerite, Mauerraute, Montbretie, Nachtkerze, Osterblume, Pelargonie, Schneeball, Silberwurz, Sonnenrose, Steinnelke, Sternblume, Strohblume, Trollblume
Gartenerzeugnis
Blumenkohl, Topinambur
Gartenfest
Grillparty
Gartengefäß
Giesskanne
Gartengerät
Baumschere, Giesskanne, Kultivator, Schubkarre

10

Gartenmöbel
Liegestuhl
Gartenstrauch
Berberitze
gasförmiges Element
Sauerstoff, Stickstoff
Gastgewerbe
Hotellerie
Gastwirtschaft
Biergarten, Bierkeller, Braustuebl, Kaffeehaus, Ratskeller, Restaurant, Schutzhaus, Trinkhalle, Trinkstube, Unterkunft, Weinkeller, Wirtschaft
Gatte
Ehepartner
Gattin von Hektor
Andromache
Gattin von Poseidon
Amphitrite
Gattung
Geschlecht
Gau
Landschaft, Landstrich
Gauklerblume
Affenblume
Gauner
Einbrecher, Langfinger, Schwindler
Gaunerei
Taeuschung
Gaupe
Dachaufbau
gebackene Kartoffelklößchen
Croquetten
gebackener Teig
Plaetzchen
Gebäcksorte
Napfkuchen, Nussbengel, Plaetzchen, Salzbrezel, Salzstange, Windbeutel
Gebärdenspiel
Pantomimik
Gebärraum
Kreisssaal
Gebäudeart
Fertighaus
Gebäudeteil
Hinterhaus
geben
darreichen
Gebetsform
Rosenkranz
Gebiet
Landesteil, Landschaft, Landstrich
Gebiet *im* **Kanton Uri**
Urserental
Gebiet *der* **Technik**
Elektronik
Gebieter
Machthaber
Gebietsaneignung
Okkupation
Gebilde
Gegenstand
Gebilde *aus* **Spielkarten**
Kartenhaus
gebildet
kultiviert
Gebirge
Berggruppe, Bergmassiv
Gebirge *in* **Afghanistan**
Hindukusch
Gebirge *in* **Asien**
Hindukusch
Gebirge *in* **Nordamerika**
Appalachen
Gebirge *in der* **Slowakei**
Erzgebirge
Gebirgsbahn
Sessellift
Gebirgshaus
Schutzhaus
Gebirgspflanze
Alpenlilie, Bergkiefer
Gebirgstier
Alpendohle, Murmeltier, Schneefink, Schneehase, Schneehuhn, Steinadler
Gebiss
Zahnersatz
Gebläse
Ventilator
Gebläsevorrichtung
Entluefter, Fluegelrad, Kompressor, Ventilator
geblendet
fasziniert
Geblüt
Abstammung, Geschlecht
gebrannter Ton
Terrakotta
gebratenes Fleischklößchen
Frikadelle
gebratenes Fleischstück
Filetsteak
Gebrauch
Verwendung
Gebrauchsgegenstände
Utensilien
gebundenes Heft
Broschuere
Geburt
Abstammung, Entbindung
Geburtenregelung
Verhuetung
Geburtsmal
Bauchnabel
Geburtsort
Heimatdorf, Vaterstadt
Geburtstag
Wiegenfest
Geck
Schoentuer
Gedächtnis
Erinnerung
Gedankensplitter
Aphorismus
Gedankenübertragung
Telepathie
gedankenverloren
vertraeumt
Gedärm
Eingeweide
Gedenken
Erinnerung
Gedichtform
Heldenepos, Heldenlied, Pentameter, Vierzeiler, Zweizeiler
Gedichtsammlung
Anthologie
Gedinge
Akkordlohn, Stuecklohn
gedörrter Dorsch
Stockfisch
Gedrücktheit
Depression
gedrungen
untersetzt
Gefahrenmeldung
Warnsignal
gefährlich
bedenklich, bedrohlich, unheilvoll
gefährliche Leidenschaft
Eifersucht
Gefährt für Kleinkinder
Sportwagen
Gefallsucht
Koketterie
Gefälschtes
Falsifikat
Gefasel
Geschwaetz
Gefäß
Bratpfanne, Giesskanne, Kasserolle, Messbecher, Sektkuebel, Wassersack
Gefäß *für* **Schreibflüssigkeit**
Tintenfass
gefeierte Künstlerin
Primadonna
gefeit
abgebrueht, geschuetzt
Gefieder
Federkleid
Gefilde
Landschaft
Geflecht
Gitterwerk, Verbindung

geflochtenes Sitzmöbel
Korbsessel
Geflügel
Taeuberich
Geflügel zum Kochen
Suppenhuhn
Geflügelprodukt
Flaumfeder
Gefolge
Begleitung
geformt
profiliert
Gefriergerät
Eisschrank
Gefüge
Gliederung, Organismus, Schichtung
Gefühl
Empfindung
Gefühl *der* **Sicherheit**
Beruhigung
gefühlsbetont
pathetisch
gefühlskalt
hartherzig
gefühlsmäßig
emotionell, instinktiv
Gefühlsmensch
Romantiker
gefühlvoll
empfindsam, ruehrselig, seelenvoll
gefürchtete Maifröste
Eisheilige
gegebenenfalls
vielleicht
Gegend
Landschaft
Gegenpartei
Opposition
Gegenrede
Entgegnung, Erwiderung
Gegensatz
Antithesis, Opposition
Gegensätzlichkeit
Polaritaet
Gegenspieler
Antagonist
Gegenteil von Krankheit
Gesundheit
Gegenteil von natürlich
kuenstlich
Gegenwehr
Widerstand
Gegner
Antagonist, Konkurrent, Kontrahent
gegossenes Edelmetall
Goldbarren
Gehaltsbestandteil
Kindergeld
Gehäuse
Behaeltnis
geheftetes Buch
Broschuere
Geheimbund *der* **Antike**
Mystagogen
Geheimbund *in* **Europa**
Freimaurer
Geheimbund *in* **Italien**
Cosa Nostra
Geheimbund *in den* **USA**
Cosa Nostra, Ku-Klux-Klan
geheimnisvoll
mysterioes
Gehirnhautentzündung
Meningitis
Geigenbauer
Stradivari
Geigenteil
Bassbalken, Griffbrett, Schallloch
Geisel
Leibbuerge
Geißbart
Maedesuess, Ziegenbart
Geißelbruder
Flagellant
Geisterglaube
Aberglaube
Geisteskranker
Psychopath
Geisteskrankheit
Umnachtung
Geistesschwäche
Debilitaet
Geisteswissenschaft
Ethnologie, Geschichte, Metaphysik, Mythologie, Paedagogik, Philologie, Soziologie
geistig
spirituell
geistig beschränkt
einfaeltig, geistesarm
geistig regsames Wesen
Wendigkeit
geistlich
spirituell
geistliche Übung
Exerzitium, Meditation
Geistlicher
Seelsorger
geistlicher Amtsbereich
Kirchspiel
geistlicher Orden
Albigenser, Augustiner, Barnabiten, Guttempler, Johanniter, Karmeliter, Trappisten
geistliches Amt
Erzbischof, Kirchenrat, Metropolit, Pontifikat
geistliches Buch
Evangelium, Gesangbuch
geistreiche Verspottung
Persiflage
geistreicher Einfall
Aphorismus
geistvolle Betrachtung
Aphorismus
gekrümmte Linie
Serpentine
gekünstelt
affektiert, manieriert
Gelächter
Heiterkeit
Gelände für Kinder
Spielplatz
Geländeform
Huegelland, Stufenland
Geländer
Balustrade
Gelassenheit
Stoizismus
gelbe Narzisse
Osterblume
gelbe Rasse
Mongoliden
gelbliche Farbe
sandfarben
Gelbling
Kleefalter, Postillion
Geld *im* **Volksmund**
Pinkepinke
Geldbehälter
Geldbeutel, Geldboerse
Geldbeihilfe für Studenten
Stipendium
Geldentschädigung
Reparation
Geldgeber
Glaeubiger
geldlich
finanziell
Geldzuschuss
Stipendium, Subvention
gelegentlich
episodisch
gelegentlich vorkommend
sporadisch
Gelehrter
Akademiker, Studierter
Gelenk *des* **Armes**
Ellenbogen
Gelobtes Land
Palaestina
Geltung
Autoritaet
Gemälde
Landschaft, Oelmalerei, Stillleben
Gemäldesammlung
Pinakothek
Gemäldesammlung in München
Pinakothek

gemäß
angemessen
Gemeindezentrum
Marktplatz, Stadtplatz
Gemeinheit
Schurkerei
Gemeinplatz
Banalitaet, Platituede
gemeinsam
kooperativ
Gemeinsamkeit
Affinitaet
Gemeinschaft
Konsortium
Gemeinschaftslied
Rundgesang
Gemetzel
Massenmord
Gemüsesuppe
Minestrone
gemütlich
anheimelnd
Gemütsruhe
Stoizismus
gemütvoll
seelenvoll
genau
ordentlich, pedantisch, puenktlich
Genauigkeit
Praezision
Genehmigung
Konzession
generell
universell
Genese
Entstehung
Genesis
Entstehung, Schoepfung
Genesungsstätte
Sanatorium
Genitalien
Schamteile
Genossenschaft
Konsortium
genügend
suffizient
genügsam
bescheiden
Genugtuung
Vergeltung
Genus
Geschlecht
Genuss
Vergnuegen
Genussmittel
Branntwein
Geodät
Feldmesser
geographischer Begriff
Binnenland, Kartennetz, Landschaft
geographisches Gebiet
Landschaft
geologische Formation
Ordovizium
geologischer Begriff
Auffaltung, Braunkohle, Gipsmergel, Steinkohle
Hypotenuse, Kreislinie, Peripherie
geologisches Zeitalter
Mesozoikum
Gepäckabteil im Auto
Kofferraum
Gepäckstück
Aktenmappe, Handtasche
Gepäckträger
Dienstmann
Gepflogenheit
Gewohnheit
gepökeltes Fleischgericht
Corned Beef, Cornedbeef
geprägte Edelmetallmünzen
Brakteaten
Gerät
Instrument
Gerät *im* **Auto**
Tachometer
Gerät *im* **Büro**
Bildschirm
Gerät *im* **Haushalt**
Brotmesser
Gerät *des* **Kellermeisters**
Stechheber
Gerät *zum* **Messen von Winkeln**
Goniometer
Gerätesportler
Reckturner
Geräuchertes
Geselchtes
Gerbereiprodukt
Spaltleder
gerecht
unbefangen
Gerede
Geschwaetz
geregeltes Vorgehen
Systematik
gereinigt
raffiniert
gereizt
aergerlich, cholerisch
gerichtlich
forensisch
gerichtliche Entscheidung
Freispruch, Gefaengnis, Geldstrafe
geriebene Semmel
Paniermehl
Geringfügigkeit
Nebensache
gerissen
raffiniert
Germane
Markomanne
germanische Grabstätte
Huenengrab
germanische Sagengestalt
Hildebrand, Kriemhilde
germanischer Volksstamm
Cambrivier
germanisches Sagengeschlecht
Nibelungen
germanisches Ungeheuer
Fenriswolf
Gerte
Stoeckchen
Gerüchteverbreitung
Kolportage
Gerümpel
Krimskrams
gesalzener Fisch
Stockfisch
Gesamtamerika
Panamerika
Gesamtheit
Totalitaet
Gesamtheit *der* **Erdbevölkerung**
Menschheit
Gesamtheit *eines* **Menschenalters**
Generation
Gesangsgruppe
Doppelchor, Frauenchor, Kinderchor
Gesangsübung
Singstunde
Gesäß
Hinterteil, Hosenboden
Geschäft
Profession, Taetigkeit, Vertretung
Geschäftsauftrag
Kommission
Geschäftsbuch
Kassenbuch
Geschäftsführer
Impresario
Geschäftslage
Konjunktur
Geschäftsschluss
Feierabend
Geschäftsstraße in New York
Wallstreet
Geschehensablauf
Geschichte
Geschenktafel
Gabentisch
geschichtlich
historisch

Geschichtsepoche
Bronzezeit, Kupferzeit
Geschichtsforscher
Historiker
Geschicklichkeit
Faehigkeit, Fertigkeit
Geschirr
Untertasse
Geschlecht
Maskulinum
Geschlechterabfolge
Generation
Geschlechterkunde
Genealogie
Geschlechtsteile
Genitalien, Schamteile
geschlossen
abgerundet
Geschmack
Empfindung
geschmackvoll
kultiviert
Geschmeide
Edelsteine, Kleinodien
geschmeidig
schmiegsam
geschniegelt
aufgeputzt
Geschoss
Dachgarten, Souterrain
Geschütztsein
Sicherheit
10 **Geschwindigkeitsbegren-zung**
Tempolimit
Geschwindigkeitsmesser
Tachometer
Geschwister
Schwestern
gesegnet
gebenedeit
gesellige Runde
Stammtisch
gesellige Veranstaltung
Kegelabend, Kraenzchen
geselliger Kreis
Kegelrunde, Kraenzchen, Stammtisch
Gesellschafter
Mitinhaber
Gesellschaftskunde
Soziologie
Gesellschaftsraum
Klubzimmer, Stammlokal, Stammtisch
Gesellschaftsschicht
Buergertum
Gesellschaftsspiel
Doppelkopf, Fang den Hut, Federspiel, Kegelspiel, Schafskopf

Gesetz
Bestimmung, Rechtsnorm, Rechtssatz, Verfuegung, Verordnung, Vorschrift
Gesetzesbruch
Verbrechen
Gesetzestreue
Loyalitaet
Gesetzlichkeit
Legalitaet
Gesicht
Augenlicht
Gesichtsknochen
Oberkiefer
Gesichtsnerv
Trigeminus
Gesichtspunkt
Auffassung, Standpunkt
Gesichtsteil
Augenbraue, Oberkiefer, Unterlippe
gesittet
kultiviert, manierlich
gesparte Beträge
Ruecklagen
Gespräch
Aussprache, Diskussion, Wortstreit
gesprächig
mitteilsam
Gestade
Meeressaum
Gestaltung
Formgebung
gestattet
konzediert
Geste
Fingerzeig, Kopfnicken
Gesteinsart
Feuerstein
Gesteinskunde
Lithologie
Gestirnsforschung
Astronomie
Gestöber
Schneefall
gestreckt
ausgedehnt
gestrenge Herren
Eisheilige
Gesundbrunnen
Heilquelle
Gesundheitsverlust
Erkrankung
getragen
pathetisch
Getränk
Branntwein, Champagner, Chartreuse, Eierlikoer, Exportbier, Fruchtsaft, Malzkaffee, Schaumwein, Sodawasser, Weizenbier

Getränkelage für alle Gäste
Lokalrunde
Getratsch
Geschwaetz
Getreideerzeugnis
Cornflakes
Getreidekrankheit
Mutterkorn
Getreideschädling
Kornkaefer, Kornschabe
Getriebe
Raederwerk
geübt
routiniert
Gewächs
Geschwulst
gewagtes Unternehmen
Experiment
gewählte Behörde
Kantonsrat
Gewährleistung
Sicherheit
Gewalt
Herrschaft
gewaltig
gigantisch, monumental
Gewaltlosigkeit
Pazifismus
gewaltsam
tyrannisch
gewalztes Metall
Weissblech
Gewässer
Binnenmeer, Gebirgssee, Wattenmeer
Gewässer *bei* Garmisch
Riessersee
Gewässer *in* Kärnten
Weissensee
Gewässer *in* Ungarn
Plattensee
Gewässerkunde
Hydrologie
Gewebeart
Kunstseide, Manchester, Mousseline, Rippensamt, Waschseide
Gewebelehre
Histologie
gewelltes Haar
Lockenhaar, Lockenkopf
Gewerbetreibender
Handwerker
gewerblich Tätiger
Handwerker
Gewichtseinheit
Milligramm, Zentigramm
Gewichtsverlust
Abmagerung
gewieft
raffiniert

Gewinn
Reinerloes
Gewinnsucht
Profitgier
Gewirr
Tohuwabohu
gewiss
garantiert
gewissenhaft
ordentlich, skrupuloes
gewissenlos
skrupellos
Gewissheit
Sicherheit
Gewogenheit
Wohlwollen
Gewölbe
Bogendecke, Mauerbogen
Gewürz
Muskatnuss, Petersilie
Gewürzkugel
Muskatnuss
Gewürzwaren
Spezereien
geziert
affektiert, manieriert, zimperlich
geziertes Benehmen
Stutzertum
Gicht
Zipperlein
Giftgas
Blausaeure, Kohlenoxid
giftiger Zierstrauch
Seidelbast
Giftpflanze
Belladonna, Christwurz, Feuerblume, Hahnenfuss, Kellerhals, Schierling, Schlafmohn, Seidelbast, Stechapfel, Tollgerste, Trollblume, Wolfsbeere, Wolfsmilch
Giftpilz
Satanspilz, Schirmling, Speiteufel
Giftschlange
Aspisviper, Kreuzotter
Giftstoff
Blausaeure
Gigolo
Eintaenzer
Ginsterkatze
Zibetkatze
Gipfel
Hoehepunkt
Gipfelgruppe der Alpen
Drei Zinnen
Gipser
Stuckateur, Stukkateur
Glanz
Schoenheit, Spiegelung
Glanznummer
Attraktion
Glanzpunkt
Attraktion, Hoehepunkt
Glanzschicht bei Muscheln
Perlmutter
Glasstableuchte
Neonroehre
Glasur
Zuckerguss
Glättwerkzeug
Sandpapier
Glaube
Bekenntnis, Konfession, Zuversicht
Glaubensabtrünniger
Haeretiker
Glaubensbekenntnis
Bekenntnis
Glaubenseifer
Fanatismus
Glaubensgemeinschaft
Bekenntnis, Konfession
Glaubenswechsel
Konversion
gleich bleibend
bestaendig
Gleichheit
Identitaet
Gleichmaß
Proportion
Gleisanlage
Abzweigung, Gleiswaage, Handweiche, Prellblock, Signalmast
Gletscherbach
Keeswasser
Gliederpuppe
Hampelmann, Marionette
Gliedertier
Mauerassel, Ringelwurm
Gliederung
Aufteilung
Gliedstaat
Bundesland
Glückseligkeit
Eudaemonie
Gnade
Verzeihung
Gnome
Denkspruch, Sinnspruch
Gnosis
Erkenntnis
Gondel
Ballonkorb
Gondelführer
Gondoliere
Gönner
Schirmherr
Gote
Taufzeugin
Gott *des* Feuers
Hephaestos, Hephaistos
Gotte
Taufzeugin
Götterlehre
Mythologie
gottesdienstliche Handlung
Absolution, Einsegnung
Gotteshaus
Kathedrale
Gotteslästerung
Blasphemie, Entweihung
Gottheitslobpreisung
Aretalogie
Göttin *der* Unterwelt
Persephone, Proserpina
Gouvernante
Erzieherin, Kinderfrau
Gouverneur
Kommandeur
Gräberfeld des Altertums
Nekropolis
Grabmal
Grabplatte
Grad
Einstufung, Einteilung
Gradeinheit der Temperatur
Fahrenheit
Gradierwerk
Rieselwerk
Grafik
Kunstblatt
grafischer Beruf
Handsetzer, Lithograph, Retuscheur
grammatikalischer Begriff
Apposition, Beifuegung, Geschlecht, Komparativ, Konjunktiv, Maskulinum, Selbstlaut, Steigerung, Substantiv, Superlativ
Grapefruit
Pampelmuse
Grasart
Schilfrohr
grauenvoll
graesslich
Greifwerkzeug
Kneifzange
Greisenhaftigkeit
Senilitaet
Grenzbarriere
Schlagbaum
Grenze
Markierung, Trennlinie
Grenzkontrollpunkt
Checkpoint
griechische Göttin
Amphitrite, Elleithyia, Persephone

griechische Helden
Argonauten
griechische Insel
Chalkidike, Samothrake
griechische Landschaft
Makedonien, Mazedonien, Thessalien
griechische Sagengestalt
Kassiopeia, Prometheus
griechischer Astronom
Hipparchos, Ptolemaeus, Ptolemaios
griechischer Bildhauer
Praxiteles
griechischer Erfinder
Archimedes
griechischer Feldherr
Alkibiades, Lysimachos
griechischer Geograf, (Geograph)
Ptolemaeus
griechischer Geschichtsschreiber
Thukydides
griechischer Gott
Hephaestos, Hephaistos
griechischer Kirchenlehrer
Athanasius
griechischer Mathematiker
Apollonius, Archimedes, Pythagoras
griechischer Philosoph
Anaxagoras, Aristippos, Chrysippos, Demokritos, Empedokles, Parmenides, Protagoras, Pythagoras, Theophrast
griechischer Physiker
Archimedes
griechischer Schriftsteller
Empedokles, Thukydides, Xenophanes
griechischer Staatsmann
Alkibiades, Karamanlis, Papandreou
griechischer Weiser
Pythagoras
griechisches Ungeheuer
Minotaurus
Griesgram
Miesepeter
Grind
Hirschkopf
Grips
Schlauheit
grob
ungehobelt, unhoeflich
grobes Gewebe
Beiderwand
großartig
monumental, prachtvoll
Großbetrieb im Einzelhandel
Supermarkt
große Antilleninsel
Puerto Rico
große Einkaufsstätte
Supermarkt
große Kirche
Kathedrale
Größe
Ausdehnung
Größe eines dreidimensionalen Gebildes
Rauminhalt
Größenlehre
Arithmetik, Mathematik
Größenverhältnis
Proportion
größerer Ort
Subzentrum
größeres Gewässer
Binnenmeer
größeres Hohlmaß
Hektoliter
größte Stadt Marokkos
Casablanca
grotesk
eigenartig, wunderlich
Groteskschrift
Sans Sérife
Grübelei
Reflektion
Grundbesitz
Immobilien
Grundgesetz
Verfassung
Grundlage des Rechnens
Einmaleins
gründliche Prüfung
Erdauerung
Grünreizker
Ritterling
Gruppe *der* Ostalpen
Karawanken
Gruß *unter* Personen
gruess Gott
Gummibaum Australiens
Eukalyptus
Gunst
Protektion, Wohlwollen
günstig
erfreulich
Gürtel
Leibriemen
Gurtförderer
Fliessband
gut situiert
wohlhabend
gute Laune
Heiterkeit
Güte
Humanitaet, Wohlwollen
guter Bekannter
Vertrauter
gütig
freundlich
Gymnasiallehrer
Studienrat

H

Haarnadelkurve
Spitzkehre
Haarpflegemittel
Haarwasser
Haarspalterei
Rabulistik
Haartracht
Dauerwelle, Ponyfrisur
Habe
Immobilien
habgieriger Mensch
Geizkragen
Habit
Gewohnheit
Hackfleischklößchen
Frikadelle
Hackfrucht
Steckruebe
Hades
Totenreich
Hafenstadt *in* Ägypten
Alexandria
Hafenstadt *in* Brasilien
Pernambuco
Hafenstadt *in* Chile
San Antonio, Valparaiso
Hafenstadt *in* China
Hangtschou, Yanptschou
Hafenstadt *in* Frankreich
Concarneau, Douarnenez, La Rochelle
Hafenstadt *in* Gabun
Libreville, Port Gentil
Hafenstadt *in* Großbritannien
Birkenhead, Eastbourne, Folkestone, Gloucester, Portsmouth, Sunderland
Hafenstadt *auf* Kreta
Herakleion
Hafenstadt *in* Marokko
Casablanca, Darel Beida
Hafenstadt *in* Neuseeland
Wellington
Hafenstadt *der* Niederlande
Vlissingen

Hafenstadt *in* **Nordamerika**
Charleston, Los Angeles, Sacramento
Hafenstadt *an der* **Nordsee**
Folkestone, Zeebruegge
Hafenstadt *in* **Norwegen**
Hammerfest
Hafenstadt *in* **Schweden**
Karlskrona, Nynaeshamm, Oskarshamm, Trelleborg
Hafenstadt *in* **Senegal**
Saint Louis
Hafenstadt *in* **Somalia**
Mogadischu
Hafenstadt *in* **Tansania**
Daressalam
Hafenstadt *in* **Uruguay**
Montevideo
Haft
Gefaengnis
Haftanstalt
Gefaengnis
Häftling
Gefangener, Straefling
Haftung
Sicherheit
Haftzeher
Mauergecko
hager
ausgezehrt
haifischartiges Tier
Seedrachen
Halbaffe
Fingertier
Halbdunkel
Daemmerung
Halbedelstein
Katzenauge
Halbinsel *in* **Asien**
Kleinasien
Halbinsel *in* **Europa**
Chalkidike, Peloponnes
Halbinsel *in* **Griechenland**
Chalkidike, Peloponnes
Hallig
Nordstrand
Halskrankheit
Diphtherie
Halsteil
Adamsapfel, Luftroehre, Zungenbein
haltbar
bestaendig, konsistent
Haltbarkeit
Soliditaet
Hamburger Stadtteil
Blankenese, Eidelstedt, Uhlenhorst, Winterhude
Hamburger Vergnügungsviertel
Reeperbahn, Sankt Pauli
Hammerklavier
Pianoforte
Hand-out
Manuskript
Handbewegung
Fingerzeig
Handbuch
Kompendium
Handeln
Taetigkeit
Handelsniederlassung
Vertretung
Handgepäck
Aktenmappe, Handkoffer, Handtasche
handgeschriebene Vorlage
Manuskript
Handlesekunst
Chirologie
Handlung
Geschehnis, Vorkommnis
Handpuppe
Marionette
Handschriftendeuter
Graphologe
Handschuh
Faeustling
Handstandüberschlag
Flickflack
Handteil
Ringfinger
Handwerker
Dachdecker, Elektriker, Fassbinder, Kuerschner, Ofensetzer, Stuckateur, Tapezierer, Zimmermann
Handwerkszeug
Brecheisen, Kneifzange, Loetkolben, Stemmeisen
Happening
Geschehnis
harmloses Tanzvergnügen
Ringelpiez
Harpune
Wurfspiess
hart
drakonisch
Härte
Konsequenz, Widerstand
harter Kräuterkäse
Schabziger
hasenartiges Tier
Chinchilla, Murmeltier
Hasenmaus
Chinchilla
hässlich
abstossend
hätscheln
streicheln
Hatz
Verfolgung
häufig
wiederholt
Häufung
Ansammlung
Hauptkirche
Kathedrale
Hauptmasse
Hauptmenge
Hauptort *auf* **Sylt**
Westerland
Hauptreisezeit
Hochsaison
Hauptstadt *von* **Äthiopien**
Addis Abeba
Hauptstadt *von* **Barbados**
Bridgetown
Hauptstadt *des* **Burgenlandes**
Eisenstadt
Hauptstadt *von* **Dänemark**
Kopenhagen
Hauptstadt *von* **Gabun**
Libreville
Hauptstadt *von* **Guyana**
Georgetown
Hauptstadt *von* **Kärnten**
Klagenfurt
Hauptstadt *von* **Malta**
La Valletta
Hauptstadt *von* **Mexico**
Mexico City
Hauptstadt *von* **Neuseeland**
Wellington
Hauptstadt *von* **Panama**
Panama City
Hauptstadt *der* **Slowakei**
Bratislava
Hauptstadt *von* **Somalia**
Mogadischu
Hauptstadt *von* **Tansania**
Daressalam
Hauptstadt *von* **Uruguay**
Montevideo
Hauptstadt *der* **USA**
Washington
Hauptstadt *der* **Volksdemokratischen Republik Korea**
Pjoengjang
Hauptstraße *in* **London**
Piccadilly
Hauptwort
Substantiv
Häuschen *auf der* **Alm**
Sennhuette
Hausierhandel
Kolportage

Hauskleid
Déshabillé
Hausmeier der Merowinger
Majordomus
Hautentzündung
Dermatitis
Hautfleck
Leberfleck
Hautkrankheit
Dermatitis
He-Man
Frauenheld
Hecht
Wasserwolf
Heeresverband
Armeekorps
heftige Erregung
Ereiferung
Heftzwecke
Reissnagel, Reissstift
Hehler
Hintermann
Heidentum
Paganismus
heidnisch
unglaeubig
heikel
unangenehm
heil
unverletzt, unversehrt
Heil- und Pflegeanstalt
Altersheim, Findelhaus, Pflegeheim, Sanatorium, Waisenhaus
Heilanzeige
Indikation
Heilbehandlung durch Nadelstiche
Akupunktur
Heilbehandlung durch Punktmassage
Akupressur
Heilbutt
Plattfisch
Heilgehilfe
Sanitaeter
heilig
sakrosankt
Heiligenlehre
Hagiologie
Heiliges Land
Palaestina
Heilkraut
Odermennig
heillos
verwickelt
Heilmittel
Medikament, Penicillin
Heilmittelhersteller
Pharmazeut
Heilpflanze
Augentrost, Baerenwurz, Belladonna, Berberitze, Bibernelle, Bitterklee, Bitterwurz, Blasentang, Brennessel, Eisenkraut, Huflattich, Loewenzahn, Pimpernell, Schafgarbe, Schierling
Heilpraktiker
Homoeopath
Heilsbotschaft
Evangelium
Heilverfahren
Akupunktur, Allopathie
Heim
Waisenhaus
Heimat
Elternhaus, Geburtsort
heimatlos
ungeborgen, vertrieben
Heimatvertriebener
Aussiedler
Heimfahrt
Rueckreise
Heimlichkeit
Diskretion, Gefluester
Heimreise
Rueckfahrt
Heimtücke
Hinterlist
heimtückische Falle
Hinterhalt
Heimzahlung
Vergeltung
heiser
kraechzend
Heißsporn
Choleriker
heiterer Zwischenfall
Intermezzo
Heizmaterial
Braunkohle, Steinkohle
Heizungsanlage
Kachelofen, Oelheizung
Helfer
Handlanger
Helfer *bei der* **katholischen Messe**
Messdiener
Helfershelfer
Hintermann
heller Stern
Abendstern
Hemdbrust
Chemisette
hemdsärmelig
ungehobelt
Hemisphäre
Erdhaelfte
hemmungslos
skrupellos
Henkergerüst
Guillotine, Richtblock
herablassend
hochmuetig, hochnaesig
herausfordernd
ostentativ, provokativ
Herausziehen eines Zahnes
Extraktion
Herberge
Unterkunft
Herbstfest in den Bergen
Almabtrieb
Herd
Kochstelle
Herdentier als Anführer
Leithammel
hereditär
kongenital
Herkommen
Abstammung, Deszendenz, Provenienz
Herkunftskunde
Etymologie
heroisch
heldenhaft
herrisch
despotisch, tyrannisch
herrlich
grossartig, prachtvoll, wundervoll
Herrschaft
Oberhoheit
Herrschaft *der* **Minderheit**
Oligarchie
Herrschaft *des* **Volkes**
Demokratie
Herrschaftsaneignung
Usurpation
Herrscherhaus
Geschlecht
Herrscherin
Gebieterin
hervorragend
grossartig
hervortretender Kehlkopf
Adamsapfel
Herzensbrecher
Frauenheld
hethitischer Herrscher
Hattusilis
Hetzer
Aufwiegler, Hetzredner
Heuchelei
Falschheit, Muckerturm
Heurigenmusiker
Schrammeln
heutiger Name von Abessinien
Aethiopien
Hiebwaffe
Hellebarde
Hifthorn
Signalhorn

hilfreicher Mensch
Wohltaeter
Hilfsarbeiter
Handlanger
hilfsbereit
barmherzig
Hilfsgeistlicher
Praedikant
Hilfskraft
Handlanger
Hilfsmittel
Instrument, Ressourcen, Utensilien
Himmelserscheinung
Polarlicht
Himmelskunde
Astronomie, Sternkunde
Himmelsleiter
Sperrkraut
Himmelsstürmer
Prometheus
himmlisch
aetherisch, ambrosisch
hinderlich
nachteilig
hinhaltend
zoegerlich
hinterer Kraftfahrzeugteil
Kofferraum
Hintergedanke
Heimtuecke, Hinterlist
Hintergrund
Background
hinterindischer Staat
Kambodscha
Hinterseite
Rueckseite
Hintertreffen
Rueckstand
hintertreiben
verhindern
Hinweis
Fingerzeig
Hinweistafel
Ortsschild
Hinzufügung
Ergaenzung, Supplement
Hippie
Blumenkind
Hippologiefachberuf
Pferdewirt
Hirnhautentzündung
Meningitis
Hirschfänger
Jagdmesser
Historie
Geschichte
Hit
Bestseller
Hitzkopf
Brausekopf, Choleriker, Heissspporn

Hochbehälter für Wasser
Wasserturm
Hochdruckkrankheit
Hypertonie
hochgestimmt
euphorisch
hochprozentiger Auszug
Konzentrat
Hochschulabsolvent
Akademiker
Hochschullehrer
Ordinarius
Hochschulprüfer
Examinator
Hochschulsaal
Auditorium
Hochsitz
Jagdkanzel
Hochstapler
Schwindler
höchste Fußballklasse
Bundesliga
höchste Steigerungsform
Superlativ
höchster Berg in Kanada
Mont Logan
höchstes Gebäude der Welt
Sears Tower
höchstes Gut des Lebens
Gesundheit
höchstes päpstliches Gericht
Rota Romana
Höchstwert
Superlativ
hochtrabend
pathetisch
Hochwasser
Springflut
Hochzeiter
Braeutigam
Hochzeitsgewand
Brautkleid
Hofbeamter
Hofmeister, Kammerherr, Mundschenk, Seneschall
Hoffnungsfreude
Optimismus
hoffnungslos
deprimiert
Hoffnungsschimmer
Lichtblick
höflich
freundlich, ritterlich
höfliches Entgegenkommen
Galanterie
Höflichkeit
Galanterie
Höflichkeitsbezeugung
Handschlag, Verbeugung, Verneigung

Höhensonne
Quarzlampe
Hohenstaufenanhänger
Ghibelline
hoher Blutdruck
Hypertonie
hoher evangelischer Feiertag
Karfreitag
höhere geistliche Behörde
Ordinariat
höhere Schule
Oberschule, Realschule
höhere Wichtigkeit
Prioritaet
höherer Schüler
Gymnasiast
hohes Streben
Idealismus
hohes, weithin sichtbares Seezeichen
Leuchtturm
Höhle *des* Reineke Fuchs
Malepartus
Hohlmaß
Hektoliter, Milliliter, Zentiliter
Hohlmaß für 100 Liter
Hektoliter
Hohlpfanne
Dachziegel
Hohltier
Blumentier, Nesseltier, Seeanemone
höhnisch
spoettisch
Höker
Kolporteur
Holländer
Sagenfigur, Windmuehle
Holzart
Berberitze, Bergkiefer, Eukalyptus, Feigenbaum, Kirschbaum, Lebensbaum, Mammutbaum, Mandelbaum, Palisander, Sandelholz, Steineiche
Holzblasinstrument
Klarinette
Holzschneidekunst
Xylografie
Holztransport auf Gewässern
Floesserei
homonym
mehrdeutig, wortgleich
Honiglikör
Baerenfang
Honigpilz
Hallimasch

10

Honorar
Verguetung
Hörerschaft
Auditorium
Horizontale
Waagrechte
Hormonpräparat
Anabolikum
Hornplatte der Schild-kröte
Schildpatt
Hörrohr des Arztes
Stethoskop
Hörsaal
Auditorium
Hort
Kinderheim
Hospitant
Gasthoerer
Hostess
Stewardess
Hostienschrein
Tabernakel
Hotdog
Wuerstchen
Hotelangestellter
Hausdiener
Hotelgewerbe
Hotellerie
Hubschrauber
Helikopter
Huftier
Flusspferd
Hugenotte
Protestant
Hühnerrasse
Andalusier, Brahmahuhn
Hühnervogel
Schneehuhn
Huld
Wohlwollen
Hülle
Umhuellung, Verpackung
hüllenlos
entkleidet
human
menschlich, wohltaetig
Humanist
Pirkheimer
Humor
Heiterkeit
Hundeblume
Loewenzahn
Hunderasse
Dalmatiner, Foxterrier, Hirtenhund, Leonberger, Rottweiler, Zwergpudel
Hundewache
Nachtwache
Hundskopfaffe
Rhesusaffe
Hungerleider
Habenichts
Hurenhaus
Eroscenter
Hussit
Kalixtiner
Hustenmittel
Eukalyptus
Hüter *von* **Kleinkindern**
Babysitter
Hutform
Kalabreser, Schlapphut
Hütte
Schutzhaus
Hüttenkundler
Metallurge
Hygiene
Sauberkeit
hygienische Maßnahme
Isolierung
Hypophyse
Hirnanhang
Hypothese
Mutmassung

I

Ibis
Stelzvogel
Ichsucht
Egozentrik, Eigenliebe, Eigensucht
ideal
vollkommen
Ideal
Wunschbild
ideales Eiland
Trauminsel
Identität
Gleichheit
idyllisch
gemuetlich, ungestoert
Ignoranz
Unkenntnis
Illusion
Einbildung, Wunschbild
illustriertes Kinderbuch
Bilderbuch
imaginär
unwirklich
Imagination
Einbildung
Imitation
Faelschung, Falsifikat, Nachahmung
immens
gigantisch
immun
geschuetzt
impertinent
dummdreist, ungehoerig
Impression
Empfindung
in *der* **Anlage**
beiliegend
in Gang bringen
aktivieren
in Schwung bringen
aktivieren
In-sich-Gehen
Meditation
Inangriffnahme
Initiative
indifferent
unbestimmt
indische Hirschart
Axishirsch
indische Holzart
Sandelholz
indische Kaste
Kschatriya
indische Provinz
Haidarabad
indische Religion
Buddhismus, Hinduismus
Indiskretion
Geschwaetz
indolent
schmerzlos
indonesische Inselgruppe
Sulainseln
indonesische Stadt
Dschakarta
indonesischer Berg
Papantajan
indonesisches Reisgericht
Nasigoreng
industrieller Ausdruck
Fliessband, Rohprodukt, Veredelung
industrieller Kunststoff
Chemikalie
Industrieluftreiniger
Entstauber
Infektion
Ansteckung
Infektionskrankheit
Diphtherie, Gelbfieber, Paratyphus, Windpocken
Information
Mitteilung
Informationsmittel
Broschuere
Inhaberpapier
Obligation, Pfandbrief
inhaftieren
arretieren, festnehmen
Inhaftierter
Gefangener
Inhaltsangabe
Gliederung, Uebersicht
Initiative
Einleitung
Inkunabel
Fruehdruck

Inland
Binnenland
innere Gewissheit
Zuversicht
innere Organe
Eingeweide
Innereien
Eingeweide
Insasse einer Strafanstalt
Gefangener
Inschriftenkunde
Epigraphik
Insekt
Bienenlaus, Biesfliege, Blattwanze, Blattwespe, Bohrfliege, Feldgrille, Goldfliege, Mauerwespe, Schildlaus, Schwaermer
Insektenbekämpfungsmittel
Insektizid
Insektenforscher
Entomologe
Insektenfresser
Fledermaus
Insektenschlupfloch
Wespennest
Insel *bei* **Afrika**
Madagaskar
Insel *in der* **Ägäis**
Samothraki
Insel *bei* **Australien**
Neuseeland
Insel *im* **Chiemsee**
Krautinsel
Insel *der* **Großen Antillen**
Puerto Rico
Insel *im* **Indischen Ozean**
Madagaskar
Insel *vor* **Kanada**
Baffinland, Parryinsel
Insel *in der* **Karibik**
Martinique
Insel *der* **Kleinen Antillen**
Carriaceen, Grenadinen, Turkinseln
Insel *bei* **Madeira**
Porto Santo
Insel *bei* **New York**
Long Island
Insel *in der* **Nordsee**
Nordstrand, Scharhoern, Spiekeroog, Wangerooge
Insel *vor der* **Ostküste Nordamerikas**
Long Island
Inselbau bei Bingen
Maeuseturm
Inseleuropäer
Englaender, Sizilianer
Inselgruppe *im* **Indischen Ozean**
Maskarenen
Inselgruppe *im* **Stillen Ozean**
Neuseeland
Inselstaat
Indonesien, Madagaskar, Neuseeland
Inselwelt im Pazifik
Polynesien
Inspektion
Verwaltung
Inspektionsleiter
Inspekteur
Installateur
Handwerker
Instandsetzer
Reparateur
Instruktion
Unterricht, Vorschrift
Instrument *des* **Arztes**
Stethoskop
Instrument *zur* **Ermittlung der Geschwindigkeit**
Tachometer
intakt
unberuehrt, unversehrt
Intention
Entschluss
internationaler Warenaustausch
Welthandel
Interpretation
Ausdeutung, Erklaerung
Intervall
Tonabstand, Zeitspanne
Intuition
Anschauung
investieren
einfuehren
irischer Apostel
Kolumbanus
Ironie
Spoettelei
irreal
unwirklich
Irreführung
Taeuschung
Irrtum
Denkfehler, Fehlurteil
islamischer Minister
Grosswesir
isländischer Schriftsteller
Gunnarsson
Islandmoos
Lungenmoos
isoliert
vereinsamt
israelischer See
Genezareth
italienisch für Autobahn
autostrada
italienische Inselbewohner
Sizilianer
italienische Käsesorte
Gorgonzola
italienische Landschaft
Basilicata, Monferrato
italienische Teigware
Cannelloni, Tortellini
italienische Wurstsorte
Mortadella
italienischer Abenteurer
Cagliostro
italienischer Berg
Presanella
italienischer Bildhauer
Giacometti
italienischer Bußprediger
Savonarola
italienischer Erfinder
Cascariolo, Torricelli
italienischer Geheimbund
Cosa Nostra
italienischer Geigenbauer
Stradivari
italienischer Gondelführer
Gondoliere
italienischer Heiliger
Franziskus
italienischer Komponist
Boccherini, Monteverdi, Palestrina
italienischer Maler
Botticelli, Modigliani, Signorelli, Tintoretto
italienischer Mathematiker
Torricelli
italienischer Mediziner
Montessori
italienischer Nobelpreisträger für Literatur
Pirandello
italienischer Ordensgründer
Franziskus
italienischer Philosoph
Campanella
italienischer Physiker
Torricelli
italienischer Politiker
Berlinguer
italienischer Schiffer
Gondoliere
italienischer Schimmelkäse
Gorgonzola
italienischer Schnelltanz
Tarantella
italienischer Schriftsteller
Cavalcanti, Guinicelli, Metastasio, Mussolinio, Pirandello

italienischer See
Luganer See
italienischer Tanz
Saltarello, Tarantella
italienisches Kaffeegetränk
Cappuccino
italienisches Nudelgericht
Cannelloni

J

Jagd
Verfolgung
Jagdhund
Foxterrier
Jagdmunition
Bleischrot, Vogeldunst
Jagdvergehen
Wildfrevel
Jagdwaffe
Jagdmesser, Wurfspiess
Jägeranstand
Jagdkanzel
jäh
blindlings, ploetzlich
Jahrmarktsvergnügen
Achterbahn, Ponyreiten
Jahrtausend
Millennium
jähzornig
cholerisch
jähzorniger Mensch
Choleriker
Jak
Grunzochse
Jalousie
Eifersucht
Januar
Schneemond
japanische Automobilmarke
Mitsubishi
japanische Religion
Buddhismus
Jasons Gefolgsleute
Argonauten
jauchzen
frohlocken
Jazzbegriff
Bandleader, Commercial, Creolejazz, Jamsession
Jazzinstrument
Klarinette, Schlagzeug
jemand, *der* weggelaufen ist
Ausreisser
jenseits der Alpen
transalpin
Jesus
Gottessohn
Jeton
Spielmarke
Job
Anstellung, Taetigkeit
Jobber
Boersianer
Jobvermittler
Arbeitsamt
Jodverbindung
Jodtinktur
Jogaform
Meditation
Johannisbeere
Gichtbeere
Johannisnacht
Mittsommer
Journal
Periodikum
Journal für Bargeld
Kassenbuch
Judenkirsche
Belladonna, Geissblatt
Judentum
Semitismus
jüdischer Feiertag
Wochenfest
jüdischer Philosoph
Maimonides
jüdisches Gesetzbuch
Pentateuch
jüdisches Heiligtum
Bundeslade
Jugendliebe Goethes
Friederike
junge Kohlenart
Braunkohle
junge Sängergruppe
Kinderchor
jungenhaft
burschikos
junger Hirsch
Hirschkalb
junges Wildschwein
Frischling
Jungfrau von Orléans
Jeanne d'Arc
jungfräulich
unberuehrt
Jünglingsalter
Adoleszenz
juristische Bestreitung
Anfechtung
juristische Gegebenheiten
Rechtslage
juristischer Begriff
Abtrennung, Anfechtung, Bestrafung, Bewaehrung, Falsifikat, Freispruch, Gesetzbuch, Haftbefehl, Steckbrief, Tateinheit, Verbrechen, Verhaftung, Vernehmung
justieren
ausrichten, einstellen
Justierer
Einrichter
Justizbeamter
Amtsanwalt
Justizirrtum
Fehlurteil
Jux
Albernheit

K

Kabale
Hinterlist
Kabarettsänger
Chansonier
Kabeljau
Klippfisch, Stockfisch
Kabine
Schlafraum
Kadaver
Tierleiche
Käferart
Bohrkaefer, Eichenbock, Gerberbock, Junikaefer, Kornkaefer, Laufkaefer, Mehlkaefer, Mistkaefer, Pappelbock, Sandkaefer, Skarabaeus, Spiessbock, Zimmerbock
Kaffeeart
Cappuccino
Kaffeezutat
Dosenmilch
Käfig
Vogelbauer
Kaiser Friedrich I.
Barbarossa
kakaohaltige Leckerei
Schokolade
Kakaoprodukt
Schokolade
Kakerlak
Ungeziefer
Kakteenart
Igelkaktus
Kalamität
Uebelstand
Kaldaunen
Eingeweide
kalifornische Stadt
Los Angeles
Kalkül
Berechnung
Kalkulation
Berechnung
kalte Tage im Mai
Eisheilige
kaltherzig
hartherzig

10

Kaltspeise
Nudelsalat, Wurstsalat
Kamerad
Vertrauter
Kamerareise
Fotosafari
Kamisol
Unterjacke
Kammmacherwerkzeug (Kammacherwerkzeug)
Schabeisen
Kampfspiel
Konkurrenz, Wettstreit
Kanaans Bewohner
Kanaaniter
kanadische Insel
Baffinland
kanadischer Berg
Carruthers
kanadischer See
Ontariosee
Kanaille
Lumpenpack
Kanalhafen
Portsmouth
Kanalisationsanlage
Rieselfeld
Kannegießer
Schwaetzer
Kanoniker
Stiftsherr
Kantine
Speiseraum
Kanton der Schweiz
Basel-Stadt
Kap
Vorgebirge
Kap *in* **Nordwestspanien**
Finisterre
Kapelle
Gotteshaus, Kirchenbau
Kapellmeister
Bandleader
kapern
aufbringen
Kapholländer
Afrikander
Kapital
Grundstock
Kapitalanlage
Investment
Kapitale
Hauptstadt
Kapitän
Kommandant
Kapitelherr
Stiftsherr
Kappe
Verschluss
Kapriole
Bocksprung, Dressurakt, Luftsprung
Kapsel
Raumschiff
Kapverdische Insel
São Vicente
Karawanserei
Unterkunft
Karenz
Sperrfrist
kärgliches Arbeitsentgelt
Hungerlohn
Karies
Zahnfaeule
karitative Anstalt
Pflegeheim
Karnevalsveranstaltung
Maskenball, Maskenfest
Karotte
Gelbe Ruebe
Karpatenlandschaft
Buchenland
karpfenartiger Fisch
Bitterling, Gruendling, Weissfisch
Karren
Kleinwagen, Schubkarre
Kartäuserkloster in Frankreich
Chartreuse
Kartenspiel
Doppelkopf, Schafskopf
Kartenspielausdruck
Hinterhand, Mittelhand, Null ouvert, Schippchen
Kartenspielrunde
Skatpartie
Kartoffel
Grundbirne
Kartusche
Zierstueck
Karwochentag
Karfreitag, Karsamstag
Karzinom
Geschwulst
Käsesorte
Emmentaler, Gorgonzola, Hollaender
Kaskade
Wasserfall
Kasper
Spassvogel
Kassation
Entlassung
Kassenschlager
Bestseller, Longseller
Kasten
Turngeraet
Kastrat
Entmannter
Kasus
Vorkommnis
Katalog
Uebersicht
Katarakt
Wasserfall
Katastrophenart
Deichbruch, Grossbrand, Grossfeuer, Hochwasser, Hungersnot
Katharsis
Laeuterung
Katheder
Rednerpult
katholischer Altardiener
Ministrant
katholischer Bettelorden
Augustiner, Karmeliter
katholischer Gebetskranz
Rosenkranz
katholischer Kirchenfürst
Erzbischof
katholischer Kirchenlehrer
Athanasius, Augustinus, Hieronymus
katholischer Messdiener
Ministrant
katholischer Orden
Augustiner, Karmeliter, Kartaeuser, Trappisten
katholisches Gebet
Vaterunser
katholisches Gnadenmittel
Absolution
Katzenart
Abessinier, Chinchilla, Kartaeuser, Khmerkatze
Kaufmann
Discounter
kaufmännischer Begriff
Anlagewert, Ausverkauf, Verbuchung
kaufmännischer Beruf
Buchhalter, Einkaeufer, Kalkulator, Konzipient, Verkaeufer
Kauz
Sonderling
Kavallerist
Kuerassier
keck
unbefangen
Keckheit
Forschheit
Kehlkopfentzündung
Laryngitis
Kehre
Serpentine, Turnuebung
Kehrschleife
Serpentine
Kehrseite
Rueckseite
Keilschriftmaterial
Steintafel

Keimdrüse
Germinalie
Kellergeschoss
Souterrain
Kelter
Obstpresse
Kenner
Kapazitaet
Kennzeichnung
Markierung
Kentaur
Fabelwesen
kentern
umschlagen
Kerbe
Einschnitt
Kerker
Gefaengnis
kernlose Mandarine
Clementine, Klementine
Kernreaktor
Atommeiler
Kerzenständer
Kandelaber
Kette
Armschmuck
Keule
Schlagholz
Kicker
Fussballer
Kidnapper
Entfuehrer
Kieferkrampf
Maulsperre
Kiefernart
Bergkiefer
Kimme
Einschnitt
Kinderei
Albernheit
Kinderfahrzeug
Dreiradler, Tretroller
Kinderfrau
Babysitter, Erzieherin
Kinderheilkunde
Paediatrie
Kinderkrankheit
Diphtherie, Windpocken
Kinderlesestoff
Bilderbuch
Kinderroller
Trottinett
Kinderspaß zu Ostern
Eiersuchen
Kinderspiel
Verstecken
Kinderspielecke
Sandkasten
Kinderspielzeug
Sandkasten
Kindesraub
Kidnapping

10

kindisch
einfaeltig
Kinooperateur
Vorfuehrer
Kirchenbauwerk
Gotteshaus, Kathedrale
Kirchenmusikerin
Organistin
Kirchhof
Totenacker
kirchliche Handlung
Einsegnung, Prozession, Totenmesse
kirchliche Pfründe
Benefizium
kirchlicher Feiertag
Epiphanias, Karfreitag
kirchlicher Umzug
Prozession
kirchliches Bauwerk
Kathedrale
kirchliches Dokument
Taufschein, Trauschein
Kirmesfahrzeug
Achterbahn
Kirschlikör
Maraschino
Kittchen
Gefaengnis
Klage
Beschwerde
Klagelaut
Schluchzer
kläglich
lamentabel
Klamauk
Albernheit
Klampfe
Bauklammer
klangvoll
euphonisch, harmonisch
klapprig
hinfaellig
Klärung
Aufloesung
Klassifikation
Einteilung, Gliederung
Klatsch
Geschwaetz
Klausner
Einsiedler
Kleidausschnitt
Dekolletee
Kleidungsstück
Bademantel, Chemisette, Faltenrock, Hausmuetze, Lederjacke, Lodenanzug, Morgenrock, Pelzmantel, Pelzmuetze, Pluderhose, Sakkoanzug, Sandalette, Sportanzug, Sportschuh, Suedwester, Trenchcoat, Wollmuetze

klein
bescheiden
kleinbürgerlich
engstirnig
kleine Apfelsine
Klementine
kleine Geldspende
Scherflein
kleine Gewichtseinheit
Milligramm
kleine Zeitspanne
Augenblick
kleine Ziergegenstände
Nippsachen
kleiner Beitrag
Scherflein
kleiner Karpfenfisch
Bitterling
kleinere Schauspieleraufgabe
Nebenrolle
kleines Gebäude im Freien
Gartenhaus
kleines Wasserfahrzeug
Paddelboot
Kleinigkeiten
Petitessen
kleinkariert
engstirnig, pedantisch
Kleinkindbetreuer
Babysitter
kleinlich
banausisch, pedantisch
Kleinodien
Edelsteine
kleinste Blutgefäße
Kapillaren
kleinster Erdteil
Australien
Kleintierfanggerät
Mausefalle
Klemme
Kalamitaet
Kletterausrüstung
Reepschnur, Steigeisen
Klientel
Kundschaft
Klimax
Hoehepunkt
Klinker
Hartziegel
Klischee
Druckstock
Kloster *in* Bayern
Wessobrunn
Kloster *in* Frankreich
Chartreuse
Kloster *in der* Schweiz
Einsiedeln
Klüngel
Sippschaft

Knall
Detonation, Feuerstoss
Knast
Gefaengnis
Knauser
Geizkragen
Kneipe
Wirtschaft
Knochenfischart
Kugelfisch, Zitterwels
Knochengelenk
Ellenbogen
Knochenkunde
Osteologie
Knochenlücke im kindlichen Schädel
Fontanelle
Knüller
Bestseller
Koalition
Verbindung
Kochgefäß
Bratpfanne, Kasserolle
Kochtemperatur
Siedepunkt
Köder
Lockmittel, Lockspeise
Kohäsion
Bindekraft, Haltekraft
Kohlart
Blumenkohl
Kohlenart
Braunkohle, Steinkohle
Kohlenprodukt
Kokereigas, Kunststoff, Naphthalin
Kohlenwasserstoff
Naphthalin
Kolonialwaren
Viktualien
kolossal
gigantisch
Kombination
Verbindung
komfortabel
annehmlich, gemuetlich
komfortabler Dampfer
Luxusliner
Komiker
Komoediant
Kommentar
Erklaerung, Standpunkt
Kommunalobligation
Wertpapier
Kommunikation
Mitteilung, Verbindung
Kompagnon
Mitinhaber
kompetent
zustaendig
Komplement
Ergaenzung
kompliziert
verwickelt
Komponist
Tondichter
Kondition
Verfassung
Konditorei
Confiserie, Konfiserie
Konditoreierzeugnis
Amerikaner
Konfekt
Teegebaeck, Zuckerware
Konfession
Bekenntnis
Konfirmation
Einsegnung
Konfiskation
Einziehung
konform
linientreu
König *der* **Azteken**
Cuauhtemoc
König *der* **Ostgoten**
Theoderich
König *von* **Sparta**
Archidamos
König *von* **Theben**
Amphitryon
Konkurrenzkampf
Wettbewerb
konkurrieren
wetteifern
Können
Faehigkeit
Könner
Kapazitaet
Konsequenz
Zaehigkeit
konstant
bestaendig
Konstitution
Verfassung
Konstruktion
Gestaltung
Kontakt
Beruehrung, Verbindung
Konterfei
Fotografie
Kontinent
Australien
Kontrakt von Paaren
Ehevertrag
Kontrollbeamter
Inspekteur
Kontrolle
Durchsicht, Inspektion
Kontrolluhr
Stempeluhr
Kontur
Silhouette
Konzertunternehmer
Impresario
Kopfbedeckung *in* **heißen Ländern**
Tropenhelm
Kopfteil
Augenbraue, Oberkiefer, Ohrmuschel, Unterlippe
Kopie
Ablichtung, Nachahmung
Korbballspiel
Basketball
Korbblütler
Huflattich, Knopfkraut, Loewenzahn, Schafgarbe
Kordart
Manchester
Kordon
Absperrung
kornblumenblau
ultramarin
Körper
Gegenstand
Körperbautyp
Astheniker, Athletiker
körpereigene Abwehrsubstanz
Interferon
Körperfleck
Leberfleck
Körpergelenk
Ellenbogen
Körperteil
Ellenbogen
korrekt
fehlerfrei, ordentlich
Korrekturabzug
Druckfahne
Korrespondent
Journalist
Korrosionsverhütung
Rostschutz
Korsar
Flibustier, Freibeuter, Seeraeuber
Kosmetik
Hautpflege
kosmetischer Artikel
Duftwasser, Foenlotion, Hautlotion, Nachtcreme, Tagescreme
Kost
Ernaehrung, Versorgung
kostbare Drucke
Inkunabeln
Kostbarkeit
Geschmeide
Kostümball
Maskenball, Maskenfest
Kostümfest
Maskenball
kostümieren
verkleiden
Kotau
Verbeugung

Krach
Detonation
Kraftfahrzeug
Kabriolett, Kombiwagen, Kraftwagen, Sportwagen
Kraftfahrzeugraum
Tiefgarage
Kraftfahrzeugwartung
Inspektion
Kraftstoffstation
Tankstelle
Kraftwagenaufbau
Karosserie
Kragenform
Stehkragen
Krampf
Konvulsion
Krankenhaus
Poliklinik, Sanatorium
Krankenpfleger
Sanitaeter
Krankheit der Atemwege
Bronchitis
Krankheitslehre
Pathologie
Kränkung
Schmaehung, Verletzung
Kräuterpflanze
Knoeterich
Krebstier
Mauerassel
Kreditbrief
Akkreditiv
Kreditor
Glaeubiger
Kreisumfang
Peripherie
krepieren
detonieren
Kreuzbruder
Flagellant
Kreuzkraut
Greiskraut
Kriechtier
Chamaeleon
Kriegsentschädigung
Reparation
Kriegsflugzeugverband
Luftflotte
Kriegsmaschine
Sturmhaken
Kriegsschiff
Minenleger, Zerstoerer
kriminelles Vergehen
Erpressung, Hochverrat
Kritik der Kritik
Metakritik
Kritikaster
Beckmesser
Krummholzart
Bergkiefer
Krümmung
Abweichung
kubanischer Exportartikel
Zuckerrohr
kubanischer Revolutionär
Che Guevara
Küchenbecken
Spuelstein
Kücheneinrichtung
Eisschrank, Muelleimer, Spuelstein
Küchengegenstand
Bratpfanne, Eierkocher, Kasserolle, Kuchenform, Messbecher, Roemertopf, Schneerute, Topflappen, Untertasse
Küchengewürz
Bibernelle, Muskatnuss, Petersilie, Pimpinella
Küchenkraut
Petersilie
Küchenmaß
Messbecher
Kuchentreibmittel
Backpulver
Kuchenzutat
Backpulver
Kuhblume
Hahnenfuss, Loewenzahn
Kuhhandel
Kompromiss
kühl
reserviert
Kühlmaterial
Trockeneis
kühn
couragiert
Kulturbeutel
Necessaire, Nessessaer
kulturelle Einrichtung in Wien
Staatsoper
Kulturepoche
Humanismus
Kulturpflanze der Tropen
Feldfrucht, Kaffeebaum
Kulturstätte
Bibliothek, Glyptothek, Pinakothek
Kulturteil bei Zeitungen
Feuilleton
Kummer
Betruebnis
kümmerlich dahinleben
vegetieren
Kunstdünger
Thomasmehl
Kunstepoche
Jugendstil
kunstfertig
routiniert
Kunstgattung
Schauspiel
Künstler
Komoediant, Librettist, Photograph
künstlerischer Entwurf
Konzeption
Künstlerkontrakt
Engagement
Künstlerviertel von Paris
Montmartre
künstliche Brutstätte
Nistkasten
künstliche Haarkräuselung
Dauerwelle
künstlicher Mensch
Homunkulus
Kunstrichtung
Futurismus, Jugendstil
Kunstsammlung
Glyptothek, Kollektion, Pinakothek
Kunststoff
Polystyrol
Kunterbunt
Mischmasch
Kuranstalt
Sanatorium
kurios
eigenartig
Kurort *im* Allgäu
Oberstdorf
Kurort *im* Engadin
Pontresina
Kurort *am* Karwendel
Mittenwald
Kurort *in der* Schweiz
Interlaken
Kurpfuscher
Scharlatan
Kursbestimmung
Navigation
Kürschnerprodukt
Pelzmantel
Kursus
Unterricht
Kurve *einer* Straße
Wegbiegung
kurvenreiche Bergstraße
Serpentine
kurz zusammengefasst
summarisch
kurzer Moment
Augenblick
Kurzschrift
Stenogramm
Küste
Meeressaum, Meeresufer
Küstenform
Felskueste, Meeresufer
Küstengewässer
Wattenmeer

L

laben
erfrischen
Labial
Lippenlaut
labil
schwankend
Laborgefäß
Glaskolben
Labsal
Erquickung
lädiert
ramponiert
Ladykiller
Frauenheld
Lagerverwalter
Magazineur
Lambrie
Fussleiste
Lamento
Beschwerde
Lampenart
Kandelaber
Lampengestell
Kandelaber
Land *der* **Bundesrepublik**
Thueringen
Landbesitz
Immobilien, Latifundie
Länder Vorderasiens
Naher Osten
Landesteil *von* **Bayern**
Oberbayern
Landesteil *von* **Österreich**
Steiermark, Vorarlberg
Landkartenzeichner
Kartograph
ländlich
baeuerlich
ländliche Feier
Heimatfest
ländliche Gemeinde
Dorfschaft
Landschaft *im* **Baltikum**
Lettgallen
Landschaft *bei* **Düsseldorf**
Neandertal
Landschaft *in* **Nordrhein-Westfalen**
Ruhrgebiet
Landschaft *in* **Sankt Gallen**
Toggenburg
Landschaft *in* **Spanien**
Andalusien, Katalonien
Landschaftsbeschreibung
Topografie
Landsknechtswaffe
Hellebarde
Landsmann in Österreich
Salzburger
Landstreicher
Pennbruder
landwirtschaftliches Gerät
Maehbinder
lang
ausgedehnt
langatmig
langweilig
Längenmaß
Mikrometer, Millimeter, Zentimeter
Langfinger
Kleptomane
länglich rund
elliptisch
langsame mühselige Arbeit
Ochsentour
Langstreckenwettbewerb
Autorennen
Lanze
Hellebarde
Lappalie
Banalitaet, Nebensache, Quisquilie
lärmendes Treiben
Remmidemmi
Läsion
Verletzung
lässig
nonchalant
lästig
unangenehm
lasziv
anstoessig, unzuechtig
lateinisch für Zuhörerschaft
Auditorium
lateinischer Dichter
Prudentius
Latifundium
Landbesitz
Laubbaum
Eukalyptus, Feigenbaum, Weissbuche
Laube
Gartenhaus
Laufkampf
Wettrennen
launisch
kaprizioes
Lausbub
Frechdachs
lauter
aufrichtig
lautstarke Musik
Fortissimo
Lay-out, Layout
Gestaltung, Gliederung
Leben im Wohnwagen
Caravaning
Lebensabend
Altersjahr
Lebensbeschreibung
Biographie
Lebensdarstellung
Biographie
lebensfremd
akademisch
Lebensfrische
Gesundheit
Lebensgefährte
Ehepartner
lebenshungrig
lebensfroh
Lebenskraft
Vitalitaet
Lebensmut
Optimismus
lebensnotwendig
essentiell, essenziell
Lebensnotwendigkeit
Beduerfnis
Lebewesen
Individuum, Organismus
lebhafte Erörterung
Diskussion
Lebhaftigkeit
Munterkeit
Leckerbissen
Schmankerl
leer
unbedruckt
Leergut
Pappkarton
legal
gesetzlich
Legende
Aufschrift, Erklaerung, Erzaehlung, Geschichte
Lehranstalt
Fachschule, Hochschule, Realschule
Lehrbuch
Kompendium
Lehre *von der* **Erziehung**
Paedagogik
Lehre *von den* **Gründen und Ursachen allen Seins**
Metaphysik
Lehre *von den* **Knochen**
Osteologie
Lehre *von den* **Krankheiten**
Pathologie
Lehre *von den* **Nerven**
Neurologie
Lehre *vom* **Wasser**
Hydrologie
Lehre *von den* **Zahlen**
Arithmetik
Lehre *von den* **Zwecken**
Teleologie

Lehrgang
Unterricht
Lehrling
Anlernling
Lehrmeinung
Anschauung, Auffassung
lehrreich
instruktiv
Lehrversuch
Experiment
Lehrzeit
Ausbildung
Leibwächter orientalischer Herrscher
Mamelucken
Leichenbegängnis
Beerdigung, Bestattung
Leichenfeierlichkeiten
Funeralien
leichtathletische Übung
Diskuswurf, Dreisprung, Fuenfkampf, Hammerwurf, Hochsprung, Weitsprung
leichte Krankheit
Erkaeltung
leichter Sommerschuh
Sandalette
leichtfertig
unbesonnen
leichtlebig
liederlich
Leidenschaft
Fanatismus
10
leidenschaftlicher Mensch
Heisssporn
leidig
unangenehm
Leistungsfähigkeit
Kapazitaet, Spannkraft
leitende Angestellte
Direktrice
Leiterin
Direktrice
Leitfaden
Kompendium
Leitgedanke
Grundmotiv
Leitspruch
Wahlspruch
Leitung
Management
Lemuride
Totengeist, Totenseele
lernender junger Mensch
Praktikant
Lesart
Abwandlung
Leseunkundiger
Analphabet
lettische Landschaft
Lettgallen
letzte Haltestelle
Endstation
leuchtendes Blau
Ultramarin
Leuchter
Kandelaber
Leuchtkörper
Neonroehre
Leuchtstab
Neonroehre
Leuchtturm
Richtfeuer
Libation
Trankopfer
liberal
freigiebig, freisinnig
Lichtbild
Fotografie
Lichtbildgerät
Filmkamera
Lichtbildner
Photograph
Lichtbrechung
Refraktion
Lichterblume
Loewenzahn
Lichtfülle
Helligkeit
Lichtmast
Kandelaber
Lichtmessung
Fotometrie
Lichtquelle
Gluehbirne
Lichtstärkemesser
Photometer
liebenswürdig
freundlich
Liebesapfel
Paradeiser
Liebesdiener
Schoentuer
Liebhaberin
Verehrerin
liebkosen
streicheln
Lieblingsgaststätte
Stammlokal
Liederjan
Leichtfuss
liederlich
anstoessig
Lieferauftrag
Bestellung
Lieferung
Zustellung
Liegenschaften
Immobilien
Liegestatt
Doppelbett, Himmelbett
Ligula
Riemenwurm
Liierter
Vertrauter
Likör
Chartreuse, Eierlikoer, Maraschino
Liliengewächs
Feuerlilie, Maeusedorn
Limnograph
Flutmesser
linear
geradlinig
Lippenblütlerart
Goldnessel, Taubnessel
List
Raffinesse, Taeuschung
Liste
Uebersicht
Liste *von* **Vorfahren**
Ahnentafel
litauisches Königsgeschlecht
Jagellonen
literarischer Unterhaltungsteil (Zeitung)
Feuilleton
literarisches Werk
Erzaehlung, Jugendbuch, Kinderbuch, Shortstory
Literatur
Schrifttum
liturgischer Gegenstand
Tabernakel
Lizenz
Konzession
Lob
Kompliment, Wuerdigung
Lobby
Wandelgang
Logenbruder
Freimaurer
Logis
Unterkunft
Lohnabzug bei Arbeitnehmern
Lohnsteuer
lohnend
profitabel
Lokal
Restaurant, Wirtschaft
Lokalart im Freien
Biergarten
Los
Bestimmung
Loslösung
Abtrennung
Lossprechung
Absolution
Lösung
Verteilung
Lösung *eines* **Vertrags**
Kuendigung
Lot
Senkrechte

Lotos
Wasserrose
Lübecker Wahrzeichen
Holstentor
Luder
Tierleiche
Luftbewegung
Luftwirbel, Wasserhose, Wirbelwind
luftdicht
hermetisch
Luftfahrt
Aeronautik
Luftfahrtpionier
Lilienthal
Luftfahrzeug
Freiballon, Helikopter, Luftschiff
Luftfeuchtigkeitsmesser
Hygrometer
Luftikus
Leichtfuss
Luftkissenfahrzeug
Hovercraft
Luftpirat
Entfuehrer
Luftröhrenkatarrh
Bronchitis
Luftumwälzer
Ventilator
Lüge
Unwahrheit
Lügner
Schwindler
lukrativ
profitabel
Lurchtier
Laubfrosch, Salamander
Lust
Beduerfnis, Vernuegen
lustiger Mensch
Spassvogel
Lutheraner
Protestant
luxuriöse Schlafstätte
Himmelbett
Luxuswagen
Salonwagen
Lyrik
Dichtkunst

M

machen
ausfuehren
Macht
Herrschaft
mächtig
ueberlegen
Magenfüller
Quellstoff
magisches Zeichen
Drudenfuss, Pentagramm
Magnesiumoxid
Bittererde
Magnesiumsilikat
Meerschaum
Mahlzeit
Abendessen
Maifröste
Eisheilige
Maisschnaps
Tschitscha
makaber
grauenvoll
makellos
fehlerfrei, vollkommen
mäkeln
bekritteln
Makler
Vermittler
Mal
Markierung
Maler
Tapezierer
Malermaterial
Acrylfarbe
Mandarinenart
Klementine
Mangel *an* **Nötigem**
Entbehrung
Mangel *an* **Veränderung**
Langeweile
Mangel *an* **Vorsicht**
Leichtsinn
Mangoldrippe
Krautstiel
Manifest
Erklaerung, Kundgebung
Maniküre
Handpflege
Manikürgerät
Nagelfeile
Manipulation
Kunstgriff
Mannen des Jason
Argonauten
Mannen Siegfrieds
Nibelungen
Männerkleidung
Herrenhemd
männlicher Kehlkopf
Adamsapfel
männlicher Verwandter
Grossvater
männlicher Vorname
Friedemann, Hildebrand, Stanislaus
männliches Haustier
Ziegenbock
männliches Substantiv
Maskulinum
Manöver
Kunstgriff
Manövrierbahn
Rangierlok
Mantelart
Dufflecoat, Trenchcoat
Manteltier
Seescheide
Manufaktur
Handarbeit
Mär
Erzaehlung
Märchen der Gebrüder Grimm
Sterntaler
Märchenfigur
Mann im Mond, Prinzessin, Tatzelwurm, Vogel Greif, Waldschrat, Wassermann, Wassernixe
Märchentanz
Feenreigen
Marderart
Fischotter
markant
auffaellig, auffallend
Marke
Briefmarke
Markierung von Grenzen
Grenzstein
Marktschreier
Scharlatan
Marmelade
Konfituere
marokkanischer Volksteil
Rifkabylen
Märtyrer
Bonifatius, Laurentius, Pankratius, Valentinus
Maschine *zum* **Verdichten**
Kompressor
maschinenartig
maschinell, mechanisch
Maschinenmeister
Maschinist
maschinenschriftliche Druckvorlage
Typoskript
Maske
Kopfschutz
Maß- und Gewichtskunde
Metrologie
Masse
Quantitaet
Maßeinteilung (Technik)
Skalierung
Massenaufmarsch
Kundgebung
Massenherstellung von Bekleidung
Konfektion
maßgebende Persönlichkeit
Autoritaet

maßlos
exorbitant
Mater dolorosa
Marienbild
Material *zum* Einwickeln
Packpapier
Material *für* Kämme
Schildpatt
Materialbeschaffer
Einkaeufer
Mathematiker
Archimedes, Pythagoras
Mathematikteilgebiet
Arithmetik
mathematische Dreisatz-rechnung
Regeldetri
mathematische Größe
Koordinate
mathematischer Begriff
Brennpunkt, Entfernung, Grundlinie, Halbierung, Halbmesser, Hypotenuse, Komponente, Koordinate, Mittelwert, Peripherie, Proportion, Regeldetri, Senkrechte, Sinuskurve, Unbekannte
Mätresse Ludwigs XIV.
Lavallière
matt
erschoepft
Matte
Flechtwerk
Mauer
Ziegelwand
Maulbeergewächs
Feigenbaum
Maulschelle
Backpfeife
mechanisch
maschinell
mechanisches Werkzeug
Motorsaege
mecklenburgische Land-schaft
Seenplatte
mecklenburgisches Adels-geschlecht
Bernstorff
Medikament
Heilmittel
Medizin
Heilmittel
Meer
Mittelmeer
Meer zwischen England und Irland
Irische See
Meerenge *in* Südost-europa
Hellespont
Meeresbewegung
Springflut
Meerestier
Einsiedler, Meereichel, Meerspinne, Meerteufel, Schwertwal, Seedrachen, Seeelefant
Meeresvogel
Eistaucher, Seetaucher
Megafon (Megaphon)
Sprachrohr
mehrdeutig
ambivalent
mehrfach
wiederholt
Mehrheit
Majoritaet
mehrmastiges Segelschiff
Dreimaster
Mehrpreis
Aufzahlung
Meinung
Auffassung, Schaetzung, Standpunkt
Meinungsaustausch
Diskussion
Meinungsforschung
Demoskopie
Meisenart
Gruenmeise
meisterliches Können
Perfektion
Meisterschaft
Championat
Melancholie
Depression
meliert
grauhaarig
meliorieren
verbessern
Menagerie
Tiergarten
Menge
Quantitaet
Mensagutschein
Essenkarte
Mensch
Individuum
Menschenaffe
Schimpanse
menschenähnliches Tier
Anthropoid
Menschenalter
Generation
Menschenansammlung
Kundgebung
Menschenfeind
Misanthrop
menschenfreundlich
humanitaer
Menschengeschiebe
Draengelei
Menschenraub
Kidnapping
menschlich
humanitaer
Menschlichkeit
Humanitaet
mental
gedanklich
Meriten
Verdienste
merkwürdig
eigenartig
Mesalliance
Missheirat
Mesopotamien
Babylonien
messbar
mensurabel
Messdiener
Ministrant
Messer, Gabel, Löffel
Essbesteck
Messgerät
Hygrometer, Messschnur, Mikrometer, Schublehre, Tachometer, Voltameter
Metall
Promethium, Technetium
Metallberuf
Schweisser
Metallbetrieb
Klempnerei
Meteor
Feuerkugel
Meteorismus
Blaehsucht
meteorologischer Begriff
Hitzewelle
Metronom
Taktmesser
Metropole
Hauptstadt
Metzger
Schlachter
Metzgereierzeugnis
Leberwurst
Miere
Vogelkraut
Milchprodukt
Dosenmilch, Magermilch, Sauermilch
Milchschleuder
Zentrifuge
militärische Kapelle
Musikkorps
militärische Streife
Patrouille
militärische Übung
Exerzieren
militärische Ausrüstung
Bewaffnung

militärischer Dienstgrad
Kommandant, Kommandeur, Zugfuehrer
Militärpolizei
Feldjaeger
Mime
Darsteller, Komoediant
Mimir (germanische Sagenwelt)
Quellgeist
Minderheit
Minoritaet
minderwertig
mangelhaft, schluderig
Mineral
Bittererde, Brauneisen, Braunkohle, Eisenglanz, Feuerstein, Katzenauge, Kobaltkies, Kupferkies, Manganspat, Meerschaum, Pechblende, Phosphorit, Schwerspat, Steinkohle, Zinkblende
Miniaturwelt bei Klagenfurt
Minimundus
Ministrant
Messdiener
Minnesänger
Troubadour
Minorität
Minderheit, Minderzahl
Minus
Fehlbetrag
minuziös
pedantisch
Mischgewebe
Halbleinen
Mischpulttechniker
Tonmeister
Missbrauch einer Person
Schaendung
Misserfolg
Fehlschlag
Missetat
Verbrechen
Missetäter
Boesewicht, Delinquent, Verbrecher
missgelaunt
aergerlich
missgestaltet
deformiert, verwachsen
Misshandlungsspur
Bluterguss
Missionar *der* **Deutschen**
Bonifatius
Missionar *der* **Friesen**
Willibrord
Missklang
Kakophonie
misslich
aergerlich, bedenklich
missliche Verfassung
Uebelstand
Missstand
Kalamitaet
Missverhältnis
Asymmetrie, Diskrepanz
Misswirtschaft
Korruption, Vergeudung
Mistkäfer
Rosskaefer, Skarabaeus
mit Käse und Schinken gefülltes Schnitzel
Cordon bleu
Mitarbeit
Teamarbeit
Mitbewerber
Konkurrent
Mitentdecker der Kernspaltung
Strassmann
mitgerissen
begeistert
Mitglied *einer* **Familie**
Verwandter
Mitte
Brennpunkt
Mitteilung *im* **Gefängnis**
Massangabe
Mittel
Medikament
mittelalterliche Philosophie
Scholastik
mittelalterliche Waffe
Hellebarde
mittelalterlicher Sänger
Troubadour
mittelamerikanische Inselgruppe
Westindien
mittelamerikanischer Staat
El Salvador
mittelbar
vermittelt
mitteldeutsche Landschaft
Thueringen
mittelloser Mensch
Habenichts
Mittelmeerstaat
Frankreich
Mittelpunkt eines Geschehens
Angelpunkt
Mittelsmann
Handlanger, Vermittler
Möbelstil
Jugendstil
Möbelstück
Klubsessel, Nachttisch, Rauchtisch
mobile Verpflegung
Feldkueche
moderne Einkaufsstätte
Supermarkt
moderne Gymnastik
Stretching
moderner Pullover
Sweatshirt
modernes Kunstwerk
Assemblage
Modifikation
Abwandlung
Modus Vivendi
Koexistenz
möglich
potentiell, potenziell
möglicherweise
vielleicht
Möglichkeitsform
Konjunktiv
mohammedanische Sekte
Wahhabiten
Mohrrübe
Gelbe Ruebe
Molch
Salamander
Mole
Ankerplatz, Hafenmauer
Moment
Augenblick
Monacos Bürger
Monegassen
Monatsname
Augustmond, Brachmonat, Christmond, Heiligmond, Herbstmond, Ostermonat, Schneemond, Wandelmond, Wintermond
Mönch
Einsiedler, Ordensmann
Mönchsorden
Augustiner, Barfuesser, Basilianer, Johanniter, Karmeliter, Kartaeuser, Trappisten
Mondsucht
Lunatismus
mongolischer Stamm
Kalmuecken
Monitor
Bildschirm, Empfaenger
Monophthong
Selbstlaut
monoton
einfoermig, langweilig
Monstrum
Missgeburt
Montageeinrichtung
Fliessband
Mopp
Federwisch, Staubbesen
moralisch
anstaendig

moralische Verkommenheit
Verderbnis
morbid
kraenklich
Morgenland
Naher Osten
Morgenländer
Levantiner
Morgenrock
Déshabillé
morgens
vormittags
Morgenstern
Phosphoros
morsch
baufaellig
Moskauer Paradefeld
Roter Platz
Moskauer Universität
Lomonossow
Motiv
Beweggrund
Motorenteil
Zuendkerze
Motorrad
Feuerstuhl
Motorsportler
Rennfahrer
Mottenmittel
Naphthalin
Motto
Leitspruch, Wahlspruch
müde
abgespannt, erschoepft, schlaefrig
Muffel
Miesepeter
Mühsal
Schinderei
Mulde
Vertiefung
Mummenschanz
Maskenball, Maskenfest
Münchener Gemäldegalerie
Pinakothek
Münchener Kabarettist
Weiss Ferdl
Münchener Spezialität
Weisswurst
Münchener Tierpark
Hellabrunn
Mündung eines Flusses in Frankreich
Rhonedelta
Mündungsarm *der* **Donau**
Sankt Georg
Münster
Kathedrale
Münsterstadt
Strasbourg, Strassburg

munter
aufgeweckt
Münze
Geldmittel, Geldstueck, Metallgeld
Münzenkunde
Numismatik
Münzuhr für das Auto
Parkometer
mürrisch
aergerlich
Murrkopf
Miesepeter, Miesmacher
Muschelkügelchen
Zuchtperle
Muschelprodukt
Perlmutter
Muse *der* **Musik**
Polyhymnia
Musenquelle
Hippokrene
Museum
Glyptothek, Pinakothek
Museum in München
Glyptothek, Pinakothek
Musical *von* **Cole Porter**
Kiss me Kate
Musical *von* **Frederick Loewe**
My fair Lady
Musikalien
Partituren
musikalischer Fachterminus für mittellaut
mezzoforte
musikalischer Fachterminus für sehr laut
fortissimo
musikalischer Fachterminus für sehr leise
pianissimo
musikalisches Schlaginstrument
Schlagzeug
musikalisches Vorspiel
Ouvertuere, Praeludium
Musikensemble
Sinfoniker
Musikinstrument
Klarinette, Klavichord, Kontrabass, Querfloete, Schlagzeug
Musikinstrumentenmacher
Orgelbauer
Musiziergerät
Instrument
Muskelgesamtheit
Muskulatur
Muskelkrampf
Katalepsie
Muskelprotz
Kraftprotz

muskulös
athletisch
mustergültig
vollkommen
Mut
Tapferkeit
mutig
couragiert
Mutlosigkeit
Depression
mutmaßlich
praesumtiv
Mutter oder Vater
Elternteil
Muttermal
Geburtsmal, Leberfleck
Mutwille
Leichtsinn
Myriade
Riesenzahl
Myrtenbaum
Eukalyptus
Mythos
Heldensage

N

nach und nach
allmaehlich
Nachbar
Anstoesser
Nachbildung
Faelschung, Falsifikat, Wiedergabe
Nachbildung *eines* **Kunstwerkes**
Faelschung
Nachdenken
Meditation
Nachdruck
Neuauflage
nachdrücklich
emphatisch, ostentativ
Nachforschung
Ermittlung
Nachfrage
Beduerfnis
Nachgebühr
Strafporto
nachgiebig
konziliant
Nachkomme
Deszendent, Grossenkel, Kindeskind
Nachkommenschaft
Deszendenz
nachlässig
liederlich
Nachprüfer
Controller
Nachprüfung
Durchsicht

Nachricht
Mitteilung
Nachrichtenvogel
Brieftaube
Nachruf
Wuerdigung
Nachsatz im Brief
Postskript
Nachschlagewerk
Diktionaer, Kompendium
Nachschlagewerk *für* **Personennamen**
Adressbuch
nachschnüffeln
spionieren
Nachschrift
Postskript
Nächstenliebe
Altruismus, Humanitaet
nächtliche Wachrunde
Scharwache
Nachtrag
Ergaenzung
Nachtsäugetier
Fledermaus
Nachtschattengewächs
Stechapfel
Nachtvogel
Nachtigall
nackt
ausgezogen, huellenlos, textilfrei
Nacktkultur
Naturismus
Nadelarbeit
Handarbeit
Nadelbaum
Lebensbaum, Mammutbaum, Weisstanne
Nadelgehölz
Tannenwald
Nadelholzgewächs
Lebensbaum
Nagel
Heftzwecke, Reissstift
Nagetier
Bisamratte, Chinchilla, Murmeltier
nahe
benachbart
nahezu
annaehernd
Nahrungsmangel
Hungersnot
Nahrungsmittel
Naturalien
Nähwerkzeug
Stecknadel
Name deutscher Kaiser
Maximilian
namhaft
geschaetzt, renommiert

Narkose
Betaeubung
Narkosemittel
Chloroform
Narzissenart
Osterblume
Naschwerk
Schokolade, Suesswaren
Nasenheilkunde
Rhinologie
Nasenwucherung
Nasenpolyp
Nashorn
Rhinozeros
nass
beschlagen
Nationalheld Albaniens
Skanderbeg
Nationalheldin der Franzosen
Jeanne d'Arc
Nationalspiel *in den* **USA**
Basketball
nativ
kongenital
Naturbursche
Wurzelsepp
Naturell
Gemuetsart
Naturereignis
Kugelblitz, Polarlicht
Naturerzeugnisse
Naturalien
Naturheilkunde
Physiatrie
Naturkatastrophe
Hochwasser
Naturkunde
Naturlehre
natürlicher Grundstoff
Mineralien
Naturwissenschaft
Astronomie, Hydrologie
Naturwissenschaftler
Mineraloge
Nautiker
Steuermann
nautisches Gerät
Empfaenger, Seezeichen
neapolitanischer Volkstanz
Tarantella
nebenbei
beilaeufig
Nebenbuhler
Konkurrent
Nebengebäude
Dependance
Nebenmeer des Atlantiks
Mittelmeer
Negation
Verneinung

Negligé
Morgenrock
Nelkengewächs
Vogelkraut
Nennwort
Substantiv
neppen
schroepfen
Nereide
Amphitrite, Meernymphe
Nervenarzt
Psychiater
Nervenheilkunde
Neurologie
Nervensäge
Quaelgeist
Nettoertrag
Reinerloes, Reingewinn
Nettogewinn
Reinerloes, Reingewinn
Neuerer
Reformator
Neugier
Wissbegier
Neurologe
Nervenarzt
neutral
unbefangen
New Yorker Börsenviertel
Wallstreet
nicht ertragreich
unrentabel
nicht exakt
unpraezise
nicht fest
gasfoermig
nicht geschleudertes Bienenprodukt
Wabenhonig
nicht wissend
ahnungslos
Nichtachtung
Ungehorsam, Verachtung
Nichtigkeit
Banalitaet
niedergeschlagen
deprimiert
Niederkunft
Entbindung
niederländische Hafenstadt
Vlissingen
niederländische Königin
Wilhelmina
niederländischer Dirigent
Mengelberg
niederländischer Historiker
Halbertsma
niederländischer Komponist
Andriessen

niederländischer Mediziner
Halbertsma
niederländischer Nobelpreisträger für Physik
van der Meer
niederländischer Physiker
van der Meer
Niederlassung
Dependance, Vertretung
Niederlegung
Beendigung
niederösterreichische Stadt
Hollabrunn, Korneuburg
Niederschlag
Dauerregen
Niedertracht
Gemeinheit
niemals
nimmermehr
nobel
kultiviert
Nobelunterkunft
Grandhotel
nominell
vorgeblich
Nominierung
Bestallung
Nordafrikaner
Marokkaner
nordamerikanische Wühlmaus
Bisamratte
nordamerikanischer See
Ontariosee
nordamerikanisches Gewässer
Ontariosee
nordamerikanisches Pelztier
Bisamratte
nordeuropäische Hafenstadt
Kopenhagen
nordeuropäische Hauptstadt
Kopenhagen
nordeuropäische Sprache
schwedisch
nordfriesische Insel
Nordstrand
nordgriechische Halbinsel
Chalkidike
nördlichste Stadt Europas
Hammerfest
Nordlicht
Polarlicht
Nordschottland
Kaledonien
Nordseebad
Spiekeroog, Wangerooge, Westerland
Nordseehalbinsel
Eiderstedt
Nordseeinsel
Nordstrand, Spiekeroog, Wangerooge
Nordteil des Pazifik
Beringmeer
Nordwesteuropäer
Englaender
Nörgler
Beckmesser, Miesmacher
normal
regelrecht
Not leidend
beduerftig
Noten
Musikalien
Nothelfer
Eustachius
November
Nebelmonat
Nu
Augenblick
Nudelart
Tortellini
Nuklearphysik
Kernphysik
Numismatik
Muenzkunde
Nummer
Darbietung
Nürnberger Sehenswürdigkeit
Duererhaus
Nurse
Babysitter, Kinderfrau
Nussart
Cashewnuss
Nussstrauch
Haselbusch
Nut
Vertiefung
nützliches Insekt
Honigbiene

O

Obdach
Nachtlager
Oberbau bei Kraftfahrzeugen
Karosserie
oberbayerische Stadt
Traunstein
oberbayerischer Kurort
Bad Aibling, Bad Wiessee, Schliersee
oberbayerischer See
Koenigssee, Schliersee, Staffelsee, Walchensee
oberbayerisches Gewässer
Koenigssee
obere Bauchgegend
Magengrube
Obergewalt
Suprematie
Oberleitungsverkehrsmittel
Trolleybus
Obermauer der Basilika
Lichtgaden
Oberschicht
Hautevolee, Schickeria
Oberschullehrer
Studienrat
obersteirische Stadt
Schladming
Objekt
Gegenstand
Objektiv
Gummilinse
objektiv
unbefangen
Obligation
Wertpapier
Obolus
Scherflein
Obrigkeit
Autoritaet
Observatorium
Sternwarte
obsolet
altmodisch
Obstart, Obstsorte
Clementine, Grapefruit, Klementine, Pampelmuse, Weintraube
Obstflüssigkeit
Fruchtsaft
Obstprodukt
Konfituere
obszön
anstoessig
öd
langweilig
öde
langweilig
Odeur
Riechstoff, Wohlgeruch
offen
aufrichtig
Offenbarung
Apokalypse, Bekenntnis
offene Feuerstelle
Lagerfeuer
offene Wunde
Verletzung
offenes Auto
Kabriolet
öffentliches Verkehrsmittel
Trolleybus
Offerte
Anerbieten

10

oft
wiederholt
öfter
wiederholt
Ohrfeige
Backpfeife
Okeanide
Kallirrhoe
Ökonomie
Wirtschaft
Ölpflanze
Kokospalme, Mandelbaum
Öltransportschiff
Tankschiff
Omelette
Eierkuchen
Omen
Vorzeichen
ominös
bedenklich, unheilvoll
Oper von Borodin
Fuerst Igor
Oper von Egk
Der Revisor
Oper von Honegger
Jeanne d'Arc
Oper von Lortzing
Opernprobe
Oper von Meyerbeer
Hugenotten
Oper von Mozart
Lucio Silla
Oper von Orff
Bernauerin
Oper von Pfitzner
Palestrina
Oper von Smetana
Zwei Witwen
Oper von Strauß
Intermezzo
Oper von Strawinsky
Nachtigall, Oedipus Rex
Oper von Verdi
La Traviata, Maskenball, Troubadour
Oper von Weber
Drei Pintos
Oper von Weingartner
Dame Kobold
Operation
Handhabung
operative Entfernung eines Gliedes
Amputation
Operette von Kollo
Maedel ahoi
Operette von Künneke
Grosse Name
Operette von Lehár
Friederike, Zarewitsch
Operette von Lincke
Lysistrata
Operette von Offenbach
Die Kreolin
Operette von Strauß
Cagliostro, Fledermaus, Simplicius, Wiener Blut
Opernkomponist
Monteverdi, Mussorgski, Strawinsky
Opernteil
Intermezzo, Ouvertuere
Operntextbuchautor
Librettist
Opernvorspiel
Ouvertuere
Opfer
Scherflein
opportun
angebracht
Optik
Lichtlehre
Optimismus
Zuversicht
Optimum
Hoehepunkt
Orakel
Weissagung
Orange
Clementine
Oratorium von Haydn
Schoepfung
Orchesterleiter
Bandleader
Orchesterstück zu einem Bühnenwerk
Ouvertuere
Orchideenart
Braendlein, Venusschuh
Orden
Dekoration
Ordensstifter
Franziskus
ordentlicher Professor
Ordinarius
Order
Bestellung
Ordnungsform
Hierarchie
Organisation
Gliederung
Orgelmusik
Praeludium
Orgelspielerin
Organistin
Orient
Morgenland
orientalisches Musikinstrument
Kemantsche
orientalisches Trinkgeld
Bakschisch
Orientteppichsorte
Muschkabed
Ornament
Rankenwerk, Verzierung
Ort *zum* **Abstellen von Fahrzeugen**
Tiefgarage
Ort *der* **Geborgenheit**
Elternhaus
Ort *in* **Salzburg**
Hofgastein, Saalfelden
Ort *in der* **Schweiz**
Kuessnacht
Ort *auf* **Sylt**
Westerland
Ort *der* **Zusammenkunft**
Treffpunkt
Örtlichkeit
Lokalitaet
ortsansässig
beheimatet, eingeboren
Ortsbeschreibung
Topografie
ortsfest
stationaer
Ortszentrum
Innenstadt
ostafrikanische Insel
Madagaskar
ostafrikanische Inselgruppe
Seychellen
ostafrikanischer Inselstaat
Madagaskar
ostafrikanischer Staat
Aethiopien
Ostasiat
Vietnamese
ostasiatischer Bär
Kragenbaer
ostasiatisches Heilverfahren
Akupunktur
Osten
Morgenland
Österreicher
Salzburger
österreichisch für Tomate
Paradeiser
österreichische Landeshauptstadt
Eisenstadt, Klagenfurt
österreichische Landschaft
Innviertel
österreichischer Alpenpass
Katschberg, Zirlerberg
österreichischer Botaniker
Haberlandt
österreichischer Arzt
Semmelweis

österreichischer Komponist
Schoenberg
österreichischer Kurort
Badgastein, Kitzbuehel, Sankt Anton
österreichischer Schauspieler
Stranitzky
österreichischer Schriftsteller
Schnitzler
österreichischer Staatsmann
Metternich
österreichisches Bundesland
Burgenland, Steiermark, Vorarlberg
österreichisches Wort für Tomate
Paradeiser
Osteuropäer
Weissrusse
ostfranzösisches Grenzland
Lothringen
ostfriesische Insel
Spiekeroog, Wangerooge
Ostgotenkönig
Theoderich
ostgotischer Held
Hildebrand
ostpreußischer Honiglikör
Baerenfang
oströmischer Kaiser
Konstantin, Theodosius
Ostseebad
Scharbeutz, Timmendorf
Ostseehafen
Greifswald, Karlskrona, Puttgarden
oval
elliptisch

P

Paarhufer, Paarzeher
Flusspferd, Grunzochse, Hartebeest
Pädagogin
Erzieherin
Paladin
Vertrauter
Palmenart
Kokospalme
Pampelmuse
Grapefruit
Panier
Wahlspruch
Paniermehl
Semmelmehl
Panik
Verwirrung
Panorama
Ueberblick
Pantoffelblume
Tigerblume
Pantoffeltierchen
Infusorium
Panzer
Kampfwagen
Papageienart
Erdpapagei
Papageienkrankheit
Psittakose
Papier mit musikalischen Zeichen
Notenblatt
Papierart
Packpapier
Papierklebstoffseite
Gummierung
päpstliche Kirche
Sankt Peter
päpstliche Leibwache
Nobelgarde
päpstliche Rechtsentscheidungen
Dekretalen
Paradebett
Himmelbett
Paradies
Garten Eden
parapsychologischer Begriff
Telekinese, Telepathie, Teleplasma
Parasolpilz
Schirmling
Paravent
Wandschirm
Pardon
Verzeihung
Pariser Bauwerk
Eiffelturm
Pariser Kirche
Sacré-Cœur
Pariser Künstlerviertel
Montmartre
Pariser Vergnügungsviertel
Montmartre
Parkraum
Tiefgarage
Parlamentsgebäude *in* **Berlin**
Reichstag
Paroli
Widerstand
parteiisch
unsachlich
Partisan
Guerillero
Partizip
Mittelwort
Partner
Mitinhaber, Mitspieler
Party
Gartenfest
Party im Freien
Sommerfest
Passage
Durchfahrt, Ueberfahrt
passend
angebracht
Pastor
Seelsorger
Patentnutzung
Auswertung
Patentverschluss
Druckknopf
Paternoster
Vaterunser
Patisserieerzeugnis
Tortelette
Patron
Schutzherr
Patrouille
Spaehtrupp
Pavillon
Gartenhaus, Messehalle
peinlich
unangenehm
Pelze im Handel
Rauchwaren
Pelztier
Bisamratte, Chinchilla, Polarfuchs
Pelztier der Arktis
Polarfuchs
Pelzverarbeiter
Kuerschner
Penalty
Strafstoss
Pendelbewegung
Schwingung
Penelopes Sohn
Telemachos
Pentagramm
Drudenfuss
perfekt
vollkommen
Pergola
Laubengang
Perlwein
Champagner
persische Religion
Mazdaismus
persischer König
Artaxerxes
Person
Individuum
Person im Ruhestand
Pensionaer
Personenbeschreibung
Steckbrief

Personenkraftwagen
Kabriolett
Personenstandsbehörde
Standesamt
persönlicher Festtag
Geburtstag
Persönlichkeitsschutz
Immunitaet
Perspektive
Durchblick
peruanischer Exportartikel
Zuckerrohr
Pfand
Sicherheit
Pfandleihanstalt
Versatzamt
Pfannengericht
Eierkuchen
Pfannkuchen
Eierkuchen, Eierspeise
Pfarrer
Seelsorger
Pfeifenmaterial
Meerschaum
Pfeifenstrauch
Osterluzei, Schneeball
Pfeil des Stierkämpfers
Banderilla
Pfeilkraut
Sagittaria
Pfennigfuchser
Geizkragen
Pferdegeschirr
Sielenzeug
Pferdekunde
Hippologie
Pferderasse
Holsteiner, Lipizzaner
Pferderennplatz
Baden-Baden
Pferdesport
Trabrennen
Pflanze *ohne* **Blüten**
Kryptogame
Pflanze *der* **See**
Meeresalge
Pflanzenanbau
Baumschule
Pflanzenesser
Vegetarier
Pflanzenfarbstoff
Blattgruen
Pflanzenkostesser
Vegetarier
Pflanzenkunde
Phytologie
Pflanzenlaus
Schildlaus
Pflanzennährstoff
Thomasmehl
Pflanzenschutzmittel
Bakterizid, Insektizid
Pflanzenwuchs
Vegetation
Pflanzenzuchtbetrieb
Baumschule, Gaertnerei
Pflanzung
Baumschule
Pfleger
Fuersorger, Sanitaeter
Pflichtbeitrag
Kontingent
Pfropfzweige auf einem Wildling
Edelreiser
Pharus
Leuchtturm
Philanthrop
Wohltaeter
philosophische Disziplin
Metaphysik
philosophische Lehre
Finalismus
philosophische Richtung
Empirismus, Idealismus, Nihilismus
Phonozubehör
Magnetband
physikalischer Begriff
Aufloesung, Brennpunkt, Brennweite, Entfernung, Fallgesetz, Instrument, Kapazitaet, Lichtstrom, Magnetfeld, Oszillator, Rauminhalt, Reichweite, Schwingung, Siedepunkt, Temperatur
Picke
Kreuzhacke, Spitzhacke
Pigmentmangel
Albinismus
pikant
anstoessig, anzueglich
pikiert
indigniert
Pilgerzug
Prozession
Pilzart
Birkenpilz, Champignon, Hallimasch, Satanspilz, Schirmpilz, Ziegenbart, Zungenpilz
Pipette
Saugroehre
Pirat
Freibeuter, Seeraeuber
Piratenwaffe
Enterhaken
plakativ
auffaellig
Plan
Uebersicht
Plane
Persenning
Plane beim Camping
Zeltblache
Planetenkonstellation
Opposition
planmäßig
methodisch
planmäßige Lehren
Unterricht
Planspiel
Experiment
planvoll
methodisch
Plastik aus gebranntem Ton
Terrakotta, Terrakotte
Platitüde
Banalitaet
Plattenspieler
Grammophon
Platz *für den* **Autolenker**
Fahrersitz
Platz *für* **Geschenke**
Gabentisch
plötzliche Geistesstörung
Amoklaufen
plump
unbeholfen
Plunder
Krimskrams
Pöbel
Lumpenpack
Pokal
Ehrenpreis
politische Partei in den USA
Demokraten
politische Werbung
Propaganda
politischer Begriff
Demokratie
politischer Druck
Repression
politischer Umsturz
Revolution
Polizeiauto
Peterwagen
Polizeibeamter
Schutzmann
polizeiliche Aktion
Absperrung, Verhaftung
polnische Landschaft
Pomesanien
polnischer Arbeiterführer
Lech Walesa
polnischer König
Stanislaus
polnischer Nationalheiliger
Stanislaus
polnischer Philosoph
Kolakowski
polnisches Herrscherhaus
Jagellonen

Polstermöbel
Clubsessel
Pomeranzenart
Bergamotte
Popmusikbegriff
Heavymetal
Portemonnaie
Geldbeutel, Geldboerse
portugiesischer Entdecker
Magallanes
portugiesischer Schrift-steller
Alcoforado, Figueiredo
Position
Anstellung, Taetigkeit
positiv
zutreffend
Possenreißer
Komoediant, Spassvogel
Posten
Anstellung, Beobachter, Bleischrot, Teilbetrag
Postenkette
Absperrung
Postformular
Paketkarte
Postkutscher
Postillion
Postsendung
Drucksache
Postulat
Behauptung
Postwertzeichen
Briefmarke
Potentat
Machthaber
prächtig
grossartig, prachtvoll
Prager Stadtteil
Kleinseite
Prahlhans
Gernegross, Windmacher
Pralinenfüllung
Knickebein
Pranke
Gliedmasse
Präposition
ausserhalb
Praxismediziner
Kassenarzt
Prediger
Praedikant
Preis *des* US-Geldes
Dollarkurs
Preisbrecher
Discounter
Preiselbeere
Kronsbeere
Premiere
Eroeffnung
Pressholztafel
Spanplatte
preußischer Arzt
Sauerbruch
preußischer General
Clausewitz, Schlieffen
preußischer Reformer
Hardenberg
preußischer Staatsmann
Hardenberg
Priester
Seelsorger
Priesterweihe
Ordination
prinzipielle Ablehnung des Krieges
Pazifismus
Probe
Experiment
Produkt *vom* Rind
Nierenfett
Produzent
Hersteller
Prognose
Voraussage, Vorhersage
Programmansage
Conférence
Projektionsapparat
Bildwerfer, Epidiaskop
Prolog
Einleitung
Promenade
Spazierweg
Prophezeiung
Vorhersage, Weissagung
Proportion
Gleichmass
Prosawerk
Erzaehlung, Shortstory
Prospekt
Preisliste
Protest
Auflehnung, Opposition, Widerstand
Protestant
Lutheraner
protestantischer Feiertag
Karfreitag
Protestaufmarsch
Kundgebung
Protz
Gernegross
Provenienz
Abstammung
provenzalischer Minne-sänger
Troubadour
provenzalischer Tanz
Faranduola
Proviant
Mundvorrat, Wegzehrung
provokant
anstoessig, aufreizend
prüde
zimperlich
Prüfer
Examinator, Inspizient
Prüfer von Pkw-Neuheiten
Autotester
Prüfung
Experiment
Prüfung ablegen
maturieren
Prunusgewächs
Schlehdorn
Pseudonym
Nom de plume
Psychotherapeut
Eheberater, Seelenarzt
psychotherapeutischer Spezialist
Eheberater
Publizist
Journalist
Puls
Herzschlag
Pulsader
Schlagader
Purpura
Bluterguss
Purzelbaum
Purzelbock
Putz
Aufmachung

Q

Quacksalber
Medikaster, Scharlatan
Quadrille
Kontertanz
Quark
Weisskaese
Quartier
Unterkunft
Quelle
Wasserader
Querulant
Miesmacher, Streithahn
Quintessenz
Hauptsache
Quiz
Fragespiel
Quote
Teilbetrag

R

Rabatt
Verguetung
Rache
Vergeltung
Rachenblütler
Ehrenpreis, Loewenmaul
Rachenbräune
Diphtherie

Rädertierchen
Rotatorien
Radius
Halbmesser
Radwettbewerb
Verfolgung
Raffel
Zahnluecke
raffiniert
trickreich
Rahmen
Einfassung
Randbemerkung
Marginalie
Randgebiet
Peripherie
Rang
Dienstgrad, Plazierung
Rangordnung
Hierarchie
Ränkespiel
Hinterlist
Rarität
Seltenheit
Rate
Teilbetrag
Ratgeber
Kompendium
rätselhaft
mysterioes
Raubbau
Kahlschlag
Räuber
Verbrecher
räuberischer Singvogel
Neuntoeter
Raubtier
Fischotter
Räuchermittel
Sandelholz
Rauferei
Raufhandel
Raum *unter dem* **Dach**
Dachkammer
Raumfahrtbasis (USA)
Kap Kennedy
Raumfahrtbegriff
Landestufe, Mondfaehre, Raumkapsel, Raumschiff, Startrampe, Startstufe, Umlaufbahn, Umlaufzeit
Raummaß
Kubikmeter
Raumschiff
Mondfaehre
Raumschiff *der* **Amerikaner**
Friendship, Discoverer
Reaktion
Gegenkraft
Rebell
Aufruehrer
Rebsorte
Trollinger
Rechenkunst
Arithmetik
Rechnen *mit* **Zahlen**
Arithmetik
Recht
Konzession
rechte Schiffsseite
Steuerbord
rechtliche Grundlage eines Staates
Verfassung
rechtmäßig
gesetzlich
Rechtsextremist
Chauvinist
Rechtsgrundlage
Verordnung
Rechtsnachfolge
Sukzession
Rechtsvorschrift
Verordnung
rechtswidrige Aneignung
Usurpation
Rechtswidrigkeit
Verbrechen
rechtwinklig
orthogonal
rechtzeitig
puenktlich
Rederei
Geschwaetz
Redeweise
Sprechstil
redlich
anstaendig
Redlichkeit
Loyalitaet
redselig
mitteilsam
Reede
Ankerplatz
reell
anstaendig
Referent
Bearbeiter
Referenz
Empfehlung
Reflexion
Spiegelung
Reform
Erneuerung, Neuordnung
rege
betriebsam
regelmäßig
rhythmisch
regelmäßige Bewegung eines Körpers
Schwingung
regelmäßiger Gärtnerservice
Graspflege
regelmäßiges Lehren
Unterricht
Regelwidrigkeit
Abweichung
Regenkleidung, Regenschutz
Gummischuh, Trenchcoat, Waterproof
Regieassistentin beim Film
Scriptgirl, Skriptgirl
Regierungssitz
Hauptstadt
Regierungsvertreter
Gouverneur
Regierungszeit des Papstes
Pontifikat
Region
Landschaft, Landstrich
Register
Uebersicht
Regler
Einsteller, Thermostat
reich
vermoegend, wohlhabend
Reich *der* **Feuerriesen**
Muspelheim
reicher Mann
Millionaer
Reichspräsident
Hindenburg
Reifeprüfling
Abiturient
Reihenfolge
Aufteilung, Gliederung
rein
fleckenlos
Reinfall
Misserfolg, Niederlage
Reinheit
Sauberkeit
Reinigung
Laeuterung
Reinigungsanlage
Raffinerie
Reinlichkeit
Sauberkeit
Reisebedarf
Necessaire, Nessessaer
Reisegepäck
Handkoffer, Necessaire, Nessessaer
Reiseproviant
Mundvorrat, Wegzehrung
Reißbrettstift
Heftzwecke
Reißer
Bestseller
Reiterei
Kavallerie

Reitersoldat
Kuerassier
Reitertruppe
Kavallerie
Reithalle
Tattersall
Reitkunst
hohe Schule
Reitzubehör
Sattelgurt
Reiz
Attraktion, Verlockung, Versuchung
reizbar
cholerisch
reizbarer Mensch
Choleriker
Reizker
Hirschling
reizlos
einfoermig, langweilig
Reizstoff *der* Nasenschleimhaut
Niespulver
Reklamation
Beschwerde
Reklame
Propaganda
Reklameeinfassung eines Spielfeldes
Werbebande
Religion
Buddhismus, Hinduismus
Religionsbekenntnis
Konfession
religiöse Übung
Meditation
Reminiszenz
Erinnerung
Rentner
Pensionaer
Reproduktion
Wiedergabe
Reptilart
Chamaeleon, Kreuzotter, Mauergecko
Resistenz
Haertegrad, Widerstand
Ressentiment
Antipathie
Rest
Rueckstand
Restaurant
Grillstube, Rotisserie
Rettich
Radieschen
Rettungsgerät in der Luftfahrt
Fallschirm
Revanche
Vergeltung
Reverenz
Verbeugung
Rheinhafen
Strasbourg, Strassburg
rhythmische Bewegung
Eurhythmie
richterliche Anordnung
Verfuegung
richtig
zutreffend
Riemenschuh
Sandalette
riesengroß
gigantisch, huenenhaft
riesenstark
herkulisch
Rille
Vertiefung
Ritterorden
Johanniter
Ritterrüstung
Kettenhemd
Rivale
Konkurrent
Rivalität
Konkurrenz, Wettstreit
Rivalitätsgefühl
Eifersucht
Roadster
Sportwagen
Robbenart
Seeelefant
robust
dickfellig
Rochenart
Dornrochen, Engelfisch, Saegefisch
roh
barbarisch
Rohstoff für Briketts
Braunkohle
Rohstoff für Textilien
Kunstfaser
Rohstoffe
Naturalien
Rollenlager
Kugellager
Roman von Cervantes
Don Quijote
Roman von Dahn
Kampf um Rom
Roman von Fontane
Effi Briest
Roman von Thomas Mann
Zauberberg
Romanfigur *bei* Thomas Mann
Felix Krull
römischer Kaiser
Diokletian, Konstantin
römisches Bauwerk
Engelsburg
römisches Bauwerk in Trier
Porta Nigra
römisches Stadttor in Trier
Porta Nigra
Rosenart
Heckenrose
rote, wild wachsende Früchte
Hagebutten
ruchlos
anstoessig
ruckartig öffnen
aufreissen
Rückbildung
Regression
Rückblick
Erinnerung
Rückstrahler
Katzenauge
Rückstrahlung
Reflektion
Rückzahlung
Erstattung
rüde
unhoeflich
Ruf
Reputation
Rufmord
Schmaehung
Ruheständler
Pensionaer
Ruin
Niedergang
rumänisches Tafelland
Dobrudscha
russische Kohlsuppe
Borschtsch
russischer Bildhauer
Archipenko
russischer Chemiker
Mendelejew
russischer Komponist
Mussorgski, Prokofieff, Strawinsky
russischer Kosmonaut
Feoktistow, Jelissejew, Popowitsch
russischer Kronprinz
Zarewitsch
russischer Nobelpreisträger für Literatur
Scholochow
russischer Schachspieler
Tschigorin
russischer Schriftsteller
Majakowski, Scholochow, Tjuttschew
russisches Nationalgericht
Borschtsch
rustikal
baeuerlich

Rüstungsteil
Kettenhemd
Rute
Angelstock

S

Saalbau
Tattersall
sagenhafter Schweizer Nationalheld
Winkelried
sagenhaftes Volk am Rhein
Nibelungen
Sagenkunde
Mythologie
Saison
Jahreszeit
Saiteninstrument
Klavichord, Kontrabass
Salatpflanze
Ackersalat
Salbader
Schwaetzer
Sammlung
Kollektion
Sammlung *von* **Gedichten**
Anthologie
Sammlung *von* **Wachsfiguren**
Panoptikum
Samtart
Manchester
Sandbank
Doggerbank
Satellit der USA
Discoverer
Satisfaktion
Genugtuung
Satteldecke
Schabracke
Sättigung
Saturation
Satz
Behauptung
Satzvorlage
Manuskript
Satzzeichen
Parenthese
sauber
fleckenlos
Sauerdorn
Berberitze
Saugröhre
Stechheber
Saum
Einfassung
Säureart
Salzsaeure
Schachausdruck
Eroeffnung, Fianchetto, schachmatt
Schachtel
Bonboniere
Schachweltmeister
Capablanca
Schädelknochen
Oberkiefer
Schadenersatz
Reparation
schadhaft
fehlerhaft
Schaffner
Kondukteur
Schalk
Spassvogel
Schaltstufe beim Auto
Retourgang
Schamteile
Genitalien
Schandtat
Verbrechen
Schänke (Schenke)
Wirtschaft
Scharbockskraut
Hahnenfuss
scharf
schneidend
scharf umrissen
profiliert
Scharlatan
Schwindler
Schattenbild
Silhouette
Schaufenstergestalter
Dekorateur
Schaufensterware
Dekoration
Schaumwein
Champagner
schaurig
unheimlich
Schauspiel von Schiller
Die Raeuber
Schauspielautor
Dramatiker
Schauspieldichter
Dramatiker
Schauspieler
Darsteller
Scheiding
Herbstmond
Schein
Taeuschung
scheinheilig
froemmelnd
Schelle
Backpfeife
Schelm
Spassvogel
Scherenschnitt
Silhouette
Scherzartikel
Knallerbse
Scherzwort für Gatte
Ehegespons
Scherzwort für Nacktheit
Evakostuem
Scherzwort für Wasser
Gaensewein
scheu
aengstlich
Scheuerlappen
Putzlappen
scheußlich
abstossend
schicklich
angemessen
Schicksalsdeutung
Astrologie, Divination, Wahrsagung
Schicksalsglaube
Fatalismus
Schiff *des* **Kolumbus**
Santa Maria
Schiff *der* **Kolumbusflotte**
Santa Maria
Schifffahrtskunde
Navigation
Schiffsbesatzung
Mannschaft
Schiffsführer
Steuermann
Schiffsführung
Navigation
Schiffsleinwand
Persenning
Schiffsliegestelle
Ankerplatz
Schiffsoffizier
Steuermann
Schiffsseite
Steuerbord
Schiffstaufe
Stapellauf
Schiffsverband
Geschwader
Schiffswinde
Ankerspill
Schiffszubehör
Ankerkette, Ankerwinde
Schikane
Schinderei
Schilderung
Erzaehlung
Schildkrötenprodukt
Schildpatt
Schlaf
Nickerchen
Schlafbedürfnis
Muedigkeit
Schlafgesang
Wiegenlied
Schlafmütze
Tranfunzel

Schlafzimmermöbel
Doppelbett
Schlager
Bestseller
schlagfertig
geistreich
Schlaginstrument
Schlagzeug
Schlagwerkzeug
Niethammer
Schlagwort der französischen Revolution
Fraternité
Schlammfang
Sinkkasten
Schlangenart, Schlangengattung
Aspisviper, Kreuzotter
Schlangenlinie
Serpentine
Schlapphut
Kalabreser
Schlauberger
Schlitzohr
Schlawiner
Tunichtgut
schlechter Mensch
Boesewicht
schlechter Ruf
Misskredit
schlesischer Naturheilkundiger
Priessnitz
schleswig-holsteinische Insel
Nordstrand
Schleuder
Zentrifuge
Schlichter
Vermittler
schlimme Lebenslage
Kalamitaet
Schlingpflanze
Osterluzei
Schlittschuharena
Eisstadion
Schloss *in* Baden-Württemberg
Heidelberg
Schloss *bei* Gmunden
Cumberland
Schloss *bei* Paris
Versailles
Schlussleuchte
Ruecklicht
Schmeichelei
Kompliment
Schmetterlingsart
Pfauenauge
Schmorgefäß
Kasserolle
Schmuck
Edelsteine, Geschmeide
Schmuckstein
Rosenquarz
Schmuckwarengeschäft
Bijouterie
Schmus
Geschwaetz
Schneerose
Christrose
Schneise
Kahlschlag
schneller Tanz
Saltarello, Tarantella
Schnepfenvogel
Brachvogel, Sanderling
Schnitzmaterial
Sandelholz
Schokoladengebäck
Mohrenkopf
schöne Mineralien
Edelsteine
schöner Anblick
Augenweide
Schönheitspflegemittel
Kosmetikum
Schöps
Schafskopf
Schornsteinfeger
Kaminreiniger
schottischer Golf
Firth of Tay
Schranke
Schlagbaum
Schraubenankerart
Holzduebel
Schraubenschlüssel
Englaender
Schraubstock
Feilkloben
Schreibunkundiger
Analphabet
Schrift
Broschuere
Schrift über das Weltende
Apokalypse
Schriftgrad
Vier Cicero
schriftlicher Vermerk
Eintragung
Schriftstück
Manuskript
Schriftunkundiger
Analphabet
Schuhteil
Brandsohle
Schulbetrieb
Unterricht
Schuldentilgung
Abstottern
Schuldverschreibung
Obligation, Pfandbrief, Wertpapier
Schulfach
Geographie, Geschichte, Griechisch, Handarbeit, Mathematik, Naturkunde
Schulverwaltungsakt
Versetzung
Schürzenjäger
Frauenheld
Schutz
Protektion, Sicherheit
Schutzbehausung im Gebirge
Berghuette
Schutzblech
Kotfluegel
Schutzdach für Statuen
Tabernakel
Schutzmittel vor Vereisung
Entfroster
Schutzraum
Unterstand
Schutzzeichen gegen Geister
Drudenfuss, Pentagramm
schwäbischer Schriftsteller
Hoelderlin
schwäbisches Fürstengeschlecht
Zaehringer
schwach
hinfaellig
schwächlich
asthenisch
Schwachsinn
Debilitaet
Schwankung
Fluktuation
Schwanzlurch
Salamander
Schwarzdorn
Schlehdorn
Schwarzseher
Miesmacher
Schwarzwild
Frischling
schwedische Landschaft
Norrbotten
schwedischer Berg
Kebnekaise
schwedischer Kriegshafen
Karlskrona
schwedischer Mathematiker
Hoermander
schwedischer Nobelpreisträger für Frieden
Soederblom
schwedischer Nobelpreisträger für Literatur
Heidenstam, Lagerkvist

schwedischer Nobelpreisträger für Medizin
Bergstroem, Gullstrand, Samuelsson
schwedischer Schriftsteller
Gustafsson, Strindberg, Swedenborg
schwedisches Königsgeschlecht
Bernadotte
schweizerische Kantonshauptstadt
Bellinzona, Frauenfeld
schweizerischer Berg
Matterhorn, Wetterhorn
schweizerischer Bildhauer
Giacometti
schweizerischer Chemiker
Reichstein
schweizerischer Erzieher
Pestalozzi
schweizerischer Historiker
Burckhardt
schweizerischer Jugenderzieher
Pestalozzi
schweizerischer Nationalheld
Winkelried
schweizerischer Nobelpreisträger für Medizin
Reichstein
schweizerischer Wallfahrtsort
Einsiedeln
Schwerenöter
Frauenheld
schwerfällig
unbeholfen
schwierig
bedenklich, unangenehm
schwindelig
bluemerant
Schwitzbad
Sudatorium
Schwund
Nachlassen
Schwung
Vitalitaet
Sediment
Ablagerung
See *bei* Berchtesgaden
Koenigssee
See *bei* Berlin
Mueggelsee, Tegeler See
See *in* Italien
Bolsenasee, Luganer See
See *in* Palästina
Genezareth
See *in* Russland
Imandrasee, Lakschasee
See *im* Schwarzwald
Schluchsee
See *in* Schweden
Vaettersee
See *in der* Schweiz
Greifensee, Grimselsee, Luganer See, Zuerichsee
See *in* Ungarn
Plattensee
Seebad *auf* Sylt
Westerland
Seehose
Wirbelwind
Seekunde
Limnologie
Seele
Innenleben
Seelenruhe
Stoizismus
seelische Beeinflussung
Suggestion
seemännisch für rechte Schiffsseite
Steuerbord
Seemannshut
Suedwester
Seeräuber
Freibeuter
Seerose
Lotosblume, Purpurrose
Seezeichen
Leuchtturm
Segelart
Grosssegel
Segelschiff
Windjammer
Segeltuch
Persenning
sehr gepflegt
kultiviert
sehr streng
drakonisch
Sehvermögen
Augenlicht
Seilfähre
Gierfaehre
Seite des rechtwinkligen Dreiecks
Hypotenuse
Sekt
Champagner, Schaumwein
Sektor
Ausschnitt
Selbstachtung
Ehrgefuehl
Selbstbedienungsladen
Supermarkt
selbstgerechter Mensch
Pharisaeer
Selbstlernender
Autodidakt
selbstlos helfend
wohltaetig
Selbstsucht
Egozentrik, Eigenliebe
Selbsttäuschung
Einbildung
Selbstverliebtheit
Narzissmus
selig
gluecklich
selten
sporadisch, vereinzelt
seltene Blitzerscheinung
Kugelblitz
seltene Erde
Dysprosium, Gadolinium, Promethium
seltsam
eigenartig
Semiten
Babylonier, Israeliten, Kanaaniten, Phoenizier
Sendeapparat
Funkgeraet
Senkwaage
Araeometer
Sensenmann
Freund Hein
Sentiment
Empfindung
September
Herbstmond
seriös
anstaendig
Shaker
Mixgefaess
sibirischer Volksstamm
Jenissejer
sicher
zweifellos
Siegfrieds Volk
Nibelungen
Sigel
Abkuerzung
Signaleinrichtung
Leuchtboje, Leuchtturm
Sinfonie von Schumann
Rheinische
Sinfonie von Tschaikowsky
Pathétique
Singvogel
Zaunkoenig
sinnende Versenkung
Meditation
Singgedicht
Aphorismus
Sippenkunde
Genealogie
Sitte
Gewohnheit

sittsam
anstaendig
Skala
Gradleiste
Skatausdruck
Null ouvert
Skilift
Sesselbahn
Skriptum
Mitschrift
Slawenapostel
Konstantin
Slogan
Schlagwort
Sohn von Zeus
Hephaestos, Hephaistos
Söhne des Zeus
Tantaliden
Sommerfrische
Urlaubsort
Sonderausgabe
Extrablatt
Sonnwende
Mittsommer, Mittwinter
sorgfältig
gruendlich
Soße
Mayonnaise
Souper
Abendessen
Souvenir
Erinnerung
sozialdemokratischer Politiker
Liebknecht, Ollenhauer, Schumacher
sozialistische Staatsform
Raetestaat
Späher
Beobachter
Spähtrupp
Patrouille
spanische Insel
Formentera
spanische Küste
Costa Brava, Costa Verde
spanische Landschaft
Andalusien, Baskenland, Kantabrien, Katalonien
spanische Provinz
Ciudad Real, Pontevedra
spanischer Bevölkerungsteil
Andalusier
spanischer Herrschername
Juan Carlos
spanischer König
Juan Carlos
spanischer Nobelpreisträger für Literatur
Aleixandre
spanischer Schriftsteller
Aleixandre, Lope de Vega, Santillana
spanischer Tanz
Saltarello, Seguidilla
spanisches Kap
Finisterre
Spannkraft
Vitalitaet
spartanisch
bescheiden
Sparte
Fachgebiet
Spaß
Amuesement, Vergnuegen
Spatz
Webervogel
Speaker
Praesident
Speckstein
Mineraloel
Speer des Stierkämpfers
Banderilla
Speisefisch
Goldbrasse
Speisegang
Nachspeise
Speisewurzel
Radieschen
spendabel
freigiebig
Spende
Scherflein
Spendenbehältnis an Kirchentüren
Opferstock
Sperling
Webervogel
Spezi
Vertrauter
Spezialschiff
Eisbrecher
Spiegelung
Reflektion
Spiel ***beim*** **Skat**
Null ouvert
Spielplan
Repertoire
Spielzeug
Hampelmann, Luftballon
Spieß
Hellebarde
Spießer
Kleingeist
Spinnentiere
Arachniden
Spital
Altersheim
spitz
spoettisch
Spitzbube
Langfinger
Spitzenleistung
Superlativ
spitzfindig
pedantisch, raffiniert
Sportanlage
Schwimmbad, Sportplatz, Tattersall
Sportart
Basketball, Diskuswurf, Dreisprung, Fuenfkampf, Hammerwurf, Hochsprung, Kanuslalom, Paarlaufen, Slalomlauf, Trabrennen, Volleyball, Wasserball, Weitsprung
Sportgerät
Basketball, Schlagball, Tennisball, Wasserball
sportliche Ärmelweste
Lumberjack
sportliches Bergsteigen
Alpinismus
Sportpreis
Ehrennadel
Spottgedicht
Persiflage
Sprache
Griechisch
Sprachheilkunde
Logopaedie
Sprachwissenschaft
Linguistik, Philologie
sprachwissenschaftliches Hauptwort
Substantiv
sprachwissenschaftliches Teilgebiet
Etymologie
Sprechstunde
Ordination
Sprechzimmer
Ordination
Sprengel
Amtsbezirk, Kirchspiel
Sprengschlag
Detonation
Spruch
Aphorismus
Sprung ***beim*** **Eislauf**
Rittberger
spüren
wahrnehmen
Spürsinn
Findigkeit
Staat ***in*** **Hinterindien**
Kambodscha
Staat ***in*** **Mittelamerika**
El Salvador
Staat ***in*** **Ostafrika**
Aethiopien, Madagaskar, Moçambique, Seychellen
Staat ***in*** **Ozeanien**
Australien, Neuseeland

Staat *in* **Südafrika**
Suedafrika
Staat *in* **Südasien**
Bangladesh
Staat *in* **Südostasien**
Indonesien, Kambodscha
Staat *in* **Westafrika**
Burkina Faso
Staat *in* **Westeuropa**
Frankreich
staatliche Stellenvermittlung
Arbeitsamt
staatliche Vorschrift
Verordnung
staatliche Wirtschaftslenkung
Dirigismus
Staatsform
Demokratie, Oligarchie
Staatskunst
Diplomatie
Staatsoberhaupt
Praesident
Staatsverbrechen
Hochverrat
Staatszuschuss
Subvention
stabil
bestaendig
stachelige Pflanze
Igelkaktus
Stadion
Sportplatz
Stadt, Gemeinde *in* **Afrika**
Addis Abeba, Alexandria, Casablanca, Daressalam, Marrakesch, Moçambique, Mogadischu
Stadt, Gemeinde *in* **Ägypten**
Alexandria
Stadt, Gemeinde *im* **Allgäu**
Oberstdorf
Stadt, Gemeinde *im* **alten Ägypten**
Alexandria, Heliopolis
Stadt, Gemeinde *im* **alten Persien**
Persepolis
Stadt, Gemeinde *in* **Amerika**
Birmingham, Bridgeport, Charleston, Cincinnati, Evansville, Harrisburg, Jersey City, Kansas City, Los Angeles, Louisville, Montgomery, New Orleans, Paramaribo, Pittsburgh, Providence, Sacramento, San Antonio, Valparaíso, Washington
Stadt, Gemeinde *in* **Asien**
Haidarabad, Hiroschima, Pjoengjang, Port Arthur, Rawalpindi
Stadt, Gemeinde *in* **Äthiopien**
Addis Abeba
Stadt, Gemeinde *in* **Australien und Ozeanien**
Wellington
Stadt, Gemeinde *in* **Baden-Württemberg**
Baden Baden, Bietigheim, Blaubeuren, Boeblingen, Crailsheim, Furtwangen, Geislingen, Gengenbach, Goeppingen, Heidelberg, Heidenheim, Hockenheim, Kuenzelsau, Muehlacker, Neckarsulm, Nuertingen, Pfullingen, Plochingen, Radolfzell, Ravensburg, Reutlingen, Rottenburg, Saeckingen, Tailfingen, Tuttlingen, Waiblingen, Weingarten
Stadt, Gemeinde *in* **Bayern**
Altoetting, Bad Aibling, Beilngries, Deggendorf, Dingolfing, Eichstaett, Immenstadt, Ingolstadt, Kaufbeuren, Miltenberg, Muenchberg, Oberstdorf, Ochsenfurt, Ottobeuren, Regensburg, Rothenburg, Schwandorf, Traunstein, Vilsbiburg, Wasserburg
Stadt, Gemeinde *in* **Belgien**
Anderlecht
Stadt, Gemeinde *im* **Bergischen Land**
Gevelsberg
Stadt, Gemeinde *an der* **Bergstraße**
Heidelberg, Heppenheim
Stadt, Gemeinde *am* **Bodensee**
Allensbach, Kressbronn, Nonnenhorn, Radolfzell, Romanshorn, Wasserburg
Stadt, Gemeinde *in* **Brandenburg**
Eberswalde, Fehrbellin
Stadt, Gemeinde *an der* **Brenz**
Heidenheim
Stadt, Gemeinde *in* **Chile**
Concepción, Valparaíso
Stadt, Gemeinde *in* **Dänemark**
Fredericia, Helsingoer, Kalundborg, Koebenhavn, Kopenhagen, Sonderburg
Stadt, Gemeinde *an der* **Donau**
Bratislava, Ingolstadt, Regensburg, Riedlingen, Tuttlingen
Stadt, Gemeinde *in der* **Eifel**
Gerolstein
Stadt, Gemeinde *an der* **Elbe**
Geesthacht, Wittenberg
Stadt, Gemeinde *im* **Elsass**
Muelhausen, Strasbourg, Strassburg
Stadt, Gemeinde *in* **England**
Birmingham, Canterbury, Eastbourne, Folkestone, Manchester, Nottingham, Portsmouth, Shrewsbury, Twickenham
Stadt, Gemeinde *in* **Frankreich**
Argenteuil, Douarnenez, La Rochelle, Muelhausen, Strasbourg, Strassburg, Versailles
Stadt, Gemeinde *in* **Guayana**
Georgetown
Stadt, Gemeinde *am/im* **Harz**
Nordhausen
Stadt, Gemeinde *in* **Hessen**
Bad Homburg, Bad Nauheim, Biedenkopf, Gelnhausen, Heppenheim, Hofgeismar, Lauterbach, Pfungstadt, Ruedesheim
Stadt, Gemeinde *im* **Hunsrück**
Kastellaun
Stadt, Gemeinde *in* **Indien**
Darjeeling, Haidarabad
Stadt, Gemeinde *in* **Indonesien**
Dschakarta
Stadt, Gemeinde *am* **Inn**
Schaerding, Wasserburg
Stadt, Gemeinde *an der* **Isar**
Dingolfing
Stadt, Gemeinde *auf der* **Krim**
Sewastopol
Stadt, Gemeinde *auf* **Kuba**
Guantanamo

10

Stadt, Gemeinde *an der* **Leine**
Goettingen
Stadt, Gemeinde *in* **Luxemburg**
Echternach, Ettelbruck, Luxembourg
Stadt, Gemeinde *an der* **Maas**
Maastricht
Stadt, Gemeinde *am* **Main**
Miltenberg
Stadt, Gemeinde *in* **Marokko**
Casablanca, Marrakesch
Stadt, Gemeinde *in* **Mecklenburg-Vorpommern**
Greifswald
Stadt, Gemeinde *in* **Mexiko**
Mexico City
Stadt, Gemeinde *in* **Moçambique**
Moçambique
Stadt, Gemeinde *an der* **Mosel**
Bernkastel, Thionville
Stadt, Gemeinde *an der* **Nahe**
Birkenfeld
Stadt, Gemeinde *am* **Neckar**
Heidelberg, Nuertingen, Plochingen, Reutlingen, Rottenburg
Stadt, Gemeinde *auf* **Neuseeland**
Palmerston, Wellington
Stadt, Gemeinde *in den* **Niederlanden**
Amersfoort, Leeuwarden, Maastricht, Middelburg, Vlissingen
Stadt, Gemeinde *in* **Niedersachsen**
Dannenberg, Duderstadt, Goettingen, Hildesheim, Holzminden, Osnabrueck, Salzgitter
Stadt, Gemeinde *am* **Nil**
Alexandria
Stadt, Gemeinde *in* **Nordrhein-Westfalen**
Eschweiler, Euskirchen, Gevelsberg, Guetersloh, Leverkusen, Oberhausen, Oeynhausen
Stadt, Gemeinde *in* **Norwegen**
Hammerfest
Stadt, Gemeinde *in* **Oberschlesien**
Hindenburg
Stadt, Gemeinde *in* **Österreich**
Bad Gastein, Burghausen, Eisenstadt, Hofgastein, Kitzbuehel, Klagenfurt, Sankt Anton, Schaerding
Stadt, Gemeinde *in* **Ostpreußen**
Allenstein
Stadt, Gemeinde *an der* **Ostsee**
Greifswald
Stadt, Gemeinde *in* **Pakistan**
Haiderabad, Rawalpindi
Stadt, Gemeinde *am* **Rhein**
Leverkusen, Ruedesheim, Saeckingen
Stadt, Gemeinde *in* **Rheinland-Pfalz**
Baumholder, Birkenfeld, Deidesheim
Stadt, Gemeinde *an der* **Rhône**
Montélimar
Stadt, Gemeinde *an der* **Ruhr**
Oberhausen
Stadt, Gemeinde *im* **Ruhrgebiet**
Oberhausen
Stadt, Gemeinde *in* **Sachsen-Anhalt**
Bitterfeld, Wittenberg
Stadt, Gemeinde *in* **Schleswig-Holstein**
Ahrensburg, Geesthacht
Stadt, Gemeinde *am* **Schwarzen Meer**
Sewastopol
Stadt, Gemeinde *im* **Schwarzwald**
Alpirsbach, Baden-Baden, Furtwangen
Stadt, Gemeinde *in* **Schweden**
Karlskrona, Landskrona, Trelleborg
Stadt, Gemeinde *in der* **Schweiz**
Bellinzona, Einsiedeln, Frauenfeld, Interlaken, Pontresina, Rapperswil, Winterthur
Stadt, Gemeinde *in der* **Slowakei**
Bratislava
Stadt, Gemeinde *in* **Somalia**
Mogadischu
Stadt, Gemeinde *in* **Spanien**
Pontevedra, Valladolid
Stadt, Gemeinde *in* **Südafrika**
East London
Stadt, Gemeinde *auf* **Sylt**
Westerland
Stadt, Gemeinde *im* **Taunus**
Bad Homburg, Bad Nauheim
Stadt, Gemeinde *an der* **Themse**
Twickenham
Stadt, Gemeinde *in der* **Tschechischen Republik**
Austerlitz
Stadt, Gemeinde *in der* **Ukraine**
Sewastopol
Stadt, Gemeinde *in* **Uruguay**
Montevideo
Stadt, Gemeinde *in den* **USA**
Birmingham, Charleston, Harrisburg, Los Angeles, New Orleans, Sacramento, Saint Louis, Washington
Stadt, Gemeinde *an der* **Weinstraße**
Deidesheim
Stadt, Gemeinde *an der* **Weser**
Holzminden
Stadt, Gemeinde *an der* **Wolga**
Stalingrad
Stadtbezirk von Wien
Josefstadt
Stadtburg *in* **Rom**
Engelsburg
städtischer Versorgungsbetrieb
Gasanstalt, Wasserwerk
städtisches Verkehrsmittel
Trolleybus
Stadtstreicher
Pennbruder
Stammbaumkunde
Genealogie
stämmig
untersetzt
Stammmiete (Stammiete)
Abonnement
Standbild
Bildsaeule
Ständerpilz
Champignon, Hallimasch
Standleuchte
Kandelaber

Standpunkt
Anschauung, Auffassung
Standpunkt der prinzipiellen Verneinung
Nihilismus
stark mitgenommen
ramponiert
Starkbier
Doppelbock
starr
regungslos
Station
Aufenthalt, Haltepunkt
Statthalter
Gouverneur, Vizekoenig
stattlich
ansehnlich, beachtlich
Status
Verfassung
Statut
Verordnung
Stauung
Stagnation
Stechbeitel
Stemmeisen
Stechheber
Saugroehre
Steigerung
Eskalation
Steigerungsstufe
Komparativ, Superlativ
Stein
Felsstueck
Steingrab der Vorzeit
Huenengrab
Steinkohle
Glanzkohle
Stelldichein
Rendezvous
Stellmacher
Wagenbauer
Stellvertreter
Ersatzmann
Sterbehilfe
Euthanasie
stereotyp
formelhaft
Sternbild
Cassiopeia, Wassermann
Sternschnuppe
Feuerkugel
stete Fröhlichkeit
Heiterkeit
stete Zuversicht
Optimismus
Steuer
Lenkstange
Steuerungswissenschaft
Kybernetik
stichhaltig
schluessig
Stickereielement
Kreuzstich
Stieglitz
Distelfink
Stierkämpferpfeil
Banderilla
Stiftung
Stipendium
Stilepoche
Jugendstil
still
schweigsam
stille Versenkung
Meditation
Stillstand
Stagnation
Stimmenmehrheit
Majoritaet
Stimmenminderheit
Minoritaet
Stimmung
Heiterkeit
Stimmungsmache
Propaganda
stimmungsvoll
romantisch
Stockung
Stagnation, Stillstand
Stoffart
Manchester
Stoffsammlung
Repertoire
storchähnlicher Vogel
Nimmersatt
Storchenschnabel
Pantograph
störend
behindernd, hinderlich
Störenfried
Plagegeist, Quaelgeist
Strafanstalt
Gefaengnis
strafbare Handlung
Verbrechen
Strafe
Vergeltung
Strafpredigt
Standpauke
Straftat
Verbrechen
Straftäter
Delinquent, Verbrecher
Strafzettel
Knoellchen
Strahlenbrechung
Refraktion
Strahlenrückwurf
Reflektion
Straße *in* New York
Wallstreet
Straßenbegrenzung
Leitplanke
Streichinstrument
Kontrabass
Streithammel
Staenkerer
strikt
konsequent
strittig
kontrovers
Strommessgerät
Voltameter
Stromschnelle
Wasserfall
Strudel
Mehlspeise
Studienanstalt
Hochschule
Studienbeihilfe
Stipendium
Studierter
Akademiker
Stufe
Tonabstand
Stufenaufgang
Freitreppe
stumm
schweigsam
Stundung
Moratorium
Subjekt
Individuum
subjektiv
parteiisch, unsachlich
sublim
feinsinnig
Sucht
Hoerigkeit
südafrikanischer Landesteil
Basutoland
Südamerikaner
Bolivianer, Paraguayer
südamerikanischer Vulkan
Chimborazo
südamerikanisches Edelholz
Palisander
südamerikanisches Faultier
Zweifinger
südamerikanisches Pelztier
Chinchilla
Südeuropäer
Portugiese
südfranzösische Provinz
Roussillon
Südfrucht
Bergamotte, Clementine, Grapefruit, Pampelmuse
Südostasiat
Vietnamese

Sühne
Vergeltung
sumerischer Held
Gilgamesch
Sündenvergebung
Absolution
süße Backware
Plaetzchen
Süßigkeit
Schokolade
Symbol *für das* **Judentum**
Davidstern
synonym
sinngleich
Synthese
Verbindung
Systematisierung
Gliederung
Szenerie
Dekoration, Landschaft

T

Tabelle
Uebersicht
Tafelgerätegarnitur
Essbesteck
Tageszeit
Daemmerung, Nachmittag
Taggreifvogel
Fischadler, Steinadler
Takt
Zweiachtel
Tal *bei* **Freiburg**
Hoellental
Talar
Amtstracht
Talschaft in Graubünden
Praettigau
Tannenbaumschmuck
Engelshaar
Tanz
Breakdance, Charleston, Kasatschok, Kontertanz, Kreuzpolka, Quickstepp, Saltarello, Seguidilla, Tarantella
Tanz *der* **Zwanzigerjahre**
Charleston
taperig
hinfaellig
tapfer
couragiert
Tasteninstrument
Clavichord, Klavichord, Konzertina, Pianoforte
Tatendrang
Aktivitaet, Initiative
Täter
Delinquent
Tätigkeit
Aktivitaet
Tätigkeitsdrang
Aktivitaet
Tätlichkeit
Raufhandel
Taubenart
Brieftaube, Kropftaube
Taucher
Froschmann
Tauchvogel
Seetaucher
Taugenichts
Tunichtgut
Täuschung
Einbildung, Hinterlist
Tausendfüßer
Kugelassel
Tausendkorn
Bruchkraut
Teamsportart
Basketball, Volleyball, Wasserball
technischer Beruf
Baumeister
Teesorte
Darjeeling
Teichblume
Wasserrose
Teichoskopie
Mauerschau
Teigtreibmittel
Backpulver
Teil *des* **Armes**
Ellenbogen, Handgelenk
Teil *des* **Automotors**
Zuendkerze
Teil *der* **Bettwäsche**
Kopfkissen
Teil *der* **Blüte**
Kelchblatt
Teil *der* **Britischen Insel**
Schottland
Teil *des* **Buches**
Titelseite
Teil *des* **Bundeshauses**
Plenarsaal
Teil *der* **Erdatmosphäre**
Exosphaere
Teil *des* **Fahrrads**
Lenkstange
Teil *der* **Funkeinrichtung**
Empfaenger
Teil *des* **Gasthauses**
Schankraum
Teil *der* **Geige**
Bassbalken, Griffbrett, Schallloch
Teil *des* **Gesichts**
Augenbraue, Unterlippe
Teil *von* **Großbritannien**
Nordirland, Schottland
Teil *der* **Grünanlage**
Gartenbeet
Teil *des* **Halses**
Adamsapfel, Luftroehre
Teil *der* **Hand**
Handgelenk, Ringfinger
Teil *des* **Heimes**
Wohnzimmer
Teil *des* **Kopfes**
Hinterkopf, Oberkiefer, Ohrmuschel
Teil *der* **Körperpflege**
Haarpflege
Teil *des* **Mundes**
Oberkiefer, Unterlippe
Teil *des* **Nordpolarmeeres**
Barentssee
Teil *des* **Ohres**
Ohrmuschel
Teil *des* **Rheinischen Schiefergebirges**
Westerwald
Teil *des* **Schlafanzugs**
Pyjamahose
Teil *des* **Schuhs**
Brandsohle
Teil *des* **Services**
Eierbecher
Teil *des* **Stillen Ozeans**
Beringmeer
Teil *des* **Tages**
Nachmittag
Teil *der* **Tankstelle**
Zapfsaeule
Teil *des* **TV-Gerätes**
Bildroehre
Teil *des* **Velos**
Lenkstange
Teil *der* **Wirbelsäule**
Steissbein
Teil *der* **Wohnung**
Badezimmer, Wohnzimmer
Teilhaberschaft
Konsortium
Teilkraft
Komponente
Teilnahme
Mitgefuehl
Teilung
Entzweiung, Halbierung
Tempel *auf der* **Akropolis**
Erechtheum
Temperament
Choleriker, Gemuetsart, Munterkeit
Temperaturmaßeinheit
Fahrenheit
Temperaturregler
Thermostat
Tempobezeichnung in der Musik
allegretto, diminuendo, largamente, ritardando, stringendo

Tempomesser
Tachometer
temporär
zeitweilig
Tennisausdruck
Grundlinie
Tenniswanderpokal
Davispokal
Teppich
Bodenbelag
teppichartige Stickerei
Tapisserie
Test
Experiment
Teufel
Antichrist
Teufelsbart
Kuhschelle
Teufelsbeere
Belladonna
Teufelskirsche
Belladonna
Text
Aufschrift, Manuskript, Stenogramm, Typoskript
Text auf Münzen
Aufschrift
Texter
Librettist
Textilgrundstoff
Kunstfaser, Naturfaser
Textilrohstoff
Schurwolle
Theateragent
Impresario
Theaterberuf
Souffleuse
Theatermiete
Abonnement
Theke
Ladentisch
Therapie
Behandlung
Thermometerskala
Fahrenheit
These
Behauptung
Thriller
Gruselfilm, Horrorfilm
Thronfolge
Sukzession
Thronfolger im alten Russland
Zarewitsch
Thuja
Lebensbaum
tiefe enge Täler
Schluchten
tiefer Kleiderausschnitt
Dekolletee
Tiegel
Kasserolle
Tierart
Saeugetier, Wirbeltier
Tierarzt
Veterinaer
Tierbehausung
Bienenkorb, Vogelbauer
Tierfangeinrichtung
Mausefalle
tierhaft
animalisch
tierisch
animalisch
Tierkrankheit
Rinderpest
Tierkreiszeichen
Wassermann
Tierprodukt
Eiderdaune, Flaumfeder
Tipp (Tip)
Empfehlung, Fingerzeig
Tischgesellschaft
Tafelrunde
Tischlerwerkzeug
Stemmeisen
Tischzeug
Servietten
Titel
Aufschrift
Titel *eines* Pädagogen
Oberlehrer, Studienrat
Titelblatt bei alten Büchern
Frontispiz
Titelfigur von Mann
Felix Krull
Titelfigur von Molière
Amphitryon
Tochter von Ceres
Proserpina
Tochter von Demeter
Persephone
Tod
Freund Hein, Lebensende
Todesweihe
Wegzehrung
Tolle
Haarschopf
Tollkirsche
Belladonna
Tollkraut
Schierling
Tonerzeuger bei Musikinstrumenten
Luftsaeule
Tonfall
Aussprache
Tongeschirr
Roemertopf
Tonspeicher
Magnetband
Topfen
Weisskaese
Töpfer
Ofensetzer
Töpferware
Terrakotta
Torheit
Albernheit
Torhüter
Goalkeeper
töricht
einfaeltig
Tormann
Goalkeeper
Torpfosten auf dem Spielfeld
Goalstange
Torschütze
Goalgetter
totale Verneinung
Nihilismus
totalitär
autoritaer
Totenstadt
Nekropolis
Touristikunternehmen
Reisebuero
Tradition
Gewohnheit
Träger *für* Gepäck
Dienstmann
Trajekt
Autofaehre
Traktat
Abhandlung
Tramper
Hitchhiker
Transparent
Leuchtbild, Spruchband
Transparentbild
Diapositiv
Transportart
Expressgut
Tratsch
Geschwaetz
Trauer
Betruebnis
Trauerkloss
Miesepeter
Trauerzug
Beerdigung
Traufe
Regenrinne
Trauma
Verletzung
traumhaft
unwirklich
traut
anheimelnd, gemuetlich
Traverse
Querbalken
Travestie
Umdichtung
Treffen
Rendezvous

Treffer
Glueckslos
Treibstoff
Kraftstoff
Trema
Trennpunkt
Trennschleuder
Zentrifuge
Trennung
Entzweiung, Separation
Trense
Pferdezaum
Tresen
Ladentisch
Treuhänder
Sachwalter
treuherzig
einfaeltig
Trick
Kunstgriff, Taeuschung
triebartig
instinktiv
triebhaft
animalisch
trikolor
dreifarbig
Trikotage
Strickware
Trinkgefäß
Likoerglas, Sektschale
Trinkgelage
Besaeufnis, Zechgelage
Trinkgeld im Orient
Bakschisch
Trinkgesellschaft
Stammtisch
Trinkstube
Wirtschaft
Trip
Kurzurlaub
Tripper
Gonorrhoee
Triste
Heuschober
trisyllabisch
dreisilbig
Triumph
Genugtuung
Trockenblume
Strohblume
Troddelblume
Soldanella
Trödel
Krimskrams
Trompetengeige
Trumscheit
Tropenbaum
Muskatnuss
Tropenkrankheit
Gelbfieber
tropische Baumechse
Chamaeleon
tropische Echse
Chamaeleon
tropische Edelholzart
Palisander
tropische Kopfbedeckung
Tropenhelm
Tross
Mitlaeufer
Trosse
Schiffstau
trostlos
langweilig
Trottinett
Tretroller
trotzig
aufmuepfig
Trübsal
Depression
Truchsess
Hofbeamter, Seneschall
Trug
Taeuschung
trügerisch
taeuschend, unwirklich
Trugschluss
Denkfehler
Truppe zu Pferd
Kavallerie
Truppengattung
Artillerie
tuchbespannte Liege
Liegestuhl
Tuchhalle
Gewandhaus
tüchtig
ordentlich
Tücke
Hinterlist
Tummelplatz
Spielwiese
Tumor
Geschwulst
tun
ausfuehren
Tunke aus Eigelb und Öl
Mayonnaise
tunlichst
moeglichst
Tür *bei* Gefahr
Notausgang
turbulent
stuermisch
türkische Riemenpeitsche
Karbatsche
Turm *in* Paris
Eiffelturm
Turngerät
Springseil
Turnier
Kampfspiel, Wettbewerb
Turnübung
Aufschwung, Bauchwelle, Bodenrolle
Türvorleger
Abstreifer
Tuschezeichengerät
Rapidograf
Tute
Signalhorn
Typhon
Wirbelwind
übellaunig
aergerlich
Übelstand
Kalamitaet
Übeltat
Verbrechen
Übeltäter
Boesewicht, Verbrecher
überall
allerorten
überdachtes Schlafmöbel
Himmelbett
Überdruss
Widerwille
Übereifer
Fanatismus
übereilt
vorschnell
Übereinkunft
Konvention
übereinstimmend
konkordant
überempfindlich
allergisch
überfromm
froemmelnd
Übergewicht
Adipositas, Majoritaet, Praevalenz
übergroß
gigantisch
Überhitzung
Hitzschlag, Waermestau
überirdisch
aetherisch
Überprüfung
Inspektion
überraschend
ploetzlich, unerwartet
überrascht
verblueffl
Überredungskunst
Propaganda
Überreife von Weintrauben
Edelfaeule
Überschlag
Berechnung, Purzelbaum, Schaetzung
Überschuss
Reingewinn
Überschwemmung
Hochwasser

Überseedampfer
Ozeanriese
Übersiedlung in einen anderen Staat
Emigration
übersinnlich
spirituell
übersorgfältig
pedantisch
überspannt
exorbitant, hysterisch, verstiegen
Übertragung von Krankheitskeimen
Ansteckung
übertrieben
exorbitant
übertriebene Verehrung
Fanatismus
übertriebenes Schmeicheln
Lobhudelei
Übertritt zum anderen Glauben
Konversion
Überwachung
Inspektion
Überzeugung
Standpunkt
übler Ruf
Misskredit
übrige Dinge
Remittende, Restposten
Übungen
Exerzitien

U

Uhr
Zeitmesser
Uhrenart
Armbanduhr, Digitaluhr
Uhrenteil
Federstift, Schlagwerk
Ukas
Vorschrift
ultimativ
letztmalig
Umfang
Ausdehnung, Peripherie
Umfragewissenschaft
Demoskopie
Umgang
Prozession
umgangssprachlich für Geld
Pinkepinke
umgangssprachlich für Motorrad
Feuerstuhl
Umherziehende
Spielleute
Umhüllung
Verpackung
Umkehr
Konversion
umkehrbar
reversibel
Umkehrung
Perversion, Verkehrung
Umkreis
Peripherie
Umrandung
Einfassung
Umriss
Silhouette
Umschlag
Buchhuelle
Umschreibung
Paraphrase
Umschweife
Brimborium
umsonst
vergeblich
Umsturz
Revolution, Subversion
Umstürzler
Revoluzzer
Umwandlung
Konversion
Umweltschutzorganisation
Greenpeace
Umzug
Prozession
unabänderlich
endgueltig
unabhängig
ungebunden
unangebracht
deplaziert, inopportun
unangenehme Situation
Bredouille, Kalamitaet
unantastbar
geschuetzt, sakrosankt
unbar
bargeldlos
unbedeutende Kleinigkeit
Quisquilie
unbegrenzt
grenzenlos
unbeliebt
missliebig
unbeugbar
inflexibel
unbeugsam
beharrlich
unbewohnter Teil der Erde
Anoekumene
unduldsam
intolerant
undurchsichtige Malfarben
Deckfarben
unecht
affektiert, kuenstlich
Uneinigkeit
Diskordanz, Diskrepanz, Zwietracht
unendlich
grenzenlos
unentgeltlich
kostenfrei
unentschlossen
schwankend
unerheblich
irrelevant
unerklärlich
mysterioes
unermüdlich
ausdauernd
unersättlich
gefraessig, nimmersatt
Unerschrockenheit
Tapferkeit
unerwartet
ploetzlich
unfolgsam
ungehorsam
Unfriede
Zwietracht
unfrisiert
strubbelig
ungarischer Arzt
Semmelweis
ungarischer Binnensee
Plattensee
ungarischer Pferdehirt
Tschikosch
ungefähr
annaehernd
ungefährdet
geschuetzt
ungeheuer
gigantisch
Ungeheuer der griechischen Sage
Minotauros
ungelegen
inopportun
ungelernter Arbeiter
Handlanger
Ungemach
Widrigkeit
ungeschickt
unbeholfen
ungesetzlich
irregulaer
Ungetüm
Riesentier
ungezwungen
nonchalant
ungiftig
geniessbar

unglaublich
skandaloes
Ungnade
Missfallen
unheilbar
pernizioes
unheilvoll
bedenklich
Unhold
Boesewicht
Unikum
Sonderling
Universität
Hochschule
Universitätsstadt *in* **Dänemark**
Kopenhagen
Universitätsstadt *in* **Deutschland**
Goettingen, Heidelberg
Universitätsstadt *in* **Frankreich**
Strasbourg, Strassburg
Universitätsstadt *am* **Neckar**
Heidelberg
unkeusch
anstoessig
Unkraut
Ackerwinde
unleserlich beschreiben
bekritzeln
Unlust
Widerwille
unmenschlich
barbarisch
Unmut
Missfallen
unnachgiebig
konsequent, stoerrisch
unnatürlich
manieriert
unnützes Zeug
Brimborium
Unordentlichkeit
Schluderei
unoriginell
eklektisch
Unpaarzeher
Rhinozeros
unparteiisch
unbefangen
unpässlich
kraenkelnd
unrealistisch
versponnen
unregelmäßig
episodisch, irregulaer, sporadisch
unsachlich
parteiisch
Unschuld
Keuschheit
unselbstständig
angestellt
unsere Staatsform
Demokratie
unser Zuhause
Elternhaus
unsicher
schwankend
unsicher machen
irritieren
Unsinn
Albernheit
Unstimmigkeit
Diskrepanz
unsympathisch
abstossend
Untat
Verbrechen
Unterdrückung
Repression
Untergebene
Untertanen
Untergeschoss
Souterrain
Untergrundkämpfer
Guerillero
Unterhalter
Showmaster
unterhaltsamer Zeitvertreib
Amuesement
Unterhaltungs- und Kulturteil der Zeitung
Feuilleton
Unterhändlerin
Abgesandte
Unterhose
Schluepfer
Unternehmen
Expedition
Unternehmungslust
Tatendrang
Unterredung
Diskussion
Unterrichtsanstalt
Fachschule, Hochschule
Unterrichtung
Mitteilung
Unterschenkelknochen
Schienbein
Unterschrift
Signierung
Unterstützung
Foerderung, Subvention
Unterstützungsgeld für Studenten
Stipendium
Unterwäsche
Trikotagen
Unterweisung
Unterricht
Unterwelt
Totenreich
Unterzeichnung
Signierung
untreu
abtruennig
untunlich
inopportun
unüberlegt
unbesonnen
unumschränkt
ganz und gar
unumwunden
rundheraus
unveränderlich
invariabel
unverbildet
natuerlich
Unvergessenes
Erinnerung
unverkauftes Buch
Remittende
unverletzlich
sakrosankt
unverletzt
unversehrt
unvermittelt
ploetzlich
unverzagt
beharrlich
unwichtig
irrelevant
unwillig
aergerlich, indigniert
unwillkürlich
instinktiv, mechanisch
unwissend
ahnungslos
unzuverlässig
schwankend
Upper Ten
Hautevolee, High Society
üppig
lukullisch
Urbild
Archetypus
Urkundenlehre
Diplomatik
Urkundsbehörde
Standesamt
Ursache
Beweggrund, Motivation
Ursprung
Abstammung, Entstehung, Schoepfung
Urtext
Manuskript
Usus
Gewohnheit
Utopie
Wunschziel
Utopist
Schwaermer

10

V

vage
unbestimmt
Vampir
Blutsauger, Fledermaus
Variante
Abwandlung
Vatermörder
Hemdkragen
venezianischer Gondelführer
Gondoliere
venezianischer Maler
Tintoretto
Verabredung
Rendezvous
Verabschiedung
Entlassung, Suspension
veraltet
altmodisch, antiquiert
veraltet für Lebensmittel
Viktualien
veraltet für Orient
Morgenland
veraltete Anlage zum Mahlen
Windmuehle
veraltetes Wasserfahrzeug
Raddampfer
Veranlagung
Faehigkeit
Veranlassung
Motivation
Verband von Flugzeugen
Geschwader
Verbannung
Ausweisung
verbindlich
konziliant
Verbindlichkeit
Konzilianz, Obligation
Verbindungsgelenk im menschlichen Knochenbau
Ellenbogen, Handgelenk
verbissen
konsequent
verborgen
mysterioes
verborgene Lade
Geheimfach
verbotener Boxhieb
Tiefschlag
Verbündeter
Alliierter
verbürgt
garantiert
Verdacht
Misstrauen, Mutmassung
Verderbnis
Korruption
verdeutlichende Umschreibung
Paraphrase
Verdichter
Kompressor
Verdichtetes
Konzentrat
verdutzt
verbluefft
Veredelung
Kopulation
Verehrer
Bewunderer
vereinbar
kompatibel
Vereinbarung
Konvention
Vereinheitlichung
Normierung
vereinzelt
sporadisch
Verfahren der Wahl
Koenigsweg
Verfall
Niedergang
verfeinert
kultiviert, raffiniert
verfügbar
disponibel
Verfügung
Bestimmung, Verordnung
Verführer
Frauenheld
Verführung zu einer Straftat
Anstiftung
Vergebung
Verzeihung
vergeistigt
aetherisch
Vergeltung
Bestrafung, Genugtuung
Vergeltungsmaßnahme
Reparation
Vergleich
Kompromiss
Vergleichsstufe
Komparativ, Superlativ
vergnatzt
aergerlich
Vergnügen
Amuesement
Vergnügungsviertel in Hamburg
Reeperbahn, Sankt Pauli
Vergnügungsviertel in Paris
Montmartre
vergorener Weißkohl
Sauerkraut
Vergötterung
Adoration
vergüten
honorieren
Verhaftung
Ergreifung, Sistierung
Verhaltensmaßregel
Spielregel, Vorschrift
Verhältnis
Liebschaft, Proportion
Verhandlung
Aussprache
Verhandlungsgeschick
Diplomatie
Verhängnis
Fatalitaet
Verhinderung des Zugangs
Absperrung
Verhör
Vernehmung
verhütend
praeventiv
Verhütung
Prophylaxe
Verkaufsdepot
Warenlager
Verkaufserfolg
Bestseller, Longseller
Verkaufsraum
Supermarkt
Verkehrsgebäude
Busbahnhof
Verkehrshindernis
Bodennebel, Eisglaette
Verkehrshinweis vor Bahnübergängen
Blinkampel
Verkehrsmittel
Kraftwagen, Luftschiff, Schnellbus, Schnellzug, Triebwagen, Trolleybus
Verkehrsteilnehmer
Autofahrer, Fernfahrer, Kradfahrer
verknöchert
unflexibel
verkürzte Unterschrift
Initialien
Verlagsangestellter
Cheflektor, Hersteller
Verlangen
Beduerfnis
Verlängerung der Zahlungsfrist
Moratorium
Verlautbarung
Aeusserung
Verlegenheit
Bredouille, Kalamitaet, Zwangslage
Verleihung
Konzession

Verleitung
Anstiftung
Verletzung
Bluterguss, Brandblase, Erfrierung, Frostbeule, Laedierung, Quetschung, Veraetzung, Verrenkung
Verlobter
Braeutigam
verlockende Wirkung
Versuchung
Verlockung
Anfechtung
verlorener Kampf
Niederlage
Vermerk in einem Schriftstück
Aktennotiz
Vermittler
Kommissaer
Vermittler von Rennwetten
Buchmacher
Vermittlungsbehörde für Beschäftigungssuchende
Arbeitsamt
Vermögen
Faehigkeit
vermögend
wohlhabend
vermögender Mensch
Kapitalist
vermögensrechtliche Urkunde
Pfandbrief, Wertpapier
Vermummung
Maskierung
Vermutung
Mutmassung
Vernichtung
Entfernung
Vernissage
Eroeffnung
vernünftig
einsichtig
vernunftwidrig
irrational
Verordnung
Bestimmung, Verfuegung
Verpackungsart
Packpapier
Verpflichtung
Engagement
Verpflichtungsschein
Obligation
Verräter
Denunziant
verrucht
anstoessig
Verruf
Misskredit
Versand
Expedition
verschieden
kunterbunt
Verschiedenheit
Diskordanz
verschlagen
trickreich
verschleiern
vertuschen
verschlissen
abgetragen
verschmitzter Mensch
Spassvogel
Verschwiegenheit
Diskretion
versenden
abschicken
Versenkung
Meditation
Versicherung
Assekuranz
Version
Abwandlung
Versmaß
Heptameter, Pentameter
versöhnlich
konziliant
Versorgung
Ernaehrung
Versroman
Erzaehlung
Verständnis
Mitgefuehl
Verstauchung
Distorsion
Versteigerung
Lizitation
versteinerte Reste von Lebewesen
Petrefakte
versteinerter Fischzahn
Otterzunge
versteinerter Kopffüßer
Ammonshorn
verstellbarer Schraubenschlüssel
Englaender
Verstellung
Simulation
Verstimmung
Missfallen
Verstoß
Verfehlung
Versuch
Experiment
Versuchung
Anfechtung, Verlockung
Versündigung
Verfehlung
vertauschbar
kommutabel, kommutativ, permutabel
Vertikale
Senkrechte
verträglich
kompatibel
Vertragspartner
Kontrahent
Vertrauen
Zuversicht
Vertraulichkeit
Intimitaet
Verunsicherung
Irritation
Vervielfältigung
Ablichtung, Photokopie
Vervollständigung
Ergaenzung, Komplement, Supplement
verwahrlost
verlottert
Verwaltungsbezirk *in* **Großbritannien**
Grafschaft
Verwandte/Verwandter
Grossonkel, Grosstante
Verwandtschaft
Sippschaft
Verweisung von der Universität
Relegation
Verwesung
Putreszenz
Verwirklichung
Erfuellung
Verwirrung
Tohuwabohu
Verwundung
Verletzung
verzehrende Begeisterung
Fanatismus
Verzeichnis
Uebersicht
Verzierung
Dekoration, Garnierung
verzögert
retardiert
verzweifelt
deprimiert
Veto
Verwahrung
Vetternwirtschaft
Nepotismus, Protektion
Viehfutterhaufen
Heuschober
Viehseuche
Rinderpest
vielerlei
mancherlei
Vielfraß
Nimmersatt
vielleicht
vermutlich
Vielmännerei
Polyandrie

vielseitig bewandert
kultiviert
Violone
Kontrabass
Vipernart
Kreuzotter
vis-a-vis
gegenueber
Visite
Arztbesuch
Viskosität
Zaehigkeit
vitiös
fehlerhaft, lasterhaft
Vogelkraut
Knoeterich
Vogesen
Wasgenwald
Vokabular
Wortschatz
Vokal
Selbstlaut
Vokativ
Anredefall
Volk *auf dem* **Balkan**
Makedonier
Völkerkunde
Ethnologie
Volksabstimmung
Referendum
Volksherrschaft
Demokratie
Volksstaat
Demokratie
vollendet
vollkommen
voller Esprit
geistreich
völlige Dunkelheit
Finsternis
völliges Alleinsein
Einsamkeit
Vollkommenheit
Perfektion
Vollmechanisierung
Automation
Vollschiff
Dreimaster, Viermaster
Volltrunkener
Bierleiche
Vollzugsanstalt
Gefaengnis
Volontär
Praktikant
vorausgesetzt
angenommen
vorbeugend
prohibitiv
Vorbeugung
Prophylaxe
Vorbühne
Proszenium
vorderasiatisches Kulturvolk (Antike)
Israeliten, Phoenizier
Vorderfront
Stirnseite
Vordergiebel
Frontispiz
Vorderseite
Stirnseite
vorderster Bühnenteil
Proszenium
Vordruck
Fragebogen
voreilig
ungeduldig
Voreingenommenheit
Fanatismus, Intoleranz
Vorfahre
Grossvater
Vorfahren
Altvordern
Vorfahrenverzeichnis
Ahnentafel
vorgeblich
angenommen
vorgeschichtliche Fundstätte
Neandertal
vorgeschichtliche Grabform
Huegelgrab
vorgeschichtliches Kulturdenkmal
Schutzwall, Steinkreis
Vorgeschichtsperiode
Bronzezeit
Vorhemd
Chemisette
Vorherrschaft
Praevalenz
Vorhut
Avantgarde
Vorlesungsraum an der Universität
Auditorium
vornehm
prachtvoll
vornehme Gesellschaftsschicht
Hautevolee
vornehmer Gasthof
Luxushotel
Vorort von Hamburg
Blankenese
Vorort von Paris
Versailles
Vorrang
Prioritaet
Vorrat
Repertoire
Vorrede
Einleitung
Vorrichtung
Instrument
Vorschlag
Anerbieten, Empfehlung
Vorschlussrunde
Halbfinale, Semifinale
Vorschrift
Bestimmung, Richtlinie
Vorsitz
Praesidium
Vorsitzender
Praesident
Vorspeise mit Teigwaren
Nudelsuppe
Vorspiegelung
Taeuschung
Vorspiel
Einleitung, Ouvertuere, Praeludium
Vortäuschung
Simulation
vorteilhaft
erfreulich
Vortrag
Rezitation
Vortragskünstler
Chansonier, Deklamator
vorübergehend
episodisch, zeitweilig
vorübergehende Beschäftigung
Zeitarbeit
vorurteilsfrei
unbefangen
vorurteilslos
freisinnig
Vorwort
Einleitung
Vulgärausdruck
Gossenwort
Vulkan *in* **Amerika**
Chimborazo, Lassen Peak
Vulkan *in* **Ecuador**
Chimborazo

W

waagerecht
horizontal
wach
aufgeweckt
Wache
Patrouille
Wachrundgang
Patrouille
wachsam
aufmerksam, hellhoerig
wachsame Augen
Argusaugen
Wachsfigurenkabinett
Panoptikum

wachsweich
aengstlich, nachgiebig
wackeln
schlingern, schlottern
Waffe *im* **Mittelalter**
Hellebarde
Waffe *der* **Piraten**
Enterhaken
Waffengattung
Artillerie, Infanterie, Kavallerie
Wagen
Kabriolett, Kraftwagen
Wagenaufbau
Karosserie
Wagenoberbau
Karosserie
Wagenschuppen
Tiefgarage
Wagenteil
Karosserie
waghalsiger Mensch
Abenteurer
Wagnis
Experiment
Wahl
Abstimmung
wählen
auswaehlen
wahlfrei
alternativ, fakultativ
wahllos
unbesonnen
Wahlspruch
Leitspruch
Wahlverwandtschaft
Affinitaet
Wahlvorgang
Abstimmung
Wahn
Einbildung
wahnwitzig
aberwitzig
wahr
zutreffend
Wahrnehmung
Empfindung, Perzeption
wahrscheinlich
praesumtiv, vermutlich
Wahrzeichen von Lübeck
Holstentor
Wahrzeichen von Mannheim
Wasserturm
Wahrzeichen von Paris
Eiffelturm
Wahrzeichen von Rom
Engelsburg
Wahrzeichen von Trier
Porta Nigra
Waldarbeiter
Holzhacker
Waldpflanze
Immergruen
Walküre
Rossweisse
Wallfahrtsort *in* **Deutschland**
Altoetting
Wallfahrtsort *in der* **Schweiz**
Einsiedeln
Wallung
Kongestion
Walstatt
Kampfplatz
Wanderhändler
Kolporteur
wandernde Musikanten
Spielleute
Wandteppich
Tapisserie
Wappenforscher
Heraldiker
Ware
Handelsgut
Warenauswahl
Kollektion
Warenhaus
Supermarkt
Wärmegrad
Temperatur
wärmende Kopfbedeckung
Pelzmuetze
Wärmeregler
Thermostat
Wärmespender
Heizkissen
Warnlicht
Blinkfeuer, Blinklicht
Wäschestück
Chemisette, Déshabillé, Nachtjacke, Schluepfer, Tellertuch, Tischdecke, Unterjacke, Unterkleid
Waschraum
Badezimmer
wasserdicht
hermetisch, waterproof
Wasserfahrzeug
Paddelboot, Raddampfer
Wassergeist
Wassermann
Wasserkultur
Hydroponik
Wasserreservoir
Wasserturm
Watsche
Backpfeife
Watvogel
Brachvogel, Sanderling
Wechselfälle
Wandlungen
wechselhaft
schwankend
wechselwarme Tiere
Weichtiere, Wirbellose
Wechte
Schneewehe
Weggabelung
Abzweigung
weggelaufenes Kind
Ausreisser
Wegkrümmung
Serpentine
Wegnahme des Eigentums
Enteignung
Wegzehrung
Mundvorrat
weh
schmerzend
Wehle
Wasserloch
Weibel
Amtsdiener
weiblicher Vorname
Christiane, Klementine, Wilhelmine
weichherzig
mildtaetig
Weichspeise
Griessbrei
Weichteile
Eingeweide, Genitalien
weidlich
ordentlich
Weihe
Ordination
Weihnachten
Christfest
Weihnachtsbaum
Christbaum, Tannenbaum
Weihnachtsbaumschmuck
Engelshaar, Glaskugeln, Glasspitze
Weihnachtsblume
Christrose
Weihnachtsgebäck
Plaetzchen
Weihnachtsschmuck
Tannenbaum
Weihnachtssymbol
Christkind
Weile
Zeitspanne
Weinort *an der* **Mosel**
Bernkastel
Weinort *am* **Rhein**
Nackenheim, Ruedesheim
Weinort *in* **Rheinland-Pfalz**
Deidesheim, Wachenheim
Weinort *an der* **Ruwer**
Eitelsbach
Weinpflanzung
Weingarten

weise
abgeklaert, einsichtig
weißes Blutkörperchen
Leukozyten
weites Beinkleid
Pluderhose
weithin sichtbares Seezeichen
Leuchtturm
Wellenbewegung
Undulation
Welsart
Katzenwels, Panzerwels, Zitterwels
Welt *des* **Feuers**
Muspelheim
Weltanschauung
Idealismus
Weltbevölkerung
Menschheit
Weltbürger
Kosmopolit
Weltende
Apokalypse
Weltentstehungslehre
Kosmogonie, Kosmologie
Weltreligion
Buddhismus, Hinduismus
Weltsprache
Chinesisch
weltweite Jugendbewegung
Pfadfinder
weniger
abzueglich
Werbung
Propaganda
Werden
Entstehung
Werk
Schoepfung, Taetigkeit
Werk *eines* **Kunstmalers**
Stillleben
Werk *mit* **Singstücken**
Liederbuch
Werktag
Arbeitstag, Donnerstag
werktätige Frau
Arbeiterin
werktätige Person
Arbeiterin
Werkzeug
Beisszange, Englaender, Flachzange, Kneifzange, Kombizange, Kreissaege, Loetkolben, Spitzhacke, Stecheisen, Stemmeisen, Stichsaege
Werkzeug *im* **Auto**
Wagenheber
Wertpapier
Pfandbrief
Wertpapiere
Obligation, Pfandbrief
wertvoller Grundstoff
Edelmetall
wertvoller Pelz
Chinchilla
wertvoller Werkstoff
Edelmetall
Wertzeichen
Briefmarke
Wesen
Gemuetsart
Wesenseinheit
Identitaet
Wesensgleichheit
Identitaet
wesensmäßig
essentiell, essenziell
wesentlich
essentiell, essenziell
Westeuropäer
Englaender, Hollaender, Portugiese
Westeuropäerin
Franzoesin
westeuropäischer Staat
Frankreich
Westindische Insel
Guadeloupe, Martinique, Montserrat, Puerto Rico
Wettbewerb
Konkurrenz
Wettbewerbsgegner
Konkurrent
Wetteifer
Konkurrenz, Rivalitaet
Wettermantel
Trenchcoat
Wetterprophet
Laubfrosch
Wettkampfdurchführung
Austragung
Wettkämpfer
Konkurrent
Wettkampfstätte
Schwimmbad
Wettschein
Tippzettel
Wettstreit
Konkurrenz, Rivalitaet
Wichs
Festtracht
wichtig
wesentlich
Wichtigtuer
Schwaetzer
Widerfahrnis
Geschehnis
widerlich
abstossend
Widerrede
Entgegnung
Widerruf
Revokation
Widersacher
Antagonist, Konkurrent
Widersacher Christi
Antichrist
Widerschein
Spiegelung
widerspenstig
stoerrisch, ungehorsam
Widerspiegelung
Reflektion
Widerspruch
Diskrepanz, Entgegnung, Gegengrund, Opposition
Widerstand
Opposition, Untergrund
Widerstandsbewegung
Résistance
widerwärtig
abstossend
Widmung
Dedikation
widrig
hinderlich
wiebeln
ausbessern
Wiedergabe
Darbietung
Wiedergutmachung
Verguetung
Wiederherstellung
Renovation
Wiederholung
Repetition
wiederkehrend
periodisch
Wiedertäufer
Anabaptist
Wiegenfest
Geburtstag
Wiener Dichter
Schnitzler
Wiener Hausberg
Kahlenberg
Wiener Hügelland
Wienerwald
Wiener Sehenswürdigkeit
Staatsoper
Wiesenblume
Hahnenfuss, Kuhschelle, Loewenmaul, Loewenzahn
Wiesengras
Glatthafer
Wiesenpflanze
Loewenzahn
Wildbahn
Jagdgebiet, Jagdrevier
Wildblume
Heckenrose
Wildbretspeise
Rehruecken

wilde Soldatenschar
Soldateska
wilder Kümmel
Pimpernell, Pimpinelle
Wildpark
Tiergarten, Tiergehege
Wildschwein
Frischling
willenlos
nachgiebig
willenloser Mensch
Marionette
Willensakt
Entschluss
Wimpertierchen
Infusorien
Winderzeuger
Ventilator
Windharfe
Aeolsharfe
Windhose
Luftwirbel
Windhund
Frauenheld
Windmesser
Anemometer
Windpocken
Varizellen
Windsbraut
Wirbelwind
Windspiel
Hunderasse
Windung
Schnoerkel, Serpentine
Wingert
Weingarten
Wink
Fingerzeig
Winkelmesser
Goniometer
winterliche Plastik
Schneemann
winterliches Vergnügen
Schifahren
Wintersportanlage
Eisstadion
Wintersportort *im* **Allgäu**
Oberstdorf
Wintersportort *in* **Tirol**
Kitzbuehel
winziger Vogel
Zaunkoenig
Wippensterz
Bachstelze
Wirbelsturm
Wasserhose
Wirbeltierart
Kriechtier, Saeugetier
Wirkleitwert
Konduktanz
Wirksamkeit
Taetigkeit, Taetigsein
Wirkteppich
Basselisse
Wirkungsgrad
Nutzeffekt
Wirkungskraft
Faehigkeit
wirkungsvoll
effektvoll
Wirrnis
Verwirrung
Wirrwarr
Tohuwabohu
Wirsing
Welschkohl
Wirtschaft
Restaurant, Trinkstube, Weinkeller
wirtschaftliche Gesamtlage
Konjunktur
wirtschaftlicher Aufschwung
Konjunktur
wirtschaftlicher Wettbewerb
Konkurrenz
Wirtschaftslage
Konjunktur
Wirtschaftslenkung
Dirigismus
Wirtschaftstheoretiker
Schumpeter
Wirtschaftsverbund
Konsortium
Wisch
Putzlappen, Staubwedel
Wissender
Esoteriker
Wissenschaft
Astronomie, Ethnologie, Geographie, Informatik, Mathematik, Paedagogik, Philologie, Soziologie
Wissenschaftlerin
Chemikerin
wissenschaftlich
akademisch
wissenschaftliche Unterhaltung
Kolloquium
wissenschaftlicher Arbeitsraum
Bibliothek
wissenschaftlicher Begriff
Systematik
wissenschaftlicher Versuch
Experiment
Witterungsverhältnisse
Wetterlage
Witwentröster
Frauenheld
Witzelei
Anspielung
witzig
geistreich
Witzzeichner
Cartoonist
Wochentag
Arbeitstag, Donnerstag
Wohl
Foerderung, Gesundheit
wohl überlegt
durchdacht
wohl unterrichtet
informiert
wohlhabend
vermoegend
wohlriechend
aromatisch
Wohlstand
Ueberfluss
Wohltat
Benefizium
wohltätig
humanitaer, mildtaetig
Wohngebäude
Doppelhaus, Reihenhaus
wohnlich
anheimelnd
Wohnung
Unterkunft
Wohnung *für* **Senioren**
Altersheim
Wolfskind
Findelkind
Wolkenart
Federwolke, Quellwolke
Wonne
Vergnuegen
Wortabstammungslehre
Etymologie
Wörterbuch
Diktionaer
Wortgefecht
Diskussion, Plaenkelei
wortkarg
schweigsam
wortlos
schweigend
Wortsammlung
Diktionaer
Wortspiel
Amphibolie
Wucherung
Geschwulst
Wuchs
Vegetation
Wucht
Heftigkeit
Wunde
Verletzung
wunderbar
grossartig, mirakuloes, prachtvoll

Wunderdoktor
Scharlatan
Wunderglaube
Aberglaube
Wundrose
Erysipelas
würdig
angemessen
Wurfbild
Diapositiv
Wurfpfeil
Banderilla
Wurmart
Grubenkopf, Ringelwurm, Schnurwurm
wurmstichig
zerfressen
Wurmzüngler
Chamaeleon
Wurstsorte
Knackwurst, Landjaeger, Leberwurst, Mortadella, Weisswurst
würzig
aromatisch
Würztunke
Mayonnaise
Wüstenform
Salzwueste, Sandwueste
Wüstenpflanze
Igelkaktus
Wüstling
Frauenheld
Wüterich
Schierling

XYZ

Xenie
Sinnspruch
Xerom
Augendarre
Yankee
Amerikaner
Yuppie
Neureicher
zag
aengstlich
zäh
ausdauernd
Zahlenlehre
Arithmetik
Zahlungsaufschub
Moratorium
Zahlungsmittel
Euroscheck
zahm
gebaendigt, zutraulich
Zahnbestandteil
Zahnhoehle
Zahnheilkunde
Dentologie
Zaine
Flechtwerk
Zarensohn
Zarewitsch
Zarge
Einfassung
zart
aetherisch, empfindsam
Zärtlichkeit
Liebkosung
Zäsur
Einschnitt
Zauberformel
Hokuspokus, Simsalabim
zauberhaft
bezaubernd
Zechtour
Saufgelage
Zecke
Blutsauger
Zedent
Glaeubiger
Zeichengerät
Reissbrett
Zeichenmaterial
Kohlestift
Zeichensprache
Chirologie
zeichnerische Darstellung
Piktogramm, Schaltplan
Zeige
Flurstueck
Zeit *nach* Arbeitsschluss
Feierabend
Zeitbegriff
Augenblick, Jahreszeit, Millennium, Nachmittag
zeitlich abstimmen
Konkordanz
zeitlich geordneter Bericht
Akkordlohn
zeitraubend
aufwaendig, langwierig
Zeitungsmitarbeiter
Journalist
Zeitungsschreiber
Journalist
Zeitungsteil
Feuilleton, Wirtschaft
Zeitungszuschrift
Leserbrief
Zellwolle
Spinnfaser
Zelter
Damenpferd
Zenit
Hoehepunkt
Zentrifugalkraft
Fliehkraft
Zentrum
Hauptsache, Innenstadt, Stadtmitte
Zeppelin
Luftschiff
Zerfall
Aufloesung, Niedergang, Zersetzung
Zerknall
Detonation
zerlegbar
dissolubel
Zeroplastik
Wachsfigur
zerschlagen
abgespannt
Zerschlagenheit
Abspannung, Muedigkeit
zersetzend
destruktiv
Zerstreuung von Lichtstrahlen
Dispersion
Zerwürfnis
Zwietracht
Zeugnis
Zertifikat
Zeugnisnote
mangelhaft
Ziborium
Tabernakel
Ziehkind
Pflegekind
zielsicher
geradlinig
zielstrebig
konsequent
Zierat
Verzierung
Zierpflanze
Berberitze, Frauenhaar, Immergruen, Sansiverie, Yuccapalme
Zigarrenteil
Bauchbinde
Zimmer
Bibliothek, Schlafraum
Zinne
Mauerkrone
Zinnerz
Kassiterit
Zins vom Zins
Zinseszins
zirkulär
periodisch
Zirruswolke
Faserwolke, Federwolke
Zitat
Ausschnitt, Textstelle
Zitrusfrucht
Grapefruit, Klementine, Pampelmuse

zitterig
hinfaellig
zivil
angemessen
Zoo
Tiergarten
Zooanlage
Freigehege
Zoom an der Kamera
Gummilinse
zopfig
altmodisch
zornmütig
cholerisch, jaehzornig
zu viel
ueberladen
Zubehör
Accessoire
zubereiteter Weißkohl
Sauerkraut
Zuchtanlage
Baumschule, Gaertnerei
züchtig
verschaemt
Züchtigung
Backpfeife
Zuckerkranker
Diabetiker
zufällig
unerwartet
Zufluchtsstätte der Christen in Rom
Katakomben
zufrieden
befriedigt
Zufuhr
Versorgung
zugänglich
erreichbar, verfuegbar
Zugbegleiter
Zugfuehrer
zugehörig
integriert
zugeknöpft
reserviert
zügelloses Kriegsvolk
Soldateska
Zugeständnis
Kompromiss, Konzession
Zugkraft
Verlockung
zugkräftiges Angebot
Attraktion
Zugmaschine am Verschiebebahnhof
Rangierlok
Zugnummer
Attraktion, Glanzpunkt
Zuhörerschaft
Auditorium
Zukünftiger
Braeutigam
Zulassung
Konzession
zumindest
wenigstens
Zunahme
Vermehrung
zunehmend
progressiv
Zuneigung
Wohlwollen
zünftig
ordentlich
Zurschaustellung
Exhibition
Zurückgabe
Erstattung
zurückgeblieben
retardiert
zurückhaltend
reserviert
Zurückschall
Reflektion
Zusammenballung
Anhaeufung
Zusammenbruch
Misserfolg
Zusammenfall
Koinzidenz
Zusammenfassung
Uebersicht
Zusammenfügung
Kompositum, Verbindung
zusammengefasst
summarisch
Zusammengehörigkeitsgefühl
Gemeinsinn
zusammengesetztes Wort
Kompositum
Zusammenhalt
Verbindung
Zusammenhang
Verbindung, Verkettung
zusammenklingend
harmonisch
Zusammenkunft
Rendezvous
zusammenpassend
harmonisch, kompatibel
Zusammenschau
Ueberblick, Uebersicht
Zusammensein
Rendezvous
Zusammentreffen
Koinzidenz
zusammenwirkend
konzertant
Zusammenziehung
Retraktion
Zusatz
Ergaenzung, Supplement
zusätzlich
ergaenzend
zusätzliche Essensportion
Nachschlag
Zuschauer
Augenzeuge, Beobachter, Betrachter
Zuschrift an die Redaktion
Leserbrief
Zuschuss
Stipendium, Subvention
Zuspeise
Beigericht
Zuspitzung
Wendepunkt
Zustand
Verfassung
zuständig
massgebend
Zutat
Ingrediens, Ingredienz
Zuteilung
Kontingent
zutiefst
nachhaltig
Zuträger
Denunziant
Zuträglichkeit
Konvenienz
Zuversicht
Optimismus
zuvorkommend
freundlich
Zuwachs
Steigerung
Zuwanderer
Neubuerger
Zuwiderhandlung
Verfehlung
Zwang
Erpressung
zwangloser Unterhaltungsstil
Plauderton
Zwecke
Reissnagel
zweckmäßig
angemessen
Zweideutigkeit
Amphibolie
Zweiersystem
Dualsystem
zweifellos
unstreitig
zweiflügelige Tür
Doppeltuer
Zweig *der* Naturwissenschaft
Astronomie
Zweig *der* Physik
Elektronik
Zweigstelle
Vertretung

zweistöckige Wohnung im Hochhaus
Maisonette
Zweiteilung
Dichotomie
Zwerchfell
Diaphragma
Zwerg
Hutzelmann
Zwergapfelsine
Klementine
Zwergwuchs
Mikrosomie
Zwielicht
Daemmerung, Halbdunkel
Zwiespalt
Diskrepanz
Zwischenfall
Intermezzo
Zwischenlösung
Kompromiss
Zwischenmusik
Intermezzo
Zwischenspiel
Intermezzo
Zwischenträger
Denunziant
zwischenzeitlich
vorlaeufig, zeitweilig
Zwist
Zwietracht
Zwölfender
Zeitsoldat
Zwölfflächner
Dodekaeder
Zyanwasserstoff
Blausaeure

11 BUCHSTABEN

A

Abakus
Rechenbrett
ABC-Staat
Argentinien
Abdichtungsmittel
Fensterkitt
Abendmahl
Eucharistie
Abfluss
Senkschacht
Abformung
Nachbildung
Abgasreiniger
Katalysator
abgebrüht
abgestumpft
abgegrenztes Areal
Grundstueck
abgegriffene Äußerung
Plattituede
abgeneigt
distanziert
Abgeordneter
Delegierter, Deputierter
Abgesandte
Beauftragte
abgestumpft
lethargisch
Abglanz
Widerschein
Abhandlung
Denkschrift, Monographie
Abhang am Meer
Steilkueste
Abkapselung
Absonderung, Quarantaene
Abkömmling
Sproessling
Abkürzung
Abbreviatur
Ablage
Registratur
Ablagemappe
Aktendeckel
Ablauf
Mechanismus
Ableger
Sproessling
Ablenkung
Zerstreuung
Ableugnung
Bestreitung
Ablösung eines Beobachters
Wachwechsel
Abnehmer
Verbraucher
abnorm
regelwidrig
Abrechnung
Liquidation
Abrede
Bestreitung
Abschluss
Endergebnis
Abschnitt *einer* **Jahreszeit**
Herbstmonat
Abschrift
Durchschlag
absonderlich
exzentrisch, merkwuerdig, verschroben
Absonderung
Abstraktion, Quarantaene
Absonderung *von* **Infektionsverdächtigen**
Quarantaene
Absperrung
Postenkette
Abstandsminderung
Annaeherung
Abstimmung
Akklamation
abstrakt
begrifflich, theoretisch
absurd
widersinnig
Abwandlung
Abaenderung
Abwasserreinigung
Klaeranlage
abwechselnd
umschichtig
Abwehrstoff im Körper
Antikoerper
abwerten
herabsetzen
Abwertung
Devalvation
Abwicklung
Liquidation
Abziehen
Subtraktion
Abzugskanal
Schornstein
Acht
Ausstossung, Verstossung
ächten
brandmarken
Ächtung
Verstossung
adrett
sympathisch
Affäre
Kontroverse, Streitsache
affektiert
aufgeblasen, gekuenstelt
Affenart
Klammeraffe
Afrikaforscher
Livingstone
afrikanische Hauptstadt
Brazzaville, Ouagadougou, Santa Isabel
afrikanische Insel
Fernando Poo, Gran Canaria, Île de France, Sankt Helena
afrikanischer Berg
Kamerunberg
afrikanischer See
Mensalehsee, Viktoriasee
afrikanischer Staat
Burkina Faso, Mauretanien, Sierra Leone
afrikanischer Stamm
Betschuanen
afrikanischer Vogel
Graupapagei, Madenhacker
Agent
Mittelsmann

ägyptischer König
Tutanchamun, Tutenchamun
akkurat
sorgfaeltig
Akquisition
Anschaffung
Aktensammlung
Registratur
Aktenschrank
Registratur
aktiv
tatkraeftig
Aktrice
Kuenstlerin
Akustik
Schalllehre
akzentuieren
hervorheben
Alarmanlage
Feuermelder
algerischer Staatsmann
Boumédienne
alkoholische Getränke
Spirituosen
Alkoholverbot
Prohibition
Allee
Baumstrasse, Parkstrasse
Allee *in* **Wien**
Ringstrasse
allerletzter Aufschub
Galgenfrist
alles
saemtliches
allgemein
11
gewoehnlich, schlechthin
allmähliches Entstehen
Entwicklung
Alpengipfel
Aletschhorn
Alpenpass
Loetschberg, Timmelsjoch
Alpenpflanze
Wucherblume
Alpenrepublik
Oesterreich
Alpenrose
Almenrausch
Alpensee
Woerthersee, Wolfgangsee
Alpinist
Bergsteiger
altägyptischer König
Tutanchamun, Tutenchamun
Altarraum
Sanktuarium
Altarsakrament
Eucharistie
alte Anredeform
Durchlaucht, Wohlgeboren
alte Feuerwaffe
Vorderlader
alte französische Münze
Napoleondor
alte Handfeuerwaffe
Vorderlader
alte Waffe
Morgenstern
alter germanischer Stamm
Hermunduren, Langobarden, Markomannen
Altertumsforscher
Archaeologe
altes Schriftzeichen
Hieroglyphe
altfranzösische Dichtung
Rolandslied
altgriechischer Arzt
Hippokrates
altgriechischer Mathematiker
Hippokrates
altgriechischer Philosoph
Aristoteles
altgriechischer Staatsmann
Kleisthenes
altgriechisches Bauwerk
Erechtheion
althergebracht
ueberkommen
altindische Dichtung
Pañcatantra, Sukasaptati
altindische religiöse Schriften
Upanishaden
altiranischer Prophet
Zarathustra
Amaryllisgewächs
Osterglocke
Ambulanz
Hilfsstelle, Unfallwagen
amerikanische Arzneipflanze
Kokastrauch
amerikanische Berühmtheit
Rockefeller
amerikanische Hauptstadt
Buenos Aires, Port of Spain, San Salvador, Tegucigalpa
amerikanische Musikgattung
Rock and Roll
amerikanische Wasserstraße
Panamakanal
amerikanischer Astronaut
Schweickart
amerikanischer Bär
Grizzlybaer
amerikanischer Berg
Mount Darwin
amerikanischer Bundesstaat (USA)
Connecticut, Kalifornien, Mississippi, North Dakota, Rhode Island, South Dakota
amerikanischer Finanzmann
Rockefeller
amerikanischer Großindustrieller
Rockefeller
amerikanischer Komponist
Hammerstein
amerikanischer Mediziner
Landsteiner
amerikanischer Nobelpreisträger für Medizin
Landsteiner
amerikanischer Nobelpreisträger für Physik
Bloembergen, Chamberlain
amerikanischer Physiker
Oppenheimer
amerikanischer Staat
Argentinien
amerikanischer Volkstanz
Squaredance
amerikanisches Gebirge
Alleghenies, Kordilleren, Sierra Madre
Amme
Naehrmutter
Amnestie
Begnadigung, Straferlass
amorph
strukturlos
Ämterherrschaft
Buerokratie
amtliche Beglaubigung
Beurkundung
amtliche Wettstelle
Totalisator
Amüsement
Vergnuegung
analog
singgemaess
Anarchist
Umstuerzler
anbei
in der Anlage
Anden
Kordilleren
anderer Name *der* **Venus**
Morgenstern
Anekdote
Historchen
anerkannt
autorisiert, verbindlich
Anfechtung
Appellation, Verfuehrung

Anfertigung
Fabrikation, Herstellung
Anflug
Kleinigkeit
Anfuhr
Anlieferung, Antransport
Angaben zur Person
Personalien
angeborene Fähigkeit
Veranlagung
Angehöriger *einer* **christlichen Glaubensgemeinschaft**
Zwinglianer
Angehöriger *eines* **deutschen Fürstenhauses**
Ludolfinger
Angehöriger *des* **Parlaments**
Deputierter
Angehöriger *einer* **Weltreligion**
Konfuzianer
angemessen
gebuehrlich
angenehm
sympathisch
angeschlagen
beschaedigt, mitgenommen
angesehen
respektiert
Angsthase
Duckmaeuser
Anhang
Nachschrift
Anhänger
Gefolgsmann
Anhänger *einer* **Kunstrichtung**
Pointillist
Anhänger *einer* **philosophischen Weltanschauung**
Materialist
Anhänger *einer* **politischen Weltanschauung**
Nationalist
Anhänger *eines* **schweizerischen Reformators**
Zwinglianer
Anhänglichkeit
Ergebenheit
Anklang
Reminiszenz
Ankündigung
Bekanntgabe
Anlage
Investition
Anlass
Gelegenheit
Anlasser
Kickstarter
Anlegen von Fahrwegen
Strassenbau
Anleitung
Information, Instruktion
anmaßend
impertinent
Annalen
Jahrbuecher
Anordnung
Arrangement, Disposition
anormal
regelwidrig
Anpasser
Opportunist
Anpassung
Adaptierung
Anrede *eines* **Fürsten**
Durchlaucht
Anrede *für* **Geistliche**
Hochwuerden
Anregung
Ermunterung, Inspiration
ansässig
eingesessen, einheimisch
Anschaffung
Akquisition
anschaulich
illustrativ
Anschauung
Betrachtung, Einstellung
Anschauungsart
Mentalitaet
anscheinend
mutmasslich
Ansehen
Beliebtheit
Ansicht
Betrachtung, Einstellung
Ansporn
Ermunterung
ansprechend
sympathisch
anspruchslos
spartanisch
anspruchsvoll
waehlerisch
ansteckende Krankheit
Fleckfieber, Keuchhusten, Spitzpocken, Stickhusten, Tuberkulose
Anstecknadel
Zierschmuck
Ansteckung
Infizierung
antarktischer Vulkan
Mount Erebus
antike Ruinenstadt in Italien
Herculaneum, Herkulaneum
antike Stadt am Vesuv
Herculaneum, Herkulaneum
antiker Schlachtenort
Thermopylen
antikes Schriftzeichen
Hieroglyphe
Antriebsmaschine
Dieselmotor
Anweisung
Instruktion
Anwendung
Applikation
Anwesen
Grundbesitz, Grundstueck
Anzapfung
Pumpversuch
Anzeigenwerber
Akquisiteur
anziehend
interessant, sympathisch
Anziehungskraft
Gravitation, Schwerkraft
Anziehungskraft der Erde
Gravitation, Schwerkraft
apathisch
unbeteiligt
Apfelsorte
Goldrenette, Granny Smith, Guelderling, James Grieve, Landsberger, Maschansker
Apokalypse
Offenbarung
Apotheose
Schlussbild, Verklaerung
Applaus
Akklamation
Arbeitgeber
Unternehmer
Arbeitsgefährte
Mitarbeiter
Arbeitsmittel
Rohmaterial
argentinische Provinz
Buenos Aires
argentinische Tierart
Guerteltier
argentinischer Besitzloser
Descamisado
Ärger
Verstimmung
Arktis
Polargebiet
arm
unbemittelt
Armaturenbrett
Schalttafel
Armee
Streitmacht
Ärmelaufschlag
Manschetten
Armenpflege
Sozialhilfe
armselig
kuemmerlich
Aronstabgewächs
Drachenwurz

arrangierte Luftreise
Charterflug
Arrestgebäude
Haftanstalt
arrogant
duenkelhaft, eingebildet
Arsenal
Waffendepot, Waffenlager
artig
wohlerzogen
Artist
Seiltaenzer
artistische Vorführung
Kunststueck
Arzneipflanze
Tollkirsche
Arzt
Dermatologe, Gynaekologe
Arzt *im* Altertum
Dioskurides, Hippokrates
Arzt *im* negativen Sinn
Kurpfuscher, Quacksalber
ärztliche Gerätschaften
Instrumente
ärztliche Verordnung
Bestrahlung
asiatische Hauptstadt
Kuala Lumpur
asiatische Inselgruppe
Philippinen, Sundainseln
asiatischer Berg
Fudschijama, Gaurisankar, Nanga Parbat, Pik Kaufmann
asiatischer Herrschertitel
Maharadscha
asiatischer Staat
Afghanistan, Bangladesch, Philippinen
asiatischer Vulkan
Fudschijama
asiatisches Gebirge
Antilibanon
asiatisches Volk, Volksgruppe
Gudscherati, Philippinos, Radschputen, Seldschuken, Singhalesen, Vietnamesen
Aspekt
Beurteilung
Aspis
Hutschlange
Assistent
Mitarbeiter
Assoziation
Annaeherung, Vereinigung
assyrischer König
Salmanassar, Tiglatninib
Ästhet
Kunstfreund, Schoengeist
Astrologe
Sterndeuter
Astrologe des Mittelalters
Nostradamus
Astronom
Aristarchos
astronomische Tafeln
Ephemeriden
astronomischer Begriff
Atmosphaere, Breitengrad, Doppelstern, Hoehenkreis, Kulmination, Laengengrad, Magnetnadel, Meteorstaub, Meteorstein, Mondgebirge, Planetarium, Schwerkraft, Sonnenfleck, Sonnenregen, Spiralnebel, Sterndeuter, Sternenzelt, Sterngruppe, Sternhaufen, Sternhimmel, Wandelstern
astronomisches Instrument
Spektroskop
Atempause
Entspannung
athenischer Tempel
Erechtheion
Athlet
Kraftmensch
Atlantikinsel
Gran Canaria, Sankt Helena
atmen
respirieren
Atmosphäre
Masseinheit
atmosphärische Spiegelung
Fata Morgana
Atmung
Respiration
Atomanlage
Kernreaktor
Atomkraft
Kernenergie
Atommeiler
Kernreaktor
Atropa
Tollkirsche
Attitüde
Einstellung
Attraktion
Glanznummer
Attrappe
Nachbildung
Attribut
Eigenschaft, Kennzeichen
Ätzkunst
Schabmanier
Aubergine
Eierpflanze
auch
desgleichen
Audienz
Unterredung, Verhandlung
Aufbau
Aufstellung, Disposition, Entwicklung
aufbauend
konstruktiv
Aufbewahrungsort für Wertsachen
Geldschrank
aufdringlich
impertinent, zudringlich
auffallend
phaenomenal
Auffassung
Einstellung, Vorstellung
Auffassungsgabe
Intelligenz
Auffassungskapazität
Gedaechtnis
Auffassungsweise
Mentalitaet
Aufführung
Vorstellung
aufgeblasen
duenkelhaft, eingebildet, prahlerisch, stutzerhaft
aufgedreht
aufgekratzt, uebermuetig
aufgedunsen
geschwollen
aufgenähtes Muster
Applikation
aufgeregt
echauffiert
aufgeweckt
intelligent
Aufklärung
Information
Auflauf
Suessspeise
Auflösung
Liquidation, Zerstreuung
Aufmachung
Ausstattung
Aufmarsch
Versammlung
Aufnahme
Begruessung
Aufnahmegerät
Magnetophon
Aufregung
Nervositaet
aufrichtige Gesinnung
Redlichkeit
Aufsatz
Darstellung
aufschlussreich
interessant
Aufseher im Zoo
Tierwaerter
Aufsichtsbeamter
Kontrolleur
Aufstellung
Verzeichnis

Aufteilung
Disposition
Auftrieb
Ermunterung
Aufwärtsentwicklung
Fortschritt
Aufzug
Paternoster, Szenenfolge
Aufzug für Wintersportler
Schlepplift
Augenkrankheit
gruener Star
Ausbilder
Instrukteur
Ausblick
Perspektive
Ausdehnung
Erweiterung, Territorium
Auseinandersetzung
Kontroverse, Widerstreit, Wortgefecht
auserlesen
erstklassig
ausführbar
praktikabel
ausführlich
detailliert
Ausgangsstelle
Ansatzpunkt
ausgeglichen
apollinisch
ausgeklügelt
sophistisch
ausgekocht
verschlagen
ausgelassen
uebermuetig
ausgiebig
ertragreich
Ausgleich
Aequivalent
Ausgrabung von Toten
Exhumierung
Auskunft
Information
Auskunftseinholung
Erkundigung
Auspuffentgifter
Katalysator
Ausrichter
Organisator
Ausruf
Exklamation
Aussage
Proposition
Ausschlag auf der Haut
Guertelrose
Ausschweifung
Libertinage
Äußeres
Erscheinung, Oberflaeche
Aussicht
Perspektive
Aussiedlung
Evakuierung
Aussprache
Eroerterung
Ausstattung
Einrichtung, Moeblierung
Ausstrahlung
Atmosphaere
australisches Tier
Kloakentier
Auswahl
Querschnitt
ausziehbare Backmasse
Strudelteig
auszuhalten
ertraeglich
Autoabgasreiniger
Katalysator
Autobahneinrichtung
Raststaette
Automarke
Daimler-Benz, Hutchkinson
Autopsie
Augenschein
Autor von Der Idiot
Dostojewski
Autor von Der Kaufmann von Venedig
Shakespeare
Autor von Der Sturm
Shakespeare
Autor von Der Widerspenstigen Zähmung
Shakespeare
Autor von Die Bluthochzeit
García Lorca
Autor von Ein Sommernachtstraum
Shakespeare
Autor von Hamlet
Shakespeare
Autor von Julius Caesar
Shakespeare
Autor von König Lear
Shakespeare
Autor von Macbeth
Shakespeare
Autor von Maß für Maß
Shakespeare
Autor von Medea
Grillparzer
Autor von Othello
Shakespeare
Autor von Romeo und Julia
Shakespeare
Autor von Schuld und Sühne
Dostojewski
Autor von Viel Lärm um nichts
Shakespeare
Autor von Was ihr wollt
Shakespeare
Autor von Weh dem der lügt
Grillparzer
Autorennbahn
Silverstone
Autorin
Verfasserin
Autostraßenlokal
Raststaette
Autoversicherung
Haftpflicht
Avantgardist
Bahnbrecher, Trendsetter, Vorkaempfer
Aversion
Widerwillen
Aviatik
Flugtechnik
aztekischer Gott
Ixcozauhqui

B

Baby
Kleinstkind
Babybett
Stubenwagen
Babykost
Muttermilch
Bacchanal
Trinkgelage
Bache
Wildschwein
Backenstreich
Maulschelle
Background
Hintergrund
Backwerk mit Füllung
Nusskipferl
Backzutat
Rosenwasser
Badeort
Badenweiler, Gandersheim, Gluecksburg, Langenargen, Liebenwerda, Mergentheim, Poertschach, Reichenhall, Swinemuende, Travemuende, Ueberlingen, Warnemuende, Woerishofen
Bader
Heilgehilfe
Bäderheilkunde
Balneologie
badisches Weinbaugebiet
Bergstrasse, Kaiserstuhl
Bagatelle
Kleinigkeit
Bahnbrecher
Vorkaempfer, Wegbereiter

Bahnhof
Haltestelle
Bai
Meeresbucht
Bakschisch
Schmiergeld
Bakterienart
Spirochaete
balgen
herumtollen
Balkanstaat
Jugoslawien
Ball
Sportgeraet
Ballett
Buehnentanz
Ballettgestalter
Choreograph
Ballettmitglied
Balletteuse
Ballspiel
Tischtennis, Voelkerball
Ballsportanlage
Tennisplatz
baltischer Erzähler
Bergengruen
Balz
Liebesspiel
banal
alltaeglich, gewoehnlich
Bandit
Wegelagerer
Bankbegriff
Spareinlage
Bann
Verstossung
11
Banner
Feldzeichen
Bannmeile
Sperrbezirk, Sperrgebiet
Bantustamm
Betschuanen
Baracke
Behelfshaus, Behelfsheim
Bärenart
Grizzlybaer
Bart
Schnauzbart, Schnurrbart
Batterie
Akkumulator, Stromquelle
Bau
Haftanstalt
bauchige Flasche
Bocksbeutel
Bauer
Schachfigur, Vogelkaefig
Baukunst
Architektur
Baumart
Drachenbaum, Gleditschie, Goetterbaum, Schirmpalme
Baumaterial
Ziegelstein
Baumfrucht
Esskastanie, Tollkirsche
Baumkunde
Dendrologie
Bauwerk
Fernsehturm, Krankenhaus, Planetarium, Spielkasino
bayerisch-böhmisches Grenzgebirge
Boehmerwald
bayerischer Regierungsbezirk
Oberfranken
bayerischer See
Waginger See
bayerisches Herrschergeschlecht
Wittelsbach
bayerisches Schloss
Nymphenburg
bayerisches Volksfest
Oktoberfest
Beanstandung
Reklamation
Beauftragter
Abgesandter
Bedacht
Ueberlegung
Bedarf
Anforderung
Bedauern
Anteilnahme
bedauernswert
kuemmerlich
bedenklich
verdaechtig, zweifelhaft
bedeutende Augenblicke
Hoehepunkte
bedeutendes Gotteshaus
Karlskirche, Paulskirche
Bedingungsform
Konditional
bedingungslos
kategorisch
Bedrohung
Gefaehrdung
Beerensorte
Heidelbeere
Beetplastik
Gartenzwerg
befangen
schuechtern
Befestigungsmittel
Heftklammer
Beförderungsmittel
Schwebebahn
Befruchtung
Empfaengnis
Befugnis
Genehmigung
begeistert
hingerissen
Beginnsignal
Startschuss
Begleiter
Gefolgsmann
Begleiter *des* **Don Quichote**
Sancho Pansa
Begnadigung
Straferlass
begrenzt
beschraenkt
Begrenzung
Demarkation
Begriff *der* **Bruchrechnung**
Hauptnenner
Begriff *beim* **Handballspiel**
Siebenmeter
Begriff *der* **Wetterkunde**
Regengebiet
Begriffskunde
Ideographik
Begriffsschrift
Ideographie
begüterte Menschen
Millionaere
behaglich
komfortabel
beharrlich
hartnaeckig
Behelf
Provisorium
behelfsmäßig
notduerftig
Behörde
Katasteramt
Behörde *der* **Regierung**
Ministerium
Beifall
Akklamation, Anerkennung
Beifußgewächs
Mutterkraut
Beilegung eines Streites
Schlichtung
Beileid
Anteilnahme
beiliegend
in der Anlage
Beinbekleidung
Kniestrumpf, Strumpfhose
Beinteil
Kniescheibe
Beiordnung
Assoziation
beispielhaft
vorbildlich
beißend
sarkastisch
beistimmender Zuruf
Akklamation

Beiwerk
Accessoires
Bejahung
Affirmation
bekannt geben
ankuendigen
bekannte Straße in Graz
Herrengasse
Bekanntentreffpunkt
Stammkneipe
bekanntes Pariser Nachtlokal
Moulin Rouge
Bekanntgabe
Verbreitung
Bekenntnis
Gestaendnis
Bekleidungsstück
Dirndlkleid, Glockenrock, Hueftthalter, Kombination, Ledermantel, Lodenmantel, Regenmantel, Schlafanzug, Strickjacke, Strickkleid, Strumpfhose, Taschentuch, Traegerrock, Ueberzieher
Belang
Wichtigkeit
belanglos
unerheblich
Belanglosigkeit
Kleinigkeit
belebend
erfrischend
Belehrung
Information, Instruktion
belgische Provinz
Ostflandern
belgischer Nobelpreisträger für Literatur
Maeterlinck
belgischer Schriftsteller
Maeterlinck
Belustigung
Erheiterung
bemerkenswert
interessant
Bemühung
Anstrengung
benachbarter Raum
Nebenzimmer
Benachrichtigung
Information
Benehmen
Umgangsform
Beneluxstaat
Niederlande
Benennung
Bezeichnung, Nominierung
Beobachter
Abgesandter, Wachtposten
Beobachtung
Observation
Beobachtungsposten
Wetterwarte
Beobachtungszeit
Quarantaene
bequem
komfortabel
beratend
konsultativ
Beratung
Eroerterung
Berechnung
Kalkulation, Voranschlag
berechtigt
autorisiert, legitimiert
beredt
redegewandt
Berg *in den* **Anden**
Chimborasso
Berg *im* **Berner Oberland**
Schreckhorn
Berg *im* **Breisgau**
Kaiserstuhl
Berg *im* **Erzgebirge**
Fichtelberg, Rammelsberg
Berg *bei* **Heidelberg**
Koenigstuhl
Berg *im* **Himalaja**
Gaurisankar, Nanga Parbat
Berg *auf* **Island**
Bardarbunga
Berg *in* **Kalifornien**
Mount Wilson
Berg *bei* **Königswinter**
Drachenfels
Berg *im* **Odenwald**
Koenigstuhl
Berg *am* **Rhein**
Drachenfels
Berg *in der* **Rhön**
Wasserkuppe
Berg *im* **Riesengebirge**
Schneekoppe
Berg *der* **Salzburger Kalkalpen**
Moenchsberg
Berg *im* **Siebengebirge**
Drachenfels
Bergbahn
Kabinenbahn, Schlepplift, Schwebebahn, Zahnradbahn
Bergbauanlage
Foerderband, Foerderkorb, Foerderturm
Bergbaugerät
Wetterlampe
Berggruppe *im* **Berner Oberland**
Bluemlisalp
Berggruppe *der* **Dolomiten**
Rosengarten
Berggruppe *in der* **Pfalz**
Donnersberg
Bergland *am* **Oberrhein**
Kaiserstuhl
bergmännische Sozialversicherung
Knappschaft
bergmännischer Beruf
Fahrsteiger, Foerdermann, Oberbergrat, Obersteiger
Bergwerksaufzug
Foerderkorb
Bericht
Darstellung, Information, Sachvortrag, Schilderung
Berichterstattung
Information
Berliner Flughafen
Schoenefeld
Berliner Stadtteil
Lichtenberg, Schoeneberg, Wilmersdorf
Beruf *im* **Baugewerbe**
Anstreicher, Bauarbeiter, Bautischler, Kaminsetzer, Kranfuehrer, Steinsetzer
Beruf *in* **Forschung, Unterricht oder Wissenschaft**
Archaeologe, Biochemiker, Statistiker
Beruf *im* **Gesundheitswesen**
Dermatologe, Gynaekologe
Beruf *in der* **Holzindustrie**
Holzfaeller, Stellmacher
Beruf *in der* **Kunst**
Choreograph, Restaurator
Beruf *in der* **Lederindustrie**
Schuhmacher
Beruf *in der* **Metallindustrie**
Feilenhauer, Galvaniseur
Beruf *in der* **Nahrungsmittelindustrie**
Schlaechter
Beruf *im* **Presse- oder Verlagswesen**
Akquisiteur, Buchdrucker, Ghostwriter, Illustrator, Sortimenter
Beruf *im* **Rechtswesen**
Treuhaender
Beruf *in der* **Textilindustrie**
Knopfmacher, Zuschneider
Beruf *im* **Tourismus**
Reiseleiter
Beruf *im* **Transport- oder Verkehrswesen**
Eisenbahner, Zollbeamter

Beruf *in der* **Unterhaltungsbranche**
Bildmischer, Chansonnier, Choreograph, Chorsaenger, Garderobier, Kabarettist, Kassiererin, Requisiteur, Solotaenzer, Spielleiter, Tanzmeister
Berufsverband
Vereinigung
Berufung
Appellation
Beschaffenheit
Eigenschaft
Bescheid
Information
bescheiden
spartanisch
Beschimpfung
Beleidigung
Beschleuniger für Elementarteilchen
Synchrotron
Beschränkung
Limitierung, Maessigkeit, Restriktion
Beschreibung
Darstellung, Deskription, Schilderung
Beschriftung
Inskription
Beschuldigter
Angeklagter
Beschwerde
Reklamation
beschwerlich
anstrengend, strapazioes
Beschwörungsformel
Abrakadabra
Beseitigung
Elimination
Besessenheit
Verzueckung
besetzt
geschmueckt
besinnlich
beschaulich
besinnungslos
ohnmaechtig
Besitz
Grundstueck, Territorium
Besitzer
Eigentuemer
Besitzer *eines* **Herrenhauses**
Schlossherr
Besonderheit
Spezifitaet
besonders starke Verteidigung (Sport)
Abwehrblock
Besprechung
Eroerterung, Unterredung
Bestallung
Approbation
Beständigkeit
Stabilitaet
Bestandteil *des* **Bestecks**
Fischmesser, Tortengabel
Bestandteil *des* **Blutes**
Haemoglobin
Bestandteil *der* **Erdatmosphäre**
Wasserdampf, Wasserstoff
Bestärkung
Affirmation
Bestätigung
Affirmation, Approbation
bestechlich
korrumpiert
Besteckteil
Kuchengabel
Bestellung
Anforderung
bestens
erstklassig
bestimmt
festgesetzt, kategorisch
bestimmter Klecks
Tintenfleck
Bestrafung
Zuechtigung
Bestrahlungsgerät
Hoehensonne
bestürzt
fassungslos
Bestwert
Hoechstnote
betäubt
ohnmaechtig
Betäubung
Anaesthesie
betonen
hervorheben
betont
akzentuiert
betörend
entzueckend
beträchtlich
umfangreich
Betrachtungsweise
Blickwinkel, Perspektive
Betrag
Kostenpunkt
Betrieb
Unternehmen
betriebsam
geschaeftig
betroffen
erschrocken
Bettsofa
Schlafcouch
Beugung
Deklination, Konjugation
Bevölkerung
Eingeborene, Ureinwohner
Bevölkerungslehre
Demographie
bevollmächtigt
autorisiert, ermaechtigt
bevorzugtes Gasthaus
Stammkneipe
bewachter Durchgang
Zollstation
bewahrend
konservativ
Bewerber
Interessent
Bewilligung
Genehmigung
Bewirtungsgewerbe
Gastronomie
Bewohner
Ansaessiger
Bewohner *eines* **Gebiets in Böhmen**
Egerlaender
bewusst
absichtlich, willentlich
bewusstlos
ohnmaechtig
bezaubernd
entzueckend
Bezauberung
Faszination
Bezeichnung für Auge oder Ohr
Sinnesorgan
Bezirk
Territorium
Bibelübersetzung
Lutherbibel, Septuaginta
biblische Männergestalt
Jesus Sirach, Melchisedek
biblischer See
Tiberiassee
Biedermeier
Kunstepoche
biegsam
geschmeidig
Biersorte
Gerstenbier, Maerzenbier
Bildaufnahmegerät
Fotoapparat
bildende Kunst
Architektur, Bildhauerei
bildhaft
anschaulich
bildlich
allegorisch
Bildung
Aufstellung, Intelligenz
Bildungsstätte
Volksschule
Bildwirkereiprodukt
Wandteppich

Billardausdruck
Contrestoss, Karambolage, Mittelstoss
Bindewort
Konjunktion
Biologie
Lebenskunde
Birnensorte
Butterbirne, Christbirne
bischöfliches Rundschreiben
Hirtenbrief
bissig
sarkastisch
bitter
schmerzlich
bizarr
merkwuerdig
Bläschenausschlag
Guertelrose
blasiert
aufgeblasen, eingebildet, snobistisch
Blasinstrument
Blockfloete, Fluegelhorn
Blasmusiker
Saxophonist
blassroter Wein
Weissherbst
Blattgrün
Chlorophyll
Blatthornkäfer
Rosenkaefer
Blaubeere
Heidelbeere
blaue Farbe
Koenigsblau
blauer Halbedelstein
Lapislazuli
Blickwinkel
Perspektive
Blinkzeichen
Lichtsignal
Blitzart
Linienblitz
Blockiervorrichtung
Arretierung
bloß
unbekleidet
Bloßstellung
Beschaemung
Blume
Cosmosblume, Kosmosblume, Ringelblume, Rittersporn, Sonnenblume, Wucherblume
Blutarmut
Bleichsucht
Blütenteil
Fruchtblatt, Staubbeutel
Bluterkrankheit
Haemophilie
Blutfarbstoff
Haemoglobin
Blutkrankheit
Haemophilie
Blutkreislauf
Zirkulation
Blut stillendes Mittel
Adstringens
Blutübertragung
Transfusion
Bodenseefisch
Blaufelchen
Bodenseehafen
Ueberlingen
Bodenturnübung
Liegestuetz, Ueberschlag
Bollwerk
Befestigung
Bombardement
Luftangriff
bombastisch
hochtrabend, schwuelstig
Bonus
Ueberschuss
Bordell
Freudenhaus
Born
Jungbrunnen
Börsenpapier
Aktienpaket
Borstenwurm
Roehrenwurm
bösartige Tierfalle
Tellereisen
Boss
Arbeitgeber
botanischer Begriff
Befruchtung, Bestaeubung, Bluetenkorb, Chlorophyll, Fruchtstand, Samenkapsel, Schoessling, Staubbeutel, Wurzelstock
Bote
Laufbursche
Botschafter
Abgesandter, Ambassadeur
Box
Pferdestand
Boxausdruck
Ringrichter
Boxkampfleiter
Ringrichter
Branche
Berufszweig
brasilianischer Gummisucher
Serengueiro
Brauereianlage
Lagerkeller
Brauereiberuf
Braumeister
Brauseabteil
Duschkabine
Braut
Zukuenftige
Brautschmuck
Myrtenkranz
brav
wohlerzogen
Bravurstück (Bravourstück)
Glanznummer
Break
Pferdewagen
Bredouille
Bedraengnis
bremsen
verlangsamen
Briefmarkensammler
Philatelist
Brille
Augenschutz
brisant
hochaktuell
Brocken
Bruchstueck
Bronchienspiegel
Bronchoskop
Brotsorte
Knaeckebrot, Kommissbrot
Brücke *in* **London**
Tower Bridge
Brusthöhlenspiegel
Thorakoskop
brutal
bestialisch
Brutstätte diebischer Vögel
Elsternnest
Buchart
Taschenbuch, Woerterbuch
Buchbindergerät
Pressbalken
Buchdruckerkunst
Typographie
Buchdruckverfahren
Kupferdruck, Offsetdruck, Tiegeldruck
Bücherbesessenheit
Bibliomanie
Buchhandlungszweig
Antiquariat, Kunsthandel
Buchseitennummerierung (Buchseitennumerierung)
Paginierung
Buchteil
Einfuehrung
Buchweizengewicht
Heidensterz
Büfett
Schanktisch
Büfettfräulein
Kaltmamsell
Bühnenmagier
Illusionist

Bühnenstück
Trauerspiel
bulgarisches Gebirge
Sarnena Gora, Srednja Gora
Bulle
Papsterlass
Bummel
Spaziergang
Bund
Foederation, Vereinigung
Bundestrainer des Deutschen Fußballbundes
Beckenbauer
Bündnis
Vereinigung
bunte Bilderfolge
Kaleidoskop
Burg *in* Frankreich
Carcassonne
Burg *in* Italien
Campidoglio
Burg *am* Rhein
Drachenfels, Stolzenfels
Burg *im* Taunus
Koenigstein
Bürgermeister
Schultheiss
Büro einer Behörde
Amtskanzlei
burschikos
ungezwungen
Büßer
Reumuetiger
Busstation
Haltestelle

C

Cab
Einspaenner
Chalkographie
Kupferstich
Chance
Gelegenheit, Gluecksfall
Change
Geldwechsel
Charakteristik
Kennzeichen
charakteristisch
ausgepraegt, bezeichnend
charmant
bestrickend
Charta
Grundgesetz
Chassis
Fahrgestell
Chauffeur
Kraftfahrer
Chaussee
Landstrasse
Chemiefaserstoff
Acetatseide
chemische Verbindung
Kohlehydrat
chemischer Begriff
Aequivalenz, Aminosaeure, Atomgewicht, Atomtheorie, Chlorsilber, Darstellung, Elektrolyse, Essigsaeure, Flusssaeure, Glaubersalz, Hydrogenium, Katalysator, Kohlehydrat, Kohlenstoff, Nitrogenium, Paraffinoel, Quecksilber, Reagenzglas, Sublimation, Verbrennung, Verdampfung, Verdunstung, Wasserdampf, Wasserstoff
chemisches Element
Californium, Einsteinium, Kalifornium, Kassiopeium, Kohlenstoff, Mendelevium, Quecksilber, Wasserstoff
chemisches Experimentiergefäß
Reagenzglas
chinesische Landschaft
Mandschurei
chinesischer Nobelpreisträger für Physik
Tsung Dao Lee
chinesischer Obstbaum
Litschibaum
chinesischer See
Tungtingsee
chinesisches Bauwerk
Grosse Mauer
Chip
Schaltkreis
Chor
Vokalgruppe
Choral
Kirchenlied
christlicher Feiertag
Allerseelen, Heiligabend, Weihnachten
Chrysantheme
Gaenseblume, Winteraster, Wucherblume
Cinemawerbung
Kinoreklame
Clou
Glanznummer, Knalleffekt
Clown
Spassmacher
Club
Vereinigung
Coup
Handstreich
Courage
Beherztheit
Creme
Oberschicht

D

Dachform
Mansarddach
Damenhut
Florentiner
Damenschuh
Stiefelette
Damenunterkleidung
Strumpfhose
dämlich
toelpelhaft
Dampfmaschinenteil
Dampfkessel, Kondensator, Kurbelwelle, Pendelkugel
dänische Bucht
Grosser Belt, Kleiner Belt
dänischer Nobelpreisträger für Literatur
Pontoppidan
dänischer Philosoph
Kierkegaard
dänischer Schriftsteller
Kierkegaard
Darbietung
Vorfuehrung, Vorstellung
Darlegung
Ausfuehrung
Darmträgheit
Obstipation, Verstopfung
Darstellung
Schilderung
Daten für Ausweise
Personalien
Dauerhaftigkeit
Stabilitaet
Dauphin
Thronfolger
Debatte
Eroerterung, Kontroverse, Wortgefecht
Debitoren
Forderungen
defekt
beschaedigt
Deformation
Entstellung, Missbildung
Deklaration
Zollmeldung
Dekoration
Ausstattung, Buehnenbild
Delegat
Abgesandter
delikat
appetitlich
Delinquent
Angeklagter, Missetaeter, Uebeltaeter
deliziös
schmackhaft

Demonstration
Vorfuehrung
Demoralisation
Entmutigung
Denkart
Einstellung, Mentalitaet
Denkfehler
Trugschluss
Denkvermögen
Intelligenz
Denkwissenschaft
Philosophie
Dependance
Zweigstelle
Desinfektion
Entseuchung
Desinfektionsmittel
Formaldehyd
despektierlich
abschaetzig
Dessert
Suessspeise
Detail
Bestandteil, Kleinigkeit
Detektiv
Kriminalist
deutlich
anschaulich, artikuliert
deutsche Großstadt
Bremerhaven, Duesseldorf
deutsche Hafenstadt
Bremerhaven, Travemuende
deutsche Kriegsauszeichnung
Ritterkreuz
deutsche Landeshauptstadt
Duesseldorf
deutsche Landschaft
Brandenburg, Butjadingen, Mainfranken, Mecklenburg, Oberfranken, Oberlausitz, Ostpreussen, Rheinhessen, Schorfheide, Schwarzwald
deutsche Münze
Kaisertaler
deutsche Schauspielerin
Liebeneiner, Weissgerber
deutsche Schriftstellerin
Langgaesser
deutsche Universitätsstadt
Duesseldorf
deutscher Adelstitel
Burggraefin, Kurfuerstin, Landgraefin, Markgraefin
deutscher Arzt
Pettenkofer, Weizsaecker
deutscher Badeort
Badenweiler, Gandersheim, Gleisweiler, Langensalza, Lippspringe, Mergentheim, Reichenhall, Woerishofen
deutscher Berg, Gebirge
Boehmerwald, Donnersberg, Drachenfels, Eggegebirge, Fichtelberg, Frankenwald, Heuchelberg, Kaiserstuhl, Koenigstuhl, Kyffhaeuser, Schwarzwald, Steigerwald, Wasserkuppe, Wendelstein, Wetterstein
deutscher Bildhauer
Feichtmayer
deutscher Binnensee
Ruppiner See
deutscher Bundespräsident
Weizsaecker
deutscher Chemiker
Doebereiner, Pettenkofer
deutscher Fußballspieler
Augenthaler, Beckenbauer
deutscher Historiker
Giesebrecht
deutscher Humanist
Pirckheimer
deutscher Komponist
Dittersdorf, Humperdinck, Mendelssohn
deutscher Mathematiker
Tschirnhaus, Weierstrass
deutscher Philosoph
Mendelssohn
deutscher Physiker
Lichtenberg, Weizsaecker
deutscher Politiker
Scheidemann, Stoltenberg, Weizsaecker
deutscher Reformator
Melanchthon
deutscher Reichskanzler
Scheidemann
deutscher Schauspieler
Fuchsberger, Hildebrandt, Matterstock, Schoenboeck, Westermeier
deutscher Schriftsteller
Bergengruen, Eichendorff, Freiligrath, Gerstaecker, Morgenstern
deutscher Sprachforscher
Konrad Duden
deutscher Volksstamm
Nordfriesen, Ostpreussen
deutsches Bundesland
Brandenburg
deutsches Weinbaugebiet
Mainfranken, Rheinhessen
Deutschkunde
Germanistik
devital
abgestorben
Dezernat
Sachbereich
Dezimierung
Reduzierung, Vernichtung
Dialog
Wechselrede
Dichtung
Trauerspiel
dick
vollschlank
dickköpfig
eigensinnig, eigenwillig
Diebstahlschutz
Alarmanlage
Diele
Tanzparkett
dienende Treue
Ergebenheit
Diener des Don Quichotte
Sancho Pansa
Dienstanweisung
Instruktion
Dienstbezüge
Arbeitslohn
different
verschieden
Differenz
Kontroverse, Uneinigkeit, Unterschied
Diktat
Nachschrift
Dill
Gurkenkraut
Diner
Mittagessen
Diplomat
Botschafter
Diplomatie
Gewandtheit, Staatskunst
diplomatischer Begriff
Aide-mémoire
direkt
unmittelbar
direkte Rede
Oratio recta
Direktive
Richtschnur
Direktor
Schulleiter
Direktübertragung
Live-Sendung
Disharmonie
Uneinigkeit
Diskant
Gegenstimme
Diskus
Wurfscheibe
Diskussion
Eroerterung
Dissonanz
Uneinigkeit
Distelgewächs
Artischocke
dito
desgleichen, gleichfalls

divers
verschieden
Divis
Bindestrich
Doktrin
Lehrmeinung
Dolmetscher
Uebersetzer
Don Quijotes Begleiter
Sancho Pansa
Donaudurchbruch
Eisernes Tor
Doppel
Durchschlag
Dorfschulze
Schultheiss
Dörrfrüchte
Trockenobst
Dorsch
Schellfisch
Dossier
Aktenstueck
Dozentur
Lehrauftrag
Drache
Flugapparat, Segelschiff
Drama
Buehnenwerk
drastisch
unverbluemt
Drehorgel
Leierkasten
dreist
impertinent, unverfroren
dringender Bedarf
Benoetigung
drollig
possierlich, verschroben
drosselartiger Vogel
Steinroetel
Druckeinheit
Atmosphaere
Druckerzeugnis
Taschenbuch, Zeitschrift
Druckmittel
Repressalie
drucktechnischer Begriff
Durchschuss, Offsetdruck, Satzspiegel, Schoendruck, Schriftgrad, Stereotypie, Winkelhaken
Druckverfahren
Lithografie
Duckmäuser
Leisetreter
dummdreist
impertinent
Dummheit
Stupiditaet
Dünengras
Strandhafer
Düngemittel
Knochenmehl
dünkelhaft
eingebildet
durchaus nicht
keinesfalls
Durchbohrung
Perforation
Durchfall
Darmkatarrh
durchführbar
praktikabel
durchscheinend
transparent
durchsichtig
transparent
Durchsichtigkeit
Transparenz
dürr
vertrocknet
dynamisch
schwungvoll

E

ebenbürtig
angemessen
ebenfalls
desgleichen
Eberesche
Elsbeerbaum, Sperberbaum, Teufelsbaum
Echsenart
Kragenechse
echt
authentisch
ecuadorianischer Berg
Chimborasso
edel
grossmuetig
Edelmetall
Quecksilber
Edelpelz
Silberfuchs
Effekten
Wertpapiere
effilieren
beschneiden
egal
gleichartig
Egoismus
Selbstsucht
ehelich
verheiratet
ehelos
zoelibataer
ehemaliges Schriftzeichen
Hieroglyphe
Ehemann, dessen Frau verreist ist
Strohwitwer
Eheschließung
Vermaehlung
Ehrabschneidung
Verleumdung
ehrbar
achtenswert, respektabel
Ehrlosigkeit
Niedertracht
Eierkuchen
Pfannkuchen
Eierspeise
Pfannkuchen
Eifer
Ruehrigkeit
eifriger Leser
Buecherwurm
eigen
waehlerisch
Eigenart
Seltsamkeit
eigenartig
merkwuerdig
eigengesetzlich
unabhaengig
Eigenliebe
Selbstsucht
eigensinnig
dickkoepfig, halsstarrig, hartnaeckig
Eigner
Eigentuemer
Eilbote
Expressbote
eilends
schleunigst
Einäscherung
Verbrennung
Einäscherungsanlage
Krematorium
Einbildung
Imagination, Spekulation, Vorstellung
Eindämmen eines Flussbettes
Regulierung
eindrucksvoll
imponierend
eine *der* Musen
Terpsichore
einfach
spartanisch, unscheinbar
Einfall
Erleuchtung, Inspiration
einfältig
toelpelhaft
Einfassung
Einfriedung
Einfuhrsteuerermittlung
Zollfahnder
Eingabe
Bittschrift, Denkschrift
eingebildet
duenkelhaft, snobistisch
eingebildeter Kranker
Hypochonder

Eingebung
Erleuchtung, Inspiration
eingehende Besprechung
Eroerterung
eingelegte Gemüsefrucht
Perlzwiebel
eingetragenes Warenzeichen
Schutzmarke
Eingliederung
Integration
Eingreifen
Einmischung
einheimische Orchidee
Frauenschuh, Knabenkraut
einheimischer Giftpilz
Fliegenpilz, Giftreizker, Pantherpilz
Einkauf
Akquisition, Anschaffung
Einkommen
Honorierung
Einladende
Gastgeberin
Einleitung
Prolegomena
einordnen
rubrizieren, subsumieren
einprägsam
anschaulich
Einrichtung
Ausstattung, Bearbeitung, Institution, Moeblierung
Einrichtungsgegenstand
Wandschrank
einsames Inselleben
Robinsonade
einsatzfähig
alarmbereit
Einschätzung
Beurteilung
einschließlich
inbegriffen
Einschränkung
Reduzierung, Restriktion
einseifen
schmeicheln
Eintopfgericht
Erbsensuppe, Linsensuppe
Einverleibung
Besitznahme
Einverständnis
Genehmigung
Einwand
Widerspruch
Einweichmittel
Seifenlauge
Einzeldarstellung
Monographie
einzeln
abgesondert, partikulaer
Einzimmerwohnung
Appartement, Garçonnière
Eisenbahnfahrzeug
Gueterwagen, Schienenbus, Schlafwagen, Speisewagen
eisenbahntechnischer Begriff
Abfertigung, Bahnkoerper, Gepaecknetz, Oberleitung, Sackbahnhof, Verspaetung
Eisenbahnwaggon
Gueterwagen
Eismeerhafen Russlands
Archangelsk
Eiszeitalter
Pleistozaen
eiszeitliches Faultier
Megatherium
Eitelkeit
Gefallsucht
Eiweißkörper
Haemoglobin
eklatant
offenkundig
Ekstase
Verzueckung
elektrische Energie
Gleichstrom
elektrische Störung
Kurzschluss
elektrischer Strom
Gleichstrom
elektrischer Stromspeicher
Akkumulator
elektrisches Messgerät
Amperemeter, Elektroskop
elektrisches Musikinstrument
Synthesizer
elektrochemischer Vorgang
Elektrolyse
Element
Bestandteil, Naturgewalt
elementar
fundamental
Elite
Oberschicht
elsässischer Wein
Edelzwicker
Emblem
Kennzeichen, Wahrzeichen
Emissär
Abgesandter
Empfang
Begruessung
Empfängnis
Befruchtung
empfehlen
vorschlagen
empfindlich
feinfuehlig, gefuehlvoll, sentimental
empfindsam
feinfuehlig
Empfindsamkeit
Feingefuehl
Empfindung
Wahrnehmung
Empörung
Entruestung
Endergebnis
Quintessenz
endgültig
verbindlich
Energiequelle
Wasserkraft
engherzig
philistroes
englische Grafschaft
Befordshire, Dorsetshire, Northampton, Oxfordshire, Westmorland
englische Rosinenspeise
Plumpudding
englischer Afrikaforscher
Livingstone
englischer Feldherr
Marlborough
englischer Möbelstil
Chippendale
englischer Nobelpreisträger für Chemie
Hinshelwood
englischer Nobelpreisträger für Frieden
Chamberlain
englischer Nobelpreisträger für Medizin
Sherrington
englischer Schriftsteller
Shakespeare
englischer Staatsmann
Chamberlain
engstirnig
beschraenkt
enorm
erstaunlich
entartet
degeneriert
Entbehrung
Frustration
Entbindung
Niederkunft
Entertainer
Unterhalter
entgegenkommend
verbindlich
enthusiastisch
hingerissen
Entjungferung
Defloration
Entlassung
Rausschmiss
Entrüstung
Indignation

Entsagung
Resignation
entschlossen
tatkraeftig, zielstrebig
Entsprechung
Gegenstueck
Entstehung
Entwicklung
Enttäuschung
Desillusion, Erbitterung, Frustration
entzückend
bestrickend
entzündbar
entflammbar, inflammabel
entzündlicher Vorgang
Vereiterung
Enurese
Bettnaessen
Epigramm
Sinngedicht
Episkopat
Bischofsamt
Epos *des* **Mittelalters**
Rolandslied
erbärmlich
jaemmerlich
Erdanziehung
Gravitation, Schwerkraft
Erdbebenanzeiger
Seismograph, Seismometer
Erdhalbkugel
Hemisphaere
Erdneuzeit
Kaenozoikum
Ereignis
Begebenheit
Ereignis in München
Oktoberfest
erfahrungsgemäß
pragmatisch
Erfahrungsmensch
Pragmatiker
Erfolgsschlager
Gassenhauer
Erforschung
Exploration
ergeben
anhaenglich, untertaenig
erhaltend
konservativ
erhitzt
echauffiert
Erinnerung
Gedaechtnis, Reminiszenz
Erkenntlichkeit
Anerkennung
Erklärung
Ausfuehrung, Deklaration
Erlaubnis
Genehmigung
Erleuchtung
Inspiration
Ermittlung
Inquisition
Ermittlung von Kosten
Kalkulation
Ermordung
Liquidation
Ernennung
Designation, Nominierung
Erneuerung
Reformation, Renovierung
Erniedrigung
Degradation
Ernsthaftigkeit
Seriositaet
Ernüchterung
Desillusion
Erotik
Liebeskunst
erregen
hervorrufen
erregt
aufgebracht
Errungenschaft
Akquisition
erschöpft
abgekaempft
erschüttert
aufgewuehlt, fassungslos
Erspartes
Notgroschen
erstaunlich
frappierend
erster Preis
Hauptgewinn
erstes Gebiss
Milchzaehne
Erstgeborener
Stammhalter
erstklassig
vorzueglich
erstmalig öffentlich Auftretende
Debuetantin
Erwerb
Akquisition, Anschaffung
Erwerbung
Anschaffung
Erzeugung
Fabrikation
Erzieherin
Gouvernante
erzürnt
aufgebracht
Erzverarbeitungslehre
Metallurgie
erzwungen
widerwillig
Eskorte
Ehrengeleit
essbares Meerestier
Schellfisch
Esse
Schornstein
Esslokal
Gaststaette, Imbissstube
Ethik
Sittenlehre
Etikett
Preisschild
Etikette
Zeremoniell
Europäer
Luxemburger, Sanmarinese
europäischer Staat
Deutschland, Jugoslawien, Niederlande, Oesterreich
europäisches Königreich
Niederlande
europäisches Luftfahrtprojekt
Eurofighter
Evakuierung
Aussiedlung
evangelische Christen
Reformierte
evident
offenkundig
exakt
sorgfaeltig
exaltiert
ueberspannt
Exekution
Hinrichtung
exemplarisch
vorbildlich
existenzialistischer Philosoph
Kierkegaard
Exkommunikation
Kirchenbann
Exkursion
Lehrausflug
Exodos
Schlusschor, Schlussteil
Exodus
Abwanderung
Expansion
Ausbreitung
Experimentiergefäß
Reagenzglas
Explosivgeschoss
Handgranate
express
schleunigst
exquisit
erstklassig, vorzueglich
extern
aeusserlich
extra
zusaetzlich
extrem
ausgepraegt
exzellent
vorzueglich

F

fabelhaft
erstaunlich
Fabelname *der* **Füchsin**
Frau Reineke
Fach im Zugabteil
Gepaecknetz
Facharzt
Dermatologe, Gynaekologe
Fachausdruck der Akustik
Beschallung
fad
abgestanden, alltaeglich
Fahndung
Aufspuerung
fahrlässig
absichtslos
Fahrradteil
Schutzblech
Fahrstuhl
Paternoster
Fahrzeug *für* **Babys**
Kinderwagen
Fahrzeug *für* **Kinder**
Seifenkiste
Fahrzeug wenden
reversieren
Fahrzeugversicherung
Haftpflicht
Faible *für* **England**
Anglophilie
Faktum
Sachverhalt
falsch
irrtuemlich
falsche Folgerung
Trugschluss
Familienangehörige
Grossmutter
Familienstand
verheiratet
fanatisch
blindwuetig
Fantasie (Phantasie)
Vorstellung
farbloses Gas
Formaldehyd
Farbstoff
Koschenille
Farbton
Bordeauxrot, lachsfarben, Semmelblond
Farngewächs
Hirschzunge, Koenigsfarn, Tuepfelfarn
Fassade
Vorderfront, Vorderseite
Fastnachtsmontag
Rosenmontag
Faulenzer
Taugenichts
Faulheit
Muessiggang
Federweißer
Traubenmost
Fegefeuer
Purgatorium
fehlende Zuständigkeit
Inkompetenz
Fehlschluss
Trugschluss
Fehltritt
Ausrutscher
feierliche Handlung
Zeremoniell
fein
empfindlich
Feind
Widersacher
feine Kochkunst
Gastronomie
feinfühlend
empfindlich, mimosenhaft
Feingefühl
Zartgefuehl
Feinheit
Raffinement
Feinmechaniker
Goldschmied
Feinmessgerät
Tarierwaage
Feldblume
Klatschmohn
Feldherr
Heerfuehrer
Feldherr *des* **30-jährigen Krieges**
Gustav Adolf, Piccolomini, Wallenstein
Felssorte
Gesteinsart
Fensterteil
Glasscheibe
Feriendauer
Urlaubszeit
ferner
desgleichen
Fernrohr
Feldstecher
Fernseher
Mattscheibe
Fernsehsendung
Nachrichten
Fernsehsprecherin
Moderatorin
Fertigkeit
Gewandtheit
Fertigung
Fabrikation, Herstellung
fesselnd
interessant
fesselnde Wirkung
Faszination
fest
unbeweglich
festbinden
anschnallen
feste Fußbekleidung
Haferlschuh
festgelegter Ablauf
Reihenfolge
Festigkeit
Stabilitaet
festländisch
kontinental
Festlichkeit
Festivitaet
Fete
Festivitaet
Feuer
Temperament
Feueranzünder
Streichholz
Feuerbestattungsanstalt
Krematorium
feuerfeste Kleidung
Asbestanzug
Feuerspender
Streichholz
Feuerstäbchen
Streichholz
Feuerwerkskörper
Knallfrosch
Fibrille
Gewebefaser, Nervenfaser
Figur
Koerperform
Figur *aus einem* **deutschen Märchen**
Drosselbart
Figur aus Der Rosenkavalier
Marschallin
Filiale
Zweigstelle
Filmatelier
Traumfabrik
Filmbühne
Lichtbuehne
Filmtheater
Lichtspiele
finanzielles Geschäft
Transaktion
Fingerkraut
Gaensegarbe
Finkenvogel
Kernbeisser
finnischer Nobelpreisträger für Literatur
Sillanpaeae
finnischer Schriftsteller
Sillanpaeae
finnisches Archipel
Alandinseln
Firma
Unternehmen

Firmament
Sternenzelt
Firmeninhaber
Unternehmer
Fischart
Bachforelle, Blaufelchen, Kofferfisch, Schellfisch
Fischfanggerät
Schleppnetz
Fiskus
Staatskasse
Fixiermittel
Kolophonium
Fjord
Meeresbucht
Flair
Atmosphaere
Flaschenform
Bocksbeutel
Fledermaus
Abendsegler
fleischlich
koerperlich
Fleischsuppe
Kraftbruehe
Fleischtunke
Bratensosse
Fleischwerdung Christi
Inkarnation
fleißiges Lieschen
Springkraut
flexibel
geschmeidig
Flexion
Deklination, Konjugation
fliegender Fisch
Hochflieger
Fliegenschnäppervogel
Rohrsaenger
Flor
Kreppgewebe
Florentiner Politiker
Machiavelli
Floskel
Redewendung
Flötenart
Blockfloete
flott
schwungvoll
Flottenbasis
Kriegshafen, Stuetzpunkt
Flügel
Seitentrakt, Tragflaeche
Flughafen von Berlin
Schoenefeld
Flugzeugart
Starfighter
Flugzeugteil
Fahrgestell, Hoehenruder, Seitenruder, Tragflaeche
Fluidum
Atmosphaere
Flurhüter
Feldpolizei, Feldschuetz, Flurschuetz
Flurschaden
Wildschaden
Fluss *in* Amerika
Hudson River, Lorenzstrom, Mississippi, Saint Lorenz, Susquehanna, Yellowstone
Fluss *in* Asien
Brahmaputra
Fluss *in* Australien und Ozeanien
Barwon River, Culgoa River, Norman River, Palmer River
Fluss *in* Indien
Brahmaputra
Fluss *in* Nordamerika
Mississippi, Yellowstone
Fluss *durch* Saint Louis
Mississippi
Fluss *in* Südafrika
Oranjefluss
Flussgeröllstück
Kieselstein
Föderation
Staatenbund, Vereinigung
Folge
Fortsetzung
folgenschweres Unglück
Katastrophe
Folgewidrigkeit
Fehlschluss, Trugschluss
folgsam
wohlerzogen
Förde
Meeresbucht
Förderanlage
Foerderband, Foerderkorb
Formänderung
Deformation
Format
Normgroesse
Formel
Redewendung
formell
aeusserlich
Formenlehre
Morphologie
förmliche Handlung
Zeremoniell
Formlosigkeit
Nonchalance
Formsache
Formalitaet
Formveränderung
Deformation
Forstbeamter
Hegemeister
fortschreitende Steigerung
Progression
Fortschritt
Entwicklung, Progression
Forum
Gerichtshof, Versammlung
Fotozubehör
Lichtfilter, Lichtmesser
Foyer
Wandelhalle
Frage
Erkundigung
fraglich
zweifelhaft
Fragment
Bruchstueck
fragwürdig
verdaechtig, zweifelhaft
Frankfurter Bauwerk
Paulskirche
fränkische Weinflaschenform
Bocksbeutel
fränkisches Herrschergeschlecht
Arnulfinger
französisch für Bezirk
département
französische Hafenstadt
Duenkirchen
französische Insel
Noirmoutier
französischer Dichter
Montesquieu
französischer Gemüseeintopf
Ratatouille
französischer Nobelpreisträger für Chemie
Joliot-Curie
französischer Philosoph
Malebranche, Montesquieu
französischer Revolutionär
Robespierre
französischer Staatsphilosoph
Montesquieu, Tocqueville
französisches Akzentzeichen
Circonflexe
französisches Schloss
Chenonceaux, Rambouillet
Frau
Evastochter
Frau von Napoleon I.
Marie Louise
Frauenarzt
Gynaekologe
Frauenberuf
Assistentin, Graphikerin, Hutmacherin, Kassiererin, Kontoristin, Photomodell, Schneiderin, Sekretaerin, Serviererin

Frauenbüroberuf
Sekretaerin
Frauenmantel
Marienkraut, Silberkraut
Frauenrechtlerin
Blaustrumpf, Suffragette
Frauensingstimme
Mezzosopran
frech
impertinent
frei
unabhaengig
Freier
Brautwerber
freigebig
grosszuegig
frei hängendes Ruhenetz
Haengematte
Freiheitsentzug
Arretierung
Freiheitsverbrechen
Entfuehrung
Freischärler
Franktireur
Freistehen des päpstlichen Stuhles
Sedisvakanz
freiwillig
ungezwungen
Freizeitbeschäftigung
Liebhaberei
Freizeitsport
Windsurfing
Frequenz
Haeufigkeit
Freude
Beglueckung
Freude am Schmerz
Masochismus
Freude am Zusehen
Voyeurismus
Freund *von* **Briefmarken**
Philatelist
Freund Luthers
Melanchthon
Freundin Goethes
Goechhausen
freundlich
ansprechend, liebenswert, sympathisch
Freundschaftsinseln
Tongainseln
Frevler
Uebeltaeter
Friedhof
Gottesacker
friesische Inseln
Rottumeroog
Frischhalteanlage
Kuehltasche
Frischluftzufuhr im Bergbau
Bewetterung
Frisiergerät
Brennschere, Haarbuerste
Frisiermittel
Brillantine
froh
erleichtert
Front
Vorderseite
frontal
frontseitig
Froschlurch
Teichfrosch
Frostgebilde
Eiskristall
Frucht
Heidelbeere, Navelorange, Reineclaude
fruchtbar
ertragreich
Fruchtbarkeit
Fertilitaet
Fruchtgetränk
Himbeersaft, Ribiselsaft, Traubensaft
Frühdruck
Wiegendruck
frühere Bezeichnung für Altersheim
Siechenhaus
früheres mechanisches Musikinstrument
Orchestrion
Frühlingsblume
Osterglocke
führender Jakobiner
Robespierre
Führerin
Vorgesetzte
fulminant
mitreissend
fungizid
pilztoetend
Funk
Telegraphie
Funktion
Verrichtung, Wirksamkeit
Furore
Bewunderung
Fürsorge
Sozialhilfe
Fürsorgeeinrichtung
Blindenheim, Waermestube
Fürst
Grossherzog, Prinzregent
Fürst *in* **Indien**
Maharadscha
Fürstin
Erzherzogin
fürstliche Anrede
Durchlaucht
Fußballausdruck
Abwehrmauer, Mittellinie, Rueckzieher, Seitenlinie, Spielmacher, Sturmspitze
Fußballspieler
Linksaussen, Verteidiger, Vorstopper
Fußballwettbewerb
Europapokal
Fußbekleidung
Holzsandale, Lackstiefel, Stiefelette
Fußbodenpflegemittel
Bohnerwachs
Fussel
Staubflocke
Fußreise
Spaziergang
Fußsoldat
Infanterist
Fußstütze
Fersenkappe, Fersenleder
Fußstütze am Sattel
Steigbuegel
Fußwanderung
Spaziergang
Futter *für ein* **Haustier**
Hundekuchen
Futterpflanze
Runkelruebe

G

Gabe
Befaehigung, Veranlagung
Galeere
Ruderschiff
Gallerterzeuger
Knochenleim
Gangesmündungen
Sunderbunds
gänzlich
ausnahmslos
Garantie
Buergschaft, Verbuergung
Garaus
Vernichtung
Gardinenstoff
Marquisette
Gartenbau
Hortikultur
Gartenblume
Becherblume, Fingerkraut, Gartenmalve, Gartennelke, Goldmelisse, Pfingstrose, Ringelblume, Rittersporn, Schildblume, Sonnenblume, Wucherblume
Gartenerzeugnis
Artischocke, Reineclaude

Gartengerät
Rasenmaeher, Rasenschere
Gartenstaude
Fackellilie
gärtnerische Anlage
Steingarten
gasförmiges Element
Wasserstoff
Gashülle der Erde
Atmosphaere
Gastgewerbe
Gastronomie
Gasthaustheke
Schanktisch
Gastpflanze
Schmarotzer
Gaststättenangestellter
Oberkellner
Gastwirtschaft
Braeustuebl, Gartenlokal, Raststaette, Weinschenke, Winzerstube
Gaukler
Illusionist
Gauklerblume
Maskenblume
Gauner
Galgenvogel, Hochstapler, Taschendieb, Taugenichts
Gebäcksorte
Apfeltasche, Bienenstich, Florentiner, Kaesestange, Knaeckebrot, Pfeffernuss, Spekulatius
Gebäude *in* **Venedig**
Dogenpalast
Gebäudeteil
Appartement, Erdgeschoss, Giebelseite, Schornstein, Treppenhaus
Gebäudeverwalter
Hausmeister
Gebäudewart
Hausmeister
gebefreudig
grosszuegig
Gebiet
Territorium
Gebirge *in* **Amerika**
Kordilleren
Gebirgsbahn
Kabinenbahn, Schlepplift, Schwebebahn, Zahnradbahn
Gebirgslandschaft
Berner Alpen
Gebirgspflanze
Almenrausch, Gaemskresse, Steinroesel, Wohlverleih
Geburt
Niederkunft
Geburtsort
Heimatstadt

Gedanke
Inspiration, Vorstellung
Gedankenverbindung
Assoziation
gedanklich
begrifflich, theoretisch
Gedenken
Gedaechtnis
gedrängt
haufenweise, komprimiert, massenweise
Geduld
Duldsamkeit
geduldig
gottergeben
Gefahr
Bedraengnis, Gefaehrdung
Gefahr für Alpinisten
Schneebrett, Steinschlag, Wettersturz
gefährlich
risikoreich
Gefährt für Kleinkinder
Kinderwagen
Gefährte
Busenfreund
Gefährte *des* **Don Quichotte**
Sancho Pansa
Gefährtin
Begleiterin
Gefangenenfieber
Fleckfieber
Gefängnis
Haftanstalt
gefärbt
tendenzioes
Gefäß
Bettflasche, Feldflasche, Reagenzglas, Sektkuehler
Gefäß *zum* **Einkochen**
Einkochglas
Gefäß *im* **Haushalt**
Wassereimer
Gefäß *im* **Labor**
Reagenzglas
Gefäß *für* **Wassertiere**
Schaubecken
Geflügelkrankheit
Huehnerpest, Kueckenruhr
Gefühl
Einstellung
Gefühl *der* **Anerkennung**
Dankbarkeit
gefühlskalt
abgestumpft
Gefühlsleben
Seelenleben
gefühlvoll
sentimental
gefüllte Süßspeise
Schaumrolle

gefürchtet
gefaehrlich
Gegengrund
Widerspruch
Gegenrede
Widerspruch
Gegensatz
Feindschaft, Kontroverse, Unterschied, Widerspruch, Widerstreit
gegensätzlich
antinomisch
Gegenvorschlag
Alternative
Gegenwart
Aktualitaet, Anwesenheit
gegenwärtige Sachlage
Aktualitaet
Gegenwert
Aequivalent
Gegner
Widersacher
gehaltlos
unbedeutend
Gehaltsbestandteil
Kleidergeld
gehässig
schadenfroh
geheim
vertraulich
Geheimlehre
Okkultismus, Spiritismus
geheimnisvoll
raetselhaft
gehemmt
gehandikapt
Gehölz
Strauchwerk
Gehölzkunde
Dendrologie
Gehörknöchelchen
Steigbuegel
Geierart
Gaensegeier, Kuttengeier
Geige
Violoncello
Geigenharz
Kolophonium
Geigenteil
Kinnstuetze, Untersattel
Geißbart
Krampfkraut
Geist
Intelligenz
Geisterglaube
Okkultismus, Spiritismus
Geisterlehre
Spiritismus
Geisterstunde
Mitternacht
Geistesart
Mentalitaet

Geistesgröße
Genialitaet
Geisteshaltung
Mentalitaet
geisteskrank
schizophren
Geisteswissenschaft
Germanistik, Philosophie, Psychologie
geistig
immateriell
geistige Fähigkeit
Intelligenz
geistige Getränke
Spirituosen
Geistlicher
Kanzelredner
geistlicher Orden
Dominikaner, Karthaeuser
geistliches Amt
Archidiakon, Hofprediger, Weihbischof
geistliches Buch
Katechismus
Geiz
Sparsamkeit
gekünstelter Stil
Manierismus
Geländebeschreibung
Topographie
Geländeform
Hochgebirge
Gelbreizker
Pfifferling
Geldadel
Plutokratie
Geldbehälter
Brieftasche, Sparbuechse, Sparschwein
Gelddieb
Bankraeuber
Geldherrschaft
Plutokratie
Geldverleiher
Kreditgeber
Geldzahlung
Abfertigung
Gelegenheitsarbeiter
Tageloehner
Gelenkwellenart
Kardanwelle
Gelöbnis
Versprechen
Gemälde
Temperabild
gemein
gewoehnlich
Gemeindevertreter
Gemeinderat
Gemeindevertretung
Gemeinderat
Gemeinplatz
Plattituede
gemeinsam
solidarisch
Gemeinschaftserziehung
Koedukation
gemessen
zeremoniell
Gemisch
Kombination, Konglomerat
Gemüt
Temperament
Gemütsart
Temperament, Veranlagung
gemütvoll
sentimental
genau
sorgfaeltig
Genauigkeit
Akkuratesse
Genehmigung zum Arztberuf
Approbation
Generalsekretär der UNO
Butros Ghali
Generation
Altersstufe
Generationsangehöriger
Zeitgenosse
generieren
produzieren
generös
grossmuetig, grosszuegig
Genese
Entwicklung
Genesis
Entwicklung, Erschaffung
Genossenschaft
Vereinigung
genuesischer Seeheld
Andrea Doria
genug
ausreichend
genügend
hinreichend
genügsam
spartanisch
geographische Lage
Breitengrad, Laengengrad
geographischer Begriff
Breitengrad, Laengengrad, Polargebiet
geologische Formation
Muschelkalk
geologischer Begriff
Plattenkalk, Schichtform, Vulkanismus Durchmesser, Mittelpunkt, Planimetrie
geologisches Zeitalter
Paleozoikum
geordnete Ablage von Schriftstücken
Registratur
Gepäckstück
Aktentasche, Reisetasche
gerade
ungekruemmt
Geradflügler
Heuschrecke
Gerät
Hilfsmittel
Gerät *zum* **Bewegen von Lasten**
Flaschenzug
Gerät *im* **Büro**
Aktenordner, Radiergummi
Gerät *für* **Gymnastik**
Medizinball
Gerät *im* **Haushalt**
Buegeleisen, Waffeleisen
Gerät *zum* **Mähen**
Rasenmaeher
Gerät *des* **Maurers**
Wasserwaage
Gerät *des* **Töpfers**
Drehscheibe
Gerät *zum* **Wärmemessen**
Thermometer
Gerät *zum* **Zeitmessen**
Chronometer
geräucherter Fisch
Raeucheraal
Geräusch *des* **Wassers**
Plaetschern
Gericht
Strafkammer, Zivilkammer
Gerichtssitzung
Verhandlung
Gerichtsverhandlung am Tatort
Lokaltermin
geringfügig
unbedeutend, verzeihlich
Geringfügigkeit
Kleinigkeit
gerippter Stoff
Schnuersamt, Stretchcord, Stretchkord
Germanien
Deutschland
germanischer Volksstamm
Hermunduren, Langobarden, Markomannen
Geröllawine (Gerölla-wine)
Steinschlag
Gerücht
Hoerensagen
gesamt
vollzaehlig
Gesamtheit *der* **Betriebsangehörigen**
Belegschaft
Gesandter
Botschafter

Gesangsgruppe
Kirchenchor, Maennerchor
Gesangsstimme
Mezzosopran
Geschäft
Transaktion, Unternehmen
Geschäft mit Risiko
Spekulation
geschäftliche Unternehmung
Transaktion
Geschäftsbedingungen
Konditionen
Geschäftsmann
Businessman, Unternehmer
Geschäftsmappe
Aktentasche
Geschäftsnebenstelle
Zweigstelle
geschäftstüchtig
erfolgreich
Geschehen
Begebenheit
Geschehnisabfolge
Chronologie
gescheit
intelligent
Geschenk
Mitbringsel
Geschichtsepoche
Mittelalter, Neolithikum, Renaissance
Geschicklichkeit
Befaehigung, Gewandtheit
Geschirr
Kaffeekanne
11
Geschlechtlichkeit
Sexualitaet
Geschlechtshormon
Androsteron, Progesteron, Testosteron
Geschlechtsleben
Sexualitaet
Geschrei
Zetermordio
geschwätzige Frau
Klatschbase
gesellig
umgaenglich
geselliger Kreis
Liederkranz, Liedertafel
Gesellschaft
Unternehmen, Vereinigung
Gesellschafter
Unterhalter
Gesellschaftsform
Matriarchat, Patriarchat
Gesellschaftsschicht
Bourgeoisie, Mittelstand, Proletariat
gesetzgebende Gewalt
Legislative
Gesichtsausdruck
Mienenspiel
Gesichtsfeld
Blickwinkel, Perspektive
Gesichtsgebärden
Mienenspiel
Gesichtsknochen
Traenenbein, Unterkiefer
Gesichtsteil
Augenwimper, Unterkiefer
Gesinde
Dienstboten
Gesinnung
Einstellung, Mentalitaet, Philosophie
gesparte Beträge
Ersparnisse, Notgroschen
Gespenst
Erscheinung, Spukgestalt, Truggestalt
Gespensterfurcht
Aberglauben
Gespinst
Imagination, Inspiration, Spinnennetz
Gestalt
Koerperform
Gestalter
Organisator
Gestaltlehre
Morphologie
Gesteinsablagerung
Konglomerat
Gesteinsart
Muschelkalk
Gesteinsgemenge
Konglomerat
Gesteinskunde
Mineralogie
Gestüt
Pferdezucht
Gesuch
Bittschrift
Gesuchseinreicher
Bittsteller
Gesundheit
Wohlergehen
Getränk
Buttermilch, Kraeutertee, Maerzenbier, Magenbitter, Quellwasser, Traubensaft
Getränkebehältnis
Bierflasche
Getreuer
Gefolgsmann
Gewächsteil
Fruchtstand
gewagt
gefaehrlich, risikoreich
gewagtes Geschäft
Spekulation
gewählter Parlamentarier
Abgeordnete
Gewährleistung
Buergschaft
Gewässer *in* Kärnten
Woerther See
Gewässerrand
Steilkueste
Gewebeart
Marquisette
Gewerbetreibender
Unternehmer
gewichtslos
federleicht
Gewinn
Ueberschuss
Gewinner beim Boxen
Punktsieger
Gewinnsituation
Ertragslage
gewissenhaft
sorgfaeltig
Gewohnheitstrinker
Alkoholiker
Gewürz
Bohnenkraut, Gurkenkraut, Meerrettich, Pfefferminz
Gewürzgebäck
Spekulatius
Gewürzkonzentrat
Essigessenz
gezahntes Schneidewerkzeug
Saegemesser
geziert
gekuenstelt
Gichtrose
Pfingstrose
gierig
habsuechtig
giftige Spinne
Kreuzspinne
Giftpflanze
Bilsenkraut, Bingelkraut, Bittersuess, Klatschmohn, Mottenkraut, Schlafbeere, Stachelnuss, Taumellolch, Teufelsauge, Teufelswurz, Tollkirsche, Wanzenkraut, Wiesenlolch, Wiesenraute
Giftpilz
Fliegenpilz, Giftreizker, Pantherpilz
Giftschlange
Grubenotter
Giftspinne der Mittelmeerländer
Malmignatte
Gipfel *im* Kanton Wallis
Aletschhorn
Gipfelstürmer
Bergsteiger
Glacee (Glacé)
Zickelleder

Glanz
Widerschein
Glasröhrchen
Reagenzglas
glatt
reibungslos, schluepfrig
Glaubensbewegung
Reformation
glaubwürdig
authentisch
gleich gestimmt
sympathisch
Gleichaltriger
Jahrgaenger
gleichberechtigt
emanzipiert
gleichgültig
indifferent
gleichmachen
nivellieren
Gleichwertigkeit
Aequivalenz
Gleisanlage
Ablauframpe, Bahnkoerper, Blocksignal, Drehscheibe, Gleisbremse, Hauptsignal, Oberleitung
Gleitschutz an Reifen
Schneekette
Glied
Extremitaet, Koerperteil
Gliedertier
Kellerassel, Krustentier, Ringelkrebs, Schnurassel, Wasserassel
Gliederung
Disposition, Gruppierung
Gliedmaße
Extremitaet
Gliedstaat
Bundesstaat
Glockenwalzenspiel
Leierkasten
Glücksbringer
Maskottchen
Glückseligkeit
Verzueckung
Glückwunsch
Gratulation
Gnu
Kuhantilope
Goalkeeper beim Fußball
Schlussmann, Torwaechter
Golf
Meeresbucht
Gott *der* Heilkraft
Aesculapius
Gott *der* Parsen
Zarathustra
Gotterlebnis
Offenbarung
Gouverneur
Statthalter
grafischer Beruf
Buchdrucker, Lichtsetzer
Grammatik
Sprachlehre
grammatikalischer Begriff
Deklination, Konjugation
Gras der Dünen
Strandhafer
Grashüpfer
Heuschrecke
Gravitation
Schwerkraft
Gremium
Institution
Grenze
Demarkation
Grenze eines Grubenfeldes
Markscheide
Grenzwall in China
Grosse Mauer
griechische Bibelübersetzung
Septuaginta
griechische Göttin
Terpsichore
griechische Insel
Kephallenia, Samothrakei
griechischer Arzt
Hippokrates
griechischer Astronom
Aristarchos
griechischer Baumeister
Deinokrates, Kallikrates, Kallimachos
griechischer Feldherr
Epaminondas
griechischer Mathematiker
Hippokrates
griechischer Mediziner
Hippokrates
griechischer Philosoph
Anaximander, Aristoteles
griechischer Schriftsteller
Archilochos, Bakchylides, Demosthenes, Kallimachos, Kazantzakis
griechischer Staatsmann
Kleisthenes
griechisches Bauwerk
Erechtheion
Grille
Heuschrecke
Grips
Intelligenz
Groll
Erbitterung
große Grundbesitzungen
Latifundien
Größenwahn
Megalomanie
großes Unglück
Katastrophe
Großgrundbesitz
Laendereien, Latifundien
Großindustrieller
Schlotbaron
großjährig
volljaehrig
Großmaul
Wichtigtuer
Großwuchs
Gigantismus
grotesk
fantastisch, verschroben
Grundbesitz
Laendereien
Gründer *des* Roten Kreuzes
Henri Dunant
gründlich
sorgfaeltig
grundlos
unmotiviert
Grundrechenart
Subtraktion
Grundsatzerklärung
Deklaration
grundsätzlich
fundamental, prinzipiell
Grundschulfach
Heimatkunde
grünlicher Pflanzenfarbstoff
Chlorophyll
Gruppe übermütiger Kinder
Rasselbande
Guckkasten
Kaleidoskop
gültig
verbindlich
günstig
vorteilhaft
günstigster Zeitpunkt
Gelegenheit
Günstling
Schuetzling
Gürtel
Hueftriemen, Ringstrasse
Gurtförderer
Foerderband
gute Charaktereigenschaft
Ehrlichkeit
guter Geist
Schutzengel
Gütertransport
Fernverkehr

gütig
nachsichtig
Gutsverwalter
Rentmeister

H

Haarpflegemittel
Brillantine
Haartracht
Wasserwelle
Hafenarbeiter
Schauermann
Hafenstadt *in* **Argentinien**
Buenos Aires
Hafenstadt *in* **Brasilien**
Porto Alegre, São Salvador
Hafenstadt *in* **Chile**
Antofagasta, Puerto Montt
Hafenstadt *in* **China**
Tschinkiang
Hafenstadt *in* **Frankreich**
Duenkirchen
Hafenstadt *in* **Großbritannien**
Bournemouth, Southampton
Hafenstadt *an der* **Nordsee**
Bremerhaven
Hafenstadt *in* **Norwegen**
Fredrikstad
Hafenstadt *in* **Ostpreußen**
Koenigsberg
Hafenstadt *in* **Russland**
Archangelsk, Wladiwostok
Hafenstadt *am* **Weißen Meer**
Archangelsk
Haftung
Buergschaft
Hagestolz
Junggeselle
Hahn
Wetterfahne
Hahnenfußgewächs
Dotterblume, Rittersporn
Haifischart
Menschenhai
Halbedelstein
Lapislazuli
Halbgeschwister
Stiefbruder
Halbinsel *in* **Amerika**
Kalifornien
Halbinsel *in* **Russland**
Kamtschatka
Halbkontinent
Nordamerika, Suedamerika
Halbkugel
Hemisphaere
Halbstiefel
Stiefelette
halsstarrig
eigensinnig
Hamburger Stadtteil
Eimsbuettel
hämisch
schadenfroh
Handballausdruck
Anwurfkreis, Mittellinie, Seitenlinie, Siebenmeter
Handelsniederlassung
Zweigstelle
Handgemenge
Schlaegerei
Handgepäck
Aktentasche, Reisetasche
Handhabe
Druckmittel
Handikap
Behinderung
Handklapper
Kastagnette
Händler
Marketender
Handlesekunst
Chiromantie
Handpuppenfigur
Grossmutter
Handteil
Fingerkuppe, Fingernagel, Kleinfinger, Zeigefinger
Handwerker
Anstreicher, Goldschmied, Knopfmacher, Schuhmacher, Stellmacher
Handwerkszeug
Drillbohrer, Wasserwaage
Hansestadt
Koenigsberg
Härte
Grausamkeit
hartnäckig
halsstarrig
Harzkurort
Bad Harzburg, Wernigerode
Harzprodukt
Kolophonium
Hase im Märchen
Muemmelmann
Hass
Feindschaft
Haufen
Garbenstand
Hauptfigur
Protagonist
Hauptgewicht
Schwerpunkt
Hauptmahlzeit
Mittagessen
Hauptsache
Quintessenz
Hauptstadt *von* **Argentinien**
Buenos Aires
Hauptstadt *von* **El Salvador**
San Salvador
Hauptstadt *von* **Honduras**
Tegucigalpa
Hauptstadt *des* **Kongo**
Brazzaville
Hauptstadt *des* **Malaiischen Bundes**
Kuala Lumpur
Hauptstadt *von* **Malaysia**
Kuala Lumpur
Hauptstadt *von* **Nordrhein-Westfalen**
Duesseldorf
Hauptstadt *von* **Trinidad und Tobago**
Port of Spain
Hausangestellter
Hausmeister
Häuschen *im* **Grünen**
Gartenlaube
Häuser an Seen
Pfahlbauten
Haushaltsgerät
Buegeleisen, Staubsauger
Haushaltsplan
Voranschlag
Haustier
Goldhamster
Hauswart
Hausmeister
Hauswurz
Sempervivum
Hautarzt
Dermatologe
Hautkrankheit
Guertelrose
Hautpilzerkrankung
Pilzflechte
Hautrötung
Sonnenbrand
Havarie
Schiffbruch
Hebevorrichtung
Flaschenzug, Paternoster
Heckenschütze
Franktireur
Heer
Streitmacht
Heerführer im 30-jährigen Krieg
Wallenstein
Hefegebäck
Germknoedel, Pfannkuchen
Heft
Zeitschrift
heftiger Regen
Wolkenbruch

Heil- und Pflegeanstalt
Muetterheim
Heilbäderkunde
Balneologie
Heilgetränk
Kamillentee
Heilige Nacht
Christnacht
heilkräftig
bekoemmlich
Heilmittel
Sulfonamide
Heilpflanze
Brennnessel, Schoenmalve, Waldmeister
Heilschlaf
Hibernation
Heimat
Geburtsland
Heimatvertriebener
Fluechtling
heimisches Waldtier
Wildschwein
Heimlichtuer
Schnueffler
Heirat
Vermaehlung
Heiratsschwindler
Hochstapler
Heiratssymbol
Myrtenkranz
Heißwasserbereiter
Tauchsieder
Heißwasserbetrieb
Pfeifkessel
Heizmaterial
Eierbrikett
Heizungsanlage
Fernheizung
Heliotrop
Sonnenwende
Helldunkelmalerei
Clair-obscur
heller Kopf
Schlaumeier
Hellespont
Dardanellen
hellroter Wein
Weissherbst
Hemdteil
Manschetten
Henkelglas
Bierkruegel
herablassend
duenkelhaft
Herabsetzung
Degradation
Heraldik
Wappenkunde
Herausforderung
Provokation
herbeibringen
apportieren
Herd
Feuerstelle
Herkules
Kraftmensch
Herleitung
Abstraktion
Herrschaft *der* **Ärzte**
Iatrokratie
Herrschaft *der* **Reichen**
Plutokratie
Herrschaftsgebiet
Territorium
Herrschersymbol
Reichsapfel
Herrschertitel
Grossherzog, Maharadscha, Prinzregent
hervorragend
dominierend, vorzueglich
hervorragende Leistung
Meisterwerk
Herzattacke
Herzinfarkt
Heuchelei
Falschspiel, Verstellung
Heuhüpfer
Grashuepfer
Hierarchie
Rangordnung
Hilfskraft
Mitarbeiter
Himalajagipfel
Nanga Parbat
Himmel
Sternenzelt
Himmelskörper
Wandelstern
Hindernisrennen
Huerdenlauf
Hingabe
Aufopferung
hinhaltend
ausweichend, dilatorisch
hinlänglich
ausreichend
hinterwäldlerisch
provinziell
Hinzufügung
Nachschrift
Histologie
Gewebskunde
historische spanische Provinz
Estremadura
Hitzemesser
Thermometer
Hobby
Liebhaberei
hoch empfindlich
feinfuehlig
Hochdruckgebiet
Antizyklone
hochfahrend
duenkelhaft, eingebildet
Hochgebirge *in* **Amerika**
Kordilleren
hochherzig
grossmuetig
Hochland *in den* **USA**
Great Plains
Hochofenwerk
Eisenhuette
Hochschuleinrichtung
Fachbereich
Hochschüler
Studierende
Hochschullehrraum
Sprachlabor
höchster Berg der Rhön
Wasserkuppe
höchster Berg im Riesengebirge
Schneekoppe
höchster Berg in Japan
Fudschijama
höchster Diplomat
Botschafter
höchster Rang eines Diplomaten
Botschafter
Hochtal *im* **Berner Oberland**
Grindelwald
Hochtourist
Bergsteiger
hochtrabend
bombastisch, schwuelstig
Hochverräter
Staatsfeind
hochwertig
erstklassig, vorzueglich
Hochwildart
Schwarzwild
Hochzeit
Vermaehlung
Höckertier
Trampeltier
hoffnungslos
verzweifelt
Hofschranze
Schmarotzer
Hoftierbehausung
Hundehuette
Hoheitsgebiet eines Staates
Territorium
Hoheitszeichen
Feldzeichen, Wahrzeichen
Höhensonne
Bestrahlung
Höhenzug *in* **Baden-Württemberg**
Schwarzwald
Höhenzug *in* **Franken**
Steigerwald

höhere Kochkunst
Gastronomie
hohes Bauwerk
Fernsehturm, Schornstein
hohes Behörde
Ministerium
hohes Kirchenfest
Weihnachten
hohes TV-Gebäude
Fernsehturm
hohl
phrasenhaft
Höhle *auf* **Capri**
Blaue Grotte
höhnisch
sarkastisch, schadenfroh
Hokuspokus
Schabernack
Holland
Niederlande
Holländer
Reissgeraet
Holunderstaude
Hollerbusch
Holzabfälle
Saegespaene
Holzblasinstrument
Blockfloete
Holzknecht
Holzfaeller
Holzkonservierungsmittel
Karbolineum
Holzschneidekunst
Xylographie
homogen
einheitlich
honett
respektabel
Honigkuchen
Pfeffernuss
Honigseim
Bluetensaft
Honoratioren
Oberschicht
honoris causa
ehrenhalber
Horizontale
Waagerechte
Hormon
Progesteron, Testosteron
Hort
Spielschule
Hospital
Krankenhaus
Hospiz
Krankenhaus
Hostess
Begleiterin
Hotelgewerbe
Gastronomie
Hotelwohnung
Appartement
Hühnerrasse
Australorps, Blausperber
huldvoll
wohlwollend
Humanist
Melanchthon
Humuserde
Mutterboden
Hunderasse
Bullterrier, Huehnerhund, Irish Setter, Rehpinscher, Vorstehhund
Hundertjahrfeier
Zentenarium
Hungertyphus
Fleckfieber
Hurenhaus
Freudenhaus
Hurrikan
Wirbelsturm
Husar
Kavallerist
Husarenstück
Handstreich
Hutform
Florentiner
Hüttenkunde
Metallurgie
Hygieneartikel
Taschentuch
hygienische Maßnahme
Quarantaene
hypochondrisch
truebsinnig
Hypothek
Grundschuld
Hysterie
Reizzustand
hysterisch
ueberspannt

I

Ibis
Storchvogel
Ichsucht
Selbstsucht
Ideal
Leitgedanke
ideal
vorbildlich
Idee
Kleinigkeit, Leitgedanke, Ueberlegung, Vorstellung
ideenarm
einfallslos, fantasielos
Idiom
Redewendung
Idol
Goetzenbild
idyllisch
beschaulich
illegal
unzulaessig
Illusion
Luftschloss
Illustration
Bebilderung, Darstellung
Iltisart
Stinkmarder
imaginär
eingebildet
Immigrant
Einwanderer
immobil
unbeweglich
immun
abgehaertet
Imperativ
Befehlsform
Imperium
Kaiserreich
impertinent
zudringlich
Imprägniermittel (für Holz)
Karbolineum
Inbegriff
Quintessenz
Index
Verzeichnis
Indianerschutzgebiet
Reservation
Indianerstamm
Komantschen
Indienstnahme
Einstellung
Indignation
Entruestung
indische Kaste
Radschputen
indische Provinz
Radschastan
indische Religion
Brahmaismus
indischer Fluss
Brahmaputra
indischer Großfürst
Maharadscha
Indiskretion
Klatscherei
individuell
persoenlich
Individuum
Einzelwesen
indonesische Inselgruppe
Sundainseln, Tigerinseln
infam
schaendlich
Infant
Thronfolger
Infektion
Virusbefall

Infektionskrankheit
Fleckfieber, Flecktyphus, Guertelrose, Keuchhusten, Starrkrampf, Tuberkulose, Ziegenpeter
infizieren
uebertragen
Informationsbüro
Berichthaus
Informationsmittel
Flugschrift, Zeitschrift
Inhaber
Eigentuemer
Inhaltsangabe
Aufstellung, Deklaration, Verzeichnis
Inkunabel
Wiegendruck
Innenteil der Hand
Handflaeche
innerer Schwung
Temperament
Inschrift
Inskription
Insekt
Faltenwespe, Goldjungfer, Heuschrecke
Insektenbekämpfungs-mittel
Mottenkugel
Insektenfresser
Ameisenbaer
Insel *bei* **Afrika**
Fernando Poo
Insel *vor* **Kanada**
Neufundland
Insel *der* **Kanaren**
Gran Canaria
Insel *bei* **New York**
Ellis Island
Insel *im* **Rhein**
Nonnenwerth
Insel *vor* **Sizilien**
Pantelleria
Inselgruppe *im* **Indischen Ozean**
Kokosinseln
Inselgruppe *im* **Pazifik**
Mikronesien
Inselgruppe *im* **Stillen Ozean**
Tongainseln
Inselstaat
Philippinen
Inselwelt im Pazifik
Mikronesien
Insignien
Amtszeichen
Inspiration
Erleuchtung
Instandsetzung
Renovierung
Institution
Einrichtung
Instruktion
Richtschnur
instruktiv
interessant
Instrument
Hilfsmittel, Vorrichtung
Instrument *des* **Arztes**
Wundklammer
Instrument *zum* **Messen elektrischer Ströme**
Amperemeter
intensivieren
verstaerken
Intention
Vorstellung
Interesse
Anteilnahme, Beteiligung
internieren
inhaftieren
Intervall
Zeitabstand
Intrige
Raenkespiel
Inventar
Aufstellung, Einrichtung, Verzeichnis
Inzest
Blutschande
ionischer Philosoph
Anaximander
ionischer Tempel
Erechtheion
iranischer Religions-stifter
Zarathustra
irisches Parlament
Dail Eireann
Irrlehre
Heterodoxie
islamische Republik
Mauretanien
isländischer Schriftsteller
Gudmundsson
Isolation
Abkapselung, Absonderung, Quarantaene
Isoliermaterial
Schaumstoff
israelischer See
Tiberiassee
italienisch für Gendar-merie
carabinieri
italienische Gendarmen
Carabinieri
italienische Insel
Monte Cristo, Pantelleria
italienische Polizist
Carabiniere
italienischer Adelstitel
Principessa
italienischer Berg
Gennargentu, Pramaggiore, Rosengarten
italienischer Heiliger
Filippo Neri
italienischer Komponist
Leoncavallo
italienischer Mystiker
Bonaventura
italienischer Ordens-gründer
Filippo Neri
italienischer Politiker
Machiavelli
italienischer Schrift-steller
Machiavelli
italienischer See
Misurinasee

J

jagdbares Borstentier
Wildschwein
jagdbares Tier
Wildschwein
Jagdhund
Vorstehhund
Jäger
Jagdflieger
Jahrbücher
Ephemeriden
Jahrmarktsvergnügen
Autoscooter, Geisterbahn, Schiessbude
japanischer Berg
Fudschijama
Jargon
Fachsprache
Jausenstation
Gaststaette
Jazzbegriff
Chicagostil, Rhythmgroup, Traditional
Jazzinstrument
Synthesizer
Jazzmusiker
Beiderbecke
jegliches
saemtliches
Jetset
Oberschicht
Johannisnacht
Sonnenwende
Jokus
Schabernack
jonglieren
balancieren
Journal
Zeitschrift

jovial
goennerhaft, wohlgesinnt, wohlwollend
jubelnder Sieger
Triumphator
Jubiläum
Gedenkfeier, Jahresfeier
juckender Hautausschlag
Nesselsucht
jüdischer Philosoph
Mendelssohn
junger Baumtrieb
Schoessling
Jungsteinzeit
Neolithikum
juristischer Begriff
Angeklagter, Begnadigung, Gestaendnis, Lokaltermin, Strafantrag, Strafgesetz, Verjaehrung
juristischer Berufung
Appellation
Justizbehörde
Amtsgericht, Landgericht
Juwel
Kostbarkeit
Juwelier
Goldschmied
Jux am 1. des 4. Monats
Aprilscherz

K

11

Kabale
Raenkespiel
Kabarettsänger
Chansonnier
Kabbelei
Kontroverse
Kabeljau
Schellfisch
Kabinett
Nebenzimmer
Käferart
Blattkaefer, Blattroller, Diebskaefer, Glanzkaefer, Goldschmied, Klopfkaefer, Sandlaeufer, Schabkaefer, Speckkaefer, Stutzkaefer, Weichkaefer
Kaffeeart
Einspaenner
Kaffernstamm
Betschuanen
kaiserlose Zeit
Interregnum
Kakteenart
Blattkaktus, Kugelkaktus
Kälte
Frigiditaet
Kaltspeise
Gurkensalat
Kamel
Trampeltier
Kamerareise
Photosafari
Kamin
Feuerstelle, Schornstein
Kamm
Bergruecken, Rueckenteil
kämpferisch
martialisch
Kampfgefährte
Mitstreiter
Kampfmittel *der* Arbeitgeber
Aussperrung
Kampfwagen der Antike
Streitwagen, Viergespann
kanadische Insel
Neufundland
kanadische Provinz
Neufundland
kanadischer See
Michigansee, Winnipegsee
Kanal *zwischen* Frankreich und England
Aermelkanal
Kanal *zwischen* Maas und Schelde
Albertkanal
Kanalhafen
Bournemouth, Southampton
Kanalisationsanlage
Klaeranlage
Kanarische Insel
Gran Canaria
Kandelaber
Armleuchter, Lichthalter
Kanker
Weberknecht
Kanon
Richtschnur
Kanton der Schweiz
Graubuenden, Innerrhoden, Sankt Gallen, Unterwalden
Kanton und Stadt der Schweiz
Sankt Gallen
Kanzel
Fuehrerraum
Kanzelredner
Geistlicher
Kanzlei
Sekretariat
Kapelle
Kirchenraum
Kapholländer
Afrikaander
Kapitalanlage
Investition
Kapitän
Seeoffizier
Kapitell
Pfeilerkopf, Saeulenkopf
Kappe
Schuhspitze
Karaffe
Glasflasche, Weinflasche, Zierflasche
Kardinaltugend
Maessigkeit
karg
kuemmerlich
Karnevalshut
Narrenkappe
Karnevalsveranstaltung
Kostuemball, Kostuemfest
Karo
Kartenfarbe
karpfenartiger Fisch
Bartgrundel
Kartoffelpuffer
Reibekuchen
Käsesorte
Schafskaese, Ziegenkaese
Kaskade
Wasserspiel
Kassenwart
Saeckelwart
Kastell
Befestigung
Katalog
Aufstellung, Verzeichnis
Katastrophenart
Schiffbruch
katholischer Bettelorden
Dominikaner
katholischer Feiertag
Allerseelen
katholischer Orden
Dominikaner
katholisches Sakrament
Eucharistie
Katzenart
Angorakatze, Perserkatze, Silberloewe
Katzensilber
Kaliglimmer
Kauf
Anschaffung
Käufer
Verbraucher
käuflich
bestechlich, erhaeltlich
kaufmännische Rechnungsführung
Buchhaltung
kaufmännischer Beruf
Werbeleiter
Kaulbarsch
Pfaffenlaus
kausal
begruendend, ursaechlich
Kaution
Buergschaft

Kavallerieoffizier
Rittmeister
Kehraus
Schlusstanz
Kehrseite
Hinterseite
Keiler
Wildschwein
Keilerei
Schlaegerei
Keimfreiheit
Sterilitaet
Kennzeichnung
Signalement
Kerker
Arrestzelle
Kernenergie
Atomenergie
Kernpunkt
Quintessenz
Kernreaktor
Uranbrenner
Kernschleifen
Chromosomen
Kernwaffe
Kobaltbombe
Kerzenmaterial
Bienenwachs
Kerzenständer
Armleuchter
Kette
Halsschmuck
Ketzergericht
Inquisition
Keuschheit
Virginitaet
Kfz-Motorteil
Kurbelwelle
Kilometerstein
Meilenstein
Kind
Sproessling
Kinderfahrzeug
Seifenkiste
Kinderfrau
Gouvernante
Kinderkrankheit
Keuchhusten, Ziegenpeter
Kinderspielzeug
Puppenstube, Puppenwagen
Kino
Filmtheater
Kirchenerneuerung
Reformation
Kirchengemeinde
Pfarrbezirk
Kirchenmann
Geistlicher
Kirchenraub
Sakrilegium
Kirchhof
Gottesacker
kirchliche Handlung
Eucharistie, Vermaehlung
kirchlicher Feiertag
Allerseelen, Himmelfahrt, Weihnachten
Kirmesfahrzeug
Geisterbahn
Kissenfüllung
Flaumfedern
kläglich
erbaermlich, jaemmerlich
Klangnachahmung
Lautmalerei
klangvoll
volltoenend
Klapper
Kastagnette
klar
startbereit, startfertig, transparent
Klassenfahrt
Maturareise
Klassenprüfung
Schularbeit
Klassifikation
Gruppierung
Klatsch
Hoerensagen, Verleumdung
Klatschbase
Laestermaul
Klaue
Handschrift
Klause
Einsiedelei
Klebstoff zum Insektenfang
Fliegenleim
Kleidungsstück
Knabenanzug, Kniestrumpf, Kombination, Ledermantel, Lodenmantel, Pudelmuetze, Regenmantel, Regenumhang, Reisemantel, Strickjacke
klein
unbedeutend
Kleinbär
Katzenfrett
kleinbürgerlich
philistroes
kleine Planeten
Planetoiden
Kleinigkeiten
Quisquilien
Kleinigkeitskrämer
Haarspalter
Kleinwüchsiger
Liliputaner
Klemme
Zwickmuehle
Kleriker
Geistlicher
Kletterausrüstung
Kombihammer
Kletterer
Bergsteiger
Klettertour
Bergsteigen
Klinik
Krankenhaus
Klinker
Ziegelstein
Klosterbruder
Laienbruder
Klosterschlafsaal
Dormitorium
Klosterspeisesaal
Refektorium
Klub
Vereinigung
klug
intelligent, verstaendig
Knappe des Don Quichotte
Sancho Pansa
Knast
Haftanstalt
Kniegeige
Violoncello
Knochenfischart
Lungenfisch
knusprig
appetitlich
Koalition
Vereinigung
Kobold
Heinzelmann
Kochkunst
Gastronomie
Kochstelle
Elektroherd
Kogge
Hanseschiff
Kollege
Mitarbeiter
Kolonnade
Saeulengang
Kolonne von Ziffern
Zahlenreihe
Komiker
Spassmacher
komisch
laecherlich
Kommunion
Eucharistie
kompetent
ermaechtigt
Kompression
Verdichtung
Konditoreierzeugnis
Apfelkuchen, Kaesekuchen, Rodonkuchen
Kondolenz
Anteilnahme

Konferenz
Besprechung
Konfiseur
Feinbaecker
Konflikt
Kontroverse, Widerstreit
Kongress
Versammlung
König *des* **Iran**
Resa Pahlawi, Reza Pahlevi
Königin *von* **Schottland**
Maria Stuart
Königreich *in* **Europa**
Niederlande
konkret
anschaulich, koerperlich, sinnfaellig
Konkurrent
Mitbewerber, Nebenbuhler, Widersacher
konsumieren
verbrauchen
Kontrahent
Widersacher
Kontrast
Unterschied
Kontur
Umrisslinie
Konvent
Versammlung
Konzession
Einraeumung, Genehmigung
Konzil
Versammlung
Kopenhagener Sehenswürdigkeit
Seejungfrau
Kopfbedeckung
Pudelmuetze
Kopffüßer
Tintenfisch
Kopfsprung
Hechtsprung
Kopfteil
Hinterhaupt, Unterkiefer
Kopie
Durchschlag, Nachbildung
Korbblütler
Gaenseblume, Kugeldistel, Ringelblume, Sonnenblume, Wucherblume
kordial
vertraulich
Körperschaft
Korporation, Vereinigung
korrekt
einwandfrei
korrupt
bestechlich
kosmetischer Artikel
Lippenstift
Kost
Verpflegung
Kostbarkeit
Erlesenheit
kosten
abschmecken
Kostenabrechnung
Liquidation
Kostenvoranschlag
Kalkulation
köstlich
appetitlich, schmackhaft
Kostprobe
Degustation
Krach
Kontroverse, Zerwuerfnis
Kraft
Intensitaet
Kraft aus Atomen
Kernenergie
Kräfteaufwand
Anstrengung
Kraftfahrzeug
Fernlastzug, Motorroller, Zugmaschine
kraftlos
geschwaecht, lethargisch
Kraftstoffbehältnis
Reservetank
Krake
Kopffuesser, Tintenfisch
krank
unpaesslich
Krankenbetreuer
Heilgehilfe
Krankheit
Beschwerden
Krankheitsheuchler
Hypochonder
Krankheitssymptom
Ohrensausen
Kränkung
Beleidigung
Kräutersoße
Vinaigrette
Krebstier
Krustentier, Schalentier
Kreiselbewegung der Erdachse
Praezession
Kreislauf
Zirkulation
krepieren
explodieren, zerspringen
Kreuzblütler
Schaumkraut
Kreuzkraut
Jakobskraut
Kreuzungsstelle großer Verkehrswege
Knotenpunkt
kriegerisch
martialisch
Kriegsschiff
Schnellboot, Torpedoboot
Kritik
Besprechung, Beurteilung
Kronprinz
Thronfolger
Küchenabfall
Speisereste
Küchendunsthaube
Wrasenabzug
Kücheneinrichtung
Abfalleimer, Spuelbecken
Küchengegenstand
Holzloeffel, Kaffeekanne, Kochloeffel, Ruehrgeraet, Schneebesen, Waffeleisen
Küchengewürz
Bohnenkraut, Gurkenkraut, Suppenkraut
Kuhantilope
Haartebeest
Kulturepoche
Biedermeier, Mittelalter, Postmoderne, Renaissance
Kunde
Information, Verbraucher
Kundenwerber
Akquisiteur
Kundgebung
Versammlung
Kunstepoche
Renaissance
Kunstgalerie
Ausstellung
Kunstgattung
Architektur, Bildhauerei, Schnitzerei
Künstler
Choreograph, Chorsaenger, Illustrator, Kabarettist
Künstlerfete
Atelierfest
Künstlerkolonie bei Bremen
Fischerhude
künstlich
artifiziell
Kunstrichtung
Biedermeier, Manierismus, Renaissance
Kunststück
Meisterwerk
Kunstwerk
Holzschnitt, Komposition, Kupferstich, Musikstueck
kupieren
beschneiden
Kurier
Abgesandter
Kurort *an der* **Ostsee**
Travemuende
Kurort *in der* **Schweiz**
Sankt Moritz

Kurpfuscher
Quacksalber
Kurs
Rennstrecke, Rundstrecke
Kurzschrift
Stenografie
Kurzweil
Abwechslung
Kurzweil mit Karten
Kartenspiel
kuschen
unterwerfen
Kutsche
Einspaenner
Kutte
Moenchsrock

L

labberig
abgestanden
Laborgefäß
Reagenzglas
Labsal
Erfrischung
lädiert
beschaedigt
Laichgebiet der Aale
Sargassosee
laienhaft
amateurhaft
Lakai
Schmeichler
Lampe mit UV-Licht
Hoehensonne
Lampenfieber
Nervositaet
lancieren
hochspielen
Land
Territorium
Land *der* **Bundesrepublik**
Brandenburg
Landesteil *von* **Bayern**
Oberfranken
Landpolizei
Gendarmerie
Landschaft *in* **Spanien**
Estremadura
Landschaftsbeschreibung
Topographie
Landschaftsform
Hochgebirge
landwirtschaftlicher Betrieb
Huehnerfarm
Längenmaß
Millimikron
Langmut
Duldsamkeit
längstes Gebirge der Erde
Kordilleren
Languste
Panzerkrebs, Ritterkrebs
Lappalie
Kleinigkeit
Lapsus
Versprecher
lärmen
randalieren
Lärmen vor der Hochzeit
Polterabend
lärmendes Gespenst
Poltergeist
lässig
ungezwungen
Lässigkeit
Nonchalance
lässlich
verzeihlich
Lastenheber
Flaschenzug
lästiges Kind
Nervensaege
Lastschiff
Transporter
Lasttier
Trampeltier
Lasur
Farbschicht, Lackschicht
Lasurstein
Lapislazuli
lateinisch für Bete und arbeite
ora et labora
Laubbaum
Trauerweide
Laufdisziplin
Huerdenlauf
laufend
unablaessig
Läufer
Schachfigur
Laufkäfer
Goldschmied
launisch
grillenhaft
Läusetyphus
Fleckfieber
Lauterkeit
Ehrlichkeit, Integritaet
lautstarkes Streiten
Krakeelerei
lax
nachlaessig
Lazarett
Krankenhaus
lebensfremd
theoretisch
lebhafte Erörterung
Wortgefecht
Lebhaftigkeit
Temperament
Lebkuchenart
Weinbeisser
lecker
appetitlich, schmackhaft
Leckerbissen
Delikatesse
Lederart
Ziegenleder
Lederbearbeiter
Schuhmacher
lediger Mann
Junggeselle
leger
ungezwungen
Lehm
Baumaterial
Lehnswesen
Feudalismus
Lehranstalt
Grundschule, Hauptschule, Volksschule
Lehre *vom* **Drama**
Dramaturgie
Lehre *von der* **Erzverarbeitung**
Metallurgie
Lehre *von den* **Geisteskrankheiten**
Psychiatrie
Lehre *von den* **Giften**
Toxikologie
Lehre *von den* **Lebenserscheinungen**
Physiologie
Lehre *von der* **Zeitrechnung**
Chronologie
Lehrer Alexanders des Großen
Aristoteles
Leibschmerzen
Magenkrampf
Leichenausgrabung
Exhumierung
Leichenverbrennungsanlage
Krematorium
Leichtathlet
Speerwerfer
leichtathletische Übung
Huerdenlauf, Speerwerfen, Staffellauf
leichtathletisches Gerät
Staffelholz
leichte Erregbarkeit
Nervositaet
leichte Hautverbrennung
Sonnenbrand
leichtfertig
gedankenlos
leidenschaftlicher Leser
Buecherwurm
Leidenschaftlichkeit
Temperament

Leiter *einer* **Hochgebirgs-tour**
Bergfuehrer
Leiterin
Vorgesetzte
Leitfaden
Instruktion
Leitwerk
Hoehenruder, Seitenruder
Leseschwäche
Legasthenie
letzter Schah von Persien
Resa Pahlawi, Reza Pahlevi
letztes Essen vor der Hin-richtung
Henkersmahl
letztes Mittel
Ultima Ratio
liberal
grosszuegig
libysche Bucht
Grosse Syrte
Lichtanlage
Beleuchtung
Lichtbildgerät
Fotoapparat
Lichtmessung
Photometrie
Lichtschimmer
Widerschein
Lichtspielhaus
Filmtheater
lieb
sympathisch
Liebesdiener
Schmeichler
Liebesheirat
Neigungsehe
Liebesleben
Sexualitaet
Lieblingsessen
Leibgericht
liebloser Elternteil
Rabenmutter
liederlich
nachlaessig
Liegestatt
Haengematte
Lift
Paternoster
Liga
Vereinigung
Lignose
Sprengstoff
Limit
Preisgrenze
Linderungsmittel
Analgetikum
linkes Wagenpferd
Sattelpferd
linkisch
toelpelhaft, ungeschickt

Liste
Aufstellung, Verzeichnis
litauischer Honiglikör
Meschkinnis
liturgisches Jahr
Kirchenjahr
Lizenz
Genehmigung
Lob
Anerkennung
Lobby
Wandelhalle
Lobeserhebung
Anerkennung
Lochung
Perforation
locker
ungezwungen
logarithmisches Maß
Schallpegel
logieren
beherbergen
Lokal
Gaststaette
Londoner Bauwerk
Tower Bridge
Londoner Brücke
Tower Bridge
Londoner Stadtteil
Notting Hill
Looping
Ueberschlag
Lösung *eines* **Falles**
Aufklaerung
Loyalität
Redlichkeit
Luftbewegung
Wirbelsturm
Luftdruckmaß
Atmosphaere
Luftfahrtbegriff
Schallmauer
Lufthülle der Erde
Atmosphaere
Luftreise
Charterflug
Luftspiegelung
Fata Morgana
Lüftung
Klimaanlage, Ventilation
Luftwechsel
Ventilation
Luftzufuhr im Bergwerk
Bewetterung
Luke
Dachfenster
Lumbago
Hexenschuss
lumbecken
broschieren
Lunch
Mittagessen

Lungenschwindsucht
Tuberkulose
Lust
Verzueckung
lustig
possierlich
lustige Fete
Budenzauber
Lustschloss *in* **Wien**
Schoenbrunn
Luzifer
Morgenstern

M

machbar
praktikabel, realistisch
machtlos
ohnmaechtig
Mädchenname
Geburtsname
magischer Gegenstand
Maskottchen
Mähgerät
Rasenmaeher
Mahlzeit
Fruehstueck, Mittagessen
Maibowlengewürz
Waldmeister
Majestät
Erhabenheit
makaber
schauerlich
Makel
Schandfleck
makellos
einwandfrei
mäkeln
kritisieren, raesonieren
Make-up
Lippenstift
Make-up der Augen
Lidschatten
Make-up-Utensil
Puderquaste
Mal
Kennzeichen
Malaria
Sumpffieber
Maler
Anstreicher
Malermaterial
Plakatfarbe, Wasserfarbe
Mängelanzeige
Reklamation
Mängelhaftung
Waehrschaft
Manikürgerät
Nagelschere
manieriert
ueberspannt

manisch
tobsuechtig
Manna
Himmelsbrot
Männerstimmlage
Bassbariton
Mantel ohne Ärmel
Wetterfleck
Manteltarif
Rahmentarif
Manuskript
Handschrift, Satzvorlage
Manuskriptschreiber
Ghostwriter
Märchenfigur
Kalif Storch
märchenhaft
fantastisch
Marienkäfer
Siebenpunkt
Marionette
Gelenkpuppe
markant
bezeichnend, einpraegsam
Marke
Kennzeichen, Wertzeichen
Marschgepäck
Ausruestung
martialisch
kriegerisch
Maschine
Mechanismus
Maschine *zum* **Heben von Lasten**
Flaschenzug
Maschine *zum* **Zerschneiden von Baumstämmen**
Gattersaege, Kettensaege
Maschinenart
Mechanismus
Maschinerie
Mechanismus
Maskenball
Gschnasfest, Kostuemfest
Maskerade
Verkleidung
mathematisch für Abziehen
Subtraktion
mathematische Funktion
Logarithmus
mathematische Größe
Logarithmus
mathematischer Begriff
Durchmesser, Horizontale, Koeffizient, Logarithmus, Mengenlehre, Mittelpunkt, Oberflaeche, Perspektive, Progression, Subtraktion, Waagerechte
Matrosenschlafstatt
Haengematte

Maurerwerkzeug
Richtscheit, Wasserwaage
Maxime
Lebensregel, Richtschnur
mechanisch
automatisch
mechanisches Musikinstrument
Orchestrion
Mechanismus
Maschinerie
Meckerer
Kritikaster
medizinischer Fachausdruck für Betäubung
Anaesthesie
Meerenge *zwischen* **Frankreich und England**
Aermelkanal
Meerenge *in* **Südosteuropa**
Dardanellen
Meerespflanze
Meerlattich
Meeresstraße zwischen Frankreich und England
Aermelkanal
Meerestier
Tintenfisch
Mehlspeise
Mohnstrudel, Nussstrudel, Pfannkuchen
Mehlspeise mit Pflaumenmus
Germknoedel
Meiler
Atomreaktor
meisterhaft
erstklassig
Melancholie
Traurigkeit
meliert
gesprenkelt
mengenmäßig
quantitativ
Menschenkenntnis
Psychologie
Menschenraub
Entfuehrung
Menschwerdung
Inkarnation
Menü
Speisefolge
Menüverzeichnis
Speisekarte
Merkmal
Eigenschaft, Kennzeichen
Messe
Ausstellung
Messe für Verstorbene
Seelenmesse
Messestadt *der* **Mode**
Duesseldorf

Messgerät
Amperemeter, Chronometer, Elektroskop, Schieblehre, Thermometer, Wasserwaage
Messgerät für elektrische Ladungen
Elektroskop
Metall
Quecksilber
Metallbetrieb
Schlosserei
Metallkunde
Metallurgie
Meteorologie
Wetterkunde
meteorologische Mitteilung
Wetterkarte
meteorologischer Begriff
Antizyklone, Kaeltewelle, Windstaerke
Metropole
Mittelpunkt
Metzgereierzeugnis
Beinfleisch
mickerig
kuemmerlich
Mieder
Huefthalter, Schnuerleib
Miesmacherei
Defaetismus, Pessimismus
Mietverhältnis
Franchising
Milchprodukt
Buttermilch, Kaffeesahne, Milchpulver, Schlagsahne
Milchschwamm
Pfifferling
Milieu
Lebenskreis
Militärfahrzeug
Knebelwagen
militärische Führung
Generalstab
Militärrang
Divisionaer
Miliz
Buergerwehr
Millennium
Jahrtausend
Mimik
Mienenspiel
Mimose
Sinnpflanze
mimosenhaft
empfindlich
Minarett
Moscheeturm
Mineral
Glaubersalz
Mineralölverarbeitung
Raffinieren

Minister
Ressortchef
miserabel
erbaermlich, jaemmerlich, kuemmerlich, schaendlich
Missbildung
Abnormitaet, Deformation
Missbrauch
Schindluder
Missetäter
Uebeltaeter
Missfallen
Verstimmung
missgünstig
schadenfroh
Missheirat
Mesalliance
Missklang
Disharmonie
misstrauische Frau
Skeptikerin
Mitarbeit
Kooperation
Mitbewohner
Untermieter
mit Essig bereitete Tunke
Vinaigrette
Mitgefühl
Anteilnahme
Mitglied *eines* Parlaments
Deputierter
mitreißend
begeisternd
Mitstudent
Kommilitone
Mitteilung
11
Information
mittelalterliche Schlagwaffe
Morgenstern
mittelalterliche Waffe
Morgenstern
mittelamerikanische Wasserstraße
Panamakanal
mitteldeutsche Landschaft
Brandenburg, Mecklenburg
Mittellosigkeit
Pauperitaet
Mittelmeerfisch
Sterngucker
Mittelwort
Partizipium
Mitwirkung
Kooperation
Mixgetränk
Krambambuli, Tuerkenblut
Moa
Riesenvogel
Möbelstil
Biedermeier, Chippendale
Mobiliar
Ausstattung, Einrichtung
Modemacher
Trendsetter
modern
neuzeitlich
moderne Gymnastik
Callanetics
moderner Flugsport
Gleitsegeln, Paragliding
moderner Tonträger
Compactdisc
modische Strickart
Wabenmuster
modisches Zubehör
Accessoires
Modistin
Hutmacherin
möglich
praktikabel
möglicher Käufer
Interessent
Mohairrohstoff
Angorawolle
Monatsname
Christmonat
Mönchsbehausung
Einsiedelei
Mönchsorden
Dominikaner, Trinitarier
Monstrum
Missbildung
Montage
Befestigung, Zusammenbau
Moral
Sittenlehre
Moritat
Schauerlied
Motorfahrzeug
Motorroller
Motorrad
Motorroller
Motorschlepper
Zugmaschine
möwenartiger Vogel
Seeschwalbe
Mozartoper
Don Giovanni
müde
abgekaempft
Mühe
Anstrengung
mühelos (2 Worte)
nicht schwer
Mühsal
Anstrengung
mühsam
anstrengend, strapazioes
Müllgefäß im Haushalt
Abfalleimer
multipel
vielfaeltig
Mumm
Muskelkraft
Mummenschanz
Verkleidung
Mumps
Ziegenpeter
Münchener Attraktion
Oktoberfest
Münchener Volksfest
Oktoberfest
mündig
volljaehrig
Munterkeit
Temperament
mürrisch
aufgebracht
Murrkopf
Kritikaster
Muschelart
Miesmuschel, Perlmuschel
Muse *des* Tanzes
Terpsichore
Musenkuss
Inspiration
Musentochter
Kuenstlerin
Museum in Amsterdam
Rijksmuseum
Museum in Frankfurt/Main
Senckenberg
Museum in Paris
Musée d'Orsay
musikalisches Streichinstrument
Violoncello
Musikapparat
Orchestrion
Musikbearbeitung
Arrangement
Musikdarbietung
Kammermusik
Musikensemble
Blaskapelle, Kirchenchor, Symphoniker
Musikhalle
Konzertsaal
Musikinstrument
Blockfloete, Fluegelhorn, Kastagnette, Leierkasten, Tschinellen, Violoncello
Musikstück
Komposition
Musikveranstaltung
Liederabend
musisch
kunstsinnig
Muskel des Oberarmes
Deltamuskel
Muskelverhärtung
Verspannung
mustergültig
vorbildlich

Musterstickerei
Applikation
Mut
Beherztheit
mutmaßlich
anscheinend
Mutterrecht
Matriarchat
Mutterwitz
Gewitztheit
mysteriös
raetselhaft
Mythos
Goettersage

N

nach innen gekrümmter Spiegel
Hohlspiegel
Nachdruck
Intensitaet
nachdrücklich
kategorisch, zielstrebig
nacheinander
sequentiell, sequenziell
Nachfahr
Abkoemmling
Nachkomme
Sproessling, Stammhalter
Nachprüfer
Kontrolleur
Nachricht
Information
Nachrichtenmittel
Zeitschrift
Nachschlagewerk
Woerterbuch
Nachtblindheit
Hemeralopie
Nachtgewand
Schlafanzug
Nachtschattengewächs
Tollkirsche
nackt
unbekleidet
Nagel
Metallstift, Reisszwecke
Nagetier
Goldhamster
Näherin
Schneiderin
Nährstoff
Mineralsalz
Nährwerteinheit
Kilokalorie
Najade
Wassergeist
Name *aus der* **deutschen Fabel**
Muemmelmann
Name *des* **Hasen**
Muemmelmann
Name *der* **Schweizer**
Eidgenossen
Narkose
Anaesthesie
Narr
Spassmacher
Narrheit
Absurditaet
närrisch
ausgelassen
Narzissenart
Osterglocke
Narzissmus
Selbstliebe
Nassauer
Schmarotzer
Nässe draußen
Regenwetter
Nationalheld *der* **Schweiz**
Wilhelm Tell
Natriumverbindung
Glaubersalz
Naturell
Veranlagung
Naturereignis
Wirbelsturm, Wolkenbruch
Naturkraft
Magnetismus, Schwerkraft
natürlich
ungezwungen
natürliche Helligkeit
Sonnenlicht
Naturschutzgebiet *in* **Afrika**
Kruegerpark
Naturschutzgebiet *in den* **USA**
Yellowstone
Naturwissenschaft
Mineralogie
Naturwissenschaftler
Biochemiker, Biophysiker, Klimatologe, Meteorologe
Nautilus
Tintenfisch
Nebenort
Nachbardorf
Nebensache
Kleinigkeit
Nebenstelle
Zweigstelle
Neckerei
Schabernack
Necking
Liebesspiel
Negerstamm
Betschuanen
Nereide
Wassergeist
Nervenschwäche
Nervositaet
nett
possierlich, sympathisch
neu
ungebraucht
Neue auf einem Gebiet
Anfaengerin
Neuerung
Fortschritt, Renovierung
Neugeborenes
Kleinstkind
Neureicher
Selfmademan
Neusteinzeit
Neolithikum
neutral
indifferent, unbeteiligt
Neuzeit
Postmoderne
nicht amtlich
inoffiziell
Nichtachtung
Versaeumnis
Nichtiges
Quisquilien
nichts sagend
phrasenhaft
Nichtsnutz
Taugenichts
Nichtstun
Muessiggang
niederländische Provinz
Nordbrabant, Nordholland, Suedholland
niederländischer Forscher
Leeuwenhoek
niederländischer Naturwissenschaftler
Leeuwenhoek
niederländischer Nobelpreisträger für Physik
van der Waals
niederländischer Zoologe
Leeuwenhoek
Niederlassung
Zweigstelle
niederösterreichische Stadt
Neunkirchen
Niederschlag
Nieselregen, Wolkenbruch
niederschmetternd
vernichtend
niedlich
possierlich
niemals
keinesfalls
Nixe
Wassergeist
Noblesse
Vornehmheit
Nomade
Wanderhirte

Nominierung
Aufstellung, Designation
nonchalant
ungezwungen
Nordafrikaner
Mauretanier
nordafrikanischer Staat
Mauretanien
nordamerikanischer Strom
Mississippi
nordamerikanisches Steppentier
Praeriehund
nordfranzösische Hafenstadt
Duenkirchen
nordfranzösisches Departement
Pas-de-Calais
norditalienisches Tanzlied
Barzelletta
Nörgler
Kritikaster
Norm
Richtschnur
normal
gewöhnlich, normgerecht
norwegische Inselgruppe
Spitzbergen
norwegischer Schriftsteller
Gulbranssen
norwegischer Zeichner
Gulbransson
Notbehelf
Provisorium
Notlösung
Provisorium
notorisch
beruechtigt, offenkundig
Nudelart
Maultaschen
Nürnberger Humanist
Pirckheimer
Nute
Einfraesung
nutzlos
entbehrlich
Nutzungsrecht
Niessbrauch

O

oberbayerischer See
Spitzingsee, Waginger See
Oberhaupt *eines* **Ritterordens**
Hochmeister
Oberon
Elfenkoenig
Oberschicht
Highsociety
oberste Verwaltungsbehörde
Ministerium
Obliegenheiten
Anforderung
Obstart, Obstsorte
Heidelbeere, Reineclaude
Obstipation
Verstopfung
Offenheit
Ehrlichkeit
öffentliche Mitteilung
Bekanntgabe, Kundmachung
öffentliches Verkehrsmittel
Personenzug, Schnellbahn, Schwebebahn
offiziös
halbamtlich
Ohrfeige
Maulschelle
Okkasion
Gelegenheit
Ökonomie
Haushaltung, Sparsamkeit
Ölpflanze
Sonnenblume
olympische Frauen-Leichtathletikdisziplin
Siebenkampf
Omelette
Pfannkuchen
omnipotent
allmaechtig
Ondit
Hoerensagen
Oper von Busoni
Doktor Faust
Oper von Lortzing
Wildschuetz
Oper von Mozart
Don Giovanni
Oper von Rossini
Wilhelm Tell
Oper von Schostakowitsch
Lady Macbeth
Oper von Strauß
Friedenstag
Oper von Tschaikowsky
Eugen Onegin
Oper von Verdi
Luisa Miller
Oper von Wagner
Tannhaeuser
Operette von Fall
Fidele Bauer
Operette von Lehar
Sterngucker
Operette von Raymond
Maske in Blau
Operette von Stolz
Tanzgraefin
Operette von Strauß
Waldmeister, Walzertraum
Operette von Suppé
Afrikareise
Opposition
Gegenpartei
optisches Gerät
Fotoapparat
optisches Untersuchungsverfahren
Mikroskopie
Opus
Komposition
Orakel
Offenbarung
Orchideenart
Frauenschuh, Knabenkraut
Orchideengattung
Frauenschuh
Ordensschwester
Klosterfrau
ordinär
alltaeglich, gewoehnlich
Ordnungszahl
Ordinalzahl
Organ
Gallenblase
organische Säure
Aminosaeure, Essigsaeure
organisierte Hilfstätigkeit
Sozialhilfe
Ort *nahe der* **Thur**
Muehlhausen
Ort verbotener Glücksspiele
Spielhoelle
ortsansässig
eingesessen, einheimisch
Ortsansässige
Einwohnerin
Ortsbeschreibung
Topographie
ortsfest
unbeweglich
Ostasien
Ferner Osten
österliche Bastelarbeit
Eierfaerben
österreichische Landschaft
Waldviertel, Weinviertel
österreichischer Alpenpass
Timmelsjoch
österreichischer Bundeskanzler
Schuschnigg

österreichischer Dirigent
Weingartner
österreichischer Gruß
Habe die Ehre
österreichischer Kurort
Poertschach
österreichischer Literat
Stefan Zweig
österreichischer Nobelpreisträger für Medizin
Landsteiner
österreichischer Politiker
Schuschnigg
österreichischer Schriftsteller
Anzengruber, Grillparzer
österreichischer Staatsmann
Bartenstein
österreichisches Wort für Sahne
Schlagobers
osteuropäische Juden
Aschkenasim
östlichste Insel Kanadas
Neufundland
ostpreußische Hauptstadt
Koenigsberg
Ostseebad
Swinemuende, Travemuende, Warnemuende
Ostseehafen
Swinemuende, Travemuende
Ostseemeerenge
Fehmarnsund
Ozeanografie, Ozeanographie
Meereskunde
Ozelot
Pardelkatze

P

packend
interessant
Päderast
Paedophiler
Paladin
Beschuetzer, Gefolgsmann
Palast *in* **Venedig**
Dogenpalast
Palmenart
Dattelpalme, Zuckerpalme
Panik
Massenangst
Pantoffelblume
Frauenschuh
Pantoffelheld
Duckmaeuser, Waschlappen
Panzerechse
Hechtkaiman, Nilkrokodil
Papageienart
Graupapagei, Rosenkakadu
Papierart
Chinapapier
Pappelart
Spitzpappel, Weisspappel
Parasit
Schmarotzer
Pariser Variété
Moulin Rouge
Park
Gruenanlage
Parlamentarier
Deputierter
parlamentarische Abstimmung
Akklamation
Parole
Losungswort
Parterre
Erdgeschoss
Partisan
Franktireur
Pass *in* **Griechenland**
Thermopylen
Passionsspielort
Sankt Gallen
pathetische Rede
Deklamation
Patisserieerzeugnis
Apfelkuchen, Kaesekuchen
Pauschalluftreise
Charterflug
Pedant
Haarspalter
peinlich genau
sorgfaeltig
pejorativ
abschaetzig
Pelerine
Regenschutz
Pelztier
Silberfuchs
Pendant
Gegenstueck
Pension
Altersrente, Fremdenheim
Pensum
Lernaufgabe
perfekt
meisterhaft
persischer Religionsstifter
Zarathustra
Person
Einzelwesen
Personal
Belegschaft, Mitarbeiter
Personenbeschreibung
Signalement
persönlich
individuell
Persönlichkeitsbild
Psychogramm
Perspektive
Blickwinkel, Voraussicht
peruanischer See
Titicacasee
peruanisches Gebirge
Kordilleren
Pfannkuchen
Eiertaetsch
Pfarrer
Geistlicher
Pfeifenmaterial
Bruyèreholz
Pferch
Einzaeunung
Pferdebürste
Kardaetsche
Pferdegeschirrteil
Steigbuegel
Pferderasse
Oldenburger
Pfiff
Hoerzeichen
Pflanzenfarbstoff
Chlorophyll
Pflanzennährstoff
Nitrophoska
Pflanzentrieb
Schoessling
Pflanzenzucht in Nährlösung
Hydrokultur
pflanzlich
vegetarisch
Pflaumenart
Reineclaude
Pfleger *von* **Kunstdenkmälern**
Konservator
Pflicht
Anforderung
Pfote
Handschrift
Phänomen
Erscheinung
Phantom
Truggestalt
Pharaonenname
Tutenchamun
Phiole
Glasflasche
phlegmatisch
lethargisch
Pilzart
Fliegenpilz, Pfifferling
Pionier
Bahnbrecher, Vorkaempfer, Wegbereiter
Piste
Rennstrecke
Plage
Anstrengung

Plakatsäule
Litfassaeule
Plakette
Zierschmuck
Plane
Regenschutz, Schutzdecke
Planet
Wandelstern
Planetenkonstellation
Konjunktion
Plateau
Hochflaeche
Plattfuß am Auto
Reifenpanne
Plättgerät
Buegeleisen, Heissmangel
Platzangst
Agoraphobie
platzen
explodieren
Platzmangel
Ueberfuelle
plötzlich
unversehens
plötzliche Erkenntnis
Offenbarung
plötzlicher Kreuzschmerz
Hexenschuss
plötzliches Begreifen
Erleuchtung
Plumeau
Schlafdecke
Plus
Ueberschuss
poetisch
bilderreich, dichterisch
11
poetisch für Bier
Gerstensaft
poetisch für Krieger
Sattelsmann, Sattelsmann
polar
antarktisch, unvereinbar
Politikwissenschaft
Politologie
Polizei auf dem Lande
Gendarmerie
Polizeibeamter
Kriminalist
Polizeifessel
Handschelle
polizeiliche Aktion
Haussuchung
Polizeipatrouille
Funkstreife
Polizeitruppe
Gendarmerie
polnische Landschaft
Pommerellen
polnischer Nobelpreisträger für Literatur
Sienkiewicz
polnischer Schriftsteller
Sienkiewicz
Polstermaterial
Schaumgummi, Schaumstoff
Polyp
Tintenfisch
Polypen
Wucherungen
populäres Liedchen
Gassenhauer
Popularität
Beliebtheit
Porträt
Nachbildung
portugiesischer Entdecker
Vasco da Gama
portugiesischer Seefahrer
Vasco da Gama
portugiesischer Statthalter in Ostindien
Albuquerque
Possen
Schabernack
Possenreißer
Spassmacher
Posteinwurfstelle
Briefkasten
Postskript
Nachschrift
Prachtexemplar
Kaventsmann
Prädikat
Beurteilung
Prahler
Angeber, Wichtigtuer
praktisch
pragmatisch
Pralinenpackung
Bonbonniere
Pranger im Mittelalter
Schandpfahl
Präsent
Mitbringsel
Präsenz
Anwesenheit
prätentiös
duenkelhaft, eingebildet
Präzisionszeitmesser
Chronometer
Prediger
Geistlicher
Predigerorden
Dominikaner
Preis *von* Devisen
Wechselkurs
Presseerzeugnis
Zeitschrift
preußische Provinz
Brandenburg, Ostpreussen
preußischer General
Scharnhorst
preußischer Reformer
Scharnhorst
Priester
Geistlicher
Primärpublikation
Erstauflage
privat
persoenlich
Privileg
Sonderrecht
Produktion
Anfertigung, Fabrikation, Herstellung
Programm
Verzeichnis
Proklamation
Bekanntgabe, Deklaration
Prophetin
Weissagerin
Proportion
Verhaeltnis
Protestant
Zwinglianer
Protz
Wichtigtuer
Proviant
Verpflegung
Prozesspartei
Angeklagter
Prüfer
Kontrolleur, Untersucher
Prügelei
Schlaegerei
Prügelknabe
Suendenbock
Psyche
Seelenleben
publik
oeffentlich
Pullover
Strickjacke
Puma
Silberloewe
Punkt
Satzzeichen
pünktlich
rechtzeitig
pur
unverduennt
Putzbrett des Maurers
Kartaetsche
Putzlappen
Scheuertuch
Putzmacherin
Hutmacherin
Putzsucht
Gefallsucht
Pyjama
Schlafanzug
Pyrenäenpass
Roncevalles
Pyrotechniker
Feuerwerker

Q

Quacksalber
Kurpfuscher
Quadrant
Kreissektor
Quadriga
Viergespann
Quälgeist
Nervensaege
Qualität
Eigenschaft
Quellfluss *des* Rhein
Hinterrhein, Vorderrhein
querköpfig
hartnaeckig
Quisquilie
Kleinigkeit

R

Räderwerk
Mechanismus
Radwettbewerb
Giro d'Italia
Rang
Platzierung
rank
geschmeidig
Ränkeschmied
Quertreiber
Ranzen
Schultasche
Rarität
Kostbarkeit
Rasensportwettkampf
Golfturnier
Rastlosigkeit
Nervositaet
raten
vorschlagen
rätselhaft
enigmatisch
Räuberei
Pluenderung
Rauchfang
Schornstein
Rauchkrautbehälter
Tabaksbeutel
Raufbold
Halbstarker
Rauferei
Handgemenge, Schlaegerei
räumliche Sehweise
Perspektive
Raumschiff *der* Amerikaner
Liberty Bell
Raumton
Quadrofonie, Stereofonie
Reaktionsauslöser
Katalysator
Rebenfrüchte
Weintrauben
Rebensorte
Muskateller, Portugieser
Rechnung
Kalkulation, Liquidation
Rechnungsart
Subtraktion
Recht
Genehmigung
rechtliche Grundlage eines Staates
Grundgesetz
Rechtschreibung
Orthografie
Rechtsextremist
Nationalist
Rededuell
Disputation
Redeschwall
Wortschwall
Redlichkeit
Ehrlichkeit
Reflektor
Hohlspiegel
Reflexion
Ueberlegung
Reformator
Melanchthon
Reformer
Verbesserer
reformiert
evangelisch
Regel
Richtschnur
Regelabweichung
Abnormitaet
regelmäßig
symmetrisch
Regelwidrigkeit
Abnormitaet
Regenkleidung, Regenschutz
Regenmantel, Regenschirm
Regierungsbehörde
Ministerium
Regisseur
Spielleiter
Register
Aufstellung, Verzeichnis
Rehfüßchen
Pfifferling
reich
gut situiert
reicher Mann
Milliardaer
Reimschmied
Dichterling
Reingewinn
Ueberschuss
Reinigungsgerät
Staubsauger
Reißbrettstift
Reisszwecke
Reißlinie
Perforation
Reittier
Trampeltier
Reizung
Stimulation
reizvoll
interessant
Relation
Verhaeltnis
Religion
Christentum
Religionslehrbuch
Katechismus
Religionsstifter
Zarathustra
religiöse Erneuerung
Reformation
Rendezvous
Verabredung
Rennwette
Totalisator
Reptilart
Dinosaurier, Panzerechse
resolut
tatkraeftig
Restaurant
Gartenlokal, Speiselokal
restlich
verbleibend
retour
rueckwaerts
Revier
Forstbezirk
Rezitation
Deklamation
Rheinhafen
Duesseldorf
richtungweisend
massgeblich
Riesenwuchs
Akromegalie
Rist
Fussruecken, Handruecken
ritterlich
hilfsbereit
Ritterorden
Kreuzritter
Rivale
Nebenbuhler
Rohr
Hohlkoerper
Rohstoffe
Materialien
Roman von Dickens
Oliver Twist
Roman von Hesse
Steppenwolf

Roman von Stevenson
Schatzinsel
Roman von Traven
Totenschiff
Rosenart
Kletterrose
rotierendes Töpfergerät
Drehscheibe
Rübenart
Runkelruebe, Zuckerruebe
Rückblick
Reminiszenz
Rückerstattung
Restitution
Rücklage
Notgroschen
rückständig
reaktionaer
rückwärtiger Kopfteil
Hinterhaupt
Rufmord
Verleumdung
Rührmichnichtan
Springkraut
rührselig
sentimental
Ruinenstätte *in* **Italien**
Herculaneum, Herkulaneum
rumänische Königin
Carmen Sylva
rumänischer Dirigent
Celibidache
runder Heizkörper
Kanonenofen
Rundfunkapparat
Kofferradio, Radiogeraet
11
rundfunktechnischer Begriff
Mittelwelle
Rüsseltier
Ameisenbaer
russische Kosmonautin
Tereschkowa
russische Landschaft
Bessarabien
russischer Komponist
Rachmaninow
russischer Kosmonaut
Dobrowolski
russischer Nobelpreisträger für Medizin
Metschnikow
russischer Nobelpreisträger für Physik
Tscherenkow
russischer Politiker
Gorbatschow
russischer Schriftsteller
Dostojewski
russischer See
Balkaschsee
russischer Zoologe
Kowalewskij, Metschnikow

S

sachbezogen
pragmatisch
sachlich
realistisch
sächsisches Heiligtum
Irminsaeule
Safe
Geldschrank
sagenhafte Amazonenkönigin
Penthesilea
Sahne
Schlagobers
Saiteninstrument
Violoncello
Sakrament
Eucharistie
Säkulum
Jahrhundert
salopp
ungezwungen
Salzgewinnungsanlage
Gradierwerk
Sandgras
Strandhafer
Sänfte
Portechaise
Sänger *von* **Kabarettliedern**
Chansonnier
Sängergruppe
Kirchenchor, Liedertafel, Maennerchor
Satrap
Gefolgsmann, Statthalter
Satzzeichen
Bindestrich, Doppelpunkt, Strichpunkt
Sauerklee
Gluecksklee, Hasenampfer
Sauertopf
Knasterbart
Säugetierart, Säugetiergattung
Beuteltiere, Unpaarhufer, Unpaarzeher
Säugling
Kleinstkind
Schachtel
Bonbonniere
Schädelknochen
Unterkiefer
Schädellehre
Kraniologie
Schaden am Autorad
Reifenpanne
Schädling
Schmarotzer
schal
abgestanden
Schallintensität
Lautstaerke
schamhaft
schuechtern
schamlose Frechheit
Frivolitaet
schändlich
schmaehlich
scharf
geschliffen
scharfe Stofffalte
Buegelfalte
scharfe Wurzel
Meerrettich
Scharfsinn
Intelligenz
Scharlatan
Kurpfuscher, Quacksalber
Schau
Ausstellung
Schaumgebilde
Seifenblase
Schauseite
Vorderfront
Schauspielgestaltung
Dramaturgie
Schauspielkunde
Dramaturgie
Scheidungs- und Heiratsparadies in Schottland
Gretna Green
Scherzartikel
Knallbonbon
Scherzwort für gelbe Öljacke
Friesennerz
Scherzwort für Schilling
Alpendollar
schicksalhafter Moment
Sternstunde
Schiedsrichter
Pfeifenmann
Schiffstyp
Dampfschiff, Faehrschiff, Feuerschiff, Segelschiff
Schlafbekleidung
Schlafanzug
Schlafsaal in Klöstern
Dormitorium
Schlafstatt
Haengematte
Schlager
Gassenhauer
schlau
intelligent
Schlauberger
Schlaumeier
Schlawiner
Schlaumeier

schlechte Laune
Verstimmung
Schleckerei
Suessigkeit
Schlehe
Schwarzdorn
Schleicher
Leisetreter, Schmeichler
schlicht
spartanisch
Schloss *in* **Baden-Württemberg**
Sigmaringen
Schloss *in* **Bayern**
Nymphenburg
Schloss *in* **München**
Nymphenburg
Schloss *in* **Wien**
Schoenbrunn
Schlot
Schornstein
Schlussergebnis
Endresultat
Schlussresultat
Endergebnis
Schmähung
Beleidigung
Schmeichler
Leisetreter, Liebediener
schmerzhafte Hornhautverdickung
Huehnerauge
Schmerzlosigkeit
Anaesthesie
Schmetterlingsart
Brauner Baer
Schmuckstein
Lapislazuli
Schmuggelware
Konterbande
schmutzig
schmuddelig
Schneid
Beherztheit
Schneidersitz
Unterschlag
schneidig
schwungvoll
Schnellrestaurant
Imbisshalle
Schnitt
Kleiderform
Schnitte
Brotscheibe
Schnitzer
Versprecher
schön
entzueckend
Schönschreibekunst
Kalligrafie
Schöpferkraft
Genialitaet
schottischer Missionar
Livingstone
schräge Lage eines Schiffes
Schlagseite
Schreibgerät
Federhalter, Fuellhalter
Schreibzeugetui
Federpennal
Schriftgrad
Nonpareille
schriftliche Niederlegung
Beurkundung
Schriftzeichen
Hieroglyphe
Schrittmacher
Wegbereiter
Schulanfänger
Abc-Schuetze
Schularbeit
Hausaufgabe
Schuldbekenntnis
Gestaendnis
Schule
Lehranstalt
Schulfach
Heimatkunde, Sozialkunde
Schulveranstaltung
Elternabend
Schuster
Schuhmacher
Schutzgebiet
Protektorat
Schutzherrschaft
Protektorat
Schutzmittel vor Vereisung
Frostschutz
schwäbische Spezialität
Maultaschen
Schwarzkittel
Wildschwein
Schwarzpulver
Sprengstoff
Schwarzwaldspezialität
Kirschtorte
Schwarzwild
Wildschwein
schwedischer Berg
Ammarfjaell, Sarektjakko
schwedischer Schriftsteller
Gyllenstein
schweizerische Kantonshauptstadt
Sankt Gallen
schweizerischer Dramatiker
Duerrenmatt
schweizerischer Kanton
Graubuenden, Innerrhoden, Sankt Gallen
schweizerischer Nationalheld
Wilhelm Tell
schweizerischer Schriftsteller
Duerrenmatt
schweizerischer Wintersportort
Sankt Moritz
schweizerisches Kloster
Sankt Gallen
schwer verkäufliche Ware
Ladenhueter
Schwerkraft
Gravitation
Schwermetall
Quecksilber
Schwermut
Melancholie
Schwerpunkt
Baryzentrum
Schwindsucht
Tuberkulose
Schwingung
Oszillation
Schwung
Temperament
See *in* **Berlin**
Krumme Lanke, Ploetzensee
See *in* **Kärnten**
Woerther See
See *in* **Österreich**
Woerther See, Wolfgangsee
See *in* **Ostpreußen**
Spirdingsee
See *in* **Peru**
Titicacasee
See *in* **Russland**
Balkaschsee
See *in der* **Schweiz**
Brienzer See, Luzerner See, Murtener See, Zuercher See
Seebad *in* **Pommern**
Swinemuende
Seelenheilkunde
Psychiatrie
Seelsorger
Geistlicher
Seenot
Schiffbruch
Seeschaden
Schiffbruch
Seezeichen
Feuerschiff, Leuchtfeuer
Segnung
Benediktion
seiltanzen
balancieren
Sektion
Fachbereich
selbstgefällig
duenkelhaft

selbstlos
grossherzig
selbstständig (selbständig)
unabhaengig
selbststeuernd
automatisch
Seltenheit
Kostbarkeit
seltsam
verschroben
Sendschreiben
Hirtenbrief
sensibel
empfindlich, verletzlich
Sentenz
Lebensregel
Sicherheitsglas
Verbundglas
Sicherheitsvorrichtung
Alarmanlage
Siesta
Mittagsruhe
Sinnesart
Mentalitaet
Sinnestäuschung
Fata Morgana
sinnlos
widersinnig
sittenstreng
puritanisch
Sitzung
Besprechung
Skatausdruck
Grand ouvert
Skelett
11 Knochenmann
Skilift
Schlepplift
Skiwettbewerb
Kombination, Skispringen
Sklave
Leibeigener
Snob
Vornehmtuer
Sohn
Sproessling
Söldner
Reislaeufer
sonderbar
merkwuerdig
Sorgfalt
Akkuratesse
Soße
Hollandaise
Sozialmaßnahme
Sozialhilfe
Sozialpartner
Arbeitgeber
Spagetti (Spaghetti)
Fadennudeln
spanische Handklapper
Kastagnette
spanische Küste
Costa Blanca, Costa del Sol, Costa Dorada
spanische Landschaft
Estremadura
spanische Provinz
Guadalajara
spanischer Schriftsteller
Garcia Lorca
Spannung
Nervositaet
Spargeld
Notgroschen
spärlich
kuemmerlich
Spaß
Schabernack, Vergnuegung
Spedition
Fuhrbetrieb
Speichellecker
Schmeichler
Speiseöl
Kuechenfett
Speisepilz
Pfifferling
Speiseraum
Refektorium
Speisewurzel
Meerrettich
spendabel
grosszuegig
Sperrfrist
Quarantaene
Sperrvorrichtung
Arretierung
Sperrvorrichtung an Maschinen
Arretierung
Spezialgebiet
Hausstrecke
Spiegelung
Widerschein
spiegelungsgleich
symmetrisch
Spiel
Zerstreuung
Spielwiese
Tummelplatz
Spielzeug
Puppenstube
Spital
Krankenhaus
Spitzbart
Henriquatre
spitzfindig
kasuistisch, sophistisch
Sportanlage
Radrennbahn, Rennstrecke
Sportart
Bergsteigen, Bodenturnen, Huerdenlauf, Skilanglauf, Skispringen, Speerwerfen, Staffellauf, Tischtennis, Zwoelfkampf
Spott
Verhoehnung
spöttisch
laesterlich, schadenfroh
Sprache
Italienisch
Sprachkundiger
Dolmetscher
sprachwissenschaftliches Teilgebiet
Morphologie
Sprecher
Kommentator, Wortfuehrer
Spross
Schoessling
Spruchband *in* Comics
Sprechblase
Spruchband *bei* Demonstrationen
Transparent
Sprühregen
Nieselregen
Spur
Kennzeichen
Staat *der* Balkanhalbinsel
Jugoslawien
Staat *in* Mitteleuropa
Deutschland, Oesterreich
Staat *im* Nahen und Mittleren Osten
Afghanistan
Staat *in* Nordafrika
Mauretanien
Staat *in* Ostasien
Philippinen
Staat *in* Südamerika
Argentinien
Staat *in* Südosteuropa
Jugoslawien
Staat *in* Westafrika
Mauretanien, Sierra Leone
Staat *in* Westeuropa
Niederlande
Staatsform
Feudalismus
Staatsgebiet
Territorium
Staatsverfassung
Grundgesetz
Staatsvertreter
Botschafter
Stäbchen zum Feuermachen
Streichholz
Stachelkeule
Morgenstern

Stadt, Gemeinde *in* **Afrika**
Brazzaville, Livingstone
Stadt, Gemeinde *in* **Amerika**
Buenos Aires, Grand Rapids, Minneapolis, San Salvador, Springfield
Stadt, Gemeinde *in* **Argentinien**
Buenos Aires, Mar del Plata
Stadt, Gemeinde *in* **Asien**
Nowosibirsk, Wladiwostok
Stadt, Gemeinde *in* **Baden-Württemberg**
Emmendingen, Ludwigsburg, Mergentheim, Rheinfelden, Sigmaringen, Ueberlingen
Stadt, Gemeinde *in* **Bayern**
Donauwoerth, Eggenfelden, Lichtenfels, Noerdlingen, Reichenhall, Schweinfurt, Taufkirchen, Weissenburg
Stadt, Gemeinde *am* **Bodensee**
Langenargen, Ueberlingen
Stadt, Gemeinde *in* **Brandenburg**
Brandenburg, Liebenwerda, Luckenwalde, Oranienburg, Wittenberge
Stadt, Gemeinde *im* **Breisgau**
Emmendingen
Stadt, Gemeinde *in* **Chile**
Antofagasta
Stadt, Gemeinde *in* **Dänemark**
Skanderborg, Soenderborg
Stadt, Gemeinde *an der* **Donau**
Donauwoerth, Sigmaringen
Stadt, Gemeinde *im* **Elsass**
Weissenburg
Stadt, Gemeinde *in* **England**
Bournemouth, Northampton, Southampton
Stadt, Gemeinde *in* **Finnland**
Helsingfors
Stadt, Gemeinde *in* **Frankreich**
Aix-les-Bains, Carcassonne, Charleville, Chateauroux, Duenkirchen, Montpellier, Muehlhausen
Stadt, Gemeinde *am/im* **Harz**
Bad Harzburg, Quedlinburg, Wernigerode
Stadt, Gemeinde *an der* **Havel**
Brandenburg, Oranienburg
Stadt, Gemeinde *in* **Hessen**
Bad Hersfeld, Koenigstein, Lampertheim, Neu Isenburg
Stadt, Gemeinde *in* **Italien**
Domodossola, Ventimiglia
Stadt, Gemeinde *am* **Kongo**
Brazzaville
Stadt, Gemeinde *am* **Main**
Lichtenfels, Schweinfurt
Stadt, Gemeinde *in* **Malaysia**
Kuala Lumpur
Stadt, Gemeinde *in* **Mecklenburg-Vorpommern**
Warnemuende
Stadt, Gemeinde *in* **Mexiko**
Guadalajara
Stadt, Gemeinde *an der* **Mosel**
Diedenhofen
Stadt, Gemeinde *am* **Neckar**
Ludwigsburg
Stadt, Gemeinde *in* **Niedersachsen**
Delmenhorst, Gandersheim
Stadt, Gemeinde *in* **Nordirland**
Londonderry
Stadt, Gemeinde *in* **Nordrhein-Westfalen**
Duesseldorf, Gummersbach, Tecklenburg, Wanne-Eickel
Stadt, Gemeinde *in* **Österreich**
Poertschach
Stadt, Gemeinde *an der* **Ostsee**
Koenigsberg, Swinemuende, Travemuende, Warnemuende
Stadt, Gemeinde *am* **Rhein**
Duesseldorf, Germersheim, Rheinfelden
Stadt, Gemeinde *in* **Rheinland-Pfalz**
Bad Neuenahr, Frankenthal, Germersheim
Stadt, Gemeinde *im* **Ruhrgebiet**
Wanne-Eickel
Stadt, Gemeinde *in* **Rumänien**
Klausenburg
Stadt, Gemeinde *in* **Russland**
Archangelsk, Nowosibirsk, Wladiwostok
Stadt, Gemeinde *an der* **Saar**
Saargemuend, Voelklingen
Stadt, Gemeinde *im* **Saarland**
Blieskastel, Neunkirchen, Puettlingen, Sankt Wendel, Voelklingen
Stadt, Gemeinde *in* **Sachsen**
Schulpforta
Stadt, Gemeinde *in* **Sachsen-Anhalt**
Elbingerode, Halberstadt
Stadt, Gemeinde *im* **Sauerland**
Plettenberg
Stadt, Gemeinde *in* **Schleswig-Holstein**
Bad Oldesloe, Bad Segeberg, Glueckstadt, Neumuenster, Norderstedt, Travemuende
Stadt, Gemeinde *im* **Schwarzwald**
Emmendingen
Stadt, Gemeinde *in* **Schweden**
Norrkoeping
Stadt, Gemeinde *in der* **Schweiz**
Grindelwald, Rheinfelden, Sankt Gallen
Stadt, Gemeinde *in* **Spanien**
Guadalajara
Stadt, Gemeinde *im* **Taunus**
Koenigstein
Stadt, Gemeinde *in* **Thüringen**
Langensalza, Liebenstein
Stadt, Gemeinde *in den* **USA**
Minneapolis, Springfield
Stadt, Gemeinde *an der* **Weser**
Bodenwerder, Bremerhaven
städtisches Verkehrsmittel
Schwebebahn
Stafette
Staffellauf
Standard
Richtschnur
Ständerpilz
Pfifferling
stark abfallend
abschuessig

Stärke
Intensitaet, Kohlehydrat
Station
Haltestelle
Steckenpferd
Liebhaberei
steil
abschuessig
Steindruck
Lithografie
Steinobst
Reineclaude
Steinzeitabschnitt
Neolithikum
Stellvertreter *eines* **Herrschers**
Statthalter
Stemmeisen
Stechbeitel
Stenografie (Stenographie)
Kurzschrift
Sterbeort Napoleons
Sankt Helena
Stereoanlagenteil
Verstaerker
steril
unfruchtbar
Sternbild
Grosser Baer, Grosser Hund, Kleiner Baer, Kleiner Hund
Sternstunde
Gluecksfall
stieben
zerstaeuben
Stiftung
Institution
Stilepoche
Biedermeier, Renaissance
Stimmung
Atmosphaere
Stimmungskanone
Entertainer, Unterhalter
Stirnseite
Vorderseite
stofflos
immateriell
Stoffschaden
Winkelhaken
störend
irritierend
störrisch
dickkoepfig, starrsinnig
Stoßzeit
Hochbetrieb
Straferlass
Begnadigung
Strafstoß *beim* **Handball**
Siebenmeter
Strafverschickung
Deportation
Strahlentierchen
Radiolarien
Strapaze
Anstrengung
Straßenbahn
Elektrische
Straßenräuber
Wegelagerer
Strauchfrucht
Heidelbeere
Strauchtrieb
Schoessling
Streckenstrich
Satzzeichen
Streich
Schabernack
Streichinstrument
Violoncello
Streit
Feindschaft, Kontroverse
Streitgespräch
Disputation
Striegel
Kardaetsche
stringent
stichhaltig
Strohhut
Florentiner
Strommessgerät
Amperemeter
Stromspeicher
Akkumulator
Stromstärkemessgerät
Amperemeter
Strumpfart
Strumpfhose
Studentenverbindung
Korporation
Studienfach
Germanistik
Studienkamerad
Kommilitone
stufenweise
allmaehlich
Stuhlteil
Sitzflaeche
stur
halsstarrig, hartnaeckig
Stützgewebe
Bindegewebe
Suada
Wortschwall
subaltern
untertaenig
Subkultur
Underground
südafrikanischer Schriftsteller
Breytenbach
Südamerikaner
Argentinier, Brasilianer, Kolumbianer, Venezolaner
südamerikanischer Insektenfresser
Ameisenbaer
südamerikanischer Staat
Argentinien
südamerikanisches Gebirge
Kordilleren
südamerikanisches Raubtier
Silberloewe
süddeutscher Höhenzug
Schwarzwald
Südostasiat
Thailaender
sumerischer Gott
Ereschkigal
Süßspeise
Plumpudding
syrische Christen
Nestorianer
syrisches Gebirge
Antilibanon
Szenerie
Buehnenbild, Hintergrund

T

Tabaksorte
Feinschnitt, Grobschnitt
Tabelle
Aufstellung
Tabelle *von* **Festtagen**
Kalendarium
tabu
unantastbar
Tag der Arbeit
Maifeiertag
Tagesereignis
Aktualitaet
Tagesverzeichnis
Kalendarium
Tageswechsel
Mitternacht
Tagung
Versammlung
Takt
Dreiviertel
taktlos
beleidigend, instinktlos
Talisman
Maskottchen
Talschaft in Graubünden
Oberengadin
Tank
Panzerwagen
Tanz
Black-Bottom
Tanz weiblicher Geister
Elfenreigen
Tapferkeit
Beherztheit
Tarantel
Wolfsspinne
Tasteninstrument
Klavizimbel

Tatbestand
Sachverhalt
tätliche Beleidigung
Realinjurie
Tätlichkeit
Schlaegerei
Taubenart
Felsentaube, Ringeltaube, Turteltaube
Täuschung
Betruegerei, Verstellung
Täuschung durch Luftspiegelung
Fata Morgana
Tausendfüßer
Schnurassel, Skolopender
Teamsportart
Voelkerball
Teerprodukt
Karbolineum
Teil
Bruchstueck
Teil *des* **Atlantiks**
Aermelkanal
Teil *am* **Auto**
Stossstange
Teil *der* **Automechanik**
Kardanwelle
Teil *der* **Erdatmosphäre**
Ionosphaere, Mesosphaere
Teil *des* **Fingers**
Fingernagel
Teil *des* **Flugzeuges**
Fahrgestell, Tragfluegel
Teil *der* **Ganganlage**
Schalthebel
Teil *der* **Hand**
Zeigefinger
Teil *des* **Hauses**
Schornstein
Teil *des* **Klosters**
Dormitorium, Refektorium
Teil *des* **Knies**
Kniescheibe
Teil *des* **Kopfes**
Unterkiefer
Teil *des* **Menüs**
Hauptspeise
Teil *eines* **Metallbandes**
Kettenglied
Teil *des* **Mundes**
Unterkiefer
Teil *des* **Ohres**
Trommelfell
Teil *der* **Rauchergarnitur**
Streichholz
Teil *des* **Reitgeschirrs**
Steigbuegel
Teil *der* **römischen Thermen**
Frigidarium
Teil *des* **Services**
Kaffeekanne
Teil *der* **Sudeten**
Isergebirge
Teil *der* **Uhr**
Zifferblatt
teilnahmslos
indifferent, lethargisch
Teilnehmer
Partizipant
Telemark
Schischwung
Tempel *auf der* **Akropolis**
Erechtheion
Temperaturmessgerät
Thermometer
Tempobezeichnung in der Musik
accelerando, prestissimo, vivacissimo
Tennisausdruck
Dameneinzel
Tennishauptplatz
Centrecourt
Termin vor Ort
Lokaltermin
Terminus technicus
Fachbegriff
Termitenfresser
Ameisenbaer
Territorium eines hohen Adligen
Fuerstentum
Tester
Untersucher
teuer
kostspielig
Teufelskirsche
Tollkirsche
Textilgrundstoff
Chemiefaser
Textilrohstoff
Merinowolle
Theater
Schaubuehne
Theatervorstellung
Auffuehrung
Theke
Schanktisch
Theorie
Lehrmeinung
tiefe innere Freude
Beglueckung
Tieftemperaturtechnik
Kryotechnik
Tierbehausung
Bienenstock, Hundehuette, Vogelkaefig
tierisch
bestialisch
Tierparkleiter
Zoodirektor
Tintentrockner
Loeschblatt
Titel *eines* **indischen Fürsten**
Maharadscha
Titelfigur von Schiller
Wallenstein
Titelfigur von Wagner
Tannhaeuser
Toast
Trinkspruch
toben
herumtollen
Tobsüchtiger
Amoklaeufer
Todesanzeige
Partezettel
Tollkraut
Bilsenkraut
Tondichtung
Komposition
Tonleitersystem
Solmisation
Tonschöpfung
Komposition
Tornado
Wirbelsturm
Tornister
Schulranzen
Tortenfüllung
Buttercreme
Torwartaktion
Faustabwehr
Totalisator
Wettannahme
Totenbeschwörung
Nekromantie
Tötung
Hinrichtung, Liquidation
Touristenbegleiter
Reiseleiter
Trabant
Gefolgsmann
Trachtengewand
Dirndlkleid
Trachtenjacke
Lodenjanker
träg
lethargisch
tragisches Geschehen
Trauerspiel
Tragödie
Trauerspiel
Tragsessel
Portechaise
Trainer
Sportlehrer
Trajekt
Faehrschiff
Traktat
Flugschrift
Traktor
Zugmaschine
Tramper
Autostopper

Transistor
Verstaerker
Transportmittel
Lieferwagen
Trapez
Schwebereck
Tratsche
Klatschbase
Trauer
Melancholie
traumhaft
fantastisch
Traumlehre
Oneirologie
Trauung
Vermaehlung
Travellerscheck
Reisescheck
Trawl
Schleppnetz
Trawler
Fischerboot
Treffer
Gluecksfall
trefflich
vorzueglich
Trenchcoat
Regenmantel
Trendsetter
Protagonist
Trennung
Demarkation
Tresen
Schanktisch
Tresor
Geldschrank
Trester
Obstschnaps
Trethebel
Kickstarter
treu
anhaenglich
Triasformation
Muschelkalk
Tribunal
Gerichtshof
Trichterwickler
Blattroller
trickreich
verschlagen
Trieb
Schoessling
Trieb zum Stehlen
Kleptomanie
triftig
stichhaltig
Trinklied der Studenten
Kommerslied
Trisektion
Dreiteilung
Triumph
Siegesfeier, Siegesjubel
trivial
alltaeglich, gewoehnlich
Trödler
Althaendler
Tropenbaum
Dattelpalme
Tropenkrankheit
Bilharziose
tropischer Fruchtbaum
Dattelpalme
Trosse
Schiffsseil
Trottel
Schwachkopf
trotzig
dickkoepfig, eigensinnig
Trubel
Hochbetrieb
Trübsal
Resignation
Trübsinn
Melancholie
trügerisch
illusorisch
Trugwahrnehmung
Fata Morgana
Trunkenbold
Alkoholiker
Tubifex
Brunnenwurm
tüchtig
intelligent
Tüncher
Anstreicher
Tunichtgut
Taugenichts
türkische Dynastie
Seldschuken
türkische Meerenge
Dardanellen
türkisches Binnenmeer
Marmarameer
türkisches Gewässer
Marmarameer
Turngerät
Kletterseil
Turnübung
Doppelsalto, Riesenfelge, Riesenwelle, Ueberschlag
Turnus
Reihenfolge
Tuschezeichengerät
Rapidograph
TV-Quizmaster
Frankenfeld, Kulenkampff
TV-Stück
Fernsehfilm
Typanum
Trommelfell
Typhus
Fleckfieber
typisch
bezeichnend
Übeltäter
Missetaeter
überdachte Sportstätte
Tennishalle
Übereinstimmung
Gleichklang
überempfindlich
mimosenhaft
Überempfindlichkeit
Reizbarkeit
überfrachtet
bombastisch, schwuelstig
Überhitzung
Sonnenstich
Überholung
Renovierung
Überlagerung von Wellen
Interferenz
übermütig
ausgelassen
übermütiger Streich
Schabernack
Überraschungsangriff
Handstreich
Überschlag
Kalkulation
überschlau
neunmalklug
Überschrift
Schlagzeile
Übersetzer
Dolmetscher
Übersicht
Aufstellung
Übersiedlung in einen anderen Staat
Immigration
übersorgfältiger Mensch
Haarspalter
überspannt
extravagant, exzentrisch
Übertragung
Livesendung, Transfusion
übertrieben
exaggeriert
Überwachung
Supervision
Überzug
Deckschicht
üble Nachrede
Verleumdung
übler Arzt
Kurpfuscher
üblich
gewoehnlich, landlaeufig

U

Uhr
Chronometer
Uhrenart
Chronograph, Chronometer

Uhrenteil
Perpendikel, Zifferblatt
Ulk
Schabernack
Umfrage
Exploration
umgangssprachlich für Auto
Nuckelpinne
umgangssprachlich für Ischias
Hexenschuss
umgehend
postwendend
Umgestaltung
Perestroika
umkehren
invertieren
Umlauf
Zirkulation
Umlaufaufzug
Paternoster
Umsicht
Ueberlegung
Umstand
Gegebenheit, Sachverhalt
Umstellung
Permutation
Umtrieb
Raenkespiel
Umwelt
Atmosphaere, Lebenskreis
unangebracht
deplatziert
unartig
impertinent
unausgebildet
rudimentaer
unbare Zahlungsweise
Kreditkarte
unbedacht
gedankenlos, nachlaessig
unbedingt
kategorisch
Unbehagen
Verstimmung
unbelebt
anorganisch
Unberührtheit
Virginitaet
Unbescholtenheit
Integritaet
unbeschränkt
hemmungslos
unbeständig
flatterhaft, wechselhaft
undurchlässig
impermeabel
unecht
artifiziell
uneingeschränkt
kategorisch
Uneinigkeit
Disharmonie
unerhört
hanebuechen
unerklärlich
raetselhaft
Unerschrockenheit
Beherztheit
Unfall
Karambolage
unfein
gewoehnlich
Unfreier
Leibeigener
unfruchtbare Gegend
Hochgebirge
Unfruchtbarkeit
Sterilitaet
Unfug
Schabernack
ungarische Krankheit
Fleckfieber
ungarischer Nationaltanz
Tschardasch
ungehörig
impertinent
ungeschickt
toelpelhaft
ungesetzliches Volksgericht
Lynchjustiz
Ungestalt
Missgebilde
ungewiss
zweifelhaft
ungewohnt
andersartig
ungezügelt
hemmungslos
unglaubwürdig
zweifelhaft
unheilbar
irreparabel
unheilvoll
verderblich
Uniform
Dienstanzug
Uniformträger
Eisenbahner
Union
Foederation, Staatenbund
Universitätsstadt *in* **Frankreich**
Montpellier
unkörperlich
immateriell
unlogisch
widersinnig
Unlust
Missbehagen
unmenschlich
bestialisch
Unmögliches
Widerspruch
Unmut
Verstimmung
unnatürlich
gekuenstelt
Unordentlichkeit
Schlamperei
unoriginell
einfallslos, fantasielos
unpünktliches Eintreffen
Verspaetung
Unrast
Nervositaet
unsachlich
persoenlich
unsicher
zweifelhaft
unsittlich
unmoralisch
unstet
flatterhaft
unstofflich
immateriell
Untätigkeit
Muessiggang
Unterbau
Saeulenfuss
Unterbau bei Kraftfahrzeugen
Fahrgestell
Unterentwicklung
Hypotrophie
Untergang
Vernichtung, Zerstoerung
Unterhalter
Entertainer
Unterhändlerin
Beauftragte
Unterlassung
Versaeumnis
Unternehmer
Arbeitgeber
Unternehmung
Unterfangen
Unterrichtung
Information
Unterstützungsgeld für Bedürftige
Sozialhilfe
Untersuchung
Exploration, Inquisition
untertänig
ehrerbietig
Unterweisung
Instruktion
Untreue
Perfiditaet
Unverheirateter
Junggeselle
unverschämt
impertinent

Unversehrtheit
Integritaet
unverzüglich
postwendend
Unwille
Verstimmung
unwillkürlich
automatisch
unzüchtig
unmoralisch
unzusammenhängend
inkohaerent
unzuständig
inkompetent
unzuverlässig
flatterhaft
unzweifelhaft
feststehend
Upper Ten
Oberschicht
Urheberin
Verfasserin
Urkanton der Schweiz
Unterwalden
Urlaubssport
Bergsteigen
Urnenhalle
Kolumbarium
Ursächlichkeit
Kausalitaet
Urwelttier
Dinosaurier
Urzeugung
Plasmogonie

V

vaterländisch
patriotisch
Vaterrecht
Patriarchat
Vatertag
Himmelfahrt
Vegetarier
Rohkoestler
Veranlagung
Temperament
Veranstalter
Organisator
Verbannung
Vertreibung
Verbannungsort Napoleons
Sankt Helena
Verbindung
Assoziation, Korporation
Verbindungsgelenk im menschlichen Knochenbau
Hueftgelenk
verbohrt
eigensinnig
verborgen
raetselhaft
Verbot
Untersagung
Verbot *des* **Alkoholgenusses**
Prohibition
Verbrauch
Verschleiss
Verbrecher
Krimineller, Missetaeter
Verbreitung unwahrer Tatsachen
Verleumdung
Verbrennungsstätte für Tote
Krematorium
verbürgt
authentisch
Verdampfung
Evaporation
Verdauungsstörung
Indigestion
Verdichtung
Kompression
Verdoppelung
Duplikation
Verdrehung
Entstellung
Verdruss
Verstimmung
Verdunstung
Evaporation
verdutzt
ueberrascht
Veredelung
Raffination
Verehelichung
Vermaehlung
Verehrer des Schönen
Schoengeist
Verehrung
Hochachtung
Vereinigung
Assoziation, Foederation, Korporation
Vereitelung
Sabotierung
verfallen
verwahrlost
Verfasser einer Lebensselbstbeschreibung
Autobiograf
Verfassung
Grundgesetz
verfemen
brandmarken
Verformung
Deformation
Vergangenheitsform
Praeteritum
Vergleich
Komparation
Vergnügen
Zerstreuung
Vergnügungsstätte
Rummelplatz
vergriffen
ausverkauft
Verhaftung
Arretierung
verhalten
distanziert
Verhandlung
Besprechung, Lokaltermin
Verhängnis
Katastrophe
verheerendes Unglück
Katastrophe
Verhör
Inquisition
Verkaufsschau
Ausstellung
Verkaufsstelle für Kosmetika
Parfuemerie
Verkehrsmittel
Motorroller, Schnellbahn, Zahnradbahn
Verkehrsstockung
Verdichtung
Verkehrsteilnehmer
Fussgaenger, Kraftfahrer, Mopedfahrer
Verkehrsweg
Landstrasse
Verkleinerungswort
Diminutivum
Verknüpfung
Assoziation, Kombination
Verkörperung
Inkarnation
verkracht
gescheitert
verkümmert
rudimentaer
Verkürzung
Perspektive
Verlagsabteilung
Herstellung, Korrektorat
Verlagserzeugnis
Zeitschrift
Verleitung
Verfuehrung
Verletzung
Verbrennung, Verbruehung
verlottert
verwahrlost
Vermehrungsfähigkeit
Fertilitaet
Verminderung
Reduzierung, Subtraktion
Vermögensverwalter
Treuhaender
Vermutung
Spekulation

Vernehmung
Einvernahme, Inquisition
Vernichtung
Beseitigung, Destruktion, Zerstoerung
Vernunft
Intelligenz
vernünftig
intelligent
Veröffentlichung
Publikation
Verpflichtung zum Schadenersatz
Haftpflicht
Verringerung
Dezimierung
Verschickung
Deportation
Verschleppung
Deportation
verschneiter Abhang
Schneelehne
verschroben
exzentrisch
Verschwörung
Konjuration
Versehen
Fehlschluss
versehentlich
faelschlich
Verstand
Intelligenz
Versteigerer
Auktionator
verstiegen
extravagant, ueberspannt
verteidigungsbereit
kampfbereit
Vertonung
Komposition
verträglich
bekoemmlich
vertrauensvoll
gutglaeubig
Vertrauter
Busenfreund
Vertreter *des* **Angeklagten**
Verteidiger
Vertreter *eines* **Staates**
Botschafter
Vertretungsorgan einer Belegschaft
Betriebsrat
verulkende Festschrift
Bierzeitung
Verunglimpfung
Beleidigung
Verunstaltung
Deformation
Vervielfältigung
Durchschlag
Vervollständigung
Integration
Verwahrung
Deponierung
Verwalter
Hausmeister
Verwaltung
Buerokratie
Verwaltungsbezirk *in* **Frankreich**
Département
Verwandte/Verwandter
Grossmutter
verwegen
uebermuetig
verwickelt
kompliziert
Verwirklichung
Realisation
verwundbar
empfindlich
Verwüstung
Vernichtung
Verzauberung
Faszination
Verzeichnis
Aufstellung
Verzicht
Bescheidung
Verzögerungstaktik
Obstruktion
Vetternwirtschaft
Filzokratie
viehisch
bestialisch
Viehseuche
Tuberkulose
vielschichtig
kompliziert
vierstellige Zahl
zweitausend
virtuos
kunstfertig
Vitalität
Lebenskraft
Vogellaute
Gezwitscher
Vokabular
Woerterbuch
völkerrechtliche Vereinigung
Staatenbund
Volksfest in München
Oktoberfest
Volkstheater
Laienbuehne
Volksvertreter
Deputierter
vollendet
meisterhaft
vollkommen
einwandfrei, einzigartig, vorbildlich, vorzueglich
Vollschiff
Fuenfmaster
Vollstrecker der Todesstrafe
Nachrichter
Voranschlag
Kalkulation
Vorausberechnung
Kalkulation
vorausschauend
prophetisch
Voraussetzung
Praesumtion
voraussetzungslos
kategorisch
Vorbeugung
Praevention
vorbildlicher Junge
Musterknabe
vorderasiatische Meerenge
Dardanellen
Vorfahre
Grossmutter
Vorfahren
Grosseltern
Vorgang
Begebenheit
vorgeschichtlicher Menschentyp
Homo sapiens
vorgeschobene Person
Pappkamerad
Vorhafen *von* **Bremen**
Bremerhaven
Vorhölle
Purgatorium
Vorkämpfer
Protagonist, Wegbereiter
vorläufig
einstweilig, notduerftig
vorläufige Regelung
Provisorium
vornehme Gesellschaftsschicht
Highsociety
Vorraum beim Arzt
Wartezimmer
Vorrecht
Privilegium, Sonderrecht
Vorrichtung
Mechanismus
vorsätzliche Kränkung
Beleidigung
Vorsicht
Achtsamkeit
Vorspeise
Hors d'œuvre
Vorspiel
Liebesspiel
Vorstellung
Imagination
Vorteil *im* **Sport**
Heimvorteil

Vortragskünstler/Vortragskünstlerin
Chansoniere, Chansonnier
vortrefflich
erstklassig
vorübergehend ohne Bewusstsein
ohnmaechtig
vorurteilsfrei
aufgeklaert
Vorwort
Einfuehrung
Vorzimmerdame
Sekretaerin
vulgär
gewoehnlich
Vulkan *in* **Afrika**
Kamerunberg
Vulkan *in* **Japan**
Fudschijama

W

Waagerechte
Horizontale
Wacholdergetränk
Kranewitter, Queckholder, Steinhaeger
Wacholderschnaps
Kranewitter
Wachsbildnerei
Zeroplastik
Wachsgravierung
Zerographie
Wachstumsverlangsamung
Retardation
Wächter
Beschuetzer
waffenlos
unbewaffnet
Wagenbauer
Stellmacher
Wagenteil
Fahrgestell
waghalsig
gefaehrlich
Wahl durch Zuruf
Akklamation
wählen
entscheiden
Wahrhaftigkeit
Ehrlichkeit
wahrnehmbar
perzeptibel
Wahrsager
Kartenleger, Sterndeuter
Wahrzeichen von Venedig
Dogenpalast
Wahrzeichen von Wien
Stephansdom
Wahrzeichen von Wuppertal
Schwebebahn
Waldarbeiter
Holzfaeller
Waldfrucht
Heidelbeere
Waldtier
Wildschwein
wankelmütig
flatterhaft
Wanze
Reisszwecke
Wappentier
Doppeladler
Warenreste
Remittenden
Warenschau
Ausstellung, Mustermesse
Warenzeichen
Schutzmarke
Wärmemesser
Kalorimeter, Thermometer
Wärmespender
Heizkoerper
Wärmetauscher
Rekuperator
warmherzig
hilfsbereit, mitfuehlend
Warngerät
Alarmsirene
Warnlicht
Leuchtfeuer
Warnzeichen
Alarmsignal
Wäschestück
Schnupftuch, Strumpfhose
Wasen
Schindanger
Wasserfahrzeug
Motorschiff, Schleppkahn, Segelschiff
Wasserglätte
Aquaplaning
Wasserreis
Schoessling
Wasserstoff
Hydrogenium
Wechsel
Alternation
Wechselbalg
Missgestalt
Wechselbeziehung
Korrelation
Wechselrede
Zwiesprache
wechselwarme Tiere
Kriechtiere
Wechselwirkung
Interaktion
Wegbereiter
Protagonist, Vorkaempfer
Wegelagerer
Strauchdieb
Wegführung
Trassierung
Weggang
Ausscheiden
Wegzeichen
Meilenstein
weh
schmerzhaft
Wehgeschrei
Zetermordio
wehleidig
empfindlich
Wehmut
Melancholie
wehmütig
nostalgisch
weibliche Verwandte
Grossmutter, Schwaegerin
weiblicher Handwerksberuf
Schneiderin
Weichbild
Stadtgebiet
Weichkäse
Butterkaese
Weichling
Duckmaeuser
Weihnachtsabend
Christabend
Weihnachtsgebäck
Honigkuchen, Kletzenbrot, Spekulatius
Weinernte
Traubenlese
Weingefäß
Bocksbeutel
Weinglas
Stengelglas
Weinort *in* **Frankreich**
Ribeauvillé
Weinort *an der* **Mosel**
Trittenheim
Weisheitsliebe
Philosophie
weißes Blutkörperchen
Lymphozyten
Weisung
Instruktion
weiter Zeilenabstand
Durchschuss
Weiterentwicklung
Fortschritt
Weiterführung
Fortsetzung
weitgehend
grosszuegig, umfangreich
weitherzig
grosszuegig
weitläufig
schwuelstig

weitreichend
folgenreich, umfangreich
welk
vertrocknet
Wellenkamm
Schaumkrone
Wellenlängenbereich
(Rundfunk)
Mittelwelle
Welsart
Katzenfisch
Welt *im* **Großen**
Makrokosmos
Welt *im* **Kleinen**
Mikrokosmos
weltfremd
verschroben
Weltraumflugkörper
Raumstation
Weltreligion
Christentum
Weltschmerz
Melancholie
Werbeträger
Zeitschrift
Werbung
Advertising
Werk
Unternehmen
Werkzeug
Blechschere, Drahtschere, Drillbohrer, Metallsaege, Nagelbohrer, Wasserwaage
Werkzeug *mit* **Libelle**
Wasserwaage
Werkzeug *des* **Setzers**
Winkelhaken
Wert
Wichtigkeit
Wertsachendepot
Geldschrank
Wertschätzung
Anerkennung
Wertstück
Kostbarkeit
Wesen
Quintessenz, Temperament, Veranlagung
Wesensgehalt
Quintessenz
westafrikanische Republik
Mauretanien, Sierra Leone
westafrikanisches Volk
Senegalesen
Westeuropäer
Luxemburger
westeuropäischer Staat
Deutschland, Niederlande
Westgermane
Angelsachse

Wettannahme beim Pferdesport
Totalisator
Wettermantel
Lodenmantel
Wetterprophet
Meteorologe
Wetterschutz
Regenmantel
Wicht
Heinzelmann
Wickelkind
Kleinstkind
widerspenstig
eigensinnig
Widerstreit
Kontroverse
widerwärtig
abscheulich
Wiedergabe
Darstellung
Wiederherstellung
Renovierung
Wiener Arzt
Auenbrugger
Wiener Bauwerk
Burgtheater, Schoenbrunn, Stephansdom
Wiener Schloss
Schoenbrunn
Wiener Sehenswürdigkeit
Burgtheater, Schoenbrunn, Stephansdom
Wiener Spezialität
Sachertorte
Wiesenblume
Rittersporn, Sauerampfer, Wiesenraute
Wiesenpflanze
Butterblume, Dotterblume
Wildart
Schwarzwild, Wildschwein
Wilddieb
Jagdfrevler
wilde Kinderschar
Rasselbande
Wildpark in Afrika
Krueger-Park
Wildschwein
Schwarzwild
willentlich
absichtlich, intentional
windig
unglaubhaft
Windpocken
Spitzpocken
winterlicher Festtag
Heiligabend, Weihnachten
Wintersportart
Skilanglauf, Skispringen
Wintersportgerät
Langlaufski

Wintersportort *in* **Graubünden**
Sankt Moritz
winzig
zwergenhaft
winziger Mensch
Liliputaner
Winzigkeit
Kleinigkeit
wirkliche Dinge
Realitaeten
wirklichkeitsfremd
lebensfremd
wirkungsvoll
zugkraeftig
Wirtschaft
Gaststaette, Imbisshalle
wirtschaftlich
oekonomisch
Wirtschaftlichkeit
Sparsamkeit
Wissenschaft
Mineralogie, Philosophie, Psychologie
Wissenschaft von der Raumfahrt
Astronautik
wissenswert
interessant
Witzbold
Spassmacher
wohl überlegt
reflektiert
Wohlfahrt
Armenpflege
wohlproportioniert
ebenmaessig
Wohltäter
Philanthrop
wohnlich
komfortabel
Wolkenart
Haufenwolke
Wollust
Lustgefuehl
Wortgefecht
Disputation, Kontroverse
Wortklauber
Haarspalter
Wortsammlung
Woerterbuch
wunderbar
fantastisch
Wunderdoktor
Kurpfuscher, Quacksalber
Wunderglaube
Mystizismus
wunderlich
grillenhaft, verschroben
Würde
Erhabenheit
würdig
ebenbuertig

Würdigkeit
Seriositaet
Wurfgeschoss
Handgranate
Wurstsorte
Debrecziner
Wurzelgemüse
Meerrettich
wuselig
geschaeftig
Wüstenform
Steinwueste
wütend
aufgebracht

XYZ

Xylofon (Xylophon)
Marimbaphon, Strohfiedel
Xylografie (Xylographie)
Holzschnitt
Xystos
Saeulengang
Ysop
Josefskraut
zaghaft
schuechtern
zäh
hartnaeckig
Zahlbesessener
Arithmomane
Zähler
Strommesser
Zahlungsmittel
Kreditkarte
11
Zahnheilkunde
Odontologie
Zahnkrankheit
Paradentose, Parodontose
Zahnwal
Gruendelwal, Schweinswal
Zank
Kontroverse
Zapfenträger
Nadelbaeume
zart
empfindlich, mimosenhaft
Zartgefühl
Feingefuehl
Zauberarzt bei manchen Völkern
Medizinmann
Zauberformel
Abrakadabra
zauberhaft
entzueckend
Zaun
Einfriedung
Zechine
Golddukaten
Zedent
Kreditgeber
Zeese
Schleppnetz
Zeichensprache
Cheirologie
Zeiselwagen
Leiterwagen
Zeitbegriff
Jahrhundert, Jahrtausend
Zeitfolge
Chronologie
Zeitform der Vergangenheit
Imperfektum
Zeitlohn
Stundenlohn
Zeitmesser
Chronometer
Zeitrechnung
Chronologie
Zeitungsaufsatz
Leitartikel
Zeitungswesen
Publizistik
Zeitvertreib
Liebhaberei, Zerstreuung
Zellbestandteil
Protoplasma
Zellleib
Protoplasma
Zellsubstanz
Protoplasma
Zeltlager
Ferienlager
Zenotaph
Gedenkstein
Zensur
Beurteilung
Zenti-
Hundertstel-
Zentrum
Mittelpunkt
Zerberus
Hoellenhund
Zerlegung einer Verbindung durch Strom
Elektrolyse
Zerrissenheit
Uneinigkeit
Zerstörungswut
Vandalismus, Wandalismus
Zerstreuung
Belustigung
Zeugnis
Beurkundung
Zeugnisnote
ausreichend, ungenuegend
Ziehung
Ausspielung
Zierfisch
Pfauenfisch
zierlich
possierlich
Zierpflanze
Zimmerlinde
Zilie
Augenwimper
Zimmer
Arbeitsraum
Zimmereinrichtung
Moeblierung
Zimmermann
Bautischler
Zimmeröffnung
Durchreiche
zimperlich
empfindlich
Zingel
Mantelmauer
zivil
buergerlich
Zivilist
Nichtsoldat
Zollerklärung
Deklaration
Zönakel
Refektorium
Zoroaster
Zarathustra
zutage
offenkundig
Zuchtanlage
Austernbank
Zuckerart
Milchzucker
Zudecke
Schlafdecke
Zuerkennung einer Auszeichnung
Praemierung
zuerst
anfaenglich
zufällig
aleatorisch
zügellos
hemmungslos, orgiastisch
zugespitzt
akzentuiert
Zugezogener
Ortsfremder
zugleich
miteinander
Zukunftsaussicht
Perspektive
Zukunftswissenschaft
Futurologie
zulänglich
ausreichend
Zulassung
Approbation, Genehmigung
Zündholz
Streichholz
Zunft
Fachverband
zünftig
fachgerecht

zurück
rueckwaerts
zurückgelegte Gelder
Ersparnisse, Notgroschen
Zurückgezogenheit
Einsiedelei
Zuruf
Akklamation
zusagen
konvenieren
Zusammenarbeit
Kooperation
Zusammenballung
Konglomerat
Zusammenfassung *mehrerer* **Schüler**
Schulklasse
zusammengedrückt
komprimiert
Zusammengewürfeltes
Konglomerat
zusammenhanglos
unverbunden
Zusammenkunft
Versammlung
zusammenlegbares Boot
Klepperboot
Zusammenlegung
Vereinigung
Zusammenschluss
Foederation, Vereinigung
Zusammensetzung
Komposition
Zusammenstellung
Verzeichnis
Zusammenstellung *von* **Fachausdrücken**
Nomenklatur
Zusammenstellung *von* **Wünschen**
Wunschliste
Zusammentritt
Versammlung
Zusammenwirken
Kooperation
zusammenziehendes Mittel
Adstringens
Zusammenziehung
Kontraktion
zusehends
offenkundig
Zusicherung
Buergschaft, Versprechen
Zuspruch
Ermunterung
Zustand erhöhter Reizbarkeit
Nervositaet
Zustimmung
Akklamation
zuträglich
bekoemmlich, foerderlich
zuvorkommend
hilfsbereit
Zuwendung
Anerkennung
Zuzug
Immigration
zwanglos
ungezwungen
Zwangsisolierung
Quarantaene
Zwangsmaßnahme
Repressalie
Zwangsverschickung
Deportation
Zwangsvollstreckung
Eintreibung
zweckbestimmt
intentional
zweckdienlich
foerderlich
zweckmäßig
funktionell, praktikabel
zweideutig
schluepfrig
Zweideutigkeit
Ambiguitaet
Zweig *der* **Landwirtschaft**
Getreidebau
zweihöckriges Kamel
Trampeltier
Zweirad
Motorroller
Zweitausfertigung
Durchschlag
zweiter Berichterstatter
Korreferent
Zwerg
Heinzelmann, Liliputaner, Wichtelmann
Zwerghund
Rehpinscher
Zwiespalt
Widerstreit
Zwischenherrschaft
Interregnum
Zwischenträger
Mittelsmann
Zyklon
Wirbelsturm

12 BUCHSTABEN

A

Aachener Sehenswürdigkeit
Karlsschrein
Aaskäfer
Totengraeber
Abänderung
Modifikation
Abbau
Demontierung
Abbild
Photographie, Reproduktion
Abdruck
Reproduktion
Abenteuer
Seitensprung
Abenteurer
Draufgaenger
Abfahrtslauf
Riesenslalom
Abfallabladeplatz
Muelldeponie
Abfallplatz
Muelldeponie
abgezehrt
ausgemergelt
Abhilfe
Verbesserung
Abitur
Baccalauréat, Bakkalaureat, Reifezeugnis
Abiturbescheinigung
Reifezeugnis
Abkommen
Vereinbarung
Abnahme
Verminderung
Abnehmer
Auftraggeber
Abrede
Vereinbarung
abscheulich
widerwärtig
Abschnitt
Streckenteil
Abschreibung
Amortisation
Abschrift
Zweitschrift
Abschwächung
Deeskalation
Absolution
Lossprechung
Absonderung
Ausscheidung, Internierung
Abspannung
Erschoepfung
Absprache
Vereinbarung
Abstellraum
Rumpelkammer
Abstimmung
Hammelsprung, Koordination
Abtei
Klosterstift
Abtei *im* **Schwarzwald**
Sankt Blasien

Abtragen einer Schuld
Amortisation
Abtretung
Ueberlassung
Abtrünniger
Schismatiker
Abwandlung
Modifikation
Abwasseranlage
Kanalisation
Abwehr
Verteidigung
abweisend
verschlossen, widerborstig
abwesend
unaufmerksam
Abzahlung
Amortisation
Abzeichen
Anstecknadel, Ehrenzeichen
achtlos
leichtfertig, unaufmerksam, unvorsichtig
Achtung
Ehrerbietung
Adel
Aristokratie
Adverb
Umstandswort
Advokat
Rechtsanwalt
Aeronaut
Luftschiffer
Affäre
Streitigkeit
Affekt
Leidenschaft
affektiert
unnatuerlich
afrikanische Hauptstadt
Antananarivo
afrikanische Stechfliege
Wadenstecher
afrikanischer See
Bangweolosee
afrikanischer Staat
Guinea-Bissau
afrikanischer Stamm
Buschmaenner, Hottentotten
afrikanisches Tier
Elenantilope
Agent
Kundschafter
Agentengruppe
Spionagering
Agitation
Aufwiegelung
ägyptische Bilderschrift
Hieroglyphen
ähnlich
entsprechend

akkurat
gewissenhaft
Akteur
Schauspieler
Aktie
Anteilschein
Aktion
Unternehmung
Aktrice
Darstellerin
akustischer Verstärker
Lautsprecher
Alkoholgegner
Temperenzler
Allee *in* Düsseldorf
Koenigsallee
allergische Erkrankung
Heuschnupfen, Nesselfieber
Allerweltskerl
Tausendsassa
alltäglich
abgedroschen
Alma Mater
Universitaet
Alpenpass
Groednerjoch, Hochtannberg, Stilfserjoch
Alpenpflanze
Glockenblume, Loeffelkraut, Troddelblume
Alpensee
Lago Maggiore
altbabylonischer König
Nebukadnezar
altdeutsche Narrenfigur
Eulenspiegel
altdeutsches Rechtsbuch
Laienspiegel
alter Kampfschutz
Kettenpanzer
alternativ
wechselweise
Alternsforschung
Gerontologie
altgriechischer Dichter
Aristophanes
altgriechischer Lustspieldichter
Aristophanes
altgriechischer Mathematiker
Eratosthenes
altgriechischer Staatsmann
Themistokles
althergebracht
traditionell, ueberliefert
altindische Dichtung
Bhagavadgita, Upanischaden
altsprachlich
humanistisch

altsteinzeitlicher Mensch
Neandertaler
Ambulanz
Feldlazarett, Krankenwagen
Ameisenigel
Schnabeligel
amerikanische Folklore
Countrymusic
amerikanische Hauptstadt
Port-au-Prince, Santo Domingo
amerikanischer Berg
Citlaltepetl, Iztaccihuatl, Mount Harward, Mount Rainier, Mount Whitney, Popocatepetl, Tinguiririca
amerikanischer Bundesstaat (USA)
New Hampshire, Nordkarolina, Pennsylvania, Suedkarolina, West Virginia
amerikanischer Erfinder
Westinghouse
amerikanischer Imbiss
Cheeseburger
amerikanischer Tanz
Boogie Woogie
amerikanisches Gebirge
Sierra Nevada
Ammoniaklösung
Salmiakgeist
Amortisation
Abschreibung
Amouren
Liebschaften
Amulett
Zaubermittel, Zauberschutz
amüsant
unterhaltend, unterhaltsam, vergnueglich
analog
entsprechend, entsprechend
Analyse
Untersuchung
andauernd
fortwaehrend
Anemone
Windroeschen
Anforderung
Obliegenheit
Anführer
Befehlshaber
Anführer *im* Bauernkrieg
Berlichingen
Angehöriger *einer* christlichen Glaubensgemeinschaft
Reformierter
Angehöriger *einer* europäischen Völkergruppe
Skandinavier

Angehöriger *des* **Parlaments**
Abgeordneter
Angehöriger *einer* **Weltreligion**
Mohammedaner
angemessen
entsprechend
angenehmes Äußeres
Gepflegtheit
angereichert
konzentriert
angeschlagen
erschuettert
angesehene Mitglieder der Gesellschaft
Honoratioren
Angleichung
Assimilation
Angler
Petrijuenger
angrenzendes Ausland
Nachbarstaat
Anhang
Gefolgschaft
Anhänger *des* **Islam**
Mohammedaner
Anhänger *einer* **Kunstrichtung**
Fiktionalist
Anhänger *der* **Lehre Mohammeds**
Mohammedaner
Anhänglichkeit
Freundschaft
Anhäufung
Akkumulation
Ankläger
Staatsanwalt
Anklagevertreter
Staatsanwalt
Ankleiderin im Theater
Garderobiere
ankündigen
bekannt geben
Ankündigung
Plakatierung
Anlage
Installation, Investierung
Anlage *für* **Pferdesport**
Trabrennbahn
Anlage *zur* **Autoreinigung**
Waschstrasse
anmaßend
praetentioes, ueberheblich, unverschaemt
Anmerkung
Erlaeuterung
annähernd
approximativ
Anpassung
Akkomodation, Assimilation
anregend
stimulierend
Anregung
Aufmunterung
Ansager
Conférencier
Ansammlung
Akkumulation
Ansehen
Beruehmtheit, Popularitaet
Ansicht
Ueberzeugung
Anspruch
Anwartschaft, Berechtigung
anspruchsvoll
unbescheiden
Antennenart
Richtantenne
antike Landschaft in Kleinasien
Paphlagonien
antikes Bauwerk in Rom
Amphitheater
antikes Bühnenbauwerk
Amphitheater
antikes Rundtheater
Amphitheater
Antriebsmaschine
Elektromotor
Anwalt
Fuersprecher
anwesend
gegenwaertig
apathisch
teilnahmslos
Apfelsorte
Goldparmaene, Wachsrenette
Apothekerbuch
Dispensorium
Appeal
Ausstrahlung
Appell
Aufforderung
Appendix
Wurmfortsatz
äquivalent
gleichwertig
arabischer Gruß
Salem aleikum
arabischer Staat
Saudi-Arabien
arabisches Königreich
Saudi-Arabien
Arbeit *der* **Vertreter**
Aussendienst
Arbeiter
Werktaetiger
Arbeitnehmer
Angestellter
Arbeitnehmerorganisation
Gewerkschaft
Architekt
Baukuenstler
Archivalien
Aktenstuecke
Areal
Bodenfläche
argentinische Landschaft
Ostfeuerland
arithmetisches Mittel
Durchschnitt
Arktisbewohner
Groenlaender
arrogant
ueberheblich
Arve
Zirbelkiefer
Arzneimittel
Antibiotikum
Arzt
Heilkundiger
ärztliche Beratung
Konsultation
Aschenbehälter
Aschenbecher
Aschenbrödel
Aschenputtel
asiatischer Berg
Mount Everest
asiatischer Staat
Saudi-Arabien
asiatisches Königreich
Saudi-Arabien
asiatisches Volk, Volksgruppe
Tscherkessen, Tschuktschen, Tschuwaschen
Assekuranz
Versicherung
assyrischer König
Nebukadnezar
Astronom
Schiaparelli
Astronomie
Himmelskunde
astronomischer Begriff
Kernschatten, Milchstrasse, Mittagshoehe, Mittagslinie, Nullmeridian, Sonnensystem, Sternkatalog, Stundenkreis, Zeitrechnung
Asyl
Zufluchtsort
Atempause
Verschnaufen
äthiopischer See
Stephaniesee
Athlet
Gewichtheber, Wettkaempfer
Atmosphäre
Druckeinheit

Atomzertrümmerung
Kernspaltung
Attentat
Mordanschlag
Attest
Beglaubigung
Attraktion
Prachtnummer
Attrappe
Schaupackung
Ätzmittel
Hoellenstein
Audienz
Unterhaltung
Auditorium
Hoererschaft
Aufbau
Konstruktion
Aufbau *von* **Maschinen**
Konstruktion
Aufbewahrungsort für Ernteprodukte
Getreidesilo
Aufbewahrungsort für Wertsachen
Schatzkammer, Schliessfach
aufdringlich
unverschaemt
Aufdringlichkeit
Dreistigkeit
Auffassung
Dafuerhalten, Ueberzeugung
Aufgabe
Obliegenheit
aufgedunsen
aufgetrieben, verschwollen
Aufgeregtsein
Lampenfieber
aufgeschlossen
empfaenglich
aufgeweckt
interessiert
Aufgussgetränk
Filterkaffee
Aufhebung
Annullierung
aufmerksam
interessiert, zuvorkommend
Aufnahme
Photographie
Aufrechnung
Kompensation
aufregend
beunruhigend, sensationell
Aufregung
Lampenfieber
aufreibend
erschoepfend, verbrauchend
Aufsicht
Ueberwachung
Aufstand
Insurrektion
Aufteilung
Distribution
Aufwiegler
Einpeitscher
augenblicklich
gegenwaertig
Augendrüse
Traenenkanal
Augenschein
Feststellung
Aura
Ausstrahlung
Ausbesserung
Restauration
ausdruckslos
nichts sagend, nichtssagend
Auseinandersetzung
Streitigkeit
auserlesen
hervorragend
ausgekocht
durchtrieben
ausgelassen
bacchantisch, unbekuemmert
Ausgleich
Egalisierung, Kompensation
Ausgleichsgetriebe
Differential, Differenzial
ausheben
ausschachten
Auslage
Schaufenster
Auslegung
Erlaeuterung
Auslöser
Veranlassung
Ausrufwort
Interjektion
außergewöhnlich
exzeptionell, sensationell
äußerst
uebertrieben
Aussprache
Artikulation
australische Wüste
Gibsonwueste, Tanamiwueste
australischer Berg
Mount Seaview, Mount William
australischer Bundesstaat
Neusuedwales
australisches Tier
Schnabeltier
Ausweis
Legitimation
Auszehrung
Schwindsucht
Autobahneinrichtung
Notrufsaeule, Ueberholspur, Vorwegweiser
Autogramm
Unterschrift
Autolenkexamen
Fahrpruefung
Automarke
Mercedes Benz
automatisch
selbsttaetig
Autor von Der Turm
Hofmannsthal
Autor von Der Untertan
Heinrich Mann
Autor von Die Frösche
Aristophanes
Autor von Die Vögel
Aristophanes
Autor von Die Wolken
Aristophanes
Autor von Jedermann
Hofmannsthal
Autor von Lysistrata
Aristophanes
Autor von Professor Unrat
Heinrich Mann
Autor von Schuld und Sühne
Dostojewskij
Autorennbahn
Indianapolis, Nuerburgring
Autoteil
Rueckspiegel, Scheinwerfer
Avenue
Hauptstrasse
Avis
Ankuendigung
aztekischer Gott
Quetzalcoatl

B

Baby
Neugeborenes
babylonischer Herrscher
Nebukadnezar
Backmasse
Blaetterteig
Backutensil
Dressiersack
Badeort
Eckernfoerde, Salzdetfurth, Scheveningen
Bahnbrecher
Avantgardist
Balkanstaat
Griechenland
Ballett
Tanzensemble

banal
abgedroschen, nichts sagend
Banause
Ungebildeter
Bankbegriff
Bankleitzahl, Dauerauftrag
barbarisch
unbarmherzig
Barkarole
Schifferlied
Barriere
Bahnschranke
barsch
unfreundlich
Bartschergerät
Rasiermesser
Bauchpilz
Stinkmorchel
Baude
Schutzhuette
Bauhandwerker
Fliesenleger
Baum
Holzgewaechs
Baumart
Maulbeerbaum
Baumaschine
Betonmischer, Planierraupe
Baumschädling
Borkenkaefer
Bauwerk
Mietskaserne
bayerischer Regierungsbezirk
Niederbayern, Unterfranken
bayerischer Sport
Fingerhakeln
bayerisches Schloss
Schleissheim
Beaufsichtigung
Ueberwachung
bebildern
illustrieren
bebilderte Zeitung
Illustrierte
Becher
Trinkgefaess
Bedingtheit
Relativitaet
beeindruckend
faszinierend
Beeinflussung
Manipulation
Beendigung
Niederlegung
Beerensorte
Preiselbeere, Schwarzbeere, Stachelbeere
befähigt
qualifiziert
Beförderungsmittel
Strassenbahn
Befragung
Konsultation
Befreiung
Emanzipation
Befremden
Verwunderung
Befriedigung
Satisfaktion
Befugnis
Autorisation, Berechtigung, Legitimation
Befund
Begutachtung, Feststellung
Begehren
Leidenschaft
Begehung eines Treubruchs
Ehrlosigkeit
Begeisterung
Enthusiasmus
Begriff *der* **Weltwirtschaft**
Aussenhandel
begüterte Menschen
Milliardaere
Behälter *für* **Eingelegtes**
Konservendose
Behandlungsraum
Ambulatorium
behelfsmäßig
provisorisch
beherzt
entschlossen
Behorchung
Auskultation
Behördenzuständigkeit
Instanzenweg
Behütetsein
Geborgenheit
Beichtvater
Poenitentiar
beiläufiger Einfall
Nebengedanke
Beiname Ludwigs XIV.
Sonnenkoenig
Beiname Venedigs
Lagunenstadt
Beinteil
Oberschenkel, Sprunggelenk
Beiordnung
Koordination
Beisammensein
Geselligkeit
beispielhaft
exemplarisch
Bekanntmachung
Proklamation
Bekenntnis
Ueberzeugung
Bekleidungsstück
Baskenmuetze, Hosentraeger, Hueftguertel, Kostuemjacke, Unterwaesche, Wintermantel
Belag im Zimmer
Teppichboden
belanglos
unwesentlich
belebend
stimulierend
belegt
dokumentiert, nachgewiesen
beleidigend
ehrenruehrig
belgische Provinz
Westflandern
Beliebtheit
Popularitaet
Belobigung
Auszeichnung
Belohnung
Auszeichnung
Bemerkung
Feststellung
benachrichtigen
unterrichten
Beobachtungsposten
Kontrollturm
bequeme Sitzgelegenheit
Polsterstuhl
Beratung
Konsultation, Kundendienst
berechtigen
autorisieren, ermaechtigen
Berechtigung
Legitimation
beredt
zungenfertig
Berg *bei* **Berchtesgaden**
Obersalzberg
Berg *im* **Himalaja**
Mount Everest
Berg *in* **Kalifornien**
Mount Palomar
Berg *in* **Mittelitalien**
Monte Cassino
Berg *im* **Odenwald**
Katzenbuckel
Berg *im* **Schwarzwald**
Herzogenhorn, Hornisgrinde, Schauinsland
Berg *bei* **Wien**
Leopoldsberg
Bergbauanlage
Foerdersohle
Bergbaugerät
Pickelhammer
Berggasthof
Schutzhuette
Bergkloster *in* **Italien**
Monte Cassino

bergmännischer Beruf
Bergassessor, Markscheider
Bergzug *an der* **Weser**
Wesergebirge
Berliner Bauwerk
Siegessaeule
Berliner Stadtteil
Blankenfelde, Lichterfelde
Beruf *im* **Baugewerbe**
Bauschlosser, Betongiesser, Fliesenleger, Geruestbauer, Installateur, Maurerpolier, Parkettleger, Plattenleger, Zimmerpolier
Beruf *in* **Forschung, Unterricht oder Wissenschaft**
Atomphysiker, Bibliothekar, Privatdozent
Beruf *im* **Gesundheitswesen**
Anaesthesist, Pharmakologe
Beruf *in der* **Holzindustrie**
Forstmeister, Oberfoerster, Waldarbeiter
Beruf *in der* **Kunst**
Opernsaenger, Schauspieler
Beruf *in der* **Nahrungsmittelindustrie**
Fleischhauer
Beruf *im* **Presse- oder Verlagswesen**
Bildreporter, Buchhaendler, Karikaturist
Beruf *im* **Rechtswesen**
Patentanwalt, Rechtsanwalt, Staatsanwalt
Beruf *im* **Transport- oder Verkehrswesen**
12
Parkwaechter, Zugbegleiter
Beruf *in der* **Unterhaltungsbranche**
Buehnenmaler, Conférencier, Korrepetitor, Opernsaenger, Schauspieler, Toningenieur, Tonschneider, Tontechniker, Trickmeister
Berufssportler
Professional
Berufsverband
Gemeinschaft, Gewerkschaft
Beruhigungsmittel
Tranquilizer
berühmter Clown
Charlie Rivel
Beschaffenheit
Konstitution
Beschäftigungsstätte
Arbeitsplatz
Beschau
Besichtigung, Untersuchung
beschaulich
kontemplativ
bescheiden
anspruchslos
Bescheinigung
Bestaetigung
Beschlagnahme
Konfiskation
Beschluss
Entscheidung
Beschränkung
Begrenztheit
beschreibende Völkerkunde
Ethnographie
Beschuldigung
Bezichtigung
Besessenheit
Leidenschaft
besinnlich
kontemplativ, nachdenklich
Besonderheit
Spezialitaet
Bestand
Fortbestehen
beständig
zuverlaessig
Beständigkeit
Kontinuitaet
Bestandteil *der* **Erdatmosphäre**
Kohlendioxid
Bestärkung
Bestaetigung
Bestätigung
Konfirmation, Ratifikation
Besteller von Waren
Auftraggeber
Bestellung an das Christkind
Wunschzettel
bestialisch
unmenschlich
bestimmte Temperatur
Gefrierpunkt
Bestrafung
Massregelung
bestürzt
konsterniert
Beteuerung
Versicherung
betonen
akzentuieren
Betonung
Hervorhebung
betrachtend
kontemplativ
betroffen
konsterniert
Betrug
Manipulation
Bettbeheizer
Waermflasche
Bettelmönch
Franziskaner
beurkundet
dokumentiert
Beurkundung
Verifikation
Beutel
Portemonnaie
Bevollmächtigung
Autorisation
Bewahrheitung
Verifikation
Beweglichkeit
Elastizitaet, Gelenkigkeit
beweisend
demonstrativ
Bewerbung
Anwartschaft
bezaubernd
faszinierend
Bezirk
Bodenflaeche
biblischer Monatsname
Marcheschwan
Bienenkrankheit
Nosemaseuche
bigott
heuchlerisch, scheinheilig
Bildberichterstatter
Fotoreporter
Bildeinfassung
Passepartout
Bilderschrift
Hieroglyphen
Bildhauerwerkzeug
Tasterzirkel
bildlich
metaphorisch
Bildnisse aus dem Alltag
Genremalerei
Bildspeicherung
Aufzeichnung
Bildungsstätte
Berufsschule, Gesamtschule, Mittelschule, Universitaet
Bildungsurlaub
Studienreise
Bildwerfer
Diaprojektor
Bindung
Freundschaft, Skihalterung
biologischer Begriff
Pflanzenwelt
Bismarcks Geburtsort
Schoenhausen
bisweilen
gelegentlich
Blasen ziehendes Heilmittel
Senfpflaster

Blasinstrument
Englischhorn, Kontrafagott, Sopranfloete, Waldhorntuba
Blätterpilz
Schwefelkopf
Blatthornkäfer
Hirschkaefer, Pillendreher
Blinddarmentzündung
Appendizitis
blockfrei
unparteiisch
Bloßstellung
Demaskierung
Bluff
Irrefuehrung
Blume
Chrysantheme, Flammenblume, Glockenblume, Koenigskerze, Mittagsblume, Schwertlilie
Blütenteil
Bluetenboden, Fruchtknoten
Blutgruppenmerkmal
Rhesusfaktor
Bodenturnübung
Spreizsprung, Strecksprung
Bohnenkraut
Pfefferkraut
Bombardement
Beschiessung
Bon
Kassenzettel
Bonmot
Geistesblitz
Bonus
Gewinnanteil
Bootsart
Schlauchboot
Bootsgattung
Doppelzweier
Bordeauxwein
Saint-Émilion, Saint-Estèphe
Börse
Portemonnaie
Börsenpapier
Vorzugsaktie
boshaft
uebel wollend
Bosheit
Niedertracht
Boss
Vorgesetzter
botanische Anlage
Gewaechshaus
botanischer Begriff
Bluetenblatt, Fruchtknoten, Staubgefaess
Bote
Brieftraeger, Ueberbringer
Boxausdruck
Guertellinie, Niederschlag
Brand
Feuersbrunst
brandenburgische Dynastie
Hohenzollern
Branntweinbrennerei
Destillation
Bratgefäß
Schmortiegel
Bravheit
Hoeflichkeit
Bravurstück (Bravourstück)
Paradenummer
Break
Konterschlag
Brenner
Destillateur
Brennstoffmangel
Energiekrise
Brevier
Stundengebet
Brillenfachmann
Augenoptiker
Britin
Englaenderin
Brosche
Anstecknadel
Brotaufstrich
Brimsenkaese
Brotsorte
Pumpernickel, Vollkornbrot
Bruderschaft
Kongregation
brüsk
unvermittelt
brutal
gewalttaetig, unmenschlich
Brutalität
Bestialitaet
Buchdruckverfahren
Rollenoffset
Bücherfreundschaft
Bibliophilie
Buchhaltung
Buchfuehrung
Buchstabe
Kapitaelchen
Buchteil
Illustration, Schmutztitel
Buchungsnummer
Aktenzeichen
Buffo
Opernsaenger
Bug
Vorderschiff
Bühnendarsteller
Schauspieler
Bühnenkünstler
Opernsaenger, Schauspieler
Bühnenpartwechsel
Rollentausch
Bulletin
Tagesbericht
Bündnis der NATO
Atlantikpakt
Burg
Festungswerk
Burg *in* Frankreich
Aigues Mortes
Burg *bei* Göppingen
Hohenstaufen
Burg *in* Österreich
Kreuzenstein
Bürge
Gewaehrsmann
Büro
Dienststelle, Schreibstube
Bürogerät
Heftmaschine, Tischrechner
Büromöbel
Schreibtisch
Büttel
Gerichtsbote
Button
Schmuckknopf

C

Campinggegenstand
Kochgeschirr, Luftmatratze
Champion
Rekordhalter
Chance
Moeglichkeit
Chanson
Kabarettlied
Charisma
Ausstrahlung
Chef
Vorgesetzter
chemische Werkstatt
Laboratorium
chemischer Begriff
Aethylaether, Benzolsaeure, Destillation, Eisenvitriol, Gefrierpunkt, Kalisalpeter, Kieselsaeure, Kohlendioxid, Kohlensaeure, Kondensation, Kupfernitrat, Kupfersulfat, Methylaether, Natriumlauge, Schmelzpunkt, Silberbromid, Silbernitrat, Silbersulfid, Terpentinoel, Wassergehalt
chemisches Element
Protactinium, Protaktinium
chinesischer Berg
Minya Gongkar
chinesischer Kaiser
Jungtschoeng

Choreographie
Ballettregie
Chorraum
Presbyterium
christlicher Feiertag
Fronleichnam, Herz-Jesu-Fest, Konfirmation, Totensonntag
Chronik
Aufzeichnung
Chronologie
Zeitrechnung
Chrysantheme
Frauenbalsam, Massliebchen
Clinch beim Boxen
Umklammerung
Clou
Paradenummer
Clown
dummer August
Coiffeurladen
Friseursalon, Frisoersalon
Computer
Rechenanlage
Computerart
Heimcomputer, Minicomputer
Computerfachmann
Informatiker
Courtoise
Hoeflichkeit
Crack
Spitzenpferd
Creme
Schaumspeise
Cup
Turnierpreis

D

Dachdeckmaterial
Biberschwanz
Damenunterkleidung
Bodystocking
Dampfmaschinenteil
Kolbenstange, Pleuelstange
dänische Goldmünze
Christiandor
Danziger Sehenswürdigkeit
Marienkirche
Darsteller
Schauspieler
Darstellung
Illustration
daseinsbejahend
optimistisch
Dauer
Fortbestehen
dauernd
fortwaehrend
Dauerwurst
Schlackwurst
Debüt
Erstauftritt
Defensive
Verteidigung
Defilee
Vorbeimarsch
definitiv
entscheidend
Degradierung
Erniedrigung, Herabsetzung
Dehnbarkeit
Elastizitaet
Dekoration
Auszeichnung, Ehrenzeichen
Delikatesse
Leckerbissen
Delikatessenart
Leberpastete
Delle
Blechschaden
Demarkation
Grenzziehung
Dementi
Berichtigung, Zuruecknahme
Demonstration
Erlaeuterung
demütig
unterwuerfig
Denksportaufgabe
Schachstudie, Wabenraetsel
Denksporttätigkeit
Raetselraten
Denunziant
Anschwaerzer
Depot
Aufbewahrung, Sammelstelle
Depression
Mutlosigkeit
Deputierter
Abgeordneter
Derby
Galopprennen, Pferderennen
Derwisch
Bettelmoench
Deserteur
Ueberlaeufer
Desinfektor
Kammerjaeger
Dessous
Damenwaesche, Unterwaesche
Detail
Einzelposten, Einzelstueck
deutlich
ueberzeugend
deutliche Aussprache
Artikulation
deutsche Großstadt
Braunschweig, Ludwigshafen, Saarbruecken
deutsche Landeshauptstadt
Saarbruecken
deutsche Landschaft
Dithmarschen, Hohenzollern, Muensterland, Niederbayern, Ostfriesland, Unterfranken
deutsche Universitätsstadt
Saarbruecken
deutscher Adelstitel
Pfalzgraefin
deutscher Berg, Gebirge
Hohenstaufen, Hornisgrinde, Katzenbuckel, Koenigsstuhl, Lennegebirge, Leupoldstein, Maedelegabel, Obersalzberg, Predigtstuhl, Schauinsland, Wesergebirge
deutscher Dirigent
Furtwaengler
deutscher Erfinder
Gabelsberger
deutscher Fußballspieler
Schnellinger
deutscher Philosoph
Schopenhauer
deutscher Politiker
Friedensburg, Gerstenmaier, Stauffenberg
deutscher Schauspieler
Biederstaedt, Kuhlenkampff
deutscher Schriftsteller
Enzensberger, Fallersleben, Feuchtwanger, Hofmannsthal
deutscher Seeräuber
Stoertebeker
deutsches Adelsgeschlecht
Hohenstaufen, Hohenzollern
deutsches Fürstenhaus
Hohenzollern
deutsches Märchen
Aschenputtel, Dornroeschen, Rotkaeppchen
deutsches Rotweingebiet
Wuerttemberg
deutsches Weinbaugebiet
Wuerttemberg
Deutung
Erlaeuterung
Devise
Wappenspruch
devot
kriecherisch, unterwuerfig

dezent
unauffaellig
Diagnose
Feststellung
Diebstahl
Unterschleif, Veruntreuung
Dienstmahlzeit
Arbeitsessen
Dienstweg
Instanzenweg
diffus
verschwommen
Dinosaurier
Brontosaurus
Diplom
Auszeichnung
Diskant
Fistelstimme
diskret
unauffaellig, verschwiegen
Disposition
Vorbereitung
Dissertation
Doktorarbeit
Dividende
Gewinnanteil
Dogma
Glaubenssatz
Doktorarbeit
Dissertation
Dokument
Beweisstueck
Dolde
Bluetenstand
Doldengewächs
Liebstoeckel
Donaustädter
Regensburger
Doppel
Durchschrift, Tennispartie, Zweitschrift
Dorf
Marktflecken
Dossier
Aktenbuendel
Dramaturgie
Buehnenkunde, Theaterkunde
Drehstrom
Wechselstrom
dreist
unverschaemt
dringende Nachricht
Expressbrief
Druckverfahren
Lithographie, Rollenoffset
Duftstoff
Bergamottoel
dummdreist
unverschaemt
Dummheit
Unwissenheit
Dummy
Schaupackung
Düngemittel
Kalksalpeter, Knochenasche
Durcheinander
Kuddelmuddel
durchschimmernd
opalisierend
Durchsicht
Nachpruefung
Dynamik
Lebendigkeit
Dynastie *in* Spanien
Bourbon-Parma

E

ebenbürtig
gleichwertig
Eberwurz
Silberdistel, Wetterdistel
Echsenart
Bergeidechse, Perleidechse, Zauneidechse
Echtheitserklärung
Bestaetigung, Legitimation
Edelstein
Azurmalachit, Bergkristall, Chrysoberyll, Rhodochrosit
effektiv
tatsaechlich
Egalisierung
Ausgleichung
ehemaliges Gerät der Bauern
Dreschflegel
Ehrabschneidung
Diffamierung
Ehrentitel beim Schach
Grossmeister
Ehrlichkeit
Arglosigkeit
ehrlos
veraechtlich
Ehrung
Auszeichnung
Eibisch
Wetterroesel
Eichelschwamm
Stinkmorchel
Eifer
Strebsamkeit
Eigenbrötler
Aussenseiter
eigensinnig
starrkoepfig
Eigentumsdelikt
Veruntreuung
Eilnachricht
Expressbrief
Einbau
Installation
Einberufung
Mobilmachung
einfach
anspruchslos
Einfachheit
Simplizitaet
Einfall
Geistesblitz
Einflussnahme
Manipulation
Einförmigkeit
Uniformitaet
Einfuhrgeschäft
Importhandel
Einführung
Introduktion
eingebildet
ueberheblich
Eingebung
Geistesblitz
eingelegte Gemüse
Mixedpickles
Eingriff
Intervention, Nichtachtung
einheimische Schlange
Ringelnatter
einheimischer Giftpilz
Giftegerling
einige
verschiedene
Einleitung
Introduktion
einleuchtend
augenfaellig, ueberzeugend
Einmischung
Intervention
einordnen
subsummieren
Einpauker
Korrepetitor
Einpflanzung
Implantation
Einrichtung
Installation, Organisation
Einrichtungsgegenstand
Chaiselongue
einsam
menschenleer
Einsegnung evangelischer Christen
Konfirmation
Einsickerung
Infiltration
Einsteller
Steuergeraet
einstweilig
provisorisch
Einzelgänger
Aussenseiter
Einziehung
Konfiskation
eisern
unerbittlich, unnachgiebig

Eiskrautgewächs
Mittagsblume
Eiskunstlauffigur
Doppeldreier, Todesspirale
Elan
Begeisterung, Enthusiasmus
Elbinsel bei Hamburg
Finkenwerder
elegisch
schwermuetig
elektrische Energie
Wechselstrom
elektrischer Strom
Wechselstrom
elektrisches Messgerät
Elektrometer, Galvanometer
elektrisches Musikinstrument
Hammondorgel
elfisches Wesen
Rautendelein
Eloquenz
Beredsamkeit
Emigration
Auswanderung
Empfangsgerät
Radioapparat
Empfindungsvermögen
Sensualitaet
Energie
Willenskraft
enge Berührung
Tuchfuehlung
Engel von Sibirien
Braendstroem
englisch für Berufssportler
professional
englische Grafschaft
Bedfordshire, Lincolnshire, Peterborough, Rutlandshire, Warwickshire
englischer Adelstitel
Viscountesse
englischer Maler
Gainsborough
englischer Staatsmann
Chesterfield
engstirnig
kleinkariert
entarten
degenerieren
Entartung
Degeneration
Enteignung
Konfiskation
Entfernung
Exstirpation
Enthusiasmus
Begeisterung
Entkeimung
Desinfektion
Entschädigung
Kompensation
Entwicklungsbeschleunigung
Akzeleration
Entzündung
Inflammation
Enzyklopädie
Grosslexikon
Epistel
Apostelbrief
Erbauer
Konstrukteur
Erbe
Vermaechtnis
erbliches Blutmerkmal
Rhesusfaktor
Erbschaft
Vermaechtnis
Erdaltertum
Palaeozoikum
Erdmesser
Markscheider
Erdrinde
Lithosphaere
Erfinder *der* Druckluftbremse
Westinghouse
Erfinder *der* Nähmaschine
Madersperger
Erfinder *der* Taschenuhr
Peter Henlein
Erfindungsgabe
Kreativitaet
erfundene Jagdgeschichten
Jaegerlatein
Ergebung
Kapitulation
erhaben
vorspringend
erhalten
konservieren
Erhebung
Insurrektion
Erholung
Regeneration
Erinnye
Rachegoettin
Erkenntnis
Apperzeption
Erklärung
Erlaeuterung, Proklamation
erlesen
hervorragend, vortrefflich
Erleuchtung
Geistesblitz
Ermahnung
Aufforderung
Ermittlung
Ausforschung, Untersuchung
erneuerte Schuhsohle
Schuhdoppler
Erneuerung
Reformierung, Regeneration, Restauration
Erntegerät
Maehdrescher, Maehmaschine
Eroberer
Konquistador
Eröffnung im Schach
Sizilianisch
Errichter
Konstrukteur
Ersatz
Substitution
Erschießung
Fuesilierung
Erschöpfungszustand
Neurasthenie
Erschwerung
Komplikation
erstaunlich
verblueffend
Erstgeburtsrecht
Primogenitur
erstklassig
hervorragend
Erzieherehepaar
Pflegeeltern
Erzieherin
Hauslehrerin
erzieherisch
paedagogisch
Erzschelm
Eulenspiegel
erzwungen
unfreiwillig
Eskapade
Seitensprung
essbare Dinge
Lebensmittel
ethischer Begriff
Sittengesetz, Sittlichkeit
Ethnologie
Voelkerkunde
Ethos
Sittlichkeit
Etikette
Hoeflichkeit
Eulenart
Schleiereule
Europäer
Skandinavier
europäischer Staat
Griechenland, Vatikanstaat, Vatikanstadt
evangelische Christen
Protestanten
evident
einleuchtend

exakt
gewissenhaft
Exemplar
Einzelstueck
exemplarisch
beispielhaft
Exkurs
Abschweifung
Exkursion
Studienfahrt
Exodus
Auswanderung
exzellent
hervorragend, vortrefflich

F

Fabeltier des Meeres
Seeungeheuer
Fabrikzeichen
Warenzeichen
Fachleute
Spezialisten
fachmännisch
qualifiziert
Fachsprache
Terminologie
fad
geschmacklos, nichts sagend
fahrbarer Beistelltisch
Servierwagen
Fahrerkopfschutz
Integralhelm
Faible *für* **Frankreich**
Frankophilie
fair
regelgemaess
Faksimile
Reproduktion
Faktor
Druckmeister, Multiplikant
Faktur
Lieferschein
falsch
heuchlerisch, hinterlistig, unaufrichtig
Falsett
Fistelstimme
Familienfeier
Konfirmation
Fanal
Feuerzeichen
Fantasie (Phantasie)
Hirngespinst
farbloses Gas
Kohlendioxid
Farbton
Scharlachrot
fassungslos
konsterniert
Faszination
Verzauberung
fatal
unerfreulich
faul
phlegmatisch
Fehlleitung
Irrefuehrung
Fehlurteil
Justizirrtum
Feier am 1. Januar
Neujahrsfest
Feind
Gegenspieler
feine Mehlspeise
Bischofsbrot
feinfühlend
zartbesaitet
Feinkost
Delikatessen
Felsen *im* **Teutoburger Wald**
Externsteine
Felsgruppe bei Detmold
Externsteine
Fensterbehang
Schalgardine
Ferienbagage
Reisegepaeck
Ferienfahrt
Urlaubsreise
ferne Position
Entlegenheit
Fernsprechraum
Telefonzelle
fesselnd
faszinierend
Festbeleuchtung
Illumination
festes Ortungsgerät
Radarstation
Festivität
Festlichkeit
festlegend
determinativ
Festlegung
Entscheidung
Festspielort *in* **Bayern**
Oberammergau
Fetthenne
Mauerpfeffer
Feuersbrunst
Schadenfeuer
Feuerwehrfahrzeug
Geraetewagen, Krankenwagen
Feuerwehrmann
Brandmeister
fieberhafter Hautausschlag
Nesselfieber
Fighter
Draufgaenger
Figur *aus einem* **deutschen Märchen**
Aschenputtel, Dornroeschen, Froschkoenig, Rotkaeppchen
Figur *bei* **Tolstoi**
Anna Karenina
Filiale
Zweigbetrieb
Filmberuf
Schauspieler
Filou
Schlauberger
Finale
Schlussszene
Firmenregister
Ragionenbuch
Fischart
Lanzettfisch, Lederkarpfen, Seepferdchen, Zitterrochen
Fischkaltgericht
Heringssalat
Fischkunde
Ichthyologie
Fischweib
Meerjungfrau
fiskalischer Begriff
Steuerklasse
Fistula
Hirtenfloete
Fitzbohne
Schnittbohne, Stangenbohne
Fixsternansammlung
Milchstrasse
Flachdruckverfahren
Lithographie
flache Kopfbedeckung
Baskenmuetze, Tellermuetze
Fläche
Bodenflaeche
Flächenmaß
Quadratmeter
Flaggenmast
Fahnenstange
Flaschenöffner
Korkenzieher
Flaschenverschluss
Kronenkorken
flatterhaft
unbestaendig
flau
schwaechlich
Flause
Hirngespinst
Flausen
Fisimatenten
Fleisch fressende Pflanze
Fliegenfalle
Fleischart
Schweinernes
fleischlose Ernährung
Vegetarismus

Fleischprodukt
Fleischkaese
Fleischspeise
Lendenbraten, Rinderbraten
Fleiß
Strebsamkeit, Tuechtigkeit
Flickarbeit
Ausbesserung
Fliegenart
Rinderbremse, Stubenfliege, Tsetsefliege
fliegender Fisch
Meerschwalbe
Fließpapier
Loeschpapier
Flintglas
Kristallglas
Flor
Blumenfuelle
Flora
Pflanzenwelt
Florentiner Architekt
Michelangelo
Flossenfüßer
Meerschnecke
Flughafen von Hamburg
Fuhlsbuettel
Flugzeugart
Duesenjaeger, Jagdflugzeug, Lastensegler
Flugzeugkommandant
Flugkapitaen
Fluidum
Ausstrahlung
Flurhüter
Feldpolizist
Fluss *in* **Amerika**
Rio de la Plata, Saskatchewan
Fluss *in* **Asien**
Jangtsekiang
Fluss *in* **Australien und Ozeanien**
Alberga River, Darling River, Derwent River, Fitzroy River, Gilbert River, Murrumbidgee
Fluss *in* **Finnland**
Kokemaenjoki
Fluss *in* **Kanada**
Saskatchewan
Fluss *in* **Portugal**
Guadalquivir
Fluss *durch* **Sevilla**
Guadalquivir
flüssige Vorspeise
Gerstelsuppe, Karfiolsuppe
Flusspferd
Hippopotamus
folgewidrig
inkonsequent
Folgewidrigkeit
Inkonsequenz
Folter
Misshandlung
Fön
Haartrockner
Fontäne
Wasserstrahl
Förderung
Exploitation
Form *der* **Abstimmung**
Hammelsprung
Form *einer* **Regierung**
Absolutismus
Formwandel
Metamorphose
Forschung
Untersuchung, Wissenschaft
Forschungsanstalt
Laboratorium
Forstbeamter
Forstgehilfe, Forstmeister, Jagdaufseher, Oberfoerster
Forstschädling
Borkenkaefer
Fortdauer
Kontinuitaet
Fortpflanzung
Reproduktion
Fortschritt
Verbesserung
Forum
Richterstuhl
Fotoapperat
Sucherkamera
Fotograf
Lichtbildner
fotografischer Arbeitsraum
Dunkelkammer
Fracht
Transportgut
fragend
interrogativ
Fraglichkeit
Ungewissheit
Fraktion
Parteigruppe
Fraktur
Knochenbruch
französisch für Fräulein
Mademoiselle
französische Anrede
Mademoiselle
französische Insel
Porquerolles
französische Nationalhymne
Marseillaise
Frau von Agamemnon
Klytemnestra
Frauenberuf
Arzthelferin, Buchhalterin, Empfangsdame, Fuersorgerin, Journalistin, Photographin, Putzmacherin, Telefonistin, Verkaeuferin
Frauenheilkunde
Gynaekologie
Frauenmantel
Marienmantel
frech
unverschaemt
freiheitliche Gesinnung
Liberalitaet
Freiheitsentzug
Inhaftierung, Jugendarrest
Freiheitsgesinnung
Liberalismus
Freiheitsverbrechen
Menschenraub
Freilichtbühne
Naturtheater
Freisinn
Liberalismus
Freizeitbeschäftigung
Steckenpferd
Fresko
Wandgemaelde
freudlos
schwermuetig
Freund
Verbuendeter
friedlich
konfliktfrei
friedliebend
pazifistisch
friesische Inseln
Terschelling
Frischhalteanlage
Gefriertruhe, Kuehlschrank
Frisiergerät
Rasiermesser, Trockenhaube
Frisiermittel
Haarfestiger,
frömmelnd
scheinheilig
Frömmigkeit
Gottesfurcht
Fron
Zwangsarbeit, Zwangsdienst
Front
Grenzflaeche
Froschlurch
Wasserfrosch
Frucht
Preiselbeere, Sauerkirsche, Schwarzbeere, Stachelbeere
Früchteverkäufer
Obsthaendler
Funkwellenempfänger
Richtantenne

Furcht
Unsicherheit
Furie
Kratzbuerste, Rachegoettin
Furore
Begeisterung
Fußballausdruck
Abseitsfalle, Platzverweis, Regionalliga, Steilvorlage
Fußballspieler
Halbstuermer, Rechtsaussen
Fußbekleidung
Gummistiefel
Fußkleidschlupfhilfe
Schuhloeffel
Fußstütze
Einlegesohle
Fußteil
Sprunggelenk
Fußweg
Buergersteig

G

galant
zuvorkommend
Galanterie
Hoeflichkeit
Galgenhumor
Selbstironie
Gänseblümchen
Massliebchen
Gänsedistel
Milchlattich, Schweinekohl
ganz
vollstaendig
Garant
Gewaehrsmann
Garderobe
Ankleideraum, Umkleideraum
gärender Most
Federweisser
Gartenblume
Becherglocke, Chrysantheme, Flammenblume, Fuchsschwanz, Glockenblume, Koenigskerze, Mittagsblume, Rhododendron, Windroeschen
Gartenerzeugnis
Schnittlauch, Stachelbeere
Gartengerät
Heckenschere, Schiebkarren
Gartenkrähe
Eichelhaeher
Gartenmöbel
Sonnenschirm
Gärung
Fermentation
Gastronom
Restaurateur
Gastwirtschaft
Bierschwemme, Restauration, Schutzhuette, Waldschaenke
Gaul
Arbeitspferd
Gebäcksorte
Apfelstrudel, Pumpernickel, Russischbrot, Salzstangerl
Gebenedeite
Gottesmutter
Gebiet *ohne* **Besitzer**
Niemandsland
Gebiet *an der* **Nordsee**
Dithmarschen
Gebirge
Gebirgsstock
Gebirge *der* **Antarktis**
Vinsonmassiv
Gebirge *in* **Indien**
Khasigebirge
Gebirgsbahn
Lastenaufzug, Materialbahn
Gebirgshaus
Schutzhuette
Gebirgskette
Glarner Alpen
Gebirgspflanze
Zirbelkiefer
Gebiss
Zahnprothese
Gebläse
Winderzeuger
Gedächtnisschulung
Mnemotechnik
Gedächtnisstütze
Eselsbruecke
Gedenkstätte
Triumphbogen
Gedinge
Akkordarbeit, Stueckarbeit
geduldig
quietistisch
geeignet
qualifiziert
Gefahr für Bergleute
Schlagwetter, Stollenbruch
gefährliches Reptil
Giftschlange
Gefallen
Liebesdienst
Gefangenschaft
Einkerkerung, Inhaftierung
Gefängnis
Strafanstalt
Gefäß
Waermflasche
Gefäß *zum* **Einkochen**
Einsiedeglas
Gefecht
Scharmuetzel
Geflügelstall
Taubenschlag
Gefriergerät
Kuehlschrank
Gefühl
Verstaendnis
gefühlsbedingtes Verhalten
Ressentiment
Gegenmaßnahme
Konterschlag
Gegensatz
Antagonismus
gegensätzlich
antithetisch
Gegenstück
Entsprechung
Gegenteil von Traum
Wirklichkeit
Gegner
Gegenspieler
gehaltlos
nichts sagend
Gehaltsbestandteil
Ortszuschlag
Gehaltsempfänger
Angestellter, Arbeitnehmer
gehaltvoll
inhaltsreich
gehässig
hinterlistig
Geheimbund *in* **Europa**
Rosenkreuzer
Geheimbündelei
Konspiration
geheimnisvoll
sibyllinisch
Gehirnentzündung
Encephalitis, Enzephalitis
Gehsteig
Buergersteig
Geierart
Koenigsgeier, Laemmergeier, Moenchsgeier
Geigenteil
Saitenhalter, Wirbelkasten
Geisha
Tanzmaedchen
geistlicher Orden
Benediktiner, Franziskaner, Ignorantiner, Kluniazenser, Tempelherren
geistreich
schlagfertig
gekünstelt
unnatuerlich
geladener Kreis
Gesellschaft
Geldbehälter
Portefeuille, Portemonnaie

Geldbeutel
Portemonnaie
Geldbörse
Portemonnaie
Geldinstitutart
Bausparkasse
Geldinstitutschef
Bankdirektor
Geldsendung
Ueberweisung
Gelegenheit
Moeglichkeit
Gelegenheit bieten
ermoeglichen
Gemäldeeinfassung
Bilderrahmen
Gemäldesammlung
Kunstgalerie
gemäß
entsprechend
Gemeindekirchenrat
Presbyterium
Gemeindezentrum
Rathausplatz
gemeine Bosheit
Niedertracht
Gemeinheit
Niedertracht
Gemeinschaft
Gesellschaft, Gewerkschaft
Gemeinschaftssinn
Freundschaft, Solidaritaet
Gemüsegericht
Tomatensuppe
Gemütsruhe
Gelassenheit
genau
gewissenhaft
Genehmigung
Einwilligung, Ratifikation
Generalsekretär der UNO
Boutros Ghali
genial
bahnbrechend
genügsam
anspruchslos
Genugtuung
Satisfaktion
geographischer Begriff
Luftaufnahme, Schneegrenze, Bruchfaltung, Dachschiefer, Rotliegendes, Kegelschnitt
geometrisches Zeichengerät
Kurvenlineal
Geradheit
Schlichtheit
Gerät *der* Boxer
Punchingball
Gerät *im* Büro
Zeichenbrett
Gerät *im* Haushalt
Kaffeemuehle
Gerät *im* Kuhstall
Melkmaschine
Gerät *zum* Zeichnen
Kurvenlineal
Gerbmittel
Alaunloesung
gerecht
rechtdenkend, unparteiisch
gerichtliche Entscheidung
Schuldspruch, Verurteilung
Gerichtsbarkeit
Jurisdiktion, Justizhoheit
Gerichtsbeisitzer
Geschworener
gerieben
durchtrieben
geringschätzig
veraechtlich
Gerinnsel
Blutpfropfen
gerissen
durchtrieben
gern, gerne
bereitwillig
gesamt
vollstaendig
Gesamtheit *der* essbaren Dinge
Lebensmittel
Gesamtheit *des* Wissens
Wissenschaft
Geschäft
Arbeitsplatz
Geschäftsbereich eines Ministers
Portefeuille
Geschäftsservice
Kundendienst
geschichtlich
diachronisch
Geschichtsepoche
Altsteinzeit, Mesolithikum
geschmacklos
abgeschmackt
geschützt
ungefaehrdet
Geschworener
Laienrichter
gesellige Plauderei
Unterhaltung
gesellige Unterhaltung
Konversation
geselliges Gespräch
Unterhaltung
Gesellschaft
Bevoelkerung
Gesellschaftsraum
Vereinslokal
Gesellschaftsschicht
Aristokratie
Gesenk
Schmiedeform
Gesetzbuch
Code Napoléon
Gesetzessammlung
Kodifikation
gesetzlich
rechtmaessig
Gesicht
Physiognomie
Gesichtsausdruck
Physiognomie
Gesichtszüge
Physiognomie
Gesinde
Dienerschaft
Gesinnung
Grundhaltung
Gesinnungsgenosse
Sympathisant
Gespräch
Konversation, Unterhaltung
gesprächig
geschwaetzig
Gestaltung
Konstruktion
gestattet
sanktioniert
Geste
Achselzucken, Handbewegung
Gesteinskunde
Petrographie
Gesundheit
Wohlbefinden
Getreideschädling
Mehlzuensler
Getreidezerkleinerungsmaschine
Schrotmuehle
Getriebeteil
Differential, Differenzial
Gewand der Naturvölker
Lendenschurz
Gewässer *in* Hamburg
Aussenalster
Gewässer *in* Kärnten
Ossiacher See
Gewässerbeschreibung
Hydrographie
gewerbsmäßige Unzucht
Prostitution
Gewichtsklasse (Boxen)
Federgewicht
gewieft
durchtrieben
Gewinn bringend
eintraeglich
Gewinner
Preistraeger
gewissenhaft
zuverlaessig

Gewissheit
Bestimmtheit, Ueberzeugung
Gewöhnung
Angewohnheit
Gewürz
Gewuerznelke, Liebstoeckel, Lorbeerblatt, Muskatbluete, Pfefferkraut, Schnittlauch
Geysir
Springquelle
gezielte Beeinflussung
Manipulation
Gier
Besessenheit, Leidenschaft
Giftpflanze
Koenigskerze, Moenchskappe, Purgierkraut, Schoellkraut, Teufelsbeere
Giftpilz
Gichtmorchel, Giftegerling, Stinkmorchel
Giftschlange
Buschmeister
Gischt
Spruehwasser, Wellenschaum
Gladiole
Schwertlilie
Glas
Trinkgefaess
Glaube
Ueberzeugung
Glaube *an* **einen einzigen Gott**
Monotheismus
Glaube *an* **viele Götter**
Polytheismus
Glaubensgemeinschaft
Christenheit
gleich
bevorstehend
gleich bleibend
fortwaehrend, unveraendert
Gleichartigkeit
Homogenitaet
gleichberechtigt
paritaetisch
Gleichmäßigkeit
Uniformitaet
Gleichstellung
Emanzipation
Gleisanlage
Abstellgleis, Hauptstrecke, Nebenstrecke, Rangiergleis
Glückskäfer
Marienkaefer
Glut
Begeisterung
gnadenlos
unbarmherzig
Goldblume
Chrysantheme
Gouverneur
Befehlshaber
graben
ausschachten
Grad
Unterteilung
Gratulation
Glueckwunsch
griechische Göttin
Pallas Athene
griechischer Mathematiker
Eratosthenes
griechischer Schriftsteller
Aristophanes, Eratosthenes
griechischer Staatsmann
Themistokles
Griff an der Tür
Tuerklinke
Großbrand
Feuersbrunst
große Deckenlampe
Kronleuchter
Größenwahn
Gigantomanie
großes Meeressäugetier
Groenlandwal
Großmaul
Aufschneider
größte Wasserfläche
Stiller Ozean
größter Strom in Asien
Jangtsekiang
grotesk
phantastisch
gründlich
gewissenhaft
grundlos
unbegruendet
Grundschulfach
Handarbeiten
Grundstück
Liegenschaft
Grünrock
Forstbeamter
gutes Wetter
Sonnenschein
Gymnasiast
Oberschueler
gymnastische Übung
Strecksprung

H

Haarpflegegerät
Trockenhaube
Hafenstadt *in* **Brasilien**
Rio de Janeiro
Hafenstadt *in* **Frankreich**
Saint-Nazaire
Hafenstadt *in* **Griechenland**
Thessalonike
Hafenstadt *auf* **Haiti**
Port-au-Prince
Hafenstadt *in* **Kolumbien**
Barranquilla, Buenaventura
Hafenstadt *in* **Nordamerika**
Jacksonville, Philadelphia
Hafenstadt *an der* **Nordsee**
Kristiansand
Hafenstadt *in* **Norwegen**
Kristiansand, Kristiansund
Hafenstadt *in* **Schweden**
Haelsingborg
Hafenstadt *in* **Spanien**
San Sebastián
Haftungsfrist
Garantiezeit
Hahn
Abzugsbuegel
Halbinsel *in* **Südostasien**
Hinterindien
Halsteil
Schilddruese, Speiseroehre
Hamburger Stadtteil
Harvestehude
Hammelfleisch
Schoepsernes
Handballausdruck
Torraumlinie
handeln
taetig werden
Handelsmarke
Warenzeichen
Handgepäck
Hutschachtel
handgreiflich
gewalttaetig
Handlanger
Beistehender
Handlung
Unternehmung
Handsäge
Fuchsschwanz
Handstableuchte
Taschenlampe
Handteil
Fingerspitze, Mittelfinger
Handwerker
Installateur
Handwerkerdiplom
Meisterbrief
Handwerkertitel
Zunftmeister
Handwerksbetrieb
Buchbinderei
Handwerkszeug
Bohrmaschine

Hansestadt
Braunschweig
Harm
Verbitterung
harmlose Schlange
Ringelnatter
Harmonie
Einvernehmen
hart
unerbittlich
hartnäckige Sturheit
Verbohrtheit
Hasard
Gluecksspiel
Hase im Märchen
Meister Lampe
Häufung
Akkumulation
Hauptfigur
Titelgestalt
Hauptort *auf* **Elba**
Portoferraio
Hauptstadt *der* **Dominikanischen Republik**
Santo Domingo
Hauptstadt *von* **Haiti**
Port-au-Prince
Hauptstadt *von* **Madagaskar**
Antananarivo
Hauptstadt *von* **Niederösterreich**
Sankt Poelten
Hauptstadt *des* **Saarlandes**
Saarbruecken
Hauptstraße *in* **Düsseldorf**
Koenigsallee
Haus
Mietskaserne
Haushaltsgerät
Kaffeemuehle, Kuehlschrank
Hautatmung
Perspiration
Hautkrankheitslehre
Dermatologie
Hautverzierung
Taetowierung
Hautzeichnung
Taetowierung
Headline
Ueberschrift
Hebevorrichtung
Gabelstapler, Lastenaufzug
Hederich
Ackerrettich
heftig
vordringlich
heftiger Gefühlsdrang
Leidenschaft
Heide
Unglaeubiger
Heidekraut
Glockenheide
Heidelbeere
Schwarzbeere
Heideschaf
Heidschnucke
Heil- und Zierpflanze
Koenigskerze
Heiligsprechung
Kanonisation
Heilmittel
Antibiotikum
Heilmittelhersteller
Pharmakologe
Heilpflanze
Koenigskerze, Pfefferminze
Heilteepflanze
Pfefferminze
Heilverfahren
Homoeopathie
Heimgegangener
Verstorbener
heimliche Absprache
Konspiration
heimlicher Groll
Ressentiment
Heimlichtuer
Kundschafter
Heimtücke
Niedertracht
Heißsporn
Draufgaenger
Helfer
Beistehender
Helfer *bei der* **katholischen Messe**
Ministranten
Helikopter
Hubschrauber
Hellas
Griechenland
hemmen
verlangsamen
Hemmvorrichtung am Fahrrad
Felgenbremse
Herabsetzung
Degradierung, Diffamierung, Ermaessigung
Heranwachsender
Jugendlicher
herausfordernd
provozierend
Herausschneiden eines Organs
Exstirpation
Herberge im Orient
Karawanserei
Herbstblume
Chrysantheme
Herd
Feuerstaette
herkömmlich
traditionell
Hermaphrodit
Zwitterwesen
herrenloses Gebiet
Niemandsland
Herrenlotion
Rasierwasser
Herrschaft
Staatsgewalt
hervorheben
akzentuieren
hervorragend
vortrefflich
herzanregendes Mittel
Strophanthin
Herzeleid
Liebeskummer
Herzerkrankung
Kardiopathie
Hetzer
Einpeitscher
heuchlerisch
pharisaeisch
Hiesiger
Eingeborener
hilfloser Zustand
Ratlosigkeit
Hilfsgelder
Subventionen
Himalajagipfel
Mount Everest
himmlisch
paradiesisch
Hingabe
Leidenschaft
Hinterbänkler
Abgeordneter
hinteres Schiffsteil
Achterschiff
Hinterindien
Suedostasien
Hinterlist
Machenschaft
Hinterschiff
Achterschiff
hintertreiben
konspirieren
hinterwäldlerisch
kleinkariert
Hinterziehung
Veruntreuung
hinweisend
demonstrativ
Hitze
Leidenschaft
hitzig
unbeherrscht
Hitzkopf
Draufgaenger

Hobby
Steckenpferd
Hochachtung
Ehrerbietung
Hochgebirge *auf der* **Iberischen Halbinsel**
Sierra Nevada
hochherzig
altruistisch
Hochmut
Blasiertheit
hochnäsig
herablassend
Hochschule
Universitaet
Hochschullehrer
Privatdozent
höchste Stadt der Erde
Cerro de Pasco
höchster Berg der Erde
Mount Everest
höchster Berg des nördlichen Schwarzwaldes
Hornisgrinde
höchster Berg in Asien
Mount Everest
hochwertig
hervorragend, vortrefflich
Hocker für Musiker
Klavierstuhl
Hoffnungslosigkeit
Verzweiflung
hohe Schneiderkunst
Haute Couture
Höhenlinien
Niveaulinien
hoher Männerhalskragen
Vatermoerder
höhere Kochkunst
Haute Cuisine
höherer Schüler
Realschueler
Höhlenkunde
Spelaeologie
Höhlenmensch
Neandertaler
Hohlwurz
Lerchensporn
Holländer
Sagengestalt, Schlittschuh
Höllenstein
Silbernitrat
höllisch
infernalisch
Holz verarbeitender Betrieb
Papiermuehle
Holzblasmusiker
Klarinettist
hölzernes Klapperinstrument
Kastagnetten
Holzknecht
Waldarbeiter
Holzschädling
Borkenkaefer
Hommage
Ehrerbietung
Hora
Gebetsstunde
Hort
Kindergarten
Hospitant
Gastschueler
Hotelraum mit zwei Betten
Doppelzimmer
Humanismus
Zivilisation
Hunderasse
Bernhardiner, Gordonsetter, Pudelpointer, Schaeferhund
Hutmacherin
Putzmacherin
Hygiene
Reinlichkeit
hygienische Maßnahme
Desinfektion
hypochondrisch
schwermuetig

I

ichbezogener Mensch
Egozentriker
Idee
Grundgedanke
ideenarm
phantasielos
ideenreich
fantasievoll
illegal
gesetzwidrig, rechtswidrig, ungesetzlich
imaginär
phantastisch
immens
unermesslich
Immigration
Einwanderung
immun
unangreifbar
Imperium
Machtbereich
impertinent
aufdringlich, unverschaemt
Implantation
Einpflanzung
impulsives Handeln
Spontanitaet
in jungen Jahren begangener Fehler
Jugendsuende
Inbrunst
Enthusiasmus, Leidenschaft
Indianerstamm
Tscherokesen
indifferent
teilnahmslos
Indignation
Veraergerung
indische Religion
Dschainismus
Individuum
Einzelperson
indonesische Inselgruppe
Nassauinseln
indonesischer Berg
Puntjak Djaya
infam
veraechtlich
Infektionskrankheit
Denguefieber, Genickstarre
Informationsmittel
Illustrierte
Inhaltsangabe
Sachregister
Injektion
Einspritzung
Inkraftsetzung
Bestaetigung
Insekt
Hirschkaefer, Schlupfwespe
Insekten fressende Pflanze
Fliegenfalle
Insektenbekämpfungsmittel
Mottenpulver
Insel *der* **Kleinen Antillen**
Caicosinseln, Caymaninseln, Virgininseln
Insel *im* **nördlichen Eismeer**
Wrangelinsel
Insel *in der* **Nordsee**
Terschelling
Inseleuropäer
Groenlaender
Inselgruppe *vor der* **Nordküste Schottlands**
Orkneyinseln
Inselgruppe *im* **Stillen Ozean**
Hawaiiinseln, Neue Hebriden
Insignien
Ehrenzeichen
Inspektion
Besichtigung, Ueberwachung
Inspiration
Geistesblitz
inspirieren
beeinflussen
Instandhaltung
Kundendienst

Instandsetzung
Ausbesserung, Restauration
Instantgetränk
Pulverkaffee
Instrument *des* Arztes
Augenspiegel, Seziermesser
Intelligenz
Gescheitheit
Intention
Zielrichtung
Intervall
Zwischenraum
Intrige
Machenschaft
Intuition
Geistesblitz
irakisches Zentralgebiet
Mesopotamien
Irisgewächs
Schwertlilie
Islamit
Mohammedaner
isländisches Heldengedicht
Frithjofsage
Isolierflasche
Dewar-Gefaess
Isoliermaterial
Astbestpappe
italienische Hafenstadt
Castellamare
italienische Hafenstädter
Neapolitaner
italienische Schauspielerin
Lollobrigida
italienischer Astronom
Schiaparelli
12
italienischer Baumeister
Brunelleschi
italienischer Bildhauer
Brunelleschi, Michelangelo
italienischer Maler
Michelangelo
italienischer Rotwein
Valpolicella
italienischer See
Lago Maggiore
italienisches Bergmassiv
Gran Paradiso

J

Jagdfrevel
Wilddieberei
Jagdgeschichten
Jaegerlatein
Jagdgewehrart
Schrotflinte
Jagdvergehen
Wilddieberei
Jäger
Jagdflugzeug
jäh
unvermittelt
jähzornig
unbeherrscht
Jalousie
Sonnenschutz
japanische Nationalreligion
Schintoismus
japanische Religion
Schintoismus
Jargon
Kauderwelsch
Jazzbegriff
Boogie-Woogie
Jazzinstrument
Hammondorgel
Jazzmusiker
Mangelsdorff
jenseitig
transzendent
jetzt
gegenwaertig
Job
Arbeitsplatz
Joch
Flaechenmass
jüdische religiöse Bewegung
Chassidismus
junger Wein
Federweisser
Jüngling
Jugendlicher
Jura
Jurisdiktion, Jurisprudenz
Jurist
Rechtsanwalt, Staatsanwalt
Juristenberuf
Rechtsanwalt, Staatsanwalt
juristischer Begriff
Beweismangel, Beweismittel, Geschworener, Gnadengesuch, Justizirrtum, Kreuzverhoer, Nebenklaeger, Strafprozess, Strafvollzug, Untersuchung, Verurteilung, Zivilprozess
Jury
Kampfgericht, Preisgericht
Justiz
Rechtspflege

K

Kabale
Machenschaft
Kabarettansager
Conférencier
Kabine
Telefonzelle, Umkleideraum
Kader
Linientreuer
Käferart
Apfelstecher, Baumruessler, Blattwickler, Borkenkaefer, Grundlaeufer, Hirschkaefer, Kurzfluegler, Kurzruessler, Leuchtkaefer, Marienkaefer, Pillendreher, Rebenstecher, Taumelkaefer, Totengraeber
Kaisertitel *in* Äthiopien
Negus Negesti
Kaisertitel *im* Iran
Schahinschah
Kakteenart
Greisenhaupt, Warzenkaktus
Kalamität
Verlegenheit
kalifornische Stadt
San Francisco, San Franzisko
kaltherzig
gefuehlskalt
Kameradschaft
Gemeinschaft, Zusammenhalt
Kamerazubehör
Sonnenfilter, Teleobjektiv
Kamin
Felsschlucht
Kampfplatz
Schlachtfeld
kampieren
uebernachten
Kandelaber
Kerzenhalter
Kanon
Kettengesang
Kantine
Verkaufsraum
Kanton der Schweiz
Ausserrhoden, Schaffhausen
Kanton und Stadt der Schweiz
Schaffhausen
Kanzel
Chorschranke, Predigtstuhl
Kapitän
Spielfuehrer
Kapsel
Raumfahrzeug
Kapuziner
Franziskaner
Kapuzinerkresse
Kletterkraut
Kardinalstracht
Purpurmantel
Karnevalsveranstaltung
Mummenschanz

karpfenartiger Fisch
Steinbeisser
Karree
Haeuserblock, Rippenstueck
Kartei
Zettelkasten
Kartenwissenschaft
Kartographie
Kartoffelstäbchen
Pommes frites
Kartothekbehälter
Karteikasten
Kastell
Festungswerk
Katapult
Wurfmaschine
Katastrophenart
Feuersbrunst, Lawinensturz
Kate
Bauernhuette
Katheder
Predigtstuhl
Kathedrale in Paris
Invalidendom
katholischer Bettelorden
Franziskaner
katholischer Feiertag
Fronleichnam
katholischer Frauenorden
Klarissinnen
katholischer Orden
Benediktiner, Franziskaner, Kluniazenser
katholisches Gnadenmittel
Lossprechung
Katzenart
Ginsterkatze, Koenigstiger
kaufmännischer Beruf
Filialleiter
kaukasischer Volksstamm
Tscherkessen
kecke Kühnheit
Verwegenheit
keimtötend
antiseptisch
keimtötendes Mittel
Antiseptikum
Keimtötung
Desinfektion
Kelle
Biberschwanz
kennzeichnendes Merkmal
Charakterzug
kess
selbstsicher
Kesseltreiben
Hetzkampagne
Kettenfahrzeug
Planierraupe
Keyboard
Elektroorgel
Kiefernart
Aleppokiefer
Kilt
Schottenrock
Kindergarten
Krabbelstube
Kinderspiel
Kippel-Kappel, Seilspringen
Kindertanz
Ringelreihen
Kirchenvorstand
Presbyterium
kirchliche Feier
Gottesdienst
kirchliche Handlung
Konfirmation
kirchlicher Feiertag
Fronleichnam
kirchlicher Gesang
Kyrieeleison
Kirmesbude
Lachkabinett
Kirschenart
Sauerkirsche
Kittchen
Strafanstalt
klangvoll
wohlklingend
klar
durchsichtig, einleuchtend
klare Wahl
Entscheidung
klein
geringfuegig
kleines Gefecht
Scharmuetzel
Kleingärtner
Laubenpieper
kleinlich
kleinkariert
Kleinstaat in Europa
Vatikanstadt
Kleinverkauf
Detailhandel
Klempner
Installateur
Kletterstaude
Zimmerhopfen
Klient
Auftraggeber
Klimakterium
Wechseljahre
Klimakunde
Klimatologie
Klops
Fleischkloss
Kloster *in* **Italien**
Monte Cassino
Kloster *im* **Schwarzwald**
Sankt Blasien
Klugscheißer
Besserwisser
Knast
Strafanstalt
Knobel
Handknoechel
Kochutensil
Ruehrloeffel
Kollektiv
Gemeinschaft
Kölnisch Wasser
Eau de Cologne
Kolonialwaren
Genussmittel, Lebensmittel, Suedfruechte
kolumbianische Hafenstadt
Barranquilla, Buenaventura
Kommandant
Befehlshaber
Kommentar
Erlaeuterung
komplett
vollstaendig
Komplex
Verknuepfung
Kompliment
Schmeichelei
Konditoreierzeugnis
Apfelstrudel, Erdbeertorte
Kongregation
Bruderschaft
König *von* **Assyrien**
Assurbanipal
Königreich *in* **Nahost**
Saudi-Arabien
königstreu
royalistisch
konkurrieren
rivalisieren
Konserviertes
Eingemachtes
Konsortium
Zweckverbund
Kontakt
Stromschluss
Konterfei
Photographie
Kontrahent
Gegenspieler
Kontrolle
Nachpruefung, Ueberwachung
Konversation
Unterhaltung
Kopfbedeckung
Baskenmuetze
kopflos
ueberstuerzt
Kopfteil
Ohrlaeppchen

Kopie
Durchschrift, Reproduktion, Zweitschrift
Korbblütler
Chrysantheme, Flockenblume, Massliebchen
Kornkeimgut
Saatgetreide
Kornmahlbetrieb
Wassermuehle
Kornspeicher
Getreidesilo
Körperbau
Konstitution
Körperertüchtigung
Breitensport
körperliche Beschaffenheit
Konstitution
Körperschaft
Gesellschaft
Körperteil
Oberschenkel
korrekt
gewissenhaft
Korrektur
Berichtigung, Verbesserung
Korrespondent
Briefpartner
Korrespondenz
Briefwechsel
kosmisch
interstellar
Kotelett
Rippenstueck
Kraftfahrer
Automobilist
Kraftfahrzeug
Kleinomnibus
kraftlos
schwaechlich
Kraftübertragung
Transmission
krankhaft
pathologisch
Krankheitserregervernichtung
Desinfektion
Krawattenart
Selbstbinder
Kreditanstalt
Geldinstitut
Kreis
Kegelschnitt
kriecherisch
unterwuerfig
Kriechtier
Schildkroete
kriminell
ungesetzlich
kriminelles Vergehen
Menschenraub
Kritikaster
Besserwisser
Kücheneinrichtung
Besenschrank, Brotmaschine, Kuehlschrank
Küchengegenstand
Dosenoeffner, Kaffeemuehle, Schoepfkelle, Spuelbuerste
Küchengewürz
Gewuerznelke, Liebstoeckel, Schnittlauch
kujonieren
schikanieren
kulinarische Genüsse
Tafelfreuden
Kultur
Zivilisation
Kulturepoche
Klassizismus
Kulturerscheinung
Wissenschaft, Zivilisation
Kulturstätte
Konzerthalle, Universitaet
Kunst des Scherenschnittes
Psaligraphie
Kunst des Schönschreibens
Kalligraphie
Kunstgriff
Manipulation
Künstler
Opernsaenger, Schauspieler
Kunstrichtung
Naturalismus
Kunststoff
Polyaethylen
Kur
Verschickung
Kurs
Boersenpreis, Flugrichtung
Kurzschrift
Stenographie
Kurzweil
Unterhaltung, Zeitvertreib
Kutsche
Zweispaenner

L

labil
unbestaendig
Ladung
Aufforderung
Lager
Sammelstelle
Lagerhaus für Getreide
Getreidesilo, Kornspeicher
Laienrichter
Geschworener
Lampen am Auto
Scheinwerfer
Lampenart
Kronleuchter, Scheinwerfer, Taschenlampe
Landesteg
Anlegestelle
Landesteil *von* **Bayern**
Niederbayern, Unterfranken
Landesverweseramt
Regentschaft
Landschaft *in* **Schleswig-Holstein**
Dithmarschen
landschaftlich für Blaubeere
Schwarzbeere
Landsmann in Österreich
Vorarlberger
landwirtschaftliches Gerät
Dreschflegel, Maehdrescher
langatmig
ausfuehrlich
längliches Weißbrot
Semmelwecken
Langstreckenwettbewerb
Marathonlauf
Lärm
Ruhestoerung
lässlich
entschuldbar
Lastenheber
Gabelstapler
Lästerung
Beschimpfung
lästig
aufdringlich, beschwerlich
lästiger Mensch
Stoerenfried
Latifundium
Liegenschaft
Latrine
Donnerbalken
Laubbaum
Silberpappel
Laubbaum mit essbaren Früchten
Edelkastanie
laufende Rechnung
Kontokorrent
Lebensanstrengung
Daseinskampf
Leckerbissen
Spezialitaet
leere Ausflüchte
Fisimatenten
legal
rechtmaessig
legitim
rechtmaessig
Legitimation
Berechtigung

Lehranstalt
Berufsschule, Mittelschule, Sonderschule, Universitaet
Lehrbefähigung
Venia Legendi
Lehre *von der* **Bewegung der Flüssigkeiten**
Hydrodynamik
Lehre *von den* **Frauenkrankheiten**
Gynaekologie
Lehre *von den* **Hautkrankheiten**
Dermatologie
Lehre *vom* **Klima**
Klimatologie
Lehre *vom* **Wetter**
Meteorologie
Lehrer
Schulmeister
Leibkleidung
Unterwaesche
Leibschmerzen
Bauchgrimmen
Leichtathlet
Diskuswerfer, Mehrkaempfer
leichtathletische Übung
Diskuswerfen, Hammerwerfen, Kugelstossen, Marathonlauf
Leidenschaft
Begeisterung, Enthusiasmus
leidenschaftliche Hingabe
Besessenheit
leidig
unerfreulich
Lein
Faserpflanze
leitender Angestellter
Personalchef
Leiter *eines* **Spielmannszuges**
Tambourmajor
Lektüre für Kinder
Maerchenbuch
lethargisch
teilnahmslos
Leuchtstab
Taschenlampe
Leugnung der Erkenntnisfähigkeit
Agnostizimus
Lichtbild
Photographie
Lichtbildgerät
Photoapparat
liebenswürdig
zuvorkommend
Liebhaberei
Steckenpferd
Lieferstelle
Bezugsquelle
Liegestatt
Chaiselongue
Liierter
Verbuendeter
Likör
Benediktiner
Limerick
Spottgedicht
Lineal mit Querleiste
Reissschiene
Lippenspalte
Hasenscharte
Lippenverwachsung
Hasenscharte
listige Schläue
Gerissenheit
liturgischer Gegenstand
Raeucherfass
löcherig
durchlaessig
Loge
Theaterplatz
Lohnabzug bei Arbeitnehmern
Krankenkasse
lohnend
eintraeglich
Lokalart im Freien
Schanigarten
Luftangriff
Bombardement
Luftfahrzeug
Fesselballon, Hubschrauber, Lastensegler
Lügenbaron
Muenchhausen
lukrativ
eintraeglich
Lüster
Kronleuchter
luzid
durchsichtig

M

Macht
Staatsgewalt
mächtig
beherrschend, wirkungsvoll
machtlos
unvermoegend
Madonna
Gottesmutter
Magenspiegelung
Gastroskopie
magische Formel
Zauberspruch
Maisspeise
Tuerkensterz
Makel
Kainszeichen
malaiisches Archipel
Australasien
Malefizkerl
Draufgaenger
Malermaterial
Terpentinoel
Malheur
Missgeschick
Mandant
Auftraggeber
mangelndes Selbstvertrauen
Unsicherheit
Manie
Besessenheit, Leidenschaft
Manipulation
Machenschaft
manipulieren
beeinflussen
Mannequin
Vorfuehrdame
männlicher Verwandter
Urgrossvater
Mannschaftsführer
Spielfuehrer
Mannweib
Hermaphrodit
Manuskript
Tischvorlage
Märchenerzählerin aus Tausendundeiner Nacht
Scheherazade, Schehere-zade
Märchenfigur
Aschenputtel, Dornroeschen, Froschkoenig, Gaenseliesel, Hans im Glueck, Koenig Laurin, Meerjungfrau, Moosweiblein, Rotkaeppchen, Scheherazade, Suppenkaspar
märchenhaft
phantastisch
Marineleitung
Admiralitaet
Marionette
Gliederpuppe
Marke
Warenzeichen
Marone
Edelkastanie
Maskenball
Mummenschanz
materiell
substantiell, substanziell
Mathematikteilgebiet
Stereometrie
mathematischer Begriff
Differential, Differenzial, Grundflaeche, Schnittpunkt, Stereometrie

mathematisches Gerät
Winkelmesser
Maulheld
Aufschneider
Mechanikerberuf
Autospengler
mechanisch
selbsttaetig
Meckerer
Besserwisser
Medaille
Auszeichnung
Mediziner
Heilkundiger
medizinische Angestellte
Arzthelferin
medizinisches Messgerät
Fiebermesser
Meer
Stiller Ozean
Meerestier
Seepferdchen
Mehlspeise
Apfelstrudel
Mehrarbeit
Ueberstunden
Mehrphasenstrom
Wechselstrom
mehrseitig
multilateral
Meinung
Dafuerhalten, Ueberzeugung
meisterhaft
hervorragend
Memoiren
Erinnerungen
Mendikant
Bettelmoench
Mensch *der* **Vorzeit**
Neandertaler
Menschenverachtung
Misanthropie
menschliche Erblehre
Humangenetik
Menü
Speisenfolge
Menübeilage
Pommes frites
Meridian
Laengenkreis
Meridian durch Greenwich
Nullmeridian
Merkmal
Besonderheit
Merkspruch
Eselsbruecke
Messgerät
Elektrometer
Metall
Protactinium
Metallurgie
Huettenkunde
meteorologischer Begriff
Niederschlag
Metzgerei
Schlachterei
Metzgereierzeugnis
Fleischwurst, Rauchfleisch
Milchkraut
Frauenmantel
Milchprodukt
Kondensmilch
militant
kaempferisch
Militärflugzeug
Duesenjaeger
Militärhospital
Feldlazarett
militärischer Bezeichnung für Flughafen
Fliegerhorst
Mime
Schauspieler
Mineral
Bergkristall, Schwefelkies
Mineralölverarbeitung
Destillieren
Miniaturnachbau eines Wasserfahrzeuges
Modellschiff
minuziös
gewissenhaft
Mischmasch
Sammelsurium
miserabel
minderwertig
misslich
unerfreulich
misstönend
unharmonisch
Mistkäfer
Pillendreher
Mitglied *einer* **Band**
Schlagzeuger
Mitglied *eines* **katholischen Ordens**
Benediktiner
Mitglied *eines* **Parlaments**
Abgeordneter
mitteilen
unterrichten
Mittel
Durchschnitt
mittelalterlich
scholastisch
mittelalterlicher Sänger
Minnesaenger
mittelalterlicher Troubadour
Minnesaenger
Mittelamerikaner
Nicaraguaner
Mittelmeerstaat
Griechenland
Mittelwert
Durchschnitt
mitunter
gelegentlich
Möbelstück
Buecherregal, Chaiselongue, Schreibtisch
moderner Sportdress
Jogginganzug
Modifikation
Veraenderung
modische Leinenschuhe
Espandrilles
Modistin
Putzmacherin
Monatsblutung
Menstruation
Mönch
Ordensbruder
Mönchsorden
Benediktiner, Franziskaner, Kluniazenser
Monstranz
Altargefaess, Schaugefaess
Montage
Installation
Moral
Sittlichkeit
Moralist
Sittenlehrer
morbid
schwaechlich, zerbrechlich
Morgengrauen
Tagesanbruch
Moslem
Mohammedaner
Münchener Wahrzeichen
Frauenkirche
mündig
grossjaehrig
Münzuhr für das Auto
Parkingmeter
Muselman
Mohammedaner
musikalische Kunstfertigkeit
Virtuositaet
musikalische Leitung
Stabfuehrung
Musikinstrument
Englischhorn, Glockenspiel, Hammondorgel
Musiktonträger
Schallplatte
Muskelreißen
Rheumatismus
Muskeltraining
Bodybuilding
Muslim
Mohammedaner
mustergültig
exemplarisch

N

nach außen gewölbter Spiegel
Woelbspiegel
nachbessern
retuschieren
Nachbildung
Reproduktion
Nachdruck
Reproduktion
nachdrücklich
eindringlich
Nachfahr
Angehoeriger
Nachkömmling
Nesthaekchen
nachlässig
unordentlich
Nachname
Familienname
Nachrichtenmittel
Fernsprecher
Nachsatz im Brief
Postskriptum
Nachschlüssel
Passepartout
Nachschrift
Postskriptum
Nacht *zum* 25.Dezember
Heilige Nacht
Nachweis
Beglaubigung
Nachzügler
Schlusslicht
Nadelbaum
Zirbelkiefer
nähere Erklärung
Erlaeuterung
Nähgerät
Naehmaschine
Nährstoff
Kohlenhydrat
Nahrung
Lebensmittel
Nahrungsmittel
Haferflocken
Nahrungsstoffe
Lebensmittel
Name *des* Gebietes zwischen Euphrat und Tigris
Mesopotamien
Namenkunde
Onomatologie
Namenskärtchen
Visitenkarte
Namenszug
Unterschrift
Narkosefacharzt
Anaesthesist
Narretei
Mummenschanz
Nässe
Feuchtigkeit
Naturalien
Lebensmittel
Naturereignis
Graupelregen
Naturwissenschaft
Klimatologie, Meteorologie
Nebenbuhler
Gegenspieler
Negerstamm
Buschmaenner, Hottentotten
Negligé
Morgenmantel
neidisch
missguenstig
Nemesis
Rachegoettin
Nervensäge
Stoerenfried
Nervenschwäche
Neurasthenie
Neubildung von Gewebe
Regeneration
Neugier
Wissbegierde, Wissensdurst
Neunmalkluger
Besserwisser, Oberschlauer
neurologische Heilanstalt
Nervenklinik
neutral
unparteiisch
nicht begabt
untalentiert
nicht beteiligt
unparteiisch
nicht umkehrbar
irreversibel
nichtswürdig
veraechtlich
niederdeutsche Mundart
Plattdeutsch
Niedergang
Degeneration
niederländische Insel
Terschelling
niederländisches Seebad
Scheveningen
niederschmetternd
deprimierend, katastrophal
norddeutsche Sandküste
Ostseestrand
Nordeuropa
Skandinavien
Nordeuropäer
Skandinavier
nordeuropäische Halbinsel
Skandinavien
Nordseeinsulaner
Helgolaender
Nörgler
Besserwisser
notgedrungen
unfreiwillig
nötig
erforderlich
Notiz
Aufzeichnung
Notmanöver bei Flugzeugen
Bauchlandung
Nürnberger Erfinder
Peter Henlein
Nussbaum
Haselstrauch

O

Obdach
Unterschlupf
oberbayerischer Passionsspielort
Oberammergau
oberbayerisches Königsschloss
Schleissheim
oberer Teil der Bühne
Schnuerboden
Oberleitungsverkehrsmittel
Strassenbahn
Oberlippenspalte
Hasenscharte
Oberschicht
Honoratioren
objektiv
unparteiisch
Obmann
Vorsitzender
Obstart, Obstsorte
Preiselbeere, Sauerkirsche, Schwarzbeere, Stachelbeere
Obstschnaps
Himbeergeist, Kirschwasser
obszön
unanstaendig
öffentlicher Ankläger
Staatsanwalt
öffentliches Verkehrsmittel
Strassenbahn
Offiziersanwärter
Fahnenjunker
Oleander
Rosenlorbeer
olympische Auszeichnung
Goldmedaille
Oper von Fortner
Bluthochzeit
Oper von Gershwin
Porgy and Bess

Oper von Henze
Koenig Hirsch
Oper von Hindemith
Neues vom Tage
Oper von Mozart
Cosi fan tutte, Zauberfloete
Oper von Mussorgsky
Boris Godunow
Oper von Pfitzner
Arme Heinrich
Oper von Puccini
Manon Lescaut
Oper von Wagner
Liebesverbot
Oper von Weber
Peter Schmoll
operative Entfernung von Organen
Exstirpation
Operette von Gilbert
Autoliebchen, Kinokoenigin, Weib in Purpur
Operette von Kálmán
Faschingsfee
Operette von Kollo
Frau ohne Kuss, Tolle Komtess
Operette von Künneke
Lady Hamilton, Zauberin Lola
Operette von Lehár
Fuerstenkind, Goettergatte, Ideale Gattin, Libellentanz, Lustige Witwe, Rastelbinder, Wiener Frauen
Operette von Lincke
Berliner Luft
Operette von Offenbach
Pariser Leben

12

Operette von Stolz
Venus in Seide
Operette von Strauß
Lustige Krieg
Operette von Suppé
Donna Juanita
Opernhaus in London
Covent Garden
Opernhaus in New York
Metropolitan
Opernkomponist
Tschaikowski
Opponent
Gegenspieler
Opuntie
Feigenkaktus
Oratorium von Haydn
Jahreszeiten
Orchestrion
Musikautomat
Orden
Auszeichnung, Ehrenzeichen
Ordinationszimmer
Sprechzimmer
Organ *einer* AG
Aufsichtsrat
Organ *im* Hals
Schilddruese
Organeinpflanzung
Implantation
orientalisches Königreich
Saudi-Arabien
Ornat
Festkleidung
Ornithologe
Vogelkundler
Ort *auf* Sylt
Wenningstedt
Ortsbestimmung
Lokalisation
ostasiatisches Teilvolk
Nordkoreaner
Österreicher
Vorarlberger
österreichischer Bergsteiger
Purtscheller
österreichischer Erfinder
Madersperger
österreichischer Freiheitskämpfer
Messenhauser
österreichischer Gruß
Kuess die Hand
österreichischer Instrumentenbauer
Boesendorfer
österreichischer Minnesänger
Lichtenstein
österreichischer Philosoph
Wittgenstein
österreichischer Schriftsteller
Hofmannsthal
österreichischer Staatsmann
Pillersdorff
Outsider
Aussenseiter
Ovation
Ehrbezeugung
Ozelot
Pantherkatze

P

Palast *in* St. Petersburg
Winterpalais
Palmenart
Faecherpalme, Koenigspalme
Pantoffelheld
Schwaechling
Panzerechse
Gangesgavial
Papierart
Offsetpapier, Seidenpapier, Umweltpapier
Papierstreifen
Luftschlange
Pappelart
Silberpappel, Zitterpappel
Pappumrahmung
Passepartout
päpstliche Kirche
Peterskirche
Papstname
Johannes Paul
Parabel
Kegelschnitt
Parade
Truppenschau, Vorbeimarsch
Paradeschritt
Stechschritt
parallel
aequidistant
Parasol
Sonnenschirm
Parcourshindernis
Wassergraben
Parentel
Abkoemmlinge
Pariser Existenzialistenviertel (Existentialistenviertel)
Montparnasse
Pariser Kirche
Invalidendom
Park
Gruenflaeche
Parlamentarier
Abgeordneter
parlamentarische Abstimmung
Hammelsprung
Party
Gesellschaft
Pass
Legitimation
Passepartout
Bilderrahmen
Passionsspielort
Oberammergau
passiv
teilnahmslos
passives Verhalten
Inaktivitaet
pathogen
krank machend
Patisserieerzeugnis
Apfelstrudel, Erdbeertorte
patriotische Haltung
Chauvinismus

Patsche
Verlegenheit
Pazifist
Kriegsgegner
Pedant
Federfuchser
Periode
Menstruation
Personal
Dienerschaft
persönliche Eigenart
Angewohnheit
persönlicher Festtag
Hochzeitstag
Pessimist
Schwarzseher
Pest
schwarzer Tod
Pferdeart
Grauschimmel
Pferdegeräusch
Hufgeklapper
Pferderasse
Hannoveraner, Shetland-pony
Pferderennen
Galopprennen
Pferdesport
Galopprennen
Pferdesportler
Springreiter
Pflanzenkost
Vegetabilien
Pflanzenkrankheit
Blauschimmel
Pflicht
Obliegenheit
Phäake
Genussmensch
Pharmazeut
Pillendreher
philosophische Richtung
Positivismus, Pragmatismus
pikante Kochzutat
Paradeismark
pikantes Kaltgericht
Fleischsalat
Plakette
Anstecknadel, Gedenk-muenze
Plane
Wetterschutz
Plänkelei
Scharmuetzel
planmäßig
systematisch
planmäßige Tilgung
Amortisation
planvolle Vorsorge
Versicherung
Platzvormerkung
Reservierung
Plauderei
Konversation, Unterhal-tung
plötzlich
unvermittelt
Poesie
Versdichtung
Pokal
Turnierpreis
politische Partei in den USA
Republikaner
politische Verschwörung
Konspiration
Politur
Glanzschicht
Polizeibeamter
Wachtmeister
Polizeifessel
Handschellen
Polizeiwache
Dienststelle
Polstermöbel
Chaiselongue
porös
durchlaessig
postalischer Begriff
Postleitzahl
Postbote
Brieftraeger
Postdienststelle
Fernmeldeamt
Postillion
Postkutscher
Postversendungsart
Einschreiben
Postzusteller
Brieftraeger
Prahlhans
Aufschneider, Schwadro-neur
präzise
gewissenhaft
Prediger
Kanzelredner
Preis *der* Beförderung
Frachtkosten
Preisgabe
Kapitulation
Presseerzeugnis
Illustrierte
Presseschriftstellerei
Journalismus
preußische Dynastie
Hohenzollern
Probe
Untersuchung
Programm
Nummernfolge, Tagesord-nung
Prospekt
Werbeschrift
Protestant
Reformierter
Provision
Gewinnanteil
Prozess
Rechtsstreit
Prozesspartei
Verteidigung
pünktlich
zuverlaessig
Putzmaterial
Poliermittel
Putztisch
Frisiertisch

Q

Quadrant
Viertelkreis
Qual
Misshandlung
Quantitätsmitteilung
Mengenangabe
Quartier
Stadtviertel
Querlinie
Transversale
Querschnitt
Durchschnitt
Querulant
Streithammel
Queue
Billardstock
quitt
ausgeglichen
Quittung
Bestaetigung, Beweis-stueck, Beweiszettel, Kas-senzettel

R

Rabenvogel
Eichelhaeher
Rachenblütler
Koenigskerze
Radau
Ruhestoerung
radioaktives Element
Protaktinium
Radwettbewerb
Steherrennen, Tour de France
raffiniert
durchtrieben
Rangordnung
Stufenleiter
Rangstufe im Schachsport
Grossmeister
Rangverlust
Degradierung

Ränkespiel
Machenschaft
Raucherutensil
Aschenbecher
Raumfahrtbasis (USA)
Kap Canaveral
Raumton
Quadrophonie, Stereophonie
Reaktion
Gegenwirkung, Rueckwirkung
real
tatsaechlich
Rechenanlage
Heimcomputer, Tischrechner
Rechthaber
Besserwisser
Rechtschreibung
Orthographie
Rechtsnorm zum Schutz geistigen Eigentums
Urheberrecht
Rechtspflege
Jurisdiktion
Rechtsprechung
Jurisdiktion
Rechtswesen
Jurisdiktion
rechtswidrig
ungesetzlich
Rechtswissenschaft
Jurisprudenz
Redner
Vortragender
Reform
Umgestaltung
Regal
Warengestell
Regie
Spielleitung
Regiearbeit
Inszenierung
Registratur
Aktenschrank
Regler
Steuergeraet
Reichsritter
Berlichingen
reiner Quarz
Bergkristall
Reinigung
Purifikation
Reinigungsmittel
Schmierseife
Reisender
Globetrotter
reizvoll
stimulierend
Reklamation
Beanstandung

12

Rendezvous
Stelldichein
Rennstrecke *in der* **Eifel**
Nuerburgring
Reptilart
Ringelnatter, Schildkroete
resolut
entschlossen
Respekt
Ehrerbietung
restlos
vollstaendig
Rettungsgerät in der Schifffahrt (Schiffahrt)
Rettungsring
Rettungshund
Bernhardiner
Riemenantrieb
Transmission
Riesenrochen
Teufelsfisch
rigoros
unerbittlich
Ringergriff
Doppelnelson
ritterlich
zuvorkommend
Ritual
Gottesdienst
Rochenart
Zitterrochen
rohe Beleidigung
Beschimpfung
Roman von Cooper
Lederstrumpf
Roman von Flaubert
Madame Bovary
Roman von Freytag
Soll und Haben
Roman von Grass
Blechtrommel
Roman von Remarque
Triumphbogen
Roman von Thomas Mann
Buddenbrooks
Roman von Tolstoi
Anna Karenina, Auferstehung
rote Färbung hoher Berggipfel
Alpengluehen
Rubrik
Ueberschrift
Rückbildung
Degeneration
Rückenteil
Wirbelsaeule
Rückgrat
Wirbelsaeule
Rufmord
Diffamierung
Ruhemöbel
Chaiselongue

rundfunktechnischer Begriff
Wellenlaenge
russischer Komponist
Rachmaninoff, Tschaikowsky
russischer Nobelpreisträger für Literatur
Solschenizyn
russischer Nobelpreisträger für Medizin
Metschnikoff
russischer Schriftsteller
Dostojewskij, Jewtuschenko, Solschenizyn

S

Saalbau
Philharmonie
sachdienlich
zweckmaessig
sächsisches Adelsgeschlecht
Liudolfinger
Satellit
Erdbegleiter
Satzzeichen
Fragezeichen
Säugetierart, Säugetiergattung
Fledermaeuse
Säugling
Neugeborenes
säumig
im Rueckstand
saure Speisewürze
Zitronensaft
Schachausdruck
Haengepartie
Schädling *des* **Waldes**
Borkenkaefer
Schafart
Heidschnucke
Schaffenskraft
Kreativitaet
Schaffner
Zugbegleiter
Schalk
Eulenspiegel
Scharbockskraut
Loeffelkraut
Schaukasten
Schaufenster
scheel
missguenstig
Schelm
Eulenspiegel
schemenhaft
verschwommen
Scherzwort für Nacktheit
Adamskostuem

Schickeria
Schickimicki
Schiebung
Manipulation
Schiffshinterteil
Achterschiff
Schiffsnotausruestung
Rettungsboot, Rettungsring
Schiffsvorderteil
Vorderschiff
Schlachter
Fleischhauer
Schlagzeile
Ueberschrift
Schlangenart, Schlangengattung
Eierschlange, Ringelnatter
schlecht
minderwertig, ungeniessbar
Schleichhandel
Schwarzmarkt
Schloss *in* Baden-Württemberg
Hohenzollern, Schwetzingen
Schloss *in* Bayern
Schleissheim
Schlüsselblume
Becherprimel, Kissenprimel
Schlusszeichen
Fragezeichen
Schmähung
Diffamierung
Schmetterlingsart
Apfelwickler
Schmetterlingsblütler
Besenginster
schmucklos
unauffaellig
schmutzig
unanstaendig
Schneeform
Pulverschnee
Schneiderkunst
Haute Couture
schneidiger Mensch
Draufgaenger
Schnepfenvogel
Waldschnepfe
Schnürsenkel
Schuhbaendel
schöngeistige Literatur
Belletristik
Schönheitspflegebetrieb
Friseursalon
Schönschreibekunst
Kalligraphie
schottische Inselgruppe
Orkneyinseln
schottischer Golf
Firth of Clyde, Firth of Forth, Firth of Lorne
Schrebergärtner
Laubenpieper
Schreiberling
Federfuchser
schreiend
schockfarben
Schulfach
Franzoesisch
Schulreise
Klassenfahrt
Schusterjunge
Anfangszeile
Schutt
Bruchgestein
Schutzbegleitung
Leibwaechter
schwäbisches Fürstengeschlecht
Hohenzollern
Schwarzbrotart
Pumpernickel
Schwarzwaldgipfel
Hornisgrinde, Schauinsland
Schwarzwaldspezialität
Kirschwasser
schwedische Krankenschwester
Braendstroem
schwedischer Nobelpreisträger für Chemie
Euler Chelpin
schweigsam
verschwiegen
schweizerische Kantonshauptstadt
Schaffhausen
schweizerischer Kanton
Ausserrhoden, Schaffhausen
Schwerathlet
Gewichtheber
Schwierigkeit
Komplikation
Schwindel
Benommenheit
Schwingungsschreiber
Oszillograph
See *in* Italien
Lago Maggiore
See *in der* Schweiz
Zuericher See
Seebad *in* Holland
Scheveningen
Seebad *in* Spanien
San Sebastian
Seelenruhe
Gelassenheit
Seeräuber aus Wismar
Stoertebeker
Seestreitkräfte
Kriegsmarine
Seidengewebe
Crêpe de Chine
sekkant
aufdringlich
Sektierer
Abtruenniger
Selbstbezogenheit
Introversion
selbstlos
altruistisch
Sendung
Ausstrahlung
seriös
glaubwuerdig
Service
Kundendienst
Shakespeares Theater
Globe Theatre
sibirischer Volksstamm
Tschuktschen
Sicherheitsfach
Schliessfach
Siedlungsform
Strassendorf
Sieger
Preistraeger
Siegerpreis
Lorbeerkranz
Signatur
Unterschrift
Silhouette
Schattenbild, Schattenriss
Sinfonie von Berlioz
Phantastique
Sinfonie von Schubert
Unvollendete
Skalpell
Seziermesser
Skiwettbewerb
Abfahrtslauf, Riesenslalom
Sofa
Chaiselongue
Sonnenkraft
Solarenergie
Sonnwendfeier
Johannisfest
sorgfältig
gewissenhaft
Sortiment
Warenangebot
Sortimenter
Buchhaendler
Sozialpartner
Arbeitnehmer
Späher
Kundschafter
Spange
Anstecknadel
spanische Küste
Costa de la Luz
spanische Landschaft
Altkastilien, Neukastilien
spanisches Gebirge
Sierra de Gata, Sierra Morena, Sierra Nevada

spannende TV-Sendung
Fernsehkrimi
Speaker
Vorsitzender
Speisegang
Hauptgericht
Spinett
Clavicembalo
Spion
Kundschafter
Spionageinstrument
Abhoergeraet
Spiritist
Geisterseher
spitzfindig
rabulistisch
Sportart
Abfahrtslauf, Diskuswerfen, Gewichtheben, Hammerwerfen, Kugelstossen, Marathonlauf, Riesenslalom
Sportler
Diskuswerfer
sportliche Kleidung
Jogginganzug
sportlicher Vorkampf
Ausscheidung
Sportveranstaltung
Laenderkampf, Laenderspiel
Spötter
Spottdrossel
Sprache
Franzoesisch
sprachwissenschaftliches Fürwort
Praeposition
Spray
Spruehmittel
Spur
Anhaltspunkt
Staat *der* Balkanhalbinsel
Griechenland
Staat *im* Nahen und Mittleren Osten
Saudi-Arabien
Staat *in* Südeuropa
Vatikanstaat
Staat *in* Südosteuropa
Griechenland
Staat *in* Westafrika
Guinea Bissau
Staatsform
Absolutismus, Staendestaat
Staatsverbrechen
Landesverrat
Staatsverfassung
Konstitution
Stabreim
Alliteration
Stadt, Gemeinde *in* Afrika
Antananarivo, Johannesburg
Stadt, Gemeinde *in* Amerika
Indianapolis, Oklahoma City, Philadelphia, Port-au-Prince, Rio de Janeiro, Salt Lake City, San Francisco
Stadt, Gemeinde *in* Australien und Ozeanien
Alice Springs, Christchurch
Stadt, Gemeinde *in* Baden-Württemberg
Freudenstadt, Kornwestheim, Schwenningen, Schwetzingen, Sindelfingen
Stadt, Gemeinde *in* Bayern
Dinkelsbuehl, Feuchtwangen, Gunzenhausen, Koenigshofen, Marktredwitz, Pfaffenhofen, Pfarrkirchen, Waldmuenchen
Stadt, Gemeinde *in* Brasilien
Rio de Janeiro
Stadt, Gemeinde *im* Elsass
Schlettstadt
Stadt, Gemeinde *in* Hessen
Ruesselsheim, Schluechtern
Stadt, Gemeinde *am* Kongo
Leopoldville
Stadt, Gemeinde *am* Main
Ruesselsheim
Stadt, Gemeinde *an der* Nahe
Bingerbrueck
Stadt, Gemeinde *auf* Neuseeland
Christchurch
Stadt, Gemeinde *in* Niedersachsen
Braunschweig, Quakenbrueck
Stadt, Gemeinde *in* Nordrhein-Westfalen
Grevenbroich, Luedenscheid, Wattenscheid
Stadt, Gemeinde *in* Norwegen
Kristiansand
Stadt, Gemeinde *am* Rhein
Ludwigshafen, Schaffhausen
Stadt, Gemeinde *in* Rheinland-Pfalz
Altenkirchen, Bad Duerkheim, Bad Kreuznach, Bingerbrueck, Ludwigshafen, Zweibruecken
Stadt, Gemeinde *im* Ruhrgebiet
Wattenscheid
Stadt, Gemeinde *in* Rumänien
Hermannstadt
Stadt, Gemeinde *an der* Saar
Saarbruecken
Stadt, Gemeinde *im* Saarland
Saarbruecken, Sankt Ingbert
Stadt, Gemeinde *im* Sauerland
Luedenscheid
Stadt, Gemeinde *in* Schleswig-Holstein
Eckernfoerde
Stadt, Gemeinde *im* Schwarzwald
Freudenstadt, Schwenningen
Stadt, Gemeinde *in* Schweden
Haelsingborg, Kristianstad
Stadt, Gemeinde *in der* Schweiz
Schaffhausen
Stadt, Gemeinde *in* Spanien
San Sebastian
Stadt, Gemeinde *in* Südafrika
Johannesburg
Stadt, Gemeinde *in der* Tschechischen Republik
Koeniggraetz
Stadt, Gemeinde *in den* USA
Indianapolis, Philadelphia, San Francisco
Stadt, Gemeinde *an der* Weinstraße
Bad Duerkheim
Stadtbezirk von Wien
Leopoldstadt
städtisches Verkehrsmittel
Strassenbahn
standesungemäß
morganatisch
Standpauke
Strafpredigt
Standpunkt der prinzipiellen Relativität
Relativismus
Star
Beruehmtheit
stark zunehmend
galoppierend
Stärke
Kohlenhydrat

Stativ
Untergestell
steifer Kragen
Vatermoerder
Steindruck
Lithographie
Steinkohle
Schwarzkohle
Steinzeitabschnitt
Altsteinzeit, Mesolithikum
stereotyp
abgedroschen
Sternbild
Grosser Loewe, Kleiner Loewe
Stetigkeit
Kontinuitaet
Stilepoche
Klassizismus
still
verschwiegen
stofflich
substantiell, substanziell
störend
unerfreulich
strafbar
gesetzwidrig
Straftat
Menschenraub
strapaziös
beschwerlich
Strauchfrucht
Stachelbeere
streng
unnachgiebig
Strenge
Rigorositaet
Strudel
Wasserwirbel
Studie
Untersuchung
Studienanstalt
Universitaet
Stufenaufgang
Wendeltreppe
Stundung
Prolongation
stur
uneinsichtig, unnachgiebig
Sturmbock
Mauerbrecher
subaltern
unterwuerfig
Subkontinent
Hinterindien
submarin
unterseeisch
Sucht
Besessenheit
südafrikanisches Mischvolk
Hottentotten
Südamerikaner
Ecuadorianer
Sündenbock
Pruegelknabe
Synthese
Verknuepfung

T

Tab
Karteireiter
Tablett
Servierbrett
Tag der Eheschließung
Hochzeitstag
Taktlosigkeit
Indiskretion
taktvoll
unauffaellig
Tantieme
Gewinnanteil
Tanz
Rheinlaender
Tanzgestaltung
Choreografie
Tanzorchester
Musikkapelle
Tanzwiedergabe
Choreografie
Tasteninstrument
Clavicembalo, Hammondorgel
Tatendrang
Begeisterung, Enthusiasmus
tatkräftig
entschlossen
taub
hoerunfaehig
Taubenart
Tuerkentaube
Tauchboot
Unterseeboot
Taumel
Benommenheit, Ueberschwang
taupe
maulwurfgrau
Täuschung
Irrefuehrung, Manipulation
Tausendschön
Massliebchen
Technik in Fahrzeugen
Bordcomputer
Teigwarengericht
Nudelauflauf
Teil *am* **Auto**
Bremstrommel
Teil *des* **Beines**
Oberschenkel
Teil *einer* **Beleuchtung**
Lampenschirm
Teil *der* **Bibliothek**
Buecherregal
Teil *eines* **Eingangs**
Tuerschwelle
Teil *der* **Erdatmosphäre**
Troposphaere
Teil *des* **Flugzeuges**
Hoehensteuer
Teil *des* **Gartens**
Gewaechshaus
Teil *des* **Gesichts**
Nasenruecken
Teil *des* **Halses**
Schilddruese, Speiseroehre
Teil *der* **Hand**
Mittelfinger
Teil *der* **Kirche**
Glockenstuhl
Teil *des* **Radios**
Lautsprecher
Teil *der* **Rauchergarnitur**
Aschenbecher
Teil *des* **Sternenhimmels**
Milchstrasse
Teil *des* **Stillen Ozeans**
Korallenmeer
Teil *der* **Straße**
Fahrstreifen
Teil *des* **Telefons**
Waehlscheibe
Teil *der* **Wohnung**
Kinderzimmer, Schlafzimmer
Teilhaber
Kommanditist
Teilzahlkontrakt
Ratenvertrag
Telefon
Fernsprecher
Tempobeschleunigung
Akzeleration
Tennisausdruck
Aufschlaeger, Herreneinzel
Testat
Bestaetigung
Tetanus
Muskelkrampf
Text
Formulierung
Text aus Versalien
Blockschrift
Theater
Kammerspiele
tibetanisches Kultgerät
Gebetsmuehle
Tierbehausung
Taubenschlag
Titel
Ueberschrift
Titel *eines* **Schachmeisters**
Grossmeister
Titelfigur von Tolstoi
Anna Karenina

Tollkirsche
Teufelsbeere
Tomatenkaltspeise
Tomatensalat
Tonkonserve
Schallplatte
Tonspeicher
Schallplatte
Tonträger
Schallplatte
Torlauf im Skisport
Riesenslalom
total
vollstaendig
totalitär
autokratisch, diktatorisch
Trabant
Erdbegleiter, Leibwaechter
träg
phlegmatisch
tragbares Funksprech-gerät
Walkie-Talkie
Tragetasche
Plastiktuete
tragischer Streit eines Paares
Ehetragoedie
Trambahn
Strassenbahn
Tramp
Globetrotter
Transfer
Uebertragung, Ueberwei-sung
Transferbetrag
Abloesesumme
Transfusion
Uebertragung
Translation
Uebertragung, Verschie-bung
transparent
durchsichtig
Transport
Befoerderung
Transportmittel
Gabelstapler
Trapez
Schaukelreck
Traumerscheinung
Hirngespinst
traumhaft
phantastisch
traurig
schwermuetig
Trebegänger
Herumtreiber
Treck
Auswanderung, Wagenko-lonne
Treibhaus
Gewaechshaus
Treibstange
Pleuelstange
Treibstoff
Leichtbenzin, Schwer-benzin
Trennung flüssiger Stoffe
Destillation
Trennungsverfahren
Destillation
Tresor
Stahlschrank
Treubruch
Ehrlosigkeit
Tribunal
Richterstuhl
Trieb
Leidenschaft
Triton
Meergottheit
trivial
abgedroschen
Trommler
Schlagzeuger
tropische Bodenfrucht
Aschantinuss
tropische Pflanze
Faecherpalme
Trottoir
Buergersteig
Troubadour
Minnesaenger
trügerisch
irrefuehrend
Trümmer
Bruchstuecke
Trunksucht
Alkoholismus
Tubus
Zwischenring, Zwischen-rohr
tückisch
hinterlistig
Tulpe
Trinkgefaess
türkische Kerntruppe
Janitscharen
Turmdachart
Zwiebelhaube
Türmer
Turmwaechter
Turngerät
Sprossenwand, Stufen-barren
Turniertanz
Wiener Walzer
Typografie (Typographie)
Schriftkunst
übel
minderwertig
Übeltat
Unangenehmes
Überanstrengung
Ueberlastung
überdachter Anbau
Wintergarten
Überholung
Ausbesserung
überirdisch
gespenstisch
Übernachtungsgelegen-heit
Schutzhuette
überschäumend
bacchantisch
Übersiedlung in einen anderen Staat
Einwanderung
übersinnlich
metaphysisch, transzen-dent
übersorgfältiger Mensch
Federfuchser
Überträgerin der Schlaf-krankheit
Tsetsefliege
Überwachungsinstrument
Abhoergeraet
Überwachungsorgan bei Aktiengesellschaften
Aufsichtsrat
Überzeitarbeit
Ueberstunden

U

Ubiquitaet
Allgegenwart
üble Nachrede
Denunziation
Übungsgerät für Boxer
Punchingball
Uhrenteil
Repetierwerk, Sprungdeckel
umfassend
erschoepfend, vollstaendig
umgangssprachlich für Denkhilfe
Eselsbruecke
umgangssprachlich für Durcheinander
Kuddelmuddel
umgangssprachlich für vorteilhafter Kauf
Schnaeppchen
umgangssprachlich für Zigarette
Glimmstengel
Umgestaltung
Metamorphose
Umherziehende
Schausteller
umnachtet
geisteskrank
umsichtig
diplomatisch

unannehmbar
inakzeptabel, indiskutabel
unbare Zahlungsweise
Ueberweisung
unbedacht
leichtsinnig
unbedeutend
nichts sagend
unbegründete Krankheitsbefürchtung
Hypochondrie
Unbehagen
Missstimmung
unbeschränkt
schrankenlos
unbeschränkte Herrschaft
Absolutismus
unbesorgt
unbekuemmert
Unbeständigkeit
Inkonsequenz
Unbeteiligtsein
Desinteresse
unbewohnt
menschenleer
Unfall
Missgeschick
unfreiwillig
notgedrungen
ungebetener Gast
Eindringling
ungebildet
unkultiviert
ungefähr
approximativ
ungenau
verschwommen
Ungenügen
Insuffizienz
ungesetzlich
gesetzwidrig, rechtswidrig
ungetrübt
durchsichtig
Ungeziefervertilger
Kammerjaeger
Unglueck
Missgeschick
unhaltbar
inkonsistent
Unheilsankündigung
Kassandraruf
Uniformschmuck
Achselklappe
Unikat
Einzelstueck
Unke
Schwarzseher
Unkenntnis
Unwissenheit
unklar
schleierhaft
Unmögliches
Hirngespinst
unnachgiebig
unerbittlich
unnachsichtig
schonungslos
unoriginell
phantasielos
unpässlich
angeschlagen, indisponiert
unrechtmäßig
gesetzwidrig
Unruhestifter
Stoerenfried
unstet
unbestaendig
Unstimmigkeit
Inkonsistenz
untätig
teilnahmslos
Untätigkeit
Inaktivitaet
Unterbau
Untergestell
unterer Tabellenbereich
Abstiegszone
Untergrund
Illegalitaet
Untergrundbahn in New York
Metropolitan
Unterhaltung
Konversation
Unterhaltungsansager
Conférencier
Unterhaltungsliteratur
Belletristik
Unterhändler
Parlamentaer
Unterkunft in der Wüste
Karawanserei
Unterrichtsanstalt
Universitaet
Unterrichtung
Orientierung
Untersagung
Interdiktion
Unterwerfung
Auslieferung, Kapitulation
Unübertreffbares
Nonplusultra
Unverfrorenheit
Dreistigkeit
Unvermögen
Unfaehigkeit
unverträglich
inkompatibel
unwägbar
imponderabel
unwahre Geschichte
Jaegerlatein, Seemannsgarn
Unwirklichkeit
Hirngespinst
unwirtlich
ungemuetlich
unzugänglich
verschlossen
unzulänglich
insuffizient
unzuverlässig
inkonsequent, wankelmuetig
Urteil
Entscheidung
urwüchsiger Kerl
Naturbursche
US-Nachkriegshilfe
Marshallplan

V

Vagabund
Tippelbruder, Trebegaenger
Variante
Umgestaltung, Veraenderung
Varietee (Varieté)
Tingeltangel
Vaterlandsliebe
Patriotismus
Ventilator
Winderzeuger
Verabredung
Stelldichein
veralteter Tanz
Rheinlaender
Veränderung
Modifikation
Veranschaulichung
Illustration
verantwortungslos
leichtsinnig
Verband
Gemeinschaft, Organisation
Verbandmaterial
Heftpflaster
verbissen
starrkoepfig
verblüfft
konsterniert
verbrämen
beschoenigen
Verdachtsmoment
Anhaltspunkt
Verdeutlichung
Illustration
Verdichtungsgebiet
Ballungsraum
verdorben
ungeniessbar
Vereinigung
Gemeinschaft, Gesellschaft, Kongregation
Verfahren
Rechtsstreit

Verfasser einer Lebensselbstbeschreibung
Autobiograph
Verfassung
Konstitution
Verfehlung
Uebertretung
Verflachung
Nivellierung
Verflechtung
Zusammenhang
Verflüssigung
Kondensation
Verformung
Deformierung
Vergeltung
Konterschlag
Vergiftung
Intoxikation
verglaste Veranda
Wintergarten
Vergütung (Material)
Verbesserung
Verhaftung
Inhaftierung
verhältnismäßig
proportional
verhängnisvoll
katastrophal, ungluecklich
Verkehrshinweis vor Bahnübergängen
Andreaskreuz
Verkehrsmittel
Hubschrauber, Strassenbahn
Verkleidung
Mummenschanz
Verkündigung
Proklamation
Verladefahrzeug
Gabelstapler
Verlangen
Leidenschaft
Verlängerung der Zahlungsfrist
Prolongation
verlassen
menschenleer
Verleihung der Lehrberechtigung
Habilitation, Venia Legendi
Verletzung
Abschuerfung, Knochenbruch, Verstauchung
Verleumdung
Denunziation, Diffamierung
Vermehrung
Verdoppelung
Vermesser im Bergbau
Markscheider
Vermittler
Parlamentaer
Vermittlung
Intervention
Vermoderung
Humifikation
Verpflichtung
Schuldigkeit
Versager
Blindgaenger, Schwaechling
verschlagen
hinterlistig
Verschleppung
Verzoegerung
Verschwörung
Konspiration
Verselbstständigung (Verselbständigung)
Emanzipation
Version
Uebersetzung, Uebertragung
verständlich
einleuchtend
versteinert
petrifiziert
Versuchsraum
Laboratorium
Verteidiger
Fuersprecher
Verteilung
Distribution, Rationierung
Vertrag
Vereinbarung
Vertrag zwischen Tarifpartnern
Tarifvertrag
Vertragsbestätigung
Ratifikation
Vertragsspieler
Professional
Vertrauen
Ueberzeugung
Vertrauensbruch
Indiskretion
Vertreter *der* **Anklage**
Staatsanwalt
Vertreter *vor* **Gericht**
Rechtsanwalt
Vertreter *des* **Volkes**
Abgeordneter
Verunglimpfung
Diffamierung
verunziert
verschandelt
Vervielfältigung
Hektographie, Reproduktion
Verwahrung
Hinterlegung
Verwaltungsbezirk *in* **Polen**
Woiwodschaft
Verwandlung
Metamorphose
Verwandter
Urgrossvater
Verwirklichung
Realisierung
Verwirrung
Komplikation
verzehrende Begeisterung
Schwaermerei
verzeichnen
registrieren
verzweifelt
hoffnungslos
vielfältig
nuancenreich
Vielgötterei
Polytheismus
Vierkanalübertragung
Quadrophonie
Viktualien
Lebensmittel
Vitalität
Lebendigkeit
Vogelkunde
Ornithologie
Volk
Bevoelkerung, Gemeinschaft
Völkerkunde
Ethnographie
Volksvertreter
Abgeordneter
voll entwickelt
ausgewachsen
völlige Hoffnungslosigkeit
Verzweiflung
vollkommen
vortrefflich
Vollmacht
Autorisation
Vorausbestellung
Subskription
Voraussetzung
Praesumption
Vorbestellung
Reservierung
vorbildlich
beispielhaft, exemplarisch
vorderasiatischer Staat
Saudi-Arabien
Vorderteil des Schiffes
Vordersteven
voreilig
ueberstuerzt
Voreingenommenheit
Befangenheit, Ressentiment
Vorgeschichte
Praehistorie

vorgeschichtlicher Menschentyp
Neandertaler, Pekingmensch
Vorgeschichtsperiode
Altsteinzeit
Vorherrschaft
Uebergewicht
vorläufig
provisorisch
Vorort von Den Haag
Scheveningen
Vorratsgebäude
Speisekammer
Vorschule
Kindergarten
Vorsorge
Versicherung
Vorspiel
Introduktion
Vortragskünstler/Vortragskünstlerin
Chansonnière
vortrefflich
hervorragend
Vorwegnahme
Antizipation
vorweihnachtliches Gebinde
Adventskranz
Vorwurf
Beanstandung
Vorzeichen
Prognostikon
Vulkan *in* **Amerika**
Citlaltepetl, Popocatepetl
Vulkan *in* **Mexiko**
Citlaltepetl, Popocatepetl

W

wabbelig
gallertartig
Wachstumsbeschleunigung
Akzeleration
Waffenniederlegung
Kapitulation
Wahlberechtigter
Aktivbuerger
wahllos
willkuerlich
Wahn
Hirngespinst
wahnhafter Zustand
Besessenheit
wahnsinnig
geisteskrank
wahrhaft
tatsaechlich
Wahrheitsbeweis
Verifikation
wahrsagerisch
sibyllinisch
Wahrzeichen von Berlin
Siegessaeule
Wahrzeichen von München
Frauenkirche
Wahrzeichen von Venedig
Markuskirche
Waldfrucht
Schwarzbeere
Waldschädling
Borkenkaefer
Waldvogel
Eichelhaeher
Walküre
Schwertleite
Wallfahrt
Pilgerschaft
Walstatt
Schlachtfeld
Wanderbekleidung
Kniebundhose
Wandlung
Konsekration, Veraenderung
wankelmütig
inkonsequent, unbestaendig
Wanze
Abhoergeraet
Wardein
Muenzpruefer
Warentransport
Befoerderung
Warenzeichen
Handelsmarke
Wärmekraftmaschinen
Dampfturbine
Wärmeschutzbehälter
Dewar-Gefaess
Warmhaltegefäß
Dewar-Gefaess
warnend
exemplarisch
Waschmittel
Neutralseife, Seifenpulver
Weberglas
Fadenzaehler
Wechsel
Umgestaltung, Veraenderung
Wechseljahre
Klimakterium
wechselnd
alternierend, unbestaendig
Wechselrahmen
Passepartout
Wechselrede
Unterhaltung
Wechselverlängerung
Prolongation
Wehle
Kuestenbucht
weibliche Märchenfigur
Dornroeschen
weibliches Taufkind
Patentochter
Weichsel
Sauerkirsche
Weihnachtsabend
Heilige Nacht
Weihnachtsspiel
Krippenspiel
Weinglas
Staengelglas
Weinort *in* **Rheinland-Pfalz**
Bad Duerkheim, Neuleiningen
Weissagung
Prophezeiung
weit
unermesslich
weitblickend
voraussehend
weitläufig
ausfuehrlich, umstaendlich
Weltenbummler
Globetrotter
Weltsprache
Franzoesisch
Werbeträger
Illustrierte
Werktätiger
Angestellter, Arbeitnehmer
werktätiger Ausländer
Gastarbeiter
Werkzeug
Bohrmaschine, Fuchsschwanz, Schraubstock, Stahlbuerste
Werkzeug *zum* **Entrosten**
Stahlbuerste
Werkzeug *zum* **Schärfen**
Dengelamboss
Werkzeugmaschine
Bohrmaschine
wertlos
minderwertig
Wertzeichen
Stempelmarke
wesensmäßig
substantiell, substanziell
wesentlich
substantiell, substanziell
westfälisches Roggenbrot
Pumpernickel
westfriesische Insel
Terschelling
Westindische Insel
Santo Domingo
wett
ausgeglichen

Wetterkunde
Meteorologie
wichtig
substantiell, substanziell
Wichtigtuer
Aufschneider, Besserwisser
Wickeltuch
Dreieckstuch
widerrechtlich
gesetzwidrig
Widerruf
Berichtigung, Zuruecknahme
Widerstreit
Antagonismus
Wiederauffrischung
Regeneration
Wiedergabe
Reproduktion
Wiedergutmachung
Reparationen
Wiederherstellung
Restauration
Wiederholungskurs
Repetitorium
wiederum
andererseits
Wiener Hausberg
Leopoldsberg
Wiener Philosoph
Wittgenstein
Wiener Praterfigur
Watschenmann
Wiener Tänzerin
Fanny Elssler
Wigwam
Indianerzelt
Wildbretspeise
Hasenpfeffer
Wildpark
Nationalpark
Wildragout
Hasenpfeffer
willig
bereitwillig, dienstfertig
Winteraster
Chrysantheme
Wintersportanlage
Kunsteisbahn
Wintersportart
Abfahrtslauf, Eiskunstlauf, Eisschiessen, Schilanglauf, Schispringen
wirklich
tatsaechlich
wirkliche Dinge
Sachverhalte
Wirklichkeitstreue
Naturalismus
Wirkware
Unterwaesche
wirsch
unfreundlich
wirtschaftlich
eintraeglich
Wissender
Eingeweihter
Wissenschaft
Archaeologie
wissenschaftlich
szientifisch
wissenschaftliche Abhandlung
Dissertation
wissenschaftliche Ausbildungsstätte
Universitaet
wissenschaftlicher Arbeitsraum
Laboratorium
Wochenendstille
Sonntagsruhe
Wochenzeitschriften
Illustrierte
wohingegen
andererseits
wohl oder übel
nolens volens
Wohlstand
Prosperitaet
Wohngebäude
Mietskaserne
Wolfsrachen
Gaumenspalte, Lippenspalte
wonnevoll
paradiesisch
Wucherer
Preistreiber
wunderbar
maerchenhaft, phantastisch
Wurmfortsatzentzündung
Appendicitis, Appendizitis
Wurstsorte
Bierschinken, Fleischkaese, Fleischwurst, Regensburger
wüst
unordentlich
Wüste *in* Australien
Gibsonwueste

XYZ

Xystos
Saeulenhalle
Yeti
Schneemensch
zäh
dickfluessig
Zahlstelle
Schalterraum
Zahlungsweise
Ueberweisung
Zahnarten
Schneidezahn
Zahnkrankheit
Paradentitis, Parodontitis
zänkischer Mensch
Streithammel
zappenduster
hoffnungslos
zauberhaft
wunderschoen
Zeichengerät
Winkelmesser
Zeichensprache
Daktylologie
Zeitschrift
Illustrierte
Zeitungskunde
Journalistik
Zeitungsmitarbeiter
Bildreporter, Fotoreporter
Zeitungswesen
Journalistik
Zeitvertreib
Raetselraten, Steckenpferd
Zeltgelände
Campingplatz
Zeremonie
Kulthandlung
zerlegbar
analysierbar
Zerschlagenheit
Erschoepfung
zerstreut
unaufmerksam
Zerstreuung
Unterhaltung
Zeugnisnote
befriedigend
Ziborium
Hostienkelch
Ziegelgebäude
Backsteinbau
Ziehmutter
Pflegemutter
Zierstrauch
Philodendron, Rhododendron
Zigarette
Glimmstengel
Zimmer
Herrenzimmer, Kinderzimmer, Schlafzimmer, Speisezimmer
Zinkspat
Zinkkarbonat
zirkulär
kreisfoermig
Zölibat
Ehelosigkeit
Zopf
Haargeflecht
zotig
unanstaendig
Zuckerart
Fruchtzucker

zufällig
akzidentiell
Zufriedenstellung
Satisfaktion
zugkräftig
werbewirksam
zuletzt
schliesslich
zumeist
ueberwiegend
Zuname
Familienname
zündende Idee
Geistesblitz
Zündholz
Schwefelholz
Zuordnung
Koordination
Zurechtweisung
Massregelung
zurückblickend
retrospektiv
Zusammenbau
Installation, Konstruktion
Zusammengehörigkeitsgefühl
Solidaritaet
Zusammenhalt
Solidaritaet
Zusammenhalteclip für Papiere
Bueroklammer
Zusammenhang
Verknuepfung
Zusammenkunft
Stelldichein
zusammenlegbares Boot
Schlauchboot
Zusammenlegung
Arrondierung
zusammenpressbar
kompressibel
Zusammensetzung
Konstruktion
zusammenwirkend
synergetisch
Zustimmung
Ratifikation
zutraulich
anschmiegsam
Zuwanderer
Uebersiedler
zuweilen
gelegentlich
Zuwiderhandlung
Uebertretung
Zuzug
Einwanderung
zweckdienlich
qualifiziert
Zweiersystem
Binaersystem
Zweifüßer
Menschenaffe
zweigesichtig
januskoepfig
zweijähriges Wildschwein
Ueberlaeufer
Zweistromland
Mesopotamien
Zwergstaat in Europa
Vatikanstadt
Zwiebelgericht
Zwiebelsuppe
Zwiebelgewächs
Schwertlilie
zwischenstaatlich
multilateral
zwischenzeitlich
provisorisch
Zwitter
Hermaphrodit
Zyklus
Menstruation
Zymbal
Glockenspiel

13 BUCHSTABEN

A

Aachener Wahrzeichen
Elisenbrunnen
Abendsignal beim Militär
Zapfenstreich
Abführmittel
Faulbaumrinde
abgebrüht
unempfindlich
Abgesandter
Unterhaendler
abgestumpft
unempfindlich
Abitur
Reifepruefung
Abkommen
Uebereinkunft
abnorm
ungewoehnlich
Abrichter von Tieren
Tierbaendiger
absolut
bedingungslos, unumschraenkt
Absprache
Uebereinkunft
Absprunganlage (Skisport)
Sprungschanze
abstoßend
unsympathisch
absurd
hirnverbrannt
Abtei *in* **Österreich**
Kremsmuenster
Adoration
Vergoetterung
afrikanische Insel
Fuerteventura
afrikanische Landschaft
Otavibergland
afrikanischer See
Tanganjikasee, Tanganyikasee
afrikanisches Gebirge
Witwatersrand
afrikanisches Tier
Warzenschwein
Agamemnons Frau
Klytaemnestra
Agreement
Uebereinkunft
akademische Examensnote
magna cum laude, summa cum laude
Akkordeon
Ziehharmonika
Akte
Schriftstueck
Aktensammlung
Dokumentation
Allee *in* **Paris**
Champs-Élysées
Alleinerbe
Universalerbe
Alp
Nachtgespenst
Alpengipfel
Grossglockner
Alpenpass
San Bernardino, Sankt Bernhard, Sankt Gotthard
Alpenpflanze
Alpenveilchen, Taeschelkraut, Teufelskralle
Alpentier
Gletscherfloh
also
infolgedessen
alte Kunstgegenstände
Antiquitaeten
altertümliche Dinge
Antiquitaeten
Altwarenhändler
Lumpensammler
Amateur
Nichtfachmann
amerikanische Flagge
Sternenbanner
amerikanische Raumfahrtbasis
Cape Canaveral
amerikanischer Berg
Mount Columbia, Mount McKinley

amerikanischer Bundesstaat (USA)
Massachusetts, North Carolina, South Carolina
amerikanischer Nobelpreisträger für Physik
Goeppert-Mayer
amerikanischer Physiker
Goeppert-Mayer
amerikanisches Mittelmeer
Golf von Mexiko
Amulett
Schutzzeichen
Anbau
Pflanzenzucht
Anbetung
Vergoetterung
Andacht
Versunkenheit
Aneignung
Inbesitznahme
Anekdote
Geschichtchen
Anerkennung
Lobeserhebung
Anfänger
Gruenschnabel
Angehöriger *eines* **deutschen Fürstenhauses**
Wittelsbacher
Angeklagter
Beschuldigter
angenehmes Äußeres
Attraktivitaet
Anger
Gemeindewiese
angespannte Aufmerksamkeit
Konzentration
Angriffsspieler (Fußball)
Innenstuermer
Anhänger *einer* **Kunstrichtung**
Expressionist, Impressionist
Anhänger *einer* **Philosophenschule**
Neuplatoniker
Anhäufung
Agglomeration
Anklage
Anschuldigung, Inkrimination
Anmut
Holdseligkeit
Annahme
Unterstellung
Anomalie des Auges
Astigmatismus, Hypermetropie
anregendes Mittel
Aphrodisiakum
Ansammlung
Konzentration
anschaulich
eindruecklich
Anschlagsäule
Litfasssaeule
Anschuldigung
Inkrimination
Ansicht
Gesichtspunkt
anständig
rechtschaffen
Anstrichmittel
Kunstharzlack
Antennenart
Ferritantenne
antik
altertuemlich
antike Stadt
Halikarnassos
antikes Bauwerk in Rom
Trajanssaeule
antikes Bauwerk in Trier
Kaiserthermen
antikes Theaterstück
Koenig Oedipus
Anwalt
Rechtsberater
apart
geschmackvoll
apathisch
gleichgueltig, unempfindlich
Apfelsorte
Bismarckapfel, Gravensteiner
Apostel *des* **Jesus**
Bartholomaeus
Arbeitsausstand
Generalstreik
Arbeitsscheuer
Drueckeberger
arktisches Gewässer
Nordpolarmeer
arm
bedauernswert
Arrangement
Uebereinkunft
Arzneivorrat für unterwegs
Reiseapotheke
Arzneizäpfchen
Suppositorium
asiatischer Eroberer
Dschingis Khan
asiatischer See
Schwarzes Meer, See Genezareth
asiatischer Staat
Maskat und Oman
asiatisches Volk, Volksgruppe
Tschetschenen
Aspekt
Gesichtspunkt
Astronautik
Weltraumfahrt
Astronom
Regiomontanus
astronomische Beobachtungsstelle
Observatorium
astronomische Station
Observatorium
astronomischer Begriff
Observatorium, Scheitelkreis, Scheitellinie, Scheitelpunkt, Steinmeteorit, Sternschnuppe, Sternspektrum, Stundenwinkel, Verfinsterung, Vertikalkreis
Asyl
Notunterkunft
Atempause
Unterbrechung
Atoll
Koralleninsel
Atomanlage
Kernkraftwerk
Atomenergieanlage
Kernkraftwerk
Atrophie
Muskelschwund
Attest
Bescheinigung
Aufeinanderprallen
Zusammenstoss
auffallend
ungewoehnlich
Aufgabe
Verpflichtung
aufgedonnert
herausgeputzt
aufgedreht
stimmungsvoll
Aufklärung
Unterrichtung
Aufmerksamkeit
Konzentration
aufregend
abenteuerlich, erschutternd
Aufrührer
Revolutionaer
aufsässig
widerspenstig
Aufstand
Volkserhebung
Aufständischer
Revolutionaer
auftragshalber
kommissarisch
Aufwand
Verschwendung
Aufzeichnung
Niederschrift

Aufzeichnungsgerät für Fernsehsendungen
Videorecorder, Videorekorder
Augenarzt
Ophthalmologe
augenblicklich
unverzueglich
Auktion
Versteigerung
Ausdehnungsbestreben
Imperialismus
ausdruckslos
gleichgueltig
Auseinandersetzung
Konfrontation
ausgestorbener Riesenvogel
Archaeopteryx
Aushang
Werbeanschlag
Auskunftei
Detektivbuero
Ausrufer
Marktschreier
Ausschuss
Koerperschaft
Außenseiter
Eigenbroetler
außergewöhnlich
extraordinaer
außerstädtisches Domizil
Wochenendhaus
Ausspruchssammlung
Zitatenschatz
auswärtige Vertretung einer Regierung
Gesandtschaft
Auszeichnung
Etikettierung
authentisch
urspruenglich
Auto
Kraftfahrzeug
Autobahneinrichtung
Gruenstreifen
Automobil
Kraftfahrzeug
Autorisation
Ermaechtigung
Avantgardist
Schrittmacher
Avenue
Prachtstrasse

B

Backwerk mit Füllung
Nusshoernchen
Badeort
Berchtesgaden, Oberlahnstein
bahnbrechend
revolutionaer
Bajazzo
Possenreisser
Balance
Gleichgewicht
Balg
Puppenkoerper
Ballerina
Solotaenzerin
Ballettaufzeichnung
Choreographie
Banderillero
Stierkaempfer
Baobabgewächs
Affenbrotbaum
Baracke
Notunterkunft
Bartschergerät
Rasierapparat
Basis
Ausgangspunkt
Bauchredner
Ventriloquist
Bauernfänger
Falschspieler
Baumart
Kornelkirsche
Bauwerk
Wolkenkratzer
bayerischer Feldhauptmann
Schweppermann
bayerischer Regierungsbezirk
Mittelfranken
bayerischer Volkstanz
Schuhplattler
Bedrängnis
Schwierigkeit
Beerensorte
Johannisbeere
Beförderungsmittel
Kraftfahrzeug
Befreiung *von* **einer Last**
Erleichterung
Befugnis
Autorisierung, Ermaechtigung
Begebenheit
Angelegenheit
Begegnung
Zusammenkunft
Begriff *im* **Fußball**
Unentschieden
behäbig
schwerfaellig
beherrscht
diszipliniert
Behörde *in* **Badeorten**
Kurverwaltung
Beinteil
Unterschenkel
Beisetzung
Einaescherung
beispielhaft
mustergueltig
Bekleidungsstück
Buestenhalter, Knickerbocker, Matrosenanzug, Strumpfhalter
Belehrung
Unterrichtung
belesen
kenntnisreich
belgisches Seebad
Blankenberghe
Benachrichtigung
Fernschreiben
Benefizium
Beguenstigung
Bengel
Dreikaesehoch
Beobachtungsposten
Observatorium
bequeme Sitzgelegenheit
Schaukelstuhl
Bequemlichkeit
Behaglichkeit
Berechtigung
Ermaechtigung
Berg *in den* **Alpen**
Grossglockner, Kitzsteinhorn
Berg *mit der* **Gralsburg**
Montsalwatsch
Berg *im* **Himalaja**
Kangchenjunga
Berg *bei* **Innsbruck**
Patscherkofel
Berg *bei* **Zell am See**
Kitzsteinhorn
Bergbahn
Drahtseilbahn
Bergland *in* **Frankreich**
Zentralmassiv
Bergland *in* **Vorarlberg**
Bregenzer Wald
bergmännischer Beruf
Bergtechniker, Wettersteiger
Bergzug *an der* **Weser**
Weserbergland
Berichterstatter
Korrespondent
Berliner Stadtteil
Reinickendorf
Beruf *im* **Gesundheitswesen**
Assistenzarzt, Heilpraktiker, Roentgenologe
Beruf *in der* **Kunst**
Feuilletonist
Beruf *in der* **Metallindustrie**
Autoschlosser

Beruf *im* **Presse- oder Verlagswesen**
Bildredakteur, Korrespondent, Schriftsetzer
Beruf *in der* **Textilindustrie**
Strumpfwirker
Beruf *in der* **Unterhaltungsbranche**
Bildregisseur, Bildschneider, Bildtechniker, Drehbuchautor, Kapellmeister, Maskenbildner, Radiosprecher
beruflich
professionell
Berufsfußballspieler
Lizenzspieler
berufsmäßig
professionell
Berührung
Fuehlungnahme
Beschäftigung
Arbeitsstelle
Beschaulichkeit
Kontemplation
bescheiden
beduerfnislos
Bescheidenheit
Genuegsamkeit
beschlagen
kenntnisreich
Beschlagnahme
Sequestration
Beschuldigung
Inkrimination
Besessenheit
Abhaengigkeit
Besonderheit
Exklusivitaet, Originalitaet, Singularitaet
besonders
eigentuemlich
Besserwisser
Neunmalkluger
Bestandteil *des* **Bestecks**
Dessertmesser
Bestandteil *des* **Blutes**
Blutfarbstoff
Bestandteil *der* **Nahrung**
Ballaststoffe
Bestärkung
Bekraeftigung
Bestätigung
Bescheinigung
bestialisch
fuerchterlich
bestimmte Bücher
Fachliteratur
bestimmte Tassenart
Schnabeltasse
bestimmter Zeitpunkt
Glockenschlag

Beteiligung
Partizipation, Partnerschaft
betont
hervorgehoben
Betonung
Akzentuierung
Betrieb
Etablissement, Niederlassung
Betrüger
Bauernfaenger
Beurkundung
Dokumentation
Beurteilung
Einschaetzung
Beweglichkeit
Flexibilitaet
Beweisführung
Argumentation, Demonstration
Bewusstseinsspaltung
Schizophrenie
bezeichnend
symptomatisch
Bias
Verfaelschung
Bibelübersetzung
Zuercher Bibel
biblisches Buch
Deuteronomium
bieder
rechtschaffen
Bierlokal
Braeustueberl
Bildaufnahmegerät
Videorecorder
Bildberichterstatter
Photoreporter
bildender Künstler
Kupferstecher
Bildhauerwerkzeug
Modellierstab
bildlich
gleichnishaft
Bildtonapparat
Videorecorder
Bildungsstätte
Gewerbeschule, Handelsschule, Klosterschule, Kunstakademie, Polytechnikum, Realgymnasium
bindend
obligatorisch
biologische Disziplin
Anthropologie
Birnensorte
Pastorenbirne
Bismarcks Sterbeort
Friedrichsruh
Bittererde
Magnesiumoxid
Blamage
Blossstellung

blanko
unausgefuellt
Blasinstrument
Mundharmonika, Pikkolofloete
Blässe
Farblosigkeit
Bleibe
Nachtquartier
Blickwinkel
Gesichtspunkt
Bluff
Vorspiegelung
Blume
Schleierkraut, Tausendschoen
Blüten der Salweide
Palmkaetzchen
Blutkrankheit
Polyzythaemie
Bodenanreicherung
Gruenduengung
Bombe
Sprengkoerper
Botanik
Pflanzenkunde
Brandbekämpfer
Feuerwehrmann
Brandbekämpfungsgerät
Feuerloescher
brasilianischer Berg
Pico da Neblina
Brauch
Gepflogenheit
Brautschmuck
Jungfernkranz
brav
rechtschaffen
Briefpartner
Korrespondent
Briefwechsel
Korrespondenz
Brillenschlange
Ringhalskobra
Brotsorte
Holzlukenbrot, Leinsamenbrot
Brücke
Ueberfuehrung
Buch *des* **Pentateuch**
Deuteronomium
Buchart
Enzyklopaedie
Bücherverzeichnis
Bibliographie
Buchseitenüberschrift
Kolumnentitel
Budget
Haushaltsplan
Bug
Schiffsspitze, Schulterblatt
Bukett
Blumenstrauss

Bulletin
Verlautbarung
bunte Television
Farbfernsehen
Bürde
Verantwortung, Verpflichtung
Burg *an der* **Elbe**
Albrechtsburg
Burg *in* **Frankreich**
Chatellerault
Burg *in* **Österreich**
Forchtenstein, Hochosterwitz, Hohensalzburg
Burg *an der* **Salzach**
Hohensalzburg
Burg *von* **Salzburg**
Hohensalzburg
burgenländisches Gewässer
Neusiedler See
Bürogerät
Diktiergeraet, Kleincomputer
Burschenschaft
Studentenbund
Button
Meinungsknopf

C

Championat
Meisterschaft
Chaos
Durcheinander
chemischer Begriff
Aethylalkohol, Aluminiumoxid, Ameisensaeure, Bunsenbrenner, Halogengruppe, Kohlenmonoxid, Kupfervitriol, Lackmuspapier, Methylalkohol, Salizylsaeure, Scheidewasser, Schwarzpulver, Schwefelblume, Schwefeleisen, Stearinsaeure
Chiffre
Geheimschrift, Geheimzeichen
chinesische Meerenge
Fukienstrasse
Chor
Gesangsgruppe, Saengergruppe, Vokalensemble
Chose
Angelegenheit
christlicher Feiertag
Allerheiligen, Buss- und Bettag, Heiliger Abend
Chronik
Jahresbericht
Cockpit
Pilotenkabine
Computerart
Mikrocomputer, Supercomputer
Countdown
Vorstartphase

D

Damenschuh
Stoeckelschuh
Damenunterkleidung
Buestenhalter, Strumpfhalter
Dampfmaschinenteil
Drosselklappe
dänische Hafenstadt
Frederikshavn
Darbietung
Praesentation
Darlegung
Demonstration
dauernd
unaufhoerlich
Debitoren
Aussenstaende
Deckengemälde
Freskomalerei
Defloration
Entjungferung
Deformation
Verunstaltung
Degradierung
Wertminderung
Deklaration
Inhaltsangabe
Deklination
Winkelabstand
demzufolge
infolgedessen
Denksportaufgabe
Schachproblem, Silbenraetsel, Zahlenraetsel
Dentallaborant
Zahntechniker
Dependance
Nebengebaeude, Niederlassung
Depesche
Funknachricht
Deplatzierung (Deplazierung)
Fehlbesetzung
Deportation
Verschleppung
Depot
Niederlassung
deshalb
infolgedessen
Desillusion
Enttaeuschung, Ernuechterung
Desinfektion
Sterilisation
deutlich
verstaendlich
deutsche Großstadt
Gelsenkirchen, Wilhelmshaven
deutsche Hafenstadt
Wilhelmshaven
deutsche Kriegsauszeichnung
Eisernes Kreuz
deutsche Landschaft
Mittelfranken, Niederlausitz, Niedersachsen, Nordfriesland, Westfriesland
deutsche Sagengestalt
Rattenfaenger
deutscher Badeort
Frankenhausen
deutscher Berg, Gebirge
Siebengebirge, Weserbergland
deutscher Binnensee
Schweriner See
deutscher Modezar
Karl Lagerfeld
deutscher Philosoph
Trendelenburg
deutscher Theologe
Bodelschwingh
deutscher Volksstamm
Mecklenburger, Niedersachsen
deutsches Bundesland
Niedersachsen, Sachsen-Anhalt
deutsches Fürstenhaus
Wittelsbacher
deutsches Kartenspiel
Einundzwanzig
deutsches Märchen
Aschenbroedel
Dialog
Zwiegespraech
Dichtung
Buehnenstueck, Tragikomoedie
Diebstahl
Hinterziehung
Differenz
Unstimmigkeit
diffus
weitschweifig
Diktat
Niederschrift
Dilettant
Nichtfachmann
Dinosaurier
Tyrannosaurus
diplomatische Vertretung
Gesandtschaft

Dirne
Prostituierte
Disharmonie
Unstimmigkeit
Dissonanz
Unstimmigkeit
Dogmatik
Glaubenslehre
Domäne
Wirkungskreis
Dompteur
Tierabrichter, Tierbaendiger
Donaustädter
Ingolstaedter
doppeltes Filetsteak
Chateaubriand
Dosennahrung
Fischkonserve
Double
Doppelspieler, Ersatzspieler
Dozentur
Lehrerlaubnis
Drahtnachricht
Fernschreiben
Drehzahlmesser
Tourenzaehler
Dreiecksberechnung
Trigonometrie
dringende Nachricht
Fernschreiben
Droschkenfahrer
Taxichauffeur
Druckerzeugnis
Enzyklopaedie
drucktechnischer Begriff
Spaltenbreite, Zwischentitel
Duckmäuser
Drueckeberger
Duftspender
Rauchkerze
Düngemittel
Chilesalpeter, Nitrophosphat
Dynamo
Stromerzeuger
Dynastie
Herrscherhaus

13

E

Eberesche
Vogelbeerbaum
echt
unverfaelscht, urspruenglich
Echtheit
Originalitaet
Edelstein
Amazonenstein, Labradorstein
EDV-Informationsnetz
Datenautobahn
EDV-Liebhaber
Computerfreak
egal
gleichgueltig
ehelos
unverheiratet
Ehemann der Tochter
Schwiegersohn
Eheversprechen
Heiratsantrag
ehrbar
rechtschaffen
Ehrengabe
Gratifikation
Ehrgeiz
Geltungstrieb
ehrlich
rechtschaffen
Eierkuchen
Palatschinken
Eierspeise
Palatschinken
eigenartig
bemerkenswert
Eigenbrötler
Einzelgaenger
eigensinnig
unzugaenglich, widerspenstig
Eigentumsdelikt
Hinterziehung
Eignung
Brauchbarkeit, Qualifikation
Eilnachricht
Fernschreiben
Einbildung
Halluzination
eindringlich
ausdruecklich
einerlei
gleichgueltig
einfach
unkompliziert
Einfachheit
Primitivitaet
einheimischer Giftpilz
Birkenreizker, Speitaeubling
einheitlich
gleichmaessig
Einigung
Uebereinkunft
Einkreisungsjagd
Kesseltreiben
einleuchtend
verstaendlich
Einrichtung
Etablissement
Eintopfgericht
Pichelsteiner
Einverleibung
Inbesitznahme
Einzelaufzählung
Spezifikation
Einzelgänger
Eigenbroetler, Individualist
Einziehung
Beschlagnahme
eisern
kompromisslos
Ekzem
Hautausschlag
Elektras Mutter
Klytaemnestra
elektrische Anschlussstelle
Verteilerdose
elektrische Taste
Lichtschalter
Element
Wesensmerkmal
Empfang
Entgegennahme
Empfängnisverhütung
Kontrazeption
Empfindsamkeit
Sensibilitaet
englische Grafschaft
Herefordshire, Hertfordshire, Somersetshire, Staffordshire
englisches Auswärtiges Amt
Foreign Office
enorm
betraechtlich
entbehrlich
ueberfluessig
Enteignung
Expropriation
Entfettungsmaßnahme
Reduktionskur
entkeimen
desinfizieren
Entkeimung
Sterilisation
entmutigt
demoralisiert
entschieden
selbstbewusst
entstandener Defekt
Beschaedigung
Entstellung
Verfaelschung
Enttäuschung
Ernuechterung
Entwendung
Hinterziehung
ephemeres Fieber
Eintagsfieber
Episode
Nebenhandlung, Zwischenspiel

Epoche
Zeitabschnitt
Erdgeschoss
Rez-de-chaussée
Erdrosselung
Strangulation
Ereignis
Veranstaltung
Erfindungsgabe
Ingeniositaet
erforderlich
obligatorisch
ergo
infolgedessen
erhaben
majestaetisch
Erholungsort
Sommerfrische
Erinnerungen
Reminiszenzen
Erkenntnislehre
Epistemologie
Erklärung
Manifestation
Ernüchterung
Enttaeuschung
erste öffentliche Aufführung
Urauffuehrung
erste Zeit der Ehe
Flitterwochen
Erzieherehepaar
Adoptiveltern
Erziehungsanstalt
Fuersorgeheim
etablierte Gesellschaft
Establishment
Etat
Haushaltsplan
Etikette
Umgangsformen
euphemisch
beschoenigend
Europäer
Niederlaender, Oesterreicher
europäischer Staat
Liechtenstein
europäisches Fürstentum
Liechtenstein
Evangelium
Frohbotschaft
Event
Veranstaltung
ewig
unaufhoerlich
Exekution
Vollstreckung
exemplarisch
mustergueltig
Exhibitionist
Sittenstrolch
Exodos
Schlussgesang
exotischer Käfigvogel
Wellensittich
Expedient
Versandleiter
Explosivstoff
Nitroglyzerin, Schiesspulver, Schwarzpulver
Exponent
Repraesentant
expressis verbis
ausdruecklich
expressiv
ausdrucksvoll
extra
ausdruecklich
Extrablatt
Sonderausgabe
Extrakt
Herausloesung
exzellent
ausgezeichnet
Exzess
Ausschreitung, Ausschweifung, Masslosigkeit

F

Facharzt
Roentgenologe
Fachhochschule
Kunstakademie, Polytechnikum
fachmännisch
professionell
Fahlheit
Farblosigkeit
fahrbar
transportabel
Fahrerlaubnis
Fuehrerschein
Faktor
Multiplikator
Fall
Angelegenheit
Fallreep
Schiffstreppe
falsches Handeln
Fehlverhalten
Falter
Schmetterling
Familienfeier
Erstkommunion
Farbenblindheit
Achromatopsie
farbloses Gas
Kohlenmonoxid
Farce
Zwischenspiel
faschiertes Laibchen
Fleischlaberl
faul
schwerfaellig
Feinkost
Komestibilien
Ferienaufenthalt
Sommerfrische
fertig
abgeschlossen
Fertiggericht
Tiefkuehlkost
Fest *im* **Oktober**
Erntedankfest
Festkleidung
Cocktailkleid
Feuerwehrfahrzeug
Spritzenwagen
Feuerwerker
Pyrotechniker, Sprengmeister
Feuerwerkskörper
Kanonenschlag
Figur *aus einem* **deutschen Märchen**
Rattenfaenger
Filiale
Niederlassung
findig
einfallsreich
Finkenvogel
Berghaenfling, Kanarienvogel
Finte
Scheinangriff
Fischart
Flussneunauge, Korallenfisch, Teufelsrochen
Fischsuppe
Bouillabaisse
Flagge der USA
Sternenbanner
Flaschenöffner
Stoppelzieher
Flechte
Hautausschlag
Flegelei
Ungezogenheit
Fleisch fressende Pflanze
Kannenpflanze
Fleischbeilage
Semmelknoedel
Fliegenart
Eintagsfliege
fliegender Fisch
Stachelbarsch
Flieger
Radrennfahrer
Flor
Bluetenfuelle
Flugkörpergeschoss
Cruisemissile
Flugpionier
Messerschmitt

Flugzeugart
Segelflugzeug, Sportflugzeug
Fluss *in* Afrika
Gazellenfluss
Fluss *in* Australien und Ozeanien
Flinders River, Gascoyne River, Mitchell River
flüssige Hautpflege
Koerperlotion
Flussregulierung
Kanalisierung
folglich
infolgedessen
Fontäne
Springbrunnen
Formalität
Foermlichkeit
Formation
Zeitabschnitt
förmlich
konventionell
Forschungsanstalt
Observatorium
Forsthochschule
Forstakademie
Fossil
Versteinerung
fossiles Tier
Archaeopterix
Fragment
Unvollendetes
Frankfurter Apfelweinviertel
Sachsenhausen
französische Gebirgslandschaft
Zentralmassiv
französischer Dichter
Rochefoucauld
französisches Gebirge
Massif Central
französisches Schloss
Fontainebleau
Fraternisierung
Verbruederung
Frau von Agamemnon
Klytaemnestra
Frauenberuf
Datentypistin, Haushaelterin, Kranzbinderin, Modeberaterin, Phonotypistin, Raumpflegerin, Reinmachefrau, Stenotypistin, Telephonistin, Zuschneiderin
Frauenturngerät
Schwebebalken
frei
unentgeltlich
freisinnig
vorurteilslos
Freund
Wohlgesinnter
Freundschaft
Kameradschaft
Frevel
Versuendigung
Frischhalteanlage
Tiefkuehlfach
Frischhaltung
Konservierung
Frisiergerät
Lockenwickler
Frohsinn
Froehlichkeit
Frömmigkeit
Gottvertrauen, Religiositaet
Front
Gefechtslinie
Frucht
Holunderbeere, Johannisbeere
Frühlingsblume
Maerzenbecher, Maigloeckchen
Frustration
Enttaeuschung
Führerschein
Fahrerlaubnis
Funksteuerung
Fernbedienung
Fürsorgeverband
Innere Mission
Fürstentum in Europa
Liechtenstein
Fürstin
Grossherzogin
Fusion
Verschmelzung
Fußballausdruck
Aussenpfosten, Elfmeterpunkt, Pfostenschuss
Fußballspieler
Aussenlaeufer, Doppelstopper, Innenstuermer, Mittellaeufer
Fußkleidschlupfhilfe
Schuhanzieher

G

Galerie
Kunsthandlung, Kunstsammlung
Galerist
Kunsthaendler
Gänseblümchen
Tausendschoen
ganz und gar
unumschraenkt
Garderobe
Kleiderablage
Gargefäß
Dampfkochtopf
Gartenblume
Alpenveilchen, Gelbweiderich, Kokardenblume, Kuckucksblume, Laternenblume, Maerzveilchen, Maigloeckchen, Schleierkraut, Tausendschoen
Gartenerzeugnis
Endiviensalat, Johannisbeere, Schwarzwurzel
Gartengerät
Okuliermesser, Rasensprenger, Vertikutierer
Gattin von Agamemnon
Klytaemnestra
Gauner
Bauernfaenger, Erbschleicher
Gebäcksorte
Liebesknochen, Rosinenkuchen, Schillerlocke
Gebärdensprache
Gestikulation
Gebiet *in* Westfalen
Soester Boerde
Gebirge *in* Frankreich
Zentralmassiv
Gebirge *in* Südfrankreich
Zentralmassiv
Gebirgsbahn
Drahtseilbahn
Gebirgsform
Faltengebirge
Gebirgspflanze
Alpenveilchen, Schwarzkiefer, Taeschelkraut, Teufelskralle
Gebirgsstock der Zentralschweiz
Sankt Gotthard
gebrauchsfertig
einsatzbereit
Geburtenregelung
Kontrazeption
Geburtshilfeoperation
Kaiserschnitt
Geburtstagsgruß
Happy Birthday
Gedichtsammlung
Musenalmanach
Gedinge
Gruppenakkord
gefährlich
beaengstigend
gefährlicher Raufbold
Messerstecher
Gefecht
Schusswechsel
gefiedertes Käfigtier
Kanarienvogel

Geflügelfett
Gaenseschmalz
gefühlskalt
gleichgueltig, unempfindlich
gefüllter Eierkuchen
Palatschinken
gefülltes Omelett
Palatschinken
Gegenbild
Doppelgaenger
Gegenüberstellung
Konfrontation
gehässig
heimtueckisch, hinterhaeltig
Geheimbund *in* **Europa**
Rosenkreutzer
Geistererscheinung
Klabautermann
Geisteshaltung
Rationalismus
Geisteskrankheit
Schizophrenie
Geistesschwäche
Imbezillitaet
Geisteswissenschaft
Anthropologie
geistig
intellektuell
geistig beschränkt
schwachsinnig
geistlicher Orden
Mechitaristen, Zisterzienser
geistliches Amt
Fuerstbischof
geistliches Schauspiel
Passionsspiel
Geiz
Engherzigkeit, Knauserigkeit
Geländeform
Mittelgebirge
Gelbling
Schmetterling
Geld *für* **Investitionen**
Kapitalbedarf
Geldbehälter
Panzerschrank
Geldimitator
Falschmuenzer
Geldinstitut
Postsparkasse
Geldsendung
Postanweisung
Geldzuschuss
Monatswechsel
Gemeinde
Koerperschaft
Gemeinschaftssinn
Kameradschaft, Verbundenheit
gemessen
gravitaetisch, majestaetisch
Gemetzel
Schlaechterei
Gemüsepflanze
Schwarzwurzel
Generalsekretär der UNO
Hammarskjoeld
Generation
Menschenalter
Generator
Stromerzeuger
Genesungsstätte
Erholungsheim
genial
schoepferisch
Genießer
Feinschmecker
genügsame Schafrasse
Heidschnucken
Geodät
Landvermesser
geologische Formation
Buntsandstein
geologischer Begriff
Buntsandstein
gepresster Süßstoff
Wuerfelzucker
Gerät *im* **Büro**
Stempelkissen
Gerät *im* **Haushalt**
Waschmaschine
Gerät *im* **Labor**
Bunsenbrenner
Gerät *zur* **Strahlenzählung**
Geigerzaehler
Gerät *zum* **Würzen**
Pfeffermuehle
geräucherter Fisch
Schillerlocke
gereinigt
unverfaelscht
Gericht *aus* **Lauch**
Porreegemuese
gerichtliche Entscheidung
Urteilsspruch
Gerichtsmedizin
Rechtsmedizin
geringfügig
bedeutungslos
Gesandter
Unterhaendler
Gesangsgruppe
Vokalensemble
Geschäftssymbol
Firmenzeichen
Geschichtsepoche
Atomzeitalter
Geschichtsschreiber
Historiograph
geschwind
unverzueglich
Geschwindigkeit
Schnelligkeit
gesellig
extravertiert
Geselligkeit
Beisammensein
Gesichtsknochen
Schlaefenbein
Gespenst
Klabautermann
Gesteinsart
Buntsandstein, Ergussgestein, Tiefengestein
gestern
Vergangenheit
Gestöber
Schneetreiben
Gesuchseinreicher
Antragsteller
Getränk
Brunnenwasser, Mineralwasser, Selterswasser
Getreideschädling
Getreidemotte
Getümmel
Durcheinander
gewagt
abenteuerlich
gewalttätig
handgreiflich
Gewand der Fußballer
Spielkleidung
Gewebeart
Kraeuselkrepp
Gewichtseinheit
Doppelzentner
Gewichtsklasse (Boxen)
Bantamgewicht, Leichtgewicht, Mittelgewicht, Schwergewicht, Weltergewicht
Gewirr
Durcheinander
Gewissen
Verantwortung
Gewissensbiss
Schuldgefuehl
Gewitterschutz
Blitzableiter
Gewohnheit
Handelsbrauch
Giftgas
Kohlenmonoxid
Giftpilz
Birkenreizker
Glasbehälter für Getränke
Einwegflasche
Glaubersalz
Natriumsulfat
Gleisanlage
Gleiskreuzung, Rangierhuegel, Stromfuehrung, Ueberfuehrung, Unterfuehrung

Gletscherfloh
Springschwanz
Globetrotter
Weltenbummler, Weltreisender
Glückseligkeitslehre
Eudaemonismus
Glucose
Traubenzucker
glühende Gasausbrüche der Sonnenoberfläche
Protuberanzen
Gottessohn
Jesus Christus
Gourmet
Feinschmecker
grafischer Beruf
Kupferstecher
Graph
Flussdiagramm
gratis
unentgeltlich
grauweißes Pferd
Apfelschimmel
gravierend
schwer wiegend
greisenhaft
altersschwach
großes arktisches Gewässer
Nordpolarmeer
Großmachtbestrebungen
Imperialismus
Grundlage
Ausgangspunkt
Grundzug
Wesensmerkmal
Grünes
Suppengemuese
Gruppierung
Konstellation
Gummiherstellung
Vulkanisation
Gunstgewerblerin
Prostituierte

H

Haarspalterei
Wortklauberei
Habgier
Besitzstreben
Hackfleisch
Schabefleisch
Hafenstadt *an der* **Nordsee**
Wilhelmshaven
Hagestolz
Einzelgaenger
halblange Pumphose
Knickerbocker
Halsschmuck
Perlenkollier
Haltbarmachung
Konservierung, Sterilisation
halten
stehen bleiben
Hamburger Promenade
Jungfernstieg
Handballausdruck
Freiwurflinie
Handelsmann
Grosshaendler, Kleinhaendler
Handlanger
Helfershelfer
Händlerin bei der Feldtruppe
Marketenderin
Handpuppenbühne
Kaspertheater
Handwerkerdiplom
Gesellenbrief
harmlos
ungefaehrlich
Hauptstadt *von* **Guatemala**
Guatemala City
Hauptstraße *in* **Paris**
Champs-Élysées
Hausangestellte
Haushaelterin
Haushaltsgerät
Waschmaschine
Haussier
Boersenmakler
Haustier
Kanarienvogel, Wellensittich
Hautfleck
Sommersprosse
Havarie
Zusammenstoss
Hegemonie
Vorherrschaft
Hehler
Helfershelfer
Heidelberger Hofnarr
Klemens Perkeo
heikel
zweischneidig
Heiligsprechung
Kanonisierung
Heilmittel
Therapeutikum
Heilquelle
Thermalquelle
Heilquellengetränk
Mineralwasser
Heilverfahren
Phytotherapie
Heim *im* **Urlaub**
Ferienwohnung
Heimlichkeit
Leisetreterei
heitere Stimmung
Froehlichkeit
Helfer *in* **Finanzangelegenheiten**
Steuerberater
Herabsetzung
Deklassierung
herkömmlich
konventionell
Herr *auf* **Russisch**
Towarischtsch
Herrschaftsgebiet
Hoheitsgebiet
Herrschaftsgebiet des Staates
Hoheitsgebiet
Herumtreiber
Landstreicher
Hervorhebung
Akzentuierung
hervorragend
ausgezeichnet
Herzog *der* **Gallier**
Vercingetorix
Hetäre
Prostituierte
Heurigenlokal
Buschenschank
Hexenschuss
Muskelschmerz
Hieroglyphen
Bilderschrift
Himmelskörper
Sternschnuppe
hinterhältig
heimtueckisch
Hirtenbrief
Sendschreiben
historische rumänische Landschaft
Siebenbuergen
Hochamt
Pontifikalamt
Hochhaus
Wolkenkratzer
höchster Berg in Finnland
Haltiatunturi
höchster Berg in Österreich
Grossglockner
hochwertig
ausgezeichnet
Höhenzug *bei* **Bonn**
Siebengebirge
hohes Bauwerk
Wolkenkratzer
hohes Bauwerk mit Plattform
Aussichtsturm
hohes Tempo
Schnelligkeit

hohl
unausgefuellt
Hohlmetallwerkzeug
Gewindebohrer
Holländer
Niederlaender, Reissmaschine
Honigfalke
Wespenbussard
Honigmond
Flitterwochen
Horizont
Gesichtskreis
Hornhautübertragung
Keratoplastik
Hose
Knickerbocker
Hotelangestellter
Etagenkellner
Hunderasse
Cockerspaniel, Rauhaardackel, Scotchterrier, Zwergpinscher
Hurenkind
Ausgangszeile
Hybris
Vermessenheit
Hypothese
Unterstellung, Voraussetzung

I

ideenreich
phantasievoll
Idyll
Stimmungsbild
Imbissstätte
Jausenstation
Imbisswagen
Wuerstelstand
immun
unempfindlich
Immunisierung
Schutzimpfung
Impfung
Immunisierung
Imprimatur
Druckfreigabe
Improvisation
Stegreifspiel
impulsives Handeln
Spontaneitaet
indifferent
gleichgueltig
Indiskretion
Taktlosigkeit
Individualist
Einzelgaenger
individuell
eigentuemlich
Infektionskrankheit
Poliomyelitis, Wechselfieber
Informationsmittel
Enzyklopaedie
Ingenieurschule
Polytechnikum
Inkrimination
Anschuldigung, Beschuldigung
Insekt
Eintagsfliege, Schmetterling
Insel *vor* **Kanada**
Viktoriainsel
Insel *der* **Kanaren**
Fuerteventura
Insel *der* **Kleinen Antillen**
Leewardinseln
Insel *im* **Stillen Ozean**
Neukaledonien
Inselgruppe *im* **Indischen Ozean**
Keelinginseln
Inselgruppe *im* **Persischen Golf**
Bahreininseln
Inselgruppe *im* **Stillen Ozean**
Gilbertinseln
Inspektion
Ueberpruefung
Instandsetzung
Restaurierung
Instruktion
Unterrichtung
Intellekt
Denkvermoegen
Interessenverband
Pressuregroup
Intoleranz
Unduldsamkeit
investiertes Geld
Kapitalanlage
iranische Provinz
Aserbaidschan
israelischer Autor
Ephraim Kishon
italienische Landschaft
Emilia Romagna

J

jagdgerecht
waidmaennisch, weidmaennisch
Jagdmesser
Hirschfaenger
Jagdwaffe
Hirschfaenger
Jazzbegriff
Improvisation
Job
Arbeitsstelle
Journalist
Korrespondent
Journalistik
Zeitungswesen
Jünger Jesu
Bartholomaeus
juristischer Begriff
Fingerabdruck, Rechtsbeugung, Schwurgericht, Strafaufschub, Strafregister
Justizbehörde
Bundesgericht
Juwel
Schmuckstueck
Juwelier
Silberschmied

K

Kabinett
Beratungsraum
Kabinettsmitglied
Innenminister
Kader
Stammpersonal
Käferart
Nashornkaefer, Ruesselkaefer
Käfigvogel
Wellensittich
Kaltspeise
Endiviensalat, Haeuptelsalat
Kameradschaft
Verbundenheit
Kamm
Frisiergeraet
kanadische Halbinsel
Neuschottland
kanadische Insel
Viktoriainsel
Kanarische Insel
Fuerteventura
Kannenkraut
Schachtelhalm
Kanzel
Felsvorsprung, Pilotenkabine
Kapitel
Geistlichkeit
Kapitulation
Verpflichtung
Kapriole
Dressursprung, Dressuruebung
Karaffe
Wasserflasche
Karambolage
Zusammenprall, Zusammenstoss

Kardinaltugend
Gerechtigkeit
Karo
Wuerfelmuster
Kartenspiel
Einundzwanzig
Karton
Pappschachtel
Kassenverwalter
Schatzmeister
Katarakt
Stromschnelle
katholischer Feiertag
Allerheiligen
katholischer Heiliger
Christophorus
katholischer Orden
Zisterzienser
katholisches Sakrament
Priesterweihe
Katzenart
Schneeleopard
Katzenauge
Rueckstrahler
Katzengold
Biotitglimmer
kaufmännischer Begriff
Zahlungsfrist
kaukasischer Volksstamm
Tschetschenen
Keckheit
Ungeniertheit
Kelter
Traubenpresse
Kenner
Feinschmecker
Kennziffer
Telefonnummer
Kernforschung
Nuklearphysik
Kidnapper
Kindesraeuber
Kiefernart
Schwarzkiefer
Kinderlähmung
Poliomyelitis
Kinderspielzeug
Schaukelpferd
kirchliche Handlung
Priesterweihe
kirchlicher Feiertag
Allerheiligen, Erntedank-
fest
Kleidungsstück
Buestenhalter
kleinbürgerlich
philisterhaft
Kleingartenanlage
Laubenkolonie
Kleinstaat in Europa
Liechtenstein
Klinge
Messerschneide
Klinikmediziner
Assistenzarzt
Knauserei
Engherzigkeit
knebeln
unterdruecken
Knochen des Brustkorbs
Schulterblatt
Kobold
Klabautermann
Kollaps
Zusammenbruch
Kollege
Berufsgenosse
Kollegin
Mitarbeiterin
Kollision
Zusammenprall, Zusammen-
stoss
koloritlose Erscheinung
Farblosigkeit
**kolumbianischer Nobel-
preisträger für Literatur**
García Marquez
Kommando
Befehlsgewalt
kommerziell
geschaeftlich, kaufmaen-
nisch
komplett
abgeschlossen
Komplize
Helfershelfer
Komplott
Verschwoerung
Kompromiss
Uebereinkunft, Zuge-
staendnis
kompromittiert
blossgestellt
Konditorei
Feinbaeckerei
Konditoreierzeugnis
Erdbeerkuchen
Konferenz
Zusammenkunft
Konfiskation
Beschlagnahme
Konfrontation
Zusammenprall
Kongress
Zusammenkunft
konservieren
haltbar machen
Konspiration
Verschwoerung
Kontakt
Fuehlungnahme
Kontor
Niederlassung
Konvent
Zusammenkunft
Konvention
Uebereinkunft
Konzession
Zugestaendnis
Kopfschmerzen
Brummschaedel
Körperfleck
Sommersprosse
Körperschaft
Handelskammer
Körperteil
Unterschenkel
Kosmetik
Koerperpflege
kosmetischer Artikel
Konturenstift, Wimperntu-
sche
kostbares Besteckteil
Silberloeffel
kostenfrei
unentgeltlich
kratzbürstig
unzugaenglich
Kreidefelsen auf Rügen
Stubbenkammer
Kreuzblütler
Brunnenkresse
Kreuzbruder
Geisselbruder
Kreuzigungsstätte Jesu
Kalvarienberg
Kriecherei
Byzantinismus
Kriechtierordnung
Schildkroeten
Kriegsbereitmachung
Mobilisierung
Kritik
Stellungnahme
Küfer
Bottichmacher
kühl
unpersoenlich
kühn
unerschrocken
kujonieren
unterdruecken
Kult
Vergoetterung
kultiviert
geschmackvoll
Kummer
Enttaeuschung, Seelen-
schmerz
Kundgebung
Demonstration, Protest-
marsch
Künstler
Kapellmeister
Kunstwerk
Buehnenstueck
Kunterbunt
Durcheinander

kunterbunt
durcheinander
Kupferstechkunst
Chalkographie
Kuratel
Vormundschaft
Kurs
Fahrtrichtung
kurzlebiges Insekt
Eintagsfliege
Kuvert
Briefumschlag

L

labil
beeinflussbar
Laborgefäß
Schmelztiegel
Laborgerät
Bunsenbrenner
Ladenhüter
Schleuderware
Ladung
Elektrizitaet
Lage
Konstellation
Lage *der* **Dinge**
Konstellation
laienhaft
dilettantisch
Lampion
Papierlaterne
Land *der* **Bundesrepublik**
Niedersachsen, Sachsen-Anhalt
Landesteg im Hafen
Anlegebruecke
Landesteil *von* **Bayern**
Mittelfranken
landesweiter Ausstand
Generalstreik
Landschaftsform
Mittelgebirge
Landsmann in Österreich
Burgenlaender
Landstreicher
Uebernachtler
Lästerung
Verwuenschung
lästig
unsympathisch
laufend
unaufhoerlich
Laufkäfer
Puppenraeuber
Lausbub
Dreikaesehoch
laut
geraeuschvoll
Laxans
Abfuehrmittel
Lebensbeschreibung
Autobiografie
Lebensdarstellung
Autobiografie
lebensfremd
unrealistisch
lebenshungrig
unersaettlich
Leckerbissen
Koestlichkeit
ledig
allein stehend, unverheiratet
leer
unausgefuellt
legal
gesetzmaessig
Legation
Gesandtschaft
Lehranstalt
Gewerbeschule, Handelsschule, Kunstakademie, Polytechnikum, Realgymnasium
Lehre *vom* **Menschen**
Anthropologie
Leichenzug
Trauergefolge
Leiter *einer* **Behörde**
Amtsvorsteher
Leiter *eines* **Orchesters**
Kapellmeister
Leiter *einer* **Redaktion**
Chefredakteur
Lesegestörter
Legastheniker
letzter Abschnitt der Steinzeit
Jungsteinzeit
letzter Kaiser Äthiopiens
Haile Selassie
Libelle
Wasserjungfer
libyscher Landesteil
Tripolitanien
Liebesdienerin
Prostituierte
Liebestrank
Aphrodisiakum
Liebkosung
Zaertlichkeit
Liliengewächs
Maigloeckchen
Linderungsmittel
Schmerzmittel
linear
linienfoermig
linksorientiert
sozialistisch
Linse
Huelsenfrucht
Liturgie
Wechselgesang
Lobby
Pressuregroup
Lohnabzug bei Arbeitnehmern
Kirchensteuer
luchsäugig
scharfsichtig
Luftfahrtbegriff
Flugsicherung
Luftfahrzeug
Segelflugzeug, Sportflugzeug, Sportmaschine
Luftsportgerät
Segelflugzeug
lukullisch
schwelgerisch
lyrisch
stimmungsvoll

M

Machterweiterungsstreben
Imperialismus, Kolonialismus
mächtig
einflussreich
Mädchenfrisur
Pferdeschwanz
Magie
schwarze Kunst
Make-up der Augen
Wimperntusche
Manöver
Truppenuebung
Märchenfigur
Aschenbroedel, Rattenfaenger, Sandmaennchen, Struwwelpeter, Zappelphilipp
Marginalie
Randbemerkung
Marionettenakteur
Puppenspieler
Marionettenbühne
Puppentheater
markant
eindrucksvoll
Marke
Firmenzeichen
Marmelade
Brotaufstrich
Maschinenstartpower
Antriebspower
Maskerade
Kostuemierung
Massenaufmarsch
Demonstration, Protestaktion
maßgebend
einflussreich

mäßig
mittelmaessig
maßlos
unersaettlich
Matador
Stierkaempfer
Mathematikteilgebiet
Trigonometrie
Matura
Reifepruefung
Maulschelle
Backenstreich
Mechanikerberuf
Autoschlosser
Meerenge *zwischen* **Amerika und Asien**
Beringstrasse
Meereskunde
Ozeanographie
Megafon (Megaphon)
Fluestertuete
Mehlspeise
Topfenstrudel
meinetwegen
einverstanden
Memoiren
Lebensbericht
Menschenansammlung
Demonstration
menschenfreundlich
naechstenlieb
Menschenkunde
Anthropologie
Menschenliebe
Philanthropie
Menschenraub
Verschleppung
menschliche Verbindung
Kommunikation
Menstruation
Monatsblutung
merkantil
kaufmaennisch
Mesner
Kirchendiener
Mesopotamien
Zweistromland
Messgerät
Geigerzaehler
Meteor
Sternschnuppe
meteorologische Mitteilung
Wetterbericht
Milchprodukt
Raeucherkaese
Milieu
Nachbarschaft
militärische Ausrüstung
Spielmannszug
militärischer Dienstgrad
Generaloberst, Unteroffizier
militärisches Abendsignal
Zapfenstreich
Mine
Sprengkoerper
Mineralogie
Gesteinskunde
Misanthrop
Menschenfeind
Mischmasch
Durcheinander
miserabel
bedauernswert
Misserfolg
Zusammenbruch
Mission
Gesandtschaft
misstönend
disharmonisch
Missverhältnis
Disproportion
Mitarbeiter des Feindes
Kollaborateur
Mitglied
Vereinsbruder, Vereinsfreund
Mittäter
Helfershelfer
Mitteilung
Kommunikation
Mittelamerikaner
Salvadorianer
Mittelmeergewächs
Dattelpflaume
Mnemotechnik
Gehirnjogging
Möbelstück
Buecherkasten
mobil
transportabel
Mode
Zeitgeschmack
moderne Kochstelle
Heissluftherd
möglich
durchfuehrbar
Möglichkeit
Eventualitaet
Momentaufnahme
Schnappschuss
Mönchsorden
Zisterzienser
Mondsüchtiger
Schlafwandler
mongolischer Fürst
Dschingis Chan, Dschingis Khan, Tschingis Khan
monströs
missgestaltet, ungeheuerlich
Monumentenpflege
Denkmalschutz
Moralist
Moralprediger
Morgengrauen
Sonnenaufgang
motorloses Flugzeug
Segelflugzeug
motzen
widersprechen
Muschelart
Jakobsmuschel
Museum
Kunstsammlung
Museum in Basel
Kunstsammlung
Musikinstrument
Mundharmonika, Ziehharmonika
musisch
kuenstlerisch
müßig
ueberfluessig
Mutter *der* **Elektra**
Klytaemnestra
Mutter *der* **Iphigenie**
Klytaemnestra
Mutter *von* **Orest**
Klytaemnestra
Mütze
Kopfbedeckung
mysteriös
geheimnisvoll

N

nach außen gewandt
extravertiert
nach innen gewandt
introvertiert
Nachnahmesendung
Einzugsmandat
Nachrichtenmittel
Fernschreiber
Nachschlagewerk
Enzyklopaedie
Nächstenliebe
Philanthropie
Nachweis
Bescheinigung
Nadelbaum
Douglasfichte, Omorikafichte
Nagetier
Eichhoernchen
Näherung
Approximation
Name *des* **Gebietes zwischen Euphrat und Tigris**
Zweistromland
Namenkunde
Onomasiologie
Narr
Possenreisser
Narzissenart
Maerzenbecher

Naschwerk
Suessigkeiten
Nationalfahne der USA
Sternenbanner
Naturheilmittel
Melissengeist
Naturkraft
Elektrizitaet
Naturkunde
Pflanzenkunde
natürlich
urspruenglich
naturrein
unverfaelscht
Nebenhandlung
Zwischenspiel
nebensächlich
bedeutungslos
neidisch
eifersuechtig
nervös
nervenschwach
Nesthäkchen
Nachkoemmling
Neuerer
Revolutionaer
Neuling
Gruenschnabel
nichtig
bedeutungslos
niederdeutsch für Geisterseher
Spoekenkieker
niederländischer Forscher
Musschenbroek
niederländischer Schriftsteller
Ammers-Kueller
niederländisches Fürstenhaus
Nassau-Oranien
Niederschlag
Schnuerlregen
Nießbrauch
Nutzungsrecht
nimmersatt
unersaettlich
Noblesse
Freigebigkeit
nordamerikanische Katarakte
Niagarafaelle
Note beim Doktorexamen
magna cum laude, summa cum laude
Notfallgerät
Feuerloescher
Nothelfer
Christophorus
notwendig
obligatorisch
Nulltarif
gebuehrenfrei
Nutte
Prostituierte
Nützlichkeitsdenken
Utilitarismus
Nymphomanie
Mannstollheit

O

oberbayerischer Kurort
Berchtesgaden
Oberbefehlshaber
Feldmarschall
obere Schicht der Atmosphäre
Stratosphaere
Oberschicht
Establishment
Obliegenheiten
Verpflichtung
Obstart, Obstsorte
Johannisbeere
Odium
Anruechigkeit
Odontologie
Zahnheilkunde
öffentliche Darbietung
Veranstaltung
Öffentlichkeit
Allgemeinheit
Ohrfeige
Backenstreich
okkult
spiritistisch, uebersinnlich
Ökonomie
Rentabilitaet
Omelette
Palatschinken
Oper von Bizet
Perlenfischer
Oper von Humperdinck
Koenigskinder, Marketenderin
Oper von Kaminski
Juerg Jenatsch
Oper von Lortzing
Waffenschmied
Oper von Pfitzner
Christelflein
Oper von Strauß
Liebe der Danae, Rosenkavalier
Oper von Wagner
Meistersinger
Operette von Benatzky
Liebe im Schnee
Operette von Fall
Liebe Augustin
Operette von Kálmán
Graefin Mariza
Operette von Kollo
Wie einst im Mai
Operette von Künneke
Herz ueber Bord
Operette von Lehár
Der Zarewitsch, Endlich allein, Tangokoenigin, Zigeunerliebe
Operette von Lincke
Venus auf Erden
Operette von Offenbach
Schoene Helena
Operette von Raymond
Lauf ins Glueck, Perle von Tokay
Operette von Stolz
Gluecksmaedel, Tanz ins Glueck
Operette von Strauß
Karneval in Rom, Tapfere Soldat, Zigeunerbaron
Oratorium von Händel
Alexanderfest
Orchesterleiter
Kapellmeister
Orchideenart
Kuckucksblume
Ordination
Priesterweihe
organische Säure
Ameisensaeure, Salizylsaeure
Orgie
Ausschweifung
originär
urspruenglich
orthodox
rechtglaeubig
orthodoxer Politiker
Konservativer
örtliche Dienststelle für Sicherheit
Polizeirevier
Österreicher
Burgenlaender, Steiermaerker
österreichische Abtei
Kremsmuenster
österreichische Landschaft
Salzkammergut
österreichischer Maler
Hundertwasser
österreichischer Nobelpreisträger für Medizin
Wagner-Jauregg
österreichischer Staatsmann
Khevenhueller, Schwarzenberg
Ovulationshemmer
Antibabypille

P

Paniermehl
Semmelbroesel
Panne
Reifenschaden
Papageienart
Wellensittich
Papiermitteilung
Schriftstueck
päpstliche Anrede
Heiliger Vater
Paradeschritt
Gleichschritt
parallel
gleichlaufend
Pariser Prachtstraße
Champs-Élysées
Pariser Siegesdenkmal
Arc de Triomphe
Pariser Universitätsviertel
Quartier Latin
Parlamentär
Unterhaendler
Partisan
Freischaerler
Patisserieerzeugnis
Erdbeerkuchen
Patron *der* **Autofahrer**
Christophorus
Patron *der* **Reisenden**
Christophorus
Pause
Unterbrechung
permanent
unaufhoerlich
petrochemischer Betrieb
Oelraffinerie
Pfannkuchen
Palatschinken
Pfennigfuchser
Rappenspalter
Pferdeart
Apfelschimmel
Pferdesportler
Turnierreiter
Pflanze *ohne* **Blüten**
Sporenpflanze
Pflanzenkostbeete
Gemuesegarten
philatelistischer Begriff
Ersttagsbrief
philosophische Richtung
Materialismus, Rationalismus
Pigment
Hautfarbstoff
pikante Soße
Béchamelsauce, Béchamelsosse
Piktografie
Bilderschrift
Pilgerziel
Wallfahrtsort
Pionier
Schrittmacher
Plakat
Werbeanschlag
Plejaden
Siebengestirn
plump
schwerfaellig
poetisch
stimmungsvoll
Polstermöbel
Fernsehsessel
Poltergeist
Klabautermann
Porzellantasse
Kaffeehaeferl
postalischer Begriff
Eilzustellung
Postdynastie
Thurn und Taxis
Postgebäude
Fernsprechamt, Telegrafenamt
Postulat
Voraussetzung
prächtig
ausgezeichnet
Prachtkutsche
Staatskarosse
Prachtstraße in Paris
Champs-Élysées
Prädestination
Vorbestimmung
Prädikat bei Doktorprüfungen
magna cum laude, summa cum laude
praktikabel
durchfuehrbar
Prämie
Gratifikation
Prasserei
Verschwendung
Preisabzug
Preisnachlass
Preisgabe
Entaeusserung
preisgünstige Warenofferte
Sonderangebot
Premiere
Urauffuehrung
Presseberichterstatter
Korrespondent
Presseerzeugnis
Morgenzeitung
Primelart
Alpenveilchen
Programm
Theaterzettel
protestantischer Feiertag
Buss- und Bettag
Protestaufmarsch
Demonstration
Protokoll
Niederschrift
Pumphose
Knickerbocker
pur
unverfaelscht
Püree
Kartoffelbrei
Putsch
Staatsstreich

Q

qualifiziert
fachmaennisch
Qualitätserzeugnis
Markenartikel
Qualitätswein
Beerenauslese
Quittung
Bescheinigung
Quodlibet
Durcheinander

R

Rabatt
Preisnachlass
Radarmessung
Lokalisierung
radikal
kompromisslos
Ramsch
Schleuderware
Ränkespiel
Verschwoerung
Rätselart
Silbenraetsel, Zahlenraetsel
rätselhaft
geheimnisvoll
reaktionär
rueckstaendig
Rechnen *mit* **Brüchen**
Bruchrechnung
Rechtfertigung
Justifikation
redlich
rechtschaffen
reell
rechtschaffen
Reflektor
Rueckstrahler
Regierungschef
Bundeskanzler

Registratur
Aktensammlung
Reich *der* **Toten**
Schattenreich
Reichweite
Aktionsradius, Wirkungskreis
Reinfall
Blossstellung
Reisender
Weltenbummler
reizbar
nervenschwach
Relikt
Ueberbleibsel
renitent
widerspenstig
Reproduktion
Fortpflanzung
Rest
Ueberbleibsel
Rettungsgerät in der Schifffahrt (Schiffahrt)
Rettungsinsel
Reue
Gewissensbiss
reuig
schuldbewusst
Revision
Ueberpruefung
Riemen
Lederstreifen
Ritter *des* **Pedals**
Radrennfahrer
Rolands Kaiser
Karl der Grosse
Roman von Anzengruber
Sternsteinhof
Roman von Kipling
Dschungelbuch
Roman von Lenz
Deutschstunde
Rosenart
Apothekerrose
Rotationsmaschine
Druckerpresse, Schnellpresse
Rückblick
Retrospektive
Rückstand
Hintertreffen
Ruhmsucht
Geltungsdrang
Ruin
Zusammenbruch
rumänische Landschaft
Siebenbuergen
Rune
Geheimzeichen
russischer Komponist
Katschaturian
russischer Kosmonaut
Filiptschenko
russischer Politiker
Chruschtschow
russischer See
Asowsches Meer, Schwarzes Meer

S

sachkundig
fachmaennisch
Safe
Panzerschrank
Sakrament
Priesterweihe
Salatpflanze
Brunnenkresse
Sängergruppe
Gesangsverein
Satzzeichensetzung
Interpunktion
Säureart
Koenigswasser
Schachausdruck
Roesselsprung
Schädelknochen
Schlaefenbein
Schalltrichter
Fluestertuete
Schande
Blossstellung
scharfe Einstellung des Auges
Akkommodation
Schaumgebäck
Windbaeckerei
Schauspiel
Buehnenstueck, Theaterstueck
Schelmenstueck
Narrenstreich
Scherzgedicht
Schuettelreim
schick
geschmackvoll
Schiffskobold
Klabautermann
Schikane
Schwierigkeit
Schlangenart, Schlangengattung
Aspisschlange, Schlingnatter
Schlemmer
Feinschmecker
Schloss *bei* **Kassel**
Wilhelmshoehe
Schloss *bei* **Paris**
Fontainebleau
Schlotbaron
Industrieller
Schmach
Blossstellung
Schmetterlingsart
Kohlweissling
schnelles, unvorbereitetes Handeln
Improvisation
Schnepfenvogel
Strandlaeufer
Schönheitspflegebetrieb
Kosmetiksalon
Schrebergartenanlage
Laubenkolonie
Schreiben
Schriftstueck
Schreibkraft
Datentypistin, Stenotypistin
Schriftsetzer
Textgestalter
Schuhband
Schnuersenkel
Schulanfänger
Erstklaessler
Schuldgefühl
Gewissensbiss
Schulraum
Klassenzimmer
Schutzheiliger *der* **Autofahrer**
Christophorus
Schutzheiliger *der* **Reisenden**
Christophorus
Schwachstelle
Achillesferse
Schwarzpulver
Schiesspulver
schwedischer Mathematiker
Mittag-Leffler
schwedischer Nobelpreisträger für Frieden
Hammarskjoeld
schwedischer Politiker
Hammarskjoeld
Schweiß
Transpiration
schweizerischer Pass
San Bernardino, Sankt Bernhard, Sankt Gotthard
schwere Straftat
Raubueberfall
schwerhörig
hoerbehindert
schwierig
problematisch
Schwimmart
Schmetterling
See *bei* **Berlin**
Glienicker See
See *in* **Österreich**
Neusiedler See
Seelenwanderung
Reinkarnation

seelisch
charakterlich
seelische Krankheit
Schizophrenie
Sekretärin
Stenotypistin, Vorzimmerdame
Selbstbiografie (Selbstbiographie)
Autobiografie
seltene Gelegenheit
Sonderangebot
Sinnestäuschung
Halluzination, Vorspiegelung
Sitzgelegenheit
Schaukelstuhl
Skeleton
Rennschlitten
sofort
unverzueglich
Sommerfrische
Feriendomizil
Sonderling
Eigenbroetler, Einzelgaenger
Sonderzuwendung
Gratifikation
Sonnwendfeier
Johannisfeuer
Spagat
Spreizschritt
Spaltungsirresein
Schizophrenie
spanische Küste
Costa Smeralda
spanisches Gebirge
Picos de Europa
Spannungsumwandler
Transformator
spargelähnliches Gemüse
Schwarzwurzel
Spaßvogel
Possenreisser
Spekulant
Gluecksritter
Spießgeselle
Helfershelfer
Spiritist
Spoekenkieker
Spitzfindigkeit
Haarspalterei, Wortklauberei
spontan
unreflektiert
Sporenpflanze
Schachtelhalm
Sportanlage
Sprungschanze
Sportfest
Meisterschaft
Sportveranstaltung
Meisterschaft

Sprachrohr
Fluestertuete
Sprengstoff
Nitroglyzerin, Schiesspulver, Schwarzpulver
Spritzenmann
Feuerwehrmann
spröde
unzugaenglich
Sprudel
Mineralwasser
Staat *in* Mitteleuropa
Liechtenstein
Staatsangehörigkeit
Nationalitaet
Staatsgebiet
Hoheitsgebiet
Stadt, Gemeinde *in* Bayern
Aschaffenburg, Berchtesgaden, Tirschenreuth
Stadt, Gemeinde *in* Belgien
Blankenberghe
Stadt, Gemeinde *in* Dänemark
Frederikshavn
Stadt, Gemeinde *am* Main
Aschaffenburg
Stadt, Gemeinde *an der* Nahe
Idar-Oberstein
Stadt, Gemeinde *in* Niedersachsen
Fallingbostel, Wilhelmshaven, Wolfenbuettel
Stadt, Gemeinde *in* Nordrhein-Westfalen
Burgsteinfurt, Castrop-Rauxel, Gelsenkirchen, Koenigswinter
Stadt, Gemeinde *in* Polen
Tschenstochau
Stadt, Gemeinde *in* Rheinland-Pfalz
Bad Bergzabern, Idar-Oberstein, Schifferstadt
Stadt, Gemeinde *im* Ruhrgebiet
Castrop-Rauxel, Gelsenkirchen
Stadt, Gemeinde *in* Russland
Jekaterinburg
Stadt, Gemeinde *an der* Weinstraße
Bad Bergzabern
stammelnd
unartikuliert
Stegreifauftritt
Improvisation
Steinzeitabschnitt
Jungsteinzeit

Stellung
Konstellation
Sterbeort Bismarcks
Friedrichsruh
Sternforscher
Astrophysiker
Sternwarte
Observatorium
Steuerzahler
Staatsbuerger
stille Andacht
Kontemplation
Stolz
Selbstachtung
stoppen
stehen bleiben
störrisch
widerspenstig
Stoßabfänger
Stossdaempfer
Strahlenfacharzt
Roentgenologe
Strahlungsmessgerät
Geigerzaehler
Straße *in* Hamburg
Jungfernstieg
Straße *in* Paris
Champs-Élysées
Straßenmarkierung
Zebrastreifen
Strauchfrucht
Johannisbeere
Streicheleinheit
Zaertlichkeit
Strom
Elektrizitaet
Stromer
Landstreicher
Stromumformer
Transformator
Stubenvogel
Kanarienvogel, Wellensittich
stumpfsinnig
gleichgueltig
stur
unzugaenglich
Sucht
Abhaengigkeit
Südostasiat
Kambodschaner
Südwester
Kopfbedeckung
Süßspeise
Goetterspeise

T

Tabellenführer
Spitzenreiter
Tagtraum
Halluzination

Tagung
Zusammenkunft
Tanz
Schuhplattler
Tanzgestaltung
Choreographie
Tanzwiedergabe
Choreographie
Tatar
Schabefleisch
tätlich
handgreiflich
taub
eingeschlafen
Täuschung
Halluzination, Vorspiegelung
Taxi
Kraftdroschke
technische Lehranstalt
Polytechnikum
Teil *des* **Beines**
Achillessehne, Unterschenkel
Teil *des* **Bestecks**
Kaffeeloeffel
Teil *der* **Erdatmosphäre**
Stratosphaere
Teil *der* **Kirche**
Kirchenschiff
Teil *des* **Kopfes**
Kieferknochen
Teil *der* **Panade**
Semmelbroesel
Teil *der* **Schulter**
Schulterblatt
Teil *der* **Sonne**
Chromosphaere
Teil *der* **Sudeten**
Riesengebirge
Teilgebiet der Biologie
Anthropologie
Teilgebiet der Mathematik
Trigonometrie
Teilnahme
Partizipation
teilnahmslos
gleichgueltig
Teint
Gesichtsfarbe
Telefonat
Ferngespraech
Telegraf
Fernschreiber
Telexapparat
Fernschreiber
Temperaturmessgerät
Thermoelement
Tennisausdruck
Schmetterball
Teppich im Schlafzimmer
Bettumrandung
Teppichart
Orientteppich
Testat
Bescheinigung
Teufelskreis
Zirkelschluss
Tierfänger in Kanada
Fallensteller
Titelfigur von Böll
Katharina Blum
Tochtermann
Schwiegersohn
Toilette
Wasserklosett
Tomatenkaltspeise
Paradeissalat
Topmodel
Starmannequin
Torero
Stierkaempfer
Tour im Gebirge
Bergwanderung
träg
schwerfaellig
tragbar
transportabel
Trainingsstudio
Fitnesscenter
Tramp
Landstreicher, Weltenbummler
Transaktion
Bankgeschaeft, Geldgeschaeft
Transfer
Ueberfuehrung
Transportkosten
Frachtgebuehr
Traummahr
Nachtgespenst
traurig
melancholisch
Treffen
Zusammenkunft
Treffer *zum* **Remis**
Ausgleichstor
Treibjagd
Kesseltreiben
Trendsetter
Schrittmacher
Tresor
Panzerschrank
Triasformation
Buntsandstein
Trickbetrüger
Bauernfaenger
Trinität
Dreieinigkeit
Trinkgefäß
Schnabeltasse
Trockenlegung
Entwaesserung
Tropenbaum
Affenbrotbaum
Trugwahrnehmung
Halluzination
Turbine
Kraftmaschine
Turbulenz
Durcheinander, Wirbelbildung
Turmdachart
Zwiebelkuppel
Turngerät
Kletterstange, Schwebebalken
Tutel
Vormundschaft
TV-Senderaum
Fernsehstudio
typisch
eigentuemlich, kennzeichnend
übereinstimmend
gleich lautend
überempfindlich
hypersensibel
Übergewicht
Praeponderanz
Überlegenheit
Superioritaet
überraschend
ungewoehnlich
Übertragung
Transposition
übertriebene Vaterlandsliebe
Nationalismus
Überwachungsinstrument
Fernsehkamera
üble Nachrede
Anschwaerzung
üblich
gebraeuchlich, konventionell

U

Umformer
Transformator
umgangssprachlich für Fernsehen
Pantoffelkino
Umgebung
Nachbarschaft
umgehend
unverzueglich
umherziehen
vagabundieren
Umkreis
Nachbarschaft
Umschrift
Transkription

umsonst
unentgeltlich
Umspanner
Transformator
Umstand
Eventualitaet, Konstellation
Umsturz
Staatsstreich
Umstürzler
Revolutionaer
Umzug
Demonstration, Protestmarsch
unausführbar
impraktikabel
unbedingt
ausdruecklich
unbefugt
eigenmaechtig
Unbekümmertheit
Sorglosigkeit
unerlässlich
obligatorisch
unfachgemäß
dilettantisch
Unfall
Zusammenstoss
ungarischer Nobelpreisträger für Medizin
Szent-Gyoergyi
Ungebühr
Fehlverhalten
ungelernter Arbeiter
Hilfsarbeiter
ungeordnet
durcheinander
ungeschickt
schwerfaellig
ungewöhnlich
extraordinaer
Universalarznei
Allheilmittel
unmäßig
unersaettlich
unmündig
minderjaehrig
UNO-Generalsekretär
Hammarskjoeld
unparteiisch
unbeeinflusst
Unrast
Ruhelosigkeit
unruhiges Kind
Zappelphilipp
unsterblich
immer waehrend
unstetes Wesen
Ruhelosigkeit
Unterordnung
Subordination
Unterwelt
Schattenreich
Unterzeichnung
Ratifizierung
ununterbrochen
unaufhoerlich
unvermeidlich
obligatorisch
unzeitgemäße Einstellung
Anachronismus
Üppigkeit
Verschwendung
Urlaubsmitbringsel
Reiseandenken
Ursprung
Ausgangspunkt
Ursprünglichkeit
Originalitaet
Urteil
Richterspruch, Schiedsspruch
Urzeit
Vorgeschichte
US-Flagge
Sternenbanner
Usus
Gepflogenheit

V

Vagabund
Landstreicher
variabel
veraenderlich
vaterländisches Lied
Nationalhymne
verbindlich
obligatorisch
verborgen
geheimnisvoll
Verdichtung
Konzentration
Verdichtungsgebiet
Agglomeration
Vereinbarung
Uebereinkunft
vergleichende Literaturwissenschaft
Komparatistik
verhängnisvoll
schicksalhaft
Verherrlichung
Glorifikation
Verkauf
Veraeusserung
Verkehr
Kommunikation
Verkehrsmittel
Kraftfahrzeug
Verkehrszeichen
Hinweisschild
Verklebung
Agglutination
Verkleidung
Kostuemierung
Verlagsangestellter
Chefredakteur
Vermittler
Kommissionaer, Unterhaendler
Vermoderung
Humifizierung
Vernunftglaube
Rationalismus
Vernünftigkeit
Rationalitaet
verpflichtend
obligatorisch
Verräter
Kollaborateur
Versammlung
Zusammenkunft
verschlagen
hinterhaeltig
Versenkung
Kontemplation
Verständigung
Kommunikation
Versteck
Schlupfwinkel
Vertrag
Uebereinkunft
Vertreter
Repraesentant
Vertretung im Ausland
Gesandtschaft
Verwalter *des* **Vereinsvermögens**
Schatzmeister
Verwaltungsbezirk *in* **Frankreich**
Arondissement
Verwandte/Verwandter
Urgrossmutter
Verwirrung
Durcheinander
Verwunderung
Ueberraschung
verzagt
defaetistisch
Verzeichnis von Büchern
Bibliographie
Vielzahl an Gästen
Besucherstrom
Vitalität
Beweglichkeit
Volksfest
Schuetzenfest
Volkstanz in Bayern
Schuhplattler
Vollstrecker der Todesstrafe
Scharfrichter
Vollstreckung
Durchfuehrung

Vollversammlung
Plenarsitzung
vom Bischof zelebrierte Messe
Pontifikalamt
Voranschlag
Haushaltsplan
vorbeugende Maßnahme
Immunisierung, Schutzimpfung
vorbildlich
mustergueltig
vordergründig
durchschaubar, fadenscheinig
Vorgeschichtsperiode
Jungsteinzeit
Vorkämpfer
Schrittmacher
Vorkasse
Vorauszahlung
vormals
zu Olims Zeiten
vornehme Gaststätte
Etablissement
Vorschlag zur Ehe
Heiratsantrag
Vorschuss
Vorauszahlung
Vorsteher *eines* **Orchesters**
Kapellmeister
Vorurteilslosigkeit
Objektivitaet
Vulgärausdruck
Kraftausdruck

W

Wacholderdrossel
Krammetsvogel
Wachtelkönig
Wiesenknarrer, Wiesenlaeufer
wacker
rechtschaffen
Waffengattung
Gebirgsjaeger
Waffenmeister
Waffenschmied
wählerisch
anspruchsvoll
Wahn
Halluzination
Wahrzeichen von Braunschweig
Loewendenkmal
Wahrzeichen von Innsbruck
Goldenes Dachl
Wahrzeichen von Venedig
Rialtobruecke
Waldkleintier
Eichhoernchen
Waldtier
Eichhoernchen
Walhalla
Goetterhimmel
Wallfahrtsort *in* **Polen**
Tschenstochau
Walzbruder
Landstreicher
wandelbar
veraenderlich
Wandler
Transformator
Wangenbein
Backenknochen
Warenzeichen
Wasserzeichen
Wärmekraftmaschinen
Dampfmaschine
Wasserbehandlung
Hydrotherapie
Wasserfall
Stromschnelle
Wasserfontäne
Springbrunnen
Wassergeist
Klabautermann
Wasserspiel
Springbrunnen
Wechselbeziehung
Abhaengigkeit
wechselhaft
veraenderlich
Wechselrede
Zwiegespraech
Wegweiser
Hinweisschild
Wegwerfprodukt
Einwegflasche
wehrhaft
kampftuechtig
Wehrmacht
Streitkraefte
weiblicher Beruf im Tourismus
Reiseleiterin
Weidmesser
Hirschfaenger
Weihnachtsgebäck
Christstollen, Pfefferkuchen, Spritzgebaeck
Weinprädikat
Beerenauslese
weiße Tunke
Béchamelsauce, Béchamelsosse
weite Kniehose
Knickerbocker
Weitsichtigkeit
Hypermetropie
weltabgewandt
introvertiert
Weltende
Weltuntergang
weltgewandt
weltmaennisch
Weltmachtstreben
Imperialismus
weltoffen
extravertiert
weltumspannend
international
Werkzeug
Gewindebohrer, Glasschneider, Schraubzwinge
Wertminderung
Deterioration
Wertpapiere
Staatsanleihe
Wertsachendepot
Panzerschrank
Werturteil
Einschaetzung
Westeuropäer
Niederlaender
Wettervorhersage
Wetterbericht
Wetterwarte
Observatorium
widerborstig
kratzbuerstig, unzugaenglich, widerspenstig
Widerspruch
Kontradiktion
Widerstandsform
Generalstreik
Widerstandskämpfer
Freischaerler
Wiedergeburt
Reinkarnation
Wiederherstellung
Restaurierung
Wiener Dichter
Hoffmannsthal
Wiener Winzerdorf
Heiligenstadt
Wiesenblume
Kuckucksblume
Wiesenpflanze
Johanniskraut
Wiesenunkraut
Spitzwegerich
Wikingerschiff
Drachenschiff
wild
unzivilisiert
wild lebende Rinderart
Wasserbueffel
Windpocken
Schafblattern, Spitzblattern
Wintersportanlage
Sprungschanze
Wintersportart
Eisschnellauf

winziger Vogel
Goldhaehnchen
wirklichkeitsfremd
unrealistisch
Wirkstoff *in* Nahrungsmitteln
Spurenelement
Wirkungsbereich
Aktionsradius
Wirkungskreis
Aktionsradius, Gesichtskreis
Wirkungslosigkeit
Unwirksamkeit
Wirkungsstätte Rübezahls
Riesengebirge
wirr
durcheinander
Wirrnis
Durcheinander
Wirrwarr
Durcheinander
Wirtschafterin
Haushaelterin
Wissenschaft
Anthropologie
wissenschaftlicher Arbeitsraum
Observatorium
wissenschaftliches Sammelwerk
Enzyklopaedie
Wissensschatz
Enzyklopaedie
Wohlstandsgesellschaft
Establishment
Wohngebäude
Wolkenkratzer
Wortbruch
Treulosigkeit
wortgetreu
wortwoertlich
Wortklauberei
Haarspalterei
wortreich
weitschweifig
würdevoll
gravitaetisch, majestaetisch
Wurstsorte
Schinkenwurst, Zervelatwurst
Wurzelgemüse
Schwarzwurzel
Wust
Durcheinander

XYZ

Xanthophyll
Gelbfarbstoff
Xylofon (Xylophon)
Holzharmonika
Zählrohr
Geigerzaehler
Zahn
Beisswerkzeug
Zahnarten
Weisheitszahn
Zehnersystem
Dezimalsystem
Zeichensetzung
Interpunktion
Zeichensprache
Gestikulation
Zeit hinter uns
Vergangenheit
Zeitbegriff
Vergangenheit
Zeitungsmitarbeiter
Chef vom Dienst, Chefredakteur, Korrespondent
Zellbestandteil
Mitochondrien
zellulär
zellenfoermig
Zenit
Scheitelpunkt
Zensus
Volkszaehlung
Zentralisation
Konzentration
Zenturie
Hundertschaft
Zepter
Herrscherstab
Zerfahrenheit
Zerstreutheit
zerknirscht
schuldbewusst
Zeugnis
Bescheinigung
Zeugnisnote
magna cum laude, summa cum laude
ziemlich
einigermassen
Zierfisch
Korallenfisch
Zierpflanze
Alpenveilchen
Zigarette
Glimmstaengel
Zimmerei
Bautischlerei
Zimmervogel
Kanarienvogel, Wellensittich
Zinnkraut
Schachtelhalm
Zins
Kapitalertrag
Zirkel
Zeichengeraet
Zirkular
Rundschreiben
Zirkulation
Blutkreislauf
Zirrostratus
Schleierwolke
Ziseleur
Metallstecher
Zores
Durcheinander
Zuckerart
Traubenzucker
Zuflucht
Schlupfwinkel
Zugabe
Gratifikation
zügelloses Treiben
Ausschweifung
zugkräftiges Angebot
Sonderangebot
Zulage
Gratifikation
Zunft
Berufsverband
zurückliegende Zeit
Vergangenheit
Zusammenarbeit mit dem Feind
Kollaboration
Zusammenballung
Agglomeration
zusammenklappbarer Zylinderhut
Chapeau claque
Zusammenrottung
Demonstration
Zusammentreffen
Simultanitaet
Zusatzleistung
Gratifikation
Zuzug
Uebersiedlung
zwangsläufig
unumgaenglich
Zwangsvollstreckung
Beschlagnahme, Versteigerung
Zweckmäßigkeitsdenken
Opportunismus
Zweigstelle
Niederlassung
Zwergstaat in Europa
Liechtenstein
Zwiebelgericht
Zwiebelkuchen
zwingend
obligatorisch, unumgaenglich
Zwischenfall
Unterbrechung
zwischenstaatlich
international
Zylinderhut
Chapeau claque

14 BUCHSTABEN

A

Abbitte
Entschuldigung
Abfallbehälter
Muellcontainer
Abfindung
Entschaedigung
Abführmittel
Sennesblaetter
Abgabe *an den* **Staat**
Mehrwertsteuer
Abgeordneter
Parlamentarier, Volksvertreter
Abitur
Hochschulreife
Abspielgerät für Schallplatten
Plattenspieler
Absprache
Uebereinkommen
Abstand
Zurueckhaltung
Abstimmung
Volksbefragung
Achtung
Hochschaetzung, Wertschaetzung
Affinität
Verwandtschaft
afrikanische Sprache
Hottentottisch
afrikanischer Berg
Kilimandscharo
Agrikultur
Landwirtschaft
Aktionär
Gesellschafter
Aktrice
Schauspielerin
alle Angehörigen
Verwandtschaft
Allee *in* **Berlin**
Unter den Linden
allmähliche Neugliederung
Strukturwandel
Alpengipfel
Finsteraarhorn
Alpensee
Starnberger See
Alpentier
Alpenspitzmaus
altdeutsches Heldenepos
Nibelungenlied
alter Name für Istanbul
Konstantinopel
Altsteinzeit
Palaeolithikum
amerikanische Hauptstadt
Ciudad Trujillo
amerikanische Inselgruppe
Falklandinseln
amerikanischer Nobelpreisträger für Wirtschaft
Buchanan, McGill
amerikanisches Gebirge
Rocky Mountains
Amsel
Schwarzdrossel
Amtstitel in einer Gemeinde
Buergermeister
Amulett
Gluecksbringer
andauernd
gleich bleibend
Anfluggenehmigung
Landeerlaubnis
Anführer
Raedelsfuehrer
Angabe
Aufschneiderei
Angehörigenkreis
Verwandtschaft
Angehöriger *des* **Parlaments**
Parlamentarier, Volksvertreter
Angleichung
Harmonisierung
anhaltend
ununterbrochen
anorganische Säure
Salpetersaeure, Schwefelsaeure
Anrede *eines* **Universitätsrektors**
Spektabilitaet
Ansehen
Wertschaetzung
ansteckende Krankheit
Kinderlaehmung
Anwalt
Rechtsbeistand
apodiktisch
unumstoesslich, unwiderleglich
Apotheose
Verherrlichung
arabische Wüste
Nubische Wueste
Arbeit
Beschaeftigung
Arbeitnehmer
Lohnempfaenger
Arbeitskleidung
Mantelschuerze
arglos
leichtglaeubig
Argwohn
Verdaechtigung
Armut
Beduerftigkeit
Aronstabgewächs
Schlangenkraut
arrogant
herausfordernd
Arzneimittel
Pharmazeutikum
asiatischer See
Kaspisches Meer
Askese
Enthaltsamkeit
Ästhet
Kunstliebhaber
Astronaut
Weltraumfahrer
astronomischer Begriff
Himmelskoerper, Mondfinsternis
Atlantikinselgruppe
Falklandinseln
Atomzertrümmerung
Kernumwandlung, Kettenreaktion
Attacke beim Fechten
Klingenangriff
Audienz
Aufmerksamkeit
Auditorium
Zuhoererschaft
Auffassung
Interpretation
aufgeklärt
vorurteilsfrei
augenfällig
offensichtlich
Augenheilkunde
Ophthalmologie
Augenmerk
Aufmerksamkeit
Aureole
Heiligenschein
Ausdauer
Beharrlichkeit, Bestaendigkeit
Ausgleich
Entschaedigung
Auslegung
Interpretation
Ausrufer
Gemeindediener
australische Wüste
Victoriawueste
australischer Bundesstaat
Nordaustralien, Suedaustralien, Westaustralien

automatisch
unwillkuerlich
Autopsie
Leichenbeschau
Autor
Schriftsteller
Autor von Der arme Heinrich
Hartmann von Aue
Autor von Die Göttliche Komödie
Dante Alighieri
Autorenschutzverband
VG Wissenschaft

B

Babysitter
Kindermaedchen
Backtriebmittel
Hirschhornsalz
Badeort
Donaueschingen, Friedrichshall, Traben-Trarbach
Bahn-Haus-Spediteur
Bahncamionneur
Ballettmitglied
Primaballerina, Primoballerino
Banderole
Steuerstreifen
Bankett
Seitenstreifen
Banknote
Zehnmarkschein
bankrott
zahlungsunfaehig
Barrikade
Strassensperre
Barschart
Papageienfisch
Baumart
Muskatnussbaum
bayerischer See
Starnberger See
bayerisches Schloss
Herrenchiemsee, Hohenschwangau, Neuschwanstein
Beauftragte
Unterhaendlerin
befangen
voreingenommen
Befestigungsmittel
Waescheklammer
Beförderungsmittel
Untergrundbahn
begeistert
enthusiastisch
Begleiter *des* **Nikolaus**
Knecht Ruprecht
Begräbnisessen
Leichenschmaus
Beiname Friedrich Wilhelms I.
Soldatenkoenig
Beiname *des* **Räuberhauptmanns Johann Bückler**
Schinderhannes
Beistand
Unterstuetzung
Bekleidungsstück
Manchesterhose, Trainingsanzug
belanglos
nebensaechlich
Berechtigung zum Entree
Eintrittskarte
Berg *in den* **Alpen**
Finsteraarhorn, Grossvenediger
Berg *im* **Berner Oberland**
Finsteraarhorn
Berg *auf* **Sri Lanka**
(Ceylon)
Piturutalagala
Berg *in den* **Vogesen**
Grosser Belchen, Kleiner Belchen
Berg *bei* **Zell am See**
Schmittenhoehe
bergmännischer Beruf
Elektrosteiger, Schachtsteiger, Schiesssteiger
Berliner Bauwerk
Olympiastadion
Berliner Promenadenstraße
Unter den Linden
Berliner Sportanlage
Olympiastadion
Berliner Stadtteil
Charlottenburg, Friedrichshain, Prenzlauer Berg
Beruf *auf* **Bahnhöfen**
Gepaecktraeger
Beruf *im* **Baugewerbe**
Elektromonteur
Beruf *im* **Gesundheitswesen**
Lungenfacharzt
Beruf *in der* **Holzindustrie**
Revierfoerster
Beruf *in der* **Kunst**
Ballettmeister, Schriftsteller
Beruf *in der* **Metallindustrie**
Werkzeugmacher
Beruf *im* **Rechtswesen**
Gerichtsdiener
Beruf *im* **Transport- oder Verkehrswesen**
Bordmechaniker, Gepaecktraeger, Strassenbahner
Beruf *in der* **Unterhaltungsbranche**
Aufnahmeleiter, Ballettmeister, Buehnenbildner, Konzertmeister
Berufsverband
Genossenschaft
Beschaulichkeit
Besinnlichkeit
beschränkte Studienzulassung
Numerus clausus
beständig
gleich bleibend
bester Teil einer Speise
Gustostueckerl
bestimmend
determinierend
bestimmt
unabaenderlich
Bestseller
Verkaufserfolg
Betätigung
Beschaeftigung
betörend
verfuehrerisch
Betrieb *der* **Metallindustrie**
Gesenkschmiede
Bibelteil
Altes Testament, Neues Testament
biblischer König
Herodes Agrippa
Biegung
Haarnadelkurve
Billett
Eintrittskarte
Billigung
Sanktionierung
Bindehautentzündung
Conjunctivitis, Konjunktivitis
Birnensorte
Williams Christ
Bläschenausschlag
Guertelflechte
Blasinstrument
Bassklarinette
Blocksbergfest
Walpurgisnacht
Boom
Hochkonjunktur
Bordeauxwein
Château Margaux
bornierter Starrsinn
Engstirnigkeit
böser Geist
Mephistopheles

Boxausdruck
Aufwaertshaken
Brauch
Ueberlieferung
Brauer
Bierhersteller
breiförmige Speise
Kartoffelstock
Brillenschlange
Uraeusschlange
brutal
ruecksichtslos
Buchteil
Schutzumschlag
Bückling
Raeucherhering
Bulletin
Bekanntmachung, Krankenbericht
Burg
Festungsanlage
Burg *im* **Elsass**
Hohkoenigsburg
Burg *in* **Italien**
Castel del Monte
Bürgermeister
Stadtoberhaupt
Byzanz
Konstantinopel

C

chemischer Begriff
Blutlaugensalz, Jodwasserstoff, Kaliumkarbonat, Kalkstickstoff, Loesungsmittel, Neutralisation, Phosphorsaeure, Polymerisation, Salpetersaeure, Schwefelsaeure, Stickstoffoxid, Strukturformel
chemisches Element
Kurtschatowium
chinesische Religion
Konfuzianismus
chinesischer Schriftsteller
Wang Tschingwei
Christbaum
Weihnachtsbaum
Chronik
Geschichtswerk

D

dauernd
ununterbrochen
Dekan
Superintendent
Dekolletee (Dekolleté)
Halsausschnitt
Dekoration
Ausschmueckung
delikat
wohlschmeckend
Demagoge
Volksverhetzer
Demoralisation
Entsittlichung, Zuchtlosigkeit
Denkart
Weltanschauung
Denksportaufgabe
Zahlenknobelei
Depesche
Drahtnachricht
Detektei
Auskunftsbuero
Detektiv
Geheimpolizist
deutsche Großstadt
Kaiserslautern, Recklinghausen
deutsche Heldendichtung
Nibelungenlied
deutsche Kriegsauszeichnung
Deutsches Kreuz
deutsche Sagengestalt
Schimmelreiter
deutsche Schauspielerin
Flickenschildt
deutsche Universitätsstadt
Kaiserslautern
deutscher Badeort
Friedrichshall
deutscher Berg, Gebirge
Benediktenwand, Braunarlspitze, Fichtelgebirge, Rothaargebirge, Thueringerwald
deutscher Philosoph
Schleiermacher
deutscher Schriftsteller
Grimmelshausen
deutsches Bundesland
Rheinland-Pfalz
deutsches Epos
Nibelungensage
deutsches Kartenspiel
Kartenlotterie
deutsches Märchen
Schneewittchen
Deutung
Interpretation
Devise
Zahlungsmittel
dezent
unaufdringlich, zurueckhaltend
Dichtung
Kurzgeschichte
Diebstahl
Unterschlagung
Diele
Fussbodenbrett
Dienstmann (Bahn)
Gepaecktraeger
Diktatur
Totalitarismus
Diktion
Ausdrucksweise
Distanz
Reserviertheit, Zurueckhaltung
Disziplin
Beherrschtheit
Divis
Teilungsstrich
Division
Truppenverband
Dom
Bischofskirche
Domizil
Aufenthaltsort
Drache
Wikingerschiff
dringende Nachricht
Blitztelegramm
Droge
Arzneirohstoff
Druckverfahren
Rotationsdruck
Dummkopf
Einfaltspinsel
durchgehend
kontinuierlich, ununterbrochen
durchlaufend
kontinuierlich
Dynamik
Bewegungslehre

E

Ebenmaß
Ausgewogenheit
Echsenart
Blindschleiche
Eden
Paradiesgarten
Effekten
Boersenpapiere
Egozentrik
Ichbezogenheit
ehemaliger österreichischer Bundespräsident
Kirchschlaeger
eigene Lebensbeschreibung
Autobiographie
eigenmächtig
selbstherrlich

Eigentumsdelikt
Unterschlagung
Eilande im Südatlantik
Falklandinseln
Eile
Ueberstuerzung
eindringlich
nachdruecklich
einfache Mahlzeit
Eintopfgericht
Einfallsreichtum
Erfindungsgabe
eingelegter Hering
Bismarckhering
Einordnung
Klassifikation
Einrichtungsgegenstand
Kleiderschrank
einträglich
Gewinn bringend
Einwand
Einschraenkung
Eisenbahner
Weichensteller
eisenbahntechnischer Begriff
Nahverkehrszug
eitel
gefallsuechtig
Emanzipation
Gleichstellung
Emblem
Hoheitszeichen
empfänglich
aufgeschlossen
Empfangsgerät
Fernsehapparat
Empore
Kirchengalerie
Ende *des* Karnevals
Aschermittwoch
englische Grafschaft
Cambridgeshire, Leicestershire, Northumberland, Worcestershire
englischer Filmkomiker
Charlie Chaplin
entferntes Gewitter
Wetterleuchten
Entfettungsmaßnahme
Abmagerungskur
Entwendung
Unterschlagung
ephemer
voruebergehend
Episkopat
Bischofswuerde
Epos *des* Mittelalters
Nibelungenlied
Ergriffenheit
Erschuetterung
Ergussgestein
Effusivgestein
Erholung
Rekonvaleszenz
Erklärung
Interpretation
Erläuterung
Interpretation
ermüdend
einschlaefernd
Erneuerung
Modernisierung, Rekonstruktion
Ersatz
Entschaedigung
erste Solotänzerin
Primaballerina
erste Tänzerin
Primaballerina
erster Geiger
Konzertmeister
Erwerbstätigkeit
Beschaeftigung
Erzieherin
Kindermaedchen
Eskalation
Aufschaukelung
essbare Dinge
Nahrungsmittel
Etat
Staatshaushalt
etwa
gleichermassen
Eucharistie
Altarsakrament
Eucharistiefeier
Altarsakrament
Evangelist
Wanderprediger
Evangelium
Frohe Botschaft, Heilsbotschaft
Exegese
Bibelauslegung
Exil
Verbannungsort
Existenzniveau
Lebensstandard
exotisch
fremdlaendisch
Explosivstoff
Nitrozellulose, Trinitrotoluol

F

Facharbeiter
Feinmechaniker
Fachhochschule
Konservatorium
fadenscheinig
vordergruendig
fahrende Leute
Nichtsesshafte
Fahrgästeverzeichnis
Passagierliste
fahrig
unkonzentriert
Fahrzeug *mit* Ladefläche
Lastkraftwagen
Fäkalien
Ausscheidungen
Faktor
Setzereileiter
Falter
Schmetterlinge
Familienfeier
Silberhochzeit
Fantasie (Phantasie)
Erfindungsgabe
fantastische (phantastische) Erzählung
Sciencefiction
Fastnachtsende
Aschermittwoch
Fata Morgana
Luftspiegelung
Faulenzer
Muessiggaenger
Faustgewalt
Brachialgewalt
Favela
Elendsquartier
Feature
Fernsehbericht
fehlender Anlass
Grundlosigkeit
fehlendes Wissen
Bildungsluecke
feine Handarbeit
Kloeppelspitze
Festigkeit
Beharrlichkeit
Festigung
Konsolidierung, Stabilisierung
Feststellung einer Person
Identifikation
feudal
herrschaftlich
Fiaker
Pferdedroschke
Figur *aus einem* deutschen Märchen
Schneewittchen
Figur aus Faust
Mephistopheles
Filiale
Zweiggeschaeft
Filmtheater
Lichtspielhaus
Firmenteilnehmer
Gesellschafter
Fischart
Petermaennchen, Spiegelkarpfen

Fischkonserve
Bismarckhering
fit
durchtrainiert
Flickarbeit
Instandsetzung
Fliegenart
Schmeissfliege
Flirt
Techtelmechtel
Floristin
Blumenbinderin
Flotte
Schiffsverband
Flughafen von New York
Kennedy Airport
Flugzeugart
Duesenflugzeug
Fluss *in* **Amerika**
Tennessee River
Fluss *in* **Australien und Ozeanien**
Ashburton River, Mackenzie River
flüssige Speise
Kartoffelsuppe
Förderanlage
Schuettelrinne
Förderung
Unterstuetzung
Forstbeamter
Revierfoerster
Fortbewegung zu Fuß
Spazierengehen
Fortsetzung
Weiterfuehrung, Wiederaufnahme
Fortuna
Gluecksgoettin
Fotoapparat
Polaroidkamera
Frachtverkehr
Warentransport
Frauenberuf
Bibliothekarin, Blumenbinderin, Buchhaendlerin, Garderobenfrau, Schauspielerin, Wirtschafterin, Zimmermaedchen
Freigabe des Abflugs
Starterlaubnis
Freiheit
Souveraenitaet, Ungebundenheit
Freischärler
Heckenschuetze
freundlich
liebenswuerdig
Frischhalteanlage
Tiefkuehltruhe
Frisiermittel
Schaumfestiger
früherer Name von Istanbul
Konstantinopel
Führer *einer* **Räuberbande am Rhein**
Schinderhannes
Furunkel
Eitergeschwuer
Fußballspieler
Aussenstuermer, Mittelstuermer, Reservespieler
Fußbekleidung
Schnuerstiefel

G

Galanterie
Ritterlichkeit
Garantie
Sicherstellung
Gartenblume
Indianernessel
Gartengerät
Wasserschlauch
Gaukler
Taschenspieler
Gebeine
Knochengeruest
Geberlaune
Freizuegigkeit
Gebirgsgruppe
Ennstaler Alpen
gebogenes Nussgebäck
Vanillekipferl
Gebrauchtwarenhandlung
Secondhandshop
gedämpft
unaufdringlich
Gedenkstätte *in* **Laboe**
Marineehrenmal
Gefahr für Alpinisten
Wetterumschlag
Gefälligkeit
Entgegenkommen
Gefäß
Thermosflasche
gefeit
unempfaenglich
Gefriergerät
Tiefkuehltruhe
Gefühlsduselei
Ruehrseligkeit
gegensätzlich
antagonistisch
gegenwärtig
augenblicklich
gehaltlos
oberflaechlich
gehandikapt
eingeschraenkt
Geistererscheinung
Schimmelreiter
geisteskrank
psychopathisch
geistig beschränkt
geistesschwach
geistlicher Orden
Ursulinerinnen
geistliches Amt
Oberkirchenrat, Superintendent
geistliches Schauspiel
Mysterienspiel
Geizhals
Pfennigfuchser
Geländeform
Flussniederung
gelb blühender Strauch
Ginsterstrauch
Geld
Zahlungsmittel
Geldentschädigung
Schmerzensgeld
Geldzuschuss
Unterstuetzung
Geltung
Wertschaetzung
Gemeindeoberhaupt
Buergermeister
Gemeindevertreter
Buergermeister
Genealogie
Ahnenforschung
Genesender
Rekonvaleszent
Genius
Schoepferkraft
Genosse
Parteimitglied
geographischer Begriff
Erdoberflaeche
geometrische Figur
Parallelogramm
geometrischer Begriff
Parallelogramm
geophysikalische Naturkraft
Erdmagnetismus
Geradheit
Aufrichtigkeit
Gerät *im* **Büro**
Kugelschreiber, Taschenrechner
geräucherter Fisch
Raeucherhering
Gericht
Justizbehoerde
geringfügig
nebensaechlich
geringschätzig
despektierlich
Gerippe
Knochengeruest
Gesamthaftung
Solidarhaftung

Gesangsschule
Konservatorium
Geschäftigkeit
Betriebsamkeit
Geschäftspartner
Gesellschafter
Geschäftszentrum
Shoppingcenter
Geschenk
Aufmerksamkeit
Geschichtsepoche
Palaeolithikum
geschniegelt
zurechtgemacht
Geschwindigkeitsände-rung
Beschleunigung
Gesellschaft
Genossenschaft
Gesinnung
Weltanschauung
Gespensterstory
Spukgeschichte
Geste
Kopfschuetteln
Gesteinsart
Eruptivgestein
Gestikulation
Gebaerdenspiel
Gestirn
Himmelskoerper
Gesundung
Rekonvaleszenz
Getändel
Techtelmechtel
Gewährsurkunde
Garantieschein
Gewichtsklasse (Boxen)
Fliegengewicht
gewissenhaft
pflichtbewusst
Gewürz
Cayennepfeffer
Gewürzbeet
Kraeutergarten
geziertes Benehmen
Affektiertheit
Gimpel
Einfaltspinsel
Gipfel *im* **Pinzgau**
Schwarzes Hendl
Gleichgewicht
Ausgewogenheit
gleichsam
gewissermassen
Gleichwertigkeit
Kongenialitaet
Gleisner
Scheinheiliger
Gnosis
Gotterkenntnis
große Einkaufsstätte
Einkaufscenter

Großstadtbahn
Untergrundbahn
Grundbesitz
Liegenschaften
Grundrechenart
Multiplikation
Gymnasiallehrer
Oberstudienrat
Gymnasiast
Mittelschueler

H

Haft
Gefangenschaft
Hahnenfußgewächs
Kuechenschelle, Leber-bluemchen
Halbgeschwister
Stiefschwester
haltlos
unzuverlaessig, willens-schwach
Handelsmann
Einzelhaendler
Handpuppenbühne
Kasperltheater
Haselmaus
Haselschlaefer
Hauptstadt
Regierungssitz
Hauptstadt *von* **Andorra**
Andorra la Vella
Hausangestellte
Dienstmaedchen, Wirt-schafterin
Haushaltsgerät
Kaffeemaschine, Teppich-klopfer, Tiefkuehltruhe
Hebel *im* **Flugzeug**
Steuerknueppel
Heilgehilfe
Krankenpfleger
Heilpraktiker
Chiropraktiker
Heirat
Eheschliessung
Heirat von zwei Paaren
Doppelhochzeit
Heizungsanlage
Zentralheizung
Hellsehen
zweites Gesicht
Herbstblume
Herbstzeitlose
Herumtreiber
Stadtstreicher
Herzangst
Angina Pectoris
Hetze
Ueberstuerzung

Heurigenunterhaltung
Schrammelmusik
Hexenfest
Walpurgisnacht
Hieroglyphen
Schriftzeichen
Himmelserscheinung
Wetterleuchten
Hintern
Allerwertester
Hinterziehung
Unterschlagung
Hippologiefachberuf
Pferdezuechter
Hirtenwaffe
Steinschleuder
höchster Berg in Afrika
Kilimandscharo
Hochzeit
Eheschliessung
Hoheit im Karneval
Karnevalsprinz
Hoheitsgewalt
Souveraenitaet
hoher Wuchs
Koerpergroesse
Homöopathie
Naturheilkunde
Hostie
Abendmahlsbrot
Hotelangestellte
Zimmermaedchen
Hunderasse
Neufundlaender, Rauhhaar-dackel
Hungerjahre
Nachkriegszeit

I

illegal
unrechtmaessig
Imker
Bienenzuechter
Immunisierung
Schluckimpfung
indonesische Hafenstadt
Tandjungperiuk
indonesische Inselgruppe
Mentawei-Inseln
Infektionskrankheit
Kindbettfieber, Kinderlaeh-mung
Inflation
Geldentwertung
Ingenieurschule
Fachhochschule
Initiative
Inangriffnahme
Insekt
Gluehwuermchen, Tausend-fuesser

Insekten fressende Pflanze
Wasserschlauch
Insektenbekämpfungsmittel
Fliegenfaenger
Insel *im* **Chiemsee**
Frauenchiemsee, Herrenchiemsee
Insel *der* **Kleinen Antillen**
Jungferninseln, Windwardinseln
Inselgruppe *vor der* **griechischen Küste**
Ionische Inseln
Intelligenz
Aufgewecktheit
Interpunktion
Zeichensetzung
Interpunktionssymbol
Ausrufezeichen
Intrigen
Machenschaften
Isolierflasche
Thermosflasche
italienischer Heiliger
Franz von Assisi
italienischer Ordensgründer
Franz von Assisi
italienischer Schriftsteller
Dante Alighieri
italienischer Tenor
Benjamino Gigli

J

Jägerlatein
Aufschneiderei
Jahrmarktsvergnügen
Schiffschaukel
Jargon
Ausdrucksweise
Jazzbegriff
Rhythm and Blues, Rhythmusgruppe
Jet
Duesenflugzeug, Duesenmaschine
jetzt
augenblicklich
Job
Beschaeftigung
Judenfeindlichkeit
Antisemitismus
jüdischer Feiertag
Gesetzesfreude
Jungfernzeugung
Parthenogenese
Jura
Rechtsprechung
Jurarandgewässer
Neuenburger See
juristischer Begriff
Beweisaufnahme, Rechtsbeistand, Wiederaufnahme
Justizbehörde
Arbeitsgericht, Bezirksgericht

K

Kabinettsmitglied
Aussenminister, Finanzminister, Justizminister, Kultusminister
Käferart
Gelbrandkaefer, Gluehwuermchen, Johanniskaefer, Pflaumenbohrer, Schattenkaefer
Kalif von Bagdad
Harun al Raschid
Kaltspeise
Erdaepfelsalat, Kartoffelsalat
Kampfrichter
Schiedsrichter
kanonisieren
heilig sprechen
Kantine
Betriebskueche
Kanzler
Regierungschef
karpfenartiger Fisch
Schlammbeisser
Kartenspiel
Schwarzer Peter
Kastrat
Verschnittener
Katapult
Startschlitten
Katarakt
Linsentruebung
Katastrophenart
Vulkanausbruch
Kathedrale
Bischofskirche
katholischer Würdenträger
Kurienkardinal
katholisches Sakrament
Krankensalbung
kaufmännischer Begriff
Mehrwertsteuer, Schlussverkauf
kaufmännischer Beruf
Einzelhaendler, Verkaufsleiter
Kaventsmann
Prachtexemplar
Kehre
Haarnadelkurve
Kelle
Maurerwerkzeug, Schoepfloeffel
Kellner
Gaestebediener
Kennzeichen
Charakteristik, Hoheitszeichen
Kennzeichnung
Charakteristik
Kernenergie
Nuklearenergie
Kernwaffe
Neutronenbombe
Kinderkrankheit
Kinderlaehmung
Kinooperateur
Filmvorfuehrer
Kladde
Geschaeftsbuch
Kleincomputer
Taschenrechner
Kleingarten
Schrebergarten
kleinlaut
zurueckhaltend
Kletterausrüstung
Kletterguertel
Klipp zum Aufhängen von Wäsche
Waescheklammer
Klosterfrau
Laienschwester
Knochen des Brustkorbs
Schluesselbein
Kochsalz
Natriumchlorid
Kollege
Arbeitskamerad, Arbeitskollege
Kollektiv
Genossenschaft
Kommanditist
Gesellschafter
Kompromiss
Uebereinkommen
Konserviertes
Tiefgefrorenes
Konstitution
Beschaffenheit
Konzentration
Aufmerksamkeit
Körperertüchtigung
Leibesuebungen
Körperkraft
Brachialgewalt
Körperschaft
Genossenschaft
Kosmonaut
Weltraumfahrer
Kräftigung nach Krankheit
Rekonvaleszenz

Kriechtier
Blindschleiche
Kriegsschiff
Schlachtschiff
Kriminalautorin
Agatha Christie
kriminell
verbrecherisch
Kücheneinrichtung
Kaffeemaschine
Küchengegenstand
Kaffeemaschine
kühl
zurueckhaltend
Kulanz
Entgegenkommen
Kultivierung
Nutzbarmachung
Künstelei
Manieriertheit
Künstler
Schriftsteller
künstliche Atmung
Wiederbelebung
Kur
Heilbehandlung

L

Lackmus
PH-Wert-Anzeiger
Lampenfieber
Pruefungsangst
Land *der* **Bundesrepublik**
Rheinland-Pfalz
Landbesitz
Liegenschaften
Landkarte
Messtischblatt
Langstreckenwettbewerb
Motorradrennen
launisch
wetterwendisch
Lauterkeit
Aufrichtigkeit
Lebensbeschreibung
Autobiographie
Lebensdarstellung
Autobiographie
lebenswichtige Stoffe für den Körper
Spurenelemente
Lehranstalt
Fachhochschule, Ganztagsschule, Konservatorium
Lehre *vom* **Auge**
Ophthalmologie
Lehre *von den* **ausgestorbenen Lebewesen**
Palaeontologie
Lehrling
Auszubildender
Leibwache des Papstes
Schweizergarde
Leichtathlet
Huerdenlaeufer
leichtathletische Übung
Stabhochsprung
leitender Angestellter
Betriebsleiter
Leiter *einer* **Meuterei**
Raedelsfuehrer
Lesart
Interpretation
letzter Karnevalstag
Aschermittwoch
Leuchtkäfer
Gluehwuermchen
liberal
vorurteilsfrei
libyscher König
Idrisel Senussi
Lichttastenart
Serienschalter
Liebelei
Techtelmechtel
liebenswertes Wohlwollen
Freundlichkeit
Liliengewächs
Herbstzeitlose
linear
eindimensional
liquid
zahlungsfaehig
literarischer Beruf
Schriftsteller
literarisches Werk
Kurzgeschichte
Literat
Schriftsteller
Lodenbekleidung
Hubertusmantel
Lokal
Gastwirtschaft
Lokalpatriotismus
Kantoenligeist
Lotteriebegriff
Annahmeschluss
loyal
regierungstreu
Loyalität
Anstaendigkeit
Luftfahrzeug
Duesenflugzeug
Luftsportart
Drachenfliegen
lukrativ
Gewinn bringend
lustiger Kinderspaß
Kissenschlacht
Luxusrestaurant
Schlemmerlokal

M

Majorat
Aeltestenrecht
Mangel
Buegelmaschine
männliches Säugetier
Elefantenbulle
Märchenfigur
Harun al Raschid, Schneewittchen, Weihnachtsmann
Maskaron
Fratzengesicht
Maskottchen
Gluecksbringer
mathematisch für Malnehmen
Multiplikation
mathematisches Gerät
Rechenschieber
Matura
Hochschulreife
Meer
Indischer Ozean
Menschenliebe
Naechstenliebe
Menschlichkeit
Naechstenliebe
Menübeilage
Bratkartoffeln, Salzkartoffeln
meteorologischer Begriff
Stoerungsfront
Metzgerei
Fleischhauerei
milchig
undurchsichtig
Mildtätigkeit
Naechstenliebe
Ministerpräsident
Regierungschef
Minuskel
Kleinbuchstabe
Mitra
Bischofsmuetze
Mitschüler
Klassenkamerad
Mitteilung *am* **schwarzen Brett**
Steuerbescheid
mittelalterliche geistliches Schauspiel
Mysterienspiel
Mittellosigkeit
Beduerftigkeit
Mittwoch nach Fastnacht
Aschermittwoch
Möbelstück
Kleiderschrank
moderne Drucktechnik
Rotationsdruck

modernes Küchengerät
Kaffeemaschine
Monacos Landesfürstin
Gracia Patricia
Monatsname
Fruehlingsmond
Mond
Himmelskoerper
Monstranz
Hostientraeger
Montur
Dienstkleidung
Moritateninterpret
Baenkelsaenger
Moskauer Gedenkstätte
Leninmausoleum
Motorradwettkampf
Sandbahnrennen
Müdigkeit
Schlaefrigkeit
Münchener Festplatz
Theresienwiese
Münchener Sportanlage
Olympiastadion
Münchener Symbolfigur
Muenchner Kindl
Münze
Zahlungsmittel
musikalisches Zeichen
Bassschluessel
Musikensemble
Philharmoniker
Musikhochschule
Konservatorium
Musikschule
Konservatorium
Musikzeichen
Bassschluessel
muskulös
durchtrainiert
mustergültig
paradigmatisch
Myrtengewächs
Zylinderputzer

N

nachgiebig
willensschwach
Nachschlagewerk
Formelsammlung
Nächstenliebe
Barmherzigkeit, Mildtaetigkeit
Nacht *zum* **1. Mai**
Walpurgisnacht
Nadelbaum
Latschenkiefer
Nagetier
Stachelschwein
nationalistisch
chauvinistisch, revanchistisch
Naturereignis
Meeresleuchten, Mondfinsternis, Vulkanausbruch, Wetterleuchten
Naturkatastrophe
Vulkanausbruch
Navigation
Kursfestlegung
neppen
uebervorteilen
nervös
neurasthenisch
Neuordnung
Reorganisation
Neureicher
Emporkoemmling
neuseeländische Inselgruppe
Aucklandinseln
nicht neues Auto
Gebrauchtwagen
Nichtstuer
Muessiggaenger
Nikolausbegleiter
Knecht Ruprecht
Nimbus
Heiligenschein
Nonnenorden
Ursulinerinnen

O

oberbayerischer See
Starnberger See
oberbayerisches Gewässer
Starnberger See
oberbayerisches Königsschloss
Herrenchiemsee, Neuschwanstein
obligat
vorgeschrieben
Offenheit
Aufrichtigkeit, Freimuetigkeit
öffentliche Mitteilung
Bekanntmachung
öffentlicher Bediensteter
Standesbeamter
öffentliches Verkehrsmittel
Untergrundbahn
Offertvorlage
Angebotslegung
Offiziersdienstgrad
Oberstleutnant
Ökonomie
Landwirtschaft
ökonomisch
wirtschaftlich
olympische Auszeichnung
Bronzemedaille, Silbermedaille
Oper von Gluck
Paris und Helena
Oper von Hindemith
Mathis der Maler
Oper von Puccini
Gianni Schicchi
Oper von Weber
Der Freischuetz
Operette von Gilbert
Frau im Hermelin, Keusche Susanne
Operette von Kálmán
Herbstmanoever
Operette von Künneke
Dorf ohne Glocke, Lockende Flamme
Operette von Lincke
Ein Liebestraum
Operette von Raymond
Flieder aus Wien
Operette von Stolz
Karneval in Wien
Operette von Strauß
Ritter Patzmann
Operette von Suppé
Flotte Burschen
Optimismus
Lebensbejahung
organische Säure
Zitronensaeure
orthodox
strenggläubig
oströmische Hauptstadt
Konstantinopel

P

Pandschab
Fuenfstromland
Pantoffeltierchen
Wimpertierchen
Pantograph
Storchschnabel
Pantomime
Gebaerdenspiel
Papageienart
Nymphensittich
Papierart
Zeitungspapier
päpstliche Anrede
Eure Heiligkeit
päpstliche Leibwache
Schweizergarde
Paradigma
Musterbeispiel
Pardon
Entschuldigung

Pariser Kirche
Sainte Chapelle
Pariser Kulturzentrum
Centre Pompidou
Parlamentarier
Volksvertreter
parteiisch
voreingenommen
Partisan
Heckenschuetze
Parvenue
Emporkoemmling
Passagierjet
Duesenflugzeug
Patron
Schutzheiliger
Pazifist
Friedensfreund
Pfeifenmann
Schiedsrichter
Pfiff
Pfeifgeraeusch
Pfifferling
Eierschwammerl
Philanthrop
Menschenfreund
Phlegma
Dickfelligkeit
Plättgerät
Buegelmaschine
Platzangst
Klaustrophobie
polar
gegensaetzlich
politischer Begriff
Souveraenitaet
Position
Beschaeftigung
Postgebäude
Telegraphenamt
Praktikant
Auszubildender
Praline mit Alkohol
Weinbrandbohne
Präsident *der* Bundesrepublik Deutschland
von Weizsaecker
Proband
Versuchsperson
Professional
Berufssportler
Proklamation
Bekanntmachung
Prosawerk
Kurzgeschichte
Prostituierte
Liebesdienerin, Strichmaedchen
Protokollant
Schriftfuehrer
Publizist
Schriftsteller

Q

Qualität
Beschaffenheit

R

Radrennfahrer
Strassenfahrer
Radwettbewerb
Strassenrennen
Rand
Kantenstreifen
rasant
flachgestreckt
ratsam
empfehlenswert
Räuberhauptmann aus dem Hunsrück
Schinderhannes
Raucherutensil
Pfeifenstopfer
Raumgestalter
Innenarchitekt
Raute
Parallelogramm
Rebensorte
Mueller-Thurgau, Spaetburgunder
Rechnungsart
Multiplikation
Rechteck
Parallelogramm
Redlichkeit
Anstaendigkeit
reformiert
protestantisch
Regal
Buechergestell
Regress
Ersatzanspruch
Reinheit
Unberuehrtheit
Rennstrecke *bei* Speyer
Hockenheimring
Reparatur
Instandsetzung
richtungweisend
programmatisch
Riesenschlange
Boa Constrictor
rohe Gewalt
Brachialgewalt
Roman von Defoe
Robinson Crusoe
Roman von Eco
Der Name der Rose
Roman von Goethe
Wilhelm Meister
Roman von Grimmelshausen
Simplicissimus
Roman von Pasternak
Doktor Schiwago
Rückgriff
Ersatzanspruch
Rücksicht
Aufmerksamkeit
rundfunktechnischer Begriff
Ultrakurzwelle
Rune
Schriftzeichen
russischer Instrumentalvirtuose
Rostropowitsch
russischer Komponist
Rimsky-Korsakow
russischer Kosmonaut
Rukawischnikow
russischer See
Kaspisches Meer

S

Satzzeichen
Ausrufezeichen, Gedankenstrich
Säureart
Salpetersaeure, Schwefelsaeure
scharfe Kurve
Haarnadelkurve
Schelmenstreich
Eulenspiegelei
Schlager
Verkaufserfolg
schlangenähnliches Tier
Blindschleiche
Schlangenart, Schlangengattung
Boa Constrictor
Schloss *in* Bayern
Herrenchiemsee, Neuschwanstein
Schloss *bei* Füssen
Hohenschwangau
Schlusszeichen
Ausrufezeichen
Schmuggel
Schleichhandel
Schneide
Schnittflaeche
Schneidwerkzeug
Schneidbrenner
schnelles Schiff
Luftkissenboot
Schnepfenvogel
Austernfischer
schottische Inselgruppe
Shetlandinseln
schottisches Archipel
Shetlandinseln

Schreibgerät
Kugelschreiber
Schulabteilung
Jahrgangsstufe
Schulanfänger
Taferlklassler
Schulartikel
Taschenrechner
Schulfach
Kunsterziehung, Leibesuebungen
Schutz *gegen* **Feuchtigkeit**
Impraegnierung
schweizerischer Berg
Finsteraarhorn
Schwimmkäfer
Gelbrandkaefer
Schwof
Tanzvergnuegen
Segelbootstyp
Flying Dutchman
Selbstbeeinflussung
Autosuggestion
Selbstbetrug
Augenwischerei
Selbstbiografie (Selbstbiographie)
Autobiographie
selbstlos
uneigennuetzig
seltenes Naturschauspiel
Mondfinsternis
Silo
Futterspeicher
Sinndeutung
Interpretation
Sippe
Verwandtschaft
Skepsis
Zurueckhaltung
sofort
augenblicklich
solvent
zahlungsfaehig
Souterrain
Kellergeschoss
Sozialprodukt
Volkseinkommen
Spagat
Spreizstellung
Spendierlaune
Freizuegigkeit
Sportdress
Trainingsanzug
sportliche Kleidung
Trainingsanzug
Sprengstoff
Trinitrotoluol
Staat *in* **Ozeanien**
Papua-Neuguinea
Stacheltier
Stachelschwein
Stadt, Gemeinde *in* **Baden-Württemberg**
Donaueschingen
Stadt, Gemeinde *in* **Bayern**
Bad Reichenhall, Burglengenfeld, Wolfratshausen
Stadt, Gemeinde *an der* **Donau**
Donaueschingen
Stadt, Gemeinde *in* **Nordrhein-Westfalen**
Recklinghausen, Wermelskirchen
Stadt, Gemeinde *in* **Rheinland-Pfalz**
Bernkastel-Kues, Kaiserslautern, Traben-Trarbach
Stadt, Gemeinde *im* **Ruhrgebiet**
Recklinghausen
Stadt, Gemeinde *in der* **Türkei**
Konstantinopel
Stadtoberhaupt
Buergermeister
standesgemäß
repraesentativ
ständig
gleich bleibend
Star
Augenkrankheit
Starlet
Schauspielerin
Steinzeitabschnitt
Palaeolithikum
Stetigkeit
Beharrlichkeit
stimmfähig
wahlberechtigt
Streckenstrich
Gedankenstrich
Streicheleinheit
Aufmerksamkeit
Subjekt
Satzgegenstand
subjektiv
voreingenommen
Substitut
Stellvertreter
Subvention
Unterstuetzung
sympathisch
liebenswuerdig
syrische Christen
Thomaschristen

T

Tachograf
Fahrtschreiber
Tagesmutter
Kindermaedchen
Tagetes
Studentenblume
Talisman
Gluecksbringer
Talisman zu Silvester
Gluecksschwein
Tändel
Techtelmechtel
Tanzlehrer für Kunsttanz
Ballettmeister
Tätigkeit
Beschaeftigung
Technikerkontor
Ingenieurbuero
Teil *des* **Auges**
Regenbogenhaut
Teil *der* **Bibel**
Altes Testament, Neues Testament
Teil *der* **Kamera**
Transporthebel
Teil *des* **Sauerlandes**
Bergisches Land
Teil *der* **Uhr**
Sekundenzeiger
Teil *der* **Westalpen**
Berner Oberland
Teilhaber
Gesellschafter
temporär
voruebergehend
Teufel
Mephistopheles
Theater
Schauspielhaus
Ticket
Eintrittskarte
Tierart
Gliederfuesser
Titelfigur von Defoe
Robinson Crusoe
Todesweihe
Krankensalbung
Toilettentisch
Frisierkommode
Tonwiedergabegerät
Plattenspieler
totalitär
selbstherrlich
Totem
Gluecksbringer
Tour
Gastspielreise
Tourenzähler
Drehzahlmesser
Tourismus
Fremdenverkehr
Touristenbegleiter
Fremdenfuehrer
Tradition
Ueberlieferung

Trance
Daemmerzustand
transparent
durchscheinend
Traueressen
Leichenschmaus
Trauung
Eheschliessung
treffende Schilderung einer Person
Charakteristik
triftig
wohl begruendet
Trinität
Dreifaltigkeit
Trompetenschnecken
Tritonshoerner
Trostpflaster
Entschaedigung
Turfsportanlage
Pferderennbahn
TV-Zuschauerzahl
Einschaltquote
überirdisch
transzendental
übermütiger Streich
Eulenspiegelei
üble Nachrede
Verunglimpfung

U

Ulcus
Magengeschwuer
Umlauf
Nagelkrankheit
Umwandlung
Transformation
unaufhörlich
kontinuierlich
unaufmerksam
unkonzentriert
Unbeflecktheit
Makellosigkeit
ungeübter Fahrer
Sonntagsfahrer
Unglücksnachricht
Hiobsbotschaft
Unheil bringende Gabe
Danaergeschenk
Uniform
Dienstkleidung
unklar
undurchsichtig
UNO-Generalsekretär
Perez de Cuellar
Unparteiischer
Schiedsrichter
unsachlich
voreingenommen
unsterblich
unvergaenglich
Untertreibung
Understatement
unvereinbar
gegensaetzlich
unverschämt
herausfordernd
unverzüglich
augenblicklich
Urkundsbeamter
Standesbeamter

V

Vagabund
Stadtstreicher
verächtlich
despektierlich
Verbindung
Burschenschaft
Verdinglichung
Hypostasierung
Verfahren
Handlungsweise
Verfasser
Schriftsteller
Verfemter
Ausgestossener
Verflachung
Gleichmacherei
Vergeltungsmaßnahme
Ersatzanspruch
vergleichbarer Fall
Praezedenzfall
verhalten
zurueckhaltend
Verhältnis
Techtelmechtel
Verherrlichung
Glorifizierung
verhütend
prophylaktisch
Verkehrsmittel
Untergrundbahn
Verkehrsteilnehmer
Motorradfahrer
Verkündigung
Bekanntmachung
Verleumder
Ehrabschneider
Verleumdung
Verunglimpfung
Verpflichtung zum Schadenersatz
Regresspflicht
Verrammelung
Strassensperre
Verringerung
Einschraenkung
Versal
Grossbuchstabe
Verschiedenheit
Heterogenitaet
verschobenes Rechteck
Parallelogramm
Verständigungsmittel
Koerpersprache
Verstärkung
Intensivierung
Verteidigungsbündnis im Osten
Warschauer Pakt
Vertragsspieler
Berufssportler
Vertreter *des* Volkes
Parlamentarier
Veruntreuung
Unterschlagung
Vervielfachung
Multiplikation
Vervollständigung
Komplettierung
Verwaltung
Administration
verzeihende Güte
Barmherzigkeit
vielbeiniges Gliedertier
Tausendfuesser
Viereck
Parallelogramm
Volksvertreter
Parlamentarier
vorbeugend
prophylaktisch
vordergründig
oberflaechlich
Voreingenommenheit
Parteilichkeit
Vorherrschaft
Ueberlegenheit
Vorkämpfertum
Avantgardismus
vorlesungsfreie Zeit
Semesterferien
Vormerkbuch
Terminkalender
Vorschub
Unterstuetzung
Vorurteilslosigkeit
Unbefangenheit
Vulkan *in* Afrika
Kilimandscharo

W

Waffenmeister
Buechsenmacher
Wahngebilde
Phantasmagorie
Wahrhaftigkeit
Aufrichtigkeit, Wahrheitsliebe
Wahrheitsliebe
Aufrichtigkeit

Wärmebehandlung
Thermotherapie
Wärmeschutzbehälter
Thermosflasche
Warmhaltegefäß
Thermosflasche
Warte
Aussichtspunkt
Watvogel
Austernfischer
Wechselbeziehung
Interdependenz
Weinort *an der* **Mosel**
Bernkastel-Kues, Traben-Trarbach
Weise
Beschaffenheit
Wellenlängenbereich
(Rundfunk)
Ultrakurzwelle
weltabgewandt
einsiedlerisch
Weltreligion
Konfuzianismus
Wettererscheinung
Graupelschauer
Widerstandskämpfer
Heckenschuetze
Wiedererkennung
Identifikation
Wiedergenesung
Rekonvaleszenz
Wiedergutmachung
Entschaedigung, Schadensersatz
Wiederherstellung
Rehabilitation
Wiederherstellung der Gesundheit
Rekonvaleszenz
Wiederherstellung des guten Rufes
Rehabilitation
Wiederholung
Rekapitulation
Wiederverkäufer
Einzelhaendler
Wiener Sehenswürdigkeit
Kapuzinergruft
Wiesenblume
Herbstzeitlose
Willkür
Subjektivitaet
Wintersportart
Eisschnelllauf
Wintersportort *im* **Erzgebirge**
Oberwiesenthal
Wirtschaft
Gastwirtschaft
wirtschaftlich
Gewinn bringend
Wirtschaftslenkung
Planwirtschaft
Wirtschaftssparte
Landwirtschaft
Wirtschaftssystem
Planwirtschaft
Wirtschaftsverbund
Genossenschaft
wohlgemut
zuversichtlich
Würfel
Sechsflaechner
Wurmart
Raedertierchen
Wüste *in* **Australien**
Victoriawueste
Wüste *im* **Sudan**
Nubische Wueste

XYZ

Xylol
Loesungsmittel
Yankee
Nordamerikaner
Ytong
Leichtbaustein
Yuppie
Emporkoemmling
Zähmung
Domestizierung
zänkisch
streitsuechtig, unvertraeglich
Zaubermittel
Stein der Weisen
Zeichengerät
Storchschnabel
Zeidler
Bienenzuechter
zeitweilig
voruebergehend
zelotisch
glaubenseifrig
Zerkarie
Leberegellarve
Zerograf
Wachsgravierer
Zeroplastik
Wachsbildnerei
Ziel
Bestimmungsort
Ziel *von* **Frachtgut**
Bestimmungsort
Zigeunermusiker (Jazz)
Django Reinhard
Zinken
Schriftzeichen
Zofe
Kammermaedchen
zögerlich
unentschlossen
zu viel
ueberschuessig
Zuchtlosigkeit
Demoralisation
zügig
ununterbrochen
Zulassungsbeschränkung
Numerus clausus
Zunahme
Vergroesserung
Zündwaren
Streichhoelzer
zurückverwandeln in Geld
remonetisieren
Zusammenschluss
Genossenschaft
Zuschuss für Mütter oder Väter
Erziehungsgeld
Zutun
Unterstuetzung
Zuversicht
Lebensbejahung
zweitrangig
nebensaechlich
Zwiebelgewächs
Herbstzeitlose
zwischenzeitlich
voruebergehend

15 BUCHSTABEN

A

Abendtrunk
Daemmerschoppen
Abgesandte
Unterhaendlerin
Abrüstung
Demobilisierung
Abstraktion
Begriffsbildung
Ackerschädling
Kartoffelkaefer
Affekt
Gemuetsbewegung
afrikanischer Staat
Elfenbeinkueste
Akkordeon
Schifferklavier
Aktualität
Gegenwartsnaehe
alkoholisches Einreibemittel
Franzbranntwein
Allegorie
Personifikation
Allgemeinheit
Oeffentlichkeit

Alpenpflanze
Alpengloeckchen
Alpentier
Alpensalamander
altdeutsches Heldenepos
Hildebrandslied
altes astronomisches Instrument
Armillarsphaere
altväterlich
patriarchalisch
amerikanische Giftschlange
Klapperschlange
amerikanische Hauptstadt
Santiago de Chile
amerikanischer Berg
Mount Washington
amerikanisches Mittelmeer
Karibisches Meer
amtliche Sicherstellung
Beschlagnahmung
Anarchie
Gesetzlosigkeit
anders
unterschiedlich
Anführungsstriche
Gaensefuesschen
Anomalie des Auges
Kurzsichtigkeit, Weitsichtigkeit
Anpassung
Akklimatisation
ansteckende Krankheit
Schlafkrankheit
Antithese
Gegenbehauptung
Aorta
Hauptschlagader
Apfelsorte
Golden Delicious
Apotheose
Vergoettlichung
apropos
nebenbei bemerkt
argentinische Meerenge
Magellanstrasse
argloses Vertrauen
Gutglaeubigkeit
Aristokratie
Adelsherrschaft
arm
hilfsbeduerftig
Armut
Mittellosigkeit
Arterienverkalkung
Arteriosklerose
Artikel
Geschlechtswort
Arzneiberater
Pharmavertreter
Arzt
Psychotherapeut
asiatische Giftschlange
Brillenschlange
Aspis
Brillenschlange
astronomischer Begriff
Anziehungskraft, Himmelsgewoelbe
astronomisches Instrument
Spiegelteleskop
Atlantikinsel
Grossbritannien
Atom
Materieteilchen
Atomzerfall
Radioaktivitaet
Atomzertrümmerung
Nuklearspaltung
Attraktion
Anziehungskraft
Aufbau
Zusammenfuegung
aufgeblasen
wichtigtuerisch
Aufgliederung
Differenzierung
Aufrührer
Aufstaendischer
Augenkrankheit
Kurzsichtigkeit, Weitsichtigkeit
Ausgabenanstieg
Kostenexplosion
außerordentlicher Professor
Extraordinarius
äußerst
außerordentlich
Ausstoßung aus der Kirche
Exkommunikation
Ausweis
Personalausweis
Autarkie
Eigenversorgung, Unabhaengigkeit
Autonomie
Unabhaengigkeit
Autopsie
Leichenoeffnung
Autoriemen
Sicherheitsgurt

B

Balkonpflanze
Kapuzinerkresse
Banknote
Fuenfmarkschein
Barometer
Luftdruckmesser
bayerischer Bildhauer
Riemenschneider
befristete Transaktion
Termingeschaeft
Begegnung
Zusammentreffen
Beherrschtheit
Selbstdisziplin
Belästigung
Zudringlichkeit
bemerkenswert
aufschlussreich
Benzinbehälter
Reservekanister
berechtigt
bevollmaechtigt
Bergbaugerät
Schraemmaschine
Berliner Promenadenstraße
Kurfuerstendamm
Berliner Spezialität
Weisse mit Schuss
Beruf *im* **Baugewerbe**
Heizungsmonteur
Beruf *in* **Forschung, Unterricht oder Wissenschaft**
Diplomingenieur
Beruf *im* **Gesundheitswesen**
Psychotherapeut
Beruf *in der* **Kunst**
Instrumentalist
Beruf *im* **Presse- oder Verlagswesen**
Verlagskaufmann
Beruf *im* **Rechtswesen**
Kriminalbeamter
Berufsgeheimnis
Schweigepflicht
Besonderheit
Individualitaet
Bestandteil *des* **Blutes**
Blutkoerperchen
bestimmte militärische Kleidung
Generalsuniform
bestimmte Tassenart
Schnabelhaeferl
Bestimmung
Praedestination
Betrieb
Geschaeftigkeit
Betrüger
Beutelschneider
Beurteilung
Leumundszeugnis
bezügliches Fürwort
Relativpronomen

Bibelübersetzung
Sixto Clementina
Bibliothek
Buechersammlung
Bilderausstellung
Gemaeldegalerie
Bildersammlung
Gemaeldegalerie
Bildung
Zusammenschluss
Bildungsstätte
Volkshochschule, Werkkunstschule
Blausäure
Zyanwasserstoff
Blume
Gaensebluemchen
Boaschlange
Koenigsschlange
Bodenseehafen
Friedrichshafen
böse
niedertraechtig
Break
Rhythmuswechsel
breiförmige Speise
Erdaepfelpueree, Kartoffelpueree
Briefmarke
Postwertzeichen
Brotaufstrich
Sauerrahmbutter
Büfett
Geschirrschrank
Bühnenpremiere
Erstauffuehrung
Bumerang
Kehrwiederkeule
Bund
Zusammenschluss
Burg *von* **Koblenz**
Ehrenbreitstein
Burg *am* **Rhein**
Ehrenbreitstein
Bürgermeister
Verwaltungschef
Bürgschaft
Gewaehrleistung
Bürogerät
Schreibmaschine

C

Campinggegenstand
Petroleumkocher
Chef eines österreichischen Bundeslandes
Landeshauptmann
chemischer Begriff
Aggregatzustand, Quecksilberoxid, Radioaktivitaet, Siedetemperatur, Spektralanalyse
chirurgischer Eingriff
Transplantation
Chorleiter
Saengerdirigent
christlicher Feiertag
Dreikoenigsfest, Gruendonnerstag
Crack
Spitzensportler

D

Degradierung
Herabwuerdigung
Demagoge
Volksverfuehrer
Dementi
Richtigstellung
Demokratie
Volksherrschaft
Denker
Geistesarbeiter
Denksportaufgabe
Schwedenraetsel
despektierlich
geringschaetzig
Despot
Gewaltherrscher
deutliche Erwähnung
Apostrophierung
deutsche Malerin
Modersohn-Becker
deutscher Berg, Gebirge
Rheingaugebirge
deutscher Bildhauer
Riemenschneider
deutscher Pädagoge
Kerschensteiner
deutsches Kartenspiel
Sechsundsechzig
deutsches Märchen
Rumpelstilzchen
die City betreffend
innerstaedtisch
dienstlicher Ungehorsam
Insubordination
different
unterschiedlich
dinglich
gegenstaendlich
Dirne
Freudenmaedchen
Diskothek
Plattensammlung
Diskrepanz
Missverhaeltnis
Dissident
Andersdenkender
Disziplin
Unterrichtsfach
Dramaturgie
Schauspiellehre
Drucksache an alle Haushalte
Postwurfsendung
Druckverfahren
Kupfertiefdruck
dynamisch
temperamentvoll

E

Edelstein
Quarzkatzenauge
Ehemann
Lebensgefaehrte
ehrlos
niedertraechtig
Eigenart
Individualitaet
eigens
ausschliesslich
Einfalt
Beschraenktheit
einfarbig
monochromatisch
einförmig
abwechslungslos
einheimischer Giftpilz
Gallenroehrling, Kartoffelbovist, Tigerritterling
Einkauf ohne Service
Selbstbedienung
Einwegmundtuch
Papierserviette
Einwilligung
Einverstaendnis
eisenbahntechnischer Begriff
Streckenwaerter
eklatant
augenscheinlich
elsässischer Wein
Gewuerztraminer
Emotion
Gemuetsbewegung
emotionale Übertreibung
Gefuehlsduselei
England, Schottland und Wales
Grossbritannien
englische Grafschaft
Buckinghamshire, Gloucestershire, Huntingdonshire, Nottinghamshire
englischer Nobelpreisträger für Chemie
Crowfoot-Hodgkin
Entblößungszwang
Exhibitionismus
Enteignung
Verstaatlichung

Entkeimung
Pasteurisierung
Enzyklopädie
Nachschlagewerk
Epos *des* **Mittelalters**
Hildebrandslied
Erläuterung
Exemplifikation
Erniedrigung
Herabwuerdigung
Erscheinungsfest
Dreikoenigsfest
Europäer
Liechtensteiner, Tschechoslowake
europäische Randgebirge
Alpenauslaeufer
europäischer Inselstaat
Grossbritannien
europäischer Staat
Grossbritannien
europäisches Königreich
Grossbritannien
eventuell
moeglicherweise
evident
augenscheinlich
Expedition
Forschungsreise
Experte
Wissenschaftler

F

Fabelland
Schlaraffenland
Facharzt
Psychotherapeut
fahrbare Dampfmaschine
Dampflokomotive
Familienfeier
goldene Hochzeit
Feststellung einer Person
Identifizierung
Festung *am* **Rhein**
Ehrenbreitstein
Figur *aus einem* **deutschen Märchen**
Rumpelstilzchen
Figur *in* **New York**
Freiheitsstatue
Figur aus Der Rosenkavalier
Feldmarschallin
Firmament
Himmelsgewoelbe
Fischart
Schleierschwanz
fit
leistungsfaehig
Fixstern
Proxima Centauri
Flieger
Flugzeugfuehrer
Fluggerät
Heissluftballon
Flughafen von Paris
Charles de Gaulle
Flughafen von Rom
Leonardo da Vinci
Flugzeugmotor
Duesentriebwerk
Fluss *in* **Australien und Ozeanien**
Diamantina River, Hawkebury River
Föderation
Zusammenschluss
Form *der* **Materie**
Aggregatzustand
Formalität
Aeusserlichkeit
Formsache
Aeusserlichkeit
Forscher
Wissenschaftler
Forum
Gespraechsrunde
Fotozubehör
Elektronenblitz, Selbstausloeser
Frachter
Containerschiff
Frachtverkehr
Guetertransport
französische Sängerin
Mireille Mathieu
französischer Maler
Toulouse-Lautrec
Frauenberuf
Hausangestellte, Kinderfraeulein, Kinderpflegerin, Korrespondentin, Maskenbildnerin, Platzanweiserin
Frauenheld
Schuerzenjaeger
Frauensingstimme
Koloratursopran
Freiheit
Unabhaengigkeit
Frequenz
Schwingungszahl
fromm
gottesfuerchtig
Frucht
Schattenmorelle
Frühlingsblume
Schluesselblume
fünfter Tag der Karwoche
Gruendonnerstag
Fürsorgeeinrichtung
Obdachlosenasyl
Fusion
Zusammenschluss
Fußballausdruck
Fallrueckzieher
Fußballspieler
Angriffsspieler, Deckungsspieler
Fußbodenbelag
Haargarnteppich

G

Gabelstapler
Transportkarren
Ganzheit
Geschlossenheit
Gartenblume
Gaensebluemchen, Schlafmuetzchen, Schluesselblume
Gartenbratrost
Holzkohlengrill
Gastroskopie
Magenspiegelung
Gaukler
Zauberkuenstler
Gebirge *in* **Asien**
Byrrangagebirge, Putoranagebirge
Gebirgsbahn
Seilschwebebahn
Gebirgspflanze
Bergwohlverleih
Geburtenregelung
Familienplanung
Gedächtnisschwäche
Vergesslichkeit
Gedenkstätte *im* **Teutoburger Wald**
Hermannsdenkmal
Gefahr für Kinder
Strassenverkehr
gefährliche Giftschlange
Brillenschlange, Klapperschlange
Gefangenschaft
Freiheitsentzug
Gefängnis
Vollzugsanstalt
Gefäß
Schnellkochtopf
Gefäß *in der* **Küche**
Schnellkochtopf
gegebenenfalls
moeglicherweise
Gehaltsbestandteil
Trennungszulage
Gehilfin der Hausfrau
Hausangestellte
Geistesarbeiter
Intellektueller
Geistesarmut
Beschraenktheit

Geistesgegenwart
Entschlusskraft
Geisteskrankheit
Verfolgungswahn
Geisteswissenschaft
Kunstgeschichte
geistiger Geschulter
Intellektueller
geistlicher Orden
Karmeliterinnen
Gelehrter
Intellektueller, Wissenschaftler
Geliebte von Ludwig XV. von Frankreich
Madame Pompadour
gemein
niedertraechtig
Genealogie
Sippenforschung
Generosität
Grosszuegigkeit
Genetik
Vererbungslehre
geologischer Begriff
Plattentektonik
Gerät *im* **Büro**
Schreibmaschine
gerichtliche Entscheidung
Freiheitsstrafe
germanisches Ungeheuer
Midgardschlange
Gerontologie
Altersforschung
Gesangsstimme
Koloratursopran
Gesellschaftsschicht
Grossbuergertum
Gesinde
Hausangestellte
Gesteinsart
Sedimentgestein
Gestell *für* **Fahrräder**
Fahrradstaender
Gewässer *in* **Kärnten**
Millstaetter See
Gewebeverpflanzung
Transplantation
Gewinnmöglichkeit
Verdienstspanne
Gewöhnung an veränderte Witterung
Akklimatisation
Gichtkraut
Schluesselblume
giftiges exotisches Reptil
Brillenschlange, Klapperschlange
Giftschlange
Brillenschlange, Klapperschlange
Gipfel *der* **Hohen Tauern**
Dreiherrnspitze
gleichförmig
abwechslungslos
gleichgültig
desinteressiert
Gleichwertigkeit
Ebenbuertigkeit
Glied
Geschlechtsteil
Gliedertier
Tausendfuessler
Glücksspiel
Siebzehnundvier
Gnoseologie
Erkenntnislehre
Goldfischart
Schleierschwanz
Gravitation
Massenanziehung
Gremium in Straßburg
Europaparlament
Grenzkontrolle
Zollabfertigung
Gynäkologie
Frauenheilkunde

H

Haarspalterei
Spitzfindigkeit
Hafenstadt *in* **Russland**
Sankt Petersburg
Hafenstadt *in* **Spanien**
Palma de Mallorca
Haft
Freiheitsstrafe
Haftanstalt
Vollzugsanstalt
Haftung
Gewaehrleistung
Hahnenfußgewächs
Scharbockskraut
Haltbarmachung
Pasteurisierung
Halteband
Sicherheitsgurt
Hamburger Wahrzeichen
Michaeliskirche
Handarbeit
Teppichknuepfen
Handelsschiff
Containerschiff
Handharmonika
Schifferklavier
Handpuppenbühne
Kasperletheater
Handwerker
Heizungsmonteur, Moebelschreiner
Handwerkszeug
Schraubenzieher
Harmonika
Schifferklavier
Hauptperson einer Feier
Geburtstagskind
Hauptstadt *von* **Chile**
Santiago de Chile
Hauptstraße *in* **Berlin**
Kurfuerstendamm
Haushaltsgerät
Buechsenoeffner, Schnellkochtopf
Hautkrankheit
Schuppenflechte
Heilmittelhersteller
Pharmaindustrie
heißblütig
temperamentvoll
Held
Hauptdarsteller
Herabsetzung
Diskriminierung
Herabwürdigung
Diskriminierung
Himmelsschlüssel
Schluesselblume
hinterhältig
niedertraechtig
Historik
Geschichtskunde
Hitinterpret
Schlagersaenger
Hochgefühl
Glueckseligkeit
Hochschullehrer
Extraordinarius
Hochverräter
Landesverraeter
Hochwasser
Ueberschwemmung
Hocker für Musiker
Klavierstockerl
höhere kaufmännische Schule
Handelsakademie
höherer Beamte
Regierungsraete
Holzverhau
Lattenverschlag
Hunderasse
Airedaleterrier, Riesenschnauzer
Hungerkur
Schlankheitskur
Hürdenlauf
Hindernisrennen

I

Idiot
Schwachsinniger
Ignoranz
Beschraenktheit

Immobilieneigner
Hauseigentuemer
Indiskretion
Vertrauensbruch
Individualität
Einzigartigkeit, Persoenlichkeit
Indiz
Verdachtsmoment
infam
niedertraechtig
Infektionskrankheit
Rueckfallfieber, Schlafkrankheit, Wundstarrkrampf
Initiative
Entschlusskraft
Insasse einer Strafanstalt
Strafgefangener
Insekt
Tausendfuessler
Inselgruppe *im* Stillen Ozean
Galapagosinseln
Inselstaat
Grossbritannien
instinktiv
gefuehlsmaessig
Intimität
Vertraulichkeit
isländischer Geschichtsschreiber
Snorri Sturluson
italienischer Baumeister
Leonardo da Vinci
italienischer Bildhauer
Leonardo da Vinci
italienischer Erfinder
Leonardo da Vinci
italienischer Maler
Leonardo da Vinci

J

Jahrmarktsvergnügen
Kettenkarussell, Spiegelkabinett
jüdischer Feiertag
Laubhuettenfest, Versoehnungstag
Jugendliebe Goethes
Friederike Brion
juristischer Begriff
Indizienprozess, Spurensicherung
Justizbeamter
Justizassistent, Justizinspektor, Justizsekretaer, Vollzugsbeamter

15

K

Käferart
Blatthornkaefer, Kartoffelkaefer, Strauchruessler, Trichterwickler, Waldsandlaeufer
Kanal *zwischen* Nordsee und Ostsee
Nord-Ostsee-Kanal
Kannibale
Menschenfresser
Kapuzinerpilz
Birkenroehrling
Karnevalsveranstaltung
Rosenmontagszug
Kartenglücksspiel
Siebzehnundvier
Kartenspiel
Sechsundsechzig, Siebzehnundvier
Karwochentag
Gruendonnerstag
Katastrophenart
Flugzeugabsturz, Ueberschwemmung
katholischer Frauenorden
Karmeliterinnen, Salesianerinnen
kaufmännischer Beruf
Vertriebsleiter
Kicker
Fussballspieler
Kilometerstein
Verkehrszeichen
Kirchenausschluss
Exkommunikation
Kirschenart
Schattenmorelle
Kittchen
Vollzugsanstalt
Klassenbester
Vorzugsschueler
Kleiderschließe
Reissverschluss
Kleiderverschluss
Reissverschluss
kleines Wohngebäude
Einfamilienhaus
Kleinstlebewesen
Mikroorganismus
Kletterpflanze
Kapuzinerkresse
Klimaanpassung
Akklimatisation
Klosterfrau
Ordensschwester
Knast
Vollzugsanstalt
Koalition
Zusammenschluss
Kobra
Brillenschlange
Kollaps
Schwaecheanfall
Koloss
Riesenstandbild
komfortables Auto
Strassenkreuzer
Kompromiss
Zwischenloesung
Königreich *in* Europa
Grossbritannien
konkret
gegenstaendlich
konstant
unveraenderlich
Konvent
Zusammenschluss
Korrektur
Richtigstellung
kosmetischer Artikel
Reinigungsmilch
Kraftfahrzeug
Sattelschlepper
Krankengymnast
Physiotherapeut
Kretin
Schwachsinniger
Kriegsschiff
Flugzeugtraeger
Kristallbildung
Kristallisation
Kücheneinrichtung
Geschirrschrank
Küchengegenstand
Buechsenoeffner
Kult
Gottesverehrung
Kunstausstellung
Gemaeldegalerie
Kunstbeurteiler
Theaterkritiker
Kunstrichtung
Expressionismus, Impressionismus
Kuriosum
Merkwuerdigkeit
Küstenkatastrophe
Ueberschwemmung

L

Ladenzeile
Einkaufszentrum
lange Beständigkeit
Dauerhaftigkeit
Langstreckenwettbewerb
Sechstagerennen

Laufbahn
Curriculum Vitae
Lautbildung im Kehlkopf
Stimmhaftigkeit
Legitimationspapier
Personalausweis
Leichtathlet
Marathonlaeufer
Leipziger Ereignis
Fruehjahrsmesse
letztes Essen vor der Hinrichtung
Henkersmahlzeit
leutselig
entgegenkommend
Lichtquelle am Bett
Nachttischlampe
liebenswürdig
entgegenkommend
Liebesdienerin
Freudenmaedchen
Liliputaner
Kleinwuechsiger
Liquidation
Totalausverkauf
Logbuch
Schiffstagebuch
Luftfahrzeug
Heissluftballon
Lüstling
Schuerzenjaeger

M

Magier
Zauberkuenstler
Majorität
Stimmenmehrheit
Mannigfaltigkeit
Diversifikation
Manöver
Scheinmassnahme
Märchenfigur
Rumpelstilzchen, Schneeweisschen
Märchenland
Schlaraffenland
Marienkäfer
Herrgottskaefer
Marke
Postwertzeichen
maßgebend
richtungweisend
Maßliebchen
Gaensebluemchen
mathematischer Begriff
goldener Schnitt
Meereskrebs
Einsiedlerkrebs
Mehlspeise
Kirschenstrudel
Meinungsaustausch
Streitgespraech
menschenfreundlich
philanthropisch
Mietflugzeug
Chartermaschine
Missbehagen
Unzufriedenheit
Missfallen
Unzufriedenheit
mitteilen
benachrichtigen
moderne Kochstelle
Mikrowellenherd
modernes Küchengerät
Geschirrspueler
modische Kragenform
U-Boot-Ausschnitt
Molch
Feuersalamander
Monarch
Staatsoberhaupt
Monolog
Selbstgespraech
mühelos
unproblematisch
Museum
Gemaeldegalerie
Museum in München
Deutsches Museum
Musikinstrument
Schifferklavier
Musikonträger
Langspielplatte
Musikveranstaltung
Solistenkonzert
Mut
Furchtlosigkeit

N

Nachsommer
Altweibersommer
Nagetier
Meerschweinchen, Siebenschlaefer
Nähhilfsmittel
Schneiderkreide
Nationalhymne Deutschlands
Deutschlandlied
Naturkatastrophe
Ueberschwemmung
Naturkunde
Naturgeschichte
Naturtheater
Freilichtbuehne
neapolitanisches Gericht
Pizza Margherita
New Yorker Wahrzeichen
Freiheitsstatue
nicht berufsmäßiger Sportler
Breitensportler
niederländischer Nobelpreisträger für Physik
Kamerlingh Onnes
niederländischer Physiker
Kamerlingh Onnes
nordwesteuropäischer Staat
Grossbritannien
normieren
standardisieren
nur
ausschliesslich

O

oberster Vertreter des Ministers
Staatssekretaer
Obhut
Beaufsichtigung
Obstart, Obstsorte
Schattenmorelle
Öffentlichkeitsarbeit
Public Relations
Ökonomie
Volkswirtschaft
Oper von Haydn
Welt auf dem Monde
Oper von Hindemith
Harmonie der Welt
Oper von Mozart
Die Zauberfloete, Figaros Hochzeit
Oper von Puccini
Madame Butterfly
Oper von Rossini
Diebische Elster
Oper von Schönberg
Glueckliche Hand
Oper von Schubert
Haeusliche Krieg
Oper von Strauß
Ariadne auf Naxos
Operette von Benatzky
Im weissen Roessl
Operette von Dostal
Die Vielgeliebte
Operette von Kálmán
Csardasfuerstin, Hollandweibchen
Operette von Künneke
Grosse Suenderin
Operette von Léhar
Die lustige Witwe
Operette von Lincke
Nakiris Hochzeit

Operette von Raymond
Auf grosser Fahrt, Ball der Nationen, Geliebte Manuela
Operette von Stolz
Verlorene Walzer
Operette von Strauß
Fuerst in Ninetta, Prinz Methusalem
Operette von Suppé
Dichter und Bauer, Schoene Galathee
Opernfach
Koloratursopran
Oratorium von Bach
Johannespassion
Orchestersuite von Händel
Feuerwerksmusik
Organübertragung
Transplantation
Organverpflanzung
Transplantation
Orthographie
Rechtschreibung
österreichische Schriftstellerin
Ebner-Eschenbach
österreichisches Bundesland
Oberoesterreich

P

Pädagoge
Wissenschaftler
Pädiatrie
Kinderheilkunde
Pantoffeltierchen
Aufgusstierchen
Papierart
Recyclingpapier
parallel
nicht schneidend
Parcourshindernis
Trakehnergraben
Parlament
Volksvertretung
Pass *in den* **Vogesen**
Col de la Schlucht
Patentverschluss
Reissverschluss
Patriotismus
Vaterlandsliebe
pervers
widernatuerlich
Pfannengericht
Kartoffelpuffer
Pfannenmehlspeise
Griessschmarren, Kaiserschmarren
Pflanzenfett
Sonnenblumenoel
Philosoph
Weisheitssucher
physikalische Erscheinungsform
Aggregatzustand
physikalische Untersuchung
Spektralanalyse
Pilot
Flugzeugfuehrer
Politesse
Hilfspolizistin
polizeiliche Aktion
Spurensicherung
Premiere
Erstauffuehrung
Primelart
Schluesselblume
Prostituierte
Freudenmaedchen
protestantischer Feiertag
Reformationstag
Provokation
Herausforderung
Publikum
Oeffentlichkeit
Puppenbühne
Kasperletheater
Pylon
Brueckenpfeiler

Q

Qualm
Zigarettenrauch

R

Radierung
Kaltnadelarbeit
Radwettbewerb
Sechstagerennen
Rätselart
Schwedenraetsel
Raub
Eigentumsdelikt
Raucherutensil
Pfeifenstaender
Rebell
Aufstaendischer
Rebsorte
Gewuerztraminer
Rededuell
Streitgespraech
Reflektor
Spiegelteleskop
Regierungschef
Premierminister
Reiseausweis
Personalausweis
Riechstoff
Bittermandeloel
Roman von Dostojewski
Schuld und Suehne
Roman von Hesse
Glasperlenspiel
Roman von Mark Twain
Huckleberry Finn
Roman von Mitchell
Vom Winde verweht
Roman von Tolstoi
Krieg und Frieden
Ruhmeshalle an der Donau
Befreiungshalle
russischer Komponist
Schostakowitsch

S

Sauerkirschenart
Schattenmorelle
Schädling *einer* **Knollenfrucht**
Kartoffelkaefer
Schallplattenart
Langspielplatte
Schaltstufe beim Auto
Rueckwaertsgang
Schanzwerk
Schuetzengraben
Schatulle
Schatzkaestlein
Schicksal
Praedestination
Schiffstyp
Flugzeugtraeger
Schild
Verkehrszeichen
Schildbürgerstreich
Schwabenstreich
Schlangenart, Schlangengattung
Brillenschlange, Klapperschlange, Koenigsschlange
schöne Regelmäßigkeit
Ebenmaessigkeit
Schornsteinfeger
Rauchfangkehrer
Schulfach
Schoenschreiben
schulische Besprechung
Lehrerkonferenz
Schulveranstaltung
Elternsprechtag
Schwanzlurch
Feuersalamander
Schwester *von* **Rosenrot**
Schneeweisschen

Sektion
Leichenoeffnung
Semantik
Bedeutungslehre
Semester
Studienhalbjahr
Semifinale
Vorschlussrunde
Skizze
Musterzeichnung
Sommerende
Altweibersommer
Spedition
Fuhrunternehmen
Spitzenreiter
Tabellenfuehrer
spitzfindig
haarspalterisch
Sportveranstaltung
Sechstagerennen
Staat *im* **Atlantik**
Grossbritannien
Staat *in* **Westafrika**
Elfenbeinkueste
Staat *in* **Westeuropa**
Grossbritannien
Staatsform
Volksdemokratie
Stadt, Gemeinde *am* **Bodensee**
Friedrichshafen
Stadt, Gemeinde *in* **Chile**
Santiago de Chile
Stadt, Gemeinde *in* **Moçambique**
Lourenco Marques
Stadt, Gemeinde *in* **Russland**
Sankt Petersburg
Stadt, Gemeinde *in* **Spanien**
Palma de Mallorca
Stewardess
Flugbegleiterin
Strafanstalt
Vollzugsanstalt
Strafrede
Gardinenpredigt
Straße *in* **Berlin**
Kurfuerstendamm
Streben *nach* **Vollkommenheit**
Perfektionismus
Streikbrecher
Arbeitswilliger
Studieneinschreibung
Immatrikulation
Studienende
Exmatrikulation
süddeutsch für bestimmten Eierkuchen
Kaiserschmarren
süddeutscher Höhenzug
Schwäbische Alb
synonym
gleichbedeutend

T

Taschenspieler
Zauberkuenstler
Tasteninstrument
Schifferklavier
Taubheit
Gehoerlosigkeit
Tausendschön
Gaensebluemchen
technische Lehranstalt
Ingenieurschule
Teil *der* **Kamera**
Selbstausloeser
Teil *des* **Löschzuges**
Feuerwehrleiter
teilnahmslos
desinteressiert
Telefonhäuschen
Fernsprechzelle
Tempo
Geschwindigkeit
Terminbareinlage
Festgeldauftrag
Tetanus
Wundstarrkrampf
Teuerung
Preissteigerung
Theaterspielstätte im Freien
Freilichtbuehne
Tiefengestein
Intrusivgestein
Tonsillitis
Halsentzuendung
Torjaeger
Spitzensturmer
Trajekt
Eisenbahnfaehre
Trigonometrie
Dreiecksmessung
Triumvirat
Dreimaennerbund
Tropenkrankheit
Schlafkrankheit
Trotz
Dickkoepfigkeit
tuberkulös
schwindsuechtig
Tücke
Verschlagenheit
Tyrann
Gewaltherrscher
Übermut
Ausgelassenheit
Überpflanzung von Organen
Transplantation
Übertragung
Transplantation

U

umfassend
enzyklopaedisch
Umherziehende
Strassensaenger
Umschrift
Transliteration
Umzug
Wohnungswechsel
Unachtsamkeit
Fahrlaessigkeit
unaufmerksam
desinteressiert
Unfallschutz im Auto
Sicherheitsgurt
Unfehlbarkeit
Infallibilitaet
ungepflegt
vernachlaessigt
Unterkunft
Absteigquartier
unterrichten
benachrichtigen
Unterrichtsanstalt
Volkshochschule
Unterschied
Verschiedenheit
Unterwerfung
Waffenstreckung
unvereinbar
inkommensurabel
unvergleichbar
inkommensurabel
Unwohlsein
Unpaesslichkeit
utopische Maschine
Perpetuum mobile

V

Vandalismus
Zerstoerungswut
Variante
Verschiedenheit
vaterländisch
nationalistisch
Verb
Taetigkeitswort
Verband
Zusammenschluss
verbilligte Telefonzeit
Mondscheintarif

verbindlich
entgegenkommend
Verblichener
Dahingegangener
Verbrüderung
Fraternisierung, Solidarisierung
Verderbnis
Sittenlosigkeit
Vergangenheitsform
Plusquamperfekt
Verpflanzung
Transplantation
Verrat
Vertrauensbruch
verrückt
geistesgestoert
verrufene Gegend
Rotlichtviertel
verschieden
unterschiedlich
Verweltlichung
Saekularisation
Verwüstung
Desertifikation
verzeichnen
inventarisieren
Verzicht bei Wahlen
Stimmenthaltung
vielbeiniges Gliedertier
Tausendfuessler
vielleicht
moeglicherweise
Vipernart
Klapperschlange
Visagistin
Maskenbildnerin
Volkswirt
Nationaloekonom
Vorherbestimmung
Praedestination
vornehme Gaststätte
Nobelrestaurant
vorschriftsmäßig
ordnungsgemaess

W

Wackelpeter
Gelatinepudding
wahnsinnig
geistesgestoert
Wahrzeichen von New York
Freiheitsstatue
Wasserfläche im Festland
Binnengewaesser
Wassersport
Wasserskilaufen
Weichsel
Schattenmorelle
weinerlich
traenenerstickt
Weisheit
Lebenserfahrung
Werkzeug
Schraubenzieher, Vorschlaghammer
westeuropäischer Staat
Grossbritannien
Widerruf
Richtigstellung
Widerspruch
Unvereinbarkeit
Wiederherstellung des guten Rufes
Rehabilitierung
Wiesenblume
Gaensebluemchen, Schluesselblume
Wildpark in Amerika
Yellowstone Park
Wille
Entschlusskraft
winterliches Vergnügen
Schlittenfahren
Wirkungslosigkeit
Erfolglosigkeit
Wirtschaftssparte
Forstwirtschaft
Wirtschaftssystem
Marktwirtschaft
Wolf
Fleischmaschine
Wortgefecht
Streitgespraech
Wortklauberei
Spitzfindigkeit
Wucherer
Beutelschneider, Halsabschneider

XYZ

Zauberformel
Sesam oeffne dich
Zehnfußkrebs
Einsiedlerkrebs
Zeitform der Vergangenheit
Plusquamperfekt
zeitwidrig
anachronistisch
Zentralisation
Zusammenziehung
Ziehharmonika
Schifferklavier
Zierfisch
Schleierschwanz
Zirrokumulus
Schaefchenwolke
Zubehördepot
Ersatzteillager
Zuneigungsbeweis
Liebesbezeigung
zurückgehender Haaransatz
Geheimratsecken
Zurücksetzung
Diskriminierung
Zusammenschau
Zusammenfassung
Zusammenstellung *der* **meistverkauften Bücher**
Bestsellerliste
Zusicherung
Gewaehrleistung
Zyklone
Tiefdruckgebiet

16 BUCHSTABEN

A

Abfahrtslauf in Wengen
Lauberhornrennen
Absolutismus
Alleinherrschaft
afrikanischer Staat
São Tomé e Príncipe
Akt
Nacktdarstellung
alkoholisches Heißgetränk
Feuerzangenbowle
alter Name für Köln
Colonia Agrippina
Amaryllisgewächs
Schneegloeckchen
Aneignung
Besitzergreifung
Anpassung
Akklimatisierung
Ära Luthers
Reformationszeit
Arbeitsgebiet
Betaetigungsfeld
argentinischer Gebirgszug
Sierra von Córdoba
asiatischer Staat
Arabische Emirate
astronomischer Begriff
Sonnenfinsternis
Atlantikinselgruppe
Kanarische Inseln
Atomanlage
Schneller Brueter
Atomreaktorart
schneller Brueter

Aufbewahrungsort für Ernteprodukte
Getreidespeicher
Aufdringlichkeit
Unverschaemtheit
aufregend
nervenaufreibend
aufrichtig
wahrheitsliebend
Aufsichtsbeamter bei der Eisenbahn
Fahrdienstleiter
Ausbürgerung
Denaturalisation
ausgeprägt
charakteristisch
Ausschluss
Disqualifikation
Autarkie
Selbstaendigkeit
Autonomie
Selbstaendigkeit, Selbstverwaltung

B

Bauwerk in Berlin
Brandenburger Tor
Befestigungsmittel
Sicherheitsnadel
Begriff *aus der* **Raumfahrt**
Schwerelosigkeit
belehrend
schulmeisterlich
Berg *in den* **Alpen**
Dreiherrenspitze
Berg *in der* **Venedigergruppe**
Dreiherrenspitze
bergmännischer Beruf
Maschinensteiger
Bergzug *in der* **Steiermark**
Fischbacher Alpen
Berliner Bauwerk
Brandenburger Tor, Deutschlandhalle
Beruf *im* **Gesundheitswesen**
Krankenschwester
Beruf *im* **Transport- oder Verkehrswesen**
Lokomotivfuehrer
Besetzung
Rollenverteilung
Bestseller
Verkaufsschlager
bezeichnend
charakteristisch
billiger Jakob
Strassenhaendler
Blamage
Kompromittierung
Blasphemie
Gotteslaesterung
blau blühende Blume
Vergissmeinnicht
Bloßstellung
Kompromittierung
Blume
Stiefmuetterchen, Vergissmeinnicht
Branche
Wirtschaftszweig
Brotaufstrich
Ribiselmarmelade
Buffo
Operettensaenger
Bühnendarsteller
Burgschauspieler
Bummel am Tagesende
Abendspaziergang
Büro
Geschaeftsstelle
Buße
Wiedergutmachung
Butterblume
Sumpfdotterblume

C

Chaussee
Ueberlandstrasse
Choreographie
Tanzaufzeichnung, Tanzbeschreibung
christlicher Feiertag
Reformationsfest
Computer
Elektronengehirn
Computerart
Personalcomputer

D

Dachform
Krueppelwalmdach
Denksportaufgabe
Kreuzwortraetsel, magisches Quadrat
Despotie
Gewaltherrschaft
Detektei
Ermittlungsbuero
deutsche Großstadt
Moenchengladbach
deutsches Märchen
Haensel und Gretel
Dezenz
Verschwiegenheit
Diktatur
Gewaltherrschaft
Diskretion
Verschwiegenheit
Dissident
Konfessionsloser

E

EDV-Bildschirm
Computerterminal
EDV-Gerät
Personalcomputer
ehemaliger Wanderberuf
Scherenschleifer
Eigenschaft
Charakteristikum
Eignungstest
Aufnahmepruefung
einig
uebereinstimmend
Einklang
Uebereinstimmung
Einmütigkeit
Uebereinstimmung
Einöde
Abgeschiedenheit
Eintracht
Uebereinstimmung
Eisenbahner
Fahrdienstleiter, Lokomotivfuehrer, Streckenarbeiter
eisenbahntechnischer Begriff
Intercityexpress
Eisprunghemmer
Ovulationshemmer
enorm
ausserordentlich
Entschädigung
Wiedergutmachung
entzündbar
feuergefaehrlich
Erdgeist
Wichtelmaennchen
Erfindungsgabe
Einfallsreichtum
Erfolgszuversicht
Siegesgewissheit
Erwerbslosigkeit
Arbeitslosigkeit
Erwerbstätigkeit
Berufstaetigkeit
Erzeugnis hoher Güte
Qualitaetsarbeit
etwa
schaetzungsweise
Expedition
Versandabteilung
Explosivstoff
Knallquecksilber

F

Fahrgastschiff
Passagierdampfer
Fakultas
Lehrberechtigung
Fantasie (Phantasie)
Einbildungskraft
Fata Morgana
Sinnestaeuschung
Fazit
Schlussfolgerung
feine Süßigkeit
Nougatschokolade
Fernrohr fürs All
Weltraumteleskop
Fernsehfigur
Mainzelmaennchen
First Lady
Praesidentenfrau
Flächenmaß
Quadratdezimeter, Quadratkilometer
Fleischwolf
Faschiermaschine
Fliehkraft
Zentrifugalkraft
Flussfahrt mit Musik
Riverboatshuffle
forsch
draufgaengerisch
Foyer
Erfrischungsraum
Frauenberuf
Kindergaertnerin, Krankenschwester
Freiheit
Selbstaendigkeit
Frischhalteanlage
Tiefkuehlschrank
Frömmelei
Scheinheiligkeit
Front
Kriegsschauplatz
Frühlingsblume
Schneegloeckchen, Traubenhyazinthe
Futteral
Brillenbehaelter

G

Gabe zum Christfest
Weihnachtsteller
Galerie
Gemaeldesammlung
Gartenblume
Schneegloeckchen, Stiefmuetterchen, Vergissmeinnicht
Gärtner
Pflanzenzuechter
Gastwirtschaft
Erfrischungsraum, Speisewirtschaft
Gebäude *in* Berlin
Brandenburger Tor
Gefährt für Gehbehinderte
Krankenfahrstuhl
Gefühlsduselei
Sentimentalitaet
gegensätzlich
kontradiktorisch, widerspruechlich
Gegner beim Boxtraining
Sparringspartner
Gehaltsstufe
Besoldungsgruppe
generell
allgemein gueltig
Genitalien
Geschlechtsteile
geometrischer Begriff
Mittelsenkrechte
gerichtliche Entscheidung
Bewaehrungsfrist
Germteiggebäck
Faschingskrapfen
Geschäftsreport
Gebarungsbericht
Geschicklichkeit
Fingerfertigkeit
geschmeidig
anpassungsfaehig
gesellige Damenrunde
Kaffeekraenzchen
Gestalt
Erscheinungsbild
Gewandtheit
Geschicklichkeit
Gewerbebetrieb
Handwerksbetrieb
gewissenlos
pflichtvergessen
Glücksbringer
Schornsteinfeger
Glückssymbol
Schornsteinfeger
Gotteshaus in München
Liebfrauenkirche
Grenzwall in China
Chinesische Mauer
Grundzug
Charakteristikum

H

Hahnenfußgewächs
Sumpfdotterblume
Halblicht in der Frühe
Morgendaemmerung
Handfeuerwaffe
Maschinenpistole
Häresie
Gotteslaesterung
harmonisches Wesen
Ausgeglichenheit
Häuservermittler
Immobilienmakler
Hausgeist
Heinzelmaennchen
Hegemonie
Vormachtstellung
heißes alkoholisches Getränk
Feuerzangenbowle
Heizungsanlage
Fussbodenheizung
hervorstechende Eigenschaft
Charakteristikum
hilfreiche Hausgeister
Heinzelmaennchen
Hiobsbotschaft
Ungluecksmeldung
Hochmut
Ueberheblichkeit
Hochschullehrer
Lehrbeauftragter
Hygiene
Gesundheitslehre
Hypophyse
Hirnanhangdruese

I

Identität
Uebereinstimmung
illiquid
zahlungsunfaehig
Illusion
Selbsttaeuschung
Impuls
Bewegungsgroesse
Inselgruppe *im* Atlantik
Kanarische Inseln
insolvent
zahlungsunfaehig
internationale Organisation
Vereinte Nationen

J

Jause
Zwischenmahlzeit
Jobber
Boersenspekulant
Journalist
Berichterstatter

K

Kabarett
Kleinkunstbuehne
Kalkulation
Kostenberechnung
Kalumet der Indianer
Friedenspfeife
Kaminkehrer
Schornsteinfeger
Kampfplatz
Kriegsschauplatz
Kartoffelgericht
Erdaepfelgulasch
Katalog
Warenverzeichnis
Katastrophenart
Schiffsuntergang
kennzeichnend
charakteristisch
Kernwaffe
Wasserstoffbombe
Kidnapper
Kindesentfuehrer
Kinderspielzeug
Stehaufmaennchen
Kinodarsteller
Filmschauspieler
kirchlicher Feiertag
Reformationsfest
Kleingärtner
Schrebergaertner
Kommis
Handlungsgehilfe
Komparativ
Steigerungsstufe
Körnersilo
Getreidespeicher
Korrespondent
Berichterstatter
kosmetischer Artikel
Augenbrauenstift
Kuhblume
Sumpfdotterblume
Künstler
Filmschauspieler
Kunststoff
Polyvinylchlorid

L

lateinischer Name für Köln
Colonia Agrippina
Laubenland
Schrebergarten
Legende
Bildunterschrift
lehrerhaft
schulmeisterlich
Lehrstelle
Ausbildungsplatz
leichtathletische Übung
Langstreckenlauf
leitender Angestellter
Abteilungsleiter
Limnologie
Suesswasserkunde
Lobby
Interessengruppe
Lockspitzel
Agent Provocateur
Lokalpolitiker in Österreich
Bezirkshauptmann
Londoner Bauwerk
Westminsterabtei

M

Märchenfigur
Heinzelmaennchen
Marinedienstgrad
Kapitaenleutnant
markant
charakteristisch
Marketing
Absatzfoerderung
Meer
Pazifischer Ozean
Merkmal
Charakteristikum
mickerig
zurueckgeblieben
mimisch
schauspielerisch
miteinander
gemeinschaftlich
Mitteilung
Benachrichtigung
Münchener Grünanlage
Englischer Garten
Münze
Waehrungseinheit
musikalischer Klangkörper
Streichorchester
Musikzeichen
Violinschluessel

N

Nähwerkzeug
Sicherheitsnadel
Narrenkleidung
Karnevalskostuem
Naturereignis
Sonnenfinsternis
Naturschutzgebiet *in* **Norddeutschland**
Lueneburger Heide
Nautik
Schiffahrtskunde
Neurose
Gemuetskrankheit
New Yorker Künstlerviertel
Greenwich Village

O

Oberhaupt *einer* **Republik**
Staatspraesident
öffentlicher Ankläger
Oberstaatsanwalt
Ohnmacht
Bewusstlosigkeit
Okkasion
Gelegenheitskauf
Ökonomie
Wirtschaftskunde, Wirtschaftslehre
Oper von Berlioz
Benvenuto Cellini, Fausts Verdammnis
Oper von Humperdinck
Haensel und Gretel
Oper von Lortzing
Zar und Zimmermann
Oper von Pergolesi
Die Magd als Herrin
Oper von Strauß
Frau ohne Schatten
Oper von Wagner
Tristan und Isolde
Oper von Weill
Dreigroschenoper
Operette von Benatzky
Kleinstadtzauber, Lachende Vagabund
Operette von Kálmán
Zirkusprinzessin
Operette von Künneke
Vetter aus Dingsda, Wenn Liebe erwacht
Operette von Léhar
Graf von Luxemburg, Land des Laechelns
Operette von Offenbach
Herr und Frau Denis
Operette von Raymond
Saison in Salzburg
Operette von Stolz
Eine einzige Nacht, Prinzessin Titipa
Operette von Suppé
Banditenstreiche
Operette von Zeller
Der Vogelhaendler
ordentlicher Professor
Lehrstuhlinhaber
örtliche Betäubung
Lokalanaesthesie

P

Palast *in* London
Buckingham Palace
Papierart
Kunstdruckpapier
Parasit
Trittbrettfahrer
Parlament
Abgeordnetenhaus
Personalausweis
Identitaetskarte
philosophische Richtung
Existentialismus, Existenzialismus
Pinakothek
Gemaeldesammlung

R

Radwettbewerb
Spanienrundfahrt
Rätselart
Kreuzwortraetsel
Raumfahrtbegriff
Schwerelosigkeit
reaktionär
rueckschrittlich
Rechenanlage
Elektronengehirn, Personalcomputer
Rechtsgrundlage
Gewohnheitsrecht
Regierungsform
Parlamentarismus
Religionsgemeinschaft
Kultgemeinschaft
Roman von Dickens
David Copperfield

S

Sakrileg
Gotteslaesterung
Schmierstoffart
Naehmaschinenoel
Sektionschef
Abteilungsleiter
seltenes Naturschauspiel
Sonnenfinsternis
Silberstreifen
Hoffnungszeichen
Silo
Getreidespeicher
sinnlos
widerspruechlich
Sortiment
Musterkollektion
Sozialmaßnahme
Altersversorgung
spanische Inselgruppe
Kanarische Inseln
Stoffmuster
Fischgraetmuster

T

Tabelle *der* Mantissen
Logarithmentafel
Tachograf
Fahrtenschreiber
Tagesanbruch
Morgendaemmerung
Teil *der* Kamera
Blendenautomatik
Teil *des* Verdauungsapparates
Zwoelffingerdarm
Test
Eignungspruefung
Transfusion
Blutuebertragung
Trepanation
Schaedeloeffnung
Treppenhalterung
Stiegengelaender
Triumvirat
Dreierherrschaft
Trödler
Altwarenhaendler
Trug
Sinnestaeuschung
Tummelplatz
Kinderspielplatz
TV-Beruf
Fernsehansagerin
typisch
charakteristisch
übersorgfältig
hundertprozentig

U

Unbehaglichkeit
Ungemuetlichkeit
Ungebundenheit
Selbstaendigkeit
ungefähr
schaetzungsweise
unparteiisch
unvoreingenommen
Unterscheidungsmerkmal
Charakteristikum
unvereinbar
widerspruechlich
US-Außenministerium
State Departement

V

Veilchenart
Stiefmuetterchen
Vereinheitlichung
Standardisierung
Verharmlosung
Bagatellisierung
Verkörperung
Personifizierung
verkümmert
zurueckgeblieben
Verlässlichkeit
Zuverlaessigkeit
verlottert
heruntergekommen
verschneites Gelände
Winterlandschaft
verwahrlost
heruntergekommen
Verwalter *der* Konkursmasse
Konkursverwalter
Vesper
Zwischenmahlzeit

W

Wachtelkönig
Wiesenschnarcher
Waffenniederlegung
Waffenstillstand
waghalsig
draufgaengerisch
Wahrzeichen von Berlin
Brandenburger Tor
Walkie-Talkie
Sprechfunkgeraet
Wechselstimmung
Launenhaftigkeit
weiblicher Pflegeberuf
Krankenschwester
Weihnachtsgebäck
Spritzgebackenes
Wesensmerkmal
Charakteristikum
westliches Bündnis
Nordatlantikpakt
Wettkampfausschluss
Disqualifikation
widersprüchlich
kontradiktorisch
Widrigkeit
Unannehmlichkeit
Wiedereingliederung
Resozialisierung
Wirtschaftssystem
Tauschwirtschaft
Wochenzeitschriften
Regenbogenpresse

XYZ

X-Strahlen
Roentgenstrahlen
xenophob
fremdenfeindlich
Zauberer
Schwarzkuenstler
Zeichenerklärung
Bildunterschrift
zeitlich geordnete Urkundensammlung
Vergaenglichkeit
Zeitungskorrespondent
Berichterstatter
Zeitungsschreiber
Berichterstatter
Zierpflanze
Vergissmeinnicht
Zisterne
Auffangbehaelter
Zollvergehen
illegale Einreise
Zusammentreffen
Uebereinstimmung
Zusatzleistung
Sonderverguetung
zweigeschlechtlich
hermaphroditisch
Zwiebelgewächs
Schneegloeckchen
zwitterhaft
hermaphroditisch

17 BUCHSTABEN

A

Abrichter von Tieren
Raubtierbaendiger
amerikanischer Staat
Vereinigte Staaten Vereinigte Emirate
Arthritis
Gelenkentzuendung
Atombestandteilchen
Elementarteilchen
auffallend
aussergewoehnlich
Aufnahmefähigkeit
Fassungsvermoegen
Autor von Dame Kobold
Calderón de la Barca

B

Banknote
Hundertmarkschein, Tausendmarkschein, Zwanzigmarkschein
Baracke
Behelfsunterkunft
Begünstigung von Verwandten
Vetternwirtschaft
Berliner Bauwerk
Gedaechtniskirche
Berufstätigkeit
Erwerbstaetigkeit
Bettpolster
Federkernmatratze
biblisches Buch
Apostelgeschichte
Bürgermeister
Gemeindevorsteher

C

Chef einer Abordnung
Delegationsleiter
chinesischer General
Tschiang Kaitschek
chinesischer Politiker
Tschiang Kaitschek
christlicher Feiertag
Mariae Himmelfahrt
City
Geschaeftsviertel
Clown im Zirkus Knie
Chicky Altenburger
Computer
Elektronenrechner

D

Delegat
Bevollmaechtigter
Demonstration
Protestkundgebung
Deserteur
Fahnenfluechtiger
deutsches Bundesland
Baden-Wuerttemberg, Schleswig-Holstein
Dezernat
Geschaeftsbereich
diskret
wohl unterschieden
Dörrobstfigur
Zwetschkenkrampus
Dreieckslinie
Seitenhalbierende, Winkelhalbierende

E

EDV-Begriff
Datenverarbeitung
ehemaliger Beamter bei Hofe
Zeremonienmeister
Einberufung
Gestellungsbefehl
einzigartig
aussergewoehnlich
Eiweiß im Zellkern
Ribonukleinsaeure
empirisch
erfahrungsgemaess
Endkampf im Sport
Elfmeterschiessen
enorm
aussergewoehnlich
Ernüchterung
Desillusionierung
Erörterung im Parlament
Bundestagsdebatte
Eskorte
Begleitmannschaft
Exkommunikation
Kirchenausschluss

F

fabelhaft
aussergewoehnlich
Fachausdruck
Terminus technicus
Fachmann
Sachverstaendiger
favorisierter Star
Publikumsliebling
Feature
Dokumentarbericht
Feh
Eichhoernchenfell
Ferngespräch
Telefonverbindung
Fernsprechleitung
Telefonverbindung
Figur *aus einem* **deutschen Märchen**
Gestiefelter Kater
Filz
Vetternwirtschaft
fixe Idee
Zwangsvorstellung
Flächenmaß
Quadratmillimeter, Quadratzentimeter
Fleisch fressende Pflanze
Venusfliegenfalle

Folge *der* Schwerkraft
Erdbeschleunigung
fotografisches Gerät
Belichtungsmesser
Fotozubehör
Belichtungsmesser
Fron
Herrschaftsdienst
Frontglas am Auto
Windschutzscheibe
Fürsorgeverband
Arbeiterwohlfahrt
Fußballberuf
Bundesligatrainer
Fußballspieler
Auswechselspieler, Mittelfeldspieler

G

Gänseblümchen
Tausendschoenchen
Gartenblume
Himmelsschluessel
Gartengerät
Rasenmaehmaschine
Gartenmöbel
Hollywoodschaukel
Gedenkstätte *gegenüber* Bingen
Niederwalddenkmal
Gedenkstätte *in* Masuren
Tannenbergdenkmal
gefeit
widerstandsfaehig
Geldstücktelefon
Muenzfernsprecher
Gemmologe
Edelsteinkundiger
Genealogie
Familienforschung
geometrischer Begriff
Seitenhalbierende, Winkelhalbierende
Gewichtsklasse (Boxen)
Halbschwergewicht
Großindustrieller
Industriekapitaen
Gutachter
Sachverstaendiger

H

haltbar
widerstandsfaehig
Handfeuerwaffe
Parabellumpistole
Heißwasserbereiter
Durchlauferhitzer
Heizungsanlage
Nachtspeicherofen
Heldin
Hauptdarstellerin
historischer Name der Schweiz
Eidgenossenschaft
höchstes deutsches Gericht
Bundesgerichtshof

I

identische Bedingungen
Chancengleichheit
Illustration
Veranschaulichung
Indikativ
Wirklichkeitsform
Infektionskrankheit
Lungenentzuendung
Insekten fressende Pflanze
Venusfliegenfalle
Inselstaat
Trinidad und Tobago
international
zwischenstaatlich
internationale Sportwettkämpfe
Weltmeisterschaft

J

juristischer Begriff
Untersuchungshaft
Justizbehörde
Oberlandesgericht

K

Kalkulation
Kostenvoranschlag
Karnevalskleidung
Fastnachtskostuem
Katapult
Flugzeugschleuder
Kater in der Fabel
Gestiefelter Kater
kaufmännischer Beruf
Geschaeftsfuehrer
Kenner
Sachverstaendiger
Keuschheit
Jungfraeulichkeit
Kino
Lichtspieltheater
kleiner Teil der Materie
Elementarteilchen
Klugscheißer
Allesbesserwisser
körperlicher Zustand
Allgemeinbefinden
Kosmetik
Schoenheitspflege
Kraftfahrzeug für Land- und Wasserfahrt
Amphibienfahrzeug
Kreuzblütler
Wiesenschaumkraut

L

Land *der* Bundesrepublik
Baden-Wuerttemberg, Schleswig-Holstein
Landsmann in Österreich
Oberoesterreicher
leitender Angestellter
Geschaeftsfuehrer

M

Mangel *an* Beachtung
Vernachlaessigung
Mangel *an* Erfolg
Ergebnislosigkeit
Märchenfigur
Gestiefelter Kater
Marineoffizier
Fregattenkapitaen
medizinisches Messgerät
Fieberthermometer
mehrteilige Erzählung
Fortsetzungsroman
Misswirtschaft
Vetternwirtschaft
moderne Drucktechnik
Desktop-Publishing
moderne Rechenanlage
Elektronenrechner
Monotonie
Gleichfoermigkeit

N

Nacktkultur
Freikoerperkultur
Nautik
Schifffahrtskunde
Nepotismus
Vetternwirtschaft
Nonnenorden
Benediktinerinnen
notgedrungen
gezwungenermassen
Nuklearphysik
Hochenergiephysik

O

Oper von Rossini
Barbier von Sevilla
Oper von Smetana
Die verkaufte Braut
Oper von Wagner
Goetterdaemmerung
Operette von Jessel
Schwarzwaldmaedel
örtliche Verwaltung
Buergermeisteramt
österreichisches Bundesland
Niederoesterreich

P

Parze
Schicksalsgoettin
Passion
Leidensgeschichte
Pavillon
Ausstellungshalle
Phlegma
Schwerfaelligkeit
Pille
Verhuetungsmittel
Projektionsapparat
Overheadprojektor
Prozess
Gerichtsverfahren
Pubertät
Entwicklungsalter, Entwicklungsjahre
Publikation
Veroeffentlichung
Puppentheater
Marionettenbuehne

Q

Quark
Elementarteilchen
quietistisch
schicksalsergeben

R

Radrennfahrer
Verfolgungsfahrer
Rauminhalt
Fassungsvermoegen
Rechenanlage
Elektronenrechner
Restaurant
Speisegaststaette
robust
widerstandsfaehig

S

Satzzeichen
Ausrufungszeichen
Scherzartikel
Feuerwerkskoerper
Sichtvermerk im Pass
Einreiseerlaubnis
Sportveranstaltung
Weltmeisterschaft
Staat *im* Nahen und Mittleren Osten
Vereinigte Emirate
Staat *in* Nordamerika
Vereinigte Staaten
Straßendecke
Kopfsteinpflaster
südamerikanischer Staat
Trinidad und Tobago

T

Teil *der* Kamera
Belichtungsmesser
Tonbandgerät
Kassettenrecorder
Tonwiedergabegerät
Kassettenrecorder
Tranquilizer
Beruhigungsmittel
Transformator
Spannungsumformer
Transit
Durchgangsverkehr
Transplantation
Organverpflanzung
Treffer *zum* Remis
Ausgleichstreffer
Trennungslinie
Demarkationslinie
Trotz
Widerspenstigkeit
Tücke
Hinterhaeltigkeit

U

Unberührtheit
Jungfraeulichkeit
Ungenügen
Unzulaenglichkeit
ungewöhnlich
aussergewoehnlich

V

Verwaltungsgebäude
Buergermeisteramt
Virginität
Jungfraeulichkeit
Visum
Einreiseerlaubnis

W

Wahrung
Aufrechterhaltung
Wärmekraftmaschinen
Verbrennungsmotor
Warmwasserbereiter
Durchlauferhitzer
Weltende
Goetterdaemmerung
weltfremd
wirklichkeitsfern
Wertminderung
Beeintraechtigung
Willenlosigkeit
Antriebsschwaeche

XYZ

xenophil
fremdenfreundlich
Xylografie (Xylographie)
Holzschneidekunst
Zerfahrenheit
Flatterhaftigkeit
Zunft
Berufsvereinigung
Zusatzetat
Nachtragshaushalt
Zyklonose
Wetterfuehligkeit

18 BUCHSTABEN

A

Alibi
Abwesenheitsbeweis
Angehörige
Familienmitglieder
Atomanlage
Siedewasserreaktor
Autarkie
Selbststaendigkeit
Autonomie
Selbststaendigkeit

B

Bankbegriff
Dispositionskredit
bergmännischer Beruf
Elektrofahrsteiger
Beruf *im* Rechtswesen
Gerichtsvollzieher
Bestechungsskandal
Korruptionsaffaere
Bildwerfer
Projektionsapparat
Biographie
Lebensbeschreibung
Bonität
Zahlungsfaehigkeit
Buchteil
Inhaltsverzeichnis
Burg
Befestigungsanlage
byzantinisches Reich
Ostroemisches Reich

C

Chor
Saengervereinigung
christlicher Feiertag
Christi Himmelfahrt
Container
Transportbehaelter

D

Debatte
Auseinandersetzung
Delikatessenart
Gaenseleberpastete
deutsches Bundesland
Nordrhein-Westfalen
Diäten
Abgeordnetengehalt
Dirigismus
Wirtschaftslenkung
Disziplin
Selbstbeherrschung

E

Emanzipation
Gleichberechtigung
Emanzipationsziel
Gleichberechtigung
Erbe
Hinterlassenschaft
Ethos
Pflichtbewusstsein
Expedient
Reisebuerokaufmann

F

Familie oder Ehe
Lebensgemeinschaft
Fassungsvermögen
Aufnahmefaehigkeit
Fernsprechleitung
Telephonverbindung
Folge *der* Schwerkraft
Fallbeschleunigung
Frauenberuf
Sprechstundenhilfe
Freiheit
Selbststaendigkeit

G

Gänsefüßchen
Anfuehrungsstriche
Gastwirtschaft
Bahnhofswirtschaft
Gemeindeoberhaupt
Oberbuergermeister
Gewissen
Pflichtbewusstsein
Grafologie
Handschriftenkunde
Gravitation
Erdanziehungskraft

H

Heilpflanze
Tausendguldenkraut
Herzstromkurve
Elektrokardiogramm

I

Indigestation
Verdauungsstoerung
Initiative
Unternehmungsgeist

J

Justizbeamter
Gerichtsvollzieher, Justizangestellter
Justizbehörde
Verwaltungsgericht

K

Kabbelei
Auseinandersetzung
Kapitalgesellschaft
Aktiengesellschaft
Karnevalsdonnerstag
Altweiberfastnacht
Kfz-Produktion
Automobilindustrie
Klappergerät
Karfreitagsratsche
Knochenerweichung
englische Krankheit
Komplettierung
Vervollstaendigung
Konfrontation
Gegenueberstellung
körperliches Befinden
Gesundheitszustand
kosmetischer Artikel
Nagellackentferner
Kritikaster
Allesbesserwisser
Kundenwerber
Handlungsreisender

L

Land *der* Bundesrepublik
Nordrhein-Westfalen
Lehranstalt
Kunstgewerbeschule
Lethargie
Teilnahmslosigkeit
Logopäde
Sprachheilkundiger
Lohnabzug bei Arbeitnehmern
Rentenversicherung
Luftpirat
Flugzeugentfuehrer

M

Mangel *an* Gefühl
Kaltschnaeuzigkeit
Mangel *in der* Herstellung
Fabrikationsfehler
Mangelhaftigkeit
Unvollstaendigkeit
Minister
Regierungsmitglied
Monument
Erinnerungszeichen

N

Nachlass
Hinterlassenschaft
Narzissmus
Selbstverliebtheit

Nationalheldin der Franzosen
Jungfrau von Orléans
Navigation
Standortbestimmung
nicht berufsmäßiger Sportler
Feierabendsportler

O

oberstes deutsches Gericht
Verfassungsgericht
Okkultist
Geisterbeschwoerer
Ökonomie
Wirtschaftlichkeit
Omelette mit Füllung
Topfenpalatschinke
Oper von Mozart
Gaertnerin aus Liebe
Oper von Strauß
Die schweigsame Frau
Operette von Berté
Das Dreimaederlhaus
Operette von Kollo
Drei alte Schachteln
Operette von Strauß
Eine Nacht in Venedig

P

Philatelist
Briefmarkensammler
Premier
Ministerpraesident
Prolog in einem Buch
Einleitungskapitel
Puppenbühne
Marionettentheater

R

Regierungschef
Ministerpraesident
Restaurant
Feinschmeckerlokal

S

Satzzeichen
Abfuehrungszeichen, Anfuehrungszeichen
Scherereien
Unannehmlichkeiten
Schmetterlingsart
Oleanderschwaermer
Sexus
Geschlechtlichkeit
städtischer Versorgungsbetrieb
Elektrizitaetswerk

T

Tätiger in der Dritten Welt
Entwicklungshelfer
Teil *der* **Kamera**
Weitwinkelobjektiv
Teil *der* **Nordtiroler Kalkalpen**
Wettersteingebirge
Teilgebiet der EDV
Computerdiagnostik
Traktandum
Tagesordnungspunkt
Treber
Kelterrueckstaende
Überempfindlichkeit
Hypersensibilitaet
üblich
vorschriftsmaessig

U

Ungebundenheit
Selbststaendigkeit

V

vergleichsweise
verhaeltnismaessig
Vermächtnis
Hinterlassenschaft
Vertreter
Handlungsreisender

W

Wertpapiere
Kommunalobligation
williges Engagement
Einsatzfreudigkeit
winterliches Vergnügen
Schneeballschlacht
Wohlstandsgesellschaft
Konsumgesellschaft

XYZ

Zoff
Auseinandersetzung
Zusammenleben
Lebensgemeinschaft
Zwangsvollstrecker
Gerichtsvollzieher

19 BUCHSTABEN

A

afrikanisches Naturschutzgebiet
Krueger-Nationalpark
Alpensee
Vierwaldstaetter See
Ausscheidungsspiel
Qualifikationsspiel

B

bekannter Kinderchor
Wiener Saengerknaben
Bergland *zwischen* **Erzgebirge und Lausitz**
Elbsandsteingebirge
Bergzug *an der* **Elbe**
Elbsandsteingebirge
Bestattungsunternehmen
Beerdigungsinstitut

D

Dekan
Fakultaetsvorsteher
deutlich
unmissverstaendlich

E

einheimischer Giftpilz
Knollenblaetterpilz
Ethologie
Verhaltensforschung

F

Fotoapparat
Spiegelreflexkamera

G

Gebäcksorte
Berliner Pfannkuchen
Giftpilz
Knollenblaetterpilz

H

Heilpflanze
Tausendgueldenkraut
Historiograph
Geschichtsschreiber

I

Inselgruppe *der* Südsee
Gesellschaftsinseln
internationale Sportwettkämpfe
Europameisterschaft

K

Kannegießer
Stammtischpolitiker
Kuvertüre
Schokoladenueberzug

L

Lupe
Vergroesserungsglas

M

Meerenge *zwischen* Spanien und Marokko
Strasse von Gibraltar
Menschenansammlung
Massenveranstaltung
Messwert für Preisänderungen
Lebenshaltungsindex
Miss World
Schoenheitskoenigin
Mnemotechnik
Gedaechtnisschulung
mobil
unternehmungslustig

N

Nervenzentrum
Zentralnervensystem

O

Oper von Debussy
Pelleas und Melisande
Oper von Mozart
Bastien und Bastienne

P

Pilzart
Knollenblaetterpilz
Projektionsapparat
Tageslichtprojektor

R

Roman von Remarque
Im Westen nichts Neues

S

Schiffsraummaß
Bruttoregistertonne
See *in der* Schweiz
Vierwaldstaetter See
Sportveranstaltung
Europameisterschaft
Streik
Arbeitsniederlegung

T

Teil *des* USA-Parlaments
Repraesentantenhaus
Trance
Entrueckungszustand
Trinitatisfest
Dreifaltigkeitsfest
Trolleybus
Oberleitungsomnibus

W

Wandlung
Transsubstantiation

XYZ

Zahlungserzwingung
Zwangsvollstreckung
Zebrastreifen
Fussgaengerueberweg

20 BUCHSTABEN

A

Antennenart
Gemeinschaftsantenne

B

Bankrott
Zahlungsunfaehigkeit
Beruf *in der* Nahrungsmittelindustrie
Lebensmittelhaendler
Bleichmittel
Wasserstoffsuperoxid

D

Depression
Niedergeschlagenheit
Diplomatie
Verhandlungsgeschick

E

Embargo
Ausfuhrbeschraenkung
europäischer Staat
Tschechische Republik

F

Futurologie
Zukunftswissenschaft

G

gebratenes Fleischstück
Zwischenrippenstueck
Grafologie
Handschriftendeutung

H

höhere Mathematik
Differentialrechnung, Differenzialrechnung

J

Journalistik
Zeitungswissenschaft

K

Kabinett
Regierungsmannschaft
Kontrolluhr
Zeiterfassungsgeraet

L

Los
Lotterieanteilschein

M

mitteleuropäischer Staat
Tschechische Republik
musikalischer Titel
Generalmusikdirektor
Ökotrophologie
Hauswirtschaftslehre

O

Oper von Britten
Ein Sommernachtstraum

S

Schicklichkeitsgefühl
Fingerspitzengefuehl
Schwabenstreich
Schildbuergerstreich
Staat *in* **Mitteleuropa**
Tschechische Republik

T

Takt
Fingerspitzengefuehl
Teilchenstrahlung (Physik)
Korpuskularstrahlung
Überlandleitung
Hochspannungsleitung

V

Verkehrsader
Hauptverkehrsstrasse

W

Weinprädikat
Trockenbeerenauslese

21 BUCHSTABEN

B

bekannter Kinderchor
Leipziger Thomanerchor

D

deutsches Bundesland
Mecklenburg-Vorpommern

E

Entstehungsgeschichte
Schoepfungsgeschichte

F

Freiheitsentzug
Sicherheitsverwahrung

K

Kapitalgesellschaft
Kommanditgesellschaft

L

Land *der* **Bundesrepublik**
Mecklenburg-Vorpommern

M

Menschenkenntnis
Einfuehlungsvermoegen

N

Nepotismus
Guenstlingswirtschaft

O

Oper von Offenbach
Hoffmanns Erzaehlungen, Orpheus in der Unterwelt

R

Roman von Eco
Das Foucaultsche Pendel

W

Wirtschaftslehre
Volkswirtschaftslehre

22 BUCHSTABEN

A

amerikanischer Staat
Dominikanische Republik

B

bekannter Kinderchor
Regensburger Domspatzen

C

Christmette
Weihnachtsgottesdienst

G

Geistesgegenwart
Reaktionsschnelligkeit

K

Kassation
Nichtigkeitserklaerung

L

Lehranstalt
Technische Universitaet
Limit
Hoechstgeschwindigkeit

O

Oper von Wagner
Der fliegende Hollaender

S

Staat *in* Mittelamerika
Dominikanische Republik

T

Tachometer
Geschwindigkeitsmesser

23 BUCHSTABEN

E

Eugenik
Erbgesundheitsforschung

L

Lehrerausbildungsanstalt
paedagogische Hochschule
Ökonomie
Wirtschaftswissenschaft

O

Oper von Mozart
Entfuehrung aus dem Serail

W

Wildpark in Amerika
Yellowstone-Nationalpark

24 BUCHSTABEN

L

Lohnabzug bei Arbeitnehmern
Arbeitslosenversicherung

25 BUCHSTABEN

E

elektrische Schutzeinrichtung
Fehlerstromschutzschalter

europäischer Staat
Bundesrepublik Deutschland

K

Kolchose
Produktionsgenossenschaft

26 BUCHSTABEN

L

Limit
Geschwindigkeitsbegrenzung

28 BUCHSTABEN

D

deutsches Märchen
Der Wolf und die sieben Geisslein